समाजशास्त्र : अवधारणाएँ एवं सिद्धान्त
(SOCIOLOGY : CONCEPTS AND THEORIES)

तृतीय संस्करण

जे.पी. सिंह

प्रोफेसर (सेवा-निवृत्त), स्नातकोत्तर समाजशास्त्र विभाग
पटना विश्वविद्यालय
पटना

PHI Learning Private Limited

Delhi-110092
2025

In fond memory of ***Shri Asoke K. Ghosh*** *(October 1942 – February 2024), Founder Chairman and Managing Director of PHI Learning, whose vision endlessly inspires.*

The Legacy Continues....

Published by Pushpita Ghosh, PHI Learning Private Limited, Rimjhim House, 111, Patparganj Industrial Estate, Delhi-110092 and Printed by Star Print-O-Bind, F-31, Okhla Industrial Area Phase 1, New Delhi-110020

₹1095.00

समाजशास्त्र : अवधारणाएँ एवं सिद्धान्त, तृतीय संस्करण
डॉ. जे.पी. सिंह

ISBN-978-81-203-4860-8 (Print Book)
ISBN-978-93-5443-849-3 (e-Book)

विषय-सूची

प्रस्तावना

एक लेखक के रूप में मेरे लिए यह बहुत हर्ष की बात है कि मुझे उन तमाम पाठकों के प्रति फिर से अपना आभार प्रकट करने का अवसर मिला है, जिन्होंने इस पुस्तक के प्रत्येक संस्करण को समान रूप से अपनाकर इसकी लोकप्रियता में वृद्धि की है। इसी सहयोग के आभारस्वरूप यह पुस्तक पूर्णतया संशोधित संस्करण के रूप में नयी सामग्री के साथ पुनः प्रस्तुत है। प्रस्तुत संस्करण वह नहीं है, जो इसका पिछला संस्करण था, क्योंकि मैंने इस पुस्तक के संशोधन के साथ-साथ परिमार्जन व परिवर्द्धन भी किया है।

कई विश्वविद्यालयों द्वारा पाठ्यक्रमों में जो परिवर्तन किए गए हैं, उन्हें ध्यान में रखकर इस पुस्तक में कई नये अध्यायों को जोड़ा गया है एवं पुराने अध्यायों में आवश्यकतानुसार नयी सामग्री भी जोड़ी गयी है। साथ ही नये सन्दर्भों से पुस्तक का प्रत्येक अध्याय काफी समृद्ध है। प्रस्तुत पुस्तक में विषय सामग्री व्यापक है एवं सन्दर्भ की दृष्टि से पर्याप्त समीचीन भी है। यथासम्भव नवीनतम प्रामाणिक समाजशास्त्रीय तथ्यों एवं अध्ययनों को इसमें सम्मिलित किया गया है। महत्त्वपूर्ण बात तो यह है कि इस पुस्तक में तमाम प्रामाणिक तथ्यों का संकलन एक ही स्थान पर उपलब्ध है। कोशिश की गयी है कि इस पुस्तक में अंग्रेजी से हिन्दी में दोषपूर्ण अनुवाद एवं अंग्रेजी नामों का त्रुटिपूर्ण उच्चारण न रहे। जबकि हिन्दी की बहुत-सी पुस्तकों में अंग्रेजी से दोषपूर्ण अनूदित पाठ एवं अंग्रेजी नामों के अशुद्ध उच्चारण मिलते हैं। पुस्तक की भाषा सरल एवं स्पष्ट है तथा इसमें व्यापक अवधारणाओं, सिद्धान्तों एवं विचारों को संक्षिप्त रूप से नवीन संदर्भ में प्रस्तुत किया गया है। विविध प्रतियोगी परीक्षाओं में सम्मिलित होने वाले छात्रों को अब विविध समाजशास्त्रीय पुस्तकों को खोजने की आवश्यकता शायद नहीं पड़ेगी। इन्हीं सब बातों को ध्यान में रखकर जो कुछ बन पड़ा है, बस वही विद्यार्थियों एवं विज्ञ प्राध्यापकों की सेवा में प्रस्तुत है।

मैं पटना विश्वविद्यालय के समाजशास्त्र विभाग के अपने तमाम नये-पुराने सहकर्मियों विशेषकर प्रो. ए. दासगुप्ता, प्रो. आर.एन. शर्मा तथा डॉ. वी.के. लाल के प्रति आभारी हूँ, जिन्होंने इस पुस्तक को लोकप्रिय बनाने में महत्त्वपूर्ण योगदान दिया है। अपने कतिपय प्रिय शिष्यों व अनुजों यथा डॉ. संगीत कुमार, डॉ. दिलीप कुमार सिंह, डॉ. उदय नारायण सिंह, डॉ. मनोज कुमार, डॉ. सुभाषचन्द्र प्रभात, डॉ. राम नारायण सिंह तथा डॉ. कमलेश कुमार को भी सहृदय धन्यवाद ज्ञापन करना चाहूँगा जो लेखक के रूप में मुझे सहयोग और स्नेह देते रहे हैं। अन्त में मैं डॉ. अशोक कुमार, श्री सतीशराज पुष्करणा एवं श्रीमती आशा सिंह के प्रति आभार व्यक्त करना चाहता हूँ, जिन्होंने कतिपय अध्यायों का प्रूफ-शोधन का बहुमूल्य कार्य किया है।

जे.पी. सिंह

द्वितीय संस्करण की प्रस्तावना

प्रस्तुत पुस्तक नये सिरे से संशोधित और परिवर्द्धित की गयी है। इसमें आवश्यकतानुसार नवीन तथ्यों को जोड़ा गया है। बुनियादी अवधारणाएँ के रूप में एक नया अध्याय जोड़ दिया गया है। साथ ही पठन में सहजता की दृष्टि से पूर्व के समस्त अंग्रेजी उद्धरणों के हिन्दी अनुवाद दे दिए गए हैं। इस प्रकार यह पुस्तक पहले की अपेक्षा अधिक उपयोगी हो गयी है, ऐसा मुझे लगता है। इस पुस्तक में इस बात पर विशेष ध्यान दिया गया है कि पाठकों को समाजशास्त्र पर नवीनतम तथ्यों की जानकारी मिले। मैंने इस बात की पूरी कोशिश की है कि अंग्रेजी माध्यम से अध्ययन करने वाले लोगों की तुलना में हिन्दी माध्यम से पठन-पाठन करने वाले छात्रगण ज्ञान की दृष्टि से पीछे नहीं रहें। अमरीका एवं इंग्लैंड में अंग्रेजी भाषा में लिखी गयी नवीनतम उच्च स्तरीय पुस्तकों को आधार मानकर विभिन्न प्रकार के समाजशास्त्रीय तथ्यों को एक जगह इकट्ठा कर भारतीय परिप्रेक्ष्य में एक मौलिक ढँग से विश्लेषण करने का मैंने पूरा प्रयास किया है।

अंग्रेजी माध्यम से पढ़ने वाले पाठकों के लिए भी यह पुस्तक कोई कम उपयोगी साबित नहीं होगी। इस पुस्तक में इतने अधिक तथ्य एक जगह संकलित कर दिये गये हैं कि इस विषय पर पाँच-दस अंग्रेजी की पुस्तकों को पढ़ लेना भी उनके लिए पर्याप्त नहीं होगा। कोशिश यही रही है कि जिस विषय-वस्तु पर भी लिखा जाय उस पर अब तक के समस्त समाजशास्त्रीय ज्ञान का निचोड़ रखा जाए, ताकि पाठक वहाँ से कुछ आगे सोचने या जानने का प्रयास कर सकें। पाठकों की सुविधा को ध्यान में रखकर अंग्रेजी के तकनीकी शब्दों का भी जरूरी जगहों पर प्रयोग किया गया है।

जहाँ तक संभव हुआ है, इस विषय पर प्रमुख विद्वानों के विचारों को समेटकर सिलसिलेवार ढँग से मैंने रखने का प्रयास किया है। एक ही विषय पर भिन्न-भिन्न लेखकों के भिन्न-भिन्न दृष्टिकोण हैं। उन तमाम अहम विचारों को काफी हद तक शामिल करने का प्रयास किया गया है। जो विद्वान लेखक वैचारिक दृष्टिकोण से अधिक उपयुक्त लगे हैं, उन पर कुछ अधिक ही प्रकाश डाला गया है। अपनी ओर से उपयुक्त प्रसंगों पर मैंने अपने ढँग से एक आलोचनात्मक दृष्टिकोण प्रस्तुत करने का प्रयास किया है। भारत के विभिन्न विश्वविद्यालयों के एम.ए. तथा अन्य उच्च स्तर के पाठकों व प्रतियोगी छात्रों की आवश्यकताओं को ध्यान में रखकर इसकी रचना एक स्तरीय पाठ्य-पुस्तक के रूप में की गयी है। शायद किसी भी स्तर के विद्यार्थियों के लिए इससे अधिक जानने की आवश्यकता नहीं पड़ेगी। यह पुस्तक मात्र छात्रों के लिए ही नहीं बल्कि शिक्षकों के लिए भी कम उपयोगी नहीं होगी, ऐसा मैं विनम्र भाव से विश्वास करता हूँ। पाठकों का ध्यान आकृष्ट करने के लिए प्रमुख समाजशास्त्रीय पारिभाषिक शब्दों एवं कृतियों को मोटे अक्षरों में दिया गया है।

प्रस्तुत पुस्तक में इस बात पर विशेष रूप से ध्यान दिया गया है कि कठिन-से-कठिन समाजशास्त्रीय तथ्यों एवं सिद्धान्तों को सरल-से-सरल ढँग से रखा जाए ताकि किसी भी स्तर के पाठकों को इस पुस्तक को समझने में कोई कठिनाई नहीं हो। सरल तथ्यों को कठिन भाषा के माध्यम से व्यक्त करने का मैं घोर विरोधी हूँ। खेद की बात यह है कि भारतीय समाजशास्त्र में ऐसे भी लेखक हैं, जो जानबूझकर कठिन-से-कठिन शब्दों का प्रयोग कर सरल-से-सरल समाजशास्त्रीय तथ्यों को जटिल बनाकर इस विषय को कुछ ज्यादा ही भारी-भरकम साबित करने का प्रयास किया करते हैं।

हम भारतीय लोग साधारणतया विदेशी शब्दों को अपनी मातृभाषा की तरह ही उच्चारण करने के आदी हैं। फलस्वरूप हम बहुत सारे विदेशी समाजशास्त्रियों के नाम गलत ढँग से उच्चारण करते हैं। खेद की बात यह है कि

हिन्दी में जितनी भी पुस्तकें अब तक उपलब्ध हैं, उन सभी में कुछ-न-कुछ नामों की अशुद्धियाँ अवश्य हैं। इसके पक्ष में यह तर्क बिल्कुल बेतुका है कि नाम के उच्चारण की गलती, गलती नहीं मानी जाती है। हर एक शब्द का एक मानक उच्चारण होता है और किसी बड़े विचारक या लेखक का नाम हास्यास्पद ढँग से उच्चरित करना उनकी तौहिन है, चाहे इसे हम अपनी अज्ञानतावश ही क्यों न करते हों। इस पुस्तक में जहाँ तक संभव हुआ है The Random House Dictionary of the English Language, Everyman's English Pronouncing Dictionary, फ़ादर कामिल बुल्के के अँगरेजी-हिन्दी कोश एवं पाश्चात्य देशों में अपने अध्ययन एवं शोध के दौरान जो मुझे सीखने का अवसर प्राप्त हुआ है, उस आधार पर विदेशी नामों का शुद्ध उच्चारण देने का मैंने भरसक प्रयास किया है। जहाँ तक संभव हो सके हमें शुद्ध उच्चारण ही करना चाहिए। गलत ज्ञान को ज्ञान की श्रेणी में नहीं रखा जा सकता है।

नाम के उच्चारण के अतिरिक्त कुछ समाजशास्त्रीय शब्दों का गलत अनुवाद भी प्रचलन में है। शब्दों का अनुवाद हमेशा शब्दकोशीय अर्थ में नहीं किया जाना चाहिए। तकनीकी शब्दों के अनुवाद में हमें उसके विषय सन्दर्भ पर भी ध्यान रखना चाहिए। यह बात भी ध्यान देने योग्य है कि जब कोई सरल और लोकप्रिय शब्द उपलब्ध हो, तो हमें खामखाह कठिन शब्दों का प्रयोग नहीं करना चाहिए; जैसे– Status के लिए स्थिति या हैसियत ज्यादा सरल और लोकप्रिय शब्द उपलब्ध है, तो स्थिति में 'प्र' उपसर्ग लगाकर प्रस्थिति बनाने से कोई विशेष लाभ नहीं है। उसी प्रकार Ascriptive Status, Dysfunction एवं Nuclear Family के लिए क्रमश: आरोपित स्थिति, दुष्प्रकार्य एवं मूल परिवार, प्रदत्त (अध्यारोपित) स्थिति, एकाकी परिवार एवं अप्रकार्य की तुलना में ज्यादा उपयुक्त, अर्थपूर्ण एवं सन्दर्भगत शब्द हैं। अनुवाद करते समय हमें हमेशा यह ध्यान में रखना चाहिए कि विभिन्न विद्वानों ने अपनी कृतियों में विभिन्न समाजशास्त्रीय अवधारणाओं को किस रूप में प्रयोग किया है। तकनीकी शब्दों की उपयुक्त हिन्दी की तलाश में वै. ज्ञानिक तथा तकनीकी शब्दावली आयोग (भारत सरकार) के विभिन्न कोशों, फ़ादर कामिल बुल्के का अँगरेजी-हिन्दी शब्दकोश एवं हरदेव बाहरी का अंग्रेजी-हिन्दी पारिभाषिक शब्दकोश का काफी प्रयोग हुआ है। कुछ जगहों पर अपनी ओर से नये पारिभाषिक शब्द भी दिये गये हैं।

पाठकों को कहीं-कहीं पर अंग्रेजी के शब्दों के हिज्जे में संशय हो सकता है, जैसे– Behaviour जैसे शब्द में कहीं-कहीं '**u**' देखने को नहीं मिलेगा। जहाँ कहीं भी अमरीकी समाजशास्त्रियों के अवलोकन को ठीक उसी रूप में उद्धृत किया गया है वहाँ वर्तनी या हिज्जे में कोई परिवर्तन नहीं लाया गया है, क्योंकि परिवर्तन लाना गलत माना जाता है। जब भी किसी विचार को उद्धृत किया जाता है तो दूसरे लेखकों की भाषा में परिवर्तन करने की कोई आजादी नहीं होती है। लेकिन विद्यार्थी परीक्षा में ब्रिटिश वर्तनी ही लिखें, क्योंकि अमरीकी वर्तनी को कुछ परीक्षक कहीं गलत न समझ बैठें।

यहाँ एक और विशेष बात उल्लेखनीय यह है कि बहुत सारे उद्धरणों और लेखकों के नाम के साथ वर्ष एवं कुछ अंक छपे हैं। वहाँ वर्ष का सम्बन्ध उस पुस्तक के प्रकाशन के वर्ष से है, जो वहाँ उद्धृत है। वर्ष के बाद उस पुस्तक के जिस पृष्ठ पर वह बात कही गयी है, वह पृष्ठ संख्या भी दे दी गयी है। इस ढँग की परिपाटी का अनुसरण हम स्तरीय अनुसंधान प्रकाशनों में करते हैं, लेकिन पाश्चात्य देशों में यह परिपाटी अनुसंधान के साथ-साथ पाठ्य-पुस्तकों में भी देखने को मिलती है। ऐसा करने से अक्सर पादटिप्पणी देने की परेशानी नहीं होती है। जो लोग उस विषय पर कुछ ज्यादा जानना चाहते हैं, वे आसानी से प्रकाशन के वर्ष एवं पुस्तक की पृष्ठ संख्या को देखकर अधिक-से-अधिक जानकारी हासिल कर सकते हैं तथा जरूरत पड़ने पर उन तथ्यों का पुन: परीक्षण भी कर सकते हैं।

मैं उदय नारायण सिंह के प्रति आभार व्यक्त करना चाहता हूँ जिन्होंने नि:स्वार्थ भाव से प्रूफ-संशोधन का काम किया है। उन्होंने पूरी योग्यता एवं तन्मयता के साथ सहयोग देकर इस कार्य को शीघ्रता से ही नहीं किया, बल्कि बहुत-सारी कमियों को भी दूर करने का प्रयास किया है। मैं उन तमाम मित्रों, शुभचिन्तकों, सहकर्मियों एवं विज्ञ समीक्षकों का कृतज्ञ हूँ जिनकी प्रशंसा के साथ-साथ रचनात्मक सुझावों की मदद से यह पुस्तक वर्तमान स्वरूप को प्राप्त कर सकी है।

जे.पी. सिंह

1

समाजशास्त्र का स्वरूप, उसका क्षेत्र या विषय-वस्तु एवं विकास। समाजशास्त्र की उपयोगिता तथा अन्य समाजविज्ञानों के साथ इसका सम्बन्ध

(Sociology: Nature, Scope and its Emergence. Relevance of Sociology and its Relationship with Other Social Sciences)

हजारों साल से समाज की समस्याओं पर विचार व्यक्त किया जा रहा है। कौटिल्य का अर्थशास्त्र और अरस्तू (Aristotle) की **Politics** नामक पुस्तक इस बात का प्रमाण है। आज जब भी भारत एवं यूनान जैसे प्राचीन समाज को समझने की आवश्यकता होती है, तो हम उन पुस्तकों का सहारा लेने को बाध्य हो जाते हैं। उसी तरह से दुनिया के अन्य प्राचीन समाजों के अध्ययन के लिए हम उन समाजों के कुछ प्राचीन ग्रन्थों की मदद लेते हैं, इसके बावजूद समाजशास्त्र अन्य समाजविज्ञानों की तुलना में सबसे आधुनिक विषय है और भारत के लिए तो यह अत्याधुनिक है। समाजशास्त्र इसलिए भी एक आधुनिक विषय है कि यह समाज की विभिन्न समस्याओं का एक विशेष दृष्टिकोण (Perspective) में वैज्ञानिक ढँग से अध्ययन करता है, जो इस विषय के आगमन के पहले किसी भी विषय में सम्भव नहीं हो पाया था। समाजशास्त्र एक समाजविज्ञान के रूप में कोई 120 साल पुराना है।

'समाजशास्त्र' (Sociology) शब्द का प्रयोग सबसे पहले एक फ्रांसीसी दार्शनिक ऑगस्त कौंत (**Auguste** Marie Francois Xavier **Comte**) ने उन्नीसवीं सदी के पूर्वार्द्ध में किया था। इस शब्द का ***Sociologie*** प्रथम हिज्जे या वर्तनी है।[1] चूँकि 'Sociology' शब्द और उस विषय को सबसे पहले ऑगस्त कौंत ने विकसित किया था, इसलिए उन्हें **समाजशास्त्र का जनक (Father of Sociology)** कहा जाता है। उन्होंने इस विषय की कल्पना फ्रांस की औद्योगिक क्रान्ति (Industrial Revolution) से उत्पन्न सामाजिक समस्याओं के अध्ययन करने के लिए की थी। समय के साथ धीरे-धीरे यह विषय जर्मनी, इंगलैण्ड और यूरोप के अन्य देशों में फैलता गया और आज यह सारी दुनिया

---

1. साधारणतया विभिन्न पुस्तकों में Auguste Comte को अगस्त 'काम्टे', 'कुम्ट', 'कॉम' इत्यादि लिखा गया है, परन्तु वे तमाम उच्चारण गलत हैं। इसका प्रामाणिक उच्चारण अंग्रेजी और फ्रांसीसी भाषा में **'ऑगस्त कौंत'** होता है।

में एक लोकप्रिय विषय के रूप में स्थापित हो गया है। समाजशास्त्र के प्रारम्भिक लेखकों में कौंत के अलावा स्पेंसर (Herbert Spencer), एमिल डर्कहाइम (Emile Durkheim) तथा मैक्स वेबर (Max Weber) के नाम विशेष रूप से लिये जाते हैं। समाजशास्त्र के विकास में इन लोगों का बहुत ही महत्त्वपूर्ण योगदान रहा है।

अधिकांश व्यक्ति यह जानते हैं कि इतिहास, भौतिक विज्ञान या रसायनशास्त्र क्या है, लेकिन वे यह नहीं जानते हैं कि समाजशास्त्र क्या है? सत्य तो यह है कि कभी-कभी समाजशास्त्रियों के बीच भी यह संशय बना रहता है कि समाजशास्त्र क्या है? निस्सन्देह समाजशास्त्र की एक सर्वमान्य परिभाषा देना एक चुनौती भरा कार्य है। प्रारम्भ से लेकर आज तक समाजशास्त्र की विभिन्न परिभाषाएँ दी गयी हैं, पर उन परिभाषाओं से वर्तमान समाजशास्त्र का सही स्वरूप स्पष्ट नहीं हो पाता है। समाजशास्त्र की परिभाषाओं की विभिन्नताओं की पृष्ठभूमि में दो मुख्य कारण रहे हैं–

1. समय के साथ समाजशास्त्र में काफी विकास हुआ है, फलस्वरूप उसके विषय-क्षेत्र में भी काफी परिवर्तन और विस्तार हुए हैं।
2. विषय-क्षेत्र में परिवर्तन एवं विकास के साथ-साथ नये दृष्टिकोण भी आये हैं, जो बहुत हद तक एक-दूसरे के परस्पर विरोधी भी हैं।

इसके बावजूद कि समाजशास्त्र की कोई सर्वमान्य परिभाषा नहीं है, यहाँ हम कुछ परिभाषाओं पर विचार करेंगे, जिससे यह स्पष्ट करने में आसानी होगी कि समय के साथ समाजशास्त्र के स्वरूप में कितना परिवर्तन आया है। इसके अलावा, इससे यह भी स्पष्ट होगा कि समाजशास्त्रियों के बीच दृष्टिकोण सम्बन्धी कितना फ़र्क है। उदाहरणस्वरूप, मैक्स वेबर ने समाजशास्त्र की परिभाषा देते हुए कहा है कि समाजशास्त्र वह विज्ञान है, जो सामाजिक क्रिया (Social Action) का विश्लेषणात्मक अध्ययन करता है। यहाँ सामाजिक क्रिया से तात्पर्य सामाजिक व्यवहार से है। जब हम किसी सामाजिक व्यवहार की बात करते हैं, तब इसका अर्थ वैसे व्यवहार से होता है जिसे लोग किसी व्यक्ति या समूह के सन्दर्भ में करते हैं। एकान्त में भगवान का ध्यान करना सामाजिक व्यवहार नहीं है, क्योंकि ऐसे व्यवहार का सम्बन्ध न तो किसी व्यक्ति से है और न ही किसी समूह से।

गिन्जबर्ग (M. Ginsberg, 1949: 1) के अनुसार "समाजशास्त्र व्यापक अर्थों में मानवीय अन्त:क्रियाओं एवं अन्त:सम्बन्धों, उनकी अवस्थाओं एवं परिणामों का अध्ययन है।"[2] (In the broadest sense, sociology is the study of human interactions and interrelations, their conditions and consequences)। लेस्टर एफ. वार्ड (Lester F. Ward) ने कहा कि 'समाजशास्त्र समाज का या सामाजिक घटनाओं (या तथ्यों) का विज्ञान है' (Sociology is the science of society or of social phenomena)।

कुछ अन्य समाजशास्त्रियों ने सामाजिक सम्बन्धों से अधिक सामाजिक व्यवहार पर बल दिया है, जैसे पार्क एवं बर्ज़िस (Park and Burgess) ने कहा है कि समाजशास्त्र सामूहिक व्यवहार का विज्ञान है (Sociology is the science of collective behavior.)। परन्तु मकीवर और पेज (R.M. MacIver and Charles H. Page, 1985) ने समाजशास्त्र को सामाजिक सम्बन्धों का विज्ञान कहा है (Sociology is 'about' social relationships)। इस विज्ञान का विस्तृत परिचय देते हुए उन्होंने कहा है कि समाजशास्त्र सामाजिक संरचना में एकता और व्यवस्था के सूत्रों की खोज की चेष्टा करता है, एक निश्चित परिवेश में इस संरचना का जन्म एवं विकास किस प्रकार होता है, उसे समझने की कोशिश करता है तथा सामाजिक संरचनाओं के प्रभावशाली सन्तुलन, अनिवार्य परिवर्तनों एवं परिवर्तन के निर्धारकों को समझने का प्रयास करता है।

जॉनसन ने समाजशास्त्र को सामाजिक समूहों का एक अध्ययन कहा है। उनके द्वारा दी गयी परिभाषा इस तरह से है– "समाजशास्त्र एक विज्ञान है, जो सामाजिक समूहों का अध्ययन करता है, विशेषकर उनकी आन्तरिक आकृति या

---

2. **Everyman's English Pronouncing Dictionary**— Daniel Jones (ELBS) के अनुसार, M. Ginsberg का सही उच्चारण '**गिन्जबर्ग**' है, न कि गिन्सबर्ग या जिन्सबर्ग।

व्यवस्था की विधियों, प्रक्रियाओं का, जो व्यवस्था के इन रूपों को बनाये रखता है या उनमें परिवर्तन लाने की चेष्टा करता है तथा समूहों के बीच के सम्बन्धों का।"[3]

समूह के अस्तित्व का यदि विश्लेषण किया जाये तो यह स्पष्ट होता है कि समाज में रहते हुए मूलतः हम विभिन्न समूहों के ही सदस्य होते हैं। छोटे-बड़े समूहों के योग से ही समाज निर्मित होता है। इन समूहों में रहते हुए हम अन्य व्यक्तियों या समूहों से सम्बन्धों के जाल को निर्मित करते हैं। जॉनसन ने कहा है कि समाजशास्त्र समूहों में परिवर्तन या उनमें स्थिरता प्रदान करने वाले कारकों का अध्ययन करता है। उसी प्रकार सम्बन्धों के जाल में भी परिवर्तन होते हैं और साधारणतया वे ही कारक इसमें भी परिवर्तन या स्थिरता लाते हैं, जो समूह में लाते हैं। यदि समूह का स्वरूप स्थिर है, तो 'सम्बन्धों के जाल' का स्वरूप भी स्थिर होगा। अतः हम कह सकते हैं कि जॉनसन और मकीवर की परिभाषाओं के बीच विषय-वस्तु सम्बन्धी कोई विशेष अन्तर नहीं है और यदि कोई अन्तर है भी, तो यह केवल दृष्टिकोण का है।

समाजशास्त्र की जितनी भी परिभाषाएँ दी जायें, हम मात्र उन परिभाषाओं की मदद से समाजशास्त्र के सही स्वरूप को नहीं समझ सकते हैं। समाजशास्त्र क्या है एवं इसका क्या विषय-क्षेत्र है, यह समझने के लिए अलेक्स इंकल्स (Alex Inkeles, 1977) के द्वारा दिये गये तीन मार्गों की चर्चा करना आवश्यक है, जो इस प्रकार हैं– (1) ऐतिहासिक मार्ग (Historical Path), (2) अनुभवाश्रित मार्ग (Empirical Path) एवं (3) विश्लेषणात्मक मार्ग (Analytical Path)। संक्षेप में इनकी चर्चा यहाँ बारी-बारी से की जा रही है।

1. ऐतिहासिक मार्ग (Historical Path)— आरम्भिक समाजशास्त्रियों की कृतियों के माध्यम से यह जाना जा सकता है कि उनकी रचनाओं का केन्द्रबिन्दु क्या था, अर्थात् उन लेखकों ने किन तथ्यों का अध्ययन करने का प्रयास किया था। कुछ सामाजिक विचारकों के विचार समाजशास्त्र के विकास में विशेष उपयोगी माने जाते हैं, जैसे– कौंत, स्पेंसर, डर्कहाइम, मैक्स वेबर (A. Comte, H. Spencer, E. Durkheim, Max Weber, etc.) आदि।

कौंत ने समाजशास्त्र को दो भागों में बाँटा है– सामाजिक स्थिरता और सामाजिक गतिशीलता **(Social Statics and Social Dynamics)**। सामाजिक स्थिरता के अन्तर्गत कौंत ने संस्थात्मक जटिलताओं को रखा और सामाजिक गतिशीलता के अन्तर्गत विकास एवं परिवर्तनशीलता को।

स्पेंसर के अनुसार समाजशास्त्र के अन्तर्गत परिवार, राजनीति, धर्म, सामाजिक नियन्त्रण, उद्योग आदि को रखा जा सकता है। डर्कहाइम की कृतियों में समाजशास्त्रीय दृष्टिकोण अधिक स्पष्ट प्रतीत होता है। उन्होंने व्यक्ति और समाज की चर्चा के क्रम में समाज या समूह के महत्त्व पर बल देते हुए कहा है कि व्यक्ति का समाज से अलग कोई महत्त्व नहीं होता है। उन्होंने समाजशास्त्र के अन्तर्गत धर्म, कानून, नैतिकता, विवाह, परिवार, अपराध आदि को रखा। वेबर के अनुसार समाजशास्त्र वह विज्ञान है, जो सामाजिक क्रिया (Social Action) का वैज्ञानिक विश्लेषण करता है। उनके अनुसार धर्म, आर्थिक कार्य-कलाप, सत्ता, वर्ग, शासनतन्त्र आदि को समाजशास्त्र के अन्तर्गत रखा जा सकता है।

यहाँ यह स्पष्ट होता है कि समाजशास्त्र को परिभाषित करने के क्रम में विभिन्न विचारकों ने विभिन्न मत व्यक्त किये हैं, लेकिन इस भिन्नता के बावजूद इनमें कुछ मूलभूत समानताएँ भी हैं। सभी ने इस बात पर बल दिया है कि समूह और संस्थाओं का बड़ा-से-बड़ा स्वरूप, जैसे– राज्य के अध्ययन में भी समाजशास्त्रीय दृष्टिकोण कारगर सिद्ध हो सकता है। इसके अतिरिक्त सामाजिक व्यवहार, अपराध या धर्म का समाजशास्त्रीय पहलू भी अत्यन्त महत्त्वपूर्ण है।

2. अनुभवाश्रित मार्ग (Empirical Path)— इसके अन्तर्गत हम यह जानने का प्रयास करते हैं कि वर्तमान समय में समाजशास्त्रियों की रुचि किस प्रकार की समस्याओं में है, उनकी अध्ययन-पद्धति किस प्रकार की है और

---

3. "Sociology is the science that deals with the social groups: their internal forms or modes of organization, the processes that tend to maintain or change these forms of organization, and the relations between groups." — H.M. Johnson, **Sociology**, Allied Publishers Pvt. Ltd., New Delhi, 1983, p. 2.

उनका प्रस्तुतीकरण किस प्रकार किया गया है। विभिन्न पुस्तकों एवं शोध-पत्रिकाओं में प्रकाशित लेखों के माध्यम से इस बात की जानकारी मिलती है कि वर्तमान समय में समाजशास्त्री किन-किन विषयों का अध्ययन करते हैं। आज समाजशास्त्र में विभिन्न प्रकार की शाखाएँ, जैसे– ग्रामीण समाजशास्त्र, नगरीय समाजशास्त्र, औद्योगिक समाजशास्त्र, परिवार का समाजशास्त्र, चिकित्सा का समाजशास्त्र, **समाजशास्त्र का समाजशास्त्र (Sociology of Sociology)**, विधि का समाजशास्त्र आदि देखने को मिलते हैं। इसके अतिरिक्त सैद्धान्तिक स्तर पर भी अनेक नयी प्रवृत्तियाँ देखने को मिलती हैं, जैसे– नृजातीय पद्धतिशास्त्र **(Ethnomethodology), दृश्यघटना-विज्ञान (Phenomenology) विनिमय सिद्धान्त (Exchange Theory)** आदि। कहीं पर अर्द्ध-सहगामी अवलोकन विधि का प्रयोग किया जा रहा है, तो कहीं प्रश्नावली एवं साक्षात्कार विधि काम में लायी जा रही है। इस तरह, यह स्पष्ट होता है कि विषय की नवीनता एवं पद्धति की विविधता की दृष्टि से समाजशास्त्र में नये आयाम जुड़े हैं।

3. विश्लेषणात्मक मार्ग (Analytical Path)— समाजशास्त्र को सिर्फ इसी आधार पर नहीं समझा जा सकता है कि इसके प्रमुख प्रवर्तकों ने किन-किन विषयों का अध्ययन किया या समकालीन समाजशास्त्री क्या कर रहे हैं। यह इस तथ्य से भी समझा जा सकता है कि हमारा अपना विवेक क्या कहता है। इसके लिए हमें विभिन्न विचारों से अवगत होने की आवश्यकता है।

जब हम समाजशास्त्र के स्वरूप के सम्बन्ध में विभिन्न मतों एवं परिभाषाओं पर विचार करते हैं तो कई तरह के विचार देखने को मिलते हैं। उन तमाम विचारों को अलेक्स इंकल्स (Alex Inkeles) ने तीन भागों में बाँटा है, जो इस तरह हैं–

1. समाज के अध्ययन के रूप में समाजशास्त्र (Sociology as the study of society)— बहुत से समाजशास्त्रियों का ऐसा विचार है कि समाजशास्त्र पूरे समाज का उसकी समग्रता (Totality) में अध्ययन करता है। इस विचार को मानने वालों ने समाजशास्त्र को समाज की आन्तरिक समस्याओं का समाज किन-किन तत्त्वों के मिलने से बना है तथा उन तत्त्वों के मिलने से समाज किस प्रकार कार्य करता है इत्यादि विषयों का अध्ययन माना है। कौंत, स्पेंसर, मैक्स वेबर आदि समाजशास्त्री इसी वर्ग के अन्तर्गत आते हैं।

2. संस्थाओं के अध्ययन के रूप में समाजशास्त्र (Sociology as the study of institutions)— दूसरी ओर, कुछ ऐसे भी समाजशास्त्री हैं, जो यह मानते हैं कि समाजशास्त्र समाज में पायी जाने वाली विभिन्न संस्थाओं, जैसे– परिवार, जाति, धर्म, नातेदारी, प्रथा, राजनीतिक दल, शैक्षणिक और सांस्कृतिक संस्थाओं का अध्ययन करता है। इस विचार के मानने वालों की संख्या बहुत अधिक नहीं है। कुछ प्रमुख समाजशास्त्रियों में डर्कहाइम का नाम सबसे ऊपर है। उन्होंने आज से करीब सौ वर्ष पूर्व कहा था कि 'समाजशास्त्र संस्थाओं का विज्ञान है।' (Sociology is the science of institutions)।

3. सामाजिक सम्बन्धों के अध्ययन के रूप में समाजशास्त्र (Sociology as the study of social relationships)— इस विचारधारा के मानने वालों में मकीवर तथा पेज का नाम सबसे ऊपर है। उनका कहना है कि समाज सामाजिक सम्बन्धों का एक जाल है और समाजशास्त्र उन्हीं अमूर्त सामाजिक सम्बन्धों का एक अध्ययन है। उदाहरणस्वरूप, परिवार के अन्तर्गत बहुत तरह के सम्बन्ध पाये जाते हैं, जैसे– पति-पत्नी का सम्बन्ध, भाई-बहन का सम्बन्ध, पिता और बच्चों का सम्बन्ध, माँ एवं बच्चों के बीच का सम्बन्ध इत्यादि। समाज में इस तरह के बहुत सारे सामाजिक समूह पाये जाते हैं, जिनके अन्तर्गत लोगों के मिलने से एक खास किस्म के सम्बन्धों का निर्माण होता है और समाजशास्त्र उन्हीं सम्बन्धों का एक वैज्ञानिक अध्ययन है।

समाजशास्त्र की परिभाषा का एक और भी दृष्टिकोण हो सकता है, जैसे कुछ विद्वान यह मानते हैं कि समाजशास्त्र सामाजिक समूहों का एक अध्ययन है। इस विचार के मानने वालों में जिटलिन (Irving. M. Zeitlin) तथा जॉनसन के नाम प्रमुख हैं। जॉनसन ने बताया है कि समाजशास्त्र के अन्तर्गत सामाजिक समूहों में चलने वाली विभिन्न प्रकार की प्रक्रियाएँ, जैसे– समूह का बनना, उसका विघटन होना और उसमें परिवर्तन होना इत्यादि का अध्ययन किया जाता है। चूँकि समाजशास्त्र

सामाजिक समूहों में होने वाले विभिन्न परिवर्तनों का अध्ययन एक विशिष्ट पद्धति के आधार पर करता है, इसलिए समाजशास्त्र को एक विज्ञान माना जाता है। समाजशास्त्र के स्वरूप के सम्बन्ध में यह एक काफी लोकप्रिय विचार है।

उपर्युक्त चर्चा से यह स्पष्ट होता है कि समाजशास्त्र का, सामाजिक घटनाओं पर एक विशेष दृष्टिकोण होता है। इस दृष्टिकोण के दो पहलू हैं– एक पहलू तो सामाजिक सम्बन्धों का है, जिसमें सहयोग और संघर्ष दोनों ही शामिल हैं। इसमें हम सामाजिक सम्बन्धों से उत्पन्न प्रभावों का अध्ययन करते हैं। दूसरे पहलू का उद्देश्य यह अध्ययन करना होता है कि कोई भी सामाजिक घटना हमारे सामाजिक सम्बन्धों, सामाजिक संस्थाओं, मूल्यों आदि को किस प्रकार प्रभावित करती है।

समाजशास्त्र का क्षेत्र या विषय-वस्तु (Scope or Subject Matter of Sociology)

अलेक्स इंकल्स (Alex Inkeles) द्वारा लिखी गयी पुस्तक **What is Sociology?** को छोड़कर शायद ही कोई पाठ्य पुस्तक गत दो दशकों में पाश्चात्य समाजशास्त्रियों द्वारा लिखी गयी है, जिसमें Scope या Subject Matter पर इतनी विस्तृत चर्चा की गयी हो। लेकिन अब अधिकांश पुस्तकों में इन बातों की चर्चा कम और समाजशास्त्रीय दृष्टिकोणों (Sociological Perspectives) की चर्चा ज़्यादा देखने को मिलती है। बहुत हद तक यह स्वाभाविक भी है, क्योंकि विभिन्न समाजविज्ञान धीरे-धीरे एक-दूसरे के करीब आते जा रहे हैं। अत: विषय-वस्तु के आधार पर विभिन्न समाजविज्ञानों को एक-दूसरे से अलग करना कभी-कभी बहुत कठिन हो जाता है। सत्य यह है कि दो समाजविज्ञानों के बीच विषय-वस्तु सम्बन्धी फ़र्क कम और विश्लेषण के नज़रिये या अध्ययन के दृष्टिकोण का फ़र्क ज़्यादा होता है।

दूसरी तरफ, भारतीय पाठ्य-पुस्तक लेखकों ने Scope और Subject Matter का अलग-अलग विस्तारपूर्वक वर्णन करने का प्रयास किया है। इतना ही नहीं, दोनों शब्दों को अलग करा कर समाजशास्त्र के विषय-क्षेत्र तथा विषय-वस्तु का वर्णन किया है। हिन्दी भाषा में जो फ़र्क विषय-क्षेत्र और विषय-वस्तु में किया जाता है या किया जा सकता है, ठीक वही अन्तर Scope तथा Subject Matter के बीच अंग्रेजी भाषा में नहीं है। ये दोनों शब्द एक-दूसरे से काफी मिलते-जुलते और परस्पर व्याप्त (Overlapped) हैं। यहाँ मात्र शब्दों का हेर-फेर है। दोनों की अन्तर्वस्तु में कोई अलगाव नहीं है। जो समाजशास्त्र की विषय-वस्तु है, वही उसका विषय-क्षेत्र भी है। यही कारण है कि पाश्चात्य समाजशास्त्रियों द्वारा लिखी गयी तमाम प्रामाणिक पुस्तकों में ये दोनों शब्द एक ही अर्थ में प्रयोग किये गये हैं। यह इस बात से भी स्पष्ट होता है कि जो Scope के अन्तर्गत लिखा गया है, वही तथ्य दूसरी पुस्तकों में Subject Matter के अन्तर्गत लिखा गया है। चूँकि समाजशास्त्र की विषय-वस्तु और विषय-क्षेत्र आपस में घनिष्ठ रूप से जुड़े हैं, इसलिए दोनों शब्दों को एक ही अर्थ में प्रयोग किया जाना चाहिए।[4]

प्रारम्भ से लेकर विगत दो दशकों तक इस बात की चर्चा होती रही है कि समाजशास्त्र की विषय-वस्तु क्या है? विभिन्न समाजशास्त्रियों ने विषयों की अपनी-अपनी सूची पेश की है और धीरे-धीरे इस सूची में काफी विस्तार भी हुआ है। यहाँ हम कुछ सूचियों की एक संक्षिप्त चर्चा कर रहे हैं।

गिन्जबर्ग के अनुसार एमिल डर्कहाइम ने समाजशास्त्र की विषय-वस्तु को तीन भागों में बाँटा है[5]–

---

4. वैसे तो यहाँ विषय-क्षेत्र या विषय-वस्तु को अलग से लिखने की आवश्यकता नहीं है, क्योंकि जब हम समाजशास्त्र के स्वरूप की चर्चा कर चुके हैं तो उसके अंतर्गत वे सारी बातें चली आयी हैं। चूँकि परीक्षाओं में विषय-वस्तु या विषय-क्षेत्र पर अक्सर प्रश्न पूछा जाता रहा है, इसलिए उसकी चर्चा यहाँ अलग से कर दी जाती है। परन्तु इन दोनों शब्दों को यहाँ एक ही अर्थ में प्रयोग किया जा रहा है।
5. प्राय: हिन्दी की सभी पाठ्य-पुस्तकों में डर्कहाइम के समाजशास्त्र के विषय-वस्तु सम्बन्धी विचारों को कुछ गलत ढँग से रखा गया है। यहाँ उनके विचारों को मूल स्रोत के आधार पर प्रस्तुत करने का प्रयास किया गया है। विद्वतजन अपना संशय दूर करने के लिए मॉरिज गिन्जबर्ग की पुस्तक 'Sociology' देख सकते हैं। — Morris Ginsberg, **Sociology**, Surjeet Publications, New Delhi, 1979, p. 16.

1. सामाजिक आकृति विज्ञान (Social Morphology)— डर्कहाइम का मानना है कि भौगोलिक पर्यावरण या क्षेत्रीय परिस्थिति तथा मानव-जीवन के बीच बहुत गहरा सम्बन्ध है। भौगोलिक परिस्थिति सिर्फ व्यक्तियों के जीवन को ही प्रभावित नहीं करती है, बल्कि समस्त सामाजिक जीवन को भी प्रभावित करती है। किसी क्षेत्र की जनसंख्या के आकार, घनत्व, संरचना इत्यादि भी भौगोलिक पर्यावरण से प्रभावित होते हैं और पुन: सामाजिक व्यवस्था उनसे प्रभावित होती है। अत: समाजशास्त्र का प्रमुख उद्देश्य यह अध्ययन करना होता है कि भौगोलिक पर्यावरण और समाज के बीच किस प्रकार का सम्बन्ध है।

2. सामाजिक संरचना (Social Physiology)— डर्कहाइम ने कहा है कि समाजशास्त्र नैतिकता, धर्म, आर्थिक व्यवस्था तथा कानून जैसे जटिल विषयों का भी अध्ययन करता है, क्योंकि उनका सामाजिक तथ्यों (Social Facts) से गहरा सम्बन्ध होता है। सामाजिक संरचना के वे सभी प्रमुख तत्त्व हैं।

3. सामान्य समाजशास्त्र (General Sociology)— समाजशास्त्र के अन्तर्गत सामाजिक तथ्यों के स्वरूप एवं प्रकारों का अध्ययन किया जाता है, चूँकि इनके अध्ययन से यह मालूम होता है कि व्यक्ति और समाज का जीवन किन-किन तथ्यों से प्रभावित होता है। इसके अलावा सामान्य समाजशास्त्र का प्रमुख उद्देश्य यह पता लगाना होता है कि समाज के विभिन्न निर्धारक तत्त्व एक-दूसरे से किस प्रकार जुड़े हुए हैं और उन तत्त्वों में परिवर्तन के पीछे कौन-कौन से नियम-कानून काम करते हैं।

मैक्स वेबर ने भी समाजशास्त्र की विषय-वस्तु का उल्लेख किया है। वेबर के अनुसार सामाजिक क्रिया की वैज्ञानिक व्याख्या समाजशास्त्र की मुख्य विषय-वस्तु है। इसके अतिरिक्त उन्होंने जाति, वर्ग, सामाजिक असमानता, आर्थिक व्यवस्था, धर्म, नेतृत्व के प्रकार आदि को समाजशास्त्र की विषय-वस्तु माना है।

सोरोकिन (P. A. Sorokin) ने समाजशास्त्र की विषय-वस्तु में अनेक बातों को शामिल किया है। उनके अनुसार निम्नलिखित सामाजिक तथ्य समाजशास्त्र की विषय-वस्तु हैं–

1. धार्मिक, राजनीतिक, सामाजिक, आर्थिक आदि घटनाओं और उनके बीच पाये जाने वाले सह-सम्बन्ध।
2. भौगोलिक घटनाओं और सामाजिक जीवन पर उनका प्रभाव।
3. समाज में घटने वाली प्रत्येक घटना की आम विशेषताएँ।

गिन्जबर्ग (1979: 17–18) ने समाजशास्त्र की विषय-वस्तु को निम्नलिखित ढंग से रखा है[6]–

1. समाजशास्त्र का प्रमुख उद्देश्य सामाजिक सम्बन्धों के स्वरूप तथा प्रकारों का अध्ययन करना है तथा विभिन्न प्रकार के सम्बन्धों से समाज में कैसे विभिन्न प्रकार की समितियों और संस्थाओं का निर्माण होता है, अर्थात् समाजशास्त्र सामाजिक सम्बन्धों, समितियों और संस्थाओं के स्वरूप तथा प्रकारों का एक अध्ययन है।

2. समाजशास्त्र के अध्ययन का एक उद्देश्य यह भी पता लगाना है कि सामाजिक जीवन विभिन्न प्रकार के कारकों से किस प्रकार प्रभावित होता है तथा विभिन्न प्रकार के सामाजिक कारकों, जैसे– आर्थिक, राजनीतिक, नैतिक, धार्मिक, कानूनी तथा बौद्धिक कारकों के बीच किस प्रकार का अन्त:सम्बन्ध है।

3. गिन्जबर्ग ने कहा है कि समाजशास्त्र का उद्देश्य यह पता लगाना होता है कि समाज में सामाजिक परिवर्तन एवं अनवरतता की स्थिति कैसे उत्पन्न होती है। समाजशास्त्रियों के अध्ययन का उद्देश्य विभिन्न प्रकार की सामाजिक प्रक्रियाओं का अध्ययन करना होता है।

संक्षेप में गिन्जबर्ग के अनुसार समाजशास्त्र सामाजिक आकृति विज्ञान, सामाजिक नियन्त्रण तथा सामाजिक परिवर्तन एवं अनवरतता का अध्ययन करता है। समाजशास्त्र यह पता लगाने की कोशिश करता है कि विभिन्न प्रकार

---

6. बहुत से लेखकों ने अपनी पुस्तकों में यह लिख रखा है कि गिन्जबर्ग ने समाजशास्त्र की विषय-वस्तु को चार भागों में बाँटा है, जो भ्रामक है। गिन्जबर्ग के विचारों को यहाँ मूल रूप में रखा गया है। उनकी पुस्तक 'Sociology' को देखकर पाठक अपना सन्देह आसानी से दूर कर सकते हैं। देखें– Morris Ginsberg, **Sociology**, Surjeet Publications, New Delhi, 1979, pp. 17–18.

के सामाजिक सम्बन्धों के स्वरूप तथा उनके प्रकारों में परिवर्तन या स्थिरता किस प्रकार के नियम-कानून से सम्भव होती है।

अलेक्स इंकल्स ने समाजशास्त्र की विषय-वस्तु की और भी लम्बी सूची प्रस्तुत की है, वह इस प्रकार है–

(क) समाजशास्त्रीय विश्लेषण
1. मानव, संस्कृति तथा समाज
2. समाजशास्त्रीय परिप्रेक्ष्य (दृष्टिकोण)
3. समाजविज्ञानों में वैज्ञानिक पद्धति

(ख) सामाजिक जीवन की बुनियादी इकाइयाँ
1. सामाजिक क्रिया तथा सामाजिक सम्बन्ध
2. व्यक्तित्व
3. समूह (प्रजाति तथा वर्ग भी सम्मिलित हैं)
4. समुदाय : नगरीय एवं ग्रामीण
5. समितियाँ और संगठन
6. जनसंख्या
7. समाज

(ग) बुनियादी सामाजिक संस्थाएँ
1. परिवार एवं नातेदारी
2. आर्थिक संस्थाएँ
3. राजनीतिक तथा वैधानिक संस्थाएँ
4. धार्मिक संस्थाएँ
5. शैक्षणिक तथा वैज्ञानिक संस्थाएँ
6. मनोरंजनात्मक तथा कल्याण संस्थाएँ
7. कलात्मक तथा अभिव्यक्ति सम्बन्धी संस्थाएँ

(घ) मौलिक सामाजिक प्रक्रियाएँ
1. विभेदीकरण (Differentiation) और स्तरण
2. सहयोग, समायोजन (Accommodation) तथा स्वांगीकरण (Assimilation)
3. सामाजिक संघर्ष (क्रान्ति एवं युद्ध)
4. संचार (जनमत निर्माण, अभिव्यक्ति और परिवर्तन)
5. समाजीकरण तथा सिद्धान्तीकरण
6. सामाजिक मूल्यांकन (सामाजिक मूल्यों का अध्ययन)
7. सामाजिक विचलन (अपराध, आत्महत्या आदि)
8. सामाजिक नियन्त्रण
9. सामाजिक एकीकरण
10. सामाजिक परिवर्तन

यहाँ हमें यह नहीं समझ लेना चाहिए कि समाजशास्त्र मात्र इन्हीं विषयों का अध्ययन करता है। सत्य यह है कि समाजशास्त्र की विषय-वस्तु की कोई अन्तिम सूची नहीं हो सकती। जिस तेजी से समाजशास्त्र का विकास हो रहा है, उसी तेजी से इसकी विषय-वस्तु में भी वृद्धि होती जा रही है।

समाजशास्त्र के विषय-क्षेत्र के सम्बन्ध में विद्वानों के मतों को हम मुख्यत: दो भागों में बाँट सकते हैं– (1) रूपात्मक अथवा विशिष्टात्मक विचारधारा (Formal or Specialistic or Particularistic School) तथा (2) सांश्लेषिक विचारधारा (Synthetic School)। प्रथम विचारधारा के अनुसार समाजशास्त्र विशेष विज्ञान है और द्वितीय विचारधारा के अनुसार समाजशास्त्र एक सामान्य विज्ञान है। इन दोनों विचारधाराओं को हम यहाँ संक्षेप में स्पष्ट करने का प्रयत्न करेंगे।

1. रूपात्मक विचारधारा (Formal School)— इस मत के प्रमुख प्रवर्तक टॉनीज (F. Toennies) तथा जॉर्ज जिमेल (Georg Simmel)[7] हैं। इस मत से जुड़े अन्य विद्वानों में वीरकांट (A. Vierkandt), वॉन वीज (L. von Wiese)[8] आदि प्रमुख हैं। इस विचारधारा से सम्बन्धित समाजशास्त्रियों की मान्यता है कि अन्य विज्ञानों, जैसे– राजनीतिशास्त्र, मनोविज्ञान, अर्थशास्त्र, मानवशास्त्र, भौतिकशास्त्र, रसायनशास्त्र आदि की तरह ही समाजशास्त्र भी एक स्वतन्त्र तथा विशेष विज्ञान है। जैसे प्रत्येक विज्ञान की अपनी कुछ विशिष्ट समस्याएँ होती हैं, जिनका अध्ययन उस शास्त्र के अन्तर्गत किया जाता है, उसी प्रकार समाजशास्त्र के अन्तर्गत भी उसकी कोई अपनी विषय-वस्तु होनी चाहिए। ऐसा होने पर ही समाजशास्त्र एक विशिष्ट तथा स्वतन्त्र विज्ञान बन सकेगा और इसका क्षेत्र निश्चित हो सकेगा।

इस विचार के मानने वालों का कहना है कि समाजशास्त्र की विषय-वस्तु सामाजिक सम्बन्धों की अन्तर्वस्तु (Contents) नहीं है, बल्कि सम्बन्धों का स्वरूप (Forms) है। सामाजिक सम्बन्धों तथा तथ्यों का अध्ययन समस्त समाज के सन्दर्भ में किया जाना चाहिए, क्योंकि व्यक्ति से लेकर तमाम प्रकार के सामाजिक सम्बन्ध तथा तथ्य समाज की उपज हैं। उसे समाज से अलग करके नहीं देखा जाना चाहिए। इस मत के अन्य समर्थकों में बूगल (C. Bougle), रॉस (E.A. Ross), पार्क (Robert E. Park), बर्ज़िस (E.W. Burgess)[9] आदि के नाम उल्लेखनीय हैं। इस मत से सम्बन्धित सभी विद्वान समाजशास्त्र के क्षेत्र को सामाजिक सम्बन्धों के स्वरूपों के अध्ययन तक ही सीमित मानते हैं।

रूपात्मक विचारधारा पर अनिश्चितता और अस्पष्टता का आरोप है। इस मत के समर्थकों के सम्बन्ध में फिक्टर (J.H. Fichter) का कहना है कि इन्हें समाजशास्त्री नहीं सामाजिक दार्शनिक कहना चाहिए, क्योंकि इन्होंने सामाजिक जीवन की व्यावहारिक प्रकृति को समझने का प्रयत्न नहीं किया। इस मत की प्रमुख कमियाँ निम्नलिखित हैं–

1. इस मत से जुड़े विद्वानों का यह कहना उचित नहीं है कि सामाजिक सम्बन्धों के रूपों का अध्ययन किसी अन्य विज्ञान के द्वारा नहीं किया जाता है। सामाजिक सम्बन्धों के बहुत-से रूपों, जैसे– प्रभुत्व, सत्ता, शक्ति, स्वामित्व, आज्ञा-पालन, दासता, संघर्ष आदि का अध्ययन राजनीतिशास्त्र तथा विधिशास्त्र में काफी व्यवस्थित रूप में किया जाता है।

2. इस मत के समर्थक समाजशास्त्र को अन्य तमाम समाजविज्ञानों से पृथक् एक स्वतन्त्र और शुद्ध विज्ञान (Pure Science) बनाना चाहते हैं, परन्तु यह पूरी तरह सम्भव नहीं है। इसका कारण यह है कि विभिन्न समाजविज्ञानों में पारस्परिक निर्भरता पायी जाती है। तमाम समाजविज्ञान कुछ हद तक एक-दूसरे पर निर्भर करते हैं।

3. इस मत के समर्थकों ने रूप तथा अन्तर्वस्तु (Contents) में भेद किया है और इन्हें एक-दूसरे से अलग माना है। पर सामाजिक सम्बन्धों के रूप तथा अन्तर्वस्तु को एक-दूसरे से अलग करना सम्भव नहीं है।

4. इस विचारधारा के समर्थक समाजशास्त्र को एक नवीन विज्ञान मानते हुए इसके अध्ययन-क्षेत्र को सीमित रखने पर ज़ोर देते हैं। उनके अनुसार समाजशास्त्र का अध्ययन-क्षेत्र सामाजिक सम्बन्धों के कुछ विशिष्ट रूपों तक ही सीमित है। परन्तु इस प्रकार की मान्यता ठीक नहीं है।

---

7. **The Random House Dictionary of English Language** के अनुसार Simmel का प्रामाणिक उच्चारण मात्र **'जिमेल'** ही है, अन्य सभी उच्चारण, जैसे– सिमेल, गलत हैं।
8. पाठकों का यहाँ इस ओर ध्यान आकृष्ट किया जा रहा है कि इस जर्मन समाजशास्त्री का नाम तमाम हिन्दी की पुस्तकों में **वानवीज** लिखा गया है जो निस्सन्देह गलत है। उनका मूल नाम Leopold von Wiese था। अत: संक्षेप में सिर्फ **'वीस'** या **'वीज'** ही लिखना शुद्ध होगा।
9. E. Burgess– इस नाम का उच्चारण अक्सर ब्रगेस देखने को मिलता है, जो गलत है। इसका सही उच्चारण मात्र **'बर्ज़िस'** है।

5. समाजशास्त्र समाज का विज्ञान माना जाता है। आज यह प्रमाणित हो चुका है कि सामाजिक जीवन के विभिन्न पक्ष एक-दूसरे के साथ घनिष्ठ रूप से जुड़े हुए हैं। यदि सामाजिक जीवन के किसी एक भाग या पक्ष में कोई परिवर्तन होता है, तो उसका प्रभाव अन्य भागों या पक्षों पर भी देखने को मिलता है। अत: इस सम्प्रदाय के समर्थकों के अनुसार समाजशास्त्र के अन्तर्गत केवल सामाजिक सम्बन्धों के रूपों के अध्ययन पर ज़ोर देना सामाजिक जीवन के अन्य पक्षों की अवहेलना करने जैसा है।

यहाँ स्पष्ट है कि इस विचारधारा की मान्यताएँ बिलकुल सही नहीं हैं। इसके समर्थक समाजशास्त्र के अध्ययन-क्षेत्र को ठीक से स्पष्ट करने में असमर्थ रहे हैं। सोरोकिन का कहना है कि यदि इस विचारधारा की मान्यताएँ मान ली जातीं, तो समाजशास्त्र एक शास्त्रीय या पंडिताऊ तथा मृत विज्ञान होता, जिसमें मानव सम्बन्धों की एक अनुपयोगी सूची मात्र होती।

2. सांश्लेषिक विचारधारा (Synthetic School)— इस विचारधारा के प्रमुख समर्थकों में डर्कहाइम, हॉबहाउस, सोरोकिन तथा गिन्जबर्ग आदि के नाम विशेष रूप से उल्लेखनीय हैं, जो समाजशास्त्र को एक विशिष्ट विज्ञान बनाने की बजाय एक सामान्य विज्ञान बनाने के पक्ष में हैं। इन लोगों के अनुसार समाजशास्त्र का क्षेत्र सम्पूर्ण समाज है। इस सम्बन्ध में इस मत के समर्थकों ने दो तर्क दिये हैं–

1. इस विचारधारा के समर्थकों का कहना है कि प्रत्येक समाजविज्ञान के द्वारा समाज के किसी एक भाग या पक्ष का अध्ययन किया जाता है, उदाहरण के रूप में, राजनीतिशास्त्र द्वारा समाज के राजनीतिक पहलू का अध्ययन किया जाता है और अर्थशास्त्र के द्वारा आर्थिक पहलू का अध्ययन किया जाता है। ऐसा कोई भी विज्ञान नहीं है, जो सामाजिक जीवन के तमाम पक्षों का या सम्पूर्ण समाज का समग्र रूप में अध्ययन करता हो। इस अर्थ में समाजशास्त्र सभी समाजविज्ञानों से अलग है।

2. समाज की प्रकृति लगभग जीवधारी शरीर के समान है, जिसके विभिन्न अंग एक-दूसरे के साथ घनिष्ठ रूप से सम्बन्धित हैं और एक अंग में होने वाला कोई भी परिवर्तन दूसरे अंगों को प्रभावित किये बिना नहीं रह सकता है। अत: समाज को समझने के लिए उसकी विभिन्न इकाइयों को या अंगों के पारस्परिक सम्बन्धों को समझना अत्यन्त आवश्यक है।

उपर्युक्त तथ्यों को सोरोकिन ने एक सूत्र के द्वारा स्पष्ट करने का प्रयास किया है। उन्होंने कहा है कि यदि विभिन्न समाजविज्ञान N विज्ञान है, तो समाजशास्त्र N+1 विज्ञान है, क्योंकि समाजशास्त्र के अन्तर्गत उन तमाम तथ्यों का अध्ययन किया जाता है, जो सामान्य रूप से अन्य समाजविज्ञानों में पाया जाता है। इसी तथ्य को बीयरस्टेट (R. Bierstedt) ने और भी सरल ढँग से प्रस्तुत किया है। उन्होंने कहा है कि विभिन्न समाजविज्ञान सामाजिक जीवन के विभिन्न पक्षों का अध्ययन करते हैं, जबकि समाजशास्त्र इन तमाम विज्ञानों में जो तथ्य सामान्य (Common) रूप से मौजूद हैं, उनका अध्ययन करता है। इसे निम्नलिखित सूत्र के द्वारा स्पष्ट किया गया है–

राजनीतिशास्त्र	a, b, c, d, e, f
अर्थव्यवस्था	a, b, c, g, h, i
धर्म	a, b, c, j, k, l
कानून	a, b, c, m, n, o
मनोरंजन	a, b, c, p, q, r

उपर्युक्त विवरण में अ, ब, स (a, b, c) समान तथ्य के सूचक हैं, जो समाजशास्त्र की विषय-वस्तु हैं, पर इस मत की भी आलोचना हुई। सांश्लेषिक विचारधारा के विरुद्ध कुछ आलोचनाएँ इस तरह से हैं–

1. यदि समाजशास्त्र में तमाम प्रकार के सामाजिक तथ्यों एवं घटनाओं का अध्ययन किया जायेगा, तो यह अन्य समाजविज्ञानों की एक खिचड़ी मात्र या एक 'हरफनमौला' विज्ञान बनकर रह जायेगा।
2. यदि समाजशास्त्र एक सामान्य विज्ञान होगा, तो इसका अपना कोई स्वतन्त्र क्षेत्र नहीं होगा। ऐसी दशा में इसे अन्य विज्ञानों पर आधारित रहना पड़ेगा।

3. यदि समाजशास्त्र में सभी प्रकार के सामाजिक तथ्यों एवं घटनाओं का अध्ययन किया जाने लगे, तो ऐसी स्थिति में यह किसी भी तथ्य या घटना का पूर्णता के साथ अध्ययन नहीं कर सकता है।

आधुनिक समाजशास्त्र को एक निश्चित विषय-वस्तु की सीमा में बाँधा नहीं जा सकता है। समाजशास्त्र एक बृहत् समाजविज्ञान है और दिन-ब-दिन इसका विषय-क्षेत्र बृहत्तर ही होता जा रहा है। इसके फलस्वरूप आज समाजशास्त्र में बहुत प्रकार के विशिष्टीकरण (Specializations) का विकास हुआ है, जैसे– Industrial Sociology, Sociology of Religion, Sociology of Law and Morals, Sociology of Crime, Economic Sociology, Rural Sociology, Urban Sociology, Medical Sociology, Sociology of Aesthetics, Sociology of Sports, Sociology of Literature, Political Sociology, Sociology of Knowledge, Sociology of Sociology, etc. समय के साथ समाजशास्त्र के अन्तर्गत विभिन्न शाखाओं का विकास हुआ, उनमें से प्रमुख इस प्रकार हैं–

1. व्यावहारिक समाजशास्त्र (Applied Sociology)— समाजशास्त्र का वह क्षेत्र जिसका मुख्य उद्देश्य समस्याओं का निदान ढूँढ़ना होता है। इसे नीतिगत अनुसन्धान (**Policy Research**) भी कहा जाता है। व्यावहारिक समाजशास्त्र के अन्तर्गत कभी-कभी किसी योजना के कार्यान्वयन का मूल्यांकन भी किया जाता है, जिसे मूल्यांकन अनुसन्धान (**Evaluative Research**) कहा जाता है। व्यावहारिक समाजशास्त्र का प्रयोग सामाजिक सुधार और सामाजिक इंजीनियरिंग के साधन के रूप में भी किया जा सकता है। व्यावहारिक समाजशास्त्र में अपराध, बेरोज़गारी, बीमारी, वेश्यावृत्ति, भुखमरी, नशीली दवाओं का सेवन, जनसंख्या नियन्त्रण, भिक्षावृत्ति जैसी अनेक सामाजिक समस्याओं को सम्मिलित किया गया है।

2. वृद्धावस्था का समाजशास्त्र (Sociology of Ageing)— एक लम्बे समय तक समाजशास्त्र में इस विषय-वस्तु को नज़रअन्दाज किया गया है। लेकिन, 1960 के दशक से इस विषय की समाजशास्त्र में प्रधानता हो गयी। इसका मुख्य कारण यह है कि मृत्युदर में गिरावट के परिणामस्वरूप विकसित देशों की जनसंख्या में वयोवृद्ध लोगों का अनुपात काफी बढ़ता चला गया और वह देश की अर्थव्यवस्था के लिए एक प्रकार का बोझ हो गया। दूसरी तरफ विकसित देशों में श्रमिकों के अनुपात में धीरे-धीरे कमी आने लगी और फलस्वरूप आर्थिक रूप से निर्भर समाज के अभिन्न अंगों पर जनसंख्याशास्त्रियों और समाजशास्त्रियों ने गहन विचार प्रारम्भ कर दिया। जनसंख्या में वयोवृद्ध लोगों का बढ़ता अनुपात विकसित देशों की बड़ी समस्या है। वृद्ध व्यक्तियों की भी अपनी सामाजिक समस्याएँ होती हैं, जिनका अध्ययन इस विषय के अन्तर्गत किया जाता है। वृद्ध बनने की शारीरिक प्रक्रिया के अनेक सामाजिक एवं सांस्कृतिक आयाम हैं, जो बहुधा जैवकीय अपरिहार्यता को भी प्रभावित करते हैं। आयु एक सांस्कृतिक कोटि है और इसके अर्थ और इसकी महत्ता ऐतिहासिक दृष्टि से और विभिन्न संस्कृतियों में (समय और स्थान) बदलती रहती हैं। अभी तक समाजशास्त्र में वृद्धावस्था कोई महत्त्व नहीं रखती थी, किन्तु पिछले कुछ वर्षों में 'लिंग' की भाँति 'आयु' के आधार पर प्राकृतिक विभाजन को भी स्वीकारा जाने लगा है। इस कारण से समाजशास्त्र में गवेषणा की जिस नयी शाखा का सूत्रपात हुआ है, उसे ही 'वृद्धावस्था का समाजशास्त्र' नाम दिया गया है। पश्चिमी विकसित समाजों में जनांकिकीय परिवर्तनों, जैसे– जन्म और मृत्युदर में कमी, आयु में बढ़ोत्तरी (दीर्घ आयु) तथा जनसंख्या में 65 वर्ष से ऊपर के लोगों की बड़े अनुपात में वृद्धि ने व्यक्तियों के प्रति नैतिक घबराहट के साथ-साथ उनकी राजनीतिक तथा उपभोक्ता के रूप में सम्भावनाओं में रुचि जाग्रत की है।

3. कला-समाजशास्त्र (Sociology of Art)— समाजशास्त्र की वह शाखा जो कलाकृतियों, कलाकारों तथा समाज के पारस्परिक प्रभावों के सन्दर्भ में कला का स्वरूप-निरूपण, वर्गीकरण, विवेचन-विश्लेषण करती है, कला का समाजशास्त्र कहलाती है। इसमें क्षेत्रीय, सामाजिक एवं आर्थिक पृष्ठभूमि में कला की शैली, स्वरूप एवं प्रतिरूप का व्यवस्थित ढँग से अध्ययन किया जाता है। एक कलाकार किस प्रकार अपनी कलाकृतियों से समाज को प्रभावित करता है तथा स्वयं किस प्रकार समाज से प्रभावित होकर कलाकृतियों का सृजन करता है, ये कला के समाजशास्त्र के अध्ययन के मुख्य विषय हैं।

4. शरीर-समाजशास्त्र (Sociology of Body)— मानवशास्त्र में तो प्रारम्भ से ही शरीर का महत्त्व काफी रहा है, लेकिन समाजशास्त्र के क्षेत्र में इसकी महत्ता बहुत बाद में समझी गयी। समाजशास्त्र की अनेक विशिष्ट शाखाओं में से यह एक अत्यन्त नवीन शाखा है । इसमें मानव का अध्ययन विवेचन-मूल्यों एवं मनोवृत्तियों से युक्त मात्र कर्त्ताओं की अपेक्षा शरीरयुक्त व्यक्तियों के रूप में किया जाता है । इसमें मानव-शरीर और उसके विभिन्न अंगों से जुड़े हुए सांस्कृतिक अर्थों तथा उनके संचालन, नियन्त्रण और उनके प्रजनन का अध्ययन विशेषत: रुग्णता, कामुकता और बीमारी के सन्दर्भ में किया जाता है । समाजशास्त्र के इस विशेषीकरण पर माइकल फूको (M. Foucault, 1926–1984) के लेखों की छाप स्पष्ट रूप में देखी जा सकती है। समाजशास्त्र में जब नारी अधिकारवाद (**Feminism**), जनसंख्या का जीर्णन (**Ageing of Population**) तथा आधुनिकोत्तर समाज सम्बन्धी सिद्धान्त एवं उपभोक्तावाद का अध्ययन किया जाने लगा, तब से शरीर से जुड़ी विषय-वस्तु पर समाजशास्त्र में भी विचार किया जाने लगा। वर्तमान समय में शरीर का समाजशास्त्रीय विश्लेषण विशेष रूप से किया जाने लगा है। कुछ समाजशास्त्रियों का कहना है कि शरीर मात्र जैविक तथ्य नहीं, बल्कि यह एक सामाजिक रचना भी है। आधुनिक समाज में शरीर के आकर्षण, अनुशासन तथा नियन्त्रण पर काफी ज़ोर दिया जाता है। आज शरीर को विभिन्न प्रकार की सामाजिक अन्त:क्रियाओं की एक विशेषता के रूप में रखा जा रहा है; क्योंकि शरीर के माध्यम से कोई व्यक्ति अपने स्व को प्रस्तुत करता है या दूसरे लोग उसे समझने में उसके शरीर को माध्यम बनाते हैं। शरीर के अवलोकन के माध्यम से किसी व्यक्ति के व्यक्तित्व को भी समझना सरल हो जाता है।

5. संज्ञानात्मक समाजशास्त्र (Cognitive Sociology)— नृजातीय पद्धतिशास्त्र (**Ethnomethodology**) का एक रूप जो रोज़मर्रा के जीवन की समस्यात्मक प्रकृति की खोज करता है, संज्ञानात्मक समाजशास्त्र के नाम से जाना जाता है। यह एक ओर नृजातीय पद्धति को भाषाविज्ञान (गहन संरचनाएँ) के साथ जोड़ता है, तो दूसरी ओर पारम्परिक समाजशास्त्र के साथ जोड़ता है। ज्ञान के इस क्षेत्र में अमरीकी समाजशास्त्री सिसोरल ऐराँ वी. सिसोरल (Aaron V. Cicourel) का योगदान मुख्य रूप से उल्लेखनीय है, जिन्होंने कई भिन्न घटनाओं, जैसे कि अपराध, बहरापन, शिक्षा और शोध-विधियों का अध्ययन यह जानने के लिए किया कि प्रतिदिन के जीवन में सामाजिक संगठन और समझौतापरक व्यवस्था का क्या रूप रहता है।

6. विकास का समाजशास्त्र (Sociology of Development)— जब से विभिन्न देशों में (विशेषत: तीसरी दुनिया के देशों में) नियोजित आर्थिक परिवर्तन की प्रक्रिया प्रारम्भ की गयी, तब से यह ज़रूरत महसूस की गयी कि इन परिवर्तनों के सामाजिक प्रभावों का मूल्यांकन किया जाये। तीसरी दुनिया के ऐसे समाज जो पूँजीवादी औद्योगीकरण की संक्रमण-प्रक्रिया से गुज़र रहे हैं, उनके विश्लेषण हेतु सामाजिक सिद्धान्तों का प्रयोग ही विकास का समाजशास्त्र है। विकास के समाजशास्त्र में वर्ग-सम्बन्धों, कृषकों तथा नगरीय दरिद्र व्यक्तियों जैसे सामाजिक समूहों पर विकास के सामाजिक प्रभावों का विश्लेषण किया जाता है।

7. विपदा-समाजशास्त्र (Sociology of Disasters)— बाढ़, भूकम्प, भूस्खलन, भूचाल, समुद्री तूफान, अन्धड़ जैसी प्राकृतिक विपत्तियाँ समाज में भयंकर अस्त-व्यस्तता उत्पन्न कर देती हैं, जिससे उत्पादन और वितरण व्यवस्थाएँ नष्ट हो जाती हैं या चरमरा जाती हैं तथा संसाधनों के लिए तीव्र प्रतिस्पर्द्धा और शरणार्थी समस्या उत्पन्न हो जाती है। मानव-जनित विपत्तियों, जिनसे बचा जा सकता है, के सामाजिक कारण एवं परिणाम भिन्न होते हैं। समाजविज्ञानी इनके सामाजिक और मनोवैज्ञानिक प्रभावों के अध्ययन में रुचि रखते हैं। रॉबर्ट के. मर्टन (Robert K. Merton, 1910–2003) ने बताया है कि विपत्तियों के स्थल समाजशास्त्रीय शोध तथा समाजशास्त्रीय सिद्धान्त रचना के लिए महत्त्वपूर्ण अवसर प्रदान करते हैं; क्योंकि सामाजिक दबाव से उत्पन्न दशाएँ सामाजिक प्रक्रियाओं को असामान्य लघु समय-काल में उत्पन्न होने के लिए बाध्य कर देती हैं और बहुधा निजी व्यवहार को सार्वजनिक बना देती हैं। अत: ऐसी क्रियाओं का अध्ययन किया जाना सम्भव हो जाता है। यही नहीं, विपत्ति-स्थलों का अध्ययन सामाजिक व्यवस्थाओं और प्रक्रियाओं के उन पक्षों को बहुधा उजागर करता है, जिन पर सामान्यत: रोज़मर्रा के रुटीन-जीवन में ध्यान नहीं जाता है।

8. मद्यपान और पियक्कड़पन का समाजशास्त्र (Sociology of Drinking and Alcoholism)— अधिकांश संस्कृतियों (आदिवासियों, ग्रामीण और आधुनिक) में अवकाश के क्षणों में एक अवसादक नशे के रूप में मद्यपान करना एक लोकप्रिय रीति रही है। यही नहीं, कई समाजों में, अनेक धार्मिक और लौकिक उत्सवों तथा संस्कारों में मद्यपान एक मुख्य कृत्य होता है। किन्तु, कुछ समाज धर्म के आधार पर मद्यपान को पूर्णतः वर्जित करते हैं, जैसा कि हम मुस्लिम धर्मावलम्बियों में देखते हैं। कुछ देश ऐसे भी हैं, जहाँ सामाजिक कारणों से इसकी उपलब्धता बनाये रखने के लिए कठोर कानून बने हुए हैं, जैसे फिनलैण्ड। कई देशों में पूर्ण नशाबन्दी के प्रयास भी किये गये हैं, किन्तु वे असफल ही रहे हैं। भारत में भी कई प्रान्तों, जैसे– सर्वप्रथम गुजरात, बाद में आन्ध्र प्रदेश और हरियाणा में पूर्ण नशाबन्दी के कानून बनाये गये हैं, किन्तु बाद में इन कानूनों को पूर्णतः आंशिक रूप में किन्हीं कारणवश निरस्त करना पड़ा है। चूँकि यह एक सामाजिक समस्या है, इसलिए समाजशास्त्री मद्यपान की समस्या का गहराई से अध्ययन करते हैं।

9. आर्थिक जीवन का समाजशास्त्र (Sociology of Economic Life)— आर्थिक समाजशास्त्र इस बात का अध्ययन करता है कि आर्थिक व्यवस्था तथा सामाजिक जीवन की ग़ैर-आर्थिक व्यवस्था के बीच में किस प्रकार का सम्बन्ध है। निस्सन्देह सामाजिक व्यवस्था और आर्थिक व्यवस्था के बीच इतना गहरा सम्बन्ध है कि दोनों एक-दूसरे को प्रभावित करते हैं। उन्नीसवीं सदी के उत्तरार्द्ध और 20वीं सदी के पूर्वार्द्ध में आर्थिक समाजशास्त्र के क्षेत्र में विभिन्न प्रकार के विचार सामने आये। समाजशास्त्र में सामाजिक जगत् के कई पक्षों का अध्ययन होता है, अतः इसकी कई उपशाखाएँ हैं, जैसे– धर्म का समाजशास्त्र, राजनीति का समाजशास्त्र, शिक्षा का समाजशास्त्र आदि। इसी प्रकार, आर्थिक जीवन का समाजशास्त्र भी इसी की एक शाखा है, जो सामाजिक जीवन के आर्थिक और ग़ैर-आर्थिक पक्षों के बीच सम्बन्धों का अध्ययन करती है, अर्थात् कहाँ यह एक-दूसरे को पार कर जाती है और कहाँ यह एक-दूसरे को प्रभावित करती है। इसलिए इस विषय को आर्थिक समाजशास्त्र भी कहा गया है। इस सन्दर्भ में कार्ल मार्क्स (Karl Marx, 1818–1883) तथा मैक्स वेबर (Max Weber, 1864–1920) का योगदान विशेष रूप से उल्लेखनीय है।

10. शिक्षा का समाजशास्त्र (Sociology of Education)— किसी भी समाज की विभिन्न संस्थाओं में शिक्षा एक अत्यन्त महत्त्वपूर्ण संस्था होती है। यह औपचारिक और अनौपचारिक दोनों प्रकार की हो सकती है। केवल शिक्षण संस्थाएँ ही शिक्षा प्रदान नहीं करतीं, बल्कि समाज की विभिन्न संस्थाएँ और संगठन, मनोरंजन के साधन, संचार आदि भी प्रत्यक्ष और अप्रत्यक्ष रूप में व्यक्ति को शिक्षा प्रदान करते हैं। शिक्षा के उद्देश्यों, विषय-वस्तु अथवा पाठ्यक्रमों, शिक्षण-विधियों आदि के विषय में आज के युग में शिक्षक स्वतन्त्र नहीं होते, बल्कि उन्हें समाज की विभिन्न संस्थाओं से प्रभावित होते हुए कार्यों को करना पड़ता है, जिनमें राजनीतिक, आर्थिक और सांस्कृतिक संस्थाएँ प्रमुख भूमिका अदा करती हैं। आज किसी भी समाज में दी जाने वाली शिक्षा को भलीभाँति समझने के लिए यह आवश्यक है कि उसके विविध निर्धारकों को सदैव ध्यान में रखा जाये। शिक्षा का समाजशास्त्र, शिक्षा के विविध सामाजिक, आर्थिक, राजनीतिक और सांस्कृतिक निर्धारकों और कारकों का एक व्यवस्थित अध्ययन है।

11. रोज़मर्रा के जीवन का समाजशास्त्र (Sociology of Everyday Life)— समाजशास्त्र के अन्तर्गत यह एक ऐसा सम्प्रदाय है, जिसके अन्तर्गत रोज़मर्रे के जीवन से जुड़ी घटनाओं, आचरणों, सामाजिक प्रक्रियाओं इत्यादि का गहराई से अध्ययन किया जाता है। यह सूक्ष्म समाजशास्त्र (**Micro-sociology**) की विषय-वस्तु है। अतः इस समाजशास्त्र के अन्तर्गत रोज़मर्रे के जीवन से जुड़ी सांस्कृतिक व्यवस्थाओं, पारस्परिक आदान-प्रदान, विभिन्न पारिवारिक क्रिया-कलापों, सामाजिक अलगाव, लोगों का आपस में बात-विचार जैसे विषयों का गहराई से अध्ययन किया जाता है। अल्फ्रेड शुत्ज (Alfred Schutz, 1899–1959) की **दृश्यघटना विधि** (**Phenomenology**), इरविंग गॉफ़मैन (Erving Goffman, 1922–1982) का अभिनयशास्त्र (**Dramaturgy**), हैरल्ड गारफिंकल (Harold Garfinkel, 1917) की नृजातीय पद्धतिशास्त्र (**Ethnomethodology**) रोज़मर्रा के जीवन के समाजशास्त्र के क्षेत्र की प्रमुख सैद्धान्तिक परिप्रेक्ष्य हैं। इस सम्बन्ध में जैक डगलस (Jack Douglas) की **Understanding Everyday Life** (1970), एंड्रियू विगर्ट

(Andrew Weigert) की **Sociology of Everyday Life** (1981), पेट्रिसिया ए. एडलर (Patricia A. Adler) द्वारा सम्पादित **Everyday Life Sociology** (1987) पुस्तकें विशेष उल्लेखनीय हैं।

12. परिवार का समाजशास्त्र (Sociology of Family)— मानवसमाज की संस्थाओं में परिवार एक अत्यन्त महत्त्वपूर्ण संस्था है। परिवार की व्यवस्था, आकार, रचना, सीमाओं, कठिनाइयों आदि पर सामाजिक संरचना, संस्कृति, आर्थिक, धार्मिक, राजनीतिक तथा अन्य कारकों का प्रभाव पड़ता है। परिवार में बच्चों के लालन-पालन अथवा समाजीकरण, वयस्क सदस्यों के परस्पर सम्बन्धों, विभाजन, स्त्री-पुरुषों की स्थिति और कार्यों, विवाह तथा विवाह-विच्छेद, पारिवारिक मनोरंजन, पारिवारिक सहयोग, संघर्ष, प्रतिद्वन्द्विता, व्यवसाय और पारिवारिक संरचना, पारिवारिक संस्कृति, नैतिकता आदि अनेक पक्षों की ओर पारिवारिक समाजशास्त्र के विद्यार्थी की रुचि होती है। उद्योगीकरण और नगरीकरण, जो आधुनिकीकरण के महत्त्वपूर्ण स्तम्भ हैं, के अन्तर्गत आजकल आधुनिक परिवारों में परिवर्तन के कई संकेत दृष्टिगत होने लगे हैं।

13. जुआ का समाजशास्त्र (Sociology of Gambling)— जुआबाजी की घटना लगभग सर्वव्यापी है। प्राचीनकाल से लेकर आजतक जुआ खेलने के तरीकों में काफी परिवर्तन आया है। यह विभिन्न देशों में विभिन्न तरह से खेला जाता रहा है। यह आधुनिकीकरण के परिणामस्वरूप ग्रामीण समाज से लेकर कसीनो (Casino) तक पहुँचा है। लॉटरी भी एक प्रकार का जुआ ही है। जुआ आज विभिन्न शक्लों में दिखाई पड़ता है। कुछ ग़ैरकानूनी हैं, तो कुछ-एक को कानूनी हैसियत प्राप्त है। जुआ को आमतौर पर शिकारहीन अपराध (**Victimless Crime**) माना जाता है। कसीनो केन्द्रित जुआ के सन्दर्भ में तो यह विचार सही हो सकता है, लेकिन लुक-छिपकर गलियों, सड़कों तथा एकान्त घरों में खेला जाने वाला जुआ एक योजनाबद्ध अपराध की तरह है। संक्षेप में जुआ वैयक्तिक लाभ के लिए खेला जाने वाला एक संयोग का खेल है, परन्तु हमेशा ऐसी बात नहीं है। इनसे जुड़ी प्रक्रियाओं, समस्याओं तथा परिणामों में समाजशास्त्रियों की विशेष रुचि रही है। चूँकि जुआरी आमलोगों से थोड़ा भिन्न जीवन बिताते हैं, इसलिए समाजशास्त्रियों की रुचि जुआरियों की जीवन-पद्धति में है। इस विषय पर ब्रेनर तथा ब्रेनर का प्रमुख योगदान है।

14. स्वास्थ्य एवं रुग्णता का समाजशास्त्र (Sociology of Health and Illness)— इस शब्द का प्रयोग आमतौर पर चिकित्सा के समाजशास्त्र के लिए किया जाता है। समाजशास्त्र के इस क्षेत्र का उद्देश्य चिकित्सा व्यवसाय न होकर लोगों के स्वास्थ्य एवं उनकी रुग्णता में होता है। स्वास्थ्य एवं रुग्णता का समाजशास्त्र मुख्य रूप से तीन बातों पर विचार करता है– स्वास्थ्य एवं रुग्णता की समस्याओं का आकलन एवं विश्लेषण, विभिन्न प्रकार की बीमारियों का समाज के विभिन्न हिस्सों में प्रसार एवं समाज में व्याप्त विभिन्न प्रकार की स्वास्थ्य सम्बन्धी समस्याओं का समाजशास्त्रीय विश्लेषण। ये सभी बातें इसलिए महत्त्वपूर्ण हैं कि समाज के विभिन्न अंगों में तमाम प्रकार की बीमारियों का प्रकोप समान रूप से नहीं होता है। स्वास्थ्य एवं रुग्णता का सम्बन्ध सिर्फ आर्थिक और पारिस्थितिकीय कारणों से ही नहीं, बल्कि इसका सम्बन्ध सामाजिक और सांस्कृतिक मूल्यों से भी है। इस विषय पर मारग्रेट स्टेसी की कृति विशेष रूप से उल्लेखनीय है।

15. घरेलू कार्य का समाजशास्त्र (Sociology of Housework)— लम्बे समय तक समाजशास्त्र के अन्तर्गत महिलाओं के द्वारा घर के बाहर मज़दूरी या जीवनयापन के लिए किये गये कार्यों का अध्ययन नहीं किया गया। भारत में आज भी जिन कार्यों से महिलाओं को मज़दूरी प्राप्त नहीं होती है, उन्हें कार्य में शुमार नहीं किया जाता है। लेकिन, 1970 के दशक से नारीवादियों ने अध्ययन के इस समाजशास्त्रीय परिप्रेक्ष्य का यह कहते हुए विरोध किया कि महिलाएँ घर की चारदीवारी के अन्तर्गत पुरुषों से कहीं ज़्यादा काम करती हैं। चूँकि उनसे मज़दूरी प्राप्त नहीं होती है, इसलिए उस कार्य को नज़रअन्दाज नहीं किया जाना चाहिए। एक पत्नी या माँ के रूप में महिलाओं को घर के अन्दर पुरुषों की तुलना में अधिक समय तक काम करना पड़ता है। प्रत्येक समाज में घर के अन्दर पुरुष एवं महिलाएँ अलग-अलग काम करते हैं। आज समाजशास्त्र इन तमाम तथ्यों पर विचार करने लगा है।

16. ज्ञान का समाजशास्त्र (Sociology of Knowledge)— ज्ञान के समाजशास्त्र का सम्बन्ध ज्ञान की उत्पत्ति और प्रसार के सामाजिक तथा सांस्कृतिक निर्धारकों के वैज्ञानिक अध्ययन से होता है। इसमें यह विवेचन भी किया

जाता है कि विचार प्रणालियाँ अन्य सामाजिक तथ्यों से किस प्रकार प्रभावित होती हैं। मैक्स लर्नर (Max Lerner) के अनुसार बीसवीं शताब्दी में मानव के कार्यों की प्रेरणा के पीछे कई अतार्किक तथ्य होते हैं। प्रचार तथा अत्यधिक प्रचलित होने वाली धारणाओं और भावनाओं के फलस्वरूप व्यक्ति के स्वयं के कोई विचार नहीं रह जाते। कार्ल मार्क्स (Karl Marx, 1818–1883) की विचारधारा ने भी ज्ञान के समाजशास्त्र के क्षेत्र को समृद्ध किया। वर्नर स्टार्क (Werner Stark) ने इस विचारधारा के समर्थकों के कार्यों की एक उत्तम विवेचना की है। मोटे रूप में यह कहा जा सकता है कि मार्क्सवादी विचारक विभिन्न वर्गों के आधार पर ज्ञान के स्तरों और प्रकारों में भेद मानते हैं। ब्रिटिश समाजशास्त्री कार्ल मैनहाइम (Karl Mannheim) ने ज्ञान के समाजशास्त्र में महान् योगदान दिया। उन्होंने ज्ञान के समाजशास्त्र से सम्बद्ध विचारधाराओं का विशुद्ध विश्लेषण किया है। वे मूलत: मार्क्सवादी विचार को आदर्श मानते हैं। वे केवल उसी विचार को स्वीकार करते हैं, जो व्यक्ति को उसके वर्तमान के साथ सामंजस्य करने में योगदान देता है।

17. कानून का समाजशास्त्र (Sociology of Law)— समाजशास्त्र की विभिन्न शाखाओं में से कानून का समाजशास्त्र एक अत्यन्त रोचक और महत्त्वपूर्ण शाखा है। कानून के अन्तर्गत जो अवधारणाएँ प्रयुक्त की जाती हैं, उनके पीछे प्राय: सदैव कोई-न-कोई आदर्शात्मक बोध या भावना रहती है। किसी कार्य या व्यवहार को समाज में प्रचलित कानून की दृष्टि में हानिकर और दण्डनीय माना जाता है तथा किसी को अहानिकर। लेकिन, समाजशास्त्र मूलरूप से आदर्शों से प्रभावित होने वाला विज्ञान (Normative Science) नहीं है, बल्कि यह यथासम्भव सामाजिक कारकों, अवस्थाओं अथवा परिस्थितियों आदि का अध्ययन मूल्यमुक्त (Value Free) सामाजिक घटनाक्रम समझते हुए करने का प्रयास करता है। कानून का समाजशास्त्र कानून के वर्णनशास्त्र (Ethnography of Law) से भिन्न है। कानून के वर्णनशास्त्र में मूलरूप से बल केवल इसी बात पर दिया जाता है कि कानून के प्रकारों और दण्डविधान का अधिक-से-अधिक विस्तारपूर्वक अध्ययन किया जाये।

18. अवकाश का समाजशास्त्र (Sociology of Leisure)— अवकाश का अर्थ प्रतिदिन के रुटीन क्रियाओं/कार्य-कलापों से छुट्टी और इनके स्थान पर ऐसी मनमौजी, शौकिया एवं आनन्दप्रद क्रियाओं में स्वयं को संलग्न करने से है, जिन्हें व्यक्ति अत्यधिक महत्त्व देता है, जैसे– बागवानी करना, खेलना, सिनेमा देखना आदि। ये क्रियाएँ उत्पादक या लाभकारी ही हों, आवश्यक नहीं। इनके साथ एक व्यक्ति की सामाजिक भूमिकाओं से जुड़े सामाजिक दायित्व नहीं होते। खेलकूद की क्रिया इसी का एक उदाहरण है। इसी प्रकार कोई व्यक्ति दुर्लभ, विलक्षण एवं बहुत पुरानी कारों को सुधारने एवं ठीक-ठाक कर उन्हें सजाने-सँवारने में आनन्द का अनुभव करता है, जो कि उसका धंधा नहीं है, तब इसे भी अवकाश की क्रिया ही कहा जायेगा। सम्भव है, ऐसी क्रिया में उसे भारी काम करने से थकान भी हो, किन्तु यह थकान उसे आनन्द ही देती है। समाजशास्त्र यह भी अध्ययन कराने का प्रयास करता है कि समाज में कोई वर्ग अपना समय ग़ैरज़रूरी चीज़ों में क्यों लगाता है, तो कोई अपना समय बेकार क्यों बर्बाद करता है। कुछ लोगों के लिए समय मूल्यवान है, तो कुछ के लिए ग़ैरमहत्त्वपूर्ण।

19. साहित्य का समाजशास्त्र (Sociology of Literature)— कृति, कृतिकार और समाज के बीच होने वाली अन्तर्क्रियाओं के परिणामस्वरूप निर्मित ऐसी संरचनाओं, जिनके आधार पर कोई कृति अपना स्वरूप ग्रहण करती है, उस वस्तुनिष्ठ अध्ययन करने वाली ज्ञान की शाखा को साहित्य का समाजशास्त्र कहा जाता है। साहित्य के समाजशास्त्र का लक्ष्य समाजशास्त्र के सिद्धान्तों और सन्दर्भों के परिप्रेक्ष्य में साहित्य का अध्ययन करना है। साहित्य अपने व्यक्त अथवा मूर्त रूप में एक रचना अथवा कृति है, किन्तु अव्यक्त रूप में कृति के पीछे कृतिकार का व्यक्तित्व और उसके व्यक्तित्व के पीछे उसका सामाजिक परिवेश रहता है। अत: साहित्य के पूर्ण अध्ययन के लिए उसके सामाजिक पहलुओं और सन्दर्भों का अध्ययन आवश्यक है, जो उसके अस्तित्व और महत्ता को प्रभावित करते हैं। साहित्यकार के कृतित्व का जिन रूपों में विकास होता है तथा जिन दशाओं में वह साहित्य की रचना करता है, वह साहित्यकार का सामाजिक परिवेश होता है। जिन सामाजिक सन्दर्भों को आधार बनाकर और जिन विशेष सामाजिक परिस्थितियों में साहित्यिक कृति का सृजन पूर्ण होता है, वह कृति का सामाजिक परिवेश है। स्वभावत: कृति और कृतिकार दोनों के

सामाजिक परिवेश में घनिष्ठ सम्बन्ध होता है, किन्तु दोनों सर्वदा एक नहीं होते। कभी-कभी कृति की रचना-प्रक्रिया कुछ ऐसी परिस्थितियों से होकर गुजरती है, जो कर्त्ता कीं सामान्य परिस्थितियों से भिन्न होती है। अतः साहित्य के समाजशास्त्र का लक्ष्य साहित्य एवं समाज के पारस्परिक सम्बन्धों का अध्ययन करना है।

20. चिकित्सा का समाजशास्त्र (Sociology of Medicine)— समाजशास्त्र की एक शाखा जो बीमारी के सामाजिक पक्षों का अध्ययन करती है, चिकित्सा का समाजशास्त्र कहलाती है। इसके अन्तर्गत बीमारी के प्रति समाज का दृष्टिकोण, इसका वितरण, बीमार का समाज के संगठन के साथ सम्बन्ध, चिकित्सा-व्यवस्था, विभिन्न सामाजिक भूमिकाएँ (बीमार, चिकित्सक, नर्स, कम्पाउण्डर), चिकित्सक-बीमार के बीच सम्बन्ध जैसे विषयों का अध्ययन किया जाता है। जब कोई व्यक्ति रोगग्रस्त हो जाता है, तो मानवीय सम्बन्धों के सम्पूर्ण कलेवर में परिवर्तन की प्रक्रिया का आविर्भाव होता है। बीमारी के दौरान व्यक्ति की सम्पूर्ण व्यक्तित्व-संरचना में भी परिवर्तन होता है। इन सभी विषयों का अध्ययन चिकित्सा के समाजशास्त्र में किया जाता है। चिकित्सा के समाजशास्त्र को प्रोत्साहित करने में चिकित्सा-व्यवसाय और रोगी की भूमिका सम्बन्धी टैलकॉट पार्सन्स (Talcott Parsons, 1902–1979) के अध्ययन ने महत्त्वपूर्ण भूमिका अदा की है, जिसने चिकित्सा और रुग्णता को समाजशास्त्र के अध्ययन का एक प्रमुख विषय बना दिया। इस क्षेत्र में सन् 1950 के बाद काफी काम हुआ है।

21. पेशे का समाजशास्त्र (Sociology of Occupation)— व्यवसायों और विभिन्न वृत्तियों के विश्लेषण में समाजशास्त्रीय सिद्धान्तों एवं संकल्पनाओं का अनुप्रयोग। पेशे का चुनाव मात्र पैसे से जुड़ा नहीं होता, बल्कि इसका सम्बन्ध धर्म, जाति, सामाजिक मूल्य एवं व्यक्तिगत क्षमता, योग्यता एवं अभिरुचि से भी होता है। व्यवसाय से व्यक्ति की सामाजिक हैसियत का भी निर्धारण होता है। इन तमाम चीज़ों का अध्ययन पेशे के समाजशास्त्र में किया जाता है।

22. राजनीति का समाजशास्त्र (Sociology of Politics)— राजनीतिक समाजशास्त्र स्पष्ट रूप से समाजशास्त्र का एक उपक्षेत्र है। यह राजनीति का समाजशास्त्रीय मूल्यांकन है, अर्थात् यह राजनीतिक तथ्यों को आश्रित चर मानता है और उसके अन्तर्गत सामाजिक तथ्यों को व्याख्यात्मक चर मानता है। इसकी मूल मान्यता यह है कि मानव केवल एक राजनीतिक प्राणी ही नहीं है, बल्कि एक सामाजिक प्राणी भी है। इसकी राजनीतिक क्रियाओं के अतिरिक्त इसका एक अराजनीतिक क्रिया क्षेत्र भी है। पहला दूसरे से नितान्त सम्बन्धित ही नहीं, बल्कि वास्तव में दूसरे के प्रभाव को पूरी तरह समझे बिना पहले को नहीं समझा जा सकता है। राजनीतिक समाजशास्त्र को राजनीतिक व्यवस्था को प्रभावित करनेवाले सामाजिक कारकों का अध्ययन ही नहीं माना जाना चाहिए; क्योंकि राजनीतिक संस्थाएँ भी स्वतन्त्र सामाजिक संरचनाओं की भाँति कई बार कार्य करती हैं।

23. धर्म का समाजशास्त्र (Sociology of Religion)— समाजशास्त्र की वह शाखा जो धार्मिक संस्थाओं एवं धार्मिक घटनाओं का समाजशास्त्रीय विश्लेषण करती है। इसका सम्बन्ध उन अलौकिक विश्वासों की सार्थकता या सत्य से नहीं होता है, जिन पर धर्म आधारित होता है। प्रमुख सम्बन्ध ऐसे विश्वासों के प्रभाव से होता है, जो मनुष्यों के ऐतिहासिक अनुभव और समुदायों के विकास में समाविष्ट होता है। धर्म के समाजशास्त्र के प्रमुख विचारक फ्रांसीसी समाजशास्त्री एमिल डर्कहाइम (Émile Durkheim, 1858–1917, इस व्यक्ति के नाम का शुद्ध उच्चारण मात्र एमिल डर्कहाइम है) रहे हैं। **The Elementary Forms of the Religious Life** (1912) में उन्होंने बतलाया है कि किस प्रकार धर्म सामाजिक विश्वासों, रीति-रिवाज़ों तथा परम्पराओं का सामूहिक प्रतिनिधित्व करने वाला प्रतीक होता है। धार्मिक रीति-रिवाज़ समाज की महत्त्वपूर्ण स्थिति को प्रकट करते हैं। एमिल डर्कहाइम, मानवशास्त्री रैडक्लिफ-ब्राउन (A.R. Radcliffe-Brown, 1881–1955) एवं बी. मैलनॉफस्की (Bronislaw K. Malinowski, 1884–1942) आदि ने प्रकार्यात्मक विचारधारा को जन्म दिया। यह विचारधारा इस बात पर ज़ोर देती है कि धर्म संस्कृति की व्यवस्था को क्या देता है। जर्मन समाजशास्त्री मैक्स वेबर (Max Weber, 1864–1920) ने **The Protestant Ethic and the Spirit of Capitalism** (1930) में बताया है कि धर्म का आर्थिक विकास से गहरा सम्बन्ध है। उनके अनुसार हिन्दू धर्म व्यक्तियों को अधिक आर्थिक उत्पादन करने से हतोत्साहित करता था, जबकि प्रोटेस्टैंट धर्म आर्थिक विकास को प्रोत्साहित करता

है। एमिल डर्कहाइम (Émile Durkheim, 1858–1917), किंगज्ली डेविस (Kingsley Davis, 1908–1997, हिन्दी में शुद्ध उच्चारण मात्र किंगज्ली डेविस है) के धर्म के सिद्धान्त को अस्वीकार करते हैं। उनके अनुसार पवित्र पदार्थ या वस्तुएँ समाज के प्रतीक होने के स्थान पर अदृश्य संसार के प्रतीक होते हैं। जे. मिल्टन (J. Milton) ने प्रकार्यात्मक सिद्धान्त की सीमाएँ बताते हुए कहा है कि धर्म गड़बड़ी और क्रान्ति उत्पन्न करने वाला कारक हो सकता है। इस्लाम इसका एक उदाहरण है। आधुनिक उथल-पुथल के युग में धर्म वह कार्य नहीं कर सकता, जो वह आदिम जातियों, पिछड़े समुदायों या परम्परागत समुदायों में करता रहा है। धार्मिक समाजविज्ञान में धर्म का सम्बन्ध विविध सामाजिक संस्थाओं से होता है तथा धर्म के प्रचारकों, पुरोहितों, धर्मावलम्बियों के कार्यों तथा स्थिति का अध्ययन होता है।

24. ग्रामीण समाजशास्त्र (Rural Sociology)— समाजशास्त्र की वह शाखा जिसमें वैज्ञानिक सिद्धान्तों के आधार पर ग्रामीण समाज की घटनाओं, प्रक्रियाओं और सम्बन्धों का व्यवस्थित विश्लेषण एवं अध्ययन किया जाता है। बिना इसकी उत्पत्ति एवं विकास को समझे हुए, अधिकांशतः इस विषय पर ग्रामीण जीवन का विवरण प्रायः सामान्य रूप से दे दिया जाता है। ग्रामीण समाजशास्त्र का मूल उद्देश्य ग्रामीण सामाजिक संगठन, उनकी संरचना, प्रक्रियाओं और विकास की वस्तुनिष्ठ प्रवृत्तियों का एक वैज्ञानिक, व्यवस्थित और विस्तृत अध्ययन करना तथा इस अध्ययन के आधार पर उसके विकास के नियमों को ज्ञात करना होना चाहिए। वस्तुतः इस प्रकार की अध्ययन-शाखा अनुभवाश्रित ही है; क्योंकि इसकी अधिकतर सामग्री क्षेत्रीय सर्वेक्षणों द्वारा ही उपलब्ध की गयी है। अमरीका में ग्रामीण समाजविज्ञान का सापेक्ष रूप से कम विकास हुआ है।

25. विज्ञान का समाजशास्त्र (Sociology of Science)— समाजशास्त्र की एक नयी और रोचक शाखा विज्ञान का समाजशास्त्र है, जो एक सामाजिक घटनाक्रम के रूप में विज्ञान का अध्ययन करती है, अर्थात् विज्ञान का समाजशास्त्र विज्ञान और समाजशास्त्र के पारस्परिक सम्बन्ध का अध्ययन करता है। समाजशास्त्र की इस विशिष्ट शाखा की उत्पत्ति अमरीका में हुई। सरल शब्दों में, यह शाखा उस संस्थात्मक और मानदण्डात्मक व्यवस्था का अध्ययन करती है, जिसमें विज्ञान विकसित होता है। रॉबर्ट के. मर्टन (Robert K. Merton, 1910–2003) ने विज्ञान के विकास में आधुनिकता के परिणामों, प्रोटेस्टैण्टवाद और लोकतान्त्रिक आदर्शों के प्रसार के उद्भव के प्रभावों के सम्बन्ध में अन्वेषण किया है। विज्ञान से उद्योग का उद्भव कैसे हुआ, समाज का भौतिक पर्यावरण के साथ किस प्रकार समायोजन होता है, इसके द्वारा किन मानवीय समस्याओं का सूत्रपात हुआ, चिन्तन के नये रूपों का विकास किस प्रकार होता है आदि विषय मुख्य रूप से विज्ञान के समाजशास्त्र के अध्ययन के विषय रहे हैं। कार्ल पॉपर् की पुस्तक **Logic of Scientific Discovery** (1959) तथा टी. एस. कुन (Thomas S. Kuhn, 1922–1996) की **The Structure of Scientific Revolution** (1970) नामक पुस्तकों में इन विषयों पर व्यापक रूप से विचार किया गया है।

26. समाजशास्त्र का समाजशास्त्र (Sociology of Sociology)— समाजशास्त्री समाजशास्त्र को एक सामाजिक घटना मानते हैं। एक घटना के रूप में समाजशास्त्र क्या है, इस प्रश्न का उत्तर ही समाजशास्त्र का समाजशास्त्र है। मूलतः समाजशास्त्र समाज के अस्तित्व का सम्पूर्ण सार है। एक घटना के रूप में समाजशास्त्र का जन्म भी अकारण नहीं हुआ, अपितु कुछ विशिष्ट परिस्थितियों ने समाजशास्त्र के उद्भव में महत्त्वपूर्ण भूमिका अदा की है। समाजशास्त्री सामाजिक समस्याओं को किस प्रकार देखते हैं या उनका विश्लेषण करते हैं, यह विषय-वस्तु समाजशास्त्र का समाजशास्त्र है।

27. समय का समाजशास्त्र (Sociology of Time)— 'समय' सामाजिक जीव को संगठित करने वाले मुख्य तत्त्वों में से एक है। यही कारण है कि यह विषय समाजविज्ञानियों के अध्ययन का उत्तरोत्तर एक महत्त्वपूर्ण विषय बनता जा रहा है। स्थूल स्तर पर भौतिक समय और सामाजिक समय में अन्तर किया जाना लाभप्रद है। भौतिक समय का ज्ञान हमें जीवशास्त्र और पर्यावरण, जैसे चन्द्रमा की कलाओं, ज्वार-भाटा के उतार-चढ़ाव और पिण्डों के अवसान से होता है। सामाजिक समय, जो कि समाजविज्ञानियों के अध्ययन का विषय है, का सम्बन्ध मानवीय क्रियाओं की प्रकृति, रचना और परिणामों से होता है। ये क्रियाएँ समय को अर्थ प्रदान करने के आस-पास संगठित होती हैं। इसमें सप्ताह, पंचांग, दशाब्दियों और त्योहारों का सम्पादन, समय-सारणियों और समय-क्रम की रचना सहित प्रतिदिन होने

वाली क्रियाओं का अध्ययन, जीवन के पड़ाव, स्थिति संक्रमण एवं व्यवसायों के वृत्तान्त के रूप में समय का जीवन चरित्रात्मक अनुक्रम सम्मिलित होता है। भारत में इस विषय पर कोई शोधकार्य तो अबतक नहीं हो पाया है, लेकिन इस देश के सन्दर्भ में इसकी विशेष महत्ता है।

28. नगरीय समाजशास्त्र (Urban Sociology)— समाजशास्त्र की वह शाखा जिसमें नगरीय सामाजिक संरचना, संस्कृति तथा व्यक्तित्व का वैज्ञानिक पद्धतियों द्वारा अध्ययन किया जाता है। समाजशास्त्र की विभिन्न शाखाओं में नगरीय समाजशास्त्र अत्यन्त महत्त्वपूर्ण है; क्योंकि नगर पुरानी सभ्यताओं से लेकर आज तक अत्यन्त आवश्यक और महत्त्वपूर्ण सामाजिक, आर्थिक और राजनीतिक इकाइयों के रूप में बनते रहे हैं और आधुनिक युग में तो इनका विकास अत्यन्त तीव्रतापूर्वक हो रहा है। नगरों की जनसंख्या की सामाजिक तथा आर्थिक पृष्ठभूमियाँ, संरचनाएँ, शिक्षा, राजनीति, मूल्य, दृष्टिकोण, संस्कृति परिवर्तन के आयाम, रिक्त समय की क्रियाएँ, नागरिक संस्थाओं और संघों में व्यक्ति के व्यक्तित्व का विकास आदि– ये सभी पक्ष एक नागरिक समाजविज्ञानी के लिए अत्यन्त रोचक होते हैं।

29. कार्य का समाजशास्त्र (Sociology of Work)— व्यक्ति के व्यक्तिगत और सामूहिक जीवन में 'कार्य' सम्बन्धी ज्ञान का एक महत्त्वपूर्ण स्थान होता है। प्रारम्भ में इसका अध्ययन औद्योगिक समाजशास्त्र के अन्तर्गत ही किया जाता था। औद्योगिक समाजशास्त्र और कार्य के समाजशास्त्र की शुरुआत सन् 1950 और 1960 के फ्रांसीसी समाजशास्त्रियों के लेखन से हुई, जिन्होंने कारखानों पर आधारित तत्कालीन औद्योगिक समाजशास्त्र की मुख्यधारा के परिप्रेक्ष्य की नये सिरे से समीक्षा की। इन लेखनों द्वारा कार्य-संगठन, प्रौद्योगिकी और कार्य-संगठन में परिवर्तन तथा व्यक्तिगत अलगाव, वर्ग और सामाजिक-राजनीतिक सम्बन्धों के बीच सम्बन्धों की पुनर्स्थापना करने का यत्न किया गया। कार्ल मार्क्स (Karl Marx, 1818–1883) ने भी अपने लेखनों में कार्य-संगठन और अलगाव के बीच सम्बन्ध स्थापित किया है। कार्य के समाजशास्त्र के अन्तर्गत व्यक्तियों और समूहों के कार्य के सम्बन्ध में उनके वास्तविक अनुभवों का अध्ययन किया जाता है। इस अध्ययन के कार्य में प्रति अभिमुखन, दृष्टिकोण, प्रेरणाएँ तथा कार्य-सन्तुष्टि के विषय सम्मिलित होते हैं।

विषय-वस्तु के आधार पर यह निर्णय लेना कि अमुक विषय मात्र समाज़शास्त्र का ही है, यह ग़लत होगा। उदाहरण स्वरूप, परिवार, नातेदारी प्रथा, जाति प्रथा इत्यादि की चर्चा समाजशास्त्र में ही नहीं, बल्कि मानवशास्त्र में भी होती है, उसी तरह व्यक्ति, व्यक्तित्व, संस्कृति जैसे विषयों की चर्चा समाजशास्त्र के बाहर मनोविज्ञान एवं मानवशास्त्र में भी होती है। यही बात समाजशास्त्र की अन्य विषय-वस्तु के साथ भी लागू होती है। समाजशास्त्र एक विषय-वस्तु का नाम नहीं है। समाजशास्त्र कहने से एक नज़रिया, दृष्टिकोण व परिप्रेक्ष्य का बोध होता है। आधुनिक समाजशास्त्र में विषय-क्षेत्र व विषय-वस्तु को लेकर विवाद करना बहुत उचित या सार्थक नहीं लगता है।

समाजशास्त्र का उदय एवं विकास (Rise and Development of Sociology)

कोई भी विज्ञान शून्य से आरम्भ नहीं हो सकता है और यह बात समाजशास्त्र के साथ भी लागू होती है। इस सम्बन्ध में बीयरस्टेट (Bierstedt, 1970: 3) का यह विचार उल्लेखनीय है कि 'समाजशास्त्र का एक लम्बा अतीत रहा है, लेकिन इतिहास काफी छोटा।' (Sociology has a long past but only a short history.) अर्थात् समाजशास्त्र की विषय-वस्तु काफी पुरानी है। इस विषय की उत्पत्ति के पूर्व भी उसपर चिन्तन होते रहे हैं, लेकिन उन विषय-वस्तुओं पर एक स्वतन्त्र विषय के अन्तर्गत वैज्ञानिक ढंग से चिन्तन कुछ दिनों पहले प्रारम्भ हुआ। यूरोप एवं विश्व के अनेक देशों में कुछ ऐसे विचारक समय-समय पर आते रहे हैं, जिनके विचारों ने समाजशास्त्र को एक पृथक् विज्ञान के रूप में विकसित होने में महत्त्वपूर्ण योगदान दिया है।

टी.बी. बॉटमोर (T.B. Bottomore, 1972) ने समाजशास्त्र की उत्पत्ति एवं विकास के प्रमुख चरणों की चर्चा की है, जो इस तरह से है–

प्रथम चरण— आरम्भिक चरण के अन्तर्गत हम कुछ प्राचीन विचारकों एवं लेखकों के विचारों को निर्देशित करते हैं। इस सिलसिले में प्राचीन यूनान के दो प्रमुख विचारकों प्लेटो (Plato) एवं अरस्तू (Aristotle) के विचार महत्त्वपूर्ण हैं। प्लेटो ने अपनी प्रसिद्ध कृति **The Republic** एवं अरस्तू ने अपनी प्रख्यात पुस्तक **Ethics and Politics** में तत्कालीन सामाजिक जीवन के अनेक पहलुओं से सम्बन्धित चर्चाएँ की हैं। इन पुस्तकों में पारिवारिक जीवन, रीति-रिवाज़, स्त्रियों की स्थिति आदि का एक स्पष्ट वर्णन मिलता है। इन तमाम विचारकों की कृतियाँ अपने-अपने समाज की समस्याओं के बारे में वर्णन करती हैं। समाजशास्त्र के लिए ये रचनाएँ आगे चलकर बहुत ही उपयोगी सिद्ध हुईं।

द्वितीय चरण— मोटे तौर पर इस चरण में हम छठी शताब्दी से चौदहवीं शताब्दी के काल को रखते हैं। इस पूरे चरण में सामाजिक जीवन की अधिकांश व्याख्याएँ दार्शनिक ही हुआ करती थीं, जिनमें समय-समय पर धर्म का भी सहारा लिया जाता था। दूसरे चरण के अन्त में कुछ ऐसे भी चिन्तक मिलते हैं, जिनके विचारों से यह मालूम होता है कि उस काल में दर्शन और धर्म की जगह तर्क प्रधान हो गया था। इस काल के प्रमुख विचारकों में अक्यूनॉस (St. Thomas Aquinas) और दांते (A. Dante)[10] का नाम लिया जा सकता है। इन विचारकों ने मनुष्य को एक सामाजिक प्राणी ही नहीं माना, बल्कि समाज की परिवर्तनशीलता को भी स्वीकार किया। इसके साथ यह भी माना कि परिवर्तन के पीछे निश्चित रूप से कुछ नियम और शक्तियाँ कार्य करती हैं। इससे साफ ज़ाहिर होता है कि इन विचारकों के चिन्तन में वैज्ञानिकता का प्रभाव था।

तृतीय चरण— कुछ हद तक इस काल में ही, जो 15वीं शताब्दी से आरम्भ होता है, समाजशास्त्र की पृष्ठभूमि तैयार होती है। इसमें सामाजिक जीवन के विभिन्न पक्षों पर विस्तृत चर्चाएँ देखने को मिलती हैं। हॉब्स, रूसो, लॉक आदि दार्शनिकों ने समाज के उद्‌भव आदि की विस्तार से चर्चा की है। इसी समय सामाजिक समझौते का सिद्धान्त **(Social Contract Theory)** प्रतिपादित किया गया। टॉमस मोर (Thomas Moore) ने अपनी पुस्तक **Utopia** में अनेक सामाजिक समस्याओं की चर्चा की है।

चतुर्थ चरण— चतुर्थ चरण में ही सही मायने में समाजशास्त्र की पृष्ठभूमि तैयार हुई। बॉटमोर (T.B. Bottomore, 1972: 19) ने कहा है कि "समाजशास्त्र का प्राक्-इतिहास लगभग सौ साल का निश्चित किया जा सकता है, मोटा-मोटी 1750 से 1850 तक।" (The pre-history of sociology … can be assigned to a period of about one hundred years, roughly from 1750 to 1850.) परन्तु, समाजशास्त्र का विकास एक विशिष्ट विज्ञान के रूप में उन्नीसवीं सदी के उत्तरार्द्ध एवं बीसवीं सदी के प्रारम्भिक काल में हुआ है। यह आधुनिक समाजशास्त्र का निर्माणकाल (Formative Period) माना जाता है।

चतुर्थ चरण के कुछ प्रमुख सामाजिक चिन्तकों में मॉनटेसक्यू (Charles L. Montesquieu), कौंत (A. Comte), स्पेंसर (H. Spencer), मार्क्स (K. Marx) आदि के नाम विशेष रूप से उल्लेखनीय हैं, जिन्होंने समाजशास्त्र का पथ-प्रदर्शन एवं विकास किया। यह सही है कि मार्क्स ने कभी समाजशास्त्र जैसे शब्द का प्रयोग अपने किसी भी लेख या पुस्तक में नहीं किया, लेकिन समाजशास्त्र के विकास में उनके वैचारिक योगदानों की अहम भूमिका रही है।

औद्योगिक एवं फ्रांसीसी क्रान्ति इस काल की महत्त्वपूर्ण घटनाओं में से है। इन घटनाओं ने पुरानी सामाजिक एवं आर्थिक व्यवस्थाओं को झकझोर दिया। औद्योगिक क्रान्ति के फलस्वरूप अर्थव्यवस्था में काफी नये परिवर्तन आये, जैसे– कल-कारखानों का विकास, आधुनिक मुद्रा व्यवस्था, पुँज-उत्पादन (Mass Production), मज़दूरी व्यवस्था में परिवर्तन इत्यादि। दूसरी तरफ सामाजिक क्षेत्र में पुराने सांस्कृतिक मूल्यों एवं धर्म की जड़ें हिलने लगीं। विवेकवाद (Rationalism) तथा तर्क (Logic) का विकास हुआ। गाँव के स्थान पर नगरों का विकास, सामन्ती वर्ग की जगह औद्योगिक वर्ग का विकास, विस्तृत एवं संयुक्त परिवार (Extended and Joint Family) के स्थान पर मूल परिवारों (Nuclear Family) का विकास होने लगा। राजनीतिक क्षेत्र में वैयक्तिक स्वतन्त्रता, लोकतन्त्रीय मूल्यों एवं समानता

10. अंग्रेजी में इस नाम का उच्चारण दैंती शुद्ध माना जाता है और उन्हें अपने देश (इटली) में दांते कहा जाता है।

जैसे विचारों का विकास होने लगा। इस प्रकार हम देखते हैं कि यूरोप में एक नये युग का सूत्रपात हुआ और इसी के साथ-साथ कुछ नयी बौद्धिक परम्पराओं का भी उदय हुआ। समाजशास्त्र के विकास में जिन प्रमुख बौद्धिक परम्पराओं का योगदान सबसे अधिक रहा है, उन्हें हम चार भागों में बाँट कर देख सकते हैं–

1. राजनीतिक दर्शन (Political Philosophy)— उस काल के विचारकों ने आधुनिक राजनीतिक व्यवस्थाओं, जैसे– प्रजातन्त्र के सामाजिक अध्यायों की बृहत् चर्चा की। उन लोगों ने पुराने राजनीतिक मूल्यों एवं परम्पराओं को उखाड़ फेंकने का सुझाव दिया, चूँकि उनका मानना था कि पुराने मूल्यों के रहते नये समाज का निर्माण नहीं हो सकता है।

2. इतिहास का दर्शन (Philosophy of History)— इस काल के प्रमुख विचारकों, जैसे– स्मिथ (Adam Smith), हीगल (G.W.F. Hegel), फर्गसन (Adam Ferguson), सैन सीमाँ (Saint Simon), कौंत (A. Comte) एवं मार्क्स (K. Marx) आदि ने समाज के विकास एवं परिवर्तन का एक नया विश्लेषण दिया जिसका बौद्धिक प्रयास आज भी देखने को मिलता है।

3. उद्विकास के जैविक सिद्धान्त (Biological Theories of Evolution)— लैमार्क (Jean Baptiste de Lamarck) एवं डॉर्विन (Charles Darwin) जैसे विचारकों ने मानव के उद्विकास का एक नया सिद्धान्त प्रतिपादित किया, जिसका प्रभाव स्पेंसर (Herbert Spencer) तथा मॉर्गन (L.H. Morgan) जैसे विद्वानों के विचारों में भी दिखाई पड़ता है। जैविक उद्विकास के सिद्धान्त ने समस्त परम्परागत मान्यताओं को उखाड़ फेंका और एक नये वैज्ञानिक चिन्तन का मार्ग प्रशस्त किया।

4. सामाजिक एवं आर्थिक सुधार का आन्दोलन (Movement for Social and Economic Reforms)— कुछ विचारकों ने औद्योगिक एवं फ्रांसीसी क्रान्ति से उत्पन्न विभिन्न प्रकार की सामाजिक एवं आर्थिक समस्याओं के अध्ययन हेतु सर्वेक्षण पद्धति के प्रयोग पर बल दिया और आज भी सामाजिक सर्वेक्षण का प्रयोग एक वैज्ञानिक पद्धति के रूप में किया जा रहा है।

समाजशास्त्र के विकास के सम्बन्ध में बॉटमोर के उपर्युक्त विचार से जिटलिन (I. M. Zeitlin) सहमति व्यक्त करते हैं, पर उनका कहना है कि समाजशास्त्र की उत्पत्ति दो विरोधी विचारधाराओं के बीच अन्तःक्रिया (Interaction) से हुई है। प्रथम विचारधारा को **प्रगति की विचारधारा (Ideology of Progress)** और दूसरे को **व्यवस्था की विचारधारा (Ideology of Order)** की संज्ञा दी गयी है। पहली विचारधारा 18वीं सदी की विचारधारा मानी जाती है। प्रगति की विचारधारा के मानने वालों की मान्यता यह थी कि समाज प्रकृति का एक अंग है, इसलिए प्रकृति का नियम समाज पर भी लागू होता है। समाजविज्ञानियों का मुख्य उद्देश्य उन नियमों की खोज करना है, जिन नियमों से समाज संचालित एवं परिवर्तित होता है।

दूसरी ओर, औद्योगिक तथा फ्रांसीसी क्रान्ति के फलस्वरूप यूरोपीय समाज एक संक्रान्ति काल से गुज़रा था। पुराने नियम, मूल्य एवं विचार टूट रहे थे और उनकी जगह पर नये सामाजिक नियम व कानून उदित हो रहे थे। समाज में व्यापक अव्यवस्था फैली हुई थी। इसके परिणामस्वरूप, बुद्धिजीवी जगत् में एक विरोधी विचारधारा का विकास उन्नीसवीं सदी के प्रारम्भिक काल में हुआ, जिसे **व्यवस्था की विचारधारा (Ideology of Order)** के नाम से जाना जाता है। इस विचारधारा का नाम ऐसा इसलिए हुआ है कि इसके मानने वाले विचारक पूर्ण व्यवस्थित समाज की बात करते थे।

चूँकि कौंत का जन्म इसी काल में हुआ, इसलिए वे दोनों तरह की विचारधाराओं से प्रभावित हुए। जैसा कि पहले कहा जा चुका है कि कौंत ने ही सर्वप्रथम समाज के अध्ययन के लिए एक अलग विज्ञान की कल्पना की। उनके अनुसार समाजशास्त्र सामाजिक घटनाओं का न सिर्फ वैज्ञानिक अध्ययन करेगा, वरन् उन समस्त नियमों एवं शक्तियों का भी अध्ययन करेगा, जिनके फलस्वरूप समाज में परिवर्तन होता है या व्यवस्था बनी रहती है। इस नये विज्ञान का नाम उन्होंने सर्वप्रथम **Social Physics** रखा था और बाद में इसका नाम ***Sociologie*** रखा। इस नवीन विज्ञान को उन्होंने Science of social order and social progress, अर्थात् 'व्यवस्था एवं प्रगति का विज्ञान' के रूप में परिभाषित किया।

समाजशास्त्र का तेजी से विकास मुख्य रूप से फ्रांस, जर्मनी एवं अमरीका में 20वीं सदी में हुआ है। इसके बावजूद कि ब्रिटेन में बहुत बड़े-बड़े समाजशास्त्री एवं सामाजिक चिन्तक हुए, वहाँ के विश्वविद्यालयों में समाजशास्त्र एक विषय के रूप में काफी देर से उभरकर सामने आया। 1960 के दशकों तक London School of Economics and Political Science के अलावा वहाँ अन्य विश्वविद्यालयों में नाममात्र का ही समाजशास्त्र था। विश्वविद्यालय स्तर पर अमरीका में भी समाजशास्त्र इसी सदी के प्रारम्भ में प्रचलित हुआ। अमरीका का ऐल (Yale), कोलम्बिया (Columbia), शिकागो (Chicago) विश्वविद्यालयों ने समाजशास्त्र के प्रचार-प्रसार में बहुत ही महत्त्वपूर्ण योगदान दिया, लेकिन सामान्य स्तर पर समाजशास्त्र के विस्तार की गति धीमी ही रही। हारवर्ड विश्वविद्यालय (Harvard University) ने, अमरीका का सबसे पुराना विश्वविद्यालय होते हुए भी, समाजशास्त्र विभाग की शुरुआत 1930 के बाद की। प्रिन्सट्न विश्वविद्यालय (Princeton University) में समाजशास्त्र 1960 के दशकों में आया। खैर, जो भी हो, आज समाजशास्त्र विकसित देशों में तो पूरी तरह छा गया है। ऐसा लगता है कि इतने कम समय में इतनी तेजी से शायद ही किसी अन्य विषय का 20वीं सदी में विस्तार हुआ हो।

शायद इस बात को दोहराये जाने की आवश्यकता नहीं है कि समाजशास्त्र यूरोप में पैदा हुआ और अमरीका में विकसित हुआ, जहाँ से वह सारी दुनिया में फैला। आज समाजशास्त्र विश्व के अधिकांश विश्वविद्यालयों में पढ़ाया जा रहा है। इस विषय की लोकप्रियता इसी से स्पष्ट होती है कि आज इस विषय की अनेक महत्त्वपूर्ण शाखाएँ उभरकर सामने आयी हैं, जिनमें महत्त्वपूर्ण शोधकार्य चल रहे हैं तथा दूसरे समाजविज्ञानों के लोग अपने अध्ययनों में समाजशास्त्रीय दृष्टिकोण को अपना रहे हैं।

समाजशास्त्र के सैद्धान्तिक परिप्रेक्ष्य (Theoretical Perspectives of Sociology)

समाजशास्त्र की उत्पत्ति अकारण या अनायास तो नहीं हुई है। इसके विकास की एक बौद्धिक पृष्ठभूमि रही है। इसे संक्षेप में समझ लिया जाना चाहिए। यह विशेषकर यूरोप के सन्दर्भ में समझा जाना चाहिए, क्योंकि समाजविज्ञानों की उत्पत्ति में यूरोपीय परिस्थिति एवं बौद्धिक चिन्तन की अहम भूमिका रही है। वहाँ विभिन्न सामाजिक समस्याओं के साथ-साथ ज्ञान जैसे अमूर्त विषय पर काफी चर्चा हुई और वह सिलसिला आज भी जारी है। ज्ञान क्या है, यह विद्वानों के बीच एक गम्भीर एवं महत्त्वपूर्ण प्रश्न है। सामान्यत: यह समझा जाता है कि ज्ञान वस्तुनिष्ठ विश्व और उसके नियमों का मनुष्य के मस्तिष्क में क्रियाशील और उद्देश्यपूर्ण प्रतिरूप है। इस सम्बन्ध में दो दृष्टिकोण रहे हैं– विचारवादी (Idealistic) दृष्टिकोण जो मस्तिष्क और चेतना को महत्त्व देता है और दूसरा भौतिकवादी (Materialistic) दृष्टिकोण है, जो वास्तविक विश्व और यथार्थ को जानने की चेष्टा करता है। भारत में विचारवादी दृष्टिकोण अधिक प्रभावशाली रहा है यहाँ भौतिकवादी चिन्तन काफी कमजोर रहा है, परन्तु सांख्य, न्याय एवं वैशेषिक सिद्धान्त भौतिकवादी दृष्टिकोण पर आधारित थे। चारवाक जैसे भारतीय दार्शनिक भौतिकवादी सिद्धान्त के प्रबल समर्थक थे। इसी सम्बन्ध में ज्ञानमीमांसा (Epistemology) जैसे विषय को भी संक्षेप में समझ लिया जाना चाहिए।

ज्ञानमीमांसा दर्शनशास्त्र की वह शाखा है जो ज्ञान की उत्पत्ति, आकार-प्रकार, सीमा, सत्यता और उसकी कसौटियों का विवेचन करती है। ज्ञान की क्या प्रकृति है, ज्ञान कैसे उत्पन्न होता है, उसके क्या आधार हैं, व्यक्ति जो ज्ञान प्राप्त करता है, वह उसे कैसे प्राप्त करता है, वह उसे कैसे मिलता है, इन सभी प्रश्नों की खोज ज्ञानमीमांसा में की जाती है। कभी-कभी इस शब्द का प्रयोग मात्र वैज्ञानिक विधियों से प्राप्त ज्ञान के लिए ही कर लिया जाता है, किन्तु बहुधा व्यापक अर्थों में इसका प्रयोग सभी प्रकार के ज्ञान और ज्ञान प्राप्ति की विधियों के लिए किया जाता है। ज्ञानमीमांसा और मनोविज्ञान में समीपवर्ती सम्बन्ध है, क्योंकि समान रूप से इनका विषय ज्ञानात्मक प्रक्रियाएँ– प्रत्यक्षीकरण, स्मृति, कल्पना, चिन्तन और तर्क है। प्राचीनकाल में प्लेटो ने और आधुनिक युग में तार्किक प्रत्यक्षवादियों (Logical Positivists) ने ज्ञानमीमांसा को अत्यधिक महत्त्व प्रदान किया। कुछ समसामयिक दार्शनिकों के अनुसार तत्त्वमीमांसा

'निरर्थक' है और ज्ञानमीमांसा ही दर्शन का केन्द्रबिन्दु है (देखें– R. Keat and John Urry, **Social Theory as Science**, 1975)।

जर्गेन हाबर्मैस (Jürgen Habermas) ने आलोचनात्मक सिद्धान्त के आधार पर ज्ञान के तीन प्रकारों की चर्चा है:

1. इन्द्रियानुभविक विश्लेषणात्मक ज्ञान (Empirical Analytical Knowledge)— वह ज्ञान जो भौतिक जगत् के अनुभव एवं प्रत्यक्षीकरण पर आधारित है। कार्य इस प्रकार के ज्ञान का प्रमुख आधार है।
2. शास्त्रार्थ मीमांसा ऐतिहासिक ज्ञान (Hermeneutic Historical knowledge)— वह ज्ञान जो अर्थों के समझने पर बल देता है। भाषा इसका प्रमुख आधार है।
3. आलोचनात्मक ज्ञान (Critical Knowledge)— आलोचनात्मक ज्ञान वह है, जो दबाव एवं दमन की स्थितियों को समझने पर बल देता है। सत्ता इस प्रकार के ज्ञान का प्रमुख आधार है। हाबर्मैस ने ये विचार अपनी दो पुस्तकों **On the Logic of the Social Sciences** (1967) एवं **Knowledge and Human Interests** (1970) में प्रस्तुत किया है।

ज्ञान के विकास का इतिहास : हेराक्लीटस (Heraclitus, c. 535–c. 475 BCE ई.पू.) ने कहा है कि परिवर्तन प्रकृति का नियम है ठीक उसी तरह जिस तरह कोई व्यक्ति एक नदी में दो बार स्नान नहीं कर सकता है, क्योंकि जल लगातार प्रवाहित होता रहता है। यूनान के दर्शन में डेमॉक्रीटस (Democritus, 460–370 ई.पू.) भौतिकवादी थे। उन्होंने कहा कि संसर का गठन परमाणु से हुआ है। उन्होंने यह भी कहा कि सत्य का ज्ञान असम्भव है, क्योंकि ज्ञान की अनुभूति मानवीय ज्ञान इन्द्रियों से सम्भव होता है, जो कि काफी वैयक्तिक होता है। प्लेटो (Plato, 428–348 ई.पू.) एक वस्तुवादी चिन्तक थे, जिन्होंने कहा है कि जो संसार दृष्टिगोचर है वह अवास्तविक है, संसार विचारों का प्रतिरूप मात्र है। अरस्तु (Aristotle, 384–322 ई.पू.) ने प्लेटो की आलोचना की। अरस्तू नीतिशास्त्र, दर्शनशास्त्र एवं विज्ञान के प्रणेता थे, उन्होंने कहा है कि संसार को जाना जा सकता है। ज्ञान सैद्धान्तिक, व्यावहारिक एवं सृजनात्मक है तथा पदार्थ सभी चीजों का स्रोत है। अरस्तू के विचारों को यूनान में इपीक्यूरस (Epicurus, 341–270 ई. पू.) ने और रोम में ल्यूक्रेटियस (Titus Lucretius Carus, 99–55 ई. पू.) ने आगे बढ़ाया।

ज्ञानोदय का काल (The Age of Enlightenment)— व्यापार के बढ़ने से बाज़ार के लिए उत्पादन होने लगा। उत्पादन के नये तरीके विकसित हुए। अब ज्ञान का वास्तविक प्रयोग होना था। यह एक साथ कई देशों में विकसित हुआ, जैसे– जर्मनी, ग्रेट ब्रिटेन, फ्रांस, नीदरलैण्ड, इटली, स्पेन एवं पुर्तगाल इत्यादि। पोलैण्ड के विद्वान निकोलस कॉपरनिकस (Nicolaus Copernicus, 1473–1543) ने कहा कि सूर्य ब्रह्माण्ड का केन्द्र है, जिसके चारों ओर पृथ्वी जैसे ग्रह चक्कर लगाते हैं। इंग्लैण्ड के दार्शनिक फ्रांसिस बेकन (Francis Bacon, 1561–1626) ने **The Wisdom of the Ancients** (1619) , **Novum Organum** (1620), **New Atlantis** (1626) आदि नामक पुस्तकें लिखकर कहा कि ज्ञान के लिए अवलोकन एवं प्रयोग ज़रूरी है। बेकन को ज्ञान प्राप्ति के आगमन विधि (Inductive Method) का जन्मदाता माना जाता है।

ज्ञानोदय की सही शुरुआत इंग्लैण्ड के थॉमस हाब्स (Thomas Hobbes, 1588–1679) से हुई, जिन्होंने कहा कि ईश्वर विज्ञान नहीं, आस्था का प्रश्न है। वे भौतिकवाद के प्रमुख प्रणेता थे। जान लॉक (John Locke, 1632–1704) ने 'सिस्टम ऑफ लॉजिक' (System of Logic) लिखकर तर्क को प्रधान बना दिया। वे उदारवाद के जनक माने जाते हैं। आइजक न्यूटन (Isaac Newton, 1643–1727) ने प्राकृतिक दर्शन का गणितीय सिद्धान्त प्रस्तावित किया। प्रत्येक विचार के लिए प्रमाण की अवधारणा आवश्यक बनती गयी। वॉल्टेयर (Voltaire, 1694–1778), रूसो (Jean-Jacques Rousseau, 1712–1778) आदि ने फ्रांस में ज्ञानोदय को आगे बढ़ाया।

ज्ञानोदय की पृष्ठभूमि में इंग्लैण्ड में जार्ज बर्कली (George Berkeley, 1685–1753) ने भौतिकवाद का विरोध किया वे अभौतिकवाद (Immaterialism) के प्रणेता माने जाते थे। वे धर्म के केन्द्र से जुड़े थे। उन्होंने प्रत्यक्षीकरण को

पदार्थ के अस्तित्व के लिए ज़रूरी माना। डेविड ह्यूम (David Hume, 1711–1776) को स्कॉटलैण्ड के नवजागरण का प्रसिद्ध इतिहासकार और दर्शनशास्त्री माना जाता है। ह्यूम ने कहा कि विश्व का कोई वास्तविक अस्तित्व नहीं है। संवेदना अथवा इंद्रियों के द्वारा अनुभव किया गया प्रभाव ही सब कुछ है।

इस काल के कुछ पहले रेने देकार्ट (René Descartes, 1596–1650) फ्रांस के नये युग के प्रथम प्रसिद्ध दार्शनिक एवं गणितज्ञ के रूप में अपने विचारों को प्रस्तुत कर चुके थे। वे तर्कवाद (Rationalism) के जनक थे। अपने दृष्टिकोण में द्वैधतावादी थे, पदार्थ एवं चेतना का सिद्धान्त प्रतिपादित किया। तर्क ज्ञान का एकमात्र स्रोत है। इसकी कमजोरी यह है कि यह प्रत्यक्ष ज्ञान से तर्क को अलग कर देता है। 17वीं शताब्दी में तर्कवाद प्रगतिशील था। बेनिडिक्ट स्पीनोजा (Benedict de Spinoza, 1632–1677) हॉलैण्ड के रहने वाले थे। उन्होंने देकार्ट की आलोचना की। प्रकृति ही सभी वस्तुओं का सार है, चेतना इसके बाहर नहीं है।

जर्मनी में 18वीं एवं 19वीं शताब्दी में भौतिकवादी दृष्टि एवं विचारवादी दृष्टि में बड़ा विवाद हुआ। वहाँ समझौतावादी दृष्टि विकसित हुई। इमैन्येल काण्ट (Immanuel Kant, 1724–1804) ने यह विचार किया कि ज्ञान का स्रोत अनुभवाश्रित ज्ञान (Empirical Knowledge) होगा या विवेकशीलता (Rationality)। इस प्रश्न या विवाद के उत्तर में उन्होंने बताया कि दोनों स्रोतों को मिलाये बिना सही ज्ञान हासिल नहीं किया जा सकता है। उन्होंने आदर्श प्रतिरूप की अवधारणा को विकसित किया। मैक्स वेबर काण्ट से सबसे अधिक प्रभावित थे। वेबर ने काण्ट से आदर्श प्रतिरूप की अवधारणा को अपना लिया। मैक्स वेबर ने मूलत: डिल्थे (Wilhelm Dilthey , 1833–1911) से व्याख्यात्मक समझदारी की अवधारणा को अपनाया।

जार्ज हीगल (Georg Wilhelm Friedrich Hegel, 1770–1831) ने काण्ट की आलोचना की। कांत विषयनिष्ठ विचारवाद एवं एगनास्टिकवाद (Agnosticism) का समर्थन करते थे। हीगल ने वस्तुनिष्ठ चेतना की दृष्टि एवं द्वन्द्वात्मकता के मूल नियमों का प्रतिपादन किया जिसका आगे चलकर कार्ल मार्क्स ने खण्डन किया। इसी बौद्धिक पृष्ठभूमि में जर्मनी में कार्ल मार्क्स (Karl Marx, 1818–1883), मैक्स वेबर (Max Weber, 1864–1920) एवं टॉनीज (F. Toennies, 1855–1936), फ्रांस में ऑगस्त कौंत (Auguste Comte, 1798–1857) एवं एमिल डर्कहाइम (Emile Durkheim, 1858–1917) तथा इंग्लैण्ड में हर्बर्ट स्पेंसर (Herbert Spencer, 1820–1903) आदि विद्वानों का यूरोपी बौद्धिक जगत् में प्रादुर्भाव होता है और इस प्रकार समाजशास्त्र का क्रमिक विकास होता है। इस प्रकार समाजशास्त्र अमरीका पहुँचकर एक पूर्ण विकसित समाजविज्ञान के रूप में स्थापित हो गया।

समाजशास्त्र के सैद्धान्तिक परिप्रेक्ष्य या सैद्धान्तिक दृष्टि का अर्थ है समाजशास्त्रीय यथार्थ के आकलन एवं विश्लेषण की दृष्टि समाजशास्त्र में विचारधारा एवं सिद्धान्त इस कदर मिल जाते हैं कि दोनों में अन्तर करना कठिन हो जाता है। यह स्पष्ट है कि समाजशास्त्र का उद्देश्य सिद्धान्त निर्माण ही है। सिद्धान्त का अर्थ है समाजशास्त्रीय यथार्थ की कारणात्मक व्याख्या के लिए अन्तर्सम्बन्धित सूत्रों का प्रामाणिक संकलन। इन्हें बार-बार प्रमाणित किया जाता है। समाजशास्त्र में ठोस सिद्धान्त तो बहुत कम हैं, लेकिन दावे बहुत ज़्यादा। विचारधारा पर विवाद बहुत है, लेकिन अवधारणा के सम्बन्ध में स्पष्टता की भारी कमी है। दूसरी बात यह है कि अनेक समाजशास्त्री अध्ययन के लिए किसी सैद्धान्तिक परिप्रेक्ष्य को अनावश्यक मानते हैं। महत्त्वपूर्ण यह नहीं है कि कौन-सा विद्वान किस परिप्रेक्ष्य को अपनाता है, बल्कि महत्त्वपूर्ण यह है कि सैद्धान्तिक परिप्रेक्ष्य अध्ययन को सार्थक बनाता है। आर.के. मर्टन (Robert K. Merton) ने कहा है कि समाजशास्त्र की एक कमजोरी सैद्धान्तिक परिप्रेक्ष्य का नहीं होना है। समाजशास्त्र एक समाजविज्ञान के रूप में अनेक परिप्रेक्ष्यों का प्रयोग करता है, जिनमें से निम्नलिखित प्रमुख हैं–

1. उद्विकासीय परिप्रेक्ष्य (Evolutionary Perspective)— जब विश्व के सभी प्रकार के समाजों की ओर गौर किया जाता है, तो पता चलता है कि विभिन्न समाज विकास के विभिन्न स्तरों पर हैं। आज यदि विश्व के कुछ समाज शिकार एवं भोजन-संग्रह (Hunting and Food Gathering) की स्थिति में हैं, तो दूसरी तरफ पाश्चात्य देश विकास की चरम सीमा पर हैं। इन दो सीमाओं के बीच कुछ समाज पशुपालन स्तर (Pastoral Stage) में हैं, तो कुछ समाज

उन्नत कृषि स्तर (Advanced Agricultural Stage) में हैं। इन्हीं तथ्यों से प्रभावित होकर उन्नीसवीं सदी के कुछ समाजशास्त्रियों एवं मानवशास्त्रियों ने यह विचार व्यक्त किया कि समाज में परिवर्तन एक उद्विकासीय प्रणाली के तहत होता है। समाज के विकास के विभिन्न स्तर होते हैं, उसे एक-दूसरे से अलग करने के लिए लोगों ने **विभेदीकरण (Differentiation)** जैसी अवधारणा का प्रयोग किया। उन लोगों का मानना है कि प्रारम्भिक स्तर में समाज काफी सरल था और उसमें कम-से-कम विभेदीकरण पाया जाता था। पर जैसे-जैसे समाज सरलता से जटिलता की ओर बढ़ा, वैसे-वैसे विभेदीकरण भी जीवन के विभिन्न क्षेत्रों में बढ़ता गया। सामाजिक विचारकों का यह विचार सम्भवत: जीव वैज्ञानिकों के विचारों से प्रभावित था। इस तथ्य की पुष्टि इस बात से होती है कि उद्विकासीय स्तर पर अमीबा (Amoeba) एक सबसे सरल प्राणी है और एक विकसित जानवर संरचना की दृष्टि से सबसे अधिक जटिल प्राणी है।

'उद्विकास' का शाब्दिक अर्थ किसी वस्तु या जीव का सरल से जटिल अवस्था को प्राप्त करना है। मकीवर और पेज (R.M. MacIver and Charles H. Page, 1985) के अनुसार उद्विकास परिवर्तन की एक ऐसी अवस्था है, जिसमें परिवर्तनशील वस्तु की अनेक अवस्थाएँ परिलक्षित होती हैं, जिससे उस वस्तु की मौलिकता का पता चलता है। दूसरी ओर, ऑगबर्न एवं निमकॉफ (Ogburn and Nimkoff) का मानना है कि उद्विकास एक निश्चित दिशा की ओर परिवर्तन है। संक्षेप में, उद्विकास सरलता से जटिलता की ओर परिवर्तन की एक प्रक्रिया है। यह अनवरत रूप से विभिन्न चरणों में धीमी गति से चलने वाली प्रक्रिया है। जैविक उद्विकास के सिद्धान्त ने कई मानवशास्त्रियों एवं समाजशास्त्रियों की चिन्तनधाराओं को काफी प्रभावित किया। डॉर्विन (Charles Darwin) के प्रभाव में आकर कुछ तत्कालीन सामाजिक विचारकों ने जैविक उद्विकास की जगह **सामाजिक उद्विकास (Social Evolution)** के सिद्धान्त का प्रतिपादन किया।

भिन्न-भिन्न समाजशास्त्रियों एवं मानवशास्त्रियों ने उद्विकास के भिन्न-भिन्न कारकों की चर्चा की है। ऑगस्त कौंत (Auguste Comte) ने विचारों में परिवर्तन को उद्विकासीय प्रक्रिया का मूल माना है, तो दूसरी ओर स्पेन्सर ने समाज में निहित आन्तरिक शक्तियों और जनसंख्यात्मक पहलुओं में परिवर्तन को उद्विकास का मूल माना है। उधर एल.एच. मॉर्गन (L.H. Morgan) ने **प्रौद्योगिक परिवर्तन (Technological Change)** को ही उद्विकास का मौलिक कारक माना है। इस भिन्नता के बावजूद सामान्यतया उन्नीसवीं सदी के जितने भी उद्विकासवादी सिद्धान्त के प्रवर्तक और समर्थक थे, सभी ने निसबेट (Robert A. Nisbet) के अनुसार एक ही किस्म के तथ्यों पर ज़ोर दिया है, जैसे– "परिवर्तन स्वाभाविक, दिशोन्मुख, शाश्वत, निरन्तर प्रक्रिया है तथा वह सामान्य कारणों से उत्पन्न होता है।" उस ज़माने के जितने भी सामाजिक चिन्तक थे; जैसे– सैन सीमाँ (C. Saint-Simon, 1760–1825), हीगल (G.W.F. Hegel, 1770–1883), ए.डी. टॉकवील (Alexis-Charles-Henri Clérel de Tocqueville, 1805–1859), एल. एच. मॉर्गन (Lewis Henry Morgan, 1818–1881), हर्बर्ट स्पेंसर (Herbert Spencer, 1820–1903) एवं एमिल डर्कहाइम (Émile Durkheim, 1858-1917) सभी ने इसी ढँग का विचार व्यक्त किया है।

2. संघर्ष परिप्रेक्ष्य (Conflict Perspective)— इस दृष्टिकोण के प्रवर्तक मार्क्स माने जाते हैं। संघर्ष दृष्टिकोण के मानने वालों का कहना है कि वर्तमान समाज को सन्तुलित समाज मान लेना एक त्रुटिपूर्ण धारणा है। उनके अनुसार वर्तमान समाज स्वार्थों के संघर्ष से काफी ग्रसित है। सामाजिक जीवन का प्रमुख आधार सामान्य सहमति नहीं है, परन्तु असहमति के वे विभिन्न आयाम हैं, जो विभिन्न समूहों के मध्य सत्ता पाने की प्रतिस्पर्धा के फलस्वरूप प्रकट होते हैं। अत: समाज की प्रमुख प्रक्रिया सन्तुलन अथवा एकात्मता की नहीं है, बल्कि उस संघर्ष से प्रकट होती है, जिसके अन्तर्गत वे व्यक्ति जो अभावग्रस्त हैं, जीवन में सुविधाएँ प्राप्त करना चाहते हैं और दूसरे वे जिनके पास सुविधाएँ हैं तथा इन लोगों को अधिक सुविधाएँ प्राप्त करने में बाधक बनते हैं। वर्तमान में **फ्रैंकफर्ट विचारधारा (Frankfurt School)** एवं **आमूल परिवर्तनवादी समाजशास्त्र (Radical Sociology)** की विचारधारा ने इस दृष्टिकोण को अपने अध्ययन का केन्द्र बनाकर काफी बुद्धिजीवियों को प्रभावित किया है। इसी से मिलती-जुलती एक नयी विचारधारा **''नया वामपक्ष'' (New Left)** के नाम से पाश्चात्य विश्वविद्यालयों में काफी प्रचलित हुई है। नया वामपक्ष पुराने वामपक्ष की तुलना में कई बातों में भिन्न है। पुराना वामपक्ष कल-कारखानों को अपना आधार बनाकर विद्रोह प्रकट

करता है, जबकि नये वामपक्ष के अन्तर्गत विद्रोह की प्रक्रिया विश्वविद्यालयों के प्रांगणों के माध्यम से विकसित हो रही है। नया वामपक्ष वर्ग-संघर्ष पर उतना बल न देकर आर्थिक उपनिवेशवाद, नारी मुक्ति आन्दोलन, सामाजिक न्याय, रंगभेद अथवा अन्य प्रकार के शोषण के विरोध में अपनी आवाज़ उठा रहा है। संघर्ष दृष्टिकोण के अनुसार समाज की विभिन्न समस्याओं का अध्ययन संघर्ष की प्रक्रिया को केन्द्र बनाकर किया जा सकता है। रूस, पूर्वी जर्मनी एवं यूरोप के अन्य देशों में साम्यवादी व्यवस्था के असफल होने से इस विचारधारा को काफी आघात पहुँचा है।

इस विचारधारा के साथ कुछ ऐसे भी समाजशास्त्री जुड़ गये हैं, जो पूरी तरह मार्क्सवाद का समर्थन नहीं करते हैं, लेकिन संघर्षमूलक चिन्तक के रूप में जाने जाते हैं। उस चिन्तनधारा को **संघर्ष-प्रकार्यवाद (Conflict Functionalism)** के रूप में जाना जाता है। कोसर (L.A. Coser, 1913–2003) तथा डारेन्डॉफ (Ralf Dahrendorf, 1929–2009) इस विचारधारा के प्रमुख समर्थकों में से हैं। कोसर का कहना है कि समाज में संघर्ष का एक प्रकार्यात्मक महत्त्व भी है। हर एक सामाजिक व्यवस्था के अन्तर्गत संघर्ष की अपनी आवश्यकता होती है, क्योंकि संघर्ष का एक सृजनात्मक पहलू भी है। जैसे– कल-कारखानों या बड़े व्यवसायों में मज़दूरों के वेतनमान एवं सेवा की शर्तों में सुधार आन्तरिक संघर्षों के माध्यम से ही सम्भव हो पाता है। संघर्षवाद की ग़ैर-मार्क्सवादी परम्परा का प्रतिनिधित्व रैल्फ डारेनडॉफ करते हैं, जो वेबरवादी हैं। जॉर्ज जिमेल द्वन्द्वात्मकता को स्वीकार करते हैं, परन्तु विचारवादी हैं। लुइस ए. कोसर (Lewis A. Coser) प्रकार्यवादी हैं, उन्होंने अपनी पुस्तक **The Functions of Social Conflict** (1956) में प्रकार्यवाद की दृष्टि से संघर्ष की चर्चा की है।

3. प्रत्यक्षवादी परिप्रेक्ष्य (Positivist Perspective)— प्रत्यक्षवाद का अर्थ है अवलोकन के योग्य सूचनाओं के आधार पर प्रत्यक्षरूप से प्रमाणित निष्कर्षों को प्रस्तुत करना। फ्रांसीसी चिन्तक ऑगस्त कौंत (Auguste Comte, 1798–1857) को प्रत्यक्षवाद का जनक कहा जाता है। गॉडर्न मार्शल (Gordon Marshall) ने कहा कि अगस्त कौंत ने प्रत्यक्षवाद शब्द का प्रयोग इसलिए किया कि उनकी शैली दूसरों से बेहतर है। वास्तव में मार्क्स ने भी प्रत्यक्षवाद की चर्चा की। मार्क्स ने इस सम्बन्ध में दो टिप्पणियाँ की हैं। प्रथम, सम्पूर्ण ज्ञान प्राप्त करना कठिन है और दूसरा, समाजविज्ञानों में मूल्यों के प्रभाव को पूरी तरह से समाप्त करना सम्भव नहीं है। कार्ल. आर. पॉपर (Karl R. Popper) अपनी पुस्तक **The Logic of Scientific Discovery** (1959) में प्रत्यक्षवाद का समर्थन करते हैं। विचार या उपकल्पना कोई भी हो, मुख्य बात इसे प्रत्यक्ष प्रमाणों से सिद्ध करना है। एमिल डर्कहाइम ने प्रत्यक्षवाद का समर्थन किया है।

4. नव-प्रत्यक्षवाद, नव-वस्तुनिष्ठवाद (Neo-positivism)— यह अमरीकी समाजशास्त्र में बीसवीं शताब्दी के प्रारम्भ में उत्पन्न हुआ एक आन्दोलन है, जिसमें सामाजिक अनुसन्धान को भौतिक विज्ञानों की कार्यविधि पर आधारित किया जाता है तथा प्रकट व्यवहार के अध्ययन पर बल दिया जाता है । इसमें संक्रियात्मक संकल्पनाओं तथा मात्रात्मक तकनीक का व्यवहार किया जाता है। इस आन्दोलन के प्रमुख प्रवर्तक एफ. एच. गिडिंग्ज (Franklin Henry Giddings, 1855–1931) और जॉर्ज ए. लण्डबर्ग (George A. Lundberg, 1895–1966) रहे हैं । इस आन्दोलन ने समाजशास्त्र को विज्ञान के रूप में प्रस्थापित करने के लिए मापन और गणितीय प्रयोग पर बल दिया। लण्डबर्ग (लुन्डबर्ग इसका ग़लत उच्चारण है) ने तो इस सम्बन्ध में प्राकृतिक विज्ञानों के मॉडल पर समाजशास्त्र को विकसित करने की वकालत की और कहा कि मानवीय व्यवहार का अध्ययन भावनाओं, लक्ष्यों, प्रेरणाओं और मूल्यों आदि से परे हटकर सामाजिक स्थितियों के सन्दर्भ में किया जाना चाहिए । इसी आधार पर बाद में अमरीकी समाजशास्त्र में 'गणितीय समाजशास्त्र' **(Mathematical Sociology)** की प्रस्थापना हुई । इस सन्दर्भ में रिचर्ड एम. एमर्सन का गणितीय सिद्धान्त और विनिमय सिद्धान्त को जोड़ने का प्रयास विशेष उल्लेखनीय है (देखें– J. Gibbs, **Sociological Theory Construction**, 1972)।

5. संरचनात्मक-प्रकार्यात्मक परिप्रेक्ष्य (Structural-Functional Perspective)— प्रकार्यवादी पद्धति का जन्म विकासवादी पद्धति के विरोध में 20वीं शताब्दी में हुआ है। यह विकासवादियों के इस दावे को मानने को तैयार नहीं

है कि मानवजाति के पूरे सामाजिक इतिहास की एक साथ वैज्ञानिक व्याख्या की जा सकती है। यह मानता है कि समाज जीव की तरह है। यह मानता है कि समाज में कुछ स्पष्ट एवं ठोस पक्ष हैं, जिन्हें संरचना कहते हैं। वे अपने कार्य से समाज को चलाते हैं, उसे प्रकार्य कहते हैं। समाज में मूल्यों के प्रति सहमति होती है। समाज में नियम ज़रूरी हैं। सहयोग, प्रतियोगिता, संघर्ष, समायोजन सभी प्रक्रियाएँ महत्त्वपूर्ण हैं, परन्तु समायोजन एवं सहयोग अधिक महत्त्वपूर्ण हैं। परिवर्तन अनिवार्य एवं स्वाभाविक है। परन्तु परिवर्तन अधिकतर मन्द एवं क्रमिक होता है।

सच कहा जाये तो **सामाजिक प्रकार्य (Social Function)** की धारणा का प्रयोग उन्नीसवीं शताब्दी में होने लगा था। फ्रांसीसी समाजशास्त्री एमिल डर्कहाइम ने सबसे पहले प्रकार्य की सुनिश्चित परिभाषा दी। उन्होंने इस पद्धति के आधार पर धर्म की व्याख्या की। प्रकार्यात्मक दृष्टिकोण के अन्तर्गत हम वर्तमान का अध्ययन करते हैं, क्योंकि किसी भी घटना के प्रभावों का आनुभविक प्रमाण (Empirical Evidence) तभी सम्भव है जब घटना या वस्तु विद्यमान हो। इस दृष्टि से यह पद्धति अधिक वैज्ञानिक हो सकती है एवं विभिन्न पद्धतियों का उपयोग अधिक आसानी से कर सकती है। मानवशास्त्रियों में मालिनॉफस्की (B. Malinowski) एवं रैडक्लिफ-ब्राउन (A.R. Radcliffe-Brown) के नाम तथा समाजशास्त्रियों में पार्सन्स और मर्टन के नाम इस दृष्टिकोण के सन्दर्भ में विशेष रूप से उल्लेखनीय है। डेविस ने तो प्रकार्यात्मक दृष्टिकोण को ही सही समाजशास्त्रीय दृष्टिकोण (Sociological Approach) माना है। इस दृष्टिकोण को मानने वाले समाजशास्त्री यही विश्लेषण करने की कोशिश करते हैं कि किस प्रकार किसी सामाजिक संरचना की विभिन्न इकाइयाँ अपने प्रकार्यों के माध्यम से संरचना को बनाये रखने में मदद करती हैं।

इस पद्धति की काफी आलोचना हुई है। इस पर आरोप है कि यह यथास्थितिवादी है, वर्तमान पूँजीवादी व्यवस्था का पोषक है एवं परिवर्तन तथा परिवर्तन की शक्तियों की व्याख्या करने में असमर्थ है। अमरीकी समाजशास्त्री मर्टन ने **दुष्प्रकार्य या अपक्रिया (Dysfunction)** की धारणा देकर इन आरोपों को थोड़ा कम करने का प्रयास अवश्य किया है।

6. प्रतीकात्मक अन्त:क्रियावाद (Symbolic Interactionism)— मीड (G.H. Mead), कूली (C.H. Cooley), टॉमस (W.I. Thomas) एवं हर्बर्ट ब्लूमर (Herbert Blumer) इस दृष्टिकोण के प्रमुख प्रवर्तक एवं समर्थक रहे हैं। समाजशास्त्र के क्षेत्र में तमाम दृष्टिकोणों के अन्तर्गत अध्ययन का केन्द्रबिन्दु बृहत् सामाजिक संरचना होती है, लेकिन प्रतीकात्मक अन्त:क्रियावाद एक ऐसा दृष्टिकोण है, जिसके अन्तर्गत समाजशास्त्रीय अध्ययन का केन्द्रबिन्दु सामाजिक संरचना या किसी समूह का एक छोटा-सा हिस्सा होता है। इसके अन्तर्गत यह विश्लेषण करने की कोशिश की जाती है कि किसी संरचना के अन्तर्गत कोई व्यक्ति कैसे रोज़मर्रे के जीवन में अन्त:क्रिया करता है। इस दृष्टिकोण के अन्तर्गत हम यह अध्ययन करने की कोशिश नहीं करते हैं कि वेश्यावृत्ति की समस्या समाज में क्यों पायी जाती है, बल्कि हम यह अध्ययन करने का प्रयास करते हैं कि वेश्याएँ अन्य लोगों के साथ एवं अन्य लोग वेश्याओं के साथ किस प्रकार अन्त:क्रिया करते हैं, अर्थात् एक समाजशास्त्री का सम्बन्ध किसी समस्या की प्रक्रियाओं के अध्ययन से होता है, न कि किसी समस्या की उत्त्पत्ति के कारणों या परिणामों से।

प्रतीकात्मक अन्त:क्रियावादी सामाजिक अन्त:क्रिया को बहुत ही नाजुक और जटिल प्रक्रिया मानते हैं। विद्वानों का कहना है कि कोई व्यक्ति समाज में सामाजिक मानदण्डों, आदर्शों, प्रतिमानों और मूल्यों को हमेशा ध्यान में रखकर व्यवहार नहीं करता है। व्यक्ति का व्यवहार सामाजिक नियम-कानूनों एवं मूल्यों की कोई छायाप्रति नहीं होती है, बल्कि व्यक्ति अपने सामने उपस्थित परिस्थितियों के अनुरूप व्यवहार करता है। हर्बर्ट ब्लूमर (Herbert Blumer) ने बताया है कि जब व्यक्ति किसी के साथ अन्त:क्रिया करता है, तो हमेशा वह अपने और दूसरे के व्यवहार को जाँचता और परखता रहता है और उस परिस्थिति में अपनी समझ-बूझ के अनुसार व्यवहार करता है। सामाजिक अन्त:क्रिया के समय विभिन्न प्रकार के आचरण एवं प्रतीक या संकेतों (Symbols) का आदान-प्रदान होता है, जिनसे व्यक्तियों की अन्त:क्रियाएँ प्रभावित होती रहती हैं। जैसे जब दो प्रेमी-प्रेमिका पहली बार आपस में मिलते हैं, तो वे पहली मुलाकात में ही एक-दूसरे से स्पष्ट नहीं होना चाहते हैं। वे दोनों एक-दूसरे की मनोवृत्तियों, इरादों एवं विचारों को संकेतों के माध्यम से समझने एवं समझाने का प्रयास करते हैं।

इस दृष्टिकोण का सबसे बड़ा दोष यह है कि सामाजिक संरचना को एक बहुत ही छोटे स्तर पर समझने का प्रयास किया जाता है। दिन-प्रतिदिन की छोटी-मोटी घटनाओं को गहराईपूर्वक अध्ययन कर समस्त सामाजिक संरचना को सही परिप्रेक्ष्य में नहीं समझा जा सकता है। विकासवादी चिन्तक जहाँ समाज को ऊपर से नीचे देखने का प्रयास करते हैं, वहीं प्रतीकात्मक अन्त:क्रियावादी समाज को नीचे से ऊपर या अन्दर से बाहर देखने का प्रयास करते हैं। इसी रूप में प्रतीकात्मक अन्त:क्रियावादी अन्य समाजशास्त्रीय चिन्तनधाराओं से भिन्न है।

7. दृश्यघटनाशास्त्रीय परिप्रेक्ष्य (Phenomenological Perspective)— एक ऐसा दर्शन, जो अवलोकित अथवा दिखाई पड़ने वाली वस्तुओं अथवा तथ्यों अथवा घटनाओं तथा उनके कारणों की पहचान कराता है। दर्शनशास्त्र की यह विधि 'यथार्थ' के मानवीय अनुभव की व्यक्तिनिष्ठ प्रवृत्ति पर बल देती है, अर्थात् व्यक्ति के स्वयं के अनुभव से जो कुछ प्राप्त होता है, उसे ही इसमें सम्मिलित किया जाता है। स्वयं के अनुभव से परे जो भी पूर्वाग्रह, पूर्व-मान्यताएँ और दार्शनिक बोध हैं, वे सभी इसके क्षेत्र से परे हैं। हीगल (G.W.F. Hegel) की पुस्तक **Phenomenology of Mind** (1807) में सर्वप्रथम 'फिनॉमिनोलॉजी' शब्द के प्रयोग के बाद दर्शनशास्त्र की यह एक मुख्य अवधारणा बन गयी। जी.डब्ल्यू. हीगल के द्वारा किसी तत्त्व की उत्तरोत्तर अधिक विकसित अभिव्यक्तियों का अध्ययन करने वाले शास्त्र के अर्थ में प्रयुक्त हुयी है। किन्तु आधुनिक काल में इस परम्परा का मुख्य स्रोत हमें इडमंड हस्सर्ल (Edmund Husserl) की कृतियों में देखने को मिलता है जिसका सम्बन्ध शुद्ध चेतना से था।

इस विधि को समाजशास्त्र में प्रयोग करने का श्रेय हस्सर्ल के शिष्य अल्फ्रेड शुत्ज (A. Schutz) को जाता है। वास्तव में शुत्ज की कृति **Phenomenology of the Social World** (1932) ने दृश्यप्रपंचशास्त्रीय समाजशास्त्र के उद्भव की नींव रखी। सन् 1960 के बाद दृश्यप्रपंचशास्त्र समाजशास्त्र पर छा गया। इसका चिरकालिक सर्वाधिक प्रभाव नृजातीय पद्धतिशास्त्र (**Ethnomethodology**) पर पड़ा। पीटर् बर्गर् और टॉमस लुकमान (Peter Berger and T. Luckmann) ने अपनी पुस्तक **The Social Construction of Reality** (1967) में दृश्यप्रपंचशास्त्र पर आधारित एक सामान्य सिद्धान्त प्रस्तुत किया, जिसमें सामाजिक क्रिया और सामाजिक संरचना के दोनों सिद्धान्तों की मूल बातों को मिलाने का यत्न किया गया है। उनके अनुसार सामाजिक विश्व का निर्माण प्रतीकीकरण की प्रक्रियाओं द्वारा होता है, जिसमें बाद में उन समूहों से ऊपर और परे, जिनके द्वारा सामाजिक विश्व की रचना होती है, वस्तुनिष्ठता के गुण का संचार हो जाता है। कुछ समाजशास्त्रियों ने कार्ल मार्क्स के अलगाव (**Alienation**) के सिद्धान्त के साथ वस्तुपरकीकरण की इस प्रक्रिया को जोड़ने का प्रयत्न किया है।

दृश्यप्रपंचशास्त्रीय समाजशास्त्र विज्ञानवाद की कई स्थापनाओं को नकारता है। दृश्यप्रपंचशास्त्रियों की मान्यता है कि सामाजिक और प्राकृतिक विज्ञानों की विषय-वस्तु में मूलभूत अन्तर है, अत: प्राकृतिक विज्ञानों की विधियों और स्थापनाओं को मानव और उसके समाज के अध्ययन में यथावत प्रयुक्त नहीं किया जा सकता। मानव पदार्थ की भाँति चेतनाहीन नहीं है। उसके विचार, भावनाएँ, अर्थ, उद्देश्य, अपने अस्तित्व के बारे में ज्ञान आदि सभी इसी चेतना के परिचायक हैं। उसकी प्रत्येक क्रिया के पीछे एक अर्थ होता है। दृश्यप्रपंचशास्त्र इसी अर्थ को खोजने का प्रयास करता है।

8. अस्तित्ववादी परिप्रेक्ष्य (Existentialist Perspective)— यह परिप्रेक्ष्य व्यक्ति के विचारों एवं व्यवहार पर बल देता है। इसकी विशेष रुचि व्यक्ति के स्व में, स्व के मूल्यांकन में, भावनाओं में एवं संवेदनाओं के अध्ययन में है। इस परिप्रेक्ष्य से अनेक प्रख्यात साहित्यकार एवं दार्शनिक ज्याँ पाल सात्र (Jean Paul Sartre) का नाम जुड़ा हुआ है। यह प्रमुखत: अमरीकी समाजशास्त्र की एक शाखा है जिसका उद्भव समाजशास्त्र के सर्वाधिक रूढ़िवादी वैज्ञानिक स्वरूप की प्रतिक्रिया के फलस्वरूप हुआ। इस सिद्धान्त के कुछ प्रणेताओं के अनुसार विश्व अर्थहीन है। अत: समाजशास्त्रियों का दायित्व है कि वे उन प्रक्रियाओं का अध्ययन करें, जिनके द्वारा व्यक्ति अपने जीवन और परिवेश को अर्थ प्रदान करते हैं। अस्तित्ववादी समाजशास्त्र मानवीय अस्तित्व की प्रकृति की व्यवस्थित खोज पर बल देता है। इसमें अकेलापन, दीर्घकालीन दर्द, मृत्यु और नैतिक दायित्व जैसे तात्कालिक अनुभवों के अध्ययन को प्राथमिकता दी जाती है।

9. विनिमयवादी परिप्रेक्ष्य (Exchange Perspective)— यह अन्तर्क्रियावाद का ही एक रूप है। इसे जी.सी. होमैन्स (G. C. Homans– **Human Groups,** 1950; **Social Activities,** 1962; **The Nature of Social Science,** 1967) ने हाथर्न अध्ययनों के सन्दर्भ में प्रस्तुत किया। बाद में पीटर् एम. ब्लाउ (Peter M. Blau) ने 1964 में इसे प्रस्तुत किया। ये विद्वान अन्तर्क्रिया को विनिमय कहते हैं। दूसरों को लाभ देकर उसके बदले में स्वयं लाभान्वित होने की आशा, विनिमय-सिद्धान्त का केन्द्रीय विचार है।

समाजशास्त्र के क्षेत्र में विनिमय पर दो स्तरों पर विचार किया गया है– प्रथम स्तर मूलरूप से अमरीकी समाजशास्त्रियों का है, जिसके अन्तर्गत दो व्यक्तियों के बीच होने वाली अन्तःक्रिया की बात की गयी है, जैसे– पति-पत्नी एक-दूसरे को या दो दोस्त अपने बीच प्रेम या आदर का भाव प्रकट इस आशा से करते हैं कि दूसरे भी उनके साथ वैसा ही आचरण करेंगे। ठीक उसी प्रकार नौकरशाही के अन्तर्गत भी आला अधिकारी को खुश करने के लिए छोटे अधिकारी उनके आदेशों का पालन करते हैं और शायद ऐसा यह सोचकर करते हैं कि कभी कोई ज़रूरत पड़ी, तो बड़े अधिकारी उनकी मदद करेंगे। लेकिन, इस विचारधारा की यह कहकर आलोचना की गयी है कि दो व्यक्तियों के बीच के अलावा भी अन्तःक्रिया की स्थिति पायी जाती है, जैसे– सामाजिक अन्तःक्रिया दो या दो से अधिक समूहों के बीच भी होती है। इस सिद्धान्त की आलोचना इस बात के लिए भी हुई है कि अन्तःक्रिया हमेशा एक बाज़ार जैसी स्थिति में नहीं होती। सभी व्यक्ति हमेशा कुछ लाभ देखकर ही कोई काम करते हैं, ऐसी बात नहीं है। सामाजिक विनिमय-सिद्धान्त का स्तर सामूहिक भी है। विशेषकर यूरोप के समाजशास्त्रियों ने वैयक्तिक विनिमय की बात पर ज़ोर न देकर सामूहिक विनिमय की बात की है। दो व्यक्तियों की जगह सामाजिक अन्तःक्रिया व्यक्तियों के समूह के बीच भी सम्भव होती है। जैसे– ईद-मिलन और होली-मिलन के अवसर पर पायी जाने वाली सामाजिक अन्तःक्रियाएँ यूरोपीय विनिमय-सिद्धान्त की परिधि में आते हैं। यूरोपीय सामाजिक विनिमय-सिद्धान्त के मूल में सामाजिक मूल्य है, जो अमरीकी विनिमय-सिद्धान्त के अन्तर्गत पाये जाने वाले मूल्यों से थोड़े भिन्न हैं।

10. संरचनावाद (Structuralism)— संरचनावाद का उदय फ्रांस में हुआ। इस दृष्टिकोण के मुख्य प्रवर्तक मानवशास्त्री क्लॉड लिवी-स्ट्रॉस (Claude Lévi-Strauss) हैं। लेकिन, सिद्धान्त की पृष्ठभूमि में सबसे प्रमुख योगदान स्वीटज़रलैण्ड के भाषाविद् फर्डिनंड सावस्योर (Ferdinand de Saussure) का है। मानवशास्त्र के क्षेत्र में यह बहुत ही प्रमुख दृष्टिकोण है। चूँकि लिवी-स्ट्रॉस की कृतियों को समझना काफी कठिन है, इसलिए उनका यह दृष्टिकोण उतना प्रचलित नहीं हो सका। इसके अन्तर्गत मानवसमाज के सार्वभौमिक तत्त्वों की खोज की चेष्टा की जाती है। इस दृष्टिकोण की उत्पत्ति भाषा के अध्ययन से हुई है। यह संचार (**Communication**) एवं संस्कृति को बारीकी से समझने के लिए काफी उपयोगी है, पर व्यावहारिक सामाजिक समस्याओं के अध्ययन में इसकी उपयोगिता बहुत कम है।

इस सम्प्रदाय का बौद्धिक विकास मार्क्सवाद, मनोविज्ञान, प्रकार्यवाद तथा भाषाविज्ञान के प्रभाव के अन्तर्गत हुआ। संरचनावाद में उपर्युक्त चारों सम्प्रदायों के बीच एक समन्वय खोजते हुए एक नयी विचारधारा का विकास किया गया, जिसको आगे चलकर मार्क्सवादी दार्शनिक लुइ अल्थ्युसर् (Louis Althusser, इस व्यक्ति के नाम का शुद्ध उच्चारण मात्र लुइ अल्थ्युसर् है) ने भी स्वीकार किया। संरचनावाद का उद्देश्य समाज के सार्वभौमिक तत्त्व का पता लगाना है। टैलकॉट पार्सन्स (Talcott Parsons) का मानना था कि समाज में स्थिरता तथा एकता सामाजिक मूल्यों और प्रतिमानों पर बना रहता है, लेकिन क्लॉड लिवी-स्ट्रॉस यह पता लगाना चाहते हैं कि वे कौन-से ऐसे तत्त्व हैं, जिनके कारण व्यक्ति की चेतना स्थिर रहती है। संरचनावाद की निम्न विशेषताएँ हैं– यह सामाजिक चेतना पर ध्यान केन्द्रित करता है तथा व्यक्तिगत चेतना की उपेक्षा करता है, यह संरचना के अन्तर्गत विरोधाभास का पता लगाना चाहता है, यह सामाजिक जटिलता को कुछ संरचनात्मक सिद्धान्त के रूप में प्रस्तुत करता है, यह अचेतन स्थिति का पता लगाकर उसके सिद्धान्तों को उजागर करता है, यह सामाजिक संरचना पर बल देता है तथा व्यक्ति के जीवन के इतिहास को नकारता है, यह सामाजिक संरचना पर ज़ोर देता है तथा सामाजिक प्रक्रिया की उपेक्षा करता है। लिवी-स्ट्रॉस यह विश्लेषण करना चाहते हैं कि उन सामाजिक सम्बन्धों के पीछे व्यक्ति द्वारा दिये गये अर्थ तथा विचारधारा क्या है। अतः लिवी-स्ट्रॉस के अनुसार

दो तरह के सिद्धान्त पाये जाते हैं– ऊपरी सतह जिसका विकास अनुभववादी सिद्धान्तकारों ने किया है तथा छिपी हुई सतह जिसका विकास सिगमण्ड फ्रॉयड (Sigmund Freud) ने किया। लिवी-स्ट्रॉस, फ्रॉयड के सिद्धान्त को मानते हुए विचारधारा को समझना चाहते हैं। संरचनावादी मनोविज्ञान का विचारबिन्दु मानसिक अवस्थाओं और विषय-वस्तुओं की व्यवस्था और मिश्रण है; इस सम्प्रदाय में विषय नहीं रहता है। संरचनावादी मनोविज्ञान (**Structural Psychology**) के अध्ययन की मुख्य योजना निम्न है– (1) चेतन प्रक्रियाओं का मूलतत्त्वों में विश्लेषण; (2) मूलतत्त्वों के निश्चयन की शैली; (3) मूलतत्त्वों के सम्बन्धों के नियमों का निश्चयन।

11. उत्तर-संरचनावाद (Post-structuralism)— संरचनावाद के विकास का सम्पूर्ण इतिहास फ्रांस से जुड़ा हुआ है। इसकी जड़ें भाषा के अध्ययन में हैं। संरचनात्मक भाषाविज्ञान के विकास के सम्बन्ध में फर्डिनंड डी सावस्योर (Ferdinand de Saussure) का नाम विशेष उल्लेखनीय है, जिन्हें इस विषय का प्रमुख प्रणेता भी माना जाता है। क्लॉड लिवी-स्ट्रॉस (Claude Lévi-Strauss) तथा अन्य मानव वैज्ञानिकों ने भाषाविज्ञान के क्षेत्र में प्रचलित संरचनावाद से प्रेरणा ग्रहण की है। लिवी-स्ट्रॉस ने जिस संरचनावाद को जन्म दिया, वह भाषाई व्यवस्था और नातेदारी व्यवस्था में पायी जानेवाली समानता पर आधारित है। लिवी-स्ट्रॉस ने यह स्थापित किया कि भाषाई व्यवस्था और नातेदारी व्यवस्था (सामाजिक संरचना) अन्ततः व्यक्ति के मस्तिष्क की संरचनाओं की उपज है।

समाजशास्त्र के क्षेत्र में जिस संरचनावाद की चर्चा की जाती है, वह कार्ल मार्क्स के विचारों पर आधारित है। संरचनात्मक मार्क्सवाद पूँजीवादी समाज में छिपी हुई मूल संरचनाओं की खोज पर बल देता है। इस धारा के प्रमुख विचारक लुइ अल्थ्युसर् (Louis Althusser), पुलेन्ज़ाज (N. Poulantzas), गॉडेलियर (Maurice Godelier) आदि हैं। मार्क्सवादी मानसिक प्रक्रियाओं और उनसे उत्पन्न संरचनाओं को केन्द्र बनाकर कार्ल मार्क्स का विश्लेषण करते हैं। लुइ अल्थ्युसर् ने यह भी स्थापित करने का यत्न किया है कि कार्ल मार्क्स, सावस्योर से भी पहले के संरचनावादी हैं। संरचनात्मक मार्क्सवाद पूँजीवाद की वास्तविक संरचना को जानना चाहता है। इसके लिए ये विचारक ऐतिहासिक और आनुभविक विधियों को अपर्याप्त मानते हैं।

संरचनावाद के जिस नवीन स्वरूप का पिछले कुछ वर्षों में जन्म हुआ और जिसे 'उत्तर-संरचनावाद' या 'नव-संरचनावाद' के नाम से जाना जाता है, वह लिवी-स्ट्रॉस के मानवशास्त्रीय संरचनात्मक सिद्धान्त की पृष्ठभूमि पर ही विकसित हुआ है। नव-संरचनावाद के प्रस्थापकों ने लिवी-स्ट्रॉस के सार्वभौमिक मानसिक संरचनाओं के विचार को पूर्णतः नकार दिया है। उत्तर-संरचनावादी विचारकों में एडवीन लीमर्ट (Edwin M. Lemert), जैक्स डेरिडा (Jacques Derrida), गिडेन्स (A. Giddens) आदि के नाम विशेष उल्लेखनीय हैं। डेरिडा, जिन्होंने संरचनावाद का डटकर विरोध किया, का कहना है कि हम यथार्थ को भाषा के हस्तक्षेप के बिना नहीं समझ सकते हैं।

12. संरचनाकरण (Structuration)— इस अवधारणा की ईजाद ब्रिटिश समाजशास्त्री एन्थनी गिडेन्स (Anthony Giddens) ने की है। संरचनाकरण सिद्धान्त वास्तव में एक सामाजिक सत्तामीमांसा (**Social Ontology**) है। संरचनाकरण निर्माण की एक निरन्तर प्रक्रिया है। यह संरचना के बनाने की एक प्रक्रिया है और इस निर्माण की प्रक्रिया में व्यक्तिगत क्रिया की महत्त्वपूर्ण भूमिका होती है। गिडेन्स ने कहा है कि किसी संरचना का निर्माण मनुष्यों द्वारा होता है, किन्तु यही संरचना बाद में मनुष्य की क्रियाओं को निर्धारित करने के साथ-साथ उन क्रियाओं को सम्भव भी बनाती है। इस प्रकार एन्थनी गिडेन्स ने संरचनाकरण सिद्धान्त में संरचना की नियन्त्रणकारी शक्ति और कर्त्ता की क्रियाओं की स्वतन्त्रता की महत्ता को स्वीकारते हुए इनका समन्वय करने की कोशिश की है। उन्होंने कहा है कि सामाजिक संरचना भौतिक संरचना, जैसे किसी मकान की संरचना, के समान नहीं होती। इनका अस्तित्व मानवीय क्रियाओं से स्वतन्त्र नहीं होता है। सामाजिक संरचनाएँ प्रत्येक क्षण उन्हीं संघटक इकाइयों से बनती रहती हैं, जिनके द्वारा वे बनी हुई हैं, अर्थात् मेरे और आप जैसे मानवप्राणी जिनसे सामाजिक संरचनाएँ बनी हुई हैं, वे ही इसे निरन्तर बनाते रहते हैं। इसे नया रूपाकार देते हैं। भौतिक संरचना (भवन, सड़क आदि) के निर्माण के बाद जिस प्रकार निर्माण प्रक्रिया बन्द हो जाती है, उस प्रकार सामाजिक संरचना की निर्माण प्रक्रिया बन्द नहीं होती, अपितु वह सतत चलती रहती है। भौतिक

संरचना के निर्माण की प्रक्रिया में संरचना को मानवीय क्रिया से अलग एक बाह्य वस्तु के रूप में देखा जाता है और उसे कर्त्ता की स्वतन्त्र पहल के बिना एक बाह्यता के रूप में माना जाता है। गिडेन्स ने कहा है कि सामाजिक संरचनाएँ सामाजिक कर्त्ताओं से बाहर की वस्तु नहीं होतीं, अपितु ये तो वे नियम एवं संसाधन हैं, जो स्वयं कर्त्ताओं द्वारा अपने व्यवहार के दौरान निर्मित एवं पुनर्निर्मित किये जाते हैं। स्वयं संरचनाओं का दोहरा चरित्र होता है, अर्थात् वे माध्य और व्यवहार दोनों के परिणाम होती हैं, जिसके द्वारा सामाजिक प्रणाली की रचना होती है। साधारण शब्दों में संरचना का अर्थ गिडेन्स के अनुसार उन नियमों और संसाधनों से है, जिन्हें कर्त्तागण अपनी क्रियाओं से संचालित करते हैं। किन्तु साथ ही इनका निर्माण (नियम तथा संसाधन) भी उनकी इन्हीं क्रियाओं से होता है और इस प्रकार समय और स्थान के परे सामाजिक प्रणाली की निरन्तरता बनी रहती है।

एन्थनी गिडेन्स के संरचनाकरण सिद्धान्त के उपर्युक्त वर्णन को निम्न बिन्दुओं के आधार पर संक्षिप्त रूप में देखा जा सकता है– (1) सामाजिक संरचना भौतिक संरचना के समान नहीं होती है, जैसा कि संरचनावादियों एवं प्रकार्यवादियों ने इसे दृश्यगत प्रतिमा के रूप में माना है, (2) संरचना (सामाजिक संरचना) उन व्यक्तियों से बाहर की कोई वस्तु नहीं होती, जिनके द्वारा इसकी रचना होती है, (3) संरचना को बाह्यता के रूप में नहीं माना जाता है,(4) संरचना की द्वयात्मकता इस सिद्धान्त की आत्मा है, जो इस तथ्य पर ज़ोर देती है कि कर्त्तागण और संरचनाएँ दो अलग-अलग स्वतन्त्र घटना समूह नहीं हैं। उनकी स्थिति द्वैतवाद की नहीं, अपितु द्वयात्मकता (परस्पर निर्भरता) को प्रकट करती है, (5) संरचनाएँ नियमों और संसाधनों के निरन्तर बनने वाले समूह हैं, जिनका निर्माण और पुनर्निर्माण स्थान और समय के परे सुविज्ञ कर्त्ताओं के सामाजिक जीवन के रोज़मर्रा के व्यवहारों द्वारा होता है, (6) संरचना का कर्त्तागणों के ज्ञान से स्वतन्त्र कोई अस्तित्व नहीं होता। कर्त्तागणों को यह ज्ञान रहता है कि वे क्या कर रहे हैं। इस अवधारणा के सन्दर्भ में एन्थनी गिडेन्स की कृतियाँ इस प्रकार हैं– Anthony Giddens, **Central Problems in Social Theory** (1979), **The Constitution of Society** (1984) and **Consensus and Controversy** (1990)।

13. अभिनयशास्त्रीय परिप्रेक्ष्य (Dramaturgical Perspective)— नाटकों में प्रयुक्त रूपक अलंकार के आधार पर सामाजिक अन्त:क्रिया का किया गया अध्ययन। जॉर्ज एच. मीड (George Herbert Mead, 1863–1931) तथा चार्ल्स एच. कूली (Charles H. Cooley, 1864–1929) की परम्परा का अनुसरण करते हुए इरविंग गॉफ़मैन (Erving Goffman, 1922-1982) द्वारा सांकेतिक अन्तर्क्रियावादी सिद्धान्त के एक विशिष्ट रूप को अभिनयशास्त्र परिप्रेक्ष्य की संज्ञा दी गयी है। अभिनयशास्त्रीय दृष्टिकोण के अनुसार 'स्व' की रचना कई भूमिकाओं द्वारा होती है, जिसे व्यक्ति अदा करता है। सामाजिक अभिनेताओं का प्रमुख लक्ष्य अपने विभिन्न आत्मनों को इस प्रकार प्रस्तुत करना होता है, जिससे उनकी एक विशिष्ट (सामान्यत: अच्छी) छवि विकसित होती है। यह सिद्धान्त भी अन्तर्क्रियावादी दृष्टि पर ही आधारित है। इसमें अन्तर्क्रिया को एक प्रकार का अभिनय कहते हैं। इसे इरविंग गॉफ़मैन ने अपनी पुस्तक **Presentation of Self in Everyday Life** (1959) में प्रस्तुत किया। उनके अनुसार हम जो सोचते हैं, उसे प्रकट नहीं करते हैं। हम अपने व्यवहार में प्रत्येक समय दिखावा करते हैं।

14. मानवतावादी समाजशास्त्र (Humanistic Sociology)— विगत कई वर्षों से विज्ञानवादी विचारधारा का समाजशास्त्र में प्रभुत्व रहा है। प्राय: सभी समाजशास्त्रियों ने विगत दशकों में विज्ञान को समाजशास्त्रीय विश्लेषण के लिए महत्त्वपूर्ण माना है। विज्ञानवाद भौतिकीय प्रतिरूप पर आधारित है, जिसमें यह माना जाता है कि सामाजिक घटना को भौतिकशास्त्र के सैद्धान्तिक परिप्रेक्ष्य में ही देखा-समझा जा सकता है। पिछले कुछ वर्षों में नवविकसित मानववादी समाजशास्त्र के दृष्टिकोण ने विज्ञान और उसकी पद्धति को कई कारणों से अस्वीकार किया है।

15. व्यवस्था सिद्धान्त (System Theory)— यह परिप्रेक्ष्य संरचना-प्रकार्यवाद से मिलता है। प्रकार्यवाद के कमजोर होने के बाद पश्चिम में विशेष रूप से संयुक्त राज्य अमरीका में अनेक परिप्रेक्ष्य उस सैद्धान्तिक शून्यता को भरने के लिए आए। उनमें एक व्यवस्था सिद्धान्त भी है। इस परिप्रेक्ष्य ने शब्द एवं शैली प्राकृतिक विज्ञानों से अपनाए।

इस परिप्रेक्ष्य के सम्बन्ध में बाल्टर् बकली (Walter F. Buckley) की पुस्तक **Sociology and Modern Systems Theory** (1967) एक आधिकारिक वक्तव्य है।

इस परिप्रेक्ष्य ने मशीनी व्यवस्थाओं के समान समाज एवं इसके विभिन्न भागों को एक व्यवस्था, अर्थात् अन्तर्सम्बन्धित, सन्तुलित व्यवस्था के रूप में देखा है। ये बार-बार साइबरनेटिक्स (Cybernetics) शब्द का इस्तेमाल करते हैं। हालाँकि इस शब्द के समाजशास्त्रीय सन्दर्भ को व्यवस्था सिद्धान्त मानने वालों ने बहुत स्पष्ट नहीं किया है। इस सिद्धान्त को मानने वाले टैलकॉट पार्सन्स की पुस्तक **Social System** को अपना प्रेरक स्रोत मानते हैं। व्यवस्था सिद्धान्त समाजशास्त्र में लोकप्रिय नहीं हुआ। यह राजनीति विज्ञान एवं लोकप्रशासन में कुछ अधिक लोकप्रिय हुआ। लीलीयनफील्ड (Lilienfield) ने इसके मशीनी चरित्र के कारण इसकी आलोचना की।

फ्रांस के मार्क्सवादी समाजशास्त्री लुई अल्थ्युसर् प्रमुख संरचनावादी माने जाते हैं। उनके अनुसार आर्थिक प्रणाली, राजनीतिक प्रणाली के साथ-साथ विचारधारा भी संरचना का अंग है। निको पुलेन्ज़ाज (Nicos Poulantzas) ने कहा कि संरचना में आर्थिक संरचना, राजनीतिक संरचना, विचारधारा के साथ-साथ मीडिया को भी सम्मिलित करना चाहिए। संरचनावादियों का मानना है कि संरचना सबसे महत्त्वपूर्ण होती है। व्यक्ति के व्यवहार और विचारों को संरचना ही निर्धारित करती है। अमरीकी समाजशास्त्री जी.सी. होमैन्स (G.C. Homans) ने इस परिप्रेक्ष्य की गंभीर आलोचना की है और इसे मनगढ़ंत कहा है।

16. तर्कसंगत चुनाव सिद्धान्त (Rational Choice Theory)— समाजविज्ञानी यह मानते हैं कि मानव युक्तिपूर्णता में सक्षम है। इसीलिए वह तर्कसंगत व्यवहार करे। यह सिद्धान्त मानता है कि मानव अपने व्यवहार में अनेक विकल्पों में से अपने अनुसार उचित विकल्प को चुनता है। ऐडम स्मिथ ने यह कहा था कि वे व्यक्ति अधिक सफल हैं, जो अपने सम्बन्ध में लाभकारी विकल्प चुन लेते हैं। वेबर ने कहा कि औद्योगिक पूँजीवादी युग तर्कसंगतता पर आधारित है। कुछ नवमार्क्सवादी जैसे जॉन रोमर (John Roemer) ने अपनी पुस्तक **Making Sense of Marx** (1985) में मार्क्सवाद की दृष्टि से तर्कपूर्ण चुनाव के सिद्धान्त का विश्लेषण किया है। एक विनिमयवादी विद्वान करेन कूक (Karen Cook) ने अपनी पुस्तक **Social Exchange Theory** (1987) में यह लिखा है कि व्यक्ति इस प्रयास में सक्षम हो अथवा नहीं, परन्तु उसकी कोशिश होती है कि तर्कपूर्ण विकल्प में सर्वाधिक उचित विकल्प का चुनाव करे।

मार्क्स के विचारों की व्याख्या से सामान्यत: वे विचार जुड़े हुए हैं, जो मार्क्स के भौतिक विचारों में विचारवादी विचारों को शामिल करते हैं। इस दृष्टि से अन्तोनियो ग्रैमशी (Antonio Gramci) के विचारों को महत्त्वपूर्ण मानते हैं, जिसने हीगल के वैचारिक विश्लेषण को सम्मिलित किया। अनेक नव-मार्क्सवादी मार्क्स के विचारों को इतना अधिक संशोधित करते हैं कि वे मार्क्स की मूल दृष्टि से ही अलग हो जाते हैं।

1980 के दशक के मध्य में प्रकार्यवाद को एक नये रूप में पुनर्जीवित करने का प्रयास जेफरी एलेक्जेंडर और पॉल कॉलोमी (Jeffery Alexander and Paul Colomy) ने किया। इन विद्वानों ने प्रकार्यवाद की मूल मान्यताओं में संशोधन करने का प्रयास किया। उस अर्थ में संघर्ष को स्वीकार किया। अलेक्जेंडर ने इस सन्दर्भ के परिप्रेक्ष्य को एक सम्पादित पुस्तक **Neo-functionalism** (1985) में प्रस्तुत किया।

17. आमूल परिवर्तनवादी या अतिवादी समाजशास्त्र (Radical Sociology)— लगभग सन् 1960 के आस-पास समाजशास्त्र के क्षेत्र में एक नवीन परिप्रेक्ष्य का उदय हुआ, जिसे विभिन्न समाजशास्त्रियों ने विभिन्न नाम दिये। अमरीका में अतिवादी या आमूल परिवर्तनवादी समाजशास्त्र के मुख्य प्रवर्तक सी. राइट मिल्स (C. Wright Mills, 1916–1962) रहे हैं, तथापि इसके रूप को संवारने का कार्य मुख्यत: इरविंग लुई होरोविज़ (Irving Louis Horowitz) ने 'नवीन समाजशास्त्र' के नाम से किया है। आमूल परिवर्तनवाद बलवान के विरुद्ध कमजोर का, शोषक के विरुद्ध शोषित का तथा वर्गों के अधिकार के विरुद्ध जनता के अधिकारों का समर्थन करता है। इस परिप्रेक्ष्य की रुचि, मुख्यत: ग़रीबी, प्रजातिवाद, शोषण, शक्तिहीनता, सैनिक-औद्योगिक संस्थान जैसे विषयों में रही है। अतिवादी समाजशास्त्र या आमूल

परिवर्तनवाद की जड़ें मूलतः संघर्ष-सिद्धान्त में गड़ी हैं। इसका जन्म समाजशास्त्र की चिर-परिचित संरचना प्रकार्यवादी सिद्धान्त की प्रतिक्रिया स्वरूप हुआ है। अतिवादी समाजशास्त्रियों के मतानुसार, संरचना-प्रकार्यवादी परिप्रेक्ष्य स्थितिवाद का द्योतक है तथा परिवर्तन को नकारता है।

18. नृजाति-समाजशास्त्र (Ethno-sociology)— कुछ वर्षों से विकासशील देशों के समाजशास्त्रियों ने इस बात पर विशेष बल दिया है कि पश्चिम में विकसित अवधारणाएँ व सिद्धान्त एक ऐसे समाज, जो संस्कृति, संरचना एवं ऐतिहासिक पृष्ठभूमि की दृष्टि से भिन्न हैं, के अध्ययन के लिए अनुपयुक्त हैं। अतः नृजाति-समाजशास्त्र (Ethno-sociology) की स्थापना आवश्यक है, जिसमें एक विशेष समाज से उत्पन्न अवधारणा व सिद्धान्त ही सामाजिक यथार्थ को समझने में उपयुक्त हो सकते हैं। भारत के सन्दर्भ में यह मानना अधिक तर्कसंगत लगता है, लेकिन यह विचार भी पश्चिम में ही विकसित हुआ है।

समाजशास्त्र विगत दो-तीन दशकों में एक नवीन व क्रान्तिकारी दृष्टिकोण प्रस्तुत करने में सफल हुआ है, जिसके अन्तर्गत परम्परावादी दृष्टिकोण को चुनौती प्रदान कर सामाजिक यथार्थ को समझने के नये आयाम प्रस्तुत किये गये हैं। समाजशास्त्र का वैज्ञानिक स्वरूप जो विगत कई दशकों से समाजशास्त्र के अध्ययन में हावी रहा था उसके विरोध में **मानवतावादी समाजशास्त्र (Humanistic Sociology)** का परिप्रेक्ष्य उभरकर सामने आया है। इस सम्बन्ध में **आमूल परिवर्तनवादी समाजशास्त्र (Radical Sociology)** मुख्य रूप से विज्ञान व तकनीकी के प्रभाव से उत्पन्न सामाजिक स्थिति के विरोध में उत्पन्न हुआ है। इसके अन्तर्गत इस बात पर अधिक बल दिया गया है कि समाजशास्त्र में शोषित वर्ग व उपेक्षित लोगों का अध्ययन कर ज्ञान के सही उपयोग पर बल दिया जाये। यह विचारधारा व्यवस्थित रूप में एक अमरीकी समाजशास्त्रीय संगठन (American Sociological Association) की एक वार्षिक बैठक में उभरी। एन्थनी गिडेन्स (A. Giddens, 1998: 567) ने समाजशास्त्र के प्रमुख सैद्धान्तिक दृष्टिकोणों को योजनाबद्ध तरीके से प्रस्तुत करने का प्रयास किया है। इससे विभिन्न दृष्टिकोणों की पृष्ठभूमि समझने में सहायता मिलती है। यह **रेखाचित्र-1** में देखा जा सकता है।

रेखाचित्र-1 समाजशास्त्र के प्रमुख सैद्धान्तिक दृष्टिकोण

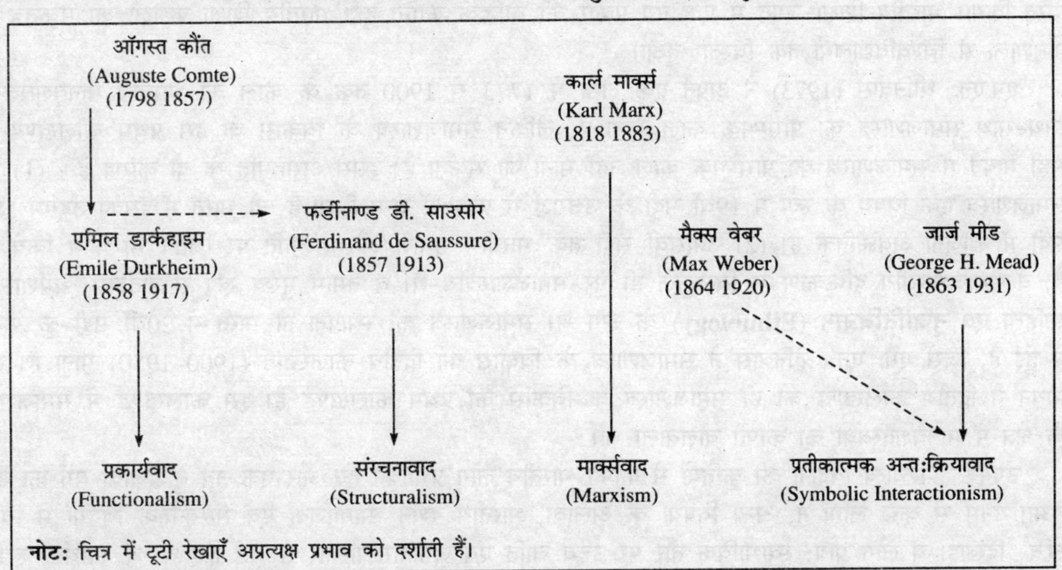

नोटः चित्र में टूटी रेखाएँ अप्रत्यक्ष प्रभाव को दर्शाती हैं।

भारत में समाजशास्त्र का उदय (Emergence of Sociology in India)

भारत में समाजशास्त्र एक विज्ञान के रूप में पश्चिमी देशों से ही आया है। अन्य देशों की तरह, भारत में भी कुछ ऐसे विचारक हुए हैं, जिनकी कृतियों में हमें प्राचीन सामाजिक व्यवस्था की झलक मिलती है। कौटिल्य का 'अर्थशास्त्र', मनु द्वारा रचित 'मनुस्मृति' आदि प्राचीन ग्रन्थों से प्राचीन भारतीय समाज के बारे में जानकारी मिलती है, लेकिन उन कृतियों का स्वरूप कतई समाजशास्त्रीय नहीं था।

यूरोप में, विशेषकर फ्रांस एवं इंग्लैण्ड में, समाजशास्त्र का उदय औद्योगिक क्रान्ति से उत्पन्न सामाजिक, आर्थिक एवं राजनीतिक परिवर्तनों के परिणामस्वरूप हुआ, लेकिन भारत में औद्योगिक क्रान्ति बहुत देर से प्रारम्भ हुई और समाजशास्त्र की उत्पत्ति पहले हुई। हमारे यहाँ समाजशास्त्र की उत्पत्ति में उपनिवेशवाद के परिणामस्वरूप होने वाले पश्चिमीकरण एवं आधुनिक शिक्षा के प्रचार-प्रसार की महत्त्वपूर्ण भूमिका रही है।

यूरोपीय शासकों एवं व्यापारियों ने अपने देश के मानवशास्त्रियों, प्रशासकों, इतिहासकारों एवं ईसाई धर्म के प्रचारकों को भारतीय समाज में जाति-व्यवस्था, जनजातियों, ग्रामीण समुदाय, संयुक्त परिवार, धर्म, साहित्य एवं संस्कृति का अध्ययन करने के लिए काफी प्रोत्साहित किया। उन लोगों ने भारतीय समाज और संस्कृति को गहराई से समझने का प्रयास किया, ताकि वे भारत पर सफलतापूर्वक प्रभुत्त्व कायम रख सकें। इस प्रयास में अन्तरराष्ट्रीय स्तर के **भारतविद्** या **प्राच्यवेत्ता (Indologists** or **Orientalists)** पैदा हुए। इन विद्वानों ने जो भारतीय समाज और संस्कृति का चित्र प्रस्तुत किया, उससे ऐसा लगता है कि भारत एक बहुत ही पिछड़ा, प्राचीन, दकियानूस, विचित्र एवं स्थिर सभ्यता एवं संस्कृति वाला देश है। प्रारम्भिक पाश्चात्य विद्वानों में Francis Buchanon, Walter Hamilton, Sir Henry Maine, George A. Grierson, B.H. Baden-Powell, Abbe Dubois, Charles T. Metcalfe, Max Mueller, William Jones, E.T.H. Atkinson, John Butler, J.M. Campbell, J.F.R. Cologan, W. Crooke, E.T. Dalton, R. Fredrick, D. Adolph, J.P. Frye, E.T. Gibbs, A. Gibson, A.F.P. Harcourt, A. Harkness, T.H. Hendley, W.W. Hunter, R.S. Latham, J. Malcolm, W.E. Marshal, M.V. Portman एवं W. Robinson के नाम विशेषतौर पर उल्लेखनीय हैं। इन विद्वानों की कृतियों ने बहुत सारे भारतीयों को भी अपने समाज और संस्कृति का अध्ययन करने के लिए प्रेरित किया। भारतीय शिक्षा-जगत् में एक नये प्रकार की बौद्धिक क्रान्ति हुई। भारतीय शिक्षा प्रणाली का मक़तब एवं पाठशाला से विश्वविद्यालयों तक विस्तार हुआ।

एम.एन. श्रीनिवास (1973) ने अपने एक लेख में 1773 से 1900 तक के काल को भारतीय मानवशास्त्र के साथ-साथ समाजशास्त्र का प्रारम्भिक काल माना है, लेकिन समाजशास्त्र के विकास के इस प्रथम कालखण्ड को सही मायने में समाजशास्त्र का प्रारम्भिक काल नहीं माना जा सकता है। इससे असहमति के दो कारण हैं– (1) जब समाजशास्त्र एक विषय के रूप में 19वीं सदी के उत्तरार्द्ध में फ्रांस में जन्म लिया है, तो भारत में इसका उद्गम 18वीं सदी में खोजना अवैज्ञानिक है। (2) उन्नीसवीं सदी तक भारतीय समाज और संस्कृति पर जितने भी काम किये गये हैं, वे समाजशास्त्रीय दृष्टिकोण से बिलकुल ही ग़ैर-समाजशास्त्रीय थे। वे तमाम मुख्य रूप से इतिहास, धर्मशास्त्रीय साहित्य एवं **नृजातिविज्ञान (Ethnology)** के अंग थे। समाजशास्त्र की स्थापना तो भारत में 20वीं सदी के प्रारम्भ में हुई है, जिसे एम. एन. श्रीनिवास ने समाजशास्त्र के विकास का द्वितीय कालखण्ड (1900–1950) माना है। सही मायने में द्वितीय कालखण्ड को ही समाजशास्त्र के विकास का प्रथम कालखण्ड है। इस कालखण्ड में समाजशास्त्र के क्षेत्र में मानवशास्त्रियों का काफी बोलवाला था।

उपर्युक्त पाश्चात्य विद्वानों की कृतियों से काफी भारतीय लोग प्रभावित हुए और एक नये बुद्धिजीवी वर्ग का उदय हुआ। उनमें से कुछ लोगों ने, अन्य विषयों के अलावा, भारतीय दर्शन, सामाजिक एवं सांस्कृतिक विषयों में विशेष रुचि दिखाई। वे लोग प्राय: स्वाभाविक तौर पर उच्च जाति एवं ज़मींदार परिवार से जुड़े हुए थे। वे आर्थिक रूप से इतने सम्पन्न और सामाजिक दृष्टि से इतने जागरूक थे कि वे भारतीय महानगरों एवं इंग्लैण्ड जाकर उच्च शिक्षा प्राप्त कर सके। उन लोगों ने अपने ढंग से भारतीय समस्याओं पर विचार करना प्रारम्भ कर दिया। प्रारम्भ में वे बुद्धिजीवी

अंग्रेजी शासन के समर्थक थे और अंग्रेजों की मदद से भारतीय समाज में सुधार तथा अंग्रेजी शिक्षा के प्रचार-प्रसार में विशेष रुचि लेते थे। उस काल के विद्वानों को मुख्यतः दो भागों में बाँटा जा सकता है– एक तो वे लोग, जो घोर राष्ट्रवादी थे और दूसरे वे, जो मार्क्सवादी थे।

प्रारम्भ में मानवशास्त्र, समाजशास्त्र, नागरिकशास्त्र, अर्थशास्त्र और दर्शनशास्त्र इत्यादि साथ-साथ चल रहे थे, लेकिन 20वीं सदी के प्रारम्भिक वर्षों में तमाम विषय एक-दूसरे से धीरे-धीरे अलग होने लगे। मानवशास्त्र और समाजशास्त्र, जो एक-दूसरे से विशेष रूप से जुड़े हुए थे, वे भी एक-दूसरे से दूर होने लगे। इसके बावजूद मानवशास्त्री समाजशास्त्र के विकास में काफी प्रभावपूर्ण ढंग से दखल देते रहे, जिनके अवशेष अब भी स्पष्ट रूप से भारतीय समाजशास्त्र में देखने को मिलते हैं।

बी.एन. सील के प्रयासों से 1917 में कलकत्ता विश्वविद्यालय में अर्थशास्त्र के साथ समाजशास्त्र की पढ़ाई एक ऐच्छिक विषय के रूप में प्रारम्भ की गयी। बाद में इस विषय के साथ राधाकमल मुकर्जी (Radhakamal Mukerjee) एवं विनय कुमार सरकार जैसे लोग जुड़ गये। 1921 में कलकत्ता विश्वविद्यालय में के.पी. चट्टोपाध्याय की अध्यक्षता में मानवशास्त्र के विभाग की स्थापना हुई और 1926 में बी. एस. गुहा जैसे मानवशास्त्री इस विभाग से जुड़ गये। लेकिन कलकत्ता विश्वविद्यालय में मानवशास्त्रियों के एकाधिकार के कारण समाजशास्त्र एक विषय के रूप में कभी नहीं पनप सका।

भारत में समाजशास्त्र की वास्तविक शुरुआत 1914 में बम्बई विश्वविद्यालय में हुई। उस समय इसकी पढ़ाई अर्थशास्त्र के साथ एक ऐच्छिक पत्र के रूप में की गयी। वहाँ 1919 में नागरिकशास्त्र के साथ समाजशास्त्र का एक संयुक्त विभाग स्थापित किया गया और पैट्रिक गेडिस (Patric Geddes), जो एक नगरीय समाजशास्त्री थे, इसके प्रथम अध्यक्ष बने। बाद में इस विभाग से जी.एस. घूरिये (G.S. Ghurye) और के. एम. कपड़िया (K.M. Kapadia) जैसे लोग जुड़े, पर वे लोग बुनियादी रूप से मानवशास्त्री ही थे। उनका प्रशिक्षण इंग्लैण्ड में मानवशास्त्र के क्षेत्र में ही हुआ था।

बम्बई के बाद समाजशास्त्र की पढ़ाई 1921 में बी.एन. सील के प्रयास से लखनऊ विश्वविद्यालय में प्रारम्भ हुई। राधाकमल मुकर्जी इस विभाग के प्रथम अध्यक्ष बने। कुछ ही दिनों बाद लखनऊ विश्वविद्यालय में मानवशास्त्र विभाग की भी स्थापना हुई, जहाँ डी.एन. मजूमदार जैसे प्रखर मानवशास्त्री ने अध्यापन का कार्य प्रारम्भ किया। पुणे विश्वविद्यालय में इस विषय की स्थापना मानवशास्त्र के साथ 1938 में की गयी, जिसकी प्रथम अध्यक्षा मानवशास्त्री ईरावती कर्वे हुईं। 1920 से लेकर 1950 के बीच मानवशास्त्र एवं समाजशास्त्र में कई वैज्ञानिक शोध-पत्रिकाओं के प्रकाशन प्रारम्भ हुए। इस प्रकार समाजशास्त्र के विकास के दूसरे चरण की समाप्ति हुई।

समाजशास्त्र अपने विकास के तृतीय चरण में 1951 में प्रवेश किया। इस चरण में बहुत सारे महाविद्यालयों एवं विश्वविद्यालयों में समाजशास्त्र की पढ़ाई शुरू हुई और शिक्षा-जगत् में बड़ी तेजी से समाजशास्त्र एक लोकप्रिय विषय के रूप में उभरने लगा। साथ-ही-साथ, 1952 में डॉ. घूरिये के सौजन्य से **Indian Sociology Society** की स्थापना हुई जिसके माध्यम से **Sociological Bulletin** नामक शोध-पत्र का प्रकाशन प्रारम्भ हुआ। कुछ ही दिनों बाद, डी.एफ. पोकॉक (D.F. Pocock) एवं लूई डूमां (Louis Dumont) जैसे प्रख्यात मानवशास्त्रियों ने **Contributions to Sociology** नामक शोध-पत्रिका का प्रकाशन किया, पर मजे की बात यह है कि इस पत्रिका में मुख्य रूप से मानवशास्त्रीय शोध-पत्र ही छपते रहे, इसके बावजूद कि इस पत्रिका के नाम में समाजशास्त्र लगा हुआ है। खैर, जो भी हो, इस काल में ब्रिटिश मानवशास्त्र का भारतीय समाजशास्त्र पर प्रभाव धीरे-धीरे कम होने लगा और भारतीय समाजशास्त्र का स्वरूप अमरीकी होने लगा।

समाजशास्त्र जितना आज अमरीका में विकसित है, उतना दुनिया के किसी अन्य देश में नहीं है। आधुनिक समाजशास्त्र के क्षेत्र में, अमरीकी विद्वानों का काफी महत्त्वपूर्ण योगदान है और अमरीकी समाजशास्त्र का भारतीय समाजशास्त्र पर जितना प्रभाव दिखाई पड़ना चाहिए था, उतना दिखाई नहीं पड़ रहा है। इसके दो प्रमुख कारण हैं– (1) भारत में मानवशास्त्रियों का प्रभाव समाजशास्त्र पर कुछ ज़्यादा ही है। एम.एन. श्रीनिवास, रामकृष्ण मुखर्जी,

एस.सी. दुबे, टी.एन. मदान, आन्द्रे बेते (Andre Beteille), जे.पी.एस. उबेराय, आर.के. जैन, सच्चिदानन्द एवं उनसे जुड़े अन्य पेशेवर मानवशास्त्रियों ने समाजशास्त्र के प्रचार-प्रसार पर काफी अच्छी पकड़ बनाये रखी। उनकी कृतियों में समाजशास्त्र कम और मानवशास्त्र अधिक झलकता है। चूँकि उन मठाधीशों के प्रशिक्षण और शोध-कार्य की रूपरेखा मानवशास्त्रीय थी, इसलिए उन लोगों ने वैसे ही काम करनेवाले लोगों को समाजशास्त्र में विभिन्न पदों पर प्रोत्साहित किया, जो मानवशास्त्री थे या मानवशास्त्रीय परिप्रेक्ष्य का अनुसरण करते थे। मजे की बात तो यह है कि उन लोगों ने अपने-आपको कभी मानवशास्त्री कहलाना बहुत पसन्द नहीं किया। वे अपनी कृतियों एवं भाषणों के माध्यम से यही प्रमाणित करते रहे कि समाजशास्त्र एवं सामाजिक मानवशास्त्र में कोई विशेष फ़र्क नहीं है। जहाँ कहीं भी आवश्यकता हुई, उन लोगों ने अपने-आपको हमेशा समाजशास्त्री के रूप में ही पेश किया। इस तरह से समाजशास्त्र पर मानवशास्त्र की गिरफ्त बनी रही। वैसे भी तथाकथित समाजशास्त्री अपने को मानवशास्त्री कहे जाने पर शायद थोड़ा अपना अपमान समझते हैं। ऐसा लगता है कि भारत में मानवशास्त्री होने से समाजशास्त्री होना कुछ ज़्यादा ही सम्मानजनक है।

भारतीय समाजशास्त्र के पिछड़ने का दूसरा प्रमुख कारण यह है कि भारतीय विश्वविद्यालयों में समाजशास्त्र के साथ प्रारम्भ से ही अनुसन्धान प्रविधियों एवं सांख्यिकी की पढ़ाई नहीं हुई है और आज जहाँ कहीं भी विश्वविद्यालयों में समाजशास्त्र के साथ सांख्यिकी की पढ़ाई की जाती है, वहाँ उसके पाठ्यक्रम का स्तर काफी निम्न है (बहुत हद तक पटना विश्वविद्यालय का समाजशास्त्र विभाग इसका एक अपवाद रहा है)। राष्ट्रीय स्तर पर समाजशास्त्र पर वैसे ही लोगों का प्रभुत्व बना हुआ है, जो सांख्यिकी एवं संख्यात्मक विश्लेषण से बहुत दूर भागते हैं और जिसका स्पष्ट नतीजा यह है कि भारतीय समाजशास्त्री पाश्चात्य समाजशास्त्रियों की तरह संख्यात्मक विश्लेषण करने में काफी पिछड़े हुए हैं। इस कमजोरी को छिपाने के लिए भारतीय समाजशास्त्री अपने अध्ययनों में मुख्य रूप से मानवशास्त्रीय परिप्रेक्ष्य को उजागर यह दलील देते हुए कहते हैं कि ब्रिटिश परम्परा में सामाजिक मानवशास्त्र एवं समाजशास्त्र में कोई खास फ़र्क नहीं है। यही कारण है कि भारतीय समाजशास्त्रियों ने मानवशास्त्रियों की तरह अपने-आपको ग्रामीण समुदाय, जनजातीय जीवनशैली, जातिप्रथा, रिश्तेदारीप्रथा, ग्रामीण संघर्ष और तनाव जैसे सामान्य विषयों के अध्ययन तक ही सीमित किया है। वे शायद ही कभी सर्वेक्षण पर आधृत अध्ययनों में रुचि ले पाते हैं। अमरीकी समाजशास्त्र में जहाँ नगरीय समस्याओं एवं जनसंख्याशास्त्र का अध्ययन काफी जोर-शोर से होता है, वहीं भारतीय समाजशास्त्र में लोग जनसंख्या एवं नगरीय समस्याओं से काफी दूर भागते हैं, इसके बावजूद कि भारत के सामने जनसंख्या की समस्या दिन-ब-दिन काफी विकराल होती जा रही है। मानव के इतिहास में यह एक नयी किस्म की चुनौती है। खेद की बात यह है कि जनसंख्या तथा नगरों की समस्याओं के साथ-साथ ग़रीबी, घूसखोरी, विकास जैसी भीषण समस्याओं को भारतीय समाजशास्त्री मूकदृष्टा की तरह देख रहे हैं। यह बहुत कुछ स्वाभाविक है, क्योंकि सर्वेक्षण तथा जनगणना से प्राप्त आँकड़ों का समाजशास्त्रीय विश्लेषण समुचित सांख्यिकी के प्रशिक्षण के अभाव में कतई सम्भव नहीं है। चूँकि भारत में लोग मुख्य रूप से सामाजिक तथ्यों का गुणात्मक विश्लेषण ही करते रहे हैं, इसलिए वैसे ही विश्लेषण को बहुत-से समाजशास्त्री समाजशास्त्रीय विश्लेषण समझ बैठते हैं।

भारतीय समाजशास्त्र में कुछ वैसे भी लोग हैं, जो पाश्चात्य समाजशास्त्रीय सिद्धान्तों की जानकारी मात्र को ही समस्त समाजशास्त्र की जानकारी समझते हैं। समाजशास्त्र में सामाजिक सर्वेक्षण का प्रयोग जितना पाश्चात्य विश्वविद्यालयों में हुआ है, उसकी तुलना में भारतीय समाजशास्त्र काफी पिछड़ा हुआ है। चिन्ता की बात यह है कि कुछ समाजशास्त्रियों एवं मानवशास्त्रियों ने उच्य स्तरीय अनुसन्धान करने की बजाय अपने-आपको तथा अपने विषय को भारी-भरकम साबित करने के उद्देश्य से पाश्चात्य समाजशास्त्र एवं सामाजिक दर्शनशास्त्र की कठिन शब्दावली का प्रयोग कर सरल-से-सरल तथ्यों को जटिल-से-जटिल ढंग से अपनी पुस्तकों में पेश करने का भरपूर प्रयास किया है। इस क्षेत्र में प्रो. योगेन्द्र सिंह को कुछ विशेष ही महारत हासिल है। हमें ऐसे निरर्थक कठिन शब्दों के प्रयोग की कलाबाज़ी से बचना चाहिए। समाजशास्त्रीय अध्ययन में पाश्चात्य समाजशास्त्रीय शब्दों के प्रयोग मात्र से गहराई नहीं आ सकती है। विश्लेषण में गहराई के लिए सिद्धान्तों के ज्ञान के साथ-साथ आधुनिक अध्ययन-पद्धति के प्रयोग की भी आवश्यकता उतनी ही है।

भारतीय समाजशास्त्रीय अध्ययन में वैज्ञानिकता की भारी कमी है। भारतीय समाजशास्त्र में ऐसी अनगिनत पुस्तकें और लेख हैं, जिनमें संख्यात्मक आँकड़ों या परिष्कृत वैज्ञानिक पद्धतियों के प्रयोग की भारी कमी है। उन्हें पढ़ने से ऐसा लगता है कि भारतीय समाजशास्त्री समाजशास्त्री कम और सफल पत्रकार या कहानीकार ज़्यादा हैं। खैर, इतनी सन्तुष्टि तो अवश्य मिलती है कि जो भी वर्णनात्मक कृतियाँ हैं, उनका स्तर काफी सन्तोषप्रद है। लेकिन चिन्ता की बात यह है कि अब तक राधाकमल मुकर्जी के सामाजिक मूल्य सम्बन्धी विचारों एवं एम.एन. श्रीनिवास की दो अवधारणाओं (संस्कृतीकरण एवं प्रभुत्वसम्पन्न जाति) के अलावा किसी भी भारतीय समाजशास्त्री ने विश्वस्तर पर पहचाने जानेवाले किसी सिद्धान्त या अनुसन्धान की प्रविधि के रूप में कोई योगदान नहीं दिया है। संक्षेप में यही है **भारतीय समाजशास्त्र का समाजशास्त्र (Sociology of Indian Sociology)**। इस विषय पर काफी पुस्तकों एवं लेखों का प्रकाशन हुआ है, जिनमें से कुछ को पी. के. बी. नायर (1982) की सम्पादित पुस्तक में देखा जा सकता है। इस विषय पर ICSSR द्वारा प्रकाशित समाजशास्त्र एवं मानवशास्त्र का सर्वेक्षण विशेष रूप से उल्लेखनीय है।

हीरक जयन्ती (2011) के अवसर पर भारतीय समाजशास्त्र : दिशा और दशा

जवाहरलाल नेहरू विश्वविद्यालय (नयी दिल्ली) के प्रांगण में आयोजित भारतीय समाजशास्त्रीय समाज (Indian Sociological Society) की हीरक जयंती के अवसर पर भारत में समाजशास्त्र के उद्‌भव विकास, दिशा, दशा एवं समाजशास्त्रियों द्वारा अध्ययन किये जाने वाले विषयों पर कतिपय समाजविज्ञानियों ने अपने विचार व्यक्त किये, जिसका **राष्ट्रीय सहारा** नामक दैनिक (10 दिसम्बर, 2011) में प्रकाशन हुआ। उसका एक संक्षिप्त तथा संशोधित अंश यहाँ उद्‌धृत किया जा रहा है। इससे पाठकों को यह जानकारी प्राप्त होगी कि विभिन्न पीढ़ियों के भारतीय समाजशास्त्री समाजशास्त्र के क्षेत्र में क्या करते, क्या सोचते तथा कौन-सी परेशानी महसूस करते रहे हैं। एक अकादमिक विषय के रूप में समाजशास्त्र ने भारत में कितनी दूरी तय की है तथा समाजशास्त्रियों को आगे क्या-क्या करने की योजनाएँ हैं तथा उन्हें निष्पादित करने में किन-किन चुनौतियों का सामना करना है, आदि बातों से रू-ब-रू होने का यहाँ अवसर प्राप्त होगा। इसी उद्देश्य से निम्न विचारों को रेखांकित किया गया है।

डॉ. योगेंद्र सिंह— चुनौती नये दृष्टिकोण के समन्वय की

मेरे विचार में समाजशास्त्र देश और समुदाय की सभ्यता और संस्कृति से जुड़ी हुई प्रक्रिया है। हम व्यावहारिक रूप से समाज को नहीं समझ सकते हैं, अगर हमारे अन्दर यह जागरूकता नहीं हो कि कैसे हम इसे बड़े परिप्रेक्ष्य से जोड़ने की कोशिश करें? वह परिप्रेक्ष्य हमारी संस्कृति का है, हमारी पुरातन परम्परा का है तथा हमारे इतिहास का है। इन सबको मिलाकर समग्रता में ही समाजशास्त्र का अध्ययन किया जा सकता है। भारत विविधतापूर्ण देश है। उसमें बहुत-सी नयी-नयी प्रक्रियाएँ उभर रही हैं। उन नवीनताओं के बीच में जो सूत्र है, वही बाँधता है इकाइयों को। उनसे ही यह देश लगातार चल रहा है। उस सूत्र की अनुभूति आवश्यक है। समाजशास्त्र द्वारा इस अनुभूति को आगे बढ़ाना और सिर्फ प्रवचनों में नहीं, बल्कि अनुभवजन्य साक्ष्य देते हुए तथा अनुभवजन्य स्थापना करते हुए अध्ययन करना, यही समाजशास्त्र का लक्ष्य है।

ऐतिहासिक रूप से भारतीय समाजशास्त्र के तीन मोड़ हैं। आज़ादी के पहले जो समाजशास्त्र था, उसमें समाजशास्त्र इसे लेकर उदग्र था कि हम उपनिवेश कैसे बन गए? ये बाहरी लोग किस नाते यहाँ कब्जा जमाए बैठे हैं? क्या हमारे इतिहास में या हमारी दार्शनिक परम्परा में कुछ कमी थी या हमारे समाज में? क्या कुछ पश्चिमी देशों ने नये ईजाद किये जिनसे हम वंचित रह गए? जब आज़ादी मिल गयी तो दूसरी कड़ी शुरू हुई, क्योंकि उस समय समाजशास्त्र ही नहीं अर्थशास्त्र और राजनीतिशास्त्र समेत सारे समाजविज्ञान एकजुट होकर राष्ट्र-निर्माण की प्रक्रिया में भागीदारी अदा

करने में लग गए। उस समय सैद्धान्तिक मतभेद होते हुए भी जितनी नयी संस्थाएँ और नयी परियोजनाएँ बनीं; सबने नये राष्ट्र के निर्माण में अपनी भूमिकाएँ अदा कीं। इन सब के अध्ययन में समाजशास्त्र जुट गया। उसने आँकड़ों, साक्ष्यों और स्थापनाओं द्वारा इसके नियोजन में अपना योगदान दिया। यह प्रक्रिया दो से ज़्यादा दशकों तक चली।

सत्ता के आलोचक के रूप में शास्त्र— लेकिन गत सदी के सातवें दशक तक आते-आते दो बातें हुईं। समाजशास्त्रियों को यह अनुभव होने लगा कि मात्र राज्य सत्ता द्वारा सचमुच का परिवर्तन नहीं लाया जा सकता। सत्ता की नीतियों के चलते कुछ वर्ग तो लाभान्वित होते हैं और कुछ वंचित रह जाते हैं। दूसरा यह कि जो वंचित वर्ग हैं, उनको कैसे विकास की प्रक्रिया में लाया जाये? इसलिए विकास की जो भी सरकारी नीतियाँ हैं, समाजशास्त्र को मात्र उनका समर्थन नहीं करना चाहिए, बल्कि उनकी आलोचनात्मक व्याख्या होनी चाहिए। इससे आलोचनात्मक समाजशास्त्र की प्रक्रिया शुरू हुई। हालाँकि इस दौरान सैद्धान्तिक मतभेद भी उभरे। फिर क्रमशः मार्क्सवादी तथा प्रकार्यवादी समाजशास्त्र विकसित हुआ। इस प्रकार की कई सैद्धान्तिक कड़ियाँ सामने आने लगीं। इससे समाजशास्त्र और भी अधिक विकसित तथा बहुमुखी हुआ। एक प्रकार से इसकी परम्परा समृद्ध हुई। इसी समय, सरकार को भी अनुभव हुआ कि स्वयंसेवी संस्थाओं का योगदान होना चाहिए तो वे लोग भी आ गए और शोध-अनुसन्धान का काम करने लगे। इसके बाद एक तीसरी प्रक्रिया शुरू हुई भागीदारी का समाजशास्त्र, यानी सब लोग मिलकर काम करें। अगर हमें वास्तविकता तक पहुँचना है, तो सभी तरह के मतों को लेना होगा। सभी तरह के अध्ययनों के.एन.जी.ओ., विश्वविद्यालयों और जनता के विश्लेषणों का भी योगदान है। अब एक नयी बात हो रही है। पहले हमलोग कुछ भी लिखते थे तो सामान्य लोग उसे नहीं पढ़ते थे, केवल अंग्रेजीदां पढ़ते थे। लेकिन आज जनता भी पढ़ने लगी है। उसके भी अपने अभिजात वर्ग आ गए हैं, दलित वर्ग आ गया है और स्त्रियों में चेतना का विकास हुआ है। कहने का मतलब यह कि ये जो हाशिये पर पड़े समूह थे, उनमें भी एक नयी चेतना आ गयी है। इनमें एक बौद्धिक वर्ग आ गया है। ये सब मिलाकर आज का माहौल बड़ा ही बहुमुखी और बहुआयामी हो गया है। इन सबके बीच समाजशास्त्र का एक नया रूप उभर रहा है।

भूमण्डली समाज और ज्ञान— आज समाजशास्त्र के आगे बहुत-सी चुनौतियाँ भी हैं। पहली चुनौती यह है कि समाजशास्त्र के दो पक्ष थे। एक व्यावहारिक पक्ष था और दूसरा सैद्धान्तिक पक्ष था। इन दोनों की प्रक्रियाएँ-परम्पराएँ बदल रही हैं। पहली चुनौती है कि कैसे इन दोनों का समन्वय कर एक अभिन्न समाजशास्त्र का रूप दिया जाये? दूसरी चुनौती यह है कि अभी भूमण्डलीकरण के नाते ज्ञान-विज्ञान का क्षेत्र मात्र राष्ट्रीय न होकर उसका फलक तुलनात्मक रूप से वैश्विक हो गया है। आज सूचना तकनीक का दौर है। उनके द्वारा प्राप्त ज्ञान के क्षेत्र को एक देश या एक समुदाय तक सीमित नहीं रखा जा सकता। इसके साथ समन्वय कर समाजशास्त्र को इसमें स्थापित किया जाना चाहिए। यह आज की चुनौती है।

इसके साथ ही भूमण्डलीकरण के नाते समाज का एक नया स्वरूप आ गया है। समाज अब राष्ट्रीय नहीं रह गया है। पहले राष्ट्र की सीमाओं में ही समाज था। आज हमारे हिन्दुस्तान के लोग विश्व में फैले हुए हैं। हमारा समुदाय हर देश में है। जहाँ भी भारतीय विदेशों में हैं, वहाँ उनकी अस्मिता के साथ क्षेत्रीय और दूसरी अस्मिताएँ भी हैं। वहाँ भी एक नयी प्रक्रिया आ रही है। अब चुनौती है कि वहाँ और यहाँ के परिवर्तनों को कैसे नये नज़रिये से समन्वित किया जाये? तथ्य यह है कि समाज स्थिर नहीं रहता। तकनीक और विज्ञान विकसित होता है; परिवर्तन की गति तेज हो जाती है। इसमें समाजशास्त्र की एक बड़ी चुनौती होती है कि अपना सैद्धान्तिक और वैचारिक कैसे विकास करें? कैसे नयी पद्धतियों का अन्वेषण करें क्योंकि पुरानी अध्ययन की पद्धतियों में बदलाव की ज़रूरत हो सकती है। सैद्धान्तिक, पद्धतीय और वास्तविकता से लगे हुए ये तीनों परिवर्तन मिलकर एक चुनौती समाजशास्त्र को दे रहे हैं और आगे भी देंगे।

डॉ. टी.के. उमेन (T.K. Oommen)— दोराहे पर समाजशास्त्र

भारतीय समाजशास्त्रीय समाज के सचिव और अन्तर्राष्ट्रीय समाजशास्त्रीय संघ के पूर्व अध्यक्ष रहे हैं। प्रख्यात समाजशास्त्री डॉ. उमेन के साथ वार्तालाप के कुछ अंश प्रस्तुत हैं—

प्रश्न– आज समाजशास्त्र दोराहे पर है। कॉरपोरेट संस्कृति और व्यावसायिकता के हमले के बीच क्या आप सोचते हैं कि इनके प्रति एक कठोर कदम उठाने या नैतिक आधार पर उनके साथ किसी संवाद को खारिज करने के बजाय हमें इन सामाजिक प्रक्रियाओं और संस्थाओं द्वारा सार्थक तरीके से खुद को पुनराविष्कृत करने की आवश्यकता है ?

उत्तर– समाजशास्त्र पश्चिमी आधुनिकता का बालक है, लेकिन आधुनिकता केवल पश्चिम की ही जागीर नहीं है और भूल से भी इसे पश्चिमीकरण का एक रूप नहीं मान लेना चाहिए। फिर, आधुनिकता एक विशेष स्थिति नहीं है, बल्कि एक तात्कालिक परिदृश्य है। किसी भी सूरत में आधुनिकता की बहुआयामी अवधारणाओं को व्यापक रूप से समाहित नहीं किया जा सकता। समाजविज्ञान, खासकर समाजशास्त्र, जिस संकट का सामना कर रहा है, जिसकी ओर अभी आपने संकेत किया, वह बदलते सन्दर्भों को स्वीकार न करने का संकट है। समाजवादी देशों के बिखराव और उनका नियंत्रणकर्त्ता होने की स्थिति में गिरावट और पूँजीवादी देशों में बाज़ार पर केन्द्रीयता के समर्पण ने समाजशास्त्र के लिए नयी भूमिका का आह्वान किया है। विश्व की यह धारणा है कि वर्तमान संकट दोधारी है; पूँजीवादी देशों में बाज़ार की कट्टरता से उभरता संकट और अलोकतांत्रिक राजनीतिक सत्ता के अधिनायकवादी रवैये से आ रहा संकट। हमारे समय का तत्काल तकाजा है कि हम समाज की इस केन्द्रीयता में निवेश करें। जैसा कि मैं देखता हूँ, वर्तमान समाज को तीन पाये पर टिका होना चाहिए– लोकतान्त्रिक राज्य, प्रतिस्पर्द्धी बाज़ार और नागरिक समाज। इनके द्वारा ही हम एक संगठित समाज के हिस्से को पसन्द कर सकते हैं। इनमें पहले दो को अनावश्यक रूप से अहमीयत देना और तीसरे को पृष्ठभूमि में धकेलने की हमारे दौर की प्रवृत्ति रही है। इसके लिए ज़्यादा जिम्मेदार हमारे समाजशास्त्री ही हैं। कॉरपोरेट संस्कृति और राजनीतिक तानाशाही पर तोहमत लगाना मसले का हल नहीं है। इससे निकलने का रास्ता है– नागरिक समाज (Civil Society) का सशक्तीकरण और उसे प्रतिरोधी ताकत से लैस करना। इस सन्दर्भ में इंडियन सोसिअलॉजिकल एसोसिएशन (ISS) के साथ पेशेवराना जुड़ाव जो नागरिक समाज को एक आयाम प्रदान कर सकता है तथा उसे यह अपेक्षित भूमिका निभानी भी चाहिए।

अब रहा सवाल किसकी जानकारी का? तो इसका जवाब उत्तरदायित्व के साथ दिया जाना चाहिए। सामाजिक वास्तविकताओं का विश्लेषण समाजशास्त्रियों का सबक हो सकता है, तो उनके द्वारा उत्पन्न सामाजिक ज्ञान का उपयोग मानव कल्याण में होना चाहिए। इसलिए पेशेवर समाजशास्त्रियों को अपने समाजशास्त्रीय ज्ञान का उपयोग जीवन की गुणवत्ता के परिष्करण में करना चाहिए। इसके बदले में, सामाजिक सबक में राजनीतिक अधिनायकवाद और बाज़ार के एकाधिकार के तौर-तरीकों का विश्लेषण भी समाज की एकता-अखण्डता के लिए करना चाहिए। मैं डरा हुआ हूँ कि समाजशास्त्रियों ने अभी तक जाँच के इस वैध क्षेत्रों को देखने-समझने की शुरुआत भी नहीं की है, उनके विश्लेषण की तो बात ही छोड़ दीजिए।

प्रश्न– आपके हिसाब से आई.एस.एस. (ISS) जैसे संगठनों के सामने कौन-सी चुनौतियाँ हैं और भविष्य की उनकी रणनीति क्या होनी चाहिए?

उत्तर– मैं इसका उत्तर पहले दे चुका हूँ। भारतीय समाजशास्त्र में अन्तर्निहित आकादमिक संकीर्णतावाद की जानकारी है, लेकिन उसे कोई पहचान नहीं रहा है। यह उनके मार्ग में अवरोधक बनकर खड़ा है, जो अपरम्परागत विषय पर अध्ययन की कोशिश करते हैं। आप मुझे थोड़ा सहन करें तो मैं इसकी आत्मकथात्मक व्याख्या करूँगा। जब मैंने 1960 में भूदान आन्दोलन पर काम करना शुरू किया तो एक प्रख्यात समाजशास्त्री ने इस पर अचम्भित होकर पूछा कि क्या यह विषय समाजशास्त्र के अन्तर्गत आता है? मैं आपको बता दूँ कि उन दिनों परिवार और कुटुम्ब, जाति और धर्म तथा ग्रामीण समुदाय भारतीय समाजशास्त्र के अध्ययन के विषय हुआ करते थे। एक-दूसरे हालाँकि कम विख्यात समाजशास्त्री ने सातवें दशक के दौरान हुए एक सेमीनार में कहा, 'आकर्षण के बारे में बात की शुरुआत के साथ ही समाजशास्त्र का अन्त हो जाता है।' आपको सम्भवत: 1971 में प्रकाशित मेरी पहली किताब **'Charisma: Stability and Change'** की याद हो। जब मैंने **'Understanding Security: A New Perspective'** (2006) पुस्तक प्रकाशित कराई तो एक अन्य समाजशास्त्री ने विस्मित होकर पूछा, 'क्या आप समाजशास्त्री हैं?' मुझे लगता है

कि आप मेरा मंतव्य समझ रहे हैं। आई.एस.एस. के एक मुख्य अकादमिक पाठ में उपेक्षित थीमों पर काम करने को प्रोत्साहित किया गया। लेकिन ऐसे काम में एक जोखिम भी था, न केवल यह कि इन विषयों पर काम करने वालों को अकादमिक पहचान नहीं मिल सकती थी, बल्कि इसके चलते उसे आजीविका मिलने में भी कठिनाई आती, क्योंकि कॉलेजों और विश्वविद्यालयों में नयी थीम पढ़ाई ही नहीं जाती।

मुझे यह रेखांकित करने में अवश्य ही थोड़ा संतोष हो रहा है कि आई.एस.एस. द्वारा स्थापित अनुसन्धान समिति इस चुनौती की ओर ध्यान दे रही है। मैं यह स्वीकार करता हूँ कि इस दिशा में अभी बहुत काम करने की आवश्यकता है। यह भी कि भारत में प्रचलित भाषावार क्षेत्र दरअसल यूरोपीय मत में 'राष्ट्र' बतौर हैं। तो इन क्षेत्रों की विशेषताओं पर गहन शोध करने की आवश्यकता है। यह चुनौती है जिसे आई.एस.एस. अपने क्षेत्रीय सहयोग संगठनों के जरिए हल कर सकता है, लेकिन इस दिशा में भी प्रणालीबद्ध तरीके से शुरुआत करना बाकी है।

प्रश्न– यह हीरक जयंती समारोह अवश्य ही एक महान् गौरव का अवसर है और विशेषकर आपके लिए। क्या आप अतीत की याद में मगन हो रहे हैं?

उत्तर– सचमुच नहीं, क्योंकि भारत में समाजशास्त्रीय समुदाय को सामूहिक रूप से अतीत की इस सुनहरी याद में सहभागी होना चाहिए। आई.एस.एस. में मैं देर से जुड़ा और इस संगठन के कोषाध्यक्ष, सचिव और अध्यक्ष-पद की जिम्मेदारी सँभालते हुए संस्था के विकास में मेरा सीमित योगदान रहा। मेरी तरह और साथियों ने भी इन पदों को सँभाला। हालाँकि मैं 11वें वर्ल्ड कांग्रेस ऑफ सोसिऑलजि **(World Congress of Sociology)** के आयोजन और 1990–2004 की अध्यक्षता की ओर से देखता हूँ तो थोड़े से गौरव का अहसास होता है। जब-तब मुझे इसका श्रेय दिया जाता है कि मैंने भारतीय समाजशास्त्र को विश्व के मानचित्र पर ला दिया।

डॉ. आनन्द कुमार– सामाजिक सम्बन्धों के नये संसार का शास्त्र

सामाजिक प्राणी होने के नाते मनुष्य ने अपने समाज को बनाने, व्यवस्थित करने और बदलने की प्रक्रियाओं के बारे में शुरू से ही बुनियादी चिन्ताएँ रखी हैं। इन चिन्ताओं के समाधान की प्रक्रिया से ही समाज के बारे में ज्ञान-विज्ञान का विकास हुआ है। इस अर्थ में समाजशास्त्र उतना ही पुराना माना जाना चाहिए, जितना मानवसमाज है। लेकिन मानवीय समाज में कई गुणात्मक परिवर्तन, यूरोपीय औद्योगिक और राजनीतिक क्रान्तियों के दोहरे दबाव में 18वीं और 19वीं शताब्दी में सम्पन्न हुये। अर्थतन्त्र व राजतन्त्र बदला। परिवार, वर्ग एवं धर्म में बदलाव आया। इससे एक नयी दुनिया धीरे-धीरे बनने लगी; जिसमें श्रम-विभाजन, विवाह, परिवार और नातेदारी का ताना-बाना और धर्म, समाज और मनुष्य का पुनर्परिभाषित रिश्ता व ताकत, सत्ता और व्यवस्था के त्रिकोण में मनुष्यों के परस्पर सम्बन्धों का एक नया संसार उभरता दिखाई पड़ा है।

इसी नये संसार की नियमावली और उसको समझने की लगातार चुनौती जो फ्रांस के अगस्त कौंत से शुरू समाजशास्त्र उर्फ समाजविज्ञान के अन्तर्गत आज 21वीं शताब्दी तक दुनिया भर में एक बड़ी जमात व्यस्त है। इस अर्थ में समाजशास्त्र का जन्म फ्रांस की उथल-पुथल की दुनिया को समझने के प्रयास से शुरू हुआ, जिसको तुरंत अगली शताब्दी में एमिल डर्कहाइम, मैक्स वेबर, जॉर्ज जिमेल जैसे विद्वानों ने आधार दिया। जैसे-जैसे दुनिया में यूरोप के प्रभाव का विस्तार हुआ; समाजविज्ञान की नवीनतम शाखा के रूप में समाजशास्त्र को भी शोध-संसार में स्वीकृति मिली है।

समाजशास्त्र का उपनिवेशकाल में प्रवेश— भारत में समाजशास्त्र के प्रवेश का इतिहास ब्रिटिश औपनिवेशिकता के साथ जुड़ा हुआ है। शुरुआती दौर में भारतीय समाज को समझने के विदेशी प्रयासों को अंग्रेजों द्वारा भारतीय अर्थतन्त्र और राज-व्यवस्था पर कब्जा करने के बाद बहुत गति मिली। इसमें विदेशी कसौटियों पर देशी सच को जाँचा-परखा जाने लगा। इससे जनगणना का काम हुआ। भाषा, धर्म, जाति, त्योहार, व्यापार आदि के सघन विवरण प्रस्तुत किये गये। स्थानीय स्तर पर लोगों के रीति-रिवाज़ों को जानने के लिए प्रशासकों की जिम्मेदारी बढ़ी। हमारी जीवनशैली

और संस्कृति के ईसाई धर्म-प्रचारकों की टोलियों ने गाँव-कस्बे और जंगलों में घूम-घूम कर जाँच-पड़ताल कर रपटें प्रस्तुत कीं और इन सबसे एक तरह का औपनिवेशिक समाजशास्त्र धीरे-धीरे स्थापित हुआ। इसी आधारशिला के बल पर भारत की स्वाधीनता के संक्रमणकाल यानी 40 और 50 के दशक में कुछ अत्यन्त समर्पित भारतीयों ने देश और विदेश में ज्ञानार्जन कर सबसे पहले भारत की दो बुनियादी इकाइयों ग्रामीण व्यवस्था और जाति-व्यवस्था के बारे में देशी मुहावरों और सन्दर्भों में अध्ययन प्रस्तुत किये। इस टोली के नायकों के रूप में जी. एस. घूरिए, एम. एन. श्रीनिवास, राधाकमल मुखर्जी और डी.पी. मुखर्जी जैसे संस्थापकों को हमें धन्यवाद देना चाहिए। लेकिन गाँव और जाति केन्द्रित समाजशास्त्र की रचना में बहुत दूर तक औपनिवेशिक ज्ञान विरासत की परछाई रही है।

इसीलिए 60 के दशक तक आते-आते भारतीय समाजविज्ञानियों का ध्यान भारतीय समाज की व्यवस्था और परिवर्तन की चुनौतियों के बारे में संस्थाओं से उठकर प्रक्रियाओं की तरफ मुड़ा। इससे स्वाधीन देश के केन्द्रीय लक्ष्य समाज के आधुनिकीकरण के बारे में समाजशास्त्रियों ने कई स्तरों पर अध्ययन करना शुरू किया। रामकृष्ण मुखर्जी, ए.आर. देसाई, पी.सी. जोशी, श्यामाचरण दुबे, योगेन्द्र सिंह, आन्द्रे वेते, वाई.बी. दामले जैसे आचार्यों ने जो स्थापनाएँ प्रस्तुत कीं उनसे भारतीय समाज को आत्मसाक्षात्कार का मौका मिला। पश्चिमीकरण और आधुनिकीकरण का फर्क साफ हुआ। आधुनिकीकरण के अनिवार्य अंग के रूप में परिवार से लेकर अर्थव्यवस्था, जातिव्यवस्था और राजनीतिक ढाँचे में जनतांत्रिक परिवर्तनों के लिए देश की मानसिक और मनोवैज्ञानिक तैयारी में भी इन अध्ययनों का असाधारण योगदान है।

साठोत्तरी समाजशास्त्र में वर्ग संरचना और वर्ग-संघर्ष— इसके बाद गत सदी के सातवें-आठवें दशकों में भारतीय समाजशास्त्र में एक नया विस्तार हुआ, जिसमें राष्ट्र-निर्माण के अन्तर्विरोधों और जनआन्दोलनों को नजदीक से समझने के लिए एक पूरी पीढ़ी ने अपना समय लगाया। डी.एन. धनागरे, टी.के. उमेन, एम.एस.ए. राव, पार्थनाथ मुखर्जी से लेकर अब तक यह धारा चली आ रही है। जनआन्दोलनों को हमने प्राय: आज़ादी की लड़ाई से जोड़कर देखा था। आज़ादी के बाद जनआन्दोलनों की प्रासंगिकता और अनिवार्यता दोनों को नकारने का काम राजनीति में हो रहा था। लेकिन समाजशास्त्रियों ने राजनीतिज्ञों के इस अधूरे दृष्टिकोण को चुनौती दी और देश को एक नयी समझ देने का काम किया। उन्होंने भारतीय स्वाधीनता आन्दोलन और उससे पैदा आज़ादी के अधूरेपन को भी स्पष्ट किया। जाति व धर्म के साथ ही वर्ग संरचना और वर्ग-संघर्ष को भी समाजशास्त्रीय सन्दर्भ में भारत की ज़मीन की असलियत को समझने के लिए हमने प्रासंगिक बनाया।

आठवें दशक के आगे भारतीय राष्ट्र-निर्माण की तीन दशक लम्बी प्रक्रिया की बात शुरू हो गईं। भारतीय राज्य, उसकी विकास योजनाएँ और उसके साथ जुड़ी उपलब्धियों व समस्याओं को अपने अध्ययन का आधार बनाकर ज़मीन, स्त्री-प्रसंग, जाति, जनतन्त्र, सांस्कृतिक अस्मिता, मीडिया और पर्यावरण के प्रश्नों पर पैदा असंतोष और आन्दोलनों का गंभीर अध्ययन प्रस्तुत करके समाजशास्त्र के दायरे को बढ़ाया गया। सामाजिक परिवर्तन और समाजशास्त्र को एक-दूसरे का सहयोगी बनाने में योगदान किया गया।

नौंवे दशक से समाजशास्त्र और मानवीय गरिमा के प्रश्नों के साथ अभिन्न रूप-से जुड़ा समाज विश्लेषण का माध्यम बनने में सफल हो सका है। दलित अस्मिता, महिलाओं के सवाल, अल्पसंख्यकों की चुनौतियाँ, निर्धनता, क्षेत्रीय विषमता, वर्ग द्वन्द्व, राज्य और समाज की टकराहटें। ये सारे प्रश्न एक तरह से पिछले दो दशकों से खोले जा रहे हैं। आत्मसमीक्षा को बढ़ावा दिया जा रहा है। इन सबका चरमबिन्दु आज राष्ट्रवाद से आगे के समाजशास्त्र के रूप में सामने आ गया है।

राष्ट्रवाद से आगे का चरण— अगर 1950 के दशक में समाजशास्त्रियों ने भारतीय राजनेताओं के साथ कदम से कदम मिलाकर भारतीय अस्मिता को परिभाषित करने और भारतीय एकता को पुष्ट करने वाला शोध अपनी प्राथमिकता बनाया था तो आज 21वीं शताब्दी का समाजवैज्ञानिक भारतीय राजसत्ता, राष्ट्र-निर्माण का मॉडल और उदारीकरण तथा भूमण्डलीकरण से पैदा अंतर्विरोधों को अपना मुख्य लक्ष्य बना रहा है। इसमें राष्ट्रीय व्यवस्था की पुष्टि के बजाय राष्ट्रीय एकता की सीमाओं की तरफ ज़्यादा ध्यान दिया जा रहा है। हम राष्ट्रवाद से आगे के समाजशास्त्र की तरफ बढ़ रहे हैं।

स्त्री को राष्ट्र की परिभाषा के दायरे से ऊपर उठाकर देखने की कोशिश हो रही है। इसी तरह से जाति के सन्दर्भ में जो हमारा संवैधानिक लक्ष्य था, उस क्षेत्र में हमारी उपलब्धि को अब तक की परिवर्तन यात्रा के रूप में देख रहे हैं। इसके अलावा, जो आज के मुख्य रुझान हैं और जिनको हम धार्मिक कट्टरता, क्षेत्रवाद, नक्सलवाद, अलगाववाद और आतंकवाद के रूप में जानते हैं; उनके बारे में भी समाजशास्त्री अब अपनी दृष्टि को विस्तार देने में संकोच नहीं कर रहे हैं।

पश्चिमी से पुरबिया हुआ समाजशास्त्र— आज भारतीय समाजशास्त्र के दायरे में कम-से-कम दो दर्जन उप-विषयों के बारे में लगभग समान प्रतिबद्धता के साथ अध्ययन हो रहे हैं, जिनमें स्वास्थ्य, पर्यावरण, विज्ञान, टेक्नॉलजी, मीडिया, मनोरंजन, सेना, वंचित वर्ग और समुदाय जैसे नए-नए विषय उद्घाटित हुए हैं और उनको विस्तार दिया गया है। अगर स्वाधीनता के तुरंत बाद भारतीय समाजशास्त्रियों के सामने पश्चिमी समाजशास्त्र के सिद्धान्त धाराओं के साथ जुगलबन्दी एक ज़रूरी शर्त थी तो आज पश्चिम से आ रहे समाजशास्त्रीय विमर्श से अपनी दूरी बनाना और अपनी स्वायत्तता सिद्ध करना एक ज़रूरी कोशिश हो गयी है। इसीलिए धीरे-धीरे भारतीय समाजशास्त्र की अपनी एक पहचान भी बन गयी है।

राजसत्ता से उपेक्षित पर चाव से पढ़ रही नयी पीढ़ी— हम लोगों को यह ज़रूर ध्यान रखना चाहिए कि समाजशास्त्र के विकास में समाजसत्ता ने राजसत्ता की तुलना में ज़्यादा योगदान किया है। अगर राज्य द्वारा दिये गए प्रोत्साहन को देखा जाये तो मेडिकल, इंजीनियरिंग, वकालत और अब सूचना तकनीक, बायोटेक्नॉलजी हमारे राजसत्ता के पूँजी निवेश की प्राथमिकता है। समाजशास्त्र को हमेशा एक हाशिए के विषय के तौर पर बचा-खुचा साधन दिया जाता है, लेकिन समाज के अन्दर अपने बारे में जिज्ञासा और अपनी व्यवस्था व अस्मिता की चुनौतियों को सुलझाना एक प्राथमिकता बनती जा रही है। यह सामाजिक रुझान भारतीय समाजशास्त्र की मूल पूँजी है। राजसत्ता द्वारा उपेक्षित और कॉरपोरेट सेक्टर द्वारा उपहास का पात्र माना जाने वाला समाजशास्त्र आज समाज में से उभर रही अस्मिताओं और आन्दोलनों के कारण देश भर की नयी पीढ़ी के लिए रुचि का विषय हो गया है। इसीलिए समाजशास्त्र पढ़ने वाले एक तरफ तो सरकारी नौकरियों की प्रतियोगिताओं और शोध संस्थाओं के दरवाज़े पर दस्तक दे रहे हैं। वहीं दूसरी तरफ जनआन्दोलनों के संगठन, लोकसमाज के प्रयासों, मीडिया और स्कूली स्तर की शिक्षा में भी अब प्रासंगिक और महत्त्वपूर्ण माने जा रहे हैं। यह अलग बात है कि भाषा के स्तर पर अंग्रेजी माध्यम से समाजशास्त्र को जानने वाले आज भी ज़्यादा सफल हैं।

देशी भाषा के माध्यम से समाजशास्त्र को पढ़ना-पढ़ाना अब भी एक अल्पविकसित और प्राय: अविकसित सच है। इसी के समानान्तर ग़रीब इलाके और साधनविहीन कॉलेजों और विश्वविद्यालयों में समाजशास्त्र की पढ़ाई एक भीड़तन्त्र के जरिए चलाई जा रही है। यहाँ पर न तो शिक्षकों को सभी विद्यार्थियों के लिए पर्याप्त समय है और न ही विद्यार्थियों को एक शानदार भविष्य के लिए पर्याप्त आश्वासन है। इन दो चुनौतियों को अगर आज समाजशास्त्र से जुड़े अध्यापक, विद्यार्थी, संस्थान और व्यापक समाज सुलझा सके तो शायद आने वाला कल न सिर्फ समाजशास्त्र के लिए, बल्कि भारतीय समाज के लिए भी बहुत मंगलमय हो सकता है।

डॉ. बी.के. नागला- वैश्वीकरण और समाजशास्त्र

समाजशास्त्र पिछले सौ वर्षों में विकास और आधुनिकीकरण के रास्ते आज वैश्वीकरण के युग में पहुँच चुका है। इसका प्रभाव समाज पर कई रूपों में पड़ा है। उदाहरण के तौर पर वैश्वीकरण से पूरे संसार का एकरूपीकरण हो रहा है, वेशभूषा, खाद्य संस्कृति से लेकर परिवार, विवाह, नातेदारी आदि सामाजिक संस्थाओं का भी एकरूपीकरण हुआ है। दूसरी तरफ, वैश्वीकरण ने बहुलीकरण के लिए भी मार्ग प्रशस्त किया है, जिसमें पूर्व और पश्चिम की संस्कृतियाँ साथ-साथ दिखाई देने लगीं। देखते-देखते जीवन में तमाम क्षेत्रों में बहु-संस्कृति का प्रभाव बढ़ रहा है। वैश्वीकरण ने स्थानीय संस्कृतियों के अस्तित्व के सामने चुनौती पैदा कर दी, इसके परिणामस्वरूप स्थानीय संस्कृति को बचाने की तरफ लोगों का ध्यान गया और उनको मज़बूत करने के प्रयास हुये। इस प्रक्रिया में परम्परा और आधुनिकता का मिश्रण हुआ है, इससे एक नयी तरह की संस्कृति का आविर्भाव हो रहा है।

वैश्वीकरण के इन तमाम प्रभावों का समाजशास्त्र ने विविध आयामों से अध्ययन किया है, मुख्यतया जनसंख्या एवं समाज, पर्यावरण पर प्रभाव, विज्ञान, प्रौद्योगिकी एवं समाज, व्यापार और वाणिज्य, संचार व मीडिया, अवकाश और पर्यटन, विकास, विस्थापन और पुनर्वास, परिवार, विवाह और नातेदारी, धर्म और धार्मिक समुदाय, दलित-पिछड़े वर्ग एवं निम्नवर्ग, अर्थ-राजनीति-समाज, शिक्षा एवं समाज, जेंडर अध्ययन, सशस्त्र सैन्य एवं कानून अध्ययन इत्यादि। इन सभी विषयों पर वैश्वीकरण का अध्ययन विभिन्न दृष्टिकोणों से किया गया, जैसे– भारत-ज्ञान प्रविधि, संरचना-प्रकार्यात्मक प्रविधि, संस्कृति-सभ्यता प्रविधि, संघर्ष प्रविधि, निम्नवर्गीय प्रविधि आदि। इन सभी अध्ययनों से दो मुख्य चुनौतियाँ भारतीय समाज के समक्ष दिखाई दी– अस्मिता की समस्या तथा आर्थिक विकास की समस्या।

कुछ लोगों का मानना है कि वैश्वीकरण ने अमीरी और ग़रीबी के बीच के अन्तराल को बढ़ाने का ही काम किया है, दूसरी तरफ कुछ विद्वानों का मानना है कि जो वैश्वीकरण से अछूते हैं, वही विकास की दौड़ में पिछड़ रहे हैं, चाहे वह राष्ट्र हो या व्यक्ति। कुल मिलाकर वैश्वीकरण ने समाज को समाजवाद से पूँजीवाद की दिशा में धकेला है। पहले लोग श्रम से पूँजी कमाते थे, अब पूँजी से श्रम खरीदा जा रहा है। असली मुद्दा है विकास, लेकिन विकास की भी राजनीति होती है। विकास का नाम लेकर राज्यों, जिलों और तहसीलों को बाँटा जा रहा है।

परिणामस्वरूप क्षेत्रीय और जातीय भावनाएँ बढ़ रही हैं। विकास के बदले शासक और नौकरशाही पर ख़र्च हो रहे हैं। विकास के लिए अविकसित क्षेत्र को चुनकर उसे विकसित करना चाहिए। अविकसित क्षेत्र का विकास होने से असमानताएँ दूर होंगी। इन्हीं मुद्दों को ध्यान में रखते हुए भारतीय समाजशास्त्रियों ने सामाजिक स्तरण एवं गतिशीलता का ग्रामीण एवं नगरीय क्षेत्रों का अध्ययन किया है।

डॉ. कामेश्वर चौधरी– समाजशास्त्र को अकादमिक साम्राज्यवाद से मुक्ति की चुनौती

समाजशास्त्र के अध्ययनों की सबसे बड़ी सीमा या चुनौती यह है कि हम अध्ययन के लिए समस्या तो भारतीय समाज से चुनते हैं, लेकिन सैद्धान्तिकी यूरोप और अमरीका से लेते हैं। पश्चिम के तमाम सिद्धान्तों को भारतीय समाजशास्त्र पर लागू करना उसके साथ ज्यादती है। हम पाश्चात्य देशों के आधुनिकीकरण से भारतीय आधुनिकीकरण की व्याख्या नहीं कर सकते। ऐसा करना भी नहीं चाहिए। इसके बावजूद हमारे अधिकांश अध्ययनों के दृष्टिकोण यूरोप या अमरीका केन्द्रित हैं। भारतीय समाजशास्त्रियों को भारत के समाज के आधार पर भारतीय समाजशास्त्र विकसित करना चाहिए। विशेषतौर पर सैद्धान्तिक स्तर पर। इसके लिए हमें भारत के लिए समाजशास्त्र (Sociology for India) विकसित करना चाहिए।

पश्चिम से प्रेरित विषय— स्पष्ट है कि भारतीय सिद्धान्तों में भारत की परम्परा, संस्कृति और उनकी जटिलताओं का ध्यान रखा जायेगा। ब्रिटिश शासन के दौरान भारतीय बौद्धिकता पर अतिक्रमण करने वाले पश्चिम के प्रभुत्व से देश को मुक्त कराने की ज़रूरत है। यह तमाम अनुशासनों पर छाया हुआ है। अकादमिक साम्राज्यवाद ने भारतीय ज्ञान-पद्धति के विकास में बाधा का ही काम किया है। तमाम तथाकथित अच्छे विश्वविद्यालयों की हालत कुछ खास अलग नहीं है। वहाँ की रीडिंग लिस्ट उठाकर देख लीजिए। सब यूरोप और अमरीका के लेखकों की किताबों से भरी पड़ी हैं। यहाँ के लोगों की किताबें भी उस प्रभाव से मुक्त नहीं हैं। यह दुर्भाग्य है कि ऐसे लेखक ही अपने देश में बड़े बुद्धिजीवी के रूप में प्रख्यात हैं जबकि पश्चिम के सिद्धान्तों से भारतीय समस्याओं का समाधान निकालना मुश्किल है। ग़लत दवा से बीमारी बिगाड़ी ही जा सकती है, ठीक नहीं की जा सकती। इस पाश्चात्य प्रभाव से उबरकर प्रासंगिक ज्ञान का विकास किया जाये, यह आज के समाजशास्त्रीय अध्ययनों की सबसे बड़ी चुनौती है।

विषय चुनाव में भी हम पश्चिम से प्रभावित हैं। जिन मुद्दों का यूरोप में फैशन चलता है, कुछ समय बाद वह भारत में भी लोकप्रिय हो जाता है। हमें अपने समाज की गम्भीर समस्याओं को चुनना चाहिए और उसका भारतीय परिप्रेक्ष्य में अध्ययन करना चाहिए। अध्ययन का वस्तुपरक होना भी बहुत ज़रूरी है। शोध में अध्येता की अपनी सामाजिक और

विचारधारात्मक पहचान से प्रभावित होने का खतरा रहता है। हालाँकि वस्तुपरक अध्ययन के लिए अध्येता को खुद की विचारधारा से मुक्त होकर अध्ययन को सही दिशा में ले जाना चाहिए, तभी वह सही निष्कर्ष तक पहुँच पायेंगे।

नये-नये मसले— आज के समय में समाजशास्त्र में अध्ययन के जो क्षेत्र सर्वाधिक उभरे हैं, उनमें दलितों, महिलाओं व आदिवासियों के मुक्तिकामी आन्दोलन व भूमण्डलीकरण व उसकी सहयोगी अवधारणाओं– बाज़ारवाद, उदारीकरण आदि महत्त्वपूर्ण हैं। स्त्री आन्दोलनों ने जेंडर को अध्ययन का एक ज़रूरी विषय बना दिया है। दलित और आदिवासी अपनी अस्मिता की लड़ाई लड़ रहे हैं। इसके साथ ही पूरी दुनिया के प्रभाव में भारत में भी पर्यावरण शोध का एक अहम मुद्दा बनता जा रहा है। इसके तहत हवा, पानी, भूमि का उपजाऊपन आदि से समाज के विभिन्न वर्गों का क्या सम्बन्ध और आपसी प्रभाव हैं; इन्हें भी बहुत-से शोधार्थी अपने शोध का विषय बना रहे हैं। विस्थापन और पुनर्वास का सामाजिक-सांस्कृतिक प्रभाव आदि फिर-से महत्त्वपूर्ण हो गए हैं। उपयुक्त तमाम समाजशास्त्र में अध्ययन के नये क्षेत्र हैं। इन पर काम ज़रूर हो रहे हैं, लेकिन अभी और बहुत काम करना बाकी है।

वैसे यह जानी हुई बात है कि समाजशास्त्र समाज का ही अध्ययन है। मानव-समाज बहुत विस्तृत है, इसके कई आयाम हैं। समाजशास्त्र मुख्यत: निम्न आयामों का अध्ययन करता है– समाज क्या है, इसकी संरचना क्या है, समाज की संस्थाएँ कौन-सी हैं। इसमें परिवर्तन क्यों और कैसे होते हैं? परिवर्तन की प्रविधियाँ क्या हैं आदि। समाजशास्त्रीय अध्ययन के दो तरह के रुझान होते हैं– पहला, समाज के बारे में ज्ञान प्राप्त करना और दूसरे, नीतिगत सन्दर्भ यानी समाज में जो समस्याएँ हैं, उन्हें दूर करने के लिए कौन-सी नीतियाँ लागू की जानी चाहिए? इन दोनों रुझानों में वैज्ञानिक तरीका अपनाने का महत्त्व है। राजनीति विज्ञान, अर्थशास्त्र आदि की तरह समाजशास्त्र भी एक समाजविज्ञान है। इसका एक सैद्धान्तिक पक्ष होता है। दूसरे स्तर पर रिसर्च मेथड होते हैं।

बदलते अध्ययन-क्षेत्र— वस्तुत: भारत में समाजशास्त्र का विकास विधिवत् रूप से 1940 के दशक के आस-पास मुख्यत: तीन स्कूलों– लखनऊ स्कूल, बॉम्बे स्कूल और दिल्ली स्कूल के माध्यम से सुनियोजित ढँग से हुआ। हालाँकि समयानुसार अध्ययन के क्षेत्रों के प्रति अध्येताओं के रुझान बदलते रहे हैं। चूँकि आज़ादी के बाद भारत के लिए लोकतन्त्र नयी चीज थी, इसलिए लोकतन्त्र से जुड़े विविध पक्षों को भी शोधार्थियों ने हाथों-हाथ लिया। इस बहाने पूरी राजनीतिक व्यवस्था की चीर-फाड़ की गयी।

(i) 1950 के दौर में गाँव अध्ययन के केन्द्र रहे। गाँव की संरचना पर ज़ोर रहा, जाति-व्यवस्था, आर्थिक व्यवस्था, धर्म की स्थिति, विकास के कार्यक्रमों के गाँवों में हो रहे प्रभावों आदि को अध्ययन का विषय बनाया गया। जनजातीय समस्याओं और विकास के कार्यक्रमों पर भी अध्ययन हुये। गाँव को एक समुदाय मानकर भी शोध हुये। तब और आज के शोध में एक बड़ा फर्क यह है कि तब शोधार्थी गाँवों में रहकर गाँवों के बारे में जानते और अध्ययन करते थे। ग़रीबी और सामाजिक आन्दोलनों पर ध्यान गया। मज़दूर आन्दोलन, जातिविरोधी आन्दोलन, किसान आन्दोलन (भूमि सुधार से लेकर फसलों के सही दामों तक), हरित क्रान्ति आदि इसके केन्द्र में रहे।

(ii) गाँवों के बाद में शिक्षा और परिवार का ढाँचा अध्ययन का क्षेत्र बना। संयुक्त परिवार, एकल परिवार, विवाह, रिश्तेदारी आदि को लेकर भी काम हुये। इसके बाद परिवर्तन की प्रक्रियाओं पर काफी रिसर्च हुए जिनमें एम.एन. श्रीनिवास की 'संस्कृतीकरण' की अवधारणा काफी लोकप्रिय हुई। समाज में तथाकथित नीची जातियों के लोग ऊँची जातियों का अनुसरण करते हुए उनके जैसा बनना चाहते हैं, इसको समाजशास्त्रियों ने रेखांकित किया। वामपंथ की राजनीति व समाज पर उसके प्रभाव को लेकर भी काफी लिखा-पढ़ा गया। उद्योगीकरण के साथ नये वर्गों के विकास की तरह-तरह से व्याख्या की गयी। अपराध और उसके विविध पक्षों पर काम हुये।

(iii) पश्चिमीकरण ने भी लम्बे समय तक अध्येताओं का ध्यान खींचा। यह पड़ताल करने की कोशिश की गयी कि पश्चिम से सम्पर्क का भारतीय समाज की संरचना पर क्या प्रभाव पड़ा? इसके साथ ही आज़ादी के बाद आधुनिकीकरण भी अध्ययन के केन्द्र में आया। इस क्षेत्र में योगेन्द्र सिंह की रचना **'Modernisation of Indian Tradition'** को बहुत महत्त्वपूर्ण माना गया।

डॉ. तुलसी पटेल— इंडिया और भारत में बँटा भारतीय समाज

पश्चिम में समाजशास्त्र की शुरुआत का सम्बन्ध औद्योगिक क्रान्ति से है। तीव्र गति से बदलते समाज और उस परिवर्तन से आ रही परेशानियों को समझने के लिए एक नये समाजविज्ञान की ज़रूरत थी। समाजशास्त्र ने उस कमी को पूरा किया। सामाजिक कार्यों की भी इसमें भागीदारी थी। सामाजिक कार्य करने के लिए समाज को समझना ज़रूरी है। भारत में समाजशास्त्र के सौ बरस हो गए हैं। मानवशास्त्र भारत में ब्रिटिशकाल में ही आ गया था। एक नगर-योजनाकार के रूप में और जनजीवन को समझने की विधा के रूप में समाजशास्त्र की शुरुआत हुई। शुरू में भारतज्ञान सम्बन्धी अध्ययन अधिक हुये। विविध स्रोतों से समाज, धर्म आदि को समझने की कोशिश की गयी। नगर-योजनाकार के रूप में पैट्रिक गेडिस (बम्बई विश्वविद्यालय के समाजशास्त्र विभाग के अध्यक्ष) और घूरिए के नाम उल्लेखनीय हैं। कहीं अर्थशास्त्र, कहीं मानवशास्त्र, कहीं राजनीति विज्ञान के साथ समाजशास्त्र के विभाग बने। तत्कालीन समाज की समस्याओं के हिसाब से समाजशास्त्र के अध्ययन का विकास हुआ। लखनऊ में अर्थशास्त्र से सम्बन्धित होने के कारण आर्थिक समस्याओं पर ज़ोर रहा।

पहली बार स्वतन्त्र रूप से भारत में समाजशास्त्र की ज़रूरत स्वतन्त्रता प्राप्ति के समय महसूस की गयी। अपने समाज को समझने के लिए समाजशास्त्र के विभाग खुलने की प्रक्रिया शुरू हुई। फलस्वरूप समाजशास्त्र के काफी विभाग खुले जिनमें भारत के धर्म, समाज, राजनीति, अर्थव्यवस्था आदि के बारे में अध्ययन होने लगा। समाजशास्त्र मानव और मानव के आपसी सम्बन्धों का विषय है। मानव और मानवीय-सम्बन्धों की जानकारी और विश्लेषण उसका खास क्षेत्र है। ये सम्बन्ध स्वतन्त्रता से ठीक पहले और बाद में किस तरह से अलग-अलग क्षेत्रों में पनप रहे थे, ये उस समय के समाजशास्त्र के लिए काफी महत्त्वपूर्ण विषय बन गए थे। इनका समाजशास्त्रियों ने अपने-अपने ढंग से अध्ययन किया। उसी दौरान गाँवों के बारे में अध्ययन का दौर चला। गाँवों की अपनी संरचना और गाँवों से बाहर उसके सम्बन्ध पर विचार किया गया। गाँवों की कृषि आधारित व्यवस्था, सामन्ती व्यवस्था, ज़मींदारी, स्थायी बन्दोबस्त, श्रम सम्बन्ध आदि पर भी काम हुये।

समाजशास्त्रीय नज़रिया व आयाम— समाज में हो रहे परिवर्तनों को देखने की प्रक्रिया समाजशास्त्र का सोच और लक्ष्य है। समाजशास्त्र के विकास के साथ इसकी कई शाखाएँ निकली हैं– धर्म और जाति का अध्ययन, आदिवासी अध्ययन, साहित्य और दूसरी कलाओं का समाजशास्त्र आदि। इस प्रक्रिया में जाति-व्यवस्था, वर्ण-व्यवस्था, उद्योगीकरण, नगरीकरण, विस्थापन, जनसंख्या, पर्यावरण आदि का समाजशास्त्र भी उल्लेखनीय है, जो विभिन्न प्रकार के समाजों की बदलती व्यवस्थाओं को समझने में और उनके लिए नीतिगत सोच बनाने में मददगार रहा है। विकास, जेंडर, आन्दोलन, हिंसा आदि मुद्दों पर समाजशास्त्र ने उल्लेखनीय काम किया है। समाजशास्त्र का फैलाव समाज को देखने का एक नज़रिया देता है। प्रभु जाति, वोट बैंक, संस्कृतीकरण आदि की अवधारणाएँ भारतीय समाजशास्त्रियों ने ही दीं जो आज विद्वत समाज के लिए आम बन चुकी हैं। प्रति व्यक्ति आय से व्यक्ति और समाज के विकास को मापने के तरीके पर समाजशास्त्र ने प्रश्न खड़ा कर दिया है।

इंडियन सोशियोलॉजिकल सोसाइटी के 60 वर्ष पूरे होने के अवसर पर 11 से 13 दिसम्बर 2011 को जे.एन.यू. में सम्पन्न समाजशास्त्रियों का महासम्मेलन एक बहुत महत्त्वपूर्ण आयोजन था। इसमें मुख्य मुद्दा विभिन्न क्षेत्रों में परिवर्तनों से आ रहे संकट से सम्बन्धित था। इंडिया और भारत में विभाजित देश के बदलते समाज पर समाजशास्त्रियों ने विचार किया। प्रगति और विकास के बावजूद लिंगानुपात में आ रहा असन्तुलन, महिलाओं पर बढ़ते अत्याचार चिन्ता के विषय के रूप में देखा गया। समाज के इन संकटों का विश्लेषण कर उनके बारे में लोगों में सही समझ पैदा करना हमारा लक्ष्य था। आर्थिक उदारीकरण से लेकर किसानों के अपनी ज़मीन पर मज़दूर बनने तक के परिवर्तन क्रम को समझना हम समाजशास्त्रियों के लिए चुनौती का विषय है। इसमें कुल 23 रिसर्च कमेटियाँ थीं, जो अलग-अलग थीम को लेकर बनी थीं। वे समाज में हो रहे परिवर्तनों और इनसे प्रभावित हो रहे मानवीय-जीवन को समझने की कोशिश थी। इस बातचीत से न केवल बदलाव के संकट के मुद्दों को समझने में मदद मिलेगी, बल्कि भविष्य में अध्ययन हेतु क्षेत्र भी सुझाएगी जिसकी अपनी सामाजिक प्रासंगिकता होगी।

डॉ. विवेक कुमार– प्रासंगिक और समावेशी होने की समस्या

भारत को औपनिवेशिकता से भेंट होने के बावजूद समाजशास्त्र ने स्वतन्त्रता प्राप्ति के बाद समाज की प्रकृति, जटिलता एवं सम्भावनाओं को समझने में बहुत हद तक हमारी सहायता की है। लेकिन अभी भी हम काफी दूर हैं। अगर हम 1914 में बम्बई विश्वविद्यालय में समाजशास्त्र विषय के अध्यापन को इसका आरम्भ मानें तो हम पायेंगे कि इस विषय की खास अपनी प्रवृत्ति रही है। इसका पाठ्यक्रम अत्यन्त सीमित रहा और विशेषकर भारतीय समाज में गाँवों, जाति, परिवार एवं आदिवासी समाज आदि पर ही विशेष अध्ययन किया गया। 1921 में लखनऊ विश्वविद्यालय में भारत का दूसरा समाजशास्त्र केन्द्र खुला। यहाँ समाजशास्त्र को भारतीयता का जामा पहनाने की पहल की गयी। एक समाजशास्त्री ने देश के सभी धर्मशास्त्रों को समाजशास्त्रीय अध्ययन के योग्य बताया और सभी समाजशास्त्रियों को संस्कृत का अध्ययन करने की हिदायत भी दी।

1950 के दशक में भारतीय समाजशास्त्र दिल्ली पहुँचा। दिल्ली विश्वविद्यालय ने समाजशास्त्र को एक नयी पहचान दी। इसी दौरान समाजशास्त्र में जहाँ एक ओर भारतीय ग्रामों के अध्ययन के लिए दिल्ली विश्वविद्यालय में पहल हुई, वहीं दूसरी ओर पूरे भारतीय समाजशास्त्र पर प्रकार्यवाद का भी ज्वर चढ़ा। अगर कहा जाये कि 50 के दशक तक ब्रिटिश समाजशास्त्रीय दृष्टिकोण भारतीय समाजशास्त्र पर हावी था, वहीं 1970 तक आते-आते उस पर अमरीकी समाजशास्त्र का रंग चढ़ने लगा, तो गलत नहीं होगा।

सवर्ण-धर्म थे मूल विषय और अन्तर्द्वन्द्व रहे ओझल— कुल मिलाकर भारतीय समाजशास्त्र की प्रकृति एवं सीमा अत्यन्त सीमित थी। समाजशास्त्र को पढ़ाने वाले, इस विषय के अन्तर्गत शोध करने वाले तथा साथ-साथ अध्ययन करने वाले प्राय: सवर्ण समाज के थे। इसी प्रकार पाठ्यक्रम की सामग्री एक ओर जहाँ पाश्चात्य विचारकों से ओत-प्रोत थी, वहीं दूसरी ओर इसके पाठ्यक्रम में धार्मिक ग्रन्थों, स्मृतियों, वेदों तथा अन्य धार्मिक ग्रन्थों की भी भरमार थी। इन पुस्तकों के माध्यम से भारतीय समाज की एक ऐसी छवि उभरी, जिसके केन्द्र में ब्राह्मण एवं ब्राह्मणवादी वर्ण-व्यवस्था थी। ऐसा प्रतीत होता था कि सदियों से भारतीय समाज में कोई परिवर्तन हुआ ही नहीं। इसी पाठ्यक्रम के माध्यम से भारतीय समाज की संरचना वर्ण आधारित बतायी गयी।

शोध के लिए जब समाजशास्त्री अध्ययन-क्षेत्र में अवलोकन कर सामाजिक तथ्य बटोर रहे थे तो भी ये धार्मिक ग्रन्थों की अवधारणा स्थापित रही। अत: गाँवों के अध्ययन में उन्होंने वर्ण-व्यवस्था के उच्चतम पायदानों पर बैठे वर्गों का ही अध्ययन किया। उन्हीं के मूल्यों, मानकों, परम्पराओं आदि को उन्होंने समस्त समाज की जीवनशैली स्वीकार कर भारतीय ग्रामीण समाज, जाति-व्यवस्था, संयुक्त परिवार, पंचायत एवं जजमानी व्यवस्था आदि की सकारात्मक छवि को प्रतिपादित किया। उनको इन सभी व्यवस्थाओं में व्याप्त अन्तर्द्वन्द्वों, संघर्ष व शोषण में से कुछ भी दिखाई नहीं पड़ा।

स्थान के प्रभाव ने बदले शोध के निष्कर्ष— यहीं पर भारतीय समाजशास्त्र की दिशा, उसके पद्धतिशास्त्र एवं उसकी ज्ञान मीमांसा आदि पर बहस छिड़ गयी। पद्धतिशास्त्र के सम्बन्ध में यह प्रश्न उठना आवश्यक था कि क्या आरम्भ में समाजशास्त्रीय अध्ययन करने वालों की अस्मिता ने कहीं उन भौतिक स्थानों पर जाने से रोका, जहाँ उनका जाना अत्यावश्यक था? दिल्ली स्कूल के वरिष्ठ समाजशास्त्रियों ने अपने अनुभवों में फील्ड वर्क करते समय वे कहाँ पर रहे, इसका उल्लेख प्रमुखता से किया है। कुछ ने तो यह भी लिखा है कि उनके फील्ड वर्क करते समय रहने के स्थान ने उनके द्वारा प्रस्तुत सामाजिक तथ्यों तथा समूचे अध्ययन पर बहुत अधिक प्रभाव डाला। यहाँ तक कि कभी-कभी उनके अध्ययन का स्वरूप ही बदल गया। समाजशास्त्रीय ज्ञान व साहित्य रचना में (क) अध्ययनकर्त्ता की अस्मिता, तथा (ख) अध्ययन करते समय उसके शोध स्रोत का स्थान ही नहीं, (ग) सामाजिक संरचना में अध्ययनकर्त्ता की स्थिति (स्टेटस्) भी प्रभाव डालता है। अध्ययनकर्त्ता की सामाजिक संरचना में स्थिति उसकी भूमिका भी तय करती है। समाज में स्थिति एवं भूमिका के माध्यम से व्यक्तियों में सांस्कृतिक संचय एवं वंचना पल्लवित होती है। कुछ व्यक्तियों को सभी अधिकार प्राप्त हैं तो कुछ सभी से वंचित। इन्हीं अधिकारों के संचय एवं वंचना के सच के आधार पर व्यक्तियों की चेतना का सृजन होता है, जिसके माध्यम से अध्ययनकर्त्ता ज्ञान का उत्पादन करता है। अगर

इस अवधारणा को हम भारतीय समाजशास्त्र पर लागू करें तो हम पायेंगे कि वर्तमान में अनेकानेक समाजशास्त्री एक विशेष वर्ण, लिंग एवं धर्म आदि से आते हैं। शायद इसी कारण भारतीय समाजशास्त्र की विषय-वस्तु एकांगी हो गयी है।

महिला, दलित और अल्पसंख्यक अध्ययन सम्बन्धी दृष्टिकोण— इसमें अभी महिलाओं का, धार्मिक अल्पसंख्यकों का, आदिवासियों का तथा दलितों का दृष्टिकोण समायोजित किया जाना बाकी है। वैसे 1970 के पश्चात् भारतीय महिलाओं के आन्दोलन के फलस्वरूप भारतीय महिलाओं के दृष्टिकोण में से फिर बदलाव आने लगा है। आज महिला समाजशास्त्रियों एवं महिला अध्ययन केद्रों की संख्या विद्यालयों तथा विश्वविद्यालयों में बढ़ रही है।

दूसरी ओर, दलित आन्दोलन एवं राजनीति के कारण बाबा साहब आम्बेडकर, ज्योतिबा फुले आदि पर विश्वविद्यालयों में कुछ सेमीनार एवं संवाद होने लगे हैं। यहाँ पर विश्वविद्यालय अनुदान आयोग एवं सामाजिक न्याय एवं अधिकारिता मंत्रालय की भूमिका अहम रही है। इन दोनों संस्थाओं ने विभिन्न विश्वविद्यालयों में अम्बेडकर अध्ययन केन्द्रों की स्थापना की है, जिसके कारण बाबा साहब समेत दलित समाज पर अध्ययन किया जाना अनिवार्य हो गया। लेकिन अभी विश्वविद्यालयों के पाठ्यक्रमों में दलित समाज पर समाजशास्त्रीय पाठ्यक्रम बनना बाकी है।

कतिपय अनछुए पहलू एवं परिप्रेक्ष्य— यहाँ पर उल्लेखनीय है कि आदिवासियों, महिलाओं तथा अल्पसंख्यकों का समाजशास्त्र पहले से ही पढ़ाया जाता है– औपचारिक एवं अनिवार्य पेपर के रूप में ही सही। परन्तु अभी दलितों पर एक अलग से समाजशास्त्री पेपर पढ़ाया जाना बाकी है, जबकि ऐसा नहीं है कि दलित समाज में मुद्दों तथा तथ्यों की कमी है, जिनका अध्ययन न किया जा सके। दलित साहित्य, दलित सामाजिक-धार्मिक तथ्य, दलित राजनीति, कर्मचारी तन्त्र, स्वयंसेवी संगठनों, महिलाओं तथा दलित अप्रवासी भारतीय आन्दोलनों का समाजशास्त्रीय अध्ययन अभी बाकी है। पिछड़े, दलित, आदिवासी, महिला तथा अल्पसंख्यकों के नायकों-नायिकाओं तथा इनके योगदान पर समाजशास्त्रीय अध्ययन अभी बाकी है।

इसी प्रकार बच्चों और युवाओं, विकलांगों एवं बुजुर्गों का समाजशास्त्रीय अध्ययन सामयिक होगा। विशेषकर युवाओं तथा बुजुर्गों पर समाजशास्त्रियों को विशेष ध्यान देना होगा। आज का अधिकांश भारत युवा है, परन्तु भविष्य में दो दशक बाद यही भारत बूढ़ा भी होगा। तब हम इसे कैसे समझते हैं, यह बड़ी चुनौती होगी। आरम्भ में सभी विषय संकुचित दृष्टिकोण एवं सीमित क्षेत्र में अपना अध्ययन आरम्भ करते हैं, परन्तु जैसे-जैसे विषय परिपक्व होता है, उसकी विषय-वस्तु और भी समावेशी होती जाती है। अध्ययनकर्त्ताओं, विषय-वस्तु, पाठ्यक्रमों तथा शेष अध्ययनों आदि में विविधता आती है तथा विषय और भी समावेशी होता जाता है। परन्तु एक शताब्दी बाद भी भारतीय समाजशास्त्र इन सभी आधारों पर समावेशी नहीं दिखाई पड़ रहा है। इसलिए अगर भारतीय समाजशास्त्र को तथा अपने अस्तित्व को और प्रभावी तथा समसामयिक बनाना है, तो इसे अपने दरवाज़े और खोलने होंगे। तभी हम इस विषय और इसकी विषय-वस्तु के साथ न्याय कर सकेंगे।

समाजशास्त्र की उपयोगिता (Relevance of Sociology)

जिस तरह से प्रत्येक विषय की एक अपनी उपयोगिता होती है, उसी तरह से समाजशास्त्र की भी अपनी उपयोगिता है। विशेषतौर पर भारत के सन्दर्भ में इसकी उपयोगिता कुछ और भी ज़्यादा है। भारतीय समाज के लगभग तमाम क्षेत्रों में विभिन्नताएँ देखी जा सकती हैं, चाहे वे धार्मिक हों या आर्थिक, सामाजिक हों या सांस्कृतिक। दूसरी ओर, हम यह भी पाते हैं कि परम्परावादी मूल्यों से हमारा नाता अब भी बना हुआ है, जबकि कुछ शहरी समुदायों में आधुनिक मूल्यों को अधिक-से-अधिक लोग स्वीकार कर रहे हैं। ऐसी समस्याओं को समझने के लिए समाजशास्त्र काफी उपयोगी है।

इसके अतिरिक्त, भारतीय समाज में अनेक प्रकार की समस्याएँ भी देखी जा सकती हैं, जैसे– जातिवाद, सामाजिक असमानता, घूसखोरी, अपराध, जनसंख्या की समस्या, ग़रीबी, स्त्रियों की निम्न सामाजिक स्थिति एवं उनका शोषण आदि। इन समस्याओं के निदान के लिए हमें उन्हें समझना होगा और उन्हें समझने के लिए सर्वप्रथम हमें अपने समाज

को गहराई से समझना होगा। इस क्षेत्र में भी समाजशास्त्र हमारी सहायता कर सकता है। समाजशास्त्र निम्नलिखित क्षेत्रों में उपयोगी साबित हो सकता है–

1. सामाजिक समस्याओं के निराकरण में सहायक— यह कहने की आवश्यकता नहीं है कि हमारा समाज आज समस्याओं से घिरा हुआ है। भ्रष्टाचार, भिक्षावृत्ति, वेश्यावृत्ति, जातिवाद, बेकारी, ग़रीबी, दलितों और पिछड़ी जाति के साथ अन्याय, बाल-अपराध, राजनीतिक अपराध, ग्रामीणों की समस्याएँ आदि। इन समस्याओं के सामाजिक कारणों की खोज करके हम इसकी निष्पक्ष व्याख्या कर सकते हैं।

2. राष्ट्रीय एकता में सहायक— भारत विभिन्नताओं का देश है। भाषा, धर्म, क्षेत्र आदि के आधार पर हम बँटे हुए हैं। इस कारण हमेशा हमारे समाज में आन्दोलन, दंगे आदि होते रहते हैं। ये विभिन्नताएँ राष्ट्रीय एकता में बाधक हैं। इन विभिन्नताओं का वैज्ञानिक अध्ययन करके हम बहुत-सी जानकारी प्राप्त कर सकते हैं। इसमें समाजशास्त्र अत्यन्त उपयोगी है।

3. नयी परिस्थितियों से समंजन (Adjustment) कराने में सहायक— वर्तमान युग परिवर्तनशीलता का युग है। प्रत्येक दिन नयी-नयी परिस्थितियाँ आती हैं, जहाँ समायोजन में समस्या उत्पन्न हो सकती है। वर्तमान परिस्थितियों के विश्लेषण के आधार पर समाजशास्त्र भविष्य की परिस्थिति का एक स्वरूप पैदा करता है। समाजशास्त्र ऐसे स्वरूपों से परिचित होकर उन नयी परिस्थितियों के लिए तैयार होता है।

4. ग्रामीण उत्थान में सहायक— भारत की अन्य समस्याओं में ग्रामीण जीवन से सम्बद्ध समस्याएँ अत्यन्त विकराल रूप लेती जा रही हैं। जन-स्वास्थ्य, निरक्षरता, भूमिहीनों की समस्या, तेजी से बढ़ती हुई आबादी आदि कुछ ऐसी समस्याएँ हैं, जिनका शीघ्र निवारण अत्यन्त आवश्यक है। समाजशास्त्रीय अध्ययन इस क्षेत्र में उपयोगी हो सकता है।

5. जनजातियों की समस्याओं को हल करने में उपयोगी— जनजातियों की जीवनशैली बिलकुल अलग है, अत: उनकी समस्याएँ भी कुछ अलग प्रकार की होती हैं। सरकार उनके विकास के लिए अनेक सुविधाएँ देती है, फिर भी इच्छित परिणाम सामने नहीं आ पा रहे हैं। इसके पीछे कौन-से कारण हैं? उनकी समस्याओं की क्या प्रकृति है? इस तरह के कई ऐसे प्रश्न हैं, जिनका उत्तर हमें समाजशास्त्रीय विश्लेषण के द्वारा प्राप्त हो सकता है।

6. जनसंख्या सम्बन्धी समस्याओं को समझने में उपयोगी— आज हमारे देश की बढ़ती हुई जनसंख्या सम्भवत: सबसे भयंकर समस्या है। इसे कम करने के लिए सरकार ने परिवार नियोजन कार्यक्रम को चलाया है, परन्तु इच्छित परिणाम देखने को नहीं मिल रहे हैं। जन्म निरोधी उपायों को अपनाने में कौन-कौन सी बाधाएँ हैं, इसकी सही जानकारी हमें तभी हो सकती है, जब हम समाज की मान्यताओं, मूल्यों, परम्पराओं आदि को समझने का प्रयास करेंगे। इस सन्दर्भ में हमें समाजशास्त्र से काफी सहायता मिलती है।

7. आर्थिक विकास के कार्यान्वयन में सहायक— विकास एक बहुआयामी (Multi-dimensional) प्रक्रिया है जिसका समाजशास्त्रीय पहलू काफी महत्त्वपूर्ण है। विकास कार्यक्रमों के सफल कार्यान्वयन तथा समय-समय पर उनके मूल्यांकन में समाजशास्त्रीगण काफी महत्त्वपूर्ण योगदान दे सकते हैं।

ऊपर के तथ्यों से यह स्पष्ट हो जाता है कि समाजशास्त्र की उपयोगिता काफी व्यापक है। इसके अध्ययन से न केवल हमें अपने समाज की जानकारी होती है, बल्कि अन्य समाजों की भी मिल जाती है। ऊपर दी गयी जिन समस्याओं की चर्चा हुई है, उनका राजनीतिक, आर्थिक और मनोवैज्ञानिक पहलू भी है। अत: हमें यह नहीं मानना चाहिए कि इनका केवल समाजशास्त्रीय पहलू ही है।

समाजशास्त्र का अन्य समाजविज्ञानों के साथ सम्बन्ध (Relationship of Sociology with Other Social Sciences)

समाजशास्त्र विभिन्न समाजविज्ञानों में से एक है। समाजशास्त्र की तरह अर्थशास्त्र, राजनीतिशास्त्र, मानवशास्त्र, मनोविज्ञान आदि में भी अपने-अपने ढंग से सामाजिक समस्याओं का विवेचन होता है। लेकिन अलग होते हुए भी इनमें आपसी

सम्बन्ध हैं। कहीं-कहीं इनमें समानताएँ भी देखने को मिलती हैं, विशेषकर अध्ययन-पद्धति में। इन सभी विज्ञानों में तथ्यों का भी आदान-प्रदान होता है।

परिप्रेक्ष्य (Perspective) के अलावा विभिन्न विज्ञानों के बीच अन्तर विषय-वस्तु को लेकर होता है। प्रत्येक विज्ञान की अपनी एक निश्चित विषय-वस्तु होती है, लेकिन विषय-वस्तु के किसी एक पक्ष को लेकर भेद होता है। अर्थशास्त्र किसी विषय-वस्तु के आर्थिक पक्ष पर बल देता है, तो राजनीतिशास्त्र उसके राजनीतिक पक्ष पर। इन दोनों के विपरीत समाजशास्त्र उसी विषय-वस्तु के सामाजिक कारणों पर अपना ध्यान केन्द्रित करता है। अतः हम यह कह सकते हैं कि विभिन्न समाजविज्ञानों में अन्तर होते हुए भी वे आपस में सम्बद्ध हैं।

समाजशास्त्र और अर्थशास्त्र (Sociology and Economics)

ज्ञान की ये दो शाखाएँ गहरे रूप से आपस में सम्बद्ध हैं। मार्शल ने अर्थशास्त्र को परिभाषित करते हुए कहा कि अर्थशास्त्र एक ओर धन का विज्ञान है और दूसरी ओर मनुष्यों से सम्बद्ध विषयों के एक भाग का अध्ययन है। मार्शल ने अर्थशास्त्र को मानव-कल्याण से जोड़ने का प्रयास किया। अर्थशास्त्र में धन के उत्पादन, विनिमय, वितरण आदि प्रक्रियाओं का अध्ययन किया जाता है।

यदि हम विभिन्न उत्पादन, वितरण या विनिमय की प्रक्रियाओं को गहराई से देखते हैं, तो इनके पीछे सामाजिक सम्बन्धों, रीति-रिवाज़ों और परम्पराओं का प्रभाव पाते हैं। सारांश यह है कि आर्थिक और सामाजिक सम्बन्ध आपस में जुड़े हुए हैं और समय-समय पर एक-दूसरे को प्रभावित करते रहते हैं। इनमें एकतरफा सम्बन्ध नहीं होता। प्रायः तमाम सामाजिक सम्बन्धों की जड़ों में आर्थिक सम्बन्ध होते हैं। परिवार, जाति, वर्ग आदि में आर्थिक हितों के आधार पर सहयोग एवं संघर्ष पाया जाता है।

समाजशास्त्र और अर्थशास्त्र के बीच कितना घनिष्ठ सम्बन्ध है यह मार्क्स के ***Das Capital*** एवं वेबर के **The Protestant Ethic and the Spirit of Capitalism** से बिलकुल स्पष्ट हो जाता है। मार्क्स ने यदि यह प्रमाणित किया कि आर्थिक संरचना सामाजिक संरचना का आधार है, तो वेबर ने यह प्रमाणित किया कि धर्म आर्थिक संगठनों को प्रभावित करता है। उनके अनुसार आधुनिक पूँजीवाद के विकास में प्रोटेस्टैंट धर्म की भूमिका सबसे महत्त्वपूर्ण रही है।

पार्सन्स (T. Parsons) एवं स्मेल्सर (N.J. Smelser) ने तो आर्थिक सिद्धान्त को समाजशास्त्रीय सिद्धान्त का ही अंग माना है। मिरडॅल (G. Myrdal) का **Asian Drama** और हॉजलिट्स (Bert F. Hoselitz) की **Sociological Aspects of Economic Growth** कुछ ऐसी कृतियाँ हैं, जो समाजशास्त्र और अर्थशास्त्र के बीच के घनिष्ठ सम्बन्धों को और भी ज़्यादा स्पष्ट करती हैं।

कुछ ऐसे भी सामान्य विषय हैं, जिनका दोनों में ही अध्ययन होता है, जैसे– नगरीकरण, आर्थिक प्रगति, श्रम-विभाजन, बेरोज़गारी, उद्योगीकरण, सामाजिक कल्याण, जनसंख्या आदि।

समाजशास्त्र के अन्तर्गत मनुष्य के सामाजिक जीवन के लगभग तमाम पक्षों का अध्ययन होता है, जबकि अर्थशास्त्र सामाजिक जीवन के केवल आर्थिक पहलू का अध्ययन करता है। अर्थशास्त्र के अन्तर्गत किसी घटना की व्याख्या के लिए मुख्य रूप से आर्थिक कारणों की खोज की जाती है, जबकि समाजशास्त्र में सामाजिक, आर्थिक और राजनीतिक कारणों के योगदानों की भी चर्चा की जाती है। इस तरह हम कह सकते हैं कि समाजशास्त्र एक सामान्य विज्ञान है, जबकि अर्थशास्त्र एक विशिष्ट समाजविज्ञान।

समाजशास्त्र और मानवशास्त्र (Sociology and Anthropology)

समाजशास्त्र और मानवशास्त्र के बीच एक गहरा सम्बन्ध है। हर्सकोविट्ज (M.J. Herskovits) ने कहा है कि मानवशास्त्र मनुष्य एवं उनकी कृतियों का अध्ययन है (Anthropology is a study of man and his works)। मनुष्यों की कृतियों

में भौतिक और अभौतिक दोनों प्रकार की संस्कृति आती है। मानवशास्त्र में मनुष्यों का उद्विकास एवं मानव द्वारा निर्मित संस्कृति, सभ्यता आदि का अध्ययन किया जाता है। समाजशास्त्र में भी मानव-समाज और उसकी संस्कृति का अध्ययन किया जाता है। इन दोनों विषयों में ही मानव-समूहों के अन्त:सम्बन्धों का अध्ययन किया जाता है, जैसा कि मानवशास्त्री हॉबेल (Adamson E. Hoebel) ने भी कहा है।

मानवशास्त्री एवं समाजशास्त्री अपने अध्ययन में एक-दूसरे विषय की अवधारणाओं एवं सिद्धान्तों का उपयोग करते हैं।

सामाजिक मानवशास्त्री मुख्य रूप से छोटे-छोटे समुदायों का अध्ययन करते हैं, जैसे- आदिवासी समुदाय में पायी जाने वाली सामाजिक, आर्थिक, राजनीतिक संस्थाओं का अध्ययन किया जाता है। इन अध्ययनों से जिन अवधारणाओं का विकास हुआ है, उनका उपयोग समाजशास्त्रियों ने भी आधुनिक और जटिल समाजों के अध्ययन में किया है। पद्धति के आधार पर भी सामाजिक मानवशास्त्र और समाजशास्त्र में कुछ हद तक समानता है।

सामाजिक या सांस्कृतिक मानवशास्त्र (Social or Cultural Anthropology), जो कि मानवशास्त्र की एक शाखा है, के कुछ विचारकों, जैसे- एल. एच. मॉर्गन (L.H. Morgan), रेडफील्ड (Robert Redfield), रैडक्लिफ़-ब्राउन (A.R. Radcliff-Brown) आदि के योगदान समाजशास्त्र के लिए भी समान रूप से उपयोगी सिद्ध हुए हैं। भारत में एम. एन. श्रीनिवास, एस. सी. दूबे, एन. के. बोस, आन्द्रे बेते (Andre Beteille) प्रभृति मानवशास्त्रियों के विभिन्न अध्ययन दोनों ही विषयों में एक समान महत्त्वपूर्ण हैं। संक्षेप में हम कह सकते हैं कि सामाजिक या सांस्कृतिक मानवशास्त्र और समाजशास्त्र के बीच समानता ज़्यादा और अन्तर कम है। यह बात भारत के साथ विशेष रूप से लागू होती है। यही कारण है कि कुछ विद्वानों ने Social Anthropology को **Comparative Sociology** भी कहा है।

मानवशास्त्र के अन्तर्गत मुख्य रूप से छोटी इकाई वाले समुदायों का अध्ययन किया गया है, जबकि समाजशास्त्र के अन्तर्गत आधुनिक और जटिल समाजों पर अधिक बल दिया गया है। इसके बावजूद, यहाँ यह स्पष्ट करना उचित होगा कि जटिल समाजों पर भी मानवशास्त्रीय अध्ययन हुए हैं, लेकिन तुलना करने पर यह प्रतीत होता है कि मानवशास्त्रियों के बीच आदिवासियों आदि का अध्ययन अधिक प्रचलित रहा है।

आदिवासी समाज में धर्म, जादू, कला, विवाह, परिवार, नातेदारी व्यवस्था आदि मानवशास्त्रियों के विचार के लिए मुख्य केन्द्रबिन्दु रहे हैं। इसके विपरीत समाजशास्त्रियों ने मुख्य रूप से सामाजिक अन्त:क्रियाओं एवं उनसे उत्पन्न सामाजिक सम्बन्धों आदि पर अपना ध्यान केन्द्रित किया है। इसके अतिरिक्त, समूह एवं विभिन्न संस्थाओं को भी समाजशास्त्र ने अपना अध्ययन-क्षेत्र बनाया है।

समाजशास्त्र और मानवशास्त्र में समानताओं की चर्चा करते समय यह स्पष्ट हो जाता है कि पद्धति के स्तर पर इनमें काफी समानता है। पर यहाँ यह स्पष्ट कर देना उचित होगा कि मानवशास्त्र में सहभागी अवलोकन का उपयोग अधिक हुआ है, जबकि समाजशास्त्र में तथ्य संकलित करने के लिए अनुसूची एवं प्रश्नावली का अधिक उपयोग होता है। इन दो विषयों के बीच सबसे बड़ा अन्तर परिप्रेक्ष्य (Perspective) का है। मानवशास्त्री मुख्य रूप से अपने अध्ययन के विषय को संस्कृति के सन्दर्भ में देखता है, जबकि समाजशास्त्री के अध्ययन का परिप्रेक्ष्य इससे कहीं ज़्यादा व्यापक होता है। समाजशास्त्री उद्विकास जैसे विषयों से दूर रहते हैं। उनकी विषय-वस्तु समकालीन महत्त्व की होती है।

समाजशास्त्र और मनोविज्ञान (Sociology and Psychology)

समाजशास्त्र और मनोविज्ञान एक-दूसरे से सघन रूप में सम्बद्ध हैं। सामाजिक मनोविज्ञान (Social Psychology), जो मनोविज्ञान की ही एक शाखा है, ने तो इन दोनों विज्ञानों को और नज़दीक ला दिया है।

मनोवैज्ञानिक अध्ययन में व्यक्ति अथवा उसका व्यक्तित्व केन्द्रीय विषय रहता है। दूसरे शब्दों में व्यक्तित्व (Personality) एवं व्यक्ति की मानसिक स्थितियाँ, जैसे- संवेग (Emotion), मनोवृत्ति (Attitude), अभिप्रेरणा (Motivation), प्रत्यक्षज्ञान (Perception), सीखना (Learning) आदि मनोविज्ञान की विषय-वस्तु हैं।

सामाजिक मनोविज्ञान के अन्तर्गत जिन प्रक्रियाओं का अध्ययन होता है, उनमें भीड़, व्यवहार, समूह गतिकी, जनमत, प्रचार आदि प्रमुख हैं। इस प्रकार के अध्ययनों से प्राप्त निष्कर्ष समाजशास्त्र के लिए उपयोगी हो सकता है। दोनों विषयों में अध्ययन-पद्धति के स्तर पर बहुत कुछ समानता देखने को मिलती है।

मनोविज्ञान के अन्तर्गत व्यक्ति की मानसिक विशेषताएँ एवं व्यक्तिगत व्यवहार का अध्ययन होता है, जबकि समाजशास्त्र में समूह, संस्था, सामाजिक परिवर्तन आदि का अध्ययन होता है।

समाजशास्त्र के अन्तर्गत विभिन्न सामाजिक प्रक्रियाओं का अध्ययन होता है तथा समूहों पर पड़ने वाले प्रभाव को भी देखा जाता है, जबकि मनोविज्ञान में समूहों के केवल उस प्रभाव का अध्ययन किया जाता है, जो व्यक्ति पर पड़ता है।

व्यक्ति की मानसिक प्रक्रियाओं का अध्ययन करने के कारण मनोविज्ञान के अध्ययन की एक सीमा है, जबकि समाजशास्त्र की सीमा निर्धारित करना कठिन है। मनोविज्ञान समाज में व्यक्ति का अध्ययन करता है, जबकि समाजशास्त्र कई व्यक्तियों के मिलने से जिस समाज का निर्माण होता है, उसका अध्ययन है।

समाजशास्त्र और राजनीतिशास्त्र (Sociology and Political Science)

राजनीतिशास्त्र में कानून, राज्य, सम्प्रभुता, प्रशासन आदि का अध्ययन होता है। किसी भी देश की राजनीतिक प्रक्रिया वहाँ की सामाजिक परिस्थितियों एवं संस्कृति से जुड़ी होती है, अतः समाजशास्त्र का राजनीतिशास्त्र से गहरा सम्बन्ध है। मैक्स वेबर और पारेटो (V. Pareto)[11] ने कुछ राजनीतिक प्रक्रियाओं का समाजशास्त्रीय दृष्टिकोण से अध्ययन किया है, जिससे इनके बीच गहरे सम्बन्ध होने का आभास मिलता है। राजनीतिक समाजशास्त्र (Political Sociology) राजनीतिशास्त्र और समाजशास्त्र के बीच एक कड़ी का काम करता है। धीरे-धीरे राजनीतिशास्त्र में समाजशास्त्रीय दृष्टिकोण काफी महत्त्वपूर्ण होता जा रहा है। बहुत प्रकार की राजनीतिक प्रक्रियाओं को समझने के लिए राजनीतिशास्त्र के विद्वान समाजशास्त्रीय अध्ययन-पद्धति एवं सिद्धान्तों का प्रयोग कर रहे हैं। इस क्षेत्र में लिपसेट (S.M. Lipset), डॉल (Robert Dahl), ऑमण्ड (Gabriel Almond) और रूडॉल्फ एवं रूडॉल्फ (L.I. Rudolph and S.H. Rudolph) ने महत्त्वपूर्ण योगदान दिया है।

भारत की राजनीतिक प्रक्रियाएँ काफी हद तक सामाजिक परिस्थितियों से संचालित होती हैं। मतदान व्यवहार में जाति का योगदान, अन्य सामाजिक कारणों का योगदान, जैसे– क्षेत्रीयता, सामाजिक पिछड़ापन आदि इस बात को सिद्ध करते हैं कि राजनीतिक प्रक्रियाएँ सामाजिक परिस्थितियों से प्रभावित होती हैं।

इन दोनों में पहला भेद यह है कि राजनीतिशास्त्र हमारे सामाजिक जीवन के केवल राजनीतिक पक्ष का ही अध्ययन करता है, जबकि समाजशास्त्र सामाजिक जीवन की सम्पूर्णता का।

यह भी कहा जाता है कि समाज में तमाम प्रकार के संघर्ष एवं सहयोग की प्रक्रिया का अध्ययन समाजशास्त्र में होता है, जबकि राजनीतिशास्त्र में उन संघर्षों या सहयोगात्मक प्रक्रिया का अध्ययन होता है, जिनका सम्बन्ध राज्य या कानून से होता है।

कुछ विचारकों के अनुसार राजनीतिशास्त्र अपेक्षाकृत अधिक आदर्शात्मक है। समाजशास्त्र यह नहीं कहता है कि हमें कैसा और किस तरह का व्यवहार करना चाहिए या नहीं करना चाहिए। परन्तु राजनीतिशास्त्र में मूल्यांकनात्मक बातें होती हैं, जैसे– सरकार और नागरिकों का सम्बन्ध कैसा होना चाहिए, केन्द्र और राज्य का सम्बन्ध कैसा होना चाहिए, आदि-आदि।

समाजशास्त्र में अध्ययन की इकाई राजनीतिशास्त्र की तुलना में छोटी होती है, जैसे– समाज, जाति, वर्ग, परिवार, समूह आदि। लेकिन, राजनीतिशास्त्र में अध्ययन की इकाई काफी बड़ी हो सकती है, जैसे– समस्त राज्य, सरकार, शासनतन्त्र, अन्तर्राष्ट्रीय सम्बन्ध आदि।

---

11 V. Pareto का प्रामाणिक उच्चारण '**पारेटो**' है न कि पैरेटो या परेटो।

समाजशास्त्र और इतिहास (Sociology and History)

समाजशास्त्र का इतिहास के साथ निकट का सम्बन्ध है। विशेषतौर पर पिछले दो-तीन दशकों से विद्वानों में इस प्रश्न पर जोरदार चर्चाएँ हुई हैं। अब ऐसा समझा जा रहा है कि इतिहास केवल विभिन्न साम्राज्यों के उत्थान एवं पतन की कहानी ही नहीं है, बल्कि उन सामाजिक स्थितियों की मीमांसा भी है, जो इतिहास के विभिन्न चरणों में सक्रिय होती रही हैं। यही कुछ वजह है कि आधुनिक इतिहासकार अब सामाजिक इतिहास (Social History) की चर्चा अधिक करते हैं।

मार्क्स के समाजशास्त्रीय सिद्धान्त मुख्य रूप से इतिहास की व्याख्या पर आधारित हैं। ऑर्नाल्ड टॉइनबी (Arnold Toynbee) की प्रसिद्ध पुस्तक **A Study of History** समाजशास्त्र के लिए अधिक महत्त्वपूर्ण सिद्ध हुई है।

ऊपर की चर्चाओं से यही स्पष्ट होता है कि इतिहास और समाजशास्त्र में थोड़ा निकट का सम्बन्ध है। यद्यपि इतिहास समाजविज्ञान की कोटि में पूरी तरह नहीं आता, फिर भी समाजशास्त्र के साथ इसका महत्त्वपूर्ण सम्बन्ध है।

इतिहास का सम्बन्ध मुख्यत: भूतकाल से है, जबकि समाजशास्त्र का वर्तमानकाल से। इतिहास मूलरूप से वर्णनात्मक (Descriptive) है, जबकि समाजशास्त्र विश्लेषणात्मक (Analytical)। इतिहास में वर्णित घटनाओं का पुन:परीक्षण सम्भव नहीं है, क्योंकि सामान्यत: वे एक बार घटती हैं। अत: उनके निष्कर्षों का भी पुन:परीक्षण कठिन है, जबकि समाजशास्त्र में निष्कर्षों का परीक्षण एवं पुन:परीक्षण सम्भव है।

इतिहासकार विशिष्ट घटनाओं में रुचि लेते हैं, जबकि समाजशास्त्री सामान्य घटनाओं में। उदाहरण स्वरूप, 'नेतृत्व' का अध्ययन इतिहास और समाजशास्त्र दोनों विषयों में होता है, परन्तु जहाँ इतिहास विशिष्ट नेताओं, जैसे- नेपोलियन, हिटलर, बिस्मार्क आदि के उत्थान एवं पतन का अध्ययन करता है, वहाँ समाजशास्त्र नेतृत्व का पूरी समग्रता में अध्ययन करता है। पर समाजशास्त्र और इतिहास अध्ययन-पद्धति के स्तर पर एक-दूसरे से भिन्न हैं। समाजशास्त्रीय विश्लेषण एवं निष्कर्षों में वैज्ञानिकता लाने के लिए अनेक विधियों का उपयोग किया जाता है, जो इतिहास में नहीं होता। समाजशास्त्र के विपरीत इतिहास का न तो कोई अपना विशिष्ट सिद्धान्त है और न ही कोई की अपनी प्रविधि।

संक्षेप में हम कह सकते हैं कि समाजविज्ञान की विभिन्न शाखाओं में एक गहरा सम्बन्ध है, यद्यपि इनका अलग-अलग अस्तित्व है। आधुनिक समय में सभी विज्ञान एक-दूसरे के पूरक के रूप में लिए जाते हैं। विज्ञान की एक शाखा द्वारा संकलित तथ्य और निष्कर्ष दूसरी शाखा द्वारा उपयोग में लाये जाते हैं। जैसा कि हमने देखा, विभिन्न शाखाओं में अनेक स्तरों पर समानता भी है। अत: हमें इन तमाम विज्ञानों को बिलकुल अलग नहीं मानना चाहिए।

REFERENCES

Bierstedt, Robert, **The Social Order**, New Delhi: Tata McGraw-Hill Publishing Co. Ltd., 1970.

Bottomore, T.B., **Sociology**, New York: Vintage Books, 1972.

Conklin, John E., **Sociology**, New York: Macmillan Co. Inc., 1984.

Giddens, Anthony, **Sociology**, Cambridge: Polity Press, 1993 and 1998.

Ginsberg, M., **Sociology**, Delhi: Surjeet Publications, 1979.

Inkeles, Alex, **What is Sociology?**, New Delhi: Prentice-Hall of India Pvt. Ltd., 1977.

Johnson, H.M., **Sociology**, New Delhi: Allied Publishing Pvt. Ltd., 1983.

Light, Donald Jr. and Keller, Suzanne, **Sociology**, New York: Alfred A. Knopf, 1979.

MacIver, R.M. and Page, Charles H., **Society**, New Delhi: Macmillan India Ltd., 1985.

Nayar, P.K.B. (Eds.), **Sociology in India: Retrospect and Prospect**, Delhi: B.R. Publishing Corporation.

2

समाजशास्त्र की अध्ययन-विधियाँ (Methods of Study in Sociology)

समाजशास्त्र की प्रकृति कैसी है– इस पर मुख्य रूप से दो तरह के मत देखने को मिलते हैं, कुछ विचारकों के अनुसार समाजशास्त्र की प्रकृति वैज्ञानिक है, जबकि कुछेक के अनुसार इसकी प्रकृति अवैज्ञानिक है। जिन विचारकों का यह मानना है कि समाजशास्त्र विज्ञान नहीं है, उन्होंने सम्भवत: विज्ञान को एक संकुचित रूप में देखने का प्रयास किया है। उनके विचारों में समाजशास्त्र, भौतिकशास्त्र या रसायनशास्त्र की तरह विज्ञान नहीं है। इस सन्दर्भ में बॉटमोर (T.B. Bottomore) ने कहा है कि समाज विज्ञान की वैज्ञानिक प्रकृति के विरुद्ध एक तर्क यह दिया जाता है कि यह विज्ञान प्राकृतिक नियम से मिलता-जुलता कोई तथ्य पैदा नहीं कर पाता है। यह सही है कि भौतिकशास्त्र या रसायनशास्त्र, समाजशास्त्र से अधिक विकसित है, लेकिन इसके साथ हमें यह नहीं भूलना चाहिए कि समाजशास्त्र का इतिहास एक वैज्ञानिक अन्वेषण के रूप में मात्र सौ वर्ष पुराना है और इसकी अध्ययन पद्धति का वास्तविक विकास प्रथम विश्वयुद्ध के बाद प्रारम्भ हुआ है। इसकी तुलना में भौतिकशास्त्र का इतिहास काफी पुराना है। ऐसी स्थिति में समाजशास्त्र और प्राकृतिक विज्ञानों का वैज्ञानिक स्वरूप एक नहीं हो सकता है। बॉटमोर के इस तर्क को स्वीकार करना कठिन है कि समय के साथ समाजशास्त्र का भी स्वरूप प्राकृतिक विज्ञानों के जैसा हो जायेगा। समाजशास्त्र के अध्ययन की विषय-वस्तु की भी अपनी कुछ सीमाएँ हैं, जो उसे पूरी तरह एक वैज्ञानिक विषय होने नहीं देती हैं।

वैज्ञानिक पद्धतियाँ (Scientific Methods)

इस सन्दर्भ में यह जानना आवश्यक है कि विज्ञान क्या है? वस्तुत: विज्ञान एक दृष्टिकोण है। किसी समस्या, परिस्थिति या तथ्य को सुव्यवस्थित ढँग से समझने के प्रयास को हम वैज्ञानिक दृष्टिकोण कह सकते हैं। इससे यह स्पष्ट होता है कि विज्ञान अपने-आप में एक विषय-वस्तु (Subject Matter) नहीं है, बल्कि विश्लेषण की एक विधि का नाम है। स्टूअर्ट चेस (Stuart Chase, 1948: 6) ने स्पष्ट रूप से कहा है कि विज्ञान का सम्बन्ध पद्धति से है, न कि विषय-वस्तु से (Science goes with the method, not with the subject matter)। बर्नार्ड (Bernard) ने विज्ञान को परिभाषित करते हुए छ: प्रक्रियाओं का उल्लेख किया है, जो निम्नलिखित हैं– परीक्षण (Testing), सत्यापन (Verification), परिभाषा (Definition), वर्गीकरण (Classification), संगठन (Organization) तथा अभिविन्यास (Orientation) (देखें– Robert K. Merton, **The Sociology of Science: A Selective Review**, 1973; Barry Barnes, **About Science**, 1985)।

नोट : प्राय: तमाम पुस्तकों में **Approach** शब्द का अनुवाद 'उपागम' देखने को मिलता है, जो उपयुक्त नहीं है। सन्दर्भ की दृष्टि से Approach की सटीक हिन्दी मात्र दृष्टिकोण या नज़रिया होना चाहिए, इसलिए कि सामाजिक विज्ञानों में Approach शब्द का प्रयोग Perspective (परिप्रेक्ष्य) के अर्थ में किया जाता है।

इन प्रक्रियाओं के साथ भविष्यवाणी (Prediction) करना और व्यावहारिक जीवन में उसका उपयोग (Application) सम्मिलित है। बर्नार्ड के इस विचार से भी यही स्पष्ट होता है कि किसी विषय की वैज्ञानिकता का सम्बन्ध उस विषय में प्रचलित अध्ययन की पद्धति से है, न कि विषय-वस्तु से। लण्डबर्ग (G. Lundberg, 1948) के अनुसार एक वैज्ञानिक अध्ययन में निम्नलिखित बातें पायी जाती हैं, जो समाजशास्त्रीय अध्ययन की प्रमुख विशेषता है : 1. समस्या का चुनाव, 2. उपकल्पना का निर्माण, 3. वर्गीकरण एवं निरूपण, 4. अवलोकन, 5. विश्लेषण एवं व्याख्या, 6. सामान्यीकरण, 7. जाँच या परीक्षण और 8. भविष्यवाणी।

विज्ञान से तात्पर्य केवल रसायनशास्त्र, भौतिकशास्त्र और जीवशास्त्र से ही न होकर किसी भी ऐसे ज्ञान से है, जो व्यवस्थित और क्रमबद्ध हो। यह विचार ग़लत है कि विज्ञान केवल वह ज्ञान है जिसका सृजन भौतिक उपकरणों की सहायता से प्रयोगशालाओं में होता है। ऐसी सभी भ्रान्तियों को दूर करते हुए गूड तथा हैट (Goode and Hatt, 1952:7) ने स्पष्ट कहा है कि वास्तव में विज्ञान का तात्पर्य केवल व्यवस्थित ज्ञान के संचय से ही है। (Science is popularly defined as an accumulation of systematic knowledge.) विज्ञान क्या है और क्या नहीं है, इस समस्या का निराकरण इस बात पर आधारित है कि किसी विषय के अध्ययन में वैज्ञानिक पद्धति का प्रयोग हुआ है अथवा नहीं? कोई भी वैसा विषय अथवा अध्ययन वैज्ञानिक हो सकता है, जिसमें वैज्ञानिक पद्धति का प्रयोग किया गया हो। इसी विचार का समर्थन करते हुए कार्ल पियर्सन (Karl Pearson, 1911: 10) ने लिखा है कि समस्त विज्ञानों की एकता मात्र उसकी पद्धति में निहित है न कि विषय-वस्तु में (The unity of all sciences consists alone in its method, not in its material alone)। विज्ञान तथ्यों (Facts) से इस प्रकार बना है– जैसे पत्थरों से मकान, लेकिन जिस प्रकार केवल पत्थरों के ढेर को हम मकान नहीं कह सकते उसी प्रकार केवल तथ्यों के संकलन को ही विज्ञान नहीं कहा जा सकता। तात्पर्य यह है कि विज्ञान के अन्तर्गत (क) तथ्यों का संग्रह और (ख) व्यवस्थित पद्धति के द्वारा तथ्यों की विवेचना की जाती है।

विज्ञान की अवधारणा को स्पष्ट करने के पश्चात् दूसरा प्रश्न यह उठता है कि वैज्ञानिक पद्धति क्या है ? यह सच है कि विज्ञान के अर्थ को समझ लेने से वैज्ञानिक पद्धति का अर्थ स्पष्ट हो जांता है, परन्तु इसे अलग से भी समझना आवश्यक है। साधारण शब्दों में कहा जा सकता है कि कोई भी अध्ययन पद्धति वैज्ञानिक पद्धति है, जिसके द्वारा एक अध्ययनकर्त्ता पक्षपात रहित होकर विभिन्न घटनाओं का व्यवस्थित रूप से अध्ययन करता है। यह एक ऐसी पद्धति है, जो विचार, दर्शन अथवा तत्त्वमीमांसा (Metaphysics) से सम्बन्धित न होकर वस्तुनिष्ठ अवलोकन, परीक्षण, प्रयोग और वर्गीकरण की एक व्यवस्थित कार्यप्रणाली पर आधारित होती है।

लण्डबर्ग (Lundberg, 1948: 1) ने वैज्ञानिक पद्धति की प्रकृति और महत्त्व को स्पष्ट करते हुए लिखा है, "समाजविज्ञानियों में यह विश्वास दृढ़ हो गया है कि उनके सामने जो समस्याएँ हैं, उनका समाधान सामाजिक घटनाओं के निष्पक्ष और व्यवस्थित अवलोकन, सत्यापन, वर्गीकरण तथा विश्लेषण द्वारा ही सम्भव है। मोटे तौर पर अध्ययन के इसी ढंग को वैज्ञानिक पद्धति का नाम दिया जाता है।"[1] कर्त्ता निष्पक्ष और व्यवस्थित रूप से तथ्यों का अवलोकन, सत्यापन और वर्गीकरण करके वास्तविकता का विश्लेषण करता है तथा सामान्य प्रवृत्तियों को स्पष्ट करता है।

उपर्युक्त चर्चा से स्पष्ट होता है कि वैज्ञानिक पद्धति किसी भी विषय को विज्ञान के रूप में स्थापित करने का सर्वप्रमुख आधार है। कार्ल पियर्सन (Karl Pearson, 1911) ने वैज्ञानिक पद्धति की प्रकृति को तीन प्रमुख विशेषताओं के आधार पर स्पष्ट किया है। ये विशेषताएँ उन सभी प्रमुख प्रक्रियाओं को स्पष्ट करती है, जिनका वैज्ञानिक पद्धति में समावेश है: (i) सर्वप्रथम, वैज्ञानिक पद्धति तथ्यों का वर्गीकरण है तथा विभिन्न तथ्यों के पारस्परिक सम्बन्ध और क्रम

1. "Social scientists are committed to the belief that the problems which confront them are to be solved, if at all by judicious and systematic observation, verification, classification and interpretation of social phenomena. This approach in its most rigorous and successful form is broadly designated as the scientific." — Lundberg, **Social Research,** New York, Longmans, 1948, p. 1.

का निरीक्षण करती है, (ii) यह रचनात्मक कल्पना के द्वारा वैज्ञानिक नियमों की खोज करती है तथा (iii) स्वयं ही किसी विषय की समालोचना करती है, जो सामान्य बुद्धि के सभी व्यक्तियों के लिए समान रूप से उपयोगी होती है।

वैज्ञानिक पद्धतियों की विशेषताएँ (Characteristics of Scientific Methods)

वैज्ञानिक पद्धति की पारिभाषिक विवेचना के आधार पर इसकी कुछ प्रमुख विशेषताएँ स्पष्ट होती हैं। इन विशेषताओं को विद्वानों ने भिन्न-भिन्न रूप में प्रस्तुत किया है, लेकिन अध्ययन की सरलता और स्पष्टता के दृष्टिकोण से निम्नांकित विशेषताएँ अधिक महत्त्वपूर्ण हैं।

1. सत्यापनशीलता (Verifiability)— वैज्ञानिक पद्धति की सबसे मुख्य विशेषता यह है कि इसके द्वारा जो निष्कर्ष प्रस्तुत किये जाते हैं उनकी सत्यता की किसी भी समय जाँच की जा सकती है। कोई भी व्यक्ति यदि वैज्ञानिक पद्धति के द्वारा प्राप्त निष्कर्षों को ठीक नहीं समझता तो वह विषय का दोबारा अध्ययन करके उन निष्कर्षों का पुनःपरीक्षण कर सकता है।

2. तार्किकता (Logicality)— तार्किकता अथवा तार्किक विचारों पर आधारित होना वैज्ञानिक पद्धति की एक महत्त्वपूर्ण विशेषता है। इसके अन्तर्गत एक वैज्ञानिक न केवल तर्क के आधार पर अध्ययन के प्रयोग में लायी जाने वाली पद्धति के औचित्य को स्पष्ट करता है, बल्कि अपने निष्कर्षों को भी तार्किक आधार पर प्रस्तुत करता है, इसका तात्पर्य है कि यदि कोई अध्ययन-पद्धति तर्क की कसौटी पर खरी नहीं उतरती तो उसे वैज्ञानिक पद्धति के रूप में मान्यता नहीं दी जा सकती।

3. निश्चितता (Definiteness)— वैज्ञानिक पद्धति अस्पष्ट अथवा भावनापूर्ण विचारों को महत्त्व नहीं देती। वैज्ञानिक पद्धति सन्देह उत्पन्न करने वाले तत्त्वों को कोई महत्त्व नहीं देती।

4. वस्तुनिष्ठता (Objectivity)— वैज्ञानिक पद्धति व्यक्तिनिष्ठ (Subjective) न होकर वस्तुनिष्ठ होती है। इसका तात्पर्य है कि इसके द्वारा घटनाओं या तथ्यों का अध्ययन उसी रूप में किया जाता है जैसे कि वे वास्तव में हैं। दूसरे शब्दों में, वैज्ञानिक पद्धति पक्षपातपूर्ण अवधारणाओं, पूर्वाग्रहों, व्यक्तिगत अनुभवों तथा विचारों से प्रभावित नहीं होती। ग्रीन (A.W. Green) का कथन है कि वस्तुनिष्ठता का तात्पर्य किसी तथ्य अथवा प्रमाण की निष्पक्षतापूर्वक जाँच करने की इच्छा तथा योग्यता से है।

5. कारणात्मक सम्बन्ध (Causal Relationships)— वैज्ञानिक पद्धति के अन्तर्गत घटनाओं की व्याख्या कारणात्मक सम्बन्धों के आधार पर की जाती है। वास्तविकता यह है कि कोई भी घटना पूरी तरह स्वतन्त्र नहीं होती, बल्कि उसके घटित होने का कोई-न-कोई कारण अवश्य होता है।

6. सामान्यता (Generality)— वैज्ञानिक पद्धति से जो निष्कर्ष तथा नियम ज्ञात होते हैं, वे किसी विशेष इकाई के प्रतिनिधि न होकर एक सम्पूर्ण वर्ग का प्रतिनिधित्व करते हैं। उदाहरण स्वरूप यदि वैज्ञानिक पद्धति द्वारा कुछ श्रमिकों अथवा अपराधियों का अध्ययन किया जाता है, तो वह अध्ययन कुछ व्यक्तियों तक सीमित नहीं होता, बल्कि उसका अध्ययन सम्पूर्ण वर्ग के प्रतिनिधि के रूप में किया जाता है। ऐसे अध्ययन से प्राप्त निष्कर्षों तथा नियमों को उस सम्पूर्ण वर्ग की विशेषता मानी जाती है।

7. पूर्वानुमान की क्षमता (Predictability)— वैज्ञानिक पद्धति की एक महत्त्वपूर्ण विशेषता यह है कि इसमें भावी परिस्थितियों का पूर्वानुमान करने अथवा भविष्यवाणी करने की क्षमता होती है। ऐसा करने के लिए वैज्ञानिक पद्धति सर्वप्रथम, कुछ विशेष घटनाओं के बीच पाये जाने वाले कारणात्मक सम्बन्धों (Cause and effect relationships) की व्याख्या करती है और इसके बाद उन घटनाओं के सन्दर्भ में भविष्य में घटित होने की सम्भावना की ओर संकेत करती है।

8. सामान्यीकरण (Generalization)— वैज्ञानिक पद्धति की अन्तिम महत्त्वपूर्ण विशेषता यह है कि यह पद्धति वर्तमान घटनाओं तथा घटनाओं के कारणात्मक सम्बन्धों के आधार पर सिद्धान्त निर्माण में सहायक होती है। यह सिद्धान्त

न केवल एक विशेष क्षेत्र से सम्बन्धित घटनाओं की प्रकृति को व्यवस्थित रूप से स्पष्ट करने में सहायक होते हैं, बल्कि इनके आधार पर दूसरे समाजों में विद्यमान घटनाओं का भी विश्लेषण सम्भव होता है।

वैज्ञानिक पद्धति के चरण (Steps of Scientific Methods)

कोई भी वैज्ञानिक प्रयास अव्यवस्थित नहीं होता। वैज्ञानिकता के लिए प्रत्येक अध्ययन को कुछ विशेष स्तरों से गुज़रना आवश्यक है। यही विज्ञान का मूलाधार है। लण्डबर्ग (Lundberg, 1948 : 5) का कथन है कि ''व्यापक अर्थों में वैज्ञानिक पद्धति का अर्थ तथ्यों का अवलोकन, वर्गीकरण और व्याख्या करना है।'' (Broadly speaking, scientific method consists of systematic observation, classification and interpretation of data.)। इस कथन के आधार पर लण्डबर्ग Lundberg, 1948: 9–11) ने वैज्ञानिक पद्धति के चार प्रमुख चरणों का उल्लेख किया है— (i) कार्यकारी परिकल्पना का निर्माण (Formulation of Working Hypothesis), (ii) तथ्यों का अवलोकन तथा आलेखन (Observation and recording of data), (iii) संकलित तथ्यों का वर्गीकरण और संगठन (Classification and organization of data) तथा (iv) सामान्यीकरण (Generalization)।

दूसरी तरफ, पी.वी. यंग (P. V. Young, 1949: 102) के अनुसार वैज्ञानिक पद्धति के छः प्रमुख चरण हैं– (i) अध्ययन से सम्बन्धित समस्या का निर्धारण, (ii) एक कार्यकारी परिकल्पना का निर्माण, (iii) वैज्ञानिक प्रविधियों के द्वारा समस्या का अवलोकन तथा उसकी खोज, (iv) प्राप्त तथ्यों का व्यवस्थित आलेखन, (v) तथ्यों का विभिन्न क्रमों अथवा श्रेणियों में वर्गीकरण तथा (vi) वैज्ञानिक सामान्यीकरण।

विभिन्न विद्वानों ने वैज्ञानिक पद्धति के विभिन्न चरणों को अपने-अपने ढंग से स्पष्ट किया है। वास्तविकता यह है कि मतभेद वैज्ञानिक पद्धति के चरणों से सम्बन्धित नहीं है, बल्कि फर्क कहने के तरीके में है, क्योंकि वैज्ञानिक पद्धति तो एक सार्वभौमिक पद्धति है। इस स्थिति में यह आवश्यक है कि वैज्ञानिक पद्धति से सम्बन्धित उन सभी चरणों का विवेचन किया जाय, जिनके द्वारा किसी समस्या से सम्बन्धित वैज्ञानिक निष्कर्ष प्रस्तुत किये जाते हैं।

1. अध्ययन की विषय-वस्तु का निर्धारण (Defining the Subject-matter)— गूड तथा हैट (Goode and Hatt, 1952: 41) का कथन है कि "किसी भी अध्ययन से सम्बन्धित समग्र (Universe) में बहुत-सी घटनाओं का समावेश होता है परन्तु विज्ञान इनमें से कुछ घटनाओं तक ही अपने को सीमित रखता है।" (The universe presents an infinite variety of phenomena to be studied, but science limits itself to a few of these.)। अर्थात् वैज्ञानिक पद्धति के अन्तर्गत अध्ययनकर्त्ता सर्वप्रथम अध्ययन के लिए एक विशिष्ट समस्या का चुनाव करता है। समस्या के प्रति अध्ययनकर्त्ता की जागरूकता और रुचि जितनी अधिक होती है, समस्या का चयन उतने ही अच्छे ढंग से हो पाता है।

2. उद्देश्यों का निर्धारण (Defining Objectives)— वैज्ञानिक पद्धति का दूसरा चरण समस्या के अध्ययन से सम्बन्धित उद्देश्यों का निर्धारण करना है। ये उद्देश्य दो प्रकार के हो सकते हैं– सामान्य तथा विशिष्ट। ये उद्देश्य जितने अधिक स्पष्ट होते हैं, उन पर आधारित अध्ययन भी उतना ही अधिक स्पष्ट और वैज्ञानिक हो जाता है।

3. परिकल्पना का निर्माण (Formulation of Hypothesis)— अध्ययन की विषय-वस्तु का चयन हो जाने के बाद अध्ययन से सम्बन्धित कुछ परिकल्पनाओं का निर्माण किया जाता है। परिकल्पना अध्ययन के आरम्भ में ही लिया जाने वाला एक ऐसा सामान्य निष्कर्ष है, जिसकी प्रामाणिकता की परीक्षा बाद में एकत्रित किये गये तथ्यों के आधार पर की जाती है।

4. अध्ययन-क्षेत्र का निर्धारण (Selection of Universe of Study)— वैज्ञानिक अध्ययन के लिए आवश्यक है कि अध्ययनकर्त्ता द्वारा एक ऐसे क्षेत्र का चुनाव कर लिया जाये, जिससे सम्बन्धित आवश्यक सूचनाएँ अथवा तथ्य एकत्रित सहजता से हो सके। अध्ययन-क्षेत्र का निर्धारण करना इसलिए आवश्यक है कि अध्ययनकर्त्ता को व्यर्थ की सूचनाओं को इकट्ठा नहीं करना पड़े तथा अध्ययन-क्षेत्र सीमित होने पर अनुसन्धान गहराई पूर्ण होता है।

5. अध्ययन-यन्त्रों का चुनाव (Selection of Study Tools)— वैज्ञानिक पद्धति किसी भी अध्ययन के लिए उपयुक्त यन्त्रों और उपकरणों के चुनाव पर विशेष बल देती है। इस दृष्टिकोण से अध्ययन के आरम्भ में ही अध्ययनकर्त्ता यह निश्चित कर लेता है कि उसे किन-किन उपकरणों तथा प्रविधियों के द्वारा अध्ययन कार्य सम्पन्न करना है। इन प्रविधियों का चुनाव सदैव समस्या की प्रकृति के अनुसार होता है।

6. तथ्यों का एकत्रीकरण (Collection of Data)— तथ्यों का एकत्रीकरण वैज्ञानिक पद्धति का सबसे महत्त्वपूर्ण और लम्बा चरण है। इसके अन्तर्गत अध्ययन विषय से सम्बन्धित सभी तथ्यों को पक्षपातरहित रूप से एकत्रित करने का प्रयत्न किया जाता है। अध्ययनकर्त्ता तथ्यों को उसी रूप से देखता है जैसे कि वे वास्तव में हैं।

7. तथ्यों का विश्लेषण (Analysis of Data)— तथ्यों का संकलन के पश्चात् वैज्ञानिक पद्धति प्राप्त तथ्यों के वर्गीकरण पर विशेष बल देती है। इसका तात्पर्य यह है कि समान प्रकृति के तथ्यों को अलग-अलग वर्ग में विभाजित कर दिया जाता है।

8. सामान्यीकरण (Generalization)— प्राप्त तथ्यों का वर्गीकरण करने से अध्ययनकर्त्ता के सामने अनेक निष्कर्ष स्पष्ट होने लगते हैं। यह निष्कर्ष या तो अतीत में दिये गये निष्कर्षों का समर्थन करते हैं अथवा उनका खण्डन करते हैं।

उपर्युक्त विवरणों से यह स्पष्ट हो जाता है कि विज्ञान का सम्बन्ध किसी विशेष विषय-वस्तु से नहीं है, बल्कि एक विशेष विधि से है। जहाँ कहीं भी वैज्ञानिक विधि के द्वारा तथ्यों को एकत्रित करके सामान्य निष्कर्ष प्रस्तुत किये जाते हैं, वहीं विज्ञान का निर्माण हो जाता है। इस दृष्टिकोण से विज्ञान वह ज्ञान है, जो वस्तुपरक तथ्यों के आधार पर कारणात्मक सम्बन्धों की व्याख्या करता है तथा ऐसे निष्कर्ष प्रस्तुत करता है जिनकी प्रामाणिकता की जाँच कभी भी की जा सकती है। वैज्ञानिक पद्धति की इस प्रकृति को देखते हुए कार्ल पियर्सन (Karl Pearson, 1911: 1) ने इसे 'यथार्थ ज्ञान के संचय का सर्वप्रमुख आधार' माना है। उन्हीं के शब्दों में "सत्य के लिए कोई संक्षिप्त मार्ग नहीं है; विश्व का ज्ञान प्राप्त करने के लिए वैज्ञानिक पद्धति के द्वार से गुज़रना आवश्यक है।" (There is no short-cut to truth; no way to gain knowledge of the universe except through the gateway of scientific method.) । यहाँ ऊपर के कुछ प्रमुख बिन्दुओं पर अलग से प्रकाश डालने की आवश्यकता है।

अनुसन्धान अभिकल्प (Research Design)

प्रत्येक वैज्ञानिक अध्ययन के अन्तर्गत अनुसन्धान अभिकल्प का होना अत्यावश्यक है। अनुसन्धान अभिकल्प शोध के पहले शोध की सम्पूर्ण योजना बनाने को कहते हैं। इसमें प्रत्येक चरण का पूर्वानुमान किया जाता है एवं पहले से ही वैकल्पिक उपाय किये जाते हैं। अध्ययन का विषय अथवा समस्या का चुनाव करने के बाद परिकल्पना का निर्माण करते हैं। सेल्टिज एवं जुड (Claire Selltiz and Charles M. Judd , **Research Methods in Social Relations**) ने कहा कि अनुसन्धान अभिकल्प सूचनाओं के संकलन और विश्लेषण की दशाओं की उस व्यवस्था को कहते हैं जिसका उद्देश्य अनुसन्धान के उद्देश्य की प्रासंगिकता, उसकी विधि और मितव्ययिता का समन्वय करना है। आर.एल. एकॉफ (Russell Lincoln Ackoff) ने अपनी पुस्तक **The Design of Social Research** (1953) में कहा कि अभिकल्प का अर्थ है योजना बनाना, सम्पूर्ण अध्ययन प्रक्रिया का पूर्वानुमान करना। यह सूझ-बूझ की प्रक्रिया है जिसका उद्देश्य अपेक्षित परिस्थिति पर नियंत्रण रखना है।

अभिकल्प का आरम्भ इंजीनियरिंग में हुआ जहाँ किसी भी निर्माण से पहले उसका डिजाइन बना लिया जाता है। इंजीनियरिंग से यह अवधारणा अर्थशास्त्र में अपनायी गयी। उसके पश्चात् यह समाजशास्त्र और मनोविज्ञान में प्रयुक्त हुआ। अनुसन्धान अभिकल्प के अन्तर्गत विषय अथवा समस्या को स्पष्ट रूप से प्रस्तुत करना, अध्ययन-क्षेत्र को चिह्नित करना, सूचना संग्रह की शैली को निश्चित करना एवं विश्लेषण तथा सामान्यीकरण की शैली को तय करना सम्मिलित है।

अनुसन्धान अभिकल्प के प्रकार (Types of Research Design)— सामाजिक घटनाओं की विविधता को देखते हुए किसी एक सर्वमान्य अनुसन्धान अभिकल्प की कल्पना नहीं की जा सकती। शोध विषय की प्रकृति, उद्देश्यों एवं परिकल्पना में अत्यधिक भिन्नता होने के कारण उनसे सम्बद्ध अनुसन्धान अभिकल्प भी एक-दूसरे से भिन्न होना आवश्यक हो जाता है। अभिकल्प का निर्माण समस्या का स्वरूप, उसकी तात्कालिकता, उसके सम्बन्ध में पहले से जानकारी, अध्ययन का उद्देश्य आदि के आधार पर किया जाता है। इस आधार पर इसके निम्न प्रकार हैं:

1. अन्वेषणात्मक अथवा निरूपणात्मक अनुसन्धान अभिकल्प (Exploratory or Formulative Research Design)— जब किसी समस्या के सैद्धान्तिक तथा व्यावहारिक पक्ष की पर्याप्त जानकारी नहीं होती एवं अनुसन्धानकर्त्ता का उद्देश्य किसी विशेष सामाजिक घटना के लिए उत्तरदायी कारणों को खोज निकालना होता है, तब अध्ययन के लिए जिस अनुसन्धान अभिकल्प का प्रयोग किया जाता है, उसे हम अन्वेषणात्मक अथवा निरूपणात्मक अनुसन्धान अभिकल्प कहते हैं।

2. वर्णनात्मक अनुसन्धान अभिकल्प (Descriptive Research Design)— वर्णनात्मक अनुसन्धान अभिकल्प वह विशेष प्रतिरूप है जिसका उद्देश्य किसी अध्ययन विषय के बारे में सही तथ्य एकत्रित करके उन्हें एक विवरण के रूप में प्रस्तुत करना होता है। सामाजिक जीवन के अध्ययन से सम्बन्धित अनेक विषय इस प्रकार के होते हैं, जिनका अतीत में कोई गहन अध्ययन नहीं किया गया है। वैसी परिस्थिति में वर्णनात्मक अनुसन्धान अभिकल्प एक अच्छा विकल्प है। मानवशास्त्र के क्षेत्र में अध्ययन के इस प्रकार के अभिकल्प का काफी प्रयोग हुआ है।

3. प्रयोगात्मक अनुसन्धान अभिकल्प (Experimental Research Design)— समाजशास्त्रीय शोध की वैज्ञानिकता के विरुद्ध अक्सर यह आरोप लगाया जाता है कि इसमें प्रयोगात्मक शोध का अभाव है, अतः इसे वैज्ञानिक नहीं कहा जा सकता। भौतिक वैज्ञानिकों के इसी भ्रम को दूर करने के लिए समाजविज्ञानियों ने सामाजिक घटनाओं का अध्ययन करने के लिए अब प्रयोगाात्मक अनुसन्धान अभिकल्प को व्यवहार में लाना आरम्भ कर दिया है। जिस प्रकार प्राकृतिक विज्ञानों में अध्ययन-विषय को कुछ नियन्त्रित अवस्थाओं में रखकर विभिन्न दशाओं का अध्ययन किया जाता है, उसी प्रकार जब सामाजिक घटनाओं को भी कुछ नियन्त्रित दशाओं में रखकर परीक्षण के आधार पर अध्ययन की रूपरेखा तैयार की जाती है तब ऐसी अभिकल्प को हम परीक्षणात्मक अथवा प्रयोगात्मक अनुसन्धान अभिकल्प कहते हैं।

प्रयोगात्मक अनुसन्धान अभिकल्प मुख्यतः तीन प्रकार की होती है। इनकी प्रकृति को समझकर इनकी कार्यविधि एवं तुलनात्मक उपयोगिता को समझा जा सकता है:

1. पश्चात् परीक्षण (After-only Experiment)— पश्चात् परीक्षण वह विधि है, जिसके अन्तर्गत सर्वप्रथम लगभग समान विशेषताओं वाले दो समूहों का चयन कर लिया जाता है। इनमें से किसी एक समूह को नियन्त्रित समूह (Control Group) तथा दूसरे को प्रयोगात्मक समूह (Experimental Group) के रूप से स्वीकार कर लिया जाता है। इसके पश्चात् प्रयोगात्मक समूह में किसी एक कारक अथवा नयी परिस्थिति द्वारा परिवर्तन लाने का प्रयत्न किया जाता है, जबकि नियन्त्रित समूह को उस परिस्थिति के प्रभाव से दूर रखा जाता है।

2. पूर्व-पश्चात् परीक्षण (Before–after Experiment)— पश्चात् परीक्षण से सम्बन्धित सीमाओं तथा कठिनाइयों का समाधान करने के लिए प्रयोगात्मक शोध के अन्तर्गत पूर्व-पश्चात् परीक्षण विधि को विकसित किया गया। इस विधि के अन्तर्गत अध्ययन के लिए केवल एक ही समूह का चयन किया जाता है अथवा यह कहा जा सकता है कि किन्हीं ऐसे दो समूहों का चयन नहीं किया जा सकता जिनमें से एक को अध्ययन के लिए नियन्त्रित रखने की आवश्यकता हो। ऐसे शोध के लिए चयनित समूह का दो विभिन्न अवधियों में अध्ययन करके पूर्व और पश्चात् के अन्तर को देखा जाता है।

3. ऐतिहासिक तथ्य परीक्षण (Ex-post Facto Experiment)— प्रयोगात्मक शोध प्रतिरूप केवल वर्तमान तथ्यों के अध्ययन में ही उपयोगी नहीं है, बल्कि ऐसा शोध प्रतिरूप उन तथ्यों के अध्ययन में भी उपयोगी प्रमाणित

हुआ है जिनका सम्बन्ध अतीत से है एवं जिनकी वर्तमान में पुनरावृत्ति नहीं की जा सकती। ऐतिहासिक तथ्यों को हम न तो नियन्त्रित कर सकते हैं और न ही उनमें कोई परिवर्तन ला सकते हैं। ऐसी स्थिति में ऐतिहासिक तथ्य परीक्षण विधि है, जिसमें हम विभिन्न आधारों पर प्राचीन अभिलेखों के विभिन्न पक्षों की तुलना करके एक उपयोगी निष्कर्ष तक पहुँच सकते हैं।

परिकल्पना (Hypothesis)

प्रत्येक वैज्ञानिक शोध के अन्तर्गत कोई-न-कोई परिकल्पना अवश्य होती है। किसी घटना की व्याख्या के लिए अथवा उसके कारण के रूप में अपर्याप्त प्रमाण के आधार पर की गयी कोई कामचलाऊ कल्पना पूर्णतः सिद्ध या असिद्ध होने के लिए और अधिक प्रेक्षण और प्रयोग की अपेक्षा रखती है। परिकल्पना को कई तरह से परिभाषित किया जाता है। यह एक ऐसा परस्पर सम्बद्ध अवधारणाओं का कथन है, जिनकी वैधता की जाँच होनी बाकी है। लण्डबर्ग (1948: 9) के शब्दों में, ''परिकल्पना एक कामचलाऊ सामान्यीकरण है, जिसकी सत्यता की परीक्षा अभी बाकी है।'' (An hypotheris is a tentative generalization, the validity of which remains to be tested)। परिकल्पना, अनुसन्धान और सिद्धान्त के बीच एक आवश्यक कड़ी है, जो ज्ञान वृद्धि की खोज में सहायक होती है। परिकल्पना एक ऐसी मान्यता होती है, जिसकी सत्यता सिद्ध करने के लिए उसका परीक्षण किया जा सकता है।

सामाजिक शोध की समस्त प्रक्रिया में परिकल्पना का निर्माण एवं उसका परीक्षण अत्यन्त महत्त्वपूर्ण है। उपकल्पनाएँ सामाजिक शोध में अनुसन्धानकर्त्ता की दिशा का निर्देशन करती हैं। उसे यह बताती हैं कि किस प्रकार के आँकड़ों का संकलन करना है और उन आँकड़ों को उपकल्पना के परीक्षण के लिए किस प्रकार संगठित करना है। अर्थात्, सम्पूर्ण अनुसन्धान-प्रक्रिया को निश्चित करने में उपकल्पना महत्त्वपूर्ण भूमिका निभाती है।

सामान्यतया उपकल्पनाओं का वर्गीकरण अनुसन्धान में उनकी भूमिका एवं उपयोग के आधार पर निम्नांकित रूप में किया जाता है– (i) अनुसन्धान उपकल्पना (Research Hypothesis), (ii) नकारात्मक उपकल्पना (Null Hypothesis) तथा (iii) सांख्यिकीय उपकल्पना (Statistical Hypothesis)।

समाजविज्ञान में आँकड़ों का संकलन (Collection of Data in Social Science)

सामाजिक अनुसन्धान मूलतः वैज्ञानिक पद्धति द्वारा तथ्य-संकलन एवं विश्लेषण की व्यवस्थित प्रक्रिया है। वस्तुतः सूचनाएँ एवं आँकड़े सामाजिक शोध के प्रमुख आधार हैं। इन्हीं के द्वारा शोधकर्त्ता अपने शोध-उद्देश्यों की पूर्ति और उपकल्पनाओं का परीक्षण करता है। अतः, अनुसन्धान की वास्तविक उपलब्धि उपयुक्त, सटीक, विश्वसनीय एवं यथार्थ तथ्यों एवं आँकड़ों का संकलन है, जिसे शोधकर्त्ता अपने उद्देश्य एवं उपकल्पनाओं के आधार पर संगठित एवं विश्लेषित करता है। सामाजिक शोध में दो प्रकार की सूचनाओं या आँकड़ों का प्रयोग किया जाता है– प्राथमिक (Primary) और द्वितीयक (Secondary) तथ्य। प्राथमिक तथ्य या आँकड़े वे हैं, जिन्हें शोधकर्त्ता स्वयं अपने शोध के लिए संकलित करता है; जैसे– प्रश्नावली, अवलोकन या साक्षात्कार द्वारा संकलित तथ्य।

द्वितीयक तथ्य-सामग्री (Secondary Data) वह आँकड़ा है, जिसे शोधकर्त्ता अन्य स्रोतों से प्राप्त करता है और उसे वह सामग्री द्वितीय स्तर पर प्राप्त होती है, अर्थात् शोधकर्त्ता ने अपने अनुसन्धान के समय एवं शोध के लिए उनका संकलन स्वयं नहीं किया, बल्कि वे पहले से ही संकलित या प्रकाशित थीं। इनमें अधिकांश सामग्री प्रलेखों (Documents) के रूप में उपलब्ध रहती हैं।

पी.वी. यंग (P.V. Young, 1949) के अनुसार ''सामान्यतः स्रोतों को प्रलेखीय और क्षेत्रीय स्रोतों में बाँटा जा सकता है।' प्रलेखीय स्रोतों (Documentary Sources) के अन्तर्गत उपलब्ध लिखित सामग्री आती है और क्षेत्रीय

स्रोत (Field Sources) के अन्तर्गत विषय से सम्बद्ध व्यक्ति आते हैं।'' लण्डबर्ग (Lundberg, 1948) ने सूचनाओं के स्रोतों को दो भागों में विभाजित किया है— (i) ऐतिहासिक स्रोत (Historical Sources) तथा (ii) क्षेत्रीय स्रोत (Field Sources)। ऐतिहासिक स्रोत को भी दो भागों में बाँटा गया है— (क) भूगर्भीय सामग्री (Geological Strata) तथा (ख) प्रलेखीय स्रोत (Documentary Sources)। उसी प्रकार क्षेत्रीय स्रोत (Field Sources) स्रोत को भी दो भागों में बाँटा जा सकता है— (क) जीवित व्यक्तियों से प्राप्त सूचनाएँ तथा (ख) व्यवहारों का प्रत्यक्ष निरीक्षण द्वारा प्राप्त आँकड़े।

लण्डबर्ग ने अन्य विद्वानों की तुलना में अपने वर्गीकरण में सूचना के एक विशेष स्रोत को सम्मिलित किया है, जिसे वह भूगर्भीय स्रोत कहते हैं। इसमें वे ऐतिहासिक रिकॉर्ड होते हैं, जो समय के अंतराल के कारण पृथ्वी के गर्भ में छिप गए थे। किन्तु, पुरातत्त्व की खुदाई ने उन्हें महत्त्वपूर्ण ऐतिहासिक स्रोत के रूप में उपलब्ध कराया है। इस तरह, ये पुरातत्त्वीय सूचना के स्रोत विभिन्न शिलालेखों या खुदाई से प्राप्त वस्तुओं के रूप में समाजवैज्ञानिकों के लिए उपलब्ध हैं। समाजशास्त्रियों, सांस्कृतिक मानवशास्त्रियों, इतिहासकारों आदि के लिए भूतकालीन समाज एवं संस्कृति के अध्ययन के निमित्त ये महत्त्वपूर्ण सूचना के स्रोत हैं। लेकिन, लण्डबर्ग के ऐतिहासिक स्रोत का एक बड़ा हिस्सा प्रलेखीय स्रोतों का है।

इस तरह, विभिन्न विद्वानों के विचारों के विश्लेषण से स्पष्ट है कि हम सामाजिक शोध में तथ्य-सामग्री के स्रोतों को दो प्रमुख वर्गों में रख सकते हैं— (1) प्राथमिक या क्षेत्रीय स्रोत (Primary or Field Sources) और (2) द्वितीयक या प्रलेखीय स्रोत (Secondary or Documentary Sources)।

प्राथमिक या क्षेत्रीय स्रोत (Primary or Field Sources)

तथ्यों के प्राथमिक स्रोत वे हैं, जिन्हें शोधकर्त्ता अपने प्रयत्नों से सम्बद्ध समस्या के हल के लिए स्वयं संकलित करता है। इसके लिए वह सम्बद्ध व्यक्ति से सम्पर्क करता है अथवा स्वयं प्रत्यक्ष निरीक्षण द्वारा तथ्यों का संकलन करता है। जिन स्रोतों से शोधकर्त्ता अपनी शोधसमस्या के समाधान के लिए प्रथम बार स्वयं तथ्यों का संकलन करता है, उन्हें प्राथमिक स्रोत कहते हैं। इन्हें क्षेत्रीय स्रोत भी कहते हैं; क्योंकि शोधकर्त्ता इनके संकलन के लिए अपने अध्ययन-क्षेत्र के व्यक्तियों से सम्पर्क करता है।

यंग, लण्डबर्ग आदि ने तथ्यों के प्राथमिक या क्षेत्रीय स्रोत को दो मुख्य वर्गों में विभक्त किया है— (क) प्रत्यक्ष अवलोकन (Direct Observation) तथा (ख) जीवित व्यक्तियों से प्राप्त प्रत्युत्तर (Responses from living persons)। प्रश्नावली, साक्षात्कार, अनुसूची आदि जीवित व्यक्तियों से सूचना प्राप्त करने के प्रमुख साधन हैं।

(क) प्रत्यक्ष अवलोकन (Direct Observation)— अवलोकन स्वाभाविक घटना के घटित होते समय का नेत्रों द्वारा सुव्यवस्थित एवं सोद्देश्य अध्ययन है। अवलोकन विधि, अनुसन्धान की अत्यधिक प्राचीन और सर्वाधिक प्रचलित विधि है। मानव ने अपने चारों ओर के विश्व का प्रारम्भिक ज्ञान अवलोकन द्वारा प्राप्त किया। मानव के पास संचित ज्ञान के अधिकांश भाग अवलोकन के ही परिणाम हैं। अवलोकन को, नेत्रों द्वारा सामूहिक व्यवहार एवं जटिल सामाजिक संस्थाओं के साथ-ही-साथ सम्पूर्णता की रचना करने वाली पृथक् इकाइयों के अध्ययन की विचारपूर्ण पद्धति के रूप में प्रयुक्त किया जा सकता है। अवलोकन का तात्पर्य है, कानों अथवा वाणी के स्थान पर स्वयं अपनी दृष्टि का अधिकाधिक उपयोग करना है।

इस विधि के अन्तर्गत शोधकर्त्ता स्वयं क्षेत्र में जाकर अपने विषय का अवलोकन करता है। सामान्यतया अवलोकन के क्षेत्र व्यवहार या घटनाएँ इंद्रियों द्वारा देखी-समझी जाने वाली विषय-वस्तुएँ हैं। दूसरे शब्दों में, हम ग़ैर-शाब्दिक (Non-verbal) व्यवहारों एवं प्रत्युत्तरों का अवलोकन करते हैं। जब सम्पूर्ण समुदाय का जीवन, रहन-सहन, रीति-रिवाज़ आदि की सूचनाएँ संकलित करनी होती हैं, तब प्रत्यक्ष अवलोकन एक उपयोगी विधि है। चूँकि शोधकर्त्ता स्वयं अपनी आँखों से घटनाओं का निरीक्षण एवं तथ्यों का संकलन करता है, इसलिए संकलित सामग्री की विश्वसनीयता अधिक

होती है। अवलोकन नियंत्रित स्थिति में भी किये जा सकते हैं तथा अनियंत्रित स्थिति में भी। शोधकर्त्ता की सहभागिता के आधार पर अवलोकन के दो प्रमुख प्रकार होते हैं— (i) **सहभागी अवलोकन (Participant Observation)** तथा (ii) **सहभागी अवलोकन (Non-participant Observation)** ।

(ख) जीवित व्यक्तियों से प्राप्त प्रत्युत्तर (Responses from living persons)— इसके अन्तर्गत वे विधियाँ आती हैं, जिनमें शोधकर्त्ता उत्तरदाताओं के प्रत्युत्तर के रूप में तथ्य-सामग्री प्राप्त करता है। इसके लिए शोधकर्त्ता उत्तरदाताओं से कुछ प्रश्न करता है, जिसके उत्तर के रूप में सूचनाएँ मिलती हैं। इस तथ्य-संकलन की विधि के दो स्वरूप हैं–

(i) प्रत्यक्ष विधि (Direct Method)— इसमें उत्तरदाता से प्रत्यक्ष रूप से प्रश्न किये जाते हैं; जैसे– साक्षात्कार, अनुसूची, प्रश्नावली आदि।

(ii) अप्रत्यक्ष विधि (Indirect Method)— इसमें उत्तरदाताओं से अप्रत्यक्ष तरीकों से प्रत्युत्तर प्राप्त किये जाते हैं; जैसे– प्रक्षेपण-परीक्षण (Projective Tests) आदि।

साक्षात्कार (Interview)— साक्षात्कार प्राथमिक आँकड़ों को इकट्ठा करने की प्रमुख विधि है। किसी व्यक्ति के साथ किसी विशिष्ट प्रयोजन से की गयी अन्तर्वार्ता साक्षात्कार है। साक्षात्कार अन्तर्वैयक्तिक एवं सम्मुख भूमिका की स्थिति है, जिसमें साक्षात्कारकर्त्ता दूसरे व्यक्ति या उत्तरदाता से ऐसे प्रश्न पूछता है, जो शोध-समस्या के उद्देश्य के लिए उपयुक्त हों। साक्षात्कार एक ऐसी प्रविधि है, जो कि एक व्यक्ति या व्यक्तियों के व्यवहार को देखने, कथनों को लिखने तथा सामाजिक या सामूहिक अन्त:क्रिया के वास्तविक परिणामों का निरीक्षण करने के लिए प्रयोग में लायी जाती है। अत: यह एक ऐसी सामाजिक प्रक्रिया है, जिसमें दो व्यक्तियों के मध्य अन्त:क्रिया सम्मिलित होती है। साक्षात्कार संरचित एवं निर्देशित (Structured and Directed) भी हो सकता है तथा असंरचित एवं अनिर्देशित (Unstructured and Non-directed) भी। साक्षात्कार एक व्यक्ति का भी हो सकता है अथवा एक से अधिक व्यक्तियों के समूह का भी।

साक्षात्कार अनेक प्रकार के हो सकते हैं। उदाहरण के लिए अध्ययन प्रविधि के आधार पर साक्षात्कार संरचित तथा असंरचित (Structured and Unstructured) हो सकता है, जबकि अध्ययन के उद्देश्यों के आधार पर यह निरूपण सम्बन्धी, उपचारात्मक तथा अनुसन्धान सम्बन्धी हो सकता है। सूचनादाताओं की संख्या के आधार पर इसे हम 'व्यक्तिगत साक्षात्कार' (Personal Interview) तथा 'सामूहिक साक्षात्कार' (Group Interview) जैसे दो भागों में विभाजित कर सकते हैं, जबकि उत्तरदाताओं से स्थापित सम्पर्क की प्रकृति को ध्यान में रखते हुए इसे औपचारिक तथा अनौपचारिक जैसे भागों में विभाजित किया जा सकता है। अत: साक्षात्कार के कई प्रकार के हो सकते हैं— 1. संरचित साक्षात्कार (Structured Interview) तथा 2. असंरचित साक्षात्कार (Unstructured Interview)। असंरचित साक्षात्कार के चार प्रकार होते हैं— (i) केन्द्रित साक्षात्कार (Focussed Interview), (ii) नैदानिक साक्षात्कार (Clinical Interview), (iii) अनिर्देशित साक्षात्कार (Non-directed Interview) तथा (iv) पुनरावृत्ति साक्षात्कार (Repetitive Interview)।

अनुसूची (Schedule)— प्राथमिक आँकड़ों को इकट्ठा करने में अनुसूची एक बहुत ही उपयोगी प्रविधि है। अनुसूची एक औपचारिक तालिका, एक सूचीपत्र या एक प्रपत्र है, जो परिगणना का एक माध्यम होता है। इस प्रपत्र में अन्वेषक उत्तरदाता से सूचना पूछकर उसे स्वयं लिखता है। इस दृष्टि से यह एक संरचित साक्षात्कार का स्वरूप ले लेता है। अत: एक ओर यह साक्षात्कारकर्त्ता से उत्पन्न त्रुटियों को कम करता है, तो दूसरी ओर उत्तरदाताओं से अधिक विश्वसनीय सूचनाएँ प्राप्त करता है। यह विधि तभी उपयोगी है, जब अध्ययनक्षेत्र अधिक विस्तृत न हो। इस विधि से अशिक्षित उत्तरदाताओं से भी सूचनाएँ संकलित की जा सकती हैं। अनुसूची को पाँच भागों में विभाजित किया जा सकता है– अवलोकन अनुसूची (Observation Schedule), श्रेणी-निर्धारण अनुसूची (Rating Schedule), प्रलेख अनुसूची (Document Schedule), संस्था-सर्वेक्षण अनुसूची (Institutional Survey Schedule) तथा साक्षात्कार अनुसूची (Interview Schedule)।

प्रश्नावली (Questionnaire)— प्रश्नावली अनुसूची का बहुत ही विकसित स्वरूप है। सामान्यत: प्रश्नावली शब्द से तात्पर्य प्रश्नों के उत्तर प्राप्त करने के एक उपकरण से होता है, जिसमें एक प्रपत्र का प्रयोग किया जाता है और जिसे उत्तरदाता स्वयं भरता है। इसे अवैयक्तिक एवं अप्रत्यक्ष स्रोत भी कहा जाता है; क्योंकि इसमें साक्षात्कार या अनुसूची

की तरह उत्तरदाताओं से व्यक्तिगत सम्पर्क की आवश्यकता नहीं भी पड़ सकती है। प्रश्नावली प्रश्नों का समूह है, जिसे उत्तरदाताओं को दे दिया जाता है, जिसे वह भरकर लौटा देता है। जब प्रश्नावली डाक से प्रेषित की जाती है; तब इसे 'डाक-प्रेषित प्रश्नावली' (Mailed Questionnaire) कहते हैं। डाक-प्रेषित प्रश्नावली विस्तृत एवं व्यापक समग्रता के लिए अत्यन्त उपयोगी विधि है, किन्तु इस विधि में उत्तरदाताओं का शिक्षित एवं जागरूक होना आवश्यक है।

सभी प्रश्नावलियाँ समान प्रकृति की नहीं होतीं। अध्ययन की प्रकृति प्रश्नों के प्रकार तथा उत्तरदाताओं की विशेषताओं के दृष्टिकोण से एक-दूसरे से भिन्न अनेक प्रकार की प्रश्नावली बनायी जा सकती हैं। लण्डबर्ग ने प्रश्नावली के दो मुख्य प्रकारों का उल्लेख किया है– तथ्य सम्बन्धी प्रश्नावली (Questionnaire of facts) तथा मत और मनोवृत्ति सम्बन्धी प्रश्नावली (Questionnaire of opinion and attitudes)। प्रथम श्रेणी की प्रश्नावली वे हैं, जिनका उपयोग किसी समूह की सामाजिक अथवा आर्थिक दशाओं से सम्बन्धित तथ्यों का संग्रह करने के लिए किया जाता है। दूसरी श्रेणी की प्रश्नावली का उद्देश्य एक विशेष विषय पर उत्तरदाताओं की रुचि, विचारों अथवा मनोवृत्तियों को जानना होता है। पी.वी. यंग ने भी प्रश्नावली के दो प्रकारों का उल्लेख किया है– संरचित प्रश्नावली तथा असंरचित प्रश्नावली। वैसे प्रश्नावली को मुख्यत: छ: भागों में बाँटा जा सकता है– (i) संरचित प्रश्नावली (Structured Questionnaire), (ii) असंरचित प्रश्नावली (Unstructured Questionnaire), (iii) बन्द अथवा प्रतिबन्धित प्रश्नावली (Closed or Restricted Questionnaire), (iv) खुली हुई अथवा अप्रतिबन्धित प्रश्नावली (Open or Unrestricted Questionnaire), (v) चित्रमय प्रश्नावली (Pictorial Questionnaire) तथा (vi) प्रकीर्ण या मिश्रित प्रश्नावली (Mixed Questionnaire)।

प्रक्षेपण-परीक्षण (Projective Test)— साक्षात्कार, अनुसूची आदि तथ्य संकलन के प्रत्यक्ष स्रोत हैं। किन्तु, कुछ विधियों में उत्तरदाता को स्पष्टत: ज्ञात नहीं होता कि उसे किस विषय में प्रत्युत्तर देना है। ऐसी अप्रत्यक्ष विधियों में प्रक्षेपण-परीक्षण महत्त्वपूर्ण सूचना के स्रोत हैं। इन विधियों में उत्तरदाताओं के सामने कुछ अस्पष्ट उत्तेजक (Stimulus) रखे जाते हैं, जिनके प्रति वह अपना प्रत्युत्तर देता है जिसका विश्लेषण कर शोधकर्त्ता महत्त्वपूर्ण तथ्य एवं निष्कर्ष प्राप्त करता है। ऐसी विधियों में रोशॉक परीक्षण (Rorschach Test), टी.ए.टी. (T.A.T.), वाक्यनिर्माण (Sentence Completion) आदि प्रमुख हैं।

द्वितीयक या प्रलेखीय स्रोत (Secondary or Documentary Sources)

द्वितीयक तथ्यों को जिन स्रोतों से प्राप्त किया जा सकता है उन्हें हम सामग्री संकलन के 'द्वितीयक स्रोत' कहते हैं। किसी भी सामाजिक अनुसन्धान में द्वितीयक स्रोतों का उतना ही महत्त्व है, जितना कि सामग्री-संकलन के प्राथमिक स्रोतों का। द्वितीयक स्रोतों के द्वारा ही एक अनुसन्धानकर्त्ता उन महत्त्वपूर्ण तथ्यों का संकलन करता है, जो प्राथमिक तथ्यों की परीक्षा करने और अध्ययन की दिशा का निर्धारण करने में उपयोगी सिद्ध हो सकते हैं। सामग्री-संकलन के द्वितीयक स्रोतों को मोटे तौर पर दो भागों में विभाजित किया जा सकता है– (i) व्यक्तिगत प्रलेख (Personal Documents) तथा (ii) सार्वजनिक प्रलेख (Public Documents)।

(i) व्यक्तिगत प्रलेख (Personal Documents)— व्यक्तिगत प्रलेखों के अन्तर्गत वह समस्त लिखित सामग्री सम्मिलित की जाती है, जो किसी व्यक्ति द्वारा अपने विषय में अथवा सामाजिक घटनाओं को एक विशेष दृष्टिकोण से देखकर प्रस्तुत की जाती है। ऐसी लिखित सामग्री का सदैव प्रकाशित होना आवश्यक नहीं होता, बल्कि यह पाण्डुलिपियों, पत्रों अथवा डायरियों के रूप में अप्रकाशित भी हो सकती हैं। इन प्रलेखों को भी निम्नांकित चार प्रमुख भागों में विभाजित किया जा सकता है–

(अ) जीवन इतिहास (Life Histories)— इसे हम तीन भागों में विभक्त कर सकते हैं: (क) स्वाभाविक आत्मकथाएँ (Spontaneous Autobiography), (ख) प्रेरित आत्म-अभिलेख (Volunteered Self–records), तथा (ग) संकलित जीवन इतिहास (Compiled Life Histories)।

(ब) डायरियाँ (Diaries),

(स) वैयक्तिक पत्र (Personal Letters) तथा

(द) संस्मरण (Memoirs)।

(ii) सार्वजनिक प्रलेख (Public Documents)— सार्वजनिक प्रलेख सामग्री के संकलन का एक प्रमुख द्वितीयक स्रोत है। सार्वजनिक प्रलेखों के अन्तर्गत ऐसी समस्त प्रकाशित तथा अप्रकाशित सामग्री सम्मिलित की जाती है, जिसका संकलन किसी सरकारी अथवा ग़ैर-सरकारी संस्था द्वारा सार्वजनिक उपयोग के लिए किया जाता है। इस दृष्टिकोण से अध्ययन की सुविधा के लिए सार्वजनिक प्रलेखों को दो भागों में विभाजित करके स्पष्ट किया जा सकता है–

(अ) प्रकाशित प्रलेख (Published Documents), जैसे– जनगणना सम्बन्धी सरकारी रपट या National Sample Survey सम्बन्धी रपट इत्यादि।

(ब) अप्रकाशित प्रलेख (Unpublished Documents)— इसे चार भागों में विभक्त कर देखा जा सकता है:

(क) विभिन्न अभिलेख (Various Records)— अनेक सरकारी और ग़ैर-सरकारी संस्थाओं द्वारा अपनी प्रशासकीय आवश्यकताओं को पूरा करने के लिए अनेक महत्त्वपूर्ण तथ्य और सूचनाएँ संकलित करके रखी जाती हैं। ऐसी सूचनाओं को हम 'अभिलेख' कहते हैं।

(ख) दुर्लभ पाण्डुलिपियाँ (Rare Manuscripts)— अप्रकाशित पाण्डुलिपियाँ सामग्री-संकलन का एक महत्त्वपूर्ण द्वितीयक स्रोत है। कभी-कभी अनेक स्थानीय समाज-सुधारक, नेता तथा प्रतिभाशाली व्यक्ति अत्यधिक उपयोगी सूचनाओं का समावेश करते हुए पाण्डुलिपियाँ तैयार करते हैं, लेकिन किन्हीं विशेष कारणों से उनका प्रकाशन नहीं हो पाता।

(ग) अनुसंधानकर्त्ताओं के प्रतिवेदन (Reports of Researchers)— सामाजिक अनुसन्धान के द्वितीयक स्रोत के रूप में शोध विद्यार्थियों द्वारा प्रस्तुत प्रतिवेदन अथवा शोध-प्रबन्ध भी बहुत अधिक महत्त्वपूर्ण सिद्ध हुए हैं।

(घ) अन्य अप्रकाशित सामग्री (Other Unpublished Material)— इसके अन्तर्गत ऐसी सभी सामग्री का समावेश किया जाता है, जो अनेक लोक-गीतों, लोक-संस्कृति तथा अप्रकाशित लेखों के रूप में उपलब्ध होती है।

सामान्यीकरण की विधियाँ (Methods of Generalization)

अन्य समाजविज्ञानों की तरह किसी तथ्य, सिद्धान्त या निर्माण पर पहुँचने के समाजशास्त्र भी कुछ विधियों को अपनाता है जिन्हें मोटे तौर पर दो भागों में वर्गीकृत किया जा सकता है, जैसे– सामाजिक अनुसन्धान तथा सामाजिक सर्वेक्षण। संक्षेप में वे इस प्रकार हैं–

आगमन विधि (Inductive Method)— तर्कशास्त्र की वह पद्धति, जिसमें अवलोकन-प्रेक्षण के आधार पर परिणाम निकाले जाते हैं, आगमन विधि कहलाती है। इस विधि में खोज की प्रक्रिया विशिष्ट से सामान्य की ओर चलती है। राम, श्याम, मोहन सभी मर चुके हैं; क्योंकि मानव मरणधर्मा है। यह आगमन विधि का एक उदाहरण है। न्यूटन ने पेड़ से गिरते हुए सेब को देखकर ही तो गुरुत्वाकर्षण शक्ति के नियम की स्थापना की थी। उनका यह विचार आगमन विधि पर आधारित था। पी.वी. यंग (Pauline V. Young) ने कहा कि आगमन की पद्धति, विशिष्ट तथ्य से सम्पूर्ण यथार्थ को, वास्तविक तथ्यों से सामान्य तथ्यों को तथा व्यक्तिगत उदाहरणों से सार्वभौमिक उदाहरणों को तर्क के आधार पर समझने की एक प्रक्रिया है। इस पद्धति को नीचे से ऊपर जाने की प्रक्रिया भी कहते हैं। फ्रांसिस बेकन को ज्ञान के आगमन पद्धति का जनक माना जाता है।

निगमन विधि (Deductive Method)— दृष्टान्तों को ज्ञात नियम पर घटाकर उसकी सत्यता को प्रमाणित किया जाता है, तब तर्कशास्त्र में इसे निगमन विधि या पद्धति कहते हैं। इसमें खोज की प्रक्रिया सामान्य से विशिष्ट की ओर चलती है। पी.वी. यंग के अनुसार युक्तिकरण की वह प्रक्रिया जिसमें सामान्य से विशेष को जाना जाता है, जिसमें सार्वभौमिकता से व्यक्तिगत को जाना जाता है, एक स्थापना के आधार पर व्यापक निष्कर्ष निकाला जाता है, निगमन है। इस पद्धति को ऊपर से नीचे की पद्धति भी कहा जाता है। उदाहरण के लिए मानव मरणशील है, अतः राम, मोहन, श्याम सभी मरेंगे। यह निगमन विधि का ही एक उदाहरण है। कार्ल पॉपर् (Karl Popper) ने अपनी पुस्तक **The Logic of Scientific Discovery** (1959) में निगमन पद्धति का समर्थन किया। पॉपर् के अनुसार सिद्धान्त का निर्माण उपलब्ध सामग्री पर हो। पद्धति की विश्वसनीयता की जाँच ये है कि इसके आधार पर सही-सही भविष्यवाणी की जा सकती हैं अथवा नहीं।

समाजशास्त्र में वैज्ञानिक पद्धति का उपयोग (Use of Scientific Methods in Sociology)

समाजशास्त्र सामाजिक क्रियाओं, सामाजिक सम्बन्धों तथा समूहों के रूप में सामाजिक घटनाओं का एक व्यवस्थित अध्ययन है। यह सच है कि अनेक व्यक्ति सामाजिक घटनाओं की जटिलता, परिवर्तनशीलता, माप सम्बन्धी कठिनाइयों, वैयक्तिक पक्षपात की सम्भावनाओं, प्रयोगशाला के अभाव तथा निश्चित भविष्यवाणी के अभाव के कारण समाजशास्त्रीय अध्ययनों को वैज्ञानिक मानने से इंकार करते हैं, लेकिन केवल इन्हीं भ्रान्तियों के आधार पर समाजशास्त्र को विज्ञान की परिधि से बाहर नहीं रखा जा सकता। वास्तविकता यह है कि विज्ञान का सम्बन्ध वैज्ञानिक पद्धति के द्वारा तथ्यों को एकत्रित करके सामान्य नियमों का प्रतिपादन करने से है। ये तथ्य चाहे प्राकृतिक क्षेत्र से सम्बन्धित हों अथवा सामाजिक क्षेत्र से उनके द्वारा विज्ञान का निर्माण हो सकता है। इस दृष्किोण से यह जानने के लिए कि क्या समाजशास्त्र एक विज्ञान है? हमें यह देखना पड़ेगा कि समाजशास्त्रीय अध्ययन में विज्ञान की विशेषताओं का कहाँ तक समावेश है।

1. समाजशास्त्रीय अध्ययन वैज्ञानिक पद्धति पर आधारित है— प्राकृतिक विज्ञानों की तरह समाजशास्त्रीय अध्ययन में भी वैज्ञानिक पद्धतियों का उपयोग किया जाता है। समाज में कुछ घटनाएँ मूर्त होती हैं तो कुछ अमूर्त। इन दोनों ही प्रकार की घटनाओं का अध्ययन करने के लिए आज वैज्ञानिक पद्धतियों का उपयोग किया जाने लगा है। इनमें ऐतिहासिक, तुलनात्मक, संरचनात्मक-प्रकार्यात्मक पद्धतियाँ विशेष रूप से महत्त्वपूर्ण हैं। इसके अतिरिक्त भिन्न-भिन्न प्रकार के बहुत-से दूसरे तथ्यों को एकत्रित करने के लिए सामाजिक सर्वेक्षण पद्धति, सांख्यिकीय पद्धति, समाजमिति (Sociometry) तथा वैयक्तिक जीवन अध्ययन-पद्धति आदि का भी उपयोग किया जाता है। इन वैज्ञानिक पद्धतियों की सहायता से सर्वप्रथम उपयोगी तथ्य एकत्रित किये जाते हैं तथा इसके बाद तथ्यों की प्रामाणिकता को स्पष्ट करके और उनका वर्गीकरण करके सामान्य नियमों का प्रतिपादन किया जाता है। ये पद्धतियाँ मूर्त और अमूर्त सभी प्रकार की सामाजिक घटनाओं का अध्ययन करने में अत्यधिक सहायक सिद्ध हुई है। इस प्रकार सामाजिक घटनाओं का व्यवस्थित रूप से अध्ययन करने के कारण समाजशास्त्रीय अध्ययनों को निश्चित ही 'वैज्ञानिक' कहा जाना चाहिए।

2. समाजशास्त्र वास्तविक घटनाओं का अध्ययन करता है— समाजशास्त्रीय अध्ययनों का कल्पनिक विषयों अथवा 'क्या होना चाहिए' से इसका कोई सम्बन्ध नहीं है। समाजशास्त्रीय अध्ययन कुछ विशिष्ट घटनाओं अथवा कोरी कल्पनाओं से प्रभावित नहीं होती, बल्कि सामाजिक घटनाओं को 'ज्यों का त्यों' प्रस्तुत करता है। उदाहरण के लिए समाजशास्त्र का इस विषय से कोई सम्बन्ध नहीं है कि नैतिक आधार पर रिश्वतखोरी होना चाहिए अथवा नहीं। यह तो केवल इतना ही स्पष्ट करता है कि समाज में होनेवाले विभिन्न रिश्वतखोरी की प्रकृति कैसी है, रिश्वत क्यों देते या लेते हैं तथा रिश्वतखोरी समाज को किस रूप में प्रभावित करती है? इस दृष्टिकोण से परिस्थितियों का वास्तविक विवेचन करने के कारण भी समाजशास्त्र की प्रकृति वैज्ञानिक हो जाती है।

3. कारणात्मक सम्बन्ध का महत्त्व— कारणात्मक का अर्थ है कि किसी घटना के कारण तथा परिणाम को ज्ञात करना एवं उनके पारस्परिक सम्बन्ध की व्याख्या करना। समाजशास्त्रीय अध्ययन किसी घटना को केवल उसके वास्तविक रूप में ही प्रस्तुत नहीं करना, बल्कि उस घटना के कारणों की भी व्यवस्था करता है। उदाहरण स्वरूप, एक समाजशास्त्रीय अध्ययन केवल यही नहीं बताता कि किसी समाज में सामाजिक परिवर्तन तेजी से हो रहा है, बल्कि यह इस स्थिति को प्रभावित करने वाले कारणों की भी व्याख्या करता है। समाजशास्त्रीय अध्ययन किसी अलौकिक विश्वास अथवा काल्पनिक विचारों पर आधारित न होकर कार्य-कारण के व्यावहारिक सिद्धान्त पर आधारित हैं और इसलिए इनकी प्रकृति वैज्ञानिक है।

4. समाजशास्त्रीय तथ्यों की परीक्षा और पुनर्परीक्षा सम्भव है— प्राकृतिक घटनाओं से सम्बद्ध अध्ययनों को इसलिए वैज्ञानिक माना जाता है कि इन तथ्यों की परीक्षा एक विशेष स्थान पर किसी भी समय की जा सकती है। यह विशेषता बहुत बड़ी सीमा तक समाजशास्त्रीय अध्ययनों पर आधारित तथ्यों पर भी लागू होती है। कार्य-कारण के सह-सम्बन्ध तथा पक्षपात रहित अवलोकन के आधार पर जिन समाजशास्त्रीय विचारों को प्रस्तुत किया जाता है, उनकी प्रामाणिकता को किसी भी समय पुनः जाँचा जा सकता है।

5. समाजशास्त्रीय सिद्धातों में सार्वभौमिकता का गुण— विज्ञान का एक आधारभूत लक्षण उसके नियमों का सर्वव्यापी (Universal) होना है। समाजशास्त्रीय नियम भी इस अर्थ में सर्वव्यापी होते हैं कि समान प्रकृति के समाजों में समान कारण का सदैव ही समान प्रभाव होगा।

6. वर्तमान के आधार पर भविष्यवाणी की क्षमता— समाजशास्त्रीय अध्ययन केवल वर्तमान घटनाओं की ही व्याख्या नहीं करते, बल्कि वर्तमान घटनाओं के आधार पर भविष्य की सम्भावित परिस्थितियों की ओर भी संकेत करते हैं। प्राकृतिक विज्ञानों के समान समाजशास्त्रीय अध्ययनों में भी भावी परिस्थितियों का पूर्वानुमान लगाने अथवा भविष्यवाणी करने की क्षमता काफी सीमा तक पायी जाती है।

उपर्युक्त सम्पूर्ण विवेचन से एक विज्ञान के रूप में समाजशास्त्रीय अध्ययन की प्रकृति पूर्णतया स्पष्ट हो जाती है। यह अवश्य है कि एक विज्ञान के रूप में समाजशास्त्र की प्रकृति उतनी निश्चित नहीं है जितनी कि प्राकृतिक विज्ञानों की, लेकिन वैज्ञानिक पद्धति के द्वारा सामाजिक घटनाओं का अध्ययन करने के कारण समाजशास्त्र को निश्चय ही एक विज्ञान का दर्जा दिया जा सकता है। विज्ञान के रूप में समाजशास्त्र का महत्त्व इस तथ्य से भी स्पष्ट हो जाता है कि समाजशास्त्र पूर्णतया सिद्धान्तों के प्रतिपादन से ही सम्बन्धित न होकर व्यावहारिक सन्दर्भ में भी उनकी व्याख्या करता है। इसी आधार पर बॉटमोर (T.B. Bottomore) ने यह निष्कर्ष दिया है कि "समाजशास्त्र प्राकृतिक और समाजविज्ञानों के बीच की एक बड़ी खाई को भरने में सबसे अधिक सहायक है।"

मनोवृत्ति मापकों का प्रयोग (Use of Attitude Scales)— मापक का अर्थ है ऐसे वस्तुनिष्ठ मानक विकसित किये जाएँ जिससे सम्बन्धों, संरचनाओं, प्रक्रियाओं एवं घटनाओं का वस्तुनिष्ठ आकलन हो। समाजशास्त्र की पद्धति में वस्तुनिष्ठ मापक का विकास एक कठिन कार्य है। पी.वी. यंग ने कहा कि यह कठिन है परन्तु असंभव नहीं है। मनोवैज्ञानिक पैमाने के अन्तर्गत बहुत सारे मानकीकृत प्रश्न या कथन होते हैं, जिनके सम्बन्ध में उत्तरदाता को सहमति या असहमति व्यक्त करने के लिए कहा जाता है। उन्हीं उत्तरों के माध्यम से व्यक्तियों की किसी विषय-वस्तु के सम्बन्ध में वैज्ञानिक ढंग से मनोवृत्तियों को मापा जाता है। इस प्रक्रिया में विभिन्न प्रकार की सांख्यिकीय प्रविधियों का प्रयोग किया जाता है। इस सन्दर्भ में इमॉरी ए. बोगार्ड्स (Emory S. Bogardus) का सामाजिक दूरी मापक (Social Distance Scale), एल. गॅटमैन (L. Guttman), आर. लिकर्ट (R. Likert) और एल.एल. थर्स्टन (L.L. Thurstone) द्वारा निर्मित मनोवृत्ति पैमाना विशेष रूप से उल्लेखनीय है (देखें– Seymour Sudman and Norman R Bradburn, **Asking Question: A Practical Guide to Questionnaire Design**, 1983)। मापक के प्रयोग से गुणात्मक आँकड़ों को गणनात्मक आँकड़ों में परिणत किया जा सकता है।

समाजमिति का प्रयोग (Use of Sociometry)— इस शब्द का प्रयोग पहली बार जैकब एल. मोरेनो (Jacob L. Moreno, 1889–1974) ने किया था। उन्होंने **'Sociometry'** नामक एक पत्रिका का संचालन भी किया था।

मोरेनो ने इस पद्धति का विकास समाजवैज्ञानिकों की समस्याओं का अध्ययन करने के लिए किया था। इस पद्धति में संख्यात्मक तथा आदर्शात्मक अध्ययनों को एक साथ मिला दिया गया है। जीवविज्ञान, मनोविज्ञान तथा अर्थशास्त्र– इन सब में सामान्यत: संख्यात्मक अध्ययन पाया जाता है, परन्तु समाजविज्ञान की समस्याओं का विशेष रूप से अध्ययन करने के लिए यह आवश्यक था कि सामाजिक स्वरूपों और प्रक्रियाओं को इस प्रकार सीमित तथा विश्लेषित किया जाये कि उनको मापा भी जा सके। इसलिए मोरेनो तथा कुछ अन्य समाजवैज्ञानिकों ने इस प्रकार के अनेक पैमाने बनाये, जिनसे सामाजिक सम्बन्धों, विचारों और व्यवहारों को मापा जा सके। इसके पहले सामाजिक प्रक्रियाओं का विश्लेषण वर्णनात्मक होता था, उसको मापा नहीं जा सकता था। सांख्यिकीय पद्धति द्वारा मनुष्य के समूहों का ही अध्ययन किया जा सकता था।

अमरीकी समाजशास्त्री अपने अध्ययनों को वस्तुनिष्ठ एवं ठोस बनाने का भरसक प्रयास करते रहते हैं। इसी क्रम में उन्होंने विभिन्न मापकों को विकसित किया है। सामाजिक संरचना के अध्ययन में मापक बहुत सहायक नहीं हो पाते हैं, फिर भी प्रयासरत हैं। समाजविज्ञानों को वस्तुनिष्ठ बनाने के लिए हर सम्भव कोशिश की जानी चाहिए। गुणात्मक आँकड़ों का गणनात्मक आँकड़ा में परिणत करना (Quantification of Data) एक प्रमुख रास्ता है।

वस्तुनिष्ठता तथा आत्मपरकता (Objectivity and Subjectivity)

वस्तुनिष्ठता विज्ञान का ऐसा वैज्ञानिक सिद्धान्त है, जो अनुसन्धान में वैयक्तिक पक्षपात का विरोध करता है। वस्तुनिष्ठ वह है जिसका समय और स्थान में वास्तविक अस्तित्व है। वस्तुनिष्ठ का आकलन हमेशा उसी रूप में किया जा सकता है। वस्तुनिष्ठ का मापन संभव है। वस्तुनिष्ठ वह है जिसका अस्तित्व मनुष्य की चेतना एवं इच्छा पर निर्भर नहीं है। वस्तुपरकता घटनाओं के अध्ययन का एक दृष्टिकोण है, जिसके अनुसार एक व्यक्ति घटना से सम्बन्धित तथ्यों को, पूर्वाग्रह अथवा भावनाओं की अपेक्षा, साक्ष्य एवं तर्क के आधार पर निष्पक्ष, तटस्थ तथा किसी भी प्रकार की अभिनति एवं पूर्वधारणाओं से मुक्त होकर देखता-परखता है। वैज्ञानिक शोध की यह एक परम आवश्यकता है कि शोधकर्त्ता अपने-आपको उन स्थितियों से अलग-थलग रखने की कोशिश करे। समाजशास्त्रीय पद्धतियों के प्रयोग में, उन विधियों एवं तरीकों (जैसे– यादृच्छिक या अप्रत्याशित प्रतिचयन का प्रयोग, विभिन्न नियन्त्रणों का प्रयोग, वैकल्पिक शब्दयुक्त प्रश्नावलियों को बनाकर उनका पूर्व-परीक्षण आदि) पर बल दिया जाता है कि किस प्रकार गवेषणाओं से सम्बन्धित तथ्यों को संकलित एवं विवेचना करते समय पक्षपात-मुक्त होना चाहिए और वस्तुपरकता को बनाये रखना चाहिए।

प्रकृति की चीजें वस्तुनिष्ठ होती हैं। वे अपने को बार-बार दोहराती हैं। मानव-समाज अलग है। यहाँ प्रक्रियाएँ और ऐतिहासिक घटनाएँ अपने को प्राय: नहीं दोहराती हैं। समाज के जीवन एवं मानव-जीवन में भी एक नियमितता है। समाज के नियमों एवं विभिन्न पक्षों में वस्तुनिष्ठ सम्बन्धों को पता करना समाजशास्त्रीय अध्ययन-पद्धति का उद्देश्य है। लेकिन इसमें थोड़ी कठिनाई भी होती है। नृजातिकेन्द्रवाद (Ethnocentrism), वर्गीय हित (Class Interests), जाति, धर्म, विचारधारा, निहित स्वार्थ आदि ऐसे कारण हैं जिनसे वस्तुनिष्ठता प्रभावित होती है। मैक्स वेबर ने मूल्य-निरपेक्षता (Value Neutrality) एवं मूल्य-निरपेक्ष समाजशास्त्र (Value-free Sociology) के विचार को दुनिया के सामने रखा।

दूसरी तरफ, आत्मपरकता अथवा व्यक्तिपरकता वह सिद्धान्त है, जिसमें ज्ञाता के संवेदनात्मक, भावात्मक और क्रियात्मक अवस्थाओं तक का ज्ञान सीमित है– बाह्य सत्य, मानसिक आन्तरिक अवस्थाओं से अनुमानित किया जाता है। इस अवधारणा की वस्तुपरकता के साथ अनिवार्यत: तुलना की जाती है और प्रत्यक्षवादी समाजविज्ञानियों द्वारा इस दृष्टिकोण की निन्दा की जाती है। इसके विपरीत, यह शास्त्रार्थ मीमांसा (Hermeneutics) के लिए महत्त्वपूर्ण है। यही नहीं, संरचनावादियों, मार्क्सवादियों और मनोविश्लेषक सिद्धान्तों में यह बताया गया है कि किस प्रकार व्यक्ति की रचना

होती है और इस रचना में व्यक्तिपरक दृष्टिकोण का क्या महत्त्व है। मूल्यमीमांसा में, वह मत कि नैतिक तथा अन्य मूल्य व्यक्ति की अनुभूतियाँ और मानसिक प्रतिक्रियाएँ मात्र हैं और बाह्य जगत् में उनके अनुरूप किसी वस्तु का अस्तित्व नहीं है (देखें– Alvin W. Gouldner, **For Sociology: Renewal and Critique in Sociology Today**, 1975)।

समाजशास्त्र एवं वस्तुनिष्ठता (Sociology and Objectivity)

तटस्थ व पक्षपात रहित निरीक्षण द्वारा तथ्यों का उनके वास्तविक रूप में संकलन व विश्लेषण ही वस्तुनिष्ठता (Objectivity) है। दूसरे शब्दों में, अपने स्वयं की भावना, विचार, उचित-अनुचित के निर्णय, विश्वास, आशा और आकांक्षाओं से प्रभावित न होकर किसी भी तथ्य या घटना को जैसा है उसे उसी रूप में देखना व विश्लेषण करना वस्तुनिष्ठता है। घटना या तथ्य का यह वास्तविक रूप कटु हो सकता है, अनैतिक तथा मूल्यों के विपरीत हो सकता है, फिर भी उस घटना को यदि वह उसके मूल रूप में ही देखता और समझता है, तो वह वस्तुनिष्ठता को प्राप्त करने में सफल होता है। घटनाओं की वास्तविकता को प्रकट करना ही वस्तुनिष्ठता है। यह प्राप्ति ही घटनाओं की सत्यता या वास्तविकता को प्रकट करेगी और यही वस्तुनिष्ठता होगी। मनुष्य के विचार, अवधारणाएँ, संस्कार, मूल्य, आदर्श और अनुसन्धानकर्त्ता की दृष्टि को एक विशेष सन्दर्भ प्रदान करते हैं और इनके प्रभाव में अनुसन्धानकर्त्ता तथ्य की वास्तविकता को देख नहीं पाता है। इन प्रभावों से अपने को अलग कर वास्तविकता की जानकारी प्राप्त करना ही वस्तुनिष्ठता है।

वस्तुनिष्ठता के बिना वैज्ञानिक अनुसन्धान केवल निरर्थक ही नहीं, उद्देश्यहीन भी हैं। वैज्ञानिक अनुसन्धान की सार्थकता इसी बात में निहित है कि हम तथ्यों व घटनाओं की वास्तविकताओं से परिचित हो जाएँ। यह परिचय तब तक सम्भव नहीं जब तक वस्तुनिष्ठता की प्राप्ति न हो जाए। घटनाओं की सत्यता को जानने के लिए शोधकार्य में वस्तुनिष्ठता का होना परमावश्यक है। यह आवश्यकता सामाजिक अनुसन्धान के क्षेत्र में और भी अधिक महत्त्वपूर्ण है, क्योंकि सामाजिक घटनाओं व तथ्यों के प्रति हमारे दिल में उस घटना की प्रकृति के अनुसार कुछ विशिष्ट प्रकार से लगाव या विरोध, प्रेम या घृणा, उचित या अनुचित, विश्वास-अविश्वास, आशा या निराशा जैसे भाव होते हैं, जो कि उस घटना-विशेष के सम्बन्ध में वास्तवकिता की खोज करने के पक्ष में एक बहुत बड़ी बाधा खड़ी करता है और हम उस घटना की वास्तविकता से दूर चले जाते हैं।

समाजशास्त्रीय अध्ययन में वस्तुनिष्ठता की महत्ता (Importance of Objectivity in Sociological Study)

समाजशास्त्रीय अध्ययन में वस्तुनिष्ठता एक अपरिहार्य आवश्यकता है, इसके महत्त्व को निम्नलिखित रूप में अभिव्यक्त किया जा सकता है–

समाजशास्त्र को एक यथार्थ विज्ञान के रूप में स्थापित करने के लिए सामाजिक घटनाओं का वस्तुनिष्ठ अध्ययन आवश्यक है। आवश्यकता इस बात की है कि हम सामाजिक अनुसन्धान के क्षेत्र में वस्तुनिष्ठता की प्राप्ति के प्रति अधिकाधिक सचेत रहें और पक्षपातपूर्ण दृष्टिकोण, कल्पना तथा पूर्वधारणा से अपने-आपको अलग रखते हुए सामाजिक घटनाओं की वास्तविकताओं को ढूँढ़ने या जानने का निरन्तर प्रयत्न करें।

सामाजिक घटनाओं का अध्ययन इस प्रकार का होना चाहिए कि अध्ययन-वस्तु के आम और खास दोनों ही पक्षों का समुचित स्पष्टीकरण हो। यह तब तक संभव नहीं जब तक कि हम अपने अध्ययन में इस प्रकार के तथ्यों का संकलन नहीं करते जो कि एक सामाजिक घटना के विभिन्न पक्षों का उचित प्रतिनिधित्व कर सकें और हमें उस घटना से सम्बद्ध विभिन्न पक्षों के सम्बन्ध में एक सन्तुलित ज्ञान प्रदान कर सके। यह तभी सम्भव है जब हम वस्तुनिष्ठ दृष्टिकोण को अपनाएँ।

सामाजिक अनुसन्धान में वस्तुनिष्ठता की महत्ता यह है कि इसके बिना ठोस एवं विश्वसनीय निष्कर्षों तक पहुँचना अनुसन्धानकर्त्ता के लिए कदापि सम्भव नहीं। वस्तुनिष्ठता का अर्थ ही है पक्षपात रहित होकर घटनाओं की वास्तविकताओं को ढूँढ़ निकालना। सामाजिक अनुसन्धान की सार्थकता को बनाये रखने के लिए वस्तुनिष्ठता की प्राप्ति परमावश्यक है। वही सामाजिक अनुसन्धान विज्ञान की कसौटी पर खरा उतरता है, जिसकी हम कभी भी पुन: परीक्षा कर सकते हैं। पुन: परीक्षा अथवा सत्यापन का तथ्य वैज्ञानिकता की एक आवश्यक शर्त है और इस शर्त की पूर्ति वस्तुनिष्ठ दृष्टिकोण को अपनाए बिना संभव नहीं है।

सामाजिक घटनाओं के अध्ययन में वैज्ञानिक पद्धति का अपनाया जाना अध्ययन की यथार्थता के लिए प्रथम शर्त है। तात्पर्य यह कि कोई निष्कर्ष सही है अथवा ग़लत यह इस बात पर निर्भर करता है कि अध्ययनकर्त्ता वैज्ञानिक पद्धति को ठीक ढंग से काम में लाया है अथवा नहीं। वस्तुनिष्ठता नये अनुसन्धानों की सम्भावनाओं को विकसित करता है।

वस्तुनिष्ठता हासिल करना हमेशा असान नहीं होता है। इसकी अपनी परेशानियाँ भी हैं। समाजशास्त्रीय अध्ययनों में अनुसन्धानकर्त्ता के लिए सम्भव नहीं होता कि वह अपने अध्ययन-विषय से अपने को पूर्णतया पृथक् कर ले क्योंकि जिस विषय का वह अध्ययन कर रहा है, वह विषय उस सामाजिक जीवन का ही एक हिस्सा होता है जिसका कि अध्ययनकर्त्ता प्रत्यक्ष या अप्रत्यक्ष रूप से एक अभिन्न अंग है। उसके अपने समाज या समूह से सम्बन्धित है, तो उसके प्रति उसके दिल में 'विशेष' स्थान है और यदि वह ऐसे विषय का अध्ययन कर रहा है, जो कि उसके अपने समाज या समूह का नहीं है, तो उस विषय के प्रति उसके दिल में कुछ-न-कुछ पक्षपात का होना भी स्वाभाविक है। दोनों में से किसी भी दशा में उसके लिए विषय से सम्पूर्ण अलगाव रखना संभव नहीं होता है।

प्राकृतिक या भौतिक घटनाओं का अध्ययन करने में पक्षपात की कोई विशेष सम्भावना नहीं होती है, क्योंकि उनके साथ अनुसन्धानकर्त्ता का कोई संवेगात्मक सम्बन्ध नहीं होता और न ही उनके प्रति पूर्वाग्रह। उस व्यक्ति के लिए, जो कि अपने संयुक्त परिवार को बहुत चाहता है, यह एक अत्यधिक कठिन कार्य होगा यदि उसे यह प्रमाणित करने को कहा जाए कि व्यक्ति की प्रगति संयुक्त परिवार प्रणाली के विनाश होने पर ही हो सकती है। इसका कारण है कि सामाजिक घटनाओं के क्षेत्र में पक्षपात की सम्भावना सदैव बनी होती है। जब हम अपने ही विषय में अध्ययन करते हैं तो अध्ययन कठिन हो जाता है, क्योंकि हम वैज्ञानिक तटस्थता को पूर्णतया बनाये रखने में सफल नहीं होते हैं। अध्ययनकर्त्ता जिस सामाजिक समस्या का अध्ययन करता है उसके पक्ष या विपक्ष में उसके पूर्व-विचार कुछ-न-कुछ होते ही हैं। अपने आदर्शों के अनुसार उसे वह अच्छा या बुरा, उचित या अनुचित की श्रेणी में रखता है और अपने हितों के अनुसार तथ्यों को तोड़-मरोड़ कर भी पेश करता है। इनमें से किसी भी अवस्था में वह अध्ययन पक्षपात पूर्ण हो जाता है।

समाजशास्त्र और तथ्य (Sociology and Fact)

तथ्य अस्थाई तौर पर ही सही होते हैं, जब तक उन्हें असत्य करार नहीं कर दिया जाता है। तथ्य यथार्थता की एक ऐसी प्रामाण्य घटना है, जिसकी प्रामाणिकता की पुष्टि आनुभविक आधार पर की जा सकती है। गुड एवं हैट (Goode and Hatt, 1952: 7–17) ने स्पष्ट किया है कि तथ्य विज्ञान को आगे बढ़ाने में मदद करता है, क्योंकि तथ्य और सिद्धान्त के बीच गहरा सम्बन्ध होता है। दोनों एक दूसरे के पूरक होते हैं। तथ्य कई प्रकार के होते हैं। लेकिन, समाजशास्त्र में तथ्य से हमारा अभिप्राय मूल रूप से सामाजिक तथ्यों से है।

नैतिक या आध्यात्मिक तथ्यों और वस्तुनिष्ठ तथ्यों में अन्तर होता है। वस्तुनिष्ठ तथ्यों का निरीक्षण, परीक्षण व प्रमाण सम्भव होता है। ये आकस्मिक न होकर अर्थपूर्ण होते हैं। घटनाओं के सम्बन्ध में ऐसे कथन ही तथ्य की श्रेणी में आते हैं, जिनका आनुभविक आधार पर निरीक्षण तथा परीक्षण किया जा सकता है। वस्तुनिष्ठ तथ्यों के विपरीत नैतिक या धार्मिक तथ्यों की आनुभविक आधार पर पुष्टि नहीं कि जा सकती है। आत्मा अजर-अमर है, अच्छे कर्म

करने वाले का पारलौकिक जीवन सुखमय होगा जैसे कथनों का आनुभविक आधार पर परीक्षण कर उनकी सत्यता की पुष्टि नहीं की जा सकती है। तथ्य वस्तुपरक होते हैं, उनके बारे में अन्तर्पारस्परिक सहमति होती है और ये सार्वभौमिक होते हैं।

यंग (Young, 1949) के अनुसार 'तथ्य' केवल मूर्त चीजों तक ही सीमित नहीं है। समाजविज्ञान में विचार, अनुभव तथा भावनाएँ भी तथ्य की श्रेणी में आती हैं। "तथ्यों को ऐसे भौतिक या शारीरिक मानसिक या उद्वेगात्मक घटनाओं के रूप में देखा जाना चाहिए जिनकी निश्चयपूर्वक पुष्टि की जा सकती है एवं जिन्हें विमर्श की दुनिया में सच कहकर स्वीकार किया जाता है।" तथ्य की निम्नलिखित विशेषताएँ होती हैं–

1. तथ्य एक ऐसी घटना है, जो कि वास्तविक रूप से घटित हुई हो या जो वास्तविक रूप से विद्यमान हो।
2. यह घटना मूर्त या अमूर्त दोनों ही प्रकार की हो सकती है।
3. तथ्य एक स्थिति या घटना की वास्तविकता है, जिसे कि सभी लोग सच मान सकते हैं और अगर किसी को कुछ भी सन्देह है, तो वह स्वयं उसकी वास्तविकता की पुनः परीक्षा कर सकता है।
4. तथ्य एक ऐसी घटना है जिसका कि वास्तविक निरीक्षण या अवलोकन या अनुभव संभव है।
5. तथ्य एक ऐसी घटना है, जिसे कि विमर्श की दुनिया में सच कहकर स्वीकार किया जाता है।
6. तथ्य एक ऐसी घटना है, जिसके अवलोकन व मापों के सम्बन्ध में सभी लोग एकमत होते हैं।
7. एक तथ्य किसी घटना या प्रक्रिया की सदैव पूर्ण व्याख्या प्रस्तुत नहीं करता। बहुत से तथ्य एक साथ मिलकर उस घटना या प्रक्रिया की पूरी तरह व्याख्या करने में समर्थ होते हैं। घटना या प्रक्रिया जितनी अधिक जटिल होगी उसकी सम्पूर्ण व्याख्या के लिए तथ्यों कीशृंखला भी उतनी लम्बी होती है।
8. तथ्यों के सामाजिक स्वरूप को स्पष्ट करते हुए एमिल डर्कहाइम ने लिखा था कि "सामाजिक तथ्य व्यवहार (विचार, अनुभव या क्रिया) का वह पक्ष है जिसका निरीक्षण वस्तुनिष्ठ रूप में सम्भव है और जो कि एक विशेष ढंग से व्यवहार करने को बाध्य करता है।" एमिल डर्कहाइम के अनुसार सामाजिक तथ्य की दो प्रमुख विशेषताएँ है– एक तो बाह्यता (Exteriority) और दूसरी बाध्यता (Constraints)। सामाजिक तथ्य एक वस्तु की भाँति है, इस कारण वह सदस्यों के मस्तिष्क के विचार के बाहर है साथ ही इसका प्रभाव समाज के सदस्यों पर बाध्यतामूलक होता है।

समाजशास्त्र एवं मूल्य (Sociology and Values)

मूल्य (Value) वे सांस्कृतिक अथवा व्यक्तिगत अवधारणाएँ एवं आदर्श हैं, जिनके द्वारा वस्तुओं और घटनाओं की एक-दूसरे के साथ तुलना की जाती है। वे व्यवहार के ऐसे पैमाने हैं, जिनके आधार पर अच्छे-बुरे, वांछित-अवांछित, सही-ग़लत आदि का निर्णय किया जाता है। न्याय, स्वतन्त्रता, देशभक्ति, अहिंसा, सत्य और समानता आदि मूल्यों के कुछ उदाहरण हैं। ये सभी गुण स्वस्थ एवं सन्तुलित सामाजिक जीवन के लिए अत्यावश्यक हैं। मूल्यों का प्रयोग किसी भी घटना, अनुभव, वस्तु अथवा तर्क के क्रम-विन्यास के लिए किया जाता है। मूल्य अधिकांशतः भावनाओं से भरे होते हैं, क्योंकि वे उन बातों का प्रतिनिधित्व करते हैं जिन्हें हम अच्छा मानते हैं, जिनकी रक्षा करना हम अपना कर्तव्य समझते हैं।

एक विज्ञान के रूप में समाजशास्त्र को मूल्य-निरपेक्ष माना जाता है। मूल्य-निरपेक्ष विज्ञान का अर्थ यह है कि स्वयं को सामाजिक मूल्यों के प्रश्न से अलग रखकर सामाजिक व्यवहार का अध्ययन आनुभविक ढंग से किया जाये। समाजशास्त्र का यह उद्देश्य नहीं है कि वह सामाजिक मूल्यों की श्रेष्ठता अथवा अश्रेष्ठता का वर्णन करे और यह बतलाये कि कौन-से मूल्य परममूल्य हैं। इसका उद्देश्य तो केवल सामाजिक संस्थाओं का आनुभविक विश्लेषण मात्र करना है न कि उनका मूल्यांकन करना। 'क्या होना चाहिए' या क्या सही है यह समाजशास्त्र की विषय-वस्तु नहीं है।

समाजशास्त्र का सम्बन्ध 'क्या है' से सम्बन्धित है। हम सामाजिक तथ्यों का आनुभविक परीक्षण कर सकते हैं, परन्तु मूल्यों का नहीं। मूल्य तथा तथ्य दो अलग-अलग चीज हैं, अतएव दोनों का विश्लेषण अलग-अलग होना चाहिए और वैज्ञानिक शोध को मूल्यनिरपेक्ष होना ही चाहिए।

ऑगस्त कोंत, जिन्हें 'सोशियोलॉजी' शब्द को ईजाद करने का श्रेय प्राप्त है, ने सामाजिक घटनाओं के अध्ययन के लिए वैज्ञानिक विधि के प्रयोग का सुझाव दिया और इसके साथ ही वैज्ञानिक एवं सामाजिक प्रक्रिया के सिद्धान्त का विकास किया। एमिल डर्कहाइम ने समाज का विश्लेषण संरचनात्मक प्रकार्यवाद के दृष्टिकोण से किया। हर्बर्ट स्पेन्सर ने समाज के जैविक दृष्टिकोण को अपनाया। उनकी भी समाज के मूल्यात्मक पद्धति में कोई रुचि नहीं थी। परन्तु, मैक्स वेबर ने सामाजिक विश्लेषण को मूल्यनिरपेक्ष बनाने के महत्त्व पर सबसे अधिक बल दिया है। उनके अनुसार केवल मूल्यनिरपेक्ष दृष्टिकोण ही वैज्ञानिक विकास को सम्भव बना सकता है। उन्होंने समाजविज्ञान को अतार्किक प्रभावों से दूर रखने का सुझाव दिया। शोधकर्त्ता के मूल्य-सम्बन्धी पूर्वाग्रह द्वारा सामाजिक घटना-वस्तु के विश्लेषण को प्रभावित नहीं किया जाना चाहिए। वेबर के अनुसार विज्ञान की प्रकृति ऐसी है कि यह विभिन्न मूल्यों में तर्कयुक्त एवं उचित का चयन नहीं कर सकती। मूल्यों के बारे में व्यक्ति की पसन्द उसके अपने विश्वास एवं भावनाओं पर न कि तर्क अथवा तथ्य पर आधारित होती है।

वेबर ने स्पष्ट किया कि उनका अभिप्राय यह नहीं है कि सभी मूल्य-निर्णयों को वैज्ञानिक विमर्श से निकाल दिया जाए; उसका अभिप्राय केवल इतना था कि मूल्य-निर्णयों के क्षेत्र में विज्ञान का स्थान सीमित है। मूल्यों का वैज्ञानिक विश्लेषण मूल्यों को केवल स्पष्टता के स्तर तक ला सकता है। वेबर ने कहा, "मूल्यों के बारे में निर्णय करना विज्ञान का कार्य नहीं हैं; यह कार्य तो इच्छुक एवं क्रियारत व्यक्ति का है, जो संसार के प्रति अपने दृष्टिकोण एवं अन्तःकरण के अनुसार विभिन्न मूल्यों में से अपनी पसंद के मूल्य का चयन करता है। यह उसका वैयक्तिक मामला है, जिसमें आनुभविक ज्ञान की अपेक्षा इच्छा एवं अन्तःकरण निहित है।"

वस्तुतः मूल्यों के अध्ययन को समाजशास्त्र के विषय-क्षेत्र से बाहर नहीं निकाला जा सकता। कार्ल मैनहाइम तथा अन्य समाजशास्त्रियों का विचार है कि मूल्य व्यक्तित्व एक हिस्सा है, जिसे उतार कर नहीं फेंका जा सकता है। वे हमको शोध के सभी स्तरों यथा शोध-विषय के चयन, परिणामों की व्याख्या तथा परिणामों को समाज के लिए लाभप्रद ढँग से प्रयोग करने के बारे में सुझावों आदि के सन्दर्भ में प्रभावित करते हैं। समाजशास्त्र विशुद्ध वर्णनात्मक विज्ञान नहीं है। किसी-न-किसी रूप में मूल्यांकन का तत्त्व इसमें प्रवेश कर ही जाता है। कतिपय समाजविज्ञानियों का मानना है कि **मूल्य-निरपेक्ष समाजशास्त्र (Value-free Sociology)** एक मिथक है, क्योंकि समाजशास्त्र की विषय-वस्तु ही ऐसी है कि कोई भी शोध स्वाभाविक रूप से शोधकर्त्ता के विचारों से प्रभावित हुये बिना नहीं रह सकता है (Gouldner, 1962 : 199-13; Bailey, 1978 : 21-24)।

संक्षेप में, मूल्यनिरपेक्ष सिद्धान्त प्राकृतिक विज्ञानों को सामाजिक ज्ञान के लिए एक प्रतिमान मानता है जिसका अर्थ है कि प्रथमतः प्राकृतिक विज्ञानों की सुनिश्चित विधियों को समाजशास्त्र में वैज्ञानिक अनुशासन बनाने हेतु हस्तान्तरित किया जाए। द्वितीय, इस सिद्धान्त की यह अपेक्षा है कि समाजशास्त्र किसी भी प्रकार के मूल्यांकन से अलग रहे। समाजशास्त्र को मूल्यों के बारे में कोई निर्णय नहीं देना चाहिए। तृतीय, मूल्यनिरपेक्ष सिद्धान्त समाजशास्त्र को एक निरपेक्ष विज्ञान मानता है जिसका किसी प्रकार के आदर्शात्मक अथवा नैतिक परिणाम ढूँढ़ने से कोई सम्बन्ध नहीं है। यह आदर्शवाद से ऊपर है।

सामाजिक अनुसन्धान (Social Research)

सामाजिक अनुसन्धान समाजशास्त्रीय पद्धति से कारणों का व्यवस्थित रूप से पता लगाने या खोज करने को कहते हैं। पी.वी. यंग (P.V. Young) ने कहा कि सामाजिक अनुसन्धान एक वैज्ञानिक परियोजना है जिसका उद्देश्य तर्कपूर्ण

एवं क्रमिक पद्धतियों के द्वारा पुराने और नये तथ्यों की खोज एवं उनमें पाये जाने वाले क्रम, अंतर्सम्बन्ध, कारणात्मक व्याख्या और उनको संचालित करने वाले नियमों को जानना है। सामाजिक अनुसन्धान गंभीर प्रयास है, इसमें ज्ञान प्राप्ति का उद्देश्य होता है। ज्ञान से उपयोगितापूर्ण उद्देश्य पूरे हो सकते हैं। उद्देश्यों के आधार पर सामान्यत: सामाजिक अनुसन्धान के निम्नलिखित प्रमुख प्रकारों की चर्चा की जाती है– (i) **विशुद्ध, मौलिक या सैद्धान्तिक अनुसन्धान (Pure, Fundamental or Basic Research)**, (ii) **व्यावहारिक अनुसन्धान (Applied Research)** और (iii) **क्रियात्मक अनुसन्धान (Action Research)**।

सामाजिक शोध के चरण (Stages of Social Research)— प्रत्येक सामाजिक अनुसन्धान एक चरणबद्ध तरीके से आगे बढ़ता है। कभी-कभी थोड़ा फर्क अवश्य दिखाई पड़ता है, लेकिन कुछ ऐसे बुनियादी चरण हैं, जो लगभग सभी शोधों में समान रूप से देखने को मिलते हैं, इसलिए कि प्रत्येक शोध निश्चित वैज्ञानिक प्रविधियों का अनुसरण करता है, जिन्हें बेली (Bailey, 1972 : 4–6) ने निम्न प्रकार से प्रस्तुत किया है–

1. अनुसन्धान-विषय का चुनाव तथा उपकल्पना का स्पष्टीकरण (Choosing the research problem and stating the hypothesis)
2. शोध अभिकल्प का निरूपण (Formulating the research design)
3. आँकड़ों का एकत्रीकरण (Gathering the data)
4. आँकड़ों का कूटबद्ध कर विश्लेषण करना (Coding and analyzing the data) तथा
5. उपकल्पना की परीक्षा हेतु प्राप्त निष्कर्षों की व्याख्या करना। (Interpreting the rusults so as to test the hypothesis)

इसमें से प्रत्येक चरण एक दूसरे पर निर्भर करता है। प्रत्येक चरण की शोधकर्त्ता को अच्छी जानकारी होनी चाहिए। शोध के विभिन्न चरण वर्तुलाकार तरीके से आगे बढ़ते हैं, क्योंकि वैज्ञानिक अनुसन्धान का सिलसिला अनवरत चलता रहता है। जहाँ से शोध प्रारम्भ होता है, वहीं आकर वह रुकता है और फिर वहाँ से शोध का नया विषय आगे बढ़ता है। ऐसा दोनों स्थितियों में होता है– जब कोई अनुसन्धानकर्त्ता उस शोध को पुन: परीक्षा हेतु दुबारा करना चाहता है या उसी विषय से जुड़े किसी नवीन विषय पर कोई दूसरा व्यक्ति अनुसन्धान को आगे बढ़ाने की चेष्टा करता है। इसलिए बेली ने कहा है कि सामाजिक शोध में गोलापन (Circularity) पाया जाता है। एक अन्य महत्त्वपूर्ण तथ्य उन्होंने यह बतलाया है कि सामाजिक शोध सही मायने में वैज्ञानिक वही है, जिसे कोई भी शोधकर्त्ता दुबारा कर सकता है। यदि किसी शोध को दोहराया नहीं जा सकता है, तो इसका सीधा तात्पर्य यह होता है कि वह वैज्ञानिक विधि पर आधारित नहीं है। सामाजिक शोध में प्रतिकृति (Replication) का तत्त्व पाया जाना आवश्यक है, अर्थात् कोई भी शोध ऐसा होना चाहिए कि उसे शोधकर्त्ता स्वयं या कोई अन्य शोधकर्त्ता दुबारा कर सकता है। उपर्युक्त तथ्यों को बेली द्वारा दिये गये **रेखाचित्र-1** के माध्यम से स्पष्ट किया जा सकता है।

सामाजिक सर्वेक्षण (Social Survey)

सामाजिक सर्वेक्षण शोध की वह वैज्ञानिक पद्धति है, जिसके द्वारा एक निश्चित भौगोलिक क्षेत्र में रहनेवाले लोगों के सम्बन्ध में सामाजिक तथ्यों का संकलन किया जाता है तथा उनकी सामाजिक समस्याओं के बारे में वास्तविक जानकारी प्राप्त की जाती है, ताकि उनका निदान और उपचार ढूँढ़ा जा सके। यह समाज विज्ञानों में पहले से प्रचलित है।

जॉन हवॉर्ड (John Howard, 1726–1790) ने इंग्लैण्ड की जेलों में बंद कैदियों का सर्वेक्षण किया। चार्ल्स बूथ (Charles Booth) ने लंदन का सर्वेक्षण करके इसकी रपट **Life and Labour of the People of London** को

रेखाचित्र-1 सामाजिक सर्वेक्षण के चरण (Stages of Social Survey)

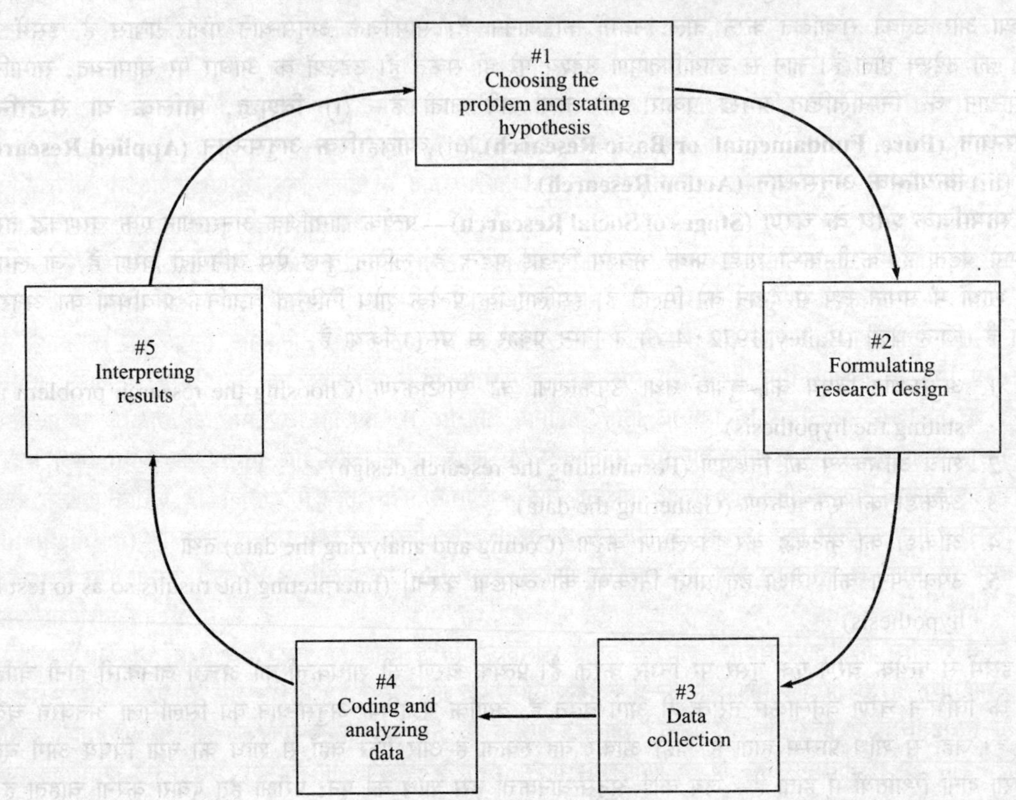

17 खण्डों में प्रकाशित किया। संयुक्त राज्य अमरीका में 1890 में जैकब रीज (Jacob Riese) ने न्यूयार्क की विकृत शहरी क्षेत्र (Slum) का सर्वेक्षण किया। 1909 में पाल केलॉग (Paul Kellog) ने पीटसबर्ग नगर का सर्वेक्षण किया। सारी दुनिया में इस प्रकार के अनगिनत अध्ययन किये गये तथा किये भी जा रहे हैं। जनसंख्याशास्त्र, अर्थशास्त्र और समाजशास्त्र में सामाजिक सर्वेक्षण तो विशेष रूप से लोकप्रिय है। **World Fertility Survey** और भारत में **National Family and Health Survey** तथा **Reproductive and Child Health Survey** इत्यादि सामाजिक सर्वेक्षण का जाना-माना उदाहरण है ।

सर्वेक्षण की विषय-वस्तु, पद्धति तथा उद्देश्य को आधार मानते हुए विभिन्न विद्वानों ने सामाजिक सर्वेक्षण के अनेक प्रकारों का उल्लेख किया है। ए.एफ. वेल्स (A.F. Wells) के अनुसार सामाजिक सर्वेक्षण दो प्रकार के होते हैं– प्रचार सर्वेक्षण तथा तथ्य एकत्रित करने वाले सर्वेक्षण (Propaganda Survey and Fact Collecting Survery)। सर्वेक्षण की अवधि को ध्यान में रखते हुए सिन पाओ यांग (Hsin Pao Yang) ने दो अन्य प्रकारों के सर्वेक्षण का उल्लेख किया है। सम-सामयिक सर्वेक्षण (Topical Survey) तथा सामान्य अथवा विस्तृत सर्वेक्षण (General or Comprehensive Survey)।

सर्वेक्षण निम्नलिखित प्रकार के भी हो सकते हैं– (i) जनगणना तथा नमूना सर्वेक्षण (Census and Sample Survey), (ii) पूर्वगामी तथा मुख्य सर्वेक्षण (Pilot and Main Survey), (iii) नियमित तथा कार्यवाहक सर्वेक्षण (Regular and Ad-hoc Survey), (iv) परिमाणात्मक तथा गुणात्मक सर्वेक्षण (Quantitative and Qualitative Survey), (v) आरम्भिक

तथा आवृत्तिमूलक सर्वेक्षण (Initial or Repetitive Survey), (vi) सार्वजनिक तथा गुप्त सर्वेक्षण (Public and Secret Survey) तथा (vii) प्राथमिक तथा द्वितीयक सर्वेक्षण (Primary and Secondary Survey)।

समाजशास्त्र एक विज्ञान के रूप में (Sociology as a Science)

समाजशास्त्र कितना वैज्ञानिक विषय है, इसे हम जॉनसन (Johnson, 1960: 2) द्वारा दिये गये चार बिन्दुओं के आधार पर देख सकते हैं–

1. समाजशास्त्र अनुभवाश्रित है (It is empirical)— किसी भी वैज्ञानिक अन्वेषण के लिए आवश्यक है कि उसकी खोज का विषय कल्पनात्मक न हो। समाजशास्त्र में वास्तविक जीवन में घट रही घटनाओं पर ही खोज की जाती है। समाजशास्त्र में अवलोकन और तार्किकता पर निष्कर्ष आधृत होते हैं, अनुमानों या कल्पनाओं पर नहीं। अतः निश्चित रूप से समाजशास्त्र एक अनुभवाश्रित विषय है।

2. समाजशास्त्रीय ज्ञान सिद्धान्तबद्ध है (Sociology is theoretical)— भिन्न-भिन्न तथ्यों से जटिलता को हटाकर उसे संक्षिप्त रूप विज्ञान ही प्रदान करता है। इसके अन्तर्गत तथ्यों में कारणात्मक सम्बन्धों की खोज की जाती है। समाजशास्त्रीय खोजों से प्राप्त तथ्यों को सिद्धान्त का रूप दिया जाता है। विभिन्न सामाजिक समस्याओं पर आज समाजशास्त्र में बहुत सारे सिद्धान्त विकसित हो चुके हैं।

3. समाजशास्त्र एक संचयी ज्ञान है (Sociology is cumulative)— समाजशास्त्र केवल नये सिद्धान्तों का ही निर्माण नहीं करता है, बल्कि पुराने सिद्धान्तों को नयी परिस्थितियों में जाँचता भी है, उनमें आवश्यकतानुसार संशोधन करता है और उन्हें परिष्कृत भी करता है, अर्थात् समाजशास्त्र में ज्ञान को शृंखलाबद्ध ढंग से संचय एवं विकसित करने की पूरी क्षमता है।

4. समाजशास्त्र नीति-निरपेक्ष है (Sociology is non-ethical)— नीति-निरपेक्षता का अर्थ है कि विज्ञान नैतिकता जैसी बातों से अलग रहता है। तथ्यों को केवल तथ्यों के रूप में रखना ही वैज्ञानिक दृष्टिकोण है। वैज्ञानिक खोज में हम यह नहीं कहते हैं कि कौन-सा तथ्य 'अच्छा' या 'बुरा' है या कौन-सा तथ्य होना चाहिए या नहीं होना चाहिए।

यहाँ यह स्पष्ट होता है कि समाजशास्त्र में वैज्ञानिकता है। यह सही है कि समाजशास्त्र के अन्वेषणों में सार्वभौमिक (Universal) सिद्धान्तों का निर्माण अब भी संभव नहीं हो पाया है, इसके बावजूद समाजशास्त्र को विज्ञान की ही श्रेणी में रखा जाता है। यह निश्चित रूप से समाज का एक वैज्ञानिक विषय है, लेकिन समाजशास्त्र को विज्ञान के रूप में वह दर्जा प्राप्त नहीं है, जो प्राकृतिक या भौतिक विज्ञानों को प्राप्त है।

ऊपर की बातों की पुष्टि बीयरस्टेट (R. Bierstedt, 1970: 11–15) के विचारों से भी होती है। उन्होंने समाजशास्त्र की प्रमुख विशेषताओं की चर्चा की है, जिनसे समाजशास्त्र की प्रकृति पर प्रकाश पड़ता है। उन्होंने कहा है कि हम लोगों को सबसे पहले यह ध्यान में रखना होगा कि समाजशास्त्र एक समाजविज्ञान है, न कि प्राकृतिक विज्ञान। उन्हीं (Bierstedt, 1970: 11) के शब्दों में, "समाजशास्त्र एक समाजविज्ञान है, न कि प्राकृतिक विज्ञान।" (Sociology is a social not a natural science.) प्राकृतिक विज्ञानों और समाजशास्त्र में अध्ययन-पद्धति को लेकर कोई भिन्नता नहीं है। जो भी भिन्नता है, वह केवल विषय-वस्तु को लेकर है।

समाजशास्त्र एक **निरपेक्ष विषय (Categorical Discipline)** है, यह कोई **मानकीय विषय (Normative Discipline)** नहीं है। यह तथ्यों को उसी रूप में विश्लेषित करने का प्रयास करता है, जिस रूप में वे हैं, अर्थात् यह एक तथ्य-प्रधान विज्ञान है। इसके द्वारा किये गए विश्लेषण में मूल्य-निरपेक्षता देखने को मिलती है। सारांश यह है कि समाजशास्त्र समाज की यथार्थ स्थिति को हमारे सामने उसी रूप में रखने का प्रयास करता है। वह यह नहीं कहता है कि समाज या सामाजिक संगठन कैसा होना चाहिए, किसी व्यक्ति का व्यवहार कैसा होना चाहिए तथा क्या उचित या अनुचित है, अर्थात् समाजशास्त्रीय विश्लेषण में नैतिकता के लिए कोई स्थान नहीं है।

समाजशास्त्र की प्रकृति एक **विशुद्ध विज्ञान (Pure Science)** की है, न कि **व्यावहारिक विज्ञान (Applied Science)** की। इसका अर्थ यह हुआ कि समाजशास्त्र का कार्य तथ्यों का शुद्ध विश्लेषण करना है। समाजशास्त्र का उद्देश्य सही ज्ञान हासिल करना है। उस ज्ञान से समाज का कितना कल्याण हो सकता है, यह निर्णय करना समाजशास्त्री का काम नहीं है। हमारी रुचि ज्ञान की उपयोगिता में उसी सीमा तक है। हम किसी सामाजिक कल्याण की दृष्टि से ज्ञान प्राप्त नहीं करते हैं। यह बात दूसरी है कि उस ज्ञान को दूसरे लोग सामाजिक कल्याण के लिए प्रयोग कर सकते हैं और करते हैं।

समाजशास्त्र एक **अमूर्त विज्ञान (Abstract Science)** है। सामाजिक सम्बन्ध स्वयं में अमूर्त है, अतः उसके अध्ययन की विधि भी अमूर्त सिद्धान्त पर आधृत रहती है। दूसरे शब्दों में, प्रतिदिन घटने वाली घटनाओं की जड़ में जो प्रक्रियाएँ कार्य करती हैं, उन्हीं पर समाजशास्त्र अपना ध्यान केन्द्रित करता है। जिस प्रकार कोई इतिहासकार घटनाओं के मूर्त स्वरूप का अध्ययन करता है, उस रूप में समाजशास्त्री सामाजिक तथ्यों का विश्लेषण नहीं करता है, लेकिन इसका तात्पर्य यह नहीं है कि ठोस या मूर्त सामाजिक घटनाओं (Concrete manifestation of human events) में समाजशास्त्र की कोई रुचि नहीं है।

समाजशास्त्र में सामान्यीकरण (Generalization) पर ज़ोर दिया जाता है, न कि किसी एक घटना के विशिष्टीकरण (Particularization) या विस्तृत विवरण पर। विशिष्ट व्यक्तियों या घटनाओं में समाजशास्त्र की अभिरुचि नहीं होती है, बल्कि इसके विपरीत, यह घटना की समग्रता को अपना केन्द्रबिन्दु मानकर उसकी अन्तर्धारा का अध्ययन करता है।

समाजशास्त्र एक तर्कसंगत (Rational) एवं अनुभवाश्रित (Empirical) विज्ञान है। इसका अर्थ यह हुआ कि समाजशास्त्रीय अन्वेषण और विवेचन ठोस तथ्यों पर आधारित होते हैं। ये तथ्य ऐसे हैं, जो कल्पनाओं या अनुमानों के आधार पर विकसित नहीं होते। इनकी सत्यता की पुनः परीक्षा हो सकती है। साथ ही तथ्यों का विश्लेषण तर्कपूर्ण ढंग से किया जा सकता है।

समाजशास्त्र एक सामान्य विज्ञान है, विशिष्ट समाजविज्ञान नहीं। समाजशास्त्र सामाजिक जीवन के किसी विशिष्ट पक्ष का अध्ययन नहीं, बल्कि सामान्य पक्षों का अध्ययन करता है। इसी अर्थ में सोरोकिन (P.A. Sorokin) ने इसे N+1 विज्ञान कहा है। यह विज्ञान अन्य विशिष्ट विज्ञानों में पाये जाने वाले सामान्य तथ्यों का अध्ययन करता है। इस अर्थ में तमाम समाजविज्ञान समाजशास्त्र में समाविष्ट हो जाते हैं।

समाजशास्त्र सिद्धान्तों पर आधृत विज्ञान है। हमारे सामाजिक जीवन के तमाम पहलुओं को यह एक सैद्धान्तिक आधार प्रदान करता है। हमारे सामाजिक जीवन के पीछे कौन-सी प्रक्रियाएँ कार्य करती हैं, कौन-से नियम या मूल्य कार्य करते हैं, इन सबका एक सैद्धान्तिक विवेचन समाजशास्त्र करता है। इतना ही नहीं, समाजशास्त्र के अन्तर्गत पुराने सिद्धान्तों को नवीन तथ्यों एवं परिवर्तित परिवेश में जाँच कर उनमें हेर-फेर भी किया जा सकता है।

समाजशास्त्र की वैज्ञानिक प्रकृति के सम्बन्ध में विवाद अब नहीं के बराबर है। आरम्भ से लेकर आज तक तमाम समाजशास्त्रियों ने इसे विज्ञान सिद्ध करने की पूरी कोशिश की। इसमें कोई सन्देह की बात नहीं है कि समाजशास्त्र की प्रकृति वैज्ञानिक है। समाजशास्त्रीय अध्ययनों में जिन पद्धतियों का प्रयोग होता है, उनसे यही ज़ाहिर होता है कि समाजशास्त्र की प्रकृति ही नहीं, बल्कि दृष्टिकोण भी वैज्ञानिक है। परन्तु इसमें कोई सन्देह की बात नहीं है कि अभी भी यह विषय उतना वैज्ञानिक नहीं हो पाया है, जितना कि प्राकृतिक या चिकित्सा विज्ञान। समाजशास्त्र के अध्ययन की विषय-वस्तु और उसकी प्रविधियों की कुछ अपनी सीमाएँ हैं, जिनके कारण यह विषय प्राकृतिक विज्ञानों की बराबरी में कभी भी खड़ा नहीं हो सकता है।

समाजशास्त्र की अध्ययन-विधियाँ या दृष्टिकोण (Methods or Approaches of Study in Sociology)

एक अर्थ में अध्ययन-विधियाँ या पद्धतियाँ एवं दृष्टिकोण के बीच थोड़ा फर्क है। पद्धति अध्ययन का वह माध्यम है, जिसके आधार पर आँकड़े इकट्ठे किये जाते हैं, जबकि दृष्टिकोण किसी समस्या के अध्ययन करने का वह परिप्रेक्ष्य तथा

विधि है, जिसके आधार पर उस समस्या का विश्लेषण किया जाता है। दूसरी तरफ यह दोनों एक दूसरे से इस तरह से जुड़े हैं कि उनके बीच अन्तर करना काफी कठिन और भ्रामक भी हो सकता है। बहुत हद तक यह दोनों परस्परव्यापी हैं। यहाँ अध्ययन की विधियों एवं दृष्टिकोणों को एक ही तरह से पेश किया जाना अधिक उचित जान पड़ता है। समाजशास्त्र एक समाजविज्ञान के रूप में अनेक पद्धतियों एवं दृष्टिकोणों का प्रयोग करता है, जिनमें से निम्नलिखित प्रमुख हैं–

1. ऐतिहासिक पद्धति या दृष्टिकोण (Historical Method or Approach)— समाज एक गतिशील व्यवस्था है, इसमें निरन्तर परिवर्तन होते रहते हैं। ऐसी स्थिति में समाज की संरचना और प्रकार्यों को ठीक से समझने के लिए इसमें हो रहे परिवर्तनों को समझना भी आवश्यक है। इसीलिए समाजविज्ञानी समकालीन समाज की संरचना को समझने के लिए अतीत की स्थिति को भी जानने का प्रयास करते हैं। ऐतिहासिक तथ्यों और घटनाओं को आधार बनाकर आधुनिक चीजों को समझना सहज हो जाता है। कुछ विद्वान तो ऐतिहासिक पद्धति को ही समाजशास्त्रीय अध्ययन की एक मात्र उपयुक्त पद्धति मानते हैं।

इस पद्धति से यह जाना जा सकता है कि किसी विशेष घटना या सामाजिक संस्था का आविर्भाव किन परिस्थितियों में संभव हुआ। उसमें किस प्रकार के परिवर्तन हुए और क्यों हुए। इन परिवर्तनों के क्या कारण थे ? इस तरह से हमें क्रमबद्ध तरीके से एक लम्बे समय में किसी संस्था के वर्तमान रूप तक विकसित होकर पहुँचने का भी पता लगता है। ऐतिहासिक पद्धति केवल अतीत को ही नहीं, बल्कि वर्तमान को समझने हेतु भी सहायक होती है, इससे पता चलता है कि आज के सामाजिक सम्बन्ध और सामाजिक मूल्य किन सम्बन्धों और मूल्यों में ढले हुए हैं तथा उन संगठनों का पता चलता है, जिनके द्वारा सामाजिक स्थिति आज के रूप में विकसित हुई।

ऐतिहासिक पद्धति का प्रयोग समाजशास्त्र के आरम्भ में ही हुआ है। वस्तुत: **विकासवादी चिन्तकों (Evolutionists)** ने मानव-समाज का अध्ययन एक ऐतिहासिक दृष्टिकोण से करना शुरू किया। इन अध्ययनों में समाजशास्त्रियों ने विकास के नियम, विकास के चरण एवं विकास के परिणामों की चर्चा सामाजिक संस्थाओं तथा सामाजिक संरचनाओं के सन्दर्भ में की। इसके अन्तर्गत सामाजिक तथ्यों की व्याख्या, उसकी उत्पत्ति, उसके क्रमिक विकास एवं विकास के अलग-अलग चरणों के रूप में की गयी। कौंत (Auguste Comte), स्पेंसर (Herbert Spencer), समनर (W.G. Sumner), हॉबहाउस (L.T. Hobbhouse), मार्क्स, सोरोकिन आदि इस दृष्टिकोण के कुछ प्रमुख समर्थकों में से हैं। कार्ल मार्क्स एवं उनके अनुयायियों ने समाज में होने वाले परिवर्तन को स्पष्ट करने के लिए ऐतिहासिक भौतिकवाद अथवा इतिहास का भौतिकवादी विश्लेषण की अवधारणा दी है। कुछ समाजशास्त्रियों ने इसे **उद्विकासीय दृष्टिकोण (Evolutionary Approach)** भी कहा है।

इस दृष्टिकोण के आलोचकों का कहना है कि उत्पत्ति अथवा ऐतिहासिक विकास का पता लगाना बहुत कठिन है। इसके अलावा यह भी कहा गया कि विकास की एक निश्चित दिशा होती है, जो ग़लत है। विकास के चरण वास्तविकता के अनुरूप नहीं हैं एवं समस्त समाजों का विकास एक ही क्रम में नहीं हुआ है।

2. तुलनात्मक पद्धति या दृष्टिकोण (Comparative Method or Approach)— यद्यपि तुलनात्मक पद्धति का उदय विकासवादी चिन्तन के साथ ही हुआ, परन्तु इसका विस्तृत वर्णन सर्वप्रथम एमिल डर्कहाइम (Emile Durkheim) की कृतियों में देखने को मिलता है। उनके अनुसार समाजशास्त्रीय व्याख्या कारणात्मक सम्बन्धों की खोज में निहित है। प्राकृतिक विज्ञानों में इसे प्रयोगों के द्वारा प्राप्त किया जाता है। परन्तु समाजशास्त्र में यह संभव नहीं है, इसलिए इसे दो या दो से अधिक सामाजिक तथ्यों की तुलना से प्राप्त किया जा सकता है। इस पद्धति में घटनाओं के बीच आपसी सम्बन्ध और उनके कारणों को दर्शाया जाता है। यदि विभिन्न स्थितियों का पता करें तो वे कारण जो विभिन्न स्थितियों में उपस्थित हों, उस विशेष घटना के कारण हो सकते हैं। इस तरह हम किसी घटना की विभिन्न परिस्थितियों में तुलना करके उसके कारणों का पता लगाते हैं और यही तुलनात्मक पद्धति है।

एस.एम. लिपसेट (S.M. Lipset) और आर. बेनडिक्स (R. Bendix) ने औद्योगिक समाजों में सामाजिक गतिशीलता का अध्ययन करने के लिए, बैरिंगटन मोर (Barrington Moore) ने लोकतन्त्र एवं तानाशाही की सामाजिक जड़ों को

समझने के लिए एवं होरोविट्स (Irving Horowitz) ने प्रगति के स्तरों को समझने के लिए तुलनात्मक पद्धति का प्रयोग किया है। डर्कहाइम का आत्महत्या सम्बन्धी सिद्धान्त तुलनात्मक पद्धति पर ही आधारित है।

3. प्रयोगात्मक विधि (Experimental Method)— विभिन्न विज्ञानों के द्वारा अपनायी जाने वाली अनुसन्धान प्रणाली, जिसमें परिस्थितियों को पूरी तरह नियन्त्रण में रखकर वैज्ञानिक किसी परिकल्पना की सच्चाई की जाँच करता है। प्रयोग एक वैज्ञानिक शोध है, जिसमें चरों (**Variables**) के बीच कारण-प्रभाव सम्बन्धों को ज्ञात करने का प्रयास किया जाता है। प्रायोगिक शोध-अभिकल्प में अध्ययन किये जाने वाले चरों के सम्बन्धों पर अधिकाधिक नियन्त्रण लगाने पर बल दिया जाता है। इस विधि में शोधकर्त्ता एक अथवा अधिक स्वतन्त्र चरों को परिचालित तथा नियन्त्रित कर आश्रित चरों में उत्पन्न हुए परिवर्तन को ज्ञात करता है।

विज्ञान की एक बहुत बड़ी खासियत यह है कि उसके प्रमाण या विचार प्रयोगों द्वारा सिद्ध किये जा सकते हैं। इसका कारण यह है कि विज्ञान में प्रमाण मानव की ज्ञानेन्द्रियों द्वारा संग्रहीत किये जाते हैं। विज्ञान की यह महत्त्वपूर्ण विशेषता है कि एक आदमी किसी वस्तु को जिस तरह देखता है और उसका वर्णन करता है; दूसरा आदमी उस वस्तु को देखकर उसकी सत्यता की पुन: परीक्षा कर सकता है। अत: प्रेक्षण या अवलोकन किसी भी वैज्ञानिक पद्धति का मूलभूत आधार है।

प्रयोगात्मक अध्ययन में विचारों की वास्तविक परीक्षा की जाती है और ऐसे प्रयोग उपलब्ध कराए जाते हैं जिनसे विचारों की परीक्षा फिर से हो सके। इसमें ऐसे नये उपकरण भी बनाये जाते हैं जिनसे उन विचारों को अधिक निश्चित ढंग से परखा जा सके। यह पद्धति इस बात पर बल देती है कि अध्ययनकर्त्ता के निजी आदर्श मूल्य उस अध्ययन पर प्रभाव न डाले। इसलिए प्रयास यह होता है कि कोई घटना कैसे घटित हुई, इसका ज्ञान प्राप्त हो। घटना को क्या होना चाहिए था; प्रयोगात्मक अध्ययन में कोई महत्त्व नहीं रखता है।

4. रूपवादी पद्धति (Formal Method)— जर्मनी के फर्डिनंड टॉनीज (Ferdinand Toennies, 1855–1936) और जॉर्ज जिमेल (Georg Simmel, 1858–1918) का नाम इस दृष्टिकोण के साथ विशेष रूप से जोड़ा जाता है। इन विद्वानों ने कहा कि समाजशास्त्र सम्बन्धों, सामाजिक क्रियाओं, सामाजिक व्यवहार के स्वरूपों का अध्ययन करने का प्रयास करता है। जिमेल ने स्वरूपों के रूप में संघर्ष, सामाजिक दूरी के स्वरूप को प्रस्तुत किया है। इस परिप्रेक्ष्य में वे अन्तर्वस्तु के अध्ययन को समाजशास्त्र का उद्देश्य नहीं मानते हैं।

रूपात्मक पद्धति विकासवादी दृष्टिकोण के विरुद्ध एक प्रतिक्रिया के रूप में उभरी। इसे जर्मन समाजशास्त्री जॉर्ज जिमेल ने विकसित किया और काफी दिनों तक यह जर्मन पद्धति के रूप में ही प्रचलित रही। इसके अन्तर्गत सामाजिक सम्बन्धों एवं सम्पर्कों के रूपों का पता लगाया जाता है। जिमेल द्वारा व्यवहृत रूप सम्बन्धी विचार बहुत ठोस नहीं थे। हाल के वर्षों में जी.सी. होमैन्स (G.C. Homans) ने सामाजिक व्यवहार के प्रारम्भिक स्वरूपों के रूप में समूहों का अध्ययन किया है।

5. नृजातीय पद्धतिशास्त्र (Ethnomethodology)— यह लोक या जनसाधारण लोगों के अध्ययन की एक मानवशास्त्रीय पद्धति है। जनसाधारण जो कुछ करते हैं और विशेषकर जो कुछ कहते हैं, उससे अर्थ निकाला जाता है। नृजातीय विधि का प्रमुख कार्य यह जानना है कि कोई व्यक्ति किस प्रकार सामाजिक अन्त:क्रियाओं के दौरान संकेतात्मक अभिव्यक्तियों को अर्थ प्रदान करते हैं। समाजविज्ञानों में इस दृष्टिकोण का विकास कुछ वर्षों पहले ही हुआ है। इस दृष्टिकोण के प्रमुख प्रवर्तक हैरल्ड गारफिंकल (Harold Garfinkel) रहे हैं। गारफिंकल ने इस दृष्टिकोण को व्यवस्थित रूप से सर्वप्रथम अपनी पुस्तक **Studies in Ethnomethodology** (1984) में प्रस्तुत किया। गारफिंकल के अनुसार इथनोमेथडॉलजि का उद्देश्य जनसामान्य को अपने समाज के बारे में उसी रूप में सामान्य ज्ञान उपलब्ध कराना है, जिस प्रकार वह स्वयं किसी भी वस्तु के बारे में सामान्य ज्ञान प्राप्त करता है।

नृजातीय पद्धतिशास्त्र ने समाजशास्त्र की कई परम्परागत विचारधाराओं को चुनौती दी है। मुख्य रूप से इथनोमेथडॉलजि मानवीय व्यवहार के उन पक्षों का अध्ययन करने पर बल देती है, जो व्यक्ति के जीवन में प्रतिदिन

की दिनचर्या (Routine) व व्यावहारिक क्रियाओं से सम्बन्धित हैं। इस दृष्टिकोण के अन्तर्गत मुख्य रूप से तीन पहलुओं के अध्ययन पर बल दिया जाता है– (1) दिन-प्रतिदिन की सामान्य क्रियाएँ, (2) भाषा का सामाजिक पक्ष और (3) सामाजिक प्रतिमानों का वह पक्ष जो व्यक्ति अपने व्यवहार में उपयोग करता है। इस अध्ययन-पद्धति के अन्तर्गत भाषा (Language) एवं बातचीत (Conversation) के माध्यम से सामाजिक आचरण का अध्ययन किया जाता है। नृजातीय पद्धतिशास्त्र का सही स्वरूप गिडेन्स के इस विचार से स्पष्ट हो जाता है– "नृजातीय पद्धतिशास्त्र, नृजातीय पद्धति-लोक या जनसाधारण लोगों की पद्धति-का अध्ययन है। जनसाधारण जो कुछ करते हैं और विशेषकर जो कुछ वे कहते हैं, उससे अर्थ निकाला जाता है।"[2]

नृजातीय पद्धतिशास्त्र को मानने वाले सामाजिक अन्त:क्रिया के माध्यम से जिस सामाजिक यथार्थ का निर्माण होता है उसके अध्ययन पर बल देते हैं। परम्परावादी समाजशास्त्री सामाजिक यथार्थ को प्रदत्त मानता है, जिसके अन्तर्गत सामाजिक संरचना का स्थिर दृष्टिकोण प्रमुख रूप से उभरता है जबकि नृजातीय पद्धतिशास्त्र के प्रवर्तक सामाजिक संरचना को एक परिवर्तनशील घटना मानते हैं। कर्त्ता या किरदार (Aetor) अपनी अन्त:क्रियाओं के माध्यम से परिस्थितियों को एक विशेष अर्थ देता है, जिससे संरचना को परिवर्तनशील माना जाता है। इसी कारण से ड्रित्सेल (Hans Peter Dreitzel) ने यह कहा कि संरचनात्मक-प्रकार्यात्मक दृष्टिकोण की तुलना नाटक के विभिन्न पात्रों से की जा सकती है, जो अपनी क्रियाओं को उस पात्र के अनुरूप करता है जिसका वह अभिनय कर रहा है, जबकि इथनोमेथडॉलजि के प्रवर्तक इसकी तुलना खेल के मैदान में खिलाड़ियों की उन विशेष क्रियाओं से करते हैं जहाँ हर खिलाड़ी खेल को एक विशिष्ट ढँग से खेल रहा है।

इस उदाहरण से यह स्पष्ट हो जाता है कि संरचनात्मक-प्रकार्यात्मक दृष्टिकोण के अन्तर्गत स्थिति का महत्त्व है, जबकि इथनोमेथडॉलजि में किसी कार्य को सम्पन्न करने की विशिष्टता का। अत: सामाजिक वास्तविकता को समझने में इस दृष्टिकोण के महत्त्व को अधिक सार्थक माना गया। इस तरह जहाँ इस पद्धति के द्वारा हम किसी सीमित सामाजिक यथार्थ का गइराई से अध्ययन कर सकते हैं वहाँ इसका यह भी दोष है कि इस पद्धति के द्वारा हम विस्तृत सामाजिक यथार्थ का अध्ययन नहीं कर पाते। यह कहना असंगत नहीं होगा कि नृजातीय पद्धतिशास्त्र एक व्यक्तिपरक (Subjective) दृष्टिकोण पर आधारित है।

REFERENCES

Bailey, Kenneth D., **Methods of Social Research**, New York: The Free Press, 1978.

Bierstedt, Robert, **The Social Order**, New Delhi: Tata McGraw-Hill Publishing Co. Ltd., 1970.

Bottomore, T. B., **Sociology**, New York: Vintage Books, 1972.

Chase, Stuart, **The Proper Study of Mankind**, New York: Harper & Brothers, 1948.

Conklin, John E., **Sociology**, New York: Macmillan Co. Inc., 1984.

Giddens, Anthony, **Sociology**, Cambridge: Polity Press, 1998.

Goode, William J. and Hatt, Paul K., **Methods in Social Research,** Tokyo: McGraw-Hill Kogakusha Ltd., 1952.

Gouldner, Alvin W., 'Anti–minotaur: The Myth of a Value–free Sociology', **Social Problems,** 9 (Winter), 1962: 199–213.

---

2. "Ethnomethodology is the study of the 'ethnomethods'— the folk, or lay, methods— people use to *make sense* of what others do, and particularly what they say.''— Anthony Giddens, **Sociology,** Polity Press, Cambridge, 1998, p. 72.

Gouldner, Alvin W., 'Anti–minotaur, **For Sociology: Renewal and Critique in Sociology Today**, 1975.

Inkeles, Alex, **What is Sociology?**, New Delhi: Prentice-Hall of India Pvt. Ltd., 1977.

Johnson, H. M., **Sociology**, New Delhi: Allied Publishers Pvt. Ltd., 1983.

Lundberg, George A., **Social Research**, New York: Longmans, 1948.

Pearson, Karl, **The Grammar of Science**, London: A&C Black, 1911.

Shepard, Jon M., **Sociology**, St. Paul: West Publishing Co., 1981.

Singh, J. P., **समाजविज्ञान विश्वकोश**, दिल्ली: पी.एच.आई. लर्निंग, 2009.

Young, Pauline V., **Scientific Social Surveys and Research**, New York: Prentice-Hall, 1949.

3

बुनियादी अवधारणाएँ (Basic Concepts)

प्रत्येक वैज्ञानिक विषय के अन्तर्गत कुछ-न-कुछ तकनीकी शब्द अवश्य पाये जाते हैं और जो विषय जितना अधिक विकसित या वैज्ञानिक होता है, उसमें उतने-ही अधिक तकनीकी शब्द भी पाये जाते हैं। इन्हीं तकनीकी शब्दों के सहारे विचारों का आदान-प्रदान होता है। यह वैज्ञानिक विषयों की खूबी और परेशानी दोनों ही है। किसी वैज्ञानिक विषय को ठीक से समझने के लिए उस विषय के तकनीकी शब्दों को समझना अत्यावश्यक है। समाज, समुदाय, समिति तथा संस्था कुछ प्रचलित तकनीकी शब्दों में से हैं, जिनकी चर्चा यहाँ की जा रही है। मानदण्ड (Norms), मूल्य (Values), लोकरीतियाँ (Folkways), लोकाचार (Mores), सामाजिक स्थिति (Social Status), भूमिका (Role) आदि अवधारणाओं की चर्चा इस पुस्तक में आगे की गयी है। इस तरह की अनगिनत अवधारणाएँ समाजशास्त्रीय साहित्य में मौजूद हैं, पर उन सब की चर्चा यहाँ बहुत आवश्यक नहीं है। विभिन्न बुनियादी अवधारणाओं की अच्छी जानकारी के लिए लेखक की एक नवीनतम कृति **समाजविज्ञान विश्वकोश** (2009) को एक मानक कोश के रूप में देखने की आवश्यकता है।

समाज (Society)

सामान्य तौर पर समाजशास्त्र समाज का विज्ञान कहा जाता है, लेकिन खेद की बात यह है कि समाज जैसे महत्त्वपूर्ण शब्द के अर्थ के सम्बन्ध में समाजशास्त्रियों के बीच काफी मतभेद है। अभी तक समाजशास्त्र में समाज की कोई सर्वमान्य परिभाषा उपलब्ध नहीं है। किसी ने 'समाज' शब्द का प्रयोग व्यक्तियों के समूह के लिए किया है, तो किसी ने समुदाय के लिए, तो किसी ने समस्त राष्ट्र के लिए किया है और किसी ने तो समस्त मानव जाति के लिए भी किया है। कुछ लोगों ने समाज को एक अमूर्त व्यवस्था माना है, तो कुछ ने उसे मूर्त। कभी-कभी हमें समस्त मानव सभ्यता के लिए भी समाज शब्द का प्रयोग देखने को मिलता है। कभी तो यह शब्द बहुत ही विशिष्ट अर्थ में प्रयोग होता है, तो कभी बहुत ही सामान्य अर्थ में। समाज के अर्थ के सम्बन्ध में इन्हीं विभिन्नताओं के कारण जी.डी. मिचेल (G.D. Mitchell, 1979: 206) ने सही कहा है कि "समाजशास्त्रियों के शब्दकोश में समाज शब्द बहुत से अस्पष्ट तथा सामान्य शब्दों में से एक है।" (The term society is one of the vaguest and most general in the sociologist's vocabulary)।

इस सम्बन्ध में पहले हम मकीवर[1] और पेज के विचार को प्रस्तुत करना चाहेंगे, क्योंकि उनका विचार 20वीं सदी के पचास के दशक से लेकर सत्तर के दशक तक समाजशास्त्र में काफी लोकप्रिय रहा है। वर्तमान समय में समाजशास्त्री मकीवर और पेज की तरह समाज को एक अमूर्त व्यवस्था मात्र के रूप में स्वीकार करने को तैयार नहीं हैं।

मकीवर और पेज का कहना है कि "समाज रीतियों एवं कार्य-प्रणालियों, अधिसत्ता एवं पारस्परिक सहयोग, अनेक समूहों एवं विभाजनों, मानव व्यवहार के नियन्त्रणों एवं स्वतन्त्रताओं की व्यवस्था है। यह सतत परिवर्तनशील जटिल व्यवस्था है, जिसे हम समाज कहते हैं। यह सामाजिक सम्बन्धों का जाल है और यह निरन्तर परिवर्तनशील है।"[2] इसका तात्पर्य यह है कि समाज व्यक्तियों का समूह नहीं, बल्कि व्यक्तियों के बीच पाया जाने वाला पारस्परिक सम्बन्ध होता है। समाज कोई मूर्त संगठन नहीं है, अर्थात् इसको देखा या स्पर्श नहीं किया जा सकता है। यह केवल 'सामाजिक सम्बन्धों का एक जाल' है (Society is the web of social relationships.)। इस कथन का तात्पर्य यह है कि समाज का निर्माण व्यक्तियों से नहीं होता, बल्कि व्यक्तियों के बीच पाये जाने वाले सम्बन्धों से होता है। जब लोग एक व्यवस्था में बँध जाते हैं, तो उस व्यवस्था को हम 'समाज' कहते हैं।

सामाजिक सम्बन्धों से तात्पर्य व्यक्तियों की उन पारस्परिक क्रियाओं से है, जो अर्थपूर्ण रूप से या किसी विशेष उद्देश्य को पूरा करने के लिए स्थापित की जाती हैं। जैसे– यदि कोई व्यक्ति अपनी जैविक अथवा सामाजिक आवश्यकताओं को पूरा करने के लिए किसी दूसरे व्यक्ति के साथ कोई क्रिया कर रहा है, तब ऐसी क्रिया के परिणामस्वरूप स्थापित होने वाले सम्बन्ध को ही हम सामाजिक सम्बन्ध कहेंगे।

सामाजिक सम्बन्धों का निर्माण **सामाजिक अन्तःक्रिया (Social Interaction)** से होता है। सामाजिक अन्तःक्रिया तीन स्तरों पर सम्भव है: (क) व्यक्ति-व्यक्ति के बीच अन्तःक्रिया (Between individuals), (ख) व्यक्ति-समूह के बीच अन्तःक्रिया (Between individual and groups) तथा (ग) समूह-समूह के बीच अन्तःक्रिया (Between groups)। इन तीनों स्तरों पर जिन क्रियाओं का आदान-प्रदान होता है उनके फलस्वरूप विभिन्न प्रकार के सम्बन्धों का निर्माण होता है, वही समाज कहलाता है।

यहाँ यह उल्लेखनीय है कि व्यक्तियों की पारस्परिक अर्थपूर्ण (Meaningful) क्रिया का तात्पर्य यह होता है कि तमाम व्यक्ति किसी उद्देश्य को सामने रखकर, समझ-बूझकर, पूर्णरूप से जागरूक होकर सामाजिक क्रियाओं को सम्पादित करते हैं। अनजाने या संयोगवश दो व्यक्तियों के बीच क्रिया हो जाये, तो उसे सामाजिक क्रिया नहीं कहेंगे। जैसे– यदि राह चलते किसी व्यक्ति और स्कूटर चलाने वाले के बीच टक्कर हो जाती है और दोनों के बीच एक क्रिया-प्रतिक्रिया होती है, तो वह सामाजिक सम्बन्ध नहीं कहा जायेगा।

व्यक्ति सामाजिक सम्बन्ध की स्थापना मूलरूप से अपनी विभिन्न प्रकार की आवश्यकताओं की पूर्ति की प्रक्रिया में करता है। इसके अलावा और कई कारण हैं, जैसे– (क) विभिन्न प्रकार के सामाजिक सम्बन्धों द्वारा तमाम प्रकार के हितों एवं लक्ष्यों की पूर्ति, (ख) व्यक्ति की मानसिक आवश्यकताओं की पूर्ति या सन्तुष्टि भी सामाजिक सम्बन्धों द्वारा ही सम्भव है, (ग) व्यक्ति की सामाजिक क्रिया कुछ परिस्थितियों में अन्य व्यक्ति या समूह के साथ मिलकर सम्पन्न होती है। इस क्रिया में दोनों एक-दूसरे से परिस्थिति के अनुकूल व्यवहार की उम्मीद करते हैं। (घ) प्रत्येक व्यक्ति समाज से शारीरिक एवं मानसिक सुरक्षा प्राप्त करना चाहता है। यह एक ऐसी आवश्यकता है, जिसकी पूर्ति दूसरों के सहयोग के बिना सम्भव नहीं है।

---

1. हिन्दी की अधिकांश पुस्तकों में इस नाम का उच्चारण 'मेकाइवर' दिया गया है, जो निस्संदेह ग़लत है। सही उच्चारण मात्र 'मकीवर' ही है।
2. "Society is a system of usages and procedures, of authority and mutual aid, of many groupings and divisions, of control of human behavior and of liberties. This ever-changing, complex system we call society. It is the network of social relationships. And it is always changing."— R.M. MacIver and Charles H. Page, **Society**, Macmillan India Ltd., Delhi, 1985, p. 5.

सामाजिक सम्बन्धों में समय के साथ निरन्तर परिवर्तन होते रहते हैं। आर्थिक, तकनीकी एवं राजनीतिक कारणों से सम्बन्ध के स्वरूप में परिवर्तन होता रहता है। आज ग्रामीण समुदाय में विभिन्न जातियों के लोगों के बीच पारस्परिक सम्बन्ध मात्र परम्परागत हैसियत के आधार पर ही नहीं होता है, बल्कि आधुनिक मूल्यों एवं प्रतिमानों से भी प्रभावित होता हुआ दिखाई पड़ता है।

समाज की विशेषताएँ (Characteristics of Society)

समाज की अवधारणा को स्पष्ट करने के लिए केवल उसकी परिभाषा जानना पर्याप्त नहीं है। समाज को ठीक से समझने के लिए उसकी प्रमुख विशेषताओं पर विचार करना ज़्यादा आवश्यक है। यहाँ सर्वप्रथम हम मकीवर और पेज द्वारा दिये गये समाज की परिभाषा को ध्यान में रखकर उनकी विशेषताओं पर विचार कर रहे हैं।

1. पारस्परिक जागरूकता (Mutual Awareness)— समाज सामाजिक सम्बन्धों के ताने-बाने से बनता है। इन सामाजिक सम्बन्धों का निर्माण उसी अवस्था में हो सकता है जब लोग एक-दूसरे को जानते हों। व्यक्ति एवं प्रकृति के बीच सम्बन्ध, पेड़ और ज़मीन के बीच सम्बन्ध, आदमी और मकान के बीच भौतिक सम्बन्ध है, सामाजिक नहीं है, क्योंकि इनके बीच पारस्परिक पहचान तथा ज्ञान का अभाव है। भौतिक सम्बन्ध गोचर होता है, अर्थात् उन्हें हम देख सकते हैं, पर सामाजिक सम्बन्ध अगोचर होता है, जैसे– स्त्री-पुरुष, माता-पुत्र, पिता-पुत्र के बीच का सम्बन्ध। निकट सम्पर्क के कारण पारस्परिक पहचान होती है, एक-दूसरे को समझते हैं, परखते हैं। यह दिखाई नहीं पड़ता है।

2. समानता (Likeness)— मकीवर और पेज ने कहा है कि समाज का आधार समानता है। यहाँ समानता व्यक्तियों की शारीरिक बनावट, रंग या उम्र की नहीं है, बल्कि विचारों, मूल्यों एवं जीवन के उद्देश्यों की है। परिवार का भी आधार एक प्रकार की समानता ही है। यदि किसी परिवार के सदस्यों के बीच विचारों या उद्देश्यों की समानता न रहे तो वह परिवार विघटित हो जायेगा। समानता के अभाव में लोग समाज में कभी एक साथ नहीं रह सकते हैं।

3. भिन्नताएँ (Differences)— समानता के साथ-साथ समाज में भिन्नता भी अनिवार्य है। भिन्नता का सामाजिक महत्त्व है। समाज में कई प्रकार की भिन्नताएँ पायी जाती हैं, जैसे– व्यक्ति-व्यक्ति के बीच योग्यता की भिन्नता, कार्यक्षमता की भिन्नता, रुचि की भिन्नता, इच्छा-आकांक्षा एवं विचारों की भिन्नता। इनके कारण समाज में प्रतिस्पर्द्धा, प्रतियोगिता एवं उद्यमशीलता की भावना पनपती है, जो समाज की प्रगति के लिए आवश्यक है। समाज का अस्तित्व इसीलिए है कि भिन्न प्रकार की प्रवृत्ति, योग्यता, क्षमता वाले लोगों की क्रिया-प्रतिक्रिया समाज में निरन्तर चलती रहती है।

समाज में पुरुष हैं, स्त्रियाँ हैं, कोई किसान है, तो कोई मज़दूर। ये तमाम भिन्नताएँ एक-दूसरे की पूरक हैं। व्यक्ति-व्यक्ति के बीच हैसियत एवं भूमिका का भी भेद है, उसी के अनुसार वे सामाजिक दायित्व निभाते हैं और इस तरह समाज में व्यवस्था स्थापित होती है। श्रम-विभाजन सामाजिक भिन्नता का एक परिणाम है।

4. सहयोग एवं संघर्ष (Co-operation and Conflict)— मकीवर और पेज का कहना है कि समाज सहयोग का दूसरा नाम है, किन्तु इस सहयोग की स्थिति सामाजिक संघर्षों की समाप्ति के बाद आती है। समाज में शोषण एवं अन्याय के विरुद्ध संघर्ष चलता रहता है। कुछ समाजविज्ञानियों का मानना है कि संघर्ष की सफलता के बाद ही समाज में सामाजिक न्याय एवं समतामूलक स्थिति उत्पन्न होती है। भाईचारा एवं मानव सद्भाव उत्पन्न हो सकता है। कहने का तात्पर्य यह है कि समाज में सहयोग एवं संघर्ष एक-दूसरे के पूरक हैं। दोनों ही समाज की प्रगति एवं व्यवस्था के लिए आवश्यक हैं।

संघर्ष का समाज में सहयोग से कम महत्त्व नहीं है। कार्ल मार्क्स ने कहा है कि वर्ग-संघर्ष ही समाज के परिवर्तन का मूल कारण है। समाज की रचना में आमूल परिवर्तन संघर्ष प्रक्रिया की देन है। आर्थिक शोषण एवं सामाजिक अन्याय के विरुद्ध मुक़ाबला सामाजिक संघर्ष के द्वारा ही सम्भव है। यह संघर्ष हिंसक तथा अहिंसक दोनों हो सकता

है। कार्ल मार्क्स ने जहाँ हिंसक संघर्ष की बात कही है, वहीं महात्मा गाँधी ने उसके विपरीत अहिंसक संघर्ष का विचार व्यक्त किया है।

5. समाज अमूर्त (Abstract)— समाज के बारे में यह कहा गया है कि "समाज सामाजिक सम्बन्धों का एक जाल है" (Society is the web of social relationships.)। व्यक्तियों के समूह का नाम समाज नहीं है, बल्कि व्यक्ति-व्यक्ति के बीच और व्यक्ति-समूह के बीच जो अन्त:क्रिया होती है उसके फलस्वरूप जो सामाजिक सम्बन्ध बनते हैं उन्हीं के ताने-बाने से जो चीज बनती है, वही समाज कहलाता है। इसे देखा या स्पर्श नहीं किया जा सकता। दूसरे शब्दों में, यह अगोचर तथा अमूर्त है। हम सामाजिक सम्बन्धों का केवल अनुभव कर सकते हैं। परिवार, गाँव, शहर इत्यादि में हम यह अनुभव करते हैं कि अमुक परिस्थिति में हमें कैसा व्यवहार करना चाहिए। सामाजिक नियम समाज की अप्रत्यक्ष या अमूर्त शक्ति है, जो हमें हर क्षण परिचालित करती रहती है। इसे हम अनुभव कर सकते हैं, परन्तु देख नहीं सकते हैं। इसी अर्थ में हम समाज को अगोचर या अमूर्त मानते हैं।

6. पारस्परिक निर्भरता (Inter-dependence)— व्यक्ति तमाम सामाजिक समूह में एक-दूसरे पर निर्भर करते हैं। मनुष्य अपनी आवश्यकताएँ अकेले पूरी नहीं कर सकता है। उसे दूसरे व्यक्तियों या समूहों पर निर्भर रहना पड़ता है। व्यक्ति किसी भी आर्थिक समूह का हो, किसी भी देश का हो, समाज की आर्थिक एवं राजनीतिक प्रक्रिया व्यक्तियों के पारस्परिक सम्बन्धों द्वारा चलती है। पारस्परिक निर्भरता के कारण ही मानव-समाज में भाई-चारे का भाव पैदा होता है, समानता एवं सौहार्द की भावना आगे बढ़ती है। इसीलिए कहा जाता है कि समाज के एक क्षेत्र में अगर परिवर्तन होता है, तो समयानुसार समाज के अन्य क्षेत्रों में भी परिवर्तन होता है क्योंकि समाज के तमाम तत्त्व एक-दूसरे से परस्पर जुड़े हुए हैं।

7. समाज निरन्तर परिवर्तनशील है— ब्रिटिश समाजशास्त्री स्पेंसर (H. Spencer) के अनुसार परिवर्तन समाज का नियम है। कभी यह परिवर्तन तेजी से होता है, तो कभी क्रमिक गति से, लेकिन परिवर्तन सदैव होता रहता है। समाज में परिवर्तन की शक्ति निहित है। समाज में परिवर्तन तेजी से होता है, जब बाहरी परिस्थिति बदलती है। समय ज्यों-ज्यों बीतता है, जनसंख्या बढ़ती है और समाज की ज़रूरतें बढ़ती हैं। इन बढ़ती हुई ज़रूरतों की पूर्ति के लिए हम पुराने सम्बन्धों को बदलते हैं और नए-नए सामाजिक सम्बन्धों का निर्माण करते हैं। मकीवर और पेज (R.M. MacIver and C.H. Page, 1985: 6) ने कहा है कि "जहाँ कहीं भी जीवन है, वहाँ समाज है।" (Wherever there is life, there is society.)। मानव-समाज के अलावा पशुओं एवं कीड़ों-मकोड़ों में भी समाज है। चीटियों के बीच भी सामूहिकता देखी जाती है, पशुओं में अपनी माँ की पहचान है, एक गाय का बछड़ा उसी गाय का दूध पीएगा जो उसकी माँ है। पशुओं के बीच सामूहिकता के साथ कुछ जागरूकता भी होती है, पर उनमें जागरूकता की मात्रा बहुत कम होती है। इससे भी महत्त्वपूर्ण बात यह है कि उनके बीच सीखने की क्षमता बहुत कम होती है। पशु सीखकर अपनी संस्कृति का निर्माण नहीं कर सकते हैं। उनके पास ऐसी भाषा नहीं है, जिससे वे संस्कृति एवं सभ्यता का विकास कर सकें। यह केवल मानव जाति द्वारा ही सम्भव है कि वह सभ्यता एवं संस्कृति का विकास करता है। मानव गुफा और कन्दराओं से निकलकर ऊँचे-ऊँचे महलों तक पहुँच गया। इतना ही नहीं यह मनुष्य ही है, जिसने विभिन्न संस्थाओं के निर्माण के साथ-साथ अनेक सूक्ष्म एवं जटिल सामाजिक सम्बन्धों का निर्माण किया है। इसलिए समाजशास्त्र का अध्ययन-क्षेत्र मानव-समाज तक ही सीमित है। सबसे ज़्यादा महत्त्वपूर्ण बात यह है कि समाजशास्त्र मात्र मानव-समाज के अध्ययन तक ही सीमित है।

जॉनसन (H.M. Johnson) का विचार

आज के समाजशास्त्र में समाज शब्द का प्रयोग इतने संकुचित अर्थ में नहीं किया जाता है। मकीवर और पेज की तरह वर्तमान समाजशास्त्री यह स्वीकार करने को तैयार नहीं हैं कि समाज सामाजिक सम्बन्धों का एक जाल मात्र है और यह एक अमूर्त व्यवस्था है। आज समाजशास्त्री समाज को एक मूर्त व्यवस्था के रूप में देखते हैं। जब कभी

भी हम समाज शब्द का प्रयोग करते हैं तब उससे एक संगठित सामाजिक समूह का बोध होता है। एक छोटे से सामाजिक समूह या समिति से लेकर राज्य जैसे बृहत् व्यवस्था के लिए भी समाज शब्द का प्रयोग किया जा रहा है। आज मानवशास्त्री और समाजशास्त्री दोनों इन्हीं अवधारणाओं को ध्यान में रखकर समाज को सरल (Simple) एवं जटिल (Complex) समाज के रूप में वर्गीकरण कर रहे हैं। उसी को कुछ लोगों ने क्रमश: आदिम (Primitive) एवं आधुनिक (Modern) समाज कहा है, तो कुछ लोगों ने उसे अशिक्षित (Pre-literate or Non-literate) एवं शिक्षित (Literate) समाज कहा है। कुछ समाजशास्त्रियों ने समाज की इसी अवधारणा को ध्यान में रखकर **खुला (Open)** एवं **बन्द (Closed) समाज** का विचार व्यक्त किया है।

मकीवर और पेज ने समाज को जिस रूप में परिभाषित किया है उसका स्वरूप अमूर्त है। उसका अवलोकन या प्रत्यक्षीकरण सम्भव नहीं है। मकीवर का यह विचार लगभग तीस– चालीस साल पुराना हो गया है। अब समाजशास्त्र में समाज को मूर्त रूप में ही परिभाषित करने का प्रयास किया जाता है और इसी अर्थ में हम अमरीकी समाज, भारतीय समाज, हिन्दू समाज या मुस्लिम समाज जैसी अभिव्यक्तियों का प्रयोग करते हैं। जॉनसन ने समाज को मूर्त रूप में परिभाषित किया है। उन्होंने बताया है कि समाज एक ऐसा समूह है, जिसमें चार तत्त्व पाये जाते हैं– (1) निश्चित क्षेत्र (Definite Territory), (2) प्रजनन (Sexual Reproduction), (3) विस्तृत संस्कृति (Comprehensive Culture) तथा (4) स्वतन्त्रता (Independence)[3]।

इन विशेषताओं की बारी-बारी से यहाँ संक्षिप्त चर्चा की जा रही है–

1. प्रत्येक समाज की एक अपनी सीमा होती है। जहाँ तक किसी समाज के सदस्य फैले होते हैं, वहाँ तक उस समाज की सीमा होती है। जब हम भारतीय समाज या अमरीकी समाज की बात करते हैं तो इससे समाज के क्षेत्रीय सीमा का बोध होता है। उसी तरह जब हम सिक्ख समाज की बात करते हैं, तो उससे भी किसी प्रदेश विशेष के निवासी का बोध होता है। प्रत्येक समाज की कोई-न-कोई सांस्कृतिक या भौगोलिक सीमा होती है। कोई भी समाज हमेशा के लिए घुमक्कड़ी स्थिति में नहीं रह सकता। स्थिरता एक ऐसी विशेषता है जो इन्सान को जानवरों से अलग करती है। समाज की क्षेत्रीय सीमाओं के अन्तर्गत बहुत से छोटे-छोटे उपक्षेत्र होते हैं, जैसे– विभिन्न जातियों, समुदायों का जनजातियों का विशिष्ट क्षेत्र। उससे भी छोटे स्तर पर क्षेत्रीय सीमाओं की कल्पना की जा सकती है, जैसे– रिश्तेदारों या पड़ोसियों का क्षेत्रीय समूह।

2. प्रजनन समाज की एक बहुत ही प्रमुख विशेषता है। प्रत्येक समाज में यह प्रक्रिया स्वत: चलती रहती है। प्रजनन के द्वारा ही समाज में नये सदस्य आते हैं। यदि यह प्रक्रिया समाज में न चले तो समाज निश्चित रूप से कुछ ही दिनों में समाप्त हो जायेगा, क्योंकि आदमी अमर नहीं होता है। यह सत्य है कि समाज में नये सदस्य कभी-कभी प्रवास, उपनिवेशवाद, गोद लेने की प्रथा, किसी राज्य पर आक्रमण या विजय के माध्यम से भी आते हैं, पर ऐसी छिट-पुट घटनाओं से समाज का अस्तित्व एक लम्बे समय तक कायम नहीं रह सकता है। प्रजनन निश्चित रूप से समाज के दीर्घकालीन अस्तित्व का एक सबसे बुनियादी माध्यम है।

3. संस्कृति भी मानव-समाज की बहुत ही प्रमुख विशेषताओं में से है, क्योंकि संस्कृति सिर्फ मनुष्यों के बीच पायी जाती है। यह संस्कृति ही है, जो इन्सान को जानवरों से अलग करती है। संस्कृति के कारण ही मनुष्य विकास की प्रक्रिया में अन्य जीवों की तुलना में इतना अधिक सफल हुआ है। यह संस्कृति ही है, जिसके कारण मनुष्य विभिन्न प्रकार के जीवों तथा प्राकृतिक पर्यावरण पर इतना अधिक नियन्त्रण हासिल कर पाया है। संस्कृति किसे कहा जाता है, इसकी चर्चा की यहाँ कोई आवश्यकता नहीं है। इस विषय पर प्रस्तुत पुस्तक में अलग से विस्तारपूर्वक चर्चा की गयी है।

---

3. ''A society is a group with certain characteristics that we shall discuss briefly under these four headings: (1) definite territory, (2) sexual reproduction, (3) comprehensive culture, and (4) independence.''
— H.M. Johnson, **Sociology**, Allied Publishers Ltd., New Delhi, 1983, pp. 9–10.

4. स्वतन्त्रता समाज की चौथी विशेषता है। प्रत्येक समाज का अपना एक स्वतन्त्र अस्तित्व होता है। भारत अंग्रेजों का उपनिवेश होते हुए भी भारतीय समाज एक स्वतन्त्र समाज था। किसी राज्य के ऊपर यदि दूसरे राज्य का राजनीतिक नियन्त्रण होता है, तो ऐसी स्थिति में भी समाज स्वतन्त्र ही माना जाता है। जब हम भारतीय समाज, नेपाली समाज या किसी अन्य समाज की बात करते हैं, तो उससे समाज की स्वतन्त्रता का भी बोध होता है। यहाँ स्वतन्त्रता से तात्पर्य समाज की आत्मनिर्भरता से भी है। समाज अपने-आप में इस तरह पूर्ण होता है कि उसके सदस्यों को समाज से बाहर अन्त:क्रिया करने की आवश्यकता नहीं होती है।

इन विशेषताओं पर गौर करने पर एक स्वाभाविक प्रश्न यह उठता है कि क्या राज्य भी एक समाज है? इस सम्बन्ध में जॉनसन ने बताया है कि निश्चित भौगोलिक क्षेत्र एवं स्वतन्त्रता के बावजूद राज्य को समाज नहीं कहा जा सकता। राज्य समाज का एक अंग मात्र है। वह अपने-आप में कोई समाज नहीं है। उसी प्रकार बहुत सारे राज्यों का एक समूह, जैसे– संयुक्त राष्ट्र संघ (UNO) को भी समाज नहीं कहा जा सकता।

जॉनसन ने जो समाज के सम्बन्ध में विचार व्यक्त किया है वह सैद्धान्तिक रूप से भले ही सही हो, उसमें कुछ व्यावहारिक कमियाँ भी हैं। कोई भी समाज अपने-आप में पूर्णरूपेण स्वावलम्बी नहीं हो सकता। अपनी आवश्यकताओं को पूरा करने के लिए उसे दूसरे समाज से सम्बन्ध जोड़ना ही पड़ता है। यदि समाज अपने-आप में पूर्ण होता तो किसी समाज पर दूसरी संस्कृति की छाप नहीं पड़ती। प्राय: एक समाज के अन्दर तमाम लोग एक ही भाषा और एक ही धर्म के मानने वाले होते हैं। चूँकि समाज का स्वरूप काफी मिश्रित होता है और वह अन्तर्निर्भरता के सिद्धान्त पर आधारित है, इसलिए जॉनसन के द्वारा दिये गये समाज का स्वरूप एक **आदर्श प्रतिरूप (Ideal Type)** कहा जा सकता है। इस तथ्य को लेखक ने स्वयं स्वीकार किया है, लेकिन इसमें कोई सन्देह की बात नहीं है कि जॉनसन ने जो समाज के सम्बन्ध में विचार व्यक्त किया है वह आज तुलनात्मक रूप से सबसे ज़्यादा प्रचलित और लोकप्रिय है। इसी तथ्य को ध्यान में रखकर समाज पर आगे चर्चा की जा रही है।

समाज के प्रकार : सरल एवं जटिल समाज

विकास के आधार पर समाज को कई भागों में बाँटा जा सकता है। यहाँ हम सिर्फ मुख्य रूप से सरल समाज (Simple Society) एवं जटिल समाज (Complex Society) की चर्चा कर रहे हैं।

सरल समाज

सरल समाज वैसे लघु समाजों को कहा जाता है जिनकी प्रौद्योगिकी (Technology) अपेक्षाकृत सरल होती है। ऐसे समाज का आकार छोटा एवं उनका पर्यावरण पर नियन्त्रण भी सीमित होता हैं। इनकी अर्थव्यवस्था परम्परागत कृषि पर आधारित होती है। आजकल अधिकांश सरल समाज उन्नत प्रौद्योगिकी अपनाने की कोशिश में हैं। ऐसे समाजों को **संक्रमणशील समाज (Transitional Society)** कहा जाता है। अधिकांश संक्रमणशील समाजों ने यूरोपीय औपनिवेशिक शासन को झेला है। इसके कारण सरल समाजों में अनेकानेक परिवर्तन हुए हैं।

जीवन निर्वाह के लिए भौतिक वस्तुओं के उत्पादन की विधि के आधार पर सरल समाजों की अर्थव्यवस्था को चार भागों में बाँटा जा सकता है– **(क) शिकार और एकत्रीकरण (Hunting and Gathering), (ख) पशुचारी (Pastoral), (ग) अस्थायी कृषि (Shifting Cultivation)** एवं **(घ) स्थायी कृषि (Settled Cultivation)।**

(क) शिकार और एकत्रीकरण— शिकार और एकत्रीकरण करने वाले समाज अपना निर्वाह शिकार करके तथा विभिन्न प्रकार की जड़ों, कंद-मूलों और फलों को इकट्ठा करके करते हैं। ऐसे समाजों का प्रकृति के साथ नज़दीकी सम्बन्ध होता है। प्रकृति पर आश्रित होने के कारण ये स्वयं को प्रकृति के अनुकूल ढालते हैं। ऐसे समाज के लोग

शिकारी जानवरों, फलों, जड़ों और कंद-मूलों की तलाश में एक स्थान से दूसरे स्थान पर घूमते रहते हैं। भारत में आज भी कुछ जनजातियाँ कहीं-कहीं पर इसी स्तर में दिखाई पड़ती हैं।

(ख) पशुचारी— पशुचारी समाज का मुख्य कार्य पशुपालन है। कुछ पशुचारी समूहों की अर्थव्यवस्था में कृषि भी शामिल हो जाती है। अपने जानवरों के लिए पर्याप्त पानी और चारा प्राप्त करने के लिए ऐसे समाजों को एक स्थान से दूसरे स्थान पर जाना पड़ता है। भारत में मुख्य पशुचारी समाजों में टोडा (Toda) तथा जम्मू-कश्मीर के बकरवाल (Bakerwal) हैं।

(ग) अस्थायी कृषि— अस्थायी कृषि में प्रत्येक कुछ सालों के बाद नयी फसल उगाने के लिए कृषकों द्वारा नया मैदान साफ किया जाता है और पुराने मैदानों को प्राकृतिक उर्वरता के लिए छोड़ दिया जाता है। कहीं-कहीं पर यह झूम कृषि के नाम से भी जाना जाता है। अस्थायी कृषि अपनाने वाले लोग एक क्षेत्र में अपेक्षाकृत अधिक लम्बे समय तक नहीं रहते हैं। अफ्रीका की बांतु (Bantu) जनजाति, मेघालय की गारो जनजाति, मध्य प्रदेश की बैगा और अबुझमार मारिया जनजाति, उड़ीसा की सौरा (Saora) जनजाति तथा अरुणाचल प्रदेश की कई जनजातियों में आज भी कहीं-कहीं पर अस्थायी कृषि का थोड़ा बहुत प्रचलन देखने को मिलता है।

(घ) स्थायी कृषि— आनुपातिक दृष्टि से सरल समाजों की एक बड़ी संख्या स्थायी कृषि में संलग्न है, जो एक ही ज़मीन पर लगातार साल-दर-साल खेती करती है। स्थायी कृषि के कारण स्थायी निवास आवश्यक हो जाता है और निजी सम्पत्ति जैसी संस्था अधिक मज़बूत हो जाती है। कृषि पर आधारित भारतीय ग्रामीण समाज इसका अच्छा उदाहरण है।

वस्तु-विनिमय पद्धति (Barter System)— सरल समाज का एक आवश्यक अंग है। वस्तु-विनिमय का उद्देश्य लोगों में सुदृढ़ और संस्थागत सम्बन्धों का प्रदर्शन करता है। प्रायः वस्तुओं के विनिमय का उद्देश्य दो समूहों के बीच परस्पर संघर्ष की सम्भावनाओं को कम करना तथा उनके बीच सौहार्दपूर्ण सम्बन्ध बनाये रखना होता है। उदाहरणस्वरूप, ग्रामीण भारत में जन्म, विवाह, मृत्यु इत्यादि अनेक मौकों पर उपहारों का आदान-प्रदान होता है। सरल समाज में उपहारों के आदान-प्रदान से परस्पर सहयोग की भावना को मज़बूत किया जाता है।

सरल समाजों का सामाजिक संगठन चार स्तरों पर देखा जा सकता है, जैसे– (i) नातेदारी, (ii) विवाह, (iii) धर्म एवं (iv) राज्यव्यवस्था (Polity)।

(i) नातेदारी— साधारणतया जनजातीय समाजों को सरल समाज के रूप में लिया जाता है। जनजातीय समाजों की अपनी भाषा, संस्कृति एवं अपनी ही किस्म की एक राजनीतिक व्यवस्था होती है। वे एक निश्चित भूभाग में फैले हुए होते हैं। वे लोग दो या अधिक खण्डों में विभाजित होते हैं। जब वे दो खण्डों में विभाजित होते हैं, तो उसे **अर्धांश (Moiety)** कहते हैं और जब वे दो से अधिक खण्डों में विभाजित होते हैं, तो प्रत्येक को **बहुअंशक भ्रातृदल (Phratry)** कहा जाता है। साधारणतया वे लोग अपने अर्धांश या भ्रातृदल के बाहर ही विवाह करते हैं, जिससे जनजातीय समूह के विभिन्न खण्डों के बीच आपसी सम्बन्ध बना रहता है।

सरल समाज के अन्तर्गत **वंश-परम्परा (Lineage)** एवं **कुल (Clan)** की प्रधानता होती है। वंश ऐसा समूह होता है, जिसके अन्तर्गत पूर्वजों के बारे में निश्चित रूप से मालूम होता है। गोत्र ऐसे समूह को कहा जाता है, जिसके अन्तर्गत सम्बन्ध एक ही पूर्वज से माना जाता है। परन्तु पूर्वज का निश्चित पता नहीं होता है। वंश अपेक्षाकृत छोटा समूह होता है, जबकि गोत्र का आकार बड़ा होता है। वंशक्रम माता या पिता के माध्यम से जाना जाता है। माता की ओर से स्थापित वंशक्रम को **मातृवंशीय (Matrilineal)** कहते हैं। दक्षिण भारत की नायर जाति इसका अच्छा उदाहरण है। पिता की ओर से चलने वाले वंशक्रम को **पितृवंशीय (Patrilineal)** कहते हैं। भारत में यह वंशक्रम सबसे ज़्यादा प्रचलित है। कहीं-कहीं पिता और माता दोनों के माध्यम से वंशक्रम जाना जाता है। उदाहरण स्वरूप, याको (Yako) जनजाति में अचल सम्पत्ति का उत्तराधिकार पितृवंश से माना जाता है और चल सम्पत्ति का उत्तराधिकार मातृवंशक्रम से माना जाता है।

(ii) विवाह— विभिन्न प्रकार के समाजों की तरह सरल समाजों में भी सदस्यों के बीच सहवास (Mating) को विवाह द्वारा ही सामाजिक मान्यता प्राप्त होती है। सरल समाजों में एकल विवाह-प्रथा सबसे अधिक प्रचलित विवाह-प्रथा है। कुछ जनजातियों में बहुविवाह-प्रथा का भी प्रचलन है जिसके दो रूप होते हैं। पहला **बहुपत्नी विवाह (Polygyny)** जिसमें एक समय में एक व्यक्ति को एक से अधिक पत्नियाँ होती हैं। दूसरा **बहुपति प्रथा (Polyandry)** जिसमें एक नारी एक ही समय में कई पुरुषों की पत्नी होती है, जो बहुत कम पाया जाता है। उत्तर प्रदेश की खासा (Khasa) जाति और तमिलनाडु की टोडा जाति में बहुपति प्रथा का प्रचलन है।

(iii) धर्म— सरल समाजों में साधारण प्रौद्योगिकी होने के कारण प्राकृतिक पर्यावरण पर उनका नियन्त्रण बहुत कम होता है। जंगल की आग, बाढ़, बादलों की गड़गड़ाहट, मूसलाधार वर्षा, भूकम्प, जंगली जानवर इत्यादि प्राकृतिक आपदाओं से वे डरे रहते हैं। पर्यावरण पर अधिक नियन्त्रण न होने के कारण वे बहुत चिन्तित रहते हैं। सरल समाज के सदस्य यह मानते हैं कि कुछ आत्माएँ और देवता प्रकृति का संचालन करते हैं। सरल समाज में इन प्राकृतिक आपदाओं से सुरक्षा पाने के लिए आत्मा, देवता प्राकृतिक उपादानों की पूजा की जाती है। पूजा-अर्चना के द्वारा प्रकृति को अनुकूल बनाने एवं सन्तुष्ट करने का प्रयास किया जाता है।

(iv) राज्यव्यवस्था— सरल समाज के अन्तर्गत समाज की कानून व्यवस्था की जिम्मेवारी पूर्णरूपेण राज्य में केन्द्रित नहीं होती है। धार्मिक एवं सामाजिक संस्थाओं के द्वारा समाज में कानून व्यवस्था का कार्य होता है, जबकि जटिल समाज में नियम कानूनों का पालन का कार्य मुख्य रूप से राज्य के द्वारा संपादित होता है। सरल समाजों में राजनीतिक व्यवस्था दो समूहों में विभाजित होती है– **(1) शिरस्थ (Cephalous) एवं (2) शिरोहीन (Acephalous)**। शिरस्थ राजनीतिक व्यवस्था में समाज के द्वारा मान्यता प्राप्त मुखिया, प्रधान या राजा होता है, जो समाज के नियम-कानूनों का पालन करवाता है। शिरोहीन (या नेतृत्वहीन) राजनीतिक व्यवस्था वह है, जिसमें समस्त समाज का कोई एक मुखिया, प्रधान या नेता नहीं होता है और राज्य अभिकरण के बिना किसी अन्य ढंग से कानून व्यवस्था कायम की जाती है। सम्भवत: ऐसे समाजों के बुजुर्ग लोग सामाजिक परिपाटियों के आधार पर कानून-व्यवस्था चलाते हैं।

जटिल समाज : आधुनिक एवं आधुनिकोत्तर समाज

आदि मानव के शिकारी जीवन से लेकर मानव का चाँद पर उतरने तक की प्रौद्योगिक प्रगति ने आधुनिक काल में जटिल समाज को जन्म दिया है। आधुनिक समाज को जटिल समाज होने के कई कारण हैं, जैसे– (i) विशाल जनसंख्या का एक विस्तृत क्षेत्र में फैलाव, (ii) अधिकाधिक **पेशागत विभेदीकरण (Occupational Differentiations)** तथा विशिष्टीकरण (Specialization), (iii) उपभोक्ता वस्तुओं के उत्पादन, भवनों, उद्योगों आदि के निर्माण के लिए उच्च प्रौद्योगिकी का इस्तेमाल, (iv) समाज की प्रबंध व्यवस्था में अधिकाधिक तालमेल एवं (v) उपभोक्ता वस्तुओं (Consumer Goods) तथा शिक्षा के स्वरूपों आदि में परिवर्तन की तेज गति।

प्रौद्योगिक उन्नति के कारण सरल समाजों में परिवर्तन की शुरुआत हुई तथा बड़े-बड़े नगर भी बने। व्यावसायिक अवसरों और आबादी के बढ़ने के साथ ही जटिल समाज की उत्पत्ति हुई। ऐसे समाजों में सरल समाजों की अपेक्षा अधिक औपचारिक संगठन होते हैं। प्रौद्योगिक उन्नति का प्रभाव गाँव की अपेक्षा शहरों में पहले दिखाई पड़ता है। इसके बाद धीरे-धीरे इसका प्रभाव ग्रामीण समुदायों पर पड़ता है। ग्रामीण समुदाय की अपेक्षा शहरी समुदाय काफी प्रगतिशील होता है और इनके संगठनों में अधिक जटिलता पायी जाती है। आज का ग्रामीण समुदाय इस प्रौद्योगिक उन्नति से अछूता नहीं रह गया है, बल्कि यहाँ भी अनेक प्रकार की समस्याएँ उत्पन्न हो रही हैं। जटिल समाज की तरह आज के ग्रामीण परिवेश में काफी स्वार्थ, डर और सन्देह की भावना पायी जाती है, जिसके कारण ग्रामीण जीवन काफी अशांत हो गया है।

जटिल समाज का मुख्य आधार वैज्ञानिक तरक्की, उद्योगीकरण एवं नगरीकरण है। आर्थिक व्यवस्था का मुख्य आधार औद्योगिक विकास होता है। सम्पूर्ण आधुनिक समाज जटिल समाज का एक उदाहरण है। जटिल समाज को दो उप-खण्डों में विभक्त किया जा सकता है– (क) आधुनिक समाज एवं (ख) आधुनिकोत्तर समाज।

(क) आधुनिक समाज— आधुनिक समाज की अवधारणा को उसकी विशेषताओं के आधार पर आसानी से स्पष्ट किया जा सकता है। आधुनिक समाज की प्रमुख विशेषताएँ इस प्रकार हैं–

(i) पूँजीपतियों द्वारा अधिक मुनाफ़ा कमाने की दृष्टि से भारी उत्पादन (Profit-oriented Production by Capitalists),
(ii) उच्च प्रौद्योगिकी का प्रयोग (Use of High Technology),
(iii) महानगरों का विकास,
(iv) नौकरशाही संगठन (Bureaucratic Organization), तथा
(v) शिक्षा एवं वैज्ञानिक चिन्तन का प्रसार।

आधुनिक समाज में परस्पर अपेक्षाओं और कर्तव्यों का निर्वाह कानून से होता है। श्रम-विभाजन में जटिलता आ जाती है। इसके कारण आधुनिक समाज में अनेक प्रकार की उप-संस्कृतियाँ और प्रतिरोधी संस्कृतियाँ पैदा हो जाती हैं। आधुनिक समाज में धार्मिक विश्वास में कमी आ जाती है। जटिल समाज में काम के बदले मज़दूरी या वेतन मिलता है। बाज़ार-मूलक प्रवृत्ति की बहुतायत के कारण अर्थव्यवस्था में शामिल होने वाले वर्गों के बीच संघर्ष पैदा होता है। मालिक अपने कर्मचारियों के काम की शर्तों को प्रायः काफी व्यापक रखते हैं। काम को हमेशा वेतन से सम्बद्ध करके देखा जाता है। मुलाज़िम अधिक वेतन और सुविधाएँ चाहता है, लेकिन प्रबंधक कम मज़दूरी देकर ज़्यादा-से-ज़्यादा काम लेना चाहता है। ऊँचे पदों पर जिम्मेदारी अधिक होने से वेतन व सुविधाएँ अधिक होती हैं। प्रायः यही प्रबंधकों तथा कर्मचारियों के बीच झगड़े का कारण बन जाती है। आधुनिक समाज में औद्योगिक संघर्ष के कई कारण हैं, जैसे–

(i) मशीनीकरण के कारण कर्मचारियों की छँटनी,
(ii) श्रमिक-संघों द्वारा हड़ताल या आन्दोलन,
(iii) मुलाज़िमों के द्वारा काम धीरे-धीरे करना,
(iv) काम-धन्धे से ग़ैरहाज़िर होना,
(v) कार्य-क्षेत्र में जान-बूझकर तोड़-फोड़ करना इत्यादि।

(ख) आधुनिकोत्तर समाज— बहुत-से समाजविज्ञानियों ने विकसित देशों को आधुनिकोत्तर समाज कहना पसन्द किया है। कुछ लोगों ने इसे ही **औद्योगिकोत्तर (Post-industrial)** समाज भी कहा है। औद्योगिकोत्तर समाज की प्रमुख विशेषताएँ इस प्रकार हैं। इसमें अधिकांश लोग ग़ैर-कृषि के कार्यों में जुड़े होते हैं, लोगों के मुख्य जीविकोपार्जन का साधन उद्योग, व्यापार एवं विशिष्ट सेवा होता है एवं समाज में व्यवसायी (Professionals) एवं तकनीशियन का प्रभाव कुछ ज़्यादा ही होता है। तरक्की एवं चिन्तन का आधार विज्ञान है। इसलिए कुछ लोगों ने औद्योगिकोत्तर काल को वैज्ञानिक युग भी कहना पसन्द किया है। यातायात एवं संचार के साधनों में इतनी अधिक वृद्धि हो गयी है कि अब लोग एक-दूसरे समाज के काफी निकट आ गये हैं। दुनिया के किसी भी हिस्से के बारे में किसी भी प्रकार की जानकारी पलभर में ही प्राप्त हो जाती है। इस दुनिया का आकार तेजी से सिमटता जा रहा है। यही कारण है कि अब **भूमण्डलीय गाँव (Global Village)** की भी कल्पना की जा रही है। लोगों की निर्भरता मशीनों पर इतनी अधिक हो गयी है कि वे कम-से-कम शारीरिक योगदान देकर अधिक-से-अधिक भौतिक सुखों का लाभ उठा रहे हैं।

एन्थनी गिडेन्स (Anthony Giddens) का समाज का वर्गीकरण

आर्थिक विकास के स्तर को आधार मानकर गिडेन्स (Giddens, 1998: 46-65) ने समाज को उद्विकासीय अन्दाज में सात भागों में बाँटा है, जिसकी संक्षिप्त चर्चा इस प्रकार है–

1. शिकारी एवं भोजन संग्रह समाज (Hunting and Gathering Societies)— इस प्रकार के समाज की उत्पत्ति आज से लगभग 50,000 साल पूर्व मानी जाती है, जो अब धीरे-धीरे समाप्त हो रहा है। गिडेन्स के अनुसार कोई 0.001 प्रतिशत लोग आज भी इस अवस्था में पाये जाते हैं, जो एक नगण्य प्रतिशत है। इस अवस्था में विभिन्न प्रकार के जानवरों एवं मछलियों का शिकार तथा जंगलों से प्राप्त कंद-मूल और फल जीविकोपार्जन का मुख्य साधन होता है। मनुष्य जानवरों की तरह झुंड में रहा करता था। समाज में स्तरण का अभाव होता है। उम्र और लिंग भेद के आधार पर समाज में विभेदीकरण पाया जाता है।

2. कृषक समाज (Agrarian Societies)— इस प्रकार के समाज की उत्पत्ति आज से लगभग 12,000 साल पूर्व हुई थी जो आज भी पाया जाता है। इसका प्रारम्भ खेती और बागवानी (Horticulture) से माना जाता है। इस अवस्था में लोग बहुत ही आक्रामक और हिंसापूर्ण जीवन जी रहे थे, लेकिन पशुचारी समाज की तुलना में इनके जीवन में उतना अधिक युद्ध और हिंसा नहीं पाया जाता था। इस अवस्था में लोग छोटे-छोटे समुदायों में रहा करते थे। जीविकोपार्जन का मुख्य स्रोत कृषि था, लेकिन कुछ लोग शिकारी जीवन भी व्यतीत कर रहे थे। नगरों का विकास नहीं हो पाया था। समाज में स्तरण प्रारम्भ हो गया था और शासन की बागडोर सामुदायिक मुखिया (Community Chiefs) के हाथ में हुआ करती थी।

3. पशुचारी समाज (Pastoral Societies)— पशुचारी समाज का काल लगभग कृषक समाज से मिलता-जुलता है। इस अवस्था का सम्बन्ध जानवरों के पालने से है। जीवन-निर्वाह के लिए लोगों ने मवेशियों को कई रूपों में इस्तेमाल किया। इस अवस्था में लोग झुण्ड (Herds) में रहा करते थे जिसकी आबादी सौ से लेकर कुछ हजार तक की होती थी। सामाजिक असमानता का पूर्णरूप से विकास हो चुका था। झुंडों का मुखिया एक सफल योद्धा हुआ करता था। इस अवस्था में लोग एक-दूसरे पर आक्रमण किया करते थे। घोड़ों की सवारी कर वे आसानी से एक जगह से दूसरी जगह अपने मवेशियों के साथ जाया करते थे। भेड़, गाय, बकरी, ऊँट और घोड़े उनके मुख्य पालतू जानवर थे। इस स्तर में समाज घुमक्कड़ी जीवन व्यतीत कर रहा था।

4. परम्परागत राज्य या सभ्यता (Traditional States or Civilization)— इस प्रकार के समाज का काल ईसा पूर्व 6,000 वर्ष से लेकर उन्नीसवीं सदी तक माना जाता है। इस अवस्था में खेती जीवन-निर्वाह का मुख्य आधार थी, लेकिन व्यापार और उद्योग का भी पूरी तरह विकास हो चुका था। फलस्वरूप बड़े-बड़े नगरों की भी उत्पत्ति हो चुकी थी। राज्य का शासन राजाओं और महाराजाओं के हाथ में था और समाज पूरी तरह वर्ग के आधार पर विभाजित था। भारत इस बात का अपवाद है कि सामाजिक स्तरण का आधार जाति-व्यवस्था थी। जीवन में धर्म और विभिन्न प्रकार के अन्धविश्वासों की काफी प्रधानता थी।

5. पहली दुनिया का समाज (First World Societies)— इस अवस्था की शुरुआत यूरोप एवं अमरीका में 18वीं सदी में हुई। इस अवस्था में अधिकांश लोग नगरों में रहने लगे और आबादी का एक छोटा-सा हिस्सा कृषि पर आधारित जीवन व्यतीत करने लगा। समाज में असमानताओं का आधार वर्ग माना जाता है, पर विभिन्न वर्गों के बीच उतनी अधिक सामाजिक दूरी नहीं होती है। आधुनिक तकनीकी और उद्योग इतना विकसित होता है कि लोगों के जीवन में भौतिक सुखों का स्तर काफी ऊँचा होता है। कनाडा, अमरीका, इंग्लैण्ड, फ्रांस, जर्मनी, जापान एवं अन्य विकसित देश आज इसी श्रेणी में आते हैं।

6. दूसरी दुनिया का समाज (Second World Societies)— इस समाज की उत्पत्ति 20वीं सदी के दूसरे दशक में मानी जाती है। विद्वानों का कहना है कि इसकी उत्पत्ति 1917 की रूसी क्रान्ति के बाद हुई। इसके अन्तर्गत वे तमाम साम्यवादी देश चले आते हैं, जो विकसित देशों की श्रेणी में आते हैं। लेकिन चीन साम्यवादी देश होते हुए भी इस समाज का उदाहरण नहीं माना जाता है, क्योंकि वह अभी उतना विकसित नहीं हो पाया है। इस अवस्था में जीविकोपार्जन का मुख्य साधन कृषि और उद्योग दोनों हैं। अर्थव्यवस्था का नियन्त्रण राज्य के हाथ में होता है। राज्य वर्ग-विभाजन को स्वीकार नहीं करता क्योंकि वर्ग शोषण और सामाजिक संघर्ष का एक आधार माना जाता है।

7. तीसरी दुनिया का समाज (Third World Societies)— इस प्रकार के समाज का काल 18वीं सदी से लेकर वर्तमान काल तक माना जाता है। इसके अन्तर्गत जीविकोपार्जन का मुख्य साधन कृषि होता है, लेकिन साथ ही यहाँ महानगर और बड़े-बड़े कल-कारखाने भी पाये जाते हैं। विकास का स्तर इतना निम्न होता है कि लोगों के रहन-सहन का स्तर भी निम्न होता है। समाज में असमानताएँ काफी पायी जाती हैं। इस श्रेणी में कुछ देश मिश्रित अर्थव्यवस्था तो कुछ देश पूँजीवादी अर्थव्यवस्था का अनुसरण करते हैं। इस श्रेणी के प्रायः तमाम देश उपनिवेशवाद के शोषण में रहे हैं। जापान को छोड़कर एशिया, अफ्रीका और लैटिन अमरीका के तमाम देश इसी श्रेणी में आते हैं। चीन, भारत, पाकिस्तान, बांग्लादेश, बर्मा, कोरिया, नेपाल जैसे सैकड़ों देश इस प्रकार के समाज के उदाहरण हैं।

समाज का वर्गीकरण कुछ निम्न प्रकार से भी किया जा सकता है–

1. आदिवासी समाज— आज विश्व में शायद ही कहीं आदिवासी समाज अपने विशुद्ध रूप में पाया जाता है। अमरीका में गोरों के आने के पूर्व पूरा समाज 16वीं शताब्दी तक एक प्रकार का आदिवासी समाज था। वैसी ही बात ऑस्ट्रेलिया के साथ लागू होती है। उसके बाद से विश्व का इस तेजी से विकास और एकीकरण हुआ कि सभी स्थानों पर आदिवासी धीरे-धीरे परिवर्तित होने लगे। इन देशों में आज भी वैसे लोगों को आदिवासी (Aborigines) ही कहा जाता है, क्योंकि प्रजातीय और भाषाई दृष्टि से वे अलग हैं एवं विकास की दौड़ में आगे नहीं निकल पाये हैं। आदिवासी समाजों के शुद्ध स्वरूप की चर्चा अब मानवशास्त्र के पाठ्य-पुस्तकों तक ही सीमित है।

आदिवासी समाज का आकर प्रायः छोटा होता है। आज भी बहुत-से आदिवासी समूह घुमन्तू या खानाबदोश अवस्था में जीवन-बसर कर रहे हैं। जहाँ वे बस गये हैं वहाँ भी वे लोग भौगोलिक रूप से पृथक् ही निवास करते हैं। भारत में भी आर्यों के आक्रमण के बाद एवं अन्य तथाकथित समूहों से संघर्ष के बाद, ए.आर. देसाई के अनुसार आदिवासी दूरदराज के अंचलों, जंगलों एवं पहाड़ी क्षेत्रों में रहने लगे। इसलिए इन्हें गिरिजन या वनवासी भी कहते हैं। आदिवासी समाज निवास और आकार की दृष्टि से छोटे हैं एवं भौगोलिक रूप से पृथक हैं। अनेक आदिवासी समूह जैसे भारत में केरल के उराली और मलेशिया में सेमांग वृक्षों पर रहते हैं।

आदिवासी समाज में प्रौद्योगिकी पिछड़ी हुई होती है। इनकी आर्थिक गतिविधियाँ भी सीमित होती हैं। ये खाद्य संग्रह, शिकार, पशुपालन, सरल शिल्प, सरल व्यवसाय, मछली मारना, अस्थिर अथवा झूम खेती एवं कृषि कार्य करते हैं। आदिवासियों की अर्थव्यवस्था पारस्परिकता एवं पुनर्वितरण पर आधारित है। इनमें श्रम-विभाजन नहीं के बराबर होता है। ये वस्तु विनिमय करते हैं। इनके बीच मुद्रा का प्रचलन नहीं होता है। इवांज-प्रिचर्ड (Evans-Pritchard) ने कहा कि इनकी अर्थव्यवस्था नातेदारी पर भी आधारित रही है।

राजनीति भी नातेदारी पर आधारित होती है। वे राज्य विहीन एवं सरकार विहीन होते हैं। इसलिए हर्बर्ट स्पेंसर (Herbert Spencer) ने इन्हें शिरोहीन (या नेतृत्वहीन) समाज कहा है। इन्हें अनेक विद्वानों ने राज्य-विहीन समाज कहा है। आन्द्रे बेते ने कहा है कि प्रत्येक आदिवासी समुदाय का एक अलग राजनीतिक समुदाय होता है। आदिवासियों में वृद्धजनों की परिषद् होती है, जो अलग-अलग नातेदारियों के प्रधानों से बनता है। इनमें सामान्यतः एक सरदार होता है, जो विवादों को हल करता है।

कहा जाता है कि आदिवासियों में सामान्यतः परिवार नहीं होता है, लेकिन यह विवादास्पद है। इसमें कोई विवाद नहीं है कि आदिवासी सामाजिक संगठन में नातेदारी सर्वमहत्त्वपूर्ण संगठन है। नातेदारी के आधार पर इनका पूरा समाज संगठित होता है। यही कारण है कि प्रत्येक सामाजिक मानवशास्त्री ने आदिम समाजों के नातेदारी के सम्बन्ध में ज़रूर लिखा है। आदिवासियों में सम्भवतः एक विशिष्ट एवं विचित्र संगठन होता है, जिसे **युवागृह (Youth Dormitory)** कहा जाता है। यह शायद किसी अन्य समाज में नहीं पाया जाता है। यहाँ अविवाहित बच्चे और किशोर-किशोरियाँ साथ में रहते हैं। यहाँ लोग अपनी संस्कृति और जीवनशैली के बारे में सीखते हैं। आदिवासियों में कुल का भी महत्त्व है। भाइयों के आधार पर बने हुए बड़े कुल को **बहुअंशक भ्रातृदल** (Phratry) कहा जाता है और उसके अर्द्धांश को '**द्विदल**' या **मोईटी (Moiety)** के नाम से जाना जाता है।

आदिवासी समाज में धर्म जितना महत्त्वपूर्ण है, उतना ही महत्त्वपूर्ण जादू भी है। इनका धर्म प्रकृति की पूजा, पूर्वजों की पूजा तथा विचित्र वस्तुओं की पूजा पर आधारित है। इनके पुरोहित वंशानुगत नहीं होते हैं। सामान्यतः इनमें अलग धर्म-स्थल भी नहीं होता है। बी. मैलनॉफस्की (Bronislaw K. Malinowski) ने कहा है कि वे प्रत्येक कार्य में जादू का प्रयोग करते हैं। इनके जीवन में धर्म और जादू एक ही सिक्के के दो पहलू हैं।

आदिवासियों की जीवनशैली 'खाओ पियो और मौज करो' की है। वे समस्त विश्व में अपना पारम्परिक नशीला पदार्थ जिसमें कुछ पौष्टिकता भी होती है, ज़रूर सेवन करते हैं। इनमें लिपि नहीं होती है। इसीलिए इन्हें असाक्षर समाज (Pre-literate Society) भी कहते हैं। आदिवासी समाजों में स्तरण एवं वर्ग विभाजन नहीं होता है, इसीलिए इन्हें समरूपी समाज कहते हैं।

2. कृषक समाज या लोक समाज— यह आदिवासी समाज से एक स्तर आगे का समाज है। इस प्रकार के समाज की अवधारणा अमरीकी मानवशास्त्री रॉबर्ट रेडफील्ड (Robert Redfield, 1897–1958) ने दिया। उन्होंने ऐसे समाजों को **लोक समाज (Folk Society)** कहकर पुकारा है। कृषक समाज मुख्यतः कृषकों का स्वतन्त्र एवं संकेन्द्रित स्थान होता है। इसमें बहुत अधिक संगठन व समितियाँ नहीं होती हैं। जबकि मैक्स वेबर का कहना है कि कृषक समाजों में वर्ग विभाजन औद्योगिक समाजों से कम नहीं होता है। इस तथ्य के समर्थन में पार्सन्स ने कहा कि यह कहना ग़लत है कि परम्परागत समाज समरूपी होते हैं।

निवास की दृष्टि से कृषक समाज का आकार छोटा होता है। इन समाजों में नगर तो होते हैं, परन्तु इनकी संख्या और आकार दोनों ही छोटे होते हैं। कृषक समाज मूलतः ग्रामीण समाज है। इनकी अर्थव्यवस्था भूमि पर आधारित होती है। इसलिए यजमानी जैसी व्यवस्था कृषक समाजों में ही प्रचलित होती है। कृषक समाज में व्यवसायों का स्पष्ट विभाजन होता है। मुद्रा और बाज़ार दोनों पाये जाते हैं। इनकी राजनीति वंश पर आधारित है। धर्म अत्यधिक शक्तिशाली होता है। सामाजिक संगठन में परिवार की केन्द्रीय भूमिका होती है। वे काफी भाग्यवादी एवं धार्मिक स्वभाव के होते हैं। अमरीकी मानवशास्त्री ऑस्कर लूइस (Oscar Lewis, 1914–1970) ने मेक्सिको (Mexico) एवं प्यूरटो रिको (Puerto Rico) के ऐसे समाजों का अध्ययन किया, जिसके आधार पर उन्होंने ग़रीबी की संस्कृति की अवधारणा का प्रतिपादन किया।

कृषक समाज को आदिवासी समाज से भिन्न करने में भौगोलिक पृथकता और स्तरण के लक्षणों को आधार माना जाता है। आदिवासी समाज भौगोलिक रूप से पृथक होता है। आदिवासी समाज में स्तरण नहीं होता है। इसी प्रकार कृषक समाज को जब औद्योगिक समाज से अलग करते हैं, तब व्यावसायिक संरचना, सामाजिक सम्बन्ध और वर्ग संरचना को आधार माना जाता है। कृषक समाजों में व्यवसायों की संख्या कम होती है। बैरींगटन मूर (Barrington Moore) ने कहा कि शायद इन्हीं कारणों से इनके बीच संरक्षणवाद और तानाशाही की प्रवृत्तियाँ विशेष रूप से पायी जाती हैं।

3. औद्योगिक समाज— अति सरल अर्थ में, औद्योगिक समाज से तात्पर्य एक ऐसी सामाजिक व्यवस्था से है, जिसमें उत्पादन की विधि के रूप में शक्ति संचालित मशीनों का प्रयोग किया जाता है। इसमें उद्योगवाद की सभी विशेषताएँ पायी जाती हैं। इस शब्द की रचना सैन सीमाँ (C. Saint-Simon,1760–1825, हिन्दी में इस नाम का शुद्ध उच्चारण यही है) द्वारा एक ऐसे समाज को इंगित करने के लिए की गयी, जिसमें उत्पादन के विशिष्ट रूप में बृहत् उद्योगों का प्रयोग होता हो। इस प्रकार के समाज की प्रमुख विशेषताएँ यन्त्रीकरण, श्रम-विभाजन, विशेषीकरण तथा इनके साथ जुड़े हुए कुछ अन्य परिवर्तन हैं, जिनमें प्रमुखतः संचार के साधनों तथा परिवहन के उन्नत रूपों का प्रयोग, बढ़ता हुआ शहरीकरण, बृहत् बाज़ार प्रणाली, प्रव्रजन, उपभोग की आदतों में परिवर्द्धन आदि विशेष उल्लेखनीय हैं। अमरीका या जापान औद्योगिक समाज का उदाहरण हैं।

औद्योगिक समाज को आधुनिक समाज भी कहा जाता है। आधुनिकता का अर्थ होता है व्यक्ति की अस्मिता, समानता और स्वतन्त्रता की अवधारणा का विकास, धर्मनिरपेक्षता का विकास अर्थात् समाज और राज्य में धर्म नहीं होगा। इसका अर्थ है तर्कसंगतता का विकास, अनुशासन और योजना का विकास, लेखा और गणना का विकास।

औद्योगिक समाज में मैक्स वेबर के अनुसार तर्कसंगतता (Rationality) होती है। वेबर ने कहा कि इस प्रकार के समाज में नौकरशाही विकसित होती है, जिससे अमानवीयकरण (Dehuminization) तो होता है, परन्तु आर्थिक विकास भी बहुत अधिक होता है। इसीलिए वेबर ने कहा कि समाजवाद लाख कोशिश करे, वह नौकरशाही से नहीं बच सकता है। रेमण्ड् अरों (Raymond Aron, 1905–1919) ने औद्योगिक समाजों के सम्बन्ध में लिखा कि औद्योगिक समाज तो बहुत विकसित होता है, लेकिन वहाँ व्यक्तिगत विकास की सम्भावनाएँ कुचल दी जाती हैं। एच. मार्कूज़ (Herbert Marcuse, 1898–1979) ने कहा कि विकसित औद्योगिक समाजों में विकसित प्रौद्योगिकी के कारण बहुत अधिक अवास्तविक आवश्यकताएँ उभर आती हैं। इन्हें पूरा करने में मानव की क्षमताएँ चूक जाती हैं। राजनीतिक दृष्टि से राष्ट्रवाद, लोकतन्त्र, स्वतन्त्र न्यायपालिका, नागरिकता की धारणाएँ विकसित होती हैं। धर्म कमजोर हो जाता है। सामाजिक संगठन में एकल परिवार महत्त्वपूर्ण हो जाते हैं। वर्ग-विभाजन प्रचलित हो जाता है।

4. औद्योगिकोत्तर या उत्तर-औद्योगिक समाज (Post-industrial Society)— इस अवधारणा को उन विद्वानों ने विकसित किया है, जो यह मानते हैं कि सामाजिक परिवर्तन हमें औद्योगिक व्यवस्था से परे ले जा रहे हैं। उत्तर-औद्योगिक समाज भौतिक वस्तुओं के उत्पादन पर आधारित न होकर, सूचनाओं के उत्पादन पर आधारित होता है। इस अवधारणा का समर्थन करने वालों का मत है कि हम सामाजिक परिवर्तन के अनेक क्रमों को वर्तमान में उतनी ही तीव्र गति से प्रभावित कर रहे हैं, जैसा कि दो सौ वर्ष प्राक्-औद्योगिक युग के प्रारम्भिक समय में लोगों ने अनुभव किया था।

इस विचारधारा के समर्थकों का कहना है कि 20वीं सदी के उत्तरार्द्ध में पूँजीवादी देशों के अन्तर्गत उद्योगों से जुड़े कर्मचारियों की भारी बर्ख़ास्तगी हुई है। कहीं-कहीं श्रमिकों की संख्या आधी से भी कम हो गयी है। आदमी की जगह मशीनों ने ले ली है। मेहनतकश श्रमिकों की जगह सफेदपोश कर्मचारियों ने हथिया ली है। तकनीकी शिक्षा प्राप्त लोगों की संख्या उद्योगों में तेजी से बढ़ने लगी है। ऐसी स्थिति में परम्परागत किस्म की आर्थिक, सामाजिक एवं वैचारिक व्यवस्थाओं में बदलाव आया है। इस प्रकार एक नयी प्रकार की पूँजीवादी व्यवस्था का जन्म हुआ है। इस सन्दर्भ में विद्वानों ने यह विचार व्यक्त किया कि समाज औद्योगिक युग से आगे निकल चुका है। इस स्थिति को, सर्वप्रथम अमरीका में डैनियल बेल (Daniel Bell) ने 1973 में तथा फ्रांस में अलेन टूरें (Alain Touraine) ने 1974 में उत्तर-औद्योगिक समाज (**Post-industrial Society**) कहा। इस अवधारणा पर बेल ने विस्तार से चर्चा अपनी पुस्तक **The Coming of Post-Industrial Society** (1973) में की है। बेल तथा टूरें ने आधुनिकोत्तर समाज को ही औद्योगिकोत्तर समाज (**Post-industrial Society**) कहकर पुकारा है। कुछ लोगों ने इसे बहुलवस्तु समाज (**Post-scarcity Society**) भी कहा है। इस अवधारणा का प्रयोग बहुत सारे विद्वान उत्तर-पूँजीवादी व्यवस्था (**Post-capitalism**) के लिए भी करते हैं।

5. समाजवादी समाज (Socialist Society)— सामाजवाद की धारणा उद्योग के आरम्भ होने के बाद ज्ञानोदय की विचारधारा से यूरोप में पैदा हुई। ज्ञानोदय में ही व्यक्ति की अस्मिता, व्यक्ति की समानता और व्यक्ति के भाई-चारे की बात की जाती थी। सम्भवत: समाजवाद शब्द का प्रयोग सबसे पहले इंग्लैण्ड के उद्योगपति राबर्ट ऑवेन (Robert Owen, 1771–1858) ने किया। यह राजनीतिक विचारों की एक धारा है, जो आधुनिक औद्योगिक उत्पादन की सहयोगी प्रकृति पर ज़ोर देते हुए समतावादी सामाजिक व्यवस्था बनाने की आवश्यकता पर बल देती है। ऐसी मान्यता है कि 'सोशलिस्ट' शब्द का प्रयोग सर्वप्रथम 1832 ई. में सैन सीमाँ (Saint-Simon, 1760–1825, हिन्दी में इस नाम का शुद्ध उच्चारण सैन सीमाँ ही है) के अनुयायियों के लिए किया गया था। 1840 ई. तक यह शब्द लगभग सम्पूर्ण यूरोप में लोकप्रिय हो गया और साथ ही इस शब्द का प्रचलन भी प्रारम्भ हो गया। इसका अर्थ यह लगाया गया कि उत्पादन के साधनों- भूमि अथवा सम्पत्ति तथा पूँजी पर पूरे समाज का स्वामित्व या नियन्त्रण होना चाहिए और इनका प्रशासन सभी के हितों को ध्यान में रखकर किया जाना चाहिए। पिछले 150 वर्षों से समाजवादी विचारों का प्रसार लगभग सम्पूर्ण विश्व में हो चुका है। समाजवाद की विचारधारा आधुनिक युग की सबसे शक्तिशाली विचारधाराओं में से एक है, जिससे मानव-जीवन के सामाजिक, राजनीतिक, आर्थिक जैसे मुख्य क्षेत्रों को ही नहीं, अपितु कलात्मक, साहित्यिक, दार्शनिक एवं सांस्कृतिक जैसे गौण क्षेत्र भी प्रभावित हुए हैं। समाजवाद का मूल उद्देश्य यह होता है कि

समाज में एक समुदाय दूसरे समुदाय का, एक वर्ग दूसरे वर्ग का तथा एक व्यक्ति दूसरे व्यक्ति का शोषण न करे। इस विचारधारा के अनुसार प्रत्येक नागरिक को सर्वांगीण विकास की समान सुविधाओं तथा समान अवसर प्राप्त होने चाहिए। वस्तुतः अपने वर्तमान रूप में समाजवाद, आर्थिक, सामाजिक एवं राजनीतिक संगठन की एक आधुनिक विचारधारा है, जिसके प्रवर्त्तन का श्रेय कार्ल मार्क्स (Karl Marx, 1818–1883) तथा फ्रिडरिक ऐंगल्ज (Friedrich Engles, हिन्दी में इस नाम का शुद्ध उच्चारण फ्रिडरिक ऐंगल्ज ही है) को है। भारत में समाजवादी विचारधारा का प्रवेश राष्ट्रीय आन्दोलन के समय ही हो गया था, बाद में स्वतन्त्रता के पश्चात् उसे संविधान में स्थान दिया गया तथा आज भी सरकार समतामूलक समाज की स्थापना हेतु प्रयासरत है।

कार्ल मार्क्स के अनुसार समाजवाद की कुछ विशेषताएँ हैं, जिन्हें पुराने रूसी क्रान्ति के बाद देखा जा सकता है, जैसे– (1) इसमें उत्पादन के साधन पर राज्य तथा समाज का आधिपत्य होता है। (2) इसमें सर्वहारा की तानाशाही पायी जाती है। (3) इसमें हरेक व्यक्ति को अपनी योग्यता के आधार पर काम मिलता है। (4) इस समाज में एक ही दल पाया जाता है और वह है साम्यवादी दल, जिसे हम केन्द्रीकृत लोकतन्त्र की अवधारणा से जोड़ते हैं।

आज लोकतांत्रिक समाजवाद की धारणा यूरोप में प्रचलित है। ब्रिटेन की लेबर पार्टी, फ्रांस की समाजवादी पार्टी, पुर्तगाल की सामाजिक लोकतांत्रिक पार्टी, लोकतांत्रिक समाजवाद के सिद्धान्त पर आधारित है। भारत के समाजवादी, जैसे– जयप्रकाश नारायण, आचार्य नरेन्द्र देव, राममनोहर लोहिया, मधु दण्डवते, चन्द्रशेखर, कर्पूरी ठाकुर आदि ने ऐसे ही समाजवाद की कल्पना की थी। इनके अनुसार चुनाव के माध्यम से शान्तिपूर्ण ढँग से राज्य के नेतृत्व में समाजवाद आ सकता है।

6. आधुनिकोत्तर या उत्तर-आधुनिक समाज (Post-modern Society)— उत्तर-औद्योगिक और आधुनिकोत्तर समाज समानार्थी अवधारणा है। विद्वानों ने उसे सिर्फ अलग-अलग नामों से पुकारा है। वर्तमान समय में कुछ पाश्चात्य समाजविज्ञानी अपने देश के सन्दर्भ में आधुनिकतावाद (**Modernism**) के स्तर से एक कदम आगे बढ़कर आधुनिकोत्तर स्तर की बात कर रहे हैं। उनका कहना है कि पाश्चात्य विकसित देशों में आधुनिकीकरण की प्रक्रिया अब लगभग समाप्त हो चुकी है। उनका समाज विकास की एक नयी अवस्था में प्रवेश कर चुका है, जिसे वे 'आधुनिकोत्तर स्तर' की संज्ञा देते हैं। दूसरे शब्दों में, आज पाश्चात्य देश औद्योगिक विकास एवं आधुनिकता की चरम सीमा को लाँघ चुका है। पाश्चात्य देशों की सभ्यता और संस्कृति विकास की उस ऊँचाई पर खड़ी है कि उसे आधुनिक की जगह आधुनिकोत्तर कहना ज़्यादा उपयुक्त होगा।

उत्तर-आधुनिकवाद एक अमूर्त अवधारणा है, जबकि उत्तर-औद्योगिक समाज का स्वरूप मूर्त होता है। उत्तर-आधुनिकवाद उत्तर-औद्योगिक समाज की संस्कृति की तरह है या यह कहा जाये कि इन दोनों के बीच आत्मा एवं शरीर का सम्बन्ध है। अतः ये दोनों ही परस्पर व्याप्त अवधारणाएँ हैं। लेकिन, आधुनिकोत्तर समाज तथा उत्तर-औद्योगिक समाज पर्यायवाची शब्द हैं। उत्तर-आधुनिकता की अवधारणा का प्रयोग आधुनिकता (**Modernism**) जैसी अवधारणा की विरोधी अवधारणा के रूप में किया जाता है जिसका अभिप्राय उन्नत औद्योगिक समाज से है। आज का विकसित देश इसका उदाहरण है।

उपर्युक्त विचारधारा के समर्थक मार्क्सवाद की यह कहकर आलोचना करते हैं कि बिना सर्वहारा वर्ग की क्रान्ति के भी पूँजीवादी समाज में बुनियादी परिवर्तन सम्भव है। लेकिन, मार्क्सवादी इस विचारधारा का विरोध करते हुए यह दलील देते हैं कि उत्तर-पूँजीवादी समाज के सिद्धान्त से कार्ल मार्क्स के पूँजीवादी उत्पादन-प्रणाली के सिद्धान्त (**Theory of capitalist mode of production**) का खण्डन नहीं होता है। उन लोगों का यही मानना है कि पूँजीवादी व्यवस्था में इस तरह के परिवर्तन से विकसित पूँजीवादी व्यवस्था का बोध होता है। यह पूँजीवादी व्यवस्था में कोई युगान्तकारी परिवर्तन नहीं है।

जो विचारक आधुनिकोत्तर समाज के सिद्धान्त की बात करते हैं, उनमें कुछ लोग यह मानते हैं कि आधुनिकोत्तर काल में **बहुलविध समाज (Pluralistic Society)** की स्थापना होगी। बड़े पैमाने पर उत्पादन और खपत (Mass

Production and consumption), महानगरों (Metropolises), बृहत् राष्ट्र (Large state), फैली हुई आवास सम्पदा (Sprawling housing estate), राष्ट्र-राज्य (Nation-state) की प्रधानता में कमी होगी और उनकी जगह विभिन्नता (Differentiation), अनेकता (Diversity), लचीलापन (Flexibility), गतिशीलता (Mobility), दूर-संचार के साधनों (Telecommunication), विकेन्द्रीकरण (Decentralization) एवं भूमण्डलीकरण या अन्तर्राष्ट्रीयकरण (Globalization or Internationalization) में वृद्धि होगी।

एन्थनी गिडेन्स (Anthony Giddens) ने उत्तर-आधुनिक समाज की धारणा को स्वीकार नहीं किया, परन्तु वे कहते हैं कि जिस समाज को हम उत्तर-आधुनिक समाज कहना चाहते हैं वह आदर्श विहीन समाज है। यह समाज एक प्रकार का भगोड़ा समाज है, जो नीतियों पर आधारित नहीं है। इसीलिए इस समाज का कोई निश्चित आदर्श नहीं है। विकसित पूँजीवादी देशों को अलग-अलग विद्वानों ने अलग-अगल नाम दिये हैं। रैल्फ डारेनडॉफ (Ralf Dahrendorf, 1929–2009) ने इसे उत्तर-पूँजीवादी समाज कहा है। इसी समाज को अमरीकी समाजशास्त्री अमीताई इत्सीऑनी (Amitai Etzioni, इस नाम का शुद्ध उच्चारण इत्सीऑनी है) ने उत्तर-आधुनिक युग कहा है। जर्मन समाजशास्त्री उल्रीक बेक (Ulrich Beck) ने ऐसे समाजों को जोखिम वाला समाज कहा है। उनके अनुसार इस समाज के निश्चित आधार नहीं हैं।

समुदाय (Community)

समुदाय एक मूर्त अवधारणा है, जिसके विभिन्न आधार हैं। विभिन्न समाजशास्त्रियों ने इसके कुछ मौलिक आधारों एवं विशेषताओं को ध्यान में रखकर अपने-अपने ढँग से समुदाय को परिभाषित करने का प्रयास किया है। समाजशास्त्र में समुदाय की अनगिनत परिभाषाएँ दी गयी हैं। इससे स्पष्ट है कि समाजशास्त्रियों के बीच इस अवधारणा के बारे में एकमतता नहीं है। इस सम्बन्ध में सबसे बड़ी परेशानी यह रही है कि विभिन्न समाजशास्त्रियों ने समुदाय शब्द का प्रयोग बहुत ही मूल्य-धारित (Value-laden) अर्थ में किया है। विभिन्न विद्वानों ने अपने पक्षपातपूर्ण विचारों को ध्यान में रखकर समुदाय का विश्लेषण करने का प्रयास किया है, जैसा कि माइकल मन ने अपने समाजशास्त्र के विश्वकोश में बताया है।[4]

मकीवर और पेज (R.M. MacIver and C.H. Page, 1985: 8–9) ने समुदाय को निम्नलिखित ढँग से परिभाषित करने का प्रयास किया है– "समुदाय उस छोटे या बड़े समूह को कहते हैं जिसके सभी सदस्य किसी क्षेत्र की सीमा में इस प्रकार समग्र जीवन बिताते हैं कि वे किसी विशेष हित की पूर्ति मात्र ही नहीं, बल्कि सामान्य जीवन की सभी बुनियादी शर्तों की पूर्ति में पारस्परिक सहयोग करते हैं।" (Wherever the members of any group, small or large, live together in such a way that they share, not this or that particular interest, but the basic conditions of a common life, we call that group a community)।

इस परिभाषा में तीन तथ्य हैं: (i) समुदाय का अपना एक विशेष भौगोलिक क्षेत्र होता है। इस बात को स्पष्ट करते हुए उक्त लेखकों ने आगे कहा है कि समुदाय सामान्य जीवन जीने का एक क्षेत्र है। (ii) यह क्षेत्र वह रंगमंच है, जहाँ जीवन के समग्र हितों की पूर्ति होती है। (iii) इस क्षेत्र की सीमा में रहने वाले सभी लोग एक-दूसरे से समान मनोवृत्तियों, समान सांस्कृतिक विशेषताओं के कारण सामुदायिक एकता की भावना से सम्बद्ध रहते हैं। मकीवर और पेज (R.M. MacIver and C.H. Page, 1985: 9) के शब्दों में, "समुदाय सामाजिक जीवन का ऐसा क्षेत्र है, जहाँ काफी हद तक सामाजिक सामंजस्य की भावना दिखाई देती है।" (A community then is an area of social living marked by some degree of *social coherence*)।

---

4. "The concept of community is usually value-laden, often referring generally to a form of social organization the writer values."— Michael Mann, **Macmillan Student Encyclopedia of Sociology,** Macmillan Press, London, 1993, p. 56.

सामुदायिक जीवन और उससे उत्पन्न 'वयं भावना' (We-feeling) के तत्त्व पर ज़ोर देते हुए बोगाड्र्स (Emory S. Bogardus, 122) ने लिखा है, "समुदाय किसी निश्चित क्षेत्र में निवास करने वाला एक ऐसा सामाजिक समूह है, जिसमें कुछ मात्रा में 'वयं भावना' वर्तमान रहती है।" (A community is a social group with some degree of 'we feeling' and living in a given area.) इस परिभाषा द्वारा सामाजिक सम्बद्धता एवं सामुदायिक भावना पर अधिक प्रकाश पड़ता है।

समुदाय से एक और महत्त्वपूर्ण तत्त्व जुड़ा है जिसका उल्लेख किम्बाल यंग (Kimball Young) ने किया है– वह है, 'समान संस्कृति'। एक समुदाय की पहचान है समान संस्कृति दूसरे शब्दों में, एक समुदाय के सभी सदस्य इसी समान संस्कृति के आदर्शों एवं मूल्यों से निर्देश ग्रहण करते हैं, आवश्यकताओं की पूर्ति करते हैं तथा पारस्परिक सम्बन्ध का विकास एवं निर्वाह करते हैं।

उपर्युक्त विवेचन के बाद समुदाय की परिभाषा इस प्रकार दी जा सकती है– समुदाय एक निश्चित स्थान या भूभाग में रहने वाले व्यक्तियों का ऐसा समूह है जिनकी एक संस्कृति होती है, जिनकी एक जैसी जीवन-प्रणाली होती है, जो अपनी सभी आवश्यकताओं की पूर्ति समुदाय के भीतर ही पूरा कर लेते हैं और इस प्रकार उनमें 'वयं भावना' होती है, समुदाय के प्रति वफादारी का भाव होता है।

समुदाय की विशेषताएँ, तत्त्व या आधार
(Characteristics, Elements or Bases of Community)

यहाँ ऊपर की बातों को इस प्रकार प्रस्तुत किया जा रहा है कि समुदाय की सभी प्रमुख विशेषताओं को पाठक ठीक से समझ सकें। इन विशेषताओं को हम समुदाय के विभिन्न तत्त्वों या आधारों के रूप में भी देख सकते हैं, क्योंकि इन्हीं विशेषताओं के सन्दर्भ में उन तत्त्वों का भी जिक्र करेंगे जिन पर कोई भी समुदाय अवस्थित होता है।

1. निश्चित भौगोलिक क्षेत्र— समुदाय के लिए एक आवश्यक तत्त्व यह है कि इसका कोई निश्चित भौगोलिक क्षेत्र हो जिसकी सीमा के अन्तर्गत ही समुदाय के अधिकांश सदस्य निवास करते हों। उसी भौगोलिक सीमा में रहकर समुदाय के सदस्य अपनी आवश्यकताओं की पूर्ति करते हैं। यह निश्चित प्रदेश सामाजिक जीवन का रंगमंच होता है। इसी सीमा के अन्तर्गत उनके सभी सामाजिक सम्बन्धों का निर्माण और विकास होता है। ये सम्बन्ध घनिष्ठ एवं आमने-सामने के होते हैं। उनमें अपनेपन की भावना पायी जाती है। मकीवर और पेज ने इसलिए कहा है कि यह सीमित भौगोलिक क्षेत्र समुदाय के सदस्यों के लिए सम्पूर्ण जीवनयापन का क्षेत्र होता है। भारतीय गाँव इसका एक अच्छा उदाहरण है।

कुछ समाजशास्त्रियों ने समुदाय के क्षेत्रीय आधार को आवश्यक तत्त्व नहीं माना है, क्योंकि यातायात के साधनों में अभूतपूर्व विकास तथा उद्योगीकरण के फलस्वरूप अब समुदायों के अस्तित्व के लिए क्षेत्रीय सीमा आवश्यक नहीं रह गयी है। दूसरी ओर, कुछ लोग निश्चित भौगोलिक क्षेत्र की सीमा को समुदाय का अनिवार्य आधार मानते हैं।

आज के समाज में शहरी समुदाय, क्षेत्रीय समुदाय, एवं राष्ट्रीय समुदाय की चर्चा होती है। समुदाय के इन सभी प्रकारों का आधार क्षेत्र है, फिर भी वे हमारी परिभाषा के अनुसार समुदाय नहीं हैं, क्योंकि शहर, क्षेत्र तथा देश बहुत बड़े भौगोलिक क्षेत्र हैं जहाँ लोगों के बीच अन्त:क्रिया सम्भव नहीं है। अत: उनके सामाजिक सम्बन्धों में वह अपनापन नहीं होता है, जो ग्रामीण सदस्यों के बीच पाया जाता है।

2. सामुदायिक भावना (Community Sentiment)— समुदाय के अस्तित्व के लिए एक और आवश्यक तत्त्व है– सामुदायिक भावना। यह एक मनोवैज्ञानिक तत्त्व है। इसे 'वयं भावना' (We-feeling) कहते हैं। समुदाय का जीवन एक निश्चित भौगोलिक सीमा में व्यतीत होता है, समुदाय के सभी सदस्यों के बीच पूरी हिस्सेदारी होती है और इस तरह वे जीवन की सभी आवश्यकताओं की पूर्ति करते हैं। जिसके परिणामस्वरूप सभी सदस्यों को यह अनुभव होता है कि वे एक सूत्र में बंधे हैं, वे एक समुदाय के हैं। वे अपने समुदाय के लिए जीते और मरते हैं। वे परस्पर सहयोग

का प्रत्यक्ष लाभ देखते हैं। प्रतिदिन एक साथ काम करने के परिणामस्वरूप उनके सम्बन्धों में निकटता एवं अपनत्व का विकास होता है और उनमें अपने समुदाय के सम्बन्ध में गौरव की भावना का विकास होता है।

3. सामान्य जीवन (Common Life)— समुदाय के सदस्य सामान्य जीवन बिताते हैं। (i) सामान्य जीवन की पहली विशेषता है, भाषा की समानता (ii) एक समुदाय की एक ही ढंग की जीवन-प्रणाली होती है। समुदाय के सभी सदस्यों के उठने-बैठने, बोलने, अभिवादन एवं कार्य करने के ढंग लगभग एक जैसे होते हैं। (iii) सदस्यों की सामाजिक भूमिकाओं में समानता होती है। गाँव में सभी व्यक्तियों की भूमिकाएँ समान परिस्थिति में एक जैसी होती हैं। समुदाय के सभी सदस्य सब प्रकार के पारस्परिक हितों या आवश्यकताओं की पूर्ति में हिस्सा बँटाते हैं। पूरे समुदाय में मौलिक समस्याओं पर विचारों की एक हद तक समानता रहती है। व्यक्तिगत राय का पालन इसी सामुदायिक सहमति की मर्यादा के अधीन होता है। संक्षेप में, एक समुदाय की जीवन प्रणाली में एकरूपता पायी जाती है।

4. व्यक्तियों का एक समूह (A Group of People)— समुदाय व्यक्तियों का समूह है। इसका आकार कम-से-कम इतना बड़ा होता है कि समुदाय के सदस्यों की आम आवश्यकताओं की पूर्ति पारस्परिक सहयोग के द्वारा हो जाती है।

5. समुदाय की अपनी संस्कृति होती है— प्रत्येक समुदाय की यह विशेषता है कि बृहत्तर राष्ट्रीय संस्कृति के अन्तर्गत ही वह अपनी कुछ सांस्कृतिक विशिष्टता रखता है। एक क्षेत्र में पीढ़ी-दर-पीढ़ी रहते हुए एक सामान्य जीवन व्यतीत करते हुए समुदाय के लोगों की एक किस्म की अपनी बोली होती है, उनमें रहन-सहन के तरीके, खान-पान के नियम, सोचने-समझने के ढँग विकसित होते हैं। इस पूरे समुदाय में एक प्रकार की मनोवृत्ति भी बन जाती है। जीवन के प्रतिमानों एवं मूल्यों (Patterns and Values of Life) पर भी स्थानीय क्षेत्र का प्रभाव पड़ता है।

चूँकि समुदाय एक क्षेत्र की सीमा में सम्पूर्ण जीवन जीने का माध्यम है, अत: व्यक्तियों के जीवन को परिचालित एवं नियन्त्रित करने के लिए समुदाय कुछ मूल्य, नियम एवं प्रतिमान की व्यवस्था करता है। इसी अर्थ में हम कहते हैं कि समुदाय की अपनी विशिष्ट संस्कृति होती है। यह अपने-आप बनता और बिगड़ता रहता है।

6. समुदाय का विशिष्ट नाम होता है— प्रत्येक समुदाय की पहचान के लिए अलग-अलग एक विशिष्ट नाम होता है, जैसे- हिन्दू समुदाय, मुस्लिम समुदाय इत्यादि। उसी प्रकार एक गाँव के निवासी को हम किसी विशेष ग्रामीण समुदाय के नाम से जानते हैं। इसलिए एक गाँव के निवासी 'वयं भावना' रखते हैं। समुदाय के अस्तित्व को स्थायित्व प्रदान करने के लिए, समुदाय का नामकरण एक प्रतीक मात्र है।

7. सापेक्ष स्थायित्व— जैसा कि कहा जा चुका है कि समुदाय का विकास समाज में स्वत: होता है। यह एक ऐसे समूह के रूप में विकसित होता है, जो स्थायी होता है। इसके बुनियादी आधार जैसे- क्षेत्रीय सीमा, सामान्य जीवन, सामुदायिक भावना, समान संस्कृति इत्यादि इसे स्थायित्व प्रदान करते हैं। हम कह चुके हैं कि उद्योगीकरण एवं यातायात के साधनों का समुदाय पर प्रभाव पड़ता है। फलस्वरूप, समुदाय की आन्तरिक संरचना एवं नियमों में परिवर्तन होता है एवं कभी-कभी समुदाय के कार्य-क्षेत्र में भी कमी या वृद्धि हो जाती है। सामुदायिकता की भावना में भी कमीबेशी होती है। इन सारे आन्तरिक परिवर्तनों के बावजूद समुदाय का अस्तित्व हमेशा बना रहता है। अन्य सामाजिक संरचना की तुलना में यह ज्यादा स्थिर है।

8. स्वतः उत्पत्ति— सभ्यता के विकास-क्रम में ग्रामीण या जनजातीय समुदाय या अन्य प्रकार के समुदायों का क्रमश: विकास हुआ। मानव-समूह ने जब उत्पादन के औजार बनाना शुरू कर दिया, तब उस समूह के लिए एक इलाके में स्थायी तौर पर रहना अनिवार्य हो गया, जहाँ पारस्परिक सहयोग द्वारा आवश्यकताओं की पूर्ति सम्भव हो गयी। इसी क्रम में सामान्य जीवन एवं सामुदायिक भावना धीरे-धीरे उत्पन्न हुई और समय के साथ समुदाय का उदय एवं विकास स्वत: हुआ। मानव समूह ने अपने विशेष प्रयास द्वारा इसकी स्थापना नहीं की है। इस प्रकार समुदाय की उत्पत्ति कब हुई, यह कहना कठिन है।

कतिपय सीमांत उदाहरण (Some Frontier Examples)

उप-समुदाय या समुदाय के अन्दर समुदाय (Sub-community)— यातायात के विकास के कारण आज लोगों के लिए अपने मूल निवास स्थान छोड़कर दूसरे स्थान में बस जाना आसान हो गया है। आज सारी दुनिया में 'शरणार्थी' एक समस्या है। उदाहरण स्वरूप, अमरीका में वियतनामी शरणार्थियों का समुदाय, भारत में बांग्लादेशी शरणार्थियों का समुदाय इत्यादि। अमरीका के प्राय: प्रत्येक बड़े शहरों में चायना टाउन (China Town) एक इलाका है। इन स्थानों से सम्बद्ध आबादी के समूह हैं, जिनमें समुदाय के कुछ तत्त्व मिल सकते हैं, किन्तु सामुदायिक एकता की दृष्टि से इसमें भेद पाया जाता है। किसी समूह में कम, किसी में ज़्यादा एकता मौजूद है। ये पास-पड़ोस की अपेक्षा समुदाय के अधिक निकट हैं, पर समुदाय नहीं है। यह उप-समुदाय है। भारत के विभाजन के बाद भारत के विभिन्न शहरों में स्थानीय समुदाय के अतिरिक्त पंजाब, सिंध से आये शरणार्थी बसे हैं। वे विभिन्न प्रकार के धन्धों में हैं; पर, सामाजिक स्तर पर उनमें आपसी एकता रहती है और वयं भावना रहती है। इस मायने में वे एक समुदाय के सदस्य हैं। लेकिन उनका यह समुदाय बाहर जो बड़ा समुदाय है, उसका एक हिस्सा बनकर रह जाता है। वर्तमान समय में समुदाय का यह एक नया चरित्र उभरा है। इन्हें उप-समुदाय कहना अधिक उचित होगा।

नगरीय पड़ोस (Urban Neighbourhood)— गाँव या जनजातीय समाज में अड़ोस-पड़ोस कोई अलग तत्त्व नहीं है। वह गाँव का हिस्सा है, पर शहरों के पड़ोस में व्यक्तियों के समूह बनते हैं और उनके बीच घनिष्ठ अन्त:क्रिया होती है। वे एक-दूसरे से पड़ोस की भावना एवं उत्तरदायित्व से बँधे होते हैं तथा उनके बीच पारस्परिक सद्भाव विकसित होता है। इन्हें हम सीमित अर्थों में समुदाय कहेंगे, क्योंकि इसमें समुदाय के दो आधार निश्चित स्थान तथा वयं भावना मौजूद है। पड़ोस आकार की दृष्टि से सम्भवत: सबसे छोटा समुदाय होता है। एक छोटे से स्थान पर या बहुत बार किसी बहुत बड़े मकान में अनेक परिवार रहते हैं। उनमें भौतिक निकटता होती है। यह उनकी मज़बूरी है, क्योंकि उनकी आर्थिक स्थिति स्वतन्त्र रूप से बड़े घरों में रहने लायक नहीं होती है। पड़ोस के सभी लोग एक-दूसरे के निजी जीवन की सभी बातों को जानते हैं। पड़ोस में सामूहिकता होती है। ये छोटी-छोटी खुशियों को बाँटकर और दु:ख में एक साथ खड़े होकर अपनी समूहिकता प्रदर्शित करते हैं। परन्तु उन्हें हम वास्तविक समुदाय नहीं कहेंगे, क्योंकि (क) उनके सम्पूर्ण जीवन– आर्थिक, राजनीतिक, सांस्कृतिक– की क्रिया अड़ोस-पड़ोस से बाहर जाकर पूरी होती है। (ख) पड़ोस के सदस्यों के बीच सामान्य जीवन नहीं होता है, (ग) उनमें वैचारिक, सांस्कृतिक एवं आर्थिक भेद प्रत्यक्ष रूप से देखे जा सकते हैं, (घ) वर्तमान समय के शहरों में पड़ोस के लोग एक-दूसरे से परिचित भी नहीं होते हैं। लोग पड़ोसी होने का धर्म भले ही कभी निभा लें; परन्तु पड़ोस के सदस्य आपस में कभी भी नहीं घुल-मिल पाते हैं।

ग्रामीण समुदाय (Rural Community)

गाँव ज़मीन से जुड़ी व्यवस्था है। पारम्परिक अर्थव्यवस्था इसकी विशेषता है। ग्रामीण लोग अपनी समस्याओं को स्वयं हल करना चाहते हैं। ग्रामीण समुदाय के साथ एक विशेष प्रकार की विचारधारा, रूमानियत एवं परम्परागत जीवन-मूल्य की बात जुड़ी होती हैं। जर्मन समाजशास्त्री टॉनीज (F. Toennies) ने गाँवों को समुदाय (Gemeinschaft) कहकर पुकारा है।

पी.ए. सोरोकिन (P. A. Sorokin) ने कहा है कि गाँव प्रकृति के निकट होता है, गाँवों में श्रम-विभाजन उतना स्पष्ट नहीं होता है, गाँवों में केवल प्राथमिक सम्बन्ध पाये जाते है, गाँवों में धर्म एवं परम्परा की प्रधानता होती है तथा गाँवों में सक्रियता और परिवर्तन कम होते हैं। गाँव तालाब के ठहरे हुए पानी के समान होता है।

अँग्रेजों ने भारत को अपना उपनिवेश बनाया और वे चाहते थे कि भारत पर उनका राज लम्बे समय तक चलता रहे इसीलिए भारत के ग्रामीण क्षेत्रों का अध्ययन प्रशासकों और विशेषज्ञों द्वारा करवाया। चार्ल्स टी. मेटकॉफ (Charles T. Metcalfe) ने 1833 ई. में ब्रिटिश संसद में पेश की गयी एक रपट में उल्लेख किया है कि भारतीय गाँव

छोटे-छोटे स्वतन्त्र, पृथक, गणतन्त्रों के समान हैं, जो स्वावलम्बी हैं, जिन पर बाहरी घटनाओं का प्रभाव नहीं पड़ता है। वहाँ युद्ध, प्राकृतिक विपत्ति एवं महामारी आती हैं और समाप्त हो जाती हैं। भारतीय गाँव वटवृक्ष के समान अपनी निरन्तरता बनाये रखते हैं।

1860 ई. में एक ब्रिटिश विशेषज्ञ हेनरी मेन (Henry Maine) भारत आए। भारतीय कानून के विकास में उनका महत्त्वपूर्ण योगदान रहा है। उन्होंने कहा कि प्राचीन काल में कानून का सम्बन्ध लोगों की स्थिति (Status) से था और आधुनिक काल में संविदा (Contract) से है। भारत आकर उन्होंने जो सामग्री संकलित की उसके आधार पर **Village Communities** नामक एक पुस्तक लिखी। इस पुस्तक में उन्होंने चार्ल्स मेटकाफ के विचारों को दुहराया। उन्होंने भी कहा कि भारतीय गाँव लगभग शाश्वत हैं। उनकी निरन्तरता लम्बे समय से चली आ रही है। भारतीय गाँव स्वायत्त, स्वावलम्बी और बाहरी शक्तियों से कमोवेश मुक्त हैं।

पश्चिम के विद्वान लम्बे समय से भारतीय सामाजिक संगठन और ग्रामीण समुदायों को एक अलग रूप में देखते रहे हैं। मार्क्स ने भारत के सम्बन्ध में लिखा है कि भारतीय समाज गाँवों के आधार पर संगठित था। एशियाई उत्पादन प्रणाली के समान यहाँ निजी सम्पत्ति नहीं थी, राज्य नहीं था। राज्य जैसा एक ढीला-ढाला संगठन ज़रूर था। मार्क्स ने कहा कि गाँव के सरदार अथवा चौधरी अत्यधिक शक्तिशाली होते थे, जो सभी लोगों के लिए सभी सुविधाओं का प्रबन्ध करते थे।

बाद में मैक्स वेबर ने भारत के धर्मों के सम्बन्ध में लिखते हुए भारत के गाँवों के बारे में भी लिखा है। उनके अनुसार भारतीय गाँव धर्म से परिभाषित हैं। यजमानी प्रथा के नियमों के कारण वे लोग एक-दूसरे से बँधे हुए हैं। ये नियम हिन्दू धर्म के द्वारा अनुशंसित हैं। गाँवों में जातियों के विभाजन के आधार पर एक असमान संगठित स्वरूप बना होता है। वेबर ने अप्रत्यक्ष रूप से हिन्दू धर्म और ग्रामीण समुदायों को जड़ता से जोड़ दिया।

ब्रिटिश सरकार ने ईस्ट इण्डिया कम्पनी का शासन समाप्त करने के बाद भी भारत के अलग-अलग क्षेत्रों के गाँवों का अध्ययन करवाना जारी रखा। इन अध्ययनों के द्वारा भारतीय गाँवों की जानकारी तो हुई, साथ ही भारतीय भूमि-संरचना और राजस्व की व्यवस्था के सम्बन्ध में बहुत अधिक जानकारियाँ प्राप्त हुईं। इन अध्ययनों के बावजूद न तो भारत में ग्रामीण समाजशास्त्र समुचित विकसित हुआ और न ही भारतीय गाँवों की सुसंगत जानकारी प्राप्त हुई।

रॉबर्ट रेडफील्ड ने मैक्सिको के गाँवों का अध्ययन किया। रेडफील्ड (Robert Redfield) ने इन अध्ययनों के आधार पर **The Little Community** (1956) नामक एक पुस्तक लिखी। उन्होंने सामान्य तौर पर गाँवों और ग्रामीण क्षेत्रों को लघु समुदाय कहा है। उनके अनुसार लघु समुदाय के चार निश्चित लक्षण हैं: (i) लघुता, (ii) विशिष्टता, (iii) समरूपता, एवं (iv) आत्मनिर्भरता।

रॉबर्ट रेडफील्ड तथा मैकिम मैरियट (McKim Marriott) आदि मानवशास्त्रियों ने अमरीका के शिकागो विश्वविद्यालय में भारतीय गाँव शीर्षक पर 1950 ई. में एक गोष्ठी करवायी, जिसमें अमरीका एवं यूरोप के अतिरिक्त भारत से भी अनेक विद्वान शामिल हुए। इस सेमिनार ने कोई ठोस निष्कर्ष तो नहीं दिया, परन्तु भावी अध्ययनों के लिए भारतीय गाँवों का एक चित्र ज़रूर प्रस्तुत किया, जिसके अन्तर्गत यह कहा गया कि (i) भारतीय गाँव सामाजिक संरचना के अंग हैं और अनेक संरचनात्मक आधारों में से एक हैं; (ii) गाँवों में लोग अपने गाँवों के प्रति प्रतिबद्ध होते हैं जिसे **गाँववाद (Ruralism)** कहा जाता है; (iii) गाँवों का एक नाम तो होता है, साथ-ही-साथ एक सामाजिक सांस्कृतिक विशिष्टता भी होती है; (iv) गाँवों में काल्पनिक नातेदारी होती है, जैसे– किसी की भी बेटी सबकी बेटी कही जाती है और किसी की भी वधू सबकी वधू कही जाती है; (v) भारतीय गाँव धर्म एवं जाति के आधार पर बसे हुए हैं, जिसमें एक गाँव को किसी धर्म एवं जाति के आधार पर जाना जाता है।

भारतीय गाँवों को उनकी भौतिक बनावट के आधार पर वर्गीकृत करते हुए इरावती कार्वे ने चार प्रकार के गाँवों की बात की है: (i) **मैदानी आयताकार गाँव** जो बंगाल, बिहार, उत्तर प्रदेश, पंजाब के मैदानी इलाकों में पाया जाता

है। इनका आकार बड़ा होता है और अलग-अलग सुविधाएँ अलग-अलग स्थानों पर होती हैं। (ii) **केन्द्रीकृत गाँव** पठार पर बसे होते हैं, जहाँ क्षेत्रफल छोटा होता है और आबादी एक ही जगह बसी होती है। दक्षिण भारत की मुख्य भूमि के गाँव ऐसे ही हैं। (iii) **रैखिक गाँव** एक लम्बे आकार में बसे होते हैं। इरावती कार्वे ने कोंकण क्षेत्र के रैखिक गाँवों का वर्णन किया है, जिसके बीचोंबीच सड़क होती है, उस सड़क के दोनों ओर मकान, ज़मीन, फलों के बाग़ और कोंकण क्षेत्र में कहीं-कहीं नमक के पहाड़ होते हैं, जिन्हें वहाँ खजाना कहा जाता है। रैखिक गाँव समुद्र के तटवर्ती इलाकों में पाये जाते हैं, जैसे– बंगाल, उड़ीसा, केरल और कुछ आन्ध्र प्रदेश में, (iv) **बिखरे हुए गाँव** पहाड़ी इलाकों में होते हैं एवं असंगठित आबादी होती है।

भारतीय गाँव पिछले 60–65 वर्षों में बहुत अधिक बदल गए हैं। लगभग सभी गाँवों में परचून की दुकान, अधिकतर गाँवों में टेलीफोन, टी.वी., बिजली, स्कूल और स्वास्थ्य केन्द्र आदि खुल गए हैं। भारतीय गाँव अब अविकास के द्वीप नहीं हैं। इनका शहरों से एकीकरण हो गया है एवं उदारीकरण की आर्थिक नीतियों ने एकीकरण की प्रक्रिया को आगे बढ़ाया है।

शहरी समुदाय (Urban Community)

शहरी समुदाय एक मिथ्या अवधारणा है, क्योंकि शहर सच मायने में कोई समुदाय नहीं है, बल्कि शहरों के अन्तर्गत बहुत प्रकार के समुदाय पाये जाते हैं। कोई शहर, विशेषकर बृहत शहर, अपने-आप में समुदाय नहीं है, क्योंकि समुदाय की जिन विशेषताओं की चर्चा पहले की जा चुकी है वे सभी तत्त्व एक साथ शहर में मौजूद नहीं होते हैं। शहरों में विभिन्न संस्कृति और भाषा-भाषी लोग होते हैं। सभी लोग एक-दूसरे के लिए अपरिचित होते हैं। अतः अपनेपन की भावना का सर्वथा अभाव होता है। जब हम ग्रामीण समुदाय की बात करते हैं, तो सहसा शहरी समाज की अवधारणा मस्तिष्क में उभरकर सामने आती है। इसे शहरी समुदाय न कहकर शहरी समाज कहना ही उचित है। नगरों की जनसंख्या अधिक होती है, ऊँची इमारतों के चलते जनसंख्या का घनत्व भी अधिक होता है, ग़ैर कृषिकार्य की प्रधानता होती है, कृत्रिम निर्माण अधिक होते हैं, जैसे– पक्की सड़कें, पक्के मकान इत्यादि। नगरों में यातायात की सुविधाएँ, नगर की संस्कृति, नियम और जीवन के मूल्य कुछ अलग होते हैं और अन्ततः नगर की जीवनशैली अलग होती है। शहरों का आकार छोटा या बड़ा हो सकता है। ऐसी स्थिति में शहरों की विशेषताओं और लक्षणों की चर्चा भ्रामक हो जाती है। छोटे शहर गाँवों के लक्षण वाले होते हैं और बहुत बड़े नगर गाँवों से एकदम भिन्न होते हैं।

जीमेल ने कहा है कि नगर बुद्धि और ज्ञान का केन्द्र होता है। नगरों में संस्कृति, साहित्य, संगीत और विचारों का सृजन होता है। यह बौद्धिकता का केन्द्र है। यहाँ नागरिक सुविधाएँ होती हैं और संगठित जीवन होता है। पैट्रिक गेडिस (Patrick Geddes, 1854–1932) ने नगरीय जीवन के सम्बन्ध में **Cities in Evolution** (1915) नामक एक पुस्तक लिखी। उनके अनुसार भी नगर, जीवन की सुविधाओं के केन्द्र होते हैं। लुइस मम्फोर्ड (Lewis Mumford) ने अन्य पुस्तकों के साथ-साथ **The Culture of Cities** (1938) एवं **The City in History** (1961) नामक पुस्तकें लिखीं। उन्होंने नगरों की विशेषताओं में संस्कृति एवं जीवनशैली को बड़ा महत्त्व दिया। उनके अनुसार नगर में दिखावा होता है, नगर में द्वितीयक सम्बन्धों की प्रधानता होती है तथा नगर की संस्कृति ग्रामीण क्षेत्रों से भिन्न होती है।

नगर समुदाय की चर्चा समाजशास्त्रियों के अतिरिक्त भूगोलवेत्ताओं ने भी की है। भूगोलवेत्ताओं के लिए नगर में भूमि का उपयोग, कृत्रिम बनावट, नगर की सुविधाएँ अधिक महत्त्वपूर्ण हैं। अर्थशास्त्रियों ने नगर को आर्थिक विकास का केन्द्र माना है। उनके अनुसार नगर में पूँजी, कुशल श्रमिक, यातायात व संचार की सुविधाएँ होती हैं, इसलिए आर्थिक विकास को यह प्रोत्साहित करता है और आर्थिक विकास के कारण नगरीकरण की प्रक्रिया को गति मिलती है। समाजशास्त्र में नगरवाद की अवधारणा का विकास हुआ, जिसे जीवन की एक प्रणाली के रूप में परिभाषित किया गया है। नगरवाद **(Urbanism)** की अवधारणा को समाजशास्त्र में सबसे पहले जर्मन-अमरीकी समाजशास्त्री

लूई वर्द (Louis Wirth, 1897–1952) ने 1938 में प्रतिपादित किया था और तब-से यह समाजशास्त्र में चर्चा का एक महत्त्वपूर्ण विषय रहा है। उनका मानना था कि नगरवाद नगरों की प्रमुख विशेषता है। उनके अनुसार नगर के निश्चित लक्षण हैं: (i) बड़ा आकार, (ii) उच्च घनत्व एवं (iii) सामाजिक असमरूपता। बड़ा आकार, भौतिक क्षेत्र और जनसंख्या दोनों का है। उच्च घनत्व जनसंख्या का है एवं सामाजिक असमरूपता का अर्थ है सामाजिक और सांस्कृतिक भिन्नताओं का होना।

जाति-व्यवस्था— जाति-व्यवस्था भारतीय समाज की एक अनोखी विशेषता है। इस व्यवस्था के कारण एक जाति के सदस्य आपस में अपने को दूसरी जाति के सदस्यों की तुलना में अधिक निकट समझते हैं, उनमें 'वयं भावना' होती है, इसीलिए जाति का पक्ष ले भी सकते हैं जिसे हम 'जातिवाद' कहते हैं। किन्तु इससे जाति को समुदाय नहीं कहा जा सकता, क्योंकि (क) एक ही जाति के सदस्य विभिन्न इलाकों में फैले होते हैं, (ख) एक ही जाति में विभिन्न प्रकार की जीवन-प्रणाली हम देख सकते हैं। (ग) जाति, लोगों को एक ही इलाके में खण्डों में बाँटती है, जोड़ती नहीं है। इन्हीं कारणों से जाति-भावना के बावजूद जाति को हम समुदाय नहीं कह सकते हैं।

बन्दी-गृह (Jail)— मकीवर ने जेल की सीमा में रहने वाले कैदियों के समूह को समुदाय माना है, क्योंकि (क) वे जेल की सीमा में रहते हैं, (ख) जेल में रहते-रहते उनमें 'वयं भावना' का विकास होता है, (ग) जेल में सभी कैदी एक जैसा जीवन बिताते हैं। इस तरह जेल की अपनी एक उप-संस्कृति बन जाती है, (घ) जेलवासियों का एक घनिष्ठ समूह बनता है। दूसरे शब्दों में, समुदाय की बुनियादी विशेषताएँ जेल-समुदाय में पायी जाती हैं। पर गहराई में जाने पर विरोधी तथ्य स्पष्ट दिखाई पड़ते हैं: (i) जेल-समुदाय की सदस्यता अस्थायी होती है। (ii) जेल समुदाय का सामान्य जीवन आरोपित है, वे स्वेच्छा से ऐसा जीवन नहीं बिताते हैं। (iii) 'वयं भावना' का स्वरूप अवास्तविक होता है। (iv) यह एक स्वत: विकसित सामाजिक समूह नहीं है। (v) जेल-जीवन एक चहारदीवारी में बन्द जीवन है, जबकि समुदाय में जीवन उन्मुक्त रहता है।

इन तर्कों के आधार पर हम कह सकते हैं कि बन्दी-गृह एक समुदाय नहीं है। इसे हम सम्पूर्ण संस्था (Total Institution) का एक नमूना समझ सकते हैं। वास्तव में यह ग्रामीण समुदाय जैसा समुदाय नहीं है। इसे नकली समुदाय (Pseudo-community) कहा जाना चाहिए।

छात्रावास, मानसिक रोगों का अस्पताल, सेना की छावनी, मठ या आश्रम (Asylum) को हम समुदाय नहीं कहेंगे। गॉफमैन (Erving Goffman) के शब्दों में इन्हें सम्पूर्ण संस्था ही कहना ठीक होगा।

समाज और समुदाय : एक तुलना

समुदाय की विवेचना में कुछ बातें ऐसी हैं कि जिनसे यह भ्रम हो जाता है कि समुदाय एक आत्मनिर्भर, स्वत: विकसित सम्पूर्ण सामाजिक व्यवस्था है। पर, बात ऐसी नहीं है, वास्तविकता यह है कि समुदाय समाज की अनेक संरचनाओं में से एक है। यहाँ दोनों का तुलनात्मक विवेचन करना आवश्यक है ताकि दोनों के बीच समानता एवं अन्तर स्पष्ट किया जा सके।

1. समाज का भौगोलिक क्षेत्र होना आवश्यक नहीं है, परन्तु समुदाय का क्षेत्र निश्चित होता है। इसका आकार सीमित होता है, जैसे- ग्रामीण समुदाय।
2. समाज विविध जीवन-प्रणालियों को जोड़ सकता है, परन्तु समुदाय में साधारणतया एक ही किस्म का जीवन पाया जाता है।
3. समाज एक अमूर्त व्यवस्था है, पर समुदाय एक मूर्त व्यवस्था है।
4. समाज में संघर्ष, सहयोग, प्रतियोगिता, द्वन्द्व ये सभी प्रक्रियाएँ काम करती हैं। किन्तु समुदाय में सहयोग ही सामुदायिक जीवन की धुरी है, जिससे समुदाय में 'वयं भावना' दृढ़ होती है।

5. समाज एक व्यापक अवधारणा है इसमें स्थायित्व होना ज़रूरी नहीं है। पर, समुदाय का सीमित दायरा होता है इसमें समाज की तुलना में स्थायित्व काफी अधिक होता है।
6. समाज का कोई खास नाम होना ज़रूरी नहीं है, पर समुदाय किसी-न-किसी नाम से जाना जाता है।
7. एक बृहत् समाज विभिन्न संस्कृतियों का संगम हो सकता है, जबकि एक समुदाय की अपनी एक विशिष्ट संस्कृति होती है।
8. समाज सामाजिक सम्बन्धों के जाल से बनता है। पर समुदाय स्थान विशेष के व्यक्तियों के ऐसे समूह से बनता है, जो पारस्परिकता एवं वयं भावना के आधार पर संगठित होता है।
9. समुदाय में समाज पाया जाता है, पर समाज में समुदाय का होना ज़रूरी नहीं है। समुदाय अपने-आप में एक सम्पूर्ण इकाई है।

यहाँ यह उल्लेख करना आवश्यक है कि उपर्युक्त विवरण मकीवर और पेज के समाज सम्बन्धी विचार पर आधारित है। यदि हम जॉनसन के विचार को आधार मानें तो यही कहा जा सकता है कि समुदाय और समाज के बीच बहुत ही मामूली फर्क है। बृहत् अर्थ में समुदाय समाज का एक अंग है, जैसे– सिक्ख समुदाय भारतीय समाज का एक अंग मात्र है।

समिति और संस्था (Association and Institution)

समिति एवं संस्था इन दोनों शब्दों के प्रयोग में प्रायः लोग कोई भेद नहीं करते हैं, जबकि दोनों शब्द एक-दूसरे से काफी भिन्न हैं। आमलोग महाविद्यालय को संस्था मानते हैं, समिति नहीं। समाजशास्त्री महाविद्यालय, विद्यालय, अस्पताल को संस्था और समिति दोनों मानते हैं। यह इस बात पर निर्भर करता है कि उसे किस रूप में देखा जा रहा है। अतः दोनों अवधारणाओं को ठीक से समझ लेना ज़रूरी है।

आधुनिक समाज की संरचना जटिल है और यह जटिलता धीरे-धीरे बढ़ती जा रही है, क्योंकि समाज में आर्थिक विकास हो रहा है। नए-नए धन्धों का आगमन हो रहा है। इस प्रकार समाज में व्यक्तियों की नयी-नयी समस्याएँ उत्पन्न हो रही हैं, उनकी आवश्यकताओं का भी दायरा बढ़ रहा है। मनुष्य अपने स्वार्थों एवं आवश्यकताओं की पूर्ति के लिए नयी-नयी समितियों और संस्थाओं का निर्माण कर रहा है। अतः प्राचीन एवं मध्यकालीन समाज की तुलना में आधुनिक युग में समिति और संस्थाओं में काफी वृद्धि हो रही है। साथ-ही-साथ पुरानी समिति और संस्थाओं का समय के साथ अन्त भी हो रहा है।

समिति (Association)

मकीवर और पेज ने कहा है कि "समिति एक ऐसा समूह है जिसका संगठन किसी एक हित या अनेक सामान्य हितों की पूर्ति के लिए किया जाता है।"[5] इस परिभाषा में समिति को एक समूह कहा गया है, लेकिन यह एक ऐसा समूह है जिसका संगठन विशेष प्रयास के द्वारा होता है, इसीलिए कि संगठन के सभी सदस्यों के हितों की पूर्ति की बात की जाती है। गिन्जबर्ग ने अपनी परिभाषा में सहयोग पर भी बल दिया है।

बीयरस्टेट ने समिति की अवधारणा को काफी स्पष्टता से रखा है, "समिति एक संगठित समूह है, वह समूह बड़ा या छोटा हो सकता है। चूँकि समिति संगठित होती है, इसलिए इसमें संरचना एवं स्थिरता पायी जाती है।"[6] इस

---

5. "We define an association, then, as a group organized for the pursuit of an *interest or group of interests* in common."— R.M. MacIver and Charles H. Page, **Society**, Macmillan India Ltd., Delhi, 1985, p. 12.
6. "An association, as we have said, is an organized group, whether large or small. Because of its organization, it has some structure and some continuity."— Robert Bierstedt, **The Social Order**, Tata McGraw-Hill, New Delhi, 1970, p. 220.

परिभाषा से स्पष्ट है कि समिति का आकार बड़ा या छोटा हो सकता है, इसकी एक निश्चित संरचना या बनावट होती है और इसमें कुछ हद तक स्थायित्व रहता है।

उक्त परिभाषाओं के आधार पर हम कह सकते हैं कि समिति एक ऐसा समूह है, जिसका संगठन सदस्यों के परस्पर सहयोग एवं विशेष प्रयास द्वारा इस उद्देश्य से किया जाता है कि इसके माध्यम से समाज द्वारा स्वीकृत कार्य-प्रणाली एवं नियम का पालन करते हुए सदस्यों के विशिष्ट हितों की पूर्ति हो। इस परिभाषा के अन्तर्गत समिति के सभी प्रमुख तत्त्व स्पष्ट हो जाते हैं, जैसे– (क) संगठन, (ख) परस्पर सहयोग, (ग) संगठन के लिए विशेष प्रयास, (घ) एक स्वीकृत कार्य-प्रणाली, (च) निश्चित उद्देश्य एवं (छ) ऐच्छिक सदस्यता।

विश्वविद्यालय, महाविद्यालय, फुटबॉल क्लब, परिवार, मज़दूर यूनियन, भारतीय जनता पार्टी, बिहार चैम्बर्स आफ कॉमर्स– ये सब सामाजिक, राजनीतिक, आर्थिक एवं सांस्कृतिक समितियों के उदाहरण हैं। परन्तु, यदि इन समितियों के अमूर्त पहलू जैसे– उद्देश्य, नियम-कानून, काम करने के तौर-तरीके आदि पर विचार करें तो उसे समिति नहीं कहा जायेगा। समिति के उस पहलू को समाजशास्त्र में संस्था के नाम से जाना जाता है।

समिति की विशेषताएँ (Characteristics of Association)

उक्त विवेचन के आधार पर समिति की विशेषताओं का विश्लेषण किया जा रहा है, जो इस प्रकार हैं–

1. समिति एक सुनियोजित संगठित समूह— सामाजिक समूह अनेक प्रकार के होते हैं, किन्तु सभी समूहों में संगठन का गुण नहीं मिलता है। जिस समूह में संगठन की विशेषता होती है उसे हम समिति कहते हैं। समाज में अनेक ऐसी क्रियाएँ हैं, जिनका सम्पादन हम समितियों के संगठन द्वारा ही करते हैं। इसके अतिरिक्त कुछ ऐसी भी क्रियाएँ हैं, जिनका सम्पादन दूसरे प्रकार के समूहों द्वारा हो सकता है, पर समिति द्वारा बेहतर ढंग से सम्पादित होता है। ऐसा इसीलिए होता है कि समिति में संगठन का गुण मौजूद है। विश्वविद्यालय, महाविद्यालय, छात्र-समूह, शिक्षक-समूह, अस्पताल इत्यादि ऐसे समूह हैं, जो समिति के उदाहरण हैं।

समुदाय की तरह समिति स्वत: संगठित नहीं होती है, बल्कि किसी समिति का गठन कुछ व्यक्तियों के विशेष प्रयास द्वारा होता है। कुछ व्यक्ति विशेष प्रयास इसीलिए करते हैं कि उनके सामने कुछ विशेष लक्ष्य होते हैं। इस लक्ष्य की प्राप्ति किसी समिति द्वारा ही सम्भव है, इसीलिए ऐसी समितियों का गठन सोच-विचारकर सदस्यों द्वारा किया जाता है।

2. समिति का एक विशिष्ट उद्देश्य— किसी समिति का गठन एक विशिष्ट उद्देश्य की प्राप्ति के लिए व्यक्तियों के समूह द्वारा किया जाता है। समाज में कुछ क्रियाएँ ऐसी होती हैं, जिनका सम्पादन समितियों के गठन द्वारा ही सम्भव होता है। जैसे– ग्रामीण महिला समिति जिसका उद्देश्य है ग्रामीण महिलाओं के अधिकार के लिए प्रयास करना। उसी तरह खेल-कूद क्लब, संगीत मण्डली जैसी समितियों का गठन सांस्कृतिक लक्ष्य की प्राप्ति के लिए होता है।

इन उदाहरणों से यह स्पष्ट होता है कि समिति का एक विशिष्ट उद्देश्य या लक्ष्य होता है, लेकिन यह सम्भव है कि एक समिति के सामने एक से अधिक लक्ष्य हों, उन लक्ष्यों की प्राप्ति भी एक समिति द्वारा ही सम्भव है।

3. सदस्यता की शर्तें— हम किसी समिति के सदस्य अपनी पसन्द के मुताबिक बन सकते हैं, लेकिन प्रत्येक समिति की सदस्यता की अपनी कुछ शर्तें होती हैं। उदाहरणस्वरूप, समिति के उद्देश्यों को स्वीकार करना, आवश्यकतानुसार सदस्यता शुल्क देना, सदस्यों के लिए विशेष योग्यता की आवश्यकता, विशेष प्रकार के अनुशासन की शर्तें इत्यादि। ऐसी समितियों के दरवाज़े एक मायने में सभी के लिए खुले हैं, क्योंकि कोई भी व्यक्ति इसका सदस्य हो सकता है। किन्तु दूसरे मायने में ये बन्द भी हैं इसीलिए कि इन समितियों की सदस्यता के लिए कुछ अनिवार्य शर्तों को पूरा करना ज़रूरी होता है। संक्षेप में यह कहा जा सकता है कि एक समिति समाज में सदस्यों की कुछ अनिवार्य शर्तों द्वारा ही अपनी सार्थकता सिद्ध कर सकती है।

4. समिति के कुछ निश्चित नियम— समिति को सुचारु रूप से चलाने के लिए सदस्यों की स्वीकृति से कुछ नियम एवं विधि-विधान तैयार किये जाते हैं। समिति के उद्देश्य या हितों की पूर्ति को ध्यान में रखकर नियमों की व्यवस्था की जाती है। समिति में एक बार नियमों के स्वीकृत हो जाने पर उन नियमों का पालन सदस्यों के लिए अनिवार्य एवं बाध्यकारी हो जाता है। सदस्यों के बीच पारस्परिक सम्बन्ध भी इन्हीं नियमों के आधार पर होते हैं, जैसे हर एक महाविद्यालय, विद्यालय, अस्पताल, राजनीतिक दल एवं विभिन्न प्रकार के क्लबों के कुछ अपने-अपने नियम कानून होते हैं।

5. समिति में पदाधिकारी की व्यवस्था— समिति में कई तरह के पदाधिकारियों की व्यवस्था रहती है, जिससे कि समिति प्रभावशाली ढँग से कार्य कर सके। एक समिति में हजारों सदस्य हो सकते हैं, तो किसी दूसरी समिति में मात्र 5 या 7 ही सदस्य हो सकते हैं। समिति को प्रभावशाली एवं सुचारु रूप से चलाने के लिए कार्यों का बँटवारा करना पड़ता है तथा विभिन्न पदाधिकारियों का चुनाव करना पड़ता है।

6. समिति के नाम एवं प्रतीक— प्रत्येक समिति का अपना विशिष्ट नाम एवं प्रतीक होता है। जैसे, प्रत्येक फुटबॉल क्लब का अलग नाम और कभी-कभी अलग प्रतीक भी होता है। कुछ समितियाँ ऐसी भी होती हैं कि जिनके प्रतीक झण्डे होते हैं। कुछ समितियों को अपनी अलग पहचान बनाये रखने के लिए खास मुहर, ट्रेड मार्क आदि रखने पड़ते हैं।

7. समिति में स्थायित्व की मात्रा— समुदाय की तुलना में समिति अस्थायी संगठन है। यह सम्भव है कि निश्चित उद्देश्यों की पूर्ति के बाद किसी समिति का विघटन कर दिया जाये। साथ ही, यह भी सम्भव है कि कुछ समितियाँ सदा के लिए स्थायी हों तो काफी लम्बे काल के लिए अवश्य कार्य करती हैं। इन समितियों की आन्तरिक व्यवस्था में फेर-बदल हो सकते हैं, किन्तु समिति का मूल ढाँचा बना रहता है, जैसे- महाविद्यालय, विद्यालय, अस्पताल आदि, अर्थात् सैद्धान्तिक दृष्टि से समिति एक अस्थायी संगठन है, पर व्यावहारिक स्तर पर हम देखते हैं कि कुछ समितियाँ अनिश्चित काल तक कार्य करती हैं।

8. सदस्यों के बीच औपचारिक सम्बन्ध— समिति के सभी सदस्यों पर नियमों की पाबन्दी होती है। समिति के स्थापित नियम कानूनों के अन्तर्गत काम करने से सदस्यों के बीच औपचारिक सम्बन्ध स्थापित होते हैं। सभी सदस्य समिति के नियम एवं उद्देश्यों को ध्यान में रखकर ही एक-दूसरे के साथ सम्बन्ध स्थापित करते हैं।

समिति और समुदाय में अन्तर

समिति और समुदाय दो महत्त्वपूर्ण प्राथमिक अवधारणाएँ हैं। समुदाय का विकास लगभग सभ्यता के विकासक्रम के साथ हुआ तो समिति का विकास काफी बाद में हुआ है। इस तथ्य को ध्यान में रखकर हम दोनों के बीच के अन्तर को ठीक से समझ सकते हैं।

1. समिति का गठन किसी विशेष उद्देश्य की प्राप्ति के लिए किया जाता है, वहीं समुदाय का गठन किसी विशेष उद्देश्य से नहीं किया जाता है।
2. समिति विशेष प्रयास द्वारा संगठित की जाती है, परन्तु समुदाय का विकास विभिन्न सामाजिक क्रियाओं के क्रम में स्वतः होता है।
3. समिति का आकार अपेक्षाकृत छोटा होता है, जैसे- क्रिकेट क्लब। पर समुदाय तुलनात्मक दृष्टि से बड़े आकर का होता है, जैसे- सिक्ख समुदाय।
4. समिति का विशिष्ट उद्देश्य की पूर्ति के बाद विघटन सम्भव है, पर समुदाय समिति की अपेक्षा ज़्यादा स्थायी संगठन है।
5. समिति में सदस्यों के बीच औपचारिक सम्बन्ध होते हैं, लेकिन समुदाय में सदस्यों के बीच आत्मीय, प्रत्यक्ष एवं अनौपचारिक सम्बन्ध होते हैं।

6. समिति के सदस्यों के बीच कोई अपनापन की भावना नहीं भी हो सकती है, परन्तु समुदाय में सभी सदस्यों के बीच 'वयं भावना' या सामुदायिक भावना होती है।
7. समिति में सदस्यों के बीच पारस्परिक अन्त:क्रिया किन्हीं विशेष हितों की पूर्ति तक सीमित रहती है, लेकिन समुदाय में सदस्यों का समग्र जीवन व्यतीत होता है। इसीलिए पारस्परिक अन्त:क्रिया का दायरा असीमित होता है।
8. समिति का एक निश्चित भौगोलिक क्षेत्र हमेशा नहीं होता है, परन्तु साधारणतया समुदाय का एक निश्चित भौगोलिक क्षेत्र होता है।
9. समिति समुदाय के अन्तर्गत गठित हो सकती है, लेकिन समुदाय समिति की परिधि में गठित नहीं हो सकता है।
10. समिति के सदस्यों में विभिन्न पदाधिकारी होते हैं। अत: उनके बीच अधिकार, सत्ता एवं हैसियत का भेद होता है। ठीक इसके विपरीत, समुदाय के सदस्यों में जाति, धर्म, वर्ग, हैसियत का भेद हो सकता है। पर सामुदायिक स्तर पर सभी की हैसियत एक होती है। समुदाय अपने सदस्यों के बीच कोई भेद नहीं करता है।
11. आधुनिक समाज में समितियों की प्रधानता अधिक होती है और समय के साथ समितियाँ खुद बदलती रहती हैं। परन्तु समुदाय अपेक्षाकृत कम परिवर्तनशील समूह है। आधुनिक काल में धीरे-धीरे समुदाय की महत्ता में कमी आती जा रही है।

समिति और समाज में अन्तर

समिति और समाज के बीच समानताएँ एवं असमानताएँ दोनों हैं। पर जो कुछ भी समानताएँ हैं उनका भी उल्लेख करना नितान्त आवश्यक है। एक मुख्य समानता यह है कि समाज और समिति दोनों ही निश्चित नियम के अनुसार कार्य करते हैं। दूसरी प्रमुख समानता यह है कि समाज और समिति के सदस्यों के बीच जो सहयोग होता है उसके मूल में समान उद्देश्य पूरा करने की प्रवृत्ति रहती है। फिर भी दोनों में तुलनात्मक दृष्टि से महत्त्वपूर्ण अन्तर इस प्रकार हैं–

1. समिति व्यक्तियों का एक संगठित समूह है। पर समाज सामाजिक सम्बन्धों का एक जाल है।
2. समिति का प्रत्यक्ष बोध होता है। यह एक मूर्त अवधारणा है, लेकिन समाज का अनुभव अप्रत्यक्ष ढंग से होता है। यह अमूर्त एवं अगोचर अवधारणा है।
3. समिति का गठन सोच-समझकर योजनानुसार किया जाता है, पर समाज का उदय मानव की मूलप्रवृत्ति की अन्त:क्रिया के फलस्वरूप स्वत: होता है।
4. समिति का गठन सदस्यों के हितों को ध्यान में रखकर किया जाता है, पर समाज का उदय मानव-जीवन को सम्पूर्णता देने के लिए हुआ है।
5. किसी समिति की सदस्यता हमारी इच्छा पर निर्भर है, परन्तु समाज की सदस्यता एक स्वाभाविक प्रक्रिया है।
6. समिति के सदस्यों के बीच पारस्परिक सहयोग की भावना प्रमुख होती है, लेकिन समाज में सहयोग के अतिरिक्त संघर्ष एवं विरोध की प्रक्रियाएँ भी पायी जाती हैं।
7. एक व्यक्ति एक साथ कई समितियों का सदस्य हो सकता है, पर समाज के साथ सदस्यता की बात नहीं है।
8. समिति अपेक्षाकृत अस्थायी समूह है, परन्तु समाज एक स्थायी व्यवस्था है।
9. समिति का निर्माण समाज के विकास के बाद हुआ है। यह एक कृत्रिम संगठन है। परन्तु समाज का उदय मानव-जीवन में स्वत: हुआ है। अत: यह एक स्वाभाविक सामाजिक घटना (Natural Social Event) है।

संस्था (Institution)

आम बोलचाल की भाषा में अधिकांश लोग समिति को संस्था कहते हैं, जैसे महाविद्यालय, विद्यालय, अस्पताल आदि को संस्था के नाम से जाना जाता है। इस बात से कोई इन्कार नहीं है कि वे संस्था भी हैं। पर जिन्हें ग़ैर-समाजशास्त्री लोग संस्था समझते हैं, उन्हें सही मायने में संस्था नहीं कहा जा सकता। संस्था का स्वरूप कभी भी मूर्त नहीं होता है। आमलोगों के बीच संस्था के अर्थ के सम्बन्ध में मतभेद तो हैं ही, समाजशास्त्र में भी थोड़ी परेशानी अवश्य है, क्योंकि विभिन्न समाजशास्त्रियों ने इस शब्द का प्रयोग हमेशा एक निश्चित अर्थ में नहीं किया है। इस तरफ हमारा ध्यान निकोलस एबरक्रॉमी ने अपनी पुस्तक **The Penguin Dictionary of Sociology** में आकृष्ट किया है।[7] संस्था को मकीवर और पेज ने इस प्रकार परिभाषित किया है– "सामाजिक समूह की कार्य-प्रणाली के स्थापित स्वरूप या व्यवस्था को हम संस्था कहते हैं।"[8]

इससे स्पष्ट होता है कि हम समितियों का निर्माण करते हैं। साथ-ही-साथ समितियों के कार्य करने के कुछ सामान्य नियम तथा कार्य-प्रणाली को भी तय करते हैं। जब इन नियमों को स्थायी रूप दिया जाता है और जब यह कार्य-प्रणाली या कार्यविधि समाज द्वारा स्वीकृत हो जाती है, तब इन नियमों एवं कार्य-प्रणालियों को हम संस्था कहते हैं।

रॉबर्ट बीयरस्टेट ने संस्था को इस प्रकार स्पष्ट किया है– "संस्था सुव्यवस्थित या संगठित कार्य-प्रणाली को कहते हैं। समाज में कार्य करने के औपचारिक, मान्य, स्थापित वैसे तरीके को संस्था कहते हैं, जिसे समाज की स्वीकृति प्राप्त हो।"[9] इस परिभाषा में अन्य बातों के अलावा इस बात का भी जिक्र किया गया है कि जो कार्य-प्रणाली निर्धारित होती है, उसे समाज की स्वीकृति भी चाहिए। समिति के द्वारा केवल कार्य-प्रणाली की स्थापना ही काफी नहीं है। उसकी कार्य-प्रणाली को भी समाज स्वीकार कर ले यह भी आवश्यक है। संस्था का यह एक महत्त्वपूर्ण पहलू है।

संस्था की विशेषताएँ (Characteristics of Institution)

संस्था की प्रमुख विशेषताओं को निम्नलिखित ढँग से प्रस्तुत किया जा सकता है।

1. कार्य-प्रणाली एवं नियमों का समूह— हम अपने जीवन में अनेक प्रकार की सामाजिक क्रियाएँ सम्पन्न करते हैं, लेकिन कुछ सामाजिक क्रिया तभी सम्पन्न हो सकती हैं जब वैसी संगठित समिति द्वारा की जाये, जिनके कार्य करने के निश्चित नियम एवं विधि-विधान होते हैं। ऐसे नियमों या कार्य-प्रणालियों के समूह को ही संस्था कहा जाता है।

2. सामाजिक स्वीकृति— वही सामाजिक नियम-कानून संस्था की श्रेणी में आते हैं, जिसे सामाजिक वैधता प्राप्त होती है। यह बहुत ज़रूरी है कि समाज के अधिकांश लोग उसे स्वीकार करते हैं। यदि किसी समिति के सभी सदस्य किसी नियम-कानून को नहीं मानते हों तो उस नियम-कानून को मृत संस्था की श्रेणी में रखा जायेगा। प्रत्येक सदस्य पर इस बात की पाबन्दी होती है कि समाज से मान्यता प्राप्त सभी नियमों का वह सहजता से पालन करें। यह इसीलिए ज़रूरी है कि समिति या किसी अन्य सामाजिक समूह का भविष्य इस बात पर निर्भर करता है कि उसके सदस्य उसके नियमों को कितनी कठोरता से पालन करते हैं।

---

7. "The concept of institution is widely used in sociology, though often without precise specification. Different schools of sociology treat it in different ways." — Nicholas Abercrombie *et al.*, **The Penguin Dictionary of Sociology**, Penguin Books, London, 1994, p. 217.
8. "We shall always mean by institutions the *established forms or conditions of procedure* characteristic of group activity." (R.M. MacIver and Charles H. Page, 1985: 15).
9. "An institution is an organized procedure. An institution is a formal, recognized, established way of pursuing activity in society." (R. Bierstedt, **The Social Order**, 1970: 320).

3. स्थायित्व— संस्थाओं में एक प्रकार की स्थिरता होती है। संस्थाओं में बदलाव बहुत आसानी से नहीं होता है। कभी-कभी किसी समिति के सदस्य बदल जाते हैं, पर नियम-कानून उसी तरह मौजूद रहते हैं। समाज में ऐसे बहुत सारे सामाजिक नियम-कानून हैं, जो हजारों साल से चले आ रहे हैं, जैसे– जाति-व्यवस्था, नातेदारी-प्रथा, विवाह के नियम-कानून आदि।

4. औपचारिक एवं अनौपचारिक संस्था— मुख्य रूप से संस्था को हम दो भागों में बाँट सकते हैं– औपचारिक एवं अनौपचारिक। औपचारिक संस्थाओं का विकास योजनाबद्ध तरीके से होता है, जो विशेषकर समिति के अन्तर्गत पाया जाता है। अनौपचारिक संस्थाओं का विकास धीरे-धीरे स्वत: होता है। ये स्वयं बनती और बिगड़ती रहती हैं। अधिकांश सामाजिक संस्थाएँ अनौपचारिक ही होती हैं, जैसे– विवाह, जाति-व्यवस्था, नातेदारी प्रथा, यजमानी-प्रथा इत्यादि।

5. सदस्यता का अभाव— हम संस्था के सदस्य कभी नहीं होते हैं। संस्थाओं के साथ सदस्यता की कोई बात ही नहीं है। पर इसका पालन वैयक्तिक एवं सामाजिक जीवन में नितान्त आवश्यक है, जो लोग संस्था का आदर नहीं करते हैं उन्हें समाज किसी-न-किसी प्रकार दण्ड देता है। हम समाजीकरण (Socialization) की प्रक्रिया द्वारा संस्थाओं को स्वत: अपने जीवन में अपनाते हैं। इसे योजनाबद्ध तरीके से शायद ही अपनाया जाता है। साधारणतया व्यक्ति के जीवन से संस्थाओं का जीवन ज़्यादा लम्बा होता है।

6. संस्था अगोचर है— जब काम करने के कुछ निश्चित नियमों का बार-बार पालन होता है, तो वह समाज द्वारा स्वीकृत कार्य-पद्धति के रूप में स्थापित हो जाता है। लेकिन यह पद्धति, प्रणाली तथा नियम अमूर्त एवं अगोचर है। इन्हें हम देख नहीं सकते हैं। विचार या कल्पना द्वारा ही हमें प्रणालियों का बोध होता है, इसलिए संस्था को अमूर्त माना जाता है।

समिति और संस्था में तुलना

संस्था और समिति के बीच गहरा सम्बन्ध है। संस्था के अभाव में हम समिति की कभी कल्पना नहीं कर सकते हैं। प्रत्येक समिति में संस्था का होना बहुत ज़रूरी है, पर प्रत्येक संस्था के साथ समिति का होना नितान्त आवश्यक नहीं है। इतने गहरे सम्बन्ध के बावजूद दोनों एक-दूसरे से भिन्न हैं–

1. समिति एक संगठित समूह है, जैसे– परिवार। पर संस्था संगठित कार्य-प्रणाली है, जैसे परिवार के अन्तर्गत विवाह एक संगठित प्रणाली है।
2. समिति का गठन विशिष्ट हितों की पूर्ति के लिए किया जाता है। परन्तु संस्था में इन विशिष्ट हितों की पूर्ति के उद्देश्यों को पूरा करने के लिए कार्यविधि तथा नियमों का निर्माण किया जाता है, जैसे– राज्य के उद्देश्यों को पूरा करने के लिए संविधान बनाया जाता है।
3. समिति का गठन सोच-समझकर योजनानुसार किया जाता है। परन्तु संस्था का विकास जब चाहें तब नहीं हो सकता है, इसके विकास में समय लगता है।
4. प्रत्येक समिति की अपनी एक अलग पहचान एवं नाम होता है, जैसे– पटना विश्वविद्यालय, दिल्ली विश्वविद्यालय। परन्तु संस्था प्रत्येक ऐसी नामधारी समिति के साथ जुड़ी होती है। जैसे– विश्वविद्यालय एक समिति है और उसके अन्तर्गत शिक्षा प्रणाली, नामांकन के तरीके एवं परीक्षा विधि संस्था के रूप में जाने जाते हैं।
5. समिति इस अर्थ में मूर्त है कि इससे सदस्यता का बोध होता है। लेकिन संस्था पूर्णरूप से अमूर्त है, क्योंकि वैचारिक स्तर पर ही हमें संस्था का बोध होता है।
6. समिति एक अर्थ में अस्थायी समूह है। एक विशेष हित की पूर्ति के बाद किसी समिति का विघटन सम्भव है, जैसे– बाढ़ पीड़ित सहायता समिति का काम एक क्षेत्र में बाढ़ से पीड़ित लोगों को आवश्यक सहायता का कार्य पूरा करना है। सम्भव है, कार्य समाप्ति के बाद समिति का विघटन कर दिया जाये। लेकिन संस्था

समिति की तुलना में अधिक स्थायी है, जैसे धार्मिक संस्था एक लम्बे काल तक बनी रहती है। समिति के विघटन के बाद भी उस समिति की कार्य-प्रणाली समाज में कायम रह सकती है, कोई दूसरी समिति इसे अपना भी सकती है।

7. समिति का कार्यक्षेत्र सदस्यों तक ही सीमित रहता है, परन्तु संस्था की कोई सीमा नहीं होती है। सम्पूर्ण समाज या समूह इसकी सीमा हो सकती है।
8. हम किसी समिति के सदस्य हो सकते हैं, पर हम संस्था के सदस्य नहीं हो सकते हैं।
9. एक समिति में कई संस्थाएँ हो सकती हैं, पर कई समितियों की एक ही संस्था हो सकती है।

निम्नलिखित सारणी द्वारा समिति, संस्था तथा हितों के पारस्परिक सम्बन्धों का ज्ञान होता है।

सारणी-1 समिति, संस्था और हितों के आपसी संबंध

समिति	संस्था	हित
1. राज्य	1. संविधान, कानून	1. राज्य का विकास करना एवं व्यवस्था बनाये रखना।
2. एक विश्वविद्यालय या महाविद्यालय	2. शिक्षा तथा परीक्षा-प्रणाली	2. ज्ञान या तालीम देना।
3. परिवार	3. विवाह-प्रणाली	3. प्रजनन, बच्चों का लालन-पालन।
4. राजनीतिक दल	4. दलों का नियम-कानून	4. सत्ता प्राप्त करना, धन इकट्ठा करना।
5. सरकारी दफ्तर	5. भर्ती के नियम, भर्ती	5. योजना या नीतियों को कार्यान्वित करना।
6. मज़दूर संगठन	6. सामूहिक सौदे की प्रणाली, संगठन के नियम-कानून	6. सेवा की शर्तों में सुधार लाना एवं रोज़गार-सुरक्षा।

संस्था एवं समिति के सम्बन्ध में मकीवर और पेज ने जो विचार व्यक्त किया है उसे स्वीकार करते हुए बीयरस्टेट (R. Bierstedt, 1970: 233) ने कुछ और उदाहरण प्रस्तुत किये हैं। इससे दोनों अवधारणाओं के बीच फ़र्क पर और भी प्रकाश पड़ता है।

सारणी-2 समिति और संस्था में अन्तर

समितियाँ (Associations)	संस्थाएँ (Institutions)
A corporation	Business
A railroad	Transportation
An army	War
A college	Education
A newspaper company	Journalism
A church	Religion
A television network	Television
A baseball team	Baseball
A family	The family
A government	Government
A hospital	Medicine
A night club	Entertainment
A theatrical company	The drama

कतिपय विशिष्ट उदाहरण (Some Important Examples)

समिति एवं संस्था के तुलनात्मक विवेचन के बाद यहाँ निम्नलिखित दो महत्त्वपूर्ण प्रश्नों का विश्लेषण करेंगे–

1. परिवार समिति और संस्था के रूप में (Family both as an association and institution)— आगे हमने परिवार का उदाहरण केवल समिति के रूप में दिया है, किन्तु इसमें संस्था के तत्त्व भी पाये जाते हैं। परिवार समिति है, क्योंकि (i) यह सदस्यों का एक संगठित समूह है, (ii) सदस्यों के कुछ विशेष हितों, जैसे– प्रजनन, बच्चों के लालन-पालन इत्यादि के लिए इसका निर्माण होता है, (iii) परिवार का निर्माण विवाह द्वारा जान-बूझकर किया जाता है। इस दृष्टि से परिवार समिति का एक आदर्श उदाहरण है।

परिवार का दूसरा पहलू यह है कि परिवार एक से अधिक व्यक्तियों का एक सामाजिक समूह है। यह विशेष प्रकार के नियम-कानून से चलता है। परिवार का निर्माण विवाह से और विघटन तलाक या बँटवारे से होता है। भाइयों के बीच सम्पत्ति विभाजन एक निश्चित नियम से होता है। परिवार के सदस्य एक-दूसरे से कुछ नियमों के बन्धन से जुड़े होते हैं। जब हम परिवार के नियम-कानून सम्पत्ति सम्बन्धी नियम, विवाह-प्रणाली एवं नातेदारी प्रथा सम्बन्धी नियमों पर विचार करते हैं, तो परिवार का संस्थागत स्वरूप सामने आता है। चूँकि परिवार का यह स्वरूप अगोचर होता है, इसलिए इसे हम संस्था कहकर पुकारते हैं।

2. हम समिति के सदस्य होते हैं, संस्था के नहीं (We belong to association, not to institution)— मकीवर और पेज ने उक्त कथन द्वारा समिति एवं संस्था के बीच भेद का एक आधार बताया है। दोनों शब्दों के प्रयोग के सम्बन्ध में काफी भ्रान्तियाँ हैं। अस्पताल, महाविद्यालय, संसद, जेल जैसे शब्दों को लें। इन शब्दों का प्रयोग संस्था के रूप में किया जाता है, जबकि इन्हें साधारणतया समिति कहा जाना चाहिए। यथार्थ में ये सभी एक साथ समिति और संस्था दोनों हैं। जब हम सदस्यता के पहलू पर विचार करते हैं तो वे समिति हैं और जब हम उन समितियों के नियम-कानूनों पर विचार करते हैं, तो वे संस्थाएँ हैं। इसलिए तो कहा जाता है कि समिति से सदस्यता का बोध होता है। हम हमेशा समिति के ही सदस्य होते हैं, उसके अन्तर्गत नियम-कानूनों के नहीं। उसी तरह हम समिति रूपी परिवार के सदस्य होते हैं, परिवार में पाये जाने वाले सामाजिक नियमों के नहीं। हम संस्था के कभी भी सदस्य नहीं हो सकते हैं। सदस्यता तो हमें समिति की मिलती है।

संक्षेप में यह कहा जा सकता है कि हम एक युवा क्लब, एक निगम, एक विद्यालय, एक महाविद्यालय, एक सरकार, एक फुटबॉल क्लब, एक नाटक क्लब इत्यादि समितियों के सदस्य हो सकते हैं, पर इनसे सम्बन्धित संस्थाओं, जैसे– नियम-कानून, मनोरंजन, व्यापार, शिक्षा, विवाह, फुटबॉल खेल, नाटक के सदस्य नहीं हो सकते हैं।

प्रथा और परम्परा (Custom and Tradition)

सामाजिक मान्यता प्राप्त व्यवहार, जो दीर्घकाल से चला आ रहा हो और परम्परा बनकर समाज में पूरी तरह स्थापित हो गया हो और जिसे औपचारिक मान्यता प्राप्त हो गयी है– प्रथाएँ कहलाती हैं। इस प्रकार के व्यवहार का उल्लंघन करना प्रायः अनुचित माना जाता है। ये प्रथाएँ समाज के लिए उपयोगी होती हैं। अतः ये एक पीढ़ी से दूसरी पीढ़ी को हस्तान्तरित होती रहती हैं और समूह के मनुष्यों को अपने अनुसार कार्य करने के लिए बाध्य करती हैं। प्रथा एक प्रकार से अभौतिक संस्कृति का ही दूसरा रूप है। उदाहरण के लिए अपने से बड़ों के सामने आदर का भाव व्यक्त करना प्रथा का ही अंग है। प्रथाओं की शक्ति के सामने राज्य की शक्ति भी दुर्बल प्रतीत होती है (देखें– George P. Murdock, **Ethnographic Atlas**, 1967)। प्रथा का उल्लंघन करने पर समाज के द्वारा भारी विरोध का सामना करना पड़ता है। इसमें बाध्यता और अनिवार्यता का भाव निहित होता है। इसी कारण यह पीढ़ी-दर-पीढ़ी चलती रहती है। प्रथा अच्छी हो या बुरी, लोग उसे बदलने से घबराते हैं; क्योंकि प्रथा को तोड़ने में सामाजिक मर्यादा के भंग होने का भय रहता

है। भारत में बाल-विवाह एक प्रथा है। पश्चिमी समाज में युवक-युवतियाँ बालिग होने पर और कुटुम्ब का आर्थिक उत्तरदायित्व संभालने के योग्य होने पर ही विवाह करती हैं। वहाँ विधवाएँ स्वच्छन्दतापूर्वक विवाह कर सकती हैं।

शाब्दिक अर्थ में, परम्परा (Tradition) से अभिप्राय एक ऐसी मानवीय प्रथा, विश्वास, संस्था या मानवकृति से है, जो एक पीढ़ी से दूसरी पीढ़ी को हस्तान्तरित की जाती है। परम्परा एक अमूर्त सामाजिक संरचना है जिसे समाज पीढ़ी-दर-पीढ़ी ढोता रहता है, जिससे समाज को स्थायित्व मिलता है। परम्पराओं की मदद से समाज में लोगों का आचरण निर्धारित होता है। इन्हीं परम्पराओं की मदद से व्यक्तियों के द्वारा किये गये सामाजिक आचरणों को वैधता भी मिलती है। परम्परा एक किस्म की सामाजिक विरासत है, जिसे समाज के विभिन्न लोग एक लम्बे समय में निर्मित करते हैं। परम्पराएँ साधारणतया मौखिक होती हैं और जब हम परम्पराओं को आचारसंहिता (Code of Conduct) का रूप देते हैं, तो वह सामाजिक कानून का स्वरूप ले लेती हैं (देखें– Terence Ranger (eds.), **The Invention of Tradition**, 1983)।

REFERENCES

Abercrombie, Nicholas *et al.*, **The Penguin Dictionary of Sociology**, London: Penguin Books, 1994.

Bierstedt, Robert, **The Social Order**, New Delhi: Tata McGraw-Hill, 1970.

Conklin, J.E., **Sociology: An Introduction**, New York: Macmillan Publishing Co., 1984.

Giddens, Anthony, **Sociology**, Cambridge: Polity Press, 1998.

Johnson, H.M., **Sociology**, New Delhi: Allied Publishers Ltd., 1983.

MacIver, R.M. and Page, Charles H., **Society**, Delhi: Macmillan India Ltd., 1985.

Mann, Michael, **Macmillan Student Encyclopedia of Sociology,** London: Macmillan Press, 1993.

Mitchell, G. Duncan, **A New Dictionary of Sociology**, London: Routledge & Kegan Paul, 1979.

Singh, J.P., **समाजविज्ञान विश्वकोश**, दिल्ली: पी.एच.आई. लर्निंग, 2009.

Shepard, Jon M., **Sociology**, St. Paul: West Publishing Co., 1981.

4

व्यक्ति, समाज एवं अन्तःक्रिया
(Individual, Society and Interaction)

इस तथ्य को हम सभी जानते हैं कि व्यक्तियों के अभाव में समाज का निर्माण सम्भव नहीं है। जिस प्रकार व्यक्तियों से समाज का निर्माण होता है, उसी प्रकार समाज के द्वारा व्यक्तियों का भी निर्माण होता है। शिशु के रूप में व्यक्ति सबसे पहले किसी परिवार में ही जन्म लेता है और वह परिवार समाज की एक इकाई है। व्यक्ति के जीवन में परिवार एक ऐसा स्थल है, जहाँ वह समाज की जानकारी प्राप्त करता है और फिर पूरे समाज में उसकी हिस्सेदारी धीरे-धीरे प्रारम्भ हो जाती है। परिवार में व्यक्ति समाज से जुड़ता है और समाज व्यक्ति से जुड़ता है और यह काम समाजीकरण की प्रक्रिया के माध्यम से सम्भव हो पाता है। संक्षेप में हम यही कहना चाहते हैं कि समाज और व्यक्ति एक-दूसरे के लिए इतना महत्त्वपूर्ण है कि एक के अभाव में दूसरे की कल्पना नहीं की जा सकती है, इसलिए हम इस बात को अक्सर दोहराते हैं कि व्यक्ति और समाज के बीच अन्योन्याश्रय सम्बन्ध है। दोनों के बीच सम्बन्ध इतने गहरे हैं कि व्यक्ति अकेले रहते हुए भी अकेला दिखाई नहीं पड़ता है। किसी व्यक्ति के व्यक्तित्व के एक-से अधिक पहलू होते हैं। तभी तो जे.एच. फिक्टर (J.H. Fichter, 1957: 19) ने व्यक्ति के बारे में कहा है कि—"व्यक्ति एक अकेला किन्तु मिश्रित एवं जटिल प्राणी है।" (He is a single but composite and complex being)।

व्यक्तियों का अध्ययन सिर्फ समाजशास्त्र में ही नहीं, बल्कि अन्य समाजविज्ञानों एवं जीव-विज्ञानों में भी होता है। कोई व्यक्ति के मनोवैज्ञानिक पहलू, कोई राजनीतिक पहलू, कोई सांस्कृतिक पहलू और कोई जैविक पहलू, का अध्ययन करता है। समाजशास्त्री व्यक्तियों का अध्ययन एक सामाजिक प्राणी के रूप में करता है। जब हम यह कहते हैं कि व्यक्ति एक सामाजिक प्राणी है, तो उससे यह बोध नहीं होता कि कोई व्यक्ति कितना सुसंस्कृत, गुणवान या आकर्षक व्यक्तित्व का है, बल्कि इससे हमारा तात्पर्य हमेशा यह होता है कि कोई व्यक्ति समूह में रहने की क्षमता रखता है। उसमें एक-दूसरे के प्रति सहयोग करने की कितनी भावना है। व्यक्ति जब जन्म लेता है, तो वह मात्र एक जैविक प्राणी की तरह होता है, लेकिन समाज उसे समाजीकरण की प्रक्रिया के माध्यम से सामाजिक प्राणी बनाने की कोशिश करता है। पर यहाँ हम व्यक्ति की जैविक क्षमता को कम करने की कोशिश नहीं कर रहे हैं। मनुष्यों में कुछ विशिष्ट प्रकार की जैविक क्षमता होती है, जिसके कारण वह सामाजिक प्राणी बनता है। लेकिन उस जैविक क्षमता को सामाजिक रूप देने का काम समाज ही करता है। मात्र जैविक क्षमता से व्यक्ति सामाजिक प्राणी नहीं बन सकता है। दूसरे शब्दों में, हम यहाँ यही स्पष्ट करना चाहते हैं कि व्यक्ति को जैविक प्राणी से सामाजिक प्राणी बनने में **प्रकृति व परिपोषण (Nature and Nurture)** दोनों की भूमिका होती है।

व्यक्ति और समाज के बीच में किस प्रकार का सम्बन्ध है, व्यक्ति का समाज में क्या स्थान है, व्यक्ति किस रूप में समाज पर निर्भर करता है तथा व्यक्ति क्यों सामाजिक प्राणी है, आदि विषयों को लेकर दर्शनशास्त्र, राजनीतिशास्त्र एवं समाजशास्त्र में काफी चिन्तन किया गया है और सच तो यह है कि समाजशास्त्र की उत्पत्ति के पूर्व इस विषय पर विद्वानों ने भी काफी विचार-विमर्श किया है। व्यक्ति और समाज के बीच सम्बधों को लेकर बहुत प्रकार के विचार आये हैं, जिसे यहाँ संक्षेप में स्पष्ट करने का प्रयास किया जा रहा है।

व्यक्ति एवं समाज का सम्बन्ध (Relationship between Individual and Society)

व्यक्ति और समाज के बीच सम्बन्धों को स्पष्ट करने के लिए समय-समय पर विभिन्न प्रकार के विचार आते रहे हैं। अब तक जितने भी विचार आये हैं उन्हें मुख्य रूप से दो भागों में विभक्त किया जा सकता है– **सामाजिक समझौता का सिद्धान्त (Social Contract Theory)** एवं समाज का **सर्वांगिक सिद्धान्त (Organismic Theory)**।

वर्तमान समय में व्यक्ति और समाज के बीच के सम्बन्ध को स्पष्ट करने के लिए इन दोनों सिद्धान्तों को अपर्याप्त, भ्रामक एवं काल्पनिक माना जाता है। इन दोनों प्रकार के सिद्धान्तों में दार्शनिक विचार ज़्यादा तथा समाजशास्त्रीय विचार कम दिखाई पड़ते हैं। व्यक्ति और समाज के बीच किस प्रकार का सम्बन्ध है इस पर जितना अच्छा प्रकाश समाजीकरण सम्बन्धी विचार से पड़ता है, उतना इन दो सिद्धान्तों से नहीं। लेकिन समाजीकरण की चर्चा करने के पहले इन दो सिद्धान्तों की चर्चा पहले की जायेगी इसलिए कि समाजीकरण सम्बन्धी विचारों की तुलना में ये दोनों सिद्धान्त काफी पुराने हैं। इसमें तो कुछ विचार समाजशास्त्र की उत्पत्ति से भी ज़्यादा पहले से प्रचलित हैं। समाजीकरण की चर्चा विस्तार से इस पुस्तक में एक अलग अध्याय में की गयी है।

(A) सामाजिक समझौता या संविदा का सिद्धान्त (Social Contract Theory)

इस विचारधारा के अनुसार व्यक्तियों के द्वारा समाज जैसे संगठन का निर्माण जान-बूझकर किया गया है। चूँकि इसका निर्माता स्वयं मनुष्य है, अत: समाज निर्माण के पीछे मुख्य उद्देश्य मानव हितों की रक्षा है। दूसरे शब्दों में इस दृष्टिकोण के समर्थक समाज की तुलना में व्यक्ति को अधिक महत्त्व देते हैं। साथ ही इस दृष्टिकोण के समर्थक यह भी मानते हैं कि चूँकि व्यक्ति समाज का निर्माता है, अत: सामाजिक निर्णय एवं व्यक्तिगत निर्णय के बीच भेद हो सकता है एवं सामाजिक निर्णय के विरुद्ध व्यक्ति को निर्णय लेने का अधिकार प्राप्त है। प्रमुख विचारक हाब्स (T. Hobbes, 1588–1679), लॉक (J. Locke, 1632–1704) तथा रूसो (J.J. Rousseau, 1712–1778) आदि इस दृष्टिकोण के समर्थक थे। जॉन लॉक (John Locke) के शब्दों में, "व्यक्ति जन्म से, स्वभाव से स्वतन्त्र, स्वच्छन्द और समान है, उसकी इच्छा के बिना कोई राजनीतिक सत्ता उसे दबा नहीं सकती है। वह दूसरे व्यक्तियों के साथ मिलकर सहयोग कर समुदाय या समाज बनाने का स्वतन्त्र रूप से निर्णय लेता है।"

इस विचार के प्रमुख बिन्दुओं का विश्लेषण इस प्रकार किया जा सकता है–

1. खुला प्राकृतिक पर्यावरण— सामाजिक समझौते के सिद्धान्त की एक प्रधान स्थापना यह थी कि प्रकृति ने मानव के लिए स्वच्छन्द पर्यावरण का निर्माण किया है। प्रत्येक व्यक्ति इस पर्यावरण में अपनी आवश्यकताओं की पूर्ति के लिए पूर्णरूप से स्वच्छन्द है, उस पर किसी प्रकार का बाहरी अंकुश नहीं है। प्रकृति जिस तरह स्वच्छन्द और मुक्त है, व्यक्ति भी उसी तरह स्वच्छन्द और मुक्त है। अत: उपलब्ध प्राकृतिक साधनों का प्रत्येक व्यक्ति को इच्छानुसार तथा अपनी शक्ति के अनुसार उपयोग करना है। व्यक्ति पूर्णरूप से स्वतन्त्र प्राणी है।

2. व्यक्तियों के बीच जन्मगत समानता (Men are Born Equal)— जन्म के समय प्रत्येक व्यक्ति स्वतन्त्र ही नहीं है, समान भी है। मानव-जीवन की आरम्भिक स्थिति में तमाम व्यक्ति की हैसियत समान थी, उनमें उम्र, रंग

या लिंग के प्राकृतिक भेद थे; पर कोई सामाजिक भेद नहीं थे। दूसरे शब्दों में, उनके बीच वर्ण, वर्ग, जाति, धन, प्रतिष्ठा पर आधारित सामाजिक विभाजन नहीं था। आरम्भिक स्थिति में व्यक्ति आर्थिक, सामाजिक-सांस्कृतिक दृष्टि से समान था।

3. व्यक्तियों के बीच आपसी संघर्ष (War of every man against every man)— हॉब्स की यह धारणा थी कि आरम्भिक स्थिति में व्यक्तियों के बीच कठिन संघर्ष हुआ करता था। प्रत्येक व्यक्ति अपनी आवश्यकताओं की पूर्ति के लिए अपनी अधिक-से-अधिक शक्ति और सामर्थ्य का प्रयोग करता था ताकि वह प्रकृति के साधनों पर अधिक-से-अधिक अधिकार प्राप्त कर सके। इस कारण व्यक्ति-व्यक्ति के बीच निरन्तर संघर्ष, विग्रह एवं युद्ध चलता रहता था। इसका कोई अन्त नहीं था। मानव जन्म से स्वच्छन्द, स्वतन्त्र और समान था, इस कारण व्यक्ति-व्यक्ति के बीच युद्ध और भी भयानक रूप से चलता होगा। हॉब्स ने इसलिए यह बुनियादी प्रश्न उठाया- उनके बीच व्यवस्था कैसे स्थापित हुई और आज तक वह कैसे कायम रही? उनके अनुसार यह संविदा के माध्यम से सम्भव हुआ होगा।

4. व्यक्तियों के बीच आपसी समझौता— मनुष्यों ने अपनी प्रारम्भिक अवस्था में निरन्तर बर्बर संघर्ष और अराजकता की स्थिति में शायद यह अनुभव किया कि इस ढँग से उनकी किसी भी आवश्यकता की समुचित पूर्ति सम्भव नहीं थी। व्यक्तिगत शक्ति और सामर्थ्य के आधार पर ही कोई व्यक्ति सब कुछ नहीं प्राप्त कर सकता था। इससे तो संघर्ष स्थायी बना रहेगा। अतः इस अराजक एवं बर्बर युद्ध की स्थिति से मुक्त होने के लिए व्यक्तियों ने आपस में समझौता करने की ज़रूरत महसूस की। उन लोगों ने यह तय किया कि आवश्यकताओं की पूर्ति के कुछ निश्चित नियम बन जायें। कौन कितनी चीज प्राप्त करेगा, और किस आधार पर, परिवार का निर्माण कैसे होगा, परिवार की मर्यादा क्या होगी, मूल भौतिक आवश्यकताओं की पूर्ति से सम्बन्धित इन प्रश्नों पर पारस्परिक समझौता हुआ और इस प्रकार सामाजिक नियमों तथा संस्थाओं का विकास हुआ, परिवार का उदय हुआ तथा क्रमशः अन्य समितियों का। व्यक्तिगत सम्बन्ध सामाजिक नियमों के आधार पर स्थापित होने लगे। इन सम्बन्धों, संस्थाओं और समितियों के योग से समाज बना। सामाजिक समझौतों के सिद्धान्त के अनुसार समाज का उदय इसी प्रक्रिया से हुआ।

5. समाज एक कृत्रिम संगठन के रूप में— सामाजिक समझौतों के सिद्धान्त के अनुसार समाज एक कृत्रिम संगठन के रूप में व्यक्ति के ऊपर आरोपित किया गया। इसके परिणामस्वरूप व्यक्ति की स्वतन्त्रता का क्रमशः ह्रास होता गया और समाज का अंकुश व्यक्ति पर बढ़ता गया।

6. व्यक्ति सर्वोपरि, समाज गौण— सामाजिक समझौता के सिद्धान्तकारों ने अन्त में यह विचार प्रस्तुत किया कि चूँकि व्यक्तियों द्वारा समाज का निर्माण हुआ, अतः व्यक्ति की स्थिति सदा समाज से अधिक महत्त्वपूर्ण रहेगी। व्यक्ति ने अपनी सुरक्षा अपने समूह के अन्दर व्यवस्था एवं शान्ति और सहयोग और सद्भाव बनाये रखने के लिए समाज का विकास किया है। अतएव व्यक्ति के लिए समाज साधन है, साध्य नहीं।

इस सिद्धान्त की सबसे बड़ी कमी यह है कि इस सिद्धान्त के समर्थकों ने व्यक्ति को सर्वेसर्वा मान लिया, जबकि यह सत्य नहीं है। वास्तविकता यह है कि व्यक्ति की जो मानवीय क्षमताएँ हैं, उनका विकास समाज के द्वारा ही सम्भव है, जैसे भाषा या धर्म का विकास। इस प्रसंग में एक प्रसिद्ध उदाहरण का जिक्र करना प्रासंगिक होगा। कमला नामक एक बच्ची को भेड़िया ले भागा था। भेड़ियों के बीच वह पली। जब पायी गयी तब उनमें मानव के कुछ भी गुण नहीं थे- वह बोल नहीं सकती थी; खड़ा होकर ठीक से चल भी नहीं सकती थी। बाद में समाज के बीच रहते-रहते उसने भी तमाम गुण सीख लिए। इससे प्रमाणित होता है कि समाज के बिना व्यक्ति सामाजिक बन ही नहीं सकता है। यह प्रमाणित करना कठिन है कि व्यक्तियों ने ही आपसी समझौता के माध्यम से समाज का निर्माण किया है। यह विचार भी प्रमाणित नहीं हो सका है कि आदिम-कालीन स्थिति में व्यक्तियों को पूर्ण स्वच्छन्दता थी तथा उनके बीच समानता थी। आदिम समाजों के अध्ययन ने यह प्रमाणित कर दिया है कि मानव की आरम्भिक स्थिति में आदर्श स्वतन्त्रता और समानता का रहना अनिवार्य नहीं था- यह एक कल्पना मात्र है। इस सिद्धान्त के प्रवर्तकों को शायद यह पता नहीं था कि व्यक्ति आज किस तरह सोचता है, अनुभव करता है, इच्छाएँ व्यक्त करता है, उसके लिए वह समाज पर निर्भर है।

(B) समाज का सर्वांगिक सिद्धान्त (Organismic Theory of Society)

सर्वांगिक सिद्धान्त जिन मान्यताओं पर आधारित है वह सामाजिक समझौते के सिद्धान्त के ठीक विपरीत है। सामाजिक समझौते के सिद्धान्त के अनुसार व्यक्ति प्रधान है, वह समाज का निर्माता है तथा वह समाज पर हावी रहता है। किन्तु सर्वांगिक सिद्धान्त के अनुसार समाज प्रधान है, व्यक्ति उस पर निर्भर करता है, अत: समाज को व्यक्ति पर हावी रहना है। समाजशास्त्र के कुछ प्रारम्भिक विद्वानों ने इसे स्पष्ट करने के लिए समाज की तुलना शारीरिक अवयव से की। उन्होंने यह विवेचन किया कि जिस प्रकार शरीर और उसके विभिन्न अंग मिलकर काम करते हैं, उसी प्रकार समाज की संरचना भी सर्वांगिक है। समाज में उसी तरह की व्यवस्था है, जिस तरह शरीर में अलग-अलग अंग है। यह पूरा शरीर अवयवों की एक समन्वित इकाई है। समाज की व्यवस्था भी इसी ढंग की है, व्यक्ति उसके अंग मात्र हैं, जो मिलकर समाज का निर्माण करते हैं।

समाज के सर्वांगिक सिद्धान्त की विस्तृत व्याख्या सर्वप्रथम ब्रिटिश समाजशास्त्री हर्बर्ट स्पेंसर ने दी। उन्होंने यह प्रमाणित करने की कोशिश की कि जिस प्रकार शरीर के अंग अलग-अलग कार्य करते हैं, उसी तरह समाज के अंग भी अलग-अलग कार्य करते हैं, अर्थात् विभिन्न व्यक्ति अलग-अलग ढंग से कार्य करते हैं। हृदय, यकृत, गुर्दा एवं जिगर– ये सब अन्य अंगों की तुलना में शरीर के महत्त्वपूर्ण अंग हैं। महत्त्वपूर्ण इस अर्थ में है कि इन अंगों के क्षय होने पर शरीर का भी क्षय हो जाता है, जबकि हाथ या पैर कट भी जायें तब भी शरीर ज़िन्दा रहता है। उसी तरह समाज में कुछ व्यक्ति मिलकर समाज के अंग के रूप में जिन्दा रहते हैं, ठीक उसी तरह जैसे शरीर के विभिन्न अंग।

स्पेंसर ने कहा है कि अन्य जीवों की तरह समाज का भी जन्म होता है। कालक्रम में वह प्रौढ़ होता है और उसका अन्त भी होता है। उदाहरणस्वरूप, पुराने समाज का अन्त और उसके बाद नये आधुनिक समाज का जन्म हुआ और अब विकास भी हो रहा है। इसी प्रसंग में स्पेंसर ने यह भी कहा कि शरीर के निर्माण में कोशिकाओं और ग्रन्थियों का महत्त्व है, कालक्रम में कोशिकाओं और ग्रन्थियों का क्षय होता है, उनकी जगह नयी कोशिकाएँ और ग्रन्थियाँ निर्मित होती हैं। समाज की कोशिका है व्यक्ति, समाज के अंग एवं व्यवस्था हैं समितियाँ एवं संस्थाएँ। समाज की कोशिका यानी व्यक्ति की मृत्यु होती है, इसके साथ-साथ नयी कोशिकाओं यानी नये व्यक्तियों का जन्म होता रहता है। मकीवर और पेज ने इस विचारधारा के अतिवादी रूप का जिक्र किया है। उन्होंने कहा है कि समाज की विशिष्ट संरचनाओं यानी अंगों को शरीर के विभिन्न अंगों के समकक्ष माना गया है, अर्थात् समाज के भी दिमाग, हृदय, फेफड़े की कल्पना की गयी है।

इस प्रकार संक्षेप में सर्वांगिक सिद्धान्त का कहना है कि (1) व्यक्ति समाज का एक अंग मात्र है, (2) समाज के बाहर व्यक्ति का कोई अस्तित्व नहीं है तथा (3) उसे समाज के नियमों, मूल्यों एवं आदर्शों के अनुकूल ही चलना है। इस तर्क का निचोड़ यह है कि समाज सर्वोपरि है।

सामाजिक समझौते की तरह यह सर्वांगिक सिद्धान्त भी ग़लत साबित हो चुका है। इस सिद्धान्त के अन्तर्गत काफी त्रुटियाँ हैं, जिन्हें यहाँ संक्षेप में प्रस्तुत किया जा रहा है–

1. शरीर के अंग का महत्त्व तभी तक रहता है जब तक वह जीवित शरीर का अंग बना रहता है, किन्तु समाज के तमाम अंगों के बारे में यह बात लागू नहीं है। कुछ समितियाँ और संस्थाएँ समाज से स्वतन्त्र होकर भी कायम रह सकती हैं।

2. प्राणियों के शरीर मरणशील हैं, पर समाज नहीं। प्राचीन समाज से लेकर आधुनिक समाज तक पहुँचने की सामाजिक यात्रा नवनिर्माण नहीं है, यह तो समाज का क्रमश: विकास है। इस विकास का अन्त नहीं होता है। आदिम समाज, सामन्तवादी समाज, पूँजीवादी समाज, समाजवादी समाज, आधुनिक समाज, आधुनिकोत्तर समाज आदि समाज के विकास की विभिन्न सम्भावनाएँ हैं; विकास का यह क्रम चलता रहता है। व्यक्तियों का जन्म-मरण होता है, समितियों और संस्थाओं का भी उदय और अन्त होता है, किन्तु इससे समाज की अनवरतता कभी खत्म नहीं होती है। एक व्यक्ति की जगह दूसरे आते हैं, ये समितियाँ एवं संस्थाएँ गठित होती हैं। अत:, अनुभव एवं तर्क की दृष्टि से समाज की तुलना सर्वांगिक शरीर से करना ग़लत है।

3. सर्वांगिक शरीर जब स्वस्थ है, तो उसमें शरीरिक प्रक्रियाओं का एक सन्तुलन बना रहता है; इसके विपरीत बीमारी की स्थिति में शरीर ज़्यादा दिन टिक नहीं सकता है। समाज की व्यवस्था में सन्तुलन-असन्तुलन, सहयोग-संघर्ष, शान्ति और युद्ध, स्वास्थ्य और व्याधिकी दोनों पक्ष मौजूद रहते हैं। इस अर्थ में समाज सदैव एक सन्तुलित अवस्था में नहीं रहता है तथापि यह एक निरन्तर प्रक्रिया के रूप में बना है।

4. गौतम बुद्ध, सम्राट अशोक, ईसा मसीह, मोहम्मद पैगम्बर, मार्क्स, गाँधी, आम्बेडकर, सरदार वल्लभभाई पटेल इंसान थे, किन्तु इन महान् व्यक्तियों ने अपने-अपने युग के समाज की रूपरेखा ही बदल दी, उसके विचार, आदर्श एवं नियम बदल दिये। इस तरह समाज को ही बदल दिया। अतः यह कहना कि व्यक्ति सदैव समाज का अनुगमन करता है, आंशिक रूप से ही सही है।

5. तर्क एवं वैज्ञानिकता की दृष्टि से समाज की सर्वांगिक शरीर से तुलना करना इसलिए भी ग़लत है, क्योंकि सर्वांगिक शरीर एक प्रत्यक्ष वस्तु है, हम इसे देख सकते हैं, स्पर्श कर सकते हैं, किन्तु उस अर्थ में समाज एक अप्रत्यक्ष एवं एक निराकार अवधारणा है; हम उसे स्पर्श नहीं कर सकते; हाँ, हम इसमें जी सकते हैं। वास्तविकता यह है कि हम समाज में ही जी सकते हैं, समाज में ही रहकर भाषा एवं संस्कृति सीखते हैं, समाज ही हमें जैविक प्राणी से सामाजिक प्राणी में परिणत करता है। दूसरी तरफ यह भी सच है कि हम जिसे समाज कहते हैं वह व्यक्ति की पारस्परिक अन्तःक्रिया द्वारा ही बनता है। इससे निष्कर्ष यही निकलता है कि व्यक्ति और समाज दोनों, मकीवर और पेज के शब्दों में, एक-दूसरे के पूरक हैं, एक-दूसरे को प्रभावित करते हैं और दोनों के बीच अन्योन्याश्रित सम्बन्ध है।

उपर्युक्त दोनों दृष्टिकोण व्यक्ति एवं समाज के अन्तःसम्बन्ध को सही रूप से प्रस्तुत नहीं करते हैं। इनमें से प्रत्येक दृष्टिकोण किसी एक पक्ष (व्यक्ति या समाज) के महत्त्व को आवश्यकता से अधिक बढ़ा-चढ़ा कर प्रस्तुत करता है। वास्तविक स्थिति यह है कि इन दोनों के बीच अन्योन्याश्रितता का सम्बन्ध है। यह सही है कि मानव जाति की उत्पत्ति के समय से ही समाज किसी-न-किसी रूप में है क्योंकि सामूहिक जीवन की शुरुआत मनुष्य की कुछ मौलिक आवश्यकताओं से हुई है, जैसे- यौन-इच्छा की पूर्ति, सन्तानों का लालन-पालन की इच्छा इत्यादि। इसी प्रकार की इच्छाओं ने परिवार जैसे समूह को जन्म दिया। आगे चलकर मनुष्य की अन्य आवश्यकताएँ, जैसे- आर्थिक, भौतिक, मनोवैज्ञानिक आदि ने सामाजिक जीवन की अनिवार्यता को और भी अधिक सुदृढ़ बनाया। साथ ही इसका दूसरा पक्ष यह है कि व्यक्तियों के अभाव में समाज एवं उसकी संस्कृति की कल्पना ही नहीं की जा सकती है, अर्थात् समाज का अस्तित्व व्यक्तियों के बीच पाये जानेवाले अन्तःक्रिया पर निर्भर करता है। परन्तु एक बार समाज एवं उसकी संस्कृति के निर्माण हो जाने के बाद ये मानव व्यवहार का नियन्त्रण करना प्रारम्भ कर देते हैं। परन्तु व्यक्ति पर समाज के नियन्त्रण का स्तर बहुत कुछ समाज की राजनीतिक संरचना पर निर्भर करता है। उदाहरणस्वरूप, गणतन्त्रीय व्यवस्था में व्यक्ति की स्वाधीनता एवं स्वतन्त्रता तुलनात्मक रूप से अधिक होती है। दूसरी ओर, अधिनायकवादी शासन व्यवस्था में सदस्यों की स्वाधीनता एवं स्वतन्त्रता आवश्यक रूप से कम होती है। परन्तु समाज चाहे जैसा भी हो व्यक्ति अपना स्वतन्त्र व्यक्तित्व कभी भी पूर्णरूप से नहीं खोता है। अधिनायकवादी व्यवस्था में भी कुछ लोग ऐसे होते हैं, जो व्यवस्था के विरुद्ध आवाज़ उठाते हैं, अर्थात् ऐसी कठोर शासन व्यवस्था में भी समाज सब कुछ नहीं होता है और न ही व्यक्ति के व्यक्तित्व का पूर्ण विलयन समाज में कभी सम्भव होता है। साथ ही ध्यान देने योग्य बात यह भी है कि समाज जिस तरह से व्यक्ति के व्यक्तित्व को प्रभावित करता है उसी प्रकार समाज का स्वरूप, विकास और उसमें होने वाले महत्त्वपूर्ण परिवर्तन प्रायः किसी व्यक्ति विशेष के विचारों, खोज एवं आविष्कार आदि से प्रभावित होते हैं। बुद्ध, नानक, कार्ल मार्क्स, न्यूटन (Isaac Newton), गलीलियो (G. Galileo), जेम्स वाट (James Watt), गाँधी आदि ने अपने नवीन विचारों एवं आविष्कारों से मानवीय समाज को काफी प्रभावित किया।

वैयक्तिक व्यवहार एवं सामाजिक अन्तःक्रिया (Individual Bahaviour and Social Interaction)

अधिकांश समाजविज्ञानियों ने व्यवहार (Behaviour) एवं अन्तःक्रिया (Interaction) को एक ही अर्थ में प्रयोग किया है, जबकि व्यवहार शब्द का अर्थ बहुत ही व्यापक होता है। व्यवहार के अन्तर्गत वे समस्त चीजें चली आती हैं, जो व्यक्ति करता, कहता, सोचता या महसूस करता है; चाहे वह उद्देश्यपूर्ण एवं अर्थपूर्ण हो या न हो। दूसरी ओर, अन्तःक्रिया एक से अधिक व्यक्तियों के बीच उद्देश्यपूर्ण एवं अर्थपूर्ण मानवीय व्यवहार है। दूसरे शब्दों में तमाम प्रकार की अन्तःक्रियाएँ व्यवहार कही जा सकती हैं, जबकि तमाम व्यवहार को अन्तःक्रिया की संज्ञा नहीं दी जा सकती है। व्यवहार कई प्रकार के हो सकते हैं, जैसे– विसामान्य व्यवहार (Deviant Behaviour), असामान्य व्यवहार (Abnormal Behaviour), समाजविरोधी व्यवहार (Anti-social Behaviour), सामूहिक व्यवहार (Collective Behaviour), जन व्यवहार (Mass Behaviour), परम्परागत व्यवहार (Conventional Behaviour), विवेकी एवं अविवेकी व्यवहार (Rational or Irrational Behaviour), सहज या स्वाभाविक व्यवहार (Innate Behaviour), सामाजिक व्यवहार (Social Behaviour), प्रकट व्यवहार (Overt Behaviour), अप्रकट व्यवहार (Covert Behaviour) आदि।

सामाजिक अन्तःक्रिया सामाजिक जीवन की सबसे महत्त्वपूर्ण प्रक्रिया है, क्योंकि समाज का निर्माण इस प्रक्रिया पर आधारित है। सामाजिक अन्तःक्रिया मानवीय व्यवहारों का ही परिणाम है। परन्तु तमाम प्रकार के मानवीय व्यवहार या क्रिया सामाजिक क्रिया एवं अन्तःक्रिया को जन्म नहीं देती है। मनुष्य के अनेक व्यवहार एवं क्रिया **सहजप्रवृत्तियों (Instincts)** से निर्धारित होती है। इस प्रकार की क्रिया या व्यवहार को सामाजिक क्रिया नहीं कहा जा सकता है। किसी मानवीय क्रिया या व्यवहार को सामाजिक क्रिया कहलाने के लिए दो शर्त्तों का होना आवश्यक है– (1) कर्त्ता (Actor) के द्वारा अपनी क्रिया (Action) को अर्थ प्रदान करना तथा (2) कर्त्ता की क्रिया का उन व्यक्तियों के लिए भी अर्थपूर्ण होना जिसके प्रति वह क्रिया निर्देशित (Orientation of action) होती है। उदाहरणस्वरूप, आँख का झपकना कोई सामाजिक क्रिया नहीं है, क्योंकि यह **सहज** या **सहजात क्रिया (Instinctive Action)** है। परन्तु किसी को आँख मारना एक सामाजिक क्रिया है। यह कर्त्ता के लिए तो अर्थपूर्ण है ही, उस व्यक्ति के लिए भी अर्थपूर्ण है जिसको कर्त्ता ने आँख मारी है। जब दो व्यक्तियों के बीच अर्थपूर्ण ढंग से सामाजिक क्रियाओं का आदान-प्रदान होता है, तो उसे सामाजिक अन्तःक्रिया कहते हैं। उदाहरणस्वरूप, जब कोई व्यक्ति किसी को देखकर आँख मारता है और दूसरा उसे देख कर मुस्कुराता है, तो इसे सामाजिक अन्तःक्रिया कहा जायेगा। सामाजिक अन्तःक्रिया के आधार पर जब दो या दो से अधिक व्यक्तियों के बीच सम्बन्ध स्थापित होता है, तो उसे ही सामाजिक सम्बन्ध कहते हैं।

अन्तःक्रिया के चार महत्त्वपूर्ण तत्त्व होते हैं– **(1) उत्तेजक (Stimulus), (2) प्रतिक्रिया (Response), (3) सामाजिक सम्पर्क (Social Contact)** एवं **(4) संचार (Communication)**। उपर्युक्त उदाहरण में एक व्यक्ति के द्वारा दूसरे व्यक्ति को आँख मारना दूसरे व्यक्ति के लिए एक उत्तेजना हुआ, जबकि दूसरे व्यक्ति का प्रथम व्यक्ति के द्वारा आँख मारने का अर्थ समझकर मुस्कुराना प्रतिक्रिया का उदाहरण है। इसके अतिरिक्त सामाजिक अन्तःक्रिया के लिए सामाजिक सम्पर्क का होना भी नितान्त आवश्यक है। सम्पर्क के अभाव में अन्तःक्रिया सम्भव नहीं है।

सम्पर्क प्रत्यक्ष या अप्रत्यक्ष हो सकता है। छात्र के द्वारा शिक्षक का अभिवादन करना एवं शिक्षक के द्वारा मुस्कुरा कर उसे स्वीकार करने की स्थिति में दोनों के बीच प्रत्यक्ष सम्पर्क स्थापित हुआ। दूसरी ओर, अप्रत्यक्ष सम्पर्क में सम्बन्धित पक्ष एक-दूसरे के आमने-सामने नहीं होते हैं। पत्र, दूरभाष या अन्य दूरसंचार के साधनों के माध्यम से दो पक्षों के बीच स्थापित सम्पर्क अप्रत्यक्ष सम्पर्क कहलाता है। जिलीन एवं जिलीन (J.L. Gillin and J.P. Gillin) ने दो प्रकार के सम्पर्क की चर्चा की है– (1) सकारात्मक तथा (2) नकारात्मक सम्पर्क। सकारात्मक सम्पर्क सहयोगी अन्तःक्रिया को जन्म देता है, जैसे– समझौता, आत्मसात्करण (Assimilation), सहयोग आदि। नकारात्मक सम्पर्क असहयोगी अन्तःक्रिया को जन्म देता है, जैसे– संघर्ष, प्रतिस्पर्धा आदि। संचार (Communication) अन्तःक्रिया का चौथा

महत्त्वपूर्ण तत्त्व है। संचार का अर्थ प्रतीकों या भावों का अर्थपूर्ण आदान-प्रदान है। भाषा, जो कि अर्थपूर्ण प्रतीक का एक अच्छा उदाहरण है, संचार का मुख्य माध्यम है। संचार तब ही हो सकता है जब वह अर्थपूर्ण है एवं यह तभी सम्भव है जब अन्त:क्रिया करने वाले व्यक्ति एक-दूसरे के प्रति जागरूक हों तथा एक-दूसरे द्वारा कही जाने वाली बातों या संकेतों को समझ रहे हों।

सामाजिक अन्त:क्रिया तीन स्तरों पर सम्भव है, जैसे– (1) दो व्यक्तियों के बीच, (2) व्यक्ति एवं समूह के बीच तथा (3) दो या दो से अधिक समूहों के बीच। पति-पत्नी के बीच या पिता-पुत्र के बीच की अन्त:क्रिया प्रथम प्रकार की अन्त:क्रिया हुई। व्यक्ति एवं परिवार के बीच का सम्बन्ध तथा वर्ग में शिक्षक और विद्यार्थियों के बीच के सम्बन्ध दूसरी प्रकार की अन्त:क्रिया हुई। दो खेल के टीम या दो राजनीतिक दलों के बीच जो सम्बन्ध पाया जाता है वह तीसरे प्रकार की सामाजिक अन्त:क्रिया का उदाहरण है।

व्यक्तिवाद (Individualism)

यह एक प्रकार का एक परिप्रेक्ष्य अथवा एक विचारधारा का नाम है, जो व्यक्ति की महत्ता अथवा श्रेष्ठता पर बल देती है। लेखक ने अपनी पुस्तक **समाजविज्ञान विश्वकोश** में व्यक्तिवाद की अवधारणा को स्पष्ट करते हुए बताया है कि व्यक्तिवाद का मूल सूत्र यह है कि प्रत्येक सामाजिक या राजनीतिक विचारधारा का केन्द्रबिंदु व्यक्ति ही है। नीतिशास्त्र में, यह मानने की प्रवृत्ति कि नैतिक मानकों का मूल्य व्यक्तिपरक है, सार्वभौम या निरपेक्ष नहीं। समाजशास्त्र का वह सिद्धान्त, जिसके अनुसार व्यक्ति का मूल्य प्राथमिक और समाज गौण होता है। राजनीतिक सिद्धान्त के रूप में व्यक्तिवाद, व्यक्ति की स्वतन्त्रता, गरिमा तथा हितों से सम्बन्धित एक ऐसा दृष्टिकोण है, जो इन्हीं के आधार पर न्याय, राजनीतिक दायित्वों तथा जनहितों की तुष्टि की विवेचना करता है। व्यक्तिवाद की बहुधा समूहवाद से तुलना की जाती है, जिसमें व्यक्तिगत हितों की अपेक्षा सामूहिक हितों को सर्वोपरि समझा जाता है।

व्यक्तिवाद की धारणा काफी पुरानी है। आधुनिक अर्थों में इस शब्द का सर्वप्रथम प्रयोग हमें सन् 1838 में ए.डी. टॉकवील (Alexis-Charles-Henri Clérel de Tocqueville, 1805–1859) की पुस्तक **Democracy in America** में देखने को मिलता है। व्यक्तिवाद का प्रयोग एक अन्य अर्थ में भी किया गया है। इस दूसरे अर्थ में, सामाजिक व्यवस्थाएँ मुख्यत: व्यक्तियों से बनती हैं और उन्हें व्यक्तियों की विशेषताओं, हितों तथा इच्छा-अनिच्छा के आधार पर समझा जा सकता है। व्यक्तिवाद का यह अर्थ इस प्रमुख समाजशास्त्रीय आधार को चुनौती देता है कि सामाजिक प्रणालियाँ उनके निर्णायक भागों के जोड़ से कुछ अधिक हैं तथा उन व्यक्तियों के बिना भी सामाजिक प्रणालियों का स्वतन्त्र अस्तित्व है, जिनके द्वारा वे बनती हैं (देखें– Steven Lukes, **Individualism**, 1973; Thomas C. Heller, Morton Sosna and David E. Wellbery, **Reconstructing Individualism**, 1986)।

REFERENCES

Fichter, J.H., **Sociology**, Chicago: The University of Chicago Press, 1957.

Gisbert, F.P., **Fundamentals of Sociology**, New Delhi: Orient Longman Pvt. Ltd., 1963.

MacIver, R.M. and Page, Charles H., **Society**, New Delhi: Macmillan India Ltd., 1985.

Singh, J.P., **समाजविज्ञान विश्वकोश**, दिल्ली: पी.एच.आई. लर्निंग, 2009.

5

समाजीकरण
(Socialization)

प्रत्येक शिशु-जन्म के समय एक संगठित शारीरिक ढाँचा (Organic Body) मात्र होता है। वह अस्थि-माँस का ढाँचा न तो अपने बारे में और न ही समाज के बारे में कुछ जानता है और न ही किसी सामाजिक गतिविधि में भाग लेने की स्थिति में होता है। समाज में उसे किस प्रकार का व्यवहार करना चाहिए, समाज के क्या नियम-कानून हैं, समाज के क्या मूल्य हैं, इन तमाम बातों की उसे कोई जानकारी नहीं होती है। जैसे-जैसे उम्र बढ़ती है, परिवार के सदस्य, विशेषकर माँ उसे विभिन्न चीजों की जानकारी देने का प्रयास करती है और धीरे-धीरे परिवार की गतिविधियों में उसकी भागीदारी शुरू हो जाती है। बालक दैनिक जीवन में अपने माता-पिता, सगे-सम्बन्धियों, पड़ोसियों एवं अपने मित्रों से प्रत्यक्ष या अप्रत्यक्ष रूप से समाज के बारे में सीखने लगता है। इसी सीखने की प्रक्रिया का नाम मनोविज्ञान एवं समाजशास्त्र में समाजीकरण है।

समाजीकरण का स्वरूप (Nature of Socialization)

समाजीकरण की प्रक्रिया को जॉनसन ने काफी सरल ढंग से परिभाषित करने का प्रयास किया है। उन्होंने (H.M. Johnson, 1983: 110) बताया है, "समाजीकरण सीखने की प्रक्रिया है, जो सीखने वालों को सामाजिक भूमिकाओं के निभाने योग्य बनाता है।" (Socialization is learning that enables the learner to perform social roles.) यहाँ जॉनसन ने यह भी कहा है कि हर एक चीज सीखना समाजीकरण नहीं है। सीखने की उसी प्रक्रिया को उन्होंने समाजीकरण कहा है, जिसकी मदद से व्यक्ति की भागीदारी समाज में सम्भव होती है। सीखने का उद्देश्य सामाजिक प्रक्रियाओं में भाग लेना एवं सामाजिक नियमों तथा मूल्यों के अनुरूप अनुसरण करना होता है। समाज के विध्वंस करने के बारे में सीखना समाजीकरण नहीं है। समाजीकरण के अन्तर्गत व्यक्ति समाज की संस्कृति के बारे में सीखता है और उसी के अनुरूप व्यवहार करने की उससे अपेक्षा भी की जाती है। इसी माध्यम से समाज में संस्कृति एक पीढ़ी से दूसरी पीढ़ी तक अन्तरित होती रहती है और इस प्रकार समाज एवं संस्कृति एक जीवन्त व्यवस्था की तरह चलती रहती है। समाजीकरण के अभाव में व्यक्ति समाज के सदस्य के रूप में क्रियाशील नहीं रह सकता है। समाज के सदस्यों के बीच वह ठीक से अन्तःकरण की प्रक्रिया नहीं कर सकता है। समाज में रहकर भी वह बहुत अकेला महसूस करेगा। किसी व्यक्ति को अपने माता-पिता, दोस्त, सगे-सम्बन्धियों, दुकानदारों, शिक्षकों, सहकर्मियों के साथ

कैसा व्यवहार करना चाहिए, इसका ज्ञान समाजीकरण द्वारा ही सम्भव होता है। इसी तथ्य को किम्बॉल यंग (Kimball Young) ने मनोवैज्ञानिक परिप्रेक्ष्य में लिखा है– "समाजीकरण वह प्रक्रिया है, जिसके द्वारा व्यक्ति सामाजिक और सांस्कृतिक क्षेत्र में प्रवेश करता है, समाज के विभिन्न समूहों का सदस्य बनता है और जिसके द्वारा उसे समाज के मूल्यों और मानकों (Standards) को स्वीकार करने की प्रेरणा मिलती है।" समाजीकरण की परिभाषा के सम्बन्ध में ऐसा ही विचार जॉन स्कॉट एवं गॉर्डन मार्शल (John Scott and Gordon Marshall) ने भी अपनी पुस्तक **Oxford Dictionary of Sociology** (2007) में व्यक्त किया है।[1]

दूसरी तरफ प्रसिद्ध फ्रेंच समाजशास्त्री एमिल डर्कहाइम (Emile Durkheim) ने समाजीकरण को बहुत ही सीमित अर्थ में देखने का प्रयास किया है। उनका कहना था कि बच्चों को नैतिकता की शिक्षा देना ही समाजीकरण है, लेकिन वर्तमान समाजशास्त्र में समाजीकरण को इतने सीमित अर्थ में परिभाषित करने का प्रयास नहीं किया जाता है।

कुछ लोगों ने समाजीकरण एवं **शिक्षा (Education)** को एक ही अर्थ में प्रयोग करने का प्रयास किया है, लेकिन यह सही नहीं है। शिक्षा एक व्यापक शब्द है, जिसके अन्दर विभिन्न प्रकार के ज्ञान-अर्जन की प्रक्रियाएँ आती हैं। महाविद्यालय में रसायनशास्त्र और भौतिकशास्त्र पढ़ना ज्ञान अर्जन करने की प्रक्रिया है, यह कोई समाजीकरण नहीं है। समाजीकरण का सम्बन्ध विभिन्न प्रकार के ज्ञान प्राप्त करने से नहीं है। समाजीकरण का सम्बन्ध मात्र वैसे ज्ञान से है, जिसकी मदद से कोई व्यक्ति जैविक प्राणी से सामाजिक प्राणी बनता है। यह वह प्रक्रिया है, जिसके अन्तर्गत व्यक्ति अपनी संस्कृति के बारे में सीखता है। किस परिस्थिति में किसी व्यक्ति को कैसा व्यवहार करना चाहिए या किन सामाजिक आदर्शों एवं मूल्यों का कैसे निर्वाह किया जाना चाहिए, इसकी जानकारी ही समाजीकरण है। इस सम्बन्ध में लेस्ली एवं उनके सहयोगी (Leslie *et al.*, 1980: 144) ने स्पष्ट लिखा है कि "समाजीकरण एक ऐसी प्रक्रिया है, जिसके द्वारा लोग यह सीखते हैं कि सामाजिक व्यवस्था का कैसे सामना किया जाये।" (Socialization is the process by which people learn how to cope with the social order.) संक्षेप में, समाजीकरण शिक्षा है, लेकिन तमाम प्रकार की शिक्षा समाजीकरण नहीं है। समाजीकरण व्यापक शिक्षा का एक छोटा-सा अंश है।

लेस्ली ने आगे यह भी कहा है कि समाजीकरण को कभी-कभी **व्यक्तित्व विकास (Personality Development)** की प्रक्रिया के साथ भी जोड़ दिया जाता है, जो ग़लत है। दोनों दो प्रकार के विचार हैं। व्यक्तित्व का सम्बन्ध समाजशास्त्र से कम और मनोविज्ञान से ज़्यादा है। समाजशास्त्री इस सम्बन्ध में सिर्फ इतना ही अध्ययन करते हैं कि किसी व्यक्ति में सामाजिक अन्त:क्रिया द्वारा **सामाजिक आत्मन् (Social Self)** का विकास कैसे होता है। व्यक्तित्व के बहुत सारे मनोवैज्ञानिक पहलू हैं जिनसे समाजशास्त्रियों का कोई सम्बन्ध नहीं है। समाजीकरण व्यक्तित्व के विकास का छोटा-सा हिस्सा है, अर्थात् व्यक्तित्व विकास अपेक्षाकृत एक बृहत्तर प्रक्रिया है।

जैसा कि उल्लेख किया गया है कि समाजीकरण सीखने की एक प्रक्रिया का नाम है, पर कोई बालक अपनी संस्कृति को क्यों और कैसे सीखता है, यह अब तक स्पष्ट नहीं हा पाया है। जे.एच. फिक्टर (J.H. Fichter) ने बताया है कि सीखने की प्रक्रिया में तीन उप-प्रक्रियाएँ शामिल होती हैं, जो इस प्रकार हैं–

1. नकल (Imitation)— बच्चों में नकल करने की अच्छी क्षमता होती है। जिस चीज से उनका मनोरंजन होता है या जो उन्हें रुचिकर लगता है, उन चीजों की वे नकल करने का प्रयास करते हैं। नकल की आदत सिर्फ बच्चों में ही नहीं पायी जाती, बल्कि नवयुवकों में भी पायी जाती है। वे भी ऐसी चीजों की नकल करते हैं, जो उन्हें अच्छी लगती है। प्रत्यक्ष रूप से नकल का उद्देश्य सीखना नहीं होता, पर नकल के सहारे हम बहुत कुछ स्वाभाविक रूप से सीख जाते हैं।

---

1. "Socialization is the process by which we learn to become members of society, both by internalizing the norms and values of society, and also by learning to perform our social roles (as worker, friend, citizen, and so forth)."— John Scott and Gordon Marshall, **Oxford Dictionary of Sociology**, Oxford University Press, Oxford, 2007.

2. सुझाव (Suggestion)— जब कभी भी किसी व्यक्ति को कुछ ग़लती नज़र आती है, तो वह अपने से छोटे को सुझाव देने का प्रयास करता है। माता-पिता और सगे-सम्बन्धी छोटे बच्चों को हमेशा अच्छा आचरण करने की सलाह देते हैं। बच्चों के सामने जब कोई नयी परेशानी आती है, तो वह इस परिस्थिति में अपने दोस्तों से भी सलाह-मशविरा किया करता है। इस प्रकार सुझाव से भी हमें अच्छे-बुरे का ज्ञान मिलता है।

3. प्रतियोगिता (Competition)— मनुष्य स्वभाव से ही प्रतियोगी होता है। हर एक व्यक्ति की यह कोशिश रहती है कि उसकी पहचान एक अच्छे व्यक्ति के रूप में हो। इसलिए वह यह कोशिश करता है कि वह दूसरे से अच्छा काम कर दिखाये। प्रतियोगिता की भावना सबसे स्पष्ट रूप में स्कूलों एवं खेल के मैदान में देखने को मिलती है। इस भावना के कारण उसे कुछ-न-कुछ सीखना ही पड़ता है। प्रतियोगिता सीखने के उद्देश्य से नहीं होती है, बल्कि सीखना प्रतियोगिता का एक नतीजा है।

संक्षेप में यही कहा जा सकता है कि समाजीकरण स्थापित सामाजिक मूल्यों एवं मानदण्डों के आत्मसात्करण (Internalization of norms and values) की प्रक्रिया है। मेटा स्पेंसर एवं अन्य समाजशास्त्रियों ने समाजीकरण को इसी रूप में देखने का प्रयास किया है। यह एक ऐसी प्रक्रिया है, जो समाज को अनवरतता प्रदान करती है। समाजीकरण सामाजिक व्यवस्था को बनाये रखने में महत्त्वपूर्ण योगदान देता है।

समाजीकरण की प्रक्रिया स्पष्ट करने के लिए उसकी प्रमुख विशेषताओं की चर्चा आवश्यक है, जो इस प्रकार है–

1. सीखने की प्रक्रिया (Process of Learning)— व्यक्ति जो समाज के सदस्य के रूप में समाज के बारे में जो कुछ सीखता है, उसी प्रक्रिया को समाजशास्त्र के क्षेत्र में समाजीकरण कहा जाता है। पर प्रत्येक प्रकार के सीखने की प्रक्रिया को समाजीकरण नहीं कहा जा सकता है। परीक्षा पास करने के लिए कड़ी मेहनत करना, अपने से बड़ों का सम्मान करना, राज्य के नियम-कानूनों का पालन करना, दूसरों के साथ सहयोग करना इत्यादि चीजों के बारे में सीखना समाजीकरण है, लेकिन पाकेटमारी करने का हुनर हासिल करना या गाली या अपशब्द सीखना आदि समाजीकरण नहीं है।

2. आजीवन प्रक्रिया (Life-long Process)— समाजीकरण की प्रक्रिया शैशवकाल से प्रारम्भ होकर वृद्धावस्था तक चलती है। यह एक अनवरत प्रक्रिया है। मनुष्य समाज के बारे में कुछ-न-कुछ हमेशा ही सीखता रहता है, पर यह प्रक्रिया समान रूप से हमेशा नहीं चलती है। वृद्धावस्था की तुलना में बाल्यकाल में लोग कुछ ज़्यादा ही सीखते हैं। स्वीडीस मनोवैज्ञानिक पियाजे (J. Piaget) का कहना है कि बच्चे कुछ अधिक जल्दी और प्रभावशाली ढँग से सीखने की क्षमता रखते हैं। यह स्वाभाविक है, क्योंकि बच्चों में नकल करने की क्षमता बहुत जबरदस्त होती है। बच्चे प्रारम्भ में दूसरों पर निर्भर रहते हैं और इस निर्भरता की स्थिति से आज़ाद होने के लिए वह किसी चीज को जल्द सीखने का प्रयास करते हैं।

3. यह संस्कृति को एक आत्मसात् करने की प्रक्रिया है (Internalization of Culture)— समाजीकरण वह प्रक्रिया है, जिसके अन्तर्गत हम अपनी संस्कृति के बारे में सीखते हैं या हम यह कह सकते हैं कि संस्कृति के सीखने की प्रक्रिया का नाम ही समाजीकरण है। चूँकि संस्कृति का स्वरूप अमूर्त होता है, इसलिए इसे सीख कर ही हासिल किया जाता है। हम यह भी कह सकते हैं कि समाजीकरण के द्वारा जो सीखा जाता है, वही संस्कृति है। यह भी उल्लेखनीय है कि मात्र अपनी संस्कृति का ज्ञान रखना ही समाजीकरण नहीं है, बल्कि उसके अनुरूप आचरण करना भी ज़रूरी है। इसीलिए तो कहा जाता है कि समाजीकरण के द्वारा व्यक्ति के अहं या आत्मन् (Self) का विकास होता है।

4. समाजीकरण एक गत्यात्मक प्रक्रिया (Dynamic Process) है— किस परिस्थिति में किस व्यक्ति के साथ कैसा व्यवहार करना चाहिए, इसका ज्ञान हमें समाजीकरण के द्वारा ही होता है। मनुष्य का व्यवहार सिर्फ जैविक स्तर पर नहीं समझा जाना चाहिए। मनुष्यों के व्यवहारों का सामाजिक पहलू जैविक पहलू से ज़्यादा महत्त्वपूर्ण है। मनुष्यों का व्यवहार जो एक-दूसरे के सन्दर्भ में होता है, वह एक सामाजिक प्राणी के रूप में होता है। समाजीकरण व्यक्ति के प्रकार्यात्मक (Functional) क्षमता को बढ़ाता है। यह समाजीकरण ही है, जिसके द्वारा कोई शिशु एक जैविक

प्राणी से सामाजिक प्राणी में परिवर्तित होता है। संक्षेप में, हम यहाँ यही कहना चाहते हैं कि समाजीकरण व्यक्तियों को विभिन्न परिस्थितियों में स्वीकृत आचरण का ज्ञान देता है, जिससे हम समाज की तमाम गतिविधियों में समाज के अन्य सदस्यों की अपेक्षाओं के अनुसार व्यवहार करते हैं।

समाजीकरण के जैविक आधार (Biological Basis of Socialization)

कई समाजशास्त्रियों ने यह प्रश्न खड़ा किया है कि मनुष्यों की वह कौन-सी जैविक विशेषताएँ हैं, जिसके कारण उसका समाजीकरण होता है ? यह प्रश्न इसलिए खड़ा होता है कि विश्व में मनुष्य मात्र ही एक ऐसा जैविक प्राणी है जिसका समाजीकरण होता है। मनुष्यों की तरह अन्य जीव भी जैविक प्राणी हैं पर उनका समाजीकरण नहीं होता है। जिन विद्वानों ने इस विषय पर विचार किया है उन्होंने यह स्पष्ट करने का प्रयास किया है कि मनुष्य में कुछ विशिष्ट जैविक गुण अवश्य हैं, जिनके कारण उसका समाजीकरण होता है। यहाँ पर हम ब्रूम एवं सेल्सनिक (L. Broom and P. Selznick, 1970) द्वारा प्रस्तुत उन जैविक विशेषताओं की चर्चा करेंगे, जिनके कारण मनुष्य का समाजीकरण सम्भव होता है।

1. सहजप्रवृत्तियों की कमी (Absence of Instincts)— सहजप्रवृत्तियाँ एक प्रकार का जटिल व्यवहार है, जो जैविक रूप से निर्धारित होता है। जानवरों एवं पक्षियों की यह एक प्रमुख विशेषता है, जैसे– पक्षियों के अन्तर्गत घोसला बनाने की प्रवृत्ति पायी जाती है। पक्षियों में यह गुण जैविक आधार पर एक पीढ़ी से दूसरी पीढ़ी स्वत: हस्तान्तरित होता रहता है। यह एक ऐसी प्रवृत्ति है, जो सीखने की प्रवृत्ति में बाधक के रूप में काम करती है। मनुष्य इसलिए कुछ सीख पाता है, क्योंकि उसमें इस ढंग की सहजप्रवृत्ति नहीं पायी जाती है। मनुष्य की विशेषता **जैविक प्रेरणा (Biological Drive)** है। प्रेरणा व्यक्तियों को कुछ करने के लिए प्रेरित करती है। यह जैविक स्तर पर निर्धारित होनेवाले व्यवहारों का प्रतिमान नहीं है।

2. अन्त:क्रियात्मक आवश्यकताएँ (Interactional Needs)— मनुष्यों की यह विशेषता है कि वह दूसरे लोगों के साथ मिलना-जुलना पसन्द करता है। कोई भी व्यक्ति अकेले स्वतन्त्र ढँग से जीना पसन्द नहीं करता। जिस प्रकार जानवर अलग होकर जीवित रहता है, उसी प्रकार मनुष्य जीवित रहना नहीं चाहता है। मनुष्यों के अन्तर्गत ऐसे जैविक गुण हैं, जो उन्हें एक-दूसरों पर आश्रित कर देते हैं। इसी प्रवृत्ति के कारण मनुष्य सीखता है। प्रयोग पर आधारित ऐसे बहुत सारे उदाहरण मिलते हैं, जिनसे यह प्रमाणित होता है कि जिन बच्चों को समाज से दूर जंगलों में छोड़ दिया गया था या जानवरों के संसर्ग में रखा गया था, वे जानवरों की तरह ही व्यवहार करने लगे। चूँकि मनुष्य स्वभाव से एक सामाजिक प्राणी है, वह समाज में रहकर समाजीकरण के माध्यम से अपने समाज एवं संस्कृति के बारे में सीखता है।

3. बाल्यावस्था की निर्भरता (Childhood Dependence)— विभिन्न प्राणियों की तुलना में शिशु अपने माता-पिता या परिवार के अन्य सदस्यों के ऊपर शारीरिक व भौतिक रूप से ज़्यादा लम्बे समय तक निर्भर रहता है। इसी निर्भरता के कारण बालकों एवं अभिभावकों के बीच एक संवेगात्मक सम्बन्ध कायम हो जाता है, जिससे बच्चों का व्यवहार आसानी से निर्धारित एवं संचालित होता रहता है। इस संवेगात्मक सम्बन्ध के कारण बच्चों का समाजीकरण काफी आसान हो जाता है।

4. सीखने की क्षमता (Capacity to Learn)— मनुष्य की सबसे बड़ी विशेषता यह है कि उसे शिक्षित किया जा सकता है। उसके अन्तर्गत इतनी अधिक जैविक क्षमता होती है कि उसकी तुलना समस्त विश्व के किसी भी जीवधारी से नहीं की जा सकती। मनुष्य की एक बहुत बड़ी विशेषता यह भी है कि वह एक लम्बे समय तक किसी चीज को सीखता रह सकता है। मनुष्य के अन्तर्गत पायी जाने वाली बुद्धि (Intelligence) उसकी विशिष्ट जैविक विरासत है। सीखने में बुद्धि का महत्त्वपूर्ण योगदान होता है। मनुष्यों में सीखी हुई चीजों को सुरक्षित रखने की भी क्षमता पायी जाती है।

5. भाषा (Language)— मनुष्यों की जैविक क्षमता के अन्तर्गत भाषा का ज्ञान भी आता है। बहुत सारे जानवरों में भी कुछ-न-कुछ बुद्धि अवश्य पायी जाती है, पर उनमें भाषा का अभाव होता है। मनुष्य की सबसे बड़ी विशेषता यह है कि वह किसी भी भाषा को सीख सकता है और उसके माध्यम से अपनी बातों को एक व्यक्ति से दूसरे व्यक्ति एवं एक पीढ़ी से दूसरी पीढ़ी को अपने भावों एवं विचारों को पहुँचा सकता है। किसी भी चीज का ठीक से सीखना भाषा के अभाव में सम्भव नहीं है। चूँकि मनुष्य में भाषा सीखने की विलक्षण जैविक क्षमता होती है, इसीलिए उसका समाजीकरण सम्भव हो पाता है।

समाजीकरण के उद्देश्य (Aims of Socialization)

समाजीकरण से व्यक्ति या समाज को क्या लाभ है, इस विषय पर ब्रूम एवं सेल्सनिक (Broom and Selznick, 1970) ने इस प्रकार प्रकाश डाला है–

1. समाजीकरण अनुशासन का पाठ पढ़ाता है— समाजीकरण की प्रक्रिया के द्वारा व्यक्ति का आचरण समाज में अनुशासित होता है। समाजीकरण के अभिकरण व्यक्तियों को यही सिखाते हैं कि उन्हें कौन-सा आचरण करना चाहिए और कौन-सा नहीं करना चाहिए। समाजीकरण के द्वारा जीवन में अनुशासन की महत्ता का ज्ञान होता है। धीरे-धीरे अनुशासन व्यक्तियों के व्यक्तित्व का अभिन्न अंग बन जाता है और वे आदतन सामाजिक नियमों के अनुरूप व्यवहार करने लगते हैं।

2. समाजीकरण प्रेरणा का स्रोत होता है— समाजीकरण के द्वारा व्यक्तियों में सिर्फ अनुशासन ही नहीं आता, बल्कि समाजीकरण व्यक्तियों को अनुशासित ढंग से कुछ करने के लिए प्रेरित भी करता है। किसी व्यक्ति को जीवन में क्या बनना चाहिए, क्या हासिल करना चाहिए या क्या नहीं बनना चाहिए, इसका ज्ञान समाजीकरण के द्वारा ही होता है। कोई व्यक्ति कवि बनना चाहता है, तो कोई बहुत बड़ा सर्जन, कोई बहुत बड़ा खिलाड़ी बनना चाहता है, तो कोई बहुत बड़ा वैज्ञानिक। इस प्रकार की बहुत सारी चीजें हैं, जिन्हें व्यक्ति अपने जीवन में प्राप्त करना चाहता है। इसकी प्रेरणा उसे समाज से मिलती है। समाज में रहकर व्यक्ति या तो स्वयं जीवन के लक्ष्यों के बारे में सीखता है या उसे दूसरे लोग कुछ प्राप्त करने के लिए प्रेरित करते हैं।

3. समाजीकरण सामाजिक भूमिका का पाठ पढ़ाता है— किसी व्यक्ति को किस परिस्थिति में कैसा आचरण करना चाहिए, इसका ज्ञान उसे समाजीकरण के द्वारा ही प्राप्त होता है। प्रत्येक समाज यही चाहता है कि उसके सदस्य समाज के स्वीकृत मूल्यों एवं मानदण्डों को ध्यान में रखकर ही आचरण करें, क्योंकि समाज का कल्याण उसी में है। अतः बचपन से लेकर मृत्युपर्यन्त लोगों के सामाजिक व्यवहार में अनुरूपता पर बल दिया जाता है। यह कार्य समाजीकरण के द्वारा ही समाज सम्पन्न कर पाता है।

4. समाजीकरण कुशलता प्रदान करता है— समाज में विभिन्न प्रकार के काम-काज होते हैं, जिन्हें करने के लिए काफी कुशलता की ज़रूरत होती है। आजकल श्रम-विभाजन में इतना अधिक विशिष्टीकरण हो गया है कि प्रत्येक व्यक्ति प्रत्येक काम को नहीं कर सकता है। व्यक्तियों की योग्यता को ध्यान में रखकर समाज लोगों को शिक्षा के माध्यम से विभिन्न पेशों में कार्य-कुशल बनाने का काम करता है। समाज के लिए शिक्षा की एक प्रमुख उपयोगिता समाजीकरण को सहज और सरल बनाना है।

5. समाजीकरण के द्वारा व्यवहारों में अनुरूपता आती है— समाजीकरण का एक प्रमुख उद्देश्य यह भी है कि समान परिस्थिति में तमाम लोग समान व्यवहार करें। कोई भी समाज अपने सदस्यों को मनमाने ढंग से व्यवहार करने की इजाजत नहीं देता है। जनजातियों के बीच विवाह-प्रथा आधुनिक समाज के लोगों की तुलना में अलग प्रकार की है। उसी तरह मुस्लिम विवाह-प्रथा हिन्दू विवाह-प्रथा से भिन्न है। ईसाई लोगों की विवाह-प्रथा सिक्खों के विवाह से भिन्न है। इस भिन्नता के पीछे मुख्य कारण यह है कि प्रत्येक समाज के अन्तर्गत लोग अपनी-अपनी सामाजिक मान्यताओं के अनुरूप आचरण करते हैं। समाजीकरण के कारण ही एक संस्कृति दूसरी संस्कृति से भिन्न नज़र आती है।

समाजीकरण की विधियाँ (Modes of Socialization)

जैसा कि ऊपर स्पष्ट किया जा चुका है कि समाजीकरण सामाजिक भूमिकाओं को सीखने की प्रक्रिया का नाम है, लेकिन यह प्रक्रिया कोई सीधे ढँग से नहीं चलती। कभी तो लोग कुछ सीखने के लिए आसानी से तैयार रहते हैं, तो कभी कुछ लोग सीखने से बहुत दूर भागते हैं और कुछ लोग ऐसे भी होते हैं, जो इसका विरोध करते हैं। विभिन्न समाजों में प्रचलित समाजीकरण के तरीकों को देखने से ऐसा लगता है कि समाज अपने सदस्यों को सिखाने के लिए दो तरीकों को अपनाता है, जिसे ब्रूम एवं सेल्सनिक ने **दमनकारी समाजीकरण (Repressive Socialization)** एवं **सहभागी समाजीकरण (Participatory Socialization)** कहा है।

जब कोई व्यक्ति समाज में ग़लत आचरण करता है, तो समाज उसे दण्डित करने का प्रयास करता है। जैसे– बच्चे जब घर में ग़लत हरकत करते हैं, तो माता–पिता उनको फटकारते या मारते–पीटते हैं। कभी-कभी माता–पिता सिखाने के लिए बच्चों को कुछ पुरस्कार भी दिया करते हैं ताकि लोभवश बच्चे अच्छा आचरण कर सकें। जब समाजीकरण का माध्यम दण्ड या भौतिक पुरस्कार होता है, तो उसे दमनकारी समाजीकरण कहा जाता है। दमनकारी समाजीकरण वह सामाजिक प्रक्रिया है, जिसके अन्तर्गत आज्ञाकारिता, अनुशासन एवं प्रभुत्व के प्रति सम्मान का भाव सिखाया जाता है। आदेशों का संचार माता–पिता से बच्चों की ओर होता है। बच्चों का व्यवहार आदेश एवं भय से संचालित होता है। यह समाजीकरण **माता–पिता केन्द्रित (Parents-centred)** माना जाता है।

सहभागी समाजीकरण वह है, जिसमें बच्चों को अपनी इच्छा के अनुसार आचरण करने की काफी छूट दी जाती है। माता–पिता अपने बच्चों को डाँट–फटकार या आदेश के माध्यम से नहीं सिखाते। उसे ग़लत आचरण करने के लिए दण्डित भी नहीं किया जाता है। बच्चे साधारणतया स्वेच्छा से ही व्यवहार करते हैं। उनके ऊपर बाह्य नियन्त्रण कम–से–कम होता है। कोशिश यह होती है कि बच्चे अपने व्यक्तिगत अनुभवों से सीखें। इसलिए सहभागी समाजीकरण को **सन्तान–केन्द्रित (Child-centred)** समाजीकरण माना जाता है। दमनकारी समाजीकरण एवं सहभागी समाजीकरण का अन्तर इस उदाहरण से आसानी से स्पष्ट होता है। बच्चे यदि आग छूना चाहते हैं तो उन्हें छूने दिया जाता है। माँ–बाप यह सोचकर छूने देते हैं कि यदि एक बार हाथ ग़लती से जल जाता है, तो बालक भविष्य में आग छूने की हिम्मत नहीं करेगा। इसके विपरीत एक दूसरी स्थिति यह होती है कि जब बच्चा आग छूने की कोशिश करता है, तो माता–पिता उसे डाँटने–फटकारने लगते हैं। पहली प्रक्रिया को सहभागी समाजीकरण (Participatory Socialization) और दूसरी प्रक्रिया को दमनकारी समाजीकरण (Repressive Socialization) कहा जाता है।

समाजीकरण की दोनों विधियों के बीच अन्तर स्पष्ट करने के लिए यहाँ हम ब्रूम एवं सेल्सनिक द्वारा दी गयी दोनों विधियाँ उद्धृत हैं, जो इस प्रकार है (Broom and Selznick, 1970: 100)।

सारणी-1 समाजीकरण की दोनों विधियों के मध्य अन्तर

Repressive Socialization	Participatory Socialization
Punishing wrong behaviour	Rewarding good behaviour
Material rewards and punishments	Symbolic rewards and punishments
Obedience of child	Autonomy of child
Nonverbal communication	Verbal communication
Communication as command	Communication as interaction
Parent-centred socialization	Child-centred socialization
Child's discernment of partent's wishes	Parent's discernment of child's needs
Family as significant other	Family as generalized other

समाजीकरण के स्तर (Stages of Socialization)

यह पहले ही कहा जा चुका है कि समाजीकरण सीखने की एक ऐसी प्रक्रिया है, जो आजीवन चलती रहती है। चूँकि यह प्रक्रिया काफी लम्बी होती है, विभिन्न मनोवैज्ञानिकों एवं समाजशास्त्रियों ने समाजीकरण को कई चरणों में विभक्त कर देखने का प्रयास किया है। पार्सन्स (T. Parsons) ने इस पर काफी विस्तार से चर्चा की है। उन्हीं तथ्यों को ध्यान में रखकर जॉनसन (H.M. Johnson) ने चार स्तरों की चर्चा की है– (1) मौखिक स्तर (Oral Stage), (2) गुद-स्तर (Anal Stage), (3) मातृरति स्तर (Oedipal Stage) एवं (4) किशोरावस्था (Adolescence)।

प्रथम तीन स्तरों में समाजीकरण का मुख्य अभिकरण परिवार होता है। बच्चे अपने जीवन की अधिकांश चीजों के बारे में अपने माता-पिता से ही सीखते हैं। चौथे स्तर में द्वितीयक सामाजिक समूहों की महत्ता बढ़ जाती है। व्यक्ति परिवार से बाहर के लोगों से कुछ ज़्यादा ही सीखता है।

1. मौखिक स्तर (Oral Stage)— जब कोई शिशु-जन्म लेता है, तो वह उसी क्षण से बहुत प्रकार की परेशानियों एवं असुविधाओं का सामना करने लगता है। वह अपनी संवेदनाओं को रो-चिल्लाकर मुँह के माध्यम से अभिव्यक्त करता है। भाषा के अभाव में रोने, चेहरे के हाव-भाव एवं हाथ-पैर चलाने के अलावा अपनी संवेदनाओं को प्रकट करने का उसके पास कोई दूसरा माध्यम ही नहीं होता है। इस अवस्था में शिशु परिवार में मात्र अपनी माँ से ही सम्बन्ध स्थापित कर पाता है। बच्चा अपने-आपको माँ से अलग नहीं कर पाता है। माँ की गोद में उसे कुछ ऐसी अनुभूति होती है, जो उसे काफी अच्छी लगती है। फ्रॉयड (S. Freud) ने इस स्थिति को **प्राथमिक परिचय (Primary Identification)** कहा है। यह अवस्था जन्म से लेकर कोई एक-डेढ़ वर्ष तक की होती है। चूँकि बच्चा अपने-आपको माँ से अलग करने में समर्थ नहीं हो पाता है, इसलिए इस स्तर के सम्बन्ध में जॉनसन ने लिखा है कि "माँ और बच्चे का एक साथ विलय हो जाता है।" (Mother and infant are merged)। परिवार के अन्य सदस्य भी जो बच्चे के संसर्ग में आते हैं, उन्हें बालक अपनी माँ के ही रूप में देखता है। यह दूसरी बात है कि गोद में जाने पर बच्चा अपनी माँ एवं अन्य औरतों के बीच के अन्तर को थोड़ा समझ लेता है। शिशु का माँ से इतना गहरा लगाव हो जाता है कि किसी दूसरे के पास उसे वह सुख नहीं मिल पाता है, जो वह अपनी माँ की गोद में अनुभव करता है।

2. गुद-स्तर (Anal Stage)— द्वितीय स्तर का काल थोड़ा इस अर्थ में लम्बा होता है कि यह लगभग एक से तीन साल तक चलता है, पर इस अवधि की लम्बाई समाज पर भी निर्भर करती है। इस अवस्था में माँ अपने बच्चों को स्तनपान त्याग (Weaning) एवं शौच-प्रशिक्षण (Toilet Training) देने का प्रयास करती है, ताकि वह थोड़ा आत्मनिर्भर हो सके। इस अवस्था में बालक को बातचीत करना तथा चलना-फिरना भी सिखाया जाता है। थोड़ा बहुत शरीर सफाई (Personal Hygiene) का भी ज्ञान दिया जाता है। बच्चा परिवार के अन्य सदस्यों के सम्पर्क में आता है। बच्चा क्रोध, स्नेह, विरोध एवं प्रेम के भाव से परिचित होता है। इस स्तर में प्राथमिक परिचय की स्थिति समाप्त हो जाती है। वह माँ एवं अपनी भूमिका को स्वतन्त्र रूप से देखने में काफी समर्थ हो जाता है। बच्चा यह समझने लगता है कि माँ का सम्बन्ध सिर्फ उसी से नहीं, बल्कि परिवार के अन्य सदस्यों से भी है। बच्चे सिर्फ प्यार पाते ही नहीं, बल्कि प्यार देने की भी कोशिश करते हैं।

3. मातृरति स्तर (Oedipal Stage)— इस चरण का विस्तार सामान्यतः चौथे वर्ष से प्रारम्भ होकर बारह या तेरह वर्ष की आयु तक चलता है। मनोवैज्ञानिकों ने इस चरण को ऑडीपल संकट का काल कहा है। इस सम्बन्ध में यह जान लेना उपयुक्त होगा कि ऑडीपल ग्रीक साहित्य का एक ऐसा किरदार था, जिसने अनजाने में अपनी माँ से विवाह किया था और एलेक्ट्रा (Electra) एक ऐसी नायिका थी, जिसने अनजाने में अपने पिता के साथ सहवास किया था। इन्हीं दो किरदारों को लेकर मनोवैज्ञानिकों ने यह स्पष्ट करने का प्रयास किया है कि मानव-जीवन का यह एक ऐसा काल है, जब पुत्र अपनी माँ की ओर आकर्षित होता है और अपने पिता के प्रति उसके मन में द्वेष होता है। ठीक इसके विपरीत पुत्री को अपने पिता से प्रेम होता है और माता के लिए उसके मन में वैरभाव उत्पन्न होता है। पहली वाली स्थिति को

मातृरति (Oedipus Complex) और दूसरी वाली स्थिति को **पितृरति या एलेक्ट्रा मनोग्रन्थि (Electra Complex)** कहा जाता है।

इस स्तर में यौन-भावना इतनी विकसित हो जाती है कि वह अपनी माँ पर अपने प्यार का एकाधिकार स्थापित करना चाहता है। वह चाहता है कि उसके पिता उसकी माँ को प्यार न करें। लड़कियाँ भी अपने पिता पर एकाधिकार चाहती हैं और उन्हें माँ से काफी ईर्ष्या होती है। पर इस अवस्था में यौन-भेद का बहुत स्पष्ट ज्ञान नहीं होता, लेकिन उसके प्रति सहज आकर्षण अवश्य होता है। अत: वह अपने दोस्तों के संसर्ग में आकर थोड़ा-बहुत यौन के बारे में जानने का प्रयास करता है। यह बहुत-कुछ इस बात पर भी निर्भर करता है कि किसी समाज में यौन के बारे में कितना खुलापन है। विकसित देशों के बच्चे इस सम्बन्ध में अपेक्षाकृत कुछ ज़्यादा ही जानकारी रखते हैं।

4. किशोरावस्था (Adolescence)— किशोरावस्था मानव-जीवन की एक संक्रान्ति काल है। इस स्तर में बच्चे अपने माता-पिता के नियन्त्रण से मुक्त होना चाहते हैं। इस काल में विभिन्न किस्म की बुरी आदतें लगने का भी भय रहता है। इस अवस्था में लड़के-लड़कियों में शारीरिक परिवर्तन स्पष्ट रूप से दिखाई पड़ने लगता है। यौन सम्बन्धी ज्ञान इतना हो जाता है कि उसके कारण उनके जीवन में विभिन्न प्रकार के तनाव देखने को मिलते हैं। वे अपने जीवजन्य अभिप्रेरणा (Biogenic Motivation) के अनुरूप व्यवहार करने एवं मनोभावों को पूर्ण करने की पूरी कोशिश करते हैं। उन्हें अपने परिवार में कम और दोस्तों के बीच कुछ ज़्यादा ही दिल लगता है। इस अवस्था में बच्चे के अहं या आत्मन् (Self) का पूरा विकास हो जाता है। निम्नवर्ग के बच्चों को पारिवारिक समस्याओं का इतना अधिक सामना करना पड़ता है कि वे परिवार के लिए थोड़ा-बहुत कमाने की भी कोशिश करते हैं। लेकिन इस स्तर में मध्यम एवं उच्चवर्ग के बच्चे स्कूली शिक्षा समाप्त करने की स्थिति में होते हैं। इस अवस्था में कुछ बच्चों को मौज-मस्ती या नशीली वस्तुओं के सेवन का भी शौक हो जाता है। इस अवस्था में बच्चा अपने समाज और संस्कृति के बारे में इतना कुछ सीख लेता है कि वह लगभग स्वतन्त्र होने की स्थिति में रहता है।

यहाँ यह नहीं समझा जाना चाहिए कि इन चार चरणों के बाद जीवन में समाजीकरण की प्रक्रिया रुक जाती है या समाप्त हो जाती है। जैसा कि पहले भी कहा जा चुका है कि समाजीकरण की प्रक्रिया जीवनभर चलती रहती है। यहाँ महत्त्वपूर्ण बात यह है कि समाजीकरण की प्रक्रिया की तीव्रता (Intensity) जीवन की अन्य अवस्थाओं की अपेक्षा इन चार अवस्थाओं में काफी अधिक उग्र होती है। प्रौढ़ एवं वृद्ध अवस्था में व्यक्तियों में शारीरिक, मानसिक एवं सामाजिक दृष्टिकोण से काफी परिवर्तन आ जाता है। उन्हें माता-पिता की हैसियत से कुछ कदम आगे निकलकर दादा-दादी, सास-श्वसुर, नाना-नानी आदि कई रूपों में विभिन्न प्रकार की भूमिकाएँ निभानी पड़ती है। जहाँ कहीं भी व्यक्ति अपने जीवनयापन के लिए काम करता हैं, वहाँ भी उन्हें सहकर्मी एवं सहयोगी की हैसियत से विभिन्न भूमिकाएँ निभानी पड़ती है। इन भूमिकाओं को निभाने के लिए लोगों को कुछ-न-कुछ सीखना पड़ता है। कभी-कभी अपने कार्यों के सम्पादन से भी अनुभव प्राप्त किया जाता है। इस प्रकार हम देखते हैं कि व्यक्ति का समाजीकरण आजीवन चलता रहता है और इस तरह कुछ-न-कुछ वह हमेशा सीखता रहता है। फ़र्क सिर्फ सीखने की मात्रा का है।

बीयरस्टेट (Bierstedt, 1970: 199) ने सही लिखा है कि "व्यक्तित्व कभी बना-बनाया नहीं आता है।" (Personalities do not come ready-made)। किसी व्यक्ति के व्यक्तित्व के विकास में समाजीकरण की सबसे प्रमुख भूमिका होती है। लोगों को यह नहीं सोचना चाहिए कि व्यक्तित्व का विकास कोई जैविक प्रक्रिया है। व्यक्ति जन्म से ही अपने गुणों को प्राप्त नहीं करता है, बल्कि समाज के सदस्य के रूप में वह धीरे-धीरे अर्जित करता है। जीवनचक्र की इस प्रक्रिया में समाजीकरण के विभिन्न अभिकरणों की भूमिका होती है। यहाँ उन कुछ प्रमुख अभिकरणों की संक्षिप्त चर्चा की जा रही है।

समाजीकरण के अभिकरण (Agencies of Socialization)

जे.एच. फिक्टर ने इस सम्बन्ध में एक जगह लिखा है– "सम्पूर्ण समाज समाजीकरण के लिए अभिकरण का काम करता है तथा प्रत्येक व्यक्ति जिसके साथ वह सम्पर्क में आता है किसी-न-किसी रूप में वह समाजीकरण का एक अभिकर्त्ता (या एजेंट) होता है।"[2] अर्थात् जितने भी लोग किसी व्यक्ति के जींवन में आते हैं, उन सभी से वह कुछ-न-कुछ अवश्य सीखता है, इसलिए कहा जाता है कि समाजीकरण के बहुत सारे अभिकरण होते हैं। इसके बावजूद, कुछ ऐसे अभिकरण अवश्य हैं, जो विश्वव्यापी स्तर पर समाजीकरण की प्रक्रिया में अहम भूमिका निभाते हैं। कुछ लोगों के जीवन में ऐसे भी अवसर आते हैं जहाँ जीवन का बहुत बड़ा हिस्सा व्यतीत होता है और वहीं उनका मुख्य रूप से समाजीकरण होता है, जैसे– सेना, जेल, आश्रम, पागलखाना, स्कूल एवं महाविद्यालय, छात्रावास। इन्हें गॉफमैन (Erving Goffman) ने **समग्र संस्था (Total Institutions)** कहा है। पर ध्यान देने की बात यह है कि इन अभिकरणों के द्वारा समाजीकरण से ज़्यादा **पुनर्समाजीकरण (Re-socialization)** होता है। यहाँ प्रमुख अभिकरणों की संक्षिप्त चर्चा की जा रही है–

1. परिवार (Family)— समाज का निर्माण और उसकी अनवरतता परिवार के द्वारा ही सम्भव है। समाज के नये सदस्य सबसे पहले किसी-न-किसी परिवार में ही आते हैं, इसलिए व्यक्ति सर्वप्रथम अपने समाज एवं संस्कृति के बारे में परिवार में ही सीखता है। बोलने, खड़ा होकर चलने, ढँग से रहने, वस्त्र पहनने, विभिन्न प्रकार के लोगों के साथ व्यवहार करने आदि के सम्बन्ध में सबसे पहले वह परिवार में ही सीखता हैं, इसलिए तो कहा जाता है कि परिवार मानव-जीवन की प्रथम पाठशाला है। परिवार में व्यक्ति सबसे अधिक अपनी माँ से ही सीखता है। व्यक्तित्व के विकास में माँ की इतनी अधिक भूमिका होती है कि उसकी छाप जीवनभर व्यक्तित्व में दिखाई पड़ती है। यदि अपनी माँ के माध्यम से जीवन का सही ज्ञान नहीं मिल पाता है, तो व्यक्तित्व का विकास दोषपूर्ण हो जाता है। शायद इसी तथ्य पर ज़ोर देते हुए फ्रांस के एक सेना अध्यक्ष एवं कुशल राजनीतिज्ञ नेपोलियन बोनापार्ट ने एक बार कहा था यदि मेरी माँ पढ़ी-लिखी होती, तो मैं स्वर्ग को धरती पर उतार देता। आधुनिक समाजशास्त्रियों ने समाजीकरण में परिवार की भूमिका पर कोई कम बल नहीं दिया है। यह बिलकुल स्पष्ट और सर्वविदित है कि परिवार समाज और व्यक्ति के बीच एक अहम कड़ी का काम करता है।

2. मित्रों का समूह (Peer Group)— बालक जब खेलने लायक हो जाता है, तो वह दोस्तों की तलाश करता है। धीरे-धीरे मित्र-मण्डली का निर्माण हो जाता है। पड़ोसी एवं स्कूल के बच्चों के साथ जब वह खेलने लगता है, तब वहाँ भी वह सीखता है। परिवार में तो माता-पिता उसे जान-बूझकर कुछ-न-कुछ सिखाने का प्रयास करते हैं, लेकिन मित्र-मण्डली में वह प्रेम, फटकार, झगड़ा एवं प्रतियोगिता जैसी प्रक्रियाओं से अप्रत्यक्ष रूप से रोज़ कुछ-न-कुछ सीखता है। कुछ-कुछ ऐसी भी चीजें सीखता है, जिनके बारे में माता-पिता बच्चों को कभी नहीं बतलाते हैं। अपनी मित्र-मण्डली में अन्तःक्रिया के माध्यम से बहुत प्रकार की दुनियाबी चीजों के बारे में सीखता है। बहुत सारे जनजातीय समाजों में **युवागृह (Dormitory)** की व्यवस्था होती है, जहाँ लोग अपनी मित्र-मण्डली में बहुत तरह के जीवनोपयोगी अनौपचारिक प्रशिक्षण प्राप्त करते हैं। जिन समाजों में शिक्षा की थोड़ी कमी है या जो समाज आर्थिक रूप से अधिक विकसित नहीं है, उन समाजों में समाजीकरण के क्षेत्र में मित्र-मण्डली की बहुत ही अहम भूमिका होती है।

3. पड़ोस (Neighbourhood)— कूली (C.H. Cooley) ने परिवार एवं मित्र-मण्डली के अलावा पड़ोस को भी एक प्राथमिक समूह माना है, जो समाजीकरण की प्रक्रिया में बहुत ही प्रभावशाली अभिकरण के रूप में काम करता है। बड़े नगरों में विभिन्न मुहल्लों के अन्तर्गत कई छोटे समूह होते हैं, जो पड़ोसी कहे जाते हैं। पर ग्रामीण इलाकों में यदि गाँव का आकार छोटा है, तो समस्त ग्रामीण समुदाय ही पड़ोस का रूप ले लेता है। हर मौहल्ले या कस्बे

---

2. "The total society is the agency for socialization and that each person with whom one comes into contact is in some fashion an agent of socialization." — J.H. Fichter, **Sociology**, University of Chicago Press, 1957, p. 27.

की अपनी एक उपसंस्कृति होती है, जिसे परिवार से बाहर निकलने पर बालक सर्वप्रथम महसूस करता है। आस-पास में जो धार्मिक या सांस्कृतिक क्रिया-कलाप होते रहते हैं, उसका वहाँ के लोगों पर प्रत्यक्ष या अप्रत्यक्ष प्रभाव पड़ता है। व्यक्ति जिस ढंग के परिवेश में रहता है, उसका प्रभाव उसके व्यक्तित्व में अवश्य दिखाई पड़ता है। यदि किसी मोहल्ले में चोर, उचक्के एवं बदमाशों की एक बड़ी संख्या है, तो उस मोहल्ले के बच्चों को एक आदर्श व्यक्ति बनने में काफी कठिनाई होती है। बुरे पड़ोसियों के संसर्ग में रहकर बुराई सीखने की सम्भावना ज़्यादा रहती है। लेकिन यदि पड़ोस के लोग काफी अच्छे हैं, तो उस पड़ोस में रहने वाले लोगों पर उसका प्रभाव साधारणतया अच्छा ही पड़ता है। शहरी पड़ोसी की भूमिका जीवन में एक ग्रामीण समुदाय की भूमिका होती है। लोग सिर्फ अपने परिवार से ही नहीं, बल्कि अपने समुदाय से भी बहुत कुछ सीखते हैं। शायद इन्हीं तथ्यों को ध्यान में रखकर शहरों में बहुत से लोग एक अच्छे मोहल्ले में ही रहना पसन्द करते हैं।

4. शिक्षा (Education)— आधुनिक समाज में शिक्षा का एक विशिष्ट महत्त्व है। विद्यालयों एवं महाविद्यालयों के माध्यम से बच्चों को अपने समाज एवं संस्कृति के बारे में काफी जानकारी मिलती है। समाजीकरण में स्कूली शिक्षा की इतनी अहम भूमिका होती है कि प्रत्येक माता-पिता अपने बच्चों को अच्छे-से-अच्छे स्कूल में दाखिला करवाना पसन्द करते हैं। आधुनिक युग में औपचारिक शिक्षा की इतनी अधिक महत्ता है कि लोगों को विभिन्न प्रकार का ज्ञान स्कूलों तथा महाविद्यालयों के माध्यम से मिलता है। शायद उतना ज्ञान समाजीकरण के अन्य अभिकरणों से प्राप्त नहीं होता है। शिक्षण संस्थानों में ज्ञान के तीन प्रमुख स्रोत हैं– (1) शिक्षक-शिक्षिकाएँ, (2) सहपाठी एवं (3) पुस्तक। इन्हीं तीन चीजों के मिलने से स्कूली शिक्षा का वातावरण निर्मित होता है, जिसका प्रभाव व्यक्तित्व के विकास में इतना अधिक होता है कि किसी भी व्यक्ति को देखकर यह समझा जा सकता है कि उसकी शिक्षा किस प्रकार के शिक्षण संस्थानों में हुई है।

जिस समाज में शिक्षा का समुचित प्रसार नहीं हुआ है, वहाँ शिक्षा का माध्यम मौखिक अन्त:क्रिया है। लोग अनौपचारिक रूप से समाज के वयोवृद्ध लोगों से ज्ञान प्राप्त करते हैं। बहुत सारी जनजातियों एवं आदिम समाजों के बीच अभी आधुनिक शिक्षा का प्रसार नहीं हुआ है, वहाँ समाज के बड़े-बुजुर्ग ही तालीम के स्रोत माने जाते हैं। जो लोग जितनी अधिक उम्र के होते हैं, उन्हें उतना ही अधिक अनुभवी और ज्ञानी माना जाता है। वे लोग मौखिक रूप से बालकों एवं नवयुवकों को अपने ज्ञान एवं अनुभव से अवगत कराते हैं, इसलिए ऐसे समाज में उम्र-विभेदीकरण (Age Differentiation) प्रतिष्ठा का आधार माना जाता है। लोग यही मानते हैं कि ज्ञान का सम्बन्ध उम्र से है। जो जितना ज़्यादा उम्र वाला है, वह उतना ही अधिक काबिल या अक्लमन्द माना जाता है।

5. राज्य (State)— प्रत्येक राज्य यही चाहता है कि उसके नागरिक या निवासी उस राज्य के नियमों, दस्तूरों एवं सामाजिक मान्यताओं के अनुरूप आचरण करें। राज्य समाचारपत्रों, चलचित्रों, विज्ञापनों, शिक्षा-संस्थानों एवं जन-संचार के विभिन्न माध्यमों से राज्य में रहने वाले विभिन्न लोगों का समाजीकरण करने का प्रयास करता है। राज्य भी अपने समाज की लोक-संस्कृति एवं कलाओं को संरक्षित एवं प्रसारित करने की कोशिश करता है। इन प्रयासों का एकमात्र उद्देश्य लोगों को अपने समाज एवं सांस्कृतिक विरासत के बारे में अवगत कराना है। जो लोग राज्य के नियम-कानूनों का उल्लंघन करते हैं, समाज उन्हें अनुसरण करने के लिए मज़बूर करता है। जो लोग राजकीय नियम-कानूनों का पालन करते हुए अपने राज्य या राष्ट्र के हितों को आगे बढ़ाने का प्रयास करते हैं, राष्ट्र उन लोगों को उच्च पद या विशिष्ट सम्मान देकर पुरस्कृत करने का प्रयास करता है और यही पुरस्कार राज्य के अन्य लोगों के जीवन में अच्छे आचरण के लिए प्रेरणा का स्रोत बन जाता है। कभी महान् पुरुषों के नाम पर स्कूलों, महाविद्यालयों, सड़कों या नगरों का नामकरण किया जाता है, तो कभी उनकी प्रतिमाओं को मुख्य जगहों पर स्थापित किया जाता है, तो कभी पाठ्य-पुस्तकों में उनका जीवन-चरित्र देकर समाज में उनका सम्मान बढ़ाया जाता है। ठीक इसके विपरीत, जो लोग राज्यविरोधी गतिविधियों में हिस्सा लेते हैं, उन्हें न्यायालय के माध्यम से सज़ा दी जाती है। राज्य ऐसे लोगों की भर्त्सना करता है। आज बापू के हत्यारे नाथूराम गोडसे जैसे लोगों को राज्य हेय दृष्टि से देखता है। इन सारे माध्यमों से राज्य अपने नागरिकों को एक अच्छा नागरिक बनाने का प्रयास करता है। एक अच्छा नागरिक बनाये जाने की प्रक्रिया समाजीकरण है।

6. जनसम्पर्क के साधन (Mass Media)— गिडेन्स (A. Giddens) ने जनसम्पर्क को भी समाजीकरण का एक मुख्य अभिकरण माना है। उन्होंने बताया है कि अठारहवीं सदी के अन्त होते-होते समाचारपत्रों एवं पत्र-पत्रिकाओं के माध्यम से पाश्चात्य देशों का जनजीवन काफी तेजी से प्रभावित होने लगा। समाचार के तमाम माध्यमों से लोगों की मनोवृत्तियों तथा विचारों का निर्माण होने लगा। जब छपाई माध्यम (Print Media) काफी प्रचलित हो गया, तो इलेक्ट्रोनिक माध्यम (Electronic Media) का प्रभाव दिखाई पड़ने लगा। लोगों का विचार रेडियो और दूरदर्शन के माध्यम से प्रभावित होने लगा। गिडेन्स ने कुछ अध्ययनों के बाद यह कहा कि समाचारपत्रों की तुलना में दूरदर्शन ज़्यादा सशक्त माध्यम है। इसमें कोई सन्देह नहीं है कि आधुनिक युग में इन दो माध्यमों ने लोगों के विचारों को काफी प्रभावित किया है। इन माध्यमों के द्वारा परम्परागत सांस्कृतिक मूल्यों एवं मान्यताओं का काफी प्रचार एवं प्रसार हुआ है। इन माध्यमों के सहारे, विशेषकर पढ़े-लिखे लोगों के बीच, उनकी संस्कृति एवं समाज के बारे में विभिन्न प्रकार के भूले-बिसरे विचार उजागर हुए हैं, जिनके आधार पर लोग अपने सामाजिक तथा राष्ट्रीय जीवन में निर्णय लिया करते हैं।

उपर्युक्त समाजीकरण के अभिकरणों की चर्चा से यह नहीं समझा जाना चाहिए कि समाजीकरण में बाह्य सामाजिक वातावरण ही सब कुछ है। व्यक्तित्व के विकास में वातावरण का निस्सन्देह महत्त्वपूर्ण प्रभाव पड़ता है, लेकिन आनुवंशिकता (Heredity) के योगदान को नकारा नहीं जा सकता है। व्यक्तित्व के सन्दर्भ में समाजशास्त्र एवं मनोविज्ञान में **'प्रकृति व परिपोषण विवाद' (Nature-Nurture Debate)** यही कहता है कि सामाजिक आत्मन् के विकास में दोनों प्रकार के कारकों की महत्त्वपूर्ण भूमिका होती है।

समाजीकरण या सामाजिक आत्मन् के विकास का सिद्धान्त (Theories of Socialization or Development of Social Self)[3]

समाजीकरण के जितने भी सिद्धान्त दिये गये हैं, उनसे मात्र यही स्पष्ट होता है कि व्यक्तियों में अहं या आत्मन् (Self) का विकास कैसे होता है। समाजीकरण के विभिन्न सिद्धान्तों को समझने के पूर्व यह समझ लेना ज़रूरी है कि सामाजिक आत्मन् किसे कहते हैं और सामाजिक आत्मन् को समझने के लिए जैविक आत्मन् की अवधारणा को समझना ज़रूरी है। यहाँ संक्षेप में दोनों अवधारणाओं को स्पष्ट करने का प्रयास किया जा रहा है।

सामान्यतया आत्मन् को दो भागों में विभक्त किया जाता है– **(1) जैविक आत्मन् (Biological Self)** एवं **(2) सामाजिक आत्मन् (Social Self)**। जैविक आत्मन् से नारी या पुरुष, बालक या बूढ़ा, सुन्दर या कुरूप, मोटा या दुबला, तेज या भोंदू जैसी जैविक विशेषताओं का बोध होता है, लेकिन सामाजिक आत्मन् कहने से यह बोध होता है कि कोई व्यक्ति कितना या किस स्तर का सामाजिक प्राणी है। इससे उसके समाजीकृत (Socialized) होने के स्तर का बोध होता है। लेस्ली एवं उनके सहयोगियों ने सामाजिक आत्मन् को निम्नलिखित ढंग से स्पष्ट करने का प्रयास किया है– "सामाजिक आत्मन् का निर्माण ऐसी मनोवृत्तियों तथा विचारों के सम्पूर्ण प्रतिरूपों के मिलने से होता है, जिसे कोई व्यक्ति एक अवयव तथा सामाजिक प्राणी के रूप में अपने बारे में निर्मित करता है।"[4]

समाजीकरण के मुख्यतया चार सिद्धान्त हैं। इन चारों सिद्धान्तों के द्वारा यही स्पष्ट करने का प्रयास किया गया है कि व्यक्तियों में सामाजिक आत्मन् का विकास कैसे होता है, पर इन चारों में कोई भी सिद्धान्त अपने-आप में पूर्ण नहीं है। सभी में कुछ-न-कुछ कमियाँ हैं।

---

3. पाठकों को यहाँ ध्यान देने की जरूरत है कि समाजीकरण का सिद्धान्त तथा **आत्मन् के विकास का सिद्धान्त (Theories of Development of Self)** एक दूसरे से भिन्न नहीं हैं। दोनों एक ही प्रकार के तथ्यों का विश्लेषण करते हैं, इसलिए दोनों पर अलग-अलग चर्चा की आवश्यकता नहीं है। दोनों प्रकार के प्रश्नों का उत्तर समान ही होगा।
4. "The social self consists of the total patterns of attitudes and judgements which the individual makes of self as an organism and as a social person."— G.R. Leslie, *et al.*, **Introductory Sociology**, New York, Oxford University Press, 1980, p. 144.

फ्रॉयड का सिद्धान्त (Theory of S. Freud)

वियेना (Vienna) के महान् चिकित्सक सिगमण्ड फ्रॉयड (Sigmund Freud, 1856–1939) ने उन्नीसवीं सदी के उत्तरार्द्ध एवं बीसवीं सदी के पूर्वार्द्ध में अपने विचारों से कला, साहित्य, दर्शन एवं समाजविज्ञानों को इतना अधिक प्रभावित किया कि विश्वस्तर पर इनके विचारों पर बहस छिड़ गयी। उनके विभिन्न विचारों में एक प्रमुख विचार व्यक्तित्व के विकास से सम्बन्धित है, जो समाजीकरण से सीधा जुड़ा हुआ है।

फ्रॉयड ने **आत्मन् (Self)** को तीन खण्डों में बाँटकर समाजीकरण की व्याख्या करने का प्रयास किया है। उनके अनुसार आत्मन् के अन्तर्गत **सुप्तवासना** या **इदम् (Id), अहम् (Ego)** और **पराहम् (Super Ego)** पाया जाता है। सुप्तवासना एक अचेतन अवस्था है, जो व्यक्तियों की **सहजात इच्छाओं (Instinctive Desires)**, विशेषकर वासना एवं आक्रमण, का बोध कराता है। यह व्यक्तियों में एक प्रकार की भूख (Appetites) है, जो उसे विभिन्न कार्यों के लिए प्रेरित करती रहती है। अहम् की उत्पत्ति इसी इदम् पर नियन्त्रण रखने के लिए हुई है। यह सामाजिक जीवन के यथार्थ से परिचय का नतीजा है। पराहम् वह है, जो व्यक्तियों में सामाजिक मूल्यों और आदर्शों के रूप में व्यक्तित्व का अभिन्न अंग है और वह इसे समाज से सीखता है। फ्रॉयड के अनुसार सुप्तवासना और पराहम् के बीच हमेशा तनाव की स्थिति बनी रहती है। सुप्तवासना हमेशा व्यक्ति को विभिन्न इच्छाओं की पूर्ति के लिए प्रेरित करती रहती है। उस अवस्था में पराहम् व्यक्ति को ऊँची नैतिकता एवं सामाजिक मूल्यों की ओर ध्यान आकृष्ट करता है। इस परिस्थिति में अहम् दोनों के बीच सन्तुलन बनाने का काम करता है। अहम् का कार्य एक बीच का रास्ता खोजकर इच्छा की पूर्ति करना है। जिसे फ्रॉयड ने इदम् कहा है, उसी को कूली ने **बुनियादी मानव स्वभाव (Original Human Nature)** एवं मीड ने मैं **('I')** कहा है। जिसे फ्रॉयड ने पराहम् कहा है उसी को मीड ने मुझे **('Me')** कहा है, पर फ्रॉयड का विचार इन दोनों विद्वानों से इस रूप में भिन्न है कि उनके अनुसार लगभग 6 साल की अवस्था में बच्चों का व्यक्तित्व स्थिर हो जाता है। उसके अहम् का विकास इतना हो जाता है कि आगे परिवर्तन की सम्भावना कम रहती है। फ्रॉयड के इस विचार को शायद ही कोई समाजविज्ञानी आज स्वीकार करता है।

फ्रॉयड का विचार था कि एक शिशु के जीवन में बहुत सारी आवश्यकताएँ या इच्छाएँ होती हैं, जिन्हें आसानी से पूरा नहीं किया जा सकता। यह बच्चे के लिए एक बहुत ही वेदनापूर्ण प्रक्रिया है। एक शिशु को मात्र भोजन और पेय पदार्थ की ही आवश्यकता नहीं होती, बल्कि उसके अन्तर्गत काम-विषयक भावना (Erotic Feeling) भी पायी जाती है। इसका तात्पर्य यह नहीं कि युवकों की तरह उसमें यौन-भावना होती है, पर इसमें कोई सन्देह नहीं कि वह यौन-भावना की प्रारम्भिक अवस्था है। इस भावना की सन्तुष्टि माँ की गोद में जाने से लेकर अन्य व्यक्तियों के द्वारा प्यार और आलिंगन से भी होती है। बच्चों का जैसे-जैसे विकास होता है, वह उस भावना पर धीरे-धीरे नियन्त्रण पाने की कोशिश करता है, जो मस्तिष्क में एक दमित भावना की तरह रहता है। इस तरह की प्रवृत्ति को उन्होंने **कामलिप्सा (Libido)** की संज्ञा दी है और यही कामलिप्सा उसको विभिन्न कार्यों के लिए प्रेरित करती रहती है। समाज काम-विषयक भावना को सृजनात्मक कार्यों की ओर दिशा प्रदान करने की कोशिश करता है। इसी से विभिन्न प्रकार की विधाओं, कलाओं, वैज्ञानिक खोजों एवं साहित्य का विकास होता है। इसे फ्रॉयड ने **ऊर्ध्वपातन** या **उदात्तीकरण (Sublimation)** की प्रक्रिया कहा है, लेकिन प्रत्येक व्यक्ति के जीवन में ऊर्ध्वपातन सम्भव नहीं हो पाता है।

फ्रॉयड ने बताया है कि चार या पाँच साल के बीच बच्चा अपने माता-पिता से अलग होने की कोशिश करता है। एक नये सामाजिक परिवेश में धीरे-धीरे दाखिल होता है, जहाँ उसके माता-पिता के अलावा क्रीड़ा-मित्र, विद्यालय के सहपाठी एवं अड़ोस-पड़ोस के बच्चे होते हैं। इस काल को उन्होंने **मातृरति (Oedipal Stage)** कहा है। जीवन के इस चरण में बालकों को यौन-स्तर पर माता से लगाव बढ़ने लगता है, लेकिन इस भावना को वह यथासम्भव दबाने की कोशिश करता है और इसी दमित भावना के कारण बाद में अपने से विपरीत लिंग के लोगों के प्रति उसमें धीरे-धीरे लगाव बढ़ने लगता है। लड़कियों में इस प्रकार की भावना पिता के सन्दर्भ में देखने को मिलती है,

लेकिन अपने माता-पिता के बीच निकट सम्बन्धों को देखकर वह इस भावना को दबाती है इसे **पितृ-रति या इलेक्ट्रा मनोग्रंथि (Electra Complex)** के नाम से जाना जाता है। इन्हीं दो प्रकार की यौन-प्रवृत्तियाँ बालकों को चेतन एवं अचेतन ढंग से कुछ करने के लिए बाध्य करती हैं और इसी यौन सम्बन्धी प्रवृत्ति के प्रभाव में व्यक्तित्व का क्रमशः विकास होता है।

फ्रॉयड के इस विचार की काफी आलोचना हुई है। उन्होंने जीवन में यौन पर ज़रूरत से कुछ ज़्यादा ही बल दिया है। व्यक्तित्व के विकास में काम-प्रवृत्ति महत्त्वपूर्ण है, ऐसा तमाम मनोवैज्ञानिक स्वीकार करने को तैयार नहीं हैं। मनोवैज्ञानिकों ने इस तथ्य को स्वीकार करने से इन्कार किया है कि शिशु के अन्तर्गत भी **काम-विषयक भावना (Erotic Feeling)** पायी जाती है। आलोचकों का कहना है कि फ्रॉयड का यह विचार मुख्य रूप से बालकों एवं पुरुषों के अध्ययन पर आधारित था, लेकिन उन्होंने अपने सीमित अनुभवों के आधार पर बालिकाओं के बारे में भी यौन-सम्बन्धी विचार व्यक्त करने का प्रयास किया, जो वैज्ञानिक नहीं है।

कूली का सिद्धान्त (Theory of Charles Horton Cooley)

अमरीकी समाजशास्त्री कूली (1864-1929) ने अपनी पुस्तक **Social Organization** एवं **Human Nature and the Social Order** में यह स्पष्ट करने का प्रयास किया है कि कोई जैविक प्राणी (Biological Being) कैसे सामाजिक प्राणी (Social Being) बनता है। जैविक प्राणी से सामाजिक प्राणी बनने की प्रक्रिया ही उनके सिद्धान्त का मुख्य बिन्दु है। कूली का कहना है कि Self (आत्मन्) का विकास समाज में होता है। समाज और आत्मन् एक-दूसरे से कभी अलग नहीं किये जा सकते हैं। उन्हीं के शब्दों में, "आत्मन् एवं समाज जुड़वाँ हैं।" (Self and society are twin born.)। आत्मन् का विकास कोई जैविक प्रक्रिया नहीं है। यह एक सामाजिक तथ्य है। इसका विकास समाज के संसर्ग में ही सम्भव है। उन्होंने बताया है कि बच्चों में लगभग दो साल की उम्र में **आत्मचेतना (Self Consciousness)** का विकास होने लगता है।

उन्होंने समाजीकरण की प्रक्रिया पर कोई वैज्ञानिक अनुसन्धान नहीं किया है। उनके समय में समाजविज्ञान में कोई अनुसन्धान होता भी नहीं था। गिडेन्स (1993) ने कहा है कि उन्होंने अपने विचारों का प्रतिपादन अपने बच्चों के विकास की प्रक्रिया के अवलोकन के आधार पर किया है।

बच्चे समाज में कैसे सीखते हैं, इसे स्पष्ट करने के लिए उन्होंने **सामाजिक आत्मदर्शन का दर्पण (Social Looking-glass Self)** का सिद्धान्त दिया है। इस अवधारणा को स्पष्ट करते हुए लेस्ली एवं उनके सहयोगियों (Leslie *et al.*, 1980: 145) ने कहा है कि "सामाजिक आत्मदर्शन का दर्पण एक समूह या समाज है, जिसके अन्तर्गत व्यक्ति यह अनुमान लगाता है कि दूसरे लोग उसे किस रूप में देखते हैं।" (The social looking-glass is the group or society in which persons imagine how others see them.)। इस सिद्धान्त की प्रथम चर्चा उनकी कृति **Human Nature and the Social Order** (1902) में देखने को मिलती है। यहाँ यह भी उल्लेखनीय है कि कूली के आत्मन् (Self) के विकास का विचार उनके पूर्ववर्ती मनोवैज्ञानिक विलियम जेम्स (William James) के **सामाजिक आत्मन् (Social Self)** से मिलता है।

जिस प्रकार कोई व्यक्ति किसी दर्पण में अपना स्वरूप देखने का प्रयास करता है, उसी प्रकार प्रत्येक व्यक्ति अपना स्वरूप समाजरूपी दर्पण में देखने का प्रयास करता है। इस देखने की प्रक्रिया में तीन तरह की प्रतिक्रियाएँ होती हैं– (i) दूसरे लोग मेरे बारे में क्या सोचते हैं, (ii) दूसरे जो मेरे बारे में सोचते हैं, उस सम्बन्ध में मैं अपने बारे में क्या सोचता हूँ एवं (iii) मैं अपने बारे में कैसा विचार रखता हूँ– अच्छा या बुरा। हर बालक में यह जानने की इच्छा होती है कि परिवार एवं परिवार के बाहर उसे किस रूप में देखा जाता है और उसके आधार पर वह अपने बारे में एक राय बनाता है। यदि लोग यह सोचते हैं कि वह बहुत मेधावी, अनुशासित और व्यवहार-कुशल बालक है, तो वह अपने

बारे में श्रेष्ठता का भाव रखता है। लेकिन इसके विपरीत अगर कोई उसे भोंदू, अनुशासनहीन एवं ग़लत बालक मानता है, तो उसके मन में अपने बारे में हीनता की भावना का विकास होता है।

समाज किसी व्यक्ति के बारे में क्या सोचता है और फिर वह व्यक्ति उस सन्दर्भ में क्या सोचता है, यह एक ऐसी प्रक्रिया है, जो आजीवन चलती रहती है। इसी क्रिया एवं प्रतिक्रिया के द्वारा व्यक्तियों में आत्मन् का विकास होता है। व्यक्ति सामाजिक मूल्यों, आदर्शों एवं नियमों का इसलिए पालन करता है कि समाज उसे एक अच्छे व्यक्ति के रूप में स्वीकार करे। कूली का यह विचार जॉर्ज मीड से मिलता-जुलता है कि कोई भी व्यक्ति दूसरे व्यक्ति की मनोवृत्ति को ध्यान में रखकर ही आचरण करने का प्रयास करता है। यदि उसे यह महसूस होता है कि लोग उसके किसी व्यवहार को अच्छा नहीं समझेंगे, तो वह वैसा आचरण नहीं करना चाहेगा। व्यक्ति हमेशा दूसरे को ध्यान में रखकर ही कोई आचरण करता है।

कोई व्यक्ति अपने बारे में किस प्रकार विचार बनाता है जिसका प्रभाव उसके आचरण एवं व्यक्तित्व के विकास पर पड़ता है। इसे बीयरस्टेट (Bierstedt, 1970: 189) ने बहुत ही सरल एवं रोचकपूर्ण ढँग से रखा है। उनके इस अवलोकन से कूली के आत्मदर्शन का दर्पण की अवधारणा पर प्रकाश पड़ता है– "इस प्रकार, मैं वह नहीं हूँ, जो मैं सोचता हूँ और मैं वह भी नहीं हूँ, जो आप सोचते हैं मैं हूँ। मैं वह हूँ, जिसे मैं सोचता हूँ, जो आप मेरे बारे में सोचते हो मैं हूँ।" (Thus, I am not what I think I am and I am not what you think I am. I am what I think you think I am)।

जॉर्ज मीड का सिद्धान्त (Theory of George H. Mead, 1863–1931)

जॉर्ज मीड फ्रॉयड के समकालीन विचारक थे। वे बुनियादी तौर पर एक दार्शनिक एवं समाज मनोवैज्ञानिक थे और उन्होंने अपना सारा जीवन अमरीका में एक शिक्षक के रूप में बिताया। उन्होंने अपने जीवन में बहुत ही कम लिखा, पर जो कुछ भी थोड़ा-बहुत लिखा और भाषण के दौरान कहा, उन तमाम विचारों को उनके विद्यार्थियों ने एक साथ जोड़ कर उनके नाम से **Mind, Self and Society** को 1934 में एक पुस्तक के रूप में छपवाया, जिस पुस्तक के माध्यम से उनके व्यक्तित्व के विकास सम्बन्धी विचार दुनिया के सामने आये और वह **प्रतीकात्मक संचारवाद (Symbolic Interactionism)** के नाम से समाजशास्त्र में प्रचलित हुआ।

फ्रॉयड के विचारों से जॉर्ज हर्बर्ट मीड सहमत नहीं थे। मीड का कहना था कि शिशु में आत्मन् (Self) का विकास अनुकरण (Imitation) से होता है। शिशुओं के प्रारम्भिक जीवन में जो कोई भी आता है, वह उन लोगों के व्यवहार की नकल करने का प्रयास करता है। अनुकरण की भावना के कारण ही बालक अपने माता-पिता या दादा-दादी की तरह चलने, बोलने, बैठने का प्रयास करता है। बच्चों में अनुकरण की भावना बहुत अधिक पायी जाती है। छोटी-छोटी बच्चियाँ अपनी माता या दादी द्वारा किये गये व्यवहार की नकल करती हैं। कभी उनकी तरह भोजन बनाने का प्रयास करती हैं, तो कभी दुल्हन सजाती हैं या तो कभी घर की सफाई करने लगती हैं। इसी नकल के प्रयास से जीवन के बहुत से कार्यों को सीखती हैं और उनके अन्दर क्रमशः आत्मन् का विकास होने लगता है।

मीड का कहना है कि बच्चे एक नवयुवक की भूमिका निभाने की स्थिति में पहुँचें, इसके पूर्व उन्हें तीन चरणों से गुज़रना पड़ता है–

1. प्रारम्भिक स्तर (Preparatory Stage)— इस चरण का काल लगभग एक-से-तीन वर्षों का होता है। इस अवस्था में बच्चा ठीक से यह नहीं समझता है कि वह आखिर क्या कर रहा है। कभी वह गुड़ियों से प्यार करता है, तो कभी किसी को मारने के लिए डण्डा उठाता है।

2. क्रीड़ा स्तर (Play Stage)— इस अवस्था का काल तीन-से-चार साल का है। इस अवस्था में इस बात की थोड़ी जानकारी होने लगती है कि वह क्या कर रहा हैं, लेकिन वह जो कुछ भी करता है, उसमें सम्बद्धता नहीं होती है। कभी वह सिपाही बनता है, तो कभी डकैत या फिर वह कभी डाक्टर की नकल करता है।

3. खेल स्तर (Game Stage)— इस अवस्था का विस्तार चार-से-पाँच साल या उससे थोड़ा अधिक लम्बे समय का होता है। इस चरण में वह घर के बाहर कोई खेल खेलना प्रारम्भ कर देता है। उसके व्यवहार में एक किस्म की सम्बद्धता का विकास होता है। इस अवस्था में वह अपनी तथा दूसरों की भूमिकाओं को थोड़ा समझने लगता है। मीड ने बताया है कि जब बच्चे दूसरों की नकल करते हैं, तो वे इस माध्यम से दूसरों की भूमिका निभाने का प्रयास करते हैं, जिसे उन्होंने 'Taking the role of the other' कहा है।

इस तरह से बच्चों में आत्मचेतना (Self-awareness) विकसित होती है और उस स्थिति में उसके अन्तर्गत **मैं (I)** और **मुझे (Me)** की धारणा का विकास होता है। दूसरे शब्दों में, आत्मचेतना के दो प्रमुख अंग होते हैं– मैं और मुझे। 'मैं' से तात्पर्य उस बालक से है, जिसका अभी समाजीकरण नहीं हुआ है और जिसके अन्तर्गत बहुत सारी स्वाभाविक इच्छाएँ पायी जाती हैं और 'मुझे' वह है, जो उस बच्चे ('मैं') के अन्तर्गत **सामाजिक आत्मन् (Social Self)** के रूप में मौजूद विचार है। बच्चे अपने अन्दर उस रूप को झाँकने का प्रयास करते हैं, जिस रूप को उसके अन्तर्गत अन्य लोग देखने का प्रयास करते हैं। बच्चों के अन्तर्गत पहले 'मैं' का विकास होता है और जब वह 'मैं' दूसरों के संसर्ग में आता है, तो वह दूसरों की नज़रों से अपने-आपको देखने का प्रयास करता है। इस तरह से बच्चों में आत्मचेतना की क्षमता (या मुझे)का विकास होता है, जिसे गिडेन्स (1993) ने "आत्मचेतना की क्षमता का विकास।" (Development of capacity of self-awareness) कहा है।

जॉर्ज मीड का विचार है कि बच्चे जब आठ-नौ साल के हो जाते हैं, तो वे व्यवस्थित प्रकार के खेलों में भाग लेने लगते हैं और उस समय वे जीवन के मूल्य और नैतिकता की बात सीखने लगते हैं, क्योंकि खेलों के अन्तर्गत विभिन्न किस्म के नियम-कानून एवं नैतिकता की बातें पायी जाती हैं। इसी स्तर में बच्चे, जैसा कि मीड ने बताया है, समाज के सामान्य मूल्य, आदर्श, तौर-तरीके एवं संस्कृति के बारे में सीखने लगते हैं, जिसे उन्होंने **व्यापक अन्य (Generalized Other)** कहा है। इसका विकास **'Role Taking'** एवं **'Role Playing'** की प्रक्रिया से होता है। बच्चे दूसरों की भूमिका अदा करने की कोशिश करते हैं और इसी माध्यम से वे सामाजिक आचरण के बारे में सीखते हैं।

फ्रॉयड के विचारों की तरह मीड के विचारों की उतनी आलोचना नहीं हुई, बल्कि इस योगदान के लिए मीड की काफी प्रशंसा हुई। उन्होंने सामाजिक आत्मन् के विकास के सम्बन्ध में जो विचार व्यक्त किया है, उसका समाजविज्ञानों पर काफी सकारात्मक प्रभाव पड़ा है।

गिडेन्स के अनुसार जॉर्ज मीड की आलोचना न होने का प्रमुख कारण यह भी था कि उन्होंने दुनिया के सामने कोई आश्चर्यजनक बात नहीं रखी, बल्कि सामान्य विचारों को काफी व्यवस्थित ढँग से एक वैज्ञानिक परिप्रेक्ष्य में रखने का प्रयास किया।

इरिक इरिक्सन का सिद्धान्त (Theory of Erik H. Erikson, 1902–1994)

फ्रॉयड के शिष्य होने के नाते इरिक्सन उन्हीं की परम्परा के प्रमुख मनोवैज्ञानिक थे। स्वाभाविक तौर पर वे फ्रॉयड के विचारों से काफी प्रभावित थे, लेकिन उनके सिद्धान्तों से हटकर उन्होंने व्यक्तित्व के विकास का एक नया सिद्धान्त प्रतिपादित किया। मात्र इरिक्सन ही ऐसे समाजविज्ञानी हैं, जिन्होंने समाजीकरण का एक ऐसा सिद्धान्त दिया जिसका सम्बन्ध शैशवकाल से लेकर बुढ़ापे तक का है। उन्होंने अपनी पुस्तक **Identity, Youth and Crisis** (1968) में यह विचार प्रस्तुत किया कि समाजीकरण की प्रक्रिया एक आजीवन चलने वाली प्रक्रिया है और यह प्रक्रिया आठ स्तरों से गुजरती है। यहाँ संक्षेप में विभिन्न चरणों के बारे में चर्चा की जा रही है, जिससे इरिक्सन के सिद्धान्त को समझने में आसानी होगी (देखें **सारणी-1**)।

सारणी-1 इरिक्सन द्वारा प्रतिपादित समाजीकरण के आठ चरण

उम्र	मनोवैज्ञानिक संकट
Infancy	Basic trust vs. mistrust
Early childhood	Autonomy vs. shame and doubt
Four to five (Play stage)	Initiative vs. guilt
Six to twelve (School age)	Industry vs. inferiority
Adolescence	Identity vs. role confusion
Young adulthood	Intimacy vs. isolation
Young adulthood and middle age	Generativity vs. stagnation
Old age	Integrity vs. despair

स्रोत : Erik H. Erikson, **Identity, Youth and Crisis**, New York, Norton, 1968.

इरिक्सन ने अपने समाजीकरण के सिद्धान्त के सम्बन्ध में **पहचान-संकट (Identity Crisis)** की अवधारणा प्रतिपादित की। उन्होंने बताया है कि जैसे-जैसे उम्र बढ़ती है, व्यक्ति को जीवन में विभिन्न चरणों से होकर गुज़रना पड़ता है और जीवन के प्रत्येक चरण के अलग-अलग संकट हैं। चूँकि व्यक्तियों को व्यक्तित्व के विकास के दौरान विभिन्न किस्म के संकटों से गुज़रना होता है और उसी संकट के फलस्वरूप नकारात्मक या सकारात्मक प्रतिक्रियाएँ भी होती हैं, इसी प्रतिक्रिया के परिणामस्वरूप धीरे-धीरे व्यक्तित्व का स्वतः विकास होता रहता है। जैसे- उन्होंने यह बताया है कि प्रारम्भिक अवस्था में बच्चों को अपने माता-पिता से इतना लगाव हो जाता है कि उनके मन में अपने माता-पिता के प्रति विश्वास के साथ-साथ अविश्वास की भी समस्या खड़ी हो जाती है। विशेषकर माता से बच्चों को इतना अधिक लगाव हो जाता है कि जब कभी वह घर से बाहर अकेली जाती है, तो बच्चों को यह विश्वास ही नहीं होता है कि उसकी माँ फिर वापस घर लौट कर आयेगी। अतः माँ के साथ जाने के लिए बच्चा फूट-फूटकर रोने लगता है।

जब बच्चा थोड़ा बड़ा हो जाता है, तो माता-पिता के लाड़-प्यार के कारण उसे ऐसा लगता है, शायद वे उसे अपने से अलग नहीं होने देना चाहते हैं। ऐसी स्थिति में बच्चों में स्वतन्त्र होने का संकट उत्पन्न हो जाता है। जहाँ तक सम्भव होता है वह माता-पिता के नियन्त्रण से आज़ाद होने की कोशिश करता है। जब वह चार-पाँच साल का हो जाता है, तो वह थोड़ा उद्यमी होने का प्रयास करता है। विभिन्न किस्म के नए-नए काम करने लगता है। उस अवस्था में उसके सामने एक नये प्रकार का मनोवैज्ञानिक संकट उभर कर आता है। कभी-कभी बच्चा इस उभयसंकट में पड़ जाता है कि जिस काम को करने जा रहा है क्या उसमें वह सफल होगा। इस प्रकार की विभिन्न प्रतिक्रियाएँ उसके मन में उत्पन्न होने लगती हैं और उन्हीं प्रतिक्रियाओं के अनुरूप वह व्यवहार करने लगता है। यह स्थिति समाजीकरण के चौथे स्तर तक बनी रहती है और इस अवस्था का विस्तार लगभग 12 वर्षों तक होता है।

इरिक्सन का कहना है कि पांचवें चरण में नवयुवकों के सामने यह संकट उत्पन्न होता है कि जो वह है क्या उसकी उसी रूप में समाज में पहचान हो रही है या नहीं। वह जो है उसकी उसी रूप में पहचान हो इसके लिए उसे जीवन में विभिन्न प्रकार के सकारात्मक और नकारात्मक आचरण करने होते हैं। इस प्रतिक्रिया के माध्यम से व्यक्ति का समाजीकरण होता है। छठे चरण में जब नवयुवकों की अपने माता-पिता से दूरी बढ़ जाती है, तो उसके जीवन में एक नये प्रकार का संकट उत्पन्न होता है। वह संकट है, आत्मीयता (Intimacy) की कमी। व्यक्ति विवाह के माध्यम से एक नये परिवार की स्थापना करता है और आत्मीयता की कमी के संकट से बाहर निकलने की चेष्टा करता है। लेकिन इसके कुछ ही दिनों बाद जब वह सातवें चरण में प्रवेश करता है, तो उसके जीवन में एक दूसरा

संकट उत्पन्न होता है, वह है **उत्पादकता (Generativity)** की कमी। उम्र बढ़ने के साथ व्यक्तियों को इस बात की चिन्ता होने लगती है कि उसे अपनी आने वाली पीढ़ी के लिए कुछ करना है। जो लोग निःसन्तान रह जाते हैं उनके सामने एक अलग किस्म का संकट आता है। उनको जीवन में बिलकुल सूना-सूना लगता है और वह उसी के अनुरूप आचरण करने लगते हैं।

इरिक्सन के अनुसार आत्मन् या व्यक्तित्व के विकास का अंतिम चरण बुढ़ापे का है, जो समाजीकरण का आठवाँ एवं अंतिम चरण है। इस अवस्था में व्यक्ति अपने जीवन में पीछे मुड़कर देखता है और यह विचार करने लगता है कि वह अपने जीवन के किन-किन क्षेत्रों में सफल या असफल रहा है। इरिक्सन का कहना है कि बुढ़ापे की समस्या शारीरिक कमजोरी की उतनी नहीं है जितनी कि इस बात की चिन्ता कि उन्होंने अपने जीवन में कितना अधिक खोया और कितना कम पाया। बूढ़े लोग इस सोच में परेशान रहते हैं कि उन्हें क्या करना चाहिए था तथा क्या नहीं करना चाहिए था। इस तरह बुढ़ापे तक समाजीकरण की प्रक्रिया चलती रहती है। जब तक जीवन है, तब तक समाजीकरण की प्रक्रिया चलती रहती है।

संक्षेप में इरिक्सन ने अपने सिद्धान्त में यही स्पष्ट करने का प्रयास किया है कि व्यक्ति शैशव काल से लेकर बुढ़ापे तक किस प्रकार विभिन्न संकटों से गुज़रता है और उन संकटों से अपने जीवन में कैसे सीखता है। मुख्य रूप से समाजीकरण विभिन्न प्रकार के संकटों से उत्पन्न एक सीखने की प्रक्रिया का नाम है। यदि जीवन में किसी प्रकार का संकट नहीं हो तो, हमारा जीवन प्रतिक्रिया मुक्त ही नहीं, बल्कि समाजीकरण मुक्त भी हो जायेगा। इन्हीं संकटों के समुच्चय को उन्होंने **पहचान-संकट (Identity Crisis)** कहकर पुकारा है, जो कि उनके सिद्धान्त का प्रमुख केन्द्रबिन्दु है।

पियाजे का सिद्धान्त (Jean Piaget, 1896–1980)

पियाजे ने आजीवन बच्चों के विकास से जुड़े अध्ययनों में अपना समय लगाया। उन्होंने बहुत लोगों के व्यवहार के अध्ययन के बजाय कुछ ही लोगों के व्यवहार के विकास का लम्बे समय तक अध्ययन किया। बच्चों के व्यवहार का उन्होंने काफी गहराई से अवलोकन किया और उन्होंने पाया कि बच्चे विभिन्न प्रकार की सूचनाओं को निष्क्रिय भाव से ग्रहण नहीं करते हैं, बल्कि उनके आस-पास जो चीजें हैं उनका चयन करते हैं और उसको अपने स्तर पर समझने, तौलने या विश्लेषण करने का प्रयास करते हैं और तभी वह पर्यावरण में फैले विभिन्न प्रकार की सूचनाओं को अपने जीवन में ढालने का प्रयास करते हैं। वे मीड के इस विचार से सन्तुष्ट नहीं थे कि बच्चे निष्क्रिय भाव से अपने आस-पास के लोगों के व्यवहार का अनुकरण करने का प्रयास करते हैं। पियाजे ने यह तर्क दिया है कि बच्चे दिमागी तौर पर बहुत सक्रिय होकर अपने आस-पास की चीजों का विश्लेषण करते हैं और तभी उन्हें अपने व्यक्तित्व का एक अंग बनाते हैं। उन्होंने बताया है कि इस तरह की प्रक्रिया बच्चों में कई स्तरों से होकर गुज़रती है पर मुख्य रूप से समाजीकरण के चार ही प्रमुख स्तर हैं, जो इस प्रकार हैं–

1. संवेदी चालक स्तर (Sensorimotor Stage)— पहले स्तर को उन्होंने संवेदी चालक स्तर कहा है, जो जन्म से लेकर दो वर्ष की आयु तक चलता है। इस स्तर को उन्होंने **संवेदी चालक** इसलिए कहा है कि इस अवस्था में बच्चे कुछ छूकर ही वातावरण के बारे में ज्ञान हासिल करते हैं। पहले चार महीनों में तो वह अपने-आपको वातावरण से अलग नहीं कर पाते। वह जिस खाट पर सोते हैं उस पर दाँये-बाँये होने से क्यों आवाज़ होती है, इसकी भी उसे कोई जानकारी नहीं होती है। प्रथम चार महीने तक अपने आस-पास के वातावरण का वह ऐसा अंग होता है कि वातावरण से उसका अस्तित्व अलग है, यह उसे स्पष्ट ही नहीं हो पाता है। लेकिन धीरे-धीरे वह व्यक्ति और वस्तु में अन्तर समझने लगता है। कुछ हद तक अपने-आपको वातावरण से भी भिन्न समझने लगता है।

2. पूर्व-परिचालन स्तर (Pre-operational Stage)— इस स्तर की शुरुआत लगभग दो वर्ष की उम्र में होती है और सात साल तक चलती है। इस स्तर में भाषा का इतना ज्ञान हो जाता है कि शब्दों के माध्यम से विचारों का

संचार होने लगता है, लेकिन बहुत तरह के संकेतों के माध्यम से भी बच्चे अपनी बातों को प्रकट करते हैं और दूसरों के विचारों को समझते हैं। पियाजे ने इस स्तर को **Pre-operational** इसलिए कहा है कि इस स्तर में व्यक्ति के मस्तिष्क की क्षमता का उतना विकास नहीं हो पाता, वह विभिन्न प्रकार के विचारों या सूचनाओं को बहुत क्रमबद्ध तरीके से नहीं जोड़ पाता है। यदि वह किसी की बात सुनता है और जब उसे फिर किसी और को कहता है, तो वह ठीक से उसी चीज को नहीं रख पाता है। इस स्तर के बच्चे जब कभी भी बात करते हैं तो उसकी बातों में सामंजस्य या सम्बद्धता की काफी कमी पायी जाती है।

पियाजे ने दूसरे स्तर को **अहंकेन्द्रित (Egocentric)** स्तर कहा है। बच्चे इस स्तर में हमेशा वातावरण को अपना केन्द्रबिन्दु मानकर समझने का प्रयास करते हैं। वह हर चीज का विश्लेषण अपने ही सन्दर्भ में करने का प्रयास करता है, जैसे– बच्चे कभी-कभी कोई पुस्तक या पत्रिका उलट कर किसी चित्र के बारे में अपने माता-पिता या दोस्तों से पूछते हैं तो वे यह नहीं सोच पाते कि उत्तरदाता को वह चित्र दिखाई पड़ रहा है या नहीं। वह अकेले देखता है और दूसरों से प्रश्न करता है। पियाजे ने कहा है कि इस अवस्था में बच्चे स्वाभाविक रूप से कुछ ज़्यादा ही अहंकेन्द्रित होते हैं। इस प्रवृत्ति को स्वार्थी (Selfish) होने की संज्ञा नहीं दी जा सकती है, क्योंकि बच्चों के अन्तर्गत जो भावना पायी जाती है उसे Egocentric कहा जा सकता है, Selfish नहीं।

3. साकार परिचालन स्तर (Concrete Operational Period)— इस स्तर का काल लगभग सात से ग्यारह साल तक का होता है। इस स्तर में बच्चे अमूर्त एवं तार्किक विचारों को समझने लगते हैं। उन्हें सत्य तथा असत्य का थोड़ा ज्ञान होने लगता है। वे आसानी से किसी बात पर बहस करने की स्थिति में हो जाते हैं। वे अंकगणितीय प्रक्रियाओं से भी अच्छी तरह अवगत हो जाते हैं और धीरे-धीरे इस स्तर में अहंकेन्द्रितता की भावना का ह्रास होने लगता है और उसकी जगह स्वार्थ परायणता की भावना विकसित होने लगती है।

4. अन्तःस्राव परिचालन स्तर (Hormonal Operational Stage)— यह नवयुवकों का स्तर है। यह लगभग ग्यारह-बारह साल के बाद का काल है। इस स्तर में उनके लिए तर्कपूर्ण बातें करना, अमूर्त विचारों को समझना पूरी तरह सम्भव हो जाता है। कठिन-से-कठिन गणितीय मसलों को सुलझाने का प्रयास करने लगते हैं। उन्हें सही और ग़लत तथ्यों का अच्छा ज्ञान हो जाता है। वे अपने माता-पिता तथा अपने परिवार के अन्य सदस्यों से काफी स्वतन्त्र होने की स्थिति में हो जाते हैं। अपना अधिकांश काम वे स्वयं करने लगते हैं।

पियाजे ने बताया है कि प्रथम तीन चरण तो विश्वव्यापी चरण हैं, पर चौथा चरण विश्वव्यापी नहीं कहा जा सकता है। यह अक्सर इस बात पर निर्भर करता है कि बच्चे को कहाँ तक शिक्षा मिली है। जहाँ निरक्षरता है, वहाँ स्कूल के माध्यम से होने वाला समाजीकरण स्थिर हो जाता है।

मार्गरेट डोनल्डसन (Margaret Donaldson, 1979) का कहना है कि पियाजे का यह विचार सही नहीं है कि बच्चे बहुत ज़्यादा अहंक्रेन्द्रित होते हैं। इस प्रकार की भावना बड़ों में पायी जाती है। गिडेन्स (1993) एवं अन्य समाजविज्ञानियों ने भी इस बात पर आपत्ति प्रकट की है कि पियाजे ने अपने सारे विचार एक ही नगर, स्वीटज़रलैण्ड (Switzerland), के कुछ बच्चों के अध्ययन के आधार पर तमाम बच्चों के बारे में कहने का जोखिम उठाया है। इतने छोटे पैमाने पर अध्ययनों के आधार पर इस ढंग का साधारणीकरण (Generalization) वैज्ञानिक दृष्टि से ठीक नहीं है।

कतिपय सम्बन्धित अवधारणाएँ (Some Relevant Concepts)

समाजीकरण से जुड़ी कुछ अन्य महत्त्वपूर्ण प्रक्रियाएँ हैं, जिन्हें जान लेना पाठकों के लिए आवश्यक प्रतीत होता है। कुछ लोगों ने इन अवधारणाओं को समाजीकरण के प्रकार के रूप में प्रस्तुत किया है, जो उचित नहीं जँचता है। यह इसलिए ठीक नहीं जान पड़ता है कि नकारात्मक समाजीकरण, जिसकी चर्चा नीचे की जा रही है, सही मायने में समाजीकरण नहीं है। समाजीकरण तो मात्र समाजीकरण होता है, यह न तो सकारात्मक होता है न ही नकारात्मक।

1. प्रत्याशित समाजीकरण (Anticipatory Socialization)— प्रत्याशित समाजीकरण वह प्रक्रिया है, जिसके अन्तर्गत लोग किसी भूमिका को इस उम्मीद में निभाते हैं कि भविष्य में उन्हें कुछ ऐसा ही करना है। जैसे– छोटे बच्चे कभी सिपाही, कभी सेना का जवान, कभी डाक्टर का तो कभी शिक्षक की नकल करते हैं। घर में छोटी-छोटी बच्चियाँ अपनी दादी या माँ की नकल उतारती हैं। शायद उसे ऐसा लगता है कि उसे भी एक दिन दादी या माँ की भूमिका निभानी है। इस अवधारणा का सम्बन्ध **सन्दर्भ व्यक्ति (Reference Individual)** एवं **सन्दर्भ-समूह (Reference Group)** से है। कभी-कभी हम उस व्यक्ति या समूह की नकल करते हैं, जो हम नहीं हैं, पर वैसा अवश्य बनना चाहते हैं। स्कूली शिक्षा समाप्त होने के समय कुछ बच्चे कॉलेज के विद्यार्थियों के आचरण की यह सोचकर नकल करते हैं कि उसे भी कॉलेज पहुँचने पर उस ढँग का व्यवहार करना है। यहाँ कॉलेज के विद्यार्थियों को सन्दर्भ-समूह एवं स्कूल के विद्यार्थियों का प्रत्याशित व्यवहार प्रत्याशित समाजीकरण कहा जायेगा। ब्रूम एवं सेल्सनिक का कहना कि व्यावसायिक योग्यता प्राप्त करना भी एक किस्म का प्रत्याशित समाजीकरण है, क्योंकि यह व्यक्ति को भविष्य में एक नयी भूमिका के लिए तैयार करता है।

2. प्राथमिक या द्वितीयक समाजीकरण (Primary and Secondary Socialization)— प्राथमिक समाजीकरण उसे कहते हैं जिसके द्वारा कोई शिशु जैविक प्राणी से सामाजिक प्राणी बनता है। जो समाजीकरण परिवार, क्रीड़ा मण्डली एवं पड़ोसियों के बीच होता है उसे ही प्राथमिक समाजीकरण कहा जाता है। कुछ मनोवैज्ञानिकों एवं समाजशास्त्रियों ने इसे ही **प्रारम्भिक समाजीकरण (Early Socialization)** कहा है।

शिशु जब नवयुवक हो जाता है, तो वह एक बड़े समाज का सदस्य बन जाता है। प्राथमिक समूह के अलावा बहुत प्रकार के द्वितीयक समूहों का भी सदस्य बन जाता है। सीखने का काम इस स्तर पर भी चलता रहता है। महाविद्यालयों में विद्यार्थी बनकर, किसी व्यवसाय का मालिक बनकर या किसी दफ्तर में कर्मचारी बनकर कुछ-न-कुछ हम अपने समाज और संस्कृति के बारे में सीखते रहते हैं। औरतें माँ, दादी या नानी की भूमिका निभाना सीखती हैं, तो पुरुष पिता, पति, दादा या नाना की भूमिका निभाना सीखते हैं। इस स्तर की सीखने की तमाम प्रक्रियाएँ द्वितीयक समाजीकरण कही जाती हैं। इसी को मेटा स्पेंसर ने **उत्तर-समाजीकरण (Later Socialization)** कहकर पुकारा है।

3. नकारात्मक समाजीकरण (Negative Socialization)— समाज विरोधी गतिविधियों को सीखना ही नकारात्मक समाजीकरण कहा जाता है। जैसे– यदि कोई विद्यार्थी पढ़ाई का काम छोड़कर पॉकेटमारी, चोरी, डकैती एवं तस्करी का काम सीखता है, तो उसे नकारात्मक समाजीकरण कहा जायेगा। नकारात्मक समाजीकरण का सम्बन्ध ऐसे आचरण से है, जो स्थापित सामाजिक नियमों, मूल्यों और प्रतिमानों के प्रतिकूल है।

सच कहा जाये तो नकारात्मक समाजीकरण सही मायने में समाजीकरण नहीं है इसलिए कि समाजीकरण का तात्पर्य केवल समाज द्वारा स्वीकृत मानदण्डों व व्यवहारों को सीखना है। यह एक अयथार्थ नामकरण (Misnomer) है। चूँकि इस प्रक्रिया के लिए कोई उपयुक्त समाजशास्त्रीय शब्द उपलब्ध नहीं है, इसलिए इसे नकारात्मक समाजीकरण कहा जाता है।

4. पुनर्समाजीकरण (Re-socialization)— कुछ लोगों के जीवन में ऐसी भी स्थिति आती है जब वे समाज के स्वीकृत नियमों का ठीक से अनुसरण नहीं करते हैं। जब कोई व्यक्ति मानसिक रूप से असन्तुलित हो जाता है या अपराधी हो जाता है, तो ऐसी स्थिति में उसे पुराने जीवन में वापस लाने का प्रयास किया जाता है। अपराधियों को कैद में रखने के बजाय उसे फिर से समाज में स्थापित करने के लिए समाज के मूल्यों, आदर्शों तथा प्रतिमानों को विभिन्न विधियों के सहारे सिखाया जाता है ताकि सामाजिक जीवन में वह वापस आ सके। इसी प्रकार की सीखने की प्रक्रिया का नाम पुनर्समाजीकरण है।

पुनर्समाजीकरण की प्रक्रिया अपराधियों या मानसिक रूप से असन्तुलित व्यक्तियों तक ही सीमित नहीं है, यह आम लोगों के जीवन में भी सम्भव है। जैसे यदि कोई भारतीय विदेश में प्रवास करता है तो वे उसी समाज के तौर-तरीकों को अपना कर जीने का प्रयास करता है। अपने समाज के जीवन-मूल्यों को छोड़कर किन्हीं विदेशी सामाजिक मूल्यों

और प्रतिमानों को अपनाकर जीने की प्रक्रिया पुनर्समाजीकरण कहा जाता है। ठीक इसके विपरीत यदि वह अपने देश लौट कर भारतीय परम्पराओं के मुताबिक जीने का प्रयास करता है और इस प्रयास में विदेशी आदतों एवं परिपाटियों को भुलाकर पुनः भारतीय जीवन की प्रणाली को अपनाता है तो उसे भी पुनर्समाजीकरण कहा जायेगा। इसी आधार पर भारतीय लोगों के द्वारा पश्चिमीकरण की प्रक्रिया से गुज़रना और पश्चिमीकृत भारतीय लोगों के द्वारा पुनः **प्राच्यकरण (Orientalization)** की प्रक्रिया से गुज़रना पुनर्समाजीकरण कहा जायेगा।

5. अ-समाजीकरण (De-socialization)— कोई भी समाज नकारात्मक समाजीकरण को पसन्द नहीं करता है, क्योंकि वह व्यवस्था विरोधी होता है। समाज में कभी-कभी कुछ व्यक्तियों को **अ-समाजीकृत (De-socialized)** होने की आवश्यकता पड़ती है। यदि कोई भारतीय विदेश जाकर वहाँ स्थापित होने का प्रयास करता है, तो वह अपनी परम्परागत संस्कृति को भूलने का प्रयास करता है। नयी परिस्थिति में सामंजस्य स्थापित करने के लिए कभी-कभी यह ज़रूरी भी हो जाता है। अपनी संस्कृति की बात को भूलना अ-समाजीकरण और विदेशी संस्कृति को ग्रहण करना **पुनर्समाजीकरण (Re-socialization)** कहा जायेगा। उसी प्रकार भारत में रहकर भी यदि कोई **पश्चिमीकरण (Westernization)** की प्रक्रिया से गुज़रता है, तो उसकी अपनी संस्कृति के सन्दर्भ में उस प्रक्रिया को अ-समाजीकरण एवं पश्चिमी संस्कृति के सन्दर्भ में उसे पुनर्समाजीकरण कहा जायेगा।

6. वयस्क या बालिग़ समाजीकरण (Adult Socialization)— वयस्क समाजीकरण की प्रक्रिया से हमारा तात्पर्य ऐसे परिवर्तनों से है, जो किसी बालिग़ व्यक्ति के विचारों, मनोवृत्तियों एवं ज्ञान में होता है। यदि कुछ लोगों के संसर्ग से किसी वयस्क व्यक्ति के धार्मिक या राजनीतिक मनोवृत्तियों में किसी कारणवश परिवर्तन आता है, तो उसे वयस्क समाजीकरण कहा जाता है। यह परिवर्तन कभी-कभी व्यक्तियों की सामाजिक स्थिति में परिवर्तन से भी आता है, जैसे- विवाह के बाद लोगों की मनोवृत्तियों में परिवर्तन देखने को मिलता है। जब वयस्क स्त्री-पुरुष स्वयं माता-पिता बनने के बाद नये अनुभवों से गुज़रते हैं, तो उससे भी उनकी मनोवृत्तियों में बदलाव आता है। कभी-कभी नौकरी मिलने के बाद लोगों के विचारों में परिवर्तन आता है। इस ढँग के अनगिनत परिवर्तन वयस्क व्यक्तियों के जीवन में आते रहते हैं। कोई व्यक्ति वयस्क होने पर अपनी पारिवारिक जिम्मेवारी एवं विभिन्न प्रकार के काम-काज, राजनीति इत्यादि के बारे में जो कुछ भी अनुभव एवं ज्ञान हासिल करता है, वे तमाम बालिग़ समाजीकरण के अंग हैं।

7. मत-आरोपण (Brainwashing)— जब किसी व्यक्ति के विचारों में उसकी इच्छा के विरुद्ध परिवर्तन लाने की चेष्टा की जाती है, तो उसे मत-आरोपण कहा जाता है। साम्यवादी क्रान्ति के पूर्व चीनी लोक गणराज्य (People's Republic of China) में पहली बार बृहत् पैमाने पर इस विधि को प्रयोग में लाया गया था। साम्यवादी सरकार ने ऐसे लोगों के विचारों में जबरन परिवर्तन लाकर साम्यवादी बनाने की कोशिश की जो साम्यवादी दर्शन के कट्टर विरोधी थे। इस प्रक्रिया के अन्तर्गत पुराने विचारों की जगह नये विचारों को मस्तिष्क में स्थापित किया जाता है। लोगों को यह सिखाया जाता है कि अब तक जो कुछ भी तुम जानते या करते आये हो, वह सभी ग़लत है। और जो तुम्हें बताया जा रहा है मात्र वही सही है। अतः तुम्हें इस नये विचार के अनुकूल ही आचरण करना चाहिए। कोरियाई युद्ध (Korean War, 1950–53) में काफी अमरीकी सैनिकों को बन्दी बनाया गया था और उन बंदियों को यह समझाया गया कि साम्यवादी दर्शन ही जीवन का सही दर्शन है। ऐसा करने के लिए उन बन्दी सिपाहियों को बाहरी दुनिया से अलग-थलग कर दिया गया। उनके साथ क्रूरतापूर्ण व्यवहार किया गया। जब सिपाहियों को यह लगने लगा कि अब कोरियाई लोगों के चंगुल से निकलना मुश्किल है, तो उन लोगों को यह विश्वास दिलाना आसान हो गया कि साम्यवादी दर्शन ही सही जीवन दर्शन है। मत-आरोपण के वे दोनों ऐतिहासिक उदाहरण हैं। प्रत्येक व्यवस्था के अन्तर्गत इस प्रकार की अक्सर कोशिश की जाती है कि जो लोग व्यवस्था विरोधी हैं उनके विचारों में किसी-न-किसी तरह परिवर्तन लाकर उसे व्यवस्था के अनुकूल बनाया जाये।

REFERENCES

Bierstedt, Robert, **The Social Order**, New Delhi: Tata McGraw-Hill Publishing Co. Ltd., 1970.

Broom, Bernard and Selznick, P., **Principles of Sociology**, New York: Harper International Edition, 1970.

Donaldson, Margaret, **Children's Mind**, New York: Norton, 1979.

Erikson, Erik H., **Identity, Youth and Crisis**, New York: Norton, 1968.

Fichter, J. H., **Sociology**, Chicago: University of Chicago Press, 1957.

Giddens, Anthony, **Sociology**, Cambridge: Polity Press, 1993.

Johnson, Harry M., **Sociology**, New Delhi: Allied Publishers Pvt. Limited, 1960.

Leslie, G.R. *et al*., **Introductory Sociology**, New York: Oxford University Press, 1980.

Mead, George Herbert, **Mind, Self and Society**, Chicago: University of Chicago Press, 1934.

Scott, John and Marshall, Gordon, **Oxford Dictionary of Sociology**, Oxford: Oxford University Press, 2007.

Sepencer, Metta, **Foundations of Modern Sociology**, Englewood Cliffs, New Jersey: Prentice-Hall, Inc., 1976.

6

सामाजिक पद : स्थिति एवं भूमिका
(Social Position: Status and Role)

प्रत्येक व्यक्ति का समाज में निश्चित रूप से एक अपना पद होता है। यह पद या स्थान किसी को विरासत में मिलता है, तो किसी को अपनी मेहनत या योग्यता की बदौलत प्राप्त होता है। जैसे प्रत्येक प्राणी इस धरती पर अपने लिए कुछ स्थान बनाता है, ऐसे ही व्यक्ति भी सामाजिक धरातल पर स्वाभाविक रूप से कुछ-न-कुछ जगह घेरता है जिसे समाज-शास्त्रीय भाषा में सामाजिक पद (Social Position) कहा जाता है। जॉनसन (H.M. Johnson, 1983: 15) के अनुसार सामाजिक पद के दो तत्त्व होते हैं– अधिकार (Right) एवं बाध्यता (Obligation)। दूसरे शब्दों में सामाजिक पद व्यक्तियों के अधिकारों एवं बाध्यताओं का एक जटिल समग्र है। यदि समाज व्यक्ति को कोई पद देता है, तो उस पद के मुताबिक उस व्यक्ति को कुछ अधिकार और कर्तव्य भी देता है। समाजशास्त्रीय भाषा में अधिकार को स्थिति या हैसियत (Status) एवं बाध्यता को भूमिका या फ़र्ज़ (Role) कहा जाता है। जॉनसन (Johnson, 1983: 16) ने इस सम्बन्ध में स्पष्ट ढँग से लिखा है कि "इस प्रकार प्रत्येक सामाजिक पद एक स्थिति-भूमिका है।" (Thus, every social position is a status-role)। यहाँ यह भी स्पष्ट किया जाना आवश्यक है कि जो एक व्यक्ति की स्थिति है वही दूसरों के लिए भूमिका है और जो किसी व्यक्ति की भूमिका है वही दूसरों के लिए सामाजिक स्थिति है। यही कारण है कि **स्थिति-संरचना (Status-structure)** एवं **भूमिका-संरचना (Role-structure)** के बीच सीधा सम्बन्ध है। दोनों एक-दूसरे के पूरक हैं। मानवशास्त्री लिण्टन (R. Linton) के इस विचार से जॉनसन सहमत नहीं हैं कि **स्थिति (Status)** और **पद (Position)** एक-दूसरे के पर्यायवाची हैं। जॉनसन स्पष्ट रूप से यह मानते हैं कि स्थिति किसी पद का एक अंग मात्र है।

प्रथम दृष्टि में ऐसा लगता है कि जॉनसन ने सामाजिक स्थिति एवं सामाजिक पद को लगभग एक ही अर्थ में प्रयुक्त किया है, लेकिन दोनों के बीच बारीक भेद को उन्होंने ध्यान में रखा है। ऐसे इन शब्दों को समान अर्थ में

नोट : बहुत-सी पुस्तकों में **Status** शब्द का हिन्दी रूपान्तर 'प्रस्थिति' देखने को मिलता है, लेकिन जब इसके लिए स्थिति या हैसियत ज्यादा सरल और लोकप्रिय शब्द उपलब्ध है, तो स्थिति में 'प्र' उपसर्ग लगाकर प्रस्थिति बनाने से कोई लाभ नहीं है। जब Marital Status एवं Status of Women के लिए क्रमशः वैवाहिक स्थिति एवं नारियों की स्थिति ही उपयुक्त अनुवाद माना जाता है, तो Social Status के लिए 'सामाजिक प्रस्थिति' का कोई औचित्य नहीं जान पड़ता है। उसी प्रकार **Ascriptive Status** के लिए प्रदत्त प्रस्थिति या अध्यारोपित प्रस्थिति की तुलना में आरोपित स्थिति सन्दर्भ की दृष्टि से ज्यादा उपयुक्त है। अनुवाद करते समय हमें यह ध्यान रखना होगा कि Ralph Linton ने इन शब्दों का प्रयोग किन अर्थों में किया है।

ढीले-ढाले ढँग से प्रयोग नहीं किया जाना चाहिए। सामाजिक पद के साथ व्यक्ति के अधिकार और कर्त्तव्य दोनों जुड़े हुए होते हैं, लेकिन स्थिति कहने से मुख्य रूप से व्यक्ति के अधिकारों का ही बोध होता है, क्योंकि भूमिका को स्थिति से अलग करके देखने का प्रयास किया जाता है। यहाँ इस तथ्य से इंकार नहीं किया जा रहा है कि स्थिति भूमिका को प्रभावित करती है और भूमिका स्थिति को। दोनों एक-दूसरे पर समान रूप से निर्भर करते हैं, पर सैद्धान्तिक स्तर पर दोनों का विश्लेषण अलग-अलग किया जाता है।

जॉनसन ने बताया है कि कभी-कभी एक ही व्यक्ति को एक से अधिक सामाजिक पद प्राप्त होते हैं, जैसे- कोई व्यक्ति एक साथ राष्ट्रपति, पिता, पति या पुत्र कुछ भी हो सकता है। ठीक उसी प्रकार एक सामाजिक पद पर एक से अधिक व्यक्ति भी हो सकते हैं। जैसे- वकालत के पेशे से जुड़े तमाम लोगों को समाज एक ही रूप में देखता है। उसी प्रकार शिक्षण कार्य से जुड़े शिक्षकों को समाज समान पद पर देखता है।

यहाँ ध्यान देने की बात यह है कि एक पेशे के तमाम व्यक्तियों का सामाजिक पद समान होता है, लेकिन उनके बीच सामाजिक स्थिति में भिन्नता हो सकती है। जिस व्यक्ति की जैसी भूमिका होती है या जैसा वह अपने कर्त्तव्यों का निर्वाह करता है उसी के अनुसार समाज में उसकी स्थिति भी होती है। जैसे तमाम वकीलों का पद एक समान है, पर स्थिति में समानता नहीं है, क्योंकि उनकी भूमिकाओं के निर्वहन के स्तर में काफी अन्तर होता है। जैसे कोई अच्छा वकील होता है, तो कोई औसत दर्जे का। कोई उच्च कोटि का कवि या कलाकार है, तो कोई साधारण कवि या कलाकार है। यहाँ यही स्पष्ट करने का प्रयास किया जा रहा है कि सामाजिक पद की अवधारणा को समूह के सन्दर्भ में देखा जाता है, जबकि सामाजिक स्थिति को व्यक्ति के सन्दर्भ में देखा जाना चाहिए। दूसरे शब्दों में सामाजिक पद व्यक्तियों के समूह का होता है, जबकि सामाजिक स्थिति आरोपित या व्यक्तियों की अपनी व्यक्तिगत क्षमता द्वारा अर्जित प्रतिष्ठा पर आधारित होती है।

प्रत्येक सामाजिक पद के साथ प्रतिष्ठा जुड़ी होती है और समय के साथ इस प्रतिष्ठा में उतार-चढ़ाव होता रहता है। जैसे, एक समय था जब नाचने-गाने वालों को समाज बहुत प्रतिष्ठित व्यक्ति नहीं मानता था। आज दूर-संचार के साधनों का इतना विकास हो गया है कि ऐसे लोग इतना अधिक धन उपार्जन कर लेते हैं कि उनकी हैसियत कवि, लेखक या अन्य प्रकार के विद्वानों से कहीं ऊपर है। अंग्रेजी शासन-काल में वकालत एक बहुत ही प्रतिष्ठित पेशा माना जाता था। आज समाज में वकीलों की प्रतिष्ठा इतनी कम हो गयी है कि उस पेशे को कोई व्यक्ति लाचारी में ही अपनाता है। यहाँ हम सामाजिक पद के दोनों संघटक (Components) की बारी-बारी से चर्चा करेंगे।

सामाजिक स्थिति या हैसियत (Social Status)

सामाजिक स्थिति आधुनिक समाज की एक बुनियादी अवधारणा है। सामाजिक स्थिति के अभाव में सामाजिक संरचना की कल्पना नहीं की जा सकती है, इसलिए तो बीयरस्टेट (1970: 242) ने कहा है कि "समाज स्थितियों का एक जाल है।" (Society is a network of statuses)। इस अवलोकन से यही स्पष्ट होता है कि समाज व्यक्तियों का समूह नहीं, बल्कि विभिन्न व्यक्तियों द्वारा जिन सामाजिक स्थितियों का निर्माण होता है उन्हीं का एक समग्र है। यहाँ यह नहीं समझा जाना चाहिए कि समाज मात्र सामाजिक स्थिति का एक समग्र है। समाज क्या है इसकी चर्चा विस्तार से पहले की जा चुकी है, इसलिए यहाँ पुन: उसकी चर्चा की कोई आवश्यकता नहीं है। सामाजिक स्थिति की अलग से विस्तारपूर्वक यहाँ चर्चा इसलिए की जा रही है कि सामाजिक स्थिति एक ऐसा उपकरण है, जिसे समझे बिंना आधुनिक समाजशास्त्र को ठीक से समझना सम्भव नहीं है।

अन्य सामाजिक अवधारणाओं की तरह सामाजिक स्थिति को स्पष्ट करने में कुछ वैचारिक कठिनाइयाँ (Conceptual Difficulties) हैं। कुछ समाजशास्त्रियों ने इसे Rank Order के अर्थ में समझने का प्रयास किया है। जब भी हम Rank की बात करते हैं तो उच्च या निम्नवर्ग का भाव प्रकट करते हैं। इसके साथ हमेशा इज्जत या प्रतिष्ठा का भाव जुड़ा

होता है। दूसरी तरफ कुछ समाजशास्त्री स्थिति से पद या अवस्था (Position or Condition) का भाव व्यक्त करते हैं और उसके साथ कोई क्रम या दर्जा (Rank) का भाव नहीं होता है। इसी अर्थ में हम वैवाहिक स्थिति (Marital Status), उम्र स्थिति (Age Status), यौन स्थिति (Sex Status) या रिश्तेदारी स्थिति (Kinship Status), सदस्यता स्थिति (Membership Status) आदि की बात करते हैं।

समाज में व्यक्तियों की स्थिति का निर्धारण सामाजिक नियमों के अनुसार होता है। स्थिति सामाजिक नियमों से अलग नहीं है। किसी व्यक्ति को समाज में कैसा आचरण करना है या किसी व्यक्ति का समाज में क्या अधिकार, कर्तव्य या उत्तरदायित्व है, इसका निर्धारण उस व्यक्ति की स्थिति से होता है। सामाजिक मानदण्ड (Social Norms) व्यक्तियों से नहीं जुड़ा होता है, बल्कि व्यक्तियों की स्थिति से जुड़ा होता है। व्यक्तियों के व्यवहार का संचालन सामाजिक मानदण्डों के द्वारा व्यक्ति की स्थिति से मालूम होता है। इस बात की पुष्टि बीयरस्टेट के निम्नलिखित अवलोकन से होती है– "मानदण्ड जो बहुत सारे अधिकारों, कर्त्तव्यों, विशेषाधिकारों, उत्तरदायित्वों, प्राधिकारों, एवं परमाधिकारों को जो शामिल करता है, वह स्थितियों से जुड़ा होता है न कि व्यक्तियों से।"[1]

यहाँ यह स्पष्ट होता है कि स्थिति मात्र किसी समाज या समूह में पद का नाम है। प्रत्येक समाज या समूह में बहुत सारे पद होते हैं या यह कहा जाये कि जितने लोग उतने ही अधिक पद भी होते हैं। आधुनिक जटिल समाज में तो एक व्यक्ति के एक से अधिक पद होते हैं। व्यक्ति जितने ही अधिक किस्म के समूहों के साथ अन्तःक्रिया करता है, उसकी उतनी ही अधिक सामाजिक हैसियत होती है और कभी-कभी एक ही समूह में एक व्यक्ति की एक से अधिक स्थितियाँ (Statuses) होती हैं। जैसे कोई व्यक्ति अपने परिवार में पिता, पुत्र, भाई, पति एवं अभिभावक के रूप में होता है, वही व्यक्ति अपने परिवार के बाहर किसी आमसमूह का सदस्य होता या किसी अन्य समूह में उच्चाधिकारी भी। कभी वह व्यक्ति अस्पताल में एक रोगी की स्थिति में होता है, तो कभी हवाई अड्डे पर एक यात्री के रूप में भी होता है। संक्षेप में यहाँ बीयरस्टेट (Bierstedt, 1970: 247) के शब्दों में यही कहा जा सकता है कि "स्थिति एक ऐसा पद है, जो समूह-सम्बन्ध, समूह-सदस्यता या समूह-व्यवस्था से प्राप्त होता है।" (The status is the position afforded by group affiliation, group membership or group organization.)

गिडेन्स (Giddens) के द्वारा दी गयी सामाजिक हैसियत की परिभाषा से इस अवधारणा का अर्थ बिलकुल स्पष्ट हो जाता है। उन्होंने कहा है कि "स्थिति से अभिप्राय सामाजिक समूह के बीच सामाजिक प्रतिष्ठा में ऐसे अलगावों से है, जो दूसरे लोग उन पर आरोपित करते हैं।"[2] गिडेन्स ने बताया है कि सामाजिक स्थिति इस बात पर निर्भर नहीं करती कि कोई व्यक्ति किस वर्ग का प्रतिनिधित्व करता है, अर्थात् एक ही वर्ग में रहकर तमाम लोगों की सामाजिक स्थिति समान नहीं होती है। इसके साथ सामाजिक स्थिति हमेशा प्रतिष्ठा को ही इंगित नहीं करती। सामाजिक स्थिति किसी के लिए सकारात्मक महत्त्व की होती है, तो किसी के लिए नकारात्मक। अतः सामाजिक स्थिति को प्रतिष्ठा से जोड़कर नहीं देखा जाना चाहिए। सामाजिक स्थिति से समाज में व्यक्तिगत हैसियत का अन्दाज मिलता है। यह एक सापेक्ष अवधारणा है। इस अर्थ में किसी व्यक्ति की स्थिति हम दूसरे व्यक्ति के सन्दर्भ में देखते हैं।

समाजशास्त्र के क्षेत्र में स्थिति को मुख्य रूप से दो अर्थों में प्रयुक्त किया जाता है– प्रथम स्थिति से तात्पर्य समाज में एक ऐसे पद से है, जो प्रत्येक व्यक्ति को प्राप्त है, जैसे– माता, पिता, भाई, शिक्षक, दोस्त। ये तमाम सामाजिक पद हैं और इसी पद के अनुरूप समाज उस व्यक्ति से व्यवहार की अपेक्षा रखता है। प्रारम्भ में सिर्फ समाजशास्त्री ही नहीं, बल्कि मानवशास्त्री भी 'स्थिति' शब्द का प्रयोग इसी अर्थ में करते थे। जैसे– रैल्फ लिंटन (Ralph Linton)

1. "The norms, which involve rights, duties, privileges, obligations, perquisites and prerogatives are attached to statuses and not to individuals." — Robert Bierstedt, **The Social Order**, Tata McGraw-Hill Publishing Co. Ltd., New Delhi, 1970, p. 245.
2. "Status refers to differences between social groups in the social honour or prestige they are accorded by other."— Anthony Giddens, **Sociology**, Polity Press, Cambridge, 1993, p. 219.

ने अपनी पुस्तक **The Study of Man** (1936) में इस शब्द का प्रयोग इसी अर्थ में किया था और एक लम्बे समय तक समाजशास्त्र में इस शब्द का प्रयोग उसी अर्थ में होता रहा।

स्थिति का दूसरा अर्थ प्रतिष्ठा और इज्जत (Prestige or Honour) से जुड़ा हुआ है। बहुत सारे समाजशास्त्री स्थिति को प्रतिष्ठा के पर्यायवाची के रूप में इस्तेमाल करते हैं। समाजशास्त्रीय साहित्य को देखने से पता चलता है कि स्थिति शब्द का प्रयोग इन दोनों अर्थों में हो रहा है। कुछ समाजशास्त्री एवं मानवशास्त्री स्थिति शब्द का प्रयोग **सामाजिक पद (Social Position)** के अर्थ में भी करते हैं, अर्थात् वे जॉनसन के इस विचार से सहमत नहीं हैं कि स्थिति, पद का एक अंग है। यहाँ एक चिन्ता की बात यह है कि समाजशास्त्र में कभी तो किसी तकनीकी शब्द का प्रयोग बहुत ही सीमित अर्थ में किया जाता है, तो कभी काफी ढीले-ढाले ढँग से प्रयोग किया जाता है। ऐसी हरकतों से समाजशास्त्र को एक वैज्ञानिक विषय बनाने में अड़चनें आती हैं।

ब्रूम एवं सेल्सनिक (Broom and Selznick, 1970: 44) ने बताया है कि स्थिति शब्द का प्रयोग समाजशास्त्र में मुख्य रूप से दो अर्थों में होता है और वे दोनों अर्थ एक-दूसरे से जुड़े हुए हैं– (1) स्थिति का सम्बन्ध व्यक्ति के सामाजिक पद से है। इस अर्थ में स्थिति से उच्च और निम्न (High and Low) स्तर का भाव व्यक्त नहीं होता है। (2) स्थिति शब्द का प्रयोग **सामाजिक श्रेणी (Social Ranking)** के अर्थ में होता है और जब हम समस्त श्रेणीबद्ध व्यवस्था की बात करते हैं तो उसे ही **स्थिति-पद्धति (Status-System)** कहा जाता है। वर्तमान समय में स्थिति शब्द का प्रयोग समान रूप से दोनों अर्थों में होता है।

स्थिति का निर्धारण किस प्रकार होता है और उसके कौन-कौन से कारक हैं, यह भी एक रोचक विषय है। लेकिन इसकी चर्चा यहाँ नहीं की जा रही है, क्योंकि इस विषय की चर्चा स्तरण के अध्याय में की गयी है।

सामाजिक हैसियत की उत्पत्ति (Origin of Social Status)

समाजशास्त्र में यह एक रोचक प्रश्न है कि स्थिति की उत्पत्ति कैसे होती है। जे.एच. फिक्टर (J.H. Fichter) ने इस प्रश्न के उत्तर में लिखा है कि समाज में व्यक्तियों की स्थिति दो स्रोतों से निर्धारित होती है– **आरोपित (Ascriptive)** एवं **अर्जित (Achieved Status)**। इसी आधार पर सामाजिक हैसियत को दो भागों में विभाजित किया जाता है– आरोपित स्थिति तथा अर्जित स्थिति।

प्रत्येक समाज में व्यक्तियों को कुछ पद समाज के द्वारा दिये जाते हैं, तो कोई व्यक्ति अपने व्यक्तिगत गुणों और योग्यताओं के बल पर प्राप्त करता है। जो सामाजिक स्थिति समाज से आरोपित है, उसमें व्यक्ति की अपनी भूमिका कम होती है और समाज की भूमिका अधिक होती है। इसलिए हम कह सकते हैं कि आरोपित सामाजिक स्थिति अनैच्छिक (Non-voluntary) होती है, लेकिन आरोपित स्थिति भी दो प्रकार की होती है– एक तो वह जिस पर व्यक्ति का कोई नियन्त्रण नहीं होता और दूसरा वह जिस पर व्यक्ति का थोड़ा नियन्त्रण होता है। जाति-व्यवस्था के अन्तर्गत जो सामाजिक स्थिति किसी व्यक्ति को प्राप्त होती है उसमें व्यक्ति की अपनी कोई भूमिका नहीं होती है। व्यक्ति जन्म से उच्चवर्ग या निम्न जाति का होता है। यह शुद्ध रूप से अनैच्छिक सामाजिक स्थिति है। दूसरी तरफ कुछ वैसी भी आरोपित सामाजिक स्थितियाँ होती हैं जिन्हें हम बदल सकते हैं, जैसे वैवाहिक स्थिति। कोई व्यक्ति अपनी इच्छा के अनुसार विवाह कर सकता है या कुँवारा रह सकता है। विवाह के माध्यम से भी आरोपित सामाजिक स्थिति में बदलाव आता है। कोई व्यक्ति निम्न श्रेणी में पैदा होकर उच्च श्रेणी की महिला से विवाह कर समाज में ऊँचा स्थान पा सकता है। ठीक इसके विपरीत वर्तमान समय में कोई ब्राह्मण, दलित या मुस्लिम लड़की से विवाह कर अपनी उच्च सामाजिक स्थिति को गँवा सकता है। आरोपित सामाजिक स्थिति का आधार मुख्य रूप से जैविक होता है। जाति, प्रजाति, उम्र, यौन जैसे निर्धारकों का आधार मुख्य रूप से सामाजिक है, हालाँकि विवाह का सम्बन्ध भी उम्र (इसका भी स्वरूप जैविक ही है) से ही जुड़ा हुआ है।

अर्जित सामाजिक स्थिति के अन्तर्गत समाज की इच्छाएँ कम काम करती हैं और व्यक्ति की अपनी इच्छाएँ प्रमुख होती हैं। व्यक्ति अपनी योग्यता के आधार पर स्थिति अर्जित करता है। अर्जित सामाजिक स्थिति में परिवर्तन आसानी से आता है। कोई भी व्यक्ति बहुत आसानी से समाज में एक स्तर से दूसरे स्तर में आ-जा सकता है। यह सही है कि गतिशीलता सामाजिक संरचना के ऊपर भी निर्भर करती है, लेकिन आरोपित सामाजिक स्थिति की तुलना में अर्जित सामाजिक स्थिति में बदलाव कुछ ज़्यादा ही आसान है। मोटे तौर पर हम यह भी कह सकते हैं कि आरोपित सामाजिक स्थिति अनैच्छिक (Non-voluntary) होती है, तो अर्जित सामाजिक स्थिति ऐच्छिक (Voluntary) होती है।

खुला समाज (Open Society) के अन्तर्गत अर्जित सामाजिक स्थिति की प्रधानता होती है, तो **बन्द समाज (Closed Society)** के अन्तर्गत आरोपित सामाजिक स्थिति की प्रधानता होती है। प्राचीन एवं मध्यकालीन भारतीय समाज में आरोपित सामाजिक स्थिति की प्रधानता थी, क्योंकि उस समय का समाज सापेक्ष रूप से काफी बन्द था। लेकिन आधुनिक भारतीय समाज में खुलापन बढ़ने से आरोपित और अर्जित सामाजिक स्थिति समान रूप से महत्त्वपूर्ण है। लेकिन समय बीतने के साथ-साथ, विशेषकर शहरों में, अर्जित सामाजिक स्थिति की प्रधानता काफी तेजी से बढ़ती जा रही है।

समाज में अर्जित या आरोपित सामाजिक स्थिति का होना कभी-कभी इस बात पर भी निर्भर करता है कि वहाँ शासन-तन्त्र किस प्रकार का है। तानाशाही राज्य के अन्तर्गत आरोपित सामाजिक स्थिति की प्रधानता होती है, क्योंकि राज्य का व्यक्ति और समाज दोनों पर काफी नियन्त्रण होता है। इसके प्रतिकूल प्रजातान्त्रिक व्यवस्था के अन्तर्गत अर्जित सामाजिक स्थिति की प्रधानता होती है, क्योंकि हर व्यक्ति को जीवन में आगे बढ़ने की पूरी आज़ादी होती है। लेकिन कोई भी समाज पूरी तरह न तो आरोपित सामाजिक स्थिति और न ही पूरी तरह अर्जित सामाजिक स्थिति में विश्वास करता है। दोनों प्रकार की सामाजिक स्थिति विश्व के हर समाज में देखने को मिलती है। फ़र्क सिर्फ इतना ही है कि कभी किसी समाज में अर्जित स्थिति की प्रधानता होती है, तो किसी अन्य समाज में आरोपित सामाजिक स्थिति की प्रधानता होती है।

किसी भी समाज में तमाम सामाजिक स्थितियाँ समान रूप से समान महत्त्व की नहीं होती हैं। प्रत्येक समाज में कोई स्थिति ज़्यादा तो कोई कम महत्त्वपूर्ण होती है। यह इस बात पर भी निर्भर करता है कि समाज किसी स्थिति को किस रूप में देखता है। इसी तथ्य को ध्यान में रखकर ई.टी. हीलर (E.T. Hiller) ने **मूल स्थिति (Key Status)** की अवधारणा दी है। उन्होंने बताया है कि अमरीकी समाज में पेशा (Occupation) को मूल स्थिति (Key Status) माना जाता है। इसी आधार पर हम कहते हैं कि प्राचीन एवं मध्यकालीन भारत में जाति प्रथा एक प्रकार की मूल स्थिति (Key Status) थी। जिस प्रकार मूल स्थिति भिन्न-भिन्न समाजों में भिन्न-भिन्न होती है, वैसे ही एक ही समाज में भिन्न कालों में मूल स्थिति अलग-अलग हुआ करती है, अर्थात् समय एवं परिस्थिति के अनुसार मूल स्थिति में परिवर्तन आता रहता है, जैसे– भारत में ही अंग्रेजी शासन-काल में भूसम्पत्ति के आधार पर व्यक्तियों की सामाजिक स्थिति का निर्धारण होता था तो आज उसकी जगह नौकरी ने ले ली है।

समाज में स्थिति का निर्धारण कैसे होता है, इस बात की विस्तार से चर्चा सामाजिक स्तरण के अध्याय में की गयी है। इसलिए यहाँ इसकी पुनरावृत्ति की कोई आवश्यकता नहीं है।

कतिपय सम्बन्धित अवधारणाएँ (Some Relevant Concepts)

स्थिति से सम्बन्धित बहुत सारी अवधारणाएँ प्रचलन में हैं। समाजशास्त्रीय साहित्य को ठीक से समझने के लिए हमें इन अवधारणाओं को जानना चाहिए। यहाँ कुछ प्रमुख अवधारणाओं को संक्षेप में स्पष्ट करने का प्रयास कर रहे हैं।

1. औपचारिक एवं अनौपचारिक स्थिति (Formal and Informal Status)— जो स्थिति किसी व्यक्ति को किसी औपचारिक व्यवस्था के अन्तर्गत प्राप्त होती है, वह औपचारिक स्थिति कही जाती है, जैसे– सचिव, मन्त्री,

प्राचार्य, कार्यपालक अभियन्ता, प्रोफेसर आदि ऐसे अनगिनत पद आधुनिक समाज में हैं जिन पर विभिन्न लोग काम कर रहे हैं। औपचारिक स्थिति के ठीक विपरीत **अनौपचारिक स्थिति (Informal Status)** भी हो सकती है, जैसे– किसी व्यक्ति की स्थिति पिता, भाई, दोस्त या किसी अन्य प्रकार के सम्बन्धी के रूप में हो सकती है। ऐसे पद जिसे समाज ने अपनी मान्यताओं, आदर्शों, प्रथाओं एवं नियम-कानूनों को ध्यान में रखकर सृजित किया है, वे तमाम पद अनौपचारिक स्थिति कहे जाते हैं।

बहुत-सी औपचारिक व्यवस्था के अन्तर्गत कुछ पद ऐसे भी होते हैं, जो श्रेणीक्रम के हिसाब से छोटे होते हैं, लेकिन उस पद की कुछ अपनी खासियत होती है, जिसके चलते उस पद पर काम करने वाले व्यक्तियों को कुछ विशेष ही प्रतिष्ठा प्राप्त होती है। जैसे– मन्त्री के निजी सचिव का पद एक मध्यम दर्जे का पद है, लेकिन वे अपने विभाग के बड़े-बड़े अधिकारियों से भी अधिक अधिकार का इस्तेमाल करते हैं। समाज में बहुत-से लोग मन्त्री के बाद उन्हें ही प्रमुख व्यक्ति के रूप में देखते हैं। अनौपचारिक स्थिति का दूसरा अर्थ ऐसी स्थिति से है, जो व्यक्तियों को समाज से प्राप्त होता है। जैसे– ग्रामीण क्षेत्रों में साधु एवं फकीर को प्राप्त होती है या जो स्थिति परिवार में माता-पिता को प्राप्त होती है।

2. प्रकार्यात्मक स्थिति (Functional Status)— बहुत सारे औपचारिक संगठनों के अन्तर्गत कुछ ऐसे भी पद हैं, जो अपने प्रकार्यों के लिए विशेष रूप से जाने जाते हैं। प्रतिष्ठा या अधिकार के स्तर पर वह पद छोटा होता है, लेकिन प्रकार्य की दृष्टि से उसका महत्त्व समाज में काफी अधिक होता है। जैसे– पुलिस विभाग में दारोगा का पद एक साधारण पद है, लेकिन समाज उसे बहुत सारे पदों की तुलना में ऊपर रखता है। सम्भव है कुछ लोग महाविद्यालय के शिक्षक से दारोगा के पद को ज़्यादा महत्त्वपूर्ण मानते हैं। उसी तरह कार्यपालक अभियन्ता और अधीक्षण अभियन्ता की तुलना में विश्वविद्यालय के प्रोफेसर का पद काफी ऊँचा है, लेकिन आर्थिक लाभ की दृष्टि से कार्यपालक अभियन्ता के ऐसे पद को प्रोफेसर की तुलना में ऊँचा स्थान प्राप्त है।

3. सोपानवत स्थिति (Scalar Status)— जब हम सामाजिक स्थितियों को श्रेणीबद्ध तरीके से देखने की कोशिश करते हैं तो उसे सोपानवत स्थिति कहा जाता है। बहुत सारे औपचारिक संगठनों के अन्तर्गत व्यक्तियों को वरीयता और श्रेष्ठता के आधार पर श्रेणीबद्ध किया जाता है। स्थिति की इस संरचना को सोपानवत स्थिति के नाम से जाना जाता है। सोपानवत स्थिति आधुनिक समाज में औपचारिक व्यवस्था की प्रमुख विशेषता है।

4. मूल स्थिति (Key Status)— किसी भी समाज में तमाम सामाजिक स्थितियाँ समान रूप से समान महत्त्व की नहीं होती हैं। प्रत्येक समाज में कोई स्थिति ज़्यादा, तो कोई स्थिति कम महत्त्वपूर्ण होती है। यह इस बात पर निर्भर करता है कि समाज किसी स्थिति को किस रूप में देखता है। इसी तथ्य को ध्यान में रखकर ई.टी. हीलर (E. Theodore Hiller, 1883–1996) ने मूल स्थिति की अवधारणा को स्पष्ट करते हुए बताया है कि अमरीकी समाज में पेशा (**Occupation**) को मूल स्थिति माना जाता है। इसी आधार पर हम कहते हैं कि प्राचीन एवं मध्यकालीन भारत में हिन्दुओं के बीच जातिप्रथा एक प्रकार की मूल स्थिति थी। हीलर के अनुसार मुख्य स्थिति किसी व्यक्ति की अनेक स्थितियों में से वह स्थिति है:

1. जिस रूप में वह व्यक्ति अपना परिचय देता है, 2. जो उसकी दूसरी स्थितियों से अधिक महत्त्वपूर्ण है, 3. जिस स्थिति के आधार पर अधिक लोग उसका सम्बोधन करते हैं, या 4. उसकी अनेक स्थितियों में से जिसकी चर्चा अधिक होती है, जैसे– विधायकजी, प्राचार्यजी, डॉक्टर साहब इत्यादि।

मूल स्थिति एक व्यक्ति की विशिष्ट विशेषता है, जिसकी चर्चा वह स्वयं भी पसन्द करता है एवं दूसरे भी उसी से सम्बोधन करते हैं। यह उस व्यक्ति के सम्पूर्ण व्यक्तित्व का एक अंश होता है।

5. प्रमुख स्थिति (Master Status)— समाज में एक व्यक्ति की एक से अधिक स्थितियाँ हो सकती हैं और उनमें से एक स्थिति ऐसी होती है, जो व्यक्ति-विशेष के लिए सबसे अधिक महत्त्वपूर्ण होती है। एक व्यक्ति की प्रमुख स्थिति से तात्पर्य ऐसी पद-स्थिति से है, जो अधिकांश या सभी सामाजिक स्थितियों में अन्य सभी स्थितियों से

सर्वोपरि, महत्त्वपूर्ण और प्रभुत्वशाली होती है। जहाँ पश्चिमी समाजों में व्यवसाय, लिंग और प्रजाति को प्रमुख स्थितियों के रूप में स्वीकार किया गया है, वहाँ भारत में पारम्परिक जाति को एक व्यक्ति की प्रमुख स्थिति माना जाता रहा है, चूँकि स्थिति का निर्धारण व्यक्तिगत उपलब्धि के आधार पर न होकर, सामाजिक आधार पर होता है । अत: किसी सामाजिक अन्तर्क्रिया विशेष के दौरान व्यक्ति का अपनी प्रमुख स्थिति पर कोई नियन्त्रण नहीं होता है ।

इस अवधारणा को अमरीकी समाजशास्त्री एवरेट ह्यूज (Everett Hughes) ने अमरीका के नीग्रो बच्चों का अध्ययन करके दिया। एक नीग्रो कुछ भी कर ले उसकी पहचान काले व्यक्ति के रूप में कभी खत्म नहीं होती। उसकी पहचान आमतौर पर उसी रूप में होती है। अमरीकी समाजशास्त्री हावर्ड बेकर ने इस अवधारणा के आधार पर विसामान्यता का लेबलिंग सिद्धान्त (Labelling Theory) दिया है। उन्होंने कहा कि बच्चों को जिन अपराधसूचक शब्दों से बुलाया जाता है, यदि वे उनके मास्टर स्टेट्स को प्रभावित कर देते हैं, यानी एक स्थायी लेबल बन जाते हैं, तब उनके अपराधी बनने की सम्भावना अधिक होती है। समाजशास्त्री इरविंग गॉफ़मैन (Erving Goffman, 1922–1982) ने भी विसामान्यता का लेबिल सिद्धान्त को स्वीकार किया है। गॉफ़मैन ने कहा कि जब कोई अपराधसूचक शब्द किसी बच्चे के मास्टर स्टेट्स से चिपक जाता है, तब उसके अपराधी बनने की सम्भावना अधिक हो जाती है।

6. स्थिति संशय (Status Confusion)— स्थिति संशय का अर्थ है कि कोई नयी स्थिति ग्रहण करने के कारण व्यक्ति को नये कार्य करने में संशय का अनुभव होना। उदाहरण के लिए, प्रोन्नति से जो पदाधिकारी मजिस्ट्रेट बनते हैं, उन्हें गोली चलाने का हुक्म देने में प्रारम्भ में बहुत कठिनाई होती है। इसके विपरीत प्रत्यक्ष बहाली वाले मजिस्ट्रेट तत्काल गोली चलाने का आदेश देते हैं। यह अवधारणा इंग्लैण्ड के समाजशास्त्री डेविड लॉकउड (David Lockwood) ने इंग्लैण्ड में क्लर्कों के अध्ययन के संदर्भ में दिया गया। उन्होंने इस सम्बन्ध में एक पुस्तक **The Blackcoated Worker** (1958) लिखी, जिसमें स्थिति संशय की काफी चर्चा की गयी है।

7. स्थिति एकीकरण (Status Integration)— जी.पी. गिब्स और डब्ल्यू.टी. मार्टिन (G.P. Gibbs and W.T. Martin) ने कहा कि जो व्यक्ति जिस स्थिति का है उसकी मित्रता, उसके वैवाहिक सम्बन्ध, उसके सम्पर्क जैसी ही स्थिति के लोगों के साथ होती है। इसे ही स्थिति एकीकरण की संज्ञा दी जाती है। यह अवधारणा स्थिति संगति **(Status Consistency)** से मिलती-जुलती है। वास्तव में ऐसी प्रक्रिया सभी समाजों में कमोवेश चलती रहती है।

8. प्रतिष्ठा-प्रतीक (Status Symbol)— ऐसी वस्तुएँ और व्यवहार जो आज के उपभोक्तावादी समाज में ऊँची हैसियत और सम्पन्नता के प्रतीक समझे जाते हैं, जैसे कि बंगला, गाड़ी, टेलीविजन, वीडियो रिकार्डर, कम्प्यूटर, नौकर-चाकर, बड़ी-बड़ी पार्टियों का आयोजन आदि। जो लोग इन वस्तुओं का जितना अधिक प्रदर्शन करते हैं, लोगों की नज़रों में उनकी प्रतिष्ठा उतनी ही उच्च मानी जाती है।

अमरीकी अर्थशास्त्री व समाजशास्त्री टी. वेबलन (T. Veblen) ने इसे निरर्थक खर्च अथवा दिखावे का खर्च (Conspicuous Consumption) कहा है, जिससे दूसरों को महसूस कराया जाता है कि वह बड़ा आदमी है। आर.के. मर्टन ने कहा कि ऐसी चीजों का अप्रकट प्रकार्य होता है, क्योंकि दूसरे लोग भी ऐसी चीजों का प्रदर्शन करना चाहते हैं, जिसके लिए वे अधिक परिश्रम करते हैं एवं समाज में आगे बढ़ना चाहते हैं। उनके द्वारा किया गया यह परिश्रम समाज के हित में होता है। इसलिए, मर्टन ने इसे अप्रत्यक्ष प्रकार्य (Latent Function) कहा है।

9. स्थिति सम्बन्ध (Status Relation)— यह अवधारणा अमरीकी मानवशास्त्री रॉबर्ट रेडफील्ड (Robert Redfield, 1897–1958) का है। इसका अर्थ है कि समान स्थिति के व्यक्तियों अथवा समूहों के बीच एक-दूसरे से सामाजिक सम्पर्क और सामाजिक सम्बन्ध स्थापित किया जाता है। जी. लेन्सकी (Gerhard Lenski) के द्वारा प्रस्तुत स्थिति ध्रुवीकरण की अवधारणा भी कुछ इसी प्रकार की अवधारणा है।

10. सामाजिक स्थिति (Social Standing)— ब्रिटेन के विद्वान टी.एच. मार्शल (T.H. Marshall) ने कहा कि "प्रत्येक व्यक्ति की एक समूह में सामाजिक स्थिति होती है, इसे ही उसकी सोशल स्टैंडिंग कहते हैं।" वास्तव में मार्शल सामाजिक नीति और सामाजिक न्याय की चर्चा करते रहे हैं। इसी सन्दर्भ में उन्होंने कहा कि राज्य की नीतियाँ

ऐसी होनी चाहिए कि जिनसे आम लोगों की सामाजिक स्थिति ऊँची हो सके। द्वितीय विश्वयुद्ध के बाद इंग्लैण्ड में अनेक विद्वान समाज के कमजोर वर्गों की स्थिति को सुधारना चाहते थे, इसलिए यह अवधारणा इंग्लैण्ड में प्रचलित हो गयी कि आम आदमी की सोशल स्टैंडिंग बहुत ही नीची है। राज्य के हस्तक्षेप से सामाजिक स्थिति को बेहतर बनाने की आवश्यकता पर बहुत लोगों ने बल दिया।

भूमिका (Role)

भूमिका की अवधारणा मानवशास्त्री रैल्फ लिंटन (Ralph Linton) ने 1936 में दी थी। इस शब्द का प्रयोग उन्होंने व्यक्तियों द्वारा प्रतिपादित विभिन्न कार्यों के लिए किया था। उन्होंने बताया है कि प्रत्येक व्यक्ति का समाज में एक अपना अलग स्थान या पद होता है और उस पद के अनुरूप जो वह कार्य करता है, उसे ही भूमिका या फ़र्ज़ कहा जाता है, जैसे– कोई व्यक्ति परिवार के अन्तर्गत किसी का भाई है, तो किसी का पिता भी। वह व्यक्ति जो भाई या पिता के रूप में परिवार में काम करता है वही उसकी भूमिका हुई। यहाँ यह अर्थ नहीं निकाला जाना चाहिए कि प्रत्येक कार्य निश्चित रूप से भूमिका ही है। कौन-सा कार्य भूमिका है और कौन नहीं, इस तथ्य का स्पष्टीकरण आगे किया जायेगा। लिंटन ने भूमिका को स्थिति का एक गत्यात्मक पहलू (Dynamic Aspect) बताया है। फ़र्ज़ एवं हैसियत एक ही सिक्के के दो पहलू की तरह हैं। दोनों एक-दूसरे से इस तरह जुड़े हैं कि वे एक-दूसरे से स्वतन्त्र नहीं हो सकते हैं तथा दोनों एक-दूसरे को समानरूप से प्रभावित करते रहते हैं।

भूमिका हैसियत का व्यावहारिक पहलू माना जाता है। किसी पद के अनुरूप जो व्यक्ति व्यवहार करता है उसे ही भूमिका कहा जाता है। इसे एक उदाहरण द्वारा बहुत ही आसानी से स्पष्ट किया जा सकता है। डॉ. राजेन्द्र प्रसाद भारत के प्रथम राष्ट्रपति थे। उनका राष्ट्रपति का पद उनका Status था और उन्होंने राष्ट्रपति के रूप में जो काम किया वह उनकी भूमिका थी। किसी व्यक्ति का विश्वविद्यालय में प्रोफेसर होना उसका Status कहा जायेगा और वे व्यक्ति जो प्रोफेसर के हैसियत से पढ़ा रहे हैं या परीक्षक का कार्य कर रहे हैं, वह उनकी भूमिका हुई।

जैसा कि ऊपर कहा जा चुका है कि व्यक्तियों के द्वारा जितने भी प्रकार के कार्य किये जाते हैं तमाम भूमिका की श्रेणी में नहीं रखे जा सकते हैं। चोरी-डकैती करना एक प्रकार का कार्य है, भूमिका नहीं। भोजन करना भूमिका नहीं है, यह एक सामान्य कार्य है। हम उसी कार्य को भूमिका मानते हैं, जो कोई व्यक्ति सामाजिक नियम-कानूनों एवं आदर्शों की अपेक्षा को ध्यान में रखकर करता है। माता-पिता के द्वारा बच्चों को प्यार करना एक सामाजिक भूमिका है, लेकिन अपने माता-पिता का अपमान करना भूमिका नहीं है। दूसरी तरफ अपने हक़ के लिए झगड़ा या संघर्ष करना एक प्रकार की भूमिका है, क्योंकि सामाजिक मान्यताएँ यह कहती हैं कि हमें अपने हक़ के लिए विरोध या संघर्ष करना चाहिए।

भूमिका को ब्रूम एवं सेल्सनिक (Broom and Selznick, 1970: 18) ने इस ढंग से परिभाषित किया है– "इसे व्यवहार के ऐसे प्रतिमान के रूप में परिभाषित किया जा सकता है, जो विशिष्ट सामाजिक पद से जुड़ा होता है।" (It may be defined as pattern of behavior associated with a distinctive social position.) इससे यह स्पष्ट होता है कि भूमिका व्यक्तियों के व्यवहार की एक प्रणाली का नाम है। कोई व्यक्ति पिता, शिक्षक, ग्राहक या समाज-सुधारक के रूप में जो व्यवहार करता है वही उसकी भूमिका कही जाती है। भूमिकाओं के दो रूप हो सकते हैं– **आदर्शकृत भूमिका (Ideal Role)** एवं **वास्तविक भूमिका (Actual Role)**। आदर्शकृत भूमिका वह है, जो समाज के द्वारा किसी व्यक्ति से अपेक्षित है, जैसे– समाज यह अपेक्षा करता है कि लोग अपने माता-पिता के साथ अच्छा व्यवहार करें। उसी प्रकार समाज यह भी अपेक्षा करता है कि विद्यार्थी शिक्षकों के साथ अच्छा व्यवहार करें।

वास्तविक भूमिका वह है, जो किसी विशेष परिस्थितिवश व्यक्ति अपनी इच्छाओं के अनुसार व्यवहार करता है। वास्तविक भूमिका का सम्बन्ध सामाजिक वातावरण एवं कर्त्ता के व्यक्तित्व से है। जिस व्यक्ति का जैसा व्यक्तित्व

होगा वह वैसा ही व्यवहार करेगा। जैसे– छुआछूत की भावना से दूर हटकर व्यवहार करना आदर्शकृत भूमिका है, तो आपसी व्यवहार में छुआछूत बरतना या जातिवादी होना वास्तविक भूमिका है। लेकिन कभी-कभी वास्तविक एवं आदर्श व्यवहार में अन्तर बतलाना काफी कठिन हो जाता है, जैसे– किसी औपचारिक व्यवस्था के अन्तर्गत विभिन्न सदस्यों की भूमिका लगभग एक ही प्रकार की होती है। तमाम विद्यार्थी महाविद्यालय में अपने शिक्षकों एवं प्राचार्य से एक ही प्रकार का अनुशासित व्यवहार करते हैं। यहाँ आदर्शकृत भूमिका एवं वास्तविक भूमिका में कोई दूरी दिखाई नहीं पड़ती है।

भूमिका की अवधारणा को एक तुलनात्मक परिप्रेक्ष्य में समझने की चेष्टा की जानी चाहिए। किसी व्यक्ति की भूमिका कभी भी अपने-आप में सम्पूर्ण नहीं होती है। भूमिका को तुलनात्मक ढंग से दो स्तरों पर समझा जा सकता है। किसी व्यक्ति की भूमिका को हम समान स्थिति वाले व्यक्ति की भूमिका से तुलना कर समझ सकते हैं या उस व्यक्ति विशेष की अपनी स्थिति (Status) को ध्यान में रखकर भी समझ सकते हैं। वे दोनों पहलू महत्त्वपूर्ण हैं, क्योंकि किसी भूमिका को हम मात्र दूसरे व्यक्ति की भूमिका के सन्दर्भ में ठीक से नहीं समझ सकते हैं। उसे समझने के लिए हमें उस व्यक्ति की स्थिति को भी ध्यान में रखना होगा, जो भूमिका का निर्वहन कर रहा है। उदाहरणस्वरूप– किसी मुख्यमन्त्री की भूमिका को हम मात्र दूसरे मुख्यमन्त्री की भूमिका के सन्दर्भ में ही नहीं समझते, बल्कि उस मुख्यमन्त्री की अपनी स्थिति के सन्दर्भ में भी समझने का प्रयास करते हैं।

भूमिका के साथ एक महत्त्वपूर्ण बात यह भी है कि यह एक **सम्बन्धात्मक शब्द (Relational Term)** है, अर्थात् जब भी कोई व्यक्ति किसी भी रूप में अपनी भूमिका को निभाता है, तो वह दूसरे की भूमिका को ध्यान में रखकर ही ऐसा करता है। एक ही भूमिका दूसरे व्यक्ति की भूमिका से जुड़ी होती है, जैसे– डाक्टर की भूमिका का सम्बन्ध रोगी की भूमिका से है। यदि किसी व्यक्ति को कोई रोग नहीं है, तो उस व्यक्ति के सन्दर्भ में डाक्टर की कोई भूमिका ही नहीं होती है। इसलिए भूमिका के साथ हमेशा **भूमिका ग्रहण (Role Taking)** की बात होती है। भूमिका ग्रहण के अभाव में सामाजिक अन्त:करण की कल्पना नहीं की जा सकती है। जैसा कि जी.एच. मीड (G.H. Mead) ने कहा है कि भूमिका ग्रहण की प्रक्रिया से ही समाजीकरण सम्भव हो पाता है।

भूमिका के ऊपर न्यूकॉम (T.H. Newcomb, 1942) एवं माइकल बैण्टन (Michael Banton, 1965) ने बहुत ही महत्त्वपूर्ण योगदान दिया है। न्यूकॉम ने बताया है कि व्यवहार दो प्रकार के होते हैं– **अपेक्षित एवं वास्तविक व्यवहार (Expected** and **Actual Behaviour)**। उन्होंने बताया है कि भूमिका का सम्बन्ध साधारणतया अपेक्षित व्यवहार से होता है, लेकिन मनुष्य हमेशा सामाजिक अपेक्षाओं के अनुसार ही व्यवहार नहीं करता। लोग परिस्थिति विशेष को ध्यान में रखकर भी कभी-कभी कुछ कार्य करते हैं। इस प्रकार भूमिकाएँ भी **अपेक्षित** एवं **वास्तविक (Expected** and **Actual)** हो सकती हैं।

बैण्टन का कहना है कि भूमिकाओं का सम्बन्ध सामाजिक मानदण्ड और अपेक्षाओं के अनुरूप ही होता है। व्यक्ति अपनी इच्छा के मुताबिक हमेशा व्यवहार करने के लिए स्वतन्त्र नहीं होता। यदि ऐसा हो तो वह सामाजिक व्यवस्था की स्थिरता या अनवरतता के लिए ख़तरनाक साबित होगा। समाज में हर जगह हिंसा, तनाव और अशान्ति की स्थिति उत्पन्न हो जायेगी।

भूमिका का वर्गीकरण (Classification of Role)

लिण्टन का कहना है कि सामाजिक स्थिति की तरह भूमिका भी दो प्रकार की होती है– **आरोपित** एवं **अर्जित भूमिका (Ascriptive and Achieved Role)**। जो भूमिकाएँ हमें स्वाभाविक रूप से समाज के सदस्य होने के नाते निभानी पड़ती है वे आरोपित भूमिकाएँ कही जाती हैं। जैसे– किसी व्यक्ति को जो भूमिका भाई या पिता के रूप में, देश के नागरिक के रूप में या एक नवयुवक के रूप में निभानी पड़ती हैं, वे आरोपित भूमिकाएँ कही जाती हैं। इसके विपरीत

जो भूमिकाएँ हम अपनी योग्यता या मेहनत से किसी स्थिति के चलते निभाते हैं, वे अर्जित भूमिकाएँ कही जाती हैं। जो भूमिका कोई व्यक्ति डाक्टर, मन्त्री, प्रोफेसर या जज की हैसियत से निभाता है, उसे अर्जित भूमिका कहा जायेगा।

एस.एफ. नाडेल (S.F. Nadel, 1957) ने लिंटन के वर्गीकरण को स्वीकार करते हुए दोनों प्रकार की भूमिकाओं को दो भागों में बाँटा है– **सम्बन्धात्मक भूमिका (Relational Role)** एवं **ग़ैर-सम्बन्धात्मक भूमिका (Non-relational Role)**। सम्बन्धात्मक भूमिका हमेशा **पूरक भूमिका (Complementary Role)** से जुड़ी होती है। जैसे– किसी व्यक्ति की पति के रूप में भूमिका तभी सम्भव है जब उसकी कोई पत्नी हो, शिक्षकों की भूमिका तभी सम्भव है जब कोई विद्यार्थी हो। समाज में बहुत-सी ऐसी भूमिकाएँ हैं, जो किसी अन्य भूमिका की पूरक भूमिका की तरह होती हैं। एक की भूमिका दूसरे की भूमिका से जुड़ी होती है। इसके विपरीत कुछ ऐसी भी भूमिकाएँ होती हैं, जिनमें पूरक भूमिकाओं की आवश्यकता नहीं होती है। जैसे– एक फकीर, साधु, कवि या विद्वान की भूमिका किसी अन्य भूमिका के सन्दर्भ में नहीं निभायी जाती है, वे स्वतन्त्र भूमिकाएँ हैं। इन्हें ही ग़ैर-सम्बन्धात्मक भूमिका के नाम से जाना जाता है।

बैण्टन (Michael Banton, 1965) ने भूमिका को तीन भागों में बाँटा है, जो इस प्रकार हैं– **बुनियादी भूमिका (Basic Role), सामान्य भूमिका (General Role)** एवं **स्वतन्त्र भूमिका (Independent Role)**। उन्होंने भूमिकाओं को एक **अविच्छिन्नता (निरन्तरता) पैमाना (Continuum Scale)** पर देखने का प्रयास किया है। उन्होंने बताया है कि आदिम समाज के अन्तर्गत एक भूमिका को दूसरी भूमिका से अलग करना काफी कठिन काम है। विभिन्न प्रकार की भूमिकाएँ इस प्रकार से एक-दूसरे से अन्त:सम्बन्धित और आश्रित होती हैं कि ऐसे समाज में बुनियादी भूमिका की प्रधानता होती है। एक ही भूमिका को एक साथ कई लोग निभाते हैं और उनके बीच कोई भूमिका द्वन्द्व भी नहीं होता है। उस समाज में भूमिका का बँटबारा सामान्यतया उम्र या यौन-भेद पर आधारित होता है, लेकिन जैसे-जैसे समाज विकसित होता है विभिन्न भूमिकाएँ एक-दूसरे से अलग होती जाती हैं। आधुनिक समाज में भूमिकाओं का स्वरूप इस रूप में बदल जाता है कि विभिन्न भूमिकाओं के बीच अन्त:निर्भरता कम हो जाती है। चूँकि लोग स्वतन्त्र जीवन ज़्यादा पसन्द करते हैं, इसलिए इस एकान्तवास की स्थिति में स्वतन्त्र भूमिकाओं की प्रधानता होती है। विभिन्न प्रकार के व्यवसायों और सेवाओं के लिए अलग-अलग लोग होते हैं और हर व्यक्ति की अपनी कुछ निश्चित भूमिकाएँ होती हैं। संक्षेप में यही कहा जा सकता है कि आदिम समाज में बुनियादी भूमिका की प्रधानता होती है, तो आधुनिक समाज में स्वतन्त्र भूमिका की। विकास के साथ समाज बुनियादी भूमिका से स्वतन्त्र भूमिका की ओर बढ़ता है। सामान्य भूमिका दोनों के बीच की स्थिति है।

सौथाल (A. Southall, 1959) ने भूमिका का अन्य दूसरे प्रकार का वर्गीकरण दिया है। उन्होंने भूमिका के वर्गीकरण का आधार जीवन के विभिन्न कार्यक्षेत्र को माना है। जैसे कुछ भूमिकाएँ आर्थिक होती हैं, तो कुछ राजनीतिक, तो कुछ धर्म से जुड़ी होती हैं और तो कुछ मनोरंजन से। जीवन के विभिन्न कार्यक्षेत्रों को ध्यान में रखकर उन्होंने पांच प्रकार की भूमिका क्षेत्र की चर्चा की है– बंधुत्व (Kinship), आर्थिक (Economic), राजनीतिक (Political), धार्मिक (Religious) एवं मनोरंजनात्मक (Recreational)।

भूमिका का वर्गीकरण अनेक प्रकार से होता है। यहाँ भूमिका के सभी प्रकारों की चर्चा किया जाना सम्भव नहीं है। भूमिका के कुछ प्रचलित प्रकारों तक ही हम अपने-आपको सीमित रख रहे हैं।

पार्सन्स (T. Parsons) की भूमिका सम्बन्धी अवधारणाएँ

रोगी भूमिका (Sick Role)— पार्सन्स ने पश्चिम के देशों और विशेष रूप से संयुक्त राज्य अमरीका का अवलोकन करके कहा है कि ऐसे व्यक्ति जो बीमार हो जाते हैं, उन्हें अस्पताल में भर्ती कर दिया जाता है एवं वे आन समाज से कट जाते हैं। यह भूमिका रोगी भूमिका है। उस बीमार को फिर सामान्य जीवन में आने के लिए कुछ समय लगता है। इसके विपरीत भारत में जब कोई व्यक्ति बीमार पड़ता है, तब वह चाहता है कि लोग उसके आस-पास बैठे रहें।

वह रोगी इस बात को बहुत बारीकी से याद रखता है कि कौन मिलने आये और कौन नहीं आये। जो लोग नहीं आते हैं स्वस्थ्य होने के बाद वह उनसे हिसाब-किताब करता है या करती है। वास्तव में भारत में रोग के संक्रमण के प्रति सही चेतना नहीं है।

भूमिका विलय (Role Merger)— पार्सन्स ने कहा कि जब एक व्यक्ति एक ही समय में अपनी दो या उससे अधिक भूमिकाओं को एक साथ मिला देता है और उनका निर्वाह करता है, तब वह भूमिका विलय कहलाता है। जैसे– एक शिक्षक दूसरों बच्चों को ट्यूशन देते समय अपने बेटे को भी साथ में बैठा लेता है, तब वह शिक्षक और पिता की भूमिका में एक साथ हो जाता है। यही है भूमिका विलय।

भूमिका विचलन (Role Deviance)— पार्सन्स ने कहा कि जब किसी व्यक्ति की भूमिका ऐसी होती है, जो नियम के विरुद्ध हो अथवा यह भी कि जो उस भूमिका के कर्तव्य हैं, उनको न निभाकर वह नियम के विरुद्ध भूमिका निभाये अथवा उस भूमिका को न निभाये, तब यह भूमिका विचलन है। उदाहरण के लिए, यदि कोई व्यक्ति विवाह के बाद साधु बन जाता है या कोई व्यक्ति कार्यालय न जाकर जुए के अड्डे पर चला जाता है, तो यह भूमिका विचलन कहा जायेगा।

भूमिका संवर्द्धन (Role Enforcement)— यह अवधारणा पार्सन्स ने इस सन्दर्भ में दी कि जब एक भूमिका को निभाने से दूसरी भूमिका मज़बूत हो जाती है, तब इसे भूमिका संवर्द्धन कहते हैं। अच्छे स्कूल में पढ़ने से एक बच्चा अपनी अन्य भूमिकाओं को निभाने में पारंगत हो जाता है। अनेक व्यक्ति अपने बच्चों को उच्च स्तरीय विद्यालयों में पढ़ाना चाहते हैं, क्योंकि इससे उन्हें नौकरी मिलने में आसानी होती तथा वह एक जिम्मेवार नागरिक बनता है।

प्रति-भूमिका (Counter Role)— एक ऐसी भूमिका, जो किसी अन्य भूमिका की पूरक हो, अर्थात् जिस भूमिका द्वारा अन्तर्क्रिया का चक्र पूरा होता है, उसे प्रति-भूमिका कहते हैं। अध्यापक-शिष्य, माता-पिता व सन्तान, दुकानदार-ग्राहक, डॉक्टर-मरीज आदि प्रति-भूमिकाओं के ऐसे जोड़ों के उदाहरण हैं, जो एक-दूसरे की भूमिकाओं के सम्पादन में सहायता करते हैं। इनमें से एक के अभाव में दूसरी भूमिका का सम्पादन असम्भव हो जाता है।

रैल्फ लिण्टन (Ralph Linton) की भूमिका सम्बन्धी अवधारणाएँ

लिण्टन एक मानवशास्त्री थे। सांस्कृतिक मानवशास्त्र में उनका महत्त्वपूर्ण योगदान रहा है। सांस्कृतिक नियमों के सन्दर्भ में उन्होंने स्थिति और भूमिका की चर्चा की। लिंटन ने इसी सन्दर्भ में भूमिका सम्बन्धी कुछ अवधारणाओं की भी चर्चा की है। लिंटन ने ही सर्वप्रथम प्रदत्त स्थिति एवं अर्जित स्थिति की चर्चा की है।

लिण्टन के अनुसार एक व्यक्ति की ऐसी भूमिकाएँ जो लगभग एक ही जैसी हैं अथवा एक ही कार्य से जुड़ी हों, तब उन भूमिकाओं के कुल योग को **भूमिका-संरचना (Role Structure)** कहते हैं। प्रत्येक सामाजिक व्यवस्था में अनेक भूमिकाएँ होती हैं। इन भूमिकाओं के सम्मिलित रूप को भूमिका-संरचना कहते हैं। उदाहरणार्थ, एक परिवार की भूमिका-संरचना में पति-पत्नी, माता-पिता और सन्तान तथा सहोदरों के बीच सम्बन्धों के साथ-साथ नातेदारी के सदस्यों, जैसे– दादा-दादी, नाना-नानी, चाचा-चाची आदि के सम्बन्धों के सम्मिलित रूप को परिवार की भूमिका-संरचना कहा जाता है।

एस.एफ. नाडेल (Sigfried Frederic Nadel) की अवधारणाएँ

नाडेल ने सामाजिक संरचना के लिए भूमिका को महत्त्वपूर्ण कहा है। उन्होंने अनेक प्रकार की भूमिकाओं की चर्चा की है–

1. नियोजन भूमिका (Recruitment Role)— नाडेल ने कहा कि नियोजन की भूमिका में किसी व्यक्ति को कोई अधिक स्वतन्त्रता नहीं दी जाती है, क्योंकि नियोजन का आधार आयु, लिंग, जाति, धर्म आदि हो सकते हैं। ऐसी भूमिकाएँ प्रदत्त स्थिति के साथ जुड़ी रहती हैं। एक स्त्री को सामान्यत: मातृत्व की भूमिका निभानी होती है।

2. अर्जित भूमिका (Achieved Role)— नाडेल के अनुसार ऐसी भूमिका व्यक्ति की योग्यता और उसकी क्षमता पर निर्भर होती है। ऐसी भूमिकाओं में सेवा की भूमिका होती है, जैसे प्रबन्धक होना, डॉक्टर, नर्स इत्यादि होना। अर्जित भूमिकाओं में से ही अनेक भूमिकाएँ सम्बन्धों पर आधारित होती हैं। इनमें कुछ बहुत व्यवस्थित और एक-दूसरे से जुड़ी होती हैं, जैसे– दोस्ती एवं दुश्मनी की भूमिकाएँ। सम्बन्ध सूचक भूमिकाओं में असमानता की भूमिका है। ऐसी असमानता सत्ता अथवा शक्ति के वितरण से जुड़ी होती हैं। उदाहरण के लिए, मालिक और नौकर की भूमिकाएँ, शासक एवं शासित की भूमिकाएँ इत्यादि हो सकती हैं।

नाडेल ने अभिव्यक्ति की भूमिका (Expressive Role) की भी अवधारणा दी है। यह स्वतन्त्र भूमिका है, जो सृजनात्मक क्षमता पर निर्भर करती है, जैसे कोई संगीतकार, कलाकार इत्यादि।

1. भूमिका संकलन (Role Summation)— नाडेल के अनुसार जब एक ही साथ अनेक भूमिकाओं को एकजुट कर दिया जाता है, तब वह भूमिका संकलन है। जैसे– एक स्त्री भोजन बनाते समय बच्चों को पढ़ा सकती है, बुनाई भी कर सकती है, पति पर भी नज़र रखती है तथा संगीत भी सुना सकती है।

2. भूमिका जाल (Role Network)— नाडेल के अनुसार कुछ ऐसी भी भूमिकाएँ होती हैं, जो एक साथ जुड़ी होती हैं और जिनके चरित्र में कुछ समानता भी है, जैसे– वकील, जज, निबंधक आदि की भूमिकाएँ। इन भूमिकाओं की विशेषता यह है कि इन सबों में कानून की बात समान रूप से मौजूद है।

3. भूमिका आग्रह (Role Urge)— यह अवधारणा मनोवैज्ञानिक और समाजशास्त्री लारसन (Larson) ने दी है। जब कोई व्यक्ति एक भूमिका को इतना अधिक पसन्द करता है कि वह दूसरी भूमिका को निभा नहीं पाता है, तब भूमिका आग्रह की बात सामने आती है। ऐसी अवधारणाएँ अनेक हैं, जिनमें किसी भूमिका के प्रति आग्रह, रुचि और आकर्षण की बात निहित होती है। इस प्रकार की भूमिका की विशेषता यह है कि एक भूमिका से दूसरी भूमिका बाधित हो जाती है। जब एक पति अपनी पत्नी से इतना प्रेम करता है कि वह बार-बार कार्य-स्थल से छुट्टी ले लेता है उसे अपने कार्य की चिन्ता कम होती है। यह भूमिका आग्रह का उदाहरण है। किसी संत या समाजसेवी व्यक्ति को किसी राजनीति दल का नेतृत्व सँभालने के लिए आग्रह करना, भूमिका आग्रह की श्रेणी में आता है।

4. भूमिका अक्षमता (Role Handicap)— अमरीकी मनोवैज्ञानिक एच.डी. कर्क (H.D. Kirk) ने अपनी पुस्तक (**Shared Fate: A Theory of Adoption and Mental Health**, 1964) में इसका प्रतिपादन किया है। इसका अर्थ है जब कोई व्यक्ति एक भूमिका के निर्वाह में अक्षम होता हैं अथवा जब उसे वह काम ठीक से ही नहीं आता है, फिर भी वह उस कार्य को करता है, तब उसे भूमिका अक्षमता कहा जाता है। जैसे किसी शिक्षक को पढ़ाना नहीं आता हो या किसी चिकित्सक को इलाज करना नहीं आता हो, तब यह भूमिका अक्षमता है। इस प्रकार के अनेक उदाहरण हो सकते हैं। भूमिका अक्षमता का विशेष अर्थ यह है कि एक व्यक्ति किसी एक भूमिका को निभाने में अक्षम होता है।

5. भूमिका पृथक्करण (Role Insulation)— इसका अर्थ यह है कि एक व्यक्ति, स्त्री अथवा पुरुष एक विशेष भूमिका के निर्वाह के लिए कुछ समय के लिए सामान्य समाज से अलग हो जाता है। उदाहरण के लिए, न्यूजीलैण्ड की मछली मारने वाली जनजाति माओरी में एक स्त्री प्रसव के समय एक दो स्त्रियों को लेकर जंगल में चली जाती है और प्रसव के बाद वापस लौट आती है। अन्य समाजों में भी पूजा के समय लोग अलग हो जाते हैं, जैसे हिन्दू समाज में स्त्री को मासिक धर्म के समय पुरुष से अलग कर दिया जाता है। भूमिका पृथक्करण की अवधारणा रेमण्ड फर्थ (Raymond Firth) ने तो नहीं दिया है, परन्तु फर्थ ने माओरी जनजाति के अध्ययन में इस अवधारणा का काफी प्रयोग किया है।

6. बनावटी भूमिका (Counterfeit Role)— यह अवधारणा अमरीकी समाजशास्त्री ई.एम. लिमर्ट (Edwin M. Lemert) ने दिया है। जब कोई व्यक्ति जो दिखाई पड़ता है पर वह है नहीं, लेकिन वैसा बनने की पूरी कोशिश करता है, तब उसे बनावटी भूमिका कहते हैं, जैसे– दुकान मालिक के दुकान पर नहीं रहने की स्थिति में कर्मचारी द्वारा स्वयं को मालिक बतलाना बनावटी भूमिका है। एक शराबी जब ग़रीब हो जाता है, उसके पास नशे के लिए पैसे नहीं रहते हैं, इसके बावजूद वह अपने गाँव या मोहल्ले में शाम को शराबी की तरह टहलते हुए अपने-आपको पेश करता है, तो उसे बनावटी भूमिका कहा जाता है। आधुनिक समाज में इस प्रकार की भूमिका में काफी वृद्धि हुई है। सामाजिक संरचनाओं को समझने में इससे मदद मिलती है।

7. भूमिका पुनरावृत्ति (Role Repetition)— जब कोई व्यक्ति लम्बे समय के बाद पुन: अपनी पुरानी भूमिका का निर्वाह करे, तब उसे भूमिका पुनरावृत्ति कहते हैं। उदाहरण के लिए, कभी-कभी एक माँ अपनी बेटी के द्वारा बच्चा प्रजनन के बाद फिर से वह माँ की भूमिका निभाने लगती है। वास्तव में वह ऐसा करके अपनी बेटी को माँ की भूमिका का प्रशिक्षण देती है।

8. भूमिका अवलोकन (Role Observation)— जब किसी भूमिका को लोग अच्छी तरह जानते हैं और उसे सामूहिक रूप से पसन्द करते हैं, तब उसे भूमिका अवलोकन कहते हैं। उदाहरण के लिए, गाँव में किसी नौजवान का अफसर बनना और ग्रामवासियों के द्वारा उस ग्रामीण अधिकारी पर नज़र रखना, भूमिका अवलोकन है।

9. भूमिका सहमति (Role Consensus)— यह अवधारणा किसी खास समाजविज्ञानी ने नहीं दी है। इसका अर्थ है एक नयी भूमिका जिसका प्रचलन पहले किसी समूह में नहीं था, उस भूमिका को वह समूह स्वीकार कर ले, उस पर स्वीकृति दे दे, तब उसे भूमिका सहमति कहते हैं। उदाहरण के लिए उत्तर भारत के गाँवों में लड़कियों द्वारा नौकरी करना प्रचलन में नहीं है। जब किसी गाँव में गाँव के अधिकांश लोग लड़कियों की नौकरी को स्वीकार कर लें, तब वह भूमिका सहमति मानी जायेगी।

10. भूमिका असंगति (Role Discontinuity)— जब कोई व्यक्ति अचानक अपनी भूमिका को छोड़ देता है, तब वह भूमिका असंगति है। जैसे किसी व्यक्ति का नौकरी से इस्तीफा दे देना। यह आम तौर पर अनपेक्षित होता है। समूह इस सम्भावना को सरलता से स्वीकार नहीं करता है।

11. भूमिका संक्रमण (Role Transition)— जब कोई व्यक्ति सामान्य क्रम में एक भूमिका को छोड़कर दूसरी भूमिका अपना लेता है एवं स्वाभाविक और सहज रूप से जीवन में अनेक बार ऐसा करता है, तब उसे भूमिका संक्रमण कहते हैं। संक्रमण में एकशृंखला होती है। बचपन में एक अवस्था के बाद पढ़ाई-लिखाई आरम्भ करना, फिर स्कूल से कॉलेज जाना, फिर नौकरी करना, फिर विवाह करना इत्यादि भूमिका संक्रमण है।

12. भूमिका भ्रांति (Role Confusion)— जब कोई व्यक्ति एक नये पद अथवा स्थिति में आ जाता है, तब वह नएपन के कारण उस कार्य को ठीक से नहीं कर पाता है। इसे भूमिका भ्रांति कहते हैं। यह अवधारणा भूमिका संशय से अलग है। भूमिका संशय में एक संरचनात्मक कमजोरी रहती है कि प्रोन्नति के कारण कभी-कभी कोई व्यक्ति ऊँचे पद पर आने वाला व्यक्ति संशय में होता है, जो कुछ ही दिनों में खत्म हो जाती है। भूमिका भ्रांति इन दोनों से अलग अवधारणा है, क्योंकि उसमें स्थाई अक्षमता होती है।

13. भूमिका प्राथमिकता (Role Primary)— जब एक व्यक्ति किसी कार्य को अधिक पसन्द करता है, तब उसे वह पहले करना चाहता है, इसके चलते दूसरी भूमिकाएँ बाधित नहीं होती हैं। यदि कोई व्यक्ति एक-साथ चिकित्सक और नेता दोनों है और कभी-कभी दोनों भूमिकाओं को एक-साथ निभाने की स्थिति उत्पन्न हो जाती है, तो वह व्यक्ति अपनी प्राथमिक भूमिका के अनुरूप ही आचरण करता है। यह उसे तय करना है कि उसकी कौन-सी भूमिका सर्वोपरि है।

14. भूमिका स्ववृत्ति (Role Disposition)— किसी विशिष्ट भूमिका के प्रति अन्य भूमिकाओं की अपेक्षा, अधिक लगाव एवं रुचि को भूमिका स्ववृत्ति कहते हैं। ऐसी भूमिका, ऐसा कार्य, ऐसा व्यवसाय अथवा नौकरी जो किसी व्यक्ति को अच्छी लगती है, तब वह व्यक्ति भूमिका रुचि के कारण उसी कार्य को करता है, जिसमें उसकी

प्रवृत्ति होती है। यह अवधारणा बहुत अंशों में शौक (Hobby) से मिलती-जुलती है। हॉबी में नियमित नौकरी और कार्य से कोई अलग शौक होता है।

15. भूमिका उत्क्रमण (Role Reversal)— जब किसी समूह में व्यापक समाज की सामान्य मान्यताओं के विपरीत समूह अथवा व्यक्ति अलग भूमिका निभाये, तब उसे भूमिका उत्क्रमण कहते हैं। यदि कोई व्यक्ति अपने-आपको समाज सेवक या देश भक्त कहता है और वह अपने कार्यों को ग़लत धन इकट्ठा करने के उद्देश्य से निष्पादित करता है और फिर उन पैसों को विदेशी बैंकों में जमा करता है, तो उसे भूमिका उत्क्रमण कहा जायेगा।

16. भूमिका अभिनय (Role Enactment)— जब कोई व्यक्ति एक भूमिका को पूरी तरह समझकर, उस भूमिका के सम्बन्ध में पूरा प्रशिक्षण लेकर नियमपूर्वक उसे निभाता है, तब उसे भूमिका अभिनय कहते हैं। उदाहरण के लिए, एक वकील वकालत के पेशे को पसन्द करता है, उसके सम्बन्ध में प्रशिक्षण लेता है और तब वकील की भूमिका का निर्वाह करता है, यह भूमिका अभिनय है।

17. भूमिका समूह (Role Complex)— जॉनसन ने कहा कि एक व्यक्ति की अनेक भूमिकाओं के कुल योग को भूमिका समूह कहते हैं, जैसे एक व्यक्ति पिता है, कर्मचारी है, किसी का भाई है, क्लब का सदस्य है। उसकी ये तमाम भूमिकाएँ एक साथ मिलकर भूमिका समूह का गठन करती हैं। यह अवधारणा बहुत कुछ Role Set की तरह है।

इरविंग गॉफमैन (Erving Goffman) ने **भूमिका आलिंगन (Role Embracing)** की बात कही है। उनके अनुसार जब कोई व्यक्ति बहुत सोच-समझकर किसी भूमिका को अपनाता है, तब उसे भूमिका आलिंगन कहते हैं। उदाहरण के लिए एक व्यक्ति प्रशिक्षण एवं तैयारी के बाद किसी पुलिस अधिकारी के पद को ग्रहण करता है, तब वह भूमिका आलिंगन है।

भूमिका की विशेषताएँ (Characteristics of Role)

भूमिका के स्वरूप को स्पष्ट करने के लिए यहाँ उसकी विशेषताओं की चर्चा की जा रही है, जो इस प्रकार हैं–

1. भूमिका स्थिति का निर्धारण करती है और स्थिति भूमिका का। भूमिका और स्थिति के बीच एक अन्योन्याश्रय सम्बन्ध है। हम इन दोनों को एक-दूसरे से पूरी तरह अलग नहीं कर सकते हैं।
2. सामाजिक भूमिका फिल्मी भूमिका की तरह नहीं होती, क्योंकि सामाजिक भूमिका यथार्थ से जुड़ी होती है। फिल्मी भूमिका एक काल्पनिक भूमिका है। सामाजिक भूमिका का निर्वाह हम सामाजिक मानदण्डों एवं मूल्यों को ध्यान में रखकर करते हैं।
3. जिस तरह किसी व्यक्ति के जीवन में एक से अधिक स्थितियाँ होती हैं, उसी प्रकार भूमिकाएँ भी एक से अधिक होती हैं, जिन्हें क्रमश: स्थिति सेट **(Status Set)** एवं भूमिका सेट **(Role Set)** के नाम से जाना जाता है।
4. सामाजिक भूमिका कभी स्थिर नहीं होती। समय और परिस्थिति में बदलाव के साथ-साथ व्यक्ति की भूमिका में भी परिवर्तन आता है, क्योंकि व्यक्ति हमेशा सामाजिक मानदण्डों और मूल्यों को ध्यान में रखकर ही काम नहीं करता है, जैसी परिस्थितियाँ आती हैं वह वैसी ही प्रतिक्रिया करता है। जैसे– किसी खेल के मैदान में खिलाड़ी के सामने जैसी परिस्थिति आती है, वह वैसा ही आचरण करता है।
5. भूमिका के मुख्य दो पहलू होते हैं– (1) आदर्शात्मक एवं (2) व्यावहारिक। व्यक्ति हमेशा समाज के आदर्शों के अनुसार ही कार्य नहीं करता, बल्कि अपनी सुविधाओं और स्वार्थों को ध्यान में रखकर भी काम करता है।
6. तमाम भूमिकाएँ समान रूप से महत्त्वपूर्ण नहीं होती हैं। भूमिकाओं को महत्ता के अनुसार श्रेणीबद्ध किया जा सकता है। सबसे आवश्यक भूमिका को **मूल भूमिका (Key Role)** और जो भूमिकाएँ आवश्यक या महत्त्वपूर्ण नहीं हैं उन्हें **सामान्य भूमिका (General Role)** कहते हैं।

7. भूमिका स्थिति व्यावहारिक पहलू का नाम है। यह एक ऐसा महत्त्वपूर्ण पहलू है, जिसके अभाव में किसी भी प्रकार की सामाजिक अन्त:क्रिया सम्भव नहीं है। यह व्यक्ति की स्थिति का एक अनुभवाश्रित (Empirical) पहलू है। इस अर्थ में ही यह व्यवहार के रूप में परिलक्षित होता है।

हैसियत और भूमिका के बीच सम्बन्ध (Relationship between Status and Role)

जैसा कि पहले कहा जा चुका है कि फ़र्ज़ हैसियत का एक व्यावहारिक पहलू है। हैसियत दखल किया जाता है, जबकि फ़र्ज़ को अदा किया जाता है (Statuses are occupied, but roles are played)। भूमिका से तात्पर्य व्यक्ति के विभिन्न किस्म के कार्य-कलापों से है। कोई व्यक्ति कैसा आचरण करता है या वह कैसे अपने कर्त्तव्यों और जिम्मेवारियों को निभाता है, यह उसकी भूमिका हुई। कोई व्यक्ति किस स्थिति में कैसा आचरण करेगा या उसका अपना क्या कर्तव्य या जिम्मेवारी होगी, यह उसकी स्थिति से मालूम पड़ता है। संक्षेप में यहाँ हम यही कहना चाहते हैं कि सामाजिक नियमों को ध्यान में रखकर व्यक्ति जो कुछ भी आचरण करता है वह उसकी भूमिका कही जाती है और जिससे व्यक्ति की भूमिका का निर्धारण होता है उसे सामाजिक स्थिति कहते हैं। बीयरस्टेट (Bierstedt, 1970: 247) के शब्दों में– "भूमिका वही है, जो एक व्यक्ति उस स्थिति विशेष में रहकर सम्पन्न करता है।" (A role is what an individual does in the status he occupies.)

यहाँ यह नहीं समझा जाना चाहिए कि स्थिति और भूमिका के बीच एकतरफा सम्बन्ध है। यह सही है कि स्थिति व्यक्तियों की भूमिकाओं का निर्धारण करती है और साथ ही यह भी सही है कि भूमिकाओं के द्वारा स्थिति का निर्धारण होता है, जैसे– महात्मा गाँधी ने देश के लिए इतना अधिक बलिदान किया कि उन्हें राष्ट्रपिता कहा जाता है। उसी प्रकार जब किसी वैज्ञानिक को अनुसन्धान के लिए नॉबेल पुरस्कार (Nobel Prize) मिलता है, तो एकाएक उसकी सामाजिक हैसियत में काफी वृद्धि हो जाती है। ठीक इसके विपरीत यदि कोई सरकारी अधिकारी या नेता रिश्वत या घोटाले में पकड़े जाने पर जेल चले जाते हैं तो उनकी सामाजिक स्थिति में भारी गिरावट आती है। इन उदाहरणों से यही स्पष्ट होता है कि स्थिति और भूमिका दोनों परस्पर एक-दूसरे को प्रभावित करती हैं। भूमिका से स्थिति का निर्धारण होता है तथा स्थिति से भूमिका का।

फ़र्ज़ एवं हैसियत के बीच के अन्तर को स्पष्ट करते हुए बीयरस्टेट ने स्पष्ट शब्दों में लिखा है कि "स्थिति एक संरचनात्मक तथ्य है, तो भूमिका एक व्यावहारिक तथ्य है; स्थिति एक समाजशास्त्रीय अवधारणा है, तो भूमिका समाज मनोवैज्ञानिक; स्थिति सामाजिक संरचना पर निर्भर करता है, तो भूमिका व्यक्तियों के व्यक्तित्वों एवं क्षमताओं पर।"[3] बीयरस्टेट का यह अवलोकन अपने-आप में इतना स्पष्ट है कि इस पर कुछ विशेष लिखने की आवश्यकता नहीं है। लेकिन संक्षेप में इतना कहा जा सकता है कि स्थिति एक संरचनात्मक महत्त्व की अवधारणा है, तो भूमिका व्यावहारिक महत्त्व की अवधारणा है, अर्थात् स्थिति का समाजशास्त्रीय महत्त्व है, तो भूमिका का मनोवैज्ञानिक। पर इसके साथ ही वे दोनों एक-दूसरे के उतने ही पूरक भी हैं।

स्थिति सेट एवं भूमिका सेट (Status Set and Role Set)— इस बात की पहले ही चर्चा की जा चुकी है कि एक व्यक्ति की एक से अधिक स्थिति सम्भव है। कोई व्यक्ति एक स्थिति में किसी का पुत्र है, तो दूसरी स्थिति में किसी का पति भी। वही व्यक्ति कहीं शिक्षक है, तो कहीं पुजारी भी। जब एक व्यक्ति के साथ एक से अधिक स्थितियाँ जुड़ी होती हैं तो, उन्हें **स्थिति सेट** या **समुच्चय (Status Set)** कहते हैं। आर.के. मर्टन ने बताया है जब व्यक्ति की एक स्थिति में परिवर्तन आता है, तो उसके स्थिति समुच्चय में भी परिवर्तन आता है। चूँकि स्थितियों के

3. ''Status is a structural phenomenon and role is a behavioral phenomenon; status is a concept in sociology, role a concept in social psychology; status depends upon social structure, role upon the personalities and capabilities of individuals.'' (Robert Bierstedt, 1970: 269).

अनुसार ही व्यक्तियों की भूमिकाएँ होती हैं, इसलिए एक व्यक्ति की जितनी स्थितियाँ होंगी उतनी ही उसकी भूमिकाएँ भी। जब किसी व्यक्ति की एक-से अधिक स्थितियाँ होती हैं, तो उसी के अनुरूप विभिन्न भूमिकाएँ भी बनती हैं, जिन्हें **भूमिका सेट** या **समुच्चय (Role Set)** कहा जाता है। स्थिति सेट और भूमिका सेट की अवधारणा को **रेखाचित्र-1** के माध्यम से स्पष्ट किया जा सकता है।

रेखाचित्र-1 एक संस्कृत शिक्षक की सामाजिक स्थिति एवं भूमिका

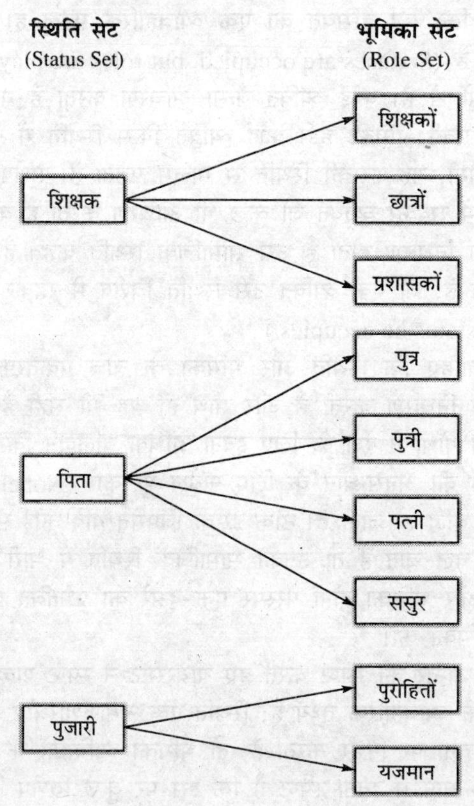

भूमिका दूरी (Role Distance)— इरविंग गॉफमैन (Erving Goffman, 1961) ने भूमिका के सम्बन्ध में एक नयी अवधारणा का प्रतिपादन किया है। उन्होंने बताया है कि आधुनिक समाज में सामान्य तौर पर लोगों को एक से अधिक भूमिकाओं को निभाना पड़ता है। जब कभी भी कोई व्यक्ति अपनी किसी भूमिका से ऊब जाता है या जब उसे कोई भूमिका अरुचिकर लगती है, तो उससे वह दूर होने की चेष्टा करता है, जैसे– यदि कोई सफल चिकित्सक या वैज्ञानिक जब अपने पेशे से काफी ऊब जाता है, तो कुछ दिनों के लिए वह उस काम से विश्राम ले लेता है और अपना समय परिवार के साथ मनोरंजन में बिताता है। इसी को गॉफमैन ने **भूमिका दूरी (Role Distance)** कहा है। भूमिका दूरी की अवधारणा से यह नहीं समझा जाना चाहिए कि कोई व्यक्ति अपनी किसी भूमिका एवं स्थिति से स्थायी तौर पर अलग हो जाता है। भूमिका दूरी से तात्पर्य भूमिका निभाने की प्रक्रिया में मात्र फेरबदल से है।

आधुनिक समाज में प्रत्येक व्यक्ति की विभिन्न भूमिकाएँ होती हैं। जब वह किसी खास प्रकार की भूमिका को किसी कारणवश नहीं निभाना चाहता है, तो उससे वह दूर हट जाता है और अपना समय किसी अन्य भूमिका को अदा

करने में लगाता है। भूमिका दूरी के माध्यम से व्यक्ति आधुनिक समाज में तनावपूर्ण जीवन से दूर भागने की कोशिश करता है। भूमिका दूरी से रोज़मर्रे के जीवन में नीरसता में कमी आती है।

भूमिका तनाव एवं भूमिका द्वन्द्व या संघर्ष (Role Strain and Role Conflict)— विलियम गूड (William Goode, 1960: 485) ने कहा है कि "सामान्य तौर पर लोग वही करना चाहते हैं, जो उनके द्वारा करने की अपेक्षा की जाती है।" (People generally want to do what they are supposed to do.) लेकिन ऐसा हमेशा सम्भव नहीं होता है। लोगों को अपनी भूमिकाओं को निभाने में कभी-कभी काफी कठिनाइयों का सामना करना पड़ता है, जैसे– पुलिस का मुख्य काम अपराध पर नियन्त्रण पाना है, लेकिन कभी-कभी नेताओं या अन्य सरकारी उच्चाधिकारियों के दबाव में कुछ अपराधियों के पीछे पड़ने से उन्हें मना किया जाता है। वैसी स्थिति में उनके सामने यह समस्या हो जाती है कि उन्हें कानून के अनुसार काम करना चाहिए या अपने बड़े अधिकारियों को खुश रखने के लिए अपराधियों को गिरफ्तार नहीं करना चाहिए। भूमिका निभाने में इस प्रकार की उधेड़बुन की स्थिति को **भूमिका तनाव (Role Strain)** कहा जाता है।

भूमिका तनाव की स्थिति तभी उठती है जब कोई व्यक्ति किसी पद की आकांक्षाओं या जिम्मेवारियों के मुताबिक भूमिका का निर्वाह नहीं कर पाता है। भूमिका तनाव की स्थिति उस समय भी उठती है जब कोई व्यक्ति अपनी पुरानी भूमिका को छोड़कर नयी भूमिका को ग्रहण करता है, जैसे– जब कोई अपराधी प्रकृति का व्यक्ति सांसद बन जाता है, तो उसे कभी-कभी अपराधियों के खिलाफ बोलने या कुछ करने में हिचकिचाहट होती है।

भूमिका तनाव की स्थिति उस समय भी उत्पन्न होती है जब एक ही व्यक्ति से एक साथ दो किस्म की उम्मीदें की जाती है, जैसे– जब कोई स्कूल का शिक्षक परीक्षक के रूप में उत्तर-पुस्तिका जाँच रहा हो और उस उत्तर पुस्तिका में एक उत्तर पुस्तिका उसके पुत्र या पुत्री का भी है, तो परीक्षक के सामने यह परेशानी उठती है कि अपने बच्चों की उत्तर पुस्तिका अन्य लोगों के समान ही देखे या फिर उसे पिता के रूप में भी देखे।

कभी-कभी जब एक से अधिक व्यक्तियों को एक ही प्रकार की भूमिकाएँ निभानी होती हैं और भूमिका के बँटवारे में स्पष्टता की कमी होती है, तो उस स्थिति में भी भूमिका तनाव उत्पन्न होता है, जैसे– यदि एक ही साथ किसी महिला को अपने पिता और श्वसुर के प्रति कोई जिम्मेवारी निभानी है, तो उस समय उसके सामने यह परेशानी हो जाती है कि वह किसके हित को पहले ध्यान दे।

जब दो या दो से अधिक भूमिकाओं का एक साथ निभाना इतना कठिन हो जाता है कि हम किसी भी भूमिका को ठीक से निभाने में समर्थ नहीं रह पाते हैं, तो **भूमिका द्वन्द्व (Role Conflict)** की स्थिति उत्पन्न हो जाती है। कामकाजी महिलाओं के लिए कभी-कभी यह समस्या हो जाती है कि वह अपने बच्चों या परिवार के लिए कैसे समुचित समय निकाले। पेशे की भूमिका एवं माँ या पत्नी के रूप में उसकी भूमिका के बीच अक्सर संघर्ष होता रहता है। भूमिका द्वन्द्व आधुनिक युग की परेशानी है, इसलिए कि औद्योगिक समाज के अन्तर्गत लोगों को अक्सर एक से अधिक भूमिकाओं का निर्वहन करना होता है। आधुनिक समाज में तो भूमिका द्वन्द्व की समस्या कभी-कभी इतनी जटिल हो जाती है कि लोगों का परिवार भी विघटित हो जाता है। कभी-कभी तो कुछ लोग पागलखाने तक भी पहुँच जाते हैं। मानसिक रोगों के साथ-साथ हृदय रोग का सम्बन्ध भी भूमिका द्वन्द्व से जुड़ा हुआ है।

भूमिका तनाव और भूमिका द्वन्द्व के बीच सिर्फ मात्रा का फ़र्क है। भूमिका द्वन्द्व, भूमिका तनाव की पराकाष्ठा है, या यह कहा जाये कि भूमिका तनाव भूमिका द्वन्द्व की प्रारम्भिक सीढ़ी है। इन दोनों के कारणों के बीच कोई फ़र्क नहीं है। फ़र्क सिर्फ कारणों की तीव्रता का है। आधुनिक समाज में लोगों को भूमिका तनाव या संघर्ष की स्थिति से बाहर निकलना बिलकुल सम्भव नहीं है। लेकिन लोग विभिन्न किस्म की क्रियाविधियों को अपनाकर भूमिका द्वन्द्व को टालने की कोशिश अवश्य करते हैं, जिसकी चर्चा यहाँ आगे की जा रही है।

स्थिति एवं भूमिका द्वन्द्व से निबटने की क्रियाविधि या युक्ति (Mechanism for Handling Status and Role Conflict)

चूँकि एक व्यक्ति की एक से अधिक स्थितियाँ और भूमिकाएँ होती हैं, इसलिए विभिन्न स्थितियों और भूमिकाओं के बीच स्थिति द्वन्द्व (Status Conflict) एवं भूमिका द्वन्द्व (Role Conflict) की समस्याएँ उठती हैं। स्थिति द्वन्द्व से भूमिका द्वन्द्व और भूमिका द्वन्द्व से स्थिति द्वन्द्व की समस्याएँ अक्सर उत्पन्न होती हैं। जैसे कोई डाक्टर अपने बच्चों को घर पर पढ़ा रहा है और उस समय अचानक कोई व्यक्ति किसी रोगी को देखने के लिए डाक्टर को बुलाता है, तो उस समय उसके मन में यह प्रश्न उठता है कि उसे अपने बच्चों को पढ़ाना चाहिए या उन्हें छोड़कर रोगी के इलाज के लिए बाहर जाना चाहिए। यहाँ पिता और डाक्टर की स्थिति में द्वन्द्व या तनाव देखने को मिलता है, जिसके परिणामस्वरूप उस व्यक्ति के सामने यह भी समस्या उठती है कि इस स्थिति में उसे पहले पिता या डाक्टर की भूमिका निभानी चाहिए। इस तरह की स्थिति और भूमिका संघर्ष हमारे जीवन में हमेशा उठती रहती है और हम इन विकट परिस्थितियों से निबटने की कोशिश करते हैं। स्टीफन कोल (Stephen Cole, 1975: 65–70) ने कुछ उपायों की चर्चा की है, जिनका लोग आये दिन अपनी समस्याओं से निपटने के लिए प्रयोग करते रहते हैं, वे इस प्रकार हैं–

1. परिहार या टाल-मटोल व्यवहार (Avoidance Behaviour)— जब कभी भी किसी व्यक्ति के सामने यह समस्या उठती है कि किस परिस्थिति में उसके लिए कौन-सा व्यवहार ज़्यादा अपेक्षित है और जब वह किसी अन्तिम निर्णय पर पहुँचने में सफल नहीं हो पाता तो ऐसी परिस्थिति में लोग साधारणतया एक बीच का रास्ता निकालने का प्रयास करते हैं, जैसे– किसी-न-किसी तरह उस स्थिति को टाल कर उससे बच निकलना चाहते हैं। आधुनिक समाज में जब भी कोई धर्म-संकट की स्थिति उत्पन्न होती है, तो लोग उस पशोपेश से बचने के लिए इस विधि का सहारा लेते हैं। जैसे कभी किसी दफ्तर में किसी अधिकारी के खिलाफ आवाज़ उठानी है, तो नेता इसके लिए विभिन्न कर्मचारियों को इकट्ठा करने का प्रयास करते हैं। ऐसी परिस्थिति में कुछ कर्मचारी यह विचार करते हैं कि उन्हें ऐसा करना चाहिए या नहीं। लेकिन जब वे पेशोपेश की स्थिति में पड़ जाते हैं तो किनारा लेना ही बेहतर समझते हैं।

2. प्रबल स्थिति एवं भूमिका (Dominant Status and Role) का समर्थन— यह सही है कि एक व्यक्ति की एक से अधिक स्थितियाँ एवं भूमिकाएँ होती हैं और स्थिति और भूमिकाओं की अनेकता के कारण स्थिति द्वन्द्व की समस्या अक्सर उत्पन्न हो जाती है। ऐसी अवस्था में कोई व्यक्ति उसी हैसियत की भूमिका का निर्वाह पहले करता है, जो सबसे अधिक प्रबल है। उदाहरणस्वरूप, यदि कोई डाक्टर सुबह-सुबह अपने बच्चों को पढ़ा रहा है और उस समय अस्पताल से आकस्मिक कारण से बुलावा आ जाता है, तो वह व्यक्ति सम्भवतः पिता की हैसियत को गौण मानकर डाक्टर की हैसियत से अपनी भूमिका को पहले अदा करना पसन्द करेगा। जब किसी व्यक्ति को एक से अधिक स्थितियों एवं भूमिकाओं के बीच जीना पड़ता है, तो संशय की स्थिति में निर्णय करने के समय वह यह विचार करता है कि उसके लिए कौन-सी स्थिति और भूमिका सबसे अधिक महत्त्वपूर्ण होगी।

3. अन्तर्ग्रस्तता की मात्रा (Degree of Involvement)— जब कभी भी दो या दो से अधिक स्थितियों के बीच किसी प्रकार का टकराव होता है, तो उस स्थिति में कोई भी व्यक्ति वही काम करना चाहता है जिस काम से उसका लगाव सबसे अधिक है। जैसे यदि किसी सरकारी कर्मचारी के घर में परिवार के किसी सदस्य के साथ कोई विशेष घटना घट जाती है, तो वह दफ्तर का काम छोड़कर परिवार की समस्याओं को पहले देखना पसन्द करता है, क्योंकि उस व्यक्ति का उसके परिवार के साथ लगाव दफ्तर की तुलना में ज़्यादा है, अर्थात् कोई व्यक्ति पहले उसी काम को करना चाहता है जिस काम से उसका लगाव सबसे अधिक है।

4. शक्ति की मात्रा में भिन्नता (Differing Degree of Powers)— जब एक व्यक्ति को एक से अधिक प्रकार के लोगों के लिए काम करना होता है, तो वह व्यक्ति अपने मन में यह विचार करता है कि उसे सबसे पहले उसका काम करना चाहिए जो सबसे अधिक शक्ति सम्पन्न है। जिसके खुश रहने से उसको अधिक लाभ है वही काम वह

पहले करना चाहेगा, जैसे– यदि किसी मन्त्री के सामने एक ही काम के लिए दो प्रकार के लोगों का दबाव हो तो वह मन्त्री पहले उसी व्यक्ति का काम करना चाहेगा जिससे जनता खुश हो सके, क्योंकि प्रजातन्त्र में जनता को खुश रखना ही उनके हित में सबसे अधिक महत्त्वपूर्ण है।

5. व्यवहार की जागरूकता (Awareness of Behaviour)— जब किसी व्यक्ति के सामने एक साथ दो स्थितियों की जिम्मेवारी निभाने की समस्या उत्पन्न हो जाती है, तो वह उसी भूमिका को पहले अदा करना चाहता है, जिसके लिए वह समाज में सबसे अधिक जाना जाता है। ऐसा इसलिए होता है कि उस व्यक्ति को यह मालूम है कि उसकी पहचान उसी रूप में है। कोई व्यक्ति उस काम को कभी नहीं करना चाहता है, जिससे उसे बदनाम होने का भय रहता है। व्यक्ति के मन में इस बात का हमेशा भय बना रहता है कि सामाजिक आदर्शों के अनुरूप कार्य नहीं करने पर समाज में उसकी निंदा भी हो सकती है, अर्थात् व्यक्ति की भूमिका सामाजिक अपेक्षाओं से काफी प्रभावित होती है।

6. सामाजिक समर्थन (Social Support)— जब किसी व्यक्ति को किसी विशेष परिस्थिति में कोई आचरण करना होता है, तो वह समाज के आदर्शों और मान्यताओं को ध्यान में रखकर ही आचरण करना चाहता है। मसलन, यदि कभी विश्वविद्यालय के शिक्षकों का कोई आन्दोलन होता है, तो शिक्षकगण यह विचार करने के लिए विवश हो जाते हैं कि क्या उन्हें सड़कों पर उतर कर तोड़-फोड़ का रास्ता अख्तियार करना चाहिए या नहीं, क्योंकि समाज की उनसे यह अपेक्षा नहीं है कि वे आमलोगों की तरह ही अपने आन्दोलनों में ग़लत आचरण करें। कोई भी व्यक्ति उसी भूमिका को निभाना पसन्द करता है, जिस भूमिका को समाज में सबसे अधिक समर्थन प्राप्त है। जिस काम के लिए हमें कम-से-कम सामाजिक समर्थन प्राप्त होता है, उसे करने से हम अक्सर हिचकते हैं।

7. भूमिका सेट या स्थिति सेट का संक्षेपण या न्यूनन (Abridgment of Role-set or Status-set)— जब किसी व्यक्ति के जीवन में दो स्थितियों या भूमिकाओं में टकराव की स्थिति उत्पन्न होती है, तो ऐसी परिस्थिति में जो स्थिति कम महत्त्वपूर्ण है उसे वह छोड़ देना पसन्द करता है, जैसे– यदि किसी कामकाजी महिला के सामने कोई पारिवारिक समस्या उत्पन्न होती है, तो वह यह विचार करने लगती है कि उसके लिए कौन-सी भूमिका सबसे ज़्यादा महत्त्वपूर्ण है। यदि उसे यह लगता है कि परिवार के लोगों को समय देना ज़्यादा महत्त्वपूर्ण है, तो वह नौकरी छोड़कर घर में माँ एवं पत्नी के रूप में भूमिका निभाना ही बेहतर समझती है। भूमिका द्वन्द्व की स्थिति से बचने के लिए गौण भूमिकाओं को छोड़ना कभी-कभी बेहतर उपाय माना जाता है।

उपर्युक्त वर्णन से यही स्पष्ट होता है कि जब आधुनिक समाज में किसी व्यक्ति को एक साथ बहुत सारी स्थितियों और भूमिकाओं का सामना करना पड़ता है, तो वह ऐसी परिस्थिति में कैसा आचरण करता है। यहाँ यही स्पष्ट होता है कि प्रत्येक व्यक्ति अपने ही ढंग से विभिन्न परिस्थितियों में व्यवहार करता है। यह आधुनिक समाज की बहुत ही गंभीर समस्या है कि उसे एक साथ कई स्थितियों में रहकर तमाम किस्म की भूमिकाओं से एक साथ जूझना पड़ता है।

कतिपय सम्बन्धित अवधारणाएँ (Some Relevant Concepts)

1. भूमिका अधिगम (Role Learning)— जब कोई शिशु अथवा व्यक्ति, प्रत्यक्ष अथवा अप्रत्यक्ष रूप से अपनी भूमिका को सीखता है, तब वह भूमिका अधिगम है। उदाहरण के लिए, एक छोटे बच्चे के द्वारा उन बच्चों को देखना जो विद्यालय जा रहे हैं, भूमिका अधिगम है। यह अवधारणा जॉर्ज एच. मीड (George Herbert Mead, 1863–1931) की है।

2. आत्मार्थक भूमिका-ग्रहण (Reflexive Role Taking)— इस अवधारणा को स्पष्ट करते हुए जॉर्ज एच. मीड ने कहा है कि परिस्थिति के अनुसार जब कोई व्यक्ति अपनी भूमिका बदल लेता है, तब उसे आत्मार्थक भूमिका-ग्रहण कहते हैं। इसके अन्तर्गत मीड ने कहा है कि भूमिका को बदलना और साथ-ही-साथ नयी भूमिका को भी परिस्थिति के अनुसार अपना लेने की प्रवृत्ति होती है। उदाहरण के लिए एक झगड़े में जब कोई व्यक्ति कमजोर पड़ जाता है, तब समझौते का प्रयास करने लगता है और अपने विरोधी से मित्रवत हो जाता है।

3. भूमिका अपेक्षा (Role Expectation)— हमने पहले भी कहा है कि समाजशास्त्रियों ने भूमिका की जितनी चर्चा की है, समाज मनोवैज्ञानिकों ने भी इसकी उतनी ही चर्चा की है। भूमिका अपेक्षा की अवधारणा इंग्लैण्ड के समाज मनोवैज्ञानिक मैक्डूगल (William McDougall (1871–1938) ने दिया है। इसका अर्थ है कि प्रत्येक व्यक्ति एक-दूसरे की क्रिया एवं प्रतिक्रिया का पूर्वानुमान करते हैं। इसी से सामाजिक व्यवहार सम्भव होता है। मैक्डूगल ने इसी के आधार पर सामाजिक क्रियाओं और अन्तर्क्रिया को समझने का प्रयास किया है।

4. भूमिका निर्माण (Role Constitution)— अमरीकी समाजशास्त्री आर.एच. टर्नर (R.H. Turner) ने छोटे समूहों में सामाजिक अन्तर्क्रिया की व्याख्या करते हुए इस अवधारणा का प्रयोग किया है। उनके अनुसार जब किसी व्यक्ति के जीवन की परिस्थिति में लम्बी अवधि का महत्त्वपूर्ण परिवर्तन होता है, तब वह एक नयी भूमिका का निर्माण करता है, जैसे– किसी को किसी नौकरी में प्रोन्नति हो जाये, सेवा में स्थानान्तरण हो जाये या कोई व्यक्ति एकाएक धनी हो जाये तो इस स्थिति में उसकी भूमिका में जो बदलाव आता है, तब उसे भूमिका निर्माण कहा जाता है।

5. भूमिका-प्रतिरूप (Role Model)— किसी विशेष प्रकार की भूमिका में एक व्यक्ति द्वारा किया जाने वाला व्यवहार, जो अन्य व्यक्तियों के लिए उसी प्रकार की भूमिका में नमूना-स्वरूप होता है। यह ज़रूरी नहीं है कि जिसे कोई व्यक्ति अपनी भूमिका-प्रतिरूप मानता है, उसे वह व्यक्तिगत रूप से जानता ही हो। भूमिका-प्रतिरूप वाला चरित्र वास्तविक, पौराणिक या ऐतिहासिक कुछ भी हो सकता है। भूमिका-प्रतिरूप और सन्दर्भ व्यक्ति (Referent individual) में अन्तर होता है। भूमिका-प्रतिरूप में आदर्श व्यक्ति की किसी एक भूमिका या किसी एक विशिष्ट व्यवहार को अपनाया जाता है, जबकि सन्दर्भ-व्यक्ति का प्रयोग सामाजिक जीवन के कई क्षेत्रों के सामान्यीकरण के लिए किया जाता है (देखें– Albert Bandura and Richard H. Walters, **Social Learning and Personality Development**, 1963)।

REFERENCES

Banton, Michael, **Roles: An Introduction to the Study of Social Relations**, London: Tavistock Publications, 1965.

Bierstedt, Robert, **The Social Order**, New Delhi: Tata McGraw-Hill Publishing Co. Ltd., 1970.

Cole, Stephen, **The Sociological Orientation: An Introduction to Sociology**, Chicago: Rand McNally College Publishing Company, 1975.

Fichter, J.H., **Sociology**, Chicago: The University of Chicago Press, 1957.

Giddens, Anthony, **Sociology**, Cambridge: Polity Press, 1993.

Goffman, Erving, **Encounters**, Indianapolis: Bobbs-Merrill, 1961.

Goode, William J., 'A Theory of Role Strain', **American Sociological Review**, Vol. 25, 1960: 483–196.

Johnson, Harry M., **Sociology**, New Delhi: Allied Publishers Pvt. Ltd., 1960.

Linton, R., **The Study of Man**, New York: D. Appleton Century Co., 1936.

Nadel, S.F., **The Theory of Social Culture**, London: Cohen and West, 1969.

Newcomb, T.H., 'Community Roles in Attitude Formation', **American Sociological Review**, No. 1, 1942.

Southall, Aidan, 'On Operational Theory of Role', **Human Relations**, 1959, 12: 17–34.

7

मानदण्ड एवं मूल्य
(Norms and Values)

प्रत्येक समाज के अन्तर्गत कुछ ऐसे पूर्व निर्धारित मानदण्ड या आदर्श पाये जाते हैं जिन्हें ध्यान में रखकर ही लोग व्यवहार करना पसन्द करते हैं। समाज अपने सदस्यों के लिए कुछ इस ढंग का मानदण्ड निर्धारित कर देता है जिसका पालन समाज की अपेक्षा होती है, उसे ही समाजशास्त्रीय भाषा में आदर्श या मानदण्ड (Norms) कहा जाता है। अमरीकी समाजशास्त्री विलियम ग्राहम समनर (William G. Sumner) ने ऐसे तमाम सामाजिक नियम-कानूनों, मान्यताओं एवं दस्तूरों को अपनी पुस्तक **Folkways** (1906) में दो भागों में विभाजित किया है– **(1) लोकरीतियाँ (Folkways)** एवं **(2) लोकाचार (Mores)**। लेकिन बीयरस्टेट (R. Bierstedt, 1970) ने लोकरीति एवं लोकाचार को मानदण्ड (Norms) का छोटा-सा हिस्सा माना है, अर्थात् मानदण्ड एक बहुत ही व्यापक अर्थ रखने वाला शब्द है। मानदण्ड हमारे रोज़मर्रे के जीवन को इस प्रकार प्रभावित करता है कि हमें यह कभी पता ही नहीं चलता है कि हमारा जीवन किसी नियम कानून से संचालित होता है। यह मानवीय आदतों की तरह सामाजिक जीवन का एक अंग होता है। बीयरस्टेट (Bierstedt, 1970: 209) के अनुसार "मानदण्ड एक नियम या आदर्श है, जो हमारे आचरण को उस सामाजिक परिस्थिति में निर्धारित करता है जिसमें हम भाग लेते हैं। यह एक सामाजिक अपेक्षा है।"[1]

मानदण्ड के माध्यम से समाज व्यक्तियों के व्यवहार का निर्धारण करता है। यह सामाजिक नियन्त्रण का एक प्रमुख उपकरण है। मानदण्ड सामाजिक संरचना का एक प्रमुख तत्त्व है, जो सामाजिक संरचना का संचालन करता है। यहाँ ध्यान देने की बात यह है कि बहुत लोग मानदण्ड को एक सांख्यिकीय औसत (Statistical Average) मानते हैं, लेकिन यह सही नहीं है। समाज अपने सदस्यों को यह कभी नहीं कहता है कि उसे कम-से-कम इस हद तक सामाजिक नियम का पालन करना चाहिए, बल्कि समाज स्पष्ट तौर पर यह निर्देश देता है कि उसे सामाजिक मानदण्ड का पालन करना है। मानदण्ड तो एक प्रकार का एक स्पष्ट अपेक्षित व्यवहार है। यह व्यवहारों का औसत नहीं है। समाज के सदस्यों को उसे स्वीकार करना उसकी सामाजिक मज़बूरी है, जैसे– भारतीय समाज में यह समाज की अपेक्षा है कि विवाह के पूर्व युवक-युवतियों को यौन-सम्बन्ध स्थापित नहीं करना है। समाज में मानदण्ड की

---

1. "A norm, then, is a rule or standard, that governs our conduct in the social situations in which we participate. It is a societal expectation."— Robert Bierstedt, **The Social Order**, Tata McGraw-Hill Publishing Co. Ltd., New Delhi, 1970, p. 209.

सबसे बड़ी उपयोगिता यह है कि इससे लोगों को ज्ञान होता है कि किस परिस्थिति में उन्हें कौन-सा व्यवहार करना चाहिए और कौन-सा नहीं।

प्रत्येक समाज में किसी-न-किसी प्रकार के मानदण्ड की आवश्यकता अवश्य होती है, क्योंकि कोई भी समाज मानदण्ड के अभाव में कभी नहीं चल सकता है। मानदण्ड समाज में व्यक्तियों के व्यवहार का संचालक है। पशु-पक्षियों के बीच मानदण्ड की आवश्यकता नहीं होती है, क्योंकि उनका जीवन **सहजप्रवृत्तियों (Instincts)** से संचालित होता है। चूँकि मनुष्य में सहजप्रवृत्तियों का अभाव होता है, इसलिए किसी-न-किसी आदर्श या मानदण्ड की आवश्यकता हर समाज को पड़ती है।

प्रत्येक समाज के अलग-अलग मानदण्ड होते हैं। जो एक जगह मानदण्ड के रूप में स्वीकृत है, वही दूसरे समाज में मानदण्ड के रूप में मान्य हो, यह कोई ज़रूरी नहीं है। प्रत्येक संस्कृति में मानदण्ड को अपने-अपने ढँग से देखा जाता है। एक बार अफ्रीका में बहुत सारे आदिमजाति के लोग अर्द्धनग्न अवस्था में गिरजाघर पहुँच गये। चूँकि पुरोहित विदेशी थे, इसलिए उस दृश्य को देखकर वे काफी शर्मिन्दगी महसूस करने लगे। इस घटना को देखकर उन्होंने महिलाओं के लिए काफी तादाद में चोलियाँ (Brassieres) मँगवायी और उन्हें उनके बीच बाँट दिया। चूँकि वहाँ की महिलाएँ स्तन ढँकने की प्रथा से अवगत नहीं थीं, इसलिए वे उस वस्त्र के बारे पहले से कुछ नहीं जानती थीं। अत: वे तमाम महिलाएँ दूसरे दिन उस वस्त्र को अपने सिर पर बांधकर आ गयीं। यह एक स्वाभाविक घटना थी, क्योंकि हर एक समाज के अलग-अलग मानदण्ड होते हैं और लोग अपने ही सांस्कृतिक मानदण्ड के अनुसार आचरण करने के आदी होते हैं।

मानदण्ड के पालन के सम्बन्ध में एक दूसरी स्थिति यह है कि समाज के तमाम लोग समान रूप से उस मानदण्ड का पालन नहीं करना चाहते हैं, लेकिन समाज यह चाहता है कि हर सदस्य समान रूप से मानदण्ड का अनुसरण करें। मानदण्डों का अनुकरण कराने के लिए समाज में **दण्ड-विधान (Sanction)** की व्यवस्था होती है। जो लोग इसका अनुकरण करते हैं, समाज उन्हें शाबासी देता है और जो लोग इसका उल्लंघन करते हैं, समाज उन्हें विभिन्न प्रकार से दण्डित करने का प्रयास करता है। दण्ड-विधान औपचारिक (Formal) एवं अनौपचारिक (Informal) दोनों हो सकता है। आधुनिक समाज में दण्ड विधान के लिए पुलिस एवं न्यायालय की व्यवस्था होती है, जिसके माध्यम से व्यक्तियों के व्यवहार में **अनुकूलता (Conformity)** लायी जाती है। जुर्माना, कैद या फाँसी की सज़ा **औपचारिक नकारात्मक दण्ड-विधान (Formal Negative Sanctions)** के उदाहरण हैं। अच्छा काम करने वालों को कभी कोई उच्च जिम्मेदारी का पद दिया जाता है, तो कभी प्रधानमन्त्री या राष्ट्रपति की ओर से किसी खास अवसर पर सम्मानित भी किया जाता है। इसे **औपचारिक सकारात्मक दण्ड-विधान (Formal Positive Sanctions)** कहा जाता है। किसी मानदण्ड के पीछे यदि दण्ड व्यवस्था नहीं रहे तो समाज में लोगों के व्यवहार में अनुकूलता (Conformity) पैदा करना मुश्किल हो जायेगा और इस स्थिति में समाज अव्यवस्था या अराजकता (Anarchy) की स्थिति में पहुँच जायेगा। इसी अवस्था को एमिल डर्कहाइम (Emile Durkheim) ने मानदण्ड शून्यता (***Anomie*** अर्थात् Normlessness) कहा है।

मानदण्ड की विशेषताएँ (Characteristics of Norms)

उपर्युक्त चर्चा के आधार पर मानदण्ड की प्रमुख विशेषताएँ इस प्रकार हैं–

1. मानदण्ड को सामाजिक स्वीकृति प्राप्त होती है। मानदण्ड के निर्माण में व्यक्ति की भूमिका गौण होती है। इस्का निर्माण और विघटन दोनों सामुदायिक या सामाजिक स्तर पर होता है, व्यक्ति विशेष के स्तर पर नहीं।
2. मानदण्ड का समाज में समय के साथ स्वत: विकास होता है। कानून को छोड़कर अन्य तमाम मानदण्डों का विकास किसी योजना के तहत नहीं होता है। कोई सामाजिक मानदण्ड कब और कहाँ विकसित हुआ यह उस समाज के लोगों को नहीं मालूम होता है।

3. मानदण्ड औपचारिक एवं अनौपचारिक दोनों ही हो सकते हैं। औपचारिक मानदण्ड लिखित होता है और अनौपचारिक मानदण्ड अलिखित और मौखिक होता है।
4. मानदण्ड सापेक्ष रूप से ज़्यादा स्थाई होता है। कुछ लोगों की कोशिश के बावजूद मानदण्डों में आसानी से परिवर्तन नहीं हो पाता है।
5. मानदण्ड पर अमल करने के लिए प्रत्येक समाज का किसी-न-किसी प्रकार का दण्ड-विधान होता है। जो लोग मानदण्ड का उल्लंघन करते हैं, समाज उन्हें दण्डित करने का प्रयास करता है। दूसरी तरफ जो लोग मानदण्ड को ध्यान में रखकर अच्छा व्यवहार करते हैं, समाज उन्हें पारितोषिक या शाबासी देता है।
6. मानदण्ड सामाजिक नियन्त्रण के एक अभिकरण के रूप में काम करता है। प्रत्येक समाज की अपेक्षा यह होती है कि उसका प्रत्येक सदस्य समान परिस्थिति में समान आचरण करे।
7. मानदण्ड व्यक्तियों के लिए समाज में रोशनी के खम्भे का काम करता है। मानदण्ड व्यक्तियों को यह निर्देश देता है कि उसे कौन-सा आचरण करना है और कौन-सा नहीं करना है।
8. मानदण्ड का सम्बन्ध सामाजिक नैतिकता से भी है। इसे हम विभिन्न प्रकार के वैज्ञानिक तर्कों के आधार पर सही या ग़लत नहीं करार कर सकते हैं, क्योंकि मानदण्डों के अनुसार सामाजिक उपयोगिता एवं आवश्यकताएँ स्वतः विकसित एवं परिवर्तित होती रहती हैं।

मानदण्ड के प्रकार (Kinds of Norms)

मानदण्ड दो प्रकार के होते हैं– **निर्देशात्मक मानदण्ड (Prescriptive Norms)** एवं **निषेधात्मक मानदण्ड (Proscriptive Norms)।** जिस मानदण्ड से हमारा आचरण निर्देशित होता है, उसे निर्देशात्मक मानदण्ड कहा जाता है और जो मानदण्ड हमें किसी आचरण को करने की इजाजत नहीं देता है उसे निषेधात्मक मानदण्ड कहा जाता है। जैसे– प्रत्येक आधुनिक समाज यह अपेक्षा रखता है कि सार्वजनिक स्थानों पर किसी को नग्न नहीं घूमना चाहिए। यह एक निषेधात्मक मानदण्ड का उदाहरण है, लेकिन समाज यदि यह मानता है कि लोगों को अपने माता-पिता का आदर करना चाहिए तो उसे निर्देशात्मक मानदण्ड कहा जाता है। दूसरे शब्दों में, समाज जो नहीं करने की इजाजत देता है उसे निषेधात्मक मानदण्ड कहा जाता है और जो व्यवहार समाज अपने सदस्यों को खास ढंग से सम्पादन करने की अपेक्षा रखता है, उसे निर्देशात्मक मानदण्ड कहा जाता है। निर्देशात्मक एवं निषेधात्मक मानदण्ड में क्या फ़र्क है, इसे लेस्ली (Leslie *et al.*, 1980: 79) ने बहुत ही स्पष्ट ढंग से रखा है– "निर्देशात्मक मानदण्ड निर्देश देता है, जो लोगों को करना चाहिए तथा निषेधात्मक मानदण्ड लोगों को यह निर्देश करता है कि लोगों को क्या नहीं करना चाहिए।" (Prescriptive norms dictate what people should do and proscriptive norms what people should not do.) इससे स्पष्ट होता है कि निर्देशात्मक मानदण्ड का सम्बन्ध 'Should Behaviour' एवं निषेधात्मक मानदण्ड का सम्बन्ध 'Should-not Behaviour' से है। निषेधात्मक मानदण्ड का ही दूसरा नाम निषेध (Taboos) है।

समाज में कुछ ऐसे भी मानदण्ड होते हैं, जो सार्वभौम होते हैं। समाज के हर एक सदस्य को उस मानदण्ड के अनुसार ही आचरण करना होता है। वैसे आदर्श या मानदण्ड को **सामुदायिक मानदण्ड (Communal Norms)** कहा जाता है। दूसरी तरफ समाज में कुछ ऐसे भी मानदण्ड होते हैं, जो समाज के विभिन्न उपखण्डों के स्तर पर पाये जाते हैं, उसे बीयरस्टेट ने **सहचारी मानदण्ड (Associational Norms)** कहा है। जैसे भारतीय समाज में अपने गुरुजनों को प्रणाम करना सामुदायिक मानदण्ड (Communal Norms) कहा जाता है। हिन्दुओं के द्वारा जनेऊ धारण करना एक सहचारी मानदण्ड (Associational Norms) है, किन्तु हिन्दू समाज में तमाम जातियों के लिए समान रूप से यह आवश्यक नहीं है।

जो आज सामुदायिक मानदण्ड है, वह कल सहचारी मानदण्ड भी हो सकता है। उसी तरह जो आज सहचारी मानदण्ड है, वह कल सामुदायिक मानदण्ड भी हो सकता है। कभी ऐसा भी होता है कि सामुदायिक मानदण्ड एवं

सहचारी मानदण्ड समय के साथ समाप्त हो जाता है और उसकी जगह कोई नया सामुदायिक मानदण्ड एवं सहचारी मानदण्ड स्थापित हो जाता है।

कुछ समाजशास्त्रियों ने मानदण्ड को एक-दूसरे ढँग से वर्गीकृत किया है, जैसे- **वास्तविक मानदण्ड (Real Norms)** एवं **नैतिक मानदण्ड (Idealized Norms)**। जैसे- यदि हम यह कहें कि अहिंसा परम धर्म है, झूठ नहीं बोलना चाहिए या हमें पूरी ईमानदारी से काम करना चाहिए, तो इसे नैतिक मानदण्ड कहा जायेगा। लेकिन व्यवहार में हम कुछ और ही करते हैं। क्रोध में हम थोड़ा हिंसक भी हो जाते हैं, अपने किसी खास उद्देश्य की पूर्ति के लिए झूठ भी बोल लेते हैं या कभी हम अपने कार्य में पूरी निष्ठा नहीं रखते हैं। समाज ऐसे साधारण नैतिक विचलनों को सहन करता है। कर्त्ता को इसके लिए कोई विशेष दण्ड नहीं दिया जाता है। यह भी एक किस्म का सामाजिक मानदण्ड है। इस प्रकार वास्तविक जीवन के आचरण को हम वास्तविक मानदण्ड कहते हैं। कुछ समाजशास्त्रियों ने इसे **Statistical Norms** भी कहा है।

बीयरस्टेट ने मानदण्ड को 14 भागों में बाँटा है, जैसे- कानून (Laws), अधिनियम (Statutes), नियम (Rules), नियमन (Regulations), प्रथा (Customs), लोकाचार (Folkways), लोकरीति (Mores), निषेध (Taboos), फैशन (Fashion), संस्कार (Rites), कर्मकाण्ड (Rituals), समारोह (Ceremonies), परम्परा (Conventions), शिष्टाचार (Etiquette)। उन्होंने इन 14 प्रकार के मानदण्डों को तीन भागों में विभाजित किया है। वे हैं- लोकाचार (Folkways), लोकरीति (Mores) एवं कानून (Law)। यहाँ पर इन तीनों प्रकार के मानदण्डों की अलग-अलग चर्चा की जा रही है।

1. लोकरीतियाँ (Folkways)[2]

दुनिया का प्रत्येक समाज विभिन्न प्रकार के सामाजिक नियम-कानूनों से चलता है, जिसे समाजशास्त्र के क्षेत्र में मानदण्ड (Norms) कहा जाता है। अमरीकी समाजशास्त्री समनर (William Graham Sumner) ने तमाम सामाजिक नियम-कानूनों, मान्यताओं एवं दस्तूरों को दो भागों में विभाजित किया, जिसे लोकरीतियाँ (Folkways) एवं लोकाचार (Mores) कहा है। दूसरी तरफ हम यहाँ यह देख रहे हैं कि लोकरीति मानदण्ड का एक हिस्सा मात्र है।

लोकरीति का शाब्दिक अर्थ होता है आमलोगों की रीति-रिवाज़। मनुष्य की आवश्यकताएँ अनन्त हैं और उन आवश्यकताओं की पूर्ति के लिए वह बहुत तरह के नियमों का निर्माण या आविष्कार करता रहा है, लेकिन नियमों का विकास भौगोलिक एवं आर्थिक-सामाजिक परिस्थितियों के सन्दर्भ में ही होता है, इसीलिए हर समाज की अलग-अलग लोकरीतियाँ होती हैं।

समनर ने बताया है कि लोकरीतियों का तात्पर्य व्यवहार के उन अपेक्षित एवं संचित तरीकों से हैं, जो एक विशेष परिस्थिति में सामाजिक क्रियाओं की आवश्यकता को पूरा करने के फलस्वरूप उत्पन्न होता है। इसका अर्थ यह हुआ कि लोकरीतियों की उत्पत्ति विचारपूर्ण ढंग से होती है तथा समस्त सामाजिक समूह उसे स्वीकार करता है। तभी तो मकीवर और पेज ने कहा है कि "लोकरीतियाँ समाज में आचरण के मान्य या स्वीकृत तरीके हैं।" (The folkways, then, are the recognized or accepted ways of behaving in society.) समाज प्रत्येक व्यक्ति से यह आशा रखता है कि किस परिस्थिति में उसे किस ढंग से व्यवहार करना चाहिए। व्यवहारों की अपेक्षा हर समाज में अलग-अलग प्रकार की होती है। इसीलिए प्रत्येक समाज की अपनी-अपनी लोकरीतियाँ होती हैं। किसी व्यक्ति को किस प्रकार बैठकर भोजन करना चाहिए, किसी से मिलने पर किस ढँग से अभिनन्दन करना चाहिए, विदाई के समय कैसा व्यवहार करना है, किस अवसर पर किस प्रकार का वस्त्र पहनना है, महिलाओं के साथ पुरुषों का व्यवहार कैसा होगा, बच्चे बड़ों के साथ किस प्रकार बातचीत करेंगे, इस प्रकार के हजारों अपेक्षित व्यवहारों को लोकरीति कहा जाता है। पी.बी. हॉर्टन एवं सी.एल. हण्ट (P.B. Horton and C.L. Hunt) ने स्पष्ट शब्दों में कहा है कि "लोकरीतियाँ मात्र

2. पाठक यहाँ ध्यान दें कि इस शब्द का सही उच्चारण मात्र **'फॉकवेज'** होता है।

ऐसी प्रथागत, स्वाभाविक, रिवाज़ी तरीके हैं, जो कोई समूह करता है।" (Folkways are simply the customary, normal, habitual ways a group does things.)

जैसा कि ऊपर कहा जा चुका है कि लोकरीति एक अपेक्षित व्यवहार है, यह एक ज़रूरी व्यवहार नहीं है। यदि कोई व्यक्ति अपेक्षित व्यवहार नहीं करता है, तो समाज उसे कोई विशेष दण्ड नहीं देता है। समाज ऐसे लोगों को निन्दा या हल्के-फुल्के ढँग से फटकार सुनाकर चुप हो जाता है। लोकरीति के पीछे सामाजिक दबाव बहुत कम होता है। इसीलिए जी.आर. लेस्ली एवं अन्य समाजशास्त्रियों (Gerald R. Leslie *et al.*) ने इसे अपेक्षित व्यवहार (Should Behaviour) कहा है। उदाहरणस्वरूप, बिहार में यह उम्मीद की जाती है कि यदि घर पर कोई बुजुर्ग अतिथि आते हैं तो उन्हें हाथ जोड़कर प्रणाम करना चाहिए, लेकिन यदि कोई व्यक्ति उस परम्परागत ढँग से अभिनन्दन नहीं करता है, तो ऐसे लोगों की थोड़ी-बहुत निन्दा तो की जाती है, पर समाज उसे कोई कठोर दण्ड नहीं देता है। अपेक्षित व्यवहार मात्र अपेक्षित ही होता है, नितान्त आवश्यक नहीं। दूसरे शब्दों में, लोकरीति एक 'Should Behaviour' है, 'Must Behaviour' नहीं। Must Behaviour को लोकाचार कहा जाता है।

लोकरीति की विशेषताएँ (Characteristics of Folkways)— लोकरीति की प्रमुख विशेषताएँ इस प्रकार हैं–

1. सामाजिक संरचना की हिफ़ाज़त— लोकरीति समाज की सांस्कृतिक बुनियादी ढाँचे को बनाये रखने में मदद करता है। इसके द्वारा हम अपनी आवश्यकताओं को सहजतापूर्वक पूरा करते हैं। लोकरीति के माध्यम से समाज और संस्कृति का स्वरूप स्पष्ट होता है।

2. आचरण में सहजता— व्यक्तियों को किस परिस्थिति में कैसा व्यवहार करना चाहिए, इसका ज्ञान लोकरीति के माध्यम से होता है। इतना ही नहीं लोगों को लोकरीति के द्वारा यह भी मालूम होता है कि किस समय कौन-सा काम करना चाहिए, किसी काम को कैसे करना चाहिए, कौन-सा काम उचित और कौन-सा अनुचित है, इत्यादि। लोकरीति एक प्रकार का **प्रारूप (Model)** है, जिसके आधार पर व्यक्ति समाज में आचरण करता है।

3. एक स्वीकृत विधि के रूप में— लोकरीति समाज की एक स्वीकृत विधि का नाम है। हर समाज ने अपने अनुभवों के आधार पर एक लम्बे समय में यह तय किया है कि किस अवसर पर किसी व्यक्ति के लिए कौन-सा व्यवहार सही होगा, ऐसा समाज ने अपने हितों की हिफाजत के लिए किया है। जिस सामाजिक व्यवहार को समाज स्वीकार नहीं करता है, उसे लोकरीति नहीं कहा जा सकता है। लोकरीति कहे जाने के लिए यह ज़रूरी है कि समाज के अधिकांश लोग उसे स्वीकार करते हों।

4. लोकरीति एक गत्यात्मक परम्परा है— चूँकि लोकरीति का आधार परम्परागत आचार एवं व्यवहार है इसीलिए हमें यह नहीं मानना चाहिए कि वह एक स्थिर व्यवस्था है। लोकरीतियाँ समय और परिस्थितियों के अनुसार बदलती रहती हैं। कुछ लोकरीतियाँ पुरानी होकर समाप्त हो जाती हैं, तो कुछ पहले से ज़्यादा प्रचलित हो जाती हैं, कभी-कभी नयी लोकरीतियाँ भी समाज में पैदा हो जाती हैं। साधारणतया लोकरीतियों की परम्परा एकदम समाप्त नहीं होती। पुरानी लोकरीतियों के साथ नयी लोकरीतियाँ जुड़ जाती हैं। इस तरह से लोकरीति निरन्तर विकसित और संग्रहीत होती रहती हैं।

5. एक सांस्कृतिक तत्त्व के रूप में— लोकरीति संस्कृति का एक प्रमुख तत्त्व है। हर संस्कृति में अलग-अलग प्रकार की लोकरीतियाँ पायी जाती हैं। लोकरीतियों के आधार पर हम एक संस्कृति से दूसरी संस्कृति को अलग कर सकते हैं। यह विश्व की हर संस्कृति में पायी जाती है, अर्थात् लोकरीति संस्कृति का एक विश्वव्यापी तत्त्व है।

6. एक अमूर्त व्यवस्था— लोकरीति एक अमूर्त सामाजिक व्यवस्था है। इसे हम आचार-व्यवहार में देख सकते हैं, पर इसका कोई भौतिक स्वरूप नहीं होता है। यह एक **व्यक्तिनिष्ठ तथ्य (Subjective Phenomenon)** है। इसकी उत्पत्ति सम्पूर्ण सामाजिक चिन्तनशैली एवं व्यवहार से होती है। समाज के कुछ लोगों के व्यवहार से लोकरीति नहीं बनती। जब तक समाज के तमाम लोग उसे अच्छा मानकर स्वीकार नहीं करते, तब तक कुछ व्यक्तियों के व्यवहार को लोकरीति नहीं कहा जा सकता। दूसरे शब्दों में, लोकरीति एक सामूहिक प्रक्रिया है। यह एक सामूहिक आचरण का द्योतक है।

7. सामाजिक संरक्षण— हर लोकरीति को सामाजिक संरक्षण प्राप्त होता है। चूँकि समाज अपनी लोकरीति में विश्वास रखता है, इसीलिए उसका विरोध करने वालों का समाज विरोध करता है। जो लोग अपने समाज की लोकरीतियों का उल्लंघन करते हैं, उन्हें समाज अच्छे व्यक्ति के रूप में नहीं लेता है। कभी समाज उनकी निन्दा करता है, तो कभी समाज उन्हें हल्के-फुल्के ढँग से दण्डित करने का भी प्रयास करता है। यह स्वाभाविक भी है, क्योंकि लोकरीति की हिफ़ाज़त में ही समाज अपनी भलाई देखता है। लोकरीति के आधार पर समाज व्यक्तियों का समाजीकरण (Socialization) करता है। इस तरह समाजीकरण के द्वारा लोकरीति और सामाजिक संरचना को एक अनवरतता मिलती है। चूँकि प्रत्येक समाज चाहता है कि उसके सभी सदस्य उसके धर्म में विश्वास करें, धर्म के खिलाफ लोग व्यवहार नहीं करें, प्रतिकूल व्यवहार से धार्मिक विश्वास को खतरा है। अतः हर एक समाज अपने-आपको आने वाले दिनों में बनाये रखने के लिए अपने सदस्यों से यह आशा करता है कि वह अपने धर्म या मज़हब के अनुकूल व्यवहार करे और ऐसा समाजीकरण के द्वारा ही सम्भव हो पाता है।

2. लोकाचार (Mores)[3]

लोकरीति की तरह लोकाचार पर भी सबसे पहले अमरीकी समाजशास्त्री **समनर** ने ही विचार किया था। उन्होंने अपनी पुस्तक **Folkways** में पहली बार लोकाचार (Mores) को Folkways से अलग किया। जैसा कि पहले कहा जा चुका है कि हर एक समाज कुछ खास किस्म के नियमों से चलता है। उन्हीं नियमों में कुछ ऐसे नियम भी होते हैं, जिन्हें समाज किसी को तोड़ने की इजाजत नहीं देता है। उन्हें तोड़ना समाज बिलकुल अनैतिक मानता है। अतः इन नियमों को तोड़ने वाले को समाज दण्ड भी देता है। ऐसे तमाम नियमों को समनर ने लोकाचार कहा है, जैसे– उत्तर भारत के हिन्दू समाज में चचेरे, ममेरे एवं फुफेरे भाई-बहनों के बीच शादी-विवाह वर्जित है। जो लोग इस नियम-कानून का उल्लंघन करेंगे, समाज उन्हें वहिष्कार कर दण्डित करता है। इसलिए लोग इस ढँग के लोकाचार का उल्लंघन करने की हिम्मत नहीं जुटा पाते हैं। विलियम पी. स्कॉट (William P. Scott) ने अपनी पुस्तक **Dictionary of Sociology** में इस तथ्य की पुष्टि करते हुए स्पष्ट ढँग से कहा है कि "लोकाचार को मानना वैकल्पिक नहीं है और अनुरूपता में कमी को कठोर ढंग से दण्डित किया जाता है।" (Conformity to the mores is not optional, and non-conformity is severely sanctioned.)

मकीवर और पेज ने लोकाचार के बारे में कहा है कि लोकाचार एक प्रकार का व्यक्तियों के आचरण का नियंत्रक (Regulator) है। लोकाचार को हमेशा समाज के द्वारा सही और नैतिक माना जाता है। लोकाचार एक ऐसा नैतिक नियम या मूल्य है, जिसे समाज कभी भी टूटते हुए नहीं देख सकता है। चूँकि लोकाचार को समाज के तमाम व्यक्तियों की स्वीकृति रहती है, इसीलिए उसके टूटने से समाज में बेचैनी होती है। लोकाचार को समाज अपने स्थायित्व का आधार मानता है। उसे तोड़ने वाले को समाज विभिन्न तरह से दण्डित करने का प्रयास करता है। यदि कोई व्यक्ति समाज के प्रचलित तरीकों के ख़िलाफ़ अपने ढंग से वस्त्र पहनता है, तो उसे लोकरीति का उल्लंघन माना जायेगा, पर यदि कोई नंगा होकर सड़क पर घूमने का प्रयास करता है, तो उसे लोकाचार का उल्लंघन कहा जायेगा। इस ढँग के अभद्र व्यवहार को समाज पूरी तरह अनैतिक मानता है। समाज ऐसे लोगों की निन्दा करेगा या कुछ लोग ऐसे लोगों को गाली देंगे, तो कुछ लोग उन पर ढेला-पत्थर भी फेंक सकते हैं। दूसरे शब्दों में, लोकरीति जब पूरी तरह समाज के लिए नैतिक एवं लाभकारी मानी जाती है, तो लोकरीति लोकाचार का स्थान ग्रहण कर लेती है। लोकरीति और लोकाचार में इतना ही फ़र्क है कि लोकरीति का उल्लंघन करने वाले को समाज कोई दण्ड नहीं देता है, जबकि लोकाचार के उल्लंघन करने वाले को समाज अधिक-से-अधिक दण्ड देने का प्रयास करता है। लोकरीति के साथ कोई बहुत नैतिकता की बात नहीं होती है, पर लोकाचार को पूरी तरह नैतिक माना जाता है। लोकाचार का उल्लंघन एक प्रकार का **निषेध (Taboo)** माना जाता है।

---

3. Mores का शुद्ध उच्चारण मात्र **'मोरेज'** होता है, 'मोरेस' या मोर्स नहीं।

यह सत्य है कि हर समाज में कुछ-न-कुछ लोकाचार अवश्य पाया जाता है, पर यह कोई ज़रूरी नहीं है कि जो एक जगह लोकाचार है वही दूसरी जगह पर लोकाचार भी हो। जैसे– मुसलमानों के बीच चचेरे, ममेरे एवं फुफेरे भाई-बहनों के बीच शादी करना लोकाचार का उल्लंघन नहीं है। उत्तर भारत के हिन्दुओं के बीच मामा-भगिनी के बीच विवाह लोकाचार का उल्लंघन है, जबकि दक्षिण भारत के हिन्दुओं के बीच मामा-भगिनी का विवाह लोकाचार का समर्थन है। ऐसे लोकाचार बहुत कम हैं, जो विश्वस्तर पर स्वीकार किये जाते हों। भाई-बहन, माँ-बेटे या पिता-पुत्री के बीच वर्जित यौन-सम्बन्ध विश्वव्यापी लोकाचार के कुछ सीमित उदाहरण हैं।

यहाँ यह भी उल्लेख करना आवश्यक लगता है कि समय के साथ लोकरीति लोकाचार बन जाती है और लोकाचार लोकरीति।

लोकाचार भी एक प्रकार की लोकरीति है, लेकिन यह आम किस्म की लोकरीति नहीं है। जब लोकरीति के साथ सामाजिक हित की बात जुड़ जाती है, तब उसे लोकाचार कहा जाता है। भारतीयों के द्वारा धोती और पायजामा पहनना एक प्रकार का लोकाचार है। उसी तरह से हिन्दुओं के द्वारा चंदन-टीका करना, टीक रखना या जनेऊ पहनना एक प्रकार की लोकरीति है। टीक न रखना या धोती की जगह पतलून पहनना या चंदन-टीका नहीं करना, यह मात्र लोकरीति का उल्लंघन है, लेकिन दूसरी तरफ निर्वस्त्र रहना, दो विभिन्न जातियों के बीच शादी करना या किसी वैचारिक मतभेद के चलते माता-पिता के साथ ग़लत व्यवहार करना लोकाचार का उल्लंघन है।

लोकाचार का पालन करना अनिवार्य माना गया है। इसकी अवहेलना दण्डनीय है। लोकाचार एक प्रकार का नैतिक मूल्य है। लोकाचार में समाज-कल्याण की भावना छिपी होती है। इसीलिए तो कहा जाता है कि **लोकरीति + सामाजिक कल्याण की भावना = लोकाचार।**

लोकाचार की विशेषताएँ (Characteristics of Mores)— यहाँ हम कुछ लोकाचार की विशेषताओं पर संक्षेप में विचार करेंगे। इससे लोकाचार का अर्थ और भी ज़्यादा स्पष्ट हो जाता है।

1. सामाजिक नियन्त्रण के एक साधन के रूप में— लोकाचार के द्वारा व्यक्तियों का व्यवहार समाज में निर्धारित होता है। चूँकि लोकाचार आचरण का एक प्रकार का प्रतिरूप (Model) है, इसीलिए समाज यह अपेक्षा रखता है कि प्रत्येक व्यक्ति उसके अनुरूप व्यवहार करे। व्यक्तियों को अपने आचरण के बारे में यह सोचने की आवश्यकता नहीं रहती है कि उसे क्या करना है या क्या नहीं करना है। वह सामाजिक दबाववश सामाजिक प्रतिमान के अनुरूप व्यवहार करता है।

2. समूह कल्याण की भावना— हर एक लोकाचार में समूह कल्याण की भावना छिपी होती है। प्रत्येक समाज यही मानता है कि उस समाज की भलाई इसी में है कि समाज के तमाम लोग एक लम्बे समय से प्रचलित लोकाचार में विश्वास रखें।

3. नैतिक नियमों का समूह— लोकाचार समाज में प्रचलित नैतिक नियमों का समूह है, यह ऐसे नैतिक नियमों का समूह है, जिसके पीछे समाज का अधिकतम बल होता है। यही कारण है कि लोकाचार का पालन नहीं करने वाले लोगों को समाज दण्डित करता है।

4. तार्किकता का अभाव— लोकाचार में तार्किकता का अभाव होता है। व्यक्ति को इस बात पर विचार करने की आज़ादी नहीं होती है कि यह नैतिक नियम सही है या ग़लत। समाज में चले आ रहे परम्परागत नियमों का उसे हर परिस्थिति में पालन करना होता है। समाज में रहने के कारण व्यक्ति अपने समाज के मूल्यों को बाध्य होकर स्वीकार करता है। प्रत्येक हिन्दू को किसी-न-किसी जाति में रहना है, यह लगभग उसकी बाध्यता है।

5. एक कठोर नियम— समाज बहुत तरह के नियमों से चलता है और जो नियम सबसे कठोर माना जाता है उसे ही लोकाचार कहा जाता है। जैसा कि पहले कहा जा चुका है कि साधारण नियमों को लोकरीति की श्रेणी में रखा जाता है। किसी नियम के कठोर होने की पहचान यही है कि समाज उसका उल्लंघन करने वाले को कितना अधिक दण्डित करता है।

6. एक सामाजिक स्वरूप— लोकाचार का स्वरूप सामाजिक होता है। यह समय के साथ स्वत: समाज में विकसित होता है। समाज में इसका विकास और संचयन धीरे-धीरे चलता रहता है। राज्य के द्वारा बनाये गये कानूनों को लोकाचार नहीं कहा जा सकता है। लोकाचार से कानून की उत्पत्ति तो होती है, पर कानून से शायद ही लोकाचार की उत्पत्ति होती है।

7. व्यक्ति और समाज के बीच एक कड़ी के रूप में— लोकाचार व्यक्ति को समाज से जोड़ता है। जो लोग लोकाचार के अनुसार समाज में चलते हैं, उन्हें समाज अच्छा मानता है। जो लोग इसका विरोध करते हैं, उन्हें समाज अपना दुश्मन या पागल समझता है। लेकिन कभी-कभी महान् क्रान्तिकारी व्यक्ति लोकाचार विरोधी होता है और समाज उसे बुरा मानता है।

लोकरीति और लोकाचार में अन्तर (Differences between Folkways and Mores)

कभी-कभी लोकरीति और लोकाचार के बीच अन्तर स्पष्ट करना काफी कठिन हो जाता है, इसीलिए कि दोनों ही परम्परागत सामाजिक नियमों से जुड़े हुए हैं। इसके साथ ही वे दोनों आचरण के प्रतिमान भी हैं। लोकरीति और लोकाचार के बीच एक प्रकार की अनवरतता है, जो आज लोकाचार है, वह कल लोकरीति भी बन सकता है। लोकरीति और लोकाचार के बीच सदैव अन्त:क्रिया चलती रहती है। इस सम्बन्ध में एक और महत्त्वपूर्ण बात यह है कि कभी-कभी यह स्पष्ट नहीं हो पाता है कि कोई सामाजिक नियम-कानून लोकरीति है या लोकाचार। इस समानता के बावजूद दोनों में कुछ बुनियादी फ़र्क भी हैं, जो इस प्रकार हैं—

1. लोकरीति सामाजिक व्यवहार एवं आचरण की सामान्य विधियों को कहा जाता है, जैसे— वस्त्र पहनने की शैली, अभिवादन करने के अपने-अपने तरीके। कभी-कभी हम अभिवादन के क्रम में नमस्कार की जगह 'हैलो' से भी काम चला लेते हैं। धोती की जगह पैण्ट-शर्ट या कुर्त्ता-पायजामा भी कभी पहन लेते हैं। इस प्रकार इस अर्थ में लोकरीति एक अनिवार्य कार्यविधि नहीं है। ठीक इसी प्रकार लोकाचार भी आचरण की विधियाँ हैं, परन्तु लोकाचार का पालन करना समाज के तमाम सदस्यों के लिए अनिवार्य होता है।

2. लोकरीतियों की अवहेलना करने पर व्यक्ति समाज द्वारा दण्डित नहीं किया जाता है, पर लोकाचार की अवहेलना करनेवाले लोगों को समाज कुछ-न-कुछ दण्ड अवश्य देता है, जैसे— जाति से निष्कासित करना इत्यादि।

3. सामाजिक जीवन को चलाने के कुछ स्वीकृत तरीकों को लोकरीति कहते हैं। लोकरीति के पालन के सम्बन्ध में कल्याण-अकल्याण की भावना को नहीं देखा जाता है। हम अभिवादन जिस ढंग से चाहें, करें। यह एक लोकरीति है। पर लोकाचार का अर्थ होता है, **लोकरीति + समाज कल्याण**। जिस लोकरीति में सामाजिक कल्याण का भाव तथा विचार जुट जाता है उसे हम लोकाचार कहते हैं। विवाह तथा यौन-आचरण जैसे लोकाचार के तरीकों में समाज द्वारा कोई छूट नहीं मिलती है।

4. लोकरीति से उचित-अनुचित अथवा कल्याण-अकल्याण का विचार जुड़ा रहना आवश्यक नहीं है। परन्तु लोकाचार पूरे समूह के नैतिक विचार, उचित-अनुचित, कल्याण-अकल्याण सम्बन्धी धारणाओं को अभिव्यक्त करता है।

5. लोकरीति का पालन करना व्यक्ति के निजी हित में होता है, परन्तु लोकाचार का पालन करना समूह के हित में आवश्यक होता है, जैसे— प्रत्येक व्यक्ति को कोई-न-कोई वस्त्र पहनना ही है।

6. लोकरीति में निषेधाज्ञा नहीं रहती है। लोकरीति में यह काम करना है या यह काम नहीं करना है, ऐसा कुछ नहीं होता है। दूसरी तरफ लोकाचार में कुछ काम वर्जित होता है, चूँकि उससे समाज का अहित होता है। इसीलिए लोकाचार में निषेधाज्ञा रहती है, जैसे— विधवा भाभी-देवर के बीच हिन्दुओं में शादी वर्जित है।

7. लोकरीति समय और परिस्थिति के प्रभाव से बदलती रहती है। भारत में आज खान-पान, रहन-सहन, वस्त्र, फैशन, इत्यादि लोकरीतियों में समय के अनुकूल बदलाव हो रहा है। लोकाचार अपेक्षाकृत अधिक स्थायी होता है।

इसमें परिवर्तन बहुत लम्बी अवधि के बाद थोड़ा-बहुत सम्भव होता है। आज भी बड़े शहरों में अपनी ही जाति के अन्दर अधिक विवाह हो रहे हैं। अन्तर्जातीय विवाह आज भी नगण्य हैं।

8. लोकरीति कुछ विशिष्ट प्रकार के काम करने का सरल सामाजिक तरीका है, जैसे राह चलते कोई परिचित व्यक्ति से सामान्य अभिवादन करना। लोकरीतियाँ जीवन को सहज व आसान बना देती हैं। दूसरी तरफ, लोकाचार को पूरे समूह का आदेश समझा जाता है। यह सामाजिक नियन्त्रण का कठोर साधन है। इसका उल्लंघन करने वाले को समाज कभी माफ नहीं करता है।

3. कानून (Law)

समाज में व्यक्तियों का व्यवहार मुख्य रूप से लोकरीतियों एवं लोकाचार से निर्धारित होता है। लेकिन राज्य के अन्तर्गत राज्य के नागरिकों के व्यवहार का नियन्त्रण राज्य के कानून से होता है। कानून आधुनिक समाज की प्रमुख विशेषता है, क्योंकि प्रत्येक आधुनिक समाज के साथ राज्य अवश्य जुड़ा हुआ होता है। जिस प्रकार लोकाचार और लोकरीतियों का निर्माण समाज में स्वत: होता है, कानून का निर्माण उस तरह से नहीं होता है। कानून तो कहीं कुछ लोग बैठकर, सोच-समझकर, योजनाबद्ध तरीके से बनाते हैं। यह सही है कि कानून का निर्माण राजनीतिक नेताओं के द्वारा होता है, लेकिन इसका निर्माण सामाजिक नियम-कानून को ध्यान में रखकर ही किया जाता है, क्योंकि जो कानून सामाजिक मूल्यों एवं मान्यताओं का विरोधी होता है, समाज उसका विरोध करता है।

लोकरीतियों और लोकाचार के विपरीत साधारणतया कानून लिखित होते हैं और ज़रूरत पड़ने पर न्यायपालिका इसका विश्लेषण करती है। न्यायपालिका का मुख्य काम राज्य के कानूनों को अमल कराना, इसका विश्लेषण करना है। जैसा कि ऊपर स्पष्ट किया जा चुका है कि लोकरीतियों और लोकाचार का सहज ढँग से विकास होता है, जैसे- किसी व्यक्ति को कैसे बैठना चाहिए, कैसा वस्त्र पहनना चाहिए या किस प्रकार भोजन करना चाहिए। ये तमाम ऐसी विभिन्न किस्म की लोकरीतियों का स्वत: विकास हुआ है। इनका विकास हमेशा सामाजिक अन्त:क्रिया के माध्यम से होता है, लेकिन कानून को विधानसभाओं और संसदों के माध्यम से निर्मित किया जाता है और न्यायालयों एवं पुलिस के माध्यम से उस पर अमल किया जाता है। राज्य सीधे रूप में अपने सदस्यों को कानून पालन करने के लिए बाध्य करता है, लेकिन लोकरीति एवं लोकाचार का पालन करवाने के लिए समाज साधारणतया अप्रत्यक्ष ढँग से लोगों को बाध्य करता है।

कानून राज्य का औपचारिक मानदण्ड है। यह प्रत्येक आधुनिक समाज की विशेषता है। कानूनी मानदण्ड के पीछे राज्य की शक्ति होती है। आधुनिक समाज में जेल भेजना, जुर्माना लगाना, मौत की सज़ा सुनाना इत्यादि कानूनी मानदण्डों को लागू करने का अधिकार केवल राज्य को ही प्राप्त है। कानून प्राय: रीति-रिवाज़ों एवं मूल्यों की व्युत्पत्ति होता है, परन्तु सामाजिक मानदण्ड कानून का रूप तभी धारण करता है, जब राज्य का उसे समर्थन प्राप्त होता है। संविधान, अध्यादेश एवं औपचारिक व्यवस्था (या नौकरशाही व्यवस्था) की तमाम नियमावलियां एवं परम्पराएँ कानून के अन्तर्गत आती हैं।

सामान्यतया कानून का स्वरूप औपचारिक होता है। चूँकि कानून विभिन्न प्रकार के नियमों की तुलना में काफी विकसित और जटिल होता है, इसलिए यह साधारणतया लिखित होता है। कानून को हम मुख्य रूप से दो भागों में बाँट सकते हैं- **(1) प्रथागत कानून (Customary Law)** एवं **(2) पारित कानून (Legislated Law)**। जिन कानूनों को सामाजिक प्रथाओं, मानदण्डों, आदर्शों एवं विभिन्न प्रकार के नैतिक मूल्यों को ध्यान में रखकर विकसित किया जाता है, उन्हें प्रथागत कानून कहते हैं, जैसे- भारत में Hindu Law एवं Muslim Law प्रथागत कानून के उदाहरण हैं। प्रथागत कानून हमेशा लिखित ही नहीं होते हैं। बहुत सारे आदिम जातियों के बीच भी प्रथागत कानून पाये जाते हैं, जिन्हें अभी तक संहिता का स्वरूप नहीं दिया गया है।

जटिल या आधुनिक समाजों के अन्तर्गत पारित कानूनों की प्रधानता होती है। आधुनिक समाजों में भाषा एवं लिपि के विकास के कारण कानूनों का स्वरूप लिखित होता है। विधानसभाओं, विधानपरिषदों एवं संसदों के

द्वारा जिन कानूनों का निर्माण किया जाता है वे तमाम पारित कानून कहलाते हैं। पारित कानून हमेशा किसी निश्चित योजना के तहत किसी खास समय में विकसित किये जाते हैं। कार्यपालिका के द्वारा इनको लागू किया जाता है और न्यायपालिका के द्वारा इनकी रक्षा की जाती है। पारित कानून जितनी आसानी से योजनाबद्ध तरीके से निर्मित होता है, उतनी ही आसानी से योजनाबद्ध तरीके से परिवर्तित भी होता है। कानून आधुनिक राज्य का एक ऐसा अभिकरण है, जिससे उस राज्य में रहने वाले तमाम लोगों का आचरण नियन्त्रित और निर्धारित होता है। भारत का संविधान पारित कानून का एक उदाहरण है।

विभिन्न मानदण्डों के बीच सम्बन्ध (Relationships between Various Kinds of Norms)

लोकरीति, लोकाचार एवं कानून के बीच बहुत ही महत्त्वपूर्ण सम्बन्ध है। यदि हम दण्ड विधान (Sanction) के स्तर पर इन तीनों तरह के मानदण्डों का विश्लेषण करते हैं तो पता चलता है कि लोकरीति, लोकाचार एवं कानून के बीच एक प्रकार की अविच्छिन्नता (Continuum) पायी जाती है, अर्थात् लोकरीति की तुलना में लोकाचार के पीछे ज़्यादा उत्पीड़न (Coercion) और कानून के पीछे लोकाचार की तुलना में अधिक उत्पीड़न है। लोकरीतियों का उल्लंघन समाज बर्दाश्त करता है, पर लोकाचार का उल्लंघन करने पर समाज दण्डित करता है। उसी प्रकार कानून को तोड़ने वाले को राज्य दण्डित करता है।

इन तीनों मानदण्डों के बीच एक महत्त्वपूर्ण सम्बन्ध यह है कि समय के साथ लोकरीति, लोकाचार में और फिर लोकाचार, लोकरीति में परिणत हो जाता है। यह स्वाभाविक है कि समाज के कोई भी नियम कानून शाश्वत नहीं है। समय और परिस्थितियों के मुताबिक़ किसी नियम के पीछे समाज के दण्ड विधान बदलते रहते हैं, जैसे– प्राचीनकाल में ब्राह्मणों के लिए टीक रखना, जेनेऊ धारण करना एवं पूजा करना लोकाचार था, तो आज वह लोकरीति में परिणत हो गया है। यदि कोई ब्राह्मण टीक नहीं रखता है या जनेऊ नहीं पहनता है, तो इस बात के लिए समाज को कोई विशेष चिन्ता नहीं होती है। समाज ऐसे ग़ैर-परम्परागत ब्राह्मणों को दण्डित नहीं करता है। दूसरी तरफ हमें यह भी देखने को मिलता है कि बहुत सारे सामाजिक विश्वास कानून का अंग बन गये हैं। जैसे– मुस्लिम कानून (Muslim Law) एवं हिन्दू कानून (Hindu Law) के अन्तर्गत ऐसे बहुत सारे कानून हैं, जिनका सम्बन्ध लोगों के धार्मिक विश्वासों एवं मान्यताओं से है, जैसे– मुसलमानों के बीच एक से अधिक विवाह करना एक कानूनी घटना है, लेकिन हिन्दू समाज में पत्नी के जीवन-काल में दूसरा विवाह करना ग़ैरकानूनी है। हिन्दू कानून के मुताबिक लोगों को अपने माता-पिता की सम्पत्ति में उनके जीवन-काल में कोई अधिकार नहीं होता है, लेकिन पूर्वजों की सम्पत्ति में प्रत्येक भाई को समान अधिकार है। उसी प्रकार महिलाओं को अपने माँ-बाप की सम्पत्ति में अधिकार प्राप्त है, लेकिन सास-श्वसुर की सम्पत्ति में उनका कोई हक़ नहीं बनता है।

कानून से लोकरीतियों एवं लोकाचार को अप्रत्यक्ष रूप से मदद मिलती है, चूँकि विभिन्न किस्म के कानूनों की उत्पत्ति एवं विकास के पीछे लोकरीतियों एवं लोकाचार की अहम भूमिका होती है। इसलिए कानून सामाजिक नियमों का विरोधी नहीं होता है, बल्कि कानून से उनको समर्थन मिलता है और कानून को लोकरीतियों और लोकाचार से समर्थन मिलता है। प्रत्येक समाज में कानून उस समाज का लोकाचार और लोकरीतियों का निखरा एवं औपचारिक (Crystallized and Formal) स्वरूप होता है। लोकरीतियों एवं लोकाचार की उत्पत्ति पहले होती है और कानून का निर्माण बाद में होता है। इसलिए कहा जाता है कानून एक प्रकार की धीरे-धीरे बढ़ने वाली संस्था है, जबकि लोकरीतियों में कानून की तुलना में अधिक शीघ्रता से परिवर्तन होता है।

कभी-कभी कानून, लोकरीतियों और लोकाचार के बीच तनाव की भी स्थिति उत्पन्न कर देता है। कानून प्रचलित लोकरीतियों और लोकाचार का विरोध करता है, तो औपचारिक एवं अनौपचारिक संरचनाओं के बीच एक प्रकार

का विरोध और तनाव दिखाई पड़ता है। उदाहरणस्वरूप, भारत में एक लम्बे समय तक सती प्रथा का प्रचलन था, लेकिन जब राजाराम मोहन राय ने अंग्रेजी हुकूमत की मदद से सती प्रथा का कानून के माध्यम से विरोध किया तो कट्टर हिन्दुओं ने उस कानून का विरोध किया। वर्तमान समय में दहेज एवं छुआछूत को ग़ैरकानूनी करार किया गया है, लेकिन आज भी ऐसे काफी लोग हैं, जो स्पष्ट तौर पर छुआछूत में विश्वास करते हैं तथा दहेज माँगते और देते हैं।

संक्षेप में, हम यहाँ यही कहना चाहते हैं कि विभिन्न प्रकार के मानदण्डों में परस्पर सहयोग एवं तनाव दोनों चलता रहता है। यहाँ यह भी उल्लेखनीय है कि जब कभी सामाजिक नियमों और राज्य के कानूनों के बीच विरोध या तनाव उत्पन्न होता है, तो अन्त में साधारणतया कानून की ही जीत होती है। लोगों को परम्परागत सामाजिक नियमों को छोड़ना ही पड़ जाता हैं, लेकिन यदि कोई कानून लोकरीति और लोकाचार का पूर्णरूपेण विरोधी है, तो कोई राज्य उस कानून को पारित करने में सफल नहीं हो सकता। सरकार को हमेशा सामाजिक मान्यताओं और आदर्शों को ध्यान में रखकर ही कानून बनाना पड़ता है। वर्तमान समय में राष्ट्रीय स्तर पर इस पर चर्चा हो रही है कि चूँकि भारत में समान किस्म की नागरिकता है, इसलिए समान नागरिक संहिता (Common Civil Code) भी होनी चाहिए। लेकिन चूँकि मुसलमान इसके विरोधी हैं, इसलिए सरकार समान नागरिक संहिता बनाने का साहस नहीं जुटा पा रही है।

समाजशास्त्रियों एवं मानवशास्त्रियों के बीच कई बार यह प्रश्न उठा है कि किसी समाज में लोकरीति एवं लोकाचार की प्रधानता है, तो किसी समाज में कानून की, ऐसा क्यों ? इस सम्बन्ध में मुख्य रूप से यही कहा जा सकता है कि जो समाज जितना अधिक विकसित होगा उस समाज में कानून की उतनी ही अधिक प्रधानता होगी। ठीक इसके विपरीत जिस समाज में शिक्षा और विकास का स्तर जितना निम्न दर्जे का है वहाँ लोकरीति और लोकाचार की प्रधानता उतनी ही अधिक होती है। राज्य के अभाव में कानून लगभग लुप्त रहता है। यही कारण है कि आदिम जाति समाज या बहुत सारे जनजातीय समाजों में लोकरीति और लोकाचार की और आधुनिक समाज में कानून की प्रधानता होती है। आधुनिक समाज में लोकरीति और लोकाचार का महत्त्व बहुत कम है। व्यक्तियों के आचरण का निर्धारण मुख्य रूप से राज्य के कानूनों के द्वारा होता है।

कानून की तुलना में परम्परागत समाज में लोकरीति और लोकाचार ज़्यादा प्रभावशाली एवं लोकप्रिय होता है। इस समस्या पर बीयरस्टेट (Bierstedt, 1970: 224) ने स्पष्ट रूप से लिखा है कि "जब लोकाचार पर्याप्त हैं, तो कानून अनावयश्क और जब लोकाचार अपर्याप्त हैं, तो कानून व्यर्थ।" (When the mores are adequate, laws are unnecessary; and when the mores are inadequate, laws are useless.) चूँकि आदिम समाज और जनजातियों के बीच लोकरीति और लोकाचार समाज संचालन के लिए अपने-आप में पर्याप्त है, इसलिए वहाँ कानून ग़ैर-ज़रूरी है और उसी प्रकार आधुनिक समाज में लोकाचार और लोकरीति सामाजिक नियन्त्रण के लिए पर्याप्त नहीं हैं, इसलिए वहाँ कानून की प्रधानता है। जो समाज परम्परा और आधुनिकता के बीचोंबीच खड़ा है वहाँ लोकाचार, लोकरीति एवं कानून का लगभग समान महत्त्व देखा जाता है।

मानदण्डों का अनुकूलन (Conformity to Norms)

समाजशास्त्रियों तथा ग़ैर-समाजशास्त्रियों के सामने यह प्रश्न कभी-कभी खड़ा होता है कि लोग आखिर मानदण्ड का क्यों पालन करते हैं। साधारणतया इस प्रश्न का यही उत्तर मिलता है कि व्यक्ति समाज में सामाजिक मानदण्डों का इसलिए अनुसरण करता है कि ऐसा नहीं करने वालों को समाज दण्डित करता है तथा पालन करने वालों की समाज प्रशंसा करता है या अन्य किस्म का पारितोषिक देता है। बीयरस्टेट ने इस सम्बन्ध में कहा है कि व्यक्ति चार कारणों से सामाजिक मानदण्डों का पालन करता है। इसी प्रक्रिया को कुछ समाजशास्त्रियों ने **मानदण्डों का संस्थानीकरण (Institutionalization of Norms)** कहा है। संक्षेप में उन चार कारणों की यहाँ चर्चा की जा रही है–

1. मतारोपण (Indoctrination)— प्रत्येक समाज अपने सदस्यों को कुछ करने या नहीं करने का पाठ पढ़ाता रहता है। उसे यह नहीं सोचना है कि क्या ग़लत है और क्या सही है। उसे समाज के द्वारा निर्देशित मार्गों का अनुसरण करना है। समाजीकरण एक ऐसी प्रक्रिया है, जिसके माध्यम से समाज अपने सदस्यों को सामाजिक मानदण्डों के अनुरूप व्यवहार करने को प्रेरित करता है, इसे ही मतारोपण कहा जाता है। यदि किसी से यह प्रश्न पूछा जाता है कि आप क्यों हिन्दू या मुसलमान हैं अथवा आप क्यों ब्राह्मण या दलित हैं, तो अन्त में हम इस निष्कर्ष पर पहुँचते हैं कि धर्म सम्बन्धी विचार लोगों के मन में समाज ने आरोपित कर दिया है। समाज ही लोगों को हिन्दू, मुसलमान, दलित या ब्राह्मण बनाता है। बनने वाले व्यक्तियों की कोई अपनी भूमिका नहीं होती है।

2. अभ्यस्तता (Habituation)— जब व्यक्ति किसी काम को बार-बार एक ही ढँग से करता है, तो उस काम को उसी ढँग से करने की आदत पड़ जाती है। समाज में विभिन्न किस्म की प्रथाओं, विश्वासों, आदर्शों, मान्यताओं तथा प्रतिमानों को हम आदतन ढोते रहते हैं। बहुत सारे व्यवहार हमारी आदतों का एक हिस्सा बन जाते हैं। जैसे जब कभी भी हम अपने गुरुजनों के सामने जाते हैं तो नतमस्तक हो जाते हैं। ऐसा हम अक्सर आदतन करते हैं। व्यक्ति प्रत्येक सामाजिक मानदण्ड पर विचार-विमर्श कर पालन नहीं करता, बल्कि उसका ऐसा करना उसका एक अपना स्वभाव बन जाता है।

3. उपयोगिता (Utility)— कभी-कभी व्यक्ति समाज के मानदण्डों के अनुरूप इसलिए व्यवहार करता है कि उसकी कुछ उपयोगिता होती है। जैसे, हम जब टिकट खरीदने जाते हैं, तो हम खिड़की के सामने कतार (Queue) में खड़े हो जाते हैं। इससे टिकट देने वाले एवं टिकट लेने वालों के लिए भी काफी सहजता हो जाती है। ऐसे बहुत सारे कामं हैं जिसे हम सिलसिलेवार ढँग से करना पसन्द करते हैं, क्योंकि ऐसा करने से हर किसी को सुविधा होती है। अन्य कारणों के अलावा गुरुजनों का हम आदर इस उम्मीद से भी करते हैं कि हमारे भावी शिष्य हमारा भी उसी प्रकार भविष्य में ख्याल करें। यदि किसी व्यवहार की कोई उपयोगिता नहीं है, तो वह समय के साथ मिट जाता है। सड़कों पर वाहन चालकों को यातायात के विभिन्न नियमों का पालन करना पड़ता है। लोग उसका इसलिए पालन करते हैं कि उस कानून की कुछ उपयोगिता भी है। इसकी सबसे बड़ी उपयोगिता तो यह है कि कानून पालन कर हम दुर्घटना से बचते हैं।

4. सामाजिक पहचान (Group Identification)— हम अपने समाज के मानदण्डों का पालन इसलिए भी करते हैं कि उससे हमारी पहचान बनती है। हर व्यक्ति यह चाहता है कि उसकी कोई सामूहिक पहचान हो। कोई भी व्यक्ति आजीवन एकान्तवासी जीवन पसन्द नहीं करता है। सरदार लोग पांच ककार (कृपाण, कड़ा, कंघी, केश एवं कच्छा) धारण करते हैं। पुरुष मुसलमान टोपी और दाढ़ी तथा महिलाएँ बाहर निकलने पर बुरक़ा का प्रयोग करती हैं। इन तमाम चीजों से व्यक्तियों की एक सामूहिक पहचान बनती है। एक सिक्ख, मुसलमान, हिन्दू की भरसक यही कोशिश रहती है कि उनकी पहचान उसी रूप में हो और इसी पहचान को जताने के लिए वे अपने सामाजिक मानदण्डों का अनुपालन करते हैं।

कभी-कभी ऐसा ज़रूर होता है कि हम अपने समाज के मानदण्डों का पालन न कर दूसरे समाज के मानदण्डों का पालन करते हैं। हम अपने-आपको दूसरे समाज से जोड़ कर अपने समाज में एक भिन्न व्यक्ति की पहचान बनाने की कोशिश करते हैं। इसे ही आर.के. मर्टन (R.K. Merton) ने **सन्दर्भ-समूह (Reference Group)** कहा है। जैसे– बहुत सारे भारतीय लोग, विशेषकर ऐसे लोग जिन्हें भारतीय मानदण्ड बहुत ही घटिया या परम्परागत लगता है, पाश्चात्य देशों के मानदण्डों को ध्यान में रखकर व्यवहार करते हैं ताकि लोग उन्हें अपने समाज में एक आधुनिक या प्रगतिशील व्यक्ति के रूप में पहचान सकें।

मूल्य (Values)

मूल्य 'जो होना चाहिए' से सम्बन्धित एक विचार का नाम है। यह हमारे विभिन्न प्रकार के व्यवहारों को प्रभावित करता है। मूल्य व्यक्ति के व्यक्तित्व और सामाजिक व्यवस्था के साथ बहुत गहराई से जुड़ा हुआ होता है। मूल्य जीवन के उद्देश्यों और उन्हें प्राप्त करने के साधनों को स्पष्ट करता है। हमारी तमाम सामाजिक गतिविधियाँ मूल्यों से जुड़ी होती

हैं। समाजशास्त्र में मूल्य एक प्रकार का मानदण्ड है, पर साधारण मानदण्ड को हम मूल्य नहीं कहते हैं। जो उच्च कोटि के मानदण्ड होते हैं उन्हें ही जॉनसन ने मूल्य कहा है। जॉनसन (Johnson, 1983: 50) के शब्दों में– "मूल्य सामान्य आदर्श हैं और इन्हें उच्च स्तरीय मानदण्ड कहा जा सकता है।" (Values are general standards and may be regarded as higher-order norm.) सामाजिक मूल्य से हमें यह ज्ञात होता है कि कौन-सा आचरण समाज के लिए सबसे अधिक अपेक्षित है। मूल्य के साथ हमेशा यह भाव जुड़ा हुआ होता है कि समाज के लिए सबसे अधिक ज़रूरी क्या है? दूसरे शब्दों में, यह कहा जा सकता है कि जो मानदण्ड समाज के लिए सबसे अधिक वांछनीय है, उसे ही मूल्य कहा जाता है। मूल्य को परिभाषित करते हुए लेस्ली (Leslie *et al.*, 1980: 71) ने कहा है– "किसी विचार या वस्तु की सापेक्ष आवश्यकता की सामूहिक धारणा ही मूल्य है।" (A value is the group conception of the relative desirability of a thing or idea.)

जो हमें यह बताता है कि क्या सही है, क्या ग़लत है, क्या वांछनीय है, क्या अवांछनीय है, क्या अच्छा है, क्या बुरा है, वही मूल्य कहलाता है। इन्हीं विचारों को हम ध्यान में रखकर समाज में आचरण करते हैं। लाईट एवं केलर ने मूल्य के सम्बन्ध में स्पष्ट रूप से लिखा है कि– "मूल्य सामान्य विचार हैं, जिन्हें लोग किसी चीज के अच्छा या खराब, सही या ग़लत, आवश्यक या अनावश्यक होने के रूप में देखते हैं।"[4]

मूल्यों का स्वरूप अमूर्त होता है। मूल्य समाज के आदर्श (Ideals) होते हैं। समाज के तमाम सदस्यों का अपने समाज के मूल्यों के प्रति एक संवेगात्मक सम्बन्ध होता है। प्रत्येक हिन्दू अपने धार्मिक मूल्यों के अनुसार व्यवहार यह मानकर कर रहा है कि उसके लिए वही सही आदर्श है। उसी प्रकार मुस्लिम भी अपने ही मज़हब को ध्यान में रखकर रोज़मर्रे की जिंदगी में व्यवहार कर रहे हैं। वही उनके समाज का आदर्श है। यदि लोगों को अपने मूल्यों के प्रति संवेगात्मक लगाव नहीं हो तो लोग अपने सांस्कृतिक मूल्यों के अनुसार व्यवहार नहीं करेंगे। उदाहरणस्वरूप, 1960–70 के दशकों में काफी अमरीकी हिप्पी बन गये थे, चूँकि उनका अपने सांस्कृतिक मूल्यों के प्रति संवेगात्मक सम्बन्ध टूट गया। उन्हें पाश्चात्य सभ्यता और संस्कृति के मूल्य रुचिकर नहीं लग रहे थे।

आगे लेस्ली ने बताया है कि मूल्य के साथ चार प्रमुख बातें हैं जिन्हें ध्यान में रखा जाना चाहिए।

1. मूल्य कई स्तरों पर पाया जाता है, इस अर्थ में कि कुछ मूल्य सापेक्ष रूप से ज़्यादा अमूर्त होते हैं, तो कुछ कम। प्रजातन्त्र के अन्तर्गत विभिन्न प्रकार की स्वतन्त्रता का विरोध करने का अधिकार एक सामान्य प्रकार का मूल्य है। ईश्वर सर्वव्यापी या सर्वशक्तिमान है, यह एक प्रकार का अमूर्त सामाजिक मूल्य है।

2. मूल्यों को उसकी महत्ता के आधार पर श्रेणीबद्ध किया जा सकता है, क्योंकि तमाम मूल्य समान महत्त्व के नहीं होते हैं। मूल्यों को हम उसकी महत्ता के आधार पर श्रेणीबद्ध कर सकते हैं, जैसे– झूठ नहीं बोलना चाहिए, हमें रोज़ भगवान का ध्यान करना चाहिए इत्यादि। हिन्दू के लिए यह मूल्य उतना प्रमुख नहीं है जितना यह कि प्रत्येक व्यक्ति को अपने ही धर्म या जाति में विवाह करना चाहिए।

3. कुछ मूल्य काफी स्पष्ट होते हैं, तो कुछ अस्पष्ट, अर्थात् तमाम मूल्य समान रूप से स्पष्ट नहीं होते हैं, जैसे– हमें बड़ों का आदर करना चाहिए। यह मूल्य उतना स्पष्ट नहीं है, क्योंकि हम अपने से प्रत्येक बड़े व्यक्ति को समान रूप से आदर करने के लिए समाज में बाध्य नहीं हैं। व्यवहार में उम्र के साथ-साथ उनकी जाति, धर्म, शिक्षा और पेशे को ध्यान में रखकर ही अपने से बड़ों के प्रति आचरण किया जाता है। दूसरी तरफ, हिन्दू समाज में प्रत्येक व्यक्ति को अपनी ही जाति में विवाह करना है, यह हिन्दू समाज का एक स्पष्ट और निश्चित मूल्य है।

4. कभी-कभी एक मूल्य दूसरे मूल्य के विरोधी भी होते हैं। समाज का स्वरूप जितना बड़ा होता है वहाँ मूल्यों के बीच संघर्ष भी उतना ही अधिक होता है। विभिन्न मूल्यों के बीच अक्सर संघर्ष होता है, जैसे– भारत एक धर्म प्रधान देश है। यहाँ सहिष्णुता, भाईचारा, ईमानदारी इत्यादि का पाठ पढ़ाया जाता है, लेकिन भौतिकवादी मूल्यों के

4. "Values are the general ideas people share about what is good or bad, right or wrong, desirable or undesirable." — Donald Light and Suzanne Keller, **Sociology**, Alfred A. Knopf, New York, 1979, p. 86.

कारण हम धन इकट्ठा करने के लिए उन सारे मूल्यों को नकार देते हैं। अपने व्यक्तिगत स्वार्थ की पूर्ति के लिए हम कुछ भी ग़लत करने को तत्पर हो जाते हैं। जातीय और धार्मिक उन्माद में फंसकर हम भाईचारे और सहिष्णुता के मूल्यों को तिलांजलि दे बैठते हैं।

मूल्य कभी भी स्थिर नहीं होता है। समय और परिस्थितियों के बदलाव के साथ उसमें परिवर्तन आता रहता है, जैसे एक समय था जब भारत के लोग सम्भवत: काफी नैतिक और धार्मिक हुआ करते थे। ग़लत काम करने के पहले उन्हें कई बार सोचना पड़ता था। किसी बात पर निर्णय लेते समय वे यह ध्यान रखते थे कि वे जो कर रहे हैं वह धर्म-विरुद्ध है या नहीं। उन्हें इस बात की चिन्ता होती थी कि अनैतिक होने पर उन्हें नरक जाना होगा। आज उसी समाज में लोगों के दिमाग में परमात्मा, स्वर्ग और नरक की बात शायद ही आती हैं। अधिकांश लोग इतने भौतिकवादी हो गये हैं कि शक्ति और सम्पत्ति हासिल करने के लिए कोई भी ग़लत काम करने से नहीं हिचकते हैं।

मूल्य की विशेषताएँ (Characteristics of Values)

उपर्युक्त विवरण से मूल्य की प्रमुख विशेषताएँ इस प्रकार स्पष्ट होती हैं–

1. मूल्यों का कोई स्वरूप नहीं होता है, क्योंकि यह एक **संज्ञानात्मक तत्त्व (Cognitive Element)** है। इसका स्वरूप अमूर्त (Abstract) होता है। यह अगोचर और सामान्यतया अलिखित होता है। यह मनुष्यों के सामाजिक व्यवहार में परिलक्षित होता है।

2. यह सामूहिक महत्त्व की आवधारणा है। इसके निर्माण में समस्त समाज की भागीदारी होती है। यह एक लम्बे समय तक चलने वाली सामाजिक अन्त:क्रिया का फल है। समाज नियोजित ढँग से इसका निर्माण नहीं करता है। यह समाज के विभिन्न सदस्यों को एक-दूसरे से जोड़ने का भी काम करता है।

3. मूल्य एक सामाजिक मानक होता है। यह लक्ष्मण रेखा की तरह है। उसका उल्लंघन करने वाला सामाजिक मर्यादा का विरोधी माना जाता है। इसके आधार पर किसी व्यक्ति का आचरण अच्छा या बुरा, उचित या अनुचित, वांछित या अवांछित करार किया जाता है। यह साधारण मानदण्ड से उच्च स्तर का मानक है।

4. मूल्यों के प्रति समाज का एक संवेगात्मक लगाव होता है। मूल्यों को तोड़ने वाले व्यक्तियों को समाज दण्डित करता है। यह ज़रूरी भी है, क्योंकि मूल्य समाज का लक्ष्य माना जाता है, जैसे– तमाम जीवों से प्यार जैन धर्म का एक प्रमुख मूल्य है। जीव हिंसा करने वाले व्यक्तियों के लिए जैन धर्म में कोई स्थान नहीं है। हिन्दू नारियाँ अपने सतीत्व की रक्षा के लिए अपने-आपको बलिदान करने के लिए तैयार रहती हैं। यह उनके जीवन मूल्यों के साथ संवेगात्मक लगाव का परिणाम है।

5. मूल्यों से समाज में एकता की भावना का संचार होता है। समान मूल्य को मानने वाले लोग समान परिस्थिति में समान व्यवहार करते हैं। जब हमारे देश पर कोई बाहरी शत्रु का आक्रमण होता है, तो मूल्यों की समानता के कारण हम तमाम मर-मिटने को तैयार हो जाते हैं।

6. मूल्य सापेक्ष रूप से स्थिर होता है। मूल्यों में परिवर्तन आसानी से नहीं होता है। कोई भी समाज आसानी से बदलना नहीं चाहता है। जहाँ तक सम्भव होता है समाज अपने मूल्यों की हिफाजत की पूरी कोशिश करता है। मूल्यों में परिवर्तन से सामाजिक परिवर्तन होना निश्चित हो जाता है। मूल्य सामाजिक नियन्त्रण के एक अभिकरण के रूप में कार्य करता है।

7. मूल्यों में एक सामाजिक कल्याण की भावना छिपी होती है। समाज अपने मूल्यों में अटूट विश्वास रखता है, क्योंकि समाज के हितों को संरक्षण मिलता है। मूल्यों का टूटना या बिखरना सामाजिक विघटन का एक प्रमुख सूचक है। मूल्य सामाजिक संरचना को बनाये रखने में मदद करता है। मूल्यों के माध्यम से समाज के सदस्यों के बीच सन्तुलन बना रहता है।

मूल्यों के प्रकार (Kinds of Values)

सामान्य तौर पर मूल्यों को हम तीन भागों में बाँट सकते हैं, जिनकी संक्षेप में यहाँ चर्चा की जा रही है–

1. नैतिक मूल्य (Moral Values)— प्रत्येक समाज के अन्तर्गत विभिन्न प्रकार के नैतिक मूल्य पाये जाते हैं। इस नैतिकता का सम्बन्ध उस समाज के धर्म एवं विभिन्न प्रकार की परिस्थितियों से होता है। नैतिक मूल्यों के साथ कोई वैज्ञानिकता की बात नहीं होती। वे सामूहिक तौर पर ऐसे स्वीकृत मानदण्ड होते हैं, जिनका समाज बहुत ही कड़ाई से पालन करता है। लोगों को उसे अपने स्तर पर स्वीकार करने या न करने की छूट नहीं होती है। नैतिक मूल्य एक व्यक्ति विशेष से लेकर समस्त समाज पर समान रूप से लागू होता है, जैसे– माता-पिता का आदर करना चाहिए, चोरी नहीं करनी चाहिए, हिन्दुओं को गौ-माँस नहीं खाना चाहिए, निकट सम्बन्धियों के साथ यौन-व्यभिचार नहीं करना चाहिए। वे सभी हिन्दू समाज के कुछ प्रमुख नैतिक मूल्यों में से हैं। समाज वैसे मूल्यों को तोड़ने की इजाजत किसी को नहीं देता है, लेकिन कुछ ऐसे मूल्य प्रत्येक समाज में पाये जाते हैं, जिनका उल्लंघन होने पर समाज में बहुत नाराजगी नहीं जताई जाती है, जैसे– झूठ नहीं बोलना चाहिए। इस मूल्य के विपरीत हम धड़ल्ले से कुछ-न-कुछ हर रोज़ झूठ बोलते रहते हैं।

2. तर्कसंगत मूल्य (Rational Values)— सामान्यतया सामाजिक मूल्यों का सम्बन्ध विवेक से नहीं होता, क्योंकि समाज अपने अनुभवों से एक लम्बे समय में इसका स्वतः निर्माण करता है। मूल्यों के साथ कोई तर्क की बात नहीं होती है। यह तो एक प्रकार का सामूहिक विश्वास है, लेकिन विज्ञान के विकास के परिणामस्वरूप आधुनिक समाज में धीरे-धीरे विवेकपूर्ण मूल्यों का विकास हो रहा है। शिक्षा के प्रचार-प्रसार से हमारे चिन्तन में वैज्ञानिकता आ रही है। एक समय था जब हमारा आचरण एवं विचार भाग्यवादी मूल्यों से कुछ ज़्यादा ही प्रभावित था। हर एक व्यक्ति भाग्य के भरोसे ही कुछ पाने की बात सोचता था। लेकिन आधुनिक समाज में इस मूल्य में बदलाव आया है और उसकी जगह मेहनत और आत्मविश्वास पर काफी ज़ोर दिया जा रहा है। आज लोग भाग्य के भरोसे न बैठकर कठिन-से-कठिन परिश्रम करने को तैयार हैं। कठिन परिश्रम एवं उच्च मनोबल आधुनिक समाज का महत्त्वपूर्ण तर्कसंगत मूल्य है।

3. सौन्दर्यपरक मूल्य (Aesthetic Values)— विभिन्न प्रकार की साहित्यिक कृतियों, संगीत, विभिन्न प्रकार की कलाओं, रंग-रूप इत्यादि से सम्बन्धित विचार सौन्दर्यपरक मूल्य कहे जाते हैं। प्रत्येक समाज के अन्तर्गत सौन्दर्य के अलग-अलग पहलू और स्वरूप हैं। भारतीय समाज में पतली कमर, लम्बे घने काले बाल, गोरा रंग आदि नारियों के सौन्दर्य का प्रतीक हैं, तो पाश्चात्य देशों में नारियों की सुन्दरता का प्रतीक उनके सुन्दर पैर और सुनहरे बाल हैं। दूसरी तरफ चीनी समाज में नारियों के पैर छोटा होना उनकी सुन्दरता का प्रतीक है। उसी प्रकार विभिन्न समाजों के अन्तर्गत अलग-अलग किस्म के संगीत, हस्तकला, शिल्पकला एवं भवन निर्माण कला के स्वरूप पाये जाते हैं। इन विभिन्नताओं के पीछे सौन्दर्यपरक मूल्यों की विभिन्नता है। अन्य प्रकार के मूल्यों की तरह सौन्दर्यपरक मूल्य भी समय के साथ धीरे-धीरे बदलते रहते हैं और उनकी जगह नये प्रकार के सौन्दर्यपरक मूल्य स्थापित होते रहते हैं। अन्य मूल्यों की तरह यह भी सर्वव्यापी मूल्य है।

मूल्य एवं मानदण्ड के बीच अन्तर

ऊपर इस बात की चर्चा की गयी है कि मूल्य एक प्रकार का मानदण्ड है, लेकिन तमाम मानदण्ड मूल्य नहीं हैं। दोनों के बीच थोड़ा अन्तर है जिसे समझ लेना आवश्यक है।

मूल्यों का मानदण्डों से गहरा रिश्ता है, क्योंकि मूल्यों द्वारा मानदण्डों के आधार बनते हैं। मानदण्ड मूल्यों पर आश्रित होते हैं। मूल्य मानदण्ड की तुलना में अधिक सामान्य और अमूर्त होता है। मानदण्ड व्यापक व अमूर्त मूल्यों की तुलना में अधिक सुनिश्चित और स्पष्ट होता है। सच्चाई, ईमानदारी या बड़ों का सम्मान जैसे व्यापक रूप से स्वीकृत

मूल्य अपेक्षाकृत ठोस मानदण्डों के द्वारा ही अभिव्यक्त होते हैं और ये मानदण्ड विभिन्न स्थितियों, स्तरों और व्यवसायों के अनुसार भिन्न-भिन्न हो सकते हैं। मानदण्ड यह बतलाता है कि विभिन्न परिस्थितियों में विभिन्न व्यक्तियों द्वारा क्या करना चाहिए और क्या नहीं करना चाहिए। दूसरी ओर, मूल्य इच्छाओं या आकांक्षाओं का अमूर्त मानक है, इसीलिए यह विशिष्ट स्थिति पर निर्भर नहीं करता है, अर्थात् यह मानदण्डों की तुलना में अधिक स्वतन्त्र होता है। चूँकि मूल्य अधिक व्यापक होते हैं, अत: एक ही मूल्य को कई किस्म के मानदण्डों के साथ सम्मिलित किया जा सकता है। यह पहले ही कहा जा चुका है कि मूल्य एक प्रकार का मानदण्ड है। तमाम मूल्य मानदण्ड हैं, पर तमाम मानदण्ड मूल्य नहीं हैं। सिर्फ उच्च श्रेणी के ही मानदण्ड मूल्य माने जाते हैं। यही कारण है कि मूल्य के उल्लंघन करने वालों को समाज अधिक-से-अधिक दण्डित करने का प्रयास करता है।

व्यक्ति, समाज और मूल्य (Human, Society and Values)

राधाकमल मुकर्जी (Radhakamal Mukerjee, 1949) ने कहा है कि मनुष्य मूल्यों की रचना करने वाला और मूल्यों पर अमल करने वाला प्राणी है। मनुष्य मूल्यों का स्रोत ही नहीं वरन् उन मूल्यों का निर्णायक भी है, जो समूहों और संस्थानों के कार्य को सही ढंग से चलाने के लिए तमाम अन्तर्वैयक्तिक लक्ष्यों, सम्बन्धों और व्यवहारों में बिखरे पड़े होते हैं। कभी-कभी वैयक्तिक और सामाजिक मूल्यों के बीच भी अन्तर किया जाता है। यद्यपि व्यक्ति जिन्हें वैयक्तिक मूल्य समझता है वह भी साधारणतया उसी समाज से ग्रहण करता है जिसका वह सदस्य है। शिशु-जन्म से नहीं, बल्कि बड़ा होकर सामाजिक व्यक्ति बनता है, इसके लिए व्यक्ति समाजीकरण की प्रक्रिया से गुज़रता है। समाजीकरण की प्रक्रिया के अन्तर्गत ही व्यक्ति समूह के मूल्यों का स्वयं में आत्मसात् करता है।

व्यक्ति तमाम मूल्यों को एक समान महत्त्व नहीं देता है। व्यक्ति कम महत्त्वपूर्ण मूल्यों की अपेक्षा अधिक महत्त्वपूर्ण मूल्यों को वरीयता देता है, जैसे– एक होनहार छात्र परीक्षा पास होने पर मनोरंजन में समय बरबाद न कर फिर अगली कक्षा की तैयारी में लग जाता है। मनुष्य को कई बार मूल्यों से उत्पन्न द्वन्द्व का मुक़ाबला करना पड़ता है। ऐसी परिस्थिति में मनुष्य मूल्यों के अनुक्रम से उस संघर्ष को समाप्त करने या कम करने का प्रयास करता है। ऐसा नहीं होने पर व्यक्ति की गतिविधियाँ अस्त-व्यस्त हो सकती हैं एवं व्यक्ति के व्यक्तित्व को गंभीर क्षति पहुँच सकती है। इस सम्बन्ध में राधाकमल मुकर्जी ने लिखा है कि विभिन्न स्तरों या विभिन्न आयामों वाले आर्थिक, नैतिक या धार्मिक जीवन-मूल्य एक-दूसरे से जुड़े हुए हैं। सभी समूह और संस्थान, चाहे वे आर्थिक, राजनीतिक, धार्मिक, शैक्षणिक इत्यादि कुछ भी हो, आपस में एक-दूसरे को प्रभावित करते हैं या एक-दूसरे से टकराते हैं।

व्यक्ति विभिन्न समूहों और संस्थाओं के सदस्यों के रूप में जान-बूझकर या अनजाने में विभिन्न मूल्यों का अनुसरण करता है और अपने कार्यों में सन्तुलन बनाये रखने का प्रयास करता है। अगर सन्तुलन डगमगा जाता है, तो उसका परिणाम गंभीर हो सकता है। मूल्य किसी भी संस्कृति का केन्द्रबिन्दु और उसकी प्रकृति है। व्यक्ति को प्राय: बहुत से मूल्यों के बारे में पता भी नहीं होता क्योंकि वे उसके व्यक्तित्व का अंग बन चुके होते हैं। मूल्य व्यक्ति को समाज में समायोजित करने में मदद करता है तथा व्यक्तियों को वैध ढँग से गतिशील भी रखता है।

समाज में विभिन्न प्रकार के मूल्यों के बीच अक्सर टकराव होता रहता है। इसी टकराव से सामाजिक और सांस्कृतिक परिवर्तन सम्भव होता है। आज दलित लोग ब्राह्मणों के सामाजिक और सांस्कृतिक वर्चस्व को स्वीकार करने के लिए तैयार नहीं हैं। जातीय संघर्ष दो प्रकार के मूल्यों के टकराव का परिणाम है। एक ही समाज के मूल्यों के बीच हमेशा टकराव नहीं होता है, बल्कि कभी-कभी दो भिन्न समाजों के मूल्यों के बीच भी टकराव होता है। जैसे– क्षेत्रीय और भाषाई दंगों के पीछे दो विरोधी किस्म के मूल्यों के बीच टकराव होती है। मूल्यों की टकराव हमेशा **दुष्प्रकार्यात्मक (Dysfunctional)** नहीं होती, बल्कि कभी-कभी **प्रकार्यात्मक (Functional)** भी होती है, क्योंकि सभी प्रकार के संघर्षों का परिणाम समाज के लिए हमेशा घातक ही नहीं होता। संघर्षों के माध्यम से इस

विश्व में अनेकानेक परिवर्तन हुए हैं जिनसे मानव-समाज को काफी फ़ायदा हुआ है, जैसे– अभिव्यक्ति की स्वतन्त्रता, धर्मनिरपेक्षता, बालिग मताधिकार, बिना भेदभाव के नौकरी और शिक्षा पाने का समान अवसर संघर्षों का ही परिणाम है। ये तमाम आधुनिक प्रजातान्त्रिक मूल्यों के उदाहरण हैं।

REFERENCES

Abercrombie, Nicholas *et al.*, **The Penguin Dictionary of Sociology**, London: Penguin Books, 1994.

Bierstedt, Robert, **The Social Order**, New Delhi: Tata McGraw-Hill, 1970.

Fichter, Joseph H., **Sociology**, Chicago: The University of Chicago Press, 1957.

Giddens, Anthony, **Sociology**, Cambridge: Polity Press, 1993.

Gisbert, Fr. Pascual, **Fundamentals of Sociology,** New Delhi: Orient Longmans, 1963.

Light, Donald Jr. and Keller, Suzanne, **Sociology**, New York: Alfred A. Knopf, 1979.

Johnson, Harry M., **Sociology: A Systematic Introduction,** New Delhi: Allied Publishers Pvt. Ltd., 1983.

MacIver, R.M. and Page, Charles H., **Society: An Introductory Analysis,** New Delhi: Macmillan India Ltd., 1985.

Mukerjee, Radhakamal, **The Social Structure of Values**, London: Macmillan and Co., 1949.

Scott, William P., **Dictionary of Sociology**, Delhi: GOYAL SaaB, 1988.

8

सामाजिक प्रक्रियाएँ
(Social Processes)

जहाँ कहीं भी व्यक्तियों का समूह पाया जाता है, वहाँ निश्चित रूप से किसी-न-किसी प्रकार की अन्त:क्रिया या सामाजिक प्रक्रियाएँ अवश्य होती हैं। मनुष्य की आवश्यकताएँ इतनी अधिक हैं कि वह कभी भी पूरी तरह स्वावलम्बी नहीं हो सकता है। अपने उद्देश्यों एवं स्वार्थों की पूर्ति के लिए उसे या तो किसी का सहयोग लेना पड़ता है या उसे किसी व्यक्ति या व्यवस्था के विरोध में संघर्ष करना पड़ता है। इस प्रकार की प्रक्रियाएँ समाज में स्वत: चलती रहती हैं। कभी इसका स्वरूप दिखाई पड़ता है, तो कभी वह अमूर्त भी होता है। इस प्रकार की प्रक्रियाएँ समाज के अस्तित्व, अनवरतता या परिवर्तन के लिए आवश्यक हैं।

कुछ समाजविज्ञानियों ने अन्त:क्रिया और सामाजिक प्रक्रिया को एक ही अर्थ में प्रयोग किया है, जबकि दोनों दो प्रकार की अवधारणाएँ हैं। इन दोनों के बीच के अन्तर को स्पष्ट करना यहाँ आवश्यक है। सबसे पहले अन्त:क्रिया को समझ लेना आवश्यक है, क्योंकि प्रत्येक सामाजिक प्रक्रिया के अन्तर्गत अन्त:क्रिया पायी जाती है, पर प्रत्येक अन्त:क्रिया में सामाजिक प्रक्रिया नहीं पायी जाती है। अन्त:क्रिया के अन्तर्गत दो या दो से अधिक व्यक्तियों के द्वारा किसी भाषा या संकेत के माध्यम से भावनाओं का आदान-प्रदान होता है। जब तक कम-से-कम दो व्यक्तियों के बीच किसी प्रकार का मौखिक या लिखित रूप से या अवलोकन के माध्यम से कुछ मनोभावों का आदान-प्रदान नहीं होता है, तब तक उसे अन्त:क्रिया नहीं कहा जायेगा। वर्षा होने पर छाता खोल लेना, घर से निकलने से पहले जूता पहनना या सुबह-शाम टहलना आदि अन्त:क्रिया नहीं कही जा सकती हैं। ये तमाम भौतिक क्रियाएँ हैं, जैसाकि ऊपर कहा जा चुका है कि अन्त:क्रिया में कम-से-कम दो व्यक्तियों का होना नितान्त आवश्यक है। पर मात्र दो व्यक्तियों के होने से ही कोई प्रक्रिया अन्त:क्रिया नहीं कही जायेगी, जैसे- दूर से किसी को देखना या बाज़ार में किसी के पास से गुज़र जाना अन्त:क्रिया नहीं है। लेकिन कोई दो व्यक्ति यदि आपस में हैलो-हॉय या नमस्कार या प्रणाम करते हैं तो उसे अन्त:क्रिया कहा जायेगा। कभी-कभी बिना बात-विचार किये भी अन्त:क्रिया की प्रक्रिया पूरी हो जाती है, जैसे- यदि दो व्यक्ति दूर से देखकर ही आपस में मुस्कराते हैं तो उसे अन्त:क्रिया कहा जायेगा।

सामाजिक अन्त:क्रिया तीन स्तरों पर चलती है- (i) व्यक्ति-व्यक्ति के बीच, (ii) व्यक्ति-समूह के बीच एवं (iii) समूह-समूह के बीच। यह अन्त:क्रिया सामाजिक प्रक्रिया नहीं है, बल्कि उसकी यह प्रारम्भिक स्थिति है।

सामाजिक प्रक्रिया को परिभाषित करते हुए लेस्ली एवं उनके सहयोगी (Leslie *et al*., 1980: 55) समाजशास्त्रियों ने स्पष्ट ढंग से कहा है कि "बार-बार दुहराई जानेवाली सामाजिक क्रिया को सामाजिक प्रक्रियाएँ कहा जाता हैं।"

(These repetitive forms of social interaction are called social processes.) यहाँ पर यह स्पष्ट होता है कि हर एक सामाजिक प्रक्रिया के अन्तर्गत अन्त:क्रिया छिपी होती है। यहाँ यह भी स्पष्ट होता है कि एक सामाजिक प्रक्रिया के अन्तर्गत बहुत-सी अन्त:क्रियाएँ होती हैं, जैसे– लड़के-लड़कियों का आपस में मिलना अन्त:क्रिया है, पर बार-बार मिलने से यदि दोनों के बीच प्रेम-विवाह हो जाता है, तो वह एक सामाजिक प्रक्रिया है। उसी तरह यदि कोई व्यक्ति कभी किसी का हल्के-फुल्के ढँग से विरोध करता है, तो वह अन्त:क्रिया कही जायेगी, लेकिन यदि वह विरोध जाति या वर्ग-संघर्ष का रूप ले लेता है, तो वह सामाजिक प्रक्रिया कही जायेगी। किन्हीं दो व्यक्तियों का संयोगवश आपस में मिलना या अचानक विरोध करना, अन्त:क्रिया है, सामाजिक प्रक्रिया नहीं।

फिक्टर (J.H. Fichter) ने बताया है कि सामाजिक प्रक्रिया के सन्दर्भ में ध्यान देने की बात यह है कि इसके अन्तर्गत दो स्थितियों (Statuses) एवं भूमिकाओं (Roles) के बीच ऐसी अन्त:क्रिया है, जिसके अन्तर्गत दो या दो से अधिक व्यक्तियों का व्यवहार प्रभावित होता है। यह दो भूमिकाओं या दो स्थितियों के बीच अन्त:क्रिया मात्र नहीं है। अन्त:क्रिया तो सिर्फ एक प्रारम्भिक स्थिति है, जो बड़ी प्रक्रिया के लिए पृष्ठभूमि तैयार करती है। दो खिलाड़ियों के बीच प्रतिस्पर्द्धा या चुनौती की बातें मात्र अन्त:क्रियाएँ हैं, लेकिन चुनौती स्वीकार कर खेल के मैदान में उतरकर दर्शकों के बीच अपने-आपको बेहतर साबित करना एक सामाजिक प्रक्रिया है। इसीलिए तो कहा जाता है कि सामाजिक प्रक्रिया अन्त:क्रिया से कई कदम आगे की स्थिति है। फिक्टर (J.H. Fichter, 1957: 224) ने स्पष्ट कहा है कि "सामाजिक प्रक्रिया दो सामाजिक स्थितियों या भूमिकाओं के बीच कड़ी से कहीं ज़्यादा आगे की चीज है।" (The social process is more than the link between two statuses or roles.)

मकीवर और पेज ने कहा है कि सामाजिक प्रक्रिया का अर्थ है निरन्तर परिवर्तन जो परिस्थिति की आन्तरिक शक्तियों के घात-प्रतिघात के फलस्वरूप निश्चित रूप से चलता रहता है, अर्थात् प्रक्रिया उसे कहते हैं जिसके अन्तर्गत दो या दो से अधिक व्यक्तियों के बीच पूर्व स्थिति में परिवर्तन आता है। यह एक गत्यात्मक प्रक्रिया है। दो जातियों के बीच दंगा होना, कुछ लोगों के बीच सहयोग होना या प्रतिस्पर्द्धा होना, परिवार का विघटन होना या विवाह के माध्यम से परिवार का निर्माण होना सामाजिक प्रक्रिया है। अत: हम कह सकते हैं कि सामाजिक प्रक्रिया परस्पर सम्बन्धित घटनाओं का वह क्रम है, जो विशिष्ट परिणाम या परिवर्तन को जन्म देने के लिए उत्तरदायी है।

उपर्युक्त विवरण से यह स्पष्ट होता है कि किसी सामाजिक प्रक्रिया को प्रक्रिया कहा जाने के लिए कम-से-कम दो बातों का होना आवश्यक है– (i) सामाजिक सम्पर्क (Social Contact) एवं (ii) संचार (Communication)। आमने-सामने की स्थिति में अभिवादन करना, गले मिलना, चरण छूना या एक-दूसरे को देखकर मुस्कराना सामाजिक सम्पर्क कहा जायेगा। आधुनिक समाज में टेलीफोन या संचार के किन्हीं अन्य माध्यमों से एक-दूसरे से सम्पर्क स्थापित करना भी सामाजिक सम्पर्क कहा जायेगा। सामाजिक सम्पर्क सकारात्मक या नकारात्मक कुछ भी हो सकता है। संचार सामाजिक प्रक्रिया की दूसरी महत्त्वपूर्ण दशा है। केवल सम्पर्क मात्र से ही सामाजिक क्रिया पूरी नहीं होती है। संचार के अभाव में सम्पर्क भी अधूरा रह जाता है। किसी परिचित व्यक्ति की बगल से बिना देखे गुज़र जाना सामाजिक प्रक्रिया नहीं कही जायगी। किसी परिचित से मिलने पर अभिवादन या कुशलता का समाचार पूछना ज़रूरी है। संचार सिर्फ अभिवादन या बातचीत के माध्यम से ही नहीं होता है। जैसा कि ऊपर कहा जा चुका है कि संचार झगड़े के माध्यम से भी सम्भव है।

लेस्ली ने विभिन्न प्रकार की सामाजिक प्रक्रियाओं को पाँच भागों में विभक्त किया है, जैसे– **सहयोग (Co-operation), प्रतियोगिता (Competition), संघर्ष (Conflict), समायोजन (Accommodation)** तथा **आत्मसात्करण (Assimilation)**। इन प्रक्रियाओं को दो खण्डों में विभक्त कर इस प्रकार रखा जा सकता है–

1. संयोजक प्रक्रिया (Integrative or Conjunctive Process)
   (i) सहयोग (Cooperation),
   (ii) समायोजन (Accommodation), एवं
   (iii) आत्मसात्करण (Assimilation)।

2. विघटनात्मक या विभाजक प्रक्रिया (Disintegrative or Disjunctive Process)
   (i) प्रतियोगिता (Competition) एवं
   (ii) संघर्ष (Conflict)।

संयोजक प्रक्रिया (Conjunctive Process)

(i) सहयोग (Cooperation)

सहयोग सामाजिक जीवन का एक मूलभूत आधार है। इसके अभाव में सामूहिक जीवन, समाज और राष्ट्र की कल्पना नहीं की जा सकती। मनुष्य अपनी विभिन्न आवश्यकताओं की पूर्ति स्वयं एकाकी प्रयत्नों से नहीं कर सकता। इसके लिए उसे हमेशा दूसरों के सहयोग की आवश्यकता पड़ती है। पारिवारिक जीवन में पाया जाने वाला सहयोग ही सदस्यों को अच्छा नागरिक बनाने में योगदान देता है। यह सहयोग ही है, जो व्यक्तियों को एक साथ मिलकर काम करने और समाज को संगठित करने में मदद करता है। वर्तमान समय में सहयोग न केवल स्थानीय स्तर पर, बल्कि राष्ट्रीय एवं अन्तर्राष्ट्रीय स्तर पर भी देखने को मिलता है।

सहयोग के अभाव में समाज का अस्तित्व खतरे में पड़ सकता है। कोई भी समाज आसानी से मिटना नहीं चाहता है। समाज जैसे बना हुआ है वैसे ही वह बना रहे इसके लिए यह ज़रूरी है कि समाज के सदस्यों के बीच सहयोग हो। समाज में विभिन्न किस्म की विघटनकारी प्रक्रियाएँ चलती रहती हैं। उन प्रक्रियाओं से निबटने के लिए समाज अपने सदस्यों के बीच सहयोग की बात करता है। सामाजिक एकीकरण से लेकर राष्ट्रीय एकता की प्रक्रिया तक के लिए सामाजिक सहयोग की आवश्यकता पड़ती है। कोई भी समाज अनवरत रूप से वर्ग या जाति संघर्ष एवं साम्प्रदायिक दंगों से ग्रसित नहीं रह सकता है, क्योंकि इस स्थिति में उसके विकास की प्रक्रिया को बाधा पहुँचती है। विकास के लिए यदि सबसे अधिक किसी प्रक्रिया की आवश्यकता है, तो वह है सहयोग। सहयोग के अभाव में किसी प्रकार का विकास सम्भव नहीं है। आज तक मानव के इतिहास में जो कुछ भी विकास हुआ है वह मानव जाति के सहयोग से ही सम्भव हुआ है। अतः हम कह सकते हैं कि सहयोग एक बहुत ही महत्त्वपूर्ण प्रक्रिया है।

ग्रीन (Arnold W. Green) ने सहयोग का अर्थ स्पष्ट करते हुए लिखा है कि सहयोग दो या दो से अधिक व्यक्तियों द्वारा किसी कार्य को करने या किन्हीं समान उद्देश्यों को प्राप्त करने के लिए किया जाने वाला निरन्तर एवं सामूहिक प्रयत्न है। ग्रीन के विचार से मिलता-जुलता विचार लेस्ली एवं उनके सहयोगी समाजशास्त्रियों का भी है। उन्हीं के शब्दों में, "वैयक्तिक या सामूहिक उद्देश्यों की प्राप्ति के लिए व्यक्तियों या समूहों के द्वारा किया गया साझा प्रयास सहयोग कहा जाता है।"[1] इन दो परिभाषाओं से यह स्पष्ट होता है कि सहयोग किसी उद्देश्य की प्राप्ति के लिए एक साझा प्रयास है। पर वही साझा प्रयास सहयोग की श्रेणी में आता है, जो सापेक्ष रूप से काफी लम्बे समय के लिए होता है। यदि कुछ व्यक्ति इकट्ठा होकर कुछ क्षण के लिए किसी सरकारी ऑफिस या किसी कम्पनी के मालिक के खिलाफ सिर्फ नारेबाजी करें तो उसे समाजशास्त्रीय अर्थ में सहयोग नहीं कहा जायेगा। उसी प्रकार दो-चार व्यक्ति इकट्ठा होकर चोरी या पॉकिटमारी की योजना बनाएँ, तो उसे भी सहयोग नहीं कहा जायेगा। सहयोग एक लम्बी और अनवरत प्रक्रिया है, जिसके माध्यम से किसी उद्देश्य की प्राप्ति होती है। यदि किसी कम्पनी के तमाम मज़दूर इकट्ठा होकर समान उद्देश्यों के लिए कोई साझा प्रयास करते हैं, तो उसे सहयोग कहा जायेगा। उसी तरह यदि किसी गाँव में लोग आपस में मिल-जुलकर किसी मंदिर या सड़क का निर्माण करते हैं, तो उसे सहयोग कहा जायेगा। सहयोग के अन्तर्गत दीर्घकालीन पारस्परिक निर्भरता का होना आवश्यक है।

---

1. "Cooperation involves individuals or groups working together to achieve their individual or collective goals."— G.R. Leslie, *et al.*, **Introductory Sociology,** Oxford University Press, New York, 1980, p. 55.

किसी प्रक्रिया को सहयोग कहे जाने के लिए निम्नलिखित बातों का होना आवश्यक है:

(i) प्रत्येक सहयोग के अन्तर्गत व्यक्तियों के बीच सामाजिक अन्तःक्रिया का होना नितान्त आवश्यक है। यह सहयोग की प्रारम्भिक अवस्था है।

(ii) सहयोग एक सार्वभौमिक प्रक्रिया है। दुनिया के हर एक समाज में सहयोग पाया जाता है। जिस समाज के अन्तर्गत अक्सर तनाव एवं संघर्ष की स्थिति बनी रहती है, उस समाज में भी सहयोग पाया जाता है। सहयोग के अभाव में समाज छिन्न-भिन्न हो जायेगा। शायद इसीलिए तो मकीवर और पेज (1985: 65) ने कहा है कि "संघर्ष से पार उतरा हुआ सहयोग ही समाज कहा जाता है...।" (Cooperation crossed by conflict marks society ... .)

(iii) सहयोग से समूह को शक्ति मिलती है। सम्मिलित प्रयास से बड़े-बड़े कार्य या लक्ष्य आसानी से प्राप्त किये जा सकते हैं। कोई भी व्यक्ति चाहे कितना ही बलवान या निपुण क्यों न हो वह किसी कार्य को अकेले करने में सक्षम नहीं हो सकता है।

(iv) सहयोग के लिए समान लक्ष्य का होना बहुत ज़रूरी है। समान उद्देश्य के अभाव में सहयोग की कल्पना नहीं की जा सकती है। निश्चित उद्देश्य होने से समान उद्देश्य वाले व्यक्ति स्वाभाविक रूप से एक-दूसरे से जुड़ जाते हैं। मज़दूर लोग अपने मालिकों के खिलाफ इसलिए आसानी से इकट्ठा हो जाते हैं, क्योंकि वहाँ समान उद्देश्य की बात होती है।

(v) हर सहयोग के अन्तर्गत सहयोगियों की अपनी इच्छा होती है। बलपूर्वक किसी भी समूह के अन्तर्गत समान हित की भावना नहीं पैदा की जा सकती है। सहयोग समान इच्छा पर आधारित सामाजिक प्रक्रिया है। जब तक व्यक्तियों के अन्तर्गत किसी काम के लिए आन्तरिक प्रेरणा नहीं होगी तब तक सहयोग सम्भव ही नहीं है।

(vi) सापेक्ष रूप से सहयोग एक लम्बे समय तक चलने वाली प्रक्रिया है। सहयोग की प्रक्रिया रोज़ बनती और बिगड़ती नहीं है। क्षणिक सहयोग एक सामाजिक प्रक्रिया का रूप नहीं ले सकता है। सहयोग में थोड़ी स्थिरता आवश्यक है।

(vii) सहयोग के लिए कम-से-कम दो व्यक्तियों और अधिक-से-अधिक, एक से अधिक राष्ट्र भी हो सकते हैं, अर्थात् सहयोग छोटे-से-छोटे और बड़े-से-बड़े स्तर तक सम्भव है। जब उद्देश्यों का दायरा काफी संकीर्ण होता है, तो सहयोग का स्तर छोटा होता है। ठीक इसके विपरीत जब किसी सहयोग का उद्देश्य बहुत बड़ा या महान् होता है, तो सहयोग का स्तर भी काफी बृहत् होता है।

सहयोग के कारण (Causes of Cooperation)

व्यक्ति आपस में सहयोग क्यों करते हैं, इसके कई कारण हैं। उन कारणों पर प्रकाश डालते हुए फिक्टर ने बताया है कि जब कुछ लोगों का स्वार्थ समान होता है, तो लोग स्वार्थवश एक-दूसरे का सहयोग करते हैं। सहयोग का दूसरा प्रमुख कारण यह है कि कुछ लोग अपने समूह से इतने घुल-मिल जाते हैं कि समूह के हित में वे सर्वस्व न्योछावर करने के लिए तैयार रहते हैं। सेना के जवान इसी भावना से प्रभावित होकर अपने देश की सीमा पर जवानों के बीच सहयोग रखते हैं। तीसरा प्रमुख कारण यह है कि जब लोगों को यह महसूस होता है कि उनके समूह पर कोई खतरा है, तो उस स्थिति में भी समूह के लोग आपस में सहयोग करते हैं। जब दो मुल्कों के बीच में कोई घमासान युद्ध छिड़ जाता है, तो राष्ट्रीयता की भावना से प्रभावित होकर सभी एक-दूसरे का सहयोग करने का प्रयास करते हैं। अन्त में फिक्टर ने बताया है कि सहयोग सामाजिक संरचना के लिए भी आवश्यक होता है। सहयोग के बिना सामाजिक संरचना का बने रहना सम्भव नहीं है। मनुष्य की आवश्यकताएँ अनन्त हैं और इन अनन्त आवश्यकताओं के बीच कोई

भी व्यक्ति स्वावलम्बी नहीं हो सकता है। अपनी आवश्यकताओं को पूरा करने के लिए हमें एक-दूसरे पर स्वाभाविक ढंग से निर्भर रहना पड़ता है, जैसे– स्वास्थ्य सम्बन्धी आवश्यकताओं की पूर्ति डॉक्टरों के द्वारा ही सम्भव है, बच्चों की शिक्षा-सम्बन्धी आवश्यकताएँ शिक्षकों से पूरी होती हैं, प्रजनन एवं यौन-इच्छा की पूर्ति परिवार निर्माण से सम्भव है, कानून व्यवस्था के लिए हमें सरकारी तन्त्रों पर निर्भर करना पड़ता है। मनुष्यों की ज़रूरतें इतनी अधिक एवं जटिल हैं कि इसकी पूर्ति के लिए विभिन्न कार्यों में निपुण लोगों से सहयोग लेना पड़ता है।

सहयोग के प्रकार (Forms of Cooperation)

मकीवर और पेज ने सहयोग को दो भागों में बाँटा है–

1. प्रत्यक्ष सहयोग (Direct Cooperation)— जब दो या दो से अधिक व्यक्ति अथवा समूह समान उद्देश्य के लिए एक-दूसरे के साथ मिलकर समान कार्य करें, तो इसे प्रत्यक्ष सहयोग कहते हैं। इसमें व्यक्तियों के बीच आमने-सामने के सम्बन्ध पाये जाते हैं। उदाहरणस्वरूप, आमचुनाव में किसी प्रत्याशी को विजयी बनाने के लिए कुछ लोगों द्वारा मिलकर प्रचार करना, एक प्रत्यक्ष सहयोग का उदाहरण है। इस प्रकार के सहयोग में सदस्यों को एक-दूसरे से अन्तःप्रेरणा प्राप्त होती है।

2. अप्रत्यक्ष सहयोग (Indirect Cooperation)— जब किसी समान उद्देश्य की पूर्ति के लिए सहयोग करने वाले लोग असमान या भिन्न-भिन्न प्रकार के कार्य करते रहते हैं तो इसे अप्रत्यक्ष सहयोग कहते हैं। इस प्रकार के सहयोग में उद्देश्य समान होता है, परन्तु कार्य भिन्न-भिन्न होते हैं। किसी अस्पताल में विभिन्न कर्मचारियों द्वारा दिया गया सहयोग अप्रत्यक्ष सहयोग का उदाहरण है। यहाँ कर्मचारी अलग-अलग कार्य करते हुए समान उद्देश्य की पूर्ति में सहयोग देते हैं। समाज में श्रम-विभाजन अप्रत्यक्ष सहयोग का बहुत ही प्रमुख उदाहरण है। आधुनिक जटिल समाजों में अप्रत्यक्ष सहयोग का महत्त्व दिन-प्रतिदिन बढ़ता जा रहा है। गाँवों की तुलना में शहरों में अप्रत्यक्ष सहयोग ज़्यादा पाया जाता है।

ग्रीन ने सहयोग के तीन प्रकारों का उल्लेख किया है–

1. प्राथमिक सहयोग (Primary Cooperation)— इस प्रकार का सहयोग सामान्यतः प्राथमिक समूहों में पाया जाता है, जहाँ घनिष्ठ व आमने-सामने के सम्बन्ध होते हैं। इसमें व्यक्ति और समूह के स्वार्थ में कोई अन्तर नहीं होता है। व्यक्ति समूह के हित और कल्याण को ही अपना हित और कल्याण समझता है। परिवार, पड़ोस, मित्र-मण्डली, छोटे आदिम और ग्रामीण समुदायों में प्रायः इसी प्रकार का सहयोग पाया जाता है।

2. द्वितीयक सहयोग (Secondary Cooperation)— समाज में बहुत से सहयोग स्वार्थवश दिये जाते हैं, जैसे– चिकित्सक आर्थिक लाभ हेतु रोगियों का इलाज करता है। इसी प्रकार विभिन्न प्रकार की सेवाएँ किसी-न-किसी प्रकार के लाभ को ध्यान में रखकर दी जाती हैं। जब लोगों के स्वार्थों की पूर्ति हो जाती है, तो सम्बन्ध समाप्त हो जाते हैं, या कमजोर पड़ने लगते हैं। दूसरे शब्दों में, द्वितीयक सहयोग द्वितीयक समूहों के बीच पाया जाता है। आधुनिक समाज में इस प्रकार के सहयोगों की बहुलता है।

3. तृतीयक सहयोग (Tertiary Cooperation)— यह दोनों से भिन्न प्रकार का सहयोग है, इसलिए कि इसमें प्राथमिक या द्वितीयक किस्म के समूहों के बीच सहयोग जैसी कोई स्थिति नहीं होती है। जब दो समूह आपस में अपने स्वार्थवश लड़ते हैं और लड़ाई का परिणाम दोनों के लिए हानिकारक होता है, तो ऐसी स्थिति में वे कभी-कभी समझौता करने को भी तैयार हो जाते हैं। इस समझौते से जो स्थिति बनती है वह तृतीयक सहयोग कहलाता है। अतः हम कह सकते हैं कि तृतीयक सहयोग संघर्ष से उत्पन्न सहयोग की स्थिति का नाम है।

जी.सी. होमैन्स (G.C. Homans) ने सहयोग के चार प्रकार बताए हैं। उनके अनुसार– (1) स्वतः स्फूर्त सहयोग (Spontaneous Cooperation) वह है, जिसमें बिना पूर्व निर्धारित योजना के, जैसे किसी अंधे व्यक्ति को सड़क

पार करवाना, इसे स्वाभाविक सहयोग भी कहते हैं, (2) पारम्परिक सहयोग (Traditional Cooperation), जैसे पड़ोसी एक-दूसरे से सहयोग करते हैं, (3) समझौता के आधार पर सहयोग (Contractual Cooperation), जिसमें एक समझौते की शर्तों के अनुसार सहयोग होता है, और (4) निर्देशित सहयोग (Directed Cooperation) जिसमें एक समझौते की शर्तों के अनुसार सहयोग किया जाता है। हर्जलर (Hertzler) ने कहा कि सहयोग के दो प्रकार हैं यथा (1) स्वत: स्फूर्त सहयोग (Spontaneous Cooperation) यानी जब लोग स्वेच्छा एवं अनौपचारिक रूप से एक-दूसरे की मदद करते हैं, एवं (2) संगठित सहयोग (Organised Cooperation) यानी जब किसी संगठन के नियमों के अनुरूप लोग एक-दूसरे की मदद करते हैं जैसे किसी कम्पनी में काम करने वाले एक-दूसरे का सहयोग करते हैं।

(ii) समायोजन (Accommodation)

समायोजन एक सहयोगी सामाजिक प्रक्रिया है। समायोजन समाज में व्यक्ति या समूह को जोड़ने वाली प्रक्रिया है। यह संघर्ष से सहयोग की ओर बढ़ने का प्रथम चरण है। जब भी दो विरोधी पक्ष प्रतिस्पर्द्धा या संघर्ष समाप्त करके सहयोग करना चाहते हैं तो सर्वप्रथम वे एक-दूसरे से समायोजन स्थापित करते हैं। व्यक्ति या समूह की यह स्वाभाविक वृत्ति रही है कि वे संघर्ष को पसन्द नहीं करते हैं या हमेशा संघर्ष या प्रतियोगिता नहीं कर सकते हैं। इसी संघर्ष की स्थिति को टालने के लिए जो समझौता किया जाता है, उसे ही समायोजन कहते हैं। यह समायोजन संघर्षरत व्यक्तियों के बीच या तो स्वयं या किसी मध्यस्थ के द्वारा स्थापित होता है। समायोजन एक बार स्थापित हो जाने का यह मतलब कभी नहीं होता है कि समायोजन करने वाले आगे कभी संघर्ष नहीं करेंगे और वे हमेशा सहयोग की ओर ही बढ़ेंगे। समायोजन में संघर्ष के बीज अवश्य ही मौजूद होते हैं। इस प्रकार समायोजन द्वारा संघर्ष को कुछ समय के लिए टाला जा सकता है। प्रजातन्त्रीय शासन-प्रणाली में साझा सरकार समायोजन का उदाहरण है।

मकीवर और पेज ने समायोजन को एक विस्तृत अर्थ में परिभाषित करने का प्रयास किया है। उन्होंने बताया है कि "समायोजन शब्द विशेषकर उस प्रक्रिया को अभिव्यक्त करता है, जिसके द्वारा मानव अपने पर्यावरण के साथ सन्तुलन स्थापित करता है।" पर्यावरण का अर्थ व्यापक होता है इसके अन्तर्गत सम्पूर्ण बाह्य जगत् आ जाता है। इस परिभाषा के अनुसार विवाह के बाद वधुओं का ससुराल में सास-श्वसुर के साथ सामंजस्य स्थापित करना या किसी प्रवासी के द्वारा शहरी पर्यावरण में नया सम्बन्ध स्थापित करना भी समायोजन कहलाता है। आज समाजशास्त्र में इस शब्द का प्रयोग इतने विस्तृत अर्थ में नहीं होता है। इस अर्थ में समायोजन शब्द का प्रयोग मात्र मनोविज्ञान के क्षेत्र में होता है। निकोलस एबरक्रॉमी (Nicholas Abercrombie *et al.*) एवं उनके सहयोगियों द्वारा रचित **The Penguin Dictionary of Sociology** (1994) को देखने से यह स्पष्ट हो जाता है कि अब समायोजन का तात्पर्य उस स्थिति से है जब किसी संघर्ष या तनाव की स्थिति में कोई व्यक्ति या व्यक्तियों का समूह बाहर निकलकर सहयोग और समझौते की स्थिति में रहता है, अर्थात् मकीवर और पेज का दृष्टिकोण काफी पुराना पड़ गया है।

जे.एच. फिक्टर ने समायोजन को इस प्रकार परिभाषित किया है– "समायोजन को एक सामाजिक प्रक्रिया के रूप में परिभाषित किया जा सकता है, जिसके अन्तर्गत दो या दो से अधिक व्यक्ति या समूह संघर्ष रोकने, कम करने या समाप्त करने के लिए अन्त:क्रिया करते हैं।"[2] इस परिभाषा से यह स्पष्ट होता है कि समायोजन संघर्ष से सहयोग की ओर बढ़ने का प्रारम्भिक प्रयत्न है। संघर्षरत व्यक्ति या समूह एक-दूसरे के प्रति अपने विचारों में समायोजन के माध्यम से परिवर्तन लाने की चेष्टा करते हैं और फलस्वरूप परस्पर सहयोग की दिशा में बढ़ने लगते हैं। समायोजन एक ऐसी प्रक्रिया है, जिसमें व्यक्ति या समूह निरन्तर सामंजस्य स्थापित करने के लिए प्रयत्नशील रहता है। किसी कारखाने में

---

2. "Accommodation may be defined, therefore, as that form of social process in which two or more persons or groups interact in order to prevent, reduce, or eliminate conflict."— J.H. Fichter, **Sociology**, The University of Chicago Press, Chicago, 1957, p. 229.

मालिक-मज़दूर के बीच जो संघर्ष होता है उसके समाधान हेतु जो समझौता किया जाता है उसे समायोजन कहा जाता है। झगड़े के बाद पति-पत्नी के बीच समझौता भी समायोजन की श्रेणी में आता है।

समायोजन संघर्षरत व्यक्तियों या समूहों को जोड़ने की प्रक्रिया का नाम है। जब कभी भी समाज में कोई तनाव या संघर्ष की स्थिति उत्पन्न होती है, तो उसे समाप्त करने की बात भी सोची जाती है। जब समाज या व्यक्ति तनावपूर्ण या संघर्ष की स्थिति से बाहर निकलता है, तो उस स्थिति को समायोजन कहा जाता है। पर इसका यह मतलब नहीं होता है कि भविष्य में कोई तनाव या संघर्ष नहीं होगा।

समायोजन एक गत्यात्मक प्रक्रिया है। इस अर्थ में कि इससे तनाव या संघर्ष की स्थिति से बाहर निकलकर शान्तिपूर्ण अवस्था में जाने का बोध होता है। इससे विचारों एवं कार्यों में लचीलेपन का भी बोध होता है। समायोजन से संघर्षरत दोनों पक्षों के विचारों एवं आचरणों में परिवर्तन का भी बोध होता है।

आधुनिक काल के जटिल समाज में जहाँ तरह-तरह के विरोधी समूह, विचार, धर्म, जाति, वर्ग इत्यादि हैं, वहाँ समायोजन की प्रक्रिया का विशेष महत्त्व है। समायोजन वर्तमान समाज में व्यवस्था एवं सन्तुलन बनाये रखने में बहुत मददगार साबित हो रहा है। इस प्रकार समायोजन वर्तमान समाज का अनिवार्य तत्त्व है।

जिलिन एवं जिलिन के अनुसार समायोजन दो प्रकार के होते हैं– (i) समन्वित समायोजन (Coordinate Accommodation) एवं (ii) उच्च कोटि-अधीनस्थ समायोजन (Superordinate-subordinate Accommodation)। यदि दो समान हैसियत वाले व्यक्तियों के बीच संघर्ष या प्रतियोगिता होती है और यदि उसे समाप्त करने के लिए कोई एक स्थिति बनती है, तो उसे समन्वित समायोजन कहा जायेगा। इसके विपरीत यदि दो असमान हैसियत वाले व्यक्तियों के बीच संघर्ष या प्रतियोगिता की स्थिति बनती है और ऐसी स्थिति में यदि कोई समझौता होता है, तो उसे हम उच्च कोटि-अधीनस्थ समायोजन कहेंगे, जैसे– हड़ताल के परिणामस्वरूप मज़दूरों एवं मिल-मालिकों के बीच समझौता।

लेस्ली के अनुसार समायोजन विभिन्न प्रकार के होते हैं, पर उन्होंने विशेषतौर पर पाँच प्रकार के समायोजन की बात कही है– **विरामसंधि (Truce), समझौता (Compromise), मध्यस्थता (Arbitration), सर्वोपरि व्यवस्था (Superordination Arrangements)** एवं **बरदाश्त (Toleration)।**

जिलिन एवं जिलिन ने बताया है कि समायोजन की बहुत सारी पद्धतियाँ (Methods) हैं, लेकिन जिन माध्यमों से कोई व्यक्ति या सामाजिक समूह समायोजन की स्थिति में पहुँचता है उसके प्रमुख प्रकार इस प्रकार हैं–

1. शक्ति या बल-प्रयोग— बल प्रयोग मानसिक एवं शारीरिक दोनों हो सकता है। इसमें हमेशा कमजोर पक्ष शक्तिशाली पक्ष के सामने झुकता है। कमजोर पक्ष अपने को नष्ट होने से बचाने की भावना से शक्तिशाली पक्ष की इच्छा एवं शर्तों के अनुसार कार्य करने को तैयार हो जाता है।

2. समझौता— जब दो पक्ष समान हों एवं दोनों के पास साधन और शक्ति लगभग बराबर हों, तब दोनों पक्ष आपस में समझौता करने को तैयार हो जाते हैं। समायोजन की इस पद्धति में दोनों पक्षों को कुछ-न-कुछ त्याग करना पड़ता है। वर्तमान समय में यह तरीका बहुत व्यापक रूप से प्रचलित है।

3. सहिष्णुता— इसमें दोनों पक्ष एक-दूसरे की बातों को सहन करते हैं। इसमें दोनों पक्ष एक-दूसरे के विचारों एवं भावनाओं की कद्र करते हैं एवं एक-दूसरे के प्रति सद्भाव एवं सहानुभूति का भाव रखते हैं। दोनों पक्ष के विचार भिन्न हो सकते हैं परन्तु पारस्परिक सहिष्णुता के द्वारा दोनों एक-दूसरे के निकट आ सकते हैं। सहिष्णुता में वह शक्ति होती है, जो विरोधियों के विरोध को दूर कर सकती है। भारत में विभिन्न धर्मों के प्रति धार्मिक सहिष्णुता समायोजन का अच्छा उदाहरण है।

4. मत परिवर्तन— आज के जटिल समाजों में धर्म, भाषा, विचार इत्यादि के आधार पर भेद पाये जाते हैं। इस पद्धति के अनुसार संघर्षों को दूर करने के लिए एक पक्ष दूसरे पक्ष की संस्कृति को आंशिक या पूर्णत: स्वीकार करता है। मध्यकालीन भारत में बहुत सारे राजपूतों ने मुसलमानों के विरोध के बजाय व्यक्तिगत लाभ के लिए मत परिवर्तन ही बेहतर समझा। उसी प्रकार आधुनिक भारत में राजनीतिक दल-बदल भी मत परिवर्तन ही है।

5. अनुकूलन— समायोजन के लिए कभी-कभी एक सामान्य कार्यक्रम तैयार करने की आवश्यकता होती है, जिसे दोनों पक्ष स्वेच्छा से स्वीकार करते हैं। इस सामान्य कार्यक्रम में दोनों पक्षों की बुनियादी बातों को यथासम्भव समाविष्ट किया जाता है। यह एक तरह से परिस्थिति के साथ समझौता है।

6. विवेकीकरण— विवेकीकरण में व्यक्ति बाह्य परिस्थितियों से तर्क के आधार पर सामंजस्य स्थापित करता है। इसमें व्यक्ति अपनी मनोवृत्ति तथा व्यवहार का समर्थन करता है। वह सोचता है कि उन परिस्थितियों में ऐसा करना ही उचित था, उदाहरणस्वरूप– चुनाव में हारने वाला उम्मीदवार भी विवेकीकरण द्वारा समायोजन स्थापित करता है। वह सोचता है कि समुचित शक्ति एवं साधनों के अभाव में उसे असफल होने के अलावा और कोई रास्ता नहीं था। इस प्रकार अपनी असफलता की पीड़ा को कम करने के लिए तरह-तरह के तर्क ढूँढ़ने लगता है, जिसे मनोविज्ञान में **आत्मरक्षा क्रियाविधि** या **युक्ति (Defence Mechanism)** कहा जाता है।

7. पंच प्रणाली— पंच प्रणाली भी समायोजन की एक विधि है। इसमें दोनों पक्षों के बीच एक मध्यस्थ या एक पंच होता है, जो उनमें समझौता कराता है। जब दोनों पक्ष आपस में प्रत्यक्ष रूप से समझौता करने में असफल हो जाते हैं तो मध्यस्थ या पंच के द्वारा समझौता कराया जाता है। मज़दूरों के विवादों को निपटाने एवं अन्तर्राष्ट्रीय संघर्षों को टालने के लिए पंच या मध्यस्थों का सहारा लिया जाता है।

(iii) आत्मसात्करण (Assimilation)

इस शब्द का सर्वप्रथम प्रयोग अमरीकी प्रजातीय सम्बन्ध अनुसन्धान (Race Relation Research) के सन्दर्भ में हुआ था, चूँकि अमरीका में विभिन्न संस्कृति के लोग आकर बस गये हैं। वहाँ के समाजशास्त्रियों ने यह जानने का प्रयास किया कि विभिन्न नृजाति समूह के लोग किस प्रकार अमरीकी समाज एवं संस्कृति को स्वीकार कर रहे हैं। अपने अध्ययनों के आधार पर राबर्ट पार्क (R. Park, 1950) ने बताया है कि आत्मसात्करण की प्रक्रिया चार चरणों से गुज़रती है, जिसे उन्होंने **प्रजातीय सम्बन्धों का चक्र (Race Relations Cycle)** कहा है– सम्पर्क (Contacts), प्रतियोगिता (Competition), समायोजन (Accommodation) एवं आत्मसात्करण (Assimilation)। एक लम्बे समय तक आत्मसात्करण का प्रयोग एक-तरफी प्रक्रिया के लिए किया जाता रहा है। समाजशास्त्रियों के चिन्तन में यही प्रमुख रहा कि किस प्रकार कोई बाहरी सांस्कृतिक समूह नये परिवेश में अपने-आपको समायोजित करता है लेकिन वर्तमान समाजशास्त्र में इस शब्द का प्रयोग दो तरफी प्रक्रिया के लिए होता है। अब समाजशास्त्रियों के लिए महत्त्वपूर्ण यह है कि दो भिन्न किस्म के सांस्कृतिक समूह किस प्रकार नयी परिस्थिति में अपने-आपको समायोजित करते हैं। यही कारण है कि आत्मसात्करण का प्रयोग **परसंस्कृति-ग्रहण (Acculturation)** के पर्यायवाची शब्द के रूप में किया जा रहा है। इस बात की पुष्टि जे.एच. फिक्टर द्वारा दिये गये आत्मसात्करण की निम्नलिखित परिभाषा से भी होती है– "आत्मसात्करण एक ऐसी सामाजिक प्रक्रिया है, जिसके द्वारा दो या दो से अधिक व्यक्ति या समूह एक-दूसरे के व्यवहार के प्रतिमानों को स्वीकार और निष्पादन करते हैं।"[3]

इस परिभाषा से यह स्पष्ट होता है कि आत्मसात्करण वह प्रक्रिया है, जिसके अन्तर्गत दो व्यक्तियों या समूहों के बीच व्यवहार में परिवर्तन का बोध होता है। यह एक ऐसी प्रक्रिया है, जिसके अन्तर्गत दो विभिन्न सांस्कृतिक विरासत के लोग अपने जीवन के मूल्यों, प्रतिमानों, आदर्शों को अपने सामाजिक जीवन में अपनाकर अपने व्यवहार में परिवर्तन लाते हैं। कुछ तो अपने समाज की परम्परागत चीजों को ढोते हैं और कुछ दूसरे समाज की परम्परागत चीजों को अपने जीवन में ढालने की कोशिश करते हैं। भारत में अंग्रेजों के आने के बाद यहाँ के लोगों ने एक नयी किस्म के पाश्चात्य सांस्कृतिक मूल्यों को अपनाया, जिसे **पश्चिमीकरण (Westernization)** के नाम से जाना जाता है। सिर्फ भारतवासियों

3. "Assimilation is a social process through which two or more persons or groups accept and perform one another's patterns of behavior." (J.H. Fichter, 1957: 229)

ने ही नहीं पाश्चात्य संस्कृति अपनायी, बल्कि अंग्रेजों ने भी भारतीय संस्कृति की अच्छी चीजों को अपनाया। यहाँ के खाद्य पदार्थों, यहाँ की सांस्कृतिक विरासतों आदि से काफी प्रभावित होकर अंग्रेज़ों ने अपने जीवन में बहुत चीजों को अपनाया। आज भी अंग्रेज़ी में भारतीय भाषा के अनगिनत शब्द पाये जाते हैं। यह सही है कि जितना हम लोगों ने उनकी चीजों को अपने जीवन में अपनाया, उन्होंने उसी मात्रा में भारतीय संस्कृति की चीजों को अपनाने की ज़रूरत नहीं समझी। यह स्वाभाविक था क्योंकि वे हमसे ज़्यादा विकसित माने जाते थे और उनकी हुकूमत के अन्तर्गत हम जी रहे थे।

लेस्ली एवं अन्य सहयोगी समाजशास्त्रियों (Leslie *et al.*, 1980) ने आत्मसात्करण की पाँच प्रमुख विशेषताओं की चर्चा की है, जो इस प्रकार हैं–

1. आत्मसात्करण एक दोतरफा प्रक्रिया है (Assimilation is a two-way process)— आत्मसात्करण वह है, जिसके अन्तर्गत सिर्फ नये प्रवासी समूह के लोग ही परिवर्तित नहीं होते, बल्कि नये प्रवासियों की संस्कृति का प्रभाव उस समाज पर भी देखने को मिलता है, जहाँ वे पहुँचकर एक नया जीवन प्रारम्भ करते हैं। पर यह बहुत-कुछ इस बात पर भी निर्भर करता है कि प्रवासियों की संख्या कितनी बड़ी है। यदि उनकी संख्या बहुत कम है, तो वे परिवर्तन लाने में उतने प्रभावशाली नहीं होते हैं, जैसे– यदि कुछ बिहारी पंजाब में जाकर अपना जीवन बसर करते हैं तो उस क्षेत्र के जन-जीवन पर बिहारियों का प्रभाव बहुत नगण्य होगा। खैर, जो भी हो आत्मसात्करण एक ऐसी प्रक्रिया है, जिसके अन्तर्गत नये प्रवासी एवं मेज़बान समूह के लोग एक-दूसरे के आचरण और संस्कृति से प्रभावित होकर उसे अपने जीवन में ढालने की कोशिश करते हैं।

2. आत्मसात्करण एक सामूहिक प्रक्रिया है (Assimilation is a group process)— साधारणतया यही देखने को मिलता है कि आत्मसात्करण की प्रक्रिया वैयक्तिक स्तर पर चलती है पर कभी-कभी यह प्रक्रिया पारिवारिक स्तर पर भी देखी जाती है। ऐसा देखा गया है कि प्रवासी लोग जब एक नये समाज में जीवन शुरू करते हैं तो उनके बच्चे वहाँ की संस्कृति एवं जीवनयापन की शैली को अपने माता-पिता की तुलना में अधिक शीघ्रता से ग्रहण करते हैं। पुराने किस्म के लोगों को बदलने में काफी समय लगता है। धीरे-धीरे आत्मसात्करण की प्रक्रिया वैयक्तिक स्तर से बढ़ते-बढ़ते सामूहिक स्तर पर पहुँच जाती है। गाँव से जो लोग शहर में आते हैं वे धीरे-धीरे शहरी जीवन में घुल-मिल जाते हैं और फिर उनके गाँवों की संस्कृति शहरी संस्कृति से प्रभावित होती है। उसी प्रकार शहरों में भी ग्रामीण संस्कृति की विशेषताएँ देखने को मिल जाती हैं।

3. आत्मसात्करण टिकाऊ सम्बन्धों में भी होता है (Assimilation occurs in all lasting relationships)— आत्मसात्करण अस्थायी सम्बन्धों तक ही सीमित नहीं है। सापेक्ष रूप से स्थाई सम्बन्धों में भी आत्मसात्करण की प्रक्रिया से परिवर्तन आता है, जैसे– जो लोग गाँव से शहर आ गये हैं परिवर्तन उनके आचार-विचार तक ही सीमित नहीं रहता है, बल्कि आत्मसात्करण के द्वारा पारिवारिक व्यवस्था एवं वैवाहिक पद्धति में भी परिवर्तन आता है। शहरी जीवन के तौर-तरीकों को वे अपनाते हैं। सामाजिक प्रतिष्ठा में वृद्धि लाने के उद्देश्य से लोग अधिक-से-अधिक दहेज एवं दिखावा की कोशिश करते हैं। सिनेमा के प्रभाव में आकर लोगों ने बिहार के शहरों में विवाह के पूर्व जयमाल की रश्म को अपनाया है। इस तरह के ऐसे अनगिनत परिवर्तन भारतीय समाज में धीरे-धीरे आ रहे हैं। संयुक्त परिवार का विघटन होना भी बहुत हद तक इसका एक उदाहरण है। संक्षेप में, हम यहाँ यही कहना चाहते हैं कि आत्मसात्करण की प्रक्रिया द्वारा परिवर्तन का स्वरूप स्थायी होता है। ऐसा नहीं होता कि व्यक्ति थोड़े समय के लिए बदलता है और वह फिर पुरानी जीवन-शैली में वापस चला आता है।

4. आत्मसात्करण अक्सर अपूर्ण होता है (Assimilation is often incomplete)— किसी भी नये परिवेश में कोई व्यक्ति पूर्णरूपेण नहीं बदलता है। जो लोग गाँव से शहर आते हैं वे शत-प्रतिशत शहरी नहीं हो जाते हैं। उसी तरह से जो लोग शहरों से गाँव लौटते हैं, वे पूरी तरह फिर ग्रामीण जीवन को नहीं अपना लेते हैं। कुछ-न-कुछ उनमें शहरीपन का अवशेष रह ही जाता है। जो भारतीय इंग्लैण्ड या अमरीका से शिक्षा प्राप्त कर लौटते हैं, वे पूरी तरह विदेशी होकर नहीं लौटते। उनमें कुछ-न-कुछ भारतीयता अवश्य रह जाती है। चूँकि कोई व्यक्ति या समूह पूरी तरह

नहीं बदलता है इसीलिए उस स्थिति को स्पष्ट करने के लिए स्टोनक्विस्ट (Stonequist, 1937) ने 'हाशिये का इंसान' या **'सीमांत मानव' (Marginal Man)** जैसी अवधारणा का प्रतिपादन किया है। 'सीमांत मानव' की अवधारणा का अर्थ निम्नलिखित पंक्ति से स्पष्ट हो जाता है– "सीमांत मानव वह है, जो एक साथ दो भिन्न जीवन-प्रणालियों में, दोनों में से किसी के साथ पूरी तरह सम्बन्ध स्थापित किये बिना, हिस्सा लेता है।" (Marginal persons take part in two distinct ways of life without belonging fully to either.)

इससे यह स्पष्ट होता है कि 'सीमांत मानव' खिचड़ी संस्कृति का प्रतिनिधित्व करता है। यदि कोई व्यक्ति न पूरी तरह ग्रामीण है और न पूरी तरह शहरी या कोई व्यक्ति न तो पूरी तरह भारतीय है और न ही विदेशी तो ऐसे लोगों को 'सीमांत मानव' या 'हाशिये का इंसान' कहा जाता है। आत्मसात्करण की प्रक्रिया समाज में इसी प्रकार चलती रहती है। शायद ही कोई व्यक्ति पूरी तरह नये परिवेश के अनुसार जीवन जीता है। अधिकांश लोग अपने परम्परागत मूल्यों एवं आचरणों का निर्वाह करते हुए नये परिवेश में जीना पसन्द करते हैं। लोगों को नयी एवं पुरानी जीवनशैली के बीच जीना अच्छा लगता है, इसी के कारण **समिश्रित संस्कृति (Composite Culture)** का विकास होता है।

5. आत्मसात्करण एक असमान प्रक्रिया है (Assimilation is uneven)— आत्मसात्करण की प्रक्रिया तमाम व्यक्तियों के जीवन में समान रूप से नहीं चलती है। कुछ लोग बहुत जल्दी बदल जाते हैं तो कुछ शायद ही बदल पाते हैं। जैसा कि ऊपर कहा जा चुका है कि बूढ़े-पुराने लोगों की तुलना में बच्चे नये परिवेश में कुछ जल्दी ही बदल जाते हैं। चूँकि अमरीका में विभिन्न समाज एवं संस्कृति के लोग प्रवास करते हैं इसीलिए इस विषय पर वहाँ काफी अध्ययन हुए हैं। अधिकांश अध्ययनों में यह पाया गया है कि प्रथम पीढ़ी में लोग नाम-मात्र ही बदल पाते हैं। लोगों को बदलने में काफी लम्बा समय लगता है। बहुत सारे यूरोपीयन देशों के लोगों को अमरीका में बदलने में तीन-तीन पीढ़ी का समय लग जाता है। जो लोग अपने ही समूह में शादी-विवाह करते हैं उन्हें तो बदलने में तीन पीढ़ी से भी अधिक का समय लगता है। समाजशास्त्रियों का कहना है कि धर्म, भाषा एवं प्रजातीय भिन्नताएँ आत्मसात्करण की प्रक्रिया की तीन प्रमुख बाधाएँ हैं। भारत के सन्दर्भ में एक चौथी बाधा भी है, वह है जाति। तमाम समानताओं के बावजूद अगर लोगों के बीच जातीय भिन्नता है, तो भारतीय समाज में ऐसे लोगों का सामाजिक स्तर पर एक होना बहुत कठिन काम है, क्योंकि लोग यहाँ हर परिस्थिति में अपनी ही जाति में विवाह करना उचित समझते हैं।

विभाजक प्रक्रिया (Disjunctive Process)

(i) प्रतियोगिता (Competition)

सहयोग की तरह प्रतियोगिता भी एक विश्वव्यापी सामाजिक प्रक्रिया है। दुनिया में शायद ही ऐसा समाज होगा जहाँ प्रतियोगिता नहीं पायी जाती हो। कहीं प्रतियोगिता धन कमाने के लिए है, तो कहीं अच्छे पहनावे के लिए, तो कहीं प्रतिष्ठा के लिए, तो कहीं परीक्षा में अच्छे अंक प्राप्त करने के लिए या फिर कहीं नौकरी पाने के लिए समाज में प्रतियोगिता चलती रहती है। समाज मात्र सहयोग से ही नहीं चल सकता है। लेस्ली (Leslie et. al, 1980: 57) ने प्रतियोगिता को निम्नलिखित ढंग से परिभाषित किया है– "प्रतियोगिता किसी उद्देश्य की प्राप्ति के लिए वैयक्तिक या सामूहिक प्रयास है, जिसे कोई एक ही हासिल कर पाता है।" (Competition is the individual and group striving for goals that only one can win.) इस परिभाषा से यह स्पष्ट होता है कि प्रतियोगिता किसी उद्देश्य को बेहतर-से-बेहतर ढँग से हासिल करने का एक नतीजा है। प्रतियोगिता तब पैदा होती है जब कुछ सीमित लक्ष्यों को अनेक लोग प्राप्त करना चाहते हैं। संघर्ष में भी यही होता है, किन्तु संघर्ष में हिंसा की भावना होती है, जबकि प्रतियोगिता एक हिंसा रहित प्रक्रिया है।

जिस प्रकार सहयोग कई स्तरों पर सम्भव है, प्रतियोगिता भी कई स्तरों पर सम्भव है। प्रतियोगिता का स्वरूप वैयक्तिक, सामूहिक, संगठनात्मक एवं सामाजिक कुछ भी हो सकता है। यदि किसी एक पद के लिए दो-तीन प्रत्याशी

कोशिश करते हैं, तो उसे वैयक्तिक प्रतियोगिता कहा जायेगा। यदि दो क्रिकेट टीमों के बीच प्रतियोगिता हो, तो उसे सामूहिक प्रतियोगिता कहा जायेगा। उसी प्रकार यदि दो कम्पनियों के बीच अपना माल बेचने के लिए प्रतिस्पर्द्धा हो तो उसे संगठनात्मक प्रतियोगिता कहा जायेगा और यदि दो समुदायों के बीच कुछ प्राप्त करने के लिए स्पर्द्धा पायी जाती है, तो उसे सामाजिक प्रतियोगिता कहेंगे।

प्रतियोगिता समाज के लिए काफी लाभकारी होती है। यदि समाज में प्रतियोगिता नहीं हो, तो सम्भव है कि समाज में विकास की गति अवरुद्ध हो जाये। लेकिन मार्क्स ने इसे कोई सर्वव्यापी प्रक्रिया नहीं माना है। उनके अनुसार प्रतियोगिता पूँजीवादी समाज की विशेषता है। मार्क्स के अनुसार समाज में तीन प्रकार की प्रतियोगिताएँ अक्सर चलती रहती हैं–

(i) बाज़ार पर नियन्त्रण रखने के लिए पूँजीपतियों के बीच प्रतियोगिता, (ii) रोज़गार के लिए श्रमिकों के बीच प्रतियोगिता एवं (iii) पूँजी एवं श्रम के बीच प्रतियोगिता। उन्होंने बताया है कि इसी प्रतियोगिता से **क्रान्तिकारी वर्ग चेतना (Revolutionary Class Consciousness)** का उदय होता है और वह वर्ग-संघर्ष के रूप में समाज में प्रकट होता है।

मैक्स वेबर ने भी समाज में प्रतियोगिता के अस्तित्व को स्वीकार किया है, लेकिन वे मार्क्स के विपरीत यह कहते हैं कि प्रतियोगिता एक विश्वव्यापी प्रक्रिया है। यह मात्र पूँजीवादी समाज में ही नहीं, बल्कि अन्य समाजों में भी पायी जाती है। इसका मुख्य कारण यह है कि मनुष्य को जिन चीजों की ज़रूरत है वे सीमित हैं और ज़रूरतें अनन्त। उन्होंने दो किस्म की प्रतियोगिता की बात कही है– **नियन्त्रित प्रतियोगिता (Regulated Competition)** एवं **अनियन्त्रित प्रतियोगिता (Unregulated Competition)**। यदि किसी शिक्षा-संस्थान में प्राचार्य के पद को प्राप्त करने के लिए शिक्षकों के बीच प्रतियोगिता होती है, तो उसे नियन्त्रित प्रतियोगिता कहा जायेगा। दूसरी तरफ समाज में अपने अस्तित्व या हैसियत के लिए लोग एक-दूसरे के साथ अक्सर प्रतियोगिता करते रहते हैं जिसके चलते कभी-कभी जातीय एवं वर्ग-संघर्ष भी हो जाता है। इस प्रकार की बृहत् पैमाने पर चलने वाली प्रतियोगिता को अनियन्त्रित प्रतियोगिता कहा जाता है।

जिलिन एवं जिलिन ने प्रतियोगिता को दो भागों में बाँटा है– **वैयक्तिक प्रतियोगिता (Personal Competition)** एवं **अवैयक्तिक प्रतियोगिता (Impersonal Competition)**। यदि किसी विशेष लक्ष्य की प्राप्ति के लिए एक से अधिक व्यक्ति प्रयास करते हैं तो ऐसी प्रतियोगिता वैयक्तिक प्रतियोगिता कही जायगी, जैसे– किसी वर्ग में दो-तीन विद्यार्थियों के द्वारा प्रथम श्रेणी में प्रथम स्थान प्राप्त करने की कोशिश। प्रतियोगिता की दूसरी स्थिति यह होती है कि प्रतियोगियों के बीच कोई आमने-सामने का सम्बन्ध नहीं होता है, जैसे– उषा कम्पनी एवं खेतान कम्पनी के बीच बाज़ार में अधिक– से-अधिक पंखा बेचने की प्रतियोगिता। इस प्रकार की प्रतियोगिता अवैयक्तिक प्रतियोगिता कही जायेगी। उसी प्रकार अगर दो राज्यों के बीच परिवार नियोजन को अधिक-से-अधिक सफल बनाने के लिए प्रतियोगिता हो, तो उसे भी हम अवैयक्तिक प्रतियोगिता कहेंगे।

समाज में प्रतियोगिता क्यों होती है, यह एक महत्त्वपूर्ण प्रश्न है। किसी समाज में सहयोग की अधिकता है, तो किसी समाज में प्रतियोगिता की। इस ढंग की भिन्नताएँ क्यों पायी जाती हैं, यह भी एक विचारणीय प्रश्न है। इन प्रश्नों का उत्तर हमें जिलिन एवं जिलिन के निम्नलिखित विचारों से मिलता है। उन्होंने बताया है कि प्रतियोगिता इस बात पर निर्भर करती है कि उस समाज की **मूल्य व्यवस्था (System of Values)** एवं **समूह संरचना (Group Structure)** कैसी है। यदि किसी समाज का मूल्य व्यक्तियों की अपनी उपलब्धियों पर काफी ज़ोर देता है, तो उस समाज में प्रतियोगिता काफी होगी। पाश्चात्य देशों का मूल्य इतना अधिक भौतिकवादी है कि धन-सम्पत्ति इकट्ठा करना ही लोगों के जीवन का मुख्य उद्देश्य हो गया है। इस विषय पर मैक्स वेबर ने भी यही बताया है कि पाश्चात्य देशों की तरक्की के पीछे प्रोटेस्टैंट धर्म (Protestant Ethics) है, जो उसके अनुयायियों को यह सिखाता है कि ईश्वर को प्रसन्न करने का मुख्य तरीका इस विश्व को अधिक सुखी और सम्पन्न बनाना है। इसलिए ऐसे समाज में मेहनत की पूजा होती है और जहाँ मेहनत से धन उपार्जन होता है, तो वहाँ प्रतियोगिता एक स्वाभाविक प्रक्रिया है। संक्षेप में, हम यहाँ यही कहना चाहते हैं कि जो समाज **अर्जित मूल्यों (Achieved Values)** पर आधारित है वहाँ **आरोपित मूल्यों (Ascriptive Values)** वाले समाज की तुलना में अधिक प्रतियोगिता पायी जाती है।

जैसा कि ऊपर कहा जा चुका है कि प्रतियोगिता सामाजिक संरचना के स्वरूप पर भी निर्भर करती है। यदि सामाजिक व्यवस्था में काफी खुलापन है, तो वहाँ हर व्यक्ति समाज में ऊपर उठने की पूरी कोशिश करता है। ठीक इसके विपरीत किसी समाज की संरचना बन्द व्यवस्था पर आधारित हो तो व्यक्तियों को वहाँ पर समाज में ऊपर उठने का अवसर कम प्राप्त होता है। चूँकि पाश्चात्य देशों का समाज वर्गव्यवस्था पर आधारित है और वहाँ पर खुलापन अधिक है इसीलिए वहाँ पर प्रतियोगिता अधिक पायी जाती है। पाश्चात्य देशों की तुलना में भारतीय समाज लम्बे समय तक एक बन्द समाज रहा है या उसकी तुलना में यहाँ कम खुलापन रहा है, क्योंकि यह जाति-व्यवस्था पर आधारित रहा है। अतः भारतीय समाज में पाश्चात्य देशों की तुलना में प्रतियोगिता कम पायी जाती है। यहाँ अधिकांश लोग या तो भाग्यवादी हैं या निराशावादी। शहरों की तुलना में गाँवों में तो प्रतियोगिता और भी कम है।

प्रतियोगिता व्यक्तियों एवं समूहों की इच्छापूर्ति का श्रेष्ठ साधन है। कोई भी उपलब्धि तभी महत्त्वपूर्ण समझी जाती है, जब उसे प्रतियोगिता के द्वारा प्राप्त किया जाता है। प्रतियोगिता से प्राप्त उपलब्धियों पर बहुत लोगों को विशेष प्रसन्नता होती है।

प्रतियोगिता विभिन्न प्रकार के कार्यों के लिए सदस्यों का चयन करती है। समाज में विभिन्न प्रकार के कार्य एवं पद बँटे हुए होते हैं। कुछ ही व्यक्ति तमाम प्रकार के काम नहीं कर सकते। लोग अपनी इच्छा एवं योग्यता को ध्यान में रखकर कार्यों का चयन करते हैं। इस प्रकार प्रतियोगिता श्रम-विभाजन भी करती है। समाज के तमाम लोग मिलकर समाज की सभी आवश्यकताओं को पूरा करने का प्रयास करते हैं। अतः प्रतियोगिता से समाज में एकता भी पैदा होती है, क्योंकि श्रम-विभाजन से विभिन्न कार्य विभिन्न व्यक्तियों द्वारा किसी एक उद्देश्य की प्राप्ति के लिए किये जाते हैं।

कूली ने लिखा है कि प्रतियोगिता व्यक्तित्व पर सकारात्मक रूप से गहरा प्रभाव डालती है। यह हमारे दृष्टिकोण को व्यापकता प्रदान करती है। प्रतियोगिता के माध्यम से हमारा व्यक्तित्व रचनात्मक रूप से प्रभावित होता है। प्रतियोगिता व्यक्ति को अपनी उच्चतम क्षमताओं के अनुसार कार्य करने को प्रेरित करती है। प्रतियोगिता से व्यक्ति अपने नये गुणों की पहचान करता है। इससे उसके अपने कल्याण के साथ-साथ समूह का भी कल्याण होता है। प्रतियोगिता से प्रगति का अवसर तैयार होता है। प्रतियोगिता ने आविष्कारों की वृद्धि के साथ-साथ तकनीकी प्रगति को भी प्रोत्साहित किया है।

प्रतियोगिता का स्वरूप हमेशा प्रकार्यात्मक ही नहीं होता है। इससे जितने फायदे हैं, हानियाँ कोई कम नहीं हैं। समाज में तनाव, मानसिक असन्तुलन, संघर्ष एवं अपराध की जो घटनाएँ घटती रहती हैं उसके पीछे विभिन्न कारणों में यदि कोई सबसे अधिक महत्त्वपूर्ण कारण है, तो वह है प्रतियोगिता। पाश्चात्य देशों के शहरी जीवन में जो वैयक्तिक एवं सामाजिक समस्याएँ इतनी अधिक देखने को मिलती हैं उसका मुख्य कारण वहाँ के जीवन में प्रतियोगिता की प्रधानता है। लेकिन यहाँ यह नहीं कहा जा रहा है कि समाज में प्रतियोगिता नहीं होनी चाहिए। मात्र सहयोग से ही समाज नहीं चल सकता है। मानव-समाज ने अपने बर्बर स्तर से सभ्य स्तर तक की जो इतनी लम्बी दूरी तय की है उसमें प्रतियोगिता की अहम भूमिका रही है।

(ii) संघर्ष (Conflict)

संघर्ष एक ऐसी अवधारणा है, जो एक से अधिक अर्थों में प्रयुक्त होती आयी है। अतः कुछ लोग पीढ़ियों के बीच विचारों की भिन्नता को संघर्ष कहते हैं, तो कुछ लोग औद्योगिक संघर्ष की बातें करते हैं और तो कुछ लोग राजनीतिक दलों के बीच स्वार्थों के टकराव को संघर्ष कहते हैं। लेकिन समाजशास्त्र के दायरे में संघर्ष शब्द का एक विशेष अर्थ होता है। साधारणतया संघर्ष की उत्पत्ति प्रतियोगिता से होती है। संघर्ष को जे.एच. फिक्टर ने निम्नलिखित ढंग से परिभाषित किया है– "संघर्ष आपसी अन्तःक्रिया का वह प्रकार है, जिसके द्वारा दो या दो से अधिक व्यक्ति एक-दूसरे का विनाश कर या फिर अप्रभावी बनाकर समाप्त करने की चेष्टा करते हैं।"[4] इस परिभाषा से यह स्पष्ट

4. "Conflict is that form of mutual interaction through which two or more persons attempt to remove each other, either by annihilating or by rendering the other party ineffectual." (J.H. Fichter, 1957: 230)

होता है कि संघर्ष में कम-से-कम दो विरोधी दल होते हैं, जो अपने स्वार्थों की पूर्ति के लिए एक-दूसरे को समाप्त कर देना चाहते हैं। संघर्ष शब्द के साथ प्रायः हिंसात्मक भावनाएँ जुड़ी रहती हैं। इस तथ्य को जिलिन एवं जिलिन ने भी स्वीकार किया है।

यद्यपि संघर्ष एक विरोधी प्रक्रिया है, तथापि यह सहयोग से अलग नहीं है। दोनों एक ही सिक्के के दो पहलू हैं। जहाँ संघर्ष है, वहाँ सहयोग और जहाँ सहयोग है, वहाँ संघर्ष। इसीलिए कि कोई भी समाज न तो निरन्तर संघर्ष की स्थिति में रह सकता है और न हमेशा सहयोग की स्थिति में रह सकता है। संघर्ष और सहयोग समाज की मूल प्रक्रिया है। इन्हीं तथ्यों को ध्यान में रखकर लेस्ली तथा उनके सहयोगी समाजशास्त्रियों (Leslie *et al.*, 1980) ने **सहयोग-संघर्ष अविच्छिन्नता (Cooperation-Conflict Continuum)** की अवधारणा की बात कही है। यह निरन्तरता वैयक्तिक से अवैयक्तिक स्तर तक हो सकती है। प्रतियोगिता दोनों के बीच की स्थिति है।

मानव ने आज तक जो प्रगति की है वह प्रकृति के विरुद्ध निरन्तर संघर्ष का परिणाम है। संघर्ष सिर्फ समाज और पर्यावरण के बीच ही नहीं होता, बल्कि संघर्ष समाज के अन्दर भी निरन्तर चलता रहता है और सच कहा जाये तो इसी अर्थ में संघर्ष समाजशास्त्र की मुख्य विषय-वस्तु है। समाज में अमीर-गरीब के भेद हैं, वर्गों के भेद हैं, जाति-प्रजाति के भेद हैं एवं राष्ट्र के बीच स्वार्थों के भेद हैं। समाज में आर्थिक हितों से उत्पन्न संघर्ष के अतिरिक्त सांस्कृतिक, सामाजिक एवं मनोवैज्ञानिक कारणों से भी संघर्ष उत्पन्न होते हैं। एक समूह दूसरे समूह पर कभी भाषा के दृष्टिकोण से, कभी आबादी के दृष्टिकोण से, तो कभी संस्कृति के दृष्टिकोण से हावी होना चाहता है जिसका नतीजा संघर्ष होता है।

संघर्ष के सम्बन्ध में संक्षेप में यहाँ यही कहा जा सकता है कि यह एक बुनियादी सामाजिक प्रक्रिया है, जो स्वार्थों के टकराव से उत्पन्न होती है। अलग-अलग परिस्थितियों में इसका स्वरूप अलग होता है, जिसके फलस्वरूप समाज में प्रकार्यात्मक एवं दुष्प्रकार्यात्मक दोनों परिणाम देखे जा सकते हैं। संघर्ष की प्रमुख विशेषताएँ इस प्रकार हैं–

1. समाज में संगठन और विघटन की प्रक्रियाएँ साथ-साथ चलती हैं। यों तो देखने में ऐसा लगता है कि संघर्ष की प्रक्रिया व्यक्तियों एवं समूहों को एक-दूसरे से अलग करती है। इस अर्थ में यह विघटनकारी प्रक्रिया है। लेकिन फिर भी यह एक अनिवार्य सामाजिक प्रक्रिया है, क्योंकि हमारा समाज आदर्श या पूर्ण समाज नहीं है। इसमें विरोध या संघर्ष के अनेक कारण मौजूद हैं।
2. संघर्ष सहयोग का ही एक पहलू है। दो समूहों का संघर्ष तभी सम्भव हो पाता है जब दोनों समूहों के सदस्यों के बीच आन्तरिक सहयोग होता है। संघर्ष करने के लिए सहयोग अपेक्षित होता है।
3. संघर्ष की प्रक्रिया के मूल में व्यक्तियों या समूहों के हितों तथा स्वार्थों का संघर्ष होता है। जब दो व्यक्तियों या समूहों के हित आपस में टकराते हैं, तब संघर्ष की स्थिति उत्पन्न होती है।
4. संघर्ष की प्रक्रिया हिंसात्मक या अहिंसात्मक हो सकती है। यह संघर्षशील समूहों की बाह्य परिस्थिति एवं संघर्ष के लक्ष्यों पर निर्भर करती है। अगर समाज में लोकतांत्रिक व्यवस्था है, तो अहिंसात्मक संघर्ष सम्भव है। पर जिन देशों में तानाशाही है वहाँ हिंसात्मक संघर्ष होते हैं। वर्तमान समय में राज्य के विरोध में अहिंसात्मक सत्याग्रह का प्रयोग बढ़ रहा है।
5. संघर्ष की प्रक्रिया कभी-कभी विरोध की अभिव्यक्ति के बाद समाप्त हो जाती है। कभी-कभी तो अन्याय का प्रतिरोध करने के लिए संघर्ष का सहारा लेना पड़ता है। संघर्षशील समूह एक-दूसरे का दमन करने का भी प्रयास करते हैं।
6. संघर्ष अधिकतर प्रत्यक्ष रूप में प्रकट होता है। कुछ संघर्ष अप्रत्यक्ष भी होते हैं। वर्तमान अन्तर्राष्ट्रीय मंच पर शीतयुद्ध अप्रत्यक्ष संघर्ष का उत्कृष्ट उदाहरण है।
7. संघर्ष की प्रक्रिया में कम-से-कम दो पक्षों का होना अनिवार्य है। इसके अलावा, अन्य पक्षों का भी योगदान सम्भव है। अतएव संघर्ष बहुपक्षीय भी होते हैं।

8. संघर्ष के कुछ स्वरूप समाज में स्थायी होते हैं, जैसे– वर्तमान समाज में वर्ग-संघर्ष, शोषक-शोषित संघर्ष। यह संघर्ष तब तक चलता रहेगा जब तक समाज शोषण मुक्त न हो जाये। परन्तु कुछ संघर्ष अस्थायी भी होते हैं, जैसे– स्थानीय संघर्ष, जातीय संघर्ष इत्यादि। इसी तरह व्यक्तियों या समूहों के बहुत-से-संघर्ष सदैव नहीं चल सकते हैं।
9. संघर्ष की प्रक्रिया के कुछ-न-कुछ सामाजिक परिणाम होते हैं। यह परिणाम कभी सकारात्मक तो कभी नकारात्मक होता है। मज़दूरों के संघर्ष के अच्छे परिणाम निकलते हैं। भारतीय स्वतन्त्रता संघर्ष के भी परिणाम अच्छे निकले। परन्तु दो देशों के युद्ध पर अगर विचार करें तो संघर्ष के परिणाम अधिक भयावह प्रतीत होंगे।
10. संघर्ष के कारण समाज में किसी-न-किसी रूप में अवश्य मौजूद होते हैं एवं संघर्ष के लिए समूहों को विशेष प्रयत्न द्वारा संगठित करना पड़ता है तभी संघर्ष की प्रक्रिया मुखर होती है।

संघर्ष के कारण

संघर्ष क्यों होता है, इस पर समाजशास्त्र के क्षेत्र में काफी विचार-विमर्श हुए हैं। मार्क्स ने तो संघर्ष का कारण शोषण माना है, लेकिन सच कहा जाये तो मानव के इतिहास में संघर्ष के अनेक कारण रहे हैं। समय और परिस्थितियों के अनुसार अलग-अलग कारणों से समाज में संघर्ष होते हैं। अतीत में संघर्ष का प्रमुख कारण यह था कि एक व्यक्ति दूसरे व्यक्ति पर अथवा एक समूह दूसरे समूह पर प्रभुत्व जमाना चाहता था। व्यक्तियों में दूसरे पर प्रभुत्व ज़माने की प्रवृत्ति ही संघर्ष को जन्म देती रही है। वर्तमान में संघर्ष का कारण आर्थिक प्रभुत्व की प्रवृत्ति अधिक प्रमुख है। स्वार्थवश एक समूह दूसरे पर आर्थिक नियन्त्रण चाहता है। संघर्ष के विभिन्न स्तरों को ध्यान में रखते हुए जिलिन एवं जिलिन ने संघर्ष के कारणों को चार भागों में विभक्त किया है।

1. व्यक्तिगत भिन्नताएँ— किसी भी समाज में व्यक्तियों के बीच पूर्ण समानताएँ नहीं पायी जाती हैं। वैयक्तिक स्तर पर समाज में काफी विभिन्नताएँ पायी जाती हैं। प्रत्येक व्यक्ति का अपना अलग स्वभाव, व्यक्तित्व, मनोवृत्ति (Attitude), अभिप्रेरणा (Motivation) एवं अलग-अलग इच्छाएँ होती हैं। कोई व्यक्ति बहुत दयावान है, तो कोई सहनशील, कोई बहुत उदार, तो कोई संकुचित विचार का। व्यक्तियों में जीवन के आदर्श की भी भिन्नताएँ होती हैं। ऐसी परिस्थिति में संघर्ष होना स्वाभाविक भी है।

2. सांस्कृतिक भिन्नताएँ— विभिन्न समाजों की अपनी-अपनी सांस्कृतिक विरासतें होती हैं। व्यक्तियों के जीवन-मूल्य, मान्यताएँ एवं रीति-रिवाज़ उन सांस्कृतिक विरासतों से काफी प्रभावित होते हैं। सांस्कृतिक स्तर पर विभिन्नता के कारण कुछ लोग अपने-आपको कुछ ज़्यादा ही उन्नत समझते हैं। कुछ संस्कृतियों के लोग शान्तिप्रिय होते हैं तो कुछ आक्रामक। अत: परस्पर विरोधी संस्कृति के लोगों के बीच संघर्ष होना कोई अस्वाभाविक घटना नहीं है। भारत और पाकिस्तान के बीच जो तनाव और संघर्ष की स्थिति कभी-कभी उत्पन्न हो जाती है उसका प्रमुख कारण सांस्कृतिक भिन्नता है। धर्म के आधार पर पाकिस्तान को भारत से काफी नफरत है, तो नेपाल को भारत से काफी प्रेम।

3. परस्पर विरोधी स्वार्थ— परस्पर विरोधी स्वार्थ का होना संघर्ष का सबसे प्रमुख कारण है। जातीय संघर्ष या वर्ग-संघर्ष के पीछे लोगों के स्वार्थों का टकराव एक प्रमुख कारण है। मज़दूरों एवं मिल-मालिकों के बीच संघर्ष का कारण स्वार्थों का टकराव है। कर्मचारियों एवं सरकार के बीच संघर्ष का कारण भी स्वार्थों का टकराव है, क्योंकि सरकार कम वेतन में अपने कर्मचारियों से काम लेना चाहती है और कर्मचारी न्यूनतम काम देकर अधिकतम वेतन पाना चाहते हैं। दो राजनीतिक दलों के बीच संघर्ष का मुख्य कारण परस्पर विरोधी स्वार्थों का होना है। हर एक राजनीतिक दल यही चाहता है कि चुनाव में वह इतना स्थान प्राप्त कर ले कि आसानी से वह राजनीतिक सत्ता को प्राप्त कर सके। कभी-कभी एक ही परिवार में दो भाइयों के बीच स्वार्थों के टकराव से संघर्ष उत्पन्न हो जाता है।

4. सामाजिक परिवर्तन— सामाजिक परिवर्तन भी संघर्ष का एक महत्त्वपूर्ण कारण है। समाज में कुछ लोग परम्परावादी होते हैं तो कुछ लोग नये विचार के होते हैं। ऐसी स्थिति में परम्परावादी एवं आधुनिक विचार रखने वालों के बीच संघर्ष उत्पन्न हो जाता है। भारत में जब धर्म-सुधार आन्दोलन हुआ तो परम्परावादी ब्राह्मणों ने इसका काफी विरोध किया। परम्परावादी लोग सुधारवादी आन्दोलन के विरोधी थे। हाल के कुछ वर्षों में ऐसा देखने को मिला है कि उच्च जाति के लोगों ने आरक्षण का भरपूर विरोध किया। वे नहीं चाहते थे कि पिछड़ों एवं दलितों का प्रभुत्व समाज में बढ़े। आज भी ब्राह्मणवादी विचारधारा के लोग जाति-व्यवस्था में आस्था रखते हैं। नयी परिस्थितियों में वे बदलना नहीं चाहते हैं जिसके कारण समाज में जातीय संघर्ष देखने को मिलता है।

संघर्ष के सैद्धान्तिक पहलू (Theoretical Aspects of Conflict)

समाजविज्ञानों में 19वीं सदी से 20वीं सदी के पूर्वार्द्ध तक संघर्षवादी सिद्धान्त की काफी प्रमुखता थी। उस काल के अधिकांश समाजविज्ञानियों ने अपने विश्लेषण में संघर्षवादी विचारधारा को काफी महत्त्व दिया है, लेकिन 20वीं सदी के उत्तरार्द्ध में संघर्षवादी चिन्तकों की जगह प्रकार्यवादी चिन्तकों की महत्ता बढ़ने लगी। पर 1960 के दशकों के बाद फिर से संघर्षवादी विचारों की लोकप्रियता बढ़ने लगी। लेकिन संघर्षवादियों के बीच वैचारिक मतभेद बढ़ने लगे क्योंकि विभिन्न विद्वानों ने सामाजिक संघर्ष के कारणों पर अपने-अपने ढँग से विचार किया।

यह सर्वविदित है कि समाजविज्ञान में संघर्षवादी चिन्तन के मुख्य प्रवर्तक कार्ल मार्क्स माने जाते हैं। उनका विचार है कि मानव का इतिहास संघर्षों का इतिहास रहा है। अपने स्वार्थ की पूर्ति के लिए उच्चवर्ग ने निम्नवर्ग के लोगों का यथासम्भव शोषण किया है और यही शोषण वर्ग-संघर्ष का मुख्य कारण है। कार्ल मार्क्स ने जहाँ शोषण को दुष्प्रकार्यात्मक माना है वहीं जर्मन समाजशास्त्री जॉर्ज जिमेल (Georg Simmel) एवं अमरीकी समाजशास्त्री एल. कोसर (L. Coser) ने संघर्ष को प्रकार्यात्मक माना है, क्योंकि **बहुलविध समाजों (Pluralistic Societies)** में संघर्ष लोगों को जोड़ने का काम करता है।

ऑस्ट्रियन समाजशास्त्री रात्सेनहॉफर (G. Ratzenhofer) ने मार्क्स के वर्ग-संघर्ष के सिद्धान्त का खण्डन किया है। उनका मानना है कि मनुष्य में बहुत प्रकार की इच्छाएँ होती हैं और उन्हीं इच्छाओं की पूर्ति करने के प्रयास में संघर्ष होता है। उसी तरह फ्रिडरिक्स निचीअ (F. W. Nietzsche)[5] ने भी मार्क्स के सिद्धान्त का खण्डन करते हुए कहा है कि समाज में संघर्ष का मुख्य कारण **प्रभुत्व की इच्छा (Will to Power)** है। उनका कहना है कि समाज में कुछ लोग दूसरे पर कुछ ज़्यादा ही हावी होना चाहते हैं जिसके कारण समाज में संघर्ष होता है। जिन लोगों में प्रभुत्व की इच्छा ज़्यादा होती है वे ऐसे लोगों के साथ हमेशा संघर्षरत रहते हैं, जिनमें प्रभुत्व की इच्छा कम पायी जाती है। निचे ने शोषण को संघर्ष का मुख्य कारण नहीं माना है।

मार्क्स की तरह गम्पलोविक्च (L. Gumplowicz) ने भी समाज में काफी संघर्ष पाया, लेकिन उनके अनुसार संघर्ष का मुख्य कारण बहुत-सी ग़ैर-आर्थिक विभिन्नताएँ हैं, शोषण नहीं। गम्पलोविक्च ने कहा है कि मनुष्य अक्सर झुण्डों/गिरोहों (Hordes) में रहा करता था और गिरोहों का मुख्य आधार धर्म, भाषा, पेशा, रहन-सहन और स्वार्थ की समानता थी। मनुष्यों का यह समूह अपने से भिन्न प्रकार के समूहों से झगड़ा किया करता था।

अमरीकी समाजशास्त्री टी. वेबलन (T. Veblen) ने संघर्ष का एक नया आधार बताया। उनका विचार था कि समाज में संघर्ष नयी तकनीकी एवं परम्परागत सामाजिक संस्थाओं और मूल्यों के बीच होता है। समाज की विभिन्न ज़रूरतों के कारण नयी तकनीक का जन्म होता है और नयी तकनीकी के उपयोग के लिए नयी किस्म की योग्यताओं, आदतों एवं प्रशिक्षण की आवश्यकता होती है। पुरानी सामाजिक संस्थाएँ नयी तकनीक से मेल नहीं खाती हैं, क्योंकि

---

5. इस जर्मन दार्शनिक का नाम नीत्से या नीत्जे उच्चारण अशुद्ध है। शुद्ध उच्चारण मात्र 'निचीअ' है।

सामाजिक संस्थाएँ बहुत देर से बदलती हैं। अतः परम्परागत संस्थाओं एवं नयी तकनीकी पर आधारित मूल्यों के बीच समाज में संघर्ष होता है।

लुइस ए. कोसर (Lewis A. Coser) एवं रैल्फ डारेनडॉफ (Ralf Dahrendorf) दो ऐसे आधुनिक समाजशास्त्री हैं, जिन्होंने संघर्षवादी सिद्धान्त के क्षेत्र में बहुत ही महत्त्वपूर्ण योगदान दिया है। कोसर ने कहा है कि कार्ल मार्क्स एवं उनके अनुयायियों ने संघर्ष के दुष्प्रकार्यों पर ज़रूरत से कुछ ज़्यादा ही ज़ोर दिया है, जो उचित नहीं है। संघर्ष के बहुत सारे दुष्प्रकार्य होते हैं। पर मात्र वही यथार्थ नहीं है। कोसर ने बताया है कि सामाजिक संघर्ष का सकारात्मक पहलू कोई कम महत्त्वपूर्ण नहीं है। उदाहरण स्वरूप, भारत में आज़ादी की लड़ाई ने विभिन्न जातियों, समुदायों एवं प्रदेश के लोगों को एकसूत्र में जोड़कर प्रकार्यात्मक काम किया है।

डारेनडॉफ के अनुसार **शक्ति एवं सत्ता (Power and Authority)** हर समाज की प्रमुख विशेषता है। इसके अभाव में हम किसी भी समाज की कल्पना नहीं कर सकते हैं। यह सामाजिक संरचना के निर्माण की आवश्यक शर्तों में से है, इसलिए इसे सामाजिक व्यवस्था की **प्रकार्यात्मक पूर्व शर्तें (Functional Pre-requisites)** भी माना जाता है। पर सत्ता का बँटवारा समाज के लोगों के बीच समान रूप से कभी नहीं होता है। सत्ता का वितरण हमेशा असन्तुलित ढँग से होता है। चूँकि हर कोई सत्ता को अधिक-से-अधिक हथियाना चाहता है, इसीलिए समाज में संघर्ष होता है। मार्क्स की तरह डारेनडॉफ भी संघर्ष के सिद्धान्त को स्वीकार करते हैं, पर मार्क्स के विचारों के विपरीत उनके संघर्ष का आधार आर्थिक न होकर राजनीतिक है। संघर्ष का कारण आर्थिक शोषण न होकर सत्ता के द्वारा व्यक्तिगत स्वार्थ की पूर्ति है। उनका यह विचार उत्पीड़न के सिद्धान्त (Theory of Coercion) पर आधारित है। डारेनडॉफ के अनुसार हर सामाजिक संरचना में संघर्ष का बीज छिपा होता है, जो उसमें परिवर्तन की प्रक्रिया को निरन्तर चलायमान रखता है।

संघर्ष के प्रकार

संघर्ष अनेक स्तरों पर हो सकता है। जीवन के अनेक क्षेत्रों में संघर्ष देखने को मिलता है। मकीवर और पेज ने संघर्ष के दो प्रधान स्वरूपों का जिक्र किया है– (क) प्रत्यक्ष संघर्ष और (ख) अप्रत्यक्ष संघर्ष।

(क) प्रत्यक्ष संघर्ष— जब व्यक्ति या समूह किसी लक्ष्य तक पहुँचने के लिए विरोधी व्यक्ति या समूह के मार्ग में बाधा डालते हैं, एक-दूसरे को सीधे चोट पहुँचाते हैं, यहाँ तक कि विनाश करने की चेष्टा करते हैं तो ऐसे संघर्ष को प्रत्यक्ष संघर्ष कहते हैं। पर संघर्ष कभी विरोधी प्रचार तक ही सीमित रह सकता है, कभी हिंसात्मक विरोध तक भी पहुँच सकता है। कभी व्यक्तिगत कारणों से कभी बड़े सामाजिक उद्देश्य की प्राप्ति के लिए प्रत्यक्ष संघर्ष उत्पन्न होते हैं। जैसे दो व्यक्तियों के बीच बदले की भावना से लड़ाई बिलकुल व्यक्तिगत संघर्ष है। किन्तु, वर्ग-संघर्ष, क्रान्ति और युद्ध बड़े सामाजिक उद्देश्यों पर आधारित सामूहिक संघर्ष हैं।

(ख) अप्रत्यक्ष संघर्ष— संघर्ष का यह रूप आज बहुत व्यापक रूप से फैला हुआ है। इसमें संघर्षशील व्यक्ति या समूह प्रत्यक्ष रूप से संघर्ष नहीं करते हैं, बल्कि अप्रत्यक्ष रूप से एक-दूसरे के हितों को क्षति पहुँचाना चाहते हैं। मकीवर और पेज ने प्रतियोगिता को अप्रत्यक्ष संघर्ष का एक रूप माना है, लेकिन दूसरे विद्वान इसे स्वीकार नहीं करते हैं। आर्थिक या अन्तर्राष्ट्रीय राजनीतिक मंच पर अप्रत्यक्ष संघर्ष अक्सर देखने को मिलता है। जैसे– दो कम्पनी अपने सामानों को बाज़ार में अधिक-से-अधिक बेचने का प्रयास करती रहती हैं एवं दोनों एक-दूसरे के आर्थिक हितों को क्षति पहुँचाने का प्रयास करती हैं, यह प्रयास अप्रत्यक्ष संघर्ष का उदाहरण है। सही मायने में अप्रत्यक्ष संघर्ष एक प्रकार की प्रतियोगिता है, संघर्ष नहीं है।

जिलिन एवं जिलिन ने संघर्ष के निम्नलिखित प्रकारों की चर्चा की है, जो इस प्रकार हैं–

1. वैयक्तिक संघर्ष— व्यक्तियों के बीच पारस्परिक संघर्ष को वैयक्तिक संघर्ष कहेंगे। इसका आधार मनोवैज्ञानिक, जैसे– घृणा, द्वेष आदि तथा आर्थिक भी हो सकता है। यह हिंसात्मक तथा अहिंसात्मक दोनों हो सकता है।

2. प्रजाति संघर्ष— दुनिया में आज भी रंग या नस्ल के आधार पर घोर भेदभाव बरता जाता है। कुछ पश्चिमी देशों में गोरे-काले नस्ल का भेद इसका उदाहरण है। दक्षिण अफ्रीका में इसका सबसे अधिक विकृत रूप देखा गया है। वहाँ के गोरे लोगों ने आर्थिक एवं राजनीतिक शक्ति के बल पर रंग भेद की नीति को कानूनी रूप दे दिया। वहाँ गोरों, भारतीय लोगों तथा अफ्रीका के काले लोगों के रहने के लिए अलग-अलग मुहल्ले, बाज़ार, स्कूल इत्यादि की व्यवस्था की गयी थी।

3. वर्ग-संघर्ष— सामूहिक स्तर पर वर्ग-संघर्ष सबसे अधिक महत्त्वपूर्ण प्रकार है। आज का समाज वर्गों में बँटा हुआ है। आर्थिक एवं सामाजिक असमानता के आधार पर वर्ग बने हैं। यह असमानता जीवन के हर अवसर पर प्रकट होती है, इसलिए इन असमानताओं के विरोध में वर्ग-संघर्ष दिन-प्रतिदिन तेज होता जा रहा है।

4. राजनीतिक संघर्ष— राजनीतिक संघर्ष दो प्रकार के हो सकते हैं– पहला अन्त:देशीय एवं दूसरा अन्तर्देशीय। अन्त:देशीय संघर्ष वह है, जिसके अन्दर देश के विभिन्न राजनीतिक दलों के बीच संघर्ष आते हैं और अन्तर्देशीय संघर्ष वह है, जो दो या दो से अधिक देशों के बीच होता है। युद्ध अन्तर्देशीय संघर्ष का सर्वश्रेष्ठ उदाहरण है। जिन राष्ट्रों में विचारों की स्वतन्त्रता संविधान द्वारा स्वीकृत है, वहाँ अधिक संघर्ष देखा जाता है। अनेक राजनीतिक दल अपने दल का प्रभाव मतदाताओं पर डालने के लिए तथा उनसे मत प्राप्त करने के लिए परस्पर प्रयत्नशील होते हैं। इस प्रक्रिया में वे खुले रूप से विरोधी नेताओं की आलोचना करते हैं, कटु शब्दों का प्रयोग करते हैं तथा कभी-कभी दो दल परस्पर हिंसा पर भी उतारू हो जाते हैं।

जिलिन एवं जिलिन के द्वारा दिये गये संघर्ष के प्रकारों पर जब हम विचार करते हैं तो ऐसा लगता है कि वह पूर्ण नहीं है। भारत में हम अक्सर जाति और धर्म के आधार पर हिंसात्मक दंगे देखते रहते हैं। साम्प्रदायिक एवं जातीय संघर्ष भी सामाजिक संघर्ष के ही रूप हैं, क्योंकि ये विघटनकारी होते हैं। ऐसा लगता है कि जिलिन एवं जिलिन ने ऊपर का वर्गीकरण अपने अमरीकी समाज को देखकर दिया है। भारत एक ऐसा देश है, जहाँ प्रजातीय भिन्नता के आधार पर दंगे कम होते हैं, जाति और धर्म के आधार पर दंगे कुछ ज़्यादा होते हैं। उनके उपर्युक्त वर्गीकरण में इस प्रकार के संघर्ष शामिल नहीं हो पाते हैं।

संघर्ष के परिणाम

संघर्ष की प्रकृति समाज विरोधी मानी जाती है। इससे सामाजिक ढाँचा, संगठन एवं समस्त मानव-जीवन अस्त-व्यस्त हो जाता है। दुनिया में शायद ही ऐसा कोई समाज होगा जो संघर्ष का समर्थन करता हो। जिलिन एवं जिलिन ने संघर्ष के परिणामों पर निम्नलिखित ढँग से प्रकाश डाला है–

1. एकता को चुनौती— संघर्ष इतनी बुरी चीज है कि इससे समाज की एकता नष्ट होती है। संगठित समूह असंगठित होने लगता है। समाज में विभिन्न प्रकार के छोटे-बड़े समूहों की उत्पत्ति होने लगती है। समूह की एकता के लिए संघर्ष एक भारी चुनौती है। भारत के विभिन्न प्रदेशों, सम्प्रदायों एवं जातियों के लोग यदि आपस में लड़ते रहेंगे तो भारत की राष्ट्रीय एकता समाप्त हो सकती है।

2. व्यक्तित्व पर प्रभाव— संघर्ष सिर्फ समाज को ही नहीं, बल्कि हमारे व्यक्तित्व को भी काफी प्रभावित करता है। यदि समाज में संघर्ष होता रहे तो वहाँ के लोगों के व्यक्तित्व पर विघटनकारी प्रभाव पड़ने की सम्भावना है। जिस समाज में जितना अधिक संघर्ष होगा उस समाज के लोग उतना ही ज़्यादा क्रूर और बर्बर हो जायेंगे। समाज में सहानुभूति, सौहार्द और दया की भावना में कमी आएगी।

3. धन-जन की हानि— संघर्ष से सम्पत्ति और मनुष्यों के जीवन पर काफी कुप्रभाव पड़ता है। मानव इतिहास में हजारों-हजार युद्ध हुए हैं और यदि उन युद्धों का इतिहास देखा जाये तो उनसे स्पष्ट हो जाता है कि संघर्ष से धन और जन को काफी नुकसान उठाना पड़ता है। प्रथम एवं द्वितीय विश्वयुद्ध ने यूरोप को सर्वनाश के कगार पर लाकर खड़ा कर दिया था।

4. सामूहिक एकता में दृढ़ता— संघर्ष के द्वारा जहाँ बाह्य समूह को परेशानी और तबाही झेलनी पड़ती है, वहीं अन्तःसमूह के लिए यह बहुत हद तक प्रकार्यात्मक साबित होता है। यह समूह के लोगों को जोड़ता है। जब भारत पर अंग्रेजी हुकूमत थी तो यह देश विभिन्न सूबों और प्रदेशों में बँटा हुआ था। यहाँ 600 से अधिक राजे-महाराजे अँग्रेजों के अधीनस्थ यहाँ के लोगों पर शासन चला रहे थे। आज़ादी की लड़ाई ने भारत के विभिन्न सूबों और प्रदेशों को ही नहीं जोड़ा, बल्कि विभिन्न सम्प्रदायों और जातियों को भी एकसूत्र में पिरोने का काम किया। कोसर ने संघर्ष के इस प्रकार्यात्मक पहलू पर काफी बल दिया है।

यह कहना बहुत मुश्किल है कि संघर्ष का परिणाम कुल मिलाकर अच्छा होता है या बुरा। साधारणतया लोग यही दलील देते हैं कि संघर्ष समाज के लिए कोई अच्छी चीज नहीं है। संघर्ष के कारण लोगों को विभिन्न प्रकार की परेशानियों का मुक़ाबला करना पड़ता है। संघर्ष से समाज में अमन-चैन में कमी आती है। संघर्ष सामाजिक संरचना, कानून-व्यवस्था, जान-माल एवं विकास के लिए अच्छी चीज नहीं है, लेकिन संघर्ष के बिना समाज में कभी-कभी अच्छा काम नहीं हो पाता है। समतामूलक समाज के लिए संघर्ष नितान्त आवश्यक है। भारत में बिना संघर्ष के पिछड़ों और दलितों के लिए इतना आगे बढ़ना काफी कठिन था। संघर्ष ने सामाजिक विकास की गति में तेजी ला दी। संघर्ष के अभाव में भारत एवं बहुत सारे अफ्रीकी देश, उपनिवेशवाद की शोषणमूलक व्यवस्था से अपने आपको नहीं छुड़ा पाते। आज भी विकासशील देशों को अपने आर्थिक विकास एवं अन्तर्राष्ट्रीय स्तर पर सम्मान पाने के लिए अमरीका, फ्रांस, जर्मनी, इंग्लैण्ड, जापान और अन्य विकसित देशों के खिलाफ संघर्ष करना पड़ता है। समाज को जितने सहयोग की आवश्यकता है कभी-कभी उतनी ही संघर्ष की भी आवश्यकता पड़ती है। संघर्ष और सहयोग एक ही सिक्के के दो पहलू हैं। व्यक्ति तथा समाज को संघर्ष और सहयोग के बीच जीना मात्र मज़बूरी ही नहीं, बल्कि एक ज़रूरी स्थिति भी है। मकीवर ने स्पष्ट तौर पर लिखा है कि "संघर्ष से पार उतरा हुआ सहयोग ही समाज कहा जाता है...।" (Cooperation crossed by conflict marks society ... .)

संघर्ष और प्रतियोगिता के बीच अन्तर

आधुनिक समाज में हर कदम पर व्यक्ति एवं समूह को प्रतियोगिता का सामना करना पड़ता है। परीक्षा में अधिक अंक प्राप्त करने का लक्ष्य हो या नौकरी प्राप्त करने का, व्यक्तियों को एक-दूसरे से आगे बढ़ने के लिए प्रयास करना पड़ता है। इसी प्रकार व्यापार एवं उद्योग-धन्धों के क्षेत्र में परस्पर अधिक मुनाफ़ा कमाने की होड़ लगी रहती है। इसी प्रक्रिया को प्रतियोगिता कहते हैं। प्रतियोगिता में भाग लेने के कुछ नियम समाज द्वारा स्वीकृत होते हैं। जब तक इन नियमों का पालन होता है तब तक प्रतियोगिता सच्ची होती है। जहाँ भी प्रतियोगिता इन नियमों की सीमा रेखा को पार कर जाती है, वहाँ संघर्ष की स्थिति उत्पन्न होती है। इससे स्पष्ट है कि प्रतियोगिता संघर्ष तो है ही नहीं, पर इसकी पृष्ठभूमि अवश्य है। यहाँ प्रतियोगिता एवं संघर्ष के बीच के अन्तर का उल्लेख किया जा रहा है—

(i) प्रतियोगिता की प्रक्रिया आधुनिक अर्थव्यवस्था में प्रधान प्रक्रिया के रूप में काम करती है, जबकि संघर्ष समाज के प्रारम्भिक काल से ही एक प्रधान प्रक्रिया है। यह भी सत्य है कि पूँजीवादी व्यवस्था के पहले भी प्रतियोगिता थी, पर उसका दायरा बहुत सीमित था।

(ii) प्रतियोगिता द्वारा व्यक्ति या समूह अपने हितों की अधिक-से-अधिक पूर्ति करना चाहते हैं जबकि संघर्ष की प्रक्रिया द्वारा वे एक-दूसरे को क्षति पहुँचाना चाहते हैं।

(iii) प्रतियोगिता हमेशा अहिंसात्मक एवं शान्तिपूर्ण तरीके से चलती है, जबकि संघर्ष में हिंसा का प्रयोग होता है।

(iv) प्रतियोगिता समूह की तुलना में व्यक्ति के स्तर पर ज़्यादा देखी जाती है, जबकि संघर्ष समाज के दो स्तरों के बीच ज़्यादा देखा जाता है।

(v) तुलनात्मक दृष्टि से प्रतियोगिता अप्रत्यक्ष प्रक्रिया है, जबकि संघर्ष अधिकतर प्रत्यक्ष रूप से प्रकट होता है।

(vi) आदर्श की दृष्टि से प्रतियोगिता को सदैव न्याय दिलाने वाली प्रक्रिया कहा जाता है, जबकि संघर्ष द्वारा न्याय के साथ-साथ अन्याय की क्रिया भी हो सकती है। शक्तिशाली समूहों द्वारा अन्याय इसका उदाहरण है।

(vii) प्रतियोगिता के संगठनात्मक परिणाम अधिक होते हैं, विघटनात्मक कम। जबकि संघर्ष के परिणाम परिस्थिति के हिसाब से कभी संगठनकारी तो कभी विघटनकारी भी हो सकते हैं।

(viii) प्रतियोगिता सहयोग एवं संघर्ष के बीच की एक स्थिति है। संघर्ष प्रतियोगिता की चरम सीमा है, अर्थात्, संघर्ष प्रतियोगिता का एक विकराल रूप है।

परकीयन या इतरीकरण (Alienation)

सामान्यतः अलगाव एक क्रिया है या उस क्रिया की निष्पत्ति है, जिसके द्वारा व्यक्ति अन्य सभी वस्तुओं से अलग हो जाता है। इस अवधारणा का प्रयोग जी.डब्ल्यू. हीगल (G.W.F. Hegel, 1770–1831) ने किया था। यह शब्द अस्तित्ववादी दर्शन में प्रयुक्त हुआ है। अस्तित्ववादी दर्शन में स्वयं से और यदि ईश्वर है, तो ईश्वर से भी अलगाव हो जाता है। इस प्रकार के अलगाव को अस्तित्ववाद में अप्रामाणिक सत्ता माना गया है।

परन्तु एक समाजशास्त्रीय प्रत्यय के रूप में इसे कार्ल मार्क्स (Karl Marx, 1818–1883) ने विकसित किया। अलगाव व्यक्ति की एक ऐसी सामाजिक-मनोवैज्ञानिक स्थिति अथवा दशा है, जिसमें व्यक्ति समाज की मुख्यधारा से कट जाता है या कटा हुआ महसूस करता है। इस अवधारणा में सामाजिक व मनोवैज्ञानिक स्तर पर शक्तिहीनता, प्रतिमानहीनता, पृथकता, मानकशून्यता, आत्म-विलगाव, अवैयक्तीकरण जैसी प्रक्रियाओं को भी सम्मिलित किया जाता है। **पृथकत्व** के कई रूप हो सकते हैं, यथा–

1. **अर्थहीनता :** अर्थात् व्यक्ति को अपने जीवन या कार्यों अथवा उपलब्धियों आदि का कोई अर्थ या उद्देश्य ही प्रतीत नहीं होता है।
2. **शक्तिहीनता :** इससे व्यक्ति को यह अनुभव होता है कि उसके हाथों में सामाजिक, आर्थिक तथा राजनीतिक शक्तियों का अभाव है और वह अत्यन्त निस्सहाय है।
3. **नियमहीनता :** जब व्यक्ति समाज में प्रतिमानों, नियमों, आदर्शों आदि को खण्डित होते हुए देखे तथा सदाचार और नियमित जीवन से उसकी आस्था उठ जाये।
4. **कार्यहीनता :** यद्यपि समाजशास्त्रीय साहित्य में इस प्रकार के विलगाव को कोई पृथक् स्थान नहीं मिल पाया है, तथापि यह देखने में आ रहा है कि आजकल कई सरकारी कार्यालयों, शोध-संस्थानों आदि में कर्मचारी कोई समुचित कार्य न होने के फलस्वरूप भी पृथकत्व का अनुभव करते हैं। पृथकत्व की भावना व्यक्ति के जीवन में निराशा पैदा करती है; क्योंकि व्यक्ति समाज से कतराने लगता है तथा उससे पीछे हटने का प्रयास करने लगता है। आधुनिक विश्व में प्रजातिवाद, जातिवाद, राजनीतिक दलबन्दी, वर्ग-भेद, संस्थात्मक राग-द्वेष आदि के कारण अधिकाधिक व्यक्तियों के जीवन में पृथकत्व की भावना फैल रही है तथा उनमें असामाजिकता पनप रही है। इसे रोकने की दिशा में विशेष उल्लेखनीय प्रयासों का अभाव अभी भी बना हुआ है (देखें– B. Ollman, **Alienation: Marx's Critique of Man in Capitalist Society**, 1971; J. Torrance, **Estrangement, Alienation and Exploitation**, 1977)।

REFERENCES

Abercrombie, Nicholas *et al.*, **The Penguin Dictionary of Sociology**, London: Penguin Books, 1994.

Fichter, Joseph H., **Sociology**, Chicago: The University of Chicago Press, 1957.

Gillin, J.L. and Gillin, J.P., **An Introduction to Sociology**, New York: Macmillan, 1948.

Green, A.W., **Sociology: An Analysis of Life in a Modern Society**, New York: McGraw-Hill, 1956.

Leslie, G.R. *et al.*, **Introductory Sociology**, New York: Oxford University Press, 1980.

MacIver, R.M. and Page, C.H., **Society**, New Delhi: Macmillan India Limited, 1985.

Park, R.E., **Collected Papers of Robert Ezra Park**, New York: Free Press, 1950.

Stonequist, Everett H., **The Marginal Man**, New York: Charles Scribner's Sons, 1937.

9

सामाजिक समूह एवं अन्य सामूहिकताएँ (Social Groups and Other Collectivities)

मानव-समाज के इतिहास में समूह का बहुत ही महत्त्वपूर्ण स्थान रहा है। सभ्यता के आरम्भ से ही मानव किसी-न-किसी प्रकार के समूह में रहता आया है। कुछ विद्वानों का कहना है कि मनुष्य ने अपनी सुरक्षा के लिए समूहों का निर्माण किया, तो कुछ लोगों का कहना है कि मनुष्य ने समूहों का निर्माण अपनी आवश्यकताओं को पूरा करने के लिए किया है, तो कुछ अन्य विद्वानों ने यह कहा है कि मनुष्य समूहों में इसीलिए रहता आया है कि उसमें **समूहशीलता** (या **यूथचारिता) की प्रवृत्ति (Gregarious Instinct)** पायी जाती है। खैर, कारण जो भी हो, सामाजिक जीवन में समूह से ज़्यादा शायद ही कोई अधिक महत्त्वपूर्ण व्यवस्था है। यही कारण है कि समाजशास्त्र के अन्तर्गत समूह एक बहुत ही महत्त्वपूर्ण अवधारणा है। इसकी महत्ता इतनी अधिक है कि बोगाड्र्स (Emory S. Bogardus), जॉनसन (H.M. Johnson) प्रभृति समाजशास्त्रियों ने समाजशास्त्र को सामाजिक समूहों के अध्ययन का विषय कहा है। यह स्वाभाविक भी है, क्योंकि परिवार एक बुनियादी सामाजिक समूह है, जहाँ प्रजनन के द्वारा समाज का स्वत: विकास होता रहता है। इस तथ्य पर बहुत ज़ोर देने की ज़रूरत नहीं है कि जन्म लेते ही बच्चा सबसे पहले परिवार जैसे समूह का ही सदस्य बनता है। यहीं पर बच्चों का लालन-पालन एवं समाजीकरण होता है। परिवार के अन्य सदस्य उसकी बुनियादी आवश्यकताओं को पूरा करते हैं और बड़े होकर वे विभिन्न प्रकार के सामाजिक समूहों का सदस्य बनते हैं।

समाजशास्त्र में 'समूह' शब्द का एक विशेष अर्थ होता है। अत: इस पर अलग से विचार किया जाना आवश्यक है। समूह की परिभाषा पर विचार करने के पहले यह स्पष्ट करना अवश्यक है कि सामाजिक समूह (Social Group) सामाजिक श्रेणी (Social Category) या सामाजिक समुच्चय (Social Aggregate) नहीं है। इसके बावजूद, कुछ विद्वान इन शब्दों को लगभग एक ही अर्थ में प्रयोग करते हैं। गिडेन्स (Anthony Giddens, 1993) ने बताया है कि ये तीनों अलग-अलग अवधारणाएँ हैं। इन तीनों का प्रयोग एक ही अर्थ में नहीं किया जाना चाहिए। **सामाजिक समुच्चय (Social Aggregate)** को परिभाषित करते हुए उन्होंने कहा है कि "समुच्चय एक जगह तथा एक समय में व्यक्तियों का संचयन मात्र है, पर उन लोगों के बीच निश्चित सम्बन्ध का अभाव होता है।" (Aggregates are simply collections of people who are in the same place at the same time, but share no definite connections with one another.) इस परिभाषा से यह स्पष्ट होता है कि बस-पड़ाव या रेलवे स्टेशन पर एकत्रित जनसमूह को सामाजिक समूह नहीं कहा जा सकता है, उसी तरह से मेले में आयी हुई भीड़ को सामाजिक समूह नहीं कहा जा सकता है। ये सभी सामाजिक समुच्चय के उदाहरण हैं। ऐसे समूह को बॉटमोर (T.B. Bottomore) ने **अर्द्ध-समूह**

(Quasi-group) कहना स्वीकार किया है। **सामाजिक श्रेणी (Social Category)** के बारे में उन्होंने बताया है कि "सामाजिक श्रेणी एक सांख्यिकीय समूह है– लोगों का वर्गीकरण कुछ विशिष्ट विशेषताओं के आधार पर होता है, जो समान रूप से सभी में पाया जाता है, जैसे– आमदनी के स्तर की समानता या फिर समान पेशों का होना।"[1] इस परिभाषा से यह स्पष्ट होता है कि किसी समान शिक्षा या आय वाले व्यक्तियों के समूह को सामाजिक श्रेणी कहा जा सकता है, सामाजिक समूह नहीं। व्यक्तियों के किसी समूह को सही अर्थों में सामाजिक समूह कहने की कुछ और भी शर्तें हैं, जो निम्नलिखित परिभाषा से स्पष्ट होती हैं–

जहाँ तक समूह की समाजशास्त्रीय अवधारणा का प्रश्न है, ऑगबर्न तथा निमकॉफ (Ogburn and Nimkoff) ने कहा है कि "जब कभी दो या दो से अधिक व्यक्ति एकत्रित होते हैं एवं एक-दूसरे पर प्रभाव डालते हैं, तो वे एक सामाजिक समूह का निर्माण करते हैं।" इस विषय पर मकीवर और पेज ने ऐसा ही दृष्टिकोण प्रकट किया है। परन्तु यहाँ यह स्पष्ट नहीं होता है कि किस तरह के सामाजिक सम्बन्ध से समूह बनते हैं। उनकी परिभाषा से ऐसा भी लगता है कि जब कोई दो या दो से अधिक अपरिचित व्यक्ति आपस में मिलते हैं, तो उनसे समूह का निर्माण होता है। पर यह दृष्टिकोण थोड़ा भ्रामक हो सकता है।

यह सही है कि सामाजिक समूह व्यक्तियों का एक ऐसा संकलन है, जहाँ सामाजिक सम्बन्ध पाया जाता है। परन्तु जैसा कि मर्टन (R.K. Merton) का कहना है कि क्षणिक सामाजिक सम्बन्ध समूह को विकसित नहीं करते हैं। वस्तुतः समूह के निर्माण के लिए सदस्यों के बीच पायी जाने वाली अन्तःक्रिया सामाजिक सम्बन्धों में बारम्बारता (Frequency or Repetition) एवं स्थायित्व समूह के लिए आवश्यक है। इसके अतिरिक्त मर्टन ने समूह के दो और महत्त्वपूर्ण पक्षों– (1) व्यक्तिपरक पक्ष तथा (2) वस्तुपरक पक्ष की भी चर्चा की है। इनका सम्बन्ध समूह की सदस्यता से है। व्यक्तिपरक पक्ष का अर्थ यह है कि स्वयं समूह के सदस्यों में इस बात का ज्ञान होना चाहिए कि वह समूह का सदस्य है। वस्तुपरक पक्ष का अर्थ यह है कि समूह के सदस्यों के अतिरिक्त दूसरे लोग या एक निरपेक्ष व्यक्ति भी इसे मानें कि अमुक व्यक्ति अमुक समूह का सदस्य है। इस प्रकार मर्टन के अनुसार सामाजिक समूह के निम्न मुख्य तत्त्व हैं–

1. दो या दो से अधिक व्यक्तियों का होना,
2. कुछ हद तक स्थायी एवं बार-बार होने वाली सामाजिक अन्तःक्रिया, तथा
3. समूह के सदस्य अपने आपको निश्चित समूह के सदस्य मानें एवं बाहरी लोग भी उन्हें उस समूह के सदस्य मानें।

जॉनसन ने एक और महत्त्वपूर्ण पक्ष की ओर हमारा ध्यान आकृष्ट किया है। उनके अनुसार सभी समूहों में सामाजिक सम्बन्ध होते हैं, किन्तु सभी सामाजिक सम्बन्धों से समूह नहीं बनते हैं। इसका तात्पर्य यह है कि सिर्फ सामाजिक सम्बन्धों का होना समूह के निर्माण के लिए काफी नहीं है। समूहों के निर्माण के लिए सहयोग का होना भी आवश्यक है इसलिए कि सामाजिक सम्बन्ध संघर्ष पर भी आधारित हो सकते हैं। युद्ध स्थल में दो शत्रु देश की सेनाओं की बीच लड़ाई भी सामाजिक सम्बन्ध के ही उदाहरण हैं, पर स्पष्टतः दो शत्रु देश की सेनाएँ किसी समूह का निर्माण नहीं करते हैं।

सामाजिक समूह को गिडेन्स ने बहुत ही स्पष्ट ढँग से परिभाषित किया है, जो इस प्रकार है– "एक सामाजिक समूह केवल व्यक्तियों का योग है, जो नियमित रूप से एक-दूसरे के साथ अन्तःक्रिया करते हैं।" (A social group is simply a number of people who interact with each other on a regular basis.) इस परिभाषा से यह स्पष्ट

1. ''A social category is a statistical grouping— people classified together on the basis of a particular characteristic they share, such as having the same level of income or being in the same occupation.''— Anthony Giddens, **Sociology,** Polity Press, Cambridge, 1993, p. 285.

होता है कि सामाजिक समूह व्यक्तियों का एक ऐसा समूह है, जिसके अन्तर्गत व्यक्तियों के बीच एक-दूसरे के साथ परस्पर अन्त:क्रिया की प्रक्रिया चलती रहती है। पर यह तभी सम्भव है जब लोग एक-दूसरे को जानते हों। चूँकि भीड़ के अन्तर्गत सभी लोग एक-दूसरे को नहीं जान पाते हैं, इसीलिए सभी के बीच सामाजिक अन्त:क्रिया नहीं हो पाती है। अत: भीड़ को सामाजिक समूह नहीं कहा जा सकता है। मकीवर और पेज ने भी ऐसा ही विचार व्यक्त किया है। उन्हीं (MacIver and Page, 1985: 14) के शब्दों में– "समूह से तात्पर्य व्यक्तियों के ऐसे संकलन से है, जिसके सदस्य एक-दूसरे के साथ सामाजिक सम्बन्ध स्थापित करते हैं।" (By a group we mean any collection of social beings who enter into social relationships with one another.) दूसरे समाजशास्त्रियों, जैसे– जिट्लिन (I.M. Zeitlin), मेटा स्पेंसर (Metta Spencer), जॉनसन (H.M. Johnson), बॉटमोर (T.B. Bottomore) प्रभृति ने भी इस विषय पर इसी ढंग के विचार व्यक्त किये हैं।

सामाजिक अन्त:क्रिया की प्रमुख विशेषता है कि इसके अभाव में मनुष्यों के किसी भी प्रकार के समूह को समाजशास्त्रीय अर्थ में समूह कहा ही नहीं जा सकता है। सामाजिक अन्त:क्रिया समूह का एक मूलभूत तत्त्व है। इस तथ्य पर हॉर्टन एवं हंट (Horton and Hunt, 1980: 176) ने ज़ोर देते हुए कहा है कि "सामाजिक समूह का सार भौतिक समीपता नहीं, बल्कि संयुक्त अन्त:क्रिया की जागरूकता है।" (The essence of the social group is not physical closeness but a consciousness of joint interaction.) व्यक्तियों में एक प्रकार की ऐसी भावना पायी जाती है कि वे अन्त:क्रिया के द्वारा समूह का निर्माण करते हैं। इसी भावना को जर्मन समाजशास्त्री गिडिंग्ज (F.H. Giddings) ने **समचेतना (Consciousness of Kind)** कहा है। इसी तथ्य को बहुत संक्षिप्त ढँग से फिक्टर (J.H. Fichter, 1957: 190) ने कहा है कि "मनुष्यों के बीच पारस्परिक सम्बन्धों को समूह कहा जाता है।" (The group is "human beings in reciprocal relations.")

ऊपर के विचारों से यह निष्कर्ष निकलता है कि समाज में जितने समूह दिखाई देते हैं, उन सभी को हम समाजशास्त्रीय भाषा में सामाजिक समूह नहीं कह सकते हैं। उदाहरणस्वरूप, भीड़ को हम सामाजिक समूह नहीं कह सकते हैं, पर नातेदारी समूह, परिवार, जातीय-समूह, मित्र-मण्डली इत्यादि सामाजिक समूह के उदाहरण हैं। इस प्रकार सामाजिक समूह में व्यक्तियों के बीच विचार, हित या स्वार्थ की प्राय: समानता होती है। इनके बीच नियमित अन्त:क्रिया तथा सामाजिक सम्बन्ध का बन्धन होता है। सामाजिक समूह के सदस्य परस्पर एक-दूसरे को प्रभावित भी करते हैं।

सामाजिक समूह की विशेषताएँ (Characteristics of Social Groups)

उपर्युक्त विचारों के आधार पर समूह की निम्नलिखित विशेषताएँ हैं–

1. एक से अधिक व्यक्तियों का संकलन— समूह में हमेशा एक से अधिक व्यक्ति होते हैं। कम-से-कम दो व्यक्ति तो आवश्यक रूप से होते ही हैं, जैसे– पति-पत्नी मिलकर परिवार जैसे समूह का निर्माण करते हैं। दो व्यक्तियों के आपसी सम्बन्ध को जर्मन समाजशास्त्री जिमेल (Georg Simmel) ने **युग्म (Dyad)** कहा है। उसी तरह तीन के समूह को **त्रिमूर्ति (Triad)** कहा जाता है। समूह में अधिकतम संख्या निश्चित नहीं होती है, क्योंकि लाखों व्यक्तियों का भी समूह सम्भव है। समूह के अन्तर्गत प्रत्येक व्यक्ति एक-दूसरे से जुड़ा हुआ होता है। पर समूह भीड़ जैसा व्यक्तियों का संकलन नहीं है।

2. सामान्य लक्ष्य (Common Goal)— समूह के सभी सदस्यों का एक निश्चित लक्ष्य होता है, जिसके चलते सभी लोग एक साथ रहते हैं। सामान्य उद्देश्य के अभाव में समूह के सभी सदस्य एक साथ नहीं रह सकते हैं। समूह में हर व्यक्ति का अपना कुछ-न-कुछ स्वार्थ तो होता ही है, पर कुछ स्वार्थ ऐसा होता है, जो समूह के सभी व्यक्तियों का समान रूप से होता है। कभी-कभी समान उद्देश्य के बावजूद समूह का निर्माण नहीं होता है। सभी हिन्दुओं या मुसलमानों के बीच समान धार्मिक उद्देश्य हैं, पर वे सब मिलकर एक समूह का निर्माण नहीं करते हैं।

3. विचारों एवं क्रियाओं का पारस्परिक आदान-प्रदान (Reciprocity and Mutual Awareness)— समूह के अन्तर्गत हम विचारों, क्रियाओं आदि का आदान-प्रदान करते हैं। सभी सदस्यों के बीच एक प्रकार की पारस्परिकता पायी जाती है। जब तक समूह के सभी सदस्यों के बीच सामाजिक अन्त:क्रिया नहीं होती, तब तक उस जनसमूह को सामाजिक समूह नहीं कहा जा सकता है। यही कारण है कि किसी मेले या भीड़ को सामाजिक समूह नहीं कहा जाता है। चूँकि कक्षा के अन्तर्गत विद्यार्थियों के बीच विचारों एवं क्रियाओं का आदान-प्रदान होता है, इसीलिए कक्षा को सामाजिक समूह कहा जाता है। मकीवर और पेज तथा आर.के. मर्टन ने इस तथ्य पर कुछ विशेष ही बल दिया है।

व्यक्तियों के बीच अन्त:क्रिया के लिए यह आवश्यक है कि सभी के बीच जीवन-मूल्य (Values) लगभग एक जैसे हों, जिसे लजार्सफेल्ड (Paul F. Lazarsfeld) एवं मर्टन ने **'Value-homophily'** कहकर पुकारा है। इस भावना के अभाव में लोगों के बीच मित्रता का भाव उत्पन्न हो ही नहीं सकता है। अत: हम कह सकते हैं कि समूह के सदस्यों के बीच मात्र सामान्य उद्देश्य ही नहीं, बल्कि सामान्य जीवन-मूल्य भी होना चाहिए।

4. सापेक्ष स्थायित्व— प्रत्येक समूह सापेक्ष रूप से विभिन्न प्रकार के व्यक्तियों के संकलन की तुलना में ज़्यादा स्थायी होता है, जैसे– किसी भीड़ या मेले की तुलना में परिवार, कक्षा, गाँव जैसे सामाजिक समूह अधिक स्थायी माने जाते हैं। ऐसा होना स्वाभाविक भी है, क्योंकि समूह के सभी सदस्यों के बीच एक ठोस सामाजिक सम्बन्ध पाया जाता है।

5. सामाजिक पहचान— समूह के सभी सदस्य अपने आपको समूह से एक अलग किस्म की पहचान रखते हैं। जो लोग समूह के सदस्य नहीं हैं, वे भी लोगों को इस रूप में जानते हैं कि अमुक व्यक्ति किस समूह का सदस्य है। यह ज़रूरी नहीं है कि किसी समूह के सभी सदस्य एक-दूसरे को भलीभाँति पहचानते ही हों। बड़े-बड़े सामाजिक समूहों में तो सभी सदस्यों के लिए एक-दूसरे को पहचानना कठिन भी है, जैसे– अखिल भारतीय विश्वविद्यालय शिक्षक संघ। यहाँ महत्त्वपूर्ण तथ्य यह है कि समूह या बाहर के लोग किसी व्यक्ति को किस समूह के सदस्य के रूप में जानते या स्वीकार करते हैं।

6. व्यवहार का एक निश्चित नियम— प्रत्येक समूह के अन्तर्गत सदस्यों के व्यवहार के निर्धारण के लिए एक निश्चित नियम कानून होता है। समूह अपने स्थायित्व के लिए यह अपेक्षा रखता है कि सभी सदस्य समूह के नियम-कानूनों का ठीक से पालन करें। यह ज़रूरी नहीं है कि समूह के सारे नियम-कानून लिखित ही हों। औपचारिक समूह के अधिकांश नियम-कानून लिखित और अनौपचारिक समूह के नियम-कानून अलिखित होते हैं। नियम-कानून के अभाव में किसी समूह का संगठित रहना लगभग असम्भव है।

7. ऐच्छिक सदस्यता— किसी सामाजिक समूह का सदस्य होना व्यक्तियों की इच्छा पर है। हम समूहों की सदस्यता के सम्बन्ध में कुछ बातों को ध्यान में रखकर निर्णय लेते हैं। प्रत्येक व्यक्ति अपने हितों को ध्यान में रखकर ही किसी समूह का सदस्य होना स्वीकार या अस्वीकार करता है। व्यक्ति जब चाहे अपनी इच्छा के अनुसार किसी समूह की सदस्यता को त्याग सकता है। पर कुछ प्राथमिक समूह ऐसे होते हैं, जैसे– परिवार एवं सगे-सम्बन्धी, जिनकी सदस्यता न तो हम आसानी से प्राप्त कर सकते हैं और न ही उसे आसानी से छोड़ सकते हैं।

8. एक सामाजिक संरचना— हर एक समूह की एक अपनी अलग पहचान होती है। प्रत्येक समूह के अन्तर्गत उसके सदस्यों के लिए विभिन्न प्रकार के नियम-कानून होते हैं। प्रत्येक सदस्य का समूह की संरचना में कहीं-न-कहीं एक स्थान होता है, अर्थात् समूह के अन्तर्गत एक प्रकार का स्तरण होता है। किसी भी समूह में सभी सदस्य समान स्तरों पर खड़े नहीं हो सकते हैं। समूह में सापेक्ष स्थायित्व होने का एक मुख्य कारण भी यही है। भीड़ एक सामाजिक समूह नहीं है, क्योंकि वह अस्थायी एवं संरचना विहीन संकलन है।

सामाजिक समूह निर्माण के आधार (Bases of Social Group Formation)

कभी-कभी यह प्रश्न उठता है कि लोग आखिर समूह में क्यों रहते हैं या समूह में रहने का मुख्य आधार क्या है? समाज में समूहों के निर्माण के कई कारण या आधार हैं जिसे फिक्टर ने चार खण्डों में विभक्त कर इस प्रकार रखा है–

1. सामान्य वंश (Common Ancestry)— समाज में बहुत लोग रक्त या विवाह के आधार पर इकट्ठे रहना चाहते हैं। परिवार या ग्रामीण समुदाय जैसे समूहों का मुख्य आधार सामान्य कुल परम्परा ही है। आदिमजाति समाज में **कुल (Clan)** जनजातीय समूहों का मुख्य आधार होता है।

2. सामान्य क्षेत्र (Territory Shared in Common)— क्षेत्रीय समानता के आधार पर भी सामाजिक समूहों का निर्माण होता है। पड़ोसी और ग्रामीण समुदाय का मुख्य आधार क्षेत्रीय समानता है। खिलाड़ियों का समूह, नागरिक क्लब (Civic Clubs) एवं क्षेत्रवाद या क्षेत्रीय समूह का आधार सामान्य क्षेत्र का होना है।

3. सामान्य शारीरिक विशेषता (Similar Bodily Characteristics)— बहुत बार समूहों का निर्माण जैविक विशेषताओं के आधार पर भी होता है, जैसे– युवा क्लब, महिला मण्डली, नृजाति समूह इत्यादि।

4. सामान्य हित या स्वार्थ (Common Interests)— समान किस्म के स्वार्थ वाले व्यक्तियों का एक समूह होता है। उद्देश्यों की समानता के अभाव में समूह का निर्माण सम्भव नहीं है। यही कारण है कि विभिन्न किस्म के खिलाड़ियों का अलग-अलग समूह होता है। संगीतकारों का अपना समूह होता है। व्यापारियों का एक अपना समूह होता है। ऑफिस या दफ्तर के कर्मचारियों एवं चोरों या पॉकिटमारों का भी अपना अलग समूह होता है। हर एक व्यक्ति अपने स्वार्थ की पूर्ति या हिफ़ाज़त के लिए अलग-अलग समूहों का निर्माण करता है।

इन्हीं चार परिस्थितियों में जब कोई एक स्थिति प्रबल हो जाती है, तो सामाजिक समूह का निर्माण हो जाता है। समूहों का निर्माण कभी भी अकारण नहीं होता है। कभी तो समूहों का निर्माण योजनाबद्ध तरीके से होता है, तो कभी स्वाभाविक रूप से इसकी उत्पत्ति हो जाती है। लोगों के बीच इतने अधिक स्वार्थों की समानताएँ या विभिन्नताएँ पायी जाती हैं कि समाज में समूहों का उत्पन्न होना नितान्त स्वाभाविक है। इस बात पर बहुत बल देने की आवश्यकता नहीं है कि समाज एक ऐसी व्यवस्था है, जिसमें व्यक्ति कभी अकेले नहीं रह सकता। समूह एक स्वाभाविक सामाजिक प्रक्रिया एवं घटना है, जो विभिन्न परिस्थितियों में विभिन्न शक्लों में जन्म लेता है और परिस्थिति के बदलाव से मिट जाता है।

समूह का निर्माण क्यों और कैसे होता है, इस सम्बन्ध में मकीवर और पेज ने व्यक्तियों के बीच पाये जाने वाले सामान्य हित की भावना पर कुछ ज़्यादा ही बल दिया है। इसी तथ्य को स्पष्ट करने के लिए उन्होंने अपना तर्क निम्नलिखित ढँग से पेश किया है। उनका कहना है कि मनुष्य तीन तरीकों से अपने स्वार्थों या आवश्यकताओं की पूर्ति कर सकता है– 1. व्यक्ति स्वयं ही अपनी समस्त आवश्यकताओं की पूर्ति कर सकता है, पर यह व्यावहारिक नहीं है, 2. व्यक्ति समाज के अन्य सदस्यों से संघर्ष के माध्यम से अपने लक्ष्यों की पूर्ति कर सकता है, पर यह मानव-समाज के लिए विघटनकारी है तथा 3. व्यक्ति कुछ लोगों के साथ सहयोग के आधार पर अपने लक्ष्यों की प्राप्ति कर सकता है। मकीवर और पेज के अनुसार तीसरा तरीका ही मानव-समाज के लिए ग्राह्य या मान्य तरीका है और इसी से समूहों का निर्माण भी होता है।

सामाजिक समूह का वर्गीकरण (Classification or Taxonomy of Social Groups)[2]

समूह के निर्माण के आधार एवं उसके स्वरूपों में इतनी अधिक भिन्नताएँ हैं कि समूह के वर्गीकरण के आधार भी एक से अधिक हो सकते हैं, जैसे– समूह का आकार, संरचना, समूह के अन्तर्गत सदस्यों के बीच संवेगात्मक लगाव की मात्रा, समूह का उद्देश्य, आधार, स्वरूप एवं उसका स्थायित्व इत्यादि। यही कारण है कि समूह के वर्गीकरण अनेक

---

2. पाठकों की जानकारी के लिए यह उल्लेख करना आवश्यक लगता है कि बीयरस्टेट (Bierstedt), मकीवर एवं पेज के साथ-साथ अन्य पुराने समाजशास्त्रियों ने समूह के वर्गीकरण के सम्बन्ध में जो विचार व्यक्त किया है वह आज के अधिकांश समाजशास्त्रियों को मान्य नहीं है। आज के समाजशास्त्री, जिसे Social Categories या Social Aggregates कहते हैं, उसे ही पुराने समाजशास्त्रियों ने समूह कहा है। यह उनके समूह के वर्गीकरण से स्पष्ट दिखाई पड़ता है। इस तथ्य की चर्चा समूह की परिभाषा के सन्दर्भ में पहले ही कर दी गयी है।

प्रकार के होते हैं। यहाँ समूह के सभी प्रकारों की चर्चा किया जाना सम्भव नहीं है। समूह के कुछ प्रचलित प्रकारों तक ही हम अपने-आपको सीमित रख रहे हैं।

(A) लेस्टर वॉर्ड (Lester F. Ward) ने समूह के विभिन्न स्वरूपों को ध्यान में रखकर उसे मुख्य रूप से दो भागों में विभक्त किया है– **1. ऐच्छिक समूह (Voluntary Group)** एवं **2. अनिवार्य समूह (Non-voluntary Group)।**

1. ऐच्छिक समूह— इसके अन्तर्गत वे समूह आते हैं, जिनकी सदस्यता हम अपनी स्वतन्त्र इच्छा से हासिल करते हैं। इसके लिए हमारे ऊपर कोई दबाव नहीं होता है। किसी क्लब की सदस्यता, राजनीतिक दल की सदस्यता, ट्रेड यूनियन आदि जैसे समूहों की सदस्यता ऐच्छिक होती है। ऐसे समूहों में जिस प्रकार स्वतन्त्र इच्छा से सदस्यता हासिल होती है, उसी प्रकार हम उसकी सदस्यता स्वेच्छा से छोड़ भी सकते हैं। सारांश यह है कि ऐसें समूहों में सदस्यता हमारी इच्छा पर निर्भर है।

2. अनिवार्य समूह— कुछ ऐसे भी समूह होते हैं, जिनमें शामिल होना या ना होना हमारी इच्छा पर निर्भर नहीं करता है। परिवार, जाति समूह, प्रजाति समूह आदि कुछ ऐसे ही समूहों के उदाहरण हैं। ऐसे समूहों की सदस्यता जन्म से प्राप्त होती है। हम किस परिवार के सदस्य हों, किस जाति के सदस्य हों अथवा किस प्रजाति-समूह (गोरे या काले) के सदस्य हों, यह इस बात पर निर्भर करता है कि हमारा जन्म कहाँ हुआ है। जिस प्रकार हम ऐसे समूहों की सदस्यता अपनी इच्छा से हासिल नहीं करते हैं, उसी प्रकार हम इन्हें अपनी इच्छा से छोड़ भी नहीं सकते हैं।

(B) सदस्यों के बीच घनिष्ठता एवं सामाजिक दूरी के आधार पर समूह को दो भागों में बाँटा जा सकता है, वे हैं– **1. अन्तःसमूह (In-group)** एवं **2. बाह्य समूह (Out-group)**। बहुत सारे लेखकों ने यह लिख रखा है कि समूह का यह वर्गीकरण समनर (William G. Sumner) ने दिया है, जो सही नहीं है। समनर ने अपनी पुस्तक **(Folkways)** में केवल अन्तःसमूह की अवधारणा का ही जिक्र किया था, जिसके आधार पर बाद में अन्य लोगों ने बाह्य समूह की बात कही है। बीयरस्टेट ने अन्तःसमूह एवं बाह्य समूह को एक-दूसरे का प्रतिकूल मानकर दोनों के बीच अन्तर स्पष्ट करने का प्रयास किया है।

1. अन्तःसमूह— अन्तःसमूह वह समूह है, जिनके हम सदस्य होते हैं और जिससे हमारा अपनापन होता है या अपनेपन की भावना होती है। इसमें एक प्रकार की **'वयं की भावना' (We-feeling)** पायी जाती है, इसीलिए इसे कुछ लोगों ने **'We-group'** कहकर पुकारा है। सदस्यों में सुख-दुख बाँटने की इच्छा होती है और सभी परस्पर एक-दूसरे से प्रेम एवं सहानुभूति रखते हैं। अन्तःसमूह एक प्रकार का अपनापन का भाव प्रदर्शित करता है, जिसे हम किसी सीमा के अन्तर्गत नहीं रख सकते हैं। इसका कारण यह है कि यह अपनापन किसी को अपने परिवार से, अपनी समिति से, अपने समुदाय से या पूरे राष्ट्र से हो सकता है और ऐसी परिस्थिति में ये सभी हमारे लिए अन्तःसमूह हो सकते हैं। सदस्य अपने अन्तःसमूह को अन्य सभी समूहों के लोगों से अलग मानते हैं। हॉर्टन एवं हण्ट ने यह स्पष्ट रूप से कहा है कि जब व्यक्ति यह कहने लगता है कि यह मेरा परिवार, दोस्त, धर्म या राष्ट्र है, तब अन्तःसमूह की बात सामने चली आती है। दूसरी तरफ आदिम समाज में अन्तःसमूह या बाह्य समूह का निर्धारण इस बात से नहीं होता था कि कौन उसका अपना और कौन उसका पराया है। उस काल में लोग नातेदारी के आधार पर यह निर्णय लेते थे कि कोई समूह अन्तः है या बाह्य। जिन लोगों के बीच नातेदारी का सम्बन्ध प्रत्यक्ष या परोक्ष रूप से पाया जाता था, उन्हें अन्तःसमूह माना जाता था। जबकि आधुनिक समाज में अन्तःसमूह या बाह्य समूह की अवधारणा का आधार नातेदारी मात्र नहीं है। व्यक्तिगत सम्बन्धों के आधार पर कोई भी व्यक्ति चाहे वह किसी भी धर्म, भाषा, प्रजाति, राष्ट्र या समुदाय का क्यों न हो, वह अन्तःसमूह का सदस्य हो सकता है। आधुनिक समाज में कभी-कभी यह पता भी नहीं चलता कि किसे अन्तःसमूह या किसे बाह्य समूह कहा जाय। संक्षेप में यही कहा जा सकता है कि जिसके हम सदस्य हैं, वह अन्तःसमूह है।

2. बाह्य समूह— यह कई नामों से जाना जाता है, जैसे– **'They-group'** एवं **'Others-group'**। यह ऐसा सामाजिक समूह है, जिसके हम सदस्य नहीं होते हैं। ऐसी परिस्थिति में ऐसे समूहों के साथ हमारा न व्यवहार सहानुभूतिपूर्ण होता है और न इसके साथ कोई अपनापन-भरा लगाव। ऐसे समूहों को हम प्रायः अपना विरोधी मानते

हैं और यही कारण है कि इसे हम सन्देह की दृष्टि से भी देखते हैं। भारत में जो जातीय या साम्प्रदायिक उपद्रव देखने को मिलता है, उसके पीछे मूलरूप से बाह्य समूह वाली भावना ही काम करती है।

दो सम्प्रदायों के सदस्यों या दो भाषाई क्षेत्रों के सदस्यों या फिर दो भिन्न नृजाति समूहों के सदस्यों में अक्सर दंगे होते हैं, इसका मूल कारण यह है कि जिस समूह के हम सदस्य होते हैं उसे अपना समूह मानते हैं और अन्य सभी समूहों को बाहरी समूह मानते हैं।

अन्त:समूह या बाह्य समूह का कोई निश्चित आकार नहीं होता। इसके अन्तर्गत परिवार जैसे छोटे समूह भी शामिल किये जा सकते हैं और पूरे राष्ट्र जैसे बड़े समूह भी।

कभी-कभी अन्त:समूह से हमारा लगाव इतना गहरा हो जाता है कि हम बाह्य समूह को कई स्तरों पर सन्देह की दृष्टि से देखने लगते हैं। बाह्य समूह के विरुद्ध कभी-कभी हमारी मानसिकता इतनी पक्षपातपूर्ण हो जाती है कि देश या समाज की शान्ति भी खतरे में पड़ जाती है। इस प्रकार दूसरी जाति, धर्म, संस्कृति या प्रजाति के विरुद्ध हमारी धारणाएँ आपसी संघर्ष को जन्म देती हैं।

(C) सोरोकिन ने समूह के अन्तर्गत पाये जाने वाले सम्बन्धों के आधार पर उसे दो भागों में बाँटा है– **1. एकल-बन्धन समूह/एक-कार्यात्मक समूह (Unibonded/Unifunctional Group)** एवं **2. बहु-बन्धन समूह/बहुकार्यात्मक समूह (Multibonded/Multifunctional Group)।**

1. एकल-बन्धन समूह— सोरोकिन ने ऐसे समूह को एकल-बन्धन समूह कहा है, जिसमें सभी लोग एक ही आधार पर एक-दूसरे से जुड़े होते हैं। यदि कुछ लोग प्रजाति (Race), लिंग (Sex), उम्र (Age), नातेदारी (Kinship), भाषा, धर्म एवं शिक्षा के आधार पर समूह का निर्माण करते हैं, तो उसे एकल-बन्धन समूह कहा जाता है।

सोरोकिन ने पुन: इस प्रकार के समूहों को दो भागों में बाँटा है– **1. जैव-सामाजिक एक-कार्यात्मक समूह (Bio-social Unibonded Group)** तथा **2. सामाजिक-सांस्कृतिक एक-कार्यात्मक समूह (Socio-cultural Unibonded Group)।**

जैसा कि नाम से ही स्पष्ट है कि जैव-सामाजिक एक-कार्यात्मक समूह का आधार जैविक है एवं व्यक्ति अपनी किसी जैविक विशेषता के आधार पर ऐसे समूहों का सदस्य होता है। उदाहरणस्वरूप, आयु, लिंग, प्रजाति समूह इत्यादि।

दूसरी ओर, कुछ ऐसे भी समूह होते हैं जिसको लोग अपने किसी सामाजिक या सांस्कृतिक उद्देश्यों की प्राप्ति हेतु निर्मित करते हैं। उदाहरण स्वरूप, क्लब, अस्पताल, महाविद्यालय इत्यादि।

2. बहु-बन्धन समूह— जब किसी समूह के लोग एक से अधिक प्रकार के बन्धनों से बंधे होते हैं तो उसे बहु-बन्धन कहा जाता है, जैसे– परिवार एक बहु-बन्धन समूह है, क्योंकि उसके सदस्य विभिन्न आधारों पर एक-दूसरे से जुड़े होते हैं। परिवार में पति-पत्नी यदि वैवाहिक आधार पर जुड़े होते हैं, तो पिता-पुत्र या भाई-बहन रक्त सम्बन्धों के आधार पर जुड़े होते हैं। चूँकि जाति, वर्ग, जनजाति एवं राष्ट्र रूपी समूहों में लोग एक-दूसरे से एक से अधिक आधारों पर जुड़े होते हैं, इसलिए ऐसे समूहों को सोरोकिन ने बहु-बन्धन समूह कहा है।

चूँकि वर्तमान समय में समूह शब्द का प्रयोग इतने बृहत् अर्थ में नहीं होता है, इसलिए आज के समाजशास्त्री सोरोकिन के समूह के इस वर्गीकरण को स्वीकार नहीं करते हैं। सोरोकिन की तरह अन्य विद्वान यह मानने को तैयार नहीं है कि जाति, प्रजाति या राष्ट्र भी सामाजिक समूह हैं। पुराने समाजशास्त्रियों ने सामाजिक समुच्चय (Social Aggregates) एवं विभिन्न प्रकार के सामाजिक श्रेणियों (Social Categories) को सामाजिक समूह में मिला दिया था। इस बात की पहले भी चर्चा हो चुकी है कि जाति, प्रजाति, राष्ट्र ये सभी सामाजिक समुच्चय हैं, समूह नहीं।

(D) मेनडीटा नूनियज (L. Mendieta Y. Nunez) ने समूह को चार भागों में बाँटा है, जो इस प्रकार है–

1. संरचित समूह (Structural Groups)— समाज में कुछ ऐसे भी समूह होते हैं, जो स्वत: धीरे-धीरे विकसित होते हैं। ऐसे समूह योजनाबद्ध तरीके से विकसित नहीं होते हैं। इसमें एक किस्म की ऐसी व्यवस्था पायी जाती है, जिसे समाजशास्त्रीय भाषा में संरचना कहा जा सकता है, जैसे– परिवार, जाति, जनजाति (Tribe), कुल या वंश (Clan) राज्य इत्यादि।

2. संरचित अर्द्ध-समूह (Structural Quasi-groups)— कुछ समूह ऐसे होते हैं, जिसमें स्पष्ट आन्तरिक व्यवस्था नहीं दिखाई पड़ती है। इसका स्वरूप अर्द्ध-समूह जैसा होता है, लेकिन समूह के सदस्यों के बीच एक तरह की सम्बद्धता होती है। समुदाय, राष्ट्र, वर्ग ये सभी इसके उदाहरण हैं।

3. आकस्मिक अर्द्ध-समूह (Occasional or Circumstantial Quasi-groups)— समाज में कुछ ऐसे भी समूह होते हैं, जो काफी क्षणभंगुर होते हैं, जो किसी विशेष परिस्थिति में एकाएक उत्पन्न होते हैं और बिगड़ते रहते हैं। कुछ समाजशास्त्रियों ने इसे समूह कहना स्वीकार नहीं किया है। भीड़, जनसमूह (Public) इत्यादि ऐसे ही समूह के उदाहरण हैं।

4. कृत्रिम समूह (Artifical Groups)— आधुनिक समाज में ऐसे समूहों की प्रधानता होती है, जिसे हम विचार-विमर्श कर निर्माण करते हैं। ऐसे समूह अपने-आप विकसित नहीं होते हैं, बल्कि इसे किसी योजना के तहत विकसित किया जाता है, जैसे- नौकरशाही, धार्मिक समूह, राजनीतिक समूह, आर्थिक समूह, खेल-कूद समूह इत्यादि।

(E) मकीवर और पेज ने समाज में पाये-जाने वाले सभी समूहों को तीन भागों में बाँटा है, जो इस प्रकार हैं-

1. क्षेत्रीय एकता वाले समूह— इसके सदस्य साधारणतः एक निश्चित क्षेत्र में ही पाये जाते हैं और इनकी कुछ क्षेत्रीय विशेषताएँ होती हैं। ऐसे समूहों के हित अत्यन्त व्यापक होते हैं। सदस्यों के जीवन में एक-प्रकार की समानता देखने को मिलती है। नगर, गाँव, समुदाय, पड़ोसी इत्यादि इसके उदाहरण हैं। राष्ट्र जैसे व्यापक समूह को भी इसमें शामिल किया जा सकता है। सिक्ख, बंगाली, मद्रासी इत्यादि बृहत् समूह भी इसी श्रेणी में रखे जायेंगे।

2. हितों के प्रति जागरूक लेकिन अनिश्चित संगठन वाले समूह— ऐसे समूहों में अपने हितों के प्रति एक किस्म की जागरूकता तो पायी जाती हैं, लेकिन साधारणतया इनमें निश्चित संगठन का अभाव पाया जाता है। भीड़, जाति, अभिजात वर्ग, प्रवासीय समूह, प्रजातीय समूह इस प्रकार के समूहों का अच्छा उदाहरण है, जिसमें संगठन का अभाव होता है एवं इसमें लोगों में अपने हितों के प्रति बहुत स्पष्ट जागरूकता नहीं पायी जाती है।

3. हितों के प्रति जागरूक समूह— ऐसे समूहों में अपने हितों के प्रति स्पष्ट जागरूकता पायी जाती है, साथ ही उनमें संगठन एवं संरचना भी पायी जाती है। चर्च, राज्य, परिवार, मज़दूर संघ, मित्र-मण्डली, क्लब, इत्यादि ऐसे समूहों के उदाहरण हैं। मकीवर और पेज के द्वारा प्रतिपादित समूहों के प्रमुख प्रकारों की योजना **सारणी-1** में दी गयी है।

सारणी-1 मकीवर एवं पेज द्वारा प्रतिपादित समूहों के प्रमुख प्रकार

समूह	प्रमुख	उदाहरण
1. क्षेत्रीय एकता वाले समूह (Territorial Unities)	(क) सामान्य हित (ख) क्षेत्रीय व्यावसायिक समानता	समुदाय, जनजाति, राष्ट्र, नगर, गाँव, पड़ोस इत्यादि
2. अपने हितों के प्रति जागरूक समूह लेकिन निश्चित संगठन का अभाव (Interest conscious unities without definite organization.	(क) समूह के सदस्यों की समान मनोवृत्ति (ख) अनिश्चित सामाजिक संगठन (ग) पद, प्रतिष्ठा और जीवन के अवसरों में अंतर (घ) अस्थायी स्वार्थ एवं समूह की सदस्यता	सामाजिक वर्ग, जाति, अभिजात वर्ग, प्रतिस्पर्द्धा वर्ग, प्रजातीय समूह, शरणार्थी समूह, भीड़ इत्यादि।
3. अपने हितों के प्रति जागरूक समूह जिसमें निश्चित संगठन भी होता है (Interest-conscious unities with definite organization)	(क) निश्चित स्वार्थ (ख) निश्चित सामाजिक संगठन (ग) स्वार्थ की समानता (घ) सदस्यों के बीच वैयक्तिक सम्बन्ध	प्राथमिक समूह जैसे- परिवार, पड़ोसी, खेल के साथी, क्लब इत्यादि।
	(क) सदस्यों की अनिश्चित संख्या (ख) औपचारिक सामाजिक व्यवस्था (ग) अवैयक्तिक सम्बन्ध	बृहत् समितियाँ, जैसे- राज्य, चर्च, आर्थिक संघ, श्रमिक संघ इत्यादि।

(F) व्यक्तियों की सामाजिक स्थिति (Social Status) के आधार पर भी समूह का विभाजन सम्भव है। समाज में कुछ वैसे भी समूह होते हैं, जिसमें सभी व्यक्ति लगभग समान स्तर के होते हैं। दूसरी तरफ कुछ ऐसे समूह भी देखे जाते हैं, जिसमें विभिन्न हैसियत और पेशे वाले व्यक्ति एक साथ जुड़े होते हैं। इसी तथ्य को ध्यान में रखकर मिलर (Miller) ने समूह को दो भागों में बाँटा है– 1. विषमस्तरीय समूह (Vertical Group) एवं 2. समस्तरीय समूह (Horizontal Group)।

1. विषमस्तरीय समूह (Vertical Group)— ऐसे समूह विषमस्तरीय समूह कहे जाते हैं, जिनके अन्तर्गत सभी सदस्य विभिन्न स्तरों में विभक्त रहते हैं। जाति-व्यवस्था इसका सबसे अच्छा उदाहरण है, क्योंकि इनके सदस्यों का पद, प्रतिष्ठा एवं भूमिका एक-दूसरे से भिन्न होते हैं। आर्थिक समूह, धार्मिक समूह या किन्हीं अन्य समूहों में भी ऊँच या नीच, कम या अधिक प्रतिष्ठित इत्यादि सभी प्रकार के व्यक्ति पाये जाते हैं। ऐसे समूहों में सदस्यगण स्वयं ही विभिन्न आधारों पर कई स्तरों में विभक्त रहते हैं।

2. समस्तरीय समूह (Horizontal Group)— ऐसे समूहों में सभी सदस्य लगभग एक ही सामाजिक-आर्थिक स्तर के होते हैं। मज़दूर संगठन, रंगकर्मी संघ, शिक्षक संघ इत्यादि समूहों को समस्तरीय समूह की श्रेणी में रखा जा सकता है। ऐसे समूहों में तुलनात्मक दृष्टि से सभी सदस्यों की हैसियत, प्रतिष्ठा या सामाजिक-आर्थिक स्तर आदि लगभग एक जैसे होते हैं। ऐसे समूहों की सर्वप्रमुख विशेषता यह होती है कि सदस्यों की सामाजिक स्थिति के कारण इनके सदस्यों में आपसी सम्बन्ध घनिष्ठ होते हैं।

(G) प्रत्येक समाज में व्यक्तियों की विभिन्न प्रकार की आवश्यकताएँ होती हैं, जिन्हें पूरा करने के लिए विभिन्न प्रकार के लोगों की आवश्यकता होती है। वे लोग अपने कार्यों एवं कुशलताओं के आधार पर विभिन्न प्रकार के समूहों का निर्माण करते हैं। कभी-कभी इन समूहों का निर्माण स्वत: हो जाता है, तो कभी-कभी सोच-समझकर करना पड़ता है। इसी तथ्य को ध्यान में रखकर फिक्टर ने छह प्रकार के सामाजिक समूहों की चर्चा की है, जो इस प्रकार हैं–

1. पारिवारिक समूह (Family Group)— परिवार हमारे समाज का सबसे बुनियादी समूह है। व्यक्ति अपने जन्म के साथ स्वयं को परिवार के बीच पाता है और यहीं उसका समाजीकरण होता है। इस प्रकार परिवार में व्यक्ति यौन, प्रजनन एवं बच्चों के लालन-पालन सम्बन्धी आवश्यकताओं की पूर्ति करता है। एक आवास में रहने के कारण परिवार व्यक्तियों की भावात्मक आवश्यकताओं की भी पूर्ति करता है।

2. शैक्षणिक समूह (Educational Groups)— प्रत्येक समाज की बुनियादी आवश्यकता यह है कि वह आनेवाली पीढ़ी को समाज की संस्कृति एवं आवश्यकताओं से अवगत कराये। इन कार्यों को पूरा करने के लिए समाज में अनेक शिक्षण संस्थाएँ, यथा– विद्यालय, महाविद्यालय इत्यादि होते हैं। आदिवासी समाजों में पाये जाने वाले युवागृह (Youth Dormitory) इसके उदाहरण माने जा सकते हैं। इस प्रकार की सभी संस्थाएँ समूह हैं।

3. आर्थिक समूह (Economic Groups)— समाज में रहते हुए हमें अपनी आर्थिक आवश्यकताओं की पूर्ति करनी होती है। वस्तुओं का उत्पादन एवं उनका उचित वितरण समाज की एक आवश्यकता होती है, जिसकी पूर्ति विभिन्न प्रकार के आर्थिक समूह करते हैं, जैसे– किसानों का समूह, मिल मालिकों का समूह, मज़दूरों का समूह एवं व्यापारियों का समूह इत्यादि।

4. राजनीतिक समूह (Political Groups)— समाज को सुचारु रूप से चलाने के लिए कानून और व्यवस्था पर निगरानी रखनी होती है। इसके लिए हमें अनेक समूहों पर निर्भर रहना पड़ता है, जैसे– राजनीतिक दल, पुलिस, न्यायालय आदि। आदिवासी क्षेत्रों में पायी जाने वाली पंचायत-व्यवस्था को भी राजनीतिक समूह का उदाहरण माना जा सकता है।

5. धार्मिक समूह (Religious Groups)— प्रारम्भिक काल से आज तक प्रत्येक समाज में धर्म का कोई-न-कोई स्वरूप अवश्य देखने को मिलता है। आधुनिक युग में भी जब भौतिकता पराकाष्ठा को छूने को है, फिर भी धर्म समाज का एक प्रमुख आधार है। धर्म एक माध्यम है, जिसके सहारे व्यक्ति अपने आपको अध्यात्म से जोड़ता है। प्रत्येक समाज में धर्म के आधार पर बहुत प्रकार के संगठन पाये जाते हैं। विभिन्न प्रकार के धार्मिक संगठन एवं सम्प्रदाय ऐसे ही समूहों के उदाहरण हैं।

6. मनोरंजनात्मक समूह (Recreational Groups)— व्यक्ति प्रतिदिन अपना अधिकांश समय विभिन्न प्रकार के कार्यों को करने में व्यतीत करता है, जो कभी-कभी उबाऊ महसूस होता है। ऐसी स्थिति में व्यक्ति की इच्छा मनोरंजनात्मक कार्यों में समय व्यतीत करने की होती है। इस कार्य के लिए समाज में बहुत प्रकार के सांस्कृतिक एवं ग़ैर-परम्परागत समूह या मण्डली होते हैं। नाटक-मण्डली, दूरदर्शन, सिनेमा इत्यादि ऐसे ही समूहों के उदाहरण हैं।

(H) आर.के. मर्टन ने सदस्यता के आधार पर समूह को दो भागों में बाँटा है– **सदस्यता समूह (Membership Group)** एवं **ग़ैर-सदस्यता समूह (Non- membership Group)**। उन्होंने इस वर्गीकरण का जिक्र अपने सन्दर्भ-समूह के सिद्धान्त के प्रतिपादन के सम्बन्ध में किया है।

1. सदस्यता समूह— समाज में कुछ ऐसे भी समूह होते हैं, जिसके सदस्य हम जन्म से होते हैं, जैसे– परिवार, धर्म, जाति, गाँव, शहर, राष्ट्र। ऐसे समूहों को मर्टन ने सदस्यता समूह कहा है। कभी-कभी विवाह के आधार पर भी समूह की सदस्यता प्राप्त होती है। पितृसत्तात्मक परिवार के अन्तर्गत महिलाओं को विवाह के आधार पर सदस्यता प्राप्त होती है। साधारणतया सदस्यता समूह का लगाव हमारे जन्म या विवाह से होता है। ऐसे समूह की तुलना समनर के अन्त:समूह से की जा सकती है।

2. ग़ैर-सदस्यता समूह— व्यक्ति जब वयस्क हो जाता है, तो वह विभिन्न प्रकार का ज्ञान और शिक्षा प्राप्त करता है और बहुत प्रकार के ऐसे समूहों के सम्पर्क में आता है, जिसका वह सदस्य नहीं है। कभी तो वह ऐसे समूहों का सदस्य हो जाता है, तो कभी वह सदस्य नहीं बनना चाहता है। शिक्षा, पेशा, प्रवास, व्यवसाय इत्यादि के आधार पर व्यक्ति जीवन में बहुत प्रकार के समूहों का सदस्य बनता है, तो कभी वह सदस्यता को प्राप्त नहीं भी करना चाहता है। ऐसे समूहों को मर्टन ने ग़ैर-सदस्यता समूह कहा है। यह बहुत कुछ बाह्य समूह की अवधारणा से मिलता-जुलता है।

(I) बीयरस्टेट (R. Bierstedt) ने अपनी पुस्तक **The Social Order** (1970) में समूह की तीन विशेषताओं की चर्चा की है, जैसे– **(1) समता की चेतना (Consciousness of Kind)**, **(2) सामाजिक अन्त:क्रिया (Social Interaction)** तथा **(3) सामाजिक संगठन (Social Organization)**। इन्हीं विशेषताओं की उपस्थिति अथवा अनुपस्थिति के आधार पर उन्होंने निम्न चार प्रकार के समूहों का उल्लेख किया है–

1. सांख्यिकीय समूह (Statistical Group)— इसकी चर्चा करते हुए बीयरस्टेट ने कहा है कि यह ऐसा मानवीय समूह है, जिनमें सामाजिक समूह की तीनों विशेषताएँ, अर्थात् समता की चेतना, सामाजिक अन्त:क्रिया एवं सामाजिक संगठन अनुपस्थित रहती हैं। वस्तुत: इन समूहों का निर्माण समाज के सदस्य नहीं करते हैं, बल्कि सांख्यिकीय विशेषज्ञ एवं समाजशास्त्रिगण अपने अध्ययन हेतु इन समूहों का निर्माण करते हैं, जैसे– आयु-समूह या लिंग-समूह, शिक्षित या अशिक्षित समूह इत्यादि इसके उदाहरण हैं। सही अर्थ में इसे समूह नहीं कहा जाना चाहिए।

2. समाजीय समूह (Societal Group)— इस प्रकार के समूह की चर्चा करते हुए बीयरस्टेट ने कहा है कि यह वह समूह है, जिसमें सामाजिक समूह की सिर्फ एक ही विशेषता, अर्थात् सदस्यों में समता की चेतना, पायी जाती है। सामाजिक अन्त:क्रिया एवं सामाजिक संगठन जैसी विशेषताएँ ऐसे समूहों में अनुपस्थित रहती हैं। ऐसे समूहों के सबसे अच्छे उदाहरण नृजातीय एवं एक भाषा-भाषी समूह हैं। वर्तमान समाजशास्त्र में इसे भी समूह नहीं कहा जाता है।

3. सामाजिक समूह (Social Group)— इस प्रकार के समूह के सम्बन्ध में बीयरस्टेट का कहना है कि ये ऐसे समूह हैं, जिनमें सामाजिक समूह की दो विशेषताएँ, अर्थात् समता की चेतना एवं सामाजिक अन्त:क्रिया तो पायी जाती है, परन्तु **औपचारिक संगठन (Formal Organization)** का अभाव होता है। सहकर्मियों का समूह, परिवार, बच्चों की मित्र-मण्डली, भीड़, श्रोतागण इत्यादि ऐसे ही प्राथमिक समूह इसके उपयुक्त उदाहरण हैं।

4. सहचारी समूह (Associational Group)— ये ऐसे समूह हैं, जिन्हें समाज के सदस्यगण जान-बूझकर निर्मित करते हैं। इसमें सामाजिक समूह की तीनों विशेषताएँ पायी जाती हैं। दूसरे शब्दों में ये औपचारिक समूह होते हैं, जिन्हें समाज के सदस्य अपने कुछ खास उद्देश्यों की पूर्ति के लिए जान-बूझकर निर्माण करते हैं। ट्रेड यूनियन, क्रिकेट क्लब, राजनीतिक दल आदि इसके उदाहरण हैं।

इन चारों प्रकार के समूहों के बीच क्या अन्तर है, इसे बहुत ही सरल ढंग से बीयरस्टेट (Bierstedt, 1970: 281) ने एक सारणी के माध्यम से प्रस्तुत किया है, जिसे **सारणी-2** में देखा जा सकता है।

सारणी-2 चार प्रकार के समूहों के मध्य अन्तर

	Consciousness of Kind	Social Interaction	Social Organization
(A) Statistical	No	No	No
(B) Societal	Yes	No	No
(C) Social	Yes	Yes	No
(D) Associational	Yes	Yes	Yes

बीयरस्टेट ने कुछ अन्य प्रकार के समूहों की भी चर्चा की है, जैसे– **बृहत् समूह (Large Groups)** एवं **लघु समूह (Small Groups)**, **बहुसंख्यक समूह (Majority Groups)** एवं **अल्प-संख्यक समूह (Minority Groups)**, **दीर्घ कालीन समूह (Long-lived Groups)** एवं **अल्पकालीन समूह (Short-lived Groups)**, **खुला समूह (Open Groups)** एवं **बन्द समूह (Closed Groups)**, **स्वतन्त्र समूह (Independent Groups)** एवं **आश्रित समूह (Dependent Groups)**, **संगठित समूह (Organized Groups)** एवं **असंगठित समूह (Unorganized Groups)** इत्यादि। इन सभी समूहों का स्वरूप उसके नामकरण से ही स्वत: स्पष्ट हो जाता है, इसलिए अलग से उसकी चर्चा की यहाँ कोई विशेष आवश्यकता नहीं है।

समूह के इस वर्गीकरण के अलावा और भी कई प्रकार के समूह होते हैं, जिसमें से कुछ प्रमुख समूह निम्नलिखित हैं, जैसे– **योजनाबद्ध समूह (Contrived Group)**, **संचयी समूह (Cumulative Group)**, **संघर्ष समूह (Encounter Group)**, **औपचारिक समूह (Formal Group)**, **अनौपचारिक समूह (Informal Group)**, **प्रकार्यात्मक समूह (Functional Group)**, **स्वार्थ-समूह (Interest Group)**, **सीमान्त समूह (Marginal Group)**, **क्षेत्रीय समूह (Territorial Group)**, **सन्दर्भ-समूह (Reference Group)**, **ग़ैर-सन्दर्भ-समूह (Non-Reference Group)**, **प्रथक्कृत समूह (Allopatric Group)** एवं **एकस्थानी समूह (Sympatric Group)** इत्यादि। इन सभी प्रकार के समूहों का बारी-बारी से विवेचन किया जाना यहाँ ज़रूरी नहीं है।

प्राथमिक तथा द्वितीयक समूह (Primary and Secondary Groups)

समूह के आकार के आधार पर समूह को दो भागों में बाँटा जा सकता है– (1) प्राथमिक समूह (Primary Group) एवं (2) द्वितीयक समूह (Secondary Group)। प्राथमिक एवं द्वितीयक समूह के बीच सिर्फ आकार का ही फ़र्क नहीं है, बल्कि समूह के अन्तर्गत सदस्यों के बीच के सम्बन्ध के स्वरूप का भी फ़र्क है। हिन्दी जगत् में कुछ ऐसे भी लेखक हैं, जिन्होंने अपनी पुस्तकों में यह लिख रखा है कि कूली ने पहली बार प्राथमिक एवं द्वितीयक समूह के बीच के अन्तर को स्पष्ट किया है। लेकिन यह सत्य नहीं है। कूली ने प्राथमिक समूह की अवधारणा को अवश्य जन्म दिया, पर उन्होंने द्वितीयक समूह की बात कभी नहीं की।[3] जब कूली ने प्राथमिक समूह की अवधारणा का जिक्र किया, तो उसके आधार पर अन्य विद्वानों ने एक प्रतिकूल सामाजिक समूह की बात कही और तब से द्वितीयक समूह की चर्चा की जाती रही है।

3. रॉबर्ट बीयरस्टेट का **The Social Order** (1970), देखें– पृष्ठ 287.

प्राथमिक समूह (Primary Groups)

प्राथमिक समूह और द्वितीयक समूह के बीच के अन्तर को स्पष्ट करने के पहले हमें प्राथमिक एवं द्वितीयक समूह की अवधारणा को स्पष्ट रूप से समझ लेना होगा। प्राथमिक समूह की अवधारणा का जिक्र सर्वप्रथम सी.एच. कूली (C.H. Cooley) की पुस्तक **Social Organization** (1909) में देखने को मिलता है। उनके अनुसार "प्राथमिक समूहों से हमारा तात्पर्य उन समूहों से है, जिनमें सदस्यों के बीच आमने-सामने के घनिष्ठ सम्बन्ध एवं पारस्परिक सहयोग की विशेषता होती है। ऐसे समूह अनेक अर्थों में प्राथमिक होते हैं, लेकिन विशेष रूप से इस अर्थ में कि ये व्यक्ति के सामाजिक स्वभाव और विचार के निर्माण में बुनियादी योगदान देते हैं।"[4]

कूली का प्राथमिक समूह का विचार समाजशास्त्र के क्षेत्र में सम्भवत: सबसे महत्त्वपूर्ण योगदान है। इस योगदान के लिए वे आज विश्वप्रसिद्ध हैं। उन्हें भी ऐसा पूर्वाभास हुआ था कि इसके लिए वे भविष्य में जाने जायेंगे। उन्होंने स्वयं एक बार हँसते हुए कहा था कि प्राथमिक समूह की अवधारणा के लिए उन्हें इस दुनिया में हमेशा याद किया जायेगा।

इस अवधारणा को प्रस्तुत करने के पीछे कूली का मुख्य उद्देश्य यह प्रदर्शित करना था कि मानव-व्यक्तित्व के विकास में कुछ ऐसे समूह होते हैं, जिनकी महत्त्वपूर्ण या प्राथमिक भूमिका होती है, इसीलिए इन्हें प्राथमिक समूह कहा जा सकता है। कूली की परिभाषा से यह स्पष्ट होता है कि प्राथमिक समूह में शारीरिक नज़दीकी, घनिष्ठ सम्बन्ध एवं पारस्परिक सम्बन्ध का होना आवश्यक है। कूली ने परिवार (Family), पड़ोस (Neighbourhood) एवं क्रीड़ा-समूह (Play Group) को प्राथमिक समूह का एक अच्छा उदाहरण माना है। इस उदाहरण से यह स्पष्ट होता है कि प्राथमिक समूह की सबसे प्रमुख विशेषताओं में 'वयं भावना' (We-feeling) बहुत ही महत्त्वपूर्ण है। प्राथमिक समूह अपने आप में बहुत ही मज़बूती से बँधा हुआ समूह है, जिसमें आमने-सामने के सम्बन्धों के अलावा एकता की भावना प्रबल रूप से पायी जाती है। सदस्यों में एक सामान्य सामाजिक मूल्यों के प्रति कटिबद्धता पायी जाती है।

कूली ने अपनी परिभाषा में जिस 'आमने-सामने का सम्बन्ध' का उल्लेख किया है, वह समाजशास्त्रियों के बीच काफी विवाद का विषय बन गया। डेविस (K. Davis) ने कहा कि आमने-सामने का सम्बन्ध प्राथमिक समूह का आधार नहीं हो सकता है, क्योंकि आमने-सामने का सम्बन्ध रखते हुए भी कभी दो व्यक्तियों के बीच घनिष्ठ सम्बन्ध नहीं पनपता है एवं इसके विपरीत लम्बे समय तक आमने-सामने का सम्बन्ध नहीं रहते हुए भी घनिष्ठ सम्बन्ध पनप सकता है। उदाहरण स्वरूप, एक ऑफिस में काम करने वाले कर्मचारी, जो रोज़ एक-दूसरे के आमने-सामने होते हैं, एक-दूसरे से घनिष्ठ रूप से सम्बन्धित नहीं होते हैं। इसके विपरीत पिता-पुत्र एक-दूसरे से हजारों मील की दूरी पर रहते हुए भी आमने-सामने के सम्बन्ध के अभाव में भी एक-दूसरे से घनिष्ठ रूप से जुड़े होते हैं। ई. फैरिस (E. Faris)[5] ने भी कहा है कि आमने-सामने के सम्बन्ध के अभाव में भी सामाजिक निकटता पायी जा सकती है। स्वजन समूह (Kin Group) इस बात का एक अच्छा उदाहरण है कि लोग आमने-सामने नहीं रहते हैं, लेकिन उनके बीच आपसी निकटता की भावना बहुत अधिक पायी जाती है।

दूसरी ओर, बीयरस्टेट ने कूली के विचारों को अप्रत्यक्ष रूप से समर्थन प्रदान करते हुए यह कहा है कि कूली के द्वारा उल्लिखित 'आमने-सामने' शब्द को शाब्दिक रूप में नहीं लेना है, बल्कि प्रतीकात्मक रूप में लेना है। इस शब्द के द्वारा कूली मात्र सम्बन्धों की घनिष्ठता का बोध करना चाहते हैं।

---

4. "By primary groups I mean those characterized by intimate face-to-face association and cooperation. They are primary in several senses, but chiefly in that they are fundamental in forming the social nature and ideas of the individual."— C.H. Cooley, **Social Organisation**, Charles Scribner's Sons, New York, 1909.
5. हिन्दी के बहुत-से लेखकों ने Ellsworth Faris की जगह R.E.L. Faris या R.L. Faris का नाम लिखा है, जो निश्चित रूप से गलत है। प्राथमिक समूह पर यह विचार E. Faris ने व्यक्त किया था, न कि किसी अन्य फैरिस ने। (E. Faris, ''The Primary Group: Essence and Accident.'' **American Journal of Sociology,** 1932, 38: 41–50.)

प्राथमिक समूह की प्रमुख विशेषताएँ इस प्रकार हैं–

1. लघु आकार (Smaller Size)— प्राथमिक समूह तुलनात्मक दृष्टि से काफी छोटा समूह होता है। यह कहना मुश्किल है कि ऐसे समूह में अधिक-से-अधिक कितने सदस्य पाये जाते हैं, लेकिन यह निश्चित है कि ऐसे समूह में अधिक सदस्य नहीं हो सकते हैं। सीमित आकार के कारण ही सदस्यों में परस्पर अन्त:क्रिया सम्भव है, जिसके कारण एक प्रकार के भाईचारे एवं आदान-प्रदान वाली भावना का जन्म होता है।

2. आमने-सामने का सम्बन्ध (Face-to-face Relationship)— प्राथमिक समूह के सदस्यों के बीच भौतिक या मानसिक समीपता पायी जाती है। इसका अर्थ यह है कि सभी सदस्य अपने बीच अनुभवों या विचारों का सहजता से आदान-प्रदान करते हैं। आमने-सामने का तात्पर्य प्रतिदिन एक-दूसरे से मिलते रहने का नहीं है, जैसा कि कई लोगों ने लिखा है। ऐसे समूहों में रहकर सदस्य सामाजिक जीवन की बुनियादी बातों को जानते हैं। कभी-कभी आमने-सामने की स्थिति के बावजूद लोग प्राथमिक समूह का निर्माण नहीं कर पाते हैं।

3. तुलनात्मक स्थिरता (Relative Permanency)— स्थिरता के अभाव में घनिष्ठता की कल्पना नहीं की जा सकती। डेविस का विचार है कि समूह में जितनी अधिक स्थिरता होगी, सदस्यों के सम्बन्धों में भी उतनी ही अधिक घनिष्ठता होगी। वास्तव में, प्राथमिक समूहों का निर्माण जान-बूझकर या योजनाबद्ध तरीके से न होने के कारण यह अधिक स्थायी प्रकृति का होता है और लोगों को इसकी सदस्यता से अलग होना भी कठिन होता है।

4. लक्ष्यों की समानता (Common Goals)— प्राथमिक समूह के सदस्यों में उद्देश्यों और हितों की समानता पायी जाती है। प्राथमिक समूह में प्रत्येक सदस्य दूसरे के कल्याण को ध्यान में रखकर अपने लक्ष्यों को प्राप्त करने की कोशिश करते हैं। उदाहरणस्वरूप, परिवार एक प्राथमिक समूह है, जिनमें माता-पिता अपने बच्चों की देखरेख करने में अपने स्वास्थ्य की भी चिन्ता नहीं करते हैं। इसका मतलब यह नहीं है कि बच्चों की देखरेख करना उनका अंतिम उद्देश्य है, बल्कि वास्तव में बच्चे का सुख-दुख ही माँ-बाप का सुख-दुख बन जाता है। इस प्रकार प्राथमिक समूह में 'मैं' की भावना ('I' feeling) की जगह वयं भावना ('We' feeling) पायी जाती है।

5. स्वत: विकसित समूह (Spontaneous Development)— प्राथमिक समूह का जन्म स्वत: होता है। इसका तात्पर्य यह है कि जान-बूझकर और कुछ लक्ष्यों को सामने रखकर प्राथमिक समूह का निर्माण नहीं किया जाता है। दो-चार व्यक्तियों में जब आपसी घनिष्ठता काफी बढ़ जाती है, तो प्राथमिक समूह का स्वरूप स्वत: तैयार हो जाता है।

6. प्राथमिक समूह में व्यक्तिगत और घनिष्ठ सम्बन्धों की प्रधानता (Personal and Intimate Relationship)— प्राथमिक समूह में सदस्यों के बीच व्यक्तिगत सम्बन्ध होते हैं। ऐसे समूहों में सदस्य अपने विचारों या भावनाओं को खुलकर एक-दूसरे को सुनाते हैं। एक सदस्य को दूसरे सदस्य पर पूर्ण विश्वास एवं आस्था होती है। प्राथमिक समूहों में सम्बन्धों की स्थापना किसी बाह्य प्रलोभन अथवा बाह्य दवाब से नहीं होती, बल्कि इनका विकास स्वाभाविक रूप से होता है। जैसे एक परिवार में माता, पिता, भाई, बहन के पारस्परिक सम्बन्ध, जो किसी बाहरी प्रभाव के फलस्वरूप विकसित नहीं होते, बल्कि ये अपने आप स्वाभाविक रूप से विकसित होते हैं। इनकी प्रकृति आत्मिक होती है।

7. समाजीकरण के अभिकरण के रूप में— प्राथमिक समूह किसी व्यक्ति के जीवन में ऐसा समूह है, जहाँ उसका बचपन व्यतीत होता है। बचपन का समय व्यक्ति के जीवन का एक ऐसा समय होता है, जिस अवस्था में बच्चे को जो कुछ भी सिखलाया जाता है वह उसके व्यक्तित्व का अभिन्न अंग बन जाता है। कूली ने प्राथमिक समूह को प्राथमिक समूह इसलिए कहना पसन्द किया, क्योंकि व्यक्ति के व्यक्तित्व के निर्माण में इसकी सर्वाधिक महत्त्वपूर्ण या बुनियादी भूमिका होती है।

8. अनौपचारिक सम्बन्ध— प्राथमिक समूह के सदस्यों के बीच का सम्बन्ध अनौपचारिक होता है। सम्बन्ध की घनिष्ठता सम्बन्धों को अनौपचारिक रूप प्रदान करती है। साथ ही प्राथमिक समूह का संगठन भी बहुत हद तक अनौपचारिक ही होता है। यह सही है कि इसमें विभिन्न पदों की भिन्न-भिन्न भूमिकाएँ होती हैं। परन्तु ये भूमिकाएँ प्राय:

परस्परव्यापी (Overlapping) होती हैं। उदाहरणस्वरूप, सन्तान के लिए माँ जहाँ अभिभावक है, वहाँ आवश्यकता पड़ने पर सेवा भी करती है, भोजन पकाती है तथा सही सलाह देती है। यही बात एक व्यक्ति अपने ऑफिस के उच्चाधिकारी से आशा नहीं कर सकता है, क्योंकि वहाँ उनकी भूमिका औपचारिक होने के कारण पूर्व निर्धारित एवं निश्चित है।

9. सर्वव्यापकता (Universality)— प्राथमिक समूह एक विश्वव्यापी सामाजिक समूह है। दुनिया के किसी भी कोने में ऐसा कोई भी समाज नहीं है, जहाँ प्राथमिक समूह नहीं पाया जाता हो। इस तथ्य की पुष्टि इस बात से होती है कि परिवार एवं मित्र-मण्डली जैसी सामाजिक व्यवस्था विश्व के प्रत्येक समाज एवं सामाजिक विकास के प्रत्येक चरणों या कालों में पायी जाती है। विश्वस्तर पर प्राथमिक समूह एक स्थायी सामाजिक व्यवस्था है।

द्वितीयक समूह (Secondary Groups)

सी. एच. कूली के द्वारा प्रतिपादित प्राथमिक समूह जब काफी लोकप्रिय हो गया, तो विद्वानों ने इसके प्रतिकूल सामाजिक व्यवस्था की बात कही, जो द्वितीयक समूह के रूप में प्रचलित हुआ। जो समूह प्राथमिक नहीं है, उसे विद्वानों ने द्वितीयक समूह का नाम दिया। इस तरह के समूह में आमने-सामने का सम्बन्ध काफी कमजोर होता है, समूह के सदस्यों के बीच में घनिष्ठता की कमी होती है, जैसे– दुकानदार-ग्राहक का सम्बन्ध, डाक्टर-रोगी का सम्बन्ध, नेता एवं अनुयायी का सम्बन्ध, दफ्तर में ऑफिसर एवं किरानी का सम्बन्ध इत्यादि। ऐसे सम्बन्धों का लोग जान-बूझकर या योजनाबद्ध ढंग से निर्माण करते हैं। द्वितीयक समूह में सम्बन्धों में स्थायित्व की कमी एवं सम्बन्धों में छिछलापन का होना स्वाभाविक है, क्योंकि साधारणतया इसका आकार प्राथमिक समूह की तुलना में काफी बड़ा होता है। सदस्यों के बीच हमेशा आमने-सामने का सम्बन्ध नहीं हो पाता है। लोग ऐसे समूहों का निर्माण स्वार्थवश करते हैं। अत: स्वाभाविक रूप से सदस्यों के बीच में संवेगात्मक-भावनात्मक लगाव की कमी होती है।

द्वितीयक समूह के बारे में स्टीवन कोल (Stephen Cole, 1975: 89) ने स्पष्ट कहा है कि "द्वितीयक समूह वे हैं, जो अपेक्षाकृत काफी बड़े होते हैं एवं उनमें पाये जाने वाले सम्बन्ध काफी अवैयक्तिक होते हैं।" (Secondary groups are those which are larger and in which the interaction is more impersonal.) कोल के इस विचार से यही स्पष्ट होता है कि द्वितीयक समूह के सदस्यों के बीच में सम्बन्धों की आत्मीयता की कमी होती है। प्राथमिक समूह की तुलना में द्वितीयक समूह के अन्तर्गत लोगों के बीच अन्त:क्रिया की मात्रा काफी कम पायी जाती है। ऐसा होना स्वाभाविक इसीलिए है कि द्वितीयक समूह का आकार अपेक्षाकृत बड़ा होता है। द्वितीयक समूह की अवधारणा को स्पष्ट करते हुए गिडेन्स (Anthony Giddens) ने लिखा है कि "यह व्यक्तियों का एक ऐसा समूह है, जिसके अन्तर्गत लोग नियमित रूप से मिलते तो हैं, लेकिन उनके सम्बन्ध मुख्य रूप से अवैयक्तिक होते हैं। व्यक्तियों के बीच सम्बन्ध गाढ़े नहीं होते हैं। लोग सामान्यत: एक-दूसरे के निकट तभी आते हैं, जब उनके सामने कोई निश्चित व्यावहारिक उद्देश्य होता है।"[6] द्वितीयक समूह की अवधारणा को स्पष्ट करने के लिए उसकी कुछ प्रमुख विशेषताओं की यहाँ चर्चा की जा रही है, जो इस प्रकार हैं–

1. बड़ा आकार— प्राथमिक समूह की तुलना में द्वितीयक समूह का आकार बड़ा होता है। इसका आकार इतना बड़ा होता है कि सदस्यों की संख्या हजारों या लाखों तक भी हो सकती है, जैसे– राज्य, राष्ट्र, शिक्षण संस्थाएँ इत्यादि।

2. अप्रत्यक्ष एवं अवैयक्तिक सम्बन्ध— समूह जब विशाल हो जाता है, तब सदस्यों में शारीरिक समीपता नहीं रह पाती है। ऐसी स्थिति में, सम्बन्ध प्रत्यक्ष न होकर अप्रत्यक्ष हो जाते हैं अर्थात् यह सम्बन्ध सम्पर्क के विभिन्न साधनों, जैसे– टेलीफोन, डाक, पत्र-पत्रिकाएँ आदि से स्थापित होते हैं। अप्रत्यक्ष सम्बन्ध होने से सम्बन्ध भी अवैयक्तिक हो जाते हैं। इस प्रकार

---

6. "A secondary group is a number of people who meet regularly, but whose relationships are mainly impersonal. Individuals in secondary groups do not have intimate ties with each other, and normally come together for specific practical purposes." (Anthony Giddens, 1993: 286).

इन समूहों के सदस्यों में व्यक्तिगत घनिष्ठता बहुत कम पायी जाती है। यह केवल औपचारिकता तक ही सीमित रहती है। व्यक्ति की पहचान उसके औपचारिक पद के आधार पर ही होती है। उदाहरणस्वरूप, एक श्रमिक संगठन में सदस्यों की पहचान अध्यक्ष, उपाध्यक्ष, सचिव या साधारण कार्यकर्त्ता के रूप में होती है। इस प्रकार की पहचान में व्यक्ति का सम्पूर्ण व्यक्तित्व एवं उसके विभिन्न पक्ष नहीं झलकते हैं।

3. प्रतिस्पर्द्धा की भावना— ऐसे समूहों के सदस्यों में प्रतिस्पर्द्धा पायी जाती है। व्यक्ति किसी भी प्रकार के द्वितीयक समूह में हो, अपनी कार्यकुशलता एवं क्षमता बढ़ाकर अन्य लोगों से आगे निकलना चाहता है। कुछ समूह अपने सदस्यों में प्रतिस्पर्द्धा के महत्त्व को बढ़ावा देते हैं।

4. ऐच्छिक सदस्यता (Voluntary Membership)— द्वितीयक समूह की सदस्यता ऐच्छिक होती है। ऐसे समूहों की सदस्यता ग्रहण करना या किसी क्रिया-कलाप में भाग लेना व्यक्ति की इच्छा पर निर्भर करता है। व्यक्ति अपनी इच्छा से ऐसे समूहों की सदस्यता ग्रहण करता है और छोड़ देता है।

5. स्थायित्व में कमी— प्राथमिक समूह की तुलना में द्वितीयक समूह थोड़ा कम स्थायी होता है। द्वितीयक समूह का आसानी से निर्माण व विघटन होता है। व्यक्ति अपनी इच्छा के अनुसार जब चाहे सदस्यता को त्याग सकता है और नये द्वितीयक समूहों का ज़रूरतवश निर्माण कर सकता है। कभी-कभी जब हमारे उद्देश्यों या व्यक्तिगत स्वार्थों की पूर्ति हो जाती है, तो हम समूह की सदस्यता को त्याग देते हैं या समूह से अलग हो जाते हैं, जैसे– महाविद्यालयों में विद्यार्थी शिक्षा प्राप्त कर लेने के बाद उसे छोड़ देते हैं और नये विद्यार्थी वर्ग में नामांकन लेकर पुनः उपस्थित हो जाते हैं।

6. एक योजनाबद्ध व्यवस्था— हम लोग द्वितीयक समूहों का योजनाबद्ध तरीके से निर्माण करते हैं। जब समाज में कुछ लोगों का सामान्य उद्देश्य होता है और उसे पूरा करने के लिए बहुत-से व्यक्तियों की आवश्यकता पड़ती है, तो लोग विचार-विमर्श कर योजनाबद्ध तरीकों से ऐसे समूहों का निर्माण करते हैं। आधुनिक समाज में ऐसे समूहों का विशेष महत्त्व है। जैसे-जैसे समाज का विकास हो रहा है, वैसे-वैसे समाज में समस्याएँ उत्पन्न हो रही हैं और उन समस्याओं से निपटने के लिए बहुत किस्म के द्वितीयक समूहों का निर्माण किया जा रहा है। अतः हम कह सकते हैं कि द्वितीयक समूह आधुनिक समाज की एक प्रमुख विशेषता है।

7. सीमित स्वार्थों की पूर्ति (Gratification of Limited Needs)— व्यक्ति किसी द्वितीयक समूह का सदस्य मुख्यतः सीमित स्वार्थों की पूर्ति के लिए ही होता है। दूसरी ओर, प्राथमिक समूह सदस्यों की एकाधिक आवश्यकताओं की पूर्ति करता है। उदाहरणस्वरूप, क्लब हमारी सीमित आवश्यकताओं की पूर्ति करता है। इसके विपरीत परिवार में हमारी सभी मौलिक आवश्यकताओं की पूर्ति होती है।

8. अल्पकालिक सदस्यता (Short-lived Membership)— प्राथमिक समूहों की तुलना में द्वितीयक समूह की सदस्यता की अवधि सीमित होती है। इसका प्रमुख कारण यह है कि द्वितीयक समूह हमारे सीमित स्वार्थ की ही पूर्ति करता है। अतः ऐसी आवश्यकता की पूर्ति होते ही, हम उस द्वितीयक समूह की सदस्यता त्याग देते हैं। इसके विपरीत प्राथमिक समूह की सदस्यता प्रायः जीवनपर्यन्त चलती है।

9. औपचारिक संगठन (Formal Organization)— द्वितीयक समूहों का संगठन औपचारिक होता है। इसका तात्पर्य यह है कि ऐसे समूहों में पद एवं भूमिकाओं का स्पष्ट विभाजन देखने को मिलते हैं। दूसरे शब्दों में, भूमिकाएँ परस्परव्यापी नहीं होती हैं। उदाहरणस्वरूप, एक राजनीतिक दल में अध्यक्ष एवं कोषाध्यक्ष की भूमिका भिन्न-भिन्न हैं एवं अध्यक्ष से कोषाध्यक्ष की भूमिका की आशा नहीं की जा सकती है और न ही कोषाध्यक्ष से अध्यक्ष की भूमिका की।

प्राथमिक समूह एवं द्वितीयक समूह के बीच अन्तर

ऊपर के विवरण के आधार पर प्राथमिक एवं द्वितीयक समूहों में हम निम्नलिखित अन्तर कर सकते हैं–

1. प्राथमिक समूह में सदस्यों की संख्या कम होती है, अतः इसका आकार छोटा होता है, जैसे– परिवार, पड़ोसी इत्यादि। द्वितीयक समूह में सदस्यों की संख्या अधिक होती है, अतः इसका आकार अपेक्षाकृत बड़ा होता है, जैसे– स्कूल या कॉलेज में कक्षा के सहपाठी।
2. प्राथमिक समूह में भौतिक समीपता के कारण आमने-सामने का सम्बन्ध होता है। द्वितीयक समूह में भौतिक दूरी होने के कारण आमने-सामने का सम्बन्ध नितान्त आवश्यक नहीं है।
3. प्राथमिक समूह में 'हम' की भावना प्रबल होती है, इसीलिए यहाँ सहयोग की भावना अधिक पायी जाती है। परन्तु द्वितीयक समूह में भौतिक दूरी होने के कारण 'हम' की भावना प्रायः प्रबल नहीं होती है। वहाँ **'I feeling'** या **'They feeling'** पाया जाता है।
4. प्राथमिक समूह के सदस्यों में सम्बन्ध प्रत्यक्ष होते हैं, पर द्वितीयक समूह के सदस्यों में सम्बन्ध प्रत्यक्ष एवं अप्रत्यक्ष दोनों होते हैं।
5. प्राथमिक समूह स्वतः पनपते हैं। इन्हें जान-बूझकर योजनाबद्ध तरीके से स्थापित नहीं किया जाता, पर द्वितीयक समूहों की स्थापना की जाती है। ये स्वतः नहीं पनपते हैं।
6. प्राथमिक समूह के उद्देश्य दूरगामी होते हैं, पर द्वितीयक समूह के उद्देश्य अपेक्षाकृत शीघ्र हासिल करने वाले होते हैं।
7. प्राथमिक समूह के उद्देश्य निश्चित और सीमित नहीं होते हैं। एक या दो उद्देश्यों की प्राप्ति के बाद ये भंग नहीं होते। अतः ये अधिक स्थायी होते हैं। द्वितीयक समूह के उद्देश्य निश्चित होते हैं, अतः उद्देश्यों की पूर्ति के बाद द्वितीयक समूह भंग हो सकता है। यही कारण है कि ये उतने स्थायी नहीं होते हैं।
8. प्राथमिक समूह का अस्तित्व अत्यन्त प्राचीनकाल से पाया जाता रहा है। द्वितीयक समूह अपेक्षाकृत प्राचीन नहीं है। शहरीकरण एवं उद्योगीकरण के बाद ही इनकी प्रधानता समाज में बढ़ी है। ये आसानी से बनते और बिगड़ते रहते हैं।
9. प्राथमिक समूह में सदस्यों के व्यवहारों को नियन्त्रित करने के लिए अनौपचारिक उपाय, यथा– व्यंग्य, उपहास आदि किये जाते हैं। पर द्वितीयक समूह में सदस्यों के व्यवहारों को नियन्त्रित करने के लिए औपचारिक उपाय, यथा– नियम-कानून, पुलिस आदि का सहारा लिया जाता है।
10. व्यक्ति के समाजीकरण में प्राथमिक समूह का योगदान अत्यन्त महत्त्वपूर्ण होता है। इसी के सहारे व्यक्ति के मूल व्यक्तित्व की नींव पड़ती है। ठीक इसके विपरीत समाजीकरण में द्वितीयक समूह का योगदान उतना महत्त्वपूर्ण नहीं होता है। अतः व्यक्तित्व की प्रकृति द्वितीयक समूहों में निर्धारित नहीं होती।
11. प्राथमिक समूह के द्वारा व्यक्तियों में मूलभूत सामाजिक गुणों का विकास होता है, जैसे– पारस्परिक सहयोग, सहानुभूति आदि। द्वितीयक समूहों में कुछ विशिष्ट गुणों का विकास होता है, जैसे– कार्य करने की कोई विशेष दक्षता या योग्यता इत्यादि।

प्राथमिक एवं द्वितीयक समूह की अवधारणा की तुलना सैद्धान्तिक स्तर पर जर्मन समाजशास्त्री टॉनीज (Ferdinand Toennies) के ***Gemeinschaft*** एवं ***Gesellschaft*** से की जा सकती है जिसका अर्थ क्रमशः समुदाय (Community) एवं समाज (Society) होता है। समुदाय की तुलना प्राथमिक समूह एवं समाज की तुलना द्वितीयक समूह से की जाती है। इन दोनों की विशेषताओं में काफी समानता है। कूली के प्राथमिक समूह की अवधारणा की तुलना में टॉनीज का *Gemeinschaft* कोई दो दशक से भी ज़्यादा पुराना है। प्राथमिक एवं द्वितीयक समूहों की तुलना समकालीन फ्रांसीसी समाजशास्त्री डर्कहाइम (E. Durkheim) की **यान्त्रिक** या **सहज एकता (Mechanical)** एवं **जैविक एकता (Organic Solidarity)** से भी क्रमशः की जा सकती है। डर्कहाइम ने इस अवधारणा का प्रतिपादन अपनी पुस्तक **The Division of Labour in Society** (1956) में किया था। सोरोकिन का **'पारिवारिक' सम्बन्ध ('Familistic' Relations)** एवं **'संविदात्मक' सम्बन्ध ('Contractual' Relations)** क्रमशः प्राथमिक एवं द्वितीयक समूहों की विशेषताओं से मिलता-जुलता है।

संक्षेप में हम यहाँ यही कहना चाहते हैं कि कूली का प्राथमिक समूह, टॉनीज का *Gemeinschaft* एवं डर्कहाइम की यान्त्रिक एकता करीब-करीब समान किस्म की सामाजिक व्यवस्था का सूचक है। रॉबर्ट रेडफील्ड (Robert Redfield) की **Little Community** भी लगभग इसी से मिलती-जुलती अवधारणा है।

अर्द्ध समूह या आभासी समूह (Quasi-group)

आभासी समूह सामान्यत: व्यक्तियों का ऐसा समूह है, जिसमें सामाजिक सम्बन्ध नहीं के बराबर होता है। आभासी समूह में समूह के अन्य लक्षण भी नहीं हो सकते हैं। वास्तव में कोई भी ऐसा मानवीय संग्रह आभासी समूह कहा जायेगा जिसमें सामाजिक समूह के सभी लक्षण नहीं होते हैं। अधिकतर विद्वान यह मानते हैं कि अभासी समूह में सामाजिक सम्बन्ध का अभाव होता है।

आभासी समूह की चर्चा और उपयोग अनेक विद्वानों ने किया है। सम्भवत: इसका प्रयोग सर्वप्रथम इंग्लैण्ड के समाजशास्त्री मॉरिस गिन्जबर्ग (Morris Ginsberg) ने 1934 में अपनी पुस्तक **Sociology** में किया। इसके बाद टी.बी. बॉटमोर (Thomas B. Bottomore) ने इसकी चर्चा की। आर.के. मर्टन ने अपने निबन्धों में इसकी बहुत अधिक चर्चा की है। रैल्फ डारेनडॉफ (Ralf Dahrendorf) ने आधुनिक औद्योगिक समाजों की चर्चा में ऐसे व्यावसायिक समूहों को जिनके हित अभी स्पष्ट नहीं है, जिन्होंने हितों के आधार पर अपने को संगठित नहीं किया है एवं जो अभी दूसरे समूहों से संघर्षरत नहीं है, उन्हें आभासी समूह कहा। आभासी समूह या अर्द्ध समूह कई प्रकार के हो सकते हैं। सामान्यत: इनकी चर्चा इस रूप में नहीं की जाती है, परन्तु क्रमबद्ध चर्चा से इन सामाजिक स्वरूपों को समझने में आसानी होती है।

1. सामाजिक समुच्चय (Social Aggregate)— सामाजिक समुच्चय की अवधारणा समाज मनोविज्ञान में बहुत लोकप्रिय है। यह एक स्थान पर एकत्रित बहुत सारे व्यक्तियों का समूह है। बस-पड़ाव या रेलवे स्टेशन पर एकत्रित जनसमूह को सामाजिक समूह नहीं कहा जा सकता है, उसी तरह से मेले में आयी हुई भीड़ को सामाजिक समूह नहीं कहा जा सकता है। ये सभी सामाजिक समुच्चय के उदाहरण हैं। ऐसे समूह को टॉम बॉटमोर ने अर्द्ध-समूह **(Quasi-group)** कहा है।

2. समाजविशिष्ट समुच्चय (Socially Specific Aggregate)— जब ऐसा सामाजिक समुच्चय हो जिससे एक समाज का बोध होता हो परन्तु उस संग्रह में सामाजिक सम्बन्ध नहीं हो तब वह समाजविशिष्ट समुच्चय है। उदाहरण के लिए देवघर का श्रावणी मेला, रामदेव बाबा का योग शिविर, हरिद्वार का कुम्भ का मेला इत्यादि। इनसे समस्त भारतीय समाज का बोध होता है परन्तु वे सामाजिक सम्बन्ध रहित होते हैं।

3. सामाजिक श्रेणी (Social Category)— जब व्यक्तियों के किसी समूह की समान विशेषताएँ हों, तो उसे सामाजिक श्रेणी कहा जाता है, जैसे– शिक्षित लोग, जाति समूह। सामाजिक श्रेणी एक सांख्यिकी समूह है। लोगों का वर्गीकरण कुछ विशिष्ट विशेषताओं के आधार पर होता है, जो समान रूप से सभी में पाया जाता है, जैसे– आमदनी के स्तर की समानता या फिर पेशे की समानता होना। विश्लेषण के ऐसे तरीके, जिनके द्वारा एक जैसी विशेषताएँ रखने वाले लोगों को श्रेणियों में बाँटा जाता है, जैसे– नौकरी करने वाले लोगों का वर्ग, मध्यमवर्ग आदि। किसी समान शिक्षा या आय वाले व्यक्तियों के समूह को सामाजिक श्रेणी कहा जा सकता है, सामाजिक समूह नहीं। व्यक्तियों के किसी समूह को सही अर्थों में सामाजिक समूह कहने की कुछ और भी शर्त्तें हैं।

4. भीड़, जनसमूह (Crowd)— भीड़ मनुष्यों का ऐसा संग्रह है, जो शारीरिक रूप से एक-दूसरे के निकट होता है और एक-दूसरे से सीधा, अस्थायी एवं असंगठित सम्पर्क स्थापित करता है। समान आकर्षण के किसी केन्द्र अथवा बिन्दु के इर्द-गिर्द जमा लोगों के अच्छे-खासे संग्रह को भीड़ कहते हैं। इसकी सबसे बड़ी विशेषता यह होती है कि इसमें लोग एक-दूसरे की भावनाओं और विचारों को जानने की स्थिति में स्वयं को नहीं पाते। इतना ही नहीं, जनसमूह में चर्चाओं, बहस-मुबाहिसों की भी सम्भावना नहीं होती है, उदाहरणस्वरूप– सिनेमा के दर्शक या किसी

मेले में उपस्थित लोग। ऐसे जनसमूह में हरेक व्यक्ति अकेला होता है। औरों के समक्ष अपने विचारों को व्यक्त करने का अवसर उसे नहीं मिलता। इनमें सम्मिलित सारे लोग एक विचार या चिन्तन के नहीं होते। ये परस्पर एक-दूसरे की मानसिक स्थितियों को नहीं जानते। इनमें यदि कोई समानता होती है, तो सिर्फ यही कि ये सब एक ही सिनेमा के दर्शक या एक ही मेले में हिस्सा लेने-वाले होते हैं।

किम्बॉल यंग (Kimball Young) ने कहा कि भीड़ व्यक्तियों का ऐसा संकलन है, जो किसी समान आकर्षण के बिन्दु के इर्द-गिर्द शारीरिक निकटता में जमा होते हैं। भीड़ का उदय अनपेक्षित रूप से अनायास ही होता है। यह बहुत ही अस्थाई और असंगठित होती है। इसमें व्यक्तिगत बुद्धि का लोप हो जाता है। यह इशारों अथवा सलाह के प्रति संवेदनशील होती है और भीड़ का कोई नाम नहीं होता है।

भीड़ की जितनी चर्चा समाजशास्त्री करते हैं, उससे कहीं ज़्यादा चर्चा समाज मनोविज्ञानी करते हैं। भीड़ के सम्बन्ध में अथवा इसके चरित्र के सम्बन्ध में दो दृष्टिकोण हैं। अनेक विद्वानों ने कहा है कि भीड़ एक सामान्य सामूहिक व्यवहार है। ये गुस्ताव लीबॉन, गैब्रियल टॉर्ड, आर.एच. टर्नर एवं एन.जे. स्मेलसर ने ऐसा कहा है। इसके विपरीत अनेक विद्वान जैसे– मकीवर और पेज भीड़ को एक सामाजिक संरचना कहते हैं। उनके अनुसार भीड़ में सम्बन्ध होता है। इसमें लोग प्रत्यक्ष सम्पर्क में होते हैं। उनमें निकटता होती है और वे एक-दूसरे की ओर भीड़ में रहते समय देखते हैं। यदि भीड़ के पीछे के लोग निकल जाते हैं तब आगे वाले भी बहुत देर तक टिके नहीं रहते हैं। किम्बाल यंग ने भी भीड़ को एक संरचना कहा।

भीड़ के प्रकार— भीड़ के कई प्रकार होते हैं। किंग्जली डेविस ने भीड़ को चार भागों में बाँटा है: (क) **श्रोता समूह:** ऐसी भीड़ है, जो किसी एक नेता अथवा कार्यक्रम को निश्चित समय योजना के अनुसार देखता है, जैसे नेताओं का भाषण सुनते लोग, (ख) **आन्दोलनकारी भीड़:** वह भीड़ है, जो किसी आन्दोलन के क्रम में एक भीड़ के रूप में जमा होते हैं, जैसे बिजली आपूर्ति के लिए आन्दोलन करते किसी दल के सदस्य, (ग) **राजनीतिक जुलूस:** यह ऐसी भीड़ है, जो राजनीतिक माँगों को लेकर एक स्थान से लेकर दूसरे स्थान तक घूमती रहती है। सामान्यतः ये नारे लगाते हैं और आम जनता को अपनी माँगों से परिचित कराते हैं, (घ) **रैली:** यह ऐसी भीड़ है, जो किसी एक मुद्दे को लेकर एक स्थान पर जमा होती है। ये बहुत जोश में होते हैं और एक स्थान पर जमा होकर अपनी शक्ति का प्रदर्शन करते हैं।

रॉबर्ट एम. मकीवर एवं चार्ल्स एच. पेज (Robert M. MacIver and Charles H. Page) ने भीड़ को दो भागों में बाँटा है: (क) **समान रुचि भीड़:** वह भीड़ जो समान रुचि के कारण एक जगह जमा होती है। उदाहरण के लिए नाटक देखने वाले लोग, (ख) **समान क्रिया भीड़:** वह भीड़ जो एक साथ सामूहिक रूप से कोई क्रिया करती है जैसे कीर्तन मण्डली, फुटबॉल का मैच देखते और खिलाड़ियों का उत्साहवर्धन करते दर्शक।

भीड़ का एक अन्य प्रकार का भी है, जैसे– उत्तेजित एवं हिंसक भीड़ तथा निष्क्रिय भीड़। एक उत्तेजनापूर्ण हिंसक भीड़ होती है, जिसे अंग्रेजी में मॉब (Mob) कहते हैं। ये बहुत उत्तेजित रहते हैं। वे हिंसा पर उतारू हो सकते हैं। इसके ठीक विपरीत एक ऐसी भीड़ भी सम्भव है, जो निष्क्रिय है, जैसे धरना देते कर्मचारी। इसके अलावा, उद्देश्यपूर्ण भीड़ एवं भावनात्मक भीड़ भी हो सकती है। लालू प्रसाद जी के भाषण को सुनने के लिए उनके समर्थकों की जो भीड़ है, वह उद्देश्यपूर्ण भीड़ है। इसके विपरीत किसी रेल दुर्घटना के कारण जमा होने वाले लोगों की भीड़ भावनात्मक भीड़ है। इसी प्रकार एक वर्गीकरण रीतिबद्ध भीड़ और तात्कालिक भीड़ का उदाहरण है। किसी पर्व, त्योहार, पूर्व निर्धारित उत्सव में जो भीड़ लगती है उसे रीतिबद्ध भीड़ कहते हैं जैसे होली के हुल्लड़बाजों की भीड़। तात्कालिक भीड़ वह है, जो अकस्मात किसी चोर के पकड़ने पर अथवा दुर्घटना होने पर जमा होने वाली भीड़ है।

समूह मन का विचार (Group Mind Theory)— इसका अर्थ यह है कि व्यवहार के क्रम में जब अनेक व्यक्ति एक ही जैसा सोचने लगते हैं और एक भीड़ का निर्माण करते हैं तब वह समूह मन कहलाता है। इसका तात्पर्य यह है कि पूरे समूह एवं संकलन का एक ही दिमाग हो जाता है। वे एक साथ कार्य करने लगते हैं। समान

प्रेरणाओं से प्रेरित होते हैं एवं समान व्यवहार उत्पन्न करते हैं। दार्शनिक बेनिडिक्ट स्पीनोजा (Benedict Spinoza, 1632–1677) ने इस व्याख्या को प्रस्तुत किया। इसकी बहुत विस्तार से चर्चा फ्रांसीसी मनोवैज्ञानिक लीबॉन ने किया है। मनोवैज्ञानिक मैकडूगल (William McDougall, 1871–1938) इस सिद्धान्त के लिए काफी चर्चित हैं। इस सम्बन्ध में उन्होंने अनुभवाश्रित प्रयोग भी किये थे। समाजशास्त्र में इस व्याख्या को बहुत स्वीकार नहीं किया जाता है।

सामाजिक शक्ति (Social Power) की व्याख्या— रॉबर्ट एम. मकीवर एवं चार्ल्स एच. पेज ने कहा कि ऐसे लोग जो अकेले में बड़े ही डरपोक और दब्बू किस्म के होते हैं, वे एक साथ जमा होकर जब बहुत अधिक शक्ति का अनुभव करने लगते हैं, जब उन्हें यह लगता है कि हम साथ-साथ बहुत कुछ भी कर सकते हैं, तब एक भीड़ का उदय होता है। मकीवर और पेज की यह व्याख्या समाजशास्त्र में काफी लोकप्रिय है।

दमित वासना का सिद्धान्त (Repressed Drive Theory)— इसका प्रतिपादन सिग्मण्ड फ्रॉयड (Sigmund Freud, 1856–1939) ने किया। उनके अनुसार मानव की वासना या कोई खास इच्छा जब पूरी नहीं होती है, अनेक दमित वासनायें व्यक्तियों के दिलों में छिपी होती है, भीड़ एक ऐसा अवसर और एक घटना है, जिसमें व्यक्ति इन दमित वासनाओं को अभिव्यक्ति का अवसर देता है। वह दूसरों के कहने पर परन्तु अपनी दमित वासनाओं के कारण कुछ भी करने को तैयार होता है। यह व्याख्या भी काफी लोकप्रिय हुई।

पारस्परिक उत्तेजना सिद्धान्त (Reciprocal Stimulation Theory)— इसका प्रतिपादन मनोवैज्ञानिक जी.डब्लू. अलपॉर्ट (G.W. Allport, 1897–1967) ने किया है। भीड़ का उदय इसलिए होता है कि एक व्यक्ति का व्यवहार अथवा एक समूह का व्यवहार दूसरे व्यक्तियों को उत्तेजित कर देता है, जो भीड़ में परिवर्तित हो जाते हैं। यह सिद्धान्त मनोविज्ञान ही नहीं समाजशास्त्र में भी लोकप्रिय है। इस सिद्धान्त के आधार पर स्वयं अल्पर्ट ने अनुभवाश्रित अध्ययन किया था।

श्रोतागण, श्रोता (Audience)— यह सामान्य **भीड़ (Crowd)** से मिलता-जुलता समूह है, पर इससे भिन्न है। इसलिए किम्बॉल यंग (Kimball Young, 1893–1972) ने इसे **संस्थात्मक भीड़ (Institutional Crowd)** कहा है, अर्थात् ऐसी भीड़, जिसे समाज के नियमों से स्वीकृति मिली हुई हो। यह एक ऐसा जन-समूह है, जो किसी पूर्व-निश्चित स्थान पर विशेष उद्देश्य से एकत्रित होता है। श्रोता विशेष रूप से संगठित होता है। श्रोता और भीड़ में बड़ा अन्तर है। भीड़ के सदस्य किसी स्थान पर किसी घटना के घटित होने पर, उसे आकर्षण का केन्द्रबिन्दु मानकर एकत्र होते हैं। श्रोतागण विश्व के किसी भी स्थान की समस्या अथवा सूक्ष्मातिसूक्ष्म विषय, जैसे– आध्यात्मिकता आदि को लेकर भी व्यक्ति एकत्र हो जाते हैं। भीड़ में उपस्थित बुद्धिमान-से-बुद्धिमान व्यक्ति भी अपनी विचार-शक्ति को खो बैठता है, उसके क्रिया-कलाप भी अन्य लोगों के समान ही हो जाते हैं। परन्तु श्रोतावृंद में बुद्धि का लोप नहीं होता। इसमें चिन्तन और विवेक ज्यों-का-त्यों बना रहता है, जबकि भीड़ की स्थिति इसके विपरीत होती है।

मकीवर और पेज ने श्रोता को दो भागों में वर्गीकृत किया है: (क) **शारीरिक निकटता वाले श्रोता,** जैसे किसी कक्षा के विद्यार्थी, (ख) **विस्तृत श्रोता वृंद**, जैसे– रेडियो सुनने वाले श्रोता। सामान्यत: विद्वानों ने घरों में रेडियो सुनने वाले, टी.वी. देखने वालों को श्रोता समूह में शामिल नहीं किया है। परन्तु मकीवर और पेज ने ही नहीं, बल्कि अनेक मनोवैज्ञानिकों ने इन्हें श्रोता समूह में शामिल किया। किम्बाल यंग ने श्रोता को तीन खण्डों में वर्गीकृत किया है: (क) **जिज्ञासु श्रोता** वह है, जो कुछ जानने के लिए, ज्ञान प्राप्त करने के लिए एक स्थान पर जमा होता है जैसे कक्षा के विद्यार्थी, (ख) **मनोरंजक श्रोता** वह है, जो मनोरंजन करने के लिए जमा होता है। उदाहरण के लिए सिनेमा या नाटक देखने वाले दर्शक। (ग) **सहभागी श्रोता** वे हैं, जो सुनते भी हैं और सुनाते भी हैं। विधान सभा या लोक सभा सहभागी श्रोता का उदाहरण है।

जनता (Public)— साधारणतया जनता का अर्थ किसी क्षेत्र में रहने वाले सभी व्यक्तियों से समझा जाता है, जैसे– पाकिस्तान की जनता, भारत की जनता, अमरीका या चीन की जनता आदि। वास्तव में जनता का यह अर्थ

राजनीतिशास्त्र में समझा जाता है, परन्तु समाजशास्त्रीय और मनोवैज्ञानिक अर्थों में ऐसा नहीं है। जनता को एक मनोवैज्ञानिक समूह कहा जा सकता है जिसका निर्माण सामान्य रुचि, सामान्य चेतना, सामान्य परिस्थितियों या सामान्य हितों के द्वारा होता है। जनता एक विस्तृत क्षेत्र में फैला हुआ समूह है। कुछ छोटे समुदायों को छोड़कर, बड़े समुदायों में उसके सदस्य कभी भी एक-दूसरे से प्रत्यक्ष सम्पर्क स्थापित नहीं कर पाते।

जनता के लिए एक मुद्दे का होना ज़रूरी है। जनता में समान विचार होते हैं। जनता का गठन एक लम्बी प्रक्रिया होता है। जनता लम्बे समय तक चलती है। सामान्यत: ये बड़े दूर-दूर तक फैले होते हैं। 1950 के दशक में जनता और भीड़ की तुलना करना एक बौद्धिक फैशन था। ये दोनों सामाजिक स्वरूप एक-दूसरे के एकदम विपरीत हैं। जनता में भौतिक दूरी होती है। भीड़ में भौतिक निकटता होती है। भीड़ बहुत जल्दी बिखर जाती है, जनता लम्बे समय तक चलती है। भीड़ का गठन अनपेक्षित एवं अनिश्चित होता है। भारत में उदारीकरण के मुद्दे पर दो तरह की जनता है। एक जो इसका समर्थन करती है और दूसरा जो इसका विरोध करती है।

स्वैच्छिक संघ (Voluntary Association)— स्वैच्छिक संघ की अवधारणा की चर्चा राजनीतिशास्त्र एवं समाजशास्त्र में बहुत होती है। स्वैच्छिक संघ का अर्थ है चेतनशील व्यक्तियों को ऐसा स्वैच्छिक संघ जो निश्चित रूप से सामूहिक एवं सामाजिक उद्देश्य राजनीतिक चेतना को प्रेरित करने वाले हो सकते हैं, ये उद्देश्य समाज सुधार के हो सकते हैं, अन्याय का प्रतिकार करने वाले हो सकते हैं। ऐसे संघ और समूह औद्योगीकरण की प्रक्रिया के बाद बड़ी संख्या में बनाये गये। पश्चिम के देशों में इनकी संख्या बहुत अधिक है।

भारत में भी स्वतन्त्रता के बहुत पहले से ही स्वैच्छिक संघों का गठन हुआ। वर्तमान समय में भारत में तीन प्रकार के स्वैच्छिक संघ हैं। प्रथम प्रकार उनका है, जो स्वयं अपने सदस्यों की बेहतरी के लिए संघ का गठन करते हैं, जैसे महिला समाज, पेंशन भोगियों का संघ, दलितों का संघ इत्यादि। दूसरे प्रकार के स्वैच्छिक संघ वे हैं, जो जन चेतना को बढ़ाने के लिए या मानव अधिकारों की सुरक्षा के लिए कार्य करते हैं, जैसे- पीपुल्स यूनियन फॉर सिविल लिबर्टीज अथवा पीपुल्स यूनियन फॉर डेमोक्रेटिक राइट्स। ऐसे संघों के बारे में यह कहा गया है कि ये संघ, लोकतन्त्र को मज़बूत करते हैं। पश्चिम के देशों में सामान्यत: यह माना जाता है कि ऐसे संघों से नियन्त्रण और सन्तुलन होता है। तीसरे प्रकार के संघ कल्याणकारी होते हैं जैसे पशुओं पर क्रूरता के विरुद्ध बनाया गया संघ। बहुत बार साक्षरता बढ़ाने के लिए भी ऐसे संघ बनाये जाते हैं।

ग़ैर-सरकारी संगठन (Non-governmental Organization)— इन संगठनों की वर्तमान समय में बहुत अधिक चर्चा होती है। ग़ैर-सरकारी संगठनों की अवधारणा संयुक्त राज्य अमरीका से प्रचलित हुई। द्वितीय विश्वयुद्ध के बाद जब अमरीकी ग़रीबों, अल्पसंख्यकों और काले लोगों के लिए कल्याण की बात की जाने लगी तब सरकार ने एक ओर जनशिक्षा अभियान चलाया जिसे जनशिक्षा कार्यक्रम भी कहा जाता है और दूसरी ओर, अमरीकी सरकार ने आरक्षण की व्यवस्था, अनुदान की व्यवस्था और विशेष संस्थाओं को आरम्भ किया जिसे अमरीकी शब्दावली में प्राथमिकता की कार्यवाही कहते हैं। एक तीसरा कदम ग़ैर-सरकारी संगठनों को आरम्भ करना था।

ग़ैर-सरकारी संगठन सामाजिक विकास के कार्य में लगते हैं। ये शिक्षा और साक्षरता के लिए, कमजोर श्रेणियों के प्रशिक्षण के लिए, सड़क निर्माण, सिंचाई के कार्य, वृद्धजनों की सहायता का कार्य करते हैं। सामान्यत: जिन क्षेत्रों में और जिन श्रेणियों में व्यापक कार्यक्रम नहीं चलाए जाते हैं वहाँ इन्हें संगठित किया जाता है। इसलिए यह भी कहा गया कि कमजोर श्रेणियों के समान जो कमजोर और उपेक्षित क्षेत्र हैं उन क्षेत्रों में ग़ैर-सरकारी संगठन, विकास और विस्तार का कार्य करते हैं।

मान्यता यह है कि ग़ैर-सरकारी संगठनों को समाज सेवा से प्रेरित व्यक्ति आरम्भ करते हैं। इसे सामाजिक कार्यकर्त्ताओं और सामान्य कार्यकर्त्ताओं के द्वारा किया जाता है। वे इस पूरे कार्य को सम्पन्न करते हैं। इसलिए ग़ैर-सरकारी संगठनों में सभी लोग स्वेच्छा से बिना पारिश्रमिक के कार्य करते हों यह ज़रूरी नहीं है। महत्त्वपूर्ण यह है कि जो लोग ऐसे संगठनों का निर्माण करते हैं वे सेवा भाव से बिना किसी पारिश्रमक के सामाजिक विकास एवं कल्याण का कार्य करते हैं। भारत में ग़ैर-सरकारी संगठनों पर कई अध्ययन हुए हैं। इनके सम्बन्ध में विद्वानों और आम लोगों की राय अच्छी नहीं है।

ग़ैर-सरकारी संगठन का तर्क यह है कि सरकार विकास के सभी कायों को नहीं कर सकती है। अत: स्वयंसेवी संगठनों को आगे आने की आवश्यकता है तथा जो कमजोर श्रेणियों और पिछड़े वर्ग के लोग हैं उन्हें समाज की मुख्य धारा से जोड़ने के लिए अलग से काम करने की आवश्यकता है। वास्तव में पूँजीवादी देशों में ग़रीब श्रेणी के लोग पीछे छूट जाते हैं। उनका विकास बाज़ार की शक्तियों से सम्भव नहीं हो पाता है। इसलिए सरकार ऐसी व्यवस्था करती है, जिससे लोगों को यह लगे कि उनके लिए कुछ कार्य किया जा रहा है।

भारत में ग़ैर-सरकारी संगठनों को अनुदान पर चलने वाला सफेद हाथी कहा जाता है। भारत में आर्थिक सुधारों की प्रक्रिया के चलने के बाद ऐसे संगठनों की बाढ़-सी आ गयी है। ये संगठन बहुत प्रभावी तो नहीं हैं, परन्तु इनके कर्त्ता-धर्त्ता बड़े धनी होते हैं। वास्तव में इनका टॉस्क बहुत बड़ा है। यह कार्य या तो व्यापक सामाजिक आन्दोलन से सम्भव है या फिर व्यापक सरकारी मशीनरी और सरकारी संगठन से सम्भव है। ऐसा प्रतीत होता है कि इन्हें एक सेफ्टी वाल्व के रूप में रखा गया है, जिससे जनता का आक्रोश सरकार के प्रति न बढ़े। यह स्वीकार करना होगा कि अनेक संगठन और उनके कार्यकर्त्ता बड़ी निष्ठा से अपने उद्देश्यों को पूरा करने का प्रयास करते हैं।

स्व-सहायता समूह (Self-help Group)— यह शब्दावली अनेक अर्थों में प्रयुक्त होती है। यहाँ समूह शब्द का प्रयोग समाजशास्त्रीय अर्थ में नहीं हुआ है। भारत में ग्रामीण विकास के संगठनों, वंचित महिलाओं और पुरुषों को यह कहकर प्रेरित किया जाता है कि वे अपने विकास के लिए स्वेच्छा से ऐसे समूहों का निर्माण करें। समाजशास्त्र में जैसा एन्थनी गिडेन्स ने कहा कि स्व-सहायता समूह का अर्थ अलग है, ये ऐसे समूह हैं, जिनके सदस्य किसी समान त्रासदी से गुज़र चुके हैं अथवा गुज़र रहे हैं। ऐसे समूहों का निर्माण इसलिए किया जाता है, जिससे वे एक-दूसरे को सांत्वना दे सकें और बुरे व्यसनों को रोक सकें। उदाहरण के लिए जो लोग पहले नशाखोरी करते थे और अब छोड़ दिया है, वे बार-बार स्व-सहायता समूह बनाकर एक-दूसरे को नशाखोरी से दूर रहने को प्रोत्साहित करते हैं। इसी प्रकार संयुक्त राज्य अमरीका में वियतनाम युद्ध में घायल लोग ऐसा समूह बनाकर समय-समय पर एक-दूसरे से मिलते रहे हैं एवं वे एक-दूसरे को सांत्वना देते रहे हैं और अपने लिए कार्यक्रम तय करते रहे हैं। बहुत बार वे लोग जो गंभीर बीमारी से ग्रस्त हैं वे एक-दूसरे की सहायता करते हैं। उस बीमारी के सम्बन्ध में जानकारियों का आदान-प्रदान करते हैं।

भारत में ऐसे समूह बहुत अधिक नहीं हैं। परन्तु बीमारियों से ग्रस्त लोगों का अखिल भारतीय संगठन बना हुआ है, जैसे मधुमेह से बीमार लोगों ने अखिल भारतीय संगठन बनाया है। भारत में सैनिक कार्यवाहियों में शहीद हुए लोगों की पत्नियों ने संगठन बनाया है। यह भी स्व सहायता समूह है। वर्तमान समय में एड्स से पीड़ित लोग भी ऐसा संगठन बनाने को प्रेरित हुए हैं। बहुत बार ऐसे मरीज अपने मर्ज को छिपाते हैं एवं ऐसे संगठनों में शामिल नहीं होना चाहते है।

सन्दर्भ-समूह (Reference Groups)

सन्दर्भ-समूह का प्रयोग सबसे पहले हर्बर्ट हाइमन (Herbert Hyman)[7] ने 1942 में किया था। इसका उपयोग उन्होंने स्कूल के बच्चों के एक अध्ययन के सन्दर्भ में किया था। इस अध्ययन में उन्होंने पाया कि निम्नवर्ग से आने वाले बच्चों का व्यवहार उच्चवर्ग से आने वाले बच्चों से मिलता-जुलता था। निम्नवर्ग के बच्चे अपने समूह के अनुरूप व्यवहार नहीं करके एक ऐसे समूह के अनुरूप व्यवहार कर रहे थे, जिसके वे स्वयं सदस्य नहीं थे। हाइमन के अनुसार उच्चवर्ग वाले बच्चों का समूह निम्नवर्ग के बच्चों के लिए सन्दर्भ-समूह का कार्य कर रहा था। हाइमन के शब्दों में निम्नवर्ग के बच्चों के लिए उच्चवर्ग सन्दर्भ-समूह हुआ।

हाइमन के पश्चात् कई मनोवैज्ञानिकों, जैसे– मुजफ्फर शेरिफ (M. Sherif), न्यूकॉम (T. Newcomb) एवं कुछ समाजशास्त्रियों, जैसे– आर.के. मर्टन, टर्नर (R. Turner) एवं स्टूफर (A. J. Stouffer) ने सन्दर्भ-समूह के क्षेत्र में बहुत

7. Hyman का उच्चारण 'हाइमैन' या 'हीमैन' बिल्कुल गलत है। सही उच्चारण मात्र **'हाइमन'** ही माना जाता है।

ही महत्त्वपूर्ण योगदान दिया है। सन्दर्भ-समूह की अवधारणा मुख्यत: इस तथ्य की ओर हमारा ध्यान आकृष्ट करती है कि मानव-व्यवहार तथा उसके व्यक्तित्व के विकास में प्राय: कुछ ग़ैर-सदस्यता समूह की महत्त्वपूर्ण भूमिका होती है। इन्हीं ग़ैर-सदस्यता समूहों के लिए, जिनकी मानव के व्यक्तित्व निर्माण में महत्त्वपूर्ण भूमिका होती है, हाइमन ने 'सन्दर्भ-समूह' (Reference Group) जैसे शब्द का प्रयोग किया है। इन्हें सन्दर्भ-समूह इसलिए कहा जाता है, क्योंकि ये समूह किसी व्यक्ति के समक्ष ऐसा सन्दर्भ प्रस्तुत करते हैं, जिसके आधार पर वह व्यक्ति न सिर्फ अपना एवं अपनी स्थिति का मूल्यांकन करता है, बल्कि दूसरों की हैसियत का भी मूल्यांकन करता है। उदाहरणस्वरूप, अगर एक निम्न आर्थिक वर्ग का लड़का उच्च आर्थिक वर्ग की जीवन-शैली या उसमें प्रचलित नियम एवं विचारों से बहुत प्रभावित होता है और अपना एवं अपनी सदस्यता समूह (निम्न आर्थिक वर्ग) के अन्य सदस्यों का मूल्यांकन उच्च आर्थिक वर्ग में प्रचलित व्यवहार प्रतिमानों के आधार पर करता है, तो वैसी स्थिति में उच्च आर्थिक वर्ग उस निम्न आर्थिक वर्ग के लड़के के लिए 'सन्दर्भ-समूह' कहलाता है।

'सन्दर्भ-समूह' की अवधारणा को परिभाषित करते हुए श्री एवं श्रीमती शेरिफ ने कहा है कि "सन्दर्भ-समूह वे समूह हैं जिनसे व्यक्ति अपने आपको उनके एक अंग के रूप में जोड़ लेता है अथवा मनोवैज्ञानिक रूप से वह उनसे जुड़ने की इच्छा रखता है।"[8] अर्थात् किसी व्यक्ति का सन्दर्भ-समूह वे समस्त समूह हैं, जिसका कि वह अपने-आपको हिस्सा मानता है या जिसके साथ वह अपने को मानसिक रूप से जोड़ता है एवं जिन समूहों की सदस्यता की चाह उसमें होती है। इस परिभाषा के अनुसार ही ऊपर दिये गये उदाहरण में उस निम्न आर्थिक वर्ग के लड़के के लिए उच्च आर्थिक वर्ग एक सन्दर्भ-समूह कहलाता है।

शेरिफ के अनुसार सन्दर्भ-समूह एक मानसिक स्थिति है, जिसमें किसी भी समूह के सदस्य किसी दूसरे समूह से, जिसे वे श्रेष्ठ समझते हैं, अपना मानसिक सम्बन्ध जोड़ते हैं तथा स्वयं का उस अन्य समूह के परिप्रेक्ष्य में मूल्यांकन करते हैं। शेरिफ ने यह कहा भी है कि ऐसी स्थिति अर्थात् सन्दर्भ-समूह स्थिति अधिकतर औद्योगिक समाजों में उत्पन्न होती है। इन समाजों में अत्यधिक विभाजन के कारण समूहों की संख्या बढ़ जाती है। लोग एक जगह से दूसरी जगह पर अधिक आते-जाते हैं। सामाजिक गतिशीलता अधिक होती है, इसलिए कुछ व्यक्तियों को अपने वास्तविक समूह के सम्बन्ध में भ्रम होता है। इन परिस्थितियों में लोग दूसरे समूहों को अपने आदर्श के रूप में स्वीकार करते हैं।

जॉनसन ने सन्दर्भ को परिभाषित करते हुए इसकी दो-तीन ऐसी महत्त्वपूर्ण विशेषताओं का उल्लेख किया है, जिनकी चर्चा श्री एवं श्रीमती शेरिफ के द्वारा दी गयी परिभाषा में नहीं की गयी है। जॉनसन (Johnson, 1983: 39) के ही शब्दों में, "कोई भी समूह एक व्यक्ति के लिए सन्दर्भ-समूह हो सकता है– वह समूह जिसका वह सदस्य है या जिसका वह सदस्य नहीं है; एक अन्त:क्रिया समूह, स्थिति समूह या एक समूह, जिसके सदस्य दूसरों पर अपने प्रभावों के बारे में जानते हैं या ऐसे समूह भी जिसके सदस्यों को इस बात की जानकारी नहीं है; या एक सांख्यिकीय समूह; एक वास्तविक समूह या यहाँ तक कि एक काल्पनिक समूह भी।"[9]

इस परिभाषा से दो बातें बिलकुल स्पष्ट होती हैं। प्रथम तो यह कि सन्दर्भ-समूह से हमारा तात्पर्य सिर्फ किसी व्यक्ति के ग़ैर-सदस्यता समूह से नहीं है, बल्कि व्यक्ति के सदस्यता समूह से है। वह भी उसका सन्दर्भ-समूह हो सकता है। दूसरी बात यह है कि कभी-कभी वास्तविक समूह के अतिरिक्त कोई काल्पनिक समूह भी सन्दर्भ-समूह हो सकता है। उदाहरणस्वरूप, मार्क्स (Marx) की वर्गहीन समाज की अवधारणा एक काल्पनिक समाज की अवधारणा है। एक कट्टर मार्क्सवादी के लिए यह वर्गहीन समाज की अवधारणा जीवन का लक्ष्य हो सकता है।

---

8. "Reference groups are those groups to which individual relates himself as a part or to which he aspires to relate himself psychologically."— Muzaffer Sherif and Carolyn W. Sherif, **An Outline of Social Psychology**, Harper and Brothers, New York, 1956, p. 175.
9. ''Any group may be a reference group for a given person— a group to which he belongs or one to which he does not belong; an interaction group, a status group, or a group whose members are aware of their influence or one whose members are not; or a statistical category; an actual group or even an imaginary one.''— H.M. Johnson, **Sociology: A Systematic Introduction**, Allied Publishers Private Limited, New Delhi, 1983, p. 39.

जिस ढँग से कोई समूह सन्दर्भ-समूह हो सकता है, उसी तरह एक व्यक्ति भी किसी के लिए **सन्दर्भ व्यक्ति (Reference Individual)** हो सकता है। इतिहास में ऐसे कई उदाहरण हैं, जिन्हें देखने से यह स्पष्ट हो जाता है कि व्यक्ति भी एक सन्दर्भ व्यक्ति के रूप में स्थापित हो सकता है। विवेकानन्द, कबीरदास, रवीन्द्रनाथ ठाकुर, बी.आर. आम्बेडकर एवं महात्मा गाँधी कुछ वैसे ऐतिहासिक पुरुषों में हैं, जिनकी जीवन-शैली, जीवन-दृष्टि एवं विचारों को एक आदर्श मानकर बहुत-से लोग अपने जीवन में ढालने की कोशिश करते हैं। लोग उनसे प्रभावित होकर उनका अनुसरण करना चाहते हैं। ऐसे व्यक्तियों को आर.के. मर्टन ने **भूमिका-प्रारूप/आदर्श (Role-Model)** कहा है।

अमरीकी मनोवैज्ञानिक न्यूकॉम (T. Newcomb) ने सन्दर्भ-समूह सिद्धान्त के क्षेत्र में सकारात्मक एवं नकारात्मक सन्दर्भ-समूह जैसी अवधारणाओं को प्रतिपादित कर इस सिद्धान्त को और भी समृद्ध बनाया है। संक्षेप में किसी व्यक्ति का **सकारात्मक सन्दर्भ-समूह (Positive Reference Group)** वह समूह है जिसके प्रचलित नियम, कानून, मूल्य आदि को वह सही मानता है और उसके अनुरूप अपने व्यक्तित्व को ढालने की कोशिश करता है। दूसरी ओर, **नकारात्मक सन्दर्भ-समूह (Negative Reference Group)** किसी व्यक्ति के लिए वह सन्दर्भ-समूह है जिसके प्रचलित नियम, कानून एवं मूल्य को वह न सिर्फ अस्वीकार करता है, बल्कि प्राय: उस समूह के प्रचलित नियम एवं मूल्यों के विपरीत नियम तथा मूल्यों को स्वयं मानता है या अपने समूह में उसको प्रचारित करता है। ऊपर दिये गये उदाहरण में उस निम्न आर्थिक वर्ग के लड़कों के लिए उच्च आर्थिक वर्ग सकारात्मक सन्दर्भ-समूह का उदाहरण है। संयुक्त राज्य अमरीका में नीग्रो समूह के प्रति गोरे समूहों का मनोभाव या भारतीय सन्दर्भ में दलितों या पिछड़ी जातियों के प्रति उच्च जाति के लोगों का मनोभाव नकारात्मक सन्दर्भ-समूह का उदाहरण है।

उपर्युक्त विश्लेषण को ध्यान में रखते हुए सन्दर्भ-समूह की अवधारणा से सम्बन्धित निम्न तथ्यों की चर्चा की जा सकती है-

1. किसी व्यक्ति के लिए कोई भी समूह, चाहे वह उसका सदस्यता समूह हो या ग़ैर-सदस्यता समूह, सन्दर्भ-समूह बन सकता है। कभी-कभी कोई व्यक्ति भी सन्दर्भ व्यक्ति हो सकता है।
2. किसी समूह या व्यक्ति को सन्दर्भ-समूह या सन्दर्भ व्यक्ति कहे जाने के लिए सबसे महत्त्वपूर्ण बात यह है कि वह समूह उस व्यक्तिविशेष के लिए कोई सन्दर्भ फ्रेम (Frame of Reference) अवश्य प्रदान करे, जिसके आधार पर व्यक्ति अपना या दूसरों का मूल्यांकन कर सके।
3. एक काल्पनिक समूह भी किसी व्यक्ति का सन्दर्भ-समूह बन सकता है।
4. सन्दर्भ-समूह के प्रभावों के आधार पर उसे सकारात्मक या नकारात्मक सन्दर्भ-समूह कहा जा सकता है।
5. जिस प्रकार एक समूह के विभिन्न सदस्यों का सन्दर्भ-समूह भिन्न-भिन्न हो सकता है, उसी प्रकार विभिन्न समूहों का सन्दर्भ-समूह कभी-कभी एक भी हो सकता है।
6. व्यक्ति के जीवन में सन्दर्भ-समूह स्थिर नहीं होता है, बल्कि उसकी स्थिति, रुचि, मनोवृत्ति आदि में परिवर्तन के साथ-साथ व्यक्ति के सन्दर्भ-समूह में भी परिवर्तन होता है।

सन्दर्भ-समूह के प्रकार

सन्दर्भ-समूह निम्नलिखित प्रकार के हो सकते हैं-

1. सकारात्मक एवं नकारात्मक सन्दर्भ-समूह (Positive and Negative Reference Groups)— प्रसिद्ध अमरीकी सामाजिक मनोवैज्ञानिक न्यूकॉम (T. Newcomb) ने सन्दर्भ-समूह सिद्धान्त के क्षेत्र में सकारात्मक एवं नकारात्मक सन्दर्भ-समूह जैसी अवधारणाओं को प्रतिपादित कर इस सिद्धान्त को और भी समृद्ध बनाया है। संक्षेप में, किसी व्यक्ति का **सकारात्मक सन्दर्भ-समूह (Positive Reference Group)** वह समूह है, जिसके प्रचलित नियम, कानून, मूल्य आदि को वह सही मानता है और उसके अनुरूप अपने व्यक्तित्व को ढालने की कोशिश करता है। दूसरी

ओर **नकारात्मक सन्दर्भ-समूह (Negative Reference Group)** किसी व्यक्ति के लिए वह सन्दर्भ-समूह है, जिसके प्रचलित नियम, कानून एवं मूल्य को वह न सिर्फ अस्वीकार करता है, बल्कि प्राय: उस समूह के प्रचलित नियम एवं मूल्यों के विपरीत नियम तथा मूल्यों को स्वयं मानता है या अपने समूह में उसको प्रचारित करता है।

प्रजातीय अन्त:सम्बन्धों (Racial Inter-relation) के अध्ययन के क्रम में न्यूकॉम ने कहा है कि अमरीका में गोरे लोगों की सामाजिक स्थिति काले (The Negro) लोगों की अपेक्षा ऊँची होती है। परिणामस्वरूप, नीग्रो लोग अचेतन रूप से गोरे लोगों के मूल्यों को अपनाना चाहते हैं और इसीलिए नीग्रो लोग अपने बच्चों का समाजीकरण गोरे लोगों की तरह ही करते हैं। अत: गोरे लोगों के सामाजिक मूल्य नीग्रो के लिए सकारात्मक सन्दर्भ-समूह का कार्य करते हैं। इसके विपरीत, गोरे व्यक्ति नीग्रो से एक प्रकार की सामाजिक दूरी बनाये रखना चाहते हैं और नीग्रो को घृणा की दृष्टि से देखते हैं। ऐसी स्थिति में नीग्रो गोरे व्यक्तियों के लिए नकारात्मक सन्दर्भ-समूह का कार्य करते हैं।

2. परस्पर विरोधी और एक-दूसरे के पूरक सन्दर्भ-समूह (Conflicting Reference Group and Mutually Sustaining Reference Groups)— मर्टन ने परस्पर विरोधी सन्दर्भ-समूह और एक-दूसरे के पूरक सन्दर्भ-समूह की चर्चा की है। कभी-कभी हम अपनी अभिलाषाओं आदि के प्रभाव में आकर कुछ ऐसे सन्दर्भ-समूहों की ओर आकृष्ट होते हैं, जो आपस में विरोधी होते हैं। इसके विपरीत कुछ सन्दर्भ-समूह व्यक्ति के लिए आपस में पूरक के रूप में कार्य करते हैं। समान आयु-समूह और समान सामाजिक-आर्थिक स्थिति वाले समूह सन्दर्भ-समूह के रूप में एक-दूसरे के पूरक होते हैं।

3. तुलनात्मक एवं मानवीय सन्दर्भ-समूह (Comparative and Normative Reference Group)— तुलनात्मक सन्दर्भ-समूह उन समूहों को कहते हैं, जिनसे हम अपने समूह की तुलना करते हैं और तब यह निष्कर्ष निकालते हैं कि हमारे समूह में कौन-सा मूल्य ऐसा है, जो अन्य समूहों में है। मानवीय सन्दर्भ-समूह उन समूहों को कहते हैं, जिनके मानदण्डों एवं मूल्यों को हम आदर्श मानते हैं एवं यह समझते हैं कि हमें इन्हें अपनाना चाहिए।

सन्दर्भ-समूह के चयन में अनेक तथ्यों का समावेश होता है। एक व्यक्ति इन तथ्यों को ध्यान में रखकर ही सन्दर्भ-समूह का चुनाव करता है। मर्टन ने निम्नलिखित तथ्यों की ओर हमारा ध्यान आकृष्ट किया है–

1. समूह की प्रकृति खुली है या बन्द (Whether the nature of group is open or closed),
2. स्तरण की प्रकृति (Nature of stratification),
3. समूह के नियमों से विचलित व्यवहार के प्रति सहनशीलता और उन नियमों के प्रति अपेक्षित समरूपता,
4. सदस्य किस सीमा तक अपने आपको समूह के साथ सम्बद्ध रखते हैं,
5. समूह की तुलनात्मक शक्ति (Comparative power of group),
6. तुलनात्मक रूप से समूह की कितनी प्रतिष्ठा है,
7. समूह के स्थायित्व की सम्भावना तथा
8. सामाजिक नियन्त्रण के अभिकरण की प्रकृति कैसी है।

सन्दर्भ-समूह का मानव व्यवहार पर प्रभाव

जहाँ तक सन्दर्भ-समूह का मानव व्यवहार और व्यक्तित्व निर्माण पर प्रभाव का प्रश्न है, स्पष्ट है कि सन्दर्भ-समूह चाहे सकारात्मक हो या नकारात्मक, दोनों ही परिस्थितियों में ये मनुष्य के व्यक्तित्व निर्माण एवं व्यवहार को प्रभावित करते हैं। पहले मनुष्य के व्यक्तित्व निर्माण और व्यवहार पर सकारात्मक सन्दर्भ-समूह के प्रभावों की चर्चा की जायेगी।

स्पष्ट है कि किसी व्यक्ति का सकारात्मक सन्दर्भ-समूह उसका आदर्श या मॉडल समूह होता है। फलस्वरूप व्यक्ति स्वाभाविक रूप से अपने सकारात्मक समूह के आदर्शों के अनुरूप ही अपने आपको ढालने की कोशिश करता है या

उस समूह में प्रचलित नियम, मूल्यों, विचारों आदि के अनुरूप व्यवहार करने की कोशिश करता है। यहाँ पुनः दो बातें हैं– अगर व्यक्तिविशेष का सकारात्मक समूह उसकी सदस्यता समूह है, तो स्वाभाविक है कि ऐसी परिस्थिति में वह व्यक्ति अपने सन्दर्भ-समूह के साथ अपने को समायोजित करने का प्रयास करेगा। दूसरे शब्दों में ऐसी परिस्थिति में वह व्यक्ति स्वतः ही अपने समूह में प्रचलित नियम कानूनों के अनुरूप ही व्यवहार करेगा, जिससे सामाजिक व्यवस्था को बनाये रखने में काफी सहायता मिलेगी।

दूसरी ओर, अगर किसी व्यक्ति का सकारात्मक समूह कोई ग़ैर-सदस्यता समूह है, तो ऐसी स्थिति में उस व्यक्ति का व्यवहार कुछ हद तक अपने सदस्यता समूह में नियम विरोधी होगा। पुनः किस हद तक उस व्यक्ति का व्यवहार समाज में वांछित या अवांछित माना जायेगा यह इस बात पर निर्भर करता है कि उस व्यक्ति के सदस्यता समूह की प्रकृति कैसी है, अर्थात् समूह खुला है अथवा बन्द। अगर उसका समूह खुला है, तो उसके व्यवहार को साधारणतः अवांछनीय नहीं माना जायेगा। परन्तु अगर उसके सदस्यता समूह की प्रकृति बन्द है, तो उसका व्यवहार बहुत हद तक अवांछनीय माना जायेगा।

उपर्युक्त तथ्य से मानव व्यवहार पर सकारात्मक सन्दर्भ-समूह का प्रभाव इस रूप में स्पष्ट होता है कि सकारात्मक सन्दर्भ-समूह प्रायः हर हाल में व्यक्ति के जीवन में सामाजिक गतिशीलता पैदा करता है। पुनः यह तथ्य खुले समाजों के सन्दर्भ में अधिक स्पष्ट रूप में देखा जा सकता है, यद्यपि बन्द समाजों में भी सकारात्मक सन्दर्भ-समूह कुछ हद तक सामाजिक गतिशीलता के लिए उत्तरदायी है। भारतीय सन्दर्भ में इसका सबसे अच्छा प्रमाण श्रीनिवास (M.N. Srinivas) द्वारा प्रतिपादित **संस्कृतीकरण (Sanskritization)** एवं **पश्चिमीकरण (Westernization)** की अवधारणाओं में देखने को मिलता है।

मर्टन ने सन्दर्भ-समूह के सन्दर्भ में **प्रत्याशित समाजीकरण (Anticipatory Socialization)** की भी चर्चा की है। इसका तात्पर्य यह है कि व्यक्ति अगर किसी ग़ैर-सदस्यता समूह से प्रभावित होता है, तो उस समूह में वास्तविक सदस्यता प्राप्त होने से पहले ही वह अपने आपको उस समूह के मानदण्डों एवं मूल्यों के अनुसार ढालना प्रारम्भ कर देता है। इसका एक स्पष्ट परिणाम यह है कि भविष्य में अगर उस व्यक्ति को अपने सन्दर्भ-समूह में सदस्यता प्राप्त हो जाती है, तो समूह के साथ समायोजन करने में उसे कठिनाई नहीं होती है।

पुनः सन्दर्भ-समूह के प्रभावों की चर्चा करते हुए मर्टन ने **सीमान्त मानव (Marginal Man)** एवं **सीमान्त समुदाय (Marginal Community)** की अवधारणा की चर्चा की है। प्रायः ऐसा देखने को मिलता है कि व्यक्ति जिस समूह का सदस्य होता है उसके साथ अपने-आपको समायोजित नहीं कर पाता है और जिस ग़ैर-सदस्यता समूह की सदस्यता वह चाहता है वहाँ उसे हीन दृष्टि से देखे जाने के कारण सदस्यता नहीं प्राप्त होती है। ऐसी परिस्थिति में वह व्यक्ति दो समूहों की सीमाओं पर (अर्थात् अपनी सदस्यता समूह एवं उस ग़ैर-सदस्यता समूह) खड़ा रहता है, इसलिए उसे सीमान्त मानव कहा जाता है। यह स्थिति एक समुदाय के साथ भी हो सकती है, जो मुख्यतः किसी समाज में अल्पसंख्यक समुदाय होता है। भारतीय सन्दर्भ में ईसाइयों का समुदाय इसका बहुत अच्छा उदाहरण है, जो भारत में रहते हुए भी पश्चिमी सभ्यता से काफी प्रभावित है, परन्तु जिन्हें पश्चिमी समाज अपने बराबर नहीं मानता है।

नकारात्मक सन्दर्भ-समूह का प्रभाव भी मानव व्यवहार और व्यक्तित्व निर्माण पर देखने को मिलता है। जैसा कि ऊपर कहा जा चुका है कि व्यक्ति अपने नकारात्मक सन्दर्भ-समूह के विपरीत अपने आपको ढालने की कोशिश करता है और इस अर्थ में नकारात्मक सन्दर्भ-समूह उसे एवं उसके व्यक्तित्व को प्रभावित करता है। इसके साथ ही मनुष्य का व्यवहार अपने नकारात्मक सन्दर्भ-समूह के सदस्यों के प्रति प्रायः ग़लत धारणाओं, भ्रम एवं अविश्वास की भावना से प्रेरित होता है। इसका परिणाम हमें आये दिन प्रजातीय संघर्ष, साम्प्रदायिक दंगे, जाति संघर्ष आदि के रूप में देखने को मिलता है।

उपर्युक्त विश्लेषण से यह स्पष्ट होता है कि सन्दर्भ-समूह की अवधारणा न सिर्फ मानव व्यवहार एवं व्यक्तित्व निर्माण की प्रक्रिया के विश्लेषण में सहायक सिद्ध होती है, बल्कि इसके आधार पर सामाजिक अनुरूपता, सामाजिक गतिशीलता, सामाजिक विचलन, सामाजिक संघर्ष, प्रतियोगिता एवं कुछ हद तक सामाजिक परिवर्तन की भी व्याख्या की जा सकती है।

भारतीय समाज और सन्दर्भ-समूह (Indian Society and Reference Group)

एम.एन. श्रीनिवास (M.N. Srinivas, 1916–1999) के द्वारा प्रतिपादित संस्कृतीकरण की अवधारणा सन्दर्भ-समूह की अवधारणा से मिलती-जुलती है। ओ.एम. लिंच (O.M. Lynch) ने आगरा के जाटवों का अध्ययन किया एवं यह कहा कि जाटव समूहों के लिए जाट जाति सन्दर्भ-समूह है। लिंच ने **Politics of Untouchability** (1968) नामक पुस्तक लिखी और उसमें सन्दर्भ-समूह अथवा रिफरेन्स ग्रुप शब्द का उपयोग किया।

एम.एन. श्रीनिवास ने अपनी पुस्तक **Religion and Society among the Coorgs of South India** में एक प्रक्रिया की चर्चा की जिसमें निम्न जाति के व्यक्ति ब्राह्मण जाति का अनुकरण करके अपनी जातीय स्थिति को ऊपर उठाना चाहते हैं। इसी प्रक्रिया को उन्होंने ब्राह्मणीकरण कहा। बाद में उन्होंने 1952 ई. में जब इस पुस्तक का दूसरा संस्करण प्रकाशित हुआ, तब ब्राह्मणीकरण के स्थान पर संस्कृतीकरण शब्द का प्रयोग किया। सम्भवतः इसके दो कारण थे– प्रथम यह कि अंकलेश्वर अयप्पन ब्राह्मणीकरण शब्द का प्रयोग 1930 ई. से ही कर रहे थे। मूलरूप से ब्राह्मणीकरण की अवधारणा अयप्पन की अवधारणा है। दूसरा श्रीनिवास के ब्राह्मणीकरण के विचारों की भारी आलोचना हुई। आलोचकों का कहना था कि उत्तर भारत में निम्न जातियाँ केवल ब्राह्मणों का ही अनुकरण नहीं करती हैं, बल्कि अन्य उच्च जातियाँ भी दूसरी दबंग जातियों का अनुकरण करती हैं, जैसे कई जगहों पर ब्राह्मण राजपूतों की जीवनशैली को अपनाते हैं। मिल्टन सिंगर (Milton Singer) ने इसी कारण से सामाजिक गतिशीलता की प्रक्रिया को स्पष्ट करने के लिए ब्राह्मणवादी मॉडल एवं क्षत्रिय मॉडल जैसी अवधारणाओं की चर्चा की है।

श्रीनिवास के अनुसार संस्कृतीकरण की प्रक्रिया में कोई निम्न हिन्दू जाति अथवा ग़ैर हिन्दू पिछड़ी जाति अथवा निम्न जाति अथवा कोई जनजाति अथवा कोई दूसरा समूह जब किसी स्थानीय उच्चजाति का अनुकरण करे, शास्त्रीय व्यवहार को अपना ले, अर्थात् माँस खाना छोड़ दे, तीर्थस्थान जाये, धार्मिक पुस्तकों को पढ़े, पूजा-पाठ करे तब वह संस्कृतीकरण है। वह समूह एक नया नाम अपना लेता है और ऊँची प्रतिष्ठा का दावा करता है। श्रीनिवास के अनुसार संस्कृतीकरण मूलतः एक सांस्कृतिक प्रक्रिया है। इससे सांस्कृतिक परिवर्तन होता है, इसके फलस्वरूप सांस्कृतिक गतिशीलता होती है। इसका सामाजिक गतिशीलता का पक्ष कमजोर है। सामाजिक गतिशीलता हो भी सकती है और नहीं भी। श्रीनिवास ने कहा कि बनावट या संरचना में कोई परिवर्तन नहीं होता है, इससे केवल पद या स्थिति या जाति के स्थान में परिवर्तन होता है। श्रीनिवास ने कहा कि संस्कृतीकरण की प्रक्रिया एक नियमित प्रक्रिया नहीं है, क्योंकि **स्थानीय प्रभु (दबंग) जाति (Local Dominant Caste)** संस्कृतीकरण का विरोध करती है। इस प्रक्रिया में सन्दर्भ-समूह के तत्त्व पाये जाते हैं। सन्दर्भ-समूह की अवधारणा सामाजिक परिवर्तन की प्रक्रिया को दर्शाता है।

श्रीनिवास के अनुसार कुछ ऐसी परिस्थितियाँ एवं समय हैं जब संस्कृतीकरण की घटनाएँ अधिक होती हैं। जब राजनीतिक अस्थिरता होती है, तब संस्कृतीकरण अधिक होता है, जब युद्ध की अवस्था होती है, तब भी संस्कृतीकरण अधिक होता है, जब किसी प्राकृतिक विपत्ति के कारण लोग बड़ी संख्या में एक स्थान से दूसरे स्थान पर जाते हैं, तब संस्कृतीकरण की परिस्थिति बनती है और जब लोग गाँव से नगर की ओर प्रवसन करते हैं तब संस्कृतीकरण की सम्भावना बनती है। नगरों में जाने पर लोग एक अनामता की स्थिति में आ जाते हैं, जिससे संस्कृतीकरण का विरोध नहीं होता है।

एम.एन. श्रीनिवास ने 1952 ई. के बाद से लगातार संस्कृतीकरण की अवधारणा को संशोधित एवं पुनर्संशोधित किया। आरम्भिक दिनों में उनकी आलोचना हुई। श्रीनिवास ने कहा कि संस्कृतीकरण की प्रक्रिया अँग्रेजी राज के बाद प्रचलित हुई है। एन. दत्ता राय ने उनकी आलोचना करते हुए कहा कि अँग्रेजी राज में ही निम्न जातियों, पिछड़ी जातियों, दलितों एवं आदिवासियों को आरक्षण की सुविधा दी गयी जिसके चलते संस्कृतीकरण की प्रक्रिया बन्द हो गयी! सम्बन्धित समूह यदि संस्कृतीकरण करते तब उन्हें आरक्षण का लाभ नहीं मिलता। श्रीनिवास ने इस आलोचना को स्वीकार कर लिया। डी.एन. मजूमदार ने श्रीनिवास के विचारों को कभी पसन्द नहीं किया। मजूमदार ने कहा कि अँग्रेजी राज में स्वतन्त्रता के पश्चात् अधिकतर लोग, चाहे वे दलित हों अथवा अगड़े, वे जान-बूझकर माँस खाते हैं,

शराब पीते हैं, पश्चिम की जीवनशैली या ग़ैर-ब्राह्मणीय जीवनशैली अपनाते हैं, जिसे मजूमदार ने **असंस्कृतीकरण (De-sanskritization)** कहा है। यह प्रक्रिया एवं अवधारणा लोकप्रिय नहीं हो सकी। भारत में असंस्कृतीकरण की प्रक्रिया अधिक प्रचलित है और अधिकतर समूह इसे ही मानते हैं। वास्तव में भारतीय सम्भ्रान्तजन के पूर्वाग्रह और अपनी विशेष मान्यताओं के कारण संस्कृतीकरण की अवधारणा बहुत अधिक लोकप्रिय है। भारत की पिछड़ी जातियाँ, दलित जातियाँ एवं अनेक अल्पसंख्यक समूह असंस्कृतीकरण की प्रक्रिया को अधिक लागू करते हैं। मर्टन ने कहा कि आधुनिक पश्चिमी औद्योगिक समाजों में सन्दर्भ-समूह व्यवहार बहुत लोकप्रिय है। भारतीय समाज अपनी प्रकृति से एक बन्द समाज है, इसलिए यह सम्भव नहीं है कि ऐसी स्थितियाँ बार-बार उभरें। ऐसा कहना पूरी तरह से सही नहीं है। भारतीय समाज परिवर्तन की ओर तेजी से उन्मुख है जिसका विश्लेषण सन्दर्भ-समूह की अवधारणा की मदद से सम्भव है। भारत में चलने वाली पश्चिमीकरण की प्रक्रिया का भी विश्लेषण सन्दर्भ-समूह की अवधारणा से प्रमाणित है, क्योंकि पढ़े-लिखे लोगों के लिए पश्चिमी देशों की जीवनशैली एक अनुकरणीय मॉडल है।

तुलनात्मक (सापेक्ष) वंचन (Relative Deprivation)

कुछ विशिष्ट स्थितियों तथा अपेक्षाओं के सम्बन्ध में वंचित रहने की अवस्था अथवा अनुभव तुलनात्मक वंचन है। सन्दर्भ-समूह के सम्बन्ध में रॉबर्ट के. मर्टन (Robert K. Merton) की अवधारणा 'तुलनात्मक वंचन या अभाव की दशा' का बहुत ही प्रमुख योगदान है। उन्होंने एस.ए. स्टूफर (S.A. Stouffer) के अध्ययन **(The American Soldier)** के आधार पर तुलनात्मक अभाव की अवधारणा पर विशेष प्रकाश डाला है। अध्ययन में यह पाया गया कि अमरीका में जो विवाहित सिपाही थे, वे अक्सर यह सोचते थे कि अविवाहित सिपाहियों की तुलना में उन्हें अधिक त्याग करना पड़ता है। उनका ऐसा सोचने का आधार यह था कि वे अपनी पत्नी एवं बच्चों से दूर रहकर देश-सेवा में लगे हुए थे। देश की सुरक्षा के लिए उन्हें कुछ ज़्यादा ही अपने पारिवारिक जीवन से वंचित रहना पड़ता था, अर्थात् विवाहित सिपाहियों में एक तुलनात्मक अभाव की दशा की भावना कुछ अधिक ही दिखाई पड़ती थी।

प्रत्येक समाज में ऐसे काफी लोग हैं, जो अपने बारे में यह सोचते रहते हैं कि उनके जीवन में बहुत-सारी चीजों की भारी कमी है और उसे पाने का वे भरसक प्रयास करते हैं। यही प्रयास बहुत-सी सामाजिक परेशानियों या समस्याओं की जड़ में है। लोग यह नहीं सोचते हैं कि उनके पास कौन-कौन से भौतिक सुख के साधन मौजूद हैं। चिन्ता उन्हें इस बात की होती है कि उसके पास किसी व्यक्ति की तुलना में क्या-क्या चीजें नहीं हैं। यदि कोई परिवार किसी साधारण मुहल्ले के छोटे-से मकान में रहता है, तो वह अपने आपको तुलनात्मक रूप से विशेष अभाव की दशा में नहीं पाता है, लेकिन वही परिवार किसी बड़े मुहल्ले में छोटे-से मकान में रहता है, तो वह बहुत ही अभाव की स्थिति महसूस करता है। कमी का विचार हमेशा सापेक्ष होता है और जिस व्यक्ति की तुलना में वह अपने-आप में कमी देखता है उसे **सापेक्ष सन्दर्भ-समूह (Relative Reference Group)** कहा जायेगा। इसी अभाव की भावना बहुत-से लोगों को आगे बढ़ने के लिए प्रेरित भी करती है। जिस समाज में जितनी ही अधिक असमानता होगी, उस समाज में तुलनात्मक अभाव की दशा की बहुलता उतनी ही अधिक होगी।

सामूहिक व्यवहार एवं समूह-तादात्म्यीकरण (Group Behaviour and Group Identification)

किसी जनसमूह का समन्वित व्यवहार जो बहुधा भावना, आवेश और अनुभूति पर आधारित होता है, उसे सामूहिक व्यवहार कहा जाता है। समूह का यह व्यवहार उसी समूह के व्यक्तियों के व्यक्तिगत व्यवहार से सामान्यत: भिन्न हो सकता है। जब यन्त्रीकरण तथा नगरीकरण बहुत बढ़ जाता है, तब वहाँ प्राय: प्राथमिक समितियों तथा अनौपचारिक

सम्बन्धों की नियन्त्रण व्यवस्था शिथिल हो जाती है तथा समूह-समाज स्थापित हो जाता है। व्यक्तियों का व्यवहार भीड़ के सदस्यों की भाँति प्राय: अनुत्तरदायित्वपूर्ण और अल्पबौद्धिक होता है। अधिकतर सदस्यों के जीवन में पृथकत्व, नैराश्य और वर्गभेद की भावना व्याप्त होती है। समाज मनोविज्ञान में सामूहिक व्यवहार समूह में व्यक्ति के व्यवहार से भिन्न नहीं माना जाता है। समूह एक इकाई के रूप में दृष्टिगत होता है।

एक प्रकार की सामूहिक प्रवृत्ति अथवा परस्पर सम्बन्धित होने की अनुभूति को समूह-तादात्म्यीकरण कहते हैं। समूह-तादात्म्यीकरण की स्थिति में व्यक्ति का 'स्व' दूसरों के साथ एक रूप होकर घुलमिल जाता है। समूह के आदर्शों को 'स्व' के गुणों के रूप में अन्तरीकृत कर लिया जाता है तथा समूह के आदर्श व्यक्ति के आदर्श बन जाते हैं। व्यक्ति इन्हें बाहरी दबाव के रूप में अनुभव नहीं करता।

REFERENCES

Bierstedt, Robert, **The Social Order,** New Delhi: Tata McGraw-Hill, 1970.

Bottomore, T. B., **Sociology**, New York: Vintage Books, 1972.

Cole, Stephen, **The Sociological Orientation: An Introduction to Sociology**, Chicago: Rand McNally College Publishing Company, 1975.

Cooley, Charles H., **Social Organization**, New York: Charles Scribner's Sons, 1909.

Durkheim, Emile, **The Division of Labor in Society**, New York: The Free Press, 1956.

Fichter, Joseph H., **Sociology**, Chicago: The University of Chicago Press, 1957.

Giddens, Anthony, **Sociology**, Cambridge: Polity Press, 1993.

Horton, Paul B. and Hunt, Chester L., **Sociology**, Tokyo: McGraw-Hill International Book Company, 1980.

Hyman, Herbert H. and Singer, Eleanor, **Reference Group Theory and Research** (ed.), New York: Free Press of Glencoe, 1968.

Johnson, Harry M., **Sociology: A Systematic Introduction**, New Delhi: Allied Publishers Private Limited, 1983.

Leslie, Gerald R. *et al.*, **Introductory Sociology**, New York: Oxford University Press, 1980.

MacIver, R.M. and Page, Charles H., **Society: An Introductory Analysis**, New Delhi: Macmillan India Limited, 1985.

Merton, R.K., **Social Theory and Social Structure**, New York: The Free Press, 1968.

Sherif, Muzaffer and Carolyn W. Sherif, **An Outline of Social Psychology**, New York: Harper and Brothers, 1956.

Sorokin, P.A., **Sociological Theories of Today**, New York: Harper and Row, 1966.

Spencer, Metta, **Foundations of Modern Sociology**, New Jersey: Prentice-Hall, Inc., 1976.

Toennies, Ferdinand, **Community and Society**, East Lansing, The Michigan State University Press, 1957.

Zeitlin, Irving M., **The Social Condition of Humanity: An Introduction to Sociology**, New York: Oxford University Press, 1981.

10

सामाजिक संगठन एवं सामाजिक संरचना
(Social Organization and Social Structure)

समाजशास्त्र के क्षेत्र में 'संगठन' शब्द के अर्थ को लेकर थोड़ा मतभेद एवं उलझन है। इसका मूल कारण यह है कुछ लोगों ने संगठन शब्द का प्रयोग मात्र 'आधुनिक संगठन' के अर्थ में किया है, जिसका अभिप्राय 'औपचारिक संगठन या जटिल संगठन' (Formal Organization or Complex Organization) होता है, जैसे– नौकरशाही। दूसरी तरफ, संगठन शब्द का प्रयोग काफी बृहत् अर्थ में भी हुआ है, जिसके अन्तर्गत सभी प्रकार के सामाजिक और ग़ैर-सामाजिक संगठन शामिल किये जाते हैं। संकुचित अर्थ में प्रयोग करने वाले लोग सिर्फ 'संगठन' (Organization) शब्द का प्रयोग करते हैं, तो बृहत् अर्थ में प्रयोग करने वाले समाजशास्त्री 'सामाजिक संगठन' (Social Organization) जैसे शब्दों को इकट्ठा प्रयोग करते हैं। पाठकों को इन शब्दों पर विशेष गौर करने की आवश्यकता है, क्योंकि हिन्दी के अनेक लेखकों ने इस तथ्य पर ध्यान नहीं दिया है, जिससे इस सम्बन्ध में ग़लत ज्ञान का प्रचार-प्रसार हो गया है। अंग्रेजी के लेखकों के बीच इस सम्बन्ध में उतनी उलझनें नहीं है, जितनी कि हिन्दी के लेखकों एवं पाठकों के बीच।

यहाँ दो परिभाषाओं पर विचार करेंगे जिससे ऊपर का तथ्य और भी स्पष्ट हो जायेगा। गिडेन्स (Anthony Giddens, 1998 : 284) ने लिखा है, "एक आधुनिक अस्पताल संगठन का एक अच्छा उदाहरण है। संगठन व्यक्तियों का एक बृहत समूह होता है, जिसकी स्थापना एवं संरचना अवैयक्तिक स्तर पर किन्हीं विशिष्ट उद्देश्यों की प्राप्ति के लिए की जाती है।" (A modern hospital is a good example of an organization. An organization is a large grouping of people, structured on impersonal lines and set up to achieve specific objectives)। उन्होंने अपनी पुस्तक के जिस अध्याय में संगठन की उपर्युक्त परिभाषा दी है उस अध्याय का नाम आधुनिक संगठन (Modern Organization) है। यहाँ संगठन शब्द का प्रयोग औपचारिक संगठन के अर्थ में किया गया है। संगठन शब्द का यह प्रयोग सीमित अर्थ में है।

संगठन को जिटलीन (Irving M. Zeitlin, 1981 : 61) ने इस प्रकार परिभाषित किया है– "अपने प्राथमिक अर्थ में, सामाजिक संगठन शब्द का तात्पर्य दो या उससे अधिक व्यक्तियों के बीच वैसी अन्त:क्रिया से है, जो सापेक्ष रूप से एक स्थिर प्रतिमान की तरह है।" (In its most rudimentary sense, the term social organization refers to a comparatively stable pattern of interaction between two or more human beings.)। जिटलीन ने यहाँ 'सामाजिक संगठन' शब्द का प्रयोग व्यापक अर्थ में किया है, जिसके अन्दर औपचारिक एवं अनौपचारिक दोनों प्रकार के संगठनों का बोध होता है। प्रस्तुत अध्याय में भी इस शब्द का प्रयोग व्यापक अर्थ में ही किया जा रहा है। लेकिन,

इस बात पर कोई आपत्ति नहीं है कि जब भी हम सिर्फ संगठन शब्द का प्रयोग करते हैं तो उसका अर्थ आमतौर पर आधुनिक संगठन या औपचारिक संगठन ही होता है और इसके अन्तर्गत परिवार, नातेदारी या जाति-व्यवस्था को शामिल नहीं किया जा सकता है, क्योंकि इनका निर्माण किसी योजना के तहत किसी विशिष्ट उद्देश्य की पूर्ति के लिए नहीं किया जाता है। इसमें कोई सन्देह नहीं कि वे एक प्रकार के नैसर्गिक रूप से विकसित संगठन हैं। कुछ लोग सामाजिक संगठन एवं सामाजिक संस्था (Social Institution) को एक ही अर्थ में प्रयोग करते हैं, जो बहुत-से समाजशास्त्रियों एवं मानवशास्त्रियों को स्वीकार नहीं है। इन दोनों शब्दों का भिन्न अर्थों में प्रयोग होता है और वही सही भी है। जिस तरह समिति (Association) एवं संस्था (Institution) के बीच फ़र्क स्वीकार करते हैं, उसी प्रकार (Institution) एवं (Organization) के भी बीच फ़र्क स्वीकार करना चाहिए।

संगठन एक ऐसा समूह है जिसका निर्माण सोच-समझकर किया जाता है, जैसे– व्यवसाय निकाय, सरकारी उपक्रम, सेना, चर्च, ट्रेड यूनियन, राजनीतिक दल, स्कूल, कॉलेज, अस्पताल आदि। किसी व्यवस्था का निर्माण सोच-समझकर एक-से अधिक लोगों के द्वारा किया जाता है, और इसके निश्चित उद्देश्य होते हैं। इसके अन्तर्गत अधिकारों एवं भूमिकाओं का एक सोपानक्रम होता है तथा विभिन्न कार्यों के लिए एक नियम प्रणाली होती है। इसे दो भागों में बाँटा जा सकता है– नौकरशाही व्यवस्था (Bureaucratic Organization) तथा ग़ैर-नौकरशाही व्यवस्था (Non-bureaucratic Organization)। नौकरशाही व्यवस्था को ही औपचारिक या जटिल व्यवस्था (Formal Organization or Complex Organization) कहा जाता है। ग़ैर-नौकरशाही व्यवस्था को अनौपचारिक व्यवस्था (Non-formal Organization) भी कहा जाता है। अनौपचारिक व्यवस्था के अन्तर्गत औपचारिक नियम-कानून नहीं होते हैं। यह सामाजिक नियम-कानून से नियन्त्रित होता है, जैसे– परिवार या जाति एक अनौपचारिक सामाजिक संगठन है। सामाजिक संगठन एवं सामाजिक संरचना शब्द का प्रयोग अनेक विद्वान एक ही अर्थ में करते हैं जो उचित नहीं है। प्रत्येक संगठन की संरचना होती है, पर यह ज़रूरी नहीं है कि प्रत्येक सामाजिक संरचना से संगठन का निर्माण हो ही, जैसे– श्रोतागण।

सामाजिक संगठन की सम्भवत: सबसे प्रचलित और सबसे पुरानी परिभाषा ऑगस्त कौंत की है। उनके अनुसार सामाजिक संगठन एक सामान्य सहमति है। सी.एच. कूली (Charles H. Cooley) ने अपनी पुस्तक **'Social Organization'** (1909) में लिखा है कि सामाजिक संगठन एक मस्तिष्क की तरह है, जो समस्त समाज को चलाता है। आर.एच. लोइ ने अपनी पुस्तक **'सोशल ऑर्गनाइजेशन'** (R.H. Lowie– **Social Organization**, 1956) में लिखा है कि समाज में व्यक्तियों और गतिविधियों का सुसंगत संग्रह ही सामाजिक संगठन है। इलियट और मेरिल (Mabel A. Elliott and Francis E. Merrill) ने कहा कि सामाजिक संगठन एक अवस्था है, जिसमें समाज की भिन्न-भिन्न संस्थाएँ अपने प्रकट या अप्रकट उद्देश्यों के साथ कार्य करती हैं। अमरीकी समाजशास्त्री अमीताई इत्सीऑनी (Amitai Etzioni) ने 1964 ई. में अपनी पुस्तक **'Modern Organizations'** में लिखा है कि सामाजिक संगठन सामाजिक इकाइयों को कहते हैं, जो प्रमुख रूप से निश्चित उद्देश्यों की प्राप्ति हेतु प्रयासरत होते हैं। उनके अनुसार आधुनिक युग में संगठन, जन्म से मृत्यु तक का साथ चलने वाला एक प्रकार का सामाजिक प्रारूप है।

आधुनिक संगठन के प्रमुख लक्षण इस प्रकार हैं: (i) संगठन में श्रम-विभाजन अथवा सदस्यों के बीच काम का बँटवारा होता है। (ii) संगठन का निश्चित उद्देश्य होता है तथा उद्देश्यों के प्रति सदस्यों में उन्मुखता होती है। उद्देश्यों के अभाव में संगठन नहीं चल सकता है। (iii) संगठन में असमानता होती है, क्योंकि इसमें एक प्रकार का स्पष्ट सोपानक्रम (Hierarchy) होता है। (iv) संगठन में नेतृत्व होता है। प्रत्येक संगठन का कोई-न-कोई मुखिया होता है। (v) संगठन के अपने नियम होते हैं। वास्तव में नियमों के आधार पर ही काम का बँटवारा होता है। (vi) प्रत्येक संगठन का एक अपना चरित्र होता है। यही कारण है कि औपचारिक संगठन अनौपचारिक संगठन से भिन्न होते हैं। (vii) संगठन की अपनी सीमाएँ होती हैं। इसमें सदस्यता के अपने नियम-कानून होते हैं।

संगठन के प्रकार— संगठन को अनेक प्रकार में बाँटा जा सकता है। नियम के आधार पर अनौपचारिक संगठन एवं औपचारिक संगठन हो सकता है। औपचारिक संगठन वे हैं जिनका स्वरूप पूर्व निर्धारित होता है, लिखित नियम

होते हैं। मैक्स वेबर (Max Weber, 1864–1920) ने कहा कि औपचारिक संगठन तर्कसंगत (Rational) संगठन होते हैं। इसमें वास्तविक उद्देश्य बहुत ही सोचा समझा होता है और गणनात्मक उपाय तथा समयबद्धता होती है। अनुशासन होता है। वेबर ने कहा कि औपचारिक संगठन अथवा तर्कसंगत संगठन का सबसे अच्छा उदाहरण नौकरशाही है। अनौपचारिक संगठन वह है, जिसमें अलिखित नियम होते हैं, श्रम-विभाजन के नियमों को सरलता से बदला जा सकता है। इसमें नेतृत्व बहुत परिभाषित नहीं होता है, जैसे– परिवार, जाति, पड़ोसी इत्यादि।

औपचारिक संगठन या नौकरशाही (Formal Organization or Bureaucracy)— जैसा कि ऊपर कहा जा चुका है कि जब संगठनों का निर्माण किसी उद्देश्य के साथ किया जाता है, तो उन्हें औपचारिक संगठन कहा जाता है। यदि किसी व्यावसायिक संस्था में सदस्यों के कार्यक्षेत्र और स्थिति को निश्चित करके उनके कार्यों, दायित्वों, अधिकारों तथा आपसी सम्बन्धों को स्पष्ट कर दिया जाये तो ऐसे संगठन को औपचारिक संगठन कहते हैं। इस प्रकार के संगठन में निर्धारित नियमों तथा कार्य-प्रणालियों को कठोरता से पालन किया जाता है। संक्षेप में, किसी संगठन को उस स्थिति में औपचारिक कहा जायेगा जब दो या दो से अधिक व्यक्तियों की क्रियाओं को चेतनापूर्वक, निर्दिष्ट लक्ष्य की प्राप्ति हेतु समन्वित किया जाता है।

किसी व्यवस्था को औपचारिक संगठन कहे जाने के लिए निम्नांकित बातों का होना आवश्यक है– व्यक्तियों के मध्य संचार या अंत:क्रिया की स्थिति हो तथा वे कार्य करने के लिए तत्पर हों। सभी एक ही उद्देश्य के लिए कार्य करें। औपचारिक संगठन की प्रमुख विशेषताएँ इस प्रकार हैं: (i) इनका गठन किसी उद्देश्य की पूर्ति के लिए किया जाता है। (ii) औपचारिक संगठन के प्रत्येक स्तर पर पद, दायित्व सत्ता तथा उत्तरदायित्व स्पष्ट रूप से परिभाषित होते हैं। (iii) इस प्रकार के संगठन में सत्ता का वितरण ऊपर से नीचे की ओर, अर्थात् शीर्ष स्तर से निम्नस्तर तक किया जाता है। (iv) औपचारिक संगठन में निर्धारित नियमों, कार्य-प्रणालियों का कठोरता से पालन किया जाता है।

औपचारिक संगठन के निम्नलिखित प्रकार्यात्मक पक्ष हैं: (i) यह संगठन संस्थागत उद्देश्यों को प्राप्त करने में सहायक सिद्ध होता है। (ii) सत्ता, अधिकारों, स्थितियों, दायित्वों एवं जवाबदेही के स्पष्ट होने से कार्य निष्पादन की क्षमता में वृद्धि होती है। (iii) कार्य छूटने या उसके दोहराये जाने की सम्भावना कम हो जाती है। (iv) इन संगठनों में कोई भी व्यक्ति अपनी असफलता के दोष को दूसरे के सिर नहीं मढ़ सकता। (v) व्यक्तिगत टकराहट में कमी आती है।

औपचारिक संगठन में कुछ दोष भी पाये जाते हैं: (i) नियमों के अन्तर्गत कार्य करने से कर्मचारियों में पहले शक्ति का ह्रास होता है। (ii) औपचारिक संगठन में लोगों को यंत्र की तरह कार्य करना पड़ता है। (iii) एकरसता औपचारिक संगठन का मुख्य दोष है, जो कर्मचारियों में नैराश्य-भाव को जन्म देती है और कुण्ठा उत्पन्न करती है। (iv) संगठन में हितों की उपेक्षा की सम्भावना बराबर बनी रहती है। (v) व्यक्ति एवं संगठन के उद्देश्यों में समानता का प्राय: अभाव पाया जाता है।

जैसा कि ऊपर कहा जा चुका है कि औपचारिक संगठन, नौकरशाही या जटिल संगठन सभी समान प्रकार की व्यवस्था के सूचक हैं। वे पर्यायवाची की तरह हैं। नौकरशाही का अर्थ है सरकारी कर्मचारियों द्वारा संचालित शासन-प्रणाली। इस शब्द का प्रयोग प्रशासकीय अधिकारियों द्वारा सम्पादन किये जाने वाले कार्य-कलापों तथा कार्यपद्धति दोनों का बोध कराने के लिए एक सामूहिक शब्द के रूप में किया जाता है। मैक्स वेबर ने इसकी विशेषताओं की चर्चा इन शब्दों में की है– कानून तथा नियमों द्वारा निर्धारित कार्यालय के कार्यों का निश्चित क्षेत्र, लिखित लेखों पर आधारित प्रशासन व्यवस्था, प्रशासन का प्रशिक्षित व्यक्तियों द्वारा नियमानुसार संचालन, तकनीकी योग्यता के आधार पर अधिकारियों का चुनाव, व्यक्तिगत रूप में स्वतन्त्र अधिकार, कार्यालय तथा प्रशासन के किसी भी साधन की अधिकारियों की वरिष्ठता एवं योग्यता के आधार पर पदोन्नति तथा एक निश्चित वेतन-व्यवस्था आदि। संक्षेप में, नौकरशाही स्पष्टत: परिभाषित कार्य-कलापों के प्रतिमानों की एक ऐसी स्तरणात्मक व्यवस्था है, जिसमें बृहत् स्तर पर प्रशासकीय कार्यों को चलाने हेतु व्यक्तियों के कार्यों का तार्किकता तथा औपचारिकता के आधार पर समन्वय किया जाता है। इस स्तरित व्यवस्था में प्रत्येक अधिकारी अपने से उच्च अधिकारी के प्रति उत्तरदायी होता है।

नौकरशाही के मुख्य दोष इस प्रकार हैं– नियन्त्रण और निरीक्षण का केन्द्रीकरण, लालफीताशाही, रोज़मर्रा के कार्यों से चिपटे रहना, गोपनीयता और नौकरी के संरक्षण की अनुचित माँगें। जिन लोगों के हाथों में सत्ता होती है, वे लोगों की आवश्यकताओं की शायद ही चिन्ता करते हैं। वे अपने दृष्टिकोण में संकुचित होते हैं और इस कारण न तो उनके पास लोगों की इच्छाओं को महसूस करने के साधन होते हैं और न ही लोगों की माँग के अनुसार अपनी नीति के समन्वय करने की प्रेरणा होती है।

मैक्स वेबर ने स्वयं कहा है कि नौकरशाही का जो स्वरूप उन्होंने प्रस्तुत किया है वह वास्तविकता से भिन्न है। इतना निश्चित है कि नौकरशाही अधिक प्रभावशाली है, इससे सुशासन होता है, उत्पादन अधिक होता है, सूचना का प्रसारण अधिक होता है, सुविधाएँ अधिक होती हैं और समस्त जीवन बेहतर ढंग से संचालित होता है, नौकरशाही में काम करने वाली मशीन के समान हो जाते हैं। नौकरशाही का उदय और विकास युगधर्म है। इसे होना ही है। नौकरशाही से व्यक्ति का **अमानवीयकरण (Dehumanization)** होता है। नौकरशाही से **अलगाव (Alienation)** भी उत्पन्न होता है। वेबर ने कहा कि मानव **नौकरशाहीकरण (Bureaucratization)** से बच नहीं पायेगा। समाजवाद में भी नौकरशाही का प्रयोग करना होगा। अनेक समाजशास्त्रियों ने मैक्स वेबर के इन विचारों की आलोचना की है।

प्रशासन और उद्योग के क्षेत्र में फ्रेडरिक टेलर (Frederic Taylor) ने संगठन का वैज्ञानिक प्रबंधन का सिद्धान्त दिया। उन्होंने कहा कि उत्पादन और प्रशासन उस समय बेहतर होता है जब निरीक्षण और पर्यवेक्षण होता है। ऊपर से आदेश नीचे जाते हैं। नीचे से सूचनाएँ ऊपर आती हैं। कर्मचारियों को अलग-अलग श्रेणियों में बाँटा जाता है। प्रबन्धन का यह सिद्धान्त भी आलोचित हुआ। टेलर का यह विचार वेबर के नौकरशाही सिद्धान्त से मिलता-जुलता है।

फ्रेडरिक टेलर एवं वेबर के विचारों की एक गंभीर एवं व्यावहारिक आलोचना जापान की उत्पादन व्यवस्था है। वहाँ न तो पश्चिम के समान प्रतियोगिता पर बल देते हैं और न ही 'रखो-फेंको' (Hire and fire) के नियम को मानते हैं। वे अधिकतर वरीयता के आधार पर प्रोन्नति, नातेदारी के आधार पर नौकरी एवं एकदम नीचे के मज़दूरों से सलाह करके उद्योग चलाते हैं।

मैक्स वेबर ने नौकरशाही को एक तर्कपूर्ण, अपरिहार्य एवं प्रभावी यंत्र कहा। इस तर्क की बहुत आलोचना हुई। इंग्लैण्ड के व्यंग्यकार एन.सी. नॉर्थकोट (N.C. Northcote Parkinson) ने कहा कि नौकरशाह बहुत होशियार नहीं होते हैं, वे अकारण अपने कामों को बढ़ा देते हैं, वे अकारण ही प्रत्येक समय अपने को व्यस्त दिखाते हैं। इस सिद्धान्त को पार्किंसन लॉ कहा जाता है।

वेबर के विचारों के समर्थन में एक अप्रत्यक्ष प्रमाण यह दिया जा सकता है कि ऐडम स्मिथ (Adam Smith, 1723–1790) के अनुसार श्रम-विभाजन के बढ़ने से उत्पादन बढ़ता है, उत्पाद की गुणवत्ता बढ़ती है एवं उत्पादन की लागत घट जाती है। स्मिथ के तर्क को अमरीकी उद्योगपति हेनरी फोर्ड (Henry Ford) ने कारों की उत्पादन प्रक्रिया में लगाया। इसे **फोर्डवाद (Fordism)** कहते हैं। हाल के वर्षों में प्रौद्योगिकी के अत्यधिक विकास से श्रम-विभाजन का बढ़ना निरर्थक हो गया है। इसे उत्तरफोर्डवाद (Post-Fordism) कहते हैं।

आगे चलकर मैक्स वेबर की आलोचना आर.के. मर्टन ने भी किया है। मर्टन ने ब्यूरोक्रेटिक पर्सनालिटी (Bureaucratic Personality) नामक निबंध में लिखा कि अमरीकी प्रशासन बहुत भ्रष्ट है, परन्तु यह बहुत चुस्त भी है। इसलिए वेबर की यह धारणा ग़लत है कि नियमों के टूटने से संगठन कमजोर हो जाता है। फिलीप एम. सेल्सनिक (Phillip M. Selznick) ने टेनेसी वैली अथोरिटी का अध्ययन करके कहा कि बाँध का निरीक्षण रोज़ होना था, लेकिन ऐसा हो नहीं पाता था। इसके बावजूद, इससे वहाँ का बाँध संगठन कमजोर नहीं हुआ। इस अध्ययन से भी वेबर के विचारों का खण्डन होता है।

मैक्स वेबर की बातों का कुछ अंशों में समर्थन भी किया गया है। अमरीकी समाजशास्त्री डब्ल्यू.एच. वाइट (W.H. Whyte) ने बड़े संगठनों का अध्ययन करके 1956 ई. में **The Organizational Man** नामक पुस्तक में लिखा जिसमें कहा गया है कि बड़े संगठनों में कार्य करने वाले व्यक्तियों की जीवनशैली बदल जाती है। वे कम बोलते हैं। बहुत संयत रहते हैं।

एल्विन गुल्डनर (Alvin W. Gouldner, 1920–1981) ने अपनी पुस्तक **The Coming Crisis of Western Sociology** (1970) के माध्यम से प्रकार्यवाद की गंभीर आलोचना की है, वेबर के विचारों की आलोचना की है। गुल्डनर् ने **Patterns of Industrial Bureaucracy** (1954) नामक पुस्तक में लिखा कि सभी मामलों में नौकरशाही प्रभावी नहीं होती है। अलग-अलग मामलों में नौकरशाही की मात्रा (Degree of Bureaucratization) अलग होती है। अपने अध्ययन में उन्होंने पाया कि जिप्सम के खदान में यह कम प्रभावशाली है। कारखाने में यह अधिक है। हर मामले में नौकरशाही लाभदायक नहीं है। इंग्लैण्ड के दो विद्वानों, टॉम बर्नस एवं जी.एम. स्टॉकर (Tom Burns and G.M. Stalker), ने इस सन्दर्भ में मशीनी एवं सावयवी व्यवस्थाओं की बात कही है। पहले में नौकरशाही प्रभावी है, लेकिन दूसरे में नहीं।

वेबर की आलोचना पीटर् एम. ब्लाउ (Peter M. Blau, 1918-2002) ने अपने अनुभवाश्रित अध्ययन के आधार पर किया है। ब्लाउ ने कहा कि औपचारिक संरचनाओं में अनिवार्य रूप से अनौपचारिक संरचनाएँ होती हैं। अनौपचारिक संरचना बहुत बार औपचारिक संरचनाओं से अधिक प्रभावी होती है। जैसे अमरीका का रोज़गार नियोजनालय एक औपचारिक संरचना है। लेकिन नियोजनालय की औपचारिक संरचना से अनौपचारिक संरचना कहीं अधिक प्रभावी है। रोज़गार नियोजनालय औपचारिक संरचना है। इनमें जो लोग रोज़गार की तलाश में आते हैं, उन्हें वहाँ के कर्मचारी अपने प्रयासों से अनौपचारिक रूप से रोज़गार दिलवा देते हैं। कर्मचारी नगर में घूम-घूम कर पता लगा लेते हैं कि कहाँ और किस प्रकार की नौकरी उपलब्ध है। कर्मचारियों की अनौपचारिक संरचना नियोजनालय संरचना से कहीं अधिक प्रभावी है।

हेनरी मिन्जबर्ग (Henry Mintzberg) ने उपर्युक्त विद्वानों के तर्क को आगे बढ़ाया। वे कहते हैं कि अलग-अलग परिस्थितियों में अलग-अलग प्रकार के संगठन प्रभावी होते हैं। उनके अनुसार नौकरशाही का ज़माना अब लद गया है। अब अधिकतर कार्य तात्कालिक तन्त्र (Ad hocracy) के द्वारा किये जाते हैं (देखें– **The Structuring of Organizations: A Synthesis of the Research,** 1979)। एल्विन टॉफलर ने तात्कालिक तन्त्र की अवधारणा दी है। इस तन्त्र में अलग-अलग दल होते हैं, जो समय-समय पर लोग एवं सम्बन्ध बदल लेते हैं, इन कार्यदलों के आधार पर ही कार्य होता है।

ऐसा प्रतीत होता है कि उदारीकरण के इस दौर में नौकरशाही को या तो बदलना होगा अथवा वह समाप्त हो जायेगी। पश्चिमी देशों में एक जैसी स्थिति नहीं है परन्तु नौकरशाही पर लगाम लगी है। अब फाइलों का नीचे से ऊपर एवं ऊपर से नीचे आना एवं लम्बी-लम्बी रिपोर्टों का तय होना खत्म हो गया है। इस सम्बन्ध में स्टूवर्ट आर. क्लेग (Stewart R. Clegg– **Modern Organizations: Organization Studies in the Postmodern World**, 1990) ने कहा है कि उत्तर-आधुनिक युग में नौकरशाही नहीं रहेगी। उनके अनुसार जापान का तरीका ही विश्व को अपनाना पड़ेगा। इन विचारों के विपरीत पॉल टॉम्पसन (Paul Thompson) ने तो 1989 ई. में लिखा कि नौकरशाही के अन्त की बात करना उचित नहीं है। प्रमाण ये हैं कि बड़े उद्यमों को चलाने के लिए इसके अतिरिक्त कोई दूसरा विकल्प नहीं है।

मार्क्सवादियों ने नौकरशाही को लोकतांत्रिक बनाने के प्रयास पर बल दिया। मैक्स वेबर ने पहले ही कहा था कि यह सम्भव नहीं है। डेविड हार्वी (David Harvey) ने कहा कि समाजवाद में नौकरशाही के सभी लक्षण समाप्त नहीं होंगे, परन्तु यह पूँजीवाद से भिन्न होगा (देखें– **The Condition of Postmodernity**, 1989; **The New Imperialism**, 2003 एवं **Introduction to Marx's Capital**, 2010)। इटली के जर्मन समाजशास्त्री रॉबर्ट मिशेल्स (Robert Michels, 1876–1936) ने संगठनों के सम्बन्ध में कहा कि जैसे-जैसे संगठन बड़ा होता जाता है, इसमें एक छोटे से समूह का नियन्त्रण हो जाता है। उनके अनुसार यह ज़रूरी है। इसे ही उन्होंने 'अल्पतन्त्र का लौह नियम' (Iron Rule of Oligarchy) कहा है। यह नौकरशाही पर भी लागू होता है और लोकशाही पर भी लागू होता है। रॉबर्ट मिशेल्स की इस राय का विरोध अमरीकी विद्वान लिपसेट, ट्रॉ और कोलमैन (S.M. Lipset, Martin Trow and James S. Coleman) ने अपने प्रसिद्ध अध्ययन **Union Democracy: The Internal Politics of the International Typographical Union** में किया। इस यूनियन में दो दल हैं एवं इन विद्वानों के अनुसार ये दोनों एक-दूसरे पर

लोकतांत्रिक तरीके से नियन्त्रण रखते हैं। लिपसेट के नव-उदारवादी यानी कट्टर पूँजीवादी विचारधारा को देखते हुए उनका ऐसा कहना अप्रत्याशित नहीं है।

अनौपचारिक संगठन (Informal Organization)— सभी सामाजिक व्यवस्था या संरचना, ग़ैर-नौकरशाही व्यवस्था अनौपचारिक संगठन के नाम से जाने जाते हैं। जब दो या दो से अधिक व्यक्ति बिना औपचारिक नियमों के किसी उद्देश्य की पूर्ति के लिए मिलकर प्रयास करने लगें तो उसे अनौपचारिक संगठन कहा जाता है। इस प्रकार के संगठनों का निर्माण किसी पूर्व योजना के आधार पर नहीं किया जाता है, बल्कि कर्मचारियों के पारस्परिक सम्बन्धों, अभिरुचियों तथा समान हितों के आधार पर इसका निर्माण स्वतः हो जाता है अर्थात् अनौपचारिक संगठन का आधार सहयोग और सद्भावना होता है, जिसमें सम्बन्धित कर्मचारी स्वेच्छा से मिलजुल कर संगठन के उद्देश्यों को प्राप्त करने का प्रयत्न करते हैं। संक्षेप में, बिना चेतनापूर्वक संयुक्त उद्देश्य निर्धारित किये हुए यदि कोई भी संयुक्त कार्य किया जाये तो उसे अनौपचारिक संगठन कहा जा सकता है। यह सम्भव है कि इस प्रकार के संगठन द्वारा संयुक्त परिणामों की प्राप्ति में योगदान प्राप्त हो जाये।

उपर्युक्त विश्लेषण के आधार पर अनौपचारिक संगठन की निम्न विशेषताएँ प्रकट होती हैं: (i) इस प्रकार के संगठन का निर्माण स्वतः हो जाता है (ii) इन संगठनों में सत्ता केन्द्रित नहीं होती है, (iii) आकार की दृष्टि से ये संगठन छोटे होते हैं तथा (iv) अनौपचारिक संगठनों को औपचारिक संगठनों के पूरक के रूप में माना जाता है।

अनौपचारिक संगठन निम्नलिखित प्रकार्यों को सम्पादित करते हैं: (i) सदस्यों के मध्य संचार व्यवस्था बनाये रखना, (ii) सामाजिक नियन्त्रण की अनौपचारिक व्यवस्था करना, (iii) संगठन में सांस्कृतिक मूल्यों की स्थापना करना तथा (iv) सदस्यों को वैयक्तिक एवं सामाजिक सन्तुष्टि प्रदान करना।

इन दोनों ही प्रकार के संगठनों के बीच कुछ मूलभूत अन्तर पाये जाते हैं: (i) अनौपचारिक संगठन में सत्ता वैयक्तिक होती है, जबकि औपचारिक संगठन में सत्ता संस्थागत होती है। (ii) अनौपचारिक संगठन आकार की दृष्टि से बहुत छोटे होते हैं जबकि औपचारिक संगठन बड़े भी हो सकते हैं। (iii) अनौपचारिक संगठन औपचारिक संगठनों का स्थानापन्न नहीं हो सकते क्योंकि आज के युग में बड़े उद्योगों की आवश्यकता है, इसीलिए अनौपचारिक संगठनों को पूरक संगठन के रूप में स्वीकार किया जाता है।

सांगठनिक दृष्टि से अनौपचारिक संगठनों के महत्त्व को इस प्रकार स्पष्ट किया जा सकता है, जो इसके उपयोगी स्वरूप को स्पष्ट करता है: (i) ऐसे संगठनों में सहयोग की भावना प्रबल होती है। (ii) ऐसे संगठन एक सरल संचार मार्ग प्रदान करते हैं। (iii) अनौपचारिक संगठन, औपचारिक संगठनों के पूरक होते हैं। (iv) अनौपचारिक संगठन के गठन से औपचारिक संगठन के दोष दूर हो जाते हैं। (v) उद्देश्य पूर्ति के लिए ऐसे संगठन सहयोगी की भूमिका निभाते हैं। (vi) ऐसे संगठनों में कार्मिकों को सन्तुष्टि प्राप्त होती है, अतः संगठनों की अधिकतम कार्यक्षमता का उपयोग होता है।

अनौपचारिक संगठन अनेक लाभों से युक्त होते हुए भी निम्न दोषों से ग्रसित हैं: (i) इन संगठनों में ग़लतफहमी फैलने का भय बना रहता है। (ii) सदस्यों के समूह संगठन पर निर्धारित प्रतिमानों को स्वीकार करने के लिए हमेशा दबाव बना रहता है। (iii) यह परिवर्तन का विरोधी होता है। (iv) अनौपचारिक समूह एवं संगठन के उद्देश्यों में असमानता के कारण संघर्ष की स्थिति बनी रहती है। (v) ऐसे संगठनों में कार्यक्षेत्र तथा दायित्वों के अस्पष्ट निर्धारण से मनमानेपन को बढ़ावा मिलता है।

सामाजिक संरचना (Social Structure)

सामाजिक संरचना शब्द का सर्वप्रथम प्रयोग हर्बर्ट स्पेंसर (Herbert Spencer, 1820–1903) ने 1885 ई. में अपनी पुस्तक **Principles of Sociology** में किया था। उनके अनुसार सामाजिक संरचना संस्थाओं का कुल योग है। सामाजिक संरचना की अवधारणा के सम्बन्ध में थोड़ा विवाद है। इसके बावजूद, एक कामचलाऊ अर्थ प्रस्तावित किया जा सकता

है : (i) सामाजिक संरचना समाज के सामूहिक पक्षों, सामाजिक सम्बन्धों एवं समूहों के समीकरणों को कहते हैं। (ii) सामाजिक संरचना में समाज के ठोस, स्पष्ट एवं महत्त्वपूर्ण तत्त्व सम्मिलित होते हैं। (iii) सामाजिक संरचना समाज की बुनियाद होती है, जिस पर सम्पूर्ण समाज की इमारत खड़ी होती है। (iv) सामाजिक संरचना समाज के अन्दर निहित मूल तत्त्वों को कहते हैं। (v) सामान्यत: सामाजिक संरचना में एक समाज की आर्थिक प्रणाली, राजनीति, समूह, समूहों के अन्तर्सम्बन्ध तथा निवास की व्यवस्था को सम्मिलित करते हैं।

एमिल डर्कहाइम (Emile Durkheim, 1858–1917) के विचार— एमिल डर्कहाइम के अनुसार सामाजिक तथ्यों के कुल योग को सामाजिक संरचना कहते हैं। सामाजिक तथ्य समूह की चेतना पर आधारित है, जो वस्तु के समान एक व्यक्ति की चेतना से ऊपर एवं व्यक्ति को प्रभावित करने वाले होते हैं। समूह एवं सामूहिक जीवन ही महत्त्वपूर्ण है, जिसे **'सूआई जेनरिस'** ***(Sui generis)*** अर्थात् अद्वितीय कहा गया है। इसका तात्पर्य यह होता है कि व्यक्ति कम महत्त्वपूर्ण है। संरचना में संस्थाएँ होती हैं, प्रक्रियाएँ होती हैं तथा अन्तर्सम्बन्ध होते हैं। संस्थाओं एवं प्रक्रियाओं के बीच अन्तर्सम्बन्ध संरचना के अंग हैं।

रैडक्लिफ-ब्राउन (A.R. Radcliffe-Brown, 1881–1955) के विचार— रैडक्लिफ-ब्राउन ने सामाजिक संरचना की अवधारणा को अपने विश्लेषण के केन्द्र में रखा। उन्होंने इस अवधारणा को मानवशास्त्र में लोकप्रिय बनाया। रैडक्लिफ-ब्राउन को इसका जनक कहा जाता है। उनके अनुसार सामाजिक संरचना समाज में व्यक्तियों एवं समूहों में प्रचलित सम्बन्धों को कहते हैं। सामाजिक संरचना मूर्त है। इस कारण से क्लॉड लिवी-स्ट्रॉस (Claude Levi-Strauss) ने उनकी आलोचना की। क्लॉड लिवी-स्ट्रॉस के अनुसार सामाजिक संरचना अमूर्त है। रैडक्लिफ-ब्राउन ने कहा कि समाज में जब स्वाभाविक अवस्था होती है, तब उसे **यूनोमिया (Eunomia)** कहा जाता है। उन्होंने तात्कालिक सम्बन्धों को **यूफोरिया (Euphoria)** कहा है। रैडक्लिफ-ब्राउन ने ही सर्वप्रथम आभासी संरचना की अवधारणा एवं दुष्प्रकार्य (Dysfunction) की अवधारणा को आरम्भ किया। रैडक्लिफ-ब्राउन ने यूनोमिया एवं **डिसनोमिया (Dysnomia)** जैसे शब्दों को सिगमण्ड फ्रॉयड के विचारों से लिया था।

रैडक्लिफ-ब्राउन ने सामाजिक संरचना की अवधारणा में वास्तविक सामाजिक संरचना यानी एक समाज की वास्तविक सामाजिक संरचना एवं संरचना के ऊपरी स्वरूप में अन्तर किया है। इसी प्रकार वास्तविक सामाजिक संरचना एवं सामान्य सामाजिक संरचना में अन्तर किया है। सामान्य सामाजिक संरचना का अर्थ है पूरे विश्व के समाजों की संरचना। रैडक्लिफ-ब्राउन ने व्यक्ति और उसके सम्बन्धों को सामाजिक संरचना कहा है। इसलिए वे अप्रत्यक्ष रूप से घोषित कर देते हैं कि सामाजिक संरचना मूर्त है।

बी. मैलनॉफस्की (B. Malinowski, 1884–1942) ने कभी भी संरचना शब्द का प्रयोग नहीं किया। वे संस्कृति को सबसे व्यापक यथार्थ मानते थे। दक्षिण-पश्चिम प्रशांत महासागर में ऑस्ट्रेलिया के पास त्रोब्रियांद द्वीपों (Trobriand Islands) और विशेष रूप से मायलू द्वीप (Mailu Island) का अध्ययन किया। आरम्भ में उनकी किताबें लोकप्रिय नहीं हुईं इसलिए वे आदिवासियों के यौन-जीवन के बारे में लिखने लगे। मैलनॉफस्की ने कहा कि संस्कृति में ही समाज सम्मिलित है। संस्कृति में अनेक तत्त्व होते हैं। सबसे महत्त्वपूर्ण तत्त्व संस्था है। इसके अतिरिक्त संस्कृति में संगठन, व्यक्तियों की भूमिकाएँ, भौतिक वस्तुएँ एवं चिह्न, प्रतीक, बोली, भाषा, कला आदि सम्मिलित होते हैं। संस्कृति का प्रत्येक तत्त्व निश्चित रूप से प्रकार्यों को जन्म देता है। इसीलिए मैलनॉफस्की को सार्वभौमिक प्रकार्यवादी कहा जाता है। व्यक्ति, सम्पूर्ण संस्कृति का प्रतिरूप है। मनुष्य की आवश्यकताओं एवं संस्थात्मक प्रत्युत्तर की व्याख्या के कारण उनके प्रकार्यवाद को व्यक्तिगत प्रकार्यवाद भी कहा जाता है। अनेक विद्वान उन्हें सांस्कृतिक निर्धारणवादी भी कहते हैं। सांस्कृतिक निर्धारणवाद का विचार सबसे अधिक सबल पी.ए. सोरोकिन (P.A. Sorokin) विचारों में देखने को मिलता है।

फोर्ट्स (Meyer Fortes, 1906–1983) के विचार— फोर्ट्स, रैडक्लिफ-ब्राउन के सहयोगी थे। फोर्ट्स ने घाना की टलेंसी जनजाति एवं लाइबिरिया की अशांते जनजाति का अध्ययन किया। इन्होंने **The Web of Kinship among**

the Tallensi (1959), **Time and Social Structure** (1970) एवं **Social Structure** (1970) नामक पुस्तकें लिखीं। फोर्ट्स के अनुसार सामाजिक संरचना का स्वरूप स्पष्ट नहीं है। सामाजिक संरचना अमूर्त है। अनुभव के आधार पर इसका मूल्यांकन सम्भव नहीं है। सामाजिक संरचना स्थिति एवं भूमिकाओं की एक सजावट है, जो वस्तुनिष्ठ नहीं है। इसका आकलन किया जा सकता है या इसका अनुमान किया जा सकता है, लेकिन इसे मूर्तरूप में देखा नहीं जा सकता है।

अमरीकी समाजशास्त्री एम.जे. लिवी (M.J. Levy) ने ऐसी ही बात कही है। वे कहते हैं, स्थितियाँ अनेक प्रकार की हो सकती हैं, परन्तु एक मुख्य विभाजन प्रदत्त स्थिति एवं अर्जित स्थिति की हो सकती है। इसलिए वे स्थिति को दो भागों में विभाजित कहते हैं। भूमिका अनेक प्रकार की हो सकती हैं। एक मुख्य विभाजन तीन प्रकार की भूमिकाओं का हो सकता है, जिसमें एक कर्तव्य निर्वाह से जुड़ी है, दूसरी जीवन निर्वाह से जुड़ी है एवं तीसरी विचित्र अथवा अपनी रुचि से जुड़ी भूमिका हो सकती है। उन्होंने सामाजिक सम्बन्धों के भी तीन प्रकार बताये हैं।

एस. नाडेल (Siegfried F. Nadel, 1903–1956) के विचार— नाडेल रैडक्लिफ-ब्राउन के शिष्य एवं सहयोगी थे, परन्तु उन्होंने रैडक्लिफ-ब्राउन से अलग ढंग से संरचना को समझने का प्रयास किया। नाडेल ने **The Theory of Social Structure, A Black Byzantium: the Kingdom of Nupe in Nigeria, The Foundations of Social Anthropology, Nupe Religion, The Nuba: an Anthropological Study of the Hill Tribes in Kordofan, The Foundations of Social Anthropology** नामक पुस्तकें लिखीं।

नाडेल ने कहा है कि सामाजिक संरचना की अवधारणा अभी तक ठोस रूप से नहीं दी जा सकी है। इसलिए यह अवधारणा एक खाली चेक की तरह है, जिसमें कोई भी रकम भरी जा सकती है। नाडेल के अनुसार संरचना शब्द का प्रयोग एक वचन में नहीं किया जा सकता है। संरचना अनिवार्य रूप से बहुवचनात्मक है। संरचना के तीन आयाम हैं। सबसे महत्त्वपूर्ण आयाम भूमिकाओं का है। नाडेल ने रैल्फ लिंटन (Ralph Linton, 1893–1953) के भूमिका की अवधारणा को मान लिया, परन्तु यह कहा कि इसके अनेक प्रकार होते हैं। भर्ती की भूमिका (Recruitment Role) आवश्यक एवं स्वाभाविक भूमिकाएँ हैं, अर्जित भूमिकाएँ (Achieved Roles) एक व्यक्ति अपने प्रयास से अर्जित करता है। संरचना का दूसरा आयाम सामाजिक क्रिया का है एवं तीसरा आयाम नियमों एवं संस्थाओं का है।

इवांज-प्रीचर्ड (E.E. Evans-Pritchard, 1902–1973) भी रैडक्लिफ-ब्राउन के सहयोगी थे। वे अपने-आपको काफी विशिष्ट मानते थे। प्रीचर्ड ने भारत, श्रीलंका एवं अफ्रीका की जनजातियों का अध्ययन किया। सूडान के नूअर जनजाति का अध्ययन करके **The Nuer** (1940) एवं **Kinship and Marriage Among the Nuer** (1951) नामक पुस्तक एवं सूडान की ही अजांदे जनजाति का अध्ययन कर **Witchcraft, Oracles and Magic Among the Azande** (1937), **Theories of Primitive Religion** (1965) एवं **The Zande Trickster** (1967) नामक पुस्तकें लिखीं। इवांज-प्रीचर्ड ने कहा कि आदिवासी समाजों में नातेदारी सबसे महत्त्वपूर्ण समूह होता है। इसी के आधार पर राजनीति, अर्थव्यवस्था आदि संगठित होते हैं। सामाजिक संरचना समूहों के आपसी सम्बन्ध से बनती है। समूह एवं समूहों के आपसी सम्बन्ध ही सामाजिक संरचना है। सम्भवत: इवांज-प्रीचर्ड ने ही सबसे पहले आदिवासी समाजों को राज्य-विहीन समाज कहा। उनके अनुसार आदिवासी समाजों में राज्य का कार्य नातेदारी चलाते हैं।

रेमण्ड फर्थ (Raymond Firth, 1901–2002) ने न्यूजीलैण्ड की माओरी जनजाति (Maoris) का अध्ययन किया। वे जनजातीय अर्थव्यवस्था का अध्ययन आधुनिक पश्चिम की पूँजीवादी अर्थव्यवस्था की तर्ज पर करते हैं। फर्थ ने **Primitive Economics of the New Zealand Māori** (1929), **We the Tikopia: A Sociological Study of Kinship in Primitive Polynesia** (1936), **Primitive Polynesian Economy** (1939), **Social Change in Tikopia** (1959) आदि पुस्तकें लिखीं। फर्थ ने सामाजिक संगठन एवं सामाजिक संरचना को दो अलग-अलग वास्तविकता के रूप में देखा है। फर्थ ने कहा है कि सामाजिक संरचना में एक समय में प्रचलित अलग-अलग समूहों को सम्मिलित किया जाता है। सामाजिक संगठन में सामाजिक सम्बन्धों को सम्मिलित किया जाता है। फर्थ ने स्वीकार किया कि सामाजिक संरचना में आर्थिक समूह दूसरे समूहों से अधिक महत्त्वपूर्ण हैं।

ऐडमण्ड लीच (Edmund Leach, 1910–1989) ने तत्कालीन बर्मा या आज के म्याँमार की पहाड़ी जनजातियों शान, कचीन आदि की राजनीति, भाषाई कोटियों, नातेदारी, मिथक, कर्मकाण्ड आदि का अध्ययन किया। लीच कई मायने में लिवी-स्ट्रॉस की तरह संरचनावादी मानवशास्त्री थे। उन्होंने इंग्लैण्ड एवं अमरीका में प्रचलित संरचना प्रकार्यवाद को स्वीकार नहीं किया। प्रकार्यवाद की उन्होंने गंभीर आलोचना की। लीच ने **Political Systems of Highland Burma: A Study of Kachin Social Structure** (1954), **Rethinking Anthropology** (1961), **A Runaway World?** (1968), **Culture and Communication: The Logic by Which Symbols are Connected** (1976) आदि पुस्तकें लिखीं। उन्होंने क्लॉड लिवी-स्ट्रॉस के सम्बन्ध में 1970 ई. में एक अलग पुस्तक ही लिखी। ऐडमंड लीच के अनुसार सामाजिक संरचना वह शैली है, जिसके अनुसार राजनीतिक शक्ति का वितरण किया जाता है। लीच ने शक्ति को बहुत महत्त्वपूर्ण कहा। उनके अनुसार शक्ति का वितरण एवं इसके वितरण की शैली ही सामाजिक संरचना का केन्द्रबिन्दु है।

क्लॉड लिवी-स्ट्रॉस (Caude Levi-Strauss, 1908–2001) को संरचनावाद का जनक कहा जाता है। सम्भवत: वे मानवशास्त्र के सबसे प्रसिद्ध विद्वान हैं। क्लॉड लिवी-स्ट्रॉस ने निम्नांकित पुस्तकें लिखीं: **The Elementary Structures of Kinship** (1969), **A World on the Wane** (1955), **Structural Anthropology** (1963), **Totemism** (1963), **The Savage Mind** (1966), **The Naked Man** (1981), **Myth and Meaning** (1978), **The View from Afar** (1985), **The Jealous Potter** (1988), **The Story of Lynx** (1996)। क्लॉड लिवी-स्ट्रॉस ने कहा कि एक समाज की संरचना उस समाज में रहने वाले लोगों के दिमाग की संरचना है। इसका अर्थ यह है कि लोग अपने समाज एवं समाज के अंशों के बारे में जो सोचते हैं, उसकी जो छवि बनाते हैं, वही सामाजिक संरचना है। यह एक सैद्धान्तिक योजना है। इसे अनुभव के आधार पर मूल्यांकित वास्तविकता से कोई लेना-देना नहीं है। चूँकि यह एक सिद्धान्त है, इसलिए यह बदलता नहीं है।

क्लॉड लिवी-स्ट्रॉस ने कहा कि आदिवासी सामाजिक संरचना को जानना सरल है, क्योंकि वे अपनी मूल भावनाओं एवं समझ पर मूल्य, नैतिकता का पैबन्द नहीं लगाते हैं। दूसरी तरफ, आधुनिक समाजों की संरचना को जानना कठिन है। वे अपनी मूल इच्छाओं पर नियम, नैतिकता की चादर डाल देते हैं। क्लॉड लिवी-स्ट्रॉस के अनुसार संरचना को जानने के लिए द्विआयामी विरोध (Binary Opposition) का सिद्धान्त लागू किया जा सकता है।

टैलकॉट पार्सन्स (1902–1979) ने 1950 ई. में अन्तर्क्रियावादी दृष्टिकोण को छोड़कर संरचना-प्रकार्यवादी दृष्टिकोण अपना लिया। पार्सन्स अमरीका के बीसवीं शताब्दी के सबसे चर्चित समाजशास्त्री रहे हैं। उन्होंने काफी लिखा है पर उनमें स्पष्टता की कमी रही है। उनकी प्रमुख पुस्तकें हैं: **The Structure of Social Action** (1937), **The Social System** (1951), **Toward a General Theory of Action** (1951), **Essays in Sociological Theory** (1954), **Economy and Society** (1956), **Structure and Process in Modern Societies** (1960), **Theories of Society** (1961), **Societies: Evolutionary and Comparative Perspectives** (1966), **Sociological Theory and Modern Society** (1971), **The System of Modern Societies** (1971), **Social Systems and the Evolution of Action Theory** (1977), **Action Theory and the Human Condition** (1978) इत्यादि।

पार्सन्स ने जिस समय प्रकार्यवाद की चर्चा की, उस समय प्रकार्यवाद बहुत प्रचलित नहीं था। एमिल डर्कहाइम ने इसका बहुत प्रभावी आरम्भ ज़रूर कर दिया था। प्रकार्यवाद की मूल मान्यताएँ हैं: (i) समाज अपने-आप उद्विकास की प्रक्रिया से विकसित होता है। (ii) समाज की तुलना समाज को समझने के लिए जीव से की जा सकती है। (iii) समाज में जो तत्त्व ठोस, नियमित, महत्त्वपूर्ण हैं, उन्हें संरचना कहा जाता है। (iv) संरचनाएँ अपने परिणाम से अथवा अपनी कार्य-प्रणाली से समाज को एकजुट रखती हैं, समाज को चलाती हैं, समाज को नया जीवन देती हैं। इन्हें ही प्रकार्य कहा जाता है। (v) समाज में सन्तुलन, एकीकरण, स्थिरता के लक्षण होते हैं। (vi) समाज में सहयोग, समायोजन, द्वन्द्व आदि नियमित एवं अनिवार्य प्रक्रियाएँ हैं। सहयोग एक महत्त्वपूर्ण प्रक्रिया है। (vii) समाज में परिवर्तन स्वाभाविक एवं अनिवार्य है। सामाजिक परिवर्तन शान्तिपूर्ण, सामान्य एवं क्रमिक होते हैं।

पार्सन्स ने कहा है कि सामाजिक संरचना का गठन मूलत: सामाजिक क्रिया से होता है। सामाजिक क्रिया, सामाजिक संरचना की मूल इकाई है। एक समाज की एक ही सामाजिक संरचना होती है। यह समाज का ठोस पक्ष होता है। समाजिक संरचना को उप-संरचनाओं में बाँटा जा सकता है। इन्हें उप-व्यवस्था भी कहते हैं, उसे अर्थव्यवस्था, राजनीति, धर्म, संस्कृति एवं परिवार। इन उप-संरचनाओं को आंशिक संरचनाओं में बाँटा जा सकता है, जैसे– एक परिवार, एक नियम अथवा एक मूल्य। आंशिक संरचनाओं को इकाई संरचनाओं में बाँटा जा सकता है, जैसे– सामाजिक क्रिया।

टैलकॉट पार्सन्स ने कहा है कि समाज की कुछ समस्याएँ होती हैं, जिन्हें समाज के चलाने के लिए पूरा करना ज़रूरी है। इन्हें वे प्रकार्यात्मक समस्याएँ भी कहते हैं। पार्सन्स ने इन्हें पूर्व आवश्यकताएँ भी कहा है, यानी समाज को चलाने के लिए इन अवस्थाओं का होना ज़रूरी है। इनमें एक है अनुकूलन (Adaptation), अर्थात् परिवेश से अपना एडजस्टमेंट करना, दूसरा है सुरक्षा, समृद्धि के लक्ष्यों को पूरा करना (Goal Attainment), तीसरा है एकीकरण (Integration) एवं चौथा है व्यक्तियों को जीवित रहने की दशा एवं तनावों को निश्चित सीमाओं में प्रबन्धित करना, जिसे (Latency) कहा गया है। इन्हें पार्सन्स ने **एजील (AGIL)** मॉडल कहा है, जो चारों शब्दों के प्रथम अक्षरों को मिलाकर बनाया गया है। पार्सन्स ने कहा कि यदि हम यह जान लें कि कोई समाज अपनी समस्याओं का निराकरण किस प्रकार करता है, अर्थात् जब उस समाज के ऊपर एजील मॉडल का प्रयोग करते हैं, तब उस समाज का सही चरित्र स्पष्ट हो जाता है।

टैलकॉट पार्सन्स ने कहा कि समाज की आवश्यकताओं को सभी संरचनाएँ पूरा करती हैं, परन्तु कुछ विशेष संरचनाएँ विशेष आवश्यकताओं को पूरा करती हैं, जैसे– अनुकूलन की आवश्यकता को अर्थव्यवस्था के द्वारा पूरा किया जाता है। लक्ष्यपूर्ति की अधिक जिम्मेदारी राजनीतिक व्यवस्था से होती है, एकीकरण का कार्य धर्म के द्वारा अधिक किया जाता है एवं निर्वहन का कार्य नातेदारी एवं परिवार के द्वारा अधिक किया जाता है।

टैलकॉट पार्सन्स के अनुसार संरचनाओं का स्तर भेद होता है। कुछ संरचनाएँ अधिक महत्त्वपूर्ण होती हैं एवं कुछ कम महत्त्वपूर्ण होती हैं। पार्सन्स ने कहा कि राज्य, धर्म, परिवार आदि अधिक महत्त्वपूर्ण हैं। उनके अनुसार कुछ संरचनाएँ अपरिहार्य हैं, जिनके बिना समाज चल ही नहीं सकता है, जैसे– राज्य, परिवार इत्यादि। मर्टन ने इस विचार का विरोध किया। मर्टन के अनुसार सभी संरचनाएँ बदलती हैं एवं समाप्त भी होती हैं। पार्सन्स ने संरचनात्मक सार्वभौम (Structural Universals) की अवधारणा दी। इसका अर्थ है कि कुछ संरचनात्मक तत्त्व सभी समाजों में पाये जाते हैं, जैसे– परिवार, राज्य, धर्म इत्यादि। पार्सन्स ने कहा कि सभी सामाजिक संरचनाएँ प्रकार्य को जन्म देती हैं। इनकी अवधारणा को प्रकार्यात्मक सार्वभौमिकता की अवधारणा भी कहते हैं। पार्सन्स ने कहा कि पर्यावरण से जूझने का कार्य व्यक्तित्व की उपव्यवस्था करती है।

आर.के. मर्टन (R.K. Merton, 1910–2003) ने शास्त्रीय प्रकार्यवाद की काफी आलोचना की। वे स्वयं प्रकार्यवादी हैं। मर्टन ने अपने समय के प्रकार्यवाद की जो आलोचना की है, उसके तीन प्रमुख बिन्दु हैं: (क) सभी संरचनाओं के प्रकार्य नहीं होते हैं, अर्थात् प्रकार्यात्मक सार्वभौमिकता की धारणा सही नहीं है, (ख) समाज में प्रकार्य के आधार पर एकता नहीं होती है, अर्थात् प्रकार्यात्मक एकता की मान्यता सही नहीं है, तथा (ग) कोई भी संरचना समाज में अपरिहार्य नहीं है। सभी परिवर्तित होते हैं एवं समाप्त हो सकते हैं।

मर्टन ने प्रकार्य के अलग रूपों एवं प्रकारों की चर्चा की है। प्रकार्य का अर्थ है संरचना का वह परिणाम जो समाज व्यवस्था को एकजुट रखता है। जब लोग प्रकार्य के बारे में जानते हैं और उसकी अपेक्षा करते हैं तब उसे प्रकट प्रकार्य कहा जाता है। जब लोग प्रकार्य के बारे में नहीं जानते हैं और उसकी अपेक्षा नहीं करते हैं, तब उसे अप्रकट प्रकार्य कहा जाता है। जैसे– गणतन्त्र दिवस की परेड से लोगों का मनोबल बढ़ता है। यह सभी जानते हैं। यह प्रकट प्रकार्य है। उत्सव एवं त्योहार में सांस्कृतिक कार्यक्रमों से सामाजिक एकता भी उत्पन्न होती है, यह लोग नहीं जानते हैं। यह अप्रकट प्रकार्य का उदाहरण है। प्रकार्य की अवधारणा सर्वप्रथम एमिल डर्कहाइम ने दी थी।

मर्टन ने दुष्प्रकार्य (Dysfunction) की अवधारणा की विस्तार से चर्चा की। दुष्प्रकार्य का अर्थ है संरचना का ऐसा परिणाम जिससे समाज टूटता हो, समाज का जीवन बाधित होता हो तथा समाज का सन्तुलन बिगड़ता हो। मर्टन ने कहा है कि दुष्प्रकार्य भी प्रकट या अप्रकट होते हैं। उत्तर भारत में होली के समय लोग अक्सर झगड़ जाते हैं। रंग में भंग हो जाता है। यह प्रकट दुष्प्रकार्य है। धार्मिक उत्सव में मृत्यु की आशंका नहीं होती है। लेकिन, कभी-कभी ऐसा हो भी जाता है। यह अप्रकट दुष्प्रकार्य है। मर्टन ने सम्भवत: प्रकट एवं अप्रकट के इस भेद को सिगमंड फ्रॉयड से अपनाया था। मर्टन ने अप्रकार्य (Non-function) की भी अवधारणा दी है। इसका अर्थ है संरचना का ऐसा परिणाम जिससे संरचना न तो जुड़ती है और न टूटती है।

लुइ अल्थ्युसर् (Louis Althusser, 1918–1990) ने घोषित रूप से कार्ल मार्क्स के विचारों के आधार पर विश्लेषण किया है। अल्थ्युसर् को संरचनावादी-मार्क्सवादी कहा जाता है। उन्होंने **Lenin and Philosophy and Other Essays, Philosophy and the Spontaneous Philosophy of the Scientists, For Marx, Reading Capital (with Étienne Balibar, Pierre Macherey, etc.), Essays in Self-Criticism, Politics and History, The Humanist Controversy and Other Texts** नामक पुस्तकें लिखीं। सामाजिक संरचना एक व्यापक यथार्थ है, जो समाज के चरित्र को एवं व्यक्तियों की प्रकृति को तय करती है। इसमें केवल आर्थिक प्रणाली ही नहीं होती है, बल्कि राजनीतिक प्रणाली एवं विचारधारा भी सम्मिलित होती है।

ए. ग्रैमशी (A. Gramsci, 1891–1937) इटली के ग़ैर-अकादमिक मार्क्सवादी विद्वान थे। उन्होंने **Prison Notebooks** (1936) एवं **'The Modern Prince'** नामक पुस्तकें लिखी हैं। उन्होंने अल्थ्युसर् को प्रभावित किया था। वे स्पष्ट रूप से सामाजिक संरचना शब्दावली का प्रयोग नहीं करते हैं। उनके अनुसार मूल संरचना में उत्पादन के सम्बन्धों के साथ राजनीतिक समुदाय एवं विचारधारा भी सम्मिलित होती है। इन सबके द्वारा शासकवर्ग अपना वर्चस्व स्थापित करता है। उसे ही **हिगेमनी (Hegemony)**, अर्थात् 'नेतृत्व' कहते हैं। उनके अनुसार नागरिक समाज (Civil Society) यानी पढ़े-लिखे मध्यवर्गीय जिम्मेदार लोगों एवं ट्रेड यूनियनों में भी प्रयोग होने चाहिये। वर्तमान विमर्श में नागरिक समाज शब्द का बहुत प्रयोग होता है। एक भिन्न अर्थ में यह शब्द बहुत पुराना है। नागरिक समाज का उदय ज्ञानोदय से माना जाता है।

पुलेन्ज़ाज (N. Poulantzas, 1936–1979) यूनान में पैदा हुए पर जीवनभर फ्रांस में पढ़ते, पढ़ाते रहे। उन्होंने **Political Power and Social Classes** (1973), **Fascism and Dictatorship: The Third International and the Problem of Fascism** (1974), **Classes in Contemporary Capitalism** (1975), **The Crisis of the Dictatorships: Portugal, Greece, Spain** (1976), **State, Power, Socialism** (1978) नामक पुस्तकें लिखीं। उनका कहना है कि सामाजिक संरचना एक व्यापक अवधारणा है। यह समाज के आधारभूत तत्त्वों का योग है। इन आधारभूत तत्त्वों में अर्थव्यवस्था, राजनीति, विचारधारा के साथ-साथ मीडिया भी सम्मिलित है। निको पुलेन्ज़ाज ने मीडिया को बहुत महत्त्वपूर्ण कहा है। सम्भवत: वे आधुनिक समय में मीडिया का जो महत्त्व है, उसका पूर्व अनुमान करने में सफल थे। निको पुलेन्ज़ाज ने आधुनिक पश्चिमी समाजों का व्यापक विश्लेषण किया है। वे मानते हैं कि पश्चिम की वर्तमान सामाजिक संरचना सबको सम्मानजनक जीवन नहीं दे सकती है।

एन्थनी गिडेन्स (Anthony Giddens) ने संरचना और समाज के सम्बन्ध में संरचना क्रिया का सिद्धान्त दिया है। वे वेबरवादी हैं। अत: वे मार्क्स के कट्टर विरोधी हैं। उन्होंने अनेक पुस्तकें लिखी हैं, जिनमें महत्त्वपूर्ण इस प्रकार हैं– **Capitalism and Modern Social Theory: An Analysis of the Writings of Marx, Durkheim and Max Weber** (1971), **The Class Structure of the Advanced Societies** (1973), **Studies in Social and Political Theory** (1977), **Central Problems in Social Theory: Action, Structure and Contradiction in Social Analysis** (1979), **A Contemporary Critique of Historical Materialism** (1981), **Profiles and Critiques in Social Theory** (1982), **The Constitution of Society** (1984), **Outline of the Theory of**

Structuration (1984), **The Consequences of Modernity** (1990), **Beyond Left and Right— the Future of Radical Politics** (1994), **Politics, Sociology and Social Theory: Encounters with Classical and Contemporary Social Thought** (1995), **In Defence of Sociology** (1996), **Runaway World: How Globalization is Reshaping Our Lives** (1999), **The Third Way and its Critics** (2000), **Europe in The Global Age** (2007), **The Politics of Climate Change** (2009) इत्यादि।

गिडेन्स ने संरचनाकरण का सिद्धान्त विकसित करने का प्रयास किया एवं अभिकरण तथा संरचना में अभिन्न एकीकरण है, ऐसा कहा। उन्होंने कहा कि सामाजिक संरचना क्रिया की अविरल धारा है। इसका अर्थ है क्रिया से संरचना बनती है एवं संरचना से क्रिया तय होती है। वे कहते हैं कि सामाजिक संरचना एवं व्यक्ति, दोनों महत्त्वपूर्ण हैं।

संरचना प्रकार्यवादियों ने अलग-अलग ढंग से सामाजिक संरचना की चर्चा की है। अमरीकी प्रकार्यवादी विद्वान मेरीयन जे. लिवी ने भूमिकाओं के द्विविभाजन एवं सामाजिक सम्बन्धों के तीन प्रकारों की चर्चा की है। वे भूमिका और स्थिति को सामाजिक संरचना के लिए महत्त्वूपर्ण मानते हैं। इसीलिए सामान्यत: यह कहा जाता है कि उपसंस्कृति अर्थात् एक समूह विशेष की सांस्कृतिक विशेषताएँ सामाजिक संरचना के तत्त्व नहीं हैं। सामाजिक संरचना अथवा सामाजिक संगठन तथा सामाजिक समूह एक-दूसरे से जुड़े हैं। ये दोनों एक-दूसरे का पूरा सहयोग करते हैं। प्रत्येक सामाजिक संरचना में सहयोग, समायोजन, प्रतियोगिता, संघर्ष आदि प्रक्रियाएँ होती हैं। औद्योगिक सामाजिक संरचना में प्रतियोगिता एवं संघर्ष सबसे अधिक होते हैं।

सामाजिक संरचना एवं सामाजिक व्यवस्थाओं के सम्बन्ध में कई विद्वानों ने छिटपुट रूप से अनेक विचार प्रकट किये हैं। एम. सालिन्स (M. Sahlins) ने अन्तर्सम्बन्धों के क्षितिज, अर्थात् सम्बन्धों की अन्तहीन श्रृंखला एवं सामाजिक संरचना के अलग-अलग भागों के अन्तर्सम्बन्धित होने पर बहुत बल दिया। जर्मन विद्वान जोसेफ शूमपीटर् (J.A. Schumpeter) ने कहा कि नये तत्त्वों के उदय के लिए यह ज़रूरी है कि पुराने तत्त्वों का सृजनात्मक विनाश हो।

संरचनावाद से सबसे अधिक नाम क्लॉड लिवी-स्ट्रॉस का जुड़ा है। संरचनावाद की चर्चा कला में बहुत अधिक होती है। 1960 ई. के दशक में उत्तर-संरचनावाद की चर्चा होने लगी। सम्भवत: यह विचार संरचनाओं के महत्त्व के साथ अत्याचारी महत्त्व से भी जुड़ा है। चार्ल्स लिमर्ट (Charles Lemert, 1990) ने कहा है कि जाक्स डेरिडा (Jacques Derrida) को उत्तर-आधुनिकतावाद का प्रणेता भी कहा जाता है। डेरिडा ने उत्तर-संरचनावाद की चर्चा को आगे बढ़ाया। डेरिडा ने **विखण्डन (Deconstruction)** का प्रसिद्ध सिद्धान्त दिया है। उत्तर-संरचनावाद के साथ सबसे अधिक फूको (Michel Foucault, 1926–1984) का नाम जुड़ा है। फूको ने 1970 के बाद से समाजशास्त्र को बहुत अधिक प्रभावित किया। फूको ने संरचना को विनियमित तो कहा, परन्तु उनके अनुसार ज्ञान, शक्ति इसके अलग स्तर हैं। स्विस भाषाशास्त्री फर्डिनंड डी सावस्योर (Ferdinand de Saussure, 1857–1913) ने लैंग (Langue), अर्थात् भाषा को मूल संरचना कहा एवं परोल (Parole), अर्थात् वाणी को महत्त्वहीन कहा। भाषा की स्वरूपात्मक या व्याकरणात्मक व्यवस्था को सावस्योर ने लैंग कहा है। यह ध्वन्यात्मक तत्त्वों की एक व्यवस्था है, जिसके सम्बन्ध निश्चित नियमों द्वारा संचालित होते हैं।

लैंग भाषा की व्यवस्थित संरचना को दर्शाती है और इसके कारण ही परोल, अर्थात् वाणी की उत्पत्ति होती है। परोल से तात्पर्य हमारी उस वास्तविक बोली या वाणी से है, जिसे हम भावाभिव्यक्ति के लिए प्रतिदिन बोलते हैं। वक्तागण अपने को अभिव्यक्त करने के लिए जिन शब्दों का प्रयोग करते हैं, सावस्योर ने उसे ही परोल कहा है। उनके अनुसार लैंग संकेतों की एक संरचना है। प्रत्येक संकेत के अर्थ की उत्पत्ति इस व्यवस्था के अन्तर्गत अन्य संकेतों के साथ जोड़ कर होती है, उदाहरणस्वरूप– 'गर्म' शब्द के अर्थ को हम तभी समझते हैं, जब हम इसे 'ठंडे' शब्द के साथ जोड़ते हैं।

REFERENCES

Cooley, Charles H., **Social Organization**, New York: Charles Scribner's Sons, 1909.

Etzioni, Amitai, **Modern Organizations**, Englewood Cliffs, N. J. : Prentice-Hall, 1964.

Giddens, Anthony, **Sociology**, Cambridge: Polity Press, 1998.

Johnson, H.M., **Sociology**, New Delhi: Allied Publishing Pvt. Ltd., 1983.

Reed, Michael, **The Sociology of Organizations: Themes, Perspectives and Prospects**, London: Harvester Wheatsheaf, 1992.

Shepard, Jon M., **Sociology**, St. Paul: West Publishing Co., 1981.

Singh, J.P., **समाजविज्ञान विश्वकोश**, दिल्ली, पी.एच.आई. लर्निंग, 2009.

Scott, W.R., **Institutions in Organizations**. Thousand Oaks, CA: Sage Publications, 1995.

Zeitlin, Irving M., **The Social Condition of Humanity**, New York: Oxford University Press, 1981.

11

परिवार
(Family)

यौन व्यवहार को नियन्त्रित करने और बच्चों को सुरक्षा तथा सामाजिक शिक्षा प्रदान करने की मानवीय आवश्यकताओं के लिए परिवार का सृजन हुआ। परिवार सभी सामाजिक समूहों में सर्वाधिक महत्त्वपूर्ण और व्यापक समूह है। परिवार जैसे समूह के अभाव में मानव-समाज की कल्पना नहीं की जा सकती है। बड़े या छोटे, आदिम या सभ्य, पुरातन या आधुनिक, सभी समाजों में प्रजनन और बच्चों के पालन-पोषण हेतु परिवार रूपी समूह की आवश्यकता रही है। यह एक स्थायी और सार्वभौम व्यवस्था है। परन्तु हर एक जगह एक ही प्रकार के परिवार हों, यह ज़रूरी नहीं है। परिवार के कई स्वरूप होते हैं। उदाहरण के लिए पश्चिमी देशों में **मूल परिवार या दाम्पत्य परिवार (Nuclear Family[1] or Conjugal Family)**[2] की प्रधानता है, तो भारतीय गाँवों में संयुक्त परिवार या **विस्तृत परिवार (Extended Family)** की।

कुछ समाजविज्ञानी परिवार को समाज की बुनियादी इकाई मानते हैं। यह सही है कि समाज व्यक्तियों से बना है, पर समाज व्यक्तियों का एक समूह मात्र नहीं है, बल्कि समाज विभिन्न तरह के छोटे-बड़े समूहों से बना बड़ा समूह है। परिवार के अभाव में हम समाज की कल्पना नहीं कर सकते हैं। समाजशास्त्र के जनक ऑगस्त कौंत (Auguste Comte) ने परिवार को समाज की एक आधारभूत इकाई कहा है। समाजशास्त्री परिवार को संस्था और समूह दोनों मानते हैं। इस विषय पर परिवार की परिभाषा के क्रम में चर्चा की जायेगी।

---

1. Nuclear Family के लिए हिन्दी पुस्तकों में 'एकाकी परिवार' अक्सर देखने को मिलता है। लेकिन इसका सटीक हिन्दी पर्याय **'मूल परिवार'** होगा, न कि एकाकी, केंद्रक या नाभिकीय परिवार। किसी भी मानक शब्दकोश में 'Nuclear' के लिए एकांकी शब्द नहीं मिलता है। G.P. Murdock ने जिस अर्थ में Nuclear शब्द का प्रयोग किया है उस दृष्टि से भी 'एकाकी' की तुलना में 'मूल' शब्द ही उपयुक्त रूपान्तर है। जीव एवं भौतिक विज्ञानों में 'Nuclear' का हिन्दी अनुवाद केन्द्रक या नाभिकीय उपयुक्त हो सकता है, पर समाजशास्त्र में नहीं।
2. मार्शल ने Nuclear Family एवं Conjugal Family के बीच अन्तर स्पष्ट करने का प्रयास यह कहकर किया है कि यदि कोई स्त्री-पुरुष बिना विवाह किए भी एक साथ रहते हैं, तो उसे Conjugal Family कहा जाना चाहिए, अर्थात् Nuclear Family कहे जाने के लिए विवाह एक आवश्यक शर्त्त है। शेष अन्य बातों में दोनों के बीच समानता है। पाश्चात्य देशों में Conjugal Family अब शायद ही कहीं पायी जाती है। देखें– Gordon Marshall, **Oxford Dictionary of Sociology,** Oxford University Press, Oxford, 1998, p. 221.

मानवशास्त्र एवं समाजशास्त्र के क्षेत्र में परिवार की परिभाषा के सम्बन्ध में कुछ विवाद है। इस विवाद का मुख्य कारण यह है कि बहुत-से लोगों ने **Family** और **Household** को एक-दूसरे के पर्यायवाची के रूप में प्रयोग किया है। लेकिन यथार्थ यह है कि इन दोनों शब्दों के अलग-अलग अर्थ हैं। परिवार कहने से हमेशा नातेदारी (Kinship) का बोध होता है, जबकि Household के साथ ऐसी बात नहीं है। घरबार (Household) के अन्तर्गत सभी सदस्यों के बीच रक्त या विवाह के माध्यम से सम्बन्ध हो, यह कोई आवश्यक नहीं है। दूसरी प्रमुख बात यह है कि एक व्यक्ति से घरबार स्थापित होता है, न कि परिवार। Household से घरेलू कार्य-कलाप (Domestic Activities) का बोध होता है। हमें दोनों शब्दों का प्रयोग बहुत ही सावधानीपूर्वक अलग-अलग अर्थ में करना चाहिए।

जैविक दृष्टि से परिवार एक ऐसा समूह है, जिसमें स्त्री एवं पुरुष को यौन-सम्बन्ध एवं सन्तान उत्पत्ति के लिए समाज की स्वीकृति प्राप्त होती है। समाजशास्त्रीय दृष्टि से परिवार स्त्री-पुरुष का ऐसा समूह है, जो विवाह-सम्बन्धों, रक्त-सम्बन्धों या गोद लेने की व्यवस्था से निर्मित होता है। यह समूह आयु, लिंग एवं अन्य सम्बन्धों के आधार पर भूमिकाओं का निर्वाह करता है एवं एक घर या उपघर के रूप में पहचाना जाता है।

जहाँ तक परिवार की परिभाषा का प्रश्न है, मकीवर और पेज (R.M. MacIver and Charles H. Page, 1985: 238) ने कहा है कि परिवार एक ऐसा समूह है, जो स्त्री-पुरुष के यौन-सम्बन्ध पर आधारित है और यह समूह इतना सुनिश्चित और टिकाऊ होता है कि इसके माध्यम से प्रजनन-क्रिया और बच्चों के पालन-पोषण की समुचित व्यवस्था होती है।"[3]

उपर्युक्त परिभाषा से तीन बातें विशेष रूप से स्पष्ट होती हैं–

1. परिवार की संरचना निश्चित और अपेक्षाकृत टिकाऊ होती है। इसका तात्पर्य यह हुआ कि परिवार की संरचना में परिवर्तन बहुत आसानी से नहीं होता है। यह समाज के बहुत सारे समूहों की तुलना में सबसे अधिक स्थायी है। परिवार का आकार चाहे जितना बड़ा या छोटा हो पर, जिन लोगों के मिलने से परिवार बनता है, वह मोटे तौर पर हर समाज में एक ही होता है।

2. प्रजनन (Procreation) का कार्य परिवार के अन्दर ही होता है। पर आज यौन-इच्छा की पूर्ति परिवार के बाहर वेश्यावृत्ति से भी हो सकती है, उसी तरह से प्रजनन विवाह के बिना भी होता है। यह बात पाश्चात्य देशों के साथ विशेषतौर से लागू होती है। वहाँ Pre-marital Sex Relationship एवं Pre-marital Fertility के अनगिनत उदाहरण मिलते रहते हैं, लेकिन सामाजिक मान्यताओं के अनुसार आज भी यौन-सम्बन्ध और शिशु का जन्म परिवार के अन्दर ही संस्थागत है।

3. परिवार का एक महत्त्वपूर्ण कार्य यह भी है कि बच्चों का यहाँ लालन-पालन होता है। परिवार मानव-जीवन की एक प्राथमिक पाठशाला है। जब बच्चा इस दुनिया में आता है, तो उसे पाल-पोषकर बड़ा करने और उसको सामाजिक प्राणी बनाने का काम परिवार ही करता है। इस तथ्य पर कूली (C.H. Cooley) ने भी बल दिया है।

मकीवर और पेज की परिभाषा में परिवार के आकार पर कुछ प्रकाश नहीं डाला गया है और इसमें यह भी नहीं बताया गया है कि परिवार कहे जाने के लिए इसमें किन-किन लोगों का होना आवश्यक है। परिवार का आकार निश्चित करना बहुत ही कठिन कार्य है। किसी परिवार में कम-से-कम दो व्यक्ति हो सकते हैं, तो किसी परिवार में सौ से भी अधिक सदस्य हो सकते हैं। चूँकि परिवार का कोई एक निश्चित आकार नहीं हो सकता है, इसीलिए समाजशास्त्री साधारणतया परिवार के आकार की बात नहीं करते हैं। परन्तु इतना तो कहा ही जा सकता है कि परिवार में कम-से-कम दो व्यक्तियों का होना नितान्त आवश्यक है और उन दो व्यक्तियों से हमारा तात्पर्य पति-पत्नी से है। एक व्यक्ति के आधार पर परिवार की कल्पना हम नहीं कर सकते हैं तथा ऐसे उदाहरण को **Single Member**

3. "The family is a group defined by a sex relationship sufficiently precise and enduring to provide for the procreation and upbringing of children."— R.M. MacIver and Charles H. Page, **Society: An Introductory Analysis**, Macmillan India Limited, New Delhi, 1985, p. 238.

Household कह सकते हैं, परिवार नहीं। यदि किसी परिवार में पति मर जाता है और सिर्फ एक महिला और उनके बच्चे शेष हों या फिर पत्नी मर जाती है और पुरुष स्वयं और उनके बच्चे शेष हों, तो ऐसे समूह को परिवार कहा जाना कुछ समाजशास्त्रियों के लिए थोड़ा विवाद का विषय हो सकता है। इसमें कोई सन्देह नहीं है कि वह परिवार का ही एक रूप है। कुछ लोग इसे परिवार न कहकर घरबार Household कहना ज़्यादा उपयुक्त समझते हैं। अमरीका में स्पष्ट तौर पर **Single Parent Family** कहा जाता है। इसे परिवार कहना एकदम ग़लत होगा, ऐसा भी नहीं है।

समाजशास्त्रियों के बीच मकीवर और पेज की उपर्युक्त परिभाषा बहुत दिनों तक प्रचलित रही, परन्तु परिवार के सभी पहलुओं को अधिक स्पष्ट करते हुए बर्ज़िस और लॉक (Burgess and Locke)[4] ने यह कहा है कि "परिवार व्यक्तियों का ऐसा समूह है, जो विवाह, रक्त अथवा गोद (दत्तक प्रथा) के सम्बन्धों पर आधारित होता है। यह समूह एक गृहस्थी का निर्माण करता है, जिसके अन्तर्गत परिवार के सदस्यगण पति-पत्नी, माता-पिता, भाई-बहन की विभिन्न भूमिकाएँ अदा करते हुए एक-दूसरे से अन्तःक्रिया करते हैं, एक-दूसरे से भावों और विचारों का आदान-प्रदान करते हैं और इस प्रकार परिवार के लिए एक सामान्य संस्कृति का निर्माण करते हैं।" बर्ज़िस और लॉक द्वारा दी गयी यह परिभाषा काफी विस्तृत एवं व्यापक है। इसके अनुसार परिवार के लिए विवाह सम्बन्ध आवश्यक होता है एवं परिवार के सदस्यों की भूमिकाएँ अलग-अलग होती हैं तथा सदस्यों के बीच पारस्परिक व्यवहार इन्हीं भूमिकाओं के आधार पर होता है और उनके व्यवहार में पारस्परिकता और अनवरतता पायी जाती है। यह परिभाषा साधारणतया सभी प्रकार के समाजों के लिए लागू होती है। इसी तथ्य को कांकलिन (Conklin, 1984: 249) ने बहुत ही सरल और संक्षिप्त ढँग से कहा है कि "परिवार कम-से-कम दो व्यक्तियों के बीच सामाजिक रूप में परिभाषित सम्बन्ध है, जो जन्म, विवाह या दत्तक-ग्रहण की प्रक्रिया से जुड़ा होता है।"[5]

समाजशास्त्र एवं मानवशास्त्र के आरम्भिक काल में इस बात पर बल दिया गया कि परिवार विवाह, सामूहिक निवास, भावनात्मक बन्धनों और घरेलू काम-काज की शर्तों आदि पर आधारित एक समूह है। परिवार को एक ऐसे समूह के रूप में भी परिभाषित किया गया है, जिसमें विवाह, माता-पिता के अधिकार और कर्त्तव्य, माता-पिता और बच्चों का समान निवास, माता-पिता और बच्चों के बीच अन्योन्याश्रित सम्बन्ध आदि शामिल हैं। आजकल परिवार की अवधारणा को एक निश्चित सामाजिक मानदण्ड की पृष्ठभूमि में देखा जाता है, जो लगभग सभी समाजों पर लागू होता है। उदाहरण के लिए परिवार नातेदारी की ऐसी प्राथमिक इकाई है, जो लैंगिक, प्रजनन, आर्थिक और शैक्षिक प्रकार्यों को पूरा करती है। इन विचारों को ध्यान में रखते हुए हम परिवार को सामान्यतः बच्चों सहित या रहित पति-पत्नी के स्थायी सम्बन्ध के रूप में या बच्चों के साथ एक पुरुष या एक औरत के स्थायी सम्बन्ध के रूप में चित्रित करते हैं। परिवार के सदस्य एक साथ रहते हैं, जरूरी संसाधनों को जुटाते हैं और एक साथ काम-काज करते हैं तथा सन्तानोत्पत्ति करते हैं। परिवार को उस समूह के रूप में भी देखा जा सकता है, जिसमें एक वयस्क पुरुष तथा स्त्री अपनी सन्तान के साथ समाज द्वारा मान्य विवाह रूपी अधिक या कम स्थायी बन्धनों में जीवन व्यतीत करते हैं।

परिवार के सदस्यों के बीच के सम्बन्ध को समाजशास्त्र एवं मानवशास्त्र के क्षेत्र में किस प्रकार स्पष्ट किया जाता है, इसे समझने के लिए रेखा**चित्र-1** देखें। इसे जान लेना महत्त्वपूर्ण है, क्योंकि इससे यह ज्ञात होता है कि किसी मूल परिवार में किस प्रकार के सदस्य होते हैं।

---

4. "The family is a group of persons united by ties of marriage, blood, or adoption; constituting a single household, interacting and intercommunicating with each other in their respective social role of husband and wife, mother and father, brother and sister; creating a common culture."— E.W. Burgess and H.J. Locke, **The Family** (New York, 1945). पाठक यहाँ ध्यान दें कि Burgess का सही उच्चारण बर्गेस नहीं होता है, जैसा कि अन्य लेखकों ने अपनी पुस्तकों में लिख रखा है।

5. "A family is a socially defined set of relationships between at least two people who are related by birth, marriage or adoption."— John E. Conklin, **Sociology,** Macmillan Publishing Co., New York, 1984, p. 249.

रेखाचित्र-1 पारिवारिक सम्बन्ध

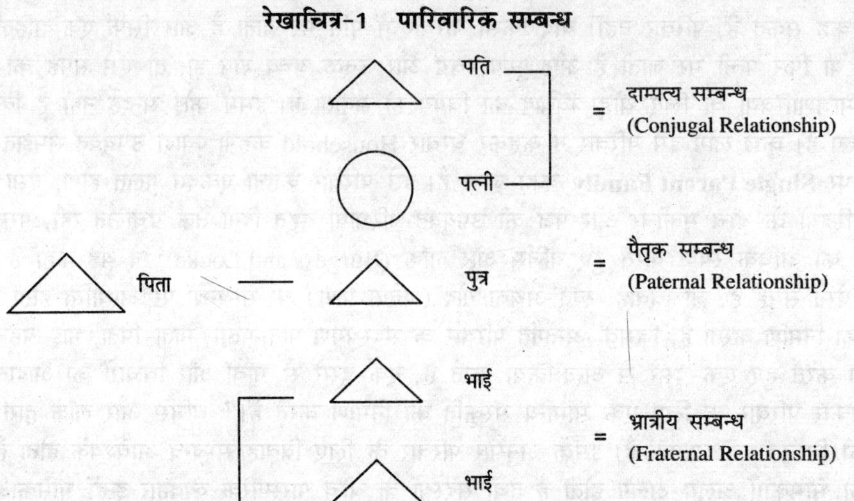

जब हम परिवार की विशेषताओं पर विचार करते हैं, तो इसका स्वरूप और भी ज़्यादा स्पष्ट होता है, वह इस प्रकार है–

परिवार की विशेषताएँ

यहाँ इस बात पर बहुत अधिक ज़ोर देने की आवश्यकता नहीं है कि परिवार की बहुत सारी विशेषताएँ हैं। परिवार की प्रमुख विशेषताओं को निम्नलिखित ढँग से गिनाया जा सकता है–

1. सर्वव्यापकता (Universality)— अमरीकी मानवशास्त्री जी.पी. मरडॉक (G.P. Murdock) ने विश्व के 250 आदिमजातीय समाजों के अध्ययन के आधार पर यह तर्क पेश किया कि परिवार एक विश्वव्यापी सामाजिक व्यवस्था है। उन्होंने अपनी पुस्तक **Social Structure** (1949) में बताया है कि प्रत्येक समाज में परिवार के चार बुनियादी प्रकार्य हैं, जो समाज के अस्तित्व को बनाये रखने में बहुत महत्त्वपूर्ण योगदान देते हैं, यथा– यौन-व्यवहार का नियन्त्रण, प्रजनन, परिवार के सदस्यों को आर्थिक सहयोग और शिक्षा (समाजीकरण)। इन्हीं बुनियादी प्रकार्यों के कारण परिवार एक विश्वव्यापी सामाजिक व्यवस्था है।

समाज अपने विकास के प्रारम्भिक चरण में हो या आधुनिक स्तर में परिवार किसी-न-किसी रूप में अवश्य पाया जाता है। मॉर्गन (Lewis H. Morgan) के अलावा लगभग तमाम विचारकों ने मरडॉक के परिवार सम्बन्धी विचार को सर्वव्यापी स्तर पर स्वीकार किया है। मॉर्गन ने कहा है कि परिवार अपने विकास के प्रथम स्तर, रक्त-विवाही परिवार, की उत्पत्ति के पूर्व परिवार जैसी कोई संस्था नहीं थी अर्थात् प्राचीनकाल में समाज में ऐसा भी समय था, जब परिवार नामक संस्था नहीं थी और ऐसे स्तर को मॉर्गन ने स्वच्छन्द यौन-सम्बन्ध का स्तर माना है। कैथलिन गफ़ (Kathleen Gough) ने केरल के नायर (Nayar) के अध्ययन में तथा स्पिरो (Melford E. Spiro) ने इस्रायल के **किबुत्स (Kibbutz)** के अध्ययन में मरडॉक के परिवार की सर्वव्यापकता सम्बन्धी विचारों का विरोध किया है, लेकिन वे विवादास्पद उदाहरण हैं।

2. सीमित आकार (Limited Size)— परिवार बड़ा हो या छोटा, इसका आकार सीमित होता है। परम्परागत भारतीय संयुक्त परिवार का आकार बड़ा होता था, लेकिन आधुनिक समाज में परिवार का आकार काफी छोटा होने लगा है। संक्षेप में तथ्य यह है कि परिवार का आकार समुदाय या किसी बड़ी समिति जैसा असीमित नहीं होता है और न ही एक व्यक्ति से परिवार का निर्माण होता है।

3. भावनात्मक आधार (Emotional Basis)— परिवार के सभी सदस्य भावनात्मक आधार पर एक-दूसरे से बँधे रहते हैं। परिवार में सभी सदस्य एक-दूसरे के लिए त्याग करते हैं या मर-मिटने के लिए तैयार रहते है। यह आपसी प्रेम एवं सहयोग का प्रमाण है। परिवार के सभी सदस्य एक प्रकार के भावनात्मक सम्बन्धों में बँधे होते हैं।

4. रचनात्मक प्रभाव (Formative Influence)— परिवार अपने सदस्यों से उन व्यवहारों की अपेक्षा करता है, जो हम सभी को स्वीकार्य हो। परिवार अपने सदस्यों के व्यक्तित्व की नींव का निर्माण करता है। हमारे व्यवहार, मनोवृत्तियाँ, आदतें आदि पारिवारिक वातावरण में ही निर्मित्त होते हैं। इसी से यह कहा जाता है कि परिवार का प्रभाव रचनात्मक होता है।

चार्ल्स कूली के अनुसार परिवार समाजीकरण एवं नियन्त्रण का प्रमुख कारक है। व्यक्ति के जीवन में परिवार एक ऐसा स्थल है, जहाँ संस्कृति का अन्तरण (Transfer point of culture) होता है। परिवार मानव-जीवन की प्राथमिक पाठशाला है, जहाँ व्यक्ति अपने परिवार एवं समाज की संस्कृति के बारे में सीखता है।

5. सामान्य निवास (Common Habitation)— परिवार के सदस्यों के लिए एक सामान्य निवास होता है। परिवार कहे जाने के लिए यह आवश्यक है कि कम-से-कम पति-पत्नी एक साथ रहते हों। अलग-अलग रहने पर उसे घरबार कहा जायेगा, परिवार नहीं। अस्थायी रूप से अलग रहने पर परिवार का स्वरूप बना हुआ माना जाता है।

6. यौन-सम्बन्ध (Mating Relationship)— परिवार के अन्तर्गत कम-से-कम एक पुरुष और एक स्त्री के बीच यौन-सम्बन्ध स्थापित होता है, जो विवाह द्वारा सम्भव होता है। सभी परिवारों में विवाह एक संस्था के रूप में पाया जाता है। सभी समाज में विवाह का स्वरूप एक जैसा नहीं होता। संक्षेप में यह कहा जा सकता है कि परिवार में विवाह का स्वरूप चाहे, जो भी हो, यह एक संस्था के रूप में अवश्य पाया जाता है और समाज विवाह के द्वारा ही यौन-सम्बन्ध को मान्यता देता है। प्रजनन (Reproduction) परिवार का एक प्रमुख सामाजिक एवं जैविक प्रकार्य (Biological Function) है।

7. सामाजिक नियम (Social Norms)— परिवार के कुछ सामाजिक नियम होते हैं, जैसे- विवाह सम्बन्धी नियम, धार्मिक संस्कार, खान-पान सम्बन्धी नियम इत्यादि। परिवार इन नियमों से अपने सदस्यों को परिचित कराता है एवं इन नियमों के अनुरूप आचरण नहीं करने पर उनके व्यवहारों को नियन्त्रित करने का प्रयास करता है।

8. परिवार निर्माण का आधार विवाह एवं रक्त— परिवार निर्माण का मुख्य आधार विवाह है। परिवार के सदस्य एक-दूसरे से विवाह या रक्त के आधार पर जुड़े होते हैं। यही कारण है कि विलियम जे. गुड (William J. Goode) ने परिवार के सम्बन्ध में कहा है कि "प्रत्येक व्यक्ति बहुतों का सम्बन्धी होता है" (Each person is kinsman to many.), अर्थात् दो या तीन व्यक्तियों के साथ रहने मात्र से परिवार का निर्माण नहीं होता है।

परिवार के अध्ययन के परिप्रेक्ष्य

समाजशास्त्री के रूप में हम परिवार के आदर्श एवं यथार्थ दोनों स्वरूपों का अध्ययन करते हैं। परिवार के अध्ययनों में मुख्य रूप से तीन दृष्टिकोणों का प्रयोग किया गया है, जो इस प्रकार है- **प्रकार्यवादी (Functionalist), संरचनावादी (Structuralist)** एवं **अन्त:क्रियावादी (Interactionist)।**

प्रकार्यवादी दृष्टिकोण के अन्तर्गत परिवार को एक उप-व्यवस्था माना गया है। प्रकार्यवादी परिवार को एक उप-व्यवस्था के रूप में इन बिन्दुओं के आधार पर देखने का प्रयास करते हैं- (क) परिवार पूरी सामाजिक व्यवस्था बनाये रखने में योगदान देता है। (ख) सामाजिक व्यवस्था के विभिन्न अंगों एवं परिवार के बीच प्रकार्यात्मक सम्बन्ध होता है एवं (ग) परिवार के सदस्यों के प्रति उसका विशिष्ट कार्य होता है। यह दृष्टिकोण प्रकार्य की दृष्टि से परिवार को सार्वभौमिक होने की दलील देता है। यह विशिष्ट कार्यों से घिरी भूमिकाओं पर भी विचार करता है। प्रकार्यवादी परिवार के कार्यों एवं भूमिकाओं में परिवर्तन मुख्यरूप से सामाजिक मानदण्डों एवं मूल्यों में परिवर्तन के कारण मानते हैं।

संरचनावादी दृष्टिकोण के अन्तर्गत परिवार की अन्त:सम्बन्धित स्थितियों एवं भूमिकाओं एवं सदस्यों के बीच सुव्यवस्थित अधिकारों एवं उत्तरदायित्वों के बीच अन्त:सम्बन्धों को संरचना के रूप में देखा जाता है। इस दृष्टिकोण का मानना है कि परिवार के अन्तर्गत पायी जाने वाली स्थितियाँ (Statuses) सभी समाजों में सार्वभौमिक होती हैं। उदाहरण के रूप में हम माता-पिता, भाई-बहन, दादा-दादी, चाचा-चाची आदि स्थितियों की चर्चा कर सकते हैं। परिवार के सदस्यों की भूमिकाओं में परिवर्तन से स्थितियों में परिवर्तन सम्भव होता है।

अन्त:क्रियावादी दृष्टिकोण परिवार के सदस्यों के बीच परस्पर अन्त:क्रिया से सम्बन्धित है। इस दृष्टिकोण का मानना है कि परिवार के सदस्यों की क्रियाएँ अर्थपूर्ण होती हैं। यह दृष्टिकोण सदा यह जानने की कोशिश करता है कि परिवार के सदस्य किस तरह दूसरे सदस्यों के विचार, भाषा, रिवाज़ एवं प्रतीकों को समझते हैं, जो उनके व्यवहार एवं अन्त:क्रिया को प्रभावित करते हैं। यह परिवार की संरचना एवं भूमिकाओं की विविधताओं का भी अध्ययन करता है। इस दृष्टिकोण का केन्द्रबिन्दु यह होता है कि किस प्रकार परिवार के सदस्यों के भूमिका-सम्बन्धों ने पारिवारिक एकता बनाये रखने के लिए एक कार्य-प्रणाली (*Modus Operandi*) का विकास किया है।

परिवार के प्रकार्य (Functions of Family)

विभिन्न विद्वानों ने परिवार के प्रकार्यों पर विभिन्न ढँग से विचार किया है। इस पर विचार करने से ऐसा लगता है कि परिवार व्यक्ति और समाज के लिए विभिन्न प्रकार का कार्य करता आया है। प्रकार्यों में भिन्नता स्वाभाविक है, इसीलिए कि परिवार का स्वरूप हर काल और हर समाज में एक जैसा नहीं होता है। यहाँ हम विभिन्न विद्वानों द्वारा दिये गये परिवार के प्रकार्यों को संक्षिप्त रूप से रख रहे हैं। लण्डबर्ग (G. Lundberg) ने परिवार के चार प्रमुख प्रकार्यों की चर्चा की है–

(i) यौन व्यवहार का नियमन एवं सन्तानोत्पत्ति (Regulation of sex behaviour and reproduction),
(ii) बच्चों का लालन-पालन तथा समाजीकरण (Upbringing of the children and socialization),
(iii) सहयोग एवं श्रम-विभाजन (Cooperation and division of labour) तथा
(iv) बुनियादी सामूहिक जीवन की सन्तुष्टि (Satisfaction of basic group life)।

मेटा स्पेंसर (Metta Spencer) ने भी परिवार के चार प्रकार्यों की चर्चा की है, पर वह थोड़ा भिन्न है–

(i) यौन-व्यवहार एवं प्रजनन प्रक्रिया का नियन्त्रण (The regulation of sexual behaviour and reproduction),
(ii) समाजीकरण (Socialization),
(iii) सुरक्षा (Protection) एवं
(iv) स्नेह (Affection)।

हॉर्टन एवं हण्ट (P.B. Horton and C.L. Hunt) ने परिवार के प्रमुख प्रकार्यों की चर्चा इस प्रकार की है–

(i) यौन नियन्त्रण प्रकार्य (The Sexual Regulation Function),
(ii) प्रजनन प्रकार्य (The Reproductive Function),
(iii) समाजीकरण प्रकार्य (The Socialization Function),
(iv) स्नेहात्मक प्रकार्य (The Affectional Function),
(v) सामाजिक स्थिति निर्धारण सम्बन्धी प्रकार्य (The Status Function),
(vi) सुरक्षात्मक प्रकार्य (The Protective Function) और
(vii) आर्थिक प्रकार्य (The Economic Function)।

ऊपर जितने भी प्रकार के प्रकार्यों का उल्लेख किया गया है उन सभी को एक साथ मिलाकर हम निम्नलिखित ढँग से वर्णन करना चाहेंगे।

1. जैविक प्रकार्य (Biological Function)— प्रजनन-क्रिया परिवार की महत्त्वपूर्ण प्रकार्य रही है। प्रजनन मानव-समाज की निरन्तरता एवं अस्तित्व के लिए आवश्यक है। सभ्यता के प्रारम्भिक काल में ही मानव-समाज ने यह अनुभव किया कि मुक्त यौनाचार एवं अव्यवस्थित प्रजनन मानव-प्राणी के अस्तित्व के लिए घातक सिद्ध हो सकता है। अत: यौन-सम्बन्ध एवं प्रजनन-क्रिया को सामाजिक नियमों में बाँधकर व्यवस्थित किया गया। अगर किसी समाज में यौन-आचरण की थोड़ी बहुत स्वतन्त्रता है, तो भी वहाँ मुक्त यौनाचार से उत्पन्न सन्तति को सामाजिक स्तर पर अवैध करार किया जाता है। इस प्रकार प्रत्येक समाज परिवार को प्रजनन-क्रिया की एकमात्र स्वीकृत तथा वैध संस्था के रूप में स्वीकार करता है।

यौन-इच्छा प्रत्येक जीवधारी की स्वाभाविक एवं जैविक वृत्ति है। परिवार स्त्री-पुरुष की दैहिक आवश्यकता की पूर्ति की स्वीकृत संस्था है। परिवार व्यक्ति की इस स्वाभाविक इच्छा को नियन्त्रित भी करता है, ताकि समाज में संघर्ष और अराजकता न फैले। परिवार प्रत्येक व्यक्ति के यौन-सम्बन्ध के अवसरों को स्थायी व्यवस्था प्रदान करता है।

2. आर्थिक प्रकार्य (Economic Function)— परिवार के प्रमुख प्रकार्यों में आर्थिक प्रकार्य भी काफी महत्त्वपूर्ण है। समाज में परिवार ही आर्थिक संसाधनों की व्यवस्था करता है, ताकि परिवार के सदस्यों का समुचित भरण-पोषण हो सके। पारम्परिक ग्रामीण संयुक्त परिवार व्यक्ति को जीवन-पर्यन्त आर्थिक सुरक्षा प्रदान करता रहा है, परन्तु आधुनिक औद्योगिक समाजों में परिवार पर व्यक्ति की आर्थिक निर्भरता एक मायने में कुछ कम हो गयी है। ग्रामीण समाज में व्यक्ति शीघ्र ही आर्थिक उत्पादन कार्यों में भाग लेने लगता है, परन्तु औद्योगिक समाजों में व्यक्ति को आर्थिक उत्पादन कार्यों में भाग लेने हेतु एक लम्बी अवधि तक उचित प्रशिक्षण लेना पड़ता है। इस प्रकार परिवार एक आर्थिक इकाई है, आर्थिक सुरक्षा का आधार है एवं सम्पत्ति अर्जन और संग्रह का साधन है।

3. मनोवैज्ञानिक प्रकार्य (Psychological Function)— मनुष्य एक संवेदनशील प्राणी है। मनुष्य प्यार, स्नेह, सहानुभूति और भावनात्मक सुरक्षा चाहता है, ताकि इसकी भावनाओं और संवेदनाओं का समुचित विकास हो सके। परिवार ही वह संस्था है, जो इस मनोवैज्ञानिक प्रकार्य को सर्वाधिक कुशलता के साथ सम्पन्न करता है। समाजशास्त्रीय अध्ययनों से यह प्रमाणित हो गया है कि टूटे और बिखरे परिवारों के बच्चों में असामाजिक तत्त्वों के शिकार होने की प्रवृत्ति अधिक पायी जाती है। पार्सन्स का विचार है कि परिवार अपने मनोरंजनात्मक कार्यों से सदस्यों के मानसिक तनावों को कम करके उनके व्यक्तित्व को सन्तुलित अवस्था में रखता है।

4. समाजीकरण सम्बन्धी प्रकार्य— परिवार प्रत्येक बच्चे को समाज में उठने-बैठने की शिक्षा देने की महत्त्वपूर्ण जिम्मेदारी निभाता है। समाज द्वारा मान्य सामाजिक विधि-विधानों की शिक्षा बच्चों को अधिकांशत: परिवार के द्वारा ही दी जाती है। परिवार व्यक्ति के समाजीकरण का एक मुख्य कार्य करता है। परिवार अपने बच्चों को व्यापक समाज में भागीदारी के लिए तैयार करता है और व्यापक संस्कृति का बोध कराता है।

5. परिवार सामाजिक प्रतिष्ठा एवं पहचान प्रदान करता है— व्यक्ति की सामाजिक पहचान जन्म से ही उसके माता-पिता की सामाजिक प्रतिष्ठा और विशिष्टता से होती है। बच्चे अपने माता-पिता से सामाजिक, सांस्कृतिक एवं आर्थिक क्रिया-कलापों को भी ग्रहण करते हैं। साथ ही अपने माता-पिता से मूल्य, आचार-व्यवहार की प्रणालियाँ, यथार्थ इत्यादि चीजों को भी ग्रहण करते हैं। संक्षेप में, हम यह कह सकते हैं कि परिवार पीढ़ी-दर-पीढ़ी संस्कृति के अन्तरण के वाहन के रूप में कार्य करता है।

समाज में हमारी पहचान सबसे पहले हमारे नाम के द्वारा होती है। यह नाम व्यक्ति को परिवार द्वारा विरासत के रूप में मिलता है। इस नाम के अतिरिक्त व्यक्ति की पहचान जाति, वंश, वर्ग, धर्म, राष्ट्र इत्यादि के द्वारा भी होती है। भारतीय समाज में हमारे धन्धों की पहचान भी कुछ हद तक परिवार के परम्परागत धन्धों से होती है।

संक्षेप में, यहाँ हम यह कहना चाहते हैं कि व्यक्ति की पहचान और प्रतिष्ठा का निर्धारण उसके परिवार से होता है। यह सही है कि व्यक्ति अपनी योग्यता और मेहनत से समाज में हैसियत प्राप्त कर सकता है। लेकिन प्रत्येक व्यक्ति की अपनी एक **आरोपित सामाजिक स्थिति (Ascriptive Social Status)** होती है, जो उसे उसके परिवार से ही प्राप्त होती है।

6. सुरक्षात्मक प्रकार्य (Protective Function)— परिवार अपने सदस्यों को जीवन के विभिन्न अवसरों पर शारीरिक सुरक्षा प्रदान करने का काम करता है। बीमारी, दुर्घटना, वृद्धावस्था की स्थिति में परिवार अपने सदस्यों की देखभाल करता है। जो सदस्य किसी परिस्थितिवश लाचार या कमजोर हो जाते हैं, उनकी सुरक्षा की पहली जिम्मेदारी परिवार की ही होती है। परिवार सिर्फ शारीरिक सुरक्षा ही नहीं प्रदान करता, बल्कि भोजन, वस्त्र, आवास इत्यादि भी मुहैया कराता है। बचपन में तो हर किसी को सबसे पहले परिवार का ही सहारा मिलता है। परिवार के अभाव में व्यक्ति का विकास शायद ही सम्भव है। परिवार अपने सदस्यों को सुरक्षा सिर्फ आम जीवन में ही नहीं देता, वरन् जब व्यक्ति के जीवन में तनाव, संघर्ष, संकट इत्यादि आते हैं, तो परिवार उनसे भी निबटने में मदद करता है।

7. सामाजिक नियन्त्रण का प्रकार्य— परिवार सामाजिक नियन्त्रण के एक प्रमुख अभिकरण (Agency) के रूप में काम करता है। परिवार अपने बच्चों को साधारणतया वर्तमान सामाजिक संरचना एवं मूल्यों को स्वीकार करने के लिए प्रेरित या बाध्य करता है। चूँकि संस्कृति का पीढ़ी-दर-पीढ़ी अन्तरण सबसे पहले परिवार के माध्यम से होता है, इसलिए माँ-बाप अपने बच्चों को हमेशा यह सिखलाते हैं कि उसे वही कार्य या व्यवहार करना चाहिए, जो समाज में सभी लोगों को मान्य हो। कोई भी माँ-बाप अपने बच्चों से यह अपेक्षा नहीं रखते हैं कि वे परम्परागत मूल्यों या प्रतिमानों का विरोध करें। इस तरह से परिवार समाज को स्थायित्व प्रदान करने की कोशिश करता है।

परिवार का उद्विकास (Origin of Family)

परिवार की उत्पत्ति का उद्विकासीय सिद्धान्त सर्वप्रथम अमरीकी मानवशास्त्री मॉर्गन (L.H. Morgan) ने प्रतिपादित किया था। इस सम्बन्ध में उन्होंने कहा है कि समाज की आरम्भिक अवस्था में परिवार एवं विवाह नाम की कोई संस्था नहीं थी। आरम्भिक काल में **यौन साम्यवाद (Sex Communism)** की स्थिति थी। विवाह एवं परिवार का विकास इसके बाद के युगों में क्रमशः हुआ। मॉर्गन ने अपने विचारों की पुष्टि के निमित्त त्योहारों के अवसर पर स्वेच्छाचार, **पत्नी-विनिमय (Exchange of Wife)**, अतिथि सत्कार के निमित्त **पत्नी भेंट (Wife Hospitality)** आदि तथ्यों का उल्लेख किया। मॉर्गन ने कहा है कि आरम्भिक अवस्था में बहन पत्नी थी और यही समाज का नियम था। मॉर्गन (1870) ने परिवार के उद्विकास के पाँच स्तरों का उल्लेख किया है, जो निम्नलिखित हैं–

1. समरक्त परिवार (Consanguineous Family)— परिवार के उद्विकास का प्रथम चरण माना जाता है। इस अवस्था में यौन-सम्बन्ध के स्थापित नियमों का सर्वथा अभाव था। इस स्तर में भाई-बहन के बीच भी यौन-सम्बन्ध होते थे। मॉर्गन ने उदाहरण के तौर पर पॉलिनीजियन (Polynesian) समाज का विशेष रूप से उल्लेख किया है।

2. समूह विवाह परिवार (Punaluan Family)— मॉर्गन ने पुनालुअन परिवार को परिवार के उद्विकास का दूसरा चरण माना है। इस प्रकार के परिवार में समूह विवाह (Group Marriage) का प्रचलन था। एक परिवार के सभी भाइयों का विवाह दूसरे परिवार की सभी बहनों के साथ होता था।

3. सिण्डियास्मियन परिवार (Syndiasmian Family)— यह परिवार के विकास का तीसरा स्तर माना जाता था। इस परिवार के अन्तर्गत एक पुरुष का विवाह एक स्त्री से होता था। लेकिन परिवार के सभी पुरुष सभी विवाहित स्त्रियों के साथ समान रूप से यौन-सम्बन्ध स्थापित कर सकते थे।

4. पितृसत्तात्मक परिवार (Patriarchal Family)— पितृसत्तात्मक परिवार में परिवार पर पुरुष की श्रेष्ठता होती है। वह एक से अधिक पत्नियाँ रख सकता है। पुरुष के अधिकार स्त्रियों की तुलना में अधिक थे। हर एक कार्य पुरुषों की मर्जी से होता था। मध्य एवं दक्षिण एशिया के देशों में इस प्रकार के परिवार की आज भी प्रधानता है।

5. एक-विवाही परिवार (Monogamian Family)— एक-विवाही परिवार परिवार के उद्विकास का अन्तिम और आधुनिक स्तर है। इसके अन्तर्गत एक पुरुष किसी एक ही स्त्री से विवाह करता है। उन्होंने कहा है कि समाज के विकास के साथ इस किस्म के परिवार में भी परिवर्तन की सम्भावना है। एक-विवाही परिवार सामाजिक उद्विकास का कोई अन्तिम चरण नहीं है।

मॉर्गन के उपर्युक्त सिद्धान्त की आलोचना यह कहकर की जाती है कि कई पशु-पक्षियों में भी हमें नर-मादा जोड़े देखने को मिलते हैं। इससे स्पष्ट होता है कि जब उनमें यौन साम्यवाद नहीं है, तो मनुष्य जैसे विकसित प्राणी में यौन-साम्यवाद की बात हम कैसे सही मान सकते हैं। हरेक समाज की भौगोलिक, सामाजिक एवं सांस्कृतिक परिस्थितियाँ अलग-अलग रही हैं। अत: परिवार के विकास के स्तर भी भिन्न-भिन्न रहे होंगे। इस दृष्टि से मॉर्गन द्वारा प्रतिपादित परिवार के उद्विकासी चरणों की प्रामाणिकता संदिग्ध दिखायी देती है।

इतिहासकार लॉरेन्स स्टोन (Lawrence Stone, 1977) ने परिवार के विकास का ऐतिहासिक परिप्रेक्ष्य में विश्लेषण किया है। उन्होंने बताया है कि परिवार तीन चरणों से गुज़रा है। पहले चरण को उन्होंने **खुला वंशावली परिवार (Open Lineage Family)** कहा है, जो 16वीं सदी के पूर्व यूरोपीय देशों में पाया जाता था। इस अवस्था में परिवार छोटे-छोटे घरों में निवास करता था अर्थात् परिवार का आकार काफी छोटा हुआ करता था तथा परिवार और समुदाय के बीच बहुत ही नज़दीक का सम्बन्ध पाया जाता था। समुदाय का प्रभाव परिवार पर इतना अधिक था कि कभी-कभी समुदाय और परिवार में अन्तर बताना कठिन हो जाता था। व्यक्ति को अपने जीवन-साथी चुनने का अधिकार नहीं के बराबर था। युवक-युवतियों का विवाह उसके माता-पिता अपने समुदाय के लोगों की राय से करते थे।

प्रतिबन्धित पितृसत्तात्मक परिवार (Restricted Patriarchal Family)— परिवार के विकास का दूसरा चरण है। इसका काल 16वीं सदी के प्रारम्भ से लेकर 18वीं सदी के प्रारम्भ तक का माना जाता है। इस प्रकार का परिवार मुख्य रूप से समाज के उच्च वर्गों में पाया जाता था। इसका स्वरूप मूल परिवार जैसा था, लेकिन यह पहले चरण की तरह समुदाय से उतना घनिष्ठ रूप से जुड़ा हुआ नहीं था। समुदाय के नियन्त्रण से काफी दूर था। यह तीसरे और प्रथम चरण के बीच की कड़ी के रूप में माना जाता है।

धीरे-धीरे प्रतिबन्धित पितृसत्तात्मक परिवार **बन्द घरेलू मूल परिवार (Closed Domesticated Nuclear Family)** का स्वरूप लेने लगा। इस प्रकार का परिवार घर की चहारदिवारी के अन्दर सीमित होने लगा। परिवार पर समुदाय का नियन्त्रण बिलकुल समाप्त हो गया। परिवार में पति-पत्नी, माता-पिता और बच्चों के बीच संवेगात्मक सम्बन्ध ज़्यादा गाढ़ा होने लगा। परिवार के अन्तर्गत एकान्तता की प्रवृत्ति बढ़ने लगी। ऐसे परिवार का प्रजनन और बच्चों का लालन-पालन मुख्य उद्देश्य हो गया। युवक-युवतियों के बीच विवाह का आधार वैयक्तिक पसन्द, चुनाव एवं प्रेम होता है। दूसरे शब्दों में इस काल में परिवार का विकास का आधार मुख्य रूप से प्रेम-विवाह होता है। गिडेन्स ने इस काल के परिवार की मुख्य विशेषता को **भावात्मक व्यक्तिवाद (Affective Individualism)** कहा है। वर्तमान विकसित देशों का परिवार इसका अच्छा उदाहरण है।

परिवार के प्रकार (Types of Family)

विश्वस्तर पर परिवार के भिन्न-भिन्न रूप पाये जाते हैं और इसका स्वरूप समय और परिस्थितियों के अनुसार मानव की सभ्यता और संस्कृति के विकास के क्रम में बदलता रहा है। फलस्वरूप परिवार के वर्गीकरण के कई आधार बन

गये हैं, जैसे– निवास (Residence), वंशक्रम (Ancestry), प्रभुत्व (Authority), विवाह (Marriage), आकार (Size) इत्यादि। **सारणी-1** की मदद से परिवार के प्रकार को हम आसानी से समझ सकते हैं।

सारणी-1 परिवार के प्रकार के विभिन्न आधार

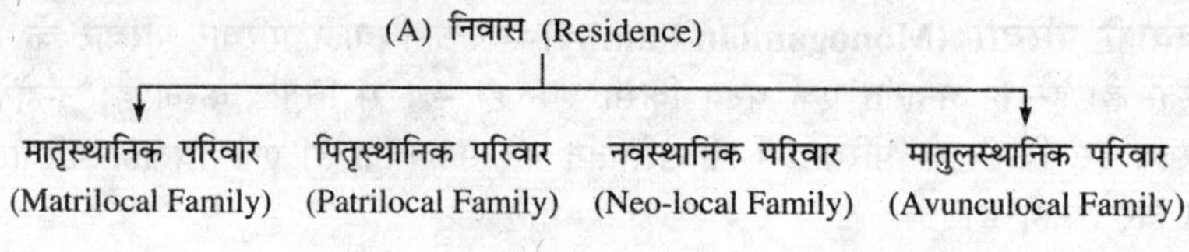

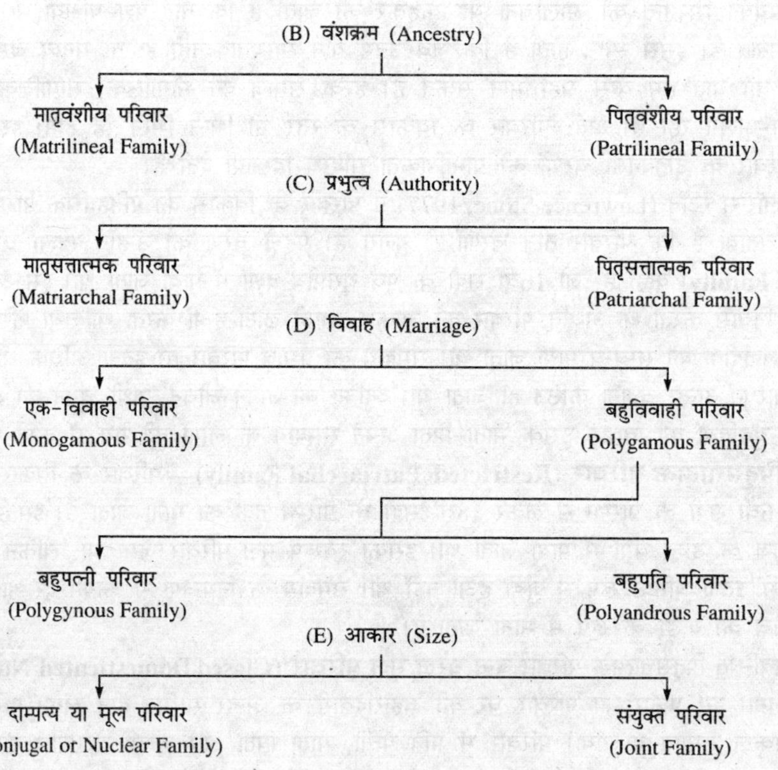

(A) निवास के आधार पर परिवार के चार प्रकार होते हैं–

1. मातृस्थानिक परिवार (Matrilocal Family)— निवास के आधार पर हम यह पाते हैं कि मातृसत्तात्मक परिवार में विवाह के बाद पुरुष अपनी पत्नी के घर में निवास करता है। पर यह हमेशा के लिए नहीं होता है। मातृस्थानिक परिवार स्वाभाविक रूप से मातृसत्तात्मक होता है।

2. पितृस्थानिक परिवार (Patrilocal Family)— बहुत सारे लेखकों ने इस सम्बन्ध में यह लिख रखा है कि जब विवाह के बाद पत्नी अपने पति के घर निवास करती है, तो उसे पितृस्थानिक परिवार कहा जाता है। जॉनसन (Johnson, 1983: 153) के अनुसार यह कहना सरासर ग़लत है। पितृस्थानिक का सीधा अर्थ यह होता है कि विवाह के बाद पत्नी अपने पति के पुराने घर के आस-पास या उसके समुदाय में एक नयी सदस्या के रूप में निवास करती है। पति के माता-पिता के साथ उसका रहना आवश्यक नहीं है। चूँकि नये परिवार के निवास की परम्परा पुरुष की

ओर से निर्धारित होती है, इसीलिए पितृस्थानिक परिवार पितृसत्तात्मक परिवार भी होता है। भारत में हिन्दू और मुसलमानों के अलावा भील, खड़िया जनजातियों में साधारणतया इसी तरह का परिवार पाया जाता है।

यहाँ यह भी उल्लेखनीय है कि मातृस्थानिक और पितृस्थानिक परिवार की चर्चा सबसे पहले जॉर्ज पी. मरडॉक (George P. Murdock) ने की थी। उन्होंने बताया है कि कुछ जनजातियों के बीच पुरुषों को कुछ दिनों के लिए अपनी नयी विवाहित पत्नी के घर काम करना पड़ता है। ऐसा इसीलिए किया जाता है कि लड़की को अपने घर से दूर जाने पर उसके माता-पिता को आर्थिक घाटा उठाना पड़ता है। उसकी भरपाई के लिए पुरुष को अपने ससुराल में कुछ दिनों के लिए काम करना पड़ता है। फिर पति अपनी पत्नी के साथ अपने समुदाय में निवास करने के लिए वापस आ जाता है। इस प्रथा को मरडॉक ने **मातृ-पितृस्थानिक (Matri-patrilocal)** पद्धति कहा है।

3. नवस्थानिक परिवार (Neolocal Family)— इस प्रकार का परिवार आधुनिक समाज की देन है। ऐसे परिवारों में पति-पत्नी स्वतन्त्र रूप से अपने-अपने माता-पिता से अलग निवास स्थापित करते हैं। आज नगरों में ऐसे परिवारों का काफी विस्तार हो रहा है। पाश्चात्य समाज की तो यह एक प्रमुख विशेषता ही है।

4. मातुलस्थानिक परिवार (Avunculocal family)— इस प्रथा के अन्तर्गत विवाहित लड़का अपनी पत्नी के साथ अपने मामा के घर या समुदाय में निवास करने लगता है। वह अपने माता-पिता से दूर हो जाता है। मेलानिजिया Melanesia की कुछ आदिमजातियों के बीच इस प्रथा का काफी प्रचलन है।

(B) वंशक्रम के आधार पर परिवार के दो प्रकार होते हैं–

1. मातृवंशीय परिवार (Martilineal Family)— मातृवंशीय परिवार वह है, जहाँ वंशक्रम या नाम माता की ओर से चलता है। इसमें पिता की तरफ से वंशक्रम का निर्धारण नहीं होता है। बच्चों का वंश-परिचय माता के वंश द्वारा होता है।

2. पितृवंशीय परिवार (Patrilineal Family)— ऐसे परिवारों में वंशपरम्परा का नियम यह होता है कि वंशक्रम या नाम पिता की ओर से चलता है। विवाह के बाद स्त्री अपने पति का उपनाम ग्रहण करती है और इस तरह उसकी सन्तति पिता के वंशनाम के अनुसार चलती है। ऐसे परिवारों को पितृवंशीय परिवार कहा जाता है।

(C) प्रभुत्व के आधार पर परिवार के दो प्रकार होते हैं–

1. मातृसत्तात्मक परिवार (Matriarchal Family)— जब परिवार का सर्वोच्च या प्रमुख अधिकार माता या स्त्री में केन्द्रित होता है, तब उस परिवार को मातृसत्तात्मक परिवार कहते हैं। ऐसे परिवार में नियन्त्रण एवं निर्देश का अधिकार मुख्य रूप से माता या स्त्री में निहित होता है। परन्तु इससे यह नहीं समझना चाहिए कि पुरुषों को आर्थिक तथा सामाजिक अधिकारों से पूर्णरूपेण वंचित किया जाता है। परिवार में जो कार्य पुरुषोपयुक्त होता है, उन्हें पूरा करने का दायित्व पुरुषों पर ही होता है।

2. पितृशासित परिवार (Patriarchal Family)— इसे **Paternal Family, Patripotestal Family** एवं **Patrifocal Family** के नाम से भी जाना जाता है। जब परिवार का सर्वोच्च अधिकार पिता या पुरुष में केन्द्रित होता है, तब ऐसे परिवार को पितृशासित परिवार कहा जाता है। दुनिया के अधिकांश समाजों में पितृशासित परिवार ही सबसे ज़्यादा प्रचलित है।

(D) विवाह के आधार पर परिवार के दो प्रकार हैं–

1. एक-विवाही परिवार (Monogamous Family)— एक-विवाही परिवार उस परिवार को कहते हैं जिसका निर्माण एक पुरुष और एक स्त्री के वैवाहिक सम्बन्धों से होता है। उनके अविवाहित एवं आश्रित बच्चे भी साथ में रह सकते हैं या नहीं भी रह सकते हैं। ऐसे परिवारों का मुख्य आधार एक पुरुष से एक स्त्री का विवाह करना ही है। दोनों में से किसी एक की मृत्यु होने पर दूसरा पक्ष पुन: विवाह कर सकता है अथवा तलाक द्वारा विवाह सम्बन्ध-विच्छेद के बाद ही दोनों पुन: नया जीवन साथी चुन सकते हैं। एक-विवाही परिवार सबसे अधिक विकसित प्रथा अवश्य है, पर सबसे अधिक प्रचलित प्रथा नहीं है, क्योंकि मरडॉक ने 238 समाजों की वैवाहिक पद्धति का अध्ययन किया, जिसमें मात्र 43 में ही मुख्य रूप से एक-विवाही परिवार का प्रचलन था। शेष सभी बहु-विवाही परिवार थे।

2. बहुविवाही परिवार (Polygamous Family)— इस तरह के परिवार में एक से अधिक यौन-साथी रहते हैं। बहुविवाही परिवारों में एक पुरुष को कई स्त्रियों या एक स्त्री को कई पतियों से सम्बन्ध होता है। इसे निम्नलिखित दो उप-भागों द्वारा समझा जा सकता है। बहुत लोग शायद यही जानते हैं कि एक-विवाही परिवार विश्व में सबसे अधिक लोकप्रिय परिवार है। मरडॉक ने इसे एक भ्रामक तथ्य माना है। उन्होंने 565 समाजों का एक तुलनात्मक अध्ययन किया और यह पाया कि इस विश्व में 80 प्रतिशत समाजों के अन्तर्गत बहु-विवाह-प्रथा का प्रचलन है (Murdock, 1949)।

(क) बहुपत्नी परिवार (Polygynous Family)— बहुविवाह के अन्तर्गत बहुपत्नी विवाह सबसे अधिक प्रचलित प्रथा है। मरडॉक के एक तुलनात्मक अध्ययन से यह प्रमाणित होता है कि 238 में 193 समाज में बहुपत्नी विवाह पाया जाता है, अर्थात् 81 प्रतिशत बहुविवाह बहुपत्नी विवाह है। जब एक पुरुष कई स्त्रियों से विवाह कर सभी को एक ही पारिवारिक इकाई के रूप में रखता है, तब ऐसे परिवार को बहुपत्नी परिवार कहते हैं। ऐसे परिवारों में पति एक एवं पत्नियाँ एक से अधिक होती हैं। साधारणतया पहली पत्नी **मुख्य पत्नी (Primary Wife)** के रूप में जानी जाती है। सभी में उसका स्थान सर्वोपरि होता है। ऐसे परिवार में पारिवारिक अधिकार और सत्ता का केन्द्र पुरुष के हाथ में रहता है एवं पत्नियों में अपेक्षाकृत कम हैसियत वाले अधिकार होते हैं। हिन्दू समुदाय में यह प्रथा भारत की आज़ादी के पूर्व तक काफी प्रचलित थी। परन्तु 1955 ई. में हिन्दू विवाह अधिनियम बनने के बाद हिन्दुओं में एक-विवाही परिवार प्रथा का प्रचलन अनिवार्य हो गया। हिन्दू, इस्लाम, ईसाई और अन्य सभी धर्मों ने स्त्रियों के स्थानों को समाज में पुरुषों के अधीन रखा था। अब आधुनिक समाज में इस प्रथा को समाप्त किया जा रहा है। किन्तु अफ्रीकी समाज में जहाँ ईसाई धर्म काफी प्रचलित है, अभी तक बहुपत्नी विवाह की प्रथा व्यापक रूप से मौजूद है। मुस्लिम समाज में तो बहुपत्नी विवाह-प्रणाली को धार्मिक एवं कानून की स्वीकृति मिली हुई है।

(ख) बहुपति परिवार (Polyandrous Family)— बहुपत्नी विवाह की तुलना में यह बहुत ही कम प्रचलित वैवाहिक प्रथा है। ऐसे परिवारों में एक स्त्री के कई पति होते हैं। ये पति जब आपस में भाई-भाई होते हैं, तो ऐसे परिवार को **भ्रातृबहुपतिक परिवार (Fraternal Polyandrous Family)** कहते हैं। परन्तु स्त्री के सभी पति अगर भाई-भाई नहीं हैं, केवल रिश्तेदार हैं या उनके बीच कोई नातेदारी का बन्धन न हो तो ऐसे परिवार को **अभ्रातृबहुपतिक परिवार (Non-fraternal Polyandrous Family)** कहते हैं। भारत की टोडा तथा मालावार (केरल) की नायर जनजातियों में यह विवाह-प्रथा वर्तमान समय में आंशिक तौर पर प्रचलित है। यह तिब्बत के ग़रीब तबके के लोगों के बीच भी देखने का मिलता है। ऐसे परिवार में स्त्री या माता की तरफ से ही वंश चलता है एवं माता के निवास-स्थान में ही बच्चे का निवास होता है। मरडॉक ने अपने अध्ययनों में यह पाया है कि विश्व के 565 समाजों में से मात्र 4 ही ऐसे समाज है, जहाँ बहुपति विवाही परिवार पाये जाते हैं। यह बहुत ही कम प्रचलित प्रकार का विवाह है। महाभारतकाल में द्रौपदी का विवाह इसका एक चर्चित उदाहरण है।

बहुविवाह के सम्बन्ध में **समिश्रित परिवार (Composite Family)** की अवधारणा समझ लेना आवश्यक है। कुछ लोगों ने समिश्रित परिवार और विस्तृत परिवार (Extended Family) का एक ही अर्थ में प्रयोग किया है, यह सही नहीं है। समिश्रित परिवार उस समाज में पाया जाता है, जहाँ बहुविवाह की प्रथा है। इसका निर्माण तभी होता है, जब एक पति और एक-से अधिक पत्नियाँ होती हैं या फिर एक पत्नी और एक से अधिक पति होते हैं, अर्थात् समिश्रित परिवार बहुविवाही समाज में पाया जाता है। मेटा स्पेंसर का विचार इससे थोड़ा भिन्न है। उनका कहना है कि जब किसी परिवार में एक-से अधिक मूल परिवार होते हैं, तो उसे समिश्रित परिवार कहा जाता है। ये दोनों विचार सही हैं। विस्तृत परिवार की चर्चा आगे की जा रही है।

(E) आकार के आधार पर परिवार के दो प्रकार होते हैं—

1. मूल या दाम्पत्य परिवार (Elementary, Nuclear or Conjugal Family)— मूल परिवार (Nuclear Family) की अवधारणा की ओर सबसे पहले हमारा ध्यान मरडॉक ने 1949 में आकर्षित किया था। आकार और संगठन की दृष्टि से मूल परिवार सबसे छोटा होता है। इनका संगठन पति-पत्नी एवं उन पर आश्रित बच्चों के योग से निर्मित होता

है। इन परिवारों के अन्दर गहरी अन्तःक्रिया होती है, इसीलिए विचारों, भावों तथा क्रियाओं का आदान-प्रदान उन्हीं के बीच सीमित रहता है। ऐसे परिवारों में बच्चे वयस्क होते ही अपना पृथक् मूल परिवार का निर्माण कर लेते हैं। पश्चिमी देशों में परिवार का यही स्वरूप व्यापक रूप से प्रचलित है। आजकल भारतीय समाजों में, विशेषकर महानगरों एवं नगरों में, इस तरह के परिवार का प्रचलन बढ़ रहा है।

जैसा कि कहा जा चुका है कि मूल परिवार परिवार का **सबसे** छोटा स्वरूप है। इसमें मात्र दो ही प्रकार के लोग होते हैं– पति-पत्नी और अविवाहित बच्चे। मूल परिवार का मुख्य आधार विवाह होता है, इसीलिए मूल परिवार को बहुत लोगों ने दाम्पत्य परिवार (Conjugal Family) भी कहा है। मूल परिवार में अधिक-से-अधिक दो ही पीढ़ी के लोग होते हैं। मूल परिवार की अवधारणा **रेखाचित्र-2** से पूरी तरह स्पष्ट हो जाती है।

मूल परिवार को वार्नर (W.L. Warner) ने दो भागों में बाँटा है– **(i) प्रभव परिवार (Family of Orientation)** एवं **(ii) प्रजनन परिवार (Family of Procreation)**।

रेखाचित्र-2 मूल परिवार

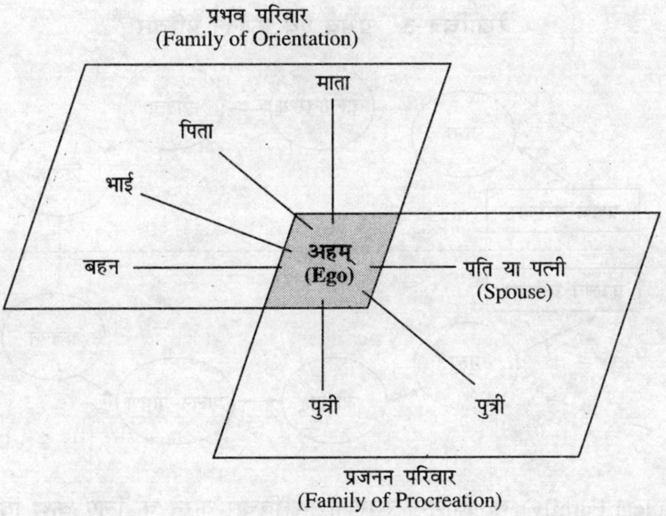

प्रभव परिवार एवं प्रजनन परिवार की अवधारणा को विशेषतौर से समझने की ज़रूरत है। दोनों के बीच के अन्तर को समझने में अक्सर लोग ग़लती कर बैठते हैं। दोनों के बीच के अन्तर को स्पष्ट करते हुए गिडेन्स (1998) ने बताया है कि प्रभव परिवार वह परिवार है, जिसमें व्यक्ति पैदा होता है। बच्चों के लिए उसके माता-पिता का परिवार प्रभव परिवार कहा जायेगा। दूसरी तरफ, जिस परिवार को युवक और युवतियाँ विवाह कर स्थापित करते हैं, उसे प्रजनन परिवार कहा जाता है। पर यदि किसी दम्पति को कोई सन्तान नहीं होती है, तो वैसे मूल परिवार में प्रभव परिवार तथा प्रजनन परिवार दोनों का स्वरूप या पहलू गौण हो जाता है तथा दोनों या दो में से किसी एक की मृत्यु के उपरान्त उस परिवार की समाप्ति हो जाती है। यहाँ ध्यान देने की बात यह है कि एक ही परिवार प्रभव परिवार एवं प्रजनन परिवार दोनों कहा जा सकता है, क्योंकि वर्गीकरण का आधार व्यक्तिविशेष का सन्दर्भ है। माता-पिता के लिए उनका परिवार 'प्रजनन परिवार' माना जाता है तथा वही परिवार उनके बच्चों के लिए प्रभव परिवार कहा जाता है। सेपर्ड (Jon M. Shepard, 1981: 265) ने प्रभव परिवार एवं प्रजनन परिवार के बीच के अन्तर को बहुत ही स्पष्ट ढंग से रखने का प्रयास किया है, जो इस प्रकार है– "प्रभव परिवार वह है, जिसमें आपने जन्म लिया है...प्रजनन परिवार वह

है, जिसे आप विवाह के बाद स्थापित करते हैं।" (A family of orientation is the family you were born into.... A family of procreation is the one you establish when you marry.)

परिवार एक संस्था या समिति के रूप में एक शाश्वत सामाजिक व्यवस्था है, लेकिन कोई परिवार विशेष एक शाश्वत व्यवस्था नहीं है। परिवार एक अस्थायी व्यवस्था है। तलाक या मृत्यु की घटना से मूल परिवार का विघटन हो जाता है। जब बच्चों की शादी हो जाती है, तो उसका प्रभव परिवार समाप्त हो जाता है और एक नये प्रजनन परिवार का विकास हो जाता है। दूसरे शब्दों में, मूल परिवार समय के साथ प्रभव परिवार से प्रजनन परिवार की ओर बढ़ता है और फिर प्रजनन परिवार उसके बच्चों के लिए प्रभव परिवार बन जाता है। इस तरह से समाज में **परिवार निर्माण (Family Formation)** एवं **परिवार विघटन (Family Dissolution)** की प्रक्रिया प्रत्येक समाज में चलती रहती है। मृत्यु, विवाह और प्रजनन ऐसी **अनिवार्य घटना (Vital Events)** है, जो परिवार निर्माण और विघटन की प्रक्रिया से सीधे रूप से जुड़ी हुई हैं।

प्रजनन परिवार एवं प्रभव परिवार के अन्तर्गत चलने वाली परिवार चक्र की प्रक्रिया को **रेखाचित्र-3** के माध्यम से आसानी से समझा जा सकता है।

रेखाचित्र-3 प्रभव एवं प्रजनन परिवार

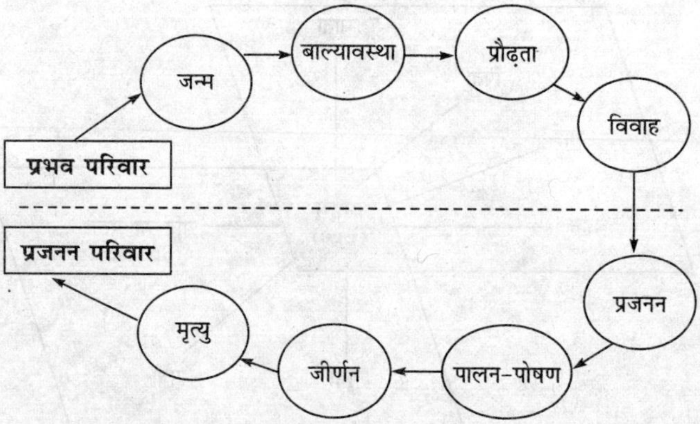

मूल परिवार (Nuclear Family) के विभिन्न स्वरूपों पर विचार करने के लिए कुछ विद्वानों ने इसे दो खण्डों में विभक्त कर देखने का प्रयास किया है– **दाम्पत्य परिवार (Conjugal Family)** और **समरक्त परिवार (Consanguine Family)**। जिस मूल परिवार के अन्तर्गत पति-पत्नी के सम्बन्धों पर विशेष बल दिया जाता है, उसे दाम्पत्य परिवार (Conjugal Family) कहते हैं। ठीक इसके विपरीत जब किसी मूल परिवार में रक्त सम्बन्धों पर अधिक ज़ोर दिया जाता है, तो उसे समरक्त परिवार (Consanguine Family) कहते हैं। संक्षेप में, पहले में पति-पत्नी के सम्बन्धों पर बल है, तो दूसरे में सन्तानों के बीच रक्त के सम्बन्धों पर।

2. संयुक्त परिवार— संयुक्त परिवार उस परिवार को कहते हैं, जिसमें कई पीढ़ियों के सदस्यों का एक सामान्य निवास के साथ-साथ एक रसोई हो, जिनकी एक आर्थिक कार्य-प्रणाली हो और जो परस्पर रक्त सम्बन्धों से बँधे हों। कापड़िया (K.M. Kapadia) और आई.पी. देसाई ने विभिन्न पीढ़ियों के एक साथ रहने का अर्थ यह लगाया है कि उनके पारस्परिक सम्बन्ध में आत्मीयता एवं प्राथमिक भावनाओं की गहराई हो। कापड़िया ने इसे **पीढ़ियों की गहराई (Generational Depth)** कहा है। भारतीय समाज में इस प्रकार का संयुक्त परिवार व्यापक रूप से प्रचलित है। ऐसे परिवार में दादा-दादी, चाचा-चाची तथा चचेरे भाई-बहनों जैसे कई पीढ़ियों के लोग एक साथ रहते हैं। संयुक्त परिवार की पूरी सत्ता परिवार के एक मुखिया में केन्द्रित होती है, जिसे कर्त्ता कहा जाता है। कर्त्ता पूरे परिवार का

एकाधिकारी होता है। यह बात दूसरी है कि मुखिया किसी निर्णय लेने के पहले परिवार के अन्य सदस्यों की राय जान ले, पर अन्तिम निर्णय मुखिया का ही होता है। इस अर्थ में भारतीय संयुक्त परिवार एक **निरंकुश सामाजिक संरचना (Authoritarian Social Structure)** है।

भारतीय संयुक्त परिवार का यह आदर्श रूप अब बदलने लगा है। नये भूमि-कानून, बढ़ती जनसंख्या, गाँवों में मशीनों का प्रवेश, भौतिकवादी जीवन का दबाव, उद्योगीकरण, आधुनिक, शिक्षा इत्यादि सभी कारणों से भारतीय संयुक्त परिवार का आकार अब छोटा होता जा रहा है। आज दो पीढ़ियों का एक साथ रहना ज़्यादा व्यावहारिक हो गया है। परिवार के मुखिया का नेतृत्व कमजोर होता जा रहा है। संक्षेप में यह कहा जा सकता है कि आज का संयुक्त परिवार बहुत संशोधित और सीमित होता जा रहा है और उसकी जगह विस्तृत परिवार उभर रहा है।

जिमरमैन (Carle C. Zimmerman) ने अपनी पुस्तक **Family and Civilization**, 1947 में पाश्चात्य परिवारों को ध्यान में रखकर तीन प्रकार के परिवार की चर्चा की है–

1. न्यासिता परिवार (Trusteeship Family)— जब किसी परिवार के अन्तर्गत व्यक्तिगत स्वार्थ की तुलना में समस्त परिवार का स्वार्थ सर्वोपरि हो जाता है, तो ऐसे परिवार को न्यासिता परिवार कहा जाता है। न्यासिता परिवार में उसके सदस्यों की स्थिति एक न्यास की होती है। परिवार के स्वार्थों की हिफ़ाजत की जिम्मेदारी सभी सदस्यों पर होती है। परिवार की भलाई, स्वार्थ की पूर्ति या उसकी प्रतिष्ठा को बनाये रखने या बढ़ाने की जिम्मेदारी परिवार के सभी सदस्यों की होती है। व्यक्तियों का निजी स्वार्थ गौण होता है। उसे अपने स्वार्थ से ऊपर उठकर परिवार के स्वार्थ की बात सोचनी है। इसका स्वरूप कुछ विस्तृत परिवार से मिलता है, क्योंकि यहाँ व्यक्ति से ऊपर परिवार का स्थान है। भारतीय संयुक्त परिवार एवं विस्तृत परिवार न्यासिता परिवार का बहुत ही उपयुक्त उदाहरण है।

2. अतिलघु परिवार (Atomistic Family)— जब परिवार में सदस्यों का अपना स्वार्थ सर्वोपरि हो जाता है, तो उसे अतिलघु परिवार कहा जाता है। इसे व्यक्तिवादी परिवार भी कहा जाता है, क्योंकि इसमें व्यक्तिविशेष का स्वार्थ ही परिवार का स्वार्थ माना जाता है। यह मूल परिवार का वह स्वरूप है, जहाँ वैयक्तिक स्वार्थ अपनी चरम सीमा पर होता है और पारिवारिक स्वार्थ बिलकुल गौण हो जाता है।

3. घरेलू परिवार (Domestic Family)— जिमरमैन के अनुसार यह अतिलघु परिवार एवं न्यासिता परिवार के बीच की स्थिति है। कुछ ऐसे भी परिवार होते हैं जहाँ व्यक्ति के स्वार्थ एवं परिवार के स्वार्थ में एक समझौते की स्थिति होती है। ऐसे परिवार के अन्तर्गत व्यक्ति एवं परिवार के हितों की रक्षा एवं पूर्ति की भरसक कोशिश की जाती है। यह दोनों प्रकार के परिवार के बीच की संक्राति (Transition) की स्थिति है। घरेलू परिवार के अन्तर्गत अतिलघु परिवार एवं न्यासिता परिवार दोनों के तत्त्व पाये जाते हैं। ऐसे परिवारों के अन्तर्गत माता-पिता बच्चों के विवाह के बाद भी उससे सम्बन्ध बनाये रखते हैं। ज़रूरत पड़ने पर बच्चे एवं माता-पिता पारिवारिक समस्याओं पर मिल जुलकर विचार-विमर्श करते रहते हैं। संयुक्त निर्णय लेने की भी कोशिश की जाती है। जबकि अतिलघु परिवार में माता-पिता अपने बच्चों के शादी-विवाह के बाद बिलकुल दूर हो जाते हैं। पाश्चात्य देशों में अतिलघु परिवार एवं भारत जैसे विकासशील देशों में घरेलू परिवार की प्रधानता होती है।

मरडॉक ने परिवार को दो भागों में विभाजित किया है– **(1) स्वतन्त्र मूल परिवार (Independent Nuclear Family)** एवं **(2) समिश्रित परिवार (Composite Family)**।

1. स्वतन्त्र मूल परिवार— मूल परिवार की चर्चा आगे की जा चुकी है, इसलिए फिर से इसकी चर्चा की यहाँ कोई आवश्यकता नहीं है। इसे भी उन्होंने दो भागों में बाँट रखा है– एक तो वह जहाँ एकाकी विवाह का प्रचलन है और दूसरा वह जहाँ बहुपत्नी विवाह का प्रचलन है।

2. समिश्रित परिवार— इसे मरडॉक ने तीन भागों में विभाजित किया है– **(1) विस्तृत एक-विवाही परिवार (Extended Monogamous Family), (2) स्वतन्त्र बहुविवाही परिवार (Independent Polygamous Families)** एवं **(3) विस्तृत बहुविवाही परिवार (Extended Polygamous Families)**।

विस्तृत परिवार के सम्बन्ध में लेस्ली एवं उनके सहयोगी समाजशास्त्रियों (Gerald R. Leslie *et al.*) ने बताया है कि यह ऐसा परिवार है, जिसमें तीन पीढ़ी के लोग एक साथ रहते हैं, जैसे– दादा-दादी, माता-पिता एवं अविवाहित बच्चे। साधारणतया एक विस्तृत परिवार में कम-से-कम दो मूल परिवारों के लोग अवश्य रहते हैं। एक विस्तृत परिवार में उसके सदस्यों के बीच रक्त के सम्बन्ध की वैवाहिक सम्बन्ध के ऊपर प्रधानता होती है, जबकि दूसरी तरफ मूल परिवार के अन्तर्गत वैवाहिक सम्बन्धों की प्रधानता होती है। इसी तथ्य को स्पष्ट करते हुए लेस्ली ने बताया है कि "विस्तृत परिवार को समरक्त परिवार कहा जाता है।" (Extended families are referred to as consanguine families.) विस्तृत परिवार के स्वरूप को **रेखाचित्र-4** की मदद से आसानी से समझा जा सकता है। मरडॉक के अध्ययनों से पता चलता है कि इस दुनिया में लगभग आधे-से अधिक लोग विस्तृत परिवार के ही सदस्य हैं। किन्तु गॉर्डन मार्शल (Gordon Marshall, 1998) ने अपनी पुस्तक **Oxford Dictionary of Sociology** में लिखा है कि इस प्रकार के परिवार पाश्चात्य देशों में अब शायद ही पाये जाते हैं।

रेखाचित्र-4 विस्तृत परिवार (Extended Family)

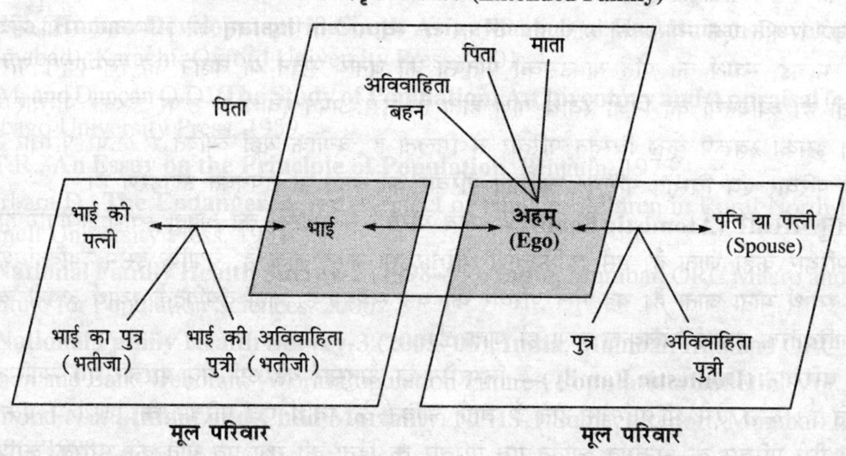

पितृसत्तात्मक विस्तृत परिवार के अन्तर्गत **शाखा परिवार (Stem Family)** की भी कल्पना की गयी है या यह कहा जाये कि शाखा परिवार विस्तृत परिवार का ही प्रमुख अंग है। इस विषय पर फ्रिडरीक ली प्ले (Frederic Le Play) का योगदान काफी महत्त्वपूर्ण है।

विस्तृत परिवार में कम-से-कम दो मूल परिवार के लोग अवश्य होते हैं, जबकि शाखा परिवार के अन्तर्गत एक मूल परिवार के साथ कई सगे-सम्बन्धी होते हैं। पर सगे-सम्बन्धियों का कोई सम्पूर्ण मूल परिवार उसमें नहीं होता है। दूसरे शब्दों में, हम यह कह सकते हैं कि शाखा परिवार के अन्तर्गत डेढ़ मूल परिवार के लोग होते हैं। ली प्ले ने इस अवधारणा की चर्चा इस सन्दर्भ में की थी कि कुछ समाजों में सम्पत्ति का हस्तान्तरण सीधे पिता से पुत्र को नहीं होता है, बल्कि वह अपने जीवन-काल में किसी सगे-सम्बन्धी को अपना उत्तराधिकारी मान लेता है। जीवनयापन के लिए ऐसे परिवार में बेटे को आर्थिक सहायता की व्यवस्था रहती है। इस ढंग की व्यवस्था से पिता-पुत्र या फिर पुत्रों के बीच सम्पत्ति का बँटवारा नहीं होता है। ऐसा भारत में भी देखने को मिलता है जब किसी को अपनी सन्तान नहीं होती तो लोग अपने भाँजे को गोद ले लेते हैं और बाद में वह मामा की सम्पत्ति का उत्तराधिकारी हो जाता है। ऐसे परिवार को भी हम शाखा परिवार (Stem Family) की ही संज्ञा देंगे।

कुछ विद्वानों ने संयुक्त परिवार और विस्तृत परिवार का एक ही अर्थ में प्रयोग किया है, लेकिन दोनों के बीच थोड़ा फ़र्क है। संयुक्त परिवार के अन्तर्गत सिर्फ एक से अधिक मूल परिवार ही नहीं होते, बल्कि उसमें एक से

अधिक विस्तृत परिवार भी होते है। संयुक्त परिवार में दादा या कम-से-कम पिता के भाइयों का परिवार निश्चित रूप से पाया जाता है। दूसरे शब्दों में संयुक्त परिवार एक-से अधिक विस्तृत परिवार का वृहत स्वरूप है।

परिवार के सदस्यों के नामकरण के आधार पर परिवार को दो भागों में बाँट सकते हैं– **पितृनाम परिवार (Patronymic Family)** एवं **मातृनामी परिवार (Matronymic Family)।**

पितृनाम परिवार वह परिवार है, जिसके अन्तर्गत सन्तान का नामकरण पिता की ओर से चलता है। यह पितृवंशीय परिवार की एक विशेषता है। दूसरी तरफ मातृनामी परिवार वह परिवार है, जिसके अन्तर्गत सन्तान का नामकरण माता की ओर से चलता है। ऐसा मातृवंशीय परिवार में पाया जाता है।

परिवार का विघटन (Disorganization of Family)

आधुनिक समय में परिवार के समक्ष कुछ ऐसी समस्याएँ उत्पन्न हो गयी हैं, जिनके कारण परिवार के अस्तित्व पर एक प्रश्नचिह्न लग गया है। वर्तमान समय में परिवार में अभूतपूर्व परिवर्तन आ रहा है, जो परिवार के सदस्यों के दृष्टिकोण, मूल्यों, विचारों इत्यादि में अनेकानेक परिवर्तनों को जन्म दे रहा है। इन परिवर्तनों के कारण अनेक समाजशास्त्री यह सोचने को विवश हो गये हैं कि परिवार रूपी संस्था का विघटन होता जा रहा है। आधुनिक परिवारों के सदस्यों के बीच तनाव, ईर्ष्या, अश्रद्धा, घृणा इत्यादि देखने को मिलते हैं, जिससे परिवार के आपसी सम्बन्धों में एक प्रकार की उदासीनता और अलगाव की भावना आदि पायी जाने लगी हैं।

परिस्थितियों के बदलाव के साथ-साथ व्यक्ति की आवश्यकताओं में भी निरन्तर परिवर्तन होता रहता है। इन नवीन आवश्यकताओं के अनुसार परिवार को समयानुसार अनुकूलन करना पड़ता है। परन्तु परिवार के प्राचीन आदर्शों, प्रतिमानों, मूल्यों इत्यादि में उतनी तीव्रता के साथ परिवर्तन नहीं हो पाता है। परिवार के सदस्य जब अपेक्षित व्यवहार से भिन्न व्यवहार करने लगते हैं, तब परिवार में विघटन की स्थिति पैदा होती है। इलियट एवं मेरिल ने पारिवारिक विघटन के बारे में लिखा है कि "पारिवारिक विघटन में पति-पत्नी के बीच पाया जाने वाला तनाव ही नहीं आता है, बल्कि बच्चों और माता-पिता के मध्य पनपने वाला तनाव भी आता है।" पारिवारिक विघटन का तात्पर्य पारिवारिक सम्बन्धों में बाधा पड़ना है। यह संघर्षों के क्रम का वह चरम रूप है, जिसने परिवार की एकता के लिए खतरा पैदा कर दिया है। यह संघर्ष किसी भी प्रकार का हो सकता है। संघर्ष के इसी क्रम को पारिवारिक विघटन कहा जाता है।

इस प्रकार यह स्पष्ट होता है कि पारिवारिक क्रिया-कलापों में असन्तुलन की स्थिति का उत्पन्न होना ही पारिवारिक विघटन है। जब परिवार के सदस्यों में तनाव उत्पन्न हो जाता है, तब सदस्य अपने कर्त्तव्यों और पारस्परिक भावनाओं के प्रति अरुचि दिखलाने लगते हैं और परिवार में मान्य नियमों इत्यादि के विपरीत आचरण करने लगते हैं, तब परिवार में पारिवारिक विघटन की स्थिति उत्पन्न हो जाती है।

पारिवारिक विघटन की निम्नलिखित विशेषताएँ हैं–

1. हितों की एकता का अभाव (Lack of Unity of Interests)— विघटित परिवारों के सदस्य एक-दूसरे के हित में अपना हित नहीं समझते। व्यक्ति दूसरे के हितों को ठुकरा देता है और अपने स्वार्थों की पूर्ति में लग जाता है, जिसके कारण पारिवारिक एकता भंग हो जाती है।

2. पारिवारिक उद्देश्यों की एकता का अभाव (Lack of Unity of Familial Objectives)— परिवार को समय-समय पर अनेक समस्याओं का सामना करना होता है और इन्हें सुलझाने के लिए परिवार के सदस्यों के बीच मतों की एकता का होना आवश्यक है। विघटित परिवार में इस एकता की भावना का अभाव पाया जाता है।

3. यौन-इच्छाओं की पूर्ति परिवार के बाहर (Fulfilment of Sex-desires Outside the Family)— सदस्यों की यौन-इच्छाओं की पूर्ति जब परिवार के दायरे में नहीं हो पाती, तब पति-पत्नी के बीच परस्पर सन्देह की भावना

का विकास होता है और तनाव का वातावरण उत्पन्न हो जाता है। पारिवारिक दायरे के बाहर यौन-इच्छाओं की पूर्ति पारिवारिक विघटन को आमंत्रित करती है।

4. विरोधी वैयक्तिक महत्त्वाकांक्षाएँ (Conflicting Personal Ambitions)— सभी व्यक्तियों की कुछ-न-कुछ अपनी महत्त्वाकांक्षाएँ होती हैं। परिवार के सदस्य परस्पर एक-दूसरे की महत्त्वाकांक्षाओं की पूर्ति में मदद करते हैं। परन्तु विघटित परिवारों में ऐसे परस्पर सहयोग की भावना का अभाव पाया जाता है। ऐसे परिवारों में सभी की महत्त्वाकांक्षाएँ एक-दूसरे के विपरीत हो जाती हैं और आपसी सम्बन्ध एवं व्यवहार कटुतापूर्ण और तनावग्रस्त हो जाते हैं।

परिवार के विघटन के कारण

परिवार के विघटन के अनगिनत कारण हैं। उन कारणों की उग्रता एवं प्रभाव में समय तथा परिस्थितियों के अनुसार बदलाव आता रहता है, जो कि बिलकुल स्वाभाविक है। यहाँ परिवार के विघटन के उन प्रमुख कारणों की चर्चा की जा रही है, जिसने वर्तमान समय में परिवार को सबसे अधिक विघटित करने का कार्य किया है।

1. यौन-सम्बन्धों की असन्तुष्टि (Dissatisfaction of Sexual Relations)— यौन-सम्बन्ध सन्तोषजनक नहीं रहने के कारण परिवार में पति-पत्नी के बीच सम्बन्ध हमेशा तनावपूर्ण रहते हैं। विभिन्न कारणों से पति-पत्नी के बीच अविश्वास और सन्देह की भावना उत्पन्न होती है। फलस्वरूप परिवार में झगड़े पैदा होते हैं और अन्ततः कभी-कभी परिवार में विघटन की स्थिति पैदा हो जाती है।

2. सदस्यों की स्वार्थभावना (Selfish Motive)— परिवार के सदस्यों में जब स्वार्थ की भावना प्रबल हो जाती है, तब वे अन्य सदस्यों या समस्त परिवार के हितों की चिन्ता नहीं करते हैं। इस प्रकार सदस्यों में सहयोग की भावना धीरे-धीरे समाप्त होने लगती है और परिवार विघटन की स्थिति में आ जाता है।

3. सामाजिक मूल्यों की विभिन्नता एवं पीढ़ियों के बीच खाई (Different Social Values and Generation Gap)— आधुनिक समय में सामाजिक परिवर्तन की गति कुछ अधिक तीव्र है। परिवार के सदस्यों के बीच सामाजिक मूल्यों की विभिन्नता से पारिवारिक सहयोग एवं वैचारिक समानता धीरे-धीरे समाप्त होने लगती है, जिसके कारण परिवार विघटन की स्थिति में आ जाता है। परिवार में पिता जिन सामाजिक मूल्यों के अनुसार अपने बच्चों को ढालने का प्रयास करते हैं, बच्चे उन्हें आसानी से अपनाना नहीं चाहते हैं। इस प्रकार दो पीढ़ियों के बीच टकराव की स्थिति उत्पन्न हो जाती है जिसका सीधा प्रभाव परिवार की संरचना पर पड़ता है।

4. सामाजिक संरचना में परिवर्तन (Changes in Social Structure)— प्राचीनकाल से ही परिवार के सदस्यों की स्थिति (Status) एवं भूमिकाएँ (Roles) प्रायः निश्चित होती थीं, परन्तु आधुनिक समय में समाज में होने वाले परिवर्तनों के कारण परिवार के सदस्यों की स्थिति एवं भूमिकाओं में अनेक परिवर्तन हुए हैं। 'नारी स्वतन्त्रता' जैसे आन्दोलन एवं विचारों के कारण महिलाओं की स्थिति एवं कार्यों में अनेकानेक परिवर्तन हुए हैं, जिनका पुरुषवर्ग आसानी से समर्थन नहीं करता है। परिणामस्वरूप परिवार में तनाव की स्थिति पैदा हो जाती है, जो परिवार को विघटन की ओर ले जाती है।

5. उद्योगीकरण एवं शहरीकरण (Industrialization and Urbanization)— उद्योगीकरण एवं शहरीकरण की प्रक्रिया से स्त्रियों की आर्थिक आत्मनिर्भरता की भावना को बढ़ावा मिला है, जिसके कारण स्त्रियाँ शहरों में विभिन्न व्यवसायों को अपना रही हैं। शहरी सामाजिक मूल्यों ने स्त्रियों को सापेक्ष रूप से स्वतन्त्र होने का अवसर दिया है। स्त्रियों की प्राचीन सांस्कृतिक परम्पराओं के प्रति उदासीनता के कारण परिवार के अन्दर अनेक समस्याएँ उत्पन्न हो चुकी हैं, जिनके कारण परिवार विघटन की ओर उन्मुख है।

यहाँ पार्सन्स (T. Parsons) का उद्योगीकरण एवं परिवार के सम्बन्ध में यह विचार उल्लेखनीय है कि उद्योगीकरण ने मूल परिवार एवं नवस्थानिक परिवार के विकास की प्रक्रिया को बढ़ावा दिया है। दूसरी तरफ कैम्बरीज (Cambridge)

के सामाजिक इतिहासकार लासलेट (Laslett, 1977) ने अपने ग्रेट ब्रिटेन के अध्ययन में इस बात का खण्डन किया है कि उद्योगीकरण एवं मूल परिवार की वृद्धि के बीच कोई सीधा सम्बन्ध है। उनका कहना है कि उद्योगीकरण के पहले ही ब्रिटेन के गाँवों में मूल परिवार का विकास होना प्रारम्भ हो गया था।

6. विवाह के आधार में परिवर्तन (Changes in the Basis of Marriage)— परम्परागत विवाह में मुख्य भूमिका उसके माता-पिता या समुदाय की होती है। परन्तु आजकल का वैवाहिक सम्बन्ध युवक-युवतियों के अपने निर्णय से निर्धारित होता है। इस प्रकार वर्तमान समय में विवाह एक समझौता की तरह होता है। पति-पत्नी के बीच थोड़ा-सा भी अरुचिकर व्यवहार तलाक की पृष्ठभूमि तैयार कर देता है, जिसके कारण परिवार विघटित हो जाता है।

इस प्रकार हम यह कह सकते हैं कि पारिवारिक विघटन एक प्रक्रिया है, जो धीरे-धीरे परिवार के परम्परागत स्वरूप को विघटित कर रही है।

आधुनिक परिवार की समस्याएँ (Problems of Modern Family)

समाज में कुछ भी शाश्वत नहीं है। परिस्थितियों में परिवर्तन के साथ-साथ समाज के विभिन्न अंगों एवं प्रकार्यों में भी परिवर्तन होते रहते हैं। आज परिवार का वह स्वरूप मौजूद नहीं है, जो आज से सौ साल पहले था। चाहे वह परिवार विकसित समाज का हो या विकासशील समाज का, प्रत्येक समाज के परिवार के स्वरूप में कुछ-न-कुछ परिवर्तन अवश्य आया है। जैसे-जैसे आर्थिक विकास, उद्योगीकरण एवं नगरीकरण की प्रक्रिया में तेजी आ रही है, वैसे-वैसे परिवार के सामने नयी-नयी समस्याएँ उत्पन्न हो रही हैं। हिन्दू संयुक्त परिवार के बिखरने का यही प्रमुख कारण है। समाजशास्त्रियों का मानना है कि इन्हीं कारणों से अमरीका के परिवारों का भी आकार छोटा हुआ है। उन लोगों ने बताया है कि अमरीका में 1850 ई. में परिवार में औसतन 5.6 व्यक्ति हुआ करते थे और वे घटकर 1930 में 4.1 हो गये। आधुनिक परिवार की कुछ समस्याएँ इस प्रकार हैं–

1. तलाक की समस्या (Rise of Divorce)— दिन-प्रतिदिन समाज में तलाक की समस्या बढ़ती जा रही है। परम्परागत समाज में आधुनिक समाज की अपेक्षा तलाक की समस्या बहुत कम थी। भारत जैसे देश में तलाक की समस्या और भी कम थी। जब हम भारतीय जनगणना से प्राप्त वैवाहिक स्थिति के आँकड़ों को देखते हैं, तो स्पष्ट होता है कि भारत में तलाक की प्रक्रिया में तेजी आयी है। पहले साधारणतया तलाक निम्न जातियों तक ही सीमित था, पर आज समाज के हर हिस्सों में, विशेषकर शहरों में, तलाक की घटनाएँ अधिक सुनने को मिलती हैं। अमरीका में तलाक की समस्या कुछ और भी ज़्यादा है। प्राप्त आँकड़ों से पता चलता है कि वहाँ औसतन दाम्पत्य जीवन (Average Couples Life) 7-8 साल तक का है।

2. अस्थिरता की समस्या (Problem of Instability)— सापेक्ष रूप से आधुनिक परिवार एक काफी अस्थिर व्यवस्था है। पहले की तुलना में परिवार निर्माण (Family Formation) एवं परिवार विघटन (Family Dissolution) की प्रक्रिया काफी तेज हो गयी है। परम्परागत भारतीय समाज में माँ-बाप के जीवन-काल में उनके पुत्रों के बीच बँटवारा साधारणतया नहीं होता था, लेकिन इन दिनों भाई-भाई के बीच ही नहीं, बल्कि पिता-पुत्र के बीच भी परिवार का बँटवारा हो रहा है।

3. परिवार के मुखिया के प्रभुत्व में कमी (Erosion of Authority of Family Head)— पहले परिवार का मुखिया या कर्त्ता अपने विवेक से परिवार सम्बन्धी सभी निर्णयों को लिया करता था। परिवार का मुखिया परिवार का एकछत्र राजा होता था, उसी के राय-विचार से परिवार के सभी लोग विभिन्न कार्यों को करते थे। उसका अधिकार इतना अधिक केन्द्रित था कि कुछ समाजशास्त्रियों ने उसे **परोपकारी तानाशाह (Benevolent Dictator)** कहकर पुकारा है। साधारणतया परिवार का मुखिया सबसे अधिक बुजुर्ग आदमी हुआ करता था और मरणोपरान्त या बुढ़ापे की स्थिति में उसका बड़ा लड़का परिवार का मुखिया बनता था, क्योंकि उस समय समाज में **ज्येष्ठाधिकार की प्रथा**

(System of Primogeniture) का प्रचलन था। लेकिन आज के बदलते परिवेश में परिवार के सभी लोग मिलकर निर्णय लेते हैं। निर्णय लेने की प्रक्रिया व्यक्तिवादी न होकर सामूहिक हो गयी है। आज यह भी देखने को मिलता है कि परिवार में जो सबसे अधिक कमाता है या समाज में ऊँचे पदों पर आसीन है, वह अपने परिवार में कुछ ज़्यादा ही अधिकार जताने की स्थिति में हो गया है। उम्र पर आधारित अधिकार या हैसियत में कमी हो रही है।

4. वैकल्पिक संस्थाओं का विकास (Development of Alternative Institutions)— आधुनिक समाज में बहुत सारी ऐसी संस्थाओं का उदय हुआ है, जो परिवार के परम्परागत प्रकार्यों को पूरा करने की कोशिश करती है। बच्चों का लालन-पालन सिर्फ परिवार में ही न होकर, अब परिवार के बाहर भी सम्भव है। पाश्चात्य देशों में कामकाजी महिलाओं के बच्चों को देखने के लिए **दिवा-प्रभारी परिवार (Family Day Care)** की व्यवस्था है, जहाँ कामकाजी माँ-बाप अपने बच्चों को दिन में छोड़ देते हैं। उसी तरह अब यौन-इच्छाओं की पूर्ति परिवार के बाहर भी हो रही है। कुछ लोग अकेले गाँव से शहर की ओर आते हैं और परिवार की कमी को वेश्यालयों का सहारा लेकर पूरा करते हैं। अमीर लोग अपने घरों में 'आया' रखकर अपने बच्चों के लिए माँ की कमी को पूरा करने का प्रयास करते हैं। फलस्वरूप परिवार के सदस्यों के बीच, विशेषकर बच्चों के जीवन में, संवेदनात्मक सन्तुलन (Emotional Balance) काफी बिगड़ गया है।

5. परिवार के आकार में कमी (Decline in the Size of Family)— समय के साथ-साथ परिवार का आकार भी छोटा होता जा रहा है। भारत में संयुक्त परिवार का स्पष्ट विघटन देखने को मिलता है। इतना ही नहीं, विस्तृत परिवार (Extended Family) भी टूटता जा रहा है। शहरों में तो विशेषकर अब मूल परिवार ही देखने को मिलता है। बहुत-से घरों में तो आज मात्र एक पुरुष ही रहता है। उद्योगीकरण और नगरीकरण के चलते आधुनिक समाज में मूल परिवार एवं घरबार की प्रधानता बढ़ती जा रही है।

6. व्यक्तिगत स्वार्थ की भावना में वृद्धि (Rise in Individualism)— पहले परिवार के सभी सदस्य अक्सर एक-दूसरे की भलाई की बात सोचते थे। सदस्यों के बीच सहयोग, सहानुभूति और परस्पर प्रेम की भावना अधिक होती थी, लेकिन आज लोग कुछ ज़्यादा ही स्वार्थी हो गये हैं। लोग अपने स्वार्थ की बात ज़्यादा और परिवार के स्वार्थ की बात कम सोचने लगे हैं। यही कारण है कि परिवार में धीरे-धीरे तनाव बढ़ता जा रहा है। लोग अपने भाइयों से अलग होकर स्वतन्त्र परिवार स्थापित करने लगे हैं। हम अपने सगे-सम्बन्धियों से दूर होते जा रहे हैं। नातेदारी का बन्धन (Kinship Bond) ढीला पड़ता जा रहा है।

7. विवाह-प्रथा के प्रचलन में कमी (Decrease in Universality of Marriage)— पाश्चात्य देशों में यह अक्सर देखने को मिलता है कि लोग बिना विवाह किये पति-पत्नी की तरह जीवन व्यतीत करते हैं और उनसे बच्चे भी उत्पन्न होते हैं। लोग विवाह को उतनी आवश्यक संस्था नहीं मानते हैं। कुछ पाश्चात्य मुल्कों में परिवार-निर्माण में विवाह की भूमिका उतनी अहम नहीं रह गयी है, जितना कि भारत एवं अन्य एशियाई देशों में है। वहाँ परिवार का निर्माण पहले और विवाह बाद में सम्पन्न होने लगा है। शादी-विवाह के समय उनके बच्चे भी मौजूद रहते हैं।

परिवार की संरचना में परिवर्तन (Changes in Structure of Family)

विलियम जे. गूड (William J. Goode) ने लगभग पचास वर्षों तक अफ्रीका, मध्य एशिया, चीन, भारत, जापान जैसे मुल्कों के परिवार का अध्ययन किया और अपने अध्ययन में उन्होंने पाया कि कृषि प्रधान समाज में परिवार एक आर्थिक इकाई के रूप में काम करता है। परिवार का स्वरूप साधारणतया सत्तावादी (Authoritarian), स्थिर एवं विस्तृत (Extended) होता है। पुत्र अपने पिता के काम को विरासत के रूप में प्राप्त करता है। स्त्री और पुरुषों के बीच काम का स्पष्ट बँटवास होता है, लेकिन आज बदलती परिस्थिति में ऐसे परिवार में भी परिवर्तन हो रहा है। विस्तृत परिवार धीरे-धीरे दाम्पत्य परिवार में बदलता जा रहा है।

विलियम गुड ने परिवार में होने वाले परिवर्तनों के सम्बन्ध में बताया है कि विश्वस्तर पर परिवार अपने विस्तृत स्वरूप (Extended Type) से दाम्पत्य परिवार व्यवस्था की ओर बढ़ा है, जिसके पाँच प्रमुख सूचक हैं–

1. विस्तृत परिवार धीरे-धीरे कम होता जा रहा है।
2. व्यवस्थित विवाह (Arranged Marriage) में कमी या प्रेम विवाह में वृद्धि।
3. विवाह के आर्थिक महत्त्व में कमी हो रही है, लेकिन भारत इस बात का अपवाद है कि विकास के बावजूद यहाँ विवाह का आर्थिक महत्त्व बढ़ता जा रहा है इसलिए कि वधू-शुल्क (Bride Price) और दहेज-प्रथा (Dowry) में वृद्धि हो रही है।
4. सम्बन्धियों के बीच विवाह की घटना में कमी हो रही है।
5. माता-पिता का बच्चों के ऊपर तथा पति का पत्नी के ऊपर प्रभुत्त्व एवं नियन्त्रण में कमी हो रही है। स्त्री-पुरुष के बीच समानता धीरे-धीरे बढ़ती जा रही है।

बहुत सारे समाजशास्त्रियों का कहना है कि हमें यह नहीं समझना चाहिए कि परिवार में यह परिवर्तन मात्र उद्योगीकरण से सम्भव हुआ है इसलिए कि औद्योगिक क्रान्ति के पूर्व भी पश्चिमी यूरोप एवं अमरीका में मूल परिवार मौजूद था। लेकिन इस बात से इनकार भी नहीं किया जा सकता है कि उद्योगीकरण के साथ मूल परिवार एक संगत व्यवस्था है। उद्योगीकरण के साथ-साथ बढ़ती हुई भौगोलिक गतिशीलता ने मूल परिवार को बढ़ाने में कोई कम महत्त्वपूर्ण योगदान नहीं दिया है।

क्लेटन (Richard R. Clayton, 1979) ने पारिवारिक व्यवस्था में परिवर्तन को आर्थिक व्यवस्था में होने वाले परिवर्तन से जोड़ा है। उनका कहना है कि जब समाज में आर्थिक व्यवस्था प्रमुख रूप से कृषि पर आधृत थी तो उस समय विस्तृत परिवार की प्रधानता थी तथा कृषि व्यवस्था के विकास के पूर्व आदिमकालीन समाज में प्रमुखरूप से मूल परिवार की प्रधानता थी। लेकिन जैसे-जैसे समाज अपने कृषि स्तर से औद्योगिक स्तर की ओर बढ़ता गया, मूल परिवार की प्रमुखता फिर से बढ़ने लगी। दूसरे शब्दों में, मूल परिवार आदिम एवं आधुनिक अर्थव्यवस्था की विशेषता है, तो विस्तृत परिवार कृषि प्रधान समाज की। क्लेटन ने इस तथ्य को एक सरल रेखाकृति के माध्यम से स्पष्ट करने का प्रयास किया है (देखें **रेखाचित्र-5**)।

रेखाचित्र-5 आर्थिक विकास के स्तर एवं परिवार

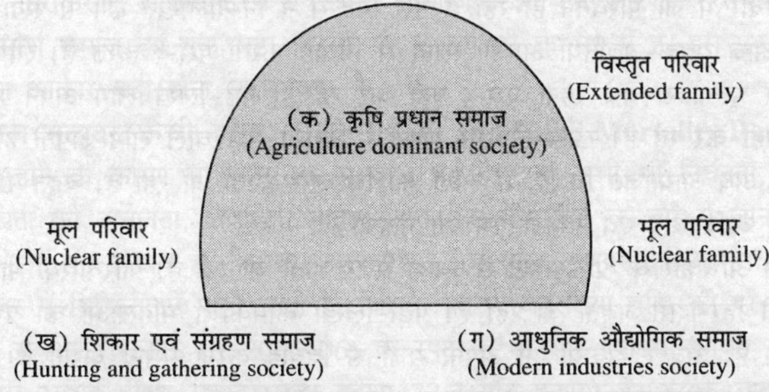

Source: Richard R. Clayton, **The Family, Marriage and Social Change**, Lexington, Mass.: D.C. Heath, 1979.

इसी तथ्य को और भी स्पष्ट करने के लिए एक नये प्रकार का रेखा चित्र प्रस्तुत किया जा रहा है। मुझे ऐसा लगता है कि आर्थिक विकास एवं परिवार के स्वरूप के बीच अंग्रेजी के **'M' Type** का सम्बन्ध पाया जाता है (देखें

रेखाचित्र-6)। इसे ही सांख्यिकी में **द्विबहुलक सम्बन्ध (Bimodal Relationship)** भी कहा जाता है। यहाँ पर यही स्पष्ट करने का प्रयास किया जा रहा है कि आर्थिक कारक परिवार के स्वरूप का एक प्रमुख निर्धारक है। आदिम एवं औद्योगिक समाज के अन्तर्गत मूल परिवार की प्रधानता होती है। कृषि प्रधान समाज में सामान्यतया इस प्रकार का परिवार काफी गौण होता है। उसकी तुलना में विस्तृत परिवार कुछ ज़्यादा पाया जाता है।

रेखाचित्र-6 आर्थिक विकास एवं परिवार के प्रकार

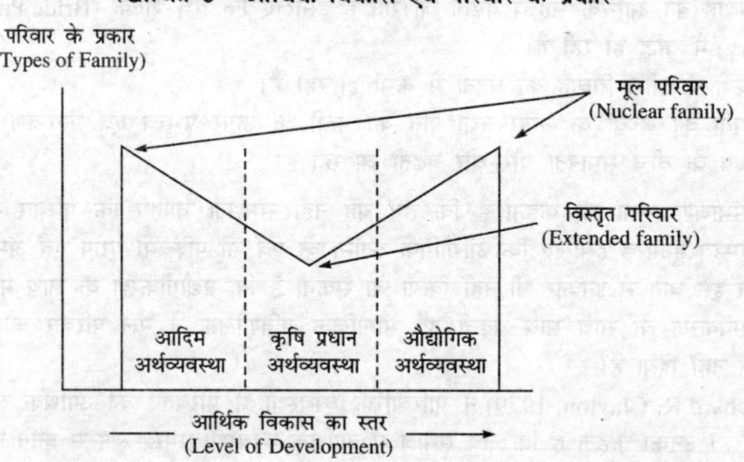

बहुत-से समाजशास्त्रियों ने यह भ्रामक विचार फैला रखा है कि विश्वस्तर पर विकासशील देशों में मूल परिवार का बढ़ना अमरीकी परिवार की नकल है। संयुक्त परिवार का विस्तृत परिवार और विस्तृत परिवार का मूल परिवार की ओर बढ़ना यह अमरीकी समाज की कोई नकल नहीं है। यदि कुछ अमरीकी समाज के वैज्ञानिक यह मानते हैं तो उनका यह विचार **नृजातिकेन्द्रित (Ethnocentric)** है। गूड ने सही फरमाया है कि यह परिवर्तन बढ़ते उद्योगीकरण, व्यक्तिवाद, आर्थिक प्रगति एवं बदलते जीवन के विचारों और मूल्यों का नतीजा है। विश्वस्तर पर परिवार का स्वरूप धीरे-धीरे दाम्पत्य परिवार का होता जा रहा है।

विश्वस्तर पर परिवार में जो परिवर्तन हो रहा है उसे गिडेन्स ने निम्नलिखित ढँग से रखा है–

1. साधारणतया आज युवक-युवतियाँ अपनी पसन्द से विवाह करना पसन्द करते हैं। लोग अब अपने परम्परागत पारिवारिक बन्धन और मूल्यों से बँधे रहना पसन्द नहीं कर रहे हैं। पढ़े-लिखे लोग अपने माता-पिता की मर्जी से विवाह करना पसन्द नहीं कर रहे हैं। खास तौर पर शहरों में नौकरी-पेशे वाले लोग अपनी ही मर्जी से शादी-विवाह करना पसन्द करते हैं। अब आयोजित विवाह में लोगों का विश्वास घटता जा रहा है। बहुत-से लोगों का यह तर्क है कि यह पश्चिमीकरण, व्यक्तिवाद एवं रोमानी प्रेम का नतीजा है।

2. महिलाएँ अपने अधिकार के प्रति पहले से ज़्यादा सजग होती जा रही हैं। पारिवारिक मामलों में जो निर्णय लिए जा रहे हैं उनमें उनकी हिस्सेदारी बढ़ती जा रही है। पढ़ी-लिखी कामकाजी महिलाओं का प्रभाव पारिवारिक मामलों में विशेष रूप से बढ़ा है। अब लड़कियाँ भी अपनी मर्जी से विवाह करना पसन्द करती हैं। नारी के अधिकार एवं नारी मुक्ति आन्दोलन से जुड़ी विचारधाराओं ने संयुक्त परिवार और विस्तृत परिवार को ही नहीं, बल्कि मूल परिवार को भी पूरी तरह झकझोर दिया है। इन कारणों से आज तलाक की प्रवृत्ति बढ़ती जा रही है। कई बार तलाक देने में महिलाओं की भूमिका कुछ अधिक ही देखी जाती है।

3. बहुत-से समाजों में यह व्यवस्था है कि लोगों को अपनी ही जाति या स्वजन समूह में विवाह (Endogamy) करना है। ठीक इसके विपरीत कुछ समाजों में यह व्यवस्था है कि लोगों को अपनी जाति एवं स्वजन समूह के बाहर

विवाह (Exogamy) करना है। इन दोनों प्रकार के वैवाहिक सम्बन्धों में परिवर्तन दिखाई पड़ने लगा है। जीवन-साथी के चुनाव में लोग अब परम्परागत वैवाहिक दायरे को तोड़ने लगे हैं।

अब तो भारत में भी लोग जीवन-साथी के चुनाव में इस बात का ध्यान रखने लगे हैं कि विवाह बराबर सामाजिक हैसियत एवं स्तर वाले व्यक्तियों के बीच हो। शहरों में तो इस बात का विशेष ध्यान रखा जाता है। समाजशास्त्रीय भाषा में इसे **समलोम विवाह (Homogamy)** कहा जाता है।

4. कई विकासशील देशों में यौन-सम्बन्धित विचारों में स्पष्ट परिवर्तन दिखाई पड़ने लगा है। लोगों के विचारों में, विशेषकर शहरों में, काफी खुलापन आया है। मुस्लिम समाजों में भी खुलापन में वृद्धि हुई है। इसका सीधा प्रभाव परिवार पर देखने को मिलता है, जैसे– शादी की उम्र में वृद्धि, तलाक में वृद्धि, माता-पिता के जीवन-काल में परिवार का बँटबारा, परिवार के पितृसत्तात्मक चरित्र में कमी इत्यादि।

5. यौन-इच्छाओं की पूर्ति एक लम्बे समय से परिवार का एक मुख्य प्रकार्य रहा है, लेकिन आज पाश्चात्य देशों में इसके लिए परिवार का स्थापित किया जाना कतई ज़रूरी नहीं है। बिना शादी-विवाह के लोग एक साथ रहते हैं और यौन-इच्छाओं की पूर्ति स्वच्छन्द रूप से करते हैं। यहाँ तक कि प्रजनन का कार्य भी चलता रहता है। कुछ सर्वेक्षणों से यह पता चला है कि अमरीका एवं ब्रिटेन में 20 प्रतिशत कॉलेज के विद्यार्थी शादी-विवाह के पूर्व यौन-सम्बन्ध स्थापित कर लेते हैं। ऐसा पाश्चात्य देशों में अक्सर देखने को मिलता है कि यौन-सन्तुष्टि और प्रजनन-कार्य पहले हो जाता है और विवाह बाद में सम्पन्न होता है। कभी-कभी विवाह एकदम नहीं हो पाता है और तलाक की भाँति सम्बन्ध टूट जाते हैं।

6. पाश्चात्य देशों में एक नये प्रकार के परिवार की उत्पत्ति हुई है। कुछ ऐसे भी परिवार पाये जाते हैं जहाँ दो **समलिंगी (Homosexuals)** साथ रहते हैं, जिसे **विलासी माता-पिता परिवार (Gay-Parent Family)** के नाम से जाना जाता है। इसमें से कुछ लोग ऐसे हैं, जो आपस में विवाह भी रचाते हैं। यह दो प्रकार का होता है– एक वह है, जिसमें दो पुरुष एक साथ रहते हैं और दूसरा वह है, जिसमें दो महिलाएँ एक साथ रहती हैं। कृत्रिम गर्भाधान (Artificial Insemination) के तरीके से ऐसी महिलाएँ बच्चों को जन्म भी देती हैं। प्रारम्भ में इस प्रकार के परिवार का चर्च के द्वारा काफी विरोध किया गया, पर अब धीरे-धीरे इस प्रवृत्ति को चर्च नज़रअन्दाज कर रहा है।

विश्व के अधिकांश समाज में विस्तृत परिवार की प्रधानता रही है। आज उसकी जगह मूल परिवार स्पष्ट रूप से उभर रहा है, लेकिन फिलिपीन्स (Philippines) इस विश्वव्यापी प्रवृत्ति का अपवाद है, जहाँ गाँवों की तुलना में शहरों में अधिक विस्तृत परिवार पाया जाता रहा है। उसी तरह पोलैण्ड में भी विस्तृत परिवार की प्रवृत्ति में वृद्धि हुई है। जबकि साधारणतया उद्योगीकरण एवं नगरीकरण की प्रक्रिया से दाम्पत्य परिवार को विश्वस्तर पर बढ़ावा मिला है।

परिवार व्यवस्था का भविष्य (The Future of Family System)

परिवार की संरचना और प्रकार्य में बहुत तेजी से परिवर्तन आ रहे हैं। पाश्चात्य देशों के बारे में एक प्रश्न उठ खड़ा हो गया है कि क्या परिवार भविष्य में लुप्त हो जायेगा? उभरते तथ्यों को देखने से ऐसा लगता है कि परम्परागत मूल परिवार का भविष्य खतरे में है। इस सन्देह का कारण स्वाभाविक है, क्योंकि तलाक में वृद्धि हो रही है। विकसित देशों में लोग विवाह के पूर्व स्वच्छन्द होकर यौन-इच्छाओं की पूर्ति और प्रजनन का कार्य कर रहे हैं। अकेले रहने वाले लोगों की संख्या में भी दिन-ब-दिन बढ़ोत्तरी हो रही है। बहुत सारे समाजविज्ञानी आज यह सोचने के लिए विवश हो गये हैं कि परिवार समिति एवं संस्था के रूप में धीरे-धीरे अपने पतन की ओर बढ़ रहा है और यह पतन सम्भवतः एक दिन परिवार को इसकी समाप्ति के कगार पर लाकर खड़ा कर देगा। ऐसी चिन्ता सिर्फ समाजशास्त्रियों एवं मानवशास्त्रियों तक ही सीमित नहीं, बल्कि आये दिन पश्चिमी देशों के कुछ राजनीतिज्ञों द्वारा भी व्यक्त की जा रही है। **आधुनिकोत्तर (Post-modern)** समाज की अपनी परेशानियाँ हैं, जो विभिन्न रूपों में समाज में प्रकट हो रही

हैं। पाश्चात्य देशों का इन समस्याओं से निकलना इतना आसान नहीं है। परन्तु यह भविष्यवाणी करना काफी कठिन है कि पाश्चात्य देशों में परिवारविहीन समाज कब स्थापित होगा?

मार्क्स एवं उनके अनुयायियों ने भी परिवार के भविष्य पर सन्देह व्यक्त किया है, लेकिन उनके सन्देह का कारण ऊपर चर्चित कारणों से भिन्न है। मार्क्स एवं ऐंगल्ज ने यह दलील दी है कि परिवार पूँजीवादी समाज की विशेषता है। पूँजीवादी समाज के अन्तर्गत परिवार जैसी संस्था के माध्यम से बच्चों एवं महिलाओं का आर्थिक शोषण होता है। इस व्यवस्था में लोग महिलाओं को सम्पत्ति के रूप में देखते हैं। बच्चों और महिलाओं का उत्पादन के उपकरण के रूप में इस्तेमाल किया जाता है। जब सर्वहारा वर्ग पूँजीवादी वर्ग को उखाड़ फेंकेगा, तो परिवार भी समाप्त हो जायेगा। प्रकार्यवादियों की तरह मार्क्सवादी चिन्तक यह कभी स्वीकार नहीं करते हैं कि परिवार सहज और सरल ढंग से एक संस्था के रूप में समाज में अपनी भूमिका निभाता है। खैर, जो भी हो, इस तथ्य पर एक सवालिया निशान खड़ा होता है कि पूँजीवादी व्यवस्था की समाप्ति के बाद साम्यवादी व्यवस्था में परिवार नहीं रहेगा, क्योंकि यह पूँजीवादी व्यवस्था के शोषण का उपकरण है।

दूसरी तरफ जेसी बर्नाड (Jessie Bernard) ने अपनी पुस्तक **The Future of Marriage** (1972) में परिवार के भविष्य पर बहुत ही विस्तारपूर्वक विचार किया है। इस सम्बन्ध में उनका कहना है कि पाश्चात्य देशों में परिवार का भविष्य कतई खतरे में नहीं है। इसका समर्थन अन्य समाजशास्त्रियों ने भी किया है। परिवार के ऊपर एक अध्ययन में लिबिटन एवं बिलॉस (Sar A. Levitan and Richard S. Belous, 1981) का कहना है कि अमरीका में परिवार का विघटन नहीं हो रहा है, बल्कि वह दिन-प्रतिदिन विकसित होता जा रहा है। उसके स्वरूप अवश्य बदल रहे हैं, पर परिवार समाप्त नहीं हो रहा है। उन्हें पहले की तुलना में अमरीकी परिवार कुछ ज़्यादा ही मज़बूत होता दिखाई दे रहा है। सभी समाजविज्ञानी इस बात से सहमत नहीं हैं कि परिवार समय के साथ समाप्त हो जायेगा या अनावश्यक हो जायेगा।

भारतीय परिवार के बदलते स्वरूप

आधुनिकता की एक खास देन है मूल परिवार। इस तरह के परिवार का प्रचलन सम्भवत: पहले उन्हीं पाश्चात्य देश के लोगों के बीच हुआ जिन्होंने आधुनिक उद्योग व्यापार की नींव रखी। उससे पहले खेतिहर सामन्ती समाजों में संयुक्त एवं विस्तृत परिवार ही होता था जो सारी बिरादरी, सारे गोत्र को अपनी लपेट में ले लेता था। इसके अलावा, उसमें सारे गाँव के लोगों की भी एक बिरादरी हुआ करती थी। समाज में व्याप्त ऊँच-नीच की भावना के बावजूद छोटे तबकों के लोगों से भी भाई-बहन, चाचा-ताऊ, बेटा-बेटी ऐसा कोई रिश्ता जोड़कर बात की जाती थी। उस समाज में लोग-बाग घर-गाँव छोड़ते नहीं थे, पास-पड़ोस बदलता नहीं था और परस्पर सहयोग के बग़ैर छोटा-बड़ा कोई भी काम बन नहीं पाता था। अभी तीन-चार दशक पहले तक भारतीय कस्बों और शहरों में शादी-ब्याह बग़ैरह का सारा काम संयुक्त एवं विस्तृत परिवार के लोग मिलकर किया करते थे। सामन्ती समाज की परस्पर निर्भरता, सामुदायिकता, बिरादरी-भावना उस व्यक्ति स्वातन्त्र्य के आड़े आती है, जो आधुनिकता की नींव है। इसलिए आधुनिकता ने उस पूँजीवाद को जन्म दिया है, जिसमें हर सेवा पैसा देकर खरीदी जा सकती है। आज खुशी और गम के नितान्त सामुदायिक अवसरों पर परिवार या बिरादरी का मुँह जोहने की ज़रूरत नहीं है। जन्म से लेकर मृत्यु तक के हर संस्कार के लिए विशेषज्ञ व्यवसायी मिल जाते हैं। बस फोन लगाने की देरी है।

बीसवीं सदी के अन्त में किसी देश या समाज की 'प्रगति' का एक अचूक पैमाना यह बन चला है कि उसमें **पारिवारिक भावना (Familism)** की कितनी दुर्गति हो चुकी है। उदाहरण के लिए आज के भारत में गाँव-बिरादरी को मानने वाले, न मानने वालों से 'पिछड़े हुए' हैं। न मानने वालों में सबसे पिछड़े वे हैं, जो संयुक्त परिवार में थोड़ा-बहुत विश्वास करते हैं और सबसे अगड़े वे हैं जो मूल परिवार में भी आस्था नहीं रखते। इसी तरह अन्यतम आधुनिक प्रोटेस्टैंट देश अमरीका में मैक्सिको से आये कैथोलिक और एशिया से आये ग़ैर ईसाई इसलिए भी पिछड़े और अजूबे

ठहरते हैं कि उन्हें पारिवारिकता में विश्वास है। आधुनिकता व्यक्ति को 'अधिकार सम्पन्न' करती है और पारिवारिकता व्यक्ति के अधिकार सीमित करती है, इसीलिए समझौते के तौर पर उसने मूल परिवार चलाया– पति-पत्नी और बच्चे। पति-पत्नी अपने ढँग से रहें और अपने बच्चों को भयंकर प्रतिद्वन्द्विता वाले समाज में सफलतापूर्वक आगे बढ़ने के लिए तैयार करें, यह आधुनिक परिवार का मुख्य उद्देश्य है।

मूल परिवार का आदर्श सभी देशों में लोग अपना चुके हैं। पाश्चात्य देशों में जो भारतीय लम्बे अरसे से रह रहे हैं उनका दृष्टिकोण भी परिवार के मामले में पूरी तरह पाश्चात्य हो चला है। शहरों के अन्तर्गत बेटा-वधू ने अलग मकान खरीद लिया। इस तरह की आधुनिकता का प्रवेश देखने के लिए अमरीका जाने की ज़रूरत नहीं है। भारत में तो इसके सैकड़ों प्रमाण आपको अपने आस-पास या अपने यहाँ ही मिल जायेंगे।

संयुक्त परिवार का टूटना आधुनिकता की दृष्टि से प्रगति है, क्योंकि आधुनिकता व्यक्ति की स्वतन्त्रता में, और व्यक्तियों की समानता में विश्वास करती है और इन दोनों चीजों के लिए ही बिरादरी या संयुक्त परिवार में कोई गुंजाइश नहीं रहती। उनमें परिवार के मुखिया की तानाशाही चलती है, व्यक्ति की अपनी मर्जी नहीं। गाँवों में बुजुर्गों को कुरेदें तो पचासियों ऐसे किस्से सुनने को मिलेंगे कि परिवार के मुखिया ने फलां को आगे पढ़ने नहीं दिया या फलां को नौकरी करने के लिए बाहर नहीं जाने दिया। बिरादरी और संयुक्त परिवार उस सामन्ती दौर की व्यवस्थाएँ हैं, जिसमें व्यक्ति के लिए गतिशीलता का आभाव था। एक तरह से गाँव ही उसकी नियति थी– जहाँ पैदा हो गया, वहीं का होकर रह गया, जिस परिवार में जन्म लिया उसकी हैसियत ने और उसके मुखिया की फितरत ने हमेशा के लिए किस्मत लिख दी।

संयुक्त परिवार में किसी व्यक्ति की आय अपनी नहीं थी, और भले ही वह ज़्यादा कमाते हों, वह अपने बच्चों पर ज़्यादा खर्च नहीं कर सकता था। सच तो यह है कि उसमें अपने बच्चों से ज़्यादा प्यार करना भी एक गुनाह था। अपने बच्चों की हमेशा बुराई की जाती थी, उन्हें डाँटा-डपटा जाता था। तारीफ और लाड़-प्यार दूसरों के बच्चों के लिए सुरक्षित रखे जाते थे। दूसरों के मुँह से भी तारीफ सुनने पर प्रसन्नता से ज़्यादा यह आशंका होती थी कि नज़र लगा रहे हैं। संयुक्त परिवार में माँ-बाप अपने बच्चे को खुद नहीं पालते थे, तमाम और बच्चों के साथ वे भी मुखिया और उसकी पत्नी की छत्र-छाया में पल जाया करते थे। सच तो यह है कि व्यक्ति की आमदनी और उसके बच्चे ही नहीं, उसका सब कुछ तब संयुक्त परिवार का हुआ करता था। उस परिवार में अपनी कोई पहचान नहीं होती थी। व्यक्ति किसी के बेटे या पोते भर ही होते थे और बदलाव अभिशाप माना जाता था।

कुछ समाजशास्त्रियों का तर्क है कि इस मूल परिवार से ही दिन-दूनी, रात-चौगुनी आर्थिक उन्नति करने वाला आधुनिक औद्योगिक पूँजीवादी समाज सम्भव हुआ है। मूल परिवार के कारण हर मर्द अपने घर का मुखिया बन सका और अपनी पत्नी को मुखिया की पत्नी का दर्जा दिला सका। पति-पत्नी अपने बच्चों पर ध्यान केन्द्रित कर सके। हर बच्चा अपने घर का राजकुमार-राजकुमारी बन सका। संयुक्त परिवार में तो वह बच्चों के समूह में खो जाया करता था। अलग-अलग आय वाले अलग-अलग रहने लगे तो पैसे का और पैसा कमाने का महत्त्व बच्चों पर उजागर होने लगा। पाश्चात्य देशों में बच्चों को शुरू से यह समझाया जाता था कि पैसा कमाओ, बचाओ और जमा पूँजी से दो का चार, चार का सोलह बनाते चले जाओ। बच्चों को अपने पाँवों पर खड़ा रहना और समय और श्रम की कीमत समझना शुरू से सिखाया जाता है इसीलिए वे आत्मनिर्भर और स्वतन्त्र व्यक्ति इकाई बन सके। बच्चे जरा बड़े हो जाते हैं तो उन्हें अलग कमरे में सुलाया जाने लगता है। बच्चों को अपने जेब खर्च के लिए खुद कमाने की प्रेरणा दी जाती है। हम भारतीय मानसिकता वालों को यह बहुत विचित्र लग सकता है कि सम्पन्न माँ-बाप अपने बच्चों को पैसा कमाने की ख़ातिर सबेरे अखबार बाँटने जाने के लिए, पड़ोसियों के लोन की घास काटने के लिए, कारें धोने के लिए या ऐसा ही कोई और काम करने के लिए कहें लेकिन अमरीका में यह आम-सी बात है।

व्यक्ति को स्वतन्त्रता और व्यक्तियों की समानता में विश्वास करने वाली जिस आधुनिकता ने संयुक्त और विस्तृत परिवार की 'तानाशाही' और 'ग़ैर-बराबरी' खत्म करते हुए 'मैं-तुम-हमारे बच्चे' वाला मूल परिवार चलाया, उसके बारे में आशंका व्यक्त की जा रही है कि अगली सदी में मूल परिवार भी उसी तेजी से गायब हो जायेगा जिस तेजी से

इसी सदी में बिरादरी और संयुक्त परिवार गायब हुए हैं। यह एक विचित्र विडम्बना है कि जिन बातों से मूल परिवार में विश्वास करने वाले लोगों ने संयुक्त परिवार में विश्वास करने वालों से कहीं अधिक 'प्रगति' की है उनके कारण ही अन्ततः मूल परिवार की दुर्गति हुई है। वे हैं– स्त्री-शिक्षा, परिवार में बच्चों का केन्द्रीय महत्त्व, बच्चों को आत्मनिर्भर और निडर व्यक्ति बनकर माँ-बाप से कहीं अधिक 'प्रगति' करने की दीक्षा दिया जाना।

आधुनिकता ने स्त्री को शिक्षा तो दी लेकिन स्त्री को पुरुष की बराबरी में रखने से परहेज किया। यह सोचकर आश्चर्य होता है कि स्त्रियों को जो मताधिकार 'पिछड़े' देशों तक में लोकतन्त्र के आते ही मिल गया उसके लिए आधुनिक देशों में एक लम्बे अर्से तक संघर्ष चलाये। आज भी अमरीका जैसे उन्नत देश में उच्च राजनीतिक प्रशासनिक पदों पर आसीन औरतों का अनुपात भारत जैसे 'विकासशील' देश के मुकाबले में ज़्यादा नहीं है। आधुनिकता के प्रवर्त्तकों ने स्त्री-शिक्षा स्त्री को समानता दिलाने के लिए नहीं, बल्कि उसे पुरुष के लिए बेहतर गृहिणी, सँगिनी और बच्चों की माँ बनाने के लिए शुरू की। आखिर मूल परिवार में पत्नी की हैसियत से स्त्री पर घर चलाने, बच्चों का लालन-पालन करने और घर में पति को 'कम्पनी देने' और उससे 'कुछ घर की, कुछ जग की' बातचीत करने की भारी जिम्मेदारी जो आ पड़ी थी। संयुक्त परिवार वाला वह दौर लद चुका था जिसमें काम करने वाले और तमाम लोग हुआ करते थे, सारे फैसले मुखिया के हाथ में रहते थे और नवविवाहिता बहुएँ तक सब लोगों के सो जाने के बाद ही पति से मिल पाती थीं। आधुनिकता के प्रवर्त्तकों ने स्त्री-शिक्षा को नौकरी से नहीं जोड़ा, लेकिन उन्होंने यह ज़रूर माना कि स्त्री को इस योग्य होना चाहिए कि पति को कभी कुछ हो जाये तो वह नौकरी करके अपने बच्चों का पेट भर सके। नौकरी भी ऐसी, जो परिवार के प्रति उनके कर्तव्यों की पूर्ति में आड़े न आती हो।

आधुनिकता के प्रवर्त्तकों के अनुसार स्त्री नौकरी परिवार की ख़ातिर तो कर सकती थी, परिवार की कीमत पर नहीं। लेकिन इसके साथ ही आधुनिकता 'प्रगति' को समर्पित भी और 'प्रगति' का मुख्य पैमाना पैसा था। इसलिए बेहतर मूल परिवार के लिए स्त्री का कमाऊ होना ज़रूरी हो चला। इस प्रकार पढ़ी-लिखी स्त्री से उम्मीद की जाने लगी कि वह अपने बूते सारा घर चलाये, बच्चे पाले और साथ ही नौकरी भी करे। मूल परिवार स्त्री का पहले से भी अधिक शोषण करने लगा। उस पर तुर्रा यह कि विवाह पर रूमानी प्रेम (Romantic Love) आरोपित कर दिये जाने के कारण स्त्री के लिए यह भी ज़रूरी हो गया कि वह पति के लिए अत्यन्त आकर्षक बनी रहे और रोमांस के लिए भी कुछ समय निकाले। यह सरासर ज्यादती थी और कोई आश्चर्य नहीं कि स्त्रियाँ विद्रोह कर बैठीं। जब मूल परिवार बच्चों को स्वतन्त्र व्यक्ति– इकाइयाँ बनने के लिए दीक्षित कर रहा था, तब वह लड़कियों से बड़ी हो जाने के बाद किस मुँह से कह रहा था कि तुम परिवार के लिए पहले सोचो और अपनी बाद में! पत्नी को यह नसीहत कैसे दी जा रही थी कि भले ही तुम पति– जितना या उससे अधिक कमा रही हो या कमा सकती हो, घर का स्वामी उसे ही समझो? मूल परिवार भी यह मानकर चल रहा था कि स्त्री स्वतन्त्र इकाई होते हुए भी परतन्त्र बनकर रहेगी और मर्द की कमाई से घर चलेंगे। औरत आर्थिक दृष्टि से मर्द पर निर्भर करती रहेगी। लिहाजा विवाह ज़रूरी होंगे और विवाह बन्धन को बनाये रखना भी ज़रूरी होगा। लेकिन स्त्री की आर्थिक आत्मनिर्भरता ने सारा नक्शा बदल दिया है।

मूल परिवार का प्रचलन करने वाले आधुनिकों ने गर्भनिरोध के जरिये बच्चा पैदा होने का खतरा दूर कर दिया है। अब व्यक्ति सेक्स सुख का सम्बन्ध सन्तान पैदा होने से अलग कर सकता है। इसी तरह कृत्रिम गर्भाधान (Artificial Insemination) ने बग़ैर सेक्स के बच्चा पैदा करना सम्भव बना दिया और अपना सेचित डिम्ब किसी अन्य स्त्री की बच्चेदानी में पलवा लेने की तकनीक ने बग़ैर माँ बने माँ बनने की राह खोल दी। गोया अब आप सन्तान पैदा करने को भी सेक्स से अलग कर सकते हैं। ऐसी स्थिति में यह सवाल उठता है कि 'बायोलॉजी' (जीवशास्त्र) स्त्री की नियति क्यों बने? उसे बच्चा पैदा करने और पालने वाली मशीन क्यों माना जाये? यह सवाल उठा भी ऐसे दौर में, जिसमें सम्पन्न औद्योगिक समाजों में बच्चों का कोई पूँजीगत महत्त्व नहीं रह गया था। मूल परिवार समझ गया था कि ज़्यादा बच्चे प्रगति के नहीं, दुर्गति के कारण बनेंगे। क्या आश्चर्य जो विवाह बन्धन का महत्त्व घटा और वैवाहिक जीवन में सेक्स सुख का महत्त्व बढ़ा। अभी तक मूल परिवार में आधुनिक पति ही पत्नी से वह माँग करता आया था

कि तुम समाज की अन्य भूमिकाओं के साथ-साथ प्रेमिका और पतुरिया की भूमिका भी निभाओ। अब पत्नी की ओर से यह माँग उठी कि पति और बातों के साथ-साथ अनन्त सेक्स सुखदाता कामदेव भी हो। इस माँग के कारण पुरुष अपने को नपुंसक-सा अनुभव कर रहा है– ऐसी चर्चा एक अर्से से अमरीका पत्र-पत्रिकाओं में होती रही है। बहरहाल, प्रेम और यौन-सुख की माँग ने दाम्पत्य जीवन में जो तनाव पैदा किये हैं, वे भी तलाक और पुनर्विवाह को आम बना रहे हैं। बताया जाता है कि अमरीका में लगभग पचास प्रतिशत जोड़े तलाक देने लगे हैं और तलाकों में 57 प्रतिशत आर्थिक कारणों से ही हो रहे हैं तो लगभग 40 प्रतिशत प्रेम-सुख या यौन-सुख की कमी के कारण। आधुनिक पुरुष भी पत्नी परम्परागत ढंग की चाहता है। इसका प्रमाण यह है कि पश्चिम में यूरोपीय मर्द एशियाई, औरतों से शादी करने लगे हैं। और हाँ, इससे प्रमाणित होता है कि पश्चिमी पुरुषों की सारी आधुनिकता एकतरफा है। आधुनिकीकरण का यह एकतरफापन ही नारी मुक्ति आन्दोलन को प्रेरित कर रहा है।

नारी मुक्ति और यौन-क्रान्ति के प्रभाव से पश्चिम में समलैंगिक क्रान्ति-सी हो गयी है। इसके चलते विवाह की यह परिभाषा भी खत्म हो गयी है कि वह मर्द और औरत के बीच होता है। मूल परिवार का जब प्रचलन किया गया था तब भले ही संयुक्त परिवार और बिरादरी की भावना खत्म हो गयी हो, प्रदेश, जाति, नस्ल, वय और लिंग की भावना बरकरार थी। लिहाजा विवाह-बन्धन में एक ही नस्ल और प्रदेश के मर्द-औरत बंधते थे और पति हमेशा पत्नी से ज़्यादा उम्र का हुआ करता था। यही नहीं, मूल परिवार चलाने वालों की जीवन-दृष्टि अति नैतिकतावादी थी और उसमें पति से आशा की जाती थी कि वह पत्नी-बच्चों के प्रति वफादार-ज़िम्मेदार रहेगा। अब तरह-तरह के बेमेल विवाह होने लगे हैं और समाजशास्त्रियों के अनुसार ये बेमेल परिवार बच्चों को प्रेम और अनुशासन की उचित खुराक देने का वह उद्देश्य पूरा करने में असमर्थ हैं, जिसकी ख़ातिर मूल परिवार चलाये गये थे। बच्चा कभी ऐसे घर में पलता है, जिसमें केवल माता या केवल पिता होता है। कभी ऐसे में, जिसमें माता या पिता में से कोई एक सौतेला होता है। पुनर्विवाह के आम हो जाने के कारण सौतेले माँ-बाप भी बदलते रहते हैं। इस कारण माता-पिता से बच्चे अपनी माता या अपने पिता को समलैंगिक विवाह बन्धन अपना लेते हुए भी देखते हैं।

क्या आश्चर्य जो इस माहौल में बच्चों से अनैतिक सम्बन्ध की चर्चा 'उन्नत' समाज में आम हो गयी है। छोटी उम्र में किसी लड़की के सौतले पिता या भाई की हवस का शिकार हो जाने की कितनी ही कहानियाँ लोग अखबारों में पढ़ सकते हैं। कई परिवार ऐसे भी होने लगे हैं, जिनमें बच्चे पैदा न करके गोद ले लेने का रास्ता अपनाया जा रहा है। इस तरह के भी कुछ परिवारों में सन्तान से अनैतिक सम्बन्ध स्थापित हो जाते हैं। हाल ही में प्रसिद्ध लेखक-अभिनेता-दिग्दर्शन वुडी एलन द्वारा अपनी पत्नी की गोद ली हुई बच्ची से शादी कर लेने की घटना चर्चा का विषय बनी थी। इसी तरह समलैंगिक 'विवाह' के आम हो जाने से नयी पीढ़ी पर समलैंगिकता का प्रभाव बढ़ रहा है।

जो बच्चे सामान्य परिवारों में भी पल रहे हैं, उनकी भी उचित देख-रेख नहीं हो पा रही है, क्योंकि माता-पिता के पास उनकी परवरिश के लिए काफी समय नहीं है। मूल परिवार में बच्चों के समाजीकरण के लिए समय उत्तरोत्तर घटता जा रहा है। अमरीकी माता-पिता 20 साल पहले तक बच्चों को जितना समय दे पाते थे आज उनका आधा भी नहीं दे पाते। माता, पिता और बच्चों में से हर कोई अपने-अपने कामों और शौकों में खोया रहता है। सब एक साथ घर में बहुत कम होते हैं और जब होते हैं तब भी कम्प्यूटर, फोन, इंटरनेट, म्यूजिक सिस्टम या टी. वी. से जुड़े होते हैं, एक-दूसरे से नहीं। रुचि का अन्तर इतना ज़्यादा है कि घरों में बच्चों के लिए इस तरह के उपकरण भी अलग होते हैं। यानी ऐसा भी नहीं कि सब मिलकर कुछ देख-सुन रहे हों। कई परिवार ऐसे हैं, पति-पत्नी अपनी नौकरी के सिलसिले में अलग-अलग शहरों में रहते हैं और बच्चों को बोर्डिंग स्कूल में रखते हैं। ऐसे परिवार के बच्चे माँ-बाप को फोन, फैक्स, ई-मेल से ही जानते हैं। माँ-बाप के पास बच्चों को पालने का समय नहीं है और दादा-दादी वृद्धाश्रम में रहते हैं। ऐसे में बच्चों को टी.वी. पाल रहा है। बच्चों का 'मार्गदर्शन' स्कूल या पास-पड़ोस के बड़े बच्चे कर रहे हैं– खासकर बिगड़े हुए बच्चे। पीढ़ी अन्तराल इतना ज़्यादा है कि माँ-बाप उसे अनुशासित कर नहीं पाते। 'अगर सभी ऐसा कर रहे हैं, तो तुम भी करो' कह देने के सिवा माता-पिता के पास कोई चारा नहीं।

दुर्भाग्य से मूल परिवार की इस प्रमुख भूमिका को निभाने के लिए अब पास-पड़ोस और बिरादरी जैसी भी कोई चीज इसलिए नहीं होती कि गतिशील आधुनिक इंसान आजीवन किसी एक जगह नहीं रहता। पाश्चात्य देशों में जो व्यक्ति जितनी ज़्यादा बार घर, नौकरी, शहर बदल पाता है वह आमतौर पर उतना ही ज़्यादा सफल होता है। बच्चे के लिए कहीं ठहराव नहीं है। जिस टी.वी. के आगे वह दिन में चार घंटे औसतन बिताता है उसमें भी सैकड़ों चैनल होते हैं, जिन्हें वह बदल-बदलकर देख सकता है। टी.वी. कार्यक्रम सेक्स और हिंसा से भरे होते है। जो कम्प्यूटर खेल बच्चा खेलता है उनमें आक्रामकता का स्वर प्रमुख होता है। यही कारण है कि बाल अपराध बड़ी तेजी से बढ़ रहे हैं।

आशावादियों को विश्वास है कि इक्कीसवीं सदी में इस्रायल के 'किबुत्स' जैसी सामुदायिक बस्तियाँ आम हो जायेंगी जिनमें लोग एक बिरादरी की तरह रहेंगे। ग्लोबल गाँव बिरादरी भावना का गाँव होगा।

बदलती पारिवारिक व्यवस्था की चुनौतियाँ

हाल के एक समाचार के अनुसार वाशिंगटन की सड़कों पर पाँच हजार युवक-युवतियों का जुलूस निकला। यह अपार भीड़ विवाह के अटूट बन्धन, एक जीवन-साथी के प्रति वफादारी और समाज को बचाने के लिए परिवार-भावना को पुनर्जीवित करने की आवाज़ बुलन्द करने के लिए जुटी थी। पाश्चात्य देशों में अब अति सम्पन्नता से ऊबे और यौन-स्वच्छन्दता के परिणामों से चिंतित लाखों लोग विवाह, परिवार जैसी पारम्परिक व्यवस्था की ओर लौटने के लिए उतावले हो उठे हैं। भारतीय विवाह-पद्धति का आदर्श उन्हें भाने लगा है। अमरीकी ही नहीं, चीनी, वियतनामी, कोरियाई, फ्रेंच, स्विस, जर्मन, अफ्रीकी मूल के युवक-युवतियाँ भी इस अभियान में शामिल थे। 'एड्स' जैसी भयंकर बीमारी ने भी उन्हें वैवाहिक बन्धन और परिवारवाद की ओर लौटने के लिए विवश किया है। प्रेम को ईश्वरीय देन और वफादारी को सामाजिक आवश्यकता मानकर अब कुछ बड़े प्रकाशन-समूह और चर्च भी लोगों को इस ओर प्रेरित कर रहे हैं।

पश्चिमी समाजशास्त्रियों एवं मानवशास्त्रियों ने अपने अध्ययनों से यही निष्कर्ष निकाला है कि जिन बच्चों का अपने माता-पिता के संरक्षण में समाजीकरण होता है वे प्राय: जीवन में कुछ ज़्यादा ही सफल होते हैं। हिंसा, आतंक व समाज-विरोधी प्रवृत्तियाँ टूटे परिवारों से ही निकल कर बाहर आ रही हैं। पश्चिम की नकल में अपनी दिशाएँ निर्धारित करने वाले हम भारतीयों के लिए यह समाचार न केवल सुखद है, बल्कि अपनी पारिवारिक आत्मीयता और ऊष्मा को वापस पाने की खोज में एक प्रेरणा या दिशा बोधक का भी काम करेगा।

सचमुच हमारी आज यही गति और स्थिति है। पश्चिमी जीवन-मूल्यों को अपनाने की होड़ में और उपभोक्तावाद की अन्धी दौड़ में जब हम अपनी विरासत के उज्ज्वल पक्षों को नज़रअन्दाज ही कर रहे हैं, उनका आकलन कैसे करेंगे? आकलन-मूल्यांकन नहीं होगा, तो पुनर्मूल्यांकन की और उसमें समयानुसार संशोधन, परिवर्द्धन, परिमार्जन की बात कैसे होगी ? परिवार के विखण्डन से समाज के विखण्डन तक जाकर भी क्या हम अपने भारतीय परिवार के अवमूल्यन पर तब बात करेंगे, जब पश्चिम में परिवार बहस केन्द्र में आ जायेगा ?

हमारी संयुक्त परिवार-प्रणाली में व्यक्तिगत और सामाजिक, सभी समस्याओं का समाधान था। बीमारों, अपंगों, वृद्धों, बच्चों, बेरोज़गारों, लाचारों के लिए किन्हीं अलग संस्थाओं की आवश्यकता न थी। उस टूटन की भरपाई आज 'पीड़ित महिला परामर्श केन्द्र', 'वृद्धाश्रम', 'होम', 'क्रेश' और 'आफ्टर केयर होम' आदि कितनी ही संस्थाएँ मिल कर भी कर पा रही हैं क्या? अपनी उज्ज्वल परम्पराओं पर आधारित उपयोगी संस्थाओं में समय के साथ कुछ विकृतियाँ आ गयी हैं, तो बदले समय के अनुरूप बनाने के लिए उनकी पुनर्निर्माण व परिमार्जन किया जाना चाहिए, न कि उनकी उपयोगिता को ही नकार कर समाज को उनके लाभ से वंचित करना चाहिए। परिवार के विकल्प के रूप में उभर कर सामने आ रही संस्थाएँ भारतीय मानसिकता के अनुकूल नहीं हैं। विवशता की स्थिति में वे स्वीकार्य होने पर भी वृद्धाश्रम और पालना-घर को जोड़ देने जैसे समाधान खोजे जाने चाहिए कि वृद्धों को बच्चों का साथ मिल सके और बच्चों को वृद्धों की छत्र-छाया में भावात्मक सुरक्षा प्राप्त हो सके।

बहरहाल, बात भारतीय परिवार की हो रही थी। बहुत कुछ बिखर जाने के बाद भी भारत में परिवार अभी बचा है। गाँवों से शहरों की ओर पलायन के बाद भी लोग मानसिक रूप से गाँव के अपने घर-परिवार से जुड़े रहते हैं और गमी-खुशी के अवसरों पर सम्मिलित होकर, शहर में कमाए पैसे गाँव-घर भेजकर भौतिक रूप से भी जुड़े रहते हैं। परम्परागत रीति-रिवाज़ भी प्राय: उन्हें जोड़े रखते हैं। यह अलग बात है कि रूढ़ियाँ व अन्धविश्वास उनकी प्रगति में बाधक है, पर परम्परा और रूढ़ि में अन्तर समझने वाले लोग पिछड़ते नहीं, समाज में सन्तुलन कायम रखते हैं। ज़रूरत है, निरक्षर ग्रामवासियों को परम्परा और रूढ़ि का अन्तर समझाने की।

लेकिन बात शहरी बनाम ग्रामीण परिवार की नहीं, समग्र परिवार-संस्था की हो रही है और पश्चिमी सभ्यता व मीडिया कुप्रभावित होकर बदलते भारतीय परिवार की भी। औद्योगिक समाज के उपभोक्तावाद और बाज़ारबाद ने तो भारतीय परिवार को आघात पहुँचाया ही है, उस पर मीडिया के आकाशी हमले ने रही-सही कसर पूरी कर दी है। घर-घर पहुँचे दूरदर्शन ने ग्रामीण संयुक्त परिवार को भी नहीं बख्शा। समाज में अवैध सम्बन्धों की जैसे बाढ़ आयी हुई है। लगता है, परिवार अभी और टूटेंगे और परिवारों की टूटन समाज को और विखण्डित करेगी। आये दिन की हिंसा, बलात्कार की ख़बरें, नव-धनाढ्यों के कारनामे, आपाधापी और गलाकाट प्रतिद्वन्द्विता, भ्रष्टाचार और घोटाले, इस सबसे राजनीतिक अस्थिरता की ही नहीं, सामाजिक अराजकता की स्थितियाँ भी बन आयी हैं।

नारी परिवार की धुरी है। अत: नारी-आन्दोलन का दिशा-भटकाव भी परिवार संस्था को बिखरने में अपनी भूमिका निभाता है। पश्चिम में यही हुआ, उसके बाद भारत में भी। पश्चिमी **'विमेन्स लिब' (Women's Lib)** की तर्ज पर नारी-मुक्ति आन्दोलन चलाकर हमने देख लिया। परिणाम नारी-शोषण और बढ़ा, परिवार और विखण्डित हुए। पश्चिम में भी अतिवादी नारी मुक्ति आन्दोलन असफल हो गया, यहाँ तो उसे पनपने के लिए आधार भूमि ही नहीं मिली। इसलिए कुछ वर्ष के भटकाव के बाद भारतीय नारी मुक्ति आन्दोलन भी (अपवाद छोड़कर) अब सही पटरी पर आता दिखाई देने लगा है। 'करियर' और 'फैमिली' के बीच सन्तुलन ही अब अहम मुद्दा है।

पितृसत्तात्मक समाज और महिलाओं की स्थिति

औरत हिंसा का शिकार सदियों से हो रही है, परन्तु मौजूदा दौर में औरतों पर होने वाली हिंसा में काफी वृद्धि हुई है और यह अपने सबसे क्रूरतम रूप में सामने आ रही है। सवाल उठता है कि औरतों पर हमला करने वालों को नैतिक साहस कहाँ से मिलता है कि वे दिन के उजाले में, भरी भीड़ के सामने ऐसी हरकतें करते हैं। दरअसल यह पूरी व्यवस्था ही इस ढंग से बनी है कि यह इन मर्दों को न सिर्फ इतनी जगह प्रदान करती है कि वे अपने कुकृत्य आसानी से कर सकें, बल्कि उन्हें ऐसा करने के लिए प्रोत्साहित भी करती है। ऊपरी तौर पर हमें कुछ बातें समझ तो आती हैं लेकिन अधिक गहराई में जाकर देखें तो पितृसत्ता पर आधारित परिवार, समाज एवं राज्य यह तीनों मिलकर पुरुषों के माध्यम से औरतों पर हिंसा करते हैं। मौजूदा समय में पितृसत्ता हिंसा करके ही औरतों पर अपना कब्जा बनाये रख सकती है, क्योंकि यदि औरत उसके कब्जे में नहीं रही तो उसका पूरा अस्तित्व ही हिल उठेगा। औरतों के दिन-रात की मेहनत के बल पर पुरुष अपनी ऐशो-आराम की जिन्दगी जी रहे हैं। औरतों पर हिंसा एवं शोषण से ही यह पितृसत्ता पूरी दुनिया में टिकी हुई है। परिवार, समाज एवं राज्य यह तीनों ही पितृसत्ता के वाहक हैं। पितृसत्ता ने अपने हित में औरतों पर अत्याचार को वैध किया हुआ है। चलती ट्रेन या बस में भरी भीड़ के सामने जब एक लड़की या औरत से बदतमीजी की जा रही होती है लोग देखते रहते हैं कोई बढ़कर आगे नहीं आता है। कोर्ट-कचहरी, कानून, पुलिस, राज्य-मशीनरी, धर्म-परिवार, जाति-व्यवस्था, सभी पितृसत्ता के रूप में औरतों के खिलाफ होने वाली हिंसा को वैचारिक आधार प्रदान करते हैं।

औरतों पर हिंसा का कहर सबसे पहले उसके परिवार में ही शुरू होता है। परिवार के भीतर लड़की के खिलाफ हिंसा उसके जन्म से पहले ही कन्या भ्रूण-हत्या के रूप में शुरू हो जाती है और भिन्न-भिन्न तरीकों से जीवनपर्यन्त

चलती रहती है। अधिकांश भारतीय परिवारों में लड़के-लड़कियों के साथ भेदभाव भी औरतों के खिलाफ हिंसा का ही एक रूप है। परिवारों के भीतर प्रत्येक पुरुष का प्रत्येक महिला पर आधिपत्य होता है और इसी आधिपत्य के कारण वह औरतों पर तरह-तरह से हिंसा करता है। परिवार के भीतर पति को पत्नी के ऊपर असीमित अधिकार मिले हुए हैं। दहेज न लाने के लिए सज़ा के बतौर पत्नी का जला देना या पति द्वारा पत्नी की निर्मम पिटाई इसी का द्योतक है। पितृसत्ता की जड़ें बेहद गहरी होने के कारण परिवारों में औरतों पर हिंसा को लगभग जायज़ माना जाता है। बेहद कमजोर स्थिति होने के कारण और कभी-कभी स्वयं भी सामन्ती पितृसत्तात्मक सोच का शिकार होने के कारण औरतें घर के भीतर अपने प्रति होने वाली इस हिंसा का प्रतिरोध नहीं कर पातीं। घरेलू हिंसा एक व्यापक त्रासदी बन चुकी है और अधिकांश विवाहिताएँ इसकी शिकार हैं। इस मामले में पढ़े-लिखे और अनपढ़ दोनों ही तरह के पुरुष एक ही थैली के चट्टे-बट्टे हैं। पति भले ही पत्नी पर हाथ न उठाये, लेकिन उसे गंदी या भद्दी गालियाँ देना, बात-बात पर जलील करना, उसके मायके को कोसना आदि ऐसे आचरण हैं, जो पत्नी के स्वाभिमान पर चोट करते हैं। औरत को शारीरिक या मानसिक यातनाएँ देना पुरुष अपनी मर्दानगी समझता है। अधिकांश पत्नियाँ निर्दोष होने के बावजूद प्रताड़ित होती हैं। कुछ को यह प्रताड़ना कभी-कभी झेलनी पड़ती है, तो कुछ को रोज़ाना। सच तो यह है कि नारी सहती है, इसलिए पुरुष उस पर जुल्म करता है। जब नारी ही चुप्पी साध ले तो पुरुष के हौसले तो बुलंद होंगे ही। अधिकांश पत्नियाँ अपनी गृहस्थी की ख़ातिर चुप रहती हैं जिससे पुरुषों को शह मिलती है, उन्हें प्रताड़ित करने की। विवाह की संस्था हमारे समाज में औरतों के प्रति होने वाली हिंसा का सबसे सुसज्जित रूप है। विवाह की वेदी पर प्रतिदिन औरतें आहुति बनकर होम हो जाती हैं। अधिकांश पुरुषों के लिए विवाह धन-सम्पत्ति और औरत को अर्जित करने का एक माध्यम मात्र है। आज हमारे देश में दहेज-हत्या एवं दुल्हन को जलाने या प्रताड़ना देने का कारोबार बढ़ता जा रहा है और पूरा समाज औरतों पर होने वाली हिंसा की दावत में बड़ी खुशी-खुशी शामिल हो रहा है। यही नहीं पूरा समाज परिवार के माध्यम से औरतों पर अपना आधिपत्य रखता है। जो औरतें कोई परम्परा तोड़ती हैं तो उन्हें समाज मिलकर सज़ा देता है।

धर्म भी हमेशा औरतों को ही अपना शिकार बनाता है। लगभग सभी धर्म पितृसत्ता को ही पोषित करते हैं और औरत को पुरुषों का गुलाम बने रहने की शिक्षा देते हैं। बलात्कार पितृसत्ता द्वारा औरतों पर अधिकार एवं शक्ति प्रदर्शन करने एवं बदला लेने का सबसे घृणित हथियार है। हमारे देश में सवर्ण एवं अमीर पुरुष इसे दलित एवं ग़रीब औरतों पर शोषण के एक औज़ार के रूप में इस्तेमाल करते हैं। अपनी विकृत सामन्ती मानसिकता के कारण वे ग़रीब दलित औरतों को अपनी सम्पत्ति समझते हैं। औरतों के खिलाफ होने वाली हिंसा में सबसे ख़तरनाक है– राज्य द्वारा की जाने वाली हिंसा। राज्य औरतों पर हिंसा करने का सबसे संघटित तन्त्र है। राज्य द्वारा की जाने वाली हिंसा अपने चरित्र में पितृसत्तात्मक एवं फासीवादी है। इसे शासक वर्ग का समर्थन मिला होता है। जब भी राज्य के खिलाफ कोई आन्दोलन होता है, तो राज्य अपनी पुलिस, सेना एवं नौकरशाही के दलबल के साथ औरतों के ऊपर हिंसा करने पर उतर आता है। उत्तराखण्ड आन्दोलन के दौरान मुजफ्फरनगर कांड इसका जीता-जागता उदाहरण है। बाबा रामदेव के आन्दोलन के तहत आधी रात जब पुलिस ने निहत्थे आन्दोलनकारियों पर बर्बरता पूर्वक लाठीचार्ज किया तो औरतों पर ही उसका कहर सबसे अधिक ढहा। आन्दोलनकारी राजबाला की गंभीर चोटों के कारण हुई मौत राज्य हिंसा का क्रूरतम रूप है। राज्य आंदोलनकारी औरतों पर गाली-गलौज, लाठीचार्ज, अपमान एवं अन्ततः बलात्कार करता है ताकि उनका प्रतिरोध टूट जाये। इस तरह औरतों पर होने वाली हिंसा अनायास ही नहीं बढ़ी हैं। इसमें कुछ शक़ नहीं है कि समाज में संवेदनहीनता बढ़ी है, किन्तु औरतों के खिलाफ हिंसा के बहुत गहरे सामाजिक-राजनीतिक आधार हैं।

औरतों पर हिंसा सदियों से हो रही है। इसकी जड़ों को सामन्ती पितृसत्ता पोषित करती है, जिसके तहत औरतों को महज उपभोग की वस्तु माना जाता है। यह सत्ता औरतों के स्वतन्त्र अस्तित्व से इन्कार करती है। आज औरतों पर हिंसा के रूप इतने विकृत इसलिए हो गये हैं, क्योंकि इन सामन्ती सोचों से बाज़ार के मूल्य भी घुलमिल गये हैं, जो सिर्फ पैसे को ही अहमीयत देता है। किन्तु अपने अस्तित्व को बनाये रखने के लिए बाज़ार भी औरतों की पराधीनता एवं पितृसत्ता की ही वकालत करता है। कुल मिलाकर औरतों के खिलाफ होने वाली हिंसा के मूल पितृसत्तात्मक

व्यवस्था ही है। इसके कारण समाज में औरतों की स्थिति नगण्य-सी है, इसलिए कदम-कदम पर उनका अपमान किया जाता है। इस तरह पितृसत्ता औरतों की स्वतन्त्र अस्मिता के लिए अभिशाप है। अपने अस्तित्व को बनाये रखने के लिए वह औरतों पर तरह-तरह के शोषण एवं हिंसा करती है। आज कितनी ही औरतें अपने ऊपर होने वाले अत्याचार के विरोध में आवाज़ उठाती हैं या न्यायालय की शरण में जाती हैं? औरत को अपना वजूद समझना होगा। उसे अपने मान-सम्मान की रक्षा स्वयं करनी होगी। आज औरतें पहले की तरह खामोश नहीं हैं। दामिनी बलात्कार काण्ड के दौरान देश भर में सड़कों पर उतरी औरतें की भीड़ ने इसकी छवि पेश की। अब औरतें हिंसा के खिलाफ तरह-तरह से प्रतिरोध कर रही हैं। जिस दिन औरतें पितृसत्ता की इस व्यवस्था को मानने से इन्कार कर देंगी, उसी दिन तस्वीर बदल जायेगी। अत: औरतों पर होने वाली हिंसा को पूरी तरह से रोकने के लिए पितृसत्ता का समूल खात्मा आज महिला-आन्दोलन प्रमुख मुद्दा होना चाहिये।

REFERENCES

Bernard, Jessie, **The Future of Marriage**, New York: World, 1972.

Clayton, Richard R., **The Family, Marriage and Social Change**, Lexington: Mass., 1979.

Conklin, John E., **Sociology**, New York: Macmillan Publishing Co., 1984.

Giddens, Anthony, **Sociology**, Cambridge: Polity Press, 1993.

Goode, William J., **World Revolution and Family Patterns**, New York: Free Press, 1963.

——, **The Family**, New Delhi, Prentice-Hall of India, 1975.

Haralambos, M., **Sociology: Themes and Perspectives**, New Delhi: Oxford University Press, 1989.

Horton, Paul B. and Hunt, Chester L., **Sociology**, Tokyo: McGraw-Hill International Book Company, 1980.

Johnson, Harry M., **Sociology: A Systematic Introduction**, New Delhi: Allied Publishers Private Limited, 1983.

Laslett, Peter, **Family and Illicit Love in Earlier Generation**, Cambridge: Cambridge University Press, 1977.

Leslie, Gerald R. and Larson, Richard F. and Gorman, Benjamin L., **Introductory Sociology**, New York: Oxford University Press, 1980.

Levitan, Sar A. and Belous, Richard S., **What's Happening to the American Family?** Baltimore: Johns Hopkins University Press, 1981.

MacIver, R.M. and Page, Charles H., **Society: An Introductory Analysis**, New Delhi: Macmillan India Limited, 1985.

Marshall, Gordon, **Oxford Dictionary of Sociology**, Oxford: Oxford University Press, 1998.

Murdock, George P., **Social Structure**, New York: Macmillan, 1949.

Shepard, Jon M., **Sociology,** New York: West Publishing Company, 1981.

Singh, J.P., 'Changing Village, Family Structure and Fertility Behaviour: Evidence from India', **International Journal of Contemporary Sociology** (USA), Vol. **38**(2), October 2001: 229–248.

——, 'India's Changing Family and State Intervention', **The Eastern Anthropologist**, Vol. **63**(1), January-March 2010: 17–40.

Spencer, Metta, **Foundations of Modern Sociology**, New Jersey: Prentice-Hall, Inc., 1976.

Zeitlin, Irving M., **The Social Condition of Humanity: An Introduction to Sociology**, New York: Oxford University Press, 1981.

12

नातेदारी पद्धति
(Kinship System)

नातेदारी से तात्पर्य व्यक्तियों के ऐसे समूह से है, जो समरक्तता के कारण या विवाह सम्बन्धों के कारण आपस में जुड़े होते हैं। जो सम्बन्ध **समरक्तता (Consanguineal)** से बनते हैं, उन्हें सहोदरज कहते हैं तथा जो सम्बन्ध विवाह के द्वारा बनते हैं, उन्हें **वैवाहिक (Affinal)** रिश्तेदारी (स्वजन) कहते हैं। सम्बन्धों की प्रकृति, चाहे वह समरक्तक (यानी कि खून के सम्बन्धों पर आधारित) या वैवाहिक हो, नातेदारी व्यक्तियों के अधिकारों व कर्तव्यों का निर्धारण करती है। **'स्वजन समूह' (Kin Group)** वह समूह है, जो रक्त या विवाह बन्धनों से बँधा हो, जैसे– परिवार। परिवार के अतिरिक्त अधिकतर नातेदार समूह रक्तमूलक होते हैं। 'नातेदारी पद्धति' को इस प्रकार स्पष्ट किया जा सकता है– स्थिति एवं भूमिकाओं की एक प्रथानुगत पद्धति जो उन लोगों के व्यवहार को संचालित करती है, जो एक-दूसरे से या तो विवाह के आधार पर या एक सामान्य पूर्वज की सन्तान होने के नाते सम्बद्ध होते हैं। इसे हम दूसरी तरह भी कह सकते हैं: नातेदारी पद्धति सम्बन्धों की ऐसी संरचनात्मक पद्धति है, जिसे नातेदार एक-दूसरे से बड़े जटिल अन्त:गठबन्धनों से होते हैं (G.P. Murdoch, 1949 : 93)।

नातेदारी में उन व्यक्तियों को सम्मिलित किया जाता है, जिनसे हमारा सम्बन्ध वंशावली के आधार पर होता है और वंशावली सम्बन्ध परिवार से उत्पन्न होते हैं एवं परिवार पर ही निर्भर होते हैं। ऐसे सम्बन्धों को समाज की स्वीकृति ज़रूरी है।

नातेदारी व्यवस्था में जिस ढँग से व्यक्तियों और समूहों के बीच सम्बन्धों को आयोजित किया जाता है, सभी समाजों में प्रमुख है। यद्यपि परिभाषा के अनुसार नातेदारी सम्बन्ध विवाह व परिवार में ही निहित होते हैं, किन्तु वे इन संस्थाओं के दायरे से बाहर भी विस्तृत रूप से फैले होते हैं। सभी समाजों में परिवार पाया जाता है, किन्तु नातेदारी के दायरे में किन्हें शामिल किया जाये अथवा नहीं इस सम्बन्ध में सम्पूर्ण इतिहास में भिन्नता पायी जाती है। आज भी भिन्न संस्कृतियों में नातेदारी की व्यवस्था भिन्न-भिन्न है। नातेदारी के सम्बन्ध, समाज की एकता बनाये रखने में बहुत मदद देते हैं। प्रत्येक समाज में नातेदारी एक महत्त्वपूर्ण परम्परागत व्यवस्था है। नातेदारी व्यवस्था समाज में उत्पन्न होने वाली सामाजिक समस्याओं का निपटारा करता है। विभिन्न नाते-रिश्ते वालों के बीच एक-दूसरे के प्रति आदर, जान-पहचान, निरपेक्षता, दयाभाव, स्नेहभाव व सुरक्षा भाव इत्यादि भावनात्मक व्यवहार पाया जाता है। नाते-रिश्तों में स्थिति के अनुसार ही एक-दूसरे के प्रति यथोचित व्यवहार चलता है।

रैडक्लिफ-ब्राउन (A.R. Radcliffe-Brown) ने नातेदारी व्यवस्था के अन्तर्गत अधिकारों और उत्तरदायित्वों के अध्ययन पर बल दिया है और इसे (नातेदारी) सामाजिक संरचना के अंग के रूप में देखा है। नातेदारी व्यवस्था को

उत्तम या खराब, उच्च या निम्न के रूप में नहीं समझा जा सकता। वे तो केवल कार्य करने के स्थानापन्न उपायों के रूप में ही देखी जाती हैं, अर्थात् उत्तराधिकार हस्तान्तरण और विवाह के बारे में नियमों व नियमनों के रूप में ही नातेदारी व्यवस्थाओं को समझ सकते हैं। रॉबिन फॉक्स (Robin Fox, 1983) के अनुसार नातेदारी के अध्ययन का अर्थ है– व्यक्ति क्या करता है और वह ऐसा क्यों करता है और एक उपाय के स्थान पर अन्य उपाय के अनुसरण के क्या परिणाम हैं। नातेदारी के अध्ययन का अभिप्राय मनुष्य जीवन के आधारभूत तथ्यों, जैसे– संगमन, सगर्भतावधि, पितृत्व, समाजीकरण, सहोदरता आदि के बारे में मनुष्य को क्रियाओं के अध्ययन से है। नातेदारी के बारे में फॉक्स ने निम्नलिखित चार प्रमुख सिद्धान्तों का उल्लेख किया है :

1. बच्चे स्त्रियों से उत्पन्न होते हैं।
2. स्त्रियों को पुरुष गर्भान्वित करते हैं।
3. प्राय: स्त्रियों को पुरुष नियन्त्रण करते हैं।
4. प्राथमिक रक्त सम्बन्धी आपस में यौन-सम्बन्ध नहीं करते।

नातेदारी के प्रकार्य (Functions of Kinship)

नातेदारी सम्बन्ध दो प्रकार से **प्रकार्यात्मक (Functional)** होता है: (i) यह नातेदार के बीच सम्बन्धों के लक्षणों का वर्णन करता है तथा (ii) यह व्यवहार का आदान-प्रदान यानी कि पारस्परिक व्यवहार निर्धारित करता है।

नातेदारी के नियम दो कार्य निष्पादित करते हैं। पहला वे समूहों का निर्माण करते हैं– नातेदारों के विशेष समूह। अतिरिक्त नियमों व सामाजिक परम्पराओं का उपयोग करके बड़े स्वजन समूह जैसे बड़े परिवार, वंश तथा कुलों का निर्माण किया गया है। नातेदारी का दूसरा प्रमुख कार्य है नातेदारों के बीच नातेदारी सम्बन्धों को नियन्त्रित करना, अर्थात् किसी विशेष नातेदार की उपस्थिति में एक नातेदार को कैसा व्यवहार करना चाहिये अथवा एक नातेदार दूसरे नातेदार का कितना ऋणी है।

नातेदारी एक प्रकार का सामाजिक जाल प्रदान करती है। समाज में लोग एक-दूसरे से वंशानुगत बन्धनों तथा समान नातेदारी की सदस्यता से बंधे रहते हैं। यह वंश के सदस्यों एवं कुल के सदस्यों के बीच सम्बन्धों की स्वीकार्य भूमिका को परिभाषित करती है। इसके परिणामस्वरूप नातेदारी समाज के नियंत्रक के रूप में कार्य करती है।

नातेदारी भावात्मक सम्बन्धों पर आधारित पारिवारिक पद्धति है। नातेदारी के बन्धन व्यक्तियों में विवाह अथवा वंशानुगत उत्तराधिकारी के माध्यम से प्रस्थापित होते हैं। इनमें रक्त सम्बन्ध होता है (माँ, पिता, भाई-बहन, पुत्र, पुत्रियाँ आदि)। नातेदारी विभिन्न प्रकार के कार्य सम्पादित करती है। यह लैंगिक व्यवहार को नियन्त्रित करती है तथा बच्चों की देख-भाल व पालन-पोषण हेतु एक स्थाई व सुरक्षित नेटवर्क प्रदान करती है। नातेदारी के प्रकार्यों को हम निम्नलिखित ढंग से व्यक्त कर सकते हैं–

1. परिवार में रक्त एवं विवाह सम्बन्ध पर आधारित सदस्य पाये जाते हैं। दोनों प्रकार के सदस्यों को हम नातेदार या रिश्तेदार कहते हैं। परिवार का विस्तार ही नातेदारी का विस्तार है। समाज में अन्त:विवाह, बर्हिविवाह, समलिंग सहोदरज एवं विषमलिंग सहोदरज विवाह इत्यादि का निर्धारण नातेदारी के आधार पर ही होता है।

2. नातेदारी वंशावली का निर्धारण करती है। वंशावली की लम्बाई प्रतिष्ठा का मापदण्ड होती है। परिवार, वंश, गोत्र, भ्रातृदल इत्यादि नातेदारी के ही स्वरूप हैं। सभी प्रकार के समाजों में नातेदारी के सम्बन्धों का उपयोग किसी वंश का समाज में स्थान, सम्पत्ति, अधिकार, कर्तव्य इत्यादि पर निर्भर करता है।

3. जब कोई व्यक्ति संकट अथवा कठिनाई में होता है अथवा उसे आर्थिक सहायता की आवश्यकता होती है, तो व्यक्ति सर्वप्रथम अपने नातेदारी सम्बन्धों की ओर देखता है। इस सम्बन्ध में प्रथम प्रयास अपने रक्त सम्बन्धी नातेदारों से करता है। इस प्रकार इनमें भी रक्त सम्बन्धी विशिष्ट महत्त्व रखते हैं। अत: समाज अथवा सम्पूर्ण जाति में अन्य सदस्यों की अपेक्षा नातेदारों को सहायता देने का दायित्व सर्वाधिक होता है।

4. नातेदारी के अन्तर्गत एक रिश्तेदार दूसरे रिश्तेदार को बिना फल की आशा किये निःशुल्क सेवाएँ या मदद करते हैं, जबकि उन्हीं सेवाओं के लिए समाज के अन्य व्यक्तियों को उसकी कीमत चुकानी होती है। इस प्रकार नातेदार एक नैसर्गिक परामर्शदाता होते हैं, जो अपने सम्बन्धियों को कठिन-से-कठिन परिस्थितियों में मदद करते हैं।

5. वर्तमान औद्योगिक सभ्यता की माँगें हमें अवैयक्तिक, नौकरशाही वाली विवेकपूर्ण सामाजिक संरचना की ओर अग्रसर करती हैं, जिनमें नातेदारी के मनोभाव तर्कसंगत प्रतीत नहीं होते। फिर भी व्यक्ति नातेदारी बन्धनों से मुक्त नहीं हो पाया है। आज भी नातेदारी-विहीन व्यक्ति अपने को बिना सामाजिक प्रतिष्ठा वाला व्यक्ति मानता है। व्यक्ति अपने को नातेदारों के बीच पाकर अपार मानवीय आनन्द, प्रसन्नता और आत्मिक संतोष का अनुभव करता है।

नातेदारी एक सामाजिक सम्बन्ध है, जो वास्तविक अथवा माने हुए रक्त सम्बन्धों पर आधारित होती है। यद्यपि आज इसकी सम्भावना कम ही है कि नातेदार एक साथ पास-पास रहें, किन्तु उनमें आपस में सम्पर्क प्रायः बना रहता है।

सामाजिक जीवन के नियंत्रक के रूप में नातेदारी का महत्त्व निम्नांकित तीन बातों पर निर्भर करता है–

1. व्यक्ति अपने नातेदारों से किस सीमा तक घिरा रहता है।
2. नातेदारी व्यवहार के पैटर्न के विकास की मात्रा।
3. लोगों को भूमिकाएँ सौंपने के वैकल्पिक आधार के विकास की मात्रा।

नातेदारी का महत्त्व (Importance of Kinship)

परिवार के बाद स्वजन समूह दैनिक जीवन में, संस्कारों में तथा सामाजिक समारोहों में महत्त्वपूर्ण भूमिका का निर्वाह करते हैं। लोग अपने नातेदारों की ओर न केवल परेशानियों में उन्मुख होते हैं, बल्कि नियमित अवसरों पर भी सम्मिलित होते हैं। इस बात की चर्चा ऊपर की जा चुकी है। नातेदारों के समूह में चार-पाँच से लेकर 25 या 30 परिवार तक सम्मिलित हो सकते हैं। परिवार के बाद महत्त्वपूर्ण स्वजन समूह **'वंश' (Lineage)** और **'गोत्र' (Gotra)** होते हैं।

'वंश' परिवार का विस्तृत स्वरूप है। यह एक रक्तमूलक **एक-शाखाई वंशक्रम समूह (Consanguineous Unilateral Descent Group)** है, जिसके सदस्य ज्ञात (और वास्तविक) सामान्य पूर्वज से जुड़े होते हैं। वंश अधिक सूक्ष्म व विशिष्ट वंशवृक्ष से सम्बद्ध होते हैं। ये या तो मातृवंशीय या पितृवंशीय होते हैं। यह एक बहिर्विवाही (Exogamous) इकाई होती है। एक ही वंश के सदस्य भाई की तरह होते हैं और एक-दूसरे के प्रति भ्रातृत्व निष्ठा रखते हैं। कई पीढ़ियों के बाद वंश बन्धन ढीले पड़ जाते हैं, लेकिन कितनी पीढ़ियों तक ये सम्बन्ध चलते हैं, यह बताना कठिन है। यदि वंश के लोग एक ही गाँव या पड़ोस में रहते हैं तो वंश-परम्पराओं का निर्वाह होता है और वे लोग आर्थिक सहायता आदान-प्रदान करते हैं, फसल कटाई के समय श्रम एकत्र करते हैं, विवादों के निपटारे के समय सहायक होते हैं और लगभग सभी मुख्य अवसरों पर सहयोग करते हैं।

एक वंश के परिवारों के बीच की प्रमुख कड़ी अनुष्ठान या उत्सव (Ritual or Ceremony) होते हैं, जिसमें सभी लोग भाग लेते हैं। वे सभी एक-दूसरे के जीवन-चक्र की घटनाओं, जैसे– जन्म, मृत्यु आदि में सम्मिलित होते हैं। वे लोग एक ही देवी-देवताओं की पूजा करते हैं और एक से निषेधों का पालन भी करते हैं। वंशज आर्थिक उद्देश्यों के लिए भी सहयोग करते हैं। अठाहरवीं शताब्दी में जब अंग्रेज सत्ता में आए, तब उन्होंने भी वंश के मुखिया को लगान वसूली की पद्धति की देखभाल के लिए उत्तरदायी बनाया। उन्नीसवीं शताब्दी में भूमि लगान पद्धति में परिवर्तन के कारण उनकी (शासकीय वंशजों) सत्ता में कमी आयी। आज वंश सम्बन्ध महत्त्वपूर्ण और शक्तिशाली हैं।

वंश 'गोत्र' के रूप में भी चलता है, जो कि स्वयं में एक शाखाई (Unilateral) स्वजन समूह है, लेकिन गोत्र वंश से अधिक विस्तृत होता है। इसका पूर्वज कल्पित व मिथकीय व्यक्ति होता है और यह बहिर्विवाही (Exogamous) समूह है। प्रत्येक व्यक्ति अपने पिता के गोत्र का उत्तराधिकारी होता है। मानवशास्त्री टी.एन. मदान (T.N. Madan, 1965: 225) के अनुसार वंश का पृथक होना आमतौर पर धीमी प्रक्रिया है और यह परस्पर आदान-प्रदान में छोटे-छोटे अंशों

के परित्याग से होता है– कभी प्रतिवाद के रूप में और कभी परस्पर स्वीकृति के रूप में, न कि अचानक व विस्फोटक विच्छेद की तरह। वंश सहयोग के त्याग के बाद भी बहिर्विवाही सिद्धान्त का परित्याग नहीं किया जाता।

वंश सम्बन्ध समय और स्थान के साथ सीमित होते जाते हैं, लेकिन गोत्र सम्बन्ध इन सीमाओं से परे हैं। गोत्रज सदस्यों की उत्पत्ति की प्राय: कोई कहानी होती है, जो उन्हें किसी कल्पित या अलौकिक स्रोत से जोड़ती हैं। गोत्रजों के बीच सहयोग आर्थिक कारकों एवं निवास स्थानों की दूरी पर निर्भर करता है। आजकल गोत्र के कार्य न्यूनतंम रह गये हैं। इसका मुख्य कार्य विवाह को नियन्त्रित करने तक ही सीमित रह गया है।

मनुष्य के जीवन में उसके **स्त्री-नातेदारों (Feminal Kins)** का, अर्थात् माँ की तरफ के, विवाहित बहनों के, पत्नी की ओर के, और उसकी विवाहित पुत्री की ओर के नातेदारों आदि का भी महत्त्व कम नहीं होता। उपहारों का लेना-देना, समय-समय पर मिलना-जुलना, व्यक्तिगत आपातकाल में आपसी समर्थन तथा नियमित सम्पर्क एक-दूसरे के सम्बन्धों को बल प्रदान करते हैं। मामा को भानजों तथा भानजियों के लिए कई अवसरों पर दायित्वों का निर्वाह करना होता है। स्त्री नातेदारी एक व्यक्ति के रूप में व्यक्ति व उसकी समस्याओं के विषय में अधिक चिन्तित रहती है, न कि एक समूह के सदस्य के रूप में। इस प्रकार हम कह सकते हैं कि नारी-नातेदारी सम्बन्ध हर व्यक्ति और हर गाँव को गाँवों के सामाजिक जाल (Network) में समाकलन (Integrate) करने में सहायता करते हैं, जो ग्रामीण जीवन में बहुत से पहलुओं को प्रभावित करता है।

भारतीय नातेदारी के अध्ययन सम्बन्धी दृष्टिकोण

भारत में नातेदारी व्यवस्था के समाजशास्त्रीय अध्ययन से सम्बन्धित दृष्टिकोणों को व्यापक तौर पर दो भागों में वर्गीकृत किया जा सकता है– 1. शास्त्रमूलक दृष्टिकोण, 2. वंशक्रम दृष्टिकोण।

1. शास्त्रमूलक दृष्टिकोण— भारत में सामाजिक संस्थाएँ मूलरूप से देश की साहित्यिक तथा शास्त्रीय परम्पराओं से जुड़ी हुई हैं। यही कारण है कि बहुत-से समाजशास्त्रीय अध्ययनों में सामाजिक संस्थाओं के वैचारिक और विधिक आधारों की व्याख्या करने के लिए प्राचीन ग्रन्थों का उपयोग किया जाता है। जैसे– के.एम. कपाड़िया (1947) ने हिन्दू नातेदारी के विवेचन में प्राचीन ग्रन्थों का प्रयोग किया है। पी.एच. प्रभु (1954) ने **Hindu Social Organisation** नामक पुस्तक में विवेचना के लिए संस्कृत के मूल ग्रंथों का सहारा लिया है। इसी प्रकार जी.एस. घूर्ये (G.S. Ghurye, 1893–1983, **Family and Kin in Indo-European Culture** (1962) और इरावती कर्वे (Irawati Karve, 1905–1970, **Kinship Organisation in India** (1965) ने विस्तार से भारतीय नातेदारी पद्धति का विवेचन सामाजिक ऐतिहासिक परिप्रेक्ष्य में किया है और इस सन्दर्भ में मूलग्रंथों का प्रयोग किया है। इस प्रकार हम यह कह सकते हैं कि नातेदारी के समाजशास्त्रीय अध्ययन में प्राचीन ग्रन्थों पर आधारित दृष्टिकोण ने इस पद्धति की निरन्तरता और इसमें परिवर्तन के तत्त्वों को समझने में हमें ठोस आधार प्रदान किया है।

2. नृशास्त्रीय दृष्टिकोण— नृशास्त्रियों (Ethnographers) ने नातेदारी संस्थाओं का विश्लेषण वंशक्रम और वैवाहिक सम्बन्ध के दृष्टिकोण से किया है।

(क) वंशक्रम दृष्टिकोण— हमारे समाज में नातेदारी का उपयोग सामूहिक सामाजिक इकाइयों के लिए होता है। समाज का प्रत्येक व्यक्ति परस्पर सहयोग करने वाले और निकट रूप से सम्बद्ध वर्ग का सदस्य है एवं व्यक्ति ऐसे लोगों की सहायता और समर्थन पर आश्रित होता है। ऐसा परस्पर सहयोग करने वाला वर्ग हमेशा माँ, बाप और बच्चों के परिवार से कहीं अधिक बड़ा होता है। जब इन समूहों को समान वंशक्रम के आधार पर मान्यता प्रदान की जाती है और उसकी विवेचना की जाती है, तो इन्हें वंशक्रम समूह कहते हैं। वंशक्रम समूह में सदस्यता निर्धारित करने के नियम निम्नलिखित हैं–

(i) पितृवंशीय— जब वंशक्रम का निर्धारण पुरुष परम्परा से होता है, तब वंश पिता से पुत्र की ओर चलता है।

(ii) मातृवंशीय— जब वंशक्रम का निर्धारण का आधार स्त्री परम्परा होती है, तब वंश माँ से पुत्री की ओर चलता है।

(iii) द्विवंश परम्परागत— वंशक्रम का निर्धारण पिता या माता दोनों के वंश की ओर से होता है, तब उसे द्विवंश परम्परा कहा जाता है। जैसे– एक वंश परम्परा से चल सम्पत्ति दी जाती है, तो दूसरी वंश परम्परा से अचल सम्पत्ति विरासत में दी जाती है।

(iv) उभयपक्षीय— जहाँ हर तरह की विरासत माता-पिता दोनों की वंश-परम्परा से प्राप्त होती है, उसे उभयपक्षीय वंश-परम्परा कहा जाता है। इसका मतलब यह हुआ कि वह समूह जो पिता और माता दोनों की ओर की नातेदारी के मिश्रण से हुआ है। इस समूह की सदस्यता पितृ तथा मातृवंश-परम्परा दोनों से मिलती है। ऐसे समूहों में एकलवंश परम्परा नहीं बन सकती, बल्कि उभयपक्षीय समूह की संरचना ही हो सकती है।

(v) समान्तर वंशक्रम— इसमें वंशक्रम लिंग के आधार पर होता है। इस वंशक्रम की सदस्यता पुरुषों द्वारा पुत्रों को मिलती है और स्त्रियों द्वारा पुत्रियों को मिलती है। यह वंशक्रम समूह आधुनिक समय में कम पाया जाता है।

(vi) वैकल्पिक वंशक्रम— इसमें पुरुष से उसकी पुत्रियों का और स्त्री से उसके पुत्रों का वंश जाना जाता है। यह वंशक्रम समूह आधुनिक समय में बहुत ही कम पाया जाता है।

भारत में पितृवंश परम्परा और मातृवंश परम्परा वाले वंशक्रम की पद्धतियाँ आमतौर पर मिलती हैं। इन दोनों में से पितृवंश-परम्परा पद्धति बहुत अधिक प्रचलित है। इन दोनों में से पितृवंश की व्याख्या से हमें भारत में नातेदारी व्यवस्था के सम्बन्ध में व्यापक मानवशास्त्रीय व समाजशास्त्रीय जानकारी प्राप्त हुई है। मानवशास्त्री कैथलीन गफ (Eleanor Kathleen Gough Aberle, 1954) ने भूमि सम्बन्धी सामूहिक अधिकारों के आधार पर वंश परम्परा की एकता का विवेचन किया है। उन्होंने व्यापक नातेदारी में अन्तर्वैयक्तिक सम्बन्धों की भूमिका पर विशेष रूप से चर्चा की है। मानवशास्त्री टी.एन. मदान (Triloki Nath Madan, 1965) ने कश्मीरी ब्राह्मणों की संगठनात्मक भूमिका की नातेदारी के सम्बन्ध में चर्चा की है। उन्होंने कश्मीरी पंडितों की सुदृढ़ पितृवंश परम्परा की विचारधारा की चर्चा नातेदारी व्यवस्था के अन्तर्गत विशेष रूप से की है। ए.सी. मेयर, टी.एन. मदान, ऑस्कर लूइस जैसे मानवशास्त्रियों ने उत्तर भारत में नातेदारी व्यवस्था का अध्ययन करते हुए वंशक्रम दृष्टिकोण को अपनाया है। उन्होंने अपने अध्ययनों में स्वजन समूहों के विभिन्न स्तरों और उनके कार्य-कलाप का विस्तार से विवेचन किया है।

वंशक्रम दृष्टिकोण के अनुसार मानवशास्त्री सामाजिक सम्बन्धों और समूहों की व्याख्या किसी समाजविशेष की अन्त: क्रिया, मानदण्डों और सामाजिक मूल्यों के अनुसार करते हैं। उदाहरणस्वरूप, कुछ विद्वानों ने वंश-परम्पराओं के सिद्धान्त का अनुसरण करते हुए पितृवंशीय समाज में मामा (माँ का भाई) और भांजे (बहन का पुत्र) के बीच रिश्ते की चर्चा की है। इसे समझने के लिए उन्होंने 'सम्पूरक वंशत्व' के विचार का प्रयोग किया है। इसका मतलब उस सम्बन्ध से है, जो पितृवंश परम्परा वाले समाज में माता के पक्ष के सम्बन्धियों के साथ व्यक्तिविशेष का सम्बन्ध होता है। मातृवंश परम्परा वाले समाज में पितृ पक्ष के सम्बन्धियों के साथ व्यक्तिविशेष का सम्बन्ध होता है। पितृवंश परम्परा वाले समाज में व्यक्ति का मातृ पक्ष वह होता है, जहाँ व्यक्ति के पिता ने अपना वैवाहिक सम्बन्ध स्थापित किया है। यह वह समूह है, जहाँ से व्यक्ति के पिता ने पत्नी प्राप्त की है। इसी कारण से कुछ मानवशास्त्री रिश्तों की इस पूरक वंशक्रमता की अपेक्षा विवाह से उत्पन्न रिश्तों पर सीधे ही विचार करना अधिक पसन्द करते हैं।

(ख) विवाहमूलक नातेदारी का दृष्टिकोण— नातेदारी व्यवस्था के अध्ययन में विवाह के विन्यासों और नियमों की विवेचना को भी शामिल किया जाता है। विवाह से होने वाले रिश्ते पर विशेष ध्यान देने वाले अध्ययनों को विवाहमूलक रिश्तेदारी का दृष्टिकोण कहा जा सकता है। इस दृष्टिकोण को मानने वाले मानवशास्त्री लुई डूमां (Louis Dumont) हैं। उन्होंने दक्षिण भारत में नातेदारी के सम्बन्ध में विवाह की भूमिका पर विशेष रूप से अध्ययन किया है। दक्षिण भारत में नातेदारी व्यवस्था के अध्ययन के क्रम में समरक्तता और विवाह सम्बन्ध में प्रतिकूलता को बतलाने में डूमां का बहुत ही महत्त्वपूर्ण योगदान रहा है। उन्होंने दक्षिण भारत में नातेदारी की संरचनात्मक प्रणाली की चर्चा

की है। उनके अध्ययन से दक्षिण भारत की नातेदारी व्यवस्था में पीढ़ियों के दौरान अन्तर्विवाह की पुनरावृत्ति प्रकाश में आती है। इस विन्यास का संरचनात्मक प्रणाली द्वारा अध्ययन करने से हमारे सामने नातेदारी की दो श्रेणियाँ– पहली समानान्तर और दूसरी ममेरे-फुफेरे सम्बन्ध विशेष रूप से स्पष्ट होती हैं। नातेदारी के अध्ययन में विवाह से उत्पन्न रिश्तेदारी को महत्त्व देने से मानवशास्त्रियों को वर-पक्ष और वधू-पक्ष के बीच अन्तर स्पष्ट करने में सहायता मिली है। इसके अलावा, इस दृष्टिकोण से किये गये अध्ययनों में अनुलोम विवाह, अर्थात् वर-पक्ष हमेशा वधू-पक्ष से श्रेष्ठ होते हैं की धारणा, अनुलोम विवाह के सन्दर्भ में दहेज-प्रथा और विवाह में विनिमय के नियमों को भी स्पष्ट करने में सहायता मिलती है।

नातेदारी के आरेख (Diagram of Kinship)

नातेदारी के आरेख निम्न ढँग से प्रस्तुत किये जाते हैं।

1. पुरुष के लिए प्रतीक – △
2. महिला के लिए प्रतीक – ○
3. मृत पुरुष और मृत महिला के लिए प्रतीक ▲ और ●
4. भाई-भाई, भाई-बहन अथवा बहन-बहन के बीच का सम्बन्ध का प्रतीक – [
5. विवाह सम्बन्ध– पति-पत्नी के बीच का सम्बन्ध का प्रतीक –]
6. वंशक्रम (Descent) अथवा पीढ़ी-माता-पिता एवं सन्तान के बीच का सम्बन्ध क्षैतिज रेखा (Horizontal Line) के द्वारा होता है।

उदाहरण—

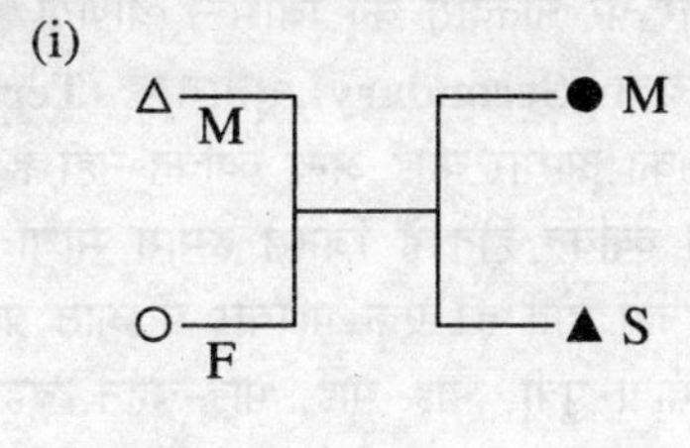

M और F → पति और पत्नी
D और S → M और F की सन्तान हैं

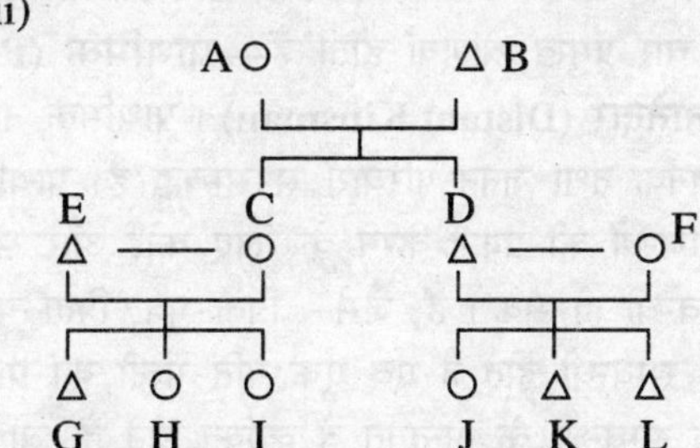

A B, E C और D F—
एक स्वजन-युग्म वैवाहिक नातेदारी
को व्यक्त करते हैं, G I नहीं।

नातेदारी के प्रकार

सामाजिक सम्बन्धों में सार्वभौमिक और आधारभूत सम्बन्ध प्रजनन पर आधारित होते हैं। प्रजनन की प्रक्रिया दो प्रकार के सम्बन्धों को जन्म देती है–

1. रक्तमूलक नातेदारी (Consanguineous Kinship)— रक्त सम्बन्धों को व्यक्त करने के लिए समरक्तता का प्रयोग किया जाता है। वे सम्बन्ध जो रक्त पर आधारित हैं समरक्तीय कहलाते हैं। माता-पिता व बच्चों के बीच

तथा सहोदरों का सम्बन्ध समरक्तीय सम्बन्ध है। माता-पिता एवं सन्तानों के बीच तथा भाई-बहनों के बीच बनने वाले सम्बन्ध को हम समरक्तता के सम्बन्ध कहते हैं। सन्तानें, अपने माता-पिता से आनुवंशिक गुणों को प्राप्त करते हैं और ऐसी मान्यता है कि उनमें समान रक्त पाया जाता है। इसी प्रकार भाई-बहनों में भी रक्त सम्बन्ध होते हैं। एक व्यक्ति के माता-पिता, भाई-बहन, दादा-दादी, चाचा, बुआ इत्यादि रक्त सम्बन्धी हैं। लेकिन रक्त सम्बन्धियों के बीच सदा ही प्राणीशास्त्रीय सम्बन्ध होना आवश्यक नहीं है। उनके बीच भी काल्पनिक सम्बन्ध हो सकते हैं। उन सम्बन्धों को अगर समाज अपनी स्वीकृति दे तो वे सम्बन्ध वास्तविक सम्बन्धों की तरह ही माने जाते हैं। उदाहरणस्वरूप, यदि किसी माता-पिता ने किसी बच्चे को गोद लिया हो और उसे सामाजिक मान्यता मिल गयी हो तो ये सम्बन्ध भी अन्य रक्त सम्बन्धियों की तरह ही होते हैं।

2. विवाहमूलक नातेदारी (Affinal Kinship)— पति-पत्नी के मध्य बनने वाले एवं इन दोनों के पक्षों के बीच बनने वाले सम्बन्ध को हम विवाह सम्बन्ध कहते हैं। यह विषम लिंगियों के बीच समाज की स्वीकृति के परिणामस्वरूप स्थापित होता है। इन सम्बन्धों में सास, ससुर, ननद, भौजाई, जीजा, साली, साला, सरहज, साढू, फूफा, वधू इत्यादि आते हैं। इन सम्बन्धों को दो व्यक्तियों के सन्दर्भ में ही प्रकट किया जाता है, जैसे– सास-बहू, ससुर-बहू, पति-पत्नी, जीजा-साली, देवर-भाभी, ननद-भौजाई, साला-बहनोई, मामा-भांजा, फूफा-भतीजा इत्यादि। इन सम्बन्धों का आधार रक्त न होकर विवाह होता है। विवाह के कारण स्थापित होने वाले सम्बन्धों को व्यक्त करने के लिए विवाह सम्बन्ध **(Affinity)** शब्द का प्रयोग किया जाता है।

नातेदारी की श्रेणियाँ या वर्गीकरण (Kinship Categories or Classification)

एक व्यक्ति के जितने भी नातेदार होते हैं वह उन सभी नातेदारों के बीच समान रूप से सम्पर्क, निकटता एवं घनिष्ठता नहीं होती है। कुछ नातेदार अधिक निकट होते हैं तो कुछ नातेदार दूर। मानवशास्त्री जी.पी. मरडॉक ने इस सम्बन्ध में गहन अध्ययन किया है। उन्होंने निकटता, घनिष्ठता एवं सम्पर्क के आधार पर नातेदारों को विभिन्न श्रेणियों में रखा। नातेदारों की चार प्रमुख श्रेणियाँ होती हैं— **प्राथमिक (Primary), द्वितीयक (Secondary), तृतीयक (Tertiary),** तथा **दूरस्थ नातेदार (Distant Kinsman)**। प्राथमिक नातेदार वे हैं, जिनका आधार कोई अन्य व्यक्ति नहीं है, बल्कि स्व (Ego) जनक तथा जनन परिवारों से सम्बद्ध है। प्राथमिक सम्बन्धी वे व्यक्ति होते हैं जिनसे हमारा सीधा सम्बन्ध है या उन सम्बन्धों को प्रकट करने के लिए कोई और सम्बन्धी बीच में नहीं होते हैं। एक परिवार में आठ प्रकार के प्राथमिक सम्बन्धी हो सकते हैं, जैसे– पिता-पुत्र, पिता-पुत्री, माता-पुत्र, माता-पुत्री, भाई-भाई, भाई-बहन, बहन-बहन ये सभी रक्त सम्बन्धी होते हैं एवं एक पति-पत्नी का प्राथमिक सम्बन्ध विवाह पर आधारित होता है।

द्वितीयक सम्बन्धी के अन्तर्गत वे व्यक्ति होते हैं, जो प्राथमिक सम्बन्धियों के प्राथमिक सम्बन्धी होते हैं। उदाहरण स्वरूप, एक व्यक्ति का दादा उसका द्वितीयक सम्बन्धी है, क्योंकि दादा व्यक्ति के पिता के पिता आपस में प्राथमिक सम्बन्धी हैं। इसीलिए व्यक्ति के ये रक्त सम्बन्धी द्वितीयक रिश्तेदार हैं। चाचा-भतीजा, मामा, नाना-नानी इत्यादि रक्त सम्बन्धी द्वितीय नातेदार हैं। विवाह द्वारा बने रिश्तेदारों में भी सास-ससुर, साला-बहनोई, जीजा-साली, देवर-भाभी इत्यादि द्वितीयक सम्बन्धी होते हैं। जी.पी. मरडॉक ने 33 प्रकार के द्वितीयक नातेदारों का उल्लेख किया है।

तृतीयक सम्बन्धी वे होते हैं, जो हमारे द्वितीयक सम्बन्धियों के प्राथमिक सम्बन्धी होते हैं। पितामह हमारे तृतीयक रक्त सम्बन्धी हैं, क्योंकि वे हमारे पिता के पिता (दादा) के पिता (पितामह) है। इस प्रकार व्यक्ति के पिता प्राथमिक सम्बन्धी, दादा द्वितीयक सम्बन्धी एवं पितामह तृतीयक सम्बन्धी होंगे। इसी प्रकार साले का लड़का तृतीयक सम्बन्धी होगा, क्योंकि साला द्वितीयक सम्बन्धी एवं उसका लड़का तृतीयक सम्बन्धी होगा। जी.पी. मरडॉक ने कुल 151 प्रकार के तृतीयक नातेदारों का उल्लेख किया है।

नातेदारी शब्दावली (Kinship Terminology)

पारस्परिक व्यवहार में, जो स्वजनों के बीच प्रत्येक सम्बन्ध के लक्षणों का वर्णन करता है, शब्दों की एक इकाई पायी जाती है, अर्थात् वे शब्द पाये जाते हैं जिनसे एक स्वजन दूसरे को सम्बोधित करता है। कहीं तो सम्बोधन में व्यक्ति को उसके व्यक्तिगत नाम से सम्बोधित किया जाता है, कहीं नातेदारी शब्द से, और कहीं उस शब्द से जिसे टॉइलर ने 'टेक्नोनिमी' (Teknonymy) कहा है, जो कि व्यक्तिगत और नातेदारी शब्द का मिश्रण है, जैसे– राम के पिता, आशा की माता आदि।

मॉर्गन (Lewis Henry Morgan, 1818–1881) ने नातेदारी पारिभाषिक शब्दों का अध्ययन कर इन्हें दो श्रेणियों में विभक्त किया है–

1. वर्गात्मक प्रणाली (Classificatory System)— इसमें विभिन्न सम्बन्धियों को एक ही श्रेणी में सम्मिलित किया जाता है और सब के लिए समान शब्द प्रयोग में लाते हैं। इसके अन्तर्गत कुछ श्रेणियों को टाला जाता है, जिससे एक ही नातेदारी शब्द एक से अधिक नाते-रिश्तेदारों के लिए प्रयोग किया जा सके। मानवशास्त्री अल्फ्रेड क्रोबर (Alfred L. Kroeber) ने इसकी छह श्रेणियाँ दी हैं। आंग्ल भाषा के 'अंकल' (Uncle), 'आण्ट' (Aunt)] 'नीस्' (Niece) आदि शब्द वर्गात्मक नातेदारी के बोधक हैं। इन शब्दों के द्वारा विभिन्न रिश्तेदारों को एक ही सम्बोधक शब्द के द्वारा पुकारा जाता है, न कि विशेष रिश्तेदार को। अत: इसमें एकदम बिना किसी सूचक शब्द की सहायता के रिश्तेदारी का ठीक-ठीक ज्ञान नहीं हो पाता, वरन् केवल इतना पता चलता है कि सम्बन्ध आस-पास के हैं। वर्गसूचक प्रणाली, व्यक्तियों की अपेक्षा समूहों के बीच की नातेदारी की गणना करती है। इन बन्धुत्व वर्गों की व्याख्या पीढ़ी, लिंग तथा वंशावली सम्बन्धों के आधार पर की जाती है, जैसे– आंग्ल समाज में एक ही शब्द 'अंकल' (Uncle) का प्रयोग चाचा, मामा, ताऊ, फूफा, मौसा आदि के लिए किया जाता है। एल.एच. मॉर्गन प्रथम मानवशास्त्री थे, जिन्होंने विश्व के कई समाजों की नातेदारी शब्दावली का सुव्यवस्थित एवं गहन अध्ययन किया और बाद में इन्हें मोटे वर्गों, यथा– वैयक्तिकात्मक और वर्गात्मक नातेदारी शब्दावली में विभाजित किया।

2. वर्णनात्मक प्रणाली (Descriptive System)— सम्बन्धसूचक शब्द वे होते हैं, जिनसे एक शब्द के द्वारा एक ही सम्बन्धी विशेष का बोध होता है। इन शब्दों के बोलते ही एकदम ठीक-ठीक सम्बन्ध का ज्ञान हो जाता है। उदाहरण के लिए, पिता, माता, चाचा, चाची, पति, पत्नी आदि ऐसे सम्बोधन हैं, जिनके प्रयोग से वास्तविक सम्बन्धी का पता चल जाता है। जिस सम्बोधन के द्वारा उसी सम्बन्धी का पता चल जाता है, जिसके लिए वह सम्बोधन प्रयोग किया गया है, उसे सम्बन्धसूचक शब्द कहते हैं। पिता, माता, भाभी, देवर, भतीजा, भांजा आदि शब्द एक निश्चित सम्बन्ध को प्रकट करते हैं।

मरडॉक (G. P. Murdoch) ने तीन आधारों पर नातेदारी शब्दों का वर्गीकरण किया है—

1. नातेदारी शब्दों के प्रयोग का तरीका (Mode of Use of Kinship Terminology)— इसका उस नातेदारी शब्द से आशय है, जो या तो प्रत्यक्ष सम्बोधन में (जिसे सम्बोधन शब्द कहा जाता है) या अप्रत्यक्ष सन्दर्भ में (जिसे सन्दर्भ शब्द कहा जाता है) उपयोग किया जाता है। कुछ लोग सम्बोधन (Address) और सन्दर्भ (Reference) के लिए पृथक शब्दों का प्रयोग करते हैं, जैसे– 'पिता' (सन्दर्भ शब्द) और 'बाबा' (सम्बोधन शब्द) पिता के लिए, या 'माता' और 'अम्मा' माँ के लिए, लेकिन कुछ लोग व्याकरण का अन्तर करते हैं और कुछ तो बिलकुल ही अन्तर नहीं करते हैं। 'सम्बोधन' के शब्दों में कई बार परस्पर व्याप्ति (Overlapping) व दोहरापन (Duplication) प्रदर्शित होता है, उदाहरणार्थ, अंग्रेजी भाषा में 'अंकल' शब्द का प्रयोग कई लोगों के लिए होता (जैसे पिता का भाई, माँ का भाई, पिता का बड़ा चचेरा भाई, तथा अन्य सभी बुजुर्गों के लिए)। इसी प्रकार 'भाई' शब्द का प्रयोग सगे भाई के लिए ही नहीं होता, बल्कि चचेरे, ममेरे, मौसेरे, फुफेरे भाइयों तथा अन्य कई लोगों के लिए भी होता है।

2. नातेदारी शब्दों की भाषाई संरचना (Linguistic Structure of Kinship Terms)— इस आधार पर नातेदारी शब्दों को तीन प्रकार से स्पष्ट किया जा सकता है: **प्रारम्भिक (Elementary), यौगिक (Derivative)** तथा **वर्णनात्मक (Descriptive)**। प्रारम्भिक शब्द वे हैं, जिन्हें अन्य किसी शब्द में अखण्डित नहीं किया जा सकता, जैसे– अंग्रेज़ी शब्द 'फादर', (Father) 'नेफ्यू', (Nephew) आदि या हिन्दी शब्द 'माता', 'पिता', 'काका', 'चाचा', 'ताऊ', 'बहन', आदि। यौगिक शब्द 'प्रारम्भिक' शब्दों से मिलकर बने हैं, जैसे– अंग्रेज़ी में ग्रैन्ड-फादर, सिस्टर-इन-लॉ, या हिन्दी में 'प्रपितामह', 'दुहित्र', 'मौसा', 'बहनोई' आदि। वर्णनात्मक शब्द दो या अधिक प्रारम्भिक शब्दों को जोड़कर विशेष रिश्तेदार को संकेत करने के लिए प्रयोग किये जाते हैं, जैसे–. अंग्रेजी में वाइफ्स् सिस्टर् (Wife's Sister), सिस्टर्स् हसबैन्ड (Sister's Husband), या हिन्दी में 'भातृ जया', 'आर्यपुत्र', 'मौसेरी बहन', 'फुफेरा भाई' आदि।

3. नातेदारी शब्दों के प्रयोग की सीमा (Range of Application of Kinship Terms)— इस आधार पर नातेदारी शब्द में अन्तर 'संकेतात्मक' या 'पृथक्कृत' (Isolative) शब्दों का प्रयोग एक ही रिश्ते के लिए प्रयोग होता है, जिसका निर्धारण पीढ़ी, लिंग व वंशवृक्ष (Genealogical) सम्बन्धों से होता है, जैसे– 'पिता', 'भाई', 'बहन', 'पति', 'पत्नी' आदि। वर्गीकृत शब्द दो या दो से अधिक नातेदारों की श्रेणी से सम्बद्ध स्वजनों के लिए प्रयोग किया जाता है, जैसे– अंग्रेजी में 'ग्रैन्ड-फादर' या हिन्दी में पितामह (माता तथा पिता दोनों के पिता के लिए प्रयुक्त), या फिर (ब्रदर-इन-लॉ) (बहन के पति के लिए तथा पत्नी के भाई के लिए प्रयुक्त)। इन्हीं वर्गीकृत शब्दों के उदार प्रयोग के द्वारा सभी समाजों में नातेदारी श्रेणियों की हजारों की संख्या को बहुत कम संख्या तक सीमित कर लिया गया है। 'वर्गीकृत' शब्द एक या एक से अधिक नातों के मूलभूत कसौटी के अन्तर (Fundamental criteria of dstinction) की उपेक्षा करने से ही बनते हैं, जैसे– लिंग की कसौटी (Criterion) ('कज़न' पुरुष-स्त्री दोनों को इंगित करता है), पीढ़ी की कसौटी ('भाई' शब्द स्वयं की तथा अगली व पिछली दोनों पीढ़ियों की उपेक्षा करता है), बन्धुता (Affinity) की कसौटी (नातेदार विवाह से या रक्त से जुड़ा है), भिन्न शाखा (Collaterality) (स्वयं की पीढ़ी का रक्तमूलक नातेदार, जैसे– भाई या 'कज़न'), द्विभाजन (Bifurcation) की कसौटी (क्या स्वजन द्वितीयक है या तृतीयक या दूर का रिश्तेदार, जैसे– 'पितामह'), आयु की कसौटी (बड़ा है या छोटा, जैसे– भाई) और वंशक्रम की कसौटी (जीवित अथवा मृत)।

नातेदारी की रीतियाँ (Kinship Usages or Practices)

जब हमारा किसी व्यक्ति से सम्बन्ध अथवा रिश्तेदारी बन जाती है, तो दोनों व्यक्तियों के बीच उस रिश्ते से सम्बन्धित एक विशिष्ट प्रकार का व्यवहार पनपता है। विभिन्न प्रकार के सम्बन्धियों के लिए हमारे व्यवहार भी भिन्न-भिन्न होते हैं। किसी के साथ हमारे सम्बन्ध श्रद्धा और आदर का व्यवहार होता है, तो किसी के साथ प्रेम, मधुरता, परिहास या हँसी-मज़ाक पर आधारित होता है। पुत्र एवं पुत्री का अपने माता-पिता के साथ व्यवहार श्रद्धा और सम्मान का होता है। पति-पत्नी के बीच प्रेम का एवं जीजा-साली के बीच मधुरता का सम्बन्ध होता है। इस प्रकार समाज में सभी सम्बन्धियों के बीच आपसी व्यवहार के नियम बने होते हैं।

1. परिहार सम्बन्ध (Advoidance Relationship)— परिहार से तात्पर्य यह है कि कुछ रिश्तेदार आपस में सामाजिक अन्त:क्रिया नहीं करते हैं, अर्थात् वे सम्बन्धी आपस में एक-दूसरे को न देख सकते हैं और न सीधी बातचीत कर सकते हैं। परिहार के ये सम्बन्ध निम्नलिखित सम्बन्धियों के बीच पाया जाता है, जैसे– सास-दामाद परिहार, ससुर-पुत्रवधू परिहार, ज्येष्ठ भ्राता एवं छोटे भाई की पत्नी के बीच परिहार इत्यादि। इसका एक उद्देश्य सामाजिक नियन्त्रण भी है। परिहार सम्बन्ध में आदर-भाव भी छिपा रहता है।

भारत के अधिकांश समाजों में ज्येष्ठ भ्राता एवं छोटे भाई की पत्नी के बीच परिहार निश्चितरूप से पाया जाता है एवं कुछ समाजों में ससुर-पुत्रवधू परिहार भी पाये जाते हैं। लेकिन ठीक इसके विपरीत उत्तर पूर्वी भारत में ज्येष्ठ

भ्राता की पत्नी एवं छोटे भाई के बीच परिहास का सम्बन्ध पाया जाता है। अन्य परिहार वर्तमान समय में किसी एक समाज में दृढ़तापूर्वक परिहार के नियम लागू नहीं होते, कुछ परिवारों में परिहार को प्रमुखता दी जाती है, तो किसी परिवार में कम या नगण्य।

आधुनिक समय में लगभग सभी समाजों में परिहार के नियम लचीले हो गये हैं। किसी एक जाति या जनजाति में किसी एक सम्बन्धी के बीच परिहार को लागू किया जाता है, तो उन्हीं सम्बन्धियों के बीच किसी दूसरी जाति या जनजाति में उससे सम्बन्धित परिहार को मान्यता नहीं दी जाती है।

2. परिहास या हँसी-मज़ाक के सम्बन्ध (Joking Relationship)— परिहास सम्बन्ध परिहार के ठीक विपरीत होते हैं, जिसमें सम्बन्धों की घनिष्ठता पायी जाती है। परिहास के अन्तर्गत दो नातेदारों के बीच हँसी-मज़ाक, गाली-गलौज, यौन-सम्बन्धी अश्लील और भद्दे कथन इत्यादि का समावेश होता है। इस प्रकार के व्यवहार मुख्यत: विवाह सम्बन्धियों के बीच पाये जाते हैं, जैसे– जीजा-साला परिहास, जीजा-साली परिहास, देवर-भाभी परिहास, ननद-भाभी परिहास, मामा-भाँजा परिहास, मामी-भाँजा परिहास, दादा-पोती परिहास, दादी-पोती परिहास, चाचा-भतीजा परिहास, फूफा-भतीजी परिहास, बुआ-भतीजा परिहास इत्यादि। त्योहार, विवाहोत्सव आदि के समय परिहास सम्बन्ध मुखरित हो जाते हैं। पारिवारिक जीवन को सजीव बनाये रखने में इनका महत्त्व है।

भारत के अधिकांश समाजों में जीजा-साला, जीजा-साली, देवर-भाभी, ननद-भाभी के बीच हँसी मज़ाक के सम्बन्ध प्रचलित हैं। इस प्रकार के सम्बन्धों में हँसी-मज़ाक के अतिरिक्त एक-दूसरे की खिल्ली उड़ाना, एक-दूसरे को नीचा दिखाना, पानी छिड़कना, कपड़ा फाड़ना इत्यादि तो होता ही है, परन्तु कभी-कभी इन सम्बन्धों के बीच यौन-सम्बन्ध भी स्थापित हो जाते हैं। नातेदारों के अन्य परिहास विभिन्न जाति या जनजातियों में भिन्न-भिन्न रूपों में पाया जाता है। इन परिहासों का आंशिक प्रभाव अधिकांश समाजों में पाया जाता है चाहे उसका स्वरूप कम या अधिक ही क्यों न हो।

3. माध्यमिक सम्बोधन (Teknonymy)— टेक्नॉनमि शब्द की रचना मानवशास्त्री ई.बी. टॉइलर (Edward B. Tylor, 1832–1917) ने एक ऐसी प्रथा के लिए की है, जिसके अनुसार कई समाजों में कुछ सम्बन्धियों को इंगित या सम्बोधित करने के लिए किसी अन्य व्यक्ति का माध्यम के रूप में प्रयोग किया जाता है। कई समाजों में ऐसे नियम होते हैं जहाँ रिश्तेदारों को उनके नाम से पुकारना मना होता है। उसे पुकारने के लिए किसी अन्य व्यक्ति को माध्यम बनाया जाता है। उदाहरणस्वरूप, भारतीय समाज में एक स्त्री अपने पति को पुकारने के लिए पुत्र या पुत्री का नाम लेकर पुकारती है। इस परम्परा का जब विस्तार हुआ तो पति भी अपनी पत्नी को बच्चों के माध्यम से पुकारने लगा, जैसे– अमुक के पिताजी या अमुक की माँ इत्यादि। भारत के परम्परागत समाजों में इन्हें आदर्श के रूप में समझा जाता था। वर्तमान समय में कुछ समाजों या कुछ परिवारों को छोड़कर अधिकांश परिवारों में इस प्रकार के सम्बोधन पाये जाते हैं।

कुछ समाजों में माध्यमिक सम्बोधन का कारण स्त्रियों की निम्न सामाजिक स्थिति है, तो कुछ अन्य समाजों में पुरुषों की निम्न स्थिति। कई समाजों में विकसित भाषा एवं शब्दों में कमी के कारण पृथक्-पृथक् सम्बन्धियों को पुकारने के लिए विभिन्न सम्बन्ध संज्ञाओं की कमी ने इस प्रथा को जन्म दिया।

4. पितृश्वसा अधिकार, बुआ अधिकार (Amitate)— इस रीति में माता की अपेक्षा पिता की बहन बुआ को अधिक महत्त्व दिया जाता है। जिस प्रकार से मातृसत्तात्मक परिवार में मामा का अधिक महत्त्व और विशेषाधिकार होता है, वैसे ही पितृसत्तात्मक परिवार में पिता की बहन जिसे पितृश्वसा कहते हैं, का विशेष महत्त्व पाया जाता है। महिला के अपने भाई के बच्चों से किसी-किसी समाज में एक विशिष्ट प्रकार का सम्बन्ध पाया जाता है। ऐसे समाज में बच्चों का बुआ की सम्पत्ति या बुआ की बच्ची के जीवन में एक विशेष प्रकार का दखल पाया जाता है। ऐसा समाज आमतौर पर नारी-प्रधान समाज होता है।

5. मातुल सम्बन्ध, मातुलेय (Avanculate)— यह प्रथा मातृसत्तात्मक परिवारों में पायी जाती है। जहाँ मामा अपने भाँजे-भाँजियों के जीवन में प्रमुख स्थान रखता है, पिता से अधिक मामा का दायित्व होता है, भाँजों की वफादारी पर मामा का विशेषाधिकार होता है, सम्पत्ति मामा से भाँजे को हस्तान्तरित की जाती है, भाँजे पिता की बजाय मामा

के लिए कार्य करते हैं। इस प्रकार यदि सभी पुरुष सम्बन्धियों की तुलना में मामा का भाँजे एवं भाँजियों के लिए सर्वप्रथम स्थान हो, तब उस प्रथा को मातुलेय कहा जाता है और मामा की ऐसी सत्ता को मातुल सत्तात्मकता कहते हैं।

इसमें मुख्यत: निम्न प्रकार के सम्बन्ध मिलते हैं– (1) मामा-भाँजे के बीच परिहास, (2) मामा का भाँजे के ऊपर नियन्त्रण तथा (3) मामा की सम्पत्ति पर भाँजे का उत्तराधिकार। इस प्रकार के समाज में भाँजा अपने मामा के साथ मज़ाक का रिश्ता स्थापित कर सकता है और मामा अपनी भाँजी से वैवाहिक सम्बन्ध स्थापित कर सकता है। काफी हद तक दक्षिण भारत का हिन्दू समाज इसका उदाहरण है।

6. कूवाद, सहप्रसविता (Couvade)— कुछ जनजातियों में ऐसी प्रथा है कि जब पत्नी को सन्तान होने वाली हो तब पुरुष को उन सारे निषेधों का पालन करना पड़ता है, जिनका पालन उसकी पत्नी करती है। सन्तान के जन्म के समय माँ के साथ-साथ पिता प्रसूति-क्रिया का अभिनय करता है। पति को अपने घर में ही रहना होता है। वह अपने काम-काज पर नहीं जा सकता है, उसे पत्नी की भाँति बीमार की तरह लेटे रहना होता है और स्त्री की भाँति चिल्लाना-पुकारना पड़ता है। वह प्राय: वही भोजन करता है, जो प्रसव-अवस्था में उसकी पत्नी को दिया जाता है। संक्षेप में, पुरुष को स्त्री के प्रसवकाल से सम्बन्धित उन सभी निषेधों एवं क्रियाओं का पालन करना होता है, जिनका पालन उसकी पत्नी प्रसवावस्था में करती है।

व्यवहार व आचरण निर्धारित करने की उपर्युक्त रीतियों के अलावा सम्मान (Respect) की रीति का भी पालन किया जाता है। सम्मान की रीति सामाजिक असमानता की कर्मकाण्डी अभिव्यक्ति है। निम्न स्थिति का व्यक्ति उच्च स्थिति के व्यक्ति को सम्मान देता है। सम्मान की रीति वर्तमान सत्ता सम्बन्धों को भी परिलक्षित करती है।

नातेदारी व्यवस्था के आयाम (Dimension of Kinship System)

नातेदारी व्यवस्था के आयाम से हमारा तात्पर्य इस बात से है कि हम नातेदारी के सम्बन्ध में किन-किन विषयों पर विचार करते हैं। उपर्युक्त वर्णन से यह स्पष्ट होता है कि नातेदारी व्यवस्था के अन्तर्गत स्वजन समूह, नातेदारी शब्दावली, वैवाहिक नियम, उपहारों का आदान-प्रदान, वंशक्रम, विरासत सम्बन्धी नियम आदि विषयों पर विचार करते हैं। साथ ही नातेदारी व्यवस्था के अध्ययन से इस बात की भी जानकारी प्राप्त होती है कि व्यक्ति का समूह के साथ किस प्रकार की सामाजिक अन्त:क्रिया सम्पन्न होती है।

नातेदारी के विभिन्न आयामों की चर्चा करने के पूर्व इस विषय-वस्तु से जुड़ी कुछ महत्त्वपूर्ण अवधारणाओं को समझ लेना ज़रूरी है। यह इसलिए आवश्यक है कि अक्सर इन शब्दों का प्रयोग एक-दूसरे के पर्यायवाची के रूप में किया जाता है, जबकि इनके बीच काफी फ़र्क है। मानवशास्त्री एवं समाजशास्त्री इन शब्दों को विशिष्ट अर्थ में प्रयोग करते रहे हैं। हिन्दी की पुस्तकों में सामान्यत: इन शब्दों का अनुवाद एवं प्रयोग बहुत ही ढीले-ढाले ढँग से हुआ है, जिसके फलस्वरूप पाठकों के मन में काफी संशय उत्पन्न होता है, वे शब्द हैं– **कुल (Clan), गोत्र (Gotra), वंशक्रम (Descent)** एवं **वंश परम्परा (Lineage)**।

कुल (Clan)— एक ही रक्त के ऐसे सम्बन्धियों की पीढ़ी-दर-पीढ़ी परम्परा को कुल कहा जाता है, जो एक-दूसरे की सन्तानों के रूप में परस्पर सम्बन्धित हों। उस वंश परम्परा में विवाहित होकर आने वाली स्त्रियाँ भी उस कुल में सम्मिलित मान ली जाती हैं। कुल सदैव एकपक्षीय होता है। ये केवल पितृ-पक्षीय या मातृ-पक्षीय होते हैं। कुल की सदस्यता जन्मजात होती है, परन्तु पूर्वज का निश्चित पता नहीं होता है।

'Clan' शब्द का प्रयोग Tribe या Band के लिए भी हुआ है, लेकिन सांस्कृतिक मानवशास्त्र में इस शब्द का प्रयोग एक ऐसे समूह के लिए होता है, जिसके पूर्वज एक होते हैं। वह पूर्वज वास्तविक या काल्पनिक कुछ भी हो सकता है। कभी-कभी पूर्वज जानवर भी हो सकता है, जिसकी टोटेम (Totem) के रूप में पूजा की जाती है। कभी-कभी कुल की समानता के आधार पर स्वजन समूह का भी निर्माण होता है। आमतौर पर कुल समाज का छोटा

हिस्सा होता है। आदिम जनजातियों के बीच 'कुल' की अपनी महत्ता होती है, क्योंकि एक 'कुल' के लड़का-लड़की के बीच वैवाहिक सम्बन्ध वर्जित है, जिसे **कुल बहिर्विवाह (Clan Exogamy)** कहा जाता है। बहुत सारे आदिम जनजातियों के बीच 'कुल' का एक प्रतीक या चिह्न पाया जाता है, जिसकी पूजा की जाती है।

(Gotra) गोत्र— Gotra एवं Clan को हिन्दी में पर्यायवाची के रूप में अक्सर प्रयोग किया जाता है इसलिए कि अंग्रेजी शब्द के Clan का हिन्दी रूपांतरण गोत्र माना जाता है। इस संशय को दूर करने के लिए Clan का हिन्दी रूपांतरण 'कुल' करना ज़्यादा बेहतर प्रतीत होता है, क्योंकि मानवशास्त्र में Clan शब्द का प्रयोग जिस अर्थ मे होता है वह गोत्र से काफी भिन्न है। गोत्र संस्कृत का शब्द है, जो भारत में वैदिक काल से चला आ रहा है, जबकि Clan शब्द का प्रयोग अंग्रेजी में पन्द्रहवीं शताब्दी में आया। भारत में गोत्र शब्द का प्रयोग वंशक्रम को पहचानने के लिए किया जाता रहा है। प्रारम्भ में इसका प्रयोग पितृवंशीयक्रम के सन्दर्भ में हुआ जिसके अन्तर्गत हिन्दू लोग, विशेषकर सवर्ण, अपने-आपको किसी ऋषि का वंशज मानते हैं। गोत्र की बात सिर्फ ब्राह्मण, क्षत्रिय एवं वैश्य के सन्दर्भ में की जाती रही है। हिन्दुओं के बीच कोई 49 स्थापित गोत्र माने जाते हैं। शूद्रों का कोई गोत्र नहीं माना जाता है। परम्परा से गोत्र का निर्धारण पुरुष की ओर से होता है। विवाह के पूर्व लड़की का गोत्र उसके पिता की ओर से और विवाह के पश्चात् पति के गोत्र से उसके गोत्र का निर्धारण किया जाता है। बहुत-सी जातियों में आज भी गोत्र के अन्तर्गत विवाह वर्जित है, जिसे **गोत्र बहिर्विवाह (Gotra Exogamy)** कहा जाता है।

गोत्र एवं कुल को भारतीय समाज में एक-दूसरे से अलग करके देखा जाता है। एक कुल के लोग एक ही देवता की पूजा करते हैं, जिसे कुल देवता कहा जाता है, जबकि दूसरी तरफ एक गोत्र के अन्दर एक से अधिक कुल देवता हो सकते हैं। अपने विश्वास के आधार पर लोग अपने 'कुल देवता' को बदल भी सकते हैं।

वंशक्रम (Descent)— कुल या गोत्र रिश्तेदारों का मूर्त समूह है तथा इनसे सदस्यता का बोध होता है। दूसरी तरफ, वंशक्रम वैसे परम्परागत नियमों की ओर इशारा करता है, जिनके द्वारा परिवार में उत्तराधिकार का निर्धारण होता है। वंशक्रम के आधार पर सम्पत्ति, जिम्मेवारी एवं नाम का उत्तराधिकार मिलता है, जो पूरी तरह से सांस्कृतिक मूल्यों से प्रभावित होता है। किसी समाज में वंशक्रम पिता की ओर से निर्धारित होता है, तो किसी समूह में माता की ओर से तो फिर किसी अन्य समाज में थोड़ा-थोड़ा दोनों तरफ से।

वंश-परम्परा (Lineage)— रक्तमूलक, एकपक्षीय समूह को वंश-परम्परा कहते हैं, जिसके सदस्य रक्त द्वारा अपने पूर्वजों से जुड़े होते हैं। पूर्वजों से जुड़ी कड़ियाँ सदस्यों को ज्ञात होती हैं। वंशक्रम माता या पिता के माध्यम से जाना जाता है। कहीं-कहीं पिता और माता दोनों के माध्यम से वंशक्रम जाना जाता है। वंश गोत्र की तुलना में छोटा समूह होता है। (1) यह ज्ञात अथवा सहपूर्वज के वंशजों का विस्तृत एवं एकपक्षीय रक्त-सम्बन्धियों का समूह है। वंश का अधिष्ठाता कोई काल्पनिक अथवा पौराणिक पात्र नहीं होता, अपितु वास्तविक व्यक्ति होता है। (2) वंश एक सामाजिक समूह है, जिसके सदस्य अपना अन्वय ज्ञात सहपूर्वज से एक ही अन्वय रेखा (मातृवंशीय अथवा पितृवंशीय) में निर्दिष्ट करते हैं।

भारत में नातेदारी की कोई समान व्यवस्था नहीं रही है। विभिन्न समुदायों में भिन्न-भिन्न प्रकार की व्यवस्था रही है। इसे समझने के लिए नातेदारी के आयमों को समझने की आवश्यकता है। ये पहलू नातेदारी व्यवस्था के प्रमुख पक्षों पर विशेष रूप से प्रकाश डालते हैं।

1. स्वजन समूह— अलग-अलग सामाजिक संरचनाओं में नातेदारी के महत्त्व एवं नातेदारी की भूमिका एवं चरित्र अलग-अलग होते हैं। आदिवासी सामाजिक संरचना में नातेदारी सबसे महत्त्वपूर्ण समूह है। यह अर्थव्यवस्था, राजनीति और सामाजिक संगठन का आधार रहा है। कृषक समाज अथवा सामन्ती समाज में नातेदारी एक द्वन्द्वात्मक समूह होता है। इसमें द्वन्द्व और सहयोग साथ-साथ चलते हैं। नातेदारी के सदस्य कभी भी एक ही निवास में नहीं रहते हैं, परन्तु वे एक-दूसरे से घनिष्ठ सम्बन्ध और सहयोग करते हैं। नातेदारी मुख्यरूप से भू-सम्पत्ति पर आधारित रही है, लेकिन आदिवासी समाजों में सम्पत्ति नहीं होती है इसके बावजूद नातेदारी महत्त्वपूर्ण है। कृषक समाज में सम्पत्ति

का नातेदारी से सकारात्मक सम्बन्ध है, सम्पत्ति होने पर और विशेष रूप से भू-सम्पत्ति होने पर नातेदारी के सम्बन्ध व्यापक हो जाते हैं।

नातेदारी के सम्बन्ध एक पीढ़ी से दूसरी पीढ़ी में हैसियत और सम्पत्ति के अन्तरण का तरीका प्रदान करते हैं और सहयोग और संघर्ष के वास्ते प्रभावी सामाजिक समूह का भी निर्माण करते हैं। यही कारण है कि हमें किसी की वंश-परम्परा या रिश्तों का पता लगाने हेतु कुछ तरीकों को जानना ज़रूरी होता है। इन सहयोग एवं संघर्ष के विन्यासों को समझने के लिए हमें स्वजन समूहों के वर्णन की आवश्यकता होती है।

2. नातेदारी शब्दावली— रिश्तों को व्यक्त करने के लिए सामाजिक समूहों द्वारा प्रयुक्त शब्दों की सूची नातेदारी व्यवस्था के स्वरूप को अभिव्यक्त करती है, इसीलिए नातेदारी शब्दावली के वर्णन द्वारा नातेदारी व्यवस्था की व्याख्या की जाती है। किसी भी समाज की नातेदारी व्यवस्था के अधिकांश लक्षण उस समाज में प्रयुक्त नातेदारी के शब्दों के रूपों में झलकते हैं। प्रायः नातेदारों के लिए उन्हीं शब्दों का प्रयोग किया जाता है, जो नातेदारों के सम्बन्धों में समान श्रेणी के होते हैं। इसके साथ ही नातेदार उन सम्बन्धों से जुड़ी नातेदारी का व्यवहार-भूमिकाओं को निभाते हैं। नातेदारी शब्दावली के विवेचन करने में वक्ता का 'स्व' नाम से निर्दिष्ट किया जाता है। नातेदारी शब्दों को दो भागों में बाँटा जा सकता है। पहले जो सम्बोधन के लिए प्रयुक्त होते हैं। इसका मतलब यह हुआ कि कुछ नातेदारी शब्दों का प्रयोग तब किया जाता है जब व्यक्ति आपस में एक-दूसरे को सम्बोधित करते हैं। दूसरी किस्म में वे शब्द आते हैं, जो हर रिश्ते को बतलाने के लिए प्रयुक्त होते हैं। इन शब्दों के द्वारा हम एक सम्बन्ध को दूसरे से अलग करते हैं। कभी-कभी दोनों किस्मों को केवल एक ही शब्द के द्वारा अभिव्यक्त किया जाता है।

3. वैवाहिक नियम— नातेदारी व्यवस्था विवाह के नियमों के अध्ययनों के द्वारा काफी स्पष्ट हो जाती है। विवाह के नियम यह बताते हैं कि समाज में कुछ समूह ऐसे होते हैं, जो आपस में एक-दूसरे से विवाह सम्बन्ध स्थापित कर सकते हैं और कुछ समूह ऐसे होते हैं, जिनमें आपस में विवाह सम्बन्ध स्थापित नहीं होते हैं। वर-पक्ष एवं वधू-पक्ष के बीच के रिश्ते ऐसे समूह को बनाते हैं, जिनके अन्तर्गत नातेदारी के सम्बन्ध का व्यवहार हम देख सकते हैं। इन रिश्तों के बारे में चर्चा करने से नातेदारी स्पष्ट हो जाती है। यही कारण है कि किसी भी नातेदारी पद्धति को समझने के लिए विवाह के नियमों के बारे में बतलाना आवश्यक हो जाता है।

4. उपहारों का आदान-प्रदान— नातेदारी व्यवस्था में रिश्तेदारों में उपहारों का आदान-प्रदान पर विचार कर नातेदारी पद्धति के व्यावहारात्मक पहलुओं को स्पष्ट रूप से समझा जा सकता है। हमें इस चर्चा से इस बात की जानकारी मिलती है कि स्वजन समूह आपस में किस प्रकार अन्तःक्रिया करते हैं और किन-किन रिश्तेदारों द्वारा कौन-कौन-सी भूमिकाएँ अदा की जाती हैं। आगे इन नियमों के सन्दर्भ में उत्तर भारत एवं दक्षिण भारत के नातेदारी सम्बन्धों की विस्तार से चर्चा की गयी है।

वंशक्रम सम्बन्धित आयाम

वंशक्रम जिसके आधार पर सन्तान अपने माता-पिता या दोनों के वंश का माना जाता है। इस सिद्धान्त के तीन मुख्य प्रकार हैं–

1. एकल वंशक्रम (Unilineal Descent)— इसमें केवल एक पक्ष के वंशक्रम को स्वीकार करते हैं। माता के वंश से वंशक्रम मानने वाले प्रकार को मातृवंश-परम्परा कहा जाता है एवं पिता के वंश से वंशक्रम मानने वाले प्रकार को पितृवंश-परम्परा कहा जाता है। जो एकलवंश-परम्पराक्रम का प्रकार है। गोत्र एक ऐसी संस्था है, जिसमें वंश को केवल पिता या माता से गिनते हैं। इसलिए गोत्र के रूप को एकपक्षीय वंश **(Unilateral Descent)** कहते हैं।

2. उभयपक्षीय वंश (Bilateral Descent)— परिवार एक ऐसी संस्था है, जिसमें वंश को माता और पिता दोनों से गिना जाता है। इसलिए परिवार के रूप को उभयपक्षीय वंश **(Bilateral Descent)** कहते हैं।

3. द्विपक्षीय वंशक्रम (Double Descent)— कुछ समाजों में पदवी, उपजाति, जो प्राय: पिता से प्राप्त किये जाते हैं, को छोड़कर, सन्तान को माता और पिता दोनों के वंशों का माना जाता है। यह द्विपक्षीय वंशक्रम कहलाता है। ऐसे समाजों में कोई भी व्यक्ति एक ही समय में कई वंशक्रमों से जुड़ा होता है। कुछ समाजों में सन्तान माता एवं पिता दोनों की वंश परम्परा से भिन्न-भिन्न सन्दर्भों के लिए जुड़ी होती है। कहीं-कहीं सम्पत्ति का उत्तराधिकार के लिए पितृवंश परम्परा से एवं धार्मिक क्रियाओं में भाग लेने हेतु व्यक्ति मातृवंश परम्परा से जुड़ा होता है। कहीं-कहीं अचल सम्पत्ति का उत्तराधिकार पितृवंश के आधार पर तथा चल सम्पत्ति का उत्तराधिकार मातृवंश-परम्परा के आधार पर एक ही व्यक्ति को मिलता है।

पितृसत्ता तन्त्र तथा मातृसत्ता तन्त्र (Patriarchy and Matriarchy)

पितृसत्ता तन्त्र की निम्नलिखित विशेषताएँ हैं:– 1. पितृवंश परम्पराक्रम, 2. सम्पत्ति का उत्तराधिकार पिता से पुत्र को मिले, 3. विवाह के पश्चात् आवास पितृस्थानिक हो, 4. प्रभुता वंश के वरिष्ठ पुरुषों के हाथ में हो।

परन्तु अभी तक धरती पर इसके एकदम विपरीत व्यवस्था वाला समाज, अर्थात् मातृसत्ता तन्त्र नहीं पाया जाता है। यहाँ यह समझ लेना आवश्यक है कि **पितृसत्ता तन्त्र (Patriarchy)** और **पितृवंश-परम्पराक्रम (Patrilineal)** दोनों भिन्न शब्द या अवधारणा है। पितृसत्ता तन्त्र से तात्पर्य उस सामाजिक, राजनीतिक व्यवस्था से है, जिसमें पिता या वंश के वरिष्ठ पुरुष का स्थान प्रमुख होता है व प्रभुता पर उसका अधिकार रहता है। ऐसी व्यवस्था में पितृवंश परम्पराक्रम पितृसत्ता तन्त्र का एक अंश होता है। उसी तरह **मातृसत्ता तन्त्र (Matriarchy)** एवं **मातृवंश-परम्पराक्रम (Matrilineal)** दोनों को एक नहीं समझना चाहिए। मातृसत्ता तन्त्र में ऐसा माना जाता है कि समाज की सामाजिक, राजनीतिक व्यवस्था माता या वंश की वरिष्ठ महिला में निहित है। परन्तु आज तक इस प्रकार के समाज के अस्तित्व का प्रमाण नहीं मिला है। दूसरी ओर, मातृवंश परम्पराक्रम के मानने वाले समाज विश्व में कई जगह आज भी मौजूद हैं। अधिकांश मातृवंश-परम्परा मानने वाले व मातृस्थानिक आवास व्यवस्था पालन करने वाले समाजों में भी सम्पत्ति की देखरेख व प्रभुता पुरुषों के हाथ में होती है। ऐसे समाजों को मातृसत्ता तन्त्र वाला समाज नहीं कहा जा सकता है। ऐसे समाजों में पितृवंश परम्परा वाले समाजों की तुलना में स्त्री का स्थान काफी ऊँचा होता है एवं सामाजिक निर्णय लेने का अधिकार भी व्यापक रूप से रहता है। कुछ नृशास्त्रियों के अनुसार सरल तकनीकी वाले तथा न्यूनतम सम्पत्ति रखने वाले समाजों में स्त्री-पुरुष के सम्बन्ध अधिक समान स्तर के होते हैं। कुछ समाजशास्त्री यह स्वीकार करते हैं कि मानव-समाज में सदा महिला और सन्तान की भूमिका पुरुषों की तुलना में गौण रहती है। पितृसत्ता तन्त्र के अंश प्राय: पितृवंश परम्परा एवं मातृ वंश-परम्परा दोनों में ही मिल जाते हैं। परन्तु मातृसत्ता तन्त्र का कोई प्रमाण नातेदारी के विकास के किसी चरण में नहीं मिले हैं।

पितृवंश परम्पराक्रम— पितृसत्ता तन्त्र वाले समाजों में पितृवंश परम्पराक्रम पितृ-स्थानीय आवास व्यवस्था, पिता से पुत्र की पैतृक सम्पत्ति की विरासत, वरिष्ठ सदस्यों का वंशक्रम के सदस्यों पर तथा पुरुषों का महिलाओं पर प्रभुत्व जैसी विशेषताएँ पायी जाती हैं। ऐसे समाजों में स्त्री का अविवाहित रहना अथवा विधवा होना दुर्भाग्यपूर्ण तथा अच्छा नहीं माना जाता है। लड़की अपने जन्म-स्थान वाले समूह में एक मेहमान की तरह रहती है। दक्षिण भारत में स्त्री के विवाह के बाद भी अपने जन्म-स्थान के सदस्यों से आर्थिक तथा मनोवैज्ञानिक सम्बन्ध बना रहता है। कुछ पितृवंश परम्परा मानने वाले समाजों में माँ के भाइयों का कुछ सामाजिक धार्मिक अनुष्ठानों एवं कार्य-कलापों में महत्त्वपूर्ण योगदान होता है। इस तरह यह कहा जा सकता है कि दक्षिण भारत में पितृवंश परम्परा होते हुए भी स्त्री को अपेक्षाकृत ऊँचा स्थान प्राप्त है। कुछ नृशास्त्रियों ने कहा है कि पुत्री के विवाह में पिता अपनी सम्पत्ति का एक हिस्सा लगा देता है, जिसे पिता की सम्पत्ति में पुत्री के एक हिस्से की तरह माना जा सकता है। कुछ अन्य नृशास्त्री यह मानते हैं कि दहेज पैतृक विरासत नहीं माना जा सकता है, क्योंकि दहेज में प्राप्त सम्पत्ति पर लड़की के ससुराल वालों का प्रभुत्व हो जाता है।

वंशक्रम समूहों के विभिन्न पक्ष प्रकार्य— इन वंशक्रम समूहों में प्राय: बहिर्विवाह होते हैं। उनके सदस्य प्राय: धार्मिक अनुष्ठानों और उत्सवों में वंश या कुल के देवता, पूर्वजों एवं चिह्नों की पूजा इकट्ठे होकर करते हैं। वंशक्रम समूहों में मताधिकार का संगठन होता है और शक्ति प्राय: समाज के बुजुर्ग लोगों में होती है। अनेक समाजों में एकल वंश-परम्परा समूह ही न्यायिक इकाई होते हैं, जो अपने झगड़े अपने समूह में ही निबटा लेते हैं। झगड़े की स्थिति में वंशक्रम समूह के सदस्य एकत्रित होकर अन्य वंशक्रम समूहों का सामना करते हैं। वंशक्रम समूहों द्वारा भारतीय गाँवों में भूमि के बँटवारा की प्रक्रिया प्रचलित है। शहरों में भी सम्पत्ति विभाजन अपने भाइयों में होता है और बँटी हुई सम्पत्ति आगे आने वाले वंशजों में फिर से बँटती है। यदि वंश परम्परा की समाप्ति होती है, तो सारी सम्पत्ति फिर से मूल वंशक्रम समूह में मिला दी जाती है।

विरासत के नियम— अधिकांश समाजों में वंशक्रम के सिद्धान्तों के अनुसार ही विरासत के नियम भी बनाये जाते हैं। परन्तु सारे समाजों में ये नियम एक ही प्रकार से नहीं जोड़े जाते हैं। कई वंश समूहों में कई प्रकार की सम्पत्ति माता से पुत्री को मिलती है। परम्परा के अनुसार भारत के अधिकांश भागों में अचल सम्पत्ति जैसे– भूमि, मकान इत्यादि पुत्रों को प्राप्त होता था। अपवाद स्वरूप पुत्र के अभाव में यह सम्पत्ति पिता के करीबी सम्बन्धियों को प्राप्त होती थी। दूसरी ओर, चल सम्पत्ति, जैसे– रुपया, आभूषण इत्यादि विवाह के समय पुत्री को दी जाती रही है। कुछ समाजों में मुखिया अथवा राजा का पद एवं अन्य सामाजिक अधिकार भी नातेदारी व्यवस्था के आधार पर ही निर्धारित होता है। ऐसी स्थिति में ऐसे व्यक्तिविशेष की स्थिति अर्जित होने के स्थान पर जन्मजात होती है। अधिकांश सरल समाजों में जन्मजात स्थिति (Ascriptive Status) की प्रधानता होती है, जबकि आधुनिक औद्योगिक समाजों में अर्जित स्थिति (Achieved Status) की प्रधानता बढ़ गयी है। फिर भी समाजशास्त्रियों द्वारा इस बात पर ज़ोर दिया गया है कि आधुनिक समाज में भी नातेदारी का महत्त्व कम नहीं हुआ है, जैसे– आधुनिक भारत में राजनीति के क्षेत्र में प्राय: प्रसिद्ध राजनीतिज्ञों की पुत्री, पत्नी या बहन है। उदाहरण के लिए नेहरू परिवार को लिया जा सकता है।

आवासीय नियम (Residential Rules)

जी.पी. मरडॉक (G.P. Murdoch, 1949) ने अपने अध्ययन में 6 प्रकार के आवासों का उल्लेख किया है, जो निम्नलिखित हैं– **(i) पितृस्थानिक, (Patrilocal), (ii) मातृस्थानिक, (Matrilocal) , (iii) मातृ-पितृस्थानिक, (Matri-patrilocal), (iv) नव-स्थानिक, (Neolocal), (v) मामा-स्थानिक (Matrilocal)** एवं **(vi) उभय स्थानिक (Bilocal)**।

विवाह के बाद यदि लड़का अपनी पत्नी सहित पिता के साथ या पिता के क्षेत्र में रहता है, तो उसे पितृस्थानिक निवास कहते हैं। यदि लड़का अपनी पत्नी की माता के साथ या माता के क्षेत्र में रहता है, तो वह मातृस्थानिक निवास कहलाता है। कुछ समाजों में विवाह के बाद दम्पत्ति सन्तान होने तक वधू के माता-पिता के पास रहता है, तो ऐसे निवास को मरडॉक ने मातृ-पितृस्थानिक निवास कहा है। विवाह के पश्चात् जब नव-दम्पति नये घर में निवास करता हो, तो उस निवास को नव-स्थानिक निवास कहते हैं। विवाह के बाद यदि दम्पत्ति वधू की माता के भाई, अर्थात् मातुल या मामा के साथ रहता है, तो इसे मामा-स्थानिक निवास कहते हैं। जब किसी दम्पत्ति को माता एवं पिता में से किसी एक के पास रहने की छूट होती है, तो ऐसे निवास को उभय स्थानिक निवास कहते हैं। यह प्रथा स्वीडन के लैप्प लोगों में पायी जाती है।

नातेदारी पद्धति में विवाह के पश्चात् आवास के नियम का भी महत्त्वपूर्ण स्थान है। यदि पति-पत्नी अलग घर बसाते हैं तो उस आवास व्यवस्था को नवस्थानिक कहते हैं, जो कि आधुनिक समाज के अन्तर्गत प्राय: होता है। जब पत्नी अपने पति के साथ या पति के माता-पिता के साथ रहने लगती है, तो ऐसे आवास को पितृस्थानिक कहते हैं। जहाँ पति पत्नी के साथ रहने जाता है, तो वह आवास मातृस्थानिक कहलाता है। यह आवश्यक नहीं है कि आवास के

नियम वंशक्रम के नियमों से मेल रखते हों। आमतौर पर पितृवंश परम्परा वाले समाजों में नवस्थानिक और पितृस्थानिक आवास व्यवस्था पायी जाती है। दूसरी ओर, मातृवंश-परम्परा वाले समाजों में तीनों आवास नियमों में से किसी का भी पालन हो सकता है। मातृवंश परम्परा वाले समाजें में कहीं-कहीं एक और प्रकार का आवास मिलता है, जिसमें माँ के भाई के साथ आवास-व्यवस्था पायी जाती है, जिसे मातुलस्थानिक कहते हैं।

कुल गोत्र संगठन एवं विवाह नियम (Clan Organization and Marriage Rules)

एक जाति के विभिन्न कुल (Clans) कैसे संगठित होते हैं और उनमें विवाह-दायित्व सम्बन्धी नियम किस प्रकार लागू होता है, इस पर भी यहाँ संक्षेप में विचार करने की आवश्यकता है।

1. प्रत्येक कुल (कई परिवारों से मिलकर बना हुआ) का एक नाम होता है, जो किसी पशु, पौधे या अन्य किसी वस्तु के नाम पर आधारित होता है।
2. व्यक्ति अपने कुल को छोड़कर किसी भी अन्य कुल से जीवन-साथी का चुनाव कर सकता है। यह वरण केवल सिद्धान्त मात्र है, क्योंकि पुत्रियों के 'आदान-प्रदान' (Exchange) का नियम इसमें रुकावट डालता है।
3. विवाह में न केवल कुल से बाहर विवाह करने का नियम है, बल्कि परिवारों द्वारा पुत्रियों के आदान-प्रदान का नियम भी है।
4. पुत्रियों के आदान-प्रदान के विवाह-नियम के कारण बहुत से नातेदारी शब्द सामान्य व समान होते हैं, जैसे जो शब्द 'ननद' के लिए प्रयोग होता है वह 'भाभी' के लिए भी होता है, जो 'साले' के लिए होता है वह 'बहनोई' के लिए भी होता है, और 'ससुर' के लिए होता है वह 'भाभी के पिता' के लिए होता है।
5. दो बहनों के बच्चों के (Maternal Parallel Cousins) बीच विवाह की अनुमति नहीं है।
6. साली (पत्नी की छोटी बहन) के साथ विवाह का प्रचलन है। दो बहनों का विवाह एक परिवार के दो भाइयों से भी हो सकता है।
7. दक्षिण में **अधिमान्य वरण (Preferential Mating)** की प्रथा है। अनेक जातियों में प्रथम वरीयता बड़ी बहन की पुत्री को, दूसरी वरीयता पिता की बहन की पुत्री को तथा तृतीय वरीयता माँ के भाई की पुत्री को दी जाती है। फिर भी, जो समूह उत्तर भारत के या पश्चिमी संस्कृति के प्रभाव में आये हैं, वे **ममेरे फुफेरे भाई बहन विवाह (Cross-cousin Marriage)**, विशेष रूप से चाचा-भतीजी विवाह को, पुरानी प्रथा व शर्म की बात मानते हैं।
8. विवाह के निषेध (Taboos) इस प्रकार हैं– व्यक्ति अपनी छोटी बहन की पुत्री से विवाह नहीं कर सकता, विधवा अपने पति के छोटे या बड़े भाई से विवाह नहीं कर सकती तथा पुरुष अपनी माता की बहन की पुत्री से विवाह नहीं कर सकता।
9. विवाह वास्तविक आयु में अन्तर के आधार पर होता है, न कि पीढ़ी विभाजन के सिद्धान्त के आधार पर जैसा कि उत्तर भारत में पाया जाता है।
10. विवाह स्वजन समूह के विस्तार के लिए तय नहीं किया जाता, बल्कि प्रत्येक विवाह पहले से ही प्रचलित बन्धनों को और अधिक मज़बूत बनाता है, और वे लोग अधिक निकट आ जाते हैं, जो पहले से ही नातेदार थे।
11. लड़की को उस व्यक्ति से विवाह करना होता है, जो उसके समूह से वरिष्ठ समूह का सदस्य हो। वह अपने माता-पिता से कम आयु वाले समूह के सदस्य अथवा ममेरे फुफेरे भाई बहन (Cross-cousin) से भी विवाह कर सकती है।
12. स्थिति (Status) तथा भावनाओं की द्विभाजकता (Dichotomy) जो कि उत्तर भारत में प्रयोग किये जाने वाले शब्दों, जैसे, 'कन्या' (अविवाहित लड़की), 'बहू' (विवाहित लड़की), 'पीहर' (माँ का घर), और 'ससुराल'

(पति का घर) से प्रकट होती है, दक्षिण में बिलकुल नहीं मिलती। ऐसा इसलिए होता है कि दक्षिण भारत में उत्तर भारत की तरह लड़की विवाह के बाद घर में अजनबी की तरह प्रवेश नहीं करती। लड़की का पति उसकी माँ के भाई का लड़का, अर्थात् मामा का लड़का या इसी प्रकार का अन्य निकट का रिश्तेदार हो सकता है। इस प्रकार दक्षिण में विवाह का अर्थ लड़की का पिता के घर से पृथक होने का प्रतीक नहीं होता। लड़की अपनी ससुराल में आज़ादी से घूम-फिर सकती है।

भारत में नातेदारी

यहाँ हम इरावती कर्वे द्वारा दी गयी विवाह से जुड़े नियमों एवं उन पर आधारित नातेदारी की प्रथाओं का विश्लेषण करेंगे। इरावती कर्वे (Irawati Karve, 1965: 93) ने पूरे भारत की नातेदारी व्यवस्था को समझने का प्रयास किया है। उन्होंने यह अध्ययन देश को चार सांस्कृतिक क्षेत्रों में बाँटकर किया है। ये सांस्कृतिक क्षेत्र हैं– उत्तर, मध्य, दक्षिण और पूर्वी भारत। कर्वे के अनुसार उत्तरी क्षेत्र में उत्तर में हिमालय और दक्षिण में विंध्य पर्वत के बीच का क्षेत्र है। इस क्षेत्र में अधिकतर लोग संस्कृत से निकली हुई भाषाओं का प्रयोग करते हैं, जिनमें हिन्दी, पंजाबी, सिन्धी, बंगला और असमी प्रमुख हैं। इस विशाल क्षेत्र में नातेदारी पद्धति में काफी विभिन्नताएँ हैं। फिर भी मोटे तौर पर इस क्षेत्र की नातेदारी पद्धति को समझने का प्रयास किया जा सकता है।

दक्षिण भारत में सामान्यत: कुछ नज़दीकी रिश्तेदारों में विवाह को प्राथमिकता दी जाती है। विशेषत: ममेरे-फुफेरे भाई-बहनों के बीच विवाह को मान्यता दी जाती है। इसके अलावा बड़ी बहन की पुत्री से भी विवाह को विशेष मान्यता दी जाती है। इन समूहों के सदस्य बराबरी की स्थिति वाले माने जाते हैं। दक्षिण भारत में आस-पास रहने वाले समान जाति समूहों के अन्तर्गत विवाह सम्पन्न होते हैं। प्राय: वर-वधू एक ही ग्राम के होते हैं और वधू अपने श्वसुर से पूर्व परिचित होती है। ऐसी स्थिति में सास अपनी वधू से दुर्व्यवहार नहीं करती है।

उत्तर भारत में नज़दीकी रिश्तेदारों में विवाह सम्बन्ध कभी नहीं तय किये जाते हैं। एक गाँव में विवाह सम्बन्ध कभी तय नहीं होते, जिसे **गाँव बहिर्विवाह (Village Exogamy)** कहा जाता है। एक गाँव में रहने वाले लड़के-लड़कियों को भाई-बहन के समान समझा जाता है। इस तरह विवाह दूर के गाँवों में तय किये जाते हैं। फलत: वधू अपने पति के घर से अपरिचित होती है। सास अपनी वधू के साथ एवं एक-दूसरे के प्रति दुर्व्यवहार करती है। इस तरह की विवाह व्यवस्था में पुत्री व वधू के बीच परिवार के सदस्यों का व्यवहार भी काफी भिन्न होता है। पर्दा-प्रथा इस भिन्नता का सजग प्रमाण है। नयी वधू का स्थान ससुराल (श्वसुरालय) में बेटे की माँ बनने पर निश्चित होती है। अधिकतर विवाह सम्बन्ध असमान सामाजिक स्थिति वाले समूहों के सदस्यों के बीच होते हैं। वर-पक्ष की अपेक्षा वधू-पक्ष को हमेशा नीचा माना जाता है। इस क्षेत्र की विवाह-प्रणाली में कुछ विशेष विशेषताएँ आ जाती हैं। जैसे– भ्राता-पत्नी से विवाह, सती प्रथा, स्त्री शिशु की गर्भ में हत्या और वधू-दहन इत्यादि। संक्षेप में उत्तर भारत में पितृवंश-परम्परा सभी जगह पायी जाती है तथा विरासत पिता से पुत्र को प्राप्त होती है। अपवाद स्वरूप उत्तर भारत में खासी व गारो जनजातियाँ मातृवंश परम्परा मानने वाले समाज हैं।

कर्वे के तुलनात्मक अध्ययन में निम्नलिखित मुद्दे मुख्य हैं :

1. भारतीय भाषाओं में नातेदारी शब्दों की सूचियाँ
2. उनके भाषायी सन्दर्भ और तदनुरूप व्यवहार व मनोवृत्तियाँ
3. वंश और विरासत के नियम
4. विवाह एवं परिवार के प्रतिमान
5. सांस्कृतिक उत्तर और द्रविड़ियन दक्षिण में अन्तर

उत्तरी व मध्य भारत में नातेदारी के लक्षण (Features of Kinship in North and Central India)

उत्तर भारत में सिंधी, पंजाबी, हिन्दी (और पहाड़ी), बिहारी, बंगाली, असमी और नेपाली भाषी लोग व क्षेत्र शामिल हैं। इन क्षेत्रों में प्राथमिक सम्बन्धियों के बीच यौन-सम्बन्धों के बारे में जाति, अन्त:विवाह, गोत्र बहिर्विवाह और अगम्यगमन निषेध के नियमों का कठोरता से पालन किया जाता है।

उत्तरी क्षेत्र में नातेदारी के प्रमुख लक्षण इस प्रकार हैं:– (1) सन्दर्भित व्यक्ति (Ego) से छोटे (Junior) नातेदारों को उनके निजी नाम से सम्बोधित किया जाता है और उस व्यक्ति से वरिष्ठ नातेदारों को नातेदारी शब्दों से। (2) आरोही (Ascending) और अवरोही (Descending) पीढ़ियों के सभी बच्चों को भ्रातृत्व समूह भाई-बहन के बच्चों के समान तथा भाई-बहन के बच्चों को स्वयं के बच्चों के समान समझा जाता है। (3) पीढ़ियों की एकता के सिद्धान्त को माना है (जैसे– पितामह व प्रपितामह को पिता जैसा सम्मान दिया जाता है। (4) एक ही पीढ़ी में बुजुर्ग और बच्चों में स्पष्ट भेद किया जाता है। (5) तीन पीढ़ियों के सदस्यों का व्यवहार और उनके कर्तव्य सख्ती से नियमित किये जाते हैं। (6) संस्कृत मूल के कुछ प्राचीन नातेदारी शब्दों को नवीन शब्दों में बदल दिया गया है, जैसे– 'पितामह' के स्थान पर 'पिता'। बड़ों को सम्बोधन करते समय 'जी' प्रत्यय जोड़ दिया जाता है जैसे,– 'चाचाजी', 'ताऊजी' आदि। बंगाल में 'जी' के स्थान पर 'मोशाय' जोड़ा जाता है। (7) सगे और नज़दीकी रिश्तेदारों में विवाह की अनुमति नहीं होती। (8) विवाह के बाद कन्या से यह आशा नहीं की जाती कि वह अपने ससुराल वालों से स्वतन्त्र हो, लेकिन जब वह माँ बन जाती है, तब उसपर से प्रतिबंध कम हो जाते हैं और उसे सत्ता एवं आदर का स्थान प्राप्त होता जाता है। (9) परिवार की संरचना इतनी सुगठित होती है कि बच्चे, माता-पिता व दादा-दादी या तो साथ ही रहते हैं या उनके प्रति सामाजिक दायित्वों का निर्वाह भलीभाँति किया जाता है। (10) संयुक्त परिवार, जो व्यक्ति के निकटतम व घनिष्ठ रिश्तों का प्रतिनिधित्व है, के अलावा नातेदारों का एक बड़ा समूह भी होता है, जो व्यक्ति के जीवन में महत्त्वपूर्ण भूमिका निभाता है। यह नातेदार उसके पिता या माता नातेदारी के प्रतिनिधि होते हैं तथा समय और आवश्यकता पड़ने पर उसे सहायता करते हैं।

इस प्रकार उत्तर भारत में नातेदारी की कम-से-कम चार मुख्य विशेषताएँ पायी जाती हैं: (1) क्षेत्रीयता, (2) वंश-वृक्ष, (3) अगम्यगमन निषेध और (4) स्थानीय बहिर्विवाह। जातीय स्थिति से जुड़ी सीमाओं के कारण भी अन्त:विवाह का क्षेत्र सीमित हो जाता है। नातेदारी एवं स्थान दोनों के सन्दर्भ में विवाह प्रतिबन्धनों के कारण एक बड़े क्षेत्र में विवाह करने पर रोक लग जाती है। विवाह सम्बन्धों में मातृ-पितृ सम्बन्धी बाधाओं और स्थानीय बहिर्विवाह नियम का सख्ती से अनुसरण किया जाता है। उत्तर भारत में ब्राह्मणों और अन्य उच्च जातियों में चार गोत्र (साशन) नियम का पालन किया जाता है, अर्थात् पिता, माता, दादा, दादी व नानी के गोत्रों के परिवारों के साथ विवाह सम्बन्ध करना वर्जित समझा जाता है। परन्तु कुछ मध्यम जातियों और अधिकतर निम्न जातियों में केवल पिता और माता के गोत्रों को ही विवाह सम्बन्ध करने में टाला जाता है।

केन्द्रीय क्षेत्र में राजस्थान, मध्य प्रदेश, गुजरात, काठियावाड़, महाराष्ट्र और उड़ीसा है। भाषायी क्षेत्रों में राजस्थानी, हिन्दी, गुजराती, काठियावाड़ी, मराठी और उड़िया भाषी लोगों को शामिल किया गया है। इनमें सभी भाषाओं की उत्पत्ति संस्कृत से है और इसीलिए इनका लगाव उत्तरी क्षेत्र से पाया जाता है। परन्तु इस क्षेत्र में द्रविड़ भाषाओं के छोटे क्षेत्र भी हैं। पूर्वी क्षेत्र का भी कुछ प्रभाव है। इस क्षेत्र में अन्य लोगों की तुलना में आदिवासी लोगों की अनोखी व कुछ अलग स्थिति है।

भारत के मध्यवर्ती क्षेत्रों में नातेदारी संगठन के प्रमुख लक्षण उत्तरी क्षेत्र की नातेदारी से बहुत भिन्न नहीं हैं। उनके (मध्यवर्ती क्षेत्र के) प्रमुख लक्षण इस प्रकार हैं– (1) प्रत्येक क्षेत्र विवाह सम्बन्धी उन्हीं रीतियों व प्रचलनों को मानता है जिनका उत्तर क्षेत्र में पालन किया जाता है, अर्थात् विवाह में **समरक्तता (Consanguinity)** का विशेष

ध्यान रखा जाता है। (2) अनेक जातियाँ बहिर्विवाही गोत्रों में बँटी हुई हैं। कुछ जातियों में बहिर्विवाही गोत्र अनुलोमीय सोपान (Hypergamous Hierarchy) में क्रमबद्ध रहते हैं। (3) नातेदारी शब्दावली विविध नातेदारों के बीच निकटता एवं आत्मीयता दर्शाती है। यह सम्बन्ध 'न्योता-भेंट' रिवाज़ से संचालित होते हैं, जिनके अनुसार जितना रुपया नकद लिया जाता है। उतना ही नकद लौटाकर भेंट में दिया भी जाता है। कहीं-कहीं न्योता रजिस्टर बनाये जाते हैं जो पीढ़ियों तक सुरक्षित रहते हैं। (4) गुजरात में ममेरे-भाई-बहनों तथा **देवर-भाभी विवाह (Levirate)** कुछ जातियों में प्रचलित हैं। (5) गुजरात में **आवधिक विवाह (Periodic Marriage)** प्रथा ने बाल-विवाह एवं बेमेल विवाहों को प्रोत्साहन दिया है, परन्तु ऐसे विवाह आज भी मिलते हैं। (6) महाराष्ट्र में उत्तरी व दक्षिणी दोनों क्षेत्रों का प्रभाव सम्बन्धों में दृष्टिगोचर होता है। उदाहरणार्थ, मराठों का गोत्र संगठन राजपूतों के गोत्र संगठन की भाँति है। यद्यपि इनके गोत्र संकेन्द्रीय समूहों (Concentric Circles) में क्रमबद्ध होते हैं जबकि राजपूतों के (गोत्र) एक सीढ़ी के रूप में क्रमबद्ध होते हैं। गोत्रों को खण्डों (Divisions) में बाँट लिया जाता है और प्रत्येक को उनकी संख्या के आधार पर एक नाम दिया जाता है, जैसे– पंचकुली, सतकुली आदि। इन गोत्रों को अनुलोम विवाह क्रम (Hypergameous Order) में व्यवस्थित किया जाता है, सबसे ऊँचा पंचकुली, फिर सतकुली आदि। पंचकुली अपनों में ही विवाह कर सकते हैं या फिर सतकुली की लड़की ले सकते हैं, लेकिन अपनी लड़की पंचकुली के बाहर नहीं दे सकते। (7) मध्यवर्ती क्षेत्र में कुछ जातियाँ, जैसे– मराठा और कुनबी, वधू-मूल्य (Bride-price) का भी लेन-देन करती हैं, यद्यपि दहेज प्रथा भी उनमें प्रचलित है। (8) यद्यपि महाराष्ट्र में परिवार पद्धति पितृवंशीय तथा पितृस्थानिक (Patrilineal and Patrilocal) है, लेकिन उत्तरी क्षेत्र की प्रथा के विपरीत, जहाँ पत्नी गौने के बाद स्थाई रूप से पति के घर रहती है और अपने पिता के घर कभी-कभी जाती है, मराठा जैसी जातियों में वह (पत्नी) अपने पिता के घर बार-बार आती-जाती रहती है। एक बार वह पिता के घर चली जाये तो उसे पति के घर वापस लाना कठिन होता है। नातेदारी सम्बन्धों पर दक्षिण क्षेत्र का प्रभाव इससे स्पष्ट हो जाता है। (9) यद्यपि नातेदारी शब्दावली अधिकतर उत्तरी है किन्तु कुछ शब्द द्रविड़ क्षेत्र से भी लिए गये हैं, जैसे– भाई के लिए 'दादा' शब्द के साथ 'अन्ना' और 'नाना' या फिर बहन के लिए 'अक्का', 'ताई' और 'माई' शब्दों का प्रयोग। (10) राजस्थान और मध्य प्रदेश की जनजातियों में नातेदारी पद्धति हिन्दुओं से कुछ भिन्न है। यह अन्तर नातेदारी शब्दावली में, विवाह नियमों में, उत्तराधिकार पद्धति में तथा गोत्र दायित्वों में निहित है।

अत: यह कहा जा सकता है कि यद्यपि नातेदारी संगठन उत्तरी व मध्यवर्ती क्षेत्रों में लगभग एक-सा है, फिर भी उत्तर से दक्षिण की ओर जाने वाले क्षेत्रों में परिवर्तन मिलता है। महाराष्ट्र जैसे राज्य को सांस्कृतिक उधार-ग्रहण तथा सांस्कृतिक समन्वय का क्षेत्र कहा जा सकता है (Karve, 1965: 174)।

मराठों में 96 गोत्र हैं। इन 96 गोत्रों में गतिशीलता एवं स्थिति के संकेन्द्रीवृन्त पाये जाते हैं। सजातीय दृष्टि से समजातीयता का अभाव है। 'पंचकुल', अर्थात् पाँच गोत्रों का झुंड पाया जाता है, इसके अलावा 'सप्त गोत्रीय' झुंड और अनुलोमीय खण्ड हैं। समानान्तर चचेरे-मौसेरे भाई-बहन विवाहों पर प्रतिबन्ध है। पितृ-पक्षीय भ्राता-भगिनी संतति विवाहों पर भी निषेध है। मातृ-पक्षीय भ्राता-भगिनी संतति विवाह को प्राथमिकता दी जाती है। बहनें एक ही व्यक्ति से विवाह कर सकती हैं। भाई प्राय: दो बहनों से विवाह करना टालते हैं। उत्तरी महाराष्ट्र के कुनबियों में भाभी विवाह की प्रथा है। आदान-प्रदान विवाह अच्छे नहीं समझे जाते।

उड़ीसा के गौड़, उराँव और कोंध आदिवासी लोग द्रविड़ भाषाएँ बोलते हैं, और उनकी नातेदारी व्यवस्था की तुलना द्रविड़ भाषी लोगों की नातेदारी व्यवस्था से की जा सकती है। मुण्डा, बोण्डो और कुछ साओरा लोग मुण्डारी भाषाएँ बोलते हैं। उड़ीसा में ब्राह्मण सम्भवत: उत्तर प्रदेश, बिहार और मध्य प्रदेश से आकर बसे हैं। आरण्यक्य ब्राह्मणों और कर्ण कायस्थों में भ्राता-भगिनी संतति विवाह वर्जित है। निर्धन वर्गों में कनिष्ठ भाभी विवाह प्रचलित है।

दक्षिण भारत में नातेदारी संरचना (Kinship Structure in South India)

दक्षिण भारत में कर्नाटक, आन्ध्र प्रदेश, तमिलनाडु, केरल और मिश्रित भाषाओं तथा समुदायों के पाँच क्षेत्र हैं। दक्षिण क्षेत्र में नातेदारी व्यवस्था और परिवार संरचना का बहुत जटिल स्वरूप है। पितृवंशीय और पितृस्थानिक व्यवस्थाएँ प्रभावी हैं। परन्तु कुछ समुदायों में मातृवंशी और मातृस्थानिक व्यवस्थाएँ पायी जाती हैं, और उनमें दोनों प्रकार के रिश्तेदारी संगठन पाये जाते हैं। कुछ जातियों में बहुर्विवाह की प्रथा भी है। इनमें से कुछ में बहुपत्नी और बहुपति दोनों तरह से विवाहों की प्रथा है। कर्नाटक, आन्ध्र प्रदेश, तमिलनाडु और मालाबार की कुछ जातियों में उत्तर भारत की तरह पितृवंशीय और पितृस्थानिक संयुक्त परिवार पाये जाते हैं।

केरल के नायर, तियान, मालाबार क्षेत्र के कुछ मोपला और कनारा जिले के बैंट समुदायों में मातृवंशीय और मातृस्थानिक परिवार पाये जाते हैं। इसी को **थारवाड** के नाम से जाना जाता है। थारवाड में एक स्त्री, इसके भाई और बहनें, उसके अपने और उसकी बहनों के पुत्र और पुत्रियाँ रहते हैं। थारवाड में कोई भी वैवाहिक सम्बन्धी नहीं रहता। कुछ रक्त सम्बन्धियों को भी रखा जाता। पुरुष सदस्यों की सन्तान नहीं रहती। थारवाड में पति-पत्नी, पिता-पुत्र सम्बन्ध नहीं होते हैं।

दक्षिण भारत के अन्तर्गत कर्नाटक, आन्ध्र प्रदेश, तमिलनाडु और केरल राज्यों को सम्मिलित किया जाता है, जहाँ द्रविड़ परिवार की भाषाएँ बोली जाती हैं। दक्षिण में एक पर्याप्त समान नातेदारी संगठन दिखाई पड़ता है फिर भी नातेदारी के स्वरूपों में अनेक विविधताएँ पायी जाती हैं।

1. स्वजन समूह— दक्षिण भारत में नातेदारों को मुख्यत: दो वर्गों में विभाजित किया जा सकता है– पितृवंश-परम्परा के नातेदार एवं विवाहजन्य सम्बन्धी। उत्तर भारत की तरह ही दक्षिण भारत में भी अपने परिवार से परे नातेदार पितृवंश परम्परा के होते हैं और उनके साथ प्रत्येक की घनिष्ठता होती है। यह सहयोगिता एवं घनिष्ठता पितृस्थानिक आवास के नियम से जुड़ी होती है। इस तरह वंश और आवास के नियम नातेदारी के समूहों की रचना करने में सहायक होते हैं। इस प्रकार का समूह उत्तर और दक्षिण भारत दोनों जगहों में पाये जाते हैं।

तमिलनाडु के प्रमलाई कल्लर उपजाति के अध्ययन में डूमां (Louis Dumont, 1986) ने पितृवंश परम्परा पितृस्थानिक और बहिर्विवाह समूहों के सन्दर्भ में स्वजन समूहों का विस्तृत अध्ययन किया है। पितृवंश परम्परा, पितृस्थानिक और बहिर्विवाह समूहों को कुट्टम कहा जाता है। सामान्यत: कुट्टम के सदस्य एक या एक से अधिक गाँवों में रहते हैं। ये आगे गौण कुट्टमों में भी उप-विभाजित हो जाते हैं, प्रत्येक कुट्टम अपने पूर्वज का नाम धारण करता है और यही उसके प्रधान का नाम भी होता है। यह नाम सबसे बड़े पुत्र को उत्तराधिकार में प्राप्त होता है, जो कि उस समूह के प्रधान का पद भी संभालता है। धार्मिक अनुष्ठानों में कुट्टम के सारे सदस्य भाग लेते हैं। फसल की कटाई के समय जब अन्न पर्याप्त मात्रा में होता है, उस अवसर पर समूह के सभी सदस्यों को आमंत्रित किया जाता है और वे सामूहिक रूप से कुट्टम के मंदिर में पूजा करते हैं।

कुट्टम के पुरुष सदस्यों के पास ज़मीन का स्वामित्व होता है। आमतौर पर पिता की मृत्यु के बाद भाइयों के मध्य हमेशा झगड़े होते हैं। भाई या हिस्सेदारों को तमिल भाषा में पंगाली कहा जाता है।

इसके विपरीत विवाहजन्य सम्बन्धियों के बीच मुक्त और सौहार्दपूर्ण सम्बन्ध होता है एवं विवाहजन्य नातेदारों को मामा-मच्चिनन कहा जाता है। इनका सम्बन्ध विवाह के द्वारा बनता है। ये वे सम्बन्धी होते हैं, जो माँ एवं पत्नी के जन्म परिवार के सदस्य होते हैं। इन्हें आमतौर पर मामा-मच्चिनन के रूप में जाना जाता है। इस वर्ग में वे सम्बन्धी भी आते हैं जिनमें अपनी बहन अथवा पिता की बहन का विवाह होता है, अर्थात् ये सम्बन्धी भी मामा-मच्चिनन कहलाते हैं। पितृवंश-परम्परा एवं विवाहजन्य सम्बन्धियों के बीच अन्त:क्रिया का स्वरूप जैसा लुई डूमां (Louis Dumont, 1983) ने बताया है कि ये सम्बन्ध हमेशा मधुर और सौहार्दपूर्ण होते हैं।

2. नातेदारी शब्दावली— दक्षिण भारत की नातेदारी शब्दावली में चचेरे-मौसेरे और ममेरे-फुफेरे भाई-बहनों को दो वर्गों में स्पष्ट रूप से विभाजित किया गया है। चचेरे तथा मौसेरे भाई-बहन वे होते हैं, जो एक लिंग के सहोदरों

के बच्चे होते हैं, अर्थात् दो भाइयों अथवा दो बहनों के बच्चे एक-दूसरे के क्रमशः चचेरे-मौसेरे भाई-बहन होते हैं। ममेरे-फुफेरे भाई-बहन वे होते हैं, जो विपरीत लिंग के सहोदरों की संतान होते हैं, अर्थात् एक भाई और एक बहन के बच्चे एक-दूसरे के ममेरे-फुफेरे भाई-बहन होते हैं।

दक्षिण भारत में चचेरे-मौसेरे भाई-बहनों के आपस में विवाह नहीं होते हैं। जबकि ममेरे-फुफेरे भाई-बहनों के आपस में विवाह हो सकते हैं। चचेरे-मौसेरे भाई-बहनों को एक-दूसरे का भाई-बहन माना जाता है। उदाहरणस्वरूप, तमिल में सभी चचेरे-मौसेरे भाई-बहन अन्ना या अन्नन (बड़ा भाई) या तंबी (छोटा भाई) और अक्का (बड़ी बहन) या तंगाई या तंगाची (छोटी बहन) कहा जाता है। ठीक इसके विपरीत ममेरे-फुफेरे भाई-बहन कभी भाई-बहन नहीं होते। उदाहरण स्वरूप, उन्हें तमिल में मामा मगल (माँ के भाई की पुत्री) एवं मामा मगन (माँ के भाई का पुत्र) या अत्ते मगल (पिता की बहन की पुत्री) एवं अत्ते मगन (पिता की बहन का पुत्र) कहा जाता है।

3. विवाह नियम— दक्षिण भारत की नातेदारी व्यवस्था के नियम सकारात्मक है। इसका मतलब यह हुआ कि विवाह में एक विशेष तरह के सम्बन्ध की वरीयता स्पष्ट होती है एवं उसका पालन किया जाता है। उत्तर भारत के नकारात्मक नियम हमें यह बताते हैं कि किस व्यक्ति को किससे विवाह नहीं करना चाहिए। इसके ठीक विपरीत दक्षिण भारत में विवाह के नियम बिलकुल स्पष्ट होते हैं कि किससे विवाह किया जाना चाहिए अथवा किससे किया जा सकता है। दक्षिण भारत में इस अधिमान्य विवाह के नियमों को तीन प्रकार से बाँट सकते हैं।

(i) दक्षिण भारत की अनेक जातियों में अपनी बड़ी बहिन की पुत्री से विवाह को प्रथम वरीयता दी जाती है, लेकिन नायरों जैसे मातृवंशीय समाजों में ऐसे विवाह की अनुमति नहीं है।

(ii) अपनी बुआ (पिता की बहन) की पुत्री से विवाह को द्वितीय वरीयता दी जाती है। दूसरे शब्दों में, एक स्त्री अपने मामा (माता के भाई) के पुत्र से विवाह करती है। इस प्रकार के अधिमान्य विवाह में पहले का नियम अपनाया जाता है, अर्थात् जो परिवार एक पुत्री देता है, वह विवाह में पलटे में एक पुत्री प्राप्त करने की आशा रखता है। आमतौर पर इन सम्बन्धों के बनने की प्रक्रिया में दो पीढ़ियाँ लग जाती हैं। इस प्रकार दक्षिण भारत में बुआ की पुत्री से विवाह की वरीयता से पलटे के सकारात्मक नियम स्पष्ट होते हैं।

(iii) दक्षिण भारत में अपने मामा की पुत्री से विवाह को तृतीय वरीयता दी जाती है। इस प्रकार के अधिमान्य विवाह तमिलनाडु की कल्लर, कर्नाटक की हविक ब्राह्मण, आन्ध्र प्रदेश की कुछ रेड्डी जातियों में पायी जाती है। इस प्रकार के विवाह नियमों में वधू एक ही दिशा में दी जाती है। वर-पक्ष वधू-पक्ष से श्रेष्ठ समझे जाते हैं। इसी कारण से पलटे के वर्जन का नियम बनाया गया है। इस प्रकार जब कोई व्यक्ति अपने मामा की पुत्री से विवाह करता है, तो उसके परिवार को फिर से उसी परिवार से एक स्त्री मिल रही होती है जिसने उसकी माँ को उसके पिता के परिवार में दिया था। यह तरीका केवल एक दिशीय होता है। इस प्रकार हमें दक्षिण भारत की कुछ जातियों में मामा की पुत्री से विवाह की मान्यता से पुनरावृति के सकारात्मक नियम स्पष्ट होते हैं।

इस प्रकार दक्षिण भारत में उपर्युक्त तीनों प्रकार के अधिमान्य विवाह से यह स्पष्ट हो जाता है कि विवाह की यह निश्चित प्रवृत्ति नातेदारों के एक छोटे समूह में सम्पन्न की जा सकती है। दक्षिण भारत में विवाह सम्बन्धों के द्वारा हर परिवार पहले से मौजूद नातेदारी सम्बन्धों को और सुदृढ़ करना चाहता है। दक्षिण भारत में पितृवंश के सदस्य और विवाहजन्य सम्बन्धी एक ही गाँव में रहते देखा जा सकता है। यह **ग्राम अन्तर्विवाह (Village Endogamy)** का नतीजा है। इससे यह भी स्पष्ट होता है कि दक्षिण भारत में गाँव से बाहर विवाह करने की प्रथा नहीं है। दक्षिण भारत में एक ही गाँव में रहने वाले ऐसे नातेदार आमतौर पर एक-दूसरे को धार्मिक अनुष्ठानों एवं सामाजिक कार्य-कलापों में मिलजुल कर सहयोग करते हैं।

दक्षिण भारत में विवाह की अधिमान्यता के नियमों के साथ-साथ कुछ प्रतिबन्ध भी होते हैं, जैसे- कुछ जातियों में एक व्यक्ति अपनी बड़ी बहन की बेटी से विवाह कर सकता है, पर छोटी बहन की बेटी से नहीं कर सकता। साथ ही एक विधवा अपने दिवंगत पति के बड़े भाई या छोटे भाई (जेठ या देवर) अथवा वर्गात्मक भाई, अर्थात् पंगाली

भाइयों से कभी विवाह नहीं कर सकती है। इससे यह स्पष्ट होता है कि दक्षिण भारत में कोई भी व्यक्ति अपने स्वयं के निकट परिवार में अपनी वंश परम्परा में विवाह नहीं कर सकता।

4. नातेदारों के बीच उपहारों का औपचारिक आदान-प्रदान— दक्षिण भारत में नातेदारों के बीच उपहारों का औपचारिक आदान-प्रदान को दो वर्गों में विभक्त किया जा सकता है।

(i) वधू के परिवार द्वारा वर को दिया जाने वाला उपहार अथवा वर के परिवार से वधू को दिया जाने वाला उपहार विवाहजन्य सम्बन्धियों के बीच उपहारों के आदान-प्रदान का यह पहला वर्ग है। उदाहरणस्वरूप, लुई डूमां (1986: 256) ने तमिलनाडु की पिरामलाई कल्लर उपजाति के अध्ययन में वर के पिता की ओर से वधू के पिता को उपहार में धन दिये जाने का उल्लेख किया है। यह परिसम कहलाता है। वधू का पिता इस धन से अपनी पुत्री के लिए आभूषण खरीदता है। परन्तु वधू के पिता से दुगुना धन खर्च करने की अपेक्षा की जाती है। इस प्रकार वधू के आभूषण का खर्च दोनों परिवार आधा-आधा उठाते हैं। यह विवाहजन्य सम्बन्धियों के बीच उपहारों के आदान-प्रदान का शुभारम्भ माना जाता है। यह क्रम कम-से-कम तीन वर्ष की अवधि तक चलता है। नवदम्पत्ति तीन वर्षों के बाद जब अपना घर बसाते हैं अथवा बच्चे के जन्म पर वधू के माता-पिता पर घर-गृहस्थी का सामान देते हैं तो यहाँ से उपहारों के आदान-प्रदान का दूसरा चक्र चलता है। यह उपहार 'वैर पोन सीर' कहलाता है जिसका शाब्दिक अर्थ होता है 'अलग बसने के लिए उपहार।' इससे यह स्पष्ट होता है परिसम से अलग नये घर बसाने के लिए दिये जाते हैं और उन्हें दुगुना करके वापस कर दिया जाता है। यह क्रम वर-पक्ष की ओर उपहार से समाप्त होता है। इससे यह भी स्पष्ट होता है कि यह सिलसिला वधू-पक्ष द्वारा अधिक उपहार दिये जाने के उपरांत वधू-पक्ष से और अधिक उपहार लेने का एक बहाना मात्र है।

(ii) विवाह के अवसर पर उपस्थित नातेदारों का आपसी लेन-देन एक सीमित दायरे में होता है। इसे आन्तरिक आदान-प्रदान कह सकते हैं। कभी-कभी कोई व्यक्ति दोनों पक्षों से उपहार लेता एवं देता है। सम्बन्धियों के बीच विवाह के सकारात्मक नियमों के कारण कुछ व्यक्ति एक ही अवसर पर उपहार लेने और देने की स्थिति में होते हैं। विवाह के अवसर पर क्रमशः वधू के घर और वर के घर पर उपस्थित रिश्तेदारों के बीच उपहारों का संग्रह प्रायः नकदी के रूप में किया जाता है। दक्षिण भारत में ग़ैर-ब्राह्मण जातियों में इसे 'मोड़' कहते हैं। ब्राह्मणों में इस प्रथा को 'मोड़ लिखना' के नाम से जाना जाता है। इस प्रकार के उपहारों को देने में परस्पर आदान-प्रदान के नियम तय होते हैं। मोड़ उन नातेदारों को दी जाती है, जो या तो उसे पहले दे चुके हैं अथवा ऐसे ही अवसरों पर भविष्य में देंगे। लुई डूमां (1986: 256) ने बताया है कि पिरामलाई कल्लर उपजाति में माता का भाई (मामा) मोड़ देने वाला पहला सम्बन्धी होता है। मामा के बाद ही अन्य सम्बन्धी अपना मोड़ देते हैं। सामान्यतः मोड़ से प्राप्त धन विवाह-भोज पर खर्च किया जाता है।

दक्षिण भारत में उपहारों के आदान-प्रदान के क्रम में वधू-पक्ष के लोगों को वर-पक्ष से थोड़ा अधिक भार उठाना पड़ता है। तुलनात्मक रूप से यह कहा जा सकता है कि उत्तर भारत में वधू-पक्ष की ओर से वर-पक्ष वालों को उपहार प्रायः एक ही दिशा में दिये जाते हैं। दक्षिण भारत में विवाह के सकारात्मक नियम के कारण उपहारों का आदान-प्रदान घनिष्ठ सम्बन्धियों में होता है। दक्षिण भारत में दोनों पक्षों द्वारा लिए और दिये जाने वाले उपहारों की मात्रा में अन्तर अवश्य होता है परन्तु उनका प्रवाह दोनों ओर से होना आवश्यक है। उत्तर भारत की तरह यह एक-दिशीय नहीं हो सकता।

उत्तर व दक्षिण में नातेदारी प्रथा की तुलना
(Comparison of Kinship System between North and South India)

1. दक्षिण भारत के परिवार में उत्तर भारत के परिवारों की भाँति **जन्म के परिवार** (**जनक परिवार** या **Family of Orientation**) तथा **विवाह के परिवार** (**जनन परिवार** या **Family of Procreation**) में स्पष्ट अन्तर नहीं

होता है। उत्तर में जन्म के परिवार का कोई भी सदस्य (यानी कि माता, पिता, भाई, बहन) अपने विवाह के परिवार का सदस्य नहीं बन सकता, लेकिन दक्षिण में यह सम्भव है।

2. उत्तर में नातेदारी का प्रत्येक शब्द स्पष्ट दर्शाता है कि सन्दर्भित व्यक्ति रक्त सम्बन्धी है या विवाहमूलक नातेदार, लेकिन दक्षिण में ऐसा नहीं है।
3. दक्षिण में सन्दर्भित व्यक्ति (Ego) के कुछ नातेदार ऐसे होते हैं, जो उसके केवल रक्त-सम्बन्धी होते हैं, जबकि कुछ ऐसे भी होते हैं, जो कि विवाहमूलक तथा रक्त-सम्बन्धी दोनों होते हैं।
4. दक्षिण में नातेदारी का संगठन आयु श्रेणी के अनुसार दो समूहों में क्रमबद्ध किया जाता है, उत्तर में नातेदारी (स्वजनों) का संगठन रिश्ते की प्रकृति के अनुसार होता है।
5. दक्षिण में नातेदारी संगठन वास्तविक आयु के अन्तर पर निर्भर होता है, जबकि उत्तर में यह पीढ़ी विभाजन के सिद्धान्त पर आधारित होता है।
6. दक्षिण में विवाहित लड़कियों के लिए व्यवहार के कोई विशेष मानदण्ड नहीं होते, जबकि उत्तर में उन पर अनेक बन्धन होते हैं।
7. दक्षिण में विवाह स्त्री के लिए पिता के घर से पृथकता का प्रतीक नहीं होता, जबकि उत्तर में स्त्री कभी-कभी ही पिता के घर आती है।
8. उत्तर में विवाह स्वजन समूह के विस्तार का एक साधन है, जबकि दक्षिण में विवाह मौजूदा बन्धनों को और अधिक मज़बूत बनाता है।

पूर्वी क्षेत्र की जनजातियों का नातेदारी संगठन

पूर्वी भारत (बंगाल, बिहार, असम व उड़ीसा के भाग सहित) में जनजातियों की संख्या अधिक है। प्रमुख जनजातियाँ इस प्रकार हैं : खासी, संथाल, बिरहोर, हो, मुण्डा, तथा उरांव। यहाँ नातेदारी संगठन का कोई निश्चित स्वरूप नहीं है। मुण्डारी भाषा बोलने वाले लोगों के परिवार पितृवंशीय या पितृस्थानिक होते हैं। इस क्षेत्र में संयुक्त परिवार विरले ही पाये जाते हैं। विलिंग सहोदरज विवाह (Cross-cousin Marriage) कभी-कभी होते हैं, यद्यपि वधू-मूल्य सामान्य बात है। महिला को 'द्वैध' (Dual) शब्द से सम्बोधित (Address) किया जाता है। नातेदारी 'द्रविड़' व 'संस्कृत' दोनों से लिए गये हैं। 'खासी' और 'गारो' में (नायरों की भाँति) मातृवंशीय संयुक्त परिवार मिलते हैं। विवाह के बाद व्यक्ति अपने माता-पिता के साथ शायद ही कभी रहता है, वह अपना पृथक घर स्थापित करता है।

उत्तर-पूर्व और दक्षिण-पश्चिम भारत में मातृवंशीय समाजों में नातेदारी संगठन

दक्षिण-पश्चिम तथा उत्तर-पूर्वी भारत में मातृवंश-परम्परा के मानने वाले समाज पाये जाते हैं। मातृवंश परम्परा वाले समाजों में पितृवंश-परम्परा तथा पितृसत्ता तन्त्र के विपरीत विशेषता नहीं होती है। इसका कारण यह है कि वंशक्रम चाहे मातृवंश में हो या पितृवंश में या दोनों में, प्रायः सभी समाजों में प्रभुता पुरुषों के ही हाथ में होती है। मातृवंश-परम्परा के नियमों के अनुसार सम्पत्ति की विरासत माँ से पुत्री को या मामा से भाँजे को मिलती है एवं सम्पत्ति का संचालन प्राय: पुरुष के ही हाथ में होता है। मातृवंश-परम्परा में विवाह के पश्चात् आवासीय व्यवस्था की समस्या हो जाती है। ऐसे समाज में पुरुषों का अपने बच्चों पर नियन्त्रण नहीं होता। ये बच्चे उसकी पत्नी के वंशक्रम के समूह माने जाते हैं

तथा वयस्क होने पर वे माँ के भाई, अर्थात् मामा के साथ रहते हैं। दूसरी ओर, यदि पुरुष पत्नी तथा बच्चों के साथ रहने लगे तो उसे अपनी बहन के बच्चों पर, बहन की सम्पत्ति पर अधिकार ज़माने में कठिनाई होगी। मातृवंश-परम्परा में पति का बच्चों एवं पत्नी के साथ रहना कठिन होता है क्योंकि एक ही व्यक्ति एक साथ पिता तथा मामा की भूमिका नहीं निभा सकता है।

उत्तर-पूर्व के मातृवंश परम्परा वाले समूह

(i) गारो जनजाति— गारो जनजाति मुख्यत: मेघालय राज्य में पायी जाती है। गारो जनजाति एक मातृवंशीय समाज है, जिसमें उत्तराधिकार माता से पुत्रियों को प्राप्त होता है। इस समाज में विवाह के पश्चात् आवास मातृस्थानिक होता है परन्तु पुत्री का पति (नोकमा) घर का मुखिया तथा प्रबन्धकर्त्ता होता है। अविवाहित पुत्रियाँ और पुत्र अपनी माता के साथ रहते हैं जबकि एक पुत्री को छोड़कर जो अपने मूल घर में रहती है, अन्य सभी विवाहित पुत्रियाँ अपनी माता के घर के पास ही अपनी गृहस्थी में रहने के लिए माता का घर छोड़ देती हैं। मातृवंश परम्परा को मचोंग कहा जाता है जिसका अर्थ होता है एक बस्ती में रहने वाला विस्तारित स्वजन समूह। मातृवंश या मचोंग के सभी सदस्यों का एक ही माँ से उद्‌गम होता है। सन्तानें अपनी माता के कुल का नाम ग्रहण करती हैं।

मचोंग के स्वामित्व में सम्पत्ति माता से पुत्री को प्राप्त होती है। जिस परिवार में एक से अधिक पुत्रियाँ होती हैं, माता अपनी उत्तराधिकारिणी (नोकना) चुनती है। वर्तमान समय में परिवार की अन्य पुत्रियों को भी अपने विवाह के अवसर पर सम्पत्ति का थोड़ा भाग मिल जाता है। ये पुत्रियाँ आमतौर पर अपनी गृहस्थी अलग स्थापित करती हैं। मातृवंश-परम्परा में पुत्र को सम्पत्ति का उत्तराधिकार नहीं मिलता है। परन्तु एक पुरुष पति के रूप में अपनी पत्नी के जीवन-काल में उसकी सम्पत्ति का पूरा उपयोग करता है।

गारो समाज में विवाह के बाद आवास मातृ-स्थानिक (Matrilocal) होता है। विवाह के बाद दामाद (जामाता) पत्नी के माता-पिता (सास-श्वसुर) के घर में रहता है। जामाता अपने श्वसुर का नोकरम बन जाता है। श्वसुर की मृत्यु के बाद नोकरम अपनी सास से विवाह कर लेता है और माता तथा पुत्री दोनों का पति बन जाता है। बरलिंग (1963) के अनुसार नोकरम का अपनी सास से विवाह केवल आर्थिक कारणों से होता है, जिससे जामाता अपने श्वसुर के बाद नोक का मुखिया बन सके। गारो में यह भी प्रथा है कि श्वसुर के जीवनकाल में सास और जामाता के बीच दूरी रहती है। ऐसे विवाह से उत्पन्न सन्तान को माता की वंश-परम्परा का सदस्य माना जाता है। गारो समाज में ममेरे-फुफेरे भाई-बहनों के विवाह को अधिमान्यता दी जाती है एवं कुछ आर्थिक कारणों के चलते अपनी सास से विवाह के नियम प्रचलित हैं।

(ii) खासी जनजाति— खासी जनजाति मेघालय की पहाड़ियों में रहती है। यह मातृवंशीय समाज है, जहाँ का वंशक्रम माँ से चलता है। विवाह के बाद आवास मातृस्थानिक हो जाता है। इसका मतलब है कि विवाह के बाद व्यक्ति अपनी पत्नी के माता-पिता के साथ रहता है। खासी समाज में एक कुल के दो व्यक्ति आपस में विवाह नहीं कर सकते हैं। खासी जनजाति में विवाह के नियमों में ममेरे-फुफेरे भाई-बहनों के बीच विवाह मान्य होते हैं। परन्तु **देवर-भाभी विवाह (Levirate)** और **जीजा-साली विवाह (Sororate)** की अनुमति नहीं होती है। उनमें अनुलोम विवाह की प्रथा भी नहीं है। खासी जनजाति में बहुपत्नी प्रथा तथा बहुपति प्रथा भी पायी जाती है। खासी जनजाति में सबसे छोटी पुत्री अपने पति और बच्चों के साथ अपने माता-पिता के साथ रहती है। सबसे छोटी पुत्री ही पारिवारिक एवं धार्मिक अनुष्ठान कराती है। शेष अन्य पुत्रियाँ सामान्यत: विवाह के बाद अथवा पहले या दूसरे बच्चे के जन्म के बाद परिवार से बाहर चली जाती हैं। वे अपने पति और बच्चों के साथ नवस्थानीय परिवार बसाती हैं, जिसमें पति को अपेक्षाकृत अधिक प्रभुता मिली होती है। माँ की सबसे छोटी पुत्री ही सम्पत्ति का मुख्य अंश प्राप्त करती है तथा अन्य पुत्रियों को माँ की सम्पत्ति का कुछ अंश माँ की मृत्यु के पश्चात् मिलता है। जिस व्यक्ति का विवाह सबसे

छोटी पुत्री से होता है उसकी स्थिति अन्य पुत्रियों के पतियों से उच्च होती है। यदि उनके कोई पुत्री नहीं है, तो केवल ऐसी स्थिति में पुरुष की अर्जित सम्पत्ति पुत्रों में बराबर बाँट दी जाती है।

दक्षिण-पश्चिम भारत के मातृवंशीय समाज

केरल की नायर जाति— केरल में मातृवंश परम्परा मानने वाले समुदाय में मातृवंश परम्परा में निहित उलटवासियों का अनोखा हल पाया जाता है। उन्होंने एक प्रकार से पति-पत्नी के सम्बन्धों को बलिवेदी पर चढ़ाकर मातृवंश परम्परा को अक्षुण्ण बनाये रखा है। पुरुष प्रायः बहनों एवं बहनों के बच्चों के साथ रहते हैं। इन परिवारों को 'तारवाड' कहते हैं। पुरुष अपनी पत्नियों के पास सिर्फ रात में दूसरे 'तारवाड' में जाते हैं। इसे आम बोलचाल की भाषा में भेंट मुलाकाती पति प्रथा कहते हैं। नायर पुरुषों के बच्चे अपनी माता के साथ माँ के 'तारवाड' में रहते हैं। इस प्रथा में पति-पत्नी के सम्बन्ध गौण होते हैं एवं भाई-बहनों के सम्बन्ध बहुत शक्तिशाली होते हैं। यही नहीं, बल्कि नायर स्त्री विधिवत् अनेक पतियों से भेंट मुलाकात के लिए आमंत्रित कर सकती है, अर्थात् बहुपति विवाह पालन होता है। सिर्फ एक शर्त यह है कि दूसरा पुरुष पद और जाति में ऊँची स्थिति का होना चाहिए, जैसे नायर या नंबूदिरी ब्राह्मण। इसी तरह नायर पुरुष भी अनेक पत्नियाँ रखते हैं, अर्थात् बहुपत्नी प्रथा भी इस समाज में पायी जाती है। परन्तु आधुनिक समय में नायर समाज में यह परम्परागत स्वरूप नहीं पाया जाता है और प्रायः सभी नायर धीरे-धीरे अपने पड़ोसी समूहों की तरह हो गये हैं।

लक्षद्वीप के मातृवंशीय मुसलमान समाज— ये मातृवंशीय मुसलमान केरल से आये हुए अप्रवासी हिन्दुओं के वंशज हैं। कालान्तर में उनका इस्लाम धर्म में परिवर्तन हो गया। वे द्विस्थानिक आवास के नियमों का पालन करते है, अर्थात् पति और पत्नी अलग-अलग स्थानों में रहते हैं। इस सन्दर्भ में इसका मतलब यह हुआ कि पति रात को पत्नी के घर जाता है। इस द्वीप में मातृवंश-परम्परा की आम इकाई तारवाड होती है जिसका अधिकार महिला सदस्यों के माध्यम से चलता है। द्वीप में सम्पत्ति के उत्तराधिकार के सम्बन्ध में लीला दूबे (1969) ने बताया है कि इस द्वीप में विवाह की संस्था बहुत क्षीण है। इसमें अधिकार और जिम्मेदारियाँ बहुत कम हैं। लोग सम्पत्ति के उत्तराधिकार के लिए मातृवंश परम्परा और इस्लामी पितृवंश परम्परा के सिद्धान्तों का जोड़-तोड़ करते हैं।

नृशास्त्रियों के अनुसार मातृवंश परम्परा वास्तव में प्राचीन मातृसत्तातन्त्र या मातृ अधिकार के अवशेष हैं। आधुनिक समय में मानव-समाज धीरे-धीरे मातृसत्ता तन्त्र से बदलकर पितृसत्ता तन्त्र के रूप में बदल चुका है। परन्तु आज तक इस बात का कोई निश्चित प्रमाण नहीं मिला है कि पृथ्वी पर कभी भी किसी प्रकार का मातृसत्तातन्त्र वाला समाज पाया जाता था।

नातेदारी तथा सामाजिक परिवर्तन

आधुनिक काल में नातेदारी व्यवस्था में काफी परिवर्तन आया है। नातेदारी का दायरा धीरे-धीरे काफी संकुचित हुआ है। आधुनिकीकरण के परिणामस्वरूप लोग काफी व्यक्तिवादी एवं स्वार्थी होते जा रहे हैं। सगे-सम्बन्धियों के बीच आपसी प्रेम व भाईचारा में काफी कमी आयी है। लोग एक-दूसरे से काफी दूर होते जा रहे हैं। कभी-कभी लोग एक-दूसरे को पहचानने से भी कतराते हैं। यह परिवर्तन गाँवों से अधिक शहरों में देखने को मिलता है। नौकरी की तलाश तथा उच्च शिक्षा हेतु शहरों की ओर पलायन एवं प्रवास की प्रक्रिया ने परम्परागत संयुक्त परिवार को झकझोर कर दिया है। संयुक्त परिवार के विघटन से नातेदारी व्यवस्था में भी काफी परिवर्तन आया है। प्रेम-विवाह तथा तलाक की घटना में वृद्धि ने भी नातेदारी प्रथा में काफी परिवर्तन लाया है। परिवार में बिखराव के परिणामस्वरूप नातेदारी प्रथा में स्वाभाविक रूप से परिवर्तन हुआ है। समय के साथ नातेदारी की महत्ता में काफी कमी आयी है। परम्परागत

भारतीय समाज रिश्तेदारों के बीच जीता था, तो आधुनिक समाज एकाकी परिवार में जीता है। यह परिवर्तन उत्तर भारत में, दक्षिण भारत की तुलना में अधिक स्पष्टता से दिखाई पड़ता है, क्योंकि आज भी दक्षिण भारत में ज़्यादातर विवाह रिश्तेदारों के बीच होता है। वर्तमान समय में नातेदारी के सन्दर्भ में हुए परिवर्तन निम्नलिखित हैं–

(i) कुछ जनजातियों में सास-दामाद परिहार पाया जाता था जो सम्भवतः यौन-सम्बन्ध स्थापित होने के कारण किया गया था। वर्तमान समय में ऐसी प्रथा किसी समाज में नहीं पायी जाती है। अगर किसी समाज में है भी तो उससे सम्बन्धित नियम और बन्धन हल्के हुए हैं।

(ii) कुछ जनजातियों में ससुर-दामाद परिहार पाया जाता था, जो वर्तमान में किसी समाज में नहीं पाया जाता है।

(iii) कुछ समाजों में पुत्रवधू-श्वसुर परिहार पाया जाते थे जिसका आधार यौन-सम्बन्ध निषेध से ही था। इसका प्रभाव वर्तमान समाज में या तो कम हुए है या समाप्त हो गये हैं। अगर किसी समाज में यह प्रथा है भी तो वह पर्दा-प्रथा के कुछ पहलू तक ही सिमट गये हैं।

(iv) कुछ समाजों में पुत्रवधू-सास परिहार पाये जाते थे, वर्तमान समय में यह किसी समाज में नहीं पाया जाता है।

(v) परिहास सम्बन्धी नातेदारों में भी कुछ परिवर्तन आया है। कुछ जनजातियों में परिहास सम्बन्धी रिश्तेदारों के साथ हँसी-मज़ाक के अलावा यौन-सम्बन्ध स्थापित करने की छूट थी, जो आज प्रायः सभी जनजातियों में इस प्रवृत्ति पर रोक लगी है। वे सिर्फ हँसी-मज़ाक की परिधि में ही सिमट गये हैं। वर्तमान समय में शिक्षित एवं प्रतिष्ठित परिवारों में भी परिहास सम्बन्धी रिश्तों में हँसी-मज़ाक के स्तरों में काफी कमी आयी है।

(vi) नातेदारी व्यवस्था के अन्तर्गत एक पुत्रवधू अपने से बड़े सम्बन्धियों को नाम लेकर नहीं कह सकती थी। इसके लिए वे अनेक प्रकार के प्रतीकों का प्रयोग करती थी। वर्तमान समय में इस प्रथा में बहुत लचीलापन आया है। पूर्व में पत्नी अपने पति को या पति अपने पत्नी को सीधे नाम लेकर नहीं पुकारती थी या सम्बोधित करती थी। परन्तु अब इन बन्धनों में काफी लचीलापन आ गया है।

(vii) कुछ जनजातियों में सह-प्रसविता की प्रथा प्रचलित थी, जिसके अनुसार एक पति को अपनी पत्नी की तरह प्रसव के समय होने वाले कष्टों जैसा व्यवहार करना होता था। वर्तमान समय में यह प्रथा किसी समाज में नहीं पायी जाती है।

(viii) कुछ समाजों में मातुलेय की प्रथा प्रचलित थी जो अब कमजोर पड़ गयी है। इसके कारण समाज में अधिकांश परिवार मातृसत्तात्मक न होकर पितृसत्तात्मक हो गये हैं।

(ix) आधुनिक समय में पितृप्रधान समाजों में परिवार के उदारीकरण के स्वरूप के मद्देनज़र पितृश्वश्रेय प्रथा का प्रचलन भी नगण्य हो गया है अथवा समाप्त हो गया है, अर्थात् बुआ का अपने भतीजा और भतीजी पर से अधिकार और कर्तव्य में व्यापक कमी आयी है।

REFERENCES

Barnes, J.A., "Physical and Social Kinship", **Philosophy of Science,** 1961, Vol. **28**(3): 296–299.

Dumont, Louis, **Affinity as a Value: Marriage Alliance in South India, With Comparative Essays on Australia,** Delhi: Oxford University Press, 1983.

——, **A South Indian Subcaste: Social Organization and Religion of the Pramalai Kallar** (French Studies on South Asian Culture and Society, I), Delhi: Oxford University Press, 1986.

Evans-Pritchard, E.E., **Kinship and Marriage among the Nuer,** Oxford: Clarendon Press, 1951.

Fox, Robin, **Kinship and Marriage: An Anthropological Perspective**, Cambridge: Cambridge University Press, 1983.

Ghurye, G.S., **Family and Kin in Indo-European Culture,** Bombay: Popular Book Depot, 1962.

Gough, Kathleen, **The Traditional Kinship System of the Nayars of Malabar,** Harvard University Press, 1954.

Karve, Irawati, **Kinship Organisation in India**, Bombay: Asia Publishing House, 1953 &1965.

Madan, T.N., **Family and Kinship: A Study of the Pandits of Rural Kashmir**, New Delhi: Asia Publishing House, 1965.

Malinowski, Bronislaw, **The Sexual Life of Savages in North Western Melanesia,** London: Routledge and Kegan Paul, 1929.

Murdock, George Peter, **Social Structure,** New York: The MacMillan Company, 1949.

Prabhu, P.N., **Hindu Social Organisation**, Bombay: Popular Book Depot, 1954.

Read, Dwight W., "Formal Analysis of Kinship Terminologies and its Relationship to what Constitutes Kinship", **Anthropological Theory**, 2001. Vol. **1**(2): 239–267.

Wallace, Anthony F. and Atkins, John, "The Meaning of Kinship Terms", **American Anthropologist,** 1960, Vol. **62**(1): 58–80.

Wilson, Bryan R., **Religion in Secular Society: A Sociological Comment,** London: C. A. Watts, 1966.

——, **Religion in Sociological Perspective**, Oxford: Oxford University Press, 1982.

13

सामाजिक स्तरण
(Social Stratification)

सामाजिक स्तरण बृहत् समाजशास्त्र (**Macrosociology**) के हृदय का प्रमुख अंग माना जाता है। इस विषय की इतनी अधिक महत्ता स्वाभाविक है, क्योंकि स्तरण के अध्ययन के माध्यम से समाज में व्याप्त असमानता का तुलनात्मक तथा वैज्ञानिक अध्ययन सम्भव है। विश्व में ऐसा कोई भी समाज नहीं है, जहाँ सभी लोग लगभग समान हैं और न ही किसी समाज में सभी सदस्यों को आगे बढ़ने के समान अवसर मिल पाते हैं। इस व्याप्त असमानता के कारण समाज में अक्सर तनाव और विरोध देखने को मिलता है। स्तरण के अध्ययन के माध्यम से समाजशास्त्री मुख्य रूप से तीन बातों का अध्ययन करते हैं–

1. जीवन-अवसर (Life Chances)— व्यक्ति को समाज में जीवित रहने के लिए या आगे बढ़ने के लिए जिन चीजों की आवश्यकता होती है, वे सभी लोगों को समान रूप से उपलब्ध हैं या नहीं? क्या हर एक व्यक्ति को शिक्षा या नौकरी पाने का समान अवसर मिल पाता है? भौतिक सुख-सुविधाओं की प्राप्ति में क्या भेदभाव बरता जाता है ?

2. सामाजिक हैसियत (Social Status)— समाज में सभी व्यक्ति एक ही स्थान पर खड़े नहीं होते हैं। समाज एक श्रेणीबद्ध व्यवस्था है। कुछ लोगों को जन्म से ऊँचा स्थान प्राप्त होता है, तो कुछ लोगों को बहुत कोशिश के बावजूद ऊँचा स्थान कभी प्राप्त नहीं हो पाता है। राजे-महाराजे के घर में जन्म लेने वाला व्यक्ति सदा ऊँची हैसियत का व्यक्ति माना जाता है। कुछ ऐसे भी समाज है, जहाँ मनुष्य अपनी कोशिशों से समाज में बड़ा-से-बड़ा स्थान प्राप्त कर लेता है। ऐसा क्यों होता है, यह समाजशास्त्रियों के लिए एक चिन्तन का विषय है।

3. राजनीतिक प्रभाव (Political Influence)— प्रत्येक समाज में कुछ ऐसे समूह होते हैं, जो दूसरों पर अपना प्रभुत्व रखते हैं और नीचे वाले लोगों को ऊपर जाने से प्राय: वंचित रखने की कोशिश करते हैं। हिन्दू समाज में पिछड़ों तथा दलितों को हमेशा दबा कर रखने की चेष्टा की गयी है। उसी तरह पाश्चात्य देशों में भी नीग्रो लोगों को काफी दबा कर रखा जाता है। समाजशास्त्रियों को ऐसे तथ्यों में विशेष रुचि है।

हर समाज में कुछ ऐसे सामाजिक समूह होते हैं, जो ऊपर के तीनों क्षेत्रों में काफी भारी पड़ते हैं। जो समाज में काफी आगे हैं वे दबे-कुचले लोगों पर अपना प्रभुत्व यथावत् बनाये रखने की पूरी कोशिश करते हैं। इन्हीं तथ्यों को समझने के लिए समाजशास्त्रीय दृष्टिकोण से सामाजिक स्तरण का अध्ययन आवश्यक हो जाता है।

नोट : Stratification का '**स्तरण**', 'स्तरीकरण' की तुलना में, ज्यादा चुस्त और दुरुस्त हिन्दी अनुवाद है, जैसा कि विभिन्न मानक शब्दकोशों को देखने से स्पष्ट होता है।

भारत के सन्दर्भ में स्तरण जैसे विषय का कुछ विशेष ही महत्त्व है। प्राचीनकाल से लेकर आज तक भारत में जितनी विषमताएँ रही हैं, उतनी विषमताएँ शायद ही किसी अन्य देश में देखने को मिलें। प्रजातान्त्रिक एवं साम्यवादी मूल्यों की स्थापना के बावजूद आज भी भारत में काफी विषमताएँ देखने को मिल रही हैं। हजारों-लाखों लोग ऐसे हैं, जिनके घरों में कुत्तों को भी भरपूर दूध या माँस खाने को मिल जाता है। दूसरी तरफ आज उसी देश में ऐसे लाखों ग़रीब और बेसहारा लोग हैं, जिन्हें प्यास बुझाने के लिए स्वच्छ पानी तक नहीं मिल पाता है।

सामाजिक स्तरण समाज में मौजूद असमानता का एक पहलू है। सभी समाजों में सामाजिक व्यवस्थाओं से उत्पन्न असमानताएँ मौजूद रहती हैं। प्रत्येक समाज में किसी-न-किसी रूप में सुविधा, शक्ति तथा प्रतिष्ठा के आधार पर निर्मित श्रेणियों तथा स्तरों का अस्तित्व पाया जाता है। सुविधा तथा शक्ति के उपयोग के दृष्टिकोण से इन विभिन्न स्तरों की सामाजिक संरचना में स्थानक्रम निर्धारित होता है। जिनके पास अधिक सुविधा और शक्ति होती है, उनका सामाजिक स्तर उच्च माना जाता है। ठीक इसके विपरीत कम सुविधा और शक्ति से ग्रस्त लोगों का सामाजिक स्तर निम्न माना जाता है। यह पहले कहा जा चुका है कि प्रत्येक समाज में किसी-न-किसी प्रकार का स्तरण अवश्य पाया जाता है। कोई भी समाज समतल धरातल की तरह नहीं होता है। जैसे भूगर्भ के अन्तर्गत बहुत तरह के स्तर (Layer) पाये जाते हैं, समाज में भी उसी प्रकार बहुत सारे स्तर (Strata) पाये जाते हैं, जो एक विशेष तरीके से श्रेणीबद्ध होते हैं। स्तरण समाज में पायी जाने वाली असमानताओं का एक समाजशास्त्रीय नाम है, इसीलिए तो गिडेन्स (Giddens, 1998: 240) ने कहा है कि "स्तरण को व्यक्तियों के विभिन्न समूहों के बीच संरचित असमानता के रूप में परिभाषित किया जा सकता है।" (Stratification can be defined as structured inequalities between different groupings of people.) यहाँ ध्यान देने की बात यह है कि स्तरण के अन्तर्गत हम व्यक्तियों के बीच पायी जाने वाली असमानता का नहीं, बल्कि व्यक्तियों के समूह के स्तर पर पायी जाने वाली असमानता का अध्ययन करते हैं। दो व्यक्तियों के बीच जाति, धर्म, शिक्षा, पेशा या प्रजाति के आधार पर पायी जाने वाली असमानता को हम स्तरण नहीं कहते हैं। सही मायने में, उसे सामाजिक विभेदीकरण कहना ज्यादा उपयुक्त होगा। दूसरी तरफ यदि जाति, धर्म, प्रजाति, शिक्षा, आय एवं पेशों के आधार पर समाज में पायी जाने वाली असमानता या विभिन्नता को सामूहिक स्तर पर देखा जाता है, तो उसे स्तरण कहा जायेगा।

मुख्य रूप से इस दुनिया में सामाजिक स्तरण पाँच आधारों पर होता रहा है, जैसे– दास प्रथा (Slavery), वर्ण, जाति, इस्टेट (Estate) एवं वर्ग। स्तरण में चार प्रकार की सामाजिक प्रक्रियाएँ सम्मिलित हैं, जैसे– (1) विभेदीकरण (Differentiation), (2) क्रमविन्यास (Ranking), (3) मूल्यांकन (Evaluation) और (4) पुरस्कार एवं दण्ड (Reward and Punishment)।

1. विभेदीकरण— स्तरण के सन्दर्भ में विभेदीकरण का अर्थ है भूमिकाओं, अधिकारों और दायित्वों का बँटवारा। समाज में विभिन्न समूहों का कार्य अलग-अलग होता है। प्रत्येक समूह में भूमिकाओं और दायित्वों का सफल निर्वाह करने पर समाज में प्रोत्साहन और पुरस्कार की व्यवस्था होती है।

2. क्रमविन्यास— स्तरण के अन्तर्गत लोगों को उसकी हैसियत के अनुसार क्रमबद्ध किया जाता है, जहाँ उनके व्यक्तिगत गुणों, उनकी दक्षता और उपलब्धियों को ध्यान में रखा जाता है।

3. मूल्यांकन— प्रत्येक समाज अपने प्रचलित मूल्यों के आधार पर व्यक्तियों की स्थिति का मूल्यांकन करता है। यह इस बात पर भी निर्भर करता है कि उस समाज में किसी स्थिति को कितनी प्रतिष्ठा प्राप्त है। मूल्यांकन के मानदण्ड वस्तुनिष्ठ और व्यक्तिनिष्ठ दोनों हो सकते हैं।

4. पुरस्कार एवं दण्ड— प्रत्येक स्तरण में पुरस्कार और दण्ड की व्यवस्था होती है। समाज अपने मूल्यों के अनुसार सभी कार्यों का मूल्यांकन करता है और उसी के अनुसार व्यक्तियों की सामाजिक स्थिति का निर्धारण होता है। समाज व्यक्तियों के व्यवहार को नियमित करने के लिए ही ऐसा करता है।

स्तरण तथा विभेदीकरण (Stratification and Differentiation)

कुछ समाजशास्त्री सामाजिक स्तरण को विभेदीकरण (Differentiation) और विभेदीकरण को सामाजिक स्तरण समझ बैठते हैं। कुछ लोग ऐसे भी हैं, जो दोनों में ठीक से भेद नहीं कर पाते हैं। इसीलिए दोनों के अन्तर को स्पष्ट करना आवश्यक है।

सामाजिक स्तरण के अन्तर्गत एक प्रकार का दीर्घकालीन उद्देश्य देखने को मिलता है। इसके अन्तर्गत कुछ विशेष स्थिति वाले व्यक्ति या समूहों को अधिक अधिकार, प्रतिष्ठा, पद इत्यादि प्राप्त होते हैं। सामाजिक स्तरण जान-बूझकर निर्मित की गयी व्यवस्था है। इसके विपरीत सामाजिक विभेदीकरण स्वाभाविक रूप से उत्पन्न होनेवाली एक अल्पकालीन प्रक्रिया है।

सामाजिक स्तरण में ऊँच-नीच (प्रतिष्ठा), अधीनता या हीनता की भावना पायी जाती है। सामाजिक विभेदीकरण के अन्तर्गत विभिन्न व्यक्तियों या समूहों के बीच एक प्रकार का विभाजन पाया जाता है, जिसमें ऊँच-नीच या हीनता की भावना नहीं भी रह सकती है। यह एक तटस्थ प्रक्रिया है।

सामाजिक स्तरण के आधार जटिल हो सकते हैं। इसके आधार पारिवारिक प्रतिष्ठा, सम्पति, शिक्षा, पेशा, शक्ति इत्यादि भी हो सकती हैं, जबकि सामाजिक विभेदीकरण में ऐसी बात नहीं होती है। सामाजिक विभेदीकरण के आधार कुछ ज़्यादा ही स्पष्ट होते हैं। इसका आधार जैविक भी हो सकता है, जैसे– रूप-रंग, उम्र, यौन-विभेद, स्वास्थ्य इत्यादि।

मात्र जैविक आधार पर सामाजिक विभिन्नता को स्तरण नहीं कहा जा सकता है। सामाजिक विभेदीकरण सामाजिक स्तरण की तुलना में अधिक प्राचीन है। दो व्यक्तियों या परिवार के बीच अन्तर या असमानता को विभेदीकरण कहा जायेगा, स्तरण नहीं। स्तरण का स्वरूप सामाजिक होता है, जो बहुत बड़े पैमाने पर समाज में देखा जाता है। स्तरण विभेदीकरण की तुलना में एक बहुत ही बृहत्तर सम्बोध है।

स्तरण समाज का एक समस्तरीय (Horizontal) विभाजन है, तो विभेदीकरण विषमस्तरीय या खड़ा (Vertical) बँटवारा है। जैसा कि नाम से ही स्पष्ट है कि स्तरण विभिन्न स्तरों का नीचे से ऊपर एक प्रकार की श्रेणीबद्ध व्यवस्था है। विभेदीकरण एक खड़ा विभाजन है, जहाँ विभिन्न खण्डों की श्रेणीबद्धता की बात नहीं होती है।

स्तरण की विशेषताएँ (Characteristics of Stratification)

स्तरण का अर्थ इतना जटिल है कि परिभाषा मात्र से इसे ठीक से नहीं समझा जा सकता है। अतः यहाँ स्तरण की विशेषताओं की चर्चा की जा रही है। मेटा स्पेंसर (Metta Spencer) ने स्तरण की प्रमुख विशेषताओं पर इस प्रकार प्रकाश डाला है–

1. स्तरण का स्वरूप सामाजिक होता है (Stratification is social)— स्तरण के आधारभूत तत्त्व सामाजिक होते हैं। सही अर्थ में जैविक आधार पर स्तरण का निर्माण नहीं हो सकता है। उदाहरणस्वरूप, रंग, ऊँचाई, मोटापा, उम्र एवं लिंग-भेद के आधार पर समाज में विभेदीकरण स्थापित किया जा सकता है, स्तरण नहीं, क्योंकि ये व्यक्ति के जैविक गुण हैं। पर यदि जैविक आधार को सामाजिक मान्यता प्राप्त है, तो वह स्तरण का आधार माना जा सकता है, जैसे– उम्र के आधार पर बुजुर्ग और जवान लोगों के बीच भारतीय समाज में स्पष्ट रूप से भेद किया जाता हैं। इसीलिए 'उम्र' को स्तरण का आधार माना जा सकता है। ठीक उसी प्रकार, पितृसत्तात्मक समाज में स्त्री-पुरुष के बीच प्रतिष्ठा का काफी बड़ा फ़र्क होता है, इसीलिए लिंग-भेद एक जैविक आधार होते हुए भी स्तरण का आधार हो सकता है। पर यदि उसमें प्रतिष्ठा का भाव नहीं है, तो उम्र या लिंग के आधार पर स्थापित विभाजन को विभेदीकरण (Differentiation) कहा जायेगा, सामाजिक स्तरण नहीं।

2. स्तरण एक प्राचीन व्यवस्था है (Stratification is ancient)— सम्भवतः समाज में स्तरण प्रारंभ से ही चला आ रहा है। इतिहासकारों का मानना है कि प्राचीन बेबीलोन, रोम, फारस, मिस्र एवं यूनान के समाज में भी स्तरण पाया जाता था। सामाजिक स्तरण कोई मध्यकालीन या आधुनिक युग की ही विशेषता नहीं है।

3. स्तरण सर्वव्यापी है (Stratification is ubiquitous)— दुनिया के हर समाज में किसी-न-किसी आधार पर स्तरण अवश्य पाया जाता है। इस दुनिया में शायद ही कोई ऐसा समाज हो जहाँ स्तरण नहीं पाया जाता है। मानवशास्त्रियों का कहना है कि अफ्रीका के बुशमेन (Bushmen) जो 50 या 100 व्यक्तियों के झुण्ड में रहकर जीवन निर्वाह के लिए जंगलों में भोजन इकट्ठा करते हैं, वहाँ भी स्तरण पाया जाता है। यह स्वाभाविक है, क्योंकि प्रत्येक व्यक्ति के मन में किसी-न-किसी-रूप में प्रतिष्ठा, शक्ति एवं सम्पत्ति की लालसा अवश्य पायी जाती है।

4. स्तरण का स्वरूप असमान होता है (Stratification is diverse)— सामाजिक स्तरण का स्वरूप विभिन्न समाजों में भिन्न-भिन्न होता है। किसी समाज में यह वर्ग पर आधारित होता है, तो किसी और समाज में यह जाति-व्यवस्था पर। कहीं पर यह अर्जित गुणों के आधार पर होता है, तो कहीं यह आरोपित गुणों के आधार पर। किसी समाज में प्रजाति एवं धर्म की भूमिका स्तरण में अहम होती है, तो किसी समाज में शिक्षा, सम्पत्ति या शक्ति की भूमिका महत्त्वपूर्ण होती है।

5. स्तरण परिणामी होता है (Stratification is consequential)— समाज में स्तरण का जैसा आधार होगा, समाज का स्वरूप भी वैसा ही होगा। सामाजिक मूल्य, प्रतिमान, व्यक्तियों की जीवन-शैली, ये सभी उस समाज के स्तरण में प्रतिबिम्बित होते रहते हैं। यदि सामाजिक स्तरण का आधार वर्ग है, तो वहाँ व्यक्ति को आगे बढ़ने का लगभग समान अवसर प्राप्त होता है। समाज में इतना खुलापन होता है कि समाज के उच्च स्तर के लोग नीचे और नीचे स्तर के लोग ऊपर खिसकते रहते हैं। ठीक इसके विपरीत यदि समाज जाति-व्यवस्था पर आधारित है, तो वहाँ सभी व्यक्तियों को आगे बढ़ने का समान अवसर प्राप्त नहीं होता है। चूँकि सामाजिक हैसियत (Status) का आधार जन्म होता है, अत: सामाजिक व्यवस्था का स्वरूप बन्द होता है।

संक्षेप में, हम यहाँ यही कह सकते हैं कि सामाजिक स्तरण के फलस्वरूप समाज में सामाजिक असमानता देखने को मिलती है। समाज में सुविधाओं, संसाधनों, पुरस्कारों, शक्ति, मान-आदर, प्रतिष्ठा, आर्थिक अवसर इत्यादि का असमान वितरण होता है। सामाजिक स्तरण के विभिन्न आधारों पर समाज में श्रेणी तथा स्तर का निर्माण होता है। सामाजिक संरचना में इन श्रेणियों अथवा स्तरों के सोपानक्रम का निर्धारण प्राप्त सुविधा, शक्ति तथा प्रतिष्ठा के आधार पर होता है। इन श्रेणियों तथा स्तरों के पारस्परिक सम्बन्धों के बीच एक प्रकार की क्रमबद्ध सामाजिक असमानता दिखाई पड़ती है।

सामाजिक स्तरण के आधार या पद्धति (Bases or Systems of Social Stratification)

मानवशास्त्रियों एवं इतिहासकारों के अध्ययनों से यह पता चलता है कि अब तक का समाज मुख्य रूप से पाँच आधारों पर विभक्त रहा है, जैसे- (1) दास प्रथा (Slavery), (2) वर्ण-व्यवस्था, (3) जाति, (4) इस्टेट (Estate) एवं (5) वर्ग। कभी तो कोई समाज इन पाँच में से किसी एक आधार पर स्तरित रहा है, तो कभी एक साथ दो आधारों पर। उदाहरणस्वरूप, मध्यकालीन युग में यूरोप का समाज जहाँ दासप्रथा एवं इस्टेट व्यवस्था पर आधारित था तो आज वही यूरोप मुख्य रूप से वर्गव्यवस्था पर आधारित है। उसी तरह प्राचीनकाल में भारत के सामाजिक स्तरण का आधार वर्ण एवं बाद में जाति हुई, तो वहीं आज जाति एवं वर्ग दोनों स्तरण के मुख्य आधार हैं। यहाँ हम पाँच आधारों की संक्षिप्त चर्चा बारी-बारी से करना चाहेंगे।

1. दासप्रथा (Slavery)— दासप्रथा एक आखिरी किस्म की सामाजिक असमानता का द्योतक है। प्राचीन एवं मध्यकालीन युग में इस प्रथा का प्रचलन कई मुल्कों में था। पर इस प्रथा में भी काफी भिन्नताएँ थीं। कुछ समाज में दासों को कोई भी आर्थिक और कानूनी अधिकार प्राप्त नहीं था, तो कुछ समाजों में उसे थोड़ा-बहुत मानवीय अधिकार प्राप्त था। इस प्रथा के तहत आर्थिक और कानूनी दोनों प्रकार की असमानताएँ मौजूद थीं। गुलामों की जिन्दगी कहीं जानवरों की तरह थी, तो कहीं कृषि मज़दूरों या घरेलू नौकरों की तरह।

विभिन्न प्रकार के साहित्यों को देखने से ऐसा लगता है कि दास प्रथा के अन्तर्गत दासों का जीवन लगभग जानवरों की तरह था। यूनान (Greece) में कभी राजा-महाराजा गुलामों का जानवरों की तरह खरीद-बिक्री किया करते थे। उन्हें पाँव में लोहे की जंजीर डालकर रखते थे। उनसे दिनभर घरों तथा खेत-खलिहानों में काम लिया जाता था। विभिन्न त्योहारों के अवसर पर उन्हें कुश्ती लड़ना होता था, जहाँ शाही परिवार के लोग चारों तरफ बैठकर शराब के नशे में उसका आनन्द लिया करते थे और उन्हें कुश्ती लड़ने के लिए तब तक बाध्य किया जाता था, जब तक कि उनमें से एक मर नहीं जाता था। मरे हुए गुलाम के माँस को बोटी-बोटी कर शाही परिवार के कुत्तों को खिलाया जाता था।

अठारहवीं एवं उन्नीसवीं सदी में उत्तरी एवं दक्षिणी अमरीका में दासों से खेती-बाड़ी का काम लिया जाता था, तो दूसरी तरफ प्राचीन यूनान में उनसे बहुत जिम्मेवारी का भी काम लिया जाता था। राजनीति एवं सेना को छोड़कर प्रशासन के विभिन्न विभागों में उनसे काम लिया जाता था। चूँकि प्राचीन रोम में तिजारत को बहुत ही हेय दृष्टि से देखा जाता था, बहुत सारे गुलामों ने इस काल में इस पेशे से काफी धन-सम्पत्ति इकट्ठी की। पर साधारणतया गुलामों की जिन्दगी इतनी खराब थी कि लोगों ने कई बार अपने मालिकों के खिलाफ विद्रोह भी किये थे। उन्नीसवीं सदी तक पाश्चात्य देशों ने गुलामों का व्यापार भी किया था। पर आज प्रजातान्त्रिक मूल्यों एवं अर्थव्यवस्था में इतना अधिक विकास हो गया है कि दास प्रथा का करीब-करीब खात्मा हो गया है। आज दासता के आधार पर शायद ही कहीं सामाजिक स्तरण देखने को मिलता है।

2. वर्ण-व्यवस्था— दुनिया के अधिकांश समाज में सामाजिक स्तरण का आधार वर्ग रहा है, जबकि प्राचीनकाल से भारतीय समाज में वर्ण और जाति रही है। वर्ण-व्यवस्था का उद्भव भारतीय समाज एवं संस्कृति के विकास के आरम्भिक दौर में हुआ। ऐसा अनुमान लगाया जाता है कि भारतीय समाज में कृषि विकास के परिणामस्वरूप जो एक नयी उत्पादन प्रणाली आयी, उसके संचालन के लिए श्रम-विभाजन की आवश्यकता पड़ी होगी, जिससे समाज में वर्ण-व्यवस्था का उदय हुआ होगा। वर्ण सम्भवत: स्तरण का प्राचीनतम आधार है।

प्रारम्भ में ऋग्वेद के अन्तर्गत दो ही वर्ण की चर्चा मिलती है– आर्य वर्ण एवं दास वर्ण। पर उसी वेद में समाज के तीन स्तरीय विभाजन की भी चर्चा की गयी है– ब्रह्म, क्षात्र एवं विश। शूद्र जो चौथे या सबसे निम्न सोपान पर खड़े हैं, उसकी चर्चा नहीं मिलती है, पर ऐसे सामाजिक समूह की चर्चा अवश्य की गयी है, जिसे आर्य लोग घृणा की दृष्टि से देखते थे। जिसे अयोग्य, चाण्डाल एवं निषाद कहकर पुकारा गया है, यही लोग सम्भवत: आगे चलकर शूद्र कहलाये। कुछ विद्वानों का मानना है कि प्रारम्भ में शूद्र लोग अछूत नहीं माने जाते थे। वे लोग मज़दूर, सेवक, नौकर या रसोईया का भी काम किया करते थे (M.N. Srinivas, 1962)। प्रारम्भ में वर्णों का कोई सोपानक्रम भी नहीं हुआ करता था। वे सभी बराबर हुआ करते थे। विभिन्न वर्णों के बीच आपस में शादियाँ भी होती थीं। जब भारतीय समाज वैदिक काल (4000 B.C. – 1000 B.C.) से ब्राह्मण काल (230 B.C. – 700 A.D.) में आया, तो वर्ण-व्यवस्था के अन्तर्गत एक निश्चित सोपानक्रम विकसित हुआ। वर्ण-व्यवस्था को अच्छी तरह समझने के लिए 'वर्ण' के अर्थ को भी समझना आवश्यक प्रतीत होता है।

'वर्ण' शब्द का शाब्दिक अर्थ 'रंग' होता है। इससे स्पष्ट है कि वर्ण-व्यवस्था में सामाजिक विभाजन का आधार 'रंग' रहा होगा। इस तरह, आरम्भिक काल में गोरे रंग के विजयी या शोषक लोगों का एक वर्ण-समूह तथा श्याम रंग के द्रविड़ एवं काले रंग के मूल निवासियों का दूसरा वर्ण समूह बना। इरावती कर्वे (Karve, 1968: 50–52) का कहना है कि वर्ण शब्द का प्रयोग 'रंग' के अर्थ में नहीं हुआ है। उनका कहना है कि इस शब्द का प्रयोग सोपानक्रम (Hierarchy) के सम्बन्ध में हुआ है, जबकि धूर्ये एवं श्रीनिवास (Ghurye, 1950; Srinivas 1962: 63–69) रंग के ही अर्थ को ज़्यादा उपयुक्त मानते हैं।

मानक संस्कृत शब्दकोश के अनुसार वर्ण के दो अर्थ होते हैं। पहला अर्थ है वरण करना या धारण करना और दूसरा अर्थ है जन्मजात वृत्ति या स्वाभाव। इस तरह, वर्ण उन चार स्थायी सामाजिक समूहों का नाम है जिसका निर्माण व्यक्तियों द्वारा अपनी स्वाभाविक वृत्ति, स्वभाव एवं गुण के अनुसार स्वेच्छा से चुने हुए व्यवसाय के आधार पर होता है।

समय में परिवर्तन के साथ-साथ यह परिभाषा भी अनुपयुक्त हो गयी। आर्थिक एवं सामाजिक विकास के परिणामस्वरूप समाज में श्रम-विभाजन उत्पन्न हुआ। इससे समाज में गुण, व्यवसाय एवं कर्म के आधार पर स्थायी वर्ण-विभाजन की व्यवस्था कायम हुई। समय बीतने के साथ यह व्यवस्था जन्म पर आधारित न रहकर कर्म पर आधारित हो गयी। संक्षेप में वर्ण-व्यवस्था प्राचीन भारतीय समाज में सभी सदस्यों को जन्म, गुण, कर्म, अधिकार, व्यवसाय और पद के आधार पर चार श्रेणियों में विभाजित करने की एक स्थायी व्यवस्था थी।

उपर्युक्त विचारों से स्पष्ट होता है कि भारतीय समाज में व्यक्तियों को चार वर्णों में बाँटा गया, वे हैं- ब्राह्मण, क्षत्रिय, वैश्य एवं शूद्र। ब्राह्मण वर्ण का मुख्य कार्य पूजा-पाठ करना एवं करवाना तथा मानव एवं ईश्वर के बीच मध्यस्थता का कार्य करना था। क्षत्रियों का कार्य अस्त्र-शस्त्र द्वारा समाज को सुरक्षा प्रदान करना था।[1] वैश्य का कार्य था समाज में आर्थिक उत्पादन एवं सुचारु वितरण के लिए व्यापार का संचालन करना। इसी तरह, शूद्रों का कार्य शारीरिक श्रम करना था ताकि समाज के लोगों को उनकी सेवा का समुचित लाभ मिले। इससे स्पष्ट है कि समाज में धार्मिक, राजनीतिक, आर्थिक, सांस्कृतिक, श्रम एवं सेवाओं की आवश्यकता पूर्ति के निमित्त वर्ण-व्यवस्था कायम हुई। पहले यह व्यवस्था गुण एवं कर्म पर आधारित थी जो आगे चलकर जन्म एवं पेशा पर आधारित हो गयी। धीरे-धीरे वर्ण की जगह भारतीय समाज जाति के आधार पर स्तरित हो गया।

3. जाति (Caste)— जाति-व्यवस्था भारतीय सामाजिक संरचना की मुख्य विशेषता रही है। प्राचीनकाल से ही हिन्दू धर्म के लोग जातीय आधार पर श्रेणीबद्ध रहे हैं। जैसा कि पहले कहा जा चुका है कि जाति-व्यवस्था की उत्पत्ति के पूर्व हिन्दू समाज वर्ण-व्यवस्था के आधार पर श्रेणीबद्ध था। जाति-व्यवस्था के आने से हमारा समाज हजारों खण्डों में समस्तरीय और विषमस्तरीय रूप से (Horizontally and Vertically) विभक्त हो गया। स्तरण की दृष्टि से विषमस्तरीय बँटवारा (Vertical Division) का महत्त्व भले ही नगण्य हो, पर समस्तरीय (Horizontal) बँटवारा की महत्ता तो है ही। वर्गव्यवस्था की तुलना में जाति-व्यवस्था के अन्तर्गत श्रेणीबद्ध समूहों की संख्या बहुत ज़्यादा है। लेकिन आधुनिक भारत में मात्र जातीय आधार पर ही समाज का विभाजन नहीं हो रहा है, बल्कि वर्गव्यवस्था के आधार पर भी स्तरण हो रहा है। जैसा कि हट्टन ने बताया है कि भारत में कोई 5000 जातियाँ व उपजातियाँ हैं। विभिन्न जातियों के बीच समाज में लोगों को शिक्षा, पद, आमदनी, पेशा या किसी वैयक्तिक गुण के आधार पर श्रेणीबद्ध किया जा रहा है। आज कहीं जाति पर आधारित स्तरण का प्रभाव है, तो कहीं वर्गव्यवस्था पर आधारित स्तरण का प्रभाव दिखाई पड़ता है। परम्परागत स्तरण के आधार में थोड़ी कमी आयी है और वर्गव्यवस्था पर आधारित स्तरण के प्रतिमानों एवं मूल्यों में वृद्धि हुई है।

स्तरण के सन्दर्भ में जाति-व्यवस्था के ऊपर कई समाजशास्त्रियों एवं मानवशास्त्रियों ने अध्ययन किया है। कुछ विद्वानों ने जाति-व्यवस्था के संरचनात्मक पहलू पर ज़ोर दिया है, तो कुछ ने सांस्कृतिक पहलू पर। उन दोनों पहलुओं के अन्तर्गत कुछ ने सार्वभौमिक पहलू पर ज़ोर दिया है, तो कुछ ने विशिष्ट पहलू पर। जाति-व्यवस्था के अध्ययन के विभिन्न दृष्टिकोणों को इस प्रकार रखा जा सकता है–

1. संरचनात्मक दृष्टिकोण (Structural Approach)
   (a) सार्वभौमिक (Universalistic) एवं
   (b) व्यक्तिवादी (Particularistic)।

---

1. बहुत-से लोग क्षत्रिय एवं राजपूत को पर्यायवाची समझते हैं, जो बिल्कुल गलत है। क्षत्रिय वर्ण है, जबकि राजपूत एक जाति विशेष का नाम है। यह कहना कि राजपूत की उत्पत्ति क्षत्रिय वर्ण से हुई, यह भी गलत है। प्राचीन काल से लेकर आज तक राजपूत जाति के अंतर्गत विभिन्न जाति के लोग आते रहे हैं। पेशों की समानता के आधार पर उन्हें राजपूत में स्वीकार कर लिया गया और फिर शादी-विवाह भी प्रारम्भ हो गया। वर्तमान समय में कई पिछड़ी जातियाँ भी अपनी उच्च सामाजिक पहचान बनाने के लिए अपने-आप को क्षत्रिय होने का निराधार दावा पेश करती हैं।

2. सांस्कृतिक दृष्टिकोण (Cultural Approach)
   (a) सार्वभौमिक (Universalistic) एवं
   (b) व्यक्तिवादी (Particularistic)।

4. इस्टेट (Estate)— कुछ लेखकों ने इस शब्द का हिन्दी अनुवाद 'जागीर' किया है। वैसे इसके कई अर्थ हैं और जागीर उनमें से एक है, लेकिन स्तरण के सम्बन्ध में 'जागीर' एक अनुपयुक्त अनुवाद है। हिन्दी या उर्दू में जागीर इतना अधिक संकुचित अर्थ का शब्द है कि यूरोप की स्तरण पद्धति का समस्त भाव अपने-आप में यह शब्द समेट नहीं पाता है। जिस अर्थ में इतिहासकार और समाजशास्त्री यूरोप के सन्दर्भ में इसका इस्तेमाल करते आ रहे हैं, उसके लिए अभी तक हिन्दी में कोई उपयुक्त शब्द नहीं है, इसीलिए यहाँ अंग्रेजी शब्द ही उसी रूप में इस्तेमाल किया जा रहा है। यह **The Penguin Dictionary of Sociology** (1994: 150) में दी गयी इस्टेट शब्द की परिभाषा से स्पष्ट हो जाता है– "यह यूरोप एवं रूस में पायी जानेवाली स्तरण की ऐतिहासिक पद्धति है, जिसमें जाति की तरह, छोटे स्तरों के बीच स्पष्ट अन्तर एवं कठोर घेरा होता था। जातियों के प्रतिकूल इस्टेट का निर्माण धार्मिक नियम-कानून के बजाय, मानव-निर्मित राजनीतिक कानूनों के द्वारा हुआ।"[2]

इस परिभाषा से यह स्पष्ट होता है कि यूरोपीय समाज कभी इस्टेट के आधार पर स्तरित था। जाति-व्यवस्था की ही तरह लोग विभिन्न सामाजिक, आर्थिक एवं राजनीतिक समूहों में इस प्रकार श्रेणीबद्ध थे कि एक सामाजिक स्तर से दूसरे सामाजिक स्तर में जाना काफी कठिन काम था। मध्यकालीन युग में यूरोप का समाज मुख्य रूप से तीन इस्टेट में विभक्त माना जाता था। प्रथम श्रेणी के अन्तर्गत राजा-महाराजा, उच्च शासनाधिकारी एवं बड़े-बड़े जागीरदार आते थे। वे सभी कुलीन वर्ग के लोग माने जाते थे। उनके जीवन का तौर-तरीका, सामाजिक मूल्य और प्रतिमान सभी कुछ विशिष्ट ढंग के हुआ करते थे। वे लोग अपने ही समूह के अन्दर शादी-विवाह किया करते थे।

चर्च के लोग दूसरे इस्टेट के प्रतिनिधि माने जाते थे अर्थात् पादरी वर्ग (Clergy) के लोगों का स्थान समाज में कुलीन वर्ग के बाद माना जाता था। कुलीन वर्ग के लोगों की तुलना में उनकी सामाजिक हैसियत और सुविधाएँ थोड़ी कम थीं, पर आमलोगों की तुलना में इनका स्थान बेहतर था। तीसरी श्रेणी में समाज के साधारण लोग आते थे, जैसे– दास, मज़दूर किसान, व्यापारी, कारीगर इत्यादि। यदि जाति-व्यवस्था की तुलना इस श्रेणी से की जाती है, तो इसमें वैश्यों और दलितों के अलावा वैसे राजपूतों को भी रखा जा सकता है, जो उच्च शासन के पदों पर आसीन नहीं थे। इसे **साधारण वर्ग (Third Estate)** भी कहा जाता है। इस्टेट व्यवस्था जाति-व्यवस्था से इस रूप में भिन्न थी कि वैयक्तिक योग्यता, गुण, उपलब्धि के आधार पर इस वर्ग के लोगों को राजा से कभी-कभी उच्च उपाधि भी प्राप्त होती थी और कभी-कभी इन तीन श्रेणी के लोगों के बीच शादियाँ भी हो जाया करती थीं। इस्टेट व्यवस्था का स्वरूप यूरोप के किसी भी देश में राष्ट्रीय या राजकीय पैमाने पर एक समान नहीं पाया जाता था, बल्कि इसका स्वरूप क्षेत्रीय था अर्थात् सामाजिक स्तरण का स्वरूप स्थानीय था, राष्ट्रीय नहीं। कहीं पर कोई व्यक्ति यदि समाज में निम्नस्तर पर माना जाता था, तो वही व्यक्ति राज्य के किसी दूसरे हिस्से में मध्य या उच्च श्रेणी का माना जाता था। लेकिन यूरोप के प्रतिकूल चीन और जापान में इस्टेट व्यवस्था का स्वरूप राज्य स्तर पर एक ही प्रकार का था। यूरोप की तरह इस्टेट व्यवस्था का स्वरूप वहाँ क्षेत्रीय नहीं था।

5. वर्ग (Class)— आज स्तरण वर्गव्यवस्था का सबसे अधिक प्रचलित या लोकप्रिय आधार माना जाता है। वर्गव्यवस्था स्तरण से कैसे जुड़ा हुआ है, इसकी चर्चा के पहले यह समझ लेना ज़रूरी है कि वर्ग क्या है इसलिए कि यह एक ऐसा सम्बोध (Concept) है जिसपर समाजशास्त्री ही नहीं, बल्कि दूसरे समाजविज्ञानियों ने भी काफी

---

2. "A system of stratification found historically in Europe and Russia which, like caste, contained sharp defferences and rigid barriers, between small number of strata. Unlike castes, estates were created politically by man-made laws rather than religious rules."— Abercrombie, Nicholas *et al.*, **The Penguin Dictionary of Sociology**, Penguin Books, London, 1994, p. 150.

चिन्तन किया है। विभिन्न विद्वानों ने इसे विभिन्न तरह से रखा है। सत्य तो यह है कि समाजशास्त्र की उत्पत्ति के पूर्व वर्गव्यवस्था के ऊपर काफी चिन्तन हो चुका था। कार्ल मार्क्स से लेकर अब तक अनगिनत समाजविज्ञानियों ने इस विषय पर काफी चिन्तन किया है, जिसे यहाँ संक्षेप में रखने का प्रयास किया जा रहा है। अन्य सभी वैज्ञानिकों की तुलना में कार्ल मार्क्स एवं मैक्स बेवर का योगदान इस विषय पर सम्भवतः सबसे ज़्यादा महत्त्वपूर्ण है। मार्क्स तो अपनी वर्ग सम्बन्धी विचारधारा के चलते आज विश्व में अमर हैं। यह बात दूसरी है कि उनके विचारों को लेकर समाजविज्ञानियों के बीच गहरा मतभेद है।

वर्ग के सम्बन्ध में मार्क्स का कहना है कि यह पूँजी एवं उत्पादन के साधनों पर स्वामित्व (Ownership of capital and means of production) के विचार पर आधारित है। उनके अनुसार आधुनिक समाज में लोग मुख्यतः दो वर्गों में विभाजित होते हैं– एक वह जिसके पास पूँजी है तथा जो उत्पादन के साधनों पर अपना नियन्त्रण रखता है (पूँजीपति वर्ग) और दूसरा वह जो उत्पादन करता है (मज़दूरवर्ग)। मार्क्स के विचार से यहाँ यह ज़ाहिर होता है कि वर्ग का आधार मुख्यतः आर्थिक है। किसी अर्थव्यवस्था में किसी समूह का किस प्रकार का नियन्त्रण है, यही समाज के स्तरण का मुख्य आधार है। दूसरी तरफ वेबर ने यह बताया है कि वर्ग का आधार मात्र आर्थिक नहीं है, बल्कि वर्ग का आधार यह भी है कि किसी व्यक्ति की सेवा की बाज़ार में कीमत क्या है। व्यक्ति की योग्यता एवं शिक्षा इस बात का निर्धारण करती है कि उस व्यक्ति की सेवा की खुले बाज़ार (Market Situation) में क्या कीमत है। यह इसलिए महत्त्वपूर्ण है कि जीवन के अवसर (Life Chances) बहुत हद तक व्यक्ति की योग्यता पर निर्भर करता है। वेबर ने बाज़ार की बात इस सन्दर्भ में रखी है कि हर प्रकार के पेशों का हमेशा समान महत्त्व नहीं होता है, जैसे– भारत में आज़ादी के पहले वकालत का पेशा बहुत ही उच्च कोटि का माना जाता था, लेकिन आज वकीलों की संख्या इतनी अधिक हो गयी है कि समाज में इस पेशे की महत्ता बहुत कम है। इन तमाम तथ्यों को ध्यान में रखकर आधुनिक समाज को वेबर ने चार भागों में श्रेणीबद्ध किया है–

1. धनी वर्ग (The propertied class),
2. बुद्धिजीवी, प्रशासनिक एवं प्रबंधक वर्ग (The intellectual, administrative and managerial class),
3. परम्परागत निम्न-मध्यवर्गीय व्यापारी वर्ग (Traditional petty bourgeosie class of businessman) तथा
4. मज़दूरवर्ग (The working class)।

वेबर ने आर्थिक कारकों पर आधारित इन चार वर्गों के अलावा वैसे वर्ग की भी बात की है जिसका आधार सामाजिक प्रतिष्ठा या स्थिति है। द्वितीय विश्वयुद्ध के बाद के समाजशास्त्रियों ने वेबर द्वारा प्रतिपादित वर्ग सम्बन्धी विचारों का विरोध किया है। उन लोगों का तर्क है कि वर्तमान अमरीकी समाज वर्ग विहीन है, इसीलिए कि वहाँ विभिन्न वर्गों के बीच बँटवारा उतना साफ नहीं रह गया है। एक वर्ग दूसरे वर्ग से इतना अधिक नज़दीक है कि एक अविच्छिन्नता (Continuum) की स्थिति कायम हो गयी है। दूसरी तरफ ब्रिटेन के सम्बन्ध में कुछ समाजशास्त्री यह दलील देते हैं कि वहाँ स्पष्ट रूप से तीन ही वर्ग पाये जाते हैं– **(i) मज़दूरवर्ग (Working Class), (ii) मध्यवर्ग (Intermediate Class)** एवं **(iii) उच्चवर्ग (Upper Class)** (Marshall *et al.*, 1988)।

ऊपर की बातों से स्पष्ट होता है कि वर्गव्यवस्था के अन्तर्गत सामाजिक स्तरण का आधार सम्पत्ति के अलावा व्यक्तियों की अपनी योग्यता, गुण, उपलब्धि या सत्ता हुआ करती है। अन्य व्यवस्थाओं की तरह यह स्थिर व्यवस्था नहीं है। कोई भी व्यक्ति अपने जीवनकाल में एक वर्ग से दूसरे वर्ग में अपनी उपलब्धियों के आधार पर नीचे से ऊपर जा सकता है। यदि जीवन की उपलब्धि कुछ अच्छी रही, तो व्यक्ति निम्नवर्ग से मध्यवर्ग और मध्यवर्ग से उच्चवर्ग में जा सकता है। ठीक इसके विपरीत एक उच्च स्तर का व्यक्ति या अमीर व्यक्ति किसी खास कारण से सबसे निचले स्तर तक आ जाता है, तो उसका वर्ग बदल जाता है। इस अर्थ में वर्गव्यवस्था स्तरण की एक लचीली व्यवस्था है। वर्गव्यवस्था के अन्तर्गत सामाजिक हैसियत प्राप्त की (Achieved) जाता है, आरोपित (Ascriptive) नहीं होती है।

ऊपर की बातों से यह स्पष्ट होता है कि वर्गव्यवस्था के अन्तर्गत स्तरण के बहुत सारे आधार होते हैं तथा समाज में इतना खुलापन होता है कि लोगों को नीचे से ऊपर बढ़ने की पूरी आज़ादी होती है। वर्गव्यवस्था एक खुले समाज की विशेषता है।

पाश्चात्य देशों में ही नहीं, बल्कि विश्व के अधिकांश देशों में समाज में स्तरण का प्रमुख आधार आज वर्गव्यवस्था ही है। वर्गव्यवस्था के आधार पर हम समाज को मुख्य रूप से तीन भागों में बाँट सकते हैं– **उच्चवर्ग (Upper Class), मध्यवर्ग (Middle Class)** एवं **निम्नवर्ग (Lower Class)**। अधिक-से-अधिक हम इन तीन वर्गों को निम्न प्रकार से नौ उपभागों में विभक्त कर सकते हैं। पर जाति-व्यवस्था की तरह वर्गव्यवस्था पर आधृत समाज में अनगिनत स्तर कभी नहीं हो सकते हैं।

(i) Upper-Upper Class
(ii) Upper-Middle Class and
(iii) Upper-Lower Class
(iv) Middle-Upper Class
(v) Middle-Middle Class and
(vi) Middle-Lower Class
(vii) Lower-Upper Class
(viii) Lower-Middle Class and
(ix) Lower-Lower Class

पाश्चात्य देशों में पाये जाने वाले विभिन्न प्रकार के वर्गों को हम निम्नलिखित ढँग से रख सकते हैं–

1. उच्चवर्ग (Upper Class)
   (a) अभिजात वर्ग (Aristocracy)
      (i) पुराना उच्चवर्ग (Old Upper Class)
      (ii) नवीन उच्चवर्ग (New Upper Class)
   (b) बड़े भूस्वामी (Large Land Owners) एवं
   (c) वित्तीय उद्यमकर्त्ता (Financial Entrepreneur)।
2. मध्यवर्ग (Middle Class)
   (a) पुराना मध्यवर्ग (Old Middle Class)
   (b) उच्च मध्यवर्ग (Upper Middle Class) एवं
   (c) निम्न मध्यवर्ग (Lower Middle Class)
3. श्रमिक वर्ग (Working Class)
   (a) उच्च श्रमिक वर्ग (Upper Working Class) एवं
   (b) निम्न श्रमिक वर्ग (Lower Working Class)।

वर्गव्यवस्था के आधार पर सामाजिक स्तरण का आधार विकसित और विकासशील देशों में एक समान नहीं हो सकता है। दोनों के बीच एक महत्त्वपूर्ण फ़र्क यह है कि विकासशील देशों के अन्तर्गत मध्यम श्रेणी के लोगों की संख्या बहुत कम है, वहाँ सबसे अधिक किसान और मज़दूर पाये जाते हैं, जो निम्नवर्ग के अन्तर्गत आते हैं, जबकि विकसित देशों के अन्तर्गत वहाँ की आबादी का अधिकांश भाग मध्यम श्रेणी का माना जाता है। निम्न श्रेणी के अन्तर्गत बहुत कम लोग आते हैं।

विकासशील और विकसित देशों के बीच के अन्तर को स्पष्ट करने के उद्देश्य से यहाँ दो चित्र प्रस्तुत किये जा रहे हैं **(देखें रेखाचित्र-1)**।

रेखाचित्र-1 परम्परागत एवं आधुनिक समाज के स्तरण का सैद्धान्तिक प्रारूप (Theoretical Models)

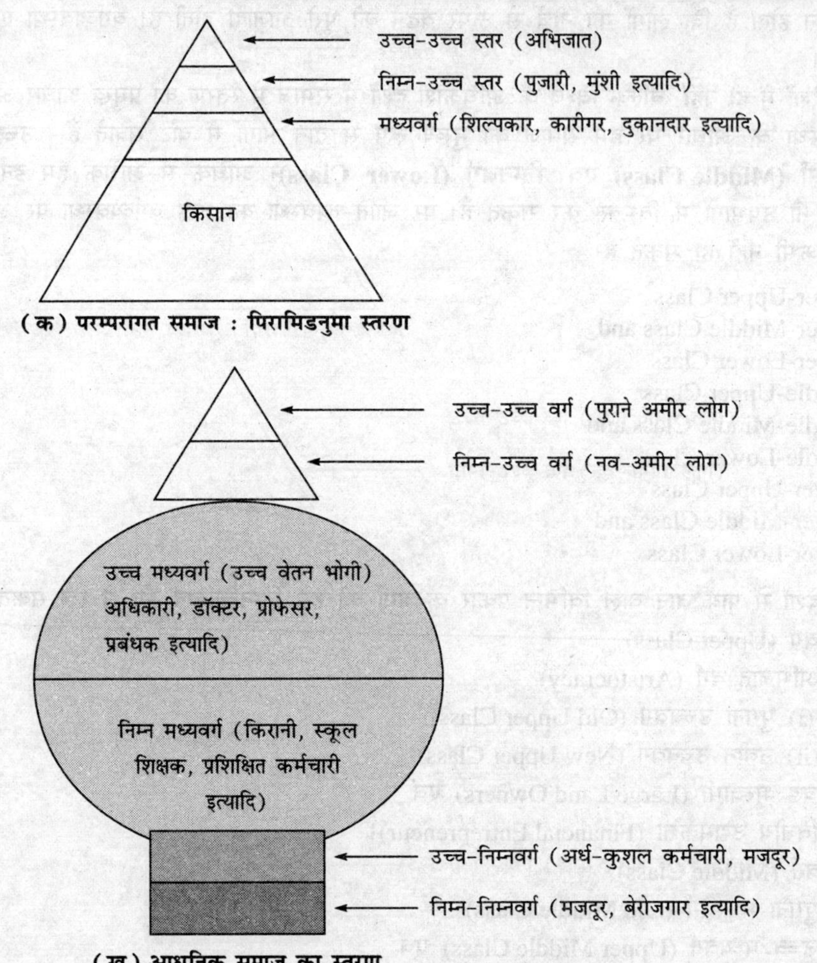

(ख) आधुनिक समाज का स्तरण

स्रोत : Burton Wright II et al., **Perspective: An Introduction of Sociology**, Illinois, The Doyden Press, 1975: 169.

पाश्चात्य समाजों के सन्दर्भ में कुछ समाजशास्त्री अब यह कहने लगे हैं कि वर्ग विश्लेषण के आधार पर आधुनिक समाज को ठीक से नहीं समझा जा सकता है। आज समाज में इतनी अधिक गतिशीलता बढ़ गयी है कि व्यक्ति के जीवन के अवसर अब इस बात पर निर्भर नहीं करते हैं कि वह किस वर्ग का है। लोगों को वर्ग विभाजन में उतना विश्वास नहीं रह गया है। समाज में इतना अधिक खुलापन हो गया है कि स्तरण का कोई विशेष महत्त्व नहीं रह गया है। कोई भी व्यक्ति अपने आपको किसी से कम स्वीकार करने को तैयार नहीं है। जीवन में बढ़ने के अवसर इतने अधिक हो गये हैं कि वर्ग पर आधारित सामाजिक संरचना अर्थहीन लगने लगी है। दूसरी तरफ ऐसे भी समाजशास्त्री हैं, जो यह दलील स्वीकार नहीं करते हैं। उनका कहना है कि वर्गव्यवस्था आज उतनी ही महत्त्वपूर्ण है, जितनी पहले थी। अन्तिम रूप से यहाँ कुछ कहना एक जोखिम भरा काम है।

हैसियत के प्रकार तथा निर्धारक (Types and Determinants of Status)

उपर्युक्त विवरण से यह स्पष्ट है कि स्तरण के बहुत सारे आधार होते हैं और वे अलग-अलग ढँग से व्यक्तियों की सामाजिक स्थिति का निर्धारण करते हैं। जिन पाँच प्रकार के स्तरण की पद्धतियों की चर्चा की गयी है, उनके अन्तर्गत व्यक्तियों की हैसियत के कौन-कौन से प्रमुख निर्धारक हैं, उसकी यहाँ चर्चा की जा रही है। लेकिन उसकी चर्चा के पहले यह जान लेना ज़रूरी है कि स्थिति (Status) और स्तरण में काफी भेद है। यह इसलिए महत्त्वपूर्ण है कि कुछ लेखकों ने स्थिति एवं स्तरण को इस ढंग से मिला दिया है कि स्थिति एवं स्तरण के निर्धारकों के बीच कोई फ़र्क ही नहीं रह गया है। यहाँ यह समझ लेना बहुत ही आवश्यक है कि दोनों अलग-अलग किस्म की अवधारणाएँ हैं।

स्थिति से हमारा अभिप्राय हमेशा एक व्यक्ति या कुछ व्यक्तियों के समूह के सामाजिक पद (Social Position) से है। दूसरी तरफ स्तरण से हमारा तात्पर्य समस्त समाज के स्तर पर विभिन्न प्रकार की स्थितियों का श्रेणीबद्ध विभाजन या व्यवस्था से है। स्तरण पूरे समाज को उसकी समग्रता में देखने का प्रयास करता है। स्थिति एवं स्तरण के निर्धारकों के बीच स्पष्ट फ़र्क है। वह यह कि स्तरण के कारक समस्त समाज के विभाजन के कारक हैं, तो स्थिति के निर्धारक समाज में व्यक्तियों की स्थिति के विभाजन के कारक हैं। कभी-कभी भ्रम इसीलिए होता है कि जाति और वर्गव्यवस्था के तत्त्व स्तरण और स्थिति दोनों को समान रूप से प्रभावित करते हैं। लेकिन कुछ ऐसे भी कारक हैं, जिनके द्वारा मात्र व्यक्तियों की हैसियत का निर्धारण होता है, स्तरण का नहीं। जैसे– आयु, लिंग या व्यक्तिगत गुण सामाजिक स्थिति के निर्धारक हैं, स्तरण के नहीं। सोरोकिन (P.A. Sorokin, 1927) के निम्नलिखित विचार से दोनों के बीच फ़र्क और अधिक स्पष्ट हो जाता है– स्तरण समाज का एक विषमस्तरीय अक्ष (Vertical Axis) पर विभेदीकरण है, तो हैसियत व्यक्तियों का विषमस्तरीय (Vertical) एवं समस्तरीय (Horizontal) दोनों अक्षों (Axes) पर विभेदीकरण है।

हैसियत या स्थिति सामान्य सामाजिक व्यवहार में एक पद या सम्मान का सूचक है जो समाज द्वारा स्वीकृत एवं स्थापित व्यापक नियमों तथा प्रथाओं से सम्बन्धित होती है। उदाहरणस्वरूप, कुलपति की स्थिति, पुरोहित की स्थिति इत्यादि। समाज में एक व्यक्ति की अलग-अलग परिस्थितियों में अलग-अलग स्थिति होती है, जैसे– एक व्यक्ति विश्वविद्यालय में कुलपति, परिवार में पति या पिता एवं क्लब में एक आम सदस्य इत्यादि कुछ भी हो सकते हैं। इन सभी के मिलने से व्यक्ति की एक सामान्य प्रतिष्ठा बनती है, जो उस व्यक्तिविशेष की हैसियत या स्थिति कहलाती है। स्थिति सामान्यतया दो प्रकार की होती है– (1) **आरोपित स्थिति (Ascribed Status)** तथा (2) **अर्जित स्थिति (Achieved Status)**।

1. आरोपित स्थिति

आरोपित स्थिति ऐसी स्थिति को कहते हैं, जो हमें जन्म से या जैवकीय आधार पर प्राप्त होती है। इसे प्राप्त करने के लिए हमें अलग से प्रयास नहीं करना पड़ता है, जैसे– किसी जाति या प्रजाति विशेष की सदस्यता, स्त्री या पुरुष होना, बच्चा या बुजुर्ग होना इत्यादि।

आरोपित स्थिति के अन्तर्गत निम्नलिखित तत्त्व या कारक व्यक्तियों की हैसियत का निर्धारण करते हैं।

(i) लिंग (Sex)— इसके आधार पर हम स्त्री-पुरुष के बीच विभेद करते हैं। भारतीय समाज में स्त्रियों की स्थिति पुरुषों की तुलना में प्राय: निम्न है। जितनी स्वतन्त्रता या सुविधाएँ पुरुषों को प्राप्त हैं, उतनी स्त्रियों को उपलब्ध नहीं है या जो प्रतिष्ठा परिवार के मुखिया को प्राप्त है, वही परिवार की गृहस्वामिनी को नहीं है। यह असमानता परिवार के स्वरूप पर भी निर्भर करती है। यदि परिवार मातृसत्तात्मक है, तो ऐसी स्थिति में स्त्रियों को पुरुषों की तुलना में थोड़ा अधिक अधिकार प्राप्त होता है।

(ii) आयु (Age)— आयु के आधार पर भी समाज में व्यक्तियों के बीच विभेद देखा जाता है। परिवार में बुजुर्ग सदस्यों को पद-प्रतिष्ठा, मान-सम्मान इत्यादि अधिक प्राप्त होते हैं। विशेष रूप से पारम्परिक समाजों में यह भाव

अधिक देखा जा सकता है। आयु का भी आधार जैविक है। इसी आधार पर यह कहा जाता है कि हम किसी व्यक्ति से कितने बड़े या छोटे हैं।

यहाँ यह जान लेना अत्यावश्यक है लिंग-भेद एवं आयु, वर्ण, जाति एवं प्रजाति की तरह आरोपित स्थिति का निर्धारण नहीं करता है। आज पाश्चात्य देशों में लिंग एवं आयु के आधार पर शायद ही किसी व्यक्ति की हैसियत का निर्धारण होता है। यह मुख्य रूप से कुछ परम्परागत समाजों की विशेषता है। प्रथम दृष्टि में यह आधार जैविक भले ही लगे, किन्तु यह जैविक तथा सामाजिक दोनों है, इसलिए कि उम्र एवं लिंग-भेद के आधार पर लोगों का विभाजन सामाजिक मूल्यों से जुड़ा है।

(iii) वर्ण (Varna)— जाति की उत्पत्ति के पूर्व प्राचीन भारत में स्तरण का मुख्य आधार वर्ण-व्यवस्था थी जिसका स्वरूप बहुत कुछ वर्तमान वर्गव्यवस्था से मिलता-जुलता था। प्राचीनकाल में व्यक्ति की सामाजिक हैसियत का निर्धारण वर्ण के आधार पर होता था और साधारणतया वर्ण का निर्धारण जन्म से होता था। लेकिन इसमें सन्देह की बात नहीं है कि जाति की तुलना में इसमें ज़्यादा लचीलापन था। व्यक्तियों के वर्ण में फेर-बदल सम्भव था। ऐसा माना जाता है कि स्तरण का यह सबसे प्राचीन तरीका है। यह अपने विकृत स्वरूप जाति-व्यवस्था के रूप में आज भी मौजूद है।

प्राचीनकाल में लोग चार वर्णों में क्रमबद्ध तरीके से व्यवस्थित थे, जैसे– ब्राह्मण, क्षत्रिय, वैश्य और शूद्र। जो लोग समाज में सबसे उच्चवर्ण (जैसे– ब्राह्मण) के थे, उन्हें समाज में सबसे ऊँचे स्तर पर रखा जाता था और उन्हें सबसे अधिक प्रतिष्ठित माना जाता था। जो लोग समाज में सबसे निम्नस्तर पर थे, उन्हें समाज में बहुत ही निम्न दृष्टि से देखा जाता था, जैसे– शूद्र। वर्ण-व्यवस्था क्या है और इसके आधार पर स्तरण कैसे होता था, इसकी फिर से चर्चा की यहाँ कोई आवश्यकता नहीं है। पाठक इस विषय से पहले ही अवगत हो चुके हैं।

(iv) जाति (Caste)— भारतीय समाज में जाति स्तरण का ही नहीं, बल्कि व्यक्तियों की हैसियत का भी मुख्य आधार है। जाति के आधार पर हिन्दू समाज में ऊँची या नीची श्रेणी प्राप्त होती है। जाति की सदस्यता हमें जन्म से ही प्राप्त होती है। चूँकि जाति की चर्चा पहले की जा चुकी है, इसलिए फिर से इसकी चर्चा की यहाँ कोई आवश्यकता नहीं है।

(v) प्रजाति (Race)— यह आधार भारतीय समाज की अपेक्षा पश्चिमी देशों के सन्दर्भ में अधिक महत्त्वपूर्ण है। रंगभेद या त्वचा (Skin) के रंग के आधार पर समाज में विभेद किया जाता है, जैसे– अमरीका, कनाडा, ग्रेट ब्रिटेन, ऑस्ट्रेलिया, फ्रांस आदि देशों में गोरे लोगों को नीग्रो की अपेक्षा अधिक सुविधा और प्रतिष्ठा प्राप्त है। कानूनी तौर पर बराबर होते हुए भी वे समाज में काफी उपेक्षित हैं।

2. अर्जित स्थिति

अर्जित स्थिति ऐसी स्थिति है, जिसे व्यक्ति अपने व्यवहारों या प्रयासों से जीवन में प्राप्त करता है। अर्जित स्थिति जन्मजात नहीं होती है, जैसे– प्रोफेसर, इंजीनियर या बहुत बड़ा खिलाड़ी होना इत्यादि। यदि हम समुचित योग्यता के अभाव में कोई छोटी नौकरी ही प्राप्त कर पाते हैं, तो यह भी हमारी अर्जित स्थिति कही जाती है। उसी तरह ऊँची योग्यता वाली नौकरी प्राप्त करना भी किसी के लिए अर्जित स्थिति ही मानी जाती है।

अमरीकी समाजशास्त्रियों ने वर्गव्यवस्था को अर्जित स्थिति का निर्धारक के रूप में देखा है। वर्ग साधारणतया व्यक्ति के आर्थिक गुणों से सम्बद्ध होता है। इनके अनुसार व्यक्ति अपनी कार्य-क्षमताओं में वृद्धि लाकर अधिक-से-अधिक धन उपार्जन कर सकता है और वह निम्नवर्ग से उच्चवर्ग में आसानी से जा सकता है। इन विचारकों ने अनेक ऐसे उदाहरण दिये हैं, जिससे यह सिद्ध होता है कि कोई व्यक्ति मज़दूर-वर्ग में जन्म लेकर उच्चवर्ग में जा सकता है। परन्तु मार्क्स ने इस तर्क को स्वीकार नहीं किया है कि वर्ग एक अर्जित गुण है। मार्क्स के अनुसार एक पूँजीपति का बेटा बिना किसी प्रयास के उच्चवर्ग का सदस्य हो जाता है एवं सर्वहारा की सन्तान सर्वहारा वर्ग में ही गिनी जाती है। इस मार्क्सवादी विचारधारा के अनुसार वर्गव्यवस्था बहुत-कुछ जाति-व्यवस्था की ही तरह व्यक्ति की आरोपित स्थिति का पोषक है।

स्तरण के निर्धारक (Determinants of Stratification)

पार्सन्स (T. Parsons, 1975: 75–76) ने स्तरण के छः निर्धारकों की चर्चा की है। इनसे मात्र स्तरण का ही निर्धारण नहीं होता, बल्कि व्यक्तियों की हैसियत का भी निर्धारण होता है।

1. स्वजन समूह की सदस्यता (Membership in a Kinship Unit)
2. व्यक्तिगत विशेषताएँ या गुण (Personal Qualities)
3. उपलब्धियाँ (Achievements)
4. स्वामित्व (Possessions)
5. सत्ता (Authority) एवं
6. शक्ति (Power)।

पार्सन्स द्वारा प्रस्तुत इन छः कारकों के द्वारा ही समाज में व्यक्तियों की स्थिति का निर्धारण होता है। विभिन्न समाजों में विभिन्न कारकों के अलग-अलग प्रभाव होते हैं।

यहाँ यह विशेष रूप से उद्धृत किया जा रहा है कि निम्नलिखित विश्लेषण स्वयं पार्सन्स के द्वारा दिये गये विवेचन पर आधारित हैं। यहाँ ऐसा इसीलिए कहा जा रहा है कि इस विषय-वस्तु पर हिन्दी में जितनी भी पुस्तकें देखने को मिली हैं, वे पार्सन्स के विचारों से बिलकुल अलग हैं। कई लेखकों ने तो कुछ ऐसी भी बातें लिख दी हैं, जो निस्सन्देह हर दृष्टि से ग़लत हैं।

1. स्वजन समूह की सदस्यता— व्यक्तियों की हैसियत समाज में कभी-कभी इस तथ्य से भी निर्धारित होती है कि वह किस प्रकार के समूह से जुड़ा हुआ है। समूह की सदस्यता दो प्रकार से प्राप्त होती है– (i) जन्म से एवं (ii) विवाह से। यदि कोई व्यक्ति राज-परिवार में जन्म लेता है, तो उस बालक की सामाजिक स्थिति साधारण परिवार में जन्म लेने वाले लोगों की तुलना में हमेशा ऊँची होगी। अगर कोई व्यक्ति साधारण परिवार या समाज के निम्न तबके में जन्म लेता है, तो उसकी सामाजिक हैसियत स्वाभाविक रूप से छोटी होगी। लेकिन यदि वह अपने गुणों या उपलब्धियों के कारण किसी उच्च कुल के परिवार से वैवाहिक सम्बन्ध जोड़ने में सफल हो जाता है, तो उस व्यक्ति को उस कुल की सदस्यता प्राप्त हो जाती है और फलस्वरूप उसकी सामाजिक हैसियत ऊँची हो जाती है।

2. व्यक्तिगत विशेषताएँ या गुण— समाज के अन्तर्गत कभी-कभी विभेदीकरण का आधार वैयक्तिक गुण भी हुआ करता है। यहाँ वैयक्तिक गुण से तात्पर्य वैसे गुणों से है जिसका सम्बन्ध जन्म या जैविक प्रक्रिया से जुड़ा है, जैसे– उम्र, लिंग-भेद, सुन्दरता, बुद्धि (Intelligence), शारीरिक शक्ति इत्यादि। समाज उम्र के आधार पर भी अपने सदस्यों के बीच सामाजिक प्रतिष्ठा में भेदभाव करता है। उसी तरह परिवार के अन्दर और बाहर लिंग के आधार पर स्त्री-पुरुष की स्थिति में अन्तर पाया जाता है, अर्थात् समाज में कुछ लोग जैविक गुणों के आधार पर बड़े और छोटे होते हैं।

ध्यान देने की बात यह है कि मात्र जैविक गुणों के आधार पर ही स्तरण या स्थिति का निर्धारण नहीं होता है। यहाँ सबसे महत्त्वपूर्ण बात यह है कि जैविक गुणों के साथ कोई सामाजिक मूल्य या सांस्कृतिक गुण जुड़ा हुआ है या नहीं। यहाँ जैविक और सामाजिक दोनों तत्त्व आपस में एक साथ मिलकर हैसियत का निर्धारण करते हैं।

3. अर्जित उपलब्धियाँ— जिस समाज के अन्तर्गत व्यक्तियों को आगे बढ़ने की पूरी आज़ादी होती है, वहाँ अर्जित उपलब्धियों के आधार पर सामाजिक हैसियत का निर्धारण कुछ विशेष रूप से होता है। उपलब्धियाँ भौतिक और अभौतिक दोनों ही हो सकती हैं। यदि कोई व्यक्ति बहुत बड़ा कवि, लेखक, कलाकार या खिलाड़ी होने में सफल हो जाता है, तो उसकी वह अभौतिक उपलब्धि मानी जाती है। पर यदि किसी को अपार सम्पत्ति या कोई उच्च राजनीतिक पद प्राप्त हो जाता है, तो उसकी वह भौतिक उपलब्धि मानी जाती है। भौतिक उपलब्धि साधारणतया अस्थाई होती है। इन उपलब्धियों के आधार पर समाज व्यक्तियों को क्रमबद्ध करता रहता है।

4. स्वामित्व— व्यक्तियों को समाज में दो प्रकार का स्वामित्व प्राप्त होता है– एक तो वह, जो आसानी से हस्तान्तरित हो सकता है, जैसे– भौतिक वस्तुएँ (ज़मीन, गाड़ी, मकान, वस्त्र, आभूषण इत्यादि), दूसरा वह जो आसानी से हस्तान्तरित नहीं होता है, जैसे– योग्यता या किसी खास प्रकार के वैयक्तिक गुण, जैसे– संगीत विद्या में महारत, एक अच्छा शल्य-चिकित्सक होना या मूर्तिकार होना इत्यादि।

यहाँ ध्यान देने की बात यह है कि उपर्युक्त अर्जित उपलब्धियाँ एवं स्वामित्व लगभग एक ही प्रकार के कारक हैं। पार्सन्स यह स्पष्ट नहीं कर पाते हैं कि किन कारणों से उन्होंने इन दोनों को अलग-अलग कारक के रूप में देखा है। जो फ़र्क दिखाई पड़ रहा है, वह बहुत बारीक है और उसकी कोई विशेष समाजशास्त्रीय महत्ता नहीं है।

5. सत्ता— इसके अन्तर्गत पार्सन्स ने ऐसे अधिकारों की चर्चा की है, जो संस्थागत हैं। यह दो प्रकार का हो सकता है– एक तो वह जो किसी व्यक्ति को समाज के परम्परागत मूल्यों के माध्यम से प्राप्त होता है, जैसे– पिता का पुत्र पर अधिकार, किसी धर्म-गुरु का उसके अनुयायियों पर अधिकार इत्यादि। सत्ता का दूसरा पक्ष वह है, जो किसी व्यक्ति को किसी दफ्तर में पद से प्राप्त होता है, जैसे– जिलाधीश या मन्त्री को जो सत्ता प्राप्त होती है, वह उसके पद से मिलती है। सत्ता के ऐसे विभाजन से भी व्यक्तियों की सामाजिक हैसियत या समाज में स्तरण का निर्धारण होता है।

6. शक्ति— पार्सन्स ने इसके अन्तर्गत उन सभी प्रकार के अधिकारों या सत्ता की चर्चा की है जिसका वर्णन ऊपर नहीं किया गया है, इसीलिए इसे उन्होंने **शक्ति की अवशिष्ट श्रेणी (Residual Category of Power)** कहा है। इस प्रकार की शक्ति को सामाजिक वैधता प्राप्त नहीं होती है या इसे संस्थागत अधिकार नहीं कहा जा सकता है। समाज में कुछ लोग ग़ैर-वैधानिक तरीकों के बल पर बहुत सारे काम कराने में सक्षम हो जाते हैं। उन्हें किसी प्रकार का कोई पद या समाज से मान्यता प्राप्त अधिकार नहीं होता है, लेकिन अपने बलबूते पर कुछ लोगों को प्रभावित कर कठिन-से-कठिन काम करने या कराने में सफल हो जाते हैं, जैसे– आजकल बहुत चोर, उचक्के एवं डकैत कठिन-से-कठिन चुनाव जीतने या जिताने में सफल हो जाते हैं। विभिन्न प्रकार के माफिया गिरोहों, तस्करी से जुड़े लोगों एवं अन्य अपराधी प्रकृति के लोगों को भी जो अधिकार व शक्ति प्राप्त है, वह इसी श्रेणी की शक्ति है। समाज में वैसे लोगों की हैसियत कुछ कम नहीं होती है। प्रेम से न सही, डर से ही सही, वैसे लोग समाज की उच्च श्रेणी में रखे जाते हैं।

सामाजिक स्तरण के सिद्धान्त (Theories of Social Stratification)

सामाजिक स्तरण के सम्बन्ध में जो भी विचार हमारे सामने आये हैं, उसे देखने से ऐसा लगता है कि समाजविज्ञानी मुख्य रूप से तीन प्रकार की विचारधारा में विश्वास करते हैं– (1) प्रकार्यवादी विचारधारा (Functional Theory), (2) संघर्षवादी विचारधारा (Conflict Theory) एवं (3) संकलनवादी विचारधारा (Eclectic Theory)। मैक्स वेबर, ऑलिन रायट एवं फ्रैंक पार्किन को तीसरे प्रकार की विचारधारा के अन्दर रखा जा सकता है।

1. प्रकार्यवादी विचारधारा (डेविस तथा मोर का विचार)

इस विचारधारा के प्रमुख प्रवर्त्तक किंगज्ली डेविस तथा विलबर्ट मोर (K. Davis and Wilbert E. Moore, 1966) हैं। इस सिद्धान्त के समर्थकों का कहना है कि सामाजिक स्तरण समाज की ज़रूरतों की उपज है, न कि व्यक्तियों की ज़रूरतों की है। सामाजिक स्तरण की यह विचारधारा तीन मान्यताओं पर आधारित है– (i) विश्व में ऐसा कोई भी समाज नहीं है, जहाँ स्तरण नहीं है। विभिन्न मानवशास्त्रियों के अध्ययनों से यह स्पष्ट पता चलता है कि प्रत्येक समाज में किसी-न-किसी तरह का स्तरण अवश्य पाया जाता है। (ii) प्रत्येक समाज में लगभग समान प्रकार से विभिन्न स्तरों के बीच प्रतिष्ठा का बँटवारा है। जैसे-जैसे सामाजिक स्थिति या श्रेणी में गिरावट होती है, वैसे-वैसे प्रतिष्ठा में भी गिरावट होती है। किसी भी समाज में प्रत्येक व्यक्ति समान रूप से प्रतिष्ठित नहीं होता है। जो लोग समाज के सबसे ऊँचे पदों

पर आसीन हैं, उन्हें समाज में सबसे अधिक प्रतिष्ठा प्राप्त है। कोई भी व्यक्ति इसे आसानी से समझ सकता है कि भारत के राष्ट्रपति, प्रधानमन्त्री तथा राज्यपाल को समान प्रतिष्ठा प्राप्त नहीं है। (iii) इस सिद्धान्त की तीसरी मान्यता यह है कि विभिन्न समाजों के बीच सामाजिक स्तरण के स्वरूप में भिन्नताएँ हैं। उदाहरणस्वरूप– सरल समाजों (Simple Societies) में स्तरण का आधार साधारणतया उम्र एवं लिंग (Age and Sex) हुआ करता है, जबकि जटिल समाजों के अन्तर्गत स्तरण का आधार भी काफी जटिल हुआ करता है, जैसे– शिक्षा, वैयक्तिक गुण, राजनीतिक हैसियत, सम्पत्ति इत्यादि। यहाँ डेविस तथा मोर के सिद्धान्त में स्तरण के बारे में दो बातें विशेष रूप से ध्यान देने की है– पहली तो यह है कि स्तरण एक विश्वव्यापी सामाजिक यथार्थ है और दूसरी यह है कि स्तरण के आधार सभी समाजों के लिए समान नहीं हैं। अपने सिद्धान्त के समर्थन में डेविस तथा मोर ने निम्नलिखित विचार पेश किये हैं, जो काफी तर्कसंगत लगते हैं। लेकिन इसका तात्पर्य यह नहीं है कि यह एक दोषमुक्त विचारधारा है।

डेविस तथा मोर ने यह तर्क दिया है कि किसी भी समाज में सभी व्यक्ति समान स्तर के नहीं हो सकते हैं। समानता की भी अपनी एक सीमा होती है। समान स्तर के लोगों से समाज का निर्माण नहीं हो सकता है। सामाजिक असमानता समाज के लिए नितान्त आवश्यक है, इसीलिए कि प्रत्येक व्यक्ति को विभिन्न कार्यों के निष्पादन के लिए समान रूप से पुरस्कृत नहीं किया जा सकता है। हर एक कार्य के लिए अलग-अलग पुरस्कार और प्रोत्साहन होता है। जिस कार्य की समाज में सबसे अधिक आवश्यकता होती है उस कार्य के लिए समाज ज़्यादा पुरस्कार देता है, जैसे– इंजीनियर और मज़दूर को बराबर मज़दूरी नहीं दी जा सकती है। उसी तरह टैक्सी चालक और हवाई जहाज के पायलट को बराबर वेतन नहीं दिया जा सकता है। हर किसी को यदि समाज में सभी कार्यों के लिए समान मज़दूरी या इनाम मिले, तो कोई भी व्यक्ति कठिन या जोखिम भरे कार्य को नहीं करना चाहेगा। सभी लोग आसान काम करके ही जीवनयापन करना पसन्द करेंगे।

स्तरण के प्रकार्यवादी सिद्धान्त को संक्षेप में इस प्रकार रखा जा सकता है–

1. समाज में कुछ पद तुलनात्मक दृष्टि से बहुत ही महत्त्वपूर्ण होते हैं और उसके लिए व्यक्तियों में कुछ विशिष्ट योग्यताओं की आवश्यकता होती है।
2. समाज में प्रत्येक व्यक्ति में इतनी क्षमता नहीं होती है कि वह सभी कार्यों को ठीक से कर सके।
3. समाज में कुछ ही लोग ऐसे होते हैं, जो अध्ययन या विशेष प्रशिक्षण प्राप्त कर उच्च पदों पर कार्य कर सकते हैं।
4. समाज के मेधावी लोग ऐसे काम को तभी करेंगे, जब उन्हें कुछ विशेष पारितोषिक दिया जाये, जैसे– उच्च तनख्वाह।
5. प्रत्येक समाज में असमान पारितोषिक व्यवस्था का होना नितान्त आवश्यक है, तभी विभिन्न पदों को ठीक ढँग से श्रेणीबद्ध किया जा सकता है।

डेविस तथा मोर का यह दृष्टिकोण कि समाज के लिए कुछ पद अधिक महत्त्वपूर्ण हैं, तो कुछ कम, यह एक विवादपूर्ण तर्क है। यह तय करना काफी कठिन काम है कि कौन-सा काम सबसे अधिक और कौन सबसे कम महत्त्वपूर्ण है। किसी काम की महत्ता के पीछे व्यक्तिनिष्ठता (Subjectivity) का भाव छिपा हुआ है। यह तय करना बहुत ही कठिन काम है कि कूड़ा उठाने वालों का काम स्कूल शिक्षक की तुलना में कम महत्त्व का है। अतः उसे शिक्षक की तुलना में कम मज़दूरी मिलनी चाहिए। उसी तरह से यह तय करना बहुत कठिन है कि एक रसोइए का काम सिपाही की तुलना में कम महत्त्वपूर्ण है। प्रकार्यवादी सिद्धान्त में इस दोष की ओर सबसे पहले हमारा ध्यान मेलविल एम. टूमिन (Melvil M. Tumin, 1967) ने आकृष्ट किया था। उन्होंने यह भी कहा है कि समाज में किसी व्यक्ति की योग्यता और कुशलता को मापने के लिए केवल वस्तुनिष्ठ आधार नहीं हैं। डेविस तथा मोर का यह विचार भी सही नहीं लगता है कि स्तरण से समाज में व्यवस्था या एकता कायम होती है। सत्य तो यह है कि स्तरण के कारण

स्वार्थों की टकराहट होती है, जिसके कारण समाज में वर्ग-संघर्ष या जातीय संघर्ष चलता रहता है। दलित-पिछड़ा वर्ग आन्दोलन एवं कृषक आन्दोलन भारतीय सन्दर्भ में इसके उदाहरण है।

बेनडिक्स और लिप्सेट (R. Bendix and S.M. Lipset, 1966) की पुस्तक **Class, Status and Power: Social Stratification in Comparative Perspective** में स्तरण के प्रकार्यवादी सिद्धान्त की विस्तृत चर्चा की गयी है। आलोचकों का कहना है कि स्तरण का यह सिद्धान्त वृत्ताकार तर्क (Circular Logic) पर आधारित है, जैसे– उच्च वेतन समाज के लिए प्रकार्यात्मक या आवश्यक है, क्योंकि कुछ लोगों को उच्च वेतन प्राप्त है। प्रकार्यवादियों ने संघर्ष एवं शक्ति से जुड़े तथ्यों को अपने सिद्धान्त में कोई खास महत्त्व नहीं दिया है। इस बात को नकारा नहीं जा सकता है कि जोर-जबर्दस्ती के आधार पर भी समाज में कुछ लोगों को नीचे रखा जाता है, जैसे– गोरी दुनिया में काले लोगों को और भारत में पिछड़ों तथा दलितों को स्तरण में सम्पत्ति की भी महत्त्वपूर्ण भूमिका होती है। इन तथ्यों को इस सिद्धान्त में नज़र अन्दाज किया गया है।

प्रकार्यवादियों ने स्तरण के अर्जित आधारों को कुछ ज़्यादा ही उजागर किया है। इस तर्क को आज कोई भी व्यक्ति पूरी तरह स्वीकार करने को तैयार नहीं है कि उच्च पदों पर आसीन सभी व्यक्ति अपनी योग्यता के बल पर ही हैं। बहुत लोग समाज में उच्च श्रेणी वंश-परम्परा या विभिन्न प्रकार के संकीर्ण प्रभावों के माध्यम से प्राप्त कर लेते हैं।

प्रकार्यवादी सिद्धान्त सामाजिक स्थिरता का समर्थक है। दूसरे शब्दों में इसे परिवर्तन विरोधी भी कहा जा सकता है। यह समाज की वर्तमान व्यवस्था की सैद्धान्तिक रूप से पुष्टि करता है। भारतीय सन्दर्भ में तो यह विचारधारा बिलकुल अनुपयोगी एवं अनुचित है। इस तरह की विचारधारा से जातिगत समाज को समर्थन मिलता है।

2. संघर्ष-सम्बन्धी विचारधारा या मार्क्स की विचारधारा

कार्ल मार्क्स ने अपने वर्ग-संघर्ष की विचारधारा के आधार पर सामाजिक स्तरण को स्पष्ट करने का प्रयास किया है। उन्होंने अपनी पुस्तक साम्यवादी घोषणापत्र (**Communist Manifesto**) में लिखा है कि "आज तक अस्तित्व में रहे समाजों का इतिहास, वर्ग संघर्षों का इतिहास है।" अर्थात् प्रत्येक काल में वर्ग रहे हैं और उनके बीच निरन्तर संघर्ष रहा है। स्वतन्त्र लोग व दास, कुलीन व अकुलीन, सामन्त और अर्द्ध-दास, अत्याचारी व पीड़ित, ये सभी वर्ग विभिन्न कालों में रहे हैं। मार्क्स के वर्ग का विचार समाज में व्याप्त आर्थिक असमानता पर आधारित है। इसे समझने के लिए मार्क्स के द्वारा दिये गये उत्पादन के साधनों (Means of Production) की अवधारणा को समझना होगा।

औद्योगिक युग के पूर्व खेती एवं उससे जुड़े उपकरण उत्पादन के मुख्य साधन माने जाते थे। उस काल के समाज में मार्क्स के अनुसार दो वर्ग थे– **(i) भूस्वामी वर्ग–** अभिजात वर्ग (Aristocrats) तथा भद्रलोग (Gentry) या दास स्वामी (Slave-holders) और **(ii) उत्पादक वर्ग**-कृषि दास (Serfs), दास (Slaves) एवं स्वतन्त्र कृषक (Free Peasantry)। सामन्तवादी युग में यही दो वर्ग पाये जाते थे और इन्हीं दोनों के बीच स्वार्थों की टकराहट के कारण संघर्ष होता था। औद्योगिक युग में दो नये वर्गों का विकास हुआ– (i) उद्योगपति या पूँजीपति (Industrialist or Capitalist) एवं (ii) मज़दूरवर्ग (Working Class)। इस विभाजन का भी आधार उत्पादन का साधन ही है। चूँकि वर्ग का विभाजन शोषण पर आधारित होता है, इसीलिए इस अवस्था में भी स्वार्थों के टकराव के कारण दो वर्गों के बीच अक्सर संघर्ष होता रहा है। मार्क्स ने एक तीसरे वर्ग की भी चर्चा की है, जिसे उन्होंने **संक्रमणशील वर्ग (Transitional Class)** कहा है। समाज जब एक ऐतिहासिक काल से दूसरे काल में प्रवेश करता है, तब पिछले काल का कुछ अवशेष नये काल में पूर्ववत रह जाता है, पर ऐसा लम्बे समय के लिए नहीं होता है, जैसे– फ्रांस और स्पेन ने जब समाज सामन्ती व्यवस्था से औद्योगिक व्यवस्था में प्रवेश किया तब औद्योगिक काल में भी कुछ लोग सामन्ती व्यवस्था की तरह जागीरदारी प्रथा से जीवनयापन करते रहे। यह स्वाभाविक भी है, क्योंकि समाज एक चरण से दूसरे चरण में जाने पर मौलिक रूप से नहीं बदलता है।

मार्क्स ने लोगों का ध्यान वर्गविशेष के अन्तर्गत पाये जाने वाले वर्ग-संघर्ष की ओर भी आकृष्ट किया है। एक ही वर्ग के अन्तर्गत दो विरोधी किस्म के स्वार्थ-समूह पाये जाते हैं, उदाहरणस्वरूप– उच्चवर्ग के अन्तर्गत वित्तीय पूँजीपति

(Financial Capitalist), तथा बैंकर्स एवं औद्योगिक उत्पादक (Industrial Manufacturers) के बीच संघर्ष पाये जाते हैं। ठीक उसी प्रकार छोटे और बड़े उद्योग-धन्धों के लोगों के बीच स्वार्थों का टकराव होता है। मज़दूरवर्ग के अन्तर्गत भी स्थायी मज़दूरों एवं दैनिक मज़दूरों या बेरोज़गार लोगों के बीच संघर्ष देखने को मिलता है। वर्ग-संघर्ष के इस विचार का विरोध करते हुए डारेनडॉफ (Ralph Dahrendorf) ने कहा है कि वर्ग-संघर्ष कभी भी पूरे समाज के स्तर पर नहीं होता है, बल्कि समाज के अन्तर्गत पाये जाने वाले छोटे-छोटे समूहों के बीच होता है। दूसरे शब्दों, में तनाव और संघर्ष पूरे समाज की संरचना पर नहीं होते, बल्कि संरचना के भीतर पाये जाने वाले कुछ समूह के स्तर पर होते हैं।

मार्क्स ने केवल आर्थिक कारक को ही सामाजिक स्तरण का आधार माना है, जबकि समाज में धर्म, जाति, शिक्षा, व्यवसाय, प्रजाति, पेशा एवं वैयक्तिक गुणों के आधार पर भी स्तरण पाया जाता है, जैसा कि मैक्स वेबर एवं अन्य समाजशास्त्रियों ने दलील दी है। मार्क्स की विचारधारा काफी संकुचित है, क्योंकि मात्र वर्ग-संघर्ष के आधार पर ही सामाजिक स्तरण को नहीं समझा जा सकता है। मार्क्स के विचारों के आधार पर विश्व में पाये जाने वाले सभी सामाजिक स्तरण के प्रकारों को कदापि नहीं समझा जा सकता है। उदाहरणस्वरूप, भारत में ही एक लम्बे समय तक, विशेषकर प्राचीन एवं मध्यकालीन युग में, सामाजिक स्तरण का मुख्य आधार जाति थी। वर्तमान भारत में भी बहुत कुछ इसका रूप देखने को मिलता है। उनकी यह भी दलील सही नहीं है कि प्रत्येक ऐसा समाज, जो वर्गव्यवस्था पर आधारित है, अपनी असमानताओं के कारण संघर्ष की दहलीज पर खड़ा है।

मार्क्स ने जिस वर्ग विहीन समाज की कल्पना की है उससे यही स्पष्ट होता है कि वे स्तरण के विरोधी थे। चूँकि स्तरण के पीछे असमानता और असमानता का आधार शोषण है, इसीलिए उन्होंने स्तरणमुक्त समाज की कल्पना की है। पर अब तक के अनुभवों के आधार पर यही कहा जा सकता है कि उनका यह विचार काफी काल्पनिक है। स्तरण एक सामाजिक यथार्थ है। अत: स्तरण-मुक्त समाज यथार्थ विरोधी है।

प्रकार्यवादी एवं संघर्षवादी विचारधारा के बीच स्तरण के सम्बन्ध में क्या फ़र्क है, यह बहुत ही सहजता से अर्थर स्टींककाम (Aurthur L. Stinchcombe) की सारणी से समझा जा सकता है (देखें **सारणी-1**)।

सारणी-1 सामाजिक स्तरण के दो भिन्न दृष्टिकोण

The Functionalist View	The Conflict View
1. Stratification is universal, necessary, and inevitable.	1. Stratification may be universal without being necessary or inevitable.
2. Social organization (the social system) shapes the stratificaton system.	2. The stratification system shapes social organization (the social system)
3. Stratification arises from the societal need for integration, coordination, and cohesion.	3. Stratification arises from group conquest, competition, and conflict.
4. Stratification facilitates the optimal functioning of society and the individual.	4. Stratification impeds the optimal functioning of society and the individual.
5. Stratification is an expression of commonly shared social values.	5. Stratification is an expression of values of powerful groups.
6. Power is usually legitimately distributed in society.	6. Power is usually illegitimately distributed in society.
7. Tasks and rewards are equitably allocated.	7. Tasks and rewards are inequitably allocated.
8. The economic dimension is subordinate to other dimensions of society.	8. The economic dimension is paramount in society.
9. Stratification systems generally change through evolutionary processes.	9. Stratification systems often change through revolutionary processes.

Source: Arthur L. Stinchcombe, "Some Empirical Consequences of the Davis-Moore Theory of Stratification," in Jack L. Roach, *et al.* (Eds.), **Social Stratification in the United States,** Englewood Cliffs, N.J., Prentice Hall, 1969.

3. संकलनवादी या विभिन्न दर्शनग्राही विचारधारा

A. मैक्स वेबर का सिद्धान्त— बहुत सारे मार्क्सवाद के विरोधी समाजशास्त्री मैक्स वेबर को मार्क्स का एक विकल्प मानते हैं। लेकिन मैक्स वेबर ने भी मार्क्स के सभी विचारों का खण्डन नहीं किया है, जैसे– मार्क्स की तरह वेबर ने भी उस तथ्य को स्वीकार किया है कि आर्थिक आधार स्तरण का एक बहुत ही महत्त्वपूर्ण निर्धारक है। लेकिन इस विषय पर वेबर ने मार्क्स से थोड़ा आगे जाने का भी प्रयास किया है, जो इस प्रकार है।

वेबर ने कहा है कि किसी व्यक्ति का उत्पादन के साधनों या सम्पत्ति पर कितना नियन्त्रण है, मात्र इसी आधार पर ही वर्ग निर्धारण नहीं होता है। कोई व्यक्ति किस वर्ग में श्रेणीबद्ध होगा, यह इस बात पर भी निर्भर करता है कि खुले बाज़ार (Market Place) में उसकी योग्यता या सेवा की क्या कीमत है। किसी भी समाज में सभी सेवाओं का महत्त्व समान नहीं होता है, जैसे– एक डाक्टर एवं किरानी की सेवा का समान आर्थिक महत्त्व नहीं होता है। अत: यह कहना कि मात्र सम्पत्ति के स्वामित्व के आधार पर वर्ग निर्धारण होता है, यह सही नहीं है। पुन: मैक्स वेबर ने दलील दी है कि सम्पत्ति के अलावा शक्ति (Power) एवं सम्मान (Prestige) के आधार पर भी समाज में स्तरण का निर्धारण होता है। उन्होंने **दल (Party)** को शक्ति का स्रोत माना है। उसी तरह प्रतिष्ठा (Prestige) का स्रोत सामाजिक हैसियत है। (कुछ समाजशास्त्रियों ने वेबर के द्वारा दल (Party) शब्द का प्रयोग करना ग़लत माना है। उनके अनुसार वेबर को Political Block या Factions जैसे शब्द का प्रयोग करना चाहिए था।)

वेबर ने बताया है कि चूँकि दलों का सम्बन्ध शक्ति या सत्ता से है, इसीलिए इसके आधार पर भी समाज में स्तरण होता है, जैसे– दलों का निर्माण कभी-कभी जाति, प्रजाति, भाषा एवं धर्म के आधार पर भी होता है, इसीलिए स्तरण के निर्माण में इन कारकों की महत्त्वपूर्ण भूमिका होती है। तमाम समाजों में सभी लोग समान रूप से शक्तिशाली नहीं होते हैं। दलों के माध्यम से समाज में शक्ति का संचार या उपयोग होता है। उसी के आधार पर व्यक्ति की समाज में राजनीतिक पकड़ या नियन्त्रण होता है। अत: हम यह कह सकते हैं कि दल या सत्ता के आधार पर भी लोग समाज में श्रेणीबद्ध या स्तरित होते हैं।

प्रतिष्ठा (Prestige) के सम्बन्ध में उन्होंने बताया है कि समाज में प्रत्येक व्यक्ति की हैसियत बराबर नहीं होती है। समाज के किसी समूह को प्रतिष्ठा अधिक प्राप्त है, तो किसी को कम। जैसे– भारत में उच्च सरकारी पदाधिकारी (आई.ए.एस. एवं आई.पी.एस.), डॉक्टर, इंजीनियर, प्रोफेसर इत्यादि लोगों को साधारण वेतन भोगी लोगों की तुलना में काफी अधिक प्रतिष्ठा प्राप्त है। उसी तरह से प्रतिष्ठा के आधार पर दलितों की तुलना में ब्राह्मणों को ऊँची सामाजिक हैसियत प्राप्त रही है। समाज में सामाजिक हैसियत कभी प्राप्त की जाती है, तो कभी आरोपित भी होती है। जब कोई व्यक्ति कुलीन वर्ग या राजा-महाराजा के खानदान में पैदा होता है, तो समाज उसे जन्म के आधार पर उच्च सामाजिक हैसियत से आरोपित करता है। जैसे इंग्लैण्ड, जापान, नेपाल, थाईलैण्ड, सऊदी अरब में आज भी हम देखते हैं कि वहाँ कुछ लोगों को जन्म से ही ऊँची सामाजिक हैसियत प्राप्त है। सामाजिक स्तरण में वे सबसे ऊँचे स्तर पर खड़े होते हैं। दूसरी तरफ कुछ ऐसे भी लोग होते हैं, जो जन्मजात नीची सामाजिक हैसियत वाले होते हैं, जिसे भारत में **दलित** या **अछूत समूह (Pariah Group)** कहा जाता है। यहाँ पर यह स्पष्ट होता है कि समाज किसी व्यक्तियों के समूह को कितना सम्मान की दृष्टि से देखता है, इस तथ्य पर भी सामाजिक स्तरण निर्धारित होता है। मैक्स वेबर ने हैसियत का विचार मध्यकालीन यूरोप में पाये जाने वाले इस्टेट जैसी व्यवस्थाओं को ध्यान में रखकर दिया है। जब मध्यकालीन यूरोप में सामन्तवादी व्यवस्था थी तो साधारणतया लोगों को हैसियत जन्म से ही प्राप्त होती थी। कुलीन वर्ग में पैदा होनेवाले व्यक्ति हमेशा साधारण वर्ग (Third Estate) की तुलना में ज़्यादा ही सम्मानित माने जाते थे।

वेबर ने बताया है कि सामाजिक हैसियत (Status), दल (Party) एवं आर्थिक कारकों के बीच में एक अन्त:सम्बन्ध है। ये तीनों मिलकर ही समाज में पाये जाने वाले सामाजिक स्तरण का निर्माण करते हैं। चूँकि इन तीनों का स्वरूप भिन्न-भिन्न समाजों में भिन्न-भिन्न होता है, प्रत्येक समाज में स्तरण का स्वरूप भी अलग-अलग होता है। उनके

अनुसार औद्योगिक समाज में साधारणतया चार प्रकार के वर्ग पाये जाते हैं, जैसा कि हरालैम्बोस (Haralambos, 1989:45) ने लिखा है–

1. धनवान उच्चवर्ग (Propertied Upper Class)
2. धनहीन सफेद-पोश कर्मचारी (Propertyless White-Collar Workers)
3. निम्न मध्यवर्ग (Petty Bourgeoisie) एवं
4. मज़दूरवर्ग (Manual Working Class)।

(B) ऐरिक ऑलिन रायट (Eric Olin Wright) का विचार— अमरीकी समाजशास्त्री ऐरिक ऑलिन राईट (Erik Olin Wright) ने मार्क्स के विचारों से काफी प्रभावित होकर वर्ग पर एक अलग विचार दिया है। पर इस विचारधारा में बहुत कुछ मैक्स वेबर का भी प्रभाव देखने को मिलता है (Wright, 1978;1985)। मुख्य रूप से वे उदारवादी विचारधारा के समर्थक थे। उनका तर्क है कि आधुनिक पूँजीवादी व्यवस्था के अन्तर्गत आर्थिक स्रोतों पर नियन्त्रण का स्वरूप तीन प्रकार का होता है।

1. निवेश या मुद्रा पूँजी पर नियन्त्रण (Control over investments or money capital)
2. उत्पादन के भौतिक संसाधनों पर नियन्त्रण (भूमि, कारखाने एवं दफ्तर) Control over the physical means of production (land or factories and offices) तथा
3. मज़दूरवर्ग पर नियन्त्रण (Control over labour power)।

पूँजीपति वर्ग के लोग अर्थव्यवस्था के इन तीनों क्षेत्रों पर अपना नियन्त्रण रखते हैं, जबकि मज़दूरवर्ग के लोगों का नियन्त्रण अपने ऊपर भी नहीं हो पाता है। यहाँ उन्होंने यह बताया है कि समाज में मुख्यत: दो ही वर्ग होते हैं, एक तो वे जो अर्थव्यवस्था पर अपना नियन्त्रण रखते हैं, जिसकी चर्चा अभी ऊपर की जा चुकी है और दूसरे वे जो मज़दूरवर्ग के हैं। इन दोनों वर्गों के बीच एक तीसरा वर्ग भी होता है जिसका स्थान पूँजीवादी व्यवस्था में बहुत स्पष्ट नहीं होता है। ऐसे लोगों का न तो उत्पादन के साधनों पर नियन्त्रण होता है और न ही मज़दूरवर्ग के ऊपर। मैनेजर, व्यावसायिक वेतनभोगी (Professional Employees) एवं अन्य सफेदपोश वेतनभोगी (White-collar Employees) इत्यादि इसी वर्ग में आते हैं। पर मज़दूरवर्ग के लोगों की तुलना में उत्पादन पर उनका नियन्त्रण ज़्यादा होता है, पर वे न तो पूँजीपति की श्रेणी में आते हैं और न ही मज़दूर की श्रेणी में। उनमें दोनों वर्गों की विशेषताएँ पायी जाती हैं। राईट के अनुसार ऐसे लोगों का चरित्र आधुनिक पूँजीवादी व्यवस्था के अन्तर्गत **Contradictory Class Locations** का होता है।

(C) फ्रैन्क पार्किन (Frank Parkin) का विचार— राईट के विपरीत पार्किन का विचार मैक्स वेबर से ज़्यादा और मार्क्स से कम प्रभावित हुआ प्रतीत होता है। जिस हद तक वेबर ने मार्क्स के वर्ग सम्बन्धी विचार को स्वीकार किया है, उस हद तक पार्किन ने भी उस विचार का समर्थन किया है (Parkin, 1971; 1979)। वेबर की तरह मार्क्स के इस विचार का उन्होंने भी समर्थन किया है कि सम्पत्ति पर प्रभुत्व या उत्पादन के साधनों पर नियन्त्रण के आधार पर वर्ग का निर्माण होता है। पर पार्किन ने यह कहा है कि सम्पत्ति बहुत सारे कारकों में से एक कारक मात्र है।

पार्किन ने अपनी वर्ग सम्बन्धी विचारधारा को स्पष्ट करने के लिए **सामाजिक संवरण (Social Closure)** की अवधारणा दी है। उन्होंने बताया है कि मात्र सम्पत्ति के आधार पर ही हम दूसरे लोगों पर प्रभुत्व नहीं स्थापित करते हैं, बल्कि प्रजाति, भाषा और धर्म के आधार पर भी समाज में सामाजिक संवरण पैदा होता है, अर्थात् इसके आधार पर हम समाज में अपना अधिक नियन्त्रण ही नहीं रखते, बल्कि कुछ लोगों को विशेष प्रकार के अधिकारों या सुविधाओं से वंचित भी रखते हैं। सभी व्यक्तियों को समान अधिकार या जीवन की सुविधा हो, ऐसा कोई नहीं चाहता है। जैसे इंग्लैण्ड और अमरीका में प्रजाति के आधार पर गोरे लोग सामाजिक संवरण (Social Closure) का निर्माण

करते हैं। जीवन के विभिन्न क्षेत्रों में गोरे लोगों का समाज पर काले लोगों की तुलना में अधिक प्रभाव और नियन्त्रण है। उन्हें बहुत तरह के अधिकारों या सुविधाओं से जान-बूझकर वंचित रखा जाता है। अच्छी शिक्षण संस्थानों में पढ़ने या किसी उच्च पद पर पहुँचने का समान अधिकार व्यवहार में प्राप्त नहीं है। भारत में भी धर्म और जाति के आधार पर सामाजिक संवरण का स्वरूप स्पष्ट दिखाई पड़ता है। उच्च जातियों का दलितों एवं पिछड़ी जातियों की तुलना में सामाजिक एवं राजनीतिक जीवन में कुछ ज़्यादा ही प्रभाव रहा है। नौकरी प्राप्त करने या किसी सेवा में आगे बढ़ने के समुचित अवसर से उन्हें वंचित रखा जाता रहा है। इसी का नतीजा है कि आज भी भारतीय विश्वविद्यालयों में 90 प्रतिशत से भी ज़्यादा प्रोफेसर उच्च जाति के हैं। अत: हम कह सकते हैं कि सम्पत्ति के अलावा, जाति, प्रजाति, धर्म एवं भाषा के आधार पर भी समाज में वर्गों का या सामाजिक स्तरण का निर्माण होता है।

पार्किन ने बताया है कि पेशे के आधार पर भी वर्ग का निर्धारण होता है। उन्होंने पेशागत संरचना को वर्ग संरचना की रीढ़ (Backbone of the class structure) माना है। यदि किसी पेशे के लिए बहुत उच्च स्तरीय योग्यता की आवश्यकता है और उसके लिए बहुत कम लोग उपलब्ध हैं तो ऐसे पेशे के लिए पारितोषिक अधिक होता है। फलस्वरूप उन्हें समाज की उच्च श्रेणी में रखा जाता है। ठीक इसके विपरीत यदि किसी पेशे के लिए बहुत लोग उपलब्ध होते हैं तो पारितोषिक कम मिलता है और समाज में उसे निम्नस्तर पर रखा जाता है। समय और परिस्थितियों के अनुसार पेशों के महत्त्व में कमी-वेशी होती रहती है और उसी के अनुसार स्तरण के अन्तर्गत उन पेशों की श्रेणियों में बदलाव आता रहता है। एक समय था जब I.C.S. की नौकरी या वकालत का पेशा भारत में अव्वल दर्जे का माना जाता था। आज़ादी के बाद के दिनों में इन पेशों के महत्त्व में काफी गिरावट आयी है। प्रशासनिक एवं पुलिस सेवाओं के अलावा आज समाज में उन पेशों का महत्त्व अधिक है जिन पेशों में घूसखोरी या ग़लत आमदनी की सम्भावना काफी अधिक होती है, जैसे– राजनीति, व्यापार, उद्योग इत्यादि।

सामाजिक स्तरण के प्रकार्य एवं दुष्प्रकार्य (Functions and Dysfunctions of Social Stratification)

जॉनसन (H.M. Johnson, 1983: 512–549) ने स्तरण के कई प्रकार्यों एवं दुष्प्रकार्यों की चर्चा की है, जो इस प्रकार हैं–

प्रकार्य (Functions)

1. जॉनसन ने बताया है कि स्तरण लोगों को जीवन में कठिन-से-कठिन काम करने के लिए प्रेरित करता है। समाज में साधारण-से-साधारण व्यक्ति यही चाहता है की वह समाज के ऊँचे स्तर पर पहुँचे जिसके लिए उसे स्वाभाविक रूप से कठिन परिश्रम करना होता है। किसी उपलब्धि के अभाव में निम्न एवं मध्यम स्तर का व्यक्ति कभी भी उच्च श्रेणी को प्राप्त नहीं कर सकता है।
2. समाज में व्यक्तियों की बहुत सारी आवश्यकताएँ होती हैं और उसी के अनुसार विभिन्न किस्म के पेशों की व्यवस्था होती है। इस तरह से समाज में श्रम-विभाजन को बढ़ावा मिलता है। लोग अपने गुणों एवं योग्यता के आधार पर अपने कार्यों का निष्पादन करते हैं। इस प्रकार स्तरण समाज में व्यक्ति की ज़रूरतों को पूरा करने में मदद करता है।
3. विभिन्न पदों के लिए विभिन्न प्रकार के पुरस्कार (Rewards) की व्यवस्था होती है। जो लोग बहुत अच्छा काम करते हैं समाज उनकी प्रशंसा करता है एवं उन्हें ऊँचे-से-ऊँचा स्थान देकर अधिक-से-अधिक सम्मान देने की कोशिश करता है। महात्मा गाँधी को 'राष्ट्रपिता', वल्लभभाई पटेल को 'सरदार', डॉ. राजेन्द्र प्रसाद को 'देशरत्न', जय प्रकाश जी को 'लोकनायक' इत्यादि सम्मानजनक उपाधि कुछ ऐसे ऐतिहासिक उदाहरण हैं, जिससे यह सीख मिलती है कि हम सभी को अच्छे-से-अच्छा काम करना चाहिए।

4. कुछ समाजशास्त्रियों का कहना है कि स्तरण के द्वारा समाज में सहयोग को बढ़ावा मिलता है। चूँकि स्तरण का आधार व्यक्तियों की वस्तुनिष्ठ उपलब्धि होती है, इसीलिए विभिन्न वर्गों के लोग एक-दूसरे के साथ सहयोग करने की कोशिश करते हैं। लोगों को इस बात का संतोष रहता है कि उससे ऊपर स्तर का व्यक्ति उनसे ज़्यादा योग्य एवं सक्षम है। यदि लोग मनमाने ढंग से समाज में उच्च श्रेणी में स्थापित होने की कोशिश करें तो समाज में क्षोभ और संघर्ष की स्थिति बनी रहेगी। समाज सुचारु रूप से नहीं चल पायेगा।
5. स्तरण के द्वारा समाज में शक्ति सन्तुलन बना रहता है। जिन लोगों के पास जितना अधिक अधिकार होता है वे उतने ही ऊँचे पदों पर होते हैं। प्रभावशाली व्यक्तियों की यही कोशिश होती है कि समाज में ग़लत लोगों का दबदबा इतना अधिक न बढ़े कि अराजकता की स्थिति उत्पन्न हो। वे ग़लत काम करने वालों का हर सम्भव विरोध करते हैं। शक्तिशाली लोग सामान्य लोगों पर मात्र नियन्त्रण ही नहीं रखते, बल्कि समाज को दिशा-निर्देश देने का भी काम करते हैं।
6. स्तरण के द्वारा लोगों में उत्तरदायित्व की भावना का विकास होता है। जो लोग समाज में उच्च श्रेणी के माने जाते हैं वे अपनी यथास्थिति बनाये रखने के लिए समाज में बेहतर-से-बेहतर काम करना चाहते हैं। कोई भी व्यक्ति यह कभी नहीं चाहता है कि उसके पद और सुविधा में कोई कमी आये। अपने पद को बनाये रखने के लिए वे लोग स्वाभाविक रूप से अपने कर्तव्यों का निर्वाह अच्छे-से-अच्छे ढँग से करने की पूरी कोशिश करते हैं।
7. स्तरण के द्वारा व्यक्तियों की स्थिति एवं भूमिका (Status and Role) का निर्धारण होता है। व्यक्तियों की सामाजिक स्थिति के आधार पर उसकी भूमिकाओं का निर्धारण होता है। समाज मुख्य रूप से इन्हीं स्थितियों एवं भूमिकाओं के आधार पर निर्मित हुआ है। इन दोनों के अभाव में आधुनिक समाज वर्तमान स्थिति में कभी नहीं पहुँच पाता।
8. स्तरण के द्वारा सामाजिक परिवर्तन भी सम्भव होता है। स्तरण के अभाव में सामाजिक गतिशीलता (Social Mobility) की कल्पना नहीं की जा सकती है। चूँकि व्यक्तियों के जीवन में गतिशीलता की कुछ सम्भावना होती है इसीलिए प्रत्येक व्यक्ति आगे बढ़ने की कोशिश करता है। इस तरह कहा जाता है कि स्तरण परिवर्तन को प्रोत्साहित करता है। इसी प्रक्रिया के चलते सामाजिक प्रगति भी होती है। दलित एवं पिछड़ा वर्ग के लोग समाज में ऊपर उठने के लिए हमेशा कोशिश करते हैं चूँकि हिन्दू सामाजिक व्यवस्था में उनके स्थान निम्नस्तर के रहे हैं। उनका परम्परागत निम्नस्तर उन्हें ऊपर उठने के लिए प्रेरित करता है।
9. स्तरण के कारण ही समाज में एक किस्म की संरचना दिखलाई पड़ती है। विभिन्न व्यक्तियों के बीच सम्बन्धों का निर्धारण स्तरण के नियमों से होता है। स्तरण समाज में एक **सोपानिक व्यवस्था (Hierarchical Order)** पैदा करता है। किसी व्यक्ति को किसी अच्छे काम के लिए कितना पुरस्कार या ग़लत काम करने के लिए कितना दण्ड मिलना चाहिए यह स्तरण के द्वारा ही निर्धारित होता है। इस तरह स्तरण सामाजिक संरचना को स्थिर बनाये रखने में मदद करता है। इसे तकनीकी भाषा में **प्रतिमान या प्रतिरूप अनुरक्षण (Pattern Maintenance)** का प्रकार्य कहा जा सकता है।
10. हर समाज के अपने कुछ आदर्श एवं मूल्य होते हैं। उन आदर्शों और मूल्यों को प्राप्त करने के लिए ही समाज ने स्तरण को जन्म दिया है। यदि बहुत अच्छे या जोखिम भरे कार्य के लिए विशेष पुरस्कार नहीं मिले तो कोई भी व्यक्ति उस काम को करने के लिए प्रेरित नहीं होगा। उसी तरह समाज विरोधी व्यक्तियों को सज़ा नहीं मिले तो वे हमेशा समाज में मूल्यों के विरोध में ग़लत कार्य करना चाहेंगे।
11. स्तरण के द्वारा समाज में प्रतिस्पर्द्धा और संघर्ष दोनों को बढ़ावा मिलता है। यह दो ऐसी चीजें हैं, जिसके अभाव में न तो व्यक्ति और न ही समाज विकसित हो सकता है। आधुनिक समाज विकास की जिस वर्तमान अवस्था में पहुँचा है उसके पीछे प्रमुख कारण प्रतिस्पर्द्धा एवं संघर्ष है।

दुष्प्रकार्य (Dysfunctions)

स्तरण का हमेशा प्रकार्यात्मक महत्त्व ही नहीं होता, बल्कि कभी-कभी यह सामाजिक संरचना में अस्थिरता भी उत्पन्न करता है, जिससे व्यक्ति और समाज दोनों को विभिन्न प्रकार की परेशानियों का सामना करना पड़ता है। कभी-कभी स्तरण दुष्प्रकार्यात्मक होकर भी समाज के लिए लाभकारी या हितकर साबित होता है। भारतीय सामाजिक संरचना के सन्दर्भ में तो स्तरण के दुष्प्रकार्यों की अपनी अलग महत्ता है। कोई भी स्तरण किसी समाज के लिए कितना प्रकार्यात्मक या दुष्प्रकार्यात्मक है यह प्राय: इस बात पर निर्भर करता है कि सामाजिक संरचना का स्वरूप कैसा है। स्तरण के प्रमुख दुष्प्रकार्य इस प्रकार हैं–

1. स्तरण के द्वारा समाज में निष्क्रियता की भावना को बढ़ावा मिलता है। जो लोग समाज के उच्च वर्ग में होते हैं वे साधारणतया सन्तुष्ट हो जाते हैं, चूँकि उससे आगे जाने की बात नहीं होती है। उनके वैयक्तिक गुणों में कमी आती है। उपलब्धियों के मुताबिक भूमिकाओं एवं गुणों में कमी आती है। इस तथ्य की पुष्टि पारेटो के विशिष्टवर्ग या सम्भ्रान्तवर्ग परिभ्रमण (Circulation of Elites) के सिद्धान्त से भी होती है। यदि उच्च श्रेणी के लोग निष्क्रिय नहीं हों, तो उनके नीचे गिरने का भय ही नहीं रहेगा।
2. स्तरण के द्वारा वर्ग चेतना का विकास होता है, क्योंकि एक वर्ग में दूसरे वर्ग के प्रति पक्षपात की भावना होती है। चूँकि उच्चवर्ग एवं निम्नवर्ग के बीच का सम्बन्ध शोषण पर आधारित होता है, इसलिए स्तरण के द्वारा स्वाभाविक रूप से वर्ग-संघर्ष को बढ़ावा मिलता है। चूँकि वर्ग के आधार पर समाज में संघर्ष होता है, इसीलिए कार्ल मार्क्स स्तरण के विरोधी थे। मार्क्स के अनुसार शोषण मुक्त समाज के लिए स्तरण मुक्त समाज होना नितान्त आवश्यक है। समाज चाहे वर्ग पर आधारित हो या जाति पर, समाज में ऊपरी तबके के लोग निचले तबके के लोगों का शोषण करते रहे हैं। मार्क्स ने तो आर्थिक शोषण की बात कही है, जाति-व्यवस्था के अन्तर्गत निम्न जाति के लोगों का आर्थिक, सामाजिक, मनोवैज्ञानिक एवं राजनीतिक शोषण भी होता रहा है।
3. स्तरण के द्वारा समाज में निराशा और असंतोष की भावना फैलती है। जो लोग निम्न श्रेणी के हैं वे यह मानते हैं कि मेहनत के आधार पर हमेशा आगे बढ़ना कठिन काम है। लोग यही मानकर जीना पसन्द करते हैं कि मेरे भाग्य में जो लिखा था वही मिला। व्यक्ति इतना निराशावादी हो जाता है कि हाथ-पर-हाथ रखकर भाग्य के भरोसे बैठ जाता है।
4. स्तरण समानता का घोर विरोधी है। स्तरण का सिद्धान्त यह कभी स्वीकार नहीं करता कि समाज में सभी लोग बराबर हों। स्तरण का सिद्धान्त असमानता पर आधारित सिद्धान्त है। डेविस तथा मोर ने अपने स्तरण के सिद्धान्त के सन्दर्भ में यह प्रमाणित करने का प्रयास किया है कि इसका स्वरूप हमेशा प्रकार्यात्मक होता है। यह एक यथार्थ विरोधी सत्य है।
5. स्तरण एक व्यक्तित्व विरोधी संरचना है। इसके कारण यदि कुछ लोग मेहनत या छल-प्रपंच से समाज में ऊपर उठने में सफल होते हैं, तो ठीक इसके विपरीत बहुतों को हतोत्साहित या जीवनभर निराशा की जिन्दगी बितानी पड़ती है। निम्नवर्ग के बहुत-से लोगों के बीच हीनता का मुख्य कारण सम्भवत: यही है। इस प्रयास में बहुतों के व्यक्तित्व का विघटन भी होता है। खुले समाज में तो उतनी अधिक निराशा भले ही न हो, पर भारत जैसे बन्द समाज में, जहाँ स्तरण का मुख्य आधार जाति रहा है, पिछड़ों एवं दलितों के व्यक्तित्व के विकास में काफी बाधा पहुँची है। यह सर्वविदित है कि जाति-व्यवस्था ने लाखों-करोड़ों पिछड़ों और दलितों का गला घोटने का काम किया है। अमरीका जैसे खुले समाज में भी ग़ैर-गोरी दुनिया के लोगों के साथ अन्याय कोई कम नहीं होता है। समाज में व्याप्त अन्याय के कारण बहुतों को चोरी, डकैती एवं विभिन्न प्रकार के आपराधिक कार्यों का सहारा लेना पड़ता है। कुछ लोग तो जीवन में इतना अधिक निराश हो जाते हैं कि वे पागल हो जाते हैं या फिर आत्महत्या कर लेते हैं।

अन्त में, हम यहाँ यही कह सकते हैं कि स्तरण से जहाँ कुछ लोगों के जीवन में आशा के दीप जलते हैं वहीं अधिकांश लोगों को निराशा और परेशानियों का शिकार होना पड़ता है। समाज में उच्च और मध्यवर्ग के लोगों के लिए स्तरण की व्यवस्था लाभकारी तो है, पर निम्न श्रेणी के लोगों के लिए, जिनकी संख्या हर एक समाज में सबसे अधिक होती है, स्तरण की व्यवस्था निश्चित रूप से दुष्प्रकार्यात्मक ही साबित होती है। किंगज्ली डेविस एवं विल्बर्ट मोर जैसे समाजशास्त्रियों ने स्तरण के प्रकार्यवादी सिद्धान्त के माध्यम से स्तरण के दुष्प्रकार्यात्मक पहलू को छिपाने का एक षडयंत्र किया है। असमानता पर आधारित सामाजिक व्यवस्था कभी भी शान्तिमय एवं स्वस्थकर नहीं हो सकता है। वैसे समाज में हमेशा संघर्ष और अशान्ति की स्थिति स्वाभाविक रूप से बनी रहेगी।

REFERENCES

Abercrombie, Nicholas *et al.*, **The Penguin Dictionary of Sociology**, London: Penguin Books, 1994.

Davis, K. and Moore, Wilbert E. 'Some Principles of Stratification', in Bendix, R. and Lipset, S.M. (Eds.) **Class, Status and Power**, London: Routledge & Kegan Paul, 1966.

Ghurye, G.S., **Caste and Class in India**, Bombay: Popular Book Depot, 1950.

Giddens, Anthony, **Sociology**, Cambridge: Polity Press, 1998.

Haralambos, Michael, **Sociology: Themes and Perspectives,** Delhi: Oxford University Press, 1989.

Johnson, Harry M., **Sociology**, New Delhi: Allied Publishers Private Limited, 1983.

Karve, Iravati, **Hindu Society: An Interpretation**, Poona: Deccan College, 1968.

Marshall, Gordon *et al.*, **Social Class in Modern Britain**, London: Hutchinson, 1988.

Parkin, Frank, **Class, Inequality and Political Order,** London: McGibbon and Kee, 1971.

——, **Marxism and Class Theory: A Bourgeois Critique,** London: Tavistock, 1979.

Parsons, Talcott, **Essays in Sociological Theory**, New Delhi: Light and Life Publishers, 1975.

Sorokin, P.A., **Social Mobility,** New York: Harper Brothers, 1927.

Spencer, Metta, **Foundations of Modern Sociology**, New Jersey: Prentice-Hall, Inc., 1976.

Srinivas, M.N., **Caste in Modern India and Other Essays**, Bombay: Asia Publishing House, 1962.

Tumin, M.M., **Social Stratification: The Forms and Functions of Social Inequality**, Englewood Cliffs: Prentice-Hall, 1967.

Wright, Burton II *et al.*, **Perspective: An Introduction to Sociology**, Hinsdale, Illinois: The Dryden Press, 1975.

Wright, Erik Olin, **Class Crisis and the State,** London: New Left Books, 1978.

——, **Classes,** London: Verso, 1985.

14

संस्कृति
(Culture)

कभी-कभी हम किसी व्यक्ति को अधिक सुसंस्कृत (Cultured) कहते हैं, तब इससे हमारा अभिप्राय यह होता है कि उस व्यक्ति में कुछ ऐसे विशिष्ट गुण हैं, जो उसे दूसरों से अलग करते हैं, जैसे- उसकी बोल-चाल, आचार-व्यवहार, साहित्य, संगीत या चित्रकला में निपुणता इत्यादि। यहाँ संस्कृति से अभिप्राय उस व्यक्ति की कुछ निजी विशेषताओं से है। कभी-कभी हम संस्कृति शब्द का प्रयोग सायंकालीन मनोरंजक कार्यक्रम के लिए भी करते हैं। यहाँ संस्कृति से अभिप्राय सौन्दर्य बोध से है, जिसके अन्तर्गत नृत्य, संगीत, नाटक इत्यादि ललित कलाएँ आती हैं। परन्तु मानवशास्त्र और समाजशास्त्र में संस्कृति शब्द का प्रयोग एक विशिष्ट अर्थ में होता है। यहाँ इसका अभिप्राय मानवजाति के रहन-सहन, आचार-विचार, भावनाओं, विश्वास, विचारों एवं विभिन्न प्रकार की उपलब्धियों के समग्र रूप से है।

संस्कृति के दो विशिष्ट पहलू माने जाते रहे हैं, जो आपस में एक-दूसरे से जुड़े हुए हैं। एक ओर संस्कृति मनुष्य की क्षमता, कुशलता, जीवन के आदर्शों एवं प्रतिमानों को बताती है, तो दूसरी ओर वह मनुष्य की भौतिक उपलब्धियों से भी अवगत कराती है, जिनसे मनुष्य अपनी आवश्यकताओं को पूरा करने में सफल हुआ। संस्कृति के कारण ही मनुष्य विकास की प्रक्रिया में अन्य जीवों की अपेक्षा अधिक सफल और विकसित प्राणी है। मनुष्य में परस्पर सहयोग की भावना, अपनी आवश्यकताओं के अनुसार जानवरों को पालतू बनाने या उसका शिकार करने, आस-पास की वनस्पतियों के भोजन, वस्त्र, आवास आदि के रूप में उपयोग, आग की खोज और उसके उपयोग, विभिन्न प्रकार के औजारों एवं उपकरणों के निर्माण, भाषा के निर्माण जैसे कार्यों ने मनुष्य को अपने प्राकृतिक पर्यावरण पर नियन्त्रण रखने में बहुत मदद की है।

मनुष्य को आपसी सहयोग के कारण जंगली जानवरों और बाहरी खतरों से सुरक्षा मिली। औजारों और उपकरणों के प्रयोग से मछली मारने, शिकार करने तथा कृषि कार्य करने में काफी सुविधा हो गयी। आग की खोज से जंगली जानवरों से सुरक्षा मिली। भाषा के द्वारा वह अपने अनुभवों और कौशल का आदान-प्रदान कर सका। संस्कृति के अभाव में मनुष्य इतनी लम्बी विकास-यात्रा तय नहीं कर पाता। बृहत् सन्दर्भ में संस्कृति के प्रमुख घटक (Dimensions) इस प्रकार हैं-

1. **प्रौद्योगिकी**— यह मानव की मूलभूत आवश्यकताओं की पूर्ति के लिए मानवनिर्मित यंत्रों, उपकरणों और शिल्प-कला के सम्बन्ध में बताता है।

2. **आर्थिक संगठन**— उत्पादन को संगठित करने एवं वस्तुओं और कार्यों के वितरण हेतु मनुष्य द्वारा प्रयोग में लायी जाने वाली प्रौद्योगिकी इसमें शामिल है।
3. **राजनीतिक संगठन**— यह विभिन्न प्रकार की व्यवस्थाओं को बनाये रखने की पद्धतियों और उपायों के सम्बन्ध में बतलाता है।
4. **सामाजिक संगठन**— यह सामाजिक तथा व्यक्तिगत सम्बन्धों के बारे में बतलाता है।
5. **विचारधारा**— यह विश्वासों, मान्यताओं, मानवीय चिन्तन तथा आदर्शों के बारे में बतलाता है।
6. **कला**— यह मनुष्य के सौन्दर्य बोध एवं उसके कलात्मक गुणों के सम्बन्ध में बतलाता है।
7. **भाषा**— यह विचारों की संचार के माध्यम के बारे में बतलाती है।

संस्कृति का स्वरूप

संस्कृति के अर्थ के सम्बन्ध में विभिन्न समाजविज्ञानों के बीच, विशेषकर मानवशास्त्र एवं समाजशास्त्र में, थोड़ा अन्तर है। लेकिन मानवशास्त्र के अन्तर्गत कुछ ऐसे भी विद्वान हैं, जो समाजशास्त्रियों की तरह ही संस्कृति को परिभाषित करने का प्रयास करते हैं और समाजशास्त्र में भी कुछ ऐसे लोग हैं, जो संस्कृति को मानवशास्त्रियों की तरह परिभाषित करते हैं। इसके बावजूद, दोनों विषयों के बीच संस्कृति के अर्थ के सम्बन्ध में सामान्य तौर पर परिप्रेक्ष्य का स्पष्ट फ़र्क है। भारतीय पाठकों की दृष्टि से यह विशेष महत्त्व का प्रसंग है, क्योंकि भारतीय समाजशास्त्र में काफी मानवशास्त्री प्रवेश पा गये हैं, जो अक्सर दोनों विषयों को एक ही बनाने का प्रयास करते हैं। इनका मुख्य प्रयोजन अपने-आपको समाजशास्त्री साबित करना है।

मानवशास्त्री संस्कृति को हमेशा समूहवाचक संज्ञा (Collective Noun) की तरह इस्तेमाल करते रहे हैं, जिसके अन्तर्गत मानव-समाज की सारी प्रतीकात्मक एवं सीखी हुई (Symbolic and Learned) चीजों के साथ-साथ ग़ैर-जैविक (Non-biological) चीजें चली आती हैं, जैसे– भाषा, प्रथा, विचार, परिपाटी, विभिन्न प्रकार के ज्ञान एवं विज्ञान, सामाजिक नियम-कानून इत्यादि। यह संस्कृति ही है, जो मानव-समाज को अन्य प्राणियों या **नर-वानरों (Primates)** से अलग करती है। मानवशास्त्र जैसे विषय में संस्कृति की विशेष महत्ता है, क्योंकि मानवशास्त्रियों का मानना है कि मानव का व्यवहार सम्भवत: सबसे अधिक संस्कृति से ही निर्धारित होता है। संस्कृति की तुलना में आनुवंशिक कारकों (Genetic Factor) की महत्ता सबसे कम है। इस विचारधारा ने संस्कृति के सम्बन्ध में बहुत तरह के विचारों को जन्म दिया है।

संस्कृति का अध्ययन समाजशास्त्र के क्षेत्र में भी होता है पर समाजशास्त्र को संस्कृति का विज्ञान नहीं कहा जा सकता। समाजशास्त्रियों को संस्कृति में तभी रुचि होती है, जब संस्कृति के द्वारा सामाजिक संरचना या व्यवस्था में कोई परिवर्तन आता है। चूँकि प्रत्येक समाज में किसी-न-किसी प्रकार की संस्कृति अवश्य पायी जाती है और संस्कृति समयानुसार बदलती रहती है, जिसका प्रभाव समाज पर प्रत्यक्ष या अप्रत्यक्ष रूप से अवश्य पड़ता है। इसी वजह से हम समाजशास्त्र में संस्कृति का अध्ययन करते हैं। समाजशास्त्रियों का उद्देश्य संस्कृति और समाज के बीच के सम्बन्ध का अध्ययन करना होता है। चूँकि संस्कृति का अध्ययन दोनों विषयों में अलग-अलग उद्देश्यों से होता है, इसलिए इसके अर्थ के सम्बन्ध में दोनों विषयों के बीच थोड़ी भिन्नता है, जिसकी चर्चा पहले ही की जा चुकी है।

समाजशास्त्र में संस्कृति के अर्थ को लेकर थोड़ा मतभेद रहा है। मतभेद का बुनियादी कारण यह है कि संस्कृति मुख्य रूप से मानवशास्त्र का विषय है, जहाँ इसकी परिभाषा को लेकर काफी विवाद है। अधिकांश मानवशास्त्रियों ने संस्कृति को बहुत ही व्यापक रूप में परिभाषित किया है, जिस परिभाषा के अन्तर्गत मानवनिर्मित सभी भौतिक और अभौतिक चीजें चली आती हैं। ऐसे मानवशास्त्रियों की संख्या कम है, जो मनुष्य की भौतिक उपलब्धियों को संस्कृति नहीं मानते। चूँकि मानवशास्त्र मानव की संस्कृति का अध्ययन है, इसीलिए मानवशास्त्रियों ने संस्कृति को विस्तृत अर्थ में देखने का प्रयास किया है। साधारणतया मानवशास्त्री मालिनॉफस्की (B. Malinowski) एवं हर्सकोविट्ज

(M.J. Herskovits) की तरह मानवशास्त्र को मानव के कार्य-कलापों एवं उसकी उपलब्धियों के अध्ययन का विषय मानते हैं।

समाजशास्त्रियों ने दूसरी तरफ संस्कृति को थोड़ा सीमित अर्थ में देखने का प्रयास किया है। समाजशास्त्रियों ने सिर्फ मनुष्य की अभौतिक एवं अमूर्त उपलब्धियों को ही संस्कृति के अन्तर्गत रखा है– विशेषकर ऐसी उपलब्धियों को, जिसे समाज के अधिकांश लोग स्वीकार करते हैं या फिर जिसके अनुसार वे व्यवहार करते हैं। समाजशास्त्र के अन्तर्गत अधिकांश विद्वान संस्कृति के इसी पहलू पर ज़ोर देते हैं। ऑगबर्न एवं गिडेन्स जैसे समाजशास्त्रियों की संख्या कम है, जो भौतिक और अभौतिक संस्कृतियों को एक साथ मिलाकर संस्कृति को परिभाषित करने का प्रयास करते हैं। जिसे ऑगबर्न ने भौतिक संस्कृति कहा है, उसी को मकीवर और पेज ने **सभ्यता (Civilization)** कहा है। विद्वानों के बीच संस्कृति की परिभाषा को लेकर मतभेद का दूसरा कारण यह है कि विभिन्न विद्वानों ने अपने देश की प्रचलित विचारधाराओं को आधार मानकर संस्कृति को परिभाषित करने का प्रयास किया है। जैसे– जर्मन समाजशास्त्रियों ने सभ्यता और संस्कृति को अलग करके देखने का प्रयास किया है, तो फ्रांसीसी विद्वानों ने सभ्यता और संस्कृति का एक ही अर्थ में प्रयोग किया है।

समाजशास्त्र के क्षेत्र में ब्रिटिश मानवशास्त्री टॉयलर (E.B. Tylor) द्वारा दी गयी परिभाषा आज भी काफी लोकप्रिय है। जिस किसी ने भी इस विषय पर लिखा है, उसने इस परिभाषा को अवश्य ही उद्धृत किया है– "व्यापक नृजातीय अर्थ में संस्कृति या सभ्यता वह जटिल समग्र है, जिसमें समाज के एक सदस्य के रूप में मनुष्य द्वारा अर्जित ज्ञान, विश्वास, कला, नैतिकता, विधि-विधान, रीति-रिवाज़ के अलावा उसकी अन्य क्षमताएँ एवं आदतें शामिल हैं।"(Culture or civilization, taken in its wide ethnographic sense, is that complex whole which includes knowledge, belief, art, morals, law, custom, and any other capabilities and habits acquired by man as a member of society.— E.B. Tylor, **Primitive Culture**, 1871).

अर्थात् व्यापक नृजातीय अर्थ में संस्कृति या सभ्यता वह जटिल समग्रता है, जिसमें समाज के एक सदस्य के नाते मनुष्य द्वारा अर्जित ज्ञान, विश्वास, कला, नैतिकता, विधि-विधान, रीति-रिवाज़ के अलावा उसकी अन्य क्षमताएँ एवं आदतें शामिल हैं। टॉयलर की परिभाषा से तीन बातें स्पष्ट होती हैं। पहली, सभ्यता और संस्कृति में कोई भेद नहीं है। उन्होंने इन दोनों अवधारणाओं को एक ही अर्थ में प्रयोग किया है। दूसरे, संस्कृति और सभ्यता के अन्तर्गत वे सारी चीजें चली आती हैं, जिसे मनुष्य ने अपनी भौतिक आवश्यकताओं को पूरा करने के लिए बनाया है, जैसे– कला, प्रथा, कानून, ज्ञान, धर्म, नैतिकता एवं काम करने की विभिन्न प्रकार की योग्यताएँ इत्यादि। तीसरे, संस्कृति या सभ्यता के अन्तर्गत वैसी मानवनिर्मित चीजें आती हैं, जो अमूर्त हैं। यहाँ ध्यान देने की बात यह है कि टॉयलर ने मात्र आचरण के नियमों को ही संस्कृति नहीं माना, बल्कि विभिन्न नियमों और आदर्शों के कारण मनुष्यों का जो व्यवहार होता है, उसे भी उन्होंने संस्कृति की ही श्रेणी में रखा है। आज के समाजशास्त्री विशेषकर एच. एम. जॉनसन इसे स्वीकार नहीं करते हैं। कुछ मानवशास्त्रियों ने इस परिभाषा को बहुत व्यापक कहा है, जैसे– क्रोबर एवं क्लकहॉन। इन दोनों मानवशास्त्रियों का कहना है कि "संस्कृति एक ऐसे सामाजिक नियमों एवं आदर्शों का समूह है, जो व्यक्ति के आचरण को निर्धारित करता है।" उन्हीं (Kroeber and Kluckhohn, 1952: 181) के शब्दों में– "संस्कृति व्यवहार के प्रतिरूपों, स्पष्ट तथा अस्पष्ट, के मिलने से बनती है, जो मानवीय समूहों को विशिष्ट उपलब्धियों के रूप में प्रतीकों के द्वारा प्राप्त किया जाता है और हस्तान्तरित होता है।"[1]

ऊपर के विचारों को देखने से यही स्पष्ट होता है कि संस्कृति मानव की ऐसी उपलब्धियों की एक अमूर्त प्रतिमान (Abstract Patterns) है, जो सामाजिक अन्त:क्रिया की प्रक्रिया से विकसित एवं अन्तरित होती रहती है। संस्कृति का

---

1. " Culture consists of patterns, explicit and implicit, of and for behavior acquired and transmitted by symbols, constituting the distinctive achievement of human groups."— A.L. Kroeber and C. Kluckhohn, **Culture: A Critical Review of Concepts and Definitions,** Harvard University Museum, Cambridge, 1952, p. 181.

स्वरूप अमूर्त इस अर्थ में है कि यह व्यक्तियों के व्यवहार में झलकता है, स्वयं नहीं दिखाई पड़ता है, जैसे– भारत में सभी मुसलमान टोपी पहनकर पश्चिम दिशा की ओर नमाज़ पढ़ते हैं, तो हिन्दू स्नानकर चंदन-टीका लगाकर पूरब की ओर मुँह करके ध्यान करते हैं। उसी तरह मुसलमान एक हाथ उठाकर सलाम या बन्दगी करते हैं, तो हिन्दू दोनों हाथ जोड़कर अपना सिर झुकाते हैं या प्रणाम करते हैं। यहाँ ध्यान देने की बात यह है कि यह व्यवहार अपने-आप में संस्कृति नहीं है। जिस सामाजिक प्रतिमान या आदर्श के अन्तर्गत ऐसा व्यवहार किया जाता है, वह संस्कृति है। किसी व्यवहार को संस्कृति (Culture) नहीं, सांस्कृतिक (Cultural) कहा जा सकता है। जॉनसन (Johnson, 1983: 82) के शब्दों में– "व्यवहार बहुत हद तक सांस्कृतिक होता है, लेकिन यह अपने-आप में संस्कृति नहीं है।" (Behavior, then, is to a large extent cultural, but it is not culture.)

यदि संस्कृति के अभौतिक पहलू मात्र को हम संस्कृति मानते हैं तो भी संस्कृति का प्रयोग समाजशास्त्र में मुख्य रूप से दो अर्थों में होता रहा है– सामान्य अर्थ में और दूसरा विशिष्ट अर्थ में। सामान्य अर्थ में संस्कृति को उन विशेषताओं का समग्र रूप कह सकते हैं, जो व्यक्ति के सामाजिक मूल्यों, आदर्शों एवं प्रतिमानों में पाया जाता है। संस्कृति के विशिष्ट अर्थ से अभिप्राय किसी समूह का रहन-सहन, रीति-रिवाज़ और कार्यविधि के समग्र रूप से है, उदाहरणस्वरूप– हिन्दू संस्कृति, चीनी संस्कृति, एस्कीमो संस्कृति इत्यादि।

जॉनसन ने बताया है कि संस्कृति एक ऐसा तथ्य है, जिसे सीखा जाता है, यह कोई सहजात या **स्वाभाविक व्यवहार (Instinctive Behaviour)** नहीं है। यह सीखकर ही समाज में एक पीढ़ी से दूसरी पीढ़ी तक पहुँचायी जाती है। यही कारण है कि किसी भौतिक वस्तु को संस्कृति नहीं माना जाता है।

भौतिक वस्तुओं के साथ सबसे बड़ी कठिनाई यह है कि समय के साथ वे बिलकुल समाप्त हो जाती हैं। उसे एक साथ कुछ ही लोग इस्तेमाल कर सकते हैं, लेकिन अभौतिक वस्तु समाप्त नहीं होती और उसे समस्त समाज एक साथ इस्तेमाल कर सकता है, जैसे– धार्मिक विश्वास, भाषा, नैतिक मूल्य, लोकाचार इत्यादि।

संस्कृति के साथ एक और विशेष उल्लेखनीय बात यह है कि यह समाज में स्वत: समय के साथ संचित होती रहती है। समाज विभिन्न प्रकार के विश्वासों, प्रथाओं, नियम-कानूनों, भाषाओं और ज्ञान का भण्डार होता है। संस्कृति इसी भण्डार के समग्र का एक नाम है। यह समाज को जीवित रखने के लिए नितान्त आवश्यक है। राईट (B . Wright *et al.*, 1975: 64) के शब्दों में– "यह (संस्कृति) संचयी है, यह निरन्तर संकलन से विकसित होती है। संस्कृति मुख्य रूप से मानव अस्तित्व के लिए आवश्यक है।" (It is cumulative, it grows by successive addition. Culture is essential for human existence.)

कुछ विद्वानों ने मानवनिर्मित वस्तुओं को संस्कृति के अन्तर्गत रखा है। इस सम्बन्ध में विद्वानों के बीच विचारों की भिन्नताएँ हैं। इस वैचारिक मतभेद को समाप्त करने के लिए क्रोबर एवं क्लकहॉन ने समाजशास्त्रियों एवं मानवशास्त्रियों द्वारा दी गयी लगभग 160 परिभाषाओं का विश्लेषण किया और उन्होंने पाया कि मात्र 5 समाजशास्त्री एवं मानवशास्त्री ही ऐसे हैं, जो भौतिक संस्कृति को स्पष्ट रूप से संस्कृति का अंग मानते थे (Kroeber and Kluckhohn, 1952)।

अधिकांश विद्वानों का कहना है कि मानवनिर्मित भौतिक चीजें संस्कृति की उपज हैं, वह अपने-आप में संस्कृति नहीं है। भाषा संस्कृति का अंग है, पर पुस्तकों में लिखी गयी भाषा संस्कृति की उपज है। पुस्तक संस्कृति नहीं है। जॉनसन ने स्पष्ट कहा है कि संस्कृति ऐसी चीज है, जिसे हम सीखते हैं। मोटरगाड़ी सीखी नहीं जाती है, जो चीजें सीखी जाती हैं, वे हैं मोटरगाड़ी बनाने या चलाने की विधियाँ। मोटरगाड़ी तो एक प्रकार की हस्तकृति (Artifact) है। संस्कृति तो मस्तिष्क के स्तर पर रहने वाली अमूर्त अवधारणा का नाम है। इसका स्वरूप कभी मूर्त नहीं होता है। लियोनार्डो डा विंची का मोनालिशा (Leonardo da Vinci's Mona Lisa) संस्कृति नहीं है, वह मात्र एक सांस्कृतिक धरोहर है। जब हम किसी वस्तु एवं भौतिक संसाधन को प्राचीन या आधुनिक संस्कृति के नाम से पुकारते हैं, तो हम संस्कृति को बहुत ही व्यापक अर्थ में देखने का प्रयास करते हैं। किसी भौतिक वस्तु में कोई संस्कृति परिलक्षित हो सकती है। भौतिक संस्कृति अपनेआप में संस्कृति नहीं है। भौतिक वस्तु को संस्कृति इसीलिए भी नहीं माना जाता है

कि यह सामाजिक तौर पर एक व्यक्ति से दूसरे व्यक्ति में हस्तान्तरित नहीं होता है। भेंट या उपहार के रूप में हम किसी को कुछ चीज दे सकते हैं, लेकिन ठीक उसी रूप में कुछ दिनों के बाद उसे नहीं लौटाया जा सकता, क्योंकि वह समय के साथ पुराना पड़ जाता है। पर संस्कृति लम्बे समय के बाद उसी रूप में एक व्यक्ति से दूसरे व्यक्ति तक पहुँचायी जा सकती है। कलम या घड़ी बनाने का ज्ञान हम दूसरों को आसानी से दे सकते हैं तथा कोई और व्यक्ति दूसरों को वह ज्ञान उसी रूप में दे सकता है।

भौतिक संस्कृति को संस्कृति न कहे जाने का कारण यह भी है कि भौतिक संस्कृति का एक साथ कई लोग उपयोग नहीं कर सकते हैं। जैसे किसी कलम से एक समय में कोई एक ही व्यक्ति लिख सकता है, किसी गाड़ी को एक साथ कुछ ही लोग इस्तेमाल कर सकते हैं, लेकिन भाषा या धर्म जो संस्कृति है, उसका एक साथ विश्व के सभी लोग प्रयोग कर सकते हैं। यदि चाहें तो दुनिया के सभी लोग एक साथ किसी एक धर्म में विश्वास कर सकते हैं या किसी एक भाषा में सभी लोग विचार-विमर्श कर सकते हैं, अर्थात् संस्कृति वह है जिसका आसानी से एक साथ बहुत लोग उपयोग कर सकते हैं।

अभौतिक संस्कृति, जिसे समाजशास्त्री संस्कृति कहते हैं, जीवन्त या मृत (Living or Dead) हो सकती है। यदि किसी संस्कृति को अधिकांश लोग स्वीकार करते हैं या उसके अनुसार अपना व्यवहार करते हैं, तो वह जीवंत संस्कृति कही जाती है, लेकिन उसे जब कोई नहीं मानता है, तो वह मृत संस्कृति कही जाती है, जैसे– भारत में प्राकृत एवं यूरोप में लैटिन भाषा मृत संस्कृति कही जाती हैं। संस्कृति की यह भी विशेषता है कि मृत संस्कृति को फिर से उसी रूप में जीवित किया जा सकता है, मगर यदि कोई भौतिक वस्तु समाप्त हो चुकी है या पुरानी पड़ गयी है, तो उसे हम उसी रूप में वापस नहीं ला सकते हैं। जॉनसन ने इन्हीं सब कारणों से भौतिक संस्कृति को संस्कृति का अंग मानने से इंकार किया है।

संस्कृति को स्पष्टता से समझने के लिए संस्कृति से जुड़े प्रमुख तत्त्वों को समझ लेना भी ज़रूरी है, जैसे– **संस्कृति विशेषक (Culture Traits)** की अवधारणा। संस्कृति की सबसे छोटी इकाई को लिंटन (R. Linton) ने संस्कृति विशेषक कहा है– "The smallest units of culture are culture traits." संस्कृति विशेषक की सबसे प्रमुख विशेषता यह है कि इसके आगे इसका वर्गीकरण सम्भव नहीं है। किसी व्यक्ति से हाथ मिलाना या किसी को हाथ जोड़कर प्रणाम करना संस्कृति विशेषक का उदाहरण है। Culture Trait को ही कुछ विद्वानों ने **Culture Item** भी कहा है। बहुत सारे संस्कृति विशेषक जब एक साथ मिल जाते हैं, तो उसे **संस्कृति सम्मिश्र (Cultural Complex)** कहते हैं। दूसरे शब्दों में यह सांस्कृतिक विशेषकों का समग्र है। जैसे किसी भी समाज में आदर या प्यार प्रदर्शित करने के अनेक तरीके होते हैं। यदि उन सभी तरीकों को एक साथ मिलाकर देखें और समझें तो उसे संस्कृति समूह कहते हैं। भारतीय ग्रामीण समाज में प्रचलित यजमानी प्रथा संस्कृति समूह का एक अच्छा उदाहरण है। जब हम संस्कृति के बहुत सारे विशेषकों एवं समूहों को एक साथ मिलाकर देखते हैं, तो उसे **संस्कृति प्रतिरूप (Culture Patterns)** कहा जाता है, अर्थात् संस्कृति प्रतिरूप का स्थान संस्कृति की विभिन्न इकाइयों एवं संस्कृति समूहों से ऊपर है। लेस्ली (Leslie, G.R. *et al.*, 1980: 127) के निम्नलिखित विचार से यह तथ्य बिलकुल स्पष्ट हो जाता है– "अगर संस्कृति विशेषक संस्कृति की सबसे छोटी इकाई है और संस्कृति समिश्र आकार में मध्यवर्ती है, तो संस्कृति प्रतिरूप विशेषकों एवं सम्मिश्रों की विशिष्ट जीवन-प्रणाली की सबसे बड़ी व्यवस्था है, जिससे संस्कृति का निर्माण होता है।"[2] कुछ विद्वानों ने Culture Pattern को ही **Culture Configuration** कहा है।

संस्कृति प्रतिरूप के दो स्वरूप हो सकते हैं– **आदर्श संस्कृति प्रतिरूप (Ideal Culture Patterns)** एवं **वास्तविक संस्कृति प्रतिरूप (Real Culture Patterns)**। इसे कुछ उदाहरणों के द्वारा स्पष्ट किया जा सकता है। व्यक्तियों को झूठ नहीं बोलना चाहिए, दुकानदार को तौल में कम या घटिया सामान ग्राहकों को नहीं देना चाहिए, नेताओं का चरित्र

---

2. "If culture traits are the smallest units of culture and culture complexes intermediate in size, culture patterns are the largest organization of traits and complexes in the distinctive way of life that makes up the culture" — G.R. Leslie *et al.*, **Introductory Sociology,** Oxford University Press, New York, 1980, p. 127.

स्वच्छ होना चाहिए, सरकारी काम-काज के लिए कर्मचारियों को रिश्वत नहीं लेनी चाहिए, सत्य और अहिंसा के लिए हमें मर-मिटना चाहिए इत्यादि। ये सभी भारतीय जीवन की आदर्श संस्कृति के प्रतिरूप (Ideal Culture Patterns) हैं। लेकिन व्यवहार में हम अक्सर उलटा ही पाते हैं। लोग बात-बात में झूठ बोलते हैं, दुकानदार अक्सर ग्राहकों को ठगने का प्रयास करते हैं, हम रिश्वत के बिना शायद ही कोई काम कर पाते हैं, जितना सम्भव होता है, राजनीतिक नेता आपराधिक एवं अनैतिक किस्म का काम करते हैं, छोटी-छोटी-सी बातों के लिए हम झगड़ा या मार-पीट करने को तैयार हो जाते हैं, ये तमाम भारतीय जीवन के वास्तविक संस्कृति प्रतिरूप (Real Culture Patterns) के उदाहरण हैं। आदर्श एवं वास्तविक व्यवहार में अक्सर अन्तर पाया जाता है, पर दोनों की अपनी अलग-अलग महत्ता है। आदर्श संस्कृति प्रतिरूप वास्तविक संस्कृति प्रतिरूप पर नियन्त्रण रखने का काम करता है। उन दोनों प्रकार की संस्कृतियों के रहने से एक प्रमुख लाभ यह है कि जब दोनों के बीच दूरी या तनाव बढ़ता है, तो उससे सामाजिक परिवर्तन की स्थिति पैदा होती है। एक तरफ यदि आदर्श संस्कृति वास्तविक संस्कृति पर नियन्त्रण लाने का कार्य करती है, तो वास्तविक संस्कृति आदर्शात्मक संस्कृति को बदलने का प्रयास करती है, अर्थात् समय और परिस्थितियों के अनुसार दोनों एक-दूसरे पर हावी होने का प्रयास करती हैं, जिनसे सामाजिक परिवर्तन सम्भव होता है।

संस्कृति की विशेषताएँ (Characteristics or Attributes of Culture)

मरडॉक (Murdock, 1940) ने विभिन्न समाजों के अध्ययन के बाद संस्कृति की बहुत सारी विशेषताओं की चर्चा की है, जो इस प्रकार हैं–

1. संस्कृति सीखी जाती है (Culture is learned)— संस्कृति आनुवंशिकता के आधार पर एक पीढ़ी से दूसरी पीढ़ी में नहीं जाती है, बल्कि व्यक्ति समाज में रहकर उसे सीखता है। समाजीकरण के द्वारा बच्चे जो अपने माता-पिता, पड़ोसी, संगी-साथी, शिक्षक या किसी अन्य व्यक्ति के संसर्ग में सीखते हैं, वही संस्कृति है। संस्कृति एक ऐसी चीज है, जिसे हम सीखकर ही प्राप्त करते हैं। यह कोई जैविक प्रक्रिया नहीं है। यह मुख्य रूप से सामाजिक एवं मनोवैज्ञानिक प्रक्रिया है, जिसके अन्तर्गत लोगों को विभिन्न प्रकार की जानकारी मिलती है।

2. संस्कृति सम्प्रेषित होती है (Culture is transmitted)— चूँकि संस्कृति सीखी जाती है, इसलिए यह आसानी से एक पीढ़ी से दूसरी पीढ़ी को हस्तान्तरित हो जाती है। हम अपने बच्चों को घर पर या विद्यालयों में विद्यार्थियों को जो ज्ञान देते हैं, तो उसका एकमात्र उद्देश्य ज्ञान को एक पीढ़ी से दूसरी पीढ़ी में हस्तान्तरित करना होता है। आधुनिक मानव-समाज के पास ज्ञान का इतना बड़ा भंडार इस बात का प्रमाण है कि संस्कृति एक पीढ़ी से दूसरी पीढ़ी में हस्तान्तरित हुई है। यही कारण है कि संस्कृति का संचयन सम्भव है। हम पुस्तकों एवं पुस्तकालयों के माध्यम से संस्कृति का अन्तरण एवं संचयन करते हैं। संस्कृति सिर्फ दो पीढ़ियों के बीच ही नहीं हस्तान्तरित होती है, बल्कि संस्कृति का हस्तांतरण एक ही काल में दो भिन्न समाजों के बीच भी सम्भव है।

3. संस्कृति सामाजिक होती है (Culture is social)— मनुष्य की उसी उपलब्धि को संस्कृति माना जाता है, जिसमें समस्त समाज की भागीदारी होती है। यह सही है कि कभी-कभी एक या दो व्यक्ति मिलकर कुछ नयी चीजों की खोज करते हैं, पर जब तक समस्त समाज उसे मान्यता नहीं दे देता, तब तक वह संस्कृति नहीं मानी जाती। जिन चीजों के निर्माण या प्रयोग में समस्त समाज की भागीदारी होती है, उसी को संस्कृति के अन्तर्गत रखा जाता है। जो विचार मात्र एक-दो व्यक्तियों की विशेषता है, वह संस्कृति नहीं मानी जाती है। इसी तथ्य का समर्थन मानवशास्त्री हॉवेल (A.E. Hoebel) के इस विचार से भी होता है कि 'संस्कृति साझे की चीज है।' (Culture is shared.) इसी तथ्य का समर्थन करते हुए बीयरस्टेट (Bierstedt, 1970: 125) ने कहा है कि संस्कृति एक सामाजिक विरासत (Social Heritage) है। यह किसी भी व्यक्ति की चीज नहीं है। इसका विकास एवं संरक्षण समस्त समाज के द्वारा होता है।

4. संस्कृति एक आदर्श के रूप में (Culture is ideal)— समाज जो कुछ भी निर्मित करता है, वे सभी समान महत्त्व के नहीं होते हैं। समाज जिन चीजों को विशेष महत्त्व देता है, उनके अनुसार वह व्यक्तियों के व्यवहार की अपेक्षा रखता है। और वही संस्कृति का आदर्श माना जाता है। हर समाज में कुछ सांस्कृतिक आदर्श होते हैं, जिसे समाज पालन करने के लिए लोगों को प्रत्यक्ष या अप्रत्यक्ष रूप से बाध्य करता है, जैसे– हिन्दू समाज में ब्राह्मणों के द्वारा पूजा-पाठ करना, जनेऊ पहनना, शाकाहारी भोजन करना इत्यादि एक प्रकार के सांस्कृतिक आदर्श हैं, वैसे ही मुसलमानों के बीच रोज़ नमाज़ पढ़ना, सुअर का माँस नहीं खाना, महिलाओं का बुरक़ा पहनना इत्यादि एक किस्म की इस्लामी संस्कृति के आदर्श हैं।

5. संस्कृति तृप्तिदायक है (Culture is gratifying)— मनुष्य की बहुत तरह की जैविक एवं सामाजिक आवश्यकताएँ होती हैं, जैसे– भूख-प्यास, यौन-इच्छा, दोस्ती, प्रेम इत्यादि। इन चीजों की पूर्ति के लिए प्रत्येक संस्कृति अपने सदस्यों से यह अपेक्षा रखती है कि परम्परा से चली आ रही राहों को अपनाकर ही मनुष्य अपनी इच्छाओं की पूर्ति करे। इसी में समाज का हित और व्यक्ति की प्रसन्नता शामिल है। समाज के द्वारा बताये गये रास्ते ही आनन्ददायक हैं, जैसे– हिन्दू समाज में अपनी ही जाति में विवाह करना।

6. संस्कृति में अनुकूलन की क्षमता होती है (Culture is adaptive)— विभिन्न परिस्थितियों में किसी व्यक्ति को कैसे अनुकूलन करना चाहिए, इसका ज्ञान संस्कृति के द्वारा ही प्राप्त होता है। परिस्थितियों में बदलाव के साथ व्यक्तियों के व्यवहार में कैसा बदलाव आना चाहिए या नहीं, इसका ज्ञान लोगों को उसकी संस्कृति से होता है। संस्कृति व्यक्ति को विभिन्न परिस्थितियों में समंजन के लिए रास्ता दिखाती है। यही कारण है कि विभिन्न भौगोलिक क्षेत्रों एवं कालों की अलग-अलग संस्कृति होती है। गर्म देशों की संस्कृति ठण्डे प्रदेशों से भिन्न होती है। उसी प्रकार पहाड़ी प्रदेशों के लोगों की लोकरीतियाँ एवं जीवनशैली मैदानी भागों के लोगों से भिन्न होती हैं।

7. संस्कृति समन्वयकारी होती है (Culture is integrative)— प्रत्येक संस्कृति के अन्तर्गत एकीकरण का भाव पाया जाता है। क्षेत्रीय विभिन्नताओं के बावजूद संस्कृति के विभिन्न तत्त्व लोगों को जोड़ने का काम करती हैं। संस्कृति एक किस्म की एकीकरण की कड़ी के रूप में काम करते हैं। भारत जैसे विशाल देश में इतनी विभिन्नताएँ हैं कि इस सम्बन्ध में जितनी भी बातें कही जायें वे कम हैं। विभिन्नताओं के बावजूद एकता की बात हम इसीलिए करते हैं कि सभी भारतवासियों की एक सामान्य संस्कृति है, जो दुनिया की अन्य संस्कृतियों से भिन्न है।

इन विशेषताओं के अलावा संस्कृति की कुछ अन्य विशेषताएँ भी हैं जिन पर विभिन्न विद्वानों ने प्रकाश डाला है, जो इस प्रकार हैं–

8. संस्कृति अधिवैयक्तिक एवं अधिजैविक होती है (Culture is both Super-individual and Super-organic)[3]— प्रसिद्ध अमरीकी मानवशास्त्री क्रोबर[4] ने संस्कृति की चर्चा करते हुए कहा है कि संस्कृति व्यक्ति एवं सावयवों से ऊपर है। संस्कृति स्वयं मनुष्यों द्वारा निर्मित होती है, पर जब यह निर्मित हो जाती है, तब यह व्यक्तियों से इस अर्थ में ऊपर हो जाती है कि व्यक्ति उसके अनुसार व्यवहार करने लगता है। यह इस अर्थ में अधिजैविक है कि संस्कृति में कोई प्राण नहीं होते हैं। यह बिलकुल स्वतन्त्र, अमूर्त एवं स्पर्शगम्य है। इसके बावजूद, यह इतनी जीवन्त है कि वह समस्त समाज का संचालन करती है।

9. संस्कृति आवश्यकता पूर्ति का साधन है— मानव की अनेक शारीरिक, मानसिक एवं भौतिक आवश्यकताएँ होती हैं। उनकी पूर्ति के लिए ही उसने संस्कृति का विकास किया है। प्रकार्यवादियों, विशेष रूप से मालिनॉफस्की एवं

---

3. **Super-organic** की अवधारणा को ठीक से समझने के लिए यह जानना आवश्यक है कि किसी चीज को हम मुख्य रूप से तीन भागों में विभाजित कर सकते हैं– (1) अजैव (Inorganic)– इसका सम्बन्ध भौतिक विज्ञानों से है; (2) जैव (Organic)– इसका सम्बन्ध जीव विज्ञान या प्राणीशास्त्र से है तथा (3) अधिसावयवी (Super-organic)– इसका सम्बन्ध समाज एवं मानव विज्ञान से है।
4. सर्वप्रथम हर्बर्ट स्पेन्सर ने संस्कृति के सन्दर्भ में अधिसावयवी शब्द का प्रयोग किया था, लेकिन बाद में अमरीकी मानवशास्त्री क्रोबर (A.L. Kroeber) ने इसका प्रयोग अपनी रचनाओं में आगे बढ़ाया।

रैडक्लिफ-ब्राउन, का मानना है कि संस्कृति का कोई तत्त्व बेकार नहीं होता है, बल्कि वह मानव की आवश्यकताओं की पूर्ति करता है। किसी भी सांस्कृतिक तत्त्व का अस्तित्व भी तभी तक बना रहता है, जब तक वह मानव की आवश्यकताओं की पूर्ति करता है। मानव की आवश्यकताओं की पूर्ति के लिए ही समय-समय पर नये आविष्कार होते रहते हैं और वे समय के साथ संस्कृति के अंग बनते जाते हैं।

संस्कृति के तत्त्व (Elements of Culture)

संस्कृति के तत्त्व के सम्बन्ध में विभिन्न विद्वानों के विभिन्न विचार हैं। जॉनसन ने संस्कृति के प्रमुख तत्त्वों को इस प्रकार रखा है–

1. ज्ञानात्मक तत्त्व (Cognitive Elements)— आदिमकाल से लेकर आज तक जितने भी प्रकार के समाज हुए हैं, उन सभी में किसी-न-किसी प्रकार का ज्ञान अवश्य पाया जाता रहा है। ज्ञान के अभाव में मानव-समाज की कल्पना नहीं की जा सकती है। समाज में जितने भी प्रकार के ज्ञान हो सकते हैं, वे सभी संस्कृति के अभिन्न अंग हैं। मानवशास्त्र, समाजशास्त्र, शिक्षाशास्त्र, चिकित्साशास्त्र, अर्थशास्त्र, धर्मशास्त्र एवं विज्ञान के सभी आयामों के जो ज्ञान हैं, वे सभी संस्कृति ही हैं। विभिन्न समाजों के बीच ज्ञान के स्तर पर सिर्फ इतना ही फ़र्क है कि ज्ञान कहीं कम विकसित है, तो कहीं ज़्यादा। इसीलिए ज्ञान संस्कृति का अभिन्न अंग माना गया है। यह ज्ञान ही है, जो मनुष्य को जानवरों से अलग करता है।

2. विश्वास (Beliefs)— प्रत्येक समाज में विभिन्न चीजों के बारे में लोगों के बीच विभिन्न प्रकार के विश्वास पाये जाते हैं। कोई व्यक्ति एक ही देवता या परमात्मा में विश्वास करता है, तो कोई बहुत सारे देवी-देवताओं में विश्वास करता है। कुछ लोग मूर्ति-पूजा में विश्वास करते हैं, तो कुछ लोग इसका विरोध करते हैं। कुछ लोग चाँद को देवता मानते हैं, तो कुछ लोग इसे ब्रह्माण्ड का एक मामूली हिस्सा मानते हैं। समाज में हजारों किस्म के विश्वास पाये जाते हैं। यह कहना बहुत कठिन है कि कौन-सा विश्वास सही है और कौन-सा ग़लत। सभी विश्वास संस्कृति के अंग हैं। प्रत्येक संस्कृति में किसी-न-किसी प्रकार का विश्वास और अन्धविश्वास अवश्य पाया जाता है।

3. मूल्य एवं मानदण्ड (Values and Norms)— प्रत्येक समाज के अन्तर्गत कुछ ऐसे मूल्य होते हैं, जो उस समाज के सदस्यों के जीवन के मुख्य उद्देश्य होते हैं। समाज यह कभी नहीं चाहता कि उसका मूल्य टूटे या बिखरे। कुछ समाजों के मूल्य यह कहते हैं कि चाहे जितनी भी मुसीबतें आएँ, हमें अहिंसा के रास्ते पर ही चलना चाहिए। कुछ सामाजिक मूल्य यह कहते हैं कि अपने धर्म के प्रचार-प्रसार के लिए यदि हमें तलवार या बन्दूक उठाने की भी ज़रूरत है, तो इससे हमें नहीं हिचकना चाहिए। कुछ समाज व्यक्तियों को आगे बढ़ने के लिए हर तरह का रास्ता अपनाने के लिए मज़बूर करता है। कहीं मुक्ति पाना जीवन का उद्देश्य है, तो कहीं मात्र भौतिक सुख पाना ही जीवन का चरम उद्देश्य है।

जीवन के उद्देश्य मात्र को ही मूल्य नहीं कहा जाता है, बल्कि आचरण के नियम को भी मूल्य कहा जाता है। जैसे नियम, जिसे समाज कभी टूटने नहीं देना चाहता है, समाज के मूल्य माने जाते हैं, जैसे– उत्तर भारत में हिन्दू समाज के अन्तर्गत बहुत नज़दीक सम्बन्धियों के बीच विवाह वर्जित है। हिन्दू समाज का एक यह भी मूल्य है कि विवाह निश्चित रूप से अपनी ही उपजाति में होना चाहिए।

प्रत्येक समाज किसी-न-किसी नियम से ही चलता है। समाज में व्यक्तियों के व्यवहार का निर्धारण समाज के द्वारा बने-बनाये नियमों द्वारा होता है। ऐसे ही नियमों को मानदण्ड (Norms) कहा जाता है। मानदण्ड के अभाव में हम समाज की कल्पना नहीं कर सकते हैं। जो लोग मानदण्डों का उल्लंघन करते हैं, उन्हें दण्ड दिया जाता है। जो लोग मानदण्डों का पालन करते हैं, समाज उन्हें पुरस्कृत करता है या शाबाशी देता है। ऐसे ही नियम-कानूनों को विलियम ग्राहम समनर (William Graham Sumner) ने **लोकाचार (Mores)** कहा है।

जॉनसन ने बताया है कि यदि कोई नियम-कानून बहुत उच्च श्रेणी (Higher Order) का है, तो उसे मूल्य कहा जाता है। इन मूल्यों को उन्होंने दो भागों में बाँटा है– **द्वितीयक मूल्य (Secondary Values)** एवं **प्रभावी मूल्य (Dominant Values)**।

साधारणतया भारतीय समाज में अपने माता-पिता का सम्मान करना प्रभावी मूल्य है, तो किसी बड़े-बुजुर्ग का सम्मान करना द्वितीयक मूल्य माना जाता है। मूल्य एवं मानदण्ड समाज की कोई स्थिर व्यवस्था नहीं है। यह परिस्थितियों के अनुसार बदलता रहता है, लेकिन इसमें बदलाव की गति बहुत धीमी होती है। जो एक समाज के लिए मूल्य है, वह दूसरे समाज के लिए मानदण्ड हो सकता है। परन्तु प्रत्येक समाज में कोई-न-कोई मूल्य एवं मानदण्ड निश्चित रूप से पाया जाता है।

4. संकेत (Signs)— संकेत संस्कृति का एक प्रमुख तत्त्व है। हम विभिन्न प्रकार के संकेतों के सहारे अपने विचारों और भावों को दूसरे व्यक्ति तक पहुँचाते हैं। संकेतों के माध्यम से भावों और विचारों का मात्र मनुष्यों के बीच ही आदान-प्रदान नहीं होता, बल्कि इसके द्वारा कभी-कभी पालतू जानवरों तक में भी विचारों का संचार होता है। धर्म एवं कला के क्षेत्र में तो संकेतों का बहुत ही प्रमुख स्थान है। मंदिर, मस्जिद या गिरिजाघरों में जब हम जाते हैं, तो विभिन्न प्रकार के संकेतों के माध्यम से पूजा-अर्चना करते हैं। नृत्य और गायन के क्षेत्र में भी संकेतों का प्रयोग काफी होता है। सामान्य तौर पर मनुष्य अपनी बातों को तीन तरह के संकेतों के माध्यम से प्रकट करता है– (1) मौखिक माध्यम (Oral Medium), (2) लिखित माध्यम (Written Medium) एवं (3) प्रतीक एवं संकेत माध्यम (Symbols and Signals)। हर संस्कृति के अन्तर्गत ऐसी बहुत-सी चीजें देखने को मिलती हैं, जिनका आधार कोई ग्रन्थ नहीं होता, बल्कि मौखिक बातें होती हैं। बहुत प्रकार के लोकगीत, भजन एवं कहानियाँ एक पीढ़ी से दूसरी पीढ़ी सुनकर ही अन्तरित होती रहती हैं। दूसरी तरफ आधुनिक युग में हमारे सारे ज्ञान लिखित होते हैं। लिखित ढँग से कोई व्यक्ति अपनी बात को दूसरे व्यक्ति तक पहुँचाता है। भाषा के विकास के बावजूद प्रत्येक संस्कृति के अन्तर्गत इस ढंग के संकेत होते हैं, जिनके माध्यम से लोग एक-दूसरे के बारे में जान पाते हैं, जैसे– यदि कोई व्यक्ति धोती और जनेऊ धारण कर लाल टीका लगाए हुए है, तो उसे लोग ब्राह्मण या परम्परावादी हिन्दू समझते हैं। यदि कोई व्यक्ति किसी के समक्ष मात्र झुककर हाथ जोड़ता है, तो वह अभिनन्दन का सूचक माना जाता है। प्रत्येक समाज में इस प्रकार के हजारों-हजार संकेत पाये जाते हैं। आदिमकाल में जब जनभाषा का उतना विकास नहीं हुआ था, तो विभिन्न प्रकार के संकेतों एवं प्रतीकों के सहारे लोग अपनी भावनाओं को दूसरों तक पहुँचाया करते थे।

मेटा स्पेंसर (Metta Spencer) ने संस्कृति के तत्त्वों को थोड़ा-सा अलग ढंग से प्रस्तुत किया है, पर बुनियादी तौर पर जॉनसन के उपर्युक्त विचार से बहुत भिन्न नहीं है। वह इस प्रकार है–

1. प्रतीक (Symbols)— जिस चीज से भी कोई स्पष्ट अर्थ निकलता है वे सभी संकेत माने जाते हैं, यही इसकी संक्षिप्त परिभाषा है। मेटा स्पेंसर का कहना है कि संस्कृति हमेशा किसी-न-किसी प्रकार के संकेत के रूप में सुरक्षित रहती है। जैसा इसका स्वरूप कुछ भी हो सकता है, जैसे– किसी प्रकार का हाथ से संकेत, चिह्न, सिगनल, मौखिक या लिखित भाषा इत्यादि। प्रतीक की उपयोगिता सिर्फ इस बात में नहीं है कि इसके माध्यम से संस्कृति का संरक्षण होता है, बल्कि हम प्रतीकों के सहारे अपने भावों और विचारों को भी प्रकट करते हैं और दूसरे व्यक्तियों के भावों और विचारों को जानते हैं।

2. मूल्य (Values)— इसकी चर्चा अलग से नहीं की जा रही है, क्योंकि इसकी चर्चा पहले हो चुकी है। संक्षेप में यहाँ यही कहा जा सकता है कि मूल्य एक उच्च श्रेणी का ऐसा मानदण्ड है, जिसके आधार पर व्यक्तियों का कोई व्यवहार सही या ग़लत माना जाता है। मूल्य एक ऐसा आदर्श (Ideals) है, जिसे समाज के तमाम सदस्य स्वीकार करते हैं। जैसे– अविवाहित लड़कियों को किसी के साथ यौन-सम्बन्ध स्थापित नहीं करना चाहिए, यह दक्षिण-एशिया के देशों का एक महत्त्वपूर्ण सामाजिक मूल्य है।

3. मानदण्ड (Norms)— इसकी भी चर्चा पहले की जा चुकी है इसीलिए इसे यहाँ दोहराने की ज़रूरत नहीं है। संक्षेप में यहाँ यही कहा जा रहा है कि समाज के नियम-कानूनों को मानदण्ड कहा जाता है। यह विश्व के प्रत्येक समाज की विशिष्ट विशेषता है। मेटा स्पेंसर (Metta Spencer, 1976: 55) के शब्दों में– "मानदण्ड ऐसा नियम-कानून है, जो विशिष्ट परिस्थितियों में कैसे व्यवहार करें इसका निर्धारण करता है।" (Norms are rules prescribing how to behave in particular situations.)

4. लोककथा (Folklore)— प्रत्येक समाज में कुछ ऐसी परम्परागत चीजें होती हैं, जो मौखिक स्तर पर जीवित रहती हैं। इसका आधार कोई पौराणिक धर्मग्रन्थ नहीं होता। यह एक पीढ़ी से दूसरी पीढ़ी तक गीतों और कहानियों के माध्यम से चलती जाती हैं। बाद में कभी-कभी किसी समाज में इसका स्वरूप लिखित भी हो जाता है। तोता-मैना की कहानी, बहुत किस्म की भूत-पिशाच, किन्नर, जीन एवं परियों की कहानियाँ भारतीय लोककथा के अभिन्न अंग बन गयी हैं।

5. कानून (Law)— जब समाज के परम्परागत नियम-कानूनों को कुछ सदस्य नहीं मानते हैं तो समाज कानूनों का निर्माण करता है और जो लोग कानून का उल्लंघन करते हैं राज्य उसे सज़ा देता है। जो समाज जितना अधिक विकसित और आधुनिक होगा उस समाज में कानून की उतनी ही अधिक प्रधानता होगी। कानून के माध्यम से व्यक्ति एवं व्यक्तियों के समूह का नियन्त्रण होता है। किसी-न-किसी प्रकार का कानून समाज में हमेशा पाया जाता रहा है, पर कानूनों का स्वरूप विभिन्न समाजों में अपने-अपने ढंग का होता है। जॉनसन ने इस तथ्य की अलग से चर्चा नहीं की है, क्योंकि उन्होंने इसे सामाजिक मानदण्ड एवं मूल्य के अन्तर्गत ही रखा है।

6. विचारधारा (Ideology)— प्रत्येक समाज के अन्तर्गत विभिन्न किस्म की मान्यताएँ पायी जाती हैं। विचारों में विभिन्नता के कारण ही विभिन्न संस्कृतियों एवं समाज के बीच इतने विभेद दिखलाई पड़ते हैं। कोई हिन्दू है, तो कोई मुस्लिम या तो कोई पादरी है। कभी-कभी एक ही धर्म के अन्तर्गत बहुत शाखाएँ देखने को मिलती हैं। ये सभी विभिन्न विचारों के सूचक हैं। विचारों की विभिन्नता सिर्फ धर्म में ही नहीं देखी जाती, यह साहित्य, कला या वैज्ञानिक चिन्तन के स्तर पर भी पायी जाती है।

ऊपर के विवरण से ऐसा लगता है कि जॉनसन एवं मेटा स्पेंसर के विचारों में कोई विशेष फ़र्क नहीं है। दोनों ने लगभग एक ही तथ्य को अलग-अलग ढंग से रखने का प्रयास किया है। दोनों के बीच सिर्फ कुछ शब्दों का हेर-फेर है। भाव लगभग एक ही है। दोनों के विचारों में यह भी समानता है कि उन्होंने भौतिक संस्कृति से सम्बन्धित तत्त्वों को संस्कृति के तत्त्व में नहीं जोड़ा है। अधिकांश समाजशास्त्रियों ने संस्कृति के अन्तर्गत मनुष्य की अभौतिक या अमूर्त उपलब्धियों को ही संस्कृति का अभिन्न अंग माना है। जैसा कि पहले कहा जा चुका है कि अधिकांश मानवशास्त्रियों ने मनुष्य की भौतिक एवं अभौतिक उपलब्धियों को संस्कृति का अभिन्न अंग माना है।

संस्कृति के जैविक आधार (Biological Foundations or Bases of Culture)

यदि शारीरिक अंगों के स्तर पर मनुष्य एवं जानवर के बीच तुलना की जाये तो काफी समानता देखने को मिलती है। जिस ढंग से मनुष्य के शरीर में आँख, कान, नाक, पाचन क्रिया, रक्त संचार आदि की व्यवस्थाएं हैं, ऐसी ही व्यवस्था बहुत सारे जानवरों में भी देखने को मिलती हैं। लेकिन जानवरों के पास कोई संस्कृति नहीं है और मनुष्यों के पास संस्कृति पायी जाती है। दुनिया में व्यक्तियों का कोई भी समूह ऐसा नहीं है, जहाँ किसी-न-किसी प्रकार की संस्कृति न पायी जाती हो। मनुष्यों के साथ ज़रूर कोई खास बात है, जिसके चलते उनके बीच संस्कृति पायी जाती है। मानवशास्त्रियों का मानना है कि जब से मनुष्य उद्विकास के इस स्तर में आया है, तब से संस्कृति पायी जाती है। यहाँ हम यह देखने का प्रयास करेंगे कि मनुष्यों में ऐसी कौन-कौन सी विशिष्टताएँ हैं, जिसके चलते सिर्फ मानवों के बीच ही संस्कृति पायी जाती है।

जॉन डॉवी (John Doby) ने बताया है कि मनुष्यों के बीच संस्कृति उसकी उद्विकासीय प्रक्रिया की उपज है। जैसे-जैसे उद्विकास के दौरान मनुष्यों में परिवर्तन आता गया, वैसे-वैसे संस्कृति का विकास होता गया। यहाँ हम यह देखने का प्रयास करेंगे कि वह कौन-सा जैविक परिवर्तन है, जिसने मानव-समाज में संस्कृति के विकास को बढ़ावा दिया। बर्टन राइट (Burton Wright II) ने संस्कृति के प्रमुख जैविक आधारों को इस प्रकार रखा है–

1. गतिशीलता एवं सीधे खड़े होने की क्षमता (Locomotion and Posture)— मानवशास्त्रियों एवं अन्य उद्विकासीय चिन्तकों का मानना है कि जब मनुष्य चार पैरों की जगह दो पैरों पर सीधा खड़ा होकर चलने लगा, तो धीरे-धीरे संस्कृति के विकास की सम्भावना बनने लगी। सीधे खड़ा होने से उसके आगे के दो अंग हाथ के रूप में स्वतन्त्र हो गये जिससे उसे बहुत तरह के कार्यों को करने का अवसर प्राप्त हुआ। जोजेफ विगर्ट (Joseph Bigert) ने इस सम्बन्ध में कहा है कि मनुष्यों के हाथ संस्कृति के विकास में एक प्रमुख अंग है। उन्होंने हाथ को संस्कृति का एक प्रमुख अवयव माना (An organ for culture) है। हाथों ने मनुष्यों को बहुत प्रकार के उपकरणों को बनाने एवं इस्तेमाल करने में मदद दी जिससे संस्कृति का विकास सम्भव हुआ। रैल्फ बिल्स एवं हैरी हेजर (Ralph Beals and Harry Hoijer, 1956: 63) ने स्पष्ट शब्दों में कहा है कि "संक्षेप में, उपकरण निर्माण सम्भवत: संस्कृति के विकास में पहला कदम था।" (In short, tool making was probably the first step in the development of culture.)

2. दृष्टि (Vision)— संस्कृति का विकास मनुष्यों को मात्र सीधा चलने एवं हाथों के सृजन की बदौलत ही नहीं हुआ, बल्कि उत्तम दृष्टि की भी बहुत महत्त्वपूर्ण भूमिका रही है। दृष्टि के अभाव में मनुष्य के लिए विभिन्न किस्म की प्राकृतिक चीजों को देखना और समझना सम्भव नहीं था। दृष्टि की मदद से मनुष्य विभिन्न चीजों को देखने और पहचानने लगा। विभिन्न प्रकार के रंगों की जानकारी हुई तथा मनुष्य की चिन्तन क्षमता को भी बढ़ावा मिला। दृष्टि तो सभी जानवरों को प्राप्त है, पर विकसित मस्तिष्क के अभाव में मात्र दृष्टि का होना उपयोगी सिद्ध नहीं हो सकता है। चूँकि मनुष्य के पास प्रारम्भ से ही विकसित मस्तिष्क था इसलिए दृष्टि ने मानव मस्तिष्क को काफी चिन्तनशील और खोजी बना दिया।

3. मानव मस्तिष्क (Human Brain)— अन्य जीवों की तुलना में मनुष्य इस रूप में बिलकुल अलग है कि उसका मस्तिष्क काफी विकसित है। विकसित मस्तिष्क ने मनुष्य को कठिन-से-कठिन कार्यों के लिए काफी योग्य और निपुण बनाया है। अन्य जानवरों की तुलना में वह किसी प्रकार के काम को आसानी से सीख सकता है। विकसित मस्तिष्क के कारण ही मानव अन्य जीवों की तुलना में ज़्यादा तेज और सक्षम है। मानव मस्तिष्क ने उसे विभिन्न किस्म के पर्यावरण में समायोजित होने में भी मदद की। मनुष्य विभिन्न किस्म की समस्याओं को समझने व उससे निबटने में सक्षम हुआ। संस्कृति के विकास में मानव मस्तिष्क की भूमिका सम्भवत: अन्य अवयवों की तुलना में सबसे अधिक रही है। मनुष्य आज विकास के जिस स्तर पर पहुँचा हुआ है उसके पीछे यदि एक मात्र कारक कोई है, तो वह है उसका विकसित मस्तिष्क।

सांस्कृतिक विभिन्नता के कारण (Causes of Cultural Variability)

यह प्रश्न कई बार उठा है कि विश्वस्तर पर मनुष्यों के बीच समान प्रकार की संस्कृति क्यों नहीं पायी जाती है? जब हम यह कहते हैं कि मनुष्यों में कुछ खास जैविक गुण हैं जिसके परिणामस्वरूप मनुष्यों के बीच संस्कृति पायी जाती है, लेकिन इस जैविक समानता के बावजूद विभिन्न समाजों में भिन्न-भिन्न प्रकार की संस्कृति पायी जाती है, ऐसा क्यों? इस सम्बन्ध में विभिन्न प्रकार के विचार आये हैं, लेकिन अब तक इस सम्बन्ध में बहुत संतोषप्रद उत्तर नहीं मिल पाया है। रोज़ (Rose, 1974: 75–80) का कहना है कि इस सम्बन्ध में जितने भी विचार आये हैं, उसे हम दो भागों में बाँट सकते हैं– जैविक व्याख्या (Biological Explanation) एवं भौगोलिक व्याख्या (Geographical Explanation)।

जैविक व्याख्या— समान किस्म के जानवर या पंछी समान परिस्थिति में विश्व के हर कोने में समान आचरण करते हैं। इसका मुख्य कारण है जैविक समानता। इस सम्बन्ध में सबसे प्रमुख बात यह है कि पशु-पक्षियों में सहजप्रवृत्तियाँ (Instincts) पायी जाती हैं। दुनिया भर के मनुष्य जैविक स्तर पर एक ही प्रकार के हैं, पर वे समान परिस्थिति में समान व्यवहार नहीं करते हैं। इस सम्बन्ध में बहुत सारे मानवशास्त्रियों का कहना है कि चूँकि मानव प्रजातीय स्तर पर एक नहीं है, अत: उनके व्यवहार भी एक जैसे नहीं हैं। दूसरे शब्दों में मानव-समाज में सांस्कृतिक विभिन्नता का मुख्य आधार प्रजातीय भिन्नता है। बहुत से विद्वानों ने सांस्कृतिक भिन्नता के इस कारण को अस्वीकार किया है।

भारत एवं यूरोप के लोगों के बीच प्रजातीय वर्गीकरण के आधार पर इस बात की समानता है कि वे सभी मूलरूप से Caucasian Race के हैं, लेकिन सांस्कृतिक स्तर पर काफी भिन्नताएँ पायी जाती रही हैं। भारतीय संस्कृति पाश्चात्य संस्कृति से बिलकुल अलग है। अत: यह कहना सही नहीं है कि प्रजातीय स्तर पर भिन्नता के कारण विभिन्न समाजों के बीच सांस्कृतिक भिन्नता है।

प्रजातीय व्याख्या के विरुद्ध एक और तर्क यह भी बनता है कि यदि प्रजातीय कारण से सांस्कृतिक भिन्नता है, तो किसी प्रजातीय समूह के द्वारा दूसरे प्रजातीय समूह की संस्कृति को नहीं अपनाया जाना चाहिए था। विभिन्न प्रजातीय समूहों के बीच सांस्कृतिक भिन्नता हमेशा के लिए बनी रहनी चाहिए थी। प्रजातीय भिन्नता के बावजूद उपनिवेशवाद, विज्ञान एवं प्रौद्योगिकी के परिणामस्वरूप अफ्रीका एवं एशिया के विभिन्न देशों में **पश्चिमीकरण (Westernization)** की प्रक्रिया चली है। प्रजातीय स्तर पर भिन्नता को यदि स्वीकार किया जाये तो विश्वस्तर पर चलने वाली परसंस्कृति-ग्रहण (Acculturation) की प्रक्रिया नहीं चल सकती है।

जैविक व्याख्या को इस आधार पर भी नहीं स्वीकार किया जा सकता है कि लगभग चार पीढ़ी के अन्तराल में (अर्थात् लगभग 100 साल में) व्यक्तियों के जैविक उपकरणों (Biological Equipment) में कोई खास परिवर्तन नहीं आता है, लेकिन 100 साल में संस्कृति में काफी परिवर्तन हो जाता है। इससे भी प्रमाणित होता है कि सांस्कृतिक विभिन्नता की जैविक व्याख्या काफी कमजोर है।

भौगोलिक व्याख्या— दूसरी तरफ कुछ विद्वानों का यह मानना है कि सांस्कृतिक भिन्नता के पीछे भौगोलिक कारण है न कि जैविक। इस विचारधारा को मानने वालों का कहना है कि लोगों की संस्कृति इस बात पर निर्भर करती है कि वह कैसे भौगोलिक परिवेश में रह रहा है। भौगोलिक पर्यावरण का लोगों की आदतों, विचारों एवं जीवनशैली पर सीधा प्रभाव पड़ता है। यही कारण है कि ठण्डे प्रदेश में रहने वाले लोगों की संस्कृति गर्म प्रदेश के लोगों की संस्कृति से भिन्न होती है। उसी प्रकार पहाड़ी लोगों की संस्कृति मैदानी लोगों की संस्कृति से भिन्न होती है। चूँकि अरब में ऊँट एक प्रमुख जानवर है, तो उसके लिए अरबी भाषा में लगभग छ: हजार शब्द हैं, पर जहाँ यह जानवर बिलकुल ही नहीं पाया जाता है वहाँ की भाषा में उसके लिए दो-चार शब्द भी मिलना कठिन है। उसी प्रकार जो लोग समुद्र के किनारे हैं उनके बीच समुद्र के सम्बन्ध में अनगिनत शब्द और विचार हैं, पर जहाँ समुद्र नहीं है वहाँ के साहित्य में इस सम्बन्ध में बहुत ही सीमित शब्द या विचार हैं। इन उदाहरणों से यही प्रमाणित होता है कि भौगोलिक परिस्थिति एवं सांस्कृतिक भिन्नता के बीच सीधा सम्बन्ध है। प्रसिद्ध इतिहासकार ऑर्नोल्ड टॉयनबी (Arnold Toynbee) की पुस्तक **A Study of History** को पढ़ने से भी यही स्पष्ट होता है कि सभ्यता और संस्कृति का भौगोलिक परिस्थिति से सीधा सम्बन्ध है।

जैविक सिद्धान्त की तरह भौगोलिक व्याख्या भी कोई आलोचना मुक्त नहीं है, लेकिन जैविक व्याख्या की तुलना में भौगोलिक व्याख्या ज़्यादा ठोस और यथार्थवादी है। किन्तु भौगोलिक व्याख्या का एक सबसे बड़ा दोष यह है कि इसके समर्थक यह स्पष्ट नहीं कर पाते हैं कि भौगोलिक भिन्नता होते हुए भी कभी-कभी सांस्कृतिक समानता आखिर क्यों पायी जाती है। भौगोलिक भिन्नता तो लगभग एक स्थिर प्रकार की भिन्नता है, लेकिन इस भिन्नता के रहते हुए भी विश्वस्तर पर सांस्कृतिक समानता बढ़ती जा रही है। यही कारण है कि आज हम एक **भूमण्डलीय गाँव (Global Village)** की बात कर रहे हैं। विज्ञान और प्रौद्योगिकी के विकास के परिणामस्वरूप पहले की तुलना में

परसंस्कृति-ग्रहण की प्रक्रिया तेज हुई है। सही अर्थ में सांस्कृतिक विभिन्नता के ये दोनों दृष्टिकोण अपूर्ण हैं। विश्वस्तर पर सांस्कृतिक विभिन्नताएँ एक प्रकार की मानवशास्त्रीय और समाजशास्त्रीय पहेली है। यह पहेली इतनी जटिल है कि जैविक और भौगोलिक व्याख्या एक साथ मिलकर भी सांस्कृतिक विभिन्नता के यथार्थ को स्पष्ट नहीं कर पाती हैं, क्योंकि इस विभिन्नता के कारण अनेक हैं।

संस्कृति के प्रकार्य (Functions of Culture)

संस्कृति का सामाजिक जीवन में विशेष महत्त्व है। संस्कृति समाज की ऐसी उपलब्धि है, जो बहुत हद तक अमर है, इसलिए व्यक्ति और समस्त समाज के जीवन में संस्कृति के विभिन्न प्रकार्य होते हैं। जे.एच. फिक्टर (J.H. Fichter) ने संस्कृति के विभिन्न प्रकार्यों की चर्चा की है, जो इस प्रकार हैं–

संस्कृति एक ट्रेडमार्क (Trade Mark) का काम करती है, इस अर्थ में कि इसके आधार पर हम विभिन्न समाजों के बीच अन्तर स्थापित कर सकते हैं। संस्कृति के स्तर पर दो समाजों के बीच अलगाव ज़्यादा अर्थपूर्ण एवं स्पष्ट लगता है। राजनीतिक स्तर पर दो क्षेत्रों के बीच अन्तर कभी-कभी बहुत स्पष्ट नहीं होता, पर सांस्कृतिक स्तर पर दो समाजों के बीच अन्तर आसानी से स्पष्ट हो जाता है।

संस्कृति विभिन्न लोगों को जोड़ने का भी काम करती है। राष्ट्रीयता की भावना से कहीं ज़्यादा सांस्कृतिक भावना लोगों को जोड़ती है। जब कुछ लोगों के जीवन के मूल्य, प्रतिमान, आदर्श, सामाजिक नियम-कानून एवं लोकगीत समान किस्म के होते हैं, तो समान स्थिति में समान ढंग से आचरण करते हैं। आचरण की एकता लोगों को उद्देश्यपूर्ण ढंग से जोड़ने का काम करती है।

संस्कृति सामाजिक एकता की भावना को पैदा करती है और सामाजिक एकता की भावना से राष्ट्रीय एकता की भावना पनपती है। चूँकि बांग्लादेश की संस्कृति पाकिस्तान की संस्कृति से काफी भिन्न थी, इसीलिए पाकिस्तान के विरुद्ध स्वतन्त्रता का आन्दोलन छेड़कर वहाँ के लोगों ने एक अलग राष्ट्र का निर्माण किया। हाल में ही सोवियत संघ से विभिन्न राज्यों को अलग निकलने का एक कारण यह था कि विभिन्न किस्म की विचारधाराओं और संस्कृति के लोगों को जबर्दस्ती एक राजनीतिक सूत्र में बाँध दिया गया था।

संस्कृति सामाजिक संरचना का आधार मानी जाती है। जिस देश की जैसी संस्कृति होगी वहाँ की सामाजिक संरचना भी वैसी ही होगी। इस्लामी संस्कृति के अन्तर्गत एक से अधिक पत्नियों की पद्धति को मान्यता प्राप्त है, इसीलिए वहाँ बहुपत्नी परिवार का प्रचलन काफी देखने को मिलता है। भारतीय संस्कृति में पुत्र की बहुत महत्ता है, इसीलिए पुत्र के लिए कुछ लोग एक से अधिक विवाह करते हैं, तो कुछ पुत्र की लालसा में बहुत पुत्रियाँ भी पैदा कर लेते हैं। इस तरह से नारियों की सामाजिक स्थिति कोई संतोषप्रद नहीं है। आये दिन महिला बाल-हत्या की घटनाएँ सुनने को मिलती हैं। महिलाओं के साथ परिवार में तथा परिवार के बाहर अक्सर ग़लत सलूक किया जाता है।

संस्कृति का प्रभाव सिर्फ समाज पर ही नहीं पड़ता, बल्कि इसका प्रभाव व्यक्तित्व के विकास पर भी देखने को मिलता है, जैसे– भारत के लोग बहुत ही भाग्यवादी और निराशावादी होते हैं। इसके विपरीत पश्चिमी देशों के लोग भाग्य में कम और मेहनत में कुछ ज़्यादा ही विश्वास करते हैं। भारतीय लोगों की तुलना में वे ज़्यादा उद्यमशील, कर्मठ एवं आशावादी होते हैं। हम अक्सर कुछ लोगों को देखकर यह समझ जाते हैं कि वह व्यक्ति किस समाज या संस्कृति का प्रतिनिधित्व करता है। व्यक्तियों के बीच भिन्नता का आधार सांस्कृतिक भिन्नता है। बंगाली और पंजाबी सिर्फ देखकर ही नहीं, बल्कि वैचारिक अन्त:क्रिया के आधार पर भी पहचाने जा सकते हैं। व्यक्तित्व का विकास हमेशा किसी-न-किसी संस्कृति के सन्दर्भ में होता है, इसीलिए व्यक्तित्व को संस्कृति के प्रभाव से अलग नहीं किया जा सकता है।

संस्कृति के प्रकार

कुछ विद्वानों ने, जैसा कि ऊपर पहले ही कहा जा चुका है, संस्कृति को बहुत ही व्यापक अर्थ में परिभाषित करने का प्रयास किया है। यही कारण है कि उनमें से कुछ लोगों ने संस्कृति के प्रकार की भी चर्चा की है। यहाँ मुख्य रूप से ऑगबर्न (William F. Ogburn) एवं लिंटन (Ralph Linton) द्वारा प्रतिपादित संस्कृति के प्रकारों की चर्चा की जा रही है।

ऑगबर्न ने संस्कृति को दो भागों में विभाजित किया है– **भौतिक संस्कृति (Material Culture)** एवं **अभौतिक संस्कृति (Non-material Culture)**। चूँकि भौतिक एवं अभौतिक संस्कृति के ऊपर सांस्कृतिक विलम्बन के सन्दर्भ में आगे चर्चा की जा रही है, इसलिए इस पर यहाँ अलग से विस्तारपूर्वक चर्चा करने की कोई आवश्यकता नहीं है। भौतिक संस्कृति के अन्तर्गत वे चीजें आती हैं, जिनका मनुष्य स्वयं निर्माण करता है। मानवनिर्मित सभी उपकरण तथा चीजें, जैसे– मकान, मोटर, साईकिल, घड़ी, पुस्तक, कलम, चश्मा आदि भौतिक संस्कृति के अन्तर्गत आती हैं। मनुष्य स्वयं इनका निर्माता होता है तथा उन पर वह अपना नियन्त्रण भी रखता है। प्राकृतिक चीजें, जैसे– नदी, पहाड़, जंगल इत्यादि भौतिक संस्कृति के अन्तर्गत नहीं आते हैं। मानवनिर्मित होने के साथ-साथ भौतिक संस्कृति मूर्त होती है। इसे हम देख भी सकते हैं और छू भी सकते हैं। संस्कृति का दूसरा पक्ष अभौतिक संस्कृति का है, जो अमूर्त होता है। अभौतिक संस्कृति के अन्तर्गत ऐसी चीजें आती हैं, जिनको हम न तो देख सकते हैं और न ही स्पर्श कर सकते हैं। जैसे– धर्म, जनरीतियाँ, रूढ़ियाँ, आचार-विचार, ज्ञान इत्यादि सभी अभौतिक संस्कृति के कुछ उदाहरण हैं। वे बिलकुल अमूर्त और अदृश्य हैं। भौतिक एवं अभौतिक दोनों ही बृहत् संस्कृति के अंग माने जाते हैं। संस्कृति के ये दोनों पक्ष एक-दूसरे से सम्बद्ध होते हैं। समाजशास्त्र के अन्तर्गत ऐसे कई विद्वान हैं, जो भौतिक संस्कृति को संस्कृति कहना स्वीकार नहीं करते हैं। कुछ लोगों ने इसे ही सभ्यता कहकर पुकारा है।

अमरीकी मानवशास्त्री लिंटन ने अपनी पुस्तक **The Study of Man** (1964) में संस्कृति के तीन प्रकारों की चर्चा की है, जो इस प्रकार हैं–

1. सांस्कृतिक सार्वभौम (Cultural Universals)— संस्कृति के कुछ तत्त्व ऐसे होते हैं, जो समाज के सभी सदस्यों के लिए समान रूप से आवश्यक होते हैं और कुछ ऐसे भी तत्त्व होते हैं, जिनमें समाज के कुछ ही सदस्य भाग लेते हैं। ऐसे सांस्कृतिक तत्त्व जो समाज के सभी सदस्यों के लिए समान महत्त्व का है उसे सांस्कृतिक सार्वभौम कहा जाता है। बड़ों की इज्जत करना, झूठ नहीं बोलना, चोरी नहीं करना, ग़रीबों की मदद करना इत्यादि भारतीय सन्दर्भ में सांस्कृतिक सार्वभौम के उदाहरण हैं। सांस्कृतिक सार्वभौम को सभी लोग समान रूप से स्वीकार करते हैं। जो एक संस्कृति के लिए सार्वभौम है, वही दूसरी संस्कृति के लिए भी सार्वभौम हो, यह ज़रूरी नहीं है। जैसे भाषा के स्तर पर विभिन्न सांस्कृतिक समूहों के बीच भिन्नता पायी जाती है, उसी प्रकार वस्त्र एवं आभूषण के स्तर पर विभिन्न समाजों के बीच विभिन्नताएँ पायी जाती हैं। कुछ ऐसे भी सांस्कृतिक तत्त्व हैं, जो लगभग विश्वस्तर पर सांस्कृतिक सार्वभौम के उदाहरण हैं, जैसे– सभी आधुनिक समाज में सहोदर भाई-बहन के बीच विवाह वर्जित है।

2. सांस्कृतिक विकल्प (Cultural Alternatives)— कभी-कभी समाज में किसी विशेष परिस्थिति में एक से अधिक आचरणों को स्वीकृत किया जाता है। जब एक साथ दो या उससे अधिक आचरण किसी परिस्थिति विशेष में समान रूप से स्वीकृत हो तो उसे ही सांस्कृतिक विकल्प कहा जाता है। यह मुख्य रूप से उस समाज की विशेषता है, जहाँ जटिल संस्कृति पायी जाती है। विश्व में ऐसे बहुत समाज हैं जिसका निर्माण विभिन्न प्रकार के समुदायों एवं विशिष्ट प्रकार के सामाजिक समूहों के मिलने से बना है। लोग एक साथ रहते हैं। जैसे समाजों के अन्तर्गत एक ही परिस्थिति के लिए एक से अधिक आचरणों को देखा जाता है और वे सभी सांस्कृतिक स्तर पर स्वीकार किये जाते हैं। वर्तमान अमरीकी समाज इसका एक अच्छा उदाहरण है।

भारत में भी विभिन्न प्रकार की संस्कृतियों का विकास हुआ, इसलिए यहाँ भी एक ही परिस्थिति में एक से अधिक प्रकार के व्यवहारों को स्वीकृति मिली हुई है। जैसे किसी से मिलने पर हिन्दू हाथ जोड़कर प्रणाम करते हैं,

तो मुसलमान एक हाथ उठाकर सलाम करते हैं। जब कोई व्यक्ति किसी से पहली बार मिलता है, तो वह बिहार में प्रणाम से सम्बोधन करता है, तो बंगाल और दिल्ली में नमस्कार से। बिहार में नमस्कार का सम्बोधन साधारणतया दोस्तों के बीच ही चलता है।

इसी तरह पाश्चात्य समाज में कोई व्यक्ति चाहे तो शादी कर सकता है या नहीं भी कर सकता है; कोई धार्मिक रीति से शादी कर सकता है, तो कोई न्यायालय में भी शादी कर सकता है। दक्षिण एशिया के देशों में लड़के विवाह के बाद लड़की के माता-पिता के घर में रह सकता है या लड़के वाले के घर लड़की रह सकती है या फिर दोनों मिलकर बिलकुल अलग ही घरबार बना सकते हैं; विधवा होने के बाद कोई शादी कर सकती है या आजीवन विधवा भी रह सकती है। इस प्रकार जब व्यक्तियों को सांस्कृतिक तत्त्वों का चयन करने की आज़ादी रहती है, तो उसे लिंटन ने सांस्कृतिक विकल्प कहा है। संक्षेप में, समान परिस्थिति में जब किसी चीज को हासिल करने के एक से अधिक तरीके हों या एक से अधिक प्रकार की प्रतिक्रिया या आचरण करने की समाज में मान्यता हो, तो उसे सांस्कृतिक विकल्प कहा जाता है। यह ऐसा विकल्प है जिसे व्यक्ति अपनी इच्छा के अनुसार चयन करता है, लेकिन मान्य सामाजिक नियम-कानूनों की मर्यादा के अन्तर्गत रह कर ही।

3. सांस्कृतिक विशिष्टताएँ (Cultural Specialities)— प्रत्येक बृहत् संस्कृति के अन्तर्गत छोटी-छोटी उप-संस्कृतियाँ पायी जाती हैं, जिनमें समाज के सभी सदस्य समान रूप से भाग नहीं लेते हैं, जैसे– मुस्लिम अपने ढंग से पूजा करते हैं तो हिन्दू या ईसाई किसी और ढंग से। एक समिश्रित संस्कृति वाले समाज में कई विशिष्ट संस्कृति के तत्त्व पाये जाते हैं, जैसे– भारत, अमरीका, ब्रिटेन इत्यादि देशों में विश्व की विभिन्न संस्कृतियों के रूप देखे जा सकते हैं। इसे और भी छोटे स्तर पर भी देखा जा सकता है। समाज के अन्तर्गत विभिन्न छोटे-छोटे समूहों की अलग-अलग उप-संस्कृतियाँ होती हैं। उदाहरणस्वरूप, पेशे के आधार पर समाज में विभिन्न समूह होते हैं, जैसे– डॉक्टर, इंजीनियर, वकील, शिक्षक, बढ़ई, पादरी, पुजारी, नौकरशाह इत्यादि। इन सभी पेशों के अन्तर्गत काम करने या आचरण के कुछ खास-खास तरीके होते हैं। इसी प्रकार की सांस्कृतिक विभिन्नताएँ अन्य स्तरों पर भी देखी जा सकती हैं। प्रत्येक जटिल समाज के अन्तर्गत विभिन्न किस्म के छोटे-मोटे सामाजिक समूह होते हैं और उन समूहों के अन्तर्गत अलग-अलग प्रकार की मान्यताएँ, नियम-कानून, आदर्श, प्रतिमान इत्यादि पाये जाते हैं। लिंटन ने इन्हीं सारी सांस्कृतिक विभिन्नताओं को सांस्कृतिक विशिष्टता कहकर पुकारा है।

कुछ सम्बन्धित अवधारणाएँ (Some Relevant Concepts)

संस्कृति से जुड़ी बहुत सारी अवधारणाएँ हैं जिसके अर्थ के सन्दर्भ में थोड़ा-बहुत मतभेद देखने को मिलता है। विभिन्न विद्वानों ने उसे विभिन्न तरह से रखने का प्रयास किया है। अत: यहाँ हम कुछ प्रमुख समाजशास्त्रीय एवं मानवशास्त्रीय अवधारणाओं की संक्षिप्त चर्चा कर रहे हैं।

1. सांस्कृतिक सापेक्षवाद (Culture Relativism)— उन्नीसवीं सदी तक मानवशास्त्रियों ने किसी एक संस्कृति को दूसरी संस्कृति के सन्दर्भ में विश्लेषित करने का प्रयास किया, जिसे संस्कृति की **नृजातिकेन्द्रित विचारधारा (Ethnocentric View)** कहा जाता है। उन लोगों ने विभिन्न संस्कृतियों के बारे में विभिन्न प्रकार का विचार दिया, जो काफी पक्षपातपूर्ण था। वर्तमान समय में मानवशास्त्र के क्षेत्र में विद्वानों की कोशिश यह हो रही है कि किसी संस्कृति विशेष को उसी संस्कृति के सन्दर्भ में समझा जाये, न कि किसी अन्य संस्कृति के सन्दर्भ में। जब हम किसी संस्कृति का उसी संस्कृति के लोगों के सन्दर्भ में वस्तुनिष्ठ विश्लेषण करते हैं तो उसे **सांस्कृतिक सापेक्षवाद (Cultural Relativism)** कहा जाता है। सांस्कृतिक सापेक्षवाद के आधार पर यह नहीं कहा जा सकता है कि एक संस्कृति दूसरी संस्कृति की तुलना में कितनी अच्छी या खराब है, क्योंकि किसी संस्कृति विशेष के अन्तर्गत कोई चीज अच्छी या बुरी हो सकती है। दो संस्कृतियों के बीच तुलना इसीलिए नहीं होनी चाहिए कि हर एक संस्कृति के

अपने-अपने आदर्श होते हैं। भारत में अगर किसी नवयुवती की विवाह के पूर्व सन्तानोत्पत्ति हो तो उसकी शादी में भारी परेशानी होती है, क्योंकि समाज उसे अच्छा नहीं मानता। पर इसके ठीक विपरीत न्यूगिनी (New Guinea) में अगर किसी कुमारी लड़की को सन्तानोत्पत्ति होती है, तो उसके विवाह की सम्भावना काफी बढ़ जाती है। उसी तरह भारतीय संस्कृति में धोती एवं साड़ी पहनना समाज की परम्परागत मान्यताओं के अन्तर्गत आता है, जबकि उत्तरी ध्रुव (North Pole) के देशों में विभिन्न किस्म के रोंएदार वस्त्र पहनना वहाँ के लिए परम्परा के अनुकूल है। सांस्कृतिक सापेक्षवाद के केन्द्र में मूल विचार यह है कि कोई चीज सही या ग़लत उस संस्कृति की पृष्ठभूमि में ही हो सकती है। जो एक संस्कृति में सही है, वह दूसरी संस्कृति के अन्तर्गत ग़लत भी हो सकता है। मेटा स्पेंसर (Metta Spencer, 1976: 62) के अनुसार सांस्कृतिक सापेक्षवाद यह कहता हैं कि "सभी संस्कृति समान रूप से लाभकारी है।" (All cultures are equally worthwhile.)

2. नृजातिकेन्द्रवाद (Ethnocentrism)— नृजातिकेन्द्रवाद सांस्कृतिक सापेक्षवाद के प्रतिकूल विचारधारा है। यह लगभग हर एक समाज या व्यक्ति में देखने को मिलता है। जब किसी व्यक्ति के मन में यह धारणा हो कि उसकी संस्कृति सबसे अच्छी है और दूसरे की संस्कृति निम्नस्तरीय तो उसे नृजातिकेन्द्रवाद कहते हैं। बहुत सारे मुल्कों में आदिमजाति के लोग यह कहते पाये जाते हैं कि यह देश मूलरूप से उनका है और सभी व्यक्ति बाहरी हैं तो उनकी बातों से नृजातिकेन्द्रित भाव ही परिलक्षित होता है। भारत में पंजाबी अपने को बहुत तेज-तर्रार और कर्मठ मानते हैं। बंगाली, तमिल एवं मलयाली लोग अपने आपको बहुत ही बुद्धिजीवी और सुसंस्कृत मानते हैं। वे अपनी तुलना में अन्य प्रदेशों के लोगों को पिछड़ा मानते हैं। बहुत सारे ग़ैर-बिहारी बिहार को एक पिछड़ा प्रदेश बताकर अपने आपको उन्नतशील एवं विकसित साबित करने की कोशिश करते हैं। ये तमाम नृजातिकेन्द्रित भावना के उदाहरण हैं। लेस्ली (Leslie *et al.*, 1980: 135) ने नृजातिकेन्द्रवाद को निम्नलिखित ढँग से परिभाषित करने का प्रयास किया है– "नृजातिकेन्द्रवाद दूसरी संस्कृति के रीति-रिवाज़ों को अपनी संस्कृति से तुलना करने का कार्य है और जहाँ दूसरों की संस्कृति को स्वाभाविक रूप से घटिया बतलाया जाता है।"[5] अपनी संस्कृति के आधार पर दूसरी संस्कृति को तौलना नृजातिकेन्द्रवाद की प्रवृत्ति है।

इस शब्द का प्रथम प्रयोग विलियम ग्राहम समनर ने किया था। उन्होंने इस शब्द का प्रयोग इस सन्दर्भ में किया था कि एस्कीमो प्रजाति (Eskimo Tribe) के लोग अपने आपको इस दुनिया का मूल व्यक्ति मानते हैं। अपने-आपको कोई मानवजाति का समूह मानव की उत्पत्ति का केन्द्रबिन्दु मान ले, तो यह एक नृजातिकेन्द्रित भावना है। हम जब कभी भी किसी समाज की संस्कृति के लोगों को नीचा दिखाने का प्रयास करते हैं तो हमारा प्रयास अपने-आपको या अपनी संस्कृति को श्रेष्ठ साबित करने का होता है। इस तरह की भावना से दो समूहों के बीच में घृणा और तनाव की स्थिति उत्पन्न होती है। इसके कारण विश्व में बहुत सारे युद्ध भी हुए हैं। द्वितीय विश्वयुद्ध के पीछे हिटलर के मन में यही भावना काम कर रही थी कि वह बहुत ही श्रेष्ठ प्रजाति का प्रतिनिधि है। इस भावना ने हजारों-लाखों यहूदियों का संहार करा दिया। कुछ दिन पहले U.S.S.R. के विघटन में इस भावना की प्रधानता देखी गयी। नृजातिकेन्द्रित भावना साधारणतया अंग्रेजी के इन शब्दों में प्रकट होती है– 'Chosen People', 'Progressive', 'Superior Race', 'True Believers', 'Foreign Devils', 'Infidels', 'Heathen', 'Backward Peoples', 'Barbarians', 'Savages' इत्यादि।

नृजातिकेन्द्रित भावना से यदि दो सांस्कृतिक समूहों के बीच कभी-कभी तनाव होता है, तो इसका प्रभाव अन्तःसमूह के लिए कभी प्रकार्यात्मक भी होता है। इस भावना के आधार पर समूह में आपसी एकता एवं अपनेपन की भावना को बढ़ावा मिलता है। इस भावना के प्रभाव में लोग एक-दूसरे को मदद करने की कोशिश करते हैं।

नृजातिकेन्द्रित भावना के कारण सामाजिक परिवर्तन की प्रक्रिया को बाधा पहुँचती है। जो लोग अपने-आपको श्रेष्ठ और उन्नत मानते हैं वे आसानी से नहीं बदलना चाहते। पर यदि नृजातिकेन्द्रित भावना के कारण दो सांस्कृतिक समूहों में संघर्ष होता है, तो सामाजिक परिवर्तन पर इसका प्रभाव सकारात्मक होता है।

---

5. "Ethnocentrism is the practice of comparing other cultural practices with those of our own and automatically finding those other inferior." (G.R. Leslie, *et al.*, 1980: 135).

3. ग़ैर-नृजातिकेन्द्रित भावना (Xenocentrism)— नृजातिकेन्द्रित भावना के विपरीत एक दूसरी भावना जो होती है उसे ग़ैर-नृजातिकेन्द्रित भावना कहा जाता है। हर एक समाज में कुछ लोग ऐसे होते हैं जो अपने समाज और संस्कृति को घृणा की दृष्टि से देखते हैं और बाहर के समाज और संस्कृति को बेहतर मानते हैं। अपनी संस्कृति को हेय दृष्टि से देखना और दूसरी संस्कृति को उत्कृष्ट मानना ग़ैर-नृजातिकेन्द्रित भावना कही जाती है। पश्चिमीकरण के प्रभाव के कारण भारत में ऐसा अक्सर देखने को मिलता है कि लोग अपने देश की चीजों को हेय दृष्टि से देखते हैं और विदेशी चीजों के प्रति अच्छी भावना रखते हैं। यदि कोई कलम या घड़ी भारत निर्मित है, तो वह अच्छी नहीं माना जाती है, पर यदि उसी चीज पर Made in Japan या USA लिखा रहता है, तो वह अच्छा लगने लगता है। यह ग़ैर-नृजातिकेन्द्रित भावना की उपज है। ठीक इसके विपरीत यदि विदेशी चीजों के प्रति नफरत या दुश्मनागत का भाव हो तो उसे **Xenophobia** कहा जाता है। उगान्डा के राष्ट्रपति जेनरल इदी अमीन जब इसी भावना के शिकार हुए थे तो वहाँ काफी विदेशियों को जानें गँवानी पड़ी और लगभग 80 हजार विदेशियों को उस देश से निष्कासित कर दिया गया था, जिसकी अन्तर्राष्ट्रीय स्तर पर 1970 के दशक में तीखी आलोचना हुई थी।

4. सांस्कृतिक पुनरुत्पादन (Cultural Reproduction)— इस अवधारणा को बोरड्यू (P. Bourdieu, 1973) ने प्रतिपादित किया है। उनका कहना है कि आधुनिक शिक्षा-पद्धति प्रभुत्वसम्पन्न वर्गों की संस्कृति का वाहक एवं पोषक है। आधुनिक शिक्षा के माध्यम से समाज के प्रभावशाली वर्ग के लोग अपनी संस्कृति को समस्त समाज पर लादने का प्रयास करते हैं। शिक्षा संस्थान उनकी संस्कृति के प्रचार-प्रसार का एक सशक्त माध्यम के रूप में काम करते हैं। इस ढंग का विचार ब्रिटिश समाजशास्त्र में 1970 के दशकों में उभरकर सामने आया। अपने देश में यह अक्सर सुनने को मिलता है कि कश्मीर, दक्षिण भारत एवं उत्तर-पूर्व प्रदेश के लोगों पर उत्तर भारत की संस्कृति लादी जा रही है। यह विरोध वहाँ की क्षेत्रीय राजनीति का एक प्रमुख आधार है। इसे सांस्कृतिक पुनरुत्पादन का उदाहरण माना जा सकता है।

5. सांस्कृतिक उद्योग (Cultural Industries)— कुछ विद्वानों का कहना है कि आधुनिक काल में बहुत ऐसे साधन हैं जिनसे लोक-संस्कृति का प्रचार-प्रसार होता है, जैसे— दूरदर्शन, रेडियो, पुस्तक, समाचार-पत्र, संगीत, संग्रहालय, विज्ञापन माध्यम, खेल-कूद संगठन। इस सन्दर्भ में **फ्रैंकफर्ट चिन्तनधारा (Frankfurt School)** के समर्थकों का कहना है कि सांस्कृतिक उद्योगों के द्वारा पूँजीवादी व्यवस्था का प्रचार-प्रसार होता है। उपर्युक्त माध्यमों के द्वारा पूँजीवादी व्यवस्था अपने समर्थन में विभिन्न प्रकार के विचारों का प्रचार-प्रसार कर काफी गहराई में जड़ जमाने का प्रयास करती है।

6. सांस्कृतिक वंचन (Cultural Deprivation)— पाश्चात्य देशों के कुछ अध्ययनों में ऐसा पाया गया है कि मज़दूरवर्ग एवं नृजातीय अल्पसंख्यक (Ethnic Minorities) के बच्चे स्कूली स्तर पर मध्यवर्ग के बच्चों की तुलना में काफी पिछड़ जाते हैं। वे बच्चे स्कूल में उतना अच्छा नहीं कर पाते जितना मध्यवर्ग के बच्चे अच्छा कर पाते हैं। इसी को कुछ विद्वानों ने सांस्कृतिक वंचन की संज्ञा दी गयी है। भारत में दलित या पिछड़े वर्ग के जीवन में सांस्कृतिक वंचन की समस्या अक्सर देखने को मिलती है।

7. ग़रीबी की संस्कृति (Culture of Poverty)— अमेरीकी मानवशास्त्री ऑस्कर लूइस (O. Lewis) ने एक लम्बे समय तक मेक्सिको (Mexico) एवं पोरटो रिको (Puerto Rico) के शहरी समाज का अध्ययन किया जिसके आधार पर उन्होंने ग़रीबी की संस्कृति की अवधारणा का 1950 के दशकों में प्रतिपादन किया। बहुत सारे विद्वानों का कहना है कि लूइस ने जिसे संस्कृति कहा है उसे सही मायने में संस्कृति नहीं कहा जाना चाहिए, क्योंकि जिस संस्कृति की बात वे कह रहे हैं वह बृहत् संस्कृति का एक अंग है। उनकी अवधारणा को अधिक-से-अधिक **ग़रीबी की उप-संस्कृति (Sub-culture of Poverty)** कहा जा सकता है।

लूइस ने बताया है कि ग़रीबी की संस्कृति किसी ग़रीब परम्परागत समाज की विशेषता नहीं है, बल्कि यह पूँजीवादी व्यवस्था पर आधारित विकसित समाज की विशेषता है। इस प्रकार की संस्कृति उस समाज में पायी जाती है, जहाँ पूँजीवादी व्यवस्था के फलस्वरूप बेकारी है। पूँजीवादी व्यवस्था के अन्तर्गत समाज में शोषण, बेकारी, ग़रीबी और निराशा स्वाभाविक रूप से पायी जाती है। यह शहरों की गन्दी बस्तियों (Slums) में विशेष रूप से दिखाई पड़ती

है। अमरीका जैसे विकसित देश में लगभग 20 प्रतिशत लोग काफी ग़रीब हैं। लूइस का कहना है कि जो लोग ग़रीब हैं उनके जीवन का एक अलग प्रतिमान एवं मूल्य होता है। उनके व्यवहार और विचार कुछ ऐसे होते हैं, जिससे उनके भाग्यवादी होने का बोध होता है। वे अपनी मेहनत में कम और किस्मत में कुछ ज़्यादा ही विश्वास करते हैं। वे ऐसा मानकर जीते हैं कि वे आज ग़रीब हैं और आगे भी ग़रीब ही रहेंगे। ग़रीबी ईश्वर प्रदत्त चीज है। इसी ढंग के विचार और वातावरण से प्रभावित होकर अपने बच्चों को उसी ढंग का व्यवहार सिखलाते हैं। वे बच्चे बड़े होकर पुन: अपने बच्चे को वैसा ही संस्कार देते हैं। इस तरह पुश्त-दर-पुश्त ग़रीबी में रहने और जीने की संस्कृति चलती रहती है। ग़रीबी की संस्कृति एक किस्म का **वंचन का चक्र (Cycle of Deprivation)** है। लूइस के इस विचार से ऐसा लगता है कि कोई व्यक्ति ग़रीब इसीलिए है कि वह ग़रीबी की संस्कृति में पलता है। इससे ऐसा लगता है कि ग़रीब व्यक्ति अपनी ग़रीबी के लिए स्वयं जिम्मेवार है। इस विचारधारा का काफी विरोध हुआ है इसीलिए कि यह पूँजीवादी व्यवस्था में अन्धभक्ति को बढ़ावा देता है। किसी की ग़रीबी के पीछे शोषण की भूमिका भी होती है, इसे लूइस ने छिपाने या नकारने का प्रयास किया है। ग़रीबों को उसकी ग़रीबी के लिए हमेशा जिम्मेवार ठहराना यथार्थ को झुठलाने जैसा है।

8. सांस्कृतिक सार्वभौमिक तत्त्व (Cultural Universalism)— संस्कृति के सन्दर्भ में सांस्कृतिक सार्वभौमिक तत्त्व (Cultural Universals) की अवधारणा को समझ लेना भी ज़रूरी है। गिडेंस ने बताया है कि मानव-समाज में विभिन्नताओं के बावजूद कुछ एकता भी पायी जाती है। मानव में कुछ ऐसी विशेषताएँ हैं, जो प्रत्येक समाज में समान रूप से पायी जाती हैं, जिसे उन्होंने सांस्कृतिक सार्वभौमिक तत्त्व कहा है। उनके अनुसार भाषा (Language), पारिवारिक व्यवस्था (Family System), विवाह (Marriage), धार्मिक संस्कार (Religious Rituals), सम्पति का अधिकार (Right to Property) एवं कौटुम्बिक व्यभिचार (Incest Prohibition) इत्यादि प्रमुख सांस्कृतिक सार्वभौमिक तत्त्व हैं। यहाँ यह भी उल्लेख करना ज़रूरी है कि विभिन्न संस्कृतियों के बीच इन तत्त्वों की समानता मोटे तौर पर पायी जाती है। बारीक स्तर पर काफी भेद है, जैसे– दुनिया के हर समाज में भाषा के माध्यम से विचारों को व्यक्त किया जाता है, लेकिन विचारों की अभिव्यक्ति का माध्यम कहीं अंग्रेजी है, तो कहीं जर्मन और तो कहीं हिन्दी। उसी तरह से विवाह हर जगह पाया जाता है, परन्तु विवाह का स्वरूप सभी संस्कृतियों में एक समान नहीं पाया जाता है। ठीक उसी तरह धार्मिक विश्वासों एवं अनुष्ठानों का स्वरूप भी हर समाज में अलग-अलग हुआ करता है। इन्हीं सांस्कृतिक सार्वभौमिक तत्त्वों के कारण विश्वस्तर पर सांस्कृतिक भिन्नताओं के बावजूद मनुष्यों के बीच एकता की भावना का संचार होता है। सांस्कृतिक स्तर पर यदि भिन्नताएँ हैं, तो कुछ समानताएँ भी हैं। यह समाजशास्त्र और मानवशास्त्र के दृष्टिकोण से एक विश्वव्यापी यथार्थ है।

9. उपसंस्कृति (Sub-culture)— हर एक बृहत् संस्कृति के अन्तर्गत कुछ छोटी-छोटी उपसंस्कृतियाँ होती हैं, जैसे– भारत में बंगाली संस्कृति, तमिल संस्कृति, पंजाबी संस्कृति, गुजराती संस्कृति इत्यादि जैसी कई उपसंस्कृतियाँ मौजूद हैं। ये सभी छोटी-छोटी संस्कृतियाँ वृहद् भारतीय संस्कृति की पूरक संस्कृति हैं। जब किसी समाज में बहुत-सारी ऐसी उपसंस्कृतियाँ होती हैं तो ऐसे समाज में राष्ट्रीय एकता में कमी आती है। अक्सर क्षेत्रीय तत्त्व की स्थिति उत्पन्न होती रहती है। उपसंस्कृति एवं मुख्य संस्कृति के बीच जितनी अधिक दूरी होगी राष्ट्रीयता की भावना में उतनी ही कमी होगी। क्षेत्रीयता की भावना को उतना ही अधिक बढ़ावा मिलेगा। जितनी अधिक उपसंस्कृतियाँ भारत में देखने को मिलती हैं, उतनी शायद दुनिया के किसी अन्य देश में देखने को नहीं मिलती। उपसंस्कृति जब कभी मुख्य संस्कृति का विरोधी करती है तो, उसे **प्रतिरोधी संस्कृति (Counter Culture)** कहा जाता है।

लेकिन यह हमेशा ज़रूरी नहीं है कि जहाँ कहीं भी उपसंस्कृति है वहाँ प्रतिरोधी संस्कृति होगी ही। प्रतिरोधी संस्कृति एक किस्म की **चरम उपसंस्कृति (Extreme Sub-culture)** है। प्राय: प्रत्येक समाज में कुछ अन्य प्रकार की भी उपसंस्कृति पायी जाती है, जैसे– युवकों की उपसंस्कृति, मध्यवर्ग के लोगों की उपसंस्कृति, अपराधियों की उपसंस्कृति, सेना के जवानों की उपसंस्कृति इत्यादि।

10. संस्कृति द्वन्द्व (Culture Conflict)— जब दो समूहों या समुदायों के बीच कोई वैचारिक मतभेद या विरोध हो तो उसे 'संस्कृति द्वन्द्व' कहा जाता है। सही मायने में यह अवधारणा एक प्रकार का पदलोप (Ellipis) है इसलिए कि द्वन्द्व दो भिन्न संस्कृतियों के बीच नहीं होता, बल्कि दो भिन्न समाज के लोगों के बीच होता है। मानव के इतिहास में धर्म के नाम पर काफी संघर्ष हुए हैं। यह धर्मयुद्ध या जेहाद संस्कृति संघर्ष का एक उदाहरण है। उसी प्रकार भारत में हिन्दू गौ हत्या का विरोध करते हैं, तो मुसलमान गौ का माँस खाते हैं। गाय हिन्दुओं के लिए एक पवित्र जानवर है, तो सुअर मुसलमानों के लिए एक दोजख या नर्क का जानवर है। उसी प्रकार मुसलमान मूर्त्ति पूजा का विरोध करते हैं, तो हिन्दू मूर्त्ति पूजा में विश्वास करते हैं। ये तमाम संस्कृति द्वन्द्व के उदाहरण हैं। विश्वास, विचार, आदर्श एवं मान्यताओं के स्तर पर दो समाजों के बीच अक्सर संघर्ष या द्वन्द्व की स्थिति बनी रहती है, इसीलिए यह कहा जा सकता है कि संस्कृति द्वन्द्व एक शाश्वत संघर्ष की प्रक्रिया है।

11. संस्कृति क्षेत्र (Culture Areas)— प्रत्येक संस्कृति का एक सीमित भौगोलिक क्षेत्र होता है। जब किसी भौगोलिक क्षेत्र की सामाजिक विशेषताएँ समान होती हैं, तो उसे संस्कृति क्षेत्र कहा जाता है। 1956 एवं 1960 में भारत के कई राज्यों के पुनर्गठन में भाषा की समानता ध्यान में रख कर की गयी है, जिसका मुख्य उद्देश्य सांस्कृतिक क्षेत्र के आधार पर नये राज्यों की स्थापना करनी थी। गुजरात, पंजाब, महाराष्ट्र, केरल, कर्नाटक एवं तमिलनाडु केवल भाषा के आधार पर ही नहीं, बल्कि कुछ पृथक् सांस्कृतिक विशेषताओं के कारण भी अलग हैं एवं इनके बीच स्पष्ट अन्तर है। दक्षिण भारत में द्रविड़ों का क्षेत्र भाषा तथा सगोत्रता पद्धति की दृष्टि से उत्तरी भारत से अलग है। इस प्रकार एक विशाल सांस्कृतिक क्षेत्र में आन्तरिक विविधताएँ भी होती हैं। कभी-कभी एक ही राज्य की सीमा के अन्तर्गत बहुत सारे संस्कृति क्षेत्र होते है, इसीलिए तो हमलोग नगरीय संस्कृति, ग्रामीण संस्कृति, जनजातीय संस्कृति जैसी अवधारणाओं की बात करते हैं। बिहार के अन्तर्गत मिथिला संस्कृति, भोजपुरी संस्कृति, मगधी संस्कृति, संस्कृति क्षेत्र के उदाहरण हैं। कभी-कभी दो या दो से अधिक देशों के बीच विभाजन का आधार राजनीतिक सीमाएँ होती हैं, संस्कृति नहीं। ऐसे अनगिनत उदाहरण हैं जिनसे यह प्रमाणित होता है कि संस्कृति क्षेत्र की सीमाएँ राजनीतिक सीमाओं को पार कर जाती हैं। उदाहरणस्वरूप मध्य-पूर्व एशियाई देशों के बीच विभाजन मुख्य रूप से राजनीतिक है, क्योंकि सभी देशों में समान इस्लामी संस्कृति पायी जाती है। उसी तरह भारत और नेपाल के बीच विभाजन ज़्यादा राजनीतिक है। भाषा को छोड़ अन्य सभी सांस्कृतिक स्तरों पर काफी समानता है।

संस्कृति का विकास (Growth of Culture)

सर्वप्रथम संस्कृति का कब और कहाँ विकास हुआ है, यह एक कठिन प्रश्न है। साधारणतया मानवशास्त्री यही दलील देते हैं कि जब स्त्री-पुरुष साथ रहने लगे, बच्चों का पालन-पोषण प्रारम्भ हुआ, भाषा का विकास होने लगा तब मानव के बीच धीरे-धीरे संस्कृति का विकास होने लगा होगा। ऐसा विश्वास किया जाता है कि संस्कृति का विकास सम्भवत: **प्राज्ञ मानव (Homo-sapiens)** के विकास के साथ-साथ हुआ जिसका काल आज से कोई 50, 000 साल पूर्व का माना जाता है। खैर, जो भी हो संस्कृति मानव की एक बहुत ही प्राचीन उपलब्धि का नाम है। संस्कृति के विकास में दो तरह की प्रक्रियाएँ साधारणतया चलती हैं– **(1) खोज (Invention)** एवं **(2) प्रसार (Diffusion)**।

1. खोज— मानव स्वभाव से एक खोजी प्रकृति का जीव रहा है। सुख-शान्ति एवं बेहतर जीवन के लिए मनुष्य हमेशा कुछ-न-कुछ खोजता रहता है। इसी खोजी प्रवृत्ति के फलस्वरूप मनुष्य के जीवन में भौतिक वस्तुओं का अम्बार लग गया है। एक वह समय था जब मनुष्य जानवरों के शिकार के लिए पत्थर से विभिन्न किस्म के औजार बनाया करता था, आज वही मानव विभिन्न किस्म के अति आधुनिक अणुशक्ति-युक्त औजारों एवं यंत्रों से लैस है। इन दो अवस्थाओं के बीच अनगिनत किस्म की प्रौद्योगिकी का विकास हुआ है। उसी तरह से जीवन के अन्य क्षेत्रों में भी अनगिनत किस्म की खोज हुई है। एक समय वह था जब मनुष्य फल, कन्द एवं कच्चा माँस खाकर जीवित

रहता था तो आज उसके लिए हजारों प्रकार के खाद्य एवं पेय पदार्थ मौजूद हैं। एक वह भी समय था जब वह अपने ज्ञान को मौखिक ढंग से हस्तान्तरित व संचित कर रहा था, तो आज मानव अपने ज्ञान को पुस्तकों व कम्प्यूटरों के सहारे संचित कर रहा है।

2. प्रसार— यह सही है कि खोज ने जितना संस्कृति को बढ़ावा दिया है, उतना प्रसार ने नहीं दिया, लेकिन संस्कृति के विस्तार या विकास में प्रसार की भी अहम भूमिका रही है। विभिन्न संस्कृतियों के आपस में मिलने से भी एक नयी चीज की उत्पत्ति होती है। दो संस्कृतियों के आपस में मिलने की प्रक्रिया को **परसंस्कृति-ग्रहण (Acculturation)** कहा जाता है। किसी ग़ैर-संस्कृति को अपनाना भी **परसंस्कृति-ग्रहण** है। भारत में हिन्दुओं के द्वारा मुसलमानों एवं अंग्रेजों की संस्कृति को अपनाना इसका अच्छा उदाहरण है। बीयरस्टेट (Bierstedt, 1970: 167) ने बहुत सरल शब्दों में कहा है कि "अपने से भिन्न समाज की संस्कृति को ग्रहण करने की प्रक्रिया को परसंस्कृति-ग्रहण कहा जाता है।" (The process of acquiring the culture of a different society from one's own is called acculturation.)

विज्ञान में इतनी अधिक तरक्की हुई है कि आज आसानी से एक जगह से दूसरी जगह संस्कृति का विस्तार हो रहा है। आज एशिया महादेश में बैठे लोग आधुनिक मशीनों के सहारे पश्चिमी देशों की संस्कृति को आसानी से समझ-बूझ रहे हैं। उसी तरह अमरीका एवं यूरोप के लोग अपने देश में बैठे एशिया एवं अन्य महादेशों की संस्कृति को समझ-बूझ रहे हैं। इससे विश्वस्तर पर संस्कृति का विस्तार एवं प्रसार हो रहा है। आज जितनी तेजी से संस्कृति का प्रसार हो रहा है उतनी तेजी से अब से पहले कभी नहीं हुआ था। इसीलिए सम्भव है कि आगे आने वाले दिनों में संस्कृति के विकास की गति और भी ज़्यादा तीव्र हो। इस तरह से आगे आने वाले दिनों में भूमण्डलीय गाँव (Global Village) की अवधारणा की कल्पना साकार हो सकती है।

संस्कृति के निर्धारक (Determinants of Culture)

यह सर्वविदित है कि विश्वस्तर पर सभी जगह एक ही प्रकार की संस्कृति नहीं पायी जाती है। संस्कृतियों में विभिन्नता को लेकर विद्वानों के बीच विभिन्न किस्म के विचार पाये जाते हैं। इस सम्बन्ध में जितने भी विचार या सिद्धान्त अब तक आये हैं वे सभी चार भागों में विभक्त किये जा सकते हैं। पर वे अपनेआप में कोई भी पूर्ण नहीं हैं। वे सभी सांस्कृतिक विभिन्नताओं के पूरक कारक है, अर्थात् किसी एक कारक या सिद्धान्त के आधार पर सांस्कृतिक विभिन्नताओं को नहीं समझ सकते हैं। मेटा स्पेंसर द्वारा दिये गये संस्कृति के निर्धारकों की यहाँ संक्षिप्त चर्चा की जा रही है।

1. प्रजाति (Race)— बहुत सारे मानवशास्त्रियों एवं इतिहासकारों का ऐसा विश्वास रहा है कि विश्वस्तर पर सांस्कृतिक विभिन्नताओं के पीछे प्रजातीय भिन्नता ही मुख्य कारक रही है। उनमें से कुछ लोगों का यह कहना है कि गोरी प्रजाति के लोग ज़्यादा मेधावी होते हैं, इसीलिए उनकी संस्कृति ज़्यादा उन्नत होती है और उसके विपरीत काले लोग प्रजातीय स्तर पर काफी पिछड़े हैं। मंगोल प्रजाति के कुछ विद्वानों का कहना है कि उनकी प्रजाति सबसे अधिक विकसित है तथा उनकी संस्कृति अन्य प्रजाति के लोगों की तुलना में सबसे बेहतर है। प्रजाति पर आधारित संस्कृति सम्बन्धी चिन्तन को-आज लोग स्वीकार करने के लिए तैयार नहीं हैं। विद्वान लोग इसका खण्डन करते हुए यह कह रहे हैं कि प्रजातीय आधार पर कोई संस्कृति ज़्यादा या कम विकसित है, यह ऐतिहासिक दृष्टि से सत्य नहीं दिखाई पड़ता है। एक समय था जब रोम, यूनान एवं मिश्र की सभ्यता काफी विकसित थी। आज उनकी स्थिति दुनिया में वह नहीं है, जो कभी प्राचीनकाल में थी। उसी प्रकार प्राचीन भारत का इतिहास बहुत गौरवशाली रहा है। विश्व के विभिन्न भागों से लोग भारत आना चाहते थे। आज भारत एक ग़रीब राष्ट्र है। यहाँ के लोग शिक्षा एवं जीवनयापन के लिए दूसरे देशों में जाने के लिए हमेशा तत्पर रहते हैं।

2. भौगोलिक पर्यावरण— प्रजातीय सिद्धान्त की तुलना में भौगोलिक सिद्धान्त कुछ अधिक ठोस मालूम पड़ते हैं। विभिन्न देशों के बीच जो सांस्कृतिक भिन्नता है उसका आधार भौगोलिक विविधता है। जो लोग समतल मैदान पर रहते हैं उनकी संस्कृति पहाड़ी लोगों से भिन्न है तथा जो लोग ठण्डे प्रदेशों में रहते हैं उनकी संस्कृति गर्म प्रदेशों से भिन्न है। इस विचारधारा के समर्थकों का कहना है कि जो लोग गर्म प्रदेश में रहते हैं वे सापेक्ष रूप से ग़रीब या पिछड़े हैं। टॉयनबी (Arnold Toynbee) का कहना है कि जिन लोगों को जितनी अधिक प्राकृतिक मुसीबतें उठानी पड़ती हैं वे उतने ही अधिक संघर्षशील और विकासशील होते हैं। इसमें कोई सन्देह की बात नहीं है कि भौगोलिक विभिन्नता के कारण सांस्कृतिक विभिन्नताएँ पायी जाती हैं, पर भौगोलिक कारण अपने आप में पूर्ण नहीं है। ऐसा अक्सर देखा जाता है कि एक ही भौगोलिक स्थिति में रहने वाले लोगों के मूल्यों, धार्मिक विश्वासों तथा सामाजिक प्रतिमानों में काफी अन्तर पाया जाता है, जैसे– भौगोलिक दृष्टि से समानता के बावजूद बिहार और बंगाल की संस्कृति में काफी विभिन्नता है। उसी प्रकार भौगोलिक समानताओं के बावजूद दक्षिण भारत में केरल और तमिलनाडु की संस्कृति में काफी विभिन्नता पायी जाती है।

3. प्रौद्योगिकी— कुछ ऐसे भी विद्वान हैं, जैसे– कार्ल मार्क्स (Karl Marx), हैरल्ड इनीस (Harold Innis), मार्शल मैक्लूहन (Marshall McLuhan) इत्यादि जो यह तर्क देते हैं कि प्रौद्योगिक विकास ने विश्वस्तर पर संस्कृति का निर्धारण किया है। जिस समाज के लोगों के जीवनयापन के ऐसे प्रौद्योगिक उपकरण होंगे, उनकी संस्कृति भी वैसी ही होगी। आदिमजाति एवं आधुनिक समाज में जो विभिन्नता है उसका मुख्य कारण, इन विद्वानों के अनुसार प्रौद्योगिकी भिन्नता ही है। प्राचीन सामाजिक एवं आर्थिक व्यवस्था से समाज पूँजीवादी व्यवस्था पर आधारित स्तर में प्रवेश करता है। इतने बड़े सांस्कृतिक परिवर्तन के पीछे कोई यदि प्रमुख कारण है, तो वह है प्रौद्योगिकी का विकास। मार्क्सवादी चिन्तनधारा के समर्थक यह स्पष्ट रूप से स्वीकार करते हैं कि समाज और प्रौद्योगिकी एक बुनियादी संरचना (Super-structure) है और ग़ैर-मार्क्सवादी चिन्तक जिसका उल्लेख अभी किया जा चुका है, जैसे– हैरल्ड इनीस (Harold Innis), मार्शल मैक्लूहन (Marshall McLuhan), ऑगबर्न (W.F. Ogburn) इत्यादि, जो यह स्पष्ट रूप से स्वीकार करते हैं कि सांस्कृतिक विभिन्नता के पीछे प्रौद्योगिक विकास की विभिन्नता की बहुत बड़ी भूमिका है।

4. भाषा— विद्वानों का एक अन्य समूह यह तर्क पेश करता है कि भाषाई विभिन्नता के चलते सांस्कृतिक विभिन्नता पायी जाती है। जैसे अंग्रेजी के विषय में यह कहा जाता है कि यह व्यापार एवं व्यवसाय के लिए बहुत ही उपयुक्त भाषा है, उसी तरह प्रेम या प्रेमालाप के लिए फ्रांसीसी भाषा सबसे उपयुक्त है। उसी तर्ज़ पर भारत में भोजपुरी को बहुत रूखा, मैथिली को बहुत मधुर एवं संस्कृत को उच्च चिन्तन की भाषा माना जाता है। चूँकि भाषा संस्कृति के संचार का प्रमुख माध्यम है, इसीलिए भाषा को संस्कृति का एक महत्त्वपूर्ण निर्धारक माना जाता है। लेकिन फ्रांसीसी मानवशास्त्री लिवी-स्ट्रॉस (Levi-Strauss) ने भाषा को संस्कृति के एक निर्धारक के रूप में लिए जाने का विरोध किया है।

संस्कृति एवं व्यक्तित्व (Culture and Personality)

संस्कृति का व्यक्तित्व पर क्या प्रभाव पड़ता है, इसे स्पष्ट करने के पहले यह समझ लेना आवश्यक है कि व्यक्तित्व का समाजविज्ञानों में क्या अभिप्राय है। चूँकि व्यक्तित्व का सम्बन्ध ज़्यादा मनोविज्ञान से है, इसलिए इस अवधारणा को मनोवैज्ञानिक दृष्टिकोण से ही परिभाषित करने का प्रयास किया जाना चाहिए, लेकिन साधारणतया व्यक्तित्व का अर्थ किसी व्यक्ति के बाह्य स्वरूप यानी रंग-रूप, कद, पहनावा एवं हाव-भाव से लगाया जाता है। परन्तु यह विचार विज्ञान-सम्मत नहीं है। व्यक्तित्व का सामान्य अर्थ व्यक्ति के शारीरिक, मानसिक, सामाजिक लक्षणों का कुल योग होता है, जिसके कारण प्रत्येक व्यक्तित्व एक-दूसरे के समान या एक-दूसरे से एकदम भिन्न होता है। किम्बॉल यंग (Kimball Young, 1949), के अनुसार, "व्यक्तित्व एक व्यक्ति की आदतों, मनोवृत्तियों, लक्षणों तथा विचारों का ऐसा

संगठित योग है, जो सतही स्तर पर विशिष्ट एवं सामान्य भूमिकाओं एवं स्थिति के रूप में तथा आन्तरिक रूप में उसकी आत्मचेतना या अहम् (Self) की धारणा, मूल्यों तथा उद्देश्यों की चारों ओर संगठित होता है।"[6]

इंगर (Yinger, 1965: 141) ने इसे और भी सरल ढंग से परिभाषित करने का प्रयास किया है, "व्यक्तित्व एक व्यक्ति के ऐसे व्यवहार का समग्र है, जिसके अन्तर्गत प्रदत्त प्रवृत्तियों की पद्धति परिस्थितियों का एक सिलसिला के साथ अन्त:क्रिया होती है।" (Personality is the totality of behaviour of an individual with a given tendency system interacting with a sequence of situations.) इस परिभाषा से यह स्पष्ट होता है कि व्यक्ति किसी खास परिस्थिति में हमेशा एक निश्चित ढँग से व्यवहार करता है। यदि व्यवहार में अक्सर परिवर्तन होता है, तो उसे अव्यवस्थित व्यक्तित्व कहा जायेगा। सामान्य व्यक्ति को समान परिस्थिति में समान ढँग से ही व्यवहार करना है, यही सामान्य व्यक्तित्व की अपेक्षा है। यह व्यवहार व्यक्ति की मनोवृत्ति (Attitude), अभिवृत्ति (Motivation), आदतों (Habits), जीवन के आदर्शों एवं उद्देश्यों (Ideals and Goals) एवं विशेषताओं (Traits) की अभिव्यक्ति है। यह कोई जैविक गुण नहीं, बल्कि मनुष्य के सामाजिक प्राणी होने का परिचायक है।

समाजशास्त्र और मानवशास्त्र के क्षेत्र में यह बात प्रमाणित हो चुकी है कि संस्कृति पर व्यक्तित्व का बहुत गहरा प्रभाव होता है। एक ही परिस्थिति में विभिन्न धर्मों एवं समुदायों के लोग विभिन्न प्रकार से आचरण करते हैं, जिसके पीछे यदि कोई सबसे प्रमुख कारण है, तो वह है सांस्कृतिक भिन्नता। प्रत्येक व्यक्ति के व्यक्तित्व में उसकी संस्कृति का प्रभाव आसानी से देखा जा सकता है, लेकिन इससे यह नहीं समझा जाना चाहिए कि व्यक्तित्व का विकास मात्र संस्कृति के ही प्रभाव में होता है। अन्य कारकों की भूमिका भी कोई कम महत्त्वपूर्ण नहीं है। मुख्य रूप से व्यक्तित्व का विकास चार कारकों के प्रभाव में होता है, जैसे– जैविक विरासत (Biological Inheritance), भौतिक पर्यावरण (Physical Environment), समूह अनुभव (Group Experience) एवं संस्कृति (Culture)। यहाँ विश्लेषण का विषय मात्र संस्कृति एवं व्यक्तित्व के बीच का सम्बन्ध है, फिर भी अन्य कारकों की भी चर्चा ज़रूरी है, क्योंकि व्यक्तित्व पर संस्कृति का क्या प्रभाव है वह अन्य कारकों के सन्दर्भ में भी समकक्ष जाना चाहिए। यहाँ संस्कृति एवं व्यक्तित्व की चर्चा के पहले संक्षेप में अन्य चार कारकों की चर्चा करना चाहेंगे।

1. जैविक-विरासत (Biological Inheritance)— जैसे ईंट या पत्थर के अभाव में भवनों का निर्माण नहीं हो सकता है, वैसे ही जैविक-विरासत के अभाव में व्यक्तित्व का विकास नहीं हो सकता है। स्वस्थ शरीर एवं स्वस्थ मस्तिष्क के अभाव में व्यक्तित्व का विकास हमेशा दोषपूर्ण होगा। मानसिक रूप से असन्तुलित व्यक्ति कभी भी सामाजिक मान्यताओं के अनुसार आचरण नहीं कर सकता है। व्यक्तियों में विभिन्न कार्यों के सम्पादन की क्षमता एवं योग्यता इस बात पर निर्भर करती है कि वह जन्म से कितना सक्षम एवं मेधावी है। सभी व्यक्ति न्यूटन, आईन्स्टीन, कार्ल मार्क्स, गाँधी और बुद्ध की तरह युगपुरुष नहीं हो सकते हैं। प्रत्येक मनुष्य निश्चित जैविक क्षमताओं को लेकर इस दुनिया में जन्म लेता है।

2. भौतिक पर्यावरण (Physical Environment)— सोरोकिन (P.A. Sorokin) ने बहुत सारे विद्वानों के विचारों के आधार पर यह पता लगाने का प्रयास किया कि भौतिक पर्यावरण और व्यक्तित्व के बीच किस प्रकार का सम्बन्ध है। उन्होंने उन अध्ययनों के आधार पर यही तर्क दिया कि भौतिक पर्यावरण, विशेषकर जलवायु का, व्यक्तित्व पर गहरा प्रभाव पड़ता है। चूँकि भौतिक पर्यावरण संस्कृति के स्वरूप को प्रभावित करता है, इसलिए भौतिक पर्यावरण के चलते व्यक्तित्व भी प्रभावित होता है। मध्य एशिया एवं पश्चिमी एशियाई देशों की ओर से आक्रमणकारी भारत के राजाओं एवं महाराजाओं की तुलना में ज़्यादा क्रूर और बर्बर थे जिसके चलते मध्यकालीन युग में भारत पर आधिपत्य

6. "Personality may be defined as the more or less patterned body of habits, traits, attitudes and ideas of an individual as these are organized externally into roles and statuses and as they relate internally to motivation, goals and various aspects of self-hood."— Kimball Young, **Sociology: A Study of Society and Culture**, New York, 1949.

ज़माने में उन्हें सफलता मिली। उनके व्यक्तित्व में इतनी बर्बरता का प्रमुख कारण यह था कि जिस भौतिक पर्यावरण में वे पले थे उसने उन लोगों को वैसा बनाया। अफ्रीका के लोगों का व्यक्तित्व भारत के लोगों के व्यक्तित्व से भिन्न होने का कारण यही है कि इन दोनों क्षेत्रों का भौतिक पर्यावरण अलग-अलग है।

3. समूह अनुभव (Group Experience)— व्यक्ति जिस प्रकार के समूह में रहता है उसका व्यक्तित्व भी वैसा ही होता है। यदि कोई चोर, डकैत, उचक्का एवं अपराधी किस्म के व्यक्ति के बीच रहता है, तो स्वाभाविक रूप से उसका प्रभाव उसके व्यक्तित्व पर पड़ेगा। ग़लत किस्म के लोगों के बीच एक आदर्श व्यक्तित्व का निर्माण शायद ही हो सकता है। यह इस प्रयोग से प्रमाणित है कि जिन बच्चों को जानवरों के बीच प्रारम्भ से रहना पड़ा था वे बच्चे भी जानवरों की तरह ही व्यवहार करने लगे। इस विषय पर समाजविज्ञानों में कई अनुसन्धान हुए हैं, जिससे इस तथ्य की पुष्टि होती है। यह सर्वविदित है कि व्यक्तित्व पर संगति या संसर्ग का बहुत गहरा प्रभाव पड़ता है, क्योंकि कोई भी व्यक्ति किसी समाज के संसर्ग में ही आकर कुछ सीखता है। कूली (C.H. Cooley) का **आत्मन् का दर्पण (Looking-glass Self)** का सिद्धान्त इस बात का समर्थन करता है कि व्यक्तित्व पर सामूहिक जीवन का बहुत गहरा प्रभाव पड़ता है।

4. संस्कृति (Culture)— जिस समाज की जैसी संस्कृति होती है, उस समाज के लोगों की मनोवृत्ति (Attitude), सामाजिक प्रेरणा (Social Motivation), इच्छाएँ, विचार, आदर्श एवं जीवन के मूल्य भी वैसे ही होंगे। रूथ बेनीडिक्ट (R. Benedict) ने अपने एक मानवशास्त्रीय अध्ययन में यह बताया है कि मेलानीजिया (Melanesia) के दोबू (Dobu) लोग यही मानते हैं कि इस विश्व का संचालन किसी प्रकार के जादू से होता है। समाज में जितनी भी किस्म की बीमारियाँ और घटनाएँ घटती हैं, उनके पीछे किसी-न-किसी जादू का ही हाथ होता है। उनका यह भी मानना है कि मौत का सम्बन्ध भी जादू से ही है। यदि रात में कोई स्वप्न देखता है, तो उसे भी वे लोग जादू ही मानते हैं। यहाँ तक कि खेतों में उत्पादन का सम्बन्ध वे जादू-टोने से ही मानते हैं। वे लोग हमेशा एक-दूसरे को शक की निगाह से देखते हैं। उन्हें ऐसा लगता है, जो कोई भी उन्हें भोजन देता है, वह उसमें जहर डालकर उसे जान मारने का प्रयास करता है। यहाँ तक पति-पत्नी के बीच में भी काफी शक होता है, जिसके चलते लोगों के बीच पुनर्विवाह एवं तलाक काफी होता है। इतने अधिक शक के बावजूद दोबू लोगों के बीच झगड़ा बहुत कम होता है। दोबू की जैसी संस्कृति है, उस संस्कृति में ईर्ष्यालु, विद्वेषी (Hostile), शक्की, अविश्वासी, धोखेबाज एवं छिपाऊ व्यक्तित्व का विकसित होना स्वाभाविक है। साधारणतया वहाँ के लोग यही मानते हैं कि यह दुनिया दुश्मनों, बदमाशों, जादूगरनी, डायनों एवं ओझा जैसे लोगों से भरी पड़ी है। किसी भी व्यक्ति पर विश्वास करना वे लोग जोखिम भरा काम समझते हैं। पर उस संस्कृति के लिए इस प्रकार के विचारों को रखने वाले लोगों को सामान्य व्यक्तित्व का दर्जा प्राप्त है, जबकि हमारे समाज में उसे असामान्य व्यक्ति माना जाता है।

ठीक इसके विपरीत बेनीडिक्ट (Ruth Benedict, 1934) के एक अन्य समाज के अध्ययन से यह मालूम होता है कि न्यू मेक्सिको (New Mexico) के जूनी (Zuni) लोग बहुत ही सहयोगी प्रकृति के होते हैं। उनके समाज में अपराध और झगड़ा शायद ही कभी देखने को मिलता है। वे लोग बहुत महत्त्वाकांक्षी नहीं होते। उनके बीच अधिकार प्राप्त करने के लिए कभी संघर्ष नहीं होता। किसी के ऊपर नेतृत्व का भार जबरदस्ती थोप दिया जाता है। उनके यहाँ पाप-पुण्य की बात भी नहीं होती। परिवार मातृवंशीय और मातृसत्तात्मक होता है। जहाँ एक तरफ दोबू लोग बड़े शक्की, धोखेबाज, ख़तरनाक, अविश्वासी एवं जादू-टोना में विश्वास करने वाले होते हैं, वहीं जूनी लोग बहुत ही सरल, उदार, विनम्र एवं सहयोगी होते हैं।

इन दो उदाहरणों से यही प्रमाणित होता है कि प्रत्येक समाज में लोगों का व्यक्तित्व अलग-अलग ढंग से विकसित होता है। एक संस्कृति के लोगों का व्यक्तित्व लगभग एक प्रकार का होता है। मार्गरेट मीड (Margaret Mead) की प्रसिद्ध कृतियों, जैसे— **The Coming of Age in Samoa** (1928), **Growing Up in New Guinea** (1930) एवं **Male and Female** (1949) से भी इस बात की स्पष्ट पुष्टि होती है। हॉर्टन एवं हण्ट (Horton and Hunt,

1980: 81) ने स्पष्ट तौर पर कहा है कि "व्यक्तित्व सामाजिक स्तर पर बिलकुल भिन्न-भिन्न होता है। प्रत्येक समाज एक या अधिक व्यक्तित्व के बुनियादी प्रकारों को विकसित करता है, जो उस संस्कृति में ठीक बैठता है।"[7] इस तर्क से यह प्रमाणित होता है कि प्रत्येक संस्कृति में व्यक्तित्व अपने-अपने ढँग से प्रभावित होता है। व्यक्तित्व का विकास हमेशा किसी-न-किसी समाज के सन्दर्भ में ही होता है। व्यक्तित्व का विकास संस्कृति से अलग करके नहीं समझा जा सकता है। इस तथ्य का समर्थन मानवशास्त्री लिंटन (Ralph Linton) ने अपनी पुस्तक **The Study of Man** (1964) में भी किया है। इस तथ्य की पुष्टि स्पिरो (Spiro, 1951) के इस विचार से भी होती है कि "व्यक्तित्व का विकास एवं संस्कृति का अर्जन अलग-अलग प्रक्रिया नहीं हैं, बल्कि दोनों बिलकुल ही समान प्रकार की सीखने की प्रक्रिया हैं।" (The development of personality and the acquisition of culture are not different processes, but are one and the same learning process.) मानवशास्त्रियों द्वारा जितने भी इस विषय पर अध्ययन हुए हैं, उनसे इस बात की पुष्टि होती है कि व्यक्तित्व के विकास में संस्कृति की बहुत ही महत्त्वपूर्ण भूमिका होती है।

कुछ मनोवैज्ञानिकों ने भी इस विषय पर अध्ययन किया है। उन विद्वानों ने अपने अनुभवाश्रित अध्ययनों के आधार पर यही स्वीकार किया है कि संस्कृति की व्यक्तित्व पर अमिट छाप होती है। समान संस्कृति के व्यक्तियों का लगभग एक ही प्रकार का व्यक्तित्व होता है। इस तथ्य को अब्राहम कार्डीनर (Abraham Kardiner, 1939) ने स्वीकार करते हुए **बुनियादी व्यक्तित्व प्रारूप (Basic Personality Type)** की अवधारणा को प्रतिपादित किया है। लेकिन इसका अर्थ यह नहीं समझा जाना चाहिए कि एक संस्कृति के सभी व्यक्तियों का व्यक्तित्व बहुत हद तक एक समान होता है, अर्थात् यह अनिवार्य नहीं है कि एक संस्कृति के अधिकांश व्यक्ति समान विषय पर समान विचार रखते हैं, और समान परिस्थिति में समान आचरण करते हैं। ऊपर के दोबू एवं जूनी समाज के उदाहरणों से यह बात बिलकुल स्पष्ट हो जाती है कि दोनों संस्कृति के लोग समान व्यक्तित्व के नहीं हैं। दोनों में काफी फ़र्क है और उस फ़र्क का मुख्य कारण संस्कृति विभेद है। भारत में हमलोग किसी को देखकर यह आसानी से समझ जाते हैं कि अमुक व्यक्ति बंगाली, मद्रासी, पंजाबी या बिहारी है। उसी प्रकार धार्मिक समानता के बावजूद ईरान एवं अफगानिस्तान के लोग अलग-अलग नज़र आते हैं। एक भारतीय अफगानी लोगों से भिन्न दिखाई पड़ता है। इन तमाम विभिन्नताओं के पीछे संस्कृति की अहम भूमिका होती है। व्यक्ति का व्यक्तित्व संस्कृति का आईना होता है। किसी को देखकर हम आसानी से समझ जाते हैं कि कोई व्यक्ति किस संस्कृति का प्रतिनिधित्व करता है।

समाजीकरण की प्रक्रिया के द्वारा परिवार एवं अन्य अभिकरण अपने बच्चों को वे बातें सिखाते हैं, जो उस संस्कृति में मान्य होती हैं, जैसे– प्रथा, रीति-रिवाज़, आदर्श, विश्वास, सामाजिक नियम-कानून इत्यादि। इन तत्त्वों का बच्चों के व्यक्तित्व पर निश्चित रूप से प्रभाव पड़ता है। प्रत्येक समाज की अपनी कुछ-न-कुछ अलग संस्कृति होती है और इस सांस्कृतिक भिन्नता के कारण ही एक भारतीय अन्य देशों के लोगों से अलग दिखाई पड़ता है।

दूसरी ओर, कभी-कभी व्यक्तित्व भी संस्कृति को प्रभावित करता है। परन्तु यह हमेशा नहीं होता है। मैक्स वेबर (M. Weber) ने इस सम्बन्ध में करिश्माई व्यक्तित्व (Charismatic Personality) की चर्चा की है। ऐसे व्यक्तित्व में अपने वैयक्तिक गुणों से लोगों को प्रभावित करने की क्षमता होती है, जैसे– महात्मा बुद्ध, महात्मा गाँधी, कार्ल मार्क्स इत्यादि कुछ ऐसे व्यक्तित्व हुए, जिन्होंने अपनी समकालीन संस्कृति को काफी प्रभावित किया।

अन्त में यह समझ लेना उचित होगा कि एक संस्कृति समान रूप से अपने सभी सदस्यों के व्यक्तित्व का निर्माण नहीं करती है। यदि ऐसा होता तो एक संस्कृति-क्षेत्र में निवास करने वाले लोगों के व्यवहार, स्वभाव, आदर्श इत्यादि बिलकुल एक जैसे होते। क्लकहॉन (Kluckhohn) ने ठीक ही कहा है कि प्रत्येक व्यक्ति कुछ बातों में सभी व्यक्तियों के समान होता है, कुछ बातों में वह कुछ लोगों के समान होता है और कुछ बातों में वह किसी से समान नहीं होता है।

---

7. "Personality differs strikingly from society to society. Each society develops one or more basic personality types which fit the culture."— Paul B. Horton and Chester L. Hunt, **Sociology,** McGraw-Hill International Book Co., Tokyo, 1980, p. 81.

संस्कृति एवं सभ्यता (Culture and Civilization)

संस्कृति से सभ्यता (Civilization) जैसे शब्द का बहुत नज़दीकी सम्बन्ध रहा है। दोनों शब्दों का प्रयोग कभी-कभी एक ही अर्थ में होता है। आंग्ल-फ्रेंच (Anglo-French) चिन्तन में संस्कृति और सभ्यता का एक ही अर्थ में प्रयोग किया जाता रहा है। ब्रिटिश मानवशास्त्री टॉयलर ने भी दोनों शब्दों का एक ही अर्थ में प्रयोग किया है। इन दो शब्दों का प्रयोग इसीलिए एक ही अर्थ में किया जाता रहा है कि सभ्यता बर्बरता (Barbarism) के एक प्रतिकूल स्तर की सूचक है। दूसरी तरफ जर्मन चिन्तन में इन दोनों शब्दों को अलग-अलग देखा जाता रहा है। जर्मनी में संस्कृति (***Kultur***— जर्मन भाषा में) का अभिप्राय मानवीय उत्कृष्टता का संग्रह (Repository of Human Excellence), कलात्मक उपलब्धि एवं वैयक्तिक निपुणता (Individual Perfection) है, तो सभ्यता (Civilization— जर्मन भाषा में ***Zivilisation***) का अभिप्राय सामाजिक व्यवस्था से है। वर्तमान औद्योगिक विकास को जर्मन समाजशास्त्र के क्षेत्र में सभ्यता का विकास माना जाता है।

आज मानवशास्त्र और समाजशास्त्र के अन्तर्गत सभ्यता जैसे शब्द का कोई विशेष महत्त्व नहीं रह गया है। सभ्यता का अधिकतम प्रयोग इतिहासकार ही किया करते हैं। टॉयनबी ने अपनी पुस्तक **A Study of History** में इक्कीस प्रकार की सभ्यताओं की चर्चा की है, लेकिन उन्होंने कहीं सभ्यता के लिए संस्कृति, तो कहीं संस्कृति के लिए सभ्यता का प्रयोग किया है। समाजशास्त्र के क्षेत्र में सभ्यता और संस्कृति के बीच अन्तर स्पष्ट करने वालों में सर्वप्रथम व्यक्ति एलफ्रिड वेबर (Alfred Weber) हैं। बाद में स्वतन्त्र ढँग से मकीवर और पेज ने इन दोनों के बीच के अन्तर को विस्तारपूर्वक समझाने का प्रयास किया है, लेकिन इस प्रयास के बावजूद समकालीन समाजशास्त्र में संस्कृति की तरह सभ्यता एक लोकप्रिय अवधारणा नहीं बन सकी।

सभ्यता और संस्कृति के बीच के अन्तर को स्पष्ट करने के लिए यहाँ अलग से सभ्यता की परिभाषा पर विचार करना चाहेंगे। मकीवर और पेज (1985: 498) ने सभ्यता को निम्नलिखित ढँग से परिभाषित किया है– "सभ्यता से हमारा तात्पर्य उस सम्पूर्ण क्रियाविधि एवं संगठन से है, जिसे मनुष्य ने अपने जीवन की दशाओं को नियन्त्रित करने के उद्देश्य से निर्मित किया है। यह सिर्फ सामाजिक संगठन की व्यवस्थाओं को ही शामिल नहीं करता, बल्कि हमारे प्रविधियों एवं भौतिक उपकरणों को भी शामिल करता है।"[8] इस परिभाषा से निम्नलिखित तथ्यों पर प्रकाश पड़ता है–

सभ्यता मूलत: उन भौतिक उपादानों से सम्बद्ध होती है, जिन्हें मनुष्य ने पर्यावरण में अपना जीवन व्यवस्थित करने के लिए निर्मित या आविष्कृत किया है, जैसे-गर्मी से राहत पाने के लिए पंखा, कूलर या एयरकंडीशनर इत्यादि का निर्माण। उसी प्रकार ठण्ड से बचने के लिए कम्बल, विभिन्न प्रकार के गर्म वस्त्रों, बिजलीतापक, उपकरणों इत्यादि का निर्माण। ये भौतिक उपादान सभ्यता के उदाहरण हैं।

सभ्यता की दूसरी विशेषता यह है कि यह मानवीय आवश्यकताओं की पूर्ति का एक साधन है। यह मानव को आनन्द और सन्तुष्टि प्रदान करती है। टी.वी., रेडियो, समाचार-पत्र, मोटरकार आदि हमारे उपयोग की वस्तुएँ हैं, जिनसे हमारी विभिन्न प्रकार की आवश्यकताओं की पूर्ति होती है।

सभ्यता का सम्बन्ध चूँकि उपयोगिता से है, इसीलिए इसका प्रसार या फैलाव बड़ी आसानी से होता है। दूसरी जगहों में निर्मित यदि कोई वस्तु हमारे लिए उपयोगी है, तो हम उसे आसानी से प्राप्त कर लेते हैं या प्राप्त करने की कोशिश करते हैं। विभिन्न प्रकार के मशीनी उपकरण या दवाइयाँ शीघ्रता से विश्व के अन्य देशों में भी अपनायी जाती हैं।

---

8. ''By civilization, then, we mean the whole mechanism and organization which man has devised in his endeavour to control the conditions of his life. It would include not only our systems of social organization but also our techniques and our material instruments.''— R.M. MacIver and Charles H. Page, **Society**, Macmillan India Ltd., New Delhi, 1985, p. 498.

सभ्यता मूर्त होती है और हमारी आवश्यकताओं की पूर्ति करती है। अत: सभ्यता साधन (Means) है, न कि स्वयं में साध्य (End)।

मकीवर और पेज ने सभ्यता और संस्कृति के बीच चार स्तरों पर तुलनात्मक ढँग से अन्तर बताने का प्रयास किया है, जो इस प्रकार है–

1. सभ्यता का ठोस माप सम्भव है, पर संस्कृति का नहीं (Civilization has precise standard of measurement, but not culture)— सभ्यता की वस्तुओं का सम्बन्ध उसकी उपयोगिता एवं कार्यकुशलता से है, इसीलिए इसका माप आसानी से किया जा सकता है। जैसे– हम आसानी से कह सकते हैं कि बैलगाड़ी की तुलना में साइकिल ज़्यादा तेज चल सकती है। साइकिल की तुलना में मोटरकार अधिक तेज चल सकती है और मोटरकार की तुलना में हवाई जहाज ज़्यादा तेजी से चल सकता है।

दूसरी तरफ संस्कृति का हम उतनी आसानी एवं ठोस ढँग से मूल्यांकन नहीं कर सकते हैं, क्योंकि संस्कृति को मापने के लिए कोई वस्तुनिष्ठ मापदण्ड नहीं बनाया जा सकता है। उदाहरण के लिए, यह कहना कठिन है कि कालिदास की तुलना में शेक्सपियर बड़े नाटककार थे। उसी प्रकार हम यह नहीं कह सकते हैं कि आइंस्टीन, कार्ल मार्क्स से बड़े चिन्तक थे। अन्तिम रूप से यह कहना कठिन है कि रहीम और रसखान, तुलसीदास से बड़े कवि थे या तुलसीदास रहीम और रसखान से बड़े कवि थे। इस ढँग के विचार व्यक्तिनिष्ठ ही माने जा सकते हैं।

2. सभ्यता में निरन्तर प्रगति होती है, पर संस्कृति में नहीं (Civilization is always advancing, but not culture)— सभ्यता उन्नतशील है और वह एक दिशा में उस समय तक निरन्तर प्रगति करती है जब तक कि उसके मार्ग में कोई बाधा न आ जाये। सभ्यता की प्रत्येक उपलब्धि का पूरा-पूरा लाभ उठाने एवं उसमें सुधार करने का कार्य तब तक जारी रहता है, जब तक कि उससे श्रेष्ठ कोई नया आविष्कार न हो जाये जैसे– बैलगाड़ी से प्रारम्भ होकर आज हमने रेल, वायुयान एवं रॉकेट तक का निर्माण कर लिया है। आज हमें जितनी भौतिक उन्नति दिखाई पड़ती है, वह सभ्यता की प्रगति का ही परिणाम है। सभ्यता के क्षेत्र में निरन्तर प्रगति होती रहती है। हर सभ्यता अपनी पिछली सभ्यता को पीछे छोड़ देती है। सभ्यता के पीछे मुड़ने का सवाल ही नहीं उठता है। सभ्यता का हर अगला कदम, हर नया आविष्कार, हर नयी वस्तु, पिछले कदम, पिछले आविष्कार तथा पिछली वस्तु की तुलना में बेहतर होती है। सभ्यता अबाध गति से बढ़ती है, किन्तु संस्कृति के लिए यह सम्भव नहीं।

संस्कृति के साथ प्रगति की बात नहीं जोड़ी जा सकती है। यह कहना बहुत कठिन है कि कोई संस्कृति उन्नति के रास्ते पर है या अवनति के रास्ते पर। संस्कृति सरल या जटिल कुछ भी हो सकती है। यह विकसित या अविकसित नहीं हो सकती। संस्कृति के साथ विकास की बात लागू ही नहीं होती। सच तो यह है कि यदि संस्कृति में विकास होता भी है, तो उसे मापा नहीं जा सकता। यह कहना बहुत कठिन है कि आज के संगीतकार, कवि या लेखक पुराने संगीतकारों, कवियों या लेखकों की तुलना में ज़्यादा ऊँचें स्तर के हैं।

3. सभ्यता आसानी से हस्तान्तरित हो सकती है, पर संस्कृति नहीं (Civilization is passed on without effort, but not culture)— सभ्यता और संस्कृति के बीच एक और फ़र्क यह है कि जिसे हम सभ्यता कहते हैं, वह आसानी से एक हाथ से दूसरे हाथों में जा सकती है, जैसे– टी.वी., रेडियो, घड़ी, कलम, वस्त्र, मूर्ति इत्यादि को आसानी से एक हाथ से दूसरे हाथों तक हस्तान्तरित किया जा सकता है। इतना ही नहीं, हम उन चीजों को पहले से बेहतर भी बना सकते हैं। लेकिन संस्कृति उतनी आसानी से एक जगह से दूसरी जगह नहीं जा सकती है। हम विभिन्न किस्म की कलाओं, कानूनों, ज्ञान और विज्ञान एवं प्रविधियों के बारे में आसानी से नहीं सीख सकते हैं। हर कोई शेक्सपियर एवं कालिदास जैसा नाटककार, प्रेमचन्द जैसा उपन्यासकार और मिर्ज़ा ग़ालिब जैसा शायर नहीं हो सकता और न ही कोई आसानी से उनकी कृतियों में सुधार लाकर उसे बेहतर बना सकता है। इस सम्बन्ध में एक और प्रमुख बात यह है कि सभ्यता संस्कृति का एक माध्यम है, जैसे– रेडियो और टी.वी. के द्वारा विभिन्न प्रकार की सांस्कृतिक चीजों के बारे में हम ज्ञान हासिल करते हैं, उसी तरह मकीवर और पेज के अनुसार "सभ्यता संस्कृति का वाहन है।" (Civilization is the vehicle of culture.)

4. सभ्यता बिना परिवर्तन के ग्रहण की जा सकती है, पर संस्कृति नहीं (Civilization is borrowed without change or loss, but not culture)— सभ्यता की चीजें समाज के एक हिस्से से दूसरे हिस्से या एक देश से दूसरे देश में बिना किसी परिवर्तन के पहुँचायी जा सकती हैं। आज अमरीका का बना हुआ हवाई जहाज या कम्प्यूटर बिना किसी परिवर्तन के एक देश से दूसरे देश को भेजा जा रहा है। उसी तरह से जापानी रेडियो, टी.वी., कलम, घड़ी आसानी से हर जगह पहुँच रही हैं। लेकिन अमरीकी या जापानी संस्कृति उसी रूप में दूसरे देशों में नहीं पहुँच रही है। जब संस्कृति एक जगह से दूसरी जगह पहुँचती है, तो उसमें थोड़ा परिवर्तन आ जाता है। इसका एक ज्वलन्त उदाहरण यह है कि भारत में अंग्रेजी इंग्लैण्ड से आयी है, पर भारतीय अंग्रेजी ब्रिटिश अंग्रेजी से काफी भिन्न है। उसी तरह अमरीका में भी अंग्रेजी इंग्लैण्ड से पहुँची है, लेकिन अमरीकी अंग्रेज़ी ब्रिटिश अंग्रेजी से काफी अलग है। स्थान और स्थिति के बदलाव से संस्कृति में भी स्वाभाविक रूप से बदलाव आ जाता है, पर सभ्यता की चीजें उसी रूप में आती-जाती रहती हैं।

सांस्कृतिक पश्चता या विलम्बन (Cultural Lag)

सांस्कृतिक पश्चता की अवधारणा को अमरीकी समाजशास्त्री डब्ल्यू.एफ. ऑगबर्न (W.F. Ogburn) ने अपनी पुस्तक **Social Change** (1922) में प्रतिपादित किया था। इसे स्पष्ट करने के पहले ऑगबर्न द्वारा दिये गये संस्कृति के वर्गीकरण को समझ लेना नितान्त आवश्यक है। ऑगबर्न ने संस्कृति की बहुत ही विस्तृत परिभाषा दी है, जिसे अधिकांश समाजशास्त्री आज स्वीकार नहीं करते हैं। ऑगबर्न की परिभाषा में संस्कृति के अन्तर्गत वे सारी चीजें चली आती हैं, जो मानवनिर्मित हैं। उनका यह विचार मानवशास्त्रियों से काफी मिलता जुलता है। ऑगबर्न ने संस्कृति को दो उपखण्डों में विभाजित किया है, जो इस प्रकार है– **(i) भौतिक संस्कृति (Material Culture)** एवं **(ii) अभौतिक संस्कृति (Non-material Culture)**। भौतिक संस्कृति के अन्तर्गत समाज की भौतिक उपलब्धियों को रखा जा सकता हैं। ये मूर्त होती हैं। इन्हें हम स्पर्श कर सकते हैं एवं देख सकते हैं। ये मनुष्य और मशीनों के द्वारा निर्मित होती हैं, जैसे– वायुयान, रेफ्रीजरेटर, घड़ी, वस्त्र, कलम, भवन इत्यादि। मनुष्य ने अपनी आवश्यकताओं के अनुसार अनेक औजारों और उपादानों का आविष्कार किया है। ये सभी उपलब्धियाँ भौतिक संस्कृति की श्रेणी में आती हैं। अभौतिक संस्कृति वह है, जिसे हम स्पर्श नहीं कर सकते हैं एवं उसे देख नहीं सकते हैं। अभौतिक संस्कृति अमूर्त (Abstract) एवं व्यक्तिनिष्ठ (Subjective) होती है। उदाहरणस्वरूप, प्रथा, लोकरीति, दार्शनिक विचारधारा, धर्म, सामाजिक मूल्य, कला, साहित्य, आदर्श, विज्ञान इत्यादि अभौतिक संस्कृति के उदाहरण हैं। प्रत्येक समाज के कुछ आदर्श होते हैं, जिनकी ओर समाज अग्रसर होने का सदैव प्रयास करता है। सामाजिक नियम और मान्यताएँ भी अभौतिक संस्कृति के अन्तर्गत रखी जा सकती हैं।

लेस्ली ने भौतिक एवं अभौतिक संस्कृति को स्पष्ट करते हुए कहा है कि "आदर्शों, मानदण्डों, मनोवृत्तियों, विश्वासों एवं समाज के रिवाज़ों की व्यवस्था को अभौतिक संस्कृति कहा जाता है"। भौतिक संस्कृति से तात्पर्य संस्कृति की उपज या मानवकृति से है।"[9] लेस्ली के इस विचार से स्पष्ट होता है कि अभौतिक संस्कृति के अन्तर्गत मानव के आदर्श, मूल्य, सामाजिक नियम-कानून, मनोवृत्तियाँ एवं विभिन्न प्रकार की प्रथाएँ आती हैं, जिन्हें समाज के अधिकांश लोग स्वीकार करते हैं और वे शिक्षा के माध्यम से एक पीढ़ी से दूसरी पीढ़ी तक हस्तान्तरित होती हैं। दूसरी तरफ भौतिक संस्कृति से तात्पर्य मानव की भौतिक उपलब्धियों से है। भौतिक उपलब्धियाँ ऐसी होती हैं, जिन्हें हम ज्ञानेन्द्रियों के सहारे अनुभव कर सकते हैं, जैसे– पुस्तक, कलम, थियेटर, हवाई जहाज, सड़क, कम्प्यूटर, वस्त्र,

---

9. "Non-material culture is the system of values, norms, attitudes, beliefs, and habit systems of a society... . Material culture refers to the products or artifacts of a culture." (G.R. Leslie *et al*., 1980: 123–24).

मोटरगाड़ी इत्यादि। बहुत सारे समाजशास्त्रियों ने भौतिक संस्कृति को संस्कृति की उपज माना है, संस्कृति नहीं। मरडॉक के द्वारा दिये गये संस्कृति के तत्त्वों को देखने से स्पष्ट लगता है कि भौतिक संस्कृति को उन्होंने संस्कृति नहीं माना है। उन्होंने स्पष्ट कहा है कि संस्कृति एक आदर्श है तथा संस्कृति सीखी जाती है, भौतिक संस्कृति के साथ ये दोनों विशेषताएँ लागू नहीं होंगी।

सांस्कृतिक विलम्बन के पश्चात् की अवधारणा को स्पष्ट करते हुए लेस्ली ने कहा है कि "एक नये भौतिक आविष्कार एवं अभौतिक संस्कृति के साथ समुचित समायोजन के बीच सामयिक दूरी को सांस्कृतिक विलम्बन कहा जाता है।"[10] लोग हमेशा बेहतर चीज के लिए प्रयास करते रहते हैं। एक वह समय था, जब एक जगह से दूसरी जगह जाने के लिए लोगों ने घोड़े और बैलगाड़ी का प्रयोग किया, पर आज के मानव ने उससे सन्तुष्ट नहीं होकर मोटरकार और हवाई जहाज का निर्माण किया है। आज यह कोशिश हो रही है कि वायुयान को कैसे अधिक-से-अधिक तेज गति से उड़ाया जाये ताकि हम कम-से-कम समय में अधिक-से-अधिक दूरी तय कर सकें। चूँकि भौतिक वस्तुओं में असीमित विकास की सम्भावना है, इसीलिए उनमें हमेशा कुछ-न-कुछ परिवर्तन होते रहते हैं। यही कारण है कि अभौतिक संस्कृति की तुलना में भौतिक संस्कृति आगे बढ़ जाती है और अभौतिक संस्कृति पिछड़ जाती है। इसे ही ऑगबर्न ने सांस्कृतिक विलम्बन कहा है। दूसरे शब्दों में, जिस प्रक्रिया द्वारा संस्कृति का एक पक्ष तेजी से परिवर्तित होकर आगे निकल जाता है और दूसरा पक्ष पीछे छूटा रह जाता है, उसे ही हम सांस्कृतिक विलम्बन या भाग्य कहते हैं।

यह निस्सन्देह सही है कि आधुनिक युग में जिस प्रकार से प्रौद्योगिकी के क्षेत्र में विकास हुआ है, उस रफ्तार से परिवार, शिक्षा, धर्म, नातेदारी व्यवस्था, आर्थिक व्यवस्था एवं सरकारी क्षेत्रों में विकास नहीं हुआ है। प्रौद्योगिकी के विकास की तुलना में अभौतिक संस्कृति विशेषकर पाश्चात्य देशों में काफी पीछे रह गयी है। दूसरे शब्दों में, भौतिक और अभौतिक संस्कृति के विकास में काफी असन्तुलन की स्थिति उत्पन्न हो गयी है। पर यह असन्तुलन हमेशा दुष्प्रकार्यात्मक नहीं होता है क्योंकि यह सामाजिक परिवर्तन को बढ़ावा देता है।

ऑगबर्न ने संस्कृति को स्पष्ट करने के लिए अनेक उदाहरण दिये हैं, जैसे— वर्तमान समय में उद्योगों का काफी विकास हुआ है, परन्तु श्रमिकों के हित सम्बन्धी कानून धीमी गति से बने हैं। उसी प्रकार कृषि में नवीन विधियों एवं यंत्रों के प्रयोग हुए हैं, परन्तु भूमि-सुधार के कानून देर से बने। इस प्रकार भौतिक एवं अभौतिक संस्कृति में एक असन्तुलन पैदा हो गया है और उसमें अनुकूलन नहीं हो पाया। ऑगबर्न ने भौतिक और अभौतिक संस्कृति के बीच पाये जाने वाले असन्तुलन के निम्नलिखित चार कारणों का उल्लेख किया है— (1) नये विचारों के प्रति भय, (2) अतीत के प्रति निष्ठा, (3) निहित स्वार्थ एवं (4) नवीन विचारों की परीक्षा में कठिनाई।

ऑगबर्न की सांस्कृतिक विलम्बन की अवधारणा की कई विद्वानों ने काफी आलोचना की है। उनके इस सिद्धान्त का सबसे बड़ा दोष यह है कि समाजशास्त्र के अन्तर्गत अधिकांश विद्वान भौतिक संस्कृति को संस्कृति का अंग नहीं मानते हैं। अतः सांस्कृतिक विलम्बन की स्थिति उत्पन्न ही नहीं होती। इस सिद्धान्त का दूसरा प्रमुख दोष यह है कि इस तथ्य का कोई वस्तुनिष्ठ माप नहीं है कि संस्कृति का कोई एक हिस्सा दूसरे हिस्से से आगे निकल जाता है। ऑगबर्न का यह विश्लेषण उनके व्यक्तिनिष्ठ विचारों से प्रभावित है।

मकीवर और पेज ने सांस्कृतिक विलम्बन की अवधारणा को स्पष्ट रूप से नकार दिया और कहा कि समाज में साधारणतया समस्या यह है कि विभिन्न प्रकार की प्रौद्योगिकी के विकास में सामंजस्य नहीं रहता है। प्रौद्योगिकी के कुछ क्षेत्रों में इतना अधिक विकास हो जाता है कि दूसरा हिस्सा पीछे छूट जाता है। समस्या यह नहीं है कि भौतिक संस्कृति अभौतिक संस्कृति से आगे निकल जाती है, बल्कि समस्या यह देखने को मिलती है कि विभिन्न प्रकार की प्रौद्योगिकी का विकास एक साथ नहीं हो पाता है। दोनों के बीच सामंजस्य में कमी रहती है। मकीवर और पेज ने

---

10. "Culture lag is the time (or gap) between a new material invention and appropriate adjustments in the nonmaterial culture." (G.R. Leslie *et al.*, 1980: 125).

सांस्कृतिक विलम्बन की अवधारणा को अस्वीकार करते हुए **प्रौद्योगिकीय विलम्बन (Technological Lag)** की अवधारणा का प्रतिपादन किया है।

मकीवर ने यह भी कहा कि संस्कृति के दोनों पक्षों में कौन आगे रहता है या कौन पीछे, यह कहना भी कठिन है। इतिहासकारों के अनुसार प्राचीन यूनान में अभौतिक संस्कृति काफी विकसित थी और उसकी तुलना में भौतिक संस्कृति पिछड़ी हुई थी। अन्त में मकीवर ने यह भी कहा कि यदि सांस्कृतिक विलम्बन की उपकल्पना (Hypothesis) को सही मान भी लिया जाये तो यह कहना ग़लत होगा कि सदैव अभौतिक संस्कृति भौतिक संस्कृति की तुलना में पीछे रह जाती है।

साधारणतया ऐसा प्रतीत होता है कि भौतिक संस्कृति अभौतिक संस्कृति की तुलना में आगे निकल जाती है, पर गहराई से विचार करने पर यह सही नहीं लगता है। भौतिक वस्तुओं का विकास सम्बन्धी ज्ञान पहले आता है और उन वस्तुओं का विकास बाद में होता है। इससे यही प्रमाणित होता है कि अभौतिक संस्कृति आगे निकल जाती है और भौतिक संस्कृति पिछड़ जाती है। रेडियो, हवाई जहाज, टी.वी., टेलीफोन इत्यादि बनाने का ज्ञान पहले आया और इन चीजों की उत्पत्ति बाद में हुई। ये सभी प्रौद्योगिक विलम्ब के उदाहरण हैं।

REFERENCES

Beals, Ralph L. and Hoijer, Harry, **An Introduction to Anthropology**, New York, Macmillan, 1956.

Benedict, Ruth, **Patterns of Culture**, Houghton, Mifflin Co., Boston, 1934.

Bierstedt, Robert, **The Social Order**, New Delhi, Tata McGraw- Hill, 1970.

Bourdieu, P. 'Cultural Reproduction and Social Reproduction' in R. Brown (Ed.), **Knowledge, Education and Cultural Change**, London: Tavistock, 1973: 71-112.

Fichter, Joseph H., **Sociology**, Chicago, The University of Chicago Press, 1957.

Giddens, Anthony, **Sociology**, Cambridge, Polity Press, 1993.

Horton, Paul B. and Hunt, Chester L., **Sociology**, Tokyo, McGraw-Hill International Book Co., 1980.

Johnson, Henry M., **Sociology**, New Delhi, Allied Publishers Private Limited, 1983.

Kroeber, Alfred L. and Clyde Kluckhohn, **Culture: A Critical Review of Concepts and Definitions**, Cambridge, Harvard University Museum, 1952.

Leslie, G.R. *et al.*, **Introductory Sociology**, New York, Oxford University Press, 1980.

Lewis, O., **The Children of Sanchez**, New York, Random House, 1961.

Linton, Ralph, **The Study of Man**, New York, Appleton-Century-Crofts, 1964.

MacIver, R.M. and Charles C. Page, **Society**, New Delhi, Macmillan India Ltd., 1985.

Murdock, George P., "The Cross-Cultural Survey", **American Sociological Review**, 1940 (5): 361–70.

Ogburn, William F., **Social Change**, New York, Viking, 1922.

Rose, Jerry D., **Introduction to Sociology**, Chicago, Rand McNally Publishing Co., 1974.

Spiro, Melford E., 'Culture and Personality: The Natural History of a False Dichotomy', **Psychiatry**, 1951 (14): 19–46.

Spencer, Metta, **Foundations of Modern Sociology**, New Jersey, Prentice-Hall, Inc., 1976.

Tylor, Edward B., **Primitive Culture**, London, Murray, 1871.

Wright, B. II *et al.*, **An Introduction to Sociology**, Illinois, Dryden Press, 1975.

Yinger, J. Milton, **Toward a Field Theory of Behavior**, McGraw-Hill Book Co., New York, 1965.

15

सामाजिक परिवर्तन
(Social Change)

समाज एक परिवर्तनशील व्यवस्था है। प्रत्येक समाज में चाहे-अनचाहे परिवर्तन की प्रक्रिया चलती रहती है। विश्व में ऐसा कोई भी समाज नहीं है, जो परिवर्तन से अछूता रहा है। प्राचीनकाल से ही चिन्तकों ने अपनी कृतियों में सामाजिक परिवर्तन को चर्चा का एक महत्त्वपूर्ण विषय बनाये रखा है। परिवर्तन समाज का एक शाश्वत नियम है, अतः विभिन्न समाजशास्त्रियों एवं मानवशास्त्रियों ने इस विषय पर कुछ ज़्यादा ही प्रकाश डाला है। परिवर्तन की प्रक्रिया पर सिलसिलेवार ढंग से चिन्तन की शुरुआत उन्नीसवीं सदी के मध्य में ही हुई, जब विद्वानों ने यूरोपीय समाज में उद्योगीकरण एवं राजनीतिक क्षेत्र में प्रजातान्त्रिक पद्धति की स्थापना से उत्पन्न विभिन्न प्रक्रियाओं को समझने का प्रयास किया, जैसा कि गॉर्डन मार्शल (Gordon Marshall, 1998: 64–65) ने बताया है। फलस्वरूप उस समय से लेकर आज तक सामाजिक परिवर्तन से जुड़े विभिन्न प्रकार के विचारों का ढेर-सा लग गया है। विभिन्न समाजविज्ञानियों में सबसे पहले इस विषय पर ध्यान सम्भवतः ब्रिटिश इतिहासकार हेनरी समनर मेन (Henry Sumner Maine) का गया, जिन्होंने अपनी पुस्तक **Ancient Law** (1861) में बताया कि समाज एक सरल व्यवस्था से जटिल व्यवस्था की ओर बढ़ता है। उनके समकालीन मानवशास्त्री मॉर्गन (L.H. Morgan) का विचार भी ऐसा ही था।

परिवर्तन की शाश्वत प्रकृति को स्वीकार करते हुए मकीवर[1] एवं पेज (R.M. MacIver and Charles H. Page, 1985: 508) ने स्पष्टतः कहा है कि सामाजिक संरचना में निरन्तर परिवर्तन, विकास, अपकर्ष, नवीनीकरण की सम्भावना पायी जाती है तथा बिलकुल प्रतिकूल परिस्थिति में भी समायोजित होने की क्षमता पायी जाती है। इस प्रकार समय के साथ उसमें भारी परिवर्तन सम्भव होता है।[2]

सामाजिक परिवर्तन समाज के आन्तरिक तथा बाहरी या संरचनात्मक (Structural) दोनों पक्षों में हो सकता है। किसी युग के आदर्श एवं मूल्य में अगर पिछले युग के मुकाबले कुछ नयापन या परिवर्तन दिखाई पड़े तो उसे आन्तरिक परिवर्तन कहेंगे और अगर किसी सामाजिक अंग, जैसे– परिवार, वर्ग, जातीय हैसियत, समूहों के स्वरूपों एवं आधारों

---

1. R.M. MacIver का शुद्ध उच्चारण सिर्फ **'मकीवर'** ही है। अन्य सभी उच्चारण, जैसे– मैकाईवर या मेकाइवर ये दोनों निश्चित रूप से गलत हैं।
2. "The social structure is subject to incessant change, growing, decaying, finding renewal, accommodating itself to extremely variant conditions and suffering vast modifications in the course of time."— R.M. MacIver and C.H. Page, **Society**, Macmillan India Limited, New Delhi, 1985, p. 508.

में परिवर्तन परिलक्षित हो, तो उसे संरचनात्मक परिवर्तन कहेंगे। लेकिन यहाँ यह बात ध्यान देने की है कि समाज के जो बुनियादी सामाजिक एवं सांस्कृतिक तत्त्व हैं, जैसे– परिवार, वर्ग, राजनीति, आर्थिक एवं सांस्कृतिक संस्थाएँ सदैव मौजूद रहते हैं। वे समाज के स्थायी तत्त्व हैं। जो परिवर्तन होता है, वह इसके बाह्य स्वरूप और आन्तरिक अन्तर्वस्तु (Contents) में होता है। व्यापक दृष्टि से देखें तो पता चलेगा कि समाज की प्रत्येक संरचना, संगठन एवं सामाजिक सम्बन्ध में निरन्तर परिवर्तन होता है।

सामाजिक परिवर्तन एक सार्वभौमिक एवं अनिवार्य प्रक्रिया है। मध्यकालीन समाज प्राचीनकाल से और आधुनिक समाज मध्यकालीन समाज से तुलनात्मक रूप में विश्वस्तर पर काफी भिन्न है। यह बात दूसरी है कि सामाजिक परिवर्तन की गति कभी भी एक समान नहीं रही, फिर भी सामाजिक परिवर्तन की प्रक्रिया कमोवेश हर काल में चलती रहती है। एन्थनी गिडेन्स (Anthony Giddens, 1998) का कहना है कि लगभग 18वीं सदी से सामाजिक परिवर्तन की गति मानव के इतिहास में सापेक्ष रूप से सबसे तेज रही है और 20वीं सदी के उत्तरार्द्ध में सामाजिक परिवर्तन की गति कुछ और भी ज़्यादा तेज हो गयी। विज्ञान और प्रौद्योगिकी की तरक्की ने सामाजिक परिवर्तन की गति को तेज करने में सबसे अधिक महत्त्वपूर्ण योगदान दिया है, ऐसा लैन्डीस (Landes, 1969: 5) के साथ-साथ अन्य कई विद्वानों का भी मानना है।

'सामाजिक परिवर्तन' समाजशास्त्र के क्षेत्र में प्रारम्भ से लेकर आज तक एक बहुत ही महत्त्वपूर्ण विषय रहा है। ऑगस्त कौंत (Auguste Comte) एवं उन्नीसवीं सदी के अन्य समाजशास्त्रियों ने सामाजिक परिवर्तन जैसे विषयों में इतनी अधिक रुचि दिखाई कि समाजशास्त्र के प्रारम्भिक काल में ही सामाजिक परिवर्तन के बहुत सारे सिद्धान्त आ गये। उन सभी सिद्धान्तों में **ऐतिहासिक भौतिकवाद (Historical Materialism)** एवं **उद्विकासीय सिद्धान्त (Evolutionary Theory)** सबसे अधिक लोकप्रिय रहे हैं। आज समाजशास्त्र के क्षेत्र में सामाजिक परिवर्तन के सिद्धान्तों के प्रवर्त्तक मुख्य रूप से इन्हीं दो सम्प्रदायों में कहीं-न-कहीं रखे जाते हैं।

जिटलिन (I.M. Zeitlin, 1981: 352) ने बताया है कि "सामाजिक परिवर्तन के अध्ययन का सम्बन्ध उन प्रक्रियाओं से है, जिनके द्वारा समाज और संस्कृति में बदलाव आता है।"[3] इनके इस विचार से ऐसा लगता है कि सामाजिक परिवर्तन के अन्तर्गत हम मुख्य रूप से तीन तथ्यों का अध्ययन करते हैं– (क) सामाजिक संरचना में परिवर्तन, (ख) संस्कृति में परिवर्तन एवं (ग) परिवर्तन के कारक। सामाजिक परिवर्तन के अर्थ को स्पष्ट करने के लिए हम यहाँ कुछ प्रमुख परिभाषाओं पर विचार करेंगे। मकीवर और पेज (R.M. MacIver and C.H. Page) ने अपनी पुस्तक **Society** में सामाजिक परिवर्तन को स्पष्ट करते हुए बताया है कि समाजशास्त्री होने के नाते हमारा प्रत्यक्ष सम्बन्ध सामाजिक सम्बन्धों से है और उसमें आये हुए परिवर्तन को हम सामाजिक परिवर्तन कहेंगे। उन्हीं (R.M. MacIver and C.H. Page, 1985: 511) के ही शब्दों में– "समाजशास्त्री के रूप में हमारा प्रत्यक्ष सम्बन्ध सामाजिक सम्बन्धों से है। इन सम्बन्धों में जो परिवर्तन आता है मात्र उसी को हम सामाजिक परिवर्तन कहेंगे।"[4]

डेविस (K. Davis, 1949: 622) के अनुसार सामाजिक परिवर्तन का तात्पर्य सामाजिक संगठन अर्थात् समाज की संरचना एवं प्रकार्यों में परिवर्तन है। उनके शब्दों में, "सामाजिक परिवर्तन से तात्पर्य ऐसे प्रत्यावर्तन से है, जो सामाजिक व्यवस्था में उत्पन्न होता है, जिसे समाज की संरचना और प्रकार्य के रूप में जाना जाता है।"[5] एच.एम. जॉनसन

---

3. "The study of social change is concerned with the processes through which societies and cultures are transformed."— Irving M. Zeitlin, **The Social Condition of Humanity**, Oxford University Press, New York, 1981, p. 352.
4. "Our direct concern as sociologists is with social relationships. It is the change in these relationships which alone we shall regard as social change." (R.M. MacIver and Charles H. Page, 1985: 511).
5. "By social change is meant only such alternations as occur in social organization, that is, in structure and functions of society."— Kingsley Davis, **Human Society**, Macmillan, New York, 1949, p. 622.

(H.M. Johnson, 1983: 626) ने सामाजिक परिवर्तन को बहुत ही संक्षिप्त एवं अर्थपूर्ण शब्दों में स्पष्ट करते हुए बताया कि मूल अर्थों में सामाजिक परिवर्तन का अर्थ संरचनात्मक परिवर्तन है। उनके ही शब्दों में, "बुनियादी अर्थ में सामाजिक परिवर्तन से अभिप्राय सामाजिक संरचना में परिवर्तन है।" (In its basic sense, then, social change means change in social structure.) जॉनसन की तरह गिडेन्स (1998: 521) ने बताया है कि सामाजिक परिवर्तन का अर्थ बुनियादी संरचना (Underlying Structure) या बुनियादी संस्था (Basic Institutions) में परिवर्तन से है।

ऊपर की परिभाषाओं के सम्बन्ध में यह कहा जा सकता है कि परिवर्तन एक व्यापक प्रक्रिया है। समाज के किसी भी क्षेत्र में विचलन को सामाजिक परिवर्तन कहा जा सकता है। विचलन का अर्थ यहाँ खराब या असामाजिक नहीं है। सामाजिक, आर्थिक, राजनीतिक, धार्मिक, नैतिक, भौतिक आदि सभी क्षेत्रों में होने वाले किसी भी प्रकार के परिवर्तन को सामाजिक परिवर्तन कहा जा सकता है। यह विचलन स्वयं प्रकृति के द्वारा या मानव-समाज द्वारा योजनाबद्ध रूप में हो सकता है।

परिवर्तन या तो समाज के समस्त ढाँचे में आ सकता है अथवा समाज के किसी विशेष पक्ष तक ही सीमित हो सकता है। परिवर्तन एक सार्वकालिक घटना है। यह किसी-न-किसी रूप में हमेशा चलने वाली प्रक्रिया है। परिवर्तन क्यों और कैसे होता है, इस प्रश्न पर समाजशास्त्री अभी तक एकमत नहीं हैं। इसलिए परिवर्तन जैसे महत्त्वपूर्ण किन्तु जटिल प्रक्रिया का अर्थ आज भी विवाद का एक विषय है। किसी भी समाज में परिवर्तन की क्या गति होगी, यह उस समाज में विद्यमान परिवर्तन के कारणों तथा उन कारणों का समाज में सापेक्ष महत्त्व क्या है, इस पर निर्भर करता है। सामाजिक परिवर्तन के स्वरूप को स्पष्ट करने के लिए यहाँ इसकी प्रमुख विशेषताओं की चर्चा अपेक्षित है।

सामाजिक परिवर्तन की विशेषताएँ (Characteristics of Social Change)

ऊपर वर्णित परिभाषाओं एवं विचारों को और भी ज़्यादा स्पष्ट करने के लिए सामाजिक परिवर्तन की विशेषताओं पर विचार करना ज़रूरी है, जो इस प्रकार हैं–

1. सामाजिक परिवर्तन एक **विश्वव्यापी प्रक्रिया (Universal Process)** है, अर्थात् सामाजिक परिवर्तन दुनिया के हर समाज में घटित होता है। दुनिया में ऐसा कोई भी समाज नज़र नहीं आता, जो दीर्घकाल तक स्थिर रहा हो या स्थिर हो। यह सम्भव है कि परिवर्तन की रफ्तार कभी धीमी और कभी तीव्र हो, लेकिन परिवर्तन समाज में चलने वाली एक सतत प्रक्रिया है।

2. सामाजिक परिवर्तन के विविध स्वरूप होते हैं। प्रत्येक समाज में सहयोग, समायोजन, संघर्ष या प्रतियोगिता की प्रक्रियाएँ चलती रहती हैं, जिनसे सामाजिक परिवर्तन विभिन्न रूपों में प्रकट होता है। परिवर्तन कभी **एकरेखीय (Unilinear)** तो कभी **बहुरेखीय (Multilinear)** होता है, अर्थात् परिवर्तन कभी समस्यामूलक होता है, तो कभी कल्याणकारी। परिवर्तन कभी चक्रीय होता है, तो कभी उद्विकासीय। कभी-कभी सामाजिक परिवर्तन क्रान्तिकारी भी हो सकता है। परिवर्तन कभी अल्प-अवधि के लिए होता है, तो कभी दीर्घकालीन।

3. सामाजिक परिवर्तन की गति **अनियमित तथा सापेक्ष (Irregular and Relative)** होती है। समाज की विभिन्न इकाइयों के बीच परिवर्तन की गति समान नहीं होती है। सामाजिक संरचना के कुछ तत्त्वों में परिवर्तन की गति भी समान नहीं होती है। सामाजिक संरचना के सभी अंग समान रूप से गतिशील नहीं होते हैं, जैसे– ग्रामीण समुदाय की अपेक्षा शहरी समुदाय में परिवर्तन ज़्यादा तेज गति से होता है। दुनिया के सभी समाजों में परिवर्तन समान रूप से नहीं होता है। किसी समाज में परिवर्तन की गति धीमी होती है, तो किसी में तेज। इसीलिए कहा जाता है कि पश्चिमी दुनिया का समाज भारतीय समाज की तुलना में ज़्यादा गतिशील रहा है। परिवर्तन के एक ही कारक का प्रभाव अलग-अलग समाजों में अलग-अलग होता है, अर्थात् परिवर्तन के प्रत्येक कारक हर समाज में समान रूप से प्रभावकारी नहीं होता है। परिवर्तन एक ऐसी प्रक्रिया है जिसका हम तुलनात्मक अध्ययन कर सकते हैं।

4. सामुदायिक परिवर्तन ही वस्तुतः सामाजिक परिवर्तन है। इस कथन का मतलब यह है कि सामाजिक परिवर्तन का सम्बन्ध किसी विशेष व्यक्ति या समूह के विशेष भाग तक नहीं होता है। वही परिवर्तन सामाजिक परिवर्तन कहे जाते हैं, जिनका प्रभाव समस्त समाज में अनुभव किया जाता है। संक्षेप में सामाजिक परिवर्तन की धारणा वैयक्तिक नहीं, बल्कि सामाजिक है। यह विचार थोड़ा विवादास्पद भी हो सकता है, पर अधिकांश समाजशास्त्री इस बात को मानते हैं।

5. सामाजिक परिवर्तन की कोई निश्चित भविष्यवाणी नहीं की जा सकती है। इसका मुख्य कारण यह है कि अनेक आकस्मिक कारक भी सामाजिक परिवर्तन की स्थिति पैदा करते हैं। इसलिए सामाजिक परिवर्तन के निश्चित स्वरूप की भविष्यवाणी हम नहीं कर सकते हैं। उदाहरणार्थ, मार्क्स ने पूँजीवाद के अन्त में समाजवाद के उत्थान की भविष्यवाणी की थी, लेकिन यह परिवर्तन अब तक साकार नहीं हो पाया है और न ही होने की सम्भावना है। इसी तरह हम सामाजिक सम्बन्धों, विचारों, मनोवृत्तियों, आदर्शों एवं मूल्यों में परिवर्तनों की निश्चित भविष्यवाणी नहीं कर सकते हैं।

सामाजिक परिवर्तन के मुख्य स्रोत (Important Sources of Social Change)

कुछ समाजशास्त्रियों का कहना है कि सामाजिक परिवर्तन के मुख्य तीन स्रोत हैं, जो इस प्रकार हैं–

1. आविष्कार (Invention)— विज्ञान और प्रौद्योगिकी के जगत् में मनुष्य के आविष्कार इतने अधिक हैं कि उनकी गिनती करना मुश्किल है। विज्ञान और प्रौद्योगिकी क्षेत्र के आविष्कारों ने मानव-समाज में एक युगान्तकारी एवं क्रान्तिकारी परिवर्तन ला दिया है। आज विश्व में शायद ही कोई व्यक्ति या समाज होगा जिसका जीवन प्रत्यक्ष या परोक्ष रूप से प्रभावित न हुआ हो। मानव-समाज में जितने भी परिवर्तन आये हैं, उन परिवर्तनों के मुख्य स्रोत भौतिक जगत् के आविष्कार ही रहे हैं।

2. खोज (Discovery)— मनुष्य ने अपने ज्ञान एवं अनुभवों के आधार पर अपनी समस्याओं को सुलझाने और एक बेहतर जीवन व्यतीत करने के लिए बहुत तरह की खोज की है। शरीर में रक्त-संचालन, बहुत सारी बीमारियों के कारणों, खनिजों, खाद्य-पदार्थों, पृथ्वी गोल है एवं वह सूर्य की परिक्रमा करती है आदि हजारों किस्म के तथ्यों की मानव ने खोज की, जिनसे उनके भौतिक एवं ग़ैर-भौतिक जीवन में काफी परिवर्तन आया। मनुष्य एक खोजी प्रवृत्ति का जीव है और वह आज भी नयी-नयी खोजों में लगा है। इन खोजों की सामाजिक विकास में महत्त्वपूर्ण भूमिका होती है।

3. प्रसार (Diffusion)— सांस्कृतिक जगत् के परिवर्तन में प्रसार का प्रमुख योगदान रहा है। **पश्चिमीकरण (Westernization), आधुनिकीकरण (Modernization)** एवं **भूमण्डलीकरण (Globalization)** जैसी प्रक्रियाओं का मुख्य आधार प्रसार ही रहा है। आधुनिक युग में प्रौद्योगिकी का इतना अधिक विकास हुआ है कि प्रसार की गति बहुत तेज हो गयी है। यही कारण है कि आज हम **एक विश्व (One World)** या **विश्व-ग्राम (Global Village)** जैसी अवधारणाओं की बात करने लगे हैं।

4. आन्तरिक विभेदीकरण (Internal Differentiation)— जब हम सामाजिक परिवर्तन के विभिन्न सिद्धान्तों को ध्यान में रखते हैं, तो ऐसा लगता है कि परिवर्तन का एक चौथा स्रोत भी सम्भव है– वह है आन्तरिक विभेदीकरण। इस तथ्य की पुष्टि उद्विकासीय सिद्धान्त (Evolutionary Theory) के प्रवर्त्तकों के विचारों से होती है। उन लोगों का मानना है कि समाज में परिवर्तन समाज की स्वाभाविक उद्विकासीय प्रक्रिया से भी सम्भव होता है। हर एक समाज अपनी आवश्यकताओं के अनुसार धीरे-धीरे विशेष स्थिति में परिवर्तित होता रहता है। प्रारम्भिक समाजशास्त्रियों, जैसे– स्पेंसर, हॉबहाउस, डर्कहाइम एवं बहुत सारे मानवशास्त्रियों ने अपने उद्विकासीय सिद्धान्त में स्वतः चलने वाली आन्तरिक विभेदीकरण की प्रक्रिया पर काफी बल दिया है। इसमें कोई सन्देह की बात नहीं है कि इस आन्तरिक विभेदीकरण की प्रक्रिया में खोज एवं आविष्कार का अपना एक अलग महत्त्व है।

सामाजिक और सांस्कृतिक परिवर्तन (Social and Cultural Change)

सामाजिक परिवर्तन एवं सांस्कृतिक परिवर्तन एक ही चीज है या अलग-अलग हैं, इस विषय पर थोड़ा विवाद रहा है। अतः इस पर कुछ विचार करने की आवश्यकता है। कुछ ऐसे भी मानवशास्त्री एवं समाजशास्त्री हैं, जो सामाजिक परिवर्तन एवं सांस्कृतिक परिवर्तन को एक ही मानते हैं, जैसे– जिलिन एवं जिलिन (Gillin and Gillin, 1948) तथा मालिनॉफस्की (B. Malinowski)[6]। जिलिन एवं जिलिन जीवन की स्वीकृत पद्धतियों (Accepted modes of life) में बदलाव को सामाजिक परिवर्तन की संज्ञा देते हैं। मालिनॉफस्की ने जीवन की स्वीकृत पद्धतियों को ही 'संस्कृति' की संज्ञा दी है, लेकिन यदि हम ठीक से विचार करें तो पता चलता है कि सांस्कृतिक परिवर्तन एवं सामाजिक परिवर्तन में काफी अन्तर है। शाब्दिक दृष्टि से 'संस्कृति' शब्द समाज से अधिक व्यापक अर्थ रखता है। अतः सांस्कृतिक परिवर्तन का तात्पर्य जीवन के सभी पक्षों में परिवर्तन से है। इसके अन्तर्गत धर्म, ज्ञान, कला, विश्वास, प्रथा, कानून, विज्ञान, दर्शन, साहित्य, वास्तुकला, आदतें आदि सभी क्षेत्रों में परिवर्तन सम्मिलित हैं।

जब हम किंगज्ली डेविस के सामाजिक परिवर्तन की परिभाषा पर विचार करते हैं, तो स्पष्ट होता है कि सामाजिक परिवर्तन सांस्कृतिक परिवर्तन का मात्र एक अंश है। मकीवर और पेज भी सामाजिक परिवर्तन को सांस्कृतिक परिवर्तन से भिन्न मानते हैं। उनके अनुसार सामाजिक परिवर्तन का सम्बन्ध मात्र सामाजिक सम्बन्धों में आये हुए परिवर्तन से है। सामाजिक एवं सांस्कृतिक परिवर्तनों के बीच निम्नलिखित अन्तर हैं–

(क) सामाजिक परिवर्तन मात्र सामाजिक सम्बन्धों में होने वाला परिवर्तन है, जबकि सांस्कृतिक परिवर्तन धर्म, ज्ञान, विश्वास, कला, साहित्य, प्रथा, कानून आदि सभी क्षेत्रों में होने वाला परिवर्तन है।

(ख) सामाजिक परिवर्तन से सामाजिक संरचना में परिवर्तन का बोध होता है, जबकि सांस्कृतिक परिवर्तन से संस्कृति के विभिन्न पक्षों में होने वाले परिवर्तनों का बोध होता है।

(ग) सामाजिक परिवर्तन चेतन एवं अचेतन दोनों परिवर्तनों के परिणामस्वरूप उत्पन्न होता है, जबकि सांस्कृतिक परिवर्तन प्रायः जागरूक प्रयत्नों से घटित होता है।

(घ) सामाजिक परिवर्तन की गति काफी तीव्र भी हो सकती है, जबकि सांस्कृतिक परिवर्तन की गति अपेक्षाकृत कम तीव्र होती है। इसका तात्पर्य यह है कि सामाजिक सम्बन्धों में परिवर्तन तेजी से भी हो सकता है, जबकि धर्म, विश्वास, जीवन के मूल्यों आदि में परिवर्तन धीमी रफ्तार से होता है।

इस तरह यह स्पष्ट है कि सामाजिक परिवर्तन एवं सांस्कृतिक परिवर्तन दोनों भिन्न हैं, फिर भी दोनों के बीच घनिष्ठ सम्बन्ध है। एक-दूसरे पर परिवर्तन का प्रभाव प्रत्यक्ष या अप्रत्यक्ष रीति से अवश्य पड़ता है। सामाजिक परिवर्तन एवं सांस्कृतिक परिवर्तन दोनों अलग-अलग हैं या एक हैं, यह अभी तक विवाद का विषय बना हुआ है। यहाँ अन्तिम रूप से कुछ कहना काफी कठिन है, क्योंकि संस्कृति एवं समाज की कोई ऐसी निश्चित परिभाषा नहीं है, जिसे सभी लोग स्वीकार करते हों।

सामाजिक परिवर्तन के प्रतिरूप या प्रकार (Patterns or Kinds of Social Change)

सामाजिक परिवर्तन का स्वरूप हमेशा एक जैसा नहीं होता है। अतः हमें सामाजिक परिवर्तन के स्वरूप के सन्दर्भ में उसके प्रतिरूप (Patterns) या प्रकार (Kinds) पर विचार करना चाहिए। अर्थ की दृष्टि से दोनों शब्दों में काफी भेद हैं, पर विषय-वस्तु की दृष्टि से समानता है। वे सभी एक ही किस्म की विषय-वस्तु के द्योतक हैं। निम्न विवरण से

6. B. Malinowski– यहाँ ध्यान देने की बात है कि साधारणतया इस नाम का उच्चारण 'मैलीनावस्की' किया जाता है, जो निःसंदेह गलत है। इसका शुद्ध उच्चारण मात्र **'मालिनॉफस्की'** है।

इस तथ्य की पुष्टि हो जायेगी। सामाजिक परिवर्तन के अनेक प्रतिरूप (Patterns) देखने को मिलते हैं। मकीवर और पेज (1985: 519–521) ने सामाजिक प्रतिरूप के मुख्य तीन स्वरूपों की चर्चा की है, जो इस प्रकार हैं–

(i) सामाजिक परिवर्तन कभी-कभी क्रमबद्ध तरीके से एक ही दिशा में निरन्तर चलता रहता है, भले ही परिवर्तन का आरम्भ एक-एक ही क्यों न हो। उदाहरण के लिए, हम विभिन्न आविष्कारों के पश्चात् परिवर्तन के क्रमों की चर्चा कर सकते हैं। विज्ञान के अन्तर्गत परिवर्तन की प्रकृति एक ही दिशा में निरन्तर आगे बढ़ने की होती है, इसलिए ऐसे परिवर्तन को हम एकरेखीय (Linear) परिवर्तन कहते हैं। अधिकांश उद्विकासीय समाजशास्त्री (Evolutionary Sociologists) एकरेखीय सामाजिक परिवर्तन में विश्वास करते हैं।

(ii) कुछ सामाजिक परिवर्तनों में परिवर्तन की प्रकृति ऊपर से नीचे और नीचे से ऊपर जाने की होती है, इसलिए इसे **उतार-चढ़ाव परिवर्तन (Fluctuating Changes)** के नाम से भी हम जानते हैं। उदाहरण के लिए, भारतीय सांस्कृतिक परिवर्तन की चर्चा कर सकते हैं। पहले भारत के लोग अध्यात्मवाद (Spiritualism) की ओर बढ़ रहे थे, जबकि आज वे उसके विपरीत भौतिकवाद (Materialism) की ओर बढ़ रहे हैं। पहले का सामाजिक मूल्य 'त्याग' पर ज़ोर देता था, जबकि आज का सामाजिक मूल्य 'भोग' एवं संचय पर ज़ोर देता है। इस प्रतिरूप के अन्तर्गत यह निश्चित नहीं होता कि परिवर्तन कब और किस दिशा में उन्मुख होगा।

(iii) परिवर्तन के तृतीय प्रतिरूप को तरंगीय परिवर्तन के भी नाम से जाना जाता है। इस परिवर्तन के अन्तर्गत उतार-चढ़ावदार परिवर्तन में परिवर्तन की दिशा एक सीमा के बाद विपरीत दिशा में उन्मुख हो जाती है। इसमें लहरों (Waves) की भाँति एक के बाद दूसरा परिवर्तन आता है। ऐसा कहना मुश्किल होता है कि दूसरी लहर पहली लहर के विपरीत है। हम यह भी कहने की स्थिति में नहीं होते हैं कि दूसरा परिवर्तन पहले की तुलना में उन्नति या अवनति का सूचक है। इस प्रतिरूप का सटीक उदाहरण है फैशन। हर समाज में नये-नये फैशन की लहरें आती रहती हैं। हर फैशन में लोगों को कुछ-न-कुछ नये परिवर्तन दिखाई देते हैं। ऐसे परिवर्तनों में उत्थान, पतन और प्रगति की चर्चा फिजूल है।

बॉटमोर (T.B. Bottomore, 1972) ने सामाजिक परिवर्तन के वर्गीकरण की चर्चा की है। उन्होंने कहा है कि सामाजिक परिवर्तन का वर्गीकरण किया जाना चाहिए, इसलिए कि 20वीं सदी में सामाजिक परिवर्तन की प्रक्रिया पहले से ज़्यादा तेज हो गयी है और विश्व के सभी देशों में सामाजिक परिवर्तन की तीव्रता एवं उसका स्वरूप एक जैसा नहीं है। सामाजिक परिवर्तन की गति के सम्बन्ध में विकसित एवं विकासशील देशों के बीच काफी फ़र्क है। सामाजिक परिवर्तन की गति में असमानता एवं अन्तर्राष्ट्रीय स्तर पर तुलनात्मक अध्ययन के लिए सामाजिक परिवर्तन का वर्गीकरण किया जाना चाहिए। वर्गीकरण के द्वारा सामाजिक परिवर्तन के स्वरूप को ऐतिहासिक परिप्रेक्ष्य में समझने में भी सहायता मिलेगी। कभी-कभी ऐसा भी देखने को मिला है कि एक ही समाज में विभिन्न कालों में विभिन्न गतियों से सामाजिक परिवर्तन हुए हैं।

बॉटमोर ने सामाजिक परिवर्तन के वर्गीकरण की आवश्यकता पर ज़ोर तो दिया है, लेकिन उन्होंने स्वयं कोई वर्गीकरण प्रस्तुत नहीं किया है। उन्होंने वर्गीकरण के चार आधारों की बात तो कही है, पर उन आधारों पर विभिन्न किस्म के परिवर्तनों के नामकरण की कोशिश नहीं की है। बॉटमोर ने सामाजिक परिवर्तन के वर्गीकरण के चार आधारों का वर्णन किया है, वे इस प्रकार हैं–

(i) परिवर्तन के स्रोतों (Sources of Change) के आधार पर सामाजिक परिवर्तन का वर्गीकरण किया जा सकता है। इस आधार पर सामाजिक परिवर्तन को दो भागों में बाँटा जा सकता है– **आन्तरिक परिवर्तन (Endogenous)** एवं **बाह्य परिवर्तन (Exogenous)**। उन्होंने बताया है कि अर्द्ध-विकसित समाज (Under-developed) में बाह्य परिवर्तनों की प्रधानता होती है, जबकि विकसित समाज में आन्तरिक परिवर्तन की प्रधानता होती है। उन्होंने आगे यह भी बताया है कि वर्गीकरण का आधार यह भी हो सकता है कि पहले समाज के किस आयाम में परिवर्तन आता है, जैसे– राजनीतिक, आर्थिक, धार्मिक इत्यादि।

(ii) सामाजिक परिवर्तन के वर्गीकरण का दूसरा आधार यह भी हो सकता है कि बृहत् पैमाने पर सामाजिक परिवर्तन होने की पूर्वावस्था क्या थी। यह इसलिए महत्त्वपूर्ण है कि उद्योगीकरण के द्वारा विभिन्न समाजों में विभिन्न प्रकार के परिवर्तन आते हैं। उद्योगीकरण के द्वारा जो परिवर्तन भारतीय और चीनी समाज में आया है, वही परिवर्तन अफ्रीका के आदिम जातियों में नहीं आया है। उद्योगीकरण के चलते सामाजिक परिवर्तन की रफ्तार कहीं धीमी तो कहीं तेज होगी। इसके अलावा, सामाजिक परिवर्तन का स्वरूप भी अलग-अलग होगा।

(iii) परिवर्तन की गति के आधार पर भी सामाजिक परिवर्तन का वर्गीकरण किया जा सकता है। सामाजिक परिवर्तन की गति कभी तेज और कभी धीमी देखने को मिलती है। यदि सामाजिक परिवर्तन का आधार कोई जन-आन्दोलन या क्रान्ति है, तो सिर्फ परिवर्तन की गति ही तेज न होगी, बल्कि परिवर्तन का स्वरूप भी बुनियादी होगा।

(iv) अन्त में बॉटमोर ने बताया है कि वर्गीकरण का आधार यह भी हो सकता है कि परिवर्तन योजनाबद्ध है या आकस्मिक। **योजनाबद्ध परिवर्तन (Planned Change)** का स्वरूप **आकस्मिक परिवर्तन (Fortuitous Change)** से भिन्न होता है। आज समाज में अधिकांश परिवर्तन योजनाबद्ध तरीके से हो रहे हैं, जबकि आदिकाल में सभी परिवर्तन आकस्मिक हुआ करते थे। आकस्मिक परिवर्तन की गति योजनाबद्ध परिवर्तन की तुलना में साधारणतया धीमी होती है।

सामाजिक परिवर्तन के कारक (Factors of Social Change)

सामाजिक परिवर्तन के अनगिनत कारक हैं, पर विभिन्न कारकों की महत्ता देश और काल से प्रभावित होती है। जिन कारणों से आज सामाजिक परिवर्तन हो रहे हैं, उनमें से बहुत-से कारक प्राचीनकाल में मौजूद नहीं थे। परिवर्तन के जिन कारकों की महत्ता प्राचीन एवं मध्यकाल में रही है, आज उसकी महत्ता उतनी नहीं रह गयी है। समय के साथ परिवर्तन के स्वरूप और कारक दोनों बदलते रहते हैं। एच.एम. जॉनसन (1960: 633) ने परिवर्तन के स्रोतों को ध्यान में रखकर परिवर्तन के सभी कारणों को मुख्य रूप से तीन खण्डों में रखा है।

1. आन्तरिक कारक (Internal Factors)— सामाजिक परिवर्तन कभी-कभी आन्तरिक कारणों से भी होता है। व्यवस्था का विरोध आन्तरिक विरोध (Internal Contradictions) से भी होता है। जब लोग किसी कारणवश अपनी परम्परागत व्यवस्था से खुश नहीं होते हैं, तो उसमें फेर-बदल करने की कोशिश करते रहते हैं। साधारणतया एक बन्द समाज में परिवर्तन का मुख्य स्रोत **अन्तर्जात (Endogenous or Orthogenetic)** कारक ही हुआ करता है। धर्म-सुधार आन्दोलन से जो हिन्दू समाज में परिवर्तन आया है, वह आन्तरिक कारक का एक उदाहरण है।

2. बाह्य कारक (External Factors)— जब दो प्रकार की सामाजिक व्यवस्था, प्रतिमान एवं मूल्य एक-दूसरे से मिलते हैं, तो सामाजिक परिवर्तन की स्थिति का निर्माण होता है। पश्चिमीकरण या पाश्चात्य प्रौद्योगिकी के द्वारा जो भारतीय समाज में परिवर्तन आया है, उसे इसी श्रेणी में रखा जायेगा। साधारणतः आधुनिक युग में परिवर्तन के आन्तरिक स्रोतों की तुलना में **बहिर्जात (Exogenous or Heterogenetic)** कारकों की प्रधानता होती है।

3. ग़ैर-सामाजिक पर्यावरण (Non-social Environment)— सामाजिक परिवर्तन का स्रोत हमेशा सामाजिक कारण ही नहीं होता। कभी-कभी भौगोलिक या भौतिक स्थितियों में परिवर्तन से भी सामाजिक परिवर्तन होता है। आदिम एवं पुरातनकाल में जो समाज में परिवर्तन हुए हैं, उन परिवर्तनों में ग़ैर-सामाजिक कारकों की बहुत ही महत्त्वपूर्ण भूमिका रही है।

एन्थनी गिडेन्स (1993, 1998) ने परिवर्तन के कारकों का विश्लेषण कुछ दूसरे ढंग से किया है। उन्होंने सभी कारकों को तीन भागों में वर्गीकृत कर देखा है। उनके वर्गीकरण का आधार जॉनसन से अलग है। उन्होंने परिवर्तन के कारकों के स्रोत को न देखकर उसके स्वरूप को ध्यान में रखकर तीन भागों में विभाजन किया है, वे हैं– भौतिक पर्यावरण (Physical Environment), राजनीतिक व्यवस्था (Political Organization) एवं संस्कृति (Culture) जिनकी चर्चा विस्तार से नीचे की जा रही है। मकीवर और पेज ने भी सामाजिक परिवर्तन के तीन ही प्रमुख कारक

माने हैं, पर वह थोड़ा भिन्न हैं, जैसे– प्रौद्योगिक (Technological), जैविक (Biological) एवं सांस्कृतिक (Cultural)। उनका यह वर्गीकरण अब काफी पुराना पड़ चुका है। यहाँ हम गिडेन्स के द्वारा दिये गये कारकों की चर्चा करेंगे, जो नवीनतम है।

1. भौतिक पर्यावरण (Physical Environment)— समाज के विकास की प्रारम्भिक अवस्था में भौतिक पर्यावरण का प्रभाव बहुत ही ज़्यादा रहा है। जैसे– ऑस्ट्रेलिया में आदिमजाति के लोगों को कन्दमूल, फल (Edible Roots and Fruits) आसानी से उपलब्ध नहीं थे, इसलिए वहाँ के आदिवासियों को स्वभावत: शिकारी बनना पड़ा। दूसरी तरफ, सिन्धु घाटी सभ्यता (Indus Valley Civilization) में सिंचाई और खेती के साधन उपलब्ध थे, इसलिए वहाँ का समाज खेती और पशुपालन से जीविकोपार्जन करता रहा। आदिकाल में किसी समाज का शिकारी होना या किसी का खेती या पशुपालन पर निर्भर करना इस बात पर निर्भर करता था कि वे किस भौतिक परिस्थिति में जी रहे हैं। विश्व की महान् सभ्यता और संस्कृतियों का नदी-घाटी में विकसित होना भी इसी बात का प्रमाण है कि भौतिक सुख-सुविधाओं की सामाजिक निर्माण और विकास में एक अहम भूमिका होती है। मॉर्गन, मार्क्स आदि विचारकों ने यह प्रमाणित करने की कोशिश की है कि सभ्यता और संस्कृति के विकास में भौतिक कारकों की अहम भूमिका होती है।

आधुनिक समाज में भी प्रौद्योगिकी जैसे भौतिक कारकों की सामाजिक परिवर्तन में स्पष्ट भूमिका दिखाई पड़ती है। आधुनिक सामाजिक संरचना के स्वरूप पर यदि आज सबसे अधिक किसी का प्रभाव है, तो वह है प्रौद्योगिक अनुसन्धान का। बड़े-बड़े उद्योगों के विकास से पुँज-उत्पादन (Mass Production) में वृद्धि हुई, महानगरों का उदय हुआ, लोगों के प्रवास की प्रवृत्ति में वृद्धि हुई। संचार एवं यातायात के साधनों के विकास ने विश्व समाज का आकार छोटा कर दिया है। आज रोज़ कुछ-न-कुछ नयी-नयी चीजें देखने को मिलती हैं, जिनसे वैयक्तिक एवं सामाजिक जीवन सीधा प्रभावित होता है। ऑगबर्न (William F. Ogburn) ने बताया है कि अकेले रेडियो ने विश्व में लगभग 150 प्रकार के परिवर्तनों को लाने में सहायता की है।

ज्ञान और विज्ञान में तरक्की के चलते भी भौतिक और सामाजिक पर्यावरण में युगान्तकारी परिवर्तन आये हैं। आज विकसित और विकासशील देशों के बीच बहुत बड़ा फ़र्क दिखाई पड़ता है। इस फ़र्क का बहुत बड़ा आधार प्रौद्योगिकी का इस्तेमाल है। उसी तरह से आदिमकाल, प्राचीनकाल और आधुनिक काल के बीच भी जो फ़र्क है उसका आधार प्रौद्योगिकी है। प्राचीन समय में भौतिक पर्यावरण का मुख्य आधार प्राकृतिक पर्यावरण (Man-made Environment) था। मानव-समाज ने परिवर्तन की एक लम्बी दूरी तय की है जिसका मुख्य कारण यह है कि मानव-समाज प्रकृति-प्रदत्त पर्यावरण से मानव-निर्मित पर्यावरण की ओर बढ़ा है। पूँजीवाद के विकास में निस्सन्देह इस प्रौद्योगिकी की भूमिका अहम रही है।

यातायात एवं जनसंचार के माध्यमों में विकास ने भी हमारे भौतिक पर्यावरण में काफी बदलाव ला दिया है। इसका मुख्य श्रेय समाज में निरन्तर प्रौद्योगिक परिवर्तन (Technological Change) को है। इससे समय एवं दूरी पर मानव ने अपना नियन्त्रण बना लिया है। फलस्वरूप भिन्न-भिन्न संस्कृतियों के बीच आदान-प्रदान की प्रक्रिया बढ़ी है।

प्रौद्योगिक विकास ने समाज में उद्योगीकरण की प्रक्रिया को बढ़ाया है। उत्पादन के साधनों में निरन्तर विस्तार हो रहा है। इससे एक नयी सामाजिक संरचना एवं व्यवस्था का निर्माण हो रहा है। हमारे जीवन के मूल्यों, आदर्शों एवं व्यवहार के प्रतिमानों में क्रान्तिकारी परिवर्तन हुए हैं। आज संयुक्त परिवार की जगह मूल या दाम्पत्य परिवार (Nuclear or Conjugal Family) का निरन्तर विस्तार हो रहा है।

निरन्तर औद्योगिक विकास ने मानव के सामने भौतिक सुख-सुविधाओं को भोगने के अनेक विकल्पों को रख दिया है। मानव ने एक तरह से प्रकृति पर विजय पा ली है। विद्युत-ऊर्जा के विकास से कृषि के क्षेत्र में भी क्रान्तिकारी परिवर्तन हुआ है। अकाल एवं महामारियों की समाप्ति से मृत्युदर में बहुत कमी आयी है। आज समाज में भौतिकवाद के विकास ने नकद-पैसे के सम्बन्ध को प्रमुखता प्रदान की है।

प्रौद्योगिक विकास ने सामाजिक गतिशीलता में भी मुख्य भूमिका निभाई है। आज पूरा विश्व एक गाँव जैसा मालूम पड़ता है। विशिष्टीकरण (Specialization) एवं श्रम-विभाजन (Division of Labour) की प्रक्रिया ने परस्परिक निर्भरता (Mutual Dependence) एवं व्यक्तिवाद (Individualism) को भी बढ़ावा दिया है। इससे आज लोगों के बीच द्वितीयक सम्बन्धों (Secondary Relationships) का विस्तार देखने को मिलता है।

2. सांस्कृतिक कारक (Cultural Factor)— मार्क्स का कहना है कि सामाजिक परिवर्तन का सबसे अहम कारक आर्थिक है। सामाजिक संरचना और संस्कृति को उन्होंने **अधिरचना (Super-structure)** माना। दूसरी तरफ कुछ ऐसे भी विचारक हुए हैं, जिन्होंने यह प्रमाणित किया है कि सांस्कृतिक मूल्यों में परिवर्तन से सिर्फ समाज एवं संस्कृति में ही नहीं, बल्कि अर्थव्यवस्था में भी परिवर्तन होता है। वैसे विचारकों में मैक्स वेबर का नाम सबसे आगे है। उन्होंने अपनी पुस्तक **The Protestant Ethic and the Spirit of Capitalism,** (1958) में यह साबित कर दिया कि पाश्चात्य देशों में पूँजीवादी अर्थव्यवस्था के विकास में प्रोटेस्टैंट आचार-संहिता (Protestant Ethics) की बहुत बड़ी भूमिका रही है। मैक्स वेबर ने दुनिया के 6 बड़े धर्मों का अध्ययन किया, वे हैं– हिन्दू, बौद्ध, ईसाई, इस्लाम, कन्फ्यूशियस तथा यहूदी। उन्होंने बताया है कि सामाजिक घटनाओं, सामाजिक जीवन या सामाजिक संगठन या आर्थिक व्यवस्था के निर्धारण में धर्म की भूमिका सबसे अधिक रही है।

चूँकि विज्ञान भी संस्कृति के दायरे में ही आता है, इसलिए हम कह सकते हैं कि संस्कृति के विकास ने मानव के इतिहास में अभूतपूर्व परिवर्तन किया है। आज भौतिक पर्यावरण में जो परिवर्तन आया है, उस परिवर्तन के पीछे विज्ञान की तरक्की है। चूँकि विज्ञान के द्वारा समाज में सबसे अधिक परिवर्तन हुआ है, इसलिए वर्तमान युग को आधुनिक या वैज्ञानिक युग भी कहा जाता है। विज्ञान के विकास ने मनुष्य के स्वभाव को बहुत आलोचनात्मक (Critical) और खोजी (Innovative) बना दिया है, जिसके चलते हमारे धार्मिक विश्वासों, व्यक्तिगत विश्वासों, विचारों, जीवन के उद्देश्यों में काफी परिवर्तन हुआ है और इस परिवर्तन से पूरी सामाजिक संरचना, मूल्यों एवं प्रतिमानों में परिवर्तन हुआ है। आधुनिक समाज में परिवर्तन की गति तेज़ होने का एक ही कारण है कि विज्ञान में परिवर्तन बहुत तेजी से हो रहा है। दूसरे शब्दों में, ज्ञान और विज्ञान के विकास ने सामाजिक परिवर्तन की गति को अब तक के मानव के इतिहास में सबसे अधिक तीव्र कर दिया है। परिवर्तन के सांस्कृतिक कारक के सम्बन्ध में मैक्स वेबर का यह भी विचार उल्लेखनीय है कि विज्ञान के विकास ने प्रौद्योगिकी के क्षेत्र में काफी परिवर्तन किया है, जिसके माध्यम से सामाजिक, आर्थिक एवं नौकरशाही की व्यवस्था में भारी परिवर्तन आया है। परिवर्तन के इन कारकों के लिए उन्होंने एक नये शब्द का प्रयोग किया जो **तर्कसंगत व्याख्या (Rationalization)** के नाम से जाना जाता है। विवेकवादी प्रक्रिया ने हमारे जीवन के दार्शनिक (Philosophical), वैचारिक (Ideological) एवं धार्मिक (Religious) पहलुओं में बहुत ही उल्लेखनीय परिवर्तन किया है। संक्षेप में, मैक्स वेबर का मानना है कि सामाजिक परिवर्तन का मुख्य कारण विवेकवादी प्रक्रिया ही है।

परिवर्तन के सांस्कृतिक कारकों के सम्बन्ध में मानवशास्त्रियों के विचार भी काफी महत्त्वपूर्ण हैं। सामान्य तौर पर सभी मानवशास्त्री यही मानते हैं कि **सांस्कृतिक प्रसार (Cultural Diffusion)** एवं **परसंस्कृति-ग्रहण (Acculturation)** की प्रक्रिया से भी समाज में परिवर्तन आता है। इस सन्दर्भ में एम.एन. श्रीनिवास का 'पश्चिमीकरण की अवधारणा' विशेष रूप से उल्लेखनीय है। उन्होंने बताया है कि भारतीय समाज में होने वाले परिवर्तनों के पीछे पश्चिमीकरण की बहुत ही महत्त्वपूर्ण भूमिका रही है। अंग्रेजी शासन की स्थापना से हमारी चिन्तनशैली, वैचारिक दृष्टिकोण, राजनीतिक एवं आर्थिक व्यवस्था, खान-पान के तरीके, जाति-व्यवस्था, शिक्षण पद्धति इत्यादि में काफी परिवर्तन आये हैं। इन प्रक्रियाओं को मानवशास्त्रीय परिप्रेक्ष्य में हम सांस्कृतिक प्रसार एवं संस्कृति-संक्रमण की प्रक्रिया मानते हैं। यातायात, संचार के माध्यमों एवं शिक्षा के विकास से विश्वस्तर पर संस्कृति-संक्रमण की प्रक्रिया तेज हुई है। प्रौद्योगिक विकास ने सामाजिक परिवर्तन के सांस्कृतिक कारकों के लिए एक **उत्प्रेरक अभिकर्त्ता (Catalytic Agent)** के रूप में कार्य किया है।

संक्षेप में, यहाँ यह भी उल्लेखनीय है कि संस्कृति जितना समाज को प्रभावित करती है, उतना ही समाज भी संस्कृति को प्रभावित करता है। संक्षेप में कहा जा सकता है कि संस्कृति एवं समाज के बीच एक **सहजीवी सम्बन्ध (Symbiotic Relationship)** है।

3. राजनीतिक व्यवस्था (Political Organization)— विभिन्न व्यवस्थाओं के साथ-साथ राजनीतिक व्यवस्था में भी काफी परिवर्तन हुआ है। राजनीतिक व्यवस्था एवं सामाजिक संरचना के बीच एक सीधा सम्बन्ध है। आदिमकाल में सामाजिक जीवन में राजनीति की भूमिका नगण्य थी। जैसे-जैसे राजनीतिक संस्थाओं में परिवर्तन हुआ, वैसे-वैसे सामाजिक और आर्थिक व्यवस्था में भी परिवर्तन होता गया। सरदार, मालिक, राजा (Chiefs, Lords, Kings) और राज्य के विकास ने समाज को सीधे ढंग से प्रभावित किया। चरवाहे युग में जब राज्य का विकास नहीं हुआ था तो उस समय कबीलों के सरदार आपस में लड़ते रहते थे और लड़ाई में हार-जीत के फलस्वरूप विजयी एवं विजित समूहों में उसी के अनुरूप सामाजिक स्तरण का निर्माण होता था। जैसा कि गम्पलोविक्च (Gumplowicz) ने बताया है कि विजेता वर्ग शासन करने की स्थिति में रहता था और हारा हुआ व्यक्ति दास की श्रेणी में होता था। कभी-कभी दोनों समूहों के बीच सांस्कृतिक आदान-प्रदान की प्रक्रिया भी चलती थी।

सामन्ती युग में सामन्तों एवं आमलोगों के बीच शोषण पर आधारित सम्बन्ध हुआ करते थे। उस समय चूँकि राज्य का विकास नहीं हो पाया था, शासन जन-इच्छाओं के बदले सामन्तों की इच्छाओं से चलता था। सामन्तों की इच्छा ही कानून मानी जाती थी। लेकिन समय के साथ उस व्यवस्था में भी परिवर्तन आया। राज्य और प्रजातन्त्र का विकास साथ-साथ हुआ।

परम्परागत विशिष्ट वर्ग (Traditional Elites) का प्रभाव समाज में गौण होने लगा। तानाशाही की प्रवृत्ति में कमी आयी, गुलामी और दास-प्रथा का अन्त हुआ। हर किसी को सरकार बनाने और बदलने का अधिकार मिला। दुनिया के विभिन्न देशों में राजनीतिक क्षेत्र में इतनी क्रान्तियाँ आयीं कि राज्य का शासन जन-इच्छाओं से चलने लगा। राजनीतिक परिवर्तन से विभिन्न प्रकार की सामाजिक चेतना, आन्दोलनों एवं क्रान्तियों का जन्म हुआ। आदिम और आधुनिक समाज में फ़र्क का आधार आर्थिक ही नहीं, बल्कि राजनीतिक भी है। इसमें कोई शक नहीं कि राजनीतिक विचारों से भारी सामाजिक परिवर्तन आता है। मार्क्स और लेनिन के राजनीतिक विचारों ने समस्त विश्व को इस तरह से झकझोर दिया कि वे इतिहास पुरुष कहलाये। उसी तरह से भारत में गाँधी, टर्की में मुस्तफा केमाल पाशा और दक्षिण अफ्रीका में नेल्सन मण्डेला ने अपने देश के राजनीतिक जीवन में इतना उथल-पुथल मचाया कि विभिन्न किस्म के सामाजिक परिवर्तनों का एक ताँता-सा लग गया।

कुछ सम्बद्ध अवधारणाएँ (Some Related Concepts)

सामाजिक परिवर्तन की प्रक्रिया कई रूपों में प्रकट होती है, जैसे– **उद्विकास (Evolution), प्रगति (Progress), विकास (Development), सामाजिक आन्दोलन** (Social Movement), **क्रान्ति (Revolution)** इत्यादि। चूँकि इन प्रक्रियाओं का सामाजिक परिवर्तन से सीधा सम्बन्ध है या कभी-कभी इन सम्बन्धों को सामाजिक परिवर्तन का पर्यायवाची माना जाता है, इसलिए इन शब्दों के अर्थ के सम्बन्ध में काफी उलझनें हैं। इसका एक दूसरा कारण यह भी है कि कुछ प्रारम्भिक समाजशास्त्रियों ने अपनी पुस्तकों में इन अवधारणाओं का एक ही अर्थ में प्रयोग किया है। इस बात की पुष्टि बॉटमोर (T.B. Bottomore, 1972: 283) की इस उक्ति से होती है, "प्रारम्भिक समाजशास्त्रीय सिद्धान्तों में 'परिवर्तन', 'उद्विकास', 'विकास' एवं 'प्रगति' की धारणा कभी-कभी तो उलझी हुई नज़र आती है और तो कभी एक ही अवधारणा के अन्तर्गत वे सभी सम्मिलित दिखाई पड़ती हैं।"[7] चूँकि वे सभी शब्द एक-दूसरे से वर्तमान समाजशास्त्र में काफी भिन्न हैं, इसलिए इनकी चर्चा यहाँ अलग-अलग की जा रही है।

---

7. "In these earlier sociological theories, the notions of 'change', 'evolution', 'development' and 'progress' are sometimes confused, or combined in a single concept."— T.B. Bottomore, **Sociology**, Vintage Books, New York, 1972, p. 283.

उद्विकास (Evolution)

सम्भवत: 'उद्विकास' शब्द का प्रयोग सबसे पहले जीव-विज्ञान के क्षेत्र में चार्ल्स डॉर्विन (Charles Darwin) ने किया था (ध्यान रहे 'उद्विकास' एक अशुद्ध शब्द है। हिन्दी एवं संस्कृत भाषा में उद्विकास या उद्विकास कोई शब्द नहीं है इसलिए 'उद्विकास' ही तर्कसंगत है।) डॉर्विन के अनुसार उद्विकास की प्रक्रिया में जीव की संरचना सरलता से जटिलता (Simple to Complex) की ओर बढ़ती है। यह प्रक्रिया प्राकृतिक चयन (Natural Selection) के सिद्धान्त पर आधारित है। आरम्भिक समाजशास्त्री हर्बर्ट स्पेंसर ने जैविक परिवर्तन (Biological Changes) की भाँति ही सामाजिक परिवर्तन को भी कुछ आन्तरिक शक्तियों (Internal Forces) के कारण सम्भव माना है और कहा है कि उद्विकास की प्रक्रिया धीरे-धीरे निश्चित स्तरों से गुज़रती हुई पूरी होती है। संक्षेप में, उद्विकास की मान्यताओं को हम इस ढंग से प्रकट कर सकते हैं– आरम्भ में सभी जीव या वस्तु का स्वरूप सरल होता है और उद्विकास की प्रक्रिया जैसे-जैसे आगे बढ़ती है, उस वस्तु या जीव के निर्णायक अंग पृथक् और स्पष्ट रूप से अपना काम करते हैं।

समाजशास्त्रीय परिप्रेक्ष्य में उद्विकास की अवधारणा को स्पष्ट करते हुए मकीवर और पेज (1985: 522) ने लिखा है कि "उद्विकास विकास से आगे स्तर की चीज है" (Evolution means more than growth.) अर्थात्, उद्विकास एक किस्म का विकास है। पर प्रत्येक विकास उद्विकास नहीं है, क्योंकि विकास की एक निश्चित दिशा होती है, पर उद्विकास की कोई निश्चित दिशा नहीं होती है। किसी भी क्षेत्र में विकास करना उद्विकास कहा जायेगा। मकीवर और पेज ने बताया है कि उद्विकास सिर्फ आकार में ही नहीं, बल्कि संरचना में भी विकास है। यदि समाज के आकार में वृद्धि नहीं होती है और वह पहले से ज़्यादा आन्तरिक रूप से जटिल हो जाता है, तो उसे उद्विकास कहेंगे। उद्विकास की प्रक्रिया को विकास नहीं कहा जा सकता है, क्योंकि विकास एक निश्चित दिशा में वृद्धि का नाम है। उसी तरह आकार की वृद्धि को विकास की संज्ञा नहीं दे सकते हैं। उद्विकास तो एक आन्तरिक प्रक्रिया है, जो स्वत: प्राकृतिक नियमों से संचालित होती रहती है। वर्ण-व्यवस्था का जाति-व्यवस्था में परिवर्तित होना उद्विकास का एक उदाहरण है, क्योंकि वर्ण-व्यवस्था की तुलना में जाति-व्यवस्था में अधिक जटिलता आयी है।

प्रगति (Progress)

जब किसी परिवर्तन को समाज के हित में अच्छा या लाभकारी माना जाता है, तो उसे प्रगति (Progress) कहा जाता है। प्रगति सामाजिक परिवर्तन की एक निश्चित दिशा को दर्शाती है। प्रगति में समाज-कल्याण और सामूहिक हित की भावना छिपी होती है। ऑगबर्न एवं निमकॉफ ने बताया है कि प्रगति का अर्थ अच्छाई के निमित्त परिवर्तन हैं, इसलिए प्रगति इच्छित परिवर्तन है। इसके माध्यम से हम पूर्व-निर्धारित लक्ष्यों को पाना चाहते हैं।

मकीवर और पेज (1985) का सुझाव है कि हमलोगों को उद्विकास और प्रगति को एक ही अर्थ में प्रयोग नहीं करना चाहिए। दोनों बिलकुल अलग-अलग अवधारणाएँ हैं। प्रगति कहने से एक निश्चित दिशा में विकास का बोध होता है और वह विकास हमेशा इच्छित विकास होता है। समाज के लोग यह चाहते हैं कि किसी विशेष किस्म की प्रगति चलनी चाहिए। वैज्ञानिक शिक्षा का प्रचार-प्रसार होना प्रगति का एक उदाहरण है, क्योंकि इसके माध्यम से समाज को हम एक इच्छित दिशा में ले जाना चाहते हैं। इस तरह प्रगति एक **योजनाबद्ध सामाजिक परिवर्तन (Planned Social Change)** है। मनुष्य के ज्ञान में वृद्धि होना उद्विकास कहा जायेगा। इस बात की पुष्टि मकीवर और पेज (MacIver and Page, 1985: 522) के इन विचार से होती है कि "जब हम प्रगति की बात करते हैं, तो इससे हमारा तात्पर्य सिर्फ परिवर्तन की दिशा मात्र से नहीं, बल्कि किसी आखिरी उद्देश्य की दिशा में परिवर्तन से होता है। किसी दिशा

में कार्यरत कारकों के वस्तुपरक आधार को ध्यान में रखकर ही नहीं, बल्कि कभी-कभी कुछ दिशाओं का निर्धारण तो काल्पनिक ढंग से भी किया जाता है।"[8]

सामाजिक प्रगति की अवधारणा को अच्छी तरह समझने के लिए प्रगति एवं उद्विकास के बीच के अन्तर को ध्यान में रखना उपयुक्त प्रतीत होता है। दोनों के बीच मुख्य अन्तर निम्नलिखित हैं–

1. उद्विकास की प्रक्रिया स्वत: प्राकृतिक नियमों के अनुसार चलती है, जबकि प्रगति वांछित दिशा की ओर एक सुनियोजित परिवर्तन है।
2. उद्विकास एक मूल्य-निरपेक्ष अवधारणा है, जबकि प्रगति मूल्य-धारित (Value Loaded) अवधारणा है।
3. उद्विकास को समाज और संस्कृति में अन्तर्निहित कारकों पर आधारित माना जाता है, जबकि प्रगति मानव की उन्नति की भावना से जुड़ी हुई है। यह मानव के सार्थक प्रयासों को दर्शाता है।
4. उद्विकास की प्रक्रिया धीमी गति से चलती है, जबकि प्रगति की प्रक्रिया धीमी या तीव्र कुछ भी हो सकती है।
5. उद्विकास जीवों के विकास की अवधारणा से जुड़ा है। जीव-विज्ञान के बाद ही सामाजिक-सांस्कृतिक जीवन में उद्विकास की अवधारणा प्रचलित हुई है। दूसरी ओर, प्रगति की अवधारणा इतिहास दर्शन से प्रभावित है।
6. उद्विकास का परिप्रेक्ष्य विश्वव्यापी होता है, जबकि प्रगति का परिप्रेक्ष्य एक देश या समाजविशेष होता है।

विकास (Development)

उद्विकास की तरह विकास की अवधारणा भी बहुत स्पष्ट नहीं है। अर्थशास्त्र के क्षेत्र में इसके अर्थ के सम्बन्ध में कोई विशेष विवाद नहीं है, पर समाजशास्त्र के क्षेत्र में इस शब्द का प्रयोग काफी ढीले-ढाले अर्थों में होता आया है। इसका शाब्दिक अर्थ किसी चीज के क्रमश: फैलाव से है, जैसे किसी बच्चे की लम्बाई या घूसखोरी में समय के साथ जो वृद्धि होती है, तो उसे विकास कहा जा सकता है। पर समाजशास्त्रीय परिप्रेक्ष्य में विकास का अर्थ सामाजिक विकास से है। प्रारम्भिक समाजशास्त्रियों, विशेषकर कौंत, स्पेंसर एवं हॉबहाउस, ने सामाजिक उद्विकास (Social Evolution), प्रगति (Progress) एवं सामाजिक विकास (Social Development) का समान अर्थ में प्रयोग किया था। आधुनिक समाजशास्त्री इन शब्दों को कुछ विशेष अर्थ में ही इस्तेमाल करते हैं।

साधारणतया वर्तमान समाजशास्त्र के क्षेत्र में विकास से हमारा तात्पर्य मुख्यत: सामाजिक विकास से है। इसका प्रयोग विशेषकर उद्योगीकरण एवं आधुनिकीकरण के चलते विकसित एवं विकासशील देशों के बीच अन्तर स्पष्ट करने के लिए होता है। सामाजिक विकास में आर्थिक विकास का भी भाव छिपा होता है और उसी के तहत हम परम्परागत समाज (Traditional Society), संक्रमणशील समाज (Transitional Society) एवं आधुनिक समाज (Modern Society) की चर्चा करते हैं। यहाँ कोई उद्विकास का भाव नहीं है। यहाँ कुछ उसी तरह का भाव है, जो शिक्षा के विकास में छिपा है। आधुनिक शिक्षा का विकास भी एक प्रकार का सामाजिक विकास है। उसी तरह से कृषि पर आधारित सामाजिक व्यवस्था से उद्योग पर आधारित सामाजिक व्यवस्था की ओर अग्रसर होना भी सामाजिक विकास कहा जायेगा। दूसरे शब्दों में, सामन्तवाद (Feudalism) से पूँजीवाद (Capitalism) की ओर जाना भी एक प्रकार का विकास है।

वर्तमान समय में सामाजिक विकास को एक वस्तुनिष्ठ अर्थ में प्रयोग करने की चेष्टा की जाती है। संयुक्त राष्ट्रसंघ (United Nations) की विभिन्न रपटों में सामाजिक विकास को मापने के सूचक (Indices) एवं पैमाने (Scales) दिये गये हैं। सामाजिक विकास के कुछ प्रमुख संकेतक (Indicators) इस प्रकार हैं– जीवनयापन का स्तर (Level

---

8. ''When we speak of progress we imply not merely direction, but direction toward some final goal, some destination determined ideally, not simply by objective consideration of the forces at work.'' (R.M. MacIver and Charles H. Page, 1985: 522).

of standard of living), ग़रीबी का स्तर (Level of poverty), शिक्षा का स्तर (Level of education), समाज के दबे-कुचले लोगों को ऊपर उठने का अवसर (Opportunity for upward mobility for downtroddens), सरकार के द्वारा सामाजिक कल्याण का अवसर (Opportunity of social welfare by government), समाज में आर्थिक असमानता (Level of economic disparities), स्वास्थ्य का स्तर (Level of health condition), जन्म के समय जीवन-प्रत्याशा (Expectancy of life at birth) इत्यादि।

चूँकि उद्विकास एवं प्रगति (Evolution and Progress) के अर्थ के सम्बन्ध में काफी विवाद और भ्रम रहा है, इसलिए ऑगबर्न (W. F. Ogburn, 1922) ने उन शब्दों की जगह सामाजिक परिवर्तन (Social Change) शब्द का प्रयोग किया है, जिसके अन्तर्गत सभी किस्म के उद्विकास और प्रगति से जुड़े परिवर्तन आ जाते हैं। इसमें कोई सन्देह की बात नहीं है कि सामाजिक परिवर्तन एक बृहत्तर शब्द है, जिसके अन्तर्गत उद्विकास (Evolution), प्रगति (Progress), सामाजिक विकास (Social Development), सामाजिक आन्दोलन (Social Movement) एवं क्रान्ति (Revolution) समाहित हो जाते हैं।

सामाजिक आन्दोलन (Social Movement)

आधुनिक काल में सामाजिक आन्दोलन सामाजिक परिवर्तन का एक बहुत महत्त्वपूर्ण कारक रहा है। विशेषकर परम्परागत समाज में सामाजिक आन्दोलनों के द्वारा काफी परिवर्तन आये हैं। इसलिए इनकी चर्चा यहाँ की जानी चाहिए। लेकिन इस शब्द के अर्थ के सम्बन्ध में थोड़ी कठिनाइयाँ हैं। अत: इस अवधारणा की विशेष रूप से चर्चा की जा रही है। गिडेन्स (Giddens,1998: 511) ने सामाजिक आन्दोलन को निम्नलिखित ढंग से परिभाषित किया है– "सामाजिक आन्दोलन को एक ऐसे सामूहिक प्रयास के रूप में परिभाषित किया जा सकता है, जिसका लक्ष्य सामान्य हित को बढ़ाना होता है। सामान्य हित को प्राप्त करने के लिए किया गया सामूहिक प्रयास कभी-कभी मान्य या स्थापित संस्थाओं के दायरे से बाहर भी होता है।"[9] अर्थात् सामाजिक आन्दोलन व्यक्तियों का ऐसा सामूहिक प्रयास है, जिसका एक सामान्य उद्देश्य होता है और उद्देश्य की पूर्ति के लिए संस्थागत सामाजिक नियमों का सहारा न लेकर लोग अपने ढँग से व्यवस्थित होकर किसी परम्परागत व्यवस्था को बदलने का प्रयास करते हैं।

गिडेन्स ने कहा है कि कभी-कभी ऐसा लगता है कि सामाजिक आन्दोलन और औपचारिक संगठन (Formal Organization) एक ही तरह की चीजें हैं, पर दोनों बिलकुल भिन्न हैं। सामाजिक आन्दोलन के अन्तर्गत नौकरशाही व्यवस्था जैसे नियम नहीं होते, जबकि औपचारिक व्यवस्था के अन्तर्गत नौकरशाही नियम-कानून की अधिकता होती है। इतना ही नहीं दोनों के बीच उद्देश्यों का भी फ़र्क होता है। विश्वविद्यालय एक औपचारिक व्यवस्था है, पर सामाजिक आन्दोलन नहीं। उसी तरह से कबीर पंथ, आर्य समाज, ब्रह्म समाज या हाल का **पिछड़ा वर्ग आन्दोलन (Backward Class Movement)** को सामाजिक आन्दोलन कहा जा सकता है, औपचारिक व्यवस्था नहीं। पर कभी-कभी दोनों के बीच की दूरी इतनी कम रहती है कि सामाजिक आन्दोलन और औपचारिक व्यवस्था के बीच अन्तर दर्शाना कठिन काम हो जाता है।

कभी-कभी सामाजिक आन्दोलन एवं **स्वार्थ-समूह (Interest Groups)** के बीच अन्तर स्पष्टत: दिखाई नहीं पड़ता है, अर्थात् दोनों पर्यायवाची जैसे लगते हैं, लेकिन दोनों में फ़र्क है। सामाजिक आन्दोलन परम्परागत व्यवस्था के विरोध में एक स्थापित जनसमूह है, जबकि स्वार्थ-समूह कुछ व्यक्तियों का ऐसा समूह है जिसका मुख्य उद्देश्य अपने स्वार्थ की पूर्ति के लिए नीति निर्धारकों का विचार प्रभावित करना होता है। स्वार्थ-समूह साधारणतया राजनीतिक या नौकरशाही व्यवस्था के क्षेत्र में काम करता है, जबकि सामाजिक आन्दोलन का दायरा उससे काफी बड़ा होता है।

---

9. "A social movement may be defined as a collective attempt to further a common interest or secure a common goal, through collective action outside the sphere of the established institutions."— Anthony Giddens, **Sociology**, Polity Press, Cambridge, 1998, p. 511.

आबर्ली (David Aberle, 1966) ने सामाजिक आन्दोलन को चार भागों में बाँटा है, वे इस तरह से हैं–

1. रूपान्तरकारी आन्दोलन (Transformative Movement)— कुछ ऐसे भी सामाजिक आन्दोलन होते हैं, जिनका मुख्य उद्देश्य बुनियादी सामाजिक परिवर्तन होता है। अपने उद्देश्यों की पूर्ति के लिए कभी-कभी लोग हिंसा की नीति भी अपनाते हैं, जैसे– नक्सलबाड़ी आन्दोलन।

2. सुधारात्मक आन्दोलन (Reformative Movement)— समाज में कुछ आन्दोलन ऐसे भी होते हैं, जिनका उद्देश्य सीमित सामाजिक परिवर्तन होता है। जब समाज में कुछ दुर्गुण या बुराइयाँ उत्पन्न होती हैं तो उसे दूर करने के लिए सामाजिक आन्दोलन चलाना पड़ता है, ताकि मूल व्यवस्था को जीवन्त एवं उपयोगी बनाये रखा जाय। भारत में सूफी आन्दोलन, ब्रह्म समाज आन्दोलन एवं आर्य समाज आन्दोलन इसी किस्म के आन्दोलन माने जाते हैं।

3. मुक्ति आन्दोलन (Redemptive Movement)— कभी-कभी समाज में ऐसी बुराइयाँ फैल जाती हैं, जो पूरे समाज के लिए खतरा बन जाती हैं। ऐसी स्थिति में कुछ ऐसे आन्दोलन चलाए जाते हैं, जिससे समाज को ठीक से बनाये रखने में मदद मिलती है। घूसखोरी एक ऐसी समस्या है, जिससे पूरी राजनीतिक एवं सामाजिक व्यवस्था को खतरा है। यदि घूसखोरी को रोकने के लिए कोई आन्दोलन चलाया जाये तो ऐसे आन्दोलन को मुक्ति आन्दोलन कहेंगे। चूँकि कबीर ने ब्राह्मणों एवं मुल्लाओं के कुप्रभावों से समाज को बचाने के लिए एक आन्दोलन चलाया था, इसलिए कबीर-पंथ को एक मुक्ति आन्दोलन कहा जा सकता है। उसी तरह आधुनिक भारत में बाबा साहेब आम्बेडकर का अछूतोद्धार (Remove Untouchability) का कार्य एक मुक्ति आन्दोलन था।

4. वैकल्पिक आन्दोलन (Alternative Movement)— वैकल्पिक आन्दोलन वह आन्दोलन है, जिसके अन्तर्गत व्यक्ति के जीवन में आंशिक परिवर्तन की कोशिश की जाती है। आज बहुत सारी ऐसी स्वयंसेवी संस्थाएँ हैं, जो धूम्रपान एवं नशाखोरी के विरोध में देश में आन्दोलन चला रही हैं। उनकी कोशिश यह हो रही है कि व्यक्ति के जीवन में ऐसे परिवर्तन लाये जायें, जिनसे उन्हें उनकी बुरी आदतों से मुक्ति मिले और ऐसी बुराई समाज में और नहीं फैले। यहाँ गौर करने की बात यह है कि वैकल्पिक आन्दोलन ऐसा आन्दोलन है, जिसके द्वारा समाज के कुछ व्यक्तियों के जीवन में आंशिक परिवर्तन लाने की कोशिश की जाती है, अर्थात् अन्य तीन किस्म के सामाजिक आन्दोलनों की तुलना में इसका दायरा थोड़ा छोटा है।

क्रान्ति (Revolution)

क्रान्ति सामाजिक आन्दोलन से भी ज़्यादा सामाजिक परिवर्तन का सशक्त माध्यम है, इसलिए यहाँ इसकी भी चर्चा आवश्यक है। क्रान्ति के द्वारा सामाजिक परिवर्तन के अनगिनत उदाहरण मौजूद हैं। लेकिन पिछली दो-तीन शताब्दियों में मानव इतिहास में काफी बड़ी-बड़ी क्रान्तियाँ आयी हैं, जिन क्रान्तियों ने कुछ मुल्कों के राजनीतिक, आर्थिक और सामाजिक क्षेत्रों में युगान्तकारी परिवर्तन किया है, उनमें 1775–1783 की अमरीकी क्रान्ति एवं 1789 की फ्रांसीसी क्रान्ति विशेष रूप से उल्लेखनीय है। इन क्रान्तियों के चलते आज समस्त विश्व में स्वतन्त्रता (Liberty), सामाज़िक समानता (Social Equality) और प्रजातन्त्र (Democracy) की बात की जाती है। उसी तरह से रूसी और चीनी क्रान्ति का विश्वस्तर पर अपना ही महत्त्व है। एब्रेम्स (Abrams, 1982) ने बताया है कि विश्व में अधिकांश क्रान्तियाँ मौलिक सामाजिक पुनर्निर्माण के लिए हुई हैं। हेना अरेंड (Hannah Arendt, 1963) ने बताया है कि क्रान्तियों का मुख्य उद्देश्य परम्परागत व्यवस्था से अपने आपको अलग करना एवं नये समाज का निर्माण करना है। इतिहास में कभी-कभी इसका अपवाद भी देखने को मिलता है। कुछ ऐसी भी क्रान्तियाँ हुई हैं, जिनके द्वारा हम समाज को और भी पुरातन समय में ले जाने की कोशिश करते हैं। कुछ ही समय पहले ईरान के अन्तर्गत खुमैनी के नेतृत्व में जो क्रान्ति हुई, उसका मुख्य उद्देश्य बदलते हुए ईरानी समाज पर इस्लाम को पुनः अधिक-से-अधिक स्थापित करने की कोशिश थी।

क्रान्ति किसे कहते हैं इसे स्पष्ट करने की आवश्यकता हैं, लेकिन क्रान्ति की परिभाषा थोड़ी कठिन है, क्योंकि यह बहुत कुछ मूल्य-धारित अर्थ रखती है। एन्थनी गिडेन्स (Giddens, 1998: 503) ने कहा है कि "क्रान्ति को हमलोग राज्य शक्तियों का जन-आन्दोलन के नेताओं के द्वारा हिंसात्मक तरीकों से जबरदस्ती हड़पने के प्रयास के तरीकों के रूप में परिभाषित कर सकते हैं, जहाँ पुनः उस शक्ति का प्रयोग बृहत् सामाजिक सुधार के लिए किया जाता है।"[10] प्रमुख रूप से इस परिभाषा में तीन बातें कही गयी हैं– (i) क्रान्ति एक राजनीतिक प्रक्रिया है, क्योंकि इस प्रक्रिया के अन्तर्गत सत्ता का हस्तांतरण (Transfer of Power) होता है, (ii) क्रान्ति का माध्यम एक हिंसक आन्दोलन होता है और (iii) क्रान्ति का उद्देश्य मौलिक सामाजिक परिवर्तन होता है।

किसी सामाजिक आन्दोलन को क्रान्ति कहा जाये या नहीं, यह इस बात पर निर्भर करता है कि उस क्रान्ति के अन्तर्गत निम्नलिखित शर्तें मौजूद हैं या नहीं। गिडेन्स के अनुसार सामाजिक आन्दोलन को क्रान्ति कहे जाने के लिए तीन शर्तों का पूरा होना अति आवश्यक है, वे हैं– (i) क्रान्ति कई घटनाओं की एक कड़ी नहीं है, बल्कि यह एक बड़े पैमाने पर विशाल जन-आन्दोलन है। पर यदि कोई आन्दोलन चुनाव के माध्यम से सत्ता के हस्तांतरण में सफल होता है, तो उसे क्रान्ति नहीं कहा जायेगा। उसी तरह यदि कोई उच्च सेना अधिकारी शासन की बागडोर जबर्दस्ती एकाएक छीन या हथिया लेता है, तो उसे भी क्रान्ति की संज्ञा नहीं दी जा सकती है। (ii) क्रान्ति का मुख्य उद्देश्य बृहत् सामाजिक सुधार या परिवर्तन है। नेताओं में इतनी क्षमता होनी चाहिए कि जिन उद्देश्यों के लिए क्रान्ति की गयी है, उसे बहुत हद तक वे अमलीजामा पहनाने में सफल हों। इस बात की पुष्टि स्कॉकपॉल एवं जॉन डन (T. Skocpol, 1979 and John Dunn, 1972) ने भी किया है। (iii) क्रान्ति एक राजनीतिक परिवर्तन है जिसका मुख्य आधार हिंसा होता है। समाज में इसकी तभी आवश्यकता पड़ती है, जब समाज में वर्तमान नेता कुछ सही सोचने एवं मानने के लिए तैयार नहीं होते हैं।

यदि किसी सामाजिक आन्दोलन में ये तीन बातें मौजूद नहीं हैं तो उसे हम मात्र सामाजिक आन्दोलन कहेंगे, क्रान्ति नहीं। क्रान्ति की अवधारणा में एक बात और छिपी है कि इसके द्वारा सिर्फ नयी सामाजिक संरचना की स्थापना ही नहीं होती है, बल्कि विकास की नयी सम्भावनाएँ भी बनती है, अर्थात् क्रान्ति में प्रगति या सामाजिक विकास (Progress or Social Development) की अवधारणा भी सन्निहित है। क्रान्ति मात्र सत्ता के हस्तांतरण की प्रक्रिया नहीं है। यह एक शर्त अवश्य है, पर किसी निश्चित उद्देश्य के अभाव में इस प्रक्रिया को सही मायने में क्रान्ति नहीं कहा जा सकता है।

कुछ विचारकों का कहना है कि क्रान्ति का स्वरूप अहिंसक भी हो सकता है। मानव के इतिहास में कुछ ऐसे भी उदाहरण हैं, जिसे क्रान्ति की संज्ञा दी जाती है पर उस क्रान्ति में कोई हिंसा की बात नहीं थी। इंग्लैण्ड की औद्योगिक क्रान्ति (Industrial Revolution) एक अहिंसक क्रान्ति का उदाहरण है। इस उदाहरण से ऐसा लगता है कि क्रान्ति का स्वरूप सिर्फ राजनीतिक नहीं, बल्कि आर्थिक भी हो सकता है। इस औद्योगिक क्रान्ति को सही मायने में क्रान्ति कहा जाये या नहीं यह एक विवाद का विषय है। पर इतना तो निश्चित है कि ऐसी क्रान्ति को जॉन डन, स्कॉकपॉल एवं एन्थनी गिडेन्स क्रान्ति नहीं मानते हैं।

REFERENCES

Aberle, David, **The Peyote Religion Among the Navaho**, Chicago, Aldine Press, 1966.

Abrams, Philip, **Historical Sociology**, Ithaca NY, Cornell University Press, 1982.

---

10. ''We can define a revolution as the seizure, often involving the use of *violence,* of political power by the leaders of a mass movement, where that power is subsequently used to initiate major processes of social reform.'' (Anthony Giddens, 1998: 503).

Arendt, Hannah, **On Revolution**, London, Faber and Faber, 1963.

Bottomore, T.B., **Sociology**, New York, Vintage Books, 1972.

Davis, K., **Human Society**, New York, Macmillan, 1949.

Dunn, John, **Modern Revolutions: An Introduction to the Analysis of a Political Phenomenon**, Cambridge, Cambridge University Press, 1972.

Giddens, Anthony, **Sociology**, Cambridge, Polity Press, 1993–1998.

Gillin, J.L. and Gillin, J.P., **An Introduction to Sociology**, New York, Macmillan, 1948.

Johnson, Harry M., **Sociology**, New Delhi, Allied Publishers Private Limited, 1983.

Landes, David S., **The Unbound Prometheus**, Cambridge, Cambridge University Press, 1969.

MacIver, R.M. and Page, Charles H., **Society**, New Delhi, Macmillan India Limited, 1985.

Marshall, Gordon, **Oxford Dictionary of Sociology**, Oxford, Oxford University Press, 1998.

Moore, Wilbert E., **Social Change**, Prentice-Hall, Englewood Cliffs, New Jersey 1974.

Ogburn, W.F., **Social Change**, New York, The Viking Press Inc., 1922.

Skocpol, Theda, **States and Social Revolutions: A Comparative Analysis of France, Russia and China**, Cambridge, Cambridge University Press, 1979.

Weber, Max, **The Protestant Ethic and the Spirit of Capitalism**, New York, Charles Scribner's Sons, 1958.

Zeitlin, Irving M., **The Social Condition of Humanity**, New York, Oxford University Press, 1981.

16

सामाजिक परिवर्तन का सिद्धान्त
(Theories of Social Change)

सामाजिक परिवर्तन क्यों और कैसे होता है, यह समाजशास्त्रियों के चिन्तन की एक प्रमुख विषय-वस्तु रहा है। प्रारम्भ में तो सामाजिक परिवर्तन दार्शनिकों की विषय-वस्तु रहा, पर आज दार्शनिकों का स्थान समाजशास्त्रियों ने ले लिया है। वस्तुतः समाजशास्त्र का उद्‌भव भी सामाजिक परिवर्तनों की व्याख्या के लिए ही हुआ। अधिकांश पश्चिमी समाजशास्त्रियों एवं मानवशास्त्रियों ने सामाजिक परिवर्तन की व्याख्या अपने-अपने ढंग से की है। फलस्वरूप, सामाजिक परिवर्तन के अनेक सिद्धान्त विकसित हुए। समाजशास्त्रीय सिद्धान्त की प्रकृति के अनुसार इसे हम मुख्यतः तीन भागों में बाँटते हैं, वे हैं– **उद्विकासीय सिद्धान्त (Evolutionary Theory), चक्रीय सिद्धान्त (Cyclical Theory)** और **संघर्ष-सिद्धान्त (Conflict Theory)**।

सामाजिक प्रक्रियाओं (Social Processes) के विश्लेषण के लिए **प्रकार्यवादी सिद्धान्त (Functional Theory)** भी एक प्रमुख सिद्धान्त है, लेकिन इस सिद्धान्त से मात्र इतनी ही जानकारी मिलती है कि समाज के विभिन्न अंग किस प्रकार एक-दूसरे से अर्थपूर्ण ढँग से जुड़े हुए हैं। सामाजिक परिवर्तन की प्रक्रियाओं का जितना अच्छा विश्लेषण उद्विकासीय, चक्रीय एवं संघर्ष-सिद्धान्तों के जरिये होता है, उतना प्रकार्यवादी सिद्धान्तों के माध्यम से नहीं होता है। कुछ समाजशास्त्रियों का तो कहना है कि प्रकार्यवादी सिद्धान्तों की मदद से सामाजिक परिवर्तन का अध्ययन सम्भव ही नहीं है। इन समाजशास्त्रीय एवं मानवशास्त्रीय दृष्टिकोणों के माध्यम से मात्र यही जानकारी मिलती है कि किसी सामाजिक संरचना के अन्तर्गत विभिन्न तत्त्व किस प्रकार जुड़े हुए हैं तथा वे संरचना को बनाये रखने में किस प्रकार का योगदान देते हैं। चूँकि **प्रकार्यवाद (Functionalism)** सामाजिक परिवर्तन के विश्लेषण का कोई ठोस सिद्धान्त नहीं है, इसलिए यहाँ इस पर अलग से चर्चा नहीं की जा रही है। जो कुछ भी सामाजिक परिवर्तन पर थोड़ी-बहुत रोशनी पड़ती है, वह सिर्फ आर.के. मर्टन (R.K. Merton) के दुष्प्रकार्य (Dysfunction) की अवधारणा से ही सम्भव होता है। पर इसकी गणना सामाजिक परिवर्तन के सिद्धान्त के रूप में नहीं की जा सकती है।

टैलकॉट पार्सन्स (Talcott Parsons) जैसे स्थापित प्रकार्यवादी चिन्तक ने सामाजिक परिवर्तन की प्रक्रिया को स्पष्ट करने के लिए ऐतिहासिक या उद्विकासीय प्रारूप का ही सहारा लिया है। उनका यह विचार उद्विकासीय सार्वभौमिक तत्त्वों (Evolutionary Universals) के नाम से जाना जाता है। इसकी विस्तृत चर्चा उद्विकासीय सिद्धान्त के अन्तर्गत की जा रही है। इसे उद्विकास का **प्रकार्यवादी सिद्धान्त (Evolutionary Functionalism)** भी कहा जा सकता है।

उद्विकासीय सिद्धान्त (Evolutionary Theory)

जब विभिन्न समाजों की ओर गौर किया जाता है, तो पता चलता है कि विश्व के विभिन्न समाज विकास के अलग-अलग स्तरों पर खड़ा हैं। आज यदि विश्व के कुछ समाज **शिकार एवं भोजन संग्रह (Hunting and Food Gathering)** की स्थिति में हैं, तो दूसरी तरफ पाश्चात्य देश विकास की चरम सीमा पर हैं। इन दो सीमाओं के बीच कुछ समाज **पशुपालन स्तर (Pastoral Stage)** में हैं, तो कुछ समाज **उन्नत कृषि स्तर (Advanced Agricultural Stage)** में हैं। इन्हीं तथ्यों से प्रभावित होकर उन्नीसवीं सदी के कुछ समाजशास्त्रियों एवं मानवशास्त्रियों ने यह विचार व्यक्त किया कि समाज में परिवर्तन एक उद्विकासीय प्रणाली के तहत होता है। समाज के विकास के विभिन्न स्तर होते हैं, उसे एक-दूसरे से अलग करने के लिए लोगों ने **विभेदीकरण (Differentiation)** जैसी अवधारणा का प्रयोग किया। उन लोगों का मानना है कि प्रारम्भिक स्तर में समाज काफी सरल (Simple) था और उसमें कम-से-कम विभेदीकरण पाया जाता था। पर जैसे-जैसे समाज सरलता से जटिलता की ओर बढ़ा, वैसे-वैसे विभेदीकरण भी जीवन के विभिन्न क्षेत्रों में बढ़ता गया। सामाजिक विचारकों का यह विचार सम्भवत: जीव वैज्ञानिकों के विचारों से प्रभावित था। इस तथ्य की पुष्टि इस बात से होती है कि उद्विकासीय स्तर पर अमीबा (Amoeba) एक सबसे सरल प्राणी है और एक विकसित जानवर संरचना की दृष्टि से सबसे अधिक जटिल प्राणी है।

'उद्विकास' का शाब्दिक अर्थ किसी वस्तु या जीव का सरल से जटिल अवस्था को प्राप्त करना है। मकीवर और पेज (MacIver and Page, 1985) के अनुसार उद्विकास परिवर्तन की एक ऐसी अवस्था है, जिसमें परिवर्तनशील वस्तु की अनेक अवस्थाएँ परिलक्षित होती हैं, जिससे उस वस्तु की मौलिकता का पता चलता है। दूसरी ओर, ऑगबर्न एवं निमकॉफ (Ogburn and Nimkoff) का मानना है कि उद्विकास एक निश्चित दिशा की ओर परिवर्तन है। संक्षेप में, उद्विकास सरलता से जटिलता की ओर परिवर्तन की एक प्रक्रिया है। यह अनवरत रूप से विभिन्न चरणों में धीमी गति से चलने वाली प्रक्रिया है।

जैविक उद्विकास के सिद्धान्त ने कई मानवशास्त्रियों एवं समाजशास्त्रियों की चिन्तनधाराओं को काफी प्रभावित किया। डॉर्विन (Charles Darwin) के प्रभाव में आकर कुछ तत्कालीन सामाजिक विचारकों ने जैविक उद्विकास की जगह सामाजिक उद्विकास (Social Evolution) के सिद्धान्त का प्रतिपादन किया।

भिन्न-भिन्न समाजशास्त्रियों एवं मानवशास्त्रियों ने उद्विकास के भिन्न-भिन्न कारकों की चर्चा की है। ऑगस्त कौंत (Auguste Comte)[1] ने विचारों में परिवर्तन को उद्विकासीय प्रक्रिया का मूल माना है, तो दूसरी ओर स्पेंसर ने समाज में निहित आन्तरिक शक्तियाँ और जनसंख्यात्मक पहलुओं में परिवर्तन को उद्विकास का मूल माना है। उधर एल.एच. मॉर्गन (L.H. Morgan) ने प्रौद्योगिकी परिवर्तन (Technological Change) को ही उद्विकास का मौलिक कारक माना है। इस भिन्नता के बावजूद सामान्यतया उन्नीसवीं सदी के जितने भी उद्विकासवादी सिद्धान्त के प्रवर्त्तक और समर्थक थे, सभी ने निसबेट (Robert A. Nisbet) के अनुसार एक ही किस्म के तथ्यों पर ज़ोर दिया है। जिट्लिन के शब्दों में– ''परिवर्तन स्वाभाविक, दिशोन्मुख, शाश्वत, निरन्तर प्रक्रिया है तथा वह सामान्य कारणों से उत्पन्न होता है।''[2] उस ज़माने के जितने भी सामाजिक चिन्तक थे; जैसे– हीगल (Hegel)[3], सैनसीमाँ (Saint-Simon)[4], टॉकवील

---

1. **A. Comte** का सही उच्चारण **कौंत** है। 'कुम्ट', 'कौमटे' 'कामते' या 'कॉम' भी कहीं-कहीं हिन्दी पुस्तकों में देखने को मिलता है, जो निश्चित रूप से प्रामाणिक नहीं है।
2. "Change is natural, directional, immanent, continuous and derived from common causes." — Irving M. Zeitlin, **The Social Condition of Humanity**, Oxford University Press, New York, 1981, p . 335.
3. 'हिगल' एवं 'हेगेल' दोनों ही उच्चारण हिन्दी में गलती से काफी प्रचलित हो गया है। शुद्ध उच्चारण मात्र **'हेगल'** ही है।
4. इस नाम का उच्चारण साधारणतया हिन्दी पुस्तकों में 'संत साईमाँ', 'सेंट सायमन' या 'सेंत सीमों' देखने को मिलता है, जो नि:सन्देह गलत है। शुद्ध उच्चारण मात्र **'सैनसीमाँ'** ही है।

(Tocqueville), स्पेंसर (Spencer), मॉर्गन (L.H. Morgan) एवं डर्कहाइम (E. Durkheim) सभी ने इसी ढंग का विचार व्यक्त किया है।

ऑगस्त कौंत (Auguste Comte) का विचार

ऑगस्त कौंत (Auguste Marie Francois Xavier Comte), समाजशास्त्र के तथाकथित जनक, का समाजशास्त्रीय योगदान उद्विकास सिद्धान्त की पुष्टि करता है। उन्होंने बहुत सारे सिद्धान्त दिये हैं, पर हम यहाँ उन्हीं सिद्धान्तों की चर्चा करेंगे जिन सिद्धान्तों से सामाजिक उद्विकास का प्रतिपादन एवं पुष्टि होती है (Comte, 1896; 1913)। उदाहरणस्वरूप, उनका विचार था कि मानव का बौद्धिक विकास तीन चरणों से गुज़रता है। जैसे-जैसे मानव-समाज एक चरण से दूसरे चरण में प्रवेश करता है, वैसे-वैसे समाज में जटिलता बढ़ती जाती है। यहाँ हम संक्षेप में तीनों अवस्थाओं की चर्चा कर रहे हैं, जो इस प्रकार हैं– धर्मशास्त्रीय (Theological), तात्त्विक (Metaphysical) एवं प्रत्यक्षवादी (Positivistic)।

1. धर्मशास्त्रीय या काल्पनिक स्तर (Theological or Fictitious Stage)— मानव के चिन्तन का यह वह स्तर है, जिसमें वह प्रत्येक घटना के पीछे अलौकिक शक्ति का हाथ मानता था। कौंत ने इस धार्मिक स्तर के भी तीन उप-स्तरों की चर्चा की है, वे हैं : (क) **वस्तु-पूजा (Fetishism)**– इस स्तर में इन्सान ने प्रत्येक वस्तु में जीवन की कल्पना की, चाहे वह सजीव हो या निर्जीव। (ख) **बहुदेववाद (Polytheism)**– इस स्तर में विभिन्न देवी-देवताओं की कल्पना की गयी और उनका सम्बन्ध विभिन्न प्रकार की सम्बद्ध घटनाओं से माना गया। (ग) **एकेश्वरवाद (Monotheism)**– यह धर्मशास्त्रीय अवस्था का अन्तिम चरण है। इस चरण में लोग बहुत सारे देवी-देवताओं में विश्वास न कर एक ही ईश्वर (God) में विश्वास करने लगे।

2. तात्त्विक या अमूर्त स्तर (Metaphysical or Abstract Stage)— कौंत ने इसे धर्मशास्त्रीय एवं वैज्ञानिक स्तर के बीच की स्थिति माना है। इस अवस्था में मनुष्य की तर्क-क्षमता (Reasoning Capacity) बढ़ गयी। इस स्तर में प्रत्येक घटना के पीछे अमूर्त एवं निराकार शक्ति का हाथ माना गया, अर्थात् इस स्तर में सत्ता का आधार दैवी अधिकार के सिद्धान्त होते थे। प्रकारान्तर सामाजिक संगठन के वैधानिक पहलू विकसित होने लगे। राजा की निरंकुश सत्ता की जगह धनिकतन्त्र या कुबेरतन्त्र (Plutocracy) की व्यवस्था चलने लगी।

3. प्रत्यक्षवादी स्तर (Positivistic Stage)— समाज एवं मानव मस्तिष्क के उद्विकास का यह अन्तिम चरण है। इस स्तर में हर घटना का विश्लेषण, अवलोकन, निरीक्षण एवं प्रयोग वैज्ञानिक तुलना के आधार पर होने लगता है। समाज में बौद्धिक, भौतिक तथा नैतिक शक्तियों का अच्छा समन्वय देखने को मिलता है। इस स्तर में ही मानवता के धर्म (Religion of Humanity) एवं प्रजातन्त्र का विकास होता है। वर्तमान मानव-समाज इसी स्तर में है।

संक्षेप में, ऑगस्त कौंत ने उपर्युक्त **तीन स्तरों के सिद्धान्त (Law of Three Stages)** को सामाजिक जीवन पर लागू कर समाज के उद्विकास की प्रक्रिया को सहज ढंग से समझाने का प्रयत्न किया है। वस्तुतः तीन स्तरों का नियम सामाजिक परिवर्तन की आरंभिक व्याख्या है, जिसमें विचार (Idea) को एक मुख्य कारक माना गया है। विभिन्न प्रकार के विज्ञानों के विकास की प्रक्रिया को भी उन्होंने उद्विकासीय दृष्टिकोण से देखने का प्रयास किया है। यह **विज्ञानों के सोपानक्रम (Hierarchy of Sciences)** का सिद्धान्त के नाम से जाना जाता है।

एल.एच. मॉर्गन (L.H. Morgan) का विचार

अमरीकी मानवशास्त्री मॉर्गन ने सामाजिक सांस्कृतिक उद्विकास की चर्चा की है। उन्होंने अपनी पुस्तक **Ancient Society** (1872) में उद्विकास के तीन मुख्य स्तरों का उल्लेख किया है, वे हैं– जंगली स्तर (Savagery), बर्बरता (Barbarism) एवं सभ्य स्तर (Civilization)। प्रथम दो स्तरों को उन्होंने पुनः तीन उप-स्तरों (Sub-stages) में बाँटा

है, वे हैं– **प्राचीनतम (Lower), मध्य (Middle)** एवं **उच्च स्तर (Upper)**। इन उप-स्तरों के साथ उन्होंने विशेष आर्थिक गतिविधियों, उपकरणों, सामाजिक संगठनों आदि को भी सम्मिलित किया है।

1. जंगली स्तर (Savagery)— यह समाज की सबसे आरम्भिक अवस्था थी। मानव अपने कार्य एवं व्यवहार में जंगली था। इस अवस्था के प्रारम्भिक स्तर (Lower Stage) में मनुष्य जंगलों में भटकता था। उसकी संस्कृति काफी सरल एवं अविकसित थी। फल, कन्द, मूल, कच्चा माँस आदि खाकर वह जीवित रहता था। वह गुफाओं या कभी पेड़ों पर भी अस्थायी रूप से निवास करता था। यौन-सम्बन्धों में स्वच्छन्दता थी। मध्य-स्तर (Middle Stage) में मानव ने मछली पकड़ने और आग जलाने की कला सीख ली। अब वे कच्चे माँस को आग में भूनकर खाने लगे। सामूहिक जीवन (Collective Life) की शुरुआत वस्तुत: इसी स्तर में हुई। मानव छोटे-छोटे समूहों में रहने लगा। मॉर्गन ऑस्ट्रेलियन एवं पॉलिनीजियन जनजातियों को इस अवस्था का प्रतिनिधि मानते हैं। अन्तत: जंगली अवस्था के उच्च (Upper) स्तर का विकास तीर-धनुष के आविष्कार से हुआ। इसी स्तर से पारिवारिक जीवन की शुरुआत हुई। यद्यपि यौन-सम्बन्ध के निश्चित नियम नहीं बने थे। घुमक्कड़ी जीवन में कुछ स्थिरता ज़रूर आ गयी थी।

2. बर्बर स्तर (Barbaric Stage)— समाज के उद्विकास का यह दूसरा महत्त्वपूर्ण स्तर था। बर्बर अवस्था के प्राचीन स्तर (Lower Stage) की शुरुआत **मॉर्गन** ने बरतनों के बनाने एवं उसके प्रयोग की कला माना है। इस स्तर में सम्पत्ति की धारणा का विकास हुआ। स्त्रियों, बर्तनों, हथियारों आदि के लिए एक समूह दूसरे समूह पर आक्रमण किया करते थे। परिवार का स्वरूप थोड़ा विकसित हो गया था, लेकिन यौन-सम्बन्ध की स्वतन्त्रता बनी हुई थी। मध्यस्तर (Middle Stage) में जानवर पालने एवं पौधे उगाने की कला विकसित हुई। घुमन्तू जीवन में कुछ स्थायीपन आया। व्यक्तिगत सम्पत्ति की धारणा पहले की अपेक्षा अधिक स्पष्ट हुई। आर्थिक लेन-देन में वस्तु-विनिमय (Barter System) की प्रथा चली। परिवार के लोगों के बीच यौन-सम्बन्ध के सन्दर्भ में कुछ निश्चित नियम विकसित हुए। उच्च स्तर (Upper Stage) की शुरुआत लोहे के बर्तन और औजार बनाने की कला से होती है। समाज में स्त्री-पुरुष के भेद को आधार मानते हुए श्रम-विभाजन लागू हुआ। इस स्तर में छोटे-छोटे गणराज्यों की स्थापना हो चुकी थी। स्त्रियों को भी सम्पत्ति माना जाता था। इस स्तर को धातुयुग के नाम से भी जाना जाता है।

3. सभ्य स्तर (Civilized Stage)[5]— उद्विकास के क्रम का यह अन्तिम विकसित स्तर है। सभ्य अवस्था की शुरुआत अक्षरों के लिखने और पढ़ने की कला से मानी जाती है। इससे संस्कृति का हस्तांतरण सम्भव हुआ। परिवार में यौन-सम्बन्ध के नियम एवं नियन्त्रण निश्चित हुए। वाणिज्य, व्यापार और नगरों के विकास आरम्भ हुए। धीरे-धीरे सामाजिक आर्थिक संगठन बहुत ही व्यवस्थित हो गये। श्रम-विभाजन एवं विशिष्टीकरण आर्थिक कार्य-कलाप के मुख्य आधार बने। राजनीतिक संगठन का विकास हुआ। राज्य की अवधारणा का विकास हुआ। कानून का भी विकास व्यक्तियों के हितों की रक्षा के लिए होने लगा। आधुनिक काल में विज्ञान के विकास से उद्योगीकरण और नगरीकरण की प्रक्रिया तेज हुई, इसके परिणामस्वरूप जटिल समाज की रूपरेखा सामने आयी। पूँजीवादी व्यवस्था पूर्ण विकसित रूप में सामने आयी। समाज में प्रजातन्त्रात्मक सिद्धान्तों को स्वीकृति मिली। राज्य को एक कल्याणकारी संस्था माना गया। समाज के हर एक क्षेत्र में **भौतिकवादी दर्शन (Materialistic Philosophy)** की छाप पड़ी।

उपर्युक्त विवेचन से स्पष्ट है कि मॉर्गन ने प्रौद्योगिक विकास (Technological Development) को सामाजिक उद्विकास का मुख्य कारक माना है। इसी तरह उन्होंने अलग से **परिवार की उद्विकासीय (Evolution of Family)** रूपरेखा भी प्रस्तुत की है। इसमें कोई शक नहीं कि कार्ल मार्क्स के विचारों पर मॉर्गन का महत्त्वपूर्ण प्रभाव था।

---

5. हिन्दी के कुछ लेखकों ने विकास के अन्तिम चरण (सभ्यता) को तीन चरणों में विभाजित कर दिया है, जबकि मॉर्गन ने स्वयं ऐसा कभी नहीं किया था।

कार्ल मार्क्स (Karl Marx) का विचार

जर्मन दार्शनिक कार्ल मार्क्स ने भी सामाजिक परिवर्तन की उद्विकासीय व्याख्या प्रस्तुत की है। उन्होंने समाज के विकास को विभिन्न चरणों में दिखाया है। उनके अनुसार समाज का एक स्तर से दूसरे स्तर में जाने की प्रक्रिया के पीछे **वर्ग-संघर्ष (Class Struggle)** का मुख्य योगदान रहा है।

कार्ल मार्क्स अपने समय के प्रचलित विचारों से काफी प्रभावित थे। उसी प्रभाव का प्रतिफल है कि उनकी संघर्ष-विचारधारा में उद्विकासीय सिद्धान्त के तत्त्व मौजूद हैं। उन्होंने अपनी पुस्तक **German Ideology** (Marx and Engles, 1960) में स्वामित्व (Ownership) के विकास के सम्बन्ध में चार सोपानों की चर्चा की है– **जनजातीय (Tribal), पुरातन (Ancient), सामन्ती (Feudal)** एवं **पूँजीवादी (Capitalist)**। आगे चलकर उन्होंने अपनी पुस्तक **Critique of Political Economy** एवं **Pre-Capitalist Economic Formation** में **उत्पादन के तरीकों (Modes of Production)** के चार स्तरों की चर्चा की, वे इस प्रकार हैं– **एशियाई (Asiatic), पुरातन (Ancient), सामन्ती (Feudal)** एवं **पूँजीवादी (Capitalist)** (Bottomore and Rubel, 1963; Marx, 1973)। इन दो प्रकार के चरणों में फ़र्क कोई विशेष नहीं है, इसके सिवा कि प्रारम्भिक 'जनजातीय' (Tribal) स्तर को बाद में उन्होंने एशिएटिक कहना ज़्यादा उचित समझा। इस संशोधन के पीछे कुछ विद्वानों द्वारा उनके सिद्धान्त की आलोचना थी।

आदिम साम्यवाद (Primitive Communism) मानव-समाज के इतिहास का प्रथम चरण था। इस अवस्था में उत्पादन के साधनों पर समुदाय का पूर्ण नियन्त्रण होता था। व्यक्तिगत सम्पत्ति की अवधारणा (Concept of Private Property) का अभाव था, इसलिए इस समाज में न तो किसी तरह का शोषण था और न ही वर्गव्यवस्था। यह एक **वर्गविहीन (Classless)** समाज था। इसके बाद धीरे-धीरे समाज एशिएटिक उत्पादन के साधनों के स्तर की ओर अग्रसर हुआ।

दास-मूलक समाज (Slave Society) में मार्क्स के अनुसार प्रथम बार मानव-समाज के इतिहास में दास और मालिक जैसे दो वर्गों का उदय हुआ। विकास के इसी स्तर में सामूहिक स्वामित्व (Collective Ownership) की जगह निजी स्वामित्व (Private Ownership) का विकास हुआ। इसी युग से आर्थिक विकास तीव्र हुआ। व्यापार, नगरों का निर्माण, धातुओं का प्रयोग आदि इस स्तर से ही सम्भव हुआ।

सामन्ती समाज (Feudal Society) का आगमन दास एवं मालिक के बीच परस्पर संघर्ष के परिणामस्वरूप हुआ। इस समाज में भी दो वर्ग थे, वे थे– सामन्त (Feudal Lords) और कृषिदास (Serfs)। सामन्त उत्पादन के साधनों के स्वामी थे। कृषिदास सामन्तों के अधीन कार्यों में हाथ बँटाते थे तथा युद्ध की स्थिति में सामन्त के सिपाही के रूप में लड़ते थे। इस समाज में निजी सम्पत्ति की धारणा और ज़्यादा मज़बूत हुई। सामन्तों एवं कृषिदासों के बीच संघर्ष निरन्तर चलते रहते थे।

पूँजीवादी समाज (Capitalist Society) सामन्तों एवं कृषिदासों के बीच पारस्परिक संघर्ष के परिणामस्वरूप अस्तित्व में आया। इस समाज में भी मुख्य दो वर्ग हैं– **पूँजीपति (Capitalist)** और **श्रमिक** या **सर्वहारा (Proletariat)**। इस समाज में उत्पादन के साधनों पर मुख्य अधिकार पूँजीपतियों का होता है, जबकि उत्पादन कार्य में मेहनत श्रमिकों की होती है। पूँजीपति सदा श्रमिकों का शोषण करते हैं। इससे दोनों वर्गों के बीच वर्ग-संघर्ष (Class Struggle) की प्रक्रिया चलती रहती है।

मार्क्स ने साम्यवादी समाज (Communism) को उद्विकास का अन्तिम चरण माना है। उनके अनुसार इस समाज में **वर्ग-संघर्ष (Class Struggle)** की प्रक्रिया का अन्त सम्भव है, क्योंकि विकास के इस चरण में वर्ग विभाजन के साथ-साथ राज्य की भी समाप्ति हो जायेगी (Withering away of state)। लेकिन, अब तक के ऐतिहासिक अनुभवों से लगता है कि निकट भविष्य में ऐसा समाज सम्भव नहीं है।

कुछ विद्वानों का विचार है कि मार्क्स को एक उद्विकासीय चिन्तक नहीं कहा जाना चाहिए। मार्क्स का विचार बहुत कुछ उद्विकासीय इसलिए लगता है कि उन्होंने आर्थिक एवं सामाजिक परिवर्तन की विचारधारा को एक ऐतिहासिक परिप्रेक्ष्य में देखने की कोशिश की।

हर्बर्ट स्पेंसर (Herbert Spencer) का विचार

स्पेंसर (1914) ने जीव एवं समाज के बीच समानता के आधार पर समाज के उद्विकासीय सिद्धान्त का प्रतिपादन किया। उनके अनुसार पदार्थ अविनाशी एवं गतिमान होता है। गत्यात्मकता ही उद्विकास के मूल में है। समाज ब्रह्माण्ड (Universe) की गत्यात्मकता के कारण ही सदा परिवर्तनशील है। प्रारम्भ में समाज बहुत ही सरल था। परिवर्तन की प्रवृत्ति के कारण ही विभेदीकरण भी बढ़ता गया। मुख्यत: उद्विकास में दो प्रक्रियाएँ काम करती हैं– एक विखण्डन (Division) की और दूसरी एकीकरण (Integration) की। इकाइयों (Units) के आकार में विस्तार के साथ-ही-साथ उसकी संरचना (Structure) में भी वृद्धि होती है। मूलत: स्पेंसर विकास की प्रक्रिया को एकीकरण की ही प्रक्रिया मानते हैं। कहने का मतलब यह है कि समाज की व्यापक एकता जैसे-जैसे बढ़ती जाती है, वैसे-वैसे समाज के अंग-प्रत्यंग की जटिलता एवं कार्य बढ़ते जाते हैं।

उद्विकास की प्रक्रिया में समाज के विभिन्न अंग जैसे-जैसे विकसित होते जाते हैं, वैसे-वैसे उनके विभिन्न अंगों के बीच श्रम-विभाजन और विशिष्टीकरण (Division of Labour and Specialization) भी बढ़ते जाते हैं। उदाहरण के लिए हम परिवार, स्कूल, राज्य आदि समितियों के विशेषीकृत प्रकार्यों की चर्चा कर सकते हैं। इसका अर्थ यह नहीं कि समाज के विभिन्न अंगों के बीच श्रम-विभाजन एवं विशिष्टीकरण की प्रक्रिया बढ़ने से उसमें पृथकता बढ़ जाती है, बल्कि उनके बीच अन्तर्निर्भरता (Interdependence) बढ़ती है। उदाहरण के तौर पर हम कह सकते हैं कि राज्य एवं अन्य समितियों तथा संस्थाओं के बीच अन्त:सम्बन्ध एवं अन्तर्निर्भरता बढ़ी है।

सामाजिक उद्विकास की प्रक्रिया कुछ निश्चित स्तरों (Stages) से होकर गुज़रती है। इसी प्रक्रिया के दौरान समाज का सरल स्वरूप जटिलता को प्राप्त कर लेता है। स्पेंसर के अनुसार आधुनिक समाज तीन चरणों से गुज़रा है, वे हैं– **(1) आदिम (Primitive), (2) जंगली (Savage)** और **(3) औद्योगिक (Industrial)।**

संक्षेप में हम कह सकते हैं कि स्पेंसर ने एकरेखीय उद्विकास की चर्चा की है, लेकिन बाद में उन्होंने बहुरेखीय उद्विकास को भी स्वीकार किया है। सामाजिक इकाइयों के बीच श्रम-विभाजन एवं विशिष्टीकरण बढ़ने के साथ ही अन्तर्निर्भरता भी बढ़ती है। डर्कहाइम (Emile Durkheim)[6] के द्वारा प्रतिपादित श्रम-विभाजन (Division of Labour) का सिद्धान्त स्पेंसर की उद्विकासीय व्याख्या से प्रभावित हुआ मालूम पड़ता है।

एमिल डर्कहाइम (Emile Durkheim) का विचार

डर्कहाइम (1947) ने भी अपने श्रम-विभाजन के सिद्धान्त (Theory of Division of Labour) में सामाजिक परिवर्तन को उद्विकासीय परम्परा में स्पष्ट किया। उनके अनुसार समाज का परिवर्तन **यान्त्रिक** या **सहज एकता (Mechanical Solidarity)** से **जैविक एकता (Organic Solidarity)** की ओर होता है। यान्त्रिक एकता प्राचीन एवं सरल समाजों की विशेषता है। ऐसे समाज में व्यक्तियों की स्थिति (Status), भूमिका (Role), मूल्य (Value), विश्वास (Belief), जीवनशैली, नैतिकता (Morality) आदि में एकरूपता पायी जाती है। व्यक्तियों पर परम्परा (Tradition), लोकमत (Public Opinion) और धर्म (Religion) का अत्यधिक प्रभाव होता है। कानून का स्वरूप दमनकारी (Repressive) होता है। अपराध को सामूहिक भावनाओं पर आघात माना जाता है।

दूसरी ओर, डर्कहाइम ने जैविक एकता (Organic Solidarity) का समाज ऐसे समाज को कहा है, जो विकसित (Developed), जटिल (Complex), उद्योगीकृत (Industrialized) और आधुनिक (Modern) है। समाज में ऐसा परिवर्तन श्रम-विभाजन (Division of Labour) एवं विशिष्टीकरण (Specialization) में विस्तार के कारण होता है।

---

6. इनके नाम का सही उच्चारण एमिल डर्कहाइम है। बहुत-सी पुस्तकों में इमाइल 'दुर्खीम' या 'दुर्खाईम' लिखा हुआ है, जो निश्चित रूप से गलत है।

इससे व्यक्ति एक-दूसरे से स्वतन्त्र न होकर आश्रित हो जाता है। कानून का स्वरूप दमनकारी (Repressive) न होकर क्षतिपूर्ति (Restitutive) के सिद्धान्त पर आधृत हो जाता है, अर्थात् ग़लत काम करने वाले लोगों को कानूनी तौर पर घाटे की भरपाई करनी होती है।

यान्त्रिक एकता का आधार सामूहिकता की भावना है, तो जैविक एकता का आधार वैयक्तिक स्वतन्त्रता एवं भिन्नता है। यान्त्रिक एकता व्यक्ति और समाज के बीच प्रत्यक्ष एवं सीधा सम्बन्ध स्थापित करती है, जबकि जैविक एकता समाज में अप्रत्यक्ष सम्बन्ध स्थापित करती है।

संक्षेप में, डर्कहाइम ने सामाजिक उद्विकास का सम्बन्ध श्रम-विभाजन एवं सामाजिक एकता से बताया है। समाज आरम्भिक दौर में यान्त्रिक एकता पर निर्भर था और उसमें श्रम-विभाजन एवं विशिष्टीकरण का अभाव था। दमनकारी कानून का बोलबाला था। **सामूहिक जागरूकता (Collective Consciousness)** की प्रधानता थी। समय बीतने के साथ समाज में जनसंख्या एवं उसकी आवश्यकताओं में वृद्धि हुई। इससे श्रम-विभाजन एवं विशिष्टीकरण की प्रक्रिया का विस्तार हुआ। वैयक्तिक भिन्नताएँ बढ़ने लगीं। सामूहिकता में ह्रास होने लगा। ऐसे समाज में जैविक एकता का विस्तार हुआ और सामाजिक संरचना जटिल हो गयी।

टैलकॉट पार्सन्स (Talcott Parsons) का विचार

आधुनिक समाजशास्त्रियों में पार्सन्स (1964; 1966) एक ऐसे समाजशास्त्री हैं, जिन्होंने उद्विकास के सिद्धान्त का स्पष्ट रूप से समर्थन किया है। पर उनकी तुलना अक्षरस: परम्परागत उद्विकास की विचारधारा को मानने वालों से नहीं की जा सकती है। पार्सन्स की गणना एक **प्रकार्यवादी सामाजिक उद्विकासवादी (Functional Social Evolutionist)** के रूप में की जाती है। कुछ मामलों में यदि वे अपने पूर्ववर्ती उद्विकासवादी सामाजिक चिन्तकों का समर्थन करते हैं तो कुछ अर्थों में उनसे भिन्न भी हैं।

अपने पूर्ववर्ती उद्विकासवादी सामाजिक चिन्तकों की तरह पार्सन्स ने यह विचार व्यक्त किया है कि समाज उद्विकास के चलते निम्न विभेदीकरण (Low Level of Differentiation) से उच्च विभेदीकरण (High Level of Differentiation) के स्तर की ओर बढ़ता है। उनका यह भी मानना है कि सामाजिक विकास का सिद्धान्त बहुत हद तक एक जैविक विकास के सिद्धान्त की छायाप्रति हैं, लेकिन पार्सन्स के अनुसार उद्विकास की यान्त्रिकी (Mechanism) अलग है। पर इस भिन्नता के बावजूद सामाजिक एवं जैविक उद्विकास (Biological Evolution) में समानता भी है। इस समानता को स्पष्ट करने के लिए उन्होंने कुछ **उद्विकासीय सार्वभौमिक तत्त्वों (Evolutionary Universals)** की चर्चा की है, जैसे– दृष्टि (Vision)। पार्सन्स का कहना है कि विभिन्न किस्म के प्राणियों के बीच दृष्टि एक उद्विकासीय सार्वभौमिक तत्त्व (Evolutionary Universal) है। जैसे-जैसे जैविक उद्विकास की प्रक्रिया आगे बढ़ी, वैसे-वैसे विभिन्न प्रकार के जानवरों में दृष्टि आती गयी। प्रकृति में अपने-आपको समायोजित करने के लिए विभिन्न प्राणियों में दृष्टि की नितान्त आवश्यकता पड़ी। दूसरे शब्दों में दृष्टि जैविक उद्विकास की जटिलता का एक लक्षण है। यदि विभिन्न किस्म के प्राणियों को अपने अस्तित्व के लिए संघर्ष नहीं करना होता तो सम्भव था कि प्रकृति से उन्हें दृष्टि नहीं मिलती। ठीक उसी प्रकार से मानव-समाज में भी उद्विकास की प्रक्रिया के साथ बहुत सारे उद्विकासीय सार्वभौमिक तत्त्वों की उत्पत्ति हुई। चूँकि मनुष्यों को संघर्ष में अपने अस्तित्व को बचाने के लिए तथा नये पर्यावरण में समायोजित करने के लिए बहुत-सी किस्म के अस्त्रों व उपायों की ज़रूरत पड़ती है, इसलिए उद्विकास की प्रक्रिया में बहुत तरह की क्षमताओं का स्वत: विकास हुआ।

पार्सन्स ने बताया है कि संचार (Communication) मानव-समाज के विकास का दूसरा प्रमुख उद्विकासीय सार्वभौमिक तत्त्व (Evolutionary Universal) है। भाषा (Language) संचार का एक प्रमुख साधन है। समाज के उद्विकास के साथ-साथ भाषा की भी उत्पत्ति हुई। भाषा की उत्पत्ति के अभाव में लोगों के बीच संचार सम्भव नहीं

था। भाषा ने मानव-समाज में ज्ञान, विज्ञान और चिन्तन को आगे बढ़ाने में मदद की। यह एक ऐसा प्रमुख उद्विकासीय सार्वभौमिक तत्त्व है, जिसके अभाव में मानव-समाज और उसकी संस्कृति की कल्पना नहीं की जा सकती है। दुनिया का कोई भी समाज ऐसा नहीं है, जहाँ कोई भाषा बोली न जाती हो। नातेदारी (Kinship) एवं धर्म (Religion) भाषा की ही तरह कुछ प्रमुख उद्विकासीय सार्वभौमिक तत्त्वों (Evolutionary Universals) में से हैं। नातेदारी प्रथा एवं धर्म के अभाव में समाज की कल्पना नहीं की जा सकती है। संचार की तरह ही इन दो उद्विकासीय सार्वभौमिक तत्त्वों का विकास स्वाभाविक रूप से समय के साथ समाज में हुआ है।

पार्सन्स ने बताया है कि आधुनिक समाज उद्विकास के चार प्रमुख चरणों से गुज़रा है, जो इस प्रकार हैं– **(1) निम्नतर आदिम स्तर (Lower Primitive Stage), (2) उन्नत आदिम समाज (Advanced Primitive Society), (3) मध्यवर्ती समाज (Intermediate Society)** तथा **(4) उद्योगीकृत समाज (Industrialized Society)**। इन सभी स्तरों की यहाँ संक्षिप्त चर्चा की जा रही है।

डर्कहाइम की तरह पार्सन्स ने कहा है कि प्रारम्भिक मानव-समाज ऑस्ट्रेलिया की आदिमजाति (Australian Aborigines) से मिलता-जुलता रहा होगा। वहाँ के लोगों की जो संस्कृति है उसे पार्सन्स ने मानव की संस्कृति के उद्विकास का पहला चरण माना है। इसे **निम्नतर आदिम स्तर (Lower Primitive Stage)** के नाम से भी जाना जाता है। विभिन्न किस्म के प्रतीकों के सहारे लोग अपने विचारों, धार्मिक विश्वासों, अपनी इच्छाओं और मनोवृत्तियों को स्पष्ट किया करते थे। इस स्थिति को पार्सन्स ने **संघटक प्रतीकवाद (Constitutive Symbolism)** कहा है।

जैसे-जैसे समाज में विभिन्नताएँ (Differentiation) बढ़ीं, लोग उद्विकास के दूसरे चरण में बढ़े, जिसे पार्सन्स ने उन्नत आदिम समाज (Advanced Primitive Society) कहा है। इस तरह से समाज के अन्दर सामाजिक स्तरण (Social Stratification) की उत्पत्ति हुई। सामाजिक समानता में भी कमी आयी। वर्ग की अवधारणा का जन्म हुआ, खेती और पशुपालन जैसे पेशों का भी जन्म हुआ। धर्म ने अपना एक स्पष्ट रूप लिया।

उद्विकास के तीसरे चरण को पार्सन्स ने **मध्यवर्ती समाज (Intermediate Society)** कहकर पुकारा है। इस चरण के दो उप-चरण हैं– **प्राचीन समाज (Archaic Societies)** एवं **ऐतिहासिक समाज (Historic Societies)**। उद्विकास के इस चरण में धर्म का विकास इतना अधिक हो गया कि यह लोगों के दैनिक जीवन को प्रभावित करने लगा। भाषा और साहित्य का विकास हुआ। समाज में पढ़ाई-लिखाई शुरू हो गयी। नेतृत्व भी स्पष्ट रूप से विकसित हो गया। लोगों का आमजीवन राजनीतिक एवं प्रशासनिक पेंचीदगियों से प्रभावित होने लगा। पार्सन्स के अनुसार प्राचीन मिस्र, चीन, रोम की सभ्यता **मध्यवर्ती समाज (Intermediate Society)** का अच्छा उदाहरण है। उद्विकास के इस चरण में बहुत सारे उद्विकासीय प्रत्यय या सार्वभौमिक तत्त्व (Evolutionary Universals) उत्पन्न हुए, जैसे– विशिष्ट किस्म के राजनीतिक वैधता का विशेषीकृत रूप, नौकरशाही संगठन (Bureaucratic Organization), मुद्रा-विनिमय (Monetary Exchange) एवं विशिष्ट किस्म की कानूनी व्यवस्था (Specialized System of Law) इत्यादि। पार्सन्स ने बताया है कि इस तरह के उद्विकासीय सार्वभौमिक तत्त्व (Evolutionary Universals) ने समाज को एक सूत्र में बाँधने का काम किया है।

उद्योगीकृत समाज (Industrialized Society) पार्सन्स के उद्विकासीय सिद्धान्त का अन्तिम चरण है। उन्होंने बताया है कि उद्योगीकृत समाज में सबसे अधिक विभेदीकरण पाया जाता है। समाज में विभिन्न प्रकार के विशिष्टीकरण का विकास होता है। राजनीतिक, आर्थिक एवं सामाजिक व्यवस्थाओं के बीच में स्पष्ट अलगाव दिखाई पड़ता है। पर इसके साथ ही विभिन्न किस्म की व्यवस्थाओं के बीच आपसी निर्भरता पायी जाती है। राष्ट्रों के बीच अन्तर्राष्ट्रीय सीमाएँ बिलकुल स्पष्ट हो जाती हैं। परम्परागत विश्वासों की जगह वैज्ञानिक चिन्तन एवं आधुनिकता की विभिन्न विशेषताएँ जगह ले लेती हैं। धार्मिक विश्वासों की जगह पर धर्मनिरपेक्ष मूल्य चला आता है। सामुदायिक भावना की जगह पर व्यक्तिवाद चला आता है। अध्यात्मवाद की जगह पर भौतिकवादी मूल्य समाज में लोकप्रिय हो जाते हैं।

पार्सन्स के उपर्युक्त विचारों से बहुत लोग सहमत नहीं हैं। आलोचकों का कहना है कि मानव-समाज का उद्विकास जैविक उद्विकास से मेल खाने वाली प्रक्रिया नहीं है। जैविक उद्विकास में आनुवंशिक अन्तरण (Genetic Transfer) की विशेष महत्ता है। उस ढंग से समाज में वंशानुगत अन्तरण (Hereditary Transfer) नहीं होता है।

एक आलोचनात्मक दृष्टिकोण (A Critical Perspective)

उद्विकासीय सिद्धान्त के प्रवर्त्तकों ने समाज के अनेक आधारभूत तथ्यों की अनदेखी की है। फलस्वरूप अधिकांश आधुनिक समाजशास्त्री उद्विकासीय विश्लेषण को प्रासंगिक नहीं मानते हैं। पहली बात तो यह है कि हर एक समाज पर विकास का एक ही नियम लागू नहीं हो सकता है। इसका मुख्य कारण यह है कि हरेक समाज की भौगोलिक, सांस्कृतिक, राजनीतिक एवं आर्थिक परिस्थितियाँ अलग-अलग होती हैं। फलस्वरूप उनका उद्विकासीय स्तर भी भिन्न-भिन्न होता है। दुनिया के विभिन्न जनजातीय समुदायों के अध्ययन से पता चलता है कि उनके विकास के स्तर भिन्न-भिन्न रहे हैं।

मकीवर और पेज का कहना है कि समाज की उत्पत्ति एक सावयव (Organism) की भाँति नहीं होती है। सामाजिक उद्विकास में मानव प्रयत्न (Human Effort) की भूमिका अहम होती है, जबकि जैविक उद्विकास में प्राकृतिक शक्तियाँ ही महत्त्वपूर्ण होती हैं।

गिन्जबर्ग (M. Ginsberg)[7] का विचार है कि समाज सरलता से जटिलता की ओर जाता है, एक विवादास्पद विषय है। यह कोई ज़रूरी नहीं है कि समाज एक स्तर से दूसरे स्तर में पहुँचने पर जटिल ही हो जाये। व्यवहार में तो यह देखने को मिलता है कि प्रौद्योगिक उपलब्धियाँ मानव को जटिलता से सरलता की ओर ले जाती हैं।

चार्ल्स डॉर्विन द्वारा प्रतिपादित जैविक उद्विकास के सिद्धान्त ने तत्कालीन समाजविज्ञानियों को इतना प्रभावित किया कि उद्विकासीय विचारकों द्वारा प्रतिपादित सिद्धान्तों को **सामाजिक डॉर्विनवाद (Social Darwinism)** के नाम से जाना जाने लगा। इस सिद्धान्त के समर्थक यह मानते थे कि गोरे लोग (White) सभी प्रजातीय वंश स्रोतों (Racial Stocks) से सबसे ज़्यादा विकसित और बेहतर हैं। इससे पाश्चात्य देशों में प्रजातिवाद (Racism) जैसी संकीर्ण धारणा को काफी बढ़ावा मिला। बीसवीं सदी के दूसरा दशक आते-आते सामाजिक ज्ञान के क्षेत्र में सामाजिक डॉर्विनवाद बहुत ही अलोकप्रिय विचारधारा के रूप में मृतप्राय-सा हो गया। फलस्वरूप सामाजिक उद्विकासवादी (Social Evolutionism) विचारधारा की महत्ता में काफी कमी आ गयी (Anthony Giddens, 1993)।

उद्विकासीय सिद्धान्त का सबसे बड़ा दोष यह है कि इसमें विभिन्न चरणों का आधार विभिन्न समाजों से उपलब्ध आँकड़े रहे हैं। इस सिद्धान्त के सभी प्रतिपादकों ने विभिन्न समाजों में फैले हुए तथ्यों को एक साथ जोड़कर अपने सिद्धान्त का निर्माण किया है, जैसे– मॉर्गन ने जंगली स्तर (Savagery) के बारे में तथ्य किसी एक समाज से, बर्बरता (Barbarism) की बात किसी दूसरे समाज से तथा सभ्य स्तर (Civilization) की चर्चा किसी और समाज के आधार पर की है। इसलिए रॉबर्ट निसबेट (R. Nisbet, 1969) ने इस सिद्धान्त की आलोचना करते हुए बताया है कि उद्विकासीय सिद्धान्त फिल्मी चलचित्र जैसा है, जिसमें बहुत सारी घटनाओं के क्रम को एक कड़ी में जोड़ दिया गया है।

सोरोकिन (1978) ने कहा है कि उद्विकास के जितने भी सिद्धान्त हैं, वे सभी **पारलौकिक विचार** या **सृष्टि-कथा (Eschatological)** जैसे सिद्धान्त हैं, जो सभी-के-सभी अवैज्ञानिक हैं। इन सिद्धान्तों का आधार कल्पित एवं स्वानुभूतिमूलक (Speculative and Subjective) विचार मात्र है।

इन सभी कमियों के बावजूद संक्षेप में कहा जा सकता है कि समाज के विकास की विभिन्न अवस्थाओं के क्रमिक अध्ययनों में इस सिद्धान्त का योगदान महत्त्वपूर्ण रहा है। समाजशास्त्रीय एवं मानवशास्त्रीय चिन्तन के क्षेत्र में

---

7. पाठक यहाँ ध्यान दें कि Ginsberg का उच्चारण जिन्सबर्ग कभी नहीं किया जाना चाहिए। मात्र **'गिन्जबर्ग'** ही शुद्ध उच्चारण माना जाता है।

आज भी इसकी प्रासंगिकता कुछ-न-कुछ बनी हुई है। सामाजिक संरचना, प्रकार्य एवं आधुनिकीकरण जैसी अवधारणाओं पर भी उद्विकासीय चिन्तन का प्रभाव स्पष्ट दिखता है।

चक्रीय सिद्धान्त (Cyclical Theory)

ऐसा लगता है कि चक्रीय सिद्धान्त के समर्थक प्रकृति में सदा से होने वाले चक्रीय परिवर्तनों से काफी प्रभावित रहे हैं। उनके अनुसार सामाजिक परिवर्तन की प्रक्रिया भी चक्रीय (Cyclical) होती है। दुनिया के विभिन्न धार्मिक ग्रन्थों में भी सामाजिक परिवर्तन की चक्रीय व्याख्या का वर्णन मिलता है। जैसे हिन्दू धर्म में विभिन्न युगों की चर्चा एक चक्रीय ढँग से की गयी है, सतयुग, त्रेता, द्वापर तथा कलियुग की व्याख्या परिवर्तन की एक चक्रीय व्याख्या है। प्राचीन यूनान में भी ऐसी मान्यता रही है कि सामाजिक परिवर्तन चक्रीय गति से होता है। यूनानी दार्शनिक प्लेटो ने भी इस बात की चर्चा की है। इससे ऐसा लगता है कि सामाजिक परिवर्तन का चक्रीय सिद्धान्त अन्य सिद्धान्तों की तुलना में सबसे पुराना है। उन्नीसवीं एवं बीसवीं सदी के विद्वानों ने इस बात की पुष्टि की है कि समाज एवं संस्कृति एक सर्पिल गति से घूमती रहती है। विको (Giovanni Vico), पारेटो (Vilfredo Pareto), स्पेंग्लर (Oswald J. Spengler), सोरोकिन (P.A. Sorokin) एवं टॉयनबी (Arnold J. Toynbee) ने प्राचीन सभ्यता एवं संस्कृति के अध्ययनों के आधार पर स्पष्ट किया है कि समाज में परिवर्तन का क्रम सदा चक्रीय होता है। उनके अनुसार हर सभ्यता का जन्म होता है, वह विकसित होती है, अपनी चरम सीमा पर पहुँचती है और फिर वहाँ से पतनोन्मुख होती हुई अन्ततः समाप्त हो जाती है। परिवर्तन के चक्रीय सिद्धान्त का मूल आधार यह है कि सामाजिक परिवर्तन जहाँ से प्रारम्भ होता है, अन्त में वहीं पहुँचकर समाप्त होता है। यह स्थिति चक्र की तरह पूरी होने के बाद भी बार-बार दुहरायी जाती है।

इटैलियन (Italian) दार्शनिक विको ने मानव इतिहास का गहन अध्ययन किया। अध्ययनोपरान्त उन्होंने बताया है कि समाज का एक चक्रीय दिशा में उद्विकास होता है। चूँकि उनका सामाजिक चिन्तन ऑगस्त कौंत से बहुत पहले का है, इसलिए बोगाड्र्स (E.S. Bogardus, 1960) ने उन्हें समाजशास्त्र का जनक कहकर पुकारा है।

विको ने बताया है कि सामाजिक परिवर्तन **सर्पिल प्रक्रिया (Spiral Process)** में होता है। उनके इस विचार में सामाजिक उद्विकास और चक्रीय सिद्धान्त दोनों की बातें एक साथ मिलती हैं। उद्विकास के सन्दर्भ में उनका यह कहना है कि समाज सहयोग (Co-operation) के निम्नतर व्यवस्था (Lower Order) से उच्चतर व्यवस्था (Higher Order) की ओर बढ़ता है और फिर सर्पिल गति से वहीं वापस पहुँच जाता है।

वी. पारेटो (Vilfredo Pareto) का विचार

इटैलियन समाजशास्त्री पारेटो (Marquis Vilfredo Frederico Damaso Pareto)[8] को उद्विकास के सिद्धान्त में कतई विश्वास नहीं था। उनका कहना है कि ऐतिहासिक तथ्यों से कभी भी यह प्रमाणित नहीं होता है कि समाज का विकास कई चरणों में होता है। उद्विकास के सिद्धान्त से असन्तुष्ट होकर उन्होंने सामाजिक गत्यात्मकता के कई सिद्धान्त दिये हैं। **सम्भ्रांत** या **विशिष्ट वर्ग का परिभ्रमण** उन्हीं सिद्धान्तों में से एक है।

विशिष्टवर्ग या सम्भ्रान्तवर्ग परिभ्रमण (Circulation of Elites) के सिद्धान्त को स्पष्ट करने के पूर्व 'Elite' शब्द के अर्थ को स्पष्ट करना चाहेंगे। पारेटो ने Elite शब्द का प्रयोग दो अर्थों में किया है– व्यापक एवं संकीर्ण अर्थ में। व्यापक अर्थ में विशिष्ट वर्ग समाज के विभिन्न क्षेत्रों में पाये जाते हैं। जो कोई भी व्यक्ति किसी क्षेत्र में समाज में

8. 'पैरेटो' एवं 'परेटो' दोनों ही गलत उच्चारण हैं। सही उच्चारण मात्र **'पारेटो'** माना जाता है।

सबसे आगे है, उसे पारेटो[9] ने विशिष्ट वर्ग की श्रेणी में रखा है,जैसे– कुशल या विख्यात लेखक, कलाकार, डॉक्टर, वकील, प्रोफेसर, वैज्ञानिक, व्यापारी, अव्वल दर्जे का चोर व ठग इत्यादि। इसी तथ्य को स्पष्ट करते हुए टिमासेफ (Timasheff, 1967: 165) ने कहा है कि "विशिष्ट वर्ग के अन्तर्गत ऐसे व्यक्ति आते हैं, जिन्होंने अपने जीवन के कार्यक्षेत्र में उच्चतम स्तर का कार्य किया है।" (Elite consists of individuals of highest performance in their respective fields.) यह महत्त्वपूर्ण नहीं है कि कोई व्यक्ति किस कार्य में है।

संकीर्ण अर्थ में विशिष्ट वर्ग से पारेटो का तात्पर्य मात्र शासी विशिष्ट वर्ग (Governing or Ruling Elites) से है, जो Elite का एक प्रकार है। सामान्यत: विशिष्ट वर्ग को उन्होंने दो भागों में बाँटा है– **शासी विशिष्ट वर्ग (Governing Elites)** एवं **ग़ैर-शासी विशिष्ट वर्ग (Non-governing Elites)**। शासी विशिष्ट वर्ग में वे लोग आते हैं, जो सरकार या प्रशासन में हैं। प्रशासन के बाहर समाज के विभिन्न क्षेत्रों में दक्षता या लोकप्रियता प्राप्त विशिष्ट लोग ग़ैर-शासी विशिष्ट वर्ग (Non-governing Elites) की श्रेणी में आते हैं। यहाँ यह भी उल्लेखनीय है कि शासी विशिष्ट वर्ग की अवधारणा को पारेटो के पहले उनके समकालीन विद्वान मोस्का (G. Mosca) ने दी थी।

विशिष्ट वर्ग के परिभ्रमण के विश्लेषण के सन्दर्भ में काफी भ्रान्तियाँ उत्पन्न हो गयी हैं। बहुत सारे भारतीय लेखकों ने अपनी पुस्तकों में यह लिख रखा है कि परिभ्रमण की प्रक्रिया विशिष्ट वर्ग (Elites) एवं **ग़ैर-विशिष्ट वर्ग (Non-Elites)** के बीच होती है। इस तथ्य को नकारा नहीं जा रहा है कि समाज में परिभ्रमण विशिष्ट (Elites) एवं ग़ैर-विशिष्ट वर्ग (Non-elites) के बीच भी होता है। लेकिन पारेटो ने अपने परिभ्रमण के सिद्धान्त का विश्लेषण शासी विशिष्ट वर्ग (Governing Elites) एवं ग़ैर-शासी विशिष्ट वर्ग (Non-governing Elites) के सन्दर्भ में किया था (देखें– Aron, 1976: 155–66)। इसे किनलॉक (G.C. Kinloch, 1977: 120) ने भी स्वीकार करते हुए बहुत स्पष्ट शब्दों में बताया है कि परिभ्रमण हमेशा Lion Elites एवं Fox Elites के बीच होता है।

विशिष्ट वर्ग के परिभ्रमण के सिद्धान्त को स्पष्ट करने से पहले हमें उनके द्वारा प्रतिपादित **शेर (Lion), लोमड़ी (Fox)** एवं **प्रेरक (Residues)** जैसी अवधारणाओं को समझना होगा। उन्होंने बताया है कि विशिष्ट वर्ग को वैयक्तिक गुणों के आधार पर दो भागों में बाँटा जा सकता है, जैसे– शेर एवं लोमड़ी। उनके अनुसार शेर में द्वितीय श्रेणी के प्रेरक **(समूह के स्थायित्व के विशिष्ट चालक– Residues of Persistence of Aggregates)** की प्रधानता होती है। जिन लोगों में इस प्रेरक की प्रधानता होती है, वे अनुदार एवं रूढ़िवादी विचारधारा के होते हैं। ऐसे लोगों में अपने परिवार, जाति, कबीले, नगर एवं राष्ट्र के प्रति काफी वफादारी की भावना पायी जाती है। चूँकि वे लोग बहुत अधिक देशभक्त एवं रूढ़िवादी होते हैं, इसलिए आवश्यकता पड़ने पर वे लोग काफी कठोर भी हो जाते हैं। वे तलवार की नोक पर शासन करने का दम रखते हैं।

लोमड़ियों के बारे में उन्होंने बताया है कि उनमें प्रथम श्रेणी के प्रेरकों **(संयोजन के विशिष्ट चालक– Residues of Combination)** की प्रधानता होती है। जिन लोगों में ऐसे प्रेरकों की प्रधानता होती है, वे लोग योजना बनाने, जोड़-तोड़ करने में काफी निपुण होते हैं। वे लोग समाज में परिवर्तन, परीक्षण और नवीन प्रक्रिया शुरू करने का गुण रखते हैं। ऐसे लोग कभी अनुदार एवं वफादार नहीं हो सकते हैं। वे लोग समझा-बुझाकर या झूठे वादे तथा धोखाधड़ी के सहारे शासन करने की कोशिश करते हैं। ऐसे लोग काफी घूसखोर भी होते हैं। भारत के बहुत सारे राजनीतिक नेताओं को उसी श्रेणी में रखा जा सकता है।

---

9. पारेटो ने **Elite** शब्द का प्रयोग जिस व्यापक अर्थ में किया है उसके लिए 'विशिष्ट वर्ग' 'संभ्रान्त वर्ग' की तुलना में ज्यादा सटीक उल्था है। कोई व्यक्ति जीवन के किसी भी क्षेत्र में विशिष्ट हो सकता है, लेकिन यह कोई जरूरी नहीं है कि वह समाज में अपनी विशिष्टता के लिए प्रतिष्ठित भी हो। दूसरी तरफ, संभ्रान्त शब्द का प्रयोग मात्र उच्च श्रेणी के प्रतिष्ठित व्यक्तियों के लिए ही किया जाता है। चूँकि वर्तमान समाजशास्त्र में Elite शब्द का प्रयोग मुख्यत: समाज के बहुत सम्मानित व्यक्तियों के लिए किया जाता है, इसलिए हिन्दी के इन दोनों शब्दों को Elite के पर्यायवाची तरजुमा के रूप में प्रयोग किया जा सकता है।

पारेटो ने बताया है कि शासी विशिष्ट वर्ग में दोनों श्रेणियों के गुणों की आवश्यकता है, लेकिन ऐसा लम्बे समय तक सम्भव नहीं हो पाता है। बहुत दिनों तक शासन में रहने से इन गुणों में कमी आ जाती है। वे उतने क्रूर एवं जुझारू नहीं रह पाते हैं। आलसीपन एवं ऐयाशी प्रवृत्ति के कारण उनके शासन की क्षमता में कमी आ जाती है। वे लोग शासी विशिष्ट वर्ग से खिसक कर ग़ैर-शासी विशिष्ट वर्ग (Non-governing Elites) की श्रेणी में आ जाते हैं। पारेटो का मानना है कि लोगों का शासी विशिष्ट वर्ग से ग़ैर-शासी विशिष्ट और ग़ैर-शासी विशिष्ट वर्ग से शासी विशिष्ट वर्ग में जाना अवश्यम्भावी प्रक्रिया है। परिभ्रमण की गति और मात्रा हर समाज में अलग-अलग समय में अलग-अलग पायी जाती है। पर परिभ्रमण एक ऐतिहासिक यथार्थ है, इसीलिए तो पारेटो ने अपनी पुस्तक (**Mind and Society,** Vol. 3, 1935) में कहा है कि "इतिहास विशिष्ट वर्ग की एक कब्रगाह है।" (History is a graveyard of aristocracies.)

पारेटो का कहना है कि शासी विशिष्ट वर्गों का परिभ्रमण एक अनिवार्य और निश्चित सामाजिक प्रक्रिया है, क्योंकि शासी विशिष्ट वर्ग में कभी प्रथम श्रेणी के प्रेरक कारकों की प्रधानता होती है, तो कभी द्वितीय श्रेणी के प्रेरक कारकों की प्रधानता होती है। इन्हीं दो प्रेरकों की प्रधानता में बदलाव के कारण समाज में परिवर्तन चलता रहता है, इसीलिए ओसीपोव (E. Osipova, 1989: 329) ने कहा है कि "विशिष्ट वर्ग का प्रत्यावर्तन, उतार-चढ़ाव और पदारोहण सामाजिक अस्तित्व का नियम है।"[10]

विशिष्ट वर्ग के परिभ्रमण का विश्लेषण एक बृहत् स्तर पर भी किया जा सकता है। पारेटो की अवधारणा को ध्यान में रखते हुए हम समाज को दो वर्गों में बाँट सकते हैं– विशिष्ट वर्ग (Elites) एवं ग़ैर-विशिष्ट वर्ग (Non-elites)। समाज में परिभ्रमण उच्च एवं निम्न स्तरण (Stratum) के बीच भी चलता रहता है। जो समाज के निचले तबके में रहकर जीवन में काफी सफलता प्राप्त कर चुके हैं, वे विशिष्ट वर्ग से जा मिलने की कोशिश करते हैं। दूसरी तरफ, जो विशिष्ट वर्ग के हैं, वे अपनी क्षमता में कमी के कारण विशिष्ट वर्ग से पदच्युत होकर नीचे खिसक जाने को बाध्य हो जाते हैं। कभी-कभी विशिष्ट वर्ग के लोग समय के साथ मिट जाते हैं, तो उस रिक्त स्थान की पूर्ति के लिए भी ग़ैर-विशिष्ट लोग ऊपर उठने की कोशिश करते हैं। इस तरह से ग़ैर-विशिष्ट वर्ग से विशिष्ट वर्ग एवं विशिष्ट वर्ग से ग़ैर-विशिष्ट वर्ग में जाने की प्रक्रिया समाज में चलती रहती है। मार्टिनडेल (Don Martindale, 1960: 104) ने स्पष्ट लिखा है, "व्यक्तियों का उच्च से निम्नवर्ग तथा उसकी विपरीत दिशा में भी परिभ्रमण होता है।"[11] ऐसा होना इसलिए स्वाभाविक है कि समाज के निचले हिस्से के लोगों में भी शेर और लोमड़ी के गुण पाये जाते हैं। दूसरे शब्दों में प्रथम और द्वितीय श्रेणी के प्रेरक तत्त्व थोड़ा-बहुत निम्नवर्ग के लोगों के बीच भी पाये जाते हैं। यह एक जन्मजात गुण है, जो सामाजिक परिस्थितियों से प्रभावित होता रहता है। इसी में फेर-बदल होने से समाज में दो वर्गों के बीच परिभ्रमण की प्रक्रिया चलती रहती है।

यहाँ यह भी उल्लेखनीय है कि परिभ्रमण की प्रक्रिया सहज नहीं है। विशिष्ट वर्ग के लोग इसका भरपूर विरोध करते हैं। इस विरोध में ग़ैर-विशिष्ट वर्ग को कभी जान भी गँवानी पड़ती है, तो कभी जेल भी जाना पड़ता है और कभी ग़ैर-विशिष्ट वर्ग के प्रमुख नेताओं को विशिष्ट वर्ग में शरण देकर उनके शेष लोगों को रौंद दिया जाता है।

चूँकि पारेटो विशिष्ट वर्ग के हितों के समर्थक और ग़ैर-विशिष्ट वर्ग के विरोधी थे, इसलिए उन्हें **बूर्जुआजी का कार्ल मार्क्स (Karl Marx of Bourgeoisie)** कहा जाता है, अर्थात् जिस प्रकार मार्क्स सर्वहारा के कट्टर समर्थक थे, उसी प्रकार पारेटो बूर्जुआ के समर्थक थे। वे प्रजातन्त्र के विरोधी और तानाशाही के घोर समर्थक थे।

---

10. "Alternation, fluctuation and succession of elite was the law of existence of society."— Elena Osipova, "The Sociological System of Vilfredo Pareto" in I.S. Kon (Ed.), **A History of Classical Sociology**, Progress Publishers, Moscow, 1989, p. 329.
11. "There is also a circulation of individuals from upper to lower classes and vice-versa."— Don Martindale, **The Nature and Types of Sociological Theory**, Houghton Mifflin Company, Boston, 1960, p. 104.

पारेटो ने अपने चक्रीय सिद्धान्त के सिलसिले में भविष्यवाणी की है कि जहाँ कहीं भी सम्भ्रान्त लोगों का शासन है या जहाँ कहीं भी संसदीय प्रजातन्त्र (Parliamentary Democracy) है (अर्थात् जहाँ के नेताओं में प्रथम श्रेणी के कारकों की प्रधानता है), उसका पतन होना निश्चित है। उसकी जगह पर निम्नवर्ग के अभद्र, शक्तिशाली एवं सामरिक विशिष्ट वर्ग (नयी किस्म के शेर– Lion Elites) के शासन की स्थापना होगी। चूँकि पहले ऐसा हुआ है, इसलिए भविष्य में इसे दोहराये जाने की पूरी सम्भावना है। महाराष्ट्र में बाबा साहेब आम्बेडकर, हरियाणा में देवीलाल, बिहार में जगजीवन राम, कर्पूरी ठाकुर, लालू प्रसाद, उत्तर प्रदेश में मुलायम सिंह यादव, कल्याण सिंह, मायावती आदि जैसे लोगों का भारतीय राजनीति में उभरना पारेटो के इस सिद्धान्त की काफी हद तक पुष्टि करता है।

ऑजवाल्ड स्पेंग्लर (Oswald Spengler) का विचार

जर्मन दार्शनिक ऑजवाल्ड स्पेंग्लर ने अपनी पुस्तक **The Decline of the West** (1926) में यह बताया है कि किसी भी संस्कृति का विकास चक्रीय रीति से होता है। उनका यह सिद्धान्त दुनिया के आठ प्रमुख संस्कृतियों के अध्ययन पर आधारित था। जिन संस्कृतियों का उन्होंने अध्ययन किया है, वे हैं– Egyptian, Mesopotamian, Hindu, Chinese, Classical (या Apollonian), Arabian (याँ Magian), Mayan एवं Western (या Faustian)। उन्होंने रूसी संस्कृति का भी अलग से जिक्र किया, पर अन्य संस्कृतियों की तरह उसका कोई विस्तार से विश्लेषण प्रस्तुत नहीं किया है। उन्होंने आदिमजातीय समाज का विश्लेषण करने का प्रयास नहीं किया क्योंकि उनका मानना था कि आदिमजातीय समाज इतिहासहीन है। संस्कृति की तुलना सावयव से करते हुए उन्होंने कहा है कि "संस्कृति सावयव की तरह है और विश्व इतिहास उसकी सामूहिक जीवनी।" (Cultures are organisms and world-history is their collective biography.)

स्पेंग्लर का मानना है कि जैसे व्यक्तियों के जीवन में उत्थान एवं पतन होता है, वैसे ही संस्कृति का भी उत्थान एवं पतन होता है। जैसे व्यक्ति का जीवन-चक्र बचपन (Childhood), युवा (Youth), परिपक्वता (Maturity) एवं बुढ़ापा (Senility) के चरणों से क्रमशः गुज़रता है, संस्कृति भी ठीक उसी ढंग से चार चरणों से गुज़रकर समाप्त हो जाती है। संस्कृति के चक्रीय विकास के इस नियम को स्पष्ट करने के लिए उन्होंने इसकी तुलना चार ऋतुओं से की है– वसन्त (Spring), पतझड़ (Autumn), सर्दी (Winter) एवं ग्रीष्म (Summer)।

स्पेंग्लर ने बताया है कि किसी संस्कृति का जीवन लगभग एक हजार साल का होता है, क्योंकि पाश्चात्य संस्कृति का उदय लगभग 900 ई. के आस-पास हुआ, इसलिए उनका मानना है कि पाश्चात्य संस्कृति अब पतन के कगार पर है। बहुत सारे समाजशास्त्रियों का कहना है कि स्पेंगलर का यह सिद्धान्त कतई मौलिक सिद्धान्त नहीं है, क्योंकि उन्होंने यह सिद्धान्त डैनीलिवस्की (N. Danilevsky) की पुस्तक **Russia and Europe** से चुराया है (देखें– Timasheff, 1967)।

पिट्रिम ए. सोरोकिन (P.A. Sorokin) का विचार

सामाजिक परिवर्तन के चक्रीय सिद्धान्त के क्षेत्र में रूसी-अमरीकी समाजशास्त्री सोरोकिन (Pitirim Alexandrovich Sorokin) की देन महत्त्वपूर्ण है, जिसकी चर्चा उनकी पुस्तक **Social and Cultural Dynamics**— 4 Volumes (1937–41) में देखने को मिलती है। सोरोकिन ने अनुभवाश्रित आँकड़ों (Empirical Data) के सहारे चक्रीय सिद्धान्त को स्थापित करने की कोशिश की है। उन्होंने परिवर्तनों के विश्लेषण के निमित्त मानव इतिहास के बीते तीन हजार वर्षों का अध्ययन किया। उन्होंने अपनी पुस्तक में अनेक युद्धों, आन्दोलनों एवं क्रान्तियों को दर्शाया है। सोरोकिन ने समाज की संस्कृति को मुख्यतः तीन भागों में बाँटा है, वे हैं– **आदर्शात्मक संस्कृति (Ideational Culture), इन्द्रियपरक संस्कृति (Sensate Culture)** एवं **आदर्शवादी संस्कृति (Idealistic Culture)**।

आदर्शात्मक संस्कृति (Ideational Culture) का सम्बन्ध आत्मा (Soul), मस्तिष्क (Mind), आध्यात्मिक विचार या भावना (Spirit) आदि से है। इस अवस्था में भौतिक सत्य की जगह परम सत्य (Absolute Truth) की बात की जाती है। इसमें भौतिकवादी विचारों की जगह अभौतिकवादी विचारों को अधिक स्वीकारा जाता है। इस संस्कृति में ज्ञान, कला, दर्शन, धर्म, साहित्य आदि को आध्यात्मिक दृष्टिकोण से देखा जाता है। अच्छे-बुरे की पहचान आध्यात्मिक आधारों पर की जाती है। आत्मत्याग, भक्ति, शान्ति जैसी भावनाओं को अधिक महत्त्व दिया जाता है। नैतिकता की तुलना में **उपयोगितावाद (Utilitarianism)** एवं **सुखवाद (Hedonism)** का महत्त्व घट जाता है। प्रौद्योगिक विकास की रफ्तार घट जाती है। सामाजिक जीवन के सभी क्षेत्रों में, यथा– राजनीतिक, आर्थिक, न्यायिक आदि में धार्मिक मूल्यों की प्रधानता देखने को मिलती है। प्राचीन एवं मध्यकालीन भारत तथा मध्यकालीन यूरोप आदर्शात्मक संस्कृति का अच्छा उदाहरण है।

इन्द्रियपरक संस्कृति (Sensate Culture) का सम्बन्ध अनुभवाश्रित सत्य (Empirical Reality) से होता है। इस अवस्था में ज्ञान विभिन्न इन्द्रियों (Senses) के द्वारा होता है। कहने का मतलब है कि इन्द्रियपरक संस्कृति के अन्तर्गत वे वस्तुएँ आती हैं, जिन्हें हम देख, सुन, छू एवं चख सकते हैं। मानव का ध्यान भौतिक, मूर्त एवं स्थूल वस्तुओं पर अधिक केन्द्रित होता है। यह संस्कृति वैज्ञानिक विकास की ओर अधिक अग्रसर होती है। कला, साहित्य और दर्शन की प्रकृति प्रत्यक्षवादी होती है। आर्थिक क्षेत्र में प्रतियोगिता (Competition) बढ़ती है। समाज में प्रौद्योगिक विकास (Technological Development) की सम्भावना बहुत बढ़ जाती है। न्याय की प्रकृति भी यथार्थ एवं भौतिकवादी हो जाती है। दूसरे शब्दों में, धर्म, परम्परा, प्रथा इत्यादि का प्रभाव न्याय के क्षेत्र में कम हो जाता है। सोरोकिन के अनुसार इस अवस्था में लोगों का जीवन-दर्शन मौज-मस्ती का होता है। उन्हीं के शब्दों में, "खाओ-पीओ और मौज करो, क्योंकि कल किसने देखा है।"[12] सोरोकिन के अनुसार पश्चिमी समाज इन्द्रियपरक संस्कृति के दौर से गुज़र रहा है (Martindale, 1960)। वर्तमान भारतीय संस्कृति भी इसी रास्ते पर तेजी से अग्रसर है।

आदर्शवादी संस्कृति (Idealistic Culture) में इन्द्रियपरक संस्कृति (Sensate Culture) एवं आदर्शात्मक संस्कृति (Ideational Cultrue) दोनों के तत्त्व पाये जाते हैं। दूसरे शब्दों में, यह संस्कृति दोनों संस्कृति के बीच की स्थिति है। जब समाज की संस्कृति इन्द्रियपरक से आदर्शात्मक या आदर्शात्मक से इन्द्रियपरक संस्कृति की ओर परावर्तित होती है, तो कुछ समय के लिए आदर्शवादी संस्कृति की स्थिति आती है। सोरोकिन के विचार में ऐसी स्थिति तब विशेष रूप से उत्पन्न होती है, जब आदर्शात्मक संस्कृति चेतनात्मक संस्कृति में बदलती है। ऐसी संस्कृति में भौतिक एवं आध्यात्मिक मूल्यों का अच्छा समन्वय देखने को मिलता है।

सोरोकिन का मानना है कि इन्द्रियपरक संस्कृति एवं आदर्शात्मक संस्कृति **सांस्कृतिक व्यवस्था (Cultural System)** के दो ध्रुव हैं। हर सांस्कृतिक व्यवस्था उपव्यवस्थाओं का एक संकलन होती है, जिसके अन्तर्गत उसके विशिष्ट तत्त्व एवं लक्षण समाविष्ट होते हैं। इनकी उपव्यवस्थाओं के एक साथ मिलने पर एक उच्चतर व्यवस्था का जन्म होता है। यह व्यवस्था इन्द्रियपरक या आदर्शात्मक हो सकती है। इसी तरह सोरोकिन के अनुसार जब एक सांस्कृतिक व्यवस्था अपनी चरम सीमा पर पहुँच जाती है, तो उसे अपनी गति को उलटी दिशा में मोड़ना पड़ता है। भले ही कोई व्यवस्था कितनी अच्छी या बुरी क्यों न हो उसकी विकसित होने की एक सीमा होती है। सोरोकिन का यह विचार **सीमाओं का सिद्धान्त (Principle of Limits)** के नाम से जाना जाता है। उनके अनुसार सामाजिक परिवर्तन एक ऐसी प्रक्रिया है, जो दो संस्कृतिक व्यवस्थाओं, यथा-इन्द्रियपरक एवं आदर्शात्मक संस्कृति के बीच व्यक्त होती है।

एक सांस्कृतिक व्यवस्था से दूसरी सांस्कृतिक व्यवस्था में परिवर्तन निश्चित लेकिन अनियमित (Irregular) ढंग से होता है। यह भी आवश्यक नहीं है कि सांस्कृतिक व्यवस्था में परिवर्तन हमेशा एक ही दिशा में हो। अब यह प्रश्न

12. "Eat, drink and be merry, for tomorrow you may die."— Robert Bierstedt, **The Social Order**, New Delhi, Tata McGraw-Hill, 1970, p. 546.

उठना स्वाभाविक है कि संस्कृति या आदर्शात्मक से इन्द्रियपरक संस्कृति में परिवर्तन के क्या कारण हैं ? सोरोकिन ने इस प्रश्न का उत्तर अपने **अन्तर्भूत परिवर्तन के सिद्धान्त (Principle of Immanent Change)** के माध्यम से दिया है। उन्होंने परिवर्तन का कारण प्रकृति में क्रियाशील आन्तरिक शक्ति (Internal Force) को माना है। दूसरे शब्दों में सामाजिक परिवर्तन एक प्रक्रिया है, जो संस्कृति के अन्दर ही क्रियाशील शक्तियों के परिणामस्वरूप उत्पन्न होती है।

सोरोकिन का सांस्कृतिक एवं सामाजिक गतिशीलता का सिद्धान्त तथ्यों को अति सरल कर देता है। ऐतिहासिक तथ्यों का विश्लेषण जितना सरल दिखाई पड़ता है, वस्तुतः उतना सरल नहीं है। सोरोकिन का इन्द्रियपरक (Sensate), आदर्शात्मक (Ideational) एवं आदर्शवादी (Idealistic) के रूप में संस्कृति का विभाजन बहुत लोगों को सही नहीं जँचता है।

ऑर्नाल्ड टॉयनबी (Arnold J. Toynbee) का विचार

ब्रिटिश इतिहासकार टॉयनबी ने भी डैनीलिवस्की (N. Danilevsky) और स्पेंग्लर (Spengler) की तरह ही परिवर्तन के चक्रीय सिद्धान्त का समर्थन किया है। उन्होंने दुनिया की 21 प्रमुख सभ्यताओं का गहन अध्ययन किया, जिनका वर्णन उनकी पुस्तक **A Study of History** (10 Vols.), 1934–63 में मिलता है। उन्होंने स्पेंग्लर की तरह यह विचार व्यक्त किया है कि हर सभ्यता की एक चक्रीय रीति से जन्म एवं मृत्यु होती है। पर उन्होंने स्पेंग्लर की तरह यह स्पष्ट करने की आवश्यकता महसूस नहीं की है कि किस सभ्यता का जीवनचक्र कितना लम्बा होता है। उनका चक्रीय सिद्धान्त **चुनौती एवं प्रतिक्रिया का सिद्धान्त (Principle of Challenge and Response)** पर आधारित है। किसी भी सभ्यता को चुनौती दो क्षेत्रों से मिलती है– एक भौगोलिक परिस्थिति एवं दूसरी सामाजिक परिस्थिति।

प्रत्येक सभ्यता के प्रारम्भ में लोगों को समाज की भौगोलिक परिस्थितियों के चलते बहुत प्रकार की प्राकृतिक आपदाओं को झेलना पड़ता है। इन चुनौतियों को झेलना कोई आसान काम नहीं होता है। समाज और प्रकृति के बीच जो एक चुनौतीपूर्ण स्थिति होती है, उसका सामना करने के लिए मनुष्य को विभिन्न प्रकार की क्षमताओं की आवश्यकता होती है। इस अस्तित्व की लड़ाई में उसकी शक्ति का काफी ह्रास होता है।

दूसरी चुनौती का स्वरूप भौगोलिक न होकर सामाजिक होता है। इस चुनौती का स्रोत आन्तरिक और बाह्य दोनों होता है। टॉयनबी का आन्तरिक स्रोत से तात्पर्य **स्वदेशी सर्वहारा वर्ग (Internal Proletariat)** से है, जो ज़्यादा लम्बे समय तक अपने ही समाज के **सृजनशील अल्पसंख्यकों (Creative Minority)** के इशारे पर काम नहीं करना चाहता है। फलस्वरूप दोनों के बीच तत्त्व एवं संघर्ष उत्पन्न हो जाता है। बाह्य स्रोतों के अन्तर्गत उन्होंने बाहरी आक्रमणकारी बर्बर जाति के लोगों को रखा है, जिसे **बाह्य सर्वहारा वर्ग (External Proletariat)** भी कहा गया है। दूसरे शब्दों में, जब सभ्यता का विकास होता है, तो उस सभ्यता को सृजनशील अल्पसंख्यकों एवं स्वदेशी सर्वहारा वर्ग के संघर्ष मात्र से ही खतरा नहीं होता है, बल्कि पड़ोसी बर्बर जाति के लोगों से भी खतरा रहता है। जब इस प्रकार के कलह और तत्त्व की स्थिति किसी सभ्यता के सामने उत्पन्न हो जाती है, तो वह पतन और बिखराव की ओर बढ़ने लगती है।

संक्षेप में हम यही कह सकते हैं कि प्रत्येक सभ्यता का भविष्य सृजनशील अल्पसंख्यकों पर निर्भर करता है। सभ्यता के आरम्भिक काल में वे कल्पनाशील, शक्तिशाली एवं चुनौतियों का बहादुरी के साथ मुक़ाबला करने वाले होते हैं। नेतृत्व की रचनात्मक क्षमता के कारण सम्बन्धित समाज विकास के चरमोत्कर्ष बिन्दु पर पहुँच जाता है। लेकिन जब वे चुनौतियों का ठीक से सामना नहीं कर पाते हैं, तो सभ्यता का पतन निश्चित हो जाता है। दूसरे शब्दों में, सभ्यता का पतन सृजनशील अल्पसंख्यकों का चुनौतियों से हार है।

अन्य सिद्धान्तों की तरह सामाजिक परिवर्तन का चक्रीय सिद्धान्त उतना लोकप्रिय नहीं हो सका। इस सिद्धान्त का सबसे बड़ा दोष यह है कि यह कपोल-कल्पित तथ्यों (Speculative Facts) पर आधारित है। दूसरे शब्दों में, यह सिद्धान्त अनुभवाश्रित यथार्थ (Empirical Reality) से काफी दूर है। इस बात का कोई प्रमाण सामने नहीं आ पाया है कि समाज जहाँ से आरम्भ हुआ है, फिर वहीं लौट जायेगा। अतः चक्रीय सिद्धान्त प्रमुख समाजशास्त्रीय सिद्धान्तों

का अंग नहीं बन पाया है। ऐसा लगता है कि चक्रीय सिद्धान्त का दृष्टिकोण निराशावादी है। इस सिद्धान्त के अन्तर्गत समाज का धीरे-धीरे नष्ट हो जाना है। अत: चक्रीय सिद्धान्त एक ऐसी प्रक्रिया है, जिसे टाला नहीं जा सकता। समाज का ह्रास होना और फिर वहाँ से एक नये समाज का सृजन होना, एक काल्पनिक तथ्य-सा लगता है।

संघर्ष-सिद्धान्त (Conflict Theory)[13]

संघर्ष सम्बन्धी विचार प्राचीनकाल से ही सामाजिक चिन्तकों का मुख्य विषय रहा है। पॉलिबियस (Polybius) ने कहा था कि जानवर की तरह ही मानव में भी समूह में रहने एवं संघर्ष करने की प्रवृत्ति पायी जाती है। शासक-वर्ग के अत्याचार से बचने एवं उसे अपदस्थ करने के लिए सदा शासित जनसमूह को संगठित होकर संघर्ष करना पड़ा है। इब्न खाल्डून (Abdel Rahman Ibn-Khaldun, 1332–1406), हॉब्ज (T. Hobbes, 1588–1679), डेविड ह्यूम (David Hume, 1711–76) आदि आरम्भिक सामाजिक विचारकों ने भी अपने-अपने ढँग से संघर्ष सम्बन्धी विचार प्रस्तुत किये हैं। चार्ल्स डॉर्विन (Charles Darwin, 1809–1882) के **जैविक उद्विकास (Biological Evolution)** के सिद्धान्त ने संघर्ष-विचारकों को एक महत्त्वपूर्ण वैज्ञानिक आधार प्रदान किया। डॉर्विन द्वारा प्रतिपादित **'अस्तित्व के लिए संघर्ष' (Struggle for Existence)** के सिद्धान्त ने संघर्ष सम्बन्धी चिन्तन की प्रक्रिया को बहुत ही प्रभावित किया। हर्बर्ट स्पेंसर (Herbert Spencer) एवं डार्विन के **योग्यतम की उत्तरजीविता (Survival of the Fittest)** जैसे विचार ने भी संघर्षमूलक चिन्तकों को वैज्ञानिक आधार प्रदान किया। संघर्षवादी चिन्तकों ने समाज का कोई सामान्य सिद्धान्त प्रतिपादित करने का कभी दावा पेश नहीं किया, बल्कि उन लोगों ने सिर्फ यही कहा है कि सामाजिक व्यवस्था आम राय (Consensus) से नहीं, उत्पीड़न (Coercion) से उत्पन्न हुआ है (Gordon Marshall, 1998: 108–109)।

कार्ल मार्क्स (Karl Marx) का विचार

सम्भवत: मार्क्स विश्व के सबसे पहले सामाजिक चिन्तक थे, जिन्होंने यह प्रमाणित करने का प्रयास किया कि सामाजिक परिवर्तन वर्ग-संघर्ष द्वारा ही सम्भव होता है। वर्ग-संघर्ष क्यों और कैसे होता है, यह समझने के लिए यह जान लेना आवश्यक है कि मार्क्स ने सामाजिक संरचना को किस प्रकार परिभाषित किया है। मार्क्स के अनुसार सामाजिक संरचना के मुख्य दो तत्त्व होते हैं– (1) **आधारभूत संरचना (Sub-structure)** और (2) **अधिरचना (Super-structure)**। समस्त उत्पादन-प्रणाली (Mode of Production) को उन्होंने आधारभूत संरचना माना है और समाज के अन्य अंगों, जैसे– सरकार, धर्म, परिवार, आदर्श, दर्शन इत्यादि को आश्रित संरचना कहा है। मार्क्स ने कहा है कि उत्पादन-प्रणाली ही समस्त सामाजिक व्यवस्था की आधारशिला है। अत: यदि आर्थिक व्यवस्था में कोई परिवर्तन होता है, तो उससे समाज के बाह्य हिस्सों (आश्रित संरचना) में भी परिवर्तन आता है।

मार्क्स ने आधारभूत संरचना को दो उप-भागों में बाँटा है– **(1) उत्पादन के साधन (Means or Tools of Production)**– इसके अन्तर्गत भूमि, प्रौद्योगिकी एवं अन्य पूँजी सामग्री सम्मिलित हैं एवं **(2) उत्पादन के सम्बन्ध (Relations of Production)**– इसके अन्तर्गत उत्पादन की प्रक्रिया से जुड़े विभिन्न वर्ग के लोगों के बीच का सम्बन्ध आता है। मार्क्स ने इसे भी दो उप-भागों में बाँटा– **उत्पादन-साधन के मालिक (Owner of Means of Production)** जिसे पूँजीवादी समाज में बूर्जुआ या पूँजीपति (Capitalist) कहा जाता है और दूसरा **श्रमिकगण (Workers)**, जिसे मार्क्स ने **सर्वहारा (Proletariat)** कहा है (Stephen Cole, 1975: 198–201)।

---

13. **Conflict Theory** का हिन्दी रूपान्तर **संघर्षवादी सिद्धान्त** किसी भी दृष्टि से उपयुक्त नहीं जान पड़ता है। किसी भी मानक शब्दकोश में 'Conflict' के लिए 'संघर्षवाद' या उसका कोई नजदीकी शब्द देखने को नहीं मिलता है। इसके लिए **संघर्ष-सिद्धान्त**, संघर्ष-मूलक या संघर्ष-सम्बद्ध सिद्धान्त जैसे शब्द ज्यादा उपयुक्त हैं।

मार्क्स ने दलील दी है कि अर्थव्यवस्था अपने-आप में एक स्वतन्त्र कारक है। मनुष्य अपनी समस्याओं को सुलझाने एवं सुख-सुविधाओं को बढ़ाने के लिए हमेशा प्रकृति पर हावी होना चाहता है, इससे प्रौद्योगिकी में विकास होता है और फलस्वरूप उत्पादन के सारे साधनों में परिवर्तन आता है। चूँकि उत्पादन का साधन समाज की आधारभूत संरचना है, इसलिए जब इसमें परिवर्तन आता है, तो उत्पादन के सम्बन्धों में भी परिवर्तन आता है। समाज के ऐतिहासिक विकास में एक ऐसा भी चरण आता है, जब उत्पादन के सम्बन्ध तथा उत्पादन के साधन विकास को अवरुद्ध करने लगते हैं, जिसके फलस्वरूप समाज में वर्ग-संघर्ष होता है और मानव-समाज एक स्तर से दूसरे ऐतिहासिक स्तर (Phase) में प्रवेश करता है।

मार्क्स का मानना है कि जब तक समाज में वर्ग विभाजन है, समाज में शोषण का सिलसिला जारी रहेगा, क्योंकि यह विभाजन शोषण पर आधारित है। उसी तरह जब तक समाज में शोषण है, संघर्ष का सिलसिला भी जारी रहेगा। इसी **वर्ग-संघर्ष (Class Struggle)** की प्रक्रिया से समाज में परिवर्तन सम्भव होता आया है, ऐसा ही मार्क्स मानते थे।

इसी अर्थ में उन्होंने अपने साम्यवादी घोषणापत्र (**Communist Manifesto**) में लिखा है- "अभी तक के सभी समाजों का इतिहास वर्ग संघर्षों का इतिहास रहा है।"[14] शोषक एवं शोषित (Exploriter एवं Exploited) सदा एक-दूसरे के विरुद्ध प्रत्यक्ष या परोक्ष रीति से संघर्षरत रहे हैं। इसके परिणामस्वरूप ही समाज एक स्तर से दूसरे स्तर में जाता रहा है।

आधुनिक पूँजीवादी समाज में व्यक्तिगत सम्पत्ति (Private Property) सबसे अधिक संगठित होती है। लाभ उत्पादन का परम लक्ष्य होता है। पूँजीपति मज़दूरों के श्रम को उचित मूल्यों से कम मूल्यों में खरीदकर **अतिरिक्त मूल्यों (Surplus Values)** को पूँजी में बदल देते हैं। इस तरह, पूँजी से पूँजी की सतत वृद्धि होती रहती है। मार्क्स के अनुसार पूँजी वह धन है, जो श्रमिकों के शोषण के निमित्त प्रयोग किया जाता है। यही शोषण कालान्तर में वर्ग-संघर्ष का मुख्य कारक बनता है।

उपर्युक्त विवरण से यही स्पष्ट होता है कि समाज में मुख्य रूप से दो ही वर्ग पाये जाते हैं- एक वह जो **यथास्थितिवादी (Status Quoist)** होता है, और परिवर्तन का घोर विरोध करती है। दूसरा वह जो यथास्थिति का विरोधी होता है, वह हर स्थिति में परिवर्तन का समर्थन करता है। चूँकि समाज दो खेमों में विभक्त रहता है- एक परिवर्तन विरोधी और दूसरा परिवर्तन समर्थक, इसलिए समाज में वर्ग-संघर्ष की स्थिति उत्पन्न होती है। पहला समूह शोषकों का है, तो दूसरा शोषितों का।

मार्क्स ने बताया है कि आर्थिक व्यवस्था ही सामाजिक व्यवस्था की आधारशिला है। सामाजिक संरचना में परिवर्तन तभी आता है, जब आर्थिक व्यवस्था में परिवर्तन आता है। उन्होंने बताया है कि आर्थिक व्यवस्था के दो प्रमुख तत्त्व होते हैं और दोनों एक-दूसरे से अन्तर-सम्बन्धित होते हैं- **उत्पादन के साधन (Means of Production)** तथा **उत्पादन के सम्बन्ध (Relations of Production)**। इन दोनों को मिलाकर उन्होंने इसे समाज की **आधार संरचना (Sub-structure)** कहा है। यह समाज के आर्थिक आधार के नाम से जाना जाता है। परिवार, धर्म, विभिन्न प्रकार के विश्वास, राजनीति, शिक्षा आदि को उन्होंने इस आर्थिक व्यवस्था पर एक आश्रित व्यवस्था माना है। इसे उन्होंने समाज की **अधिरचना (Super-structure or Infrastructure)** कहा है।

मार्क्स ने यह तर्क प्रस्तुत किया है कि अधिरचना में परिवर्तन तभी आता है, जब समाज के आर्थिक आधार में परिवर्तन आता है, क्योंकि प्रत्येक समाज आधार संरचना का प्रतिबिम्ब होता है और यह परिवर्तन दो विरोधी समूहों के बीच संघर्ष की स्थिति से उत्पन्न होता है। संघर्ष की स्थिति इसलिए उत्पन्न होती है कि शोषणकर्ता शोषित को हमेशा अपने चंगुल में रखना चाहता है और शोषित हमेशा शोषकों के चंगुल से बाहर निकलने की कोशिश करता है। सामाजिक

14. "The history of all hitherto existing society is the history of class struggle."— P.A. Sorokin, **Contemporary Sociological Theories**, Kalyani Publishers, New Delhi, 1978, p. 525.

परिवर्तन इस विरोध की प्रक्रिया के माध्यम से सम्भव हो पाता है। आर्थिक आधार या आधार संरचना किस प्रकार अधिरचना से जुड़ा हुआ है, यह एक सरल रेखाचित्र के माध्यम से स्पष्ट किया जा सकता है (देखें **रेखाचित्र-1**)।

रेखाचित्र-1 सामाजिक संरचना

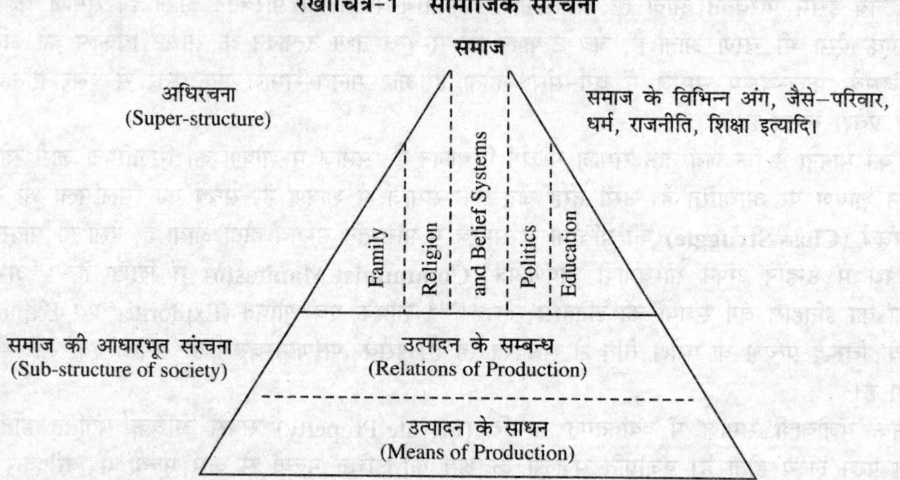

सोरोकिन (1978: 527) ने बताया है कि मार्क्स के सिद्धान्तों में काफी कमियाँ हैं, जैसे मार्क्स ने अपने विचारों में **आर्थिक निर्धारणवाद (Economic Determinism)** पर कुछ ज़्यादा ही ज़ोर दिया है। उन्होंने कहा है कि "उत्पादन-प्रणाली समाज, राजनीति एवं जीवन के आध्यात्मिक प्रक्रियाओं के सामान्य स्वरूप को निर्धारित करती है।"[15] इस प्रकार के विचार से आर्थिक व्यवस्था एवं सामाजिक संरचना के बीच एकतरफा सम्बन्ध का बोध होता है। इन दो व्यवस्थाओं के बीच इतना एकतरफा सम्बन्ध आज लोग स्वीकार करने को तैयार नहीं हैं। आज का वैज्ञानिक दृष्टिकोण **प्रकार्यात्मक सम्बन्ध (Functional Relationship)** पर ज़ोर देता है। मार्क्स के एकपक्षीय (One-sided) कारणात्मक सम्बन्ध (Causal Relationship) को लोगों ने तार्किक एवं तथ्यपूर्ण दोष (Logical and Factual Fallacy) की संज्ञा दी है।

मार्क्स ने आर्थिक कारक (Economic Factor) को प्राथमिक कारक (Primary Factor) माना है। चूँकि प्राथमिक कारक का अर्थ कभी एकमात्र कारक (Single or only Factor) नहीं होता है, इसलिए प्राथमिक कारक को शत-प्रतिशत अंक नहीं दिये जा सकते हैं। ज़्यादा-से-ज़्यादा प्राथमिक कारक को 90 प्रतिशत अंक प्रदान किये जा सकते हैं। यदि आर्थिक कारक सामाजिक संरचना को 90 प्रतिशत तक प्रभावित करता है, तो कुछ ऐसे भी कारक हैं, जो शेष 10 प्रतिशत के अन्तर्गत माने जायेंगे। न मार्क्स, न ही ऐंगल्ज और न ही उनके अनुयायी आज तक यह बता पाये हैं कि उस 10 प्रतिशत में कौन-कौन-से निर्धारक कारक शामिल हैं।

मार्क्स ने भौगोलिक एवं जैविक कारकों को पूरी तरह नकार दिया है। व्यक्ति के अपने अनुभवों, जैविक गुणों, धार्मिक विश्वासों की अपनी भूमिका होती है, लेकिन उन्होंने व्यक्तियों को सिर्फ एक आर्थिक प्राणी (Economic Creature) के रूप में देखने का प्रयास किया है। यह सही नहीं है। मानव का सम्बन्ध सिर्फ पेट-भर रोटी से है, इस विचार को शायद ही कोई आज स्वीकार करने के लिए तैयार है।

मार्क्स को समस्त मानव इतिहास में सिर्फ संघर्ष-ही-संघर्ष दिखाई पड़ा। उन्हें कभी समाज में समझौता, सहयोग और शान्ति दिखाई नहीं पड़ी। यदि मानव इतिहास में सिर्फ संघर्ष-ही-संघर्ष रहता, तो कभी भी संघीय सरकार या

15. "The mode of production determines the general character of the social, political and spiritual processes of life." (P.A. Sorokin, 1978: 527).

अन्तर्राष्ट्रीय स्तर के संघों की स्थापना नहीं होती। मानव-समाज अपने में लड़कर मर-कट जाता और वर्तमान सभ्यता कभी भी इस रूप में दिखाई नहीं पड़ती।

मार्क्स ने वर्ग-संघर्ष की विचारधारा को आर्थिक कारकों से जोड़कर ऐतिहासिक तथ्यों को झुठलाया है। इतिहास इस बात का गवाह है कि समाज में संघर्षों का आधार प्रजाति, राष्ट्रीयता और धार्मिक विश्वास भी है।

मार्क्स के वर्ग की अवधारणा में सोरोकिन को काफी दोष दिखाई देता है। जैसे मार्क्स ने वर्ग के अन्तर्गत कहीं समाज में पाये जाने वाले बहुत तरह के विभाजन के आधार, जैसे– जाति, पेशा एवं राजनीतिक स्थिति को समेट कर रख दिया है, तो कहीं उन्होंने वर्ग को सिर्फ आर्थिक आधार पर ही देखने का क़ष्ट किया है। मार्क्स की पुस्तक **दास कैपिटल (Das Capital)** के तीसरे खण्ड का अन्त वर्ग-विश्लेषण से होता है, लेकिन वह कुछ कारणों से अधूरा ही रह जाता है, जिसे मार्क्स ने किसी कारणवश कभी पूरा नहीं किया। चूँकि मार्क्स की वर्ग की अवधारणा ही अपूर्ण है, इसीलिए उनके वर्ग-संघर्ष-सिद्धान्त में काफी अनिश्चितताएँ हैं। मार्क्स के बहुत सारे अनुयायियों ने वर्ग की अवधारणा को स्पष्ट करने की कोशिश की है, पर विद्वानों ने एक-दूसरे के विरोधी विचार को प्रकट कर इसे और पेचीदा बना दिया है। इतना ही नहीं, **सर्वहारा (Proletariat), बूर्जुआ (Bourgeoisie)** आदि शब्दों को ठीक से परिभाषित नहीं किया गया है। ऐसी स्थिति में मार्क्स के वर्ग-संघर्ष-सिद्धान्त को अपूर्ण, अवैज्ञानिक एवं विरोधाभास से भरा कहा जाना ग़लत नहीं होगा।

सोरोकिन ने मार्क्स के सिद्धान्तों के बारे में संक्षेप में कहा है कि "...उनके सिद्धान्त में कुछ ऐसी चीज नहीं है, जिसे पूर्व में किसी ने नहीं कहा हो। दूसरा, इसमें मौलिक बात इतनी है कि यह पूरी तरह अवैज्ञानिक है। तीसरा, इस सिद्धान्त में एक ही गुण है कि जो बातें मार्क्स से पूर्व में कही हैं उन्हीं बातों पर थोड़ा ज़ोर देकर अतिशयोक्तिपूर्ण ढंग से सामान्यीकरण किया गया है।"[16]

सोरोकिन ने बौद्धिक रूप से मार्क्स और लेनिन के योगदान को मध्यम से निम्नस्तर का बताया है। उन्होंने आगे स्पष्ट कहा है कि "ऐसा कोई कारण नहीं जिसके चलते उनके इस वैज्ञानिक योगदान को औसत दर्जे से थोड़ा ऊपर भी स्वीकार किया जाय।"[17]

लुडविग गम्पलोविक्च (Ludwig Gumplowicz) का विचार

गम्पलोविक्च एक ऐसे समाजशास्त्री थे, जो डॉर्विन एवं स्पेंसर के **योग्यतम की उत्तरजीविता (Survival of the fittest)** के विचार में कुछ ज़्यादा ही विश्वास रखते थे। गम्पलोविक्च ने कहा है कि मनुष्य अक्सर झुण्डों/गिरोहों (Hordes) में रहा करता था और गिरोहों का मुख्य आधार धर्म, भाषा, पेशा, रहन-सहन और स्वार्थ की समानता थी। मनुष्यों का यह समूह अपने से भिन्न किस्म के समूहों से झगड़ा किया करता था।

गम्पलोविक्च का यह विचार कार्ल मार्क्स के इस विचार से बिलकुल मिलता-जुलता है कि "अभी तक के सभी समाजों का इतिहास वर्ग संघर्षों का इतिहास रहा है।" (The history of all hitherto existing society is the history of class struggle.) मार्क्स की तरह उन्होंने समाज में आदि से अन्त तक संघर्ष-ही-संघर्ष देखा। सोरोकिन ने गम्पलोविक्च के इस **समूह-संघर्ष (Group Conflict)** सिद्धान्त को स्पष्ट करने के लिए उनके सिद्धान्त के चार मूलभूत कारणों की चर्चा की है, जो इस प्रकार हैं– (1) मानव जाति की उत्पत्ति प्रारम्भ से छोटे-छोटे घुमक्कड़ गिरोहों

---

16. ''...there is nothing in their theory that was not said by earlier authors; second, what is really original is far from being scientific; third, the only merit of the theory is that it in a somewhat stronger and exaggerated form generalized the ideas given before the time of Marx.'' (Pitirim A. Sorokin, 1978: 545).
17. "There is no reason even for regarding their scientific contributions as something above the average." (P.A. Sorokin, 1978: 545).

से हुई है **(The Theory of Polygenesis)**, (2) मनुष्य के जत्थों के बीच में घृणा व द्वेष की भावना पायी जाती थी, जिसके कारण आपस में वे लोग लड़ते रहते थे, (3) मनुष्यों के जत्थों के बीच संघर्ष होने से समूह के आकार में वृद्धि हुई, क्योंकि जीता हुआ झुण्ड हारे हुए झुण्ड को अपने में मिला लेता था, एवं (4) विजयी समूह हारे हुए लोगों को अपनी प्रजा या दास बनाकर उसका शोषण करता था। यहाँ यह भी उल्लेखनीय है कि गम्पलोविक्च का समूह से तात्पर्य प्रजातीय समूह (Racial Groups) से या समुदाय से था, किसी और प्रकार के सामाजिक समूहों से नहीं।

सोरोकिन (1978) ने आगे बताया है कि मनुष्य के झुण्डों के बीच संघर्ष की प्रक्रिया से राज्य (State), कानून (Law) एवं सामाजिक स्तरण (Social Stratification) की उत्पत्ति हुई है। विजयी समूह (Victorious Group) ने विजित समूह (Vanquished Group) पर शासन करने के लिए राज्य का निर्माण किया, जहाँ विजयी लोग शासक हुए तथा विजित शासित समूह। विजित समूह पर सुचारु रूप से शासन एवं उसके शोषण के लिए कानून का निर्माण किया गया। चूँकि शासक लोगों ने अपने-आपको समाज के सबसे ऊपरी स्तर पर रखा, इससे समाज में स्तरण (Stratification) एवं असमानता (Inequality) की उत्पत्ति हुई।

गम्पलोविक्च के सिद्धान्त में कई दोष हैं, जिसकी संक्षेप में यहाँ चर्चा की जा रही है। बहुत-से इतिहासकारों के लिए यह स्वीकार करना कठिन है कि समाज में परिवर्तन का मुख्य स्रोत संघर्ष रहा है। हॉबहाउस (Hobhouse), ह्वीलर (Wheeler) एवं गिन्जबर्ग (Ginsberg) जैसे समाजशास्त्रियों ने 298 प्राचीन समाजों का अध्ययन किया, जिनमें 9 ऐसे समाज थे, जहाँ युद्ध की बात न तो कभी किसी ने सुनी और न ही युद्ध की स्थिति कभी महसूस की और 57 ऐसे समाज थे, जहाँ लड़ाई के बाद कैदियों का हस्तान्तरण हुआ करता था। इन तथ्यों को देखने से ऐसा लगता है कि विजित और विजयी मनुष्य के झुण्डों से राज्य, कानून एवं सामाजिक स्तरण की उत्पत्ति हुई, जैसा कि गम्पलोविक्च ने दलील पेश की है, पर यह सन्देहजनक है।

गम्पलोविक्च का यह विचार कि मनुष्यों के झुण्डों के बीच शत्रुता की भावना पायी जाती है, यह भी सन्देहास्पद है। उन्होंने समाज में पाये जाने वाले संघर्ष की बात को बढ़ा-चढ़ाकर कहा है। सोरोकिन ने कहा है कि यदि समाज में संघर्ष-ही-संघर्ष होता, तो समाज कब का समाप्त हो गया होता। तथ्य तो यह देखने को मिलता है कि मध्यकालीन एवं आधुनिक समाज की तुलना में प्राचीन समाज में संघर्ष कम हुआ करते थे।

रैल्फ डारेनडॉफ (Ralf Dahrendorf) का विचार

कार्ल मार्क्स की तरह जर्मन समाजशास्त्री डारेनडॉफ (Ralf Dahrendorf) ने अपनी पुस्तक **'Class and Class Conflict in Industrial Society'** में संघर्ष-सिद्धान्त को समर्थन दिया है। पर वे मार्क्स एवं वेबर के विचारों के साथ-साथ उन्नीसवीं सदी के **शास्त्रीय उदारवादी सिद्धान्तों (Classical Liberalism)** से भी काफी प्रभावित थे। उनके विचार न तो ज़्यादा मार्क्सवादी हैं और न ही ज़्यादा प्रकार्यवादी।

डारेनडॉफ का मानना है कि हर एक सामाजिक व्यवस्था का आधार **शक्ति का सोपानक्रम (Hierarchies of Power)** होता है। समाज का शक्तिशाली व्यक्ति अपने से कमजोर व्यक्ति को दबाता रहता है। वह लोगों को सामाजिक नियमों एवं कानूनों में बाँधकर समाज में **अनुरूपता एवं एकमतता (Conformity and Consensus)** पैदा करता है, अर्थात् समाज में अनुरूपता एवं एकमतता स्वाभाविक रूप से पैदा नहीं होती, बल्कि उसे उत्पीड़न (Coercion) से पैदा की जाती है।

डारेनडॉफ के अनुसार **शक्ति और सत्ता (Power and Authority)** प्रत्येक समाज की प्रमुख विशेषता है। इसके अभाव में हम किसी भी समाज की कल्पना नहीं कर सकते हैं। यह सामाजिक संरचना के निर्माण की आवश्यक शर्तों में से हैं, इसलिए इसे सामाजिक व्यवस्था की **प्रकार्यात्मक पूर्वशर्तें (Functional Pre-requisites)** भी कहा

जाता है। पर सत्ता का बँटवारा समाज के लोगों के बीच समान रूप से कभी नहीं होता है। सत्ता का वितरण हमेशा असन्तुलित ढंग से होता है। चूँकि हर कोई सत्ता को अधिक-से-अधिक हथियाना चाहता है, इसलिए समाज में संघर्ष होता है। मार्क्स की तरह डारेनडॉफ भी संघर्ष के सिद्धान्त को स्वीकार करते हैं, पर मार्क्स के विचारों के विपरीत उनके संघर्ष का आधार आर्थिक न होकर राजनीतिक है। संघर्ष का कारण आर्थिक शोषण न होकर सत्ता के द्वारा व्यक्तिगत स्वार्थ की पूर्ति है। उनका यह विचार **उत्पीड़न का सिद्धान्त (Theory of Coercion)** पर आधारित है।

डारेनडॉफ के अनुसार हर सामाजिक संरचना में संघर्ष का बीज छिपा होता है, जो उसमें परिवर्तन की प्रक्रिया को निरन्तर चलायमान रखती है। मार्क्स की आर्थिक संरचना या मौलिक संरचना (Infra-structure) की जगह डारेनडॉफ ने **सत्ता-संरचना (Authority Structure)** की चर्चा की है। सत्ता-संरचना में मुख्यत: दो हिस्से होते हैं– **शासन (Domination) एवं दमन (Subjection)। सत्ता-सम्बन्ध (Authority-relations)** के अन्तर्गत शासक-वर्ग शासित-वर्ग के व्यवहारों को आदेश, चेतावनी एवं निषेधों (Prohibitions) के द्वारा नियन्त्रित करते हैं। जब शासक-वर्ग सत्ता का काफी दुरुपयोग करता है, तो संघर्ष की प्रक्रिया स्वत: शुरू हो जाती है।

चूँकि मनुष्य के विभिन्न स्वार्थों की पूर्ति सत्ता पर आधारित है, इसलिए सत्ता के लिए संघर्ष एक ऐसी प्रक्रिया है, जिसे हम चाहकर भी समाज से समाप्त नहीं कर सकते। सत्ता का समाज में समान बँटवारा कभी भी सम्भव नहीं है। अत: संघर्ष एक अनिवार्य एवं सर्वव्यापी प्रक्रिया है। स्वाभाविक रूप से परिवर्तन भी एक सर्वव्यापी प्रक्रिया है। समाज में सभी परिवर्तन संघर्ष के द्वारा सम्भव हो पाते हैं। मार्क्स का आर्थिक कारण बहुत-से कारणों में से एक है। मार्क्स का आर्थिक कारक संघर्ष की सम्पूर्ण कहानी नहीं बन सकता है। डारेनडॉफ ने बताया है कि संघर्ष को निर्देशित एवं संस्थाकृत (Channelize and institutionalize) किया जा सकता है, पर संघर्ष को समाज से अलग नहीं किया जा सकता है। डारेनडॉफ का यह सिद्धान्त पार्सन्स और अन्य प्रकार्यवादी विचारकों के **अखिल एकमतता (Pan-consensus)** की विचारधारा का विरोधी है। डारेनडॉफ प्रकार्यवादियों के **सन्तुलन प्रारूप (Equilibrium Model)** और **नियामक एकमतता (Normative Consensus)** की बातों का खण्डन करते हैं। उनका मानना है कि **सन्तुलन (Equilibrium)** और **एकमतता (Consensus)** समाज में उत्पीड़न से ही पैदा होते हैं। यह कोई स्वाभाविक सहयोगी अवस्था नहीं है।

जैसा कि उल्लेख किया जा चुका है कि संघर्ष को सामाजिक जीवन से सदा के लिए अलग कर देना असम्भव है, क्योंकि किसी भी सामाजिक संगठन की सत्ता-संरचना में सत्ता के असमान बँटवारे के परिणामस्वरूप विरोधी हित-समूहों का निर्माण होना एक स्वाभाविक घटना है। कहा जाता है कि संघर्ष को न तो निरंकुश राजा और न ही दार्शनिक राजा सदा के लिए समाप्त कर सकते हैं। डारेनडॉफ के ही शब्दों में– "संघर्ष की मूल मान्यता यह है कि इसे अस्थायी रूप से दमित, नियमित, नियन्त्रित और दिशा प्रदान की जा सकती है, लेकिन संघर्ष को न तो निरंकुश राजा और न ही दार्शनिक राजा सदा के लिए समाप्त कर सकते हैं।"[18]

संक्षेप में, सत्ता का असमान वितरण ही संघर्ष की प्रक्रिया का मौलिक स्रोत है। वर्ग-संघर्ष (Class Struggle) से होने वाला परिवर्तन भी मूलत: **सत्ता-व्यवस्था (Authority System)** में होने वाला परिवर्तन ही है। सत्ता की संरचना में परिवर्तन उन लोगों को हटाने से होता है, जो शासन (Dominance) की स्थिति में है या शासन के केन्द्र में हैं।

उपर्युक्त विवेचना से स्पष्ट है कि कार्ल मार्क्स की तरह ही डारेनडॉफ ने समाज में निहित संघर्ष एवं परिवर्तन की व्यापकता को स्वीकारते हुए वर्ग-संघर्ष को सामाजिक परिवर्तन का मुख्य स्रोत माना है। मार्क्स ने जहाँ वर्ग-संघर्ष को आर्थिक-परिधि में घूमते देखा, वहीं डारेनडॉफ ने इसे सत्ता-परिधि में घूमते देखा।

---

18. "The underlying assumption is that conflict can be temporarily suppressed, regulated, channelled and controlled, but that neither a philosopher-king nor a modern dictator can abolish it once and for all."— Ralf Dahrendorf, **Class and Class Conflict in Industrial Society**, Stanford University Press, Standford, California, 1959.

लूइस ए. कोसर (Lewis A. Coser) का विचार

कोसर एक ऐसे अमरीकी समाजशास्त्री हैं, जिनके विचारों में प्रकार्यवाद (Functionalism) एवं संघर्ष (Conflict) सम्बन्धी दोनों सिद्धान्तों के तत्त्व मौजूद हैं। इसलिए टर्नर (Turner, 1995) ने उन्हें **संघर्षमूलक प्रकार्यवादी (Conflict Functionalist)** कहा है। कोसर ने अपनी पुस्तक **The Functions of Social Conflict** (1956) में डारेनडॉफ एवं पार्सन्स का काफी विरोध किया है। उन्होंने बताया है कि डारेनडॉफ ने अन्य संघर्ष-विचारकों की तरह संघर्ष को मात्र विघटनकारी प्रक्रिया के रूप में लिया है, तो पार्सन्स ने समाज में मात्र सन्तुलन (Equilibrium) ही देखा। पार्सन्स का प्रकार्यवादी सिद्धान्त संघर्ष को जान-बूझकर नज़रअन्दाज करता है।

प्रकार्यवादियों ने डर्कहाइम से लेकर पार्सन्स तक विचलन एवं विरोध (Deviance and Dissent) को सामाजिक व्यवस्था में सन्तुलन के लिए नैदानिक स्थिति (Pathological Condition) के रूप में लिया है, अर्थात् संघर्ष को लोगों ने दुष्प्रकार्य (Dysfunction) के रूप में लिया है। यह यथार्थ का एकतरफा चित्रण है। संघर्ष सामाजिक व्यवस्था का एक प्रकार्यवादी यथार्थ है, इसे झुठलाया नहीं जा सकता है। कोसर ने बताया है कि सामाजिक संघर्ष का सकारात्मक पहलू कोई कम महत्त्वपूर्ण नहीं है। जैसे भारत में आज़ादी की लड़ाई ने विभिन्न जाति, समुदाय, धर्म एवं प्रदेश के लोगों को एक सूत्र में बाँधने का काम किया। संघर्ष हमेशा समाज के लिए हानिकारक ही नहीं होता है। कोसर ने यह भी कहा है कि मार्क्स एवं डारेनडॉफ ने संघर्ष के **विध्वंसात्मक परिणाम (Disruptive Consequences)** पर कुछ ज्यादा ही ज़ोर दे दिया, जो उचित नहीं है।

कोसर ने अपने सिद्धान्त में सामाजिक संघर्ष के प्रकार्यात्मक पहलुओं पर प्रकाश डालने का प्रयास किया है। सामाजिक संघर्ष के मुख्यत: दो परिणाम होते हैं– संगठनात्मक एवं विघटनात्मक परिणाम। संगठनात्मक या सकारात्मक (Positive) परिणाम उस समय देखने को मिलते हैं जब संघर्षरत दो विरोधी समूहों की आस्था समाज के आधारभूत मूल्यों में एक जैसी होती है। दूसरी ओर, सामाजिक संघर्ष के विघटनात्मक या नकारात्मक (Negative) परिणाम उस समय उत्पन्न होते हैं जब दो विरोधी समूहों की आस्था समाज के आधारभूत मूल्यों के विपरीत होती है। ऐसे समूह एक-दूसरे के अस्तित्व को मिटाने का हर सम्भव प्रयास करते हैं। इससे समाज को आर्थिक हानि के साथ ही अराजकता एवं अशान्ति का सामना करना पड़ता है। इसके बावजूद, कोसर (Coser, 1956) का मानना है कि "संघर्ष आवश्यक रूप से दुष्प्रकार्यात्मक (Dysfunctional) कभी नहीं है, बल्कि समूह के निर्माण तथा स्थायित्व के लिए कुछ मात्रा में संघर्ष एक नितान्त आवश्यक तत्त्व है।"[19]

कोसर के उपर्युक्त विचार से यह स्पष्ट होता है कि संघर्ष सदा विघटनकारी ही नहीं, बल्कि संगठनात्मक भी होता है। सामाजिक संघर्ष से कभी समाज में परिवर्तन आता है, तो कभी विभिन्न अंगों के पारस्परिक सम्बन्धों में वृद्धि होती है। दूसरे शब्दों में, सामाजिक संघर्ष से परिस्थितियों के अनुसार सामाजिक परिवर्तन (Social Change) एवं सामाजिक नियन्त्रण (Social Control) दोनों ही होता है।

वस्तुत: कोसर की अभिरुचि संघर्ष के सामाजिक प्रकार्यों में ही है। जॉर्ज जिमेल (Georg Simmel) की भाँति ही कोसर ने यह समझाने का प्रयास किया है कि किस तरह संघर्ष नयी खोज (Innovation) एवं रचनात्मक कार्यों (Creative Works) को प्रेरित कर सामाजिक व्यवस्था को गतिशील (Dynamic) बनाये रखती है। संघर्ष की प्रक्रिया नये आदर्श-नियमों की स्थापना एवं व्यक्तियों के असंतोष को दूर करने में सहायता पहुँचाती है। बाह्य-समूह (Out- group) से संघर्ष होने पर अन्त:समूह (In-group) के सदस्यों के बीच एकता बढ़ जाती है। प्रतिस्पर्धा (Competition) जो कि संघर्ष का ही एक स्वरूप है, सामाजिक एवं आर्थिक व्यवस्था में प्रगति का मार्ग प्रशस्त करती है। इससे नि:सन्देह सामाजिक व्यवस्था में अनुकूलन की क्षमता बढ़ जाती है। लोगों को तत्त्व और निराशा से भी बहुत राहत मिलती है।

---

19. "Far from being necessarily dysfunctional, a certain degree of conflict is an essential element in group formation and the persistence of group."— Lewis A. Coser, **The Functions of Social Conflict**, Free Press, New York, 1956.

अन्य संघर्ष-विचारकों की विचारधारा के विपरीत कोसर ने बताया है कि संघर्ष का मुख्य कारण **'स्वार्थों के टकराव' (Conflict of Interests)** है। स्वार्थ का स्वरूप आर्थिक, सामाजिक, राजनीतिक आदि कुछ भी हो सकता है। इस तथ्य को स्पष्ट करते हुए कोसर ने बताया है कि जब कोई दबा हुआ व्यक्ति अपनी वर्तमान स्थिति के प्रति जागरूक हो जाता है और यह सोचने के लिए विवश हो जाता है कि अन्याय करने वाले शासक-वर्ग या कोई अन्य सामाजिक समूह का विरोध किया जाना चाहिए तो संघर्ष शुरू हो जाता है।

किसी भी सामाजिक व्यवस्था (Social Order) का आधार सर्वसम्मति (Consensus) है। जब हर एक व्यक्ति अपने स्वार्थ या हितों के प्रति समान रूप से जागरूक हो जाता है, तो सामाजिक सौहार्द में कमी आ जाती है। समाज में संघर्ष की स्थिति उत्पन्न हो जाती है। जब तक शासित व्यक्ति अन्याय या शोषण को वैध (Legitimate) मानता है, तब तक समाज में स्थिरता रहती है और जब वैधता में कमी आती है, तो संघर्ष उत्पन्न हो जाता है।

टर्नर (1995) ने कहा है कि कोसर का संघर्ष-विचार (Conflict Theory) काफी लोकप्रिय है, क्योंकि उन्होंने प्रकार्यवाद (Functionalism) एवं संघर्षवाद (Conflict) के सिद्धान्त के बीच सन्तुलन या समन्वय की स्थिति प्रदान की है। कोसर ने खुद कहा है कि उन्होंने दोनों सिद्धान्तों में सुधार (Corrections) करने की कोशिश की है। कोसर ने अपने विचारों से मार्क्स के **द्वन्द्वात्मक संघर्ष (Dialectical Conflict)** एवं डारेनडॉफ के संघर्ष-सिद्धान्त (Conflict Theory) को सन्तुलित किया है। वे पहले प्रकार्यवादी समाजशास्त्री हैं, जिन्होंने यह बताने की कोशिश की है कि संघर्ष समाज की व्यवस्था के लिए हानिकारक होते हुए भी कभी-कभी सुरक्षा-कपाट (Safety Valve) का काम करता है, जिससे वर्तमान सामाजिक व्यवस्था को बने रहने में सुविधा होती है। उनके विचार से यह भी स्पष्ट होता है कि सामाजिक संघर्ष के यथार्थ को झुठलाया नहीं जा सकता। परिणाम चाहे जो भी हो, संघर्ष एक विश्वव्यापी यथार्थ है।

संक्षेप में, कोसर ने सामाजिक संघर्ष के सकारात्मक प्रकार्यों (Positive Functions) पर अधिक बल दिया है। संघर्ष के प्रकार्य वस्तुतः दूरगामी प्रभाव डालने वाले होते हैं। इससें सामाजिक संरचना में सामाजिक संगठन एवं विघटन दोनों तरह की प्रक्रियाएँ कार्यरत रहती हैं।

एक आलोचनात्मक दृष्टिकोण (A Critical Perspective)

संघर्षवादी सिद्धान्त के समर्थक यह बहस करते हैं कि समाज में परिवर्तन संघर्ष के द्वारा ही आता है, क्योंकि संघर्ष में व्यवस्था के लिए विरोध छिपा होता है। ऊपर से देखने में तो ऐसा लगता है कि यह विचार बिलकुल सही है, क्योंकि जब समाज के विभिन्न अंगों के बीच पारस्परिक सम्बन्ध सामंजस्य या सौहार्दपूर्ण होगा, तो परिवर्तन की कोई गुजांइश नहीं होगी। सामाजिक व्यवस्था के विभिन्न अंगों के सम्बन्ध अच्छे रहने पर परिवर्तन के लिए किसी भी ओर से दबाव नहीं पड़ता है, इसलिए सहज भाव से लोग यह स्वीकार कर लेते हैं कि सामाजिक परिवर्तन संघर्ष के ही द्वारा आता है। दूसरे सभी सिद्धान्त सामाजिक परिवर्तन को बहुत स्पष्ट नहीं कर पाते, लेकिन यथार्थ कुछ भिन्न है। संघर्षवादियों ने जिस संघर्ष की चर्चा की है, उसे हम **संरचनात्मक संघर्ष (Structural Conflict)** कहते हैं। वे छिटपुट संघर्ष (Sporadic Conflict) की बात नहीं करते। संघर्षवादियों के विचार से समाज दो या दो से अधिक विरोधी खेमों में हमेशा के लिए बँटे होते हैं और वे अपने स्वार्थ की पूर्ति के लिए एक-दूसरे से संघर्ष करते रहते हैं। परसी कोएन (Percy S. Cohen, 1979) का कहना है कि जब समाज में सिर्फ संघर्ष की स्थिति होगी, तो परिवर्तन की कोई गुंजाइश ही नहीं है। जैसे, उद्योगों में भी जब मज़दूरों एवं मालिकों के बीच हमेशा संघर्ष होगा, तो परिवर्तन की कोई सम्भावना नहीं होगी। संघर्ष या तनाव से परिवर्तन के सारे दरवाज़े बन्द हो जाते हैं। परिवर्तन तो तब होता है जब दो विरोधी खेमों के लोग आपस में मिलकर कोई बीच का रास्ता निकालते हैं। इसलिए कोएन ने कहा है कि परिवर्तन द्वन्द्व से नहीं, बल्कि समझौता (Arbitration) से आता है। उन्होंने स्पष्ट शब्दों में कहा है कि द्वन्द्व से विरोध उत्पन्न होता है,

परिवर्तन का रास्ता नहीं खुलता है। उन्हीं के शब्दों में (Cohen, 1979: 184), "यहाँ सरल अभिप्राय यह है कि संघर्ष गतिरोध पैदा कर सकता है, परिवर्तन नहीं।" (Simple point is that conflict may lead to impasse not to change.)

द्वन्द्व से समाज में सिर्फ परिवर्तन एवं विकास की गति ही अवरुद्ध होती है। जिस समाज के अन्तर्गत क्षेत्रीयता, प्रजाति या जाति, धर्म और भाषा के आधार पर काफी विभाजन है और उससे जुड़े संघर्ष या द्वन्द्व मौजूद हैं, तो उस समाज का विकास सम्भव नहीं है। विकास के लिए शान्ति, सहयोग और लोगों के बीच आपसी मेल-जोल नितान्त आवश्यक है, इसलिए मात्र संघर्ष को सामाजिक परिवर्तन का स्रोत या कारण नहीं माना जा सकता है।

दुनिया में ऐसा कोई भी समाज नहीं है, जहाँ संघर्ष नहीं है। यह मुख्य रूप से हर जगह पाया जाता है। कुछ लोगों का मानना है कि परिवर्तन साधारण संघर्ष से नहीं, बल्कि संघर्ष की उग्रता (Intensification of Conflict) से आता है। अमरीका के नीग्रो के जीवन में जो परिवर्तन आया है, वह गोरे लोगों के साधारण विरोध से नहीं आया है, बल्कि नीग्रो (Negro) और गोरे लोगों (White) के बीच संघर्ष की तीव्रता से आया है। यहाँ यह भी उल्लेखनीय है कि नीग्रो के जीवन में जो परिवर्तन आया है, वह गोरे और नीग्रो के बीच संघर्ष की तीव्रता मात्र से ही नहीं आया है, क्योंकि उसमें विभिन्न किस्म के आर्थिक और सामाजिक विकास की भी भूमिका कम नहीं रही है।

जब कोई परिवर्तन साधारण संघर्ष से नहीं आता, तो लोग क्रान्ति (Revolution) का रास्ता अपनाते हैं। लेकिन ऐसा देखा गया है कि कभी-कभी क्रान्ति से भी सामाजिक परिवर्तन नहीं आता है, क्योंकि हर क्रान्ति के विरोध में प्रतिक्रियाएँ होती हैं। कभी-कभी विरोधी क्रान्ति के द्वारा संघर्ष को ही जड़ से उखाड़ फेंकने की कोशिश की जाती है। क्रान्ति से समाज में नयी व्यवस्था उत्पन्न हो सकती है, पर सामाजिक परिवर्तन होना कोई आवश्यक नहीं है। जब तक क्रान्ति को वैधता (Legitimacy) नहीं मिलती तब तक परिवर्तन नहीं आता है, अर्थात् परिवर्तन वैधता एवं एकमतता (Consensus) से आता है, मात्र क्रान्ति से सामाजिक परिवर्तन नहीं आता है।

REFERENCES

Aron, Raymond, **Main Currents in Sociological Thought**, Vol. 1, London: Penguin Books, 1976.

Bierstedt, Robert, **The Social Order**, New Delhi: Tata McGraw-Hill, 1970.

Bottomore, T.B. and Rubel, M. (Eds.), **Karl Marx: Selected Writings in Sociology and Social Philosophy**, Harmondworth, London: Penguin Books, 1963.

Cohen, Percy S., **Modern Social Theory**, London: Heinemann Educational Books Ltd., 1979.

Cole, Stephen, **The Sociological Orientation**, Chicago: Rand McNally College Publishing Co., 1975.

Comte, Auguste, **Positive Polity**, London: Bell and Sons, (Translated by H. Martineau), 1896.

——, **Positive Philosophy** (Translated by H. Martineau), London: Bell and Sons, 1913.

Coser, Lewis A., **The Functions of Social Conflict**, New York: Free Press, 1956.

——, **Masters of Sociological Thought**, New Delhi: Rawat Publications, 1996.

Dahrendorf, Ralf, **Class and Class Conflict in Industrial Society**, California: Stanford University Press, 1959.

Durkheim, Emile, **The Division of Labor in Society**, New York: The Free Press, 1947.

Giddens, Anthony, **Sociology**, Cambridge: Polity Press, 1993.

Martindale, Don, **The Nature and Types of Sociological Theory**, Boston: Houghton Mifflin Company, 1960.

Marshall, Gordon, **Oxford Dictionary of Sociology**, Oxford: Oxford University Press, 1998.

Marx, Karl and Engels, Friedrich, **The German Ideology**, New York: International Publishers, 1930.

——, **Grundrisse**, London: Penguin, 1973.

Morgan, L.H., **Systems of Consanguinity and Affinity**, Washington, DC, 1870.

——, **Ancient Society**, New York, 1877.

Nisbet, Robert, A., **Social Change and History**, New York: Oxford University Press, 1969.

Osipova, Elena, 'The Sociological System of Vilfredo Pareto' in I S Kon (Ed.), **A History of Classical Sociology**, Moscow: Progress Publishers, 1989: 312–336.

Pareto, Vilfredo, **The Mind and Society** (edited by Aurthur Livingston), Vol. 3, Parsons, Talcott, 'Evolutionary Universals in Society', **American Sociological Review**, 29, 1964.

——, **Societies: Evolutionary and Comparative**, Englewood Cliffs, New Jersey: Prentice-Hall, 1966.

Sorokin, P.A., **Social and Cultural Dynamics (4 Vols.)**, New York: American Book Company, 1937–41.

——, **Contemporary Sociological Theories**, New Delhi: Kalyani Publishers, 1978.

Spencer, Herbert, **Principles of Sociology**, New York: Appleton and Company, 1914.

Spengler, Oswald J., **Decline of the West (trans. by C.F. Atkinson)**, New York: Alfred A Knoff, 1926.

Timasheff, Nicholas, S., **Sociological Theory**, New York: Random House, 1967.

Toynbee, Arnold J., **A Study of History (10 Vols.)**, New York: Oxford University Press, 1934–63.

Turner, Jonathan H., **The Structure of Sociological Theory,** Jaipur: Rawat Publications, 1995.

Weber, Max, **The Protestant Ethic and the Spirit of Capitalism**, New York: Charles Schibner's Sons, 1958.

Zeitlin, Irving M., **The Social Condition of Humanity**, New York: Oxford University Press, 1981.

17

अनुरूपता एवं विसामान्यता
(Conformity and Deviance)

व्यक्तियों के व्यवहार को मुख्य रूप से दो भागों में विभक्त किया जा सकता है। किसी व्यक्ति का व्यवहार प्रचलित सामाजिक मानदण्डों के अनुरूप हो सकता है या प्रतिकूल, परन्तु ऐसी स्थिति कम देखने को मिलती है जब यह निर्णय करना कठिन हो जाता है कि कौन-सा व्यवहार अनुरूपता का उदाहरण है, तो कौन विसामान्यता का। चूँकि दोनों अवधारणाएँ एक ही सिक्के के दो पहलू हैं और दोनों सापेक्ष अर्थ के हैं, इसलिए अनुरूपता के आधार पर हम विसामान्यता को परिभाषित करते हैं और विसामान्यता के आधार पर अनुरूपता को। दोनों अवधारणाओं को स्वतन्त्र रूप से स्पष्ट करना एक कठिन काम है। अतः हम उसे साथ-साथ स्पष्ट करने की कोशिश कर रहे हैं।

अनुरूपता और विसामान्यता के बीच एक किस्म की अनवरतता (Continuum) की स्थिति होती है। कोई व्यवहार कब अनुरूपता से विसामान्य हो जाता है, समाजशास्त्रियों के लिए इसे वस्तुनिष्ठ ढँग से स्पष्ट करना कठिन काम है। मोटे तौर पर अधिकांश समाजशास्त्री यही कहते हैं कि जब कोई व्यवहार सामाजिक मानदण्ड से विचलित हो जाता है, तो उसे विचलन या विसामान्यता कहते हैं और जब वह नियमों के अनुरूप होता है, तो अनुरूपता कहते हैं। पर यहाँ अनुरूपता एवं विचलन में मात्रा (Degree) का भी प्रश्न है। कोई व्यवहार मानदण्ड से कितना दूर हो कि उसे विचलन कहा जाये या कोई व्यवहार मानदण्ड के कितना अनुरूप हो कि उसे आदर्श व्यवहार कहा जाय, यह एक कठिन प्रश्न है। इन सीमाओं को ध्यान में रखकर ही उन दोनों अवधारणाओं को परिभाषित करने की आवश्यकता है।

सच कहा जाये तो अनुरूपता और विसामान्यता की कोई सर्वमान्य परिभाषा नहीं हो सकती है। ये दोनों सापेक्ष अवधारणाएँ हैं। जो एक समाज के लिए अनुरूपता है वही दूसरे समाज के लिए विसामान्यता, जैसे– भारत में हिन्दुओं के द्वारा हरे कृष्णा आन्दोलन का समर्थन अनुरूपता का व्यवहार है, तो पाश्चात्य लोगों के द्वारा इसका अनुसरण करना एक विसामान्य व्यवहार माना जाता है। उसी तरह गाँजा और भांग का सेवन करना भारत में कोई विसामान्य व्यवहार नहीं माना जाता है, लेकिन पाश्चात्य देशों में इसका सेवन पूरी तरह वर्जित है। जो लोग इसका सेवन करते हैं वे विसामान्य व्यक्ति माने जाते हैं। अनुरूपता एवं विसामान्यता की सर्वव्यापी परिभाषा की कमी के पीछे मुख्य कठिनाई यह है कि प्रत्येक समाज के अलग-अलग मानदण्ड और मूल्य (Norms and Values) होते हैं, जिसके आधार पर अनुरूपता या विसामान्यता को परिभाषित किया जाता है। यही कारण है कि ब्रिटेन में भाँग खाना, गाँजा पीना विसामान्य व्यवहार है, तो शराब पीना एक सामान्य व्यवहार। भारतीय स्थिति इस अर्थ में थोड़ी उल्टी है कि यहाँ गाँजा और भांग का सेवन करना सामान्य व्यवहार माना जाता है और मद्यपान काफी हद तक एक विसामान्य व्यवहार।

उपर्युक्त सीमाओं के बावजूद जॉनसन ने अनुरूपता को निम्नलिखित ढंग से परिभाषित किया है– "अनुरूपता एक ऐसी क्रिया है, जो (i) सामाजिक मानदण्ड (मानदण्डों) की ओर उन्मुख होता है और (ii) वह मानदण्ड के अन्तर्गत स्वीकृत व्यवहार माना जाता है।"[1] इस परिभाषा से स्पष्ट होता है कि अनुरूपता उस व्यवहार को कहते हैं, जो समाज के प्रचलित नियम-कानूनों के अनुरूप होता है। जिस आचरण को सामाजिक मान्यता प्राप्त नहीं है, उस आचरण को अनुरूपता नहीं कहा जा सकता है। सामाजिक मान्यता के विपरीत आचरण को विसामान्यता की संज्ञा दी जाती है। दूसरे शब्दों में, विसामान्यता वह है, जो अनुरूपता नहीं है। पर विसामान्यता मात्र नियमों का उल्लंघन नहीं है। कभी-कभी व्यक्ति अनजाने में भी नियमों का उल्लंघन कर देता है, लेकिन यदि वह उल्लंघन किसी व्यक्ति के द्वारा जान-बूझकर किया जाता है, तो उसे विसामान्य व्यवहार कहा जाता है। जैसे यदि कोई व्यक्ति जान-बूझकर किसी का सामान उठा लेता है, तो उसे विसामान्य व्यवहार कहा जायेगा। पर यदि कोई व्यक्ति अनजाने में किसी का सामान उठा कर रख लेता है, तो उसे विसामान्य व्यवहार नहीं कहा जायेगा क्योंकि वह ऐसा जान-बूझकर नहीं कर रहा है। जल्दीबाजी में किया गया व्यवहार विसामान्यता नहीं है। जबतक कोई व्यवहार सोच-समझकर व्यक्तिगत स्वार्थ की पूर्ति के लिए नहीं किया जाता है, तब तक उसे विसामान्य व्यवहार नहीं कहा जायेगा। जॉनसन के शब्दों में, "विसामान्य व्यवहार सिर्फ ऐसा व्यवहार नहीं है, जो मानदण्ड का उल्लंघन करता है; यह एक ऐसा व्यवहार है जिसका उल्लंघन कर्त्ता उसकी ओर अभिमुख होकर करता है। यह अभिप्रेरित उल्लंघन है।"[2]

कभी-कभी विसामान्य व्यवहार व्यक्ति किसी परिस्थितिवश भी करता है, जैसे– ऊँची जाति के लोगों का यह मानना है कि हरिजनों में सटने से वह अपवित्र हो जायेगा, उसका छुआ हुआ भोजन नहीं करना चाहिए इत्यादि। ऊँची जाति में कुछ लोग ऐसे भी हैं, जो छुआछूत की भावना में विश्वास नहीं करते हैं। उनके साथ वे खाने को भी तैयार रहते हैं। लेकिन किसी परिचित व्यक्ति की मौजूदगी में ऐसा करने की हिम्मत वे भी नहीं करते। वे समाज के डर से अपने व्यवहार में अनुरूपता दिखाते हैं।

कभी-कभी व्यक्ति समाज के नियमों को मानते हुए भी उनके अनुरूप व्यवहार नहीं करता है। ऐसे कुछ लोग हर समाज में होते हैं, जो नये किस्म के व्यवहार करना पसन्द करते हैं। जैसे– ब्राह्मण जाति में ऐसे लोग भी हैं, जो चंदन-टीका लगाना या टीक रखना पसन्द नहीं करते हैं। उनके इस आचरण को विसामान्य आचरण नहीं कहा जा सकता है। नयी परिस्थिति में वह परिवर्तन मात्र है। इस ढँग की प्रवृत्ति के द्वारा ही सामाजिक परिवर्तन सम्भव होता है।

विसामान्य व्यवहार साधारणतया समूह के लिए दुष्प्रकार्यात्मक माना जाता है। यदि सभी लोग अपेक्षित व्यवहार नहीं करेंगे, तो समूह की एकता भंग हो सकती है। समूह को बनाये रखने के लिए यह ज़रूरी है कि उस समूह के लोगों के व्यवहार में अनुरूपता हो। प्रत्येक समाज यही चाहता है कि उसके सदस्य परम्परागत चले आ रहे सामाजिक नियमों का पालन करें। इसलिए समाज में सामाजिक नियन्त्रण के विभिन्न किस्म के साधनों का निर्माण किया गया है।

विचलन को हमेशा समाज के मानदण्डों के सन्दर्भ में समझा जाना चाहिए। कोई आचरण अनुरूपता का है या विसामान्यता, यह बात तभी समझ में आ सकती है जब यह समझ में आ जाये कि वह सामाजिक मानदण्ड से कितना नज़दीक या दूर है। लेस्ली और अन्य समाजशास्त्रियों (Leslie *et al.*, 1980: 192) के शब्दों में– "विसामान्यता शब्द स्वयं में ऐसी विशेषताओं एवं व्यवहार को बतलाता है, जो मानदण्ड से हटकर होता है।" (The term deviance, by itself, refers to any characteristics or behavior that differs from the norm.) कोल ने और भी स्पष्ट ढँग से परिभाषित किया है, वह यह है कि "वह व्यवहार जो सामान्य तौर पर स्वीकृत मानदण्ड का उल्लंघन करता है, वह

1. "Conformity is action that (1) is oriented to a social norm (or norms) and (2) falls within the band of behavior permitted by the norm."— Harry M. Johnson, **Sociology**, Allied Publishers Private Limited, New Delhi,1983, p. 552.
2. "Deviant behavior is not merely behavior that happens to violate a norm; it is behavior that violates a norm to which the actor is oriented at the time; it is motivated violation." (Johnson, 1983: 552).

विचलित व्यवहार कहा जाता है।"[3] पर परेशानी की बात यह है कि मानदण्डों की भी कोई सर्वमान्य परिभाषा नहीं है। ईसाई समाज में पूजा-पाठ में बलि वर्जित है, तो हिन्दू समाज में देवी पर बलि चढ़ाने का नियम है। भारत में वेश्यावृत्ति एक विसामान्य व्यवहार है, तो बहुत सारे यूरोपीय देशों में वेश्यावृत्ति को समाज एवं राज्य की तरफ से मान्यता प्राप्त है। खैर, जो भी कठिनाई हो विचलन का एक यथार्थवादी दृष्टिकोण यही है कि इसकी व्याख्या उसी सामाजिक सांस्कृतिक सन्दर्भ में की जानी चाहिए जिस समाज के विचलन पर विचार किया जा रहा है। विचलन निरपेक्ष नहीं है, बल्कि यह समाजविशेष की सामाजिक आकांक्षाओं, प्रतिमानों और नियमों से जुड़ा हुआ है। ऐसे विचलन बहुत कम हैं, जिनकी मान्यता लगभग हर समाज में हो। चोरी, हत्या, बलात्कार, तस्करी इत्यादि सर्वमान्य विचलनों के कुछ प्रमुख उदाहरणों में से हैं।

चूँकि समय के साथ समाज के मानदण्ड बदलते रहते हैं, इसलिए विचलन सम्बन्धी दृष्टिकोण भी समाज में बदलता रहता है, जैसे भारत में कभी दलितों के साथ खाना-पीना, उठना-बैठना पूरी तरह वर्जित था तो आज छुआछूत मानना बिलकुल ग़ैरकानूनी माना जाता है। दक्षिण भारत में एक लम्बे समय तक देवदासी प्रथा (मंदिरों में रहने वाली वेश्याएँ) को सामाजिक एवं धार्मिक मान्यता प्राप्त थी, लेकिन आज विसामान्य व्यवहार मानकर उस पर रोक लगा दी गयी है। भारत में कभी महिलाएँ ग़ैर-पुरुषों के साथ आसानी से बातचीत नहीं कर सकती थीं। पर्दा-प्रथा का उल्लंघन करना नारियों के लिए विसामान्य व्यवहार माना जाता था। पर आज खुलेआम महिलाएँ एवं पुरुष साथ-साथ काम-काज एवं विचार-विमर्श कर रहे हैं। बड़े शहरों में तो पाश्चात्य देशों की तरह लड़के-लड़कियों के बीच में काल-निर्धारण (Dating) भी प्रारम्भ हो गया है।

विचलन की सर्वमान्य परिभाषा के सम्बन्ध में एक कठिनाई यह है कि एक ही समाज के विभिन्न वर्गों के बीच कोई सामान्य मानदण्ड नहीं होता है, जिसके कारण यह निश्चित करना कठिन हो जाता है कि अमुक व्यवहार अनुरूपता या विचलन का द्योतक है। जैसे उच्च वर्गों में, विशेषकर शहरों में, बाप-बेटे इकट्ठे सिगरेट और शराब पीते हैं, जो कि उस वर्ग के लिए एक सामान्य व्यवहार है, लेकिन निम्नवर्ग एवं मध्यवर्ग के लोगों के बीच यह व्यवहार वर्जित है। ऐसा करने वाले लोगों को समाज विसामान्य व्यवहार मानता है। यहाँ तक कि वयोवृद्ध व्यक्तियों के सामने शराब या सिगरेट पीना अच्छी बात नहीं मानी जाती है, अर्थात् जो व्यवहार समाज के एक हिस्से में अनुरूपता का उदाहरण है, वही व्यवहार समाज के दूसरे हिस्से में विसामान्य माना जाता है।

इन्हीं सभी तथ्यों को ध्यान में रखकर यह कहा जा रहा है कि अनुरूपता एवं विसामान्यता की कोई सर्वमान्य परिभाषा नहीं हो सकती है। यह एक सापेक्ष अवधारणा है। इसकी व्याख्या हमेशा समाज या वर्गविशेष के सन्दर्भ में ही की जानी चाहिए। संक्षेप में हम यहाँ यही कह सकते हैं कि जो व्यवहार किसी समाज-विशेष के सामाजिक मूल्यों, प्रतिमानों, आदर्शों एवं मानदण्डों के विपरीत है वह विसामान्यता या विचलन है और ठीक इसके विपरीत जो समाज के प्रचलित नियमों एवं व्यवहारों के अनुकूल है उसे अनुरूपता कहा जाता है।

अनुरूपता के कारण

व्यक्तियों का व्यवहार सामाजिक नियमों के अनुरूप क्यों होता है, इस पर विभिन्न समाजशास्त्रियों ने विचार किया है। एच.एम. जॉनसन (1983) ने विभिन्न प्रकार के विचारों को निम्नलिखित ढँग से रखने का प्रयास किया है–

1. समाजीकरण (Socialization)— जब कोई व्यक्ति इस दुनिया में अपना होश सँभालता है उस समय से मृत्युपर्यन्त वह कुछ-न-कुछ सीखता ही रहता है। इस सीख का सार तत्त्व यह है कि उसे समाज के प्रचलित नियमों के अनुसार ही हर सम्भव आचरण करना चाहिए। यही सीखना समाजीकरण कहलाता है। प्रत्येक समाज यही अपेक्षा

---

3. "Behavior which violates commonly held norm is called deviant behavior."— Stephen Cole, **The Sociological Orientation: An Introduction to Sociology**, Rand McNally College Publishing Co., Chicago, 1975, p. 121.

करता है कि उसके सदस्य परम्परा से चले आ रहे नियमों के अनुसार ही आचरण करें क्योंकि इसी में समाज और व्यक्ति दोनों की भलाई है।

2. पृथक्करण (Insulation)— प्रत्येक व्यक्ति को समाज की अपेक्षाओं के अनुरूप ही भूमिका अदा करनी चाहिए, पर कभी-कभी ऐसी स्थिति उत्पन्न हो जाती है कि दो या दो से अधिक व्यक्तियों की भूमिकाएँ समान होती हैं या फिर एक ही व्यक्ति की एक-से अधिक भूमिकाएँ होती हैं, तो ऐसी स्थिति में भूमिकाओं के बीच टकराहट होती है। विभिन्न प्रकार की भूमिकाओं के बीच या विभिन्न व्यक्तियों की भूमिकाओं के बीच टकराहट न हो इसके लिए समाज में विभिन्न व्यक्तियों एवं विभिन्न परिस्थितियों के लिए अलग-अलग भूमिकाओं का निर्माण किया जाता है। पुलिस अधीक्षक की भूमिका जिलाधीश से अलग होती है इसलिए कि वे अपने अधिकारों की सीमा में रहकर ही कानून पर अमल करते हैं। सरकार के अन्तर्गत विभिन्न विभागों के बीच कार्यों के बँटवारे के पीछे यही सिद्धान्त काम करता है। विभिन्न विभागों को अलग-अलग कार्य दे दिये गये हैं और उससे सम्बद्ध अधिकारी उसी के अनुरूप व्यवहार करते हैं। जाति-व्यवस्था के अन्तर्गत ब्राह्मणों का काम अन्य जातियों से पृथक रखा गया है और विभिन्न जातियों को उसी परम्परागत नियमों के अनुसार व्यवहार करना है, यही परम्परागत हिन्दू धर्म की अपेक्षा है।

3. सोपानिकी (Hierarchy)— समाज के अन्तर्गत व्यक्तियों की स्थिति (Status) का एक सोपानक्रम होता है ताकि भूमिकाओं का टकराव न हो। समाज में लोग विसामान्य व्यवहार न करें इसके लिए सिर्फ स्थितियों का ही सोपानक्रम नहीं होता, बल्कि सामाजिक नियमों का भी एक सोपानक्रम होता है। समाज यही चाहता है कि उसी के अनुसार लोग व्यवहार करें। जाति-व्यवस्था में विभिन्न जातियों को एक सोपानक्रम में इसीलिए व्यवस्थित किया गया है कि लोग आसानी से जातीय नियमों के अनुरूप व्यवहार कर सकें। उसी प्रकार सरकार में भी राष्ट्रपति से लेकर प्रखण्ड विकास पदाधिकारी (B.D.O.) तक के पदों को एक सोपानक्रम में व्यवस्थित कर दिया गया है और इसी व्यवस्था से सरकार का काम-काज होता है।

4. सामाजिक नियन्त्रण (Social Control)— समाज में सामाजिक नियन्त्रण के बहुत सारे साधन हैं, जैसे– परिवार, विद्यालय, राज्य, कानून, धर्म, जनमत, प्रथा इत्यादि। इन साधनों के माध्यम से समाज व्यक्ति के आचरण को नियन्त्रित करता है। समय के साथ व्यक्तियों के व्यवहार के प्रतिमान बन जाते हैं और उसी प्रतिमान के मुताबिक भविष्य में आने वाले सदस्यों को समाज में व्यवहार करना है। प्रत्येक समाज अपनी परम्परा के मुताबिक ही व्यक्तियों से व्यवहार की अपेक्षा रखता है। जो लोग समाज के स्थापित नियम-कानूनों के अनुरूप व्यवहार करते हैं समाज उनकी प्रशंसा करता है या कोई पारितोषिक देता है और जो लोग इसका विरोध करते हैं समाज उन्हें दण्डित करता है। इसी दण्ड-विधान (Sanction) के कारण व्यक्तियों के व्यवहार में अनुरूपता आती है।

5. विचारधारा (Ideology)— चूँकि हर एक समाज के अपने विशिष्ट नियम-कानून होते हैं, उसके अपने सांस्कृतिक मूल्य एवं जीवन-दर्शन होते हैं। समाज उन्हीं को ध्यान में रखकर कार्य-कलाप करता है। समाज का जीवन-दर्शन ही व्यक्ति का जीवन-दर्शन होता है। व्यक्तियों के व्यवहार पर उसका इतना गहरा प्रभाव होता है कि वह स्वभावत: उसी के अनुरूप आचरण करता है। भारतीय राजनीतिज्ञ अहिंसा की बात इसीलिए करते हैं कि "अहिंसा परमोधर्म:" प्राचीनकाल से भारतीय जीवन-दर्शन का एक प्रमुख अंग रहा है। विभिन्न धर्मों के लोग अपने धर्म के अनुरूप आचरण इसीलिए करते हैं कि उनके सामाजिक एवं सांस्कृतिक सिद्धान्त का वह प्रमुख अंग है। एक ही अवसर पर मुस्लिम का व्यवहार हिन्दुओं से भिन्न होने का प्रमुख कारण धार्मिक भिन्नता है।

जो समूह जितना छोटा होगा उसमें व्यक्तियों के व्यवहार पर सिद्धान्तों का प्रभाव उतना ही अधिक होगा। यदि किसी समूह या समुदाय का आकार काफी बड़ा है, तो उसके अन्तर्गत कई छोटे-छोटे समूहों के रहने की सम्भावना होती है और ऐसी परिस्थिति में सैद्धान्तिक मतभेद स्वाभाविक है। जिस समाज में जितना अधिक सैद्धान्तिक मतभेद होगा लोगों के व्यवहार में विसामान्यता भी उतनी ही अधिक होगी। चूँकि भारत एक विशाल देश है, इसमें विभिन्न प्रकार के धार्मिक विचारों एवं समुदायों के लोग निवास करते हैं, इसीलिए जाति एवं सम्प्रदाय के आधार पर हमेशा

दंगे और फसाद (विसामान्य व्यवहार) देखे जाते हैं। कभी-कभी भाषा और क्षेत्र के नाम पर भी विरोध काफी मुखर हो जाता है।

6. निहित स्वार्थ (Vested Interests)— जब किसी व्यक्ति का व्यवस्था में निहित स्वार्थ होता है, तो वह व्यवस्था के अनुरूप ही व्यवहार करने का प्रयास करता है। उसकी यह भी कोशिश होती है कि दूसरे लोग भी व्यवस्था के नियम-कानून का अनुसरण करें, जैसे- भारत में ब्राह्मण लोग जाति-व्यवस्था के नियमों में कुछ ज़्यादा ही विश्वास करते हैं। यदि कोई निम्न या मध्यम जाति के लोग अपनी जाति के अनुरूप व्यवहार नहीं करते हैं तो उसकी वे निन्दा करते हैं। ऐसा वे इसीलिए करते हैं कि जाति-व्यवस्था के अन्तर्गत उनका स्थान सर्वश्रेष्ठ है और उससे उनके विभिन्न प्रकार के निहित स्वार्थों की पूर्ति होती है। आज विभिन्न दलों एवं सम्प्रदायों के पुरुष महिलाओं के लिए लोकसभा एवं विधानसभा की सीटों के आरक्षण का एक स्वर से विरोध कर रहे हैं चूँकि उसमें पुरुषों का कुछ निहित स्वार्थ है। जिस दिन समाज के लोगों का उनके नियमों में निहित स्वार्थ नहीं रहेगा उस दिन समाज के नियम-कानून टूटने लगेंगे। प्रत्येक समाज का परम्परागत चले आ रहे नियम कानूनों में निहित स्वार्थ होता है। कोई भी समाज आसानी से बदलना नहीं चाहता है, इसीलिए समाज को एक दकियानूसी व्यवस्था (Conservative Organization) माना जाता है। चूँकि समाज आसानी से बदलने को तैयार नहीं रहता है, इसीलिए सामाजिक परिवर्तन में बाधाएँ उत्पन्न होती हैं। समाज को बदलने में खतरा महसूस होता है। वह हमेशा यही चाहता है कि समाज के सभी सदस्यों के व्यवहारों में यथासम्भव एकरूपता हो। इन्हीं सब कारणों से समाज विसामान्य व्यवहार को प्रोत्साहित नहीं करता है।

विसामान्यता या विचलन के प्रकार (Types of Deviance)

हॉर्टन एवं हण्ट ने विसामान्यता को तीन भागों में बाँटा है। चूँकि यह वर्गीकरण द्विध्रुवीय (Bipolar) है, इसलिए इसे छ: प्रकार का भी माना जा सकता है।

1. सांस्कृतिक एवं मनोवैज्ञानिक विसामान्यता (Cultural and Psychological Deviation)— जब कोई व्यवहार सांस्कृतिक मान्यताओं, परम्पराओं एवं मूल्यों से हटकर होता है, तो उसे सांस्कृतिक विचलन कहा जाता है, जैसे- यदि कोई हिन्दू अपने धर्म को छोड़कर ईसाई बन जाता है, तो उसे सांस्कृतिक विचलन कहा जायेगा। सांस्कृतिक विचलन समाजशास्त्र की मुख्य विषय-वस्तु है।

जब कोई व्यक्ति मानसिक रूप से विचलित हो जाता है और वह उस स्थिति में कुछ ग़लत व्यवहार करने लगता है, तो उसे मनोवैज्ञानिक विचलन कहा जायेगा। दूसरे शब्दों में यदि कोई व्यक्ति अपने व्यक्तित्व से हटकर कोई व्यवहार करता है, तो वह मनोवैज्ञानिक विचलन कहा जायेगा, जैसे- दैनिक ज़रूरी कार्यों को छोड़कर यदि कोई आदमी हमेशा जुआ खेलता रहता है या पत्नी को छोड़कर वेश्याओं के साथ रहता है या फिर यदि कोई व्यक्ति दिन-रात शराब में लिप्त रहता है, तो उसे मनोवैज्ञानिक विचलन कहा जायेगा। यह मुख्य रूप से मनोवैज्ञानिकों की विषय-वस्तु है।

2. वैयक्तिक एवं सामूहिक विचलन (Individual and Group Deviation)— जब कोई व्यक्ति समाज के प्रचलित नियम-कानूनों को तोड़कर कुछ नये ढंग से व्यवहार करता है, तो उसे वैयक्तिक विचलन कहा जायेगा, जैसे- यदि कोई बालक पढ़ाई-लिखाई छोड़कर नशीले पदार्थों का सेवन करने लगता है या चोरी में लिप्त हो जाता है, तो उसे व्यक्तिगत विचलन कहा जायेगा। व्यक्तिगत विचलन और मनोवैज्ञानिक विचलन में काफी समानता है।

जब समाज के नियमों, प्रतिमानों एवं मूल्यों के विपरीत कुछ लोग एक साथ मिलकर कोई विचित्र आचरण करते हैं तो उसे सामूहिक विसामान्यता कहा जायेगा, जैसे- पाकिटमारों का समूह, चोरों का गिरोह, अपहरणकर्त्ताओं का गिरोह, तस्करों का गिरोह इत्यादि। ऐसे लोगों की एक अलग उपसंस्कृति होती है। वे अपने स्वार्थों की पूर्ति के लिए जत्था बनाकर समाज विरोधी कार्य करते हैं। संक्षेप में जिस विसामान्यता का सम्बन्ध व्यक्तियों के समूह से है उसे सामूहिक विसामान्यता कहा जाता है।

3. प्राथमिक एवं द्वितीयक विसामान्यता (Primary and Secondary Deviation)— जो व्यक्ति सामान्य तौर पर सामाजिक नियमों के अनुरूप व्यवहार करते हैं, पर कभी-कभी लुक-छिपकर कुछ ग़लत काम कर बैठते हैं तो उसे प्राथमिक विचलन कहा जाता है, जैसे– कभी-कभी बिना टिकट के यात्रा करना या दुकान में वस्तुओं के दाम चुकाए बिना चुपके से सामान के साथ चल देना इत्यादि। ऐसा व्यवहार ऐसे लोगों के द्वारा किया जाता है जिनकी पहचान समाज में कोई बुरे व्यक्ति के रूप में नहीं है। वे यह सोचकर ऐसा आचरण करते हैं कि उनका यह आचरण छिपा रहेगा।

द्वितीयक विचलन वह है, जो सार्वजनिक स्तर पर लोगों को मालूम है। जिन लोगों की पहचान समाज में स्पष्ट रूप से ग़लत व्यक्ति के रूप में हो चुकी है, वैसे अपराधी इस श्रेणी में आते हैं। ऐसे लोग स्वीकार करते हैं कि उनकी पहचान समाज में ग़लत व्यक्ति के रूप में हो चुकी है। बड़े-बड़े चोर, डकैत, तस्कर एवं किसी अपराध में सज़ायाफ्ता व्यक्ति इसी श्रेणी में आते हैं।

थोड़ा अलग ढंग से मेटा स्पेंसर ने विसामान्यता को चार भागों में विभक्त करने का प्रयास किया है– **(1) विसामान्य कार्य (Deviant Acts), (2) विसामान्य आदतें (Deviant Habits), (3) विसामान्य मनोवृत्तियाँ (Deviant Psychologies)** एवं **(4) विसामान्य संस्कृति (Deviant Cultures)**। इसकी चर्चा यहाँ की जा रही है।

1. विसामान्य कार्य (Deviant Acts)– जैसा कि पहले भी उल्लेख किया जा चुका है कि विसामान्य कार्य की कोई सर्वव्यापक परिभाषा नहीं है। प्रत्येक समाज अपने आचरण के नियमों के अनुसार किसी कार्य को सामान्य या विसामान्य मानता है। भारत में विसामान्य कार्य की श्रेणी में उन्हीं कार्यों को रखा जाता है, जिसे भारतीय दण्ड संहिता (Indian Penal Code) के अन्तर्गत अपराध माना गया है। मेटा स्पेंसर ने विसामान्य कार्यों के अन्तर्गत तीन प्रकार के आचरणों को रखा है– अपराध (Crimes), यौन-सम्बन्धी विसामान्यताएँ (Sexual Deviance) एवं आत्महत्या (Suicide)। प्रथम दो क़िस्म की विसामान्यताओं की परिभाषा के सम्बन्ध में अन्तिम रूप से कुछ नहीं कहा जा सकता है। जैसा कि पहले ही कहा जा चुका है कि प्रत्येक समाज अपने-अपने ढंग से अपराध को परिभाषित करने का प्रयास करता है। अपराध के सम्बध में विभिन्न समाजों में अलग-अलग कानून होते हैं। जो कार्य भारत में अपराध की श्रेणी में है वह दुनिया के अन्य देशों में भी अपराध माना जाय, यह कोई ज़रूरी नहीं है।

साधारणतया यौन-सम्बन्धी विसामान्यताओं को चार श्रेणियों में रखा जाता है– **समलिंगरति (Homosexuality), स्त्रीसमलिंगीरति (Lesbianism), वेश्यावृत्ति (Prostitution)** एवं **कौटुम्बिक व्यभिचार (Incest)**।

पाश्चात्य देशों में समलिंग कामुकता की बहुत भारी समस्या है। समस्या इतनी गम्भीर हो गयी है कि कभी-कभी दो पुरुष या दो स्त्रियाँ आपस में विवाह कर बैठते हैं। चर्च की ओर से विरोध होने के बावजूद इस प्रकार की घटनाएँ अक्सर देखने को मिलती हैं। इस प्रकार की समस्याओं के ऊपर एक अध्ययन में अल्फ्रेड किन्से (Alfred C. Kinsey) ने पाया कि अमरीका में गोरी प्रजाति के लगभग 37 प्रतिशत पुरुष और 13 प्रतिशत महिलाएँ इस समस्या से ग्रसित हैं। बहुत-से दूसरे पश्चिमी देशों की भी स्थिति कुछ उसी प्रकार की है।

2. विसामान्य आदतें (Deviant Habits)— विसामान्य आदतें थोड़ा या बहुत अधिकांश व्यक्तियों में पायी जाती है, जैसे– मद्यपान एवं नशाखोरी, जुआ, धूम्रपान, बात-बात में गाली देने की आदत इत्यादि। कुछ ऐसे भी समाज हैं जहाँ शराब पीना कोई विसामान्य आदतों की श्रेणी में नहीं आता है; पर भारत जैसे देश में इसे बहुत-से लोग विसामान्य आदत समझते हैं। यहाँ की स्थिति तो ऐसी है कि कुछ लोग माँसाहारी भोजन को भी विसामान्य आदत के रूप में लेते हैं। छोटी-मोटी विसामान्य आदतों को समाज हमेशा बुरा नहीं मानता है।

3. विसामान्य मनोवृत्तियाँ (Deviant Psychologies)— जैसे-जैसे नगरीकरण का प्रभाव बढ़ता जा रहा है, वैसे-वैसे समाज में विभिन्न प्रकार की समस्याएँ और जटिलताएँ बढ़ती जा रही हैं, जिनके फलस्वरूप समाज में विभिन्न प्रकार की मनोवैज्ञानिक समस्याएँ उत्पन्न हो रही हैं। भारत की तुलना में पाश्चात्य देशों में यह समस्या कुछ ज़्यादा ही गंभीर है। एक अध्ययन में ऐसा पाया गया है कि अमरीका में साधारणतया हर बारहवाँ व्यक्ति कभी-न-कभी मानसिक

समस्याओं से ग्रसित होकर मानसिक रोग के अस्पताल में जाता है। भारत में भी गाँव की तुलना में शहरों में समस्या इतनी गंभीर है कि धीरे-धीरे मानसिक रोगियों की संख्या बढ़ती जा रही है।

4. विसामान्य संस्कृति (Deviant Cultures)— बृहत् संस्कृति के अन्तर्गत छोटी-छोटी संस्कृतियाँ उत्पन्न हो जाती हैं। समाज में कुछ ऐसे भी विसामान्य मनोवृत्ति के लोग होते हैं, जो समाज के परम्परागत मूल्यों एवं आचरणों में विश्वास नहीं करते हैं। वे अपनी परम्परागत संस्कृति के प्रतिकूल एक नये सांस्कृतिक मूल्यों का निर्माण करते हैं या बढ़ावा देते हैं और वे इसी के अनुसार जीवनयापन करने का भी प्रयास करते हैं। जैसे– पाकेटमारी, चोरी, डकैती एवं अपहरण के कार्यों से जुड़े लोगों की एक अपनी संस्कृति होती है, जिसे समाजशास्त्रीय भाषा में **प्रतिरोधी संस्कृति (Counter Cultures)** कहा जाता है। इन लोगों के बीच काफी अपनापन और प्रेम की भावना पायी जाती है। वे एक-दूसरे पर विश्वास करते हैं। समय आने पर एक-दूसरे के लिए मर मिटने को भी तैयार रहते हैं। वे बहुत कुछ साम्यवादी मूल्यों में विश्वास करते हैं। इस अर्थ में कि लोगों की सामान्य सम्पत्ति होती है। समूह के अन्तर्गत काफी एकता पायी जाती है। राजतन्त्र की तरह ही अपने नेता को पैग़म्बर या भगवान का दूसरा रूप मानते हैं। शहरी जीवन में ऐसे बहुत-से समूह होते हैं जहाँ विसामान्य संस्कृति देखने को मिलती है। बड़े शहरों, जैसे– मुम्बई, दिल्ली, चेन्नई, कोलकाता जैसे महानगरों में अपराधियों के बीच असामान्य संस्कृति के अनगिनत उदाहरण देखने को मिलते हैं।

विचलकों के प्रकार (Types of Deviants)

साइमन डिनीत्स (Simon Dinitz *et al*., 1975) एवं अन्य सहयोगी समाजशास्त्रियों ने विचलनकारियों को पाँच भागों में विभाजित किया है। यह असामान्य व्यवहार करने वाले व्यक्तियों का वर्गीकरण है–

1. अनूठा (Freak)— अनूठा वैसे लोगों को कहा जाता है, जो किसी सामान्य व्यवहार या स्वरूप के अन्तिम किनारे पर हैं। पर इसके अन्तर्गत वैसे लोग भी आते हैं, जो मानसिक रोग से ग्रसित हैं। अनूठा वे लोग हैं, जो कभी-कभी ऐसा काम कर जाते हैं कि सामान्य लोगों को यह बात समझ में नहीं आती है कि उसने ऐसा काम आखिर क्यों किया ?

2. गुनाहगार (Sinful)— ऐसे व्यक्ति जो धार्मिक नियमों या शास्त्रों के प्रतिकूल कुछ काम करते हैं, उसे गुनाहगार कहा जाता है। अपधर्मी (Heretic) एवं धर्मत्यागी (Apostate) भी इसी श्रेणी में आते हैं।

3. अपराधी (Criminal)— जो लोग कानून की नज़रों में कोई समाजविरोधी काम करते हैं, उसे अपराधी कहा जाता है। जुआरी, तस्कर, चोर, डकैत, अपहरणकर्त्ता एवं हत्यारे लोग इसी श्रेणी में आते हैं। भारत में जो आचरण या हरकत भारतीय दण्ड संहिता के अन्तर्गत दण्डनीय माना गया है, वही अपराध कहलाता है।

4. बीमार (Sick)— इस श्रेणी के अन्तर्गत ऐसे लोग आते हैं, जो मानसिक रूप से बीमार हैं। नशीले पदार्थों का सेवन करने वाला भयानक शराबी एवं समलिंगी (Homosexual and Lesbians) इसी श्रेणी में आते हैं।

5. विमुखता (Alienated)— समाज में कुछ ऐसे भी व्यक्ति होते हैं, जिन्हें अपना ही समाज अच्छा नहीं लगता है। वे समाज की मुख्यधारा से अलग होकर जीना चाहते हैं, जैसे– पाश्चात्य देशों में हिप्पी एवं भारत में साधु एवं फकीर समाज में असम्बद्ध होकर जीवन निर्वाह करना चाहते हैं। इस अवधारणा का सम्बन्ध यहाँ मार्क्सवादी विचारधारा से नहीं है।

डिनीत्स (1975: 11) द्वारा दिये गये उपर्युक्त विचलन एवं विचलन के प्रकार को हम बहुत आसानी से **सारणी-1** के माध्यम से समझ सकते हैं।

सारणी-1 विचलकों के प्रकार एवं स्वरूप

Type of deviant	Example of deviation	Nature of normative order	Nature of deviation
Freak	midget, dwarf, or giant; ugly, fat, or disfigured person; mentally retarded person	physical, physiological and intellectual ideals	aberrant in being
Sinful	Sinner, apostate, heretic traitor	religious or secular ideologies	rejects orthodoxy
Criminal	murderer, burglar, embezzler, addict	legal codes	unlawful in action
Sick	psychotic, psychoneurotic	cultural definitions of mental health	aberrant in action
Alienated	bum, tramp, suicide, hippie, bohemian	cultural ends andèkor means	reject dominant cultural values

Source: (Simon Dinitz *et al.*, 1975: 11).

विसामान्यता के कारक (Factors of Deviation)

समाजशास्त्रियों के लिए यह एक विचारणीय प्रश्न रहा है कि समाज में कुछ लोग ही विसामान्य व्यवहार आखिर क्यों करते हैं। इस विषय पर काफी अनुसन्धान हुए हैं। विभिन्न अध्ययनों को देखने से ऐसा लगता है कि विसामान्य व्यवहार के अनेक कारण हैं। कुछ कारण तो परिस्थितियों से जुड़े होते हैं, तो कुछ कारणों के पीछे संस्थाओं की भी भूमिका होती है। एच.एम. जॉनसन (1983) ने विसामान्य व्यवहार के प्रमुख कारणों को इस प्रकार रखा है–

1. दोषपूर्ण समाजीकरण या समाजीकरण का अभाव (Faulty or Lack of Socialization)— समाजीकरण से जुड़ी दो स्थितियाँ होती हैं, जो विसामान्य व्यवहार के लिए जिम्मेवार हैं– पहली, कुछ लोगों को बचपन से ही ग़लत व्यवहार की प्रेरणा दी जाती है और दूसरी, माता या पिता के अभाव में या कभी-कभी उनके जीवित रहने पर भी कुछ लोगों का समुचित समाजीकरण नहीं हो पाता है।

समाज के दबे-कुचले ऐसे लोग जो यह मानते हैं कि यह समाज उन्हें न्याय नहीं दे सकता है, वे लोग अपने बच्चों को समाज के नियमों के विरुद्ध व्यवहार करने के लिए प्रेरित करते हैं। प्रत्येक समाज में कुछ अपराधी प्रकृति के लोग भी होते हैं, जो परिस्थितिवश अपने बच्चों को अपराधी होने की शिक्षा देते हैं। एक दूसरी स्थिति यह होती है कि कुछ बच्चों को माता-पिता के अभाव में अपूर्ण या दोषपूर्ण ज्ञान मिलता है। पर कुछ माँ-बाप ऐसे भी होते हैं, जो अपने बच्चों को किसी कारणवश सदाचार का पाठ नहीं सिखा पाते हैं। ऐसी परिस्थिति में वे लोग स्वाभाविक रूप से विसामान्य प्रकृति के हो जाते हैं।

2. कमजोर दण्ड-विधान (Weak Sanctions)— प्रत्येक समाज में अच्छा कार्य करने के लिए पुरस्कार एवं ग़लत कार्य के लिए दण्ड की व्यवस्था होती है। लेकिन किसी कारणवश जब अच्छे कार्य के लिए समाज उचित पुरस्कार नहीं देता है, तो ऐसा करने के लिए लोग प्रेरित नहीं होते हैं। ठीक इसके विपरीत जब किसी ग़लत काम के लिए कोई व्यक्ति दण्डित नहीं किया जाता है, तो सिर्फ अपराधी ही नहीं दूसरे व्यक्ति भी ग़लत काम में रुचि लेने लगते हैं।

3. कमजोर प्रवर्त्तन (Poor Enforcement)— मात्र दण्ड-विधान की व्यवस्था से ही विसामान्य व्यवहारों पर नियन्त्रण नहीं पाया जा सकता है, जैसे– अपराधियों के पकड़े जाने पर मात्र धमकी देकर छोड़ने से उसके व्यवहार पर नियन्त्रण नहीं पाया जा सकता है। जुर्म के मुताबिक उसे सज़ा मिलनी ही चाहिए। समाज में बहुत सारे अपराध इसीलिए भी होते रहते हैं कि पुलिस अपराधियों को दो-चार डंडा लगाकर कुछ पैसे ऐंठ लेती है और फिर उसे आज़ाद कर देती है। दूसरे शब्दों में विसामान्य व्यवहार के पीछे एक प्रमुख कारण यह है कि अपराधियों के साथ कानूनी तौर पर लोग सख्ती से पेश नहीं आते हैं।

सदरलैण्ड (E.H. Sutherland) ने अपने **सफ़ेदपोश अपराध (White Collar Crime)** की अवधारणा के सम्बन्ध में बताया है कि अधिकांश सफेदपोश अपराध के पीछे कानूनी दवाब की कमी होती है। दफ्तरों में कर्मचारी लोग काम को टाल-मटोलकर आम जनता को परेशान करते हैं ताकि उन्हें आमलोग बहुत सम्मान की नज़र से देखें या घूस देने के लिए लोग विवश हो जायें। ऐसे अपराधों के लिए कर्मचारियों को यदि कानूनी तौर पर सज़ा दी जाये तो वे ग़लत आचरण करने की हिम्मत नहीं करेंगे। चूँकि उच्चाधिकारियों की ओर से कोई विशेष दवाब नहीं पड़ता है या उनकी मिली भगत होती है, इसलिए दफ्तरों में सफ़ेदपोश अपराध बेरोक-टोक चलते रहते हैं।

4. तर्कसंगत व्याख्या की सरलता (Ease of Rationalization)— जब हम किसी ग़लत आचरण को तर्कसंगत व्याख्या के सहारे आसानी से सही करार कर सकते हैं तो उस ग़लत काम को करने के लिए बहुत से लोग तैयार हो जाते हैं, जैसे– परीक्षा में बहुत से विद्यार्थी इस आधार पर नकल करते हैं कि उन्हें हर जगह कुकर्म ही कुकर्म नज़र आता है। विद्यार्थी यह भी कहते हुए पाये जाते हैं कि जब बड़े-बड़े पदाधिकारी एवं मन्त्री करोड़ों का घोटाला कर सकते हैं, तो उनकी तुलना में परीक्षा में नकल तो एक मामूली हरकत या अपराध है।

5. मानदण्डों की अनिश्चित सीमा (Indefinite Range of the Norms)— कभी-कभी मानदण्डों की सीमा निश्चित नहीं होती है, जैसे उग्रवादी लोग जब समाज के दबे-कुचले लोगों के समर्थन में विभिन्न प्रकार के अपराध करते हैं तो उन्हें ऐसा नहीं लगता है कि उनका कोई व्यवहार ग़लत है। दलितों एवं ग़रीबों के हित में कुछ भी करना उन्हें जुर्म नज़र नहीं आता है, बल्कि इसके प्रतिकूल उनका स्वयं का व्यवहार सही और प्रचलित नियम-कानून ही ग़लत प्रतीत होता है। स्वतन्त्रता आन्दोलन के समय भी क्रान्तिकारियों के द्वारा रेल-लाईन उखाड़ना, टेलिफोन का तार काटना या अंग्रेजी हुकूमत को परेशान करना उन्हें ग़लत नहीं लगता था। देशभक्ति की भावना के आधार पर क्रांतिकारी लोग अपने आचरण को वैध एवं तर्कसंगत मानते थे।

6. उल्लंघनकारी व्यवहार की गोपनीयता (Secrecy of Violations)— जब लोग यह समझते हैं कि उनका कोई व्यवहार गोपनीय रहेगा तो, वे ग़लत काम करने में नहीं हिचकते हैं। बहुत लोग यह सोचकर चोरी-छिपे शराब पीते हैं या जुआ खेलते हैं कि इसके बारे में दूसरों को जानकारी नहीं होगी। चोर अँधेरे में इसलिए चोरी करना पसन्द करता है कि उसका यह आचरण सम्भवतः गोपनीय ही रहेगा।

7. अनुचित या भ्रष्ट प्रवर्त्तन (Unjust or Corrupt Enforcement)— जब कानून को अमल कराने वाली व्यवस्था भ्रष्ट हो जाती है, तो लोगों की आस्था उसमें समाप्त हो जाती है। आज भारत में इतना अधिक अपराध इसलिए हो रहा है कि यहाँ का प्रशासन बिलकुल भ्रष्ट हो गया है। पुलिसकर्मियों एवं अपराधियों के बीच अच्छी साठ-गाँठ है। अखबारों में आये दिन यह पढ़ने को मिलता है कि पुलिस की मिलीभगत से लोग चोरी, डकैती एवं अपहरण जैसे अपराध कर रहे हैं।

8. अपराध पीड़ितों का सहयोग (Cooperation of the Victim)— जब किसी अपराध से किसी व्यक्ति को किसी प्रकार की हानि होती है और उसे यदि उचित न्याय नहीं मिलता है, तो वह अपराध करने एवं कराने के लिए विवश हो जाता है। बिहार के ग्रामीण हलकों में बहुत सारे जातीय संघर्षों में नरसंहार की घटनाएँ इसीलिए देखने को मिलती हैं कि जिस व्यक्ति या परिवार के साथ पहली बार अन्याय हुआ था उसे प्रशासन या न्यायालय से कोई समुचित न्याय नहीं मिल पाया था। जब अपराधी आसानी से बच निकलते हैं तो ऐसी परिस्थिति में अपराध के शिकार व्यक्ति

अपराधियों का सहारा लेकर बदला लेने का प्रयास करते हैं। इस ढंग की घटनाएँ ऐसे राज्यों में अक्सर घटती हैं जहाँ प्रशासनिक और न्यायिक व्यवस्था ज़्यादा अक्षम है।

9. सामाजिक नियन्त्रण के अभिकर्त्ताओं की उभयभाविता (Ambivalence of the Agent of Social Control)— समाज में ऐसा भी होता है जब कुछ लोगों के विसामान्य व्यवहारों पर विशेष गौर नहीं किया जाता है, घटनाएँ घटती रहती हैं और देखने वाले देखते रहते हैं। कभी तो पुलिसकर्मी अपराधियों को और माँ-बाप अपने बच्चों को ग़लत काम करते देखते रहते हैं, पर उसे रोकने का प्रयास नहीं करते हैं। यदि सामाजिक नियन्त्रण के अभिकर्त्ता स्वयं विसामान्य व्यवहार के प्रति उदासीनता बरतते हैं, तो उससे विपथगामी आचरणों को बढ़ावा मिलता है।

10. उपसंस्कृति द्वारा विसामान्यता का वैधीकरण (Sub-cultural Legitimization of Deviation)— प्रत्येक संस्कृति के अन्तर्गत छोटी-छोटी उपसंस्कृतियाँ होती हैं। विभिन्न प्रकार के अपराधियों का अलग-अलग गिरोह होता है और उन गिरोहों की अपनी विशिष्ट संस्कृतियाँ भी होती हैं। जब किसी समाज में कोई अप्रिय घटना घटती है, तो समाज के हिस्से से उसे समर्थन भी मिलता है। जब कभी भी दलित लोग सवर्णों या खेतिहर लोगों पर आक्रमण करते हैं तो उसे एम.सी.सी. (M.C.C.) एवं नक्सलपंथियों जैसे उग्रवादी समूहों का स्वाभाविक रूप से समर्थन मिलता है। इस ढँग से उग्रवादी उपसंस्कृति की मौजूदगी के कारण बिहार, उत्तर प्रदेश, आन्ध्र प्रदेश एवं अन्य राज्यों में आये दिन नरसंहार की घटनाएँ देखने को मिलती हैं।

11. विसामान्य समूहों के प्रति वफादारी की भावना (Sentiments of Loyalty to Deviant Groups)— विसामान्य समूह के सदस्यों के बीच में काफी वफादारी की भावना पायी जाती है। यदि किसी सदस्य के साथ कोई अप्रिय घटना घटती है, तो उस गिरोह का मुखिया उसे हर सम्भव मदद करने का प्रयास करता है। ठीक इसके विपरीत जब कोई सदस्य गिरोह छोड़कर भागना चाहता है, तो गिरोह का मुखिया अपनी एवं समूह की हिफाजत के लिए उसे भागने नहीं देता है। गिरोह का मुखिया उसे बागी करार कर कठिन-से-कठिन दण्ड देने का प्रयास करता है।

उपर्युक्त विवरण से यह नहीं समझा जाना चाहिए कि विसामान्य व्यवहार के इतने ही कारण हैं। सच तो यह है कि विसामान्यता के अनगिनत कारण हैं और उन कारणों की तीव्रता समय और परिस्थितियों के अनुसार बदलती रहती है। हर एक समाज की अपनी-अपनी सांस्कृतिक, राजनीतिक एवं आर्थिक परिस्थितियाँ होती हैं और विसामान्यता की स्थितियाँ उसी के मुताबिक समाज में प्रकट होती हैं। यहाँ एक और बात उल्लेखनीय है कि विसामान्यता, जैसा कि ऊपर कहा जा चुका है, की कोई सर्वमान्य परिभाषा नहीं है। जो आचरण एक समाज के लिए विसामान्य है वही दूसरे समाज के लिए सामान्य हो सकता है, जैसे– शराब पीना भारतीय समाज में एक विसामान्य व्यवहार माना जाता है, तो पश्चिमी देशों के लिए यह एक सामान्य व्यवहार है।

यहाँ यह भी उल्लेखनीय है कि विसामान्य व्यवहार हमेशा दुष्प्रकार्यात्मक ही नहीं होता है। कभी-कभी यह दुष्प्रकार्यात्मक से ज़्यादा प्रकार्यात्मक सिद्ध होता है। विसामान्य व्यवहार के द्वारा ही समाज में परिवर्तन सम्भव होता है। समाज के विकास या उत्थान के लिए इसकी भी उतनी ही आवश्यकता है जितनी कि अनुरूपता की। दलितों एवं पिछड़ों के विकास में गाँधी, श्रीनारायण गुरु, आम्बेडकर, ज्योतिबा फूले, लोहिया इत्यादि नेताओं के विसामान्य विचारों की अहम प्रकार्यात्मक भूमिका रही है। इस सम्बन्ध में एक और महत्त्वपूर्ण बात यह है कि कोई विसामान्य व्यवहार सभी के लिए समान रूप से हमेशा प्रकार्यात्मक या दुष्प्रकार्यात्मक नहीं होता है, जैसे– स्वतन्त्रता सेनानियों का व्यवहार अंग्रेजी हुकूमत के लिए दुष्प्रकार्यात्मक विसामान्य व्यवहार था तो वही भारतीय लोगों के लिए प्रकार्यात्मक अनुरूप व्यवहार था।

विसामान्यता के सिद्धान्त (Theories of Deviance)

कोई व्यक्ति क्यों विसामान्य व्यवहार या अपराध करता है इस सम्बन्ध में बहुत किस्म के विचार दिये गये हैं। कुछ विचारों के अनुसार अपराधी या विपथगामी व्यक्ति समाज के अच्छे लोगों से भिन्न किस्म के व्यक्ति होते हैं। इस

प्रकार की विचारधारा को मेटा स्पेंसर (Metta Spencer, 1976) ने **'मनुष्यों के प्रकार का सिद्धान्त' (Kinds of People Approach)** कहा है। अपराध के जितने भी जैविक और मनोवैज्ञानिक सिद्धान्त अब तक दिये गये हैं उसे इसी श्रेणी में रखा जाता है। इस विचारधारा के विपरीत कुछ विद्वानों की यह मान्यता है कि कोई व्यक्ति जन्म से विसामान्य नहीं होता, बल्कि इस समाज में रहकर वह विसामान्यता सीखता है। वह सामाजिक व्यवस्था की उपज है। समाज में वैसी कुछ परिस्थितियाँ होती हैं, जो कुछ लोगों को विसामान्य व्यवहार या अपराध करने के लिए मज़बूर करती हैं। इस प्रकार की विचारधाराओं को उन्होंने **स्थितिपरक सिद्धान्त (Situatioanl Theory)** कहा है। जितने भी समाजशास्त्रीय सिद्धान्त अब तक प्रतिपादित किये गये हैं उन सभी को मेटा स्पेंसर ने इसी श्रेणी में रखा है। उन सभी सिद्धान्तों की चर्चा यहाँ संक्षिप्त रूप में की जा रही है।

मनुष्यों के प्रकार का सिद्धान्त (Kinds of People Approach)

विसामान्यता एवं अपराध सम्बन्धी कुछ समाजविज्ञानियों एवं चिकित्सकों के द्वारा प्रतिपादित विचारों को देखने से ऐसा लगता है कि समाज में कुछ लोग अपराधी जन्म से होते हैं। किसी व्यक्ति के अपराधी बनने में समाज की कोई भूमिका नहीं होती है। शारीरिक बनावट एवं मनोवैज्ञानिक विश्लेषण के आधार पर यह प्रमाणित किया जा सकता है कि कोई व्यक्ति अपराधी प्रकृति का है या नहीं। जिन विचारकों का ऐसा मानना है उनके सिद्धान्तों को इसी श्रेणी में रखा जाता है। इस प्रकार की विचारधारा को हम दो उप-भागों में बाँट सकते हैं– (1) जैविक सिद्धान्त तथा (2) मनोवैज्ञानिक सिद्धान्त।

1. जैविक सिद्धान्त (Biological Theories)— प्रारम्भिक फ्रांसीसी मानवशास्त्री पॉल ब्रोका (Paul Broca) ने अपराध को अपराधियों के मस्तिष्क एवं खोपड़ी (Brain and Skulls) की बनावट के आधार पर समझने का प्रयास किया है। उनका कहना था कि शान्तिप्रिय एवं कानून का पालन करने वाले लोगों के मस्तिष्क एवं खोपड़ी की बनावट अपराधकर्मियों से भिन्न होती है। इटैलियन चिकित्सक एवं अपराध विज्ञान के वैज्ञानिक चिन्तन **(Positive School of Criminology)** के प्रवर्त्तक सी. लॉम्ब्रोसो (Cesare Lombroso) ने 1870 के दशकों में यह विचार दिया कि कुछ लोग जन्म से ही अपराधी होते हैं तो कुछ अपराधी जैविक एवं मनोवैज्ञानिक स्तर पर त्रुटिपूर्ण होते हैं। उन्होंने तीन प्रकार के अपराधियों की चर्चा की है– **जन्मजात अपराधी (Born Criminal), पागल अपराधी (Insane Criminal)** एवं **Criminaloids**। उनके सिद्धान्त को **पूर्वजानुरूप** या **एटाविस्टिक सिद्धान्त (Atavistic Theory)** कहा जाता है। लम्बे समय तक यह विचारधारा काफी प्रचलित रही, लेकिन बाद में इसकी काफी आलोचना हुई। इस सन्दर्भ में चार्ल्स गोरिंग (Charles Goring) का नाम विशेष रूप से उल्लेखनीय है। उन्होंने इस शताब्दी के प्रारम्भ में ब्रिटिश कैदियों का अध्ययन कर यह प्रमाणित किया कि कोई व्यक्ति जन्म से अपराधी नहीं होता है।

अमरीकी मनोवैज्ञानिक एवं चिकित्सक, विलियम ए. सेल्डन (William A. Sheldon) ने 1940 के दशक में **शारीरिक गठन के वर्गीकरण (Constitutional Typology)** के आधार पर फिर से जैविकीय सिद्धान्त में प्राण फूँका। उन्होंने 200 विसामान्य व्यक्तियों के शरीर की बनावट के आधार पर उन्हें तीन भागों में बाँटा और यह प्रमाणित करने का प्रयास किया कि जो लोग शरीर से काफी हृष्ट-पुष्ट (Mesomorphs) होते हैं, वे साधारणतया दुबले-पतले (Ectomorphs) या माँसल शरीर वाले व्यक्तियों (Endomorphs) की तुलना में ज़्यादा अपराधी किस्म के व्यक्ति होते हैं। उनके शरीर की बनावट ऐसी होती है कि वे ग़लत हरकत करने में अन्य लोगों की तुलना में कुछ ज़्यादा ही सक्षम होते हैं। इस सिद्धान्त का कई विद्वानों ने समर्थन भी किया है। आलोचकों का कहना है कि अपराध का सम्बन्ध यदि शारीरिक बनावट से है, तो उसे आनुवंशिकता (Heredity) के आधार पर नहीं समझा जाना चाहिए। हाल के वर्षों में अपराध को उत्पत्तिमूलक कारकों (Genetic Factors) से जोड़ने का प्रयास किया गया है। इस विचारधारा के समर्थकों का कहना है कि जिन व्यक्तियों के अन्तर्गत 'Y' गुणसूत्र ('Y' Chromosome) एक से अधिक होते हैं (XYY),

वे लोग साधारणतया अपराधी किस्म के होते हैं। लेकिन बाद में इस विचारधारा की भी आलोचना हुई। सम्भव है कि जैविक कारक कुछ खास प्रकार के अपराधों से जुड़े हुए हों, लेकिन अपराधी प्रकृति को मात्र जैविक कारकों के आधार पर ही नहीं समझा जा सकता है। मनोवैज्ञानिकों ने जैविक सिद्धान्त का खण्डन किया है।

2. मनोवैज्ञानिक सिद्धान्त (Psychological Theories)— मनोवैज्ञानिकों ने विसामान्य व्यवहारों को व्यक्तित्व के प्रकारों से जोड़ने का प्रयास किया है। फ्रॉयड (Freud) ने अपराध जैसे विषय पर कुछ नहीं लिखा है, लेकिन उनके अनुयायियों ने उनके विचारों से प्रभावित होकर यह विचार व्यक्त किया है कि **मनोविकृत व्यक्ति (Psychopaths)** साधारणतया अन्य लोगों की तुलना में ज़्यादा ही अपराधी-किस्म के होते हैं, क्योंकि उन्हें ऐसा करने में आनन्द मिलता है। मनोविकृत व्यक्तियों के मन में किसी प्रकार की ग्लानि या दया का भाव नहीं होता है। ऐसा देखा गया है कि ऐसे लोगों में इंसानियत की भावना कम पायी जाती है।

फ्रॉयड के विचार से प्रभावित होकर जॉन डोलार्ड (John Dollard) ने **कुंठा-आक्रामकता सिद्धान्त (Frustration-Aggression Theory)** को प्रतिपादित किया है। उनका कहना है कि जब व्यक्ति अपनी उम्मीद या योजनाओं के अनुसार सफल नहीं होता है, तो निराशा की स्थिति में वह आक्रामक रुख अपना लेता है। विसामान्य व्यवहार उसका एक प्रतिफल है। यदि सामाजिक नियन्त्रण के साधन समाज में बड़े कठोर हैं तो ऐसी स्थिति में विसामान्यता इतनी गंभीर नहीं होगी। कुछ मनोवैज्ञानिकों का कहना है कि यदि उच्चवर्ग के लोगों में निराशा अधिक होती है, तो आत्महत्या के लिए भी तैयार हो जाते हैं। लेकिन समाज के कमजोर वर्गों के बीच यदि ऐसी निराशा की स्थिति उत्पन्न होती है, तो वे आत्महत्या के लिए तुलनात्मक रूप से कम उतारू होते हैं, क्योंकि ऐसे लोग निराशा या सफलता के लिए अपने आपको कम और दूसरों को ज़्यादा दोषी ठहराते हैं। मध्यम एवं उच्चवर्ग के लोग किसी निराशा या असफलता के लिए साधारणतया स्वयं को ही ज़्यादा जिम्मेदार मानते हैं।

मनोवैज्ञानिकों का यह भी मानना है कि कुछ अपराधी यह विचार कर अपराध करते हैं कि सिर्फ वे ही नहीं, बल्कि समाज में सभी लोग वैसा ही काम करते हैं। अपनी कमियों या दुर्गुणों को छिपाने के लिए वह दूसरों पर इल्जाम मढ़ देते हैं। जिसे मनोविज्ञान में **रक्षायुक्ति (Defence Mechanism)** के नाम से जाना जाता है।

मनोवैज्ञानिक सिद्धान्तों के आधार पर सभी प्रकार के अपराधों का विश्लेषण सम्भव नहीं है। कुछ ही ऐसे अपराध हैं, जिनका सम्बन्ध व्यक्तित्व से हो सकता है। एक ही अपराध कभी एक व्यक्ति के द्वारा किया जाता तो कभी वह अपराध अपराधियों के एक गिरोह के द्वारा किया जाता है। इससे यह नहीं समझा जा सकता है कि अकेले अपराध करने वाले लोगों का व्यक्तित्व गिरोह में रहने वाले अपराधियों के व्यक्तित्व से मिलता-जुलता है।

स्थितिपरक या समाजशास्त्रीय सिद्धान्त (Situational or Sociological Theories)

जैविक एवं मनोवैज्ञानिक सिद्धान्तों की तुलना में अपराध का समाजशास्त्रीय सिद्धान्त कुछ विशेष ही उपयुक्त माना जाता है। समाजशास्त्र के क्षेत्र में विसामान्यता एवं अपराध सम्बन्धी एक से अधिक किस्म के विचार हैं, पर उन सब विचारों को मोटे तौर पर स्थितिपरक सिद्धान्त (Situational Theories) की संज्ञा दी जाती है। इसके अन्तर्गत विभिन्न किस्म के विचार हैं, जिसे यहाँ संक्षेप में रखने का प्रयास किया जा रहा है।

1. बाध्यता-मूलक सिद्धान्त (Constraint Theory)— जब किसी व्यक्ति का समाज के साथ सम्बन्ध-विच्छेद हो जाता है या सम्बन्ध थोड़ा ढीला पड़ जाता है, तो ऐसी स्थिति में वह विसामान्य व्यवहार करने लगता है। ठीक इसके विपरीत यदि व्यक्ति और समाज के बीच गहरा सम्बन्ध है, तो उसपर सामाजिक नियमों का दबाव ज़्यादा होता है और वह सामाजिक नियमों के अनुरूप स्वाभाविक रूप से व्यवहार करता है। अमरीका के शिकागो विश्वविद्यालय के समाजशास्त्रियों ने इस सदी के दूसरे एवं तीसरे दशक में इस विचार को दुनिया के सामने रखा। उनके ऐसा कहने का मुख्य कारण यह था कि अधिकांश विचलनकारी व्यवहार करने वाले ऐसे व्यक्ति थे जो खंडित परिवार (Broken

Homes) के सदस्य थे। उन समाजशास्त्रियों ने यह भी पाया कि जिस समाज के अन्तर्गत मनोरंजन की व्यवस्था कम है या जहाँ स्वयंसेवी संस्थाएँ आम जनता के लिए कुछ नहीं करती हैं तो ऐसे समाजों में विसामान्यता की घटनाएँ ज़्यादा घटती हैं। ऐसा यहाँ भी देखा गया है कि जो परिवार तलाक के कारण टूट गया है उस परिवार के बच्चे आदर्श परिवार की तुलना में कुछ ज़्यादा ही अपराधी होते हैं। फ्रिडरिक थ्रैसर (F. Thrasher) ने अपनी पुस्तक **The Gang** में बताया है कि जिन समाजों के अन्तर्गत समाजीकरण के अभिकरण, जैसे– परिवार, विद्यालय एवं धार्मिक संस्थाएँ ठीक से काम नहीं करते हैं वहाँ पर अपराध की घटनाएँ अधिक होती हैं। उनका अध्ययन भी यही बताता है कि जब व्यक्ति और समाज के बीच बन्धन कमजोर पड़ जाते हैं तो व्यक्ति के अपराधी होने की सम्भावना बढ़ जाती है। एमिल डर्कहाइम (E. Durkheim) का अहमवादी आत्महत्या (Egoistic Suicide) का सिद्धान्त इस विचारधारा की पुष्टि करता है।

दबाव का सिद्धान्त यह भी स्पष्ट करता है कि उद्योगीकरण एवं नगरीकरण के बढ़ने से अपराध की घटनाएँ समाज में क्यों बढ़ती हैं। चूँकि नगरीकरण और उद्योगीकरण के बढ़ने से परम्परागत सामाजिक नियम-कानून धीरे-धीरे टूटने लगते हैं, अतः व्यक्ति और समाज के बीच सम्बन्ध भी टूटने लगते हैं। ऐसी परिस्थिति में नगरों एवं महानगरों में अपराध की घटनाओं का अधिक होना स्वाभाविक है। चूँकि ग्रामीण समाज में लोग परम्परागत सामाजिक आदर्शों एवं मानदण्डों का आदर करते हैं, व्यक्ति और समाज के बीच गहरे सम्बन्ध बने रहते हैं। अतः वहाँ अपराध की घटनाएँ बहुत कम घटती हैं।

2. कुंठामूलक सिद्धान्त (Frustration Theory)— इस सिद्धान्त की मुख्य मान्यता यह है कि जब सामाजिक अनुरूपता के बावजूद किसी व्यक्ति या समूह की उम्मीदों पर पानी फिर जाता है, तो वह अपने उद्देश्यों की प्राप्ति के लिए सामाजिक नियमों या मान्यताओं का उल्लंघन करने के लिए प्रेरित हो जाता है। अल्बर्ट कोइन (A. Cohen) ने बताया है कि निम्न वर्गीय नवयुवकों के बीच अधिक उद्दण्डता या अपराध की घटनाएँ देखने को मिलती हैं, क्योंकि जब उनकी आशाओं पर पानी फिर जाता है, तो अपने उद्देश्यों की पूर्ति के लिए समाज विरोधी गतिविधियों में विश्वास करने लगते हैं। इस सिद्धान्त से यही विचार प्रतिपादित होता है कि जब व्यक्ति के सामाजिक उद्देश्य और मूल्य के बीच तनाव उत्पन्न हो जाता है, तो लोग सामाजिक मूल्यों के विरुद्ध व्यवहार करने लगते हैं। निम्नवर्ग के लोगों के बीच अपराध की घटनाएँ इसीलिए अधिक देखने को मिलती हैं कि उनके बीच उद्देश्यों (Goal) एवं उसकी प्राप्ति के साधनों (Means) के बीच काफी दूरी होती है। ग़रीब लोग जीवन में बड़ी-बड़ी ख्वाहिश तो पाल लेते हैं पर उनकी पूर्ति के साधन उसके पास नहीं होते हैं। इच्छापूर्ति के साधनों के अभाव में अपराध की घटनाएँ वैसे लोगों के बीच स्वाभाविक रूप से घटने लगती हैं। आर. के. मर्टन के **मानदण्डहीनता का सिद्धान्त (Theory of Anomie)**[4] से इस तर्क की पुष्टि होती है। इस सिद्धान्त की विस्तार से चर्चा आगे की जा रही है।

3. विभेदी साहचर्य सिद्धान्त (Differential Association Theory)— अमरीकी समाजशास्त्र के **शिकागो परम्परा (Chicago School)** के प्रतिनिधि इडविन एच. सदरलैण्ड (Edwin H. Sutherland) ने बहुत सारे अनुभवाश्रित तथ्यों के आधार पर इस सिद्धान्त का प्रतिपादन इस शताब्दी के मध्य में किया था। कभी-कभी इसे ही **संस्कृति संचरण सिद्धान्त (Cultural Transmission Theory)** या **उप-संस्कृति सिद्धान्त (Sub-cultural Theory)** भी कहा जाता है। सदरलैण्ड का कहना है कि जब व्यक्ति को समाज में समायोजित करने का कोई वैध तरीका नज़र नहीं आता है, तो वह विसामान्य व्यवहार करने लगता है। यह विसामान्य व्यवहार करने वाले व्यक्ति की कोई व्यक्तिगत खोज नहीं है। चूँकि समाज में पहले से इस प्रकार की उपसंस्कृति मौजूद होती है, वह उसके सम्पर्क में आकर उसका मात्र अनुसरण करता है। मेटा स्पेंसर (Metta Spencer, 1976: 160) के अनुसार इस सिद्धान्त की मान्यता इस प्रकार की है– "विसामान्य व्यक्ति वह है, जो एक सामान्य उप-संस्कृति का अनुसरण करता है" (The deviant is seen as

---

4. भाव की दृष्टि से *Anomie* शब्द का हिन्दी रूपान्तर प्रतिमान शून्यता (या प्रतिमानहीनता) की तुलना में **मानदंडहीनता** ज्यादा उपयुक्त और सार्थक शब्द है।

conforming to a deviant sub-culture.) व्यक्ति का कोई व्यवहार उस विसामान्य उप-संस्कृति के सन्दर्भ में नहीं होता है, बल्कि बृहत्तर संस्कृति के सन्दर्भ में होता है जिसका वह उप-संस्कृति एक छोटा-सा अंग है।

सदरलैण्ड का विचार है कि लोग अपराधी जन्म से नहीं होते हैं। व्यक्ति समाज में आकर अपराध सीखता है। उन्हीं के शब्दों में– "अपराधी व्यवहार सीखा जाता है।" (Criminal behavior is learned.) कोई भी व्यक्ति अपराध को न तो आनुवंशिकता के आधार पर प्राप्त करता है और न ही योजनाबद्ध तरीके से इसका आविष्कार करता है। लोग साधारणतया प्राथमिक समूहों के संसर्ग में आकर अपराधी व्यवहार सीखते हैं। कोई व्यक्ति बड़ा अपराधी होता है, तो कोई छोटा, यह इस बात पर निर्भर करता है कि कोई अच्छा व्यक्ति बुरे व्यक्तियों के संसर्ग में कितनी बार गया है या कितने दिनों तक उसके संसर्ग में रहा है या फिर उसके अपराधी आचरण सीखने की तीव्रता कितनी है। इस सम्बन्ध में सदरलैण्ड की मान्यता इस प्रकार है– "अपराधी व्यवहार दूसरे लोगों के संसर्ग में संचार की प्रक्रिया के माध्यम से सीखा जाता है।"[5]

सदरलैण्ड ने यह भी कहा है कि किसी भी संस्कृति में पूरी तरह एकरूपता नहीं पायी जाती है। प्रत्येक संस्कृति के अन्तर्गत छोटी-छोटी उपसंस्कृतियाँ होती हैं और उन उपसंस्कृतियों में कुछ अपराधियों की भी उपसंस्कृतियाँ होती हैं। किसी समाज में अपराध का अधिक या कम पाया जाना इस बात पर भी निर्भर करता है कि उस समाज में अपराधियों की उपसंस्कृतियाँ कितनी अधिक या प्रबल हैं। सदरलैण्ड के इस विचार से यह स्पष्ट होता है कि किसी अपराध के पीछे व्यक्तित्व का महत्त्व उतना नहीं है जितना परिस्थितियों का है। सदरलैण्ड के सिद्धान्त में स्पष्टत: यह कमी नज़र आती है कि वे यह नहीं स्पष्ट कर पाते हैं कि आखिर प्रतिरोधी संस्कृति या उपसंस्कृति की उत्पत्ति कैसे होती है।

4. मानदण्डहीनता का सिद्धान्त (Theory of Anomie)— विसामान्य व्यवहार को कुछ समाजशास्त्रियों ने मानदण्डहीनता का सिद्धान्त के आधार पर समझने का प्रयास किया है। समाजशास्त्र में मानदण्डहीनता का सिद्धान्त फ्रांसीसी समाजशास्त्री एमिल डर्कहाइम ने आत्महत्या (Suicide) के सिद्धान्त के सन्दर्भ में दिया था। उनका कहना है कि विकास के कारण आधुनिक समाज में कुछ परम्परागत नियम-कानून टूट जाते हैं और उसकी जगह पर कोई वैकल्पिक नियम-कानून विकसित नहीं हो पांता है, तो ऐसी स्थिति में **मानदण्डहीनता (*Anomie* or Normlessness)** की स्थिति उत्पन्न हो जाती है। लोगों को कभी-कभी यह स्पष्ट नहीं हो पाता है कि कौन-सा आचरण सही या ग़लत है। ऐसी परिस्थिति में विसामान्य व्यवहार होना कोई बहुत ही अस्वाभाविक घटना नहीं है।

लगभग चालीस साल बाद डर्कहाइम के इस विचार को आर.के. मर्टन (R.K. Merton, 1955) ने विसामान्यता का सिद्धान्त के रूप में आगे बढ़ाया। मर्टन ने बताया है कि औद्योगिक रूप से विकसित समाजों में भौतिक उपलब्धि जीवन का प्रमुख लक्ष्य माना जाता है। चूँकि उसे प्राप्त करने के लिए बहुत कड़ी मेहनत की आवश्यकता होती है, अत: सामाजिक जीवन में काफी प्रतियोगिता बढ़ जाती है। पर इस कोशिश में कुछ ही लोग सफल होते हैं। जो लोग थोड़ा सफल होते हैं या पूरी तरह असफल रह जाते हैं, वे किसी-न-किसी ग़लत रास्ते को अपनाकर जीवन में सफल होने का प्रयास करते हैं। ऐसी स्थिति में व्यक्ति और समाज के बीच एक तनाव की स्थिति उत्पन्न हो जाती है। समाज के प्रचलित नियम-कानूनों, प्रतिमानों एवं मूल्यों के भंग होने की स्थिति उत्पन्न हो जाती है। मर्टन के अनुसार इस स्थिति में लोगों के व्यवहार में पाँच किस्म की प्रतिक्रियाएँ देखी जाती हैं।

पहली प्रतिक्रिया **अनुरूपता (Conformity)** की है। समाज के अधिकांश लोग प्रचलित नियम-कानूनों एवं जीवन के मूल्यों के अनुसार जीना पसन्द करते हैं। असफलताओं से सभी लोग समान रूप से विचलित नहीं होते हैं। दूसरी प्रतिक्रिया खोजी प्रवृत्ति की है। समाज में कुछ लोग ऐसे भी होते हैं, जो समाज के सामान्य नियम-कानूनों एवं

5. "Criminal behavior is learned in interaction with other persons in a process of communication."— Edwin H. Sutherland, **Principles of Criminology**, Philadelphia: Lippincott, 1949, p. 6.

मूल्यों को स्वीकार करते हुए कुछ नया काम करते हैं, जैसे– धन-सम्पत्ति कमाने के लिए घूस लेना या चोरी-बेईमानी करना इत्यादि। ऐसे लोगों को मर्टन ने **नवप्रवर्त्तक (Innovators)** की संज्ञा दी है। तीसरी प्रतिक्रिया को उन्होंने **कर्मकाण्डवाद (Ritualism)** कहा है। समाज में कुछ ऐसे लोग होते हैं, जो परम्परागत सामाजिक मूल्यों के प्रभाव में रहकर समाज में कुछ करना चाहते हैं लेकिन कभी-कभी वे उन मूल्यों को भी भूल जाते हैं, जिनके लिए नियम बनाये गये हैं, जैसे– दफ्तरों के अन्तर्गत बहुत सारे अधिकारी नियमों का इतनी कठोरता से पालन करते हैं कि ऐसा लगता है नियम का पालन करना ही उनका मुख्य उद्देश्य है। नियम जिस उद्देश्य से बनाया गया है वह गौण हो जाता है। नियमों के अनुरूप व्यवहार करना और उद्देश्यों को नज़रअन्दाज करना ही विधिवाद कहा जाता है। अपने व्यवहार में ज़्यादा कानूनची होना भी एक प्रकार की विसामान्यता ही है। चौथी प्रतिक्रिया **पलायनवादियों (Retreatists)** की है। कुछ लोग ऐसे होते हैं, जो समाज के प्रचलित मूल्यों को त्याग देते हैं। वे किसी प्रकार की प्रतियोगिता में विश्वास नहीं करते हैं और समाज की मुख्यधारा से अलग-थलग होकर जीवन निर्वाह करना बेहतर समझते हैं। जैसे– पाश्चात्य देशों में हिप्पी (Hippies) या नशाख़ोर इत्यादि।

अन्तिम प्रतिक्रिया को उन्होंने **विद्रोही (Rebellion)** कहा है। समाज में ऐसे भी कुछ लोग होते हैं, जो समाज के किसी मानदण्ड, प्रतिमान या मूल्य में कतई विश्वास नहीं करते हैं। वे समाज से विद्रोह कर जीना पसन्द करते हैं, जैसे– उग्रवादी एवं क्रान्तिकारी राजनीतिक दल के सदस्य।

मर्टन के सिद्धान्त से यह स्पष्ट नहीं हो पाता है कि एक ही परिस्थिति में कुछ लोग आदर्श आचरण, तो कुछ लोग अपराधी आचरण क्यों करते हैं? ग़लत आचरण करने वालों में भी कुछ लोग पलायनवादी, तो कुछ लोग विद्रोही क्यों होते हैं ? इन प्रश्नों का उत्तर मर्टन के सिद्धान्त से नहीं मिल पाता है। यह उनके सिद्धान्त की महत्त्वपूर्ण कमियों में से है। किन्तु मोटे तौर पर उनका सिद्धान्त काफी तर्कसंगत लगता है।

5. नामचिप्पी या लेबिल सिद्धांत (Labelling Theory)— यह सिद्धान्त किसी एक व्यक्ति द्वारा क्रमबद्ध ढँग से विकसित किया हुआ नहीं है, बल्कि यह एक किस्म के विचारों का संग्रह है, जिसमें बेकर (H.S. Becker), गॉफमैन (Goffman), लिमर्ट (Lemert) एवं स्कूर (Schur) इत्यादि हैं। इस सिद्धान्त के समर्थकों का कहना है कि चूँकि समाज कुछ लोगों को अच्छे या बुरे व्यक्ति के रूप में पहचान करता है और जिनकी पहचान बुरे व्यक्ति के रूप में हो जाती है, वे ग़लत काम करने के लिए स्वाभाविक रूप से प्रेरित रहते हैं। यह किसी को अच्छा नहीं लगता है कि उसे कोई ग़लत व्यक्ति करार दे। यह नामचिप्पी का काम समाज में विभिन्न तरह से होता है, जैसे– अमीर ग़रीब के लिए, पुरुष महिलाओं के लिए, वृद्ध नवयुवकों के लिए और बहुसंख्यक अल्पसंख्यकों के लिए कानून बनाकर उस पर नियन्त्रण रखना चाहते हैं। घर के अन्तर्गत भी माता-पिता अपने बच्चों के लिए मौखिक नियम-कानून बनाकर उसका निर्वाह करने का प्रयास करते हैं। प्रशासन के लोग आम जनता के लिए कानून बनाकर उस पर नियन्त्रण रखते है, अर्थात् जो लोग समाज में ज़्यादा प्रभुत्व वाले हैं वे कमजोर लोगों के लिए एक किस्म के लेबिल का निर्माण करते हैं और यही लेबिल समाज में कुछ व्यक्तियों के लिए परेशानी का कारण बन जाता है। यह नामचिप्पी का ही परिणाम है कि सोनार या बनिया को कुछ लोग ठग या बेईमान समझते हैं।

इस सिद्धान्त के अनुसार जब कोई व्यक्ति एक बार अपराधी करार हो जाता है, तो दूसरे लोग भी उसे उसी रूप में देखने का प्रयास करते हैं। जिस व्यक्ति पर समाज कोई दाग़ लगा देता है, तो वह अपने-आपको सुधारने का प्रयास कम करता है, बल्कि उसी क्षेत्र में वह कुछ ज़्यादा बड़ा लेबल प्राप्त करने की कोशिश करता है। ई. लिमर्ट (E. Lemert, 1972) ने बताया है कि जब कोई व्यक्ति पहली बार विसामान्य व्यवहार के लिए पहचाना जाता है, तो वह व्यक्ति **प्राथमिक विसामान्यता (Primary Deviation)** से **द्वितीयक विसामान्यता (Secondary Deviation)** की ओर बढ़ने के लिए प्रेरित हो जाता है। जैसे यदि कोई व्यक्ति पहली बार चोरी में पकड़ा जाता है और यदि उसे सुधारने के बजाय पुलिस द्वारा दण्ड दिया जाता है या कैदखाने में रखा जाता है, तो सम्भव है वह व्यक्ति आगे चलकर कुछ बड़ा ही चोर होने का प्रयास करेगा।

लेबिल सिद्धान्त इस मान्यता पर आधारित है कि समाज में कोई भी व्यवहार विसामान्य नहीं है। सभी व्यवहार एक ही किस्म के हैं, लेकिन समाज के प्रभुत्वसम्पन्न लोगों ने अपने स्वार्थ के लिए कुछ व्यवहारों को विसामान्य करार किया है। इस सिद्धान्त के समर्थक बेकर (Howard S. Becker, 1963: 9) ने स्पष्ट कहा है कि "विसामान्य व्यवहार वह व्यवहार है, जिस पर लोग ऐसा लेबल लगाते हैं।" (Deviant behavior is behavior that people so label.) पर यह मान्यता बहुत सही नहीं है इसलिए कि ऐसे बहुत व्यवहार हैं, जो दुनिया के सभी समाजों में ग़लत ही माने जाते हैं, जैसे– निकट के सम्बन्धियों के साथ यौनाचार, हत्या, बलात्कार, चोरी, मार-पीट इत्यादि।

इस सिद्धान्त में एक और कमी यह है कि अब तक यह स्पष्ट रूप से साबित नहीं हो पाया है कि एक बार किसी व्यक्ति में अपराधी होने का लेबिल लग जाता है, तो भविष्य में वह और भी बड़ा अपराध करने का प्रयास क्यों और कैसे करता है।

मूल्यांकन (Evaluation)

ऊपर जितने भी सिद्धान्तों की चर्चा हुई है उससे अपराधी व्यवहारों का कोई ठोस समाजशास्त्रीय विश्लेषण नहीं हो पाता है। सभी सिद्धान्तों के अन्तर्गत अपराध को एक प्रतिक्रिया (Reaction) के रूप में लिया गया है। अपराध एक क्रिया (Action) भी है, ऐसा किसी सिद्धान्त से नहीं झलकता है। जो लोग अपराधकर्मी हैं वे बहुत ही उद्देश्यपूर्ण ढँग से ऐसा व्यवहार करते हैं और वे यह अच्छी तरह जानते हैं कि ऐसा करने का क्या नतीजा होता है। कॉरनीस एवं क्लार्क (Cornish and Clarke, 1986) ने एक अध्ययन में बताया है कि ऐसा नहीं है कि कुछ लोग समाज द्वारा अपराधी बना दिये जाते हैं, बल्कि कुछ लोग जानबूझ कर जीवनयापन का ऐसा एक माध्यम बनाते हैं। उन्हें इस बात की पूरी जानकारी होती है कि ऐसी हरकतों से क्या लाभ और क्या हानि है, इसलिए इसे उन्होंने विवेकपूर्ण निर्णय (Rational Choice) कहा है।

बहुत अवसरों पर यह भी देखा गया है कि कुछ लोग ग़लत कार्य परिस्थितिवश भी कर बैठते हैं। जब कभी कोई विशेष सुविधाजनक अवसर लोगों को मिलता है, तो उसका लाभ उठाने में वे नहीं हिचकते हैं। फिनी (Feeney, 1986) के एक अध्ययन से यह बिलकुल स्पष्ट होता है कि अधिकांश चोरी के अपराध किसी पूर्व योजना के आधार पर नहीं होता है। यह एक स्थितिपरक निर्णय (Situational Decision) भी हो सकता है, इस तथ्य को बहुत-से समाजशास्त्रियों ने कोई विशेष महत्त्व नहीं दिया है।

इस तथ्य से इन्कार नहीं किया जा सकता है कि विसामान्यता जैसे विषय को सम्पूर्ण रूप से किसी सिद्धान्त के अन्तर्गत समेट कर रखना काफी कठिन कार्य है। विसामान्यता एक बहुत ही वृहद् विषय है। इसका विस्तार किसी की कलम उठाने से लेकर हत्या तक सम्भव है। इन दो सीमाओं के बीच बहुत प्रकार के अपराधों की कल्पना की जा सकती है। अनुरूपता (Conformity) से लेकर विसामान्यता (Deviance) तक मानवीय आचरणों की इतनी लम्बी दूरी है कि उसे एक सिद्धान्त के तहत रखना काफी कठिन काम है। अब तक जो विभिन्न प्रकार के सिद्धान्त आये हैं उनसे समाज में किये गये व्यवहारों पर काफी प्रकाश पड़ता है, इसमें कोई संशय नहीं है। और इसमें भी कोई संशय नहीं है कि अन्य सिद्धान्तों की तुलना में लेबिल सिद्धान्त ज़्यादा यथार्थपूर्ण है।

REFERENCES

Becker, Howard S., **Outsiders**, New York: Free Press, 1963.

Bottomore, T.B., **Sociology**, New York: Vintage Books, 1971.

Cole, Stephen, **The Sociological Orientation: An Introduction to Sociology**, Chicago: Rand McNally College Publishing Co., 1975.

Cornish, Derek B. and Ronald V. Clarke, **The Reasoning Criminal: Rational Choice Perspectives on Offending**, New York: Springer-Verlag, 1986.

Dinitz, Simon *et al.* (Eds.), **Deviance: Studies in Definition, Management and Treatment**, New York: Oxford University Press, 1975.

Feeney, F., 'Robbers as Decision-makers' in Derek B. Cornish and Ronald V. Clarke, **The Reasoning Criminal, Rational Choice Perspective on Offending**, New York: Springer-Verlag, 1986.

Giddens, Anthony, **Sociology**, Cambridge: Polity Press, 1993–1998.

Johnson, Harry M., **Sociology**, New Delhi: Allied Publishers Private Limited, 1983.

Lemert, Edwin, **Human Deviance, Social Problems and Social Control**, Englewood Cliffs, New Jersey: Prentice-Hall, 1972.

Leslie, Gerald R., *et al.*, **Introductory Sociology**, New York: Oxford University Press.

Merton, R.K., **Social Theory and Social Structure**, Glencoe: Free Press, 1957.

Spencer, Metta, **Foundations of Modern Sociology**, New Jersey: Prentice-Hall, 1976.

Sutherland, Edwin H., **Principles of Criminology**, Philadelphia: Lippincott, 1949.

18

सामाजिक नियन्त्रण
(Social Control)

सामाजिक नियन्त्रण समाजशास्त्र की एक प्रमुख अवधारणा है। यह विषय इतना महत्त्वपूर्ण है कि समाजशास्त्र पर जो कुछ भी लिखा जा रहा है, वह प्रत्यक्ष एवं अप्रत्यक्ष ढँग से सामान्य तौर पर सामाजिक नियन्त्रण से जुड़ा रहता है। मकीवर और पेज (MacIver and Page, 1985: 137) ने इस सम्बन्ध में लिखा है कि "समाजशास्त्रीय साहित्य का बड़ा हिस्सा, चाहे जिस नाम से भी जाना जाता हो, सामाजिक नियन्त्रण का ही निरूपण करता है।" (A very large part of sociological literature, by whatever name, treats of social control.) इसकी प्रमुखता का कारण यह है कि सामाजिक नियन्त्रण की प्रक्रियाओं के द्वारा समाज सन्तुलित ढँग से संचालित होता रहता है। जैसे नियम-कानून के अभाव में कोई राज्य व्यवस्थित ढंग से नहीं चल सकता है, उसी प्रकार समाज भी नियम-कानून के अभाव में नहीं चल सकता है। सामाजिक नियन्त्रण की प्रक्रिया का मुख्य उद्देश्य समाज को अव्यवस्था से बचाना तथा भविष्य में उसके अस्तित्व को कायम रखना है। जिस प्रकार राज्य अपने नियमों के उल्लंघन करने वालों को दण्ड देता है, उसी प्रकार समाज भी सामाजिक नियम-कानूनों को तोड़ने वालों को दण्ड देता है, जिससे कि लोगों के व्यवहार में निश्चितता तथा एकरूपता बनी रहती है। नियन्त्रण के स्तर पर समाज और राज्य के बीच यही फ़र्क है कि राज्य लिखित नियमों से चलता है और समाज अलिखित नियमों से संचालित होता है। राज्य के नियम यदि योजनाबद्ध तरीके से निर्मित होते हैं, तो समाज के नियम एवं आदर्श समय के साथ स्वत: विकसित होते रहते हैं।

सामाजिक नियन्त्रण की स्वतन्त्र रूप से चर्चा इस शताब्दी के प्रारम्भिक दशक में अमरीकी समाजशास्त्री रॉस (E.A. Ross— **Social Control**, 1901) ने की थी और तब से समाजशास्त्र में यह एक प्रमुख विषय के रूप में चर्चित होता रहा है। समाजशास्त्र के क्षेत्र में यह अवधारणा अवश्य नवीन है, पर सामाजिक नियन्त्रण की प्रक्रिया उतनी ही पुरानी है जितना कि समाज। लेकिन सामाजिक नियन्त्रण के साधनों में समय और परिस्थितियों के अनुसार परिवर्तन होता रहा है। समाज के इतिहास में ऐसा भी वक्त था, जब इसका संचालन राज्य, कानून, शिक्षा संस्थान जैसे संसाधनों के माध्यम से नहीं हो रहा था, लेकिन आज वे सभी सामाजिक नियन्त्रण के प्रमुख साधन हो गये हैं। प्राचीन एवं मध्यकालीन समाज विशेषतौर पर अनौपचारिक नियमों से चल रहा था तो वर्तमान का आधुनिक समाज औपचारिक नियमों से संचालित हो रहा है। पहले धर्म की महत्ता बहुत ज़्यादा थी आज धर्म की महत्ता काफी कम हो गयी है। समय के साथ सामाजिक नियन्त्रण के माध्यमों एवं उसके स्वरूप में काफी परिवर्तन आया है। यह स्वाभाविक भी है, क्योंकि समाज एक परिवर्तनशील व्यवस्था है। ऐसा लगता है कि धीरे-धीरे नयी-नयी किस्म के नियन्त्रण के संसाधनों

का प्रभाव व्यक्तियों पर बढ़ता जा रहा है। यह बदलते समय की आवश्यकता है। यदि समाज अपने सदस्यों के आचरण पर नियन्त्रण खो देता, तो समाज कब का समाप्त हो गया होता। मानव-समाज वर्तमान स्थिति में जो मौजूद है इसमें यदि सबसे प्रबल भूमिका किसी सामाजिक प्रक्रिया की रही है तो वह है– सामाजिक नियन्त्रण। इस ओर हमारा ध्यान हॉब्स, टॉनीज, पारेटो, डर्कहाइम, पार्सन्स एवं मर्टन जैसे विभिन्न विद्वानों ने आकृष्ट किया है।

कुछ लोगों ने समाजीकरण (Socialization) एवं सामाजिक नियन्त्रण का एक-दूसरे का पर्यायवाची की तरह इस्तेमाल किया हैं, लेकिन ऐसा करना ग़लत है, इसीलिए कि समाजीकरण एक सीखने की प्रक्रिया का नाम है। इसमें कोई सन्देह की बात नहीं कि समाजीकरण की प्रक्रिया सामाजिक नियन्त्रण से बहुत सीधे ढँग से जुड़ी हुई है। समाज में कौन-सा व्यवहार अपेक्षित या अनपेक्षित है, इसकी जानकारी व्यक्ति को समाजीकरण के द्वारा ही होती है। सामाजिक नियन्त्रण समाजीकरण नहीं है, पर समाजीकरण के द्वारा सामाजिक नियन्त्रण अवश्य होता है। जिन माध्यमों के द्वारा समाजीकरण होता है, बहुत हद तक उन्हीं माध्यमों के द्वारा सामाजिक नियन्त्रण भी होता है। इसीलिए कभी-कभी समाजीकरण एवं सामाजिक नियन्त्रण की प्रक्रिया एक-सी लगती है। समाजीकरण सामाजिक नियन्त्रण का एक आधार है। जितना अधिक सामाजिक मानदण्डों के अनुरूप समाजीकरण होगा, समाज में सामाजिक नियन्त्रण भी उतना ही आसानी से होगा। इन्हीं तथ्यों को ध्यान में रखकर जे.एच. फिक्टर (J.H. Fichter, 1957: 363) ने कहा है कि "सामाजिक नियन्त्रण समाजीकरण की प्रक्रिया का विस्तार है।" (Social control is an extension of the socialization process.)

जहाँ तक सामाजिक नियन्त्रण की परिभाषा का प्रश्न है, इस सम्बन्ध में विद्वानों के बीच कोई विशेष मतभेद नहीं हैं। सभी समाजशास्त्रियों ने इसे लगभग एक ही ढंग से परिभाषित किया है। उदाहरणस्वरूप, हॉर्टन एव हंट ने सामाजिक नियन्त्रण को निम्नलिखित ढंग से परिभाषित किया है– "समाजशास्त्री सामाजिक नियन्त्रण शब्द का प्रयोग उन सभी माध्यमों एवं प्रक्रियाओं को व्यक्त करने के लिए करते हैं, जिनके द्वारा एक समूह या एक समाज अपने सदस्यों के व्यवहार में अपनी अपेक्षाओं के अनुरूप अनुकूलन लाने में सफल होता है।"[1] इस परिभाषा से यही स्पष्ट होता है कि सामाजिक नियन्त्रण एक ऐसा माध्यम या प्रक्रिया है, जिसके द्वारा समाज में व्यक्तियों के व्यवहार में अनुरूपता लायी जाती है। गॉर्डन मार्शल (Gordon Marshall) ने अपनी **Oxford Dictionary of Sociology** में यही विचार प्रकट किया है कि सामाजिक नियन्त्रण सामाजिक व्यवस्था एवं स्थिरता का अनुसरण है। अनुरक्षण का कार्य दो माध्यमों से होता है– समाजीकरण एवं बाहय दबाव।

समाजीकरण के सम्बन्ध में फिर से कुछ कहने की आवश्यकता नहीं है, क्योंकि इसकी चर्चा पहले ही हो चुकी है। यहाँ सिर्फ यही बात दोहराई जा रही है कि समाजीकरण के द्वारा समाज के सदस्य यह सीखते हैं कि व्यक्ति के हित में कौन-से आचरण अपेक्षित हैं। हमें किस परिस्थिति में कौन-से आचरण करना चाहिए या कौन-से नहीं, इसकी जानकारी समाजीकरण के द्वारा ही होती है। सामाजिक नियन्त्रण के अनौपचारिक साधनों की जानकारी व्यक्ति को समाजीकरण के द्वारा ही होती है। व्यक्तियों के व्यवहार में अनुरूपता सिर्फ इस बात से नहीं आती है कि समाज ने उसे ऐसा ही करने के लिए सिखाया है, बल्कि हम बाहरी दबाव के डर से भी अच्छा व्यवहार करने की कोशिश करते हैं। जो लोग अच्छा काम करते हैं समाज उन्हें विभिन्न तरीकों से प्रोत्साहित करता है। लेकिन जब हमारा व्यवहार समाज के नियमों के अनुरूप नहीं होता है, तो समाज हमें दण्डित करने में देरी भी नहीं करता है। हिन्दू समाज की यह अपेक्षा है कि इस धर्म को मानने वाले लोग अपनी ही जाति के अन्दर विवाह करें, लेकिन यदि कोई ब्राह्मण किसी दलित कन्या से विवाह करता है, तो उसे जाति से निष्कासित किया जाता है। इसी डर से लोग समाज के नियमों के अनुरूप व्यवहार करने का प्रयास करते हैं। उसी प्रकार यदि कोई व्यक्ति किसी के साथ बलात्कार करता है, तो राज्य उसे दण्डित करता है।

---

1. "Sociologists use the term social control to describe all the means and processes whereby a group or a society secures its member's conformity to its expectations."— P.B. Horton and C.L. Hunt, **Sociology,** McGraw-Hill Kogakusha Ltd., Tokyo, 1980, p. 141.

यहाँ यह भी उल्लेखनीय है कि परम्परागत समाज में सामाजिक अनुरूपता अनौपचारिक माध्यमों के द्वारा सम्भव होती है। लोग नैतिक मूल्यों, धार्मिक विश्वासों एवं विभिन्न किस्म की परम्पराओं के अनुरूप आचरण करने की कोशिश करते हैं। दूसरे शब्दों में व्यक्तियों के व्यवहार का निर्धारण मौखिक नियम-कानूनों से होता है, लेकिन आधुनिक समाज में लोगों का परम्परागत मूल्यों, प्रतिमानों एवं धार्मिक मूल्यों में विश्वास कम होता है। अत: सामाजिक नियन्त्रण का औपचारिक साधन ज़्यादा महत्त्वपूर्ण हो जाता है। व्यक्तियों के व्यवहार का नियन्त्रण राज्य के नियमों से ज़्यादा और सामाजिक नियमों से कम होता है। दूसरे शब्दों में आधुनिक जटिल समाज के अन्तर्गत सामाजिक नियन्त्रण के मुख्य साधन औपचारिक नियम-कानून होते हैं, जो लिखित होते हैं। पर ऐसा नहीं है कि वे लिखित नियम-कानून सामाजिक परम्परा से दूर होते हैं। सामाजिक मूल्यों एवं परम्पराओं को ध्यान में रखकर ही औपचारिक नियमों का निर्माण होता है।

विभिन्न समाजों के अन्तर्गत सामाजिक नियन्त्रण की प्रक्रियाओं एवं साधनों का स्वरूप कैसा होता है, यह **सारणी-1** से स्पष्ट हो जाता है।

सारणी-1 सामाजिक नियन्त्रण की प्रक्रियाएँ एवं साधन

नियन्त्रण के साधन/माध्यम	आदिम और ग्रामीण समाज	नगरीय और औद्योगिक समाज
सामाजिक नियम-कानून	लोकरीति, परम्परा, प्रथा, धर्म, लोकाचार	परम्परा, धर्म, कानून
समूह	प्राथमिक समूह, सदस्यता समूह	द्वितीयक सदस्यता समूह
समिति एवं संस्था	परिवार, नातेदारी, ग्रामीण समुदाय, पंचायत, सरदार, सामन्त वैयक्तिक, प्रत्यक्ष, अनौपचारिक	बाह्य समूह
सामाजिक सम्बन्ध	सामंत वैयक्तिक, प्रत्यक्ष अनौपचारिक	परिवार, स्वयंसेवी संगठन, औपचारिक संगठन, राज्य 1. वैयक्तिक, प्रत्यक्ष, अनौपचारिक 2. अवैयक्तिक, अप्रत्यक्ष, औपचारिक
दंड-विधान	निन्दा, बहिष्कार, आर्थिक एवं शारीरिक दण्ड, हत्या	निन्दा, बहिष्कार, अनुशासन की कार्रवाई, जुर्माना, कैद, मृत्यु दण्ड

सामाजिक नियन्त्रण के प्रकार

सामाजिक नियन्त्रण के एक-से अधिक माध्यम हैं और उन माध्यमों के प्रभाव अलग-अलग समाजों में अलग-अलग होता है। कभी-कभी समय के अनुसार एक ही समाज में उनकी तीव्रता में भिन्नता देखने को मिलती है, इसीलिए सामाजिक नियन्त्रण के स्वरूपों में विभिन्नता पायी जाती है। इस तथ्य को एक उदाहरण के द्वारा आसानी से समझा जा सकता है कि प्राचीन एवं मध्यकालीन समाज में काफी अशिक्षा थी। विज्ञान और तकनीकी के क्षेत्र में विकास बहुत कम हुआ था, इसीलिए लोगों का व्यवहार सामाजिक मान्यताओं से कुछ ज़्यादा ही नियन्त्रित हो रहा था। आधुनिक समाज में धर्म का प्रभाव काफी कम हो गया है। राज्य एवं कानून के द्वारा व्यक्तियों का व्यवहार कुछ ज़्यादा ही नियन्त्रित होने लगा है। चूँकि आधुनिक समय में समाज विकास के विभिन्न स्तर पर है, इसीलिए सामाजिक नियन्त्रण के स्तर पर विभिन्न समाजों के बीच काफी भिन्नताएँ हैं। इन्हीं तथ्यों को ध्यान में रखकर जे.एच. फिक्टर ने सामाजिक नियन्त्रण के स्वरूपों को तीन भागों में बाँटा है।

1. सकारात्मक एवं नकारात्मक सामाजिक नियन्त्रण (Positive and Negative Social Control)— जो सामाजिक नियन्त्रण, अनुनय, सलाह, शिक्षा एवं पुरस्कार के द्वारा सम्पन्न होता है, उसे सकारात्मक सामाजिक नियन्त्रण कहते हैं। परिवार, दोस्तों का समूह एवं शिक्षा संस्थानों द्वारा जो आचरण का नियन्त्रण होता है, वह इसी श्रेणी का

सामाजिक नियन्त्रण माना जाता है। व्यक्ति को पुरस्कार व प्रोत्साहन देकर सही व्यवहार करने के लिए प्रेरित किया जाता है, जैसे– अनुशासित छात्र को महाविद्यालय की ओर से पुरस्कार या प्रोत्साहन देना। पार्सन्स (T. Parsons) के अनुसार माँ के द्वारा बच्चे को एक चुम्बन देना ही काफी बड़ा पुरस्कार है।

नकारात्मक सामाजिक नियन्त्रण के अन्तर्गत नियन्त्रण के लिए आदेश और दण्ड का प्रावधान रहता है, जिसके भय से विसामान्य व्यवहारों पर प्रतिबन्ध लगाया जाता है। फाँसी, कैद, जुर्माना, समाज द्वारा निन्दा या उपहास इत्यादि नकारात्मक सामाजिक नियन्त्रण में सहायक हैं।

2. औपचारिक एवं अनौपचारिक सामाजिक नियन्त्रण (Formal and Informal Social Control)— औपचारिक नियन्त्रण वह नियन्त्रण है, जो निश्चित लिखित कानूनों के द्वारा सम्पन्न होता है तथा जिसे व्यक्ति या समूह को मानना ही पड़ता है। औपचारिक नियन्त्रण के साधनों का विरोध करने पर दण्ड देने की व्यवस्था होती है, जैसे– अपहरणकर्त्ता पर मुकदमा चलाकर न्यायालय द्वारा दण्ड दिया जाना इत्यादि। राज्य, पुलिस, न्यायालय किसी औपचारिक संगठन इत्यादि के द्वारा किया गया नियन्त्रण औपचारिक नियन्त्रण का उदाहरण है।

अनौपचारिक नियन्त्रण वह नियन्त्रण है जिसका विकास कोई सामाजिक समूह अपने कल्याण के लिए करता है तथा इसकी अवहेलना करने वालों की समाज निन्दा या बहिष्कार करता है। अनौपचारिक नियन्त्रण का सम्बन्ध राज्य से न होकर समाज से होता है। यह औपचारिक नियन्त्रण की तुलना में अधिक प्रभावशाली सिद्ध होता है। प्रथाएँ, लोकरीतियाँ, लोकाचार, नैतिकता, धर्म, परिवार, जनमत, अलिखित नियम इत्यादि अनौपचारिक नियन्त्रण के प्रमुख साधन हैं।

3. सामूहिक एवं संस्थागत नियन्त्रण (Group and Institutional Social Control)— फिक्टर ने बताया है कि समाज बहुत किस्म के समूहों के मिलने से निर्मित होता है और उन समूहों के द्वारा व्यक्ति का आचरण निर्धारित होता है। व्यक्ति के जीवन पर समूह का प्रभाव इसलिए होता है कि वह किसी-न-किसी समूह का सदस्य अवश्य होता है। सामाजिक नियन्त्रण के सन्दर्भ में विभिन्न किस्म के समूहों की चर्चा उन्होंने की है, जैसे– परिवार, आर्थिक एवं राजनीतिक समूह, मनोरंजन एवं धार्मिक समूह एवं विभिन्न प्रकार के स्वयंसेवी समूह। उन्होंने यह भी कहा है कि द्वितीयक समूह की तुलना में प्राथमिक समूह के द्वारा सामाजिक नियन्त्रण ज़्यादा प्रभावशाली होता है। विभिन्न प्रकार के समूहों की तुलना में परिवार प्राथमिक समूह की महत्ता नियन्त्रण के साधन के रूप में सबसे अधिक है।

व्यक्तियों के व्यवहार का निर्धारण मात्र समूह जैसी मूर्त व्यवस्था से ही नहीं होता, बल्कि इसमें अमूर्त संस्थाओं की भूमिका भी कम नहीं होती है। धार्मिक विश्वास, प्रथाएँ, मानदण्ड, धार्मिक मूल्यों एवं अन्य प्रकार के सांस्कृतिक यथार्थों के द्वारा व्यक्तियों का व्यवहार निर्धारित एवं संचालित होता है। सामाजिक समूह भी व्यक्तियों को इन्हीं अमूर्त नियमों एवं प्रतिमानों के अनुरूप व्यवहार करने के लिए बाध्य करता है। इसी के आधार पर समाज यह तय करता है कि कौन-सा व्यवहार विसामान्य व्यवहार है या आदर्श व्यवहार है। सामाजिक संस्थाओं के अलावा व्यक्ति का व्यवहार राजनीतिक एवं आर्थिक संस्थाओं के द्वारा भी निर्धारित होता है। राज्य या किसी राजनीतिक पार्टी द्वारा यदि समाज के लोगों का आचरण निर्धारित होता है, तो उसे राजनीतिक संस्थागत नियन्त्रण कहा जायेगा।

उपर्युक्त वर्गीकरण के अतिरिक्त कुछ समाजशास्त्रियों ने सामाजिक नियन्त्रण के अन्य प्रकार की भी चर्चा की है, जिसे सामाजिक नियन्त्रण के चतुर्थ प्रकार के रूप में प्रस्तुत किया जा रहा है।

4. प्रत्यक्ष व अप्रत्यक्ष सामाजिक नियन्त्रण (Direct and Indirect Social Control)— कार्ल मैनहाइम (Karl Mannheim) ने प्रत्यक्ष एवं अप्रत्यक्ष सामाजिक नियन्त्रणों की चर्चा अपनी पुस्तक **Man and Society** में विस्तार से की है। प्रत्यक्ष रूप से नियन्त्रण प्रायः प्राथमिक समूह द्वारा किया जाता है, जैसे– माता-पिता, मित्र, शिक्षक, पड़ोसी इत्यादि। इस नियन्त्रण का प्रभाव व्यक्ति के व्यक्तित्व पर अधिक गहराई से पड़ता है, क्योंकि ये लोग व्यक्ति के समाजीकरण के माध्यम हैं।

अप्रत्यक्ष नियन्त्रण से तात्पर्य व्यक्ति के शेष सामाजिक व भौतिक पर्यावरण द्वारा व्यक्ति पर नियन्त्रण से है। विभिन्न संस्थाओं और संगठनों द्वारा लगाया गया बन्धन अप्रत्यक्ष नियन्त्रण है। नियन्त्रण का यह स्वरूप अत्यधिक सूक्ष्म

व छोटे-से-छोटे व्यवहारों को नियन्त्रित करता है। इसके द्वारा व्यक्ति को एक विशेष प्रकार के व्यवहार करने को बाध्य किया जाता है। उदाहरणस्वरूप, किसी बड़े व्यक्ति को सामने देखकर खड़ा हो जाना इत्यादि। यह नियन्त्रण कालान्तर में हमारे व्यक्तित्व का अंग बन जाता है।

अन्य समाजशास्त्रियों ने भी सामाजिक नियन्त्रण के प्रकारों की चर्चा की है पर उसे देखने से कोई नयी बात सामने नहीं आती है। जिन तथ्यों की चर्चा ऊपर हो चुकी है, उन्हीं को नये नामों के अन्तर्गत कहा गया है, इसीलिए यहाँ सामाजिक नियन्त्रण के अन्य प्रकारों पर विशेष विवरण की कोई आवश्यकता नहीं है। बॉटमोर (T. B. Bottomore, 1972: 217) ने सामाजिक नियन्त्रण के विभिन्न अभिकरणों, जैसे– शिक्षा, धर्म, प्रथा, कानून, नैतिकता को ही सामाजिक नियन्त्रण के प्रकार के रूप में रखने का प्रयास किया है।

सामाजिक नियन्त्रण के प्रकार्य या उद्देश्य (Functions or Aims of Social Control)

समाज में सामाजिक नियन्त्रण के विभिन्न प्रकार के प्रकार्य होते हैं। सामाजिक नियन्त्रण का स्वरूप सभी प्रकार के समाज में समान नहीं होता है। परिस्थितियों के अनुसार साामाजिक नियन्त्रण के प्रकार्यों या उद्देश्यों में विभिन्नताएँ देखने को मिलती हैं। लेकिन यहाँ सामाजिक नियन्त्रण के वैसे प्रकार्यों की चर्चा की जा रही है, जो समान रूप से सभी समाजों में देखने को मिलते हैं।

1. सामाजिक संरचना एवं प्रकार्यों में सापेक्ष स्थिरता प्रदान करना— कोई भी समाज पूर्णत: स्थिर नहीं होता है। परिवर्तन प्रकृति का नियम है। फिर भी समाज के कुछ प्रतिमान ऐसे होते हैं, जिनमें स्थिरता पायी जाती है। प्रत्येक समाज अपने प्रतिमानों को बनाये रखने के लिए सामाजिक नियन्त्रण की आवश्यकता महसूस करता है। भारतीय समाज में अनेक परिवर्तन होने के बावजूद आज भी बहुत सारे सामाजिक तथ्य मौजूद हैं, जैसे– जाति-व्यवस्था, विवाह सम्बन्धी नियम-कानून इत्यादि, जो सामाजिक नियन्त्रण द्वारा सम्भव होते हैं।

परम्परा से चली आ रही समूह की संस्कृति के रख-रखाव और संरक्षण के लिए सामाजिक नियन्त्रण आवश्यक है। व्यक्तियों को समाज में प्रचलित मान्यताओं और मूल्यों के अनुरूप व्यवहार करने के लिए मजबूर या प्रेरित करके इन सांस्कृतिक विशिष्टताओं की निरन्तरता को सुनिश्चित किया जाता है।

परम्पराएँ हमारे पूर्वजों की देन हैं। इन्हें अनवरतता प्रदान करना प्रत्येक समाज का महत्त्वपूर्ण लक्ष्य माना जाता है। सामाजिक नियन्त्रण इस लक्ष्य की प्राप्ति में सहायक होता है। जब कोई व्यक्ति परम्पराओं की अवहेलना करता है, तब सामाजिक नियन्त्रण की प्रक्रियाएँ सक्रिय हो जाती हैं।

2. लोगों का मनोबल ऊँचा बनाये रखना— समाज के सदस्य जब यह महसूस करते हैं कि समाज उनके हितों की सुरक्षा करने में समर्थ है, तो सदस्यगण अपने-आपको सुरक्षित महसूस करते हैं। ऐसी स्थिति में वे तनावमुक्त रहते हैं और सामाजिक व्यवस्था सुचारु रूप से चलती रहती है। यह सुरक्षा की भावना सामाजिक नियन्त्रण द्वारा ही सम्भव है।

3. सदस्यों में संवेदनात्मक एवं सहयोगात्मक भावना को बढ़ावा— यह सामाजिक नियन्त्रण का महत्त्वपूर्ण लक्ष्य है। समाज में बहुत सारे ऐसे प्रश्न हैं, जिन पर सदस्यों में आम सहमति एवं आपसी सहयोग की भावना की आवश्यकता होती है। कौन-सा व्यवहार उचित या अनुचित है, व्यक्ति समाज के लिए क्या कर सकता है या समाज व्यक्ति के लिए क्या कर सकता है इत्यादि ऐसे अनेक प्रश्न हैं जिनका हल आम सहमति या आपसी सहयोग के द्वारा ही सम्भव हो सकता है तथा इससे पारस्परिक सहयोग और सामाजिक एकता में वृद्धि होती है।

मकीवर और पेज ने भी स्वीकार किया है कि सामाजिक नियन्त्रण से समाज में व्यवस्था और एकता कायम होती हैं। समाज अनेक छोटे-बड़े समूहों के मिलने से बनता है। सामाजिक एकता और स्थायित्व को सुनिश्चित करने के लिए इन विभिन्न हिस्सों को एक-दूसरे के साथ तथा पूरे समाज के साथ सन्तुलन बनाये रखना होता है और यह सन्तुलन सामाजिक नियन्त्रण के द्वारा ही स्थापित हो पाता है।

4. समाजविरोधी व्यवहारों का दमन करना— समाज में अनेक व्यवहार असामाजिक या समाजविरोधी होते हैं। इनके लिए राज्य में दण्ड की व्यवस्था होती है। कानून सामाजिक नियन्त्रण का एक प्रमुख साधन है, जिसके अन्तर्गत समाजविरोधी व्यवहार करने वाले को दण्ड दिया जाता है। इसके दो लाभ होते हैं– पहला यह कि ऐसे अपराधी दोबारा अपराध करने की हिम्मत न करें तथा दूसरा यह कि अन्य लोग यह महसूस करें कि समाजविरोधी व्यवहार के कारण वे भी दण्ड के भागी बन सकते हैं।

5. वैयक्तिक सम्बन्धों को व्यवस्थित करना— समाज सामाजिक सम्बन्धों का एक जाल है। परन्तु प्रत्येक सामाजिक सम्बन्ध के कुछ नियम और अपेक्षाएँ हैं। सामाजिक सम्बन्धों के निर्माण में इन पर ध्यान देना आवश्यक होता है, जो सामाजिक नियन्त्रण की विधियों द्वारा पूरा किया जाता है।

6. धन-जन की सुरक्षा— सामाजिक नियन्त्रण के लिए प्रत्येक समाज के पास अपने कुछ नियम एवं कानून होते हैं। सरकार द्वारा समय-समय पर विभिन्न कार्यों के लिए कानून बनाये जाते हैं। सरकार विभिन्न प्रकार के प्रशासनिक तन्त्रों के द्वारा लोगों की सम्पत्ति एवं जीवन की सुरक्षा करती है। समाज में कुव्यवस्था और अविश्वास को फैलने से रोकने के लिए सामाजिक नियन्त्रण के साधन कानून द्वारा सुरक्षा प्रदान की जाती है।

7. एकरूपता स्थापित करना— सामाजिक नियन्त्रण का एक उद्देश्य समाज में समानुरूपता लाना होता है। व्यवहार में परिवर्तन को नियन्त्रित करने के लिए सामाजिक नियन्त्रण की क्रियाविधि का उपयोग किया जाता है। सामाजिक नियन्त्रण का उद्देश्य समाज में निर्धारित मानदण्डों से भिन्न व्यवहार के नुकसानदेह परिणामों से समाज की रक्षा करना होता है।

सामाजिक नियन्त्रण के द्वारा व्यवहार में एकरूपता से यह मतलब नहीं है कि समाज के तमाम लोग एक ही जैसा व्यवहार करें। इसका मतलब यह है कि समाज में विभिन्न लोगों के द्वारा किये जाने वाले व्यवहार एक-दूसरे से जुड़े हों एवं उनकी गतिविधियों में आवश्यक तालमेल भी हों। उदाहरणस्वरूप, प्रत्येक खेल में खिलाड़ियों के लिए एक समान नियम पहले से ही निर्धारित होते हैं। अगर विभिन्न दलों द्वारा उन नियमों का पालन नहीं किया गया, तो कोई खेल नहीं खेला जा सकता। उसी प्रकार सामाजिक जीवन के प्रत्येक क्षेत्र में भी व्यवहारों की एकरूपता की न केवल उम्मीद ही की जाती है, बल्कि यह आवश्यक भी समझी जाती है।

8. सामाजिक परिवर्तन का माध्यम— सामाजिक नियन्त्रण का उपयोग कभी-कभी अपेक्षित सामाजिक परिवर्तन के लिए भी किया जाता है। भारत में बाल-विवाह, छुआछूत तथा दहेज-प्रथा पर प्रतिबन्ध लगाने के लिए कानून जैसे सामाजिक नियन्त्रण के साधन का इस्तेमाल किया गया। कानून के द्वारा मात्र व्यवहारों या आचरणों पर नियन्त्रण ही नहीं, बल्कि परिवर्तन भी सम्भव है। इस देश में कानून के माध्यम से स्त्रियों की सामाजिक स्थिति को उठाने के बहुत सारे सार्थक प्रयास किये गये हैं।

सामाजिक नियन्त्रण के दुष्प्रकार्यात्मक परिणाम (Dysfunctional Consequences of Social Control)

सामाजिक व्यवस्था के लिए सामाजिक नियन्त्रण का परिणाम हमेशा सकारात्मक ही नहीं होता है, बल्कि इसका परिणाम कभी-कभी नकारात्मक भी होता है। समाजशास्त्रियों का कहना है कि सामाजिक नियन्त्रण के माध्यम से समाज में कुछ ऐसे भी कार्य होते रहते हैं, जिनकी समाज अपेक्षा नहीं करता है। यहाँ सामाजिक नियन्त्रण के प्रमुख दुष्प्रकार्यात्मक परिणामों की चर्चा संक्षिप्त ढँग से की जा रही है।

1. शोषण– सामाजिक नियन्त्रण कभी-कभी शोषण का प्रमुख साधन भी बन जाता है। प्रभुत्व सम्पन्न व्यक्ति या समूह अपने निहित स्वार्थों की पूर्ति के लिए इसका अक्सर इस्तेमाल करते हैं। ये स्वार्थ राजनीतिक, सामाजिक, आर्थिक इत्यादि कुछ भी हो सकते हैं। सामाजिक नियन्त्रण के साधनों का इस्तेमाल कर कोई सत्तारूढ़ दल अपने शासन या

प्रभुत्व को स्थायी बनाने का प्रयास कर सकता है। ब्राह्मण जाति के लोग शायद यह कभी पसन्द नहीं करते हैं कि जाति-व्यवस्था में कोई ज़्यादा परिवर्तन हो, क्योंकि उसकी अनवरतता में ही उनका स्वार्थ निहित है।

2. सुधार और परिवर्तन में बाधा— सामाजिक नियन्त्रण परिणामों को सीमित करता है एवं कभी-कभी रचनात्मक कार्यों पर रोक लगाता है। सामाजिक नियन्त्रण के द्वारा रचनात्मक सुधारों और सामाजिक परिवर्तनों में बाधा होती है। प्रारम्भ में आम्बेडकर एवं गाँधी जी के अछूतोद्धार आन्दोलन का लोगों ने विरोध किया। उसी प्रकार पितृसत्तात्मक सामाजिक व्यवस्था के अन्तर्गत लोग यह कभी आसानी से स्वीकार करने को तैयार नहीं होते हैं कि समाज में महिलाओं को पुरुषों के बराबर स्थान मिले।

3. मनोवैज्ञानिक दबाव— सामाजिक नियन्त्रण के साधन कुछ व्यक्तियों पर भारी भावनात्मक और मनोवैज्ञानिक दबाव भी डालते हैं, जैसे– सख्त शासन और दमनकारी माहौल कभी-कभी समाज के सदस्यों में तनाव और मानसिक बीमारी उत्पन्न कर देता है। दलितों का इतने लम्बे समय तक पिछड़े रहने का प्रमुख कारण यह रहा है कि भारतीय संस्कृति का उन पर मनोवैज्ञानिक दबाव इतना अधिक था कि वे शोषण का विरोध करने की हिम्मत ठीक से नहीं जुटा पाये। लोग भाग्य के भरोसे हाथ पर हाथ रखकर जीवन व्यतीत करते रहे। इसी तरह जिस परिवार में कड़ा अनुशासन लागू होता है वहाँ बच्चों के व्यक्तित्व का स्वाभाविक विकास नहीं हो पाता है। इस तरह व्यक्ति को सामाजिक नियन्त्रण के कारण मनोवैज्ञानिक रूप से अनेक किस्म का नुकसान उठाना पड़ता है।

4. सामाजिक तनाव— सामाजिक नियन्त्रण के द्वारा आधुनिक समाज में तनाव भी उत्पन्न होता है। विभिन्न समूहों के बीच विशिष्ट हितों, मान्यताओं और मूल्यों को लेकर एक-दूसरे के साथ टकराव हो सकता है। जब कोई एक या अधिक समूह अपनी मान्यताएँ दूसरों पर थोपने का प्रयास करता है, तो समाज में टकराव और संघर्ष की स्थिति उत्पन्न हो जाती है।

सामाजिक नियन्त्रण की क्रियाविधि या युक्ति (Mechanisms of Social Control)

टैलकॉट पार्सन्स (Talcott Parsons) ने मुख्य रूप से सामाजिक नियन्त्रण की क्रियाविधि की चर्चा की है। इसकी चर्चा उन्होंने सामाजिक व्यवस्था के प्रतिमान को बनाये रखने के सन्दर्भ में की है। पार्सन्स प्रकार्यवादी सैद्धान्तिक परम्परा के समाजशास्त्री हैं। इस विचारधारा के अनुसार सामाजिक व्यवस्था की प्रत्येक इकाई समाज की किसी-न-किसी आवश्यकता को पूरी करने के लिए है और इसी से सामाजिक व्यवस्था अपने प्रतिमानों को बनाये रखती है। पार्सन्स ने आगे कहा है कि यदि कोई व्यवहार सामाजिक मूल्य से विचलित होता है, तो इससे समाज का प्रतिमान खतरे में पड़ सकता है। अत: वैसे व्यवहारों को प्रस्फुटित होने के पहले ही दबा देना चाहिए। पार्सन्स के अनुसार विचलनकारी व्यवहारों के पीछे अनेक सामाजिक-सांस्कृतिक कारक होते हैं और उनमें सबसे प्रमुख कारक भूमिका संघर्ष (Role Conflict) है। हम अधिकतर व्यवहार सामाजिक अपेक्षाओं के अनुरूप ही करते हैं, परन्तु कभी-कभी ऐसे भी अवसर आते हैं, जब हमारा व्यवहार सामाजिक अपेक्षाओं के अनुसार नहीं हो पाता है।

पार्सन्स ने भूमिका संघर्ष के अर्थ को समझाते हुए कहा है कि समाज में एक ही व्यक्ति से कभी-कभी एक ही समय में दो विरोधी भूमिकाओं की आशा की जाती है। ऐसी स्थिति में वह यह निर्णय नहीं कर पाता है कि दो विरोधी भूमिकाओं में से किस भूमिका को वह पहले अदा करे। उदाहरणस्वरूप, एक पुलिस ऑफिसर से कभी-कभी दो भिन्न भूमिकाओं की अपेक्षा की जा सकती है, जैसे– अपराधियों को पकड़कर अदालत तक पहुँचाना तथा नेताओं की पैरवी पर उसे नहीं पकड़ना या पकड़े जाने पर मुक्त कर देना। ये दो विरोधी भूमिकाएँ हैं, जिनका निर्वाह करते समय एक पुलिस ऑफिसर अनिश्चितता की स्थिति से गुज़रता है। उसी प्रकार कभी-कभी एक डॉक्टर के सामने एक ही समय में दो विरोधी भूमिकाओं को निभाने की स्थिति उत्पन्न हो जाती है, जैसे– जब डॉक्टर अपने बच्चों को पढ़ा रहा हो

और उस समय कोई व्यक्ति गंभीर रोग की अवस्था में पहुँचता है, तो डॉक्टर के सामने अनिश्चितता की स्थिति पैदा हो जाती है। इस स्थिति में डॉक्टर अगर उस रोगी को पहले देखता है, तो वह अपने परिवार के प्रति अपेक्षित भूमिका से विचलित होता है या फिर डॉक्टर अपने बच्चों को पढ़ाता रहता है, तो वह रोगी के प्रति अपनी अपेक्षित भूमिका से विचलित हो जाता है। इसी अनिश्चितता की स्थिति को ही समाजशास्त्रीय भाषा में **भूमिका द्वन्द्व** कहा जाता है।

पार्सन्स ने भूमिका द्वन्द्व की स्थिति से निबटने के लिए दो उपाय सुझाए हैं– (i) अपने कार्य-कलाप को समयानुसार बाँट देना एवं (ii) विषय-वस्तु की प्रमुखता के अनुसार एक कार्य को अन्य की तुलना में अधिक महत्त्व देना। कार्यों की इस वितरण व्यवस्था को यदि हम संस्थागत रूप दे सकें, तो भूमिका-संघर्ष की स्थिति कम-से-कम होगी, जिससे विचलनकारी प्रवृत्ति में भी कमी होगी। ऐसी स्थिति में किसी एक समय में हम एक ही भूमिका का निर्वहन करेंगे। कार्य की इस वितरण व्यवस्था के बाद भी भूमिका द्वन्द्व की सम्भावना उत्पन्न हो सकती है, जैसे– यदि डॉक्टर अपने परिवार के साथ मनोरंजन कर रहे हों और उस स्थिति में कोई रोगी गंभीर अवस्था में आता है, तो डॉक्टर के सामने यह समस्या हो जाती है कि वह रोगी को देखे या परिवार के साथ मनोरंजन करे। पार्सन्स ने कहा कि डॉक्टर को कार्य के महत्त्व और मानवीय मूल्यों के आलोक में रोगी को ही पहले देखना चाहिए। इससे भी भूमिका-द्वन्द्व की स्थिति को कम किया जा सकता है। इस प्रकार सामाजिक नियन्त्रण की यान्त्रिकी समाज में स्थिरता और उसकी सुव्यवस्था को बनाये रखती है। पार्सन्स ने इन तथ्यों की पृष्ठभूमि में सामाजिक नियन्त्रण की तीन क्रियाविधियों की चर्चा की है– **(i) स्वीकारात्मक (Positive), (ii) निषेधात्मक (Negative)** एवं **(iii) चिकित्सात्मक (Therapeutic) ।**

(i) स्वीकारात्मक क्रियाविधि (Positive Mechanism)— सामाजिक नियन्त्रण की बहुत सारी प्रक्रियाएँ स्वतः संचालित होती रहती हैं। हम जीवन की बहुत सारी चीजों को समाजीकरण के माध्यम से सीखते हैं। बच्चे जो घर में या स्कूल में सीखते हैं, वह उनके जीवन का एक स्वाभाविक तौर-तरीका बन जाता है। बहुत सारे धार्मिक अनुष्ठान और क्रिया-कलाप हम स्वतः करते रहते हैं। इसके लिए हमें किसी बाहरी दबाव की आवश्यकता नहीं होती है। ऐसी क्रियाविधि स्वीकारात्मक क्रियाविधि कहलाती है।

(ii) निषेधात्मक क्रियाविधि (Negative Mechanism)— समाज में बहुत सारे ऐसे भी व्यवहार होते हैं, जिसे हम किसी बाह्य दबाव के अन्तर्गत करते हैं। बहुत-से लोग चोरी या घूसखोरी करना चाहते हैं पर वे इसलिए ऐसा नहीं कर पाते हैं कि उन्हें कानून का भय होता है। जब हम किसी बाहरी शक्ति के डर से कोई विसामान्य व्यवहार नहीं करते हैं, तो वह निषेधात्मक क्रियाविधि की श्रेणी में आता है।

(iii) चिकित्सात्मक (सुधारात्मक) क्रियाविधि (Therapeutic Mechanism)— अपराधियों को दण्ड इसलिए दिया जाता है कि वे भविष्य में ग़लत हरकत दुबारा न करें। अपराधी किस्म के नाबालिग बच्चों को सुधारने के लिए उसे कभी-कभी सुधारालय (Remand Home) में रखा जाता है। माता-पिता भी अपने बच्चों को सुधारने के लिए **पुनः समाजीकरण (Re-socialization)** करने की कोशिश करते हैं। विभिन्न समाजों में व्यक्तियों के व्यवहारों को सामाजिक नियम-कानूनों के अनुरूप करने के अनेक अलग-अलग साधन हैं। पार्सन्स ने चिकित्सात्मक क्रियाविधि के अन्तर्गत निम्नलिखित उपायों पर इस प्रकार प्रकाश डाला है–

1. विसामान्य व्यक्ति के संवेदनात्मक समर्थन (Emotional support) प्रदान कर उसे समाज की मुख्यधारा से जोड़ा जा सकता है। **मनोवैज्ञानिक निविष्ट (समर्थन) (Psycho-dynamic Input)** मिलने से व्यक्ति समाज से अपने-आपको अलग समझता है और धीरे-धीरे उसके व्यवहार में अनुरूपता आने लगती है।

2. किसी भी विसामान्य व्यक्ति को अचानक सुधारा नहीं जा सकता है। इसके लिए धीरे-धीरे उसके व्यवहार को सुधारा जाता है। परन्तु इस प्रक्रिया के दौरान व्यक्ति छोटे-छोटे विसामान्य व्यवहार करता रहता है, जिसे समाज को सहन करना पड़ता है।

आचरण को सुधारने के लिए कभी-कभी समाज के द्वारा विसामान्यता की छूट भी दी जाती है, ताकि उसके मन में जो कुछ भी दमित भाव है, वह निकल जाय, जैसे– होली के अवसर पर नवयुवकों को ग़लत आचरण करने के लिए

हिन्दू समाज में काफी छूट है। उसी प्रकार मेले में भी कुछ ग़लत हरकत करने पर पुलिसकर्मी बहुत सख्ती से पेश नहीं आते हैं। इस प्रकार के आचरण को **सुरक्षा-कपाट क्रियाविधि (Safety-valve Mechanism)** कहा जाता है। पाश्चात्य देशों में यौन-सम्बन्धी व्यवहारों पर नियन्त्रण रखने के लिए नाईट क्लब (Night Club), नृत्यशाला (Casino) आदि संस्थाओं की व्यवस्था की गयी है। इनके द्वारा विसामान्य व्यवहार नियन्त्रित ढँग से बाहर निकल आता है।

3. कभी-कभी समाज को ग़लत हरकतों या आदतों से बचाने के लिए विसामान्य व्यवहार करने वालों को समाज से दूर रखा जाता है, जैसे– सरकार की यह कोशिश होती है कि शराब की दुकानों, जुआखानों एवं वेश्यालयों को शहर में ऐसी जगह पर नहीं चलने दिया जाये, जिससे समाज के अच्छे लोगों को ग़लत आदत का शिकार होना पड़े। यही कारण है कि पाश्चात्य देशों में नृत्यशाला (Casino) एवं अश्लील चलचित्र-गृह (Adult Video Shop) जैसी व्यवस्था को शहर के मुख्य क्षेत्र या कम-से-कम आवासीय क्षेत्र से दूर अपना धन्धा चलाने की अनुमति दी जाती है। इस प्रकार के पृथक्करण की क्रियाविधि कभी-कभी आमजीवन में भी अपनाने की आवश्यकता होती है, जैसे– जब कुछ विद्यार्थी परीक्षा में मात्र चोरी के बल पर ही सफल होने का प्रयास करते हैं, तो ऐसे विद्यार्थियों से तंग आकर प्राचार्य कभी-कभी अलग परीक्षा-स्थल की भी व्यवस्था करते हैं, ताकि इसका कुप्रभाव महाविद्यालय के अन्य परीक्षार्थियों पर नहीं पड़े। इसे समाजशास्त्रीय भाषा में **पृथक्करण क्रियाविधि (Insulation Mechanism)** कहा जाता है।

4. सामाजिक नियन्त्रण की एक और क्रियाविधि **अस्थायी छूट (Temporary Relaxation)** है। जब कहीं कोई आकस्मिक घटना घटती है, जैसे– भूकम्प, बाढ़, अग्निकाण्ड या रेल दुर्घटना इत्यादि, तो ऐसी परिस्थिति में कुछ लोग उस समय ग़लत काम कर बैठते हैं। समाज उस ढंग की छिट-पुट घटनाओं पर अधिक गौर नहीं करता है। ऐसी परिस्थिति में प्रशासन की ओर से कोई विशेष कार्रवाई नहीं होती है। उसी प्रकार यदि किसी क्षेत्र में बाढ़ का प्रकोप होता है, तो बाढ़ से प्रभावित लोग सार्वजनिक जगहों पर मल-मूत्र त्याग करते हैं। यदि इस प्रकार की हरकतों को थोडी छूट न दी जाये तो सम्भव है समाज में अशान्ति एवं तनाव की स्थिति उत्पन्न हो जाये।

समाज में कुछ ऐसी भी हरकतें होती रहती हैं, जिसे कुछ लोग वर्जित होने के बावजूद बार-बार दोहराते हैं। जब समाज ऐसी स्थितियों से ऊब जाता है, तो लाचार होकर विसामान्य व्यवहार की छूट दे देता है। इसे **सीमा विस्तार क्रियाविधि (Boundary Extension Mechanism)** के नाम से जाना जाता है। **समलैंगिक व्यवहार (Homosexuality or Lesbianism)** एक प्रतिबन्धित किस्म का यौन-व्यवहार है। पाश्चात्य देशों में यह इतना अधिक बढ़ गया है कि अब दो पुरुष या दो महिला आपस में शादी तक कर बैठते हैं। चर्च की ओर से इस प्रवृत्ति का प्रारम्भ में भरपूर विरोध हुआ, लेकिन बहुत सारे पश्चिमी देशों में इस विसामान्य व्यवहार पर अब अधिक गौर नहीं किया जा रहा है।

पार्सन्स ने कहा है कि प्रत्येक सामाजिक व्यवस्था में सामाजिक नियन्त्रण की क्रियाविधि सन्निहित **(Built-in Mechanism)** रहती है और इनके सहारे विसामान्यता को कम किया जाता है तथा विचलित व्यक्ति को सुधारकर पुन: सामाजिक व्यवस्था के अनुरूप बनाया जाता है।

सामाजिक नियन्त्रण के अभिकरण या साधन (Agencies or Means of Social Control)

कुछ लेखकों ने अभिकर्त्ता (Agents) एवं साधन (Means) के बीच अन्तर स्पष्ट करने की चेष्टा की है, जिससे काफी भ्रम उत्पन्न हो गया है। सामाजिक नियन्त्रण के सन्दर्भ में अभिकर्त्ता और साधन में कोई फ़र्क नहीं है। पाश्चात्य देशों के जिन विद्वानों ने भी इस विषय पर लिखा है, सभी ने सामाजिक नियन्त्रण के सन्दर्भ में अभिकर्त्ता एवं साधन को पर्यायवाची रूप में इस्तेमाल किया है और वही सही भी है। इन दो शब्दों का अंग्रेजी में अलग अर्थ ज़रूर होता है, पर वर्तमान सन्दर्भ में फ़र्क बतलाना मात्र संशय बढ़ाने का प्रयास होगा।

जिन चीजों से व्यक्तियों का व्यवहार समाज में नियन्त्रित होता है, वे सभी सामाजिक नियन्त्रण के साधन हैं। कुछ साधन प्रत्यक्ष हैं, तो कुछ अप्रत्यक्ष, कुछ सकारात्मक हैं, तो कुछ नकारात्मक, कुछ सामूहिक हैं तो कुछ संस्थागत, कुछ औपचारिक हैं, तो कुछ अनौपचारिक। इस तरह सामाजिक नियन्त्रण के अनगिनत साधन हो सकते हैं, लेकिन यहाँ हम प्रमुख साधनों की ही चर्चा कर रहे हैं।

1. परिवार (Family)— सामाजिक नियन्त्रण में परिवार की भूमिका काफी महत्त्वपूर्ण होती है। जन्म लेते ही बालक किसी-न-किसी परिवार का सदस्य हो जाता है, जहाँ समाजीकरण की प्रक्रिया सबसे पहले प्रारम्भ होती है। इसीलिए सामाजिक नियन्त्रण की प्रक्रिया की भी शुरुआत पहले यहीं होती है। माता-पिता अपने बच्चों को यही सिखलाते हैं कि कौन-सा व्यवहार उचित है और कौन-सा अनुचित है। धार्मिक विश्वासों, परम्पराओं, प्रथाओं, जीवन के मूल्यों एवं प्रतिमानों की जानकारी सर्वप्रथम परिवार में ही होती है, जिससे प्रत्यक्ष एवं अप्रत्यक्ष ढँग से व्यक्ति का आचरण निर्धारित होता है। परिवार अपने सदस्यों को स्नेह, भावनात्मक समर्थन, डाँट-फटकार के माध्यम से समाज के नियमों के अनुसार संचालित करता है। चूँकि व्यक्ति जन्म से लेकर मृत्यु तक किसी-न-किसी परिवार का ही सदस्य बना रहता है, इसीलिए परिवार सामाजिक नियन्त्रण के अभिकरण के रूप में आजीवन कार्य करता रहता है।

प्रत्येक परिवार अपने सदस्यों पर खान-पान के नियमों, व्यवसाय सम्बन्धी नियमों, विवाह सम्बन्धी नियमों, समाज के अन्य समूहों से सम्बन्धित के नियमों, पारिवारिक दायित्व के नियमों एवं धार्मिक नियमों के सम्बन्ध में विशेष रूप से नज़र रखता है। परिवार अपने सदस्यों के सभी प्रकार के व्यवहारों को नियन्त्रित करता है तथा विसामान्य व्यवहारों को करने से रोकता है। परिवार सामाजिक नियन्त्रण के लिए औपचारिक और दमनकारी उपाय नहीं करता, बल्कि अनौपचारिक साधनों, जैसे– निन्दा, आलोचना, असहमति, असम्मानजनक व्यवहार, हास्य, व्यंग्य इत्यादि की मदद से अपने सदस्यों के आचरण पर नियन्त्रण रखता है। परिवार के सदस्यों के बीच आपसी प्रेम एवं सहानुभूति की भावना भी व्यक्तियों के आचरण को नियन्त्रित करने में कोई कम प्रमुख भूमिका नहीं निभाती है।

2. प्राथमिक समूह— सामाजिक नियन्त्रण की प्रक्रिया में प्राथमिक समूहों की भी महत्त्वपूर्ण भूमिका होती है। सामाजिक नियन्त्रण में प्राथमिक समूहों का योगदान बचपन से ही काफी महत्त्वपूर्ण हो जाता है। प्राथमिक समूह के अन्तर्गत परिवार, मित्र-मण्डली, क्रीड़ा-साथी, पड़ोसी इत्यादि आते हैं।

व्यक्ति बचपन में घर के बाहर अपने पड़ोसियों से मिलता-जुलता है, अपने क्रीड़ा-साथियों के साथ खेलता है और परस्पर अन्त:क्रिया करता है। इस प्रकार के समूह में बच्चा जीवन की बुनियादी बातों के बारे में तथा यौन-भेद की जानकारी अप्रत्यक्ष रूप से प्राप्त कर लेता है। बच्चे जब अपने समूह के साथियों के साथ खेलते हैं, तब इस क्रम में भी अनौपचारिक नियमों का समावेश होता है। इन नियमों का पालन उनके लिए आवश्यक हो जाता है। यदि समूह का कोई बच्चा इन नियमों का उल्लंघन करता है, तब उसे समूह से फटकार एवं व्यंग्य सुनना पड़ता है या कभी-कभी उसे समूह से निष्कासित भी किया जाता है। ऐसा करके बच्चों के व्यवहारों को नियन्त्रित किया जाता है। परिवार में इन बच्चों के अनेक अनपेक्षित व्यवहारों को सहन भी कर लिया जाता है, परन्तु पड़ोसी समूह, मित्रों या क्रीड़ा-समूह इत्यादि प्राथमिक समूहों द्वारा इन सभी व्यवहारों को सहन नहीं किया जाता। इस प्रकार यह स्पष्ट है कि बाल्यकाल में सामाजिक नियन्त्रण में प्राथमिक समूह का अत्यन्त महत्त्वपूर्ण योगदान है। इसका प्रभाव उसके पूरे जीवनकाल में दिखाई पड़ता है। यही कारण है कि ग़लत संगति से बच्चे बिगड़ भी जाते हैं। व्यक्ति के जीवन का यह गठन काल (Formative Period) है, इसलिए व्यक्ति के आचरण पर बाल्यकालीन प्राथमिक समूहों की अन्त:क्रिया का अप्रत्यक्ष रूप से काफी दीर्घकालीन प्रभाव पड़ता है।

3. लोकरीतियाँ एवं लोकाचार (Folkways and Mores)— विलियम ग्राहम समनर ने समाज के विभिन्न प्रकार के नियमों, कानूनों, मान्यताओं, आदर्शों एवं व्यवहारों को लोकरीति एवं लोकाचार की श्रेणी में रखा और उन्होंने बताया कि सिर्फ व्यक्ति ही नहीं, समाज के अन्य सदस्यों एवं व्यक्तियों का नियन्त्रण एवं संचालन भी लोकरीति एवं

लोकाचारों से होता है। लोकरीति का तो लोग कभी-कभी पालन नहीं भी करते हैं, क्योंकि उसके पीछे कठोर दण्ड नहीं होता है। पर लोकाचार का तो लोग जबरन प्रयोग करते ही हैं।

आधुनिक समाज की तुलना में आदिम जातियों एवं परम्परागत समाज में लोकाचार की महत्ता सामाजिक नियन्त्रण के अभिकरण के रूप में बहुत ही ज़्यादा है। वे सामाजिक नियम-कानून आधुनिक राज्य के नियम-कानूनों से किसी रूप में कम कारगर नहीं हैं। फ़र्क इतना ही है कि लोग इसका पालन स्वाभाविक ढँग से बिना किसी बाह्य दबाव के करते हैं, चूँकि लोकरीतियाँ और लोकाचार जीवन का एक स्वाभाविक अंग हुआ करता है। लोकाचार के अनुरूप लोग इसलिए भी व्यवहार करते हैं कि इसमें समूह कल्याण की भावना भी छिपी होती है। इसका पालन करना नैतिक दृष्टि से भी उचित माना जाता है। लोकरीतियाँ एवं लोकाचार सामाजिक नियन्त्रण के एक अनौपचारिक साधन है।

4. धर्म या मज़हब (Religion)— धर्म हमारे सामाजिक जीवन का एक अभिन्न अंग है। हमारी मान्यताएँ, विश्वास, परम्परएँ, पर्व-त्योहार आदि किसी-न-किसी तरह से धर्म से सम्बद्ध होते हैं। ऐसी स्थिति में मज़हब की भूमिका सामाजिक नियन्त्रण में काफी महत्त्वपूर्ण हो जाती है। सभ्यता के प्रारम्भ से ही व्यक्ति ऐसी घटनाओं का अनुभव करता रहा है, जिन पर मनुष्यों का नियन्त्रण नहीं रहा है, जैसे– जन्म, मृत्यु, स्वप्न देखने की घटना, बादलों की गड़गड़ाहट, वर्षा, उल्कापात, भूकम्प, बाढ़ इत्यादि कुछ ऐसी घटनाएँ हैं, जिन पर मनुष्यों का नियन्त्रण सम्भव नहीं है, ऐसी स्थिति में मनुष्य लाचार होकर अलौकिक शक्तियों में विश्वास करने लगता है। इन शक्तियों में विश्वास के साथ-साथ व्यक्ति में एक प्रकार का भय भी उत्पन्न होता है, अर्थात् धर्म के माध्यम से व्यक्ति में भक्ति, आदर या भय पैदा होता है। मज़हब के द्वारा हम समाजविरोधी व्यवहारों को नियन्त्रित करने का प्रयास करते हैं। झूठ नहीं बोलना चाहिए, चोरी-बेइमानी करना पाप है, जीवों पर दया करनी चाहिए, निर्धनों की सहायता करनी चाहिए इत्यादि कुछ ऐसी सूक्तियाँ हैं, जो हमें ऐसे व्यवहार के लिए प्रेरित करती हैं, जिससे एक स्वस्थ सामाजिक जीवन का विकास होता है। ग़रीबी के कारण कभी-कभी हमारी इच्छा दूसरों को लूट कर धन इकट्ठा करने की हो जाती है, पर धर्म के प्रभाव में हम ऐसा नहीं कर पाते हैं। कभी-कभी जब हम काफी दुखों से घिर जाते हैं, तब हममें आत्महत्या की प्रवृत्ति उत्पन्न हो जाती है। ऐसी स्थिति में धर्म ही हमें आत्मसन्तोष देता है और अच्छा कर्म करने के लिए फिर से प्रोत्साहित करता है। धर्म लोगों में एक आत्मविश्वास पैदा करता है कि अच्छे कार्य करने वाले स्वर्ग और बुरे कार्य करने वाले नरक या जहन्नुम जाते हैं। इस डर से भी हम विसामान्य व्यवहार करने से हिचकते हैं।

धर्म सामाजिक नियन्त्रण का प्रमुख साधन इसलिए है कि विभिन्न धर्मों में ईश्वर को सर्वव्यापी एवं सर्वशक्तिमान माना गया है। लोगों की यह भी मान्यता है कि ईश्वर हमारे सारे कार्य-कलापों को देखता रहता है। इस जीवन में या मरने के बाद हमारे कर्मों के अनुसार वह हमारे भाग्य का फैसला करेगा। हर किसी को ईश्वरीय दण्ड का बहुत डर होता है। ऐसी मान्यता है कि ग़लत काम करने पर लोगों को मरणोपरान्त नरक जाना पड़ता है। नरक के नाम से लोगों के दिल में इतनी घबराहट होती है कि बहुत लोग ग़लत काम करने की हिम्मत ही नहीं करते। स्वर्ग का विवरण सुनने में इतना अच्छा लगता है कि हर भौतिकवादी व्यक्ति मरने के बाद हमेशा स्वर्ग जाने की ही कल्पना करता है। नरक के डर एवं स्वर्ग की लालसा से हम समाज में अच्छा व्यवहार करने की कोशिश करते हैं।

परम्परागत समाज में धर्म की विशेष महत्ता होती है, क्योंकि लोग वहाँ अन्धविश्वासी होते हैं। लेकिन आधुनिक समाज के अन्तर्गत तर्क एवं विज्ञान की इतनी प्रधानता हो गयी है कि धर्म का सामाजिक नियन्त्रण के अभिकरण के रूप में महत्त्व काफी घटा है।

5. नैतिकता (Morality)— धर्म की तरह नैतिकता भी एक ऐसा सांस्कृतिक तत्त्व है, जो व्यक्ति एवं समूह के आचरण को नियन्त्रित करता है। यह सही है कि नैतिकता का धर्म से बहुत गहरा सम्बन्ध है, पर नैतिकता धर्म नहीं है। धर्म का आधार व्यक्तियों का विश्वास है, पर नैतिकता का सम्बन्ध व्यक्तियों के विवेक से है। नैतिकता हमें यह पाठ पढ़ाती है कि कौन-सा कार्य उचित या अनुचित है या फिर कौन-सा कार्य अच्छा या बुरा है। व्यक्ति अपने व्यक्तिगत

अन्धविश्वासों के आधार पर धर्म में विश्वास करता है पर नैतिकता तो अन्तरात्मा की आवाज़ होती है। इन कारणों से नैतिकता धर्म से ज़्यादा प्रभावशाली होती है। धर्म में तो कुछ लोगों को अविश्वास भी हो सकता है, पर नैतिकता के साथ ऐसी बात नहीं है।

व्यक्तियों का व्यवहार जितना बाहरी परिस्थितियों के दबाव में नियन्त्रित होता है, उससे कहीं ज़्यादा आन्तरिक चेतना से होता है और आन्तरिक चेतना का निर्माण नैतिकता के प्रतिमान से होता है। नैतिकता का सम्बन्ध इहलोक से होता है। इहलोक की परिस्थितियाँ हमारे व्यवहार को तत्काल प्रभावित करती हैं। चूँकि धर्म का सम्बन्ध ज़्यादा परलोक से होता है, इसलिए हम कभी-कभी उसकी उपेक्षा करके भी अपने स्वार्थों की पूर्ति के लिए ग़लत काम कर बैठते हैं।

नैतिक मूल्यों का प्रभाव कुछ वैसा होता है कि उसका हम स्वेच्छा से पालन करते हैं। इसीलिए नैतिक काम करने वालों को अक्सर अपने पर गर्व भी होता है। नैतिक कार्य जितना अपने लिए लाभकारी होता है, उससे कहीं ज़्यादा समाज के लिए लाभकारी होता है। नैतिकता में जनकल्याण की भावना होती है। कुछ नैतिक मूल्य ऐसे होते हैं, जो समान रूप से विभिन्न समुदायों एवं धर्मों में पाये जाते हैं, जैसे– चोरी नहीं करना चाहिए, झूठ नहीं बोलना चाहिए, रिश्वत नहीं लेनी चाहिए, महिलाओं के साथ बलात्कार नहीं करना चाहिए, समाज के कमजोर एवं दबे-कुचले लोगों की मदद करनी चाहिए, इत्यादि।

6. प्रथा (Custom)— जब किसी व्यवहार को सामाजिक मान्यता प्राप्त होती है, तो वह पीढ़ी-दर-पीढ़ी हस्तान्तरित होती रहती है। ऐसे व्यवहार बहुत दिनों से प्रयोग में रहने के कारण शक्तिशाली हो जाते हैं। भारतीय ग्रामीण समुदायों या आदिवासी समाजों में प्रथाओं का स्थान अत्यन्त महत्त्वपूर्ण है और लोगों के बीच सामाजिक नियन्त्रण का यह एक अत्यन्त प्रबल साधन है। बोगाड्र्स (Emory S. Bogardus) ने प्रथा को विश्लेषित करते हुए लिखा है कि "प्रथाएँ समूह द्वारा स्वीकृत नियन्त्रण की वे विधियाँ हैं, जो व्यवस्थित होती हैं, जिन्हें सत्य मान लिया जाता है और जो एक पीढ़ी से दूसरी पीढ़ी को हस्तान्तरित होती रहती हैं।" प्रथाओं के अन्तर्गत आने वाली मान्यताओं या व्यवहारों के प्रति अवहेलनात्मक प्रवृत्ति को हम आश्रय नहीं देते हैं। इसका एक कारण तो यह है कि यह प्रवृत्ति सामाजिक जीवन में इस प्रकार घुल-मिल जाती है कि यह स्वत: व्यक्तित्व का अंग बन जाती है। दूसरा यह कि हम प्रथाओं की अवहेलना किये जाने के परिणाम की कल्पना करके घबराते हैं। उदाहरणस्वरूप, कहीं एक ही गोत्र के भीतर विवाह करने की मनाही होती है, तो कहीं अपनी जाति के बाहर विवाह करने की मनाही होती है। व्यक्ति अगर इसकी अवहेलना करता है, तो उसकी निंदा की जाती है या उसे जाति से बहिष्कृत किया जा सकता है। सामाजिक दण्ड का भय हमेशा हमें ऐसे व्यवहारों को करने से रोकता है। प्रथाओं का विकास अनेक पीढ़ियों के अन्तराल में होता है। प्रथाओं के विकास में पूर्वजों के अनुभव शामिल होते हैं तथा नहीं पालन करने के परिणाम का भी पूर्व ज्ञान रहता है, इसलिए हम प्रथाओं का अनुसरण बिना सोचे-समझे किया करते हैं।

7. नेतृत्व (Leadership)— आधुनिक समाज में व्यक्तियों के आचरण के निर्धारण में नेताओं की अहम भूमिका होती है। यहाँ नेताओं से तात्पर्य मात्र राजनीतिक नेताओं से नहीं, बल्कि जीवन के विभिन्न क्षेत्रों में नेता पाये जाते हैं, उससे है। मनुष्य को जीवन में बहुत चीजों की आवश्यकता होती है। वह अपनी आवश्यकताओं की पूर्ति करने के लिए बहुत किस्म के सामाजिक समूहों एवं समितियों से जुड़ा होता है। धार्मिक अनुष्ठानों में हमें पुरोहितों, धर्म-गुरुओं, मुल्लाओं एवं अन्य किस्म के धार्मिक संस्थानों से जुड़े लोगों से आचरण का निर्देश मिलता है। जहाँ कहीं भी हम नौकरी करते हैं वहाँ भी हम अपने यूनियन के नेताओं के मुताबिक आचरण करने को बाध्य होते हैं। यदि कभी किसी महान् पुरुष का नेतृत्व समाज को प्राप्त होता है, तो समाज उनके जीवन के आदर्शों, विचारों एवं चरित्र का अनुकरण करने की कोशिश करता है। धार्मिक क्षेत्र में बुद्ध, महावीर, नानक, कबीर एवं भक्त रैदास जैसे सिद्ध पुरुषों ने लाखों-करोड़ों लोगों का मार्गदर्शन करने का प्रयास किया। राजनीतिक क्षेत्र में भी हिटलर, मुसोलिनी, गाँधी, नेहरू, सुभाष एवं भगत सिंह जैसे प्रभावशाली नेताओं का उस समय के समाज पर काफी गहरा प्रभाव पड़ा। इनमें से कुछ लोगों ने तो अपने

समाज के अधिकांश लोगों के जीवन-दर्शन में ऐतिहासिक परिवर्तन लाकर समस्त समाज का दिशा-निर्देश किया। यह सार्थक सत्य है कि नेताओं का व्यक्तित्व जितना आदर्शमय एवं ऊँचा होता है, उसका प्रभाव भी सामान्य लोगों पर उतना ही गहरा और दीर्घकालीन होता है।

8. कानून (Law)— मानवशास्त्रियों द्वारा किये गये आदिम समाज के अध्ययनों से पता चलता है कि आदिमकाल से ही सामाजिक नियन्त्रण में कानून की प्रमुख भूमिका रही है। कानून के द्वारा सामाजिक नियन्त्रण दो तरीके से होता है– सकारात्मक तरीका एवं नकारात्मक तरीका। यदि लोग समाज में कानूनों को ध्यान में रखकर अपना आचरण करते हैं, तो समाज पद या पदक देकर वैसे लोगों को पुरस्कृत करता है। समाज उसे आदर्श पुरुष के रूप में स्वीकार करता है। ठीक इसके विपरीत, यदि लोग बार-बार कानूनों का उल्लंघन करते हैं, तो न्यायपालिका जैसी संस्थाओं के माध्यम से उन्हें दण्डित किया जाता है, ताकि वे इस ग़लती को दोबारा करने की हिम्मत न करें। इसका असर ऐसे व्यक्तियों के ऊपर भी पड़ता है, जो अपराधी नहीं हैं। दूसरों की सज़ा देखकर अच्छे लोग ग़लत आचरण करने की हिम्मत नहीं जुटा पाते हैं।

आदिम समाज एवं आधुनिक समाज के कानूनों के बीच एक बुनियादी फ़र्क यह है कि आदिम समाज का कानून अलिखित होता था जिसका आधार परम्परा से चली आ रही सामाजिक प्रथाएँ एवं धार्मिक विश्वास था। लेकिन आधुनिक समाज का कानून प्रजातान्त्रिक मूल्यों पर आधारित होता है। इसका विकास तर्कपूर्ण ढँग से विचार-विमर्श कर किया गया है और यह लिखित संहिता के रूप में पाया जाता है। यहाँ पाठकों को यह नहीं समझना चाहिए कि आधुनिक कानूनों की उत्पत्ति राज्य के साथ हुई है। बल्कि यह समझना चाहिए कि राज्य की उत्पत्ति के पहले ही कानून की उत्पत्ति हुई है।

कानून की सबसे बड़ी विशेषता यह है कि यह व्यक्ति, समूह, प्रशासन एवं न्यायपालिका आदि के व्यवहार को नियन्त्रित करता है। यह सत्य है कि कानून का निर्माण समाज करता है फिर भी पर कानून का स्थान समाज से ऊपर होता है। कानून समाज की विभिन्न समितियों एवं संस्थाओं पर अंकुश रखता है।

कानून के द्वारा सिर्फ व्यक्ति और समाज का व्यवहार ही नियन्त्रित नहीं होता, बल्कि कानून के द्वारा विभिन्न किस्म की सामाजिक समस्याओं पर भी नियन्त्रण पाया जाता है। जैसे– कानून के द्वारा सती-प्रथा, बाल-विवाह, छुआछूत की समस्या, नशाख़ोरी, तस्करी, चोरी, डकैती, बलात्कार जैसी समस्याओं पर भी भारत में नियन्त्रण पाने की कोशिश की गयी है। कानून के द्वारा हमारे विश्वासों, प्रथाओं एवं धार्मिक आदर्शों की रक्षा होती है। प्रत्येक व्यक्ति अपने धर्म के मुताबिक व्यवहार करने के लिए स्वतन्त्र है। किसी भी व्यक्ति को दूसरे के धार्मिक विश्वासों पर आघात करने की इजाजत नहीं दी गयी है। कानून शोषण का भी विरोध करता है।

सामाजिक नियन्त्रण के अनौपचारिक साधन, जैसे– जनमत, प्रथा, धर्म, फैशन इत्यादि का उल्लंघन करने पर व्यक्ति समाज की दृष्टि में केवल पतित ही होता है, परन्तु कानून में वह शक्ति है, जो व्यक्ति को नियम-पालन करने के लिए मज़बूर करती है तथा नियम-पालन न करने वाले के लिए दण्ड की भी व्यवस्था कर सकती है। जब प्रथाओं और संस्थाओं के अनुकूल व्यवहार करना समाज के अस्तित्व और हितों के लिए अति आवश्यक मान लिया जाता है, तब नियम कानून का रूप ले लेता है। इस प्रकार कानून समाज में संस्थात्मक रूप ले लेता है एवं कानून सामाजिक नियन्त्रण में महत्त्वपूर्ण भूमिका अदा करता है।

आधुनिक समाज के नियन्त्रण एवं संचालन में कानून की सबसे अहम भूमिका होती है। आधुनिक समाज इतना जटिल है कि यहाँ विभिन्न किस्म की समस्याएँ रोज़ उठती रहती हैं। लोग अपने स्वार्थों की पूर्ति के लिए हमेशा विचलनकारी व्यवहार करने के लिए तत्पर रहते हैं। जैसे व्यक्ति को जीने के लिए हवा, पानी और भोजन की आवश्यकता होती है, उसी प्रकार आधुनिक समाज को बने रहने के लिए कानून की आवश्यकता होती है। कानून के अभाव में व्यक्तियों के व्यवहार को नियन्त्रित करना असम्भव है, क्योंकि किसी भी समाज में चाहे शिक्षा का स्तर जो भी हो, सभी लोग आदर्श व्यक्ति नहीं हो सकते हैं। जिस प्रकार रेल की पटरी के अभाव में

रेलगाड़ी नहीं चल सकती, उसी प्रकार कानून के अभाव में आधुनिक समाज स्थिर एवं व्यवस्थित ढँग से नहीं रह सकता है।

9. राज्य— आधुनिक युग में जहाँ राज्य की अत्याचारी (Tyrannical) भूमिका में कमी आयी है, वहीं इसकी अन्य गतिविधियों में काफी अधिक वृद्धि हुई है। साम्यवादी राज्यों की भूमिका और अधिक बढ़ गयी है। साम्यवादी राज्य राष्ट्र-निर्माण एवं सामाजिक पुनर्गठन के साथ-साथ अपने नागरिकों पर कठोर नियन्त्रण रखने का प्रयास करते हैं, नागरिकों को विघटनकारी कार्यों को करने से रोकते हैं। इस प्रयास में राज्य ने वेश्यावृत्ति, जुआ, लूटपाट, राहजनी इत्यादि अनेक बुराइयों पर काफी हद तक काबू पाया है।

राज्यों द्वारा नियन्त्रण के दो पक्ष होते हैं— पहला वैचारिक नियन्त्रण एवं दूसरा ग़ैरकानूनी आचरण पर नियन्त्रण। वैचारिक नियन्त्रण का अर्थ है कि उन विचारों एवं विचार-स्रोतों पर नियन्त्रण, जो व्यवस्था विरोधी होते हैं, जैसे— उग्रवादी विचारधारा एवं धार्मिक उन्माद पर राज्य द्वारा रोक लगाना। ग़ैरकानूनी आचरण पर नियन्त्रण राज्य अनेक माध्यमों, जैसे— प्रशासन, पुलिस, न्यायालय इत्यादि के द्वारा करता है। लेकिन यदि राज्य की प्रशासनिक व्यवस्था कमजोर हो जाये अथवा राज्य के विरुद्ध वहाँ की जनता खड़ी हो जाये, तब इन नियन्त्रणकारी संस्थाओं का महत्त्व भी खत्म हो जाता है। उदाहरणस्वरूप, भारत के स्वतन्त्रता संघर्ष में जब जनता अंग्रेजों के खिलाफ हो गयी, तो पुलिस, प्रशासनिक जुर्म, न्यायालय, कानून इत्यादि नियन्त्रणकारी संस्थाएँ महत्त्वहीन हो गयी थीं। ऐसा इसलिए सम्भव हुआ कि अप्रत्यक्ष रूप से राज्य की शक्ति में जनता की शक्ति निहित हो गयी थी और जनता का ब्रिटिश राज्य पर से विश्वास उठ गया था। आधुनिक औद्योगिक समाजों में राज्य सामाजिक नियन्त्रण के एक प्रमुख माध्यम के रूप में भूमिका निभाता है।

आदिम समाज या प्राचीनकाल में जो सामाजिक नियन्त्रण की भूमिका समस्त समुदाय की थी, वही भूमिका आधुनिक युग में राज्यों की हो गयी है। विभिन्न किस्म के विकास एवं सामाजिक जटिलता के चलते व्यक्तियों के आचरण पर समुदाय का प्रभाव गौण हो गया है, इसलिए राज्यों के द्वारा हस्तक्षेप किया जाना ज़रूरी है, अर्थात् सामाजिक नियन्त्रण में दिन-ब-दिन स्वाभाविक रूप से राज्य पहले से ज़्यादा उत्तरदायी हो गया है। राज्यों की भूमिका को नज़रअन्दाज नहीं किया जा सकता है।

10. जनसंचार का माध्यम— परम्परागत समाजों में संचार का एकमात्र साधन आमने-सामने का सम्पर्क होता है। परन्तु आधुनिक प्रौद्योगिक समाजों में अखबार, पत्र-पत्रिका, रेडियो, टेलीविज़न, टेलीफोन इत्यादि जनसंचार के साधन केवल संवाद के ही माध्यम नहीं, बल्कि सामाजिक नियन्त्रण के भी प्रमुख साधन हैं, जैसे— जनमत जाग्रत करना विचार-विमर्श करना, प्रचार कार्य, इन्हीं जनसंचार माध्यमों के द्वारा होता है। इन साधनों का उपयोग विशाल जनसमूह के रवैये और व्यवहार को बदलने या नियन्त्रित करने के लिए भी किया जाता है। इसके अलावा, इन साधनों के सहारे आम जनता पर नये मूल्य और रहन-सहन के ढँग, फैशन, इच्छा और विचार इत्यादि थोपे जाते हैं। इसके पीछे जनसंचार के माध्यमों का मकसद उनके व्यवहारों को निर्देशित और नियन्त्रित करके किसी खास दिशा में मोड़ना होता है। प्रजातान्त्रिक समाज में इन साधनों की समाज-संचालन में बहुत ही महत्त्वपूर्ण भूमिका होती है।

11. शिक्षा (Education)— शिक्षा सामाजिक नियन्त्रण के महत्त्वपूर्ण साधनों में से एक है। शिक्षा मनुष्य को जैविक प्राणी से सामाजिक प्राणी बनाने का कार्य करती है। शिक्षा के द्वारा व्यक्ति अपने बारे में तथा समस्त समाज के बारे में ज्ञान हासिल करता है। यहाँ शिक्षा से हमारा तात्पर्य मात्र स्कूली शिक्षा से नहीं, बल्कि सभी प्रकार की शिक्षा से है। मुख्य रूप से शिक्षा को दो भागों में बाँटा जाता हैं— औपचारिक एवं अनौपचारिक शिक्षा। औपचारिक शिक्षा वह है, जो हमें शिक्षा-संस्थानों में शिक्षकों एवं पुस्तकों के माध्यम से प्राप्त होती है। अनौपचारिक शिक्षा वह है, जो अलिखित है। इसे मौखिक शिक्षा भी कहा जाता है। इस प्रकार की शिक्षा का मुख्य स्रोत परिवार, मित्र-मण्डली, पड़ोसी, समाज के बुजुर्ग एवं विभिन्न प्रकार के प्राथमिक एवं द्वितीयक समूह हैं। आधुनिक समाज में औपचारिक शिक्षा

की महत्ता काफी बढ़ गयी है, लेकिन आदिम समाज या निरक्षर समाज (Pre-literate Societies) में शिक्षा का मुख्य स्रोत अनौपचारिक साधन ही था। शिक्षा चाहे औपचारिक हो या अनौपचारिक, सामाजिक नियन्त्रण में दोनों की भूमिका बहुत महत्त्वपूर्ण होती है। जो शिक्षा व्यक्ति को जीवन में एक बार मिल जाती है, वह व्यक्ति को आजीवन सामाजिक आदर्शों के अनुरूप व्यवहार करने का मार्गदर्शन करती रहती है। शिक्षा अन्धेरे में टॉर्च की रोशनी की तरह काम करती है।

शिक्षा के द्वारा व्यक्ति को समाज की विभिन्न समस्याओं एवं पहलुओं का ज्ञान होता है। शिक्षा की बदौलत कोई व्यक्ति आसानी से किसी विषय-वस्तु का आत्म-विश्लेषण कर सकता है। चूँकि शिक्षा समाजीकरण का भी एक प्रमुख माध्यम है इसलिए इसके द्वारा व्यक्तियों में विभिन्न प्रकार के ज्ञान, विवेकशीलता, तर्क की क्षमता एवं नैतिकता का ज्ञान होता है। इन सारी चीजों के चलते प्रत्यक्ष एवं अप्रत्यक्ष रूप से मनुष्य का व्यवहार प्रभावित होता है। यह शिक्षा ही है, जिसके कारण मनुष्य पशुओं की तरह व्यवहार नहीं करता है। सामाजिक नियन्त्रण के जितने भी अभिकरण हैं, वे सभी शिक्षा से प्रभावित होते हैं, इसलिए शिक्षा एक विशेष महत्त्व का अभिकरण है।

जैसा कि पहले कहा जा चुका है कि शिक्षा ज्ञान का एक सशक्त माध्यम है और मनुष्य अपने ज्ञान और विवेक के आधार पर अच्छे-बुरे एवं उचित-अनुचित व्यवहार की पहचान करता है। शिक्षा हमें तर्क की शक्ति देती है और साथ ही जज़्बाती व्यवहार करने पर रोक लगाने का प्रयास भी करती है। कम पढ़े-लिखे व्यक्ति आवेश में अपना विवेक खो देते हैं और ग़लत व्यवहार करने लगते हैं। शिक्षा व्यक्ति को कठिन परिस्थितियों में धैर्य प्रदान करती है। शिक्षा के द्वारा व्यक्तियों में आत्मनियन्त्रण की शक्ति प्राप्त होती है।

शिक्षा में संस्कृति को अन्तरित करने की क्षमता होती है। शिक्षा के द्वारा हमें अपनी पुरानी संस्कृति का ज्ञान होता है और संस्कृति की मर्यादा बनाये रखने के लिए हम उसके अनुरूप व्यवहार करने की कोशिश करते हैं। संस्कृति मात्र हमारे ज्ञान और अनुभवों का समूह नहीं, बल्कि आचरण के नियमों का भी एक समूह है। हम अपने से बड़े लोगों के साथ आदरपूर्ण व्यवहार इसलिए करते हैं कि वह हमारी संस्कृति का एक आदर्श है। हिन्दू लोग विवाह और श्राद्ध के अवसर पर ब्राह्मणों के द्वारा वैदिक मन्त्रों का पाठ करवाते हैं, इसलिए कि वह हमारी संस्कृति का एक आदर्श है। इस आचरण में शिक्षा की अपनी एक महत्त्वपूर्ण भूमिका है।

शिक्षा के सन्दर्भ में एक और महत्त्वपूर्ण बात यह है कि यह व्यक्ति में अनुकूलन या समायोजन की क्षमता प्रदान करती है। नये परिवेश में किसी व्यक्ति का कैसा विवेकसम्मत व्यवहार होगा, इसकी जानकारी हमें शिक्षा से ही मिलती है। शिक्षा में यह खूबी है कि वह स्वयं को परिस्थितियों के अनुकूल ही नहीं बनाती, बल्कि परिस्थितियों को व्यक्तियों के अनुकूल बनाने की चेष्टा भी करती है।

सामाजिक नियन्त्रण के जितने भी अभिकरणों की ऊपर चर्चा की जा चुकी है, वे समान रूप से सभी समाजों में हमेशा कारगर नहीं होते हैं। सामाजिक, राजनीतिक एवं आर्थिक परिस्थितियों के अनुसार सामाजिक नियन्त्रण के अभिकरणों के प्रभाव में भिन्नताएँ देखने को मिलती हैं, जैसे– पाश्चात्य देशों में कानून एवं राज्य की अहम भूमिका होती है, तो भारत जैसे परम्परागत देशों में परिवार, लोकाचार, धार्मिक विश्वास एवं नैतिकता जैसे सामाजिक अभिकरणों की कुछ विशेष महत्ता है। अपने देश के अन्दर ही सामाजिक नियन्त्रण के वे सभी अभिकरण शहरों की तुलना में गाँवों से कुछ ज़्यादा ही प्रभावशाली हैं। समय के साथ एक ही समाज में इन अभिकरणों के प्रभाव में उंतार-चढ़ाव भी होता रहता है, पर वे विश्वव्यापी स्तर पर सामाजिक नियन्त्रण के प्रमुख अभिकरण हैं। कुछ विद्वानों ने उन सभी अभिकरणों को छोटे उपखण्डों में विभक्त कर कुछ अन्य प्रकार के अभिकरणों की चर्चा की है। चूँकि इस सम्बन्ध में यहाँ सभी महत्त्वपूर्ण तथ्यों का निचोड़ रखने का प्रयास किया गया है, इसलिए यहाँ विभिन्न प्रकार के अभिकरणों की संख्या बढ़ाने की चेष्टा नहीं की जा रही है।

REFERENCES

Bottomore, T.B., **Sociology**, New York: Vintage Books, 1971.

Cole, Stephen, **The Sociological Orientation: An Introduction to Sociology**, Chicago: Rand McNally College Publishing Co., 1975.

Fichter, J.H., **Sociology**, Chicago: The University of Chicago Press, 1957.

Giddens, Anthony, **Sociology**, Cambridge: Polity Press, 1993.

Horton, Paul B., and Hunt, Chester L., **Sociology**, Tokyo: McGraw-Hill Kogakusha Ltd., 1980.

Johnson, Harry M., **Sociology**, New Delhi: Allied Publishers Private Limited, 1983.

MacIver, R.M. and Page, Charles H., **Society**, New Delhi: Macmillan India,1985.

Marshall, Gordon, **Oxford Dictionary of Sociology**, Oxford: Oxford University Press, 1998.

Merton, R.K., **Social Theory and Social Structure**, Glencoe: Free Press, 1957.

Spencer, Metta, **Foundations of Modern Sociology**, New Jersey: Prentice-Hall, 1976.

19

संरचना-प्रकार्य तथा सामाजिक व्यवस्था (Structure-Function and Social System)

समाजशास्त्र के विकास के साथ दो प्रमुख विचारधाराओं का विकास हुआ, जिन्हें **संघर्षमूलक दृष्टिकोण (Conflict Perspective)** एवं **सहमतिमूलक दृष्टिकोण (Consensus Perspective)** के नाम से जाना जाता है। वे दोनों एक-दूसरे की विरोधी विचारधारा के रूप में विकसित हुईं। **प्रकार्यवाद (Functionalism)** दूसरी महत्त्वपूर्ण समाजशास्त्रीय विचारधारा है जिसका आधार सहमति का दृष्टिकोण है। प्रकार्यवादियों का मानना है कि समाज या तमाम सामाजिक संरचना का आधार सहमति है, क्योंकि तनाव एवं संघर्ष की स्थिति से सामाजिक संरचना के अस्तित्व को खतरा है। विकास की दौड़ में समाज जिस वर्तमान अवस्था में पहुँचा है, उसका आधार संघर्ष नहीं, बल्कि सहमति है, प्रकार्यवादी अपने सिद्धान्त के समर्थन में ऐसी दलील देते आये हैं।

प्रकार्यवादी विचारधारा के मूल में संरचना एवं प्रकार्य की अवधारणा है। दोनों अवधारणाएँ एक-दूसरे से इस प्रकार जुड़ी हुईं हैं कि इन दोनों को हमें साथ-साथ समझना होगा। पुनः इन दोनों अवधारणाओं को समस्त समाज के सन्दर्भ में भी देखने की आवश्यकता है। प्रकार्यवादियों ने स्पष्ट तौर पर कहा है कि किसी सामाजिक संरचना की इकाई को समझने के लिए यह जानना ज़रूरी है कि किसी इकाई का समग्र समाज के हित में क्या **प्रकार्य (Function)**[1] है। हम प्रकार्य के द्वारा ही किसी इकाई की उपयोगिता या उसकी ज़रूरत को ठीक से समझ सकते हैं, अर्थात् प्रकार्यवादियों का यह मानना है कि किसी इकाई का विश्लेषण समस्त समाज के सन्दर्भ में होना चाहिए, चूँकि किसी इकाई की अलग से कोई अपनी महत्ता नहीं है। यही कारण है कि प्रारम्भिक समाजशास्त्रियों ने समाज को समझने के लिए उसकी तुलना अवयवों (Organisms) से की है। जिस प्रकार मानव शरीर के विभिन्न अवयवों के योगदान को समस्त मानव शरीर या उसकी किसी खास इकाई के सन्दर्भ में समझते हैं, उसी प्रकार हम समाज की किसी इकाई की महत्ता को समस्त समाज के सन्दर्भ में समझ सकते हैं। जैसे, परिवार एवं धर्म का विश्लेषण करने के लिए हमें यह समझना होगा कि समस्त समाज के लिए परिवार एवं धर्म की क्या उपयोगिता है। समाज की कोई इकाई तभी तक अस्तित्व में बनी रह सकती है जब तक वह इकाई समाज के अस्तित्व को बनाये रखने में मदद करती है।

1. यहाँ Function शब्द से अभिप्राय किसी 'कार्य' या क्रिया से है। 'प्र' उपसर्ग लगाने का मुख्य प्रयोजन प्रकार्य को एक तकनीकी रूप देना है।

संरचनात्मक-प्रकार्यात्मक विश्लेषण का ऐतिहासिक पहलू

प्रकार्य की तुलना में संरचना का इतिहास ज़्यादा पुराना है। संरचना शब्द का प्रयोग विद्वानों ने अपने-अपने ढँग से किया है। संरचना शब्द का प्रयोग भवन-निर्माण जैसे विषय से लिया गया है। आरम्भिक मार्क्सवादी साहित्य में भी संरचना की अवधारणा का प्रयोग इमारत जैसी चीज बनाने के अर्थ में किया गया था।

एल.एच. मॉर्गन (L.H. Morgan) की पुस्तक **Systems of Consanguinity and Affinity** सामाजिक संरचना का प्रथम मानवशास्त्रीय अध्ययन माना जाता है। समाजशास्त्र में संरचना एवं प्रकार्य जैसे शब्दों के प्रयोग का प्रथम श्रेय स्पेंसर (Herbert Spencer) को जाता है। स्पेंसर का कहना था कि समाज की तुलना शरीर से करके हम आसानी से उसे समझ सकते हैं। एमिल डर्कहाइम (Emile Durkheim) ने भी इस उपमा का प्रयोग जगह-जगह पर किया है। रैडक्लिफ़-ब्राउन ने 'संरचना' सम्बन्धी विचार को डर्कहाइम से ग्रहण किया। इवांज-प्रिचर्ड (Evans-Pritchard), फोटीस (M. Fortes) एवं फोर्ड (Ford) ने रैडक्लिफ़-ब्राउन का अनुसरण करते हुए समाज के अन्य पक्षों, यथा- राजनीतिक संरचना, नातेदारी की संरचना आदि पर अपना अध्ययन केन्द्रित किया। दूसरी ओर, फ्रांसीसी संरचनावादी क्लॉड लिवी-स्ट्रॉस (Claude Levi-Strauss) ने संरचना की अवधारणा को एक नया आयाम देने का प्रयास किया। लिवी-स्ट्रॉस के लिए संरचना का स्वरूप अमूर्त (Abstract) एवं विश्लेषणात्मक (Analytical) होता है। रैडक्लिफ़-ब्राउन की नज़रों में संरचना एक अमूर्त कल्पना न होकर एक अनुभवाश्रित तथ्य है।

सामाजिक संरचना का आधार व्यक्तियों का आपसी सम्बन्ध है। सामाजिक सम्बन्ध मुख्य रूप से इस अपेक्षा से जुड़ा है कि समाज के तमाम सदस्य नियमों का पालन करेंगे। समाज द्वारा मान्य नियमों एवं तरीकों की प्रणाली को ही हम संस्था कहते हैं। संस्थाएँ सामाजिक जीवन के विभिन्न पहलुओं से सम्बन्धित होती हैं एवं उनके अनुसार संस्थाएँ व्यक्तियों के अपेक्षित वर्ताव को परिभाषित करती हैं (A.R. Radcliff-Brown, 1952: 175)। रैडक्लिफ़-ब्राउन का विचार है कि सामाजिक संरचना का वर्णन उन संस्थाओं के सन्दर्भ में किया जाना चाहिए, जो एक से अधिक व्यक्ति एवं समूह के सम्बन्धों को नियमित करती हैं। सामाजिक संरचना किसे कहते हैं तथा किन-किन तत्त्वों के मिलने से इसका निर्माण होता है, इसकी चर्चा विस्तार से इसी अध्याय में आगे की जा रही है।

कुछ विद्वानों ने ब्रिटिश समाजशास्त्री हर्बर्ट स्पेंसर को प्रकार्यवाद का जनक माना है। उनके अनुसार सामाजिक संरचना एवं **सर्वांगिक संरचना (Organismic Structure)** के बीच बहुत-सी बातों में समानताएँ पायी जाती हैं। सर्वांगिक संरचना की तरह ही सामाजिक संरचना के विभिन्न अंगों को अपने विशिष्ट प्रकार्यों में परिवर्तन होने से सामाजिक संरचना में भी परिवर्तन उत्पन्न हो जाते हैं। जैसे-जैसे सामाजिक संरचना का विकास होता है, वैसे-वैसे उसके अंगों के प्रकार्यों में घनिष्ठता भी बढ़ती जाती है। दूसरे शब्दों में, सामाजिक संरचना के अंगों में **विशिष्टीकरण (Specialization)** एवं **विभेदीकरण (Differentiation)** के बढ़ने के साथ ही संरचना पर निर्भरता बढ़ती जाती है।

समाज के विभिन्न अंग जिस ढंग से कार्य करते हैं, उसी के अनुरूप सामाजिक संरचना को एक विशेष स्वरूप मिलता है। इस तथ्य को हम इस ढंग से समझ सकते हैं कि जिस तरह आर्थिक, धार्मिक एवं राजनीतिक संस्थाएँ कार्य करती हैं, उसी तरह सामाजिक संरचना का भी निर्माण होता है। इसी तरह सामाजिक संरचना में परिवर्तन तभी दृष्टिगोचर होता है, जब उसके अंगों के प्रकार्यों में परिवर्तन होता है। सामाजिक प्रकार्यों में जटिलता बढ़ने से सामाजिक संरचना में भी स्वत: जटिलताएँ बढ़ जाती हैं।

हर्बर्ट स्पेंसर (Herbert Spencer, 1914) का कहना है कि समाज भी अन्य जीवों की तरह एक जीवन्त व्यवस्था है। आँख, नाक, कान, हाथ, पैर, फेंफड़ा, मस्तिष्क इत्यादि जीवों के प्रमुख अंग हैं; उनके अभाव में जीव की कल्पना नहीं कर सकते हैं। उसी तरह समाज भी विभिन्न अंगों से बना है। उन्होंने धर्म, आर्थिक व्यवस्था, संस्कृति, विवाह, परिवार एवं कानून जैसी संस्थाओं को समाज का अभिन्न अंग माना है। इन अंगों के अभाव में समाज नहीं चल सकता

है, क्योंकि समाज की स्थिरता एवं विकास के लिए वे विभिन्न किस्म का योगदान देते हैं। उनके इस विचार को ध्यान में रखकर बहुत-से समाजशास्त्रियों ने यह विचार व्यक्त किया है कि स्पेंसर समाजशास्त्र के क्षेत्र में प्रकार्यवाद के एक प्रारम्भिक चिन्तक थे।

फ्रेंच समाजशास्त्री एमिल डर्कहाइम का इस क्षेत्र में बहुत ही महत्त्वपूर्ण योगदान रहा है। डर्कहाइम (1938) के अनुसार सामाजिक संरचना एवं प्रकार्य के बीच अन्योन्याश्रय सम्बन्ध है। सामाजिक संरचना का निर्माण **सामाजिक तथ्यों (Social Facts)** से होता है। प्रत्येक सामाजिक तथ्य का सामाजिक संरचना के लिए एक निश्चित प्रकार्य होता है। प्रकार्यों के आधार पर ही सामाजिक तथ्य एक-दूसरे से मिलकर एक विशेष सामाजिक संरचना का निर्माण करते हैं। प्राचीन सामाजिक संरचना में सामाजिक तथ्यों के बीच का सम्बन्ध मशीन के पुर्जों की भाँति था, जिसे उन्होंने **सहज एकता (Mechanical Solidarity)** कहा है। समाज में श्रम-विभाजन स्पष्ट नहीं था और समाज सरल था। सामाजिक आवश्यकताएँ भी कम थीं, जिसके फलस्वरूप समाज के अंगों के कार्य भी सीमित थे।

जैसे-जैसे जनसंख्या एवं हमारी आवश्यकताएँ बढ़ीं, वैसे-वैसे श्रम-विभाजन एवं विशिष्टीकरण की भी आवश्यकता बढ़ने लगी। इससे समाज के अंगों के बीच परस्पर-निर्भरता आने लगी। इस तरह हम कह सकते हैं कि सामाजिक संरचना एवं सामाजिक प्रकार्य के बीच परस्पर-निर्भरता (Interdependence) का सम्बन्ध है।

डर्कहाइम (1961) ने धर्म के ऊपर जो अपना विचार व्यक्त किया है, उसमें प्रकार्यवादी विश्लेषण का स्वरूप काफी निखरा हुआ दिखाई पड़ता है। उन्होंने बताया है कि प्रत्येक समाज में धर्म का अपना कुछ सकारात्मक योगदान होता है, इसीलिए धर्म का अस्तित्व समाज में आज भी बना हुआ है। उदाहरणस्वरूप, ऑस्ट्रेलिया की आदिमजातियों के अध्ययन में उन्होंने यह पाया कि लोग धार्मिक अनुष्ठान इसलिए करते हैं कि उससे समाज के विभिन्न लोगों के बीच अन्य बातों के अलावा सामाजिक एकात्मता (Social Solidarity) पैदा होती है। ऑस्ट्रेलियन आदिमजाति के लोग छोटे-छोटे समूहों में एक बड़े भूभाग में बिखरे हुए हैं, लेकिन समान धार्मिक अनुष्ठानों के चलते वे उतने ही जुड़े हुए भी हैं। वे बहुत सारे कुलों (Clans) में विभाजित हैं, पर टोटेम (Totem) का अनुष्ठान सभी को एकसूत्र में बाँधने का काम करता है। डर्कहाइम ने बताया है कि उसके जीवन में टोटेम का वही स्थान है, जो आधुनिक समाज में राष्ट्रीय झण्डा का है। राष्ट्रीय झण्डा राष्ट्र के विभिन्न समुदायों, धर्मावलम्बियों एवं छोटे-छोटे सामाजिक समूहों को एकसूत्र में पिरोने का काम करता है। डर्कहाइम ने यहाँ धार्मिक क्रिया-कलापों में छिपे हुए सकारात्मक प्रकार्यों को उजागर किया है।

पॉलिस मानवशास्त्री मालिनॉफस्की (B. Malinowski)[2] ने प्रकार्यवादी विचारधारा का विकास **अनुभवपरक वास्तविकता (Empirical Reality)** के आधार पर किया है। उन्होंने जनजातीय समाजों का सामाजिक-सांस्कृतिक इकाई के रूप में अध्ययन कर संस्कृति के प्रत्येक पहलू का विश्लेषण उसके प्रकार्यों के आधार पर किया है, ऐसा उनकी पुस्तक **Argonauts of the Western Pacific** (1922) को पढ़ने से मालूम होता है।

मालिनॉफस्की ने जनजातीय संस्कृति को समझने के लिए जिस विशिष्ट दृष्टिकोण को विकसित किया, उसे हम **आवश्यकताओं का सिद्धान्त (Theory of Needs)** कहते हैं। इसकी चर्चा उन्होंने अपनी पुस्तक **A Scientific Theory of Culture** (1960) में प्रस्तुत किया है। उनके अनुसार आवश्यकताएँ दो प्रकार की होती हैं: व्यक्तिगत (Individual) एवं सामाजिक (Social)। मालिनॉफस्की ने वैयक्तिक आवेग को वैयक्तिक तथा सामूहिक अस्तित्व की अवधारणा से जोड़कर आवश्यकताओं को तीन भागों में बाँटा है, वे हैं– मूल (Basic), व्युत्पन्न (Derived) एवं समन्वयी (Integrative) आवश्यकताएँ। मूल आवश्यकताएँ वे हैं, जो व्यक्ति एवं समूह स्तित्व के लिए अनिवार्य हैं। मूल आवश्यकताओं के अन्तर्गत चयापचयन (Metabolism), प्रजनन, शारीरिक सुख, सुरक्षा, गतिशीलता, मानसिक विकास एवं स्वास्थ्य हैं, जिनकी सांस्कृतिक प्रतिक्रियाएँ क्रमशः भोजन की आपूर्ति, नातेदारी, आश्रय, संरक्षण गतिविधियाँ, प्रशिक्षण एवं स्वच्छता हैं। मूल आवश्यकताओं को **प्राथमिक निर्धारक तत्त्व (Primary Determinant)** भी कहा जाता है।

---

2. Malinowski— इस नाम का 'मैलिनावस्की', 'मैलीनाउस्की' या 'मालिनावस्की' आदि गलत उच्चारण हैं। सही उच्चारण मात्र 'मालिनॉफस्की' ही है।

मूल आवश्यकताओं की पूर्ति के दौरान संस्कृति कुछ अपनी ज़रूरतें पैदा करती है। इन्हें ही मालिनॉफस्की ने व्युत्पन्न आवश्यकताएँ या आदेशक (Imperatives) कहा है। व्युत्पन्न आवश्यकताओं के अन्तर्गत सांस्कृतिक उपकरणों के अनुरक्षण, मानव आचरण का नियमन, समाजीकरण एवं सत्ता के प्रयोग की आवश्यकताएँ हैं, जिनकी प्रतिक्रियाएँ क्रमश: अर्थव्यवस्था, सामाजिक नियन्त्रण, शिक्षा एवं राजनीतिक संगठन हैं।

समन्वयी (Integrative) आवश्यकताओं के माध्यम से आदतें (Habits) प्रथा (Customs) में, बच्चों का लालन-पालन या समाजीकरण (Socialization) में तथा आवेग (Emotions) मूल्यों (Values) में बदलते हैं। परम्परा, मूल्य, प्रतिमान, धर्म, कला तथा प्रतीक आदि इसी श्रेणी में आते हैं।

उन्होंने बताया है कि समाज का निर्माण परस्पर सम्बन्धित तत्त्वों से होता है जिसका आधार मनुष्यों की ज़रूरतें (Needs) हैं। इस विचार के पीछे दलील यह है कि सभी व्यक्तियों की कुछ बुनियादी आवश्यकताएँ होती हैं, जिसकी पूर्ति के अभाव में मनुष्य का अस्तित्व खतरे में पड़ जाता है, जैसे– भोजन, वस्त्र, आवास, सुरक्षा एवं यौन की सन्तुष्टि इत्यादि। इन बुनियादी ज़रूरतों को पूरा करने के लिए मनुष्य कुछ अन्य आवश्यकताओं को जन्म देता है, जिसे द्वितीयक आवश्यकताएँ (Secondary Needs) के नाम से जाना जाता है, जैसे– संचार, सहयोग, संघर्ष पर नियन्त्रण इत्यादि। मनुष्य ने इन द्वितीयक ज़रूरतों को पूरा करने के लिए भाषा, नियम, कानून एवं उस पर अमल करने वाले अभिकरणों (Enforcement Agency) इत्यादि को जन्म दिया है। इस प्रकार मनुष्य बहुत प्रकार के सम्बन्धों एवं संस्थाओं का निर्माण अपने स्वार्थों को पूरा एवं रक्षा करने के लिए करता है।

मॉलिनॉफस्की के समकालीन रैडक्लिफ-ब्राउन एक-दूसरे मानवशास्त्री हैं, जिन्होंने प्रकार्यवाद के क्षेत्र में अपना मौलिक योगदान दिया है। पर प्रकार्य को संरचना के साथ जोड़कर रैडक्लिफ-ब्राउन ने एक ऐसे सिद्धान्त का विकास किया, जिसे मालिनॉफस्की नहीं कर पाये।

रैडक्लिफ-ब्राउन के अनुसार सामाजिक संरचना में सदा परिवर्तन की स्थिति बनी रहती है। जन्म एवं मृत्यु की प्रक्रिया से विभिन्न समूहों के सदस्यों में परिवर्तन की प्रक्रिया चलती रहती है। फिर भी उनका मानना है कि समाज के संरचनात्मक स्वरूप में बहुत हद तक स्थायित्व होता है। संरचनात्मक स्वरूप की स्थिरता विभिन्न अंगों के आपस में सुव्यवस्थित ढँग से जुड़ने से होती है। परिवार, शिक्षा व्यवस्था, राजनीतिक व्यवस्था आदि अंगों के विशिष्ट प्रकार्यों से संरचनात्मक स्थायित्व बना रहता है। संक्षेप में हम कह सकते हैं कि रैडक्लिफ-ब्राउन द्वारा हम विकसित सामाजिक संरचना की अवधारणा के द्वारा अनुभव-सिद्ध तथ्यों के आधार पर समाज के सदस्यों के बीच पारस्परिक सम्बन्ध तथा उसके गठन का अध्ययन कर सकते हैं।

रैडक्लिफ-ब्राउन ने 'प्रकार्य' की अवधारणा को भी विकसित किया है। उनका कहना है कि संरचना को प्रकार्य के सन्दर्भ में ही समझा जा सकता है तथा प्रकार्य को 'संरचना' के सन्दर्भ में ही सार्थकता मिलती है। संयुक्त रूप से दोनों अवधारणाएँ संरचनात्मक एवं प्रकार्यात्मक स्वरूप का निर्माण करती हैं। डर्कहाइम ने 'प्रकार्य' की अवधारणा का प्रयोग सामाजिक संस्थाओं के अध्ययन में सफलतापूर्वक किया। उन्होंने 'प्रकार्य' शब्द की व्याख्या मानव की आवश्यकताओं के अर्थ में की। रैडक्लिफ-ब्राउन ने आवश्यकताओं की जगह अस्तित्व की अनिवार्य स्थितियों जैसे शब्द का प्रयोग किया। उनके अनुसार मानव-समाज को अपने अस्तित्व के लिए कुछ मौलिक शर्तों को पूरा करना होता है। जिस तरह हर जीव के लिए भोजन, मल-मूत्र त्याग एवं प्रजनन आवश्यक हैं, उसी तरह समाज के निमित्त कुछ गतिविधियाँ आवश्यक हैं। रैडक्लिफ-ब्राउन का मानना है कि 'अस्तित्व की अनिवार्य स्थितियों' की पहचान हम वैज्ञानिक विधि से कर सकते हैं।

प्रत्येक जीव को जीवित रखना उनकी संरचना का प्रकार्य समझा जाता है (Radcliffe-Brown, 1952: 179)। इसी तरह सामाजिक जीवन की प्रक्रियाएँ एवं गतिविधियाँ सामाजिक संरचना का प्रकार्य होती हैं। उदाहरण के लिए, विवाह बार-बार घटित होने वाली एक सामाजिक गतिविधि है, जिससे सामाजिक संरचना को बनाये रखने में मदद मिलती है। यह उसका प्रकार्य है। इस प्रकार प्रकार्य की अवधारणा में संरचना की धारणा निहित है, जिसमें इकाइयों के सम्बन्धों

का समुच्चय और अंगभूत अवयवों की गतिविधियों से बनी जीवन प्रक्रिया का समुच्चय और अंगभूत अवयवों की गतिविधियों से बनी जीवन प्रक्रिया से अनुरक्षित संरचना की निरंतरता शामिल होती है (Radcliffe-Brown, 1952: 180)।

सामाजिक व्यवस्था में एक प्रकार की एकता होती है, जिसे रैडक्लिफ्-ब्राउन ने प्रकार्यात्मक एकता (Functional Unity) का नाम दिया है। इसका तात्पर्य ऐसी स्थिति से है, जिसमें सामाजिक व्यवस्था के सभी अंग समरसता एवं अनुकूलता के साथ काम करते हैं। इनके बीच कोई ऐसा टकराव पैदा नहीं होता है जिसका समाधान सम्भव न हो। वैसे रैडक्लिफ्-ब्राउन ने संरचना में विकार की सम्भावना भी व्यक्त की है, जिसे मर्टन ने दुष्प्रकार्य (Dysfunction) कहा है।

प्रकार्यवाद के क्षेत्र में टैलकॉट पार्सन्स (Talcott Parsons) का बहुत-ही महत्त्वपूर्ण योगदान रहा है। वे एक ऐसे समाजशास्त्री थे, जिन्होंने स्पेंसर एवं डर्कहाइम के प्रकार्यवाद को मालिनॉफस्की एवं रैडक्लिफ्-ब्राउन के मानवशास्त्रीय साहित्य से निकालते हुए इसे फिर से समाजशास्त्र में स्थापित किया। पार्सन्स का विचार है कि समाज का सही अध्ययन **संरचनात्मक-प्रकार्यात्मक (Structural-Functional)** दृष्टिकोण से ही सम्भव है। सामाजिक व्यवस्था की यथार्थता को तब तक भली-भाँति नहीं समझा जा सकता, जब तक कि उनको गठित करने वाली इकाइयों के प्रकार्यों को अच्छी तरह समझ नहीं लिया जाय।

पार्सन्स के अनुसार सामाजिक संरचना या व्यवस्था के अध्ययन से हमें यही ज्ञात होता है कि इसके अन्तर्गत अनेक परस्पर सम्बन्धित इकाइयाँ हैं, जो सम्पूर्ण व्यवस्था या संरचना को एक निश्चित प्रतिरूप (Pattern) प्रदान करती हैं। पार्सन्स के अनुसार उन अन्त:सम्बन्धित इकाइयों के अध्ययन का उत्तम तरीका यह है कि इन्हें सामान्यीकृत संरचनात्मक-प्रकार्यात्मक व्यवस्था के रूप में देखा जाय। समाज व्यवस्था को हमें एक गतिशील व्यवस्था के रूप में देखना चाहिए। इस क्षेत्र में पार्सन्स का योगदान कितना अधिक महत्त्वपूर्ण है, इसकी जानकारी हमें आगे मिलेगी, जब सामाजिक व्यवस्था पर चर्चा की जायेगी।

आधुनिक समाजशास्त्र में संरचनात्मक प्रकार्यवाद का वैज्ञानिक आधार प्रदान करने का महत्त्वपूर्ण श्रेय पार्सन्स के शिष्य आर.के. मर्टन को जाता है। मर्टन के प्रकार्यवादी विचारों पर मानवशास्त्री मालिनॉफस्की (B. Malinowski), रैडक्लिफ्-ब्राउन (A.R. Radcliffe-Brown), क्लाइड क्लकहॉन (Clyde Kluckhohn) आदि का काफी प्रभाव है।

प्रकार्यवाद पर मर्टन का योगदान समाजशास्त्र की दुनिया में एक विशिष्ट महत्त्व रखता है। गिडेन्स (A. Giddens, 1993) का कहना है कि रैडक्लिफ्-ब्राउन एवं मालिनॉफस्की ने प्रकार्यवाद का प्रयोग जहाँ आदिमजाति के लिए किया था, वहीं आर.के. मर्टन ने इस सिद्धान्त का प्रयोग विकसित एवं औद्योगिक समाज के अध्ययन के लिए किया है। उन्होंने मर्टन द्वारा दिये गये विश्लेषण को रैडक्लिफ्-ब्राउन एवं मालिनॉफस्की की तुलना में अधिक परिष्कृत (Sophisticated) बताया है।

मर्टन ने पुराने प्रकार्यवादियों की आधारभूत मान्यताओं का उल्लेख करते हुए आलोचना की है। वे मान्यताएँ थीं– (क) पूरी सामाजिक इकाइयाँ एक सामाजिक संरचना या व्यवस्था में कुछ **सकारात्मक प्रकार्यों (Positive Functions)** को करती हैं, (ख) ये इकाइयाँ सम्पूर्ण सामाजिक व्यवस्था के लिए कार्य करती हैं तथा (ग) इन कार्यों के आधार पर ही सामाजिक संरचना का अस्तित्व सम्भव होता है, इसलिए इकाइयों का प्रकार्य सामाजिक संरचना के अस्तित्व एवं निरन्तरता के लिए अनिवार्य है।

मर्टन ने पुरानी मान्यताओं की कमियों को दूर करने के लिए कुछ नयी मान्यताओं एवं विचारों को रखा है, जो इस प्रकार हैं–

1. प्रकार्यात्मक एकता (Functional Unity) प्रयोगसिद्ध होती है।
2. सामाजिक रीतियाँ एवं घटनाएँ एक समूह के लिए प्रकार्यात्मक हो सकती हैं, तो दूसरे समूहों के लिए वही रीतियाँ एवं घटनाएँ दुष्प्रकार्यात्मक (Dysfunctional) भी हो सकती हैं।
3. **सार्वभौमिक प्रकार्यवाद (Universal Functionalism)** की अवधारणा में संशोधन आवश्यक है, क्योंकि एक समाज या समूह के प्रकार्यात्मक परिणाम दूसरे समाजों या समूहों पर लागू नहीं भी हो सकते हैं।

4. इस मान्यता में संशोधन की ज़रूरत है कि प्रकार्यात्मक रूप में समाज के सभी तत्त्व या इकाई नितान्त आवश्यक हैं। एक इकाई का एक-से अधिक प्रकार्य सम्भव है तथा एक प्रकार्य की पूर्ति विकल्पों (Alternatives) द्वारा भी सम्भव है। कुछ इकाइयों के एक से अधिक प्रकार्य हो सकते हैं, जिनमें कुछ परिणाम दुष्प्रकार्यात्मक भी हो सकते हैं। मर्टन ने यह भी कहा है कि प्रकार्यात्मक विश्लेषण वैचारिक (Ideological) नहीं है।

प्रकार्य एवं दुष्प्रकार्य (अपक्रिया)[3] (Function and Dysfunction)

उपर्युक्त विवरण से यह स्पष्ट होता है कि संरचनात्मक-प्रकार्यात्मक विश्लेषण का इतिहास काफी लम्बा है। विभिन्न समाजशास्त्रियों एवं मानवशास्त्रियों ने प्रकार्य जैसी अवधारणा का विभिन्न अर्थों में प्रयोग किया है। प्रकार्य के साथ विभिन्न प्रकार के अर्थों की समस्याओं को ध्यान में रखकर मर्टन ने कहा है कि Function के साथ Single term, diverse concepts and single concept, diverse terms की समस्या है (Merton, 1968: 74–78)। मर्टन ने प्रकार्य के पाँच प्रचलित अर्थों की चर्चा की है, जो इस प्रकार हैं–

(क) सार्वजनिक उत्सव या सम्मेलन के अर्थ में
(ख) प्रकार्य व्यवस्था के रूप में
(ग) किसी सामाजिक पद पर आसीन व्यक्ति के कार्य-कलाप या भूमिका (Activity) के अर्थ में
(घ) गणितशास्त्रीय अर्थ में
(ङ) व्यवस्था बनाये रखने में सहायक प्राणीशास्त्रीय या सामाजिक कार्यप्रणाली के अर्थ में।

इन पाँच अर्थों से भिन्न अर्थों में भी प्रकार्य शब्द का व्यवहार किया जाता है। प्राय: प्रयोजन (Purpose), प्रेरणा (Motive), प्राथमिक हित (Primary Concern), लक्ष्य (Aim) आदि के अर्थ में भी प्रकार्य का प्रयोग किया जाता है। मर्टन ने प्रकार्य को आत्मगत अनुभवों (Subjective feelings) के रूप में समझना गलत माना है। उनके अनुसार **'दृष्टिगोचर वस्तुनिष्ठ परिणाम' (Observable Objective Consequences)** को ही प्रकार्य कहा जाता है। मर्टन ने प्रकार्य का दो मौलिक अर्थों में प्रयोग किया है। वे हैं– (क) एक जैव व्यवस्था के सन्दर्भ में (Function as an organic type of system) एवं (ख) जैव व्यवस्था के अन्तर्गत किसी लक्ष्य, उद्देश्य आदि के परिणामों के अर्थ में (Function as the consequences of any design, aim, purpose within an organic type of system)।

मर्टन ने प्रकार्य को परिभाषित करते हुए बताया है कि प्रकार्य वे दृष्टिगोचर परिणाम (Observable Consequences) हैं, जो व्यवस्था विशेष के अनुकूलन या सामंजस्य को सम्भव बनाते हैं। दुष्प्रकार्य वे अवलोकित परिणाम हैं, जो कि व्यवस्था के अनुकूलन या सामंजस्य को कम करते हैं।

मर्टन पहले समाजशास्त्री थे, जिन्होंने प्रकार्य एवं दुष्प्रकार्य के बीच के अन्तर की ओर हम लोगों का ध्यान आकृष्ट किया। उनका कहना है कि समाज के विभिन्न अंगों या तत्त्वों का कार्य हमेशा सकारात्मक ही नहीं होता। रैडक्लिफ-ब्राउन एवं मालिनॉफस्की ने अपने अध्ययनों में सामाजिक संरचना के विभिन्न अंगों का मात्र प्रकार्य ही देखा। यह बहुत हद तक स्वाभाविक था, क्योंकि उन लोगों ने एक स्थिर, एकीकृत एवं अविकसित समाज का अध्ययन किया था। आधुनिक समाज में सिर्फ एकता (Integration) की ही नहीं, बल्कि बिखराव की भी प्रकृति पायी जाती है। चूँकि मर्टन ने आधुनिक समाज में उन दोनों प्रवृत्तियों को देखा, इसलिए उन्होंने प्रकार्य एवं दुष्प्रकार्य का विस्तार से एक वैज्ञानिक विश्लेषण प्रस्तुत किया।

3. 'Dysfunction' का सही हिन्दी अनुवाद 'दुष्प्रकार्य' तथा अपक्रिया है न कि अप्रकार्य, क्योंकि Dysfunction से ऐसे प्रकार्य का बोध होता है जो संरचना को अस्थिर करता है या करने का प्रयास करता है। अप्रकार्य से प्रकार्य (Function) नहीं होने का बोध होता है। फादर कामिल बुल्के ने अपने अंग्रेजी-हिन्दी शब्दकोश में 'Dysfunction' का हिन्दी **दुष्प्रकार्य** ही दिया है।

प्रकट प्रकार्य वे दृष्टिगोचर परिणाम हैं, जो व्यवस्था में अनुकूलन या सामंजस्य बनाये रखते हैं तथा व्यवस्था में सहयोग देने वालों के द्वारा वह प्रकार्य मान्य तथा अभीष्ट होता है। अप्रकट प्रकार्य (Latent Functions) वे हैं, जो न तो मान्य (Recognized) होते हैं और न ही अभीष्ट (Intended)। मर्टन (Merton, 1968: 105) के ही शब्दों में– "प्रकार्य ऐसे अवलोकित परिणाम को कहते हैं, जो किसी व्यवस्था के अनुकूलन या सामंजस्य स्थापन में मदद करते हैं तथा दुष्प्रकार्य ऐसे अवलोकित परिणाम को कहते हैं, जो किसी व्यवस्था में अनुकूलन या सामंजस्य की प्रक्रिया में कमी लाते हैं...प्रकट प्रकार्य वे निरीक्षित अवलोकित परिणाम हैं, जो व्यवस्था के अनुकूलन या सामंजस्य में अपना योगदान देते हैं तथा व्यवस्था में योगदान करने वालों के द्वारा मान्य तथा इच्छित होते हैं। अप्रकट प्रकार्य (Latent Functions) वे हैं, जो न तो मान्य (Recognized) होते हैं और न इच्छित (Intended)।"[4]

अप्रकट प्रकार्यों में प्रेरणा (Motive), परिस्थिति (Situation) एवं परिणाम (Consequence) की जानकारी कर्त्ता को पहले से नहीं होती है। अप्रकट प्रकार्य के परिणाम बहुत दूरगामी होते हैं। वस्तुत: अप्रकट प्रकार्य कोई-न-कोई प्रकट प्रकार्य का ही परिणाम होता है। प्रकट एवं अप्रकट प्रकार्य के अन्तर को हम इस प्रकार स्पष्ट कर सकते हैं। प्रकट प्रकार्य कर्त्ता द्वारा स्वीकृत (Recognized) परिणाम है। दूसरी ओर, अप्रकट प्रकार्य के बारे में कर्त्ता को पूर्व ज्ञान नहीं होता है। प्रकट प्रकार्य बाहरी तौर पर स्पष्ट होता है, जबकि अप्रकट प्रकार्य भीतर-ही-भीतर क्रियाशील रहता है। इसी तरह प्रकट प्रकार्य में कर्त्ता को प्रेरणा, परिस्थिति एवं परिणाम की जानकारी होती है। दूसरी तरफ अप्रकट प्रकार्य में प्रेरणा, परिस्थिति एवं परिणाम की जानकारी कर्त्ता को पहले से नहीं होती है।

मर्टन ने प्रकट प्रकार्य (Manifest Function) एवं अप्रकट प्रकार्य (Latent Function) के बीच के अन्तर को स्पष्ट करने के लिए न्यू मैक्सिको के होपी इंडियन्स (Hopi Indians) के बीच पाये जाने वाले वर्षा-नृत्य (Rain Dance) का उदाहरण दिया है। इस उदाहरण से प्रकट एवं अप्रकट प्रकार्य के बीच का अन्तर और भी स्पष्ट हो जाता है। होपी लोगों की मान्यता है कि धार्मिक उत्सवों एवं नाच-गान के द्वारा वे लोग वर्षा ला सकते हैं। उनके जीवन में इस वर्षा की उपयोगिता खेतीबाड़ी के कामों से जुड़ी है। अत: यह प्रकट प्रकार्य है। दूसरी तरफ इस वर्षा-नाच के द्वारा उन लोगों के बीच सामाजिक एकता एवं भाईचारे की भावना को बढ़ावा मिलता है। चूँकि वर्षा-नाच का प्रत्यक्ष उद्देश्य सामाजिक एकता या भाईचारे को बढ़ावा देना नहीं है, लेकिन वह अप्रत्यक्ष ढंग से प्रोत्साहित हो जाता है, इसीलिए यह उसका अप्रकट प्रकार्य कहा जाता है। यहाँ मर्टन ने कहा है कि समाजशास्त्रियों का मुख्य उद्देश्य विभिन्न प्रकार के कार्य-कलापों एवं संस्थाओं के अप्रत्यक्ष प्रकार्य को समझना है।

मर्टन ने इस तर्क को स्वीकार नहीं किया है कि सामाजिक संरचना की सभी इकाइयाँ मात्र **सकारात्मक प्रकार्य (Positive Functions)** ही करती हैं तथा सामाजिक संरचनाएँ हमेशा व्यवस्था को बनाये रखने में अपना योगदान करती हैं। इस विचार के ठीक विपरीत मर्टन का मानना है कि ऐसा सम्भव है कि कुछ इकाइयाँ प्रकार्य की जगह दुष्प्रकार्य या अपक्रिया (Dysfunction) करें। दूसरे शब्दों में कुछ इकाइयाँ सामाजिक संरचना एवं व्यवस्था को संगठित न कर विघटित करने का भी प्रयास करती हैं। मर्टन की दृष्टि में कुछ सामाजिक इकाइयाँ प्रकार्यात्मक होती हैं, तो कुछ **आंशिक रूप से दुष्प्रकार्यात्मक (Partially Dysfunctional)**, कुछ **अप्रकार्यात्मक (Non-Functional)** और तो कुछ **पूर्णरूपेण दुष्प्रकार्यात्मक (Totally Dysfunctional)** भी। यह सम्भव है कि संरचना की कुछ इकाइयाँ अप्रकार्यात्मक (Non-functional) होते हुए भी सामाजिक संरचना में बनी रहें। इस तरह स्पष्ट है कि सभी इकाइयों के प्रकार्य सामाजिक संरचना एवं व्यवस्था के अस्तित्व एवं अनवरतता के लिए अनिवार्य नहीं होते हैं।

---

4. "Functions are those observed consequences which make for the adaptation or adjustment of a given system; and dysfunctions, those observed consequences which lessen the adaptation or adjustment of the system ... . Manifest functions are those objective consequences contributing to the adjustment or adaptation of the system which are intended and recognized by participants in the system; Latent functions, correlatively, being those which are neither intended nor recognized."— R.K. Merton, **Social Theory and Social Structure**, Amerind Publishing Co. Pvt. Ltd., Delhi, 1968, p. 105.

दुष्प्रकार्य के सम्बन्ध में मर्टन ने बताया है कि इसके द्वारा सामाजिक एकता को खतरा पैदा होता है और इससे समाज में सामाजिक परिवर्तन की प्रवृत्तियों को बढ़ावा मिलता है। दूसरे शब्दों में मर्टन के दुष्प्रकार्य के द्वारा सामाजिक परिवर्तन का विश्लेषण होता है। डर्कहाइम की तरह वे यह नहीं मानते थे कि धर्म हमेशा समाज की एकता को एक सकारात्मक योगदान देता है। धर्म के कारणों पर समाज में काफी द्वन्द्व और विरोध भी पाया जाता है। धर्म यदि समाज को जोड़ता है, तो वह उतना ही दो समुदायों के बीच सम्बन्ध-विच्छेद भी करता है। अतः यह कहना कि प्रकार्यवादी सिद्धान्त से मात्र सामाजिक स्थिरता या नियन्त्रण का ज्ञान होता है, यह सही नहीं है। इसके अन्तर्गत दुष्प्रकार्य ऐसी अवधारणा है, जिसके द्वारा सामाजिक परिवर्तन का ज्ञान होता है।

जैसा कि पहले ही कहा जा चुका है कि प्रकार्य की तरह दुष्प्रकार्य को भी दो भागों में बाँटा जा सकता है– **प्रकट दुष्प्रकार्य (Manifest Dysfunction)** एवं **अप्रकट दुष्प्रकार्य (Latent Dysfunction)**। धर्म के आधार पर हिन्दू–मुस्लिम के बीच दंगा होना एक प्रत्यक्ष दुष्प्रकार्य है, क्योंकि धर्म का कार्य लोगों को आपस में जोड़ना होता है। दंगा–फ़साद के परिणामस्वरूप दोनों समुदायों के बीच कुछ लोगों का मरना या अपाहिज होना प्रकट दुष्प्रकार्य है। दोनों के बीच झगड़े के फलस्वरूप मंदिर–मस्जिद का ध्वस्त हो जाना या राष्ट्रीय सम्पत्ति का नष्ट होना भी प्रकट दुष्प्रकार्य कहा जायेगा। लेकिन यदि दंगा–फसाद का नतीजा देश का विभाजन होता है, तो उसे अप्रकट दुष्प्रकार्य कहा जायेगा, क्योंकि दंगा करने वाले लोगों की यह इच्छा नहीं होती है कि वे धर्म के आधार पर अलग–अलग देश का निर्माण करें।

सामाजिक व्यवस्था (Social Systems)

टैलकॉट पार्सन्स (Talcott Parsons), आर.के. मर्टन (R.K. Merton), डेविस (K. Davis), स्मेलसर (N.J. Smelser) इत्यादि प्रकार्यवादियों ने सामाजिक व्यवस्था को दो स्तरों पर देखने का प्रयास किया है– एक संरचना के स्तर पर और दूसरा प्रकार्य के स्तर पर। यहाँ हम सामाजिक व्यवस्था के दोनों स्तरों पर बारी–बारी से विचार करना चाहेंगे।

इस विषय पर आगे चर्चा करने के पूर्व यह समझ लेना आवश्यक है कि सामाजिक व्यवस्था किसे कहते हैं। सामान्यतः सामाजिक व्यवस्था से तात्पर्य किसी बहुत बड़े सामाजिक समूह की व्यवस्था से है। उसी अर्थ में हम हिन्दू समाज, मुस्लिम समाज या सिक्ख समाज की बात करते हैं। कभी–कभी तो हम उससे भी बड़ी सामाजिक व्यवस्था को ध्यान में रखकर इस शब्द का प्रयोग करते हैं, जैसे– भारतीय समाज, चीनी समाज, अमरीकी समाज इत्यादि। सामाजिक व्यवस्था का यह अर्थ ग़लत नहीं है, लेकिन मात्र यही अर्थ है, यह भी सही नहीं है। मात्र दो व्यक्ति भी सामाजिक समूह का निर्माण कर सकते हैं और उस समूह को भी सामाजिक व्यवस्था कहा जा सकता है, जैसे– मूल परिवार एक सामाजिक व्यवस्था है।

यहाँ हम सामाजिक व्यवस्था का प्रयोग एक परिवार से लेकर राष्ट्र स्तर तक की स्थिति को ध्यान में रखकर ही करने जा रहे हैं। कुछ लोगों को यहाँ सन्देह हो सकता है कि क्या दो व्यक्तियों के मिलने से जिस परिवार का निर्माण होता है उसे भी सामाजिक व्यवस्था कहा जा सकता है ? निश्चित रूप से उसे सामाजिक व्यवस्था कहा जा सकता है। पार्सन्स ने व्यवस्था का जो अर्थ बतलाया है, उस अर्थ में परिवार भी एक सामाजिक व्यवस्था है। पाठकों की सन्तुष्टि के लिए यहाँ हम इस तर्क के समर्थन में स्टीफन कोल (Stephen Cole, 1975: 169) को उद्धृत करना चाहेंगे– "कोई भी सामाजिक इकाई, दो व्यक्तियों के एक समूह से लेकर एक जटिल समाज तक, सामाजिक व्यवस्था कही जाती है।" (A social system is any social unit, which can range from a two-person group to a complex society.) लेकिन यहाँ यह महत्त्वपूर्ण है कि दो व्यक्तियों के बीच के सम्बन्धों को समस्त सामाजिक व्यवस्था के सन्दर्भ में देखा जाना चाहिए, जैसा कि गॉर्डन मार्शल (Gordon Marshall) ने अपनी पुस्तक **Oxford Dictionary of Sociology** (1998) में बताया है।[5] समाज से अलग रहने वाले दो संन्यासियों के बीच के आपसी सम्बन्धों से सामाजिक व्यवस्था का निर्माण नहीं होता है।

5. "In Parsonsian terms, social system can refer to a stable relationship between two actors, to societies as a whole, to systems of societies, or indeed any level between these."— Gordon Marshall, **Oxford Dictionary of Sociology,** Oxford University Press, Oxford, 1998, p. 621.

पार्सन्स ने समस्त समाज को एक सामाजिक व्यवस्था के रूप में देखने का प्रयास किया है। यहाँ इस विषय पर कुछ लिखने के पहले पाठकों को यह याद दिलाना आवश्यक है कि पार्सन्स ने समाज को मकीवर और पेज की तरह परिभाषित करने का प्रयास नहीं किया है, बल्कि समाज को एक मूर्त व्यवस्था के रूप में देखने का प्रयास किया है। पार्सन्स ने समाज की व्याख्या जिस रूप में प्रस्तुत करने का प्रयास किया है, उसे ही ध्यान में रखकर जॉनसन (H.M. Johnson) ने अपनी पुस्तक **Sociology** में विस्तारपूर्वक समाज की चर्चा की है। इस तथ्य की चर्चा इस पुस्तक के तीसरे अध्याय में की जा चुकी है।

पार्सन्स की सामाजिक व्यवस्था के सिद्धान्त को ठीक से समझने के लिए उनके **सामाजिक क्रिया के सिद्धान्त (Theory of Action)** को समझ लेना आवश्यक है। उन्होंने **'क्रिया' (Action)** शब्द का प्रयोग **सामाजिक व्यवहार (Social Behaviour)** के पर्यायवाची के रूप में किया है। सामाजिक क्रिया किसे कहते हैं, यह समझने के लिए **सामाजिक क्रिया की संरचना (Structure of Social Action)** को समझना आवश्यक है। इसके प्रमुख तत्त्व इस प्रकार हैं–

1. कर्त्ता या किरदार (Actor)– सामाजिक क्रिया के अन्तर्गत कम-से-कम दो व्यक्तियों का होना अनिवार्य है– कर्त्ता को **Ego** और जिसके सन्दर्भ में कर्त्ता किसी क्रिया में भाग लेता है, उसे पार्सन्स ने **Alter** कहा है।
2. कर्त्ता किसी उद्देश्यवश कोई कार्य करता है। उसके सामने एक साथ एक-से अधिक उद्देश्य हो सकते हैं।
3. कर्त्ता के सामने किसी उद्देश्य को प्राप्त करने के लिए एक-से अधिक विकल्प हो सकते हैं।
4. कोई कर्त्ता किसी उद्देश्य की प्राप्ति के लिए किस प्रकार का व्यवहार करेगा, यह तीन बातों पर निर्भर करता है– प्रथम, कर्त्ता के सामने कैसी परिस्थिति है, अर्थात्, वह अपनी सामाजिक एवं सांस्कृतिक परिस्थितियों को ध्यान में रखकर ही कोई आचरण करता है। दूसरा, उस किरदार की **जैविक बनावट (Biological Make-up)** एवं उसके व्यक्तित्व पर **आनुवंशिकता (Heredity)** का कैसा प्रभाव है। व्यक्ति इन्हीं आन्तरिक एवं बाह्य परिस्थितियों के मद्देनज़र किसी उद्देश्य की प्राप्ति के लिए किसी साधन को अपनाता है। तीसरा, उस कर्त्ता या किरदार को अपने उद्देश्यों के बारे में कितनी जानकारी है।
5. किसी उद्देश्य की प्राप्ति के लिए कर्त्ता के द्वारा किया गया व्यवहार या कार्य सामाजिक मानदण्ड (Social Norms) से प्रभावित होता है और वह मानदण्ड सामाजिक मूल्यों (Social Values) से निर्धारित होता है।
6. अन्त में, कर्त्ता का व्यवहार उसका व्यक्तिपरक निर्णय (Subjective Decision) होता है।

पार्सन्स ने अपने सिद्धान्त के माध्यम से यह स्पष्ट करने का प्रयास किया है कि समाज में व्यक्तियों का आचरण विभिन्न कारकों से किस प्रकार प्रभावित होता है। दूसरे शब्दों में, उनका उपर्युक्त सिद्धान्त व्यक्तियों के **व्यवहार की क्रियाविधि (Mechanism of Behaviour)** को स्पष्ट करता है। यहाँ उन्होंने यह दलील दी है कि इस व्यवहार से चार प्रकार की व्यवस्थाओं का निर्माण होता है और पुनः इन चार प्रकार की व्यवस्थाओं से व्यक्तियों का आचरण निर्धारित होता है, अर्थात् व्यक्ति (कर्त्ता) एवं व्यवस्थाओं के बीच एक प्रकार की अन्तर्निर्भरता का सम्बन्ध पाया जाता है। पार्सन्स ने जिन चार प्रकार की व्यवस्थाओं की चर्चा की है, वे इस प्रकार हैं– **(1) सामाजिक व्यवस्था (Social System), (2) सांस्कृतिक व्यवस्था (Cultural System), (3) व्यक्तित्व व्यवस्था (Personality System)** तथा **(4) जैविक व्यवस्था (Biological System)।**

पार्सन्स ने कहा है कि विभिन्न प्रकार की पद्धतियों के बीच एक किस्म की एकता पायी जाती है, जैसे– व्यक्तित्व नियन्त्रण और निर्माण की प्रक्रिया उस समाज की सांस्कृतिक व्यवस्था के सन्दर्भ में चलती है। समाजीकरण के द्वारा व्यक्ति अपनी संस्कृति के बारे में सीखता है। पुनः व्यक्तित्व-व्यवस्था, सामाजिक व्यवस्था एवं सांस्कृतिक व्यवस्था को प्रभावित करती है। व्यक्तित्व का निर्माण संस्कृति के आलोक में होता है और फिर व्यक्तित्व से उस समाज की संस्कृति प्रभावित होती है इसलिए कि संस्कृति का निर्माण और उसमें परिवर्तन समाज के द्वारा ही सम्भव होता है। यहाँ

यही स्पष्ट होता है कि इन तीन प्रकार की व्यवस्थाओं के बीच पूरी तरह अन्तर्निर्भरता पायी जाती है। वे एक-दूसरे पर निर्भर ही नहीं करते हैं, बल्कि वे परस्परव्याप्त भी हैं। कोइन (Percy S. Cohen, 1979: 103) के शब्दों में, "तीनों व्यवस्थाएँ परस्परव्याप्त हैं तथा इनके बीच अन्त:क्रियाएँ होती रहतीं हैं।" (These three systems overlap and interact.)

प्रारम्भ में पार्सन्स ने प्रथम तीन प्रकार की व्यवस्थाओं की ही चर्चा की थी। पर, बाद में उन्होंने जैविक व्यवस्था को भी जोड़ दिया। पार्सन्स ने जैविक व्यवस्था को भी अपने सामाजिक क्रिया के सिद्धान्त में इसलिए रखा है कि व्यक्ति या समाज को जीवित रहने के लिए किसी-न-किसी प्रकार की आर्थिक क्रिया का होना नितान्त आवश्यक है। आर्थिक व्यवस्था के अभाव में सामाजिक व्यवस्था की कल्पना नहीं की जा सकती है। अर्थ मानव-जीवन के अस्तित्व का मुख्य आधार है।

यहाँ सामाजिक व्यवस्था पर कुछ और विशेष प्रकाश डालने की आवश्यकता है। पार्सन्स का कहना है कि सामाजिक व्यवस्था विभिन्न प्रकार की **संस्थागत पद्धतियों (Institutional Orders)** के मिलने से बनती है। इसी को उन्होंने सामाजिक उपव्यवस्था (Sub-system) भी कहा है। नातेदारी प्रथा, धर्म, राजनीति, अर्थव्यवस्था एवं शिक्षा को उन्होंने संस्थागत पद्धति या उपव्यवस्था कहा है। इन संस्थागत पद्धतियों का निर्माण विभिन्न प्रकार की संस्थाओं के मिलने से होता है, जैसे– विवाह एवं परिवार से नातेदारी प्रथा का विकास होता है, चर्च से धर्म का विकास होता है, राजनीतिक दलों एवं नौकरशाही से राज्य व्यवस्था का निर्माण होता है तथा बैंकिंग एवं उद्योगों से आर्थिक पद्धतियों का निर्माण होता है और फिर इन संस्थाओं का निर्माण व्यक्तियों की विभिन्न भूमिकाओं से होता है और इन भूमिकाओं का निर्धारण विभिन्न प्रकार के सामाजिक मानदण्डों से होता है। पुन: मानदण्डों का निर्धारण सामाजिक मूल्यों के द्वारा होता है। इन तमाम मूल्यों को पार्सन्स ने पाँच भागों में बाँटा है, जो परिवर्तनीय प्रतिमान के अन्तर्गत आगे की जा रही है। इसी तथ्य को कोइन (Percy S. Cohen, 1979: 103) ने संक्षिप्त ढँग से इस प्रकार प्रस्तुत किया है कि "सामाजिक व्यवस्था भूमिकाओं का एक सेट है और इसमें से कुछ पुंजों का निर्माण करती है, संस्थाओं के रूप में जाना जाता है।" (The social system then, is the set of roles, some of which form constellations called institutions.)

पार्सन्स के सामाजिक व्यवस्था सम्बन्धी उपर्युक्त विचार को कफ़ एवं पेनी (E.C. Cuff and G.C.F. Payne, 1980: 37) द्वारा प्रस्तुत **सारणी-1** के माध्यम से आसानी से समझा जा सकता है।

सामाजिक व्यवस्था के संरचनात्मक पहलू (Structural Aspects of Social Systems)

पार्सन्स एवं मर्टन के विचारों को ध्यान में रखकर जॉनसन (H.M. Johnson, 1960) ने बताया है कि जब कभी भी हम संरचना की बात करते हैं, तो इससे यही बोध होता है कि संरचना के अन्तर्गत विभिन्न तत्त्व होते हैं और उन तत्त्वों के बीच एक स्थायी सम्बन्ध होता है, क्योंकि स्थायित्व के अभाव में सामाजिक व्यवस्था की संरचना और उसके प्रकार्यों को खतरा है। समाज जिन तत्त्वों के मिलने से बना है, उन तत्त्वों के बीच सम्बन्ध स्थायी होते हैं। उन तत्त्वों का स्वरूप भी सापेक्ष रूप से काफी स्थायी होता है, जैसे समाज के अन्तर्गत विभिन्न प्रकार के छोटे-मोटे समूह होते हैं, जो काफी स्थायी होते हैं। जिस प्रकार भीड़ हर रोज़ बनती और बिगड़ती है, उस प्रकार से सामाजिक समूह हर क्षण नहीं बनते और बिगड़ते हैं। जैसे– परिवार एक सामाजिक समूह का उदाहरण है, जिसमें परिवर्तन बहुत ही धीमी गति से आता है और परिवर्तन आने के बावजूद परिवार का एक निश्चित स्वरूप बना हुआ रहता है। प्रत्येक समाज के अन्तर्गत समूह और समूह के बाहर व्यक्ति विभिन्न सामाजिक नियम-कानूनों को ध्यान में रखकर आचरण करता है, वे नियम-कानून आसानी से नहीं बदलते हैं। नियम-कानूनों में एक प्रकार का स्थायित्व होता है। नियम-कानूनों में स्थायित्व का एक सबसे प्रमुख कारण यह है कि सामाजिक मानदण्डों एवं मूल्यों में एक स्थिरता पायी जाती है। समाज के आदर्श और मूल्य बहुत ही धीरे-धीरे बदलते हैं। प्रत्येक व्यक्ति से यह उम्मीद की जाती है कि वह समाज के आदर्श, मूल्य एवं मानदण्ड को ध्यान में रखकर ही आचरण करे।

सारणी-1 समाज एक सामाजिक व्यवस्था के रूप में

SOCIETY AS A SOCIAL SYSTEM

INSTRUMENTAL FUNCTIONAL IMPERATIVES EXPRESSIVE FUNCTIONAL IMPERATIVES

INSTITUTIONAL ORDERS

ADAPTATION	*GOAL ATTAINMENT*	*PATTERN MAINTENANCE TENSION MANAGEMENT*	*INTEGRATION*
ECONOMY	**POLITY**	**KINSHIP**	**CULTURAL AND COMMUNITY ORGANISATIONS**
(major sub-system) made up of	(major sub-system) made up of	(major sub-system) made up of	(major sub-system) made up of
INSTITUTIONS (e.g. Factory system, Banking system) Each institution is made up of	**INSTITUTIONS** (e.g. Political parties, State bureaucracies) Each institution is made up of	**INSTITUTIONS** (e.g. Nuclear family, Marriage) Each institution is made up of	**INSTITUTIONS** (e.g. Schools, Churches Media organisations) Each institution is made up of
SETS OF ROLES Specific norms giving concrete behavioural prescriptions define roles. These concrete norms are underpinned by:	**SETS OF ROLES** Specific norms ... . underpinned by:	**SETS OF ROLES** Specific norms .... underpinned by:	**SETS OF ROLES** Specific norms .... underpinned by:

जिस प्रकार किसी मशीन के अन्तर्गत विभिन्न कल-पुरजे एक-दूसरे से इस ढँग से जुड़े होते हैं कि एक के अभाव में दूसरा काम नहीं कर पाता है और दूसरे के अभाव में तीसरा काम नहीं कर पाता है, उसी प्रकार सामाजिक संरचना के एक तत्त्व में गड़बड़ी होने पर सम्पूर्ण व्यवस्था में गड़बड़ी होने की पूरी सम्भावना रहती है। लेकिन सामाजिक व्यवस्था किसी मशीन की भाँति नहीं है, क्योंकि जिस प्रकार की व्यवस्था की चर्चा यहाँ हो रही है, उसका स्वरूप अमूर्त होता है। उसे हम भौतिक ढँग से संचालित या नियन्त्रित नहीं कर सकते हैं। यह व्यवस्था स्वयं चलने वाली व्यवस्था है। इस व्यवस्था की प्रक्रिया को समझा तो जा सकता है, पर देखा नहीं जा सकता है।

सामाजिक व्यवस्था का निर्माण किन-किन चीजों से होता है, इसे जॉनसन ने टैलकॉट पार्सन्स एवं आर.के. मर्टन के विचारों को ध्यान में रखकर निम्नलिखित ढँग से प्रस्तुत किया है, जिसे सामाजिक संरचना के तत्त्व (Elements or components of social structure) के नाम से जाना जाता है।

1. विभिन्न प्रकार के छोटे सामाजिक समूह (Sub-groups of various types)
2. भूमिका (Roles)
3. नियामक मानदण्ड (Regulative Norms)
4. सांस्कृतिक मूल्य (Cultural Values)

लाईट एवं केलर (Donald Light and S. Keller, 1979: 55) ने भी सामाजिक संरचना के चार ही तत्त्वों की चर्चा की है, लेकिन इनके विचार जॉनसन से भिन्न हैं। इनके अनुसार सामाजिक संरचना के चार तत्त्व इस प्रकार हैं–

1. स्थिति (Status)
2. भूमिका (Roles),

3. समूह (Groups)
4. संस्था (Institutions)

प्रारम्भ में यहाँ यह भी स्पष्ट कर देना आवश्यक है कि जॉनसन तथा लाईट एवं केलर द्वारा प्रस्तुत इन चारों तत्त्वों को एक साथ बारी-बारी से स्पष्ट किया जाये।

1. स्थिति (Status)— प्रत्येक सामाजिक संरचना के अन्तर्गत समाज के सदस्यों का पद छिपा हुआ होता है। प्रत्येक व्यक्ति का समाज में कुछ-न-कुछ अपना एक स्थान होता है, जैसे— प्रत्येक प्राणी इस धरती पर कुछ-न-कुछ जगह छेकता है, ऐसे ही व्यक्ति भी सामाजिक धरातल पर कुछ-न-कुछ जगह छेकता है और वह स्थान (पद) अदृश्य और अमूर्त होता है। सामाजिक संरचना विभिन्न प्रकार के लोगों के द्वारा प्राप्त किये गये स्थानों या पदों की एक श्रेणीबद्ध व्यवस्था है। व्यक्ति को यह स्थान दो प्रकार से प्राप्त होता है। किसी को यह पद विरासत में मिलता है, तो कोई इसे अपनी योग्यता और मेहनत से अर्जित करता है। पहले को आरोपित स्थिति (Ascriptive Status) और दूसरे को अर्जित स्थिति (Achieved Status) कहते हैं। किसी-किसी व्यक्ति की स्थिति थोड़ा-थोड़ा दोनों प्रकार के कारकों से निर्धारित होती है।

जॉनसन ने सामाजिक संरचना के अन्तर्गत स्थिति की चर्चा अलग से नहीं की है। ऐसा लगता है कि इन्होंने भूमिका की चर्चा कर स्थिति को भी उसी में मिला दिया है। ऐसा करना कोई ग़लत नहीं कहा जा सकता है, क्योंकि स्थिति के अभाव में भूमिका का प्रश्न ही नहीं उठता। यह एक सर्वमान्य बात है कि स्थिति भूमिका को और भूमिका स्थिति को निर्धारित करती है। स्थिति की यहाँ विस्तार से चर्चा करने की ज़रूरत नहीं है, क्योंकि इस विषय पर अलग से **अध्याय 6** के अन्तर्गत पहले ही चर्चा की जा चुकी है।

2. भूमिका (Roles)— भूमिका स्थिति की व्यवहार सम्बन्धी पहलू है। प्रत्येक व्यक्ति अपनी सामाजिक स्थिति के अनुरूप आचरण करने की कोशिश करता है। भूमिका के अभाव में सामाजिक अन्त:क्रिया की कल्पना नहीं की जा सकती है। समाज में जितने भी प्रकार की सामाजिक प्रक्रियाएँ होती हैं, जैसे— सहयोग, प्रतियोगिता, संघर्ष, समायोजन, सामाजिक परिवर्तन इत्यादि, वे सभी प्रत्यक्ष या अप्रत्यक्ष रूप से भूमिकाओं से जुड़ी होती हैं। स्थिति की तरह भूमिकाएँ भी अर्जित और आरोपित **(Achieved and Ascriptive Roles)** होती हैं।

चूँकि आधुनिक समाज में लोग एक-से अधिक समूहों के साथ जुड़े होते हैं, इसलिए लोगों को एक-से अधिक भूमिकाएँ निभानी पड़ती है। इस प्रक्रिया में कभी-कभी **भूमिका तनाव (Role Strain)** एवं **भूमिका द्वन्द्व (Role Conflict)** की भी समस्या उत्पन्न हो जाती है। सरल समाजों के अन्तर्गत लोगों को विभिन्न प्रकार की भूमिकाएँ नहीं निभानी होती है। अत:, वहाँ भूमिका तनाव एवं भूमिका द्वन्द्व की समस्या बहुत कम उत्पन्न होती है। सामान्य तौर पर जीवन बहुत हद तक तनावमुक्त होता है। चूँकि भूमिका की विस्तार से चर्चा एक अलग अध्याय में हो चुकी है, इसलिए यहाँ पर अधिक लिखने की कोई आवश्यकता नहीं है।

3. समूह (Groups)— जॉनसन ने बताया है कि सामाजिक संरचना बहुत सारे छोटे-छोटे समूहों का एक बृहत् समूह है और वह समूह सापेक्ष रूप से स्थिर होता है, जैसे— परिवार, नातेदारी व्यवस्था, लघु ग्रामीण समुदाय, जातियों एवं उपजातियों का समूह इत्यादि। जिस ढँग से कुछ किस्म के फलों के अन्दर कई छोटे-छोटे खण्ड होते हैं या जीवों में अलग-अलग अणु होते हैं, लगभग उसी प्रकार सामाजिक संरचना के अन्तर्गत भी छोटे-छोटे समूह होते हैं। समाज के अन्तर्गत विभिन्न व्यक्तियों एवं समूहों की अलग-अलग भूमिका होती है। हर एक व्यक्ति समाज में कुछ-न-कुछ अपने लिए जगह कायम करता है। चूँकि व्यक्ति स्वभाव से एक सामाजिक प्राणी है, इसलिए वह विभिन्न प्रकार के समूहों का निर्माण करता है। इन समूहों का निर्माण समाज में कई स्तरों पर होता है, जैसे— भाषा, रक्त, जाति, धर्म, जन्म-स्थान, नृजाति इत्यादि। इस प्रकार के बहुत छोटे-छोटे समूहों के मिलने से एक बृहत् सामाजिक व्यवस्था का निर्माण होता है। इस पुस्तक में समूह की भी विस्तार से चर्चा हो चुकी है, इसलिए सामाजिक संरचना के इस तत्त्व पर भी बहुत लिखने की आवश्यकता नहीं है (देखें **अध्याय 9**)।

4. संस्था (Institutions)— सामान्यत: लोग समिति को ही संस्था मानते हैं, लेकिन समाजशास्त्र के क्षेत्र में संस्था का विशेष अर्थ होता है। संस्था को परिभाषित करते हुए बीयरस्टेट ने लिखा है– "संस्था सुनियोजित या सुव्यवस्थित या संगठित कार्य प्रणाली को कहते हैं। समाज में कार्य करने के स्थायी औपचारिक तरीके को, जिसे समाज की स्वीकृति प्राप्त हो, संस्था कहते हैं।"[6]

अर्थात् संस्था विभिन्न प्रकार के नियमों का एक समूह है, जिससे हमारे सामाजिक व्यवहारों का संचालन होता है। इसका निर्माण समाज अपने सदस्यों के आचरण को नियन्त्रित करने के लिए करता है। कभी तो संस्थाओं का निर्माण स्वत: धीरे-धीरे होता है, तो कभी इसका निर्माण नियोजित ढँग से किया जाता है। कुछ संस्थाएँ औपचारिक होती हैं, तो कुछ अनौपचारिक। समाज के छोटे-मोटे नियम एवं दस्तूर से लेकर राज्य के कानून तक इस संस्था की श्रेणी में आते हैं।

जिसे लाईट एवं केलर (Donald Light and S. Keller, 1979) ने संस्था कहा है उसी को जॉनसन ने मानदण्ड एवं मूल्य कहा है। बीयरस्टेट के अनुसार मानदण्ड एक बहुत ही व्यापक अर्थ रखने वाले शब्द हैं। उन्होंने मानदण्ड के अन्तर्गत सभी प्रकार के नियम-कानूनों और दस्तूरों को रखा है। मानदण्ड की विस्तारपूर्वक चर्चा **अध्याय 7** में की जा चुकी है, इसलिए इस पर यहाँ विशेष प्रकाश डालने की कोई आवश्यकता नहीं है।[7]

मूल्य भी मानदण्ड से कोई बहुत अलग चीज नहीं है इसलिए कि मूल्य भी एक किस्म का मानदण्ड है। जॉनसन ने बताया है कि मूल्य और मानदण्ड में सिर्फ इतना ही फ़र्क है कि उच्च श्रेणी के मानदण्ड (Higher order norms) को मूल्य कहा जाता है। मूल्य समाज का एक ऐसा आदर्श होता है जिसका उल्लंघन करने वाले को समाज अधिक-से-अधिक दण्डित करने का प्रयास करता है। दण्ड-विधान (Sanction) के आधार पर यदि विभिन्न प्रकार के मानदण्डों को श्रेणीबद्ध किया जाये तो सबसे उच्चश्रेणी के मानदण्ड को मूल्य कहा जायेगा, जैसा कि जॉनसन ने इस पर अपना विचार व्यक्त किया है। लेकिन जॉनसन ने मूल्य और मानदण्ड को एक-दूसरे से अलग कर सामाजिक संरचना के तत्वों की चर्चा की है।

सामाजिक व्यवस्था की प्रकार्यात्मक आवश्यकताएँ या समस्याएँ (Functional Requirements or Functional Problems of Social Systems)

प्रत्येक समाज के अन्तर्गत उसके सदस्यों की अपनी कुछ ज़रूरतें होती हैं। किसी को सम्पत्ति की आवश्यकता है, तो किसी को राजनीतिक प्रभुता की। पर समाज में सभी चीजें सभी के लिए पर्याप्त मात्रा में समान रूप से उपलब्ध नहीं होती हैं। इसलिए मनुष्य अपनी ज़रूरतों को पूरा करने के लिए संघर्ष करता रहता है। व्यक्ति को अपने जीवन में क्या चाहिए और क्या नहीं, इसका ज्ञान उसे सामाजिक अन्त:क्रिया के माध्यम से होता है। सम्पत्ति इकट्ठा करने या राजनीतिक सत्ता प्राप्त करने की आवश्यकता कोई जैविक नहीं है, हम सामाजिक मूल्यों के अनुसार अपनी ज़रूरतों को निश्चित करते हैं। जो चीजें जितनी कम होती हैं उसके लिए संघर्ष उतना ही अधिक होता है। यदि समाज में किसी चीज की कमी नहीं होती तो लोगों को किसी प्रकार के कानूनी अधिकार या हक़ की आवश्यकता नहीं पड़ती।

---

6. "An institution is an organized procedure. An institution is a formal, recognized, established and stabilized way of pursuing some activity in society."— Robert Bierstedt, **The Social Order,** Tata McGraw-Hill, New Delhi, 1970, p. 320.
7. 'संस्था एवं 'मानदण्ड' के अर्थ के सम्बन्ध में समाजशास्त्र में थोड़ी उलझनें हैं। लेकिन, पाठक को इस उलझन में पड़ने की आवश्यकता नहीं है कि 'संस्था' एवं 'मानदण्ड' में से कौन-सा सबसे ज्यादा व्यापक अर्थ रखने वाला शब्द है। बीयरस्टेट ने मानदण्ड को व्यापक शब्द मानकर संस्था को उसका एक अंग माना है, तो मकीवर एवं पेज ने संस्था को व्यापक शब्द मानकर मानदण्ड को उसके अंतर्गत रखा है। यहाँ पाठकों को इतना ही समझना है कि जिस किसी भी नियम-कानून से हमारा आचरण समाज में निर्धारित होता है, वह संस्था या मानदण्ड के नाम से जाना जाता है। अब यह समाजशास्त्रियों के ऊपर है कि इन दोनों अवधारणाओं का किस अर्थ में अपने समाजशास्त्रीय साहित्य में प्रयोग करते हैं।

जब समाज में ज़रूरतें काफी हैं और चीजें कम, तब इस परिस्थिति में समाज में कितनी समस्याएँ उठती हैं ? उन समस्याओं को कोई व्यवस्था कैसे सुलझाती है? इन प्रश्नों के उत्तर में पार्सन्स (T. Parsons, 1951) ने चार प्रकार्यात्मक समस्याओं या आवश्यकताओं की चर्चा की है। उन्होंने बताया है कि सामाजिक व्यवस्था के सामने चार प्रकार की सामाजिक समस्याएँ हैं जिसका निदान व्यवस्था के हित में बहुत ज़रूरी है। यदि कोई व्यवस्था इन चार समस्याओं से निबट नहीं पाती है, तो व्यवस्था में गड़बड़ी या व्यवस्था के समाप्त हो जाने की समस्या उत्पन्न होती है। इसकी चर्चा यहाँ संक्षेप में की जा रही है–

1. प्रतिरूप अनुरक्षण एवं तनाव प्रबन्धन (Pattern Maintenance and Tension Management)— प्रत्येक सामाजिक व्यवस्था की यही कोशिश रहती है कि उसका प्रारूप हमेशा उसी रूप में बना रहे। इस प्रारूप को बनाये रखने के लिए समाज में विभिन्न प्रकार की क्रियाविधियों का उपयोग होता है। जैसे राज्य के नागरिक राज्य के हित में आचरण करें, इसके लिए राज्य में विभिन्न प्रकार की शिक्षण-संस्थाओं की व्यवस्था होती है, जहाँ युवकों को ज्ञान और अनुशासन का पाठ पढ़ाया जाता है। उसी प्रकार परिवार अपने सदस्यों को समाजीकरण के माध्यम से परिवार एवं बृहत् समाज के नियम-कानूनों एवं मूल्यों के बारे में बतलाता है। इस प्रकार की क्रियाविधि से सामाजिक संरचना को भविष्य में बने रहने में मदद मिलती है। जब किसी व्यक्ति या व्यक्तियों के समूह के सामने कोई संकट उत्पन्न होता है, तो व्यवस्था उससे निबटने में सहयोग देती है। जैसे– जब कोई युवक अपने जीवन में नौकरी पाने में सफल नहीं होता है, तो परिवार उसकी मदद के लिए तैयार रहता है। समाज में इस प्रकार की बहुत सारी क्रियाविधि होती हैं, जिनके सहारे व्यवस्था को उसी रूप में बने रहने में सहायता मिलती है और समाज यथासम्भव अपने सदस्यों को तनाव से मुक्ति प्रदान करता है।

2. अनुकूलन (Adaptation)— चूँकि हर एक व्यवस्था या सामाजिक संरचना के अन्तर्गत विभिन्न तत्त्वों का अपना अलग-अलग प्रकार्य होता है, उन प्रकार्यों के सम्पादन में विभिन्न किस्म की समस्याएँ भी उठती हैं। व्यवस्था उन समस्याओं से निबटने के लिए अपने ढँग से चेष्टा करती है। चूँकि सभी लोग सभी प्रकार का काम नहीं कर सकते हैं तथा कुछ ही लोग सभी की ज़रूरतों को भी पूरा नहीं कर सकते हैं, इसलिए समाज में श्रम-विभाजन की उत्पत्ति हुई। इस व्यवस्था का अर्थ परिस्थिति से एक प्रकार का अनुकूलन है इसलिए कि समाज के अन्तर्गत विभिन्न लोगों की आवश्यकताओं को पूरा करना श्रम-विभाजन के माध्यम से आसान हो जाता है। समाज में भूमिकाओं का जो विभाजन होता है उसका भी उद्देश्य अनुकूलन ही है। इसे एक अन्य उदाहरण के द्वारा स्पष्ट किया जा सकता है, जैसे– यदि विश्वविद्यालय का सरकारी अनुदान कम हो जाता है, तो सम्भव है विश्वविद्यालय अपनी भूमिकाओं को पूरी तरह नहीं निभा पाये। ऐसी स्थिति में विश्वविद्यालय विद्यार्थियों का मासिक शुल्क बढ़ाकर अपने आर्थिक संकट से निबटने का प्रयास करता है। यहाँ विश्वविद्यालय के द्वारा मासिक शुल्क बढ़ाना नयी वित्तीय परिस्थिति से अनुकूलन करने का एक तरीका है।

3. लक्ष्य-प्राप्ति (Goal Attainment)— प्रत्येक सामाजिक व्यवस्था का कोई-न-कोई उद्देश्य अवश्य होता है। उद्देश्य के अभाव में व्यवस्था को बने रहने की सम्भावना बहुत कम है। जैसे– राज्य का प्रमुख उद्देश्य है अपने नागरिकों के जान-माल की हिफ़ाज़त करना, लोगों को तरक्की में मदद करना इत्यादि। यदि राज्य किसी बाह्य आक्रमण से अपने नागरिकों को बचा नहीं पाता है, तो वहाँ के नागरिकों का उस राज्य से विश्वास उठ जायेगा।

प्रत्येक राज्य में किसी-न-किसी प्रकार का कानून अवश्य होता है। राज्य उन कानूनों के माध्यम से अपने उद्देश्यों को प्राप्त करना चाहता है। उदाहरणस्वरूप, प्रत्येक प्रजातान्त्रिक राज्य के अन्तर्गत सरकार की यही कोशिश रहती है कि हर नागरिक को वोट देने का समान अधिकार प्राप्त हो, हर किसी को आगे बढ़ने का समान अवसर प्राप्त हो इत्यादि। इन उद्देश्यों की प्राप्ति के लिए राज्य विभिन्न किस्म के नियम-कानूनों का निर्माण करता है। नियम-कानूनों के माध्यम से व्यक्तियों के हक़ों की हिफ़ाज़त होती है, जैसे परिवार की आन्तरिक सुरक्षा एवं व्यवस्था को बनाये रख़ने के लिए भारतीय समाज में एक लम्बे समय तक यह व्यवस्था थी कि परिवार का सबसे बड़ा लड़का कर्त्ता या मुख्य

अभिभावक हुआ करता था। सम्पत्ति का प्रमुख अधिकार भी उसी के हाथ में हुआ करता था (इसे समाजशास्त्र में **ज्येष्ठाधिकार पद्धति (System of Primogeniture)** के नाम से जाना जाता है।)।

4. एकता (Integration)— प्रत्येक व्यवस्था के अन्तर्गत यह कोशिश होती है कि सामाजिक संरचना के विभिन्न तत्त्वों के बीच सहयोग और एकता की स्थिति हो। जैसे राज्य के अन्तर्गत सरकार की यह कोशिश होती है कि राज्य के लोग जाति, धर्म, भाषा, क्षेत्रीयता आदि के आधार पर वैमनस्य का भाव नहीं रखे क्योंकि उससे राष्ट्रीय एकता को खतरा है। परिवार को भी बिखरने से बचाने के लिए यह कोशिश की जाती है कि परिवार का हर सदस्य एक-दूसरे के सुख-दुख में हाथ बँटाये। इसी सहयोग की भावना को बढ़ाने के लिए हम अपनी समस्याओं पर सामूहिक रूप से विचार-विमर्श करते हैं। समाज के अन्तर्गत सामाजिक नियन्त्रण का मुख्य उद्देश्य सामाजिक एकता को बनाये रखना होता है। समाज के अन्तर्गत स्तरण या **शक्ति का सोपानक्रम (Hierarchy of Authority)** का मुख्य उद्देश्य व्यवस्था में एकता बनाये रखना होता है।

यहाँ यह भी उल्लेखनीय है कि सामाजिक संरचना जितनी अधिक दुरुस्त होगी, संरचना का प्रकार्य भी उतना ही दुरुस्त होगा। संरचना प्रकार्य को और प्रकार्य संरचना को प्रभावित करता है। दोनों के बीच समन्वय से ही किसी व्यवस्था को लाभ पहुँचता है, लेकिन समय और परिस्थितियों के अनुसार संरचना और व्यवस्था दोनों में कुछ-न-कुछ विचलन आता रहता है और उसी से सामाजिक परिवर्तन सम्भव हो पाता है। प्रकार्यवादी चिन्तन का सबसे बड़ा दोष यह है कि व्यवस्था की अवधारणा में स्थिरता का भाव अधिक झलकता है। उनके विचारों से परिवर्तन की यान्त्रिकी पर प्रकाश कम पड़ता है। ऐसा लगता है कि प्रकार्यवादी समाजशास्त्रियों को व्यवस्था की यथास्थिति बनाये रखने में रुचि अधिक थी तथा परिवर्तन से उन्हें सम्भवतः घबराहट होती थी।

परिवर्तनीय प्रतिमान एवं समाज के प्रकार (Pattern Variables and Types of Society)

टी. पार्सन्स एवं एडवर्ड शील्स (T. Parsons and Edward Shils, 1951) ने मानदण्डों एवं मूल्यों को दो भागों में बाँटकर समाज को दो खण्डों में विभक्त कर देखने का प्रयास किया है। उन्होंने दो विपरीत प्रकार के समाजों को ध्यान में रखकर ऐसा किया है– **परम्परागत** या **सरल समाज (Traditional** or **Simple Society)** एवं **आधुनिक** या **जटिल समाज (Modern** or **Complex Society)**)। पार्सन्स का यह विचार डर्कहाइम के **यान्त्रिक** या **सहज एकता (Mechanical Solidarity)** एवं **जैविक एकता (Organic Solidarity)** के विचार से काफी प्रभावित है। इसी से मिलता-जुलता विचार समकालीन जर्मन समाजशास्त्री टॉनीज (F. Toennies) का भी था, जिन्होंने समाज को डर्कहाइम की तरह दो भागों में विभक्त करके देखा। इसे जर्मन भाषा में ***Gemeinschaft und Gesellschaft* (Community and Society)** के नाम से जाना जाता है। बाद में राबर्ट मकीवर (Robert M. MacIver) ने भी उसी प्रकार समाज को दो भागों में विभक्त किया, जैसे– समुदाय (Community) एवं समिति (Association)। पार्सन्स के द्वारा दिये गये प्रतिमान की योजना को **सारणी-2** में देखा जा सकता है–

जिन मानदण्डों एवं मूल्यों की चर्चा **परिवर्तनीय प्रतिमान "A"** के अन्तर्गत की गयी है वह रूढ़िवादी समाज की विशेषता है, जिसके लिए टॉनीज एवं मकीवर ने समुदाय शब्द एवं डर्कहाइम ने यान्त्रिक एकता जैसे शब्द का प्रयोग किया है। औद्योगिक या आधुनिक समाज के मूल्य एवं मानदण्ड सम्बन्धी विशेषताओं की चर्चा **परिवर्तनीय प्रतिमान "B"** के अन्तर्गत की गयी है, जिसे टॉनीज ने समाज, डर्कहाइम ने जैविक एकता एवं मकीवर ने समिति कहकर पुकारा है।

समाज का इतनी स्पष्टता के साथ दो खण्डों में विभाजन का आधार बिलकुल सैद्धान्तिक है। वास्तविकता यह है कि परम्परागत समाज के मानदण्ड एवं मूल्य के कुछ तत्त्व आधुनिक समाज में देखने को मिलते हैं, तो परम्परागत

समाज में भी आधुनिक समाज के मूल्य दिखाई पड़ते हैं। जैसे– मूल परिवार (Nuclear Family) की व्यवस्था मात्र आधुनिक समाज की ही विशेषता नहीं है, बल्कि आदिकालीन समाज में भी मूल परिवार की व्यवस्था पायी जाती थी। उसी प्रकार आदिकालीन एवं मध्यकालीन समाज में बहुत-से लोग धार्मिक एवं अन्धविश्वास की भावनाओं से ग्रसित थे, तो आधुनिक समाज में भी बहुत-से लोग धार्मिक एवं अन्धविश्वासी प्रवृत्ति से प्रभावित होते हैं।

सारणी-2 पार्सन्स एवं अन्य द्वारा प्रतिपादित समाज के प्रकार

परिवर्तनीय प्रतिमान "A" परम्परागत समाज	परिवर्तनीय प्रतिमान "B" आधुनिक समाज
1. आरोपित (Ascription) 2. विस्तार (स्वार्थ या सम्बन्धों का) (Diffuseness) 3. विशिष्टतापरक (Particularism) 4. भावात्मकता (Affectivity) 5. समूह केन्द्रित (सामूहिक अवस्थिति) (Collective Orientation)	1. अर्जित (Achievement) 2. विशिष्टता (Specificity) 3. सार्वभौमिकता (Universalism) 4. भावात्मक निष्पक्षता (Affective Neutrality) 5. आत्म-केन्द्रित (Self-orientation)
Ferdinand Toennies, 1855–1936	
1. समुदाय (*Gemeinschaft*- Community)	2. समाज (*Gesellschaft*- Society)
Emile Durkheim, 1858–1917	
1. यांत्रिक (या सहज) एकता (Mechanical Solidarity)	2. जैविक एकता (Organic Solidarity)
Robert M. MacIver, 1882–1970	
1. समुदाय (Community)	2. समिति (Association)

इस सिद्धान्त के माध्यम से यह भी समझा जा सकता है कि कोई व्यक्ति किसी व्यवस्था के अन्तर्गत किस प्रकार के मानदण्डों, मूल्यों एवं आदर्शों के प्रतिमानों को ध्यान में रखकर क्रिया (Action) करता है। कोल ने स्पष्ट लिखा है– "उन्होंने (टी. पार्सन्स) पाँच ऐसे चरों का प्रतिपादन किया है, जो यह विश्लेषण करने में उपयोग किया जा सकता है कि किस प्रकार लोग एक-दूसरे के साथ अन्त:क्रिया करते हैं। उनको उन्होंने परिवर्तनीय प्रतिमान कहा है। जैसे-जैसे समाज ज़्यादा जटिल होता जाता है, साधारणतया व्यक्तियों की अन्त:क्रिया के तरीकों में भी वैसे-वैसे परिवर्तन होता रहता है।"[8] जैसे-जैसे समाज अपने परम्परागत प्रतिमानों से निकलकर जटिल समाज के प्रतिमानों की ओर बढ़ता है, वैसे-वैसे व्यक्तियों के विचारों एवं व्यवहारों में परिवर्तन आता जाता है, जैसे– सरल समाज के अन्तर्गत विशिष्टतापरक मूल्यों **(Particularistic Values)** की प्रधानता होती है। व्यक्तियों का व्यवहार व्यक्तिविशेष की हैसियत को नज़र में रखकर होता है। यानी हर एक व्यक्ति को अलग-अलग ढँग से देखने का प्रयास किया जाता है। उदाहरणस्वरूप– पारम्परिक हिन्दू समाज में समान परिस्थिति में लोग दलितों एवं ऊँची जाति के साथ अलग-अलग ढंग से व्यवहार किया करते थे। धीरे-धीरे भारतीय समाज आधुनिक समाज के **सार्वभौमिक मूल्यों (UniversalisticValues)** को अपनाया है। अत: उसी समाज में आज हर एक व्यक्ति को समान परिस्थिति में

8. "He (T. Parsons) formulated five variables which can be used to describe the ways in which individuals interact with one another. He called these the 'pattern variables.' As societies become more complex, the ways in which individuals interact with one another generally change."— Stephen Cole, **The Sociological Orientation: An Introduction to Sociology,** Rand McNally College Publishing Co., Chicago, 1975, p. 194.

समान रूप से देखने का प्रयास किया जाता है। कानून या राज्य की नज़रों में विभिन्न जाति, प्रदेश, धर्म एवं विश्वास के लोग समान हैं। इस प्रकार हमारा समाज व्यक्तिवादी एवं आरोपित मूल्यों से सार्वभौमिक एवं अर्जित मूल्यों की ओर बढ़ा है।

यहाँ हम संक्षेप में पार्सन्स एवं शील्स के द्वारा दिये गये पाँच प्रकार के परिवर्तनीय प्रतिमानों की चर्चा कर रहे हैं–

1. आरोपित बनाम अर्जित— सरल परम्परागत समाज (Simple Traditional Society) के अन्तर्गत साधारणतया लोगों को आरोपित भूमिका निभानी पड़ती है, क्योंकि ऐसे समाज के अन्तर्गत सामाजिक स्थिति तथा भूमिका व्यक्ति अर्जित नहीं करता, बल्कि वह जन्म से प्राप्त होता है, जैसे– किसी का राजा, ज़मींदार या ब्राह्मण होना आरोपित मूल्य पर आधारित समाज को इंगित करता है। इसके विपरीत औद्योगिक एवं आधुनिक समाज में अर्जित मूल्यों की प्रधानता होती है। सामाजिक स्थिति एवं भूमिका का निर्धारण व्यक्ति के अपने विशेष गुणों के आधार पर होता है। सामाजिक स्तरण में काफी खुलापन होता है।

2. विस्तार बनाम विशिष्टता— दक़ियानूसी समाज के अन्तर्गत व्यक्तियों के बीच आपसी सम्बन्धों एवं हितों के स्वरूप में काफी फैलाव होता है। व्यक्ति अपने स्वार्थों से उतना अधिक बंधा हुआ नहीं होता है। माँ-बेटे के बीच का सम्बन्ध इसका एक उदाहरण है। माँ-बेटे के बीच का सम्बन्ध काफी विस्तृत और निस्वार्थपूर्ण होता है। प्राचीन समाज भी एक अच्छा उदाहरण हो सकता है, जहाँ सम्भवत: लोगों के आपसी सम्बन्धों में व्यक्तिगत स्वार्थों की उतनी प्रधानता नहीं होती थी। व्यक्ति अपने स्वार्थों से ऊपर उठकर समस्त सामाजिक व्यवस्था के हित की बात ज़्यादा सोचता था। दूसरे शब्दों में, सभी के स्वार्थ की पूर्ति में ही लोगों का अपना स्वार्थ पूरा होता था।

दूसरी तरफ आधुनिक समाज में लोग साधारणतया काफी स्वार्थी होते हैं। सम्बन्धों का स्वरूप काफी औपचारिक होता है। सामान्य तौर पर लोग अपने व्यक्तिगत स्वार्थों को ध्यान में रखकर ही किसी सामाजिक भूमिका या जिम्मेवारी का निर्वहन करते हैं, जैसे– डॉक्टर एवं रोगी के बीच का सम्बन्ध बिलकुल औपचारिक एवं व्यक्तिगत स्वार्थों पर आधारित होता है। हर एक काम लोग स्वार्थ या लाभ को ध्यान में रखकर ही करते हैं।

3. विशिष्टतापरक मूल्य बनाम सार्वभौमिकता— रूढ़िवादी समाज के अन्तर्गत व्यक्तियों के व्यवहार काफी पक्षपातपूर्ण होते हैं। लोगों के व्यवहार संकीर्ण विचारों से प्रभावित होते हैं। परिवार के सदस्यों के बीच का सम्बन्ध इसका उदाहरण हो सकता है। परिवार के सदस्यों के बीच का सम्बन्ध इस रूप में काफी पक्षपातपूर्ण होता है कि परिवार के सभी सदस्य एक-दूसरे के हितों की हिफ़ाज़त इस हद तक करते हैं कि उन्हें अपने लोगों में कोई दोष या कमी ही दिखाई नहीं पड़ती है। बृहत्तर स्तर पर भाई-भतीजावाद, जातिवाद तथा क्षेत्रीयता इसके उदाहरण हैं। लोग अपने परिवार, जाति एवं प्रदेश के हितों की हिफ़ाज़त के लिए दूसरों के साथ अन्याय करने में नहीं हिचकते हैं।

दूसरी तरफ हम यह पाते हैं कि आधुनिक समाज में बहुत समानता एवं न्यायपूर्ण व्यवहार होता है, जैसे– कानून की नज़र में चपरासी तथा प्रधानमन्त्री बिलकुल बराबर हैं। न्यायालय या प्रशासन किसी के पद या पैसे से प्रभावित न होकर हर नागरिक को एक तरह से देखने का प्रयास करता है। यह बात दूसरी है कि वस्तुस्थिति इससे कुछ भिन्न है। स्वार्थी होने के बावजूद लोगों के विचार काफी सार्वभौमिक होते हैं।

4. भावात्मकता बनाम भावात्मक निष्पक्षता— पारम्परिक समाज के अन्तर्गत व्यक्तियों का व्यवहार भावनाओं से अधिक प्रभावित होता है। लोग किसी-न-किसी प्रकार की भावना से प्रभावित होकर कार्य करते हैं। कभी तो लोगों की भावनाएँ जाति के आधार, कभी धर्म के आधार, कभी भाषा के आधार, कभी क्षेत्र के आधार या किसी अन्य प्रकार की संकीर्ण भावनाओं से प्रभावित होती हैं।

आधुनिक समाज में हम् अपने जज़बातों पर नियन्त्रण रखने का प्रयास करते हैं। हम किसी निर्णय पर पहुँचने के पहले तर्क, अक्ल या बुद्धि का इस्तेमाल करते हैं। आधुनिक व्यक्ति शायद ही किसी काम को भावनावश करता है। चिन्तन का स्वरूप काफी वैज्ञानिक तथा तार्किक होता है। लोग किसी चीज को तटस्थ भाव से देखने का प्रयास करते

हैं। जैसे– जनता यदि जाति, धर्म या भाषा आदि को न देखकर विभिन्न दलों के गुणों एवं दोषों को देखकर चुनाव में अपने मताधिकार का प्रयोग करती है, तो इसे हम भावात्मक निष्पक्षता कहेंगे।

5. समूह-केन्द्रित बनाम आत्म-केन्द्रित— जब लोग अपने व्यक्तिगत स्वार्थों से ऊपर उठकर सम्पूर्ण समिति, समुदाय या समाज के हितों को ध्यान में रखकर किसी भूमिका का निर्वाह करते हैं, तो उसे समूह-केन्द्रित मूल्य कहा जाता है। परम्परागत समाज की यह एक प्रमुख विशेषता है। जैसे– जब कभी भी किसी हिन्दू अपराधी को मुसलमान या किसी मुसलमान अपराधी को हिन्दू कत्ल कर देता है, तो दोनों समुदाय के लोग सामूहिक स्तर पर मरने और मारने के लिए तैयार हो जाते हैं। उन्हें किसी व्यक्ति के मरने पर सामूहिक स्तर पर खतरा नज़र आता है। लोग युद्ध के समय अपने वतन के लिए अपने-आपको बलिदान समूह केन्द्रित मूल्यों से प्रभावित होकर करते हैं। यह भी एक समूह-केन्द्रित भावना से प्रभावित क्रिया है।

दूसरी तरफ आधुनिक समाज में लोग इतने स्वार्थी होते हैं कि दूसरों के हितों को रौंदकर आगे निकल जाने में ही अक्लमन्दी समझते हैं। लोग निजी हितों की पूर्ति के लिए सामूहिक हितों को बलिदान करने को तैयार हो जाते हैं। जैसे– कुछ नेता अपने व्यक्तिगत स्वार्थों के लिए राज्य के खजाने को किसी घोटालों के माध्यम से लूटने का हर सम्भव प्रयास करते हैं। लोग इतने स्वार्थी हो जाते हैं कि सामूहिक स्वार्थ-भावना की बात बिलकुल ही भूल जाते हैं।

इस विवरण को देखने से यह स्पष्ट हो जाता है कि पार्सन्स एवं शील्स ने सामाजिक व्यवस्था का द्विध्रुवीय विश्लेषण (Bipolar Analysis) दिया है। उन्होंने बताया है कि परिवर्तनीय प्रतिमानों के आधार पर किसी प्रकार की सामाजिक व्यवस्था को स्पष्टता से समझ सकते हैं। इसके माध्यम से समाज में हम व्यक्ति की भूमिकाओं, मानदण्डों, मूल्यों, विभिन्न प्रकार के आदर्शों एवं सामाजिक क्रियाओं को सरलता अथवा गहराई पूर्ण ढंग से समझ सकते हैं। पार्सन्स ने कहा है कि इस सैद्धान्तिक योजना (Theoretical Schema) के आधार पर परिवार में पति-पत्नी के सम्बन्धों एवं आचरणों से लेकर समस्त समाज के स्तर पर सम्बन्धों एवं व्यवहारों को समझा जा सकता है।

कफ़ एवं पेनी (Cuff and Payne, 1979) ने इस सिद्धान्त की आलोचना करते हुए कहा है कि पार्सन्स के सिद्धान्त का सबसे बड़ा दोष यह है कि उनका यह विश्लेषण अमूर्त सैद्धान्तिक योजना पर आधारित है। अनुभवाश्रित तथ्यों के विश्लेषण में इसकी उपयोगिता बहुत कम है, लेकिन यह एक सामान्य किस्म की आलोचना है। इसमें कोई सन्देह की बात नहीं है कि किसी भी सामाजिक व्यवस्था को इतनी स्पष्टता से दो खण्डों में विभक्त नहीं किया जा सकता है, जिस तरह से पार्सन्स ने किया है। दोनों प्रकार की सामाजिक व्यवस्था के मानदण्ड एवं मूल्य इतने परस्परव्यापी होते हैं कि परम्परागत एवं आधुनिक समाज के बीच इतनी स्पष्टता से अन्तर दिखाना नाकों चने चबाने जैसा है।

एक आलोचनात्मक दृष्टिकोण (A Critical Perspective)

प्रकार्यवादी समाजशास्त्रियों का कहना है कि सामाजिक संरचना के सभी तत्त्व एक-दूसरे से सुसंगत ढँग से एकीकृत (Harmoniously Integrated) होते हैं, लेकिन यथार्थ में यह कोई ज़रूरी नहीं है कि सामाजिक संरचना के सभी तत्त्व हमेशा सुसंगत ढँग से जुड़े हों। समाज के विभिन्न अंगों में प्रायः तनावपूर्ण समस्याएँ बनी रहती हैं, इसीलिए तो सामाजिक व्यवस्था को तनाव-प्रबन्धन (Tension Management) का भी कार्य करना पड़ता है।

स्पेंसर ने प्रकार्यवादी विश्लेषण को अति सरल बना दिया है। उन्होंने सावयवी संरचना एवं सामाजिक संरचना को एक समान मान लिया है, जो सही नहीं है। मर्टन के प्रकार्यवादी सिद्धान्त में भी प्रकार्य एवं दुष्प्रकार्य के बीच अन्तर अधिक स्पष्ट नहीं है। पार्सन्स के सिद्धान्त में तो सामाजिक संरचना एवं सामाजिक व्यवस्था में अन्तर बिलकुल स्पष्ट नहीं दिखाई देता है। पार्सन्स का सिद्धान्त वस्तुतः बहुत ज़्यादा अस्पष्ट एवं जटिल है। पार्सन्स की

1979 में मृत्यु के बाद कुछ लोग फिर से उनके विचारों में रुचि लेने लगे हैं और वे परम्परागत आलोचनाओं का जबाब देने का प्रयास कर रहे हैं। इस नये आन्दोलन ने समाजशास्त्र में **नव-प्रकार्यवाद (Neo-functionalism)** को जन्म दिया है।

हैरालम्बॉस का कहना है कि प्रकार्यवादियों ने अपने सिद्धान्त में दुष्प्रकार्य (Dysfunction) से अधिक प्रकार्य (Function) पर ज़ोर दिया है (Haralambos, 1989: 523–24)। प्रकार्यवादियों का मानना है कि प्रकार्य (Function) समाज के विभिन्न अंगों को जोड़ने वाली यन्त्रावली **(Integrating Mechanism)** के रूप में काम करता है, तो दुष्प्रकार्य (Dysfunction) विध्वंसात्मक (Destructive) भूमिका अदा करता है। चूँकि प्रकार्यवादियों ने अपने सिद्धान्तों में प्रकार्य पर कुछ ज़्यादा ही ज़ोर दिया है, इसलिए बहुतों का कहना है कि प्रकार्यवादी विश्लेषण के माध्यम से समाज में पाये जाने वाले स्थायित्व (Stability) का ही अध्ययन कर सकते हैं, परिवर्तन का नहीं। सामाजिक परिवर्तन को तो हम दुष्प्रकार्य के माध्यम से ही समझ सकते हैं। सामाजिक परिवर्तन साधारणतया दुष्प्रकार्य के द्वारा ही आता है। चूँकि प्रकार्यवादी सिद्धान्त में दुष्प्रकार्य जैसी प्रक्रिया को नज़रअन्दाज किया गया है, इसलिए इस सिद्धान्त के सहारे सामाजिक परिवर्तन की प्रक्रिया को नहीं समझा जा सकता। इसके सहारे हम इतना ही समझ सकते हैं कि कोई समाज या संस्था क्यों और कैसे जीवित रहती है। दूसरे शब्दों में, समाज में सामाजिक नियन्त्रण कैसे होता है यह तो समझ में आता है, पर सामाजिक परिवर्तन कैसे होता है यह प्रकार्यवादी सिद्धान्त से स्पष्ट नहीं हो पाता है।

प्रकार्यवाद के आधार पर दो या दो से अधिक समाजों का तुलनात्मक अध्ययन सम्भव नहीं है, क्योंकि संरचनात्मक सन्दर्भ को गौण करके केवल दो इकाइयों के प्रकार्यों की तुलना मात्र से हम यथार्थ का अध्ययन कभी नहीं कर सकते हैं। इसी तरह प्रकार्यवादी व्याख्या में कारणात्मक व्याख्या (Causal Explanation) का अभाव है। प्रकार्यवाद की एक यह भी सीमा है कि वह उल्टी मान्यता पर आधारित है। इसके अध्ययन में पहले प्रकार्य और बाद में इकाई है। इस सिद्धान्त के अन्तर्गत परिणाम (Effect) के माध्यम से कारण की व्याख्या होती है, इसलिए आलोचकों ने इस सिद्धान्त को **प्रयोजनमूलक (Teleological)** सिद्धान्त कहा है।

प्रकार्यवाद की एक मुख्य सीमा यह भी है कि समाज की इकाइयों के प्रकार्य का अध्ययन उनके संरचनात्मक सन्दर्भ से पृथक् रख कर किया जाता है, जबकि अधिकांश आधुनिक समाजशास्त्री **संरचनात्मक सन्दर्भ (Structural Reference)** को गौण करके इकाइयों के प्रकार्यों का अध्ययन अवैज्ञानिक एवं अधूरा करके देखते हैं। प्रकार्यवादी सिद्धान्त से मात्र **संरचना में परिवर्तन (Change in Structure)** का ज्ञान होता है। इससे **संरचनात्मक परिवर्तन (Structural Change)** का ज्ञान नहीं होता है। संघर्षवादी चिन्तक जिस संरचनात्मक परिवर्तन की बात करते हैं उसका ज्ञान हमें प्रकार्यवादी सिद्धान्त के आधार पर नहीं हो पाता है।

REFERENCES

Abraham, M. Francis, **Modern Sociological Theory**, Delhi: Oxford University Press, 1985.

Bierstedt, Robert, **The Social Order**, New Delhi: Tata McGraw-Hill, 1970.

Cohen, Percy S., **Modern Social Theory**, London: E.L.B.S. , 1979.

Cole, Stephen, **The Sociological Orientation: An Introduction to Sociology**, Chicago: Rand McNally College Publishing Co., 1975.

Coser, Lewis A., **Masters of Sociological Thought**, Jaipur: Rawat Publications, 1996.

Cuff, E.C. and Payne, G.C.F. (Eds.), **Perspectives in Sociology**, London: George Allen & Unwin, 1979.

Durkheim, E., **The Rules of Sociological Method**, New York: The Free Press, 1938.

——, **The Elementary Forms of the Religious Life**, New York: Collier Books, 1961.

Giddens, Anthony, **Sociology**, Cambridge: Polity Press, 1993.

Haralambos, M., **Sociology**, Delhi: Oxford University Press, 1980.

Johnson, Harry M., **Sociology: A Systematic Introduction**, New Delhi: Allied Publishers Private Limited, 1960.

Light, Donald Jr. and Keller, Suzanne, **Sociology**, New York: Alfred A. Knopf, 1979.

Malinowski, B., **Argonauts of the Western Pacific**, London, 1922.

——, **A Scientific Theory of Culture**, London: Oxford University Press, 1960.

Merton, R.K., **Social Theory and Social Structure**, Delhi: Amerind Publishing Co. Pvt. Ltd., 1968.

Parsons, Talcott, **The Social System**, New York: The Free Press, 1951.

——, **Structure and Process in Modern Societies**, New York: The Free Press, 1960.

Parsons, T. and Shils, Edward, **Toward a General Theory of Action**, New York: Harper and Row, 1951.

Radcliffe-Brown, A.R., **Structure and Function in Primitive Society**, London, 1952.

Spencer, Herbert, **Principles of Sociology**, London: Appleton and Co., 1914.

20

धार्मिक पद्धति
(Religious System)

धर्म आस्था का विषय है। यह श्रद्धा एवं अन्धविश्वास पर आधारित होता है न कि अनुभवाश्रित सबूतों पर। आस्था व श्रद्धा विवेक से परे होते हैं, इसलिए धर्म की व्याख्या वैज्ञानिक रूप से नहीं की जा सकती है। धर्म तथा अन्य आस्थाएँ प्रत्यक्ष रूप से समाज को प्रभावित करती हैं। धर्म संस्कृति को भी प्रभावित करता है। एमिल डर्कहाइम (Emile Durkheim—**The Elementary Forms of the Religious Life**, 1915) के अनुसार धर्म आस्थाओं एवं परम्पराओं का एकीकृत तन्त्र है, जो पवित्र वस्तुओं से सम्बन्धित होता है। यह उन लोगों को जो इन आस्थाओं व परम्पराओं में विश्वास रखते हैं, को एक नैतिक समुदाय के रूप में एक सूत्र में बाँधता है। आस्थाओं व परम्पराओं का यह तन्त्र मानव तथा उन वस्तुओं के सम्बन्धों को प्रस्थापित करता है, जो प्रथम दृष्टि में उनकी समझ से परे होती हैं। धर्म मानव को नैतिक जीवनशैली को अपनाने हेतु प्रेरित करता है। एमिल डर्कहाइम के अनुसार धामिक आस्थाएँ एवं अनुष्ठान किसी पवित्र वस्तु अथवा वस्तुओं से सम्बन्धित होते हैं। जैसे ईसाइयों के लिए क्रॉस, सिक्खों के लिए गुरुग्रन्थ साहेब व हिन्दुओं के लिए स्वास्तिक, त्रिशूल आदि। धर्म से सम्बन्धित सभी वस्तुओं, पुस्तकों, ग्रन्थों, प्रतीकों एवं क्रियाओं आदि को पवित्र माना जाता है। बौद्ध धर्म में वस्तुओं के स्थान पर कुछ आस्थाओं अथवा मार्गदर्शक सिद्धान्तों को पवित्र माना गया है।

सभी धर्मों के अनुयायी अपने धर्म के पवित्र प्रतीकों का बहुत सम्मान करते हैं तथा उनकी रक्षा हेतु कुछ भी करने को तत्पर रहते हैं। सभी धर्मों में कुछ अनुष्ठान निश्चित होते हैं, जिन्हें सभी अनुयायियों को मानना होता है। इन अनुष्ठानों में प्रार्थना करना, भजन गाना, उपवास करना, कुछ विशिष्ट वस्तुओं को खाना अथवा विशिष्ट वस्तुओं से परहेज करना आदि शामिल हैं। यद्यपि इन अनुष्ठानों को धर्मावलम्बी वैयक्तिक रूप से मनाते हैं, किन्तु प्रत्येक धर्म में कुछ अनुष्ठान ऐसे होते हैं, जिन्हें सामूहिक रूप से मनाया जाता है। ऐसा सामाजिक एकात्मकता के लिए आवश्यक होता है।

सभी धर्म **एकेश्वरवाद (Monotheism)**, अर्थात् एक ही ईश्वर को नहीं मानते इसलिए धर्म का एकेश्वरवाद के साथ तादात्म्य स्थापित नहीं करना चाहिए। ईश्वर विहीन धर्म भी हो सकता है जैसे बौद्ध व जैन धर्म नास्तिवाद को मानते हैं। कुछ धर्म ऐसे हैं, जो अनेक देवी-देवताओं में विश्वास रखते हैं तो कुछ ऐसे हैं, जो एक भी देवता को नहीं मानते जैसे कन्फ्यूशियसवाद। विभिन्न धर्मों में ईश्वर व ब्रह्माण्ड के सम्बन्धों, मानवीय जीवन भाग्य की व्याख्या तथा मुक्ति की धारणा के सम्बन्ध में भिन्नता पायी जाती है। यद्यपि सभी धर्म कुछ नैतिक सिद्धान्तों को समान रूप से मानते हैं, किन्तु वे कई नैतिक सिद्धान्तों में भिन्नता रखते हैं। धर्म का सम्बन्ध अलौकिकता तथा अप्राकृतिक शक्तियों के साथ भी स्थापित किया जा सकता।

समाजशास्त्री विभिन्न धर्मों के प्रतिस्पर्द्धात्मक दावों से सम्बन्ध नहीं रखते। वे तो धार्मिक विश्वासों और प्रथाओं के सामाजिक प्रभावों का अध्ययन करते हैं। धर्म के समाजशास्त्रीय विश्लेषण के द्वारा यह देखा जाता है कि धार्मिक विश्वासों और प्रथाओं की अभिव्यक्ति समाज में किस प्रकार होती है और धर्मनिरपेक्षता किस प्रकार अन्तर्धार्मिक पूर्वाग्रहों को रोक सकती है।

धर्म की अनेक परिभाषाएँ हैं। मानवशास्त्रियों एवं समाजशास्त्रियों ने अलग-अलग परिप्रेक्ष्य में धर्म को देखने का प्रयास किया है। मानवशास्त्री एकात्मक भूमिका की चर्चा अधिक करते हैं, तो समाजशास्त्री अलग-अलग धर्मों के विश्वास एवं दर्शन की अधिक चर्चा करते हैं। जॉनसन (H.M. Johnson— **Sociology**, 1983) ने धर्म की एक कार्यात्मक और सुसंगत परिभाषा दी है– धर्म, अलौकिक वस्तुओं, सत्ता, शक्ति, स्थान अथवा अन्य अलौकिक तत्त्वों से जुड़े विश्वासों एवं व्यवहारों की एक अन्तर्सम्बन्धित पद्धति है। यह ऐसी पद्धति है, जिससे इस धर्म के मानने वालों के व्यवहार एवं हित जुड़े रहते हैं; यह सम्बन्ध ऐसा है जिसे धर्म के मानने वाले अपने सार्वजनिक और निजी जीवन में गम्भीरता से स्वीकार करते हैं। यह परिभाषा बहुत अंशों में एमिल डर्कहाइम की धारणा से प्रेरित है परन्तु यह सटीक है। धर्म की कुछ विचित्र परिभाषाएँ भी दी गयी हैं, जो समाजशास्त्रीय कम एवं धार्मिक या दार्शनिक अधिक हैं, जिसमें मनुष्य के भक्तिभाव के तत्त्व को सबसे अधिक महत्त्वपूर्ण माना गया है।

जॉनसन के अनुसार धर्म का सबसे महत्त्वपूर्ण तत्त्व अलौकिक वस्तु, शक्ति अथवा सत्ता में विश्वास है। टॉयलर (E.B. Tylor— **Primitive Culture**, 1871) ने विश्वास को ही धर्म का सर्वाधिक महत्त्वपूर्ण तत्त्व माना है। शक्तिशाली अथवा सर्वशक्तिमान अलौकिक सत्ता की कल्पना ही धर्म का प्रारम्भिक आधार है। इससे भी महत्त्वपूर्ण तत्त्व समूह अथवा समाज का उस अलौकिक वस्तु अथवा प्रतीक में विश्वास है। डर्कहाइम ने कहा है कि विश्वास के कारण ही, जो समाज द्वारा प्रेरित है, एक ही वस्तु को एक समाज में पवित्र एवं दूसरे समाज में लौकिक कहा जाता है। मानवशास्त्रियों ने जैसे रैडक्लिफ-ब्राउन (A.R. Radcliffe-Brown— **Structure and Function in Primitive Societies**, 1952) और बी. मैलनॉफस्की (B. Malinowski— **Magic, Science and Religion and other Essays**, 1937) धर्म से अधिक महत्त्वपूर्ण धार्मिक क्रियाओं को माना है। वस्तुतः धर्म विश्वास की पद्धति है। विश्वास से ही धर्म का आरम्भ होता है, भले ही इसे कर्मकाण्ड अथवा अनुष्ठान से बनाये रखा जाये। जनजातीय समाज में धर्म अथवा विश्वासों की समरूपी पद्धति होती थी, परन्तु आधुनिक समाज में प्रायः अनेक धर्म होते हैं इसलिए विश्वासों की भिन्नता भी अधिक होती है।

धार्मिक व्यवहार अथवा कर्मकाण्ड धर्म के महत्त्वपूर्ण तत्त्व माने जाते हैं। ये व्यवहार मूलतः अलौकिक वस्तुओं में विश्वास को बनाये रखने के लिए किया जाता है। उदाहरण के लिए पूजा करना, नमाज़ पढ़ना, चर्च में प्रार्थना करना अथवा गुरुद्वारे में अरदास सुनना इत्यादि। धार्मिक व्यवहार के अनेक प्रकार और पक्ष हैं, हम जिनकी चर्चा करेंगे। जॉनसन के अनुसार ये विश्वास एवं व्यवहार एक धर्म के अनुयायियों के लिए महत्त्वपूर्ण होते हैं एवं ये उनके जीवन के अनेक पक्षों को प्रभावित करते हैं। यही कारण है कि बहुधा भिन्न-भिन्न धर्मों के मानने वाले अपनी पोशाक अथवा गतिविधि से पहचाने जाते हैं।

आमतौर पर धर्म के इन आवश्यक तत्त्वों के अतिरिक्त प्रत्येक धार्मिक-पद्धति में अनुशंसा और निषेध की पद्धति, सामाजिक और सांस्कृतिक नियमों की पद्धति पायी जाती है। प्रत्येक धर्म अपने अनुयायियों को कुछ कार्य करने के लिए विवश करता है। इससे अनुयायियों की प्रतिष्ठा बढ़ती है। यह विभिन्न धर्मों के बीच भिन्नता पैदा करती है। बहुधा ये अनुशंसाएँ अनेक धर्मों में एक जैसी होती हैं, जैसे ग़रीब की मदद करो, माँ-बाप की सेवा करो, ऊपर वाले से डरो इत्यादि। परन्तु कुछ धर्मों में विशेष अनुशंसाएँ होती हैं जैसे सिक्ख धर्म में कच्छा, कड़ा, कृपाण आदि की पद्धति। ये कर्मकाण्ड नहीं हैं, क्योंकि ये सब के लिए अनिवार्य नहीं हैं। बहुधा ये अलौकिक सत्ता में विश्वास से भी जुड़े नहीं रहते हैं। इसी प्रकार निषेध की पद्धति है। ये धर्म की विशेषता को भी दर्शाते हैं एवं कभी-कभी सामाजिक-आर्थिक जीवन की आवश्यकताओं को धार्मिक निषेध से मज़बूत बनाते हैं। उदाहरण के लिए हिन्दू धर्म में गोमाँस का निषेध,

इस्लाम में सूअर का निषेध इत्यादि। धर्म द्वारा सामाजिक और सांस्कृतिक नियमों का प्रतिपादन बहुत प्रचलित रहा है। किंवदन्तियों के अनुसार मिस्र का राजा हम्मुराबी कानून के संकलन को सूर्य देवता द्वारा प्रदत्त कहता था। जनजातीय समाज में फसल की रक्षा, शिकार में सुरक्षा, आपसी प्रतिस्पर्द्धा में सफलता के लिए धार्मिक नियमों का प्रचलन है। मध्य युग अथवा किसान या सामन्ती समाज में समाज और संस्कृति का निर्माता धर्म ही था। भारत में आज भी परिवार, विवाह, सम्पत्ति, उत्तराधिकार से सम्बन्धित नियम धर्म द्वारा प्रतिपादित ही है। अन्ततः धर्म का दार्शनिक पक्ष है। सबसे पहले कार्ल मार्क्स (Karl Marx— **Contributions to the Critique of Political Economy**, 1859) ने धर्म को सिद्धान्त अथवा दर्शन की प्रणालियों के रूप में देखा था। इसका अर्थ यह है कि प्रत्येक धर्म अपने ढंग से मानव-समाज, विश्व और ब्राह्मण्ड की व्याख्या करता है, पूरे विश्व में मानव-जीवन की व्याख्या करता है। उसके कार्यों की व्याख्या करता है और मरने के बाद क्या होगा इसकी कल्पना करता है। अनेक धर्मों में सम्मिलित स्वर्ग और नर्क की कल्पना इसी से जुड़ी है।

धर्म में और भी तत्त्व पाये जाते हैं, जैसे चर्च या पूजा-स्थल अथवा सांगठनिक स्वरूप, पुजारियों का समूह, धार्मिक प्रतीक एवं चिह्न इत्यादि। ये तत्त्व सभी धर्मों में उपलब्ध नहीं होते हैं। उदाहरण के लिए जनजातीय धर्मों में न तो चर्च जैसा संगठन होता है और न ही निश्चित पूजा-स्थल ही होता है। हिन्दू धर्म में अन्य धर्मों की तरह न तो कट्टरता है और न ही धार्मिक संगठन ही है। इसका कारण है कि यह जनजातीय धर्म से लम्बे कालक्रम में विकसित हुआ न कि धार्मिक और सामाजिक हुआ। हिन्दू धर्म समय के साथ जीवनशैली की तरह विकसित हुआ है। आदिवासियों में वंश के आधार पर गठित कोई पुजारी समूह भी नहीं होता है जैसा कि लोई (Robert Harry Lowie— **Primitive Religion**, 1924) का कहना है। यह स्पष्ट है कि धर्म एक व्यापक शब्द है। धर्म की कुछ सामान्य विशेषताएँ हैं, जो इस प्रकार हैं–

1. धर्म की एक संरचनात्मक भूमिका (कार्य) होती है। यह हमें समझने के लिए वैचारिक रूप देता है। दूसरे शब्दों में, यह हमें चिन्तन का एक ढाँचा देता है, जिसमें समय, स्थान, समाज और व्यक्ति आदि की अवधारणाएँ आती हैं।
2. धर्म की एक बौद्धिक भूमिका होती है। यह मानव-जीवन के अर्थ और उद्देश्य की व्याख्या करता है। यह समाज को नियन्त्रित करने वाले मूल्य और प्रतिमान देता है और उनका समर्थन करता है। इसके अतिरिक्त धर्म जन्म, मृत्यु, दुःख और बुराई जैसी प्राकृतिक प्रक्रियाओं की भी व्याख्या करता है।
3. धर्म सामाजिक संस्था है, क्योंकि अनुयायियों का समुदाय ही किसी धर्म का आधार होता है। धर्म संगठन है, क्योंकि इसमें देवी-देवता, पुरोहित, पैगम्बर और अनुयायी श्रेणीबद्ध क्रम में होते हैं।
4. धर्म संस्कारों और विश्वासों का एक पुँज होता है, जिसके केन्द्र में पवित्रता की धारणा होती है।
5. धर्म विज्ञानोपरि (Non-scientific) है। यह व्यक्ति के विश्वास से जुड़ा हुआ है, न कि तर्क से जुड़ा हुआ है।
6. धर्म अवलोकन के परे है, क्योंकि यह अमूर्त है।
7. धर्म से सम्बन्धित वस्तुएँ, प्राणी, प्रतीक और स्थान पवित्र माने जाते हैं।
8. धर्म लोकोत्तर (Transcendental) विचारों एवं विश्वासों से सम्बन्धित होता है।
9. धर्म का सम्बन्ध सामाजिक एवं वैयक्तिक भावनाओं और संवेगों से है।

धर्म अपने-आप में एक व्यवस्था है और यह व्यापक समाज की एक उप-व्यवस्था भी है। परिवार, शिक्षा, शासन और अर्थव्यवस्था जैसी समाज की अन्य उप-व्यवस्थाओं के साथ धर्म की निरन्तर अन्तःक्रिया चलती रहती है। सामाजिक व्यवस्था के साथ अपने अन्तःक्रिया के दौर में धर्म सामाजिक व्यवस्था को स्थिर कर सकता है। इसके लिए वह व्याख्याओं के माध्यम से सामाजिक व्यवस्था को औचित्य और वैधता प्रदान करता है। दूसरी ओर, धर्म विद्यमान सामाजिक व्यवस्था को बदल भी सकता है। धर्म यथास्थितिवादी भी हो सकता है और क्रान्तिकारी भी। अन्तःक्रिया की प्रकृति और उसका परिणाम अनेक कारकों पर निर्भर करते हैं।

धर्म और सामाजिक व्यवस्था के बीच अन्त:क्रिया होती रहती है, जिसके दो व्यापक प्रभाव होते हैं– (1)धर्म मौजूदा सामाजिक व्यवस्था को बदल सकता है तथा सामाजिक व्यवस्था को स्थिरता दे सकता है। (2) सामाजिक बदलाव के परिणामस्वरूप स्वयं धर्म में भी विभिन्न स्तरों पर बदलाव हो सकता है या विद्यमान सामाजिक व्यवस्था कभी-कभी अत्याचारी और दमनकारी होने वाले धर्म का बचाव भी कर सकती है तथा उसे उचित भी ठहरा सकती है।

धर्म मानव-जीवन के दु:खों और असमानताओं की नयी व्याख्या प्रस्तुत करके विद्यमान सामाजिक व्यवस्था को स्थिरता प्रदान करता है। वह एक निश्चित नैतिक ढाँचे के भीतर व्यक्तियों का समाजीकरण करके समाज को स्थिरता प्रदान कर सकता है। धर्म कभी-कभी कुछ ऐसे विशिष्ट सिद्धान्त प्रस्तुत करता है, जो असमानताओं की व्याख्या स्वाभाविक या प्राकृतिक और ईश्वर प्रदत्त प्रघटना के रूप में करते हैं। कुछ धर्म व्यक्तिगत मोक्ष या उद्धार की अवधारणा को इतना अधिक महत्त्व देते हैं कि वे मनुष्य के दु:खों को 'पाप' या 'मनुष्य की पतित अवस्था' के परिणाम के रूप में प्रस्तुत करते हैं।

धर्म कभी-कभी सामाजिक बदलाव का एजेण्ट या कारक के रूप में कार्य करता है। समाज में होने वाले व्यापक बदलावों की रोशनी में पुराने शास्त्रों या सिद्धान्तों की नयी-नयी व्याख्याएँ प्रस्तुत की जाती हैं। इस प्रकार धर्म सामाजिक बदलाव में अपना निश्चित योगदान देता है। ऐसे में धर्म जो अभी तक हाशिए में चला गया था या भुला दिये गये सिद्धान्तों के बदले सन्दर्भ में फिर से जीवंत कर दिया जाता है। सांसारिक दु:खों (उत्पीड़न, दमन, दासता आदि) से बाध्य होकर धर्म को विशिष्ट सामाजिक, राजनीतिक और सामाजिक आर्थिक सन्दर्भ में कभी-कभी अपनी पारलौकिक भूमिका को आस्तिकों के हित में गौण करना पड़ जाता है। धार्मिक भावनाओं और प्रतीकों का आह्वान किया जाता है संस्कारों और विश्वासों को नये अर्थ दिये जाते हैं। इस प्रक्रिया में धर्म आस्तिकों को समूहों के लिए सामूहिक लामबन्दी का वाहक बन जाता है, जो मुक्ति पाना चाहते हैं। आस्तिकों का यह समूह विरोध स्वरूप मुख्य धर्म से सम्बन्ध तोड़ कर अलग मत का निर्माण कर लेता है। धर्म यह भी व्याख्या करता है कि आदर्श परिवार, सर्वोत्तम शिक्षा आदि का क्या अर्थ है। इसके चलते इन संस्थाओं में बदलाव या स्थिरता भी आती है।

उपर्युक्त विवेचन से यह विचार सामने आता है कि धर्म आवश्यक रूप से पुरातनपंथी या रूढ़िवादी शक्ति नहीं है, जैसा कि अधिकांश लोग मानते हैं। अपितु धर्म तो प्रगतिशील, आधुनिक और क्रान्तिकारी शक्ति भी हो सकती है।

धार्मिक विश्वास के स्वरूप (Forms of Religious Belief)

विश्वास के स्वरूपों से तात्पर्य विश्वास की पद्धति एवं विश्वास की वस्तु, शक्ति, सत्ता अथवा मानवीकृत देवत्व से है। धर्म में अलौकिक शक्ति अथवा सत्ता की कल्पना की जाती है। यह अलौकिक शक्ति लगभग सभी धर्मों में दो प्रकार की होती है, एक अच्छे काम करने वाली और दूसरी बुरे काम करने वाली। इसका सबसे अच्छा उदाहरण पारसियों (जरथूष्टवादी धर्म) में पाया जाता है। अच्छे काम की जिम्मेदारी **अहरमज्दा** एवं बुरे काम की शक्ति **अहिरमन** कहलाती है। हिन्दू धर्म में देव एवं दानव, इस्लाम और ईसाई धर्म में फरिश्ता और शैतान की धारणाएँ ऐसी ही हैं। इसे मैक्स वेबर (Max Weber— **From Weber, Essays in Sociology,** (tran.), Gerth and Mills, 1946) ने **द्वैत सिद्धान्त (Principle of Duality)** कहा है।

सकारात्मक अलौकिक शक्तियों अथवा सत्ता की कल्पना अलग-अलग धर्मों में अलग-अलग ढँग से की गयी है। चूँकि समाजशास्त्र में आरम्भिक दिनों से ही धर्मों की चर्चा विकासवादी परिप्रेक्ष्य में होती रही है, इसलिए सर्वशक्तिमान शक्तियों की तीन धारणाएँ प्रचलित हैं–

1. जड़-पूजा (Fetishism)— आरम्भिक अवस्था में प्रकृति की शक्तियों अथवा वस्तुओं में अलौकिकता आरोपित की जाती थी, जिसे जड़-पूजा (Fetishism) कहते हैं। वैदिक देवताओं की सूची में अग्नि, इन्द्र आदि प्रसिद्ध हैं।

अनेक धर्मों में यह किसी-न-किसी रूप में अभी भी प्रचलित है। भारत में पेड़ों और नदियों की पूजा को इसी रूप में विश्लेषित किया जा सकता है। जनजातीय समाज में टोटेमवाद (Totemism) भी इसी का एक रूप है। सम्भवत: इसी कारण से एमिल डर्कहाइम ने टोटेमवाद को धर्म का आरम्भिक स्वरूप कहा। जड़-पूजा के समान टोटेमवाद में भी प्रकृति की किसी भी चीज को कुल का चिह्न मानकर उसे उपास्य बना दिया जाता है।

उद्विकासवादियों ने जिनमें ऑगस्त कौंत (Auguste Comte— **Positive Philosophy,** IV Vol. (E) 1910) भी शामिल है, दूसरे चरण को बहुदेववादी चरण कहा है। इस चरण में अनेक देवी-देवताओं की पूजा की जाती है। प्राचीन ग्रीस और रोम में, मिस्र में, माया संस्कृति वाले मैक्सिको में या फिर चीन और भारत में अनेक आकृति वाले देव एवं देवियों की कल्पना की गयी है। यह भी महत्त्वपूर्ण है कि इस काल में पशु देवताओं की कल्पना भी अनेक धर्मों में की गयी। अन्तत: धर्म में एक सर्वशक्तिमान ईश्वर की कल्पना की गयी। सेमिटिक धर्मों में ऐसी कल्पना अधिक संगठित है परन्तु ये धर्म तुलनात्मक रूप में नये हैं।

2. ब्रह्माण्ड सम्बन्धी विश्वास (Cosmic Belief)— लगभग सभी धर्मों में विश्व, समाज, मानव-जीवन, इनके अन्तर्सम्बन्ध आदि की अलग-अलग कल्पना की गयी है। कार्ल मार्क्स (Karl Marx) ने इन्हें ही धर्म का विचारधारात्मक पक्ष कहा है। उदाहरण के लिए हिन्दू धर्म में कर्म, पूर्वजन्म में विश्वास तथा स्वर्ग-नरक की कल्पना की गयी है। इसी तरह इस्लाम में भी दोजख-जन्नत आदि की कल्पना की गयी है।

3. परम मुक्ति सम्बन्धी विश्वास (Beliefs in Salvation)— प्रत्येक धर्म के अन्तर्गत मानव के कर्मों के लेखा-जोखा के आधार पर उनकी मुक्ति अथवा स्थायी आवास की कल्पना की गयी है। हिन्दू धर्म में जन्मों के चक्र से मुक्ति की धारणा है, इस्लाम में स्वर्ग के स्थायी निवास की कल्पना है, ईसाई धर्म में ईसा के त्याग में मुक्ति का मार्ग निहित है। समाजशास्त्रीय दृष्टि से मूल्यांकन करने पर ऐसा लगता है कि मानव को एक निश्चित व्यवस्था में रखने के लिए मुक्ति की धारणा की कल्पना की गयी।

मिथक (Myths)

इस शब्द का प्रयोग मुख्यत: दो अर्थों में किया जाता है– (1) किसी संस्कृति अथवा उपसंस्कृति के अन्तर्गत अलौकिक अथवा असाधारण घटना का अत्यन्त ही प्रतीकात्मक वर्णन अथवा उससे सम्बन्धित कथा। मिथक में निहित प्रज्ञा, तत्त्व-ज्ञान, अन्त:प्रेरणा अथवा व्यावहारिकता का समाज में बारम्बार उल्लेख होता है। (2) सामाजिक या धार्मिक प्रतीक का साहित्यिक रूप। एक ऐसी कहानी, जिसमें अलौकिक शक्तियों के बारे में बताया जाता है और संसार कैसे बना, यह भी बताया जाता है। नायकों और देवताओं पर कहानियाँ बनायी जाती हैं और ये परम्परा के रूप में एक पीढ़ी से दूसरी पीढ़ी तक इनको सुनाया जाता है तथा इनमें विश्वास किया जाता है (देखें– Claude Lévi-Strauss, **Introduction to a Science of Mythology**, 1970–81)।

प्रत्येक धर्म में मिथक बहुत प्रचलित एवं लोकप्रिय रहे हैं। मिथक एक प्रकार का विश्वास है, जो बराबर ही घटनाओं से जुड़े होते हैं। यदि ये धर्म अथवा अलौकिकता से जुड़े रहे तब ये धार्मिक मिथक कहलाते हैं। हिन्दू धर्म में चमत्कार की कल्पना मिथक है, इस्लाम धर्म में यह विश्वास कि पैगम्बर मुहम्मद को जिब्रील नामक फरिश्ते के माध्यम से ईश्वर का संदेश प्राप्त हुआ, एक मिथक का ही उदाहरण है। ईसाई धर्म में यह विश्वास कि ईसा का जन्म एक निष्पाप कुँआरी से हुआ, यह भी एक मिथक ही है।

धर्म की व्यवस्था में अनेक पक्ष होते हैं, जैसे– विश्वास, कर्मकाण्ड, अनुष्ठान, प्रतीक, अवतार की कल्पना आदि। इनमें सबसे महत्त्वपूर्ण विश्वास ही है। इसीलिए मैक्स वेबर (Max Weber) ने धर्म को भावनात्मक सामाजिक क्रिया की परिणति कहा है। रैडक्लिफ-ब्राउन (A.R. Radcliffe-Brown, 1881–1955) ने जनजातीय धर्मों में विश्वास से अधिक महत्त्व कर्मकाण्ड को दिया है।

धार्मिक व्यवहार (Religious Behaviour)

एक समाजशास्त्री के लिए धार्मिक व्यवहार बहुत महत्त्वपूर्ण होता है, क्योंकि इन्हीं व्यवहारों के द्वारा समाज व धर्म के सम्बन्ध रेखांकित होते हैं। सभी धर्मों में कुछ समान तत्त्व पाये जाते हैं, किन्तु प्रत्येक धर्म के कुछ विशिष्ट तत्त्व होते हैं जिनसे व्यक्ति का व्यवहार प्रभावित होता है। धार्मिक व्यवहार के तीन आयाम होते हैं– आस्था, अनुष्ठान अथवा कर्मकाण्ड व उत्सव।

(अ) आस्था (Belief)— विश्वास किसी वस्तु या विचार के विषय में असंदिग्धता या सन्देहशून्यता का भाव है। यह एक आन्तरिक अवस्था है, जो या तो तर्क या चिन्तन के बाद आती है या परोक्ष, साक्षात् ज्ञान द्वारा। समाजशास्त्रीय दृष्टि से विश्वास सामूहिक रूप से स्वीकृत ऐसी मान्यताएँ हैं, जिनका तर्कपूर्ण आधार नहीं होता। धर्म का पूरा आधार ही विश्वासों पर टिका रहता है। किसी प्रस्ताव अथवा विचार को सत्य मानना विश्वास का द्योतक है। सामान्यत: यह स्वीकृति बौद्धिक होती है, किन्तु कभी-कभी यह उद्वेगों द्वारा भी प्रेरित हो सकती है।

किंग्जली डेविस का कहना है आस्था धर्म का ज्ञानात्मक पक्ष है। धार्मिक आस्थाएँ विश्वास पर आधारित होती हैं न कि अनुभवों पर। प्रत्येक धर्म की कुछ उक्तियाँ अथवा कथन होते हैं। अनुयायी इन्हीं को मानते हैं व उनसे जुड़े रहते हैं। ये उक्तियाँ प्रत्येक धर्म में भिन्न-भिन्न होती हैं। आस्थाएँ अपने-आप में कोई महत्त्व नहीं रखतीं। उनका महत्त्व तभी होता है जब वे किसी व्यक्ति को अच्छा जीवन व्यतीत करने हेतु मार्गदर्शन करती हैं। आस्थाओं को उनकी संज्ञानात्मक वैधता के लिए नहीं, बल्कि उनके नैतिक प्रभावों के लिए मूल्यांकित करना चाहिए। धार्मिक आस्थाओं को हम दो भागों में विभक्त कर सकते हैं– धार्मिक मूल्य तथा ब्रह्मांडिकी।

धार्मिक मूल्य क्या अच्छा है, क्या वांछनीय है तथा क्या उचित है, आदि से सम्बन्धित वे धारणाएँ होती हैं, जो उस धर्म के मानने वाले सभी लोग विश्वास करते हैं। धार्मिक मूल्य व्यक्ति के व्यवहार को प्रभावित करते हैं। ये सभी सामाजिक संस्थाओं पर अपनी अमिट छाप छोड़ते हैं। उदाहरण के लिए विवाह सम्बन्धी धार्मिक मूल्य समाज में पारिवारिक जीवन को प्रभावित करते हैं।

ब्रह्मांडिकी (Cosmology) ब्रह्माण्ड के बारे में धारणाओं को स्पष्ट करती है। इसमें स्वर्ग, नर्क, जीवन, मृत्यु आदि का वर्णन होता है। प्रत्येक धर्म इनका वर्णन भिन्न प्रकार से करता है। व्यक्ति का व्यवहार इन धारणाओं से भी प्रभावित होता है। उदाहरण के लिए समाज की दृष्टि से वह बुरे काम इस डर से नहीं करता कि मरने के बाद वह नर्क में जायेगा।

(ब) अनुष्ठान या धार्मिक-कृत (Rituals)— यह धार्मिक अथवा जादुई अनुष्ठानों से सम्बन्धित औपचारिक कृत्य होता है। यह हमेशा परम्पराजन्य होता है। धार्मिक-कृत अथवा अनुष्ठान अनेक प्रकार के होते हैं, जैसे– व्यक्ति के जीवन से सम्बन्धित (जन्म, विवाह, अंत्येष्टि), वार्षिक मौसम से सम्बन्धित अथवा कुछ विशिष्ट घटनाओं से सम्बन्धित।

अंग्रेजी में इसे इस प्रकार परिभाषित किया जा सकता है– The body of ceremonies or rites used in a place of worship। धार्मिक कृत, अनुष्ठान अथवा कर्मकाण्ड से सम्बन्धित उपासना-पद्धति के विभिन्न रूप और प्रकार हैं जिनका स्वरूप धार्मिक अनुष्ठानों के सन्दर्भ में परम्परा अथवा पुरोहितों द्वारा निर्धारित किया जाता है। मानवीय परिस्थितियों को नियन्त्रित करने वाला, निश्चित स्वरूप वाला, बार-बार दुहराया जाने वाला कार्य अनुष्ठान कहलाता है (देखें– Erving Goffman, **Interaction Ritual: Essays on Face-to-Face Behaviour**, 1967)। अनुष्ठान में निम्नलिखित तत्त्वों का होना आवश्यक है–

1. अनुष्ठान के लिए स्थान
2. उसमें हिस्सा लेने वाले लोग
3. पूजा की सामग्री
4. मौखिक और/या शारीरिक क्रिया-कलाप

किसी भी धर्म के अनुष्ठान के लिए चार आधारभूत तत्त्व हैं। अनुष्ठानों की कुछ अन्य विशेषताएँ भी हैं। ये अनुष्ठानों के समय होने वाली प्रकृति से सम्बन्धित है। अनुष्ठान में सचेत और स्वायत्त ढँग से बार-बार प्रतीकात्मक शारीरिक क्रिया दोहराई जाती है, जिसके केन्द्र में कोई पवित्र वस्तु या सृष्टि सम्बन्धी प्रतीक होती है। शारीरिक क्रिया-कलाप के साथ-साथ मौखिक उच्चारण भी चलता रहता है। जॉनसन (H.M. Johnson, 1983: 409–410) ने धार्मिक-कृत के छः प्रमुख विशेषताओं का जिक्र किया है, जो इस प्रकार हैं–

1. धार्मिक-कृत में मूर्त व पवित्र वस्तुओं का उपयोग होता है।
2. धार्मिक-कृत का उपयोग किसी-न-किसी प्रकार की मुक्ति अथवा मोक्ष प्राप्ति के उद्देश्य से होता है।
3. धार्मिक-कृत्य का उद्देश्य भले ही आनन्द प्राप्त करना नहीं होता है, लेकिन यह कृत्य आनन्ददायक और सुखद होता है।
4. लक्ष्य-निदेशित होने के कारण धार्मिक-कृत्य एक साधन है, जिसके माध्यम से व्यक्ति कुछ हासिल करने का प्रयास करता है।
5. धार्मिक-कृत्य लम्बे समय तक एक ही प्रकार से किया जाता है। विधि-विधान में परिवर्तन नहीं के बराबर स्वीकार किया जाता है।
6. धार्मिक-कृत्य को हमेशा नैतिक-कृत्य नहीं माना जाना चाहिए। नैतिक क्रिया (Moral Action) एवं धार्मिक-कृत्य के बीच अन्तर है। नैतिकता का सम्बन्ध सामाजिक मूल्यों से है। चोरी नहीं करना नैतिक कार्य हो सकता है, यह धार्मिक कृत्य नहीं है। एक पुजारी को माँसाहारी नहीं होना धार्मिक कृत्य है, यह नैतिक कार्य नहीं है। माँस-भक्षण का सम्बन्ध नैतिकता से नहीं, धर्म से है।

धार्मिक-कृत्य अनुष्ठान वे विधियाँ होती हैं, जिन्हें धर्मावलम्बियों द्वारा अपनाया जाता है। प्रत्येक धर्मावलम्बी से यह अपेक्षा होती है कि वह इनका पालन करे। धार्मिक अनुष्ठान एवं धार्मिक आस्थाएँ एक-दूसरे पर परस्पर निर्भर रहती हैं। इन अनुष्ठानों को करने पर प्रतिफल मिलता है व न करने पर विपदा आ सकती है, यह धारणा धर्मावलम्बियों के मन में बिठा दी जाती है। प्रत्येक धर्म में भिन्न-भिन्न अनुष्ठान अथवा क्रियाएँ की जाती हैं, जैसे– पूजा-पाठ, प्रार्थना, नमाज़, हवन, यज्ञ आदि। कुछ अनुष्ठान बहुत जटिल व विस्तृत होते हैं। त्याग करने का अनुष्ठान सभी धर्मों में पाया जाता है। त्याग करने पर दैवी शक्तियों द्वारा आशीर्वाद दिया जायेगा, यह धारणा सभी धर्मों में व्याप्त है। इसीलिए लोग दान देते हैं। धर्म की अभिव्यक्ति पूजा, प्रार्थना अथवा आराधना के द्वारा की जाती है। कुछ पवित्र दिवसों पर उपवास रखते हैं।

धार्मिक व्यवहार का सबसे महत्त्वपूर्ण स्वरूप कर्मकाण्डों (Rituals) का है, जो दैवी सत्ता में विश्वास को बनाये रखने के लिए किये जाते हैं। यह कहा जाता है कि धार्मिक व्यवहार में या तो दैवीय सत्ता से अपील की जाती है अथवा उनकी पूजा की जाती है अथवा उनके लिए भिन्न-भिन्न क्रियाएँ की जाती हैं। कर्मकाण्ड ऐसे धार्मिक व्यवहार हैं, जिनमें दैवीय सत्ता के प्रति श्रद्धा के भाव प्रदर्शित किये जाते हैं। इनका तात्कालिक उद्देश्य पवित्र जीवन जीना है, परन्तु इसका व्यापक उद्देश्य अपने परलोक को सुधारना ही है। ऐसी धार्मिक क्रियाएँ जिनमें कुछ पाने की इच्छा होती है, विशेष कर्मकाण्ड कहलाते हैं। इनमें आम कर्मकाण्डों की वह नियमितता नहीं होती, जिसे सामान्य धार्मिक-पद्धति का अंग माना जाता है। कर्मकाण्ड चूँकि कर्म अथवा क्रिया से जुड़ा है, इसलिए बहुधा यह सुखद या मनोरंजक होता है। इसके बावजूद, एमिल डर्कहाइम (Emile Durkheim) के अनुसार ये जीवन के गम्भीर पक्षों से सम्बन्धित हैं।

अनेक कर्मकाण्ड नियमित न होकर के विशेष उद्देश्यों की पूर्ति करने के लिए किये जाते हैं, उदाहरण के लिए किसी भी बीमारी को ठीक करने के लिए अथवा पुत्र प्राप्ति के लिए अथवा धनोपार्जन के लिए इत्यादि। इन कर्मकाण्डों की मूल विशेषता यह है कि ये यदा-कदा ही किये जाते हैं, इसमें धार्मिक क्रिया-कलाप बहुत अधिक होते हैं और बहुधा महत्त्वपूर्ण अवसरों पर न केवल नातेदारी के सदस्यों को, बल्कि अन्य लोगों को भी जमा किया जाता है। कुछ विशेष कर्मकाण्ड ऐसे हैं, जिनके द्वारा प्रतिष्ठा में वृद्धि मानी जाती है। हिन्दू धर्म में उपनयन संस्कार, ईसाई धर्म में बैपटिज्म (**Baptism**) की प्रक्रिया, इस्लाम धर्म में खतने की प्रक्रिया कुछ इसी प्रकार की है। धार्मिक श्रेष्ठता प्राप्त

करने के लिए जहाँ एक ओर धर्म-ग्रन्थों, धार्मिक गतिविधियों में दक्षता हासिल करनी पड़ती है, वहीं कोई-न-कोई विशेष कर्मकाण्ड ज़रूर होता है।

(स) उत्सव (Ceremony)— कई बार धार्मिक-कृत्य एवं उत्सव के बीच अन्तर नहीं किया जाता है, लेकिन दोनों के बीच के अन्तर को गौण नहीं किया जाना चाहिए। धार्मिक-कृत्य तो एक व्यक्ति के द्वारा भी सम्भव है लेकिन उत्सव में एक से अधिक व्यक्ति की भागीदारी होती है। बहुत-से ऐसे भी उत्सव होते हैं, जिसमें धार्मिक-कृत्य नहीं रहता है। उत्सव का स्वरूप सांस्कृतिक भी हो सकता है, जैसे– होली। यह व्यवहार का एक औपचारिक, सुव्यवस्थित क्रम, जो प्रतीकात्मक रूप से किसी घटना, अवसर या विश्वास के महत्त्व को प्रदर्शित करता है। उत्सव प्रायः सामूहिक रूप से मनाये जाते हैं और जिस घटना के लिए उत्सव किया जाता है, उससे सम्बद्ध धार्मिक या औपचारिक बातों पर विशेष ध्यान रखा जाता है। उत्सवों से समूह की एकता दृढ़ होती है।

सभी उत्सव धार्मिक नहीं होते परन्तु धार्मिक उत्सवों का धार्मिक जीवन में अधिक महत्त्व होता है। हिन्दू धर्म की कुछ शाखाओं में दो तरह की पूजाओं का प्रावधान है। एक निजी पूजा और दूसरी सार्वजनिक पूजा। सार्वजनिक पूजा आनुष्ठानिक ढँग से ही सम्पन्न की जाती है। एमिल डर्कहाइम के अनुसार धर्म के वे स्वरूप जिनमें उत्सव सम्मिलित होते हैं अधिक एकात्मक एवं प्रभावशाली होते हैं।

धार्मिक व्यवहार का स्वरूप इतना बहुआयामी एवं भिन्नात्मक है कि उन सब की चर्चा करना सम्भव नहीं। बहुधा धर्म में अनुशंसित व्यवहार का जो पक्ष होता है, उसे भी धार्मिक व्यवहार माना जाता है परन्तु यह सही नहीं है। यह आमतौर पर सामाजिक और सांस्कृतिक पद्धति से जुड़े होते हैं और कुछ विद्वानों ने इसे नैतिक पद्धति का अंग माना है। नैतिक पद्धति, किसी भी समाज में उचित, सम्मानजनक एवं समाज द्वारा निर्देशित व्यवहार को कहते हैं। धर्म और नैतिकता एक-दूसरे से घनिष्ठ रूप से जुड़े ज़रूर हैं परन्तु प्रकृति की दृष्टि से ये एक-दूसरे से काफी भिन्न हैं।

(द) जीवन-यात्रा या जीवनचक्र संस्कार (*Rites-de-passage*)— वे अनुष्ठान, जो किसी व्यक्ति के जीवन के उस मोड़ को व्यक्त करते हैं, जब वह एक अवस्था से दूसरी अवस्था में प्रवेश करता है। ये अनुष्ठान धार्मिक प्रकृति के होते हैं तथा एक सामाजिक स्थिति की समाप्ति और दूसरी के आरम्भ को संस्थागतरूप प्रदान करते हैं। यह संस्कार विशेषकर व्यक्ति के जन्म, यौवनारंभ, विवाह तथा मृत्यु पर किये जाते हैं। वैदिक काल के हिन्दू धर्म में जीवन के ऐसे सोलह संस्कारों का उल्लेख है (देखें– Arnold Van Gennep, **The Rites of Passage**, 1960)।

संस्कार सभी धर्मों का केन्द्रीय तत्त्व है। संस्कार के नियम मौखिक या लिखित रूप में एक पीढ़ी से दूसरी पीढ़ी को हस्तान्तरित किये जाते हैं। सांस्कारिक क्रिया के माध्यम से न केवल संस्कार को सम्पादित करने वाले का, बल्कि आयोजक समाज का भी कल्याण होता है। संस्कार उसमें भाग लेने वालों को विश्वास और कर्म दोनों में एक समुदाय के रूप में बाँधे रखता है। यह सामाजिक और पारलौकिक दोनों लोकों को अर्थपूर्ण व्यवस्था प्रदान करता है। सांस्कारिक अनुभव में भागीदारी और भी अटूट बन्धन का कारण बनती है। धार्मिक व्यवहार और संस्कार धर्मनिरपेक्ष या लौकिक संस्कार से भिन्न होता है। लेकिन, धार्मिक संस्कार एक दृष्टि से सामाजिक व्यवस्था को बनाये रखता है और धर्मनिरपेक्ष संस्कार दूसरी दृष्टि से।

धार्मिक संस्थाएँ एवं संगठन (Religious Institutions and Organizations)

अन्य संस्थाओं के समान धार्मिक संस्थाएँ भी अति प्रतिष्ठित, अति स्थापित और व्यापक होती हैं। मैक्स वेबर के अनुसार इन संस्थाओं का उद्देश्य अलौकिक सत्ता अथवा अलौकिकता से जुडा होता है। उदाहरण के लिए मोक्ष प्राप्ति, स्वर्ग प्राप्ति की आकांक्षा इत्यादि। अन्य विद्वानों के अनुसार धार्मिक संस्थाओं के उद्देश्य सांसारिक भी हो सकते हैं। उदाहरण के लिए हिन्दू धर्म में भिक्षाटन एक धार्मिक संस्था है, जिसके उद्देश्य सांसारिक ही हैं। धार्मिक संस्थाओं के अनेक प्रकार होते हैं, जिनके मुख्य रूप से तीन आयाम हैं। सर्वपुजारी-वर्ग अथवा धर्म याचक वर्ग से जुड़ी हैं। दूसरे

प्रकार की संस्थाएँ सांसारिक उद्देश्यों से जुड़ी होती हैं, जिनमें स्वास्थ्य लाभ से लेकर धन का उपार्जन तक शामिल है। तीसरी प्रकार की संस्थाएँ सामान्यत: पारलौकिक (Transcendental) होती हैं। ये मोक्ष प्राप्ति जैसे उद्देश्यों से जुड़ी होती हैं। पाठकों के हित में यह उल्लेख करना आवश्यक प्रतीत होता है कि चर्च, सम्प्रदाय, मत, पंथ एवं समधर्मी समूह धार्मिक संस्था और संगठन दोनों ही हैं। यह इस बात पर निर्भर करता है कि उन्हें किस रूप में देखा जा रहा है। जैसे धर्म एक संस्था के रूप में अमूर्त है, तो संगठन के रूप में मूर्त। यही दोनों के बीच फ़र्क है। ध्यान रहे कि प्रत्येक संगठन में संस्था विद्यमान रहती है।

धार्मिक संगठन मुख्यत: निम्न प्रकार के होते हैं—

1. चर्च (Church)— ईसाई धर्म में चर्च एक ऐसा संगठन होता है, जिसमें नौकरशाही के समान ही पदानुक्रम होता है। जितना ऊँचा पद होगा उसका क्षेत्र उतना ही बड़ा होगा। प्रत्येक पद हेतु अधिकार व कर्तव्यों को निश्चित किया गया है। पद ग्रहण करने से पूर्व व्यक्ति को उस पद के कर्तव्यों के उत्कृष्ट सम्पादन हेतु प्रशिक्षित किया जाता है। चर्च संगठन के पदों पर आसीन व्यक्तियों की समाज में प्रतिष्ठा होती है।

कभी-कभी चर्च राज्य से घनिष्ठ रूप से जुड़े रहते हैं। कुछ परिस्थितियों में चर्च राज्य से जुड़े नहीं रहते तथा राज्य के विरुद्ध केन्द्र के रूप में कार्य करते हैं। अनेक स्थितियों में चर्च धार्मिक सत्य पर अपनी स्वायत्तता की रक्षा करते हैं। उनकी धार्मिक सत्ता को चुनौती वे कभी सहन नहीं करते।

मध्ययुगीन ईसाई धर्म, चर्च के आधार पर अत्यधिक संगठित था। यही कारण है कि एमिल डर्कहाइम ने धर्म की सामान्य धारणा देते हुए कहा कि प्रत्येक धर्म अपने प्रभाव के द्वारा एक समुदाय में चर्च जैसा संगठन विकसित करता है। वस्तुत: जब हम धार्मिक संगठनों की चर्चा करते हैं तब हमारा तात्पर्य उस धर्मविशेष के तात्कालिक संगठनों के साथ-साथ उनके अन्दर उपस्थित समूहों अथवा कोटियों की चर्चा से भी होता है। इन धारणाओं में सबसे प्रसिद्ध धर्म के मानने वालों का समूह है। पश्चिम में विद्वानों ने धर्म की चर्चा करते हुए डिनॉमिनेशन (Denomination) की चर्चा की है अथवा एक धर्म के मानने वालों का विशाल समूह इसमें परिलक्षित होता है। धार्मिक समूह किसी भी प्रकार का हो सकता है, परन्तु सबसे कम ध्यान समग्र धार्मिक समूहों पर ही दिया जाता है। धार्मिक समूहों के सम्बन्ध में एच.एम. जॉनसन ने कुछ लक्षणों की चर्चा की है। इनमें सबसे महत्त्वपूर्ण यह है कि सदस्यता अनिवार्य है, दूसरी महत्त्वपूर्ण बात यह है कि सदस्यता चाहे खुली रहे अथवा बन्द, उसमें सदस्यों को भर्ती करने के आधार क्या हैं? कोई धर्म दूसरों का धर्म परिवर्तन कराकर अपने सदस्यों की संख्या बढ़ा सकता है या नहीं? हिन्दू धार्मिक समूह में जनजातीय समूह प्रवेश करते रहे हैं। परन्तु इसलिए नहीं कि उनकी शक्ति और प्रतिष्ठा बढ़ जाये, बल्कि इसलिए भी की, वे एक व्यापक समाज के अंग हो जायें। महत्त्वपूर्ण बात यह है कि ऐसा करने के लिए न तो वे किसी कर्मकाण्ड की मदद लेते हैं और न ही किसी अनुष्ठान का आयोजन करते हैं। अत: हिन्दू धर्म चर्च से भिन्न है।

2. सम्प्रदाय (Denomination)— जब कोई मत (Sect) एक लम्बे समय तक अस्तित्व में रह जाता है तथा संस्थागत रूप धारण कर लेता है, तो वह सम्प्रदाय (Denomination) कहलाता है। यह एक प्रकार का धार्मिक संगठन है जिसका स्वरूप चर्च से छोटा और मत (**Sect**) से बड़ा होता है। इसके अन्तर्गत सदस्यता जन्म से ही प्राप्त की जाती है। धार्मिक सत्ता का स्वरूप उतना औपचारिक नहीं होता है, जितना कि किसी धर्म-विशेष में, उदाहरणस्वरूप- प्रेजबिटेरियॅन (**Presbyterian**), प्रोटेस्टैंट (**Protestant**) धर्म को एक प्रमुख सम्प्रदाय के रूप में जाना जाता है। उसी प्रकार हिन्दू धर्म के अन्तर्गत भी शैव सम्प्रदाय तथा वैष्णव समूह को सम्प्रदाय के रूप में माना जाता है। ऐसे धार्मिक सम्प्रदायों के अन्तर्गत पुनरुत्थान की क्षमता नहीं पायी जाती है। यह एक संस्थागत धार्मिक व्यवस्था के रूप में स्थिर हो जाता है (देखें- Howard Becker, **Systematic Sociology**, 1950; Ernst Troeltsch, **The Social Teachings of the Christian Churches**, 1956)। यह उन राज्यों में ही पाये जाते हैं जहाँ बहु-धार्मिक शासन हो। डिनॉमिनेशन किसी चर्च के सभी लक्षणों को न मानते हुए कुछ लक्षणों को मानते हैं। कोई धार्मिक व्यवस्था, विशेषकर धार्मिक समूह अथवा एक ही मत में विश्वास रखने वाले समुदाय को सम्प्रदाय (Denomination) कहते हैं।

3. मत (Sect)— मतों का अभ्युदय कुछ पुरोहित वर्गों और विश्वासियों के बीच की फूट या असंतोष के कारण होता है। मत विद्यमान सामाजिक व्यवस्था से, यथास्थिति से अपने-आपको अलग रखने का प्रयास करते हैं। मत एक अर्थ में विरोधी प्रवृत्ति के निकाय होते हैं। मत की विशेषता उसकी ऐच्छिक सदस्यता है, जबकि चर्च की सदस्यता प्राकृतिक, अर्थात् जन्मजात होती है। चर्च की अपेक्षा मत कहीं अधिक स्वायत्तता रखते हैं। मत आदर्शवादी समुदाय होता है और आकार में अपेक्षाकृत छोटा होता है। इसके सदस्य सीधी व्यक्तिगत सहभागिता चाहते हैं।

सम्प्रदाय की तुलना में मत एक छोटा संगठन है और इसे औपचारिक मान्यता प्राप्त नहीं होती है। यह चर्च की किसी रीति को पुनर्स्थापित करने हेतु संगठित किया जाता है। इसके सदस्य इसके द्वारा प्रचलित रीतियों का कड़ाई से पालन करते हैं तथा भावनात्मक रूप से इससे जुड़े रहते हैं। चर्च के समान ही यह मानते हैं कि धार्मिक सत्य पर इनका एकाधिकार है। वेबर तथा ट्रोलच (Weber and Troeltsch) ने चर्च तथा मत की अवधारणाओं में भेद किया है।

मत ईसाई धर्म के बाहर भी पाया जाता है। मत का सम्बन्ध किसी धर्म विशेष से नहीं है। यह हिन्दू धर्म में भी पाया जाता है, जैसे– लिंगायत, राधास्वामी, गोरखपंथ आदि। धार्मिक संगठनों में सेक्ट काफी प्रचलित है। यह विशिष्ट मान्यताओं पर आधारित होता है, जिसमें सदस्यता अनिवार्य न होते हुए व्यक्ति की इच्छा पर आधारित है। मैक्स वेबर (Max Weber, 1864–1920) ने इनके सम्बन्ध में कहा है कि ये विश्वासों के आधार पर एक-दूसरे से अलग तो होते हैं, परन्तु अलगाव के महत्त्वपूर्ण पक्ष विश्वास न होकर, कर्मकाण्ड अथवा अनुष्ठान ही होते हैं। अनेक धर्मों में जब एक से अधिक सेक्ट होते हैं, तो उनमें आपस में बड़ा वैरभाव होता है। इस्लाम के बीच सिया और सुन्नी ऐसे ही दो सेक्ट हैं (देखें– Max Weber, **Sociology of Religion**, 1922; Reinhold Niebuhr, **The Social Sources of Denominationalism**, 1929; Ernst Troeltsch, **The Social Teachings of the Christian Churches**, 1956; Bryan Wilson, **Religion in Sociological Perspective**, 1982)।

4. पंथ (Cult)— मानवशास्त्रीय सन्दर्भ में, पंथ किसी स्थानीय देवी-देवता से सम्बन्धित एक समूह के रीति-रिवाज़ों और विश्वासों के पुंज को कहते हैं। समाजशास्त्रीय अर्थ में, पंथ धार्मिक रूप से सक्रिय व्यक्तियों का एक छोटा-सा समूह होता है, जिनके विश्वास विशिष्ट रूप में रहस्यमय, व्यक्तिवादी और समन्वयपरक होते हैं। अलग-अलग समूहों में विश्वास की भिन्नता नहीं के बराबर होती है। पंथ प्रमुख रूप से किसी जीवित या मृत व्यक्तिविशेष पर केन्द्रित होता है। व्यक्तिगत सहभागिता पर पंथ में कम-से-कम ज़ोर होता है। ढीली संरचना वाले इस धार्मिक संगठन (पंथ) में अनुयायी लोग व्यक्तिगत परमानंद का अनुभव, मोक्ष और सुख की अभिलाषा करते हैं।

कभी-कभी कुछ लोगों को एक **करिश्माई नेतृत्व (Charismatic Leader)** मिल जाता है। इस नेतृत्व के अधीन वे एक पंथ (Cult) की स्थापना कर लेते हैं। एक पंथ धार्मिक रूप से सक्रिय व्यक्तियों का एक छोटा-सा समूह होता है, जिनके विश्वास विशिष्ट रूप में रहस्यमय, व्यक्तिवादी और समन्वयपरक है। सम्प्रदाय के सदस्य एक ही प्रकार के रीति-रिवाज़ों को मानते हैं। यह संगठन शिथिल होता है। ये मत के समान ही दिखते हैं, किन्तु उनकी स्वीकार्यता कम होती है। सम्प्रदायों का करिश्माई नेतृत्व लोगों को जीने की नयी राह दिखाता है। ये मोक्ष प्राप्ति अथवा ईश्वरीय भक्ति के अलग-अलग रास्ते निकालते हैं। पंथ की कुछ रीतियाँ व रिवाज़ परम्परा से हटकर होते हैं।

भारत में भी प्राय: सभी धर्मों में पंथ अथवा मत पाये जाते हैं। जैसे कबीर पंथ, रैदास पंथ, ओशोधारा, इस्कान (ISKON) आदि। एक पंथ के लोग किन्हीं विशिष्ट विश्वासों, रीति-रिवाज़ों तथा परम्पराओं के आधार पर अपनी विशिष्ट पहचान बना लेते हैं। सभी धार्मिक संगठन पुरुष प्रधान होते हैं। कुछ में देवियों का भी पूजन होता है। हिन्दू धर्म उनमें से एक है। किन्तु अधिकांश धर्मों में मूर्तियाँ व प्रतीक पुरुषों के ही होते हैं।

5. समधर्मी समूह (Ecclesia)— किसी एक धर्म के मानने वाले सभी लोग चाहे उनमें धार्मिक भिन्नताएँ क्यों न हों, वे इकलिजिया ही कहलाते हैं। ईसाई धर्म में आमतौर पर एक चर्च होता है, जिसके आधार पर पूरा धार्मिक समूह संगठित रहता है। भारत में हिन्दू धर्म में अथवा चीन के धर्मों में ऐसा संगठन मौजूद नहीं रहा है। मैक्स वेबर ने विश्व के धर्मों का अध्ययन करते समय इनके स्वरूप को परिभाषित किया था।

धर्म का प्रादुर्भाव (Origin of Religion)

उन्नीसवीं सदी में मानवशास्त्र के समक्ष धर्म के सम्बन्ध में दो प्रमुख प्रश्न खड़े हुए– धर्म का प्रादुर्भाव कैसे हुआ? तथा धर्म का विकास कैसे हुआ ? जिस प्रकार डॉर्विन ने विभिन्न प्रजातियों के उद्विकास की प्रक्रिया को समझाने का प्रयास किया, उसी प्रकार मानवशास्त्रियों ने भी समाज व विभिन्न सामाजिक संस्थाओं के उद्‌गम तथा विकास की प्रक्रिया को समझाने का प्रयास किया। इसके प्रादुर्भाव सम्बन्धी दो प्रमुख सिद्धान्तों का प्रतिपादन किया गया– **सर्वात्मवाद (Animism)** व **प्रकृतिदेववाद (Naturalism)**। लेकिन विभिन्न आदिवासी समाजों का अध्ययन कर विभिन्न विद्वानों ने धर्म की उंत्पत्ति के सम्बन्ध में अलग-अलग सिद्धान्तों का प्रतिपादन किया, जो इस प्रकार हैं—

1. सर्वात्मवाद या जीववाद (Animism)
2. प्राणवाद या मानावाद (Animatism or Manaism)
3. प्रकृतिदेववाद (Naturism)
4. फ्रेज़र का सिद्धान्त (Theory of James G. Frazer)
5. धर्म का सामाजिक सिद्धान्त (Social Theory of Religion)
6. प्रकार्यवादी सिद्धान्त (Functional Theory)

1. सर्वात्मवाद या जीववाद का सिद्धान्त (Theory of Animism)

इस विचारधारा के प्रवर्त्तक ई.बी. टॉइलर (Edward B. Tylor, 1832–1917) माने जाते हैं। टॉइलर धर्म की उत्पत्ति पूर्वजों की आत्मा की पूजा से बताते हैं। इस सिद्धान्त के अनुसार यह माना जाता है कि सभी जड़ या चेतन वस्तुओं (पेड़, पहाड़, चट्टान, बादल, जानवर आदि) में आत्मा का निवास है। इस आत्मा का अस्तित्व प्राणी से है, जिसमें वे वास करती हैं। अत: ये अन्य प्राणियों की मृत्यु या वस्तुओं के नष्ट हो जाने के बाद भी बची रहती हैं। ऐसा माना जाता है कि ये आत्माएँ ही समस्त कार्यों का मूल कारण होती हैं। आदिमकालीन धर्म सम्बन्धी इस विचारधारा को मानने वालों का कहना है कि विश्व की तमाम चीज़ों में आत्मा विद्यमान है (देखें– Bryan Wilson, **Religion in Sociological Perspective**, 1982)। सर्वात्मवाद दो प्रमुख तर्कों पर आधारित है—

1. आत्मा और शरीर दोनों एक-दूसरे से भिन्न हैं। मनुष्य की आत्मा का अस्तित्व मृत्यु होने यानी शरीर के नष्ट हो जाने के बाद भी कायम रहता है।

2. मनुष्य की आत्माओं के अतिरिक्त महान् शक्तिशाली देवताओं की भी अन्य आत्माएँ हैं।

टॉइलर के अनुसार ये शक्तिशाली आत्माएँ अदृश्य रूप में वर्तमान रहकर मनुष्यों के जीवन के हर पहलू पर नियन्त्रण रखती हैं। मनुष्य का प्रत्येक आचरण इन्हीं आत्माओं से निर्देशित हुआ करता है। यही कारण है कि मनुष्य आत्माओं से डरते हैं एवं श्रद्धा और भक्ति से इनकी आराधना करते हैं और यहीं से धर्म की उत्पत्ति बतायी गयी है। टॉइलर के अनुसार आदिमानव कुछ ऐसे रहस्यों से घिर गया था जिनकी गुत्थी को वह बार-बार सुलझाना चाहता था। इन रहस्यों में सर्वप्रमुख मृत्यु और निद्रा थी। इन गुत्थियों को सुलझाने के प्रयास में मानव ने आत्मा की कल्पना की। यह आत्मा अनश्वर है। जब मानव निद्रा अवस्था में होता है, तो उसकी आत्मा निकलकर स्वप्न के माध्यम से पूर्वजों से भेंट करती है और उनका आशीर्वाद प्राप्त करने की चेष्टा करती है। जब आदमी मर जाता है तब आत्मा उसके शरीर से स्थायी रूप से निकल जाती है। परन्तु यह समाप्त नहीं होती। ये आत्माएँ विचरती रहती हैं और इन्हीं के अभिशाप या वरदान से मनुष्य को समाज में दुख अथवा सुख की प्राप्ति होती है। टॉइलर ने यह भी कहा कि इस आत्मा पर आधारित धर्म **(Animism)** आदि मानव की बौद्धिक प्रवृत्ति की आवश्यकताओं की पूर्ति के लिए पैदा हुई जिससे वह मृत्यु, स्वप्न और अन्य प्रति छवियों की व्याख्या कर सके।

सर्वात्मवाद की निम्नलिखित विशेषताएँ इस प्रकार हैं—

1. यह सिद्धान्त आत्माओं के अस्तित्व में विश्वास पर आधारित है।
2. यह सिद्धान्त अनेक आत्माओं में विश्वास करता है।
3. आत्माओं में विश्वास आदिम लोगों की मृत्यु और स्वप्न के अनुभवों से उत्पन्न हुआ तथा आवाज़ की गूँज, परछाई आदि के अनुभवों से इसे बल मिला।
4. आदिम लोगों ने अपने अनुभवों के आधार पर आत्माओं को दो मुख्य श्रेणियों में विभाजित किया– **स्वतन्त्र आत्मा (Free Soul)** एवं **शरीर आत्मा (Body Soul)**। स्वतन्त्र आत्मा का अस्तित्व शरीर नष्ट हो जाने के बाद समाप्त हो जाता है और शरीर आत्मा मनुष्य की मृत्यु या शरीर नष्ट हो जाने के बाद भी जीवित रहती है। जीववाद या सर्वात्मवाद का सम्बन्ध इन आत्माओं से ही है।
5. आत्माओं द्वारा मानव–जीवन और भौतिक विश्व निर्देशित और नियन्त्रित होते हैं।
6. आत्माओं की प्रसन्नता में मनुष्य और समाज का कल्याण तथा नाराजगी में अनिष्ट भाव छिपा रहता है।
7. आत्माओं को प्रसन्न करने के लिए या उनके क्रोध को शांत करने के लिए मनुष्य को पूर्वजों की आत्माओं की प्रार्थना, पूजा, आराधना आदि का सहारा लेना पड़ा। टॉइलर ने आत्माओं की इस पूजा या आराधना को ही धर्म का प्रारम्भिक स्वरूप माना है।

यद्यपि टॉइलर के द्वारा दी गयी धर्म की उत्पत्ति के सिद्धान्त को विद्वानों ने अमान्य साबित किया है फिर भी इसका महत्त्व इस बात में है कि उन्होंने ही मानवशास्त्र के क्षेत्र में सर्वप्रथम धर्म की एक स्पष्ट परिभाषा देने और धर्म की उत्पत्ति का कारण खोजने का प्रयास किया तथा मानवशास्त्रियों को इस क्षेत्र में कदम बढ़ाने के लिए प्रेरणा दी। डी.एन. मजुमदार ने लिखा है कि टॉइलर का सिद्धान्त सर्वथा ग़लत नहीं था। इस सिद्धान्त ने प्राचीन धर्म के एक आयाम (आत्मा) के विश्वास पर काफी बल दिया।

2. प्राणवाद या मानावाद (Animatism or Manaism)

यह विचार या विश्वास कि प्रकृति को प्राणयुक्त मान कर उसकी पूजा करनी चाहिए, यही है प्राणवाद। इस सिद्धान्त के प्रवर्त्तक मानवशास्त्री मैरेट (Robert Ranulph Marett (1866–1943), **Faith, Hope and Charity in Primitive Religion**, 1930–1932) हैं। इनके अनुसार सर्वात्मवाद (Animism) प्राणवाद के बाद की स्थिति है, अर्थात् मैरेट का विचार टॉयलर के सर्वात्मवाद के विचार से एक कदम आगे है। धर्म पहले भी मौजूद था। यह उस समय से मौजूद है जब यह माना जाता था कि प्रत्येक चेतन एवं अचेतन पदार्थ में जीवन है। इन विद्वानों ने विश्वास प्रकट किया कि सर्वप्रथम आदिम लोगों में यही विचार विद्यमान था कि प्रत्येक चेतन–अचेतन पदार्थ में जीवनसत्ता है, जो अलौकिक है और जिसे प्रसन्न रखने में मनुष्य का कल्याण है। आदिम लोगों में इस विचार के कारण अलौकिक शक्ति की आराधना अथवा पूजा की जाने लगी और यही धर्म का सबसे प्रारम्भिक स्वरूप था।

मानवशास्त्री कॉडरिंगटन (R.H. Cadrington) ने अपने अनुसन्धान में यह पाया कि अमरीका की दक्षिण–प्रांतीय तटवर्ती जनजातियों में अलौकिक या दैवी शक्ति का विचार एक धार्मिक विचार के रूप में विशेष स्थान रखता है। इन जनजातियों के लोग इस दैवी शक्ति को अवैयक्तिक सत्ता मानते हैं। मेलानीजिया (Melanesia) की जनजातियाँ इस प्रकार की शक्ति के लिए माना (Mana) शब्द का प्रयोग करती हैं। यह शब्द केवल मेलानीजिया तक सीमित नहीं है, अन्य जनजातियों में भी इसी प्रकार के शब्दों का प्रचलन है, अर्थात् माना एक शक्ति है, जो कि भौतिक या शारीरिक शक्ति से सर्वथा भिन्न है। यह भले और बुरे सभी रूपों में कार्य करती है और इस पर आधिपत्य या नियन्त्रण पाना अत्यन्त लाभदायक है। यह एक शक्ति या प्रभाव तो अवश्य है, पर शारीरिक शक्ति नहीं है। यह अलौकिक है, किन्तु यह शारीरिक शक्ति या अन्य किसी प्रकार की शक्ति या क्षमता में जिसका कि एक मनुष्य अधिकारी है, अपने को प्रकट करता है। अलौकिक इस अर्थ में है कि यह सब चीज़ों पर प्रभाव डालने के लिए जिस रूप में कार्य करता है, वह मनुष्य की साधारण शक्ति से परे है और प्रकृति की साधारण प्रक्रियाओं के बाहर है।

कॉडरिंगटन के अनुसन्धान के आधार पर मानवशास्त्री मैरेट ने प्राणवाद के सिद्धान्त को नये रूप में प्रस्तुत किया है, जिसे मानावाद (Manaism) कहा गया है। मानावाद के अनुसार संसार की सभी वस्तुओं में एक विशिष्ट, पारलौकिक, असीम तथा मानवेत्तर शक्ति निहित रहती है। उनका यह विचार है कि सर्वप्रथम आदिकालीन मनुष्यों ने इस अलौकिक सत्ता के अस्तित्व का अपने में तथा अपने चारों ओर के वातावरण की वस्तुओं में धीरे-धीरे अनुभव किया। यह अलौकिक शक्ति किसी एक वस्तु में अधिक मानी गयी तो किसी दूसरी वस्तु में कम। आदिकालीन समाजों के सदस्यों में यह विश्वास दृढ़ हो गया कि माना, अर्थात् अलौकिक शक्ति ही मनुष्य को किसी कार्य में सफलता दिला सकती है। इस अलौकिक अथवा दैवी शक्ति का प्रभाव अच्छा और बुरा दोनों प्रकार का हो सकता है, जिसे मनुष्य को स्वीकार करना पड़ता है। अतः, इस शक्ति के सामने नतमस्तक होकर और इसकी आराधना या पूजा करके इसे प्रसन्न रखने में ही मनुष्य का हित है। संक्षेप में, मैरेट के मानावाद को **पारलौकिकवाद (Supernaturalism)** की संज्ञा दे सकते हैं। परन्तु, यह अलौकिक शक्ति ऐसी है, जो अपने को शारीरिक शक्ति अथवा अन्य प्रकार की क्षमताओं में अभिव्यक्त करती है।

उपर्युक्त विवेचनाओं के आधार पर **माना** की निम्नलिखित विशेषताएँ परिलक्षित होती हैं—

1. माना एक शारीरिक शक्ति नहीं है, यह एक अलौकिक शक्ति है और वह इस अर्थ में कि यह प्रत्येक वस्तु को प्रभावित करने वाले ऐसे कार्यों को करता है, जो साधारण मनुष्यों की शक्ति और प्रकृति की सामान्य प्रक्रियाओं से सर्वथा भिन्न है।
2. माना एक अलौकिक शक्ति होते हुए भी शारीरिक शक्ति या अन्य प्रकार की शक्तियों में प्रकट होता है अर्थात्, माना की शक्ति की क्रियाशीलता का आधार शारीरिक शक्ति या वे अन्य प्रकार की शक्तियाँ हैं, जिन्हें मनुष्य पाना चाहता है।
3. माना अलौकिक तथा अशरीरी या अवैयक्तिक होने के कारण ज्ञानेन्द्रियों द्वारा नहीं पहचाना जा सकता।
4. माना का प्रभाव अच्छाई और बुराई दोनों रूपों में प्रकट हो सकता है। अतः, यह व्यक्ति और समाज को संकट में डाल भी सकता है और संकट से निकाल भी सकता है।
5. यह भी सम्भव है कि माना की शक्ति किसी चीज़ में कम और किसी चीज़ में अधिक हो, परन्तु इतना निश्चित है कि यह सभी में होगी।
6. माना एक ऐसी अलौकिक एवं दैवीय शक्ति है जिसका प्रवेश हर जगह सम्भव है।

3. प्रकृतिदेववाद (Naturism)

इस सिद्धान्त के प्रवर्त्तक मैक्समूलर (Max Müller, 1823–1900) हैं। इन्हें हिन्दू धर्म का, विशेषकर वेदों का बहुत गहरा ज्ञान था। ऋग्वेद के तो वे प्रकाण्ड पण्डित थे। उनके अनुसार प्रकृति की पूजा ही धर्म का आदि रूप है। मनुष्य और दैविक जगत् तथा जादुई शक्तियों के संसार के बीच सम्बन्ध को प्रकृतिदेववाद के द्वारा समझाया जाता है। इसमें मुख्य रूप से धर्म के अद्यतन रूप को प्रकृति की पूजा के रूप में लिया गया है। इसलिए मैक्समूलर ने इसे प्रकृतिदेववाद कहा है। आदिकालीन मानव प्रकृति की गोद में ही पलता था। उस प्रकृति से एक ओर फल-मूल आदि अनेक उपयोगी वस्तुएँ प्राप्त हो जाती थीं और दूसरी प्रकृति के ही कोप, जैसे– तूफान, आँधी, बाढ़ आदि से उसे अत्यधिक नुकसान भी पहुँचता था। इसके परिणामस्वरूप आदिमानव के दिल में प्रकृति के प्रति एक ओर जिस प्रकार श्रद्धा और भक्ति की भावना थी उसी प्रकार दूसरी ओर उसके मन में प्रकृति के प्रति आतंक-आश्चर्य आदि भी थे। वह यह समझता था कि प्रकृति से उसे जब-जब नुकसान होता है, तब-तब यह बात स्पष्ट होती है कि प्रकृति उससे नाराज है। अतः प्रकृति को खुश रखना और उसके कोपों से बचना बहुत ज़रूरी है, साथ ही प्रकृति से उपयोगी वस्तुओं को प्राप्त करने के लिए उसे खुश रखना अत्यावश्यक है। इसलिए भी उसकी पूजा, प्रार्थना या आराधना की

जाने लगी। इस प्रकृति-पूजा से ही धर्म की उत्पत्ति मानी जाती है। मैक्समूलर के अनुसार धर्म का प्रारम्भ उस समय हुआ जब आदिम मनुष्य ने प्रकृति के विभिन्न पदार्थों, जैसे– सूर्य, चन्द्रमा, अग्नि, वायु आदि को पूजना प्रारम्भ किया। यही धर्म का आदिम रूप था। इतिहास का प्रमाण देते हुए बताया गया है कि मिस्र में सबसे बड़ा देवता **रा**, अर्थात् सूर्य था। भारतवर्ष में भी गंगा, यमुना, सूर्य, चन्द्रमा, वरुण, अग्नि आदि देवता के रूप में माने जाते हैं। मैक्समूलर के शब्दों में, "The earliest form of religion must have been the worship of objects of nature." अर्थात् धर्म के आदिकालीन रूप का प्राकृतिक पदार्थों की पूजा से सम्बन्ध था।

4. फ्रेज़र का सिद्धान्त (Theory of James G. Frazer)

फ्रेज़र (James G. Frazer, 1851–1941— **The Golden Bough,** 1922) ने धर्म की उत्पत्ति जादू से बताया है। आदिम मनुष्य ने प्रकृति पर नियन्त्रण पाने तथा अपने उद्देश्यों की पूर्ति के लिए जादू और टोने का सहारा लिया। जब आदिम मनुष्य जादू और टोने के बल पर अपनी समस्याओं को हल करने में असफल रहा तो समझ लिया कि संसार में कोई ऐसी शक्ति विद्यमान है, जो जादू-टोने से अधिक ऊँची और शक्तिशाली है तथा जादू के प्रभाव को निष्फल कर देती है। उन लोगों में ऐसा विश्वास दृढ़ हो गया कि ऐसी शक्ति पर जादू-टोने से नियन्त्रण पाने की चेष्टा करना व्यर्थ है। उसे तो पूजा और आराधना-प्रार्थना द्वारा ही अपने अनुकूल बनाया जा सकता है। आदिम मनुष्यों की इसी धारणा ने उन्हें पूजा-प्रार्थना आदि में लगा दिया। इस तरह सबसे पहले धर्म की उत्पत्ति हुई।

फ्रेज़र (James G. Frazer) के अनुसार धर्म की उत्पत्ति में दो महत्त्वपूर्ण अवस्थाएँ पायी जाती हैं। प्रथम अवस्था में जादू और टोने का प्रभाव रहा। इसे धर्म की प्राथमिक अवस्था कहा जा सकता है। द्वितीय अवस्था में जादू-टोने से निराश होकर आदिम लोगों ने दैवीय शक्तियों की आराधना प्रारम्भ कर दी। इसी अवस्था से धर्म की वास्तविक उत्पत्ति हुई।

फ्रेज़र के सिद्धान्त को भी विद्वानों ने अमान्य घोषित कर दिया है। विद्वानों ने इसे कल्पनाप्रधान बतलाया है। इस सिद्धान्त की सबसे बड़ी कमजोरी यह है कि इसमें सामाजिक विकास की एक ऐसी अवस्था की कल्पना की गयी है जब सर्वत्र जादू-टोने का साम्राज्य था। इस पक्ष में कोई भी ऐतिहासिक एवं वैज्ञानिक मत नहीं मिलता।

5. धर्म का सामाजिक सिद्धान्त (Social Theory of Religion)

फ्रेंच समाजशास्त्री डर्कहाइम (E. Durkheim) के अनुसार धर्म के सम्बन्ध में दिये गये अन्य सभी सिद्धान्त दोषपूर्ण हैं। उनके अनुसार टॉइलर, फ्रेज़र, मैक्समूलर आदि सभी विद्वानों ने धर्म की उत्पत्ति में सामाजिक कारणों या तथ्यों की पूर्ण अवहेलना की है। उन्होंने बताया है कि वास्तव में धर्म सम्पूर्ण रूप से एक सामाजिक तथ्य अथवा घटना है। धर्म नैतिक रूप से **सामूहिक चेतना (Collective Consciousness)** का प्रतीक (Symbol) है। इसी आधार पर धर्म को सामाजिक तथ्य बताया गया है। उनके अनुसार धर्म का वास्तविक आधार समाज है, इसलिए समाज ही वास्तविक देवता है। उन्होंने स्पष्ट रूप से लिखा है, "The kingdom of heaven is a glorified society." अर्थात्, स्वर्ग का साम्राज्य एक गौरवशाली समाज है।

एमिल डर्कहाइम (Emile Durkheim) ने धर्म की उत्पत्ति का मूल कारण सामूहिक जीवन से प्राप्त होने वाली उत्तेजना को बताया है। उन्होंने बताया है कि आदिकालीन मानव दो प्रकार का जीवन व्यतीत करता था— **I. व्यक्तिगत** तथा **एकान्त जीवन** एवं **II. सामूहिक जीवन।**

व्यक्तिगत जीवन में न कोई आमोद-प्रमोद था और न किसी प्रकार का आकर्षण ही था। तब किसी प्रकार का धर्म नहीं था। परन्तु, सामूहिक जीवन उत्साह, आमोद-प्रमोद और आकर्षण से परिपूर्ण था। जब कभी एक ही कुल और परिवार-समूह के लोग एकत्र होते थे तो वे बड़े ही सुख का अनुभव करते थे। यह सुख सामूहिक जीवन का परिणाम था जिसके कारण मनुष्य के एकांत जीवन की नीरसता मिट जाती थी। इस प्रकार, सुख का जो अनुभव वह प्राप्त करता था उसके परिणामस्वरूप आदिकालीन मानव अपने जीवन की नीरसता को दूर करने के लिए सामूहिक

जीवन के विधि-विधानों को अधिकतम महत्त्वपूर्ण स्थान देने लगा। सामूहिक जीवन से उसे एक प्रकार की उत्तेजना, एक प्रकार के अपूर्व सुख की प्राप्ति होती थी और इसी प्रकार से धर्म की उत्पत्ति हुई। इसलिए आदिकालीन समाज में धर्म का स्वरूप व्यक्तिगत न होकर, सामूहिक था।

डर्कहाइम के अनुसार धर्म के दो तत्त्व होते हैं— 1. **विश्वास (Belief)** एवं 2. **धार्मिक कृत्य (Rituals)**। उन्होंने पुनः विश्वास के दो रूप बताए हैं– **(i) पवित्र विश्वास (Sacred Belief)** एवं **(ii) अपावन** या **लौकिक विश्वास (Profane Belief)**। डर्कहाइम ने विश्वास को धर्म के उदय का कारण बताया है एवं अपावन या लौकिक विश्वास के जादू-टोने के उदय का कारण बताया है। उनके अनुसार आज भी संसार के सभी धर्मों का सम्बन्ध पवित्र पक्ष से है। संसार के सभी धर्मों का उद्देश्य पवित्र होता है। समाज के अन्दर जिन्हें पवित्र समझा जाता है उन्हें अपवित्र से दूर रखा जाता है। पवित्र विश्वासों और वस्तुओं को अपवित्र से दूर रखने के लिए नाना प्रकार के विश्वासों, संस्कारों, उत्सवों, आचरणों आदि को जन्म दिया जाता है तथा धर्म इसी प्रकार के सभी प्रयासों का फल है।

डर्कहाइम ने इस सिद्धान्त का प्रतिपादन किया है कि धार्मिक अनुभव एक प्रकार की **सामूहिक उत्तेजना (Group Excitement)** है। पर्व, त्योहार या सामुदायिक उत्सवों के अवसर पर जब कुल के सभी सदस्य एक साथ एकत्र होते थे तो प्रत्येक सदस्य को ऐसा अनुभव होता था कि समूह की शक्ति उसकी वैयक्तिक शक्ति से कहीं अधिक शक्तिशाली, उच्च और महान् है। समान प्रकार के भावों, विचारों एवं रुचियों वाले अनेक व्यक्तियों के वैयक्तिक भावों, विचारों एवं रुचियों के सम्मिलन और संगठन से एक नवीन चेतना या उत्तेजना का निर्माण होता है। ऐसी सामूहिक शक्ति के सम्मुख सबको झुकना पड़ता है। व्यक्ति समूह की शक्ति के सामने झुकता है और उसकी शक्ति से प्रभावित होकर उसके मन में समूह के प्रति भय, श्रद्धा और भक्ति की भावना पनपती है। समूह को साधारण से श्रेष्ठ या महान् समझने लगता है। परिणामतः, यह समूह या समाज ही धार्मिक पूजा का प्रतीक हो जाता है।

टोटेमवाद (Totemism)— डर्कहाइम के धर्म की उत्पत्ति के सिद्धान्त को पूर्णरूप से समझने के लिए टोटेमवाद को समझना अत्यन्त आवश्यक है। **पवित्रता (Sacred)** एवं अपावन या **लौकिक (Profane)** की धारणा का वास्तविक आधार टोटेमवाद ही है। इसके आधार पर ही पवित्र और अपावन या लौकिक में अन्तर किया जा सकता है। टोटेमवाद की समस्त धर्मों का प्राथमिक स्तर या रूप है। टोटेमवाद को समझाते हुए उन्होंने कहा है कि इसे नैतिक कर्तव्यों और मौलिक विश्वासों का वह समूह अथवा समष्टि मानना चाहिए जिसके द्वारा मनुष्यों अथवा समाज, पशु, पौधों तथा विविध प्राकृतिक वस्तुओं के मध्य पवित्र एवं मौलिक सम्बन्ध स्थापित होता है। आदिम समाजों में लोग किसी भौतिक पदार्थ, पशु-पक्षी या पेड़-पौधों से अपना एक रहस्यमय सम्बन्ध जोड़ लेते हैं। वे इसे टोटेम कहते हैं। उन लोगों का विश्वास है कि टोटेम में अलौकिक शक्तियाँ हैं, जिनसे उन लोगों का सामाजिक जीवन नियन्त्रित होता है। आदिम समाजों में टोटेम से सम्बन्धित विभिन्न धारणाएँ, पद्धतियाँ आदि प्रचलित रहती हैं। इन टोटेमों के प्रति अनेक प्रकार के विश्वास रहते हैं। इन सब धारणाओं एवं विश्वासों के संगठन को टोटेमवाद कहा जाता है। डर्कहाइम के अनुसार आदिकालीन धर्म की उत्पत्ति इसी टोटेमवाद से हुई।

अन्ततः डर्कहाइम का यही निष्कर्ष है कि धर्म की उत्पत्ति का प्रमुख स्रोत टोटेम अथवा अन्तिम रूप में समाज ही है, क्योंकि टोटेम समाज के ही सामूहिक अथवा सामुदायिक प्रतिनिधित्व का प्रतीक है। धर्म का सम्बन्ध व्यक्ति-विशेष से नहीं प्रत्युत समाज से है या व्यक्तियों के सामूहिक जीवन से है। संक्षेप में डर्कहाइम के अनुसार धार्मिक जीवन सम्पूर्ण सामूहिक जीवन की अभिव्यक्ति है। समाज की धारणा ही धर्म की आत्मा है। धर्म समाज की प्रतिमा है। डर्कहाइम के अनुसार समाज ही वास्तविक देवता है।

यद्यपि उनके सिद्धान्त में बहुत-सी कमजोरियाँ हैं, तथापि इस बात से इन्कार नहीं किया जा सकता कि डर्कहाइम ही सर्वप्रथम समाजशास्त्री हैं, जिन्होंने धर्म के सामाजिक स्वरूप एवं महत्त्व को हमारे सामने रखा तथा मानवशास्त्रियों को प्रेरित किया कि वे सामाजिक पहलू की खोज करें।

6. प्रकार्यवादी सिद्धान्त (Functional Theory)

बी. मैलनॉफस्की (Bronislaw K. Malinowski, 1884–1942) तथा ए.आर. रैडक्लिफ़-ब्राउन (A.R. Radcliffe-Brown, 1881–1955) ने आदिमकालीन धर्म के विषय में प्रकार्यवादी सिद्धान्त प्रतिपादित किया है (हिन्दी में शुद्ध उच्चारण मात्र मैलनॉफस्की ही है)। मैलनॉफस्की ने ट्रॉबरिएण्ड द्वीप (Trobriand Islands) के उदाहरण पेश करते हुए लिखा है कि धर्म विभिन्न संवेगात्मक (Emotional) स्थितियों तथा उत्तेजनाओं आदि से सम्बद्ध है। घृणा, लोभ, क्रोध, प्रेम आदि परिस्थितिजन्य हैं। मनुष्य की परिस्थितियाँ उसे सुखी और दु:खी बनाती हैं। यदि ये परिस्थितियाँ मानव-जीवन में चिरकाल तक बनी रहें तो जीवन-सम्बन्धी कार्य कठिन हो जाते हैं। विषम स्थिति उत्पन्न हो जाती है। ऐसे समय में मनुष्य मस्तिष्क-शुद्धि के लिए धर्म का प्रयोग करता है। मैलनॉफस्की ने लिखा है, "Religion has the function of bringing about a readjustment between man and the supernatural in upset state of existence." अर्थात्, "धर्म उलझी हुई स्थिति में व्यक्ति तथा दैवीय शक्ति के बीच पुनः सामंजस्य उत्पन्न करने का कार्य (Function) करता है।" धर्म व्यक्ति के जीवन में मानसिक तथा बौद्धिक सुदृढ़ता को पाने का साधन बनता है। रैडक्लिफ़-ब्राउन का विचार है कि धर्म भय तथा अन्य संवेगात्मक उत्तेजनाओं की शुद्धि के लिए नहीं है, अपितु उसका कार्य और उद्देश्य समाज को नित्य कायम रखने के लिए सामाजिक विधानों को सजीव रखना है। व्यक्ति की अपेक्षा समाज का संरक्षण आवश्यक है, व्यक्ति के लिए समाज को जीवित रखना है। व्यक्ति की अपेक्षा समाज का संरक्षण आवश्यक है। सामाजिक विधानों का संरक्षण करना आवश्यक है, अन्यथा दैवीय शक्ति का प्रकोप उठ खड़ा होता है।

मैलनॉफस्की ने धर्म के प्रकार्यात्मक पहलू (Functional Aspect) को स्पष्ट करके धर्म के महत्त्व को बढ़ाया है, परन्तु साथ ही इस पक्ष पर इतना अधिक ज़ोर दिया है कि धर्म का वास्तविक आधार अस्पष्ट हो गया है। इसके अलावा उनका निष्कर्ष सीमित तथ्यों पर आधारित है। इसके साथ ही, मैलनॉफस्की ने केवल ट्रॉबरिएण्ड द्वीप के निवासियों का अध्ययन कर जो निष्कर्ष निकाला है वह सभी समाजों पर कैसे लागू किया जा सकता है ? उनका उपर्युक्त विचार अत्यन्त सीमित तथ्यों पर आधारित होने के कारण पूर्णतया विश्वसनीय नहीं कहा जा सकता।

धर्म के प्रकार्य या भूमिका (Functions or Role of Religion)

धर्म के विभिन्न कार्यों का अध्ययन भी आवश्यक है। विभिन्न विद्वानों ने धर्म के कार्यों का अध्ययन किया है, किन्तु वे सभी एकमत नहीं हैं। धार्मिक कार्यों के प्रसंग में विभिन्न विद्वानों ने भिन्न-भिन्न रूप से अपने मत दिये हैं। धर्म के प्रकार्य के सम्बन्ध में कुछ प्रमुख मतों का हम उल्लेख कर रहे हैं।

धर्म के कार्यों का विश्लेषण करते हुए टॉइलर ने बताया है कि आदिकालीन समाज में धर्म का प्रधान कार्य मनुष्य को भयमुक्त करना और उसकी समृद्धि की भावना को बनाये रखना था। आज भी अनेक जनजातियाँ अपने पूर्वजों की खोपड़ियों को सँभालकर रखती हैं और यह विश्वास करती हैं कि इससे सुख और समृद्धि की वृद्धि होती है। लोग अपने पूर्वजों की आत्मा की पूजा करते हैं और उनसे अपने सुख और समृद्धि की माँग करते हैं; जीवन के भय से मुक्त होने के लिए धर्म का सहारा लेते हैं। अत:, टॉइलर के अनुसार धर्म का यह प्रमुख कार्य है कि वह मनुष्यों के मन से भय की भावना को दूर कर उनके सुख और समृद्धि की कामना करता है।

मैलनॉफस्की के अनुसार धर्म का सम्बन्ध मनुष्य की आन्तरिक भावनाओं से है। उनके अनुसार जब मनुष्य असंतोष या अशान्ति से पीड़ित रहता है, तब धर्म उसको संतोष एवं शान्ति प्रदान करता है। उनके मतानुसार धर्म का प्रमुख कार्य मनुष्य की मानसिक उत्तेजना और अधैर्य को दूर कर उसे शान्ति एवं धैर्य प्रदान करना है। उदाहरणस्वरूप, उन्होंने बताया है कि प्राचीन काल में जब मनुष्य शिकार खेलने अथवा मछली पकड़ने जाता था तो उसे हर क्षण उसका जीवन संकट में रहता था। अत:, वह अपने को एक अलौकिक शक्ति के हाथ में समर्पित कर देता था। अलौकिक शक्ति के हाथ में अपने को समर्पित कर वह शांत हो जाता था, धैर्य प्राप्त करता था और उसकी मानसिक उत्तेजना कम हो

जाती थी। उस अलौकिक शक्ति के भरोसे ही वह जोखिम-भरा काम कर लेता था। अत:, धर्म का प्रमुख कार्य धैर्य, शान्ति, सांत्वना इत्यादि प्रदान करना है।

रैडक्लिफ ब्राउन के अनुसार धर्म का कार्य सिर्फ मनुष्य को सांत्वना देना और निर्भय करना नहीं, बल्कि धर्म का प्रमुख कार्य समाज तथा व्यक्ति को जीवित रखना भी है। धर्म समाज तथा व्यक्ति के बीच सामंजस्य स्थापित कर दोनों को जीवित रखता है। व्यक्ति का अस्तित्व तभी सम्भव हो सकता है जब वह समाज के साथ सहयोग करे। इसी प्रकार, समाज का अस्तित्व भी व्यक्ति के आचरण और व्यवहार पर निर्भर करता है। समाज जब व्यक्ति की रक्षा करता है, तो व्यक्ति के लिए समाज के प्रति त्याग करना आवश्यक होता है। लेकिन, व्यक्ति समाज के लिए त्याग करने में संकोच करता या हिचकिचाता है। अत:, समाज और व्यक्ति के बीच एक ऐसी विचारधारा का होना आवश्यक है, जो दोनों को एक-दूसरे से बाँध रखे। व्यक्ति एवं समाज को परस्पर बाँधने वाली विचारधारा ही धर्म है। इस प्रकार, रैडक्लिफ ब्राउन के अनुसार धर्म का कार्य मनुष्य द्वारा अच्छे कार्यों को सम्पन्न करवाना है, जिससे कि समाज और व्यक्ति का अस्तित्व कायम रहे।

समाज की व्यवस्था को बनाये रखने में धर्म की नियन्त्रणकारी भूमिका होती है। कृषक समाजों में धर्म, व्यवहार, सामाजिक संरचना और सांस्कृतिक नियमों को नियन्त्रित करने वाला सबसे महत्त्वपूर्ण उपकरण था। मैक्स वेबर (Max Weber) ने धर्म की आर्थिक भूमिकाओं अथवा आर्थिक संदर्भों की चर्चा की है। उनके अनुसार प्रोटेस्टैंट धर्म के उदय होने के कारण ही पूँजीवाद का उदय हुआ। परन्तु उन्होंने यह कहा कि सभी धर्मों की सकारात्मक आर्थिक भूमिका नहीं होती है, बल्कि, बहुधा धर्म आर्थिक विकास की प्रक्रिया को रोक देता है, जैसा कि हिन्दू धर्म में हुआ है।

विभिन्न विद्वानों ने धर्म की परिवार, नातेदारी और विवाह सम्बन्धी भूमिकाओं की चर्चा की है। धर्म ने समाज में यौन-व्यवहार को नियन्त्रित किया है। उसने विवाह विच्छेद को प्रभावित किया है। हिन्दू समाज में पुरुष की शक्ति और अधिकार को तथा परिवार के स्वरूप को धर्म ने प्रभावित किया है। स्त्रियों का स्थान धर्म के कारण भी निम्नस्तरीय हुआ है। धर्म की राजनीतिक भूमिका प्राचीन एवं मध्य युग में सबसे अधिक थी। आधुनिक समाज में कुछ प्राचीन संस्थाएँ अब भी धर्म द्वारा स्वीकृत होती हैं। कभी-कभी धर्म अथवा धार्मिक समूह के आधार पर राज्य का गठन किया जाता है और कभी बहुसंख्यक धर्म को राज्य धर्म घोषित कर दिया जाता है। धर्म की सांस्कृतिक भूमिका बहुत महत्त्वपूर्ण है। मध्य युग में धर्म के द्वारा नियमों, मूल्यों इत्यादि का निर्धारण होता था। आधुनिक समय में भी अनेक विद्वान संस्कृति के स्थान पर धर्म शब्द का प्रयोग करते हैं जिसका यह अर्थ होता है कि धर्म संस्कृति का सबसे महत्त्वपूर्ण अंग है।

आधुनिक समाज में धर्म की भूमिका बहुत घट गयी है। धर्मनिरपेक्षता की धारणा प्रचलित हो गयी है। इसके परिणामस्वरूप धर्म व्यक्ति के निजी जीवन का मामला बन गया है और इसकी सामूहिक, सामाजिक भूमिकाएँ कमजोर पड़ गयी हैं, इसके बावजूद विद्वानों के अनुसार सभी समाजों में धर्म का अस्तित्व है और यह एक महत्त्वपूर्ण सामाजिक यथार्थ है।

इवांज-प्रिचर्ड (Sir Edward Evan (E.E.) Evans-Pritchard, 1902–1973— **Theories of Primitive Religion**, 1965) ने कहा कि धर्म न सिर्फ आदिम समाजों में, बल्कि दूसरे समाजों में भी परिवार, नातेदारी एवं राजनीतिक संस्थाओं को प्रभावित करता है। मनोवैज्ञानिक जुंग (Carl G. Jung— **Modern Man in Search of a Soul,** 1955) ने कहा कि वर्तमान यूरोप में धर्म के प्रति उदासीनता बढ़ गयी है। इसके बावजूद, धार्मिक विश्वास को समाप्त करना मुश्किल है, क्योंकि व्यक्तियों के जीवन और मन में धर्म की पैठ होती है। जुंग के अनुसार धर्म मानव को मानसिक संतोष प्रदान करता है। उसके तनावों को दूर करता है। जो धर्म में विश्वास करते हैं उन्हें मानसिक विचलन से दूर रखता है। आर.के. मर्टन ने यह कहा कि आधुनिक समाजवादी देशों में धर्म समाप्त हो गया और उसका स्थान समाजवादी विचारधारा ने ले लिया है।

सरल समाज में धर्म

टी.वी. बॉटोमोर (T.B. Bottomore) के अनुसार प्रारम्भ से ही धर्म की चर्चाएँ तीन प्रकार के चिन्तन से प्रभावित रही हैं। प्रथमत: उद्विकासवादी प्ररिप्रेक्ष्य, दूसरा प्रत्यक्षवादी (Positivist) दृष्टिकोण और तीसरा मनोवैज्ञानिक दृष्टिकोण। बाद में जब बहुत ही पिछड़ी और अविकसित जनजातियों के वास्तविक अध्ययन हुए तब धर्म का उद्विकासवीय दृष्टिकोण प्रमाणित नहीं हो पाया। तात्पर्य यह कि उद्विकासवादियों के अनुसार धर्म का आरम्भ दैवीय वस्तुओं की पूजा से हुआ या प्रकृति की पूजा से हुआ। फिर मानवीय स्वरूपों के दैवीय शक्तियों के आधार पर बहु-ईश्वरवाद का युग आया और अन्तत: एक सर्वशक्तिमान ईश्वर की कल्पना की गयी। ऑगस्त कौंत, हर्बर्ट स्पेंसर आदि ने इसी आधार पर चर्चायें कीं। टॉइलर यद्यपि अपनी मान्यताओं को वास्तविक परिस्थितियों से प्रमाणित करने की चेष्टा कर रहे थे, परन्तु उनकी मान्यता भी लगभग ऐसी ही थी। हाल के अध्ययनों के आधार पर यह पाया गया कि कुछ जनजातियों में भी एकेश्वरवाद की धारणा मौजूद है। भले ही उद्विकास की यह योजना वास्तविक परिस्थितियों में ठीक-ठीक न बैठती हो, इतना तय है कि जनजातीय समाजों में, कृषक समाजों में और आधुनिक औद्योगिक समाजों में धर्म का स्वरूप अलग-अलग है।

जनजातीय समाजों में जनजातीय धर्म एक जैसे नहीं हैं। बहुधा आदिवासियों ने विश्व के प्रमुख धर्मों में से किसी एक को अपना लिया है। भारत में ईसाई धर्म प्रचारकों ने विशेष रूप से आदिवासियों को ही अपना निशाना बनाया है। उत्तर पूर्वी भारत के आदिवासी अंचलों में ईसाई धर्म का प्रभाव बहुत व्यापक है। व्यवस्थित धर्मों की बात यदि छोड़ दें तब भी जनजातीय धार्मिक विश्वास और व्यवहार की प्रमुख विशेषताएँ दृष्टिगोचर होती हैं। इनका विश्वास, अधिकतर एक-से अधिक अलौकिक शक्तियों में होता है। बहुधा ये निराकार होती हैं एवं प्रकृति की शक्तियों का प्रतिनिधित्व करती हैं। झारखण्ड के आदिवासियों के बीच में बोंगा अथवा सींग बोंगा की धारणाएँ अवैयक्तिक एवं निराकार हैं। आमतौर पर जनजातियों में पूरी जनजाति और कुल के प्रतीक और प्रतीक चिह्न होते हैं। एमिल डर्कहाइम के अनुसार कुल चिह्नों का महत्त्व अधिक है, परन्तु जनजाति के प्रतीक भी अलौकिक शक्तियों से युक्त माने जाते हैं। बी. मैलनॉफस्की ने ट्रॉबरियाण्ड द्वीपों (Trobriand Islands) की जनजातियों में आम वस्तुओं में भी दैवीय शक्ति आरोपित मानी जाती थी। रैडक्लिफ-ब्राउन के अनुसार इनके धर्म में विश्वास से अधिक व्यवहार का महत्त्व है। इसलिए जिन अलौकिक शक्तियों और वस्तुओं में विश्वास होता है उन्हें बहुत संगठित रूप नहीं दिया जाता।

सरल समाज में चर्च, मन्दिर या मस्जिद जैसे निश्चित और परिभाषित स्थान तथा संगठन नहीं हैं। मानवशास्त्री डी.एन. मजुमदार ने कहा कि इनके धर्म की शक्तियाँ प्रकृति में व्याप्त होती हैं एवं वे जनजातियों के हित के लिए पूजी जाती हैं। धर्म के विशेषज्ञ अथवा पुजारी वंशानुगत तो होते हैं परन्तु बहुधा ऐसे कर्मकाण्ड हैं, जिनके द्वारा सामान्य व्यक्ति भी पुजारी की हैसियत पा सकता है। मन्त्रों का स्वरूप न तो स्थापित होता है और न ही इनसे धर्म की कोई धार्मिक व्याख्या ही की जा सकती है। चूँकि इनमें साक्षरता है ही नहीं इसलिए किसी पुस्तक का प्रश्न नहीं उठता है। मुख्य रूप से इनमें जड़-पूजा (Fetishism) का प्रचलन बहुत अधिक है।

कृषक समाज में धर्म

कृषक समाज को ही सामन्ती समाज कहते हैं जहाँ भू-सम्पत्ति महत्त्वपूर्ण हो जाती है, लोगों का ज़मीन में आकर्षण बढ़ जाता है, ज़मीन के आधार पर ही समाज संगठित होता है। लगभग सभी विद्वानों के अनुसार यह धर्म का स्वर्णयुग है। विश्व के सभी प्रतिष्ठित धर्मों का जन्म ऐसे ही समाजों में हुआ था फिर इनका स्वरूप कृषक समाज की पद्धति आते-जाते बहुत संगठित हो गया। इस काल में धर्म संस्कृति का मुख्य स्रोत तो था ही सामाजिक सम्बन्धों और व्यवहार का भी मुख्य निर्णायक था। स्त्री-पुरुष के सम्बन्ध, पिता-पुत्र के सम्बन्ध, राजा और प्रजा के सम्बन्ध, भिन्न-भिन्न वर्गों के सम्बन्ध धर्म से परिभाषित थे। धर्म तथा समाज और संस्कृति का अन्तर करना मुश्किल था, क्योंकि धर्म न केवल

विश्वासों की पद्धति थी, बल्कि जीवन-पद्धति, मूल्य-पद्धति, विचारधारा और विश्व दृष्टिकोण के निर्धारण में सबसे महत्त्वपूर्ण था।

यह कहना कि सभी कृषक समाजों में धर्म का स्वरूप एक था, यह सही नहीं है। भारत तथा एशिया महादेश के कुछ अन्य देशों में धर्म की व्यापकता है, धर्म के द्वारा समाज और संस्कृति को परिभाषित करने की जो पद्धति है एवं असमानता के स्तरों को धर्म की जो मान्यता है, वह अन्यत्र देखने को नहीं मिलती है और जरथूष्टवादी धर्म का भी भारतीयकरण हो गया है। भारतीय समाज मूलतः धर्म और जाति पर संगठित व्यवस्था है।

किसान अथवा सामन्ती समाजों में अलौकिक शक्तियों में विश्वास किसी-न-किसी प्रकार के एकेश्वरवाद में निहित होता है। अनेक दैवीय शक्तियों की कल्पना तो होती है परन्तु एक सर्वशक्तिमान की भी कल्पना होती है। विश्वासों की व्याख्या, बड़े लम्बे-चौड़े ढंग से की जाती है। मन्त्रों की सुनिश्चित पद्धति से अलौकिक शक्ति की आराधना, राज्य, समाज और विश्व की व्याख्या तथा धार्मिक विश्वासों और व्यवहारों का निर्देश दिया जाता है। धार्मिक स्थल सुनिश्चित होते हैं। इनके आधार पर धर्म का संगठन होता है। ये बहुधा इन संगठनों के माध्यम से शक्ति के मालिक होते हैं और कभी-कभी राज्य सत्ता पर भी हावी हो जाते हैं। यूरोप में मध्य युग में ऐसा बहुत बार हुआ था। इस काल में व्यापक धार्मिक संगठन में सम्प्रदाय, पंथ जैसे संगठन विकसित हो जाते हैं। धर्म के महत्त्व के कारण सभी प्रकार के आन्दोलन धार्मिक स्वरूपों में ही विकसित होते हैं। पुजारियों का वर्ग वंशानुक्रम के आधार पर शक्तिशाली होता है। यह समाज जटिल धार्मिक व्यवहारों अथवा कर्मकाण्डों का समाज है। इसमें अलग-अलग धर्मों में व्यक्ति के जीवन में अलग-अलग कर्मकाण्ड की पद्धतियाँ हैं। बहुधा यह भी कहा जाता है कि कर्मकाण्डों की इस बहुलता में ही पुजारी-वर्ग की शक्ति निहित होती है।

औद्योगिक समाज में धर्म

औद्योगिक समाजों में धर्म की भूमिका के सम्बन्ध में गम्भीर मतभेद हैं। प्रमुख समाजशास्त्रियों जैसे मार्क्स ने औद्योगीकरण की चेतना के प्रसार के साथ, मैक्स वेबर ने तर्कबुद्धिवाद के प्रभाव के साथ एवं एमिल डर्कहाइम के अनुसार श्रम-विभाजन के बढ़ने के साथ धर्म या तो समाप्त हो रहा है या कमजोर पड़ रहा है। हाल के दशकों में पश्चिमी देशों में चर्च में घटती हुई उपस्थिति का प्रमाण धर्म की कमजोरी को पुष्ट करता है। अनेक विद्वानों ने धर्मनिरपेक्षता की प्रक्रिया को आधुनिक काल में सबसे महत्त्वपूर्ण माना है। ब्रायन आर. विल्सन (Bryan R. Wilson) ने अपनी पुस्तक **Religon in Secular Society** (1966) में लिखा कि आधुनिक युग में धार्मिक चिन्तन में सबसे अधिक परिवर्तन हुए हैं। मानव धार्मिक इच्छाओं से प्रेरित कम होता है और वह विश्व को अनुभवजन्य तथा तर्कपूर्ण दृष्टि से देखता है। इस प्रक्रिया को **Desacrilization** भी कहा जा सकता है। कुछ विद्वानों ने चर्च में घटती उपस्थिति को धर्मनिरपेक्षीकरण के साथ-साथ धर्म-विहीनता भी कहा है। इसके विपरीत कुछ अमरीकी विद्वान यह कहते हैं कि हाल के वर्षों में अमरीका में चर्च में उपस्थिति बढ़ी है। डेविड मार्टिन (David Martin) ने आधुनिक मानव के सामाजिक मूल्यों को धर्म से प्रभावित कहा है।

औद्योगिक समाजों में एवं आधुनिक राजनीतिक पद्धतियों से प्रभावित समाजों में धर्म की भूमिका निश्चित रूप से घटी है एवं सार्वजनिक जीवन से इसे हटाने का प्रयास किया गया है। धर्मनिरपेक्षता की धारणा इस कमजोरी का ही परिचायक है। धर्मनिरपेक्षता का मूल अर्थ धर्म की राजनीति और सार्वजनिक जीवन से अलग कर देना है, इसलिए इसका एक अर्थ धर्म-विहीनता है। अधिकतर विकासशील देशों में धर्मनिरपेक्षता का अर्थ धार्मिक सहिष्णुता लगाया जाता है। भारत में धर्मनिरपेक्षता का यही अर्थ है। भारतीय समाज और संस्कृति में धर्म के प्रभाव को देखते हुए भारतीय नेताओं ने सभी धर्मों को धार्मिक विश्वासों को मानने, धार्मिक व्यवहार को करने और धर्म का प्रचार-प्रसार करने की पूरी स्वतन्त्रता दी है। इसके कारण धर्म का अलौकिक स्वरूप तो कमजोर पड़ा है परन्तु इसकी लौकिक भूमिका बढ़

गयी है। लोकतान्त्रिक राजनीतिक पद्धतियों के कारण धर्म का राजनीतिक उपयोग होने लगा है। भारतीय राजनीति में धर्म का उपयोग जनसमर्थन प्राप्त करने के लिए, उम्मीदवारों के चयन के लिए और यहाँ तक कि राजनीतिक दलों के गठन में किया जाता है। इसलिए यह कहा जाता है कि धर्म का व्यापारीकरण हो रहा है। विकासशील देशों में धर्म का महत्त्व अभी भी काफी है। धर्म को बहुधा इन देशों में राज्य का प्रोत्साहन मिलता है। इस्लामिक देशों में सार्वजनिक जीवन में धर्म का प्रभाव अपेक्षाकृत सबसे अधिक दिखाई पड़ता है। इनके सांस्कृतिक जीवन में भी धर्म महत्त्वपूर्ण है। स्वयं भारत में धार्मिक उत्सवों और यज्ञों का राज्य द्वारा नियन्त्रित दूरसंचार के साधनों, जैसे– रेडियो और टेलीविजन पर प्रसारण किया जाता है।

आधुनिक औद्योगिक पूँजीवादी समाजों, जैसे– इंग्लैण्ड, फ्रांस, जर्मनी, संयुक्त राज्य अमरीका आदि में धर्म निरपेक्षीकरण का अर्थ धर्म-विहीनता है। इसका यह अर्थ नहीं है कि धर्म विरोधी है। इसका अर्थ केवल यह है कि राज्य के कार्य-कलाप में किसी विशेष धर्म की भूमिका नहीं है। पीटर् बर्गर् (Peter Berger) ने **The Homeless Mind: Modernization and Consciousness**, 1973) नामक पुस्तक में आधुनिक समाजों में धर्म के प्रभाव को दर्शाया है। उनके अनुसार पूर्व-औद्योगिक समाजों में धर्म बहुत घनिष्ठ रूप से जुड़ा था। परिवार, शिक्षा, राजनीति एक-दूसरे से जुड़े हुए थे। उनकी एक जीवन-दृष्टि थी। इस जीवन-दृष्टि का आधार धर्म था। आधुनिक समाज बहुत बँटा हुआ है। इसमें अनेक प्रकार के समूह हैं। लोगों की जीवन-दृष्टि अलग-अलग है। धर्म जीवन-दृष्टि का आधार नहीं होने के कारण पतनोन्मुख है।

एक विचार यह भी है कि धर्म के प्रभाव में कमी नहीं हुई है, बल्कि इसका स्वरूप और स्वभाव बदल गया है। रार्बट एन. बेला (Robert N. Bellah— **New Religious Consciousness**, 1976) ने कहा कि धर्म अब एक व्यक्तिगत मामला हो गया है। व्यक्ति निजी तौर पर धर्म में जीवन का अर्थ तलाशता है। धर्म का सामूहिक अर्चन का स्वरूप समाप्त हो गया है। इस प्रकार धर्म का निजीकरण हो गया है।

समाजवादी देशों में राज्य के द्वारा धर्म जैसी रूढ़िवादी शक्ति को शायद समाप्त करने की चेष्टा होती है। विकसित समाजवादी देशों में धर्म लगभग समाप्त हो गया है। आर.के. मर्टन (R.K. Merton) ने कहा कि इन देशों में धर्म का स्थान समाजवादी विचारधारा ने ले लिया। ठीक यही स्थिति अविकसित समाजवादी देशों में नहीं है। इन देशों में यद्यपि धर्म का अस्तित्व सामूहिक पूजा के माध्यम के रूप में नहीं है, परन्तु जन्म, विवाह और मृत्यु से सम्बन्धित क्रिया और कर्मकाण्डों में अभी भी धर्म की भूमिका है।

संक्षेप में हम कह सकते हैं कि औद्योगीकरण और आधुनिकीकरण की प्रक्रियाओं के फलस्वरूप धर्म की मध्ययुगीन शक्ति और भूमिका में बहुत कमी आयी है। आमतौर पर धर्म एक व्यक्ति का निजी मामला हो गया है, धर्म की राजनीति से दूरी हो गयी है और संस्कृति के आधारों से धर्म की दूरी के कारण इसका स्वरूप और चरित्र बदल गया है। यह सम्भव है कि धर्म का बाहरी स्वरूप अभी भी शक्तिशाली हो परन्तु धर्म की मूल भावना अर्थात् अलौकिक शक्ति से भय और विश्वास निश्चित रूप से कमजोर पड़ गये हैं।

धर्म का समाजशास्त्र (Sociology of Religion)

'धर्म का समाजशास्त्र' बृहत्तर समाजशास्त्र की एक उपशाखा है, जो कि 'धर्म' का सामाजिक सन्दर्भ में अध्ययन करता है। समाजशास्त्र की इस शाखा का विकास बीसवीं शताब्दी के प्रारम्भ में हुआ था। इससे सम्बन्धित विचार यूरोपियन विद्वानों के मस्तिष्क की उपज थी जिसका पूर्ण विकास अमरीकी पर्यावरण में हुआ है। धर्म का समाजशास्त्र धर्म के प्रति हमारे कुसंस्कार या अन्धविश्वासयुक्त दृष्टिकोण को वैज्ञानिक आधारों पर प्रतिष्ठित करने का प्रयास करता है, जिससे कि धर्म के सम्बन्ध में कुछ वास्तविक ज्ञान प्राप्त हो सके और इस ज्ञान का प्रयोग समाज के लोग अपने सामाजिक उद्देश्यों की पूर्ति या समस्याओं को हल करने में कर सकें।

धर्म का समाजशास्त्र धर्म को एक स्वाभाविक सामाजिक घटना (Phenomenon) के रूप में देखता है। प्रत्येक स्वाभाविक घटना के दो स्पष्ट पक्ष होते हैं– कारण और कार्य। धर्म का समाजशास्त्र इन दोनों पक्षों का अध्ययन करता है। यह उन कारणों का भी विश्लेषण करता है, जो धर्म की उत्पत्ति तथा निरन्तरता के लिए उत्तरदायी हैं। साथ ही, सामाजिक व्यवस्था के अन्तर्गत धर्म के बने रहने के परिणामों की विवेचना भी धर्म का समाजशास्त्र करता है। धर्म के समाजशास्त्र की मुख्य रूप से तीन प्रत्यक्ष धाराएँ अभी तक सामने आयी हैं—

1. समुद्री यात्रा करने वाले व्यापारी मिशनरी (धर्म-प्रचारक) और उपनिवेशवादियों द्वारा पूर्व आधुनिक समाजों की खोज के बाद धर्म में समाजशास्त्रीय रुचि लेना आरम्भ हुआ। साथ ही नृशास्त्रियों और समाजशास्त्रियों ने भी धर्म के अध्ययन में काफी रुचि दिखाई।

2. धर्म के प्रति समाजशास्त्रीय रुचि को यूरोप में तेजी से आने वाली औद्योगिक क्रान्ति के फलस्वरूप भी बल मिला। पन्द्रहवीं सदी में औद्योगिक क्रान्ति के कारण सामन्तवाद का पतन हो गया। इस क्रान्ति की विचारधारा के विद्वानों ने इस नयी औद्योगिक दुनिया में धर्म के भविष्य के अध्ययन में बहुत रुचि ली।

3. धर्म के अध्ययन में समाजशास्त्रियों की रुचि तब और भी सुस्पष्ट हुई जब समाजशास्त्रीय अध्ययनों में समाजों के औद्योगिक एवं उत्तर-औद्योगिक चरणों में धर्म के पुनरुत्थान की चर्चा की गयी। इस धारा के विद्वान उन कारणों का विश्लेषण करते हैं, जिससे मालूम हो कि धर्म का अस्तित्व हर तरह के समाज में कैसे बना रहा। इस तीसरी धारा में तीसरी दुनिया के अनेक विद्वान हैं जो कि इस्लामी कट्टरपंथ, सिंहल बौद्ध और हिन्दू साम्प्रदायिकता के प्रश्नों से उलझे हैं।

धर्म के समाजशास्त्रीय दृष्टिकोण को तीन समाजविज्ञानियों ने सबसे अधिक प्रभावित किया है। ये हैं– कार्ल मार्क्स, एमिल डर्कहाइम व मैक्स वेबर। एमिल डर्कहाइम ने आस्तिकों (विश्वास करने वालों) के नैतिक समुदाय पर बल दिया है। मार्क्स यह मानते थे कि धर्म श्रमिकों को संगठित होने से रोकता है तथा वेबर धर्म की आर्थिक संस्थाओं के साथ सम्बन्धों पर अधिक बल देते थे। इन तीनों में से कोई भी धार्मिक प्रवृत्ति का नहीं था। वे विचारक धर्म को भ्रम मानते थे। यहाँ उन विचारकों के धर्म सम्बन्धी विचारों की चर्चा करेंगे।

कार्ल मार्क्स व धर्म (Karl Marx and Religion)

मार्क्स को धर्म में विश्वास नहीं था। उनके धर्म सम्बन्धी विचार उन्नीसवीं सदी के पूर्वार्द्ध में अनेक लेखकों के द्वारा लिखी गयी पुस्तकों पर आधारित थे। मार्क्स का विचार था कि धर्म लोगों को स्वयं से विमुख करता है। मार्क्स के अनुसार पारम्परिक रूप में धर्म लुप्त हो जायेगा और ऐसा होना ही उचित है। धर्म लोगों के लिए अफीम के नशा (Opium of the masses) की तरह है, मार्क्स का यह कथन बहुत अधिक प्रचलित हुआ है। धर्म का एक प्रबल सैद्धान्तिक तत्त्व होता है। मार्क्स मानते थे कि धार्मिक आस्थाएँ तथा मूल्य समाज में व्याप्त सम्पत्ति एवं सत्ता की असमानताओं को उचित ठहराने का प्रयास करते हैं।

मार्क्स ने कहा है कि धर्म एक प्रकार संवेगात्मक तथा बौद्धिक विमुखीकरण है। आज की दुनिया में धर्म सामाजिक न्याय व आनंद का स्थान नहीं ले सकता। मार्क्स मानते थे कि धर्म श्रमिक वर्ग के संवेगात्मक एवं बौद्धिक विकास में बाधक होता है। वास्तविक दुनिया में शक्ति की स्थापना में भी धर्म बाधक है। मार्क्स का तर्क था कि यदि श्रमिक वर्ग धर्म के भ्रम से स्वयं को मुक्त करता है, तो उनकी सृजनात्मक शक्ति, उनके कार्य, उनकी कला तथा उनके बौद्धिक जीवन में अभिव्यक्त हो सकेगी।

मार्क्स का कहना था कि धर्म एक ऐसी गोली है, जो लोगों को धर्म द्वारा प्रस्थापित नियमों का पालन करने के लिए बाध्य करती है तथा उनके द्वारा की जाने वाली क्रान्ति को उठने से पूर्व ही दबा देती है। धर्म का उपयोग शासक

वर्ग द्वारा श्रमिकों को अधीन करने हेतु किया जाता रहा है, तो इसका कुछ तो महत्त्व होना ही चाहिए। मार्क्स धर्म को सामाजिक परिवर्तन के स्रोत के रूप में नहीं मानते थे। उनके अनुसार धर्म में एक प्रबल सैद्धान्तिक घटक होता है और उसके द्वारा सम्पत्ति व सत्ता की असमानता को उचित ठहराया जाता है।

एमिल डर्कहाइम व धार्मिक अनुष्ठान (Emile Durkheim and Religious Rituals)

डर्कहाइम ने अपनी पुस्तक **The Elementary Forms of the Religious Life** में धर्म की प्रकृति, उत्पत्ति के कारण, प्रभाव आदि के विषय में अत्यधिक विस्तृत तथा सूक्ष्म व्याख्या प्रस्तुत की है। अपने धर्म सम्बन्धी सिद्धान्त के द्वारा उन्होंने यह प्रमाणित करने का प्रयत्न किया है कि धर्म सम्पूर्ण रूप में एक सामाजिक तथ्य या सामाजिक घटना है और इस अर्थ में कि नैतिक रूप में सामाजिक चेतना का प्रतीक (Symbol) ही धर्म है। इस सम्बन्ध में डर्कहाइम का अन्तिम निष्कर्ष यह है कि 'समाज' ही वास्तविक देवता है।

धर्म के सामाजिक सिद्धान्त को प्रस्तुत करते हुए डर्कहाइम ने धर्म सम्बन्धी अब तक के सभी सिद्धान्तों का खण्डन किया है। उनका कथन है कि इन सिद्धान्तों में धर्म की उत्पत्ति के सम्बन्ध में बताये गये कारण केवल अपर्याप्त ही नहीं, बल्कि अवैज्ञानिक भी हैं। इसे प्रमाणित करने के लिए डर्कहाइम ने एडवर्ड टॉयलर (Edward Tylor), मैक्स मूलर (Max Müller), फ्रेज़र (James Frazer) आदि मानवशास्त्रियों के मतों का खण्डन किया।

डर्कहाइम के अनुसार सामूहिक जीवन की समस्त वस्तुओं या घटनाओं को, चाहे वो सरल हों अथवा जटिल, स्वाभाविक हों या आदर्शात्मक, दो प्रमुख भागों में बाँटा जा सकता है– (अ) लौकिक (Profane) और (ब) पवित्र (Sacred)। समस्त धर्मों का सम्बन्ध 'पवित्र' पक्ष से होता है। परन्तु इसका अर्थ यह नहीं है कि सभी पवित्र वस्तुएँ ईश्वरीय या आध्यात्मिक घटनाएँ तथा वस्तुएँ पवित्र अवश्य होती हैं। ये पवित्र वस्तुएँ समाज की प्रतीक या सामूहिक चेतना की प्रतिनिधि होती हैं। इस कारण व्यक्ति इनके अधीन और उनसे प्रभावित रहता है।

समाज के सदस्य जिन्हें पवित्र समझते हैं उन्हें अपवित्र या लौकिक से सदा दूर रखने का प्रयत्न करते हैं और इस उद्देश्य की पूर्ति के लिए अनेक विश्वासों का परिणाम है। चूँकि इन प्रयत्नों से सम्बन्धित विश्वासों, आचरणों, संस्कारों आदि के पीछे समस्त समाज की अभिमति और दबाव होता है, इस कारण समाज की उस सामूहिक सत्ता के सामने मनुष्य को नतमस्तक होना ही पड़ता है। यहीं से धर्म की नींव पड़ती है।

अपने इस सिद्धान्त की पुष्टि में डर्कहाइम ने ऑस्ट्रेलिया की आरूण्टा जनजाति का विस्तृत अध्ययन प्रस्तुत किया है। उनका कहना है कि इन जनजातीय लोगों के जीवन-अध्ययन करने पर धार्मिक अनुभव की उत्पत्ति के सम्बन्ध में हमारी स्पष्ट धारणा हो सकती है और वह धारणा यह है कि धार्मिक अनुभव एक प्रकार की सामूहिक उत्तेजना (Group Excitement) के कारण है। त्योहारों तथा उत्सवों पर जब कुल (Clan) के सभी लोग एक साथ एकत्र होते थे तो प्रत्येक सदस्य को ऐसा अनुभव होता था कि समूह की शक्ति उसकी वैयक्तिक शक्ति से कहीं अधिक उच्च और महान् है।

डर्कहाइम के धर्म सम्बन्धी सामाजिक सिद्धान्त पवित्र और लौकिक के बीच अन्तर पर आधारित है और इन दोनों में भेद करने की भावना का जन्म टोटेमवाद के आधार पर हुआ है। इस प्रकार धर्म की उत्पत्ति का प्रमुख स्रोत टोटेम या अन्तिम रूप में समाज है, क्योंकि टोटेम समाज का ही सामूहिक प्रतिनिधि या प्रतीक है। टोटेम के प्रति जो भय और आदर तथा रहस्य का मनोभाव होता है और टोटेम के साथ एक कुल (Clan) के सदस्यों का जो गूढ़ और अलौकिक सम्बन्ध माना जाता है, उसी के आधार पर पवित्रता की भावना जाग्रत होती है, क्योंकि टोटेम के आधार पर संयुक्त नैतिक समूह जिस शक्ति का अधिकारी होता है उसकी तुलना में व्यक्ति अपनी वैयक्तिक शक्ति को तुच्छ समझने लगता है और उसी के सामने नतमस्तक हो जाता है।

डर्कहाइम ने अपने सिद्धान्त का सामान्य निष्कर्ष इन शब्दों में दिया है– "धार्मिक प्रतिनिधित्व (Religious Representation) सामूहिक प्रतिनिधित्व है, जो कि सामूहिक वास्तविकताओं (Realities) को व्यक्त करता है, धार्मिक कृत्य

(Rites) क्रिया करने का वह तरीका है, जो कि समवेत समूहों में पनपता है और जो इन समूहों में पायी जाने वाली कुछ मानसिक अवस्थाओं (Mental States) को उत्तेजित, व्यवस्थित तथा पुनर्जीवित करता है।"

सोरोकिन (P. A. Sorokin) ने डर्कहाइम के उपर्युक्त सिद्धान्त का संक्षिप्त रूप इस प्रकार दिया है– (क) धर्म का मूल कारण समाज स्वयं है; (ख) धार्मिक अवधारणाएँ समाज की विशेषताओं की प्रतीक के अतिरिक्त और कुछ भी नहीं हैं; (ग) पवित्र या ईश्वर समाज का ही मूर्त रूप है; और (घ) धर्म का प्रमुख कार्य सामाजिक एकता को उत्पन्न करना, लागू करना तथा स्थिर रखना है।

मैक्स वेबर (Max Weber) का विचार

नि:सन्देह कानूनी, आर्थिक और सामाजिक इतिहास के अध्ययन में मैक्स वेबर की देन महत्त्वपूर्ण है, परन्तु उनकी सबसे महत्वपूर्ण और सर्वाधिक-विदित देन धर्म का समाजशास्त्र है। वेबर ने विश्व के प्रमुख धर्मों का व्यापक अध्ययन किया और इस अध्ययन के आधार पर धर्म की समाजशास्त्रीय व्याख्या करने का प्रयत्न किया। उनका यह विशद् अध्ययन तीन बड़े-बड़े ग्रन्थों में है, जिनमें कि वेबर ने मुख्य रूप से इस समस्या पर विचार किया है कि धर्म और आर्थिक व सामाजिक घटनाओं के बीच क्या सम्बन्ध है।

वेबर का उद्देश्य ऐतिहासिक क्रम से सभी विशिष्ट तथ्यों का विश्लेषण तथा स्पष्टीकरण करना न था, बल्कि सबसे महत्त्वूपर्ण तत्त्वों (Variable Elements) को निश्चित रूप से पृथक् करना तथा परिवर्तनीय अवस्थाओं के अन्तर्गत उनकी क्रिया, कार्य या प्रभावों का अध्ययन करके उनके कार्य-कारण के महत्त्व को दर्शाना था। जैसा कि आगे की विवेचना से स्पष्ट होगा, वेबर ने अपने इस अध्ययन में धार्मिक कारक को एक परिवर्तनीय तत्त्व (Variable Element) माना है और उसका आर्थिक तथा अन्य सामाजिक घटनाओं पर जो कार्य-कारण प्रभाव पड़ता है उसका विश्लेषण तथा निरूपण करने का प्रयत्न किया है।

मैक्स वेबर ने ईसाई धर्म, कन्फ्यूशियस धर्म, बौद्ध धर्म, हिन्दू धर्म, इस्लाम धर्म एवं यहूदी धर्म जैसे 6 धर्मों का विश्लेषण किया और यह सिद्ध करने का प्रयत्न किया कि इन सभी धर्मों के आर्थिक आचारों के अनुरूप ही उस समाज का आर्थिक तथा सामाजिक संगठन निश्चित हुआ है। उन्होंने यह दर्शाया है कि पूँजीवाद का सर्वोत्तम विकास इंग्लैण्ड, अमरीका, हॉलैण्ड आदि ऐसे देशों में हुआ है, जहाँ कि लोग प्रोटेस्टैंट धर्म के अनुयायी हैं। इसके विपरीत इटली, स्पेन आदि देशों के लोग कैथोलिक धर्म के अनुयायी होने के कारण पूँजीवाद को अधिक विकसित नहीं कर पाये हैं। मैक्स वेबर ने हिन्दू धर्म को जिस रूप में देखा और प्रस्तुत किया है, उसके अनुसार मूल अर्थों में हिन्दू धर्म में मुक्ति का अर्थ केवल 'कर्म के चक्र से मुक्ति है; किन्तु इस लक्ष्य को दूसरे लोगों से अधिक सांसारिक सफलता पाकर प्राप्त नहीं किया जा सकता है। दूसरे शब्दों में, यदि आप दूसरे व्यक्तियों से अधिक सांसारिक सफलताएँ प्राप्त करते हैं, तो वे सफलताएँ आपकी मुक्ति-प्राप्ति में सहायक कदापि सिद्ध न होंगी। मुक्ति तो समस्त सांसारिक 'माया', इच्छाओं और अभिरुचियों से अपने को पूर्णतया अलग या दूर रखकर और ब्रह्म से साक्षात्कार करके उसमें अपने को विलीन कर देने पर ही प्राप्त की जा सकती है। हिन्दू धर्म में धन, सम्पत्ति, वैभव सभी नश्वर एवं माया है। यही ग़रीबी का मूल कारण है। संक्षेप में, हिन्दू धर्म ने इसके मानने वालों को भौतिक उन्नति (Material Progress) करने में या सांसारिक सफलताएँ अथवा लौकिक लक्ष्यों को प्राप्त करने में विज्ञान में प्रत्यक्ष अभिरुचि (Interest) की प्रेरणा नहीं दी। इसी कारण हिन्दू धर्म को मानने वाले भौतिक उन्नति के क्षेत्र में नहीं, आध्यात्मिक उन्नति (Spiritual Progress) में संसार में आगे हैं।

उपर्युक्त विवेचन से स्पष्ट है कि मैक्स वेबर का धर्म का समाजशास्त्र वास्तव में धर्म तथा आर्थिक व सामाजिक संगठन के बीच सम्बन्ध का सिद्धान्त है। जैसा कि मैक्स वेबर ने बार-बार कहा है कि विचार नहीं, बल्कि धार्मिक स्वार्थ कर्म को प्रेरित करते हैं और ये कर्म आर्थिक व सामाजिक संगठन को निश्चित करते हैं। धर्म के समाजशास्त्र का यही मूलतत्त्व है।

भारत में धार्मिक बहुलवाद (Religious Pluralism in India)

भारतीय समाज अनेक संस्कृतियों, लोगों, भाषाओं और धर्मों का संघटक है। भारत के लम्बे इतिहास के दौरान विभिन्न प्रकार के लोगों का समूह बाहर से आकर लगातार यहाँ बसते गये, इसलिए भारत में धार्मिक विविधताएँ मौजूद हैं। यहाँ विभिन्न क्षेत्रों के सांस्कृतिक समूह अपने विशिष्ट धर्मों का पालन करते हैं, साथ-ही-साथ बाहर से आने वाले लोग भी अपने-अपने धर्म, प्रथाओं और संस्कृतियों को लेकर यहाँ आये। इसी कारण यहाँ कई धर्मों के अनुयायी साथ रहने लगे और धीरे-धीरे धार्मिक बहुलवाद की नींव भारतीय समाज में पड़ी। इसी प्रक्रिया को हम धार्मिक बहुलवाद कहते हैं। इसका अर्थ यह हुआ कि विविधता और अनेकता धार्मिक मान्यताओं पर आधारित है। इस तरह से धार्मिक बहुलवाद के दो अर्थ हैं: (1) तथ्यों से पता चलता है कि भारत किसी एक धर्म की भूमि नहीं है, बल्कि प्राचीन काल से ही यह अनेक धर्मों की भूमि रही है, और (2) प्रत्येक धर्म की अपनी प्राथमिक विशेषता होती है, पर साथ-साथ अनेक सामाजिक, सांस्कृतिक और व्यावहारिक तत्त्व सारे धर्मों में समान रूप से पाये जाते हैं। ये समानताएँ आपसी सम्बन्धों और समायोजन का परिणाम है, जो लम्बे समय से चलते आ रहे क्षेत्रीय, भाषायी और सामाजिक, सांस्कृतिक और व्यावहारिक तत्त्व सारे धर्मों में समान रूप से पाये जाते हैं। ये समानताएँ आपसी सम्बन्धों और समायोजन का परिणाम है, जो लम्बे समय से चलते आ रहे क्षेत्रीय, भाषायी और सामाजिक निकटता पर आधारित है।

प्राचीनकाल से ही भारत विभिन्न सांस्कृतिक समूहों और अनेक धर्मों को मानने वाले लोगों की भूमि रही है। यह वह भूमि है, जहाँ पर बाहर से विभिन्न नृजातीय और धर्मों के लोगों ने लगातार प्रवास किया है, इसलिए यहाँ पर पहले से बसे लोग और प्रवास करने वाले लोगों के बीच एक-दूसरे के साथ अन्त:क्रियाओं के दौरान थोड़े समय के लिए टकराव भी हुए हैं। परन्तु अन्ततः विभिन्न धर्मों में विश्वास रखने वाले लोग घुल-मिल गये और वे यहाँ पर स्थायी रूप से बस गये। भारत में इस सहयोग के कारण धार्मिक बहुलवाद एक तथ्य के रूप में उभरकर सामने आया है।

समय बीतने के पश्चात् विभिन्न धर्मों में विश्वास रखने वाले लोग भारत में बस गये तथा साझी भौगोलिक स्थिति की समानताएँ, समान या अन्योन्याश्रित आर्थिक सम्बन्धों तथा ग्रामीण और शहरी लोग निकटतम सम्पर्क के कारण विभिन्न धर्मों में विश्वास करने के बाद भी उन्होंने अनेक समान या सांस्कृतिक विशेषताओं के साझे तत्त्वों और विश्वास पद्धति को विकसित किया है। कभी-कभी लोगों ने अपने धर्म दूसरे के दबाव के कारण छोड़े हैं और कभी उन्होंने अपनी स्वेच्छा से भी धर्म परिवर्तन किया है। ऐसा करते समय अधिकतर मामलों में धर्म परिवर्तन करने वाले लोग अपनी पुरानी संस्कृति तथा सामाजिक व्यवहार, यहाँ तक कि अपने विश्वास या मूल्यों को पूरी तरह से छोड़ नहीं पाते हैं, जबकि वे लोग एक अलग धार्मिक समूह को अपना चुके होते थे। यही तत्त्व भारत में धार्मिक बहुलवाद को बल प्रदान करता है।

भारत विश्व के प्रमुख धर्मों का मूल स्थान रहा है, जैसे कि हिन्दू, इस्लाम, ईसाई, जैन, सिक्ख इत्यादि। भारत में राज्य धर्म के प्रति सकारात्मक मार्गदर्शन एवं उस पर नियन्त्रण करता रहा है, यहाँ तक कि राज्य भारतीय इतिहास के अधिकतर हिस्सों में धर्म का संरक्षण और उसकी सुरक्षा करता रहा है। इसलिए धार्मिक बहुलवाद भारतीय संस्कृति का मूल सिद्धान्त है और धार्मिक सहिष्णुता भारतीय धर्मनिरपेक्षता का मूल आधार है। धार्मिक धर्मनिरपेक्षता इस विश्वास पर टिका है कि सभी धर्म समान रूप से अच्छे हैं और सभी धर्मों का एक ही लक्ष्य है– ईश्वर की प्राप्ति करना। धार्मिक बहुलता का लक्ष्य धर्मनिरपेक्षवाद है, जो मिश्रित व्याख्यात्मक प्रक्रिया पर आधारित है, जिसमें धर्म का उत्कर्ष तत्त्व निहित है और जो कि बहुत-से धर्मों का एकीकरण है। यह धर्म बहुल समाज में धर्मों के बीच सेतु का कार्य करता है, जिसके माध्यम से प्रत्येक धर्म अपनी विभिन्नताओं की सीमाओं को लाँघकर एक-दूसरे में सम्मिश्रण होने में समर्थ होते हैं। यही प्रमुख विशेषता है, जिसे हम धार्मिक बहुलता के नाम से जानते हैं।

भारत में धर्मनिरपेक्षतावाद और धर्मनिरपेक्षीकरण (Secularism and Secularization in india)

पीटर् बर्गर् (Peter Berger) के अनुसार धर्मनिरपेक्षीकरण वह प्रक्रिया है, जिसके द्वारा समाज व संस्कृति के विभिन्न पहलुओं को धर्म के प्रभाव से दूर रखा जाता है। वेबर धर्मनिरपेक्षीकरण को विवेकपूर्ण प्रक्रिया मानते हैं। प्रदत्त लक्ष्यों को प्राप्त करने के लिए यह प्रयुक्त सिद्धान्त है, जो वैज्ञानिक विचारों पर आधारित है, अर्थात् जो तर्कसंगत है। इस धर्मनिरपेक्षीकरण की प्रक्रिया ने धर्म का महत्त्व कम कर दिया है। डॉर्विन, फ्रॉयड और मार्क्स भी मानव व्यवहार की धार्मिक व्याख्या के स्थान पर वैज्ञानिक व्याख्या को अधिक महत्ता देते हैं। वास्तव में, 'धर्मनिरपेक्षवाद' की धारणा का सर्वप्रथम प्रयोग यूरोप में किया गया था जहाँ हर प्रकार की सम्पत्ति पर चर्च का ही नियन्त्रण था और चर्च की सहमति के बिना उनका कोई भी उपयोग नहीं कर सकता था। कुछ बुद्धिजीवियों ने इस प्रथा के विरुद्ध आवाज़ उठाई। इन व्यक्तियों को धर्मनिरपेक्ष कहा जाने लगा जिसका अर्थ था 'चर्च से पृथक' या 'चर्च के विरुद्ध'।

इसमें आश्चर्य नहीं कि डेविड मार्टिन जैसे विद्वान यह मानते हैं कि धर्मनिरपेक्षीकरण शब्द इतना बोझिल है कि यह शब्द प्रयोग में नहीं लाया जाये। यहाँ उदारवाद तथा धार्मिक कट्टरता के बीच संघर्ष की चर्चा करना आवश्यक है। उदारवाद धार्मिक समूहों के बीच अन्तरों के प्रति सहनशीलता पर आधारित होता है, अर्थात् यह बहुलवादी होता है। **कट्टरवाद (Fundamentalism)** उदारवाद का विरोधी विचार है और कभी-कभी **बहुलवाद (Pluralism)** के प्रति हिंसात्मक मनोवृत्ति की ओर संकेत करता है, पाकिस्तान, सऊदी अरब, ईरान आदि देश अधिक कट्टरवादी माने जाते हैं। भूमण्डलीय सन्दर्भ में धर्मनिरपेक्षीकरण की धारणा के लिए उदारवाद और कट्टरवाद के बीच अन्तर करना सार्थक है। पश्चिमी समाज धर्मनिरपेक्ष हो गया है (चर्च के अधिकारों में कमी आने के सन्दर्भ में), कई मुस्लिम देशों में इस्लामिक कानून ही नागरिक व धार्मिक जीवन को संचालित करते हैं। परन्तु भारत ऐसा देश है, जहाँ धार्मिक, सामाजिक, सांस्कृतिक एवं यहाँ तक कि राजनीतिक बहुलवाद भी मौजूद है। भारत में काफी मुसलमान जो इस्लामी परम्पराओं का निर्वाह जारी रखे हुए हैं, कट्टरवादी ही बने हुए हैं, जो उन्हें आधुनिकता स्वीकार करने से रोकता है। अधिकतर हिन्दुओं के लिए उदारवाद आधुनिक हिन्दू समाज के विकास के साथ चलने वाला है।

भारत में धर्मनिरपेक्षीकरण तथा धर्मनिरपेक्ष शब्द का प्रयोग राज्य की प्रकृति के सन्दर्भ में किया गया है, इसे इस रूप में समाज की बहुधर्मिता तथा धार्मिक द्वन्द्वों को ध्यान में रखते हुए अपनाया गया है। भारत में धर्मनिरपेक्षता शब्द से अभिप्राय है कि राज्य किसी एक धर्म विशेष से अपना सम्बन्ध नहीं रखेगा वरन् सभी धर्मों के व्यवहार को समान रूप से मानेगा। जवाहरलाल नेहरू ने 1950 में घोषणा की थी कि भारत जैसे देश की सरकार, जहाँ अनेक धर्म तथा उनके प्रति समर्पित कई पीढ़ियों से चले आ रहे उनके मानने वाले बसते हैं, वर्तमान युग में धर्मनिरपेक्ष आधार के अभाव में कभी संतोषजनक रूप से कार्य नहीं कर सकती।

धर्मनिरपेक्षता के आदर्श को स्वतन्त्रता संग्राम के दौरान विभिन्न धर्मों को मानने वाले समूहों को उपनिवेशी शक्ति के विरुद्ध इकट्ठा करने के लिए अपनाया गया। धर्मनिरपेक्षता के विचार की परिपक्वता स्वतन्त्रता संग्राम के लम्बे संघर्ष के दौरान राष्ट्रीयता के विकास से करीबी तौर पर जुड़ी है। बाद में, धर्मनिरपेक्ष विचार को संविधान में निहित किया गया तथा नेहरू के लिए धर्मनिरपेक्षता की आवश्यकता केवल जनजीवन के धर्म से विच्छेद के लिए ही नहीं वरन् प्रगतिशील तथा आधुनिक दृष्टिकोण के लिए थी। इसका यह भी अभिप्राय था कि सभी नागरिकों के अधिकार तथा सामाजिक स्थिति बराबर है।

यद्यपि भारतीय संविधान किसी भी प्रकार के धर्म-आधारित अन्तर का विरोध करता है, यह राज्य को अविकसित वर्ग की बेहतरी के लिए कानून बनाने से नहीं रोक सकता। इस अविकसित वर्ग में अल्पसंख्यक वर्ग भी सम्मिलित है। इस प्रकार अल्पसंख्यकों को समान सांस्कृतिक व शैक्षणिक अधिकार प्राप्त हैं।

हमारे संविधान में निहित धर्मनिरपेक्ष आदर्श समान नागरिकता तथा जातिगत पहचान का विशिष्ट सम्मिश्रण है। यह प्रजातान्त्रिक राष्ट्र राज्य के अन्दर विभिन्नताओं को मान्यता प्रदान करता है। हमारी राज्य-नीति में निहित इस विरोधाभास

के कारण वास्तविकता में धर्मनिरपेक्षता के आदर्श को व्यवहार में लाने में कठिनाई आती है। भारतीय सन्दर्भ में धर्मनिरपेक्षवाद ने धार्मिक समुदायों के रक्षक के रूप में व उनके संघर्षों में मध्यस्थ की भूमिका निभाने के सन्दर्भ में राज्य शक्ति को बढ़ा दिया है। वह राज्य द्वारा किसी विशेष धर्म को संरक्षण प्रदान करने को रोकता है।

धर्म पर आधुनिकता का क्या प्रभाव पड़ा है इस पर पीटर् बर्गर् का विचार है कि बढ़ती हुई सामाजिक एवं भौगोलिक गतिशीलता तथा आधुनिक संचार पद्धति के विकास ने व्यक्ति को धार्मिक प्रभावों की विविधता के समक्ष असहाय बना दिया। इसलिए उन्होंने एक-दूसरे के धार्मिक विश्वासों को सहन करना सीख लिया है। इसलिए लोग अब नये विचारों और नये परिप्रेक्ष्यों की संस्कृति की खोज के लिए स्वतन्त्रता का अनुभव करते हैं। भारत में भी हम देखते हैं कि शिक्षित एवं आधुनिकता की ओर उन्मुख मुसलमानों ने धर्मोन्मुख प्रतिमानों में परिवर्तन के लिए खोज करना शुरू कर दिया है, जैसे– तलाकशुदा पत्नियों के लिए गुज़ारा भत्ते की माँग (जो कि इस्लाम में मान्य नहीं है), बच्चों का गोद लेना, स्त्रियों को अपने पतियों को तलाक देने के लिए अधिक उदार नियमों की माँग, बहुपत्नी विवाह पर प्रतिबंध आदि। हिन्दू भी स्त्रियों पर धार्मिक प्रतिबंधों, अन्तर्जातीय विवाह पर प्रतिबंध, तलाक व विधवा पुनर्विवाह पर प्रतिबंध तथा सती प्रथा आदि को स्वीकार नहीं करते। लोग अपने अनुभवों का अर्थ ढूँढ़ते हैं। वास्तव में, ग़ैर-धार्मिक दर्शन भी अस्तित्व की सार्थक व्याख्या देते हैं।

यदि भारत में धर्मनिरपेक्षीकरण का विश्लेषण किया जाये तो यह कहा जा सकता है कि भारतीय समाज अधिक धर्मनिरपेक्ष हो गया है। विश्लेषण समझना सरल है, लेकिन दर्शाना जटिल है। मोटे तौर पर धर्मनिरपेक्षीकरण की धारणा बताती है कि अनेक धार्मिक मूल्य बदल गये हैं, कई प्रथाएँ समाप्त हो गयी हैं, और विज्ञान तथा तर्कसंगतता की महत्ता बढ़ गयी है। यह सही है कि समाज के सांस्कृतिक और संस्थात्मक मूल में परिवर्तन मौलिक और तीव्र होने चाहिए। विवाह, परिवार, जाति और कई संस्थाओं पर धर्म का प्रभाव कम होता दिखाई दे रहा है, लेकिन यह भी सत्य है कि धर्म की ताकत जारी है। धर्म-स्थलों पर जाने में, तीर्थयात्रा पर जाने में, धार्मिक उपवास करने में और धार्मिक त्योहार मनाने में लोगों की अभिवृत्ति में परिवर्तन हो सकता है, सिविल विवाह में वृद्धि हो सकती है, यहाँ तक कि सक्रिय धार्मिक लोगों की संख्या में कमी हो सकती है, लेकिन धार्मिक प्रथाओं में कमी हिन्दुओं में धर्मनिरपेक्षता की प्रक्रिया की ओर आवश्यक रूप से संकेत नहीं करती। सिक्ख अभी भी धार्मिक प्रतिबन्धों को जारी रखे हुए हैं। संस्थात्मक धर्म की अपेक्षा व्यक्तिगत अर्थ और पूर्ति के माध्यम के रूप में धर्म पूरे उत्साह और शक्ति के साथ जीवित है। अतः धर्मनिरपेक्षीकरण की धारणा औपचारिक धर्म की अपेक्षा व्यक्तिगत धर्म पर कम लागू होती है।

भारत में यह शब्द आज़ादी के बाद अनेक सन्दर्भों में प्रयोग किया जाने लगा। देश के विभाजन के बाद राजनीतिज्ञ अल्पसंख्यक समुदायों को, विशेष रूप से मुसलमानों को, आश्वासन देना चाहते थे कि उनके साथ किसी प्रकार का भेदभाव नहीं किया जायेगा। अतः नये संविधान में प्रावधान किया गया कि भारत धर्मनिरपेक्ष बना रहेगा जिसका अर्थ था : (a) प्रत्येक नागरिक को अपने धर्म का उपदेश देने और पालन करने की पूर्ण स्वतन्त्रता होगी, (b) राज्य का कोई धर्म नहीं होगा, और (c) सभी नागरिक किसी धार्मिक भेदभाव के बिना समान होंगे। इस प्रकार विरोधियों को भी वही अधिकार दिये गये जो अनुयायियों को थे, इससे स्पष्ट होता है कि एक धर्मनिरपेक्ष समाज या राज्य अधार्मिक समाज नहीं है। धर्म मौजूद रहते हैं, उनके अनुयायी अपने धर्म की पुस्तकों में प्रतिष्ठित सिद्धान्तों और प्रथाओं को मानते हैं और कोई भी बाह्य एजेन्सी, राज्य सहित, वैधानिक धार्मिक कृत्यों में हस्तक्षेप नहीं करती। दूसरे शब्दों में, धर्मनिरपेक्ष समाज के दो अभिन्न तत्त्व हैं: (a) धर्म और राज्य की सम्पूर्ण रूप से पृथकता और (b) सभी धर्मों के अनुयायियों को पूर्ण स्वतन्त्रता और साथ ही नास्तिक और अनीश्वरवादियों को भी अपने-अपने विश्वास को मानने की स्वतन्त्रता। धर्मनिरपेक्ष समाज में विभिन्न धार्मिक समुदायों के नेताओं और अनुयायियों से अपेक्षा की जाती है कि वे राजनीतिक लाभ के लिए धर्म का प्रयोग न करें।

धर्मनिरपेक्ष समाज में धर्म कैसे प्रासंगिक है, यह एक अहम प्रश्न है। धर्म मनुष्य और समाज के मामलों में महत्त्वपूर्ण था और महत्त्वपूर्ण भूमिका निभाए जा रहा है। श्यामाचरण दूबे (1990: 79-80) ने धर्म के नौ कार्य बताये हैं :

(i) व्याख्यात्मक (Explanatory) कार्य (रहस्यों के प्रति क्यों, क्या आदि की व्याख्या से सम्बन्धित, (ii) एकात्मक (Integrative) कार्य (अनिश्चितता में सहारा तथा असफलता और कुण्ठा में सांत्वना प्रदान करते हैं), (iii) पहचान सम्बन्धी (Identity) कार्य (सुरक्षा और पहचान हेतु श्रेष्ठ सम्बन्ध बनाये रखने के लिए आधार प्रदान करना), (iv) प्रमाणित करने (Validating) का कार्य (सभी मूलभूत संस्थाओं को शक्तिशाली मान्यता तथा नैतिक औचित्य प्रदान करना), (v) नियन्त्रण सम्बन्धी कार्य (विचलन के विविध स्वरूपों पर अंकुश लगाना), (vi) अभिव्यक्ति (Expressive) का कार्य (दुखदायी कारकों की सन्तुष्टि के कार्य करना), (vii) भविष्यवाणी का कार्य (स्थापित स्थितियों के विरुद्ध विरोध प्रदर्शन में), (viii) परिपक्वता का कार्य (अधिकारों की रक्षा करके व्यक्ति के जीवन इतिहास में संकटपूर्ण स्थिति में मान्यता प्रदान करना), और (ix) इच्छा पूर्ति (Wish Fulfilment) का कार्य (आन्तरिक एवं बाह्य दोनों ही प्रकार की इच्छाओं की)।

वैज्ञानिक ज्ञान और प्रविधि का क्षेत्र जैसे-जैसे विस्तृत होता है, धर्म का क्षेत्र संकुचित होता जाता है। इसके कुछ कार्य अन्य एजेन्सियों द्वारा ले लिए जाते हैं। दूबे का मानना है कि सरल समाजों में, जिन्हें व्यावहारिक व अनुभवात्मक ज्ञान कम होता है, इसके प्रभाव का क्षेत्र अधिक होता है। प्रौद्योगिकी के क्षेत्र में कम विकसित समाज में सांसारिक उपलब्धियों के लिए अतिप्राकृतिक शक्तियों को बड़े पैमाने पर प्रसन्न करने के लिए संस्कार एवं प्रतीकात्मक कार्य किये जाते हैं। आधुनिक औद्योगिक समाजों में धार्मिक विश्वासों की पकड़ ढीली पड़ जाती है, यद्यपि धर्म में रुचि बनी रहती है। यह सामूहिक तथा साम्प्रदायिक मामला न होकर व्यक्तिगत रहता है। धर्मनिरपेक्षीकरण से तर्कसंगतीकरण (Rationalization) की प्रक्रिया शुरू होती है, जिसके कारण धर्म विविध सामाजिक क्रिया-कलापों पर नियन्त्रण खो देता है, जैसे– आर्थिक, व्यापार, शिक्षा, चिकित्सा आदि। धर्म के कई पारम्परिक कार्यों की देख-भाल धर्मनिरपेक्ष संस्थाएँ करने लगती हैं। एक समग्र धार्मिक सांसारिक दृष्टिकोण जिसमें क्रिया-कलापों का समस्त ढाँचा धर्म उन्मुख होता है, उसमें पूर्णरूप से परिवर्तन हो जाता है।

लेकिन धर्मनिरपेक्षता हर समाज में भिन्न होती है। शायद भारत विविध संस्थाओं को विकसित करने में असफल रहा है, जो धर्म के परम्परागत कार्यों को अपना सके। इस कारण यह साम्प्रदायिक ही रहा है और धार्मिक विश्वास जारी है। समस्याओं को बड़े राष्ट्रीय परिप्रेक्ष्य की अपेक्षा संकीर्ण और साम्प्रदायिक दृष्टि से देखा जाता है। धर्मोन्मुखता, कार्य एवं जीवन के प्रति दृष्टिकोण निर्धारित करती है और ऐसी नैतिकता के उदय में बाधक बनती है, जो प्रगति में सहायक हो। वास्तव में, कोई भी समाज पूर्णरूपेण धर्मनिरपेक्ष नहीं है तथापि धर्म परिवर्तनशील आचार तत्त्वों के साथ समायोजन करने का प्रयत्न कर रहा है। यह बात न केवल हिन्दू धर्म के लिए सत्य है, बल्कि मुस्लिम, सिक्ख और जैन धर्मों के लिए भी। दूबे का भी विचार है कि भारत में सभी धर्मों ने परिस्थितिपरक समझौते किये हैं। कोई भी धर्म अपने मूल स्वरूप को कायम नहीं रख पाया है लेकिन सभी ने आवश्यक समायोजन किये हैं। धर्मनिरपेक्ष और आधुनिक समाज धर्म के विरुद्ध नहीं है। इस आधार पर भारत में धर्म आधुनिकीकरण के विरुद्ध नहीं है। अनेक लोग संकट में धर्म का सहारा लेते रहेंगे। धर्म संकटापन्न आघातों के समय समर्थन और विश्वास प्रदान करता रहेगा। इस प्रकार हमारे देश में अलग-अलग धार्मिक पहचान मान्य रहेगी जब तक वे बड़े राष्ट्रीय हितों की वैधता को चुनौती नहीं देते हैं।

बहुत लोगों का यह भी मानना है कि विभिन्न धर्मों के लोगों की संख्या भारत में इतनी अधिक है कि भारत को धर्मनिरपेक्ष होना उसकी मज़बूरी है। कुछ राज्य तो ऐसे हैं जहाँ ग़ैर-हिन्दुओं का प्रतिशत हिन्दू से अधिक है। हिन्दू लोग तो भाषा, क्षेत्र और जाति के आधार पर आपस में सदियों से लड़ते रहे हैं। यह ग़ैर-हिन्दुओं की भारी मौजूदगी का परिणाम है कि वे कभी-कभी धर्म के नाम पर एक दिखाई पड़ते हैं, परन्तु इस प्रकार की एकता कभी स्थायी नहीं रह पाती है। निकट भविष्य में भी लगभग यही स्थिति बनी रहने की सम्भावना है। यह मुसलमानों की तरह एकाश्म (Monolithic) समुदाय कभी नहीं रहा है। हिन्दू धर्म की प्रकृति मूलरूप से व्यक्तिवादी रही है।

REFERENCES

Bellah, Robert N., **The New Religious Consciousness**, Berkeley: University of California Press, 1976.

Berger, Peter L., **The Homeless Mind: Modernization and Consciousness**, New York: Random House, 1973.

——, **The Sacred Canopy: Elements of a Sociological Theory of Religion,** New York: Anchor Books, 1990.

Bowie, Fiona, The **Anthropology of Religion: An Introduction**, Oxford: Blackwell, 1999.

Clarke, Peter B. (ed.), **The Oxford Handbook of the Sociology of Religion**, New York: Oxford University Press, 2009.

Dube, S.C., **Tradition and Development**, New Delhi: Vikash Publishing House, 1990.

Durkheim, Émile, **The Elementary Forms of the Religious Life**, London: G. Allen & Unwin, 1915.

Evans-Pritchard, E.E., **Theories of Primitive Religion**, London: Oxford University Press, 1965.

Frazer, James G., **The Golden Bough** (Abridged Ed.), London: Oxford University Press, 1922.

Johnson, H. M., **Sociology**, New Delhi: Allied Publishing Pvt. Ltd., 1983.

Jung, Carl G., **Modern Man in Search of a Soul**, New York: Harcourt, Brace and Company, 1955.

Kevin J. Christiano, *et al.*, **Sociology of Religion: Contemporary Developments**, Lanham, MD: Rowman & Littlefield Publishers, 2008.

Lowie, Robert Harry, **Primitive Religion**, London: George Routledge & Sons., 1936.

Malinowski, B., **Magic, Science and Religion and other Essays,** Glencoe, Illinois: The Free Press, 1948.

Marx, Karl, **A Contribution to the Critique of Political Economy** (1859), London: Progress Publisher, 1979 .

Radcliffe-Brown, A.R., **Structure and Function in Primitive Societies**, Glencoe, Illinois: The Free Press, 1952.

Stone, Jon R. (ed.), **The Essential Max Müller: On Language, Mythology, and Religion**, New York: Palgrave, 2002.

Tylor, E.B., **Primitive Culture**, London (1871), New York: J.P. Putnam's Sons, 1920.

Weber, Max, **From Weber, Essays in Sociology** (tran.), Hans Gerth and C. Wright Mills, London: Routledge and Kegan Paul Ltd., 1946.

——, **The Protestant Ethic and the Spirit of Capitalism**, Los Angeles: Roxbury Company, 2002.

21

आर्थिक पद्धति
(Economic System)

समाजशास्त्रीय विश्लेषण की दृष्टि से आर्थिक पद्धति से तात्पर्य ऐसी वैधानिक तथा संस्थात्मक ढाँचे (Legal and institutional framework) से है, जिसके अन्तर्गत आर्थिक क्रियाएँ संचालित होती हों। वास्तव में, आर्थिक पद्धति संस्थाओं का एक ऐसा ढाँचा है, जिसके द्वारा उत्पत्ति के साधनों तथा उनके द्वारा उत्पादित वस्तुओं के प्रयोग पर सामाजिक नियन्त्रण किया जाता है। यह वह व्यवस्था है जिसका सम्बन्ध वस्तुओं और सेवाओं के उत्पादन तथा वितरण से जुड़ा हुआ है। इसके अन्तर्गत कई बातों का अध्ययन किया जाता है– (क) किन-किन वस्तुओं का उत्पादन किया जाये? (ख) उत्पादन कैसे किया जाये अथवा उत्पादन की तकनीक क्या हो? (ग) वर्तमान एवं भविष्य के बीच चयन कैसे किया जाये?

समय के साथ आर्थिक व्यवस्था में काफी परिवर्तन हुआ है। औद्योगीकरण आर्थिक व्यवस्था में परिवर्तन का एक प्रमुख कारण है। औद्योगीकरण की प्रक्रिया के परिणामस्वरूप यूरोपीय समाज में काफी परिवर्तन सम्भव हुआ। साथ ही बहुत प्रकार की समस्याओं की भी उत्पत्ति हुई। इन्हीं समस्याओं के अध्ययन के लिए समाजशास्त्र का जन्म हुआ। तब से लेकर आज तक सामाजिक व्यवस्था और आर्थिक पद्धति के बीच सम्बन्धों की समाजशास्त्र में चर्चा हो रही है। ऑगस्त कौंत (Auguste Comte) और हर्बर्ट स्पेंसर (Herbert Spencer) दोनों ही यूरोप में सुदृढ़ होते पूँजीवाद के समर्थक थे एवं अपने समाजशास्त्रीय लेखों में इस विषय पर विचार करते रहे। आर्थिक पद्धति एवं समाज के सम्बन्धों को कार्ल मार्क्स (Karl Marx) ने अपनी चर्चाओं का केन्द्र बनाया एवं सामाजिक-सांस्कृतिक तथ्यों के निर्धारण में आर्थिक कारकों को सर्वाधिक महत्त्वपूर्ण कहा है। इसके बाद मैक्स वेबर (Max Weber) ने धर्म एवं आर्थिक विकास के बीच के सम्बन्धों का गहन अध्ययन किया। उन्होंने प्रोटेस्टैंट धर्म के कारण पूँजीवाद के उदय को सिद्ध करने की चेष्टा की, जिससे मार्क्स के विचारों का खण्डन होता है। एक भिन्न परिप्रेक्ष्य में टैलकॉट पार्सन्स (Talcott Parsons) और एन.जे. स्मेलसर (N.J. Smelser) ने आर्थिक पद्धति और समाज के सम्बन्धों पर चर्चा की (**Economy and Society**, 1956)। लेकिन यह विचार वेबर के विचारों से मेल खाता है। मूल तथ्य यह है कि अब समाजविज्ञानियों ने सामाजिक व्यवस्था और आर्थिक पद्धति के अन्तर्सम्बन्धों को स्वीकार कर आर्थिक पद्धति जैसे विषय की चर्चा करते हैं।

आर्थिक पद्धति के समाजशास्त्रीय विश्लेषण के सन्दर्भ में सम्पत्ति एवं पूँजी की अवधारणा को समझ लेना आवश्यक प्रतीत होता है। वे इस प्रकार हैं–

सम्पत्ति (Property)— किसी व्यक्ति अथवा समूह का मानवनिर्मित या विकसित अथवा प्रकृति की किसी वस्तु या विशेषता पर जो नियन्त्रण होता है, उसे सम्पत्ति कहते हैं। यह नियन्त्रण एकछत्र होता है। अत: बेचने एवं उसे खरीदने का अधिकार होता है। इस नियन्त्रण को समूह एवं समाज की स्वीकृति होती है। हाबहाउस (L.T. Hobhouse) ने कहा कि सम्पत्ति का यह सबसे महत्त्वपूर्ण लक्षण है। सम्पत्ति के सम्बन्ध में पियरे जोसेफ पुरूदाँ (Pierre-Joseph Proudhon) ने कहा कि सम्पत्ति को ईमानदारी, परिश्रम और न्यायपूर्ण ढँग से कभी कमाया नहीं जा सकता है, सम्पत्ति चारी है। मार्क्स ने कहा कि सम्पत्ति की धारणा सामाजिक विकास के एक स्तर पर उत्पन्न हुई। सम्पत्ति निजी होती है। जब भी किसी व्यक्ति और समूह का प्रकृति एवं मानवनिर्मित संसाधनों पर एकछत्र अधिकार होता है, निजी सम्पत्ति का उदय होता है। फ्रेडरिक ऐंगल्ज (F. Engels) ने इस तथ्य को अपनी पुस्तक **The Origin of the Family, Private Property, and the State** (1884) में लिखा है कि जब निजी सम्पत्ति उत्पन्न होती है, तब ही परिवार एवं राज्य का उदय होता है। मार्क्स ने कहा कि जिस अनुपात में सम्पत्ति बढ़ती है, उसी अनुपात में ग़रीबी भी बढ़ती है।

किंग्जली डेविस (Ḳingsley Davis) ने सम्पत्ति के प्रकारों की चर्चा की है, जैसे– व्यक्तिगत सम्पत्ति, सामुदायिक सम्पत्ति और सार्वजनिक सम्पत्ति सम्पत्ति को अन्य रूप से भी देखा जा सकता है। सार्वजनिक सम्पत्ति में पूरे समुदाय की पहुँच होती है। सामान्य सम्पत्ति में एक समूह का सामूहिक रूप में नियन्त्रण होता है और कोई भी व्यक्ति अपने हिस्से की माँग नहीं कर सकता है। संयुक्त सम्पत्ति वह है, जिसमें अनेक लोग अपनी सम्पत्ति मिला देते हैं, जैसे– साझा कम्पनी। व्यक्तिगत सम्पत्ति वह है, जिस पर एक व्यक्ति अकेला ही नियन्त्रण करता है। निगम सम्पत्ति, बहुत बड़ी-बड़ी कम्पनियों की सम्पत्ति है, जिसमें हजारों और लाखों लोग अपनी हिस्सेदारी रखते हैं। सहयोगी सम्पत्ति वह है, जो सहयोग समितियों में लगी रहती है। इसे हर समय निकालना कठिन है। अर्थशास्त्र की भाषा में इसमें तरलता (Liquidity) कम होती है।

पूँजी (Capital)— मार्क्स ने **पूँजी** नामक पुस्तक **(Das Capital)** चार खण्डों में लिखी। पूँजी का प्रथम खण्ड 1867 में प्रकाशित हुआ। पूँजी का अर्थ है ऐसा आर्थिक संसाधन जो धन उपार्जन की प्रक्रिया में लगा है, इसलिए यदि किसी व्यक्ति ने अपना धन ज़मीन में गाड़कर रखा हुआ है तब वह पूँजी नहीं है। वर्तमान विश्व पूँजीवाद के युग में पूँजी के अलग-अलग प्रकार बताये गये हैं। सामान्य रूप से पूँजी को चार प्रकारों में बाँटा जाता है: (1) व्यापारी पूँजी (Commercial Capital)— यह वह पूँजी है, जो व्यापार करने के लिए जुटाई जाती है। व्यापारी पूँजी में बहुत अधिक जोखिम होता है। (2) महाजनी पूँजी या बैंक की पूँजी (Merchant Capital)— यह वह पूँजी है जिसे बैंक अथवा महाजन ब्याज पर देता है। इसका कोई गारंटर होता है। महाजन अथवा बैंक अपनी पूँजी के लिए कोई जोखिम नहीं उठाता है। (3) औद्योगिक पूँजी (Industrial Capital)— यह वह पूँजी है, जिसे एक उद्यमी या उद्योगपति अपने मित्रों, परिचितों, बैंक आदि से संगृहीत करता है। इस पूँजी में सबसे अधिक जोखिम होता है। (4) वित्तीय पूँजी (Finance Capital)— यह वह पूँजी है जिसका परिमाण बहुत अधिक होता है। उद्योग के मालिक जब बैंकों पर नियन्त्रण कर लेते हैं, तब वह वित्तीय पूँजी हो जाती है, इसे निगम पूँजी भी कहते हैं। निगम पूँजी में हजारों लाखों लोग अपना पैसा लगाते हैं। उद्योगपति और अन्य सहयोगी इस बात के लिए बाध्य नहीं हैं कि वे सबको यह बताएँ कि किसकी पूँजी कितनी है। वित्तीय पूँजी को एकाधिकार पूँजी (Monopoly Capital) भी कहते हैं। भारत में टाटा, रिलॉयन्स, बिरला आदि की पूँजी वित्तीय पूँजी है।

मार्क्स ने मज़दूर के शोषण की व्याख्या के लिए अतिरिक्त मूल्य का सिद्धान्त दिया। उन्होंने कहा कि पूँजी दो प्रकार की होती है— एक निश्चित पूँजी एवं दूसरी अनिश्चित पूँजी। निश्चित पूँजी का अर्थ है मशीन, कच्चे माल की पूँजी जो निर्धारित रहती है। मज़दूर का श्रम परिवर्तनकारी पूँजी है। वह अपने परिश्रम से वस्तुओं को कम या अधिक लागत में पैदा करता है। मार्क्स ने कहा कि उद्योगपति मज़दूर से जितना काम लेता है, उतने की तनख्वाह नहीं देता है, वही अतिरिक्त मूल्य है। यही पूँजीपति के मुनाफे का आधार है।

आर्थिक गतिविधि मानव की प्राथमिक गतिविधियों में से एक है। एक आदि मानव से लेकर आधुनिक मानव तक की आवश्यकताएँ केवल भोजन, आवास और यौन की ही नहीं थीं, बल्कि कभी सन्तुष्ट न होने वाले और अपनी अवस्थाओं को निरन्तर उन्नत करते रहने वाले प्राणी के रूप में लोगों के न केवल साधन बढ़े, बल्कि उनकी आवश्यकताएँ भी बढ़ती गयीं। इनको पूरा करने के तरीके, काम के संगठन, विनिमय और वितरण के स्वरूप भी इनके साथ बदलते गये। इसलिए आर्थिक संरचनाओं के स्वरूप भी समय के अनुसार बदलते गये। इसके बावजूद, जिन आर्थिक गतिविधियों से संस्थाओं का सम्बन्ध है, वे हैं सम्पत्ति, श्रम विभाजन (Division of Labour), विनिमय (Exchange) और वितरण (Distribution)। यहाँ हम प्रमुख आर्थिक पद्धति के प्रकारों की चर्चा करेंगे जिसके अन्तर्गत यह देखने का प्रयास करेंगे कि वहाँ श्रम विभाजन, विनिमय, वितरण एवं सम्पत्ति पर नियन्त्रण किस प्रकार होता है।

आर्थिक पद्धति के प्रकार (Types of Economy)

समाजविज्ञानियों के बीच आर्थिक पद्धति के प्रकार भेद के सम्बन्ध में थोड़ा मतभेद है। मतभेद का एक कारण विभाजन के भिन्न-भिन्न आधार हैं एवं दूसरा आर्थिक पद्धति की भूमिका का असमान मूल्यांकन है। कार्ल मार्क्स ने अपनी पुस्तक **German Ideology** (Marx and Engles, 1960) में स्वामित्व (Ownership) के विकास के सम्बन्ध में चार प्रकार की आर्थिक व्यवस्था की बात की है– जनजातीय (**Tribal**), पुरातन (**Ancient**), सामन्ती (**Feudal**) एवं पूँजीवादी (**Capitalist**)। आगे चलकर उन्होंने अपनी पुस्तक **Critique of Political Economy** एवं **Pre-Capitalist Economic Formation** में उत्पादन के तरीकों (**Modes of Production**) के चार स्तरों की चर्चा की, वे इस प्रकार हैं– एशियाई (**Asiatic**), पुरातन (**Ancient**), सामन्ती (**Feudal**) एवं पूँजीवादी (**Capitalist**)। इन दो प्रकार की व्यवस्थाओं में कोई विशेष फ़र्क नहीं है, सिवा इसके कि प्रारम्भिक 'जनजातीय' (**Tribal**) स्तर को बाद में उन्होंने एशिएटिक कहना ज़्यादा उचित समझा। मार्क्सवादी और ग़ैर-मार्क्सवादी, दोनों प्रकार के विद्वानों ने कार्ल मार्क्स के इस विचार का खण्डन किया है।

यह बात ध्यान देने की है कि ये व्यापक प्रकार भेद हैं। एक ही व्यवस्था के अन्दर अनेक आन्तरिक भिन्नताएँ होती हैं। हॉबहाउस, ह्वीलर और गिन्जबर्ग (L.T. Hobhouse, G.C. Wheeler and M. Ginsberg– **The Material Culture and Social Institutions of the Simpler Peoples: An Essay in Correlation,** 1930) ने केवल आदिम समाजों में चार सौ प्रकार की अर्थव्यवस्थाओं के प्रमाण संगृहीत किये थे। डी.एन. मजुमदार ने जनजातियों की आर्थिक पद्धति को आठ भागों में विभक्त किया है। मानवशास्त्री हर्सकोविट्ज (Melville Jean Herskovitz) ने जनजातियों की पाँच प्रकार की अर्थव्यवस्थाओं की चर्चा की है। ये हैं– खाद्य जमा करने वाली, शिकार करने वाली, मछली मारने वाली, पशुपालन करने वाली और खेती करने वाली अर्थव्यवस्थाएँ।

समाजशास्त्रीय विश्लेषण की सुविधा की दृष्टि से अर्थव्यवस्थाओं को तीन भागों में बाँटा जा सकता है– **(i) शिकारी एवं संग्रहकारी या एकत्रीकरण अर्थव्यवस्था (Hunting and Gathering Economy) (ii) सरल परिवर्तनकारी अर्थव्यवस्था (Simple Transformative Economy)** एवं **(iii) जटिल परिवर्तनकारी अर्थव्यवस्था (Complex Transformative Economy)**। प्रथम का सम्बन्ध आदिम अर्थव्यवस्था से, दूसरी का सम्बन्ध कृषक आर्थिक व्यवस्था से तथा तीसरी का सम्बन्ध आधुनिक अर्थव्यवस्था से है। इन अर्थव्यवस्थाओं के नामाकरण कुछ भ्रामक हैं। संग्रहकारी आर्थिक पद्धति का अर्थ केवल संग्रह नहीं है। वास्तव में इस शीर्षक के अन्तर्गत सभी जनजातीय आर्थिक प्रणालियों को समेटने की चेष्टा है। इसमें टोडा जैसे पशुपालक भी हैं, चेंचू जनजाति जैसी घुमंतू खेती वाले भी हैं और संथाल तथा मुण्डा जैसे खेती करने वाले भी हैं। आर्थिक पद्धति का यह वर्गीकरण तकनीकों या प्रौद्योगिकी (Technology) के प्रकारों को ध्यान में रख कर किया गया है। सबसे पहले आदिम संग्रह करने वाली आर्थिक पद्धति और अन्ततः वर्तमान औद्योगिक या पूँजीवादी या जटिल परिवर्तनकारी आर्थिक पद्धति आती है।

आर्थिक पद्धति के अन्तर्गत महत्त्वपूर्ण संस्थाएँ, जैसे– सम्पत्ति, श्रम-विभाजन, विनिमय और वितरण की प्रक्रिया आपस में एक-दूसरे से जुड़ी होती हैं। हॉबहाउस (L.T. Hobhouse) के अनुसार सम्पत्ति या वस्तु, चाहे वह प्राकृतिक हो अथवा मानव-निर्मित, पर मानव का नियन्त्रण होता है। इस नियन्त्रण को समाज एकछत्र एवं स्थायी रूप में स्वीकार करता है। बहुधा आधुनिक सम्पत्ति में ऐसी चीज़ें भी सम्मिलित होती हैं, जिनका कोई स्वरूप नहीं होता है। उदाहरण के लिए कोई ट्रेडमार्क अथवा किसी ट्रेडमार्क की प्रसिद्धि आदि। हॉबहाउस ने कहा कि सभी समाजों में सम्पत्ति होती ही है, यह निजी या सामूहिक हो सकती है। दूसरी तरफ मानवशास्त्री एल.एच. मॉर्गन (Lewis H. Morgan) ने अपनी पुस्तक (**Ancient Society** 1877) में यह कहा कि सम्पत्ति सभी समाजों में नहीं होती, बल्कि इसका उदय विकास की एक निश्चित अवस्था में होती है। सम्पत्ति हमेशा निजी होती है। चूँकि सम्पत्ति का अर्थ ही एकछत्र नियन्त्रण से है इसलिए व्यक्ति का एकछत्र नियंन्त्रण जब नहीं हो तब चीजें सम्पत्ति नहीं होतीं। फ्रेडरिक ऐंगल्ज (F. Engels— इस शब्द का शुद्ध उच्चारण मात्र ऐंगल्ज ही होता है। शेष सभी अशुद्ध हैं।) ने इस तथ्य को अपनी पुस्तक **The Origin of the Family, Private Property, and the State: In the Light of the Researches of Lewis H. Morgan** (1884) में स्पष्ट ढँग से प्रस्तुत किया है।

सम्पत्ति के नियन्त्रण के तरीकों में आर्थिक पद्धति में बदलाव के साथ परिवर्तन हुआ। आरम्भ में सम्पत्ति सामूहिक रूप से नियन्त्रित होती थी, जिसे आदिम अर्थव्यवस्था भी कहा जाता है। टॉम बॉटमोर (T.B. Bottomore) ने कहा कि आदिम समाज में प्रकृति एवं मानव-निर्मित साधनों पर पूरे समाज का अधिकार होता था। आरम्भ में जब सम्पत्ति का विकास हुआ तब समूह के द्वारा नियन्त्रण की प्रथा आरम्भ हुई। यह समूह आमतौर पर कुल अथवा वंश हुआ करता था, फिर परिवार और नातेदारी द्वारा नियन्त्रण की परिपाटी शुरू हुई। तत्पश्चात् व्यापारवाद के समय और विशेषकर औद्योगिक आर्थिक पद्धति के अन्तर्गत व्यक्तिगत सम्पत्ति की प्रथा चली। इसके पश्चात् बड़ी कम्पनियों के उदय से निगम सम्पत्ति (Corporate Property) या व्यक्तिगत सम्पत्ति को साझे नियन्त्रण में रखने की प्रथा चली। आज निजी सम्पत्ति के भिन्न-भिन्न स्वरूप देखने को मिलते हैं।

1. आदिम अर्थव्यवस्था (Primitive Economy)

आदिम समाज की आर्थिक पद्धति अविकसित होती है। इनकी आर्थिक गतिविधियाँ सरल कृषक समाजों जैसी होती हुई भी न तो उतनी संगठित होती हैं और न ही उतनी उत्पादक। यह स्तर मानव-जीवन के आर्थिक पहलू का प्राथमिक एवं प्रारम्भिक स्तर माना जाता है। इस स्तर के मानव का आर्थिक जीवन अव्यवस्थित, अस्पष्ट एवं अनिश्चित होती है। इस स्तर की अर्थव्यवस्था में बचत का वह स्थान नहीं है, जिस बचत से चीज़ों की अदला-बदली की जा सके। इन लोगों की अर्थव्यवस्था का रूप जंगल से शिकार कर लाना, मछली पकड़ लाना, फल चुनना या कंद-मूल निकाल कर लाना है। यद्यपि इनमें से सबकी अर्थव्यवस्था एक-सी नहीं है, उनमें कुछ-न-कुछ भेद रहता ही है। इसके बावजूद, इस प्रकार की अर्थव्यवस्था की निम्नलिखित मुख्य विशेषताएँ हैं।

इस प्रकार की अर्थव्यवस्था में जनसंख्या के थोड़े होने के साथ-साथ आर्थिक उद्देश्य से इनका जो समूह बनता है, वह भी छोटा होता है। अगर कहीं अधिक व्यक्ति इकट्‌ठे भी होते हैं, तो कुछ देर के लिए, सामयिक तौर पर। भिन्न-भिन्न वस्तुओं को इकट्‌ठा करने के लिए इस अर्थव्यवस्था में गुट या टुकड़ियाँ बना दी जाती हैं। लड़कों तथा बूढ़े लोगों की टुकड़ियाँ शिकार तथा मछली पकड़ने का काम करती हैं और बाकी चीजें, जैसे– कंद-मूल, फल इत्यादि लड़कों के साथ बूढ़ी स्त्रियाँ बटोर लाती हैं। वे लोग एक जगह टिककर नहीं रहते, जहाँ खाने और पेट भरने की व्यवस्था सुविधाजनक होती दिखती है, वहीं चले जाते हैं। शिकार, मछली, फल-मूल को जो लोग इकट्‌ठा करके लाते हैं। उनका सब साझेदारी में उपभोग करते हैं। अगर किसी ने वैयक्तिक रूप से कई चीज़ें पैदा कर ली हैं, तो उसे उसका वैयक्तिक उपयोग कर लेने दिया जाता है, परन्तु मुख्य रूप में इस स्तर की अर्थव्यवस्था का आधार वैयक्तिक न होकर साझेदारी है। यह एक तरह की साम्यवादी अर्थव्यवस्था है। इस आर्थिक व्यवस्था में श्रम-विभाजन का नियम

काम नहीं करता। अगर इस व्यवस्था में श्रम-विभाग का कोई चिह्न है, तो वह लिंग-भेद के रूप में दिखाई देता है। स्त्री तथा पुरुष के कार्यों में थोड़ा-बहुत भेद होता है, अन्यथा विशेषीकरण की प्रक्रिया पर आश्रित श्रम-विभाजन इस आर्थिक व्यवस्था में नहीं पाया जाता है। इसमें स्त्री-पुरुष की स्थिति लगभग एक समान होती है।

इस स्तर के लोगों को खाद्य प्राप्ति के साधनों के आधार पर तीन भागों में विभाजित कर सकते हैं– (i) वनस्पति संकलनकर्त्ता, (ii) आखेटक या शिकारी तथा (iii) मछली मारने वाले समूह।

(i) वन से खाद्य-संकलन के लिए सम्भवत: सबसे कम उपकरणों की आवश्यकता पड़ती है। कुदाल, टोकरी और थोड़े से मिट्टी के बर्तनों से ही उनका काम चल जाता है। समूहों में पर्याप्त स्थानीय ज्ञान पाया जाता है। किस ऋतु में संकलन क्षेत्र के कौन-से भाग में भोजन का कौन-सा पदार्थ उन्हें मिल सकता है, यह ज्ञान इन समूहों के लिए अनिवार्य होता है। भोजन प्राप्ति के ढँग तथा संगृहीत सामग्री को भोज्य बनाने की विधियाँ भी उन्हें सीखनी पड़ती हैं।

(ii) आखेटक या शिकारी समूहों को शास्त्रों, यन्त्रों और उपकरणों की आवश्यकता अधिक पड़ती है। शिकार में वे भाले, बाण, जाल एवं फन्दा आदि का प्रयोग करते हैं। ये उपकरण अनेक प्रकार के होते हैं। संसार के विभिन्न भागों में पाये जाने वाली अस्त्र-शस्त्रों में बहुत ही विविधता दीख पड़ती है। शिकार व्यक्तियों द्वारा स्वतन्त्र रूप से किया जा सकता है और सुसंगठित दलों द्वारा सामूहिक रूप से भी।

(iii) मछली मारने वाला समूह भाले या तीर से मछली मारते हैं। जाल या फन्दों से भी मछली पकड़ते हैं। हल्के विष का प्रयोग कर अर्द्धचेतन अथवा अचेतन अवस्था में भी मछलियों को पकड़ा जाता है। शिकार करना और मछली मारना दोनों के लिए पर्याप्त स्थानीय ज्ञान की आवश्यकता पड़ती है।

एमिल डर्कहाइम (Emile Durkheim) का मानना है कि आदिम समाज में प्राथमिक श्रम-विभाजन था, अर्थात् नारी और पुरुष के बीच थोड़ा श्रम-विभाजन था। पुरुष जोखिम भरे कठिन, श्रम-साध्य काम करता था एवं नारी हल्के और कम श्रम-साध्य कार्य करती थी। इस समाज में नारी की प्रजननकारी भूमिका के कारण उसका केन्द्रीय महत्त्व था।

आदिम आर्थिक पद्धति में अतिरिक्त उत्पादन नहीं होता इसलिए वे अधिकतर वस्तु-विनिमय करते थे। होपी जनजाति में व्यापार भी वस्तु-विनिमय के आधार पर होता था। अनेक जनजातियों में सभ्य समाजों के प्रभाव के फलस्वरूप किसी जानवर अथवा वस्तु को प्रामाणिक आधार मानकर विनिमय किया जाता है। यह भी एक प्रकार का वस्तु-विनिमय ही है।

अनेक आदिम जातियों में विनिमय की एक विधि उपहार विनिमय (Gift Exchange) की है। इसमें वे पारी-पारी से एक-दूसरे के मेहमान होते हैं और ऐसे में जो मेहमानों की ख़ातिर करता, वह मुफ्त भोजन तो देता ही है, साथ में उपहार भी देता है। इसी तरह वह भी दूसरे के यहाँ मेहमान हो जाता है। उत्सव और आयोजनों के समय उपहारों का विनिमय अधिक होता है।

आदिम जातियों में व्यापार एकदम अनुपस्थित नहीं होता। यह व्यापार वस्तु-विनिमय पद्धति (Barter System) के सिद्धान्त के आधार पर होता है। मानवसमाज के सांस्कृतिक एवं आर्थिक विकास की यह वह अवस्था थी जिसमें विनिमय किसी प्रकार की मुद्रा अथवा अन्य साधन के द्वारा क्रय-विक्रय के रूप में न होकर, केवल वस्तुओं की अदला-बदली के रूप में होता था। वस्तु विनिमय व्यवस्था में विभिन्न वर्गों के व्यक्ति अपनी फालतू वस्तुएँ बाज़ार में ले जाते थे और उनके बदले आवश्यक वस्तुएँ प्राप्त करते थे। इस प्रकार अनाज के बदले दूध, दूध के बदले कम्बल, कम्बल के बदले बकरी अथवा बकरी के बदले वस्त्र प्राप्त किये जा सकते थे। यह सरल समाज का एक आवश्यक अंग है। वस्तु-विनिमय का उद्देश्य लोगों में सुदृढ़ और संस्थागत सम्बन्धों का प्रदर्शन करना है। प्राय: वस्तुओं के विनिमय का उद्देश्य दो समूहों के बीच परस्पर संघर्ष की सम्भावनाओं को कम करना तथा उनके बीच सौहार्दपूर्ण सम्बन्ध बनाये रखना होता है।

पॉटलाच (Potlatch)— यह कोई अर्थव्यवस्था नहीं है, बल्कि अपनी आर्थिक स्थिति का इज्जत कमाने के लिए आदिम समाज में दिखावा है। यह प्रथा अमरीका के उत्तर-पश्चिमी तट में तथा अलास्का और ब्रिटिश कोलम्बिया

में निवास करने वाली जिन चार जनजातियों में पायी जाती है, वे हैं– हैडा (Haida), लिंगित (Tlingit), शिमशियन (Tsimsian) और क्वाक्विटल (Kwakiutal)। पॉटलाच एक भोज होता है, जिसमें कई लोगों और यहाँ तक कि दुश्मनों तक को आमन्त्रित किया जाता है। भोज में लोगों को खूब खिलाया-पिलाया जाता है, वस्तुएँ नष्ट की जाती हैं और लोगों में बाँटी जाती हैं। वह कितना समृद्धशाली है और कितना कुछ नष्ट कर सकता है या कितना कुछ दे सकता है, यह दिखाने के लिए ही वह ऐसा करता है। यह भोज समाज में प्रतिष्ठा प्राप्त करने के लिए दिया जाता है। इस प्रकार पॉटलाच द्वारा एक व्यक्ति डंके की चोट पर सम्मानजनक सामाजिक स्थिति या पद प्राप्त करता है (देखें– Ruth Benedict, **Patterns of Culture**, 1934)।

2. कृषक अर्थव्यवस्था (Agrarian Economy)

कृषक समाज अपेक्षाकृत सरल होता है। लेकिन यह आदिम समाज से थोड़ा अधिक विकसित होता है। आर्थिक दृष्टि से इन दोनों में अन्तर तकनीक का, संगठन और व्यापकता का है। एक जनजाति अपने-आप में सम्पूर्ण समाज होता है, परन्तु कृषक समाज बहुत व्यापक एवं इसमें वर्ण एवं जाति जैसे अनेक समूह होते हैं। कृषक समाज में कुल, गोत्र के आधार पर पेशों का विभाजन होता है, जिससे भारत में जाति जैसी व्यवस्था पैदा हुई। सम्भवत: श्रम-विभाजन के कारण ही वर्ण-व्यवस्था का उदय हुआ था। यह कहा जाता है कि प्राचीन पर्सिया (ईरान) और मध्ययुगीन यूरोप में इस्टेट (Estate) की व्यवस्थाएँ श्रम-विभाजन से उत्पन्न हुईं। बाद में ये विभाजन एक-दूसरे से असमान हो गये एवं असमानता को बनाये रखने के लिए नियम भी बनाये गये। भारत में श्रम-विभाजन के साथ पवित्रता और अपवित्रता के सांस्कृतिक नियम भी जुड़ गये अन्तत: जिससे ही छुआछूत की भावना का जन्म हुआ। कृषक समाज में श्रम-विभाजन समूह के आधार पर होते हैं, अर्थात् ब्राह्मण का बेटा ब्राह्मण होता और मोची का बेटा मोची। काम करने की क्षमता और कुशलता लोग समूह में विकसित करते हैं। कुम्हार का पूरा परिवार ही मिट्टी के बर्तन बनाने के काम में पारंगत हो जाता है। कृषक समाज में श्रम-विभाजन की व्यवस्था लम्बी चलती है। मध्ययुगीन व्यावसायिक अथवा पेशा संघों (Trade Guilds) के द्वारा भी अलग-अलग पेशों को बनाये रखा जाता था। कृषक आर्थिक पद्धति में श्रम-विभाजन का आधार सामूहिक होता है, लेकिन डर्कहाइम की दृष्टि में यह सरल अथवा आदिम समाज जैसा ही है।

इतिहास से यह स्पष्ट होता है कि कृषक अथवा सामन्ती समाजों के अन्तिम दौर में **वाणिज्यीकरण (Commercialization)** का प्रचार-प्रसार हुआ। मॉरिस डॉब (Morris Herbert Dobb) ने इसे वाणिज्यिक क्रान्ति (Mercantile Revolution) कहा है। व्यापारी संघों के द्वारा सामूहिक श्रम-विभाजन ही चलाया जाता था, परन्तु व्यक्तिगत उद्यम, साहस, वीरता और व्यक्तिगत प्रयासों को सराहने की प्रथा शुरू हुई। श्रम-विभाजन के स्वरूप आमतौर पर कृषक समाजों में एक जैसे होते हैं, परन्तु इसके सामाजिक सांस्कृतिक परिणाम कुछ अलग-अलग हो जाते हैं। श्रम-विभाजन से सामाजिक असमानता की उत्पत्ति हुई परन्तु भारत में इससे सम्भवत: जाति-प्रथा तथा अस्पृश्यता की समस्या उत्पन्न हुई।

कृषक समाज में विनिमय (Exchange in Agrarian Society)— सामान्यत: कृषक समाज अथवा सामन्ती समाज में विनिमय एवं बाज़ार की प्रक्रिया मिली-जुली होती है। कृषक समाज में अधिक जटिल विनिमय की अन्तर्निर्भर व्यवस्था विकसित होती है, जिसे उत्तर भारत में यजमानी कहा जाता है। इन समाजों में पारिवारिक और ग़ैर-व्यावसायिक स्तरों पर प्रत्यक्ष विनिमय (Barter System) प्रचलित होता है। व्यापार में अधिकतर विनिमय धातु मुद्राओं के माध्यम से होता है। जनजातीय समाज में कहीं-कहीं विनिमय के माध्यम के रूप में जानवरों का भी प्रयोग होने लगा था। कृषक समाज में विनिमय, मुद्रा के माध्यम से होते हैं, जो अपने अन्दर पूरा मूल्य समाहित रखते हैं, अर्थात् किसी धातु विशेष की उस मुद्रा की मात्रा का मूल्य सभी जगहों पर एक जैसा होता है।

जनजातीय समाज में बाज़ार या हाट साप्ताहिक या पाक्षिक होते हैं, परन्तु कृषक समाजों में छोटे स्तर पर नियमित बाज़ारों का उदय होता है, जहाँ प्रत्येक दिन सामान बिकते हैं। इसी कारण बाज़ार शहरों का उदय हुआ। ऐसे शहर भारत में पचास-साठ गाँवों पर हुआ करते थे। इसका तात्पर्य यह नहीं है कि कृषक समाज की आर्थिक पद्धति बाज़ार

अर्थव्यवस्था (Market Economy) की होती है। इसका अर्थ ऐसी अर्थव्यवस्था से है, जहाँ उत्पादन का उद्देश्य उत्पादों को बाज़ार में बेचना होता है। कृषक समाज में अधिकतर उत्पादन निजी उपभोग के लिए होता है इसलिए कृषक समाज की आर्थिक पद्धति को **जीवन-निर्वाही अर्थव्यवस्था (Subsistence Economy)** कहा जाता है। कृषक समाज की इस उत्पादन व्यवस्था के कारण ही विनिमय की प्रकृति असमान होती है। यह वस्तु, सेवा एवं कुशलता सभी प्रकार के विनिमय में होता है। उदाहरण के लिए यजमानी व्यवस्था में एक समृद्ध कृषक या ज़मींदार से जुड़ा बढ़ई या नाई परिवार चाहे कम या अधिक सेवा करे, निर्धारित अनाज अथवा खेती के लिए ज़मीन का एक टुकड़ा मिलेगा ही।

यजमानी व्यवस्था (Jajmani System)— यह जातीय विभाजन पर आधारित वस्तुओं और सेवाओं के विनिमय की भारतीय पारम्परिक व्यवस्था है। भारत में अंग्रेजों के आने तक विनिमय की जाति-अन्तर्निर्भर व्यवस्था थी जिसे उत्तर भारत में यजमानी एवं अन्य क्षेत्रों में दूसरे क्षेत्रीय नामों से जाना जाता था। यजमानी व्यवस्था वस्तु, सेवा और कुशलता के विनिमय की ऐसी व्यवस्था रही है, जिसके आर्थिक, सामाजिक और राजनीतिक आयाम हैं। यह सही है कि तब तक यजमानी के आर्थिक आधार काफी कमजोर हो गये थे क्योंकि अंग्रेजी राज की आर्थिक पद्धति **वाणिज्यवाद (Commercialism)** पर आधारित थी, जिसमें दोनों पक्ष लाभ-हानि की बात सोचते थे। ग्रामीण भारत में प्राचीनकाल से ही परम्परागत रूप से ही यजमानी व्यवस्था एक महत्त्वपूर्ण सामाजिक संस्था रही है। यह पुरानी सामाजिक संस्था है, जो भारत के गाँवों में व्याप्त अन्तर-जातीय, अन्तर-पारिवारिक, सामाजिक, आर्थिक, राजनीतिक और अनुष्ठान सम्बन्धी बन्धनों का परिचायक है।

यजमानी प्रथा के अन्तर्गत प्रत्येक जाति विशेष पेशों को अपना परम्परागत पेशा मानती है। इन पेशों से सम्बन्धित सेवाओं के द्वारा एक जाति का सम्पर्क दूसरी जाति से इस प्रकार स्थापित होता है कि सभी जातियाँ एक-दूसरे से जुड़ जाती हैं। इस प्रथा के अन्तर्गत जिन लोगों को सेवाएँ दी जाती हैं उन लोगों को यजमान और सेवा देने वाले लोग कमीन, प्रजा या प्रजन कहलाते हैं। यजमानी प्रथा के अन्तर्गत प्रत्येक जाति के कुछ यजमान होते हैं, जो सेवा के बदले प्रजनों को सेवा या वस्तु (विशेषकर अन्न) प्रदान करते हैं। उदाहरणस्वरूप, नाई अपने यजमानों की हजामत बनाता है, कहार पानी भरता है, पासवान रखवाली का काम करता है, ब्राह्मण पूजा-पाठ करता है, कुम्हार मिट्टी के बर्तन बनाता है और उन्हें फसल कटने के समय सेवा के बदले अन्न या फसल दी जाती है। यजमानी प्रथा पुश्त-दर-पुश्त चलती रहती है। यजमानी प्रथा का कार्य पिता से पुत्र को उसी प्रकार प्राप्त होता है, जिस प्रकार पिता की किसी अन्य प्रकार की सम्पत्ति पुत्र प्राप्त करता है। यजमानी कार्य का अधिकार सम्पत्ति के किसी अन्य भाग की भाँति यजमानों का बँटवारा भी समान अनुपात में होता है। यदि किसी परिवार में केवल एक लड़की मात्र है, तो ऐसी अवस्था में उस लड़की का पति अपने श्वसुर का अधिकार प्राप्त करता है। इस तरह से सेवा करने और पाने की प्रक्रिया पीढ़ी-दर-पीढ़ी चलती रहती है। सेवाओं के बदले अनाज और नगद के अलावा प्रजा को त्योहार, विवाह, पूजा-पाठ आदि अवसरों पर भेंट देने का भी अधिकार होता है। इस विषय पर मानवशास्त्रीय परिप्रेक्ष्य में सर्वप्रथम विस्तृत चर्चा वाइजर (William H. Wiser, 1936) ने किया था।

यजमानी व्यवस्था का सामाजिक आयाम गाँव या इलाके में इस व्यवस्था पर आधारित सामाजिक प्रतिष्ठा का बँटवारा था। स्पष्ट रूप से यजमान या यजमानों की प्रतिष्ठा सर्वाधिक थी। ये आमतौर पर उच्च जाति वाले होते थे। यजमानी के कारण सभी जातियों के लोग अपनी प्रतिष्ठा अथवा स्थिति पाते थे और अनेक अवसरों पर यह वास्तविक व्यवहार के द्वारा पुष्ट होता था। यजमानी का राजनीतिक आयाम सबसे महत्त्वपूर्ण था। यजमान की जाति गाँव अथवा इलाके की **दबंग जाति (Dominant Caste)** की होती थी। यह सामान्यतः कोई उच्च जाति अथवा मध्यवर्त्ती जाति भी हो सकती थी। ज़मीन पर नियन्त्रण के कारण उनकी प्रभुता बनी रहती थी। ये यजमान परिवार अपनी इस स्थिति के कारण सबसे शक्तिशाली होते थे। वे इलाके अथवा गाँव में इस बात की गारण्टी करते थे कि कोई कामिन अपने कर्तव्यों को छोड़े नहीं अथवा कोई अपने पारम्परिक पेशे को छोड़कर अन्य पेशा न अपनाये। इन यजमानों को अपनी शक्ति लागू करने का सन्दर्भ यजमानी व्यवस्था थी।

अंग्रेजों के आने के बाद और उनके द्वारा स्थायी बन्दोबस्ती कानून लागू किये जाने के बाद यह व्यवस्था लगातार कमजोर पड़ती गयी। इसका मूल कारण व्यापारवाद था। यजमान ये सोचने लगे कि वे जितनी सेवा अथवा वस्तु प्राप्त करते हैं उससे कहीं अधिक भुगतान करते हैं। कामिनों ने सोचा कि वे एक परिवार से बँध कर कठिनाई में पड़ जाते हैं। स्वतन्त्र रूप से कुछ करने पर अधिक कमाई होगी।

शहरों में यजमानी प्रथा लगभग समाप्त है, लेकिन ग्रामीण क्षेत्रों में भी यजमानी प्रथा धीरे-धीरे सिमटती और मिटती जा रही है। आज यजमानी प्रथा से जुड़े काम को हेय दृष्टि से देखा जाता है। प्राय: सभी लोग यही कोशिश करते हैं कि उन्हें कोई सरकारी नौकरी प्राप्त हो जाय। परम्परागत पेशों में रुचि कम होती जा रही है। यजमानी प्रथा के टूटने का दूसरा कारण यह भी है कि जीवन की बढ़ती हुई ज़रूरतों को सेवा से प्राप्त चीजों के द्वारा पूरा नहीं किया जा सकता है। कामिन लोग अपनी सेवा के लिए आज वस्तु की जगह मुद्रा माँगते हैं। चूँकि यजमानी प्रथा सेवाओं के साथ अब हीन भावनाएँ जुड़ रही हैं, इसलिए लोग अपनी योग्यता के अनुसार अपने गाँव से बाहर जाकर वैकल्पिक व्यावसायिक कार्यों में अपने-आपको लगा रहे हैं। इसके बावजूद, भारतीय गाँवों में हिन्दू समाज में आज भी यजमानी प्रथा कुछ हद तक विद्यमान्न है।

3. आधुनिक अथवा औद्योगिक अर्थव्यवस्था (Modern or Industrial Economy)

औद्योगीकरण की प्रक्रिया, ज़िसे ए.जे. टॉयनबी (A.J. Toynbee) ने औद्योगिक क्रान्ति कहा, कृषक आर्थिक पद्धति के तत्काल बाद नहीं उभरी। वस्तुत; सामन्ती अथवा कृषक समाज के अन्तिम दौर में वाणिज्यवाद और बड़े पैमाने पर व्यापार की प्रक्रिया आरम्भ हुई। इस प्रक्रिया में बड़े व्यापारी तो पैदा हुए ही, सेवा संघों (Guilds) का स्वरूप भी बदल गया। व्यापारी संघ (Merchant Guild) और व्यावसायकि संघ (Trade Guild) बन गये। व्यक्तिगत, उद्यम, व्यापार की सीमाओं से मुक्ति एवं अपार धन-संग्रह की प्रक्रिया शुरू हुई जिसने अन्तत: औद्योगिक समाज को जन्म दिया।

अठारहवीं शताब्दी में औद्योगिक क्रान्ति हुई। भाप और डीजल इंजन के आविष्कार ने उद्योगों को बढ़ाया। औद्योगीकरण का बहुत बड़ा प्रभाव यह हुआ कि इसने पूँजीवाद को जन्म दिया। दूसरा प्रभाव पूँजीवाद के यानी औद्योगिक विकास के परिणामस्वरूप दस्तकारों, शिल्पियों और कुटीर उद्योग पर पड़ा। अब समाज के विभिन्न क्षेत्र प्रकार्यात्मक रूप से एक-दूसरे से जुड़ने लगे।

औद्योगिक समाज में श्रम-विभाजन व्यक्ति की योग्यता एवं कार्य-कुशलता के आधार पर होता है। डर्कहाइम ने इस व्यक्तिगत श्रम-विभाजन को न केवल अधिक प्रभावशाली, बल्कि अन्तर्निर्भरता पैदा करने वाला होने के कारण समाज में एकता का स्रोत भी कहा है। उन्होंने यह भी कहा कि अत्यधिक विशेषज्ञता एवं व्यक्तिगत श्रम-विभाजन घातक (Ennui) है, क्योंकि इसके कारण व्यक्ति आत्मकेन्द्रित (Self- centred) हो जाता है।

व्यक्तिपरक श्रम-विभाजन के अनेक अनचाहे सामाजिक और राजनीतिक परिणाम होते हैं। इसके कारण उत्पादन का केन्द्र घर न होकर अन्य स्थल हो जाता है, जहाँ लोग एक स्थान पर अलग-अलग काम करते हैं। व्यक्तिगत पारिश्रमिक (Wage) की व्यवस्था शुरू होती है। दूसरी तरफ इससे पारिश्रमिक कमाने वालों की एकता और शक्ति बढ़ती है। पॉल स्वीजी (Paul Sweezy) के अनुसार यही वह आर्थिक आधार था जिस पर लोकतन्त्र का विकास हुआ। इस व्यक्तिगत श्रम और मज़दूरी के कारण परिवार का स्वरूप एकल हो गया। परन्तु व्यक्तिगत श्रम-विभाजन का प्रभाव अलग-अलग समाजों पर उनके इतिहास एवं परम्परा के अनुरूप पड़ता है। औद्योगीकरण की प्रणाली भी इसे प्रभावित करती है। यही कारण है कि अमरीका और जापान में बहुत अधिक औद्योगीकरण की समानता के बावजूद दोनों देशों की पारिवारिक संरचनाओं में थोड़ी भिन्नता पायी जाती है।

औद्योगिक आर्थिक पद्धति का एक लक्षण यह है कि यहाँ निर्जीव स्रोतों, जैसे- तेल या बिजली आदि, से चलने वाली मशीनों का व्यापक प्रयोग होता है। इसके कारण इस व्यवस्था में मज़दूर शिक्षा या जनशिक्षा (Mass Education) का प्रचलन होता है, क्योंकि मशीन चलाने के लिए थोड़ी-बहुत शिक्षा एवं कार्य-कुशलता आवश्यक होती है। इन मशीनों से उत्पादन तो खूब बढ़ता है परन्तु स्वयं मानव इनके सामने बौना हो जाता है। मैक्स वेबर (Max Weber) ने

कहा कि मशीनों के साथ-साथ आदमी भी मशीन का एक पुर्जा बन जाता है। मशीनों के द्वारा इस बहुल उत्पादन को व्यवस्थित करने के लिए औपचारिक संगठनों की आवश्यकता पड़ती है।

इस आर्थिक पद्धति में निजी सम्पत्ति की प्रधानता होती है। इसका अर्थ है कि इस व्यवस्था में सब कुछ व्यक्तिगत तौर पर नियन्त्रित होता है। सभी उत्पादन मुनाफ़ा कमाने के लिए किये जाते हैं। मुनाफ़ा औद्योगिक व्यवस्था की महत्त्वपूर्ण विशेषता है। यह केवल पूँजीवादी औद्योगिक आर्थिक पद्धति में प्रचलित होता है। समाजवादी आर्थिक पद्धति में यह आधार नहीं होता। विनिमय से जुड़ी संस्थाएँ इस आर्थिक पद्धति में सबसे अधिक और सबसे जटिल होती हैं। इसके अन्तर्गत कागजी नोट, चेक, हुण्डी अथवा बैंक कार्ड का प्रचलन शुरू हो जाता है। ये कानूनी पत्र (Legal Tender) हैं और कानून के माध्यम से राज्य द्वारा समर्थित होते हैं। इस समर्थन के समाप्त होते ही ये कागज के मामूली टुकड़े बन जाते हैं। विनिमय के सन्दर्भ में बैंकों का उदय होता है। महाजन पहले भी थे परन्तु आधुनिक अर्थव्यवस्था में यह बिलकुल भिन्न संस्था है। इसमें सट्टा बाज़ार (Stock Exchange) जैसी संस्था का विकास होता है। पूँजी का व्यापक आधार तैयार हो जाता है। अनेक व्यक्ति केवल शेयर खरीदकर पूँजीपति बन जाते हैं। इस आर्थिक पद्धति में तीव्र प्रतियोगिता होती है। इसलिए जहाँ एक ओर बड़े पूँजीपति छोटों को निगल जाते हैं वहीं अनेक पूँजीपति अपनी पूँजी मिलाकर किसी बड़े अथवा व्यापक उद्योग को खड़ा करते हैं। इन्हें **बहुराष्ट्रीय कम्पनी (MNC— Multi-national Company)** कहा जाता है। पूँजीवाद का मुख्य आधार निजी मुनाफ़ा और मुनाफ़े पर आधारित उत्पादन की प्रक्रिया है।

औद्योगिक अर्थव्यवस्था का ऐतिहासिक आधार **तार्किक व्यक्तिवाद (Rationalist Individualism)** माना जाता है। तार्किक व्यक्तिवाद ने धर्म सुधार आन्दोलन को बढ़ावा दिया। आधुनिक शिक्षा के क्षेत्र में प्राकृतिक विज्ञानों को बढ़ावा दिया। समाजविज्ञानों ने लोकतान्त्रिक विचारधारा को पोषित किया। इसी विवेकीकरण के कारण सम्पूर्ण यूरोप में एक तरह की **पूँजीवादी सभ्यता (Capitalistic Civilization)** की स्थापना हुई और यह जीवनशैली भी बन गयी।

औद्योगिक अथवा पूँजीवादी अर्थव्यवस्था की निम्नलिखित विशेषताएँ हैं–

1. औद्योगिक पूँजीवादी व्यवस्था का सबसे महत्त्वपूर्ण लक्षण उत्पादन के साधनों पर स्वामित्व है। उत्पादन के साधनों में भूमि, कल-कारखाने और प्राकृतिक संसाधन हैं, जिनका स्वामित्व समाज में कुछ व्यक्तियों के पास सीमित होता है। औद्योगिक अर्थव्यवस्था और पूँजीवादी सभ्यता संसाधनों के निजी स्वामित्व पर बल देती है। जो उत्पादन करने वाली सम्पत्ति का मालिक है, उसके पास वह शक्ति आ जाती है, जिसके द्वारा वह दूसरे लोगों के ज़ीवन पर अपना नियन्त्रण रख सके।

2. औद्योगिक अर्थव्यवस्था लाभ के सिद्धान्त पर आधारित है। व्यापार की स्वतन्त्रता, सम्पत्ति अर्जन की स्वतन्त्रता और संविदा करने की स्वतन्त्रता के कारण इस व्यवस्था में निवेश और इसके लिए लाभ की सम्भावनाएँ बढ़ जाती हैं।

3. औद्योगिक पूँजीवादी व्यवस्था बाज़ार अर्थव्यवस्था पर चलती है। पूर्व औद्योगिक आर्थिक व्यवस्था सामान्यतया स्थानीय और आत्मनिर्भर थी। औद्योगिक अर्थव्यवस्था में उत्पादन एवं वितरण होता है। इस अर्थ में बाज़ार अर्थव्यवस्था औद्योगिक अर्थव्यवस्था की आधारशिला है।

4. औद्योगिक अर्थव्यवस्था अनिवार्य रूप से प्रतियोगात्मक होती है। पूर्व औद्योगिक अर्थव्यवस्था में केवल परम्पराएँ और रीति-रिवाज़ ही निश्चित करते थे कि आदमी को किन वस्तुओं का उत्पादन करना है। परम्परा एवं रूढ़ियों से मुक्त औद्योगिक अर्थव्यवस्था में व्यक्ति को अपने व्यवसाय अपनाने की स्वतन्त्रता होती है। अतः इस व्यवस्था में प्रतियोगिता बढ़ जाती है।

5. औद्योगिक अर्थव्यवस्था में प्रौद्योगिकी की महत्त्वपूर्ण भूमिका है। तकनीकी आविष्कारों के परिणामस्वरूप ही उद्योगों में उत्पादन की वृद्धि होती है। तकनीक केवल फैक्ट्रियों या कारखानों में ही उपयोगी नहीं है, बल्कि कृषि एवं अन्य क्षेत्रों में भी इसकी अहम् भूमिका है। विकासशील देशों में तकनीकी प्रयोग के कारण कृषि उत्पादन में गुणात्मक वृद्धि हुई, जिसने इन देशों में **कृषि पूँजीवाद (Agricultural Capitalism)** उत्पन्न किया है।

6. औद्योगिक क्रान्ति के साथ **नौकरशाही (Bureaucracy)** का उद्भव हुआ है। आज कोई भी व्यवसाय ऐसा नहीं है, जिसमें किसी-न-किसी प्रकार की नौकरशाही न हो। सामान्यतया माना जाता है कि नौकरशाही का अस्तित्व

सरकारी विभागों में होता है, लेकिन आज जब उद्योग अत्यधिक बड़े व विकसित हो गये हैं तो नौकरशाही इसका एक अनिवार्य अंग बन गयी है।

विश्व की वर्तमान अर्थव्यवस्था को चार भागों में विभक्त किया जा सकता है– पूँजीवाद, समाजवाद, मिश्रित आर्थिक पद्धति तथा साम्राज्यवाद (Imperialism)। यहाँ इन पर संक्षेप में प्रकाश डाला जा रहा है–

1. पूँजीवाद (Capitalism)— इस आर्थिक व्यवस्था का उद्‌भव 16वीं एवं 17वीं शताब्दी में पश्चिमी यूरोप में हुआ। पूँजीवाद समाज की वह ऐतिहासिक अवस्था है, जिसमें उत्पादन के साधन भूमि एवं श्रम होते हैं। यह ऐसी आर्थिक व्यवस्था है, जिसमें सम्पत्ति का निजी स्वामित्व, पूँजी पर निजी नियन्त्रण, स्वतन्त्र बाज़ार प्रणाली और श्रमिकों की व्यवस्था होती है जिसका लक्ष्य अधिक-से-अधिक लाभ कमाना होता है। आधुनिक पूँजीवाद का सैद्धान्तिक स्रोत ऐडम स्मिथ (Adam Smith, 1723–1790) की पुस्तक **The Wealth of Nations** (1776) को माना जा सकता है। 18वीं शताब्दी में यूरोप की औद्योगिक क्रान्ति के साथ पूँजीवाद को नया बल मिला। उसके प्रभाव से 1770 और 1840 के बीच आर्थिक और व्यापारिक क्षेत्रों में क्रान्तिकारी परिवर्तन हुए और समाज का सारा ढाँचा ही बदल गया। यान्त्रिक सभ्यता की देन के कारण बड़े-बड़े कारखानों में काम करने वाले मज़दूरों की स्थिति बहुत खराब हो गयी। कार्ल मार्क्स (Karl Marx, 1818–1883) ने 1867 में अपनी पुस्तक **Das Capital** में वर्तमान पूँजीवादी व्यवस्था का विश्लेषण प्रस्तुत किया और पूँजीवादी व्यवस्था के विरोध में 'वैज्ञानिक समाजवाद' अथवा साम्यवाद का विचार प्रस्तुत किया। पूँजीवादी व्यवस्था के विरुद्ध पहली सफल क्रान्ति रूस (1917) में हुई और इसके बाद अनेक देशों ने व्यक्तिगत उद्यम को समाप्त कर राज्य-नियन्त्रण की पद्धति को अपनाया है।

पूँजीवाद की कभी कोई निश्चित परिभाषा स्थिर नहीं हुई। देश-काल और नैतिक मूल्यों के अनुसार इसके भिन्न-भिन्न रूप बनते रहे हैं। पूँजीवाद एक आर्थिक व्यवस्था है, जिसमें पूँजी के निजी स्वामित्व, उत्पादन के साधनों पर व्यक्तिगत नियन्त्रण, स्वतन्त्र औद्योगिक प्रतियोगिता तथा उपभोगार्थ-पदार्थों के अनियन्त्रित वितरण की व्यवस्था रहती है। उत्पादन के साधनों पर पूँजी के स्वामियों का ही नियन्त्रण होता है, जो अपने निजी हित या लाभ के लिए काम करते हैं तथा सार्वजनिक क्षेत्र के विस्तार और आर्थिक गतिविधियों में सरकारी हस्तक्षेप का विरोध करते हैं।

इस व्यवस्था में मुख्य रूप से दो वर्गों का अस्तित्व होता है– पूँजीपति वर्ग का तथा श्रमिक वर्ग का। पूँजीपति वर्ग का उत्पादन तथा वितरण के साधनों व अन्य आर्थिक गतिविधियों पर नियन्त्रण होता है। श्रमिक वर्ग को पूँजीपति वर्ग की अधीनता में काम करना पड़ता है और उसके पास केवल एक ही वस्तु होती है– अपना श्रम, जिसे बेचकर वह अपने जीवन-निर्वाह का साधन जुटाता है। इस विषय पर टॉमस बॉटमोर (Thomas B. Bottomore) की कृति **The Theories of Modern Capitalism** (1985) एवं सुजन स्ट्रेंज (Susan Strange) की कृति **Casino Capitalism** (1986) विशेष रूप से उल्लेखनीय है।

स्मेलसर (N.J. Smelser, 1967) के अनुसार पूँजीवादी आर्थिक पद्धति की तीन विशिष्ट विशेषताएँ हैं–

(i) सम्पत्ति पर निजी स्वामित्व— पूँजीवादी अर्थव्यवस्था व्यक्ति की लगभग सभी वस्तुओं के स्वामित्व के अधिकार का समर्थन करती है। उद्योगपति तथा अन्य लोग व्यापारिक प्रतिष्ठानों के मालिक बन जाते हैं। इससे समाज में दो वर्ग बन जाते हैं– एक वे जिनके पास उत्पादन का साधन है तथा दूसरे वे जिनके पास मज़दूरी के लिए मेहनत के सिवाय कुछ भी नहीं है। पूँजीवादी आर्थिक व्यवस्था में सम्पत्ति के स्वामित्व व आर्थिक गतिविधियों पर शासकीय नियन्त्रण की मात्रा कितनी हो, यह प्रत्येक देश की आर्थिक पद्धति पर निर्भर करता है।

(ii) निजी लाभ की प्रधानता— निजी सम्पत्ति का कुछ हाथों में संचित होना वर्ग-संघर्ष को जन्म देता है। इस व्यवस्था में कुछ लोगों द्वारा अधिकांश लोगों का शोषण होता है व समाज दो वर्गों में बँट जाता है। यह विचार काफी विवादास्पद है।

(iii) खुली स्पर्द्धा— विशुद्ध पूँजीवादी आर्थिक पद्धति में सरकार का हस्तक्षेप नहीं के बराबर होता है। इस व्यवस्था में लोग बिना शासकीय हस्तक्षेप के खुली स्पर्द्धा में भाग ले सकते हैं। व्यापार स्वयं द्वारा ही नियन्त्रित होता है उसे नियन्त्रित करने हेतु शासकीय हस्तक्षेप की आवश्यकता नहीं होती।

सरकारी तन्त्रों के द्वारा उपभोक्ताओं के हितों की रक्षा की जाती है। कम्पनियाँ क्या उत्पादित करती हैं, उत्पादों की मात्रा व लागत, आयात व निर्यात तथा प्राकृतिक संसाधनों का उपभोग व संरक्षण इन सभी को सरकार प्रभावित करती है। इसके अलावा, सरकार मज़दूरी की न्यूनतम दरें तथा कार्य-स्थल पर सुरक्षा के कड़े मानदण्ड लागू करती है। इसके बावजूद, पूँजीवादी आर्थिक पद्धति में सरकार उद्योगों का स्वामित्व अपने हाथ में कभी नहीं लेती। फिर भी अनेक उद्योगों में कुछ कंपनियाँ सभी क्षेत्रों में अपना प्रभुत्व बनाये रखती हैं। मार्क्स का मानना था कि पूँजीवाद में स्वयं के विनाश के बीज विद्यमान हैं। मोटे तौर पर पूँजीवाद वह तन्त्र है, जिसमें उत्पादन तथा उपभोक्ता, दोनों प्रकार की वस्तुओं में निजी सम्पत्ति होती है। संविदा व स्पर्द्धा करने की स्वतन्त्रता होती है। आर्थिक मामलों में सरकारी हस्तक्षेप सीमित होता है।

2. समाजवाद (Socialism)— यह राजनीतिक विचारों की एक धारा है, जो आधुनिक औद्योगिक उत्पादन की सहयोगी प्रकृति पर ज़ोर देते हुए समतावादी सामाजिक व्यवस्था बनाने की आवश्यकता पर बल देती है। ऐसी मान्यता है कि 'सोशलिस्ट' शब्द का प्रयोग सर्वप्रथम 1832 ई. में सैन सीमाँ (Saint-Simon, 1760–1825, हिन्दी में इस नाम का शुद्ध उच्चारण यही है) के अनुयायियों के लिए किया गया था। 1840 ई. तक यह शब्द लगभग सम्पूर्ण यूरोप में लोकप्रिय हो गया और साथ ही इस शब्द का प्रचलन भी प्रारम्भ हो गया। इसका अर्थ यह लगाया गया कि उत्पादन के साधनों– भूमि अथवा सम्पत्ति तथा पूँजी पर पूरे समाज का स्वामित्व या नियन्त्रण होना चाहिए और इसका प्रशासन सभी के हितों को ध्यान में रखकर किया जाना चाहिए। पिछले 150 वर्षों से समाजवादी विचारों का प्रसार लगभग सम्पूर्ण विश्व में हो चुका है। समाजवाद की विचारधारा आधुनिक युग की सबसे शक्तिशाली विचारधाराओं में से एक है, जिससे मानव जीवन के सामाजिक, राजनीतिक, आर्थिक जैसे मुख्य क्षेत्रों को ही नहीं, अपितु कलात्मक, साहित्यिक, दार्शनिक एवं सांस्कृतिक जैसे गौण क्षेत्र भी प्रभावित हुए हैं। समाजवाद का मूल उद्देश्य यह होता है कि समाज में एक समुदाय दूसरे समुदाय का, एक वर्ग दूसरे वर्ग का तथा एक व्यक्ति दूसरे व्यक्ति का शोषण न करे। इस विचारधारा के अनुसार प्रत्येक नागरिक को सर्वांगीण विकास की समान सुविधाओं तथा समान अवसर प्राप्त होने चाहिए। वस्तुत: अपने वर्तमान रूप में समाजवाद, आर्थिक, सामाजिक एवं राजनीतिक संगठन की एक आधुनिक विचारधारा है, जिसके प्रवर्तन का श्रेय कार्ल मार्क्स (Karl Marx, 1818–1883) तथा फ्रिडरिक ऐंगल्ज (Friedrich Engles, हिन्दी में इस नाम का शुद्ध उच्चारण यही है) को है। भारत में समाजवादी विचारधारा का प्रवेश राष्ट्रीय आन्दोलन के समय ही हो गया था, बाद में स्वतन्त्रता के पश्चात् उसे संविधान में स्थान दिया गया तथा आज भी सरकार समतामूलक समाज की स्थापना हेतु प्रयासरत है।

कार्ल मार्क्स के अनुसार समाजवाद की विशेषताएँ कुछ इस प्रकार की हैं, जिन्हें पुरानी रूसी क्रान्ति के बाद देखा जा सकता है, जैसे– (1) इसमें उत्पादन के साधन पर राज्य तथा समाज का आधिपत्य होता है। (2) इसमें सर्वहारा की तानाशाही पायी जाती है। (3) इसमें हरेक व्यक्ति को अपनी योग्यता के आधार पर काम मिलता है। (4) इस समाज में एक ही दल पाया जाता है और वह है साम्यवादी दल, जिसे हम केन्द्रीकृत लोकतन्त्र की अवधारणा से जोड़ते हैं। वर्तमान में समाजवाद की विशेषताएँ कुछ इस प्रकार हैं–

1. सम्पत्ति पर सामूहिक स्वामित्व— सम्पत्ति के प्रमुख साधनों पर सार्वजनिक स्वामित्व ही समाजवाद का आधार है। समाजवादी व्यवस्था में उत्पादन व वितरण के साधनों पर निजी स्वामित्व न होकर सार्वजनिक स्वामित्व होता है। समाजवाद आर्थिक विषमता को कम करने की दिशा में कदम उठाता है।

2. सार्वजनिक लक्ष्यों की प्राप्ति— इस व्यवस्था में निजी व्यापार को ग़ैर-कानूनी माना जाता है। सार्वजनिक स्वामित्व होने के कारण सम्पत्ति का उपयोग लोगों को स्वास्थ्य सेवाएँ, शिक्षा, आवास, भोजन, संचार के साधन आदि मूलभूत सेवाओं को प्रदान करने में किया जाता है।

3. आर्थिक पद्धति पर सरकारी नियन्त्रण— समाजवादी सरकार केन्द्र नियन्त्रित आर्थिक पद्धति पर निगाह रखती है। सभी प्रमुख उद्योगों पर सरकारी स्वामित्व समाजवाद का एक प्रमुख लक्षण है। केन्द्रीय प्राधिकरण द्वारा बाज़ार को नियन्त्रित किया जाता है।

सामाजिक सेवा कार्यक्रम की ओर प्रतिबद्धता के मामले में समाजवाद साम्यवाद से भिन्न है। समाजवाद में सरकार नागरिकों को विशेषत: ग़रीब लोगों को स्वास्थ्य सेवा हेतु वित्तीय सहायता देती है। संक्षेप में समाजवाद एक ऐसा तन्त्र होता है, जिसमें उत्पादन के साधन का सामूहीकरण होता है, इसमें किसी प्रकार के निजी लाभ नहीं होते, किन्तु आय में भिन्नता व्यक्तिगत कौशलों व किये गये कार्य की मात्रा के अनुसार हो सकती है तथा निजी सम्पत्ति का उपभोग करने की अनुमति दी जाती है।

किसी भी समाज में ऐसी आर्थिक पद्धति नहीं है, जो विशुद्ध रूप से पूँजीवादी अथवा विशुद्ध रूप से समाजवादी हों। ये दोनों मॉडल वर्णक्रम के दो सिद्धान्तों का प्रतिनिधित्व करते हैं। अधिकांश देशों में कुछ मात्रा में मिश्रित आर्थिक पद्धति विद्यमान है। भारतीय आर्थिक पद्धति सार्वजनिक व निजी क्षेत्रों का अनोखा मिश्रण है, जिसे हम मिश्रित आर्थिक पद्धति कहते हैं।

4. मिश्रित आर्थिक पद्धति— सामान्यत: आर्थिक पद्धति दो प्रकार की होती है– पूँजीवादी आर्थिक पद्धति एवं समाजवादी आर्थिक पद्धति। जब इन दोनों अर्थव्यवस्थाओं के मध्य से नयी अवधारणा का जन्म होता है, तो उसे मिश्रित आर्थिक पद्धति कहते हैं। इस प्रकार की आर्थिक पद्धति में पूँजीवादी एवं समाजवादी दोनों ही प्रकार की अर्थव्यवस्थाओं की विशेषताएँ पायी जाती हैं। इस प्रकार की आर्थिक पद्धति में निजी क्षेत्र एवं सार्वजनिक क्षेत्र के सह-अस्तित्व को स्वीकार किया जाता है। भारत मिश्रित आर्थिक पद्धति का एक अच्छा उदाहरण है। स्वतन्त्रता के पश्चात् देश में नियोजित विकास की प्रक्रिया का शुभारम्भ करने तथा आर्थिक पद्धति की दिशा एवं दशा तय करने का समय आया, तो भारत के तत्कालीन नीति-निर्माताओं एवं नेताओं ने पाया कि भारत न तो पूर्णतया पूँजीवादी और न ही पूर्णतया समाजवादी आर्थिक पद्धति के लिए उपयुक्त था। ऐसी परिस्थितियों में दोनों ही अर्थव्यवस्थाओं के कुछेक तत्त्वों को शामिल कर भारतीय आर्थिक पद्धति को मिश्रित आर्थिक पद्धति बनाया गया। भारतीय आर्थिक पद्धति मिश्रित आर्थिक पद्धति का उदाहरण है (देखें, **सारणी-1**)।

सारणी-1 आर्थिक पद्धतियों की तुलना

	पूँजीवादी आर्थिक पद्धति	समाजवादी आर्थिक पद्धति	मिश्रित आर्थिक पद्धति
उत्पादन	उत्पादन के साधनों पर निजी स्वामित्व	उत्पादन के साधनों पर राज्य का स्वामित्व	उत्पादन के साधनों पर राज्य एवं निजी स्वामित्व
सरकार की भूमिका	राज्य की भूमिका सीमित	राज्य की भूमिका प्रमुख	राज्य की भूमिका– हस्तक्षेप करने की
मुख्य निर्णायक	बाज़ार	नियोजन का अवसर	बाज़ार की भूमिका– प्रमुख निर्णायक तथा नियोजन की भूमिका सहायक
संरचना	निजी क्षेत्र की प्रधानता	सार्वजनिक क्षेत्र की प्रधानता	निजी एवं सार्वजनिक क्षेत्रों का मिश्रित स्वरूप

साम्राज्यवाद (Imperialism)— साम्राज्य स्थापित या विस्तार करने के लिए जिस प्रणाली का सहारा लिया जाता है, उसे साम्राज्यवाद कहते हैं। साम्राज्यवाद की सम्पूर्ण प्रणाली को दो भागों में विभक्त कर सकते हैं– प्राचीन साम्राज्यवाद तथा नव-साम्राज्यवाद। प्राचीन साम्राज्यवाद का प्रारम्भ लगभग 15वीं शताब्दी से माना जाता है। उसके पूर्व तक यूरोप के लोग अपने महाद्वीप के अतिरिक्त अन्य किसी भी देश से परिचित नहीं थे। पन्द्रहवीं शताब्दी के अन्तिम चरण में एक नयी प्रवृत्ति का विकास हुआ, जिसके अन्तर्गत भूगोलवेत्ता और अनुसन्धानकर्त्ता नये-नये प्रदेशों को खोज निकालने के लिए जिज्ञासु प्रतीत होने लगे। नये यन्त्रों के आविष्कार से समुद्री यात्रा सुलभ होने के कारण स्वाभाविक रूप से नये भूभागों और राष्ट्रों से सम्पर्क स्थापित होने लगा, जिससे उपनिवेशों की स्थापना की जाने लगी। उन्नीसवीं

शताब्दी में औद्योगिक क्रान्ति के फलस्वरूप एक नयी विचारधारा का उदय हुआ, जिसे **'नव-साम्राज्यवाद'** (**Neo-imperialism**) कहा गया। तत्कालीन यूरोप के शासक अपने राजनीतिक और सैनिक आकांक्षाओं की पूर्ति हेतु बाहरी देशों पर आक्रमण करने लगे। यूरोपीय देशों के लोग उपनिवेश बनाने या बने हुए उपनिवेश को हड़पने के लिए आपस में लड़ने लगे थे। लेकिन, आजकल इस शब्द का प्रयोग मुख्य रूप से अधिक विकसित राष्ट्रों द्वारा विकासशील देशों पर आधिपत्य ज़माने का भाव इंगित करने लिए किया जाता है। कभी-कभी इस शब्द का प्रयोग **उपनिवेशवाद** (**Colonialism**) के पर्यायवाची के रूप में भी किया जाता है। वामपंथी लेखकों ने साम्राज्यवाद को पूँजीवादी विकास की एक विशेषता के रूप में लिया है। वामपंथी अर्थशास्त्रियों का मानना है कि जब पूँजीवादियों को अपने देश के अन्तर्गत लाभ मिलना कम हो जाता है, तो वे लोग स्वाभाविक रूप से बाहर पैर फैलाने लगते हैं, जहाँ से उन्हें कच्चा माल आसानी से उपलब्ध हो जाता है। कुछ विशेषज्ञों ने मार्क्सवादियों के इस विचार का यह कहकर खण्डन किया है कि साम्राज्यवाद का विकास पूँजीवाद के विकास के पूर्व हो चुका था। साम्राज्यवाद को पूँजीवाद की एक उपज मानना यथार्थ को झुठलाने जैसा है।

आर्थिक विकास एवं आर्थिक वृद्धि (Economic Development and Economic Growth)

प्राय: आर्थिक विकास शब्द का प्रयोग अल्पविकसित देशों के सन्दर्भ में किया जाता है, जैसे– पाकिस्तान, भारत, नेपाल अफ्रीकी देश इत्यादि। इसका सम्बन्ध पिछड़े हुए देशों की आर्थिक स्थिति से है, जहाँ पर साधनों का पूर्ण उपयोग नहीं हुआ, जबकि उनके विकास की सम्भावना हैं। आर्थिक व्यवस्था में उत्पादन के साधनों, जैसे– कृषि, उद्योग, श्रम, पूँजी, व्यापार आदि के विकास को आर्थिक विकास की संज्ञा दी जाती है। आर्थिक विकास का सम्बन्ध एक ओर जनसंख्या वृद्धि, आयु संरचना और प्राकृतिक साधनों से होता है, तो दूसरी ओर इसका सम्बन्ध प्रौद्योगिकी से भी होता है। विकास को हम वृद्धि-दरों के रूप में मापते हैं और इसके स्तर का निर्धारण आर्थिक कल्याण या रहन-सहन के स्तर की तुलना से करते हैं। जिन देशों के आर्थिक कल्याण का मापांक अथवा सकल राष्ट्रीय उत्पादन वहाँ की जनसंख्या के अनुपात में कम होता है उन्हें अल्पविकसित देश कहा जाता है।

प्राय: आर्थिक वृद्धि का प्रयोग विकसित देशों के लिए किया जाता है, जैसे– अमरीका, कनाडा, ऑस्ट्रेलिया, जापान एवं यूरोपीय देश। आय-स्तर को ऊँचा करना सामान्यतया अमीर देशों में आर्थिक वृद्धि कहलाता है, जबकि ग़रीब देशों के लिए आर्थिक विकास कहलाता है। आर्थिक वृद्धि का सम्बन्ध देश के प्रति व्यक्ति की आय के उत्पादन में एक मात्रात्मक निरन्तर वृद्धि से है, जो उसकी श्रमशक्ति, उपभोग, पूँजी और व्यापार की मात्रा प्रसार के साथ होती है। दूसरे शब्दों में, जनसंख्या के प्रति व्यक्ति के अनुसार एक निश्चित समय में वास्तविक वस्तुओं और सेवाओं जैसे उत्पादन को आर्थिक वृद्धि कहते हैं, जिसकी माप सामान्य रूप में 'सकल राष्ट्रीय उत्पाद' (**GNP**) में की जा सकती है। जब किसी देश की सकल राष्ट्रीय आय में वार्षिक वृद्धि, जनसंख्या की वार्षिक वृद्धि से अधिक होती है, तब यह स्थिति आर्थिक वृद्धि की परिचायक होती है। आर्थिक वृद्धि अनिवार्यत: उपभोग में वृद्धि और सम्पदा एवं जनकल्याण के वितरण में सुधार को प्रकट नहीं करती। इसमें मुख्यत: इस तथ्य पर बल दिया जाता है कि अधिक उत्पादन का प्रयोग कैसे और किनके द्वारा किया जाता है।

जाफी और स्टूवर्ट (Jaffe and Stewart) ने **विकसित (Developed)** और **कम विकसित (Less Developed)** देशों के बीच अन्तर किया है जिसका आधार है प्रति व्यक्ति आय तथा कुछ अन्य कारक, जैसे– उच्च शिक्षा का स्तर, जन्म के समय जीवन की प्रत्याशा, प्रजनन-दर (Fertility), कृषि में संलग्न श्रम-शक्ति का अनुपात और प्रति व्यक्ति बिजली का उत्पादन आदि। इसके अतिरिक्त इस वर्गीकरण में हम एक तीसरी श्रेणी भी जोड़ सकते हैं– वे देश जो विकसित और कम विकसित देशों के बीच हैं, अर्थात् **विकासशील देश (Developing Countries)**। प्रति व्यक्ति

आय की दृष्टि से अमरीका, कनाडा, ऑस्ट्रेलिया, जापान और पश्चिमी यूरोप के देश (इटली, फ्रांस, जर्मनी, इंग्लैण्ड) विकसित देश माने जाते हैं। दूसरी ओर, दक्षिण अफ्रीका, मैक्सिको, चीन और दक्षिणी तथा पूर्वी यूरोप के अधिकतर देश कम विकसित देश माने जाते हैं।

आर्थिक विकास की अवस्थाएँ (Stages of Economic Development)

रोस्टो (W.W. Rostow, **The Stages of Economic Growth: A Non-communist Manifesto**, 1960) ने आर्थिक विकास की पाँच अवस्थाएँ बतायी हैं, ये हैं– (i) परम्परागत समाज (Traditional Society), (ii) पूर्व-उत्कर्ष की अवस्था (Pre Take-off Stage), (iii) उत्कर्ष अवस्था (Take-off Stage), (iv) तकनीकी परिपक्वता की प्रेरणा (Drive to Maturity) और (v) उच्च जन-उपभोग की अवस्था (Stage of High Mass Consumption)।

उत्कर्ष की अवस्था में विकास के विरुद्ध अवरोध को जीत लिया जाता है और विकास एक सामान्य स्थिति हो जाती है। पूँजी संग्रह होने लगती है, उद्योग और कृषि में तकनीकी विकास होने लगता है, जो आर्थिक पद्धति के आधुनिकीकरण को एक अहम कार्य मानने लगता है। नये उद्योग तेजी से पनपते हैं और लाभ के अधिक विस्तार के लिए पुनर्विनियोजित किया जाता है। श्रमिकों की संख्या और उनके पारिश्रमिक में भी वृद्धि होने लगती है। भारत की आर्थिक स्थिति को देखने से ऐसा लगता है कि यह उत्कर्ष की अवस्था में है।

उत्कर्ष अवस्था के बाद विकास का लम्बा अन्तराल शुरू होता है। इस अवधि में आर्थिक क्रिया द्वारा आधुनिक तकनीकी को फैलाने की मुहिम शुरू होती है। नये उद्योग अपने विस्तार और उत्पादन की दर बढ़ाने लगते हैं। परिपक्वता की ओर इस मुहिम का एक महत्त्वपूर्ण पक्ष यह है कि पहले जो वस्तुएँ आयात की जाती थीं अब वे देश में ही उत्पन्न की जाती हैं। उत्कर्ष अवस्था के लगभग 40 वर्ष के बाद परिपक्वता अवस्था आती है।

अत्यधिक बड़े पैमाने पर उपभोग के युग में टिकाऊ (Durable) उपभोक्ता वस्तुओं और सेवाओं की ओर झुकाव शुरू हो जाता है। अमरीका इस अवस्था से उबर गया है, जबकि पश्चिमी यूरोप और जापान ने इसका लाभ लेना शुरू किया है, क्योंकि कोई भी देश इस अवस्था से ऊपर नहीं उठा है, तो यह कहना सम्भव नहीं है कि अगली अवस्था क्या होगी?

रेखाचित्र-1 आर्थिक विकास की अवस्थाएँ

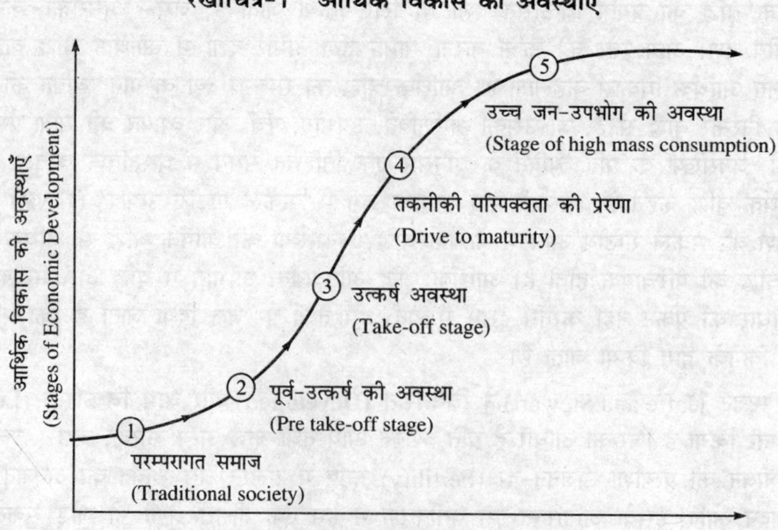

निर्धनता, निर्धनता रेखा, निर्धनता-पाश (Poverty, Povert Line, Poverty Trap)

निर्धनता की समस्या युगों-युगों से मानव सभ्यता और संस्कृति का अंग रही है। प्रारम्भ में मनुष्य अपने अस्तित्व के लिए रोटी, कपड़ा और मकान जैसी बुनियादी आवश्यकताओं के लिए भी प्रकृति पर निर्भर था। सामाजिक संगठन तथा प्रोद्यौगिकी की दृष्टि से समाज बहुत कम विकसित था। निर्धनता की स्थिति सामान्य रूप से प्रकृति में व्याप्त थी, जिसे समाज के सभी लोग झेलते थे। धीरे-धीरे सामाजिक संगठन तथा औद्योगिक विकास में काफी प्रगति हुई। मनुष्य अपने लिए भोजन और वस्त्र का उत्पादन तथा घर का निर्माण करने लगे। जीवन को सुखद बनाने के लिए उन्होंने और भी अनेक वस्तुओं का निर्माण किया। प्रकृति पर मनुष्य की यह विजय कई युगों से जारी है।

परन्तु सामाजिक-आर्थिक प्रगति के लाभ समाज के सभी वर्गों को समान रूप से नहीं मिले हैं। समाज मुख्यतया दो वर्गों में बँटा हुआ है। एक है धनी और दूसरा है निर्धन। धनी लोग आर्थिक दृष्टि से सम्पन्न, राजनीतिक दृष्टि से शक्तिशाली और सामाजिक दृष्टि से उच्च हैं। परन्तु आमलोग आर्थिक दृष्टि से ग़रीब, राजनीतिक दृष्टि से दबे हुए और सामाजिक दृष्टि से निम्न हैं। एक ओर सत्ताधारी वर्ग की सम्पन्नता देखने को मिलती है, तो दूसरी ओर आमलोगों की निर्धनता। समाज के कमजोर वर्गों की इस प्रकार की निर्धनता सामाजिक परिस्थितियों का परिणाम है। यह समाज के मौजूदा सामाजिक-आर्थिक ढाँचे से बुनियादी तौर पर जुड़ी हुई है। सामाजिक प्रणाली से ही आमलोगों की ग़रीबी जन्म लेती है और पुष्ट होती है। इसे **'कृत्रिम ग़रीबी' (Artificial Poverty)** कहा गया है। इसका अर्थ यह हुआ कि ग़रीबी समाज द्वारा पैदा की गयी एक स्थिति है। इसका स्वरूप बहु-आयामी है, जिसके आर्थिक, राजनीतिक, सामाजिक तथा सांस्कृतिक पहलू हैं। परन्तु आर्थिक ग़रीबी ही ग़रीबी का आधार है और राजनीतिक, सामाजिक तथा सांस्कृतिक पिछड़ेपन को यह और पुष्ट करती है।

विभिन्न प्रकार की आर्थिक व्यवस्था एवं स्थितियों पर विचार के बाद निर्धनता की अवधारणा पर भी विचार किया जाना चाहिए। निर्धनता की परिभाषा कई रूपों में दी गयी है। आमतौर पर ग़रीबी रेखा के नीचे रहने वाले व्यक्तियों को निर्धन की श्रेणी में रखा जाता है। निर्धनता वह दशा है, जिसमें कोई व्यक्ति या तो अपनी अल्प आय अथवा अपनी मूर्खतापूर्ण अपव्यय प्रवृत्ति के कारण, अपने जीवन-स्तर को इतना ऊँचा नहीं रख सकता, जिससे कि उसकी शारीरिक और मानसिक कुशलता बनी रहे और वह समाज में उपयोगी काम करने के योग्य हो सके। निर्धनता का बोध समाज-विशेष के जीवन-स्तर, सम्पत्ति वितरण, स्थिति प्रणाली तथा सामाजिक अपेक्षाओं से होता है। ग़रीबी की परिभाषा विकसित और विकासशील देशों में अलग-अलग ढंग से की गयी है, क्योंकि उनके आर्थिक विकास के स्तर में अन्तर है। ग़रीबी की समस्या के प्रति दो प्रमुख दृष्टिकोण हैं– एक है **'पौषणिक' (Nutritional)** दृष्टिकोण तथा दूसरा है **'तुलनात्मक वंचन' (Relative Deprivation)** दृष्टिकोण।

पौषणिक दृष्टिकोण विकासशील देशों में अपनाया गया है। इसके अनुसार भोजन की न्यूनतम आवश्यकता के आधार पर ग़रीबी का निर्धारण किया जाता है। इसका आकलन इस आधार पर होता है कि काम करने लायक शक्ति प्राप्त करने के लिए एक व्यक्ति को पर्याप्त कैलरी (सामान्यत: 2250 कैलरी) की खपत करनी चाहिए। जो लोग कम आय के कारण भोजन की यह न्यूनतम मात्रा भी नहीं जुटा पाते, उन्हें **ग़रीबी रेखा (Poverty Line)** से नीचे रखा जाता है। विकसित देशों में ग़रीबी आँकने के लिए तुलनात्मक वंचन दृष्टिकोण अपनाया गया है, क्योंकि भोजन की न्यूनतम आवश्यकता की पूर्ति वहाँ कोई समस्या नहीं है। इन देशों में किसी वर्ग या समूह की ग़रीबी का आकलन इस अर्थ में किया जाता है कि यह सम्पन्न वर्गों की तुलना में कितना वंचित है। वहाँ ग़रीब उस वर्ग को माना जाता है, जो सम्पत्ति, आय, शिक्षा, राजनीतिक सत्ता जैसे साधनों की कमी के कारण सामान्य स्तर के रहन-सहन, गतिविधियाँ और सामाजिक जीवन में भाग लेने से वंचित है। वहाँ पोषण सम्बन्धी आवश्यकताओं की अपेक्षा सामाजिक असामनताओं को अधिक महत्त्व दिया जाता है।

भारत में **'पौषणिक दृष्टिकोण' (Nutritional Perspective)** के आधार पर 'ग़रीबी रेखा' तय की गयी है। किसी परिवार के लिए वह न्यूनतम आय, जिस पर वह न्यूनतम उपभोग-स्तर को भी प्राप्त करने में अक्षम रहता है,

उसे ग़रीबी रेखा कहते हैं। ग्रामीण और शहरी लोगों के लिए औसत कैलरी क्रमश: 2435 तथा 2095 कैलरी निर्धारित की गयी है, जिनके सन्निकट 2400 तथा 2100 कैलरी किया गया है। जिन लोगों की आय अपनी भोजन सम्बन्धी न्यूनतम आवश्यकताएँ पूरी करने के लिए अपर्याप्त है, वे 'ग़रीबी रेखा' से नीचे माने जाते हैं। यह पूर्ण ग़रीबी का मापदण्ड नहीं है। ग़रीबी को परिभाषित करने में कपड़ा, आवास एवं शिक्षा जैसी अनिवार्य आवश्यकताओं को शामिल नहीं किया जाता है। डी.टी. लकड़ावाला की अध्यक्षता में गठित विशेषज्ञ दल ने निर्धनों की पहचान के लिए वैकल्पिक फार्मूले का उपयोग किया, जिसके तहत प्रत्येक राज्य में मूल स्तर के आधार पर अलग-अलग निर्धनता रेखा का निर्धारण किया गया। लकड़ावाला फार्मूले में शहरी निर्धनता के आकलन हेतु औद्योगिक श्रमिकों के उपभोक्ता-मूल्य सूचकांक व ग्रामीण क्षेत्रों में इस उद्देश्य हेतु कृषि श्रमिकों के उपभोक्ता-मूल्य सूचकांक को आधार बनाया गया है। इस प्रकार लकड़ावाला ने सभी राज्यों के लिए अलग-अलग 32 रेखाएँ खींचीं। अन्तर्राष्ट्रीय संगठनों में प्राय: विश्वस्तर पर ग़रीबी के विश्लेषण के लिए प्रति व्यक्ति प्रतिदिन 1 डॉलर या 2 डॉलर न्यूनतम आय की बात की जाती है। 2 डॉलर से कम आय वाले लोग ग़रीब तथा 1 डॉलर से कम आय वाले लोग बहुत ग़रीब माने जाते हैं।

निर्धनता दो प्रकार की होती है– **प्राथमिक निर्धनता (Primary Poverty)** और **द्वितीयक निर्धनता (Secondary Poverty)**। प्राथमिक निर्धनता आमदनी की कमी के कारण उत्पन्न होती है, जबकि द्वितीयक निर्धनता व्यक्ति की अज्ञानता, अयोग्यता, लापरवाही, आलस्य, अपव्यय तथा कुरीतियों का शिकार होने के फलस्वरूप होती है। मुकदमेबाजी, शराबखोरी, फैशन आदि के फलस्वरूप भी निर्धनता उत्पन्न हो जाती है। निर्धनता का व्यक्तियों के शारीरिक विकास की गति, शिक्षा-स्तर, आचरण, नैतिकता आदि पर बहुत बुरा प्रभाव पड़ता है (देखें– F. Field, **Poverty and Politics**, 1982; L. Osberg (ed.), **Economic Inequality and Poverty: International Perspectives**, 1991)।

निर्धनता-पाश (Poverty Trap) ऐसी स्थिति है, जिसमें निर्धन लोग अपनी निर्धनता से उबरने का कोई रास्ता नहीं ढूँढ़ पाते। जैसे ही उनका आय का स्तर बढ़ता है, उनसे कल्याणकारी कार्यक्रम के लाभ छिन जाते हैं या उन पर कर का बोझ बढ़ जाता है, जिससे हिसाब बराबर हो जाता है। निर्धन देशों की भी यही हालत हो सकती है। जैसे ही वे विकास के निश्चित स्तर पर पहुँचते हैं, उन्हें अन्तर्राष्ट्रीय सहायता के लिए विशेष तरजीह मिलनी बन्द हो जाती है।

आर्थिक विकास की बाधाएँ (Barriers to Economic Development)

किसी समाज की आर्थिक प्रगति में योगदान देने वाले कारक जो आमतौर पर माने जाते हैं, वे हैं– प्राकृतिक संसाधन, पूँजी संग्रह, प्रौद्योगिकी, ऊर्जा (Power) के स्रोत, मानव-शक्ति, श्रम-शक्ति, जनसंख्या की विशेषताएँ व इसके आर्थिक संगठन और सामाजिक वातावरण।

गुन्नार मिर्डल (Gunnar Myrdal) ने अपनी पुस्तक **Asian Drama: An Inquiry into the Poverty of Nations** (1968) में दक्षिण एशिया के देशों की ग़रीबी और विकास का विश्लेषण किया है, जिसमें उन्होंने बतलाया है कि विकास को प्रभावित करने वाले छह महत्त्वपूर्ण कारक हैं (1968 : 1942)— पैदावार (Output) व आय, उत्पादन की दशाएँ, जीवन के स्तर, कार्य के प्रति दृष्टिकोण, संस्थाएँ व राजनीति। प्रथम तीन आर्थिक कारकों की श्रेणी में हैं, शेष दो ग़ैर-आर्थिक और अन्तिम कारक मिश्रित श्रेणी के हैं। मिर्डल का मानना है कि आर्थिक कारक ही निर्णायक व महत्त्वपूर्ण हैं।

कतिपय अर्थशास्त्रियों ने पूँजी की कमी, निम्न औद्योगिक जनसंख्या और प्राकृतिक संसाधनों की कमी को निम्न विकास का प्रमुख कारक माना है। निम्न विकसित क्षेत्रों में आर्थिक विकास में रुकावट डालने वाले कारक हैं— (i) नवाचारों (Innovation) की यथेष्ट मात्रा की कमी, (ii) कृषि सम्बन्धी सुधारों में कमी, (iii) अनुशासन की कमी, (iv) जनसंख्या वृद्धि और (v) विदेशी विनिमय (Foreign Exchange) की कमी।

दूसरी तरफ कुछ अर्थशास्त्रियों ने यह भी बताया है कि आर्थिक विकास की छह रुकावटें हैं— प्रतिकूल भौतिक वातावरण, कार्यरत जनसंख्या की निम्न गुणवत्ता (Low Quality), तकनीकी ज्ञान की कमी, पूँजी की कमी, जनसंख्या में तीव्र वृद्धि तथा कृषि सम्बन्धी संरचना में दोष।

आर्थिक विकास की महत्त्वपूर्ण पूर्वापेक्षाएँ इस प्रकार हैं— (i) मूल्य या विचारधारा (Ideology), (ii) संस्थाएँ अथवा नियामक जटिलताएँ (Normative Complexes) यानी एकमत से व्यवहार सम्बन्धी नियमों को स्वीकारना या व्यवहार के सामान्य रूप से अनुमोदित प्रचलन का पालन करना, (iii) संगठन (नीतियाँ), अर्थात् क्या सरकार निजी या सार्वजनिक क्षेत्र को या दोनों को आगे बढ़ाना चाहती है और (iv) लाभ/प्रतिष्ठा सम्बन्धी प्रेरक (प्रोत्साहन)। किसी विकासशील देश को तेजी से तरक्की करनी है, तो इन पूर्वापेक्षाओं पर अमल करना होगा।

ऐसा माना जाता है कि यूरोप में प्रोटेस्टैंट धर्म में सुधारों के कारण पूँजीवाद के उदय एवं विकास का रास्ता समाज और उसकी संस्थाओं के दृष्टिकोण में आये परिवर्तनों के कारण खुल गया। इसी आधार पर प्रोटेस्टैंट नैतिकता का विकास हुआ जो कि आर्थिक विकास के लिए अनुकूल था। यूरोप में इसी धार्मिक परिवर्तन पर लिखते हुए मैक्स वेबर (Max Weber, **The Protestant Ethic and the Spirit of Capitalism,** 1930) ने पूँजीवादी समाज की उन संस्थाओं पर बल दिया है, जो पश्चिम में आर्थिक विकास से जुड़ी हुई हैं। ये हैं— (1) निजी स्वामित्व और उत्पादन के साधनों का नियन्त्रण, (2) रुकावटें तथा सरकार द्वारा मूल्य निर्धारण, (3) गणनीय (Calculable) कानूनों का शासन जो लोगों को पूर्व में ही जानकारी देते हैं कि आर्थिक जीवन में किन नियमों के अन्तर्गत वे कार्य करें। (4) मज़दूरी पर काम करने के लिए लोगों को आज़ादी, (5) पारिश्रमिक (Wages) और मूल्यों (Price) की बाज़ार व्यवस्था के माध्यम से आर्थिक जीवन का व्यापारीकरण (Commercialization) ताकि उत्पादन संसाधनों (Productive Resources) को क्रियाशील बनाया जा सके और उनका ठीक से वितरण किया जा सके तथा (6) सट्टेबाजी (Speculation) और जोखिम उठाना (Risk Taking) जो पहले के सामन्ती समाजों में मुख्यतः निषिद्ध थे। भारत के सन्दर्भ में कहा जाता है कि वहाँ आर्थिक विकास की चार प्रमुख बाधाएँ इस प्रकार हैं– जाति, भूमि पट्टेधारी (Land Tenure) का पैटर्न (Pattern), तेजी से जनसंख्या वृद्धि और सम्पत्ति कानून (जिससे भूमि के अधिक टुकड़े होते हैं।) विकास में तेजी लाने के लिए सरकार को सब बाधाओं से निपटना होगा।

यद्यपि भारत में जाति प्रथा सिद्धान्त रूप में तथा संवैधानिक रूप से समाप्त कर दी गयी है, लेकिन वास्तविक जीवन में इसका औचित्य, आर्थिक विकास पर इसका प्रभाव, सम्पत्ति सम्बन्धों के आदर्शों और उपभोग के तरीकों पर इसका प्रभाव तथा सामाजिक, राजनीतिक, सांस्कृतिक और आर्थिक क्षेत्रों के सत्ता के ढाँचे की संस्थिति (Configurations) पर प्रभाव आज भी अच्छी तरह नहीं समझा गया है, इसलिए इसको काफी नज़रअन्दाज़ किया गया है। लोगों की गतिशीलता को जाति रोकती है। यह कुछ समूहों को कुछ पेशे अपनाने से रोकती है तथा आर्थिक व्यवहार के कुछ आदर्शों और उपभोग के कुछ स्वरूपों को भी अपनाने से रोकती है। यह देखा गया है कि अर्थतन्त्र, प्रशासन और सांस्कृतिक कार्यों में अधिकतर नियन्त्रण करने वाले पदों पर सम्पूर्ण भारत में कुछ जातियों द्वारा ही एकाधिकार कर लिया गया है। वास्तव में, समूचे देश के लोगों के भाग्य का नियन्त्रण कुछ जाति के लोग ही करते हैं, जिससे जाति संघर्ष, क्षेत्रीय तनाव, व सामाजिक अशान्ति उत्पन्न होती है। यह अशान्ति विशेषाधिकार प्राप्त समूहों में आपस में तथा विशेषाधिकार से वंचित लोगों और विशेषाधिकार प्राप्त लोगों के मध्य संघर्ष का कारण होती है और कटु प्रतियोगितात्मक संघर्ष को बनाये रखती है। स्वस्थ राष्ट्रीय आर्थिक पद्धति के विकास पर इसका विपरीत प्रभाव पड़ता है। संयुक्त परिवार व्यवस्था, साम्प्रदायिकता, अलगाववाद, खराब विधि-व्यवस्था, क्षेत्रवाद और भाषावाद भारत में आर्थिक विकास में बाधा उत्पन्न करने वाले कारकों के रूप में पहचाने गये हैं।

भारत के लोग पिछड़ेपन की निष्ठाओं के दुराग्रह से ग्रसित हैं। भारतीय लोग छोटे-छोटे समूहों और टुकड़ों में बँट गये हैं और जिसके कारण अति उच्च विकसित राष्ट्रीय चेतना के विकास में बाधा पड़ी है। कुछ निष्ठाएँ जो भारत में (जाति निष्ठा के अलावा) अति दुराग्रही हैं, वे हैं– नातेदारी निष्ठा, क्षेत्रीय पहचान, भाषा और धार्मिक लगाव। इस

प्रकार के विभाजन समाज में एकता की भावना और इसके सदस्यों के बीच पहचान की भावना के विकास में बाधक हैं। ऐसे वातावरण में जो नियामक (Normative) दबाव रहता है, वह बाह्य परिस्थितियों और सम्बन्धों में व्यक्ति के व्यवहार को बहुत प्रभावित करता है।

ए.आर. देसाई (**Rural Sociology**, 1959: 131–32) का मानना है कि पुरानी संस्थाओं के साथ-साथ यह संकुचित मानसिकता कई प्रकार से उपयुक्त आर्थिक विकास को बाधित करती है– (i) इससे भाई-भतीजावाद पनपता है, (ii) इससे अनुत्पादक विनियोग के पैटर्न (Patterns of Unproductive Investments) और ग़लत उपभोग के पैटर्नों जैसे हानिकारक प्रचलनों का विकास होता है, (iii) यह कार्य-कुशलता, पेशे (Vocations) और साधनों के आवंटन के प्रति विकृत मनोवृत्ति पैदा करता है। (iv) यह उन लोकरीतियों और मान्यताओं के विकास में बाधा उत्पन्न करती है, जो आधुनिक समय में विकासशील आर्थिक पद्धति का मूल है, जैसे– कानून पर आधारित लोकरीतियाँ और मान्यताएँ, व्यक्तित्व के प्रति सम्मान और समान नागरिकता की अवधारणा।

योगेन्द्र सिंह (**Modernization of Indian Traditions,** 1973) के अनुसार भारत में आर्थिक विकास में बाधक कारक निम्न हैं— (i) उत्कर्ष (Transcendence) (जिसके अनुसार परम्परागत मूल्यों की वैधता को चुनौती नहीं दी जा सकती), (ii) पूर्णतावाद अथवा समष्टिवाद (Holism) (जिसके अनुसार व्यक्ति और समाज या समूह) के बीच का सम्बन्ध ऐसा है कि व्यक्ति अपने अधिकारों और अपनी आकांक्षाओं को समाज के कल्याण के सामने गौण मानता है, जिसका अर्थ यह भी है कि व्यक्ति के ऊपर सामूहिकता का वर्चस्व होता है), (iii) श्रेणीक्रम (Hierarchy) (जाति, पेशा और सामाजिक स्थिति का वर्गीकरण) और (iv) निरन्तरता (Continuity), (पुनर्जन्म और कर्म में विश्वास)।

भारत में आर्थिक विकास और सामाजिक परिवर्तन (Economic Development and Social Change in India)

आर्थिक विकास के बिना सामाजिक व्यवस्था में परिवर्तन सम्भव नहीं है और साथ में यह भी सही है कि समाज के भीतर संस्थाओं में होने वाले परिवर्तन आर्थिक विकास को सम्भव बनाते हैं। आर्थिक विकास एवं सामाजिक परिवर्तन एक-दूसरे पर निर्भर हैं, अर्थात् प्रत्येक एक-दूसरे का कारण और परिणाम है।

संरचनात्मक परिवर्तन के बिना आर्थिक विकास सम्भव नहीं है। कम विकसित देशों के आर्थिक विकास के लिए औद्योगीकरण अति आवश्यक है। निर्धन व कम विकसित देशों में 60 से 80 प्रतिशत जनंसख्या कृषि पर निर्भर करती है। उनकी राष्ट्रीय आय तथा प्रति व्यक्ति आय बहुत कम है। ऐसे में इन देशों के आर्थिक विकास के लिए दो विकल्प हैं– (i) मौजूदा प्रबल कृषि संरचना के सुधार से (अर्थात् कम उत्पादकता को मौजूदा ढाँचे के अन्दर ही परिवर्तन द्वारा), (ii) समूचे ढाँचे को ही बदल कर, अर्थात् कृषि से हटकर औद्योगिक विकास द्वारा। उपर्युक्त दो विकल्पों के बीच चुनाव काफी चुनौतीपूर्ण है। दोनों पर ही बल देना हमारे विचार से सही रास्ता है।

विलबर्ट मोर (Wilbert E. Moore, **Social Change**, 1964) ने निम्नलिखित प्रकार से सामाजिक और आर्थिक ढाँचे पर उद्योग का प्रभाव बताया है— (i) कृषि से विनिर्माण (Manufacture) और सेवा (Services) की ओर परिवर्तन, (ii) पेशागत विशिष्टीकरण, (iii) श्रम का विभाजन, (iv) विशिष्ट क्रिया-कलापों का समायोजन, (v) श्रम की गतिशीलता, (vi) बैंकों का सृजन (Creation), (vii) बाज़ार का विस्तार (Extension), (viii) उपभोग में परिवर्तन और (4) सामाजिक सम्बन्धों के तन्त्र (Network) में परिवर्तन।

कहा जाता है कि अंग्रेजों ने भारत को अल्प विकसित ही रखा। जो कुछ भी थोड़ा औद्योगिक विकास हुआ था, वह उनकी पूँजीवादी आवश्यकताओं के अनुरूप ही हुआ था। भारी उद्योगों को पनपने की अनुमति नहीं दी गयी थी। जहाँ ब्रिटिश लोग भारत के आर्थिक विकास को रोक रहे थे, वहीं वे भारतीयों के सामाजिक संगठन, सामाजिक संस्थाओं और सामाजिक दृष्टिकोण को भी विकृत कर रहे थे। परम्परागत आत्मविश्वासी ग्रामीण समुदाय

जो ग्राम पंचायत, जाति और संयुक्त परिवार जैसी संस्थाओं के माध्यम से कार्यरत था, लगभग बुरी तरह दबा दिया गया। नयी कानूनी व्यवस्था के प्रारम्भ होने से तत्कालीन प्रचलित सामाजिक सम्बन्धों में विघटन होने लगा। सहयोग और सामंजस्य का पुराने सिद्धान्त प्रतियोगिता के सिद्धान्त द्वारा प्रतिस्थापित हो गये जिससे सामाजिक ढाँचे में एक हलचल मच गयी।

स्वतन्त्रता के पश्चात् भारत में आर्थिक विकास को वास्तविक क्रान्तिकारी परिवर्तन कहा जा सकता है। 1757 और 1947 के मध्य के लगभग दो सौ वर्षों के ब्रिटिश शासनकाल में आर्थिक विकास एक प्रतिशत से भी कम हुआ। विकास की यह दर इतनी कम थी कि इसने भारत को मात्र कच्चे माल की आपूर्ति करने वाला तथा पश्चिमी निर्यातों के लिए अच्छा बाज़ार बनाकर रख दिया। भारतीय लोगों के स्वामित्व वाले औद्योगिक क्षेत्र का एक छोटा भाग ब्रिटिश एजेन्सियों द्वारा ही प्रबन्धित था। कृषि आर्थिक पद्धति में किसान, ज़मींदार, साहूकार व जागीरदारों के चंगुल में फँसा हुआ था। बचत और निवेश बहुत कभ थे। तकनीकी निम्नस्तर की थी। पिछड़े क्षेत्रों के विकास के क्षेत्रीय सन्तुलन की अवधारणा ही नहीं थी। भारत के निर्माण के लिए विदेशी पूँजी भी उपलब्ध नहीं थी। कम आय से कम बचत होती है, जिससे निवेश भी कम होता है, जिससे कम वृद्धि और फिर वही कम आमदनी होती है। उपनिवेशवादी युग में ग़रीबी के कुचक्र तथा अनन्त चक्र का सिद्धान्त बिलकुल उपयुक्त बैठता था।

स्वतन्त्रता के पश्चात् नयी सरकार का दोहरा कार्य हो गया– उपनिवेशवादी आर्थिक पद्धति को खत्म करना और इसके स्थान पर आधुनिक, स्वाधीन और आत्मनिर्भर आर्थिक व्यवस्था का आधार खड़ा करना।

कतिपय समाजविज्ञानी यह विश्वास नहीं करते कि नव-उदारवादी आर्थिक नीति वास्तव में भारतीय आर्थिक पद्धति को पुनर्जीवन प्रदान करेगी। उनकी मान्यता है कि हमारी आर्थिक पद्धति द्वारा आयात को नियन्त्रित करके, निर्यात को प्रोत्साहन देकर, कर तन्त्र को विस्तृत करके, सार्वजनिक क्षेत्र को नौकरशाही से मुक्त करा कर, काले धन को उजागर करके, रक्षा खर्चों में कटौती करके, प्राकृतिक् संसाधनों के दोहन की ओर अधिक ध्यान देकर, वस्तुओं के लिए वृहद् बाज़ार सृजित करके तथा भूमि सुधारों में क्रान्तिकारी सुधार करके पुनर्जीवित किया जा सकता है। ये विद्वान यह भी मानते हैं कि देश को बाह्य की बजाय आन्तरिक उपायों पर निर्भर रहना चाहिए।

यह माना जा सकता है कि आर्थिक विकास ने हमारी सामाजिक संरचना को वांछित दिशा में प्रभावित किया है। अपने समाज के मूल्यांकन के लिए भले ही हम कोई प्रतिरूप अपना लें, विकासात्मक प्रतिरूप, संघर्ष प्रतिरूप, कार्यात्मक प्रतिरूप आदि, यह तो स्पष्ट रहेगा कि सामाजिक संस्थाओं में, सामाजिक व्यवस्थाओं में, सामाजिक सम्बन्धों के तन्त्र में, सामाजिक ढाँचे में और सामाजिक प्रतिमानों में परिवर्तन हुआ है। अब भारत के लोग उतने रूढ़िवादी नहीं हैं जितने कि 20वीं सदी के पूर्व तक हुआ करते थे। वे उन नैतिक आदर्शों और सामाजिक मूल्यों से दृढ़ता से चिपके हुए नहीं हैं, जो अतीत से उनको प्राप्त हुए हैं। लोग व्यक्तिगत रूप से वैयक्तिक स्वतन्त्रता और सामूहिक सुरक्षा के लिए प्रयत्नशील हैं। उनके विचारों और दृष्टिकोण में भी परिवर्तन आया है। वे नये अनुभवों को प्राप्त करने की इच्छा रखते हैं। उनमें न केवल प्रौद्योगिकीय ज्ञान का अनुकरण करने की उत्सुकता है, बल्कि अन्य समाजों से सांस्कृतिक तत्त्वों के अनुकरण की भी है। उनमें नवाचारों (Innovations) के प्रति भी रचनात्मक जिज्ञासा है। वे नवाचारों को स्वीकार करने और सामाजिक परिवर्तन के परिणामों से डरते नहीं हैं। वे ग़रीबी, बेकारी, भ्रष्टाचार, मुद्रास्फीति, भाई-भतीजावाद, आतंकवाद, जातिवाद और क्षेत्रवाद की समस्याओं के समाधान में असफल होने के लिए उत्तरदायी सत्ता सम्पन्न अभिजात वर्ग का विरोध कर सकते हैं और उनके विरुद्ध आन्दोलित भी हो सकते हैं, तथापि वे जानते हैं कि भारत में सामाजिक व्यवस्था कभी भी असन्तुलित नहीं होगी। भारतीय संस्कृति, जिसमें विविधता है, न केवल जीवित रहेगी, बल्कि विकसित भी होगी। आर्थिक विकास के माध्यम से सामाजिक परिवर्तन, सामाजिक संरचना और सामाजिक व्यवहार को चाहे वह परम्परागत एवं संक्रमणकालीन (Transitional) हो, विकास के बिन्दु एवं निर्देश प्रदान करता रहेगा।

भारत और चीन : एक तुलनात्मक परिदृश्य

वर्ष 1999 में, चीन ने अपनी स्वतन्त्रता की 50वीं वर्षगाँठ मनायी। अत: यह स्वाभाविक ही है कि सारी दुनिया में इस बात की चर्चा होगी कि आर्थिक विकास के मामले में चीन बहुत आगे निकल गया और भारत क्यों बहुत पीछे छूट गया? दोनों देशों को प्राय: एक समय में ही आज़ादी मिली थी और आज़ादी के समय उनकी आर्थिक स्थिति भी प्राय: एक जैसी ही थी। सच कहा जाये तो चीन और भारत में अब कोई तुलना ही नहीं हो सकती है। विकास के कई क्षेत्रों में चीन अब अमरीका और जापान से टक्कर ले रहा है, जबकि एक औसत भारतवासी की आर्थिक स्थिति में कोई महत्त्वपूर्ण परिवर्तन नहीं आया है। सरकारी आँकड़े चाहे, जो कहें, सच यह है कि अधिकतर लोगों की स्थिति बद से बदतर हो रही है।

गत जनगणना के अनुसार भारत की आबादी 2011 में 120 करोड़ पार कर गयी। यह एक ऐसी भयावह स्थिति है, जिसके बारे में कोई राजनीतिक दल या कोई राजनेता चिन्ता करने का कष्ट नहीं कर रहा है। थोड़ी देर के लिए आर्थिक विकास के दौरान होने वाले भ्रष्टाचार को नज़रअन्दाज़ भी कर दें तो बढ़ती हुई जनसंख्या ही सारे आर्थिक विकास को एक ही कौर में निगल जायेगी।

एक प्रमाणिक अनुमान के अनुसार सन् 2025 तक भारत की आबादी चीन से अधिक हो जायेगी। इसका मुख्य कारण यह है कि पिछले अनेक वर्षों से चीन ने 'एक दम्पति एक सन्तान' का फार्मूला सख्ती से लागू किया है। नवजात शिशु लड़का हो या लड़की, किसी भी दम्पति को एक-से अधिक सन्तान पैदा करने की इजाजत नहीं दी जाती है। एक सन्तान के जन्म के बाद दम्पति को निश्चित रूप से नसबन्दी और बंध्याकरण कराना होता है। इसका परिणाम यह हो रहा है कि देश पर धीरे-धीरे बढ़ती हुई आबादी का बोझ कम हो रहा है और जैसे-जैसे समय बीतेगा यह बोझ और भी कम होता जायेगा। परिणामस्वरूप विकास रूपी 'लड्डू' का बड़ा भाग अधिक-से-अधिक लोगों को मिलेगा। भारत में स्थिति इसके ठीक विपरीत होने वाली है। आज की तारीख में दुनिया की आबादी का 17 प्रतिशत भाग भारत में रहता है, जबकि भारत का क्षेत्रफल संसार के क्षेत्रफल का केवल 2.5 प्रतिशत ही है। आने वाले वर्षों में जनसंख्या का प्रतिशत तो और अधिक बढ़ने वाला है।

चीन के साथ अगर तुलना करें तो कुछ और दिलचस्प तथ्य सामने आते हैं। एक आम चीनी को भोजन में पोषक तत्त्व अधिक मिलता है। अत: वह 2012 में औसतन 74 वर्ष जी लेता है, जबकि भारतीयों की औसत उम्र 64 वर्ष है। एक औसत चीनी की आमदनी एक औसत भारतीय की तुलना से ढाई गुना अधिक है। यही नहीं, भारत में लगभग 25 प्रतिशत आबादी निरक्षर है, जबकि 85 प्रतिशत से भी ज़्यादा चीनी साक्षर हैं। जहाँ साक्षरता का प्रश्न है, छोटे-छोटे देश, जैसे– त्रिनिदाद और टोबेगो, तुर्की, दक्षिण अफ्रीका, मिस्र तथा दक्षिण पूर्व एशिया के वे देश जिन्हें पहले 'एशियाई शेर' कहा जाता था, भारत से बहुत आगे हैं। इनमें से अधिकतर देश आर्थिक विकास के मामले में भी भारत से आगे हैं।

अभी हाल में ही संयुक्त राष्ट्र की प्रमुख एजेन्सी UNDP ने एक दिलचस्प रिपोर्ट प्रकाशित की है, जिसमें संसार के 174 देशों के आर्थिक विकास और वहाँ की जनता के जीवन स्तर का विस्तृत अध्ययन किया गया है। इस रिपोर्ट के अनुसार भारत के आर्थिक विकास और भारतीयों के जीवन स्तर की तुलना यदि संसार के अन्य देशों से की जाये तो भारत का स्थान 132 वाँ है। दक्षिण एशिया में इसके नीचे तीन देश हैं, पाकिस्तान, बांग्लादेश और नेपाल। बांग्लादेश और नेपाल तो अत्यन्त ही ग़रीब देशों की श्रेणी में आते हैं। इस रिपोर्ट में कहा गया है कि भारत की तुलना संसार के निर्धनतम अफ्रीकी देशों के साथ ही की जा सकती है। उससे अधिक कुछ नहीं। निष्पक्ष होकर सोचा जाये तो भारत जैसे देश के लिए यह अत्यन्त ही दुर्भाग्यपूर्ण बात है।

बात जब जनसंख्या विस्फोट की आती है, तब उनकी बात भी सुननी चाहिए जिनका निष्पक्ष विश्लेषण होता है। अमरीका की राजधानी वाशिंगटन में 'वर्ल्ड वाच' (Worldwatch) नामक एक जगप्रसिद्ध संस्था है, जो पर्यावरण के मामले में शोध करती है। इसका कहना है कि भारत में जनसंख्या विस्फोट की समस्या शत्रु देशों के आक्रमण से ज़्यादा गंभीर है। इसका यह भी कहना है कि सन् 2011 में 124 करोड़ आबादी का होना भारत के लिए कोई गौरव की बात नहीं है। खासकर, उस देश के लिए जहाँ एक चौथाई आबादी निरक्षर है, देश के आधे से अधिक बच्चे

कुपोषण के शिकार हैं और कुल आबादी के एक-तिहाई से अधिक लोग ग़रीबी रेखा से नीचे घिसट-घिसट कर किसी प्रकार जीवन बिता रहे हैं। भारत के प्राकृतिक संसाधनों पर और भी भारी बोझ बढ़ता ही जा रहा है जिसका परिणाम होगा कि ग़रीबी, बीमारी और कुपोषण से अधिक-से-अधिक लोग कम उम्र में ही मरने लगेंगे। इसका यह भी कहना है कि हर वर्ष भारत की आबादी में एक करोड़ अस्सी लाख लोग जुड़ते हैं। दूसरे शब्दों में, भारत में हर साल एक आस्ट्रेलिया जुड़ जाता है। इस रफ्तार से सन् 2050 में भारत की आज़ादी 150 करोड़ से अधिक हो जायेगी। जैसा कि ऊपर कहा गया है कि 2025 में ही भारत चीन को पीछे छोड़कर दुनिया का सबसे अधिक आबादी वाला देश हो जायेगा। यह स्थिति निश्चित रूप से काफी भयावह है।

अर्थशास्त्री अमर्त्य सेन ने कहा है कि आबादी को रोकने का सबसे कारगर तरीका यह है कि महिलाओं में शिक्षा का प्रचार-प्रसार हो। एक बार लड़कियाँ शिक्षित होने लगेंगी तो वे अपने आप इस बात को समझ जायेंगी कि अधिक बच्चे पैदा करना न तो उनके हित में है और न देश के हित में। इस सिलसिले में हाल में योजना आयोग की एक विशेषज्ञ समिति ने सिफारिश की है कि शिक्षा पर और अधिक खर्च किया जाना चाहिए। कोठारी कमीशन ने तो बहुत पहले कहा था कि कुल घरेलू उत्पाद (GDP) का 6 प्रतिशत शिक्षा पर खर्च होना चाहिए। परन्तु किसी भी सरकार ने इस बात पर ध्यान नहीं दिया। UNDP का कहना है कि भारत के आर्थिक विकास के लिए महिलाओं के जीवन स्तर को ऊँचा उठाने के लिए यह आवश्यक है कि भारत में हर बच्चे को नि:शुल्क प्राथमिक शिक्षा दी जाये। इस सिलसिले में यह बताना आवश्यक है कि देश के अधिकतर ग्रामीण क्षेत्रों में प्राथमिक स्कूल केवल कागज पर चलते हैं। न तो उनके लिए सरकारी भवन है, न ही शिक्षक समय पर आते हैं। यही नहीं, ग़रीब माता-पिता को अपने बच्चों को शिक्षा दिलाने में कोई दिलचस्पी नहीं रहती है, क्योंकि वे यह समझते हैं कि पढ़-लिखकर भी उनका बच्चा यही काम करेगा जो वह निरक्षर रह कर करेगा। यह वह शुरू से ही मज़दूरी में लग जायेगा, तो घर की आर्थिक स्थिति बेहतर हो जायेगी। उनके इस सोच के लिए उनकी ग़रीबी काफी हद तक जिम्मेदार है।

यद्यपि हाल के वर्षों में भारत में अनाज की पैदावार ठीक-ठाक ही रही है, परन्तु ग़रीबों के पास क्रय शक्ति नहीं होने के कारण ग़रीबी रेखा से नीचे के लोग पर्याप्त अनाज नहीं खरीद पाते हैं। अमर्त्य सेन की भी यही 'थीसिस' है, जो शत-प्रतिशत सही है। आबादी ज्यों-ज्यों बढ़ती जा रही है प्रति व्यक्ति खेती योग्य ज़मीन भी घटती जा रही है। 1960 में एक भारतीय किसान के पास औसतन 0.21 हेक्टेयर खेती योग्य ज़मीन थी, जो 2001 में घटकर 0.08 हो गयी है और इस बात का भय है कि 2050 में घटकर 0.03 हेक्टेयर प्रति व्यक्ति हो जायेगी। इस सिलसिले में एक अत्यन्त ही गंभीर समस्या की ओर लोगों का ध्यान नहीं जा रहा है। भारत में 55 प्रतिशत खेती ज़मीन से पानी निकालकर सिंचाई के द्वारा की जा रही है। प्रतिवर्ष ज़मीन के नीचे का जल स्तर तेजी से घटता जा रहा है। यदि यही रफ्तार रही तो अगले कुछ वर्षों में पानी का भयानक अकाल हो जायेगा जिसका सीधा असर देश की कृषि एवं स्वास्थ्य पर पड़ेगा। कई राज्यों में भूतल पानी में आर्सेनिक आ रहा है, जिससे हड्डी सम्बन्धी रोगों में वृद्धि होगी। भारत में लँगड़े-लूले लोगों के प्रतिशत में तेजी से वृद्धि होगी। समय रहते इस गंभीर जनसंख्या समस्या की ओर ध्यान देना आवश्यक है।

सिक्के का दूसरा पहलू शहरी जीवन है। एक तरफ जबकि करोड़ों लोग ग्रामीण क्षेत्रों में ग़रीबी रेखा के नीचे सिसक-सिसक कर जीवन व्यतीत कर रहे हैं, दूसरी ओर दिल्ली, चेन्नई, मुम्बई और कोलकाता जैसे शहरों में मुट्ठीभर लोग तेजी से फल-फूल रहे हैं और ऐशो-आराम की जिन्दगी बिता रहे हैं। उनके पास ढेर सारे बंगले हैं, ढेर सारी गाड़ियाँ हैं और दोनों हाथों से लुटाने के लिए बेशुमार दौलत है। भारत के 6,31,311 गाँवों में आज लगभग 1 अरब लोग रह रहे हैं, इसमें से 40 करोड़ लोग ग़रीबी रेखा के नीचे हैं। उनके गाँवों में न सड़क, न बिजली और न पीने का पानी। बरसात के दिनों में जिला मुख्यालय तक जाने के लिए कोई पक्की सडक भी नहीं है और दुर्भाग्यवश यदि गाँव में कोई बीमार हो जाये तो उसे गाँव में ही दम तोड़ देना पड़ता है, क्योंकि शहर तक जाने का कोई साधन नहीं है। गाँव में रहने वाले ये अभागे लोग रोज़ी-रोटी की खोज में दिल्ली, मुम्बई, कोलकता और चेन्नई भागते हैं। वहाँ भी उन्हें एक अपमानित जीवन जीना पड़ता है। सही अर्थ में ये लोग ही 'भारतीय' हैं। जब ये चकाचौंध की दुनिया

में, शहरों में आते हैं तो हमेशा यह सोचते रहते हैं कि उन्होंने क्या पाप किया था कि वे और उनके परिवार के लोग गाँव देहात में नरक का जीवन व्यतीत कर रहे हैं। और शहर में ये मुट्ठीभर लोग इस तरह का ऐशो-आराम का जीवन बिता रहे हैं, जिसकी उन्हें स्वप्न में भी कल्पना नहीं होती है। एक साधारण व्यक्ति चाहता है कि उसे और उसके परिवार के सदस्यों को दो वक्त की रोटी मिल जाये। रहने के लिए छोटी-सी सही, साफ-सुथरी झोपड़ी हो। सरकारी अस्पतालों में उसके और उसके परिवार के लोगों की चिकित्सा ठीक ढंग से हो। उसे पीने के लिए साफ पानी मिले।

गाँव में बिजली हो, ढँग की सड़क हो, और सरकारी अफसर उनसे जानवरों की तरह बर्ताव नहीं करें। दुर्भाग्यवश एक आम भारतीय को यह नसीब नहीं है। देश सही मायने में दो टुकड़ों में बँटा हुआ है। देहात में रहने वाले ग़रीब लोग, झुण्ड-के-झुण्ड रोज़गार की तलाश में बड़े शहरों में दौड़ते हैं, वे 'भारत' के अंग हैं और जो लोग ऐशो-आराम की जिन्दगी शहरों में बिताते हैं, वे इंडिया के लोग हैं। अर्थशास्त्री गुन्नार मिर्डल (Gunnar Myrdal) ने अपनी पुस्तक **The Asian Drama: An Inquiry into the Poverty of Nations** (1968) में लिखा है कि एशियाई देशों में, खासकर भारत में, अमीरों और ग़रीबों के बीच में जो खाई बढ़ रही है उसका मूल कारण भ्रष्टाचार है। भ्रष्टाचारी तरीके से और कर चोरी करके मुट्ठीभर लोग अमीर हो जाते हैं। उनका कोई भी काम सरकारी अफसरों की मुट्ठी गर्म करने से हो जाता है। यदि व्याप्त भ्रष्टाचार पर पूरा नियन्त्रण नहीं पा लिया जाता है और अमीर एवं ग़रीब के बीच की खाई को शीघ्र पाटने का काम नहीं किया गया तो स्थिति अत्यन्त ही विस्फोटक हो सकती है। फिर कोई भी राजनीतिक दल और राजनेता उस पर नियन्त्रण नहीं पा सकेगा।

REFERENCES

Bottomore, Thomas B., **The Theories of Modern Capitalism**, London: George Allen & Unwin, 1985.

Benedict, Ruth, **Patterns of Culture**, Boston, Houghton: Mifflin Co., 1934.

Desai, A.R., **Rural Sociology**, Bombay: Popular Prákashan, 1959.

Hobhouse, L.T., Wheeler, G.C and Ginsberg, M., **The Material Culture and Social Institutions of the Simpler Peoples: An Essay in Correlation**, London: Chapman & Hall, 1930.

Marx, Karl, **Das Capital**, Moscow: Progress Publishers, 1977.

Marx, Karl and Engels, Friedrich, **The German Ideology**, International Publishers, New York, 1930,

Moore, Wilbert E., **Social Change**, Prentice-Hall, Englewood Cliffs, New Jersey, 1964 & 1974.

Morgan, Lewis H., **Ancient Society**, London: MacMillan & Company, 1877.

Myrdal, Gunnar, **Asian Drama: An Inquiry into the Poverty of Nations**, New York: Twentieth Century Fund, 1968.

Osberg, Lars, (ed.), **Economic Inequality and Poverty: International Perspectives**, New York: M. E. Sharpe, Inc., 1991.

Parsons, Talcott and Smelser, N.J., **Economy and Society**, New York: Free Press, 1956.

Rostow, W.W., **The Stages of Economic Growth: A Non-communist Manifesto**, Cambridge: Cambridge University Press, 1960.

Smith, Adam, **The Wealth of Nations**, London: W. Strahan and T. Cadell, 1776.

Strange, Susan, **Casino Capitalism**, New York: Oxford, B. Blackwell, 1986.

Weber, Max, **The Protestant Ethic and the Spirit of Capitalism**, New York, Charles Scribner's Sons, 1930 & 1958.

Wiser, William H., **The Hindu Jajmani System**, Delhi: Munshiram Manoharlal Publishers, 1936.

22

राजनीतिक पद्धति
(Political System)

समाज, राज्य और सरकार का एक-दूसरे से घनिष्ठ सम्बन्ध है। आर.एम. मकीवर और पेज (R.M. MacIver and Charles H. Page) के अनुसार समाज सामाजिक सम्बन्धों का जाल है। जब समाज और दूसरे समुदाय एक इकाई के रूप में संघटित हो जाते हैं तो यह राज्य कहलाता है। राज्य के क्रिया-कलापों का प्रबंध एक निकाय द्वारा होता है, जो कानूनी तौर पर उस राज्य में रहने वाले किसी भी व्यक्ति या सामाजिक समूह से सर्वोपरि होता है। उदाहरण के लिए भारतीय राज्य में एक निश्चित भूभाग, नागरिकगण, संघ संगठन और सरकार है। विभिन्न व्यक्तियों और संगठनों के बीच सम्बन्ध राज्य के प्राधिकार द्वारा निर्धारित होता है। हैरल्ड जे. लॉस्की (Harold Joseph Laski, 1893–1950) ने कहा है राज्य किसी समाज के सामूहिक जीवन को संगठित करने का एक तरीका है। राज्य के उद्देश्यों की पूर्ति के लिए सरकार कार्यरत होती है। राज्य सरकार पर निर्भर करता है और सरकार अपनी शक्ति जनता से प्राप्त करती है।

राज्य वैध शक्तियों का स्रोत है, जो वहाँ के नागरिकों के जीवन को संचालित करता है। यह जनसाधारण से उच्चस्थ शक्ति है। मगर कोई राज्य इतना बेरहम नहीं होता कि इसके नागरिक इसके अस्तित्व के लिए खतरा बन जायें। तथापि आज भी ऐसे राज्य हैं, जो किसी-न-किसी रूप में धर्मांधता एवं नक्सलवाद का प्रचार-प्रसार करते हैं और ऐसे भी राज्य हैं, जो वैज्ञानिक और आर्थिक विकास की वकालत इस तरह से करते हैं कि कुछ लोगों को फायदा हो और दूसरों को हानि। ऐसी निरंकुशतावादी कार्य-पद्धति, धार्मिक और प्रजातीय कट्टरता वैज्ञानिक और आर्थिक आधिपत्य सारी दुनिया में विरोध, आन्दोलन व क्रान्ति के मुख्य कारण रहे हैं। यदि राज्य आर्थिक संसाधनों और राजनीतिक सत्ता का एकाधिकारी प्रयोग अपने लिए या कुछ चुने हुए व्यक्तियों के लिए करता है, तो वह सम्पन्न व्यक्तियों का राज्य हो जाता है।

राज्य कई तरह के कार्यों को सम्पन्न करता है, लेकिन कुछ ऐसे विषय ऐसे हैं जैसे, कानून, पुलिस, सेना अनिवार्यत: जो इसके अधीन रहते हैं। रसेल (Bertrand Arthur William Russell, 1872–1970) ने लिखा है, राज्य का सार रूप यह है कि यह नागरिकों की सामूहिक शक्ति कानून और पुलिस के रूप में विभक्त है तथा वह शक्ति दूसरे देश के साथ युद्ध करने के अधिकार एवं इसके लिए विभिन्न सेनाओं के रूप में दृष्टिगत होती है। राज्य का निर्माण एक निश्चित भूभाग में रहने वाले सभी निवासियों के सम्मिलत एवं उनकी संगठित शक्ति का प्रयोग एक सरकार की आज्ञानुसार होने से होता है। युक्तियुक्त औचित्य-प्रतिपादन किये बिना कोई भी राज्य अपनी सत्ता का प्रयोग अपने नागरिकों के विरुद्ध नहीं कर सकता क्योंकि विद्रोह का भय रहता है। यदि राज्य अन्धाधुंध अपनी शक्ति का

प्रयोग जनता के विरुद्ध करता है, तो जनमत राज्य के विरुद्ध हो जाता है। जनता राज्याज्ञा का पालन इसलिए करती है, क्योंकि राज्य कम-से-कम दो सकारात्मक कार्य सम्पन्न करता है– 1. सम्पूर्ण समुदाय का कल्याण और 2. कानून और व्यवस्था का पालन।

राजनीतिक पद्धति उन संरचनाओं और प्रक्रियाओं का समुच्चय है, जिनके माध्यम से समाज में राजनीति के उद्देश्य पूरे किये जाते हैं। राजनीतिक दल, संविधान या सरकार राजनीतिक प्रणाली के अभिन्न अंग होते हैं। टॉम बॉटमोर (Thomas B. Bottomore, 1920–1992) ने राजनीतिक पद्धति का एक वर्गीकरण प्रस्तुत किया है, जिसमें निम्न श्रेणियाँ हैं— (1) आदिम समाज– (i) स्पष्ट एवं स्थाई राजनीतिक संरचना रहित एवं (ii) एक स्पष्ट एवं स्थाई राजनीतिक संरचना सहित, किन्तु नातेदारी व धर्म से अत्यधिक प्रभावित, (2) नगर राज्य, (3) नगर राज्यों पर आधारित साम्राज्य, (4) सामन्तवादी राज्य, (5) केन्द्रित नौकरशाही से युक्त एशियाई राज्य, (6) राष्ट्रीय राज्य– (i) आधुनिक लोकतन्त्रीय राज्य एवं (ii) आधुनिक सर्वाधिकारी राज्य तथा (7) राष्ट्रीय राज्यों पर आधारित साम्राज्य (Thomas B. Bottomore, **Political Sociology**, 1979)।

राजनीतिक शक्ति का सबसे संगठित स्वरूप राज्य है। मैक्स वेबर (Max Weber) के अनुसार राज्य ऐसा मानव समुदाय है, जो एक निश्चित भूभाग के अन्दर शक्ति के वैध प्रयोग का स्वतन्त्र दावा करता है। राज्य समाज के नियन्त्रण की महत्त्वपूर्ण संस्था है, जिसके कार्य कानून द्वारा चलते हैं। यहाँ यह भी ध्यान में रखा जाना चाहिए कि राज्य समाज का एक अंग है, यह पूरा समाज नहीं है। समाजशास्त्र ने आरम्भ से ही समाज और सामाजिक सम्बन्धों को राज्य और राजनीतिक सम्बन्धों से अलग-अलग देखने का प्रयास किया है। अधिकतर विद्वान राजनीति की चर्चा उद्विकासवादी परिप्रेक्ष्य में करते हैं। वर्तमान समय में राज्य और राजनीतिक शक्ति की चर्चा बहुआयामी सामाजिक संरचना (Pluralist Social Structure), वर्ग शक्ति (Class Power) और विशिष्ट समूह शक्ति (Elite Power) के आधार पर की जाती है।

राजनीतिक पद्धति राजनीतिक संस्थाओं (जैसे, सरकार), संघों (राजनीतिक दल) और संगठनों का एकत्रीकरण (Collectivity) है, जो पूर्व निर्धारित उद्देश्यों और प्रतिमानों के आधार पर अपनी भूमिका का निर्वहण करती है (जैसे, आन्तरिक व्यवस्था बनाये रखना, विदेशी सम्बन्धों को संचालित करना और बाहरी ताकतों से सुरक्षा प्रदान करना)। इसे राजनीतिक संस्थाओं व संघों का एकत्रीकरण भी कहा गया है, जो समाज को सत्ता से संचालित करते हैं, विद्यमान सत्ता पद्धति के अनुरूप कार्य करने को बाध्य करते हैं और जो कतिपय सिद्धान्तों और कार्यविधियों के आधार पर कार्य करते हैं। राजनीतिक पद्धति के चार प्रमुख तत्त्व हैं— (1) वैधानिक बल प्रयोग, (2) व्यापकता (Comprehensiveness), (3) परस्पर निर्भरता और (4) सीमाओं (Boundaries) की विद्यमानता। डेविड ईस्टन (Divid Easton— **The Political Systems: An Inquiry into the State of Political Science**, 1953) ने सामाजिक पद्धति के तीन घटक (Components) बतलाये हैं—

1. यह नीतियों के माध्यम से मूल्यों का आवंटन (Allocation) करता है
2. इसका आवंटन आधिकारिक (Authoritative) होता है एवं
3. इसके आधिकारिक आवंटन पूरे समाज पर बाध्यकारी होते हैं।

आलमण्ड और कॉलमैन (Gabriel A. Almond and James S. Coleman— **The Politics of the Developing Areas,** 1960: 11) ने राजनीतिक पद्धति की चार सामान्य विशेषताओं की चर्चा की है— (1) सभी राजनीतिक पद्धतियों में राजनीतिक संरचनाएँ होती हैं (जैसे, प्रतिरूपेण (Patterned) सामाजिक सम्बन्ध, प्रतिमान और अधिकार व कर्तव्य), (2) सभी राजनीतिक पद्धतियों में कुछ प्रकार्य निभाये जाते हैं, यद्यपि उनकी शैली व बारम्बारता (Frequencies) भिन्न होती हैं, (3) सभी राजनीतिक व्यवस्थाएँ बहुकार्यात्मक होती हैं (जैसे, नीतियों, भूमिकाओं (सरकार की) का मूल्यांकन, लोगों में जागृति पैदा करना, जनता/समूहों/पद्धतियों का नियन्त्रण करना) तथा (4) सभी राजनीतिक व्यवस्थाएँ सांस्कृतिक अर्थों में मिश्रित व्यवस्थाएँ होती हैं (अर्थात्, न तो कोई पूर्ण आधुनिक संस्कृति होती है और न कोई पूर्व प्राचीन संस्कृति)।

राजनीतिक पद्धति के प्रकार्यों के सम्बन्ध में आलमंड और कॉलमैन ने तीन प्रकार्यों का वर्णन किया है—

1. प्रतिमानों का निर्धारण करके समाज को एकजुट बनाये रखना, उन्हें सर्वत्र व्यावहारिक बनाना, उनका क्रियान्वयन कराना और उनका उल्लंघन होने पर दण्ड देना।

2. सामूहिक (राजनीतिक) उद्देश्यों की प्राप्ति हेतु आवश्यक सामाजिक, आर्थिक और धार्मिक पद्धतियों में परिवर्तन लाना व उन्हें अनुकूल बनाना।

3. बाहरी खतरों से राजनीतिक पद्धति की सुरक्षा करना। आलमंड और कॉलमैन ने इन कार्यों की दूसरे तरीके से भी व्याख्या की है। उन्होंने इनको 'बाह्य कार्य' (Output Functions) और 'अन्तःकार्य' (Input Functions) के रूप में वर्गीकृत किया है। 'बाह्य कार्य' है कानून बनाना, उनको लागू करना और उनका अधिनिर्णयन करना। 'अन्तःकार्य' है राजनीतिक समाजीकरण, हितों की अभिव्यक्ति (Interest Articulation), हितों का समूहन (Interest Aggregate) और राजनीतिक संवाद। आइजेनस्टाट (S.N. Eisenstadt) ने राजनीतिक पद्धति के राजनीतिक क्रिया-कलापों को विधायी (Legislative) (अर्थात् समाज में विद्यमान पद्धति को बनाना), निर्णय लेना (Decision-making) (अर्थात्, विभिन्न सामाजिक क्षेत्रों में प्रारम्भिक नियमों के क्रियान्वयन की व्यवस्था करना और समाज के विभिन्न समूहों को विविध सेवाएँ उपलब्ध कराना)।

शिल्स (Edward A. Shils— **Political Developments in the New States**, 1962) द्वारा राजनीतिक पद्धतियों का वर्गीकरण इस प्रकार किया गया है–

(i) लोकतान्त्रिक पद्धति, अर्थात् नागरिकों द्वारा चुने गये प्रतिनिधियों के माध्यम से शासितों की इच्छानुसार कार्य करना। यद्यपि लोकतन्त्र बहुसंख्यकों के शासन पर आधारित है तथापि अल्पसंख्यकों के अधिकारों की रक्षा करना भी लोकतान्त्रिक पद्धति का आवश्यक पक्ष माना गया है। राजनीतिक लोकतन्त्र में कानून की दृष्टि में समानता, बोलने की स्वतन्त्रता, प्रेस एवं एकत्र होने की स्वतन्त्रता और मनमानी गिरफ्तारी से बचाव भी महत्त्वपूर्ण है।

(ii) सर्वाधिकारी व्यवस्था (Totalitarian), अर्थात् ऐसी पद्धति जिसमें राज्य की शक्ति को स्थिर करने और स्वच्छन्दतापूर्वक कार्यक्रमों को चलाने के लिए आवश्यक समझे जाने वाले जीवन के सभी पक्षों को राज्य संचालित व नियमित करता है। समाज के भीतर ही व्यक्ति या उप-समूहों की स्वायत्तता पर केन्द्रीकृत सत्ता को अधिक बल दिया जाता है। व्यवहार में, राज्य का प्रतिनिधित्व राजनीतिक दृष्टि से शक्तिशाली शासक वर्ग या अभिजात वर्ग द्वारा किया जाता है, जो अन्य सभी हित समूहों (Interest Groups) पर आधिपत्य जमाए रखता है।

(iii) अल्पतन्त्रीय पद्धति (Oligarchic), अर्थात् ऐसी पद्धति जिसमें एक छोटा समूह शासन करता है और वृहद् समाज के ऊपर सर्वोच्च शक्ति रखते हुए शासन करता है।

आइजेनस्टाट ने राजनीतिक पद्धति को **बहुवादी (Pluralistic), प्रभुतावादी (Authoritarian), सर्वाधिकारी (Totalitarian)** और **विरासतवादी (Patrimonial)** श्रेणियों में रखा है। बहुवादी पद्धति राज्यों की विशेषता है। इस प्रकार की व्यवस्था में केन्द्र शक्तिशाली होता है, राजनीतिक स्वतन्त्रता को विस्तृत अवसर मिलता है और उसमें स्थाई विकास करने की क्षमता होती है। विरासतवादी राज्यों का द्वितीय विश्वयुद्ध के बाद उदय हुआ। यह एक निजी शासन (Personal Rulership) है, जिसमें शासक के अनुयायी उसके व्यक्तिगत गुणों में नहीं, बल्कि उसके द्वारा दिये गये भौतिक पुरस्कारों और प्रोत्साहनों में विश्वास करते हैं।

प्राचीन एवं मध्यकालीन राजनीतिक पद्धति

हॉबहाउस (L.T. Hobhouse) का कहना है कि आदिम राजनीतिक पद्धति नातेदारी पर आधारित थी, कृषक राजनीतिक पद्धति प्राधिकार पर आधारित थी और आधुनिक राजनीतिक पद्धति नागरिकता पर आधारित है। बाद में उन्होंने आर्थिक विकास के स्तर के आधार पर भी राजनीतिक पद्धतियों की चर्चा की। मार्क्स और ऐंगल्ज (Marx and Engels) ने

यह कहा कि मानव-समाज के विकास के एक निश्चित चरण में जब वर्गों का उदय हुआ तब मज़बूत वर्ग ने अपनी प्रभुता कायम रखने के लिए राज्य संस्था को जन्म दिया। इनके अनुसार राज्य, सरकार, कानून इत्यादि वर्गीय संस्थाएँ हैं। दूसरी तरफ जो जनजातीय समाज के अध्ययन हुए हैं उनसे जानकारी यह मिली है कि आदिम समाजों में **राजनीतिक प्राधिकार (Political Authority)** का अभाव है। लोई (R.H. Lowie— **Social Organization**, 1956) ने आदिम समुदायों के सम्बन्ध में कहा कि ये छोटे और समानतावादी समूह थे जिन्हें अधिक-से-अधिक बिरादरी (Kinship) कहा जा सकता है। जनजातीय समूह असंगठित तथा बिखरे होते हैं। आदिवासियों में एक जनजाति ही उनकी राजनीतिक इकाई है, इनमें भौगोलिक क्षेत्र का महत्त्व तो होता है, परन्तु इस क्षेत्र विशेष को वे स्थायी नहीं मानते। वरिष्ठ लोगों की परिषद् अथवा समूह सत्ता पर हावी होता है। नातेदारी के आधार पर प्रभुता संगठित होती है, लेकिन यह उसका आधार नहीं होता। आमतौर पर आदिम समाजों में राजनीतिक प्राधिकार नातेदारी, वंश धर्म और अन्य संस्थाओं से जुड़ा रहता है। सामान्य तौर पर उद्विकास के परिप्रेक्ष्य में जिन राजनीतिक पद्धतियों की चर्चा की गयी है, वे आठ प्रकार की हैं— (1) आदिम समाज जिसमें स्थायी राजनीतिक संस्था न हो, (2) आदिम समाज जिसमें स्थायी राजनीतिक संरचना तो है परन्तु नातेदारी और धर्म से प्रभावित है, (3) नगर-राज्य, (4) नगर राज्यों पर आधारित साम्राज्य, (5) सामन्ती राज्य (6) सामन्ती साम्राज्य, (7) लोकतान्त्रिक पद्धति एवं (8) समाजवादी राजनीतिक पद्धति (T.B. Bottomore, **Sociology**, 1971)।

आमतौर पर आदिम एवं सरल कृषक समाजों में जो राजनीतिक संस्थाएँ थीं उनमें **सरदारी व्यवस्था (Chieftainship), वरिष्ठजनों की परिषद् (Council of Elders), नातेदारी और वंश-प्रभुता (Kinship and Lineage Authority),** राजा, सलाहकार परिषद्, सेना और आरम्भिक नौकरशाही की प्रमुखता रही है। जनजातीय समाजों में सरदारी की व्यवस्था आमतौर पर वंश पर आधारित थी, परन्तु यदि इसके लिए प्रतियोगिता हुई और वंश-परम्परा में कोई निकम्मा निकल गया तब वरिष्ठजनों की परिषद् सरदार का चुनाव करती थी। जनजातीय समाज से आर्थिक विकास और संगठन की जटिलता बढ़ जाने के कारण आरम्भिक राज्यों का उदय हुआ। तब इन पर कुल, नातेदारी और वंश के आधार पर ही प्रभुता स्थापित की गयी।

कृषक समाजों में आगे चलकर भूस्वामित्व के आधार पर राजशाही का विकास हुआ। राजा वस्तुत: भूस्वामियों का नेता था और वह अप्रत्यक्ष रूप से सबसे बड़ा भूस्वामी था। इस अवस्था में वंशानुगत राजशाही और सामन्तशाही तथा वंश के आधार पर सेना का संगठन होता था। संघर्षों और विकास के फलस्वरूप जब राज्य की सीमा और कार्य बढ़ गये तब मन्त्रिपरिषद् और राजकीय कार्यों के विभाजन की पद्धति भी विकसित हुई। इस काल में राजनीतिक संस्थाएँ कुल, नातेदारी, वंश तथा धर्म से जुड़ी हुई थीं। यही कारण है कि इस काल की राजनीतिक चर्चाओं में राजा के व्यक्तिगत नाम से अधिक उसका कुल, गोत्र और वंश प्रचलित थे। धर्म के प्रभाव से राजा के प्राधिकार का औचित्य सिद्ध होता था। धर्म की अहम भूमिका के कारण बहुधा मध्ययुगीन यूरोप में पुरोहित ही राज्य सत्ता पर कब्जा कर लेते थे। इन स्थितियों में जनता की कोई स्वतन्त्र राजनीतिक भूमिका नहीं थी। राजनीतिक विरोध धार्मिक आन्दोलनों से ही अभिव्यक्त होते थे और राजा पर विशिष्टजनों का ही प्रभाव होता था। ये राजागण बहुधा अपने सभासदों में गुणी व्यक्तियों को शामिल करते थे। साहित्य, संगीत और चित्रकला का विकास राजाश्रय में ही हुआ करता था। यह सही है कि ऐसी स्थितियों में लोक साहित्य, लोक संगीत और लोक चित्रकला का एक अलग ही स्वरूप विकसित होता था। इस राजनीतिक पद्धति में साम्राज्यों का भी उदय हुआ। परन्तु ये साम्राज्य सैनिक शक्ति पर टिके रहते थे और इसके कमजोर हो जाने पर साम्राज्य बिखर जाता था।

सामान्यतया मध्यकालीन युग में राजनीतिक अधिकार वंश के आधार पर चलते थे। राजाओं का चुनाव जन्म के आधार पर होता था। लेकिन उस काल में भी व्यक्तिगत राजाओं के गुण, क्षमता और साहस की भूमिका का महत्त्व होता था। यही कारण है कि मध्युगीन राजाओं और सम्राटों में कुछ सम्राट अधिक प्रसिद्ध हुए जिनकी चर्चा हम अभी तक करते हैं। इन साम्राज्यों के उदय के समय जो राज्य थे उनका संगठन और उनकी सीमाएँ राजा की शक्ति और राज्य के आर्थिक स्त्रोतों पर निर्भर थी।

आधुनिक समाज के जो अनेक लक्षण हैं, उनमें आधुनिक राजनीतिक पद्धति भी एक लक्षण के रूप में सम्मिलित किया जाता है। इन लक्षणों की चर्चा में राजनीतिक संस्थाओं को एक नयी दृष्टि से देखा जाता है। अनेक राजनीतिशास्त्री और कुछ समाजशास्त्रियों ने भी जैसे, मैक्स वेबर (Max Weber— **The Theory of Social & Economic Organization,** 1947), आर.एम. मकीवर (R.M. MacIver— **The Web of Government**, 1947) ने इस विषय पर काफी प्रकाश डाला है। इस सन्दर्भ में वेबर ने **शक्ति (Power)** की अवधारणा की चर्चा की है। उन्होंने कहा कि शक्ति किसी व्यक्ति अथवा समूह की उस क्षमता को कहते हैं, जिसके द्वारा वह दूसरों से उनकी इच्छा अथवा अनिच्छा के बावजूद अपने मुताबिक अभिवृत्ति, विचार और गतिविधियों को बदल देता है। शक्ति की यह धारणा सर्वमान्य नहीं है, परन्तु प्रचलित है। शक्ति जब समाज अथवा समूह के द्वारा स्वीकृत हो जाती है, तब वह **सत्ता या प्राधिकार (Authority)** का रूप ले लेती है। वेबर ने शक्ति की इस सामाजिक स्वीकृति अथवा वैधता की दो कालबद्ध प्रकारों की चर्चा की है। प्रथम परम्परा के कारण स्वीकृति है, जो मध्ययुगीन समाजों में प्रभावशाली थी। उदाहरण के लिए राजा, पिता, ताल्लुकेदार, सामन्त आदि की शक्ति। यह प्रणाली आज भी प्रचलित है। परन्तु अब यह प्रभावशाली नहीं है। आधुनिक समय में शक्ति की स्वीकृति और वैधता तर्कपूर्ण कानून के आधार पर होती है। उदाहरण के लिए राष्ट्रपति या प्रधानमन्त्री की शक्ति को कानून से ही वैधता मिलती है। वेबर ने एक अपवादी स्वरूप की चर्चा की और वह व्यक्तिविशेष के असामान्य गुणों के कारण होती है। एक अरबी शब्द 'करिश्मा' को उन्होंने असामान्य गुणों का पर्याय माना। इन तीन वैधता प्रदान करने वाले प्रकारों के आधार पर मैक्स वेबर ने तीन प्रकार के सत्ता या प्राधिकार, **पारम्परिक सत्ता (Traditional Authority), तर्कपूर्ण कानूनी सत्ता (Rational-legal Authority)** और **करिश्माई सत्ता (Charismatic Authority)** की चर्चा है। स्वयं उन्होंने बड़े-बड़े सन्तों और नेताओं का, जो किसी गद्दी पर आसीन नहीं थे, करिश्माई सत्ता के रूप में उदाहरण दिया है। भारत में महात्मा गाँधी को जो प्राधिकार प्राप्त था वह करिश्माई ही था।

राज्य शक्ति का एक संगठित रूप माना जाता है। राज्य के सम्बन्ध में अधिकांश विद्वानों ने स्वीकार किया कि यह वर्गीय विभाजनों अथवा वर्गीय सन्तुलन के आधार पर ही बनते हैं। इस सम्बन्ध में राज्य शक्ति को वर्गीय आधार पर मार्क्सवादियों (जैसे– Paul Sweezy, L. Althusser इत्यादि) ने देखा है। अन्य विद्वानों ने जैसे– जी. मोस्का (G. Mosca), पारेटो (V. Pareto), हंटर (F. Hunter) आदि ने राज्य शक्ति को विशिष्ट वर्ग (Elite) के रूप में देखा है। अन्य विद्वानों ने जिन्हें आमतौर पर उदारवादी माना जाता है, जैसे– लॉस्की (H. Laski), सबाइन (G.H. Sabine), पार्सन्स (T. Parsons) आदि ने राज्य शक्ति को समाज की शक्ति के रूप में देखने का प्रयास किया है। राज्य व्यवस्थाओं के सम्बन्ध में जो सिद्धान्त दिये गये हैं, उनमें मुख्य रूप से **अराजकतावाद (Anarchism), श्रमसंघवाद (Syndicalism), फासीवाद (Fascism), बहुलतावाद और संघ समाजवाद (Pluaralism and Guild Socialism), समाजवादी राज्य (Communist State)** आदि हैं। लोकतन्त्र (Democracy) की चर्चा अलग-अलग राज्य शक्तियों में होती है और यह सिद्धान्त मूलत: प्रशासन के साथ जुड़ा हुआ है, इसलिए जो कोई भी शासन की पद्धति लोकतन्त्र के लक्षणों को पूरा करती है, उसे लोकतन्त्र कहा जाता है। इसी सन्दर्भ में **मध्यवर्गीय लोकतन्त्र (Middle Class Democracy)** या **पूँजीवादी लोकतन्त्र (Capitalist Democracy) तथा समाजवादी लोकतन्त्र (Socialist Democracy)** की बात की जाती है।

समय के साथ राजा काफी निरंकुश हो गया था। उनकी निरंकुश शक्ति के विरुद्ध यूरोप में अराजकतावादी एवं श्रम संघवाद जैसी विचारधारा को बढ़ावा मिला। इस विचारधारा को मानने वाले लोग समाजवादी सर्वशक्तिशाली राज्य की धारणा को भी स्वीकार नहीं करते थे। प्रसिद्ध अराजकतावादी, जैसे– गॉडविन (William Godwin, 1756–1836), मैक्स स्टरनर (Max Stirner, 1806–1856, Real name: **Johann Kaspar Schmidt**), क्रॉपाटकिन (Peter Alexeyevich Kropotkin, 1842–1921) आदि ने घोर व्यक्तिवादी दृष्टिकोण से राज्य की शक्ति की आलोचना की। इन्होंने राज्य को अनावश्यक बुराई के रूप देखा। ये सम्पत्ति के अधिकार को भी स्वीकार नहीं करते थे। ये राज्य में किसी

वर्गविशेष को भी महत्त्वपूर्ण नहीं मानते थे। रूस में ये घोर **निराशावादियों (Nihilists)** के साथ मिल गये थे। एक राज्य सिद्धान्त के रूप में यह किसी राज्य में लागू नहीं हुआ, परन्तु इसने एक समय में यूरोप के मज़दूरों और निम्न मध्यमवर्गीय लोगों को अपनी ओर आकर्षित किया था।

श्रमसंघवाद (Syndicalism)— यह क्रान्तिकारी समाजवाद का एक रूप है जिसका उदय उन्नीसवीं शताब्दी के अन्तिम दशक में फ्रांस में हुआ था। आज यह सिद्धान्त बहुत कुछ निष्प्राण-सा है। कुछ लोगों का मत है कि श्रमसंघवाद एक विरोधात्मक दर्शन है। यह दर्शन राज्य-विरोधी, देश-प्रेम विरोधी, सैन्यवाद विरोधी, मध्यवर्ग विरोधी और सोवियत विरोधी है। श्रमसंघवाद की परिभाषा करते हुए आर. मैकडॉनल्ड ने लिखा है कि यह एक ऐसा आन्दोलन है, जो श्रमिक-संघों द्वारा चलाया जाता है और इस आन्दोलन का लक्ष्य एक ऐसे समाज की स्थापना करना है, जिसमें उत्पादन और वितरण के साधनों पर श्रमिकों के संघों का अधिकार होगा और वे ही समस्त उद्योग-धन्धों का संचालन करेंगे। श्रमसंघवाद वर्तमान समाज के मार्क्सवादी विश्लेषण को स्वीकार करता है। इस विचारधारा के अन्तर्गत केवल मज़दूरों के हितों को ही प्रमुख माना जाता है, समाज के अन्य वर्गों के हितों की उपेक्षा कर दी जाती है। यह विचारधारा राज्य के समूल उन्मूलन का प्रतिपादन करती है, जबकि राज्यविहीन समाज की कल्पना असम्भव है क्योंकि राज्य के अभाव में समाज में अशान्ति और अव्यवस्था फैलने का सदैव खतरा बना रहता है।

गिल्ड-समाजवाद (Guild Socialism)— यह समाजवाद का एक विकासवादी रूप है और राजनीति-दर्शन को इंग्लैण्ड की यह विशेष देन है। गिल्ड-समाजवाद को बहुधा समाजवाद या समष्टिवाद तथा सिंडिकलिज़्म के बीच का मार्ग समझा जाता है। अन्य समाजवादी विचारधाराओं की भाँति गिल्ड-समाजवाद भी पूँजीवादी व्यवस्था को अन्यायपूर्ण मानता है। वर्तमान सामाजिक विषमताओं से छुटकारा पाने का एकमात्र उपाय यह है कि पुरानी सामाजिक व्यवस्था को समाप्त कर, उसके स्थान पर एक ऐसी नूतन सामाजिक व्यवस्था का निर्माण किया जाये, जिसमें उद्योग का संचालन श्रमिक-संघों के हाथों में हो। गिल्ड-समाजवाद के अन्तर्गत राज्य की समाप्ति तो नहीं होती, पर उसे आर्थिक क्षेत्र से बहिष्कृत कर दिया जाता है। इस व्यवस्था में उद्योगों के ऊपर राज्य का कोई नियन्त्रण नहीं रहेगा, परन्तु राष्ट्रीय दृष्टि से आवश्यक अन्य वस्तुओं का प्रबन्धन राज्य के हाथों में रहेगा। गिल्ड-समाजवाद अपने उद्देश्यों को प्राप्त करने के लिए संवैधानिक और विकासवादी साधनों में आस्था रखता है।

कल्याणकारी राज्य (Welfare State)— कल्याणकारी राज्य के सिद्धान्त को द्वितीय विश्व युद्ध के बाद पूँजीवादी देशों द्वारा समाजवादी विचारधारा के आकर्षण को रोकने के लिए प्रस्तावित किया गया था। इस सिद्धान्त में राज्य सामाजिक सेवाओं, सुरक्षा पद्धतियों एवं जनकल्याण की व्यवस्था करता है। इन उद्देश्यों के लिए उद्योगों को सार्वजनिक क्षेत्र में रखा जाता है निजी उद्योगों पर कुछ नियन्त्रण रखा जाता है और राष्ट्रीय पैमाने पर सीमित योजनाओं को संचालित किया जाता है। सबसे पहले यह प्रयोग इंग्लैण्ड में किये गये। भारत में भी यद्यपि घोषित पद्धति समाजवाद की है, वास्तव में कल्याणकारी राज्य सिद्धान्तों को ही लागू करने की चेष्टा की गयी है।

कार्ल मार्क्स ने समाजवादी और साम्यवादी राज्य पद्धति के सिद्धान्त का प्रतिपादन किया। समाजवाद की एक दूसरी धारणा पश्चिमी यूरोप के देशों में प्रचलित थी, परन्तु मार्क्सवादी विचार अधिक लोकप्रिय हुआ। समाजवाद मज़दूरों का राज्य होता है। उत्पादन के स्रोत राज्य के नियन्त्रण में होते हैं। प्रौद्योगिकी का आर्थिक नियोजन के आधार पर विकास किया जाता है। आमजन के लिए सुविधाएँ क्रमशः बढ़ायी जाती हैं। राज्य और शासक दल अत्यधिक शक्तिशाली होते हैं। वर्तमान समाजवादी राज्यों की आलोचना करते हुए रेमाँ अरों (Raymond Aron, 1905–1983), मीलोवन डीलास (Milovan Dilas, 1911–1995), बॉटमोर आदि ने इस व्यवस्था को पार्टी पर नियन्त्रणकारी विशिष्ट समूह की व्यवस्था कहा है। साम्यवादी राज्य व्यवस्था मार्क्स की ऐसी कल्पना है, जिसमें राज्य और वर्गव्यवस्था दोनों ही नहीं होंगे। समाज स्वायत्तशासी समुदायों में संगठित होगा। ये समुदाय अन्तर्निर्भर होंगे। समाज में सभी लोग सम्पन्न होंगे। बहुत-से विद्वानों ने इसे स्वप्नलोकीय विचार (Utopian) कहकर पुकारा है।

आधुनिक राजनीतिक पद्धति (Modern Political System)

औद्योगीकरण के प्रसार के साथ-साथ राजनीतिक व्यवस्था में भी गुणात्मक परिवर्तन सम्भव हुआ। सर्वप्रथम राज्यों की आर्थिक एकीकरण के परिणामस्वरूप राष्ट्रवाद का उदय हुआ। ई.एच. कार (E.H. Carr) के अनुसार राष्ट्र व्यक्तियों का ऐसा समग्र है, जो किसी विशेष क्षेत्र में निवास करता है, जो सार्वभौम होता है, जिनकी आर्थिक प्रणाली समरूपी होती है और जो मनोवैज्ञानिक रूप से एक-जुटता का अनुभव करते हैं। राष्ट्रीय राज्य (Nation State) का उदय औद्योगीकरण के फलस्वरूप ही हुआ। एशिया, अफ्रीका और लातिनी अमरीका के वे देश जो उपनिवेश थे उन्होंने अपने देशों में राष्ट्रवाद का विकास औद्योगिक विकास आधार पर न करके उपनिवेश बनाने वाले साम्राज्यवादी देशों के विरुद्ध संघर्ष के क्रम में किया। भारत में भी राष्ट्रवाद का विकास अंग्रेजों के विरुद्ध संघर्ष के परिणामस्वरूप ही हुआ।

राष्ट्रीय राज्यों के विकास के साथ-साथ लोकतन्त्र का विकास हुआ और फलस्वरूप सरकार के स्वरूप में भी परिवर्तन हुआ। यूरोप में 18वीं शताब्दी के आरम्भिक वर्षों तक राजतन्त्र और लोकतन्त्र के बीच संघर्ष होता रहा। अन्त में सभी स्थानों पर लोकतन्त्र की ही विजय हुई। पॉल स्वीजी (Paul Marlor Sweezy, 1910–2004) के अनुसार औद्योगीकरण की प्रक्रिया में मज़दूरी पाने वालों की जो एकता स्थापित हुई उसी के कारण आगे चलकर लोकतन्त्र का विकास हुआ। लोकतन्त्र की चर्चा जॉन ह्वीलर (John Harvey Wheeler, 1918–2004), बैरींगटन मोर (Barrington Moore, 1913-2005), सारतोरी (Giovánni Sartori) इत्यादि अनेक विद्वानों ने की है। इसकी कोई निश्चित सर्वमान्य परिभाषा नहीं है, परन्तु लोकतन्त्र के आवश्यक लक्षणों में चुनाव की पद्धति, शक्ति का विकेन्द्रीकरण अथवा विभाजन, स्वतन्त्र न्यायपालिका, नागरिक अधिकार और स्वतन्त्र प्रेस को सम्मिलित किया जाता है। लोकतन्त्र की यह धारणा बहुआयामी राजनीतिक पद्धति की धारणा है जिसका प्रतिपादन हैरल्ड लॉस्की (Harold Joseph Laski, 1893–1950) समेत अनेक राजनीतिशास्त्रियों ने किया है। आधुनिक समय में लोकतन्त्र बहुत लोकप्रिय है, लेकिन इसका स्वरूप निश्चित और निर्धारित नहीं है। बहुधा अनेक राजशाही, तानाशाही और सैनिकशाही शासन भी अपने को लोकतन्त्र के रूप में घोषित करते हैं। 20वीं शताब्दी में अनेक राज्यों में सैनिक तानाशाही कायम हुई है, जो वास्तविक अर्थों में अल्पतन्त्र (Oligarchy) रहा है। इस पद्धति में कुछ लोगों का समूह आपस में तालमेल बिठाकर देश पर शासन करता है। पड़ोसी देश पाकिस्तान तथा बांग्लादेश में ऐसा होता रहा है।

लोकतन्त्र का इतना अधिक प्रचलन हो गया है कि सभी शासन पद्धतियों के लोग अपने देश को लोकतांत्रिक घोषित करते हैं। पॉल स्वीजी ने लोकतन्त्र के तीन प्रकारों की चर्चा की है। पूँजीवादी लोकतन्त्र, जनता का लोकतन्त्र अथवा नया लोकतन्त्र और समाजवादी लोकतन्त्र। पूँजीवादी देशों में जो लोकतन्त्र प्रचलित है, उसे पूँजीवादी लोकतन्त्र कहा जाता है। स्वीजी का विचार है कि लोकतन्त्र में आर्थिक संसाधनों के बँटवारे में गम्भीर असमानता होने के कारण राजनीतिक अधिकारों की समानता का कोई अर्थ नहीं रह जाता है। जनता के लोकतन्त्र में यह निश्चित कोशिश की जाती है कि संसाधनों की समानता स्थापित की जाये परन्तु ये पूरी तरह न्यायोचित नहीं हो पाता है। समाजवादी लोकतंत्र में संसाधनों और अवसरों की समानता हो जाने के कारण लोकतन्त्र की पद्धति सार्थक होती है।

लोकतन्त्र से जुड़ी हुई जो कुछ प्रमुख राजनीतिक संस्थाएँ उभरी हैं उनमें शायद सबसे महत्त्वपूर्ण दलीय व्यवस्था (Party System) है। राजनीतिक दलों के सम्बन्ध में रॉबर्ट ए. डाल (Robert A. Dahl), पार्सन्स (T. Parsons) आदि का मत है कि समाज की शक्ति के अस्थायी प्रबंधक के रूप में जो पार्टी सफल होती है, वह प्रशासन का भार सँभालती है। राजनीतिक दलों की विस्तृत चर्चा सबसे पहले रॉबर्ट मिशेल्स (Robert Michels) ने **Political Parties** (1911) नामक पुस्तक में की थी। उन्होंने राजनीतिक दल को स्वार्थ समूह (Interest Group) कहा है। उनके अनुसार राजनीतिक दल लोकतान्त्रिक पद्धति में कार्य करते हैं पर उनकी आन्तरिक पद्धति अलोकतान्त्रिक होती है, जो नेता एक बार नेतृत्व में पहुँच जाते हैं वे अपने को किसी भी हालत में नेतृत्व में बचाये रखना चाहते हैं और यह समूह शासन में बदल जाता है। पार्टी सदस्यों की भागीदारी निर्णय लेने में नहीं होती है। एफ.डब्लू. रीग्स (F.W. Riggs) ने

राजनीतिक दलों को ऐसा संगठन कहा है, जो विधायिका में चुनाव के लिए प्रतिनिधियों का मनोनयन करता है। जो विधायिका में चुनाव के लिए प्रतिनिधियों का मनोनयन करता है। लिपसेट (S.M. Lipset), रोज़ (A.M. Rose) आदि ने इस विचार को स्वीकार किया है। रॉबर्ट मकेन्जी (Robert McKenzie) ने राजनीतिक दलों को सरकार और जनता के बीच एकमात्र कड़ी मानने से इन्कार कर दिया है। मार्क्सवादी विचारक राजनीतिक दलों को वर्गीय संगठन तो मानते हैं, परन्तु चुनाव की प्रक्रिया को सत्ता के लिए सही प्रतियोगिता नहीं मानते। उनके अनुसार जो धनी हैं, सुविधाओं से लैस हैं और जिनका जनसंचार के साधनों पर नियन्त्रण है, वे निश्चित रूप से अधिक सफल होते हैं। मैक्स वेबर ने राजनीतिक दल को आर्थिक स्वार्थों का प्रतिनिधि तो कहा, परन्तु इसे एक अलग समूह माना है, जो राजनीतिक शक्ति की असमानता का बोध कराता है।

वेबर के अनुसार आधुनिक शासन पद्धतियों में शक्तिशाली नौकरशाही का विकास हुआ है। अधिक औपचारिक, संगठित और एकताबद्ध होने के कारण यह काफी प्रभावशाली होता है। नौकरशाही में औपचारिक नियमों की प्रधानता, नौकरशाही के सदस्यों में श्रेणीक्रम, औपचारिक श्रम-विभाजन, योग्यता के आधार पर नियुक्ति और प्रोन्नति, निश्चित लक्ष्य, ज्ञान का महत्त्व और समयबद्ध योजनाएँ होती हैं। वेबर ने नौकरशाही को प्रभावशाली तो कहा है पर यह भी सही है कि इस संगठन के कारण मानवीय मूल्यों का ह्रास होता है। आर.के. मर्टन और पीटर् एम. ब्लाऊ (R.K. Merton and Peter M. Blau) ने **अमानवीयकरण (Dehumanization)** के इस लक्षण को ग़लत कहा है। विकासशील देशों में नौकरशाही उपनिवेश बनाने वाले प्रशासकों के द्वारा बनायी गयी थी इसलिए उनकी प्रवृत्ति, उनकी दृष्टि और उनका परिप्रेक्ष्य उपनिवेशवादी है। विशेष रूप से भारत जैसे देश में जहाँ विकास की अत्यधिक आवश्यकता है, नौकरशाही का उच्च स्तर अभी भी जनसाधारण से कटा हुआ रहता है। अधिकारीगण विकास के प्रति रुचि नहीं रखते हैं और अपने को अत्यधिक शक्तिशाली मानते हैं। नौकरशाही के ऊँचे स्तर प्रत्येक देश में अपने स्थायित्व के कारण अपने को ही वास्तविक शासक मानते हैं।

लोकतन्त्र में राजनीतिक दलों में भी नौकरशाही प्रवृत्ति विकसित हुई है। यह दलों में व्याप्त नकारात्मक प्रवृत्ति है। रॉबर्ट मिशेल्स (Robert Michels) ने राजनीतिक दलों की प्रवृत्ति की चर्चा की है। इसका अर्थ है किसी दल में नेताओं के एक छोटे समूह का नेतृत्व पर हावी हो जाना एवं फिर साम, दाम, दण्ड, भेद की नीति से किसी प्रकार नेतृत्व पर बने रहना। नौकरशाही अथवा औपचारिक संगठन आर्थिक पद्धति, प्रशासन, शिक्षा, स्वास्थ्य के लिए तो प्रभावशाली है परन्तु जब जनता के प्रति उत्तरदायी संगठनों में इसका विकास हो जाये तब नकारात्मक समझा जाता है।

लोकतन्त्र का एक आवश्यक तत्त्व चुनावों की पद्धति है। इसका सैद्धान्तिक आधार लोगों की राजनीतिक बराबरी है। प्रत्येक लोकतन्त्र में बालिग मताधिकार का प्रचलन होता है। बालिग का अर्थ अलग-अलग देशों में अलग है। भारत में इसे अब 18 वर्ष किया गया है। आमतौर पर स्वस्थ एवं स्वाभाविक नागरिकों को मत अधिकार होता है। पश्चिमी यूरोप के देशों में स्त्री मताधिकार महिला आन्दोलन के फलस्वरूप दिया गया। भारत में 1952 से ही इसे लागू किया गया था।

चुनाव की प्रणाली से जुड़ा एक महत्त्वपूर्ण विषय चुनाव व्यवहार का है। इसका अर्थ है लोग मत देते समय किन-किन बातों एवं विषयों से प्रभावित होते हैं। पश्चिमी यूरोप में अब यह माना जाता है कि कार्ल मार्क्स (Karl Marx) की भविष्यवाणी के विपरीत औद्योगिक समाजों में वर्ग-संघर्ष का संस्थानीकरण हो गया है और यह चुनावों से प्रमाणित है। एस.एम. लिपसेट (S.M. Lipset— **Political Man**, 1960) ने यह स्वीकार किया कि राजनीतिक दल आर्थिक वर्ग का प्रतिनिधि होता है। प्रत्येक दल अधिक-से-अधिक वर्गों से जन-समर्थन पाने की चेष्टा करता है। जो दल सबसे अधिक वर्गों का समर्थन पाता है, वह विजयी होता है। चुनाव की प्रक्रिया उसके अनुसार शान्तिपूर्ण वर्ग-संघर्ष की प्रक्रिया है। चुनाव में जब एक वर्ग की पार्टी को केवल उसी वर्ग का समर्थन मिले एवं यही बात सभी पार्टियों पर लागू हो जाये तब यह लोकतन्त्र के लिए घातक होता है। इसे लिपसेट ने क्रान्तिकारी परिस्थिति कहा है। इसके बाद भयंकर ग़ैर-चुनावी संघर्ष आरम्भ हो जाते हैं।

भारत में चुनाव व्यवहार के सम्बन्ध में माइनर वीनर एवं रजनी कोठारी (Myron Weiner and Rajni Kothari—**Indian Voting Behaviour,** 1965) ने पाया कि जाति, धर्म, नातेदारी महत्त्वपूर्ण कारक हैं। कतिपय विद्वानों ने जाति को सबसे महत्त्वपूर्ण कारक कहा है। यह सही है कि भारत में स्वैच्छिक संगठनों के कम विकास एवं राजनीतिक दलों के सीमित प्रभाव के कारण धर्म, जाति, भाषा एवं क्षेत्र की भूमिका मतदान में बढ़ जाती है, परन्तु जैसा कि घनश्याम शाह ने कहा कि राजनीतिक आन्दोलनों के फलस्वरूप राजनीतिक चेतना में वृद्धि होती है एवं तब जन्म पर आधारित प्राथमिक संगठनों का महत्त्व मतदान में बहुत घट जाता है। मुख्य रूप से इन कारकों के अतिरिक्त पार्टी संगठन और प्रचार, नेता, विचारधारा और स्थानीय मुद्दे जैसे कारक भारत में मतदान व्यवहार को प्रभावित करते हैं।

नागरिक अधिकार अथवा मौलिक अधिकार लोकशाही का महत्त्वपूर्ण तत्त्व है। वस्तुतः राज्य के विरुद्ध व्यक्ति को सुरक्षा प्रदान करने के लिए इनका प्रावधान किया गया है। पश्चिमी लोकतन्त्र में इसे अधिक शक्तिशाली एवं अविभाज्य माना गया है। विकासशील देशों में लोकतान्त्रिक पद्धतियों में इसका प्रावधान तो होता है, परन्तु सरकार इस पर बार-बार आघात करती रहती है। चेतना की कमी से भी इन देशों में यह सुरक्षित नहीं होता है।

लोकतन्त्र में न्यायपालिका की महत्त्वपूर्ण भूमिका होती है। आम धारणा यह है कि राज्य और नागरिक के बीच विवाद की स्थितियों में न्यायपालिका कार्यपालिका से एकदम अलग होती है। वास्तव में अधिकांश लोकतन्त्रों में ऐसा है नहीं। मैक्स वेबर (Max Weber— **The Theory of Economic and Social Organization,** 1947, Trns. by T. Parsons) ने आधुनिक न्यायपालिका के सम्बन्ध में कहा कि यह इतना तर्कपूर्ण होता है कि इसमें भावना और पक्षपात की गुंजाइश कम होती है। लेकिन व्यवहार में उसकी मान्यता खरी नहीं उतरती है। ऐमिल डर्कहाइम (Emile Durkheim) ने अपनी श्रम-विभाजन सम्बन्धी चर्चा में आधुनिक न्याय एवं दण्ड पद्धति को सुधार के सिद्धान्त पर आधारित एवं विशेषज्ञ संस्था कहा है। न्यायपालिका की इस भूमिका को सभी स्वीकार करते हैं कि यह शासक दल एवं शासन पर अंकुश लगाता है एवं उसे भी नियमानुसार व्यवहार करने को बाध्य करता है। यह राज्य की निरंकुशता के विरुद्ध जनता के लिए कवच का कार्य करता है।

प्रेस की आज़ादी (Freedom of Press) अनौचारिक रूप से लोकतन्त्र की कसौटी है। प्रेस की स्वतन्त्रता की सीमा सामान्यतः देश और काल के अनुरूप होती है। फ्लाइड हण्टर (Floyd Hunter— **Community Power Structure: A Study of Decision Makers**, 1953) और सी. राइट मिल्स (C. Wright Mills— **The Power Elite**, 1959) ने व्यवहार में प्रेस स्वतन्त्रता को आंशिक तथा सीमित कहा है। इनके अनुसार प्रेस धनी एवं व्यापारी समूहों द्वारा नियन्त्रित होते हैं और अपने व्यापार के चलते ये बराबर ही दबाव में रहते हैं। इनके बावजूद प्रेस, राजनीतिक सत्ता के दुरुपयोग के विरुद्ध एक सुरक्षा कवच है। इस कारण से प्रेस को राज्य शक्ति का चौथा अंग (Fourth Estate) कहा जाता है। इसका अर्थ है कि प्रेस अपनी शक्ति एवं भूमिका के कारण अनौपचारिक रूप से कार्यपालिका, विधायिका एवं न्यायपालिका के समान महत्त्वपूर्ण है। लोकतन्त्र में स्वतन्त्र प्रेस की विशिष्ट महत्ता है।

विकासशील देशों में और विशेष रूप से स्वतन्त्रता संग्राम के समय भारत में प्रेस ने सशक्त भूमिका निभायी थी (A.R. Desai–**Social Background of Indian Nationalism**, 2005)। इन देशों में राष्ट्र-निर्माण के प्रयास में भी प्रेस ने महत्त्वपूर्ण भूमिका निभायी है। बहुधा यह कहा जाता है कि नव-आज़ाद देशों में प्रेस ही विपक्ष का कार्य करता है। आधुनिक विश्व में जनमत जैसी धारणा का विकास हुआ है। महत्त्वपूर्ण मुद्दों पर विश्व के समाचार-पत्र एक सकारात्मक जनमत के निर्माण का प्रयास करते हैं। यह भी सही है कि प्रेस की भूमिका के बढ़ने के साथ ही इसके दुरुपयोग की घटनाएँ भी बढ़ गयी हैं। संगठित प्रेस के माध्यम से झूठी ख़बरें फैलाकर भ्रांति (Disinformation) भी उत्पन्न करने का कार्य करते हैं।

समाजवादी देशों की राजनीतिक पद्धति के सम्बन्ध में अध्ययन कम हुए हैं। इन देशों में अधिकतर एक दलीय शासन प्रणाली रही है, चुनाव की प्रक्रिया में अधिकतर एक ही दल के आधिकारिक और ग़ैर-आधिकारिक उम्मीदवार खड़े होते हैं। प्रेस का चरित्र सीमित स्वतन्त्रता का है एवं विरोध को संगठित अभिव्यक्ति देने के माध्यम कम हैं।

इन देशों की राजनीतिक पद्धति को समाजवादी लोकतन्त्र कहा जाता है। पश्चिमी पूँजीवादी विद्वान घृणा से इसे **सर्वसत्तावादी (Totalitarian)** कहते हैं। रेमाँ अरों (Raymond Aron) ने इस शासन पद्धति को **विशिष्ट वर्ग (Ruling Elite)** की शासन पद्धति कहा है।

सोवियत यूनियन ने ग्लासनॉस्त (Glasnost) के कार्यक्रम के द्वारा विरोध को संस्थात्मक स्वतन्त्रता प्रदान की है। पोलैण्ड में बहुदलीय शासन प्रणाली का सूत्रपात हुआ है एवं चीन में अब अपेक्षाकृत अधिक स्वतन्त्रता दी जाने लगी है। पश्चिमी पूँजीवादी सिद्धान्तकारों ने लोकतन्त्र को पूँजीवाद की जागीर बना दिया है एवं इस प्रक्रिया में लोकतन्त्र की महत्ता बढ़ी है। वर्तमान समय में लोकतन्त्र सर्वाधिक लोकप्रिय राजनीतिक पद्धति के रूप में उभरा है। पूँजीवादी देश पूँजीवादी लोकतन्त्र को श्रेष्ठ कहते हैं एवं समाजवादी देश समाजवादी लोकतन्त्र को श्रेष्ठ कहते हैं।

राज्य की अवधारणा (Concept of State)

मनुष्यों के उस न्यूनाधिक बहुसंख्यक समुदाय या संगठन को राज्य कहते हैं, जो एक निश्चित भूभाग में रहता हो और जिसकी ऐसी संगठित सरकार हो जो बाहरी नियन्त्रण से पूरी तरह या प्रायः स्वतन्त्र हो और अधिकांश जनता स्वभाव से ही जिसकी आज्ञा का पालन करती हो (देखें– Talcott Parsons— **Politics and Social Structure**, 1969; Roger King— **The State in Modern Society**, 1986)। राज्य के मौलिक तत्त्व इस प्रकार हैं—

(i) जनसंख्या (Population)

(ii) निश्चित भूभाग (Definite Territory)

(iii) सरकार (Government) एवं

(iv) सम्प्रभुता (Sovereignty)

प्रथम दो तत्त्वों पर प्रकाश डालने की आवश्यकता नहीं है, क्योंकि यह स्वयं स्पष्ट है। शासन या सरकार राज्य का यन्त्र और उसका प्रतीक है। सरकार एक संस्था है, जो राज्य की ओर से कानून बनाने, उसे लागू करने और उनका पालन न करने पर उचित दण्ड की व्यवस्था करती है। राज्य के प्रमुख लक्षण इस प्रकार हैं–

सम्प्रभुता राज्य का निर्माण करने वाले तत्त्वों में सबसे अधिक महत्त्वपूर्ण है। वास्तव में यही वह कसौटी है, जिसके द्वारा राज्य एवं अन्यान्य समुदायों के बीच भेद प्रकट होता है। सम्प्रभुता का तात्पर्य राज्य की उस सर्वोच्च शक्ति से है, जो आदेश दे सकती है और उनका पालन करा सकती है। सम्प्रभुता के दो पहलू होते हैं– आन्तरिक और बाह्य। आन्तरिक रूप से राज्य सर्वोच्च होता है और बाह्य रूप से स्वतन्त्र। राज्य के अन्दर निवास करने वाले प्रत्येक व्यक्ति एवं समुदाय के लिए आवश्यक है कि वह राज्य के आदेशों को शिरोधार्य करे। राज्य अपने से बाहर की किसी शक्ति के आश्रित नहीं होता।

अर्वाचीन काल में राज्य की प्रभुसत्ता के ऊपर बहुवादियों और अन्तर्राष्ट्रीय विधि के समर्थकों ने कठोर आक्षेप किये हैं। बहुवादियों का विचार है कि राज्य की प्रभुसत्ता विकेन्द्रित होनी चाहिए और समाज के विभिन्न समुदायों को भी इसका कुछ-न-कुछ अंश प्राप्त होना चाहिए। यद्यपि **बहुवादी (Pluralists)** राज्य की प्रभुसत्ता के कटु आलोचक हैं, लेकिन वे भी यह स्वीकार करते हैं कि विभिन्न समुदायों में संघर्ष उत्पन्न होने की स्थिति में राज्य की प्रभुत्व-शक्ति ही उनके बीच समन्वय स्थापित कर सकती है। अन्तर्राष्ट्रीय संगठन के वस्तुतः प्रभावी होने के मार्ग में सबसे बड़ी बाधा राज्यों की प्रभुत्व शक्ति की है। यद्यपि प्रभुसत्ता राज्य का अभिन्न अंग है और कोई भी राज्य, जहाँ तक सम्भव हो, स्वेच्छा से अपनी प्रभुसत्ता का परित्याग अथवा परिसीमन करने को तैयार नहीं होता। आज के युग में प्रभुसत्ता का परम्परागत स्वरूप यथार्थ से दूर पड़ गया है, क्योंकि संयुक्त राष्ट्र की सदस्यता, राज्यों के बीच पारस्परिक संधियों, अन्तर्राष्ट्रीय विधि, यूरोपीय साझा मंडी जैसे संगठनों की सदस्यता आदि सभी राज्यों की प्रभुसत्ता को सीमित करते हैं। राज्य की प्रभुसत्ता का निवास कहाँ है इस विषय को लेकर काफी वाद-विवाद रहा है। पहले प्रायः यह माना जाता था

कि प्रभुसत्ता का निवास राज्य के राजा में होता है, राजा ही सम्प्रभु है किन्तु कालान्तर में जनतन्त्रात्मक सिद्धान्तों के विकास के साथ-साथ यह माना जाने लगा कि सम्प्रभुता का वास जनता के संकल्प में है, राजा की इच्छा में नहीं।

राज्य की अवधारणा के सन्दर्भ में नागरिकता (Citizenship), राष्ट्रवाद (Nationalism) एवं कल्याणकारी राज्य (Welfare State) जैसी अवधारणा को भी समझ लिया जाना चाहिए।

नागरिकता (Citizenship)— यह एक ऐसी स्थिति है, जो व्यक्तियों को किसी राज्य के अन्तर्गत कुछ अधिकार और शक्तियों से सम्पन्न करती है, जैसे– नागरिक अधिकारों के अन्तर्गत भाषण की स्वतन्त्रता एवं कानून की नज़रों में समानता का हक। राजनीतिक अधिकार लोगों को चुनाव में मतदान का अधिकार देता है। आर्थिक अधिकार के तहत व्यक्ति राज्य से आर्थिक कल्याण की माँग कर सकता है।

व्यक्ति तथा राज्य के बीच विधिक सम्बन्ध जिसके आधार पर व्यक्ति की राज्य के प्रति निष्ठा होती है तथा राज्य व्यक्ति की रक्षा करता है। इस सम्बन्ध का निर्धारण राष्ट्रीय विधि के अन्तर्गत होता है और इसे अन्तर्राष्ट्रीय विधि के अन्तर्गत मान्यता प्राप्त होती है। सामान्यतः नागरिकता से तीन बातों का बोध होता है– (i) असैनिक तथा राजनीतिक अधिकार जिनका राज्य के संरक्षण में नागरिक उपभोग करता है, (ii) कर्तव्य जिनका राज्य के प्रति नागरिक पालन करता है और जिनमें सामान्य हितों की वृद्धि करना सम्मिलित है और (iii) राज्य वे प्रति नागरिक की निष्ठा-भक्ति। नागरिक दो प्रकार के होते हैं– **जन्मसिद्ध नागरिक (Citizenship by Birth)** और **राज्यदत्त नागरिक (Naturalised Citizenship)**। जन्मसिद्ध नागरिक जन्म के आधार पर किसी देश के नागरिक होते हैं। राज्यदत्त नागरिक वे विदेशी होते हैं, जो कुछ शर्तों को पूरा कर लेने पर नागरिकता का अधिकार प्राप्त कर लेते हैं। नागरिकता प्राप्त करने के दो उपाय हैं– वंश-सिद्धान्त और जन्मस्थान-सिद्धान्त। वंश-सिद्धान्त रक्त-सिद्धान्त पर आधारित है और इसके अनुसार बच्चा कहीं भी उत्पन्न हो, उसकी नागरिकता वही होगी, जो उसके माता-पिता की हो। जन्मस्थान-सिद्धान्त के अनुसार नागरिकता का निर्णय जन्मस्थान की दृष्टि से किया जाता है। इसके अनुसार किसी विदेशी नागरिक का बच्चा यदि वह ब्रिटेन में या ब्रिटिश झण्डा फहराने वाले जहाज में उत्पन्न हुआ हो तो ब्रिटिश नागरिक होगा।

राष्ट्रवाद (Nationalism)

राष्ट्रवाद ऐसे विचारों में विश्वास है, जिनसे राष्ट्र की एकता और राष्ट्रहित को बल मिलता है। कुछ समान आधारों के अनुसार लोगों में एकता की भावना का विकास राष्ट्रीयता को पैदा करता है। ये आधार हैं– धर्म, आर्थिक पद्धति, राजनीति, भाषा, संस्कृति, इत्यादि। यह एक भावात्मक राजनीतिक मान्यता है, जो सीधे शक्ति-संघर्ष से सम्बन्ध रखती है, राज्यों की व्यष्टिता को मानती है, विधि तथा शासन के क्षेत्रों में पाये जाने वाले अन्तरों को मानती है और सामान्य आदर्शों तथा विश्वासों के आधार पर एक समूह को दूसरे समूह से पृथक् करती है। राष्ट्रवाद मनुष्य की जन्मजात प्रवृत्तियों में से नहीं है। यह कई प्रवृत्तियों का परिणाम है। मनुष्य अपने जैसे दूसरे व्यक्तियों के साथ मिलकर रहना चाहता है। वह आत्म-रक्षा के लिए सदैव उत्कण्ठित रहता है और इसके लिए कभी-कभी दूसरों से लड़ता भी है। ये सारी प्रवृत्तियाँ राष्ट्रवाद के अन्तर्गत समाविष्ट हो जाती हैं। राष्ट्रवाद के कई रूप होते हैं। कहीं वह प्रजाति से सम्बन्ध रखता है, तो कहीं खास प्रकार की सामाजिक एवं सांस्कृतिक विरासत एवं आर्थिक पद्धति से। उदाहरण के लिए, जर्मनी में हिटलर ने राष्ट्रवाद का अर्थ यह समझा कि जर्मन प्रजाति को संसार का स्वामी बनाया जाये। इंग्लैण्ड और अमरीका जैसे देशों में राष्ट्रवाद का अभिप्राय वहाँ के सामाजिक और आर्थिक उद्देश्यों, राज्य और संविधान के प्रति निष्ठा से है। एशिया और अफ्रीका के उन विभिन्न देशों में, जो लम्बे अरसे तक विदेशियों के प्रभुत्व में रहे, राष्ट्रवाद का अभिप्राय राष्ट्रीय स्वतन्त्रता प्राप्त करना और उसे कायम रखना होता है। अरब देशों में राष्ट्रवाद का मन्तव्य अरब एकता को प्राप्त करना है। स्वतन्त्रता से पूर्व भारत में राष्ट्रवाद का अभिप्राय विदेशी शासन से मुक्ति प्राप्त करना था। स्वतन्त्रता प्राप्ति के पश्चात् राष्ट्रवाद का अभिप्राय राष्ट्रीय एकता में निष्ठा रखना तथा जाति, धर्म व प्रान्त आदि के संकीर्ण दायरों से ऊपर उठकर देश की चतुर्मुखी आर्थिक, सामाजिक, राजनीतिक और सांस्कृतिक उन्नति करने का

प्रयास हो गया है। अतः यह स्पष्ट है कि जिस प्रकार एक मनुष्य-समूह दूसरे मनुष्य-समूह से भिन्न होता है, उसी प्रकार एक मनुष्य-समूह का राष्ट्रवाद भी दूसरे मनुष्य-समूह के राष्ट्रवाद से भिन्न होता है। राष्ट्रवाद की भावना कई तत्त्वों से मिलकर बनती है। लेकिन, यह आवश्यक नहीं है कि प्रत्येक राष्ट्र में ये सभी तत्त्व विद्यमान ही हों। राष्ट्र को सुदृढ़ करने वाले मुख्य तत्त्व हैं— (1) भौगोलिक एकता, (2) प्रजातीय एकता, (3) विचारों या आदर्शों की एकता या समान संस्कृति, (4) भाषा की एकता, (5) धर्म की एकता और (6) विदेशी शासन के प्रति समान अधीनता।

कल्याणकारी राज्य (Concept of Welfare State)

आधुनिक विश्व में कल्याणकारी राज्य की विचारधारा स्वीकृत हो चुकी है। सामान्यतः यह सामन्तवादी व्यवस्था मुक्त अर्थव्यवस्था, पूँजीवादी राज्य का कल्याणकारी राज्य विशेषकर कमजोर व वंचित वर्गों के उत्थान के लिए आमूल-चूल रूपान्तरण को इंगित करता है। एक कल्याणकारी राज्य मुक्त अर्थव्यवस्था और समाजवादी राज्य दोनों के अच्छे तत्त्वों को ग्रहण करता है। यह अर्द्धविकसित या विकासशील राष्ट्र तथा इन राष्ट्रों में समाज के कमजोर वर्गों के लिए आशा और प्रेरणा का संदेश देता है।

स्वतन्त्रता प्राप्ति के बाद भारत को एक कल्याणकारी राज्य के रूप में स्थापित किया गया। भारतीय संविधान अपने सभी नागरिकों को मूल अधिकार प्रदान करता है। यह राज्य को नीति निदेशक तत्त्व प्रदान करता है। ये निदेशक तत्त्व संकेत करते हैं कि कि हमारा राज्य एक कल्याणकारी और समाजवादी राज्य है। भारतीय संविधान की प्रस्तावना (Preamble) भी इसका प्रमाण है कि भारत एक समाजवादी धर्मनिरपेक्ष जनतांत्रिक और कल्याणकारी राज्य है। कल्याणकारी राज्य निम्न कार्यों के रूप में चिह्नित किये जा सकते हैं–

1. यह व्यक्तियों और परिवारों के कार्यों या सम्पत्ति के निरपेक्षतः न्यूनतम आय का आश्वासन देता है।

2. यह व्यक्तियों तथा परिवारों की असुरक्षा की सीमा को कम करता है और उन्हें सामाजिक आकस्मिकताओं का सामना करने में समर्थ बनाता है।

3. यह सुनिश्चित करता है कि पद या वर्ग के आधार पर भेदभाव किये बिना सभी नागरिकों को अच्छी-से-अच्छी सामाजिक सुविधाएँ उपलब्ध हों ताकि व्यक्ति सम्मानपूर्वक जीवन व्यतीत कर सके।

एक कल्याणकारी राज्य न्यूनतम स्वास्थ्य, आर्थिक सुरक्षा एवं सुसभ्य जीवन का न्यूनतम स्तर प्रदान करने की जिम्मेदारी लेता है। यह सभी के लिए न्यूनतम वास्तविक आय सुनिश्चित करता है। रोग और बेरोज़गारी का सम्भावित सीमा तक निवारण करता है। सभी नागरिकों के लिए शिक्षा की व्यवस्था करता है। यह सामाजिक बुराइयों को दूर करता है और जनकल्याण को बढ़ावा देता है।

भारत एक कल्याणकारी राज्य के रूप में— भारत एक कल्याणकारी राज्य है, क्योंकि यह कुछ सकारात्मक कार्यों को सम्पादित करता है। यह प्रजातान्त्रिक मूल्यों का समर्थक है और इसने मिश्रित अर्थव्यवस्था अपनायी है। राज्य एक कल्याणकारी व्यवस्था के रूप में मार्क्सवादी सिद्धान्त में स्वीकार्य नहीं किया जाता है। इस सिद्धान्त के अनुसार मानव के ऐतिहासिक विकास में राज्य एक विशेष अंग रहा है। समाज का विभिन्न वर्गों में विभाजन राज्य को जन्म देता है और वर्गों की समाप्ति के साथ ही यह समाप्त हो जायेगा। राज्य सम्पन्न व्यक्तियों के हाथ में वह साधन है जिसका प्रयोग वे अपना आधिपत्य कायम रखने में करते हैं। इस तरह राज्य एक दमनकारी वर्ग संस्था है। यह एक बूर्जुआ संस्था है। इस दमनकारी बूर्जुआ राज्य का विकल्प सर्वहारा राज्य है। भारत पंचवर्षीय योजनाओं, कमजोर वर्ग के लिए कल्याणकारी नीतियों एवं योजनाओं, मिश्रित अर्थव्यवस्था, वयस्क मताधिकार, सत्ता का प्रजातान्त्रिक ढँग से विकेन्द्रीकरण आदि के अनुपालन में लोकतन्त्र एवं कल्याणकारी राज्यों की कसौटी पर खरा उतरा है।

भारतीय संविधान के अनुसार सरकार को निम्न नीतियों को ध्यान में रखकर ही कामकाज करना चाहिए–

1. नागरिकों को जीवनयापन के साधनों पर समान अधिकार हो।

2. भौतिक संसाधनों पर स्वामित्व और उनका वितरण इस प्रकार हो कि सार्वजनिक हित सुनिश्चित रहे।

3. अर्थव्यवस्था का संचालन इस प्रकार नहीं हो कि धन-सम्पत्ति और उत्पादन के साधनों का केन्द्रीकरण जनहित के खिलाफ हो।
4. स्त्री और पुरुष दोनों को समान काम के लिए समान वेतन मिले।
5. मज़दूरों, पुरुषों, महिलाओं एवं कम आयु के बालकों के स्वास्थ्य तथा शक्ति का क्षय न हो जाये और किसी तरह की आर्थिक मज़बूरी की वजह से नागरिकों को अपनी आयु और स्वास्थ्य के प्रतिकूल कार्य करना पड़े।
6. नैतिक और भौतिक शोषण से बच्चों और युवाओं की रक्षा हो सके।

इस दिशा में राज्य ने मिश्रित अर्थव्यवस्था को अपनाने के साथ-साथ श्रम-कल्याण, बहुउद्देश्यीय कार्य, प्रोजेक्ट्स और सहकारी समितियाँ, उच्चतर कृषि उत्पादन, शरणार्थियों के पुनर्वास आदि के लिए प्रयास शुरू किये हैं एवं इन योजनाओं को पूरा करने के लिए कामगारों की नियुक्ति की है।

भारत में राज्य का विकास (Development of State in India)

भारतीय राज्य अपने ऐतिहासिक परिप्रेक्ष्य में चार रूपों में देखा जा सकता है— 1. क्लासिकल राज्य (कृषि सभ्यता वाले राज्य), 2. मध्ययुगीन राज्य (जागीरदारी और ज़मींदारी व्यवस्था वाले राज्य), 3. उपनिवेशी राज्य (ब्रिटिश द्वारा शासित) और 4. स्वातंत्र्योत्तर स्वायत्त राज्य। आदर्शवाद और उदार विवेकवाद का सम्मिश्रण भारतीय राज्य का विशिष्ट लक्षण रहा है। तथापि हमारे यहाँ राज्य पर बहुत कम शोध हुए हैं। हम लोगों ने राज्य निर्माण का आन्दोलन, भारत संघ के वर्तमान राज्यों के विभाजन का आन्दोलन और केन्द्र-राज्य सम्बन्ध से सम्बन्धित विवाद देखे हैं। भारतीय राज्य अभी तक इनमें से कुछ मुद्दों का हल नहीं ढूँढ़ सके हैं। भारतीय संविधान द्वारा जो घोषणा की गयी है और जो नीति निर्धारित की गयी उनमें स्वर विच्छेद है। नागरिकों में समता और विषमता की सीमा निर्धारण में राज्य निर्णायक भूमिका अदा करता है। वस्तुतः भारत में सामाजिक परिवर्तन की राह में राज्य सबसे प्रभावी कारक है।

उत्पादन की राजकीय पद्धति सामाजिक रूपान्तरण में राज्य की भूमिका को दर्शाता है। उदाहरणस्वरूप, समाजवादी या पूँजीवादी राज्य का उल्लेख किया जा सकता है। उत्पादन की राजकीय प्रणाली राज्य की अर्थव्यवस्था तथा समाज पर प्रभुत्व को दर्शाती है। भारतीय राज्य का स्वरूप क्या है? क्या यह एक पूँजीवादी राज्य है? क्या यहाँ कृषक पूँजीवादी व्यवस्था है? क्या यहाँ नौकरशाही पूँजीवादी है? क्या यह एक दमनकारी राज्य है? ये सभी विवादास्पद प्रश्न हैं। किसी निश्चित निष्कर्ष पर पहुँचना काफी कठिन है, लेकिन इसमें कोई सन्देह नहीं है कि यहाँ पूँजीवाद का काफी विकास हुआ है। आज भारत में राज्य सबसे बड़ा रोज़गार उत्पादन अभिकरण है। भारतीय राज्य अधिकांशतः एक कल्याणकारी राज्य है। लेकिन यहाँ कुछ अन्तर्विरोध है, जो इसकी समाजवादी और कल्याणकारी स्थिति को पूरी तरह न्यायसंगत सिद्ध नहीं करता।

भारतीय राज्य के विकास को इस रूप में देखा जा सकता है–

1. भूमि का व्यक्तिगत स्वामित्व और कृषि कार्य
2. श्रमिक, ग़रीब और बहुत धनी लोग
3. विस्तृत राजकीय फार्म, बंधुआ मज़दूर और फार्म मज़दूर
4. छोटे किसान का उत्पादन, छोटे फार्म और किसानों की स्वतन्त्रता
5. राजस्व के प्रश्न पर राज्य और किसानों के बीच विवाद
6. उत्पादन तन्त्र में उपनिवेशी शासकों के हितों की प्रधानता

इन विसंगतियों और अन्तर्विरोधों के अनेक कारण हैं। एक धारणा यह है कि राज्य के द्वारा सभी विवादों को हल करना सम्भव नहीं है। दूसरी धारणा यह है कि भारत एक नर्म (Soft) राज्य है। यहाँ सामाजिक और सांस्कृतिक कारक आधुनिकीकरण के मार्ग में मुख्य बाधाएँ हैं और जाति-व्यवस्था और संस्थाएँ भारतीय समाज के आमूल-चूल रूपान्तरण को बाधित करती हैं। एक अन्य धारणा यह भी है कि भारतीय राज्य ने प्रौद्योगिकी (टेक्नॉलजी) संचार

और प्रबन्ध व्यवस्था दूसरों से उधार ली है। प्रबन्धकीय कौशल को इसकी आधारभूत समस्याओं के समाधान के रूप में देखा जा सकता है, लेकिन भारत में लम्बी अवधि का संरचनात्मक संकट है जबकि प्रबन्धकीय कौशल सिर्फ अल्पावधिक समाधान दे सकता है।

अब प्रश्न उठता है कि भारत में परिवर्तन का क्या स्वरूप रहा है? भारत में राज्य का अर्थ संविधान के मूल अधिकारों, राज्य के नीति-निदेशक तत्त्वों, कमजोर वर्गों, जाति-व्यवस्था एवं अस्पृश्यता-उन्मूलन आदि के परिप्रेक्ष्य में विवेचित है, लेकिन वास्तव में संविधान में वर्णित ये अवधारणाएँ ठोस रूप अब तक नहीं ले सकी हैं। यहाँ अनेक विषम परिस्थितियाँ एवं संरचनाएँ हैं। विभिन्न क्षेत्रों का विषमतापूर्ण विकास हुआ है। यद्यपि स्वतन्त्रता प्राप्ति के बाद पंचवर्षीय योजनाओं, सार्वजनिक उद्यम, लघु उद्योगों, भूमि सुधार आदि के द्वारा इन विषमताओं को कम करने का प्रयास किया जा रहा है।

राज्य और समाज में अन्तर (Difference between State and Society)

राज्य राजनीतिक रूप से संगठित समाज है। वेबर ने राज्य की व्याख्या इस प्रकार की है– किसी निश्चित भूभाग पर हिंसा के वैध प्रयोग का एकाधिकार है। इस परिभाषा के तीन पहलू हैं–

1. हिंसा— राज्य का आधार सेना है। राज्य का अस्तित्व उसके सैन्य संगठन पर निर्भर करता है। सेना का विघटन अथवा पक्षत्याग सदैव ही किसी क्रान्ति का एक निर्णयात्मक घटक रहा है। राज्य के अन्दर आपराधिक हिंसा हो सकती है, किन्तु राज्य को तब तक चुनौती नहीं मिलती, जब तक हिंसा को अवैध माना जाता है।

2. वैधता— एक विधिमान्य राज्य अधिक असानी से शासन कर सकता है। लोग साधारणतः स्वेच्छा से अथवा बिना किसी विरोध के राजाज्ञाओं का पालन करते हैं यदि राज्य विधि मान्य हो। राज्य की वैधता उसकी अन्तर्राष्ट्रीय सत्ता प्रतिष्ठा पर निर्भर करती है। विदेशी मामलों में असफलता राज्य की वैधता को कम कर देती है। वे राज्य जो कमजोर होते हैं तथा युद्ध में पराजित हो जाते हैं, अपनी वैधता खो देते हैं।

3. भूभाग— राज्य उस भूभाग पर नियन्त्रण रखते हैं, जो जनसंख्या व संसाधनों से सम्पन्न हों। भूभाग खोने से राज्य सत्ता से वंचित हो जाते हैं।

मकीवर व पेज के अनुसार समाज, परिपाटियों, कार्यविधियों, सत्ता, पारस्परिक सहयोग, अनेक समूहों एवं श्रेणियों, एवं मानवीय व्यवहार के नियन्त्रणों तथा स्वतन्त्रताओं की एक व्यवस्था है। समाज में प्रत्यक्ष-अप्रत्यक्ष रूप से व्यक्ति भिन्न-भिन्न सम्बन्धों के आधार पर एक-दूसरे से जुड़े होते हैं। समाज के अन्तर्गत मानवीय सम्बन्धों को आधारभूत तत्त्व माना गया है।

राज्य और समाज में अन्तर

राज्य	समाज
1. राज्य का निर्माण किया जाता है।	1. समाज एक स्वाभाविक एवं नैसर्गिक व्यवस्था है।
2. राज्य औपचारिक रूप से संगठित व्यवस्था है।	2. समाज संगठित अथवा असंगठित दोनों ही हो सकता है।
3. राज्य की सदस्यता अनिवार्य पर परिवर्तनशील है।	3. समाज की सदस्यता अनिवार्य तो नहीं पर नैसर्गिक अवश्य है।
4. राज्य एक निश्चित प्रदेशीय संगठन है।	4. समाज का निश्चित भू-प्रदेश नहीं भी हो सकता है।
5. राज्य कानून और दमन के माध्यम से कार्य करता है।	5. समाज रीति-रिवाज़ों एवं अनुनय-विनय द्वारा सत्ता का संचालन करता है।
6. राज्य मानवीय व्यवहार की प्रत्येक गतिविधि को नियमित नहीं कर सकता।	6. समाज में मनुष्यों के व्यवहार को बाँधने वाले सभी स्वाभाविक बन्धन सम्मिलित हैं।

राज्य समाज के समरूप नहीं है। ई. बार्कर (E. Barker) के अनुसार राज्य का क्षेत्र यान्त्रिक क्रिया, इसकी शक्ति बल, इसका ढँग अनमनीयता का है, जबकि समाज का क्षेत्र ऐच्छिक सहयोग, इसकी शक्ति सद्भावना, इसका ढँग नमनीयता है। राज्य संरचानात्मक और प्रकार्यात्मक दोनों दृष्टि से समाज से भिन्न है।

सरकार के प्रकार (Types of Government)

प्रत्येक समाज अपने यहाँ एक राजनीतिक व्यवस्था स्थापित करता है, जिसके अनुसार वह शासित होता है। विश्व में इस समय लगभग 200 स्वतन्त्र राष्ट्र हैं। उनमें से प्रत्येक अपनी पृथक राजनीतिक व्यवस्था के अन्तर्गत चलता है। विश्व की राजनीतिक व्यवस्थाओं को पाँच वर्गों में बाँट सकते हैं, जिनका वर्णन नीचे दिया गया है।

राजतन्त्र (Monarchy)— एक किस्म की सरकार जिसका प्रमुख वंशानुगत होता है और उसके पास पूर्ण अधिकार होते हैं। राजतन्त्र वह शासन प्रणाली है, जिसमें राज्य की सर्वोच्च सत्ता एक व्यक्ति, अर्थात् राजा या सम्राट् में निहित होती है। राजा प्रायः निरंकुश शासक होता है और संवैधानिक दृष्टि से उसके अधिकार असीमित होते हैं। ऐतिहासिक दृष्टि से राजतन्त्र शायद सबसे पुरानी शासन-प्रणाली है। आरम्भिक युगों में वह संसार के प्रायः सभी देशों में प्रचलित थी। भारत में भी राजतन्त्रात्मक शासन की धारा बहुत प्राचीन है। यद्यपि प्राचीन भारतवर्ष में गणतन्त्रों का भी उल्लेख पाया जाता है, पर वे इतने शक्तिशाली कभी नहीं हो सके कि राजतन्त्रात्मक राज्यों से आगे बढ़ सकते। प्राचीन भारतवर्ष के प्रायः सभी राजनीतिक विचारकों, जैसे– मनु, व्यास, वशिष्ठ, कौटिल्य और शुक्र आदि ने राजा के महत्त्व, नियुक्ति, कर्तव्यों और अधिकारों का विशद् रूप से विवेचन किया है, जबकि राजा प्रायः वंशानुगत ही होते हैं। भारतवर्ष में निर्वाचित राजाओं की प्रथा भी रही है तथा कभी भी राजा को निरंकुश अधिकारों से सम्पन्न नहीं माना गया; क्योंकि राजा के लिए भी धर्म (Rule of Law) का अनुकरण उतना ही आवश्यक माना गया है, जितना प्रजा के लिए। इतिहास में राजतन्त्र के दो भेद मिलते हैं– **आनुवंशिक राजतन्त्र (Hereditary Monarchy)** और **निर्वाचित राजतन्त्र (Elected Monarchy)**। आनुवंशिक राजतन्त्र के अन्तर्गत पदासीन राजा आजीवन शासन करता है और उसकी मृत्यु के पश्चात् उसकी गद्दी उसके ज्येष्ठ पुत्र को या उसके मनोनीत वंशज को मिलती है। इतिहास में अधिकतर इसी प्रकार के राजतन्त्र पाये जाते हैं। निर्वाचित राजतन्त्र के अन्तर्गत राजा का, प्रजा के कुछ विशिष्ट वर्गों द्वारा निर्वाचन होता है।

अधिनायकवाद या अधिनायकतन्त्र (Dictatorship)— एक राजनीतिक व्यवस्था, जिसमें एक व्यक्ति या व्यक्तियों के एक लघु समूह को, किसी देश के समस्त व्यक्तियों के जीवन पर शासन करने का अधिकार होता है। ऐसे देश में लेखन, भाषण, संगठन तथा आवेदन-निवेदन की स्वतन्त्रता सहित सभी नागरिक अधिकार बहुत सीमित या बिलकुल नहीं होते हैं तथा सत्ता में रहने वाले व्यक्ति अथवा व्यक्तियों को हटाने के लिए जनता के पास क्रान्ति के अतिरिक्त अन्य कोई साधन नहीं होता।

अधिनायकतन्त्र के निम्न लक्षण निर्धारित किये गये हैं– (क) ऐसे रीति-रिवाज़ों अथवा विधियों का अभाव, जिनके आधार पर शासक अथवा शासितों को उनके कार्यों के लिए उत्तरदायी ठहराया जा सके या अपदस्थ किया जा सके, (ख) सत्ता के प्रयोग पर मर्यादाओं का अभाव, (ग) पहले से विद्यमान विधियों के उल्लंघन द्वारा सर्वोच्च सत्ता की प्राप्ति, (घ) व्यवस्थित उत्तराधिकार-पद्धति का अभाव, (ङ) सत्ता का केवल सीमित समुदाय के लाभ के लिए प्रयोग, (च) प्रजा का केवल डर के कारण आज्ञापालन, (छ) सत्ता का एक व्यक्ति के हाथों में संकेन्द्रण एवं (ज) आतंक का प्रवर्त्तन।

अल्पतन्त्र (Oligarchy)— अल्पतन्त्र सरकार की वह व्यवस्था है, जिसमें प्रशासन कुछ व्यक्तियों के हाथ में सीमित हो जाता है। अरस्तू (Aristotle, 384–322 BC) ने इस पर काफी विचार किया है। उनके अनुसार अल्पतन्त्र में नागरिकता और पद के लिए आवश्यक योग्यता का कोई विशेष महत्त्व नहीं रह जाता है। इसमें सत्ता एक ही परिवार के लोगों के हाथों में केन्द्रित हो सकती है, परन्तु अगर धन समाज के एक बड़े वर्ग में वितरित हो, तो अल्पतन्त्र

सन्तुलित हो जाता है। अरस्तू के अनुसार अल्पतन्त्र की मुख्य समस्या धनी वर्ग द्वारा आम जनता का उत्पीड़न है। आज के बहुत-से विचारकों का कहना है कि शासन-व्यवस्था चाहे कुछ भी हो, सत्ता तो अन्ततः कुछ ही लोगों के हाथों में सीमित होती है। किन्तु लोकतन्त्र के विपरीत जिस अर्थ में अल्पतन्त्र का प्रयोग किया जाता है, उस अर्थ में तो अल्पतन्त्रात्मक व्यवस्था अब प्रायः लुप्त हो गयी है तथा जिन देशों में सत्ता कुछ थोड़े से परिवारों अथवा किन्हीं दलगत गुटों के हाथों में केन्द्रित है, वे भी अपने को किसी-न-किसी प्रकार का लोकतन्त्र ही मानते हैं (देखें– Robert Michels, **Political Parties**, 1965)।

सर्वसत्तावाद (Totalitarianism)— एक ऐसी राजनीतिक व्यवस्था (एक दलीय शासन-पद्धति) जो इस मान्यता पर आधारित है कि राज्य के सभी नागरिकों को राज्य के नियन्त्रण में रहना है। इस व्यवस्था के अन्तर्गत राजनीतिक स्तर पर विरोध के लिए कोई जगह नहीं होती है। मूलतः इस प्रकार के शासन का प्रयोग मुसोलिनी द्वारा व्यक्ति पर फासीवाद राज्य की सर्वोच्चता प्रदर्शित करने के लिए किया गया था, किन्तु अब इस अवधारणा का प्रयोग एक ऐसी आदर्श प्रारूपीय राज्यव्यवस्था के लिए किया जाता है, जो अपने निश्चित क्षेत्र में सामाजिक अस्तित्व के समस्त पक्षों पर पूर्ण नियन्त्रण स्थापित करने का प्रयास करता है। सर्वसत्तावाद के प्रमुख उदाहरण नाजीवादी जर्मनी, स्टालिनवादी रूस, माओ-त्से-तुंग का चीन बताये जा सकते हैं, जो सर्वसत्तावाद आदर्श प्रतिरूप से काफी मिलते-जुलते हैं ।

सर्वाधिकारवादी राज्य ऐसी व्यवस्था है जिसमें समाज के आर्थिक, सामाजिक, सांस्कृतिक, राजनीतिक, शैक्षिक आदि सभी पक्षों पर राज्य का सर्वोपरि और कठोर नियन्त्रण रहता है। यह राज्य सर्वाधिकारवाद के सिद्धान्त को व्यावहारिक रूप प्रदान करता है।

लोकतन्त्र या लोकशाही (Democracy)— यह शासन की एक ऐसी पद्धति है, जिसमें सत्ता सामूहिक रूप से लोगों में निहित रहती है। यह समाज का शासन है, जिसमें लोगों को राजनीतिक, सामाजिक और कानूनी अधिकारों की समानता दी जाती है। शाब्दिक दृष्टि से भी लोकतन्त्र का अर्थ 'जनता की सत्ता' है। जनता अपने चुने हुए प्रतिनिधियों द्वारा समाज पर शासन-प्रशासन करती है। जहाँ राजतन्त्र में राज्य की सर्वोच्च सत्ता एक व्यक्ति के हाथों में और कुलीनतन्त्र में कुछ व्यक्तियों के हाथों में केन्द्रित होती है, वहाँ लोकतन्त्र में वह सर्वसाधारण में निहित समझी जाती है।

लोकतन्त्र के दो भेद हैं– (1) प्रत्यक्ष या विशुद्ध लोकतन्त्र (Direct or Pure Democracy) और (2) परोक्ष या प्रतिनिधिक लोकतन्त्र (Indirect or Representative Democracy)। प्रत्यक्ष लोकतन्त्र में समस्त नागरिक स्वयं ही राज्य-कार्यों में भाग लेते हैं और अपने निर्वाचित प्रतिनिधियों पर निर्भर नहीं रहते। प्राचीन यूनान के नगर-राज्यों में प्रत्यक्ष लोकतन्त्र की प्रणाली के अनुसार शासन होता था। आजकल प्रत्यक्ष लोकतन्त्र स्विट्जरलैण्ड के कुछ केण्टनों में ही प्रचलित है। परोक्ष या प्रतिनिधिक लोकतन्त्र की व्यवस्था के अन्तर्गत जनता समय-समय पर अपने प्रतिनिधियों का निर्वाचन करती है और ये प्रतिनिधि विधान सभाओं में जनता की आकांक्षाओं का प्रतिनिधित्व करते हैं (देखें– Jack Lively, **Democracy**, 1975; Thomas B. Bottomore, **Political Sociology**, 1979; G. Duncan, **Democratic Theory and Practice**, 1983; David Held, **Models of Democracy**, 1987)

लोकतान्त्रिक व्यवस्था को हम तीन प्रमुख शक्लों में देख सकते हैं—

1. प्रतिनिधिक लोकतन्त्र (Representative Democracy)— प्रतिनिधिक अथवा परोक्ष लोकतन्त्र में लोग प्रत्यक्ष रूप से शासन करते हैं। प्रतिनिधिक लोकतन्त्र संसदीय संस्थाओं से इतना अधिक जुड़ा है कि इसे प्रायः संसदीय लोकतन्त्र कहा जाता है। अनेक बड़े संगठन एक छोटी कार्यकारी समिति चुन लेते हैं, जो प्रतिनिधि लोकतन्त्र के रूप में उन संगठनों का कार्य देखती है तथा निर्णय लेती है।

2. सहभागी लोकतन्त्र (Participatory Democracy)— सहभागी अथवा प्रत्यक्ष लोकतन्त्र में लोग स्वयं प्रतिनिधित्व करते हैं तथा स्वयं निर्णय लेते हैं। यह लोकतन्त्र का मूलरूप है तथा इसका प्रयोग प्राचीन यूनान में होता था। आधुनिक समाजों में सहभागी लोकतन्त्र का महत्त्व सीमित हो गया है, क्योंकि सभी लोगों को उनको प्रभावित करने सम्बन्धी सभी निर्णय लेने की प्रक्रिया में सहभागी होना सम्भव नहीं है।

3. प्रत्यायोगक प्रजातन्त्र (Delegatory Democracy)— प्रत्यायोगक लोकतन्त्र प्रत्यक्ष या परोक्ष लोकतन्त्र के बीच का रास्ता है। लोग अपने प्रत्यायुक्त (प्रतिनिधि) चुनते हैं तथा उन्हें विशिष्ट आदेशों का पालन करने हेतु निर्देशित करते हैं। इन प्रतिनिधियों को अपने मतदाताओं की इच्छाओं से प्रायोगिक प्रतिनिधियों की अपेक्षा अधिक बँधा रहना होता है।

लोकतन्त्र के अनेक प्रकार हैं। उन सभी प्रकारों में उपर्युक्त विशेषताएँ हों यह ज़रूरी नहीं है। लोकतन्त्र की मूल भावना जनता के शासन की है। ए.एल. पावेल ने कहा कि शासन व्यवस्था, इतनी जटिल होती है कि वह जनता की समझ के ऊपर की व्यवस्था हो जाती है—

1. उदारवादी लोकतन्त्र (Liberal Democracy)— ऐसा लोकतन्त्र पूँजीवादी देश में प्रचलित होता है। स्वतन्त्र प्रतियोगिता के कारण इसे उदारवादी कहते हैं। लोकतन्त्र की यह प्रणाली भारत, अमरीका, इंग्लैण्ड, फ्रांस, जर्मनी आदि में प्रचलित है।

2. समाजवादी लोकतन्त्र (Socialist Democracy)— लोकतन्त्र की यह प्रणाली समाजवादी देशों का दावा है। वास्तव में उन देशों में न तो स्वतन्त्र रूप से चुनाव होते हैं, न कभी उम्मीदवार अपनी इच्छा से खड़े होते हैं। क्यूबा में ऐसे ही लोकतन्त्र का दावा किया जाता है।

3. राष्ट्रीय लोकतन्त्र (National Democracy)— वह लोकतन्त्र है जिसे उद्योगपति और मज़दूर अपनी सहभागिता से चलाते हैं। इसके वास्तविक उदाहरण नहीं है।

4. जनता का लोकतन्त्र (Peoples Democracy)— वह है, जिसमें निम्नवर्गों और श्रेणियों की शासन की प्रणाली होती है। मज़दूर और किसान मिलकर शासन करते हैं। वर्तमान समय में चीन यह दावा करता है कि उसका लोकतन्त्र जनता का लोकतन्त्र है।

5. आधारभूत लोकतन्त्र (Basic Democracy)— वास्तव में शासन की वे प्रणालियाँ जिनमें लोकतन्त्र नहीं होता है, अपनी वास्तविक शासन प्रणाली को छिपाने के लिए और लोकप्रियता अर्जित करने के लिए इन शब्दों का प्रयोग करते हैं। यह शब्द पाकिस्तान के सैनिक शासक अयूब खान के समय में प्रयुक्त हुआ। बाद के दिनों में नेपाल की राजशाही ने पंचायत लोकतन्त्र की धारणा का समर्थन किया। वह भी दिखाने का लोकतन्त्र था।

लोकतन्त्र की प्रणाली कम या अधिक जनता की अनिवार्य भागीदारी की माँग करती है। इस सम्बन्ध में भारत का अनुभव उत्साहजनक है। भारत में लोकतन्त्र की सहायता से पिछड़ी और दलित जातियों का सशक्तीकरण हुआ है। अनेक विद्वान इसे लोकतांत्रिक क्रान्ति भी कहते हैं। लोकतन्त्र की प्रणाली को एस.एम. लिपसेट (S M. Lipset— **Political Man: The Social Bases of Politics,** 1960) ने शान्तिपूर्ण वर्ग-संघर्ष कहा है। इसका सैद्धान्तिक आधार यह है कि अलग-अलग वर्ग और श्रेणियाँ दलों और गठबन्धनों के माध्यम से प्रतियोगिता और प्रतिद्वन्द्विता करती हैं। सत्ता मिलने पर अपने समर्थक वर्गों और श्रेणियों को लाभ पहुँचाती हैं। लोकतन्त्र की धारणा शास्त्रीय बहुलवाद के सिद्धान्त पर आधारित है। यह सिद्धान्त अब स्वीकार नहीं किया जाता है।

शासकीय प्रणालियाँ (Governing Systems)

मानव-समाज में अनेक प्रकार की शासन प्रणालियाँ इतिहास में प्रचलित रही हैं। इनमें से अधिवकांश प्रणालियाँ आज भी विश्व में प्रचलित हैं। वर्तमान प्रणालियों की संक्षेप में यहाँ चर्चा की जा रही है।

1. सरदारी व्यवस्था (Chieftainship)— यह सामान्यत: आदिवासी शासन प्रणाली है, जिसमें एक सरदार होता है, जिसे वरिष्ठजनों का समर्थन एवं सलाह प्राप्त होते हैं।

2. जरातन्त्र, वृद्धतन्त्र (Gerontocracy)— समाज के वृद्ध व्यक्तियों द्वारा शासन किये जाने को वृद्धतन्त्र कहा जाता है। ऐसा माना जाता है कि शासन का विकास वृद्धतन्त्र से ही हुआ है। वृद्धतन्त्र शासन के उद्विकासीय क्रम का प्रारम्भिक चरण रहा होगा, जब समाज के वयोवृद्ध व्यक्तियों के हाथ में समाज की बागडोर थी। अनुभवी, ज्ञान के

अपार भण्डार, जादुई शक्ति के जानकार के रूप में वृद्धों को जो सम्मान प्राप्त था, उसी के कारण वे दूसरों पर शासन करते थे। किसी सीमा तक वृद्धों द्वारा शासन की प्रवृत्ति आज भी जीवित है।

इस प्रकार की व्यवस्था में वृद्धों को सबसे अधिक सम्मान मिलता है तथा वे बालकों, स्त्रियों और युवकों को अपने से बहुत नीचा समझते हैं। वे जो भी कार्य करते हैं, वह बहुत कुछ पुरातन काल से चली आ रही परम्पराओं, रीति-रिवाज़ों तथा व्यवहार के प्रतिमानों के अनुसार ही होता है। वृद्ध लोग नये परिवर्तन को प्रायः समझ नहीं पाते और अन्य सभी वर्गों के व्यक्तियों पर अपनी ही इच्छाएँ थोपने का भरसक प्रयास करते हैं। भारतीय समाज में कई जनजातियों तथा ग्रामीण समुदायों में इस प्रकार के वृद्धतन्त्र की व्यवस्था अभी तक प्रचलित है। अफ्रीका तथा विश्व के अन्य कई भागों में भी जनजातियों तथा ग्रामीण समुदायों में इस प्रकार की व्यवस्था विद्यमान रही है। प्रशासन का एक प्रकार, जिसमें राजनीतिक सत्ता समुदाय के वृद्धजनों में निहित होती है।

3. अल्पतन्त्र (Oligarchy)— इस विषय पर पूर्व में चर्चा की जा चुकी है। यहाँ पुनरावृत्ति की आवश्यकता नहीं है।

4. धनिकतन्त्र (Plutocracy)— धनिकों का वह शासन, जिसमें शासन की समस्त शक्ति धनिक वर्गों के हाथों में केन्द्रित होती है। यह अब किसी देश में दिखाई नहीं पड़ती है। यह मात्र पुस्तकों में ही देखने को मिलती है।

5. धर्मराज्य (Theocracy)— वह राजतन्त्र जिसमें ईश्वर को एकमात्र शासक माना जाता है, कानून को दैवीय इच्छा माना जाता है और धर्म तथा राज्य का तादात्म्य कर दिया जाता है। जैसे– (1) वह राजनीतिक मत जिसके अनुसार ईश्वर एक मात्र शासक है और राजनीतिक विधान दैवीय इच्छा के अधीन है। (2) वह सिद्धान्त जो राज्य-व्यवस्था को संगठित धर्म के प्रतिनिधियों के हाथ में सौंपने का समर्थन करता है। (3) राज्य दर्शन में वह दृष्टिकोण जिसके अनुसार धार्मिक मूल्यों की साधना ही समाज का चरम लक्ष्य है। इस शासन प्रणाली के अनुसार ईश्वर किसी द्रष्टा अथवा पैगम्बर के माध्यम से लोगों के लिए अपनी विधियाँ प्रकट करता है। कुछ धार्मिक नेता, पुरोहित, पादरी और मुल्ला विकासशील समाज की आवश्यकताओं के अनुरूप इन विधियों की व्याख्या करने की जिम्मेदारी अपने ऊपर ले लेते हैं।

सामाजिक विकास के इतिहास में विशेषकर प्राचीन तथा मध्यकालीन युग में धर्मतन्त्र वह शासन प्रणाली थी, जिसने अधिकांश स्थितियों में कबाइली शासन व्यवस्था का स्थान ग्रहण किया और नगर तथा राष्ट्र-राज्यों के उत्थान की राह तैयार की। बेबीलोन तथा मिस्त्र के राजा अपने-आपको ईश्वर के सेवक अथवा स्वयं को ईश्वर समझते थे। रोम में वैटिकन भी पोप के अधीन एक धर्मराज्य है।

शक्ति और सत्ता (Power and Authority)

समाजशास्त्र के क्षेत्र में शक्ति एवं सत्ता को अलग-अलग अवधारणा के रूप में देखा गया है। कुछ लोग दोनों को पर्यायवाची शब्द के रूप में भी प्रयोग किया है। राजनीतिक पद्धति शक्ति (Power) और सत्ता (Authority) का विभाजन करती है, समाज की कार्य सूची निर्धारित करती है व निर्णय लेने का कार्य करती है। शक्ति किसी राजनीतिक पद्धति का मुख्य बिन्दु है। वेबर ने शक्ति की परिभाषा इस प्रकार की है—यह एक ऐसी सम्भावना है, जिसमें सामाजिक सम्बन्धों के दायरे में ही एक व्यक्ति ऐसी स्थिति में होता है जब वह अपनी इच्छा को दूसरों के विरोध के बावजूद उन पर लाद सकता है, चाहे यह सम्भावना किसी भी आधार पर टिकी हो। लुमान (Niklas Luhmann, 1927–1998) के अनुसार सामाजिक पद्धति शक्ति पर आधारित होती है। शक्ति का उपयोग बंधकारी निर्णय लेने, संघर्षों को कम करने हेतु कार्य करने, तनावों को कम करने तथा जटिल तन्त्रों में गतिविधियों का समन्वय करने हेतु किया जाता है। किसी भी राजनीतिक पद्धति में शक्ति के तीन स्त्रोत होते हैं– बल (Force), प्रभाव (Influence) व सत्ता (Authority)। बल लोगों पर अपनी इच्छा को उत्पीड़न के माध्यम से लादने हेतु वास्तविक अथवा धमकी का प्रयोग है। प्रभाव का अर्थ समझाने की प्रक्रिया के माध्यम से शक्ति के उपयोग से होता है। सत्ता का तात्पर्य ऐसी शक्ति से है, जिसे लोग उत्पीड़न समझकर सत्ता का वैध प्रयोग मानते हैं। वैधता का तात्पर्य शासन द्वारा जिन पर शक्ति का प्रयोग किया जा रहा है, उसमें उनकी सहमति है या नहीं।

स्टीवन लूक्स (Steven Lukes— **Power: A Radical View,** 1974) का कहना है कि शक्ति के तीन चेहरे हैं: जिनके पास शक्ति है वे अपनी इच्छा से अपने हितों के अनुरूप निर्णय लेते हैं, जिनके पास शक्ति है वो दूसरों को निर्णय नहीं लेने देते हैं तथा जिनके पास शक्ति है वे शक्तिहीनों की इच्छा या चेतना को बदल देते हैं। शक्तिशाली लोग शक्तिहीनों की चेतना को ऐसा बना देते हैं, जो स्वयं उनके हितों के विरुद्ध होती है। इसलिए लूक्स ने कहा है कि शक्ति वह क्षमता है, जिसके द्वारा शक्तिशाली लोग दूसरों को उनके हितों के विरुद्ध प्रभावित करते हैं। वर्तमान समाजशास्त्र में लूक्स के विचारों को काफी स्वीकृति प्राप्त है।

मार्क्स एवं मार्क्सवादियों का कहना है कि शक्ति आर्थिक साधनों पर नियन्त्रण अथवा संगठन की क्षमता से दूसरों को दबाने अथवा दूसरों पर प्रभाव डालने की क्षमता है। शक्ति की मार्क्सवादी धारणा में दबाव डालने की क्षमता सबसे महत्त्वपूर्ण है। ये शक्ति को नकारात्मक दृष्टिकोण से देखते हैं, शक्ति को स्वायत्त नहीं मानते हैं। आर्थिक नियन्त्रण एवं संगठन की क्षमता को निर्णायक मानते हैं।

शक्ति के स्रोत (Sources of Power)— राजनीति विज्ञान में आरम्भ में शक्ति के स्रोत यानी, शक्ति कहाँ से आती है, इसकी चर्चा कम होती थी। परन्तु समाजशास्त्र में इस चर्चा को महत्त्वपूर्ण माना है। मार्क्सवादियों ने कहा कि शक्ति का स्रोत उत्पादन के साधनों का नियन्त्रण है। मार्क्स ने यह कहा कि संगठन की क्षमता और चेतना भी महत्त्वपूर्ण है। मार्क्सवादी विचारक लेनिन (Vladimir I. Lenin, 1870–1924) ने अपनी पुस्तक **'State and Revolution'** में लिखा कि पूँजीवादी समाजों में संगठन की क्षमता से उन्हें हरा सकते हैं। चीनी राजनेता माओ-त्से-तुंग (Ze-Dong Mao, 1893–1976) ने कहा कि शक्ति एवं सत्ता बन्दूक की नली से पैदा होती है। मोस्का ने कहा है कि शक्ति का स्रोत संगठन की क्षमता है। इस क्षमता के कारण व्यक्ति सभी क्षेत्रों में आगे बढ़ते हैं। यह व्यक्तिगत संसाधन है, परन्तु इसका उपयोग सामूहिक परिप्रेक्ष्य में ही होता है।

इटैलियन समाजशास्त्री विलफ्रेडो पारेटो (Vilfredo F.D. Pareto, 1848–1923) ने संगठन की क्षमता को स्वीकार किया, परन्तु मूलरूप से उन्होंने कहा है कि शक्ति का स्रोत बुद्धि है। पारेटो इस सन्दर्भ में **Residue and Derivations** की धारणा देते हैं एवं उनके अनुसार यद्यपि सम्भ्रान्तजन का चरित्र समय-समय पर बदलता रहता है, परन्तु सम्भ्रान्तजन वे ही होते हैं, जो संयोजन कर सकें, समयानुसार परिवर्तन कर सकें एवं जो संसाधनों के प्रयोग की क्षमता रखते हों। पारेटो ने सरल रूप में कहा कि बुद्धि ही शक्ति का स्रोत है। बुद्धिमान मूर्खों पर शासन करते हैं। पारेटो के अनुसार सम्पूर्ण समाज का प्रत्येक समूह दो प्रकार के समूहों में बँटा हुआ है एक बुद्धिमान होता है और दूसरा मूर्ख होता है। बुद्धि कीबदौलत बुद्धिमान आम जनता पर शासन करते हैं।

मिशेल फूको (Michel Foucault, 1926–1984) ने कहा है कि ज्ञान ही शक्ति है। उनका मानना है कि ज्ञान के द्वारा लोग शक्ति प्राप्त करते हैं। जो ज्ञानी हैं वे अपने ज्ञान से शक्ति के उपकरणों पर नियन्त्रण कर लेते हैं और ज्ञान से ही दूसरों को बेवकूफ बनाकर अपनी शक्ति स्थापित कर लेते हैं। इटली के मार्क्सवादी विद्वान ए. ग्रैमशी (A. Gramsci, 1891–1937) ने इसी तरह की बात कही है। उन्होंने कहा कि शासक अपने ज्ञान, चेतना, बुद्धि और विचार से जनता के दिमाग पर ही कब्जा कर लेता है। यह वैचारिक वर्चस्व है जिसे **प्रभुत्व** या **सर्वोच्चता (Hegemony)** कहते हैं। भारत में शासक समूहों ने विचारों से इतना अधिक अभिभूत कर दिया कि वे पीढ़ी-दर-पीढ़ी अपने को हीन और कमजोर समझने लगे।

राजनीतिक शक्ति का जो तथाकथित बहुलवादी दृष्टिकोण है, इसके अनुसार जो जनता का समर्थन प्राप्त करते हैं, वही शक्ति प्राप्त करते हैं, अर्थात् जनसमर्थन ही शक्ति का स्रोत है।

शक्ति की प्रकृति— शक्ति की प्रकृति अथवा जो स्वभाव है उसे अलग-अलग रूपों में देखा जाता है। मैक्स वेबर ने कहा कि एक राजनीतिक समुदाय में अथवा किसी राज्य या क्षेत्र में जो शक्ति होती है, वह निश्चित करती है, उसमें उसी समय में परिवर्तन नहीं हो सकता है। इसे शक्ति का शून्य योग सिद्धान्त (Zero sum concept of power) कहा है। वेबर ने कहा कि शक्ति का समीकरण (Matrix of Power) सरलता से बदलता नहीं है। पार्सन्स ने कहा कि

शक्ति घटती-बढ़ती है एवं जब समाज में मुद्दों एवं नीतियों पर सहमति होती है, तब शक्ति बढ़ जाती है, परन्तु जब विवाद अधिक होता है तब यह शक्ति घट जाती है। पार्सन्स की धारणा को शक्ति की परिवर्तनशील धारणा (Variable concept of power) कहते हैं। पार्सन्स ने शक्ति के बहुलवादी सिद्धान्त का समर्थन किया। उस रूप में वे शक्ति के स्वभाव को बदलने वाला मानते हैं।

शक्ति के प्रकार— मिशेल फूको ने **शक्ति की वंश-परम्परा (Geneology of Power)** की धारणा दी है। इसका अर्थ है शक्ति के स्रोत अनेक हैं। शक्ति के रूप अनेक हैं। फूको यह भी कहना चाहते हैं कि जो लोग शक्तिशाली हैं, उन्हें सब कुछ करने का अधिकार है। फूको ने कहा कि आधुनिक मानव एक ऐसा राजनीतिक पशु है, जो सत्ता से निर्देशित होता है एवं सत्ता से ही अपने जीवन को परिभाषित करता है। ए. ग्रैमशी ने इससे एकदम अलग बात कही है। ग्रैमशी ने अपनी पुस्तक **'Prison Notebook'** में लिखा कि जो शक्तिशाली है और राज्य पर भी हावी है, उनकी शक्ति राज्य के उपकरणों में है। बुद्धिजीवी, अन्य पढ़े-लिखे लोग, चर्च आदि सिविल सोसाइटी के अंग हैं, जिनकी शक्ति तो ज़रूर है, परन्तु अनौपचारिक है।

सामान्यत: **शक्ति (Power)** को दो भागों में बाँटा जाता है— वैध शक्ति तथा अवैध शक्ति। जब शक्ति को सामाजिक मान्यता या वैधता प्राप्त हो जाती है, तो यह वैध शक्ति या शक्ति का संस्थागत रूप सत्ता में परिवर्तित हो जाता है और इसे शक्ति की जगह 'सत्ता' कहा जाता है। वेबर ने **शक्ति (Power) तथा सत्ता (Authority)** में अन्तर किया है। उनके अनुसार यदि शक्ति एक नंगी तलवार है, तो सत्ता म्यान के अन्दर रखी तलवार है। सत्ता वह शक्ति है, जिसे शक्तिसम्पन्न एवं शक्तिहीन दोनों प्रकार के लोगों द्वारा स्वीकृति प्राप्त होती है। यह वैधता पारम्परिक, तर्कसंगत-विधिपूर्ण और चामत्कारिक प्राधिकार से प्राप्त की जा सकती है। मैक्स वेबर (Max Weber, 1864–1920) ने सत्ता के तीन रूपों की चर्चा की है– **पारम्परिक सत्ता (Traditional Authority), कानूनी-तार्किक सत्ता (Rational-legal Authority)** और **करिश्माई सत्ता (Charismatic Authority)**।

परम्परागत सत्ता— ऐसा प्राधिकार जिसका आधार परम्परागत विश्वास और दस्तूर होता है। इस सत्ता की वैधता के आधार प्राचीनकाल से चली आ रही व्यवस्था, परम्परा अथवा स्वीकृत प्रतिमान होते हैं। पारम्परिक सत्ता एक व्यक्ति को परम्परा द्वारा स्वीकृत पद पर आसीन होने के कारण प्राप्त होती है। मैक्स वेबर ने परम्परागत प्राधिकार, चमत्कारी तथा विधिक प्राधिकार में अन्तर बताया है।

कानूनी-तार्किक सत्ता— इस प्रकार की सत्ता में नियमित और सार्वजनिक प्रक्रिया से बने नियमों का पालन किया जाता है। कानूनी-तार्किक सत्ता का पालन किसी पद पर नियुक्ति के कारण नहीं, अपितु उस वैधानिक व्यवस्था द्वारा होता है, जो उस पद के साथ जुड़ी हुई है।

करिश्माई प्रभुत्व, चामत्कारिक सत्ता— करिश्माई या चमत्कारी सत्ता का आधार व्यक्ति का चमत्कारी गुण अथवा विलक्षण व्यक्तित्व होता है। जिन व्यक्तियों के पास किसी प्रकार की विलक्षण शक्ति अथवा करामात होती है, वे करिश्माई सत्ता के अधिकारी होते हैं। इस प्रकार के सत्ताधारी व्यक्ति की आज्ञा का पालन श्रद्धा-भक्ति के साथ किया जाता है। ऐसी सत्ता में नेता के आदेश इसलिए माने जाते हैं; क्योंकि अनुयायियों को नेता के असाधारण गुणों में विश्वास होता है। महात्मा गाँधी की सत्ता का आधार यही करिश्माई शक्ति थी। पीर, पैगम्बर, अवतार, धार्मिक नेता या योद्धा आदि की सत्ता इसी श्रेणी में आती है।

फ्रैंकफर्ट सम्प्रदाय (Frankfurt School) के समाजशास्त्री जरगेन हैबरमॉस (Jürgen Habermas) ने वेबर की वैधता की धारणा की आलोचना करते हैं। हैबरमास ने **The Legitimation Crisis** (1975) नामक पुस्तक में वेबर की यह कहकर आलोचना करते हैं कि जिसे वेबर ने वैधता कहा है, वह कानूनी (Legality) है। वह ऊपर से आती है। वैधता आम जनता की स्वीकृति है, यह नीचे से आती है।

यहाँ हम पाठकों की ज़रूरतों को ध्यान में रखकर राजनीति का समाजशास्त्र में प्रचलित कतिपय अवधारणाओं की चर्चा करना चाहेंगे।

राजनीतिक संस्कृति (Political Culture)

किसी राजनीतिक व्यवस्था के सदस्यों के मूल्यों, मनोवृत्तियों, विश्वासों एवं प्रतीकों के ऐसे योग को राजनीतिक संस्कृति कहते हैं, जिसके द्वारा उस समूह का राजनीतिक व्यवहार निर्धारित होता है। राजनीतिक संस्कृति राजनीतिक क्रियाओं को एक अर्थ एवं व्यवस्था प्रदान करती है। राजनीतिक संस्कृति के अध्ययनों में इस संस्कृति की अन्तर्वस्तु, राजनीतिक समाजीकरण (परिवार, शिक्षा, जनसंचार, राजनीतिक दलों की भूमिका सहित) और राजनीतिक मूल्यों के अन्तरीकरण की प्रक्रियाओं का अध्ययन किया जाता है (देखें– Gabriel A. Almond and Sidney Verba, **The Civic Culture: Political Attitudes and Democracy in Five Nations**, 1963; Lucian W. Pye and Sidney Verba (eds.), **Political Culture and Political Development**, 1965)। ग्रैब्रियल आमण्ड और सिडनी वर्बा ने The **Civic Culture** नामक पुस्तक में पाँच देशों में राजनीतिक अभिवृत्तियों और लोकतन्त्र का तुलनात्मक अध्ययन किया। विद्वानों ने यह प्रदर्शित करना चाहा कि सांस्कृतिक विकास और राजनीतिक विकास साथ-साथ चलते हैं। इन विद्वानों ने कहा कि शासन की प्रणाली जब एक ही होती है, उसके बावजूद दो लोकतांत्रिक देशों में राजनीतिक संस्कृति अलग-अलग होती है, उदाहरण के लिए इंग्लैण्ड और संयुक्त राज्य अमरीका की राजनीतिक संस्कृति अलग-अलग है।

राजनीतिक संस्कृति का निर्धारण एक देश के इतिहास, उस देश की आर्थिक प्रणाली, वहाँ सहयोग और संघर्ष की प्रवृत्ति एवं उस समाज की शक्ति संरचना और सांस्कृतिक लक्षणों से तय होती है। अनेक विद्वानों ने कहा कि वास्तविक राजनीतिक संस्कृति जो प्रचलित है, जो लोगों के द्वारा व्यवहार में लायी जाती है एवं कृत्रिम राजनीतिक संस्कृति जिसे ऊपर से थोप दिया गया हो, उसके बीच अन्तर किया है। राजनीतिक संस्कृति में प्रतीकों का बड़ा महत्त्व है। इनसे पूरी संस्कृति का आभास हो जाता है।

राजनीतिक सहभागिता (Political Participation)

लोकतन्त्र की शासन व्यवस्था के लिए राजनीतिक सहभागिता अपेक्षित है। सहभागिता के सन्दर्भ में दो शब्दों का प्रयोग किया जाता है– (क) **राजनीतिक सक्रियता (Political Efficacy)** और (ख) **राजनीतिक विरसता (Political Apathy)**।

राजनीतिक सहभागिता अनेक कारणों पर निर्भर करती है। इंग्लैण्ड की विरासत है कि सक्रियता अधिक है। इंग्लैण्ड में लोग मतदान में अधिक हिस्सा लेते हैं। वे सभी मुद्दों पर अधिक सक्रियता से राय ज़ाहिर करते हैं। इसके विपरीत अमरीका में राजनीतिक विरसता है। चुनावों में कम लोग भाग लेते हैं। राजनीतिक बैठकों को काफी परिश्रम से संगठित करना होता है।

राजनीतिक सहभागिता एक देश की राजनीतिक संस्कृति, उसके इतिहास, अर्थव्यवस्था, सामाजिक आन्दोलन, विचारधारा और नेतृत्व पर निर्भर करती है। राजनीतिक सहभागिता को सरलता से बढ़ाया नहीं जा सकता है, परन्तु युद्ध की स्थिति में आन्दोलन की स्थिति में एवं संकट की स्थिति में सहभागिता बढ़ती है। आर्थिक प्रतियोगिता वाले पूँजीवादी समाजों में उपभोक्तावादी अर्थव्यवस्था में राजनीतिक सहभागिता घट जाती है।

राजनीतिक आधुनिकीकरण (Political Modernization)

इसके सम्बन्ध में विद्वानों में सहमति नहीं है। अनेक विद्वान आधुनिकीकरण को राजनीतिक लामबन्दी और राजनीतिक सहभागिता की वृद्धि कहते हैं। सैमुअल हटिंगटन ने राजनीतिक आधुनिकीकरण के परिणामों को बदलने की अक्षमता भी कहा। उदाहरण के लिए यदि एक बार कहीं नगर बन जाता है, तो फिर वहाँ गाँव का बनना कठिन है। राजनीतिक आधुनिकीकरण का अर्थ है कार्यों में विशिष्टता, सामाजिक एवं राजनीतिक गतिशीलता, राजनीतिक विकास इत्यादि।

पार्सन्स ने उद्विकासीय सार्वभौम की धारणा देते हुए राजनीतिक आधुनिकीकरण की चर्चा की। इसकी अनेक विशेषताएँ हैं–

1. विभेदीकरण (Differentiation)— इसका अर्थ है विशेषज्ञता का होना। अलग-अलग कार्यों के लिए अलग-अलग संस्थाओं का होना। पारम्परिक स्रोतों का कमजोर होना।

2. धर्मनिरपेक्षता (Secularism)— राजनीतिक प्रक्रियाओं का धर्म के क्षेत्र से बाहर आना एवं राजनीति से धार्मिक प्रतीकों का हटना राजनीतिक आधुनिकीकरण है।

3. समानता (Equality)— इसका अर्थ है राजनीतिक अवसरों की समानता। यह एक सिद्धान्त के रूप में अधिक प्रचलित है। व्यवहार में पश्चिम के देशों में विभिन्न समूहों को अवसर असमान हैं।

4. क्षमता (Capacity)— व्यक्ति और समूहों की क्षमता का बढ़ना राजनीतिक आधुनिकीकरण है। इसके साथ-ही-साथ यह भी कि राजनीतिक व्यक्ति एवं समूह के जीवन को अधिक सार्थक बनाये। यह आदर्श अधिक है, व्यवहार कम।

5. राजनीतिक सचेतनता (Political Awareness)— जनता की राजनीतिक जानकारी ही नहीं समझदारी का बढ़ना भी राजनीतिक आधुनिकीकरण का एक आयाम है। यह एक सापेक्ष तथ्य है। बहुत बार चेतना के बढ़ने के बावजूद सुविधाओं के कारण व्यक्ति और समूह राजनीतिक मामलों में हस्तक्षेप नहीं करते हैं।

सम्भ्रान्तजन, विशिष्ट वर्ग (Elite)

सामान्य रूप से 'एलीट' का अर्थ है– समाज के विशिष्ट व्यक्ति, अर्थात् वे व्यक्ति, जिन्होंने किसी विशेष क्षेत्र में ख्याति अर्जित की हो अथवा जिनके हाथों में शक्ति के सूत्र केन्द्रित हों। लेकिन, यह ज़रूरी नहीं है कि वह व्यक्ति अपने समाज के सबसे प्रतिष्ठित व्यक्तियों में से हो। मूलतः यह शब्द फ्रांसीसी भाषा का है, जहाँ इसका अर्थ 'चुनी हुई वस्तुएँ' है। अठारहवीं शताब्दी के आते-आते यह शब्द विभिन्न क्षेत्रों में वैशिष्ट्य का द्योतक हो गया। बाद में इस शब्द का प्रयोग समाज के श्रेष्ठ व्यक्तियों के लिए किया जाने लगा। सम्भ्रान्तवर्ग उन व्यक्तियों से मिलकर बनता है, जो समाज के श्रेष्ठ तथा किसी एक क्षेत्र में अग्रणी माने जाते हैं। इस प्रकार के व्यक्ति राजनीतिक, व्यापारिक, कलात्मक, वैज्ञानिक तथा धार्मिक, सभी क्षेत्रों में होते हैं। सम्भ्रान्तवर्ग के सदस्य अपने उस क्षेत्र में समाज के मूल्यों तथा अभिवृत्तियों के निर्धारण में विशेष भूमिका निभाते हैं। इन व्यक्तियों की संख्या समाज में कम ही होती है। ये सामाजिक रूप से उत्कृष्ट होने का दावा करते हैं। ये समाज के कुछ अंश को प्रभावित और नियन्त्रित रखते हैं। इन लोगों की यह उत्कृष्टता चाहे परम्परा से प्राप्त हो या स्वयं अर्जित हो। यह समूह प्रचलित सामाजिक व्यवस्था का संरक्षण करता है और कभी-कभी उसे परिवर्तित भी करता है। व्यक्तियों का यह समूह समाज में अल्पसंख्या में ही होता है।

इस विषय पर लिखने वाले प्रारम्भिक लेखक विल्फ्रेडो पारेटो (Vilfredo F.D. Pareto, 1848–1923, शुद्ध उच्चारण मात्र पारेटो है), जी. मोस्का (G. Mosca, 1858–1941) तथा रॉबर्ट मिशेल्स इस विशिष्ट वर्ग को शासक-वर्ग या कुलीनतन्त्र के रूप में मानते हैं। पारेटो ने अपनी पुस्तक **Mind and Society** में शासक, ग़ैर-शासक, विशिष्ट वर्ग तथा ग़ैर-विशिष्ट वर्ग में भिन्नता दर्शायी है। राजनीति-विज्ञान में यह शब्द विशिष्ट व्यक्तियों अथवा व्यक्ति-समूहों का द्योतक हो गया है। आधुनिक काल में वी. पारेटो तथा एच.डी. लॉसवेल ने समाज में विशिष्ट वर्गों की भूमिका पर विशेष बल दिया है। वी. पारेटो ने समाज में दो वर्ग माने हैं– निम्नवर्ग, जिसे वह अविशिष्ट वर्ग कहता है और उच्चवर्ग अथवा विशिष्ट वर्ग जिसका उन्होंने दो भाग माने हैं– शासक विशिष्ट वर्ग और अ-शासक विशिष्ट वर्ग। एच.डी. लॉसवेल ने विशिष्ट वर्ग को मूल्यों का वाहक माना है और कहा है कि समाज में सत्ता, धन, सम्पदा, आदर-सम्मान तथा ज्ञान इन सबके अपने-अपने विशिष्ट वर्ग होते हैं (देखें– G. Mosca, **The Ruling Class**, 1939; C. Wright Mills, **The Power Elite**, 1956; Vilfredo Pareto, **The Mind and Society: A Treatise on General Sociology, Vol. 1, Non-Logical Conduct**, 1963; P. Bachrach, **The Theory of Democratic Elitism,** 1967)।

सम्भ्रान्तवर्ग परिभ्रमण (Circulation of Elite)— इटैलियन समाजशास्त्री विलफ्रेडो पारेटो ने सम्भ्रान्तवर्ग के परिभ्रमण का सिद्धान्त दिया है। सम्भ्रान्तवर्ग के परिभ्रमण के विश्लेषण के सन्दर्भ में काफी भ्रान्तियाँ उत्पन्न हो गयी हैं। कई भारतीय लेखकों ने यह लिख रखा है कि परिभ्रमण की प्रक्रिया सम्भ्रान्तवर्ग (**Elite**) एवं ग़ैर-सम्भ्रान्तवर्ग (**Non-elite**) के बीच होती है। इस तथ्य को नकारा नहीं जा रहा है कि समाज में परिभ्रमण सम्भ्रान्त (**Elite**) एवं ग़ैर-सम्भ्रान्तवर्ग (**Non-elite**) के बीच भी होता है। लेकिन, पारेटो ने अपने परिभ्रमण के सिद्धान्त का विश्लेषण शासी सम्भ्रान्तवर्ग (**Governing Elite**) एवं ग़ैर-शासी सम्भ्रान्तवर्ग (**Non-governing Elite**) के सन्दर्भ में किया था। पारेटो के अनुसार परिभ्रमण की प्रक्रिया सहज नहीं है। सम्भ्रान्तवर्ग के लोग इसका भरपूर विरोध करते हैं। सम्भ्रान्तवर्ग के लोग विभिन्न किस्म के तरीकों को अपनाकर परिभ्रमण की प्रक्रिया को रोकना चाहते हैं।

सत्ता सम्भ्रान्तजन (Power Elite)— यह अत्यधिक प्रभावशाली लोगों का दल है, जो प्रमुख राजनीतिक निर्णय लेता है। अमरीका के शासक सम्भ्रान्तजनों के सन्दर्भ में सी. राइट मिल्स (C. Wright Mills, 1916–1962) ने इस अवधारणा का विकास किया और इसी नाम से सन् 1956 में उन्होंने एक पुस्तक (**The Power Elite**) लिखी। मिल्स के अनुसार व्यापार, सरकार और सेना के अग्रणी लोगों को सत्ता-सम्भ्रान्तजन में शामिल किया जाता है। ये लोग समान सामाजिक पृष्ठभूमि के कारण आपस में बँधे होते हैं। यही नहीं, इन तीनों वर्गों में आपस में अदला-बदली भी होती रहती है। मिल्स की इस पुस्तक ने बाद में ढेर सारी प्रतिक्रियाओं और विवादों को जन्म दिया।

सी. राइट मिल्स ने 'पावर इलीट' में अमरीका में 1901–1950 ई. तक जिन व्यक्तियों के हाथ में सत्ता रही है, उनका विश्लेषण किया। उनके अनुसार यह शक्ति सम्भ्रान्तजन एक छोटा-सा समूह है, जिसमें गोरे, इंग्लैण्ड से आये ऐंग्लो सैक्शन और प्रोटेस्टैंट हैं, उन्हीं का शासन है। इसे 'वास्प' (WASP = K, White + Anglo-Saxon + Protestant) के शासन की संज्ञा दी जा सकती है। ये समूह ही सभी प्रभुत्व पदों (Command Posts) पर होते हैं। ये पद राजनीति और सेना के हैं। यही लोग इन सभी क्षेत्रों में शिखर पर हैं। इस शक्ति सम्भ्रान्तजनों के बीच रोटी-बेटी का सम्बन्ध पाया जाता है। उन्होंने एक ही स्कूल में पढ़ाई की है, एक ही क्लब में जाते हैं, उनमें निकट का सम्बन्ध है। चुनाव हो अथवा शक्ति का वितरण, यही सत्ता में होते हैं।

मिल्स ने बताया कि अमरीका पर शासन करने वाले जो समूह हैं वे मुख्य रूप से तीन हैं— (1) उद्योगपति, (2) नौकरशाही एवं (3) सेना के नेता। ये तीनों Power Elite हैं। इन तीनों में एक अद्‌भुत गठबन्धन है और ये मिलजुल कर अमरीका पर अपना शासन करते हैं। इस तरह हम इन्हें **सत्ता सम्भ्रान्तजन (Power Elite)** कहते हैं।

सी. राइट मिल्स (C. Wright Mills) के अनुसार राजनीतिक सम्भ्रान्तजन वे हैं, जो इन फैसलों को करते हैं जिनका समाज पर महत्त्वपूर्ण प्रभाव पड़ता है। दूसरों के विरोध करने पर भी ये सम्भ्रान्तजन अपने निर्णयों को लागू करने में सक्षम होते हैं। इन सम्भ्रान्तजनों के पास धन होता है, प्रतिष्ठा होती है, और शक्ति होती है।

उपर्युक्त परिभाषा के आधार पर राजनीतिक सम्भ्रान्तजन के निम्न लक्षण स्पष्ट होते हैं :

1. यह समूह प्रभावशाली (Dominant) होता है और इसके कुछ विशेष लक्षण होते हैं।

2. राजनीतिक समूह सामान्यतया व्यक्तियों पर लागू न होकर समूह पर लागू होते हैं। लेकिन कुछ समाजशास्त्री इससे सहमत नहीं हैं। उनका कहना है कि किसी-किसी समाज में व्यक्ति भी प्रभावशाली होते हैं।

3. सम्भ्रान्तजन के पास कुछ विशिष्ट एवं महत्त्वपूर्ण लक्षण और गुण होते हैं, जो इनको श्रेष्ठ बनाते हैं और जो निर्णय करने की क्षमता रखते हैं।

4. सम्भ्रान्तजन का सम्बन्ध समाज से होता है। यदि हम एक आदिवासी को सम्भ्रान्तजन कहते हैं तो इसका अर्थ हुआ वह अपने समाज में श्रेष्ठ है। लेकिन इससे आगे बढ़कर हम किसी आदिवासी को राष्ट्रीय सम्भ्रान्तजन मानते हैं तब हमारा सम्बन्ध सम्पूर्ण भारतीय समाज से होता है। इसी कारण सम्भ्रान्तजन की अवधारणा समाज सापेक्ष (Relative) मानी जाती है।

सत्ता-सम्भ्रान्तजन के बारे में मिल्स के अतिरिक्त कई अन्य समाजशास्त्रियों ने भी चर्चा की है। इनमें कार्ल मार्क्स (Karl Marx, 1818–1883), कार्ल मैन्हाइम (Karl Mannheim, 1893–1947), लास्वेल (H. Lasswell, 1902–1978),

टॉम बॉटमोर (Thomas B. Bottomore, 1920–1992, डेविड रिजमैन (David Riesman, 1909–2002) और फ्लोइड हंटर (Floyd Hunter) सम्मिलित हैं। इन समाजशास्त्रियों ने सामान्य सम्भ्रान्तजन की चर्चा की है। लेकिन कुछ ऐसे समाजशास्त्री हैं, जिन्होंने केवल शासी-सम्भ्रान्तजन (Ruling Elite) की ही व्याख्या की है, उदाहरण के लिए पारेटो शासी-सम्भ्रान्तजन की बात करते हैं। रिजमैन ऐसे सम्भ्रान्तजन को **वीटो ग्रुप (Veto Group)** कहते हैं। कार्ल मार्क्स सत्ता-सम्भ्रान्तजन को सत्ता वर्ग (Ruling Class) कहते हैं और हंटर उन्हें चोटी के नेता (Top Leaders) के रूप में परिभाषित करते हैं।

राजनीतिक दल (Political Party)

राजनीतिक दल की चर्चा समाजशास्त्र में मैक्स वेबर ने 1905 ई. में **'Class, Status and Party'** नामक निबंध में की थी। वेबर के अनुसार दल राजनीतिक असमानता का सूचक है। एक दल में प्राय: समान शक्ति वाले व्यक्ति रहते हैं। वेबर के अनुसार शक्ति असमानता का सबसे महत्त्वपूर्ण आयाम है। दलों की चर्चा 1911 ई. में रॉबर्ट मिशेल्स ने **'Political Parties'** नामक पुस्तक में विस्तार से की। वेबर ने राजनीतिक दल को शक्तिगृह कहा है। उनके अनुसार प्रत्येक दल कुछ-न-कुछ शक्ति का नियन्त्रण करता है। रॉबर्ट मिशेल्स के अनुसार दल एक हित समूह है, जो औपचारिक रूप से संगठित होता है। राजनीतिक दल किसी वर्ग या अनेक वर्ग के हितों का प्रतिनिधित्व करता है।

फ्रांसीसी समाजशास्त्री मारिस डुर्वजर (Maurice Duverger) ने राजनीतिक दलों को अपनी पुस्तक **'Political Parties: Their Organization and Activity in Modern State** (1978) में संगठित राजनीतिक संघ कहा है। उनके अनुसार एक राजनीतिक दल के चार भाग होते हैं: **कॉकस (Caucus), शाखा (Branch), मिलिशिया (Militia)** और **सेल (Cell)**।

1. कॉकस (Caucus) किसी दल के सर्वोच्च व्यक्तियों का अनौपचारिक समूह होता है। जनभाषा में इसे चाण्डाल-चौकड़ी भी कहा जाता है।
2. दूसरा भाग शाखा अथवा ब्रांच (Branch) है, जिसमें महत्त्वपूर्ण सदस्य नियमित रूप से विचार करते हैं।
3. मिलिशिया (Militia) और सक्रिय सदस्य जो आवश्यकता पड़ने पर संघर्ष करते हैं।
4. सेल (Cell) वह कहलाता है, जिसमें कुछ ही सदस्य गुप्त रूप से विचार-विमर्श करते हैं।

राजनीतिक दल के प्रमुख तत्त्व (Important Elements of Political Parties)— राजनीतिक दल की चर्चा समाजशास्त्र में उस समय से अधिक होने लगी जब यह सहमति बनी की शक्ति स्वायत्त है और सामाजिक जीवन को गंभीर रूप से प्रभावित करती है। सामान्यत: यह मान लिया गया है कि राजनीतिक दल में कुछ तत्त्व और विशेषताएँ होती हैं–

1. राजनीतिक दल का वर्गीय आधार होता है। यह एक वर्ग का अथवा वर्ग गठबन्धन का होता है। अमरीकी विद्वान एस.एम. लिपसेट ने कहा कि दलों के वर्गीय आधार होते हैं, परन्तु प्रत्येक दल अन्य दलों की सहमति प्राप्त करना चाहता है।

2. प्रत्येक राजनीतिक दल का एक समर्थक समूह होता है। भारत में लम्बे समय तक काँग्रेस पार्टी को ब्राह्मण, दलित और मुसलमान अपना समर्थन देते थे। बहुत बार एक या अनेक समूह एक दल को लम्बे समय तक कृतज्ञतावश अथवा अपने आकलन के आधार पर बिना आलोचना किये हुए समर्थन देते हैं। इन समूहों को एक दल का वोट बैंक कहते हैं।

3. राजनीतिक दल की विचारधारा होती है। अमरीका या अस्ट्रेलिया में यह वैचारिक अन्तर कम है। उसके बावजूद डेमोक्रेटिक पार्टी को नीग्रो लोगों का समर्थक माना जाता है।

4. राजनीतिक दल में संगठन एवं नेतृत्व होता है। कुछ दलों में सांगठनिक पकड़ मज़बूत होती है। भारतीय जनता पार्टी और साम्यवादी पार्टियों में संगठन पर बहुत बल है। काँग्रेस पार्टी आम या साधारण लोगों का दल है। यह नेतृत्व पर बहुत बल देता है।

5. राजनीतिक दल अभियान और प्रचार का कार्य करते हैं। जब दल सत्ता में नहीं होता है, तब वह अपनी विचारधारा और माँगों का प्रचार करता है एवं जनता के सवालों पर आन्दोलन करता है।

हित-समूह, निहित स्वार्थ समूह (Interest Group)

समाज के किसी वर्ग-विशेष के हितों की सिद्धि के लिए प्रयत्नशील गुट हित-समूह कहलाता है। हित-समूह सामान्यत: उन समूहों को कहते हैं, जिनकी सदस्यता औपचारिक रूप से हितों की सुरक्षा, वृद्धि एवं प्रतियोगिता के लिए ग्रहण की जाती है। हितों की ऐसी समता व्यावसायिक समूहों अथवा श्रेणीगत समूहों में ही हो सकती है, इसलिए इन्हें **श्रेणी सम्बन्धी समूह (Sectional Group)** भी कहा जाता है। आमतौर पर एक पेशे वाले, एक तरह का कार्य करने वाले, समान उद्देश्यों की रक्षा करने वाले हित-समूहों का गठन करते हैं। हित-समूह की धारणा सबसे पहले इटली के समाजशास्त्री रॉबर्ट मिशेल्स (Robert Michels, 1876–1936) ने 1965 में राजनीतिक दलों के सम्बन्ध में दी थी। वैसे तो स्वार्थ समूह किसी-न-किसी रूप में सभी शासन-प्रणालियों में पाये जाते हैं, लेकिन लोकतन्त्र में इनकी विशेष भूमिका होती है। अधिक समृद्ध और शक्तिशाली स्वार्थ समूह अपनी स्वार्थसिद्धि में सफल हो जाते हैं और आम लोगों या साधारण उपभोक्ताओं के हितों की अवहेलना हो जाती है (देखें– Jeffrey M. Berry and Clyde Wilcox, **The Interest Group Society**, 2009)।

दबाव समूह, प्रभावक समूह (Pressure Group)

दबाव समूह की अवधारणा पीटर ऑडम (Peter Odum) ने दी है। दबाव समूह अपरिभाषित सदस्यता वाले ऐसे समूहों को कहते हैं, जो एक या बहुत कम माँगों के लिए सरकार अथवा अन्य केन्द्रों पर अपनी तमाम शक्ति लगाकर सक्रियता का दबाव डालते हैं। उदाहरण के लिए, गन्ना उपजाने वाले किसानों का समूह। ये समूह जब गन्ने का मूल्य बढ़ाने के लिए आन्दोलन करते हैं, तब वे एक दबाव समूह के रूप में ही कार्य करते हैं। दबाव समूह, अन्य प्रकार के सामाजिक समूहों और क्लबों से इस बात में भिन्न होते हैं कि इन समूहों का व्यक्त प्रयोजन अपने उद्देश्यों की प्राप्ति के लिए जनमत जुटाना और निर्णय लेने वाली संस्थाओं को अपनी माँगों के प्रति समर्थन और स्वीकृति के लिए बाध्य किया जाना होता है। इनकी माँगें मौजूद हालातों को ही जारी रखना या उनमें परिवर्तन या संशोधन करना हो सकती हैं। दबाव-समूहों के राजनीतिक दलों से विशेष सम्बन्ध होते हैं। ये दबाव-समूह उस राजनीतिक दल, जिनसे वे जुड़े होते हैं, उन पर अपने हितों की पूर्ति के लिए दबाव डालते हैं।

समाजशास्त्र में 20वीं सदी के 80 के दशक तक हित समूह और दबाव समूह में अन्तर किया जाता था। अमरीकी विद्वान आर.ए. डॉल (Robert A. Dahl) ने इस बात पर बल दिया कि बहुलवाद ने सिद्धान्तों के अनुसार अनेक हित समूह राजनीतिक सत्ता के लिए संघर्ष करते हैं। डॉल ने कहा कि दबाव समूह ऐसा नहीं करते हैं। यह विचार अब स्वीकार नहीं किया जाता है। हित समूह और दबाव समूह में तीन अन्तर माने जाते हैं जो इस प्रकार हैं–

(i) हित-समूह संगठित होते हैं, जबकि दबाव समूह प्राय: संगठित नहीं होते हैं।

(ii) हित समूह के उद्‌देश्य अनेक होते हैं। दबाव समूह एक या दो ही उद्‌देश्यों अथवा सीमित उद्‌देश्यों के लिए कार्य करता है।

(iii) हित समूह लम्बे समय तक चलते हैं, इसके विपरीत दबाव समूह प्राय: अल्पायु होता है।

एन्थनी गिडेन्स (Anthony Giddens) ने कहा कि यह भिन्नता अस्वाभाविक है। हित समूह और दबाव समूह में कोई अन्तर नहीं किया जाना चाहिए। दबाव समूह बहुलवादी व्यवस्था की इकाई है। ये राजनीतिक प्रतियोगिता में भाग लेते हैं। जर्मनी में ग्रीन आन्दोलन एक दबाव समूह के रूप में आरम्भ हुआ, परन्तु यह चुनाव में भाग लेने लगा और वर्तमान समय में जर्मनी में शासक गठबंधन का एक अंग है। दबाव समूह बहुत बार देश और समाज के लिए घातक होते हैं। यह आमतौर पर जनता के नियन्त्रण में नहीं होता है।

राजनीतिक समाजीकरण (Political Socialization)

राजनीतिक समाजीकरण राजनीतिक विकास का एक मनोवैज्ञानिक पहलू है। सीख की वह प्रक्रिया राजनीतिक समाजीकरण कहलाती है, जिसके अन्तर्गत व्यक्ति राजनीतिक व्यवस्था के आदर्शों एवं मूल्यों का अन्तरीकरण करता है। यह राजनीतिक मूल्यों, प्रतिमानों तथा व्यवहार के तौर-तरीकों का एक पीढ़ी से दूसरी पीढ़ी को हस्तान्तरण की एक प्रक्रिया है। इस प्रक्रिया द्वारा व्यक्ति अपनी एवं दूसरे की राजनीतिक भूमिकाओं के सम्बन्ध में जानकारी प्राप्त करता है। राजनीतिक समाजीकरण वह प्रक्रिया है, जिसके द्वारा राजनीतिक संस्कृतियाँ बनी रहती हैं और परिवर्तित भी होती रहती हैं। इस कार्य को करने वाले व्यक्तियों के रुख को राजनीतिक संस्कृति में ढाला जाता है और राजनीतिक वस्तुओं की ओर उन्हें उन्मुख किया जाता है। राजनीतिक समाजीकरण का लक्ष्य व्यक्तियों को इस प्रकार प्रशिक्षित अथवा विकसित करना है कि वे एक राजनीतिक समाज के उत्कृष्ट कार्य करने वाले सदस्य बन जायें। इस प्रक्रिया के अन्तर्गत राजनीतिक समुदाय के सदस्य अपने शैशव काल से ही ऐसी अभिवृत्तियाँ, मान्यताएँ और व्यवहार सीख लेते हैं, जिससे वे अपने समुदाय की राजनीतिक संस्थाओं और प्रक्रियाओं को वैधता प्रदान करते हैं, राजनीति में दिलचस्पी लेते हैं और अपनी वैध माँगों को राजनीति के माध्यम से पूरा कराने का प्रयत्न करते हैं। वस्तुतः इस प्रक्रिया के अन्तर्गत लोग अपने समाज की राजनीतिक संस्कृति को आत्मसात् करते हैं।

यह वह प्रक्रिया है, जिसके माध्यम से व्यक्ति अपने समाज के राजनीतिक जीवन के प्रति अनुकूल दृष्टिकोण बनाता है और जिसके माध्यम से समाज अपने राजनीतिक मानकों और आदर्शों, मान्यताओं और विश्वासों को एक पीढ़ी से दूसरी पीढ़ी तक पहुँचाता है। इसी प्रक्रिया से व्यक्ति अपने समाज, राष्ट्र या राज्य के प्रति निष्ठा और सत्ता के प्रति सम्मान का भाव विकसित करता है। इस प्रक्रिया में परिवार, मित्र मण्डली, शिक्षण संस्थान और दूसरे बड़े-बड़े समूह महत्त्वपूर्ण भूमिका निभाते हैं। जब लोग नागरिक और राजनीतिक जीवन में हिस्सा लेते हैं; जनसम्पर्क के साधनों से शक्तिशाली संकेत और संदेश प्राप्त करते हैं और अनेक सभा-संगठनों में उपस्थित होते हैं तो उनके इस दृष्टिकोण की पुष्टि होती है। यह ज़रूरी नहीं कि इस प्रक्रिया के परिणामस्वरूप सभी व्यक्ति बने-बनाये साँचों में ढल जायें, परन्तु इससे राजनीतिक जीवन में निरन्तरता बनी रहती है और राजनीतिक प्रणाली नये तनावों और दबावों को सहन करने की क्षमता विकसित कर लेती है।

आज़ाद भारत में लोकशाही (Democracy in Independent India)

उपलब्धियों के लिहाज से मूल्यांकन करें तो हमने भौतिक और आर्थिक क्षेत्र में विकास के प्रतिमान खड़े किये हैं। आज गाँधीजी जिंदा होते तो निश्चित रूप से पूरे कपड़े पहनने शुरू कर देते क्योंकि आज प्रति व्यक्ति कपड़े का उत्पादन 14 से 15 गज है, जबकि 1919 में जब उन्होंने न्यूनतम कपड़े पहनने का निर्णय लिया था तब प्रति व्यक्ति कपड़े का उत्पादन मात्र डेढ़ गज का लंगोट पहना करते थे।

इसके अतिरिक्त स्वास्थ्य, यातायात, शिक्षा, दूरसंचार आदि के क्षेत्र में भी उल्लेखनीय प्रगति हुई है। मोबाइल घर-घर पहुँच गया है। गाँवों को शहर के जोड़ने के लिए पक्की सड़कें बन गयी हैं। खाद्यान्न के मामले में हम

आत्मनिर्भर हो गये हैं। जहाँ सुई तक नहीं बनती थी– वहाँ तरह-तरह की मोटर गाड़ियाँ, हवाई जहाज और कम्प्यूटर बनने लगे हैं। स्वास्थ्य के क्षेत्र में हमारी उपलब्धियों का आलम यह है कि प्लेग और चेचक जैसी बीमारियाँ जड़ से समाप्त हो गयी हैं और मलेरिया, हैजा व टी.बी. जैसी बीमारियों पर हमने काफी हद तक काबू पा लिया है। शिक्षा के क्षेत्र में भी हम नित्यप्रति आगे बढ़ रहे हैं। कहने का तात्पर्य यह है कि भौतिक और आर्थिक क्षेत्र में हमने काफी कुछ हासिल कर लिया है।

इसी के साथ हमने इस कालावधि में मानवीय मूल्यों को खो दिया है। प्रगति के साथ-साथ मानवीय गरिमा टूट गयी। जो ताकतवर है, सत्ताधारी है, वह अपने सामने दूसरे लोगों को नीची नज़र से व तुच्छता से देखता है। ऐसे लोगों की दृष्टि में दूसरों के प्रति किसी प्रकार की गरिमा का भाव नहीं है। स्वार्थ पूर्ति हेतु किसी का गला काटने से भी गुरेज नहीं और यह ख़तरनाक प्रवृत्ति निरन्तर तीव्र से तीव्रतर होती जा रही है। यह एक स्वस्थ समाज के लिए अच्छा संकेत नहीं है।

लगातार हेय समझे जाने और छोटेपन का अहसास करते रहने की वजह से आम आदमी में आत्मविश्वास की कमी होती गयी। कमाल यह है कि अच्छे पढ़े-लिखे, योग्य, प्रतिभावान व्यक्ति भी इस भवना से ग्रसित दिखाई देते हैं। यह स्थिति एक व्यक्ति के अन्दर नागरिकता के प्रति लगाव को कम करती है और जब किसी देश की नागरिकता की भावना को ही ठेस पहुँचे तो और क्या बच जाता है! इन सारे कारणों से आदमी अपनी जिम्मेदारियों व कर्तव्यों से विमुख होने लगता है। देश के प्रति अपने कर्त्तव्यों का निर्वाह करने के प्रति उसकी रुचि खत्म होने लगती है। यह विमुखता कहीं-न-कहीं उसके अन्तर्मन को झकझोरती भी है और वह अपनी ही नज़रों में गिर जाता है और जिसके अन्दर आत्मसम्मान नहीं होगा वह दूसरों की गरिमा का ध्यान कहाँ रख पायेगा?

हमारे अन्दर आत्मविश्वास था, आत्मसम्मान था तो हमने आज़ादी पा ली, लेकिन अब जब उस भावना का अन्त हो गया है, तो अशिक्षा, ग़रीबी, बेरोज़गारी, महँगाई जैसे भयंकर रोगों से आज़ादी की बात तो दूर हमारे अन्दर इनसे लड़ने का जज़्बा भी खत्म हो गया। हम न तो इन सामाजिक बुराइयों से लड़ने के लिए तैयार हैं और न ही अपने अधिकारों के प्रति जागरूक और कर्तव्यों के प्रति सचेत।

इस घातक मनोवृत्ति का सबसे गंभीर प्रभाव युवा वर्ग की मानसिकता पर पड़ा। वह लक्ष्यहीन व उद्देश्यहीन-सा भटकता रहा। कहीं लक्ष्य दिखा भी तो उसको प्राप्त करने के लिए पुरुषार्थ और उद्यम की बजाय उसे जोड़-तोड़ और जुगाड़ ही भिड़ाना आसान लगा। मेहनत और परिश्रम के बल पर कुछ पाने की लालसा रखना दकियानूसी मान्यता का पर्याय बन गया है। इसको हवा दी राजनीति ने। अंग्रजों की 'फूट डालो और राज करो' की नीति को राजनीतिक दलों ने अंगीकार कर लिया और दिशाहीन युवा वर्ग को अपनी स्वार्थ-सिद्धि और सत्ता-प्राप्ति के लिए अपने साथ मिला लिया। वोट के लिए इन्होंने भारतीयों को हिन्दू, मुसलमान, सिख, ईसाई, ब्राह्मण, बनिया, क्षत्रिय, अगड़ा, पिछड़ा में बाँट दिया। महात्मा गाँधी ने कभी ऐसे समाज की कल्पना नहीं की थी। उनकी कल्पना का भारत ऐसा था जहाँ आवश्यकताएँ न्यून हों और और उनकी आपूर्ति सबको हासिल हो तथा मनुष्यता सुरक्षित रहे। आज यदि वह होते तो मानवीय गरिमा की इस क्षति पर दुखी होते। दरअसल उनकी मृत्यु के बाद इस देश के नीति-निर्माताओं ने विकास का जो मॉडल अपनाया, उसमें यही होना था। हम इससे बेहतर की कल्पना नहीं कर सकते थे।

स्वातंत्र्योत्तर भारत की महत्त्वपूर्ण उपलब्धियों पर यदि क्रमवार दृष्टिपात किया जाये तो हमारी पहली उपलब्धि इस देश में लोकतन्त्र का चलना है, जिस लोकतन्त्र की नींव पंडित नेहरू, बाबा साहेब भीमराव आम्बेडकर ने डाली थी वह आज भी कायम है और आगे भी कायम रहेगी, इसकी भी पर्याप्त सम्भावना है। एक सौ बीस करोड़ से अधिक आबादी वाले देश में लोकतन्त्र का अस्तित्व में होना अपने-आप में एक बड़ी उपलब्धि है। इतने धर्म, इतनी जातियाँ, उनके अलग-अलग रीति-रिवाज़, अलग-अलग संस्कृति के बावजूद सभी की आस्था लोकतन्त्र में उसी प्रकार है जैसे वे अपने इष्टदेव को पूजते हों।

यहाँ तक कि विभिन्न राजनीतिक दल भी जिनमें विभिन्न मुद्दों पर इतनी मत-भिन्नता है– वे भी लोकतन्त्र का सम्मान करने में कोताही नहीं बरतते। चुनाव होते हैं और उसका जो भी परिणाम आता है वह सभी दलों को शिरोधार्य

होता है। सत्तारूढ़ पार्टी जनभवना का सम्मान करते हुए चुपचाप बहुमत वाले दल या गठबन्धन को सत्ता सौंपकर विपक्षी धर्म का निर्वाह करती है। ऐसा लोकतन्त्र शायद ही कहीं है।

दूसरी जो सबसे महत्त्वपूर्ण बात है वह है हमारी धर्मनिरपेक्ष छवि का बरकरार रहना। वहाँ इतने धर्मों के लोग रहते हैं, हिन्दू आबादी बहुल देश है– लेकिन यहाँ जो अधिकार 80 फीसदी हिन्दू आबादी को हैं वही अधिकार 14 फीसदी मुसलमान, दो फीसदी सिक्ख और दो फीसदी ईसाई आबादी को प्राप्त हैं। बौद्धों और जैनों में कोई बड़ी भिन्नता नहीं है– सबके सब भारतीय संविधान में प्रदत्त अधिकारों के समान भागीदारी हैं।

लोकतन्त्र में कोई भी फैसला लेने के पहले यदि उस पर ढंग से विचार-विमर्श नहीं किया जाये तो उसका लाभ भी नहीं मिलता। लोकतन्त्र को चलाने के लिए प्रत्येक स्तर पर अनुशासन, अटूट विश्वास और दृढ़-निश्चय की आवश्यकता होती है।

आज होता कुछ और है। किसी सांसद या मन्त्री के किसी भाई या समर्थकों की किसी सरकारी अधिकारी से कुछ कहा-सुनी हो जाय तो उस मुद्दे पर लोकसभा का उस दिन का सत्र स्थापित हो जाता है, ऐसे बेतुके मसलें पर घंटों बहस की माँग की जाती है, लेकिन जब विकास कार्यों के लिए अरबों रुपयों की योजना की मंजूरी की बात आती है, तो उसे पारित होने में मिनटों क्या सेकण्ड भी नहीं लगते। हम ऐसे मुद्दों पर चर्चा भी नहीं करना चाहते। उत्तर प्रदेश विधान सभा में माइकों और कुर्सियों से हुई लड़ाई ने तो पाँचवीं-छठी क्लास के बच्चों की लड़ाई को भी मात दे दी। संसद एवं विधान सभाओं के इन दृश्यों के परिप्रेक्ष्य में हम युवा पीढ़ी को अनुशासन का पाठ किस मुँह से पढ़ाएँगे? दरअसल आज राजनीति सेवा का क्षेत्र नहीं, बल्कि व्यवसाय बन गया है। नैतिक पतन के इस मोड़ पर आकर लगता है कि नैतिकता की कम-से-कम एक लक्ष्मण-रेखा बनायी जानी चाहिए, जिससे इस तरह की समस्याएँ न उभरें।

वास्तविकता यह है कि आज हमारी शासन व्यवस्था और उसकी वजह से समाज में उत्पन्न अव्यवस्था को देखकर पहली बार उस शासन व्यवस्था पर प्रश्नचिह्न लगा है, जो हमने इंग्लैण्ड से उधार ली थी। आज कभी-कभी लगता है कि यह प्रणाली ठीक नहीं है। मेरे विचार से लोकसभा की 20 प्रतिशत सीटें डॉक्टरों, इंजीनियरों, वैज्ञानिकों, शिक्षाविदों सहित अन्य क्षेत्र के विशेषज्ञों के लिए आरक्षित कर देनी चाहिए। साथ ही 5 प्रतिशत या 10 प्रतिशत से कम वोट पाने वाले उम्मीदवारों के चुनाव लड़ने पर प्रतिबन्ध लगा देना चाहिए। चुनाव खर्च के लिए सरकार द्वारा खर्चा दिया जाना भी समाधान की दिशा में एक सार्थक कदम होगा।

यहीं पर आकर लगता है कि महात्मा गाँधी ने शासन प्रणाली का जो मॉडल चुना था– वह समीचीन था। हालाँकि जब उन्होंने ये बातें कहीं थीं तब से अब तक यह दुनिया बहुत बदल गयी है, लेकिन उन्होंने कई ऐसी बातें कहीं जो आज भी प्रासंगिक हैं। खासकर उनकी मिश्रित अर्थव्यवस्था और ग्रामीण व्यवस्था पर आधारित शासन प्रणाली सर्वथा उचित थी। आज भी यदि हम उस पद्धति को अंगीकार करें तो बहुत सारी समस्याएँ दूर हो सकती हैं।

लेकिन कुछ समस्याएँ इतनी जटिल हो गयी हैं कि उनके समाधान के लिए बहुत मेहनत करनी पड़ेगी। हमें गंभीर चिन्तन करना चाहिए कि हम आखिर कहाँ जा रहे हैं। हर साल चुनाव का होना ख़तरनाक है, तो इसमें होने वाले खर्चे भी अर्थतन्त्र पर बोझ बढ़ाने वाले हैं। हम पाँच साल के लिए चुनकर आते हैं और फिर साल-डेढ़ साल में ही मतदाताओं के दरवाज़े पर खड़े हो जाते हैं। हमारी यह प्रवृत्ति हमें कहाँ ले जाकर छोड़ेगी। यह एक चिन्ता की बात है।

आज हमारा देश संकट में है। इसीलिए बुनियादी सुधार का समय अभी भी है। एक भूल हमने उस समय की थी जब देश 1947 में अंग्रेज़ी राज से मुक्त हुआ। भूल यह थी कि अंग्रेजी राज के समाप्त होने के बाद भी हमने अंग्रेजों की बनायी हुई राज व्यवस्था कायम रखने का निर्णय लिया। न हमने प्रशासन का ढाँचा बदला, न शिक्षा ही बदली, न न्याय बदला और न ही अर्थनीति बदली। इसका परिणाम हम अपनी आँखों से देख रहे हैं और भोग रहे हैं।

दूसरी भयंकर भूल यह हो रही है कि 65 वर्षों के बाद भी हम अपने को बुनियादी परिवर्तन के लिए तैयार नहीं कर रहे हैं। हम उसी रास्ते पर चलना चाहते हैं, जिस रास्ते पर आज़ादी मिलने के बाद से आज तक चलते आये हैं।

इसीलिए अब सैनिक को मज़बूत करने के साथ-साथ हमें यह भी सोचना चाहिए कि नागरिक कैसे मज़बूत होगा। कोई देश नागरिक को कमजोर होने दे तो केवल सैनिक के भरोसे वह बहुत दिनों तक मज़बूत नहीं रह सकता।

पिछले 6 दशकों के अधिकांश समय में हमने नागरिक की शक्ति की उपेक्षा की है। एक संविधान बनाकर हमने एक विशेष प्रकार की राजनीति उसके ऊपर लाद दी और राजनीति भी हमने वह चलायी जो इंग्लैण्ड में चलती है। नागरिक और उसकी संस्कृति भारत की और राजनीति इंग्लैण्ड की है। दोनों का मेल आज तक नहीं बैठा है और आगे भी नहीं बैठेगा, यह पिछले 65 वर्ष से अधिक के अनुभव से सिद्ध हो चुका है। अब और कितने वर्षों तक प्रयोग करके देखना चाहते हैं। लोकतन्त्र में राजनीति नागरिक की समूह शक्ति प्रकट करने की एक प्रक्रिया है। लेकिन हम जिस राजनीति को चला रहे हैं वह नागरिकों की नहीं है, बल्कि दलों के सदस्यों की है, पूरे समाज की नहीं, बल्कि उसके टुकड़ों की है। तत्काल पूरे संविधान को बदलना न सम्भव है और न ही ज़रूरी। इस ढाँचे के अन्दर आवश्यक सुधार लाकर हम परिवर्तन तथा प्रगति के लिए नया रास्ता तैयार कर सकते हैं।

सुधार का पहला बड़ा और बुनियादी क्षेत्र राजनीति और राज्य व्यवस्था है। संविधान के अनुसार हमारी राज्य व्यवस्था के तीन स्तर हैं– केन्द्र, राज्य व पंचायत। ये तीनों स्तर संविधान ने बनाये हैं। पंचायत का स्तर सबसे नया है। 1992 में संविधान का पंचायत सम्बन्धी संशोधन हुआ, इसलिए और भी ज़्यादा नया है। पंचायत अभी कमजोर और असंगठित है। राज्य और केन्द्र में नागरिकों के प्रतिनिधि राज-काज चलाते हैं। पंचायत नागरिकों की प्रत्यक्ष भागीदारी का क्षेत्र है। राज्य और केन्द्र में काम करने वाले प्रतिनिधियों के लिए यही बहुत है कि वे अपने मतदाताओं के प्रति जिम्मेदार बने रहें। राज्य व्यवस्था में सुधार की भारी आवश्यकता है।

बदलते भारत का संकट— भारत एक 'भूखण्ड' या एक 'देश' भर नहीं है। यह एक अवधारणा एवं एक समग्र 'मूल्य-दृष्टि' है, इसलिए भारत की स्वतन्त्रता एशिया और अफ्रीका के उन अनेक देशों के लिए भी प्रासंगिक बन गयी, जो साम्राज्यवादी औपनिवेशिकता के दबाव में सोये पड़े थे या साम्राज्यशाही के खूंखार जबड़ों का ग्रास बने हुए थे। इसलिए 14 अगस्त, 1947 की मध्य रात्रि के तुरंत बाद (15 अगस्त, 1947 को) जब भारत स्वतन्त्र हुआ, तब नेहरू जी ने कहा था कि इस मध्य रात्रि में सारी दुनिया सो रही है, किन्तु, भारत जाग उठा है। साथ ही, यह विश्वास व्यक्त किया गया था कि भारत का यह जागरण अन्य सोये देशों में जागृति लायेगा और भारत की स्वतन्त्रता की किरण दुनिया के उन तमाम देशों में पहुँचेगी, जहाँ परतन्त्रता का अन्धकार फैला हुआ है। सचमुच, भारत की स्वतन्त्रता-प्राप्ति के बाद भारत की स्वतन्त्रता से प्रेरणा ग्रहण कर दुनिया के कई गुलाम देश आज़ाद हुए। यह विस्तारवादी साम्राज्यशाही की देन शोषक उपनिवेशवाद के उखड़ते हुए पाँवों का हाँफता हुआ पलायन था।

आज भारत की स्वतन्त्रता के 67 वर्ष पूरा हो जाने के बाद हमें हर्षित होने के साथ ही अपनी उपलब्धियों, प्रयत्नों, परिवर्तनों और परिवेशगत नये संकटों पर विचार भी करना चाहिये। कारण, आज़ादी को हरदम चौकसी की ज़रूरत है।

एक पराधीन देश के लिए स्वतन्त्रता का सीधा अर्थ है– दासता से मुक्ति। लेकिन गहराई से सोचने की बात यह है कि दासता के अनेक स्तर होते हैं और मुक्ति के भी कई सोपान होते हैं। अत: स्वतन्त्रता के अर्थ के कई आयाम हैं और उसका अर्थ-वृत्त बहुत ही विस्तृत है। आशय यह कि स्वतन्त्रता एक मूल्य-गर्भित शब्द है। यह केवल सत्ता-परिवर्तन, रोज़ी-रोटी की आज़ादी, भूख मिटाने की सामर्थ्य, वोट डालने का हक़ या खुदमुख्तारी नहीं है। स्वतन्त्रता तो अविभाज्य होती है।

प्राय: परतन्त्र देशों में स्वतन्त्रता-संघर्ष के दरम्यान और स्वतन्त्रता-प्राप्ति के कई वर्षों बाद तक स्वतन्त्रता का आशय एक जोश-अपरिभाषित राष्ट्रीयता के प्रति एक उमंग तक सीमित हुआ करता है। भारत भी इसका अपवाद नहीं है। यहाँ भी स्वतन्त्रता-संघर्ष की सुदीर्घ अवधि में स्वतन्त्रता का अर्थ या स्वरूप अस्पष्ट और अपरिभाषित-सा था। परतन्त्रता के अन्धकार से ग्रस्त, किन्तु, तथाकथित 'भा-रत' भारत का सारा उद्वेलन एक विदेशी शासन और साम्राज्यवाद के विरुद्ध सीमित था। उस समय जन-गण ही नहीं, बुद्धिजीवियों तथा तरुण सेनानियों की दृष्टि भी स्वतन्त्रता के सामाजिक और आर्थिक मूल्यों की ओर नहीं जा सकी थी। उनके समक्ष यह स्पष्ट नहीं हो सकता था कि सामाजिक संरचना में

अभीष्ट परिवर्तन केवल उपनिवेशवाद की समाप्ति या सत्ता के परिवर्तन मात्र से सम्भव नहीं हो सकेगा। केवल कुर्सी पर बैठने वालों के बदलने से या गोरे साहबों की जगह काले साहबों के आ जाने से न कोई बड़ा परिवर्तन सुनिश्चित हो जाता है और न गुँच-ब-गुँच बहार का आना ही तय हो जाता है। सत्ता रूपी साँप तो रह-रहकर केंचुल बदलता ही रहता है। इसलिए कोई सार्थक बदलाव तभी घटित हो सकेगा, जब उसके विषैले दाँत तोड़ दिये जायेंगे।

सच्ची स्वतन्त्रता के कई आधार-स्तम्भ होते हैं आर्थिक समाजवाद, अर्थ-तन्त्र की स्वाधीन दशा-दिशा, अपने वाणिज्य-व्यापार पर अपनी राष्ट्रीय अर्थ-नीति के अनुरूप अधिकार, वितरणात्मक सामाजिक न्याय, अपनी भाषा, अपने देश की अविभाजित भौगोलिक इकाई इत्यादि।

यह खेद का विषय है कि स्वतन्त्रता प्राप्ति के 67 वर्ष बीत जाने के बाद भी हमारे ऊपर अंगरेज़ी, अंगरेज़ीयत तथा विदेशी संस्कृति का प्रभाव बढ़ता ही जा रहा है। स्वतन्त्र होने के उपरान्त एक राष्ट्र के रूप में भारत के मौलिक व्यक्तित्व को अपनी अस्मिता, ओज और तेज के साथ उभरना चाहिये था। लेकिन ऐसा प्रतीत होता है कि स्वातन्त्र्योत्तर काल में हमारे राष्ट्र का व्यक्तित्व कभी आधुनिकता के नाम पर, कभी धर्मनिरपेक्षता के नाम पर और कभी औद्योगिक विकास के नाम पर 'मौलिक' से अधिक 'अनूदित' होता जा रहा है। स्वतन्त्रता-आन्दोलन के दौरान हमारे द्वारा किये गये उत्सर्ग, त्याग और बलिदान की मात्रा के अनुपात में हमें यह चौपहल, गहरे मूलवाली वास्तविक स्वतन्त्रता मिलनी चाहिये थी, जिसके मजबूत स्तम्भ सामाजिक और आर्थिक आधार होते, जो केवल 'डिकॉलोनाइजेशन' **(Decolonization)** का पर्याय बनकर नहीं रह जाती और जो आज़ाद हुए देश को वस्तुत: एक मौलिक तथा अस्मितापूर्ण व्यक्तित्व देती है। किन्तु, देश के विभाजन का भारी मूल्य चुकाने के बाद भी हमें स्वतन्त्रता के नाम पर मुख्यत: डि-कॉलोनाइजेशन ही मिला।

स्वातन्त्र्योत्तर परिदृश्य में यह ध्यान देने योग्य है कि स्वतन्त्रता प्राप्ति के बाद 'संविधानवाद' को स्वीकार करने के कारण हम संवृद्धि, विकास और उलझी हुई समस्याओं के समाधान में तेजी से आगे नहीं बढ़ पा रहे हैं तथा भारत के बहुधार्मिक, बहुप्रजातीय और बहुभाषा-भाषी देश होने के कारण हम दृढ़ (कठोर) निर्णय लेने में हिचकिचाते रहे हैं और हम तदर्थवादी बन गये हैं, जिसके परिणामस्वरूप भारत अपनी समस्याओं के दो टूक समाधान से मुँह मोड़ने वाला 'शुतुरमुर्गों का देश' बन गया है। इस देश की आबादी की संरचना भी ऐसी अनिर्णायक स्थिति का एक प्रमुख कारक है। 'अल्पसंख्यक' कहे जाने वाले मुस्लिम और सिक्ख समुदाय एवं क्षेत्रवाद तथा अलगाववाद बढ़ाने वाले पूर्वोत्तर भारत के उग्रवादी लोग, महाराष्ट्र के शिवसैनिक एवं कश्मीरी मुस्लिम, नक्सलवादी विचारधारा के लोग यदि आतंक फैलाने और राजनीतिक सौदेबाजी करने की ताकत पर्याप्त मात्रा में हासिल कर ली है, जिस पर राष्ट्र की भावनात्मक एकता के परिप्रेक्ष्य में विचार करना और जिसको पारस्परिक सहिष्णुता की दृष्टि से 'नम्र' बनाना आवश्यक है।

यह दुखद है कि स्वतन्त्रता-प्राप्ति के इतने वर्षों के बाद भी हम औपनिवेशिक शक्तियों की मानसिक गुलामी से मुक्त नहीं हो सके हैं और न हम एक समर्थ आर्थिक शक्ति के रूप में उभरकर अन्तर्राष्ट्रीय पूँजीवाद का मुक़ाबला करने की क्षमता अर्जित कर सके हैं।

किन्तु, यह तभी सम्भव हो सकेगा, जब संवृद्धि और विकास की गति में तीव्रता के साथ ही ग़रीबों की हितकारी नीतियों को संवृद्धि तथा वाणिज्य की पक्षधर आर्थिक नीतियों से अलग कर स्पष्ट रूप में निरूपित किया जायेगा और उन्हें ईमानदारी के साथ अमलीजामा पहनाया जायेगा। साथ ही यह हर्षदायक है कि स्वतन्त्र भारत गुट निरपेक्ष देशों को नेतृत्व दे सकता है, विश्व में नवीन अन्तर्राष्ट्रीय अर्थव्यवस्था के लिए पहल कर सका है, नि:शस्त्रीकरण एवं शान्ति के लिए विश्व की प्रगतिशील शक्तियों का साथ दे सका है, विश्व में बालिग मताधिकार पर निर्भर सबसे बड़ा गणतन्त्र बन गया है, अप्रत्याशित संकट के क्षणों में अपनी अदम्य राष्ट्रशक्ति को जाग्रत कर लेता है और तीसरी दुनिया (जिसके निवासियों को फ्रंाज फानॅन (Frantz Fanon) ने 'द रेचेड आफ द अर्थ' (**The Wretched of the Earth**, 1963) कहा है) की सबसे ऊंची आवाज़ बन गया है।

REFERENCES

Almond, Gabriel A. and Coleman, James S., **The Politics of the Developing Areas**, NJ: Princeton University Press, 1960.

Almond, Gabriel A. and Verba, Sidney, **The Civic Culture: Political Attitudes and Democracy in Five Nations**, NJ: Princeton University Press, 1963.

Bachrach, P., **The Theory of Democratic Elitism: A Critique**, Boston, M A: Little, Brown, 1967.

Berry, Jeffrey M. and Wilcox, Clyde, **The Interest Group Society** (5th ed.), New York: Pearson, 2009.

Bottomore, Thomas B., **Political Sociology**, London: Hutchinson, 1979.

Desai, A.R., **Social Background of Indian Nationalism**, Bombay: Popular Prakashan, 2005.

Duncan, G., **Democratic Theory and Practice**, Cambridge: Cambridge University Press, 1983.

Duverger, Maurice, **Political Parties: Their Organization and Activity in Modern State**, London: Methuen, 1978.

Easton, David, **The Political System: An Inquiry into the State of Political Science**, New York: Knopf. 1953.

Fanon, Frantz, **The Wretched of the Earth**, Paris: Grove Press, 1963.

Habermas, Jürgen, **The Legitimation Crisis**, London: Beacon Press, 1975.

Held, David, **Models of Democracy**, London: Polity Press and Stanford University Press, 1987.

Hunter, Floyd, **Community Power Structure: A Study of Decision Makers**, Chapel Hill: University of North Carolina Press, 1953.

King, Roger, **The State in Modern Society**, London: Palgrave Macmillan, 1986.

Lipset, S.M., **Political Man: The Social Bases of Politics**, Garden City, New York: Doubleday & Co, Inc., 1960.

Lively, Jack, **Democracy**, New York: John Wiley & Sons, Inc. 1975.

Lowie, R.H., **Social Organization**, London: Routledge and Kegan Paul, 1956.

Lukes, Steven, **Power: A Radical View**, London: New York: Macmillan, 1974.

MacIver, R.M., **The Web of Government**, New York: The Macmillan Company, 1947.

Michels, Robert, **Political Parties**, Glencoe, Illinois: The Free Press, 1911 & 1965.

Mills, C. Wright, **The Power Elite**, New York: Oxford University Press, 1959.

Mosca, G., **The Ruling Class**, New York: McGraw-Hill, 1939.

Pareto, Vilfredo, **The Mind and Society: Treatise on General Sociology, Vol. 1, Non-Logical Conduct**, New York: Harcourt, Brace & Co, 1935.

Parsons, Talcott, **Politics and Social Structure**, Glencoe, Illinois: The Free Press, 1969.

Pye, Lucian W. and Verba, Sidney (eds.), **Political Culture and Political Development**, London: Little, Brown & Co., 1965.

Shils, Edward A., **Political Developments in the New States**, the Hague: Mouton, 1962.

Weber, Max, **The Theory of Social & Economic Organization**, Glencoe, Illinois: The Free Press, 1947 & 1964.

———, **Class, Status, and Party**, London: Routledge and Kegan Paul Ltd., 1905, 1953, 1967.

Weiner, Myron and Kothari, Rajni, **Indian Voting Behaviour**, Calcutta: Firma K.L. Mukhopadhayay, 1965.

23

शैक्षणिक पद्धति
(Educational System)

शिक्षा आवश्यक ज्ञान और दक्षता प्रदान करती है, जो व्यक्ति को समाज में आदर्श रूप में कार्य करने योग्य बनाती है। शिक्षा वैचारिक मान्यताओं से प्रेरित होती है, जो समाज से ही ली जाती है, किन्तु इसका कार्य सांस्कृतिक विरासत हस्तांतरण में और समाज द्वारा धारित मूल्यों और आदर्शों को प्रोत्साहित करने तक ही समाप्त नहीं होता। सोद्देश्य उन्मुखता (Purposive Orientation) की स्थिति में शिक्षा आधुनिक समाज के आधुनिकीकरण और पुनर्गठन के लिए शक्तिशाली साधन के रूप में भी कार्य करती है। शैक्षणिक संस्थाएँ शून्य में स्थित नहीं होतीं। वे समाज के अभिन्न और संवेदनशील अंग हैं। कोई भी शैक्षणिक पद्धति समाज के मूल्यों और प्रतिमानों से प्रभावित हुए बग़ैर नहीं चल सकती। शिक्षा का समाज के साथ बहुत निकट का सम्बन्ध है। प्रत्येक समाज में ऐसे तौर-तरीके होते हैं, जिनके माध्यम से बच्चों को बड़ा किया जाता है। बच्चों की शिक्षा-दीक्षा की यह प्रक्रिया तीन भागों में बाँटी जाती है: (1) बच्चों के शारीरिक स्वास्थ्य को देखना और उनके स्वस्थ विकास के लिए काम करना, (2) एक प्रक्रिया द्वारा बच्चों को बड़ा करना और उसे यह पहचान देना कि वे क्या हैं? और वे किस सामाजिक-सांस्कृतिक समूह से जुड़े हैं? और (3) तीसरा कार्य यह है कि बच्चों को कुशल बनाना ताकि वह अपना जीवनयापन स्वयं कर सकें। स्पष्ट है, यह तीसरा कार्य शिक्षा करती है। शिक्षा के क्षेत्र में सबसे पहली अन्त:क्रिया अध्यापक और विद्यार्थी की होती है। इससे बाहर निकलते हैं तब परिवार, नातेदारी और जाति आते हैं। परिवार और नातेदारी ऐसे समूह हैं, जो व्यक्तियों का समाजीकरण करते हैं और इस तरह शिक्षा के माध्यम से ज्ञान और संस्कृति, व्यवसाय और हुनर एक पीढ़ी से दूसरी पीढ़ी में पहुँचते हैं।

फ्रांसीसी समाजशास्त्री एमिल डर्कहाइम (Émile Durkheim, 1858–1917) ने शिक्षा को एक विद्या के रूप में स्थापित करने का प्रयास किया। उन्होंने कहा कि शिक्षा कैसी भी हो इसे नैतिकता पर ज़ोर देना चाहिए। दूसरे शब्दों में, एमिल डर्कहाइम नैतिक शिक्षा (Moral Education) पर बल देते हैं। एमिल डर्कहाइम के बाद वेबर ने शिक्षा को अपने अध्ययन का केन्द्र बनाया। उन्होंने चीन की शिक्षा पद्धति का विश्लेषण किया। वे कहते हैं कि चीन में शिक्षा एक ऐसा साधन समझा गया था जिसके द्वारा लोगों पर राजनीतिक नियन्त्रण किया जा सके। अमरीका में एमिल डर्कहाइम और वेबर जैसे शिक्षा के समाजशास्त्र प्रणेता तो नहीं हुए लेकिन वहाँ यह समझा गया कि शिक्षा एक समान अवसर देने वाला एक साधन है, ऐसा मानकर चलना चाहिए। वहाँ यह विचारधारा दूसरे विश्व युद्ध के बाद पैदा हुई। अब 1940 के दशक के बाद यूरोप और अमरीका में यह समझा जाने लगा कि शिक्षा, खास करके विज्ञान तथा प्रौद्योगिकी

की शिक्षा, प्रदत्त गुणों पर ज़ोर नहीं देती। जहाँ-जहाँ औद्योगिक समाजों में शिक्षा का प्रसार हुआ है वहाँ सामाजिक स्तरण में बदलाव आया है।

विकासशील देशों की स्थिति के विपरीत विकसित देशों में शिक्षा व्यापकता पर एक बहुत बड़ी बहस छिड़ी है। वहाँ शिक्षा के क्षेत्र में जो अध्ययन हुए हैं उनमें यह दलील दी गयी है कि शिक्षा के प्रसार से सामाजिक गतिशीलता बहुत कम हुई है। इसका अर्थ हुआ शिक्षा से सामाजिक गतिशीलता नहीं बढ़ती है। इस विचारधारा से अलग बहस का एक दूसरा मुद्दा सामने आया है, वह यह है कि शिक्षा के कारण जो वर्ग, प्रजातीय और लिंग भेदभाव है, उसे चुनौती मिली है। अर्थ हुआ कि शिक्षा परम्परागत स्तरण को स्वीकार नहीं करती। ये दोनों विचारधाराएँ काफी हद तक परस्पर विरोधी हैं।

शिक्षा के क्षेत्र में उपर्युक्त बहस का एक तीसरा आयाम भी है। नव-मार्क्सवादियों (Neo-Marxists) का कहना है कि जहाँ-जहाँ स्कूली शिक्षा दी गयी है, वहाँ-वहाँ शिक्षकों में स्वतन्त्रता की भावना कमजोर हो गयी है और उनमें गुलामी करने की प्रवृत्ति बढ़ी है। वे कहते हैं कि शिक्षा का यह परिणाम पूँजीवादियों के लिए अच्छा है। बहुत सीधा सूत्र है: लोगों को पढ़ाओ और वे आपके गुलाम हो जायेंगे। यह बहुत ही बेतुका तर्क है। हरेक चीज का विरोध करना नव-मार्क्सवादियों की नियति का हिस्सा है।

पिछले कुछ वर्षों में शिक्षा पर उभरे हुए विवादों में एक विवाद डि-स्कूलिंग (De-schooling) का है। इस विचारधारा को मानने वाले लोगों ने यह आरोप लगाया है कि आज स्कूलों के माध्यम से जो शिक्षा दी जा रही है, वह रचनाधर्मी नहीं है। उसमें सक्रिय और सृजनात्मक काम करने की शक्ति नहीं है। यह तर्क ठीक नहीं है। यदि यह सही है, तो विज्ञान का विकास कैसे हो रहा है?

एक और विचारधारा भी शिक्षा को लेकर समाजशास्त्रियों में चल रही है। यह विचारधारा दृश्यप्रपंचशास्त्रियों (Phenomenologists) की है। इनके साथ में अन्त:क्रियावादी भी हैं। इनका कहना है कि शिक्षा समाज को जोड़ती है। यह एक ऐसा सेतु है, जो शिक्षा और संस्कृति को एक सूत्र में पिरोता है। इन बातों का जिक्र करने का उद्देश्य यहाँ यह है कि वर्तमान काल में शिक्षा का स्वरूप सामान्य नहीं है, इसमें कई जटिलताएँ हैं। यह विषय विवादों के घेरे में है और इसलिए इसकी तर्कपूर्ण व्याख्या होनी चाहिये।

शिक्षा का उद्देश्य (Objectives of Education)

शिक्षा के तीन प्रमुख उद्देश्य हैं– (1) अपने-आप और जगत् को जानना और स्वयं को शिक्षा-जगत् से प्रभावशाली ढंग से जोड़ना, (2) अतीत और भविष्य के बीच कड़ी का निर्माण, अर्थात् अतीत के एकत्रित परिणामों का विकासमान पीढ़ी (Growing Generation) को सम्प्रेषण (Transmit) करना ताकि वह सांस्कृतिक विरासत को आगे ले जा सके और भविष्य का निर्माण कर सके, (3) जहाँ तक सम्भव हो, मानव प्रगति की प्रक्रिया को तेज करना। इन उद्देश्यों के अतिरिक्त शिक्षा के तीन और उद्देश्य भी माने जाते हैं। ये हैं– (i) व्यक्तित्व के गुणों का समग्र विकास, जैसे– बुद्धि, दक्षता, इच्छा शक्ति, चरित्र, अभिरुचियाँ आदि, (ii) मनुष्य की जीवन दशाओं में विकास, अर्थात्, समाज और व्यक्ति दोनों का विकास। समाज के विकास का अर्थ केवल आर्थिक विकास से ही नहीं, बल्कि सामाजिक, सांस्कृतिक और राजनीतिक विकास से भी है। व्यक्ति के विकास में शिक्षा एक विवेकशील और आदर्श मस्तिष्क बनाने में सहायक होती है, और (iii) शान्ति और समन्वय (Harmony) पैदा करना तथा उसे सुदृढ़ करना। यहाँ 'शान्ति' को 'युद्ध' के विलोम के रूप में नहीं देखा गया है, बल्कि इसे सकारात्मक दृष्टि से देखा गया है, जो अन्तर्राष्ट्रीय समझ और सहयोग के प्रयत्न के उद्देश्य से समन्वित कार्य करे। इसमें सभी लोगों के प्रति आदरभाव, उनकी संस्कृति, सभ्यता, मूल्यों और जीवनशैली के प्रति सम्मान निहित है।

सन् 1971 से यूनेस्को (UNESCO) द्वारा स्थापित शिक्षा के विकास पर गठित अन्तर्राष्ट्रीय आयोग की वार्षिक रिपोर्ट के अनुसार शिक्षा की प्रमुख आवश्यकता है 'जानना (To Know), हासिल करना (To Possess), बनना

(To be)'। सरल शब्दों में कहा जा सकता है कि प्राथमिक स्तर पर शिक्षा का उद्देश्य पढ़ना, लिखना, (3 R's) सीखना है, माध्यमिक स्तर पर चरित्र-निर्माण, उच्च माध्यमिक स्तर पर समाज को समझना, और कॉलेज/विश्वविद्यालय स्तर पर ज्ञान के क्षेत्र में दक्षता हासिल करना है।

शिक्षा के उद्देश्यों को यूनेस्को की डेलार्स आयोग रिपोर्ट में रेखांकित किया गया है, जो शिक्षा के चार स्तम्भों की बात करते हैं– (1) विभिन्न विषयों पर एक व्यापक दृष्टिकोण रखते हुए और चुनिंदा क्षेत्रों पर परिश्रम से कार्य करते हुए दक्षता को विकसित करना, सीखने की शिक्षा और जीवन के अनुभवों से शिक्षा प्राप्त करना। (2) व्यावसायिक दक्षता प्राप्त करते हुए कार्य करना, सीखना और एक टीम के रूप में तथा विभिन्न परिस्थितियों में कार्य करने की क्षमता विकसित करना। (3) साथ-साथ रहने की शिक्षा, दूसरों की संस्कृति, बहुभाषावाद, शान्ति का सम्मान करना और विवाद को दूर करने की कला तथा (4) अपने आपको एक बेहतर व्यक्तित्व के रूप में विकसित करने की शिक्षा ताकि व्यक्ति को न केवल अपने उत्तरदायित्वों का एहसास हो, बल्कि वह सही समय पर उपयुक्त निर्णय लेते हुए अपने आपको एक श्रेष्ठ व्यक्तित्व के रूप में स्थापित करे।

शिक्षा का समाजशास्त्रीय परिप्रेक्ष्य (Sociological Perspectives of Education)

अलग-अलग विद्वान शिक्षा का आकलन एवं मूल्यांकन अलग-अलग प्रकार से करते हैं। इन दृष्टिकोणों का मूल्यांकन कभी-कभी एक-दूसरे के विपरीत होता है। मार्क्सवादियों के दृष्टिकोण का प्रकार्यवादियों ने विरोध किया है। मार्क्सवाद की मूल दृष्टि से साम्य रखते हुए फ्रांसीसी विद्वान पी. बोरड्यू (Pierre Bourdieu, 1930–2002) ने कहा कि शिक्षा का मुख्य कार्य शासक वर्ग की संस्कृति, अर्थात् विचारधारा, मूल्यों एवं हितों का **सांस्कृतिक पुनरुत्पादन (Cultural Reproduction)** करना है। **प्रभुवर्ग (Dominant Class)** शिक्षा के माध्यम से विशेष प्रकार के अर्थ को लोगों पर थोप देते हैं, उन्हें सही साबित करते हैं। प्रभुवर्ग की संस्कृति, **सांस्कृतिक पूँजी (Cultural Capital)** है। यह केवल प्रभुवर्ग के पास होती है। इस संस्कृति से प्रभुता स्थापित करने में सरलता होती है।

बोरड्यू ने कहा कि निम्नवर्ग के बच्चे यही समझते हैं कि उन्हें कुछ विशेष हासिल नहीं होना है, इसलिए वे प्रयास ही नहीं करते हैं। वे समझते हैं कि चाहे कुछ भी कर लें, बड़ों की सुविधाएँ उन्हें नहीं मिल सकती हैं। इस प्रकार असमान वर्गों की व्यवस्था या बनावट बार-बार पैदा होती रहती है। इसे बोरड्यू ने **सामाजिक पुनरुत्पादन (Social Reproduction)** कहा है। बोरड्यू ने शिक्षा को सांस्कृतिक पूँजी कहा है।

प्रकार्यात्मक परिप्रेक्ष्य (Functionalist Perspective)— एमिल डर्कहाइम ने कहा है कि शिक्षा समाज की आवश्यकता को पूरा करती है। शिक्षा से समाज में एकता, सुदृढ़ता एवं स्थिरता उत्पन्न होती है। शिक्षा से समाज में समरूपता उत्पन्न होती है। समाज की निरन्तरता के लिए समरूपता की आवश्यकता होती है। डर्कहाइम ने ऐसी शिक्षा की आलोचना की है, जो केवल व्यक्तिगत कुशलता एवं प्रतियोगिता को बढ़ावा देती है।

शिक्षा का प्रकार्यात्मक विचार शिक्षा द्वारा सामाजिक तन्त्र को बनाये रखने में किये गये सकारात्मक योगदान पर ध्यान केन्द्रित करता है। एमिल डर्कहाइम के अनुसार शिक्षा का प्रमुख कार्य समाज के मानकों व मूल्यों का सम्प्रेषण करना है। डर्कहाइम का मानना था कि स्कूल वह कार्य करते हैं, जो परिवार तथा समवयस्क समूह भी नहीं कर सकते। स्कूल में बालक निश्चित नियमों के अन्तर्गत ही अन्य लोगों के साथ अन्तःक्रिया करता है। यह अनुभव बालक को समाज के सदस्यों के साथ समाज के नियमों के अन्तर्गत अन्तःक्रिया करने हेतु तैयार करता है। स्कूल बच्चों में उन मूल्यों का सम्प्रेषण करता है, जो समाज के अस्तित्व के लिए आवश्यक समजातीयता प्रदान करते हैं। स्कूल बालकों को विशिष्ट कौशल प्रदान करते हैं, जो सामाजिक सहयोग में विविधता बनाये रखने हेतु आवश्यक होते हैं। एमिल डर्कहाइम के समान ही पार्सन्स भी यही मानते हैं कि विद्यालय समाज का लघुरूप में प्रतिनिधित्व करते हैं। विद्यालय बच्चों को समाज के मूलभूत मूल्यों में समाजीकृत करते हैं। समाज को प्रभावी रूप से चलाने हेतु मूल्यों के बारे में मतैक्य आवश्यक है।

टैलकॉट पार्सन्स (Talcott Parsons) ने भी प्रकार्यवादी दृष्टि से शिक्षा की चर्चा की। शिक्षा से सार्वभौमिक मूल्य पनपते हैं एवं अपनाए जाते हैं। पार्सन्स ने कहा कि स्कूल एक छोटा समाज है। स्कूल में बच्चे जो भूमिकाएँ सीखते हैं, बाद में व्यापक समाज में उनका प्रयोग करते हैं। शिक्षा से समाज के मूल्य सिखाए जाते हैं। मूल्यों के सम्बन्ध में सहमति समाज को चलाने के लिए ज़रूरी है। पार्सन्स ने कहा कि अमरीकी समाज में दो मूल्य आम हैं– एक उपलब्धि पर आधारित मूल्य एवं दूसरा अवसरों की समानता का मूल्य। शिक्षा से समाजीकरण एवं सामाजिक नियन्त्रण का कार्य होता है।

उदार प्ररिप्रेक्ष्य (Liberal Perspective)— शिक्षा का उदार विचार समाजशास्त्रीय परिप्रेक्ष्य नहीं है। यह परिप्रेक्ष्य शिक्षा का व्यक्ति से सम्बन्ध पर ध्यान केन्द्रित करता है। डीवी (Dewey) मानते थे कि शिक्षा का उद्देश्य व्यक्ति को अपनी सम्पूर्ण क्षमता को विकसित करने हेतु प्रोत्साहन देना है। ईवान इलीच (Ivan Illich) ने अपनी पुस्तक **Deschooling Society** (1971) में वर्तमान औपचारिक शिक्षा पद्धति को अव्यावहारिक एवं अनुपयोगी बतलाया है। उनके विचार से लोगों को इस शिक्षा-पद्धति से बाहर निकलना चाहिए। समाज को विद्यालय रहित करने की आवश्यकता है। वर्तमान शिक्षा लोगों को वैश्विक दृष्टिकोण प्रदान करने में असफल रही है। नये शिक्षा संस्थानों की स्थापना परम्परागत शिक्षा संस्थानों का विकल्प नहीं हो सकते हैं। उनके विचार से समाज को विद्यालय विहीन करने की आवश्यकता है। इलीच एक ऐसी शिक्षा की बात करते हैं, जो अनौपचारिक तथा आत्म-निदेशित (Self-directed) हो। लोगों को वर्तमान संस्थागत स्कूली शिक्षा पद्धति से बाहर निकालकर शिक्षित करने की आवश्यकता है। उन्होंने वेब शिक्षा (Web learning) पर काफी बल दिया है, अर्थात् ऐसी शिक्षा जिसे व्यक्ति स्वतन्त्र होकर कम्प्यूटर पर अर्जित कर सकता है। शिक्षा की कोई उम्र सीमा नहीं होती है। यह आजीवन चलने वाली प्रक्रिया है। प्रत्येक को एक-दूसरे से जीवन पर्यन्त कुछ-न-कुछ सीखते रहना चाहिए, ऐसा इलीच का मानना था। लेकिन यह विचार काफी अव्यावहारिक प्रतीत होता है। उनके विचारों में शिक्षा के बारे में बौद्धिक सनक जैसा कुछ प्रतीत होता है।

संघर्षात्मक परिप्रेक्ष्य (Conflict Perspective)— संघर्षात्मक परिप्रेक्ष्य के अनुसार शिक्षा की प्रमुख भूमिका पूँजीपतियों को कार्य हेतु जन-संसाधन उपलब्ध कराना है। पूँजीवादी व्यवस्था को ऐसे व्यक्तियों की आवश्यकता होती है, जो कर्मठ एवं विनम्र हों तथा वे इतने बँटे हुए हों कि वे प्रबन्धन के अधिकारों को चुनौती न दे सकें। पूँजीवादी व्यवस्था में अतिरिक्त कुशल श्रमिकों की आवश्यकता होती है। इससे उन्हें श्रमिकों को कम मज़दूरी देने तथा श्रमिकों को स्थानापन्न करने में सहायता मिलती है। साथ ही श्रमिकों को संगठित होने में कठिनाई होती है। इसके अतिरिक्त सम्पन्न व सत्ताधारी लोगों के बच्चों को अधिक अवसर मिलते हैं तथा वे उच्च वेतन वाली नौकरियों पर कब्जा कर लेते हैं। शिक्षा यह मिथ्या भ्रम पैदा करती है कि सत्ता के शीर्ष स्तर पर बैठे लोग ही सत्ता व विशेषाधिकार पाने की पात्रता रखते हैं। शिक्षा तन्त्र इसे गुणों को महत्त्व देने वाले तन्त्र की आड़ में मूर्तरूप देता है।

योग्यतातन्त्र (Meritocracy) का दृष्टिकोण— ऐसा समाज, जहाँ व्यक्तियों की स्थिति का निर्धारण उनकी विशेष योग्यताओं तथा गुणों के आधार पर होता है, न कि उसकी पैतृक स्थिति, आयु, लिंग या जाति के आधार पर। इस पद की रचना माइकेल यंग (Michael Young) ने अपनी पुस्तक **The Rise of the Meritocracy, 1870–2033: An Essay on Education and Equality** (1958) में की है। उन्होंने इस पद का प्रयोग ऐसी सरकार के लिए किया जो अत्यधिक योग्य एवं उच्च उपलब्धिपरक व्यक्तियों द्वारा चलाई जाती है। योग्यता से उनका तात्पर्य बुद्धि के साथ प्रयास के मेल से है। उनके अनुसार भविष्य में समाज में सबसे योग्य व्यक्ति ही सभी सुविधाओं को भोगने के अधिकारी होंगे। शिक्षा व्यवस्था वह माध्यम होगी जिससे मेधा का निर्धारण होगा। इस अवधारणा की बहुत अधिक आलोचना हुई। यह प्रश्न उठता है कि मेधा के निर्धारण का वस्तुनिष्ठ आधार क्या है?

उत्तर-आधुनिक परिप्रेक्ष्य (Postmodern Perspective)— रॉबिन उशर (Robin Usher) व रिचर्ड एड्वर्ड्स (Richard Edwards) ने अपनी पुस्तक 'उत्तर-आधुनिकवाद व शिक्षा' (**Post-modernism and Education,** 1994) में शिक्षा के भविष्य के सम्बन्ध में चार सम्भावनाओं का उल्लेख किया है–

1. आधुनिक शिक्षा-पद्धति जारी रह सकती है।
2. शिक्षा-पद्धति को इस प्रकार पुनर्गठित किया जा सकता है, जिसमें पारम्परिक मूल्यों पर बल देने के प्रयास किये जायेंगे तथा सभी व्यक्तियों पर समान मूल्य आरोपित किये जायेंगे।
3. शिक्षा को इस प्रकार आकार दिया जायेगा कि वह पूँजीवादी पद्धति को परिलक्षित करे। शिक्षा की विषय-वस्तु (Contents) को इस प्रकार संशोधित किया जायेगा, जिसमें उस ज्ञान को अधिक महत्त्व दिया जायेगा जो उपयोगी हो तथा जो सत्य की खोज पर अधिक बल न देकर लाभ कमाने में सहायता करें।
4. अन्तिम सम्भावना यह हो सकती है कि शिक्षा सांस्कृतिक बहुवाद विभिन्न समूहों की आवश्यकता को ध्यान में रखकर उत्तर आधुनिकवाद के पहलुओं को परिलक्षित करे। उशर व एड्वर्ड्स मानते हैं कि विभिन्न लोगों, जिनमें वे समूह भी शामिल हैं, जो अपेक्षाकृत शक्तिविहीन हैं तथा वर्तमान में जिनका शिक्षा तन्त्र पर कम प्रभाव है, उन्हें विभिन्न प्रकार की शिक्षा की आवश्यकता है। उत्तर आधुनिकतावादी इस दावे को टालने का प्रयास करते हैं कि उनका विचार एक सुसंगत (Coherent) सिद्धान्त पर आधारित है। वे शिक्षा तन्त्र में परिवर्तनों का वर्णन कर रहे हैं अथवा किसी विशिष्ट दिशा में परिवर्तनों का वर्णन कर रहे हैं अथवा किसी विशिष्ट दिशा में परिवर्तन करने की वकालत कर रहे हैं अथवा उपर्युक्त दोनों कर रहे हैं, यह अक्सर स्पष्ट नहीं होता। माइकल डब्ल्यू. एपल (Michael W. Apple) मानते हैं कि उत्तर आधुनिकतावादी शिक्षा में स्थानीय संघर्षो पर अत्यधिक ध्यान केन्द्रित कर रहे हैं तथा ऐसा करने में वे मुख्य बात से अपना ध्यान हटा रहे हैं। उत्तर आधुनिकतावादी शक्तिशाली आर्थिक व राजनीतिक कारकों को नज़रअन्दाज कर रहे हैं, जो उन परिवर्तनों को आने से रोक रहे हैं, जिनकी वे अपेक्षा कर रहे हैं।

प्रारम्भिक शिक्षा में कतिपय नये प्रयोग (Some New Experiments in Primary Education)

प्रारम्भिक शिक्षा के क्षेत्र में भारत में गुरुकुल और बाद में पाठशाला की व्यवस्था रही है, लेकिन इस क्षेत्र में यहाँ कुछ सफल प्रयोग नहीं हुआ। नतीजतन हम लोगों ने यूरोपीय शिक्षण संस्थानों का समय-समय पर अनुसरण किया है। यूरोप में इस क्षेत्र में सराहनीय प्रयास हुआ, जैसे–

1. किण्डरगार्टन पद्धति (Kindergarten System)— किण्डरगार्टन एक जर्मन शब्द है जिसका शाब्दिक अर्थ 'बच्चों का बगीचा' या बालोद्यान (Children's Garden) होता है। इसकी स्थापना एक प्राक् विद्यालय (Pre-school) के रूप में फ्रेडरिक फ्रॉबेल (Friedrich Wilhelm August Froebel, 1782–1852) के द्वारा 1840 में जर्मनी में की गयी थी। यह इस मान्यता पर आधारित था कि जिस प्रकार किसी बागीचे में छोटे पौधे की देख-भाल की जाती है उसी प्रकार छोटे बच्चों की भी देख-भाल करने की आवश्यकता होती है। फ्रॉबेल छोटे-छोटे बच्चों की शिक्षा के लिए किसी संस्थान को स्कूल का नाम नहीं देना चाहते थे, अतः ऐसे स्कूल को उन्होंने किण्डरगार्टन कहा। फ्रॉबेल के मतानुसार किण्डरगार्टन (बालोद्यान) एक ऐसी शिक्षा संस्था है, जहाँ बालक के क्रिया-कलाप, खोज तथा निर्माण सम्बन्धी सहज वृत्तियों को सुधारकर उसमें मानवजीवन तथा राष्ट्र के पारिवारिक जीवन का विकास किया जा सके; क्योंकि बालक मानवता तथा राष्ट्र के पारिवारिक जीवन का एक सदस्य होता है। यहाँ स्वयं-प्रशिक्षण, स्वयं-शिक्षण, मानवजाति का स्वयं-सुधार तथा व्यक्ति का बहुमुखी विकास खेल के माध्यम से कराया जाता है।

2. नर्सरी स्कूल पद्धति (Nursery School System)— जिसे जर्मनी में किण्डरगार्टन स्कूल कहा जाता है उसे ही अंग्रेजी मुल्कों जैसे ब्रिटेन में नर्सरी स्कूल कहा जाता है। अंग्रेजी मुल्कों में किण्डरगार्टन स्कूल जैसे शब्द का प्रचलन नहीं है, लेकिन दोनों की शैक्षणिक व्यवस्था के बीच कोई विशेष फ़र्क नहीं है। किण्डरगार्टन की तरह नर्सरी स्कूल में बाल देख-भाल (Childcare) पर उतना ज़ोर नहीं दिया जाता है। यह भिन्न-भिन्न देशों में भिन्न-भिन्न नामों से जाना

जाता है, जैसे– प्रीस्कूल (Pre-school), प्लेग्रुप्स (Play-groups), प्लेस्कूल (Play-school) एवं नर्सरी (Nursery) इत्यादि। किण्डरगार्टन स्कूल की तरह नर्सरी स्कूल भी प्राक् विद्यालय ही है।

3. मॉन्टेसरी स्कूल पद्धति (Montessori School System)— मॉन्टेसरी स्कूल पद्धति (Montessori School System) शिक्षा की इस विधि की स्थापना एक इटैलियन चिकित्सक एवं शिक्षाशास्त्री मारिया मॉन्टेसरी (Maria Montessori) के द्वारा की गयी थी। इस प्रकार के स्कूल की स्थापना सर्वप्रथम रोम में 1907 में की गयी थी। एक आकलन के अनुसार तब से लेकर आज तक इस दुनिया में कोई 20,000 मॉन्टेसरी स्कूल कार्यरत हैं। यहाँ बच्चों के नैसर्गिक विकास पर ज़ोर दिया जाता है।

यहाँ विभिन्न प्रकार के कार्यों के माध्यम से बच्चों को शिक्षा दी जाती है, ताकि बच्चे कठिन चीजों को सहजता से सीख सकें। यहाँ एक ही वर्ग में भिन्न-भिन्न उम्र के बच्चों का दाखिला लिया जाता है ताकि छोटे बच्चे बड़े बच्चों से सीख सकें। यह व्यवस्था एक प्रकार के मानव विकास (Human Development) का प्रतिरूप है। मॉन्टेसरी शिक्षा प्रणाली प्राक् शिक्षा से लेकर 18 वर्ष तक के बच्चों को दी जाती है। इस रूप में किण्डरगार्टन एवं नर्सरी स्कूल से मॉन्टेसरी स्कूल का दायरा काफी भिन्न एवं विस्तृत है। यह भारतीय गुरुकुल की तरह है जिसका विकास भारत में हजारों वर्ष पूर्व हुआ। खेद की बात इतनी ही है कि गुरुकुल के अन्तर्गत केवल सर्वणों को ब्राह्मणों के द्वारा शिक्षा दी जाती थी। शूद्रों को इससे वंचित रखा जाता था।

प्राचीन एवं मध्यकालीन भारतीय शिक्षा

प्रारम्भिक युग एवं मध्यकाल में शिक्षा को दो दृष्टिकोणों से देखा जा सकता है– (i) ऐतिहासिक विकास के परिप्रेक्ष्य से और (ii) दार्शनिक महत्त्व की दृष्टि से। दूसरे दृष्टिकोण से, वैदिक काल में विद्यालय आवासीय होते थे जहाँ लगभग 8 वर्ष की आयु के बालक को गुरु को सौंप दिया जाता था, जहाँ उसको उपयोगिता के उद्देश्य से ही नहीं परन्तु आदर्श व्यवहार का ज्ञान दिया जाता था। ऐसा माना जाता था कि ज्ञान जीवन का अर्थ (Meaning), यश (Glory) और चमक (Lustre) से भर देता है। गुरु अपने शिष्य के जीवन में व्यक्तित्व निर्माण में रुचि लेता था तथा छात्रों को हृष्ट-पुष्ट बनाने की शिक्षा दी जाती थी। युद्ध-कला की शिक्षा दी जाती थी जिसमें धनुर्विद्या, घुड़सवारी, रथ हाँकना और दक्षता के अन्य क्षेत्र शामिल थे। विद्यालयी शिक्षा स्वरविज्ञान (Phonology) से शुरू होती थी तथा व्याकरण भी पढ़ाया जाता था। इसके बाद तर्कशास्त्र (Logic) का अध्ययन कराया जाता था जिसमें तर्क के नियम व सोचने की कला का ज्ञान होता था। तत्पश्चात् कला और हस्त-कौशल आदि सिखाया जाता था। अन्त में जीवन में अनुशासन सिखाया जाता था जिसका सम्बन्ध यौन-शुद्धि, विचारों और कर्म की पवित्रता से होता था। इसमें भोजन, परिधान की सादगी, समानता, भ्रातृभाव और स्वतन्त्रता पर बल और गुरु का सम्मान सिखाया जाता था। इस प्रकार भाषा, तर्कशास्त्र, शिल्प, अनुशासन और चरित्र निर्माण शिक्षा के मूल आधार होते थे (S.P. Kanal, **Dialogues on Indian Culture**, 1955: 81–82)।

ब्राह्मण युग में शिक्षा का प्रमुख विषय वैदिक साहित्य था। शिक्षा का मुख्य उद्देश्य वेदों का ज्ञान था। लेकिन शूद्रों को शिक्षा के अधिकार से वंचित रखा गया था। शिक्षा योग्यता एवं रुझान की अपेक्षा जाति के आधार पर दी जाती थी। स्त्रियों को भी शिक्षा से बहिष्कृत रखा गया था (Kanal, 1955: 82)।

कृषक और सामन्ती समाजों में शिक्षा का प्रसार केवल पुरोहितों और मुंशियों तक सीमित था और यह भी सही है कि इसी वर्ग के पास इतनी सुविधाएँ होती थीं कि यह अपने बच्चों को स्कूलों में भेज सके। अन्य समाजों की तरह भारत में भी कमोबेश शिक्षा की यही स्थिति थी। महाकाव्यों के काल में और इसके बाद प्राचीन काल में पढ़ाई-लिखाई का वातावरण केवल राजाओं-महाराजाओं और ब्राह्मणों तक ही सीमित था। मध्यकाल में भी हमारे यहाँ यही स्थिति थी। देखा जाय तो उच्चवर्ग और उच्च जातियों के लोग ही शिक्षा ग्रहण कर सकते थे। निम्न वर्गों के लिए शिक्षा प्राप्त करने के कोई अवसर नहीं थे।

मध्यकाल में शिक्षा के उद्देश्य बदल गये। इसमें लिखने-पढ़ने (3 R's) की शिक्षा और धार्मिक प्रतिमानों में दीक्षा प्रमुख थे। उच्च विद्यालयों के माध्यम से तथा व्यावसायिक एवं शिल्प सम्बन्धी दीक्षा जाति संरचना के भीतर ही दी जाती थी। संस्कृत, अरबी या फारसी शिक्षा का माध्यम थीं। अध्यापकों के पारिश्रमिक का भुगतान शासकों द्वारा भूमि आवंटन करके, शिष्यों की स्वैच्छिक भेंटों द्वारा, धनी नागरिकों द्वारा दिये जाने वाले भत्तों से और भोजन, वस्त्र तथा अन्य वस्तुओं के रूप में किया जाता था। स्कूलों के पास अपने भवन नहीं होते थे। अनेक स्थानों पर तो स्कूल मन्दिरों, मस्जिदों या आध्यापकों के घरों पर ही चलाए जाते थे। मुस्लिम छात्रों के लिए अलग से ये मदरसे मौलवियों द्वारा और हिन्दू छात्रों के लिए ब्राह्मणों द्वारा चलाए जाते थे। व्यावसायिक दीक्षा बालकों को पिता, भाई आदि के द्वारा दी जाती थी, दक्षता को इस प्रकार पीढ़ी-दर-पीढ़ी संप्रेषित किया जाता था और लाभप्रद रोज़गार भी प्रदान किया जाता था। शारीरिक शिक्षा, विचार शक्ति के विकास या किसी शिल्प की शिक्षा पर बल नहीं दिया जाता था। पवित्रता, सरलता, समानता छात्र जीवन के आदर्श नहीं थे। पेशेवर भूमिका की विशेषज्ञता ऐसी अवस्था में नहीं पहुँची थी कि अलग से कोई वर्ग या जाति शिक्षा को विशेष कार्य के रूप में करते। शिक्षा अधिक व्यावहारिक थी।

आधुनिक शिक्षा

उपनिवेशकाल में अंग्रेज़ों ने जो शिक्षा नीति अपनायी थी वह भी उच्च जातियों तथा उच्च वर्गों और मध्यम वर्गों तक सीमित थी। मेकाले ने जिस शिक्षा नीति को अपनाया था उसके अनुसार अंग्रेज चाहते थे कि इस देश में अंग्रेज़ी भाषा को स्कूलों में लागू किया जाये। उन्होंने कहा "हमें ऐसे बाबू लोगों की आवश्यकता है जिनका रक्त और रंग तो भारतीय हो, लेकिन जिनके जिनके शौक, विचार, नैतिकता और बौद्धिक स्तर विदेशी हो।"

अंग्रेज़ों ने जिस शिक्षा नीति को अपनाया उसमें मानविकी (Humanities) पर सबसे अधिक बल दिया गया। इस शिक्षा में धन्धे-व्यवसाय आदि की कोई गुंजाइश नहीं थी। 1916–17 के आँकड़े बताते हैं कि सम्पूर्ण देश में 4,468 व्यक्ति ऐसे थे जो कला (Arts) में स्नातक थे। 1,228 स्नातक ऐसे थे, जिन्होंने कानून में डिग्री ली थी। और दूसरी ओर, इंजीनियरिंग स्नातकों की संख्या केवल 74 थी और चिकित्सा विज्ञान के स्नातकों की संख्या 209 थी। ये आँकड़े बताते हैं कि अंग्रेजी शासन-काल में शिक्षा के प्रति संकीर्ण दृष्टिकोण अपनाया गया था।

अंग्रेज़ी काल की एक और विशेषता का उल्लेख करना चाहिए। ब्रिटिश भारत में अंग्रेज़ों ने मिशनरियों के माध्यम से या अपने स्वयं के प्रयासों से ऐसे कॉलेज खोले थे जो केवल राजा महाराजा तथा कुलीन वर्गों के लिए थे। इन कॉलेजों का स्तर इतना ऊँचा था और फीस इतनी ज़्यादा थी कि सामान्य आदमी इनमें प्रवेश पा ही नहीं सकता था। सम्पूर्ण ब्रिटिश भारत में ऐसे कॉलेजों का एक व्यापक जाल बिछा हुआ था। यह बात इस तथ्य को बताती है कि ब्रिटिश भारत में शिक्षा के माध्यम से जो भी परिवर्तन आया था वह केवल उन वर्गों तक सीमित था जो आर्थिक दृष्टि से सम्पन्न थे और ऊँची जाति के थे। स्त्रियों के लिए इस शिक्षा व्यवस्था में प्रवेश लेने की कोई गुंजाइश नहीं थी। स्त्रियाँ, अछूत और पिछड़े वर्ग इस शिक्षा से वंचित थे।

अंग्रेज़ों की शिक्षा-पद्धति का हमारे राष्ट्रीय नेताओं ने विरोध किया। गाँधीजी ने बराबर यह कहा कि अंग्रेज़ी शिक्षा किसी धन्धे या हुन्नर को नहीं सिखाती। यह शिक्षा शारीरिक श्रम से आदमी को दूर करती है। उन्होंने कहा कि अंग्रेजी पढ़ा-लिखा आदमी स्वयं मेहनत कभी नहीं करता। अंग्रेज़ी शिक्षा-पद्धति के विरोध में गाँधीजी ने बुनियादी तालीम की व्यवस्था को रखा।

1. अंग्रेज़ी शिक्षा प्राप्त करने वाले लोगों की मानसिकता जी-हजूरिया या चापलूस की थी।
2. विश्वविद्यालयों से शिक्षा प्राप्त करके निकलने वाले लोगों की मानसिकता उपनिवेशवादी और सामन्ती थी।
3. विश्वविद्यालयों में पढ़े व्यक्तियों की संस्कृति प्रायः महानगरीय संस्कृति की थी।

ए.आर. देसाई के अनुसार आधुनिक शिक्षा के तीन प्रमुख साधन हैं : (1) विदेशी ईसाई धर्म प्रचारक, (2) ब्रिटिश सरकार और (3) प्रगतिशील भारतीय। धर्म-प्रचारकों ने बहुदेववाद और जातिवाद जैसी असमानताओं पर प्रहार किया और लोगों को ईसाई धर्म की ओर आकर्षित किया। उन्होंने मिशन स्कूलों में शिक्षा प्रदान की। लेकिन कुछ ही लोग ईसाई धर्म में परिवर्तित हुए। ब्रिटिश सरकार ने विश्वविद्यालय, महाविद्यालय और विद्यालय खोले जिनमें आधुनिक ज्ञान की शिक्षा दी जाने लगी। उभरते हुए भारतीय राष्ट्रवाद से प्रतिकूल होने के उपरान्त भी अंग्रेजी शिक्षा द्वारा उदार और तकनीकी विचारों का प्रसार किया गया। भारत में ब्रिटिश राज का कार्य करने के लिए लिपिक, व्यवस्थापक और एजेण्ट पैदा करने हेतु सरकार ने आधुनिक शिक्षा का प्रसार किया। उचित समय आने पर ये शिक्षित लोग ही ब्रिटिश राज के विरुद्ध हो गये।

ब्रिटिश शैक्षणिक व्यवस्था भारतीय समाज की वास्तविकताओं से परे थी। यह व्यवस्था व्यावहारिक तौर पर लोगों पर अंग्रेजी भाषा में प्रशिक्षण देने का एक साधन मात्र बनकर रह गयी थी। इसमें भारतीय संस्कृति, कला, चित्रकला, अर्थव्यवस्था, राजनीतिक व्यवस्था, धर्म आदि पर बल नहीं के बराबर था। शिक्षित भारतीय अपने समाज एवं संस्कृति के बारे में अनभिज्ञ थे। इस अभाव को राष्ट्रवादी नेता अच्छी तरह से महसूस करते थे। ब्रिटिश महाविद्यालयों और विद्यालयों द्वारा प्रदत्त शिक्षा में 'राष्ट्रीय' कुछ भी नहीं था। अंग्रेजी शिक्षा जनशिक्षा नहीं बन पायी। इस प्रकार भारतीय राष्ट्रवादी ताकतों ने राष्ट्र भावना प्रधान व्यापक जनशिक्षा व्यवस्था पर बल दिया।

भारत में स्वतन्त्रता से पूर्व शिक्षा से सम्बन्धित तीन विचारधाराएँ प्रचलित थीं (S.C. Dube, **Tradition and Development**, 1990: 282–83)— (i) प्रथम विचारधारा स्व-संस्कृति (Nativistic) और पुनरुज्जीवनवादी (Revivalistic) दृष्टिकोण वाली थी जो प्रत्येक उस वस्तु का निषेध करती थी जो विदेशी हो और समाज की प्राचीन विरासत में मान्य न हो। हिन्दू पुनरुज्जीवनवादियों ने प्राचीन भारत की गुरुकुल व्यवस्था के प्रतिरूप अनेक विद्यालय और उच्च शिक्षा की संस्थाएँ स्थापित कीं। इन संस्थाओं ने जीवन की पवित्रता पर बल दिया और वैदिक साहित्य के अध्यापन पर ध्यान केन्द्रित किया। (ii) दूसरी विचारधारा का उद्देश्य शिक्षा का स्वदेशीकरण रहा। इस विशेषता वाली संस्थाएँ जान-बूझकर विदेशी मूल के आधुनिक ज्ञान का निषेध करने को उद्यत नहीं थीं। उनका प्रमुख उद्देश्य शिक्षा को भारतीय दशाओं में अधिक सार्थक बनाना और इसे एक राष्ट्रीय स्वरूप प्रदान करने का था। बनारस हिन्दू विश्वविद्यालय, अलीगढ़ मुस्लिम विश्वविद्यालय, काशी विद्यापीठ, गुजरात विद्यापीठ, जामिया मिलिया इस्लामिया इस प्रकार की कुछ संस्थाएँ थीं। (iii) तीसरी विचारधारा ने लन्दन और ऑक्सफोर्ड– ब्रिटिश नमूने को शैक्षिक संस्थाओं की स्थापना पर ध्यान दिया। यह उद्देश्य मैकाले (Lord Thomas B. Macaulay, 1800–1859) ने 1835 में अपने वक्तव्य में अभिव्यक्त किया है: "हमें एक ऐसा वर्ग पैदा करना चाहिए जो हमारे और करोड़ों लोगों के बीच जिन पर हम शासन करते हैं दुभाषिये (Interpreter) का काम कर सकें– ऐसे व्यक्तियों का वर्ग जो रंग और रक्त से भारतीय हो, लेकिन रुचियों, विचारों, नैतिकता और बुद्धि में इंग्लिश हो।"

आज की शिक्षा, प्रतिस्पर्द्धात्मक उपभोक्ता समाज को प्रोत्साहित करने की ओर उन्मुख है। गत छह दशकों में यदि हम उन वैज्ञानिकों, पेशेवर और तकनीकी विशेषज्ञों का मूल्यांकन करें (जिनको शिक्षा-पद्धति के माध्यम से तैयार किया गया है और जिन्होंने राष्ट्रीय और अन्तर्राष्ट्रीय स्तर पर श्रेष्ठता अर्जित की है) तो पता चलता है कि शिक्षा-पद्धति ने ही उन्हें एक अच्छी संख्या में उपलब्ध कराया है। प्रश्न अतीत या वर्तमान का नहीं, बल्कि भविष्य का है कि हम किस प्रकार 21वीं सदी में सबसे आधुनिक तकनीकी ज्ञान की चुनौतियों का सामना करने के लिए विभिन्न क्षेत्रों में विशेषज्ञों को तैयार करने जा रहे हैं। प्रश्न यह नहीं है कि शिक्षा किस सीमा तक लोगों को रोज़गार प्रदान करने में सफल या असफल हुई है, बल्कि प्रश्न शिक्षा से ग़रीबों और वंचित लोगों को आधुनिक तकनीकी ज्ञान दिये जाने का है। प्रश्न शिक्षा की गुणवत्ता का है। युवकों को केवल डिग्री या प्रमाण-पत्र देकर यह कह देना कि वह नियुक्ति के योग्य हो गया है, काफी नहीं है। हमें अपनी युवा पीढ़ी को विचारवान बनाना है। वर्तमान शिक्षा पद्धति विद्यार्थी को सोचने के लिए प्रोत्साहित नहीं करती। उसे एक निश्चित पाठ्यक्रम पढ़ाया जाता है और अपेक्षा की जाती है कि वह परीक्षा में

उसकी पुनरावृत्ति कर दे। यह पद्धति दोषपूर्ण है। विद्यार्थियों को अधिक-से-अधिक प्रश्न पूछने के लिए प्रेरित किया जाना चाहिए जो उन्हें न केवल सोचने में मदद करेगा। इस प्रकार हमें परीक्षा-प्रणाली बदलनी है। हमें छात्रों को पढ़ाई को गम्भीरता से लेने के लिए प्रेरित करना होगा।

यद्यपि यह सत्य है कि सभी स्तरों पर शैक्षिक संस्थाओं और छात्रों की संख्या में वृद्धि हुई है, लेकिन यह नहीं माना जा सकता कि शिक्षा की गुणवत्ता, छात्रों की रुचि और अध्यापकों में समर्पण भाव में भी साथ-साथ वृद्धि हुई है। परन्तु सभी आयोगों और समितियों ने शिक्षा में कमियों और दोषों को इंगित किया है। (1) वर्तमान शिक्षा-पद्धति उस प्रकार का ज्ञान उत्पन्न नहीं करती जो हमारे बदले हुए समाज के लिए सार्थक हो, (2) वर्तमान शिक्षा ज्ञान की विशेष शाखा से सम्बद्ध प्रौद्योगिकी, रोज़गार सम्भावनाओं या निवेश माँग की दृष्टि से हमारे विकास की अवस्था के लिए अनुपयुक्त है, (3) मूल्य संरचना प्रदान करने में भी शिक्षा असफल रही है, जो समर्पित राजनीतिज्ञ, नौकरशाह, प्रौद्योगिकी विशेषज्ञ तथा अन्य पेशेवर लोग तैयार कर सके ताकि हमारा राष्ट्र ऊँचाइयों तक पहुँचने के लिए इन लोगों की सेवाओं की सद्पद्धति पर निर्भर कर सके।

आज की शिक्षा की प्रासंगिकता पर कुछ प्रश्न उठाये गये हैं: (1) यह शिक्षा कहाँ तक हमारे राष्ट्रीय लक्ष्यों से जुड़ी हुई है? (2) यह शिक्षा ग़रीब-गुरबों की जीवन-पद्धति में कहाँ तक सुधार करती है? स्वतन्त्रता प्राप्ति के बाद की पीढ़ी को जो सम्पन्न लोगों की है, इस शिक्षा पद्धति ने लाभ पहुँचाया है। शिक्षा की प्रासंगिकता को दो भागों में विभक्त किया है। एक शिक्षा तो वह होती है, जो उत्पादन में सहयोगी होती है। इस शिक्षा पर होने वाले खर्च को वे उत्पादक निवेश (Productive Investment) कहते हैं। ऐसी शिक्षा पाने वाला व्यक्ति अपनी व्यावसायिक कुशलता से कल-कारखानों को चलाता है या खेत-खलिहान में उत्पादन करता है। इसलिए इस पर किया गया खर्च उत्पादक निवेश है।

शिक्षा की प्रासंगिकता का दूसरा पक्ष उपभोग की विलासिता (Luxury of Consumption) कहलाता है। अध्ययनों से पता चला है कि अधिकांश लोग कॉलेज की शिक्षा इसलिए पाते हैं कि डिग्री मिल जाने पर समाज में उन्हें प्रतिष्ठा मिल जायेगी। कॉलेज में पढ़ने वाली कई लड़कियाँ ऐसा समझती हैं कि पढ़ने से उन्हें अच्छा जीवन-साथी मिल जायेगा। कुछ लड़के-लड़कियाँ तो इसलिए पढ़ते हैं कि उन्हें अपनी पसन्द का जीवन साथ मिलने में थोड़ा समय लगेगा। बहुतों के लिए लिए उच्च शिक्षा एक तरह से समय बिताने का एक माध्यम है। बहुत कम लड़के-लड़कियाँ पढ़ाई को करियर (Career) का माध्यम मानते हैं। कुछ और जो पाठ्यक्रम पढ़ाया जाता है वह सामाजिक यथार्थता से जुड़ा हुआ नहीं होता है।

शिक्षा के क्षेत्र में यह बहस छिड़ी हुई है कि भारत सरकार जिस शिक्षा नीति को अपना रही है उसमें ग़रीबों का कोई स्थान नहीं है। यह कितनी बड़ी दुखद घटना है कि एक ओर तो सरकार यह कहती है कि शिक्षा को अनिवार्य करने के लिए उसके पास राजस्व नहीं है और दूसरी ओर, बराबर प्रौद्योगिकीय और व्यावसायिक शिक्षा को प्रोत्साहन दिया जा रहा है। पाऊलो फ्रेरे (Paulo Reglus Neves Freire, 1921–997) की पुस्तक इसी मुद्दे पर 1972 में आयी। इस दशक में फ्रेरे ने तीसरी दुनिया के देशों के मुद्दों को उठाया है। इनका कहना था कि शिक्षा विकास के सम्पूर्ण कार्यक्रमों में पददलितों को पूरी तरह से उपेक्षित किया गया है। फ्रेरे ने तीसरी दुनिया के सम्पूर्ण देशों की पड़ताल की है। वे कहते हैं कि ग़रीबों को कोई शिक्षा नहीं दी जाती। इसके परिणामस्वरूप उनकी सभ्य समाज के साथ में कोई अन्तःक्रिया नहीं हो पाती। पिछड़े हुए देशों में पददलित लोगों की एक संस्कृति पैदा हुई है, जिसे फ्रेरे मौन संस्कृति कहते हैं। पददलितों का शोषण होता है, उनका दमन होता है। बिडम्बना यह है कि वे अपने शोषण के खिलाफ एक शब्द भी नहीं निकाल सकते और यह इसलिए कि उनके पास कोई शब्द नहीं है।

पाऊलो फ्रेरे ने आधुनिक शिक्षा को सामाजिक न्याय और राजनीतिक दृष्टि से देखा है। वे कहते हैं कि उपनिवेशवाद की यह नीति रही थी कि वह ग़रीबों को पढ़ने का कोई अवसर ही नहीं देना चाहती थी। यदि ग़रीब आज पढ़ गये तो कल वे सम्पन्न लोगों की खिलाफत करेंगे। और इसलिए सम्पन्न लोगों के वजूद को बनाये रखने के लिए ग़रीबों की यथास्थिति बनी रहनी चाहिए। आधुनिक शिक्षा-पद्धति के आलोचकों का यह भी कहना है कि आज का जो राजनीतिक

नेतृत्व है, वह अनपढ़ और कम अक्ल है। यदि पददलित लोग पढ़-लिख जायेंगे तब यह नेतृत्व खतरे में आ जायेगा। इसी कारण ग़रीब-गुरबों को अनपढ़ बनाये रखने में हमारी वर्तमान राजनीति का स्वार्थनिहित है। साक्षरता के लिए विश्व बैंक से कर्ज लेकर करोड़ों रुपया खर्च हुआ है लेकिन उपलब्धि के नाम पर आज भी निरक्षरों की बहुत बड़ी फौज कतार में खड़ी है। भारत में 2011 की जनगणना के अनुसार 30 करोड़ से अधिक लोग निरक्षर हैं। यह संख्या विश्व के किसी भी देश की आबादी, चीन को छोड़कर, से कहीं ज़्यादा है। यह स्थिति खेदपूर्ण है।

स्वतन्त्र भारत में सभी स्तरों– प्राथमिक, हायर सेकेण्डरी, कॉलेज व विश्वविद्यालय स्तरों पर शिक्षा में अद्‌भुत विकास किया, लेकिन संख्यात्मक (Quantitative) विकास ने गुणात्मक विकास को प्रभावित किया। शिक्षा का स्वरूप आमतौर पर उपनिवेशवादी ही रहा। शिक्षा पद्धति में गुणात्मक सुधार करने के उपाय सुझाने के लिए कई समितियाँ और आयोग बने, लेकिन पुराना स्वरूप बना रहा। यथास्थिति बनाये रखने की प्रवृत्ति काम करती रही।

हाल में, शिक्षा के क्षेत्र में सरकारी दृष्टि और नीति का उद्देश्य है– प्राथमिक शिक्षा का सर्वव्यापीकरण (Universalization), सेकेण्डरी शिक्षा का व्यवसायीकरण (Professionalization) और उच्च शिक्षा का तर्कसंगतीकरण (Rationalization)। एक ओर अशिक्षा को उखाड़ फेंकना तथा सभी के लिए शिक्षा की पद्धति (Education For All) की नीतियाँ यह सुनिश्चित करने के लिए बनायी जा रही हैं कि 6 से 14 वर्ष की आयु वर्ग के सभी प्रौढ़ लिखना और पढ़ना सीख सकें। दूसरी ओर, शिक्षा की गुणवत्ता में भी सुधार के प्रयत्न किये जा रहे हैं।

शिक्षा व्यवस्था में राज्य का हस्तक्षेप (State Interventions in Education)

शिक्षा राज्य का विषय है। भारत के संविधान में इसे समवर्ती सूची (Concurrent list) में रखा गया है। कैसी शिक्षा दी जायेगी, किसे दी जायेगी, शिक्षा के पाठ्‌यक्रम कौन बनायेगा और शिक्षा के लिए धन कौन देगा, ये सब ऐसे मुद्दे हैं, जो राज्य और शिक्षा व्यवस्था के सम्बन्धों को बताते हैं। यदि संवैधानिक दृष्टि से देखें तब शिक्षा का सम्पूर्ण क्षेत्र राज्य सरकार के हाथ में है। राज्य ही पाठ्यक्रम निश्चित करता है और राज्य ही शिक्षा के लिए धन उपलब्ध करवाता है। लेकिन इसका एक अपवाद है। माध्यमिक और उच्च शिक्षा के लिए केन्द्र सरकार भी अपना हस्तक्षेप करती है। माध्यमिक शिक्षा के लिए केन्द्र में राष्ट्रीय शैक्षिक अनुसन्धान और प्रशिक्षण परिषद् है। यह परिषद् शिक्षा मंत्रालय का एक अंग है और इसका उद्देश्य देश भर में माध्यमिक शिक्षा के क्षेत्र में अनुसन्धान करना, शिक्षण विधियों को तैयार करना है। परिषद् की तर्ज़ पर राज्य में ऐसी ही राज्य स्तर की परिषदें बनायी गयी हैं। उच्च शिक्षा के क्षेत्र में विश्वविद्यालय अनुदान आयोग (UGC) स्थापित किया गया है। इस आयोग का उद्देश्य शिक्षा के स्तर में सम्पूर्ण देश में समानता लाना है तथा विशेष कार्यक्रमों और पदों के लिए आर्थिक सहायता देना है।

शिक्षा के क्षेत्र में स्थिति कुछ इस तरह है– (1) शिक्षा राज्य का विषय क्षेत्र है, (2) माध्यमिक और उच्च शिक्षा के क्षेत्र में केन्द्र का एक सीमित हस्तक्षेप है। ये दोनों तत्त्व इस बात को बताते हैं कि शिक्षा का क्षेत्र पूर्णतया राज्य का है लेकिन एक सीमा तक राज्य माध्यमिक तथा उच्च शिक्षा के क्षेत्र में हस्तक्षेप करता है। लेकिन जब हम राज्य सरकार और राज्य में दी जाने वाली शिक्षा व्यवस्था के सम्बन्धों को देखते हैं तो यह बहुत स्पष्ट हो जाता है कि राज्य सरकार शिक्षा के क्षेत्र में पूरा हस्तक्षेप रखती है।

पाठ्‌यक्रम में राज्य के हस्तक्षेप करने का एक परिणाम यह हुआ कि अधिकांश राज्यों में क्षेत्रीय भाषाओं का विकास हो गया। इन भाषाओं यानी मराठी, तमिल या तेलुगु में समाजविज्ञान और विज्ञान लिखे जाने लगे। आज स्थिति यह हो गयी कि राज्य सरकार के हस्तक्षेप के कारण शिक्षा के स्तर में गुणवत्ता नहीं रह पा रही है, स्तर गिर रहा है।

शिक्षा में राज्य के हस्तक्षेप का तीसरा क्षेत्र धन की उपलब्धता है। राज्य ही माध्यमिक तथा उच्च शिक्षा के लिए विश्वविद्यालय और शिक्षण संस्थाओं को धन देता है। इसका परिणाम यह हुआ है कि राजनीतिज्ञों का प्रभाव और विशेष कर सत्ता दल का प्रभाव राज्य की शिक्षा व्यवस्था पर स्पष्ट दिखाई देता है। उदाहरण के लिए यदि सत्ता दल

हिन्दू संस्कृति का पुनर्जागरण करना चाहता है, तो वह इसी अनुरूप शिक्षण संस्थाओं को धन उपलब्ध करवायेगा। ऐसी स्थिति में विश्वविद्यालय और माध्यमिक विद्यालय अपनी स्वायत्तता को खो देते हैं। होता यह है कि सम्पूर्ण अनुसन्धान, शिक्षण, अध्यापकों की भर्ती सभी कुछ सत्ता दल की विचारधारा के अधीन आ जाता है। यह बहुत स्पष्ट रूप में कहा जाना चाहिए कि शिक्षा निरपेक्ष नहीं है। शिक्षा एक शक्ति (Power) है और कोई भी राज्य सरकार हो इस शक्ति का अधिक-से-अधिक उपयोग करना चाहती है।

शिक्षा का सार्वभौमीकरण (Universalization of Education)— शिक्षा के सार्वभौमीकरण का तात्पर्य यह है कि हर गाँव, हर कस्बे में विद्यालय होने चाहिये। बड़े शहरों के अन्तर्गत पाये जाने वाले विकृत शहरी क्षेत्र (Slums) और झोपड़पट्टी में भी विद्यालय होना चाहिए। जब शिक्षा जन-जन तक पहुँच जायेगी तब इसका एक लाभ निश्चित रूप से होगा और वह यह कि हमारा लोकतन्त्र कामयाब हो सकेगा। सरकार और आम जनता के बीच में अन्त:क्रिया होती है। इस अन्त:क्रिया का साधन शिक्षा होती है। अत: जब तक शिक्षा का सार्वभौमीकरण नहीं होता, सरकार और जनता एक-दूसरे के साथ संवाद नहीं कर सकते। यदि हमने बाज़ार व्यवस्था को स्वीकार किया है, तो इसके लिए भी शिक्षा का सार्वभौमीकरण अनिवार्य है। बाज़ार यानी वितरण व्यवस्था भी जनता के साथ में अन्त:क्रिया करना चाहती है। यह अन्त:क्रिया भी शिक्षा के माध्यम से ही सम्भव है। राजनीति में भी ऐसी ही अन्त:क्रिया की आवश्यकता होती है।

भारत में बुनियादी शिक्षा की तस्वीर काफी डरावनी है। इसे आँकड़ों में साफ देखा जा सकता है। निरक्षरों की आबादी के मामले में भारत का स्थान आज विश्व में पहला है। विश्व के कुल निरक्षरों में उनकी तीस प्रतिशत आबादी भारत में है। छह से चौदह वर्ष आयु वर्ग के 20 प्रतिशत से अधिक बच्चे स्कूली शिक्षा से वंचित हैं। इसके अलावा, जो बच्चे स्कूलों में दाखिल होते हैं, उनमें पाँचवीं कक्षा तक पढ़ाई पूरी करने से पहले 30 प्रतिशत बच्चे स्कूलों से पलायन कर जाते हैं। जबकि कक्षा पाँच से ऊपर का औसत पचास प्रतिशत से अधिक है।

सरकार ने इन्हीं तथ्यों को ध्यान में रखकर सन् दो हजार तक बुनियादी शिक्षा के सार्वभौमीकरण के लक्ष्य को चुपके से सन् दो हजार पाँच तक खिसका दिया। बुनियादी शिक्षा का अध्ययन करने के लिए 1997 में गठित संसदीय समिति ने अपनी रिपोर्ट में जो तस्वीर पेश की वे इस क्षेत्र में लगातार पिछड़ रहे हमारे कदम की तरफ ही इशारा करते हैं। संसदीय समिति ने स्कूलों से बच्चों के पलायन के बारे में खासतौर से अध्ययन किया। नेशनल सैम्पल सर्वे (National Sample Survey) से जो निष्कर्ष सामने आये उससे साफ पता चलता है कि आर्थिक संकट ही बच्चों के स्कूलों से पलायन की सबसे बड़ी वजह है। यूनिसेफ की रिपोर्ट में इसे और स्पष्ट करते हुए कहा गया है कि स्कूल छोड़कर ये बच्चे अन्तत: चाइल्ड लेबर (बाल-श्रमिक) के रूप में अपना जीवन शुरू करते हैं। इसके अलावा, लड़कियों के स्कूलों से पलायन की बड़ी वजह लिंग भेद भी हैं।

दूसरी तरफ भारत सरकार बुनियादी शिक्षा के सार्वभौमीकरण का लक्ष्य हासिल करने के लिए संरचना विकास के मामले में अपनी उपलब्धियों से सन्तुष्ट नज़र आती है। सरकारी रिपोर्ट में कहा गया है कि अब वो दिन दूर नहीं जब स्कूलों की कमी नहीं खलेगी। रिपोर्ट के अनुसार एक किलोमीटर पर सबके लिए प्राथमिक विद्यालय का लक्ष्य हासिल कर लिया गया है। इसके अलावा, प्रत्येक तीन किलोमीटर पर एक उच्च प्राथमिक विद्यालय उपलब्ध करा दिये गये हैं।

मगर सरकारी रिपोर्ट की जनसंख्या वृद्धि के आईने में देखा जाये तो इसका खोखलापन साफ नज़र आता है। इस लिहाज से सन् 2015 तक सभी के लिए शिक्षा और सम्पूर्ण साक्षरता का लक्ष्य व्यावहारिक नहीं लगता। कुछ समय पहले के एक विश्लेषण में बहुत ही प्रभावशाली तरीके से इस तथ्य को रखा गया। करीब एक अरब आबादी वाले इस देश में प्रतिवर्ष पौने दो करोड़ का इजाफा होता है। मगर जनसंख्या वृद्धि के मद्देनज़र तो प्रतिदिन देश में 265 और प्रतिवर्ष 97 हजार नये विद्यालय खुलने चाहिए। इतने नये विद्यालय खोलने के लिए प्रतिवर्ष 30,000 करोड़ रुपये की ज़रूरत होगी जो राष्ट्रीय सकल घरेलू उत्पाद का तीन प्रतिशत है। इस प्रकार अगर सकल घरेलू उत्पाद का 6 प्रतिशत भी शिक्षा पर खर्च का प्रावधान कर दिया जाये तो आधा सिर्फ नये प्राथमिक विद्यालयों के नये मकान बनाने पर खर्च करने होंगे।

पहली पंचवर्षीय योजना से लेकर आज 12वीं पंचवर्षीय योजना तक, सरकार ने शिक्षा का सार्वभौमीकरण किया है। अब लगभग सभी बड़े गाँवों और तीन या चार छोटे गाँवों के बीच में प्राथमिक विद्यालय अवश्य है। तहसील या तालुका स्तर पर कई राज्यों में कॉलेज हैं। एक ही तालुका में कई माध्यमिक विद्यालय हैं। एक ही राज्य में दर्जन-आधा दर्जन विश्वविद्यालय हैं। यह सब होते हुए भी आज ऐसे कई गाँव हैं, जहाँ के विद्यार्थी दो-चार किलोमीटर पैदल चल कर पढ़ने जाते हैं। और माध्यमिक शिक्षा के लिए तो चलने की यह दूरी बढ़ जाती है। यदि हम लोकतान्त्रिक व्यवस्था और पूँजीवाद की सफलता चाहते हैं तो हमें कम-से-कम प्राथमिक शिक्षा का तो सार्वभौमीकरण अवश्य करना चाहिये और यह काम जितनी तीव्रता से हो सके अच्छा है।

पिछड़ा वर्ग, दलित एवं अल्पसंख्यक महिलाओं की शिक्षा (Education for Backward Classes, Dalit and Minority Females)— भारतवर्ष में महिलाओं की शिक्षा सदा से ही एक चुनौतीपूर्ण कार्य रहा है। हालाँकि स्वतन्त्रता प्राप्ति के पश्चात् शिक्षा के क्षेत्र में आशातीत प्रगति हुई है। पर शत-प्रतिशत साक्षरता का लक्ष्य अभी काफी दूर है। भारतवर्ष में महिला साक्षरता दर सन् 1951 में 18.3 प्रतिशत से बढ़कर सन् 2011 में 65.4 प्रतिशत हो गयी है। पर इस दिशा में अभी बहुत कुछ किये जाने की आवश्यकता है। इन्हीं सद्प्रयत्नों की कड़ी में भारत सरकार द्वारा शैक्षणिक दृष्टि से पिछड़े ग्रामीण क्षेत्रों में बालिकाओं की प्रारम्भिक शिक्षा को सबल बनाने हेतु जुलाई 2004 में 'कस्तूरबा गाँधी बालिका विद्यालय' योजना प्रारम्भ की गयी। इस योजना का 1 अप्रैल, 2007 को सर्वशिक्षा अभियान में समाहित हो गया।

कस्तूरबा गाँधी बालिका विद्यालय का उद्देश्य विषम परिस्थिति में जीवनयापन करने वाली अनुसूचित जाति, अनुसूचित जनजाति, अन्य पिछड़ा वर्ग एवं अल्पसंख्यक समुदाय की 10 से 14 वर्ष की आयु वर्ग की बालिकाओं के लिए उच्च प्राथमिक स्तर (कक्षा 6 से 8) के आवसीय विद्यालय/छात्रावास के माध्यम से गुणवत्तापूर्ण शिक्षा उपलब्ध कराना है। छात्रावास में कम-से-कम 75 प्रतिशत स्थान अनुसूचित जाति, अनुसूचित जनजाति, अन्य पिछड़ा वर्ग (पिछड़ा वर्ग एवं अत्यन्त पिछड़ा वर्ग) एवं अल्पसंख्यक समुदायों तथा शेष 25 प्रतिशत ग़रीबी रेखा से नीचे के परिवार की बालिकाओं के लिए आरक्षित होंगे। वित्तीय वर्ष 2004–05 में पूरे भारतवर्ष में कुल 750 कस्तूरबा गाँधी बालिका विद्यालय खोलने का निर्णय लिया गया था, पर वित्तीय वर्ष 2004–05 की समाप्ति तक 727 विद्यालयों की ही स्वीकृति दी जा सकी। 10 मई, 2005 को प्रोजेक्ट अप्रुवल बोर्ड की 70वीं बैठक में शेष 33 विद्यालय (बिहार-24, पश्चिम बंगाल-4 एवं उत्तर प्रदेश-5) स्वीकृत किये गये। वित्तीय वर्ष 2009–10 तक देश भर में कुल 2570 विद्यालय स्वीकृत किये जा चुके थे। वर्ष 2010–11 में सर्वशिक्षा अभियान-शिक्षा का अधिकार की पूरक कार्य योजना में 999 विद्यालय तथा वर्ष 2011–12 में 29 विद्यालय स्वीकृत किये गये। इस प्रकार पूरे भारतवर्ष में अब तक 3598 कस्तूरबा गाँधी बालिका विद्यालय स्वीकृत किये जा चुके हैं। बालिका शिक्षा के कार्यक्रम को पिछड़े प्रखण्डों में विशेष रूप से चलाया गया। पिछड़े प्रखण्ड का तात्पर्य है वह प्रखण्ड जिसमें जनगणना 2001 के अनुसार ग्रामीण महिला साक्षरता दर राष्ट्रीय औसत से नीचे तथा महिला पुरुष साक्षरता दर में अन्तर्राष्ट्रीय औसत से अधिक हो (वर्ष 2001 की जनगणना के अनुसार राष्ट्रीय ग्रामीण महिला साक्षरता दर 53.7 प्रतिशत तथा जेंडर गैप 21.6 प्रतिशत)।

सर्व शिक्षा अभियान कार्यक्रम के मद्देनज़र प्रारम्भ में उपर्युक्त आधार पूरे भारतवर्ष में 3073 शैक्षणिक दृष्टि से पिछड़े प्रखण्ड निर्धारित किये गये, जिनमें बिहार राज्य के 495 प्रखण्ड शामिल थे। 1 अप्रैल, 2008 से भारत सरकार द्वारा कस्तूरबा गाँधी बालिका विद्यालय के लिए योग्य प्रखंडों के निर्धारण हेतु उपर्युक्त मापदण्ड को संशोधित करते हुए 30 प्रतिशत से कम ग्रामीण महिला साक्षरता वाले 316 शैक्षणिक दृष्टि से पिछड़े प्रखण्ड तथा राष्ट्रीय औसत से कम महिला साक्षरता दर (43.7 प्रतिशत) वाले अल्पसंख्यक बहुल 94 शहरों (अल्पसंख्यक मंत्रालय, भारत सरकार द्वारा चयनित सूची के अनुरूप) को भी सम्मिलित किया गया।

कस्तूरबा गाँधी बालिका विद्यालय समाज की उन बालिकाओं के लिए वरदान है, जो पारिवारिक/सामाजिक, आर्थिक, भौगोलिक कारणों से उच्च प्राथमिक शिक्षा से वंचित रह गयी हों। इन छात्रावासों में आवासीय क्रम में उन्हें न सिर्फ

कक्षा 8 तक की गुणवत्तापूर्ण विद्यालयी शिक्षा दी जाती है। वरन् उनके सर्वांगीण विकास एवं अनुशासित दिनचर्या हेतु भी पहल की जाती है। जब प्रारम्भिक शिक्षा पूरी कर इन छात्रावासों से बालिकाएँ बाहर निकलेंगी तो उनके पास न सिर्फ कक्षा 8 का ज्ञान होगा, बल्कि वे विभिन्न रोज़गारोन्मुखी ट्रेडों में प्रशिक्षित एवं प्रमाणित होंगी, जो जीवन में रोज़गार के अवसर उपलब्ध कराने में महत्ती भूमिका निभायेंगी और उनके जीवन को एक नयी दिशा मिलेगी।

अनुसूचित जातियों और अनुसूचित जनजातियों के शैक्षिक विकास के उपाय (Measures for Educational Development of SCs and STs)— हमारे संविधान में राज्यों के लिए निर्देश है कि कमजोर वर्ग के लोगों के शैक्षिक हितों को प्रोत्साहित किया जाये, विशेष रूप से अनुसूचित जाति और अनुसूचित जनजाति के लोगों के लिए शैक्षिक संस्थाओं को स्थापित किया जाये और उनमें प्रवेश सुनिश्चित किया जाये तथा छात्रवृत्तियों आदि के लिए राज्य-कोष से अनुदान दिया जाये। इस प्रकार संविधान में उनके लिए अस्थाई भेदभाव की नीति का प्रावधान किया गया है। इन निर्देशों को दृष्टिगत करते हुए अनुसूचित जातियों और जनजातियों में शिक्षा स्तर को ऊँचा करने के लिए, स्कूल खोलकर, पूर्व मैट्रिक एवं मैट्रिकोत्तर स्तर पर छात्रवृत्तियाँ प्रदान करके, लड़कियों के लिए विशेष रूप से छात्रावास बनवा कर, पुस्तक बैंक बनाकर, दोपहर के भोजन की व्यवस्था कराकर, छात्रों को ऋण उपलब्ध करवा कर, शिक्षकों के लिए मकान उपलब्ध कराकर और अन्य सुविधाएँ देने के लिए सभी पंचवर्षीय योजनाओं में करोड़ों रुपये का प्रावधान किया गया है। शिक्षण संस्थाओं में उनके लिए स्थान आरक्षित किये गये हैं, विशेष रूप से इन्जीनियरिंग, मेडिकल कॉलेजों में प्रवेश के लिए आयु सीमा व अंकों में छूट दी गयी है। पेशेवर पाठ्यक्रमों में प्रवेश के लिए या केन्द्रीय व राज्य स्तरीय प्रतियोगी परीक्षाओं में बैठने के लिए तैयारी हेतु आकांक्षी छात्रों के लिए नि:शुल्क विशेष कोचिंग दी जाती है।

1986 की राष्ट्रीय शिक्षा-नीति ने अनुसूचित जातियों की शिक्षा के लिए निम्नलिखित उपाय सुझाये थे– (i) दलित परिवारों को प्रोत्साहन ताकि वे अपने बच्चों को 14 वर्ष की आयु तक नियमित रूप से स्कूल भेजें, (ii) कक्षा एक से आगे निम्न पेशे में लगे परिवारों के बच्चों के लिए (सफाई, कपड़े आदि का) पूर्व मैट्रिक छात्रवृत्ति योजना, (iii) पाठ्यक्रमों के सफल समापन, प्रवेश और नियमित उपस्थिति आदि को सुनिश्चित करने के लिए लगातार निगरानी, (iv) दलितों में से ही शिक्षकों की भर्ती, (v) छात्रावासों में सुविधा, (vi) स्कूलों, बालवाड़ियों तथा शिक्षा-केन्द्रों की ऐसी जगहों पर स्थापना जिनमें दलितों की पूर्ण भागीदारी हो सके और (vii) उनकी भागीदारी में वृद्धि करने के लिए नयी विधियों का निरन्तर नवाचार (Innovation) करना।

उपर्युक्त उपायों के अतिरिक्त जनजातियों के लिए कुछ अन्य प्रस्तावित उपाय इस प्रकार थे– (i) जनजातीय क्षेत्रों में प्राथमिक विद्यालय खोलने में प्राथमिकता, (ii) प्रारम्भिक अवस्थाओं में जनजातीय भाषा में शिक्षण सामग्री तैयार करना, (iii) शिक्षित जनजाति के लोगों को अपने क्षेत्रों में शिक्षण का काम करने के लिए प्रोत्साहित करना, (iv) बड़े पैमाने पर आवासीय विद्यालय स्थापित करना।

1986 की राष्ट्रीय नीति में अन्य पिछड़े वर्ग के लिए सिफारिशें इस प्रकार थीं– शिक्षा की दृष्टि से पिछड़े वर्ग के लिए प्रोत्साहन, विशेष रूप से ग्रामीण क्षेत्रों में, पहाड़ी, रेगिस्तानी जिलों में और दूरस्थ दुर्गम स्थानों में संस्थात्मक मूलभूत ढाँचा प्रदान करना।

प्रौढ़ शिक्षा (Adult Education)— प्रौढ़ शिक्षा की पुरानी पद्धति को 1970 के दशक में बदल दिया गया। प्रारम्भ में इसका अर्थ साक्षरता देना था। पाँचवीं पंचवर्षीय योजना में प्रौढ़ शिक्षा की नयी रणनीति को तैयार किया गया। इसमें (1) कार्यात्मक साक्षरता (Functional Literacy) और (2) अनौपचारिक शिक्षा (Formal Education) को जोड़ दिया गया। कार्यात्मक साक्षरता केवल लिखना-पढ़ना सिखाना ही नहीं है। अब प्रौढ़ों को वे बातें भी सिखायी जाने लगीं जो उनके धन्धों से सम्बन्ध रखती हैं। पढ़ाई केवल हस्ताक्षर के लिए ही नहीं, रोज़ी-रोटी से जुड़े हुए धन्धों से भी सम्बन्ध रखती है। इस तरह का ज्ञान कार्यात्मक साक्षरता है।

रणनीति का दूसरा आयाम अनौपचारिक शिक्षा है। यह शिक्षा विद्यालय की व्यवस्था के बाहर की है। इसमें कोई पाठ्यक्रम नहीं होता, और न कोई निर्धारित पुस्तकें होती हैं। कक्षा के बाहर खुले समाज में प्रौढ़ को जीवन की

आवश्यकताओं के बारे में जानकारी दी जाती है। यह भी एक सीखने की प्रक्रिया है। इस शिक्षा में कोई दाखिला नहीं होता। यह एकदम खुली है।

प्रौढ़ शिक्षा के ये नये आयाम उन विद्यार्थियों के लिए अधिक उपयोगी सिद्ध होते हैं, जो किसी कारणवश स्कूल में औपचारिक शिक्षा नहीं पा सके। ऐसे विद्यार्थियों को नौकरी करने के लिए किसी प्रमाण-पत्र की आवश्यकता नहीं होती। उन्हें तो बस हुनर को सीखने के लिए ज्ञान चाहिये।

बीस-सूत्री कार्यक्रम (Twenty-Point Programme)— विश्वविद्यालय अनुदान आयोग के एक कार्यकारी समूह ने प्रौढ़ शिक्षा के विस्तार के लिए 20 सूत्री कार्यक्रम की सिफारिश की है। इस सिफारिश के मुख्य बिन्दु इस तरह हैं:

1. विश्वविद्यालय और कॉलेज शिक्षा के तीन बुनियादी सिद्धान्तों पर काम करते हैं : (i) अनुसन्धान, (ii) अध्यापन और (iii) शिक्षा का विस्तार। पहले दो कार्य तो कॉलेज और विश्वविद्यालय करते हैं। तीसरा कार्य, अर्थात् ज्ञान के विसरण का कार्य प्रौढ़ शिक्षा कार्यक्रम को करना चाहिये। इसका अर्थ हुआ प्रौढ़ शिक्षा कार्यक्रमों में विश्वविद्यालय, कॉलेज, विद्यार्थी, इन तीनों की भागीदारी होनी चाहिये।

2. कार्यकारी समूह ने यह भी कहा कि जिस तरह कॉलेज के पाठ्यक्रम में एन.एस.एस. और एन.सी.सी. को सम्मिलित किया गया है वैसे ही प्रौढ़ शिक्षा भी विश्वविद्यालय का एक हिस्सा होनी चाहिए। यह इसी कारण है कि सरकार और विश्वविद्यालय अनुदान आयोग के सहयोग से विश्वविद्यालय में प्रौढ़ शिक्षा का केन्द्र स्थापित किया गया है।

3. कार्यकारी समूह ने अपनी सिफारिश में यह भी कहा कि व्यावसायिक कॉलेजों जैसे कि इंजीनियरिंग, मेडिकल आदि में प्रौढ़ शिक्षा को एक पृथक् दर्जा दिया जाना चाहिये। यदि विद्यार्थी डॉक्टर बनकर निकलता है, तो उसे यह भी अनुभव होना चाहिए कि उसने प्रौढ़ों को पढ़ाया है।

बीस सूत्री कार्यक्रम ने पहली बार प्रौढ़ शिक्षा कार्यक्रम को विश्वविद्यालय और महाविद्यालय से जोड़ दिया। इसका परिणाम यह हुआ कि समुदाय, विद्यार्थी और बौद्धिक लोग, तीनों ही प्रौढ़ शिक्षा के क्षेत्र में एक-दूसरे से जुड़ गये।

साक्षरता का मिशन दृष्टिकोण (Mission Approach to Literacy)— आज साक्षरता की जो भी स्थिति है उसका हमारे देश में क्रमिक विकास हुआ है। रात्रि पाठशाला से प्रारम्भ होकर प्रौढ़ शिक्षा साक्षरता देने वाला कार्यक्रम बना। साक्षरता से आगे बढ़कर हमने उसे कार्यात्मक और अनौपचारिक बनाया। अब तीसरी अवस्था में पहुँचकर 1988 में मानव संसाधन विभाग ने इस आन्दोलन को नयी गति दी। अब यह आन्दोलन एक मिशन (Mission) अर्थात् लक्ष्य बन गया। केन्द्र सरकार ने साक्षरता मिशन को राष्ट्रीय साक्षरता मिशन (National Literacy Mission, NLM) नाम दिया है। अपने उद्देश्यों को मिशन ने 1988 में इस भाँति रखा है :

1. प्रौढ़ शिक्षा के प्रति राष्ट्रीय प्रतिबद्धता,
2. सीखने के लिए एक अनुकूल पर्यावरण को पैदा करना,
3. सीखने वाले विद्यार्थियों और अध्यापकों में प्रेरणा पैदा करना,
4. प्रौढ़ शिक्षा को जन-जन तक पहुँचाना तथा लोगों की अधिक-से-अधिक भागीदारी प्राप्त करना,
5. प्रौढ़ शिक्षा के लिए आधुनिकतम तकनीकों का निवेश करना, और
6. प्रभावी प्रबन्धन (Effective Management)

साक्षरता राष्ट्रीय मिशन ने अपना टारगेट ग्रुप 15–35 वर्ष की उम्र समूह को बनाया है। विकास कार्यक्रमों को आगे बढ़ाने के लिए यह समूह बहुत उपयोगी है। मिशन नीति यह आग्रहपूर्वक कहती है कि साक्षरता कार्यक्रमों को कमजोर वर्गों, अर्थात् स्त्रियों, अनुसूचित जनजातियों-जातियों में पूरे उत्साह के साथ चलाना चाहिये। मिशन के अन्तर्गत यह बार-बार दोहराया गया है कि प्रौढ़ शिक्षा के कार्यक्रमों में ग़ैर-सरकारी संस्थाओं (NGO) का पूरा सहयोग लेना चाहिये। ऐसी संस्थाओं में कपार्ट (CAPART), केन्द्रीय समाज कल्याण बोर्ड, खादी और ग्रामोद्योग कमीशन और अन्य स्थानीय स्वयं सेवी संस्थाएँ हैं।

सम्पूर्ण साक्षरता अभियान (Total Literacy Campaign)— भारत ही नहीं, तीसरी दुनिया के सभी देशों में आज प्रौढ़ शिक्षा को एक आन्दोलन की तरह लिया जा रहा है। यह धारणा है कि हमारे विकास की कुँजी प्रौढ़ शिक्षा में निहित है। यदि लोग पढ़-लिख जायेंगे तब विकास कार्यक्रमों को लागू करना सरल हो जायेगा। जब गाँधीजी ने स्वतन्त्रता संग्राम को चलाया था तब वे यह बराबर कहते थे कि यदि देश के कोटि-कोटि लोगों को आज़ादी की लड़ाई में भागीदार बनाना है, तब उनमें रचनात्मक कार्य **(Constructive Work)** अवश्य होना चाहिये। उनके रचनात्मक कार्यों में जहाँ शारीरिक श्रम, चरखा, कुटीर उद्योग आदि थे वहीं वे प्रौढ़ शिक्षा पर भी पूरा ज़ोर देते थे। तब प्रौढ़ शिक्षा को नाइट स्कूल, अर्थात् रात्रि पाठशाला कहते थे। लालटेन की रोशनी में गाँव के प्रौढ़ अपनी पढ़ाई करते थे। स्वतन्त्रता प्राप्ति के बाद हमने प्रौढ़ शिक्षा को एक आन्दोलन के स्तर पर आगे बढ़ाया। प्रौढ़ शिक्षा का तात्पर्य सीमित अर्थों में (1) वयस्क लोगों को साक्षर बनाना है। (2) इसका यह उद्देश्य भी है कि वे लोग जो थोड़ा-बहुत पढ़े-लिखे हैं, अपनी पढ़ाई को जारी रखें। और (3) अन्त में, प्रौढ़ शिक्षा का तात्पर्य वयस्कों को कार्यात्मक साक्षरता **(Functional Literacy)** देना है। इस तरह प्रौढ़ शिक्षा केवल साक्षरता देना ही नहीं है, इसका उद्देश्य शिक्षा की निरन्तरता बनाये रखना है, और ऐसी शिक्षा देना है, जो लोगों के दिन-प्रतिदिन के कार्यों में सहायक हो सके।

साक्षरता के बारे में पूरे देश में जोर-शोर से चर्चा हो रही है और इस बात की समीक्षा की जा रही है कि भारत में साक्षरता अभियान किस हद तक सफल रहा और अगर इसमें आशातीत सफलता नहीं मिल पा रही है, तो इसके मार्ग में आने वाली बाधाओं को दूर करने के लिए कौन-से प्रयास किये जा रहे हैं। यह बहस दरअसल भारत की सरकारी और ग़ैर-सरकारी एजेंसियों से ज़्यादा संयुक्त राष्ट्र से सम्बद्ध अन्तर्राष्ट्रीय एजेंसियों द्वारा छेड़ी गयी है, जिन्हें भारत में शिक्षा की प्रगति पर काफी असन्तोष है और लगभग सारे विशेषज्ञ मानते हैं कि साक्षरता अभियान सही ढंग से इसलिए नहीं चल पा रहा क्योंकि इसे चलाने के लिए जिस इच्छाशक्ति और जुझारूपन की ज़रूरत है, उसका यहाँ अभाव है।

शिक्षा से जुड़ी सरकारी एजेंसियाँ इसे अन्य सरकारी कामों की तरह से लेती हैं, जबकि शिक्षा के प्रचार-प्रसार का काम अन्य सरकारी कामों में बिलकुल अलग है– खासकर देश के ग्रामीण इलाकों में, जहाँ छोटे और मझोले किसान और खेतिहर मज़दूर पढ़ाई को समय की बरबादी और बेकारी का कारण मानते हैं, सिर्फ सरकारी फरमान जारी करने से ऐसे लोगों की सोच को बदल पाना सम्भव नहीं है।

यूनेस्को की ओर से दिल्ली में आयोजित एक कार्यशाला में विशेषज्ञों ने कुछ इसी तरह के विचार व्यक्त किये। यूनेस्को के लिए वर्ष 1999 काफी महत्त्वपूर्ण है, क्योंकि 1990 में एक दशक के लिए शुरू किये गये **'सबके लिए शिक्षा' (Education for All)** कार्यक्रम के मूल्यांकन का साल था जिसे राष्ट्र विकास परियोजना (यू.एन.डी.पी.), संयुक्त राष्ट्र जनसंख्या कोश, विश्व बैंक और यूनीसेफ ने एक साथ मिलकर शुरू किया था। पहल पहले यूनेस्को ने की थी इसलिए इस संघटन की ओर से भारत और अन्य दक्षिण एशियायी देशों में संगोष्ठी आयोजित करने का सिलसिला चला और पूरे वर्ष जारी रहा।

यूनेस्को और यूनीसेफ के दक्षिण एशियायी प्रतिनिधि को भारत की कुछ ज़्यादा ही चिन्ता है, क्योंकि भारत में इस कार्यक्रम का लाभ सही मायने में गाँवों तक नहीं पहुँचा है, जहाँ सबसे ज़्यादा निरक्षरता है। शायद इसी जगह से यूनेस्को ने 1999 में तीन बार अपने अभियान की समीक्षा की। रिपोर्ट के मुताबिक भारत में साक्षरता की गाड़ी जिस रफ्तार से चल रही है, उसके हिसाब से सन् 2011 में दुनिया के सबसे ज़्यादा निरक्षर इसी देश में होंगे और निरक्षरों में ज़्यादा संख्या बेशक लड़कियों की होगी। आज की तारीख में भारत में दो-तिहाई निरक्षर लड़कियाँ हैं। इनमें भी अनुसूचित जाति, जनजाति और मुस्लिम समुदाय में लड़कियों में साक्षरता का प्रतिशत बहुत ही कम है।

महाशक्ति बनने की होड़ में अपने सर्वाधिक संसाधन लगाने वाले भारत सरीखे देश के लिए तो यह वाकई शर्मनाक बात है, जिसके बारे में यूनीसेफ का कहना है कि विश्व का हर तीसरा अनपढ़ भारतीय है, क्योंकि स्कूल न जाने वाले सबसे ज़्यादा बच्चे भारत में ही हैं। सुश्री बेलामी ने इस बात पर अफसोस ज़ाहिर किया है कि एक ओर जहाँ उनका संघटन सबको शिक्षित करने का लक्ष्य हासिल करने के लिए प्रयत्नशील है, वहीं भारत में सकल राष्ट्रीय

उत्पाद का मात्र 3.7 प्रतिशत ही शिक्षा पर खर्च किया जा रहा है, जबकि इस 6.1 प्रतिशत रखने की बात काफी समय से की जा रही है।

यूनीसेफ का कहना है कि भारत में प्राथमिक कक्षा की उम्र (6 से 11) वर्ष के जितने बच्चे हैं, उनमें से आधे तो स्कूल जाते ही नहीं। केरल में जहाँ प्रत्येक दस में से नौ बच्चे स्कूल जाते हैं, वहीं बिहार में यह अनुपात सिर्फ पाँच पर आकर अटक जाता है। देश में ऐसे जिलों की संख्या कम नहीं है, जहाँ महिला साक्षरता की दर 50 प्रतिशत से भी कम है। इन जिलों में 75 प्रतिशत बच्चों ने कभी स्कूल देखा ही नहीं है। वैसे यूनीसेफ इसका कारण बाल मज़दूरी बताता है, क्योंकि ग्रामीण इलाकों में मज़दूर वर्ग के ज़्यादातर माँ-बाप कमाई के लालच में बच्चों को स्कूल की बजाय मज़दूरी करने के लिए भेजना ज़्यादा ठीक समझते हैं। इतना ही नहीं, एक दुर्भाग्यपूर्ण स्थिति यह भी है कि 80 प्रतिशत प्राथमिक स्कूलों में शिक्षकों के नाम पर केवल एक ही व्यक्ति होता है, जिसके लिए सभी कक्षाओं में सारे विषय पढ़ाना मुश्किल होता है। बहुत से स्कूलों में शिक्षक होते ही नहीं। चीन में 22 बच्चों पर एक, पाकिस्तान में 38 बच्चों पर एक और भारत में 64 बच्चों पर औसतन एक शिक्षक है।

चुनाव के दौरान सबसे ज़्यादा प्राथमिक स्कूलों के शिक्षकों को चुनाव-कार्य पर लगाया जाता है। इससे बच्चों की पढ़ाई का काम बिलकुल ठप हो जाता है। प्राथमिक स्कूलों के पास भवनों का न होना भी अपने-आप में एक बड़ी समस्या है। ग्रामीण इलाकों में पेड़ों की छाँव में या किसी के घर में कक्षाएँ लगायी जाती हैं और खुले आसमान के नीचे चलने वाले स्कूलों में बरसात के दिनों में पढ़ाई होना असम्भव ही हो जाता है। स्कूलों में बुनियादी शिक्षण सामग्री, जैसे– ब्लैकबोर्ड, चॉक और टाट-पट्टी तक उपलब्ध नहीं है और ऐसे स्कूलों में पढ़ने वाले बच्चों से आखिर देश क्या उम्मीद कर सकता है।

संयुक्त राष्ट्र विकास परियोजना की ओर से प्रकाशित मानव विकास रिपोर्ट में भारत में महिलाओं की साक्षरता का जाति एवं धर्म के आधार पर विश्लेषण किया गया है। इस रिपोर्ट के मुताबिक भारत के देहाती इलाकों में ईसाई महिलाओं में साक्षरता की दर का अन्य धर्मों से ज़्यादा है। इसके विपरीत मुस्लिम महिलाओं में यह साक्षरता दर कम है। निम्न और मध्य आय वर्ग वाले परिवार आज भी लड़कियों को उतना भर ही पढ़ाना ज़रूरी समझते हैं, जिससे सम्पन्न घर में शादी हो जाये।

संयुक्त राष्ट्र जनसंख्या कोश की भूतपूर्व कार्यकारी निदेशक नफीस सादिक ने इस संकल्प को दोहराया है, जो 1969 में इस कोश की स्थापना के समय रखा गया था कि बिना शिक्षा के आबादी को नियन्त्रित करना सम्भव नहीं है, क्योंकि जो शिक्षित हैं, वही समझते हैं कि छोटा परिवार रखने के क्या फायदे हैं। बाल मज़दूरी और बच्चियों के यौन-शोषण के पीछे मुख्य कारण है निरक्षरता। जीनिवा में अन्तर्राष्ट्रीय श्रम संघटन की ओर से आयोजित सम्मेलन में बाल मज़दूरी पर प्रतिबन्ध लगाने सम्बन्धी प्रस्ताव का भारत ने अभी तक अनुमोदन नहीं किया है, जबकि सबसे ज़्यादा बाल मज़दूर भारत में हैं।

भारत के सामने विश्व रंगमंच पर हो रहे परिवर्तन के साथ होड़ लेने तथा युग की चुनौती स्वीकार करने का सवाल है। समय की तीव्र धारा में रुकने का अर्थ है मौत। वक्त जो बदलाव ला रहा है उसके अनुरूप स्वयं को तैयार करना तथा नागरी समाज के दूसरे सदस्यों को तैयार करने में मदद करना आज सामाजिक-सांस्कृतिक आन्दोलन का विषय बनना चाहिये। अगर भारत का नागरी समाज विकासशील समाज की बदलती आवश्यकताओं के अनुरूप अपने ज्ञान एवं कौशल में वृद्धि नहीं करेगा, तो इक्कीसवीं सदी में देश पिछड़ जायेगा। वर्तमान सदी में अमीर देशों के बजारू उपनिवेश और शोषण का साधन बनना राष्ट्र की नियति होगी।

भारत की राष्ट्रीय शिक्षा नीति (India's National Policy on Education)

भारत सरकार ने 1985 में देश के लिए एक नयी राष्ट्रीय शिक्षा नीति (NPE) बनाने की घोषणा की। विभिन्न क्षेत्रों से प्राप्त सुझावों और दृष्टिकोण पर विचार के बाद एन.पी.ई. की घोषणा 1986 की गयी। इसका बल इन बातों पर था:

(1) शिक्षा प्रणाली में आमूल परिवर्तन, (2) सभी स्तरों पर शिक्षण की गुणवत्ता में सुधार। (3) विज्ञान और प्रौद्योगिकी को अधिक महत्त्व देना। (4) नैतिक मूल्यों का परिवर्द्धन। (5) अखण्डता को सुदृढ़ करना। (6) समान संस्कृति और नागरिकता का भाव विकसित करना।

इस नीति में प्रमुख प्रस्तावित उपाय इस प्रकार थे: (1) सरकार द्वारा वित्तपोषित कार्यक्रम प्रारम्भ करके लिंग, जाति, विश्वास के भेदभाव के बिना सभी छात्रों को शिक्षा का लाभ पहुँचाना, (2) देश के प्रत्येक भाग में 10 + 2 + 3 समान शिक्षा संरचना अवधारण करना। प्रथम 10 वर्ष में 5 वर्ष प्राथमिक शिक्षा, तीन वर्ष मिडिल स्कूल, तथा शेष 2 वर्ष हाई स्कूल के लिए होंगे, (3) स्त्रियों, अनुसूचित जातियों, अनुसूचित जनजातियों और अन्य पिछड़ा वर्ग, अल्पसंख्यकों तथा विकलांगों को शिक्षा के समान अवसर प्रदान करना, (4) राष्ट्र के द्वारा संसाधनों के समर्थन प्रदान करने का उत्तरदायित्व संभालना, भेदभाव कम करना, प्रारम्भिक शिक्षा का सार्वभौमीकरण, प्रौढ़ साक्षरता और प्रौद्योगिकीय अनुसन्धान, (5) प्रौढ़ शिक्षा कार्यक्रम का क्रियान्वयन, (6) व्यावसायिक शिक्षा और कार्यक्रम का क्रियान्वयन, (7) उच्च शिक्षा को अवनति से बचाने के लिए कदम उठाना। विशिष्टीकरण की माँग को पूरा करने के लिए पाठ्यक्रमों का पुनरीक्षण। विश्वविद्यालयों में अनुसन्धान कार्यों के लिए अधिक सहयोग दिया जाना, (8) खुला (Open) विश्वविद्यालय व्यवस्था प्रारम्भ करना, (9) डिग्रियों को नौकरियों से न जोड़ना, (10) ग्राम्य विश्वविद्यालय का नया प्रतिरूप विकसित करना, (11) प्राविधिक और प्रबन्धन शिक्षा का सुदृढ़ीकरण साथ ही ग्राम्य प्राविधिक विद्यालयों को सुदृढ़ बनाना, (12) शिक्षकों के साथ अच्छा व्यवहार और उनमें अधिक जवाबदेही का विकास करना, (13) मूल्य शिक्षा देने पर ध्यान देना, (14) शारीरिक शिक्षा व खेलकूद के लिए बुनियादी सुविधाएँ प्रदान करना, (15) परीक्षा प्रणाली में सुधार लागू करना।

भविष्य के लिए शिक्षा (Education for the Future)

हमारा समाज एक अज्ञात भविष्य की ओर अग्रसर हो रहा है। जो संकट आज हमारे समाज के सामने है उसकी आवृत्ति (Ferquency) और प्रबलता (Intensity) में वृद्धि सम्भव है। बढ़ती जनसंख्या और समाप्तप्राय संसाधनों (Dwindling Resources) के साथ हमारे देश को नयी समस्याओं का समाना करना है। भविष्य की चुनौतियों का सामना करने के लिए हमें ऐसे ज्ञान और दक्षता की आवश्यकता होगी जो हमारी समस्या समाधान की क्षमता में योगदान कर सके, न केवल विज्ञान और प्रौद्योगिक के क्षेत्र में, बल्कि मानव सम्बन्धों और प्रबन्ध के क्षेत्र में भी। आज की शिक्षा-पद्धति आज की संकटपूर्ण स्थिति की चुनौतियों का सामना करने में असफल रही है। शिक्षा पद्धति ऐसी होनी चाहिए जो आधुनिक एवं उदार हो और बदलते हुए समाज के साथ तालमेल बैठा सके। हमें निम्न बातों पर गहराई से विचार आवश्यक है।

1. हम 'आत्मनिर्भरता के लिए शिक्षा' सिद्धान्त को स्वीकार करें। माध्यमिक और उच्च शिक्षा से अधिक बल प्राथमिक और प्रौढ़ शिक्षा को देना चाहिए।

2. माध्यमिक और कॉलेज, विश्वविद्यालय स्तर की शिक्षा की विषय-वस्तु पर गम्भीर चिन्तन की आवश्यकता है।

3. शिक्षा के प्रबन्धन की समस्या अहम है। वर्तमान में तो नौकरशाही शैली ही विद्यमान है। नौकरशाही शिक्षा के वातावरण में होने वाले परिवर्तनों के प्रति संवेदनशील और प्रत्युत्तर देने वाली नहीं है। अल्प बजट, अति अनुशासनहीनता, प्रशासकीय खामियाँ और हस्तक्षेप, और राजनीतिक दबाव शिक्षा के क्षेत्र में निर्णय लेने को कष्टप्रद बना देते हैं। इस प्रकार शिक्षा का प्रबन्धन नौकरशाही हस्तक्षेप और राजनीतिज्ञों के हस्तक्षेप से मुक्त होना चाहिए।

4. शिक्षकों की जवाबदेही की समस्या गम्भीर है, विशेष रूप से उच्च शिक्षा में। ऐसे अनेक मामले प्रकाश में आये हैं जहाँ शिक्षक नियमित रूप से कक्षाएँ नहीं लेते। वे नियमित रूप से पुस्तकालय जाकर पत्र-पत्रिकाएँ और आधुनिकतम पुस्तकें पढ़ने में शायद ही रुचि रखते हैं। हमें शिक्षा के उद्देश्य को पुनः स्थापित करना है। शैक्षणिक-पद्धति में शिक्षकों पर नियन्त्रण महत्त्वपूर्ण एवं आवश्यक है।

5. हमें छात्रों में अध्ययन के प्रति गम्भीरता पैदा करनी है, जिनके लिए ज्ञान प्राप्त करना सबसे कठिन प्रश्न है। ऐसा माना जाता है कि शिक्षा गतिशीलता में गुणात्मक वृद्धि करती है। यह स्थिति और विशेषाधिकार को शाश्वत बनाने का काम करती है। लेकिन क्या उच्च शिक्षा सभी छात्रों के लिए खुली होनी चाहिए ? अनेक छात्र कानून, कला, वाणिज्य पाठ्यक्रमों में केवल इसलिए प्रवेश लेते हैं, क्योंकि उन्हें जीवन में स्थापित होने तक समय काटना होता है। क्या उन्हें तकनीकी व व्यावसायिक पाठ्यक्रमों के लिए नहीं भेजा जाना चाहिए ? क्या शिक्षा को उनके लिए उपयोगी नहीं बनाना चाहिए ?

6. हमें व्यावसायिक पेशेवर शिक्षा को प्रोत्साहित करना है, जिसकी खुले बाज़ार में माँग है। यह मानना उचित है कि प्रत्येक शिक्षित व्यक्ति एक विशेषज्ञ नहीं बन सकता, लेकिन उसे अपने में ऐसी कुशलता विकसित करनी है, जिससे वह जीवनयापन कर सके। हमें आगामी दो या तीन दशकों के विषय में सोचना है और कृषि के प्रकार, विकासशील उद्योगों के प्रकार व्यापार और वाणिज्य तथा नौकरी और सेवा के नये क्षेत्रों पर ध्यान देना है। यह हमें ऐसी शिक्षा-पद्धति की स्थापना में सहायक होगी जो हमें अच्छे किसान, अच्छे कुशल श्रमिक, अच्छे प्रबन्धक या जिस किसी की भी बाज़ार में माँग हो, देगी।

7. शिक्षा के विविध विभागों से तालमेल की आवश्यकता है, जैसे– कृषि, उद्योग, श्रम, इलेक्ट्रॉनिक्स, कानून, विज्ञान तथा अन्य जिससे विश्वविद्यालय, आईआईटी और अन्य संस्थान यह जान सकें कि किस प्रकार के कुशल लोगों की आवश्यकता है। आवश्यकता इस बात की है कि प्रत्येक क्षेत्र में पूर्ण शिक्षा होनी चाहिए जिससे व्यक्ति अपनी इच्छा के रोज़गार के लिए तैयार हो सके और नियोक्ता को भी अपने से जुड़ने वाले अभ्यर्थी मिल सकें।

8. एक बहुत बड़ी समस्या सभी निरक्षर लोगों को साक्षर बनाने की है। करोड़ों लोगों को अभी भी शिक्षित किया जाता है। यह एक महान् कार्य है। शिक्षित एवं जागरूक नागरिक ही समाज एवं देश के प्रति अपने दायित्वों का निर्वहन कर राष्ट्र की प्रगति में योगदान दे सकते हैं। यह सर्वविदित है कि साक्षरता स्तर को ऊँचा उठाने की योजनाएँ चल रही हैं, फिर भी कहा जा सकता है कि निश्चित लक्ष्य को प्राप्त करने के लिए अभी भी समय चाहिए।

9. प्राथमिक स्तर पर ही स्कूल छोड़ देने वाले छात्रों की संख्या में कमी करने का कार्य है। इस समस्या को रोकने के उपाय किये जा सकते हैं। उसी लीक पर चलते रहना अच्छी बात नहीं है। यदि हम यह जान लें कि हम प्रगति नहीं कर रहे हैं तो हमें अपनी नीतियाँ, कार्यक्रम और प्रतिदर्श बदलने होंगे और नये परीक्षण करने होंगे।

10. आज एक तरह से तो परीक्षाएँ मज़ाक बनकर रह गयी हैं। वर्तमान परीक्षा पद्धति में छात्र गाइडें व सस्ती पुस्तकें व पत्र-पत्रिका पढ़ने और नवीन अनुसन्धान परिणामों की जानकारी हासिल करने में कम-से-कम क्ष्ट उठाना चाहते हैं। क्या हम वर्तमान पद्धति के साथ चलते रहें? इसे अधिक लचीला और मुक्त बनाना होगा जिसमें रचनात्मक सोच पर बल दिया जाये। सीखने को सजीव, रुचिकर उद्देश्यनिष्ठ, प्रेरक बनाने से परीक्षा में विद्यार्थियों की सफलता सुनिश्चित की जा सकती है।

11. अन्त में, उच्च शिक्षा को ठीक करने का प्रश्न है। क्या प्रत्येक छात्र को जो प्रवेश चाहता है, प्रवेश दिया जाये? उच्च शिक्षा, सस्ती क्यों हो ? किस सीमा तक शिक्षा में अनुदान प्रदान किया जाये ? क्या हमें व्यावसायिक शिक्षा के लिए ही अनुदान देने चाहिए या कला व वाणिज्य में भी ? ये वे प्रश्न हैं, जिन्हें स्नातक और स्नातकोत्तर कार्यक्रमों के पुनर्गठन से छात्रों को बेहतर कार्य परिणामों से, शिक्षकों की अधिक जवाबदेही से और गर्मी की छुट्टियों के क्रियात्मक उपयोग से जोड़ा जाना चाहिए। यदि हम भविष्य के लिए तर्कसंगत तरीके से शिक्षा की योजना बनाना चाहते हैं तो हमें शिक्षण और परीक्षा-प्रणाली के दोषों को दूर करना होगा।

एल्विन टॉफ्लर (Alvin Toffler) ने अपनी पुस्तक **'Future Shock'** में भविष्य की शिक्षा के सम्बन्ध में गहराई से चिन्तन किया है। यूनेस्को द्वारा गठित अन्तर्राष्ट्रीय शिक्षा आयोग **'Learning the Treasure Within'** ने इक्कीसवीं शताब्दी में शिक्षा के प्रतिरूप पर प्रकाश डालते हुए कहा है कि भविष्य के लिए शिक्षा की वर्तमान नीतियों तथा विधियों में परिवर्तन आवश्यक है। विज्ञान तथा तकनीकी के माध्यम से हम अपनी शिक्षा प्रणाली को 21वीं शताब्दी के लिए तैयार कर सकते हैं। सूचना तथा सम्प्रेषण तकनीक में आये ताज़ा बदलाव शिक्षा की अलख जगा सकते हैं।

शैक्षिक असमानता और सामाजिक गतिशीलता (Educational Inequality and Social Mobility)

यद्यपि यह एक तथ्य है कि सभी मनुष्य योग्यता और दक्षता में समान नहीं हैं। ऐसे समाज की कल्पना करना भी अविवेकपूर्ण और आदर्शहीन होगा जो अपने सभी सदस्यों को एक समान स्थिति और लाभ प्रदान कर सके। फिर भी उनके उद्देश्यों और आकांक्षाओं की प्राप्ति के लिए सभी लोगों को समान अवसर प्रदान करना आवश्यक है। यहाँ हम लोगों के बीच आर्थिक असमानता की बात नहीं कर रहे हैं, बल्कि उस असमानता की चर्चा कर रहे हैं, जिसे आन्द्रे बेते ने (Andre Beteille— **Inequality Among Men,** 1977 : 3) **'अस्तित्व की दशाओं' (Conditions of Existence)** में असमानता कहा है। इस प्रकार हम न तो प्रकृति आधारित असमानताओं की (अर्थात् आयु, स्वास्थ्य, शारीरिक शक्ति या मस्तिष्क के गुणों की) बात कर रहे हैं और न 'प्रकार' (Type) पर आधारित समाजों की जैसे, आदिवासी, कृषि और औद्योगिक समाज, बल्कि गुणों और कार्यों या उन कारकों में असमानता की जो मनुष्य को स्थिति और शक्ति प्राप्त करने के योग्य बनाते हैं।

अतः उस समाज का प्रयत्न, जो अवसरों की समानता के लिए कटिबद्ध है, अधिकतर सेवाएँ करने का रूप ले लेता है, जो समाजीकृत सामुदायिक सेवाओं और शैक्षिक सुविधाएँ प्रदान करके आर्थिक पृष्ठभूमि में असमानता की क्षतिपूर्ति करते हैं। वास्तव में, इस प्रकार की सुविधाएँ पर्याप्त रूप से व सबको प्रदान करने के मार्ग में कठिनाइयाँ हैं। भारत जैसे समाज के लिए यह लगभग असम्भव है कि उन सभी को मुफ्त शिक्षा प्रदान की जाये जो इससे लाभान्वित होना चाहते हैं, सिवाय चयनित स्तरों के, या यों कहिए प्राथमिक स्तर तक या ज़रूरतमन्द और योग्य बच्चों को। इससे पुनः एक प्रकार से अवसरों की असमानता का उदय होता है। जहाँ ज़रूरतमन्द लोगों के बच्चे शिक्षा प्राप्त कर सकते हैं, यदि वे योग्य हों, वहीं सम्पन्न लोगों के बच्चे तभी तक स्कूल जा सकते हैं जब तक वे शुल्क देते रहें।

सामाजिक स्थिति सुधारने के लिए अवसर की समानता नवीनतम विचार है, जो कि व्यक्ति के जीवन में प्रदत्त स्थिति के महत्त्व को अस्वीकार करने के बाद अर्जित स्थिति के महत्त्व को मान्यता देकर स्वीकार किया गया है। एम.एस. गोरे ने भी कहा है कि सामाजिक गतिशीलता तभी सम्भव हो पायी है जब से व्यक्ति की स्थिति आनुवंशिक बन्धनों से मुक्त हुई है (M.S. Gore— **Indian Education,** 1994 : 29)। उनका कहना है कि प्रौद्योगिकी विशेषज्ञता अर्जित करना, उच्च प्रशासनिक पद ग्रहण करना, और नये धन्धे सीखना, धन की सफलता और समाज में सम्मान प्राप्त करने के लिए कुछ कार्य-क्षेत्र हैं। योग्यता और श्रेष्ठता प्राप्त करना केवल शिक्षा से ही सम्भव है। यद्यपि शिक्षा सभी लोगों को उच्च स्थिति और उच्च पद पर पहुँचने की गारण्टी नहीं देती, फिर भी शिक्षा के बिना सामाजिक गतिशीलता प्राप्त करना सम्भव नहीं होता। एम.एस. गोरे (1994 : 30) का मानना है कि शिक्षा तीन प्रकार से अवसरों को समान करने की भूमिका अदा करती है: (1) उन सभी व्यक्तियों के लिए शिक्षा सम्भव बनाकर जिनकी इच्छा शिक्षित होने की है और उस सुविधा का लाभ उठाने की है, (2) शिक्षा की ऐसी विषय-वस्तु का विकास करके जो वैज्ञानिक तथा वस्तुपरक दृष्टिकोण विकसित करेगी और (3) धर्म, भाषा, जाति, वर्ग आदि पर आधारित परस्पर सहिष्णुता का वातावरण पैदा करके। समाज में सभी व्यक्तियों को सामाजिक गतिशीलता के लिए समान अवसर प्रदान करने में अच्छी शिक्षा प्राप्त करने के समान अवसर प्रदान करना महत्त्वपूर्ण बात है। वास्तव में, केवल शिक्षा ही सामाजिक गतिशीलता का मार्ग नहीं है, तथा वर्ग, सांस्कृतिक पृष्ठभूमि और माता-पिता का सहारा, आदि भी महत्त्वपूर्ण कारक हैं, जो अवसरों को प्रभावित करते हैं। लेकिन शिक्षा का अभाव निश्चित रूप से गतिशीलता के लिए अवरोध सिद्ध होता है। जैसे कि पहले भी कहा जा चुका है कि अवसर की समानता प्रदान करने में प्रयासरत समाज केवल चुनिंदा लोगों को ही शैक्षिक सुविधाएँ प्रदान करता है।

हमारे समाज के वे लोग जो लाभों से वंचित रहते हैं (जैसे, SCs, STs, OBCs, स्त्रियाँ और धार्मिक अल्पसंख्यक) शोषण के कारण बड़े कष्ट सहते रहे हैं क्योंकि वे अशिक्षित हैं। शिक्षा में क्षेत्रीय, ग्रामीण-शहरी, लिंग और जातिगत

असमानताओं, स्कूल और कॉलेजों में प्रवेश में असन्तुलनों और असमानताओं पर कुछ अध्ययन किये गये हैं। इन सभी अध्ययनों ने लाभों से वंचित लोगों के स्तर और पहचान पर शिक्षा के प्रभाव को इंगित किया है।

शिक्षा : सामाजिक गतिशीलता का एक उत्प्रेरक अभिकरण (Education: A Catalytic Agent of Social Mobility)

शिक्षा का सबसे बड़ा उद्देश्य सामाजिक परिवर्तन लाना है। गुन्नार मिर्डल ने एशिया के देशों के अध्ययन (**Asian Drama: An Inquiry into the Poverty of Nations,** 1968) में बताया है कि इन देशों में शिक्षा आधुनिकीकरण लाने के लिए है। यह समझा जाता है कि यदि शिक्षा का प्रसार समाज के निम्न तबकों तक पहुँच जाये तब परिवर्तन लाना सहज और सरल हो जायेगा। इसी विश्वास के साथ शिक्षा को आधुनिक समाज का आधार तत्त्व समझा जाता है। शिक्षा के माध्यम से सम्पूर्ण सामाजिक संरचना, अर्थात् परिवार, जाति, नातेदारी, गाँव और शहर में परिवर्तन आता है और दूसरी ओर, सामाजिक संरचना के ये तत्त्व ही शिक्षा व्यवस्था को बनाते व बिगाड़ते हैं।

शिक्षा एक ऐसा उत्प्रेरक एजेण्ट है, जो समाज में गतिशीलता लाता है। परिवार को बदलता है, जाति-व्यवस्था के सोपान को बिगाड़ता है, प्रदत्त और अर्जित स्थिति के अन्तर को कमजोर कर देता है। शिक्षा से ही यह जाग्रति आती है कि प्रदत्त स्थिति तो केवल जैविकीय है। वास्तविकता तो अर्जित स्थिति में है। जी.एस. घूर्ये (G.S. Ghurye) ने अछूतों में आने वाले परिवर्तन का उल्लेख किया था। उन्होंने कहा कि इस औद्योगिक समाज में अछूतों में जो परिवर्तन आया है उसमें आधुनिक शिक्षा की महत्त्वपूर्ण भूमिका रही है।

जब यह प्रश्न उठता है कि शिक्षा के माध्यम से सामाजिक गतिशीलता किस भाँति आती है, तब इसका सीधा सम्बन्ध शिक्षा के प्रकार के साथ जुड़ जाता है। आज का समाज वस्तुत: एक औद्योगिक समाज है और इस कारण हमारी शिक्षा भी अत्यन्त विशेषीकृत हो गयी है। इसी अनुपात में नये व्यवसायों का भी उदय हुआ है। आज निर्माण, बिजली तथा मशीनों से सम्बद्ध इंजीनियरों के स्थान पर प्राय: पचासों तरह के इंजीनियर हैं, जो मोटर, हवाई जहाज, पानी जहाज, इस्पात के कारखानों, कपड़े के कारखानों आदि के संचालन में सहायक होते हैं। इसी तरह आयुर्विज्ञान तथा औषधिविज्ञान के क्षेत्र में शरीर के प्राय: हर अंग से सम्बन्धित विशिष्ट पाठ्यक्रम और डॉक्टर हैं।

व्यावसायिक शिक्षा द्वारा नये व्यवसायों के उदय, अवसर की समानता, नये उद्योगों के विकास और आधुनिक यातायात के कारण भौतिक अथवा भौगोलिक गतिशीलता बढ़ी है। भौगोलिक गतिशीलता की यह प्रक्रिया राष्ट्रीय और अन्तर्राष्ट्रीय दोनों स्तरों पर दिखाई देती है। देश के अन्दर ही व्यक्ति अपने जन्म के स्थान को छोड़कर दूसरे प्रदेशों में शिक्षा, अवसर और जीविका की तलाश में जाता है। दूसरी ओर, एक देश से दूसरे देश में भी लोग उपर्युक्त वार्त्ता के लिए प्रवास करते हैं। सारी दुनिया में काफी प्रवासी भारतीय डॉक्टर, इंजीनियर के रूप में काम कर रहे हैं।

सामाजिक गतिशीलता का एक अन्य पहलू भी है, जिसे समाजशास्त्रियों ने व्यावसायिक गतिशीलता कहा है। जहाँ तक शिक्षा और विभिन्न पीढ़ियों में गतिशीलता का प्रश्न है, इसके अनेक उदाहरण भारतीय समाज में मिल सकते हैं। कुछ ऐसे समाजशास्त्रीय अध्ययन हैं, जो बताते हैं कि पहली पीढ़ी से नीचे उतरने पर आने वाली पीढ़ियों में व्यवसाय शिक्षा के कारण बदल जाता है। नौकरी में आने के बाद उच्च शिक्षा की प्राप्ति व्यावसायिक गतिशीलता में अपनी ही पीढ़ी में होने वाला परिवर्तन स्पष्ट रूप से दिखाई देता है। शिक्षा प्राप्त करने के बाद लोग परम्परागत व्यवसाय को छोड़ देते हैं। नयी पीढ़ी की रुचि अब पुरोहिती करने को तैयार नहीं है। शिक्षा ने जीवन को देखने के सम्पूर्ण दर्शन को ही बदल दिया है। यह बहुत स्पष्ट है कि आधुनिक शिक्षा और स्वाभाविक गतिशीलता के इस सिद्धन्त के कारण व्यक्ति को अपनी सामाजिक स्थिति को सुधारने और उपलब्धियों के नये क्षेत्रों को खोजने में जहाँ सहायता मिली है, वहीं शिक्षा ने शिक्षित और अशिक्षित लोगों के बीच की सामाजिक असमानता को बढ़ाया है। विशेषीकृत शिक्षा ने आज नयी सामाजिक स्थिति को जन्म दिया है। आज एक परिवार के अन्तर्गत यह देखने को मिलता है यदि एक भाई खेती

का काम करता है, तो दूसरा किसी कार्यालय में बाबू का और तीसरा चिकित्सक का। तीनों की सामाजिक पृष्ठभूमि एक ही है फिर भी शिक्षा ने उनके व्यक्तिगत और सामाजिक स्तर में अन्तर कर दिया है।

भारतीय समाज आधुनिकता के पूरे दौर में आ गया है। आज शिक्षा ने जो नयी वैचारिकी (Ideology) दी है उसने भारतीय समाज में निर्णायक परिवर्तन प्रस्तुत किया है। सम्पूर्ण विश्व के साथ अब हमारे जो सम्बन्ध हुए हैं उन्होंने सबसे बड़ा परिवर्तन मूल्यों के क्षेत्र में पैदा किया है। हमारे मूल्य जो परम्परागत होते हैं उन्हें हम शिक्षा के माध्यम से एक पीढ़ी से दूसरी पीढ़ी तक पहुँचाते हैं। शिक्षा का मात्र यही काम नहीं है, बल्कि शिक्षा नयी संस्कृति के अनुकूलन पर भी ज़ोर देती है। होता यह है कि विदेशी सांस्कृतिक मूल्यों के सम्पर्क में आने के कारण हमारे स्थानीय और क्षेत्रीय मूल्य भी बदल जाते हैं। अब हम भौतिक सम्पत्ति पर ज़ोर देते हैं, समुदायों के संगठन पर ध्यान देते हैं और नयी विचारधारा को जन्म देते हैं। इसके दो परिणाम होते हैं: पहला तो यह कि आयातित विचारधारा हमारी सामाजिक संरचना और उसके मूल्यों को बदलती है और दूसरा यह कि स्वयं हमारी सामाजिक संरचना इन मूल्यों में संशोधन करती है। इसके परिणामस्वरूप समाज के बारे में हमारा एक नया दृष्टिकोण उत्पन्न होता है। मूल बात यह है कि प्रत्येक विचारधारा का समाज के बारे में एक निश्चित दृष्टिकोण होता है।

आधुनिक शिक्षा ने एक विचारधारा प्रस्तुत की है। इसके अनुसार भारत का हित एक ऐसे समाज के निर्माण में है, जहाँ निजीकरण, पूँजीवाद, बाज़ार तथा एकाधिक संस्कृतियों को प्रोत्साहन मिले। स्पष्ट है कि यह विचारधारा लोकतान्त्रिक-पूँजीवादी है। इसे हमें आधुनिक शिक्षा ने दिया है। शिक्षा एक दूसरा दृष्टिकोण भी प्रस्तुत करती है। इसके अनुसार हमारी संस्कृति एक महान् सभ्यता की देन है। हमें अतीत को अपनाना है, उसे गौरवशाली बनाना है। तीसरी विचारधारा समाजवादी या मार्क्सवादी है। यह विचारधारा बाज़ार को स्वीकार नहीं करती है। बाज़ार राज्य के नियन्त्रण में रहना चाहिये। वे विचारक जो शिक्षा को सामाजिक परिवर्तन के साथ जोड़ते हैं दो बातों पर पूरा ज़ोर देते हैं। पहली बात तो यह है कि शिक्षा कभी भी निरपेक्ष (Neutral) नहीं होती, इसमें विचारधारा होती है। दूसरी बात यह है कि शिक्षा के साथ में कई विचारधाराएँ और मूल्य जुड़े होते हैं। यह विचारधारा पहली विचारधारा का ही सावयवी (Organic) अंग है। जब शिक्षा आती है, तो वह विचारधारा को अपने साथ लाती है और इस विचारधारा में मानक और मूल्य होते हैं। ये मानक और मूल्य ही सामाजिक परिवर्तन के कारक होते हैं। अन्त में यह अवश्य कहा जाना चाहिए कि सामाजिक परिवर्तन का विश्लेषण केवल एक कारक से यानी शिक्षा से ही नहीं किया जा सकता। सामाजिक परिवर्तन के पीछे कई कारक होते हैं। लेकिन इन कारकों में शिक्षा के कारक को प्रभावी कारक समझा जाता है। इसके लिए हमारे देश के इतिहास में कई दृष्टान्त हैं। अंग्रेज यहाँ पर आये और उन्होंने अपनी शिक्षा नीति में अंग्रेजी को पाठ्यक्रम में सम्मिलित किया। यह इसी पाठ्यक्रम के कारण है कि हमारे यहाँ लोकतन्त्र, समानता, सामाजिक न्याय आदि अवधारणाएँ आयी हैं। सामाजिक परिवर्तन की मुख्य पूँजी शिक्षा व्यवस्था है।

शिक्षा और आधुनिकीकरण (Education and Modernization)

शिक्षा और सामाजिक परिवर्तन के बीच सम्बन्धों के विश्लेषण में प्रश्न यह उठता है कि शिक्षा सामाजिक परिवर्तन किस प्रकार करती है। शिक्षा और आधुनिकीकरण के बीच सम्बन्धों के विश्लेषण में मुख्य प्रश्न यह है कि किस प्रकार की शिक्षा और किन दशाओं में यह समाज में आधुनिकीकरण की प्रक्रिया को पैदा करेगी और उसे दृढ़ करेगी ? शिक्षा को समाजीकरण की एक प्रमुख एजेंसी के रूप में और शिक्षकों तथा शैक्षिक संस्थाओं को एजेण्ट के रूप में स्वीकार किया गया है। शिक्षा को सामाजिक परिवर्तन के एक साधन के रूप में बताने में तीन कारक महत्त्वपूर्ण हैं: परिवर्तन का एजेण्ट, परिवर्तन की विषय-वस्तु, और उन लोगों की सामाजिक पृष्ठभूमि जिनका परिवर्तन किया जाना है, अर्थात् छात्रगण। विभिन्न समूहों के नियन्त्रण वाली शिक्षण संस्थाएँ उन समूहों के मूल्यों को प्रदर्शित करती हैं, जो उन संस्थाओं का प्रबन्ध एवं समर्थन करती हैं। ऐसी स्थिति में शिक्षक भी बच्चों में विशेष मूल्य, आकांक्षाएँ और अभिरुचियाँ पैदा

करते हैं। इस प्रकार परिवर्तन के साधन के रूप में शिक्षकों की भूमिका का विश्लेषण करने के लिए हमें उन तीन प्रकार की शिक्षण संस्थाओं को याद रखना होगा जो स्वतन्त्रता से पूर्व भारत से पूर्व भारत में विद्यमान थीं: एक, जो वैदिक दर्शन सिखाना चाहती थीं (गुरुकुल), दो, जो शिक्षा के भारतीयकरण पर ध्यान देती थीं, तीन, वे जो पश्चिमी प्रकार की शिक्षा प्रदान करना चाहती थीं। दूसरे और तीसरे प्रकार की संस्थाओं का विश्वास था कि अंग्रेजी की शिक्षा, विशेष रूप से हाईस्कूल स्तर पर, सामाजिक मूल्यों में परिवर्तन कर सकेगी। वे समाज सुधारक जो अंग्रेजी पढ़े-लिखे थे, जाति प्रतिबन्धों की समाप्ति, स्त्रियों की समानता, बुरी सामाजिक प्रथाओं और रिवाज़ों से छुटकारा, देश के शासन में भागीदारी, लोकतांत्रिक संस्थाओं की स्थापना आदि पर बल देते थे। वे समाज को बदलने के लिए शिक्षा के माध्यम से उदार दर्शन सिखाना चाहते थे। दूसरे शब्दों में वे शिक्षा को ऐसी ज्ञान की ज्योति मानते थे जो अज्ञान के अन्धकार को दूर करती है। परन्तु यह सन्देहास्पद है कि शिक्षकों ने स्कूलों और कॉलेजों, दोनों में– मूल्यों के उदारवाद को स्वीकार किया और तदनुसार शिक्षा दी। अत: शिक्षण संस्थाओं ने सामाजिक एकता, राजनीतिक लोकतन्त्र और तर्कसंगतता का संदेश छात्रों तक नहीं पहुँचाया। स्वतन्त्रता के पश्चात् ही लोकप्रिय लोकतन्त्र की अवधारणा स्वीकार की गयी जब यह माना गया कि समतावाद, धर्म निरपेक्षतावाद, व्यक्तिवाद, समाजवाद, मानववाद, जाति संस्था का अवमूल्यन और ब्राह्मणों की श्रेष्ठता में ह्रास, आदि उद्देश्यों को शिक्षा के माध्यम से प्राप्त किया जा सकता है और यह कार्य स्कूलों और कॉलेजों में शिक्षा की विषय सामग्री बदल कर ही किया जा सकता है।

आधुनिकीकरण के मूल्यों को फैलाने के लिए शिक्षा के उपायों पर बल देने की बात 1960 और 1970 के दशकों के बाद समझी जाने लगी। अत्यधिक उत्पादक आर्थिक पद्धति, वितरणशील न्याय, निर्णय करने वाली संस्थाओं में लोगों की भागीदारी, उद्योगों, कृषि तथा अन्य व्यवसायों और पेशों में वैज्ञानिक प्रौद्योगिकी का वरण, आदि भारतीय समाज को आधुनिक बनाने के उद्देश्यों के रूप में स्वीकार किये जाने लगे। इन लक्ष्यों को उदार शिक्षा के माध्यम से प्राप्त किया जाना था। इस प्रकार आधुनिकीकरण को तर्कसंगत मूल्य व्यवस्था पर आधारित आन्दोलन या दर्शन के रूप में नहीं वरन् एक प्रक्रिया के रूप में स्वीकार किया गया जो कि हमारे समाज की विशेषता मानी जाये। इस प्रकार आधुनिकीकरण केवल आर्थिक क्षेत्र तक ही सीमित नहीं रहना था, बल्कि सामाजिक, राजनीतिक, सांस्कृतिक तथा धार्मिक क्षेत्र में भी प्राप्त किया जाना था। शिक्षा को आधुनिकता के विस्तार के लिए एक मार्ग के रूप में उपयोग किये जाने का प्रयत्न था।

समस्या यह है कि सामाजिक-राजनीतिक रूपरेखा व आधुनिकीकरण के मूल्यों के विषय में हमारे समाज के अभिजात वर्ग में स्पष्ट असहमति है। अत: प्रश्न यह है कि आधुनिकीकरण के मूल्यों को कौन समझायेगा? शिक्षा कौन देगा? यदि परिवर्तन करने वाले स्वयं परम्परावादी हैं और स्वयं अपने जीवन में आधुनिक मूल्यों को नहीं अपनाते, तो छात्रों को किस प्रकार वे इन मूल्यों को प्रदान करेंगे? इतने पर भी अनेक शिक्षा आयोग और 1986 की नयी शिक्षा नीति ने असाधारण स्पष्टता से आधुनिक समाज की विशेषताओं और मूल्यों को उजागर किया है, तथापि शिक्षा के माध्यम से आधुनिकीकरण का मार्ग इतना सरल नहीं है। आधुनिकीकरण के विशिष्ट मूल्यों (जैसे, धर्मनिरपेक्षता, व्यक्तिवाद, समाजवाद और समतावाद, आदि) की वैधता पर सहमति के अभाव में हम आधुनिकीकरण के लक्ष्य को प्राप्त करने की उम्मीद कैसे करें? अत: यह निष्कर्ष निकाला जा सकता है कि आधुनिक प्रभावों को प्रसारित करने के लिए एक साधन के रूप में शिक्षा का उपयोग एक ऐसा प्रकरण है, जो गम्भीर चिन्तन चाहता है।

अनेक समाजशास्त्रियों ने एस.सी. दूबे (1971), एम.एस. गोरे (1971), ए.बी. शाह (1973), ए.आर. देसाई (1974), एन. जयराम (1977), करुणा अहमद (1979) आदि सामाजिक पुनर्गठन और आधुनिकीकरण के लिए शिक्षा को एक साधन के रूप में मानने के विषय पर ध्यान दिया है। करुणा अहमद ने कहा है कि यद्यपि औपचारिक शिक्षा लोगों की अभिरुचियों और मूल्यों में ज्ञान के परिवर्तन के माध्यम से वैचारिक परिवर्तन करने में महत्त्वपूर्ण भूमिका अदा कर सकती है, फिर भी समाज में संरचनात्मक परिवर्तन लाने में इसका प्रभाव सीमित ही है। ऐसी शिक्षा में विद्यमान प्रचलनों और कार्यविधियों तथा यथास्थिति में रुचि रखने वाले स्वार्थी लोगों के बीच सम्बन्धों के कारण है। सुमा चिटनिस (Suma

Chitnis, 1978) ने भी विकास के साधन के रूप में शिक्षा की अनियमित कार्य-प्रणाली की ओर संकेत किया है। ए.आर. देसाई (1974) ने सामाजिक परिवर्तन कें साधन के रूप में शिक्षा की मान्यता पर प्रश्नचिह्न लगाया है। उनका मानना है कि स्वतन्त्रता के बाद शिक्षा को वांछित परिणाम प्राप्त करने के उद्देश्य से तैयार नहीं किया गया है। उन्होंने सामाजिक गतिशीलता और समानता के लक्ष्य को प्राप्त करने में शिक्षा की नीतियों तथा वित्त और कोष आवंटन की नीतियों की आलोचना की है। ए.आर. देसाई के समर्थन में अनुसूचित जातियों, जनजातियों, स्त्रियों और अल्पसंख्यकों की शिक्षा के उदाहरण दे सकते हैं, जो उनकी स्थिति को ऊपर उठाने में असफल रही है। अशिक्षित युवकों की बेरोज़गारी और अल्प रोज़गारी युवाओं की आकांक्षाओं की पूर्ति में शिक्षा की असफलता का एक उदाहरण है। ग्रामीण क्षेत्रों में विकास और ग़रीबी मिटाने में असफलता एक और उदाहरण है। जब तक शक्ति के मौजूदा वितरण की रूपरेखा को तोड़ा नहीं जाता और ग़रीबों के प्रति नीतियों में परिवर्तन नहीं किया जाता, तब तक परिवर्तन के लिए संसाधन जुटाना कठिन ही बना रहेगा। सामाजिक परिवर्तन के लिए उच्च शिक्षा में भी परिवर्तन आवश्यक है।

इक्कीसवीं सदी का भारत और शिक्षा : एक परिदृश्य

इक्कीसवीं सदी विश्व के रंगमंच पर बुनियादी परिवर्तन लाने वाली है। इसमें पूँजी, शक्ति तथा वर्चस्व की परिभाषा बदल जायेगी। कल का समाज 'ज्ञान का समाज' होगा। स्वभावत: कल के बाज़ार भी 'ज्ञान के बाज़ार' होंगे। आज मानव जाति शिक्षा को एक अपरिहार्य सम्पदा के रूप में देख रही है। शिक्षा व्यक्तिगत एवं सामाजिक विकास की मूलभूत भूमिका में सामने आ रही है। किसी भी व्यक्ति, समाज अथवा राष्ट्र की शक्ति का निर्धारण उसके ज्ञान की पूँजी के आधार पर होगा। कल के युद्ध तोप, टैंक या मिसाइल से नहीं, बल्कि 'सूचना और ज्ञान' की ताकत से बाज़ार में लड़े जायेंगे, जैसा कि पेटेंट कानून को लेकर संघर्ष शुरू हो गया है। विश्व में यह नाटकीय बदलाव दिखाई देने लगा है। लगभग दो सदी से तेल-व्यापार की बदौलत विश्व के धनाढ्य व्यक्तियों में सर्वोच्चता बनाये रखने वाले जॉन रॉकफेलर और ब्रुनेई के सुल्तान अपना स्थान खो चुके हैं। आज ज्ञान की उद्यमिता के बल पर बिल गेट्स विश्व का एक धनाढ्य व्यक्ति बन गया है। इस प्रकार, 'ज्ञान और सूचना' विश्व की सर्वोत्तम पूँजी बनने वाली है।

नयी सदी में विश्व के राष्ट्रों ने अपनी कार्य योजना पर काम करना शुरू कर दिया है। कई विकसित राष्ट्रों ने मानव संसाधन के विकास की अपनी योजना, संसाधन और आवश्यकता की समीक्षा की है। 'इक्कीसवीं सदी की दृष्टि' पर आयोग-प्रतिवेदन तैयार कराये गये हैं। मानव संसाधन की आवश्यकता के परिप्रेक्ष्य में कई राष्ट्रों में पहले से ही काम चल रहे हैं। इंग्लैण्ड और फ्रांस जैसे विकसित देशों ने अपनी शिक्षा-व्यवस्था की संरचनात्मक मज़बूती के वास्ते बजट प्रावधान में भारी वृद्धि कर दी है।

आज विश्व पैमाने पर चल रही बहस में एक आम सहमति यह दिखलायी पड़ती है कि शिक्षा को कुछ विशिष्ट तबकों या समाज के एक खास हिस्से तक सीमित रखने से ज्ञान की पूँजी का व्यापक निर्माण सम्भव नहीं है। कुछ वैज्ञानिकों और तकनीकी शिक्षा सम्पन्न व्यक्तियों के भरोसे नयी सदी की आवश्यकता की पूर्ति सम्भव नहीं है, इसलिए इक्कीसवीं सदी के लिए व्यापक शिक्षा की माँग की जा रही है। सबके लिए शिक्षा तथा आजीवन शिक्षा की अवधारणा मूल बिन्दु बनकर उभरी है। समझ बनी है कि शिक्षण व्यवस्था का व्यापक उद्देश्य ऐसे मनुष्यों का सृजन करना होना चाहिये जो नये काम को करने में सक्षम हों यानी जो दूसरे लोगों के कार्यों को मात्र दुहरायें नहीं। साथ ही ऐसे मनुष्यों का सृजन करना जो रचना, अनुसन्धान और आविष्कार कर सकें, जिनके मस्तिष्क समीक्षा तथा परीक्षण करने में दक्ष हों, जो दूसरे के विचारों को तर्क के जरिये परखने में समर्थ हों। यह लक्ष्य नागरी समाज की व्यापक भागीदारी एवं शिक्षा की व्यापक साझेदारी से ही सफल बनाया जाना सम्भव है।

जो समाज अपने इतिहास से नहीं सीखता, उसे निन्दित होना पड़ता है। आज भारत अपने इतिहास से सीखने के प्रति तत्पर नहीं दीखता। थाइलैंड, इंडोनीजिया, कोरिया जैसे छोटे-छोटे और कल के पिछड़े देश आज विकसित राष्ट्रों के साथ होड़ ले रहे हैं, वहीं भारत अपनी पूरी आबादी को बुनियादी शिक्षा तथा स्वास्थ्य की सुविधा उपलब्ध कराने में असफल है। आज़ादी के 65 वर्षों के बाद भी देश की एक बहुत बड़ी आबादी निरक्षर है। हमारे देश में 1951 में साक्षरता दर 16.7 प्रतिशत थी जो 2011 में बढ़कर 74 प्रतिशत तक पहुँची है। दूसरी ओर, बच्चों की एक बहुत बड़ी आबादी स्कूल से आज भी बाहर है। स्कूलों में दाखिल बच्चों में विशेषकर लड़कियों में छीजन की समस्या गंभीर बनी हुई है। इससे बिहार की स्थिति दूसरे राज्यों की तुलना में बदतर है। 'सबके लिए शिक्षा' का लक्ष्य महज एक कोरी कल्पना है। बिहार में चरवाहा विद्यालय खोलकर चमार, डोम एवं मुसहर जाति की आबादी वाले क्षेत्रों में झुग्गी-झोपड़ी विद्यालय आरम्भ कर हम भले ही उन्हें अक्षर ज्ञान करा दें, मगर इससे हम कुछ भी राष्ट्रीय हित में हासिल नहीं कर पायेंगे। दो-चार वर्ष विद्यालय में अक्षर-ज्ञान सीखकर ये बच्चे फिर घर बैठने के लिए बाध्य हो जायेंगे और एक-दो वर्ष में सारी पढ़ाई भूलकर फिर निरक्षरता की श्रेणी में खड़े हो जायेंगे। इस वास्तविकता से मुँह हम कैसे मोड़ सकते हैं। ऐसी स्थिति में सन् 2015 तक पूर्ण साक्षरता की बात करना आत्मतुष्टि के अलावा कुछ नहीं है।

शिक्षा और साक्षरता के क्षेत्र में ख़तरनाक पहलू यह सामने आया है कि वर्ष 2011 की जनगणना के अनुसार शहर और गाँव के मध्य साक्षरता दर में 16 प्रतिशत का अन्तर बना हुआ है। भारत जैसे विशाल जनसंख्या वाले देश के सन्दर्भ में यह भयानक अन्तर है। दलित-वंचित-पिछड़े समुदाय के बहुत बड़े हिस्से की शिक्षा तक पहुँच नहीं बन पायी है। लगभग 45 प्रतिशत आदिवासी और 35 प्रतिशत दलित अब भी निरक्षरता के अन्धकार में जीने के लिए अभिशप्त हैं। इसका दुखद पहलू यह है कि इन समुदायों के साक्षरों में भी सातवीं कक्षा से आगे की पढ़ाई करने वालों की संख्या नगण्य है। दूसरी तरफ, महिला साक्षरता दर बहुत ही धीमी गति से बढ़ रही है। शहर हो या गाँव, सभी जगह महिला शिक्षा के प्रति उदासीनता व्याप्त है।

केन्द्रीय सरकार हो या राज्य सरकारें, कहीं भी इक्कीसवीं सदी की चुनौतियों के परिप्रेक्ष्य में गम्भीर चिन्तन और चिन्ता का अभाव दीख रहा है। विश्व में मची 'सूचना और ज्ञान' की होड़ में भारत कहीं खड़ा नहीं दीखता। कोठारी आयोग (1965–66) ने शिक्षा पर सरकारी व्यय बढ़ाने की सिफारिश की थी। उसके बाद 47 साल गुज़र गये, लेकिन आज भी शिक्षा पर घरेलू सकल उत्पाद का छह प्रतिशत खर्च करने का लक्ष्य नहीं हासिल किया जा सका है। यह सब भावी भारत के अस्तित्व के सामने गम्भीर चुनौतियाँ हैं। साथ ही हर एक संवेदनशील नागरिक के लिए चिन्ता का विषय है।

यह निश्चित है कि हर एक सरकार को अनेक प्रकार के दायित्व पूरे करने होते हैं, लेकिन संवदेनशील सरकारें भविष्य की चुनौतियों का सामना करने के लिए उनमें से प्राथमिकताएँ तय करती हैं। इक्कीसवीं सदी की चुनौती के सन्दर्भ में आज निस्सन्देह शिक्षा पहली श्रेणी की प्राथमिकता है। मानव संसाधन निर्माण पर व्यय एक दीर्घकालिक पूँजी-व्यय है। पहले इसको पूँजीगत व्यय नहीं माना जाता था, लेकिन आज शिक्षा 'ज्ञान और सूचना की पूँजी' का आधार बन गयी है। दरअसल, शिक्षा पर व्यय का परिणाम तुरंत अथवा पाँच-दस वर्षों में सामने नहीं आता, लेकिन यह परिणाम की एक ऐसी निरन्तरता को जन्म देता है, जो सदियों के भाग्य को बदलने में समर्थ होता है। आज देश में सर्वप्रथम सबके लिए शिक्षा और व्यापक मानव संसाधन विकास के लक्ष्य को तय करने के साथ उसको प्राप्त करने की दृढ़ इच्छा-शक्ति की ज़रूरत है, लेकिन चाह ही काफी नहीं है। इसके लिए सुचिंतित योजना और ठोस रणनीति के साथ सफलता के लिए मूल्य चुकाना भी ज़रूरी है।

दूसरी तरफ, शिक्षा के क्षेत्र में प्राप्त सफलता का पूरा लाभ नहीं मिल पा रहा है। शिक्षा को उद्यम के रूप में विकसित नहीं किये जाने के कारण यह दूसरा सबसे गम्भीर संकट बनकर उभरा है। शिक्षा सम्पन्न व्यक्ति अपनी शिक्षा की सार्थकता को नौकरी पा जाने के नज़रिये से देखता है। वस्तुतः शिक्षा ग्रहण करने के पीछे मुख्य उत्प्रेरक शक्ति नौकरी की प्राप्ति बनी हुई है। इस प्रकार, शिक्षा से प्राप्त ज्ञान को उद्यम की संस्कृति में नहीं ढाले जाने के कारण

ज्ञान के उपयोग का संकट खड़ा हो गया है। इसके कारण अनुभव आधारित विकास की प्रक्रिया भी अवरुद्ध हो रही है। देशज ज्ञान के तीव्र विकास के लिए 'ज्ञान एवं सूचना' का व्यापक प्रयोग होना ज़रूरी है। इसके लिए ज्ञान एवं सूचना के प्रयोग की उद्यमिता का विकास आवश्यक है। तभी कृषिशास्त्र का एक स्नातक नौकरी नहीं मिलने पर अपनी शिक्षा को बेकार नहीं समझेगा, बल्कि कृषि के क्षेत्र में अपने अर्जित ज्ञान का प्रयोग कर विकास की पूरी प्रक्रिया का मज़बूत साझेदार बनेगा और नये प्रयोग से नवाचार को बढ़ायेगा।

शिक्षा और सरकार— भारत में शिक्षा की यह बदकिस्मती ही रही है कि वह सबकी ज़रूरत और आकांक्षा होने के बावजूद न्यूनतम राजनीतिक हैसियत रखती है। सम्भवत: इसलिए यह कभी सुनाई नहीं देती कि किसी क्षेत्र का मतदाता अपने यहाँ की खराब शिक्षा सुविधाओं के कारण खिन्न, परेशान और नाराज़ है। नेताओं को फिर क्या पड़ी है, जो वे इस बाबत कुछ वादे करें। फिर भी राष्ट्रीय स्तर के राजनीतिक दलों और गठजोड़ों के घोषणा-पत्रों में शिक्षा पर कुछ कहा-सुना जा रहा है, वह इसलिए कि सैद्धान्तिक रूप से कुछ परिपाटियों को बिलकुल ही छोड़ देने का अभी वक्त नहीं आया है।

'सभी बालकों को चौदह वर्ष की आयु पूरी करने तक नि:शुल्क और अनिवार्य शिक्षा' को संवैधानिक प्रतिबद्धता के बावजूद आज भी लगभग आधे लड़के और दो तिहाई लड़कियाँ स्कूल के चारदीवारी से बाहर हैं, हालाँकि इसको लेकर विभिन्न राजनीतिक दल समय-समय पर अपने घोषणा-पत्रों में अपनी-अपनी तरह से वायदे करते आये हैं। लेकिन, संवैधानिक दायित्व का विरलीकरण करके। यानी कक्षा आठ तक की प्रारम्भिक शिक्षा को कक्षा पाँच तक की शिक्षा में समेट कर ऐसा किया जा रहा है। अनुच्छेद 45 में चौदह वर्ष की आयु पूरी करने तक अनिवार्य शिक्षा की बात कही गयी है। इसका सीधा मतलब है कम-से-कम आठ वर्ष की शिक्षा, न कि पाँच वर्ष की।

असल में इस संवैधानिक दायित्व के विरलीकरण की प्रक्रिया की शुरुआत एक तरह से 1986 की राष्ट्रीय शिक्षा नीति में देखी जा सकती है। स्वतन्त्र भारत में इस दस्तावेज़ ने पहली बार सरकारी तौर पर यह स्वीकार किया कि वह स्कूल से बाहर रह गये आधे लड़कों और दो तिहाई लड़कियों को शिक्षा औपचारिक धारा के स्कूलों के जरिए नहीं दे पायेगा और वह इसके लिए समतुल्य अनौपचारिक स्कूल खोलेगा। आठ साल की शिक्षा की जगह पाँच साल की शिक्षा को स्थापित करने का दूसरा दौर 1990 में विश्व बैंक के तत्त्वावधान में चला। नयी आर्थिक नीति के लगभग दो वर्षों के भीतर ही इसकी औपचारिक शुरुआत 'जिला प्राथमिक शिक्षा कार्यक्रम' के रूप में हो गयी थी। यह अन्तर्राष्ट्रीय एजेंसियों द्वारा वित्तपोषित कार्यक्रम है। पहले चरण में 42 जिलों, दूसरे चरण में 80 जिलों और तीसरे चरण में 27 जिलों में यह फैल चुका है। इतने व्यापक स्तर पर फैला 'जिला प्राथमिक शिक्षा कार्यक्रम' आठ वर्ष की शिक्षा के संवैधानिक दायित्व को समेटकर पाँच वर्ष की शिक्षा करने में अपनी बड़ी भूमिका निभा रहा है। पर अफसोस कि दो बड़ी राजनीतिक पार्टियों कांग्रेस और राजग के घोषणा-पत्रों में इस बात की पहचान तो दूर रही बल्कि, ये इस तरह के विरलीकरण में अपना योगदान ही दे रहे हैं।

राष्ट्रीय शिक्षा नीति 1986 (1992 संशोधन सहित) स्वयं यह मानती है कि "राष्ट्रीय शिक्षा का मूल मंत्र यह है कि एक निश्चित स्तर तक हरेक शिक्षार्थी को बिना किसी जात-पात, धर्म स्थान या लिंगभेद के लगभग एक जैसी अच्छी शिक्षा उपलब्ध हो।" इस दृष्टि से अगर हम नवोदय विद्यालय, औपचारिक विद्यालय और अनौपचारिक विद्यालय में प्रति छात्र प्रति वर्ष आनेवाले खर्च को देखें तो साफ-साफ पता चलता है कि शिक्षा की तीनों अलग-अलग परतें शैक्षिक गुणवत्ता की दृष्टि से कितनी असमान हो सकती हैं। ध्यान देने की बात है कि नवोदय विद्यालय में प्रति वर्ष प्रति छात्र खर्च (1990 के मूल्य पर आधारित) 10,000 से ऊपर, सरकारी प्राथमिक विद्यालयों में 700 के आस-पास तथा अनौपचारिक केन्द्रों में 100 के आस-पास हैं। शिक्षा में लागत के स्तर पर इतना बड़ा अन्तर भला किस तरह शिक्षा की एक समान गुणवत्ता बरकरार रखेगा यह सोचने वाली बात है।

प्रतिभाशाली छात्रों के लिए नवोदय किस्म के विद्यालय की स्थापना वस्तुत: अपनी अवधारणा में ही यह मानकर चलती है कि कुछ बच्चे जन्म से ही प्रतिभाशाली होते हैं और बाकी बच्चे जन्म से ही फिसड्डी। इनमें सामाजिक-सांस्कृतिक

और आर्थिक कारकों का योगदान नहीं होता। साथ ही यह भी अच्छी शिक्षा का हक़ सिर्फ तथाकथित जन्म से ही प्रतिभाशाली माने जाने वाले छात्रों का ही है, बाकियों का नहीं। जबकि राममूर्ति समिति (1990) स्वयं यह मानती है कि इसमें समानता और सामाजिक न्याय का प्रश्न जुड़ा है, क्योंकि अधिकतर ग्रामीण बच्चे ग़रीबी की हालत में निम्न स्तर के स्कूलों में शिक्षा पाते हैं जिससे उनकी प्रतिभा, रुझान और योग्यता का विकास सीमित हो जाता है। पाउलो फ्रेरे जैसे प्रतिष्ठित शिक्षाविद् ने अपने एक साक्षात्कार में कहा था कि उनके परिवार के पास प्रायः खाने के लिए पर्याप्त भोजन नहीं होता था, इस वजह से वे स्कूल में पिछड़ गये। परन्तु राजनीतिक दलों को इससे कोई लेना-देना नहीं है। यही वजह है कि सैद्धान्तिक तौर पर तो वे सामाजिक न्याय की बात करते हैं परन्तु इसे जमीनी रूप देने वाले कार्यक्रमों में इसकी झलक नहीं मिल पाती।

REFERENCES

Apple, Michael W., **The Routledge International Handbook of Sociology of Education**, New York: Routledge, 2010.

——, **The Routledge International Handbook of Critical Education,** New York: Routledge, 2009.

Beteille, Andre, **Inequality Among Men**, New Delhi: Oxford University Press.

Dube, S.C., **Tradition and Development**, New Delhi: Vikash Publishing House, 1990.

Gore, M S., **Indian Education: Structure and Process**, Jaipur: Rawat Publication, 1994.

Illich, Ivan , **Deschooling Society**, New York: Harper & Row, 1971.

Kanal, Satewan P., **Dialogues on Indian Culture**, Delhi: Panchal Press Publications, 1955.

Singh, J.P., 'Universalization of Education in India: Promise and Performance', **Man and Development**, Vol XXVII (1), March 2005: 103–124.

——, 'The State of Universal Education in India', **Journal of Educational Planning and Administration**, Vol XVI (4), October 2002: 471–482.

Young, Michael, **The Rise of the Meritocracy, 1870–2033: An Essay on Education and Equality**, London: A Pelican Book, 1958.

24

जनसंख्या एवं समाज
(Population and Society)

यद्यपि जनसंख्या सम्बन्धी सूचनाएँ प्राचीन काल से एकत्र की जाती रही हैं, किन्तु उनका सांख्यिकीय विश्लेषण बीसवीं सदी की ही देन है। प्रारम्भ में जनसंख्या सम्बन्धी अध्ययन केवल जनगणना तक ही सीमित थे। किन्तु वर्तमान समय में जनसंख्या का तथ्यसिद्ध, सांख्यिकीय एवं गणितीय विश्लेषण किया जाने लगा है, जिसे एक विषय का रूप दिया गया है और उसे **जनांकिकी (Demography)** की संज्ञा दी गयी है। डिमॉग्रफी शब्द का सर्वप्रथम प्रयोग सन् 1855 में ए. गिलार्ड (Achille Guillard) ने किया था। किन्तु जनांकिकी को बीसवीं सदी का विज्ञान माना जाता है। जनसंख्याशास्त्र समाजविज्ञान की एक नयी शाखा है। जनांकिकी की परिभाषाओं में बहुत हद तक समानता है तथा अधिकांश विद्वानों ने इसे जनसंख्या के आकार, संरचना एवं वितरण का अध्ययन माना है।

संयुक्त राष्ट्र संघ के जनांकिकी विभाग के अनुसार जनांकिकी मानव जनसंख्या का वैज्ञानिक अध्ययन है और विशेष रूप से इसके अन्तर्गत जनसंख्या के आकार, संरचना और विकास का अध्ययन किया जाता है। हाउसर एवं डकन (P.M. Hauser and O.D. Duncan, 1959) ने कहा है कि जनांकिकी जनसंख्या के आकार, क्षेत्रीय वितरण और जनसंख्या की संरचना का अध्ययन है। इसके अन्तर्गत होने वाले परिवर्तन एवं इनके संगठक तत्त्वों, जैसे– जन्मदर, मृत्युदर, प्रवास तथा सामाजिक गतिशीलता यानी सामाजिक स्थिति में परिवर्तन का अध्ययन किया जाता है।

डोनल्ड जे. बोग (Donald J. Bogue, 1969) ने कहा कि जनांकिकी जनसंख्या का गणितीय अध्ययन है, जिसमें उसकी संरचना, उसका क्षेत्रीय वितरण और मूलरूप से पाँच प्रक्रियाओं, जैसे– जन्मदर, मृत्युदर, विवाह, प्रवसन और सामाजिक गतिशीलता का अध्ययन किया जाता है। जनांकिकी में विवरणात्मक और तुलनात्मक प्रवृत्तियों का अध्ययन भी सम्मिलित है, परन्तु इसकी लम्बी अवधि का लक्ष्य यह है कि जिन घटनाओं एवं स्थितियों का यह विवरण देता है और तुलनाएँ करता है, उनके सम्बन्ध में एक सिद्धान्त विकसित किया जाये।

सामान्यत: समाजशास्त्र यह मानता है कि जनांकिकी समाजशास्त्र की एक शाखा है। वर्तमान समय में समाजशास्त्रीय चर्चाओं में इस बात पर बल दिया जाने लगा है कि समाजशास्त्र सम्बन्ध और समाजशास्त्रीय चरों के सम्बन्ध में जनसंख्या का जो अध्ययन किया जाता है, वही जनांकिकी है। इस रूप में अधिकतर विद्वान यह मानते हैं कि जनांकिकी समाजशास्त्र का एक अंग है।

टॉमसन और लिवीस (W.S. Thompson & D.T. Lewis, 1965) ने कहा कि यह एक अलग विषय है। वे इसे एक अलग विज्ञान मानते हैं। इन विद्वानों ने जनांकिकी की विषय-वस्तु और क्षेत्र का अलग से वितरण दिया। उनके

अनुसार जनसंख्या का आकार एवं स्वरूप, जन्मदर एवं मृत्युदर से जुड़े पक्ष, जनसंख्या की बनावट और जनसंख्या का घनत्व, जनसंख्या का वितरण, प्रवसन एवं नगरीकरण इसके मुख्य विषय हैं। इसके अन्तर्गत सैद्धान्तिक मॉडल, व्यावहारिक पक्ष, जनसंख्या की नीति, लघु एवं व्यापक अध्ययन के माध्यम से जनांकिकी का एक विज्ञान के रूप में आकलन किया जाता है। इन विद्वानों ने जनांकिकी के अलग-अलग विषयों से जो सम्बन्ध हैं, उनकी भी चर्चा की है।

जनांकिकी मूलरूप से जनसंख्या का अध्ययन है। तीन विषय ऐसे हैं, जिनमें जनसंख्या की बहुत अधिक चर्चा होती है। प्रथम, समाजशास्त्र में हाल के दिनों में जनसंख्या के अलग-अलग पक्षों का सामाजिक एवं सांस्कृतिक कारकों के सन्दर्भ में गम्भीर अध्ययन किया जाता रहा है। अर्थशास्त्र में जनसंख्या की चर्चा लम्बे समय से होती रही है। इसकी मुख्य दिशा आर्थिक संरचना एवं आर्थिक विकास की होती है। भूगोल में जनसंख्या भूगोल की एक विशेष शाखा मानव भूगोल के रूप में है। भूगोल में जनसंख्या के क्षेत्रीय वितरण पर विशेष बल दिया जाता है। भूगोल में ग्रामीण जनसंख्या, शहरी जनसंख्या, नगरीकरण एवं प्रवास की प्रक्रियाओं की चर्चा होती है।

विकासशील देशों की जनसंख्या में तीव्र वृद्धि दर का होना एक गम्भीर समस्या का सूचक है। इसके कारण सभी विकासशील देशों में जनांकिकी की बहुत अधिक चर्चा होती है। अर्थव्यवस्था में विशेष रूप से जनांकिकी का प्रयोग आर्थिक नियोजन के लिए किया जाता है। सामाजिक मामलों में जनसंख्या की अधिकता से नगरों में जनसंख्या के साथ-साथ नागरिक सुविधाओं की कमी हो जाती है। इसके कारण प्रशासक जनांकिकी के द्वारा नागरिक सुविधाओं के सुचारु वितरण एवं नागरिक प्रशासन में जनांकिकी से सहायता प्राप्त करते हैं।

जनसंख्या के सिद्धान्त के अन्तर्गत जनसंख्या विकास के निर्धारक तत्त्वों का विश्लेषण किया जाता है। इस प्रकार के सिद्धान्त देशान्तरण एवं मृत्युक्रम जो कि जनसंख्या के परिमाण को प्रभावित करते हैं, के साथ-साथ प्रजननशीलता (Fertility), जैसे महत्त्वपूर्ण विषय का विशेष रूप से अध्ययन करते हैं तथा इसके परिवर्तनों तथा विभिन्न वर्गों में पाये जाने वाले व्यवहारों के अन्तरों की व्याख्या भी करते हैं। आदर्श रूप में किसी भी जनसंख्या सिद्धान्त के लिए यह आवश्यक है कि वह न केवल अतीत में हुए प्रजनन स्तर में परिवर्तनों एवं वर्गीय वैभिन्नता की ही व्याख्या करें वरन् किसी क्षेत्र विशेष के आर्थिक विकास की अवस्थाओं एवं सामाजिक ढाँचे को ध्यान में रखकर भविष्य की जनसंख्या व उसमें होने वाले प्रजनन सम्बन्धी परिवर्तनों की भविष्यवाणी का आधार प्रदान कर सके।

जनसंख्या की समस्या ने प्राचीनकाल से ही सामाजिक एवं राजनीतिक चिन्तकों का ध्यान आकर्षित किया और उन्होंने इसके सम्बन्ध में अपने-अपने मत व्यक्त किये, परन्तु ये विचारक इस तथ्य को स्पष्ट नहीं कर पाये कि जनसंख्या के सन्तुलन स्तर को प्रजननशीलता अथवा मृत्युदर किस प्रकार प्रभावित करती है। टॉमस राबर्ट माल्थस (Thomas R. Malthus— **An Essay on the Principle of Population,** 1973) ही वह सर्वप्रथम विचारक थे, जिन्होंने सन् 1798 ई. में जनसंख्या की समस्या का अध्ययन कर एक सुनियोजित, व्यवस्थित एवं पूर्ण सिद्धान्त का प्रतिपादन किया। इस तरह, जनसंख्या सिद्धान्तों के इतिहास में प्रथम एवं महान् विचारक माल्थस ही हुए जिनकी जनसंख्या सम्बन्धी विचारधारा ने जनमानस को झकझोर दिया तथा वैचारिक जगत् में एक हलचल मचा दी। उनसे पूर्व के वाणिज्यिकवादी (Merchantilists) तथा प्रकृतितन्त्रवादी (Physiocrats) विचारक जनसंख्या की वृद्धि को बुरा नहीं मानते थे। अर्थशास्त्र के जनक ऐडम स्मिथ (Adam Smith) ने भी जनसंख्या के किसी अलग सिद्धान्त की आवश्यकता नहीं महसूस की। उनका विचार था कि जनसंख्या माँग एवं पूर्ति के अनुरूप स्वयं को समायोजित कर लेती है। इस आशावादी दृष्टिकोण ने स्मिथ को समस्या के प्रति विमुख कर दिया। माल्थस द्वारा प्रतिपादित सिद्धान्त भी विवादास्पद सिद्धान्त रहा, जिसे 19वीं तथा 20वीं शताब्दियों में यूरोप में हुए आर्थिक परिवर्तनों ने ग़लत सिद्ध कर दिया। एडविन कैनन (Edwin Cannon) ने सन् 1924 ई. में प्रकाशित अपनी पुस्तक **'Wealth'** में **'अनुकूलतम जनसंख्या सिद्धान्त' (Optimum Theory of Population)** की प्रस्थापना की जिसने माल्थस के सिद्धान्त पर विवाद तो समाप्त कर दिया, परन्तु जनसंख्या की समस्या का हल प्रस्तुत करने में असमर्थ रहा। रेमण्ड पर्ल (Raymond Pearl) जैसे सुप्रसिद्ध अमेरिकी जीवशास्त्री ने जनसंख्या की वृद्धि के लिए जैविक कारणों को उत्तरदायी ठहराते हुए **'वृद्धिघात वक्र सिद्धान्त' (Logistic Curve**

Theory) का प्रतिपादन किया। इसी प्रकार कुजिंस्की (Kuczynski) ने शुद्ध पुनरुत्पादन दर के सिद्धान्त की व्याख्या की तथा बताया कि यह सिद्धान्त जनसंख्या के मापने की विधि पर प्रकाश डालता है। सी.पी. ब्लेकर (C.P. Blaker) जैसे आधुनिक जनांकिकीशास्त्रियों का मत है कि जनसंख्या का विकास विभिन्न चरणों में होता है। इसके आधार पर उन्होंने **'जनांकिकीय संक्रमण सिद्धान्त' (Theory of Demographic Transition)** की प्रस्थापना की। इस तरह, माल्थस के उपरान्त जनसंख्या सिद्धान्तों की बाढ़-सी आ गयी और इस सम्बन्ध में अनेक विचारकों ने अपने-अपने दृष्टिकोण प्रस्तुत किये।

जनसंख्या संघटन (Population Composition) का अर्थ जनसंख्या की संरचना से है। इसके अन्तर्गत वे घटक सम्मिलित किये जाते हैं, जिनके संयोजन से किसी जनसंख्या या मानवसमूह की रचना होती है। इस प्रकार, जनसंख्या संरचना उन विशेषताओं को प्रदर्शित करता है, जिनकी माप की जा सके। इसके अन्तर्गत जनसंख्या की समस्त विशेषताओं का अध्ययन किया जाता है। व्यक्ति समूह का अंग होता है, उसकी कुल विशेषताओं का समग्र विवरण **जनसंख्या संरचना (Population Structure)** कहा जाता है। जे.आई. क्लार्क (J.I. Clark) ने कहा कि जनसंख्या संघटन या जनसंख्या संरचना उन सभी पक्षों को निरूपित करता है, जिसकी माप की जा सकती है। इसका तात्पर्य यह है कि जनसंख्या के जिन अवयवों के आँकड़े एकत्रित किये जाते हैं और जनगणना से प्राप्त होते हैं, उन्हें जनसंख्या की संरचना माना जाये। जनगणनाओं में सामान्यत: लिंग, वैवाहिक स्थिति, परिवार का आकार, व्यवसाय या आर्थिक क्रिया, ग्रामीण-नगरीय अनुपात, शैक्षणिक स्तर, जाति, भाषा तथा धर्म आदि से सम्बन्धित आँकड़े एकत्रित किये जाते हैं। इन आँकड़ों की मात्रात्मक माप की जा सकती है। अत: इन्हें जनसंख्या के मात्रात्मक पक्ष के रूप में भी जाना जाता है। सामाजिक परम्पराओं, रीति-रिवाज़ों, मनोवैज्ञानिक तथ्यों की मात्रात्मक माप नहीं हो पाती है। अत: ऐसे तथ्यों को जनसंख्या का गुणात्मक पक्ष माना जाता है। जनसंख्या के घटकों के वितरण में उल्लेखनीय क्षेत्रीय भिन्नता पायी जाती है जिसका विश्लेषण करना आवश्यक है। इन तथ्यों से सम्बन्धित आँकड़े प्राय: सभी जनगणनाओं द्वारा सुगमता से प्राप्त हो जाते हैं। पर्याप्त आँकड़ों की उपलब्धता से ये घटक प्रादेशिक स्तर पर तुलनीय होते हैं और क्षेत्रीय भिन्नता के स्पष्टीकरण में सहायक होते हैं। जनसँख्या संरचना के अध्ययन का निम्नलिखित महत्त्व है : (1) जनसंख्या संरचना के आँकड़ों में किसी जनसंख्या के सामाजिक-आर्थिक पहलू का अध्ययन करने के लिए सामग्री मिल जाती है। (2) जनसंख्या संरचना के आँकड़ों से मानव संसाधनों की खोज हो जाती है, जिससे योजनाएँ बनाने में सहायता मिलती है। (3) जनसंख्या संरचना का अध्ययन वृहद् रूप में किया जाता है, इसलिए दो स्रोतों की जनसंख्या की तुलना सम्भव हो जाती है। (4) जब सिविल रजिस्ट्रेशन के जन्म और मृत्यु के आँकड़े उपलब्ध नहीं हो पाते तो जनसंख्या से प्राप्त आयु और लिंग के आँकड़ों से उन्हें प्राप्त कर लिया जाता है।

भारत में जनसंख्या वृद्धि की प्रवृत्ति (Trends of Population Growth in India)

मानव अपनी ही संख्या बढ़ाकर दु:ख प्राप्ति को अनजाने में योजना बना रहा है। आज स्थिति यह उत्पन्न हो गयी है कि दुनिया के संसाधन, जनसंख्या के भार को सहन करने में अपने को असहज महसूस कर रहे हैं। जनसंख्या की तीव्र वृद्धि से भोजन, वस्त्र एवं आवास की समस्या विकराल होती चली जा रही है। भारत के सन्दर्भ में यदि जनसंख्या वृद्धि की प्रवृत्ति का विश्लेषण किया जाये तो स्पष्ट होता है कि भारत में बढ़ती जनसंख्या की समस्या वास्तव में भयावह है। इस सम्बन्ध में जो तथ्य प्रस्तुत किये जा रहे हैं, वे रोंगटे खड़े कर देने वाले हैं। जनसंख्या वृद्धि का अर्थ एक क्षेत्र विशेष में किसी समय में निवास कर रहे लोगों की संख्या में परिवर्तन से है। यह परिवर्तन नकारात्मक भी हो सकता है और सकारात्मक भी। ऐसे परिवर्तन को कुल संख्या में परिवर्तन और प्रतिशत परिवर्तन दोनों तरह से मापा जा सकता है। जहाँ तक भारत जैसे विकासशील देशों में जनसंख्या वृद्धि का प्रश्न है, तो यहाँ जनसंख्या में नकारात्मक परिवर्तन हुआ है; क्योंकि संसाधन की तुलना में यहाँ की जनसंख्या में खासतौर पर स्वतन्त्रता प्राप्ति (1947) के बाद

तीव्र गति से बढ़ी है, जिससे देश में **जनसंख्या विस्फोट (Population Explosion)** की समस्या उत्पन्न हो गयी है। यही कारण है कि भारत में जनसंख्या वृद्धि-दर चिन्ताजनक है। देश में मृत्युदर ह्रास का क्रम जारी है, परन्तु जन्मदर में कोई विशेष कमी दृष्टिगोचर नहीं हो रही है। जनसंख्या की दृष्टि से चीन के बाद भारत, विश्व का दूसरा सबसे बड़ा राष्ट्र है। 20वीं शताब्दी के आरम्भ (1901) में भारत की जनसंख्या 23.84 करोड़ अनुमानित की गयी। सन् 1951 में 36.10 करोड़, 1981 में 68.33 करोड़ एवं सन् 2001 102.70 करोड़ थी जो 31 मार्च 2011 को राष्ट्रीय जनगणना 2011 के अन्तरिम आँकड़ों के अनुसार भारत की जनसंख्या 121 करोड़ हो गयी। इस प्रकार, 60 वर्षों में देश की जनसंख्या में लगभग 85 करोड़ की वृद्धि हुई। 1991–2001 के दशक में 18.37 करोड़ जनसंख्या की वृद्धि हुई, जबकि 2001–2011 के दशक में 18.31 करोड़ वृद्धि दर्ज की गयी। जनसंख्या की औसत वार्षिक वृद्धि दर 1991–2001 की अवधि में 1.93 प्रतिशत थी जो घटकर 2001–2011 में 1.64 प्रतिशत हो गयी। ज्ञातव्य है कि 1981–91 के दशक में जनसंख्या की औसत वार्षिक वृद्धि 2.14 थी। 1991–2001 की जनसंख्या की दशकीय वृद्धि-दर 21.34 प्रतिशत थी जो 2001–2011 में जनसंख्या की दशकीय वृद्धि-दर 17.64 प्रतिशत हो गयी। इससे स्पष्ट होता है कि भारत की जनसंख्या वृद्धि-दर में गिरावट का सिलसिला प्रारम्भ हो गया है। ज्ञातव्य है कि 11 मई 2000 को दिल्ली के सफदरजंग अस्पताल में आस्था नाम की बालिका के जन्म के साथ ही भारत की आबादी 1 अरब के स्तर पर पहुँच गयी थी। आज भारत के पास कुल भू-क्षेत्र का मात्र 2.4 प्रतिशत भाग है, जबकि भारत को विश्व की कुल जनसंख्या का लगभग 17.0 प्रतिशत का पालन-पोषण करना पड़ता है। इस प्रकार, भारत विश्व के उन देशों में है, जो जनसंख्या की दृष्टि से तीव्र वृद्धि-दर की प्रवृत्ति रखते हैं। हालाँकि भारत में जनसंख्या की वार्षिक-दर 1.64 प्रतिशत है; जबकि सम्पूर्ण विश्व का वार्षिक वृद्धि-दर 1.2 प्रतिशत है, जो भारत से कम है। यदि हम अमरीका, इंग्लैण्ड, स्वीडन, आस्ट्रेलिया, जापान, पाकिस्तान और घाना इन सात देशों की कुल जनसंख्या को सम्मिलित कर लें तो भी भारत-भूमि पर जनसंख्या का दबाव इन बड़े देशों की तुलना में अधिक है।

भारत में जनसंख्या वृद्धि-दर को ऐतिहासिक परिप्रेक्ष्य में विश्लेषण करने से स्पष्ट होता है कि भारत प्राचीनकाल से जनसंख्या समूहन का प्रधान क्षेत्र रहा है। प्राचीन भारत की जनसंख्या वृद्धि का सही अनुमान उपलब्ध नहीं है। इस सम्बन्ध में जो भी अनुमान उपलब्ध हैं, वे अप्रत्यक्ष स्रोतों, तुलनाओं तथा निष्कर्षों पर आधारित हैं। ऋग्वेद के अनुसार उत्तरी भारत की जनसंख्या 1000 वर्ष ई. पूर्व इसके साम्राज्य की तुलना में नगण्य थी। अंग्रेजों के शासनकाल में आधुनिक प्रणाली की सर्वप्रथम जनगणना लार्ड मेयो (Lord Mayo) के शासनकाल में 1872 में करायी गयी थी, लेकिन जनगणना का क्रमवार आकलन, अर्थात् प्रथम नियमित जनगणना 1881 में लॉर्ड रिपन के शासनकाल से मानी जाती है। सन् 1872 तथा 1881 में भारत में जनगणना तथ्य कानूनी विधि (*De jure Method*) के द्वारा सम्पन्न की गयी थी। इस सन्दर्भ में एस. चन्द्रशेखर ने लिखा है कि भारत की जनगणनाओं के आँकड़े तथा जीवन समंक पूर्णरूपेण ठीक नहीं हैं। ये आँकड़े सही स्थिति को दर्शाने के स्थान पर केवल प्रवृत्तियों को ही दर्शाते हैं। इसके पूर्ववर्ती वर्षों यानी 1881 से पूर्व जनसंख्या में वृद्धि के विभिन्न अनुमान प्रस्तुत किये गये हैं। प्रसिद्ध इतिहासकार डब्ल्यू. मोरलैण्ड के अनुसार 17वीं शताब्दी के प्रारम्भ में भारत की जनसंख्या लगभग 100 मिलियन थी। किंग्जली डेविस (Kingsley Davis, 1951) सहित कुछ अन्य विद्वानों के अनुसार 17वीं शताब्दी के आरम्भ में भारत की जनसंख्या लगभग 10 करोड़ थी जो 200 वर्ष पश्चात् 1800 ई. में 12.0 करोड़ और 1871 ई. में 25.5 करोड़ हो गयी थी। इसमें पाकिस्तान और बांग्लादेश की जनसंख्या सम्मिलित है। आर.के. मुखर्जी ने कहा है कि 17वीं शताब्दी में भारत की जनसंख्या 150 मिलियन थी। 1891 के पहले भारत में जन्मदर और मृत्युदर सम्बन्धी आँकड़े विश्वनीय नहीं थे, क्योंकि इन आँकड़ों का संकलन उपयुक्त विधि से नहीं होता था। देश में अकाल, महामारी, युद्ध आदि संकटों की पुनरावृत्ति तथा राजनीतिक अस्थिरता आदि के कारण भारत की जनसंख्या दीर्घकाल तक अतिमंद गति से बढ़ी और लगभग स्थिर बनी रही। उन्नीसवीं शताब्दी के अन्त तक देश में जनाधिक्य नहीं था एवं जन्मदर और मृत्युदर दोनों ही सम्भवत: 50 प्रति हजार से ऊपर थी। जनगणना सन् 1891 के अनुसार भारत की जनसंख्या 23.59 करोड़ थी, जो 1901 में बढ़कर मात्र 23.84 करोड़

हुई। इस दशक के बीच भारत की जनसंख्या में कुल 0.25 करोड़ की वृद्धि हुई। उन्नीसवीं शताब्दी के अन्तिम दशक में देश के अधिकांश भागों में भीषण अकाल का सामना करना पड़ा था जिसके कारण महाराष्ट्र, मध्य प्रदेश, बिहार, राजस्थान आदि प्रदेशों में अकाल से लाखों लोगों की असमय मृत्यु हो जाती थी। जनसंख्या वृद्धि की गति स्वतन्त्रता प्राप्ति के पश्चात् काफी तीव्र हो गयी। इस स्थिति जनांकिकीय स्थिति को जनसंख्या विस्फोट की संज्ञा दी जाती है।

जनसंख्या विस्फोट शब्द का प्रयोग उस स्थिति को समझने के लिए किया जाता है, जब देश की जनसंख्या, उत्पादन और आय से सम्बन्धित इच्छित जीवन-स्तर की अपेक्षा तीव्र गति से बढ़ती है। ऐसा कहा जाता है कि वर्तमान जीवन-स्तर को बनाये रखने के लिए यदि देश की जनसंख्या में एक प्रतिशत प्रतिवर्ष की वृद्धि होती है, तो राष्ट्रीय उत्पादन (आय) में कम-से-कम चार प्रतिशत की वृद्धि होनी चाहिए। इस आधार पर भी भारत में जनसंख्या विस्फोट की स्थिति विद्यमान है। भारत में न केवल जनाधिक्य की समस्या है; बल्कि देश जनसंख्या विस्फोट की अवस्था से गुज़र रहा है। एस. चन्द्रशेखर ने कहा है कि भारतवासियों का जीवन-स्तर इतना नीचा है कि निर्धन परिवारों की संख्या में और अधिक वृद्धि घातक सिद्ध हो सकती है, इन परिवारों की संख्या इतनी अधिक है कि इसका साधारणीकरण किया जा सकता है कि सभी व्यक्तियों के लिए जनसंख्या में वृद्धि एक गम्भीर समस्या सिद्ध होगी। ए.एम. कार साउण्डर्स (Carr Saunders) ने भारत में जनसंख्या सम्बन्धी विभिन्न तथ्यों को ध्यान में रखते हुए अपनी पुस्तक **World Population** (1936) में लिखा है कि यहाँ जीवन-निर्वाह के साधनों पर जनसंख्या का अत्यधिक भार है।

भारत में जनसंख्या वृद्धि की प्रवृत्ति में भिन्नता को ध्यान में रखते हुए इसे चार काल खण्डों में बाँटकर विश्लेषण करने की आवश्यकता है।

स्थायी जनसंख्या काल (1901–1921)— वर्ष 1901 से 1921 का काल खण्ड कुछ ऐसा था जब जनसंख्या स्थायी थी। **सारणी**-1 का अवलोकन करने से स्पष्ट होता है कि विभिन्न जनगणनाओं से प्राप्त समंकों के अनुसार 1901 से 1921 के 20 वर्षों में कुल मिलाकर उससे कम ही जनसंख्या बढ़ पायी थी, जितना कि वर्तमान में एक वर्ष में ही बढ़ जाती है। सारणी-1 का अवलोकन करने से यह स्पष्ट होता है कि सन् 1901 में भारत की जनसंख्या 23.84 करोड़ थी, जो 1911 ई. में बढ़कर 25.20 करोड़ हो गयी, किन्तु अगले दशक में जनसंख्या 25.13 करोड़ (5.42 प्रतिशत) आलेखित की गयी थी यानी 1901 से 1911 के दशक में 1.36 करोड़ की बढ़ोत्तरी हुई, जबकि

सारणी-1 भारत में जनसंख्या वृद्धि-दर (प्रतिशत में)

(1901–2011)

जनगणना वर्ष	जनसंख्या (करोड़ में)	दशकीय अन्तर (करोड़ में)	प्रति-दशक वृद्धि (प्रतिशत में)	औसत वार्षिक वृद्धि-दर (प्रतिशत में)
1901	23.84	0.25	1.05	—
1911	25.20	1.36	5.75	0.56
1921	25.13	–0.07	–0.31	–0.03
1931	27.89	2.76	11.00	1.04
1941	31.86	3.97	14.22	1.33
1951	36.10	4.24	13.31	1.25
1961	43.92	7.82	21.64	1.96
1971	54.81	10.89	24.80	2.20
1981	68.33	13.52	24.66	2.22
1991	84.33	16.00	23.86	2.14
2001	102.70	18.37	21.34	1.93
2011	121.01	18.31	17.64	1.64

स्रोत : सेन्सस ऑफ इण्डिया, सीरिज-1, प्रोविजनल पॉप्यूलेशन टेबुल्स, 1961, 1971 एवं 1981 एण्ड फाईनल पॉप्यूलेशन टोटल पेपर-2, 1992 टेबुल्स-2.1, पृ.-28 एण्ड सेन्सस ऑफ इंडिया, 2011, प्रोविज़नल पॉप्यूलेशन टोटल्स, पेपर-1, रजिस्ट्रार जेनरल ऑफ इंडिया, नयी दिल्ली।

1911 से 1921 के दशक में 0.07 प्रतिशत की कमी दर्ज की गयी। कुल मिलाकर सन् 1901 से 1921 के बीच देश की कुल जनसंख्या में मात्र 1.05 करोड़ की वृद्धि हुई। इस काल के दौरान जन्मदर और मृत्युदर लगभग बराबर थी। 20वीं शताब्दी के प्रथम दशक (1901–11) में जन्मदर और मृत्युदर क्रमश: 48.1 एवं 41.9 प्रति हजार थी, जिससे जनसंख्या में मात्र 5.75 प्रतिशत की वृद्धि हुई। दूसरे दशक में जन्मदर 49.2 प्रति हजार थी, किन्तु मृत्युदर बढ़कर 48.6 प्रति हजार हो गयी जिससे जनसंख्या में 0.31 प्रतिशत की कमी आ गयी थी। सन् 1901 से 1921 तक का 20 वर्ष अकालों तथा महामारियों का काल था जिसमें मृत्युदर अत्यधिक थी। फलस्वरूप जन्मदर तथा मृत्युदर एक-दूसरे को सन्तुलित किये हुए थीं, जिससे जनसंख्या वृद्धि निम्न थी। अत: वर्ष 1921 एक **'महान् जनसांख्यिकीय विभाजक' (Great Demographic Divide)** बना; क्योंकि 1921 के बाद के काल में एक नया मोड़ आता है और जनसंख्या में धीमी व अनवरत परिवर्तन प्रारम्भ होता है।

बीसवीं शताब्दी के प्रारम्भिक दो दशकों में अनेक बार महामारियों का दौर चला। इन महामारियों में इन्फ्लूएंजा, प्लेग, हैजा, मलेरिया आदि प्रमुख थे। प्रथम दशक में प्लेग और दूसरे दशक में इन्फ्लूएँजा से ही देश में 1.5 करोड़ लोगों की मृत्यु हो गयी थी। इतना ही नहीं, इन्हीं दिनों मलेरिया और हैजा भी कई बार संक्रामक तथा महामारी के रूप में फैल जाया करते थे। इन प्राकृतिक आपदाओं से नगरों की तुलना में ग्रामीण क्षेत्र अधिक प्रभावित होते थे, जिसके कारण ग्रामीण जनसंख्या में अपेक्षाकृत अधिक ह्रास हुआ। फलस्वरूप जन्मदर और मृत्युदर एक-दूसरे को सन्तुलित किये हुए थे।

धीमी गति से अनवरत बढ़ने वाली जनसंख्या काल (1921–1951)— 1930 के दशक से भारत की जनसंख्या में मन्द गति से वृद्धि आरम्भ होती है। वर्ष 1921 के पश्चात् भारतीय जनसांख्यिकीय दृश्य में इस काल में महत्त्वपूर्ण परिवर्तन हुए। इन 30 वर्षों में भारत की जनसंख्या सन् 1921 में 25.13 करोड़ से बढ़कर 1951 में 36.10 करोड़ हो गयी तथा स्वाभाविक वृद्धि-दर 0.6 प्रतिशत से बढ़कर 12.5 प्रतिशत हो गयी। सन् 1921–31 के मध्य भारत की जनसंख्या में 11.0 प्रतिशत की वृद्धि हुई। सन् 1931–41 के मध्य जनसंख्या में दशकीय अन्तर 14.22 प्रतिशत तथा 1941 से 1951 के दशक में जनसंख्या वृद्धि 13.31 प्रतिशत रही। इस प्रकार, 1921 से 1951 तक जनसंख्या में 10.97 करोड़ की बढ़ोत्तरी हुई।

भारत की मृत्युदर जो पूर्व में 41.9 प्रति हजार थी, वह सन् 1951 में घटकर 27.4 प्रति हजार हो गयी। इस प्रकार, मृत्युदर में 14.5 अंकों की गिरावट दर्ज की गयी। इसके विपरीत इसी अवधि में जन्मदर में बहुत मामूली कमी आयी जिसके फलस्वरूप जन्मदर में केवल 7 अंकों की कमी आयी। इस प्रकार 1921–51 की समयावधि में भारत की जनसंख्या में वृद्धि का प्रमुख कारण जन्मदर की तुलना में मृत्युदर का कम होना है। सन् 1921 के पश्चात् भारत की जनसंख्या में जो तीव्र वृद्धि आरम्भ हुई इसका एक प्रमुख कारण अस्वाभाविक मृत्यु, जैसे– अकाल, महामारी इत्यादि पर नियन्त्रण का होना था। आपातकालीन स्थिति का सामना करने के लिए सुदृढ़ वितरण तन्त्र का देश के विभिन्न भागों में प्रसार हुआ। भारतवर्ष में सिंचाई सुविधाओं में काफी विस्तार हुआ, पंजाब में सिंचाई की पर्याप्त व्यवस्था हुई, जिससे वहाँ की अर्द्ध उर्वरक भूमि वाले क्षेत्रों में भी पर्याप्त मात्रा में उपज होने लगी। बिहार तथा उत्तर प्रदेश में भी नहर, नलकूप आदि की व्यवस्था की गयी। इस प्रकार, सिंचाई की सुविधाओं में विस्तार के कारण कृषि की प्रकृति पर निर्भरता कम हुई और अकाल की भीषणता में कमी आयी। इस काल में जनसंख्या में तीव्र वृद्धि होने का कारण यह भी था कि तीसरे दशक से राष्ट्रीय चेतना और स्वतन्त्रता आन्दोलन में तेजी आती गयी। सामाजिक हितों के कार्यों एवं चिकित्सा तथा स्वास्थ्य पर अधिक ध्यान दिया जाने लगा और इसका काफी विस्तार हुआ। मलेरिया, चेचक तथा क्षय, जैसे– नरसंहारक रोगों पर नियन्त्रण कर लिया गया। इससे मृत्युदर में धीरे-धीरे कमी होने लगी। अत: स्वतन्त्रता के पहले भारत में जनसंख्या वृद्धि के लिए उत्तरदायी सर्वाधिक महत्त्वपूर्ण कारण जन्मदर की तुलना में मृत्युदर में ह्रास होना था। वर्ष 1951 जनसांख्यिकीय इतिहास में एक तरह से महत्त्वपूर्ण जनसांख्यिकीय विभाजक था; क्योंकि 1951 के बाद देश की जनसंख्या में अप्रत्याशित गति से वृद्धि हुई।

विस्फोटक गति से बढ़ने वाली जनसंख्या काल (1951–1981)— स्वतन्त्रता प्राप्ति (1947) के उपरान्त भारत में विभिन्न पंचवर्षीय योजनाओं के अन्तर्गत बहुमुखी विकास कार्यक्रम संचालित किये जाने लगे, जिसके परिणामस्वरूप

काफी प्रगति हुई। साक्षरता में क्रमिक वृद्धि के साथ ही चिकित्सा तथा स्वास्थ्य सुविधाओं में पर्याप्त विस्तार होने के कारण महामारियों पर नियन्त्रण पा लिया गया। इससे जनसंख्या पर अनुकूल प्रभाव पड़ा और मृत्युदर में निरन्तर तीव्र गति से कमी होती गयी, परन्तु जन्मदर में कोई महत्त्वपूर्ण गिरावट नहीं लायी जा सकी; क्योंकि भारत जैसे विशाल देश में, जहाँ आर्थिक विकास व सांस्कृतिक विभिन्नताएँ अधिक हों, वहाँ जन्मदर में गिरावट लाना किसी जोखिम से कम नहीं होता। जनगणना 2001 के अनुसार भारत की कुल जनसंख्या में युवा जनसंख्या का अनुपात बढ़ रहा है। देश की कुल जनसंख्या का 31 प्रतिशत भाग 15 वर्ष की आयु वर्ग में है। फलतः जनसंख्या निर्भरता अनुपात बहुत उच्च है एवं प्रजनन आयु वर्ग (15–49 वर्ष) की जनसंख्या अनुपात में परिवर्तन हो रहा है। ऐसा उच्च जन्मदर के कारण तथा जन्म के समय बढ़ रही जीवन संभाव्यता के कारण है।

सारणी-1 से स्पष्ट होता है कि तीस वर्षों की तीसरी अवधि (सन् 1951 से 1981 ई.) के दौरान, भारत की जनसंख्या 1951 में 36.10 करोड़ थी, जो बढ़कर 1981 में 68.33 करोड़ हो गयी। दूसरे शब्दों में, इन 30 वर्षों की अवधि में जनसंख्या चक्रवृद्धि-दर 2.22 प्रतिशत प्रतिवर्ष थी। जबकि पिछली अवधि (सन् 1921 से 1951 ई.) में 1.25 चक्रवृद्धि-दर थी। सन् 1951 से 1961 की अवधि में जनसंख्या में 43.92 करोड़ की वृद्धि हुई, जो भारत की गत 100 वर्षों में सर्वाधिक वृद्धि-दर थी। इसी कारण इसे जनसंख्या विस्फोट की अवधि कह सकते हैं। इस दशक के दौरान भारत की जनसंख्या में 7.81 करोड़ की बढ़ोत्तरी हुई। भारत के विभाजन के कारण पाकिस्तान के हिस्से में जो जनसंख्या गयी थी, करीब-करीब उसके बराबर जनसंख्या इस अवधि में बढ़ गयी। इस अवधि के दौरान जनसंख्या वृद्धि-दर अधिक, अर्थात् 21.64 प्रतिशत तथा वार्षिक वृद्धि-दर 1.96 प्रतिशत रही। सन् 1961 से 1971 की अवधि में भारत की जनसंख्या में 10.89 करोड़ की वृद्धि हुई, किन्तु इस दशक में वृद्धि की दर 2.20 प्रतिशत आँकी गयी। इस काल के तीसरे दशक सन् 1971 से 1981 ई. में भारत की जनसंख्या बढ़कर 68.33 करोड़ हो गयी। इस प्रकार, इस दशक के अन्तर्गत जनसंख्या में 13.52 करोड़, अर्थात् 2.22 प्रतिशत वृद्धि-दर प्रतिवर्ष आँकी गयी। सन् 1951 में प्राकृतिक वृद्धि-दर 23.7 थी जो घटकर 1981 में 22.2 हो गयी।

सन् 1951–1981 के काल के दौरान देश की मृत्युदर में और तीव्र गति से गिरावट आयी। सन् 1951 से 1981 के बीच मृत्युदर क्रमशः 27.4 घटकर 19.2 प्रति हजार हो गयी, जबकि जन्मदर में अधिक ह्रास आर्थिक विकास व सांस्कृतिक भिन्नताओं के कारण सम्भव नहीं हो पाया। सन् 1951 में जन्मदर 39.9 थी जो घटकर 34.3 प्रति हजार हो गयी। इस प्रकार, इस काल में जन्मदर और मृत्युदर के बीच बढ़ता हुआ अन्तराल जनसंख्या में अप्रत्याशित गति से वृद्धि का मुख्य कारण था।

जनसंख्या वृद्धि में ह्रास का प्रारम्भिक काल (1981–2011)— यह काल जनसंख्या वृद्धि में ह्रास का प्रारम्भिक काल है। सारणी-1 का अवलोकन करने से स्पष्ट होता है कि भारत की जनसंख्या 1981 में 68.33 करोड़, 1991 में 84.33 करोड़, एवं सन् 2001 में जनसंख्या बढ़कर 102.70 करोड़ थी जो जनगणना 2011 के अन्तरिम रपट के अनुसार देश की जनसंख्या बढ़कर 121.01 करोड़ हो गयी। इस प्रकार 2001–2011 के दशक में देश की जनसंख्या में 18.31 करोड़ की वृद्धि हुई जो पिछले दशक (1991–2001) से 0.6 करोड़ कम है। 1991 से 2001 के दशक में 18.23 करोड़ की बढ़ोत्तरी हुई। वर्ष 1981 में एक और महत्त्वपूर्ण काल का शुभारम्भ हुआ जिसे देश में जनसंख्या वृद्धि में ह्रास के प्रारम्भिक काल की संज्ञा दी जा सकती है। सन् 1981 के उपरान्त देश की जनसंख्या वृद्धि-दर में पहली बार गिरावट आई। मार्च 1991 में हुई जनगणना से देश के जनसांख्यिकीय दृश्य में विशेषकर वृद्धि-दर में, कुछ विशिष्ट परिवर्तन दिखाई पड़े हैं। स्वतन्त्रता के पश्चात् भारत की जनसंख्या वृद्धि-दर में पहली बार कमी आई तथा यह कमी 0.8 प्रतिशत थी। यह देश के जनसांख्यिकीय इतिहास में एक नये युग की शुरुआत थी। सन् 2001–2011 के दशक में भारत की जनसंख्या वृद्धि-दर में पिछले दशक के मुकाबले और गिरावट आयी है। जनगणना 2011 के अनुसार वार्षिक वृद्धि-दर 1.64 प्रतिशत है, जो पिछले (2001) वार्षिक वृद्धि-दर की तुलना में 0.29 प्रतिशत कम आँकी गयी है। इस दशक के दौरान भारत की दशकीय जनसंख्या वृद्धि-दर 21.34 प्रतिशत रही जो घटकर 2001–2011 के दशक में 17.64 प्रतिशत हो गयी। इस प्रकार 1991–2011 के दशक के मुकाबले 3.7 प्रतिशत कम आँकी गयी थी। इसके बावजूद, आज भी देश की जनसंख्या वृद्धि-दर उच्च है।

जनसंख्या वृद्धि में क्षेत्रीय भिन्नता— भारत एक विशाल देश है, जहाँ विशाल क्षेत्रीय और संरचनात्मक असमानताएँ हैं। देश में सामाजिक-आर्थिक विषमताएँ विशाल हैं। इस कारण इसके जनांकिकीय प्रारूप में काफी विविधता है। देश के विभिन्न राज्यों में जनसंख्या की वृद्धि पर नज़र डाली जाये तो स्पष्ट होता है कि सभी प्रदेशों में जनसंख्या वृद्धि एक समान नहीं है। देश में सर्वाधिक जनसंख्या उत्तर प्रदेश में है और सबसे कम सिक्किम में है। देश के राज्यों में उत्तर प्रदेश, बिहार एवं मध्य प्रदेश में भारत की 34.46 प्रतिशत या एक तिहाई या अधिक जनसंख्या निवास करती है। 1991–2001 के दशक में भारतीय जनसंख्या में 21.34 प्रतिशत की वृद्धि हुई, जो कि 1981–91 के दशक से 2.51 प्रतिशत कम है। देश के कुछ राज्यों में, जैसे– आंध्र प्रदेश, अरुणाचल प्रदेश, असम, मध्य प्रदेश, महाराष्ट्र, मेघालय, नागालैण्ड, त्रिपुरा, पश्चिम बंगाल और केन्द्र शासित प्रदेशों में दमन व दीव, लक्षद्वीप तथा पुडुचेरी में 1991–2001 के मध्य होने वाली जनसंख्या की वृद्धि पूर्व दशक (1981–91) से अधिक रही तथा शेष प्रांतों और केन्द्रशासित प्रदेशों में जनसंख्या की वृद्धि पूर्व दशक से कम रही। गोवा, गुजरात, केरल, मिजोरम व सिक्किम में जनसंख्या की वृद्धि-दर अन्य राज्यों से काफी कम रही। केन्द्र शासित क्षेत्र अण्डमान और निकोबार द्वीप समूह, चंडीगढ़, दादर एवं नागर हवेली में पिछले दशक की तुलना में जनसंख्या वृद्धि में भारी गिरावट रिकॉर्ड की गयी। देश के राज्यों में औसत वार्षिक वृद्धि-दर में असमानताएँ पायी जाती हैं। 1991–2001 के दशक में जनसंख्या में वृद्धि दर बिहार, राजस्थान, उत्तर प्रदेश, मध्य प्रदेश में 2.50 प्रतिशत से 2.18 प्रतिशत के बीच था, जबकि केरल, तमिलनाडु, आन्ध्र प्रदेश एवं कर्नाटक में 0.90–1.59 के बीच पायी गयी। उत्तर प्रदेश भारत का सबसे अधिक जनसंख्या वाला राज्य है।

देश का हर छठा व्यक्ति उत्तर प्रदेश में रहता है। महाराष्ट्र दूसरे स्थान पर है, जनसंख्या की दृष्टि से तीसरा स्थान बिहार का है, चौथा पश्चिम बंगाल, पाँचवाँ आन्ध्र प्रदेश तथा छठा स्थान तमिलनाडु का है। उल्लेखनीय है कि उत्तर प्रदेश की वर्तमान जनसंख्या (16.0 करोड़) पाकिस्तान की कुल जनसंख्या से अधिक है, जो विश्व का छठा सबसे अधिक जनसंख्या वाला देश है। अगर राज्यों में जनसंख्या वृद्धि का विश्लेषण किया जाये तो स्पष्ट होता है कि हरियाणा, बिहार, मध्य प्रदेश, महाराष्ट्र, राजस्थान, उत्तर प्रदेश तथा गुजरात की जनसंख्या वृद्धि-दर सम्पूर्ण देश की जनसंख्या वृद्धि से अधिक तथा आंध्र प्रदेश, असम, कर्नाटक, केरल, उड़ीसा तथा तमिलनाडु में जनसंख्या वृद्धि-दर सम्पूर्ण राष्ट्र की अपेक्षा कम है।

ग्रामीण-नगरीय जनसंख्या (Rural-Urban Population)

भारत में जनसंख्या वृद्धि का स्वरूप एक समान नहीं है। ग्रामीण जनसंख्या की तुलना में नगरीय जनसंख्या में वृद्धि तेजी से हो रही है। इसके बावजूद, अधिकांश जनसंख्या गाँवों में रहती है। इस तथ्य की पुष्टि हेतु ग्रामीण-नगरीय जनसंख्या सम्बन्धी आँकड़ों को **सारणी-2** में प्रदर्शित किया गया है।

इस सारणी में प्रदर्शित भारत की वर्तमान जनसंख्या वृद्धि 21.6 प्रतिशत है। यह सम्पूर्ण भारत की दशकीय वृद्धि को दर्शाता है, जबकि राज्यवार तालिका में प्रदर्शित आँकड़ों से स्पष्ट हो जाता है कि बीसवीं सदी के तीसरे दशक में ग्रामीण जनसंख्या में 10.0 प्रतिशत की वृद्धि हुई है, जबकि नगरीय क्षेत्र के लिए यह वृद्धि 19.1 प्रतिशत थी। इसके पश्चात् के सभी दशकों में नगरीय जनसंख्या की वृद्धि-दर ग्रामीण जनसंख्या से अधिक रही है। यद्यपि दोनों के अन्तराल सदैव एक से नहीं रहे हैं– सर्वाधिक अन्तर (32.6 प्रतिशत) सन् 1941–1951 की अवधि में पाया गया है, जब ग्रामीण और नगरीय जनसंख्या की वृद्धि दरें क्रमशः 8.8 और 41.4 प्रतिशत थीं। तब वर्ष 1971–81 में ग्रामीण एवं शहरी जनसंख्या की वृद्धि दरें में क्रमशः 20.0 और 36.5 प्रतिशत, अर्थात् 16.5 प्रतिशत का अन्तर था तथा 1991–2001 में इन दरों में क्रमशः 18.3 और 31.5 प्रति हजार, अर्थात् 13.2 प्रतिशत का अन्तर था।

सारणी-2 भारत की कुल ग्रामीण-नगरीय जनसंख्या की दशकीय वृद्धि-दर (प्रतिशत में) (1901-2011)

दशक	कुल जनसंख्या (प्रतिशत में)	ग्रामीण जनसंख्या (प्रतिशत में)	नगरीय जनसंख्या (प्रतिशत में)
1910–11	5.8	6.4	0.4
1911–21	–0.3	–1.3	8.3
1921–31	11.0	10.0	19.1
1931–41	14.2	11.8	32.0
1941–51	13.3	8.8	41.4
1951–61	21.6	20.5	26.4
1961–71	24.8	21.9	38.2
1971–81	24.7	19.3	46.1
1981–91	23.9	20.0	36.5
1991–01	21.3	18.3	31.5
2001–11	17.6	12.2	31.8

स्रोत : सेन्सस ऑफ इण्डिया, 2001 एण्ड 2011

भारत में ग्रामीण एवं नगरीय जनसंख्या में भिन्नता का कारण गाँवों से शहरों की ओर पलायन का होना है। ग्रामीण क्षेत्रों की अपेक्षा नगरीय क्षेत्रों में शिक्षा, रोज़गार, अच्छा जीवन-स्तर तथा कार्यों की विविधता आदि के कारण ग्रामीण जनसंख्या शहर की ओर पलायन करती है, जिसके परिणामस्वरूप नगरीय जनसंख्या अधिक तेजी से बढ़ रही है। देश की ग्रामीण जनसंख्या सन् 1951 में 81.8 प्रतिशत एवं सन् 1991 में 74.3 प्रतिशत तथा सन् 2001 में घटकर 72.2 प्रतिशत हो गयी है, जबकि नगरों में रहने वाली जनसंख्या का प्रतिशत सन् 1951 में 18.3 प्रतिशत, 1991 ई. में 25.7 प्रतिशत और सन् 2001 में बढ़कर 27.8 प्रतिशत हुई। 2011 में लगभग 31.2 प्रतिशत लोग शहरों में रहते थे, अर्थात् गाँवों में रहने वाले लोगों का प्रतिशत घटकर 68.8 हो गया। विश्वस्तर पर 50 प्रतिशत से अधिक लोग शहरों में निवास करते हैं।

भारत में जन-घनत्व (Density of Population in India)

भारत का क्षेत्रफल विश्व का केवल 2.4 प्रतिशत है, जबकि यहाँ विश्व की लगभग 17 प्रतिशत जनसंख्या निवास करती है। घनत्व की दृष्टि से हम भारत की तुलना यूरोप के विकसित देशों से करें तो हमारा जन-घनत्व अधिक प्रतीत नहीं होता है, किन्तु हमारे तुलनीय देश कृषि प्रधान व विकासशील देश होने चाहिए, जिनसे तुलना करने पर प्रतीत होता है कि देश का जन-घनत्व बहुत अधिक है। भारत का जन-घनत्व जनसंख्या के वास्तविक दबाव को बताने में असमर्थ है, क्योंकि देश का एक बड़ा भाग पर्वतीय, पठारी तथा रेगिस्तानी है। अधिकांश जनसंख्या सतलज-गंगा तथा ब्रह्मपुत्र के मैदान में तथा समुद्र तटीय प्रदेश में केन्द्रित है, जबकि विकसित देशों का समस्त भू-पटल इस प्रकार से विकसित होता है कि प्रत्येक भूभाग जनसंख्या के भरण-पोषण में सहायक होता है। विगत दशकों में जन-घनत्व में जो वृद्धि हुई है उसका अनुमान सारणी-3 से लगाया जा सकता है।

सन् 2001 की जनगणना के अनुसार भारत में जन-घनत्व 325 व्यक्ति प्रति वर्ग किलोमीटर था जो बढ़कर 2011 में प्रति वर्ग किलोमीटर में रहने वाले व्यक्तियों की संख्या 382 हो गया। 2001–2011 के दशक में जन-घनत्व में 57 व्यक्ति प्रति वर्ग किलोमीटर की वृद्धि हुई। जनसंख्या 2011 के अनुसार आठ राज्यों– बिहार, हरियाणा, केरल, पंजाब, तमिलनाडु, उत्तर प्रदेश, असम एवं पश्चिम बंगाल का जन-घनत्व राष्ट्रीय औसत से अधिक है। इन राज्यों में सर्वाधिक घनत्व बिहार (1,102 प्रतिवर्ग किलोमीटर) का है। दूसरे नम्बर पर पश्चिम बंगाल (1029 प्रतिवर्ग किलोमीटर) एवं तीसरे स्थान पर केरल है, जहाँ जनसंख्या घनत्व 859 प्रतिवर्ग किलोमीटर है। अरुणाचल प्रदेश का जन-घनत्व न्यूनतम

सारणी-3 भारत में जन-घनत्व (प्रति वर्ग किलोमीटर)

वर्ष	घनत्व	वर्ष	घनत्व
1901	77	1961	142
1911	82	1971	173
1921	80	1981	216
1931	90	1991	267
1941	103	2001	325
1951	117	2011	382

स्रोत : भारत, 2010, सूचना और प्रसारण मंत्रालय, भारत सरकार, नयी दिल्ली एण्ड सेन्सस ऑफ इण्डिया, 2011, प्रोविजनल डेटा, रजिस्ट्रार जेनरल ऑफ इण्डिया, नयी दिल्ली।

(17 प्रतिवर्ग किलोमीटर) है, जबकि केन्द्रशासित क्षेत्रों में दिल्ली का जन-घनत्व सर्वाधिक (11,297 प्रतिवर्ग किलोमीटर) है। गंगा, सतलज के मैदान का जन-घनत्व अत्यधिक है, जबकि अन्य स्थानों पर यह बहुत कम है। जन-घनत्व में वृद्धि तेजी से जनसंख्या बढ़ने का सूचक है। साथ ही यह प्रति व्यक्ति संसाधनों में कमी का भी सूचक है, जो खुशहाल जन-जीवन के लिए ठीक नहीं है।

भारत में लिंगानुपात (Sex Ratio in India)

जनसंख्या अध्ययन में किसी देश की जनसंख्या में लिंगानुपात के अध्ययन का अत्यन्त महत्त्वपूर्ण स्थान है। लिंग संरचना का अर्थ है किसी जनसंख्या में स्त्रियों और पुरुषों का संघटन। इसकी माप लिंगानुपात या यौन-अनुपात द्वारा की जाती है। विवाह तथा सन्तानोत्पादकता के माध्यम से यह अनुपात देश की श्रम-शक्ति को प्रभावित करता है। स्त्री-पुरुष की प्रकृति कुछ विषयों में एक-दूसरे के विपरीत होती है और अनेक विषयों में स्त्री और पुरुष एक-दूसरे के पूरक होते हैं। लिंगानुपात किसी देश की अर्थव्यवस्था का सूचक होता है और स्थानिक भिन्नता के विश्लेषण में एक उपयोगी उपकरण के रूप में कार्य करता है। लिंगानुपात का अध्ययन इसलिए भी महत्त्वपूर्ण होता है कि इसका प्रत्यक्ष या परोक्ष प्रभाव विभिन्न जनांकिकीय तथ्यों तथा प्रजनन-दर, मृत्युदर, जनसंख्या परिवर्तन, व्यावसायिक संरचना आदि पर होता है। स्त्री-पुरुष के अनुपात पर ही देश में स्त्रियों के प्रति पुरुषों की यौन-अभिवृद्धि निर्भर करती है। इसके विपरीत स्त्रियों की संख्या कम होने पर समाज में वेश्यागमन, व्यभिचार, बलात्कार, समलैंगिकता आदि को बढ़ावा मिलता है। इससे मनुष्य का सामाजिक, शारीरिक एवं नैतिक पतन होता है तथा अनेक जटिल यौन-रोग, जैसे- सिफलिस, गनोरिया, एड्स आदि के शिकार हो जाते हैं। स्त्रियों की संख्या की तुलना में पुरुषों की अधिक संख्या बाल विवाह-प्रथा को प्रोत्साहन देती है। बाल-विवाह के कारण पति-पत्नी की वैवाहिक आयु में काफी अन्तर हो जाता है, जो वैधव्य का कारण बनती है।

भारत की जनसंख्या संरचना की महत्त्वपूर्ण विशेषता यह है कि यहाँ स्त्रियों की तुलना में पुरुषों की संख्या अधिक है; अर्थात् भारतीय जनसंख्या पुरुष बहुल है। यह विश्वव्यापी स्थिति के विपरीत है। जनगणना 2001 के आँकड़ों के आधार पर देश की लिंगीय संरचना को सारणी-4 में प्रदर्शित किया गया है।

सारणी-4 का विश्लेषण करने से स्पष्ट होता है कि 20वीं शताब्दी के प्रारम्भ (1901) में प्रति 1000 पुरुषों पर स्त्रियों की संख्या 972 थी, तब से लेकर निरन्तर लिंगानुपात में गिरावट की प्रवृत्ति जारी रही है, जिसमें मात्र 1981 और 2001 जनगणना वर्ष ही अपवाद है। जनगणना वर्ष 1941 में लिंगानुपात प्रति 1000 पुरुष 945 स्त्रियाँ थीं जो 1951 तक 946 रहा। वर्ष 1961 एवं 1971 में लिंगानुपात क्रमशः 941 और 930 था। वर्ष 1981 में 4 अंकों की वृद्धि के साथ यह 934 हो गया, किन्तु अगले दशक में इसमें 7 अंकों की कमी होने पर यह 1991 में 927 पर पहुँच गया।

जनगणना वर्ष 2001 में 6 अंकों की वृद्धि के साथ लिंगानुपात 933 पर आ गया एवं जनगणना 2011 का अन्तरिम रपट के अनुसार देश की लिंगानुपात यानी प्रति हजार पुरुषों पर महिलाओं की संख्या 940 हो गयी। इस प्रकार देश के लिंगानुपात में 7 अंकों की वृद्धि दर्ज की गयी जो एक शुभ संकेत है।

सारणी-4 भारत में लिंगानुपात, 1901-2011 (प्रति हजार पुरुषों पर स्त्रियों की संख्या)

जनगणना वर्ष	लिंगानुपात
1901	972
1911	964
1921	955
1931	950
1941	945
1951	946
1961	941
1971	930
1981	934
1991	927
2001	933
2011	940

स्रोत : सेन्सस ऑफ इंडिया, 2001, प्रोविजनल पॉप्यूलेशन टोटल्स, पेपर-1, रजिस्ट्रार जेनरल ऑफ इण्डिया, नयी दिल्ली, एवं सेन्सस 2011, प्रोविजनल डेटा, रजिस्ट्रार जेनरल ऑफ इण्डिया, नयी दिल्ली।

भारत के विभन्न राज्यों में स्त्री-पुरुषों का अनुपात भिन्न-भिन्न है। देश में केरल ही एक ऐसा राज्य है, जहाँ स्त्रियों की संख्या पुरुषों से अधिक है। वर्ष 1981 की जनगणना के अनुसार केरल में 1000 पुरुषों के पीछे स्त्रियों की संख्या 1034 थी जो 1991 में बढ़कर 1036 तथा 2001 में बढ़कर 1058 हो गयी, पुनः जनगणना 2011 के अन्तरिम आँकड़ों के अनुसार यह संख्या बढ़कर 1084 हो गयी। जबकि केन्द्रशासित प्रदेशों में पुडुचेरी एक ऐसा प्रदेश है, जहाँ 1000 पुरुषों के पीछे स्त्रियों की संख्या 1001 है, जो बढ़कर 2011 में 1038 हो गयी। अन्य सभी राज्यों में पुरुषों की अपेक्षा स्त्रियों की संख्या कम है। देश के सभी राज्यों में लिंगीय विषमता एक समान नहीं है। केरल एवं पुडुचेरी में महिलाओं की संख्या पुरुषों से अधिक है। शेष राज्यों में पुरुषाधिक्य है। सन् 1901 में बिहार, केरल एवं उड़ीसा तीन राज्यों में महिलाधिक्य था, जबकि सन् 2011 में केवल केरल एवं पुडुचेरी में ही है। बिहार में सन् 2011 में लिंगानुपात 916 और उड़ीसा में 978 था। लिंगानुपात में जो परिवर्तन इस सदी में आये हैं वे सभी राज्यों में एक समान नहीं हैं। अधिकांशतः सभी राज्यों में महिला अनुपात कम है। जनगणना 2011 के अनुसार भारत का लिंगानुपात 940 था। जिन राज्यों में इससे अधिक था, उनके नाम हैं: केरल (1084), पुडुचेरी (1038), छत्तीसगढ़ (991), तमिलनाडु (995), मणिपुर (987), आन्ध्र प्रदेश (992), मेघालय (986), उड़ीसा (978), हिमाचल प्रदेश (974), कर्नाटक (968), गोवा (968), उत्तराखण्ड (963), असम (954), झारखण्ड (947), पश्चिम बंगाल (947) आदि। इसके विपरीत, महाराष्ट्र (925), राजस्थान (926), गुजरात (918), बिहार (916), मध्य प्रदेश (930), उत्तर प्रदेश (908), पंजाब (893), हरियाणा (877) आदि राज्यों में लिंगानुपात राष्ट्रीय अनुपात से भी कम है।

यदि भारत में ग्रामीण एवं नगरीय लिंगानुपात पर दृष्टिपात करें, तो स्पष्ट होता है कि दोनों क्षेत्रों में लिंगानुपात में असन्तुलन है। यद्यपि यह विषमता शहरों की अपेक्षा गाँवों में कम है, किन्तु शहरों में अधिक है। गाँव एवं शहर के बीच की विषमता का मुख्य कारण समझ में आता है। पुरुष शहरों में अकेले आकर रोज़गार करते हैं, जबकि उनके

परिवार गाँव में ही रहते हैं। अत: शहर में पुरुषाधिक्य हो जाता है। यद्यपि गाँवों एवं शहरों का लिंगानुपात घट रहा है, किन्तु शहरों में इसके घटने की दर गाँवों की अपेक्षा अधिक है। इसका प्रमुख कारण है, जिसमें नवागन्तुकों के लिए आवास व्यवस्था का अभाव होता है (जिससे पुरुष ही शहरों में एकाकी जीवन बिता सकते हैं) अथवा मज़दूरी का अपर्याप्त होना भी एक महत्त्वपूर्ण कारण हो सकता है। देश के आन्तरिक भाग में ग्रामीण और नगरीय लिंगानुपात अथवा विभिन्न क्षेत्रों के लिंगानुपात की भिन्नता के लिए मुख्य रूप से जनसंख्या का प्रवास ही उत्तरदायी है। भारत के लिंगानुपात में निरन्तर ह्रास (1981 को छोड़कर) की प्रवृत्ति रही है। वर्ष 1901 में ग्रामीण लिंगानुपात 979 था जो 2001 में घटकर 933 हो गया है, लेकिन नगरीय लिंगानुपात में कई बार उतार-चढ़ाव आते रहे हैं। जनगणना वर्ष 1941 में नगरीय लिंगानुपात (831) निम्नतम था। वर्ष 1951 में बढ़कर 859 हो गया जो पुन: अगले जनगणना 1961 में घटकर 845 हो गया था। इसके पश्चात् लिंगानुपात में क्रमश: वृद्धि की प्रवृत्ति पायी गयी है, जिसके परिणामस्वरूप 1991 में लिंगानुपात बढ़कर 894 प्रति 1000 पुरुष हो गया तथा जनगणना वर्ष 2001 में इसकी संख्या 933 प्रति 1000 पुरुष है।

जहाँ देश की जनसंख्या के सामान्य लिंगानुपात में सन् 1991–2011 के दौरान वृद्धि हुई है, वहीं शिशु लिंगानुपात में उससे अधिक गिरावट हुई है। 2001–2011 के दशक में भारत की जनसंख्या का लिंगानुपात 933 से बढ़कर 940 हो गया तो शिशु लिंगानुपात (0–6 वर्ष आयु वर्ग) 927 से घटकर 914 रह गया। अत: देश के शिशु लिंगानुपात में मात्र एक दशक में 13 अंकों की गिरावट एक चिन्ता की विषय अवश्य है। देश में हिमाचल प्रदेश (906), पंजाब (846), चंडीगढ़ (867), मिजोरम (971), गुजरात (886) ऐसे राज्य हैं जहाँ शिशु लिंगानुपात में वृद्धि दर्ज की गयी है। अन्य सभी राज्यों में 2001–2011 में शिशु लिंगानुपात में गिरावट दर्ज की गयी है। इसी प्रकार केन्द्र शासित क्षेत्रों में भी अंडमान एवं निकोबार द्वीप समूह के अतिरिक्त सभी क्षेत्रों में शिशु लिंगानुपात में गिरावट आयी। पिछले दशक (2001) में पुडुचेरी व लक्षद्वीप का शिशु लिंगानुपात में क्रमश: 4 व 18 अंकों की वृद्धि हुई। जबकि 2011 ई. में पुडुचेरी (965) एवं लक्षद्वीप (908) में क्रमश: 2 एवं 51 अंकों की गिरावट दर्ज की गयी। पंजाब जो आर्थिक दृष्टि से सबसे सम्पन्न राज्य माना जाता है; वहीं शिशु लिंगानुपात की गिरावट में सबसे आगे है। यहाँ का शिशु लिंगानुपात जो 1991 में 875 था, सन् 2001 में घट कर मात्र 798 रह गया। मात्र एक दशक में 77 अंकों की गिरावट आयी, जबकि 2011 ई. में हरियाणा का शिशु लिंगानुपात बढ़कर 846 हो गया है, यानी एक दशक में 48 अंकों की वृद्धि आँकी गयी है। इसी प्रकार हरियाणा राज्य में सन् 2011 में 60 अंकों की गिरावट आयी, जबकि 2011 ई. हरियाणा (830) में शिशु लिंगानुपात में 11 अंकों की वृद्धि हुई है। इस विषय पर मिलर (Barbara D. Miller, 1981) एवं जे.पी. सिंह (2010) का अध्ययन समाजशास्त्रीय दृष्टि से विशेष रूप से उल्लेखनीय है।

उपर्युक्त विश्लेषण से निम्नलिखित तथ्य सामने आये हैं : (1) देश के शिशु लिंगानुपात में 2001–2011 के दशक में गिरावट आयी। (2) हिमाचल प्रदेश, पंजाब, चंडीगढ़, मिजोरम, गुजरात, हरियाणा राज्य व अण्डमान एवं निकोबार, दिल्ली केन्द्र शासित राज्य ऐसे क्षेत्र हैं, जिनके शिशु लिंगानुपात में इस दौरान मामूली वृद्धि हुई। (3) ऐसे क्षेत्र जहाँ पहले से सामान्य लिंगानुपात निम्न था वहीं शिशु लिंगानुपात में सबसे अधिक गिरावट आयी। (4) उत्तर पश्चिम क्षेत्र जिसमें उत्तरांचल आदि में सबसे अधिक गिरावट आयी। (5) पश्चिम में गुजरात, महाराष्ट्र, गोवा तथा उत्तर पूर्व में नागालैण्ड ऐसे क्षेत्र थे जो कि उत्तर पश्चिम भाग से बाहर थे, परन्तु फिर भी यहाँ के शिशु लिंगानुपात में भारी गिरावट हुई। (6) इनके विपरीत पिछले दशक में केरल, पुडुचेरी व लक्षद्वीप ऐसे क्षेत्र थे जहाँ के शिशु लिंगानुपात में वृद्धि हुई जबकि 2001–2011 के दशक में गिरावट दर्ज की गयी तथा अंडमान निकोबार द्वीप समूह में शिशु लिंगानुपात में वृद्धि हुई है। (7) ऐसा प्रतीत होता है कि आर्थिक सम्पन्नता अथवा प्रति व्यक्ति आय तथा मादा शिशु भ्रूण हत्या में सकारात्मक सह सम्बन्ध होता है, क्योंकि महाराष्ट्र व गोवा सभी आर्थिक दृष्टि से सम्पन्न क्षेत्र हैं तथा इन्हीं क्षेत्रों में शिशु लिंगानुपात में सबसे अधिक गिरावट आयी है। प्रजनन आयु वर्ग में महिलाओं की ऊँची मृत्युदर भी पुरुषाधिक्य का कारण है तथा मृत्युदर में क्षेत्रीय भिन्नता के कारण राज्यों में लिंगानुपात में इतना अधिक अन्तर है।

आयु संरचना (Age Structure)

आयु संरचना जनसंख्या की एक आधारभूत विशेषता है। आयु संरचना किसी जनसंख्या में आयु या आयु वर्गों के अनुसार जनसंख्या के वितरण को प्रदर्शित करती है। इसे आयु संरचना (Age Structure) भी कहते हैं। आयु-वर्गानुसार वर्गीकरण से देश की जनसंख्या के वास्तविक चित्र का ज्ञान होता है कि कार्यशील जनसंख्या कितनी है, कितने व्यक्ति जीवन की अन्तिम अवस्था में हैं। स्कूल जाने योग्य बच्चों की संख्या, विवाह योग्य जनसंख्या तथा मतदाताओं की संख्या कितनी है। किसी देश की जनसंख्या की आयु संरचना वहाँ के आर्थिक एवं व्यावसायिक ढाँचे के साथ-साथ सांस्कृतिक एवं राजनीतिक ढाँचे को भी प्रभावित करती है। इसी आधार पर सन्तानोत्पादन योग्य आयु-समूह की स्त्रियों का अनुमान लगाया जा सकता है, जिसके आधार पर भावी जनसंख्या वृद्धि-दर की गणना की जा सकती है तथा जनसंख्या के पूर्वानुमान भी लगाये जा सकते हैं। इसी के आधार पर कार्यशील जनसंख्या में परिवर्तनों की दशा का अनुमान भी लगाया जा सकता है। एस. चन्द्रशेखर (S. Chandrasekhar) ने कहा कि व्यक्ति की आयु उसके स्कूल प्रवेश, श्रम बाज़ार में प्रवेश, मत देने का अधिकार विवाह आदि का समय निर्धारित करने में महत्त्वपूर्ण भूमिका निभाती है। आयु संरचना का मृत्यु तथा विवाह-दर, जनसंख्या के आर्थिक एवं व्यावसायिक संगठन तथा सामाजिक एवं सांस्कृतिक गतिविधियों पर गहरा प्रभाव पड़ता है। किसी क्षेत्र की आयु संरचना में समस्त व्यक्तियों की आयु को पूर्ण वर्षों में विभक्त किया जाता है।

जन्मदर, मृत्युदर या प्रवास के तीन आधारभूत कारणों के अतिरिक्त किसी स्थान की आयु संरचना युद्ध, विपदाओं, प्राकृतिक आपदाओं एवं जनसंख्या नीतियों इत्यादि से भी महत्त्वपूर्ण रूप से प्रभावित होती है। आयु संरचना पर युद्ध का प्रभाव बहुत अधिक होता है, क्योंकि इसमें नौजवान पुरुष काफी मारे जाते हैं। किसी विशेष आयु वर्ग के पुरुषों का समाप्त होना भी जन्मदर को प्रभावित करता है तथा इसका प्रभाव आयु संरचना पर पड़ता है। इसी प्रकार, प्राकृतिक आपदाएँ आदि जब आती हैं, तो वे अपना प्रभाव आयु संरचना पर तब तक छोड़ती हैं जब तक प्रभावित आयु वर्ग की अपनी आयु पूरी नहीं हो जाती। कुछ जनसंख्या नीतियाँ भी दूरगामी प्रभाव डालती हैं। ऐसी नीतियाँ जब किसी देश के द्वारा अपनायी जाती हैं तो उनका प्रभाव देश की जनसंख्या के आयु वितरण पर पड़ता है।

भारत में आयु संरचना को तीन भागों में विभाजित कर अध्ययन किया गया है। पहला, किशोर आयु वर्ग, जिसके अन्तर्गत 0 से 14 वर्ष के आयु वर्ग की जनसंख्या को सम्मिलित किया जाता है। द्वितीय, प्रौढ़ आयु वर्ग, जिसके अन्तर्गत 15 वर्ष से 59 वर्ष के आयु वर्ग की जनसंख्या को सम्मिलित किया जाता है। तृतीय, वृद्ध आयु वर्ग का है, जिसके अन्तर्गत 60 वर्ष या उससे अधिक की जनसंख्या को सम्मिलित किया जाता है। देश में जनसंख्या की आयु-वर्गानुसार संरचना प्रतिशत के आधार पर आँकड़ों का विश्लेषण किया गया है, जिसे सारणी-5 में प्रदर्शित किया गया है।

सारणी-5 से स्पष्ट होता है कि भारतवर्ष की क्रियाशील जनसंख्या में 1911 से 1971 तक उत्तरोत्तर गिरावट आ रही है, जबकि 0–14 तथा 60 वर्ष या उससे अधिक आयु वर्ग की जनसंख्या (आश्रित जनसंख्या) में वृद्धि की प्रवृत्ति दिखाई देती है। सन् 2001 की जनगणना में भारतवर्ष में 15–59 वर्ष के आयु वर्ग में लगातार जनसंख्या में कमी आ रही है। 1931 में यह संख्या 62.2 प्रतिशत से घटकर 1961 ई. में 53 प्रतिशत तथा 1971 ई. में 51.7 प्रतिशत हो गयी। इसके बाद जनसंख्या में वृद्धि की प्रवृत्ति प्रारम्भ हुई जो 2001 ई. की जनगणना में 56.9 प्रतिशत हो गयी; लेकिन दूसरी ओर 0–14 वर्ष के आयु समूह के प्रतिशत में सन् 1981 से गिरावट आती गयी है। वर्ष 1951 में 37.4 प्रतिशत था जो घटकर 2011 में 32.0 हो गयी है। सारणी से यह भी स्पष्ट होता है कि (i) विगत वर्षों में भारत की आयु संरचना में 1991 से परिवर्तन आने लगा, क्योंकि जन्मदर एवं मृत्युदर में परिवर्तन तेजी से होने लगा। सारणी से यह भी स्पष्ट है कि भारत में वर्तमान समय में लगभग 60 प्रतिशत कार्यशील जनसंख्या है, जबकि आश्रित जनसंख्या (0–14 एवं 60 या उससे अधिक वर्ष) का प्रतिशत लगभग 40 है। 1971 के उपरान्त 0–14 वर्ष के आयु समूह के प्रतिशत में क्रमशः गिरावट आती गयी है, जो यह दर्शाती है कि भारत में 1971 तक जन्मदर ऊँची थी; परन्तु उसके

बाद उसमें गिरावट आयी है। (ii) इस प्रकार, भारत में 60 वर्ष या उससे अधिक जीवित रहने वाले व्यक्तियों की संख्या अन्य आयु समूह के लोगों की अपेक्षा बहुत कम है। इससे भारतवर्ष की जनसंख्या में दीर्घजीविता की कमी का अनुमान लगता है।

सारणी-5 भारत में आयु-वर्गानुसार जनसंख्या का वितरण (प्रतिशत में)

(1911-2011)

वर्ष	0-14 वर्ष	15-59 वर्ष	60 या अधिक
1911	38.4	60.2	1.4
1921	39.2	59.6	1.2
1931	39.0	62.2	1.0
1941	38.0	60.2	1.8
1951	37.4	57.1	5.5
1961	41.0	53.0	6.0
1971	42.1	51.7	6.2
1981	39.5	54.2	6.3
1991	36.0	57.5	6.5
2001	35.3	56.9	7.8
2011	31.0	60.0	9.0

स्रोत : सेन्सस ऑफ इण्डिया 2011, रजिस्ट्रार जेनरल ऑफ इण्डिया, नयी दिल्ली।

भारत में आयु-वर्गानुसार ग्रामीण एवं नगरीय क्षेत्रों में जनसंख्या की संरचना में काफी भिन्नताएँ हैं। 2001 की जनगणना के आँकड़ों को आधार मानकर ग्रामीण-नगरीय जनसंख्या की संरचना का विश्लेषण आयु-वर्गानुसार किया गया है, देश की जनसंख्या में 0–14 आयु वर्ग में ग्रामीण एवं नगरीय क्षेत्रों में कुल जनसंख्या का प्रतिशत क्रमशः 11.5 एवं 8.9 है, जबकि विद्यालय जाने वाले बच्चों (5–14 आयु वर्ग) में नगरीय क्षेत्रों (21.7 प्रतिशत) की तुलना में ग्रामीण क्षेत्रों (25.7 प्रतिशत) में अधिक है। इसके साथ ही 15–59 आयु वर्ग में ग्रामीण एवं नगरीय क्षेत्रों का प्रतिशत क्रमशः 54.6 एवं 60.8 है। इस प्रकार, आश्रित जनसंख्या का दबाव कार्यशील जनसंख्या पर अधिक है।

भारत के राज्यों की आयु संरचना में विभिन्नताएँ हैं। ये विभिन्नताएँ दक्षिण भारत के राज्यों की तुलना में उत्तर भारत के हिन्दी-भाषी राज्यों में अधिक है। भारत में आयु वर्ग (0–4) में 10.7 प्रतिशत व्यक्ति हैं। अगर राज्यानुसार आँकड़ों का विश्लेषण करें, तो स्पष्ट होता है कि भारत में अधिक प्रतिशत वाले राज्यों में उत्तरांचल, हरियाणा, राजस्थान, उत्तर प्रदेश, बिहार, अरुणाचल प्रदेश, मिजोरम, असम, झारखण्ड एवं मध्य प्रदेश राज्य आते हैं। उसी प्रकार (15–24) आयु वर्ग में अधिकांश राज्य आते हैं। 60 और उससे अधिक आयु में सबसे अधिक जनसंख्या का प्रतिशत हिमाचल प्रदेश, उत्तरांचल, हरियाणा, राजस्थान, उड़ीसा, महाराष्ट्र, आंध्र प्रदेश, कर्नाटक, केरल तथा तमिलनाडु का है। इससे स्पष्ट होता है कि इन राज्यों में लोगों की आयु लम्बी है। आँकड़ों का विश्लेषण करने से स्पष्ट होता है कि (0–4) वर्ष के आयु वर्ग में दक्षिण भारत के राज्यों की तुलना में उत्तर भारत के हिन्दी-भाषी राज्यों में अधिक जनसंख्या पायी जाती है, लेकिन 60+ वर्ष आयु वर्ग में दक्षिण भारत के राज्यों की तुलना में उत्तर भारत के हिन्दी-भाषी राज्यों में कम जनसंख्या है।

देश के सभी राज्यों में 0–14 आयु वर्ग एवं 60 वर्ष या उससे अधिक आयु वर्ग के जनसंख्या का दबाव 15 से 59 आयु वर्ग की जनसंख्या पर है, लेकिन दक्षिण भारत की तुलना में उत्तर भारत के हिन्दी-भाषी राज्यों में यह दबाव कुछ ज़्यादा ही है। देश की जनसंख्या की उपर्युक्त विशेषता के कारण चार महत्त्वपूर्ण प्रभाव परिलक्षित होते हैं। प्रथम, ऊँचा आश्रित अनुपात; द्वितीय, कुल जनसंख्या में कार्यशील जनसंख्या का निम्न अनुपात; तृतीय, अधिक मानव की क्षति; चतुर्थ, निम्न जीवन प्रत्याशा।

वर्तमान जन्मदर एवं मृत्युदर के मद्देनज़र यही कहा जा सकता है कि 2001 की जनगणना के बाद के काल खण्ड में 0–14 आयु वर्ग की जनसंख्या में कमी आयेगी और 15 एवं उससे ऊपर के आयु वर्ग की जनसंख्या में वृद्धि होगी और अन्ततोगत्वा 15–59 आयु वर्ग के प्रतिशत में धीरे-धीरे ह्रास होगा। परिणामस्वरूप 60 से ऊपर आयु वर्ग की जनसंख्या के प्रतिशत में वृद्धि हो गयी। सारी दुनिया में आज तक यही हुआ है।

साक्षरता के आधार पर जनसंख्या की संरचना (Population Structure Based on Literary)

किसी भी देश एवं क्षेत्र में साक्षरता एवं शिक्षा जनसंख्या की संरचना को प्रभावित करता है। साक्षरता वह वैयक्तिक गुण है, जो किसी व्यक्ति को पढ़ने और लिखने की योग्यता को प्रकट करती है। साक्षरता मनुष्य के सोच-विचार और कार्य करने की योग्यता में वृद्धि करती है और उसे नवीन खोजों की दिशा में प्रवृत्त करती है, जिससे सामाजिक, आर्थिक एवं सांस्कृतिक प्रगति का मार्ग प्रशस्त होता है। समाज में व्याप्त अन्धविश्वास, रूढ़िवादिता, धार्मिक कट्टरता, सामाजिक भेद-भाव, निर्धनता आदि से दूर करने में साक्षरता का महत्त्व सर्वोपरि है। आज के वैज्ञानिक-तकनीकी-युग में साक्षरता का महत्त्व और भी बढ़ता जा रहा है; क्योंकि निरक्षर या अनपढ़ व्यक्ति समाज और देश की वर्तमान वास्तविक स्थिति तथा अन्तर्राष्ट्रीय सम्बन्धों को समझने में असमर्थ होता है तथा तकनीकी दृष्टि से अकुशल होने के कारण आधुनिक उद्योगों तथा सेवाओं में उचित योगदान नहीं कर पाता है। जनसंख्या की विशेषताओं तथा जनांकिकीय लक्षणों की क्षेत्रीय विभेदशीलता के अध्ययन के लिए साक्षरता का विश्लेषण आवश्यक हो जाता है।

साक्षरता की संकल्पना तथा उसके लिए प्रयुक्त मापदण्डों में प्राय: एकरूपता नहीं मिलती है, जो तुलनात्मक अध्ययन में एक बड़ा अवरोधक है। साक्षरता की माप के लिए जो आधार प्रयुक्त होते हैं, उनमें प्रमुख निम्नलिखित हैं : (1) अपने देश में प्रचलित किसी भाग की वर्णमाला का ज्ञान होने अथवा हस्ताक्षर बना लेने और पढ़ने-लिखने की योग्यता पर व्यक्ति को साक्षर माना जाता है। इस दृष्टि से किसी व्यक्ति को साक्षर होने के लिए किसी शिक्षण संस्था में पंजीकृत होना आवश्यक नहीं होता है। भारत में साक्षरता का यही मापदण्ड अपनाया जाता है। (2) कुछ लोग साक्षरता के निर्धारण के लिए विद्यालयी शिक्षा को आधार मानते हैं, किन्तु यह उपयुक्त प्रतीत नहीं होता है, क्योंकि कोई व्यक्ति बिना विद्यालय गये ही किसी भाषा में पढ़ने-लिखने की योग्यता प्राप्त कर सकता है। इसके लिए विद्यालय जाने की किसी न्यूनतम अवधि (दिन, महीना आदि) का मानदण्ड माना जा सकता है। (3) जो व्यक्ति देश में प्रचलित किसी एक भाषा के वर्णों को पहचानता है और उस भाषा को पढ़ सकता है, उसे साक्षर माना जाता है। हाँगकाँग की जनगणना 1961 में इसी मापदण्ड के आधार पर साक्षरता का निर्धारण किया गया था। (4) कुछ देशों में उन व्यक्तियों को साक्षर माना जाता है, जो कुछ निर्धारित प्रश्न के सही-सही उत्तर दे सकते हैं। फिनलैण्ड (1930) में साक्षरता निर्धारण के लिए इसी मापदण्ड का प्रयोग किया गया था। (5) संयुक्त राष्ट्र संघ के जनसंख्या आयोग द्वारा प्रस्तावित मापदण्ड के अनुसार उन सभी व्यक्तियों को साक्षर माना जाता है, जो किसी एक भाषा में साधारण संदेश को पढ़-लिख और समझ सकते हैं। इस प्रकार, साक्षरता के निर्धारण हेतु प्रयुक्त होने वाले उपर्युक्त मापदण्डों के अतिरिक्त अन्य मापदण्डों का भी मुख्य अथवा गौण आधार के रूप में प्रयोग किया जा सकता है, जो देश या क्षेत्र की स्थानीय सामाजिक-सांस्कृतिक दशाओं पर निर्भर करेगा।

जनसंख्या के सम्बन्ध में जिन आधारों पर सूचना एकत्र की जाती है उनमें साक्षरता सबसे महत्त्वपूर्ण है। किसी भी देश में वहाँ की कुशल एवं साक्षर मानवीय शक्ति अर्थव्यवस्था को महत्त्वपूर्ण ढंग से प्रभावित करती है। साक्षरता व शिक्षा एवं देश के सामाजिक-आर्थिक विकास में घनात्मक सह-सम्बन्ध पाया जाता है। भारत में साक्षरता की स्थिति अच्छी नहीं है। यहाँ पुरुष की तुलना में स्त्रियों की साक्षरता-दर तो और भी निम्न है। शिक्षा एवं साक्षरता का अगर ऐतिहासिक परिप्रेक्ष्य में विश्लेषण करने से स्पष्ट होता है कि प्राचीनकाल में भारत में साक्षरता सर्वव्यापक रही होगी,

क्योंकि उस समय जाति-व्यवस्था कठोर नहीं थी और समाज में स्त्रियों का स्थान भी ऊँचा था। परवर्ती वर्षों में विशेष रूप से मध्य काल के आरम्भ से ही विदेशी आक्रमणों, पर्दाप्रथा के प्रचलन, जातिगत व्यवसायों की प्रथा के प्रचार के साथ साक्षरता का मार्ग अवरुद्ध-सा हो गया। ब्रिटिश काल में शिक्षा मुख्यत: सरकारी नौकरियों से जुड़ गयी और इसकी सुविधा कुछ विशिष्ट (उच्च) वर्ग तक सीमित होकर रह गयी तथा अधिसंख्य निम्नवर्ग को शिक्षा से दूर रहने के प्रयास किये जाते रहे हैं।

स्वतन्त्रता प्राप्ति के पश्चात् विभिन्न पंचवर्षीय योजनाओं में शिक्षा और साक्षरता के उत्थान हेतु विशिष्ट प्रावधान किये गये और इस क्षेत्र के विकास के लिए विशेष प्राथमिकताएँ प्रदान की गयीं। प्राथमिक विद्यालय से लेकर विभिन्न स्तर के विद्यालयों की संख्या और शिक्षकों की संख्या में उल्लेखनीय वृद्धि की गयी। प्राथमिक शिक्षा को अनिवार्य बनाने की दिशा में महत्त्वपूर्ण प्रयास किये गये। शिक्षा के प्रसार के लिए नि:शुल्क शिक्षा की व्यवस्था की गयी, जिससे साक्षरता-दर में वृद्धि हुई। फिर भी यहाँ दर कम है। भारत में साक्षरता की स्थिति को **सारणी-6** में प्रदर्शित किया गया है–

सारणी-6 भारत में साक्षरता-दर (प्रतिशत में)
(1901-2011)

वर्ष	कुल	पुरुष	स्त्री
1901	5.4	9.8	0.7
1911	5.9	10.6	1.1
1921	7.2	12.2	1.8
1931	9.5	15.6	2.9
1941	16.1	24.9	7.3
1951	18.3	27.2	8.9
1961	28.3	40.4	15.4
1971	34.5	46.0	22.0
1981	43.6	56.4	26.6
1991	52.2	64.1	39.3
2001	65.4	75.9	54.2
2011	74.0	82.1	65.5

स्रोत : सेन्सस ऑफ इण्डिया 2001, प्रोविजनल पॉप्यूलेशन टेबुल्स, सीरिज-1, रजिस्ट्रार जेनरल ऑफ इण्डिया, नयी दिल्ली एवं सेन्सस ऑफ इण्डिया, 2011, प्रोविज़नल डेटा, रजिस्ट्रार जेनरल ऑफ इण्डिया, नयी दिल्ली।

1901 में कुल जनसंख्या का 5.4 प्रतिशत भाग ही साक्षर था जो बढ़ते-बढ़ते 1941 में 16.1 हो गया। नियोजन के प्रारम्भिक 20 वर्षों (1951–1971) में साक्षरता 16.71 प्रतिशत से बढ़कर 29.5 प्रतिशत तक पहुँच गयी। वर्ष 1991 में कुल साक्षरता-दर 52.2 प्रतिशत अंकित की गयी, जिसमें पुरुष साक्षरता (64.1) एवं स्त्री साक्षरता (39.3) के डेढ़ गुणा से अधिक थी। जनगणना 2001 के अनुसार भारत की 65.3 प्रतिशत जनसंख्या साक्षर है। साक्षर जनसंख्या का प्रतिशत पुरुषों में 75.9 प्रतिशत और स्त्रियों में 54.2 प्रतिशत है। तदुपरान्त जनगणना 2011 में साक्षरता 9.2 प्रतिशत बढ़कर 74.0 प्रतिशत हो गयी। ज्ञातव्य है कि जहाँ साक्षरता दर में एक दशक में 9.2 प्रतिशत की वृद्धि हुई, वहीं साक्षर जनसंख्या में वर्ष 2001 की तुलना में वर्ष 2011 में 38.8 प्रतिशत की वृद्धि हुई है। इस प्रकार, भारत में अभी भी जनसंख्या का एक बड़ा भाग निरक्षर है। इससे यह भी स्पष्ट है कि स्त्रियों की साक्षरता का अनुपात पुरुषों की अपेक्षा बहुत कम है।

भारत में साक्षरता-दर के वितरण पर यदि ध्यान दिया जाये तो स्पष्ट होता है कि ग्रामीण क्षेत्रों में नगरीय क्षेत्रों की तुलना में साक्षरता-दर काफी भिन्न है। नगरीय क्षेत्रों में पुरुष और स्त्री दोनों ही वर्गों में साक्षरता ग्रामीण क्षेत्रों की तुलना में अधिक पायी जाती है। इसका प्रमुख कारण यह है कि नगरों में शिक्षण संस्थाएँ तथा अन्य शैक्षणिक सुविधाओं की

बहुलता पायी जाती है, जबकि ग्रामीण क्षेत्रों में इनका प्रायः अभाव है। कृषि अर्थव्यवस्था के कारण ग्रामों में अशिक्षित व्यक्तियों को भी कुछ-न-कुछ रोज़गार मिल जाता है, जबकि नगरों में द्वितीयक तथा तृतीयक क्रियाओं की प्रधानता के कारण निरक्षर व्यक्तियों के लिए रोज़गार की कमी होती है। इससे नगरों में शिक्षा के प्रति जागरूकता अधिक पायी जाती है और बच्चों का स्कूल जाना अनिवार्य समझा जाता है। सामान्यतः शिक्षित परिवार में बाल-शिक्षा को विशेष प्रोत्साहन नहीं मिल पाता है। ग्रामीण क्षेत्रों में घोर निर्धनता, रूढ़िवादी विचार, अन्धविश्वास, बुनियादी सुविधाओं में कमी भी साक्षरता की प्रगति में बाधक है।

सन् 1961 में ग्रामीण क्षेत्रों में साक्षरता 18.8 प्रतिशत थी, जबकि नगरीय क्षेत्रों में साक्षरता 46.9 प्रतिशत थी। वर्ष 1991 में ग्रामीण क्षेत्रों में साक्षरता 36.7 प्रतिशत थी जबकि नगरीय क्षेत्रों में यह बढ़कर 62.3 प्रतिशत तक पहुँच गयी। जनगणना के आँकड़ों से यह भी स्पष्ट है कि ग्रामीण तथा नगरीय दोनों क्षेत्रों में पुरुषों की तुलना में महिलाओं का अनुपात कम रहा। इसके बावजूद, ग्रामीण एवं नगरीय क्षेत्रों में महिलाओं का साक्षरता-दर का अनुपात क्रमशः बढ़ता ही गया है।

जनगणना 2011 के अनुसार भारत में साक्षरता-दर के वितरण का विश्लेषण किया जाये तो स्पष्ट होता है कि विभिन्न राज्यों के मध्य साक्षरता स्तर में काफी असमानताएँ हैं। यही विभिन्नता राज्यों में पुरुष व स्त्रियों के बीच भी पायी जाती है। सामान्यतः लघु राज्यों, उच्च नगरीकरण वाले राज्य तथा ईसाई बहुल राज्यों में साक्षरता अपेक्षाकृत उच्च होने से पुरुष और स्त्री साक्षरता-दर में अन्तर कम पाया जाता है और कृषि अर्थव्यवस्था तथा वृहदाकार राज्यों में स्त्री साक्षरता निम्न तथा उक्त अन्तर अधिक पाया जाता है। जनगणना 2011 के अनुसार देश के राज्यों एवं केन्द्र शासित प्रदेशों में सर्वाधिक साक्षरता वाला राज्य केरल है, जहाँ की साक्षरता दर 94.0 प्रतिशत है उसके बाद लक्षद्वीप (92.3 प्रतिशत) एवं मिजोरम (91.6 प्रतिशत) का स्थान है तथा साक्षरता की दृष्टि से बिहार (63.8 प्रतिशत) निम्नतम स्थान पर है। उसके बाद अरुणाचल प्रदेश (66.7 प्रतिशत), राजस्थान (67.1 प्रतिशत), झारखण्ड (67.6 प्रतिशत), आन्ध्र प्रदेश (67.7 प्रतिशत) एवं जम्मू और कश्मीर (68.7 प्रतिशत) का स्थान है। भारत के सभी राज्यों में स्त्री साक्षरता पुरुष साक्षरता से काफी कम है। साक्षरता-दर तथा नगरीकरण एवं अकृषक मज़दूरों की दर में घनात्मक सह-सम्बन्ध है। यह तथ्य महत्त्वपूर्ण है कि साक्षरता-दर जिन राज्यों में ऊँची है, उनमें स्त्री-पुरुष साक्षरता अन्तराल भी कम है। जनगणना 2011 के अनुसार भारत की पुरुष और स्त्री साक्षरता में लगभग 16.7 प्रतिशत का अन्तर है। यह अन्तराल उन राज्यों में कम है, जहाँ सामान्य साक्षरता दर ऊँची है। केन्द्र शासित राज्यों में पुरुष साक्षरता दर सर्वाधिक लक्षद्वीप में (96.1 प्रतिशत) है उसके बाद केरल, मिजोरम एवं गोवा का स्थान है, जहाँ साक्षरता दर क्रमशः 96.0, 93.7, 92.8 प्रतिशत है तथा निम्न पुरुष साक्षरता दर वाला राज्य बिहार है, जहाँ 73.4 प्रतिशत पुरुष साक्षर हैं। इसी प्रकार महिलाओं में सर्वाधिक साक्षरता दर वाला राज्य केरल है, जहाँ 92.0 प्रतिशत महिलाएँ साक्षर हैं तथा सबसे कम महिला साक्षर राज्य राजस्थान है, जहाँ मात्र 52.7 प्रतिशत ही महिलाओं की साक्षरता दर है। इस प्रकार स्पष्ट है कि वर्तमान जनगणना में देश के प्रत्येक राज्य में महिला एवं पुरुष की साक्षरता दर में बढ़ोत्तरी हुई है इसके बावजूद आज भी पुरुष की तुलना में महिला साक्षरता दर निम्न है। यह तथ्य हिन्दी-भाषी राज्यों में सर्वाधिक लागू होती है।

धर्म के आधार पर जनसंख्या-संघटन
(Population Composition by Religion)

धर्म का सम्बन्ध मनुष्य की भावनाओं, श्रद्धा और भक्ति से है, जो उसका सम्बन्ध अलौकिक शक्ति से जोड़ती है। धर्म मनुष्य में आन्तरिक जीवन को तो प्रभावित करता ही है साथ में उसके सामाजिक, सांस्कृतिक तथा आर्थिक जीवन को भी प्रभावित करता है। धर्म सामाजिक व्यवस्था को नियन्त्रित करने का एक सशक्त साधन भी है। दैवीय शक्ति, पाप-पुण्य तथा स्वर्ग-नरक आदि के भय से मनुष्य सामाजिक नियमों का पालन करता है। धर्म को अपनाकर सामाजिक

नियमों का पालन करता है, जिससे सामाजिक व्यवस्था सुचारु रूप से संचालित होती है। ई.वी. टॉयलर (E.B. Tylor) ने कहा कि धर्म आध्यात्मिक शक्ति पर विश्वास है।

भारत प्राचीनकाल से ही विभिन्न धर्मों की उत्पत्ति का मूल केन्द्र रहा है। भारत अनेक धर्मों का देश है। विश्व में सम्भवत: ऐसा कोई देश नहीं है, जहाँ भारत के समान धर्मों की विविधता तथा बहुलता पायी जाती है। भारत में मुख्य रूप से छ: धर्मों तथा हिन्दू, इस्लाम, सिक्ख, ईसाई, बौद्ध और जैन के अनुयायी अधिक हैं। इसके अतिरिक्त यहाँ कुछ पारसी, यहूदी तथा जनजातीय धर्मों को मानने वाले लोग भी हैं। इतना ही नहीं सभी प्रमुख धर्मों में अनेक सम्प्रदाय तथा मतान्तर वर्ग भी पाये जाते हैं। प्रत्येक सम्प्रदाय की भी अनेक शाखाएँ और उपशाखाएँ हैं। शैव, वैष्णव, ब्रह्म समाज, आर्य समाज आदि हिन्दू धर्म के प्रमुख सम्प्रदाय हैं। इसी प्रकार इस्लाम में शिया और सुन्नी, ईसाई धर्म में प्रोटेस्टैंट तथा कैथोलिक, बौद्ध धर्म में महायान और हीनयान, जैन धर्म में श्वेताम्बर और दिगम्बर प्रमुख धार्मिक सम्प्रदाय हैं। भारत चार प्रमुख धर्मों का जन्म-स्थान है। ये धर्म हैं: हिन्दू, बौद्ध, जैन और सिक्ख। हिन्दू धर्म संसार का प्राचीनतम धर्म है। इसका विकास मनुष्य की प्रकृति के साथ निरन्तर अन्त:क्रिया और उसकी जीवन के अर्थ की व्यक्तिगत खोज का परिणाम है। भारत में जन्मे धर्म, दर्शन और जीवन के प्रति दृष्टिकोण के कारण हिन्दू धर्म के बहुत निकट है। अन्य धार्मिक विश्वासों वाले लोग भारत में निरन्तर आते रहे हैं। सीरियाई ईसाई प्रथम शताब्दी में भारत के पश्चिमी तट पर आये थे। मध्यकाल में भारत के पश्चिमी तट पर अरब व्यापारी इस्लाम धर्म को लेकर आये। इस्लाम के बड़े पैमाने पर प्रसार में मुस्लिम आक्रमणकारियों का भारी योगदान है।

अनुयायियों की संख्या की दृष्टि से भारत के चार प्रमुख धर्म हैं: हिन्दू, इस्लाम, ईसाई और सिक्ख। संख्या की दृष्टि से जैन, बौद्ध और पारसी धर्मावलम्बी कम हैं। सामाजिक-आर्थिक मान्यताएँ अलग-अलग होने के कारण भारत में विभिन्न वर्गों के बीच प्रजनन व्यवहार में न्यूनाधिक रूप से भिन्नता पायी जाती है।

सन् 1961 की जनगणना के अनुसार हिन्दुओं की जनसंख्या 36.65 करोड़ (83.5 प्रतिशत), मुसलमानों की जनसंख्या 4.69 करोड़ (10.7 प्रतिशत), ईसाइयों की जनसंख्या 1.07 करोड़ (2.4 प्रतिशत) तथा सिक्खों की जनसंख्या 0.78 करोड़ (1.8 प्रतिशत) थी जो 2001 में क्रमश: 82.8 करोड़ (81.4 प्रतिशत), 13.8 करोड़ (12.4 प्रतिशत), 2.41 करोड़ (2.3 प्रतिशत) तथा 1.92 करोड़ (1.9 प्रतिशत) हो गयी। इस तरह, देश में हिन्दुओं की जनसंख्या के प्रतिशत में लगातार कमी आती गयी है, जबकि मुसलमानों की जनसंख्या का अनुपात बढ़ता गया है। इस देश की मुस्लिम औरतें धार्मिक कारणों से हिन्दू महिलाओं की तुलना में अपने पूरे जीवनकाल में औसतन एक बच्चा अधिक पैदा करती हैं। उनकी शिक्षा एवं आर्थिक स्थिति का प्रजनन पर शायद ही कोई प्रभाव पड़ता है।

ईसाइयों की जनसंख्या के अनुपात में कोई विशेष परिवर्तन नहीं हुआ है। सिक्खों की जनसंख्या का प्रतिशत लगभग स्थिर है। अगर भारत के राज्यों में धार्मिक आधार पर जनसंख्या का वितरण का अध्ययन करने से स्पष्ट होता है कि विभिन्न राज्यों में धार्मिक जनसंख्या में विभिन्नताएँ पायी जाती हैं। देश में राज्यों के आधार पर विभिन्न धर्मों की जनसंख्या के विश्लेषण करने से स्पष्ट होता है कि हिन्दुओं की कुल जनसंख्या राज्यों में सर्वाधिक हिमाचल प्रदेश की (95.4 प्रतिशत) का है तथा सबसे कम मिजोरम में (3.6 प्रतिशत) का है। हिमाचल प्रदेश, उड़ीसा, मध्य प्रदेश, गुजरात, हरियाणा, आन्ध्र प्रदेश, राजस्थान, तमिलनाडु, त्रिपुरा, कर्नाटक तथा बिहार में हिन्दुओं का अनुपात राष्ट्रीय औसत से अधिक है; जबकि उत्तर के राज्यों यथा जम्मू-कश्मीर तथा पंजाब में यह राष्ट्रीय औसत से काफी कम है। अगर देश की कुल जनसंख्या के आधार पर देखा जाये तो सबसे अधिक मुसलमान उत्तर प्रदेश में रहते हैं। दूसरा स्थान पश्चिम बंगाल और तीसरा स्थान बिहार का है। राज्यवार विश्लेषण से स्पष्ट होता है कि सबसे अधिक जम्मू-कश्मीर (67 प्रतिशत), असम (32 प्रतिशत), पश्चिम बंगाल (25.2 प्रतिशत), उत्तर प्रदेश (18.5 प्रतिशत), बिहार (16.5 प्रतिशत) तथा झारखण्ड (13.8 प्रतिशत), जबकि न्यूनतम जनसंख्या मिजोरम (1.1 प्रतिशत) है। दक्षिण भारत के राज्यों में केरल (24.7 प्रतिशत) को छोड़कर देश के उत्तर हिन्दी भाषाई राज्यों में मुसलमान की जनसंख्या अधिक है। ईसाइयों की जनसंख्या के विश्लेषण से पता चलता है कि सबसे अधिक नागालैण्ड (90.0 प्रतिशत)। इसके बाद मिजोरम (87.0 प्रतिशत),

मेघालय (70.3 प्रतिशत), गोवा (26.7 प्रतिशत), केरल (19.0 प्रतिशत) तथा अण्डमान व निकोबार (21.7 प्रतिशत) है। सबसे कम जनसंख्या जम्मू-कश्मीर, हिमालच प्रदेश, उत्तरांचल, हरियाणा, दिल्ली, राजस्थान, उत्तर प्रदेश बिहार तथा मध्य प्रदेश में है। उत्तर हिन्दी भाषाई राज्यों में दक्षिणी राज्यों की तुलना में ईसाइयों की जनसंख्या कम है। देश की 1.9 प्रतिशत जनसंख्या सिक्खों की थी जो अधिकांश रूप में पंजाब (59.9 प्रतिशत), चण्डीगढ़ (16.1 प्रतिशत), हरियाणा (5.5 प्रतिशत) तथा दिल्ली (4.0 प्रतिशत) में सांद्रित थी। देश की कुल जनसंख्या का मात्र 0.8 प्रतिशत बौद्ध धर्म से सम्बन्धित था। देश के किसी भी राज्य में उनकी बहुतायत नहीं थी। उनका सबसे उच्च प्रतिशत (28.1 प्रतिशत) सिक्किम राज्य में था। अरुणाचल प्रदेश (13.0 प्रतिशत), मिजोरम (7.9 प्रतिशत), महाराष्ट्र (6.0 प्रतिशत) तथा त्रिपुरा (3.1 प्रतिशत) अन्य राज्य थे जहाँ बौद्ध समुदाय का प्रतिशत उनके देश के सामान्य प्रतिशत (0.8 प्रतिशत) से उच्च था। देश की 0.4 प्रतिशत जनसंख्या जैन धर्म से सम्बन्धित थी। महाराष्ट्र (1.3 प्रतिशत), राजस्थान (1.2 प्रतिशत), दिल्ली (1.1 प्रतिशत) व गुजरात (1.0 प्रतिशत) में जैन धर्म समुदाय का प्रतिशत 1.0 प्रतिशत से उच्च था।

जनसंख्या की वैवाहिक संरचना (Population by Marital Status)

किसी क्षेत्र या देश की जनसंख्या में विवाह की आयु का बहुत अधिक महत्त्व होता है। यह आयु जनसंख्या की संरचना को प्रभावित करती है। अगर किसी क्षेत्र या देश में वहाँ की अधिकांश जनसंख्या कम आयु में विवाह करती है, तो वहाँ की जनसंख्या की वृद्धि ऊँची होती है; क्योंकि वहाँ महिलाओं में औसत प्रजनन अधिक होता है। दूसरी ओर, अगर किसी क्षेत्र या देश में विवाह की आयु उच्च अर्थात् व्यक्ति अधिक आयु में विवाह करते हैं, तो वहाँ जनसंख्या की वृद्धि-दर कम होती है, क्योंकि वहाँ महिलाओं में औसत प्रजनन-दर कम होती है।

देश में वर्तमान समय में बाल-विवाह की प्रथा को अवैध घोषित कर दिया गया है तथा विवाह की न्यूनतम आयु महिलाओं के लिए 18 वर्ष एवं पुरुषों के लिए 21 वर्ष निर्धारित कर दी गयी है, लेकिन विवाह के आयु सम्बन्धी समंकों को देखने से ज्ञात होता है कि आज भी बाल-विवाहों का दबाव अधिक है। भारत के सभी राज्यों में स्त्री और पुरुषों के विवाह की आयु में कमोबेश वृद्धि जारी है। इससे पता चलता है कि बच्चों के माता-पिता में बच्चों के विवाह की आयु के प्रति जागरूकता में वृद्धि हुई है तथा बाल-विवाह की संख्या में तेजी से ह्रास हो रहा है। भारत के दक्षिणी राज्यों तथा उत्तरी हिन्दी-भाषी राज्यों में विवाह की आयु का विश्लेषण करने से स्पष्ट होता है कि दक्षिण भारत के राज्यों की तुलना में उत्तर भारत के हिन्दी-भाषी राज्यों में विवाह की आयु उच्च है। इस तथ्य की पुष्टि हेतु राष्ट्रीय परिवार स्वास्थ्य सर्वे-III (NFHS, 2005-06) द्वारा संकलित आँकड़ों का अवलोकन करने से भी स्पष्ट होता है।

आधुनिक समय में वैवाहिक स्तर का विश्लेषण करने के लिए जनसंख्या की संरचना को सात श्रेणियों यथा– अविवाहित, विवाहित, विवाहित लेकिन गौना नहीं, विधवा, तलाकशुदा, पृथक्कृत तथा परित्यक्त में बाँटा जा सकता है, लेकिन इन दो श्रेणियों यथा सात को विवाहित और प्रथम को अविवाहित कर केवल दो श्रेणियों में भी रखा जाता है। देश में वैवाहिक स्तर भी जनसंख्या की संरचना को प्रभावित करता है। देश में 15–19 वर्ष आयु वर्ग में 69.6 प्रतिशत महिलाएँ अविवाहित थीं, केवल 27.1 प्रतिशत महिलाएँ ही विवाहित थीं तथा 2.9 प्रतिशत महिलाओं का विवाह हो चुका था; लेकिन उनका गौना नहीं हुआ। इस आयु वर्ग में 0.1 प्रतिशत महिला विवाहित और तलाकशुदा हो गयी थीं। कुल आयु वर्ग में 19.8 प्रतिशत महिलाओं ने विवाह नहीं किया, जबकि 74.8 प्रतिशत महिलाओं का विवाह हो चुके थे। कुल आयु वर्ग में 3.2 प्रतिशत महिलाएँ विधवा थीं, जबकि केवल 0.3 प्रतिशत महिलाएँ तलाकशुदा थीं। पुरुष के वैवाहिक स्तर के अवलोकन से स्पष्ट होता है कि 15–19 आयु वर्ग में 95.4 प्रतिशत उत्तरदाता अविवाहित थे, केवल 2.8 प्रतिशत पुरुषों का विवाह हो चुका था, जबकि विधुर और तलाकशुदा में कोई पुरुष नहीं था। 20–24 आयु वर्ग में 66.1 प्रतिशत पुरुष अविवाहित थे तथा 32.0 प्रतिशत पुरुष विवाहित थे, केवल 0.2 पुरुष विधुर थे। कुल आयु वर्ग में 35.7 प्रतिशत पुरुषों का विवाह नहीं हुआ था, जबकि 62.4 प्रतिशत पुरुष विवाहित थे।

देश के राज्यों में ग्रामीण एवं नगरीय क्षेत्रों में महिलाओं के विवाह की आयु का विश्लेषण NFHS की रपट में किया गया है। उन महिलाओं (18–29 आयु वर्ग) को लिया गया है, जिनका विवाह 18 वर्ष में हुआ तथा उन पुरुषों को शामिल किया गया है जिनका विवाह 21 वर्ष में सम्पन्न हुआ है। इस तर्क की पुष्टि हेतु राष्ट्रीय परिवार स्वास्थ्य सर्वे-III (2005–06) से प्राप्त आँकड़ों के अनुसार भारतवर्ष में कुल 45.6 प्रतिशत महिलाओं का विवाह 18 वर्ष में होता है, जिसमें 29.7 प्रतिशत नगरीय क्षेत्रों में तथा 53.4 प्रतिशत ग्रामीण क्षेत्रों में पायी गयीं। पुरुषों में कुल 26.6 प्रतिशत पुरुष 21 वर्ष में विवाह कर चुके थे। सबसे अधिक (63.7 प्रतिशत) बिहार राज्य में महिलाओं का 18 वर्ष में विवाह हो जाता है; जबकि सबसे अधिक (49.2 प्रतिशत) पुरुषों का विवाह 21 वर्ष में राजस्थान राज्य में होता है। दक्षिणी राज्यों तथा उत्तरी हिन्दी-भाषी राज्यों के अवलोकन से स्पष्ट होता है कि दक्षिणी राज्यों की तुलना उत्तर भारत के हिन्दी-भाषी राज्यों में महिलाओं का विवाह 18 वर्ष में अधिक होता है। केवल आन्ध्र प्रदेश में 56.2 प्रतिशत महिलाओं का विवाह 18 वर्ष में होता है। 21 वर्ष में पुरुषों के विवाह से स्पष्ट होता है कि उत्तर भारत के हिन्दी-भाषी प्रदेशों में दक्षिण भारत के राज्यों की तुलना में पुरुषों का विवाह 21 वर्ष में अधिक होता है।

भारतीय जनसंख्या में जाति और जनजाति (Caste and Tribes in Indian Population)

भारतीय संविधान में जाति की कोई मान्यता नहीं है; लेकिन अनुसूचित जाति और जनजाति को संविधान में कुछ सुरक्षाएँ दी गयी हैं और इसलिए इनकी जनगणना भी की जाती है। देश में पहली बार 'अनुसूचित जाति' शब्द का प्रयोग भारत सरकार के अधिनियम 1935 में हुआ था। संविधान के अनुच्छेद 341 में अनुसूचित जाति का उल्लेख है। भारतीय संविधान में मूलरूप से 14 राज्यों की 212 जनजातियों को अनुसूचित जनजाति घोषित किया गया था। 1976 के संविधान संशोधन द्वारा अधिकतर जनजातियों पर से क्षेत्रीय प्रतिबन्ध उठा लिए गये। अनुसूचित जनजातियों की सूची में अब सम्पूर्ण भारत में रहने वाली लगभग 550 जनजातियाँ शामिल हैं। भारतीय जनसंख्या में ये अनुसूचित समूह बहुत महत्त्व रखते हैं। यह समूह पिछले 100 वर्षों में शोषण के शिकार रहे हैं। इनमें से अधिकांश लोग अनपढ़ हैं, ज़्यादातर ग़रीब हैं और इनके विकास के स्रोत बहुत थोड़े हैं। भारत सरकार द्वारा अनुसूचित जातियों एवं जनजातियों के कल्याण हेतु विभिन्न कार्यक्रम चलाये जा रहे हैं ताकि इनके सामाजिक एवं आर्थिक पिछड़ेपन को दूर किया जा सके। इन कार्यक्रमों की समुचित प्रगति हेतु, इनकी जनसंख्या एवं जनांकिकीय प्रवृत्तियों को जानना और इसका अध्ययन एवं विश्लेषण करना उचित समझा जाता है। 2001 की जनगणना में अनुसूचित जातियों की संख्या 16.7 करोड़ थी, जो कुल जनसंख्या का 16.2 प्रतिशत है तथा जनजातियों की संख्या 8.43 करोड़ थी, जो कुल जनसंख्या का 8.2 प्रतिशत है। देश के अनुसूचित जाति एवं अनुसूचित जनजाति की जनसंख्या सम्बन्धी आँकड़ों की सारणी-7 में प्रदर्शित किया गया है।

सारणी-7 भारत में अनुसूचित जाति/जनजाति की जनसंख्या
(1951-2011)

वर्ष	कुल जनसंख्या	अनुसूचित जाति की कुल जनसंख्या (प्रतिशत में)	अनुसूचित जनजाति की कुल जनसंख्या (प्रतिशत में)
1951	35.6	14.6	5.4
1961	43.9	14.6	6.9
1971	54.8	14.5	6.9
1981	68.5	15.5	7.6
1991	84.6	16.3	8.0
2001	102.7	16.2	8.2
2011	121.0	16.6	8.8

स्रोत : सेन्सस ऑफ इण्डिया, 2011, रजिस्ट्रार जेनरल ऑफ इण्डिया, नयी दिल्ली।

भारत के राज्यों में अनुसूचित जाति एवं जनजाति की जनसंख्या का विश्लेषण करें तो स्पष्ट होता है कि राज्यों की जनसंख्या एक समान नहीं है। वर्ष 2001 की जनगणना के अनुसार नागालैण्ड, मिजोरम, लक्षद्वीप तथा अंडमान निकोबार द्वीप समूह को छोड़कर देश के समस्त प्रदेशों/केन्द्र शासित क्षेत्रों में अनुसूचित जातियाँ निवास करती हैं। उसी प्रकार अनुसूचित जनजातियाँ हरियाणा, पंजाब, चंडीगढ़, दिल्ली, पुडुचेरी को छोड़कर देश के समस्त राज्यों में बसी हुई हैं। भारत में अनुसूचित जाति की जनसंख्या का औसत 16.6 प्रतिशत है। सर्वाधिक अनुसूचित जाति की जनसंख्या पंजाब (29.0 प्रतिशत) में पायी जाती है, जबकि न्यूनतम जनसंख्या नागालैण्ड, मिजोरम, लक्षद्वीप, अण्डमान निकोबार द्वीप समूह में शून्य तथा 0 से 1 प्रतिशत जनसंख्या अरुणाचल प्रदेश एवं मेघालय में मिलती है। अनुसूचित जनसंख्या का अपेक्षाकृत संकेन्द्रण पंजाब के बाद हिमाचल प्रदेश, पश्चिम बंगाल, उत्तर प्रदेश, हरियाणा, तमिलनाडु, चण्डीगढ़, उत्तरांचल और त्रिपुरा एवं राजस्थान में है। अनुसूचित जाति की जनसंख्या का मध्यम-स्तरीय वितरण वाला राज्य दिल्ली, बिहार, उड़ीसा, मध्य प्रदेश, कर्नाटक, पुडुचेरी, झारखण्ड, छत्तीसगढ़ एवं महाराष्ट्र है तथा औसत से कम जनसंख्या वाले राज्यों में सिक्किम, गुजरात, असम, जम्मू कश्मीर, केरल, मणिपुर, गोवा, दमन-दीव, दादर-नगर हवेली, मणिपुर का नाम मुख्य है। इस प्रकार, दक्षिण भारत के राज्यों तथा उत्तर भारत के हिन्दी-भाषी राज्यों में अनुसूचित जाति की जनसंख्या का विश्लेषण करने से स्पष्ट होता है कि उत्तर प्रदेश से अभी दक्षिण भारत के राज्यों में अनुसूचित जाति की जनसंख्या कम है; लेकिन केरल को छोड़कर सभी दक्षिण भारत राज्यों में इनकी जनसंख्या बिहार और झारखण्ड राज्य से अधिक है।

उसी प्रकार राज्यानुसार सर्वाधिक जनजातीय जनसंख्या मिजोरम व लक्षद्वीप में (94.5 प्रतिशत) है, जबकि नागालैण्ड (89.1 प्रतिशत), मेघालय (85.9 प्रतिशत), अरुणाचल प्रदेश (64.2 प्रतिशत) एवं दादर नगर हवेली (62.2 प्रतिशत) में भी अधिक पायी जाती है। देश के 20 प्रतिशत से अधिक जनजातीय जनसंख्या वाले राज्यों में झारखण्ड (26.3 प्रतिशत), मणिपुर (34.2 प्रतिशत), त्रिपुरा (31.1 प्रतिशत), छत्तीसगढ़ (31.8 प्रतिशत) तथा मध्य प्रदेश (20.3 प्रतिशत) मुख्य है। पंजाब, हरियाणा, दिल्ली, चण्डीगढ़ एवं पुडुचेरी में जनजातियों का प्रतिशत शून्य तथा उत्तर प्रदेश (0.1 प्रतिशत), बिहार (0.9 प्रतिशत), तमिलनाडु (1.0 प्रतिशत) तथा केरल (1.1 प्रतिशत) में बहुत कम जनजातियाँ निवास करती हैं। शेष भाग में 2 प्रतिशत से 13 प्रतिशत जनजातीय जनसंख्या का वितरण पाया जाता है। इस प्रकार, दक्षिण भारत के राज्यों तथा उत्तर भारत के हिन्दी भाषा-भाषी राज्यों में जनजातीय जनसंख्या के विश्लेषण करने से स्पष्ट होता है कि दक्षिण भारत के राज्यों में जनजातियों की जनसंख्या बिहार और उत्तर प्रदेश से अधिक है; लेकिन अन्य हिन्दी-भाषी प्रदेशों से कम पायी जाती है।

भाषाई संघटन (Linguistic Composition)

भारत सर्वधर्म समभाव एवं विश्वबन्धुत्व की भावना रखने वाला एक अनूठा देश रहा है, इसलिए यहाँ अनेक धर्म और अनेक जातियाँ पायी जाती हैं। परिणामस्वरूप यहाँ की भाषाओं व बोलियों की अधिकता व विविधता मिलना स्वाभाविक है। भाषा समाजीकरण तथा सांस्कृतिक प्रसार का सशक्त साधन है। भाषा मानवसमूह के सदस्यों के मध्य अन्त:क्रिया को सुगम और प्रभावी बनाती है और उन्हें घनिष्ठ रूप से संयुक्त करती है। यह मौखिक या लिखित दोनों ही रूपों में संचार का महत्त्वपूर्ण साधन है। पीढ़ी-दर-पीढ़ी संस्कृति के हस्तान्तरण में भाषा सर्वाधिक महत्त्वपूर्ण साधन है, जो कथाओं, प्रामाणिक विचारों, गीतों, उपदेशों, वंशावलियों आदि के रूप में सांस्कृतिक तत्त्वों को सुरक्षित रखती है। भाषा के माध्यम से विचारों के आदान-प्रदान तथा सामाजिक-आर्थिक एवं सांस्कृतिक-राजनीतिक क्रियाओं के संचालन में सरलता होती है; किन्तु भाषा के अभाव में ये कार्य लगभग असम्भव हो जाते हैं। इस प्रकार भाषा मानव जाति की अति महत्त्वपूर्ण तथा विशिष्ट सम्पत्ति है। भाषा दो व्यक्तियों या समूहों में बातचीत करने तथा एक-दूसरे के द्वारा कही गयी बातों को समझने का एक प्रमुख साधन है जिसका प्रमुख मौखिक (बोली) और लिखित दोनों रूपों में किया

जाता है। जे.आई. क्लार्क (1985) ने कहा कि भाषा बातचीत की संगठित पद्धति है, जिसके द्वारा मनुष्य एक-दूसरे से संचार करता है।

भारत में प्राकृतिक अलगाव के कारण इस देश में प्रायः प्रत्येक दस मील पर भाषा में अन्तर पाया जाता है। 1991 की जनगणना के अनुसार भारत में 1652 भाषाएँ बोली जाती हैं। वैसे भारतीय संविधान के आठवें अनुच्छेद में अंग्रेजी के अतिरिक्त आज 22 भारतीय भाषाएँ सम्मिलित हैं। इतनी अधिक राष्ट्रीय भाषा विश्व के किसी भी मुल्क में स्वीकृत नहीं है। इससे भी बड़ी समस्या यहाँ की भाषाई वैमनस्यता की है। परन्तु, उनके ऊपर दर्शायी गयी संख्या के अनुसार भारत में भाषाएँ और बोलियाँ हैं, जिनका कुछ-न-कुछ साहित्य है। वैसे तो अधिकांश भाषाएँ लिपि रहित है, परन्तु कुछ की लिपियाँ भी हैं और समृद्ध साहित्य भी। कहने का तात्पर्य यह है कि हमारे देश और समाज में भाषागत विविधता भी बहुत है। इरावती कर्वे के अनुसार भारतीय समाज में तीन भाषायी परिवारों की भाषाएँ बोली जाती हैं: (क) इण्डो-यूरोपीय भाषायी परिवार जिसमें पंजाबी, सिन्धी, हिन्दी, बांग्ला, असमिया, राजस्थानी, गुजराती, मराठी, उड़िया, कश्मीरी इत्यादि भाषाएँ सम्मिलित हैं। (ख) द्रविड़ भाषायी परिवार में तेलुगु, कन्नड़, तमिल, मलयालम, कोडगू, गोडी इत्यादि भाषाएँ आती हैं। (ग) आस्ट्रो-एशियायी भाषायी परिवार में मुण्डारी, वौन्दो, जुआंग, भूमिया, संथाली, खासी इत्यादि आती हैं।

भारत में राज्यों का सीमांकन मुख्यत: भाषा के आधार पर ही किया गया है। जिस राज्य में एक-से अधिक भाषाएँ बोलने वाले हैं वहाँ प्रधान भाषा को सीमांकन का आधार बनाया गया है। सम्पूर्ण भारत को 12 भाषा प्रदेशों में विभक्त किया गया है।

अगर भारत में भाषाएँ बोलने वाले जनसंख्या की संख्या एवं प्रतिशत का प्रश्न है, तो उसमें विभिन्नता पायी जाती है। देश में विभिन्न भाषाओं को बोलने वालों के प्रतिशत सम्बन्धी आँकड़ों को सारणी-8 में प्रदर्शित किया गया है।

सारणी-8 भारत की भाषाई संरचना, 2011

भाषाएँ	कुल जनसंख्या (प्रतिशत में)
हिन्दी	40.0
बांग्ला	8.2
तेलुगु	7.8
मराठी	7.3
तमिल	6.3
उर्दू	5.1
गुजराती	4.8
कन्नड़	3.9
मलयालम	3.6
उड़िया	3.3
पंजाबी	2.8
असमिया	1.6
कश्मीरी	0.5
सिन्धी	0.3
नेपाली	0.3
कोंकणी	0.2
मणिपुरी	0.2

स्रोत : सेन्सस ऑफ इण्डिया, 2011, प्रोविजनल पॉप्यूलेशन टोटल्स, सीरिज-1, रजिस्ट्रार जेनरल ऑफ इण्डिया, नयी दिल्ली।

द्रविड़ परिवार की द्वितीय प्रमुख भाषा कन्नड़ है। देश की कुल जनसंख्या का 3.9 प्रतिशत व्यक्ति कन्नड़ भाषा का प्रयोग करता है, जिसमें 91 प्रतिशत कर्नाटक के निवासी हैं। शेष 9 प्रतिशत कन्नड़ भाषी तमिलनाडु (3.7 प्रतिशत), महाराष्ट्र (3.2 प्रतिशत), आन्ध्र प्रदेश (1.6 प्रतिशत) आदि राज्य के अन्तर्गत आते हैं।

भारत में मलयालम द्रविड़ परिवार की लघुतम भाषा है, जो देश की लगभग 3.6 प्रतिशत जनसंख्या द्वारा बोली जाती है। इसका मुख्य केन्द्र केरल (91.8 प्रतिशत) इसके अतिरिक्त दक्षिणी राज्यों यथा तमिलनाडु, कर्नाटक और महाराष्ट्र में भी थोड़ी संख्या में मलयालम भाषी रहते हैं। इसके साथ ही उड़िया उड़ीसा की प्रमुख भाषा है, जो प्राचीन अपभ्रंश को सुरक्षित रखते हुए संस्कृत भाषा के शब्दों से सम्पन्न है। उड़िया भाषियों का प्रतिशत 3.3 है। पंजाबी भाषा पंजाब राज्य की प्रमुख भाषा है, किन्तु यह हरियाणा, दिल्ली, राजस्थान और उत्तर प्रदेश के नगरों में रहने वाले पंजाबी परिवारों में भी बोली जाती है। कुल जनसंख्या के 2.8 प्रतिशत व्यक्ति पंजाबी भाषा बोलते हैं। उसी प्रकार देश में असमी भाषा मुख्यत: असम तथा सीमावर्ती राज्यों यथा मेघालय, त्रिपुरा आदि में भी बोली जाती है। असमी बोलने वालों का प्रतिशत 1.6 है। उपर्युक्त 12 प्रमुख भारतीय भाषाओं के अतिरिक्त कश्मीरी, सिन्धी, नेपाली, कोंकणी, मणिपुरी आदि इन भाषाओं में से हैं, जिनके बोलने वालों का प्रतिशत 1.3 है। कश्मीरी भाषा जम्मू एवं कश्मीर में, सिन्धी भाषा राजस्थान में, नेपाली उत्तरांचल में, कोंकणी महाराष्ट्र में और मणिपुरी मणिपुर राज्य में बोली जाती है।

सारणी-8 से निम्नलिखित तथ्यों का पता चलता है: हिन्दी, भारत की राष्ट्रभाषा और लगभग देश की 40.0 प्रतिशत जनसंख्या हिन्दी बोलती है। उत्तरी तथा मध्य भारत में विस्तृत हिन्दी भाषा के अन्तर्गत हरियाणा, दिल्ली, हिमाचल प्रदेश, उत्तर प्रदेश, बिहार, झारखण्ड, राजस्थान, मध्य प्रदेश और छत्तीसगढ़ राज्य सम्मिलित हैं। इन राज्यों के 80 प्रतिशत से अधिक लोग हिन्दी बोलते हैं। यद्यपि इनकी बोलियों में पर्याप्त भिन्नता पायी जाती है। बांग्ला भारत की द्वितीय वृहत्तम भाषा है, जो मुख्य रूप से पश्चिम बंगाल में बोली जाती है, किन्तु इसका विस्तार संलग्न राज्यों बिहार और असम में भी है। जनगणना 2011 में यह भाषा कुल जनसंख्या का 8.2 प्रतिशत द्वारा बोली जाती है। तेलुगु देश की तृतीय प्रमुख भाषा है। जिसके बोलने वाले देश की कुल जनसंख्या की 7.8 प्रतिशत थी। संख्यात्मक दृष्टि से मराठी भारत की चौथी प्रमुख भाषा है। मराठी बोलने वाले 93 प्रतिशत लोग महाराष्ट्र में संकेन्द्रित हैं। कर्नाटक, मध्य प्रदेश और गोवा में भी कुछ लोग मराठी बोलते हैं।

इसके अलावा, अन्य भाषाएँ हैं: तमिल भाषा द्रविड़ परिवार की सर्वप्रमुख और बोलने वाली जनसंख्या के अनुसार देश की पाँचवीं वृहत्तम भाषा है, जो भारत की कुल जनसंख्या का 6.7 प्रतिशत है। इसका अपना सम्पन्न साहित्य है। देश के 91.4 प्रतिशत तमिल भाषी तमिलनाडु में हैं; किन्तु इसका प्रसार संलग्न राज्यों कर्नाटक (3.3 प्रतिशत), आन्ध्र प्रदेश (1.4 प्रतिशत) और पुडुचेरी (1.4 प्रतिशत) में भी है। उर्दू भाषा हिन्दी का ही रूपान्तरण है, जो नस्तालीक लिपि में लिखी जाती है। इसका विकास मुस्लिम शासन काल में भारत में हुआ। यह खेदपूर्ण है कि उर्दू को इस्लाम से जोड़ा जाता है, जबकि यह मूलरूप से हिन्दुस्तान की भाषा है। उसी प्रकार हिन्दी को हिन्दुओं की भाषा के रूप में देखा जाता है, जो सही नहीं है। वर्तमान में यह 6.0 प्रतिशत भारतीय विशेषत: मुस्लिम जनसंख्या की मातृभाषा है। जम्मू और कश्मीर में राज्य की आधिकारिक भाषा बनाया गया है। उर्दू भाषी लोग उत्तर प्रदेश, बिहार, हरियाणा, आन्ध्र प्रदेश, कर्नाटक आदि राज्यों में भी पाये जाते हैं। गुजराती देश की सातवीं बड़ी भाषा है, जो 4.8 प्रतिशत जनसंख्या द्वारा बोली जाती है। गुजराती बोलने वालों में से अधिकांश गुजरात राज्य में संकेन्द्रित हैं और थोड़े लोग समीपवर्ती राज्यों यथा महाराष्ट्र और राजस्थान में भी मिलते हैं।

यहाँ यह भी उल्लेखनीय है कि इस देश में भाषा के नाम पर दंगे-फसाद किये जाते हैं और कभी-कभी अलग राज्यों की भी माँग की जाती रही है। हिन्दी बहुसंख्यक की भाषा है, लेकिन हिन्दी-भाषी लोगों के प्रति ग़ैर हिन्दी-भाषी राज्यों में घृणा की जाती है और कभी-कभी हिन्दी-भाषी लोग हिंसा के भी शिकार हो जाते हैं। अंग्रेज़ी विदेशी भाषा है, उससे किसी को घृणा नहीं है। लेकिन दक्षिण भारत, महाराष्ट्र तथा उत्तर पूर्वी भारत में हिन्दी भाषा के प्रति नफरत पायी जाती है, जबकि हिन्दी-भाषी लोग किसी भी भाषा से कतई नफरत नहीं करते हैं। प्रेम और नफरत का आलम यह है कि इस देश में अंग्रेज़ी में बोलना गर्व की बात मानी जाती है, तो हिन्दी में बोलना शर्म की बात है।

सारणी–9 के द्वारा प्रदर्शित भारत एवं विश्व की जनसांख्यिकीय विशेषताएँ। वाशिंगटन से प्रकाशित 2013 के विश्व जनसंख्या आँकड़े निम्न सारणी में दिये गये हैं।

सारणी–9 भारत एवं विश्व की जनसांख्यिकीय विशेषताएँ, 2013

	World	India
Population in mid-2013 (in million)	7,137	1,276.5
Births per 1,000 Population	20	22
Deaths per 1,000 Population	8	7
Rate of Natural Increase %	1.2	1.5
Net Migration Rate per 1,000	–	–0
Projected Population in mid-2025 (in million)	8,095	1,443.3
Projected Population in mid-2050 (in million)	9,727	1,651.6
2050 Population as a Multiple of 2013	1.4	1.3
Infant Mortality Rate	40	47
Total Fertility Rate	2.5	2.4
Percent of Population Ages <15	26	30
Percent of Population Ages <65+	8	6
Life Expectancy at Birth (years), Both Sexes	70	66
Life Expectancy at Birth (years), Male	68	65
Life Expectancy at Birth (years), Female	73	68
Percent Urban	52	31
Percent of Population With HIV/AIDS 15-49 2011/2013 (Male)	0.8	0.4
Percent of Population With HIV/AIDS 15-49 2011/2013 (Female)	0.9	0.3
Percent of Married Women 15-49 Using Contraception (All Methods)	62	54
Percent of Married Women 15-49 Using Contraception (Modern Methods)	56	47
GNI PPP per Capita (US$) 2012	11,620	3,840
Population per Square Kilometer	52	388
Noncommunicable Disease Death Rate (Age-standardized, 2008) per 100,000 Males	705	782
Noncommunicable Disease Death Rate (Age-standardized, 2008) per 100,000 Females	520	571
Percentage of Deaths Due to NCDs, 2008	63	53
Percent of Children <5 Under-weight 2006/2010	–	43

Source: Population Reference Bureau, **2013 World Population Data Sheet**, PRB, Washington DC, USA.

REFERENCES

Agnihotry, Satish Balram, **Sex-ratio Patterns in Indian Population: A Fresh Exploration**, New Delhi, Sage Publication, 2000.

Ashford, Lori S., 'New Perspectives on Population: Lessons from Cairo', **Population Bulletin**, Vol. **50**(1), 1995.

Basu, Alka Malwade, **Culture, Status of Women and Demographic Behaviour**, Oxford: Claredon Press, 1992.

Bhende, Asha A. & Tara Kanitkar, **Principles of Population Studies**, Bombay: Himalayan Publishing House, 2008.

Bogue, Donald, **Principles of Demography**, New York: Wiley, 1969.

Bose, Ashish, **From Population to People,** Vols.-I & II, New Delhi: B.R. Publishing Corporation, 1988.

Caldwell, J.C., P.H. Reddy and Pat Caldwell, The Causes of Demographic Change in Rural South India', **Population and Development Review**, 8 (4): 1982, 689-727.

Cassen, R.H., **India: Population, Economy, Society**, New Delhi: Macmillan Company of India Limited, 1979.

Census of India, 2001, **Provisional Population Totals**, New Delhi: Registrar General and Census Commissioner, India, 2001.

Census of India, 2011, **Provisional Population Totals**, Series-1, **India,** Paper 1 of 2011.

Davis, K, **Population of India and Pakistan**, Princeton University Press, Princeton, New Jersey, 1951.

Dyson, Tim, 'Preliminary Demography of 2001 Census of India', **Population and Development Review**, 27 (2), 2001: 341–356.

Govt. of India, Annual Health Survey (India) 2010-11, **Fact Sheet**, New Delhi: Office of the Registrar General & Census Commissioner, Government of India, 2012.

Haq, Khadija, **Human Development in South Asia** (Mahbub ul Haq Human Development Centre, Islamabad), Karachi: Oxford University Press, 2001.

Hauser, P.M. and Duncan O.D., **The Study of Population: An Inventory and Appraisal** (eds.), Chicago: Chicago University Press, 1959.

Malthus, T.R., **An Essay on the Principle of Population**, Penguin, 1973.

Miller, Barbara D., **The Endangered Sex** (Neglect of Female Children in Rural North India), Ithaca: Cornell University Press, 1981.

NFHS-2, **National Family Health Survey-2 (1998–99), India**, Mumbai: ORC Macro and International Institute for Population Sciences, 2000.

NFHS-3, **National Family Health Survey-3 (2005–06), India**, Mumbai: IIPS and ORC Macro, 2008.

O'Neil, Brian and Balk, Deborah, 'World Population Future', **Population Bulletin**, Vol. **56**(3), 2002.

Pandey, Arvind *et al.*, **Infant and Child Mortality**, NFHS-1 Subject Report, Mumbai: IIPS and ORC Macro, 1998.

Premi, M.K. et. al., **An Introduction to Social Demography**, Delhi: Jawahar Publication, 2003.

Singh, J.P., (Ed.) **Studies in Social Demography**, New Delhi: M.D. Publications Pvt. Ltd., 1998.

——, 'Socio-cultural Aspects of High Masculinity Ratio in India', **Journal of Asian and African Studies** (Sage, UK), Vol. **45**(6), 2010: 628–644.

——, 'Problems of Population and Sustainable Development in India' in Ehsanul Haq and S. K. Singh (Eds.), **Population and Sustainable Development in India**, New Delhi: Authors Press, 2006: 29–46.

——, 'Health for all in Rural India', **Man and Development**, Vol. **XXIV**(3), September 2002: 49–64.

——, 'Changing Village, Family Structure and Fertility Behaviour: Evidence from India', **International Journal of Contemporary Sociology** (USA), Vol. **38**(2), October 2001: 229–248.

Thompson, Warren Simpson and Lewis, David T., **Population Problems**, New York: McGraw-Hill, 1965.

United Nations, **The Determinants and Consequences of Population Trends**, New York: U.N. Publications, 1973.

Visaria, Pravin and Visaria, Leela, 'India's Population in Transition?' in Singh, J.P. (Ed.), **Studies in Social Demography**, New Delhi: M.D. Publications, 1998.

25

जनसंख्या एवं विकास
(Population and Development)

किसी देश के राष्ट्र-निर्माण एवं आर्थिक विकास में वहाँ की जनसंख्या महत्त्वपूर्ण भूमिका अदा करती है। साथ ही, देश के आर्थिक विकास का उस देश की जनसंख्या पर भी महत्त्वपूर्ण प्रभाव पड़ता है। इस तरह जनसंख्या तथा आर्थिक विकास के बीच प्रत्यक्ष एवं परस्पर सम्बन्ध होता है। प्रत्येक देश का उत्पादन स्तर, आर्थिक विकास की दर, राष्ट्रीय तथा प्रति व्यक्ति आय, देश में उत्पादक क्रियाओं का संचालन, रहन-सहन का स्तर आदि सभी दशाएँ उस देश की जनसंख्या के आकार, गठन एवं वितरण पर निर्भर करती हैं। यद्यपि आर्थिक विकास में प्राकृतिक संसाधनों तथा पूँजी की मात्रा का भी विशिष्ट योगदान होता है, परन्तु ये आर्थिक विकास के निर्जीव साधन हैं। मानव ही वह शक्ति है, जो इन संसाधनों को अपनी कार्यकुशलता तथा बौद्धिक दक्षता द्वारा वांछित दिशा में गतिशील कर इनका अनुकूलतम उपयोग करती है तथा विकास का मार्ग प्रशस्त करती है। इस तरह, जनसंख्या एवं आर्थिक विकास दोनों प्रत्यक्ष एवं परोक्ष रूप से एक-दूसरे को प्रभावित करते हैं। आर्थिक विकास अल्प विकसित देशों की विकास की समस्याओं से सम्बन्धित है। अत: आर्थिक विकास तथा जनसंख्या विकास के आपसी सम्बन्धों एवं प्रभावों का अध्ययन किया जाना चाहिए। भारत जैसे विकासशील देशों में जनसंख्या एवं आर्थिक विकास के सम्बन्ध का अध्ययन जनसंख्या वृद्धि एवं पूँजी निर्माण, जनसंख्या वृद्धि एवं खाद्य समस्या, जनसंख्या वृद्धि और उत्पादन, जनसंख्या वृद्धि एवं बेरोज़गारी, जनसंख्या वृद्धि एवं प्रजनन, जनसंख्या वृद्धि एवं तकनीकी प्रगति आदि शीर्षकों के आधार पर विशेष रूप में किया जाना चाहिए।

सन् 1901 में भारत की कुल जनसंख्या 23.84 करोड़ थी, जो 1911 में 25.21 करोड़ हो गयी, किन्तु अगले दशक में जनसंख्या 25.13 करोड़ आलेखित की गयी थी। वर्ष 1921 की भारतीय जनसंख्या विकास में एक महान विभाजक माना जाता है; क्योंकि इसके पहले जनसंख्या लगभग स्थिर थी। यहीं से भारतीय जनसंख्या में एक नया मोड़ आता है और जनसंख्या में वृद्धि की प्रवृत्ति उत्पन्न होती है। इन 30 वर्षों में भारत की जनसंख्या 25.13 करोड़ से बढ़कर 36.10 हो गयी। इस प्रकार, देश की जनसंख्या में 11.7 करोड़ की वृद्धि हुई। तीसरे, चौथे और पाँचवें दशक में जनसंख्या वृद्धि-दर क्रमशः 11.0, 14.2 और 13.3 प्रतिशत थी। स्वतन्त्रता प्राप्ति के बाद जनसंख्या में तीव्र गति से वृद्धि हुई। सन् 1991 में भारत की जनसंख्या 84.3 करोड़, 2001 में 102.7 करोड़ थी जो 2011 में बढ़कर 121.0 करोड़ हो गयी। 2001-2011 के दशक में 18.3 करोड़ की वृद्धि हुई है। सिर्फ 1991–2001 के दशक में 18.56 करोड़ की वृद्धि हुई। वर्तमान भारत में जनसंख्या वार्षिक वृद्धि-दर 1.64 प्रतिशत है। इस प्रकार उपर्युक्त विवरण

से स्पष्ट है कि स्वतन्त्रता प्राप्ति के बाद देश में जनसंख्या विस्फोट की स्थिति उत्पन्न हो गयी है, जो सभी के लिए गहन चिन्तन का विषय है। आगे हम इसी विषय पर विचार करने जा रहे हैं।

जनसंख्या विस्फोट एवं धारणीय विकास (Population Explosion and Sustainable Development)

धारणीय विकास या अक्षय विकास का विचार पर्यावरणवाद का मुख्य मुद्दा है। इसकी माँग यह है कि विकास-कार्यक्रमों के कारण पर्यावरण की ऐसी क्षति नहीं होने देनी चाहिए, जिसे पूरा न किया जा सके। इस दृष्टिकोण के अनुसार आधुनिक औद्योगिक समाज प्राकृतिक संसाधनों के लगातार दोहन पर आश्रित है। इस स्थिति ने भौतिक और आध्यात्मिक दृष्टि से मनुष्य को प्रकृति से बहुत दूर कर दिया है। मनुष्य और प्रकृति के इस टूटे हुए सम्बन्ध को फिर से जोड़ने के लिए मनुष्य को अपने पर्यावरण के प्रति शालीनता का रुख अपनाना होगा और धरती के अन्य जीव-जन्तुओं के जीवन के अधिकार को मान्यता देनी होगी, उदाहरणस्वरूप– मनुष्य अपने उपभोग को कम करके, नये पेड़-पौधे लगाकर और प्रदूषण के स्रोतों को बन्द करके पर्यावरण की रक्षा में योगदान दे सकते हैं। इस विषय पर विस्तृत चर्चा **World Commission** (1987) की एक रपट **Our Common Future** में देखने को मिलती है।

जनसंख्या विस्फोट की अवधारणा वर्तमान युग की देन है जिसका सीधा-सा अर्थ जनसंख्या की अत्यधिक (तीव्र) वृद्धि, जनाधिक्य, जनसंख्या की आर्थिक व्यवस्था पर दबाव आदि से है। जनसंख्या का जनांकिकीय संक्रमण सिद्धान्त के माध्यम से इस स्थिति को समझा जा सकता है। इस सिद्धान्त के अनुसार (1) किसी देश की जनसंख्या प्रतिस्थापन में अनेक अवस्थाओं की प्राप्ति होती है और प्रत्येक जनसंख्या को एक-एक करके इन अवस्थाओं से होकर गुज़रना पड़ता है, (2) आर्थिक विकास प्रक्रिया का जनांकिकीय संक्रमण पर स्पष्ट प्रभाव पड़ता है। सी.पी. ब्लेकर (C.P. Blacker) के अनुसार जब जन्मदर उच्च स्तर की, किन्तु ह्रासोन्मुखी होती है और मृत्युदर में भारी गिरावट आती है, तो जनसंख्या वृद्धि विस्फोटक स्थिति में पहुँच जाती है। यहाँ यह जानना आवश्यक है कि मृत्युदर में कभी बाह्य कारकों यथा उत्तम सफाई व्यवस्था, चिकित्सीय सुविधाओं एवं प्रतिरक्षीकरण आदि तथा जन्मदर में कमी आन्तरिक कारकों यथा परिवार सन्तुष्टि, नौकरी व रोज़गार में सन्तुष्टि आदि से प्रभावित होती है। इस तरह, जनसंख्या विस्फोट से आशय उस स्थिति से है जब देश की जनसंख्या के जीवन स्तर में सुधार के सभी प्रयास तीव्र जनसंख्या वृद्धि के कारण निष्फल हो जाते हैं। हार्वे लिबसटाइन (Harvey Liebstein) ने इस स्थिति को निम्नस्तरीय जनसंख्या जाल (Low Level Equilibrium Population Trap) कहा है। दूसरे शब्दों में, हम कह सकते हैं कि जनसंख्या विस्फोट शब्द का प्रयोग उस स्थिति को इंगित करने के लिए किया जाता है जब देश की जनसंख्या उत्पादन और आय से सम्बन्धित इच्छित जीवन-स्तर की अपेक्षा तीव्र गति से बढ़ती है।

विश्व में जनसंख्या की दृष्टि से भारत का स्थान दूसरा है। भारत के पास 1357 लाख वर्ग किलोमीटर भूभाग है, जो विश्व के कुल भूभाग का मात्र 2.4 प्रतिशत है फिर भी विश्व की लगभग 17 प्रतिशत आबादी का भार वहन करता है। देश की जनसंख्या के आकार एवं वृद्धि-दर अपने जनांकिकीय इतिहास के लिए अभूतपूर्व एवं चिन्ताजनक है। अगर देश की जनसंख्या वृद्धि की दर को ऐतिहासिक परिप्रेक्ष्य में देखा जाये तो स्पष्ट है कि भारत प्राचीनकाल से ही जनसंख्या समूहन का प्रधान क्षेत्र रहा है। जनसंख्या की उल्लेखनीय वृद्धि 20वीं शताब्दी के तीसरे दशक (1921–31) से प्रारम्भ हुई और इसकी गति स्वतन्त्रता के बाद अधिक तीव्र हो गयी। इसका परिणाम यह हुआ कि भारत में जनसंख्या विस्फोट की समस्या उत्पन्न हो गयी। 20वीं शताब्दी (1901) में भारत की जनसंख्या 23.84 करोड़ थी जो सन् 1991 में भारत की जनसंख्या 84.3 करोड़, 2001 में 102.7 करोड़ और 2011 में 121 करोड़ हो गयी। इस प्रकार, स्वतन्त्रता प्राप्ति के बाद देश में जनसंख्या विस्फोट की स्थिति उत्पन्न हो गयी। तीव्र जनसंख्या वृद्धि का मूल कारण मृत्युदर की तुलना में जन्मदर का काफी ऊँचा होना रहा है। यह सच है कि स्वतन्त्रता प्राप्ति के बाद विभिन्न सरकारी प्रयासों के

उपरान्त जन्मदर और मृत्युदर दोनों में कमी आयी है, लेकिन जन्मदर की तुलना में मृत्युदर में ज़्यादा तीव्र गति से कमी आयी है, जिसके फलस्वरूप जनसंख्या में तीव्र गति से बढ़ोत्तरी हुई है।

जनसंख्या में तीव्र वृद्धि के कारण (Causes of Rapid Growth in Population)

भारत जैसे विकासशील देश की जनसंख्या में तीव्र गति से वृद्धि हुई है तथा वर्तमान में जनसंख्या की औसत वार्षिक वृद्धि-दर 1.63 प्रतिशत है। राज्यानुसार जनसंख्या सम्बन्धी आँकड़ों का विश्लेषण करने से स्पष्ट होता है कि दक्षिण भारत के राज्यों की तुलना में उत्तर भारत के हिन्दी-भाषी राज्यों में जनसंख्या वृद्धि की गति अधिक है। जनसंख्या में तीव्र वृद्धि के निम्नलिखित कारण उत्तरदायी हैं, वे इस प्रकार हैं :

1. मृत्युदर की तुलना में जन्मदर का ऊँचा होना— भारत की जनसंख्या में तीव्र वृद्धि का प्रमुख कारण मृत्युदर की तुलना में जन्मदर का ऊँचा होना है। देश में स्वतन्त्रता प्राप्ति (1947) के बाद चिकित्सा सुविधा में विस्तार के फलस्वरूप जन्मदर की तुलना में मृत्युदर में तीव्र गति से कमी आयी है, जबकि जन्मदर में उस गति से कमी नहीं आयी है; क्योंकि कम उम्र में विवाह, विवाह की अनिवार्यता, धार्मिक एवं सामाजिक अन्धविश्वास, संयुक्त परिवार प्रथा, अशिक्षा तथा परिवार नियोजन के प्रति समझ की कमी आदि ऐसे कई कारण हैं, जो जन्मदर को ऊँचा बनाये रखने में अहम भूमिका निभाते हैं। भारत में जन्मदर और मृत्युदर दोनों अधिक हैं। यहाँ मृत्युदर में क्रमशः गिरावट आयी है, परन्तु जन्मदर में कोई विशेष गिरावट नहीं आने से जनसंख्या वृद्धि-दर में लगातार बढ़ोत्तरी हुई है। देश में 20वीं शताब्दी के प्रथम दशक (1901–11) में जन्मदर 48.1 प्रति हजार और मृत्युदर 41.9 प्रति हजार थी। सन् 1901 से 1921 तक 20 वर्ष अकालों और महामारियों का काल था, उस समय मृत्युदर अधिक थी। देश की मृत्युदर जो दूसरे दशक (1911–21) में 48.6 प्रति हजार थी, वह पाँचवें दशक (1941–51) में घटकर 27.4 प्रति हजार हो गयी। इस प्रकार, मृत्युदर में 21.8 अंकों की कमी दर्ज की गयी। इसके विपरीत, इस अवधि में जन्मदर में बहुत मामूली कमी आयी और यह 49.2 प्रति हजार से घटकर 39.9 प्रति हजार पर पहुँच गयी। इस प्रकार, जन्मदर में मात्र 9.3 अंकों की कमी आयी। तीसरे दशक (1921–31) में राष्ट्रीय चेतना और स्वतन्त्रता आन्दोलन में तेजी आती गयी तथा सामाजिक हितों के कार्यों एवं चिकित्सा द्वारा स्वास्थ्य पर अधिक ध्यान दिया जाने लगा। स्वास्थ्य सुविधाओं में सुधार से संक्रामक रूप में फैलने वाली बीमारियों पर नियन्त्रण होने लगा जिसके फलस्वरूप मृत्युदर निरन्तर गिरती चली गयी। आवागमन के साधनों में वृद्धि तथा सिंचाई सुविधाओं में विस्तार किये जाने से खाद्यान्नों के उत्पादन में वृद्धि होने लगी और सूखे से उत्पन्न अकालों पर काफी सीमा तक नियन्त्रण पा लिया गया। इस प्रकार भूख और कुपोषण से होने वाली मृत्यु की रोकथाम पर विशेष बल दिया गया, जिससे मृत्युदर में तीव्र ह्रास की प्रवृत्ति जारी रही, किन्तु परिवार नियोजन के प्रति जागरूकता के अभाव में जन्मदर में बहुत मामूली कमी हो पायी। अतः स्वतन्त्रता के पश्चात् भारत में विभिन्न पंचवर्षीय योजनाओं के अन्तर्गत बहुमुखी विकास कार्यक्रम संचालित किये जाने लगे, जिससे भारत में कृषि, उद्योग, व्यापार, परिवहन आदि आर्थिक क्षेत्रों में तेजी से प्रगति प्रारम्भ हुई। चालीस वर्षों (1951–91) तक मृत्युदर में 16 अंकों और जन्मदर में 10 अंकों की कमी आयी। नौवें दशक में मृत्युदर की अपेक्षा जन्मदर में अधिक गिरावट दर्ज की गयी जिसके फलस्वरूप जनसंख्या वृद्धि-दर में 0.10 प्रतिशत की कमी आयी जो जनसंख्या नियन्त्रण की दृष्टि से एक शुभ संकेत है। वर्ष 2002–2005 के बीच 25.0 से घटकर 23.8 प्रति हजार हो गयी। इसके विपरीत मृत्युदर में अपेक्षाकृत तीव्र ह्रास हुआ। वर्ष 2002–2005 के बीच मृत्युदर क्रमशः 8.1 से घटकर मात्र 7.6 प्रति हजार हो गयी। इस प्रकार, मृत्युदर में मन्द ह्रास और जन्मदर में तीव्र ह्रास के परिणामस्वरूप देश की जनसंख्या में तीव्र गति से वृद्धि हुई है।

2. विवाह की अनिवार्यता एवं सन्तानोत्पादन की इच्छा— भारत में विवाह एक धार्मिक तथा सामाजिक दृष्टि से अनिवार्य कृत्य है। अतः हर व्यक्ति शादी करके सन्तान उत्पन्न करना अनिवार्य समझता है। हिन्दू धर्म के अनुसार यदि किसी दम्पति को कोई पुत्र नहीं है, तो पिण्ड, श्राद्ध आदि क्रियाओं के न हो सकने के कारण परलोक में उनकी

आत्माओं को शान्ति प्राप्त नहीं होती। पुत्र विहीन व्यक्ति को लोग भाग्यहीन और सामाजिक दृष्टि से निम्नस्तर का समझते हैं। यहाँ मुस्लिम समाज में भी विवाह सामाजिक एवं धार्मिक दृष्टि से उचित समझा जाता है। मुसलमानों में बहुपत्नी तथा पुनर्विवाह प्रथा भी प्रचलित है। इस भारतीय समाज में ऐसे नगण्य लोग ही बचते हैं, जिनका विवाह नहीं हो पाता है। चूँकि हर भारतीय विवाह करके सन्तान उत्पन्न करना अपना धार्मिक एवं सामाजिक कर्तव्य समझता है, अतः यहाँ जन्मदर का ऊँचा होना स्वाभाविक ही समझा जाना चाहिए। जहाँ अधिकांश लोगों का विवाह होगा वहाँ अन्य बातें समान रहने पर बच्चे भी अधिक पैदा होंगे। भारत एक ऐसा ही देश है, जिसमें अधिकतर लोग विवाह करते हैं। इसलिए यहाँ जनसंख्या वृद्धि होना स्वाभाविक ही है। देश में कुल प्रजनन-दर की चाहत और कुल प्रजनन-दर में भिन्नताएँ पायी जाती हैं। दक्षिणी राज्यों की तुलना में उत्तरी हिन्दी-भाषी राज्यों में अधिक परिलक्षित होती है। देश में सबसे कम कुल प्रजनन-दर (TFR) की चाहत सिक्किम (1.2 बच्चे प्रति महिला) का है। मुख्य राज्यों में सबसे अधिक कुल प्रजनन-दर की चाहत बिहार (2.4 बच्चे प्रति महिला) का है और सबसे कम तमिलनाडु (1.4 बच्चे प्रति महिला) का है। देश में कुल प्रजनन-दर और कुल प्रजनन-दर की चाहत में अन्तर 0.8 का है। उसी प्रकार दक्षिण भारत के राज्यों की तुलना में उत्तर भारत के हिन्दी-भाषी राज्यों में बच्चे को जन्म देने की चाहत एवं कुल प्रजनन-दर में असमानता है।

3. विवाह की निम्न आयु— भारत उन देशों में है, जहाँ विवाह की आयु अभी भी बहुत निम्न है। इसका मुख्य कारण समाज में अभी भी बाल-विवाह की प्रथा प्रचलित है। कम उम्र में विवाह होने से स्त्रियों का प्रजनन काल लम्बा हो जाता है और जनसंख्या में वृद्धि होती है। विवाह की आयु कम होने के लिए यहाँ के समाज में व्याप्त सामाजिक, धार्मिक एवं सांस्कृतिक परम्पराएँ जिम्मेवार हैं। भारतीय धर्मशास्त्रों के अनुसार कन्या का पाणिग्रहण संस्कार, यौवन प्राप्ति, अर्थात् रजस्वला होने (12 वर्ष) से पूर्व ही होना चाहिए अन्यथा उसके माता-पिता को नरक प्राप्त होता है। बाल-विवाह का प्रचलन इसी दृष्टिकोण का परिणाम है। भारत में बाल-विवाह को समाप्त करने के उद्देश्य से ही भारत सरकार द्वारा बालिकाओं और बालकों के विवाह की आयु जो स्वतन्त्रता के पश्चात् क्रमशः 15 और 18 वर्ष रखी गयी थी, अब वह 18 और 21 वर्ष कर दी गयी है। इस विधेयक का पालन अभी भी भली प्रकार से नहीं हो पा रहा है और आज भी अल्पायु में विवाह का प्रचलन सम्पूर्ण देश में विशेष रूप से ग्रामीण क्षेत्रों में अधिक प्रचलित है, जबकि देश में बाल-विवाह को रोकने के लिए 1978 में और अधिक कठोर नियम बनाये गये। देश के विभिन्न राज्यों में विवाह की आयु में भिन्नताएँ पायी जाती हैं। यह विभिन्नता दक्षिण भारत के राज्यों की तुलना में उत्तर भारत के हिन्दी-भाषी राज्यों में अधिक है। देश के विभिन्न राज्यों में विवाह की औसत आयु में भिन्नताएँ हैं। उत्तर भारत के राज्यों में पुरुष का सबसे कम उम्र में विवाह मध्य प्रदेश (17.0 वर्ष) होता है, जबकि स्त्रियों में सबसे कम उम्र में विवाह उत्तर प्रदेश (17.5 वर्ष) का है, जो कानूनी उम्र से भी कम है। इसके विपरीत दक्षिण भारत के केरल राज्य में स्त्री एवं पुरुष के विवाह का औसत आयु क्रमशः 20.8 एवं 27.1 वर्ष है। इससे स्पष्ट होता है कि दक्षिण भारत के राज्यों की तुलना में उत्तर भारत के हिन्दी-भाषी राज्यों में स्त्री एवं पुरुष दोनों के विवाह की उम्र कम है। इसका प्रमुख कारण अशिक्षा, परम्परागत मानसिकताएँ, निर्धनता, स्त्रियों की निम्न स्थिति आदि है। देश में महिलाएँ (45.6 प्रतिशत), जिनकी उम्र (18–29 वर्ष) एवं पुरुष, जिनकी उम्र (21–29 वर्ष) है का प्रथम विवाह कानूनी उम्र से कम में सम्पन्न हो जाता है। शहरी क्षेत्रों की तुलना में ग्रामीण क्षेत्रों में कानूनी उम्र से कम में विवाह का प्रतिशत अधिक है। इसका प्रमुख कारण सामाजिक-सांस्कृतिक एवं शैक्षणिक स्थितियाँ हैं। देश में दक्षिणी राज्यों की तुलना में उत्तर भारत के हिन्दी-भाषी राज्यों में विवाह की आयु ज़्यादा कम है।

4. पुत्र सन्तान की अधिक प्राथमिकता— भारत में लड़कियों की तुलना में लड़कों को अधिक प्राथमिकता दी जाती है। हिन्दू धर्म के अनुसार पितृऋण से मुक्ति हेतु पुत्र का उत्पन्न होना आवश्यक समझा जाता है। ऐसी धारणा व्याप्त है कि पुत्र के जन्म से माता-पिता को मोक्ष प्राप्त होता है। केवल पुत्र से परिवार का वंश चलता है। पुत्र परिवार में रहते हैं जबकि पुत्रियाँ परिवार से बाहर चली जाती हैं। पुत्र से आर्थिक संरक्षण मिलता है, जो पुत्री से नहीं मिलता

है। भारत एक कृषि प्रधान देश है। कृषि में श्रम-शक्ति का बहुत महत्त्व है। पुत्र उस श्रम-शक्ति का साधन बन जाता है, जबकि पुत्री का उस सम्बन्ध में महत्त्व नहीं है। पुत्र का होना आवश्यक है, यह धारणा भी कई परिवारों के बड़े आकार का कारण बन जाती है। यदि कई पुत्रियाँ भी पैदा हो जाएँ फिर भी पुत्र की प्रत्याशा में लोग बच्चे पैदा करते चले जाते हैं। इस प्रकार, पुत्र प्राप्ति की इच्छा जनसंख्या वृद्धि में तेजी लाती है। देश के विभिन्न राज्यों में लड़कियों की तुलना में लड़कों को ज़्यादा प्राथमिकता दी जाती है। ऐसा महिला और पुरुष दोनों करते हैं; लेकिन पुरुषों की तुलना में महिलाएँ लड़कियों से ज़्यादा लड़कों को प्राथमिकता देती हैं, जिनकी उम्र (15–49 वर्ष) है। दक्षिण भारत के राज्यों की तुलना में उत्तर भारत के हिन्दी-भाषी राज्यों में पुत्र को कुछ ज़्यादा ही प्राथमिकता दी जाती है। फलस्वरूप देश में जन्मदर ऊँची है; क्योंकि पुत्र प्राप्ति की लालसा में बच्चे को जन्म देते चले जाते हैं (देखें, J.P. Singh, 2010)।

5. सामाजिक एवं धार्मिक अन्धविश्वास— भारत में अधिकतर लोग रूढ़ियों तथा पुरानी परम्पराओं से भी प्रभावित हैं। इस तरह के लोगों को नये विचारों को अपनाने में कठिनाई होती है। रूढ़िवादी व्यवहार आसानी से नहीं छोड़ा जाता। यहाँ परम्पराओं एवं रूढ़ियों के प्रभाव में लोग जन्म निरोध के उपायों को नहीं अपनाते और बच्चे पैदा होने के विरुद्ध प्रयास नहीं करते। इसके साथ ही भारतीय जीवन अभी भी धर्म की रूढ़ियों के वश में है, ऐसा कहा जा सकता है। परम्पराओं एवं रूढ़ियों के वश में सीधे-साधे लोग अभी भी प्रकृति के विरुद्ध कोई भी प्रयास अच्छा नहीं समझते हैं। प्रजनन के सम्बन्ध में भी सामान्यतया यही भावना काम करती है। धार्मिक रूढ़ियों के विरुद्ध बहुधा लोगों का जाना कठिन होता है। यहाँ लोग बच्चों को ईश्वर की देन मानते हैं। इस सम्बन्ध में लोगों के विचारों में कुछ बदलाव आ रहा है। परन्तु बहुत-से लोग अभी भी परम्पराओं एवं रूढ़ियों को छोड़ नहीं पाये हैं। इस प्रकार की समस्या दक्षिण भारत के राज्यों की तुलना में उत्तर भारत के राज्यों यथा बिहार, राजस्थान, मध्य प्रदेश, उत्तर प्रदेश, झारखण्ड आदि में लोग ज़्यादा अन्धविश्वासी हैं। अत: जनसंख्या में तीव्र गति से वृद्धि होना स्वाभाविक ही है।

6. संयुक्त परिवार प्रणाली— भारत में संयुक्त परिवार व्यवस्था के कारण जन्मदर का ऊँचा होना स्वाभाविक है। संयुक्त परिवार व्यवस्था के अन्तर्गत आर्थिक दायित्व किसी व्यक्ति विशेष पर न रहकर परिवार के सभी सदस्यों पर सम्मिलित रूप से रहता है। अत: वह परिवार की सीमितता के विषय में नहीं सोचते। इसके विपरीत पाश्चात्य देशों में संयुक्त परिवार की व्यवस्था नगण्य और सन्तानों के भरण-भोषण का दायित्व उनके माता-पिता पर ही होता है। अत: वे छोटे परिवार को पसन्द करते हैं और सन्तान की उत्पत्ति कम करते हैं। संयुक्त परिवार व्यवस्था विवाह की आयु के कम होने को प्रोत्साहित करती है। संयुक्त परिवार में स्त्रियों को अपने बारे में निर्णय लेने का बहुधा अधिकार नहीं होता है। देश में यद्यपि नगरीकरण, औद्योगीकरण एवं अन्य सामाजिक-आर्थिक कारणों से संयुक्त परिवार की परम्परा टूट रही है फिर भी ग्रामीण समाज का एक बड़ा हिस्सा संयुक्त प्रणाली के घेरे में है। इस प्रकार कहा जा सकता है कि भारत में परिवार का आकार बड़ा होना स्वाभाविक है।

7. शिशु एवं बाल मृत्युदर ऊँची होना (High Infant and Child Mortality Rate)— भारत में शिशु एवं बाल मृत्युदर ऊँची होने के कारण भी जनसंख्या में वृद्धि हुई है। यहाँ अभी भी निर्धनता, बाल-विवाह, दोषपूर्ण प्रसव व्यवस्था, माता-पिता की अज्ञानता, अवांछित मातृत्व, संक्रामक बीमारियों के बारे में जानकारी का अभाव तथा बच्चों में स्वास्थ्य सुविधाओं का अभाव है, जिसके कारण शिशु एवं बाल मृत्युदर अधिक है। देश के विभिन्न राज्यों में शिशु एवं बाल मृत्युदर में विभिन्नताएँ पायी जाती हैं, जिसके कारण जनसंख्या वृद्धि की दर में भी असमानताएँ हैं। राष्ट्रीय परिवार स्वास्थ्य सर्वेक्षण (NFHS-III, 2005–06) के रपट के अनुसार देश में जीवित जन्म पर शिशु मृत्युदर 57.0 है। राज्यों में सबसे अधिक शिशु मृत्युदर उत्तर प्रदेश (72.7 प्रति हजार) है। उसके बाद चंडीगढ़ (70.8 प्रति हजार), मध्य प्रदेश (69.5 प्रति हजार), असम (66.1 प्रति हजार), राजस्थान (65.3 प्रति हजार), उड़ीसा (64.7 प्रति हजार) एवं बिहार (61.7 प्रति हजार) का स्थान है, जबकि देश में सबसे कम शिशु मृत्युदर गोवा एवं केरल (15.3 प्रति हजार) प्रति राज्य की है। उसी प्रकार बाल मृत्युदर भी दक्षिण भारत की तुलना में उत्तर भारत के हिन्दी-भाषी प्रदेशों में अधिक पायी जाती है। अत: देश में जहाँ कहीं भी शिशु एवं बाल मृत्युदर अधिक है। वह जनसंख्या विस्फोट

का क्षेत्र है। इस प्रकार, अधिक शिशु एवं बाल मृत्युदर की दशा में लोग अधिक बच्चों की चाहत रखते हैं, जिससे जनसंख्या में तेजी से वृद्धि होती है।

8. शिक्षा एवं साक्षरता (Education and Literacy) का निम्न होना— भारत में तीव्र जनसंख्या वृद्धि का एक महत्त्वपूर्ण कारण साक्षरता खासकर महिला साक्षरता का निम्न होना है। बढ़ती हुई जनसंख्या के कारण शिक्षा के क्षेत्र में उपलब्धि बहुत कम है। शिक्षा के अभाव में न तो लोग परिवार नियोजन के साधन अपनाते हैं और न ही अधिक जनसंख्या के परिणामों के बारे में ही ठीक से समझते हैं। अशिक्षित लोग अन्धविश्वासी भी अधिक होते हैं, जिसके कारण जनसंख्या में तीव्र गति से वृद्धि हुई है। देश के राज्यों में साक्षरता-दर में विभिन्नता है। जनगणना 2011 के अनुसार देश में 74 प्रतिशत साक्षरता-दर है उसमें पुरुष एवं महिला की साक्षरता-दर क्रमशः 82.1 एवं 65.5 प्रतिशत है। राज्यों में सबसे कम साक्षरता-दर बिहार (63.8 प्रतिशत) का है, जबकि सबसे अधिक साक्षरता-दर केरल (93.9) का है। दक्षिण भारत के राज्यों की तुलना में उत्तर भारत के हिन्दी-भाषी प्रदेशों में महिला साक्षरता-दर ज़्यादा निम्न है, जिसके फलस्वरूप जनसंख्या में तीव्र गति से वृद्धि हुई है। प्रजनन के सन्दर्भ में स्त्री-शिक्षा पुरुष-शिक्षा से अधिक महत्त्वपूर्ण है। शिक्षित महिलाएँ निर्णय लेने में ज़्यादा अधिकार सम्पन्न एवं स्वतन्त्र होती हैं। किसी को कितने बच्चे चाहिए इस सम्बन्ध में महिलाओं की भी सुनी जाती है। वे आमतौर पर बड़े परिवार के समर्थन में नहीं होती हैं। अतः प्रजनन दर में कमी लाने के लिए स्त्री-शिक्षा पर अधिक बल दिया जाना चाहिए।

9. ग्रामीण जनसंख्या की प्रधानता— भारत में अभी भी ग्रामीण जनसंख्या की प्रधानता है। यहाँ अन्य देशों की तुलना में नगरीकरण अभी कम हुआ है। 2011 में यहाँ कुल 6.4 लाख गाँव तथा 7935 नगर हैं। यहाँ मात्र 31.2 प्रतिशत जनसंख्या नगरों में निवास करती है। वर्ष 1991 तथा 2001 में क्रमशः 25.7 एवं 27.8 प्रतिशत जनसंख्या नगरों में निवास करती है। विश्वस्तर पर 50 प्रतिशत से अधिक लोग नगरों में निवास करते हैं। गाँवों में कृषि की प्रधानता एवं सुरक्षा की दृष्टि से बड़े परिवार का होना अच्छी बात समझी जाती है। गाँवों में लोग परम्पराओं एवं रूढ़ियों से ग्रस्त रहते हैं। अतः परिवार को छोटा करने के उपायों की ओर कम आकर्षित होते हैं। नगरों में लोगों की सामाजिक एवं आर्थिक परिस्थितियाँ इस तरह की होती हैं कि लोग छोटे परिवार की ओर ध्यान देने लगते हैं। विभिन्न जनांकिकीविदों द्वारा किये गये सर्वेक्षणों से यह पता चलता है कि नगरों की अपेक्षा गाँवों में जन्मदर अधिक होती है। इस सम्बन्ध में अनगिनत अध्ययन किये गये हैं जिनसे इसी तथ्य की पुष्टि होती है। चूँकि भारत की अधिकांश जनसंख्या गाँवों में रहती है, अतः यही कारण है कि यहाँ जनसंख्या वृद्धि अधिक है (देखें— Visaria and Visaria, 1998; NFH-3, III, 2008)।

10. कृषि एवं प्राथमिक व्यवसायों का महत्त्व— व्यावसायिक ढाँचे का परिवार के आकार तथा जनसंख्या वृद्धि के स्तर पर बहुत गहरा प्रभाव पड़ता है। कृषि एवं प्राथमिक व्यवसायों की तुलना में अन्य व्यवसायों की अपेक्षा परिवार का आकार बड़ा पाया जाता है। भारत जैसे विकासशील देशों में जहाँ कृषि सामान्यतया पारिवारिक व्यवसाय के रूप में तथा परम्परागत ढँग से किया जाता है, बड़ा परिवार ही उपयुक्त रहता है। एक बड़े आकार के परिवार से जिसमें पुरुषों की संख्या अधिक हो श्रम-शक्ति अधिक मिल जाती है। खेतिहर परिवारों में शिक्षा का स्तर, विवाह की आयु, रहन-सहन का स्तर नीचा रहता है और इन परिवारों में गर्भनिरोध के नये उपाय भी कम प्रयोग में आते हैं। इस तरह यहाँ जन्मदर को ऊँचा रखने वाला हर कारण विद्यमान है। यही कारण है कि कृषि एवं प्राथमिक व्यवसाय से सम्बद्ध परिवारों का आकार बड़ा होता है। देश में कृषि एवं प्राथमिक व्यवसाय से जुड़े व्यवसाय का प्रतिशत 64.9 है, जबकि आजीविका के द्वितीय एवं तृतीय क्षेत्र (Secondary and Tertiary Sectors) से जुड़े व्यवसायों का प्रतिशत क्रमशः 13.6 एवं 31.5 है। इस तथ्य से यह भी परिलक्षित होता है कि भारत की अधिकांश जनसंख्या का निवास गाँवों में कृषि पर है। हालाँकि पिछले 5 दशकों में प्राथमिक व्यवसायों से जुड़ी जनसंख्या के प्रतिशत में कमी आयी है फिर भी इसकी बहुलता पायी जाती है। इस प्रकार, कृषि एवं प्राथमिक क्षेत्रों से जुड़ी जनसंख्या के परिवारों का आकार बड़ा होता है, जिसके कारण जनसंख्या वृद्धि इन व्यवसायों से जुड़े लोगों में अधिक होती है।

11. स्त्रियों की निम्न सामाजिक स्थिति— भारत में स्त्रियों का सम्मान कम होने से परिवार का आकार बड़ा होता है। यहाँ खासकर ग्रामीण क्षेत्रों में स्त्रियों को बच्चे पैदा करने की मशीन समझ लिया जाता है। अत: हमें इस विचारधारा से भी सहमत होना चाहिए कि यहाँ महिलाओं की प्रतिष्ठा में कमी एवं पुरुषों पर आश्रितता भी जनसंख्या वृद्धि होने का एक महत्त्वपूर्ण कारण है।

12. दो बच्चों के बीच जन्म-अंतराल (Birth Spacing) का कम होना— जैसा कि ऊपर स्पष्ट कहा गया है कि भारत में जनसंख्या वृद्धि का एक महत्त्वपूर्ण कारण दो बच्चों के जन्म के बीच अन्तर कम होना है। यदि बच्चों के मध्य का अन्तर अधिक हो, तब भी जनसंख्या वृद्धि तुलनात्मक रूप से कम होता है। नगरीय क्षेत्रों की तुलना में ग्रामीण क्षेत्रों में इस तथ्य की ओर अधिकांश व्यक्तियों का ध्यान आकर्षित नहीं हो पाया है। देश के विभिन्न राज्यों में बच्चों के जन्म के अन्तराल में विभिन्नता पायी जाती है। राज्यों में पहले जन्मे बच्चों का माध्यिका अन्तराल नागालैण्ड, मध्य प्रदेश, गुजरात में क्रमश: 28.6, 29.2, 29.2 महीना है, जबकि केरल में जन्म का माध्यिका अन्तराल 41.2 महीने है। इसके अलावा अन्य राज्यों में जन्म का अन्तराल 33 महीने और उससे अधिक है उसमें त्रिपुरा, गोवा, असम, मणिपुर, पश्चिम बंगाल, सिक्किम, उड़ीसा, दिल्ली और चंडीगढ़ राज्य आते हैं। केरल में कम-से-कम 48 महीने का जन्म अन्तराल 39 प्रतिशत है। इसकी तुलना में औसत राष्ट्रीय बच्चों का जन्म अन्तराल 20 प्रतिशत है।

13. गर्भनिरोधक विधि (Methods of Birth Control) के इस्तेमाल में कमी— भारत में तीव्र जनसंख्या वृद्धि का कारण गर्भनिरोधक विधि का प्रयोग कम होना है, क्योंकि अशिक्षा, जागरूकता की कमी एवं गर्भनिरोधक साधनों का महँगा होना प्रमुख कारण है। इन उपायों के अभाव में जनसंख्या वृद्धि अधिक है। नगरीय क्षेत्रों की तुलना में ग्रामीण क्षेत्रों में गर्भनिरोधक विधि की सहज उपलब्धता में कमी होने से जनसंख्या वृद्धि की दर नगरीय क्षेत्रों की तुलना में अधिक है। राष्ट्रीय परिवार स्वास्थ्य सर्वेक्षण-III (2005–06) की रपट के अनुसार देश में 56.3 प्रतिशत महिलाएँ गर्भनिरोधक की कोई भी विधि इस्तेमाल नहीं करती हैं, सिर्फ 48.5 प्रतिशत महिलाएँ ही आधुनिक गर्भनिरोधक विधि का इस्तेमाल करती हैं। उसी प्रकार शहरी क्षेत्रों में 53.0 प्रतिशत एवं ग्रामीण क्षेत्रों में 67.7 प्रतिशत महिलाएँ गर्भनिरोधक की कोई भी विधि इस्तेमाल नहीं करती है। दक्षिण क्षेत्रों की तुलना में हिन्दी-भाषी राज्यों में जागरूकता का अभाव थोड़ा ज़्यादा है।

भारत के राज्यों में जनसंख्या वृद्धि में असमानताएँ पायी जाती हैं। इसके प्रमुख कारणों में एक कारण गर्भनिरोधक विधि के प्रयोग में अन्तर है। देश के राज्यों में महिलाओं द्वारा गर्भनिरोधक विधि का इस्तेमाल में काफी विभिन्नताएँ पायी जाती हैं। उत्तर भारत के हिन्दी-भाषी राज्यों यथा बिहार, (34.1 प्रतिशत), झारखण्ड (35.7 प्रतिशत), उत्तर प्रदेश (43.9 प्रतिशत), राजस्थान (47.2 प्रतिशत) तथा मध्य प्रदेश (55.9 प्रतिशत) आदि में महिलाओं द्वारा कोई भी गर्भनिरोधक विधि का इस्तेमाल राष्ट्रीय औसत (56.3 प्रतिशत) से भी कम किया जाता है। इसके विपरीत दक्षिण भारत के राज्यों यथा केरल (68.6 प्रतिशत), आन्ध्र प्रदेश (67.6 प्रतिशत), कर्नाटक (63.6 प्रतिशत) एवं तमिलनाडु (61.4 प्रतिशत) आदि में महिलाओं द्वारा गर्भनिरोधक विधि का इस्तेमाल राष्ट्रीय औसत (56.3 प्रतिशत) से भी अधिक किया जाता है। फलस्वरूप दक्षिण भारत के राज्यों की तुलना में उत्तर भारत के हिन्दी-भाषी प्रदेशों में जनसंख्या वृद्धि अधिक पायी जाती है।

14. सामाजिक सुरक्षा (Social Security) का अभाव— भारत में जनसंख्या वृद्धि का एक कारण समुचित सामाजिक सुरक्षा का अभाव भी है। यदि सामाजिक सुरक्षा उपयुक्त और संतोषजनक हो तो लोगों को अपने बुढ़ापे के सम्बन्ध में कोई चिन्ता नहीं होगी और ऐसी स्थिति में किसी भी व्यक्ति को अपने बच्चों के सहारे की आवश्यकता पड़ती है। हरेक असुरक्षित व्यक्ति अधिक-से-अधिक बच्चे उत्पन्न करना चाहता है। विशेषकर उसे पुत्रों की आवश्यकता होती है, जो कि उसके बुढ़ापे का सहारा बन सके। इस तरह, सरकार की ओर से सामाजिक सुरक्षा की कोई उचित व्यवस्था का न होना जनसंख्या को बढ़ाने में सहायक होता है।

15. राजनीतिक इच्छा शक्ति की कमी— भारत की राजनीति में जनसंख्या वृद्धि के क्षेत्र में एक बहुत बड़ा हादसा आपातकाल की अवधि में हुआ। संजय गाँधी ने दिल्ली में बंध्याकरण के लिए विशाल तादाद में लोगों का

बंध्याकरण किया। इसके बाद 1977 में कांग्रेस चुनाव हार गयी। इस हार का बहुत बड़ा कारण लोगों पर जबरदस्ती परिवार नियोजन को थोपना था। हम इसे हादसा इसलिए कहते हैं कि इसके बाद कांग्रेस ही नहीं अन्य राजनीतिक दल के नेताओं ने अपने जनभाषणों में परिवार नियोजन की चर्चा नहीं की। आज भी वे इससे कतराते हैं। उनका विचार है कि लोगों की दृष्टि में प्रजनन उनका व्यक्तिगत मामला है और सरकार को इसमें हस्तक्षेप नहीं करना चाहिए। राजनीतिज्ञों को यह भय बराबर बना रहता है कि यदि परिवार नियोजन की बात खुलकर और थोड़ी कठोरता के साथ की गयी तो उनकी झोली में जनता के मत कम पड़ेंगे। नेताओं को इस बात का भय है कि कहीं उन्हें साम्प्रदायिक न कहा जाय। हर किसी को मुस्लिम वोटों की चिन्ता सताती है। इसी कारण राजनीतिक इच्छाशक्ति के अभाव में जन्मदर में कमी नहीं आ पा रही है।

16. आयु की संरचना— भारत में व्याप्त आयु संरचना यहाँ की जनसंख्या को बढ़ाने में सहायक है। आयु संरचना किसी जनसंख्या में आयु या आयु वर्गों के अनुसार जनसंख्या के वितरण को प्रदर्शित करता है। इसे आयु संघटन (Age Structure) भी कहते हैं। जनगणना 2001 के अनुसार देश में 35.3 प्रतिशत जनसंख्या 0–14 आयु वर्ग में, 59.5 प्रतिशत जनसंख्या 15–59 आयु वर्ग में तथा 6.9 प्रतिशत जनसंख्या 60 वर्ष या उससे अधिक आयु वर्ग में है। जनसंख्या का उम्र सम्बन्धी थोड़ा परिवर्तन लगभग यही वितरण 2011 की जनगणना में भी देखने को मिलता है। स्पष्टतया यहाँ प्रजनन योग्य आयु वर्ग में लोगों की संख्या अधिक है, जिससे सन्तानोत्पत्ति अधिक होती है। इसीलिए स्वाभाविक है कि यहाँ जनसंख्या वृद्धि अधिक होगी।

17. जनसंख्या शिक्षा (Population Education) का अभाव— भारत में जनसंख्या वृद्धि का एक प्रमुख कारण जनसंख्या शिक्षा का अभाव है। जनसंख्या शिक्षा से तात्पर्य ऐसी शिक्षा से है, जो जनसंख्या अथवा मानव संसाधन से सम्बन्धित हो। जनसंख्या शिक्षा, जनसंख्या की विस्फोटक वृद्धि लोगों के वितरण तथा केन्द्रीकरण की तीव्र वृद्धि परिवर्तन आयु तथा अन्य जनांकिकी परिवर्तनों के प्रभाव को समझने का प्रयत्न है। भारत में सरकार के पास कार्यक्रमों की कमी नहीं है। बस आवश्यकता इनके क्रियान्वयन की है और यही समस्या जनसंख्या शिक्षा में भी नज़र आ रही है। आज अगर जनसंख्या विस्फोट की दृष्टि से कोई मुल्क परेशान है, तो वह है भारत बांग्लादेश। दिन-प्रतिदिन सभी चीजों का अभाव होता चला जा रहा है। जनसंख्या शिक्षा में प्रमुख समस्या इसकी विषय सामग्री की है। एन.सी.ई.आर.टी. (NCERT) द्वारा तैयार किया गया पाठ्यक्रम काफी विस्तृत है। इसके साथ ही देश में रूढ़िवादिता होने के कारण जनसंख्या शिक्षा का सार्वजनिक रूप से देना अनुचित माना जाता है, इसलिए जनसंख्या शिक्षा कब, कैसे और किस आयु वर्ग में शुरू की जाये यह एक समस्या है। इसके अभाव में जनसंख्या के परिणामों को युवा पीढ़ी नहीं समझ पा रही है।

जनसंख्या में तीव्र वृद्धि के परिणाम (Consequences of Rapid Rise in Population)

भारत में तीव्र जनसंख्या वृद्धि के फलस्वरूप आर्थिक विकास प्रभावित हुआ है। यह प्रभाव दक्षिणी राज्यों की तुलना में उत्तर भारत के हिन्दी-भाषी राज्यों में अधिक है; क्योंकि इन्हीं राज्यों में जनसंख्या की वृद्धि-दर अन्य राज्यों की तुलना में अधिक है। इस सन्दर्भ में अशोक मेहता ने कहा है कि जनसंख्या में वृद्धि रात्रि के चोर के समान है, जो हमारे आर्थिक विकास में प्राप्त सफलता को हमसे लूट ले जाता है। आर्थिक विकास की प्रक्रिया में देश की श्रम-शक्ति द्वारा अपने यहाँ के भौतिक संसाधनों का उपयोग सन्निहित है ताकि देश की उत्पादन सम्भावना सिद्ध की जा सके। इसमें सन्देह नहीं कि विकास प्रयत्नों में देश की श्रम-शक्ति का सक्रिय योगदान रहता है, किन्तु विकास की प्रक्रिया को मन्द कर देती है। देश में बढ़ती हुई जनसंख्या आर्थिक विकास को कई दृष्टि से प्रभावित करता है। जनसंख्या नियन्त्रण का विकास एवं बेहतर जीवन स्तर से गहरा सम्बन्ध है। अनियन्त्रित रूप से बढ़ रही आबादी

हमारी विकासशील अर्थव्यवस्था के लिए सबसे बड़ी चुनौती बनी हुई है। यह देश की विकास गतिविधियों को लगातार नाकामी और अपर्याप्त साबित करने पर तुली हुई है। यही कारण है कि देश के नीति-निर्माताओं का ध्यान जनसंख्या नियन्त्रण करने के प्रयासों पर लगा रहा है। आज आवश्यकता इस बात की हो गयी है कि अकेले नीति-निर्माताओं के भरोसे इस समस्या पर काबू नहीं पाया जा सकता। अत: हम सभी को इस समस्या पर गंभीरतापूर्वक विचार करना होगा।

एक परम्परागत कृषि प्रधान समाज की मान्यताएँ हमारी अज्ञानता, निर्धनता, अन्धविश्वास तथा शहरों एवं गाँव के बीच की खाई ही इस समस्या के मूल में दिखाई देती है। गाँव से शहर की ओर पलायन, आवास, खाद्यान्न एवं जलापूर्ति की समस्या **पारिस्थितिकीय असन्तुलन (Ecological Imbalance)** आदि बढ़ती आबादी के परिणाम हैं। शिक्षा, लिंग-असमानता, खाद्य सुरक्षा तथा मानव विकास सूचकांकों के अति निम्नस्तर ने इस समस्या को और अधिक बढ़ावा दिया है। यदि हम परिवार कल्याण के साथ-साथ मानव संसाधन विकास एवं प्रबन्धन की ओर अपना ध्यान लगायें तो स्थिति पर काफी हद तक काबू पाया जा सकता है। अति जनसंख्या वृद्धि हमारे सामाजिक, आर्थिक व राजनीतिक जीवन पर विपरीत प्रभाव डालती है और देश की प्रगति में बाधक बनती है। ऐसे तो आर्थिक विकास की प्रक्रिया में श्रम-शक्ति की भी उपयोगिता है। पर्याप्त मात्रा में श्रम-शक्ति हो तो भौतिक संसाधनों का अच्छी तरह उपयोग अधिक उत्पादन व विकास के लिए किया जा सकता है, लेकिन आवश्यक सीमा से अधिक जनसंख्या आर्थिक विकास की प्रक्रिया को मन्द कर देती है। देश में तीव्र गति से जनसंख्या में वृद्धि होने के फलस्वरूप निम्नलिखित परिणाम उभर कर सामने आये हैं।

1. भूमि पर जनसंख्या का अत्यधिक दबाव— तीव्र जनसंख्या वृद्धि के परिणामस्वरूप देश की सीमित भूमि पर जनसंख्या का लगातार दबाव बढ़ता जा रहा है। देश में विश्व का मात्र 2.42 प्रतिशत भूभाग है जिस पर विश्व की 17 प्रतिशत जनसंख्या निवास करती है। वर्ष 2011 में भारत का प्रति वर्ग किलोमीटर घनत्व 383 व्यक्ति हैं, जो विश्व के औसत से कहीं अधिक है। विश्व की औसत जनसंख्या का घनत्व 52 है (देखें **सारणी-1**)। इससे प्रति व्यक्ति सकल कृषि भूमि में कमी आयी है। वर्ष 1991 ई. कृषि कार्य हेतु प्रति व्यक्ति भूमि की उपलब्धता 1.1 एकड़ थी, जो घटकर 2010 में उसकी आधी हो गयी।

2. निर्धनता— भारत में समय के साथ जनसंख्या में विस्फोटक गति से वृद्धि के फलस्वरूप उपलब्ध संसाधनों, कच्चे माल तथा अपर्याप्त पूँजी के उचित विनियोजन के बावजूद पर्याप्त आर्थिक समृद्धि एवं सुख-सुविधाओं का समस्त वर्ग के लोगों के मध्य समान वितरण नहीं हो पाया है। यही कारण है कि देश में निर्धनता की समस्या बढ़ी है, उनके प्रतिशत में बेशक कमी क्यों न आयी हो। देश में सरकारी स्तर पर निर्धनता उन्मूलन हेतु प्रधानमन्त्री ग्रामोदय योजना (2000–01), स्वर्ण जयन्ती ग्राम स्वरोज़गार योजना (1999), सम्पूर्ण ग्रामीण रोज़गार योजना (2001), इंदिरा आवास योजना, प्रधानमन्त्री ग्राम सड़क योजना आदि चलाये गये। इसके बावजूद, देश की बढ़ती जनसंख्या के कारण ग़रीबी की समस्या उत्पन्न हो गयी है। फलस्वरूप कुपोषण, मानसिक एवं शारीरिक क्षमता में कमी अशिक्षा आदि की समस्या उत्पन्न हो गयी है। राज्यों में निर्धनता रेखा से नीचे रहने वाली जनसंख्या में असमानता पायी जाती है। इसका प्रमुख कारण सामाजिक-आर्थिक विकास एक समान नहीं हुआ है। भारत में सन् 1993–94 में कुल जनसंख्या 35.97 प्रतिशत जनसंख्या ग़रीबी रेखा से नीचे थी जो घटकर सन् 1999–2000 में 26.10 प्रतिशत हो गयी। इस प्रकार, स्पष्ट है कि जनसंख्या की वृद्धि के कारण ग़रीबी की समस्या उत्पन्न हो गयी है। सन् 2013 में भी लगभग यही स्थिति बनी हुई। प्रतिशत में कमी-बेशी से अधिक चिन्ता की बात यह है कि ग़रीबों की संख्या में जनसंख्या वृद्धि के साथ-साथ उतरोत्तर वृद्धि होती ही जा रही है।

भारत में विगत सन् 2013 में लगभग 75 प्रतिशत लोग प्रतिदिन दो अमरीकी डॉलर से भी कम आमदनी पर जीवन बसर करते थे।

सारणी-1 भारत में जनसंख्या, स्वास्थ्य एवं विकास, 2013

Population and Health	Population mid-2013 (in million)	1,276.5
	Population Growth Rate (%)	1.5
	Percent Urban	31
	Life Expectancy at Birth, Both Sexes (in years)	66
	Total Fertility Rate	2.4
	Married Women 15–49 Using Modern Contraception (%)	44
	Infant Mortality Rate (per 1,000 live births) 2010	44
	Children Under Age 5 Moderately or Severely	44
	Underweight (%) 2000/2011	15
Economy	Net Secondary School Enrollment (%) 2000/2010 (Female)	–
	Net Secondary School Enrollment (%) 2000/2010 (Male)	–
	Child Dependency Ratio (per 100 working age adults) 2010	47
	Child Dependency Ratio (per 100 working age adults) 2050	28
	Gross Domestic Product (million PPP, in US $) 2010	4,198,609
	Per Capita GDP (PPP, in US $) 1995	1,180
	Per Capita GDP (PPP, in US $) 2010	3,586
	Agriculture as Percent of GDP 2005/2010	16
	Percent of Population Living on <$2/Day 2000/2010	75
Inequlities within country	Married Women 15–49 Using Modern Contraception (%) 2000/2010 Poorest Fifth	35
	Married Women 15-49 Using Modern Contraception (%) 2000/2010 Richest Fifth	58
	Total Fertility Rate 2000/2010 Poorest Fifth	3.9
	Total Fertility Rate 2000/2010 Richest Fifth	1.8
	Deliveries Attended by Skilled Health Personnel (%) 2000/2010 Poorest Fifth	19
	Deliveries Attended by Skilled Health Personnel (%) 2000/2010 Richest Fifth	89
	Unmet Need for Family Planning, Total (%) 2000/2010 Poorest Fifth	18
	Unmet Need for Family Planning, Total (%) 2000/2010 Richest Fifth	8
	Share of Income or Consumption (%) 2000/2010 Poorest Fifth	8
	Share of Income or Consumption (%) 2000/2010 Richest Fifth	45

Source: Population Reference Bureau Data Sheet, 2012 & 2013, PRB, Washington DC, USA.

3. प्रति व्यक्ति निम्न आय— भारत में जनसंख्या विस्फोट की समस्या ने प्रति व्यक्ति आय को नीचे गिरा दिया है। प्राय: जनसंख्या बढ़ने से प्रति व्यक्ति आय घटने के कारण जीवन स्तर गिर जाता है; क्योंकि जनसंख्या के आकार का प्रति व्यक्ति आय पर प्रत्यक्ष प्रभाव होता है। जनसंख्या में तेजी से होने वाली वृद्धि राष्ट्रीय उत्पादन, आय व प्रति व्यक्ति आय में हुई वृद्धि को निष्फल कर देती है। इसीलिए हर सम्भव प्रयत्न के बाद भी योजनावधि में प्रति व्यक्ति वास्तविक आय में कोई महत्त्वपूर्ण वृद्धि नहीं हुई है। सन् 1950–51 में भारत की राष्ट्रीय आय स्थिर कीमतों के अनुसार (1993–94 की कीमतें) 132367 करोड़ रुपये थी जो कि 2002–03 में बढ़कर 1161993 करोड़ रुपये हो गयी है। दूसरे शब्दों में, वास्तविक आय की वार्षिक वृद्धि-दर 4.5 प्रतिशत रही है। इसके विपरीत, प्रति व्यक्ति वास्तविक आय जो कि सन् 1950–51 में 3687 रुपये थी वह सन् 2002–03 में बढ़कर 11223 रुपये हो गयी है। इस प्रकार, इसमें केवल 2.0 प्रतिशत की ही वार्षिक वृद्धि हुई है। स्पष्ट है कि जनसंख्या में तीव्र गति से वृद्धि होने के कारण ही राष्ट्रीय आय की अपेक्षा प्रति व्यक्ति आय के स्तर में धीमी गति से वृद्धि हुई है। विश्व बैंक की रपट के अनुसार राष्ट्रीय आय की दृष्टि से भारत का विश्व में 11वाँ स्थान है, लेकिन प्रति व्यक्ति आय की दृष्टि से 165वाँ स्थान है। इसका अभिप्राय यह है कि बढ़ती हुई राष्ट्रीय आय का एक बहुत बड़ा अंश बढ़ती जनसंख्या में ही खप जाता है।

4. बेरोज़गारी— भारत में तीव्र गति से जनसंख्या वृद्धि के साथ-साथ समाज की श्रम-शक्ति में वृद्धि हो रही है। श्रम-शक्ति की अधिकता के कारण देश में बेरोज़गारी तथा अल्प-रोज़गारी की समस्या और अधिक जटिल होती जा रही है। बेरोज़गारी एक ऐसी स्थिति है, जहाँ श्रम-शक्ति व रोज़गार के अवसरों में अन्तर होता है। बेरोज़गारी श्रमिकों की माँग की अपेक्षा उनकी पूर्ति के अधिक होने का परिणाम है। बेरोज़गारी का वास्तविक अर्थ उस श्रम-शक्ति से है, जो शारीरिक रूप से समर्थ है एवं श्रम करने को इच्छुक है, जिसे कोई कार्य नहीं मिल पाता। देश में जनसंख्या वृद्धि के अनुपात में रोज़गार के पर्याप्त अवसरों एवं संसाधनों में वृद्धि न होने के कारण कृषि पर जनसंख्या का अधिक भार है, परन्तु उनका समुचित एवं सन्तुलित उपयोग एवं उपभोग तथा वितरण नहीं हो पा रहा है। फलस्वरूप यहाँ के लिए बेरोज़गारी एक भयंकर समस्या का रूप लेती जा रही है। यहाँ कृषि श्रमिकों की गणना रोज़गार प्राप्त क्रियाशील जनसंख्या में की जाती है; परन्तु वास्तविकता यह है कि उन्हें वर्ष के हर मौसम में कार्य नहीं मिलता जिससे वे मौसमी बेकारी (Seasonal Unemployment) के शिकार होते रहते हैं। देश में बढ़ती हुई जनसंख्या के कारण दिनों-दिन वे गाँव से नगरों की ओर पलायन कर रहे हैं। फलस्वरूप औद्योगिक श्रमिकों में बेरोज़गारी की समस्या, आवासीय समस्या, विकृत शहरी क्षेत्रों आदि की समस्याएँ उत्पन्न हो गयी हैं। राष्ट्रीय नमूना सर्वेक्षण (55वें राउण्ड) के आधार पर बेरोज़गार व्यक्ति की संख्या जो 1993–94 में 201.4 लाख थी वह वर्ष 1999–2000 में 266.1 लाख हो गयी। श्रम-शक्ति के अनुपात में बेरोज़गारी दर जो 1993–94 में 6.0 प्रतिशत थी वह वर्ष 1999–2000 में बढ़कर 7.32 प्रतिशत हो गयी। दसवीं योजना (2002–07) की मध्यावधि समीक्षा के अनुसार 2004–05 में बेरोज़गारी की दर बढ़कर 9.11 प्रतिशत हो गयी। इस प्रकार, देश में विस्फोटक गति से जनसंख्या वृद्धि ने बेरोज़गारी की समस्या को उत्पन्न कर दिया है।

5. अकार्यकारी जनसंख्या (Non-working Population) में वृद्धि— बढ़ती हुई जनसंख्या एक अन्य प्रकार से भी जीवन-स्तर पर विपरीत प्रभाव डालती है। जनसंख्या की अत्यधिक वृद्धि के कारण देश की आयु संरचना कुछ इस प्रकार की हो गयी है कि कार्यकारी जनसंख्या (15–59 वर्ष) में उत्तरोत्तर गिरावट आ रही है, जबकि बच्चों (0–14 वर्ष) एवं वृद्धों (60 या उससे अधिक) आयु वर्ग की जनसंख्या (आश्रित जनसंख्या) में वृद्धि हो रही है। इस प्रकार, जनसंख्या की अत्यधिक वृद्धि-दर के कारण बालकों की संख्या में वृद्धि हुई है। बालकों की अधिकता वस्तुत: अनुत्पादक उपभोक्ताओं की सूचक है। अधिक बच्चों का जन्म, उनका पालन-पोषण एवं शिक्षा इत्यादि का भार प्रति परिवार के उपभोग व्यय को बढ़ा देता है, जिससे परिवार का जीवन-स्तर और भी नीचा गिर जाता है। एक सामान्य भारतीय परिवार के ऊपर निर्धन होते हुए भी बच्चों के पालन-पोषण का भार अधिक है। उसी प्रकार वृद्धों की संख्या में वृद्धि होने से भी उनकी देखभाल, स्वास्थ्य आदि की समस्या हो गयी है। स्थूल रूप से बच्चे एवं बूढ़े अनुत्पादक वर्ग में समाविष्ट हैं।

देश में 15 से 59 आयु वर्ग की जनसंख्या, जिसे कार्यशील जनसंख्या कहा जाता है, का अनुपात सापेक्ष रूप से कम है। इन तथ्यों से एक लक्षण यह भी स्पष्ट रूप से दिखाई देता है कि भारतीय जनसंख्या में बच्चों (0–14) की जनसंख्या अधिक है, जिसके स्पष्ट सामाजिक परिणाम हैं, जैसे– आर्थिक सुख के लिए जिस कार्यशील जनसंख्या की आवश्यकता है वह प्राप्त नहीं है। यदि इस कार्यशील जनसंख्या में से बहुत बड़ा भाग महिलाओं को निकाल दिया जाय, जो केवल गृह-कार्य में लगी हैं, तो कार्यशील जनसंख्या का अनुपात और भी कम हो जाता है। स्वाभाविक ही है कि हमारे समाज में क्रियाशील जनसंख्या पर निर्भर जनसंख्या का दबाव अधिक है। देश में अब भी परिवार संयुक्तता की स्थिति बनी हुई है, इसलिए परिवार में छोटे भाई-बहन और बच्चे मिलाकर और बूढ़े माता-पिता को सम्मिलित करके एक कमाने वाले व्यक्ति पर शुरू में ही कई व्यक्तियों का भार आ पड़ता है। सच तो यह है कि अधिकांश भारतीय युवकों को निर्भरता के भार का वहन इतना करना पड़ता है कि उन्हें महसूस ही नहीं होता कि कब जवानी उनके पास से गुज़र गयी। वे सीधे ही किशोरावस्था से मानसिक दृष्टि से बुढ़ापे में पहुँच जाते हैं। देश में अकार्यकारी जनसंख्या (0–14 एवं 60 या उससे अधिक) का प्रतिशत सन् 2011 में 40 प्रतिशत है, जबकि कार्यकारी (15–59 आयु वर्ग) जनसंख्या सन् 2011 में लगभग 60 प्रतिशत है। इससे स्पष्ट होता है कि देश में अकार्यकारी जनसंख्या का कार्यकारी जनसंख्या पर काफी बड़ा दबाव है।

6. खाद्यान्न की समस्या— भारत में तीव्र गति से बढ़ती जनसंख्या ने खाद्यान्न की आपूर्ति को भी प्रभावित किया है। टी.आर. माल्थस ने अपनी प्रसिद्ध पुस्तक **An Essay on the Principles of Population or View of its Past and Present Effects of Human Happiness, 1803** में जनसंख्या और खाद्यान्न में अन्तर्सम्बन्ध स्थापित करने का प्रयास किया है। उनका कहना है कि खाद्यान्न की अपेक्षा जनसंख्या में तीव्र गति से बढ़ने की प्रवृत्ति होती है। देश में उन्नीसवीं शताब्दी तक खाद्यान्न के उत्पादन और जनसंख्या के मध्य लगभग सन्तुलन था, परन्तु 20वीं शताब्दी के प्रारम्भ से ही जनसंख्या, खासकर स्वतन्त्रता प्राप्ति के बाद खाद्यान्न की तुलना में अधिक बढ़ने लगी। देश में जनसंख्या की वृद्धि के अनुपात, कृषि उत्पादन 1.93 प्रतिशत वार्षिक की आवश्यकता है। यद्यपि वर्ष 1950–51 में शुद्ध कृषिगत भूमि 11.9 करोड़ हेक्टेयर थी, जो 1991 में 19 प्रतिशत वृद्धि के साथ 14.2 करोड़ हेक्टेयर हो गयी। (ज्ञातव्य है कि देश के मौजूदा क्षेत्रफल में वृद्धि नहीं हुई है), अर्थात् 1950–51 की अवधि में खाद्यान्न के उत्पादन का क्षेत्रफल 9.7 करोड़ हेक्टेयर से 1993–94 में 12.7 करोड़ हेक्टेयर हो गया। खाद्यान्नों का उत्पादन सन् 1956 और 1997 के बीच चाहे खाद्यान्नों का शुद्ध उत्पादन 627 लाख टन से बढ़कर 1770 लाख टन हो गया, अर्थात् इसमें 182 प्रतिशत की वृद्धि हुई, परन्तु खाद्यान्नों की प्रति व्यक्ति उपलब्धि 431 ग्राम से बढ़कर 509 ग्राम हो गयी, अर्थात् इसमें 41 वर्षों में केवल 18 प्रतिशत की नाम मात्र की वृद्धि हुई। चूँकि 1997–2000 के दौरान खाद्यान्न उत्पादन की वृद्धि-दर मन्द रही, इसलिए वर्ष 2002 में खाद्यान्नों का प्रति व्यक्ति उपभोग 492 ग्राम हो गया। वर्ष 2002–03 में अनाज का उत्पादन का आकलन 21.07 करोड़ टन का है। भरपूर बारिश, अच्छी किस्म के बीज, कृषि तकनीक, पर्याप्त श्रमिक, किसान क्रेडिट कार्ड एवं अन्य योजनाओं के बाद भी उत्पादन संतोषजनक नहीं रहा। इस प्रकार, देश में जनसंख्या वृद्धि ने खाद्यान्न समस्या को उत्पन्न किया है। समवेत रूप में कहा जा सकता है कि बढ़ती जनसंख्या पर नियन्त्रण नहीं किया गया तो खाद्यान्न की समस्या और भी जटिल हो जायेगी तथा महँगाई में बढ़ोत्तरी होगी।

7. आवास की समस्या— भारत में जिस गति से जनसंख्या की वृद्धि हो रही है उस गति से आवास का निर्माण न होने के कारण आवास की मात्रा उनकी आवश्यकता की तुलना में काफी कम है। यहाँ के निवासी कच्चे, पक्के व दयनीय रूप से निर्मित एक-दो कमरों वाले मकानों में रहते हैं। ग्रामीण क्षेत्रों में पेड़ों के नीचे, खुले मैदानों और पर्वतीय कन्दराओं में जीवन व्यतीत करते हैं। वर्तमान में देश में 40 मिलियन मकानों की कमी महसूस की जा रही है, जिसमें 25 मिलियन मकान गाँवों में तथा 15 मिलियन मकान की कमी शहरों में है। समय के साथ-साथ कुल आवासों में पक्के आवासों के अनुपात की वृद्धि हुई है। इनका प्रतिशत सन् 1971 तथा 2001 की जनगणनाओं की अवधि में ग्रामीण क्षेत्रों में 18 प्रतिशत से बढ़कर 31 प्रतिशत हो गयी है तथा शहरी क्षेत्रों में 64 प्रतिशत से बढ़कर 73 प्रतिशत हो गयी है। किराये के घरों में रहने वाली जनसंख्या के अनुपात में महत्त्वपूर्ण गिराबट आयी है। सन् 1971 ई. में 54 प्रतिशत शहरी परिवार किराये पर रहते थे। सन् 1991 में यह संख्या कम होकर 36 प्रतिशत रह गयी है। फिर भी, देश में आवास की समस्या एक गंभीर समस्या बनती जा रही है। 3 करोड़ से अधिक भारतीय बेघर हैं तथा देश की नगरीय जनसंख्या का लगभग 5.7 भाग विकृत शहरी क्षेत्र में रहता है।

8. पूँजी निर्माण (Capital Formation) की समस्या— जनसंख्या विस्फोट की स्थिति में राष्ट्रीय आय का एक बड़ा भाग उपभोग कार्यों पर ही व्यय कर दिया जाता है व बचत के लिए बहुत कम धन राशि बचती है। कम बचत के कारण देश में पूँजी निर्माण का स्तर भी कम है। पूँजी निर्माण के अभाव में विनियोग का स्तर कम रहता है, जिसके परिणामस्वरूप देश में उत्पादकता का स्तर भी निम्न रहता है। निम्न उत्पादकता ही भारत जैसे सभी विकासशील देशों में व्याप्त निर्धनता की जड़ है। निम्न उत्पादकता में अपने-आपको चिरस्थायी बनाये रखने की प्रवृत्ति को अर्थशास्त्रियों ने **ग़रीबी का दुश्चक्र (Vicious Circle of Poverty)** की संज्ञा दी है। जनगणना 2011 के अनुसार भारत में जनसंख्या वृद्धि की वार्षिक वर्तमान दर 1.64 प्रतिशत है। प्रति व्यक्ति वास्तविक आय के विद्यमान स्तर को स्थिर रखने के लिए यह आवश्यक है कि राष्ट्रीय आय में 1.64 प्रतिशत वार्षिक-दर से वृद्धि हो। इस लक्ष्य की प्राप्ति के लिए

पूँजी-विनियोग आवश्यक है। भारतीय अर्थव्यवस्था में पूँजी उत्पाद अनुपात 4.1 आँका गया है। जिसका अर्थ है कि उत्पाद की एक इकाई की वृद्धि के लिए 4.1 इकाई पूँजी आवश्यक है। इस प्रकार, राष्ट्रीय आय में 1.64 प्रतिशत की दर से वृद्धि के लिए 7.8 प्रतिशत पूँजी संचय आवश्यक है। इस विवेचन से स्पष्ट रूप में यह निष्कर्ष प्राप्त होता है कि जनसंख्या में 1.64 प्रतिशत वार्षिक वृद्धि के सन्दर्भ में लगभग 8 प्रतिशत की दर से विनियोग अपेक्षित है। इसका अर्थ यह है कि जनता का जीवन स्तर उन्नत करने के लिए बहुत कम पूँजी शेष रह जाती है।

9. पर्यावरण एवं पारिस्थितिकी असन्तुलन (Environmental and Ecological Imbalance)— देश में बढ़ती आबादी का भार हमारे पर्यावरण व पारिस्थितिकी को बुरी तरह दुष्प्रभावित कर रहा है। जनसंख्या में वृद्धि के फलस्वरूप गाँव तथा शहर दोनों की सामाजिक-आर्थिक संरचना में बदलाव आया है तथा दोनों स्थानों पर अनेक समस्याएँ उत्पन्न हुई हैं। शहरीकरण के फलस्वरूप सभी बड़े तथा औद्योगिक नगरों में विकृत शहरी क्षेत्रों का विकास हो गया है तथा औद्योगिक शहर एक बड़े विकृत शहरी क्षेत्रों में परिवर्तित होते जा रहे हैं। जनसंख्या में वृद्धि के फलस्वरूप लोगों की आवश्यकताओं की पूर्ति हेतु प्राकृतिक संसाधनों, जैसे– जल, वायु, भूमि, खनिज संसाधन आदि के अनियन्त्रित तथा अव्यवस्थित उपयोग ने प्राकृतिक सन्तुलन को बिगाड़ दिया है, जिसके परिणामस्वरूप प्रकृति सूखा, बाढ़, असामयिक एवं अनियन्त्रित वर्षा आदि के माध्यम से अपनी नाराजगी प्रकट कर रही है। इस प्रकार, तीव्र जनसंख्या वृद्धि ने मूल प्राकृतिक सन्तुलन को बिगाड़ दिया है जिसका खामियाजा वर्तमान में न केवल भारत बल्कि सम्पूर्ण विश्व को भुगतना पड़ रहा है। इसके साथ-साथ देश में निरन्तर जारी वन कटाव ने स्थिति को और भयावह बना दिया है। विगत 50 वर्षों में भारतीय वन क्षेत्र 20 प्रतिशत से घटकर 6 प्रतिशत रह गया है। साथ ही जल प्रदूषण भी एक गंभीर समस्या बन चुकी है। बढ़ती जनसंख्या के भरण-पोषण हेतु कृषि औद्योगिक और घरेलू कार्य हेतु जल की माँग निरन्तर बढ़ रही है। माँग का प्रभाव आन्तरिक जल और बाह्य जल दोनों पर पड़ा है। अधिक माँग का दबाव जहाँ आन्तरिक जल पर पड़ा है, वहीं प्रदूषण की वजह से बाह्य जल भी प्रभावित हुआ है। स्वतन्त्रता प्राप्ति के समय प्रति व्यक्ति जल उपलब्धता 5,236 घनमीटर थी, जो वर्तमान में घटकर 1,900 से 2,100 घनमीटर के बीच रह गयी है। वर्ष 2025 तक प्रति व्यक्ति जल उपलब्धता घटकर 1500 रह जाने की आशंका है। संयुक्त राष्ट्र संघ ने भारत को पानी की उपलब्धता एवं गुणवत्ता के आधार पर 120वाँ स्थान दिया है, जबकि दूसरी तरफ अशुद्ध जल सेवन से विभिन्न बीमारियाँ (हैजा, टायफॉयड, शिशु वाहिका, पेचिश, पीलिया, अतिसार, यकृत, एक्ज़ीमा, जियार्डियता आदि) फैल रही हैं। राष्ट्रीय पर्यावरण अभियान्त्रिक प्राकृतिक संस्थान नागपुर के वैज्ञानिकों के अनुसार देश में उपलब्ध जल का 70 प्रतिशत भाग प्रदूषित हो चुका है, जिसमें 30 प्रतिशत भाग विषाक्त हो चुका है, जो पीने की दृष्टि से बेहद ख़तरनाक है। साथ ही देश की प्रमुख नदियाँ भी प्रदूषित होकर जनसंख्या वृद्धि तथा इससे उत्पन्न समस्याओं का उदाहरण प्रस्तुत कर रही हैं। महानगरों में अत्यधिक जनसंख्या घनत्व व औद्योगीकरण की बढ़ती प्रवृत्ति के कारण पीने को शुद्ध पानी, खाने को शुद्ध खाद्यान्न सब्जी व माँस तथा साँस लेने को शुद्ध वायु नहीं मिलती। मोटरगाड़ियों आदि के कारण उत्पन्न ध्वनि व वायु प्रदूषण से मनुष्य की आयु क्षीण होती जा रही है। उद्योग अधिनियम के विरुद्ध औद्योगिक विकास के कारण प्रदूषण की समस्या और भी जटिल होती जा रही है। देश में वायु का 70 प्रतिशत प्रदूषण मोटर-वाहनों से निकलने वाले धुएँ से होता है। हजारों-लाखों की संख्या में पेड़ काटे जाने से भारत का एक प्रतिशत क्षेत्रफल हर साल रेगिस्तान में तब्दील हो रहा है। लगभग 10 करोड़ परिवार खाना पकाने के लिए लकड़ी जलाते हैं। मिट्टी में नमी घट रही है और भू-जल स्तर तेजी से गिर रहा है। बढ़ती जनसंख्या ने पर्यावरण को इस कदर प्रभावित किया है कि हर साल गर्मी में 598 में से 91 जिले सूखा झेलते हैं, जबकि 83 जिलों की 4 करोड़ हेक्टेयर भूमि बाढ़ में डूबती है। संयुक्त राष्ट्र जनसंख्या कोश की रपट के अनुसार जनसंख्या नियन्त्रण एवं पर्यावरण सन्तुलन 21वीं सदी की दो सबसे बड़ी समस्याएँ हैं।

10. सन्तुलित एवं पौष्टिक आहार (Balanced and Nutritious Diet) का अभाव— भारत में जनता को न केवल अपर्याप्त भोजन ही मिलता है, अपितु आहार असन्तुलित तथा पौष्टिक तत्त्वों से हीन होता है। आहार में कुछ फल, हरी सब्जियाँ, माँस, अंडे, रक्षक खाद्य-पदार्थों का अभाव रहता है, जिससे हमारा आहार असन्तुलित है

तथा इसके फलस्वरूप हमारी कार्यक्षमता कम होती है। वैज्ञानिकों के अनुसार सन्तुलित भोजन में प्रति व्यक्ति प्रतिदिन 3000 कैलोरी होनी चाहिए, परन्तु भारत में प्रतिदिन प्रति व्यक्ति लगभग 2000 कैलोरी ही मिल पाती है। ग्रामीण क्षेत्रों की आधे से अधिक महिलाएँ कुपोषित हैं। पोषकता की कमी से टी.बी., शरीर में कमजोरी, आर्थोपेडिक समस्याएँ (हड्डी), एनीमिया तथा शरीर में बढ़ते रोग (प्रतिरोधक क्षमता कम होने से) के साथ ही अल्पभार (आयु के अनुपात में कम भार), बौनेपन (आयु के अनुपात में छोटा कद) की समस्याएँ बढ़ी हैं। एम.एस. स्वामीनाथन ने आठ प्रकार की समस्याएँ इंगित की हैं इनमें जन्म के समय भार कम होना, शैशवावस्था में अल्प पोषण का आकलन, अर्द्धपोषित वयस्क, सार्वभौम रक्तक्षीणता (पैडेमिक एनीमिया) विटामिन ए की कमी, प्रारम्भिक अल्प-पोषण से प्रौढ़ावस्था में बीमारियाँ, मोटापा बढ़ना, आयोडीन की कमी प्रमुख हैं। देश में शिशु-जन्म के समय कम भार के पीछे माताओं में पोषक तत्त्वों की कमी प्रमुख है। बच्चों में कुपोषण की शुरुआत गर्भावस्था से ही शुरू हो जाती है और यह समाप्त नहीं होती, वरन् लड़कियों और महिलाओं में जीवनपर्यंत बनी रहती है। इससे न केवल व्यक्तिगत समस्या का जोखिम बढ़ जाता है, वरन् भावी पीढ़ी को जोखिम पहुँचने की आशंका बढ़ जाती है। इस तथ्य की पुष्टि राष्ट्रीय परिवार स्वास्थ्य सर्वेक्षण द्वारा संकलित आँकड़ों के आधार पर की जा सकती है। कुपोषित माताएँ कमजोर बच्चों को जन्म देती हैं जो बाल्यकाल में कुपोषित रहकर मानसिक एवं शारीरिक रूप से दुर्बल वयस्क बनकर बेरोज़गारों और निर्धनों की भीड़ में शामिल हो जाते हैं। इनकी श्रम उत्पादकता काफी नीची होती है, जो समग्र रूप से देश की उत्पादकता को प्रभावित करती है।

11. निम्न स्वास्थ्य स्तर— भारत में तीव्र जनसंख्या वृद्धि के फलस्वरूप लोगों के स्वास्थ्य का स्तर निम्न है। स्वतन्त्रता प्राप्ति के 66 वर्ष बीत जाने के बाद भी देश में स्वास्थ्य की समस्या बनी हुई है। देश में निवास कर रहे जनसमुदाय का स्वास्थ्य न केवल उसकी गुणवत्ता का सूचक है, वरन् पर्यावरण, पोषकता तथा समृद्धता का भी सूचक है। जनसंख्या वृद्धि का स्वास्थ्य से गहरा सम्बन्ध है। औसत से अधिक जनसंख्या वृद्धि (जैसा कि भारत के उत्तरी हिन्दी-भाषी क्षेत्रों यथा– राजस्थान, बिहार, मध्य प्रदेश, उत्तर प्रदेश एवं अन्य राज्यों में है) का प्रभाव स्वास्थ्य पर पाँच रूपों में पड़ता है। पहला, कम उम्र में विवाह होने से स्वास्थ्य प्रभावित होता है। अपरिक्व शरीर, भूमि विहीन कृषक, ग़रीबी तथा पहले से विद्यमान दरिद्रता की वजह से स्वास्थ्य क्षीण हो जाता है। दूसरा, जनसंख्या वृद्धि के अनुपात में पोषक तत्त्वों एवं खाद्य-सामग्री (कैलोरीयुक्त भोजन) की अल्पता अभाव के कारण स्वास्थ्य प्रभावित होता है। तीसरा, औसत से अधिक जनसंख्या वृद्धि के कारण प्रति हजार बच्चों/बच्चियों की संख्या अधिक होती है, जबकि स्वास्थ्य सुविधाएँ नगण्य होती हैं, जिससे गुणात्मक जीवन प्रभावित होता है। चौथा, पूर्व से व्याप्त कुपोषण, स्वास्थ्य (संचारी-असंचारी) रोगों की समस्याओं का क्रम चलता है। पाँचवाँ, वहन क्षमता से अधिक बच्चे होने पर अभिभावकों को पालन-पोषण की समस्या आती है। ऐसे परिवारों के बच्चे कम उम्र में ही बाल मज़दूरी के प्रति प्रेरित होते हैं। जनसंख्या अधिक होने के कारण तथा अन्य विसंगतियों के कारण ग़रीबी रेखा से नीचे रहने वालों को भरपेट भोजन नहीं करते, यदि करते भी हैं तो मात्र जीवन जीने के लिए। प्रकट है कि सम्पूर्ण भोजन का अभाव व्यक्तित्व के विकास पर पड़ता है। प्राय: कैल्सियम, विटामिन, प्रोटीन, वसा, कार्बोहाइड्रेट आदि की कमी से खून की कमी, हड्डी रोग, आँख के रोग, बौनापन तथा कम उम्र में वृद्धावस्था की समस्या आती है, जिससे लोगों का गुणात्मक जीवन प्रभावित होता है। देश में पुरुषों की अपेक्षा महिलाओं का स्वास्थ्य अधिक दयनीय है। शिशु प्रजनन, निर्धनता, कैलोरी श्रम में नकारात्मक सम्बन्ध पौष्टिक आहार की कमी, पर्याप्त भोजन न मिलना, लिंगीय भेदभाव, कुपोषण आदि के कारण पुरुषों की अपेक्षा महिलाओं का स्वास्थ्य स्तर ज़्यादा निम्न है। यद्यपि विशेषज्ञों ने तीन पी (P) कारक यथा– Population (जनसंख्या), Pollution (प्रदूषण) तथा Poverty (निर्धनता) के परिप्रेक्ष्य में देखते हैं। राष्ट्रीय परिवार स्वास्थ्य सर्वेक्षण-III (2005–06) के अनुसार देश में 24.2 प्रतिशत महिलाएँ, जिनकी उम्र 15–49 वर्ष है, रक्ताल्पता से ग्रसित हैं।

देश में बच्चों की स्वास्थ्य एक गंभीर समस्या है। जीवन की शुरुआती दौर में विशेषकर प्रथम दो वर्षों में वे कुपोषण, सीखने की कमजोर क्षमता एवं खराब स्वास्थ्य जैसे ख़तरनाक शिकंजे में फँस जाते हैं। खराब स्वास्थ्य होने के प्रमुख कारण हैं सन्तुलित एवं पौष्टिक भोजन का अभाव, माताओं का निम्न स्वास्थ्य स्तर आदि। संयुक्त राष्ट्र विकास

कार्यक्रम की 13वीं मानव विकास रिपोर्ट **(Human Development Report)** में भारत के स्वास्थ्य पर दयनीयता प्रकट की गयी और प्रकाश में आया कि भारत की 46 प्रतिशत 3 साल से कम उम्र के बच्चे कुपोषण से ग्रस्त हैं। देश में प्रति लाख 193 व्यक्ति मलेरिया एवं 1230 व्यक्ति टी.बी. जैसी बीमारियों से ग्रस्त हैं, जबकि 46 प्रतिशत भारतीय बच्चों की लम्बाई उनकी आयु को देखते हुए कम है। इस प्रकार, स्वास्थ्य की समस्या दक्षिणी राज्यों की तुलना में उत्तरी हिन्दी-भाषी राज्यों में अधिक दयनीय है। इस तथ्य की पुष्टि राष्ट्रीय परिवार स्वास्थ्य सर्वेक्षण द्वारा संकलित आँकड़ों के आधार पर की जा सकती है (देखें– NFHS-II एवं NFHS-III)।

12. क्षेत्रीय आर्थिक असमानता— जनसंख्या वृद्धि का प्रभाव केवल भारतीय अर्थव्यवस्था, रोज़गार तथा लोगों के गुणात्मक जीवन तक ही सीमित है, वरन् इसका प्रभाव प्रादेशिक असन्तुलन पर भी पड़ा है। 1970 के बाद जैसे-जैसे जनसंख्या बढ़ी है वैसे-वैसे आतंकवाद, अलगाववाद, उग्रवाद की समस्याएँ भी बढ़ी हैं। दूसरी तरफ इनका प्रभाव प्रादेशिक स्तर पर भी पड़ा है। ग़रीबी रेखा से नीचे रहने वालों का प्रतिशत पूर्व की अपेक्षा घटा है; लेकिन ग़रीबी के तन्त्र की जटिलता बढ़ी है। 1970 के दशक में जहाँ प्रति व्यक्ति कम थी वहीं पर बुनियादी सुविधाएँ, जैसे– पेयजल, कैलोरीयुक्त भोजन, जैसे– दाल, सब्जी, चना तथा अन्य सर्वसुलभ थे। स्वास्थ्य पर्यावरणीय समस्या इतनी भयावह नहीं थी। अत: कुल मिलाकर कहा जा सकता है कि लकड़वाला समिति के प्रतिवेदन के अनुसार वर्ष 1993–94 में ग़रीबों की संख्या जहाँ 36.3 प्रतिशत थी, वह 2000-01 में 26 प्रतिशत हो गयी, जबकि राज्य स्तरीय विषमता और बढ़ी है। विश्व बैंक के अनुसार अभी भारत में 25 प्रतिशत लोग प्रतिदिन एक अमरीकी डॉलर से कम पर जीवनयापन करते हैं और 70 प्रतिशत लोग 2 डॉलर से कम आमदनी पर जीवनयापन कर रहे हैं। वर्तमान स्थिति यह है कि जितने ग़रीब लोग भारत में हैं, उतने दुनिया के किसी अन्य देश में नहीं हैं। प्रति व्यक्ति आय दिल्ली, महाराष्ट्र, गुजरात, पंजाब, हरियाणा (उच्च कोटि) के सापेक्ष बिहार, उड़ीसा, असम, उत्तर प्रदेश (जहाँ जनसंख्या वृद्धि-दर अधिक है) निम्न है। आर्थिक विषमता केवल प्रादेशिक नहीं वरन् अन्तर्राजीय एवं राज्यांतरिक विषमता बढ़ी है। जहाँ पंजाब में प्रति व्यक्ति आय बिहार से चार गुणा है वहीं असम, उत्तर प्रदेश, राजस्थान उड़ीसा एवं मध्य प्रदेश तथा बिहार की निम्न है।

13. जनसंख्या घनत्व (Population Density) में वृद्धि— भारत में स्वतन्त्रता प्राप्ति के बाद विस्फोटक गति से जनसंख्या वृद्धि के कारण जनसंख्या घनत्व में लगातार वृद्धि हो रही है। जनसंख्या घनत्व का अनुमान प्रतिवर्ग किलोमीटर जनसंख्या के आधार पर लगाया जाता है। वर्ष 1901 में जनसंख्या घनत्व 77 व्यक्ति प्रति वर्ग किलोमीटर था, जो 1921 में 81 व्यक्ति प्रति वर्ग किलोमीटर हो गया। स्वतन्त्रता प्राप्ति के बाद तीव्र गति से जनसंख्या वृद्धि ने जनसंख्या घनत्व में वृद्धि की। सन् 1951 में जनसंख्या घनत्व 117 व्यक्ति प्रति वर्ग किलोमीटर था जो 1991 और 2001 में बढ़कर क्रमश: 267 एवं 325 व्यक्ति प्रति वर्ग किलोमीटर हो गया। जनगणना 2011 के अनुसार देश का जन-घनत्व बढ़कर 382 व्यक्ति प्रति वर्ग किलोमीटर हो गया। देश के राज्यों में जनघनत्व में असमानताएँ पायी जाती हैं। देश के केन्द्रशासित प्रदेशों में जनसंख्या घनत्व दिल्ली एवं चण्डीगढ़ का है, जहाँ क्रमश: 11,297 एवं 9,252 व्यक्ति प्रति वर्ग किलोमीटर रहता है। इसका मुख्य कारण यह है कि वे मूलरूप से शहरी क्षेत्र हैं। 2001 की जनगणना के अनुसार राज्यों में पश्चिम बंगाल, केरल, बिहार, उत्तर प्रदेश का है, जहाँ जनसंख्या घनत्व क्रमश: 1029, 859, 1102 तथा 828 व्यक्ति प्रति वर्ग किलोमीटर है। 2011 की जनगणना के अनुसार जनसंख्या का सबसे अधिक घनत्व बिहार में है, जहाँ प्रति किलोमीटर 1102 व्यक्ति निवास करते हैं। इस प्रकार, जनसंख्या घनत्व की दृष्टि से भारत के विभिन्न राज्यों में विषमताएँ विद्यमान हैं। इससे भी हमारे उपर्युक्त निष्कर्ष की पुष्टि होती है कि भूमि पर जनसंख्या का दबाव बढ़ रहा है, जिससे भूमि की कीमत निरन्तर वृद्धि की ओर है। फलस्वरूप देश में आवास की समस्या गम्भीर होती जा रही है।

14. लिंगानुपात में असमानता (Imbalance in Sex Ratio)— भारत में जनसंख्या वृद्धि के परिणामस्वरूप लिंगानुपात में असमानता की समस्या उत्पन्न हो गयी है। भारत में लिंगानुपात पुरुषों के पक्ष में है। यहाँ सभी आयु वर्गों में स्त्रियों की तुलना में पुरुषों की संख्या अधिक है। लिंगानुपात का लगातार गिरता यह ग्राफ इस बात का एक सूचक है कि गर्भ में बच्चियाँ मारी जा रही हैं; बेजुबानों की हत्या के लिए विज्ञान के नये तरीके प्रयोग में लाये जा रहे हैं।

यदि ऐसा न होता तो लिंगानुपात का ग्राफ न गिरता। हालाँकि लिंगानुपात के गिरते ग्राफ का कन्या भ्रूण हत्या ही एक मात्र कारण नहीं है। इसके गिरते ग्राफ का अन्य कारण (शैशवास्था, प्रारम्भिक बचपन एवं जनन काल में बालिका/महिलाओं की मृत्युदर अधिक होना) भी जिम्मेवार है। भारत में लिंगानुपात वैषम्य का कारण पुरुष शिशुओं का अधिक जन्म, बाल-विवाह, कन्या शिशुओं की हत्या, लड़कियों की अपेक्षा लड़कों की अधिक चाह, निर्धनता तथा दहेज-प्रथा आदि महत्त्वपूर्ण हैं। ग्रामीण एवं नगरीय क्षेत्रों के लिंगानुपात में पर्याप्त भिन्नता है। इसका प्रमुख कारण लिंगपरक प्रवास है। देश के ग्रामीण क्षेत्रों में व्याप्त निर्धनता, बेरोज़गारी, शिक्षा एवं स्वास्थ्य सुविधाओं की कमी आदि के कारण बड़ी संख्या में पुरुष लोग रोज़गार की खोज एवं शिक्षा आदि के लिए नगरों का प्रवास करते हैं। इन उद्देश्यों से प्रायः पुरुष अपने गृहों को छोड़कर नगरों में पहुँच जाते हैं। रोज़गार की खोज में नगर पहुँचने वाले अधिकांश पुरुष अपने परिवार गाँवों में ही छोड़ देते हैं; क्योंकि अल्पाय के कारण वे उन्हें नगर में रहने और खाने-पीने का प्रबन्ध करने में प्रायः असमर्थ होते हैं। संयुक्त परिवार होने के कारण गाँवों में इन प्रवासियों के परिवार को रहने में कोई विशेष कठिनाई नहीं होती है। इसी प्रकार शिक्षा विशेष रूप से उच्च शिक्षा के लिए बड़ी संख्या में नगरों में स्थित महाविद्यालयों और विश्वविद्यालयों में अध्ययन के लिए चले आते हैं, किन्तु सामाजिक-आर्थिक कारणों से लड़कियाँ ऐसा नहीं कर पाती हैं। इस प्रकार ग्रामीण-नगरीय प्रवास के परिणामस्वरूप नगरों में पुरुषों की संख्या अधिक हो जाती है। इसके विपरीत ग्रामीण क्षेत्रों में पुरुषों के कम हो जाने से स्त्रियों का अनुपात अपेक्षाकृत उच्च हो जाता है। बीसवीं शताब्दी के प्रारम्भ (1901) में प्रति हजार पुरुषों पर स्त्रियों की संख्या 972 अंकित की गयी थी तब से लेकर निरन्तर लिंगानुपात में गिरावट की प्रवृत्ति रही है, जिसमें मात्र 1981 और 2001 जनगणना वर्ष ही अपवाद है। जनगणना वर्ष 1961 और 1971 में लिंगानुपात क्रमशः 941 और 930 था। 1981 में 4 अंकों की वृद्धि के साथ यह 934 हो गया किन्तु अगले दशक में इसमें 7 अंकों की कमी होने पर यह 1991 में 927 तक पहुँच गया। जनगणना 2001 में 6 अंकों की वृद्धि के साथ लिंगानुपात 933 हो गया है। पुनः 2011 के अनुसार देश का लिंगानुपात 7 अंकों में वृद्धि के साथ 940 हो गया। भारत के नगरीय क्षेत्रों में ग्रामीण क्षेत्रों की तुलना में लिंगानुपात (स्त्रियाँ 1000 पुरुष) कम है। नगरीय क्षेत्रों में लिंगानुपात कम रहने की प्रवृत्ति 1901 से लेकर आज तक बराबर बनी हुई है। ग्रामीण लिंगानुपात में निरन्तर ह्रास (1981 को छोड़कर) की प्रवृत्ति रही है। ग्रामीण लिंगानुपात पिछले 90 वर्षों में 979 (1901) से घटकर 938 (1991) हो गया है, किन्तु नगरीय लिंगानुपात में कई उतार-चढ़ाव होते रहे हैं। जनगणना 1941 में नगरीय लिंगानुपात 831 था जो निम्नतम था। इसके पश्चात् नगरीय लिंगानुपात में क्रमशः वृद्धि की प्रवृत्ति पायी गयी जिसके परिणामस्वरूप 1991 में लिंगानुपात बढ़कर 894 प्रति 1000 पुरुष हो गया।

15. बालश्रम (Child Labour) की समस्या— भारत में तीव्र जनसंख्या वृद्धि ने बाल-श्रम की समस्या को उत्पन्न कर दिया है। यह स्थिति कम आय वाले परिवारों में अधिक प्रचलित है। इन परिवारों में बच्चे दायित्व नहीं, बल्कि आय के साधन माने जाते हैं। बच्चे जहाँ काम कर सकते हैं वहाँ उन्हें पारिश्रमिक पर लगाया जाता है और वे परिवार के पालन-पोषण में सहायक होते हैं। बच्चे के ऊपर जितना व्यय होता है वे उससे अधिक कमा लेते हैं। इससे बच्चों का बोझ माता-पिता पर नहीं पड़ता। इसके साथ ही कम उम्र में काम करने के कारण स्वास्थ्य, यौन-शोषण, निरक्षरता आदि की समस्या उत्पन्न हो जाती है। इस प्रकार, बाल-श्रम की प्रथा परिवार के आकार को छोटा करने के विरुद्ध कार्य करती है और जन्मदर को घटाने के विरुद्ध भी कार्य करती है। हालाँकि बाल-श्रम की संख्या में कमी आयी है इसके बावजूद अभी अधिक है।

16. संक्रामक बीमारियों की समस्या— भारत में जनसंख्या की तीव्र वृद्धि ने संक्रामक बीमारियों को भी उत्पन्न किया है। संक्रामक बीमारियों में क्षय रोग, डेंगू, फाइलेरिया, यौन-जनित रोग एवं एचआईवी/एड्स प्रमुख हैं। इक्कीसवीं शताब्दी की गम्भीर सामाजिक, आर्थिक एवं जनस्वास्थ्य सम्बन्धी समस्याओं में एक समस्या एचआईवी/एड्स का हैं, जो न केवल भारत, बल्कि विश्व समुदाय के सामने एक गम्भीर चुनौती के रूप में मानव सभ्यता को प्रताड़ित करने पर तुला है। यह महामारी किसी विशेष वर्ग, समुदाय, धर्म, आयु समूह तथा व्यवसाय तक ही सीमित नहीं है, बल्कि

कमोबेश सभी क्षेत्रों और समूहों में फैला हुआ है। इसलिए एचआईवी/एड्स सिर्फ चिकित्सा जगत् की ही समस्या नहीं है, बल्कि एक सामाजिक समस्या है, जिसके अनेक सामाजिक, आर्थिक, मनोवैज्ञानिक एवं जनांकिकीय पक्ष हैं। एड्स को अब तक की सबसे ख़तरनाक महामारी के रूप में देखा जाता है। सबसे पहले यह जानना आवश्यक है कि एचआईवी और एड्स (HIV & AIDS) क्या हैं तथा दोनों में क्या फ़र्क है? एचआईवी यानी ह्यूमन इम्यूनोडिफेशियेंसी वायरस (Human Immunodeficiency Virus), इसे विषाणु भी कहते हैं, जो हमारे शरीर के अन्दर प्रवेश कर बीमारियों से लड़ने वाली ताकत को कम या धीरे-धीरे समाप्त कर देता है। यह विषाणु इतना सूक्ष्म होता है कि इसे नंगी आँखों से नहीं देखा जा सकता। ये विषाणु दो प्रकार के होते हैं– एचआईवी-1 और एचआईवी-2। दोनों के संक्रमण से एड्स होता है। यह विषाणु जिस व्यक्ति में प्रवेश कर जाता है, उसे एचआईवी पॉजिटिव कहते हैं। भारत में एड्स ज़्यादात्तर एचआईवी-2 के कारण होता है। एड्स यानी ह्यूमन इम्यूनों डिफेशियेंसी सिन्ड्रोम, खुद में कोई बीमारी नहीं है; बल्कि यह बीमारियों या लक्षणों का समूह है, जिससे संक्रमित व्यक्ति मानसिक और शारीरिक दोनों दृष्टियों से कमजोर हो जाता है। यह बीमारियों या लक्षणों का समूह, जिसे एचआईवी वायरस कहते है, के द्वारा उत्पन्न होती है। यह मानव शरीर की प्रतिरोधक क्षमता (श्वेत रक्त कोशिकाएँ) को नष्ट कर बिना स्पष्ट लक्षण के वर्षों तक निष्क्रिय पड़ा रहता है; लेकिन साथ-ही-साथ प्रतिरोधी प्रणाली को धीरे-धीरे नष्ट करता रहता है। सामान्यत: एचआईवी से एड्स विकसित होने में 8–10 वर्षों का समय लगता है। इस दौरान यह विषाणु अपना वंश वृद्धि लगातार करता रहता है, इससे ग्रसित व्यक्ति को इसकी उपस्थिति का पता भी नहीं चलता और वह दूसरे लोगों को यह विषाणु उपहार में दे सकता है। इसी कारण एचआईवी मौजूद व्यक्ति एड्स की दशा वाले व्यक्ति से ज़्यादा ख़तरनाक है। एचआईवी व्यक्ति को स्वयं तक पता नहीं चल सकता जब तक कि वह अपने रक्त का 'एलीजा टेस्ट' या 'वैस्टर्न ब्लॉट टेस्ट' न करवा ले। भारत में भी एचआईवी/एड्स का फैलाव तीव्र गति से हुआ है। हालात ऐसे हैं कि एचआईवी संक्रमण के मामले में भारत विश्व में दक्षिण अफ्रीका के बाद विश्व में तीसरे स्थान पर है। पहले स्थान पर दक्षिण अफ्रीका है, जहाँ सबसे ज़्यादा एचआईवी वायरस के संवाहक हैं। भारतीय स्वास्थ्य संगठन के अनुसार भारत एड्स रोगियों की संख्या के मामले में एशिया में शीर्ष स्थान पर है। नेशनल एड्स कंट्रोल ऑर्गनाइजेशन द्वारा प्रस्तुत आँकड़े गम्भीर खतरे की ओर इंगित करते हैं। भारत में 1990 में एचआईवी से संक्रमित व्यक्ति मात्र 0.20 लाख था जो 2002 में यह संख्या बढ़कर 45.8 लाख, 2003 में 51.0 लाख और 2006 में 57.0 लाख हो गया, अर्थात् केवल एक वर्ष में 4.8 लाख एच आई वी संक्रमित व्यक्तियों में वृद्धि हुई।

17. रूढ़िगत मानसिकता एवं जातिवादी राजनीति— भारत में जनसंख्या की प्रमुख समस्याओं में रूढ़िगत मानसिकता और जातिवादी राजनीति है। यहाँ रूढ़िगत मानसिकता कूट-कूट कर भरी है। सामाजिक मान्यताओं और धार्मिक अन्धविश्वासों के कारण प्राय: सभी भारतीय सन्तान की इच्छा रखते हैं। हिन्दू समाज तो पुत्र को परलोक में मुक्ति के लिए आवश्यक समझता है। यही कारण है कि एक हिन्दू परिवार में पुत्र के जन्म न होने तक पुत्रियों का लगातार जन्म होते रहना एक आम बात है। इसी तरह अन्य समुदाय के लोग भी सन्तान के जन्म को ईश्वर की कृपा समझते हैं और बच्चों के जन्म में हस्तक्षेप करने को वे अनुचित मानते हैं। हमारे देश में सामाजिक रीति-रिवाज़ों के अन्तर्गत जहाँ विवाह को एक पवित्र संस्कार के रूप में स्वीकार किया गया है वहीं अधिक सन्तान का होना ईश्वरीय खुशी का द्योतक माना जाता है। पुत्रियों का विवाहोपरान्त दूर चले जाना और पुत्रियों पर आश्रित नहीं रहने की सामाजिक मान्यता ने भी पुत्र की उत्पत्ति को प्रोत्साहित किया है और इसीलिए भारतीय समाज में पुत्र को पुत्री से श्रेष्ठ स्थान प्राप्त है। इन्हीं रूढ़िवादी मानसिकताओं के कारण ही प्रत्येक भारतीय चाहे वह हिन्दू हो, मुस्लिम हो, सिक्ख हो या फिर ईसाई; वह विवाह करना और सन्तानोत्पत्ति करना अपना परम कर्त्तव्य समझता है, जिसके फलस्वरूप जनसंख्या में तीव्र गति से बढ़ोत्तरी हो रही है।

निम्न मध्यवर्गीय परिवार में आज भी ज़्यादा बच्चे, खासकर पुत्र पैदा करने के पीछे यह समझा जाता है कि जितने हाथ होंगे उतनी ही अधिक कमाई होगी और उनका परिवार खुशहाल होगा, हमें उनकी इसी मानसिकता को विराम

देना होगा। उन्हें यह समझना होगा कि ऐसा करके वो अपने साथ-साथ उन बच्चों के साथ भी अन्याय कर रहे हैं कि गाँव वग़ैरह में अभी भी ज़्यादा-से-ज़्यादा बच्चा पैदा करना परिवार की ताकत समझा जाता है। उनकी सोच होती है कि बच्चे जितने अधिक होंगे, समाज में उनका दबदबा उतना ही अधिक होगा, जो कि ग़लत है। हमारी इसी सोच का नतीजा है कि आज हमारे देश की सवा अरब हो गयी है। स्थिति की गम्भीरता को देखते हुए ही सरकार ने इस राष्ट्रीय जनसंख्या आयोग का गठन भी किया है जिसका लक्ष्य वर्ष 2045 तक भारत में जनसंख्या दर को स्थिर कर देना है। गौरतलब है कि पिछले वर्षों में जनसंख्या वृद्धि को रोकने की प्रति जागरूकता एवं सक्रियता भी बढ़ी है और इसके नतीजे भी सामने आये हैं। पिछले दस वर्षों के दौरान जनसंख्या वृद्धि-दर की गति मन्द होने लगी है, परन्तु ग्रामीण स्तर पर हमें अभी भी बहुत कुछ करना है। तभी वे इस योग्य बनेंगे कि समाज में उत्तरदायित्वपूर्ण जीवन जी सकेंगे और अपने परिवार को सीमित रखने सम्बन्धी उचित निर्णय लेने में समर्थ होंगे।

जनसंख्या नियन्त्रण के मार्ग में दूसरी बाधा जातिवादी राजनीति का होना है। वर्तमान राजनीतिक परिदृश्य पर दृष्टिपात करने से यह स्पष्ट होता है कि राष्ट्रीय तथा क्षेत्रीय राजनीतिक दलों का आधार जाति के वोट बैंक पर टिका है। अत: प्रत्येक राजनीतिक दल विशेषकर क्षेत्रीय दल चाहते हैं कि उनकी जाति विशेष के लोगों की संख्या अधिकाधिक हो। उनकी यह सोच जनसंख्या वृद्धि को प्रोत्साहित करती है, इसीलिए राजनीतिक दलों में जनसंख्या नियन्त्रण के लिए कोई प्रबल इच्छा शक्ति भी नहीं है। दिसम्बर, 1992 में राज्य सभा में एक विधेयक 79वें संविधान संशोधन के रूप में लाया गया था, राजनीतिक स्तर पर इस तरह के प्रतिबन्ध से आम नागरिकों में बहुत अच्छा संदेश जाता; लेकिन इस सम्बन्ध में विभिन्न राजनीतिक दलों के बीच आम राय नहीं बनने से यह विधेयक अब तक लंबित पड़ा है। अत: राजनीतिज्ञों की स्वार्थ लोलुपता ने राजनीतिक दलों को जनसंख्या नियन्त्रण के प्रति उदासीन बनाया है।

18. अपराध एवं भ्रष्टाचार में वृद्धि— द्रुत गति से बढ़ती आबादी के फलस्वरूप देश में अपराध और भ्रष्टाचार में भी वृद्धि हुई है। आज के उपभोक्तावादी समाज में जो सामर्थ्यवान लोग हैं वे बड़े ठाट-बाट व सुख वैभव से रहते हैं। उन्हें देखकर अन्य लोगों में भी वैसे ही जीवन स्तर पाने की अभिलाषा जाग्रत होती है, जिसकी पूर्ति के लिए युवा वर्ग चोरी, डकैती, अपहरण, फिरौती और धोखा-धड़ी, बलात्कार आदि का सहारा लेते हैं। इस तथ्य की पुष्टि राष्ट्रीय क्राइम ब्यूरो द्वारा संकलित आँकड़ों के आधार पर की जा सकती है। सरकारी कर्मचारी अपनी आय बढ़ाने के लिए घूस लेते हैं। अध्यापक अपनी आय बढ़ाने के लिए ट्यूशन और कोचिंग पर ज़्यादा समय देते हैं। इस पूरे समाज में अपराध और भ्रष्टाचार का बोलबाला है। यदि विकास क्रम को तेज कर रोज़गार के अवसरों को बढ़ाया न गया और भ्रष्टाचार को मिटाकर ग़रीबी-अमीरी के अन्तर को कम न किया गया तो यह विकराल जनसंख्या एक विकराल बम की तरह फटकर एक दिन ध्वस्त हो जायेगी।

19. गाँवों से पलायन और नगरीय विकास की समस्या— बढ़ती हुई आबादी के कारण गाँवों में भी तरह-तरह की समस्याएँ पैदा हो रही हैं। तमाम विकास के बावजूद छोटे नेताओं तथा अधिकारियों के क्रूर सामन्तवादी शिकंजों में जकड़ा आम आदमी लगातार गाँव छोड़कर शहरों तथा महानगरों की ओर पलायन कर रहा है। अनपेक्षित जनसंख्या वृद्धि के कारण गाँवों का जो विकास होना था वह नहीं हो पाया। परिणामस्वरूप गाँवों से शहरों की ओर और शहरों से महानगरों की ओर पलायन जारी है। बिहार, पूर्वी उत्तर प्रदेश, उड़ीसा, पश्चिम बंगाल, मध्य प्रदेश, आन्ध्र प्रदेश आदि राज्यों में शहरों व महानगरों की ओर पलायन की समस्या सबसे अधिक है। यही कारण है कि दिल्ली, कोलकाता, मुम्बई तथा चेन्नई जैसे महानगरों तथा प्रदेशों की राजधानियों व औद्योगिक शहरों की ओर लगातार आम आदमी का पलायन जारी है। इन शहरों की जनसंख्या में इस पलायान के कारण तीव्र वृद्धि हो रही है। इन स्थानों पर आवास, जल, विद्युत, पर्यावरण आदि का संकट खड़ा होने लगा है। निश्चित तौर पर यह अवस्था बढ़ती हुई अनियन्त्रित जनसंख्या का ही दुष्परिणाम है। शहरीकरण के व्यापक अभियान के कारण मूल शहरों का स्वरूप बदल गया है। शहरों के आस-पास का क्षेत्र जो प्राय: कृषि की भूमि थी, शहरी विकास और विस्तार में उपयोग हो रही है। स्पष्ट है कि इस आवासीय निर्माण से लगातार हमारे पर्यावरण को क्षति पहुँच रही है। नागरिकों को जल, विद्युत, सड़कों आदि बुनियादी

आवश्यकताओं से वंचित रहना पड़ रहा है। सरकार ने शहरीकरण को न रोक पाने की दशा में 1999 में शहरी भूमि निरस्त्रीकरण कानून बना दिया। इस कानून से भले ही आवासों के निर्माण को बढ़ावा मिले, परन्तु आम नागरिक सुविधाएँ तो लोगों को नहीं मिल पा रही हैं। बढ़ती हुई जनसंख्या और शहरीकरण को देखते हुए सरकार ने शहरी बेरोज़गारी-दर को कम करने तथा ग़रीबी उन्मूलन की योजनाएँ भी बनायी हैं।

गाँवों से महानगरों में भागकर आने वाले निर्धन लोग शहर के विकृत शहरी क्षेत्रों के आस-पास अपनी झुग्गी-झोपड़ी बनाकर रहने लगते हैं। जब उनकी संख्या अधिक हो जाती है, तो प्रायः सरकार इन झुग्गियों को मान्यता दे देती है और धीरे-धीरे बिजली, पानी, शौचालय आदि की व्यवस्था भी करती है। पूरे देश की तुलना में मुम्बई, दिल्ली और कोलकाता जैसे महानगरों में इस प्रकार की झुग्गी-झोपड़ी बस्तियों की संख्या सर्वाधिक है। सरकार को इनके विकास के लिए इनकी शिक्षा, चिकित्सा, पुनर्वास व रोज़गार आदि के लिए लगातार योजनाओं पर कार्य करना पड़ता है। इसी उद्देश्य की पूर्ति के लिए सरकार ने स्वतन्त्रता की स्वर्ण जयन्ती के अवसर पर स्वर्ण जयन्ती शहरी रोज़गार योजना का आरम्भ किया है। इस योजना के तहत शहरी बेरोज़गारों या अर्द्धबेरोज़गारों को दिहाड़ी रोज़गार एवं स्वरोज़गार उद्यम करने के लिए अवसर व सुविधाएँ प्रदान की जा रही हैं; लेकिन निश्चित रूप से हमें जनसंख्या वृद्धि को नियन्त्रित करने के साथ-साथ ग्रामीण विकास पर ज़्यादा ध्यान देने की आवश्यकता है ताकि गाँवों से शहरों की ओर पलायन पर नियन्त्रण किया जा सके।

20. ऊर्जा संकट एवं विद्युतीकरण का अभाव— भारतीय अर्थव्यवस्था पिछड़ी हुई है जिसे विकासशील भी कहा जा सकता है, परन्तु बढ़ती जनसंख्या के कारण हमारी विकास गति और धीमी दिखाई देने लगी है। तीव्र जनसंख्या वृद्धि के कारण भारत में ऊर्जा संकट के उपभोग में वृद्धि हुई है। फलतः ऊर्जा संकट उत्पन्न हो गया है। जैसे-जैसे आर्थिक विकास होता जायेगा, वैसे-वैसे ऊर्जा की माँग भी बढ़ती जायेगी, साथ ही जनसंख्या की आवश्यकताओं की पूर्ति के लिए हमें अतिरिक्त ऊर्जा प्रबन्ध करना होगा। हम अभी एक ओर भारत के प्रत्येक गाँव तक बिजली नहीं पहुँचा सके हैं, वहीं दूसरी ओर शहरों में लगातार बढ़ती माँग और चोरी की समस्या के कारण समुचित विद्युत आपूर्ति बाधित होने लगी है। शहरों का ढाँचा कुछ इस प्रकार विकसित हो रहा है कि बिजली की आपूर्ति न होने पर जन-जीवन बिलकुल ठप्प हो जाता है। बिजली नहीं तो पानी भी नहीं, गर्मियों में खासतौर पर दिल्ली जैसे महानगर का हाल बुरा हो जाता है। पानी विद्युत चालित मोटरों से ही बड़ी टंकियों में भरा जाता है। यदि बिजली ही नहीं आयी तो उस दिन पानी भी नहीं मिलेगा। दिल्ली की अनेकानेक अमरीकी कॉलोनियों में भी गर्मियों में बिजली व पानी का संकट बढ़ने लगा है। यमुना का जल-स्तर गिरते जाने के कारण पानी की समस्या तो और भीषण बनी हुई है। स्वाभाविक है कि जनसंख्या बढ़ रही है, तो विद्युत की आपूर्त्ति भी बढ़ानी पड़ेगी, परन्तु जितनी तेजी से शहरीकरण बढ़ता है उतनी तेजी से विद्युतीकरण हो पाना सम्भव नहीं है। बिजली का कनेक्शन लग जाये तो भी विद्युत आपूर्ति के अभाव में इस समस्या से निजात पाना बड़ा मुश्किल है। स्वतन्त्रता के 6 दशक बीत जाने के बाद भी भारत के 35 प्रतिशत घरों में बिजली उपलब्ध नहीं है। शहरों में मात्र 88 प्रतिशत घरों को ही बिजली उपलब्ध है। भारत 1,20,000 मेगावाट बिजली पैदा करता है, जो माँग से 1,00,000 मेगावाट कम है। यह अनुपलब्धता सिर्फ रोशनी तक ही नहीं है। भारत के 3.2 करोड़ से अधिक व्यक्ति आज भी खुले में खाना बनाते हैं। लगभग 50 प्रतिशत भारतीय परिवार अब भी ईंधन के लिए लकड़ी का इस्तेमाल करते हैं। सिर्फ ग्रामीण परिवार ही नहीं, बल्कि शहरों में भी 23 प्रतिशत भारतीय परिवार को बिजली उपलब्ध नहीं है। इस प्रकार स्पष्ट है कि देश में ऊर्जा संकट एवं विद्युतीकरण का अभाव आज भी पाया जाता है। राज्यों में यह स्थिति दक्षिणी क्षेत्रों की तुलना में उत्तरी हिन्दी-भाषी क्षेत्रों में अधिक है।

21. विधि व्यवस्था एवं स्वच्छ प्रशासन की समस्या— भारत की आबादी जैसे-जैसे बढ़ती गयी है, तमाम समस्याओं के साथ जो सबसे बड़ी समस्या उभरकर सामने आयी है वह कानून और व्यवस्था का अनुपालन न हो पाना है। हमारे देश में बहुत सारे कानून हैं, जिनके तहत सामाजिक व्यवस्था का ढाँचा आगे बढ़ रहा है; किन्तु प्रायः सभी कानून कहीं-कहीं मध्यवर्ग या निम्न मध्यवर्ग के आदमी के ही लिए लागू हो जाते हैं, जिनके पास पैसा है वे हर

स्तर पर कानून और व्यवस्था को अँगूठा दिखाने में कामयाब हो जाते हैं। कानून और व्यवस्था की बिगड़ती हुई दशा के कारण अधिकांश अति उत्साही नौजवान कानून का खुलेआम उल्लंघन करने लगे हैं। अफसरशाही और नेताओं की स्वार्थपरक राजनीति के कारण ऐसे नवयुवकों को गुंडा-गर्दी करने का प्राथमिक तौर पर खूब मौका मिलता है, बाद में इसमें से ही कई युवक-जघन्य अपराध करने से भी नहीं कतराते। कभी-कभी न्यायालयों से न्याय न मिलने तथा पुलिस के बर्बर व्यवहार के चलते भी लोगों का कानून और व्यवस्था से विश्वास उठ जाता है और वे अपनी मनमर्जी के हिसाब से अपने क्षेत्र के क्षत्रप बन जाते हैं।

जनसंख्या नियन्त्रण नीति एवं कार्यक्रम (Programmes and Policy of Population Control)

भारत में जनसंख्या की समस्या ने इतना विकराल रूप धारण कर लिया है कि जनसंख्या नीति जनसंख्या नियन्त्रण अथवा जन्म नियन्त्रण नीति का पर्यायवाची बन गया है। जनसंख्या नीति से आशय उस नीति से है, जिसके अनुसार सरकार जनसंख्या वृद्धि अथवा नियन्त्रण को प्रोत्साहित करती है, अर्थात् जनसंख्या सम्बन्धी वह नीति जिसके माध्यम से देश की जनसंख्या को अनुकूलतम (Optimum Population) बनाये रखने का प्रयत्न करती है। जनसंख्या नीति जनसंख्या के आकार व गठन से जन्मदर को बढ़ाने या घटाने से, मृत्युदर को कम करने, जनसंख्या की वृद्धि-दर को कम करने या अधिक रखने तथा जनसंख्या वितरण को सन्तुलित करने तथा उसमें गुणात्मक सुधार करने से सम्बन्धित है। स्वतन्त्रता के पूर्व भारत में जनसंख्या नियन्त्रण के सम्बन्ध में कोई उल्लेखनीय प्रयास नहीं किया गया। नियोजन काल के आरम्भ में ही जन्मदर को कम करने के उद्देश्य से जनसंख्या नीति निर्धारित की गयी, किन्तु लगभग दो दशक तक वह परीक्षण की अवधि में थी और इसे अधिक तत्परता से लागू नहीं किया जा सका। चौथी पंचवर्षीय योजना से इसके लिए समयबद्ध लक्ष्य निर्धारित करके नीति का निर्धारण किया गया। भारत में विशेषकर स्वतन्त्रता प्राप्ति के बाद जनसंख्या नियन्त्रण हेतु सरकार द्वारा विभिन्न प्रकार के कार्यक्रम, नीतियाँ एवं आयोगों का गठन किया गया। भारत विश्व का पहला देश है, जिसने परिवार नियोजन कार्यक्रम को 1952 में राष्ट्रीय कार्यक्रम के रूप में अपनाया और जनसंख्या वृद्धि की समस्या के निदान हेतु सीमित परिवार के दर्शन को महत्त्व प्रदान किया।

भारत में जनसंख्या नीति और इससे जुड़े कार्यक्रमों को अपेक्षा के अनुरूप सफलता प्राप्त नहीं हुई। इसकी असफलता इस बात में निहित है कि इन उपलब्धियों, लक्ष्यों से सदैव पीछे रही। इसके साथ ही यह भी तर्क दिया जाता है कि वास्तव में निरोधित जन्मों का श्रेय केवल परिवार नियोजन कार्यक्रम को नहीं दिया जा सकता है। इसके लिए अनेक सामाजिक, आर्थिक एवं सांस्कृतिक तथा सम्मिलित रूप से जिम्मेवार है। परिवार नियोजन के अतिरिक्त जिन अन्य महत्त्वपूर्ण कारकों ने जनसंख्या नियन्त्रण में महत्त्वपूर्ण भूमिका निभायी, वे हैं रहन-सहन के स्तर में सुधार, नगरीकरण, औद्योगीकरण, विवाह की आयु में वृद्धि, शिशु के स्तर के सुधार तथा आधुनिकीकरण के फलस्वरूप सोच में आया बदलाव आदि। परिवार नियोजन कार्यक्रम अपने लक्ष्यों को प्राप्त करने में असफल रहा। वर्ष 2005-06 के दौरान 56.3 प्रतिशत पुनरुत्पादन योग्य दम्पतियों को परिवार नियोजन के दायरे में लाया गया। इनमें से ग्रामीण क्षेत्रों में 53.0 प्रतिशत दम्पतियों ने तथा नगरीय क्षेत्रों में 64.0 प्रतिशत दम्पतियों ने परिवार नियोजन की किसी-न-किसी विधि का प्रयोग किया। देश की लोकतांत्रिक शासन प्रणाली में परिवार नियोजन की सफलता जनसाधारण और जनसहयोग पर ही निर्भर करती है; क्योंकि इसके लिए जनता को उसकी इच्छा के विरुद्ध विवश नहीं किया जा सकता है। अशिक्षा, रूढ़िवादिता, निर्धनता आदि के कारण अधिकांश जनता में परिवार नियोजन कार्यक्रमों के प्रति सामाजिक चेतना तथा जागरूकता का अभाव है। जब तक यह कार्यक्रम जनआन्दोलन का रूप नहीं लेगा तब तक अभीष्ट सफलता पाना दुष्कर है। उल्लेखनीय है कि पाश्चात्य देशों में सरकारी प्रयास के अभाव में ही परिवार नियोजन को जन-आन्दोलन के रूप में स्वीकार किया गया है, किन्तु हमारे देश में अभी इसकी बहुत कमी है।

जनसंख्या नीति का अर्थ एवं उद्देश्य (Meaning and Objectives of Population Policy)— जनसंख्या नीति से तात्पर्य उस सरकारी नीति से है, जिसके अनुसार किसी देश की सरकार जनसंख्या वृद्धि को कम करने अथवा यथावत् रखने को प्रोत्साहित करती है। जनसंख्या नीति के सम्बन्ध में मिर्डल (Alva Myrdal) ने लिखा है कि जनसंख्या नीति किसी भी प्रकार सामाजिक नीति से कम नहीं है, यदि व्यावहारिक समाजशास्त्र प्रहरी की भूमिका अदा न करे तो जनसंख्या नीति अविवेकपूर्ण रूप से संकीर्ण हो जायेगी तथा वह निदानों का उपहास होगा। एक जनसंख्या कार्यक्रम अनिवार्यत: सामाजिक जीवन के ताने-बाने से बुना होना चाहिए तथा सामाजिक परिवर्तनों से इसमें परिवर्तन आने चाहिए। जनसंख्या संकट के विवेकपूर्ण समाधान के लिए हमें समस्त सामाजिक उद्देश्य, कार्यक्रम एवं कार्यवाहियाँ सम्मिलित होती हैं, जो जनसंख्या के आकार, उसके वितरण एवं विशेषताओं में परिवर्तन लाकर आर्थिक, सामाजिक, जनांकिकीय राजनीतिक अथवा अन्य किसी सामूहिक उद्देश्य की प्राप्ति हेतु प्रयुक्त की जाती है।

जनसंख्या नीति के उद्देश्यों का दो दृष्टिकोणों से अध्ययन किया जा सकता है: (1) गुणात्मक दृष्टिकोण– सामान्यतया प्रत्येक देश की जनसंख्या में गुणात्मक एवं परिमाणात्मक परिवर्तन होते रहते हैं, परन्तु ये परिवर्तन धीरे-धीरे मन्द गति से होते हैं। जिनका आभास तुरन्त, एकाएक व दिन-प्रतिदिन न होकर कुछ वर्षों के पश्चात् और सामान्यतया अगली जनगणना के आँकड़ों के विश्लेषण से होता है। जनसंख्या में गुणात्मक परिवर्तन आते हैं, अर्थात् मानव-मूल्यों में सुधार लाते हैं उन्हें जनसंख्या का गुणात्मक पक्ष कहा जाता है। संक्षेप में, जनसंख्या के गुणात्मक पहलू में निम्न विषयों का समावेश रहता है: (i) प्रत्याशित आयु, (ii) साक्षरता, (iii) स्वास्थ्य, (iv) श्रम की उत्पादकता तथा (v) जोखिम लेने की क्षमता। परिमाणात्मक दृष्टिकोण के अन्तर्गत निम्न तत्त्वों पर प्रमुख रूप से ध्यान दिया जाता है– प्रजनन-दर अथवा जन्मदर, मृत्यु तथा अस्वस्थता (Morbidity) को कम करना, देशान्तरण का निर्धारण आदि।

भारत में परिवार नियोजन (कल्याण) का इतिहास (History of Family Planning (Welfare) in India)

भारत में जनसंख्या नियन्त्रण के सम्बन्ध में सुनियोजित प्रयासों का आरम्भ प्रथम योजना के प्रारम्भ से ही होता है, किन्तु इससे पूर्व अनेक प्रारम्भिक प्रयास किये गये। ब्रिटिश शासनकाल में जनसंख्या के सम्बन्ध में कोई नीति बनाने में रुचि नहीं रखता था। वे जनसंख्या वृद्धि पर नियन्त्रण करने के विरुद्ध थे, किन्तु बुद्धजीवी इसकी माँग कर रहे थे। प्यारे कृष्ण वट्टल (P.K. Wattal, 1916) ने जनसंख्या वृद्धि तथा उसके परिणामों का उल्लेख करते हुए अपनी पुस्तक **The Population Problems of India** प्रकाशित की। सन् 1925 में रघुनाथ धोन्दो कार्वे (Raghunath Dhondo Karve) ने महाराष्ट्र में सन्तति निग्रह (Birth Control) चिकित्सालय की स्थापना की। इसके कुछ समय पश्चात् मद्रास में नव-माल्थसवादी संघ की स्थापना हुई। 11 जून, 1930 को मैसूर में संसार का सर्वप्रथम शासकीय सन्तति निग्रह चिकित्सालय का प्रारम्भ किया गया। इसके पश्चात् मैसूर राज्य में अनेक शासकीय सन्तति निग्रह चिकित्सालयों का प्रारम्भ किया गया। 1932 में मद्रास सरकार ने मद्रास प्रेसीडेन्सी में अनेक सन्तति निग्रह चिकित्सालयों का प्रारम्भ किया। सन् 1932 में ही ऑल इंडिया वीमेन्स कॉन्फ्रेंस ने लखनऊ में एक प्रस्ताव पारित किया कि पुरुषों तथा स्त्रियों को सन्तति निग्रह की विधियों की मान्यता प्राप्त चिकित्सालयों में जानकारी प्रदान की जानी चाहिए। सन् 1932 में भारतीय राष्ट्रीय काँग्रेस ने राष्ट्रीय नियोजन समिति की स्थापना पंडित जवाहर लाल नेहरू की अध्यक्षता में की जिसने परिवार नियोजन की आवश्यकता को स्वीकार किया तथा इसे नियोजन का अभिन्न अंग बनाने की सिफारिश की। इस समिति के अनुसार सामाजिक अर्थव्यवस्था, पारिवारिक सुख तथा राष्ट्रीय नियोजन के हित में परिवार नियोजन तथा सन्तति परिसीमन आवश्यक है तथा राज्य को इसे प्रोत्साहित करने के उद्देश्य से नीति को अपनाना चाहिए। अखिल भारतीय महिला सभा के निमंत्रण पर अमरीका की परिवार नियोजन कार्यक्रम की अग्रणी महिला श्रीमती मार्गरेट सेंगर (Margaret Sanger) 1935-36 में भारतवर्ष आयी थीं जिनके मतानुसार, पुनरुत्पादन एक विशेषाधिकार है, अधिकार

नहीं। अत: मनुष्य को इस दायित्व का निर्वाह विवेकपूर्ण ढँग से करना चाहिए। उन्होंने अपने अनुभवों के आधार पर परिवार नियोजन कार्यक्रम को लोकप्रिय बनाने का परामर्श दिया। 1 सितम्बर, 1935 को फैमिली हाइजीन के अध्ययन के उद्देश्य से एक समिति का गठन किया गया। 1936 में डॉ. ए.पी. पिल्लई ने विभिन्न स्थानों पर परिवार नियोजन में प्रशिक्षण प्रदान किया। रैना ने 1939 में उज्जैन में एक मातृ सेवा मन्दिर प्रारम्भ किया। सन् 1940 में पी.एन. सप्रू (P.N. Sapru) ने काउन्सिल ऑफ स्टेट्स में सन्तति नियमन चिकित्सालयों की स्थापना का प्रस्ताव रखा जो बहुमत से पारित हुआ। सन् 1940 में मुम्बई में भागिनी-समाज सन्तति निग्रह चिकित्सा केन्द्र का समावेश करते हुए स्टडी एण्ड प्रमोशन ऑफ फेमिली हाइजीन समिति ने फेमिली प्लानिंग सोसाइटी के रूप में कार्य करना प्रारम्भ किया। सन् 1943 में भारत सरकार ने सर जोसफ भोरे (Sir Joseph Bhore) की अध्यक्षता में 'हेल्थ सर्वे एण्ड डेवलपमेंट कमिटी' की स्थापना की। इस समिति ने 1946 में अपना प्रतिवेदन प्रस्तुत किया जिसमें यह सिफारिश की कि माताओं के स्वास्थ्य की रक्षा के उद्देश्य से सरकारी अस्पतालों में जन्म-नियन्त्रण क्लीनिक्स को प्रारम्भ किया जाना चाहिए।

स्वतन्त्रता के पश्चात् सन् 1949 में भारतीय परिवार नियोजन संघ की स्थापना श्रीमती धन्वन्ती रामाराव की अध्यक्षता में हुई। यह एसोसिएशन अपनी स्थापना के पश्चात् परिवार नियोजन को लोकप्रिय बनाने में निरन्तर कार्यरत है। सन् 1951 में योजना आयोग ने परिवार कल्याण के महत्त्व को ध्यान में रखकर एक विशेष समिति का गठन किया, इस समिति की अध्यक्षा डॉ. सुशीला नय्यर थीं। इस समिति ने जो रपट दी उसमें बढ़ती हुई जनसंख्या की समस्या पर गहन चिन्ता व्यक्त करते हुए परिवार कल्याण कार्यक्रम सम्बन्धी महत्त्वपूर्ण सुझाव दिये। इसी काल में प्लांड पैरेंटहूड (Planned Parenthood) के माने हुए अमरीकन विशेषज्ञ डॉ. अब्राहम स्टोन (A. Stone) भारतवर्ष आये और उन्होंने रिदिम विधि (Rythm Method) के आधार पर देश के दिल्ली, मैसूर, पश्चिम बंगाल आदि राज्यों में पाँच केन्द्रों की स्थापना की। इस प्रकार भारत के बुद्धिजीवी वर्ग स्वतन्त्रता पूर्व भी जनसंख्या नीति के निर्माण में अभिरुचि ले रहे थे। परिवार नियोजन के लिए विविध प्रकार के कार्यक्रम निर्धारित किये गये तथा उनकी सफलता एवं असफलता के मूल्यांकन भी किये जाते रहे। भारत की जनसंख्या नीति मुख्यत: परिवार नियोजन एवं परिवार कल्याण से सम्बन्धित है।

सामान्य अर्थ में परिवार नियोजन का संकीर्ण अर्थ सन्तानोत्पत्ति पर नियन्त्रण से लगाया जाता है, किन्तु व्यापक अर्थ में परिवार नियोजन का अभिप्राय अविवेकपूर्ण मातृत्व पर रोक लगाना तथा सन्तानहीन को मातृत्व लाभ दिलाना है। इस प्रकार, परिवार नियोजन के अन्तर्गत : (i) परिवार का परिसीमन, (ii) सन्तानोत्पत्ति काल में दो बच्चों के बीच पर्याप्त फासला तथा (iii) सन्तानहीन दम्पतियों की सन्तानोत्पत्ति की व्यवस्था करना आदि का समावेश होता है। परिवार नियोजन में निरोधक तत्त्वों के साथ सन्तानोत्पत्ति के प्रयास भी शामिल हैं। परिवार नियोजन वह प्रक्रिया है, जिसमें बच्चों का जन्म इच्छा से हो, चूक से नहीं, सोच-समझकर हो, संयोग से नहीं। परिवार नियोजन का उद्देश्य स्वेच्छा से परिवार का परिसीमन तथा सन्तानात्पत्ति में पर्याप्त फासला करने का है। दूसरे शब्दों में यह कहा जा सकता है कि सन्तानोत्पत्ति इच्छा सोच-समझकर हो संयोग व चूक से नहीं। इस प्रकार परिवार नियोजन के उद्देश्य निम्नलिखित हैं– (i) लोगों में छोटे परिवार के लिए इच्छा, (ii) सन्तानोत्पत्ति नियन्त्रण के तरीकों की जानकारी, सन्तानोत्पत्ति नियन्त्रण के लिए सस्ते साधन मुहैया कराना, जनसंख्या में विस्फोटक वृद्धि के कारणों का पर्याप्त विश्लेषण करना तथा परिवार नियोजन के नवीनतम तरीकों की खोज एवं अनुसन्धान कार्यों को प्रोत्साहन देना है।

भारत की जनसंख्या नीति मिश्रित नीति है। उसमें इंग्लैण्ड की जन्म नियन्त्रण की व्यक्तिवादी नीति तथा रूस की जनसंख्या की समाजवादी नीति दोनों के ही तत्त्वों का समावेश किया गया। भारत में जन्म नियन्त्रण कार्यक्रम का नाम परिवार नियोजन रखा गया है। देश में परिवार नियोजन व्यक्तिवादी दृष्टिकोण से भी उचित है और राष्ट्र के दृष्टिकोण से भी, किन्तु यह इंग्लैण्ड के समान पूर्णत: स्वैच्छिक है। भारत में परिवार नियोजन कार्यक्रम की सफलता लोगों के इस कार्यक्रम को स्वेच्छा से स्वीकार करने पर निर्भर करती है। इस दृष्टि से सरकार लोगों को छोटे परिवार के विभिन्न लाभों के सम्बन्ध में जानकारी प्रदान करती है तथा अनेक प्रकार से प्रेरित करने का प्रयास करती है। भारत की जनसंख्या नीति का दर्शन निम्नानुसार है– (1) समाज को इन सेवाओं की आवश्यकता का अनुभव करना चाहिए

तथा जब वे प्रदान की जायें, तब उन्हें स्वीकार करना चाहिए। (2) केवल माता-पिता को ही यह निश्चय करना चाहिए कि वे कितनी सन्तानें चाहते हैं। (3) लोगों के पास ऐसे माध्यम से पहुँचना चाहिए जिसकी वे इज्जत करते हों तथा लोगों के विश्वस्त नेताओं के माध्यम से भी उन तक पहुँचने को प्रयास करना चाहिए। (4) लोगों के घरों से उस समय अधिक निकट सम्भव हो, सेवाओं को प्रदान करना चाहिए। (5) ये सेवाएँ उस समय अधिक प्रभावपूर्ण होंगी जब इनको चिकित्सा तथा सार्वजनिक स्वास्थ्य सेवाओं का अन्तरंग अंग बना दिया जायेगा। इसको विशेष रूप से मातृ तथा शिशु स्वास्थ्य प्रोग्राम के साथ सम्बन्धित करना चाहिए।

भारतवर्ष में योजनाकाल से पूर्व तथा स्वतन्त्रता से पूर्व सन्तति नियमन के सम्बन्ध में अनेक प्रारम्भिक प्रयास किये गये, किन्तु इस दिशा में कोई स्पष्ट नीति निर्धारित नहीं की गयी थी। स्वतन्त्रता के पश्चात् भारत इस स्थिति में आया कि वह इस सम्बन्ध में स्वतन्त्र नीति का निर्धारण कर सके। स्वतन्त्रता के बाद भारत में पंचवर्षीय योजनाएँ क्रियान्वित की गयीं और योजना के साथ-साथ जनसंख्या नीति का भी मूल्यांकन होता रहा। स्वतन्त्र भारत की जनसंख्या नीति का मुख्य उद्देश्य परिवार नियोजन या परिवार कल्याण से सम्बन्धित रहा है।

11 मई, 2000 को जब भारत की जनसंख्या एक अरब हो गयी तो परिवार नियोजन कार्यक्रम की विफलता जग-जाहिर हो गयी। देश में कार्यरत अनेक महिला संगठनों एवं स्वास्थ्य संगठनों ने सरकार पर दबाव डाला कि अपनी वर्तमान जनसंख्या नीति एवं उसके क्रियान्वयन पर पुनर्विचार करे। इसके बाद राष्ट्रीय विकास परिषद् द्वारा कृषि विशेषज्ञ डॉ. एम.एस. स्वामीनाथन की अध्यक्षता में 'स्वामीनाथन समिति' का गठन किया गया, जिसका उद्देश्य जनसंख्या नियन्त्रण के उपाय खोजना था। राष्ट्रीय जनतांत्रिक गठबन्धन सरकार द्वारा 15 फरवरी, 2000 को राष्ट्रीय जनसंख्या नीति की घोषणा की गयी। यह नीति देश के स्वतन्त्रता उपरान्त इतिहास में जनसंख्या समस्या समाधान से सम्बन्धित अब तक का सर्वश्रेष्ठ व विस्तृत अभिलेख है। नवीनतम संशोधित जनसंख्या नीति के अनुसार सामाजिक और आर्थिक विकास के लिए जीवन में गुणात्मक सुधार किया जाना अत्यन्त आवश्यक है, जिससे मानव शक्ति राष्ट्र के लिए उत्पादक पूँजी परिवर्तित हो सके। इसमें पहली बार जनसंख्या वृद्धि पर अंकुश लगाने की रणनीति की परिधि में गर्भनिरोधक तरीकों के अतिरिक्त शिशु स्वास्थ्य, गर्भवती महिलाओं के स्वास्थ्य, स्त्रियों के व्यवसाय व उनके अधिकार जैसे मसलों की ओर ध्यान केन्द्रित किया गया है। इस बार भी राष्ट्रीय जनसंख्या नीति ने स्पष्टतौर पर तीन प्रकार के लक्ष्य निर्धारित किये हैं, जिन्हें तात्कालिक, मध्यकालीन व दीर्घकालीन अथवा दूरगामी लक्ष्यों की संज्ञा दी गयी है। देश के हर नागरिक को हर प्रकार की गर्भ-निरोधक सुविधाओं को घर-घर तक पहुँचाना आदि इस नीति का सर्वप्रथम लक्ष्य है, जिसे तुरन्त प्राप्त करने के लिए विशेष कार्यक्रम तैयार किये गये हैं। इस नीति का मध्यकालीन लक्ष्य है देश की कुल प्रजनन-दर को शीघ्रातिशीघ्र 2001 के स्तर तक लाना। नीति का दीर्घकालीन लक्ष्य सन् 2045 तक देश की जनसंख्या को स्थायी बनाना है। आर्थिक वृद्धि, सामाजिक विकास और पर्यावरण संरक्षण की आवश्यकताओं के अनुरूप स्तर तक।

इस जनसंख्या नीति का सबसे प्रमुख प्रावधान यह है कि संविधान के 42वें संशोधन के अनुसार 1971 की जनगणना के आधार पर लोकसभा तथा विधानसभा की सीटों पर लगाए गये प्रतिबन्ध को जो 2001 तक मान्य था, उसे 84वाँ संविधान संशोधन कर सन् 2026 तक बढ़ा दिया गया। यह इसलिए किया जा रहा है कि तमिलनाडु और केरल जैसे राज्यों जिन्होंने छोटे परिवार के मानक का प्रभावी रूप में अनुसरण किया है को दण्डित न किया जाये और उत्तर प्रदेश, बिहार, मध्य प्रदेश और राजस्थान जैसे राज्यों को लोकसभा में अधिक सीटें न देकर पुरस्कृत न किया जाय। अत: लोकसभा की सीटों को सन् 2026 तक जड़ीकृत करने का उद्देश्य जनसंख्या नीति की उपेक्षा करने वाले राज्यों को पुरस्कार न देना है और जो राज्य छोटे परिवार का मानक सफलतापूर्वक पालन करते हैं उन्हें दण्ड न देना है। नयी नीति में कहा गया है कि ऐसी तर्कसंगत मानवीय प्रभावी विकास नीतियाँ बनायी जाएँ जो कि कल्याणकारी हों। राष्ट्रीय जनसंख्या नीति में उत्तर प्रदेश, बिहार, राजस्थान तथा मध्य प्रदेश सहित भारत की करीब आधी आबादी वाले बारह राज्यों तथा केन्द्र शासित प्रदेशों में जनसंख्या नियन्त्रण के लिए प्रभावी कदम नहीं उठाने पर चिन्ता व्यक्त की गयी है तथा इन प्रदेशों में इस नीति के प्रभावी क्रियान्वयन के लिए कार्य योजना की भी घोषणा की गयी है, जिसके तहत

न केवल जनसंख्या नियन्त्रण के लिए विशेष कदम उठाए जाएँगे, बल्कि नागरिकों का जीवन-स्तर सुधारने पर विशेष बल दिया जायेगा। नयी जनसंख्या नीति के अन्तर्गत निम्नलिखित लक्ष्य निर्धारित किये गये हैं : (1) सन् 2010 तक जनसंख्या वृद्धि-दर 2.1 प्रतिशत तक लाना। (2) प्रति 1000 जीवित जन्मे बच्चों के लिए शिशु मृत्यु-दर को 30 से कम करना तथा मातृत्व मृत्यु-दर को कम करके 100 प्रति एक लाख जीवित जन्मजात से नीचे लाना। (3) 80 प्रतिशत प्रसवों के लिए प्रशिक्षित स्टॉफ के साथ नियमित डिस्पेंसरियों, अस्पतालों और चिकित्सा संस्थानों का प्रयोग करना और 100 प्रतिशत प्रसव प्रशिक्षित दाइयों द्वारा होना। (4) एड्स के प्रसार को रोकना तथा प्रजनन अंग-संक्रमण और यौन-संचारी रोगों तथा राष्ट्रीय एड्स नियन्त्रण संगठन के बीच अपेक्षाकृत अधिक एकीकरण को बढ़ावा देना। इसके साथ-ही-साथ संक्रामक रोगों का प्रतिबन्ध और नियन्त्रण करना। (5) आधारभूत प्रजनन तथा शिशु स्वास्थ्य सेवाओं, आपूर्तियों आधारभूत ढाँचे से सम्बन्धित अपूर्ण आवश्यकताओं पर ध्यान देना तथा घरों तक इसकी पहुँच बनाने के लिए भारतीय औषधि पद्धति, अर्थात् होमियोपैथिक, आयुर्वैदिक, यूनानी व अन्य भारतीय स्वास्थ्य प्रणालियों को भी एलोपैथी जैसी प्रणाली के साथ-साथ प्रयोग में लाना। (6) कुल प्रजननता-दर 2.1 तक लाने के लिए दो बच्चों के छोटे परिवार के मानक को अपनाने के लिए 16 प्रोत्साहक एवं प्रेरक उपायों की घोषणा। (7) शिशु विवाह प्रतिबन्ध कानून और जन्म-पूर्व लिंग निर्धारण तकनीक कानून का कड़ाई से पालन करना। (8) 21 वर्ष बाद जो स्त्री पहली बार माँ बनती है (यह बात ग़रीबी रेखा से नीचे के दम्पति) तो उसे पुरस्कृत किया जायेगा। (9) ग़रीबी रेखा से नीचे रहने वाले ऐसे व्यक्तियों को जो दो बच्चों, पश्चात् बन्ध्याकरण या नसबन्दी करवा लेते हैं उनका स्वास्थ्य बीमा उपलब्ध करवाना। (10) राष्ट्रीय जनसंख्या आयोग गठित करने का निर्णय किया गया है, जिसके अध्यक्ष प्रधानमन्त्री होंगे। इसी प्रकार राज्य में मुख्यमन्त्री की अध्यक्षता में राज्य स्तरीय आयोग का गठन भी किया जायेगा। (11) 14 वर्ष की आयु तक विद्यालयी शिक्षा को मुफ्त तथा अनिवार्य बनाना। प्रारम्भिक तथा माध्यमिक स्तरों पर छात्र और छात्राओं को ही विद्यालय छोड़ने में 20 प्रतिशत तक की कमी लाना। (12) कन्याओं के विवाह में देरी को प्रोत्साहित करना जो 18 वर्ष से पहले नहीं तथा 20 वर्ष के बाद करने की प्रेरणा देना। (13) ऐसी व्यवस्था करना कि प्रत्येक जन्म, मृत्यु, गर्भावस्था, विवाह को शत प्रतिशत पंजीकरण कराना। (14) वे सभी प्रयत्न करना जिससे जनसंख्या वृद्धि पर अंकुश लगाना एक सरकारी कार्यक्रम न रहकर स्वजनित जनता का आन्दोलन बन जाय। (15) योजना बनाने से लेकर उन्हें क्रियान्वित करने तक की प्रक्रिया का विकेन्द्रीकरण करना आदि। (16) ऐसे सभी क्षय रोग, जिनकी रोकथाम के लिए टीके उपलब्ध कराये जा चुके हैं, वे टीके सभी नवजात शिशुओं तक पहुँचाना।

परिवार कल्याण कार्यक्रमों की सफलता एवं असफलता (Success and Failure of Family Welfare Programmes)

भारत में विशेषकर स्वतन्त्रता प्राप्ति के बाद जनसंख्या नियन्त्रण हेतु सरकार द्वारा विभिन्न प्रकार के कार्यक्रम, नीतियों एवं आयोगों का गठन किया गया ताकि जनसंख्या वृद्धि को कम कर जनसंख्या में स्थिरता लायी जा सके। भारत जनसंख्या स्थिरीकरण की चुनौती से पिछले 62 वर्षों से जूझ रहा है। हालाँकि जनसंख्या के सन् 2045 तक स्थिर हो जाने का पूर्वानुमान था, कई राज्यों द्वारा प्रदर्शित परिणामों से लगता है कि यह अनुमान काफी आगे निकल जायेगा और इसका सतत विकास प्रक्रिया पर गम्भीर असर पड़ेगा। जनसंख्या वृद्धि के कारण उत्पन्न विकट परिस्थितियों से निपटने के लिए सरकार ने जो उपर्युक्त मार्ग चुना है, वह है परिवार नियोजन। देश में परिवार नियोजन कार्यक्रम के रूप में 1952 में अपनाया गया। इसके पीछे यह धारणा कार्य कर रही थी कि देश में तीव्र गति से बढ़ती हुयी जनसंख्या देश के आर्थिक विकास में तथा लोगों के रहन-सहन के स्तर को ऊँचा करने में सहायक होने की जगह अवरोध ही उत्पन्न करेगी। यद्यपि देश में इस नीति का शुभारंभ पहली पंचवर्षीय योजना से ही हो गया था, परन्तु इसका अधिक प्रभावी ढंग से कार्यान्वयन चौथी पंचवर्षीय योजना के पश्चात् ही हो सका। यह नीति अपने उद्देश्यों की पूर्ति में कुछ

हद तक सफल रही है, तो कुछ हद तक असफल रही है। अतः यह आवश्यक है कि इस नीति की सफलता का मूल्यांकन किया जाये और असफलता के कारणों को खोजकर उसके निवारण हेतु उपाय सुझाए जाएँ। भारत विश्व का प्रथम देश है, जिसने परिवार नियोजन कार्यक्रम को 1952 में राष्ट्रीय कार्यक्रम के रूप में अपनाया और जनसंख्या वृद्धि की समस्या के निदान हेतु सीमित परिवार के दर्शन को महत्त्व प्रदान किया। पहली और दूसरी पंचवर्षीय योजना में परिवार नियोजन प्रोग्राम को एक साधारण स्तर पर ही अपनाया गया। उस समय शोध, प्रचार तथा क्लीनिक की सुविधाएँ उपलब्ध कराये जाने को महत्त्व प्रदान किया गया, परन्तु उसके बाद की योजनाओं में सरकार ने इस कार्यक्रम पर विशेष ध्यान दिया और इसके ऊपर किये जाने वाले व्यय में निरन्तर वृद्धि की। इस तरह यह अभियान क्रमशः अधिक-से-अधिक महत्त्व प्राप्त करता गया। वर्तमान समय में यह बहुआयामी कार्यक्रम के रूप में देश में सघन रूप से संचालित है। इस कार्यक्रम के अन्तर्गत परिवार नियोजन सम्बन्धी समस्त सेवाओं के साथ-साथ मातृ-शिशु स्वास्थ्य, आहार, महिला कल्याण तथा शिक्षा आदि के गुणात्मक पहलुओं का भी समावेश किया गया।

देश में लागू विभिन्न योजनाओं में किये गये नियमित, और सतत प्रयास से आज देश में परिवार नियोजन संरचना का पर्याप्त विकास हो चुका है। वर्तमान समय में नगरों में ही नहीं, बल्कि गाँवों में भी समस्त आधुनिक उपकरणों एवं साज-सज्जा से लैस परिवार नियोजन केन्द्र उपलब्ध हैं, जहाँ वैज्ञानिक एवं उच्च तकनीकी विधि से निष्पादन का कार्य किया जा रहा है। ये केन्द्र परिवार नियोजन सम्बन्धी विभिन्न उपायों के सम्बन्ध में उचित सलाह एवं मार्गदर्शन प्रदान करते हैं। इसके अतिरिक्त देश में परिवार नियोजन के अनेक प्रशिक्षण एवं शोध केन्द्रों की स्थापना भी की गयी है। लगातार, प्रसार एवं जनजागरण अभियान चलाकर लोगों के मन में सीमित परिवार के प्रति सकारात्मक धारणा उत्पन्न करने में यह कार्यक्रम पर्याप्त सफल रहा है। आज अमीर हो या ग़रीब, शिक्षित हो या अशिक्षित सभी छोटे-बड़े परिवार के महत्त्व को समझने लगे हैं। यह अपने-आप में एक महत्त्वपूर्ण उपलब्धि है। यही कारण है कि आज अनेक राज्य अपने यहाँ जन्म एवं मृत्युदरों को कुछ हद तक कम करने में सफल हो गये हैं।

भारत में जनसंख्या नीति और इससे जुड़े कार्यक्रमों को अपेक्षा के अनुरूप सफलता प्राप्त नहीं हुई। यह असफलता दक्षिणी राज्यों की तुलना में उत्तरी हिन्दी-भाषी प्रदेशों में अधिक रही। इसकी असफलता इस बात में निहित है कि इसकी उपलब्धियाँ, लक्ष्यों से सदैव पीछे रहीं। इसके साथ यह भी तर्क दिया जाता है कि वास्तव में निरोधित जन्मों का श्रेय केवल परिवार नियोजन कार्यक्रम को नहीं दिया जा सकता है। इसके लिए अनेक सामाजिक, आर्थिक एवं सांस्कृतिक तत्त्व सम्मिलित रूप से जिम्मेवार हैं। परिवार नियोजन के अतिरिक्त जिन अन्य महत्त्वपूर्ण कारकों ने जनसंख्या नियन्त्रण में महत्त्वपूर्ण भूमिका निभाई वे हैं रहन-सहन के स्तर में सुधार, नगरीकरण, औद्योगीकरण, विवाह की आयु में वृद्धि, शिशु के स्तर में सुधार तथा आधुनिकीकरण के फलस्वरूप सोच में आया बदलाव आदि।

परिवार नियोजन कार्यक्रम अपने लक्ष्यों को प्राप्त करने में असफल रहा। चतुर्थ पंचवर्षीय योजना में जन्मदर को 32 प्रति हजार लाना तथा 1978 तक 23 प्रति हजार तक करने के लक्ष्य को नहीं पाया जा सका है। जन्मदर को घटाने में प्राप्त असफलता के फलस्वरूप ही लक्ष्यों में अनेक बार संशोधन किया गया। इस तरह, सातवीं योजना में जन्मदर 29.1 प्रति हजार तक, आठवीं योजना में 27.0 प्रति हजार तक तथा नौवीं योजना के अन्त तक 23 प्रति हजार घटाने का लक्ष्य रखा गया, जबकि वास्तव में जन्मदर उन्हीं योजनाओं में क्रमशः 30.2 प्रति हजार, 27 प्रति हजार तथा 25 प्रति हजार रही। सातवीं पंचवर्षीय योजना में नसबन्दी का लक्ष्य 31 मिलियन था, जबकि 23.7 मिलियन लोगों की ही नसबन्दी की जा सकी। इसी तरह नौवीं योजना में 22.48 मिलियन लोगों की ही नसबन्दी की जा सकी। परिवार नियोजन कार्यक्रम की सफलता इस बात को इंगित करती है कि देश में बड़ी संख्या में पुनरुत्पादन योग्य दम्पतियों को परिवार नियोजन के दायरे में लाकर जन्मदर में कमी लाने का प्रयास किया गया। सम्पूर्ण देश में वर्ष 2005–06 के दौरान 56.3 प्रतिशत पुनरुत्पादन योग्य दम्पतियों को परिवार नियोजन के दायरे में लाया गया। इनमें से ग्रामीण क्षेत्रों में 53.0 प्रतिशत दम्पतियों ने तथा नगरीय क्षेत्रों में 64.0 प्रतिशत दम्पतियों ने परिवार नियोजन की किसी-न-किसी विधि का प्रयोग किया।

देश के विभिन्न राज्यों में भी परिवार नियोजन कार्यक्रम द्वारा पुनरुत्पादन योग्य दम्पतियों को परिवार नियोजन कार्यक्रम दायरे में लाकर जन्मदर में कमी लाने का प्रयास किया गया है; लेकिन यह प्रयास दक्षिणी क्षेत्रों की तुलना में उत्तरी हिन्दी-भाषी क्षेत्रों में कम रहा है। देश के राज्यों में पुनरुत्पादन आयु वर्ग के सुरक्षित किये गये दम्पतियों के प्रतिशत में विभिन्नता पायी जाती है। वर्ष 2005–06 के दौरान दक्षिण भारत के राज्यों यथा केरल, आंध्र प्रदेश, कर्नाटक एवं तमिलनाडु में पुनरुत्पादन आयु वर्ग के सुरक्षित किये गये दम्पतियों का प्रतिशत 61.4 से 68.6 प्रतिशत के बीच था, जबकि उत्तर भारत के हिन्दी-भाषी राज्यों यथा– बिहार, झारखण्ड, उत्तर प्रदेश, राजस्थान एवं मध्य प्रदेश में सुरक्षित किये गये दम्पतियों का प्रतिशत 34 से 56 के बीच था।

परिवार नियोजन कार्यक्रम की सफलता में धीरे-धीरे बढ़ोत्तरी हो रही है। परिवार नियोजन कार्यक्रम की सफलता के परिणामस्वरूप ही देश में जन्मदर एवं मृत्युदर जो परिवार नियोजन कार्यक्रम लागू किये जाते समय क्रमशः 43 प्रति हजार व 31 प्रति हजार थी, आज गिरकर क्रमशः 23.8 प्रति हजार तथा 7.6 प्रति हजार हो गयी है। इसी तरह शिशु बाल मृत्युदर घटकर क्रमशः 57.0 एवं 18.4 प्रति हजार तथा औसत जीवन प्रत्याशा 64 वर्ष हो गयी है; लेकिन दक्षिण भारत के राज्यों की तुलना में उत्तर भारत के हिन्दी-भाषी राज्यों में यह उपलब्धि अभी भी कम है।

दम्पति संरक्षण दर के विषय में कहा जा सकता है कि यह लक्ष्यों के अनुरूप रहा, परन्तु इसके वास्तविक पात्रों का चयन नहीं किया गया। अधिकांश चयनित व्यक्ति ऊँची आयु वर्ग के रहे, जो अपना पुनरुत्पादन का स्वतः पूर्ण हो जाने के करीब थे। वास्तव में दम्पति संरक्षण के अन्तर्गत कम आयु वाले दम्पतियों को लाना चाहिए जिससे उनके पुनरुत्पादन काल के एक बड़े भाग को संरक्षित किया जा सके। भारत में यद्यपि विवाह की आयु बढ़ाकर पुनरुत्पादन काल को कम करने का कानूनी प्रावधान है फिर भी यहाँ अधिकांश लोगों का विवाह निर्धारित आयु से कम में ही हो रहा है। विवाह की आयु दक्षिण भारत के राज्यों की तुलना में उत्तर भारत के राज्यों में ज़्यादा ही कम है, जिससे दम्पतियों को अपेक्षाकृत अधिक पुनरुत्पादन का समय मिल जाता है। परिवार नियोजन कार्यक्रम इस पर प्रभावी रोक लगाने में असफल रहा। परिवार नियोजन कार्यक्रम द्वारा संचालित, प्रयुक्त, प्रचलित एवं प्रसारित सभी साधनों की प्रगति धीमी तथा आशा के अनुरूप नहीं है परिवार नियोजन के क्षेत्र में अब तक हुई प्रगति देश में तेजी से बढ़ती जनसंख्या की समस्या में कोई महत्त्वपूर्ण सुधार होने की सम्भावना नहीं दिखाई देती। इस कार्यक्रम को आशातीत सफलता न मिल पाने के कारण अनेक जनांकिकीविदों ने जनसंख्या की समस्या के समाधान हेतु वैकल्पिक रणनीतियों की तरफ भी ध्यान देने का सुझाव दिया है।

भारत में अशिक्षा देशव्यापी है और लगभग आधी जनसंख्या विशेष रूप से ग्रामीण तथा स्त्री जनसंख्या निरक्षर और अशिक्षित है। जनगणना 2011 के अनुसार देश में साक्षरता-दर 74 प्रतिशत है इसमें पुरुष एवं महिलाओं की साक्षरता-दर क्रमशः 82.14 एवं 65.46 प्रतिशत है। अगर राज्यों के अनुसार साक्षरता-दर का विश्लेषण किया जाये तो स्पष्ट होता है कि दक्षिण भारत के राज्यों यथा केरल, तमिलनाडु, कर्नाटक एवं आन्ध्र प्रदेश में महिलाओं की साक्षरता-दर क्रमशः 60 से 92 प्रतिशत है, जबकि पुरुषों की साक्षरता-दर 76 से 96 प्रतिशत है। उसी प्रकार उत्तर भारत के हिन्दी-भाषी राज्यों यथा बिहार, झारखण्ड, उत्तर प्रदेश, राजस्थान तथा मध्य प्रदेश में अभी भी महिलाओं की साक्षरता-दर 53 से 60 प्रतिशत के बीच है, जबकि पुरुषों की साक्षरता-दर 73 से 81 प्रतिशत के बीच है। ज्ञातव्य है कि निरक्षर जनता को परिवार कल्याण के लाभों तथा उपायों से अवगत कराना कठिन कार्य है। व्यापक अशिक्षा के कारण ही जो कार्यक्रम निर्धारित किये जाते हैं, उनके लाभ सामान्य जनता तक पहुँचना कठिन हो जाता है। जब तक जनता निरक्षर रहेगी, किसी भी कार्यक्रम की सफलता संदिग्ध रहेगी। देश में साक्षरता में निरन्तर वृद्धि हो रही है, जिसके परिणामस्वरूप परिवार कल्याण के प्रति जन-जागरण भी बढ़ रहा है। इस प्रकार, भारत में निरक्षरता खासकर महिलाओं में अधिक पायी जाती है। राज्यों में दक्षिणी क्षेत्रों की तुलना में उत्तरी हिन्दी-भाषी क्षेत्रों में निरक्षरता अधिक है, जिसके कारण लोग परिवार नियोजन कार्यक्रम के महत्त्व को समझ नहीं पाते हैं।

भारतीय समाज में अज्ञानता और रूढ़िवादिता अधिक व्यापक है, जिसके कारण लोगों में अन्धविश्वास घर कर गया है। लोग सन्तान को ईश्वर की देन समझते हैं और उनके मानवीय हस्तक्षेप को अनुचित, दोषपूर्ण और पापजनक

मानते हैं। परम्परागत रूढ़िवादी समाज सन्तति निग्रह व उपकरणों के प्रयोग तथा गर्भपात आदि के विरोधी हैं, जिसके कारण परिवार कल्याण कार्यक्रमों की सफलता में उसका यथोचित सहयोग नहीं मिल पा रहा है। इसी प्रकार धार्मिक कट्टरता भी इसके मार्ग में एक प्रबल अवरोधक है। भारत की लोकतांत्रिक शासन प्रणाली में परिवार नियोजन की सफलता जनजागरण और जनसहयोग पर ही निर्भर करती है, क्योंकि इसके लिए जनता को उसकी इच्छा के विरुद्ध विवश नहीं किया जा सकता है। अशिक्षा, रूढ़िवादिता, निर्धनता आदि के कारण अधिकांश जनता में परिवार नियोजन कार्यक्रमों के प्रति सामाजिक चेतना तथा जागरूकता का अभाव है। जब तक यह कार्यक्रम जन-आन्दोलन का रूप नहीं लेगा तब तक अभीष्ट सफलता पाना दुष्कर है। उल्लेखनीय है कि पाश्चात्य देशों में सरकारी प्रयास के अभाव में ही परिवार नियोजन को जन-आन्दोलन के रूप में स्वीकार किया गया है। किन्तु हमारे देश में अभी इसकी बहुत कमी है। भारत जैसे व्यापक निर्धनता वाले देश में जन्म नियन्त्रण के सस्ते, विश्वसनीय और प्रयोग में सरल साधन ही लोकप्रिय हो सकते हैं। सरकारी प्रयास से किफायती मूल्य पर गर्भनिरोधक सामग्रियों के वितरण की व्यवस्था की जाती है, किन्तु ऐसे साधन या तो सर्वसुलभ नहीं हैं या सामान्यजन उनका प्रयोग करने में समर्थ नहीं हैं। नसबन्दी, लूप आदि कृत्रिम साधनों में उत्पन्न समस्याएँ भी जनता को परिवार नियोजन अपनाने में बाधक बन जाती हैं।

भारत में परिवार नियोजन के कार्यक्रमों के संचालन हेतु नियुक्त– नर्सें, दाइयाँ आदि अधिक प्रशिक्षित एवं कुशल नहीं होती हैं जिसके कारण नसबन्दी, आपरेशन, लूप लगाने या इस प्रकार की अन्य सेवाओं में कई बार त्रुटियाँ रह जाती हैं, जिनसे अनेक दोष उत्पन्न होते हैं। उपयुक्त प्रशिक्षण के अभाव में वे स्त्री-पुरुषों को परिवार नियोजन के लिए प्रेरित करने में पर्याप्त सफल नहीं हो पाती हैं।

भारत में जनसंख्या के अनुपात में योग्य एवं प्रशिक्षित चिकित्सकों की काफी कमी है और साथ ही स्वास्थ्य तथा परिवार कल्याण केन्द्रों का भी अभाव है। जनगणना 2001 मानक के अनुसार देश में 21,481 उपकेन्द्रों, 3,180 प्राथमिक स्वास्थ्य केन्द्रों और 3,448 सामुदायिक स्वास्थ्य केन्द्रों की कमी है। ग्रामीण क्षेत्रों में तो इनकी बहुत कमी है। अत: बड़ी संख्या में नसबन्दी आपरेशन आदि कार्य अकुशल चिकित्सकों को ही करना पड़ता है, जिससे लोगों के मन में उसकी सफलता के प्रति सन्देह बना रहता है। इससे परिवार कल्याण कार्यक्रम की व्यापकता में बाधा पड़ रही है। देश की अधिसंख्य निर्धन जनता को अपनी रोज़ी-रोटी की चिन्ता बनी रहती है और वह उसी को जुटाने में लगी रहती है। वर्ष 1987–88 में भारत में ग़रीबी रेखा से नीचे रहने वाली जनसंख्या का प्रतिशत अधिक है। उसे देश की जनसंख्या समस्या या अन्य समस्या को सोचने-समझने के लिए न समय है न वह इसे महत्त्व ही देती है। ग़रीब व्यक्ति परिवार को ही पूँजी मानते हैं भले ही बच्चों के पालन–पोषण के लिए उनके पास साधन न हों। वे मानते हैं कि बच्चे बड़े होकर ज़्यादा मज़दूरी कमायेंगे और परिवार की आय बढ़ाकर निर्धनता को दूर कर सकेंगे। इसीलिए निर्धन दम्पति साधन विहीन होते हुए भी परिवार नियोजन को कम अपनाते हैं, जिससे उनके परिवार में बच्चे अधिक पाये जाते हैं।

भारत में कई धर्मावलम्बी सम्प्रदाय के लोग रहते हैं, जिनमें संख्या की दृष्टि से 2011 में हिन्दू (लगभग 81 प्रतिशत) प्रथम और मुसलमान (12 प्रतिशत) द्वितीय स्थान पर हैं। परिवार नियोजन के लिए की जाने वाली पुरुष या स्त्री नसबन्दी के लिए हिन्दुओं पर मुसलमानों की अपेक्षा अधिक बल दिया जाता है और मुसलमानों को एक-से अधिक पत्नियाँ रखने की भी कानूनी छूट है। इससे बहुत से हिन्दुओं को स्वाभाविक भय है कि असमान गति से जनसंख्या वृद्धि के कारण उनकी आनुपातिक संख्या क्रमश: कम होती जायेगी। इस प्रकार परिवार नियोजन की सफलता में धार्मिक मान्यताएँ और भेद-भाव पूर्ण सरकारी नीति भी बाधक रही है। भारत जैसे विविधताओं वाले देश में जहाँ अधिकांश लोग अशिक्षित और निर्धन हैं तथा परिवार नियोजन की आवश्यकता को नहीं समझते हैं और रूढ़िवादिता, धार्मिक कट्टरता, अन्धविश्वास आदि के कारण इसे स्वेच्छा से नहीं अपनाते हैं, वहाँ परिवार नियोजन को अनिवार्य कर देना चाहिए। इसके लिए कानूनी रूप से बल प्रयोग भी किया जा सकता है किन्तु लोकतान्त्रिक व्यवस्था में कोई भी सरकार देश के हित में कठोर कदम उठाने से बचना चाहती है, क्योंकि जन-विरोधी क्रिया-कलाप से उसे जनता के कोप भाजन का परिणाम भुगतना पड़ सकता है। इसलिए परिवार नियोजन के कार्यक्रमों में प्राय: लोग स्वेच्छा से

ही सम्मिलित होते हैं। वैसे अब यह अनुभव किया जाने लगा है कि इसकी अभीष्ट सफलता के लिए अनिवार्यता तथा आवश्यकतानुसार कुछ सीमा तक बल प्रयोग भी वांछनीय है।

भारत में अभी भी जनसंख्या सम्बन्धी अनुसन्धानों का अभाव है। इस सम्बन्ध में सरकार द्वारा उपलब्ध करायी जा रही सुविधाएँ अभी भी अपर्याप्त हैं। यहाँ ऐसी कोई संरचना विकसित नहीं हो पायी जिसके माध्यम से अनुसन्धानों के परिणामों को प्रशासकों तथा नीति-निर्माताओं तथा उनके माध्यम से सामान्य जनता तक पहुँचाया जा सके। देश के कोने-कोने में फैले समुदायों, वर्गों तथा सम्प्रदायों के लोगों की परिवार नियोजन के प्रति धारणा के बारे में शोध पर्याप्त रूप से नहीं किये गये हैं। उनकी धारणा के अनुरूप कार्यक्रम तैयार कर उन्हें परिवार नियोजन के प्रति प्रेरित करने के उपाय नहीं सुझाए गये हैं। आज इसकी नितान्त आवश्यकता है। लोगों को परिवार नियोजन के विभिन्न उपायों की पर्याप्त जानकारी तक नहीं है। देश में सामान्य लोग विशेषकर गाँवों के लोग परिवार नियोजन की विधियों का प्रयोग करने में संकोच करते हैं। उनके मन से यह डर दूर नहीं हो पा रहा है कि नसबन्दी कराने से पुरुष में नपुंसकता आ जाती है तथा बंध्याकरण, लूप तथा पिल्स का प्रयोग करने से स्त्रियों में तरह-तरह की बीमारियाँ फैल जाती हैं। लोगों में व्याप्त इन सब ग़लतफहमियों को दूर नहीं किया जा सका है, जिससे इन कार्यक्रमों के प्रति वे आकर्षित नहीं हो पा रहे हैं।

इसके अतिरिक्त, इस कार्यक्रम को लागू करने के लिए देश में वांछित व राजनीतिक एवं प्रशासनिक इच्छा शक्ति की कमी है। आठवीं पंचवर्षीय योजना में यह स्वीकार किया गया है कि परिवार कल्याण कार्यक्रम को आज भी महत्त्वपूर्ण चिन्ता का विषय स्वीकार नहीं किया गया। जिसमें शीर्ष प्राथमिकता के साथ दृढ़ राजनीतिक, सामाजिक तथा प्रशासनिक इच्छा शक्ति हो ताकि उसे आर्थिक विकास की प्रक्रिया के महत्त्वपूर्ण अंग के रूप में स्वीकार किया जाये। भारत में उपर्युक्त कारणों से जनसंख्या नीति अब तक सफल नहीं हो पायी है। अत: सफलता के लिए निम्नलिखित सुझाव आवश्यक हैं : भारत की तीन चौथाई आबादी गाँवों में बसती है, जहाँ परम्परागत मान्यताएँ विगत वर्षों की भाँति आज भी मौजूद हैं। उनके जीवनयापन के तरीकों, परिवार के प्रति दृष्टिकोण तथा आस्थाओं आदि में कोई विशेष परिवर्तन परिलक्षित नहीं होता है। अत: भारत के परम्परागत समाज में ऐसे उपायों को लागू किया जाना चाहिए जिनसे जन्मदर में कमी आ सके। इसके लिए सर्वप्रथम यह कार्य किया जाना चाहिए कि शहरी क्षेत्र में अपनी पर्याप्त भूमिका निभाने वाले परिवार नियोजन कार्यक्रम के केन्द्र शहरों से यथाशीघ्र गाँवों में भेज दिये जाने चाहिए।

भारत में परिवार नियोजन कार्यक्रम को सफल बनाने के लिए आवश्यक है कि सामाजिक वातावरण में कुछ संरचनात्मक परिवर्तन किया जाय। प्रजननशीलजा न केवल जैविक घटना है, वरन् उसमें समाज की सभी प्रकार की परिस्थितियों का प्रभाव पड़ता है। अत: उन सभी सामाजिक मूल्यों में परिवर्तन लाने की आवश्यकता है, जो परिवार नियोजन के मार्ग में बाधक हैं। परिवार नियोजन के मार्ग में एक बाधा समाज में लड़कियों की अपेक्षा लड़कों को अधिक महत्त्व दिया जाना है। लोगों में लड़कों की आकांक्षा वंश को बनाये रखने के लिए तथा बुढ़ापे में सहारे के लिए होती है। यही कारण है दो या तीन लड़कियों वाला दम्पति भी लड़का उत्पन्न होने की प्रत्याशा में परिवार नियोजन की विधियों को प्रयोग में नहीं लाता। अत: यदि ऐसी व्यवस्था की जाये कि लोगों को वृद्धावस्था में पेंशन तथा अन्य सुविधाएँ प्राप्त होने लगे तो वे बच्चों के प्रति इतना जागरूक नहीं होंगे। उत्तराधिकार के नियमों में सुधार कर लड़कियों के लिए रोज़गार, नारी का समाज में विशिष्ट स्थान, शिक्षा आदि से नारी की भूमिका बढ़ायी जा सकती है ताकि माता-पिता लड़की-लड़का में भेद न करें। छोटे परिवार के आकार के लिए लोगों को प्रेरित किया जाना चाहिए। इसके लिए आवश्यक है कि शिशु मृत्युदर में कमी लायी जाय। छोटे परिवार को प्रेरित करने के लिए आवश्यक है कि परम्परागत मूल्यों में परिवर्तन किया जाय। लोगों को प्रेरित करने के लिए स्वयंसेवी संस्थाओं, सरकार तथा विभिन्न राजनीतिक दलों को एकजुट होकर प्रयास करना चाहिए। इसके साथ ही छोटे आकार वाले परिवारों को पोषक आहार, शिक्षा, रोज़गार की विशेष व्यवस्था की जानी चाहिए तथा ऐसे परिवारों की आय के स्तर को ऊँचा उठाने के लिए आसान किस्तों पर ऋण सुविधा उपलब्ध करायी जानी चाहिए। परिवार नियोजन की सफलता के लिए यह भी आवश्यक है कि परिवार नियोजन कार्यक्रमों को क्षेत्रीय आधार पर ग्रामीण आवश्यकताओं के अनुरूप बनाया जाना चाहिए। भारत

में अनेक जाति, सम्प्रदाय तथा विचारधारा के अमीर तथा ग़रीब लोग रहते हैं। यहाँ पर समाज तथा हर क्षेत्र के लोगों, यहाँ तक कि हर जाति तथा हर धर्म के लोगों का प्रजनन व्यवहार तथा सामाजिक धारणाएँ भिन्न-भिन्न हैं। देश के ग्रामीण तथा नगरीय क्षेत्रों में जनसंख्या दर में भिन्नता है।

राष्ट्रीय जनसंख्या नीति, 2000 (National Population Policy, 2000)

राष्ट्रीय विकास परिषद् द्वारा कृषि विशेषज्ञ एम.एस. स्वामीनाथन की अध्यक्षता में स्वामीनाथन समिति का गठन किया गया जिसका उद्देश्य जनसंख्या नियन्त्रण के उपाय खोजना था। राष्ट्रीय जनतांत्रिक गठबन्धन सरकार द्वारा 15 फरवरी, 2000 को राष्ट्रीय जनसंख्या नीति की घोषणा की गयी। यह नीति देश की स्वतन्त्रता के उपरान्त जनसंख्या समस्या समाधान हेतु अब तक का सर्वश्रेष्ठ व विस्तृत अभिलेख है। नवीनतम संशोधित जनसंख्या नीति के अनुसार सामाजिक और आर्थिक विकास के लिए जीवन में गुणात्मक सुधार किया जाना अत्यन्त आवश्यक है, जिससे मानव शक्ति राष्ट्र के लिए उत्पादक पूँजी परिवर्तित हो सके। इसमें पहली बार जनसंख्या वृद्धि पर अंकुश लगाने की रणनीति की परिधि में गर्भनिरोधक तरीकों के अतिरिक्त शिशु स्वास्थ्य, गर्भवती स्त्रियों के स्वास्थ्य, उनके व्यवसाय व उनके अधिकार जैसे मसलों की ओर ध्यान केन्द्रित किया गया है। इस बार भी राष्ट्रीय जनसंख्या नीति ने अपने स्थिर स्पष्टतौर पर तीन प्रकार के लक्ष्य निर्धारित किये हैं, जिन्हें तात्कालिक, मध्यकालीन व दीर्घकालीन अथवा दूरगामी लक्ष्यों की संज्ञा दी गयी है। देश के हर नागरिक को हर प्रकार की गर्भ-निरोधक सुविधाओं को घर-घर तक पहुँचाना आदि इस नीति का सर्वप्रथम लक्ष्य है, जिसे तुरन्त प्राप्त करने के लिए विशेष कार्यक्रम तैयार किये गये हैं। इस नीति का मध्यकालीन लक्ष्य है देश की कुल प्रजनन-दर को शीघ्रातिशीघ्र 2001 के स्तर तक लाना। नीति का दीर्घकालीन लक्ष्य सन् 2045 तक देश की जनसंख्या को स्थायी बनाना है। आर्थिक वृद्धि, सामाजिक विकास और पर्यावरण संरक्षण की आवश्यकताओं के अनुरूप स्तर तक।

इस जनसंख्या नीति का सबसे प्रमुख प्रावधान यह है कि संविधान के 42वें संशोधन के अनुसार 1971 की जनगणना के आधार पर लोकसभा तथा विधानसभा की सीटों पर लगाए गये प्रतिबन्ध को जो 2001 तक मान्य था, उसे 84वाँ संविधान संशोधन कर सन् 2026 तक बढ़ा दिया गया। यह इसलिए किया जा रहा है कि तमिलनाडु और केरल जैसे राज्यों जिन्होंने छोटे परिवार के मानक का प्रभावी रूप में अनुसरण किया है को दण्डित न किया जाये और उत्तर प्रदेश, बिहार, मध्य प्रदेश और राजस्थान जैसे राज्यों को लोकसभा में अधिक सीटें न देकर पुरस्कृत न किया जाय। अत: लोकसभा की सीटों को सन् 2026 तक जड़ीकृत करने का उद्देश्य जनसंख्या नीति की उपेक्षा करने वाले राज्यों को पुरस्कार न देना है और जो राज्य छोटे परिवार का मानक सफलतापूर्वक पालन करते हैं उन्हें दण्ड न देना है। नयी नीति में कहा गया है कि ऐसी तर्कसंगत मानवीय प्रभावी विकास नीतियाँ बनायी जाएँ जो कि कल्याणकारी हों। राष्ट्रीय जनसंख्या नीति में उत्तर प्रदेश, बिहार, राजस्थान तथा मध्य प्रदेश सहित भारत की करीब आधी आबादी वाले बारह राज्यों तथा केन्द्रशासित प्रदेशों में जनसंख्या नियन्त्रण के लिए प्रभावी कदम नहीं उठाने पर चिन्ता व्यक्त की गयी है तथा इन प्रदेशों में इस नीति के प्रभावी क्रियान्वयन के लिए कार्य-योजना की भी घोषणा की गयी है, जिसके तहत न केवल जनसंख्या नियन्त्रण के लिए विशेष कदम उठाए जाएँगे, बल्कि नागरिकों का जीवन-स्तर सुधारने पर विशेष बल दिया जायेगा। नयी जनसंख्या नीति के अन्तर्गत निम्नलिखित लक्ष्य निर्धारित किये गये हैं: (1) सन् 2010 तक जनसंख्या वृद्धि-दर 2.1 प्रतिशत तक लाना। (2) प्रति 1000 जीवित जन्मे (Live Birth) बच्चों के लिए शिशु मृत्यु-दर को 30 से कम करना तथा मातृत्व मृत्यु-दर (Maternal Mortality) को कम करके 100 प्रति एक लाख जीवित जन्म जात से नीचे लाना। (3) 80 प्रतिशत प्रसवों के लिए प्रशिक्षित स्टॉफ के साथ नियमित डिस्पेंसरियों, अस्पतालों और चिकित्सा संस्थानों का प्रयोग करना और शत-प्रतिशत प्रसव प्रशिक्षित दाइयों द्वारा होना। (4) एड्स के प्रसार को रोकना तथा प्रजनन अंग-संक्रमण और यौन-संचारी रोगों तथा राष्ट्रीय एड्स नियन्त्रण संगठन के बीच अपेक्षाकृत अधिक

एकीकरण को बढ़ावा देना। इसके साथ-ही-साथ संक्रामक रोगों का प्रतिबन्धन और नियन्त्रण करना। (5) आधारभूत प्रजनन तथा शिशु स्वास्थ्य सेवाओं, आपूर्तियों, आधारभूत ढाँचों से सम्बन्धित अपूर्ण आवश्यकताओं पर ध्यान देना तथा घरों तक इसकी पहुँच बनाने के लिए भारतीय औषधि पद्धति, अर्थात् होमियोपैथिक, आयुर्वैदिक, यूनानी व अन्य भारतीय स्वास्थ्य प्रणालियों को भी एलोपैथी जैसी प्रणाली के साथ-साथ प्रयोग में लाना। (6) कुल प्रजनन-दर (Total Fertility Rate) 2.1 तक लाने के लिए दो बच्चों के छोटे परिवार के मानक को अपनाने के लिए 16 प्रोत्साहक एवं प्रेरक उपायों की घोषणा। (7) शिशु विवाह प्रतिबन्ध कानून और जन्म-पूर्व लिंग निर्धारण तकनीक कानून का कड़ाई से पालन करना। (8) 21 वर्ष बाद जो स्त्री पहली बार माँ बनती है (यह बात ग़रीबी रेखा से नीचे के दम्पति) तो उसे पुरस्कृत किया जायेगा। (9) ग़रीबी रेखा से नीचे रहने वाले ऐसे व्यक्तियों को जो दो बच्चों के पश्चात् बन्ध्याकरण या नसबन्दी करवा लेते हैं उनका स्वास्थ्य बीमा उपलब्ध करवाना। (10) राष्ट्रीय जनसंख्या आयोग गठित करने का निर्णय किया गया है, जिसके अध्यक्ष प्रधानमन्त्री होंगे। इसी प्रकार राज्य में मुख्यमन्त्री की अध्यक्षता में राज्य स्तरीय आयोग का गठन भी किया जायेगा। (11) 14 वर्ष की आयु तक विद्यालयी शिक्षा को मुफ्त तथा अनिवार्य बनाना। प्रारम्भिक तथा माध्यमिक स्तरों पर छात्र और छात्राओं दोनों को ही विद्यालय छोड़ने में 20 प्रतिशत तक की कमी लाना। (12) कन्याओं के विवाह में देरी को प्रोत्साहित करना जो 18 वर्ष से पहले नहीं तथा 20 वर्ष के बाद करने की प्रेरणा देना। (13) ऐसी व्यवस्था करना कि प्रत्येक जन्म, मृत्यु, गर्भावस्था, विवाह को शत-प्रतिशत पंजीकृत कराना। (14) वे सभी प्रयत्न करना जिससे जनसंख्या पर अंकुश लगाना एक सरकारी कार्यक्रम न रहकर स्वजनित जनता का आन्दोलन बन जाय। (15) योजना बनाने से लेकर उन्हें क्रियान्वित करने तक की प्रक्रिया का विकेन्द्रीकरण करना आदि। (16) ऐसे सभी क्षय रोग, जिनकी रोकथाम के लिए टीके उपलब्ध कराये जा चुके हैं, वे टीके सभी नवजात शिशुओं तक पहुँचाना।

भारत के सन्दर्भ में सम्पूर्ण परिस्थिति को ध्यान में रखते हुए सन् 2000 में घोषित राष्ट्रीय जनसंख्या नीति में देश की जनसंख्या को सन् 2045 तक स्थायी बनाने हेतु एक सुनिश्चित रणनीति तैयार की है, जिसके मुख्य लक्ष्य निम्नलिखित हैं: (1) नीति निर्धारण व पालन दोनों क्षेत्रों का विकेन्द्रीकरण करना; (2) स्वास्थ्य व प्रजनन सम्बन्धी सभी प्रकार की सेवाएँ प्रत्येक गाँव में उपलब्ध कराना; (3) महिलाओं के अधिकारों की सुरक्षा करना; (4) नवजात शिशु व अन्य शिशुओं में मृत्यु-दर को निम्न से निम्न बनाना; (5) झुग्गी-झोपड़ी निवासियों, अनुसूचित जनजाति, किशोर आयु वर्ग आदि के लोगों तक उन सभी सुविधाओं व सेवाओं को पहुँचाना जिनसे जन्मदर पर अंकुश लगाया जा सके; (6) सरकारी, ग़ैर-सरकारी व सहकारी क्षेत्रों की सभी प्रकार की स्वास्थ्य सुविधाओं को उस प्रयास में समाहित करना; (7) प्रजननात्मक स्वास्थ्य, नवजात शिशु स्वास्थ्य सम्बन्धी सेवाओं में हर प्रकार के भारतीय चिकित्सा तन्त्र को प्रयोग में लाना; (8) स्वास्थ्य व प्रजनन सेवाओं के क्षेत्र में प्रौद्योगिकी का नवीनीकरण करना; (9) बुजुर्गों की देखरेख का ध्यान रखना तथा (10) प्रजनन सम्बन्धी सूचना का सही प्रसारण करना।

राष्ट्रीय जनसंख्या नीति 2000 की समीक्षा— भारत की जनसंख्या नीति 11 मई 2000 देश की जनसंख्या के सन्दर्भ में समस्त सामाजिक-आर्थिक परिस्थितियों को ध्यान में रखकर तैयार की गयी है। इसके अन्तर्गत भारत की जनसंख्या वृद्धि-दर को कम करते हुए सन् 2045 तक जनसंख्या को स्थायित्व प्रदान करने के उपायों का प्रस्ताव किया गया है। यह एक विस्तृत प्रस्ताव है, जिसमें जनसंख्या वृद्धि-दर को कम करने के साथ ही अनेक जनकल्याणकारी कार्यक्रमों को भी सम्मिलित किया गया है। इसके अन्तर्गत शिशु मृत्युदर और मातृ मृत्युदर को निम्नतम स्तर पर लाने के लक्ष्य रखे गये हैं। इसके दूरगामी प्रभाव से जन्मदर में गिरावट आयेगी। शिशु मृत्युदर और मातृ मृत्युदर को कम करने तथा गर्भवती स्त्रियों के स्वास्थ्य की रक्षा हेतु ग्रामीण क्षेत्रों, आदिवासी क्षेत्रों, विकृत शहरी क्षेत्रों तथा समाज के कमजोर वर्गों के लिए स्वास्थ्य सम्बन्धी सभी सुविधाओं और सेवाओं को उपलब्ध कराने पर बल दिया गया है। इससे शिशुओं और माताओं का स्वास्थ्य सुधरेगा और मृत्युदर में निश्चय ही कमी आयेगी।

इस जनसंख्या नीति में महिलाओं की आर्थिक स्थिति को सुधारने, कार्यावसरों में सुधार करने तथा उनके अधिकारों की सुरक्षा करने का भी प्रावधान किया गया है। इससे देश की महिलाओं का सामाजिक-आर्थिक स्तर ऊँचा उठेगा

और समाज समृद्धशाली बनेगा। इसी प्रकार इसमें साक्षरता के उत्थान और शैक्षिक स्तर को उठाने का भी प्रावधान किया गया है। इस जनसंख्या नीति में शिशुओं और स्त्रियों के स्वास्थ्य ही नहीं, बल्कि वृद्धों की देख-रेख पर ध्यान देने पर भी बल दिया गया है।

नयी जनसंख्या नीति में स्वास्थ्य और प्रजनन के क्षेत्र में प्रयुक्त तकनीक तथा प्रौद्योगिकी के नवीनीकरण (आधुनिकीकरण) पर भी बल दिया गया है, जो वर्तमान समय की अनिवार्य आवश्यकता है। जन्मदर पर अंकुश लगाने के उद्देश्य से विकृत शहरी क्षेत्रों, अनुसूचित जनजातियों, किशोर आयु वर्ग के लोगों और दूरदराज क्षेत्रों के लोगों तक उन सभी सुविधाओं और सेवाओं को पहुँचाने पर बल दिया गया है, जहाँ अभी तक उनका प्रसार बहुत कम है। इसमें जनकल्याण और परिवार कल्याण को सरकारी कार्यक्रम ही नहीं, बल्कि जन-आन्दोलन का स्वरूप प्रदान करने के लिए आवश्यक कदम उठाने को कहा गया है।

राष्ट्रीय जनसंख्या नीति, 2000 के उद्देश्यों की प्राप्ति के लिए जनसंख्या नियन्त्रण से सम्बद्ध कार्यक्रमों के क्रियान्वयन तथा समीक्षा हेतु प्रधानमन्त्री के नेतृत्व में एक सौ सदस्यीय राष्ट्रीय जनसंख्या आयोग गठित किया गया है। यह आयोग समय-समय पर आवश्यक निर्देश देगा और जनसंख्या नियन्त्रण के लिए व्यापक जन-अभियान तैयार करने में भी सहायता प्रदान करेगा। वैसे तो पूर्व की घोषित जनसंख्या नीति लगभग समान प्रतीत होती है, किन्तु कुछ महत्त्वपूर्ण भिन्नताएँ निम्नलिखित हैं :

(1) नयी राष्ट्रीय जनसंख्या नीति में लोकसभा एवं राज्य विधानसभा की सीटों में वृद्धि नहीं की गयी है, जबकि पूर्व की जनसंख्या नीति में यह स्पष्ट किया गया था कि 2001 में सीटें बढ़ा दी जाएँगी। (2) नयी जनसंख्या नीति में राष्ट्रीय जनसंख्या आयोग का गठन किया गया है, जो पूर्व की नीतियों में नहीं था। (3) लड़कियों के विवाह में ऐसा उपाय करना जिससे कि लड़की का विवाह 18 वर्ष से या उससे अधिक उम्र में हो, यह बात पूर्व की नीति में नहीं थी। (4) 21 वर्ष में यदि लड़की विवाह करती है एवं बच्चे पैदा करती है, तो प्रोत्साहन राशि देना यह बात पूर्व की नीतियों में नहीं थी। (5) राज्यों में भी मुख्यमन्त्री की अध्यक्षता में राज्यस्तरीय आयोग का गठन किया गया है, जो पूर्व की नीतियों में नहीं था। (6) योजना बनाने से लेकर उन्हें क्रियान्वित करने तक की प्रक्रिया का विकेन्द्रीकरण किया जाना पूर्व की नीतियों में शामिल नहीं था। (7) जन्म-पूर्व लिंग निर्धारण तकनीक कानून की चर्चा पूर्व की नीतियों में नहीं थी। (8) ग़रीबी रेखा से नीचे जीवनयापन करने वाले दो बच्चों के दम्पति द्वारा नसबन्दी कराने पर स्वास्थ्य बीमा उपलब्ध करना पूर्व की नीतियों से भिन्न बात थी। (9) पूर्व की नीतियों से भिन्न एक और अन्य बात गर्भ, मृत्यु, विवाह आदि का पंजीकृत किया जाना भी है।

भारत में नीतियाँ तो बनती हैं, लेकिन उन पर अमल ठीक से नहीं होता है। यहाँ की प्रशासनिक प्रणाली चुस्त-दुरुस्त नहीं है। कार्यों में सुस्ती, रिश्वतखोरी, राजकीय एवं प्रशासनिक इच्छा शक्ति में कमी तथा लचर व्यवस्था की समस्याओं ने जनसंख्या नियन्त्रण की नीति को अमलीजामा पहनाने में कोई विशेष सफलता हासिल नहीं की है और न निकट भविष्य में इसकी कोई सम्भावना है।

REFERENCES

Ashford, Lori S. 'New Perspectives on Population: Lessons from Cairo', **Population Bulletin**, Vol. **50**(1), 1995.

Cassen, R.H., **India: Population, Economy, Society**, New Delhi: Macmillan Company of India Limited, 1979.

Bose, Ashish, **From Population to People**, Vols-I & II, New Delhi: B.R. Publishing Corporation, 1988.

——, **India's Population Policy—Changing Paradigm**, New Delhi: B.R. Publishing Corporation, 1996.

Census of India, 2001, **Provisional Population Totals**, New Delhi: Registrar General and Census Commissioner, India, 2001.

——, 2011, **Provisional Population Totals**, Series-1, **India,** Paper–1 of 2011.

Ehsanul Haq and S.K. Singh, **Population & Sustainable Development in India**, New Delhi: Authors Press, 2006.

Govt. of India, **National Population Policy-2000**, Ministry of Health and Family Welfare, New Delhi: Government of India.

——, **National Report on Environment and Development: Traditions, Concerns and Efforts in India**, Ministry of Environment and Forests, New Delhi: Government of India, 1992.

——, Annual Health Survey (India) 2010–11, **Fact Sheet**, New Delhi: Office of the Registrar General & Census Commissioner, Government of India, 2012.

Haq, Khadija, **Human Development in South Asia** (Mahbub ul Haq Human Development Centre, Islamabad), Karachi: Oxford University Press, 2001.

NFHS-2, **National Family Health Survey-2 (1998–99), India**, Mumbai: ORC Macro and International Institute for Population Sciences, 2000.

NFHS-3, **National Family Health Survey-3 (2005–06), India**, Mumbai: IIPS and ORC Macro, 2008.

O'Neil, Brian and Balk, Deborah, 'World Population Future', **Population Bulletin**, Vol. **56**(3), 2002.

Singh, J.P., 'Problems of Population and Sustainable Development in India' in Ehsanul Haq and S.K. Singh (Eds.), **Population and Sustainable Development in India**, New Delhi: Authors Press, 2006: 29–46.

——, 'Socio-cultural Aspects of High Masculinity Ratio in India', **Journal of Asian and African Studies** (Sage, UK), Vol. **45**(6), 2010: 628-644.

UNDP 2010, **Human Development Reports/World Development Reports**, Karachi: Oxford University Press, 2010.

United Nations, **World Population Prospects: The 2000 Revision**, UN Population Division/DESPIA, 2001.

——, **The Determinants and Consequences of Population Trends**, U.N. Publications, 1973.

Visaria, Pravin and Visaria, Leela, "India's Population in Transition?" in Singh, J.P. (Ed.), **Studies in Social Demography**, New Delhi: M.D. Publications, 1998.

26

प्रवास एवं नगरीकरण
(Migration and Urbanization)

प्रवास एक ऐसी भौगोलिक एवं सामाजिक प्रक्रिया है, जो अनवरत रूप से आदिकाल से चली आ रही है, पर प्रवास किसे कहते हैं यह आज भी समाजविज्ञानों की एक समस्या है। स्रायॉक एवं सीगल (Shryock and Siegel, 1975: 618) का कहना है कि जिस प्रकार जनसंख्याशास्त्र के क्षेत्र में जन्म, मृत्यु या अन्य शब्दों के प्रामाणिक अर्थ होते हैं, उसी प्रकार प्रवास जैसी अवधारणाओं का अर्थ अभी तक प्रामाणिक नहीं हो पाया है। इस कठिनाई के पीछे दो मुख्य कारण हैं। प्रथम, कोई व्यक्ति किसी नये स्थान में कितने दिन तक निवास करेगा कि उसे प्रवासी मान लिया जायेगा। दूसरा, कोई व्यक्ति अपने पुराने प्रवास से कितनी दूरी तक सफर करेगा कि उसे प्रवासी कहा जायेगा अर्थात्, प्रवासी की परिभाषा के सम्बन्ध में समय और स्थान के निर्धारण में काफी उलझनें हैं। अब तक कोई समाजशास्त्री या जनसंख्याशास्त्री अन्तिम रूप से इस सम्बन्ध में कुछ नहीं कह पाये हैं कि जिसे अधिकांश विद्वान स्वीकार कर सकें।

प्रवास की परिभाषाएँ (Definitions of Migration)

ई.एस. ली (E.S. Lee, 1969: 285) ने प्रवास को परिभाषित करते हुए कहा है कि "प्रवास निवास स्थल में एक स्थायी या अर्ध-स्थायी परिवर्तन का नाम है" (A permanent or semi-permanent change of residence)। इस परिभाषा से प्रवास के सम्बन्ध में स्थान परिवर्तन पर कोई स्पष्ट प्रकाश नहीं डाला गया है। यदि इस परिभाषा को स्वीकार किया जाये तो यह समझ में नहीं आता है कि कोई व्यक्ति अपने निवास-स्थान से कितनी दूरी पर जाकर निवास करेगा कि उसे प्रवासी कहा जाये। यह प्रश्न इसलिए खड़ा होता है कि क्या कोई व्यक्ति एक ही शहर के अन्तर्गत एक मुहल्ले से दूसरे मुहल्ले में जाकर निवास करने लगता है, तो उसे प्रवासी कहा जाये अथवा नहीं। प्रवास कहे जाने के लिए यह ज़रूरी है कि व्यक्ति किसी भौगोलिक, प्रशासनिक या सामाजिक सीमा-क्षेत्र को पार करता हो। इस परिभाषा में सिर्फ स्थान परिवर्तन के सम्बन्ध में ही समस्या नहीं है, बल्कि समय निर्धारण की भी समस्या है। एक निश्चित समय सीमा होना आवश्यक है, नहीं तो तीर्थाटन, व्यापार एवं स्वास्थ्य लाभ हेतु स्थान परिवर्तन करने वाले व्यक्तियों को भी प्रवासी कहा जायेगा। लेकिन यह भी निर्धारित करना कम कठिन कार्य नहीं है कि कोई व्यक्ति कितने दिन तक गन्तव्य स्थान में रहेगा कि उसे प्रवासी मान लिया जाये। इस सम्बन्ध में हम कुछ विशेषज्ञों के विचारों को रखना चाहेंगे जिससे प्रवास की परिभाषा पर प्रकाश डाला जाय।

पी.एच. रोसी (P.H. Rossi, 1955) ने कहा है कि यदि कोई व्यक्ति किसी नये स्थान में जाने की इच्छा रखता है, तो उसे प्रवासी कहा जाना चाहिए। सिडनी गोल्डस्टीन (Sydney Goldstein, 1958) ने कहा है कि यदि कोई व्यक्ति किसी नये स्थान में दस साल से कम रहा तो उसे प्रवासी कहा जाना चाहिए अर्थात्, कोई व्यक्ति दस साल या उससे अधिक समय से रह रहा है, तो उसे नये स्थान का स्थायी निवासी माना जाना चाहिए। मसग्रोव (Musgrove, 1963) का कहना है कि यदि कोई व्यक्ति अपने जन्म-स्थान से दूर रहता है, तो उसे प्रवासी कहा जाना चाहिए। स्रायॉक (Shryock, 1964) का कहना है कि यदि पिछले पाँच साल में किसी व्यक्ति ने अपने निवास-स्थल में परिवर्तन किया है, तो उसे प्रवासी माना जाना चाहिए। जबकि चैपमैन (Chapman, 1970) का कहना है कि यदि कोई व्यक्ति मात्र 24 घण्टे के लिए भी एक स्थान से दूसरे स्थान को जाता है, तो उसे भी प्रवासी माना जाना चाहिए।

इन विचारों पर गौर करने से ऐसा लगता है कि प्रवास की परिभाषा के सम्बन्ध में स्थान एवं समय के निर्धारण की भारी समस्या है। विभिन्न विद्वान विभिन्न किस्म के विचार रखते हैं। यहाँ यह भी कहना कठिन काम है कि कौन-सी परिभाषा ज़्यादा उपयुक्त है। यह एक ऐसा विषय है जिसकी परिभाषा के सम्बन्ध में कुछ भी अन्तिम रूप से कहना कठिन है। विभिन्न समाजविज्ञानों के बीच इसकी परिभाषा के सम्बन्ध में तो मतभेद है ही, एक ही समाजविज्ञान के अन्तर्गत विद्वानों के बीच इसकी परिभाषा को लेकर काफी मतभेद हैं। चूँकि प्रवास सम्बन्धी आँकड़े मुख्य रूप से जनगणना से प्राप्त होते हैं, इसलिए जनगणना के द्वारा दी गयी परिभाषा को आधार मानकर विभिन्न देशों में इस विषय पर चर्चा की जाती है। यहाँ हम यह देखने का प्रयास करेंगे कि भारतीय जनगणना में प्रवास किस ढँग से परिभाषित किया गया है।

सन् 1871–72 से लेकर 1961 तक भारतीय जनगणना ने जन्म-स्थान के आधार पर प्रवासियों का निर्धारण किया जिसे **Life-time Migration** कहा जाता है। इस पद्धति के अन्तर्गत यदि कोई व्यक्ति जनगणना के समय अपने जन्म-स्थान से दूर किसी नयी जगह में पाया जाता है, तो उसकी गणना नयी जगह पर एक प्रवासी के रूप में की जाती है। 1971 की जनगणना में प्रवास की परिभाषा में एक नया आयाम जोड़ा गया जो आज तक प्रचलन में है। हुआ यह है कि यदि कोई व्यक्ति आमतौर पर जहाँ निवास करता है और वहाँ से दूर किसी नयी जगह में प्रवास करने लगा है, तो उसे प्रवासी मान लिया गया है। इस निर्धारण में कोई समय सीमा निश्चित नहीं की गयी है। इसका मात्र यही आधार है कि उस नये स्थान पर वह यदि स्थायी रूप से रहने की इच्छा ज़ाहिर करता है, तो उसे प्रवासी मान लिया गया है। उसका जन्म कहाँ हुआ है और वह कहाँ प्रवास कर रहा है, इस बात की नयी परिभाषा में कोई अहमियत नहीं दी गयी है। यहाँ प्रमुख बात इतनी ही है कि जनगणना के समय और उसके पहले निवास-स्थान में क्या परिवर्तन हुआ है। लेकिन यदि कोई स्वास्थ्य लाभ, तीर्थाटन, व्यापार एवं अपने सगे-सम्बन्धियों से मिलने के लिए एक जगह से दूसरी जगह गया है, तो ऐसे लोगों की जनगणना को विभाग ने प्रवासी नहीं माना है। विद्यार्थियों एवं भिखारियों की भी उनके मूल स्थान पर ही गणना की जाती है। इसे गणना की वैध विधि (*De-jure* System of Enumeration) कहा जाता है।

स्थान के निर्धारण के सम्बन्ध में भारतीय जनगणना में प्रवासी कहे जाने के लिए गाँव, शहर, जिला, राज्य एवं अन्तर्राष्ट्रीय सीमा को सीमा क्षेत्र के रूप में स्वीकार किया है, अर्थात् कोई व्यक्ति यदि एक गाँव से दूसरे गाँव जाकर निवास करता है, तो उसे प्रवासी माना जाता है। लेकिन यदि किसी महानगर के अन्तर्गत कोई व्यक्ति एक मुहल्ले से दूसरे मुहल्ले में रहने चला जाता है, तो उसे प्रवासी नहीं कहा जाता है, क्योंकि यह परिवर्तन शहर की सीमा क्षेत्र के अन्तर्गत ही हुआ है। उसी प्रकार यदि कोई व्यक्ति एक जिला से दूसरे जिला या एक राज्य से दूसरे राज्य में चला जाता है, तो उसे प्रवासी कहा जाता है।

प्रवास के प्रकार (Types of Migration)

भारतीय सन्दर्भ आन्तरिक प्रवास की प्रक्रिया को स्थान के वर्गीकरण के आधार पर चार भागों में बाँटा जा सकता है, जो इस प्रकार है–

1. गाँव से शहर
2. गाँव से गाँव
3. शहर से शहर
4. शहर से गाँव

प्रशासनिक सीमा-क्षेत्र के आधार पर आन्तरिक प्रवास को सबको मिलाकर कर 12 भागों में बाँटा जा सकता है, जो निम्नलिखित ढंग से प्रस्तुत किया जा सकता है। भारतीय जनगणना की रपटों में इन सभी प्रकार के प्रवासों के सम्बन्ध में अलग-अलग आँकड़े उपलब्ध हैं।

1. अन्तरा-जिला प्रवास (Intra-district Migration)
   - A. गाँव से शहर
   - B. गाँव से गाँव
   - C. शहर से शहर
   - D. शहर से गाँव
2. अन्तर-जिला प्रवास (Inter-district Migration)
   - A. गाँव से शहर
   - B. गाँव से गाँव
   - C. शहर से शहर
   - D. शहर से गाँव
3. अन्तर-राज्य प्रवास (Inter-state Migration)
   - A. गाँव से शहर
   - B. गाँव से गाँव
   - C. शहर से शहर
   - D. शहर से गाँव

प्रवासी की विशेषताएँ (Characteristics of Migration)

भारत के सन्दर्भ में आन्तरिक प्रवासियों (Internal Migranats) की विशेषताओं पर कोई विशेष शोधकार्य नहीं हो पाया है। इसका मुख्य कारण यह है कि भारतीय समाजशास्त्रियों ने जनसंख्या से जुड़ी समाजशास्त्रीय समस्याओं में कोई विशेष रुचि नहीं दिखाई, चूँकि जनसंख्या सम्बन्धी सभी आँकड़े जनगणना की रपटों एवं नेशनल सैम्पल सर्वे (National Sample Survey) से प्राप्त होता है। भारतीय समाजशास्त्र के क्षेत्र में अनुसन्धान एवं सर्वेक्षण पर इतना निम्नस्तर का प्रशिक्षण दिया जाता है कि बहुत बड़े-बड़े आँकड़ों का यहाँ के समाजशास्त्री आसानी से परिचालन (Manipulation) एवं विश्लेषण नहीं कर सकते हैं। वे आमतौर पर सामाजिक मानवशास्त्र के विषयों तक ही अपने आपको सीमित रखते हैं। गाँवों की समस्या, जाति-प्रथा, नातेदारी, सामाजिक परिवर्तन, स्तरण जैसे विषयों को ही समाजशास्त्र का मुख्य विषय मानते हैं। ऐसी स्थिति में प्रवास या देशान्तर जैसे विषयों पर भारतीय समाजशास्त्रियों का योगदान नगण्य होना एक स्वाभाविक घटना है।

प्रवासी की विशेषताओं का अध्ययन इसलिए आवश्यक है कि किसी भी समाज में सभी लोगों में देशान्तर की प्रवृत्ति समान रूप से नहीं पायी जाती है। कुछ लोग अपनी जन्मभूमि में ही जीना और मरना पसन्द करते हैं, तो कुछ लोग सामाजिक और आर्थिक परिस्थितियों के चलते एक जगह से दूसरी जगह चले जाते हैं, तो कुछ लोग अपने भाग्य या भविष्य की चिन्ता में भी देशान्तर पसन्द करते हैं। चूँकि देशान्तर किसी विशेष जनसंख्या के अन्तर्गत कुछ

ही लोगों का होता है, इसलिए यह कहा जाता है कि देशान्तर एक **चयनात्मक प्रक्रिया (Selective Process)** है। इस सम्बन्ध में विद्वानों का कहना है कि देशान्तर समाज के किसी जनसंख्या के सबसे महत्त्वपूर्ण जीवन्त, सक्षम या शक्तिशाली, सक्रिय एवं जानदार लोगों का होता है। प्रवासी कभी भी किसी जनसंख्या का नमूना (Sample) नहीं माना जाता है। युद्ध, देश का विभाजन या भूकम्प कुछ ऐसी स्थितियाँ हैं, जब देशान्तर के कोई नियम काम नहीं करते हैं। प्रत्येक व्यक्ति को मज़बूरी में एक जगह से दूसरी जगह जाना पड़ता है। भारत और पाकिस्तान के बँटवारे से उत्पन्न या बांग्लादेश की आज़ादी से उत्पन्न देशान्तर की प्रक्रिया में चयनात्मक प्रक्रिया को नहीं देखा जा सकता है, यह एक किस्म का अपवाद है। भारत में सामाजिक और सांस्कृतिक दृष्टि से इतनी विभिन्नताएँ हैं कि समस्त भारत के बारे में कुछ भी अन्तिम तौर पर समान्यीकरण करना कठिन कार्य है। इसके बावजूद, के.सी. जाकारिया (K.C. Zachariah, 1964, 1968), डी.के. कोठारी (1980), जे.पी. सिंह (1986) के अध्ययनों एवं भारतीय जनगणना से प्राप्त आँकड़ों के आधार पर भारतीय प्रवासियों की प्रमुख विशेषताओं को यहाँ संक्षेप में रखने का प्रयास किया जा रहा है–

1. उम्र (Age)— इस सम्बन्ध में दुनिया के अन्य देशों में काफी अनुसन्धान हुए हैं, जिन्हें देखने से यह स्पष्ट होता है कि प्रवासी आमतौर पर नवयुवक होते हैं, जिनकी उम्र 15 से 35 के बीच होती है। बूढ़ों एवं बच्चों में स्वाभाविक रूप से प्रवासी होने की प्रवृत्ति कम पायी जाती है। बच्चे आमतौर पर अपने माता-पिता पर आश्रित होने के कारण उनके साथ देशान्तर करते हैं और बूढ़े लोग जीवन में इतने अधिक थके-हारे होते हैं कि एक जगह से दूसरी जगह भ्रमण करना बहुत ज़्यादा पसन्द नहीं करते हैं। युवकों में भ्रमण की प्रवृत्ति इसीलिए विशेष होती है कि शिक्षा और नौकरी प्राप्त करने के लिए उनका एक जगह से दूसरी जगह जाना नितान्त आवश्यक हो जाता है। यह सही है कि नवयुवक लोगों में प्रवास की प्रवृत्ति विशेष पायी जाती है, लेकिन देशान्तर के कारण विभिन्न मुल्कों में अलग-अलग है, जैसे– भारत में शिक्षा और नौकरी के अलावा विवाह एक बहुत ही प्रमुख कारण है, चूँकि भारत में विवाह एक सर्वव्यापी संस्था है और विवाह आमतौर पर 15 से 30 आयु के बीच सम्पन्न होता है इसीलिए इस उम्र में हर लड़की को अपने माता-पिता के घर से बाहर जाना होता है। यही कारण है कि 15 से 35 के बीच भारतीय जनसंख्या में प्रवास की प्रवृत्ति अधिकतम पायी जाती है।

भारत के सम्बन्ध में यह भी विशेषतौर पर उल्लेखनीय है कि प्रवासी मुख्यतौर पर 15 से 35 साल के ही नहीं होते हैं। जे.पी. सिंह (1988) ने अपने अध्ययन में यह प्रमाणित किया है कि देशान्तर की प्रवृत्ति भारत में एक लम्बी उम्र सीमा तक पायी जाती है। उन्होंने अपने अध्ययन में यह पाया है कि भारत में लोग लगभग 45 साल तक देशान्तर करते रहते हैं। यह स्वाभाविक है, क्योंकि जब कभी भी प्राकृतिक आपदा, जैसे– अकाल, भुखमरी, बाढ़, महामारी इत्यादि का प्रकोप होता है, तो अधिक उम्र के लोगों को भी अपना घर त्यागकर जीवनयापन के लिए दूसरी जगहों पर शरण लेनी पड़ती है चाहे वह थोड़े ही दिन के लिए क्यों न हो। भारत जैसे गरीब विकासशील देश में ऐसी परिस्थितियाँ अक्सर उत्पन्न होती रहती हैं।

2. यौन (Sex)— यौन-सम्बन्धी प्रवास की विशेषता काफी महत्त्वपूर्ण हैं। इस सम्बन्ध में दो महत्त्वपूर्ण बातें विशेष रूप से उल्लेखनीय हैं। गाँव से शहरों की ओर देशान्तर की धारा (Rural-Urban Stream) में पुरुषों की अधिकता पायी जाती है। पुरुष लोग अकेले शिक्षा और नौकरी प्राप्त करने के लिए गाँव से शहरों की ओर आते हैं, परन्तु भारतीय महिलाओं को यह सुविधा या आज़ादी प्राप्त नहीं है। यह उत्तर भारत के सन्दर्भ में ही सही नहीं, बल्कि पूरे दक्षिण एशिया के सन्दर्भ में भी उतनी ही सही है। प्रत्येक पुरुष प्रधान समाज में गाँव से शहर और शहर से शहर की ओर देशान्तर में पुरुषों की अधिकता पायी जाती है। यही कारण है कि गाँव की तुलना में भारत के शहरों में पुरुषों की संख्या बहुत ही ज़्यादा है। निम्न वर्गों में पुरुष छोटे-मोटे काम के लिए शहरों में अकेले आना ही पसन्द करते हैं क्योंकि परिवार रखने में बचत में कमी होगी। महिलाएँ गाँव में घर-बार देखती हैं, बुजुर्गों की सेवा करती हैं और कामकाजी पुरुष गाँव और शहरों के बीच समयानुसार आते-जाते रहते हैं।

यौन सम्बन्धी प्रवास की प्रवृत्ति के साथ यह भी उल्लेखनीय है कि गाँव से गाँव देशान्तर की प्रक्रिया (Rural to Rural Migration) में महिलाओं की संख्या पुरुषों की तुलना में बहुत ही ज़्यादा है जिसका एक मात्र कारण विवाह

के बाद महिलाओं का देशान्तर है। भारतीय सामाजिक नियमों के अनुसार विवाह के बाद महिलाएँ अपने पति के घर निवास करती हैं, जिसके चलते देशान्तर एक स्वाभाविक प्रक्रिया बन जाती है। चूँकि गाँवों के बीच महिलाओं का देशान्तर सबसे अधिक होता है, इसलिए कुछ लोगों ने देशान्तर की इस धारा को **वैवाहिक देशान्तर (Marriage Migration)** भी कहा है।

दुनिया के अन्य देशों में देशान्तर की प्रवृत्ति को देखने से पता चलता है कि महिलाओं के देशान्तर के पीछे अन्य कारण भी प्रमुख हैं, जैसे– एलिजागा (Elizaga, 1965), हेरिक (Herrick, 1965) एवं बायर्ली (Byerlee, 1972) ने अपने अध्ययनों में पाया कि लैटिन अमरीका के देशों में गाँवों से शहरों की ओर महिलाओं के देशान्तर का सबसे प्रमुख प्रयोजन उपयुक्त जीवन-साथी की तलाश है, जबकि अफ्रीका एवं यूरोप के अधिकांश देशों में महिलाएँ नौकरी की तलाश में गाँवों से शहरों की ओर जाती हैं।

महिलाओं के देशान्तर के सम्बन्ध में यह भी उल्लेखनीय है कि कम दूरी के देशान्तर में पुरुषों की तुलना में महिलाओं की संख्या अधिक पायी जाती है, अर्थात् लम्बी दूरी के देशान्तर में पुरुषों की संख्या अधिक पायी जाती है। रबेनस्टीन (Ravenstein, 1885;1889) ने यह बात उन्नीसवीं सदी में कही थी जो आज भी सही प्रतीत होता है। उनका अवलोकन कुछ इस प्रकार का था– "Females appear to predominate among short journey migrants." (Ravenstein, 1889: 288)।

3. वैवाहिक स्थिति (Marital Status)— वैवाहिक स्थिति और देशान्तर के बीच किस प्रकार का सम्बन्ध है इस पर बहुत अधिक शोधकार्य नहीं हुए हैं। अब तक जो भी अध्ययन और आँकड़े उपलब्ध हैं, उन्हें देखने से ऐसा लगता है कि अविवाहित लोग, विशेषकर पुरुष, विवाहितों की तुलना में अधिक देशान्तर करते हैं। चूँकि शिक्षा और नौकरी के चलते नवयुवकों को एक जगह से दूसरी जगह जाना पड़ता है, इसलिए प्रवासियों के बीच अविवाहितों की संख्या कुछ विशेष है। चूँकि नवयुवक अपने जीवनकाल में इसी समय माता-पिता से अलग होते हैं और अपना नया घर बसाते हैं और एक नये ढँग से जीवन जीना शुरू करते हैं, इसलिए इस अवस्था में देशान्तर की प्रवृत्ति की अधिकता एक स्वाभाविक घटना है।

वैवाहिक स्थिति के स्तर पर महिलाओं और पुरुषों के बीच कुछ और स्पष्ट अन्तर है, जैसे– अविवाहित पुरुषों की तुलना में अविवाहित महिलाओं का देशान्तर भारत और कुछ इस्लामी मुल्कों में कम पाया जाता है। अविवाहित महिलाओं को अकेले कहीं बाहर बसने की आज़ादी समाज में बहुत कम होती है। दूसरी तरफ विवाहित महिलाओं का देशान्तर विवाहित एवं अविवाहित पुरुषों की तुलना में बहुत अधिक होता है। यह स्वाभाविक है क्योंकि विवाह के पश्चात् प्रत्येक महिला को अपने माँ-बाप के घर से कहीं बाहर जाकर पति के साथ अपना जीवन व्यतीत करना पड़ता है। विधवाओं (Widows) और विधुरों (Widowers) के सम्बन्ध में भारत में कुछ भी अन्तिम रूप से कहना कठिन है इसलिए कि विधुरों और विधवाओं के देशान्तर की प्रवृत्ति के सम्बन्ध में अब तक कुछ विशेष रूप से तथ्य उभरकर सामने नहीं आये हैं।

4. शिक्षा (Education)— शिक्षा का देशान्तर के साथ बहुत ही सीधा सम्बन्ध है इसलिए कि शिक्षा प्राप्त करने का प्रमुख उद्देश्य अच्छी-से-अच्छी नौकरी प्राप्त करना है और लोग नौकरी की तलाश में बहुत सहजता से एक जगह से दूसरी जगह प्रवास करते हैं। जिनके पास जितनी अधिक योग्यता होती है वे उतना ही अधिक अपने जीवन-वृत्त (Career) के विकास के लिए एक जगह से दूसरी जगह चले जाते हैं। ठीक इसके विपरीत जो लोग अशिक्षित होते हैं उनके बीच भी देशान्तर की प्रवृत्ति अधिक पायी जाती है। चूँकि आमतौर पर अशिक्षित या कम पढ़े-लिखे लोग काफी ग़रीब होते हैं, वे जीवनयापन के लिए कहीं भी किसी प्रकार का काम करने को तैयार रहते हैं। विद्वानों ने यहाँ यही दलील दी है कि उच्च शिक्षा प्राप्त एवं अशिक्षित लोग लगभग समान रूप से देशान्तर की प्रवृत्ति रखते हैं। डी.के. कोठारी एवं जे.पी. सिंह ने अपने अध्ययनों में इस विचारधारा में थोड़ा परिवर्तन लाते हुए कहा है कि अशिक्षित एवं उच्च शिक्षा प्राप्त तथा देशान्तर के बीच 'जे' किस्म का सम्बन्ध ('J' Type Relationship) पाया जाता है। यहाँ

इन लोगों का कहना है कि अशिक्षित और उच्च शिक्षा प्राप्त लोगों में देशान्तर की प्रवृत्ति तो अधिक पायी जाती है, पर अशिक्षितों की तुलना में पढ़े-लिखे लोगों के बीच देशान्तर कुछ ज़्यादा ही देखा जाता है। जब हम शिक्षा और देशान्तर के बीच सम्बन्ध के आँकड़ों को ग्राफ पेपर के ऊपर दिखाने की कोशिश करते हैं, तो भारत में 'जे' प्रकार का वक्र (Curve) ज़्यादा सटीक मालूम पड़ता है। चूँकि शिक्षा और देशान्तर के बीच बहुत गहरा सम्बन्ध पाया जाता है, इसीलिए हर शहर के अन्तर्गत गाँवों की तुलना में शिक्षा का स्तर काफी ऊँचा पाया जाता है। शिक्षित लोग शहर में निवास इसीलिए नहीं करना चाहते हैं कि उन्हें वहाँ जीवनयापन की काफी सुविधाएँ उपलब्ध हैं, बल्कि वे इसीलिए वहाँ जाते हैं कि उन्हें ग्रामीण परिवेश से नफरत है ऐसा अनेक अध्ययनों में पाया गया है। कुसुम नायर ने इस तथ्य को अपनी पुस्तक **Blossoms in the Dust** में स्पष्ट रूप से उजागर किया है।

5. पेशा (Occupation)— सभी पेशों के लोग समान रूप से कभी भी देशान्तर की प्रवृत्ति नहीं रखते हैं। कुछ ऐसे पेशे हैं जिनसे जुड़े लोग कुछ ज़्यादा ही देशान्तर की प्रवृत्ति रखते हैं। जो लोग जितना अधिक शिक्षित एवं विशेषज्ञ (Specialised) हैं वे उतना ही अधिक देशान्तर करते हैं। कृषक एवं मज़दूर किस्म के लोगों में पेशों के सम्बन्ध में इतनी कम दक्षता होती है कि उनके लिए कहीं बहुत काम उपलब्ध नहीं होते हैं, इसीलिए वे देशान्तर की बात नहीं सोचते हैं। डी.के. कोठारी ने बताया है कि मज़दूरों की तुलना में खेतिहर परिवार के लोग कुछ ज़्यादा ही देशान्तर की प्रवृत्ति रखते हैं। मज़दूरों में शिक्षा और योग्यता की इतनी कमी होती है कि वे आजीवन एक ही जगह मज़दूरी करते रह जाते हैं। कभी-कभी उनके सिर पर बड़े किसानों का इतना ऋण होता है कि उसे न वे चुकता कर पाते हैं और न उन्हें बाहर जाने की छुट्टी मिल पाती है। दूसरी तरफ किसान लोगों के पास में इतनी सम्पत्ति होती है कि अपने बच्चों को शहरों में शिक्षा दिलाने के लिए भेज देते हैं और कुछ लोगों के पास इतनी अधिक धन सम्पत्ति होती है कि एक बेहतर जीवन के लिए शहरों में मकान बनाकर निवास करते हैं। शहरों में मकान होना गाँव में एक प्रतिष्ठा की बात भी मानी जाती है।

चूँकि भारत में तेजी से बढ़ती हुई आबादी की समस्या के चलते इतनी बेकारी है कि यहाँ नौकरी पाना या नौकरी बदलना काफी कठिन काम है। सरकारी सेवाएँ आमतौर पर स्थायी (Permanent) होती हैं। इन्हीं सब कारणों से पाश्चात्य देशों की तुलना में पेशागत देशान्तरण भारत में कम होता है। पेशों के चलते महिलाओं का देशान्तरण भारत में बहुत कम है, इसीलिए कि वे आमतौर पर पुरुषों पर आश्रित रहती हैं। चूँकि उनका देशान्तरण स्वतन्त्र किस्म का नहीं होता है, महिलाओं के देशान्तरण को आश्रित देशान्तरण (Dependent Migration) कहा जाता है। इस पहलू पर भारत में अध्ययन बहुत कम हुए हैं पर जो कुछ भी अध्ययन हुए हैं उन्हें देखने से पता चलता है कि देशान्तर का पेशे से बहुत गहरा सम्बन्ध है। ऐसा इसीलिए कहा जाता है कि ग़ैर-प्रवासियों (Non-migrants) की तुलना में प्रवासी लोग (Migrants) किसी-न-किसी पेशे से ज़्यादा जुड़े पाये जाते हैं। यह भारतीय स्तर पर ही नहीं, बल्कि विश्वस्तर पर यथार्थ है, क्योंकि प्रवासियों को जब तक जीवनयापन के लिए कोई पेशा उपलब्ध नहीं होगा तब तक वे किसी नयी जगह पर जाकर रहना पसन्द नहीं करेंगे।

6. स्थिर आबादी (Immobile Population)— किंगज्ली डेविस (1951) ने कहा है कि अमरीका एवं अन्य विकसित देशों की तुलना में भारत की जनसंख्या काफी स्थिर है। के.सी. ज़ाकारिया (1964) ने 1901 से लेकर 1931 तक भारत के अन्तर्गत होने वाले देशान्तर की प्रक्रिया का एक ऐतिहासिक परिप्रेक्ष्य में अध्ययन किया है और उन्होंने डेविस के स्थिर आबादी सम्बन्धी विचार का समर्थन किया है, जो आज भी सही है। 1951 से लेकर 2011 तक के Census आँकड़ों का जब हम विश्लेषण करते हैं तो इससे स्पष्ट पता चलता है कि भारत में दो-तिहाई से अधिक लोग जिस क्षेत्र में पैदा होते हैं वहीं मर जाते हैं, इसीलिए कि भारत की कुल आबादी का लगभग 25–30 प्रतिशत लोग ही देशान्तर करते हैं, 80–90 प्रतिशत लोग अपने ही जिले में आजीवन रह जाते हैं। सन् 1871–72 से लेकर आज तक कभी भी भारत में यहाँ की कुल आबादी का 4 प्रतिशत से ज़्यादा एक राज्य से दूसरे राज्य में नहीं जाते हैं। दूसरे शब्दों में भारत की कुल आबादी के मात्र 4 प्रतिशत लोग ही अपने राज्य की सीमा लाँघ पाते हैं। शेष 96 प्रतिशत लोग इस देश में अपने ही राज्य में जीवन-बसर करते हैं और मर जाते हैं।

भारत में देशान्तर की मात्रा (Volume of Migration) इसीलिए कम है कि भारत अभी भी एक कृषि प्रधान देश है। उद्योगों का विकास बहुत कम हुआ है। खेती में काम करने वाले लोगों के लिए शहरों में नौकरियों का भारी अभाव है। एक अन्य कारण यह भी है कि यहाँ के लोग बहुत उद्यमी नहीं होते हैं। आमतौर पर लोग इतने निराशावादी या भाग्यवादी होते हैं कि जहाँ वे जन्म लेते हैं वहीं वे जीना और मरना चाहते हैं। कृषि की प्रधानता के अलावा यहाँ का पारिवारिक मूल्य, विवाह-प्रथा, जाति-व्यवस्था एवं सामुदायिक जीवन-प्रणाली कुछ ऐसी है कि स्वाभाविक रूप से भारत में देशान्तर की प्रक्रिया को धीमा बनाये रखता है। मायरन विनर (Myron Weiner 1978: 21) ने इस सम्बन्ध में बहुत ही स्पष्ट कहा है कि "India is, then, by and large, a land of native peoples. Men and women live among friends and relatives. Men are born, go to school (if they do go to school), work, marry, and die in the same community. Their wives come from nearby villages, mainly within the district, some from villages in nearby districts, fewer still from villages in neighbouring states."

7. ग्रामीण देशान्तरण की प्रधानता (Predominance of Rural Migration)— बहुत-से लोग आमतौर पर यह मानते हैं कि भारत में सबसे अधिक देशान्तरण गाँवों से शहरों की ओर होता है। भारत के सम्बन्ध में यह कभी भी यथार्थ नहीं रहा है, बल्कि सत्य तो यह है कि यहाँ सबसे अधिक देशान्तरण गाँवों से गाँवों के बीच होता है। ग्रामीण देशान्तरण (Rural to Rural Migration) की प्रमुखता का एकमात्र कारण यह है कि विवाह के चलते महिलाएँ एक गाँव से दूसरे गाँव जाती हैं। भारतीय जनगणना के आँकड़ों को देखने से पता चलता है कि भारत में जितने भी किस्म का देशान्तर होता है उसके कुल योग का 75 प्रतिशत से ज़्यादा लोग गाँव से गाँव की तरफ देशान्तर करते हैं। शेष अन्य धाराओं (Streams) में विभाजित होते हैं। गाँवों से शहरों की ओर जाने वाले देशान्तर की आबादी लगभग 5 से 10 प्रतिशत के बीच होती है। शहरों से गाँव लौटने वालों की जनसंख्या बिलकुल नगण्य है।

8. दूरी और देशान्तर के बीच नकारात्मक सम्बन्ध (Negative Association between Distance and Migration)— यह अक्सर कहा जाता है कि दूरी और देशान्तर के बीच एक नकारात्मक सम्बन्ध पाया जाता है। जैसे-जैसे देशान्तर के प्रारम्भिक बिन्दु (Place of Origin) से दूरी बढ़ती जाती है, वैसे-वैसे प्रवासियों की संख्या (Volume of Migration) में कमी आती है। यह एक स्वाभाविक प्रक्रिया है, क्योंकि दूरी बढ़ने से देशान्तरण ज़्यादा महँगा होता जाता है। दूसरी कठिनाई यह है कि दूरी बढ़ने से सांस्कृतिक विभिन्नताएँ (Cultural Diversities) भी बढ़ती हैं। लोग प्राय: वैसी ही जगहों में निवास करना चाहते हैं जहाँ सांस्कृतिक स्तर पर जीवन में कम-से-कम अड़चनें पैदा हों। इतर किस्म के आचार-विचार, खान-पान एवं भाषाई क्षेत्र में लोग नहीं बसना चाहते हैं, क्योंकि वहाँ सामाजिक समायोजन (Social Accommodation) की समस्या उत्पन्न होती है।

भारत के सन्दर्भ दूरी और देशान्तर के सम्बन्ध में विशेष रूप से उल्लेखनीय बात यह है कि जैसे-जैसे दूरी बढ़ती है देशान्तर की धारा में पुरुषों की संख्या बढ़ती जाती है, कम दूरी के देशान्तर (Short Distance Migration) में महिलाओं की संख्या अधिक होती है। चूँकि हिन्दू लोगों में विवाह अपनी ही जाति के परिचित लोगों के बीच होता है इसीलिए विवाह अक्सर समीप के गाँवों के बीच सम्पन्न होता है। यही कारण है कि कम दूरी के देशान्तर में पुरुषों की तुलना में महिलाओं की संख्या बहुत ही ज़्यादा होती है। इस तथ्य पर जे.पी. सिंह (1986) ने अपने शोध में बहुत ही विशेष रूप से प्रकाश डाला है।

प्रवास के निर्धारक या कारण (Determinants or Causes of Migration)

समाजशास्त्र, जनसंख्याशास्त्र एवं अर्थशास्त्र में एक लम्बे समय तक प्रवास के कारणों पर विवाद होता रहा है और आज तक यह विवाद अन्तिम रूप से इस निर्णय पर नहीं पहुँच पाया है कि भारत के अन्तर्गत गाँव से शहर की ओर प्रवास गाँव में व्याप्त ग़रीबी के चलते होता है या शहरी जीवन की चमक-दमक के परिणामस्वरूप होता है। सैद्धान्तिक स्तर पर इस विवाद को प्रवास का **दबाव-आकर्षण प्रतिरूप (Push-Pull Model of Migration)** के नाम से

जाना जाता है। कुछ विद्वानों का यह विचार है कि आधुनिक युग में शहरों की रोशनी में इतना आकर्षण है कि गाँव के लोग उससे प्रभावित होकर अपने परम्परागत समाज को छोड़कर शहरों में निवास करना पसन्द करते हैं, तो दूसरी तरफ कुछ विद्वान यह कहते हैं कि गाँवों की आबादी इतनी तेजी से बढ़ रही है कि बढ़ती हुई आबादी के लिए वहाँ रोज़गार उपलब्ध नहीं है। अत: नगरों में आना उनकी बढ़ती हुई आर्थिक मज़बूरी का नतीजा है। इस पर विद्वानों के बीच स्पष्ट रूप से सहमति नहीं हो पायी कि इन दोनों में प्रवास का कौन-सा सबसे प्रमुख कारण है। यथार्थ यह है कि दोनों कारणों की अपनी-अपनी प्रमुखता है। कभी कुछ लोग गाँव से शहरों की ओर आर्थिक मज़बूरी में जाते हैं तो कुछ लोग शहरी चमक-दमक के कारण आते हैं। इस सम्बन्ध में सबसे बड़ी कठिनाई यह है कि अनुसन्धानकर्त्ता अब तक यह स्पष्टतौर पर नहीं माप पाये हैं कि कोई गाँव से शहर आने वाला प्रवासी कितनी मज़बूरी में आता है या कितनी अधिक खुशी से आता है। चूँकि इस विषय पर अन्तिम रूप से कुछ नहीं कहा गया है, इसलिए भारत के सन्दर्भ में इस विवाद को बिना सुलझाये छोड़ दिया गया।

कुछ अर्थशास्त्रियों ने स्पष्टतौर पर 1970 एवं 1980 के दशकों में यह प्रमाणित करने की कोशिश की कि भारत एवं अन्य विकासशील देशों में ग्रामीण अर्थव्यवस्था में विकास की गति इतनी धीमी रही है कि वहाँ आबादी के बढ़ने से ग़रीबी में काफी बढ़ोत्तरी हुई है। काफी लोग भूमिहीन हो गये हैं। वहाँ मज़दूरी भी काफी कम है। ऐसी परिस्थिति में लोग मज़बूर होकर शहरों की शरण लेते हैं, अर्थात् गाँव की ग़रीबी कुछ लोगों को शहरों की ओर ढकेल देती है, इस विचारधारा के प्रमुख समर्थकों में माइकल लिप्टन (M. Liption, 1977) एवं ओबराय (A.S. Oberai, 1983) का नाम प्रमुख हैं, पर कई विद्वानों ने अनुभवाश्रित आँकड़ों के आधार पर इस विचार का खण्डन किया है कि गाँव से शहर लोग ग़रीबी के चलते आते हैं।

ग्रीनऊड (Greenwood, 1971) ने बताया है कि भारत में प्रवास का आर्थिक कारण मात्र 54 प्रतिशत ही है। यहाँ प्रवास के पीछे सामाजिक एवं सांस्कृतिक कारण भी काफी महत्त्वपूर्ण हैं। कोनेल (Connell *et al.*, 1976) ने अपने एक अध्ययन में पाया है कि गाँव से शहर आने वाले 70 प्रतिशत लोग ऐसे हैं, जिनके पास काफी भू-सम्पदा है। इस अध्ययन से यही प्रमाणित होता है कि प्रवास के पीछे ग़रीबी या आर्थिक मज़बूरी नहीं है। हिमालय की तराई के एक गाँव के अध्ययन में ऊर्सला शर्मा (U. Sharma, 1977) ने स्पष्टतौर पर कहा है कि "आर्थिक मज़बूरी भले ही कुछ लोगों को गाँव से शहर आने के लिए मज़बूर करे, पर ऐसा नहीं है कि गाँव से शहर आने वाले आर्थिक रूप से सबसे मज़बूर व्यक्ति हैं।" (Economic necessity may force the villagers to leave the land for the city, but it is not necessarily the most needy who migrate) (Sharma, 1977: 286)। इस तथ्य का समर्थन डी.के. कोठारी (D.K. Kothari, 1980) ने भी अपने राजस्थान के गाँव के अध्ययन में स्पष्टतौर पर कहा है कि प्राय: प्रवासी ऐसे घरों से होते हैं, जो आर्थिक रूप से काफी सम्पन्न होते हैं। ग़रीबों के सामने इतनी आर्थिक मज़बूरियाँ होती हैं कि वे अपने खेत मालिकों को छोड़ नहीं पाते हैं। उनके ऊपर ऋण का इतना बड़ा बोझ होता है कि खेत मालिक के यहाँ काम करना उनकी मज़बूरी बनी रहती है। वे उतने शिक्षित भी नहीं होते हैं कि उन्हें शहरों में कोई काम मिल सके। चूँकि दोनों जगहों पर उन्हें मज़दूरी ही करनी है, इसलिए गाँव की निश्चित आय को छोड़कर शहर में वे अनिश्चित रोज़गार का जोखिम नहीं उठाना चाहते हैं। इन तथ्यों के आलोक में यह कहना वैज्ञानिक नहीं होगा कि भारत में प्रवास का मुख्य कारण गाँव की आर्थिक विवशता है।

1. रोज़गार (Employment)— भारतीय समाज एक पुरुष प्रधान समाज है। यहाँ परिवार चलाने की सारी जिम्मेवारी पुरुषों ने अपने ऊपर ले ली है। गाँव से शहर जितने भी पुरुष आते हैं उसमें से 47.5 प्रतिशत लोग नौकरी की तलाश में गाँव से शहर की ओर आते हैं। पुरुषों के सन्दर्भ में प्रवास का यह सबसे प्रमुख कारण है, जबकि लगभग 4 प्रतिशत प्रवासी महिलाएँ गाँव से शहरों की ओर रोज़गार की तलाश में शहर आ पाती हैं। इस देश में महिलाओं से यह उम्मीद नहीं की जाती है कि वह बाहर जाकर काम कर परिवार का भरण-पोषण कर सकें। इस 4 प्रतिशत में अधिकांश ऐसी महिलाएँ हैं, जो अपने परिवार के पुरुषों के साथ मज़दूरी करती हैं। मज़दूरवर्ग के लोग आमतौर पर पुरुष और महिला साथ-साथ

काम करते हैं। लेकिन जब पुरुषों की आमदनी अच्छी होती है तो ऐसे घरों की महिलाएँ स्वयं घर के अन्दर ही रहना पसन्द करती हैं या पुरुष उन्हें घर के बाहर काम करने की इजाजत नहीं देते हैं।

2. सहचारी प्रवास (Associational Migration)— मुख्य प्रवासियों के साथ कुछ ऐसे भी लोग होते हैं, जो उन पर आश्रित होने के चलते प्रवास करते हैं, जैसे उनके छोटे बच्चे एवं पत्नी। लगभग 24 प्रतिशत पुरुष एवं 29 प्रतिशत महिलाएँ गाँव से शहरों की ओर इसलिए आते हैं कि वे परिवार के मुख्य कामकाजी सदस्यों के ऊपर निर्भर करते हैं। ग़रीबों के बच्चे तो अपने माता-पिता के साथ कुछ काम भी कर लेते हैं, लेकिन जिन प्रवासियों की आमदनी अच्छी होती है उनके बच्चे परिवारों पर आश्रित होकर शिक्षा प्राप्त करने आते हैं। इसमें कुछ ऐसे लोग भी शामिल हैं, जो शारीरिक रूप से थोड़ा लाचार हो गये हैं और जीवनयापन के लिए अपने बच्चों पर निर्भर करते हैं।

3. शिक्षा (Education)— पुरुषों के सन्दर्भ में शिक्षा भी प्रवास का एक महत्त्वपूर्ण कारण है। गाँव में स्कूली शिक्षा के अलावा उच्च शिक्षा या किसी अन्य प्रकार की प्रशिक्षण की सुविधा का अभाव होता है, इसलिए स्वाभाविक रूप से स्कूली शिक्षा समाप्त होने के बाद विद्यार्थियों को गाँव छोड़कर आस-पास के शहरों या किन्हीं बड़े नगरों में जाना पड़ता है। कुछ नवयुवक तो अपने माता-पिता के साथ आश्रित होकर आते हैं, तो कुछ लोग स्वतन्त्र रूप से शिक्षा प्राप्त करने के लिए शहर आते हैं। स्वतन्त्र रूप से आने वाले नवयुवक लगभग 8 प्रतिशत ही होते हैं।

शिक्षा प्राप्त करने के लिए भारत में गाँव से शहर आने वाली नवयुवतियों का प्रतिशत बहुत छोटा है। शिक्षा प्राप्त करने के उद्देश्य से प्रवासी महिलाओं का प्रतिशत मात्र 2.6 है, अर्थात् 1000 प्रवासी महिलाओं में मात्र 26 महिलाएँ ही शिक्षा प्राप्त करने के लिए गाँव से शहर की ओर स्वतन्त्र रूप से जाती हैं जिसके कई कारण हैं। चूँकि परिवार की आर्थिक जिम्मेवारी पुरुषों पर होती है, इसलिए भारतीय माता-पिता अपने पुत्र को शिक्षा प्राप्त करने के लिए कहीं भी भेज देते हैं, परन्तु लड़कियों पर कई प्रकार के प्रतिबन्ध होते हैं। लड़कियों को पढ़ाने से उन्हें पढ़ा-लिखा वर खोजना पड़ता है, जिसके लिए दहेज जुटाना एक भारी समस्या है। चूँकि भारतीय समाज मूलरूप से पितृवंशीय व पितृसत्तात्मक है, इसलिए माता-पिता लड़कियों की भलाई की बात कम सोचते हैं। लड़कियों को पढ़ाने से कोई लाभ नहीं मिलता है, क्योंकि शादी के बाद वे अपनी ससुराल चली जाती हैं। कुछ लोग लड़कियों को अकेले इसलिए भी बाहर नहीं भेजना चाहते हैं, क्योंकि भारत में यौन सम्बन्ध में अनेक प्रकार के नैतिक मूल्यों और घिसे-पिटे विचारों का मानसिक बोझ होता है। माता-पिता को ऐसा लगता है कि यदि उनकी बच्चियों ने ग़लत आचरण किया या ग़ैर-जाति के लड़कों से विवाह कर लिया तो समाज में उनकी कोई प्रतिष्ठा नहीं रह जायगी। नारी-शिक्षा के स्तर पर उत्तरी और दक्षिणी भारत के बीच काफी फ़र्क है। शिक्षा प्राप्त करने के लिए दक्षिण भारत में नारियों को विशेष स्वतन्त्रता है। यह इस बात से स्पष्ट होता है कि शिक्षित नारियों का प्रतिशत उत्तर भारत की तुलना में दक्षिण भारत में काफी अधिक है।

4. विवाह (Marriage)— भारत में महिला-प्रवास के सम्बन्ध में यदि कोई सबसे प्रमुख कारण रहा है, तो वह है विवाह-प्रथा। प्राचीन काल से ही हमारे यहाँ **पति स्थानिक आवास (Patrilocal System of Residence)** रहा है, अर्थात् विवाह के बाद लड़कियों की निश्चित रूप से अपने माता-पिता के घर को छोड़कर पति के घर को जाना होता है, जिसके चलते प्रत्येक नारी के जीवन में कम-से-कम एक बार प्रवास की घटना तो घटती ही है। गाँव से शहर आने वाली लगभग 52 प्रतिशत ऐसी महिलाएँ हैं, जो वैवाहिक प्रथा के चलते आयी हैं। गाँव के लोग प्रायः यही चाहते हैं कि उनकी बेटियों की शादी शहर में हो। गाँव का जीवन उन्हें बहुत कष्टकर लगता है, इसलिए शहरों में निवास करने वाले लड़कों से अपनी बेटी का विवाह करना जीवन की एक उपलब्धि मानते हैं। गाँव-से-गाँव की तरफ प्रवास का कोई एकमात्र ठोस कारण है, तो वह विवाह है। इस तथ्य से यह प्रमाणित होता है कि पुरुषों के जीवन में प्रवास का मुख्य कारण आर्थिक है, तो महिलाओं के जीवन में प्रवास का मुख्य कारण सामाजिक एवं सांस्कृतिक है। अतः भारतीय प्रवास की प्रक्रिया का मात्र आर्थिक आधार पर विश्लेषण करना वैज्ञानिक नहीं होगा। हमें लिंगभेद की स्थिति को ध्यान रखते हुए ही कुछ कहने की कोशिश करनी चाहिए।

5. अन्य कारण— प्रवास के कौन-से अन्य कारण हो सकते हैं इसके बारे में भारतीय जनगणना की रपट बिलकुल चुप है। यह थोड़ा-बहुत स्वाभाविक है इसलिए कि छोटे-मोटे इतने अधिक कारण हैं कि सब का अलग-अलग वर्णन कठिन काम है। विभिन्न प्रकार के कारणों से भारत में पुरुषों के प्रवास का प्रतिशत 20 है, तो महिलाओं का मात्र 12 है। लेकिन यदि विभिन्न कारणों से जुड़े आँकड़ों को अलग-अलग वितरित कर देखा जाय तो कुछ ऐसे भी कारण होंगे जिनके चलते प्रवास 1 प्रतिशत भी नहीं होता है। अन्य कारणों के अन्तर्गत कौन-कौन से प्रमुख कारण हो सकते हैं इस सम्बन्ध में National Sample Survey की रपटों से कुछ प्रकाश मिलता है। उस रपट को देखने से ऐसा लगता है कि कुछ लोग स्वास्थ्य सम्बन्धी कारणों से, कुछ नौकरी में तबादलों के चलते, कुछ मौसमी कारणों के चलते, कुछ पारिवारिक झंझट के फलस्वरूप, कुछ लोग व्यापार एवं छोटे-मोटे धन्धों के माध्यम से जीवनयापन करने के लिए तो कुछ लोग चैन की जिन्दगी जीने के लिए गाँव से शहर आना पसन्द करते हैं। कुछ ऐसे भी लोग होते हैं, जो ग्रामीण इलाकों में उग्रवादियों से डरकर शहर में शरण लेते हैं। इस प्रकार गाँवों से शहरों की ओर आने के अनेक कारण हैं और उन कारणों की तीव्रता में क्षेत्रीय भिन्नता पायी जाती है, किन्तु विभिन्न कारणों से गाँव से शहरों की ओर आने के मुख्य रूप से चार ही कारण हैं, जिनकी चर्चा ऊपर की जा चुकी है।

नगरीकरण का स्वरूप (Nature of Urbanization)

नगरीकरण एक ऐसा विषय है, जिसने विभिन्न समाज विज्ञानिकों का ध्यान विशेष रूप से आकृष्ट किया है। इस विषय पर समाजशास्त्र के अलावा भूगोल, अर्थशास्त्र, इतिहास, राजनीतिशास्त्र, सामाजिक मानवशास्त्र एवं जनसंख्याशास्त्र में इतने अधिक अनुसन्धान किये गये हैं कि विभिन्न विषयों का इस विषय पर अलग-अलग नज़रिया है और यही कारण है कि नगरीकरण की कोई सर्वमान्य परिभाषा नहीं है। अर्थशास्त्र के क्षेत्र में नगरीकरण का अर्थ कृषि पर आधारित अर्थव्यवस्था से उद्योगीकरण की ओर बढ़ना है, भूगोल के क्षेत्र में प्राकृतिक पर्यावरण का शहरी पर्यावरण में बदलना एवं नये शहरों की उत्पत्ति या पुराने शहरों की ज़मीन पर फैलाव को नगरीकरण कहा जाता है। समाजशास्त्र के क्षेत्र में ग्रामीण समाज या परिवेश का शहरी पर्यावरण में परिणत होना या ग्रामीणों के द्वारा **नगरीय मूल्यों (Urban Values)** को अपने जीवन में अपनाना नगरीकरण कहलाता है, तो सामाजिक मानवशास्त्र के क्षेत्र में **लोक-संस्कृति (Folk Culture)** का शहरी संस्कृति **(Urban Culture)** में परिवर्तित होना नगरीकरण कहलाता है। जनसंख्याशास्त्र के क्षेत्र में नगरीकरण का कुछ और ही अर्थ है। जब गाँवों की आबादी की तुलना में यदि शहरों की आबादी में समानुपातिक वृद्धि (Proportional Increase) होती है, तो उसे नगरीकरण कहा जाता है। नगरीकरण की परिभाषा की समस्या यहीं नहीं समाप्त होती, बल्कि कठिनाई इस बात की है कि एक ही विषय के अन्तर्गत विभिन्न विद्वानों ने विभिन्न प्रकार से नगरीकरण को परिभाषित करने का प्रयास किया है, इसीलिए तो टी.जी. मक्गी (T.G. McGee, 1971) ने कहा है कि "नगरीकरण एक बैलून की तरह है, जिसमें प्रत्येक समाजविज्ञानी अपना ही अर्थ भरते हैं।" (Urbanization is a balloon into which each social scientist blows his own meaning)।

नगरीकरण की अवधारणा को स्पष्ट करने के लिए यहाँ हम कुछ प्रमुख परिभाषाओं पर विचार करेंगे। पी.एम. हॉसर (P.M. Hauser, 1967) ने बताया है कि नगरीकरण वह प्रक्रिया है, जिसके अन्तर्गत शहर की आबादी में वृद्धि होती है तथा नये शहरों का विस्तार होता है, अर्थात् यदि शहर की जनसंख्या में वृद्धि होती है या किसी जगह में नये शहर का विकास होता है, तो उस प्रक्रिया को नगरीकरण कहा जायेगा। इस विचार का समर्थन होप टिसडेल (Hope Tisdale, 1970) ने निम्नलिखित शब्दों में किया है– "नगरीकरण जनसंख्या के केन्द्रीकरण की एक प्रक्रिया है। यह दो प्रकार से चलती है: जनसंख्या के केन्द्रीकरण की संख्या में वृद्धि एवं किसी केन्द्र विशेष के आकार में वृद्धि।" संक्षेप में नगरीकरण के सम्बन्ध में यही कहा जा सकता है कि इसके अन्तर्गत दो प्रकार की प्रक्रियाएँ मिली हुई हैं– (1) शहरों की संख्या में गुणात्मक वृद्धि (Multiplication of points of concentration) तथा (2) शहर विशेष के आकार

में वृद्धि (Increase in size of individual concentration)। कॉलर्स एवं निस्टुएन (J.F. Kolars and D.J. Nystuen, 1974: 32) ने भी नगरीकरण के इस दृष्टिकोण का समर्थन किया है, पर उन्होंने अपनी ओर से यह भी जोड़ रखा है कि नगरीकरण ग्रामीण जीवन से शहरी जीवन में परिवर्तन है। (Change from rural life patterns to those of city dwellers.)

पोकॉक (D.F. Pocock, 1974) ने नगरीकरण के सन्दर्भ में यह कहा है कि यह एक ऐसी प्रक्रिया है, जिसके अन्तर्गत ग्रामीण लोग शहरों में जाकर प्रवास करते हैं और नगरों के प्रभाव में उनके ग्रामीण जीवन के तौर-तरीकों में परिवर्तन आता है। नेल्स एण्डर्सन (Nels Anderson, 1964) ने इस विचार का समर्थन तो किया है, पर उन्होंने यह कहा है कि मात्र ग्रामीणों का शहरों में जाना और परम्परागत ग्रामीण जीवन में परिवर्तन ही नगरीकरण नहीं है, बल्कि यह एक बृहत्तर प्रक्रिया है। प्रवास के अभाव में भी नगरीकरण की प्रक्रिया सम्भव है। यदि गाँव के लोग वहीं रहकर नगरीय जीवन-शैली को अपनाते हैं तो उसे भी नगरीकरण कहा जायेगा। इसीलिए तो उन्होंने नगरीकरण के अन्तर्गत 'नगरीय प्रभाव का बाह्य-विस्तार' (Outreaching of urban influence) की बात कही है। टिसडेल ने भी इस तथ्य का समर्थन किया है कि नगरीकरण के साथ एक प्रकार की जीवन-शैली के प्रसारण (Radiation) की भी प्रक्रिया जुड़ी हुई है, लेकिन जनसंख्याशास्त्रियों ने एक स्वर से इस बात का खण्डन किया है कि नगरीकरण की परिभाषा में प्रवास की बात नहीं जुड़नी चाहिए। प्रवास और नगरीकरण दोनों अलग-अलग प्रक्रियाएँ हैं। लोगों का गाँव से शहर की ओर जाना प्रवास की प्रक्रिया है, नगरीकरण की नहीं। यह बात दूसरी है कि दोनों एक-दूसरे को बहुत ज़्यादा प्रभावित करते हैं।

डेविस (K. Davis, 1969) ने नगरीकरण को बिलकुल ही अलग ढँग से परिभाषित किया है। उनकी परिभाषा को देखने से लगता है कि उन्होंने नगरीकरण को जनसंख्याशास्त्र के परिप्रेक्ष्य में परिभाषित करने का प्रयास किया है। नगरीकरण के सम्बन्ध में उन्होंने कहा है कि "नगरीकरण समस्त जनसंख्या की नगरीय आबादी में समानुपातिक वृद्धि है या फिर मात्र उस समानुपात में वृद्धि है।" (Urbanization is an increase in the proportion of the total population concentrated in urban settlements or else to a rise in this proportion.) यहाँ पर डेविस का कहना है कि यदि ग्रामीण आबादी की तुलना में शहरों की आबादी में तेजी से वृद्धि होती है, तो उसे नगरीकरण कहा जायेगा, पर गाँव और शहरों की आबादी समान अनुपात में बढ़ती है, तो उसे नगरीकरण नहीं कहा जायेगा।

स्मेल्स (Smailes, 1975: 1) ने नगरीकरण को एक भौगोलिक दृष्टिकोण से देखने का प्रयास किया है, इसीलिए तो उन्होंने कहा है कि "नगरीकरण एक ऐसी प्रक्रिया है, जिसके अन्तर्गत किसी क्षेत्र और वहाँ के निवासियों का शहरी होना है।" (Urbanization is the process whereby land and inhabitants become urban.) इस परिभाषा का विश्लेषण करने से नगरीकरण के तीन तत्त्वों पर प्रकाश डाला गया है– (i) गाँव से शहर प्रवास (Rural to Urban Migration), (ii) भूदृश्य में परिवर्तन (Change in Landscape) और (iii) आवासीय वातावरण में परिवर्तन (Change in the milieu of residence)। मीचेल (Mitchell, 1950) ने भी इस परिभाषा का समर्थन किया है, लेकिन उन्होंने नगरीकरण की प्रक्रिया के साथ पेशे में परिवर्तन की भी बात कही है। उनका कहना है कि कृषि पर आधारित पेशों को छोड़कर औद्योगिक पेशे को अपनाना भी नगरीकरण ही है।

नगरीकरण का प्रतिरूप (Patterns of Urbanization)

उपर्युक्त विवरण से यह स्पष्ट होता है कि नगरीकरण की प्रक्रिया के सम्बन्ध में अब तक विभिन्न प्रकार के विचार आये हैं। नेल्स एण्डरसन (Nels Anderson, 1970) ने नगरीकरण के ऊपर विभिन्न प्रकार के विचारों को ध्यान में रखकर उसकी प्रमुख विशेषताओं को इस प्रकार रखने का प्रयास किया है।

1. नगरों में बृहत् पैमाने पर श्रम-विभाजन होता है। विभिन्न तरह के पेशों के अन्तर्गत विशिष्टीकरण पाया जाता है। यदि एक तरफ कुछ लोग मज़दूरी करते हैं तो दूसरी तरफ कुछ लोग बड़े-बड़े शल्य चिकित्सक भी होते हैं,

कुछ अनपढ़ हैं तो कुछ उच्च कोटि के विद्वान भी, कुछ आदमी हस्तनिर्मित सामान बेच रहे हैं तो कुछ आधुनिक कल-कारखानों में बनी परिष्कृत चीजों का भी प्रयोग कर रहे हैं।

2. नगरों के अन्तर्गत विभिन्न प्रकार के कार्यों के लिए लोग मशीनों पर अपेक्षाकृत अधिक निर्भर करते हैं– प्रायः वैसी मशीनों पर जिनका संचालन तेल या बिजली से होता है। जबकि ग्रामीण इलाकों के अन्तर्गत लोग अधिकांश काम अपने हाथों से ही करते हैं। अगर उन्हें कहीं जाना भी होता है, तो वे लोग पैदल जाते हैं या बैलगाड़ी की सवारी करते हैं।

3. शहरी जीवन में परम्परागत आदर्शों एवं मूल्यों से लोगों के व्यवहारों का नियन्त्रण बहुत कम होता है। प्राथमिक समूह गौण होने लगते हैं तथा द्वितीयक समूह की प्रधानता बढ़ जाती है। लोगों के आपसी सम्बन्ध बहुत छिछले और अस्थायी हो जाते हैं।

4. नगरों के अन्तर्गत प्रवास और सामाजिक गतिशीलता की प्रवृत्ति बहुत अधिक पायी जाती है। नगरों के लोग आसानी से एक जगह से दूसरी जगह या एक शहर से दूसरे शहर जाने के लिए तैयार रहते हैं। उन्हें अपने स्थान से ग्रामीण लोगों की तरह कोई गहरा लगाव नहीं होता है। बेहतर अवसर की खोज में एक पेशे से दूसरे पेशे में भी जाने को तैयार रहते हैं। वे समान किस्म के पेशे में जगह बदलने में भी नहीं हिचकते हैं। सामाजिक स्थिति एवं मान-सम्मान के लिए लोग स्थान और पेशे में परिवर्तन के लिए तत्पर रहते हैं।

5. शहरी पर्यावरण साधारणतया मानवनिर्मित होता है और वह परिवर्तनशील भी होता है। जैसे-जैसे आर्थिक विकास होता है तथा विज्ञान और प्रौद्योगिकी में परिवर्तन आता है, वैसे-वैसे शहरी पर्यावरण में भी परिवर्तन आता रहता है। कभी शहरों के अन्तर्गत टमटम, साइकिल और रिक्शा जैसे वाहनों की प्रधानता थी तो आज विभिन्न प्रकार के मोटरकार, स्कूटर, हवाई जहाज और रेलगाड़ी दिखाई पड़ते हैं। सौ साल के अन्तराल में शहरों में इतना अधिक परिवर्तन आ जाता है कि हमारी आँखें चौंधिया जाती हैं। लेकिन गाँव सौ साल के अन्तराल में भी वैसा का वैसा ही बना रह जाता है।

6. शहरों में लोगों का जीवन घड़ी की सूई से निर्धारित होता है। समय से लोग दफ्तर जाते हैं और समय से घर वापस आते हैं। विद्यार्थी भी समय के अनुसार वर्ग में जाते हैं और समय से वर्ग से बाहर निकलते हैं। ऐसा लगता है कि शहरों में लोग समय के गुलाम होते हैं। हमारे दैनिक जीवन में समय की इतनी महत्ता होती है कि हम सारा काम-काज घड़ी देखकर ही करते हैं। शहरी लोग किसानों की तरह अपने काम में स्वच्छन्द नहीं होते हैं। हमारे व्यस्त जीवन में वक्त की काफी पाबंदियाँ होती हैं।

7. जैसा कि पहले भी जिक्र किया जा चुका है कि शहर में हमारे सम्बन्ध बहुत अल्पकालिक होते हैं एवं वैयक्तिक पहचान की कमी होती है। लोग अपनी पहचान के लिए विभिन्न प्रकार के संकेतों एवं नाम या पद-पट्टिकाओं का प्रयोग करते हैं। अधिकांश व्यक्तियों को इस बात की बहुत चिन्ता होती है कि वह जो है उसकी उस रूप में पहचान नहीं हो रही है। इस स्थिति में वे विभिन्न किस्म के प्रचार-प्रसार के माध्यमों के सहारे अपने नाम को उजागर करने का प्रयास करते हैं ताकि शहरी भीड़ में उनकी एक अच्छी पहचान बन सके।

8. शहरी जीवन में लोगों में एक प्रत्याशा की मनोवृत्ति पायी जाती है। जब कभी भी शहरों में कुछ परिवर्तन होता है, तो उससे वहाँ के लोगों को ऐसा लगता है कि वहाँ कुछ और भी परिवर्तन होने जा रहा है। जैसे-जैसे शहरों में परिवर्तन आता है, वैसे-वैसे वहाँ के लोग भी बदलते जाते हैं, क्योंकि शहरी लोगों में समायोजन की क्षमता अधिक पायी जाती है। यथार्थ तो यह है कि शहरी लोग कुछ ज़्यादा ही परिवर्तन पसन्द करते हैं। शहर के लोग इतने परिवर्तन प्रेमी होते हैं कि जब अक्सर परिवर्तन नहीं दिखाई देता है, तो उन्हें कुछ अच्छा महसूस नहीं होता है।

9. शहरी जीवन में हम मौखिक वादों के आधार पर व्यवहार कम करते हैं। हर कार्य के लिए रेकर्ड, कानून, गवाह, लिखित संविदा का सहारा लेते हैं। जिस तरह बड़े-से-बड़े काम भी गाँवों के अन्तर्गत अलिखित या मौखिक होते हैं उस तरह की बात शहरों में नहीं पायी जाती है। शहरों के अन्तर्गत इतना अधिक अविश्वास या बेईमानी है कि हम हर कार्य को लिखकर ही सम्पन्न करना पसन्द करते हैं।

आधुनिक नगरीकरण की विशेषताएँ (Features of Modern Urbanization)

सर्वप्रथम यहाँ स्पष्ट कर देंना आवश्यक है कि आधुनिक नगरीकरण से तात्पर्य उस नगरीकरण से है, जो उद्योगीकरण पर आधृत है। औद्योगिक क्रान्ति के पूर्व होने वाले नगरीकरण को परम्परागत नगरीकरण के नाम से जाना जाता है। आधुनिक नगरीकरण उद्योगीकरण का एक सीधा प्रतिफल है। आधुनिक नगरीकरण की प्रमुख विशेषताओं में महानगरों (Metropolises) की उत्पत्ति है। आज विश्व में ऐसे भी नगर हैं जिसकी आबादी 2 करोड़ के आस-पास है, जो बहुत सारे मुल्कों की समस्त आबादी से भी ज़्यादा है। औद्योगिक क्रान्ति के पूर्व विश्व के नगरीकरण की विशेषता कस्बों एवं नगरों (Towns and cities) की उत्पत्ति थी, लेकिन औद्योगिक क्रान्ति के बाद विश्व के विभिन्न देशों में महानगरों एवं **महा-महानगर या नगरों के नगर (Megalopolis)** की उत्पति हुई। जनसंख्या के दृष्टिकोण से ऐसे नगर जिसकी आबादी 10 लाख या उससे अधिक है उसे **(Metropolis)** महानगर कहा जाता है और जिसकी आबादी 100 लाख है उसे **महा-महानगर (Megalopolis)** कहा जाता है। 1991 की जनगणना के अनुसार भारत में महानगरों की संख्या 23 मानी जाती है और नगरों के नगर की संख्या 2 मानी जाती है, जैसे– मुम्बई एवं कोलकाता। अब तो दिल्ली की भी अपनी आबादी 100 लाख से ऊपर हो गयी है। अभी विश्व के महानगरों में मुम्बई, कोलकाता एवं दिल्ली को क्रमशः 6वाँ, 9वाँ एवं 17वाँ स्थान प्राप्त है।

आधुनिक नगरीकरण की एक प्रमुख विशेषता यह है कि उद्योगीकरण के कारण नगरों की श्रृंखला की उत्पत्ति हो रही है, जिसे **नगरीय श्रृंखला** या **उपनगरीय समूहन (Conurbation)** कहा जाता है। एक नगरीय श्रृंखला के अन्तर्गत बहुत सारे छोटे-छोटे नगर होते हैं। वे इस तरह से एक-दूसरे से जुड़े रहते हैं कि विभिन्न नगरों के बीच कुछ अन्तर दिखाई नहीं पड़ता। उद्योग एवं व्यवसाय के विकास से कई नगर इस प्रकार जुड़ जाते हैं कि वे एक ही नगर के समान दिखाई पड़ते हैं और यदि ऐसे नगरों की श्रृंखला की आबादी 1 करोड़ की हो तो उसे ही **नगरीय श्रृंखला** या **उपनगरीय समूहन (Conurbation)** कहा जाता है। अमरीका में बोस्टन (Boston) से लेकर वाशिंगटन, डी.सी. (Washington, D.C.) तक 450 मील लम्बी नगरों की पट्टी विकसित हुई है, जिसे अमरीका की सबसे बड़ी नगर श्रृंखला माना जाता है। इसकी आबादी लगभग 4 करोड़ की है।

आधुनिक नगरीकरण के सम्बन्ध में प्रमुख बात यही है कि महानगरों पर आधारित नगरीकरण का विकास हो रहा है। 1800 ई. में अमरीका मुख्य रूप से एक ग्रामीण समाज था। वहाँ 10 प्रतिशत लोग ही ऐसे नगरों में रह रहे थे जिसकी आबादी 2500 से अधिक थी। आज अमरीका में कोई 75 प्रतिशत लोग शहरों में निवास करते हैं। 1800 ई. में लन्दन मात्र 11 लाख की आबादी के आधार पर उस समय का विश्व का सबसे बड़ा नगर था, आज वहाँ की आबादी 1 करोड़ से ऊपर हो गयी है और अब वह विश्व का सबसे बड़ा नगर नहीं रह गया है।

एक समय था जब नगरीकरण औद्योगिक क्रान्ति से गुज़रने वाले देशों की ही मुख्य विशेषता थी, तो आज नगरीकरण समस्त मानव-समाज की विशेषता हो गयी है। तीसरी दुनिया जो मुख्य रूप से कृषि पर आधारित थी और जहाँ उपनिवेशवाद के कारण आर्थिक शोषण अपनी चरम सीमा पर था आज वहाँ भी नगरीकरण की प्रक्रिया तेज हो गयी है। आज विश्व के अधिकांश महानगर तीसरी दुनिया में ही अवस्थित हैं। जो कुछ भी नगरीकरण की प्रक्रिया चल रही है वह मुख्य रूप से तीसरी दुनिया के देशों में ही चल रही है। विश्व के महानगरों को प्रौद्योगिकी और विज्ञान के विकास ने एक सूत्र में पिरो दिया है। इसी नगरीकरण की प्रक्रिया के कारण हमारे जीवन का विश्वव्यापीकरण हो रहा है।

आधुनिक नगरीकरण के कारण विश्वस्तर पर शहर-गाँव प्रवास की प्रक्रिया में काफी वृद्धि हुई है। लोग गाँवों से उठकर शहर में आये हैं। विभिन्न देशों के बीच भी अन्तर्राष्ट्रीय प्रवास की प्रक्रिया काफी तेज हुई है। एक समय था जब आज विकसित कहे जाने वाले देशों के लोग उपनिवेश के लिए एक जगह से दूसरी जगह जाया करते थे, तो आज उसके विपरीत विकासशील देशों के मेधावी लोग एक बेहतर जीवन की तलाश में अपना देश छोड़कर विकसित देशों की ओर जाने के लिए परेशान हैं। विकासशील देशों के सामने **मेधा-पलायन (Brain-drain)** की समस्या हो रही है। सच तो यह है कि समस्या यहीं तक नहीं रुकी हुई है, बल्कि अब तो विकासशील देशों के पूँजीपति लोग भी व्यवसाय

के लिए विकसित देश ही पसन्द कर रहे हैं। बहुत सारे विकसित देशों की अर्थव्यवस्था के अन्तर्गत विकासशील देशों के काफी पैसे छिपे पड़े हैं। पर इसके साथ यह भी यथार्थ है कि अधिक-से-अधिक मुनाफ़ा कमाने और आर्थिक शोषण के लिए विकसित देशों से बहुराष्ट्रीय कम्पनियाँ विकासशील देशों में आ रही हैं। संक्षेप में हम यहाँ यही कह सकते हैं कि आधुनिक नगरीकरण ने **मेधा-पलायन (Brain-drain), अर्थ-पलायन (Economic-drain)** तथा **आर्थिक साम्राज्यवाद (Economic Imperialism)** या **आर्थिक उपनिवेशवाद (Economic Colonialism)** को बढ़ावा दिया है।

आधुनिक नगरीकरण ने विश्वस्तर पर हमारी संस्कृति को बहुत ही क्रान्तिकारी ढँग से प्रभावित किया है। लोगों के जीवन के मानदण्ड और मूल्य बदल गये हैं। परम्परावादी विचारधारा की जगह वैज्ञानिक मिज़ाज का विकास हुआ है। शहरों के अन्तर्गत **सर्वदेशीय मन (Cosmopolitan Mind)** एवं **समिश्रित संस्कृति (Composite Culture)** में वृद्धि हुई है। यह सही है कि शहरों में जातिवाद, नृजातिवाद और प्रजातिवाद देखने को मिलता है, इसके बावजूद यह भी सही है कि विभिन्न जातियों, सम्प्रदायों एवं प्रजातियों के बीच सामाजिक और सांस्कृतिक दूरी में काफी कमी आयी है। हम सभी एक साथ रहने लगे हैं। सामाजिक अन्त:क्रिया में वृद्धि हुई है। यहाँ तक कि शादी-विवाह के माध्यम से मिश्रित परिवार की भी उत्पत्ति हो रही है। विश्वस्तर पर समाज जितना खंडित था वह आज एक-दूसरे से उतना ही नज़दीक होता जा रहा है। इन तथ्यों की ओर हमारा ध्यान कई विद्वानों ने आकर्षित किया है, जैसे– सॉरस्क (Schorske, 1963), बर्ड (Byrd, 1978) एवं लीज (Lees, 1985)। आज विभिन्न देशों के लोग एक-दूसरे के इतना करीब आते जा रहे हैं कि अब **भूमण्डलीय गाँव (Global Village)** की अवधारणा की बात की जा रही है।

नगरीकरण एवं उद्योगीकरण (Urbanization and Industrialization)

आधुनिक नगरीकरण एवं उद्योगीकरण के बीच बहुत सीधा सम्बन्ध है, क्योंकि विश्वस्तर पर नगरीकरण का मुख्य आधार उद्योगीकरण ही माना जाता है। लेकिन इन दो प्रक्रियाओं के बीच सम्बन्धों को लेकर समाजविज्ञानों में काफी विवाद बना हुआ है। अब तक जितने भी विचार आये हैं उन्हें हम दो भागों में बाँट सकते हैं। पहला विचार यह है कि पाश्चात्य देशों में उद्योगीकरण एवं नगरीकरण की प्रक्रिया साथ-साथ चली है। नगरीकरण उद्योगीकरण का प्रत्यक्ष नतीजा रहा है। दूसरा विचार यह है कि अधिकांश विकासशील देशों में उद्योगीकरण एवं नगरीकरण में कोई सम्बन्ध नहीं है। तर्क यह दिया जाता है कि यहाँ नगरीकरण उद्योगीकरण से आगे निकल चुका है, अर्थात् तीसरी दुनिया (Third World) के अन्तर्गत नगरीकरण **जनसंख्या विस्फोट (Population Explosion)** का परिणाम है। इन दोनों विचारों के ऊपर हम बारी-बारी से विचार करेंगे।

जनसंख्याशास्त्र, समाजशास्त्र, मानवशास्त्र एवं अर्थशास्त्र के विद्वानों ने मई 1954 में अमरीका के शिकागो विश्वविद्यालय में भारतीय नगरीकरण पर पहली बार विस्तारपूर्वक चर्चा की जहाँ विभिन्न प्रकार के विचार सामने आए। इस विषय पर जो भी लेख प्रस्तुत हुए वे सभी **Economic Development and Cultural Change** (1954 and 1955) नामक शोध पत्रिका एवं राय टर्नर (Roy Turner) द्वारा सम्पादित पुस्तक **India's Urban Future** (1962) के माध्यम से सामने आये। वहाँ बहुत-से मुद्दों के अलावा इस पर भी काफी गम्भीरतापूर्वक विचार किया गया कि नगरीकरण एवं उद्योगीकरण के बीच भारत में किस प्रकार का सम्बन्ध है। उस गोष्ठी में किंगज्ली डेविस एवं गोल्डेन (Davis and Golden, 1954) ने स्पष्ट तौर पर कहा कि भारत में उद्योगीकरण एवं नगरीकरण के बीच कोई सम्बन्ध नहीं है और भारतीय नगरीकरण के लिए **अति-नगरीकरण (Hyper-urbanization तथा Over-urbanization)** जैसी अवधारणाओं का प्रयोग किया गया। इस विचार का समर्थन बाद में हॉसर (Hauser, 1957) ने भी किया, पर उन्होंने यह बात मात्र भारत के सम्बन्ध में ही नहीं, बल्कि अन्य विकासशील देशों के सम्बन्ध में भी कही। शहर में रहने वाले लोगों को उन्होंने शहरी (Urban) नहीं कहकर **शहरी किसान (Urban Peasants)** कहना पसन्द किया। हॉसर ने यह स्पष्ट तौर पर लिखा है कि यह सही है कि "आर्थिक विकास के वर्तमान स्तर की दृष्टि से एशिया अति-नगरीकृत है।"

(It is true to say that Asia is over-urbanized in relation to its degree of economic development.) उसी तर्ज़ पर मक्गी (T.G. McGee, 1967:19) ने तीसरी दुनिया के Urbanization को **छद्म नगरीकरण (Pseudo-urbanization)** कहकर पुकारा है। भारत एवं अन्य विकासशील देशों के बारे में यह विचार कई विद्वानों ने व्यक्त किया है।

पीच (G.C.K. Peach, 1970) ने कहा है कि पाश्चात्य दुनिया के परिप्रेक्ष्य में भारत का नगरीकरण विरोधाभास से भरा हुआ है। उनके अनुसार यूरोप और अमरीका में नगरीकरण की शुरुआती दौर में उद्योगों के विकास के चलते लोग गाँव से शहरों की ओर आते थे, अर्थात् वहाँ नगरीकरण उद्योगीकरण का एक नतीजा था। जब उद्योगीकरण एवं नगरीकरण की प्रक्रिया वहाँ चल रही थी, तो प्रवास की प्रक्रिया के चलते खेती पर आश्रित लोगों की आबादी उसी अनुपात में धीरे-धीरे घटती गयी। इसके विपरीत भारत में नगरीकरण उद्योगीकरण का प्रतिफल नहीं है, बल्कि यह ग्रामीण क्षेत्रों में बढ़ती हुई आबादी के चलते बढ़ती हुई बेरोज़गारी का प्रतिफल है। गाँव में इतनी भूसम्पदा अब लोगों के पास नहीं है कि लोग वहाँ उपार्जन कर अपना जीवनयापन कर सकें। गाँवों में लोगों के विकास की सम्भावनाएँ लगभग रुक-सी गयी हैं। आबादी इतनी बढ़ गयी है कि वहाँ पर **अतिरिक्त श्रमिक (Surplus Labour)** की समस्या उत्पन्न हो गयी है, जिसके कारण ग़रीब लोग गाँव को छोड़कर शहरों में काम करना पसन्द करते हैं। दूसरे शब्दों में भारतीय नगरीकरण गाँवों की बढ़ती हुई ग़रीबी का नतीजा है, औद्योगिक विकास का नहीं। पिछले पचास वर्षों में खेती एवं उद्योगों पर निर्भर व्यक्तियों के अनुपात में नाम-मात्र का परिवर्तन आया है। आज भी भारत में लगभग 70 प्रतिशत लोग खेती-बाड़ी पर ही निर्भर रहते हैं। भारतीय जनगणना की रपटों को देखने से ऐसा स्पष्ट होता है कि शहरों में 3 प्रतिशत से 5 प्रतिशत लोग खेती-बाड़ी के माध्यम से अपना जीवन यापन करते हैं। भारत में नगरीय आबादी एवं उद्योग में काफी वृद्धि हुई है। इसके बावजूद, आँकड़ों को देखने से लगता है कि राष्ट्रीय स्तर पर **पेशागत संरचना (Occupational Structure)** में मामूली परिवर्तन आया है। इन्हीं सब तथ्यों को ध्यान में रखकर पीच एवं अन्य विद्वानों ने भारत के नगरीकरण के सम्बन्ध में कहा है कि यह उद्योगीकरण की सीमा को लाँघ चुका है। यहाँ उद्योगीकरण एवं नगरीकरण में सामंजस्य का सर्वथा अभाव है, इसीलिए विद्वानों ने भारतीय नगरीकरण के लिए अति-नगरीकरण एवं मिथ्या-नगरीकरण जैसी अवधारणाओं का प्रयोग किया है। यह मात्र भारत के सन्दर्भ में ही सही नहीं है, बल्कि एशिया तथा अफ़्रीका के विभिन्न देशों के साथ भी लागू होता है।

सोवानी (N.V. Sovani, 1966) ने इस बात का पुरजोर विरोध किया है कि भारत के साथ-साथ अन्य विकासशील देश **अति-नगरीकृत (Over-urbanized)** हैं। उन्होंने उद्योगीकरण एवं नगरीकरण के विभिन्न चरों (Variables) का सांख्यिकीय विश्लेषण किया और पाया कि उद्योगीकरण एवं नगरीकरण के बीच विकासशील देशों में सकारात्मक सम्बन्ध है और ठीक इसके विपरीत विकसित देशों के बीच इन दो प्रक्रियाओं के बीच कोई सम्बन्ध नहीं है। इस आधार पर उन्होंने कहा कि भारत का नगरीकरण पूर्णत: सामान्य है, लेकिन विकसित देश अति-नगरीकृत अवश्य हैं। भारत के सन्दर्भ में अति-नगरीकरण की बात का अशीष बोस ने भी खण्डन किया है। अशीष बोस एवं सोवानी के विचार एक समान हैं। कुछ ही दिनों बाद कामर्सकेन (Kamerschen, 1969) ने अस्सी देशों के आँकड़ों को लेकर एक सांख्यिकीय विश्लेषण के माध्यम से यह पता लगाने का प्रयास किया कि उद्योगीकरण एवं नगरीकरण के बीच किस प्रकार का सम्बन्ध है। उन्होंने अपने उस लेख के माध्यम से यह प्रमाणित किया कि उद्योगीकरण एवं नगरीकरण के बीच कोई सम्बन्ध नहीं है, अगर थोड़ा-बहुत सम्बन्ध है भी तो वह मात्र विकासशील देशों में ही पाया जाता है। उनके लेख का सारांश इस प्रकार है– "अविकसित देशों की तुलना में इन सभी देशों में, या विशेषकर विकसित देशों में, उद्योगीकरण एवं नगरीकरण के बीच कोई नज़दीकी या सकारात्मक रिश्ता नहीं है।"

अत: भारत एवं अन्य विकसित देशों के बारे में यह कहना कि उद्योगीकरण एवं नगरीकरण के बीच कोई सकारात्मक सम्बन्ध नहीं है, यथार्थ को झुठलाने जैसा है। अत: यह भी कहना उतना ही ग़लत है कि भारत में अति-नगरीकरण हुआ है। यहाँ का नगरीकरण एक सामान्य नगरीकरण है। भारत के अधिकांश शहरों का स्वरूप थोड़ा ग्रामीण इसीलिए लगता है कि यहाँ काफी ग़रीबी और बेकारी है। भारत को अभी काफी विकास करना है।

नगर (Urban)

नगर किसे कहते हैं, यह समाजविज्ञानों में अभी भी एक विवाद का विषय बना हुआ है। नगर की परिभाषा सिर्फ समाजविज्ञानों के स्तर पर ही अलग-अलग नहीं है, बल्कि देश के स्तर पर भी अलग-अलग है। कभी-कभी तो समय के साथ एक ही मुल्क के अन्तर्गत नगर की परिभाषा में बदलाव आ जाता है, जिसका परिणाम यह होता है कि विश्वस्तर या क्षेत्रीय स्तर पर नगरीकरण की प्रक्रिया का तुलनात्मक अध्ययन करना काफी कठिन हो जाता है। अभी तक नगर की कोई सर्वमान्य परिभाषा नहीं है, क्योंकि किसी जगह को नगर कहा जाये या नहीं इसकी कोई विश्वव्यापी कसौटी (Criteria) नहीं है। संयुक्त राष्ट्र (United Nations) ने एक बार 52 देशों के नगरों की परिभाषा का विश्लेषण किया और पाया कि मुख्य रूप से पाँच कसौटियों के स्तर पर नगरों की परिभाषा के सम्बन्ध में विभिन्न मुल्कों के बीच विभेद हैं– (i) प्रशासनिक क्षेत्र (Administrative Areas), (ii) नगरीय विशेषताएँ (Urban Features), (iii) प्रमुख आर्थिक कार्य-कलाप (Predominant Economic Activities), (iv) आबादी (Population) एवं (v) राजनीतिक विचार (Political Consideration)।

इन्हीं पाँच प्रकार की कसौटियों में से किसी को आधार मानकर किसी जगह को नगर परिभाषित किया जाता है। यहाँ कुछ प्रमुख उदाहरण दिये जा रहे हैं जिनसे यह स्पष्ट होता है कि नगर की सर्वमान्य परिभाषा में किस प्रकार की अड़चनें हैं।

डेनमार्क, स्वीडेन एवं फिनलैण्ड (Denmark, Sweden and Finland) जैसे देशों में यदि किसी जगह की आबादी मात्र 200 लोगों की है, तो उसे नगर मान लिया जाता है। उसी तरह यदि क्यूबा में किसी जगह की आबादी मात्र 50 की है, तो उसे शहर मान लिया जाता है। जबकि दूसरी तरफ कोरिया (Republic of Korea) में जब तक किसी जगह की आबादी 40,000 की नहीं हो जाती है, तब तक उस क्षेत्र को शहर का दर्ज़ा प्राप्त नहीं होता है। कनाडा (Canada) एवं अमरीका (U.S.A.) में क्रमशः 1,000 एवं 2,500 की आबादी के आधार पर किसी जगह को शहर के रूप में वर्गीकरण किया जाता है। किसी जगह को शहर कहे जाने के लिए उसकी आबादी ग्रीनलैण्ड (Greenland) में 300, ग्रीस (Greece) में 10,000 और घाना (Ghana) में 5,000 की होनी चाहिए। इस्राइल (Israel) एवं कांगो (Congo) में आबादी से ज़्यादा महत्त्वपूर्ण लोगों का जीवनयापन का मुख्य आधार है। इस्राइल में शहर कहे जाने के लिए यह ज़रूरी नहीं है कि उस जगह के दो तिहाई से अधिक लोग ग़ैर-कृषि कार्यों में लगे हुए हों। इसी तरह से कांगो में यदि किसी जगह अधिकांश लोग ग़ैर-कृषि कार्यों में लगे हुए हों तो उसे शहर मान लिया जाता है, लेकिन टर्की (Turkey) चेक गणराज्य (Czechoslovakia) एवं संयुक्त अरब गणराज्य (United Arab Republic) के लिए किसी जगह का शहर कहे जाने के लिए यह ज़रूरी है कि वह जगह सरकारी प्रशासनिक केन्द्र हो। यही आधार अल्जीरिया (Algeria), जापान (Japan), टयूनीशिया (Tunisia) एवं ब्रिटेन (United Kingdoms) में भी लागू है। रोमानिया (Romania) में इन सारी शर्तों को नज़रअन्दाज कर यह देखा जाता है कि कोई स्थान शहर जैसा देखने में लगता है या नहीं। इस तरह हम देखते हैं कि नगरों की अवधारणा के सम्बन्ध में कई कसौटियों का इस्तेमाल किया जाता है, जिसके चलते अब तक नगर की कोई विश्वव्यापी परिभाषा नहीं दी जा सकी है।

भारत में भी नगर की परिभाषा की एक समस्या है। किसी जगह विशेष को नगर कहे जाने के लिए बहुत-सी शर्तों का इस्तेमाल किया गया है। भारतीय जनगणना में जो नगर की परिभाषा दी गयी है उसी के आधार पर समाजविज्ञानों में भी नगरीकरण की प्रक्रिया का अध्ययन किया जाता है। भारत की जनगणना में नगर को निम्नलिखित ढँग से परिभाषित किया गया है– (क) यदि किसी जगह की आबादी एक लाख और उससे अधिक हो तो उसे शहर (City) माना जाता है। (ख) नगरपालिका, नगर निगम, छावनी बोर्ड (Cantonment) अधिसूचित कस्बा क्षेत्र समिति (Notified Area Town Committee) आदि वाले सभी स्थानों को शहर का स्थान प्राप्त है। (ग) निम्नलिखित कसौटियों को पूरा करने वाले सभी स्थान शहर माने जाते हैं– (i) जिसकी न्यूनतम जनसंख्या 5,000 हो, (ii) कम-से-कम 75 प्रतिशत पुरुष ग़ैर-कृषि

कार्यों से जुड़े हों तथा (iii) जनसंख्या का घनत्व कम-से-कम 400 व्यक्ति प्रतिवर्ग किलोमीटर (1,000 व्यक्ति प्रतिवर्ग मील) हो। यदि किसी जगह की आबादी 5,000 से कम है और वह नगर का ऐसा क्षेत्र दिखाई पड़ता है, तो जनगणना अधिकारी अपना विवेक इस्तेमाल कर उस स्थान विशेष को नगर की श्रेणी में रख सकते हैं।

उपर्युक्त सभी मानदण्डों के आधार पर 1961 से 2011 तक की नगर की यही परिभाषा भारतीय जनगणना में स्वीकार्य है। 1871–72 से लेकर 1951 तक भारत में नगर की परिभाषा काफी ढीली-ढाली थी। नगर की परिभाषा में इतना लचीलापन था कि राज्य स्तर पर नगरीकरण की प्रक्रिया को तुलनात्मक ढँग से अध्ययन करना भी काफी कठिन काम था। आज भी जब भारत के नगरीकरण को ऐतिहासिक परिप्रेक्ष्य में अध्ययन करने को कोशिश की जाती है, तो 1961 के पूर्व और बाद वाले नगर को पहचानने के मानदण्डों को ध्यान में रखकर ही किया जाता है।

सन् 2001 की जनगणना के अनुसार भारत में 26 प्रतिशत लोग छोटे-बड़े शहरों में निवास करते हैं। शहरों में निवास करने वाले लोगों में 62 प्रतिशत से अधिक लोग ऐसे नगरों में निवास करते हैं, जिनकी आबादी एक लाख या उससे अधिक है। ऐसे नगरों की संख्या भारत में लगभग 441 है। भारत में 35 ऐसे महानगर हैं जिनकी आबादी 10 लाख से भी ज़्यादा है। संयुक्त राष्ट्र संघ (United Nations) के एक अनुमान के मुताबिक 1995 के बाद ऐसे नगरों की संख्या 30 से भी अधिक होने की है। मुम्बई, कोलकाता एवं दिल्ली विश्व के बड़े नगरों में से है, जिनकी आबादी एक करोड़ से लेकर डेढ़ करोड़ के बीच है। भारत में सब मिलाकर 5,161 नगर हैं, जिसे 2001 की जनगणना के आधार पर निम्नलिखित ढँग से वर्गीकरण किया गया है। सन् 2011 की जनगणना पर आधारित नगरों का वर्गीकरण एवं जनसंख्या सरकार ने अभी प्रकाशित नहीं की है। शहरों की संख्या और उनकी आबादी भले ही भिन्न हो, लेकिन जनसंख्या का प्रतिशत में वितरण लगभग वैसा ही बना रहेगा। (देखें सारणी-1)

सारणी-1 नगरों का वर्गीकरण एवं जनसंख्या, 2001

नगरों का वर्गीकरण		नगरों की संख्या	प्रतिशत
वर्ग I	1,00,000+	441	62.3
वर्ग II	50,000–99,999	496	12.0
वर्ग III	20,000–49,999	1,388	14.7
वर्ग IV	10,000–19,999	1,561	7.9
वर्ग V	5,000–9,999	1,041	2.8
वर्ग VI	5,000 से कम	234	0.3
सभी	–	5,161	100.0

शहरों के प्रकार (Kinds of Cities)

शहर या नगर का वर्गीकरण विद्वान अपने ढँग से करते हैं। भारत के विद्वानों ने भी इन्हें अपने ढँग से किया है।

1. छोटा शहर (Small Town)— भारतीय सन्दर्भ में छोटे शहर को कस्बाई शहर या बाज़ार कहते हैं। जिसकी आबादी 20,000 से कम है उसकी गणना छोटे शहर में की जाती है। आस-पास के ग्रामीण क्षेत्रों के लिए यह बाज़ार होता है, जहाँ प्रतिदिन दुकानें लगती हैं। ग्रामीण अपनी आवश्यक वस्तुएँ यहाँ से खरीदते हैं। पश्चिम के देशों में छोटा शहर एक समाजशास्त्रीय अभिव्यक्ति है। जहाँ शहरी सुविधाएँ हैं और उसके साथ सब लोग एक-दूसरे को जानते हैं और सब की ख़बर भी रखते हैं।

2. नगर (City)— नगर बड़े शहरों को कहते हैं, जिसकी आबादी 1 लाख या उससे अधिक हो। नगर को परिभाषित करना अत्यन्त कठिन है। प्रत्येक व्यक्ति यह जानता है कि नगर क्या है, किन्तु किसी ने भी इसकी सन्तोषजनक परिभाषा नहीं दी है। नगर घनी आबादी वाला अपेक्षाकृत छोटा भौगोलिक क्षेत्र, जहाँ के लोग कृषि इतर उद्योगों एवं

वाणिज्यमूलक अर्थव्यवस्था में संलग्न होते हैं और इन लोगों को किन्हीं विशेष कार्यों में विशेष योग्यता प्राप्त होती है। कार्य की दृष्टि से ये परस्पर सम्बन्धित एवं एक-दूसरे पर निर्भर करते हैं। इन स्थानों का प्रशासन औपचारिक स्वायत्त निकायों के माध्यम से होता है।

3. महानगर (Metropolis)— जिस शहर की आबादी दस लाख या उससे अधिक हो उसे, भारत में महानगर कहा जाता है। लेकिन, आमतौर पर यह एक ऐसा नगर होता है, जिसके अन्तर्गत उस नगर के विस्तार के परिणामस्वरूप आस-पास के छोटे-मोटे नगर और कस्बे मिलकर एक बृहत् नगर का निर्माण करते हैं। ये बस्तियाँ तथा कस्बे आर्थिक, सामाजिक तथा सांस्कृतिक दृष्टि से महानगर पर निर्भर रहते हैं। ई.डब्ल्यू. बर्जिस (E.W. Burgess, 1886–1966) के अनुसार ऐसे नगरों की कुल जनसंख्या दस लाख या इससे अधिक होती है। महानगर ऐसे अत्यधिक बड़े नगरों को कहते हैं, जो किसी-न-किसी क्षेत्र में अग्रणी हैं। इनका आकार बड़ा होता है। देश या राष्ट्र की जो एकीकृत स्वीकृत भाषा है उसका प्रयोग किया जाता है एवं औपचारिकता होती है। भारत में जनसंख्या की दृष्टि से जो दस लाखी नगर हैं, 2001 की जनसंख्या के अनुसार उनकी संख्या 35 है। इन सभी को ही महानगर कहते हैं।

4. अति-महानगर (Megalopolis)— दो या दो से अधिक नगरों से बना एक ऐसा शहर, जो कभी विस्तृत खेत-खलिहानों द्वारा अलग-अलग छोटे-मोटे नगरों में बँटा हुआ था, किन्तु अब इनके बीच नगरीय तथा अर्द्ध-नगरीय बस्तियों के विकास ने इन्हें जोड़कर महानगर में बदल दिया है। यह नगरों का नगर कहा जाता है, लेकिन इसकी आबादी लगभग एक करोड़ होनी चाहिए। घनी जनसंख्या ऐसे नगर की प्रमुख विशेषता है। मुम्बई, लन्दन और मेक्सिको नगर इसके उदाहरण हैं। इस पद की रचना ममफर्ड (Lewis Mumford, 1895–1990) ने प्राचीन यूनान में एक ऐसे नगर-राज्य के लिए की थी, जो पूर्णत: नियोजित था। किन्तु आजकल इसका प्रयोग भिन्न अर्थों में किया जाता है। आधुनिक समय में इसका प्रयोग बृहत् उपनगरीय समूहन के अर्थ में किया जाता है।

5. उपग्रहीय नगर (Satellite city)— ऐसे नगर जो बहुत बड़े नगरों के पास में बसे होते हैं। वे इन विशाल नगरों के वटवृक्ष रूपी प्रभाव के कारण दब से जाते हैं। इन नगरों में पास के बड़े नगर के कारण न तो सुविधा और न ही सेवा का विकास हो पाता है। उदाहरण के लिए दिल्ली के पास गाजियाबाद, कोलकाता के पास खडगपुर, मुम्बई के पास वासी और थाने ऐसे ही नगर हैं।

6. वैश्विक नगर (Global City)— नयी वैश्विक अर्थव्यवस्था के अन्तर्गत ऐसे नगर, जो विश्व-व्यापार का प्रमुख केन्द्र बिन्दु हैं, जैसे- लन्दन, न्यूयार्क, टोकियो, सिंगापुर आदि। मुख्यालय नगरों को ससकीया सासें (Saskia Sassen) ने भूमण्डलीय नगर कहना पसन्द किया है। चूँकि, इन नगरों में अन्तर्राष्ट्रीय व्यापार के केन्द्र हैं तथा विश्व के अधिकांश उद्योगों एवं व्यवसायों का संचालन इन्हीं नगरों से होता है, इसलिए सासें ने ऐसे नगर मुख्यालय को वैश्विक नगर या विश्व-नगर का नाम दिया है। मार्क्सवादी चिन्तक आन्द्रे गुंडर् फ्रैंक (Andre Gunder Frank, 1929–2005) ने ऐसे ही नगरों को महान् महानगर कहा है, जो पूरे विश्व का नियन्त्रण करते हैं। ये इतने शक्तिशाली हैं और इनकी वित्तीय क्षमता इतनी अधिक है कि पूरे विश्व की अर्थव्यवस्था को प्रभावित करते हैं।

7. उपनगरीय समूहन (Conurbation)— परिस्थितिविज्ञान एवं भूगोल के अन्तर्गत नगर-विस्तार की वह प्रक्रिया, जिसमें अनेक निकटवर्ती नगर एक-दूसरे की ओर बढ़ने लगते हैं और अन्तत: एक-दूसरे में मिल जाते हैं। पैट्रिक गेडिस (Patrick Geddes, 1854–1932) ने इस अवधारणा का प्रयोग सर्वप्रथम अपनी पुस्तक **Cities in Evolution** (1915) में किया था। आजकल इसका प्रयोग एक सर्वमान्य तकनीकी अवधारणा के रूप में ऐसे बृहत् रूप से फैले हुए नगरीय क्षेत्रों के लिए किया जाता है, जिनका निर्माण उद्योगों तथा बस्तियों के फैलने के कारण आस-पास के नगरों के आपसी घुलन-मिलन द्वारा हुआ है। इन क्षेत्रों की **नगरीय समुच्चय (Urban Agglomeration)** कहा जाता है। इस पूरे क्षेत्र में यातायात, संचार, होटल, भोजन, मनोरंजन की सुविधाएँ बहुत अधिक होती हैं। भारत में दिल्ली से गुड़गाँव तक के इलाके, मुम्बई से कल्याण तक के इलाके ऐसे ही नगरीय समुच्चय के रूप में विकसित हो रहे हैं।

नगरों का वर्गीकरण (Classification of Cities)

कुछ विद्वानों ने अपने व्यापक अध्ययन के क्रम में नगरों का वर्गीकरण किया है। ऐसे वर्गीकरणों में मैक्स वेबर ने अपनी पुस्तक **(The City)** में लिखा कि नगर दो प्रकार के होते हैं: (i) **Patrician City**, अर्थात् शक्ति सम्पन्न नगर। उन्होंने पुराने रोमन साम्राज्य के सन्दर्भ में लिखा कि पैट्रीशियन नगर में शासक बसते थे। ये सुविधा सम्पन्न थे एवं इन्होंने शक्ति को नगर के आधार पर नियन्त्रित किया। (ii) **Plebian City—** यह मज़दूरों का नगर था। वेबर ने कहा कि यहाँ कमजोर लोग रहते थे, जो आमतौर पर पैट्रीशियन नगर में सेवकों का कार्य करते थे। वेबर ने दो अवधारणाओं को जो एक-दूसरे से विपरीत हैं उसी परिपाटी के अनुसार पैट्रीशियन नगर और प्लेबियन नगर की अवधारणा को जन्म दिया।

बी.एफ. हॉसलित्स (B.F. Hoselitz ने अपनी पुस्तक **Sociological Aspects of Economic Growth** (1978) में नगर को एक समाजशास्त्रीय स्वरूप मानते हुए उसे आर्थिक विकास से जोड़ा है। उनके अनुसार नगर दो प्रकार के हैं: (i) **उत्पादक नगर (Generative City)**, अर्थात् ऐसे नगर जहाँ अधिकतर लोग उत्पादन के कार्य, सृजन का कार्य और सकारात्मक कार्यों में लगे होते हैं। (ii) **परजीवी नगर (Parasitic City)** वे नगर हैं जहाँ के लोग स्वयं परिश्रम नहीं करते हैं और दूसरे के परिश्रम पर जीवित रहते हैं। ऐसे नगरों में लोग निरर्थक कामों में लगे होते हैं। ऐसे कार्य जो कल्पनात्मक व सृजनशील नहीं हैं। वास्तव में हॉसलित्स ने पूरब के देशों के नगरों को परजीवी नगर कहा है।

फिलिप एम. हॉसर (Phillip M. Hauser) ने नगरों को तीन भागों मे विभाजित किया है: (i) **पूर्व औद्योगिक नगर (Pre-industrial city)**, इस शब्द का उपयोग हॉसर के पहले सोबर्ग (G. Sjoberg) ने किया है। हॉसर ने कहा कि औद्योगिकीकरण के पहले मध्यकालीन सामन्ती नगर आमतौर पर घिरे हुए नगर थे, जिनमें दीवारें होती थीं। सब लोगों का काम बँटा था और ऐसे कार्य लम्बे समय तक एक ही प्रकार के होते थे, (ii) औद्योगिक नगर उद्योग से जुड़े थे। इनमें गत्यात्मकता अधिक थी। महानगर उन नगरों को कहते हैं, जो किसी क्षेत्र में अग्रणी होते हैं, इनमें भरपूर सुविधाएँ होती हैं और ये शक्तिशाली होते हैं।

हेनरी पिरेन (Henry Pierrene) ने नगरों को तीन भागों में बाँटा है: (i) राजनीतिक नगर जो राजनीति का केन्द्र है। यहाँ सत्ता केन्द्रित होती है अथवा ऐसे नगर जो सत्ता से जुड़े होते हैं। (ii) बौद्धिक नगर वे हैं जहाँ शिक्षा-केन्द्रों की अधिकता होती है। यहाँ बौद्धिक चर्चाएँ अधिक होती हैं। एक समय में बंगलुरु को बौद्धिक नगर कहा जाता था। (iii) आर्थिक नगर वे हैं जहाँ औद्योगिक एवं व्यापारिक गतिविधियों का केन्द्र होता है, यहाँ आर्थिक लेन-देन और वितरण के केन्द्र होते हैं जैसे भारत में मुम्बई।

रॉबर्ट रेडफील्ड एवं मिल्टन सिंगर (R. Redfield and M. Singer, 1954) ने भारतीय समाज का अध्ययन करने के क्रम में नगरों को विश्लेषण का विषय बनाया। ये दोनों अमरीकी विद्वान विकासशील देशों के द्वारा पश्चिम के देशों के अनुसरण को आधुनिकीकरण मानते हैं। इन्होंने कहा कि नगरीकरण आधुनिकता का परिचायक है। पूरब के देश पश्चिम के समान जो नगरों का निर्माण करना चाहते हैं, यह वास्तव में आधुनिकीकरण करना है। इन दोनों विद्वानों ने कहा कि नगर दो प्रकार के हैं: (i) **अन्तर्देशीय नगर (Orthogenetic City)**, अर्थात् ऐसे नगर जो देश की आवश्यकताओं और परिस्थितियों से प्रेरित हैं। ये ऐसे नगर हैं, जो स्थानीय लक्षणों और नगर के संगठन में स्थानीय परिवेश का प्रतिनिधित्व करते हैं। उदाहरण के लिए, पुरानी दिल्ली, (ii) **बाह्य जनित नगर (Heterogenetic City)—** ये ऐसे नगर हैं, जिनका स्वरूप पश्चिम का है एवं जो पश्चिम की नगर शैली पर संगठित हैं। मुम्बई एवं नयी दिल्ली को इस कोटि में रखा जा सकता है।

भारत में नगरों का वर्गीकरण– भारत में नगरों का छिट-पुट अध्ययन हुआ है। शहरों का अध्ययन भूगोल, जनसंख्याशास्त्र, अर्थशास्त्र एवं समाजशास्त्र में जनगणना के आधार पर भारतीय नगरों के प्रचलित वर्गीकरण को ध्यान में रखकर किये गये हैं।

भारत के शहरों एवं नगरों के वर्गीकरण में: (i) सबसे छोटा आकार कस्बा अथवा बाज़ार का होता है। ये आकार में बहुत छोटे होते हैं और आस-पास के गाँवों के लिए वस्तुओं और सेवाओं के केन्द्र होते हैं। इसीलिए इन्हें बाज़ार भी कहा जाता है। (ii) छोटे शहर वे हैं जहाँ प्रशासनिक महकमे होते हैं और साथ ही जहाँ अधिक सुविधाएँ होती हैं। (iii) नगर वे हैं, जिनमें वस्तुओं और सुविधाओं की उपलब्धता अधिक होती है, जो किसी एक कारण से अधिक महत्त्वपूर्ण होते हैं अथवा जिनमें यातायात एवं संचार की सुविधा उपलब्ध होती है। (iv) महानगर वे हैं जहाँ निश्चित रूप से किसी एक गतिविधि की प्रधानता होती है। व्यापार, राजनीति, संस्कृति, ज्ञान आदि में यह आगे हो सकता है। (v) महा-महानगर उन नगरों को कहते हैं, जिनका आकार बहुत बड़ा होता है, जो विकास की एवं वृद्धि की प्रक्रिया में अपने आस-पास के गाँवों और छोटे नगरों को लील जाते हैं। (vi) महानगरीय क्षेत्र भारत में बहुत कम हैं।

भारत में नगरों को बाँटने का एक लोकप्रिय तरीका जनसंख्या का रहा है। भारत सरकार के नगर विकास विभाग ने नगरों को परिभाषित करते हुए कहा कि नगर वे हैं जहाँ कम-से-कम 5,000 की आबादी हो, इसीलिए जनसंख्या को सर्वप्रथम आधार माना गया है। दूसरा आधार यह है कि उस स्थान की 75 प्रतिशत जनसंख्या जैसे– शौच, सफाई, प्रकाश आदि हों एवं अगर ये लक्षण नहीं भी हैं, परन्तु वह बन्दरगाह हैं, सैनिक छावनियाँ हैं, हवाई अड्डे हैं, तब उसे नगर कहा जायेगा। सरकार की घोषणा में यह भी शामिल है कि वह स्थान अधिसूचित क्षेत्र, नगरपालिका, नगर निगम अथवा महानगरीय परिषद् हो। भारत में सभी प्रकार के शहरों या नगरों का समान रूप से विकास नहीं हो रहा है। अशीष बोस ने कहा कि बड़े नगर तेजी से बढ़ रहे हैं, परन्तु छोटे एवं मध्यम नगर ठहराव की स्थिति में हैं। वास्तविकता यह है कि भारत की 60 से लेकर 70 प्रतिशत नगरीय आबादी एक लाख और उससे अधिक जनसंख्या वाले शहरों में ही निवास करती है।

नगरीय विकास (Urban Growth)

कुछ समाजविज्ञानियों ने नगरीय विकास (Urban Growth) और नगरीकरण (Urbanization) को एक ही अर्थ में प्रयोग किया है। ऐसा करने का मुख्य कारण यह रहा है कि उन लोगों ने प्रत्येक नगरीय विकास को नगरीकरण का एक अंग माना है। यह सम्भव है कि नगरों के विकास से नगरीकरण की प्रक्रिया को बढ़ावा मिले, इसके बावजूद न सभी नगरीय विकास नगरीकरण है और न प्रत्येक नगरीकरण की प्रक्रिया में नगरीय विकास छिपा हुआ है। दोनों अवधारणाओं को अलग-अलग देखना ही एक वैज्ञानिक नज़रिया है। पीच (Peach) ने दोनों के बीच के अन्तर को स्पष्ट करते हुए कहा है कि "Urban growth is numerical growth; urbanization is proportional growth."

पीच के उपर्युक्त विचार से स्पष्ट होता है कि सभी प्रकार की शहरी आबादी की वृद्धि को नगरीय विकास कहा जाता है, लेकिन जनसंख्याशास्त्र के अन्तर्गत यह विचार स्वीकार्य नहीं है। भूगोल एवं अर्थशास्त्र के अन्तर्गत नगरीय विकास मात्र नगरों की जनसंख्या में वृद्धि नहीं है, बल्कि ज़मीन पर शहरों के आकार की वृद्धि या फैलाव को भी नगरीय विकास माना जाता है। पीच की परिभाषा में और एक महत्त्वपूर्ण बात यह है कि उन्होंने नगरीकरण को नगरों की आबादी का समानुपातिक वृद्धि माना है, जैसे– भारत की शहरी आबादी 1971 में देश की कुल आबादी का लगभग 20 प्रतिशत था, वह बढ़कर 1991 में 26 प्रतिशत हो गया। भारत की सम्पूर्ण शहरी आबादी में बीस साल में 6 प्रतिशत अंक की वृद्धि होना नगरीकरण कहा जायेगा। दूसरी तरफ यदि जनसंख्या में वृद्धि के परिणामस्वरूप गाँवों और शहरों की आबादी समान गति से बढ़ती है और दोनों के बीच आबादी के वितरण के औसत में कोई फ़र्क नहीं पड़ता है, तो उसे नगरीय विकास तो कहा जायेगा, नगरीकरण नहीं। इससे यह स्पष्ट होता है कि प्रत्येक नगरीय विकास नगरीकरण नहीं है, लेकिन प्रत्येक नगरीकरण में नगरीय विकास की प्रक्रिया स्वाभाविक रूप से छिपी हुई है। पर यहाँ यह भी ध्यान देने की बात है कि नगरीकरण मात्र नगरों का विकास नहीं है। नगरीय विकास नगरीकरण का एक अंग मात्र है। यहाँ यह भी उल्लेखनीय है कि नगरीकरण जनसंख्याशास्त्र के दृष्टिकोण से कभी भी 100 प्रतिशत से ज़्यादा नहीं हो सकता

है इसलिए कि नगरीकरण जनसंख्या में एक समानुपातिक वृद्धि है। जब सभी लोग शहरों में रहने लगेंगे तो नगरीकरण की प्रक्रिया समाप्त हो जायेगी, पर नगरीय विकास की प्रक्रिया चलती रहेगी, अर्थात् नगरीकरण के आभाव में नगरीय विकास सम्भव है, परन्तु नगरीय विकास से हमेशा नगरीकरण नहीं होता है। नगरीकरण एक वृहत्तर अवधारणा है और नगरीय विकास उसका एक अंग मात्र है।

उपनगरीकरण (Sub-urbanization)

उपनगर (Suburb) की उत्पत्ति लैटिन के 'Sub-urbe' शब्द से हुई है जिसका अभिप्राय ऐसी जगह से है, जो किसी नगर के नियन्त्रण में है। एक लम्बे समय तक इस शब्द का प्रयोग लगभग इसी अर्थ में हुआ है। जो क्षेत्र किसी शहर के इर्द-गिर्द अव्यवस्थित था और जहाँ के लोग जीवनयापन के लिए पास के शहरों पर निर्भर रहते थे उसे उपनगर कहा जाता रहा है। उपनगर ग्रामीण एवं शहरी जीवन-पद्धति का सम्मिश्रण हुआ करता था। आज ऐसी जगहों को **अर्ध-शहरी (Semi-urban, Peri-urban or Rurban)** कहा जाता है। लेकिन वर्तमान समय में उपनगर उसे कहा जाता है, जो मुख्य शहर की सीमा के ठीक बाहर एक नये शहर के रूप में विकसित हुआ है। यहाँ की जीवनशैली पूरी तरह शहरी होती है और यह पूरी तरह शहर से जुड़ा हुआ होता है। धीरे-धीरे नगरों के विकास के साथ यह नगर की परिधि में चला आता है। मुम्बई में वासी एवं दिल्ली में मयूर विहार को उस शहर का उपनगर माना जाता है। इसे ही कुछ विद्वानों ने **शयनागार शहर (Dormitory Town)** भी कहा है।

उपनगरों के विकास से ही मुख्य शहर के सीमा क्षेत्र का फैलाव होता है। शहर का केन्द्र परिधि की ओर बढ़ने की प्रक्रिया का नाम उपनगरीकरण है। यह मुख्य रूप से भौगोलिक प्रक्रिया है।

नगर नवीकरण (Gentrification or Urban Recycling)— पुराने नगरों के अन्तर्गत जब कुछ आवासीय भवन या कोई अन्य किस्म की इमारत स्वत: टूटने की स्थिति में हो जाती है तो उसका नवीकरण किया जाता है ताकि फिर उसका सदुपयोग किया जा सके। कभी तो पुरानी इमारतों को हम पूरी तरह नष्ट कर देते और उसकी जगह पर नये भवन निर्मित किये जाते हैं, पर कभी-कभी उन्हें ध्वस्त करने के बजाय उनकी मरम्मत कर उनमें नयापन लाने की कोशिश करते हैं। इसी प्रक्रिया को नगर नवीकरण कहा जाता है। इस ढँग की चीजें यूरोपीय देशों में तो काफी देखने को मिलती हैं। कभी-कभी भारत में भी विशेषकर कोलकाता, चेन्नई एवं मुम्बई में थोड़ा-बहुत नवीकरण की प्रक्रिया देखने को मिलती है। जिन भवनों का ऐतिहासिक महत्त्व होता है उन्हें आमतौर पर सरकार ही नवीकरण कराना पसन्द करती है।

पूर्व औद्योगिक नगर (Pre-industrial City)— सर्वप्रथम जी. सोबर्ग (G. Sjoberg) ने पूर्व औद्योगिक नगर के विचार का प्रतिपादन किया। उन्होंने कहा कि इस प्रकार के नगरों की उत्पत्ति लगभग 4000 वर्ष पहले हुई और आज भी विश्व के कुछ हिस्सों में ये मौजूद हैं। मक्का (Mecca) को इसका उदाहरण माना है। सोबर्ग का कहना था कि पूर्व औद्योगिक नगर वर्तमान औद्योगिक नगरों का आधार उस समय की सामाजिक, आर्थिक, राजनीतिक एवं पारिस्थितिकी (Ecological) स्थितियाँ आज के नगरों से काफी भिन्न थीं। आज के नगरों का मुख्य आधार जहाँ उद्योग है वहीं औद्योगिक क्रान्ति के पूर्व नगरों के विकास का आधार कुछ और ही था। नगरों का विकास मुख्य तौर पर वहीं हुआ जो बड़ी-बड़ी नदियों के किनारे सभ्यता के केन्द्र थे या धार्मिक या प्रशासनिक दृष्टिकोण से जिन जगहों का एक अपना अलग महत्त्व था। भारत में आज भी ऐसे बहुत-से नगर हैं, जिनका आधार उद्योग नहीं है, बल्कि धार्मिक एवं प्रशासनिक कारणों से उनका विकास हुआ है, जैसे– इलाहाबाद, बनारस, पटना, गया आदि। नगरों के विकास में उद्योगों की कोई भूमिका नहीं रही है। सोबर्ग ने यह भी बताया है कि पूर्व औद्योगिक नगरों की आबादी लगभग एक लाख के आस-पास हुआ करती थी। नगरों का आकार जितना बड़ा आज दिखाई पड़ रहा है, उतना पहले कभी सम्भव नहीं हो पाया था।

पूर्व औद्योगिक नगरों की संरचना के सम्बन्ध में सोबर्ग ने बताया है कि समाज के सम्भ्रान्त वर्ग (Elite) के लोग शहर के केन्द्र में रहा करते थे। नगरीय समाज जाति, धर्म, नृजाति, आर्थिक स्थिति एवं पदों की स्थितियों के अनुसार विभिन्न टोलों-मोहल्लों में विभक्त था। नगरों के अन्तर्गत परम्परागत संस्कृति एवं जीवन में धर्म की प्रधानता होती थी। राजा की इच्छाओं के अनुसार नगरों के कार्य-कलापों का संचालन होता था। गाँवों या किसी अन्य जगह से प्रवासियों को बसने की इजाजत आमतौर से नहीं हुआ करती थी। उस समय के राजा-महाराजा नगरों पर विशेष अंकुश रखा करते थे। संक्षेप में यही कहा जा सकता है कि पूर्व औद्योगिक नगर परम्परागत विश्वासों, धर्मों, प्रशासन-पद्धतियों एवं आर्थिक व्यवस्था पर आधारित नगर थे।

सोबर्ग ने पूर्व औद्योगिक नगर का जो वर्णन किया है वह सच कहा जाये तो पूर्व औद्योगिक नगर का एक आदर्श प्रकार (Ideal type) है। यथार्थ यह है कि उद्योगीकरण के पूर्व नगरों का स्वरूप भिन्न-भिन्न हुआ करता था। नदियों पर अवस्थित नगरों का स्वरूप धार्मिक नगरों से भिन्न हुआ करता था। उसी प्रकार धर्म पर आधारित नगरों का स्वरूप व्यावसायिक, राजकीय या प्रशासनिक नगरों से भिन्न हुआ करता था।

नगर से जुड़े शब्द

पिछले बीस वर्षों में पश्चिम के नगर छोटे होते गये यानी उनकी जनसंख्या घटती गयी। 2005 ई. के संयुक्त राष्ट्र संघ के आँकड़ों के अनुसार न्यूयार्क के अलावा जितने भी बड़े शहर हैं, उनकी जनसंख्या घट गयी है। इसके विपरीत विकासशील देशों में अनियोजित रूप से नगर के आकार बढ़े हैं। नगर के बढ़ने या उसकी वृद्धि के साथ अनेक नयी प्रक्रियाओं की भी उत्पत्ति हुई। फलस्वरूप अनेक नयी अवधारणाओं का भी विकास हुआ।

1. उपनगर (Suburb)— किसी शहर का वह परिधीय भाग जहाँ लोगों का एक बड़ा समूह निवास करता है। आजीविका के लिए इसके निवासी सामान्यत: शहर पर निर्भर होते हैं, परन्तु राजनीतिक अथवा प्रशासनिक इकाई के रूप में स्वतन्त्र होते हैं। पास के बढ़े शहर से लाभ उठाते रहते हैं। जब शहर के अंदरूनी भाग में भीड़-भाड़ बहुत बढ़ जाती है, तब वहाँ के धनी और समृद्ध लोग उपनगरों में जाकर बस जाते हैं, इसे ही उपनगरीयकरण (Suburbanization) कहा जाता है। कभी-कभी शहरी भीड़-भाड़ के डर से बाहर के लोग भी यहाँ मकान बना कर रहते हैं।

2. अव्यवस्थित नगरीय क्षेत्र (Urban Sprawl)— यह किसी बड़े शहर का बदसूरत या अव्यवस्थित ढँग से विकसित क्षेत्र है, जो आमतौर पर शहर के बाहर विकसित होता है। भारत या दक्षिण एशिया के अधिकांश बड़े नगरों की यही समस्या है। कोई नगर अनियोजित और अनियन्त्रित रूप से बढ़ता चला जाये और परिणामस्वरूप वहाँ के नैसर्गिक पर्यावरण में अपकर्ष होता है, तब उसे **अव्यवस्थित नगरीय क्षेत्र (Urban Sprawl)** कहते हैं। इन क्षेत्रों में नागरिक सुविधाओं का अभाव होता है। विशेष रूप से विकासशील देशों में नगरों की ऐसी ही वृद्धि हो रही है।

3. नगर उपान्त (Urban Fringe)— यह शब्द नगर की वृद्धि और विस्तार से जुड़ा है। एक नगर की सीमा पर जो इलाके उभर जाते हैं, परन्तु वे नगर के प्रशासनिक नियन्त्रण में रहते हैं एवं वहाँ नगर की सुविधाएँ भी होती हैं तब उसे नगर उपान्त (Urban Fringe) कहते हैं। इस शब्द का प्रयोग दो अर्थों में किया जाता है– (1) नगर के संस्थापित उपनगरों के बाहर का क्षेत्र, जहाँ पर ग्रामीण और नगरीय विशेषताओं का विलय होता है। (2) किसी बड़े नगर के आस-पास का इमारती इलाका जो नगर में ही सम्मिलित माना जाता है। शहर के बीच की स्थिति का द्योतक है। इसे Peri-urban or Semi-urban क्षेत्र भी कहा जाता है।

4. आन्तरिक केन्द्रीय व्यापारिक क्षेत्र (Central Business District or Downtown)— यह शहर का वह स्थान है, जहाँ गगनचुम्बी इमारतें मिलती हैं। यहाँ पर दुकानें, थियेटर, होटल, दफ़्तर तथा अन्य व्यापारिक प्रतिष्ठान होते हैं। यह क्षेत्र वास्तविक रूप से खुदरा व्यापार-क्षेत्र, हल्के विनिर्माण और व्यापारिक मनोरंजन की सुविधा वाला होता है। शिकागो में इस क्षेत्र को **लूप (Loop)** कहा गया है। न्यूयॉर्क में इसे रिहाइशी एवं केन्द्राभिमुख क्षेत्र कहते हैं।

पिट्सबर्ग में इसे **गोल्डन टेम्पल (Golden Temple)** का नाम दिया गया है। अमरीकी नगरों में यह क्षेत्र विशेष रूप से बहुत थोड़ी-सी जगह घेरे रहता है, यहाँ पर कम स्थान घेरने वाले विकसित उद्योग मिलते हैं। इसका अधिकांश भाग अरिहाइशी होता है। शहर के मुख्य केन्द्र को CBD या Downtown भी कहा जाता है। दिल्ली का कनॉट सरकस का क्षेत्र इसका उदाहरण है।

नगरों के विकास एवं संगठन के सिद्धान्त

पश्चिम के देशों में और विशेष रूप से संयुक्त राज्य अमरीका में नगरों का विकास दो-तीन-सौ वर्षों की अवधि में हो गया, इसीलिए उनकी शैली और उनके विकास के क्रम का अधिक अध्ययन हुआ। पूर्वी देशों के नगर हजारों वर्षों से विकसित होते रहे, इसलिए इनका विश्लेषण एवं इनकी प्रतिकृतियों की जानकारी आसानी से सम्भव नहीं है। संयुक्त राज्य अमरीका में नगरों के ऐसे विकासक्रम का ऐसा विश्लेषण इसलिए भी अधिक लोकप्रिय हो गया, क्योंकि शिकागो विश्वविद्यालय के समाजशास्त्र विभाग से जुड़े थे। वे पारिस्थितिकी (Ecology) को महत्त्वपूर्ण मानते थे एवं उन्होंने शिकागो नगर का बार-बार अध्ययन किया। नगरों के विकास के सम्बन्ध में अनेक सिद्धान्त हैं, जिनमें अधिकतर सिद्धान्त शिकागो विश्वविद्यालय के विद्वानों ने ही दिये।

संकेन्द्रित क्षेत्र सिद्धान्त (Concentric Zone Theory)— ई.डब्ल्यू. बर्जिस (E.W. Burgess, 1886–1966, इस विद्वान के नाम का शुद्ध उच्चारण मात्र बर्जिस है) का कहना है कि शहरों का विकास केन्द्र से बाहर की ओर होता है। शहर के केन्द्र में बसे लोग ही शहर के बाहर वाले क्षेत्रों में निवास-स्थान बनाकर शहर का क्रमशः विस्तार करते हैं। भूतल के ऊपर शहरों के विकास या विस्तार का यह एक आदर्श सिद्धान्त है, जिसके अन्तर्गत यह कहा जाता है कि शहर का केन्द्र एक संक्रान्ति का क्षेत्र है, इस रूप में कि धीरे-धीरे वहाँ से लोग शहर के परिधि वाले क्षेत्र में जा बसते हैं। इसमें यह बताया गया है कि शहरों का विकास एक वर्तुलाकार रूप में है। जैसे-जैसे शहरों का विकास होता है, वैसे-वैसे विशिष्ट समूह में बँटने की प्रक्रिया प्रारम्भ हो जाती है, जिसके कई आधार हो सकते हैं, जैसे–पेशा, जाति, प्रजाति, नृजाति, धर्म, भाषा, सामाजिक स्थिति इत्यादि। शहर के प्रत्येक क्षेत्र की अपनी कुछ स्वाभाविक विशेषता होती है। कहीं किसी क्षेत्र में लोग समान व्यवसाय या खेमे के होते हैं, तो किसी क्षेत्र में लोग समान धर्म या जाति के होते हैं। इन्हीं सामान्य विशिष्टताओं को ध्यान में रखकर विभिन्न संकेन्द्रित क्षेत्रों को स्वाभाविक या नैसर्गिक क्षेत्र **(Natural area)** कहा जाता है (देखें– R.E. Park and E.W. Burgess, **The City**, 1925)।

सेक्टर सिद्धान्त (Sector Theory)— इस सिद्धान्त को होमर हॉयट (Homer Hoyt) ने दिया। हॉयट ने कहा कि एक नगर पॉवरोटी के टुकड़ों की तरह अलग-अलग खण्डों में बँटा होता है, इसीलिए इसे सेक्टर सिद्धान्त कहा गया है। हॉयट ने अलग-अलग नगरों का अध्ययन किया था, उसके आधार पर उन्होंने यह सिद्धान्त दिया। इस सिद्धान्त की कमजोरी यह है कि यह सिद्धान्त कुछ नगरों पर तो लागू होता है, परन्तु इससे अधिकतर नगरों की व्याख्या नहीं की जा सकती है। विशेष रूप से हॉयट ने कहा कि निर्माण स्थल, निवास स्थल एवं चर्च आदि में निश्चित विभाजन होता है।

बहुकेन्द्रक सिद्धान्त (Multiple Nuclei Theory)— इसे एडवर्ड उल्मैन (Edward Ulman) और सी.डी. हैरिस ने प्रस्तुत किया। इसमें यह माना जाता है कि एक नगर में अनेक केन्द्र होते हैं, जिसमें प्रत्येक स्थान पर बाज़ार, विद्यालय, निवास, सेवा केन्द्र एवं मनोरंजन केन्द्र होते हैं। यह सिद्धान्त एक समय में बड़ा लोकप्रिय हुआ। अधिकतर शहरों में ऐसा है भी। यह सिद्धान्त विशेष रूप से बहुत बड़े नगरों में नहीं लागू होता है। वहाँ केन्द्रक या तो एक ही होता है अथवा अलग-अलग होता है, परन्तु अनेक केन्द्र नहीं होते हैं।

केन्द्रीय स्थान सिद्धान्त (Central Place Theory)— यह सिद्धान्त वाल्टर क्रिसटॉलर् (Walter Chrystaller) ने दिया। इसके अन्तर्गत कहा गया कि प्रत्येक नगर आस-पास के इलाके के लिए एक सेवा विशेषज्ञता का क्षेत्र होता है।

आस-पास के लोग नगर में वस्तु, सेवा और विशेषज्ञता के लिए आते हैं। छोटे नगरों के लिए यह बात सही है परन्तु अनेक नगर जो विशेषज्ञ गतिविधियों के केन्द्र होते हैं, वे प्रत्येक सेवा नहीं प्रदान करते। यह सिद्धान्त विकासशील देशों के सम्बन्ध में बहुत अंशों में लागू होता है।

उपसंस्कृति सिद्धान्त (Sub-culture Theory)— यह सिद्धान्त एम. फिशर (M. Fisher) ने दिया। उन्होंने कहा कि एक नगर में अलग-अलग क्षेत्रों की संस्कृति और बोली अलग-अलग होती है, बहुत हद तक उनकी जीवनशैली भी अलग-अलग होती है। संयुक्त राज्य अमरीका में यह सिद्धान्त काफी लोकप्रिय हुआ। इसका कारण यह है कि वहाँ प्रत्येक नगर में अलग-अलग देशों के निवासी बसते हैं, इसलिए जिन क्षेत्रों में एक संजातीय समूह के लोग बसे हैं, उनकी संस्कृति अलग-अलग होती है।

संरचनात्मक सिद्धान्त (Compositional Theory)— यह सिद्धान्त हैरी गैन्स (H. Gans) एवं ऑस्कर लुइस (Oscar Lewis) ने दिया। इस सिद्धान्त में यह कहा गया कि एक नगर में अलग-अलग क्षेत्रों में अलग-अलग चीजें एक सजे हुए क्रम से विकसित होती हैं, इसीलिए इसे संरचनात्मक सिद्धान्त कहा गया है। इसमें नगर के अलग-अलग क्षेत्रों की गतिविधियों को एक सूत्र में पिरोने की बात कही गयी है। ऑस्कर लुइस एक समय तक नगरों का ही अध्ययन कर रहे थे।

गाँव एवं नगर में अन्तर

ग्रामीण एवं नगरीय समुदाय में अन्तर के अनेक दृष्टिकोण हैं और बहुत बार इन्हें सामान्य लक्षणों के आधार पर एक-दूसरे से भिन्न किया जाता है। अनेक विद्वान गाँव एवं नगर के जनांकिकीय लक्षणों को अधिक महत्त्व देते हैं, जैसे भारतीय सन्दर्भ में ग्रामीण समुदाय में महिलाओं की कुछ अधिकता होती है। बूढ़े अधिक होते हैं एवं कम उम्र के बच्चों की संख्या भी अधिक होती है। वास्तव में यह माना जाता है कि ग्रामीण क्षेत्रों में केवल कृषि, पशुपालन तथा सरल कार्यों से जुड़े कर्मी रह जाते हैं। बाकी शहरों की ओर रोज़गार के लिए अथवा विशेष प्रशिक्षण के लिए चले जाते हैं। ग्राम और नगर में पश्चिम के देशों में भी जनांकिकीय भिन्नता पायी जाती है।

गाँव और नगर को एक-दूसरे से भिन्न करने का अलग-अलग दृष्टिकोण है। अमरीका के एक पुराने समाजशास्त्री जो गाँवों के अध्ययन से जुड़े रहे हैं, उनके अनुसार गाँव और नगर वास्तव में सामाजिक व्यवस्था के आधार पर अलग होते हैं। सी.जे. गालपिन (C.J. Galpin) ने कहा कि पश्चिमी देशों में अधिकतर समुदाय नगर समुदाय हैं, इसलिए जो ग्रामीण समुदाय हैं उनमें भी नगरीय लक्षणों की प्रधानता होती है। इसके विपरीत पूरब के देशों में जैसे भारत, चीन, इण्डोनेशिया आदि में जो नगर समुदाय हैं वे वास्तव में ग्रामीण समुदाय के विस्तार मात्र हैं। इसीलिए इन समाजों के नगरों को उन्होंने ग्राम्य नगर कहा है। इसी के आधार पर उन्होंने **ग्राम नगरवाद (Rubanism)** की अवधारणा दी। यह सही है कि पूरब के नगरों में ग्रामीण लक्षण हैं इसके बावजूद यह कहना कि शहर गाँव के विस्तार मात्र हैं, ग़लत है।

एक दूसरा दृष्टिकोण **ग्राम-नगर द्विविभाजन (Rural-Urban Dichotomy)** का है। इसका अर्थ है, गाँव और नगर एकदम अलग-अलग समुदाय हैं। इस दृष्टिकोण का समर्थन अप्रत्यक्ष रूप से पी.ए. सोरोकिन और कार्ल जिमरमैन (P.A. Sorokin and Zimmerman) ने किया है। इन विद्वानों ने कहा है कि गाँव तालाब के ठहरे हुए पानी के समान हैं, तो नगर केतली के उबलते हुए पानी के समान हैं। यह वाक्य द्विविभाजन का परिचायक है। यह गाँव एवं शहर को अलग-अलग व्यवस्था के रूप में देखता है।

गाँव और नगर को एक-दूसरे से बहुत भिन्न न करने का सबसे प्रचलित दृष्टिकोण **ग्राम्य-नगर अविच्छिन्नक या सातत्यक (Rural-Urban Continuum)** का है। ग्राम्य-नगर अविच्छिन्नक ग्राम्य-नगरीय भेद के सम्बन्ध में दो अवधारणाओं ग्राम्य नगरीय द्विभाजन और ग्राम्य-नगर अविच्छिन्नक का प्रयोग किया जाता है। जहाँ प्रथम अवधारणा में ग्राम्य एवं नगरीयता को नितान्त दो विपरीत प्ररूपों (ध्रुवों) में देखा जाता है, वहाँ द्वितीय अवधारणा में ग्राम्य एवं नगरीय अन्तर को

दो छोरों के बीच सापेक्ष अंशों के क्रम में देखा जाता है। प्रत्येक छोर की प्रमुख विशेषता दूसरे छोर में घुली-मिली होती है। यह अवधारणा ग्रामवासियों और नगरवासियों के बीच सामाजिक संरचना, मूल्यों, धर्म तथा दृष्टिकोण आदि की निरन्तरता को प्रकट करता है तथा इस बात पर बल देता है कि नगर एवं गाँव दोनों समूह परस्पर आबद्ध हैं। मूलत: इस धारणा का विकास सोरोकिन एवं जिमरमैन द्वारा किया गया, किन्तु इसे परिष्कृत रूप में प्रस्तुत करने का श्रेय रॉबर्ट रेडफील्ड (Robert Redfield, 1897–1958) को जाता है, जिन्होंने इसे एक निश्चित अर्थ व सन्दर्भ प्रदान किया है।

नगरवाद एवं नगरीकरण के सिद्धान्त (Theories of Urbanism and Urbanization)

मानव इतिहास में प्राचीनकाल से ही नगरों का अस्तित्व रहा है। ऐतिहासिक दृष्टि से सिंधु घाटी की सभ्यता को नगरों का प्रथम नगरीकरण कहा जाता है। आरम्भिक युग में जब कृषि का विकास हुआ तब उसे दूसरे दौर का नगरीकरण कहते हैं। सामन्तवाद में जो आलीशान नगर बने उन्हें तीसरा नगरीकरण, व्यापारी युग के नगरों को चौथा नगरीकरण और उद्योग के युग में जब अधिकांश आबादी नगरों में रहने लगी तब उसे पाँचवाँ नगरीकरण कहते हैं। पैट्रिक गेडिस (Patrick Geddes, 1854–1932) ने नगरों का सिद्धान्त देते हुए यह कहा कि नगरों का बहुत बड़ा हो जाना उस नगर की सभ्यता के पतन का परिचायक है। उन्होंने **अत्याचारी नगर (Tyrannopolis)** और **मुर्दों के नगर (Necropolis)** जैसे शब्दों का प्रयोग किया।

इतिहासकार ओस्वाल्ड स्पेंगलर (Oswald J. Spengler, 1880–1936) ने अपनी पुस्तक **The Decline of the West** (1918) में यह लिखा कि अत्यधिक बड़े नगर पतन के प्रतीक हैं। पश्चिम की सभ्यता के सम्बन्ध में उन्होंने कहा है कि 1860 ई. तक इसमें विकास का उत्कर्ष हो गया। उसके बाद बड़े-बड़े नगर बढ़ते गये एवं ऐसे नगर वास्तव में पश्चिम के पतन के सूचक हैं। यद्यपि स्पेंगलर ने विश्व की 9 सभ्यताओं का अध्ययन किया, परन्तु पश्चिमी देशों की सभ्यता का उन्होंने बड़े विस्तार से अध्ययन किया था।

ममफर्ड (Lewis Mumford, 1895–1990) ने मुख्य रूप से पैट्रिक गेडिस के विश्लेषणों की चर्चा करते हुए नगरों का विकास सम्बन्धी एक सिद्धान्त दिया। ममफर्ड ने उद्विकासीय क्रम में जिन शब्दों का प्रयोग किया वे पैट्रिक गेडिस के ही शब्द थे। उनके अनुसार सर्वप्रथम एक कस्बा अथवा बड़े गाँवों के समान **इकमेनोपॉलिस (Ecumenopolis)** का विकास होता है, उसके बाद शहर अथवा पॉलिस (Polis) विकसित हो जाते हैं, तब नगर अथवा मेट्रोपॉलिस का विकास होता है। इसके बाद **अति-महानगर** या **मेगालोपॉलिस (Megalopolis)** का विकास होता है। तब **अत्याचारी नगर** या **टायरनोपॉलिस (Tyrannopolis)** का विकास होता है। इसके बाद **नेक्रोपॉलिस (Necropolis)** या **मुर्दों के नगर** का विकास होता है। वास्तव में गेडिस और लूई ममफर्ड ये कहना चाहते हैं कि जब नगर का आकार बढ़ जाता है, तब उसमें सुरक्षा के लिए पहरेदारी बढ़ जाती है और जब वह और बढ़ जाता है तब नगरवासियों का जीवन सतर्कता और सुरक्षा के वास्ते एकदम से असहनीय हो जाता है, तब उसे मुर्दों का नगर कहते हैं।

नव-मार्क्सवादी मैनुएल कॉसेल्स (Manuel Castells) ने नगरों के सम्बन्ध में मार्क्सवाद का दृष्टि से विश्लेषण किया। बाद में वे नगर समुदायों की विस्तार से चर्चा करने लगे। उन्होंने **The Urban Question: A Marxist Approach** (1977), **The City and the Grassroots: A Cross-cultural Theory of Urban Social Movements** (1983) एवं **The Informational City: Information Technology, Economic Restructuring, and the Urban Regional Process** (1989) नामक पुस्तकें लिखीं। कॉसेल्स ने कहा कि नगर का निर्माण उद्योगपतियों के हितों और इच्छा से होता है। नगर उपभोग का स्थान है, जहाँ के लोग बहुत अधिक उपभोग करते हैं अथवा जहाँ बाहर से लोग बेहतर उपभोग के लिए आते हैं। उनके अनुसार सूचना एक संसाधन है। नगर अनेक कारणों से गाँवों से भिन्न होते हैं, परन्तु इनकी एक बड़ी विशेषता यह है कि नगर में अधिक नवीन और गूढ़ सूचनाएँ उपलब्ध होती हैं, इसीलिए नगर सूचनाओं का केन्द्र है।

डेविड हार्वी (David Harvey) मार्क्सवादी समाजशास्त्री हैं, जिन्होंने नगर के सम्बन्ध में बड़े विस्तार से चर्चा की है। हार्वी ने अनेक पुस्तकें लिखीं। उसमें **Social Justice and the City** (1973), **The Urbanization of Capital** (1985) एवं **The Urban Experience** (1989) महत्त्वपूर्ण हैं। हार्वी ने कहा कि नगर उद्योगपति बनाते हैं। उद्योगपतियों के हितों और उनकी इच्छाओं से नगरों का संगठन होता है। हार्वी ने **नगरीय पुनर्चक्र (Urban Recycling)** की अवधारणा दी, जिसका अर्थ है नगर में अलग-अलग क्षेत्रों को या गतिविधियों को एक क्षेत्र से हटाकर दूसरे क्षेत्र में ले जाना। यह उद्योगपतियों के हितों के अनुसार होता है। यह पश्चिम के देशों में बार-बार हुआ है। भारत में भी बार-बार किया गया है। हार्वी ने कहा कि ऐसा पुनर्चक्रीकरण वास्तव में उद्योगपतियों के कारण ही किया जाता है।

नगरों से जुड़ी हुई कुछ अन्य प्रक्रियाएँ और घटनाएँ भी हैं, जैसे **नगर नवीकरण (Urban Gentrification)**। इसकी अवधारणा इंग्लैण्ड की समाजशास्त्री रूथ ग्लास (Ruth Glass) ने दी। उन्होंने 1964 ई. में **'London: Aspects of Change'** नामक एक पुस्तक लिखी। इसका अर्थ है शहर के मध्य भाग के पतनशील इलाकों और निम्नवर्गीय आवासों को बेहतर बनाना और उनमें मध्यवर्ग के आवास एवं सुविधाओं को स्थापित करना। इसके पूर्व एक और अवधारण नगरीय समाजशास्त्र में प्रचलित हुआ, वह है **नगरीय पारिस्थितिकी (Urban Ecology)** का इसका अर्थ है जीवविज्ञान से सिद्धान्तों को अपनाकर नगर में निवास की व्यवस्था और उसके सिद्धान्तों को विकसित करना। ऐसा अध्ययन 1920 ई. के दशक में शिकागो विश्वविद्यालय के समाजशास्त्रियों ने किया। वे इसे **मानवीय पारिस्थितिकी (Human Ecology)** भी कहते थे। इन दोनों शब्दों का पर्यायवाची शब्द के रूप में प्रयोग होता है। **नगरीय प्रबंधवाद (Urban Managerialism)** का अर्थ है प्रबन्धन की वह शैली जिसके अन्तर्गत नगरों के बसाने, शिक्षा की व्यवस्था करने, जनसंख्या के सामाजिक और स्थान सम्बन्धी वितरण का अध्ययन करके व्यवस्था करना, शामिल करना होता है। आर.ई. पाल (R.E. Pahl) एवं अन्य विद्वानों ने इस अवधारणा को लोकप्रिय बनाया।

पश्चिम में नगरीय जीवन का अध्ययन करते हुए अलग-अलग विद्वानों ने कुछ महत्त्वपूर्ण शब्दों का प्रयोग किया है। ऐसे कतिपय शब्द समाजशास्त्रीय साहित्य में बहुत अधिक प्रसिद्ध हो गये हैं। इनमें एक शब्द है **होबो (Hobo)**, जिसका प्रयोग सर्वप्रथम नील एण्डरसन (Neil Anderson) ने 1923 ई. में नगर के अध्ययन में किया। इसका अर्थ है प्रवासी घुमन्तु मज़दूर। 1925 ई. में लुई वर्द ने शिकागो शहर का अध्ययन करने के क्रम में **घेटो (Ghetto)** शब्द का प्रयोग किया जिसका अर्थ भारतीय सन्दर्भ में झुग्गी-झोपड़ी अथवा विकृत शहरी क्षेत्र होता है। यह शब्द वास्तव में यूरोप में मध्यकाल में यहूदी गंदी बस्तियों (Jewish Slum) के लिए प्रयोग किया जाता था। मार्क्स लन्दन में जिस यहूदी बस्ती में रहते थे उसे भी उनके समय में घेटो कहा जाता था। अमरीकी विद्वान पार्क एवं बर्जिस (Park and Burgess) ने शिकागो नगर के अध्ययन में नगरों के लिए **Urban Community** शब्द का प्रयोग किया। इस शब्दावली का केवल यही अर्थ है कि समाजशास्त्र की भाषा में इन्हें एक विशेष समुदाय के रूप में देखा जाये। यह शब्दावली 1926 ई. में प्रयोग में लायी गयी। क्लिफर्ड शॉ (Clifford Shaw) ने 1930 ई. में नगर के अध्ययन के क्रम में **'द जैक रॉलर' (The Jack Roller)** शब्द का प्रयोग किया जिसका अर्थ होता है **'शहरी शैतान'**।

नगरीय समाजशास्त्र के क्षेत्र में अमरीका के शिकागो विश्वविद्यालय के समाजशास्त्रियों का बहुत ही महत्त्वपूर्ण योगदान रहा है। शिकागो विश्वविद्यालय के समाजशास्त्र विभाग से जुड़े हुए कुछ विद्वानों ने 1920 से लेकर 1940 के दशकों तक इस विषय पर काफी गहरा चिन्तन किया। यह समाजशाास्त्र के क्षेत्र में **शिकागो चिन्तनधारा (Chicago School of Sociology)** के नाम से जाना जाता है। उस विचारधारा के प्रमुख प्रवर्तकों में रॉबर्ट पार्क (Robert Park), ई. बर्जिस (E. Burgess) एवं लुई वर्द (Louis Wirth) का नाम विशेष रूप से उल्लेखनीय है। शिकागो चिन्तनधारा के अन्तर्गत दो परिप्रेक्ष्य विशेष रूप से उल्लेखनीय हैं– (1) पारिस्थितिकी परिप्रेक्ष्य (Ecological Approach) एवं (2) **नगरवाद एक जीवनशैली के रूप में (Urbanism as a way of life)** है। इन दो परिप्रेक्ष्यों की बारी-बारी से यहाँ चर्चा की जा रही है।

1. शहरी पारिस्थितिकी (Urban Ecology)— इस परिप्रेक्ष्य को प्रतिपादकों ने भौतिक विज्ञानी से लिया है। परिस्थितिकी विज्ञान के अन्तर्गत यही अध्ययन किया जाता है कि कैसे कोई प्राणी वातावरण के साथ समायोजित करता

है। इसी तथ्य को आधार मानकर समाजशास्त्रियों ने यह विचार व्यक्त किया है कि नये नगरीय परिवेश में कोई व्यक्ति या समाज कैसे अपने-आपको समायोजित करता है। इस विचारधारा को मानने वाले विद्वानों का विचार था कि नगरों के विकास का सीधा सम्बन्ध भौतिक वातारवरण से है। नगरीय समाज की उत्पत्ति और विकास आमतौर पर नदी-घाटी, उपजाऊ समतल क्षेत्र एवं यातायात एवं व्यापार से जुड़े क्षेत्रों में होता है, अर्थात् नगरों का विकास कोई अचानक घटना नहीं है। इंसान अपनी सुविधाओं और जरूरतों को ध्यान में रखकर ही कहीं पर स्थायी निवास करना चाहता है।

जब लोग इकट्ठे एक जगह रहने लगते हैं तो वहाँ एक नयी किस्म के समाज का विकास होता है, पर इस इकट्ठे होने की प्रक्रिया में एक और प्रक्रिया मिली हुई है कि नगरों के अन्तर्गत वे ही लोग इकट्ठा हो पाते हैं जिनकी वहाँ पर जरूरत है। नगर स्वाभाविक रूप से धीरे-धीरे ऐसे लोगों का चयन करता है, जैसे– जहाँ उद्योग लगाने की सम्भावना है वहाँ उद्योग से जुड़े लोग इकट्ठे होते हैं। जहाँ व्यापार की सम्भावना होती है वहाँ व्यापार से जुड़े लोग स्वाभाविक रूप से रहना पसन्द करते हैं और उसी तरह से जो स्थान धार्मिक महत्त्व का है वहाँ धार्मिक प्रवृत्ति के लोग रहना पसन्द करते हैं और इस प्रकार से नगर धीर-धीरे स्वत: व्यवस्थित और विकसित होता रहता है। जिस ढँग से प्रकृति के अन्तर्गत एक **स्वाभाविक चुनाव (Natural Selection)** की प्रक्रिया चलती है उसी प्रकार शहरों के अन्तर्गत भी एक चुनाव की प्रक्रिया चलती है और इस प्रक्रिया के अन्तर्गत विभिन्न प्रकार की प्रतियोगिता, हमला एवं उत्तराधिकारी परिवर्तन की प्रक्रिया चलती रहती है। कुछ लोग प्रगति एवं प्रतियोगिता की दौड़ में आगे निकल जाते हैं तो कुछ लोग पीछे छूट जाते हैं। इन्हीं तथ्यों को ध्यान में रखकर पार्क (Robert E. Park) ने नगरों को एक **स्वाभाविक क्षेत्र (Natural Areas)** कहा है।

नगरों का विकास एक सिलसिलेवार ढँग से होता है। लोग विभिन्न तरह की सुविधाओं एवं विचारों को ध्यान में रखकर ही नगरों में अपने आवास एवं व्यवसाय का निर्माण करते हैं। प्रारम्भ में नगरों के अन्तर्गत लोग वहीं रहना पसन्द करते हैं जहाँ पर उनका उद्योग-धंधा रहता है। जैसे-जैसे शहरों के अन्तर्गत सुख-सुविधाओं का विकास होता है, वैसे-वैसे वहाँ से लोग दूर-दूर जाकर बसने लगते हैं। शहरों का विकास केन्द्र से उसकी परिधि (Periphery) की ओर होने लगता है। शहर के अमीर लोग शहर के मध्य भाग से निकलकर शहर के आस-पास के क्षेत्रों में नये उपनिवेश का निर्माण करते हैं और इस प्रक्रिया में निम्नवर्ग एवं कुछ मध्यवर्ग के लोग शहर के मध्य में छूट जाते हैं। उनके पास इतना पैसा नहीं होता कि शहर के बीच वाले क्षेत्र को छोड़कर नयी जगह आवास का निर्माण कर सकें। शहरों के केन्द्र में शहर के आम बाशिन्दे, व्यापार, उद्योग-धन्धे, दुकानें एवं मनोरंजन-गृह रह जाते हैं। इसी तरह धीरे-धीरे नगर अपने केन्द्र से परिधि की ओर फैलता जाता है और शहर के मध्य भूभाग में (Inner City Areas) में विकृत शहरी क्षेत्रों का विकास होता है। इसी प्रक्रिया को बर्जिस ने नगरों के विकास का **केन्द्रीकृत क्षेत्र का सिद्धान्त (Concentric Zone Theory)** कहा है।

आगे चलकर शहरी पारिस्थितिकी परिप्रेक्ष्य की काफी आलोचना हुई क्योंकि विभिन्न देशों में नगरों के विकास में विभिन्न किस्म के कारकों का योगदान रहा। विश्वस्तर पर नगरों का स्वरूप एक जैसा उभरता हुआ नहीं दिखाई पड़ा। इस परिप्रेक्ष्य के मानने वालों का यह कहना है कि नगरों के विकास में विभिन्न प्रकार की सरकारी योजनाएँ भी काम करती हैं। विश्व में ऐसे अनगिनत नगर हैं, जिनका विकास योजनाबद्ध तरीके से हुआ है। यह कहना कि कोई नगर अपने-आप स्वत: व्यवस्थित होकर विकसित होता है यह कुछ ही नगरों के बारे में सही हो सकता है। आजकल तो हरेक देश के अन्तर्गत नगर विकास योजना की बात की जाती है।

दूसरी तरफ कुछ ऐसे भी समाजविज्ञानी हैं, जिन्होंने इस परिप्रेक्ष्य का समर्थन किया है। ऐसे लोगों में आमोस हाउली (Amos Hawley, 1950) का नाम विशेष रूप से उल्लेखनीय है। इस सिद्धान्त के समर्थन में उन्होंने कहा कि नगरों के अन्तर्गत विभिन्न क्षेत्रों के बीच अन्तर्निर्भरता एवं विभेदीकरण (Interdependence and Differentiation) की स्थिति होती है। नगर के विभिन्न हिस्से एक-दूसरे से अलग नहीं होते हैं, बल्कि एक-दूसरे पर निर्भर करते हैं। जैसे-जैसे नगरों का विकास होता है, वैसे-वैसे नगरों के अन्तर्गत विशेषीकरण (Specialization) का विकास होता है।

जैसे किसी क्षेत्र में मुख्य रूप से फल एवं सब्जियाँ मिलती हैं, तो किसी क्षेत्र में कपड़े की दुकान होती है; तो किसी क्षेत्र में मंडी होती है, तो किसी क्षेत्र में मुख्य रूप से आवासीय मकान पाये जाते हैं, अर्थात् विभिन्न प्रकार के पेशों एवं व्यापारों का अलग-अलग क्षेत्र स्वत: निर्मित हो जाता है। इन तथ्यों से यह प्रमाणित होता है कि नगर एक प्रकार का **'स्वाभाविक क्षेत्र'** **(Natural Area)** होता है, जिससे परिस्थितिक परिप्रेक्ष्य को स्पष्ट समर्थन मिलता है।

2. नगरवाद/नागररूप एक जीवनशैली के रूप में (Urbanism as a Way of Life)— नगरवाद की अवधारणा को समाजशास्त्र में सबसे पहले जर्मन-अमरीकी समाजशास्त्री लुई वर्द (Louis Wirth) ने 1938 में प्रतिपादित किया था और तब से यह समाजशास्त्र में एक चर्चा का महत्त्वपूर्ण विषय रहा है। उन्होंने नगरवाद को परिभाषित करते हुए कहा कि नगरवाद जीवन की एक प्रणाली का वह नाम है (Urbanism as a way of life)। इसी नाम से उन्होंने अपने लेख़ को **American Sociological Review** में 1938 में छपवाया। इस लेख में उन्होंने नगरीय जीवन की विशेषताओं की चर्चा की उनका मानना था कि नगरवाद या नागररूप नगरों की प्रमुख विशेषता है। नगरों का जीवन गाँवों के जीवन से भिन्न इसलिए हेाता है कि उनमें तीन ऐसी चीजें पायी जाती हैं, जो ग्रामीण समुदाय में मौजूद नहीं है। इन तीनों की क्रमश: चर्चा यहाँ की जा रही है।

A. जनसंख्या का बृहत् आकार (Large Size of Population)— नगरों का आकार सापेक्ष रूप से बहुत बड़ा होता है। लुई वर्द ने यह स्पष्ट नहीं किया कि किसी जगह की कितनी आबादी होगी कि उसे नगर कहा जाय, पर उन्होंने इतना ज़रूर स्पष्ट किया कि ग्रामीण समुदाय की तुलना में उसका आकार निश्चित रूप से बड़ा होता है। मुम्बई, कोलकाता, टोकियो व न्यूयार्क की आबादी करोड़ से भी ऊपर है। 2001 की जनगणना के अनुसार भारत में 31 ऐसे नगर हैं जिनकी आबादी दस लाख से ऊपर है। ऐसे नगर जिनकी आबादी एक लाख या उससे अधिक है उनकी संख्या लगभग 400 हो गयी है। इतना तो स्पष्ट है कि गाँव का आकार कभी भी इतना बड़ा नहीं हो सकता। कृषि व्यवस्था की अपनी आर्थिक सीमाएँ होती हैं। खेती में इतना उत्पादन सम्भव नहीं है कि नगरों की तरह गाँवों की आबादी एक लाख या उससे अधिक हो। नगरों के आकार में वृद्धि से चार प्रमुख सामाजिक विशेषताएँ उत्पन्न होती हैं–

1. अवैयक्तिक सम्बन्ध (Impersonal Relationships),
2. छिछला सम्बन्ध (Superficial Relationships),
3. क्षणभंगुर सम्बन्ध (Transitory Relationships) एवं
4. खण्डात्मक समाज (Segmental Society)।

1. अवैयक्तिक सम्बन्ध (Impersonal Relationships)— शहरों के अन्तर्गत सामाजिक सम्बन्धों में तीव्रता की कमी होती है। लोगों के सम्बन्धों में प्राथमिक समूह की तरह **वयं भावना (We-feeling)** का सर्वथा आभाव रहता है। नगरीय सामाजिक सम्बन्धों में एक **परायेपन की भावना (They-feeling)** पायी जाती है। यह एक स्वाभाविक विशेषता है, क्योंकि आबादी की एक बड़ी तादाद में सभी व्यक्तियों के बीच एक अपनेपन की भावना नहीं पायी जा सकती है। यह सारी सामाजिक एवं सांस्कृतिक समानताओं के बावजूद भी सम्भव नहीं है।

2. छिछला सम्बन्ध (Superficial Relationships)— शहरों में लोगों के बीच जो सम्बन्ध पाये जाते हैं उनमें कोई गहराई नहीं होती। उनमें काफी छिछलापन पाया जाता है। लोग 'हैलो', 'हाय' कहकर सम्बन्ध स्थापित कर लेते हैं और 'बाय-बाय' कहकर अलग हो जाते हैं। शहरी जीवन की यह भी एक स्वाभाविक विशेषता है, क्योंकि लोगों के ताल्लुकात गहरे नहीं होते हैं। शहरी समाज कामचलाऊ सम्बन्धों पर आधारित होता है। सम्बन्धों में इतना अधिक स्वार्थ होता है कि लोग कभी-कभी एक-दूसरे को पहचानने से भी इंकार कर देते हैं। दो परिचित व्यक्तियों के बीच यदि कोई स्वार्थ नहीं है, तो परिचित व्यक्ति भी अपरिचितों जैसा व्यवहार करने लगते हैं।

3. क्षणभंगुर सम्बन्ध (Transitory Relationships)— व्यक्तियों के बीच सामाजिक सम्बन्ध काफी क्षणभंगुर होते हैं। लोग तब तक सम्बन्ध बनाये रखने की कोशिश करते हैं जब तक स्वार्थ की पूर्ति न हो जाय, तदुपरान्त

उसे ऐसा भूलते हैं कि उसका नाम अपरिचित जान पड़ता है। इस प्रकार के क्षणभंगुर सम्बन्ध द्वितीयक सम्बन्धों की खासियत है। चूँकि शहरों के अन्तर्गत द्वितीयक समूह हमेशा बनते और बिगड़ते रहते हैं, इसलिए नये सम्बन्ध हमेशा बनते और टूटते रहते हैं। जिस प्रकार गाँवों में लोगों के सम्बन्ध स्थायी और दीर्घकालीन होते हैं तो ऐसे सम्बन्धों का नगरीय जीवन में सर्वथा अभाव होता है।

4. खण्डात्मक समाज (Segmental Society)— शहरी समाज का आकार चूँकि काफी बड़ा होता है और बहुत किस्म की विषमताएँ पायी जाती हैं, इसलिए समाज बहुत-से उपखण्डों में विभक्त होता है। जाति, धर्म, क्षेत्र, भाषा, समुदाय इत्यादि के आधार पर शहरों में बहुत सारे मोहल्ले दिखाई पड़ते हैं। हमारे वैयक्तिक सम्बन्धों में भी नगरीय समाज में बहुत किस्म की दरारें दिखाई पड़ती हैं। एक ही जगह रहने या काम करने की स्थिति में भी हम एक-दूसरे से विभिन्न स्तरों पर दूर होते हैं, जिसके चलते शहरों में अक्सर भाषा, धर्म, जाति या क्षेत्रीयता के आधार पर सामाजिक और आर्थिक तनाव रहता है। कभी-कभी तनाव इतना बढ़ जाता है कि उसका दुष्प्रकार्यात्मक (Dysfunctional) स्वरूप आस-पास के गाँव पर भी दिखाई पड़ने लगता है। नगरों से यदि विभिन्न प्रकार के फायदे हैं तो उनकी अपनी परेशानियाँ भी कोई कम नहीं हैं।

B. घनत्व (Density)— किसी खास जगह पर आबादी के अधिक केन्द्रित होने से वहाँ का घनत्व काफी बढ़ जाता है। यह एक स्वाभाविक प्रक्रिया है, क्योंकि आबादी के बढ़ने से ज़मीन की कीमत बढ़ जाती है। अत: कम-से-कम ज़मीन पर अधिक-से-अधिक लोगों को निवास करना पड़ता है। नगरों की एक प्रमुख विशेषता यह है कि उसकी आबादी का घनत्व अधिक होता है। लुई वर्द ने इस तथ्य को मानव परिस्थितिविज्ञान (Human Ecology) से लिया है। भारतीय जनगणना में भी नगरों की परिभाषा के सन्दर्भ में इस तत्त्व पर ध्यान रखा गया है। भारत में किसी जगह को नगर कहे जाने के लिए यह जरूरी है कि उस जगह की जनसंख्या का घनत्व 1,000 व्यक्ति प्रतिवर्ग किलोमीटर हो। वर्द ने बताया है कि जैसे-जैसे नगरों का घनत्व बढ़ता है, वैसे-वैसे लोगों के बीच सामाजिक सम्बन्धों में ढीलापन आता है, अर्थात् व्यक्तियों के सम्बन्धों में आत्मीयता की कमी होती है, जिसके फलस्वरूप शहरों के अन्तर्गत सामाजिक तनाव बढ़ता है।

C. विषमता (Heterogeneity)— शहरों की आबादी बढ़ने से श्रम-विभाजन (Division of Labour) एवं प्रवास की प्रक्रिया (Mobility) में वृद्धि होती है, जिसके फलस्वरूप नगरों के अन्तर्गत विभिन्न किस्म की विषमताएँ देखने को मिलती हैं। शहर का आकार जितना बड़ा होगा वहाँ विषमताएँ भी उतनी ही अधिक होंगी। शहरों के अन्तर्गत विषमताएँ कई स्तरों पर देखी जा सकती हैं, जैसे– पेशा, धर्म, जाति, प्रजाति, भाषा, समुदाय, राष्ट्रीयता इत्यादि। विषमताएँ तो शहरों के अन्तर्गत इतनी अधिक होती हैं कि बड़ी इमारतों में रहने वाले परिवार एक से अधिक पेशा, धर्म, जाति, भाषा, प्रजाति या समुदाय के हो सकते हैं। विषमता की चाहे, जो भी तीव्रता हो, इतना तो स्पष्ट है कि गाँव की तुलना में यहाँ बहुत प्रकार की सामाजिक एवं सांस्कृतिक विषमताएँ पायी जाती हैं और यह विषमता कोई स्थिर विशेषता नहीं है, बल्कि इससे भी समय के साथ परिवर्तन होता रहता है, इसलिए नगरीय आबादी को 'तरल मानव पुंज' (Fluid Mass) कहा जाता है।

अब नगरीय समाज की सामाजिक सम्बन्धों नगरीय समाज के स्वरूप की चार प्रमुख विशेषताओं की चर्चा की जा रही है।

इस तरह हम देखते हैं कि नगरीय जीवन एक विशिष्ट प्रकार की जीवन प्रणाली है, लेकिन इस सम्बन्ध में हमें यह भी जान लेना जरूरी है कि नगरवाद विश्वस्तर पर एक किस्म का नहीं हो सकता है। बल्कि एक ही देश के अन्तर्गत दो प्रदेशों में दो किस्म का नगरवाद देखने को मिलता है, जैसे– लन्दन और मुम्बई के जीवन में काफी भिन्नताएँ पायी जाती हैं। उसी प्रकार अपने देश के अन्दर भी मुम्बई, दिल्ली और कोलकाता की भी अलग-अलग नगरीय विशेषताएँ हैं। किसी शहर का जीवन अपेक्षाकृत मन्द, शिथिल और सरल होता है। किसी शहर का जीवन तनावपूर्ण होता है, तो किसी और शहर का जीवन सरल और शान्तिमय भी होता है।

नगरवाद के सम्बन्ध में दूसरी बात यह है कि यह एक प्रमुख सक्रिय तथ्य (Dynamic Phenomenon) है, अर्थात् नागररूप मात्र शहरों की विशेषता नहीं है, बल्कि आधुनिक तकनीक, प्रवास एवं दूरसंचार तथा जनसम्पर्क के साधनों के माध्यम से यह गाँव के जीवन में भी प्रवेश कर जाता है। गाँव में रहकर भी लोग नगरीय कहे जा सकते हैं, जैसे–कोई शहरों में रहकर भी ग्रामीण जीवन जी सकता है। नागररूप शहरों की विशेषता होते हुए भी नगरों की क्षेत्रीय सीमा के अन्तर्गत नहीं बाँधा जा सकता है। स्वाभाविक रूप से ग्रामीण जीवन भी इसकी चपेट में आते हैं, जो गाँव शहर से जितना नज़दीक है वहाँ इसका प्रभाव उतना ही अधिक देखने को मिलता है।

नगरवाद की अवधारणा की जितनी प्रशंसा हुई है, इसकी आलोचना भी कोई कम नहीं हुई है। मार्क्सवादी चिन्तनधारा के समर्थक समाजशास्त्रियों ने कहा है कि जो लुई वर्द ने नगरवाद को विभिन्न विशेषताओं की चर्चा की है वह सच मायने में उसकी विशेषता नहीं है। उनके अनुसार यह पूँजीवादी औद्योगिक संस्कृति की विशेषता है। ऐसा मानने वालों में कॉसेल्स (M. Castells— **Urban Questions**) का नाम सबसे आगे है। लुई वर्द का यह भी कहना है कि नगरों के अन्तर्गत प्राथमिक समूह और सम्बन्ध बिखर जाते हैं और आमने-सामने के सम्बन्ध में कमी आती है। आलोचकों का कहना है कि यदि ऐसा होता तो नगरीय पड़ोस (Urban Neighbourhood) या हर्बर्ट गैन्स (Herbert Gans) द्वारा प्रतिपादित **शहरी गाँव (Urban Village)** की अवधारणा नहीं आती। शहरों के अन्तर्गत विभिन्न मोहल्ले या पड़ोस के स्तर पर लोगों के बीच विभिन्न स्तरों पर गहरे सामाजिक सम्बन्ध पाये जाते हैं। शहरी समाज पूरी तरह प्राथमिक समूह की कब्र पर अवस्थित नहीं होता है।

यह सही है कि बड़े नगरों में व्यक्ति की पहचान में कमी आ जाती है। व्यक्ति बड़े नगरों में अपनी पहचान खो बैठता है। गिडेन्स (Giddens, 1998) ने बताया है कि वर्द ने इस तथ्य पर कुछ ज़्यादा ही ज़ोर दिया है। प्रत्येक शहर के सम्बन्ध में यह बात लागू नहीं होती कि व्यक्ति शहरी भीड़ में खो जाता है। लुई वर्द ने यह सामान्यीकरण अमरीकी शहरी जीवन को देख कर किया है। दुनिया के अन्य नगरों में ऐसी बात नहीं है कि लोगों की शहरों के अन्तर्गत पहचान नहीं होती है। शहरों के अन्तर्गत भी सामुदायिक भावना पायी जाती है। यहाँ तक कि अमरीका के शहरों में भी विभिन्न नृजाति समूह के लोग अलग-अलग समूहों में परस्पर सहयोग की भावना से जीते हैं।

गन्स (Gans, 1962) का **शहरी-ग्रामीण (Urban Villagers)** की अवधारणा का मुख्य आधार यही था कि अमरीका के बोस्टन नगर (Boston City) में इटली के लोग एक समूह में रहते थे और उनके बीच परस्पर सहयोग और अपनापन की भावना काफी पायी जाती है। भारत के नगरों में भी ऐसा देखने को मिलता है कि मुसलमान लोग शहरों में एक जगह इकट्ठे होकर रहते हैं और उनके बीच प्रतियोगिता और संघर्ष की भावना के बावजूद काफी सहयोग, भाई-चारा और अपनेपन का भाव पाया जाता है। लोग एक-दूसरे से आपस में मिलते-जुलते रहते हैं।

प्रत्येक बड़े शहरों के अन्तर्गत विभिन्न प्रकार की **उप-संस्कृतियाँ (Sub-cultures)** पायी जाती हैं। बड़े नगर शहर के सभी निवासियों को एक रंग में नहीं रंग पाते हैं। लोग विभिन्न उप-खण्डों या सामाजिक समूहों में बँटे रहते हैं। उनके जीवन के आदर्श, मूल्य, नियम-कानून और यहाँ तक कि भाषा भी अलग-अलग किस्म की होती है। उप-संस्कृति की मौजूदगी इस बात का प्रमाण है कि नगरीकरण की प्रक्रिया से एक विश्वव्यापी संस्कृति या जीवनशैली का विकास नहीं होता है। इसलिए लुई वर्द का यह कहना कि नगरीकरण की प्रक्रिया से एक समान जीवन-शैली का निर्माण होता है, यह खाँटी सामान्यीकरण है।

डेविड हार्वे का सिद्धान्त (Theory of David Harvey)

हार्वे का कहना है कि उद्योगीकरण के पूर्व गाँव और शहर के बीच काफी स्पष्ट फ़र्क पाया जाता था। वे समाज के दो ध्रुवों की तरह थे, पर जैसे-जैसे उद्योगीकरण का विकास हुआ गाँव एवं शहर के बीच की दूरी कमती गयी। गाँव नगरीकरण की चपेट में इस प्रकार आ गया है कि **गाँव-शहर द्विभाजन (Rural-Urban Dichotomy)** ने गाँव-नगर

निरन्तरता का रूप ले लिया। नगरवाद या नागररूप मात्र नगरों की ही जीवनशैली नहीं रही, बल्कि नगरीय जीवनशैली गाँवों के जीवन में भी दिखाई पड़ने लगी। कृषि के कार्यों में विभिन्न किस्म की आधुनिक तकनीक दिखाई पड़ने लगी। आर्थिक लाभ को ध्यान में रखकर कृषि का काम किया जाने लगा, अर्थात् कृषि का व्यवसायीकरण हो गया।

हार्वे ने बताया है कि नगरीकरण के द्वारा भू-क्षेत्र हमेशा रूपान्तरित होता रहता है। पूँजीपति एवं व्यापारी अपनी सुख-सुविधाओं और लाभ को ध्यान में रखकर जगह बदलते रहते हैं, जिससे नगरों का विस्तार और नये नगरों की उत्पत्ति होती रहती है। यदि किसी जगह पर एक किस्म के व्यापार या उद्योग का विकास होता है, तो उससे जुड़े अन्य किस्म के व्यवसाय की वहाँ उत्पत्ति होती है और फिर उससे नगरों का विकास होता है। हार्वे ने अपने नगरीकरण के विचार में भौगोलिक पहलू पर कुछ अधिक ज़ोर दिया है। नगरीकरण को उन्होंने भौगोलिक परिप्रेक्ष्य में ही देखने का प्रयास किया है। उन्होंने यही स्पष्ट करने का प्रयास किया है कि कैसे ग्रामीण क्षेत्र शहरी क्षेत्र में निर्मित हो जाता है और इस भौगोलिक स्थिति में परिवर्तन से कैसे समस्त समाज प्रभावित होता है।

मैनुअल कासेल्स का सिद्धान्त (Theory of Manuel Castells)

कासेल्स (Castells, 1983) का कहना है कि किसी भू-खण्ड पर नगरों का जो विकास होता है वह अधिक विकास की प्रक्रिया से जुड़ा हुआ है। नगरों को समझने के लिए हमें यह समझने की आवश्यकता है कि किसी भू-खण्ड पर कैसे संरचना में परिवर्तन आता है। उनका मानना है कि किसी भू-खण्ड पर जो संरचना में परिवर्तन आता है वह सामाजिक एवं आर्थिक विकास का एक प्रतिबिम्ब है। नगरीकरण की प्रक्रिया में बड़ी-बड़ी इमारतों एवं भवनों का निर्माण होता है, क्योंकि इससे कुछ लोगों को प्रचुर धन लाभ होता है। यह पूँजीवादी व्यवस्था के विकास का प्रतिफल है। महानगरों का विकास सिर्फ भौगोलिक क्षेत्र की संरचना के परिवर्तन के सन्दर्भ में नहीं समझा जाना चाहिए, क्योंकि यह औद्योगिक पूँजीवादी व्यवस्था का परिणाम है। नगरों को उन्होंने **सामूहिक उपभोक्ता (Collective Consumption)** के रूप में देखा है। बड़ी-बड़ी इमारतें, स्कूल, यातायात की सुविधाएँ, मनोरंजन-गृह ये सभी आधुनिक उद्योगीकरण की उपज है और इनका निर्माण सामूहिक उपभोग के लिए होता है। नगरों के भौतिक वातावरण या प्रारूप में जो परिवर्तन या विकास दिखाई पड़ता है वह आधुनिक उद्योगीकरण का एक नतीजा है। अमीरों ने अपनी सुख-सुविधाओं के लिए इन चीजों का निर्माण किया है, जिसके चलते बहुत किस्म की शहरों में समस्याएँ देखने को मिलती हैं। आम लोगों को इन समस्याओं से मुक़ाबला करने के लिए बहुत परेशानियों का सामना करना पड़ता है। इस प्रकार आधुनिक नगरीकरण ने बहुत किस्म के सामाजिक आन्दोलन को जन्म दिया है।

हार्वे एवं कासेल्स के विचारों से यही स्पष्ट होता है नगर मनुष्यों के द्वारा निर्मित कृत्रिम वातावरण है जिसने सिर्फ नगरवासियों को ही नहीं, बल्कि ग्रामीण जीवन को भी प्रभावित किया है। आज खेतों में उत्पादन सिर्फ गाँवों के लिए ही नहीं होता, बल्कि यह शहरों तक आसानी से पहुँच रहा है। उसी प्रकार शहरों का निर्मित समान गाँवों तक आसानी से पहुँच रहा है। इन दोनों ने शिकागो विचारधारा के समाजशास्त्रियों की तरह गाँव एवं शहर स्वतन्त्र स्वाभाविक क्षेत्र के रूप में देखने का प्रयास नहीं किया है। इन दो विद्वानों ने नगरवाद को शहर की सीमा तक बाँध कर देखने का प्रयास नहीं किया है। इस रूप में दोनों का विचार यथार्थ से ज़्यादा जुड़ा हुआ लगता है।

हार्वे एवं कासेल्स के विचारों की काफी आलोचना हुई है इसलिए कि इन लोगों ने मात्र यही देखने का प्रयास किया कि शहरों के विकास से भौतिक वातावरण में कैसे परिवर्तन आता है और इस परिवर्तन का समाज पर क्या प्रभाव पड़ता है। उनके विचारों को लेकर अनुभवाश्रित काम उतना नहीं हो पाया है जितना कि शिकागो चिन्तनधारा को ध्यान में रखकर दुनिया के विभिन्न नगरों में सामाजिक अनुसन्धान हुए हैं। उस स्तर पर हार्वे एवं कासेल्स लोगों का ध्यान आकर्षित करने में सफल नहीं रहे। ऐन्थनी गिडेंस का कहना है कि इनका विचार बहुत ही अमूर्त किस्म का था। अत: वे समाजशास्त्रियों को अनुसन्धान करने के लिए बहुत प्रेरित नहीं कर पाये। पर इसमें कोई सन्देह की

बात नहीं कि शिकागो चिन्तनधारा एवं हार्वे एवं कासेल्स के विचारों से नगरीकरण की एक व्यापक विचारधारा को बढ़ावा मिलता है या यह कहा जाय कि यदि इन सब विचारों को इकट्ठा देखा जाये तो नगरीकरण के बारे में एक व्यापक विचार को बढ़ावा मिलता है।

नगरीकरण के निर्धारक (Determinants of Urbanization)

आमतौर पर नगरीय विकास एवं नगरीकरण के बहुत-से कारकों की चर्चा की जाती है। कभी-कभी ऐसे कारकों की भी चर्चा की जाती है, जो अप्रत्यक्ष रूप से जुड़े हुए होते हैं, पर प्रत्यक्ष रूप से इसके तात्कालिक चार ही कारण हैं और फिर उन कारकों के अन्तर्गत विभिन्न किस्म के कारक काम करते हैं जिसे इन चार कारकों का उत्प्रेरक (Catalytic Agent) कहा जा सकता है। उन चार कारकों की चर्चा यहाँ संक्षिप्त ढँग से की जा रही है।

1. नगरीय जनसंख्या की स्वाभाविक वृद्धि (Natural Increase of Urban Population)— बहुत लोगों का विचार है कि नगरों की आबादी के विकास के पीछे ग्रामीण-शहर प्रवास (Rural to Urban Migration) का योगदान सबसे अधिक होता है। ऐसा लोग इसीलिए सोचते हैं कि गाँव में ग़रीबी है और लोग अपनी ग़रीबी के चलते जीवनयापन के लिए स्वाभाविक रूप से शहरों की शरण लेते हैं। इस तथ्य में सत्यता के बावजूद यह नहीं कहा जा सकता है कि नगरों की आबादी की वृद्धि के पीछे प्रवास की सबसे बड़ी भूमिका है। जनसंख्याशास्त्र के विद्वानों ने इस तथ्य को ग़लत साबित किया है और यह बताया है कि शहरों की आबादी में वृद्धि का सबसे बड़ा कारण नगरीय जनसंख्या की स्वाभाविक वृद्धि (Natural Increase) है। 1950 के दशकों के पूर्व, प्रवास की अहम भूमिका अवश्य थी, लेकिन उसके बाद इस स्थिति में आमूल परिवर्तन हुआ।

लीला विसारिया एवं प्रवीण विसारिया (1998) के एक अध्ययन से यह स्पष्ट होता है कि 1981 एवं 1991 के बीच भारत में शहरों की कुल आबादी में वृद्धि के पीछे स्वाभाविक योगदान वृद्धि का 58 प्रतिशत रहा है। इसके पूर्व (1961–1971 के बीच) 62 प्रतिशत और 1971–81 के बीच 46 प्रतिशत स्वाभाविक वृद्धि जनसंख्या ने शहरी वृद्धि में प्रमुख कारक के रूप में काम किया है। इन तथ्यों की ओर वैद्यनाथन (K.E. Vaidyanathan, 1969) तथा मित्रा (Ashok Mitra, 1967) ने भी हमारा ध्यान आकृष्ट किया है।

यह तथ्य सिर्फ भारत के सम्बन्ध में ही नहीं, बल्कि दुनिया के अन्य विकासशील देशों के सम्बन्ध में भी लागू होता है। सैमूएल प्रेस्टन (Samuel Preston, 1978:198) ने लिखा है कि "Urban growth through most of the developing world results primarily from the natural increase of urban population." इस सदी के उत्तरार्द्ध में स्वास्थ्य एवं चिकित्सा के क्षेत्र में क्रान्तिकरी परिवर्तन आये हैं। बहुत किस्म के क्षयरोगों पर काबू पा लिया गया है। शिशु एवं बाल मृत्युदर (Infant and Child Mortality) में भारी गिरावट आयी। पाश्चात्य देशों से आसानी से विभिन्न किस्म की जीवन रक्षक दवाइयाँ एवं तकनीकी विकासशील देशों में आयात की जा रही हैं। इसका प्रभाव शहरों में कुछ ज़्यादा ही देखने को मिलता है। फलस्वरूप शहरों में मृत्युदर में भारी गिरावट आयी। लेकिन दूसरी तरफ परिवार नियोजन को उतनी सफलता नहीं मिली जितना कि विभिन्न योजनाओं के अन्तर्गत लक्ष्य निर्धारित किया गया था। जिसके फलस्वरूप शहरों की आबादी में इतनी अधिक वृद्धि होने लगी कि नगरीकरण के अन्य कारकों, जिनकी चर्चा नीचे की जा रही है, नगरों की जनसंख्या में स्वाभाविक वृद्धि की तुलना में उतनी महत्त्वपूर्ण नहीं रही।

उन्होंने आगे यह भी स्पष्ट किया है कि 1961–71 के विकासशील देशों के नगरों की कुल आबादी में वृद्धि के पीछे स्वाभाविक वृद्धि का योगदान लगभग 68 प्रतिशत था, लेकिन आज भी इस स्थिति में कोई बुनियादी परिवर्तन नहीं आया है। नगरों की आबादी में स्वाभाविक वृद्धि की भूमिका काफी महत्त्वपूर्ण है।

जब पाश्चात्य विकसित देश वर्तमान विकासशील देशों की तरह आर्थिक अवस्था में थे तो वहाँ के नगरीकरण में प्रवास की बहुत ही महत्त्वपूर्ण भूमिका थी। नगरों के विकास के पीछे ग्रामीण शहर प्रवास सबसे अधिक महत्त्वपूर्ण

कारक था। जीवनयापन के लिए लोगों का गाँवों से शहरों की ओर आना एक मज़बूरी थी। चूँकि उद्योगीकरण के चलते यूरोप के नगरों में काफी नये-नये रोज़गार उत्पन्न हो रहे थे इसलिए गाँव शहर प्रवास ने विकसित देशों के नगरीकरण के प्रारम्भिक स्तर में काफी महत्त्वपूर्ण भूमिका रही है। विकासशील देशों की तरह वहाँ जनसंख्या में तेजी से वृद्धि की समस्या कभी नहीं थी। वहाँ मृत्युदर पर नियन्त्रण बहुत लम्बे समय में पाया गया था। इसलिए विकसित देशों का नगरीकरण एक अलग किस्म की जनसंख्या एवं स्वास्थ्य सम्बन्धी परिस्थितियों में हुआ था। इस ढँग की स्थिति भारत एवं दुनिया के अन्य देशों में भी विश्वयुद्ध के पहले मौजूद थी।

2. ग्रामीण-शहर प्रवास (Rural-Urban Migration)— चूँकि भारत में गाँवों की आबादी बहुत तेजी से बढ़ रही है और उस अनुपात में कृषि के क्षेत्र में वृद्धि नहीं हो पा रही है। ग्रामीण इलाकों में जनसंख्या की वृद्धि का दबाव बढ़ता जा रहा है, जिसके चलते काफी लोग गाँव से शहरों की ओर आते हैं। ग्रामीण-शहर प्रवास नगरों की जनसंख्या की वृद्धि का दूसरा प्रमुख कारण है। नगरों में सिर्फ जीविकोपार्जन के लिए ही लोग नहीं आते, बल्कि बहुत-से लोग **शहरी चमक-दमक (City Light)** से प्रभावित होकर भी आते हैं। जो लोग शहर में आ गये हैं, वे गाँव लौटना पसन्द नहीं करते हैं।

गाँव से शहर की ओर लोग सिर्फ इसीलिए नहीं आते हैं कि गाँव के अन्तर्गत बढ़ती हुई जनसंख्या को भरण-पोषण के लिए समुचित रोज़गार उपलब्ध नहीं हैं। प्रवास का इससे भी मुख्य कारण उद्योगीकरण है। विज्ञान एवं तकनीकी के विकास ने बड़े-बड़े कल-कारखानों को जन्म दिया है। उत्पादन की वृद्धि ने बाज़ार-व्यवस्था को बढ़ाया जिसके चलते दूर-दूर से लोग आकर वहाँ निवास करते हैं। मात्र व्यवसाय में इतनी क्षमता नहीं है कि लाखों-करोड़ों लोग एक जगह जीवनयापन कर सकें। यह उद्योगीकरण की प्रक्रिया ही है, जो प्रवास के कारण वे नगरों के विकास में उत्प्रेरक का काम कर रही है। प्राचीन एवं मध्यकालीन युग में आधुनिक युग जैसे नगर नहीं पाये जाते थे। इसका मुख्य कारण यह था कि उस ज़माने में बड़े-बड़े कल-कारखाने नहीं पाये जाते थे। छोटे-मोटे हाट-बाज़ार और प्रशासनिक दफ्तरों से बड़े महानगरों का निर्माण नहीं हो सकता है। महानगरों के निर्माण के पीछे उद्योगीकरण सबसे प्रमुख कारक है।

बहुत सारे अध्ययनों से यह भी पता चला है कि बहुत लोग गाँव से शहर मात्र शिक्षा प्राप्त करने के लिए आते हैं। गाँव में शिक्षा की व्यवस्था उतनी अच्छी नहीं है, इसलिए नवयुवक स्कूली शिक्षा समाप्त कर स्वाभाविक रूप से शहर आना पसन्द करते हैं और जो लोग शहर आ गये हैं उन्हें ग्रामीण जीवन अच्छा नहीं लगता। वे शहरों से गाँव लौटना पसन्द नहीं करते हैं। इस ढँग का विचार कई अध्ययनों में व्यक्त किया गया है (J. Connell, 1976; J.P. Singh, 1998)।

गाँव से शहरों की ओर प्रवास का मुख्य कारण बहुत विद्वान गाँव की ग़रीबी मानते हैं। पर यह पूरी तरह सही नहीं है। यदि सिर्फ ग़रीबी के चलते लोग शहरों में आते तो शहरों के अन्तर्गत ग़रीबों की संख्या अधिक हो जाती और गाँव में सिर्फ अमीर लोग बच जाते। सत्य यह है कि गाँव से ग़रीबों की तुलना में अमीर लोग ही ज़्यादा आते हैं। राजस्थान के कुछ गाँवों के अध्ययन के उपरान्त डी.के. कोठारी (D.K. Kothari, 1980) ने यह प्रमाणित किया है कि ग़ैर-खेतीहर मज़दूरों की तुलना में खेतीहर लोग शहर ज़्यादा आते हैं। ग़रीब लोग चूँकि प्रायः अनपढ़ होते हैं, उनके लिए शहर में पेशे उपलब्ध नहीं हैं। उनके पास इतने पैसे भी नहीं होते हैं कि शहरों में रहकर नौकरी ढूँढ़ें। लेकिन जो लोग आर्थिक रूप से गाँव में सम्पन्न हैं वे एक बेहतर जीवन, सुख एवं शान्ति के लिए शहरों में मकान बनाना पसन्द करते हैं। बच्चों को उच्च शिक्षा प्राप्त करने के लिए गाँव से शहर भेजते हैं तथा शहर में कार्यरत लड़कों से ही अपने बेटी का विवाह करना पसन्द करते हैं। इन्हीं तथ्यों को ध्यान में रखते हुए डी.के. कोठारी (1980) ने कहा, आर्थिक स्थिति एवं प्रवास में ('J' Type) का सम्बन्ध है, अर्थात् ग़रीब लोगों की तुलना में अमीर लोगों में प्रवास की प्रवृत्ति ज़्यादा पायी जाती है। इस तथ्य का समर्थन कुछ हद तक जे.पी. सिंह (1986) ने भी अपने अध्ययन में किया है। उनका कहना है कि आर्थिक स्थिति एवं प्रवास में ('U' Type) का सम्बन्ध है, अर्थात् ग़रीब-अमीर समान रूप से गाँव से शहरों की ओर आकर जीवनयापन करना पसन्द करते हैं।

ग्रामीण-शहरी प्रवास की एक उल्लेखनीय विशेषता यह है कि गाँव से शहरों की ओर जाने वालों में मर्दों की संख्या सबसे अधिक होती है। महिलाएँ गाँव में अपना पुश्तैनी घर सँभालती हैं और पुरुष अकेला शहरों का शरण लेता है। यही कारण है कि भारतीय शहरों की आबादी में पुरुषों का औसत बहुत ज़्यादा है। भारत के अधिकांश नगरों में प्रति 100 महिलाओं पर पुरुषों का औसत 125 से लेकर 150 तक है, जबकि भारत की आबादी का लिंगानुपात (Sex Ratio) मात्र 107 है, अर्थात् प्रति 100 महिलाओं पर 107 पुरुष हैं। महिलाओं को छोड़कर शहर की ओर जाने की प्रवृत्ति दक्षिण भारत की तुलना में उत्तर भारत में कुछ अधिक ही है, जैसा कि भारतीय जनगणना रपट को देखने से मालूम होता है।

3. नये शहरों की उत्पत्ति (Emergence of New Towns)— प्रत्येक जनगणना के समय कुछ-न-कुछ नये शहर जुट जाते हैं; जैसे– 1961 में भारत में सब मिलाकर 2,700 नगर थे, तो 2011 में यह संख्या बढ़कर 7,935 हो गयी। बड़े नगर जिनकी आबादी 1 लाख और उससे अधिक थी उनकी संख्या 1961 में 107 थी तो 2001 में उनकी संख्या बढ़कर 400 से अधिक हो गयी। उद्योगीकरण एवं अन्य प्रकार के आर्थिक विकास की प्रक्रिया से नये शहरों का विकास होता रहता है, जिससे समस्त नगरों की आबादी में वृद्धि हो जाती है। नये शहरों के आने से 1981 की जनगणना के अनुसार नगरों की आबादी में 20 प्रतिशत की वृद्धि हुई तो 1991 में यह योगदान थोड़ा बढ़कर 17 प्रतिशत हो गया। जनगणना के आँकड़ों से स्पष्ट होता है कि ग्रामीण-शहर प्रवास एवं नये शहरों की उत्पत्ति में नगरीकरण का कुल योगदान लगभग बराबर ही रहता है। किसी जनगणना के समय किसी एक कारक में 1 से 3 प्रतिशत की कमी या वृद्धि होती रहती है।

नये नगरों के विकास की गति तेज हो सकती है यदि सरकार की ओर से यह कदम उठाया जाये कि नये उद्योगों को बड़े शहरों में नहीं खड़ाकर छोटे-छोटे बाज़ारों में स्थापित किया जाय। पूँजीपति लोग उद्योगों की स्थापना बड़े-बड़े शहरों में करते हैं, जिसके चलते बड़े शहर कुछ ज़्यादा ही तेजी से बड़े होते जा रहे हैं। **राष्ट्रीय शहरीकरण आयोग (The National Commission of Urbanization, 1988)** कई समाजविज्ञानियों एवं औद्योगिक विकेन्द्रीकरण ने सरकार से पेशकश की है, पर सरकार ने शायद ही कभी इस पर अमल करने का प्रयास किया। उद्योगों के विकेन्द्रीकरण से नये नगरों की उत्पत्ति की प्रक्रिया तेज की जा सकती है।

4. उपनगरीकरण (Sub-urbanization)— जब नगरों में आबादी का घनत्व घटता है, तो उस आबादी का केन्द्र से शहर की पृष्ठभूमि (Hinterland) की ओर विस्तार होता है। मध्यम एवं उच्चवर्ग के लोग शहरों के बाहर नये-नये उप-शहर या उपनिवेश (Colony) का निर्माण करते हैं जहाँ केन्द्र से लोग हटकर उन जगहों पर निवास करना पसन्द करते हैं। यह प्रक्रिया प्रत्येक नगर के साथ धीमी या तेज गति से निरन्तर चलती रहती है और इस प्रक्रिया में शहर के उपान्त प्रदेश (Fringe Area) के गाँव शहर में आत्मसात् हो जाते हैं। यानी गाँव की आबादी शहर की आबादी से जुड़ जाती है। जिन शहरों के किनारे ग्रामीण आबादी का घनत्व जितना अधिक होगा वहाँ गाँव को शहर में प्रवेश करने की रफ्तार उतनी ही तेज होगी। इसी प्रक्रिया को समाजविज्ञानियों ने उपनगरीकरण कहकर पुकारा है। इसी उपनगरीकरण की प्रक्रिया के चलते भारत के शहरों में ग्रामीण लघुक्षेत्र (Rural Pocket) या **अर्द्ध-नगरीय क्षेत्र (Semi-urban Area or Peri-urban Area)** पाया जाता है। वैसे लोग पूरी तरह शहरी नहीं होते हैं; वे आधा शहरी और आधा ग्रामीण होते हैं। वैसे लोग ग्रामीण एवं शहरी संस्कृति के सम्मिश्रण होते हैं।

बहुत सारे विद्वान लेखकों ने नगरों के विकास या नगरीकरण के बहुत सारे कारकों की चर्चा की है, पर मूलरूप से उसके चार ही कारक हैं जिसकी चर्चा ऊपर की जा चुकी है। उसे नगरीकरण का तात्कालिक कारक (Immediate Factors) भी कहा जा सकता है। आधुनिक शिक्षा, प्रचार-प्रचार, यातायात के साधनों में वृद्धि, तकनीकी क्रान्ति, उद्योगीकरण, संचार के साधनों में विकास, ग्रामीण बेरोज़गारी, कृषि पर बढ़ती हुई आबादी का विपरीत प्रभाव इत्यादि सभी उत्प्रेरक कारक हैं। इन कारकों से तात्कालिक कारकों को बढ़ावा मिलता है। वे अपने-आप में कोई ऐसे कारक नहीं हैं जिनसे भारत के नगरों की आबादी में वृद्धि होती है। बहुत अधिक कारकों को गिनाना ऊपर के चार कारकों का मात्र विस्तार करने जैसा है। इससे कुछ और नये तथ्य प्रकाश में नहीं आते हैं। हम आदतन एक से अधिक कारकों को गिनाकर किसी सरल तथ्य को भी जटिल करने का प्रयास करते हैं।

भारत में नगरीकरण (Urbanization in India)

नगरीकरण से तात्पर्य जनसंख्या की ग्रामीण क्षेत्र से नगरीय क्षेत्रों की ओर गतिशीलता है। एण्डरसन (Nels Anderson) का मानना है कि नगरों में न केवल जनसंख्या का नगरों की ओर जाना निहित है, बल्कि जाने वालों की अभिवृत्तियों, विश्वासों, मूल्यों और व्यवहार प्रतिमानों में परिवर्तन भी शामिल है। जे.सी. मिचेल (J.C. Mitchell) के अनुसार नगरीकरण ग्राम्य अधिवासों से नगरों के रूप में कार्यांतरण की एक समन्वित विधि है, जिसके परिणामस्वरूप ग्रामीण अधिष्ठानों, व्यवसाय तथा अर्थव्यवस्था, क्षेत्र या भूमि उपयोग, समाज एवं संस्कृति, जीवन तथा रहन-सहन के स्तर और अन्य मानव-मूल्यों में गुणात्मक तथा परिणामात्मक परिवर्तन क्रमशः स्पष्ट होने लगते हैं।

भारत में नगरीय विकास का एक लम्बा इतिहास है। ईसा से 2000 वर्ष पूर्व सिन्धु घाटी में मोहनजोदड़ो और हड़प्पा जैसे सुनियोजित ढँग से बसाये गये नगर विकसित अवस्था में थे। प्राचीनकाल (700 ई. पूर्व से 700 ई. तक) में नगरीय विकास राजधानियों, प्रशासकीय दुर्गों या गढ़ों तथा धार्मिक एवं सांस्कृतिक केन्द्रों के रूप में हुआ। प्राचीनकाल में कौशाम्बी और साकेत (अयोध्या) देश के विशाल नगर थे। मगध साम्राज्य की राजधानी के रूप में पाटलिपुत्र भी एक विशाल नगर बन गया था। मुस्लिम काल (1200 से 1700 ई.) या मध्य काल में प्रशासकीय उद्देश्य से अनेक नगरों की स्थापना की गयी तथा बहुत से पूर्ववर्ती नगरों का जीर्णोद्धार भी किया गया। इस काल में मुगल शासकों ने प्रशासकीय केन्द्रों तथा प्रादेशिक राजधानियों के रूप में नगरों के विकास का उल्लेखनीय प्रयत्न किया था। मुगल काल में विकसित नगरों में उत्तर भारत में दिल्ली, इलाहाबाद, फतेहपुर सीकरी, आगरा, फिरोजाबाद, शाहजहाँपुर, मुरादाबाद, मुगलसराय, लखनऊ, जौनपुर आदि और दक्षिण भारत में बंगलुरू, हैदराबाद, वेल्लोर आदि प्रमुख थे। आधुनिक काल (1700 ई. के पश्चात्) में नगरीय विकास को एक नयी दिशा ब्रिटिश शासन की अवधि में मिली। इस काल में प्रशासनिक केन्द्र, परिवहन केन्द्र, व्यापारिक केन्द्र, औद्योगिक केन्द्र और समुद्रपत्तन या नदीपत्तन के रूप में अनेक नगरों की उत्पत्ति एवं विकास हुआ। ग्रीष्मकालीन राजधानी तथा मनोरंजन केन्द्र के रूप में नैनीताल, शिमला, दार्जलिंग जैसे पहाड़ी नगरों का विकास इसी काल में हुआ। बहुत से नगर छावनी के रूप में विकसित हुए। ऐसे अन्य नगर क्रमशः (अवरोही क्रम में) बनारस, मुम्बई, सूरत, दिल्ली, चेन्नई, श्रीनगर, पूना और उज्जैन (1 लाख) थे। उस समय अहमदाबाद, नागपुर, अमृतसर, जोधपुर, त्रिचरापल्ली आदि अन्य प्रमुख नगर थे जिनकी जनसंख्या 80 हजार से ऊपर थी। उन्नीसवीं शताब्दी के उत्तरार्द्ध में देश में रेलमार्गों तथा सड़कों का उल्लेखनीय विस्तार हुआ और अनेक प्रशासकीय, परिवहन तथा शैक्षिक केन्द्रों के रूप में नगरों का जन्म हुआ। इस अवधि में औद्योगिक विकास की गति तीव्र थी, जिसके परिणामस्वरूप अनेक औद्योगिक नगरों का विकास हुआ। औद्योगीकरण की यह प्रवृत्ति 20वीं शताब्दी के प्रारम्भिक दशकों तक जारी रही। इस प्रकार नगरीकरण 20वीं शताब्दी की महत्त्वपूर्ण घटनाओं में से एक है। अब तक अहमदाबाद, चेन्नई, कोलकाता, मुम्बई, नागपुर, शोलापुर, कानपुर आदि प्रमुख औद्योगिक नगर के रूप में विकसित हो चुके थे। राजधानी नगर के रूप में दिल्ली का तीव्र विकास होने से वह देश का एक महत्त्वपूर्ण नगर बन गया है।

स्वतन्त्रता प्राप्ति (1947) के पश्चात् देश में नियोजित ढँग से तीव्र विकास प्रारम्भ हुआ। नियोजन काल में नये-नये उद्योगों की स्थापना, यातायात के साधनों (रेलवे, सड़क आदि) के विकास, प्रशासनिक, पर्यटन तथा शैक्षिक केन्द्रों की स्थापना एवं विकास पर विशेष बल दिया गया, जिसके परिणामस्वरूप अनेक नये-नये नगरों की स्थापना हुई तथा गाँवों से नगरोन्मुख प्रवास की गति तीव्र होने से वर्तमान नगरों की जनसंख्या में तीव्र वृद्धि हुई। भारत में नगरीय विकास के अनुसार भारत का विश्व में चीन, भूतपूर्व सोवियत संघ और संयुक्त राज्य अमरीका के पश्चात् चौथा स्थान है। जनगणना 2011 के अनुसार भारत में 37.7 करोड़, अर्थात् लगभग 31 प्रतिशत लोग नगरों में रहते हैं। 20वीं शताब्दी के आरम्भ यानी सन् 1901 में भारत में 2.58 करोड़ लोग नगरों में निवास करते थे, जो कुल जनसंख्या का 11.0 प्रतिशत था।

बीसवीं शताब्दी के आरम्भ में भारत की कुल नगरीय जनसंख्या लगभग 2.58 करोड़ थी। प्रथम दशक में देशव्यापी प्लेग जैसी महामारियों तथा अन्य प्राकृतिक प्रकोपों से असंख्य व्यक्तियों की असामयिक मृत्यु से जनसंख्या में काफी

ह्रास हुआ। 1911 तक नगरीय जनसंख्या लगभग स्थिर रही। दूसरे दशक में इन्फ्लूएंजा के महामारी के रूप में फैलने से भी जनसंख्या में अधिक ह्रास हुआ, किन्तु कुछ वृद्धि के साथ 1921 में नगरीय जनसंख्या 2.81 करोड़ अंकित की गयी। तृतीय दशक (1921–31) में जनसंख्या ह्रास के नकारात्मक कारकों का प्रभाव कम होने पर नगरीय और ग्रामीण दोनों क्षेत्रों में जनसंख्या वृद्धि हुई। इससे 1931 में नगरीय जनसंख्या 3.35 करोड़ तक पहुँच गयी। सन् 1901 में भारत की कुल जनसंख्या का 10.8 प्रतिशत नगरों में था। इस अनुपात में आगामी तीन दशकों में साधारण वृद्धि के फलस्वरूप 1911, 1921 और 1931 में नगरीय जनसंख्या का प्रतिशत क्रमश: 10.3, 11.2 और 12.0 था। अत: इस शताब्दी के प्रथम तीन दशकों को नगरीकरण के मन्द विकास की अवधि कहा जा सकता है। नगरों की कुल संख्या जो 1901 में 1,834 थी, वह बढ़कर 1931 में 2,049 हो गयी थी। द्वितीय काल (1931–1961) में नगरों की जनसंख्या में तीव्र वृद्धि हई। 2011 की जनगणना के अनुसार भारत में शहरों की संख्या 7,935 हो गयी है, जबकि 2001 यह संख्या 5,161 की थी, अर्थात् पिछले दस वर्षों में 2,774 नये नगरों का विकास हुआ। इसकी तुलना में गाँवों की संख्या में बहुत कम वृद्धि हुई। 2001 में भारत में गाँवों की संख्या 6,38,588 थी, वह 2011 में बढ़कर 6,40,867 हुई।

इस प्रकार, जनसंख्या के उपर्युक्त सभी अनुमान भारत की गंभीर भावी आर्थिक समस्या का स्पष्ट चित्र प्रस्तुत करते हैं। 21वीं सदी की तीसरी दशाब्दी में जब जनसंख्या डेढ़ अरब हो जायेगी तब देश में खाद्य, बेरोज़गारी, आवास, यातायात तथा जीवनयापन की समस्याएँ कितनी भयावह हो जाएँगी, इसकी कल्पना मात्र से ही सिहरन उत्पन्न हो जाती है। अत: जन्मदर में तीव्र कटौती कर जनसंख्या वृद्धि–दर को धीमा करना देश के लिए अति आवश्यक है। यदि समय रहते जनसंख्या वृद्धि पर कठोर नियन्त्रण नहीं लगाया गया तो सुरसा की तरह तेजी से बढ़ती जनसंख्या देश को विनाश के कगार पर पहुँचा देगी। अत: जनसंख्या वृद्धि पर नियन्त्रण करने के लिए जनसंख्या नीति को कठोर और सशक्त उपकरणों से सुसज्जित करना अनिवार्य है। जन्मदर एवं प्रजनन–दर नियन्त्रण ही भारत को नियोजित आर्थिक विकास के लक्ष्य तक पहुँचा जा सकता है। यदि हम परिवार नियोजन में असफल हो गये, तो आर्थिक विकास का लक्ष्य प्राप्त करना हमारे लिए दिवास्वप्न ही होगा।

विकासशील एवं विकसित देशों के नगरीकरण में अन्तर

बहुत सारे पाश्चात्य समाजविज्ञानियों का मानना है कि विश्वस्तर पर विकास के समान रास्ते हैं। जिस प्रकार विकसित देशों में आर्थिक विकास और नगरीकरण अपने विभिन्न चरणों से गुज़रा है, उसी प्रकार का परिवर्तन तीसरी दुनिया या विकासशील देशों के साथ भी सम्भव है। विकासशील देशों के अधिकांश विद्वान इस सैद्धान्तिक मान्यता का एक स्वर से विरोध करते हैं। इस विचार के समर्थक कुछ पाश्चात्य देशों के विद्वान भी हैं, जिनकी चर्चा नीचे की जायेगी। उनका कहना है कि तीसरी दुनिया के सामने एक अलग किस्म की परिस्थिति है। यहाँ उस रास्ते से विकास सम्भव नहीं है, जिस रास्ते से विकसित देशों का हुआ है। यहाँ हम संक्षेप में यही विचार करेंगे कि अनुभवाश्रित तथ्य (Empirical Facts) से उन दो प्रकार की विरोधी विचारधाराओं पर क्या प्रकाश पड़ता है।

प्राप्त अनुभवाश्रित तथ्यों को देखने से यह स्पष्ट होता है कि विकास के कोई विश्वव्यापी सामान्य चरण नहीं हैं। बहुत विद्वान वर्तमान भारत एवं अन्य विकासशील देशों के नगरीकरण की तुलना 17वीं एवं 18वीं सदी के पाश्चात्य देशों से करते हैं, अर्थात् आर्थिक विकास की जो स्थिति आज अपने देश में मौजूद है वह करीब सौ साल पहले यूरोप के देशों में रही और नगरीकरण का स्वरूप भी लगभग वैसा ही था। दूसरी ओर, कुछ ऐसे भी विद्वान हैं, जो इस तुलना को ग़ैरमुनासिब मानते हैं। उनका कहना है कि विकास राजनीति एवं जनसंख्या की दृष्टि से आज का विकासशील देश 17वीं एवं 18वीं सदी के यूरोप एवं अमरीका से बिलकुल भिन्न है। आज के अधिकांश विकासशील देश उपनिवेशवाद की चपेट में रहा है, जबकि पूर्व में विकसित देश इस प्रकार के आर्थिक शोषण के दौर से कभी

नहीं गुज़रा है। जब वे आज के विकासशील देशों की तरह विकसित हो रहे थे तो उनके सामने उस समय कहीं कोई विकसित देश नहीं था। आज के विकासशील देशों को विभिन्न प्रकार की चुनौतियों का सामना करना पड़ रहा है। कोई विकसित देश यह नहीं चाहता है कि भारत या अन्य एशिया एवं अफ्रीका के देश उसी तरह विकसित हों। जितना सम्भव होता है हमारे विकास के रास्ते में रोड़े बनकर सामने आते हैं। आज भी विकासशील देश विकसित देशों की आर्थिक गुलामी के चंगुल में जकड़े हुए हैं। विकासशील देशों के आर्थिक विकास को आर्थिक निर्भरता (Dependent Development) की स्थिति कहा जाता है। विकासशील और विकसित देशों में भिन्नता पर ज़ोर देते हुए आन्द्रे गुंदर फ्रैन्क (A.G. Frank, 1970:5) ने स्पष्ट कहा है कि– "Even a modest acquaintance with history shows....that neither the past nor the present of the under developed countries resemble in any important respect the past of the now-developed countries. The now-developed countries were never underdeveloped, though they may have been underdeveloped."

विकासशील देशों को आज के पाश्चात्य देशों की तरह विकसित होना लगभग असम्भव है इसलिए कि आज विकसित देश विकासशील देशों को बहुत किस्म की परेशानियों में उलझाने का प्रयास करते रहते हैं। वे कभी नहीं चाहते कि विकासशील देश कभी आर्थिक रूप से स्वतन्त्र हों। आर्थिक रूप से निर्भरता में ही विकसित देशों के स्वार्थ की पूर्ति सम्भव है। जिस प्रकार की **आर्थिक उपनिवेशवाद (Economic Imperialism)** के तहत भारत एवं अन्य विकसित देशों का शोषण हो रहा है उस स्थिति में आज के विकसित देश कभी नहीं रहे हैं।

विकासशील देशों की कुछ परेशानियाँ अपनी भी हैं, जिस प्रकार की घूसखोरी, चोरबाज़ारी, घोटालों के दौर से हमें गुज़रना पड़ रहा है उस स्थिति से यूरोप एवं अमरीका कभी नहीं गुज़रा था। उन लोगों ने दूसरे देशों को लूटकर अपने देश को समृद्ध किया और हम अपने देश को ही लूटकर झूठे नारे और वादों में देश-देशवासियों को उलझाए हुए हैं।

हमारे सामने तीसरी प्रमुख परेशानी यह है कि हमारा देश **जनसंख्या विस्फोट (Population Explosion)** के दौर से गुज़र रहा है। इस प्रकार की बढ़ती जनसंख्या का दबाव विकसित देशों में कभी नहीं रहा। यूरोप में प्रतिवर्ष जनसंख्या की वृद्धि दर 14वीं शताब्दी से लेकर 19वीं शताब्दी तक कभी भी एक प्रतिशत के औसत से ज़्यादा नहीं हो पाया, जैसा कि स्पेंगलर (Spengler, 1972:88) ने कहा है, जबकि भारत एवं अन्य विकासशील देशों में जनसंख्या वृद्धि की रफ्तार औसतन 2 प्रतिशत से ज़्यादा है। इसका मुख्य कारण यह है कि स्वास्थ्य एवं चिकित्सा के क्षेत्र में 20वीं सदी में विश्वस्तर पर क्रान्तिकारी विकास हुए हैं, जिसके चलते शिशु एवं बाल मृत्युदर (Infant and Child Mortality) में भारी गिरावट आयी। मृत्युदर में जो गिरावट विकसित देशों में औसतन 90 साल में हुई है, वह विकासशील देशों ने 20 से 25 साल में हासिल कर ली क्योंकि उन्हें आसानी से पाश्चात्य देशों से चिकित्सा या उपचार सम्बन्धी दवाइयाँ एवं तकनीक प्राप्त हो गये। जन्मदर में जिस तेजी से गिरावट आनी चाहिए थी उसे हम हासिल करने में असफल रहे, जिसका कुल मिलाकर नतीजा यह हुआ कि जनसंख्या वृद्धि की रफ्तार तेज हो गयी। तेजी से बढ़ती आबादी और धीमी आर्थिक विकास की गति ने कई किस्म की समस्याओं को पैदा किया।

जब हम ऊपर की स्थितियों पर गौर करते हैं तो यह बिलकुल स्पष्ट हो जाता है कि हमारे विकास और नगरीकरण की तुलना पाश्चात्य देशों के विकास के किसी भी काल से नहीं की जानी चाहिए। यहाँ हम भारतीय स्थिति को ध्यान में रखकर विकासशील एवं विकसित देशों के सन्दर्भ में नगरीकरण के अन्तर का संक्षिप्त विवरण देना चाहेंगे।

विद्वानों का कहना है कि यूरोप एवं अमरीका में नगरीकरण उद्योगीकरण का सीधा नतीजा या 17वीं सदी से जो उद्योगिक क्रान्ति प्रारम्भ हुई वह अनवरत रूप से आज तक चल रही है। विज्ञान एवं प्रौद्योगिकी के विकास ने बड़े-बड़े उद्योगों को स्थापित करने में काफी मदद की है। नौकरी पाने के लिए वहाँ से लोग काफी तादाद में आये और विभिन्न प्रकार के नगरों का विकास हुआ। वहाँ के उद्योगीकरण को उपनिवेशवाद ने भी काफी मदद की। इस रूप में कि वहाँ के संसाधनों की खपत उनके उपनिवेशों में हुई और उन्होंने उपनिवेशों से सस्ता मज़दूर और कच्चा माल प्राप्त किया। उन देशों की प्रवास-प्रक्रिया के सम्बन्ध में एक विशेष बात उल्लेखनीय है कि गाँव से जो लोग शहर आये वे अपनी ग्रामीण सम्पत्ति को बेचकर आये और शहरों में एक नया जीवन प्रारम्भ किया। गाँव की सम्पत्ति

को उन्होंने विकल्प के रूप में नहीं छोड़ा। जबकि भारत में दोनों जगह लोग अपना आर्थिक आधार रखना पसन्द करते हैं। बहुत लोग तो शहरों में कमाकर पैसा गाँव भी ले जाते हैं और जो लोग कुछ ज़्यादा कमाने में सफल होते हैं वे एक से अधिक जगह अपनी सम्पत्ति का विस्तार करना चाहते हैं। हमारे स्वार्थ और व्यक्तिगत हित इतने फैले हुए होते हैं कि कहीं हम लगन से काम नहीं कर पाते हैं। आमतौर पर यह प्रवृत्ति पाश्चात्य देशों में कभी नहीं पायी गयी थी। उद्योगीकरण और नगरीकरण के चलते वहाँ हमेशा स्थायी प्रवास (Permanent Migration) हुआ, जबकि हमारे यहाँ प्रवास आमतौर पर अस्थायी होता है। लोग गाँव और शहरों के बीच प्रायः आते-जाते रहते हैं। संक्षेप में यहाँ यही कहना चाहेंगे कि उद्योगीकरण और नगरीकरण की प्रक्रिया से पाश्चात्य देशों में स्थायी प्रवास तो भारत में अस्थायी प्रवास की प्रक्रिया प्रारम्भ हुई।

विकासशील और विकसित देशों के नगरीकरण में एक और महत्त्वपूर्ण फ़र्क यह है कि विकसित देशों के नगरीकरण में प्रवास की सबसे महत्त्वपूर्ण भूमिका रही है। लोग गाँव से शहरों की ओर स्थायी रूप से आ गये। शहरों की मृत्युदर गाँव की तुलना में इतनी अधिक थी कि गाँव के लोगों को शहर में नौकरी मिलने में इतनी परेशानी नहीं होती थी। डेविस (Davis, 1961: 12–13) ने कहा है कि जब पाश्चात्य देश उद्योगीकरण के प्रारम्भिक दौर से गुज़र रहा था तो स्वास्थ्य की दृष्टि से शहरों का जीवन इतना खराब था कि वहाँ काफी लोग मर जाते थे, लेकिन गाँव की आर्थिक मज़बूरी के कारण शहरों में स्वाभाविक रूप से आया करते थे। उस समय के शहरों की नौकरियाँ को उन्होंने फाँसी का फँदा (Death Trap) कहा है, जबकि दूसरी तरफ भारत और अन्य विकासशील देशों के शहरों की तुलना गाँव की अपेक्षा मृत्युदर कम है। फलस्वरूप जनसंख्या की स्वाभाविक वृद्धि (जन्मदर-मृत्युदर) (Natural Increase = Births-Deaths) के कारण ही नगरों की जनसंख्या का विकास हो रहा है। दूसरे शब्दों में जहाँ विकसित देशों में नगरीकरण औद्योगिक क्रान्ति के फलस्वरूप गाँव-नगर प्रवास की प्रक्रिया से हुई है वहीं विकासशील देशों में शहरों की जनसंख्या की वृद्धि का मुख्य कारण मृत्युदर में भारी गिरावट है। शहरों की अपनी जनसंख्या पिछले 50 सालों में इतनी तेजी से बढ़ी है कि उद्योगीकरण के चलते ग्रामीण-शहर प्रवास की भूमिका तुलनात्मक रूप से गौण हो गयी है।

इसके बावजूद कि जनसंख्या में वृद्धि की गति विकसित देशों में भारत की तुलना में बहुत धीमी थी, नगरीकरण की प्रक्रिया भारत की तुलना में वहाँ बहुत ज़्यादा तेज थी, अर्थात् शहरों की आबादी में तुलनात्मक वृद्धि अधिक तेज थी। जनगणना से प्राप्त आँकड़े यही बताते हैं कि पिछले 90 सालों में गाँव और शहरों की आबादी के वितरण (Distribution) में दो दशकों के बीच 3 प्रतिशत से अधिक की वृद्धि नहीं हुई है। उदाहरणस्वरूप, 1951 में मात्र 17 प्रतिशत ही लोग शहरों में निवास करते थे और 1981 में यह प्रतिशत बढ़कर 23 हो गया है। 2011 की जनगणना के मुताबिक शहर में 31 प्रतिशत लोग रहने लग गये। दूसरी तरफ, वर्तमान समय में विकसित देशों में लगभग 73 प्रतिशत लोग शहरों में रहते हैं एवं विकासशील देशों में शहरों में रहने वाले लोगों का प्रतिशत मात्र 36 ही है।

भारतीय नगरीकरण की एक प्रमुख विशेषता यह है कि नगरों की अधिकांश आबादी बड़े शहरों में एकत्रित होती जा रही है। लोग गाँव से छोटे शहर और फिर छोटे शहर से बड़े शहर की ओर प्रवास करते हैं, जिसे **Step-wise Migration** कहा जाता है। 1901 में भारत की कुल नगरीय आबादी के 22 प्रतिशत लोग प्रथम श्रेणी के नगर (Class I Town-1,00,000 + Popultaion), जिसे City भी कहा जाता है, निवास करते थे। 2001 में प्रथम श्रेणी के नगरों या बड़े शहरों में रहनेवालों का हिस्सा 60 प्रतिशत से ऊपर हो गया है। यह एक स्वाभाविक प्रवृत्ति है इसलिए कि छोटे नगरों में जीवन की बहुत सारी सुविधाएँ उपलब्ध नहीं है। अच्छी शिक्षा, चिकित्सा, यातायात के साधनों, संचार माध्यमों या जीवन के लिए अन्य ज़रूरी चीजों की सुविधाएँ जितनी अच्छी बड़े नगरों में उपलब्ध हैं उतनी छोटी शहरों में नहीं। इसलिए लोग छोटे शहरों की तुलना में बड़े शहरों में रहना पसन्द करते हैं जहाँ जीवनयापन की सुविधाएँ ही नहीं, बल्कि रोज़गार की सम्भावनाएँ भी बहुत ज़्यादा हैं। पाश्चात्य देशों में नगरों के बीच मानव-जीवन की बुनियादी सुविधाओं और ज़रूरतों के बीच उतनी बड़ी खाई नहीं है जितना कि भारत में देखने को मिलती है। यहाँ नगरीकरण

की प्रक्रिया समुचित योजना के आभाव में अनियन्त्रित ढँग से हो रही है। छोटे शहरों में बिजली, स्वच्छ पानी, अच्छे स्कूल, अस्पतालों की इतनी कमी है कि वहाँ के लोगों की जिन्दगी बहुत कष्टमय है।

भारत के नगरीकरण की प्रमुख समस्या यह है कि यहाँ नगरों में **विकृत क्षेत्रों (Slums)** का बहुत तेजी से विस्तार हो रहा है। पाश्चात्य देशों के नगरों को देखने से ऐसा लगता है कि भारतीय नगरों का अधिकांश हिस्सा वहाँ की गंदी बस्तियों के ही समान है। वहाँ की तुलना में यहाँ का नगरीय जीवन बहुत ही कष्टमय है। यहाँ बहुत-सी बीमारियों का लोगों को आसानी से शिकार होना पड़ता है। कानून व्यवस्था की भारी समस्या बढ़ती जा रही है। लोगों को स्वच्छ पानी, हवा, भोजन एवं जीवन की आम ज़रूरत की चीजें समुचित ढँग से उपलब्ध नहीं हो पातीं। मुम्बई, कोलकाता, चेन्नई, अहमदाबाद, पुणे, कानपुर जैसे नगरों के कुछ हिस्सों को देखने से ऐसा लगता है कि सम्भवत: नरक का जीवन उससे बेहतर होगा। इंसान जानवरों की भाँति जीवनयापन कर रहा है। पाश्चात्य देशों के नगरीय विकास के अध्ययन से यह स्पष्ट ज़ाहिर होता है कि जब वे समान आर्थिक व्यवस्था से विकास के समान आर्थिक व्यवस्था से गुज़र रहे थे तो उस समय भी उनकी गन्दी बस्तियों का जीवन उतना दुखदायी नहीं था जितना कि आज के भारत की गन्दी बस्तियों का जीवन है। इतने खराब जीवन के बावजूद यहाँ के लोग अपने-आपको पाश्चात्य देशों की तुलना में बेहतर साबित करने से बाज नहीं आते हैं। भारतीय नगरीकरण एक खिचड़ी नगरीकरण है इस अर्थ में कि शहरों के अन्तर्गत बहुत-से लोग अपने परम्परागत पेशे से जुड़े हुए हैं। शहरों के अन्तर्गत यत्र-तत्र **ग्रामीणवाद (Ruralism)** स्पष्ट दिखाई पड़ता है। शहरों के अन्तर्गत शहरी एवं ग्रामीण संस्कृति साथ-साथ चल रहे हैं। दोनों के बीच एक अच्छा सामञ्जस्य स्थापित हो गया है। भारत में शायद ही ऐसा कोई शहर है, जहाँ **ग्रामीण पॉकेट (Rural Pocket)** दिखाई न पड़ता हो। छोटे-शहरों को देखने से यह पता ही नहीं चलता है कि यह शहर है या गाँव। चूँकि यहाँ मिश्रित किस्म का वर्गीकरण है, इसलिए भारतीय नगरीकरण को बहुत-से विद्वानों ने **अति-नगरीकरण (Over-urbanization)** कहकर पुकारा है। कुछ लोगों ने इस **अपरिपक्व नगरीकरण (Pre-matured Urbanization)** कहा है। जब पाश्चात्य देशों में नगरीकरण की प्रक्रिया प्रारम्भ हुई तो शहर गाँव की ओर बढ़ रहा था। गाँव का स्वरूप धीरे-धीरे शहरी होने लगा। लेकिन जब भारत में आधुनिक नगरीकरण की प्रक्रिया प्रारम्भ हुई तो गाँव शहर में प्रवेश करने लगे। शहरीकरण से जितना गाँव नहीं प्रभावित हुआ उससे कहीं ज़्यादा ग्रामीण जीवन से भारतीय नगरीय जीवन प्रभावित होने लगा है। भारत के नगरीकरण का यह बहुत बड़ा विरोधाभास (Paradox) है।

अर्थशास्त्रियों का मानना है कि जैसे-जैसे विकास का स्तर ऊपर उठेगा, वैसे-वैसे अमीर और ग़रीब के बीच फ़र्क कम होता जायेगा। लेकिन प्राप्त आँकड़ों से यही स्पष्ट होता है कि जैसे-जैसे विकास हो रहा है ग़रीब-अमीर के बीच में दूरी बढ़ती जा रही है। उसी प्रकार विकासशील और विकसित देशों के बीच भी विकास के स्तर का अन्तर भी बढ़ता जा रहा है। अमीर देश अमीर होते जा रहे हैं और ग़रीब देश की ग़रीबी गहराती जा रही है। वहाँ के नगरीकरण की प्रक्रिया के पीछे आर्थिक विकास था, तो हमारे नगरीकरण में जनसंख्या विस्फोट है। जिस तेजी से हमारी नगरीय समस्याएँ बढ़ती जा रही हैं उनसे ऐसा लगता है कि हमारा भविष्य बहुत अन्धकारमय है। शहरों में बेरोज़गारी, अपराध, राजीतिक तनाव एवं विभिन्न किस्म की क्षेत्रीय, जातिगत एवं धार्मिक उन्मादों का बढ़ना इस बात का परिचायक है कि नगरीकरण आर्थिक विकास एवं जनसंख्या की वृद्धि में कोई तालमेल नहीं है। बढ़ती हुई ज़रूरतों एवं विकास के बीच सन्तुलन समाप्त होता जा रहा है। ऐसे तथ्यों का अम्बार लगा है, जो यह प्रमाणित करता है कि दिन-ब-दिन समस्याएँ बढ़ती जा रही हैं और उससे निबटने में असफल होते जा रहे हैं। इस प्रकार जनसंख्या विस्फोट की स्थिति विकसित देशों के इतिहास में कभी नहीं देखा गया। चूँकि यहाँ के लोग अन्धविश्वासी, धार्मिक और भाग्यवादी हैं, इसलिए देश के सामने इतनी बड़ी चुनौतियों के रहते हुए हम अच्छे दिन की उम्मीद में चुपचाप बैठे हैं। हम जनसंख्याशास्त्रियों को ऐसा लगता है कि अगले 20–25 वर्षों में भारतीय नगरों की स्थिति इतनी खराब हो जायेगी कि हम स्थितियों से निबट नहीं पायेंगे। हम अपनी समस्याओं के समाधान में इतने असफल हो जाएँगे कि लोग धर्म, जाति, प्रजाति और क्षेत्र के आधार पर बिखर जाऐंगे। भारत इतना बड़ा राष्ट्र इकट्ठा रह जायेगा, इस पर प्रश्नवाचक चिह्न लगना प्रारम्भ हो गया है।

विकसित देशों की तुलना में विकासशील देशों की प्रवास की प्रक्रिया काफी भिन्न है। आबादी के बढ़ने से गाँवों की आर्थिक स्थिति ऐसी होती जा रही है कि गाँवों से मज़बूर होकर लोगों को शहर जाना पड़ रहा है। ऐसे लोग शहरों को सड़कों के किनारे या किसी अन्य सार्वजनिक जगह में निवास करने को बाध्य होते हैं। कुछ ऐसे भी प्रवासी होते हैं, जो थोड़े समय के लिए ही शहर जाते हैं और आर्थिक स्थिति ठीक होने पर फिर गाँव लौट जाते हैं। विकसित देशों के प्रतिकूल यहाँ प्रवास की प्रक्रिया आर्थिक कठिनाई या ग़रीबी का नतीजा है, इसलिए विकासशील देशों के ग्रामीण-शहर प्रवास की प्रक्रिया को कुछ विद्वानों ने **विपद्ग्रस्त प्रवास (Distress Migration)** कहा है। पाश्चात्य देशों में नये ग़रीब प्रवासी शहर के मध्य भाग में शरण लेते हैं, तो तीसरी दुनिया के अन्तर्गत नये प्रवासी शहर के बाहरी गन्दी जगहों में अपना ठिकाना ढूँढ़ते हैं। बहुत-से प्रवासी ऐसे भी होते हैं, जो दिन भर सड़कों पर घूमते-फिरते रहते हैं और रात में पार्क, रेलवे स्टेशन, सड़क, बस अड्डा जैसे किसी सार्वजनिक जगह पर किसी तरह रात बिता लेते हैं।

विकासशील देशों के नगरीकरण के सम्बन्ध में विश्व बैंक (World Bank) की **World Development Report** (1990) एक रपट में एक नये तथ्य का उद्घाटन हुआ है। वह यह है कि विकासशील देशों के नगरों के अन्तर्गत काफी ग़रीबी बढ़ी है, जिसके चलते वहाँ के जनजीवन में गिरावट आयी है और फलस्वरूप विभिन्न प्रकार की राजनीतिक समस्याएँ उभरने की सम्भावना है। उस रपट में साफ तौर पर लिखा गया है कि– "Urban poverty will become the most significant and politically explosive problem of the next century". नगरों के बारे में आम मान्यता आज तक यही थी कि नगर विकास का मुख्य चालक (Engine of Growth) के रूप में काम करता है, लेकिन प्राप्त आँकड़ों एवं अनुभवाश्रित तथ्य प्रतिकूल स्थितियों की ओर इशारा करने लगे हैं। हाल के एक अध्ययन में भी ब्रोकरहॉफ एवं ब्रीनान (Brockerholf and E. Brennan, 1998: 75–114) में इस बात को प्रमाणित किया है कि धीरे-धीरे विकासशील देशों के नगरों में ग़रीबी गहराई है, जिसके चलते वहाँ विभिन्न किस्म की सामाजिक, आर्थिक एवं राजनीतिक समस्याएँ उत्पन्न हो रही हैं। नगरों की बढ़ती आबादी अब राजनीतिक चिन्ता का प्रमुख विषय बनती जा रही है। नगरों की इस समस्या के पीछे मुख्य कारण विकास की धीमी गति के फलस्वरूप गाँवों की ग़रीबी तथा शहरों की अपनी स्वाभाविक रूप से बढ़ने वाली आबादी है।

REFERENCES

Anderson, Nels, 'Aspect of Urbanism and Urbanization' in Ishwaran, K. and Anderson, Nels (Eds.), **Urbanism and Urbanization**, Hague, Netherlands: Mouton, 1964.

——, 'The Urban Way of Life in Baali. Fuad and Vandiver', Joseph S. (Ed.), **Urban Sociology: Contemporary Readings**, New York: Appleton Century Crofts. 97–98, 1970.

Brockerhoff, Martin and Brennan, Ellen, 'The Poverty of Cities in Developing Regions', **Population and Development Review**, Vol 24(1), March, 1998: 75–114.

Burgess, E.W., 'The Growth of the City', in Robert E. Park *et al*. (Eds.), **The City**, Chicago : University of Chicago Press, 1925.

Byerlee, Derek, **Research on Migration in Africa: Past, Present and Future**, Department of Agricultural Economics, Michigan State University, African Rural Employment Paper No. 2, 1972.

Castells, Manuel, **The City and the Grass Roots: A Cross-Cultural Theory of Urban Social Movements**, London: Edward Arnold, 1983.

Chapman, Murray T., **Population Movement in Tribal Society: The Case of Duidui and Pichahila**, British Solomon Islands, Seattle: University of Washington (Ph.D. Dissertation), 1970.

Connell, John *et al.*, **Migration from Rural Areas: The Evidence from Village Studies**, New Delhi: Oxford University Press, 1976.

Davis, Kingsley, **The Population of India and Pakistan**, New York: Princeton University Press, 1951.

——, 'The Urbanization of the Human Population' in Gerald, Breese (ed.), **The City in Newly Developing Countries**, NY New Jersey: Prentice-Hall, Inc. 1969, pp. 5–20.

Elizaga, Juan C., 'Internal Migration in Latin America', **Milbank Memorial Fund Quarterly**, **43**(4), Part II: 144–65, 1965.

Frank, Andre Gunder, 'The Development of Underdevelopment', in A.G. Frank (ed.) **Imperialism and Underdevelopment**, New York: Monthly Review Press, 1970.

Glass, Ruth, 'Introduction and Conclusions' in **Urban Rural Differences in Southern Asia: Some Aspects and Methods of Analysis**, Report on regional seminar. Delhi: UNESCO Research Centre on Social and Economic Development in Southern Asia, 1964.

Goldstein, Sydney, **Patterns of Mobility, 1910–50**, Philadelphia: University of Pennsylvania Press, 1958.

Greenwood, Michael J., 'A Regression Analysis of Migration to Urban Areas of a Less-developed Country: The Case of India', **Journal of Regional Science**, **11**(2): 253–62, 1971.

Harvey, David, **Consciousness and The Urban Experience: Studies in The History and Theory of Capitalist Urbanization,** Oxford: Basil Blackwell, 1985.

Hauser, P.M. (ed.), **Urbanization in Asia and the Far East**, Calcutta: UNESCO, 1957.

——, 'Observations on the Urban-folk and Urban-rural, Dichotomies on forms of Western Ethnocentrism' in Hauser, Philip M. and Leo, F. S. (Eds.), **The Study of Urbanization**, New York: John Wiley and Sons. 503-17, 1967.

Hawley, Amos H., **Human Ecology: A Theory of Community Structure**, New York: Ronald Press, 1950.

Herrick, Bruce, **Urban Migration and Economic Development in Chile,** Cambridge, Mass: Massachusetts Institute of Technology, 1965.

——, 'Urbanization and Urban Migration in Latin America: An Economist's View' in F. Rabinovitz and F. Trueblood (eds.) **Latin American Urban Research**, Vol. 1, Beverly Hills, California: Sage Publications, 1971.

Hoselitz, Bert F., 'Urbanization and Economic Growth in Asia', **Economic Development and Cultural Change**, **6**(1), Oct. 1957.

Kamerschen, D.R. 'Further Analysis of Overurbanization', **Economic Development and Cultural Change**, 17. 235–53, 1969.

Kolars, John F. and Nystuen, D. J. **Geography: The Study of Location, Culture and Environment**. New York: McGraw-Hill Co., 1974.

Kothari, D.K., 'Patterns of Rural-Urban Migration: A Case Study of Four Villages in Rajasthan, India', Ph.D. Dissertation, Canberra: Australian National University, 1980.

Lee, Everett S., 'A Theory of Migration', In J. Jackson (Ed.), **Migration**, Cambridge: Cambridge University Press, 1969, pp. 282–97.

Lipton, M., **Why Poor People Stay Poor: Urban Bias in World Development**, Cambridge, Mass: Harvard University Press, 1977.

McGee, T.G. **The Southeast Asian City: A Social Geography of the Prime Cities of Southeast Asia.** London: G. Bell and Sons Ltd., 1967.

——, **The Urbanization Process in the Third World**, London: G. Bell and Sons Ltd., 1971.

Mitchell, J.C., Urbanization, Detribalization, and Stabilization in Southern Africa: A Problem of Definition and Measurement, **Report of the International African Institute**, London. Prepared under the auspices of UNESCO, Social Implication of Industrialization and Urbanization in Africa South of the Sahara, Paris: UNESCO, 1950.

Mitra, A., 'Internal Migration and Urbanization in India, 1961', Bangkok Paper prepared for ECAFE expert working group on Internal Migration and Urbanization, 1967.

Musgrove, P., **The Migratory Elite**, London: Heinemann, 1963.

Oberai, A.S. (Ed.), **State Policies and Internal Migration**, New York: Croom Helm, 1983.

Peach, G.C.K.,'Urbanization in India' in R.P. Beckinsale and J.M. Houston (Eds.), **Urbanization and its Problems,** Oxford: Basil Blackwell, 1970, pp. 297–303.

Pocock, D.F., 'Sociologies: Urban and Rural' in Rao M.S.A. (Ed.), **Urban Sociology in India: Reader and Source Book**, Delhi: Orient Longman, 1974, 18–39.

Ravenstein, E.G., 1885, 'The Laws of Migration', **Journal of the Statistical Society,** Part I, **48**: 167–289, 1885.

——, 'The Laws of Migration', **Journal of the Royal Statistical Society**, Part II, 52: 241–301, 1889.

Redfield, Robert and Singer, Milton, 'The Cultural Role of Cities', **Economic Development and Cultural Change**, 3 (October, 1954), pp. 53–73.

Rossi, P.H., **Why Families Move, Glencoe**, Illinois: The Free Press, 1955.

Sharma, Ursula M., 'Migration from an Indian Village: An Anthropological Approach', **Sociologia Ruralis, 17**(4): 282–304, 1977.

Shryock, Jr., H.S., **Population Mobility within United States**, Chicago: Community and Family Study Center, University of Chicago, 1964.

Shryock, H.S. and J.S. Siegel, **The Methods and Materials of Demography** (Vols. I and II), Washington, D.C.: US Bureau of Census, 1975.

Singh, J.P., **Patterns of Rural-Urban Migration in India**, New Delhi: Inter-India Publications, 1986.

——, 'Urbanization and Urban Growth in India: Emerging Patterns and Issues', **Nagarlok**, Vol. XXXIII (4), October-December 2001: 1–18.

——, 'Challenges of Haphazard Urban Growth and Urbanization in India', **Political Economy Journal of India**, Jan.-June, 2007: 17–24.

Smailes, Arthur E., **The Geography of Towns**, London: Hutchinson University Library, 1966.

——, 'Definition and Measurement of Urbanization' in Jones, R. (Ed.). **Essays on World Urbanization**, London: George Philip and Sons Ltd., 1975.

Sovani, N.V., **Urbanization and Urban India**, New York: Asia Publishing House, 1966.

Spengler, Joseph J., 'Demographic Factors and Early Modern Economic Development', in D.V. Glass and R. Revelle (Eds.), **Population and Social Change**, London: Edward Arnold, 1972, pp. 87–98.

Shryock, H.S. and J.S. Siegel, **The Methods and Materials of Demography** (Vols. I and II), Washington, D.C.: US Bureau of Census, 1975.

Tisdale, Hope, 'The Process of Urbanization in Cousins', Albert N. and Nagpaul, Hons. (Eds.), **Urban Man and Society: A Reader in Urban Sociology**, New York: Alfred A. Knopf. 101–2, 1970.

Turner, R., **India's Urban Future**, Berkeley and Los Angeles: University of California Press.

Vaidyanathan, K.E., 1967, 'Population Redistribution and Economic Change, India, 1951–61', Pennsylvania: University of Pennsylvania (Ph.D. Dissertation).

——, 'Components of Urban Growth in India', **Proceedings of the General Conference of the International Union for Scientific Study of Population**, Vol. IV, London, 2941–48, 1969.

Visaria, Leela and Visaria, Pravin, 'India's Population in Transition' in J. P. Singh (Ed.), **Studies in Social Demography**, New Delhi: M.D. Publication Pvt. Ltd., 1998, pp. 1–65.

Wirth, Louis, 'Urbanism as a Way of Life', **American Journal of Sociology**, 44, 1–24, 1938.

Weiner, Myron, **Sons of the Soil** (Migration and Ethnic Conflict in India), New Jersey: Princeton University Press, 1978.

Zachariah, K.C., **A Historical Study of International Migration in the Indian Sub-continent, 1901–1931,** London: Asia Publishing House, 1964.

——, **Migrants in Greater Bombay**, London: Asia Publishing House, 1968.

पारिभाषिक शब्दावली
(Terminology)

चूँकि लोग अँगरेज़ी के शब्दों का उच्चारण अपनी मातृभाषा की तरह ही करने के आदी हो गये हैं, इसलिए पारिभाषिक शब्दावली के ठीक बाद कोष्ठक में मानक उच्चारण उद्धृत कर दिया गया है। इसके साथ ही विदेशी विचारकों के नामों का भी सही-सही उच्चारण देने का प्रयास किया गया है। ऐसा इसलिए ज़रूरी है कि विभिन्न हिन्दी की पुस्तकों में पाश्चात्य नामों को बहुत ही अटपटे ढँग से लिखा गया है। अनुवाद एवं उच्चारण की शुद्धता के लिए यहाँ पर मुख्य रूप से Daniel Jones का **Everyman's English Pronouncing Dictionary, Oxford English Reference Dictionary** (2002), **Oxford Talking Dictionary, Oxford English-Hindi Dictionary** (2008), हरदेव वाहरी के अँगरेज़ी-हिन्दी पारिभाषिक शब्दकोश तथा फ़ादर कामिल बुल्के के अँगरेज़ी-हिन्दी कोश को आधार माना गया है। उच्चारण की शुद्धता के लिए कतिपय ध्वन्यात्मक चिह्नों (Phonetic symbol) का प्रयोग किया गया है। कुछ स्थितियों में हिन्दी-भाषियों की उच्चारण-व्यवस्था को ध्यान में रखकर कहीं-कहीं कुछ परिवर्तन भी किये गये हैं। उच्चारण में बलाघात (Accent) का भी संकेत दिया गया है। उस अक्षर के पूर्व, जिस पर बलाघात पड़ता है, बलाघात चिह्न लगाया गया है। कोई शब्द कहाँ पर टूटता है, यह भी निर्देशित किया गया है, जैसे– **Acculturation** (अ कॅल्च'रेश्‌न्)।

लेखक द्वारा रचित **समाजविज्ञान विश्वकोश** (पी.एच.आई. लर्निंग, दिल्ली, 2009) प्रस्तुत पारिभाषिक शब्दावली का मुख्य स्रोत है।

abnormal (ऐब्'नॉर्मल्) **असामान्य** : साधारणतया इस शब्द का तात्पर्य है– सामान्य से भिन्न अथवा पृथक्। इस प्रकार का मानसिक पक्ष अथवा व्यवहार की विशृंखलता असामान्य मनोविज्ञान एवं समाजशास्त्र की विषय-वस्तु है। सामान्य का अर्थ है– समूह की औसत या मूल भावना। यह वस्तुनिष्ठ एवं संख्यात्मक विचारधारा है। असामान्यता का अनुमान व्यक्ति के व्यवहार को देखकर ही किया जाता है। जो व्यक्ति अपनी नैतिक-सामाजिक वास्तविकता के साथ अपना सन्तुलन स्थापित नहीं कर पाता, उसका व्यवहार असामान्य माना जाता है।

acculturation (अ कॅल्च'रेश्‌न्) **परसंस्कृति-ग्रहण** : यह एक ऐसी प्रक्रिया है, जिसके अन्तर्गत कोई व्यक्ति या व्यक्तियों का कोई समूह दूसरे लोगों से प्रत्यक्ष सम्बन्ध एवं अन्तःक्रिया स्थापित कर अपने जीवन में कुछ उतारने की कोशिश करता है। वैयक्तिक स्तर पर इसकी तुलना समाजीकरण से तथा सामाजिक स्तर पर परसंस्कृति-ग्रहण से की जा सकती है। कभी-कभी व्यक्ति और समाज दोनों अपने से भिन्न समाज की संस्कृति को ग्रहण करने की कोशिश करता है। संस्कृति-सम्पर्क द्वारा होने वाले परिवर्तन की प्रक्रिया को परसंस्कृति-ग्रहण कहा जाता है। इस प्रक्रिया में एक संस्कृति दूसरी संस्कृति के तत्त्वों को स्वेच्छा से अथवा दबाव से ग्रहण करती है। भारत के सन्दर्भ में पश्चिमीकरण की प्रक्रिया इसका उदाहरण है।

achieved role (अ'चीव्‌ड् रोल्) **अर्जित भूमिका** : वे भूमिकाएँ, जिन्हें व्यक्तिगत प्रयास की बदौलत हासिल किया जाता है, वे अर्जित भूमिकाएँ कही जाती हैं। कोई व्यक्ति डॉक्टर, मन्त्री, प्रोफेसर या जज की हैसियत से जो भूमिका निभाता है, उसे अर्जित भूमिका कहा जायेगा।

achieved status (अ'चीव्‌ड् 'स्टेटस्) **अर्जित स्थिति** : अर्जित स्थिति ऐसी स्थिति है, जिसे व्यक्ति अपने व्यवहारों या प्रयासों से जीवन में प्राप्त करता है। अर्जित स्थिति जन्मजात नहीं होती है, जैसे– प्रोफेसर, इंजीनियर या बहुत बड़ा खिलाड़ी होना आदि। प्रतिस्पर्द्धा और प्रतियोगिता इसके विशेष साधन हैं। यह वर्ग-व्यवस्था पर आधारित समाज की विशेषता है। इसके अन्तर्गत समाज की इच्छाएँ कम काम करती हैं और व्यक्ति की अपनी इच्छाएँ प्रमुख होती हैं।

acquired pattern (अ'क्वाइर्ड् 'पैट्‌र्न्) **उपार्जित प्रतिरूप** : ऐसा व्यवहार, जिसे किसी व्यक्ति ने समाज के एक सदस्य के रूप में सीखा हो। महात्मा गाँधी का अहिंसा का पुजारी होना या अपने से बड़े व्यक्ति का सम्मान करना, किसी व्यक्ति की धार्मिक भावना को ठेस न पहुँचाना आदि भारतीय समाज के कुछ उपार्जित लक्षण हैं।

action (ऐक्‌शन्) **क्रिया** : समाजशास्त्री व्यवहार और क्रिया में अन्तर करते हैं। दोनों के बीच के अन्तर को सबसे पहले मैक्स वेबर (Max Weber, 1864–1920) ने उजागर किया था। लेकिन, बाद के समाजशास्त्रियों ने क्रिया शब्द के अर्थ का विस्तार किया। समाजशास्त्र में किसी लक्ष्य की ओर प्रेरित व्यवहार को क्रिया कहा जाता है। इसके अन्तर्गत चार तत्त्वों का होना आवश्यक है– (1) कर्त्ता, (2) लक्ष्य, (3) परिस्थिति और (4) मानदण्ड। टैलकॉट पार्सन्स (Talcott Parsons, 1902–1979) के अनुसार क्रिया एक मानवीय व्यवहार है, जिसकी चार स्थितियाँ हैं– (1) यह लक्ष्य प्राप्ति या अन्य प्रत्याशित क्रियाओं की ओर उन्मुख होता है; (2) इसका निष्पादन विशिष्ट स्थिति में होता है; (3) यह समाज के मानदण्डों और मूल्यों से नियन्त्रित होता है एवं (4) इसमें ऊर्जा लगाना या प्रयास करना जरूरी होता है।

action research (ऐक्‌शन् रि'सर्च्) **क्रियानिष्ठ अनुसन्धान** : जब अन्वेषक किसी समूह अथवा समुदाय की समस्याओं को सुलझाने के सामूहिक प्रयास में समाजशास्त्रीय अथवा मनोवैज्ञानिक अनुसन्धान की विधाओं का प्रयोग स्वयं क्रियात्मक रूप में सहभागी होकर करता है, तो उसे क्रियानिष्ठ अनुसन्धान कहते हैं। यहाँ पर वैज्ञानिक सिद्धान्तों की खोज का महत्त्व गौण होता है। क्रियानिष्ठ अनुसन्धान एक प्रकार का व्यावहारिक अनुसन्धान (**Applied research**) है। अधिकांश क्रियात्मक शोध किसी सामाजिक स्थिति अथवा दशा में संशोधन अथवा सुधार की इच्छा से प्रेरित होता है। जहाँ व्यावहारिक अनुसन्धान में किसी समस्या के समाधान के लक्ष्य को सामने रखकर अध्ययन किया जाता है, वहीं क्रियात्मक अनुसन्धान में सामाजिक समस्या से सम्बद्ध अध्ययनों के निष्कर्ष को मुख्यत: किसी योजना या कार्यक्रम को कार्यान्वित करने के लिए उपयोग में लाया जाता है।

adaptation (ऐडैप्'टेश्‌न्) **अनुकूलन** : मूलरूप से इस शब्द का प्रयोग जीवविज्ञान में इस अर्थ में होता था कि कैसे कोई प्राणी अपने-आपको वातावरण के साथ अनुकूलन करता है। लेकिन, समाजशास्त्र के क्षेत्र में इसका प्रयोग थोड़ा अन्य अर्थ में होता है। यहाँ इस शब्द का प्रयोग इस प्रक्रिया को इंगित करने के लिए किया जाता है कि कैसे कोई व्यक्ति, परिवार या सामाजिक समूह अपने-आपको नये सामाजिक परिवेश में समंजन कर पाता है।

adolescence (ऐड'लेसन्स्) **किशोरावस्था** : बाल्यावस्था और वयस्कावस्था के बीच की स्थिति किशोरावस्था कहलाती है। कोई बालक किशोर है अथवा नहीं, इसका निर्णय समाजशास्त्री आयु के आधार पर ही करते हैं।

adult socialization (अ'डल्ट् सोशॅलाइ'ज़ेश्‌न्) **वयस्क** या **बालिग समाजीकरण** : वयस्क समाजीकरण की प्रक्रिया से हमारा तात्पर्य ऐसे परिवर्तनों से है, जो किसी बालिग व्यक्ति के विचारों, मनोवृत्तियों एवं ज्ञान में होता है। यदि कुछ लोगों के संसर्ग से किसी वयस्क व्यक्ति की धार्मिक या राजनीतिक मनोवृत्तियों में किसी कारणवश परिवर्तन आता है, तो उसे वयस्क समाजीकरण कहा जाता है। यह परिवर्तन कभी-कभी व्यक्तियों की सामाजिक स्थिति में परिवर्तन से भी आता है।

agrarian society (अ'ग्रेरिअन् स'साइअटि) **कृषक समाज :** वह समाज, जिसमें लोगों के जीविकोपार्जन का प्रमुख साधन कृषि या कृषि पर केन्द्रित अन्य धन्धे होते हैं। इस प्रकार के समाज की उत्पत्ति आज से लगभग 12,000 साल पूर्व हुई थी, जो आज भी पाया जाता है। इसका प्रारम्भ खेती और बागबानी (**Horticulture**) से माना जाता है। इस अवस्था में लोग छोटे-छोटे समुदायों में रहा करते थे। जीविकोपार्जन का मुख्य स्रोत कृषि था, लेकिन कुछ लोग शिकारी जीवन भी व्यतीत कर रहे थे। इस अवस्था में लोग बहुत ही आक्रामक और हिंसात्मक जीवन जी रहे थे, लेकिन पशुचारी समाज की तुलना में इनके जीवन में उतना अधिक युद्ध और हिंसा नहीं पायी जाती थी।

alienation (एल्यु'नेशन्) **परकीयन, इतरीकरण :** सामान्यत: अलगाव एक क्रिया है या उस क्रिया की निष्पत्ति है, जिसके द्वारा व्यक्ति अन्य सभी वस्तुओं से अलग हो जाता है। इस अवधारणा का प्रयोग जी.डब्ल्यू. हीगल (G.W.F. Hegel, 1770–1831) ने किया था। यह शब्द अस्तित्ववादी दर्शन में प्रयुक्त हुआ है। अस्तित्ववादी दर्शन में स्वयं से और यदि ईश्वर है, तो ईश्वर से भी अलगाव हो जाता है। इस प्रकार के अलगाव को अस्तित्ववाद में अप्रामाणिक सत्ता माना गया है। परन्तु एक समाजशास्त्रीय प्रत्यय के रूप में इसे कार्ल मार्क्स (Karl Marx, 1818–1883) ने विकसित किया। अलगाव व्यक्ति की एक ऐसी सामाजिक-मनोवैज्ञानिक स्थिति अथवा दशा है, जिसमें व्यक्ति समाज की मुख्यधारा से कट जाता है या कटा हुआ महसूस करता है। इस अवधारणा में सामाजिक व मनोवैज्ञानिक स्तर पर शक्तिहीनता, प्रतिमानहीनता, पृथकता, मानकशून्यता, आत्म-विलगाव, अवैयक्तीकरण जैसी प्रक्रियाओं को भी सम्मिलित किया जाता है। पृथकत्व के कई रूप हो सकते हैं, यथा– (1) अर्थहीनता, (2) शक्तिहीनता, (3) नियमहीनता, (4) कार्यहीनता।

alternative culture (ऑल्'टर्नटिव् 'कल्चॅर्) **वैकल्पिक संस्कृति :** समाज में कुछ ऐसे भी व्यक्ति होते हैं, जो अपने ही समाज की संस्कृति की मुख्यधारा से दूर हो जाते हैं और किन्हीं अन्य सांस्कृतिक मूल्यों को अपनाना बेहतर समझते हैं। भारत में रहकर पाश्चात्य संस्कृति को अपनाना इसका एक उदाहरण है। यह सामाजिक जीवन के किसी भी क्षेत्र में हो सकता है, जैसे– धर्म, राजनीति, कला आदि।

anal eroticism ('एनल इ'रॉट्इसिज़म्) **गुद-कामुकता :** मनोविश्लेषण की एक विशेष धारणा। कामशक्ति के विकास की विभिन्न अवस्थाओं में यह प्रारम्भ की अवस्था है, जिसमें काम सम्बन्धी रुचि और तुष्टि गुदा में संस्थापित रहती है। मलमूत्र त्यागने में बालक को कामुक आह्लाद होता है।

anal stage ('एनल 'स्टेज्) **गुद-स्तर :** बच्चों के जीवन में समाजीकरण का यह दूसरा चरण है। इस स्तर का काल लगभग एक से तीन साल तक का होता है, पर इस अवधि की लम्बाई समाज पर भी निर्भर करती है। इस अवस्था में माँ अपने बच्चों को स्तन्य-त्याग (**Weaning**) एवं शौच प्रशिक्षण (**Toilet training**) देने का प्रयास करती है ताकि वह थोड़ा आत्मनिर्भर हो सके। इस अवस्था में बालक को बातचीत करने तथा चलने-फिरने को भी सिखाया जाता है।

ancestor worship ('ऐनसेस्टर् 'वर्शिप्) **पूर्वज पूजा :** ऐसे पूर्वजों की आत्मा की पूजा, जिन्हें देवता मान लिया गया है। यह धर्म के विकास की प्रारम्भिक अवस्था है, ऐसा मानवशास्त्री ई.बी. टॉइलर (Edward B. Tylor, 1832–1917) का कहना है। इस प्रथा के अनुसार पूर्वजों की पूजा देवताओं की भाँति सम्पूर्ण धार्मिक क्रियाओं के साथ की जाती है।

animism ('ऐनिमिज़म्) **सर्वात्मवाद, जीववाद :** ऐनिमा (Anima) का अर्थ होता है– आत्मा। आदिमकालीन धर्म सम्बन्धी इस विचारधारा को मानने वालों का कहना है कि विश्व की तमाम चीज़ों में आत्मा विद्यमान है। इस विचारधारा के प्रवर्तक ई.बी. टॉइलर (Edward B. Tylor, 1832–1917) माने जाते हैं। टॉइलर धर्म की उत्पत्ति पूर्वजों की आत्मा की पूजा से बताते हैं। इस सिद्धान्त के अनुसार यह माना जाता है कि सभी जड़ या चेतन वस्तुओं (पेड़, पहाड़, चट्टान, बादल, जानवर आदि) में आत्मा का निवास है। इस आत्मा का अस्तित्व प्राणी से है, जिसमें वे वास करती हैं। अत: ये अन्य प्राणियों की मृत्यु या वस्तुओं के नष्ट हो जाने के बाद भी बची रहती हैं।

anomie ('ऐनॅमी) **अप्रतिमानता, मानदण्डहीनता** : यह नियमों के निलम्बन की एक ऐसी स्थिति है, जिसमें व्यक्ति यह निर्णय नहीं कर पाता है कि वह क्या करे और क्या न करे। मनुष्य अपने-आपको अकेला या समाज से कटा हुआ महसूस करता है। सामाजिक मूल्य अस्पष्ट एवं बिखरे हुए लगते हैं और व्यक्ति सामाजिक कार्य-कलापों के प्रति आत्मीयता अनुभव नहीं करता। काफी वर्षों बाद, रॉबर्ट के. मर्टन (Robert K. Merton, 1910–2003) ने इस अवधारणा को थोड़ा नया अर्थ देते हुए कहा कि मानदण्डहीनता की स्थिति में सामाजिक संरचना टूट जाती है और एक ऐसी स्थिति उत्पन्न हो जाती है, जिसमें समाज के स्वीकृत लक्ष्यों तथा उन्हें प्राप्त करने के साधनों के बीच आपसी तालमेल समाप्त हो जाता है और ऐसी स्थिति में साधन लक्ष्यों के अनुरूप नहीं रहते हैं।

anti-social behaviour ('ऐन्‌टि'सोशल् बि'हेव्‌यर्) **समाजविरोधी व्यवहार** : समाज-विशेष के मूल्यों तथा मान्यताओं का तिरस्कार करने वाला व्यवहार, विशेषकर उन मान्यताओं का, जो सम्बन्धित समाज के सदस्यों की दृष्टि में महत्त्वपूर्ण होती हैं, जैसे– मन्दिर से मूर्त्ति चुरा लेना, छुआछूत में विश्वास रखना या जातिवाद का समर्थन करना आदि।

anticipatory socialization (ऐन् 'टिसिपेटरि सोशॅलाइ 'ज़ेशन्) **प्रत्याशित समाजीकरण** : वह प्रक्रिया जिसके अन्तर्गत लोग किसी भूमिका को इस उम्मीद में निभाते हैं कि भविष्य में उन्हें कुछ ऐसा ही करना है, जैसे– छोटे बच्चे कभी सिपाही, कभी सेना के जवान, कभी डॉक्टर की तो कभी शिक्षक की नकल करते हैं। समाज के कुछ सदस्य इस उम्मीद में अपना व्यवहार बदलते हैं कि ग़ैर-सदस्यता सन्दर्भ-समूह की सदस्यता उन्हें प्राप्त हो जायेगी। व्यक्ति के जीवन में यह प्रक्रिया चेतन और अचेतन दोनों रूपों में चल सकती है । इस अवधारणा का सम्बन्ध सन्दर्भ व्यक्ति (**Reference individual**) एवं सन्दर्भ-समूह (**Reference group**) से है।

antithesis ('ऐन्‌टि 'थ़ीसिस्) **प्रतिसंवाद, प्रतिस्थापना** : (1) इमैन्युअल काण्ट (Immanuel Kant, 1724–1804) के दर्शन में, इस पद का प्रयोग विवेक के तर्क-प्रतितर्क के निषेधात्मक पहलू की ओर ध्यान दिलाता है, उदाहरणार्थ, यदि स्थापना यह है कि 'जगत् देश-काल में सीमित है' तो प्रतिस्थापना यह होगी कि 'जगत् असीम है।' (2) जी.डब्ल्यू. हीगल (G.W.F. Hegel, 1770–1831, हिन्दी में इस नाम का शुद्ध उच्चारण मात्र हीगल ही है) के दर्शन में, द्वन्द्वात्मक न्याय का वह चरण, जो पक्ष का निषेध करता है और अगले सपक्ष चरण में स्वयं भी पीछे छूट जाता है। (3) कार्ल मार्क्स (Karl Marx, 1818–1883) के दर्शन में, एक-दूसरे सन्दर्भ में प्रतिस्थापना का प्रयोग हुआ है।

applied sociology (अॅ'प्लाइड सोसि'ऑलजि) **व्यावहारिक समाजशास्त्र** : समाजशास्त्र का वह क्षेत्र जिसका मुख्य उद्देश्य समस्याओं का निदान ढूँढ़ना होता है। इसे नीतिगत अनुसन्धान (**Policy research**) भी कहा जाता है। व्यावहारिक समाजशास्त्र के अन्तर्गत कभी-कभी किसी योजना के कार्यान्वयन का मूल्यांकन भी किया जाता है, जिसे मूल्यांकन अनुसन्धान (**Evaluative research**) कहा जाता है। व्यावहारिक समाजशास्त्र का प्रयोग सामाजिक सुधार और सामाजिक इंजीनियरिंग के साधन के रूप में भी किया जा सकता है। व्यावहारिक समाजशास्त्र में अपराध, बेरोज़गारी, बीमारी, वेश्यावृत्ति, भुखमरी, नशीली दवाओं का सेवन, जनसंख्या नियन्त्रण, भिक्षावृत्ति जैसी अनेक सामाजिक समस्याओं को सम्मिलित किया गया है।

ascending mobility (अ'सेन्डिङ् मो'बिलटि) **आरोही गतिशीलता** : आरोही गतिशीलता को आंग्ल भाषा में **Social climbing** या **Mounting social mobility** भी कहा जाता है। जब समाज के निम्नस्तर से कोई व्यक्ति या समूह उच्च स्तर की ओर बढ़ता है, तो उसे आरोही गतिशीलता कहा जाता है। इसके अन्तर्गत व्यक्ति की सामाजिक स्थिति में इजाफा होता है। लॉटरी निकलने पर यदि कोई भिखारी लखपति हो जाता है, तो उसे आरोही गतिशीलता कहेंगे।

ascriptive or **ascribed status** (अ'स्क्रिप्‌टिव ऑर् अ 'स्क्राइबड् 'स्टेटस्) **आरोपित स्थिति** : आरोपित स्थिति ऐसी स्थिति को कहते हैं, जो हमें जन्म से या जैवकीय आधार पर प्राप्त होती है। इसे प्राप्त करने के लिए हमें अलग से प्रयास नहीं करना पड़ता है, जैसे– किसी जाति या प्रजाति-विशेष की सदस्यता, स्त्री या पुरुष होना, बच्चा

या बुजुर्ग होना आदि। जो सामाजिक स्थिति समाज द्वारा प्रदत्त है, उसमें व्यक्ति की अपनी भूमिका कम होती है और समाज की भूमिका अधिक होती है। आरोपित सामाजिक स्थिति का आधार मुख्य रूप से जैविक होता है, जैसे– जाति, प्रजाति, उम्र, यौन आदि।

ascriptive role (अ 'स्क्रिप्टिव रोल्) **आरोपित** या **प्रदत्त भूमिका** : जो भूमिकाएँ हमें स्वाभाविक रूप से समाज के सदस्य होने के नाते निभानी पड़ती हैं, वे आरोपित भूमिकाएँ कही जाती हैं, जैसे– किसी व्यक्ति को जो भूमिका भाई या पिता के रूप में, देश के नागरिक के रूप में या एक नवयुवक के रूप में निभानी पड़ती है, वे आरोपित भूमिकाएँ कही जाती हैं।

assimilation (असिमि'लेशन्) **आत्मसात्करण** : समाजविज्ञान के सन्दर्भ में इसका अभिप्राय समान होने की नृजातीय प्रक्रिया या किसी व्यवस्था में अन्तर्लयन होने की प्रक्रिया से है। अपने से भिन्न दूसरी संस्कृति को अपने जीवन में ढाल लेने की प्रक्रिया को आत्मसात्करण कहते हैं। इस शब्द का सर्वप्रथम प्रयोग अमरीकी प्रजातीय सम्बन्ध अनुसन्धान (**Race relations research**) के सन्दर्भ में हुआ था। चूँकि, अमरीका में विभिन्न संस्कृति के लोग आकर बस गये थे, वहाँ के समाजशास्त्रियों ने यह जानने का प्रयास किया कि विभिन्न नृजातीय समूह के लोग किस प्रकार अमरीकी समाज एवं संस्कृति को स्वीकार कर रहे हैं। यह एक ऐसी प्रक्रिया है, जिसके द्वारा अल्पसंख्यक समूह अपनी सांस्कृतिक पहचान बहुसंख्यक समुदाय के साथ बना लेता है तथा उसकी अपनी पहचान प्रभुत्व समूह (Dominant group) में लुप्त हो जाती है।

association (ॲसोसि'एशन्) **समिति** : समिति एक ऐसा समूह है जिसका संगठन किसी एक हित या अनेक सामान्य हितों की पूर्ति के लिए किया जाता है। यह एक ऐसा समूह है जिसका संगठन एक विशेष प्रयास द्वारा इसलिए संभव होता है कि संगठन के सभी सदस्यों के हितों की पूर्ति की बात की जाती है। यह शब्द 'संस्था' का पर्यायवाची नहीं है; क्योंकि संस्था शब्द का प्रयोग समाजशास्त्र में व्यावहारिक तौर पर उन नियमों के समग्र के लिए किया जाता है, जिनके आधार पर सामाजिक सम्बन्धों की संरचना होती है।

attitude ('ऐटिट्यूड) **मनोवृत्ति** : किसी वस्तु, व्यक्ति या स्थिति के प्रति अनुकूल या प्रतिकूल प्रतिक्रिया करने की प्रवृत्ति को मनोवृत्ति कहा जाता है। मनोवृत्तियाँ मानसिक दशाओं को प्रकट करती हैं, जिन्हें प्रत्यक्षतः देखा-परखा नहीं जा सकता है। इनके विषय में आचरण (शाब्दिक व्यवहार सहित) द्वारा अनुमान लगाया जाता है। प्रतिकूल या ऋणात्मक मनोवृत्ति पूर्वाग्रह को जन्म देती है। पूर्वाग्रही व्यक्ति की दृष्टि में आलोचना और प्रमाण का कोई महत्त्व नहीं रह जाता। मनोवृत्ति का क्षेत्र बड़ा व्यापक होता है। प्रेम और घृणा हमारी अनुकूल और प्रतिकूल मनोवृत्ति के ही परिणाम हैं। ये अभिप्रेरणा (**Motivation**) की अपेक्षा अधिक स्थिर और स्थाई होती हैं, विचारधाराओं की अपेक्षा किन्हीं नामित स्थितियों और वस्तुओं से विशिष्ट रूप में सम्बन्धित होती हैं तथा आन्तरिक रूप में इनमें मूल्यांकन का भाव निहित होता है। इनका उद्‌भव मूल्यों से होता है, किन्तु फिर भी ये मूलतः मूल्यों के समरूप नहीं होतीं।

autocratic/authoritarian leadership (ऑट् 'क्रैटिक्/ऑ थॉरि 'टेअरिअन 'लीडर्‌शिप्) **निरंकुश नेतृत्व** : अनुसरणकर्त्ताओं की इच्छा-अनिच्छा की अवहेलना करते हुए स्वेच्छा के आधार पर मनमाने रूप में अपने अनुयायियों के व्यवहार को बलपूर्वक प्रभावित करना निरंकुश नेतृत्व कहलाता है। इस प्रकार की व्यवस्था में, समूह के व्यवहार सम्बन्धी लक्ष्यों एवं नियमों का निर्धारण स्वयं नेता करता है। उसे समूह के अन्य सदस्यों की राय अथवा जनमत जानने की ज़रूरत नहीं पड़ती। वह निर्बाध सत्ता का स्वामी होता है। हिटलर, स्टालिन और मुसोलिनी निरंकुश नेतृत्व के उदाहरण बताये जा सकते हैं।

avoidance relationship (अ 'वॉइडन्स् रि 'लेशन्‌शिप्) **परिहार सम्बन्ध** : परिवार तथा परिवार के अतिरिक्त कुछ खास व्यक्तियों के साथ सम्बन्धों में विमुखता बरतने, सम्बन्धों को टालने अथवा सामाजिक दूरी प्रदर्शित करने वाली

प्रथा को परिहार सम्बन्ध कहते हैं। कई समाज अपने सदस्यों को मुक्त मेल-जोल बढ़ाने की स्वीकृति नहीं देते, उदाहरण के लिए दामाद व सास के बीच विशेष सम्बन्ध, जिसके द्वारा वे घनिष्ठता अथवा शारीरिक सम्पर्क से बचते हैं।

backward classes ('बैक्वर्ड क्लासेस) **पिछड़ा वर्ग :** भारतीय समाज में, लोगों के वे वर्ग, जो बाकी समाज की तुलना में शैक्षिक, सामाजिक और आर्थिक दृष्टि से पिछड़े हुए माने जाते हैं। यद्यपि संविधान में इस शब्द का एकाधिक स्थलों पर प्रयोग हुआ है, लेकिन इसकी परिभाषा कहीं भी नहीं दी गयी है। इनमें साधारणत: इन वर्गों को रखा जाता है– अनुसूचित जातियाँ, अनुसूचित जनजातियाँ, भूतपूर्व अपराधी जनजातियाँ, यायावार जनजातियाँ और अर्द्ध-यायावार जनजातियाँ। जिन जातियों के लोग सामाजिक और शैक्षिक दृष्टि से पिछड़े हुए हैं, वे अनुसूचित जातियों या अनुसूचित जनजातियों की कोटि में नहीं आते, बल्कि उन्हें अन्य पिछड़े वर्गों (**OBC**) के रूप में मान्यता दी गयी है। प्रत्येक राज्य के लिए अगड़ी एवं दलित जातियों की अलग-अलग सूची है। इन दोनों के मध्य की जातियाँ ही पिछड़े वर्ग की हैं। स्वतन्त्रता के बाद विशेष सामाजिक विकास पर ध्यान दिये जाने की आवश्यकता महसूस की गयी। भारतीय समाज को तीन वर्गों में बाँट कर देखा जा सकता है– (1) आदिवासी समूह; (2) दलित समूह, जिन्हें पहले अस्पृश्य के रूप में देखा जाता था। इन दोनों समूहों को क्रमश: अनुसूचित जनजाति तथा अनुसूचित जाति के नाम से जाना जाता है। इन समूहों को विशेष संरक्षण देने की बात भारतीय संविधान में की गयी है; (3) इन समूहों के अतिरिक्त हिन्दू एवं मुस्लिम समाज में कुछ ऐसी जातियाँ हैं, जिन्हें अति निम्न माना गया है तथा जो सामाजिक, आर्थिक एवं शैक्षणिक दृष्टि से समाज के सम्पन्न वर्गों की तुलना में काफी कमजोर और निम्नस्तर पर हैं, उन्हें अन्य पिछड़ा वर्ग (**Other backward classes**) के नाम से सम्बोधित किया गया है। इस संवर्ग में अस्पृश्यों से ऊँची, परन्तु निम्न परिस्थिति की जातियाँ हैं। इन्हें पिछड़ी जाति कहा जाता है।

barbarian; barbarism (बार्'बेअरिअन्; 'बार्ब रिज़म्) **बर्बर; बर्बरता :** (1) बोलचाल में इस शब्द का प्रयोग गँवार अथवा असभ्य व्यक्ति के लिए किया जाता है। (2) प्रारम्भ में इस शब्द का प्रयोग ग़ैर-रोमन लोगों के लिए किया जाता था। (3) लेकिन आगे चलकर एल.एच. मॉर्गन (Lewis Henry Morgan, 1818–1881) ने इस शब्द का प्रयोग एक अलग अर्थ में अपनी पुस्तक **Ancient Society** (1877) में किया। तब से 'बर्बरता' शब्द का प्रयोग मानव जाति के सामाजिक विकास के मध्य चरण को इंगित करने के लिए किया जाता है। मॉर्गन ने कहा है कि मानव जाति की शुरुआत जंगलीपन (**Savagery**) से हुई, तत्पश्चात् दूसरा चरण बर्बरता का प्रारम्भ हुआ, जिसने बाद में सम्यावस्था को जन्म दिया। इस अवस्था में कृषि का आद्य स्वरूप और पशुचारण की आर्थिक व्यवस्था मिलती है, परन्तु लिखित भाषा का पूर्ण अभाव रहा था।

behaviour (बि'हेव्यर्) **व्यवहार :** किसी परिस्थिति विशेष में अवयव की सम्पूर्ण प्रतिक्रिया ही व्यवहार है। व्यवहार के अन्तर्गत माँसपेशी और ग्रन्थि सम्बन्धी प्रतिक्रियाएँ भी निहित हैं। व्यवहार के अन्तर्गत वे समस्त चीज़ें चली आती हैं, जो व्यक्ति करता, कहता, सोचता या महसूस करता है; चाहे वह उद्देश्यपूर्ण एवं अर्थपूर्ण हो या न हो। तमाम प्रकार की सामाजिक अन्त:क्रियाएँ व्यवहार कही जा सकती हैं। कुछ लेखकों ने व्यवहार तथा क्रिया (**Action**) की अवधारणा का प्रयोग समानार्थक रूप में किया है, किन्तु 'व्यवहार' की अवधारणा क्रिया से अधिक व्यापक है। व्यवहार कई प्रकार के हो सकते हैं, जैसे– विसामान्य व्यवहार (**Deviant behaviour**), असामान्य व्यवहार (**Abnormal behaviour**), सामाजिक व्यवहार (**Social behaviour**), समाजविरोधी व्यवहार (**Anti-social behaviour**), सामूहिक व्यवहार (**Collective behaviour**), जनव्यवहार (**Mass behaviour**), परम्परागत व्यवहार (**Conventional behaviour**), विवेकी एवं अविवेकी व्यवहार (**Rational** or **irrational behaviour**), सहज या स्वाभाविक व्यवहार (**Innate behaviour**), प्रकट व्यवहार (**Overt behaviour**), अप्रकट व्यवहार (**Covert behaviour**) आदि।

behaviour pattern (बि'हेव्यर् पैटर्न्) **व्यवहार प्रतिरूप :** एक आचार प्रतिमान, जिससे किसी व्यक्ति अथवा समूह व्यवहार परिलक्षित होता है। दूसरे शब्दों में, व्यक्तियों का एक ऐसा सीखा हुआ या स्थापित व्यवहार का तरीका, जो किसी उत्प्रेरक की प्रतिक्रिया के परिणामस्वरूप प्रकट होता है। इसे संस्कृति की सबसे छोटी इकाई माना जाता है।

bourgeoisie (बुअर्ज़्वा 'ज़ी) **बूर्जुआ, मध्यवर्ग :** आज मुख्यतया इस शब्द का प्रयोग ढीले-ढाले अर्थ में मध्यवर्ग या शासीवर्ग के लिए किया जाता है। इस शब्द का प्रयोग वैसे शहरी मध्यवर्ग के लिए भी किया जाता है, जो पूँजीवादी व्यवस्था में विश्वास रखते हैं। इसके अन्तर्गत पूँजीवादी समाज में उत्पादन के साधनों के स्वामी, जिनमें छोटे दुकानदारों से लेकर बड़े-बड़े उद्योगपति तक सम्मिलित होते हैं। आजकल बूर्जुआ शब्द का प्रयोग अनेक अर्थों में हो रहा है। साम्यवादी इसे 'शासीवर्ग', 'मध्यवर्ग', 'पूँजीपति', 'अ-समाजवादी' और 'अ-मार्क्सवादी' अर्थों में प्रयुक्त करते हैं। इस प्रकार मार्क्सवादी विचारधारा में 'बूर्जुआ समाज' का अर्थ 'पूँजीवादी समाज', 'बूर्जुआ दलों' का अर्थ 'अ-समाजवादी दल' और 'बूर्जुआ समाजवाद' का अर्थ 'अ-मार्क्सवादी समाजवाद' है।

bureaucracy (ब्युअ 'रॉक्रसि) **नौकरशाही, दफ्तरशाही :** नौकरशाही का अर्थ है सरकारी कर्मचारियों द्वारा संचालित शासन-प्रणाली। इस शब्द का प्रयोग प्रशासकीय अधिकारियों द्वारा सम्पादन किये जाने वाले कार्य-कलापों तथा कार्यपद्धति दोनों का बोध कराने के लिए एक सामूहिक शब्द के रूप में किया जाता है। मैक्स वेबर (Max Weber, 1864–1920) ने इसकी विशेषताओं की चर्चा इन शब्दों में की है– कानून तथा नियमों द्वारा निर्धारित कार्यालय के कार्यों का निश्चित क्षेत्र, लिखित प्रलेखों पर आधारित प्रशासन व्यवस्था, प्रशासन का प्रशिक्षित व्यक्तियों द्वारा नियमानुसार संचालन, तकनीकी योग्यता के आधार पर अधिकारियों का चुनाव, व्यक्तिगत रूप में स्वतन्त्र अधिकार, कार्यालय तथा प्रशासन के किसी भी साधन की अधिकारियों की वरिष्ठता एवं योग्यता के आधार पर पदोन्नति तथा एक निश्चित वेतन-व्यवस्था आदि।

capitalist society ('कैपिटॅलिस्ट् स'साइअटि) **पूँजीवादी समाज :** कार्ल मार्क्स (Karl Marx, 1818–1883) के अनुसार सामन्तों एवं कृषिदासों के बीच पारस्परिक संघर्ष के परिणामस्वरूप पूँजीवादी समाज अस्तित्व में आया। इस समाज में भी मुख्य दो वर्ग हैं– पूँजीपति (**Capitalist**) और श्रमिक या सर्वहारा (**Proletariat**)। यहाँ पर मध्यमवर्ग दोनों वर्गों के बीच एक कड़ी का काम करता है। इस समाज में उत्पादन के साधनों पर मुख्य अधिकार पूँजीपतियों का होता है, जबकि उत्पादन-कार्य में मेहनत श्रमिकों की होती है। इस समाज में कानूनी समानता, राजनीतिक समानता तथा सामाजिक समानता पायी जाती है, लेकिन सतही कानूनी समानता के पीछे छुपा हुआ आर्थिक शोषण होता है। पूँजीवादी व्यवस्था से असमानता, बेरोज़गारी तथा ग़रीबी बढ़ती है, जो क्रान्ति की वस्तुनिष्ठ स्थिति तैयार करती है। पूँजीपति सदा श्रमिकों का शोषण करते हैं। फलस्वरूप इससे दोनों वर्गों के बीच वर्ग-संघर्ष की प्रक्रिया चलती रहती है।

caste (कास्ट्) **जाति :** जाति व्यक्तियों का एक छोटा और विशेष नाम वाला एक ऐसा समूह है, जो सजातीय विवाह, आनुवंशिक सदस्यता और एक विशिष्ट व्यवसाय को करता है और जिसे पवित्रता और अपवित्रता की अवधारणाओं पर आधारित श्रेणीबद्ध व्यवस्था में न्यूनाधिक रूप में एक विशिष्ट सांस्कारिक परिस्थिति प्राप्त होती है। जाति हिन्दुओं के सम्पूर्ण जीवन को नियमित एवं प्रभावित करती है। प्रत्येक जाति जन्म से ही अपने सदस्यों को एक सामाजिक पद प्रदान करती है, जो आजीवन बना रहता है। जाति द्वारा थोपे हुए सामाजिक पद में कोई व्यक्ति अपनी विद्या, बुद्धि, कौशल या काम से कोई परिवर्तन नहीं कर सकता। अपने से नीची जाति के साथ शारीरिक या सामाजिक सम्पर्क को हीनता का द्योतक समझा जाता है। प्रत्येक जाति का एक निश्चित व्यवसाय होता है। सामान्यत: विवाह अपनी ही जाति में होता है, किन्तु अपवाद स्वरूप जाति के बाहर भी विवाह होते देखे गये हैं, जिसके प्रमाण हैं प्रतिलोम तथा अनुलोम विवाह की प्रथाएँ। नारी की जाति जन्म के अतिरिक्त विवाह पर भी निर्भर होती है। पितृसत्तात्मक पारिवारिक व्यवस्था में नारी जिस जाति के पुरुष के साथ विवाह करती है, उसी पुरुष के सामाजिक पद को प्राप्त करती है तथा उसकी सन्तान भी उसके पति की जाति की मानी जाती है। इनमें से बहुत-सी बातें आजकल परिवर्तित हो रही हैं।

caste endogamy (कास्ट् एन्'डॉगमि) **सजातीय विवाह :** हिन्दुओं में जातीय अन्तर्विवाह की प्रथा प्रचलित रही है। लोग अपनी ही जाति के अन्दर विवाह करने के लिए बाध्य होते हैं। वैश्य, क्षत्रिय, शूद्र, अपनी-अपनी जाति के अन्दर ही विवाह करते हैं।

causal explanation ('कॉ:ज़ॅल एक्स्प्ल 'नेश्न्) **कारणात्मक व्याख्या** : इसके अन्तर्गत विश्लेषण का आधार किसी खास कारक को माना जाता है, जैसे यह कहना कि नारी-शिक्षा के प्रचार से प्रजननता-दर में कमी आती है। पर समाजशास्त्र के क्षेत्र में इस ढँग की व्याख्या का बहुत वैज्ञानिक महत्त्व नहीं है; क्योंकि यहाँ प्रयोगात्मक अनुसन्धान करना काफी कठिन है।

channels of mobility (चैन'लस् ऑव् मो'बिलटि) **गतिशीलता के माध्यम** : वे संस्थागत साधन, जिनके द्वारा व्यक्तियों की परिस्थिति में परिवर्तन होता है। शिक्षा, आधुनिक पेशा, राजनीतिक शक्ति आदि गतिशीलता के प्रमुख माध्यम हैं।

charismatic authority (कैरिज़'मैटिक् ऑ'थ़ॉरिटि) **करिश्माई प्रभुत्व, चामत्कारिक सत्ता** : करिश्माई या चमत्कारी सत्ता का आधार व्यक्ति का चमत्कारी गुण अथवा विलक्षण व्यक्तित्व होता है। जिन व्यक्तियों के पास किसी प्रकार की विलक्षण शक्ति अथवा करामात होती है, वे करिश्माई सत्ता के अधिकारी होते हैं। इस प्रकार के सत्ताधारी व्यक्ति की आज्ञा का पालन श्रद्धा-भक्ति के साथ किया जाता है। ऐसी सत्ता में नेता के आदेश इसलिए माने जाते हैं; क्योंकि अनुयायियों को नेता के असाधारण गुणों में विश्वास होता है। महात्मा गाँधी की सत्ता का आधार यही करिश्माई शक्ति थी। पीर, पैगम्बर, अवतार, धार्मिक नेता या योद्धा आदि की सत्ता इसी श्रेणी में आती है।

Chicago school of sociology (शि'कागो स्कूल् ऑव् सोसि'ऑलजि) **शिकागो विचार-पद्धति** : अमरीका में सर्वप्रथम सन् 1892 में शिकागो विश्वविद्यालय में समाजशास्त्र विभाग की स्थापना की गयी, वही कालान्तर में समाजशास्त्रीय जगत् में शिकागो सम्प्रदाय के नाम से प्रसिद्ध हुआ। दोनों विश्वयुद्धों के बीच शिकागो विश्वविद्यालय के समाजशास्त्रियों ने नगरीय समाजशास्त्र के क्षेत्र में इतना अधिक योगदान दिया कि समस्त विश्व में उस विभाग को प्रसिद्धि प्राप्त हो गयी। इसके साथ ही उन लोगों ने अध्ययन-पद्धति के रूप में पारिस्थिकीय तथा नृविज्ञान विधियों का प्रयोग कर शोध-अध्ययन को नया आयाम दिया। बाद में इसी सम्प्रदाय के मूल विचारों के आधार पर 'अन्तर्क्रियावादी दृष्टिकोण' का विकास हुआ। शिकागो परम्परा ने गुणात्मक शोध के साथ-साथ परिमाणात्मक शोध में भी अपनी विशिष्टता प्रदर्शित की है।

childhood ('चाइल्ड्हुड) **बाल्यावस्था** : जन्म से लेकर वयस्कता के पूर्व की अवस्था। बाल्यावस्था का काल सभी समाज एवं संस्कृति के लिए समान नहीं है। यह काल कहीं 18 वर्ष में तो कहीं 21 वर्ष में समाप्त होता है।

circulation of elite ('सर्क्यूलेश्न् ऑव् ए 'लीट्) **सम्भ्रान्तवर्ग परिभ्रमण** : इटैलियन समाजशास्त्री विलफ्रेडो पारेटो (Vilfredo F.D. Pareto, 1848–1923, हिन्दी में शुद्ध उच्चारण मात्र पारेटो है) ने सम्भ्रान्तवर्ग के परिभ्रमण का सिद्धान्त दिया है। सम्भ्रान्तवर्ग के परिभ्रमण के विश्लेषण के सन्दर्भ में काफी भ्रान्तियाँ उत्पन्न हो गयी हैं। कई भारतीय लेखकों ने यह लिख रखा है कि परिभ्रमण की प्रक्रिया सम्भ्रान्तवर्ग (**Elite**) एवं ग़ैर-सम्भ्रान्तवर्ग (**Non-elite**) के बीच होती है। इस तथ्य को नकारा नहीं जा रहा है कि समाज में परिभ्रमण सम्भ्रान्त (**Elite**) एवं ग़ैर-सम्भ्रान्तवर्ग (**Non-elite**) के बीच भी होता है। लेकिन, पारेटो ने अपने परिभ्रमण के सिद्धान्त का विश्लेषण शासी सम्भ्रान्तवर्ग (**Governing elite**) एवं ग़ैर-शासी सम्भ्रान्तवर्ग (**Non-governing elite**) के सन्दर्भ में किया था। पारेटो के अनुसार परिभ्रमण की प्रक्रिया सहज नहीं है। सम्भ्रान्तवर्ग के लोग इसका भरपूर विरोध करते हैं। सम्भ्रान्तवर्ग के लोग विभिन्न किस्म के तरीकों को अपनाकर परिभ्रमण की प्रक्रिया को रोकना चाहते हैं।

civil society ('सिविल् स'साइअटि) **लोक-समाज, नागरिक समाज** : इस शब्द के अनेक अर्थ रहे हैं और उनमें समय-समय पर परिवर्तन होता रहा है। अँगरेज़ी में यह शब्द 1594 में आया जिसका तात्पर्य समुदाय में रहने वाले लोगों से था। अठारहवीं और उन्नीसवीं सदी में इसमें कुछ नये अर्थ जुट गये जिसका तात्पर्य ऐसे सभ्य समाज से था, जहाँ राज्य निरंकुशता के तत्त्व पर आधारित नहीं था। बर्बर समाज के विपरीत के समाज लिए इस शब्द का प्रयोग किया

जाने लगा। उन्नीसवीं सदी में कार्ल मार्क्स (Karl Marx, 1818–1883) ने सिविल समाज की अवधारणा का प्रयोग एक ऐसे भ्रष्ट पूँजीवादी समाज के लिए किया है, जो चरम व्यक्तिवादिता तथा भौतिकवादी प्रतिस्पर्द्धा पर आधारित होता है। वर्तमान समय में सिविल समाज का प्रयोग राज्य और विस्तृत परिवार की मध्यवर्ती संस्थाओं के समुच्चय के लिए होता है, जैसे– ग़ैर-सरकारी स्वयंसेवी संस्थान। इसमें धार्मिक संगठन, शिक्षण-संस्थाएँ, मनोरंजन-क्लब तथा अनेक स्वैच्छिक संगठन आ जाते हैं, जो व्यक्ति के जीवन और दृष्टिकोण पर गहरा प्रभाव डालते हैं। ये संगठन व्यक्ति को स्वार्थ से ऊपर उठाकर सामाजिक जीवन में अपनी सार्थकता ढूँढ़ने की प्रेरणा देते हैं; साथ ही ये व्यक्ति की निष्ठा के वैकल्पिक केन्द्र प्रस्तुत करके राज्य की सत्ता को प्रतिसन्तुलित करते हैं। नागरिक समाज के अन्तर्गत व्यक्तिगत नियम पाये जाते हैं, लेकिन दूसरी तरफ राजनीतिक समाज में आम नियम पाये जाते हैं। पूँजीवाद में नागरिक समाज का अस्तित्व निजी सम्पत्ति पर आधारित होता है और राजनीतिक समाज का अस्तित्व प्रजातन्त्र के आधार पर टिका होता है।

civilization ('सिविलाइ'ज़ेशन्) **सभ्यता :** सभ्यता शब्द के अर्थ के सन्दर्भ में अभी तक कोई एकमत नहीं बन पाया है। लेकिन, अधिकांश लोग यही मानते हैं कि सभ्यता वह है, जिसमें हम जीते हैं और संस्कृति वह है, जो हममें जीती है। जो कुछ हम हैं, वही संस्कृति है तथा जो कुछ हमारा है, वही सभ्यता है। विलियम एफ. ऑगबर्न (William F. Ogburn, 1886–1959) ने संस्कृति के दो पक्षों, यथा– भौतिक एवं ग़ैर-भौतिक की चर्चा की है। ग़ैर-भौतिक पक्ष को ही उन्होंने सभ्यता कहा है। सभ्यता से तात्पर्य उस सम्पूर्ण क्रियाविधि, मशीनी तन्त्र और संगठन से है, जिनकी रचना मनुष्य ने अपने जीवन की दशाओं और परिस्थितियों को नियन्त्रित करने के प्रयत्न के क्रम में की है। सभ्यता मूलत: उन भौतिक उपादानों से सम्बद्ध होती है, जिन्हें मनुष्य ने वातावरण में अपना जीवन व्यवस्थित करने के लिए निर्मित या आविष्कृत किया है। सभी मानवनिर्मित भौतिक उपादान सभ्यता के उदाहरण हैं।

clan ('क्लैन्) **कुल :** एक ही रक्त के ऐसे सम्बन्धियों की पीढ़ी-दर-पीढ़ी परम्परा को कुल कहा जाता है, जो एक-दूसरे की सन्तानों के रूप में परस्पर सम्बन्धित हों। उस वंश-परम्परा में विवाहित होकर आने वाली स्त्रियाँ भी उस कुल में सम्मिलित मान ली जाती हैं। कुल सदैव एकपक्षीय होता है। ये केवल पितृ-पक्षीय या मातृपक्षीय होते हैं। कुल की सदस्यता जन्मजात होती है, परन्तु पूर्वज का निश्चित पता नहीं होता है।

class (क्लास्) **वर्ग :** कार्ल मार्क्स (Karl Marx, 1818–1883) से लेकर अब तक अनगिनत समाजविज्ञानियों ने इस विषय पर काफी चिन्तन किया है। मार्क्सवादी समाज-दर्शन में 'वर्ग' की धारणा महत्त्वपूर्ण है। ऐसे मनुष्यों का समूह जो उत्पादन के साधनों की दृष्टि से आपस में ऐसा आर्थिक सम्बन्ध रखते हैं, जिसके कारण उनका किसी अन्य समूह से संघर्ष होता है, 'वर्ग' है। सामन्तवादी समाज में दो मुख्य वर्ग हैं– ज़मींदार और किसान तथा पूँजीवादी समाज के मुख्य वर्ग हैं– पूँजीपति और मज़दूर। मार्क्सवाद के अनुसार प्रत्येक वर्ग का अपना दार्शनिक, नैतिक और सांस्कृतिक दृष्टिकोण होता है। जब तक साम्यवादी क्रान्ति द्वारा वर्गहीन समाज की स्थापना नहीं होगी, समस्त मानव-समाज के लिए एक ही दर्शन या एक ही नीतिशास्त्र का निर्माण नहीं किया जा सकता है। कार्ल मार्क्स के विचार से वर्ग का आधार मुख्यत: आर्थिक है। किसी अर्थव्यवस्था में किसी समूह का किस प्रकार का नियन्त्रण है, यही समाज के स्तरण का मुख्य आधार है। दूसरी तरफ, मैक्स वेबर (Max Weber, 1864–1920) ने यह बताया है कि वर्ग का आधार मात्र आर्थिक नहीं है, बल्कि वर्ग का आधार यह भी है कि किसी व्यक्ति की सेवा की बाज़ार में कीमत क्या है। व्यक्ति की योग्यता एवं शिक्षा इस बात का निर्धारण करती है कि उस व्यक्ति की सेवा की खुले बाज़ार (**Market situation**) में क्या कीमत है। इन तथ्यों को ध्यान में रखकर आधुनिक समाज को मैक्स वेबर ने चार भागों में श्रेणीबद्ध किया है– (1) धनी वर्ग (**Propertied class**), (2) बुद्धिजीवी, प्रशासनिक एवं प्रबन्धक वर्ग (**Intellectual, administrative and managerial class**), (3) परम्परागत निम्न-मध्यवर्गीय व्यापारी वर्ग (**Traditional petty bourgeoisie class of businessman**) तथा (4) मज़दूर वर्ग (**Working class**)।

class conflict (क्लास् 'कॉन्फ्लिक्ट्) **वर्ग-संघर्ष :** जब अपने हितों की रक्षा के लिए विपरीत एवं परस्पर विरोधी वर्ग आपस में टकराते हैं, तो वह वर्ग-संघर्ष कहलाता है। कार्ल मार्क्स के अनुसार प्राचीनकाल में, यह संघर्ष स्वामी और दास के बीच, मध्यकाल में सामन्त और खेतिहर मज़दूर के बीच तथा आधुनिक काल में औद्योगिक समाजों में पूँजीपति और औद्योगिक श्रमिक के मध्य निरन्तर चल रहा है। इसलिए कार्ल मार्क्स ने अपनी बहुप्रसिद्ध कृति **Communist Manifesto** (1848) की शुरुआत इन शब्दों में की है, 'आज तक के विद्यमान सभी समाजों का इतिहास वर्ग-संघर्ष का इतिहास रहा है।' कार्ल मार्क्स ने वर्गविहीन, जाति-विहीन तथा राज्य-विहीन समाज की कल्पना की थी। ऐसे समाज में कार्ल मार्क्स की मान्यतानुसार वर्ग-संघर्ष की गुंजाइश नहीं होगी। कार्ल मार्क्स के अनुसार समस्त समाजों का इतिहास, दास-व्यवस्थां से लेकर पूँजीवादी व्यवस्था तक, वर्ग-संघर्ष का इतिहास है। वर्ग-संघर्ष कहाँ कितना तीव्र या मन्द होगा, यह ऐतिहासिक परिस्थितियों पर निर्भर करता है, किन्तु जब तक उत्पादन के साधनों पर से वैयक्तिक अधिकार समाप्त नहीं होता, वर्ग-संघर्ष हुए बिना नहीं रह सकता।

class interest (क्लास् 'इन्ट्रस्ट्) **वर्गहित :** किसी भी सामाजिक वर्ग के इतिहास, आकांक्षाएँ और मान्यताएँ, जिनमें उसके सदस्य समान रूप से विश्वास करते हैं।

class society (क्लास् स'साइअटि) **वर्गमूलक समाज :** ऐसा समाज, जो लौकिक आधारों (शिक्षा, आमदनी, पेशा, आदि) पर विविध वर्गों में विभाजित होता है, यथा– अमरीकी समाज। ऐसा समाज जातिबद्ध भारतीय समाज से भिन्न है।

class struggle (क्लास् 'स्ट्रग्ल्) **वर्ग-संघर्ष :** विभिन्न वर्गों के बीच संघर्ष अथवा विरोध की भावना, जो प्रायः पूँजीपति एवं सर्वहारा वर्गों के बीच होती है। दो परस्पपर विरोधी सामाजिक वर्गों के मध्य संघर्ष इतिहास को गति प्रदान करता है।

class system (क्लास् 'सिस्टम्) **वर्ग-व्यवस्था :** वर्ग-व्यवस्था किसी समाज की वह सोपानात्मक व्यवस्था होती है, जिसमें व्यक्तियों को उनकी विभिन्न सामाजिक और आर्थिक स्थितियों के आधार पर विभिन्न सामाजिक वर्गों में विभाजित किया जाता है। एक वर्ग के प्रायः सभी समुदायों की सामाजिक और आर्थिक स्थिति प्रायः एक-सी ही होती है। वर्गों में परस्पर ऊँच-नीच का कोई क्रम अवश्य देखने में आता है। यदि हम भारतीय समाज का ही उदाहरण लेकर इस व्यवस्था को समझाना चाहें, तो हम पाते हैं कि इसमें तीन प्रमुख वर्ग हैं– उच्चवर्ग, मध्यवर्ग और निम्नवर्ग।

classless society (क्लास्'लेस् स'साइअटि) **वर्गविहीन समाज :** ऐसा समाज, जो सामाजिक वर्गों के अधिक्रम में विभाजित नहीं होता है। इसकी कल्पना सबसे पहले कार्ल मार्क्स ने की थी। यह एक काल्पनिक विचार है। कार्ल मार्क्स का मानना था कि साम्यवादी समाज एक वर्गविहीन समाज होगा।

closed and open group (क्लोज़्ड ऐन्ड् ओपॅन ग्रूप्) **बन्द और खुला समूह :** कुछ ऐसे समूह होते हैं, जिनका सदस्य बनना सहज नहीं हो, जैसे– धार्मिक समूह या विशेष प्रकार के क्लब या कमीटि। ऐसे समूहों को बन्द समूह कहा जाता है। जिन समूहों की सदस्यता छोड़ना या प्राप्त करना आसान होता है, उसे खुला समूह कहते हैं, जैसे– राजनीतिक दल।

closed group and **open group** (क्लोज़्ड ग्रूप् ऐन्ड् ओ'पन ग्रूप्) **बन्द समूह** और **खुला समूह :** सामाजिक समूहों को मुख्य रूप से दो भागों में बाँटा जा सकता है– बन्द एवं खुला। कुछ समूह ऐसे होते हैं, जिनकी सदस्यता कुछ सीमित लोगों के लिए होती है। समूह-विशेष के लोग बाहरी समूहों से न्यूनतम सम्बन्ध रखते हैं। भारतीय सन्दर्भ में जातीय समूह बन्द समूह का ही उदाहरण है। दूसरी तरफ ऐसे बहुत समूह हैं, जहाँ से बाहर निकलना या बाहरी लोगों के लिए उनकी सदस्यता प्राप्त करना काफी सरल होता है। भारत में ढेर सारे ऐसे धार्मिक सम्प्रदाय हैं, जिनकी सदस्यता कोई भी व्यक्ति आसानी से प्राप्त कर सकता है। वे सभी खुले समाज के नाम से जाने जाते हैं।

closed society (क्लोज़्ड स'साइअटि) **बन्द समाज, अवरुद्ध समाज :** (1) जॉन ड्यूई (John Dewey, 1859–1952, इस नाम का शुद्ध उच्चारण मात्र जॉन ड्यूइ है) के अनुसार वह समाज, जो किसी भी नवीन तत्त्व अथवा भिन्न तत्त्व

को ग्रहण करने में संकोच करे तथा विकास का विरोधी हो। (2) एक परम्परागत समाज, जिसमें सामाजिक गतिशीलता की दर अत्यन्त मन्द होती है, उदाहरणार्थ– परम्परागत भारतीय समाज। खुला एवं बन्द समाज के विभाजन का मुख्य आधार सामाजिक गतिशीलता की तीव्रता है। यदि किसी समाज में व्यक्ति या व्यक्तियों के समूह में किसी प्रकार की गतिशीलता नहीं है या काफी कम है, तो उसे बन्द समाज कहेंगे। दूसरी तरफ बन्द समाज के अन्तर्गत व्यक्तियों की सामाजिक स्थिति जन्म से पूर्व-निर्धारित (**Pre-determined**) होती है। बन्द समाज के अन्तर्गत प्रदत्त मूल्य (**Ascriptive values**) की प्रधानता होती है।

closed system of social stratification (क्लोज़्ड 'सिस्टम् ऑव् 'सोशल् स्ट्रैट्इफ़ि'केश्न्) **बन्द सामाजिक स्तरण व्यवस्था** : वह समाज, जहाँ व्यक्तियों के जीवन में सामाजिक गतिशीलता संभव नहीं है। प्राचीन एवं मध्यकालीन भारतीय समाज काफी हद तक एक बन्द समाज था; क्योंकि निम्न जाति के लोगों के लिए ऊपर उठना काफी कठिन कार्य था। पुश्त-दर-पुश्त लोग एक ही सामाजिक स्थिति में बने रहते थे। एक सामाजिक स्थिति से दूसरी स्थिति में खिसकना अपवाद स्वरूप कभी-कभी संभव हो पाता था।

collective behaviour (क'लेक्टिव् बि'हेव्यर्) **सामूहिक व्यवहार** : व्यक्तियों के समूह के ऐसे व्यवहार को सामूहिक व्यवहार के नाम से जाना जाता है, जो सहभागियों के पारस्परिक उद्दीपन द्वारा स्वत: उत्पन्न होता है तथा जिसमें सापेक्ष रूप में असंगठित, अनिश्चित, अस्थायी एवं नियोजनहीन होने के गुण विद्यमान होते हैं। भीड़, जनविद्रोह, धार्मिक व्यवहार आदि सामूहिक व्यवहार के ही भिन्न रूप हैं।

collective consciousness/conscience (क'लेक्टिव् 'कॉन्शस्निस्/ 'कॉन्शन्स्) **सामूहिक चेतना** : किसी समाज के सदस्यों के बीच सामान्य विश्वासों, मान्यताओं एवं भावनाओं की एक व्यवस्था की रचना सामूहिक चेतना है। एमिल डर्कहाइम (Émile Durkheim) ने इस विचार को व्यक्त करने के लिए **Collective conscience** का प्रयोग किया है।

collective labourer (क'लेक्टिव् 'लेबरर्) **सामूहिक श्रमिक** : कार्ल मार्क्स (Karl Marx, 1818–1883) का कहना था कि पूँजीवाद के विकास में एक ऐसा स्तर आता है, जब कुछ चीज़ों का मज़दूर अकेले उत्पादन नहीं कर सकता है, बल्कि बहुत सारे मज़दूर मिलकर कुछ चीज़ों का उत्पादन करते हैं। इस शब्द से एक जटिल श्रमिक प्रक्रिया का बोध होता है, जिसके अन्तर्गत उच्च स्तर का श्रम-विभाजन पाया जाता है।

collective representation (क'लेक्टिव् रेप्रिजेन'टेश्न्) **सामूहिक प्रतिनिधान** : इससे एमिल डर्कहाइम (Émile Durkheim– **The Elementary Forms of the Religious Life**, 1912) का तात्पर्य है कि समाज द्वारा मान्य उन विचारों, धारणाओं, भावनाओं तथा प्रतीकों को सामूहिक प्रतिनिधान की संज्ञा दी जाती है, जो सामूहिक रूप से समस्त समूह का प्रतिनिधित्व करते हैं। इन्हें समाज के सदस्य आदर की दृष्टि से देखते हैं। इनका निर्माण सामाजिक अन्त:क्रियाओं के दौरान या व्यक्तिगत चेतना के पारस्परिक प्रभावों के फलस्वरूप होता है।

communalism ('कॉम्युनलिज़्म्) **समुदायवाद** : समाजविज्ञान में इस शब्द के दो प्रमुख अर्थ हैं– (1) सामुदायिकता की भावना या सामुदायिकता; (2) कम्यून व्यवस्था। यूरोपीय राजनीति के प्रसंग में 'कॉम्युनलिज्म' शब्द का अर्थ उस व्यवस्था से था, जिसमें कम्यूनों अथवा इसी तरह की छोटी-छोटी राजनीतिक इकाइयों को केन्द्रीय सरकार की ओर से पर्याप्त विधायी शक्तियाँ प्राप्त रहती थीं। बीसवीं शताब्दी में अँगरेज़ी भाषा में यह शब्द एक ही राज्यक्षेत्र में निवास करने वाली विभिन्न जातियों के बीच संघर्ष अथवा तनाव की स्थिति का वाचक हो गया है। लेकिन, भारत में इस शब्द का प्रयोग एक तीसरे अर्थ में होता है। भारत में इस शब्द का प्रयोग मुख्य रूप से सामाजिक-धार्मिक समूहों के बीच वैमनस्यता और शत्रुता की भावना को व्यक्त करने के लिए किया जा रहा है। भारतीय राजनीति में हिन्दू-मुसलमानों की साम्प्रदायिक समस्या के सन्दर्भ में इस शब्द का विशेष प्रचलन हुआ। सामान्यत: लोग इस शब्द का अर्थ मात्र साम्प्रदायिकता की भावना से लेते हैं, जो ग़लत है, जबकि साम्प्रदायिकता का अर्थ सिर्फ **Sectarianism** से निकलता है।

communism ('कॉम्युनिज़म्) **साम्यवाद** : एक ऐसी सामाजिक एवं राजनीतिक व्यवस्था, जिसमें वर्गभेद न हो; उत्पादन के साधनों पर समाज का अधिकार हो, न कि कुछ व्यक्तियों का और जीवन का निर्देशन राज्य के माध्यम से न हो। कार्ल मार्क्स (Karl Marx, 1818–1883) ने साम्यवादी समाज को उद्विकास का अन्तिम चरण माना है। उनके अनुसार इस समाज में वर्ग-संघर्ष की प्रक्रिया का अन्त संभव है; क्योंकि विकास के इस चरण में वर्गविभाजन के साथ-साथ राज्य की भी समाप्ति हो जायेगी (Withering away of state)। लेकिन, अब तक के ऐतिहासिक अनुभवों से लगता है कि निकट भविष्य में इसकी कोई भी सम्भावना नहीं है। साम्यवाद एक सामाजिक दर्शन के रूप में, आर्थिक सेवाओं तथा उत्पादन के भौतिक साधनों के सार्वजनिक स्वामित्व का प्रतिनिधित्व करता है। कार्ल मार्क्स इस तन्त्र की स्थापना की चरम परिणति सर्वहारा के अधिनायकतन्त्र में देखते हैं।

community (क'म्यूनिटि) **समुदाय** : इसका अभिप्राय, ऐसे सामाजिक जीवन से है, जिसमें ऐसे अनेक मनुष्य सम्मिलित होते हैं, जो सामाजिक सम्बन्धों की परिस्थितियों के अन्तर्गत साथ-साथ रहते हैं, जो परिवर्तनशील होने पर भी समान बनी रहने वाली रूढ़ियों और प्रचलनों द्वारा परस्पर सम्बद्ध होते हैं तथा उनमें कुछ सीमा तक सामान्य सामाजिक लक्ष्यों और रुचियों की समझ होती है। गाँव समुदाय का सर्वोत्तम उदाहरण है। वास्तव में, समुदाय ऐसा मानव-समूह है, जिसे औपचारिक रूप से संगठित नहीं किया जाता। वह स्वत: ही उत्पन्न होता है। सभी सदस्य किसी क्षेत्र की सीमा में इस प्रकार समग्र जीवन बिताते हैं कि वे किसी विशेष हित की पूर्ति मात्र ही नहीं, बल्कि सामान्य जीवन की सभी बुनियादी शर्तों की पूर्ति में पारस्परिक सहयोग करते हैं।

concept ('कॉन्सेप्ट्) **अवधारणा, संप्रत्यय** : किसी भी चीज़ के अन्तर्गत आने वाली प्रत्येक वस्तु एवं विचार में समान रूप से निहित सम्बन्ध एवं विशेषताएँ– यथा, मनुष्यों में मनुष्यत्व, संगीत में माधुर्य आदि। संप्रत्यय मूर्त वस्तुओं के भी हो सकते हैं, (यथा-काली गाय) और अमूर्त विचारों के भी (यथा-समानता, न्याय)। समाजविज्ञान में इसका अभिप्राय सिद्धान्त की तुलना में निम्नस्तरीय अमूर्तीकरण की अवधारणा से है। अवधारणा सिद्धान्त का एक अभिन्न अंग होती है। सिद्धान्तों का निर्माण विभिन्न अवधारणाओं को तार्किक रूप से जोड़ने से होता है।

concept formation ('कॉन्सेप्ट् फ़ॉर्'मेशन्) **अवधारणा-निर्माण** : किसी अवधारणा का निर्माण एक जटिल मानसिक प्रक्रिया है। इसमें विश्लेषण, संश्लेषण, तुलना, एकीकरण, अन्तर्निर्धारण, भावनिर्धारण एवं अमूर्तन की प्रक्रियाएँ सन्निहित हैं। इसके पाँच स्तर हैं– (1) व्यक्तियों अथवा वस्तुओं का निरीक्षण, (2) उनमें से प्रत्येक की विशेषताओं का विश्लेषण, (3) विशेषताओं को ध्यान में रखते हुए, एक-दूसरे से तुलना-समानताओं तथा असमानताओं का निर्धारण, (4) समानताओं का एकीकरण, अर्थात् समान विशेषताओं को एक विचार-विशेष के अन्तर्गत लाना तथा (5) नामकरण– यथा अपराधी की अवधारणा के निर्माण के लिए उस प्रकार के व्यक्तियों का अधिक-से-अधिक संख्या में निरीक्षण करना, उनकी विशेषताओं की ओर ध्यान देना, उनकी समानताओं तथा असमानताओं, विशेषकर उसी कोटि के अन्य लोगों के बारे में निर्णय करना, विशेषताओं को विचार-विशेष के अन्तर्गत लाना तथा उन्हें अपराधी की संज्ञा देना।

conflict theory ('कॉन्फ्लिक्ट् 'थिअरि) **संघर्ष-सिद्धान्त** : संघर्ष सम्बन्धी विचार प्राचीनकाल से ही सामाजिक चिन्तकों का मुख्य विषय रहा है। पॉलिबियस (Polybius, ca203–120BC) ने कहा था कि जानवर की तरह ही मानव में भी समूह में रहने एवं संघर्ष करने की प्रवृत्ति पायी जाती है। शासक वर्ग के अत्याचार से बचने एवं उसे अपदस्थ करने के लिए सदा शासित जन-समूह को संगठित होकर संघर्ष करना पड़ा है। जी.डब्ल्यू. हीगल (G.W.F. Hegel, 1770–1831, हिन्दी में इस नाम का शुद्ध उच्चारण मात्र हीगल है) एवं कार्ल मार्क्स (Karl Marx, 1818–1883) दो प्रमुख सामाजिक विचारक हैं, जिनके संघर्ष-सिद्धान्तों ने समाजविज्ञानियों का ध्यान विशेष रूप से आकृष्ट किया है। द्वन्द्व के सिद्धान्त का मानना है कि सामाजिक जीवन का केन्द्र या आधार विरोधी तत्त्वों का द्वन्द्व है। इस सिद्धान्त के प्रवर्तक यह नहीं मानते हैं कि समाज निर्विघ्न उच्च और जटिल स्तर तक पहुँच सकता है। उनके अनुसार समाज की हरेक क्रिया, विश्वास और अन्त:क्रिया की विरोधी प्रतिक्रिया अवश्य होती है।

consanguineous family (कॉन्सैन्'ग्विनिअस'फ़ैमलि) **समरक्त परिवार** : एल.एच. मॉर्गन (Lewis Henry Morgan, 1818–1881) के अनुसार समरक्त परिवार को परिवार के उद्विकास का प्रथम चरण माना जाता है। इस काल में यौन-सम्बन्ध के स्थापित नियमों का सर्वथा अभाव था। इस स्तर में भाई-बहन के बीच भी यौन-सम्बन्ध होते थे। मॉर्गन ने उदाहरण के तौर पर पॉलिनीजियन (Polynesian) समाज का विशेष रूप से उल्लेख किया है।

consciousness of kind ('कॉन्शस्निस् ऑव् काइन्ड्) **स्वजाति चेतना** : स्वजाति चेतना की धारणा का विकास एफ.एच. गिडिंग्ज (Franklin Henry Giddings, 1855–1931) द्वारा समाज के एक ऐसे यथार्थ की अभिव्यक्ति के लिए किया गया, जिसमें एक समूह के सदस्य यह अनुभव करते हैं कि वे समान विचारों, लक्षणों तथा परिस्थितियों द्वारा आबद्ध हैं। जब व्यक्ति यह अनुभव करता है कि उसके तथा अन्य व्यक्तियों के व्यवहार में इस प्रकार की न केवल समानता है, अपितु उनमें भाईचारा तथा एक-दूसरे के प्रति सहानुभूति भी विद्यमान है। यह अनुभूति ही स्वजाति चेतना है। इसी स्वजाति चेतना के आधार पर समान जाति, धार्मिक या भाषाई समूह के लोग किसी बात को लेकर आसानी से इकट्ठा हो जाया करते हैं।

conspicuous consumption (कन्'स्पिक्युअॅस् कन्'सम्प्शन्) **प्रदर्शन उपभोग, दर्शकीय उपभोग** : धन-सम्पदा अथवा सेवाओं के ऐसे उपभोग को दर्शकीय उपभोग कहा गया है, जिसे कोई उपभोक्ता दूसरे उपभोक्ता को मात्र दिखावे के उद्देश्य से करता है। जो दूसरों का ध्यान आकर्षित करता है तथा उन लोगों की ऊँची हैसियत को दर्शाता है, जैसे– कोई व्यक्ति मोती की माला एवं हीरे की अंगूठी पहने हो। इस अवधारणा का प्रयोग टी. वेबलन (Thorstein Veblen, 1857–1929) द्वारा रचित उनकी कृति **The Theory of the Leisure Class** (1934) में यह बताने के लिए किया गया कि जिन लोगों के पास अपने निर्वाह-स्तर से अत्यधिक अतिरिक्त धन-सम्पदा होती है, वे उसका प्रयोग लोकोपयोगी अथवा रचनात्मक कार्यों की अपेक्षा ऐसे कार्यों में करते हैं, जिनसे उनकी सामाजिक प्रतिष्ठा में वृद्धि हो। वे बहुमूल्य वस्तुओं का उपभोग दिखावे की भावना से प्रेरित होकर करते हैं, न कि इनमें कोई आन्तरिक मूल्य विद्यमान होने के कारण।

continuum (कन'टिन्यूअम्) **अविच्छिन्नक, सातत्यक** : कोई भी तत्त्व या तथ्य, जिसमें निरन्तरता हो और स्पष्ट आन्तरिक भेद न हो। सामाजिक अनुसन्धान के अन्तर्गत ऐसी मापन-विधि या योजना, जिसमें एक-दूसरे के विपरीत गुणों को एक सरल रेखा के दोनों सिरों पर रखते हुए यह स्वीकार किया जाता है कि इनमें से एक सिरे से दूसरे सिरे तक एक प्रकार की निरन्तरता है, जैसे– शिक्षा का स्तर।

co-operation (कोऑप'रेशन्) **सहयोग** : वैयक्तिक या सामूहिक उद्देश्यों की प्राप्ति के लिए व्यक्तियों या समूहों के द्वारा किया गया साझा प्रयास सहयोग कहा जाता है। सहयोग दो या दो से अधिक व्यक्तियों द्वारा किसी कार्य को करने या किसी समान उद्देश्य को प्राप्त करने के लिए किया जाने वाला निरन्तर एवं सामूहिक प्रयत्न है। वही साझा प्रयास सहयोग की श्रेणी में आता है, जो सापेक्ष रूप से काफी लम्बे समय के लिए होता है। यदि कुछ व्यक्ति इकट्ठे होकर किसी सरकारी ऑफिस या किसी कम्पनी के मालिक के खिलाफ सिर्फ नारेबाजी करें, तो उनके बीच दिखाई पड़ने वाला आपसी सहयोग समाजशास्त्रीय अर्थ में सहयोग नहीं कहा जायेगा।

cosmopolitan (कॉज़्म'पॉलिटन) **विश्वजनीन, विश्ववादी** : ऐसे लोग, जो विभिन्न सामाजिक सम्बन्धों या समस्याओं के बारे में बहुत ही व्यापक दृष्टिकोण रखते हैं। यह स्थानिक का ठीक प्रतिकूल है।

counter-culture ('काउन्टर् 'कल्चॅर्) **प्रतिरोधी संस्कृति** : प्रतिरोधी संस्कृति एक प्रकार की उपसंस्कृति है, जो मुख्य संस्कृति जिसका कि वह उपभाग है, कुछ महत्त्वपूर्ण लक्षणों को अस्वीकार या उनका विरोध करती है। कभी-कभी समाज के कुछ सदस्य अपनी संस्कृति के सामान्य मानदण्डों, नैतिक मूल्यों तथा आदर्श की अवहेलना या उल्लघंन करने लगते हैं। ऐसी स्थिति प्रतिरोधी संस्कृति को प्रकट करती है। प्रतिरोधी संस्कृति एक किस्म की चरम उपसंस्कृति

(Extreme sub-culture) है। अमरीका में हिप्पी लोगों का समूह इसी संस्कृति का द्योतक है। प्रतिरोधी संस्कृति अपनाने वाला समूह विरोधी तरीकों, विचारों व नियमों को सामान्य संस्कृति से अधिक महत्त्व देता है।

craze (क्रेज़) **धुन, सनक** : सामूहिक व्यवहार का वह स्वरूप, जो क्षणिक होता है और जिसका समाज के कुछ लोग बिना सोचे-समझे अनुसरण करते हैं। कुछ लोग सामान्य सामाजिक चलन से हटकर सजने-सँवरने, पहनने, बोलने या चलने के किसी नये ढँग को एक साथ पसन्द करने लगते हैं और उसे अपनाने को व्यग्र हो जाते हैं।

creed (क्रीड) **पंथ** : विश्वास अथवा विचारों की ऐसी पद्धति, जो किसी धार्मिक सिद्धान्त पर आधारित हो। ईसाई सिद्धान्त-सार को भी क्रीड कहा जाता है। ओशो दर्शन भी एक प्रकार का पंथ है।

criminology (क्रिमि'नॉलजि) **अपराधविज्ञान, अपराधशास्त्र** : समाजविज्ञान की वह शाखा, जिसमें विभिन्न प्रकार के अपराधों, दण्ड के सिद्धान्तों, कारणों तथा अपराधियों के व्यवहार से सम्बन्धित विधिक प्रतिमानों एवं सामाजिक अभिवृत्तियों का अध्ययन किया जाता है। इसके अन्तर्गत कानून बनाने तथा उन्हें भंग करने की प्रक्रिया के अतिरिक्त कानून भंग किये जाने पर होने वाली प्रतिक्रिया का अध्ययन भी किया जाता है। समाज में अपराधों का जन्म कैसे होता है, एक व्यक्ति अपराधी कैसे बनता है, अपराध और अपराधी के प्रति समाज का क्या रुख है, अपराध की रोकथाम के लिए समाज क्या उपाय करता है, जैसे– विषय अपराधशास्त्र की परिधि में आते हैं।

cross cousin marriage (क्रॉस् 'कज़्न् 'मैरिज्) **ममेरे-फुफेरे भाई-बहन विवाह, भ्राता-भगिनि सन्तति विवाह, मेनारिक सम्बन्ध** (तेलुगु) : इस प्रकार का विवाह दक्षिण भारत एवं उत्तर भारत की बहुत सारी जनजातियों के बीच लोकप्रिय रहा है। दक्षिण भारत में इस परम्परा के अन्तर्गत मामा-भाँजी के बीच शादी होती है। कुछ समाजों में इस प्रकार के विवाह अनिवार्य माने जाते हैं तथा कहीं-कहीं इन्हें वरीयता दी जाती है। इस प्रकार के विवाहों के दो रूप प्रचलित हैं। बहन के लड़के और भाई की लड़की के बीच विवाह को वरीयता दिये जाने वाले विवाह को मातृपक्षीय विलिंग सहोदर विवाह कहा जाता है। इसके विपरीत, जहाँ भाई के लड़के और बहन की लड़की के बीच विवाह को वरीयता दी जाती है, तो यह पितृपक्षीय विलिंग सहोदरज विवाह कहलाता है। संसार के अधिकांश आदिवासी समाजों में विलिंग सहोदरज विवाह पाये जाते हैं। दक्षिण भारत की कुछ जातियों में इस प्रकार के विवाह का प्रचलन देखा गया है। वहाँ मामा की लड़की को विवाह के रूप में वरीयता दी जाती है। विलिंग सहोदरज विवाह अन्तर्वैवाहिक इकाइयों के बीच मैत्रीय सम्बन्धों का सृजन कर समाज को एक निरन्तरता प्रदान करता है।

crowd (क्राउड्) **भीड़, जनसमूह** : भीड़ मनुष्यों का ऐसा संग्रह है, जो शारीरिक रूप से एक-दूसरे के निकट होता है और एक-दूसरे से सीधा, अस्थायी एवं असंगठित सम्पर्क स्थापित करता है। समान आकर्षण के किसी केन्द्र अथवा बिन्दु के इर्द-गिर्द जमा लोगों के अच्छे-खासे संग्रह को भीड़ कहते हैं। इसकी सबसे बड़ी विशेषता यह होती है कि इसमें लोग एक-दूसरे की भावनाओं और विचारों को जानने की स्थिति में स्वयं को नहीं पाते। इतना ही नहीं, जनसमूह में चर्चाओं, बहस-मुबाहिसों की भी सम्भावना नहीं होती है, उदाहरणस्वरूप– सिनेमा के दर्शक या किसी मेले में उपस्थित लोग। ऐसे जनसमूह में हरेक व्यक्ति अकेला होता है।

cult (कल्ट्) **पंथ, सम्प्रदाय** : मानवशास्त्रीय सन्दर्भ में, पंथ किसी स्थानीय देवी-देवता से सम्बन्धित एक समूह के रीति-रिवाज़ों और विश्वासों के पुंज को कहते हैं। समाजशास्त्रीय अर्थ में, सम्प्रदाय धार्मिक रूप से सक्रिय व्यक्तियों का एक छोटा-सा समूह होता है, जिनके विश्वास विशिष्ट रूप में रहस्यमय, व्यक्तिवादी और समन्वयपरक होते हैं। अलग-अलग समूहों में विश्वास की भिन्नता नहीं के बराबर होती है। ये मोक्ष प्राप्ति अथवा ईश्वरीय भक्ति के अलग-अलग रास्ते निकालते हैं।

cultural change (कलचरल् चेन्ज्) **सांस्कृतिक परिवर्तन** : संस्कृति में होने वाला परिवर्तन, जो संस्कृति की विशेषताओं और सम्मिश्रणों में वृद्धि, कमी अथवा रूपान्तरण द्वारा संभव होता है। सांस्कृतिक परिवर्तन के अनेक कारण हैं, परन्तु

मुख्यत: ये अन्य संस्कृतियों के सम्पर्क, नवीनतम आविष्कारों अथवा संस्कृति के आन्तरिक समायोजन से संभव होते हैं। लोगों के धार्मिक विश्वासों में परिवर्तन होना सांस्कृतिक परिवर्तन का उदाहरण है।

cultural determinism ('कल्चरल् डि'टर्मिनिज़म्) **सांस्कृतिक निर्धारणवाद, सांस्कृतिक नियतत्त्ववाद** : एक ऐसी धारणा, जिसके अनुसार यह माना जाता है कि सभी सामाजिक घटनाएँ संस्कृति की उपज हैं। यह दृष्टिकोण इस बात पर बल देता है कि मानव का व्यक्तित्व तथा व्यवहार दोनों ही मुख्यत: सांस्कृतिक कारकों से निर्धारित होते हैं। यह संकल्पना विवादास्पद है।

cultural deviant ('कल्चरल् डीविअन्ट) **सांस्कृतिक विचलक** : एक ऐसा व्यक्ति, जो अपनी संस्कृति के अपने आदर्श या मानदण्ड के प्रतिकूल व्यवहार करता हो, जैसे– कोई नास्तिक व्यक्ति। पाश्चात्य देशों में 20वीं सदी के 60–70 के दशक में हिप्पी (Hippy) लोगों का प्रादुर्भाव सांस्कृतिक विचलन था।

cultural diffusion ('कल्चरल् डि'फ्यूज़न्) **सांस्कृतिक प्रसार** : सांस्कृतिक गुणों, विशेषताओं, व्यवहार के प्रतिमानों तथा नमूनों के एक क्षेत्र से दूसरे क्षेत्र या क्षेत्रों में चले जाने या प्रसारित हो जाने को ही सांस्कृतिक प्रसार या संक्रमण कहते हैं। ऐसा प्रसार उधार लेने, सुझाव देने, स्थान परिवर्तन करने आदि के फलस्वरूप हो सकता है। यदि हम विश्व के किसी भी भाग में स्थित एक मानव के दैनिक जीवन में प्रयोग में लायी गयी वस्तुओं तथा व्यवहार के प्रतिमानों का अध्ययन करें, तो यह पायेंगे कि उसमें ऐसे अनेक तत्त्व हैं, जिन्हें अन्य देशों, क्षेत्रों, समुदायों की संस्कृतियों से किसी-न-किसी रूप में अपना लिया गया है। प्राचीनकाल में देशान्तरण, युद्धों और व्यापार के माध्यम से सांस्कृतिक प्रसार खूब तेजी से हुआ था। आजकल आवागमन के साधनों, जनसंचार के साधनों तथा अन्तर्राष्ट्रीय व्यापार, देशान्तरण तथा विभिन्न आधुनिक उपकरणों के माध्यम से सांस्कृतिक प्रसार बढ़ता जा रहा है।

cultural ethos ('कल्चरल् ई'थॉस) **सांस्कृतिक लोकाचार** : किसी संस्कृति अथवा उपसंस्कृति से सम्बन्धित प्रमुख विचार, मूल्य तथा आदर्श, जो उसे एक विशिष्ट रूप प्रदान करते हैं। एक समुदाय का सांसारिक दृष्टिकोण।

cultural evolution ('कल्चरल् ईव्'लूशन्) **सांस्कृतिक उद्विकास** : एक समय सापेक्ष क्रमिक प्रक्रिया, जो सतत तथा सामान्यत: संचयी और विकासोन्मुख होती है। इससे सांस्कृतिक घटनाओं में एक रूप या स्तर से दूसरे रूप या स्तर में व्यवस्थित रूप से परिवर्तन होते रहते हैं। संस्कृति पर उद्विकास के सामान्य सिद्धान्त लागू होने की प्रक्रिया को सांस्कृतिक उद्विकास कहा जाता है। उन्नीसवीं शताब्दी के उत्तरार्द्ध में सांस्कृतिक उद्विकास को विकास की संज्ञा दी गयी। यह मत आज भी मान्य है।

cultural lag ('कल्चरल् लैग्) **सांस्कृतिक पश्चता या विलम्बन** : वह अवस्था, जिसमें संस्कृति का कोई एक पक्ष उसके अन्य पक्षों की तुलना में पिछड़ा रह जाता है। सांस्कृतिक पश्चता की अवधारणा को अमरीकी समाजशास्त्री विलियम एफ. ऑगबर्न (William F. Ogburn, 1886–1959) ने अपनी पुस्तक **Social Change** (1922) में प्रतिपादित किया था। इस सिद्धान्त के अनुसार प्रत्येक संस्कृति को दो उपखण्डों में विभाजित किया गया है– (i) भौतिक संस्कृति (**Material culture**) एवं (ii) अभौतिक संस्कृति (**Non-material culture**)। भौतिक संस्कृति, जिसमें मशीनें, मकान, सड़कें, फैक्टरियाँ आदि आती हैं तथा अभौतिक संस्कृति, जिसमें आदर्श विचार, परम्पराएँ आदि आती हैं। भौतिक संस्कृति सम्बन्धी परिवर्तन प्राय: शीघ्रता से हो जाते हैं, लेकिन उनसे सम्बन्धित आदर्शों, विचारों, परम्पराओं अथवा प्रयोग सम्बन्धी सूचनाओं को भली-भाँति अपनाने से सम्बन्धित आवश्यक परिवर्तन उतनी शीघ्रता से नहीं हो पाते। फलस्वरूप इन दोनों प्रकार के परिवर्तनों की गति में अन्तर आ जाता है अथवा अभौतिक संस्कृति का विकास और परिवर्तन-क्रम भौतिक संस्कृति के विकास या परिवर्तन-क्रम से पिछड़ जाता है। कभी-कभी अभौतिक संस्कृति की तुलना में भौतिक संस्कृति आगे बढ़ जाती है और अभौतिक संस्कृति पिछड़ जाती है। इन दोनों संस्कृतियों के बीच उत्पन्न इस पिछड़ेपन की स्थिति को ही ऑगबर्न ने सांस्कृतिक विलम्बन या सांस्कृतिक पश्चता कहा है।

cultural pattern ('कल्चरल् 'पैट्र्न्) **सांस्कृतिक प्रतिमान** : किसी सम्पूर्ण संस्कृति के ढाँचे में एक विशेष ढँग या क्रम से सजे हुए संस्कृति-संकुलों के मिश्रित रूपों को सांस्कृतिक प्रतिमान कहते हैं। 'सांस्कृतिक प्रतिमान' शब्द का प्रयोग सर्वप्रथम अमरीकी महिला मानवशास्त्री रूथ बेनिडिक्ट (Ruth Benedict) ने अपनी पुस्तक **Patterns of Culture** (1934) में किया था। उनके अनुसार सम्पूर्ण केवल अपने भागों का योग ही नहीं होता, अपितु भागों के परस्पर अद्वितीय ढँग से व्यवस्थित होने और मिलने से निर्मित होने वाली एक नवीन इकाई भी होता है। किसी संस्कृति-विशेष में, जो भी लोकरीतियाँ या रीति-रिवाज़ या व्यवहार के प्रतिमान देखने में आते हैं, वे सांस्कृतिक प्रतिमान ही होते हैं। सांस्कृतिक प्रतिमानों का एक सरल विभाजन आदर्श प्रतिमान और व्यावहारिक प्रतिमान के रूप में भी किया जा सकता है।

cultural traits ('कल्चरल् ट्रेट्स्) **सांस्कृतिक लक्षण** या **विशेषक** : सांस्कृतिक लक्षण या तत्त्व किसी भी संस्कृति-विशेष की सबसे छोटी, पहचानने योग्य इकाई होती है जिसका कार्य की दृष्टि से विभाजन नहीं हो सकता, उदाहरणार्थ– हुक्का, कोई औजार, गाड़ी, खिलौना, वस्त्र आदि भी सांस्कृतिक लक्षण हैं। केवल वस्तुएँ ही सांस्कृतिक तत्त्व नहीं होतीं, अपितु कोई भी विशेष रीति-रिवाज़, व्यवहार या प्रचलन भी सांस्कृतिक तत्त्व कहला सकता है, उदाहरणार्थ– टोडा लोगों में बहुपति प्रथा और हिन्दुओं में मूर्तिपूजा, श्राद्ध आदि सांस्कृतिक तत्त्व या लक्षण ही हैं। किसी भी संस्कृति के लक्षणों या तत्त्वों का स्पष्ट ज्ञान हुए बिना उस संस्कृति को भली-भाँति समझना संभव नहीं हो सकता।

cultural universalism ('कल्चरल् 'यूनिवर्सलिज़म्) **सांस्कृतिक सार्वभौमवाद** : एक ऐसा विचार कि मानवसमाज में विभिन्नताओं के बावजूद कुछ एकता भी पायी जाती है। मानव में कुछ ऐसी विशेषताएँ हैं, जो प्रत्येक समाज में समान रूप से पायी जाती हैं, जिन्हें सांस्कृतिक सार्वभौमिक तत्त्व कहा जाता है, जैसे– भाषा (**Language**), पारिवारिक व्यवस्था (**Family system**), विवाह (**Marriage**), धार्मिक संस्कार (**Religious rituals**), सम्पत्ति का अधिकार (**Right to property**) एवं कौटुम्बिक व्यभिचार (**Incest prohibition**) आदि प्रमुख सांस्कृतिक सार्वभौमिक तत्त्व हैं। इनके वास्तविक स्वरूपों में अलग-अलग समाजों में भिन्नता हो सकती है।

culture ('कल्चॅर्) **संस्कृति** : मानवशास्त्रियों के अनुसार संस्कृति वह जटिल समग्रता है, जिसमें समाज के एक सदस्य के नाते मनुष्य द्वारा अर्जित ज्ञान, विश्वास, कला, नैतिकता, विधि-विधान, रीति-रिवाज़ के अलावा उसकी अन्य क्षमताएँ एवं आदतें शामिल हैं। कतिपय विद्वानों के अनुसार मानवनिर्मित समस्त चीजें संस्कृति कहलाती हैं। दूसरी तरफ, समाजशास्त्रियों का कहना है कि संस्कृति एक ऐसा तथ्य है, जिसे सीखा जाता है, यह कोई सहजात या स्वाभाविक व्यवहार (**Instinctive behaviour**) नहीं है। सीखकर ही इसे समाज में एक पीढ़ी से दूसरी पीढ़ी तक पहुँचाया जाता है। इस अर्थ में किसी भौतिक वस्तु को संस्कृति नहीं माना जाता है। बहुत-से लोगों ने संस्कृति एवं सभ्यता को पर्यायवाची के रूप में प्रयोग किया है, जबकि समाजशास्त्र में इन दो अवधारणाओं को अलग-अलग अर्थ में प्रयोग किया जाता है।

culture complex ('कल्चॅर् 'कॉम्प्लेक्स्) **संस्कृति सम्मिश्र** : बहुत सारे संस्कृति-विशेषक जब एक साथ मिल जाते हैं, तो उसे संस्कृति सम्मिश्र कहते हैं। दूसरे शब्दों में, यह सांस्कृतिक विशेषकों का समग्र है। जैसे– किसी भी समाज में आदर या प्यार प्रदर्शित करने के अनेक तरीके होते हैं। यदि उन सभी तरीकों को एक साथ मिलाकर देखें और समझें, तो उसे संस्कृति समूह कहते हैं। भारतीय ग्रामीण समाज में प्रचलित यजमानी प्रथा संस्कृति समूह का एक अच्छा उदाहरण है। अगर संस्कृति-विशेषक संस्कृति की सबसे छोटी इकाई है और संस्कृति सम्मिश्र आकार में मध्यवर्ती है, तो संस्कृति प्रतिरूप विशेषकों एवं सम्मिश्रों की विशिष्ट जीवन-प्रणाली की सबसे बड़ी व्यवस्था है, जिससे संस्कृति का निर्माण होता है।

culture conflict ('कल्चॅर् 'कॉन्फ्लिक्ट्) **संस्कृति द्वन्द्व** : जब दो समूहों या समुदायों के बीच कोई वैचारिक मतभेद या विरोध हो, तो उसे 'संस्कृति द्वन्द्व' कहा जाता है। सही मायने में यह अवधारणा एक प्रकार का पदलोप (**Ellipsis**)

है इसलिए कि द्वन्द्व दो भिन्न संस्कृतियों के बीच नहीं होता, बल्कि दो भिन्न समाजों के लोगों के बीच होता है। मानव के इतिहास में धर्म के नाम पर काफी संघर्ष हुए हैं। यह धर्मयुद्ध या जेहाद संस्कृति द्वन्द्व का एक उदाहरण है। यह विभिन्न संस्कृतियों के अन्तर्गत अपूर्ण आत्मसात्करण से उत्पन्न व्यवहार के स्वरूपों तथा मूल्यों का द्वन्द्व है।

culture pattern ('कल्चॅर् 'पैटर्न्) **संस्कृति प्रतिरूप :** रूथ बेनिडिक्ट (Ruth Benedict, 1887–1949) ने सर्वप्रथम इस प्राक्कल्पना का प्रयोग किया था। वे प्रमुख मूल्य तथा विश्वास, जो किसी संस्कृति की विशेषताएँ होती हैं, संस्कृति प्रतिरूप कहे जाते हैं। व्यवहार के समान तरीकों तथा उनसे जुड़े हुए विश्वासों को संस्कृति प्रतिरूप कहते हैं। इस अर्थ में प्रत्येक समाज का अपना एक विशिष्ट संस्कृति प्रतिरूप होता है। अगर संस्कृति-विशेषक (Culture trait) संस्कृति की सबसे छोटी इकाई है और संस्कृति सम्मिश्र आकार में मध्यवर्ती है, तो संस्कृति प्रतिरूप विशेषकों एवं सम्मिश्रों की विशिष्ट जीवन-प्रणाली की सबसे बड़ी व्यवस्था है, जिससे संस्कृति का निर्माण होता है। जब हम संस्कृति के बहुत सारे विशेषकों एवं समूहों को एक साथ मिलाकर देखते हैं, तो उसे संस्कृति प्रतिरूप कहा जाता है, अर्थात् संस्कृति प्रतिरूप का स्थान संस्कृति की विभिन्न इकाइयों एवं संस्कृति समूहों से ऊपर है। संस्कृति प्रतिरूप दो प्रकार के होते हैं– आदर्श संस्कृति प्रतिरूप (**Ideal culture pattern**) एवं वास्तविक संस्कृति प्रतिरूप (**Real culture pattern**)।

custom ('कस्टम्) **प्रथा :** सामाजिक मान्यता प्राप्त व्यवहार, जो दीर्घकाल से चला आ रहा हो और परम्परा बनकर समाज में पूरी तरह स्थापित हो गया हो और जिसे औपचारिक मान्यता प्राप्त हो गयी हो– प्रथाएँ कहलाती हैं। इस प्रकार के व्यवहार का उल्लंघन करना प्राय: अनुचित माना जाता है। ये प्रथाएँ समाज के लिए उपयोगी होती हैं। अत: ये एक पीढ़ी से दूसरी पीढ़ी को हस्तान्तरित होती रहती हैं और समूह के मनुष्यों को अपने अनुसार कार्य करने के लिए बाध्य करती हैं। प्रथा एक प्रकार से अभौतिक संस्कृति का ही दूसरा रूप है। उदाहरण के लिए अपने से बड़ों के सामने आदर का भाव व्यक्त करना प्रथा का ही अंग है। प्रथाओं की शक्ति के सामने राज्य की शक्ति भी दुर्बल प्रतीत होती है (देखें– George P. Murdock– **Ethnographic Atlas**, 1967)। प्रथा का उल्लंघन करने पर समाज के द्वारा भारी विरोध का सामना करना पड़ता है। इसमें बाध्यता और अनिवार्यता का भाव निहित होता है। इसी कारण यह पीढ़ी-दर-पीढ़ी चलती रहती है। प्रथा अच्छी हो या बुरी, लोग उसे बदलने से घबराते हैं; क्योंकि प्रथा को तोड़ने में सामाजिक मर्यादा के भंग होने का भय रहता है। भारत में बाल-विवाह एक प्रथा है। पश्चिमी समाज में युवक-युवतियाँ बालिग होने पर और कुटुम्ब का आर्थिक उत्तरदायित्व सँभालने के योग्य होने पर ही विवाह करती हैं। वहाँ विधवाएँ स्वच्छन्दतापूर्वक विवाह कर सकती हैं।

cyclical change ('साइक्लिकल् चेन्ज्) **चक्रीय परिवर्तन :** ऐसा बदलाव, जो बार-बार दुहराता रहता है और जिसका मूल फल यह होता है कि सामाजिक विधि में कोई परिवर्तन नहीं होता है। समाज जिस अवस्था से आगे निकलता है, वह कुछ दिनों बाद पुन: उसी अवस्था में वापस चला आता है। इस प्रकार समाज में परिवर्तन वर्तुल गति से चलता रहता है।

data ('डेट्) **तथ्य, आँकड़े :** Data, 'Datum' शब्द का बहुवचन है। प्रयोग अथवा परीक्षण के विवरण में दिये गये एवं प्रेक्षण, परिगणन अथवा मापन द्वारा प्राप्त तथ्य। वह तथ्य, जो किसी निष्कर्ष अथवा तर्क का आधार हो अथवा जिससे किसी भी प्रकार की बौद्धिक प्रणाली निर्मित की गयी हो। ये आँकड़े, गुणात्मक अथवा संख्यात्मक होते हैं। संख्यात्मक आँकड़े, प्राय: सारिणी, लेखाचित्र, व्यक्त वर्गीकृत, आवृत्ति, अंकों-आँकड़ों, प्रतिशत, अनुपात आदि के रूप में हुआ करते हैं।

defence mechanism (डि'फेन्स् 'मेकनिज़म्) **रक्षायुक्ति :** यह एक अचेतन मनोवैज्ञानिक युक्ति है, जिसके बारे में सर्वप्रथम सिगमण्ड फ्रॉयड (Sigmund Freud, 1856–1939) ने बताया था। उनका कहना था कि जब कभी भी व्यक्ति के अहम् पर किसी प्रकार का आघात पहुँचता है, तो उसे वह आसानी से स्वीकार नहीं करता, जैसे– जब

कोई व्यक्ति चोरी या किसी अन्य ग़लत कार्य में पकड़ा जाता है, तो वह अपने-आपको उस रूप में स्वीकार करने के लिए तैयार नहीं होता और एक रक्षायुक्ति के रूप में यही सोचता या कहता है कि उसके जैसे समाज में बहुत सारे लोग हैं। वह अपनी तरह का कोई अकेला व्यक्ति नहीं है।

delinquency (डि'लिन्क्वन्सि) **अपचार** : नियमों और आदर्शों का उल्लंघन, जो अक्सर अपराध माना जाता है। समाजानुमोदित कार्य को सम्पन्न किये जाने की विफलता या किसी सामाजिक दायित्व के उल्लंघन को अपचार की संज्ञा दी जाती है।

depressed class (डि 'प्रेसड् क्लास्) **दलित वर्ग, शोषित वर्ग** : वह वर्ग, जो सामाजिक, आर्थिक, शैक्षिक और दूसरे क्षेत्रों में उन्नत न हो तथा सदैव ही शोषित रहा हो।

deprivation (डेप्रि'व़ेशन्) **वंचन** : इसका शाब्दिक अर्थ किसी चीज़ का किसी व्यक्ति से बेदखल करना होता है। लेकिन, समाजविज्ञानों में इसका थोड़ा भिन्न अर्थ इस रूप में होता है कि यदि कोई व्यक्ति किसी जरूरी चीज़ को हासिल करने में असमर्थ है, तो उसके लिए भी वंचन शब्द का प्रयोग होता है, जैसे– यदि कोई व्यक्ति, भोजन, मकान, शिक्षा, भावनात्मक देखभाल से वंचित रह जाता है, तो उस स्थिति के लिए भी इस शब्द का प्रयोग किया जाता है। वंचन दो तरह का होता है– पूर्ण वंचन (**Absolute deprivation**), सापेक्ष वंचन (**Relative deprivation**)। जब कोई ग़रीब व्यक्ति शिक्षा पाने में पूर्ण रूप से असफल होता है, तो उसे पूर्ण वंचन कहा जाता है। लेकिन, जब कोई व्यक्ति दूसरे लोगों की तुलना में अपनी इच्छित चीज़ों को थोड़ा कम हासिल कर पाते हैं, तो उसे सापेक्ष वंचन कहा जाता है।

descending or **downward social mobility** (डिसॅ:नड्'इन्ग ऑर् 'डाउन्वर्ड् 'सोश्ल् मो'बिलटि) **अवरोही एवं अधोगामी सामाजिक गतिशीलता** : कभी-कभी जीवन में विपरीत परिस्थितियाँ भी उत्पन्न हो जाती हैं, जब लोग अपनी पुरानी प्रतिष्ठा खो बैठते हैं। कई बार ऐसा भी होता है कि कोई व्यक्ति उच्चवर्ग में जन्म लेकर परिस्थितिवश निम्नवर्ग में खिसक जाता है, जिसे हम अवरोही गतिशीलता कहते हैं। इसे ही कई समाजशास्त्रियों ने अवरोही गतिशीलता (**Skidders, Sinking social mobility** or **Downward social mobility**) कहकर पुकारा है।

development (डि 'व़ेलप्मन्ट्) **विकास** : समाज द्वारा नियोजित एवं इच्छित सामाजिक परिवर्तन की प्रक्रिया। जिस प्रकार उद्विकास के अर्थ बहुत स्पष्ट एवं निश्चित नहीं हैं, विकास की अवधारणा भी बहुत स्पष्ट नहीं है। अर्थशास्त्र के क्षेत्र में इसके अर्थ के सम्बन्ध में कोई विशेष विवाद नहीं है, पर समाजशास्त्र के क्षेत्र में इस शब्द का प्रयोग काफी ढीले-ढाले अर्थों में होता आया है। प्रारम्भिक समाजशास्त्रियों, विशेषकर ऑगस्त कौंत (Auguste Comte, 1798–1857), हर्बर्ट स्पेन्सर (Herbert Spencer, 1820–1903) एवं हॉबहाउस (L.T. Hobhouse, 1864–1929) ने सामाजिक उद्विकास (**Social evolution**), प्रगति (**Progress**) एवं सामाजिक विकास (**Social development**) को एक ही अर्थ में प्रयोग किया था। आधुनिक समाजशास्त्री इन शब्दों को विशिष्ट अर्थ में प्रयोग करते हैं। आज समाजशास्त्र के क्षेत्र में विकास से हमारा तात्पर्य मुख्यत: सामाजिक विकास से है। इसका प्रयोग विशेषकर औद्योगीकरण एवं आधुनिकीकरण के चलते विकसित एवं विकासशील देशों के बीच अन्तर स्पष्ट करने के लिए होता है। सामाजिक विकास में आर्थिक विकास का भी भाव छिपा होता है और उसी के तहत हम परम्परागत समाज (**Traditional society**), संक्रमणशील समाज (**Transitional society**) एवं आधुनिक समाज (**Modern society**) की बात करते हैं। यहाँ कोई उद्विकास का भाव नहीं है।

deviant behaviour ('डीवि़अन्ट बि 'हेव़्यर्) **विसामान्य व्यवहार** : जब कभी लोगों द्वारा स्वीकृत 'सामान्य व्यवहार' का उल्लंघन किसी के व्यवहार के द्वारा होता है, तो उसे विसामान्य व्यवहार की संज्ञा दी जाती है । विसामान्य व्यवहार सिर्फ ऐसा व्यवहार नहीं है, जो मानदण्ड का उल्लंघन करता है, बल्कि यह एक ऐसा व्यवहार है जिसका

उल्लंघन कर्त्ता उसकी ओर अभिमुख होकर करता है। यह अभिप्रेरित उल्लंघन है। समाजशास्त्री इस अवधारणा के अन्तर्गत गंभीर अपराधों और नैतिक संहिताओं के उल्लघंन को सम्मिलित करते हैं।

deviation (डीवि'एश्न्) **विचलन** : किसी व्यक्तिगत अंक की सामूहिक माध्य से दूरी। प्राय: इसको अंकों की इकाई से विचलन-समूह में प्राप्त किसी इकाई में परिवर्तित कर लिया जाता है। ऐसी तीन प्रमुख इकाइयाँ– चतुर्थक विचलन, माध्य विचलन तथा मानक विचलन हैं। चतुर्थक विचलन अंक वितरण के 25वें तथा 75वें शतम तक के बीच के विस्तार का आधा होता है। माध्य विचलन सभी व्यक्तिगत अंकों के विचलनों का माध्य होता है। मानक विचलन सभी व्यक्तिगत अंकों के विचलनों के वर्गों के माध्य का वर्गमूल होता है।

dialectical interpretation of change (डाइअ'लेक्टिकल इन्टर्'प्रिटेश्न् ऑव् चेन्ज) **परिवर्तन का द्वन्द्वात्मक विश्लेषण** : सामाजिक परिवर्तन का ऐसा विश्लेषण, जो इस मान्यता पर आधारित है कि विरोधी वर्गों के बीच संघर्ष के द्वारा ही सामाजिक परिवर्तन संभव है। संघर्ष इसलिए पैदा होता है कि मूलत: कोई तत्त्व पूर्ण नहीं होता है, अत: उसका विरोधी तत्त्व अपने-आप अस्तित्व में आ जाता है। इन दोनों परस्पर-विरोधी तत्त्वों को क्रमश: वाद या पक्ष और प्रतिवाद या प्रतिपक्ष कहा जाता है। इन दोनों अपूर्ण तत्त्वों में टकराव होता है। इसके परिणामस्वरूप एक नये तत्त्व का जन्म होता है, जिसमें पुराने तत्त्वों के वे अंश बने रहते हैं, जो सत्य होते हैं। इस तीसरे तत्त्व को संवाद या सम्पक्ष कहा जाता है। परन्तु यह नया तत्त्व भी पूर्ण नहीं होता, अत: पुरानी प्रक्रिया फिर से शुरू हो जाती है और यह क्रम तब तक चलता रहता है, जब तक समाज अपने पूर्ण उत्कर्ष तक नहीं पहुँच जाता। विकास की इस पद्धति को द्वन्द्वात्मक पद्धति कहा जाता है।

dialectical materialism (डाइअ'लेक्टिकल म'टिरिअ लिज़म्) **द्वन्द्वात्मक भौतिकवाद** : कार्ल मार्क्स (Karl Marx, 1818–1883) के द्वन्द्वात्मक भौतिकवाद की विचारधारा के अनुसार द्वन्द्वात्मक दर्शन का मूलमन्त्र यह है कि सत्य अथवा विकास दो विरोधी तत्त्वों या प्रवृत्तियों के संघर्ष से उत्पन्न होने वाली वस्तुएँ हैं। जी.डब्ल्यू. हीगल (G.W.F. Hegel, 1770–1831) के दार्शनिक जगत् की सबसे बड़ी देन यह है कि उन्होंने इस पद्धति का न केवल वैचारिक क्षेत्र में, अपितु सामाजिक क्षेत्र में भी प्रयोग किया। हीगल का कहना था कि समाज का विकास विरोधों के माध्यम से होता है। समाज में किसी समय कोई एक विशेष प्रवृत्ति बलवान होती है। जब यह प्रवृत्ति अपनी चरम सीमा पर पहुँच जाती है, तब समाज में उसकी एक बिलकुल उलटी प्रवृत्ति सामने आती है, फिर यह प्रवृत्ति कुछ समय तक चलती है और आगे चलकर इन दोनों प्रवृत्तियों का संश्लेषण हो जाता है। संश्लेषण वाली प्रवृत्ति में उक्त दोनों प्रवृत्तियों के कुछ-कुछ गुण रहते हैं। हीगल ने उक्त तीनों प्रवृत्तियों को क्रमश: क्रिया (**Thesis**) प्रतिक्रिया (**Anti-thesis**) और संश्लेषण (**Synthesis**) नाम दिया है। यद्यपि विरोधों के माध्यम से समाज की प्रगति का विचार हीगल और कार्ल मार्क्स दोनों में समान रूप से पाया जाता है, फिर भी हीगल और कार्ल मार्क्स के द्वन्द्ववाद में काफी अन्तर है। यह अन्तर आदर्शवाद और भौतिकवाद का अन्तर है। हीगल के दर्शन में ऐसा आभास होता है, मानो यह सब अपने-आप ही हो रहा है, कोई अलौकिक सत्ता (Supernatural power) इसका संचालन कर रही है और व्यक्तियों की सचेत इच्छा का इसमें कोई योग नहीं है, मानो वे उस अलौकिक सत्ता के हाथों में खिलौने मात्र हों। कार्ल मार्क्स इस व्याख्या को नहीं मानते हैं। कार्ल मार्क्स के अनुसार सामाजिक विकास की प्रेरक शक्तियाँ आर्थिक परिस्थितियाँ हैं। उनके मत से, समाज का जैसा आर्थिक संगठन होता है, उसी के अनुरूप समाज की समस्त संस्थाएँ बनती हैं। कार्ल मार्क्स के हाथों में हीगल का द्वन्द्ववाद आर्थिक नियतिवाद का रूप धारण कर लेता है। मार्क्सवाद के दार्शनिक आधार को द्वन्द्वात्मक भौतिकवाद इसलिए कहा जाता है कि प्राकृतिक घटनाचक्र को समझाने का दृष्टिकोण द्वन्द्वात्मक (तर्कसम्मत) है तथा उसके प्राकृतिक घटना-चक्र की व्याख्या तथा इस घटना-चक्र सम्बन्धी मान्यता और विचारधारा भौतिकवादी है।

dictatorship of the proletariat (डिक्'टेटर्शिप ऑव् द् प्रोलि'टेअरइअट्) **सर्वहारा का अधिनायकवाद** : मार्क्सवादी सिद्धान्त के अनुसार यह माना जाता है कि पूँजीवादी तथा समाजवादी व्यवस्थाओं के बीच एक ऐसी

संक्रमणकालीन स्थिति आयेगी, जब बहुसंख्यक कामगारों के हित में काम करने वाले कुछ अल्पसंख्यकों का राज्य-सत्ता पर एकान्तिक अधिकार होगा। इस स्थिति को ही कार्ल मार्क्स ने 'सर्वहारा का अधिनायकवाद' कहा है। कार्ल मार्क्स और ऐंगल्ज (Karl Marx and Friedrich Engels) (हिन्दी में ऐंगल्स अशुद्ध उच्चारण है) सर्वहारा वर्ग के अधिनायकवाद को लोकतन्त्र का विलोम नहीं मानते थे। वे सर्वहारा वर्ग के अधिनायकवाद से उस समाज की कल्पना करते थे, जिसमें राज्य की शक्ति श्रमिक वर्ग में निवास करेगी और सम्भवत: श्रमिक वर्ग उस सत्ता का बल-पूर्वक प्रयोग करेंगे, ताकि उनके पूर्ववर्ती शासक उनसे सत्ता छीन न लें। कार्ल मार्क्स और ऐंगल्ज मान लेते हैं कि श्रमिक वर्ग के प्रतिनिधि उत्पादन के साधनों पर अपना कब्जा जमायेंगे और यदि कोई इस दिशा में उनका विरोध करेगा, तो वे बल का प्रयोग करेंगे। मार्क्सवादी दर्शन में सर्वहारा वर्ग का अधिनायकवाद एक संक्रान्तिकालीन अवस्था है; क्योंकि उसका अन्तिम उद्देश्य तो एक ऐसे स्वचालित समाज की स्थापना करना है, जिसमें न कोई शोषित होगा, न कोई शोषक, विभिन्न वर्ग समाप्त हो जायेंगे और राज्य की आवश्यकता न रहेगी।

diffusion (of culture) (डि'फ्यूज़्न् ऑव् 'कल्चॅर्) **संस्कृति-प्रसार, प्रसारण** : सांस्कृतिक जगत् के परिवर्तन में प्रसार का प्रमुख योगदान रहा है। पश्चिमीकरण (**Westernization**), आधुनिकीकरण (**Modernization**) एवं भूमण्डलीकरण (**Globalization**) जैसी प्रक्रियाओं का मुख्य आधार प्रसार ही रहा है। आधुनिक युग में प्रौद्योगिकी का इतना अधिक विकास हुआ है कि प्रसार की गति बहुत तेज हो गयी है।

dissolution of marriage (डिस'लूश्न् ऑव् 'मैरिज्) **विवाह-विच्छेद** : विवाह-विच्छेद अथवा तलाक का अभिप्राय उस प्रक्रिया से है, जिसके द्वारा पति-पत्नी अपना वैवाहिक सम्बन्ध तोड़ लेते हैं। इसके बाद वे पति-पत्नी नहीं रहते, अपितु अविवाहित व्यक्ति की भाँति उन्हें पुन: अन्यत्र विवाह करने की स्वतन्त्रता होती है। विवाह-विच्छेद पृथक्करण (Separation) से भिन्न प्रक्रिया है। पृथक्करण में पति-पत्नी अलग-अलग घरों में रहते हैं, परन्तु उन्हें पुन: दूसरा विवाह करने की अनुमति नहीं होती; क्योंकि उस अवस्था में उनकी स्थिति विवाहितों जैसी होती है। यह तलाक के पूर्व की स्थिति है।

dominant caste ('डॉमिनन्ट कास्ट्) **दबंग जाति, प्रभुजाति, प्रभुत्वशाली जाति** : वे जातियाँ, जो कर्मकाण्डीय रूप से उच्च न हों, परन्तु सम्पत्ति, राजनीतिक शक्ति एवं संख्यात्मक शक्ति के आधार पर गाँव अथवा किसी क्षेत्र में अत्यन्त प्रभावशाली हों। 'प्रभुत्वपूर्णता' की अवधारणा का समाजविज्ञानों में सर्वप्रथम प्रयोग अफ्रीकी राजनीतिक व्यवस्था के विश्लेषण में हुआ। भारतीय समाजशास्त्र में इस अवधारणा को सर्वप्रथम प्रयोग में लाने वाले मैसूर नरसिम्हाचार श्रीनिवास (M.N. Srinivas, 1916–1999) रहे हैं, जिन्होंने इसका प्रयोग जाति-व्यवस्था के विश्लेषण में करते हुए इसके सम्बन्ध में लिखा है कि उस जाति को प्रबल या प्रभुजाति कहा जा सकता है, जो किसी गाँव अथवा क्षेत्र-विशेष में आर्थिक एवं राजनीतिक दृष्टि से महत्त्वपूर्ण प्रभाव डालती है। इस जाति का पारम्परिक एवं प्रथानुगत जातीय श्रेणी में सर्वोच्च स्थान होना ज़रूरी नहीं है। किसी जाति की जनसंख्या की ताकत, शिक्षा, राजनीतिक हैसियत तथा सांस्कारिक परिस्थिति जैसे कुछ ऐसे कारक हैं, जो किसी जाति को किसी गाँव-विशेष में अथवा ग्रामीण भारत के किसी क्षेत्र में उसे प्रभुजाति का दर्जा देते हैं।

dramaturgical perspective (ड्रॅमै'टर्जिकल पर्'स्पेक्टिव्) **अभिनयशास्त्र परिप्रेक्ष्य** : नाटकों में प्रयुक्त रूपक अलंकार के आधार पर सामाजिक अन्त:क्रिया का किया गया अध्ययन। जॉर्ज एच. मीड (George Herbert Mead, 1863–1931) तथा चार्ल्स एच. कूली (Charles H. Cooley, 1864–1929) की परम्परा का अनुसरण करते हुए इरविंग गॉफ़मैन (Erving Goffman, 1922–1982) द्वारा सांकेतिक अन्तर्क्रियावादी सिद्धान्त के एक विशिष्ट रूप को अभिनयशास्त्र परिप्रेक्ष्य की संज्ञा दी गयी है। अभिनयशास्त्रीय दृष्टिकोण के अनुसार 'स्व' की रचना कई भूमिकाओं द्वारा होती है, जिसे व्यक्ति अदा करता है। सामाजिक अभिनेताओं का प्रमुख लक्ष्य अपने विभिन्न आत्मनों को इस प्रकार प्रस्तुत करना होता है, जिससे उनकी एक विशिष्ट (सामान्यत: अच्छी) छवि विकसित होती है।

drive (ड्राइव्) **अन्तर्नोद, चालक** : अन्तर्नोद या चालक शब्द का प्रयोग शारीरिक उद्दीपनों के लिए किया जाता है। शारीरिक शक्तियों की गतिशील अथवा उत्तेजित अवस्था को अन्तर्नोद कहते हैं। अन्तर्नोद अवस्था में व्यक्ति अपने अन्दर असंतोष का अनुभव करता है, जो उसकी सामान्य प्रवृत्तियों को क्रियाशील करती है। यह शरीर में चालक (मोटर) के समान कार्य करता है, जिसके परिणामस्वरूप शरीर की माँसपेशियों एवं ग्रन्थियों को शक्ति प्राप्त होती है। यह एक जन्मजात गुण है, जो पूरा नहीं होने पर शरीर में एक किस्म का तनाव उत्पन्न करता है और जब इसकी पूर्ति हो जाती है तब व्यक्ति तनावरहित महसूस करता है।

dual personality ('ड्यूअॅल् परस'नैलटि) **द्वैध व्यक्तित्व** : द्वैध व्यक्तित्व एक प्रकार का अस्वाभाविक संगठन है, जिसके अन्तर्गत दो पूर्णतः भिन्न व्यक्तित्व-प्रणालियाँ व्यक्त होती हैं। इनमें से प्रत्येक प्रणाली की अपनी स्पष्टतः भिन्न संवेगात्मक एवं चिन्तन प्रक्रियाएँ होती हैं और वे लगभग स्थायी व्यक्तित्व का प्रतिनिधित्व करती हैं। द्वैध व्यक्तित्व बारी-बारी से एक-दूसरे व्यक्तित्व में प्रवेश करता रहता है और एक व्यक्तित्व की बातें दूसरे व्यक्तित्व में भूल जाता है। यह कुछ ही समय में दूसरा रूप ले लेता है।

dynamic society (डाइ'नैमिक स'साइअटि) **गतिशील समाज** : वे समाज, जिनमें परिवर्तन की शक्ति निहित रहती है और जो नवीन मूल्यों के प्रति जागरूक रहते हैं। इनमें नवीन तकनीकी एवं वैज्ञानिक परिवर्तनों को आत्मसात् करने की क्षमता होती है।

dysfunction (डिस्'फ़ॅन्क्शन्) **दुष्प्रकार्य, अपक्रिया** : किसी क्रिया अथवा घटना के ऐसे परिणामों को दुष्कार्य कहा जाता है, जिसमें किसी सामाजिक इकाई (समूह अथवा समाज) अथवा उसके किसी भाग की एकता तथा स्थायित्व में कमी आती है और जो उसके अतिजीवन तथा निरन्तरता की सम्भावनाओं को कम करते हैं। इन्हें घटना के नकारात्मक प्रकार्य भी कहा जाता है। रॉबर्ट के. मर्टन (Robert K. Merton, 1910–2003) पहले समाजशास्त्री थे, जिन्होंने प्रकार्य एवं दुष्प्रकार्य के बीच के अन्तर की ओर ध्यान आकृष्ट किया। उनका कहना है कि समाज के विभिन्न अंगों या तत्त्वों का कार्य हमेशा सकारात्मक ही नहीं होता। चूँकि मर्टन ने आधुनिक समाज में उन दोनों प्रवृत्तियों को देखा, इसलिए उन्होंने प्रकार्य एवं दुष्प्रकार्य का विस्तार से एक वैज्ञानिक विश्लेषण प्रस्तुत किया। बी. मैलनॉफस्की (Bronislaw K. Malinowski, 1884–1942, हिन्दी में शुद्ध उच्चारण मात्र मैलनॉफस्की ही है) के विचार के ठीक विपरीत मर्टन का मानना है कि कुछ इकाइयाँ प्रकार्य1 की जगह दुष्प्रकार्य या अपक्रिया (**Dysfunction**) करें, ऐसा संभव है। दूसरे शब्दों में, कुछ इकाइयाँ सामाजिक संरचना एवं व्यवस्था को संगठित न कर विघटित करने का भी प्रयास करती हैं। मर्टन की दृष्टि में कुछ सामाजिक इकाइयाँ प्रकार्यात्मक होती हैं, तो कुछ आंशिक रूप से दुष्प्रकार्यात्मक (**Partially dysfunctional**), कुछ अप्रकार्यात्मक (**Non-functional**) तो कुछ पूर्णरूपेण दुष्प्रकार्यात्मक (**Totally dysfunctional**) भी। यह संभव है कि संरचना की कुछ इकाइयाँ अप्रकार्यात्मक (**Non-functional**) होते हुए भी सामाजिक संरचना में बनी रहें। प्रकार्य की तरह दुष्प्रकार्य को भी दो भागों में बाँटा जा सकता है– प्रकट दुष्प्रकार्य (**Manifest dysfunction**) एवं अप्रकट दुष्प्रकार्य (**Latent dysfunction**)। प्रकट दुष्प्रकार्य एवं अप्रकट दुष्प्रकार्य के बीच के अन्तर को एक उदाहरण के द्वारा स्पष्ट किया जा सकता है। जैसे– धर्म के आधार पर हिन्दू-मुस्लिम के बीच दंगा होना एक प्रत्यक्ष दुष्प्रकार्य है; क्योंकि धर्म का कार्य लोगों को आपस में जोड़ना होता है। दंगा-फसाद के परिणामस्वरूप दोनों समुदायों के बीच कुछ लोगों का मरना या अपाहिज होना प्रकट दुष्प्रकार्य है। दोनों के बीच झगड़े के फलस्वरूप मन्दिर-मस्जिद का ध्वस्त हो जाना या राष्ट्रीय सम्पत्ति का नष्ट होना भी प्रकट दुष्प्रकार्य ही कहा जायेगा। लेकिन यदि दंगा-फसाद का नतीजा देश का विभाजन होता है, तो उसे अप्रकट दुष्प्रकार्य कहा जायेगा; क्योंकि दंगा करने वाले लोगों की यह इच्छा नहीं होती है कि वे धर्म के आधार पर अलग-अलग देश का निर्माण करें।

ecology (इ'कॉलजि) **पारिस्थितिकी, परिस्थितिविज्ञान** : विज्ञान की वह शाखा, जिसमें किसी जीव तथा उसके पर्यावरण के बीच के अन्तर-सम्बन्धों का अध्ययन किया जाता है। मानवशास्त्र में इस धारणा का उपयोग मानव और

प्राकृतिक वास (**Habitat**) में क्या सम्बन्ध है तथा मानव संस्कृति भौगोलिक वातावरण के अनुकूल होती है, इस प्रसंग में हुआ है।

egalitarian; egalitarianism (इगैलि'टेरिअन; इगैलि'टेरिअनिज़म्) **समतावादी; समतावाद** : वह व्यवस्था, जिसमें समाज के सभी वर्गों के अधिकार और सुविधाएँ करीब-करीब एक समान हों। समतावाद की धारणा न्यूनाधिक मात्रा में और समान स्थितियों में समान आचरण को प्रकट करने के साथ-साथ व्यक्तियों का निरर्थक मापदण्डों के आधार पर वर्गीकरण अस्वीकार करती है।

ego ('ईगो) **केन्द्र व्यक्ति, अहम्** : इस शब्द का प्रयोग दो अर्थों में किया जाता है– (1) वह व्यक्ति जिसका बन्धुत्व प्रणाली के अन्तर्गत केन्द्र मानकर अध्ययन किया जाता है। (2) एक अन्य अर्थ यह है कि अहम् की उत्पत्ति इदम् पर नियन्त्रण रखने के लिए हुई है। अहम् का प्रयोग 'स्व' (**Self**) के अर्थ में किया गया है। 'स्व' के अर्थ में व्यक्ति अपने सम्बन्ध में अपना क्या मत रखता है, कहीं-कहीं अहम् का प्रयोग इस आशय के प्रतिनिधि के रूप में भी किया गया है। अहम् का कार्य बीच का रास्ता खोजकर इच्छा की पूर्ति करना है। व्यक्तित्व का वह भाग अहम् के नाम से जाना जाता है, जो व्यक्ति को वास्तविक तथ्यों की चेतन जानकारी देता है। मनोविश्लेषण में (फ्रॉयड द्वारा) अहम् व्यक्ति का वह अंश माना गया है जिसका कार्य 'इड' के प्रकृत इच्छा-भावों और नैतिक मन (पराहम्) के कठोर नियमों के बीच मध्यस्थता करना है। यह भाग आंशिक रूप से चेतन व आंशिक रूप से अचेतन होता है। इड की भाँति यह भाग तात्कालिक एवं प्रकृत सुख नहीं चाहता है, किन्तु यह वास्तविक सापेक्ष सुख पाने में इड की मदद अवश्य करता है। वस्तुतः अहम् इड का ही परिष्कृत स्वरूप है, जो बाह्य जगत् के प्रभाव के प्रतिफल तथा चेतना से उत्प्लावित होता है। निद्रा अथवा सुप्तावस्था में भी इड पर इसका नियन्त्रण रहता है।

egoism ('ईगो इज़्म्) **स्वार्थवाद, अहंवाद** : इस शब्द का प्रयोग दो अर्थों में किया जाता है– (1) नीतिशास्त्र में, व्यक्ति के निहित स्वार्थ को ही साध्य मानने वाला सिद्धान्त। (2) एक अन्य सिद्धान्त, जिसके अनुसार यह माना जाता है कि सभी व्यवहार आत्म-लाभ की इच्छा से प्रेरित होते हैं। अहंवादी व्यक्ति की सभी क्रियाएँ ऐसे लाभों के अहम् की ओर मंडराती रहती हैं, जिन्हें वह अपना लाभ समझता है।

electra complex (इ'लेक्ट्रा'कॉम्प्लेक्स्) **एलेक्ट्रा मनोग्रन्थि** : मनोविश्लेषणात्मक सिद्धान्त के अनुसार यह माना जाता है कि पुत्र माँ की ओर तथा पुत्री पिता की ओर आकर्षित होती है। पुत्री की पिता के प्रति आसक्ति और आकर्षण अथवा रुझान उसकी माता के प्रति ईर्ष्या की भावना उत्पन्न करती है। यही स्थिति इलेक्ट्रा मनोग्रन्थि के नाम से जानी जाती है। यह शब्द एक ग्रीक पौराणिक कथा पर आधारित है।

elite (ए'लीट्) **सम्भ्रान्तजन, विशिष्ट वर्ग** : सामान्य रूप से 'एलीट' का अर्थ है– समाज के विशिष्ट व्यक्ति, अर्थात् वे व्यक्ति, जिन्होंने किसी विशेष क्षेत्र में ख्याति अर्जित की हो अथवा जिनके हाथों में शक्ति के सूत्र केन्द्रित हों। लेकिन, यह ज़रूरी नहीं है कि वह व्यक्ति अपने समाज के सबसे प्रतिष्ठित व्यक्तियों में से हों। मूलतः यह शब्द फ्रांसीसी भाषा का है, जहाँ इसका अर्थ 'चुनी हुई वस्तुएँ' है। अठारहवीं शताब्दी के आते-आते यह शब्द विभिन्न क्षेत्रों में वैशिष्ट्य का द्योतक हो गया। बाद में इस शब्द का प्रयोग समाज के श्रेष्ठ व्यक्तियों के लिए किया जाने लगा। सम्भ्रान्तवर्ग उन व्यक्तियों से मिलकर बनता है, जो समाज के श्रेष्ठ तथा किसी एक क्षेत्र में अग्रणी माने जाते हैं। इस विषय पर लिखने वाले प्रारम्भिक लेखक विल्फ्रेडो पारेटो (Vilfredo F.D. Pareto, 1848–1923, शुद्ध उच्चारण मात्र पारेटो है), जी. मोस्का (G. Mosca, 1858–1941) तथा आर. मिचेल्स इस विशिष्ट वर्ग को शासक-वर्ग या कुलीनतन्त्र के रूप में मानते हैं। पारेटो ने अपनी पुस्तक **Mind and Society** में शासक, ग़ैरशासक, विशिष्ट वर्ग तथा ग़ैरविशिष्ट वर्ग में भिन्नता दर्शायी है। राजनीति-विज्ञान में यह शब्द विशिष्ट व्यक्तियों अथवा व्यक्ति-समूहों का द्योतक हो गया है। आधुनिक काल में वी. पारेटो तथा एच.डी. लॉसवेल ने समाज में विशिष्ट वर्गों की भूमिका पर

विशेष बल दिया है। वी. पारेटो ने समाज में दो वर्ग माना है– निम्नवर्ग, जिसे वह अविशिष्ट वर्ग कहता है और उच्चवर्ग अथवा विशिष्ट वर्ग जिसका उसने दो भाग माना है– शासक विशिष्ट वर्ग और अ-शासक विशिष्ट वर्ग।

emotion (इ'मोशन्) **संवेग** : संवेग की निश्चित परिभाषा देना या उसका वर्णन करना अत्यन्त कठिन है, जबकि संवेगात्मक प्रतिक्रिया की परिभाषा दी जा सकती है और उसका वर्णन भी किया जा सकता है। व्यक्ति की अत्यधिक उत्तेजित दशा को संवेग का नाम दिया गया है, जिसमें कुछ विचार, भावनाएँ और सामान्यतः चालक अभिव्यक्तियाँ मिलकर व्यक्ति की चेतन अनुभूति, व्यवहार और अन्तरावयवों में एक प्रकार की हलचल मचा देती है। क्रोध, भय, शोक, वात्सल्य, प्रेम आदि संवेग के ही उदाहरण हैं। संवेगों में तीन बातें होती हैं– आन्तरिक शारीरिक परिवर्तन, चेष्टात्मक अभिव्यक्ति और किसी-न-किसी तरह का अनुभव। क्रोध में खून खौलने लगना, दिल की धड़कन का तेज हो जाना आदि आन्तरिक शारीरिक परिवर्तन हैं, दाँत पीसने लगना, मुट्ठी का भिंच जाना आदि चेष्टात्मक अभिव्यक्तियाँ हैं और शरीर में आग लग जाने का बोध क्रोध के संवेग का अनुभव है।

empirical approach (इम्'पिरिक्ल् अ'प्रोच्) **अनुभवसिद्ध उपागम** : समाजविज्ञानों के अध्ययन का वह दृष्टिकोण, जिसमें केवल ज्ञानेन्द्रियों (आँख, कान, नाक, जिह्वा और त्वचा) के अनुभव पर आधारित सामग्री पर विचार किया जाता है, अर्थात् इसमें केवल तथ्यों के आधार पर निष्कर्ष निकाले जाते हैं। अनुभवातीत (**Transcendental**) तत्त्वों और मूल्य-निर्णय या सौन्दर्य-बोध से जुड़े प्रश्नों पर विचार नहीं किया जाता है।

empirical data (इम्'पिरिक्ल् 'डेटा) **अनुभवसिद्ध आँकड़े** : एक प्रकार का प्रमाण, जो सावधानीपूर्वक अवलोकन या अनुसन्धान की किसी अन्य प्रत्यक्ष पद्धति के माध्यम से इकट्ठा किया गया हो।

empirical generalization (इम्'पिरिक्ल् जेन्रलाइ'ज़ेशन्) **इन्द्रियानुभविक सामान्यीकरण** : वह सामान्य प्रतिज्ञप्ति, जो इन्द्रियानुभव से प्राप्त होती है, जैसे– सभी कौए काले होते हैं। घटनाएँ किस प्रकार घटती हैं, इस सम्बन्ध में प्रस्तुत किये गये एक सरल कथन को आनुभविक सामान्यीकरण की संज्ञा दी गयी है। यह कथन दो या दो से अधिक चरों (**Variables**) के बीच सहसम्बन्धों के अवलोकन पर आधारित होता है, जैसे– स्त्रियों में पुरुषों की अपेक्षा अधिक धार्मिक भावनाएँ पायी जाती हैं।

empirical research (इम्'पिरिक्ल् रि'सर्च्) **इन्द्रियानुभविक अनुसन्धान** : अनुभव, प्रेक्षण अथवा प्रयोग पर आधारित अनुसन्धान। प्राकृतिक विज्ञान, मनोविज्ञान, समाजशास्त्र आदि विषयों में इन्द्रियानुभविक अनुसन्धान के माध्यम से ही ज्ञान को बढ़ाने की चेष्टा की जाती है। अनुभवातीत ज्ञान के लिए कोई जगह नहीं है।

empirical sociology (इम्'पिरिक्ल् सोसि'ऑलजि) **अनुभवसिद्ध समाजशास्त्र** : समाजशास्त्र मूलरूप से एक इन्द्रियानुभविक विज्ञान है। अमूर्त या आधारहीन तथ्यों के विश्लेषण के लिए इस विषय में कोई स्थान नहीं है। समाजशास्त्र के अन्तर्गत ऐसी सामाजिक घटनाओं या तथ्यों का अध्ययन किया जाता है, जो वस्तुनिष्ठ या इन्द्रियानुभविक हों। इन्द्रियानुभविक विज्ञान की महत्त्वपूर्ण विशेषता यह है कि उसके तथ्यों या सामान्यीकरण की पुनः परीक्षा की जा सकती है। समाजशास्त्र का दूसरा आयाम सैद्धान्तिक समाजशास्त्र (**Theoretical sociology**) है।

empowerment of women (इम्'पाउअर्मन्ट् ऑव्'विमिन्) **महिला सशक्तीकरण** : यह विचार कि यदि स्त्रियों को आर्थिक तथा सामाजिक क्षेत्र में, सन्तान को जन्म देने के मामले में, उपयुक्त विकल्प के चयन का अवसर दिया जाय, तो इससे उनकी सामाजिक स्थिति बेहतर होगी, जनसंख्या की वृद्धि-दर में कमी आयेगी और सम्पूर्ण समाज के विकास को बढ़ावा मिलेगा।

enculturation (इन्'कॅल्चरे'शन्) **संस्कृतीकरण, संस्कृतिग्रहण** : आमतौर पर, मानवशास्त्री इस शब्द का प्रयोग समाजीकरण के अर्थ में करते हैं, लेकिन इसका अर्थ कुछ ज़्यादा ही व्यापक है। एक ऐसी प्रक्रिया संस्कृति-ग्रहण या

संस्कृतीकरण कहलाती है, जिसके द्वारा मानव-प्राणी अपने समूह की संस्कृति के अनुसार अपने-आपको ढालता है तथा अपनी परिस्थिति एवं भूमिकाओं से सम्बन्धित कार्यों को करना सीखता है। समाजशास्त्र में इससे मिलती-जुलती एक अन्य प्रक्रिया है, जिसे 'समाजीकरण' कहते हैं। यह प्रक्रिया व्यक्ति के जीवन में चेतन या अचेतन रूप में सर्वदा चलती रहती है। संस्कृतीकरण शब्द का प्रयोग सर्वप्रथम एम.जे. हर्सकोविट्ज (M.J. Herskovits, 1895–1963) ने किया था।

endogamy (एन्'डॉगमि) **अन्तर्विवाह, सजातीय विवाह** : विवाह का ऐसा नियम जिसके अनुसार व्यक्ति समाज में निर्धारित समूह के अन्तर्गत ही विवाह करता है। इसकी सीमा वर्ग, धर्म, जाति, जनजाति, प्रजाति, भाषा तथा भौगोलिक आधार पर निर्धारित होती है। भारत में इस नियम के अनुसार एक हिन्दू को अपनी ही जाति में विवाह करना अनिवार्य होता है। हिन्दुओं में अन्तर्विवाह के सम्बन्ध में कठोर नियम हैं। किसी व्यक्ति को अपनी जाति के बाहर विवाह नहीं करना चाहिए। जो व्यक्ति अपनी जाति के बाहर विवाह करता है, उसे प्राय: अपने परिवार या जाति से बहिष्कृत कर दिया जाता है। ब्राह्मण, ब्राह्मण से ही विवाह कर सकता है और क्षत्रिय, क्षत्रिय से, यद्यपि अपवाद प्राचीनकाल में भी मिलते थे और आजकल भी मिलते हैं। अन्तर्विवाह केवल भारत में ही नहीं पाया जाता है, अपितु विश्व के अनेक समाजों में मिलता है। अन्तर्विवाह का मुख्य उद्देश्य प्रजातीय रक्त-सम्बन्धी शुद्धता को बनाये रखना है। प्राय: प्रत्येक प्रजाति को अपने रक्त की श्रेष्ठता पर विश्वास और गर्व होता है।

esteem (इ'स्टीम) **सम्मान** : स्थिति धारण करने वाले सभी व्यक्ति अपने कर्तव्यों, दायित्वों एवं भूमिकाओं का निर्वाह समान रूप से नहीं करते हैं, अत: उनकी प्रतिष्ठा समान होते हुए भी उनके सम्मान में अन्तर पाया जाता है। उदाहरण के लिए, दक्ष एवं दयालु डॉक्टर का सम्मान साधारण डॉक्टर से एवं परिश्रमी अध्यापक का सम्मान लापरवाह अध्यापक से अधिक होता है। इस प्रकार सम्मान का सम्बन्ध एक पद पर कार्य कर रहे व्यक्ति की सफलता-असफलता, दक्षता-अदक्षता एवं कार्य करने की क्षमता से होता है। सम्मान के सन्दर्भ में गौर करने की बात यह है कि कोई व्यक्ति जो किसी दूसरे व्यक्ति के प्रति श्रद्धा और सम्मान बिना इस बात को ध्यान में रखे रहता है कि उस व्यक्ति का समाज में क्या स्थान है।

ethnicity (एथ्'निसिटि) **नृजातीयता, संजातीयता** : एक ऐसा वर्गीकरण, जो लोगों को सांस्कृतिक विशेषता के आधार पर अलग करता है, जैसे- भाषा।

ethnocentrism ('एथ्नो 'सेन्ट्रिज़म्) **नृजातिकेन्द्रवाद, नस्लवाद** : अपनी जाति अथवा सामाजिक समूह को संस्कृति का केन्द्र मानने की प्रवृत्ति। इस अवधारणा का सर्वप्रथम प्रयोग विलियम ग्राहम समनर (William G. Sumner, 1840–1910) ने अपनी पुस्तक **Folkways** (1906) में अन्त:समूह और बाह्य समूह के बीच ऐसी पक्षपातपूर्ण मनोवृत्तियों को समझाने के लिए किया, जिनके द्वारा हम अपने रीति-रिवाज़ों, व्यवहार-प्रतिमानों और विश्वासों को सबसे बेहतर ठहराते हैं। नृजातिकेन्द्रवाद सांस्कृतिक सापेक्षवाद (**Cultural relativism**) की प्रतिकूल विचारधारा है। यह लगभग हर एक समाज या व्यक्ति में देखने को मिलती है। जब किसी व्यक्ति के मन में यह धारणा हो कि उसकी संस्कृति सबसे अच्छी है और दूसरे की संस्कृति निम्नस्तरीय है, तो उसे नृजातिकेन्द्रवाद कहते हैं। एक भावात्मक अभिवृत्ति, जिसके अनुसार व्यक्ति अपने समूह, प्रजाति अथवा समाज को दूसरे प्रजातीय अथवा सांस्कृतिक तत्त्वों से श्रेष्ठ समझता है। बाहरी व्यक्तियों तथा उनके रीति-रिवाजों को अपने सांस्कृतिक मानकों को आधार मानकर हीन समझता है।

ethnology (एथ्'नॉलजि) **नृजाति विज्ञान** : विभिन्न समाजों के सांस्कृतिक तत्त्वों का तुलनात्मक अध्ययन करने वाली सांस्कृतिक मानवशास्त्र की एक शाखा नृजाति विज्ञान के नाम से जानी जाती है। विभिन्न संस्कृतियों के बीच क्या भिन्नता है और इस भिन्नता के क्या कारण हैं, नृजाति विज्ञान के अध्ययन की प्रमुख विषय-वस्तु है। इस विषय-वस्तु का अध्ययन करने के लिए संस्कृतियों के बीच तुलना की जाती है। सांस्कृतिक तत्त्वों की तुलना के अतिरिक्त सांस्कृतिक क्षेत्रों का समूहीकरण तथा उद्विकासीय प्रवृत्तियों का भी इसमें अध्ययन किया जाता है। इस प्रकार नृजाति विज्ञान में संस्कृतियों का वैज्ञानिक एवं तुलनात्मक अध्ययन किया जाता है।

evolutionary change (ईव़ 'लूशनरि चेन्ज्) **उद्विकासीय परिवर्तन** : किसी निश्चित दिशा में निरन्तर एवं क्रमिक बदलाव उद्विकासीय परिवर्तन का द्योतक है। किसी विशिष्ट पर्यावरण, जो स्वयं परिवर्तनशील है, के अनुरूप अनुकूलन अथवा समायोजन की प्रक्रिया, निरन्तर बढ़ता हुआ वैभिन्नीकरण, विभिन्न कार्यों के अनुरूप बनती हुई जटिल संरचना उद्विकासीय परिवर्तन की प्रमुख विशेषताएँ हैं।

exogamy (एक् 'सॉगमि) **बहिर्विवाह प्रथा** : अपने कुल या समूह से बाहर विवाह करने की प्रथा। विवाह की ऐसी पद्धति, जिसके अनुसार व्यक्ति हमेशा अपने गोत्र, कुल, समूह या गाँव से बाहर ही विवाह कर सकता है।

fad (फ़ैड्) **सनक, धुन** : फैशन का एक ऐसा रूप 'फैड' कहलाता है, जिसे जल्दी ही अपना लिया जाता है और जल्दी ही छोड़ भी दिया जाता है। फैशन की अपेक्षा इसमें परिवर्तन की गति अति तीव्र होती है। धुन फैशन से अधिक अस्थायी होता है। इसका स्वरूप असंगठित होता है। यह धनी वर्ग और युवा श्रेणी को अधिक प्रभावित करता है। फैशन के समान धुन भी व्यवहार के ऊपरी स्वरूपों से सम्बन्धित है। किम्बॉल यंग (Kimball Young, 1893–1972) के अनुसार संयुक्त राज्य अमरीका में कोई भी धुन एक वर्ष से अधिक नहीं चलती और इसमें भावना तथा नकल बड़ी महत्त्वपूर्ण होती है। फैशन और धुन दोनों में नकल करने की प्रवृत्ति होती है, परन्तु फैशन स्थापित माध्यमों से फैलते हैं और धुन सीधे सम्पर्क से।

faith (फ़ेथ) **आस्था, मत** : किसी सत्ता अथवा विचार में विश्वास, जिसके पक्ष अथवा विपक्ष में यथेष्ट प्रमाण उपलब्ध न हों अथवा जो प्रमाणों से बिलकुल अतीत हों और जिसका आधार मात्र भावात्मक हो, जैसे– ईश्वर, अमरत्व, नैतिक, आदर्श इत्यादि।

family ('फ़ैमलि) **परिवार** : परिवार एक सामाजिक समूह है, जिसकी प्राथमिक विशेषताएँ सामान्य निवास, आर्थिक सहयोग, सन्तानोत्पत्ति और समाजीकरण है। परिवार में स्त्री और पुरुष दोनों ही वर्गों के ऐसे वयस्क रहते हैं, जिनमें से कम-से-कम दो के बीच समाज द्वारा स्वीकृत यौन-सम्बन्ध होते हैं और इनके प्रजनित अथवा गोद लिए बच्चे भी इसमें सम्मिलित होते हैं। परिवार के विभिन्न स्वरूप होते हैं, जिनमें मूल अथवा जैविक परिवार, संयुक्त परिवार तथा विस्तृत परिवार प्रमुख हैं।

family disorganization ('फ़ैमलि डिस्‌ऑगनाइ'ज़ेशन्) **पारिवारिक विसंगठन** : वैवाहिक तथा पैतृक सम्बन्धों से सम्बन्धित आचारों के विपरीत किया गया कोई भी व्यवहार पारिवारिक विसंगठन का द्योतक है।

family of orientation ('फ़ैमलि ऑव् ऑरिएन् 'टेशन्) **प्रभव परिवार, जन्म-परिवार** : वह परिवार, जिसमें व्यक्ति जन्म लेता है तथा जिसमें उसका समाजीकरण होता है। मूल परिवार को डब्लू.एल. वार्नर (W. L. Warner, 1898–1970) ने दो भागों में बाँटा है– प्रभव परिवार (**Family of orientation**) एवं प्रजनन परिवार (**Family of procreation**)। एण्टनी गिडेन्स (Anthony Giddens) ने बताया है कि प्रभव परिवार वह परिवार है, जिसमें व्यक्ति पैदा होता है। बच्चों के लिए उसके माता-पिता का परिवार प्रभव परिवार कहा जायेगा। वही माता-पिता के लिए उनका परिवार 'प्रजनन परिवार' माना जाता है और वही परिवार बच्चे के लिए प्रभव परिवार बन जाता है।

family of procreation ('फ़ैमलि ऑव् प्रोक्रि'एशन्) **जनन परिवार** : विवाह के उपरान्त व्यक्ति जिस परिवार को स्वयं जन्म देता है तथा जिसमें सन्तानोत्पत्ति करता है, जनन परिवार कहलाता है। पर यदि किसी दम्पति को कोई सन्तान नहीं होती है, तो ऐसे मूल परिवार में प्रभव परिवार का स्वरूप या पहलू गौण होता है तथा दोनों या दो में से किसी एक की मृत्यु के उपरान्त उस परिवार की समाप्ति हो जाती है। यहाँ ध्यान देने की बात यह है कि एक ही परिवार को प्रभव परिवार एवं प्रजनन परिवार दोनों कहा जा सकता है; क्योंकि वर्गीकरण का आधार व्यक्ति-विशेष का सन्दर्भ है। माता-पिता के लिए उनका परिवार 'प्रजनन परिवार' माना जाता है और वही परिवार को बच्चे के लिए प्रभव परिवार कहा जाता है।

feudalism (फ्यूड'लिज़म्) **सामन्तवाद :** इसका तीन रूपों में विश्लेषण किया जा सकता है– (1) यह समाज की वह ऐतिहासिक अवस्था है, जिसमें उत्पादन के साधन भूमि एवं श्रम होते हैं। (2) यह एक आर्थिक प्रणाली है, जिसमें श्रमिक मालिक या स्वामी के अधीन होते हैं और उत्पादन केवल पेट पालने भर के लिए किया जाता है। (3) यह सामाजिक संगठन का वह स्वरूप है, जिसके अन्तर्गत व्यक्ति के अधिकारों एवं कर्तव्यों का निर्धारण उसके भूमि पर अधिकारों के आधार पर होता है।

folk culture (फ़ोक् 'कल्चॅर्) **लोक-संस्कृति :** लोक-संस्कृति की अवधारणा का सर्वप्रथम प्रयोग रॉबर्ट रेडफील्ड (Robert Redfield, 1897–1958) ने युकातन (Yucatan, Mexico) लोगों के अध्ययन में किया, जिसमें उन्होंने लोक-संस्कृति को नगरीय जीवन के प्रतिकूल एक विशिष्ट संस्कृति के रूप में प्रदर्शित किया है। लोक-संस्कृति को जीवन की एक ऐसी सामान्य विधि के रूप में समझा जा सकता है, जो एक क्षेत्र-विशेष के बहुत से गाँवों तथा कस्बों के कुछ या सभी व्यक्तियों का एक संगठित समूह है और जो एक लोक-संस्कृति से बँधा होता है। निकोलस एवरक्रॉमी (N. Abercrombie) के अनुसार लोक-संस्कृति से तात्पर्य प्राक्-औद्योगिक समाज की संस्कृति से है। उनके इस विचार से यह स्पष्ट होता है कि लोक-संस्कृति मुख्य रूप से कृषक समाज की संस्कृति है, जो औद्योगिक समाज एवं सरल या जनजातीय समाज की संस्कृति से भिन्न है। दूसरे शब्दों में, लोक-संस्कृति सरल या जनजातीय समाज की संस्कृति एवं आधुनिक समाज की संस्कृति के बीच की संस्कृति है या यह कहा जाये कि यह दोनों के बीच की एक कड़ी के समान है। प्रारम्भ में उन्होंने लोक-संस्कृति की अवधारणा के लिए 'कृषक संस्कृति' (**Peasant culture**) शब्द का प्रयोग किया था।

folk-ways; folkways (फ़ोक् 'वेज) **लोक-रीति :** लोक-रीति का शाब्दिक अर्थ होता है, आम लोगों के रीति-रिवाज़। लोक-रीति शब्द का विशेष प्रचार समाजविज्ञान सम्बन्धी साहित्य के अन्तर्गत विलियम ग्राहम समनर (William G. Sumner, 1840–1910) ने अपनी पुस्तक **Folkways** (1906) द्वारा किया है। सीखा गया ऐसा व्यवहार, जो किसी समूह में सर्वमान्य रूप से प्रचलित होता है। लोक-रीतियाँ समाज में आचरण के मान्य या स्वीकृत तरीके हैं। व्यवहार के ऐसे तरीके, जो दैनिक जीवन एवं परस्पर क्रिया को नियन्त्रित करते हैं। लोक-रीतियाँ जनता द्वारा स्वीकृत पद्धतियाँ होती हैं। वे सामाजिक विरासत की एक महत्त्वपूर्ण तथा जनता के आचरण की अभिन्न अंग होती हैं। वे मनुष्यों के पूर्व-चिन्तन से सम्पन्न नहीं होतीं। वे मनुष्यों के विवेक का परिणाम नहीं होती हैं। उनमें असंख्य आदतें सम्मिलित होती हैं, उदाहरणार्थ– भोजन करने की रीति को लीजिए। भारतीय अधिकतर हाथ से भोजन करते हैं, जबकि चीनी सींक से ही चावल खाते हैं। भारत में स्त्रियाँ साड़ी तथा ब्लाउज पहनती हैं तथा कुछ स्त्रियाँ चादर ओढ़ती हैं। मुस्लिम देशों में स्त्रियाँ बुर्का व पायजामा पहनती हैं। जब लोक-रीतियाँ बार-बार दुहराई जाती हैं, तो आदत का रूप धारण कर लेती हैं और तब हमारे मस्तिष्क और शरीर दोनों को नियन्त्रित करती हैं।

forces of production (फ़ॉर्सेज् ऑव् प्र'डक्शन्) **उत्पादन के कारक :** यह किसी समाज में आर्थिक विकास के कारक को इंगित करता है। इस शब्द का सर्वप्रथम प्रचलन कार्ल मार्क्स (Karl Marx,1 818–1883) ने किया था। उन्होंने इस शब्द का प्रयोग समाज में विभिन्न किस्म के उत्पादन के कारकों के लिए किया था, जैसे– जमीन, तकनीक आदि।

formal and **informal social control** ('फ़ॉर्म्ल् ऐन्ड् इन 'फ़ॉर्म्ल् 'सोशल् कन् 'ट्रोल) **औपचारिक एवं अनौपचारिक सामाजिक नियन्त्रण :** औपचारिक नियन्त्रण वह नियन्त्रण है, जो निश्चित लिखित कानूनों के द्वारा सम्पन्न होता है तथा जिसे व्यक्ति या समूह को मानना ही पड़ता है। औपचारिक नियन्त्रण के साधनों का विरोध करने पर दण्ड देने की व्यवस्था होती है, जैसे– अपहरणकर्त्ता पर मुकदमा चलाकर न्यायालय द्वारा दण्ड दिया जाना इत्यादि। राज्य, पुलिस, न्यायालय या किसी औपचारिक संगठन आदि के द्वारा किया गया नियन्त्रण औपचारिक नियन्त्रण का उदाहरण है। अनौपचारिक नियन्त्रण वह नियन्त्रण है जिसका विकास कोई सामाजिक समूह अपने कल्याण के लिए करता है एवं उसकी अवहेलना करने वालों की समाज निन्दा या बहिष्कार करता है। अनौपचारिक नियन्त्रण का सम्बन्ध राज्य से न

होकर समाज से होता है। यह औपचारिक नियन्त्रण की तुलना में अधिक प्रभावशाली सिद्ध होता है। प्रथाएँ, लोकरीतियाँ, लोकाचार, नैतिकता, धर्म, परिवार, जनमत, अलिखित नियम इत्यादि अनौपचारिक नियन्त्रण के प्रमुख साधन हैं।

formal and informal status ('फ़ॉर्म्ल् ऐन्ड् इन'फ़ॉर्म्ल् 'स्टेटस) **औपचारिक एवं अनौपचारिक स्थिति :** जो स्थिति किसी व्यक्ति को किसी औपचारिक व्यवस्था के अन्तर्गत प्राप्त होती है, उसे औपचारिक स्थिति कहा जाता है। ऐसे पद जिसे समाज ने अपनी मान्यताओं, आदर्शों, प्रथाओं एवं नियम-कानूनों को ध्यान में रखकर सज्जित किया है, वे तमाम पद अनौपचारिक स्थिति कहे जाते हैं। जैसे– सचिव, मन्त्री, प्राचार्य, कार्यपालक अभियन्ता, प्रोफेसर आदि ऐसे अनगिनत पद आधुनिक समाज में हैं, जिन पर विभिन्न लोग काम कर रहे हैं। औपचारिक स्थिति के ठीक विपरीत अनौपचारिक स्थिति होती है, जैसे– किसी व्यक्ति की स्थिति पिता, भाई, दोस्त या किसी अन्य प्रकार के सम्बन्धी के रूप में हो सकती है।

formal interaction ('फ़ॉर्म्ल् इन्टर्'ऐक्शन्) **औपचारिक अन्तःक्रिया :** ऐसी अन्तःक्रिया, जिसमें बँधे-बँधाए तरीकों और मानकों का अनुसरण किया जाता है। ये मानक बहुधा लिखित रूप से विद्यमान होते हैं। जैसे स्कूलों में विद्यार्थी एवं शिक्षक के बीच या न्यायालय में न्यायाधीश एवं अधिवक्ता के बीच की अन्तःक्रिया।

formal organization ('फ़ॉर्म्ल् ऑगनाइ 'ज़ेशन्) **स्वरूपात्मक संगठन :** कोई पूर्ण सुव्यवस्थित सामूहिक संगठन, जिसके औपचारिक रूप से निर्धारित नियम, स्पष्ट दायित्व तथा अधिकार हो ते हैं, जैसे– निकाय, न्यायपालिका, विश्वविद्यालय या चर्च आदि। मैक्स वेबर (Max Weber, 1864–1920) ने नौकरशाही (**Bureaucracy**) को सबसे अधिक जटिल और विकसित औपचारिक व्यवस्था के रूप में देखा है; क्योंकि इसके अन्तर्गत अधिकारों का एक कठोर सोपानक्रम एवं श्रम-विभाजन की व्यवस्था होती है। औपचारिक व्यवस्था के अन्तर्गत लोगों के बीच अनौपचारिक सम्बन्ध तो होते हैं, लेकिन वे स्पष्ट रूप से न तो परिभाषित होते हैं और न ही उन सम्बन्धों से कोई विशेष वैयक्तिक लाभ ही हासिल हो पाता है।

formal social control ('फ़ॉर्म्ल् 'सोश्ल् कन् 'ट्रोल) **औपचारिक सामाजिक नियन्त्रण :** औपचारिक नियन्त्रण वह नियन्त्रण है, जो निश्चित लिखित कानूनों के द्वारा सम्पन्न होता है तथा जिसे व्यक्ति या समूह को मानना ही पड़ता है। औपचारिक नियन्त्रण के साधनों का विरोध करने पर दण्ड देने की व्यवस्था होती है, जैसे– अपहरणकर्त्ता पर मुकदमा चलाकर न्यायालय द्वारा दण्ड दिया जाना आदि।

formal sociology ('फ़ॉर्म्ल् सोसि'ऑलजि) **स्वरूपात्मक समाजशास्त्र :** समाजशास्त्र के स्वरूपवाद के उद्भव के साथ जर्मनी के जॉर्ज जिमेल (Georg Simmel, 1858–1918, हिन्दी में इस नाम का शुद्ध उच्चारण मात्र जॉर्ज जिमेल ही है) का नाम जुड़ा हुआ है। सामान्य अर्थों में, स्वरूपवाद बौद्धिक विश्लेषण की एक विधा है, जिसमें किसी वस्तु अथवा घटना की अन्तर्वस्तु अथवा वास्तविक प्रकृति को जानने की अपेक्षा उसके स्वरूप के अध्ययन पर बल दिया जाता है।

function ('फ़ंन्क्शन्) **प्रकार्य :** वह प्रक्रिया जिसमें किसी पद्धति के एक-दूसरे से जुड़े अंग, उसकी स्थिरता और स्थायित्व में महत्त्वपूर्ण भूमिका निभाते हैं। रॉबर्ट के. मर्टन (Robert K. Merton, 1910–2003) ने प्रकार्य को परिभाषित करते हुए बताया है कि प्रकार्य वे दृष्टिगोचर परिणाम (Observable consequences) हैं, जो व्यवस्था-विशेष के अनुकूलन या सामंजस्य को संभव बनाते हैं। प्रकार्य दो प्रकार के हो सकते हैं– प्रकट प्रकार्य (**Manifest function**) और अप्रकट प्रकार्य (**Latent function**)।

functional alternative ('फ़ंन्क्शनल ऑल्'टर्नटिव्) **प्रकार्यात्मक विकल्प :** प्रारम्भिक प्रकार्यवादी इस मत का पोषण करते रहे हैं कि व्यवस्था का प्रत्येक तत्त्व या इकाई उसके अनुरक्षण एवं अतिजीवन के लिए अपरिहार्य हैं। इस मत का खण्डन करते हुए रॉबर्ट के. मर्टन (Robert K. Merton, 1910–2003) ने प्रकार्यात्मक विकल्प (Functional alternatives), प्रकार्यात्मक समतुल्य (Functional equivalents) तथा प्रकार्यात्मक अनुकल्प की अवधारणाओं को प्रस्तुत किया। मर्टन के अनुसार एक सामाजिक अथवा सांस्कृतिक तत्त्व के अनेक प्रकार्य हो सकते हैं तथा उस सांस्कृतिक तत्त्व के ऐसे वैकल्पिक तत्त्व भी हो सकते हैं, जिसमें उसी प्रकार्य को सम्पादित करने की क्षमता हो।

functional analysis/explanation (ˈफ़ंक्शन्ल अˈनैलसिस् /एक्स्प्लˈनेशन्) **प्रकार्यात्मक विश्लेषण** या **व्याख्या** : प्रकार्यात्मक विश्लेषण से तात्पर्य किसी भी घटना के अस्तित्व में आने, अर्थात् उस घटना के घटने के कारणों को खोजना या किसी क्रिया के परिणामों को मालूम करना तथा किसी स्थाई सामाजिक व्यवस्था को बनाये रखने में उस क्रिया के योगदान को जानना है, उदाहरणार्थ– जब हम अपराध की समाज में उपस्थिति की प्रकार्यात्मक व्याख्या करते हैं, तब हम यह जानने का प्रयास करते हैं कि अपराध किस प्रकार सामाजिक संगठन को बनाये रखने में (दण्ड के माध्यम से) मदद करता है। दूसरे शब्दों में अपराध किस प्रकार समाजोनुमोदित व्यवहार की सीमाओं को सुदृढ़ बनाता है, ताकि अपराध को सामाजिक जीवन का एक सामान्य लक्षण माना जा सके।

functional imperative (ˈफ़ंक्शन्ल इमˈपेरटिव्) **प्रकार्यात्मक अनिवार्यता** : समाज के छोटे-बड़े सभी समूहों की सामाजिक प्रणाली को जीवित रखने के लिए प्रकार्यात्मक आवश्यकताएँ। इनमें वातावरण से अनुकूलन, समाज के सदस्यों के बीच वैयक्तिक सम्बन्धों के संयोजनों के संरूप तथा संघर्ष व तनाव को नियन्त्रित करने की विधियाँ सम्मिलित हैं।

functional prerequisites (ˈफ़ंक्शन्ल प्रीˈरेक्विजिटस्) **प्रकार्यात्मक पूर्वापेक्षाएँ** : समाज की किसी इकाई के अस्तित्व में बने रहने के लिए आवश्यक है कि वह अपने कार्य का सम्पादन करे। इस परिप्रेक्ष्य के विचारकों ने सम्प्रेषण, वैचारिक सहभागिता, लक्ष्य निर्धारण, व्यवहार-नियम से लेकर भौतिक पर्यावरण के अनुकूलन तथा उसके प्रभावी उपयोग को किसी भी व्यवस्था की पूर्वावश्यकताओं में सम्मिलित किया है। टैलकॉट पार्सन्स (Talcott Parsons, 1902–1979) ने सामाजिक प्रणाली की चार प्रकार्यात्मक आवश्यकताएँ बतायी हैं– अनुकूलन, प्रतिमान अनुरक्षण, एकीकरण तथा तनाव प्रबन्धन।

functional theory of stratification (ˈफ़ंक्शन्ल ˈथिअरि ऑव् स्ट्रैटइफ़िˈकेशन्) **स्तरण का प्रकार्यवादी सिद्धान्त** : इस विचारधारा के प्रमुख प्रवर्तक किंग्ज्ली डेविस (Kingsley Davis— शुद्ध उच्चारण मात्र किंग्ज्ली डेविस है) एवं विलबर्ट मोर (Wilbert E. Moore) हैं। इस सिद्धान्त के समर्थकों का कहना है कि सामाजिक स्तरण समाज की ज़रूरतों की उपज है, न कि व्यक्तियों की ज़रूरतों की है। सामाजिक स्तरण की यह विचारधारा तीन मान्यताओं पर आधारित है– (i) विश्व में ऐसा कोई भी समाज नहीं है, जहाँ स्तरण नहीं है। विभिन्न मानवशास्त्रियों के अध्ययनों से यह स्पष्ट पता चलता है कि प्रत्येक समाज में किसी-न-किसी तरह का स्तरण अवश्य पाया जाता है। (ii) प्रत्येक समाज में लगभग समान प्रकार से विभिन्न स्तरों के बीच प्रतिष्ठा का बँटवारा है। जैसे-जैसे सामाजिक स्थिति या श्रेणी में गिरावट आती है, वैसे-वैसे प्रतिष्ठा में भी गिरावट होती है। किसी भी समाज में प्रत्येक व्यक्ति समान रूप से प्रतिष्ठित नहीं होता है। जो लोग समाज के सबसे ऊँचे पदों पर आसीन हैं, उन्हें समाज में सबसे अधिक प्रतिष्ठा प्राप्त है। कोई भी व्यक्ति इसे आसानी से समझ सकता है कि राष्ट्रपति, प्रधानमन्त्री तथा राज्यपाल को समान प्रतिष्ठा प्राप्त नहीं है। (iii) इस सिद्धान्त की तीसरी मान्यता यह है कि विभिन्न समाजों के बीच सामाजिक स्तरण के स्वरूप में भिन्नताएँ हैं, उदाहरणस्वरूप– सरल समाजों (**Simple societies**) में स्तरण का आधार साधारणतया उम्र एवं लिंग (**Age** and **Sex**) हुआ करता है, जबकि जटिल समाजों के अन्तर्गत स्तरण का आधार भी काफी जटिल हुआ करता है, जैसे– शिक्षा, वैयक्तिक गुण, राजनीतिक हैसियत, सम्पत्ति आदि।

functionalism (ˈफ़ंक्शन् लिज़म्) **प्रकार्यवाद** : समाजशास्त्रीय विचारधारा प्रकार्यवाद की दूसरी महत्त्वपूर्ण विचारधारा है जिसका आधार सहमति का दृष्टिकोण है। कुछ समाजशास्त्रियों का मानना है कि प्रकार्यवाद की उत्पत्ति समाजशास्त्र की उत्पत्ति के साथ ही हुई है। इस विचारधारा के समर्थक प्रकार्यवाद की शुरुआत ऑगस्त कौंत एवं हर्बर्ट स्पेन्सर (Auguste Comte and Herbert Spencer) जैसे प्रारम्भिक समाजशास्त्रियों की कृतियों में ढूँढ़ते हैं। लेकिन सही अर्थ

में प्रकार्यात्मक विश्लेषण का प्रारम्भिक स्वरूप एमिल डर्कहाइम की कृतियों में देखने को मिलता है और इसका पूर्ण विकसित रूप टैलकॉट पार्सन्स (Talcott Parsons, 1902–1979) एवं रॉबर्ट के. मर्टन (Robert K. Merton, 1910–2003) की कृतियों में है। यह सिद्धान्त 1940 से लेकर लगभग 1960 तक बहुत ही प्रमुख विचारधारा के रूप में अमरीकी समाजशास्त्र में लोकप्रिय रहा। पर धीरे-धीरे इस सिद्धान्त की लोकप्रियता में कमी आयी। इसके मुख्य दो कारण थे– प्रथम, इस सिद्धान्त की इतनी कड़ी आलोचना हुई कि लोग क्रमशः इससे दूर भागते गये। समय के साथ लोगों का झुकाव इस सिद्धान्त के प्रति कम होता गया। द्वितीय, समाजशास्त्र में 1960 के बाद बहुत किस्म की चिन्तनधाराओं की उत्पत्ति हुई, जो प्रकार्यात्मक सिद्धान्त की तुलना में बहुत उपयोगी एवं ठोस प्रमाणित होने लगी। प्रकार्यात्मक विचारकों का मत है कि सामाजिक प्रक्रियाओं एवं प्रतिमानों को हम ठीक से तभी समझ सकते हैं, जब हम यह विचार करें कि किसी संरचना की कोई इकाई समस्त संरचना को बनाये रखने में कितनी मदद करती है। प्रकार्यवादियों का मानना है कि समाज या समस्त सामाजिक संरचना का आधार सहमति है; क्योंकि तनाव एवं संघर्ष की स्थिति से सामाजिक संरचना के अस्तित्व को खतरा है। विकास की दौड़ में समाज जिस वर्तमान अवस्था में पहुँचा है, उसका आधार संघर्ष नहीं, बल्कि सहमति है, प्रकार्यवादी अपने सिद्धान्त के समर्थन में ऐसी दलीलें देते आए हैं।

gay-parent family (गे 'पेअरन्ट् 'फ़ैमलि) **विलासी माता-पिता परिवार** : पाश्चात्य देशों में एक नये प्रकार के परिवार की उत्पत्ति हुई है। कुछ ऐसे भी परिवार पाये जाते हैं, जहाँ दो समलिंगी (**Homosexuals**) साथ रहते हैं और जिसे विलासी माता-पिता परिवार के नाम से जाना जाता है। इसमें से कुछ लोग ऐसे हैं, जो आपस में विवाह भी रचाते हैं। यह दो प्रकार का होता है– एक वह है, जिसमें दो पुरुष एक साथ रहते हैं और दूसरा वह है, जिसमें दो महिलाएँ एक साथ रहती हैं। कृत्रिम गर्भाधान (**Artificial insemination**) के तरीके से ऐसी महिलाएँ बच्चों को जन्म भी देती हैं।

gay studies (गे'स्टडिज़) **समलैंगिक अध्ययन** : हाल के दशकों में समाजशास्त्रियों का ध्यान इस विषय पर भी गया है। समाजशास्त्रियों ने यह जानने का प्रयास किया है कि क्यों कुछ पुरुष दूसरे पुरुष के साथ और कुछ महिला अन्य महिला के साथ यौन-आनन्द लेने का प्रयास करते हैं। चर्च के विरोध के बावजूद दो स्त्री या दो पुरुष आपस में विवाह रचाते हैं। अन्य धर्मों की तरह पाश्चात्य देशों में चर्च मात्र विषमलिंगी को ही विवाह की स्वीकृति देते हैं।

gemeinschaft (गेमाइन 'शॉफ्ट) **समुदाय, बन्धुताबद्ध समाज** : एक समुदाय अथवा पारम्परिक या धर्मरूढ़ समाज की संकल्पना। फर्डिनंड टॉनीज (Ferdinand Töennies, 1855–1936) के अनुसार समाज या सामाजिक सम्बन्ध के दो आधारभूत स्वरूप हैं– समुदाय (***Gemeinschaft***) और समाज (***Gesellschaft***)। गेमाइनशाफ्ट 'प्राकृतिक इच्छा' (**Natural will**) पर आधारित समूह है अर्थात्, ऐसा समूह निर्माण करने में सदस्यों का मुख्य उद्देश्य एक-दूसरे के साथ सम्बद्ध होना होता है। यह एक सावयवी इच्छा (**Organic will**) रखने वाले व्यक्तियों का संघ है, जिनका संगठन या एकात्मता निश्चय ही सगोत्रता की प्राकृतिक शक्ति के कारण पनपती है। टॉनीज के अनुसार समुदाय की प्रमुख विशेषताएँ हैं– सामान्य इच्छा, सदस्यों का कोई व्यक्तिगत महत्त्व नहीं, सामुदायिक स्वार्थों का प्रभुत्व, विश्वास, धर्म, रूढ़ियाँ एवं प्रथाएँ, सावयवी, प्राकृतिक एकात्मता तथा सामान्य सामुदायिक सम्पत्ति।

gender ('जेन्डर्) **लिंग** : पुरुष सम्बन्धी अथवा स्त्री सम्बन्धी विशेषताओं से सम्बद्ध वे तत्त्व, जो संस्कृति द्वारा निर्धारित होते हैं। पुरुष एवं स्त्री अथवा पुरुषत्व एवं नारीत्व से सम्बद्ध सामाजिक, सांस्कृतिक एवं मनोवैज्ञानिक पक्ष को ही लिंग की संज्ञा दी जाती है। **Gender** एक सामाजिक अवधारणा है, तो **Sex** एक जैविक अवधारणा है। यहाँ यही सबसे प्रमुख बात है। मानव समुदाय लिंग के आधार पर दो भागों में विभाजित है– नारी और पुरुष, जबकि यौन-भेदभाव जीव-विज्ञान के द्वारा विभाजित किये गये हैं। लैंगिक भेदभाव सांस्कृतिक आधार पर बनाये गये हैं। स्त्री न केवल जैविक अस्तित्व है, बल्कि उससे अपने समाज के मानदण्डों के अनुसार कुछ कार्यों को पूरा करने की प्रत्याशा भी की जाती है। स्त्रियों की लिंग-भूमिका समाज और परिवार, जिसमें वे पैदा होती हैं, उनके अनुसार निर्धारित होती हैं।

genealogy (जीनि 'आलजि) **वंशावली :** वंशानुक्रम, वंशपरम्परा या वंशावली का अनुसन्धान। मानवशास्त्र में वंशावली के माध्यम से विभिन्न पीढ़ियों के बीच या उसके अन्तर्गत भी वास्तविक अथवा काल्पनिक नातेदारी की कड़ी खोजने में मदद मिलती है। इसका सबसे अधिक प्रयोग नातेदारी प्रथा एवं परिवार के अध्ययन के क्षेत्र में होता है।

generalised others ('जेन्रलाइज़्ड् 'अदर्स) **सामान्यीकृत अन्य :** किसी व्यक्ति की स्वयं के बारे में वह धारणा, जो दूसरे लोग उसके बारे में रखते हैं। इसका तात्पर्य व्यक्तियों की उन अवधारणाओं से है, जो वे अपने समुदाय या समाज के समस्त मूल्यों एवं आदर्शों के बारे में सोचते या समझते हैं। इसे ही ध्यान में रखकर कोई व्यक्ति अपने व्यवहार या स्वयं के बारे में कोई निर्णय लेता है। जॉर्ज एच. मीड (George Herbert Mead, 1863–1931) ने इस अवधारणा का प्रतिपादन किया है।

generalization (जेन्रलाइ'ज़ेशन्) **सामान्यीकरण :** यह चिन्तन की एक सामान्य विधि है, जिसके अन्तर्गत लोग निगमन के द्वारा किसी निर्णय पर पहुँचते हैं। दूसरे शब्दों में, यह विशिष्ट उदाहरणों के आधार पर सामान्य प्रत्यय तक पहुँचने की प्रक्रिया है। ये कथन घटनाओं के मध्य एक सार्वभौमिक सम्बन्ध की उपस्थिति का संकेत देते हैं। तथ्यों में नियमितता स्थापित करने के उद्देश्य से सामान्यीकरणों की रचना की जाती है। आगमनात्मक तर्कशास्त्र मुख्यत: इसी प्रक्रिया पर आधारित है।

gentry ('जेन्ट्रि) **भद्रलोग :** यूरोप में इस वर्ग का स्थान अभिजात वर्ग (**Aristocracy**) के ठीक नीचे और मध्यमवर्ग के ऊपर था। वे लोग विवाहों के माध्यम से अभिजात वर्ग से जुड़े हुए थे तथा उनकी जीवनशैली भी उन्हीं लोगों से मिलती-जुलती थी। दूसरी तरफ, वे परिवारों के माध्यम से मध्यमवर्ग से जुड़े हुए थे, जिनके जीविकोपार्जन का मुख्य साधन खेती था। आर्थिक रूप से कुलीन वर्ग के लोग काफी धनवान थे; क्योंकि उनके पास अपार भूमि, खनिज एवं नगरीय सम्पदा थी।

gerontology (जेरॉन्'टॉलजि) **जराविज्ञान :** विज्ञान की वह शाखा, जिसके अन्तर्गत आयु-वृद्धि के साथ जुड़े हुए समाजविज्ञान के विभिन्न पहलुओं का अध्ययन किया जाता है।

gesellschaft (गेजेल'शॉफ्ट) **समाज, गेजेलशाफ्ट :** 'गेजेलशाफ्ट' शब्द का सर्वप्रथम प्रयोग जर्मन समाजशास्त्री फर्डिनंड टॉनीज (Ferdinand Töennies, 1855–1936) ने किया था। टॉनीज के अनुसार समाज या सामाजिक सम्बन्ध के दो आधारभूत स्वरूप हैं– समुदाय (***Gemeinschaft***) और समाज (***Gesellschaft***)। इसके विपरीत समाज व्यक्तियों की एक समग्रता (Totality) है, जो अपनी-अपनी वैयक्तिक इच्छानुसार अपने निजी उद्देश्यों की प्राप्ति हेतु अन्त:क्रिया करते हैं। यह एक प्राकृतिक या स्वाभाविक उपज नहीं है और किसी भी रूप में एक प्राकृतिक सावयव भी नहीं है। वास्तव में यह एक कृत्रिम यन्त्र रचना (Artificial mechanism) है। इस प्रकार के स्वरूप को एमिल डर्कहाइम (Émile Durkheim) ने सावयवी संगठन या एकात्मता पर आधारित एक समूह माना है। टॉनीज के अनुसार समाज की प्रमुख विशेषताएँ हैं– वैयक्तिक इच्छा, सदस्यों का व्यक्तिगत महत्त्व, वैयक्तिक स्वार्थों का प्रभुत्व, सिद्धान्त (वाद), जनमत, फैशन, धुन, ढँग, यन्त्रवत्, अनुबन्धात्मक एकात्मता, वाणिज्य और विनिमय तथा निजी सम्पत्ति। आधुनिक समाजों में जो सामाजिक व्यवस्था धीरे-धीरे विकसित होती जा रही है, वह इसी प्रकार की है।

gesture ('जेस्चर्) **हाव-भाव, भाव-भंगिमा :** अमरीकी समाजशास्त्री जॉर्ज मीड (George Herbert Mead, 1863–1931) के आत्म-विकास (**Self development**) के सिद्धान्त के सन्दर्भ में इस शब्द की विशिष्ट महत्ता है। उनका मानना था कि भाव-भंगिमा के माध्यम से भी व्यक्तियों के बीच में अन्त:क्रिया एवं संवाद की प्रक्रियाएँ चलती हैं। माता-पिता एवं शिशुओं के बीच समाजीकरण की प्रक्रिया में भाव-भंगिमा की अहम् भूमिका होती है; क्योंकि भाषा के माध्यम से शिशुओं के साथ संवाद प्रारम्भिक अवस्था में नहीं हो पाता है।

global village ('ग्लोब्‌ल्‌ 'विलेज्‌) **वैश्विक गाँव :** सूचना तकनीक के क्षेत्र में हुई अभूतपूर्व क्रान्ति, जिसमें नवीन दुनिया बनी है, चाहे वह क्रान्ति उपग्रह के माध्यम से हुई हो या माइक्रोवेव से अथवा कम्प्यूटर प्रणाली से। सूचना के मामले में दुनिया का आकार दिन-प्रतिदिन छोटा होता जा रहा है अर्थात्, हम एक-दूसरे के अत्यधिक निकट आते जा रहे हैं। मार्शल मैक्लूहन (Marshall H. McLuhan, 1911–1980) ने इस स्थिति को ही 'वैश्विक गाँव' कहा है।

globalization (ग्लोब्‌लाइ'ज़ेशन्‌) **वैश्वीकरण, भूमण्डलीकरण :** वैश्वीकरण का शाब्दिक अर्थ है विश्व की अर्थव्यवस्था के साथ जुड़ जाना। सामाजिक-आर्थिक सम्बन्धों का सम्पूर्ण विश्व तक विस्तार ही वैश्वीकरण है। वर्तमान समय में, मानव-जीवन के अनेक पक्ष, जिन समाजों में हम रह रहे हैं, उनसे हजारों मील दूर स्थित संगठनों और सामाजिक ताने-बाने से प्रभावित होने लगे हैं। इस प्रकार, विश्व एक एकल समाज व्यवस्था का रूप धारण करता जा रहा है। इस सम्बन्ध में सर्वाधिक महत्त्वपूर्ण बात यह है कि विश्ववाद के द्वारा एक ऐसी नवीन चेतना का उदय हो रहा है, जिसमें सम्पूर्ण विश्व के राष्ट्र-राज्य अब कई मामलों में एक जगह मिलजुल कर बैठ, मानव-जीवन को अधिकाधिक खुशहाल एवं बेहतर बनाने के लिए एक साथ निर्णय करने लगे हैं। इस सम्बन्ध में सर्वाधिक महत्त्वपूर्ण तथ्य यह है कि भूमण्डलीकरण की अवधारणा विश्व के बारे में एकल समष्टि के रूप में एक नवीन चेतना के उद्‌भव को इंगित करती है। अतः भूमण्डलीकरण को विश्व की एक मूर्त संरचना की सम्पूर्णता के रूप में परिभाषित किया जाता है। आज विश्वस्तर पर इस चेतना का उदय और विस्तार होता जा रहा है कि 'विश्व' एक गतिशील संरचित परिवेश है।

globalization theory (ग्लोब्‌लाइ'जेशन्‌ 'थिअरि) **वैश्वीकरण-सिद्धान्त :** यह सिद्धान्त इस तथ्य का विश्लेषण करता है कि कैसे विश्वस्तर पर एक साझा या सामान्य संस्कृति का विकास संभव हुआ है। सूचना तकनीक में क्रान्ति के फलस्वरूप विश्वस्तर पर धीरे-धीरे ही सही एक सामान्य संस्कृति, जीवन-शैली, सार्वभौम उत्पादन, उपभोक्ता प्रणाली, विश्वव्यापी खेल-कूद की प्रतियोगिता, विश्वव्यापी पर्यटन, विश्वव्यापी पर्यावरण, स्वास्थ्य सम्बन्धी जागरूकता एवं समस्याओं का निदान, राजनीतिक स्तर पर संयुक्त राष्ट्रसंघ का उदय एवं धार्मिक विषयों एवं मान्यताओं पर विश्वव्यापी संवाद होना संभव हुआ है। इस सिद्धान्त की यह भी मान्यता है कि विभिन्न लोगों और राष्ट्रों के बीच भौगोलिक दूरी में कमी आयी है और लोग एक-दूसरे के करीब हुए हैं। वैश्वीकरण की तुलना विश्व-पद्धति सिद्धान्त (**World-systems theory**) से नहीं की जानी चाहिए; क्योंकि इस सिद्धान्त की मान्यता है कि सांस्कृतिक सार्वभौमवाद (**Cultural globalism**) मात्र आर्थिक सार्वभौमवाद (**Economic globalism**) का परिणाम है। वर्तमान समय में वैश्वीकरण-सिद्धान्त के अन्तर्गत सिर्फ समजातीयकरण (**Homogenization**) की प्रक्रिया का ही विश्लेषण नहीं होता, बल्कि विभेदीकरण (**Differentiation**) की प्रक्रिया का भी उतना ही विश्लेषण होता है। समाजशास्त्रियों का मानना है कि वैश्वीकरण की प्रक्रिया कोई सहज प्रक्रिया नहीं है, बल्कि इसके अन्तर्गत स्थानीयता (**Localism**) एवं सार्वभौमवाद (**Globalism**) के बीच अक्सर अन्तःक्रिया चलती रहती है; क्योंकि दोनों एक-दूसरे की विपरीत स्थिति के द्योतक है। वैश्वीकरण-सिद्धान्त का दायरा विश्व-पद्धति सिद्धान्त से बृहत्तर है। इस विषय पर कुछ प्रमुख कृतियाँ इस प्रकार हैं।

grand theory (ग्रैन्ड्‌ 'थिअरि) **महासिद्धान्त :** समाजशास्त्र में कई प्रकार के सिद्धान्तों का प्रचलन है। इस शब्दावली का सर्वप्रथम प्रयोग अमरीकी समाजशास्त्री सी. राइट मिल्स (C. Wright Mills, 1916–1962— **The Sociological Imagination** (1959) ने एक निन्दनीय अर्थ में टैलकॉट पार्सन्स (Talcott Parsons, 1902–1979) जैसे समाजशास्त्रियों द्वारा प्रतिपादित सिद्धान्तों के लिए किया था। मिल्स समाजशास्त्र में व्यापक स्तर पर अमूर्त सामान्यीकरण (**Abstract generalization**) की प्रवृत्ति के विरोधी थे; क्योंकि उनका विचार यह था कि इस प्रकार के सिद्धान्तों से समाज का गहराईपूर्ण ढँग से विश्लेषण नहीं किया जा सकता है।

great tradition (ग्रेट ट्र'डिशन्‌) **बृहत्‌ परम्परा :** बृहत्‌ एवं लघु परम्परा की दो जुड़वा अवधारणाओं का प्रतिपादन रॉबर्ट रेडफील्ड (Robert Redfield, 1897–1958) द्वारा कृषक समुदायों के सांस्कृतिक जीवन के विश्लेषण की एक

पद्धति के रूप में किया गया है। जो परम्पराएँ धर्मग्रन्थों एवं आदिग्रन्थों पर आधारित हैं, उन्हें हम बृहत् परम्परा कहते हैं। इस परम्परा का विकास विद्यालयों तथा देवालयों में होता है। दार्शनिकों, चिन्तकों तथा साहित्यकारों की परम्पराओं का सृजन एवं हस्तान्तरण सचेतन प्रयासों द्वारा होता है। यह परम्परा समाज के सम्भ्रान्तवर्ग या चिन्तनशील लोगों (**Elites** or reflective few) की होती है। मिल्टन सिंगर (Milton Singer, 1912–1994) ने भारतीय सन्दर्भ में बृहत् परम्परा के बारे में बताया है कि यह वह परम्परा है, जो विद्यालय एवं मन्दिरों में पोषित होती है। यह ब्रह्मज्ञानी एवं साहित्यिक व्यक्तियों की परम्परा है। यह परम्परा भारतीय समाज के प्राचीन ग्रन्थों पर आधारित है। बृहत् परम्परा को अभिजन या नगरीय परम्परा भी कहा जाता है।

gregariousness (ग्रि'गेअरिअसनेश) **यूथचारिता** : अपने ही प्रकार के व्यक्तियों के साथ-साथ अन्तर्क्रिया करने तथा मेल-मिलाप बढ़ाने की सामाजिक प्रवृत्ति यूथचारिता कहलाती है। यह मनुष्य जाति की कतिपय स्वाभाविक विशेषताओं में से एक है।

group (ग्रूप्) **समूह** : व्यक्तियों की समाकलित सामाजिक संरचना, जिसमें वे समान हितों, उद्देश्यों, कार्यों तथा प्रतिमानों आदि की दृष्टि से परस्पर सम्बद्ध होते हैं। इसमें ऐसे दो या अधिक लोग शामिल होते हैं, जिनमें परस्पर उद्देश्यपूर्ण सम्बन्ध होते हैं और जिनका लक्ष्य भी समान होता है। समूह के अन्तर्गत व्यक्तियों के बीच एक-दूसरे के साथ परस्पर अन्त:क्रिया की प्रक्रिया चलती रहती है। लेकिन, यह तभी संभव है, जब लोग एक-दूसरे को जानते हों। चूँकि भीड़ के अन्तर्गत सभी लोग एक-दूसरे को नहीं जान पाते हैं, इसीलिए सभी के बीच सामाजिक अन्त:क्रिया नहीं हो पाती है। अत: भीड़ को सामाजिक समूह नहीं कहा जा सकता है।

group dynamics (ग्रूप् डाइ'नैमिक्स्) **समूह गतिकी, समूह गतिशीलता** : समूह गतिकी से तात्पर्य समूहों की संरचना एवं कार्यशीलता का अध्ययन है। इसके अन्तर्गत समूह में अन्त:क्रिया, समूह एवं पर्यावरण के अन्य समूहों के अन्त:सम्बन्धों के अध्ययन के संरूप के आधार पर छोटे समूहों का अध्ययन किया जाता है। दूसरे शब्दों में, छोटे समूहों में व्यवहार के मनोवैज्ञानिक पक्षों का अध्ययन।

group mind (ग्रूप् माइन्ड्) **समूह मानस, सामूहिक चित्त** : किसी विषय के प्रति समूह के सदस्यों की एक जैसी एवं प्राय: संगठित अभिवृत्तियाँ, जो व्यावहारिक रूप में समूह की भावना को प्रभावित करती हैं।

group morale (ग्रूप् म'राल्) **समूह मनोबल** : समूह के सदस्यों में समूह के उद्देश्यों की सम्भावित पूर्ति के प्रति अगाध विश्वास, एकता, दृढ़ निश्चय और सन्तोष का होना।

group solidarity (ग्रूप् सॉलि'डैरिटि) **समूह समेकता** : सामूहिक व्यवहार का समाकलन, जो सामाजिक बन्धनों, आकर्षणों अथवा शक्तियों के फलस्वरूप समय-विशेष पर समूह के सदस्यों में अन्त:क्रिया की अभिव्यक्ति होती है।

gypsy ('जिप्सि) **खानाबदोश, जिप्सी, यायावर** : साधारणतया 'जिप्सी' शब्द का प्रयोग किसी भी घुमन्तू (खानाबदोश) जनजाति या समुदाय के लिए किया जाता है। लेकिन, वस्तुत: इसका प्रयोग सही अर्थ में उन्हीं समुदायों के लिए किया जाना चाहिए, जिन्हें यूरोप, रूस और अमरीका में घुमन्तू रूप में पाया जाता है तथा जो विभिन्न नामों से पुकारे जाने पर भी अपनी परम्परागत लोक-भाषा को 'रोमानी' कहते हैं और स्वयं को भी 'रोम' या 'रोमानी' कहते और कहलाना पसन्द करते हैं। विभिन्न देशों में ये विभिन्न नामों से पुकारे जाते हैं, जैसे– इंग्लैण्ड तथा अमरीका में 'जिप्सी'। ये लोग प्राय: लोहारी का काम करना, हस्तरेखाएँ देखना, गाना, बजाना, नाचना, घोड़े खरीदना और बेचना, चोरी करना आदि काम करते रहे हैं।

historical determinism (हि'सटॉरिकॅल डि'टर्मि निज़्म्) **ऐतिहासिक नियतत्त्ववाद** : ऐसा मत, जिसमें कि ऐतिहासिक घटना-क्रम किसी पूर्व-निश्चित योजना के अनुसार चल रहा है अथवा प्रत्येक ऐतिहासिक घटना एक या अधिक जातिगत, भौगोलिक, आर्थिक आदि कारकों के द्वारा पूर्णत: निर्धारित होती है।

historical materialism (हि'सटॉरिकॅल म'टिरिअलिज़म्) **ऐतिहासिक भौतिकवाद** : मार्क्सवादी दर्शन में द्वन्द्वात्मक भौतिकवाद के सिद्धान्तों के अनुसार किये गये सामाजिक इतिहास की समीक्षा को ऐतिहासिक भौतिकवाद कहते हैं। लेनिन (V.I.U. Lenin, 1870–1924) का दावा है कि ऐतिहासिक भौतिकवाद की दृष्टि से यदि मानवीय इतिहास के विभिन्न युगों का अध्ययन किया जाय, तो द्वन्द्वात्मक भौतिकवाद की सत्यता स्पष्ट रूप से प्रमाणित होती है। ऐसा माना जाता है कि कार्ल मार्क्स (Karl Marx, 1818–1883) पहले विचारक थे, जिन्होंने 'ऐतिहासिक भौतिकवाद' की अवधारणा को समाजविज्ञानियों के बीच रखा। यह सिद्धान्त इतिहास, संस्कृति और सामाजिक परिवर्तन की सभी आदर्शवादी व्याख्याओं को नकारता है। मानवशास्त्रीय दर्शन पर केन्द्रित यह सिद्धान्त, इतिहास की व्याख्या, मानव द्वारा विश्व और समाज के साथ सामंजस्य स्थापित करने के लिए किये गये आर्थिक प्रयत्नों और मूलभूत आर्थिक भिन्नताओं के कारण उत्पन्न वर्ग-संघर्षों के रूप में करता है।

historical method or **approach** (हि'सटॉरिकॅल मे'थॅड ऑर् अ'प्रोच्) **ऐतिहासिक पद्धति** या **दृष्टिकोण** : इसका प्रयोग समाजशास्त्र के आरम्भ में ही हुआ है। वस्तुत: विकासवादी चिन्तकों (Evolutionists) ने मानवसमाज का अध्ययन एक ऐतिहासिक परिप्रेक्ष्य में करना शुरू किया। इन अध्ययनों में समाजशास्त्रियों ने विकास के नियम, विकास के चरण एवं विकास के परिणामों की चर्चा सामाजिक संस्थाओं तथा सामाजिक संरचनाओं के सन्दर्भ में की। इसके अन्तर्गत सामाजिक तथ्यों की व्याख्या, उसकी उत्पत्ति, उसके क्रमिक विकास एवं विकास के अलग-अलग चरणों के रूप में की गयी। कुछ समाजशास्त्रियों ने इसे उद्विकासीय दृष्टिकोण (**Evolutionary approach**) भी कहा है।

homo sapiens (होमो 'सैपिएन्ज़) **प्राज्ञ मानव** : मानव विकास की अन्तिम कड़ी होमो सैपिएन्ज़ है और आज जितने भी मानव हैं, सब उन्हीं की सन्तानें हैं। यह मानव सर्वाधिक विकसित है। इसने जिस मानव जाति को जन्म दिया, उसे सैपिएन्ज़ कहते हैं।

horde (हॉर्ड्) **खानाबदोश समूह** : ऐसे लोगों का समूह, जो परस्पर नातेदारी से जुड़े हों। यह सामाजिक व्यवस्था का एक प्राथमिक रूप है। यायावरों का वह यूथ, जो विशिष्ट निर्धारित क्षेत्रों में आखेट करने अथवा पशुओं को चराने का विशेषाधिकार रखते हैं। बहुधा ये क्षेत्र उनके घूमने की सीमा होते हैं।

horizontal social mobility (हॉरि'ज़ॉन्ट्ल् 'सोश्ल् मो'बिलटि) **क्षैतिज या समस्तरीय सामाजिक गतिशीलता** : जिस किसी भी गतिशीलता के अन्तर्गत व्यक्ति या समूह की सामाजिक स्थिति में कोई बुनियादी परिवर्तन नहीं आता है, तो उसे हम समस्तरीय सामाजिक गतिशीलता कहते हैं। जैसे, यदि नाई अपने यजमानों से सम्बन्ध-विच्छेद कर शहर में सैलून के द्वारा जीवनयापन शुरू करता है, तो उसे समस्तरीय सामाजिक गतिशीलता कहा जायेगा; क्योंकि दोनों स्थितियों में वह नाई का ही काम करता है। उसी तरह से, यदि किसी राज्यपाल का तबादला एक राज्य से दूसरे राज्य में हो जाता है, तो उनकी सामाजिक स्थिति में कोई परिवर्तन नहीं आता है। उनके इस कार्यक्षेत्र में परिवर्तन को हम समस्तरीय सामाजिक गतिशीलता ही कहेंगे। पेशे में स्थानान्तरण या आमदनी में मामूली कमी और वृद्धि से उत्पन्न परिवर्तन को इसी प्रकार की गतिशीलता की श्रेणी में रखा जाता है, अर्थात् जिस किसी भी गतिशीलता के अन्तर्गत व्यक्ति या समूह की सामाजिक स्थिति में कोई बुनियादी परिवर्तन नहीं आता है, तो उसे हम समस्तरीय सामाजिक गतिशीलता कहते हैं।

human ecology ('ह्यूमन् इ'कॉलजि) **मानव पारिस्थितिकी** : ऐसा विषय, जो मानव और पर्यावरण के बीच के सम्बन्धों का अध्ययन करता है। पर्यावरण प्राकृतिक या मानवनिर्मित कुछ भी हो सकता है। मानवीय पारिस्थितिकी सामान्य पारिस्थितिकी की एक शाखा है। समाजशास्त्र के क्षेत्र में यह एक महत्त्वपूर्ण सम्प्रदाय रहा है।

hunting and **gathering society** ('हॅन्टिङ् ऐन्ड् गैद्'अरिङ् स'साइअटि) **शिकारी एवं एकत्रीकरण समाज** : शिकार और एकत्रीकरण करने वाला समाज अपना निर्वाह शिकार करके तथा विभिन्न प्रकार की जड़ों, कंद-मूलों और

फलों को इकट्ठा करके करते हैं। ऐसे समाजों का प्रकृति के साथ नजदीकी सम्बन्ध होता है। ऐसे समाज के लोग जानवरों, फलों, जड़ों और कंद-मूलों की तलाश में एक स्थान से दूसरे स्थान पर घूमते रहते हैं। मनुष्य जानवरों की तरह झुण्ड में रहा करता था। इस प्रकार के समाज की उत्पत्ति आज से लगभग 50,000 साल पूर्व मानी जाती है, जो अब धीरे-धीरे समाप्त हो रहा है। भारत में आज भी कुछ जनजातियाँ कहीं-कहीं पर इसी स्तर में दिखाई पड़ती हैं।

hypothesis (हाइ'पॉथिसिस्) **प्राक्कल्पना, परिकल्पना :** किसी घटना की व्याख्या के लिए अथवा उसके कारण के रूप में अपर्याप्त प्रमाण के आधार पर की गयी कोई कामचलाऊ कल्पना पूर्णतः सिद्ध या असिद्ध होने के लिए और अधिक प्रेक्षण और प्रयोग की अपेक्षा रखती है। इसे कई तरह से परिभाषित किया जाता है। यह एक ऐसा परस्पर सम्बद्ध अवधारणाओं का कथन है, जिनकी वैधता की जाँच होनी बाकी है। प्राक्कल्पना अनुसन्धान और सिद्धान्त के बीच एक आवश्यक कड़ी है, जो ज्ञान वृद्धि की खोज में सहायक होती है। प्राक्कल्पना एक कामचलाऊ सामान्यीकरण है, जिसकी सत्यता की परीक्षा बाकी है। प्राक्कल्पना एक ऐसी मान्यता होती है, जिसकी सत्यता सिद्ध करने के लिए उसका परीक्षण किया जा सकता है।

i and me (आइ ऐन्ड् मी) **'मैं' और 'मुझे' :** व्यक्तित्व का विकास कैसे होता है, इस सम्बन्ध में जॉर्ज एच. मीड (George Herbert Mead, 1863–1931) ने 'मैं' और 'मुझे' की दो जुड़वा अवधारणाओं का विकास किया। मीड ने 'मैं' की धारणा का प्रयोग व्यक्तिगत अथवा सम्पूर्ण स्व के उस पक्ष को इंगित करने के लिए किया है, जिसकी रचना स्वतःस्फूर्त चालकों तथा इच्छाओं द्वारा होती है। दूसरे व्यक्ति उसे किस प्रकार से चाहते हैं, यह भाव 'मुझे' को प्रतिबिम्बित करता है। दूसरे शब्दों में, मेरे द्वारा किये गये व्यवहार पर दूसरों की प्रतिक्रिया 'मुझे' को व्यक्त करती है। 'मुझे' स्व के सामाजिक पक्ष, अर्थात् वस्तुपरक दृष्टिकोण का प्रतिनिधित्व करता है।

id (इड) **सुप्तवासना, इदम् :** सुप्तवासना एक अचेतन अवस्था है, जो व्यक्तियों की सहजात इच्छाओं (Instinctive desires), विशेषकर वासना एवं आक्रमण का बोध कराता है। यह व्यक्तियों में एक प्रकार की भूख (Appetites) है, जो उसे विभिन्न कार्यों के लिए प्रेरित करती रहती है। इदम् का निर्माण दमित, पाशविक एवं असामाजिक इच्छाओं एवं आवेगों द्वारा होता है। व्यक्तित्व के इस भाग को तर्कहीन तथा अनैतिक माना जाता है। यह कामुक तथा आक्रामक दोनों असीमित शक्तियों का अपार भण्डार है। सिगमण्ड फ्रॉयड (Sigmund Freud, 1856–1939) के शब्दों में, यह उबलती हुई भावनाओं का कड़ाह है। फ्रॉयड ने इड के कार्य से मिलने वाली तृप्ति को सुख-सिद्धान्त कहा है। इड की शक्ति से हमारे जन्मजात प्रेरकों की आवश्यकताओं की तृप्ति होती है, जिसे फ्रॉयड ने इदम् कहा है, उसी को चार्ल्स एच. कूली (Charles H. Cooley, 1864-1929, हिन्दी में इस नाम का शुद्ध उच्चारण मात्र चार्ल्स एच. कूली है) ने बुनियादी मानव स्वभाव (Original human nature) एवं जॉर्ज एच. मीड (George Herbert Mead, 1863–1931) ने मैं ('I') कहा है।

ideal personality (आइ'डिअल् पर्स'नैलटि) **आदर्श व्यक्तित्व :** ऐसा व्यक्तित्व, जिसमें अपेक्षित गुणों की पराकाष्ठा हो। महात्मा गाँधी भारतीय राजनीति के आदर्श व्यक्तित्व थे।

ideal type (आइ'डिअल् टाइप) **आदर्श प्रतिरूप :** 'आदर्श' शब्द का प्रयोग 'अच्छे' अथवा 'बुरे' या वांछनीयता के अर्थ में नहीं किया जाता है। यह पूर्णतः मानकीय अर्थों से रहित एक अवधारणा है। यह एक मानसिक रचना है जिसका निर्माण सामान्य लक्षणों के आधार पर निर्मित सामान्यीकरणों की अपेक्षा आदर्शात्मक तार्किकीकरण की प्रक्रिया द्वारा किया जाता है। यह पारम्परिक तर्क, सांख्यकीय औसत तथा सार-तत्त्व की धारणाओं से भी भिन्न है। मैक्स वेबर (Max Weber, 1864–1920) द्वारा विकसित एक शोध-पद्धति का साधन, जिसमें किसी वस्तु या घटना के सामान्य लक्षणों को सिद्धान्त के रूप में व्यक्त किया जाता है। आदर्श प्रतिरूप किसी घटना, वस्तु अथवा वर्ग-विशेष की समस्त आवश्यक विशेषताओं का सम्पूर्ण अथवा लगभग सम्पूर्ण रूप में चित्रण करने की विधि आदर्श-प्रतिरूप के

नाम से जानी जाती है। इन सभी विशेषताओं का यथार्थ रूप में किसी एक वास्तविक इकाई में मिलना कठिन है। आदर्श-प्रतिरूप की अवधारणा के पीछे मूल मन्तव्य यही है कि सामाजिक घटनाओं का विश्लेषण, उनकी परिवर्तनशील एवं जटिल प्रकृति के कारण, उनकी विशेषताओं के आत्यन्तिक रूपों के सन्दर्भ में ही किया जा सकता है, जिन्हें यथार्थ में पाया जाना कठिन है।

idealistic culture (आइडिअ'लिस्टिक'कल्चॅर्) **आदर्शवादी संस्कृति** : पिट्रिम ए. सोरोकिन (Pitirim Alexandrovich Sorokin, 1889–1968) का विचार है कि आदर्शवादी संस्कृति में इन्द्रियपरक संस्कृतियों (**Sensate culture**) एवं आदर्शात्मक संस्कृति (**Ideational culture**) दोनों के तत्त्व पाये जाते हैं। यह संस्कृति दोनों संस्कृतियों के बीच की स्थिति है। जब समाज की संस्कृति इन्द्रियपरक से आदर्शात्मक या आदर्शात्मक से इन्द्रियपरक संस्कृति की ओर परिवर्तित होती है, तो कुछ समय के लिए आदर्शवादी संस्कृति की स्थिति आती है। सोरोकिन के विचार में ऐसी स्थिति तब विशेष रूप से उत्पन्न होती है, जब आदर्शात्मक संस्कृति चेतनात्मक संस्कृति में बदलती है। ऐसी संस्कृति में भौतिक एवं आध्यात्मिक मूल्यों का अच्छा समन्वय देखने को मिलता है।

ideational culture (आइडि'एशनल'कल्चॅर्) **आदर्शात्मक संस्कृति** : पिट्रिम ए. सोरोकिन (Pitirim Alexandrovich Sorokin, 1889–1968) के अनुसार आदर्शात्मक संस्कृति का सम्बन्ध आत्मा (**Soul**), मस्तिष्क (**Mind**), आध्यात्मिक विचार या भावना (**Spirit**) आदि से है। इस अवस्था में भौतिक सत्य की जगह परम सत्य (**Absolute truth**) की बात की जाती है। इसमें भौतिकवादी विचारों की जगह अभौतिकवादी विचारों को अधिक स्वीकारा जाता है। इस संस्कृति में ज्ञान, कला, दर्शन, धर्म एवं साहित्य आदि को आध्यात्मिक दृष्टिकोण से देखा जाता है। प्राचीन एवं मध्यकालीन भारत तथा मध्यकालीन यूरोप आदर्शात्मक संस्कृति के अच्छे उदाहरण हैं।

immanent change ('इमनन्ट चेन्ज्) **अन्तर्वर्ती परिवर्तन** : यह विचार कि सामाजिक जीवन में जब कोई क्रिया एक बार आरम्भ या गतिमान कर दी जाती है, तो उससे स्वत: ही अन्य क्रियाएँ प्रारम्भ हो जाती हैं।

immigration (in-migration) (इमि 'ग्रेशन्) **अप्रवासन, आव्रजन** : प्रवास की वह स्थिति, जिसमें दूसरे देशों के लोग किसी विशेष देश में आकर बस जाते हैं, परन्तु जिन्हें वहाँ की नागरिकता प्राप्त नहीं होती है, उसे अप्रवासन कहा जाता है। एक ही व्यक्ति को अप्रवासी और उत्प्रवासी दोनों ही कहा जा सकता है। यह इस बात पर निर्भर करता है कि कहने वाले व्यक्ति का सन्दर्भ क्या है, जैसे– यदि कोई भारतीय भारत के बाहर जाकर रहता है, तो भारत के लोग उस प्रक्रिया को उत्प्रवास कहेंगे और जिस देश में वह गया है, उस देश के लोग भारतीय प्रवासियों की इस प्रक्रिया को अप्रवास कहेंगे।

incest taboo ('इन्सेस्ट ट'बू) **अगम्यगमन निषेध** : कुछ निश्चित सम्बन्धियों के मध्य यौन-सम्बन्धों का वर्जित होना। विभिन्न समाजों में विभिन्न श्रेणी के सम्बन्धियों के बीच यौन-सम्बन्ध वर्जित होते हैं। सभी समाजों में ऐसे कुछ नियम हैं, जो व्यक्तियों की विशिष्ट श्रेणियों के बीच विवाह और लैंगिक सम्बन्धों की स्वीकृति नहीं देते। सामान्यत: व्यक्तियों की ये श्रेणियाँ रक्त-सम्बन्धों की निकटता पर आधारित हैं। अगम्यगमन निषेध का दायरा हमेशा रक्त-सम्बन्धों द्वारा ही निर्धारित हो, ऐसी बात नहीं है। ऐसे भी समाज कम नहीं हैं, जहाँ लैंगिक सम्बन्ध ऐसे कुछ व्यक्तियों के बीच भी स्थापित नहीं किये जा सकते, जो रक्त-सम्बन्धों द्वारा जुड़े नहीं होते हैं।

independent variable (इन्डि'पेन्डन्ट् 'वेरिअब्ल्) **स्वतन्त्र परिवर्त्य, स्वतन्त्र चर** : वह परिवर्तनशील मात्रा अथवा मात्रा का प्रतीक, जो अपने परिवर्तनों के लिए किसी दूसरे परिवर्त्य के अधीन न हो। जब किसी चर का मान हेतुक दृष्टि से सम्बद्ध चरों के मान से मुक्त रहकर निर्दिष्ट किया जा सकता है, तब उस चर को स्वतन्त्र चर कहते हैं। जैसे– धूम्रपान कैंसर को जन्म देता है। इसमें धूम्रपान (प्रचलन में धूम्रपान है, लेकिन यह एक अशुद्ध शब्द है।) स्वतन्त्र परिवर्त्य है तथा कैंसर का उत्पन्न होना आश्रित परिवर्त्य है। कारक-प्रभाव योजना के सन्दर्भ में इसे कारक माना जाता

है। नियन्त्रित प्रयोगों में स्वतन्त्र परिवर्त्य को प्रायोगिक परिवर्त्य कहते हैं, अर्थात् वह परिवर्त्य जिसका प्रायोगिक समूह में प्रयोग किया गया है, किन्तु जिसे नियन्त्रित समूह से दूर रखा गया है।

indirect social control (इन्डाइ'रेक्ट् 'सोशल् कन्'ट्रोल्) **अप्रत्यक्ष सामाजिक नियन्त्रण** : अप्रत्यक्ष नियन्त्रण से तात्पर्य व्यक्ति के शेष सामाजिक व भौतिक वातावरण द्वारा व्यक्ति पर नियन्त्रण से है। विभिन्न संस्थाओं और संगठनों द्वारा लगाया गया बन्धन अप्रत्यक्ष नियन्त्रण है। नियन्त्रण का यह स्वरूप अत्यधिक सूक्ष्म व छोटे-से-छोटे व्यवहारों को नियन्त्रित करता है। इसके द्वारा व्यक्ति को एक विशेष प्रकार का व्यवहार करने को बाध्य किया जाता है, उदाहरण स्वरूप, किसी बड़े व्यक्ति को सामने देखकर खड़ा हो जाना आदि। यह नियन्त्रण कालान्तर में हमारे व्यक्तित्व का अंग बन जाता है।

individualism (इन्डि'विड्युअलिज़म्) **व्यक्तिवाद** : एक परिप्रेक्ष्य अथवा एक विचारधारा, जो व्यक्ति की महत्ता अथवा श्रेष्ठता पर बल देती है। व्यक्तिवाद का मूल सूत्र यह है कि प्रत्येक सामाजिक या राजनीतिक विचारधारा का केन्द्रबिन्दु व्यक्ति ही है। समाजशास्त्र का वह सिद्धान्त, जिसके अनुसार व्यक्ति का मूल्य प्राथमिक और समाज गौण होता है। व्यक्तिवाद की बहुधा समूहवाद से तुलना की जाती है, जिसमें व्यक्तिगत हितों की अपेक्षा सामूहिक हितों को सर्वोपरि समझा जाता है। व्यक्तिवाद की धारणा काफी पुरानी है। आधुनिक अर्थों में इस शब्द का सर्वप्रथम प्रयोग हमें सन् 1838 में ए.डी. टॉकवील (Alexis-Charles-Henri Clérel de Tocqueville, 1805–1859) की पुस्तक **Democracy in America** में देखने को मिलता है। व्यक्तिवाद का प्रयोग एक अन्य अर्थ में भी किया गया है। इस दूसरे अर्थ में, सामाजिक व्यवस्थाएँ मुख्यत: व्यक्तियों से बनती हैं और उन्हें व्यक्तियों की विशेषताओं, हितों तथा इच्छा-अनिच्छा के आधार पर समझा जा सकता है। व्यक्तिवाद का यह अर्थ इस प्रमुख समाजशास्त्रीय आधार को चुनौती देता है कि सामाजिक प्रणालियाँ उनके निर्णायक भागों के जोड़ से कुछ अधिक हैं तथा उन व्यक्तियों के बिना भी सामाजिक प्रणालियों का स्वतन्त्र अस्तित्व है, जिनके द्वारा वे बनती हैं।

inductive method (इन्'डक्टिव मे'थॅड) **आगमन विधि** : तर्कशास्त्र की वह पद्धति, जिसमें अवलोकन-प्रेक्षण के आधार पर परिणाम निकाले जाते हैं, आगमन विधि कहलाती है। इस विधि में खोज की प्रक्रिया विशिष्ट से सामान्य की ओर चलती है। राम, श्याम और मोहन सभी मर चुके हैं; क्योंकि मानव मरणधर्मा है। यह आगमन विधि का एक उदाहरण है। न्यूटन ने पेड़ से गिरते हुए सेव को देखकर ही तो गुरुत्वाकर्षण शक्ति के नियम की रचना की थी। उनका यह विचार आगमन विधि पर आधारित था।

industrialization (इन्डस्ट्रिअलाइ'ज़ेशन्) **औद्योगीकरण** : औद्योगीकरण एक ऐसी प्रक्रिया है, जिसमें आधुनिकतम प्रौद्योगिकी का प्रयोग किया जाता है और जिसका उद्देश्य उत्पादन के साधनों में वृद्धि करना, मनुष्यों की जगह मशीनों पर निर्भर करना और कम-से-कम मेहनत में जीवन के स्तर को ऊपर उठाना होता है। इसके माध्यम से मनुष्यों की मशीन पर निर्भरता बढ़ती है और प्रकृति पर मनुष्यों के नियन्त्रण में भी वृद्धि होती है। औद्योगीकरण कोई ऐसी प्रक्रिया नहीं है, जो कल-कारखानों तक ही सीमित रहती है, बल्कि यह मूलत: एक आर्थिक प्रक्रिया है, जिसके अन्तर्गत मशीनों के माध्यम से उत्पादन में वृद्धि की जाती है। प्रारम्भ में यह प्रक्रिया कल-कारखानों तक अवश्य सीमित थी, पर वर्तमान काल में यह एक व्यापक आर्थिक प्रक्रिया बनकर उभरी है। औद्योगीकरण की प्रक्रिया खेत-खलिहान से लेकर कल-कारखानों तक चलती है। जहाँ कहीं भी आधुनिक मशीनों का प्रयोग उत्पादन बढ़ाने के लिए किया जाता है, वे सभी औद्योगीकरण ही माने जाते हैं।

informal interaction (इन्'फ़ॉर्मल् इन्टर्'ऐक्शन्) **अनौपचारिक अन्त:क्रिया** : ऐसी अन्त:क्रिया, जो सहज स्वभाव से प्रेरित होती है। यह औपचारिक नियमों या मानकों के अनुरूप नहीं होती है। साधारणत: यह अन्त:क्रिया वैयक्तिक होती है।

informal organization (इन् ˈफ़ॉर्म्ल् ऑगनाइ ˈज़ेशन्) **अनौपचारिक संगठन** : एक ऐसा संगठन, जो किसी निश्चित औपचारिक नियमों पर आधारित नहीं होता है। ऐसे संगठन के अन्तर्गत लोगों के बीच प्राथमिक सम्बन्ध पाये जाते हैं, जैसे– परिवार।

informal social control (इन् ˈफ़ॉर्म्ल् ˈसोशल् कन् ˈट्रोल) **अनौपचारिक सामाजिक नियन्त्रण** : वे प्रक्रियाएँ, जिनके अन्तर्गत विभिन्न समूह– विशेषकर प्राथमिक समूह– वैयक्तिक और अनौपचारिक ढँग से अपने सदस्यों को प्रचलित मानकों के अनुसरण के लिए प्रेरित या विवश करते हैं, उदाहरणस्वरूप– माता-पिता के एक इशारे पर ही बच्चे शैतानी बन्द कर देते हैं और भाई-बहन एक-दूसरे के सुख का ध्यान रखते हुए मिल-बाँट कर घर की वस्तुओं का प्रयोग करते हैं। अनौपचारिक नियन्त्रण का सम्बन्ध राज्य से न होकर समाज से होता है। यह औपचारिक नियन्त्रण की तुलना में अधिक प्रभावशाली सिद्ध होता है। प्रथाएँ, लोकरीतियाँ, लोकाचार, नैतिकता, धर्म, परिवार, जनमत, अलिखित नियम इत्यादि अनौपचारिक सामाजिक नियन्त्रण के प्रमुख साधन हैं।

informal status (इन्ˈफ़ॉर्म्ल् ˈस्टेटस्) **अनौपचारिक स्थिति** : व्यवस्थित समूह में किसी व्यक्ति की औपचारिक प्रतिष्ठा से भिन्न स्थिति जिसका आधार सामाजिक अधिक्रम की अपेक्षा उसकी विलक्षण प्रतिभा या गुण होता है। यह स्थिति वंश-परम्परा, कुल उत्तराधिकार, प्रजाति आदि पर निर्भर करती है।

informal structure (इन्ˈफ़ॉर्म्ल् ˈस्ट्रक्चर्) **अनौपचारिक संरचना** : एक ऐसा संगठन, जिसमें अलिखित नियम और समझ सभी सदस्यों के बीच रहती है। परिवार एवं जाति अनौपचारिक संरचना के उदाहरण हैं।

in-group (इन् ग्रूप्) **अन्तःसमूह** : ऐसा समूह, जिसके सदस्यों के बीच परस्पर अपनत्व, समूह के प्रति निष्ठा तथा अनन्यता की भावना होती है। अन्तःसमूह की अवधारणा सर्वप्रथम विलियम ग्राहम समनर (William G. Sumner, 1840–1910) ने दी है। यह वह समूह है, जिसके हम सदस्य होते हैं और जिससे हमारा अपनापन होता है या अपनापन की भावना होती है। इसमें एक प्रकार की 'वयं-भावना' (**We-feeling**) पायी जाती है, इसीलिए इसे कुछ लोगों ने '**We-group**' भी कहकर पुकारा है। जो व्यक्ति सम्बन्धित समूह के सदस्य नहीं होते, उन्हें ये अपने से अलग समझते हैं।

instinct (ˈइन्स्टिन्क्ट) **सहजवृत्ति, मूलवृत्ति** : एक जटिल आचरण-पद्धति, जो जैविक रूप में विरासत में मिली है और जो एक जाति के सदस्यों के लिए एक समान है। लक्ष्य-विशेष की ओर प्रेरित, अभियोजनशील, अपेक्षाकृत जटिल प्रतिक्रिया अथवा व्यवहारसंघात जिसका दैहिक आधार सम्बद्ध अंगों की परिपक्वता पर निर्भर हो, यथा– पक्षियों में घोंसला बनाने की प्रवृत्ति। मूलप्रवृत्तियों को लेकर मनोवैज्ञानिकों में भारी मतभेद रहा है। यह तो सभी स्वीकारते हैं कि मूलप्रवृत्तियाँ जन्मजात होती हैं और उन्हें सीखा नहीं जाता, किन्तु मूलप्रवृत्तियों की संख्या तथा उनकी प्रकृति के सम्बन्ध में एकात्मता का अभाव है। आजकल बहुमत यह है कि मूलप्रवृत्तियाँ यद्यपि निम्न प्राणियों में भी पायी जाती हैं, तथापि मानवों में इनका स्वरूप स्पष्ट नहीं है। कुछ विद्वान तो मूलप्रवृत्ति की सत्ता को बिलकुल ही स्वीकार नहीं करते।

institution (इन्स्टिˈट्यूशन्) **संस्था** : साधारणतया संस्था शब्द का अर्थ एक ऐसा संगठन होता है जिसका रूप मूर्त होता है, जैसे– स्कूल, अस्पताल आदि। परन्तु समाजविज्ञान में 'संस्था' का एक विशेष अर्थ होता है। आम बोलचाल की भाषा में अधिकांश लोग समिति को संस्था कहते हैं। इस बात से कोई इन्कार नहीं है कि वे संस्था भी हैं। पर जिसे ग़ैर-समाजशास्त्री लोग संस्था समझते हैं, उसे सही मायने में संस्था नहीं कहा जाता है। संस्था का स्वरूप कभी भी मूर्त नहीं होता है। आम लोगों के बीच संस्था के अर्थ के सम्बन्ध में मतभेद तो हैं ही, समाजशास्त्र में भी थोड़ी परेशानी अवश्य है; क्योंकि विभिन्न समाजशास्त्रियों ने इस शब्द का प्रयोग हमेशा एक निश्चित अर्थ में नहीं किया है। हम समितियों का निर्माण करते हैं। साथ-ही-साथ, समितियों के कार्य करने के कुछ सामान्य नियम तथा कार्य-प्रणाली भी तय करते हैं। जब सुव्यवस्थित या संगठित इन नियमों को स्थायी रूप दिया जाता है और जब यह कार्य-प्रणाली

या कार्यविधि समाज द्वारा स्वीकृत हो जाती है, तब इन नियमों एवं कार्य-प्रणाली को हम संस्था कहते हैं। समाज में कार्य करने के औपचारिक, मान्य एवं स्थापित ऐसे तरीके को संस्था कहते हैं, जिसे समाज की स्वीकृति प्राप्त हो।

interdisciplinary research (इन्टर्‌डिसि'प्लिनरि रि'सर्च्) **अन्तःशास्त्रीय शोध** : सामाजिक घटनाएँ विविध पक्षीय एवं बहुकारकीय होती हैं, जिनका अध्ययन एक विज्ञान की सीमा के परे है। सामाजिक घटनाओं की इस जटिलता के कारण विभिन्न विज्ञानों के विद्वान मिलकर एक दल के रूप में, जब शोध कार्य करते हैं, तब इस प्रकार का गवेषण अन्तर्विज्ञानीय शोध कहलाता है। दल के रूप में विभिन्न विज्ञानों के शोधकर्त्ताओं के कार्य अपने-अपने क्षेत्र की विशेषताओं के अनुसार बँटे होते हैं। किन्तु, वे सहयोग एवं समन्वयपरकता की आधारभूत आवश्यकताओं द्वारा आपस में जुड़े भी होते हैं।

interest group (इन्ट्रस्ट्‌ ग्रूप्) **हित-समूह, निहित स्वार्थ समूह** : समाज के किसी वर्ग-विशेष के हितों की सिद्धि के लिए प्रयत्नशील गुट। हित-समूह सामान्यत: उन समूहों को कहते हैं, जिनकी सदस्यता औपचारिक रूप से हितों की सुरक्षा, वृद्धि एवं प्रतियोगिता के लिए ग्रहण की जाती है। हितों की ऐसी समता व्यावसायिक समूहों अथवा श्रेणीगत समूहों में ही हो सकती है, इसलिए इन्हें श्रेणी सम्बन्धी समूह (Sectional group) भी कहा जाता है। आमतौर पर एक पेशा वाले, एक तरह का कार्य करने वाले, समान उद्देश्यों की रक्षा करने वाले हित-समूहों का गठन करते हैं। हित-समूह की धारणा सबसे पहले इटली के समाजशास्त्री रॉबर्ट मिशेल्स (Robert Michels, 1876–1936) ने 1911 में राजनीतिक दलों के सम्बन्ध में दी थी। वैसे तो स्वार्थ समूह किसी-न-किसी रूप में सभी शासन-प्रणालियों में पाये जाते हैं, लेकिन लोकतन्त्र में इनकी विशेष भूमिका होती है। अधिक समृद्ध और शक्तिशाली स्वार्थ समूह अपनी स्वार्थसिद्धि में सफल हो जाते हैं और आम लोगों या साधारण उपभोक्ताओं के हितों की अवहेलना हो जाती है।

interpretative understanding (इन्‌'टर्‌प्रिटेटिव अन्डॅ'स्टैंडिङ्) **व्याख्यात्मक समझ** : मैक्स वेबर (Max Weber) ने ***Verstehen*** (इसका शुद्ध उच्चारण फेस्टेअन है) की अवधारणा के माध्यम से यह स्पष्ट करने का प्रयास किया है कि किसी समाजशास्त्रीय परिप्रेक्ष्य का मुख्य उद्देश्य सामाजिक कार्य (**Action**) के अर्थ को स्पष्ट करना है। प्रत्येक कार्य के पीछे छिपे अर्थ को समझना ही समाजशास्त्रीय अध्ययन का मुख्य उद्देश्य होता है।

intra-generational mobility (इन्ट्रा जेन'रेशॅनल्‌ मो'बिलटि) **अन्तरा-पीढ़ी गतिशीलता** : किसी व्यक्ति को एक सामाजिक स्थिति से दूसरी सामाजिक स्थिति में पहुँचने में कितनी पीढ़ियों का समय लगता है, इसी आधार पर यह वर्गीकरण किया गया है। यदि कोई व्यक्ति या परिवार अपने ही जीवनकाल में एक स्थिति से दूसरी स्थिति में जाने में सफल हो जाता है, तो उसे हम अन्तरा-पीढ़ी गतिशीलता कहते हैं। इसे ही जीवनवृत्त (**Career mobility**) भी कहा जाता है।

intra-generational social mobility (इनट्रॉ जेन 'रेशॅनल्‌ 'सोशल्‌ मो 'बिलटि) **अन्तरा-पीढ़ी सामाजिक गतिशीलता** : किसी व्यक्ति को एक सामाजिक स्थिति से दूसरी सामाजिक स्थिति में पहुँचने में कितनी पीढ़ियों का समय लगता है, इसी आधार पर यह वर्गीकरण किया गया है। यदि कोई व्यक्ति या परिवार अपने ही जीवनकाल में एक स्थिति से दूसरी स्थिति में जाने में सफल हो जाता है, तो उसे हम अन्तरा-पीढ़ी गतिशीलता कहते हैं।

introvert (इन्ट्रॉवर्ट) **अन्तर्मुखता** : युंग (Carl G. Jung, 1875–1961) ने व्यक्तित्व के एक प्रकार के आन्तरिक परिवर्तन को अन्तर्मुखता नाम दिया है, जो मनोविज्ञान में अत्यन्त प्रचलित है। युंग के शब्दों में "मनुष्यों का एक ऐसा समूह, जो किसी उद्दीपन के प्रति प्रतिक्रिया करने के पहले कुछ झिझक दिखाता है, मानो मन-ही-मन वह प्रतिक्रिया न करना चाहता हो...ऐसे वर्ग का रुझान अन्तर्मुखी होता है।" किसी व्यक्ति के अन्तर्मुखी होने की सापेक्ष परीक्षा उसके व्यवहार से की जा सकती है। अन्तर्मुखी व्यक्ति संकोची तथा लज्जालु होता है। वह नयी स्थितियों को नापसन्द करता है और उनके प्रति सावधान रहता है। यहाँ तक कि वह कभी-कभी उनसे डरता भी है। वह एकान्त-प्रेमी होता

है और लोगों से बहुत कम सम्पर्क रखता है। वह विचार और कल्पना-प्रधान होता है। वह ज़्यादा संवेदनशील होता है। जरा-सी बात भी उसे जल्दी चुभ जाती है और वह चिन्तित हो जाता है। वह जिद्दी भी होता है और बहस करना पसन्द करता है। वह नवीन विचारों का समर्थक होता है और प्रचलित रीति-रिवाज़ों एवं परम्परागत बातों का ज़्यादा आदर नहीं करता। वह कर्म की अपेक्षा उद्देश्य के प्रति ज़्यादा सजग रहता है और उसका दृष्टिकोण आलोचनात्मक होता है। उसमें अपने आदर्शों और मूल्यों के प्रति अधिक उत्तरदायित्वपूर्ण भावना होती है।

IQ; intelligence quotient (आई. क्यू.; इन्'टेलिजन्स् क्वो'शन्ट) **बौद्धिक स्तर, बुद्धि-लब्धि** : मानसिक आयु और वास्तविक आयु के औसत को 100 से गुणा करने पर व्यक्ति की बुद्धि-लब्धि मालूम की जा सकती है। बुद्धि के परिमाणात्मक परीक्षण के लिए मनोवैज्ञानिकों ने अनेक उपाय निकाले, जिनमें से एक है फ्रांसीसी मनोविज्ञानी अल्फ्रेड बिने (Alfred Binet, 1857–1911) द्वारा विकसित बुद्धि-लब्धि का सूत्र। मानसिक आयु ज्ञात करने के लिए बिने ने कुछ प्रश्न तैयार किये थे, जिन्हें विभिन्न आयु वर्गों के बालकों से पूछा जाता था। बुद्धिफल का प्रयोग व्यक्ति की बौद्धिक क्षमता को ज्ञात करने के लिए किया जाता है। इसके लिए बुद्धि-परीक्षण किये जाते हैं।

job satisfaction (जॉब् सैटिस्'फैक्शन्) **रोज़गार सन्तुष्टि** : एक प्रकार का मनोवैज्ञानिक अनुभव कि कोई पेशा कितना सन्तोषप्रद है। सन्तुष्टि का आधार यह नहीं होता है कि उसका रोज़गार जीविकोपार्जन का मुख्य साधन है। पेशे से सन्तुष्टि का सम्बन्ध काम करने वाले व्यक्ति की मनोवृत्ति से होता है।

joint family (जॉइन्ट् 'फ़ैमलि) **संयुक्त परिवार** : एक संयुक्त परिवार उन व्यक्तियों का समूह है, जो सामान्यतः एक भवन में रहते हैं और जो एक रसोई में पका भोजन करते हैं, जो सामान्य सम्पत्ति के स्वामी होते हैं और जो सामान्य पूजा में भाग लेते हैं और जो किसी-न-किसी प्रकार एक-दूसरे के रक्त-सम्बन्धी होते हैं। अतः उस घर को हम संयुक्त परिवार कह सकते हैं, जिसमें अनेक पीढ़ियों के (तीन से अधिक) सदस्य एक साथ निवास करते हैं और सम्पत्ति, आय तथा पारस्परिक अधिकारों व दायित्वों के द्वारा एक-दूसरे से सम्बन्धित होते हैं। भारतीय समाज में इस प्रकार का संयुक्त परिवार व्यापक रूप से प्रचलित रहा है। ऐसे परिवार में दादा-दादी, चाचा-चाची तथा चचेरे भाई-बहनों जैसे कई पीढ़ियों के लोग एक साथ रहते हैं। संयुक्त परिवार की पूरी सत्ता परिवार के एक मुखिया में केन्द्रित होती है, जिसे कर्त्ता कहा जाता है। कर्त्ता पूरे परिवार का एकाधिकारी होता है।

juvenile delinquency ('जूवनाइल् डि'लिन्क्वन्सि) **बाल-अपराध** : किसी निश्चित आयु-सीमा के नीचे के बालकों द्वारा किये गये समाज-विरोधी व्यवहार को बाल-अपराध कहते हैं। भारत में 15 वर्ष की आयु तक के तथा अमरीका में 16 वर्ष की आयु तक के ऐसे बालक, जो समाज-विरोधी अपराधों या कुकृत्यों में लिप्त पाये जायें, बाल-अपराधी कहलाते हैं। ऐसे बालक चोरी, जेबतराशी, आवारागर्दी, बुरे व्यक्तियों के साथ घूमना-फिरना, भीख माँगना, यौन-अनाचार, शराब लाना और ले जाना, लूटमार, गुंडागर्दी, स्कूल से भाग जाना एवं अनुशासन भंग करना आदि कामों में लिप्त पाये जाते हैं।

kin (किन्) **नातेदार, स्वजन** : इस शब्द का प्रयोग ऐसे लोगों के लिए होता है, जो वंश या विवाह के माध्यम से सम्बन्धित हों। अधिकतर नातेदार परिवार से अलग रक्तमूल के होते हैं। रक्त-सम्बन्धों की मान्यता बहुधा सांस्कृतिक प्रतिमानों द्वारा निर्धारित होती है। यही कारण है कि सम्बन्ध श्रेणियों में कुछ व्यक्ति स्वजन या नातेदार माने जाते हैं, जबकि कुछ अन्य सम्बन्धियों को सिद्धान्ततः स्वीकर नहीं किया जाता।

kinship ('किन्शिप्) **बन्धुत्व, सगोत्रता, नातेदारी** : सामाजिक रूप से मान्यता-प्राप्त ऐसे सम्बन्धों को नातेदारी या स्वजन कहा जाता है, जो रक्त, विवाह अथवा दत्तकता पर आधारित होते हैं। नातेदारी के सम्बन्ध में इन तथ्यों पर गौर करने की आवश्यकता है– (1) बन्धुता जैविक सम्बन्धों की सामाजिक मान्यता है। (2) बन्धुता जैविक प्रसंग में सामाजिक सम्बन्धों की अभिव्यक्ति है। (3) समरक्तीय और वैवाहिक सम्बन्धों की सामाजिक मान्यता और अभिव्यक्ति

को बन्धुता कहते हैं। इसमें काल्पनिक और वास्तविक दोनों ही प्रकार के वंशावलिक रिश्तों पर आधारित तथा समाज द्वारा स्वीकृत सम्बन्ध सम्मिलित होते हैं।

latent function ('लेट्न्ट् फ़ॅन्क्शन्) **अप्रकट प्रकार्य, अव्यक्त प्रकार्य :** सामाजिक क्रिया के वे परिणाम अप्रकट प्रकार्य (**Latent function**) हैं, जो न तो मान्य (Recognised) होते हैं और न इच्छित (Intended)। अप्रकट प्रकार्यों में प्रेरणा (Motive), परिस्थिति (Situation) एवं परिणाम (Consequence) की जानकारी कर्त्ता को पहले से नहीं होती है। अप्रकट प्रकार्य के परिणाम बहुत दूरगामी होते हैं। अप्रकट प्रकार्य के बारे में कर्त्ता को पूर्व ज्ञान नहीं होता है।

law of natural selection (लॉ ऑव् 'नेच्रल् स 'लेक्शन्) **प्राकृतिक चयन का नियम :** यह चार्ल्स डार्विन (Charles Darwin, 1809–1882) के विकासवाद के सिद्धान्त का अंश है। भौतिक या सामाजिक जगत् में अस्तित्व के लिए संघर्ष। चयन की एक सहज प्रक्रिया, जिसमें लोग भौतिक और सामाजिक वातावरण में सबसे अधिक सशक्त हैं, वही जीवित रहते हैं, कमजोर का कोई स्थान नहीं होता है।

law of primogeniture (लॉ ऑव् प्राइमजे 'नूइचर्) **ज्येष्ठाधिकार नियम :** वह नियम, जिसके अनुसार ज्येष्ठ पुत्र या सन्तान या उत्तराधिकारी को दाय प्राप्ति का एकमात्र अधिकार प्राप्त होता है। रामचरितमानस के राम को इसी नियम के तहत अयोध्या की राजगद्दी सौंपी गयी थी।

leadership ('लीडर्शिप्) **नेतृत्व :** सामाजिक सम्बन्धों अथवा समूह में किसी एक व्यक्ति अथवा कुछ व्यक्तियों के प्रभावशाली एवं सत्ता में होने की स्थिति। नेतृत्व से हमारा तात्पर्य लोगों को प्रोत्साहित करने अथवा निर्देशित करने की वह योग्यता है, जो पद के अलावा व्यक्तिगत गुणों से आती है। नेता का कार्य मुख्यत: समूह की गतिविधियों को समूह के उद्देश्य की प्राप्ति के लिए समन्वित करना होता है। नेतृत्व की प्रतिष्ठा एवं सफलता प्राय: समूह-विशेष के सामाजिक कार्य-कलापों, सूचनाओं तथा निर्णयों आदि के सन्दर्भ में आँकी जाती है। मैक्स वेबर (Max Weber, 1864–1920) के अनुसार यह तीन प्रकार के होते हैं– परम्परागत नेतृत्व (**Traditional leadership**), लोकतान्त्रिक नेतृत्व (**Democratic leadership**), करिश्माई नेतृत्व (**Charismatic leadership**)। कुछ विशेषज्ञों ने नेता व अनुयायियों के पारस्परिक सम्बन्धों के आधार पर नेतृत्व के मुख्यत: चार प्रकार हैं– (i) हृदयग्राही नेतृत्व, (ii) प्रभुत्वशाली नेतृत्व, (iii) संस्थागत नेतृत्व एवं (iv) विशेषज्ञों का नेतृत्व।

libido (ल'बीडो) **कामलिप्सा, कामशक्ति :** सिगमण्ड फ्रॉयड (Sigmund Freud, 1856–1939) और अन्य मनोविश्लेषकों ने हमारी केन्द्रीय रागात्मक शक्ति को 'लिबीडो' नाम दिया है। लिबीडो की धारणा अत्यन्त विवादग्रस्त है। कुछ लोग उसे कामशक्ति समझते हैं, कुछ जीवनेच्छाशक्ति और शेष सुखेप्सा-शक्ति। किन्तु इतना सभी स्वीकार करते हैं कि कामलिप्सा एक प्रकार की ऐसी शक्ति, प्रभाव या राग होता है, जो किसी जन्मजात या अर्जित प्रेरक से सम्पर्क रखकर या उसके द्वारा प्रवाहित होकर उसे और सशक्त बना देता है। रागात्मकता के विकास की विभिन्न अवस्थाओं में लिबीडो का बड़ा महत्त्व होता है। 'कामशक्ति' ही मनोलोक का जीवन है और इस पर हरेक प्रकार की व्यवहार-क्रिया निर्भर है। जब इसका असाधारण दमन होता है, तो व्यक्ति मानसिक रोग का शिकार होता है और जब उसका उन्नयन किया जाता है, तो कला तथा धर्म की उत्पत्ति होती है। कामशक्ति के विकास की तीन अवस्थाएँ हैं– (1) स्वरति अवस्था (Auto-erotic stage), (2) आत्मरति अवस्था (Narcissistic stage) तथा (3) बाह्य वस्तु-रति अवस्था (Allo-eroticism stage)।

life-cycle (लाइफ़् 'साइक्ल्) **जीवन-चक्र :** किसी व्यक्ति, समूह या समाज के जीवन में क्रमश: आने वाला चरण, जैसे– प्रत्येक व्यक्ति अपने पूर्ण जीवन-काल में शैशव-काल, बचपन, जवानी और बुढ़ापे से गुज़रकर अपने जीवन-चक्र को पूरा करता है।

little community ('लिट्ल् क'म्यूनिटि) **लघु समुदाय** : एक ऐसा समुदाय, जो आकार की दृष्टि से छोटा, किन्तु सामाजिक जीवन की दृष्टि से विशिष्टता, समरूपता एवं आत्मनिर्भरता जैसी विशेषताओं से युक्त होता है, लघु समुदाय कहलाता है। इस अवधारणा की रचना सर्वप्रथम रॉबर्ट रेडफील्ड (Robert Redfield, 1897–1958) ने कृषक समुदायों के अपने अध्ययन में की है।

little tradition ('लिट्ल् ट्र'डिशन्) **लघु परम्परा** : सांस्कृतिक लक्षण या परम्पराएँ, जो मौखिक हैं और गाँव-स्तर पर व्याप्त हैं तथा जिन्हें सम्पूर्ण जनमानस में देखा जा सकता है। यह परम्परा समाज में सदियों से चली आने वाली अलिखित परम्परा (**Oral tradition**) है। रेडफील्ड के अनुसार छोटे ग्रामीण समुदायों में पायी जाने वाली जीवनयापन की क्रियाओं, शिल्प, सम्बन्धित संगठन और प्रकृति पर आधारित धर्म को लघु परम्परा कहा जाता है। यह आम लोगों की परम्परा होती है। यह स्वत: सिद्ध मानी जाती है। आमतौर पर इसका परिमार्जन एवं सुधार नहीं होता है।

logical universals ('लॉजिकॅल यूनिवॅर्सॅल्स्) **तार्किक सार्वभौम** : इस शब्द का प्रयोग आमतौर पर टैलकॉट पार्सन्स (Talcott Parsons,1902–1979) द्वारा प्रतिपादित प्रतिरूप चर (**Pattern variables**), व्यवस्था समस्याएँ (**System problems**) एवं उद्विकासीय सार्वभौम (**Evolutionary universals**) आदि अवधारणाओं को तार्किक सार्वभौम कहा गया है।

looking-glass self ('लुकिङ् ग्लास सेल्फ) **आत्मदर्शन का दर्पण** : सामाजिक आत्मदर्शन का दर्पण एक समूह या समाज है, जिसके अन्तर्गत व्यक्ति यह अनुमान लगाता है कि दूसरे लोग उसे किस रूप में देखते हैं। इस सिद्धान्त की प्रथम चर्चा चार्ल्स एच. कूली (Charles H. Cooley, 1864–1929) की कृति **Human Nature and the Social Order** (1902) में देखने को मिलती है। कूली के आत्मन् (**Self**) के विकास का विचार उनके पूर्ववर्ती मनोवैज्ञानिक विलियम जेम्स (William James, 1842–1910) के सामाजिक आत्मन् (**Social self**) से मिलता है। जिस प्रकार कोई व्यक्ति किसी दर्पण में अपना स्वरूप देखने का प्रयास करता है, उसी प्रकार प्रत्येक व्यक्ति अपना स्वरूप समाजरूपी दर्पण में देखने का प्रयास करता है। देखने की इस प्रक्रिया में तीन तरह की प्रतिक्रियाएँ होती हैं– (i) दूसरे लोग मेरे बारे में क्या सोचते हैं, (ii) दूसरे जो मेरे बारे में सोचते हैं, उस सम्बन्ध में मैं अपने बारे में क्या सोचता हूँ एवं (iii) मैं अपने बारे में कैसा विचार रखता हूँ– अच्छा या बुरा। हर बालक में यह जानने की इच्छा होती है कि परिवार एवं परिवार के बाहर उसे किस रूप में देखा जाता है और उसके आधार पर वह अपने बारे में एक राय बनाता है।

macrosociology ('मैक्रो सोसि'ऑलजि) **बृहत् समाजशास्त्र** : कुछ समाजविज्ञानियों ने समाजशास्त्र को बृहत् एवं सूक्ष्म समाजशास्त्र के रूप में विभाजित किया है। सामाजिक व्यवस्थाओं, संरूपों, प्रतिमानों तथा इन प्ररूपों के मध्य परस्पर अन्त:सम्बन्धों के बृहत् एवं व्यापक अध्ययन को बृहत् समाजशास्त्र कहते हैं। बृहत् समाजशास्त्र अपना ध्यान भूमण्डलीय एवं ऐतिहासिक प्रक्रियाओं पर केन्द्रित करता है। यह दृष्टिकोण व्यक्तियों की क्रियाओं अथवा लघु समूहों के अध्ययन के विपरीत बड़े सामाजिक संगठनों, जैसे– समुदाय, समाज, सैनिक संगठन, नगर आदि के विश्लेषण पर बल देता है। इसमें ऐसे सामान्य नियमों की खोज करने का प्रयास किया जाता है, जो सम्पूर्ण मानव-समाज पर लागू होता हो। मार्क्सवाद, प्रकार्यवाद और प्रणाली सिद्धान्त (**System Theory**) बृहत् समाजशास्त्र के ही कुछ उदाहरण हैं। बृहत् एवं सूक्ष्म समाजशास्त्र का अन्तर वास्तविक की अपेक्षा सैद्धान्तिक अधिक है। दोनों में स्पष्ट अन्तर करना और विभाजन की सुस्पष्ट रेखा खींचना कठिन है; क्योंकि अधिकांश समाजशास्त्रीय शोध को एक-दूसरे क्षेत्र में स्पष्ट रूप में नहीं रखा जा सकता है। वास्तव में, यह सामाजिक प्रणाली और सामाजिक कर्त्ता के बीच सम्बन्धों के बारे में निरन्तर चले आ रहे विवाद का ही एक हिस्सा है। मैक्स वेबर को सामान्यत: सामाजिक क्रिया के समाजशास्त्री के रूप में देखा जाता है, किन्तु इनकी कृतियों में बृहत् ऐतिहासिक प्रक्रियाओं और तुलनात्मक प्रणालियों का अध्ययन (प्रशासनतन्त्र, पूँजीवाद और प्रोटेस्टैन्ट आचार संहिता का सम्बन्ध) इन्हें मैक्रो समाजशास्त्री की कोटि में रखे जाने के लिए विवश करता है।

manifest change ('मैनि फ़ेस्ट् चेन्ज्) **व्यक्त परिवर्तन, प्रकट परिवर्तन** : ऐसा परिवर्तन, जिस पर समाज के सदस्यों का ध्यान अवश्य जाता है, उदाहरणस्वरूप– औद्योगीकरण और शहरीकरण के विस्तार को समाज में स्पष्ट देखा जा सकता है। अत: यह अव्यक्त परिवर्तन (**Latent change**) का विपरीत रूप है।

manifest function ('मैनि फ़ेस्ट् 'फ़ॅन्क्शन्) **प्रकट प्रकार्य, व्यक्त प्रकार्य** : प्रकट प्रकार्य वे दृष्टिगोचर परिणाम हैं, जो व्यवस्था में अनुकूलन या सामंजस्य बनाये रखते हैं तथा व्यवस्था में सहयोग देने वालों के द्वारा वह प्रकार्य मान्य तथा अभीष्ट होते हैं। प्रकट प्रकार्य कर्त्ता द्वारा स्वीकृत (Recognised) परिणाम है। प्रकट प्रकार्य बाहरी तौर पर स्पष्ट होता है, जबकि अप्रकट प्रकार्य भीतर-ही-भीतर क्रियाशील रहता है।

marginal man ('मार्जिनल मैन्) **सीमान्त मानव** : सीमान्त मानव वह है, जो एक साथ दो भिन्न जीवन-प्रणालियों में, दोनों में से किसी के साथ पूरी तरह सम्बन्ध स्थापित किये बिना, हिस्सा लेता है। सर्वप्रथम इ.एच. स्टोनक्विस्ट (Everett H. Stonequist, 1901–1979) ने 'हाशिये का इंसान' या 'सीमान्त मानव' जैसी अवधारणा का प्रतिपादन किया है। यदि कोई व्यक्ति न पूरी तरह ग्रामीण है और न पूरी तरह शहरी या कोई व्यक्ति न तो पूरी तरह भारतीय है और न ही विदेशी, तो ऐसे लोगों को 'सीमान्त मानव' या 'हाशिये का इंसान' कहा जाता है। इस प्रकार, वह संक्रमण अवस्था का व्यक्ति है, जो दो संस्कृतियों के बीच फँसा हुआ है। 'सीमान्त मानव' खिचड़ी संस्कृति का प्रतिनिधित्व करता है।

marginalization (मार्जिनलाइ'जेशन्) **हाशियाकरण** : यह एक ऐसी प्रक्रिया है, जिसके द्वारा किसी व्यक्ति या समूह को एक समाज में आर्थिक, धार्मिक या राजनीतिक सत्ता के महत्त्वपूर्ण पदों और प्रतीकों को हासिल करने से रोका जाता है। सन् 1960 के दशक में हाशियाकरण समाजशास्त्रीय शोध का एक प्रमुख विषय बन गया। इसका प्रमुख कारण यह रहा है कि कुछ विकसित देशों में, जिनमें तीव्र गति से आर्थिक विकास हुआ है, विकसित देशों से आये सभी लोगों को सफलता का समान पुरस्कार प्राप्त नहीं हुआ। इन देशों में असमानता की खाई उत्तरोत्तर बढ़ती गयी। असमानता का विस्तार करने वाली प्रक्रिया को जानने का प्रयास ही इन अध्ययनों का मुख्य विषय रहा है। ये अध्ययन मुख्यत: आश्रितता, मार्क्सवाद और विश्वव्यवस्था सिद्धान्तों से प्रभावित थे, जिनका मानना था कि हाशियाकरण द्वारा असमानता का विस्तार विश्व पूँजीवादी व्यवस्था की देन है तथा यह कुछ विशिष्ट देशों तक सीमित नहीं है।

Marxism ('मा:क्सइज़म्) **मार्क्सवाद** : कार्ल मार्क्स (Karl Marx, 1818–1883) उन प्रमुख दार्शनिकों में हैं, जिन्होंने उन्नीसवीं-बीसवीं शताब्दी के चिन्तन को सबसे अधिक प्रभावित किया है। मार्क्सवाद की पहली विशेषता इतिहास के प्रति उसकी एक नयी और समन्वित दृष्टि है। सम्पूर्ण मार्क्सवाद का ढाँचा वर्ग-संघर्ष के सिद्धान्त पर निर्मित है। एक दृष्टिकोण के रूप में, मार्क्सवाद मानवीय प्रगति का एक द्वन्द्वात्मक सिद्धान्त है। इसके अनुसार इतिहास को प्राकृतिक शक्तियों पर विजय पाने के मानवीय प्रयासों, अर्थात् उत्पादन का प्रतिफल माना जाता है। चूँकि, समस्त उत्पादन सामाजिक संगठन के दायरे में सम्पन्न किये जाते हैं, अत: इतिहास सामाजिक व्यवस्था में होने वाले परिवर्तनों की एक क्रमिक श्रृंखला है। मानवीय सम्बन्धों का समस्त विकास उत्पादन-क्रिया, अर्थात् उत्पादन की प्रणाली से जुड़ा हुआ है, जिसमें आर्थिक व्यवस्था 'आधार' का कार्य करती है तथा अन्य सभी सम्बन्ध, संस्थाएँ तथा वैचारिक व्यवस्थाएँ 'अधिसंरचना' का निर्माण करती हैं। मार्क्सवाद के मूल आधार हैं– (1) द्वन्द्वात्मक भौतिकवाद, (2) इतिहास की आर्थिक व्याख्या, (3) वर्ग-संघर्ष का सिद्धान्त, (4) अतिरिक्त मूल्य का सिद्धान्त एवं (5) सर्वहारा वर्ग का अधिनायकत्व। मार्क्सवाद का दार्शनिक आधार द्वन्द्वात्मक भौतिकवाद है।

Marxist sociology (मा:क्सिस्ट सोसि'ऑलजि) **मार्क्सवादी समाजशास्त्र** : ऐसा कहा जाता है कि स्वयं कार्ल मार्क्स ने किसी समाजशास्त्र की रचना नहीं की, किन्तु राजनीतिक अर्थव्यवस्था की एक समीक्षा अवश्य प्रस्तुत की है। सम्भवत: सर्वप्रथम निकोलई बुखारिन (N. Bukharin) ने अपनी पुस्तक **Historical Materialism** (1921) में और बाद में मैक्स एडलर (Max Adler) ने कार्ल मार्क्स के विचारों में अन्तर्निहित सामान्य समाजशास्त्र की खोज

की। कार्ल मार्क्स ने तत्कालीन समाजविज्ञानों में समाज की उत्पत्ति, विकास एवं पतन की व्याख्या के लिए जिन नवीन अवधारणाओं की गवेषणा की विधि को विकसित किया, उनका बाद में इतिहास, राजनीतिशास्त्र, अर्थशास्त्र और समाजशास्त्र के लेखनों पर गहरा एवं व्यापक प्रभाव पड़ा है। मार्क्सवादी समाजशास्त्र इसी घटना की एक उपज है। कार्ल मार्क्स ने अपने सामाजिक विश्लेषण में उत्पादन प्रणाली, उत्पादन के साधन, आर्थिक संरचना, अधिसंरचना, वर्ग, वर्ग-चेतना, वर्ग-संघर्ष व ऐतिहासिक भौतिकवाद जैसी अनेक अवधारणाओं का प्रयोग कर, उन्हें नये अर्थ दिये। ये ही अवधारणाएँ बाद में मार्क्सवादी समाजशास्त्र का मूलाधार बन गईं। ये अवधारणाएँ मार्क्सवादी विचारधारा की नींव के पत्थर हैं। मार्क्सवादी समाजशास्त्र, समाज के यथास्थितिवादी विश्लेषण का विरोधी है। सामंजस्य एवं सन्तुलन की अपेक्षा संघर्ष की प्रक्रिया इसका दार्शनिक आधार है। यही कारण है कि सामाजिक व्यवस्था की मूलभूत विशेषता के रूप में मार्क्सवादी विचारधारा स्थायित्व की अपेक्षा परिवर्तन को अधिक महत्त्व देती है। मार्क्सवादी समाजशास्त्रियों की रुचि मुख्यत: सामाजिक घटनाओं की खोज एवं व्याख्या करने, आर्थिक कारकों की भूमिका, वर्गों के आपसी सम्बन्धों और अन्तर-सामूहिक संघर्ष जैसे विषयों में रहती है।

mass culture (मैस्'कल्चॅर्) **जन-संस्कृति** : इस शब्द का प्रयोग मुख्यत: दो अर्थों में किया जाता है– (1) वह संस्कृति, जो जनसम्पर्क के साधनों के विकास के साथ जनपुँज समाज की विशेषता बन चुकी है। पुस्तकें, पत्र-पत्रिकाएँ, रेडियो, दूरदर्शन, फिल्म जैसे जन-माध्यमों को देखने, पढ़ने अथवा सुनने के परिणामस्वरूप एक बृहत् एवं विजातीय समाज में ऐसे सांस्कृतिक तत्त्वों का उदय जन-संस्कृति के नाम से जाना जाता है, जो समाज को एक सूत्र में बाँधने का कार्य करते हैं। जन-संस्कृति आधुनिक औद्योगिक एवं जटिल समाजों की एक प्रमुख विशेषता है। (2) अब यह शब्दावली लोकप्रिय संस्कृति का संकेत देने के लिए भी प्रयुक्त होने लगी है।

material culture (म'टिरिअल् 'कल्चॅर्) **भौतिक संस्कृति** : भौतिक संस्कृति से तात्पर्य संस्कृति की उपज या शिल्प-तथ्यों से है। भौतिक संस्कृति के अन्तर्गत समाज की भौतिक उपलब्धियों को रखा जा सकता है। ये मूर्त होती हैं, इन्हें हम स्पर्श कर सकते हैं एवं देख सकते हैं। ये मनुष्य और मशीनों के द्वारा निर्मित होती हैं, जैसे– वायुयान, रेफ्रीजरेटर, घड़ी, वस्त्र, कलम, भवन आदि। मनुष्य ने अपनी आवश्यकताओं के अनुसार अनेक औजारों और उपादानों का आविष्कार किया है। ये सभी उपलब्धियाँ भौतिक संस्कृति की श्रेणी में आती हैं।

matriarchal family (मेट्रि'आॅकल 'फ़ैमलि) **मातृसत्तात्मक परिवार** : जब परिवार का सर्वोच्च या प्रमुख अधिकार माता या स्त्री में केन्द्रित होता है, तब उस परिवार को मातृसत्तात्मक परिवार कहते हैं। ऐसे परिवार में नियन्त्रण एवं निर्देश का अधिकार मुख्य रूप से माता या स्त्री में निहित होता है। सिद्धान्तत: मातृसत्तात्मक परिवार रक्तमूलक (रक्त-सम्बन्धों पर आधारित) होते हैं और जो मातृवंशीयता तथा मातृस्थानिकता के नियमों के आधार पर गठित होते हैं तथा जिनमें परिवार की देख-रेख वृद्धा स्त्री जैसे नानी द्वारा होती है। परन्तु इससे यह नहीं समझना चाहिए कि पुरुषों को आर्थिक तथा सामाजिक अधिकारों से पूर्णरूपेण वंचित किया जाता है। परिवार में जो कार्य पुरुषोपयुक्त होता है, उन्हें पूरा करने का दायित्व पुरुषों पर ही होता है।

mechanical solidarity and organic solidarity (मि'कैनिकल् सॉलि'डैरिटि ऐन्ड् आॅ'गैनिक् सॉलि'डैरिटि) **यान्त्रिक और सावयवी एकात्मता** : एमिल डर्कहाइम (Émile Durkheim, 1858–1917) के अनुसार यान्त्रिक एकात्मता का आधार है एकरूपता और गहरे सामाजिक बन्धन, जो कि लघु और पारम्परिक समाजों में देखे जाते हैं। सावयवी एकात्मता अन्तर्निर्भरता और विशिष्टीकरण पर आधारित है और आधुनिक औद्योगिक समाजों में पायी जाती है।

microsociology ('माइक्रो सोसि'आॅलजि) **सूक्ष्म समाजशास्त्र** : सूक्ष्म समाजशास्त्र के अध्ययन का केन्द्रबिन्दु क्रिया, अन्तर्क्रिया और इनकी अर्थ-संरचना है। सूक्ष्म समाजशास्त्र के अनुसरणकर्त्ता समाज की बुनियादी इकाई व्यक्ति और उसकी क्रियाओं को मानते हैं। अत: व्यक्तियों की आमने-सामने की सामाजिक अन्तर्क्रियाओं का अध्ययन ही सूक्ष्म

समाजशास्त्रियों का प्रमुख विषय है। माइक्रो सिद्धान्तवेत्ता लघु समुदायों के अध्ययन द्वारा बृहत् समाजों को समझाने का प्रयास करते हैं। सूक्ष्म दृष्टिकोण के अध्ययनकर्त्ता मनोवैज्ञानिक पद्धति का प्रयोग करके आगमनात्मक नियमों की रचना करते हैं। जॉर्ज एच. मीड (George Herbert Mead, 1863–1931), अल्फ्रेड सूज़ (Alfred Schutz, 1899–1959), हर्बर्ट ब्लूमर (Herbert Blumer, 1900–1987), बी.एफ. स्कीनर (Burrhus Frederic Skinner, 1904–1990), जॉर्ज सी. होमैन्स (George C. Homans, 1910–1989), इरविंग गॉफ़मैन (Erving Goffman, 1922–1982), हैरल्ड गारफिंकल (Harold Garfinkel, 1917–) आदि विद्वानों ने इसी परम्परा का अनुसरण करते हुए प्रतीकात्मक अन्तर्क्रियावाद (**Symbolic interactionism**), संरचनात्मक प्रकार्यवाद (**Structural functionalism**), विनिमय-सिद्धान्त (**Exchange theory**), नृजातीय पद्धतिशास्त्र (**Ethnomethodology**), दृश्यघटना-विज्ञान (**Phenomenology**) जैसे नये-नये परिप्रेक्ष्यों को जन्म दिया है।

middle range theory (ˈमिड्ल् रेन्ज्ˈथिअरि) **मध्यवर्ती सिद्धान्त** : लघु कार्यवाहक प्राक्कल्पनाओं (Working hypotheses) तथा बृहत् अमूर्त सिद्धान्तों (Abstract grand theories) के बीच की स्थिति को मध्यवर्ती सिद्धान्त का नाम दिया गया है। इस प्रकार के सिद्धान्तों की रचना आनुभविक शोध के वास्तविक तथ्यों के आधार पर होती है तथा ये सीमित क्षेत्र से सम्बन्धित होते हैं। किसी एक विचाराधीन विषय-वस्तु से सम्बन्धित परिभाषाओं, अनुमानों तथा सामान्य प्रस्थापनाओं के एक ऐसे समन्वित समूह को सीमित सिद्धान्त कहा जाता है, जिसके द्वारा विशिष्ट तथा परीक्षण योग्य प्राक्कल्पनाओं के एक व्यापक तथा स्थाई समूह का तार्किक आधार पर प्रतिपादन किया जा सकता है। मध्यवर्ती सिद्धान्त के विचार का प्रतिपादन समाजविज्ञानों में सर्वप्रथम टी.एच. मार्शल (T.H. Marshal, 1873–1982) ने सन् 1946 में लन्दन विश्वविद्यालय के अधिष्ठाता पद का भार ग्रहण करते समय अपने उद्बोधन में किया था। बाद में, इस विचार को अग्रसर करते हुए रॉबर्ट के. मर्टन (Robert K. Merton) ने कहा कि मध्यवर्ती सिद्धान्त तार्किक रूप से अन्तर्सम्बन्धित ऐसी अवधारणाएँ हैं, जो व्यापक तथा महती सीमित क्षेत्र से सम्बन्धित होती हैं। इन सिद्धान्तों का कार्य छोटी-छोटी प्राक्कल्पनाओं और बृहत् अमूर्त सिद्धान्तों के बीच की खाई को पाटना है।

mode of production (मोड् ऑव् प्रˈडक्शन्) **उत्पादन प्रणाली** : आर्थिक व्यवस्था की विशिष्ट प्रकृति का वर्णन करने हेतु कार्ल मार्क्स (Karl Marx, 1818–1883) द्वारा प्रयुक्त अवधारणा। इसके अन्तर्गत उत्पादन की वे विशिष्ट शक्तियाँ या सम्बन्ध आते हैं, जो प्रत्येक युग में विशिष्ट होते हैं। उत्पादन की शक्ति और उत्पादन के सम्बन्ध, दोनों मिलकर उत्पादन प्रणाली को परिभाषित करते हैं। उदाहरण के लिए, पूँजीवादी उत्पादन के तरीके, सामन्तवादी उत्पादन के तरीके। उत्पादन की शक्तियों में औजार, मशीन, पूँजी, भूमि आदि सम्मिलित हैं। उत्पादन के सम्बन्धों में मालिकों और मज़दूरों के सम्बन्ध समाविष्ट हैं।

model (ˈमॉड्ल्) **प्रतिरूप, मॉडल** : सम्बन्धों का एक स्वरूप, जो संकल्पनात्मक या गणितीय होता है और जो किसी सम्बन्ध के अनुकरण, पुनरावृत्ति अथवा उसके सादृश्य रूप का निदर्शन करता है, जैसे– सामाजिक संरचना और सामाजिक व्यवहार के प्रतिरूप। मॉडल किसी भी जटिल घटना को समझने, बोधगम्य बनाने, व्याख्या करने और अमूर्तीकरण का एक अच्छा साधन है। इसके द्वारा घटना से सम्बन्धित अवधारणाओं, चरों और उनके पारस्परिक सम्बन्धों को उजागर कर उसे एक व्यवस्थित रूपाकार दिया जाता है ।

modernization (मॉडर्नाइˈज़ेशन्) **आधुनिकीकरण** : वैज्ञानिक और दार्शनिक विश्वदृष्टि के प्रति प्रतिबद्धता से उपजी परिवर्तन की प्रक्रिया। आधुनिकीकरण की एक निश्चित परिभाषा देना असम्भव तो नहीं, लेकिन कठिन काम अवश्य है। कठिनाई का मुख्य कारण यह है कि विभिन्न समाजविज्ञानियों ने इस शब्द को विभिन्न अर्थों एवं सन्दर्भों में इस्तेमाल किया है। कठिनाई का एक दूसरा कारण यह भी है कि यह परम्परा के विपरीत की स्थिति है, जिसकी कोई सर्वमान्य परिभाषा नहीं है। आधुनिकीकरण की अवधारणा के साथ एक और बड़ी समस्या यह है कि यह एक साथ बहुत सारी प्रक्रियाओं के लिए प्रयोग किया जाता रहा है, जैसे– अँगरेज़ीकरण (**Anglicization**), यूरोपीयकरण

(**Europeanization**), पश्चिमीकरण (**Westernization**), नगरीकरण (**Urbanization**), उद्विकास (**Evolution**), विकास (**Development**), प्रगति (**Progress**) आदि। पर ऐसा किया जाना एक वैज्ञानिक विषय के हित में ठीक नहीं है। इस कठिनाई के बावजूद बहुत सारे विद्वानों ने आधुनिकीकरण को परिभाषित करने की कोशिश की है, उदाहरणस्वरूप– अलातास (S.H. Alatas) ने कहा है कि आधुनिकीकरण एक ऐसी प्रक्रिया है, जिसके द्वारा आधुनिक वैज्ञानिक ज्ञान (Modern scientific knowledge) का समाज में प्रचार एवं प्रसार होता है, जिससे समाज में व्यक्तियों के स्तर में सुधार होता है और समाज अच्छाई की तरफ बढ़ता है। आईजनस्टॉट (S.N. Eisenstadt) के विचार में आधुनिकीकरण समाज की संरचना एवं जनांकिकी पहलुओं में परिवर्तन है। कार्ल डुच (Karl Deutsch) ने आईजनस्टॉट के इस विचार का समर्थन किया है। डी.ए. रस्टोव (D.A. Rustow) के विचार में आधुनिकीकरण वह प्रक्रिया है, जिसके अन्तर्गत वैज्ञानिक ज्ञान का मानवीय जीवन के उत्थान में प्रयोग किया जाता है। एक परम्परागत कृषक, ग्रामीण प्रथा-आधारित विशिष्टतावादी संरचना से नगरीय, औद्योगिकीय, प्रौद्योगिकीय तथा सार्वभौमिकीय संरचना में होने वाले विकास की प्रक्रिया को आधुनिकीकरण कहा जाता है। उच्च प्रति व्यक्ति आय, उच्च साक्षरता दर, शहरीकरण, औद्योगीकरण, सामाजिक गतिशीलता, संचार का व्यापक जाल और नागरिकों का सामाजिक और राजनीतिक प्रक्रियाओं आदि में व्यापक सहयोग द्वारा आधुनिक राष्ट्र की मिश्रित विशेषताओं को प्राप्त करने की प्रक्रिया।

monogamous family (म'नॉगेमस 'फ़ैमलि) **एक-विवाही परिवार** : एक पुरुष द्वारा एक स्त्री के साथ विवाह के उपरान्त जो परिवार गठित होता है, उसे एक-विवाही परिवार कहते हैं। सामान्यत: एक-विवाही परिवार में एक जीवन-साथी के जीवित रहते हुए, दूसरा विवाह नहीं किया जा सकता। एक-विवाही परिवार का निर्माण एक पुरुष और एक स्त्री के वैवाहिक सम्बन्धों से होता है। उनके अविवाहित एवं आश्रित बच्चे भी साथ में रह सकते हैं या नहीं भी रह सकते हैं। ऐसे परिवारों का मुख्य आधार एक पुरुष से एक ही स्त्री का विवाह करना है। दोनों में से किसी एक की मृत्यु होने पर दूसरा पक्ष पुन: विवाह कर सकता है अथवा तलाक द्वारा विवाह सम्बन्ध-विच्छेद के बाद ही दोनों पुन: नया जीवन-साथी चुन सकते हैं। एक-विवाही परिवार सबसे अधिक विकसित अवश्य है, पर सबसे अधिक प्रचलित प्रथा नहीं है; क्योंकि मरडॉक ने 238 समाजों के वैवाहिक पद्धति का अध्ययन किया और पाया कि उसमें मात्र 43 में ही मुख्य रूप से एक-विवाही परिवार का प्रचलन था। शेष सभी बहु-विवाही परिवार थे।

monogamy (म'नॉगमि) **एकल विवाह, एकविवाह-प्रथा** : एक पुरुष का केवल एक स्त्री से विवाह करना तथा पत्नी के जीवित रहते हुए दूसरा विवाह न करना अथवा पति के जीवित रहते हुए पत्नी द्वारा दूसरा विवाह न करना एकविवाह कहा जाता है। विवाह-विच्छेद के बाद या पत्नी अथवा पति की मृत्यु के बाद पति या पत्नी दूसरा विवाह कर सकते हैं। हिन्दू कोड बिल के अनुसार कोई पुरुष एक पत्नी के रहते हुए दूसरा विवाह नहीं कर सकता। बहुविवाह अवैध घोषित कर दिया गया है। आजकल यदि कोई सरकारी कर्मचारी बहुविवाह कर ले, तो उसके विरुद्ध अनुशासनिक कार्रवाई की जा सकती है और उसे नौकरी से निकाला जा सकता है। लेकिन, एक मुस्लिम पुरुष एक से अधिक पत्नी एक साथ रख सकता है। आधुनिक समाज में विवाह का यही रूप तर्कसंगत और सर्वमान्य है। अत: यह बहुविवाह-प्रथा (**Polygamy**) से भिन्न है।

monotheism ('मॉनाथि इज़्म्) **एकेश्वरवाद** : यह विश्वास कि ईश्वर एक है, अनेक नहीं। मानव की धार्मिक चेतना एकेश्वर तक पहुँचने से पहले कई मंजिलों से गुज़र चुकी होती है। आदिम युग में प्राकृतिक शक्तियों को ही अलौकिक समझा गया और या तो उनकी आराधना की गयी या उन्हें अपने वश में करने का प्रयत्न किया गया। जब ईश्वर की धारणा का आविर्भाव हुआ, तब भी कुछ मुख्य शक्तियों के पीछे अलग-अलग देवताओं का अस्तित्व माना गया। इससे अगला कदम था, एक ऐसे 'प्रधान देवता' को मानना जिसका शासन सभी अन्य देवताओं को मानना पड़ता है।

mores ('मॉ:रीज़) **लोकाचार** : लोकरीति (**Folk-ways**) की तरह लोकाचार पर भी सबसे पहले अमरीकी समाजशास्त्री विलियम ग्राहम समनर (William G. Sumner, 1840–1910) ने ही बृहत् रूप से विचार किया था। उन्होंने अपनी

पुस्तक **Folkways** (1906) में पहली बार लोकाचार (Mores) को **Folk-ways** से अलग किया। प्रत्येक समाज कुछ खास किस्म के नियमों से चलता है, उन्हीं नियमों में कुछ वैसे नियम भी होते हैं, जिसे समाज किसी को तोड़ने की इजाजत नहीं देता है। उन्हें तोड़ना समाज बिलकुल अनैतिक मानता है। अत: इन नियमों को तोड़नेवाले को समाज दण्ड भी देता है, ऐसे सभी नियमों को समनर् ने लोकाचार कहा है। उत्तर भारत के हिन्दू समाज में चचेरे, ममेरे एवं फुफेरे भाई-बहनों के बीच शादी-विवाह वर्जित है। जो लोग इस नियम-कानून का उल्लंघन करेंगे, समाज उन्हें बहिष्कार कर दण्डित करता है। इसलिए लोग इस ढँग के लोकाचार का उल्लंघन करने की हिम्मत नहीं जुटा पाते हैं। लोकाचार एक प्रकार के व्यक्तियों के आचरण का नियन्त्रक (Regulator) है। लोकाचार को हमेशा समाज के द्वारा सही और नैतिक माना जाता है। लोकाचार एक ऐसा नैतिक नियम या मूल्य है, जिसे समाज कभी भी टूटते हुए नहीं देख सकता है।

motivation (मोटि'वेशन्) **अभिप्रेरणा** : हमारी प्रत्येक प्रतिक्रिया के पीछे कोई-न-कोई अभिप्रेरणा अवश्य होती है। प्रतिक्रिया कराने वाला प्रत्येक उद्दीपन व्यवहार का अभिप्रेरक होता है। प्रत्येक अभिप्रेरक के पीछे कोई उद्देश्य होता है। यों तो प्रत्येक अभिप्रेरक आन्तरिक या बाह्य रूप से व्यवहार करने की प्रेरणा देने वाला होता है, किन्तु आजकल मनोविज्ञान में किसी अभिप्रेरक को उद्देश्यमूलक तभी कहा जाता है, जब उस पर आन्तरिक नियन्त्रण किया जा सके। बाह्य नियन्त्रण से प्रेरित क्रियाओं को उद्देश्यमूलक नहीं माना जाता। तेज प्रकाश में पलकों के स्वत: झपक जाने को उद्देश्यमूलक नहीं कहना चाहिए; क्योंकि पलकों की क्रिया का नियन्त्रण और संचालन किसी परिवर्तनीय आन्तरिक शारीरिक स्थिति से न होकर, आँख की रचना से होता है। वस्तुत: कोई अभिप्रेरक उद्देश्यमूलक तभी होता है, जब वह भूख-प्यास जैसी परिवर्तनीय शारीरिक स्थितियों पर आधारित हो। अभिप्रेरणा से हमारे अन्दर तनाव पैदा हो जाता है, जिससे मुक्त होने के लिए हमें कुछ-न-कुछ करना पड़ता है। कभी-कभी अनेक प्रकार के व्यवहारों में एक ही अभिप्रेरणा की अभिव्यक्ति होती है, जैसे– प्रतिष्ठा पाने के लिए कोई किताबें लिखता है, कोई धर्मशाला बनवाता है, कोई समाजसेवा करता है, तो कोई अतिशय धनोपार्जन करता है। इसी प्रकार, एक ही प्रकार के व्यवहार के पीछे अनेक अभिप्रेरणाएँ हो सकती हैं। हत्या का कारण क्रोध, आत्मरक्षा, लालच या वासना आदि में से कोई भी हो सकता है।

multi-cultural society ('मॅल्टि 'कल्चरल् स 'साइअटि) **बहुसांस्कृतिक समाज** : ऐसा समाज, जहाँ एक से अधिक संस्कृतियों के लोग सह-अस्तित्व में विश्वास कर साथ-साथ रहते हैं। एक आदर्श बहु-सांस्कृतिक समाज सांस्कृतिक विभिन्नताओं (धार्मिक, भाषाई, प्रजातिक आदि विविधता) को प्रश्रय देता है। बहुसंस्कृतिवाद (**Multi-culturalism**) का विचार समसंस्कृतिवाद (Monoculturalism) का उल्टा है। अमरीका, ब्रिटेन एवं भारत बहुसांस्कृतिक समाज का अच्छा उदाहरण है। अनेकता में एकता इन समाजों की अपनी विशिष्टता है।

mythology (मि'थॉल्जि) **मिथक विद्या** : ज्ञान की वह शाखा, जिसमें मिथक, अर्थात् पौराणिक कथाओं का वर्णन होता है। चूँकि भारत की संस्कृति काफी प्राचीन है तथा इसके सृजन में विद्वानों, चिन्तकों, एवं साधु-सन्तों की प्रमुख भूमिका रही है, हिन्दू धर्म के आदिग्रन्थों में काफी मिथक पाये जाते हैं, जो आज भी ज्ञान और प्रेरणा के प्रमुख स्रोत हैं।

neo-evolutionary theory (नीओ ईव्'लूशनरि 'थिअरि) **नव-उद्विकासीय सिद्धान्त** : उद्विकासीय सिद्धान्त की ऐसी मान्यता है कि समाज सरल व्यवस्था से जटिल व्यवस्था की ओर बढ़ रहा है। श्रम-विभाजन का स्वरूप धीरे-धीरे ज़्यादा विस्तृत और जटिल होता जा रहा है। सरल प्रविधियों की जगह जटिल प्रविधियों का समाज में प्रादुर्भाव हो रहा है। पुरातन विकासवादी सिद्धान्त से यह इस अर्थ में भिन्न है कि यह मानता है कि प्रत्येक समाज का विकास सामान्य एवं अपरिवर्तनीय (एक जैसा नहीं) होता है।

neo-Marxism (नीओ मा:क्सइज़म्) **नव-मार्क्सवाद** : बीसवीं शताब्दी में रूसी क्रान्ति के बाद कार्ल मार्क्स (Karl Marx, 1818–1883) के द्वारा प्रतिपादित विचारधारा पर काफी विचार मंथन हुआ। तदुपरान्त विद्वानों ने कार्ल मार्क्स

के बुनियादी विचारों के आलोक में संशोधन कर एक नये रूप में मार्क्सवादी सिद्धान्तों को प्रस्तुत किया, जिसे नव-मार्क्सवाद कहते हैं। इस विचारधारा का विकास लेनिन तथा स्टॉलिन द्वारा दिये गये विचारों के परिप्रेक्ष्य में हुआ है। जब रूस में नौकरशाही तथा साम्यवाद का वर्चस्व पूरे समाज में स्थापित हो गया, तो इसके विरोध में फ्रांस, अमरीका, जर्मनी इत्यादि के विद्वान मार्क्सवाद का सर्वेक्षण तथा पुनर्मूल्यांकन करने लगे। नव-मार्क्सवाद को हम चार भागों में बाँट सकते हैं– ऐतिहासिक मार्क्सवाद (Historical Marxism), मानववादी मार्क्सवाद (Humanist Marxism), विवेकवादी मार्क्सवाद (Rationalist Marxism), संरचनात्मक मार्क्सवाद (Structural Marxism)।

neo-positivism (नी'ओ 'पॉज़िटिविज़म्) **नव-प्रत्यक्षवाद, नव-वस्तुनिष्ठवाद** : अमरीकी समाजशास्त्र में बीसवीं शताब्दी के प्रारम्भ में उत्पन्न हुआ एक आन्दोलन, जिसमें सामाजिक अनुसन्धान को भौतिक विज्ञानों की कार्यविधि पर आधारित किया जाता है तथा प्रकट व्यवहार के अध्ययन पर बल दिया जाता है। इसमें संक्रियात्मक संकल्पनाओं तथा मात्रात्मक तकनीक का व्यवहार किया जाता है। इस आन्दोलन के प्रमुख प्रवर्तक एफ.एच. गिडिंग्ज (Franklin Henry Giddings, 1855–1931) और जॉर्ज ए. लण्डबर्ग (George A. Lundberg, 1895–1966) रहे हैं। इस आन्दोलन ने समाजशास्त्र को विज्ञान के रूप में प्रस्थापित करने के लिए मापन और गणितीय प्रयोग पर बल दिया। लण्डबर्ग (लुन्डबर्ग इसका ग़लत उच्चारण है) ने तो इस सम्बन्ध में प्राकृतिक विज्ञानों के मॉडल पर समाजशास्त्र को विकसित करने की वकालत की और कहा कि मानवीय व्यवहार का अध्ययन भावनाओं, लक्ष्यों, प्रेरणाओं और मूल्यों आदि से परे हटकर सामाजिक स्थितियों के सन्दर्भ में किया जाना चाहिए। इसी आधार पर बाद में अमरीकी समाजशास्त्र में 'गणितीय समाजशास्त्र' (**Mathematical sociology**) की प्रस्थापना हुई। इस सन्दर्भ में रिचर्ड एम. एमर्सन का गणितीय सिद्धान्त और विनिमय सिद्धान्त को जोड़ने का प्रयास विशेष उल्लेखनीय है।

non-logical action (नॉन्'लॉजिकल 'ऐक्शन्) **अतर्कसंगत** : ऐसे सभी व्यवहार जो तर्कसंगतता की श्रेणी में नहीं आते हैं, जैसे– सजग बुद्धि क्रिया (Intuitive action)। इसे मैक्स वेबर (Max Weber, 1864–1920) समाजशास्त्रीय चिन्तन का विषय नहीं मानते हैं।

norms (नॉर्म्स्) **मानदण्ड** : प्रत्येक समाज के अन्तर्गत कुछ ऐसे पूर्व-निर्धारित मानदण्ड या आदर्श पाये जाते हैं, जिसे ध्यान में रखकर ही लोग व्यवहार करना पसन्द करते हैं। समाज अपने सदस्यों के लिए कुछ इस ढँग का मानदण्ड निर्धारित कर देता है जिसका पालन समाज की अपेक्षा बन जाती है, जिसे समाजशास्त्रीय भाषा में आदर्श या मानदण्ड कहा जाता है। मानदण्ड हमारे दैनिक जीवन को इस प्रकार प्रभावित करता है कि हमें यह कभी पता ही नहीं चलता है कि हमारा जीवन किसी नियम-कानून से संचालित होता है। यह मानवीय आदतों की तरह सामाजिक जीवन का एक अंग होता है। मानदण्ड एक नियम या आदर्श है, जो हमारे आचरण को उस सामाजिक परिस्थिति में निर्धारित करता है, जिसमें हम भाग लेते हैं। यह एक सामाजिक अपेक्षा है। कुछ विशेषज्ञों ने मानदण्डों का वर्गीकरण इस प्रकार किया है– (i) अधिनियम (**Legislations**); (ii) कानून (**Law**); (iii) जनरीतियाँ (**Folk-ways**); (iv) निषेध (**Taboos**); (v) लोकाचार (**Mores**); (vi) प्रथा (**Customs**); (vii) शिष्टाचार (**Etiquette**); (viii) परम्परा (**Convention**); (ix) अनुष्ठान (**Rites**) एवं (x) फैशन (**Fashion**)।

objectivity (ॲब्जेक्'टिविटी) **वस्तुनिष्ठता, वस्तुपरकता** : विज्ञान का ऐसा वैज्ञानिक सिद्धान्त, जो अनुसन्धान में वैयक्तिक पक्षपात का विरोध करता है। वस्तुपरकता घटनाओं के अध्ययन का एक दृष्टिकोण है, जिसके अनुसार एक व्यक्ति घटना से सम्बन्धित तथ्यों को, पूर्वाग्रह अथवा भावनाओं की अपेक्षा, साक्ष्य एवं तर्क के आधार पर निष्पक्ष, तटस्थ तथा किसी भी प्रकार की अभिनति एवं पूर्वधारणाओं से मुक्त होकर देखता-परखता है। वैज्ञानिक शोध की यह एक परम आवश्यकता है कि शोधकर्त्ता अपने-आपको उन स्थितियों से अलग-थलग रखने की कोशिश करे। समाजशास्त्रीय पद्धतियों के प्रयोग में, उन विधियों एवं तरीकों (जैसे– यादृच्छिक प्रतिचयन का प्रयोग, विभिन्न नियन्त्रणों का प्रयोग, वैकल्पिक शब्दयुक्त प्रश्नावलियों को बनाकर उनका पूर्व-परीक्षण आदि) पर बल दिया जाता है कि

किस प्रकार गवेषणाओं से सम्बन्धित तथ्यों को संकलित एवं विवेचन करते समय पक्षपात-मुक्त होना चाहिए और वस्तुपरकता को बनाये रखना चाहिए।

oedipus complex (ˈईड्इपस ˈकॉम्प्लेक्स्) **मातृरति, मातृ मनोग्रन्थि :** प्रत्येक व्यक्ति में आनुवंशिक रूप से कुछ ऐसी प्रवृत्तियाँ प्राप्त होती हैं, जो कुछ मनोग्रन्थियों के निर्माण में सहायक बनती हैं। इस प्रकार कुछ मनोग्रन्थियों का निर्माण बिलकुल अचेतन रूप से हो जाता है। लड़के का अपनी माँ के प्रति जो अतिशय राग होता है, उसके कारण उसके लिबीडो (**Libido**) का स्थिरण माँ पर हो जाता है। इस स्थिरण के परिणामस्वरूप लड़का अपनी माँ के ध्यान और प्यार को पूरी तरह से पाना चाहता है, लेकिन वह देखता है कि माँ पर उसके पिता का प्रभाव ज़्यादा होने से ऐसा नहीं हो पाता। इससे लड़के के अन्दर अपने पिता के प्रति द्वेष और प्रतियोगिता की भावनाएँ पैदा होती हैं, किन्तु उस समय लड़के के पास अपनी भावनाओं को हल करने का केवल एक ही उपाय होता है– उनका दमन करना। इस प्रकार, लिबीडो का स्थिरण माँ पर होने से लड़के के मन में अचेतन रूप से अपने माँ-बाप के प्रति जो रागात्मक भाव बनते हैं, उन्हें इडिपस की कहानी के रूपक के आधार पर ही इडिपस मनोग्रन्थि नाम दिया गया है।

organic solidarity (ऑˈगैनिक् सॉलिˈडैरिटि) **जैविक एकता, सर्वांगिक एकता :** सामाजिक एकता की एक संकल्पना, जिसे एमिल डर्कहाइम (Émile Durkheim, 1858–1917, इस व्यक्ति के नाम का शुद्ध उच्चारण मात्र एमिल डर्कहाइम है) ने प्रतिपादित किया। आधुनिक औद्योगिक समाजों की सामाजिक व्यवस्था जैविक एकता को प्रकट करती है, जिसमें श्रम-विभाजन एवं विशेषीकरण के अनुसार सभी व्यक्ति अपना अलग-अलग कार्य करते हुए भी कार्यों की अन्तर्निर्भर प्रकृति के कारण एक-दूसरे से जुड़े रहते हैं। इसे डर्कहाइम ने जैविक एकता का नाम इसलिए दिया है; क्योंकि यह एकात्मता प्राणी के शरीर (सावयव) में पायी जाने वाली एकात्मता से मिलती-जुलती है। प्राणी-शरीर के विभिन्न अंग अलग-अलग कार्य करते हुए भी एक-दूसरे से सम्बद्ध होकर एक समष्टि (शरीर) की रचना करते हैं। इसमें व्यक्ति एक-दूसरे से स्वतन्त्र न होकर आश्रित हो जाता है। यह एकता विशेष रूप से आधुनिक औद्योगिक समाजों में पायी जाती है। इस संकल्पना के अनुसार समाज की एकता अनेक विशिष्ट भूमिकाओं तथा जटिल श्रम-विभाजन की अन्योन्याश्रितता पर आधारित होती है।

organismic theory (ˈऑगनिज़्मिक् ˈथिअरि) **समाज का सर्वांगिक सिद्धान्त :** सर्वांगिक सिद्धान्त जिन मान्यताओं पर आधारित है, वह सामाजिक समझौते के सिद्धान्त के ठीक विपरीत है। सामाजिक समझौते के सिद्धान्त के अनुसार व्यक्ति-प्रधान है, वह समाज का निर्माता है तथा वह समाज पर हावी रहता है। किन्तु सर्वांगिक सिद्धान्त के अनुसार समाज-प्रधान है, व्यक्ति उस पर निर्भर करता है, इसलिए समाज व्यक्ति पर हावी रहता है। समाजशास्त्र के कुछ प्रारम्भिक विद्वानों ने इसे स्पष्ट करने के लिए समाज की तुलना शारीरिक अवयव से की। उन्होंने यह विवेचन किया कि जिस प्रकार शरीर और उसके विभिन्न अंग मिलकर काम करते हैं, उसी प्रकार समाज की संरचना भी अवयवी है। समाज में उसी तरह की व्यवस्था है, जिस तरह शरीर में अलग-अलग अंग की है। यह पूरा शरीर अवयवों की एक समन्वित इकाई है। समाज की व्यवस्था भी इसी ढँग की है, व्यक्ति उसके अंगमात्र हैं, जो मिलकर समाज का निर्माण करते हैं।

out-group (आउट् ग्रूप्) **बाह्य समूह :** इस समूह की अवधारणा सर्वप्रथम विलियम ग्राहम समनर (William G. Sumner, 1840–1910) ने दी है। यह कई नामों से जाना जाता है, जैसे– '**They-group**' एवं '**Others-group**'। यह ऐसा सामाजिक समूह है, जिसके हम सदस्य नहीं होते हैं। ऐसी परिस्थिति में ऐसे समूहों के साथ हमारा व्यवहार न सहानुभूतिपूर्ण होता है और न ही इसके साथ कोई अपनापन-भरा लगाव। ऐसे समूहों को हम प्राय: अपना विरोधी मानते हैं और यही कारण है कि इसे हम सन्देह की दृष्टि से भी देखते हैं।

over-socialized conception of man ('ओवर् 'सोशॅलाइज़्ड कॉन् 'सेप्शन् ऑव् मैन्) **व्यक्ति का अति-समाजीकृत संकल्पना** : इस अवधारणा का प्रयोग डी.एच. रौंग (D.H. Wrong) ने टैलकॉट पार्सन्स (Talcott Parsons) के समाजीकरण सम्बन्धी विचारों का खण्डन करने के लिए किया है। रौंग का कहना है कि अपने प्रकार्यवादी सिद्धान्तों के तहत व्यक्तियों के जिस समाजीकृत स्वरूप की चर्चा की गयी है, वह बहुत ठीक नहीं लगती है। समाज में व्यक्तियों, का उतना समाजीकरण नहीं होता, जितना पार्सन्स ने बताने का प्रयास किया है। व्यक्तियों को एक सामाजिक प्राणी के रूप में बिना समाजीकृत हुए भी देखा जा सकता है। पार्सन्स का समाजीकरण सम्बन्धी विचार अति-समाजीकृत विचार है।

over-urbanization ('ओवर् अर्बनाइ'ज़ेशन्) **अति-नगरीकरण** : इसे अधिक शहरीकरण भी कह सकते हैं। इसमें शहरों की आबादी में अधिकाधिक विकास हो जाता है, जो शहरी क्षेत्रों में रोज़गार के विकास के अनुपात में काफी अधिक होता है। उनके इर्द-गिर्द ग्रामीण क्षेत्रों का बोलबाला होता है। शहरों के अन्दर ग्रामीण संस्कृति एवं व्यवसाय देखने को मिलता है। भारत, पाकिस्तान, बांग्लादेश आदि एशियाई देशों के नगर इसके उदाहरण माने जाते हैं।

patriarchal family (पेट्रि'ऑकल 'फ़ैमलि) **पितृसत्तात्मक परिवार** : जब परिवार का सर्वोच्च अधिकार पिता या पुरुष में केन्द्रित होता है, तब ऐसे परिवार को पितृसत्तात्मक परिवार कहा जाता है। दुनिया के अधिकांश समाजों में पितृसत्तात्मक परिवार ही सबसे ज़्यादा प्रचलित है। इसे **Paternal family**, **Patripotestal family** एवं **Patrifocal family** के नाम से भी जाना जाता है। पितृसत्तात्मक परिवार में परिवार पर पुरुष की श्रेष्ठता होती है। वह एक से अधिक पत्नियाँ रख सकता है। पुरुषों को स्त्रियों की तुलना में अधिक अधिकार प्राप्त थे। हरेक कार्य पुरुषों की मर्जी से होता था। मध्य एवं दक्षिण एशिया के देशों में इस प्रकार के परिवार की आज भी प्रधानता है।

patrilocal residence (पेट्रि'लोकल् 'रेज़िडन्स्) **पितृस्थानिक आवास** : विवाहित युगल पति के माता-पिता के घर, पड़ोस या समूह या झुण्ड में ही रहते हों, वह स्थान पितृस्थानिक आवास कहलाता है।

pattern variables ('पैट्र्न् 'वेरिअब्ल्स) **परिवर्तनीय प्रतिमान** : सामाजिक सम्बन्धों के द्विभाजन की एक विशिष्ट योजना 'परवर्ती प्रतिमान' के नाम से जानी जाती है। इस योजना के प्रस्थापक टैलकॉट पार्सन्स (Talcott Parsons, 1902–1979) रहे हैं। उन्होंने पाँच ऐसे चरों का प्रतिपादन किया है जिनका यह विश्लेषण करने में उपयोग किया जा सकता है कि किस प्रकार लोग एक-दूसरे के साथ अन्तःक्रिया करते हैं। मूलतः यह योजना कर्त्ताओं द्वारा सम्पन्न की जानेवाली अन्तर्क्रियाओं के विभिन्न रूपों का अमूर्त प्रदर्शन है। जैसे-जैसे समाज ज़्यादा जटिल होता जाता है, आमतौर पर व्यक्तियों की अन्तःक्रिया के तरीकों में भी वैसे-वैसे परिवर्तन होता रहता है। इस योजना के अनुसार कर्त्ता के समक्ष क्रिया अथवा व्यवहार के कुछ वैकल्पिक जोड़े उपलब्ध होते हैं। किसी सामाजिक स्थिति में व्यवहार करने के पूर्व कर्त्ता इन जोड़ों में से किसी एक को अपने व्यवहार के लिए चुनता है, जैसे– आरोपित (**Ascriptive**) बनाम अर्जित (**Achieved**), व्यक्तिवादिता (**Particularism**) बनाम सार्वभौमिकता; समूह केन्द्रित (**Collective orientation**) बनाम आत्म-केन्द्रित (**Self-orientation**) इत्यादि। टैलकॉट पार्सन्स एवं एडवर्ड शील्स (Talcott Parsons and Edward A. Shils) ने दो विपरीत प्रकार के समाजों, परम्परागत या सरल समाज (**Traditional** or **simple society**) एवं आधुनिक या जटिल समाज (**Modern** or **complex society**) को ध्यान में रखकर प्रतिमान की योजना दी है।

personality (पर्स'नैलटि) **व्यक्तित्व** : व्यक्तित्व शब्द बहुत प्रचलित है और इसका प्रयोग अनेक अर्थों में किया जाता है। व्यक्तित्व हमारी गत्यात्मक प्रवृत्तियों का गतिशील और परिवर्तनीय संगठन होता है। व्यक्तित्व एक व्यक्ति की आदतों, मनोवृत्तियों, लक्षणों तथा विचारों का ऐसा संगठित योग है, जो बाहरी तौर पर विशिष्ट एवं सामान्य भूमिकाओं एवं स्थिति के रूप में तथा आन्तरिक रूप में उसकी आत्मचेतना या स्वः (**Self**) की धारणा, मूल्यों तथा उद्देश्यों के

चारों ओर संगठित होता है। यह समझना 'मैं जो कुछ हूँ, वही हूँ,' अपने को धोखे में डालना है। व्यक्तित्व व्यक्ति और परिवेश के हजारों प्रकार के अन्तर्सम्बन्ध और उससे उत्पन्न होने वाली आन्तरिक और बाह्य स्थितियों के प्रति किये गये व्यवहार से प्रतिक्षण और प्रतिदिन निर्मित, परिवर्तित और निर्धारित होता रहता है। गत्यात्मक प्रवृत्तियों की संशोधन-शीलता के कारण व्यक्ति विभिन्न प्रकार की विषय स्थितियों में सामान्य रूप से व्यवहार करने योग्य बनता है। व्यक्ति के व्यवहार का सामान्य होना उसके व्यक्तित्व से निधारित होता है। सामान्य व्यवहार व्यक्तित्व के सही निर्माण पर निर्भर करता है। व्यक्तित्व में प्रमुखतः दो समस्याएँ संयुक्त हैं– (1) यह कि किस प्रकार अथवा कैसे एक व्यक्ति दूसरे व्यक्ति से भिन्न है, (2) यह कि मनुष्य की कैसे अथवा किस प्रकार से रचना हुई है कि वह दूसरे प्राणियों से भिन्न है। जैविक अथवा पार्थिव क्रम में, व्यक्ति का इतिहास उसकी आनुवंशिक सम्भावित शक्तियों को लिए हुए उसके गर्भाधान से शुरू होता है।

personality cult (पर्स'नैलटि कल्ट) **पर्सनैलिटि कल्ट, व्यक्ति-पूजा :** व्यक्ति-विशेष की सामर्थ्य, शक्ति, योग्यता आदि में अन्धविश्वास; किसी व्यक्ति अथवा व्यक्तियों में ऐसी श्रद्धा कि उनके द्वारा ही देश अथवा समाज का कल्याण संभव है; व्यक्ति अथवा व्यक्ति-विशेष की अत्यधिक चाटुकारिता करना या ऐसी प्रवृत्ति को प्रोत्साहन देना ही व्यक्ति-पूजा है।

personality trait (पर्स'नैलटि ट्रेट्) **व्यक्तित्व विशेषक :** व्यक्ति के व्यवहार में निहित विशेषताएँ, जो भिन्न परिस्थितियों में उसकी व्यावहारिक प्रतिक्रियाओं में प्रतिलक्षित होती हैं और जिनसे उसके व्यक्तित्व को अन्य व्यक्तियों से अलग जाना जाता है, जैसे– झूठ नहीं बोलना गाँधीजी का व्यक्तित्व विशेषक था।

polygamy (पॉ'लिग्मि) **बहुविवाह-प्रथा :** विवाह की एक प्रथा, जिसमें कोई स्त्री या पुरुष एक समय में एक से अधिक विवाह कर सकता है। यह प्रथा तीन प्रकार की होती है– बहुपत्नी प्रथा, बहुपति प्रथा और समूह विवाह। एक पुरुष यदि अनेक स्त्रियों से विवाह कर ले, तो उसे बहुपत्नी विवाह (**Polygyny**) कहते हैं। बहुपत्नी विवाह के कारण थे– उच्छृंखल कामवासना की तृप्ति अथवा पुत्र-प्राप्ति। कोई स्त्री जब अनेक पुरुषों के साथ विवाह करती है, तब उसे बहुपति विवाह कहते हैं, जैसे महाभारत में द्रौपदी का पाँचों पांडवों के साथ विवाह। बहुपति तथा बहुपत्नी विवाह-प्रथा निषिद्ध है, फिर भी कुछ परिस्थितियों में इनकी अनुमति है।

polygyny (पॉ'लिगिनि) **बहुपत्नी विवाह :** विवाह का वह स्वरूप, जिसमें एक पुरुष का एक समय में दो या दो से अधिक स्त्रियों के साथ विवाह होता है। इस प्रथा के अन्तर्गत कई परिवार एक ही पुरुष से उद्भूत होने के कारण एक-दूसरे के साथ जुड़े होते हैं। आर्थिक कठिनाइयों के कारण सामान्य रूप से बहुपत्नी विवाह नहीं किया जाता है। हिन्दुओं के बीच बहुपत्नी विवाह पर कानूनी प्रतिबन्ध है। कुछ जनजातियों में धनी व्यक्ति अधिकतर बहुपत्नी विवाह करते हैं। मुस्लिम समुदाय के साथ-साथ नागा, गोंड, बैगा, टोडा तथा मध्य भारत की कुछ जनजातियों में बहुपत्नी प्रथा पायी जाती है।

population explosion or **bomb** (पॉप्यु 'लेशन् इक्स्'प्लोशन् ऑर् बॉम) **जनसंख्या विस्फोट :** इस शब्द का प्रयोग बीसवीं सदी में तेजी से बढ़ती हुई जनसंख्या के परिणामस्वरूप होने वाली समस्याओं के लिए किया जाता है। जब प्रभावी आर्थिक विकास के अभाव में प्रजननता-दर में कमी नहीं आती, किन्तु मृत्युदर में तेजी से गिरावट के कारण जनसंख्या वृद्धि की दर बढ़ जाती है, अर्थात् जब आबादी अत्यधिक दर से बढ़ने लगती है, जैसे दो प्रतिशत वार्षिक या और अधिक जनसंख्या अबाध गति से बढ़ने लगती है, तो इस स्थिति को जनसंख्या विस्फोट की स्थिति कहते हैं। यह स्थिति तब उत्पन्न होती है, जब मृत्युदर तेजी से नीचे गिर जाती है और एक ऐसी स्थिति उत्पन्न हो जाती है, जब मौजूदा आर्थिक संसाधन बढ़ती हुई आबादी के लिए प्रर्याप्त नहीं हो पाता है। जन्म-दर ऊँचे स्तर पर ही बनी रहती है, इसलिए इस अवस्था में देश की जनसंख्या तीव्र गति से बढ़ने लगती है।

positivism ('पॉज़िटिविज़म्) **प्रत्यक्षवाद** : सैन सीमाँ (Henri de Saint-Simon, 1760–1825) के विचारों से प्रभावित होकर फ्रेंच दार्शनिक ऑगस्त कौंत (Auguste Comte, 1798–1857, हिन्दी में इस फ्रांसीसी विद्वान के नाम का शुद्ध उच्चारण मात्र कौंत है) ने दर्शन की जिस नवीन शाखा को जन्म दिया, वही आजकल प्रत्यक्षवाद के नाम से जानी जाती है। कौंत के विचारानुसार ज्ञान का विकास कुछ चरणों में हुआ। प्रथम चरण पर ज्ञान के धर्मशास्त्रीय अथवा काल्पनिक रूप का विकास हुआ। धीरे-धीरे यह रूप तत्त्वमीमांसीय अथवा अमूर्त रूप से गुज़रते हुए अपने अन्तिम एवं उच्चतम स्तर पर पहुँचा। कौंत ने ज्ञान के विकास के इस अन्तिम चरण के लिए ही 'पॉज़िटिविज़म्' शब्द का प्रयोग किया है, जिसे आजकल 'विज्ञान' या 'विज्ञानवाद' के नाम से जाना जाता है। यह सिद्धान्त वस्तुओं की तात्त्विक प्रकृति के सम्बन्ध में विचार करने का विरोधी है। प्रत्यक्षवाद एक ऐसा सिद्धान्त है, जो परम सत्य की खोज का परित्याग कर ऐसी घटनाओं के नियमों की खोज में विश्वास करता है, जिन्हें देखा-परखा जाना संभव है तथा उपयोगी भी है। कौंत का विचार था कि प्रत्यक्षवाद अथवा विज्ञान की घटनाओं के अवलोकन एवं वर्गीकरण तक अपने-आपको सीमित रखना चाहिए।

post-modernism (पोस्ट्'मॉडर्निज़म्) **आधुनिकोत्तरवाद** : वर्तमान समय में कुछ पाश्चात्य समाजविज्ञानी अपने देश के सन्दर्भ में आधुनिकतावाद (**Modernism**) के स्तर से एक कदम आगे बढ़कर आधुनिकोत्तर स्तर की बात कर रहे हैं। उनका कहना है कि पाश्चात्य विकसित देशों में आधुनिकीकरण की प्रक्रिया अब लगभग समाप्त हो चुकी है। उनका समाज विकास की एक नयी अवस्था में प्रवेश कर चुका है, जिसे वे 'आधुनिकोत्तर स्तर' की संज्ञा देते हैं। दूसरे शब्दों में, आज पाश्चात्य देश औद्योगिक विकास एवं आधुनिकता की चरम सीमा को लाँघ चुका है। पाश्चात्य देशों की सभ्यता और संस्कृति विकास की उस ऊँचाई पर खड़ी है कि उसे आधुनिक की जगह आधुनिकोत्तर कहना ज़्यादा उपयुक्त होगा। उत्तर-आधुनिकवाद एक अमूर्त अवधारणा है, जबकि उत्तर-औद्योगिक समाज का स्वरूप मूर्त होता है। उत्तर-आधुनिकवाद उत्तर-औद्योगिक समाज की संस्कृति की तरह है या यह कहा जाये कि इन दोनों के बीच आत्मा एवं शरीर का सम्बन्ध है। अत: ये दोनों ही परस्पर व्याप्त अवधारणाएँ हैं। लेकिन, आधुनिकोत्तर समाज तथा उत्तर-औद्योगिक समाज पर्यायवाची शब्द हैं। उत्तर-आधुनिकता की अवधारणा का प्रयोग आधुनिकता (**Modernism**) जैसी अवधारणा की विरोधी अवधारणा के रूप में किया जाता है जिसका अभिप्राय उन्नत औद्योगिक समाज से है। आज का विकसित देश इसका उदाहरण है। उपर्युक्त विचारधारा के समर्थक मार्क्सवाद की यह कहकर आलोचना करते हैं कि बिना सर्वहारा वर्ग की क्रान्ति के भी पूँजीवादी समाज में बुनियादी परिवर्तन सम्भव है, लेकिन मार्क्सवादी इस विचारधारा का विरोध करते हुए यह दलील देते हैं कि उत्तर-पूँजीवादी समाज के सिद्धान्त से कार्ल मार्क्स के पूँजीवादी उत्पादन-प्रणाली के सिद्धान्त (**Theory of capitalist mode of production**) का खण्डन नहीं होता है। उन लोगों का यही मानना है कि पूँजीवादी व्यवस्था में इस तरह के परिवर्तन से विकसित पूँजीवादी व्यवस्था का बोध होता है। यह पूँजीवादी व्यवस्था में कोई युगान्तकारी परिवर्तन नहीं है।

pre-industrial city (प्री इन्'डस्ट्रिअ्ऍ 'सिटि) **प्राक्-औद्योगिक नगर** : सर्वप्रथम जी. सोबर्ग (G. Sjoberg) ने प्राक्-औद्योगिक नगर के विचार का प्रतिपादन किया। उन्होंने कहा कि इस प्रकार के नगर की उत्पत्ति ईसा पूर्व 4000 वर्ष पहले हुई और आज भी विश्व के कुछ हिस्सों में ये मौजूद हैं। मक्का (Mecca) इसका उदाहरण है। सोबर्ग का कहना था कि उस समय की सामाजिक, आर्थिक, राजनीतिक एवं पारिस्थितिक (Ecological) स्थितियाँ आज के नगरों से काफी भिन्न थीं। आज के नगरों का मुख्य आधार जहाँ उद्योग है, वहीं औद्योगिक क्रान्ति के पूर्व नगरों के विकास का आधार कुछ और ही था। नगरों का विकास मुख्यतौर पर वहीं हुआ, जहाँ बड़ी-बड़ी नदियों के किनारे सभ्यता का विकास हुआ या धार्मिक तथा प्रशासनिक दृष्टिकोण से जिन जगहों का एक अपना अलग महत्त्व था।

prejudice ('प्रेजुडिस्) **पूर्वाग्रह** : पूर्वाग्रह एक प्रकार का निर्णय, दृष्टिकोण अथवा विश्वास है, जिसे लोग वास्तविक तथ्य से परिचित होने से पहले ही (किसी वस्तु, घटना, व्यक्ति अथवा समूह के प्रति) स्वीकार कर लेते हैं। यह

पर्याप्त साक्ष्य तथा अनुभवरहित एक अर्जित मनोवृत्ति है, जो सामान्यत: भावात्मक होती है। कोई भी पूर्वाग्रह जन्मजात नहीं होता, यद्यपि अधिकांश व्यक्तियों में पूर्वाग्रह आनुवंशिक हो सकता है। इसका निर्माण सुझाव, अनुकरण, विश्वास तथा सीमित अनुभवों के विभिन्न योग-संयोग द्वारा होता है। रूढ़धारणाओं की भाँति पूर्वाग्रह भी एक तरह की तर्कहीन अवधारणा है, जिसकी मूलप्रवृत्ति विरोधात्मक होती है, जैसे– कुछ लोगों का मत है कि प्राणीशास्त्रीय दृष्टि से गुर्जर या गुज़र निम्न जाति के लोग हैं, चमार गन्दे होते हैं, यहूदी एवं मारवाड़ी कंजूस होते हैं। ये सभी पूर्वाग्रह के उदाहरण हैं। पूर्वाग्रह विकृत अनुभूति तथा बोध की उपज होते हैं। पूर्वाग्रह का प्रयोग अधिकांशत: विश्व-सन्दर्भ में प्रजातीय समूहों और भारतीय सन्दर्भ में जातीय समूहों के बीच असमानताओं और भेदभाव के बर्ताव को लेकर हुआ है।

prescriptive norms (प्रि'स्क्रिप्टिव् नॉर्म्स) **निर्देशात्मक मानदण्ड** : जिस मानदण्ड से हमारा आचरण निर्देशित होता है, उसे निर्देशात्मक मानदण्ड कहा जाता है। निर्देशात्मक मानदण्ड व्यक्तियों को यह बतलाता है कि समाज में किसी व्यक्ति को किस परिस्थिति में, किस प्रकार का आचरण करना चाहिए। समाज यदि यह मानता है कि लोगों को अपने माता-पिता का आदर करना चाहिए, तो इसे निर्देशात्मक मानदण्ड कहा जायेगा।

pressure group ('प्रेशर् ग्रूप्) **दबाव समूह, प्रभावक समूह** : दबाव समूह अपरिभाषित सदस्यता वाले ऐसे समूहों को कहते हैं, जो एक या बहुत कम माँगों के लिए सरकार अथवा अन्य केन्द्रों पर अपनी तमाम शक्ति लगाकर सक्रियता के दबाव डालते हैं। उदाहरण के लिए, गन्ना उपजाने वाले किसानों के समूह। ये समूह जब गन्ने का मूल्य बढ़ाने के लिए आन्दोलन करते हैं, तब वे एक दबाव समूह के रूप में ही कार्य करते हैं। प्रभावक समूह, अन्य प्रकार के सामाजिक समूहों और क्लबों से इस बात में भिन्न होते हैं कि इन समूहों का व्यक्त प्रयोजन अपने उद्देश्यों की प्राप्ति के लिए जनमत जुटाना और निर्णय लेने वाली संस्थाओं को अपनी माँगों के प्रति समर्थन और स्वीकृति के लिए बाध्य किया जाना होता है। इनकी माँगें विद्यमान दशाओं को ही जारी रखना या उनमें परिवर्तन या संशोधन करना हो सकती हैं। दबाव-समूहों के राजनीतिक दलों से विशेष सम्बन्ध होते हैं। ये दबाव-समूह उस राजनीतिक दल, जिनसे वे जुड़े होते हैं, उन पर अपने हितों की पूर्ति के लिए दबाव डालते हैं।

primary and secondary socialization ('प्राइमरि ऐन्ड् 'सेकन्ड्रि सोशॅलाइ'ज़ेशन्) **प्राथमिक एवं द्वितीयक समाजीकरण** : प्राथमिक समाजीकरण वह है, जिसके द्वारा कोई शिशु जैविक प्राणी से सामाजिक प्राणी बनता है। जो समाजीकरण परिवार, क्रीड़ा मण्डली एवं पड़ोसियों के बीच होता है, उसे ही प्राथमिक समाजीकरण कहा जाता है। कुछ मनोवैज्ञानिकों एवं समाजशास्त्रियों ने इसे ही प्रारम्भिक समाजीकरण (**Early socialization**) कहा है। सामाजीकरण की प्रक्रिया आजीवन चलने वाली प्रक्रिया है। प्रारम्भिक समाजीकरण की प्रक्रिया के बाद चलने वाली समाजीकरण प्रक्रिया को द्वितीयक समाजीकरण कहा जाता है, जैसे– किसी व्यक्ति को सरकारी सेवा में अपने सहकर्मी के साथ कैसा व्यवहार करना चाहिए या किसी नवविवाहिता को अपने नये घर में किस ढँग से कोई कार्य या आचरण करना चाहिए, इत्यादि।

primary group ('प्राइमरि ग्रूप्) **प्राथमिक समूह** : इस अवधारणा का जिक्र सर्वप्रथम चार्ल्स एच. कूली (Charles H. Cooley, 1864–1929) हिन्दी में इस व्यक्ति के नाम का शुद्ध उच्चारण मात्र चार्ल्स एच. कूली ही है) की पुस्तक **Social Organization** (1909) में देखने को मिलता है। उन्होंने कहा है कि प्राथमिक समूहों से हमारा तात्पर्य उन समूहों से है, जिनमें सदस्यों के बीच आमने-सामने के घनिष्ठ सम्बन्ध एवं पारस्परिक सहयोग की विशेषता होती है। ऐसे समूह अनेक अर्थों में प्राथमिक होते हैं, लेकिन विशेष रूप से इस अर्थ में कि ये व्यक्ति के सामाजिक स्वभाव और विचार के निर्माण में बुनियादी योगदान देते हैं। परिवार एवं पड़ोसी प्राथमिक समूह के उपयुक्त उदाहरण हैं।

primary relations ('प्राइमरि रि'लेशन्स) **प्राथमिक सम्बन्ध** : प्रत्यक्ष सम्पर्क पर आधारित चिरस्थायी सम्बन्ध। इन सम्बन्धों में प्राय: व्यक्तिगत घनिष्ठता तथा भावनात्मकता पायी जाती है। ये सम्बन्ध किसी विशेष क्रिया की सम्पन्नता तक ही सीमित न रहकर, सामान्य क्रियाओं तथा हितों की पूर्ति भी करते हैं।

primitive communism ('प्रिम्इटिव् 'कॉम्यु निज़म्) **आदिम साम्यवादी समाज** : कार्ल मार्क्स के अनुसार मानव सभ्यता के विकास में यह पहला स्तर था, जहाँ जैविकीय श्रम-विभाजन पाया जाता था, लेकिन श्रम का सामाजिक विभाजन नहीं पाया जाता था। इस अवस्था में उत्पादन के साधनों पर समुदाय का पूर्ण नियन्त्रण होता था। व्यक्तिगत सम्पत्ति की अवधारणा (Concept of private property) का अभाव था, इसलिए इस समाज में न तो किसी तरह का शोषण था और न ही वर्ग-व्यवस्था। यह एक वर्गविहीन (Classless) समाज था। इसके बाद धीरे-धीरे समाज एशिएटिक उत्पादन के साधनों के स्तर की ओर अग्रसर हुआ। आदिम साम्यवाद को हम शिकारी और घुमक्कड़ मानव-समूह के रूप में समझ सकते हैं। इसमें उत्पादन पर व्यक्तियों का अधिकार था, यदि अतिरिक्त उत्पादन हुआ, तो वह सभी व्यक्तियों के बीच समानता के सिद्धान्त के आधार पर बाँट दिया जाता था। इसमें राज्य नामक सम्पत्ति नहीं पायी जाती थी। यह राज्य ही समाज था। इसमें वर्ग-संघर्ष (**Class struggle**) नहीं पाया जाता था; क्योंकि यहाँ निजी सम्पत्ति तथा सामाजिक श्रम-विभाजन नहीं था : (देखें– F. Engels, **The Origin of the Family**, 1884)।

primitive society ('प्रिम्इटिव् स'साइअटि) **आदिम समाज** : मानवसमाज के विकास का यह आरम्भिक चरण था और इस समाज को आमतौर पर आदिम समाज कहा जाता है। अलग-अलग विद्वानों जैसे कार्ल मार्क्स (Karl Marx, 1818–1883) ने इसे आदिम साम्यवाद, हर्बर्ट स्पेन्सर (Herbert Spencer, 1820–1903) ने इसे आदिम झुण्डों का काल तथा मार्गन (L.H. Morgan, 1818–1881) ने इसे जंगली काल कहा है। आदिम समाज से तात्पर्य असाक्षर समाज (Pre-literate) से है। परन्तु समाजशास्त्री इस शब्द का प्रयोग बहुधा ऐसी संस्कृति के लिए करते हैं, जिसमें आपेक्षिक रूप से साधारण प्रौद्योगिकी तथा सांस्कृतिक सजातीयता हो और जो व्यापक सांस्कृतिक प्रभावों से आपेक्षिक रूप से पृथक् हो।

progress ('प्रोग्रेस्) **प्रगति** : निश्चित लक्ष्य की दिशा में होने वाले परिवर्तन या इच्छित परिवर्तन, जब अच्छाई की दिशा में होते हैं, तो उसे हम प्रगति (Progress) कहते हैं। प्रगति सामाजिक परिवर्तन की एक निश्चित दिशा को दर्शाता है। प्रगति में समाज-कल्याण और सामूहिक हित की भावना छिपी होती है। ऑगबर्न एवं निमकॉफ (William F. Ogburn and M.F. Nimkoff) ने बताया है कि प्रगति का अर्थ अच्छाई के निमित्त परिवर्तन से है। इसलिए प्रगति इच्छित परिवर्तन है। इसके माध्यम से हम पूर्व-निर्धारित लक्ष्यों को पाना चाहते हैं। प्रगति कहने से एक निश्चित दिशा में विकास का बोध होता है और वह विकास हमेशा इच्छित विकास होता है। समाज के लोग यह चाहते हैं कि किसी विशेष किस्म की प्रगति चलनी चाहिए। वैज्ञानिक शिक्षा का प्रचार-प्रसार होना प्रगति का एक उदाहरण है; क्योंकि इसके माध्यम से समाज को हम एक इच्छित दिशा में ले जाना चाहते हैं। प्रगति एक योजनाबद्ध सामाजिक परिवर्तन (Planned social change) है। मनुष्य के ज्ञान में वृद्धि होना उद्विकास कहा जायेगा। जब हम प्रगति की बात करते हैं, तो इससे हमारा तात्पर्य सिर्फ परिवर्तन की दिशा मात्र से नहीं, बल्कि किसी आखिरी उद्देश्य की दिशा में परिवर्तन से होता है। किसी दिशा में कार्यरत कारकों के वस्तुपरक आधार को ध्यान में रखकर ही नहीं, बल्कि कभी-कभी कुछ दिशाओं का निर्धारण तो काल्पनिक ढँग से भी किया जाता है।

proletariat (प्रोलि'टेअरइअट्) **सर्वहारा** : 'प्रोलीटेरियट' शब्द मूलतः रोमी नगरों के सबसे ग़रीब लोगों के लिए प्रयुक्त होता था। आजकल इस शब्द का प्रयोग किसी भी समुदाय के निम्नतम सामाजिक, आर्थिक वर्ग के प्रतिनिधि के लिए होता है। मज़दूरवर्ग को सर्वहारा वर्ग के नाम से जाना जाता है। इस वर्ग के पास उत्पादन के साधनों का स्वामित्व या नियन्त्रण नहीं होता। मज़दूर उत्पादक-श्रम बेचकर अपनी आजीविका कमाते हैं। वे आमतौर पर ग़रीब और शक्तिहीन होते हैं। वे पूँजीवादी वर्ग के शोषण और दमन के शिकार होते हैं। वे समाज के सबसे निम्न स्तर के लोग होते हैं। इस शब्द का प्रयोग औद्योगिक प्रतिष्ठानों में लगे हुए उन मज़दूरों के लिए होता है, जो अपनी सेवाएँ पूँजीपतियों, उद्योगपतियों, निर्माताओं और उत्पादकों को कुछ विशेष कार्यों के लिए बेच देते हैं। आर्थिक इतिहास के विद्वान्, जिनमें कार्ल मार्क्स भी सम्मिलित हैं, सर्वहारा वर्ग का उद्भव औद्योगिक क्रान्ति के समय से मानते हैं।

अपनी आर्थिक, सामाजिक और शैक्षिक अधोगति के कारण सर्वहारा वर्ग लम्बे समय तक अपने हितों तथा अधिकारों की रक्षा के लिए अपना संगठन नहीं बना सका। उसमें समान हितों की चेतना का समाजवाद के बौद्धिक आन्दोलन के फलस्वरूप धीरे-धीरे विकास हुआ। सर्वहारा वर्ग के सभी आन्दोलनों तथा विचारधाराओं पर मार्क्सवाद का प्रचुर प्रभाव पड़ा है।

propaganda (प्रॉप्'गैन्डा) **प्रचार** : किसी भी मत, विचारधारा, तथ्य अथवा घटना की ख़बर को प्रसारित करने अथवा फैलाने को ही प्रचार कहते हैं। इसका उद्देश्य आर्थिक लाभ उठाना, किसी विषय के पक्ष अथवा विपक्ष में जनमत तैयार करना अथवा किसी घटना के विषय में लोगों को जानकारी देना या आशंकित करना होता है। इस कार्य में आजकल रेडियो, चलचित्र, समाचारपत्र, वार्तालाप, पत्र-पत्रिकाएँ, पुस्तिकाएँ, खेल-तमाशे आदि को साधन बनाया जाता है। युद्ध के समय में, विशेषकर शत्रु-पक्ष का मनोबल कमजोर करने के लिए, मनोवैज्ञानिक प्रचार की पद्धतियों को काम में लाया जाता है।

Protestant ethic; Protestant ethic thesis ('प्रॉटिस्टन्ट् ए'थइक; 'प्रॉटिस्टन्ट् ए'थइक 'थ़ीसिस्) **प्रोटेस्टैण्ट नैतिकता; प्रोटेस्टैण्ट नैतिकता-सिद्धान्त** : ईसाई धर्म का एक सिद्धान्त, जिससे पूँजीवाद के सांस्कृतिक स्वरूप का प्रमुख अंश बना है, जैसे– व्यक्तिवाद, उपलब्धियों के लिए प्रेरणा, विरासत में मिली सम्पत्ति और विलासिता का विरोध, काम तथा मुनाफे पर जोर, जादू-टोने तथा अन्धविश्वास का विरोध एवं तर्कसंगत संगठन के लिए प्रतिबद्धता। मैक्स वेबर (Max Weber, 1864–1920) का कहना है कि आधुनिक पश्चिमी पूँजीवाद का उदय प्रोटेस्टैण्ट धर्म की आर्थिक नैतिकता के फलस्वरूप ही सम्भव हुआ है। आधुनिक पूँजीवाद की आत्मा प्रोटेस्टैण्ट और इसके व्यवहार के नियमाचारों एवं व्यावहारिक नैतिकता में संलिप्त है। धर्म पर आधारित मैक्स वेबर के इस विचार से पूँजीवाद की उत्पत्ति के सम्बन्ध में मार्क्सवादी विचारों का स्पष्ट खण्डन होता है।

qualitative data ('क्वॉलिटेटिव़् 'डेटा) **गुणात्मक आँकड़े** : ऐसे आँकड़े गुणात्मक प्रकृति के होते हैं, जिन्हें किन्हीं वर्णित विशेषताओं के आधार पर पहचाना जा सकता है, जैसे– लिंग को संख्यात्मक इकाइयों में नहीं बाँटा जा सकता है।

quasi-primary group ('क्वाज़ाइ 'प्राइमरि ग्रूप) **आभासी या अर्द्ध-प्राथमिक समूह** : कुछ ऐसे भी समूह हैं, जिनमें प्राथमिक एवं द्वितीयक समूहों की मिश्रित विशेषताएँ पायी जाती हैं, जिन्हें चार्ल्स एच. कूली (Charles H. Cooley, 1864–1929, हिन्दी में इस व्यक्ति के नाम का शुद्ध उच्चारण मात्र कूली है) अर्द्ध-प्राथमिक समूह कहते हैं। इन्हें अर्द्ध-प्राथमिक समूह इसलिए कहा जाता है कि ये समूह सदस्यों की संख्या, घनिष्ठता एवं आमने-सामने के सम्बन्धों की दृष्टि से तो प्राथमिक होते हैं, किन्तु संरचना व संगठन की दृष्टि से द्वितीयक समूहों के निकट होते हैं। ये समूह स्वत: विकसित नहीं होते, वरन् जान-बूझकर इनका निर्माण किया जाता है। इनका लक्ष्य कुछ विशिष्ट हितों की पूर्ति करना होता है।

race (रेस्) **प्रजाति या नस्ल** : प्रजाति मनुष्यों का वह बृहत् समूह है, जिसके सदस्यों में सापेक्ष रूप से स्थिर कुछ वंशानुगत शारीरिक लक्षण समान होते हैं, जो प्रजनन द्वारा एक पीढ़ी से दूसरी पीढ़ी को हस्तान्तरित होते हुए भी प्राय: उसी रूप में स्थिर बने रहते हैं और जिसके आधार पर एक प्रजातीय समूह को दूसरे से पृथक् किया जाता है। ये शारीरिक अभिलक्षण बहुधा सिर, आँख, कान, नाक तथा होठों के आकार, शरीर के रंग अथवा केश के प्रकार से सम्बन्ध रखते हैं, जिन्हें बदला नहीं जा सकता। आनुवंशिकीय अध्ययन के क्रम में प्रजातियों के जीन्स का भी गहन अध्ययन किया गया है। ए.एल. क्रोबर (Alfred L. Kroeber, 1876–1960) ने भी यही बात कही एवं उसके अनुसार इस आधार पर प्रजाति शुद्ध रूप से एक जैविक धारणा है। जैविक लक्षणों की यह समानता समान पूर्वज एवं निरन्तर अन्त:प्रजनन (Inbreeding) के कारण होती है। विश्व में तीन प्रमुख प्रजातियाँ मानी गयी हैं– श्वेत, पीत और श्याम। विश्व की अधिकांश जनसंख्याएँ, मिश्रित प्रजाति की हैं और यह सर्वमान्य है कि प्रजाति का, मानसिक एवं सांस्कृतिक उपलब्धियों के साथ कोई सम्बन्ध नहीं होता।

racism; racialism (ˈरेशइज़्म्; रेशॅˈलिज़्म्) **प्रजातिवाद, नस्लवाद** : प्रजातीय पूर्वाग्रह, अर्थात् दूसरी प्रजाति या अन्यदेशीय संस्कृति के प्रति द्वेष एवं घृणा तथा अपनी प्रजाति के प्रति अपरिमित लगाव और अपनेपन की भावना। बहुत दिनों से और खासकर औपनिवेशिक युग के आरम्भ होने के बाद बहुत सारे लोगों ने यह मान रखा है कि लोग प्रजातिगत दृष्टि से विशेष लक्षणों वाले, क्षमता वाले, मन्द बुद्धि वाले या तीक्ष्ण बुद्धि वाले होते हैं। मानवशास्त्र की खोजों के विपरीत प्रजातिवाद यह मानता है कि प्रत्येक मानव-समूह की अपनी निजी शारीरिक, मानसिक तथा स्वभाव-सम्बन्धी कुछ पैतृक विशेषताएँ होती हैं, जो सापेक्ष रूप से सामाजिक, शिक्षा सम्बन्धी तथा अन्य पर्यावरण सम्बन्धी प्रभावों से प्रभावित रहती हैं; जन्मगत उत्तम और अधम प्रजातियाँ तथा उपप्रजातियाँ होती हैं और आनुवंशिक कारक ही मनुष्य के सांस्कृतिक जीवन के प्रत्येक पक्ष को निश्चित करता है। प्रजातियों में बहुधा स्वजाति केन्द्रिकता की भावना होती है और प्रत्येक प्रजाति अपने को दूसरों से श्रेष्ठ समझती है। लोगों ने इतिहास की व्याख्या प्रजातीय लक्षणों के आधार पर की है। उन्होंने **ब्लू ब्लड (Blue blood)** यानी श्रेष्ठ रक्त का राजनीतिक सिद्धान्त दिया है।

radical sociology (रैडिक्ल् सोसिˈऑलजि) **आमूल परिवर्तनवादी** या **अतिवादी समाजशास्त्र** : लगभग सन् 1960 के आस-पास समाजशास्त्र के क्षेत्र में एक नवीन परिप्रेक्ष्य का उदय हुआ, जिसे विभिन्न समाजशास्त्रियों ने विभिन्न नाम दिये। अमरीका में अतिवादी या आमूल परिवर्तनवादी समाजशास्त्र के मुख्य प्रवर्तक सी. राइट मिल्स (C. Wright Mills, 1916-1962) रहे हैं, तथापि इसके रूप को सँवारने का कार्य मुख्यत: इरविंग लुई होरोविज़ (Irving Louis Horowitz) ने 'नवीन समाजशास्त्र' के नाम से किया है। आमूल परिवर्तनवाद बलवान के विरुद्ध कमजोर का, शोषक के विरुद्ध शोषित का तथा वर्गों के अधिकार के विरुद्ध जनता के अधिकारों का समर्थन करता है। इस परिप्रेक्ष्य की रुचि, मुख्यत: ग़रीबी, प्रजातिवाद, शोषण, शक्तिहीनता, सैनिक-औद्योगिक संस्थान जैसे विषयों में रही है। अतिवादी समाजशास्त्र या आमूल परिवर्तनवाद की जड़ें मूलत: संघर्ष-सिद्धान्त में गड़ी हैं। इसका जन्म समाजशास्त्र की चिर-परिचित संरचना प्रकार्यवादी सिद्धान्त की प्रतिक्रिया स्वरूप हुआ है। अतिवादी समाजशास्त्रियों के मतानुसार, संरचना-प्रकार्यवादी परिप्रेक्ष्य स्थितिवाद का द्योतक है तथा परिवर्तन को नकारता है।

reference group (ˈरेफ़रन्स् ग्रूप्) **सन्दर्भ-समूह** : इसका प्रयोग सबसे पहले हर्बर्ट हाइमन (Herbert Hyman, **Archives of Psychology**) ने 1942 में किया था। सन्दर्भ-समूह वे समूह हैं, जिनसे व्यक्ति अपने-आपको उनके एक अंग के रूप में जोड़ लेता है अथवा मनोवैज्ञानिक रूप से वह उनसे जुड़ने की इच्छा रखता है। दैनिक भाषा में सन्दर्भ-समूह वे हैं, जिनके साथ व्यक्ति अपनी एकरूपता स्थापित करता है या एकरूपता स्थापित करने की इच्छा रखता है। कोई भी समूह एक व्यक्ति के लिए सन्दर्भ-समूह हो सकता है चाहे वह समूह जिसका वह सदस्य है या जिसका वह सदस्य नहीं है; एक अन्त: क्रिया समूह, स्थिति समूह या एक समूह, जिसके सदस्य दूसरों पर अपने प्रभावों के बारे में जानते हैं या वैसे समूह भी, जिसके सदस्यों को इस बात की जानकारी नहीं है कि वह एक सांख्यिकीय समूह या एक वास्तविक समूह या यहाँ तक कि एक काल्पनिक समूह है। दूसरे शब्दों में, किसी व्यक्ति का सन्दर्भ-समूह वे समस्त समूह हैं, जिनका वह अपने-आपको हिस्सा मानता है या जिनके साथ वह अपने को मानसिक रूप से जोड़ता है या जिन समूहों की सदस्यता की चाह उसमें होती है। किसी सन्दर्भ-समूह के साथ, रचनात्मक सम्बन्ध और नकारात्मक सम्बन्ध अथवा उसकी अस्वीकृति, दोनों प्रकार से अपना दृष्टिकोण बनाया जा सकता है।

reflexive modernization (रिˈफ्लेक्स्इव् मॉडर्नाइˈजेशन्) **विचारशील या निजवाचक आधुनिकीकरण, प्रतिवर्ती आधुनिकीकरण** : प्रतिवर्ती आधुनिकीकरण की अवधारणा के रचनाकार यू. बेक (Ulrich Beck) ने आधुनिक सामाजिक विकास की एक ऐसी अवस्था के लिए इस अवधारणा का प्रयोग किया है, जब आधुनिकता के तीव्र विकास के कारण परम्परा और आधुनिकता के बीच सामंजस्य वाला चरण समाप्त हो जाता है। सामान्यत: सामाजिक विकास के प्रारम्भिक चरणों में परम्परा और आधुनिकता के बीच तालमेल रहता है और यह सामाजिक विकास के लिए आवश्यक भी है। इस संकल्पना का एक अन्य प्रयोग औद्योगिक समाज में परिवर्तन के सन्दर्भ में किया गया

है, जिसमें आधुनिकता में तीव्र गति से आमूलचूल परिवर्तन इस सीमा तक होता है कि यह औद्योगिक समाज की चूलें ही हिल जाती हैं इसके आधारों और नाक-नक्श को बदल देता है और एक अन्य प्रकार की आधुनिकता के द्वार खोल देता है। यू. बेक ने अपनी पुस्तक **Risk Society: Towards a New Modernity** (1992) में बताया है कि औद्योगिक समाज में उत्तरोत्तर विकास के कई नतीजे सामने आ रहे हैं, जैसे– औद्योगीकरण के परिणामस्वरूप व्यक्तिवादिता को बढ़ावा मिल रहा है। व्यक्ति परम्परागत समूहों और सम्बन्धों से कटता जा रहा है। पूरा समाज एक बाज़ार की तरह उभर रहा है और सभी लोग उसी बाजारू सम्बन्धों से जुड़े नज़र आ रहे हैं।

relative deprivation (ˈरेल्टिव् डेप्रिˈव़ेश्न्) **तुलनात्मक वंचन, सापेक्ष वंचन** : कुछ विशिष्ट स्थितियों तथा अपेक्षाओं के सम्बन्ध में वंचित रहने की अवस्था अथवा अनुभव। सन्दर्भ-समूह के सम्बन्ध में रॉबर्ट के. मर्टन (Robert K. Merton, 1910–2003) की अवधारणा 'तुलनात्मक वंचन या अभाव की दशा' का बहुत ही प्रमुख योगदान है। उन्होंने एस.ए. स्टूफर (S.A. Stouffer, 1900–1960) के अध्ययन (**The American Soldier**) के आधार पर तुलनात्मक अभाव की अवधारणा पर विशेष प्रकाश डाला है। अध्ययन में यह पाया गया कि अमरीका में जो विवाहित सिपाही थे, वे अक्सर यह सोचते थे कि अविवाहित सिपाहियों की तुलना में उन्हें अधिक त्याग करना पड़ता है। उनका ऐसा सोचने का आधार यह था कि वे अपनी पत्नी एवं बच्चों से दूर रहकर देश-सेवा में लगे हुए थे। देश की सुरक्षा के लिए उन्हें कुछ ज़्यादा ही अपने पारिवारिक जीवन से वंचित रहना पड़ता था, अर्थात् विवाहित सिपाहियों में एक तुलनात्मक अभाव की दशा की भावना कुछ अधिक ही दिखाई पड़ती थी।

religiosity (रिलिजिˈऑसइटि) **धार्मिकता** : धार्मिकता एक ऐसी अवधारणा है, जिसे मनोवृत्ति स्केल या मापनी के द्वारा मापा जा सकता है। जी. लेन्सकी (Gerhard Lenski) ने इसके चार आयाम बताये हैं– रूढ़िवादिता और विश्वास, सत्संग (धार्मिक उपस्थिति, मन्दिर आना-जाना), भक्ति (जैसे प्रार्थना या जाप करना) तथा सामुदायिक भाव (धार्मिक समूह की पृथकता की मात्रा)। लेन्सकी (**The Religious Factor,** 1961) ने यहूदियों, प्रोटेस्टैण्ट और कैथोलिक सम्प्रदाय के लोगों के विश्वासों और आचार-व्यवहार का अध्ययन कर, इन धार्मिक समूहों के आर्थिक एवं राजनीतिक विषयों के प्रति भिन्न विचारों को उजागर किया है।

rentier class (ˈरॉनटिअर् क्लास्) **लगानजीवी वर्ग** : विलफ्रेडो पारेटो (Vilfredo F.D. Pareto, 1848–1923, हिन्दी में शुद्ध उच्चारण मात्र पारेटो है) ने बड़े भू-स्वामियों को लगानजीवी वर्ग कहा है।

residue (ˈरेजि ड्यू) **प्रेरक** : वी. पारेटो (V. Pareto, 1848–1923) द्वारा प्रतिपादित इस शब्द का सम्बन्ध उस गुप्त भावना से है, जो व्यक्ति के ग़ैर-तार्किक या ग़ैर-बौद्धिक कार्य को प्रेरित करती है। सामाजिक व्यवस्था के किसी स्थिर पक्ष की व्याख्या के लिए निर्धारित अवधारणा, जैसे– बीमारी के उपचार के लिए कई पद्धतियाँ हैं। इसमें एक ही बात सतत है– वह है बीमारी का उपचार करने का प्रयास। इस स्थिर तत्त्व को अवशेष कहते हैं।

re-socialization (रीसोशॅलाइˈज़ेशन्) **पुनर्समाजीकरण** : कुछ लोगों के जीवन में ऐसी भी स्थिति आती है जब वे समाज के स्वीकृत नियमों का ठीक से अनुसरण नहीं करते हैं। जब कोई व्यक्ति मानसिक रूप से असन्तुलित हो जाता है या अपराधी हो जाता है, तो वैसी स्थिति में उसे पुराने जीवन में वापस लाने का प्रयास किया जाता है। अपराधियों को कैद में रखने की बजाय उसे फिर से समाज में स्थापित करने के लिए उन्हें समाज के मूल्यों, आदर्शों तथा प्रतिमानों को विभिन्न विधियों के सहारे सिखाया जाता है, ताकि सामाजिक जीवन में वे वापस आ सकें। इसी प्रकार की सीखने की प्रक्रिया का नाम पुनर्समाजीकरण है।

restricted patriarchal family (रिस्ˈट्रिक्टेड् पेट्रिˈऑकल ˈफ़ैमलि) **प्रतिबन्धित पितृसत्तात्मक परिवार** : इतिहासकार लॉरेन्स स्टोन (Lawrence Stone) ने इसे परिवार के विकास का दूसरा चरण कहा है। इसका काल 16वीं सदी के प्रारम्भ से लेकर 18वीं सदी के प्रारम्भ तक का माना जाता है। इस प्रकार का परिवार मुख्य रूप से समाज के उच्च

वर्गों में पाया जाता था। इसका स्वरूप मूल परिवार जैसा था, लेकिन यह पहले चरण की तरह समुदाय से उतना घनिष्ठ रूप से जुड़ा हुआ नहीं था, बल्कि समुदाय के नियन्त्रण से काफी दूर था।

revisionism (रि'विज़ॅनिज़म्) **संशोधनवाद** : समाजवाद की वह धारा, जो मार्क्सवाद की कुछ मान्यताओं और कार्य-प्रणाली में संशोधन करके उससे भिन्न कार्यक्रम का सुझाव देती है। इसके प्रमुख प्रवर्तक एडवर्ड बर्नस्टाइन (E. Bernstein, 1850–1932) और कार्ल कॉट्स्की (Karl Kautsky, 1854–1938) थे। उन्होंने बीसवीं शताब्दी के आरम्भ में इस तरह के तर्क दिये कि मज़दूरवर्ग की हालत खराब नहीं हुई, बल्कि पहले से सुधर गयी, इसलिए वर्ग-संघर्ष अब हल्का पड़ गया; मध्यवर्ग लुप्त नहीं हो रहा है, बल्कि इसका आकार पहले से बड़ा हो गया है और उद्योग-धन्धे बड़े-बड़े उद्योगों में संकेन्द्रित नहीं हुए, बल्कि अधिकांशतः छोटे-छोटे उद्योगों में फैले हुए हैं। इन सब परिवर्तनों को देखते हुए समाजवाद को केवल एक आन्दोलन के रूप में बढ़ावा देना चाहिए, अन्तिम लक्ष्य के रूप में नहीं। अतः संशोधनवादियों ने सर्वहारा क्रान्ति को अनावश्यक बताया और सर्वहारा के अधिनायकतन्त्र (Dictatorship of the proletariat) के विचार को अस्वीकार कर दिया। उन्होंने लोकतन्त्र की संस्थाओं को समाजवाद की स्थापना का उपयुक्त माध्यम माना। अतः यह सिद्धान्त विकासात्मक समाजवाद की धारा के साथ जुड़ा है।

revivalism (रि'वाइवलिज़म्) **पुनरुद्धारवाद, पुनरुत्थानवाद** : अतीत की ऐसी बातों को, जो कालान्तर में अनुपयोगी समझकर छोड़ दी गयी हैं, पुनः चलाने का प्रयत्न अथवा इसकी प्रवृत्ति।

revolution (रेव्'लूशन्) **क्रान्ति** : हिंसात्मक या अहिंसात्मक अप्रत्याशित सामाजिक परिवर्तन, जो परिस्थिति को मोड़ दे या उसमें आमूल परिवर्तन लाये, उसे क्रान्ति कहते है। क्रान्ति को हमलोग राज्य शक्तियों के जन-आन्दोलन के नेताओं के द्वारा हिंसात्मक तरीकों से जबरदस्ती हड़पने के प्रयास के तरीकों के रूप में परिभाषित कर सकते हैं, जहाँ पुनः उस शक्ति का प्रयोग बृहत् सामाजिक सुधार के लिए किया जाता है। सामाजिक आन्दोलन से भी ज़्यादा सामाजिक परिवर्तन का सशक्त माध्यम क्रान्ति है। क्रान्ति के द्वारा सामाजिक परिवर्तन के अनगिनत उदाहरण मौजूद हैं। लेकिन, पिछली दो-तीन शताब्दियों में मानव इतिहास में काफी बड़ी-बड़ी क्रान्तियाँ आयी हैं, जिन क्रान्तियों ने कुछ मुल्कों के राजनीतिक, आर्थिक और सामाजिक क्षेत्रों में युगान्तकारी परिवर्तन ला दिया है। इस सन्दर्भ में 1775–83 की अमरीकी क्रान्ति एवं 1789 की फ्रांसीसी क्रान्ति विशेष रूप से उल्लेखनीय है। हेना आरेंट (Hannah Arendt, 1906–1975) ने बताया है कि क्रान्तियों का मुख्य उद्देश्य परम्परागत व्यवस्था से अपने-आपको अलग करना एवं नये समाज का निर्माण करना है। इतिहास में कभी-कभी इसका अपवाद भी देखने को मिलता है। कुछ ऐसी भी क्रान्तियाँ हुई हैं, जिनके द्वारा हम समाज को और भी पुरातन समय में ले जाने की कोशिश करते रहे हैं।

revolutionary class (रेव्'लूशनरि क्लास्) **क्रान्तिकारी वर्ग** : वह वर्ग जो उत्पादन के पुराने तरीकों को नष्ट करने में तथा ऐसी नयी पद्धति बनाने में सक्षम है, और जिस पर उसका वर्चस्व है।

revolutionary movement (रेव्'लूशनरि 'मूवमन्ट्) **क्रान्तिकारी आन्दोलन** : ऐसा सामाजिक आन्दोलन, जो समस्त सामाजिक संस्थाओं में सर्वांगीण परिवर्तन का समर्थन करता है और पुराने मूल्यों तथा सामाजिक सम्बन्धों के स्थान पर नये मूल्यों और नये सामाजिक सम्बन्धों की स्थापना की माँग करता है। अतः यह सुधारवादी आन्दोलन से भिन्न है।

rites-de-passage (life cycle rituals) (राइट्स डी 'पैसिज्) **जीवन-यात्रा** या **जीवनचक्र संस्कार** : वे अनुष्ठान, जो किसी व्यक्ति के जीवन के उस मोड़ को व्यक्त करते हैं, जब वह एक अवस्था से दूसरी अवस्था में प्रवेश करता है। ये अनुष्ठान धार्मिक प्रकृति के होते हैं तथा एक सामाजिक स्थिति की समाप्ति और दूसरी के आरम्भ को संस्थागतरूप प्रदान करते हैं। यह संस्कार विशेषकर व्यक्ति के जन्म, यौवनारंभ, विवाह तथा मृत्यु पर किये जाते हैं। वैदिक काल के हिन्दू धर्म में जीवन के ऐसे सोलह संस्कारों का उल्लेख है (देखें– Arnold Van Gennep, **The Rites of Passage**, 1960)।

ritual (ˈरिच्युअल्) **अनुष्ठान** : अनुष्ठान, कर्मकाण्ड, कृत्य उपचार या अनुष्ठान अथवा कर्मकाण्ड से सम्बन्धित उपासना-पद्धति के विभिन्न रूप और प्रकार, जिनका स्वरूप धार्मिक अनुष्ठानों के सन्दर्भ में परम्परा अथवा पुरोहितों द्वारा निर्धारित किया जाता है। मानवीय परिस्थितियों को नियन्त्रित करने वाला, निश्चित स्वरूप वाला, बार-बार दुहराया जाने वाला कार्य अनुष्ठान कहलाता है।

role (रोल्) **भूमिका, फ़र्ज़** : किसी व्यक्ति के द्वारा की जाने वाली वह सामाजिक क्रिया अथवा कार्य, जिसके अन्तर्गत समाज अपने प्रत्येक सदस्य से, सामाजिक क्रम में उसके पद के अनुसार किसी विशेष प्रकार के व्यावहारिक सामाजिक कर्तव्य की अपेक्षा करता है। सामाजिक जीवन में हर एक के उत्तरदायित्व होते हैं। उदाहरण के लिए, पति, पिता, माता, पुत्र आदि का एक-दूसरे के प्रति उत्तरदायित्व। ये दायित्व इन व्यक्तियों की भूमिकाएँ हैं। यह अधिकारों एवं कर्तव्यों का योग है। यह स्थिति का गतिशील पहलू है। फ़र्ज़ एवं हैसियत एक ही सिक्के के दो पहलू की तरह हैं। दोनों एक-दूसरे से इस तरह जुड़े हैं कि वे एक-दूसरे से स्वतन्त्र नहीं हो सकते हैं तथा दोनों एक-दूसरे को समानरूप से प्रभावित करते रहते हैं। व्यक्तियों के द्वारा जितने भी प्रकार के कार्य किये जाते हैं, वे सभी भूमिका की श्रेणी में नहीं रखे जा सकते हैं। चोरी-डकैती करना एक प्रकार का कार्य है, भूमिका नहीं। उसी कार्य को भूमिका मानते हैं, जो कोई व्यक्ति सामाजिक नियम-कानूनों एवं आदर्शों की अपेक्षा को ध्यान में रखकर करता है। माता-पिता के द्वारा बच्चों को प्यार करना एक सामाजिक भूमिका है, लेकिन अपने माता-पिता का अपमान करना भूमिका नहीं है। माइकल बैण्टन (Michael Banton) ने भूमिका को तीन भागों में बाँटा है– बुनियादी भूमिका (**Basic role**), सामान्य भूमिका (**General roles**) एवं स्वतन्त्र भूमिका (**Independent role**)।

role allocation (रोल् ऐलˈकेशन्) **भूमिका-आबंटन** : वह प्रक्रिया, जिसके अन्तर्गत किसी सामाजिक समूह में लोगों को भिन्न-भिन्न भूमिकाएँ सौंपी जाती हैं ताकि सामाजिक जीवन को सुचारु रूप से चलाया जा सके। व्यक्ति की प्रदत्त भूमिका (**Ascribed role**) और अर्जित भूमिका (**Achieved role**) दोनों इसके विचार-क्षेत्र में आ जाती हैं।

role ambiguity (रोल् ऐम्ˈबिग्युइटि) **भूमिका-संदिग्धता** : ऐसी दशा, जिसमें किसी व्यक्ति या स्थिति के साथ जुड़ी हुई भूमिकाएँ स्पष्ट न हों। बदलती हुई सामाजिक परिस्थितियों में जब पुराने मूल्य और मान्यताएँ स्थिर नहीं हो पातीं, तब ऐसी स्थिति पैदा हो जाना स्वाभाविक है।

role complex (रोल् ˈकॉम्प्लेक्स्) **भूमिका-पुँज** : सामाजिक जीवन में व्यक्ति की विभिन्न भूमिकाओं का सम्पूर्ण क्रम-विन्यास, उदाहरणस्वरूप– एक ही व्यक्ति यदि परिवार में पति और पिता की भूमिका निभाता है, तो कार्यालय में प्रबन्धक की भूमिका निभाता है और किसी समिति में अध्यक्ष की भूमिका निभाता है।

role conflict (रोल् ˈकॉन्फ्लिक्ट्) **भूमिका द्वन्द्व, भूमिका संघर्ष** : एक व्यक्ति द्वारा की गयी किसी परिस्थितिवश एक या एक से अधिक भूमिकाओं के बीच पायी गयी असंगति। इसमें एक भूमिका दूसरी भूमिका के निष्पादन में बाधक बन जाती है। जब दो या दो से अधिक भूमिकाओं का एक साथ निभाना इतना कठिन हो जाता है कि हम किसी भी भूमिका को ठीक से निभाने में समर्थ नहीं रह पाते हैं, तो भूमिका-द्वन्द्व की स्थिति उत्पन्न हो जाती है। कामकाजी महिलाओं के लिए कभी-कभी यह समस्या आ जाती है कि वह अपने बच्चों या परिवार के लिए कैसे समुचित समय निकाले। पेशे की भूमिका एवं माँ या पत्नी के रूप में उनकी भूमिका के बीच अक्सर संघर्ष होता रहता है। भूमिका-द्वन्द्व आधुनिक युग की परेशानी है इसलिए कि औद्योगिक समाज के अन्तर्गत लोगों को अक्सर एक से अधिक भूमिकाओं का निर्वहन करना होता है। भूमिका-तनाव और भूमिका-द्वन्द्व के बीच सिर्फ मात्रा का फर्क है। भूमिका-द्वन्द्व, भूमिका-तनाव की चरमसीमा है या यह कहा जाये कि भूमिका-तनाव भूमिका-द्वन्द्व की प्रारम्भिक सीढ़ी है।

role dispossession (रोल् डिस्पज़ेˈशन्) **भूमिका-वंचन** : भूमिकाएँ स्थिर नहीं होतीं। स्थिति में परिवर्तन के साथ उनमें भी परिवर्तन अवश्यम्भावी हो जाता है। पुरानी भूमिका को त्यागकर नयी भूमिका का ग्रहण किया जाना भूमिका-वंचन कहलाता है।

role distance (रोल् 'डिस्टन्स्) **भूमिका-दूरी :** इरविंग गॉफ़मैन (Erving Goffman, 1922–1982) ने भूमिका के सम्बन्ध में एक नयी अवधारणा का प्रतिपादन किया है। उन्होंने बताया है कि आधुनिक समाज में सामान्य तौर पर लोगों को एक से अधिक भूमिकाओं को निभाना पड़ता है। जब कभी भी कोई व्यक्ति अपनी किसी भूमिका से ऊब जाता है या जब उसे कोई भूमिका अरुचिकर लगती है, तो उससे वह दूर होने की चेष्टा करता है, जैसे– यदि कोई सफल चिकित्सक या वैज्ञानिक जब अपने पेशे से काफी ऊब जाता है, तो कुछ दिनों के लिए वह उस काम से विश्राम ले लेता है और अपना समय परिवार के साथ मनोरंजन में बिताता है। इसे ही भूमिका-दूरी कहा जाता है।

role empathy (रोल् ए'म्पथि) **भूमिका परानुभूति :** ऐसी प्रक्रिया, जिसके अन्तर्गत व्यक्ति दूसरे के अनुभवों, विचारों और संवेदनाओं को समझने का प्रयास करता है।

role model (रोल् 'मॉड्ल्) **भूमिका-प्रतिरूप :** किसी विशेष प्रकार की भूमिका में एक व्यक्ति द्वारा किया जाने वाला व्यवहार, जो अन्य व्यक्तियों के लिए उसी प्रकार की भूमिका में नमूना-स्वरूप होता है। यह ज़रूरी नहीं है कि जिसे कोई व्यक्ति अपनी भूमिका-प्रतिरूप मानता है, उसे वह व्यक्तिगत रूप से जानता ही हो। भूमिका-प्रतिरूप वाला चरित्र वास्तविक, पौराणिक या ऐतिहासिक कुछ भी हो सकता है। भूमिका-प्रतिरूप और सन्दर्भ व्यक्ति (**Referent individual**) में अन्तर होता है। भूमिका-प्रतिरूप में आदर्श व्यक्ति की किसी एक भूमिका या किसी एक विशिष्ट व्यवहार को अपनाया जाता है, जबकि सन्दर्भ-व्यक्ति का प्रयोग सामाजिक जीवन के कई क्षेत्रों के सामान्यीकरण के लिए किया जाता है।

role-other (रोल् 'अदर) **भूमिका-इतर :** भूमिका-इतर वह व्यक्ति होता है, जिसके साथ व्यक्ति की भूमिका निभाते वक्त वह अन्तःक्रिया करता है। स्थितियों के अनुसार ही व्यक्तियों की भूमिकाएँ होती हैं, इसलिए एक व्यक्ति की जितनी स्थितियाँ होंगी, उतनी ही उसकी भूमिकाएँ भी होंगी। जब किसी व्यक्ति की एक से अधिक स्थितियाँ होती हैं, तो उसी के अनुरूप विभिन्न भूमिकाएँ भी बनती हैं, जिसे भूमिका सेट या समुच्चय कहा जाता है।

role performance (रोल् पर्'फॉर्मन्स्) **भूमिका-सम्पादन :** किसी सामाजिक स्थिति में एक व्यक्ति जिस तरह वास्तविक रूप में अपनी भूमिका को निभाता है, वह भूमिका-सम्पादन कहलाती है। जहाँ भूमिका किसी स्थिति से जुड़े हुए अपेक्षित कार्य एवं व्यवहार को परिलक्षित करती है, वहाँ भूमिका-सम्पादन की अवधारणा व्यक्ति द्वारा किसी पद-स्थिति पर किये गये वास्तविक व्यवहार एवं कार्यों का संकेत देती है।

role self theory (रोल् से'ल्फ़ 'थिअरि) **भूमिका का आत्म-सिद्धान्त :** एक ऐसा सिद्धान्त, जो इस मान्यता पर आधारित है कि समाज में विचलन इस बात का परिणाम है कि व्यक्ति अपने-आपको सही साबित करने के लिए किसी खास प्रकार की भूमिका का निर्वाह करने की कोशिश करता है, लेकिन समाज उस भूमिका को अनुचित समझता है।

role-set (रोल् सेट्) **भूमिका-पुँज, भूमिका-सेट :** एक विशिष्ट सामाजिक स्थिति के साथ जुड़ी हुई भूमिकाओं का समुच्चय भूमिका-पुँज कहलाता है। किसी भी सामाजिक स्थिति में एक व्यक्ति अनेक सामाजिक सम्बन्धों से घिरा होता है, जो व्यक्तियों के लिए उन सामाजिक स्थितियों में सर्वदा अथवा सामान्यतः आवश्यक होते हैं। इस अवधारणा का प्रयोग रॉबर्ट के. मर्टन (Robert K. Merton, 1910–2003) ने किया है। मर्टन के अनुसार 'भूमिका-पुँज से तात्पर्य भूमिका-सम्बन्धों के उस ताने-बाने से है, जिसमें एक व्यक्ति एक विशिष्ट सामाजिक स्थिति को धारण करने के कारण बँधा होता है। मर्टन ने इसके लिए एक उदाहरण विद्यालय के अध्यापक का दिया है। एक विद्यालय के अध्यापक के रूप में एक व्यक्ति को कई व्यक्तियों के साथ अपने शिष्यों, सहयोगियों, प्रधानाध्यापक, अध्यापक-संघ, विद्यालय बोर्ड, स्थानीय प्रशासन के व्यक्तियों के साथ कई भूमिकाओं का निर्वाह करना पड़ता है। उसे अपनी अध्यापक की स्थिति में, अध्यापन के साथ-साथ एक सामाजिक कार्यकर्त्ता, समाजीकरण के एक अभिकर्त्ता, एक नेता, एक निर्णायक तथा एक पथ-प्रदर्शक की भूमिकाएँ भी अदा करनी पड़ती हैं।

role structure (रोल् 'स्ट्रक्चर्) **भूमिका-संरचना :** प्रत्येक सामाजिक व्यवस्था में अनेक भूमिकाएँ होती हैं। इन भूमिकाओं के सम्मिलित रूप को भूमिका-संरचना कहते हैं। उदाहरणार्थ, एक परिवार की भूमिका-संरचना में पति-पत्नी, माता-पिता और सन्तान तथा सहोदरों के बीच सम्बन्धों के साथ-साथ नातेदारी के सदस्यों, जैसे– दादा-दादी, नाना-नानी, चाचा-चाची आदि के सम्बन्धों के सम्मिलित रूप को परिवार की भूमिका-संरचना कहा जाता है।

role theory (रोल् 'थिअरि) **भूमिका-सिद्धान्त :** समाजशास्त्रीय सिद्धान्त में भूमिका एक प्रमुख अवधारणा है। यह अवधारणा विशिष्ट स्थितियों या सामाजिक पदों के साथ जुड़ी सामाजिक प्रत्याशाओं पर प्रकाश डालती है तथा इन प्रत्याशाओं की कार्यविधि की विवेचना करती है। भूमिका-सिद्धान्त प्रमुखतः बीसवीं शताब्दी के मध्य काफी प्रसिद्ध था, किन्तु बाद में अपनी भारी आलोचना से वह ध्वस्त हो गया। फिर भी, भूमिका की अवधारणा समाजशास्त्रीय समझ प्राप्त करने में आज भी केन्द्रीय महत्त्व रखती है और यह इसका एक आधारभूत उपकरण है। भूमिका-सिद्धान्त के दो प्रमुख रूप हैं। प्रथम का विकास रैल्फ लिण्टन (Ralph Linton, 1893–1953) द्वारा सामाजिक मानवशास्त्र में किया गया। लिण्टन ने किसी भी सामाजिक प्रणाली में पायी जाने वाली भूमिकाओं का एक संरचनात्मक खाका प्रस्तुत किया है। एक स्थिति के साथ-साथ क्या-क्या दायित्व एवं अधिकार हैं, आशाओं-प्रत्याशाओं से भूमिका-साथी जुड़े होते हैं, इनके क्या भूमिका-संघर्ष और भूमिका-तनाव होते हैं, इसका वर्णन-विश्लेषण भूमिका-सिद्धान्त के प्रथम स्वरूप के अन्तर्गत किया जाता है। टैलकॉट पार्सन्स द्वारा किया गया एक बीमार की भूमिका का विश्लेषण, इसका एक सुप्रसिद्ध उदाहरण है। पार्सन्स ने अपने सामाजिक सिद्धान्त में इन भूमिका-प्रतिमानों को अपने तथाकथित परवर्ती प्रतिमानों की योजना में समाहित कर परिभाषित किया है।

routinization of charisma (रूटीनाइ'ज़ेशन् ऑव् क'रिज़मा) **चमत्कारी व्यक्तित्व का नेमीकरण :** करिश्माई अथवा चामत्कारिक सत्ता की किसी व्यवस्था के अन्तर्गत पूरी तरह से संस्थागत हो जाने की प्रक्रिया। किसी व्यक्ति (आमतौर पर किसी नेता) के पारलौकिक, दैवी गुण अथवा दैवी कृपा से प्राप्त विशिष्टता, जो उसकी सत्ता का स्रोत होती है तथा जिसके अन्तर्गत दूसरे लोग उस नेता के अनुयायी बन जाते हैं। इस शब्द का एक लम्बे काल तक धर्मशास्त्रीय साहित्य तथा चर्च इतिहास में प्रयोग होता रहा है। समाजशास्त्रीय साहित्य में इस अवधारणा का प्रयोग मैक्स वेबर (Max Weber, 1864–1920) ने ऐसे व्यक्तियों के लिए किया है, जो असाधारण योग्यता, प्रतिभा तथा शक्ति के धनी होते हैं। आम लोग उन्हें स्वाभाविक रूप से अपना नेता स्वीकार करते हैं। आज इस शब्द का प्रयोग ढीले-ढाले ढँग से जैसे नेताओं के लिए भी किया जाता है, जो प्रशासनिक मशीनरी के बल पर राज्य के कार्यों का सम्पादन करते हैं।

rural sociology ('रुअरल् सोसि'ऑलजि) **ग्रामीण समाजशास्त्र :** समाजशास्त्र की वह शाखा जिसमें वैज्ञानिक सिद्धान्तों के आधार पर ग्रामीण समाज की घटनाओं, प्रक्रियाओं और सम्बन्धों का व्यवस्थित विश्लेषण एवं अध्ययन किया जाता है। बिना इसकी उत्पत्ति एवं विकास को समझे हुए, अधिकांशतः इस विषय पर ग्रामीण जीवन का विवरण प्रायः सामान्य रूप से दे दिया जाता है। ग्रामीण समाजशास्त्र का मूल उद्देश्य ग्रामीण सामाजिक संगठन, उनकी संरचना, प्रक्रियाओं और विकास की वस्तुनिष्ठ प्रवृत्तियों का एक वैज्ञानिक, व्यवस्थित और विस्तृत अध्ययन करना तथा इस अध्ययन के आधार पर उसके विकास के नियमों को ज्ञात करना होना चाहिए। वस्तुतः इस प्रकार की अध्ययन-शाखा अनुभवाश्रित ही है; क्योंकि इसकी अधिकतर सामग्री क्षेत्रीय सर्वेक्षणों द्वारा ही उपलब्ध की गयी है। अमरीका में ग्रामीण समाजविज्ञान का सापेक्ष रूप से कम विकास हुआ है।

ruralization (रुअरलाइ'ज़ेशन्) **ग्रामीकरण :** वह प्रक्रिया, जिसके द्वारा ग्रामीण अभिवृत्तियाँ एवं पद्धतियाँ नगरीय व्यवहार में स्वीकृत हो जाती हैं। भारत के नगरों की एक समस्या यह है कि शहरों के अन्तर्गत ग्रामीण जीवन-प्रणाली स्पष्ट रूप से दिखाई पड़ती है। जिन शहरों के इर्द-गिर्द गाँवों की घनी आबादी है, उन क्षेत्रों में शहर गाँव में प्रवेश कर गये हैं और गाँव शहर में। ग्रामीकरण इसी का नतीजा है।

rural-urban continuum ('रुअरल् 'अर्बन् कन 'टिन्यूअम्) **ग्राम्य-नगर अविच्छिन्नक या सातत्यक :** ग्राम्य-नगरीय भेद के सम्बन्ध में दो अवधारणाओं ग्राम्य नगरीय द्विभाजन और ग्राम्य-नगर अविच्छिन्नक का प्रयोग किया जाता है। जहाँ प्रथम अवधारणा में ग्राम्य एवं नगरीयता को नितान्त दो विपरीत प्ररूपों (ध्रुवों) में देखा जाता है, वहाँ द्वितीय अवधारणा में ग्राम्य एवं नगरीय अन्तर को दो छोरों के बीच सापेक्ष अंशों के क्रम में देखा जाता है। प्रत्येक छोर की प्रमुख विशेषता दूसरे छोर में घुली-मिली होती है। यह अवधारणा ग्रामवासियों और नगरवासियों के बीच सामाजिक संरचना, मूल्यों, धर्म तथा दृष्टिकोण आदि की निरन्तरता को प्रकट करता है तथा इस बात पर बल देता है कि नगर एवं गाँव दोनों समूह परस्पर आबद्ध हैं। मूलतः इस धारणा का विकास सोरोकिन एवं जिमरमैन द्वारा किया गया, किन्तु इसे परिष्कृत रूप में प्रस्तुत करने का श्रेय रॉबर्ट रेडफील्ड (Robert Redfield, 1897–1958) को जाता है, जिन्होंने इसे एक निश्चित अर्थ व सन्दर्भ प्रदान किया है।

sacrament ('सैक्रमन्ट्) **संस्कार :** ऐसे धार्मिक कृत्य, समारोह अथवा प्रथा, जिन्हें सामाजिक यथार्थ का प्रतीक समझ कर विशेष रूप से पवित्र तथा पुनीत माना जाता है। इसका सम्बन्ध व्यक्ति के धार्मिक विश्वासों से है। भारत में विवाह, नामकरण, श्राद्ध का स्वरूप धार्मिक हैं और इन्हें प्रमुख संस्कारों में गिना जाता है।

sacred society ('सेक्रिड् स 'साइअटि) **धर्मरूढ़ समाज, रूढ़िगत समाज :** ऐसा समाज, जो धार्मिक विश्वासों तथा परम्परागत मानदण्डों से संचालित होता है। रॉबर्ट ई. पार्क (Robert E. Park, 1864–1944) ने 1920 में सर्वप्रथम इस शब्द का प्रयोग किया था। तब से यह शब्द समाजविज्ञान और सांस्कृतिक मानवविज्ञान के क्षेत्र में बहुत प्रचलित हो गया है। इसका अर्थ धार्मिक समाज न होकर एक ऐसा समाज होता है, जिसमें सभी व्यक्ति प्रचलित मूल्यों और व्यवहार के प्रतिमानों को ही उचित मानते हैं और उनको बनाये रखने का भरसक प्रयास करते हैं। वे यही चाहते हैं कि कोई भी नयी व्यवस्था, मूल्य, व्यवहार के प्रतिमान आदि उस समाज में न आ जायें, जिनसे कि उनका जीवन परिवर्तित हो जाये। धर्म-निरपेक्ष समाज की अपेक्षा रूढ़िगत समाज में मान्यताएँ तथा सामाजिक सम्बन्ध अधिक व्यापक, प्राकृतिक तथा निर्विरोध माने जाते हैं। प्रायः सभी आदिम तथा परम्परागत समाज धर्मरूढ़ समाज होते हैं। आधुनिकता के इस युग में ऐसे समाजों का स्थान गौण हो गया; क्योंकि आजकल प्रत्येक क्षेत्र में सामाजिक परिवर्तन को लाना उचित माना जा रहा है, भले ही उसका परिणाम कितना ही बुरा क्यों न हो।

sacred versus profane distinction ('सेक्रिड् 'वर्सस् प्र 'फ़ेन् डि'स्टिङ्क्शन्) **पवित्र बनाम लौकिक पृथक्करण :** एमिल डर्कहाइम (Émile Durkheim, 1858–1917, विभिन्न हिन्दी की पुस्तकों में इस व्यक्ति के नाम का उच्चारण ग़लत है) ने अपने धर्म-सम्बन्धी विचार के सन्दर्भ में पवित्र और अपवित्र अवधारणाओं की व्याख्या की है। इन दोनों अवधारणाओं के बीच अन्तर बताते हुए उन्होंने कहा है कि वे वस्तुएँ पवित्र हैं, जिन्हें धार्मिक निषेध संरक्षित और पृथक् करते हैं तथा अपवित्र वे वस्तुएँ हैं, जिन पर किसी प्रकार के निषेध लागू किये जाते हैं तथा जिन्हें पवित्र वस्तुओं से दूर रखा जाता है। अतः पवित्र घटनाओं को असाधारण मानकर उन्हें अन्य सभी वस्तुओं या घटनाओं से अलग रखा जाता है।

sanction ('सैन्क्शन्) **दण्ड-विधान, प्रतिबन्ध :** व्यक्ति को नैतिक आचरण के लिए प्रोत्साहित करने वाले सामाजिक सम्मान आदि के रूप में प्राप्त पुरस्कार अथवा कर्तव्य के उल्लंघन या कदाचरण के लिए समाज के कानून द्वारा या प्रकृति या ईश्वर के द्वारा दिये जाने-वाले दण्ड का भय। जो लोग इसका अनुकरण करते हैं, समाज उन्हें शाबाशी देता है और जो लोग इसका उल्लंघन करते हैं, समाज उन्हें विभिन्न प्रकार से दण्डित करने का प्रयास करता है। पहले को सकारात्मक व दूसरे को नकारात्मक प्रतिबन्ध कहते हैं। दण्ड-विधान औपचारिक (Formal) एवं अनौपचारिक (Informal) दोनों हो सकता है। जुर्माना, कैद या फाँसी की सज़ा औपचारिक नकारात्मक दण्ड-विधान (Formal negative sanction) के उदाहरण हैं। अच्छा काम करने वालों को कभी कोई उच्च जिम्मेदारी का पद दिया जाता है, तो कभी प्रधानमन्त्री या राष्ट्रपति की ओर से किसी खास अवसर पर सम्मानित भी किया जाता है। इसे औपचारिक सकारात्मक दण्ड-विधान (Formal positive sanction) कहा जाता है।

sanskritization (सैन्स्क्रिट्'आइ ज़ेश्न्) **संस्कृतीकरण** : इस शब्द का प्रयोग पहली बार मैसूर नरसिम्हाचार श्रीनिवास (M.N. Srinivas, 1916–1999) ने अपनी पुस्तक (**Religion and Society Among the Coorgs of South India,** 1952) में किया था। एम.एन. श्रीनिवास ने 'संस्कृतीकरण' शब्द का प्रयोग कर्नाटक राज्य के अन्तर्गत कूर्ग लोगों के सामाजिक एवं धार्मिक जीवन में होने वाले परिवर्तनों के विश्लेषण के लिए किया था। श्रीनिवास के अनुसार यह वह प्रक्रिया है, जिसमें एक निम्न जाति हिन्दू या जनजाति या कोई अन्य समूह, उच्च जाति और प्राय: द्विज जातियों का अनुसरण करते हुए अपनी प्रथाएँ, विचारधारा तथा जीवनशैली परिवर्तित कर लेता है। यह सामाजिक बदलाव की ऐसी प्रक्रिया है, जिसमें हिन्दू जाति या आदि-आदिम जाति उच्च जाति की प्रथाएँ, विचारधारा, धर्मविधियाँ अपने जीवनस्तर में उतारने का प्रयत्न करती हैं, ताकि उनकी जाति का सामाजिक स्तर ऊँचा हो सके।

***sanskritization*, westernization and modernization** (सैन्स्क्रिट् 'आइ ज़ेश्न्, वेस्टॅर्नाइ'ज़ेश्न् ऐन्ड् मॉडर्नाइ'ज़ेश्न्) **संस्कृतीकरण, पश्चिमीकरण एवं आधुनिकीकरण** : इन तीन अवधारणाओं के बीच अन्तर इस प्रकार है– संस्कृतीकरण एक ऐसी प्रक्रिया है, जिसमें निम्न हिन्दू जाति अथवा जनजाति अथवा अन्य समूह किसी उच्च और बहुधा द्विज जाति के अनुरूप अपनी प्रथाओं, कर्मकाण्डीय विचारधारा और जीवन-शैली को परिवर्तित करते हैं। भारतीय समाज और संस्कृति में अँगरेज़ों के एक सौ पचास वर्षों के शासन के फलस्वरूप आये परिवर्तन को पश्चिमीकरण कहा जाता है। इस अवधारणा में प्रौद्योगिकी, संस्थाएँ, विचारधारा और मूल्यों में विभिन्न स्तरों पर आये परिवर्तन शामिल होते हैं, जबकि आधुनिकीकरण में समानता, तर्कवाद एवं धर्मनिरपेक्षता जैसी चीज़ों पर बल दिया जाता है। आधुनिकीकरण का सम्बन्ध पाश्चात्य देशों से न होकर समस्त विश्व से है।

scientific communism (साइअन्'टिफ़िक् 'कॉम्यु निज़म्) **वैज्ञानिक साम्यवाद** : मार्क्सवादियों के अनुसार साम्यवाद (**Communism**) की निम्न विशेषताएँ बतायी गयी हैं– (1) यहाँ राज्य समाप्त हो जाता है, (2) यहाँ वर्ग समाप्त हो जाता है; क्योंकि निजी पूँजी की पूर्ण रूप से समाप्ति हो जाती है, (3) यहाँ प्रत्येक व्यक्ति को उसकी आवश्यकता के अनुसार वस्तुएँ प्राप्त होती हैं, (4) इसमें मनुष्य को सभी क्रियाओं में भाग लेने के लिए प्रेरित किया जाता है, (5) इस समाज की स्थिरता नैतिकता पर आधारित होती है। (6) यहाँ पर प्रत्येक व्यक्ति नैतिक जिम्मेदारी के साथ कार्य करता है, (7) यहाँ पर सभी प्रकार के विरोधाभास समाप्त हो जाते हैं। अत: साम्यवाद का अर्थ है प्रकृतिवाद तथा मानवतावाद। कार्ल पॉपर् (Karl R. Popper, 1902–1994) के अनुसार साम्यवाद कार्ल मार्क्स का एक सपना है, जो पूरा नहीं हो सकता।

scientific empiricism (साइअन्'टिफ़िक् इम्'पिरि सिज़म्) **वैज्ञानिक इन्द्रियानुभववाद** : एक दार्शनिक आन्दोलन जिसका तार्किक प्रत्यक्षवाद से प्रादुर्भाव हुआ, परन्तु जिसमें कुछ अन्य सम्प्रदाय और व्यक्ति भी शामिल हैं। इसे 'विज्ञान की एकता का आन्दोलन' भी कहा जाता है। इसका तार्किक प्रत्यक्षवाद से पूर्ण मतैक्य है, परन्तु यहाँ विज्ञान की एकता के ऊपर विशेष बल दिया गया है। वह विज्ञान की भाषा में तार्किक एकता मानता है। विज्ञान की विभिन्न शाखाओं के संप्रत्यय मूलत: भिन्न प्रकार के नहीं हैं, बल्कि एक तन्त्र में संगठित हैं। इसका एक व्यावहारिक उद्देश्य विभिन्न विज्ञानों में प्रयुक्त शब्दावलियों में और अधिक सामंजस्य स्थापित करना है तथा विज्ञान का इस प्रकार विकास करना इसका लक्ष्य है कि भविष्य में परस्पर सम्बन्ध आधारभूत नियमों का एक तन्त्र प्राप्त हो सके, जिससे विभिन्न विज्ञानों के विशेष नियम निगमित किये जा सकें।

scientific socialism (साइअन्'टिफ़िक् 'सोश लिज़म्) **वैज्ञानिक समाजवाद** : समाजवाद का वह रूप, जो ऐतिहासिक विश्लेषण के वैज्ञानिक नियमों पर आधारित है। वस्तुत: मार्क्सवाद के समर्थक अपने सिद्धान्त को वैज्ञानिक समाजवाद की संज्ञा देते हैं; क्योंकि उनका विचार है कि ऐतिहासिक विकास के क्रम में जो वर्ग-संघर्ष चलता रहा, उसके परिणामस्वरूप आधुनिक युग की परिस्थितियों में समाजवाद की स्थापना अवश्यम्भावी है।

self (सेल्फ़्) **स्व, आत्मन्** : आत्मन् अनुभव या चेतना में कर्त्ता (विषयी या अहम्) के रूप में तथा आत्मचेतना में कर्त्ता और कर्म के तादात्म्य के रूप में विद्यमान तत्त्व, जिसे प्राय: शरीर से स्वतन्त्र अस्तित्व रखने वाली, परिवर्तन के मध्य अपरिवर्तित बनी रहने वाली, एक अभौतिक सत्ता के रूप में कल्पित किया गया है। मनोविज्ञान में इस शब्द का प्रयोग 'व्यक्तित्व' अथवा 'अहम्' के लिए हुआ है, जो एक अभिकर्त्ता है और जिसमें अपनी सतत तादात्म्यता की चेतना है। सामान्यत: आत्मन् शब्द का प्रयोग 'अहम्', 'ज्ञात्', 'मैं', 'मम' के प्रसंग में हुआ है, जो वस्तु अथवा वस्तु-संघटन के विपरीत है। आत्मन् में व्यक्तित्व के गुण, परिवर्तन में स्थायित्व भी निहित है, जिससे कोई व्यक्ति अपने को 'मैं' पुकारता है। आत्मन् में विभिन्नता को 'मैं स्व' माईसेल्फ (Myself), 'तुम स्व' योर्सेल्फ (Yourself) के रूप में प्रस्तुत किया गया है।

sensate culture ('सेन्सेट 'कल्चॅर्) **इन्द्रियपरक संस्कृति** : पिट्रिम ए. सोरोकिन (Pitirim Alexandrovich Sorokin, 1889–1968) का कहना है कि इन्द्रियपरक संस्कृति का सम्बन्ध अनुभवाश्रित सत्य (**Empirical reality**) से है। इस अवस्था में ज्ञान इन्द्रियों (**Senses**) के द्वारा होता है। इन्द्रियपरक संस्कृति के अन्तर्गत वे वस्तुएँ आती हैं, जिन्हें हम देख, सुन, छू एवं चख सकते हैं। मानव का ध्यान भौतिक, मूर्त एवं स्थूल वस्तुओं पर अधिक केन्द्रित होता है। यह संस्कृति वैज्ञानिक विकास की ओर अधिक अग्रसर होती है। कला, साहित्य और दर्शन की प्रकृति प्रत्यक्षवादी होती है। इससे आर्थिक क्षेत्र में प्रतियोगिता (**Competition**) बढ़ती है। समाज में प्रौद्योगिक विकास (Technological development) की सम्भावना बहुत बढ़ जाती है। न्याय की प्रकृति भी यथार्थ एवं भौतिकवादी हो जाती है।

sex complex (सेक्स् 'कॉम्प्लेक्स्) **यौन मनोग्रन्थि** : इसका तात्पर्य किसी पूर्ण अथवा आंशिक रूप से दमित यौन-विचार या विचार-समूह से है। जब किसी प्रकार के विचार अथवा विचार-समूह का केन्द्रबिन्दु व्यक्ति की कामुकता अथवा लैंगिक वृत्ति रहती है, तो उसे कामग्रन्थि कहते हैं। अन्य ग्रन्थियों के समान कामग्रन्थि भी निरपेक्ष रूप में व्यक्ति के चेतन व्यवहार को अचेतन रूप से प्रभावित करती रहती है। परन्तु व्यक्ति स्पष्ट रूप में अपने इस व्यवहार को अन्यान्य कारणों की ही उपज मानता है। यथा– किसी स्त्री के अपने अज्ञात मन में पति के प्रति घोर घृणा की ग्रन्थि का, उसके किसी सुहाग-चिह्न के बार-बार खो जाने के रूप में प्रकट होना। कामग्रन्थि की महत्ता और विशद् विवरण का दिग्दर्शन, व्यवहार और व्यक्तित्व के प्रसंग में, सिगमण्ड फ्रॉयड (Sigmund Freud, 1856–1939) की कृतियों में मिलता है।

sex ratio (सेक्स् 'रेशिओ) **लिंगानुपात** : लिंगानुपात को प्रति 100 या 1000 स्त्रियों में पुरुषों की संख्या या प्रति 100 या 1000 पुरुषों में स्त्रियों की संख्या– दोनों तरीकों से उजागर किया जा सकता है। यहाँ अनुपात आमतौर पर प्रतिशत के रूप में दिया जाता है। लिंगानुपात का प्रजनन-दर, मृत्यु-दर और प्रवसन-दर तीनों से गहरा सम्बन्ध है और इसे जनांकिकीय अध्ययन का महत्त्वपूर्ण चर माना जाता है। भारतीय जनगणना में लिंगानुपात को, प्रति सहस्त्र पुरुष की संख्या के पीछे की स्त्रियों की संख्या से मालूम किया जाता है।

sexism; sexist ('सेक्सइज़म्; 'सेक्सइस्ट्) **यौनवाद; यौनवादी** : यौन के आधार पर पूर्वाग्रह या भेदभावपूर्ण व्यवहार को यौनवादी कहा जाता है। इस प्रकार की प्रवृत्ति उस समाज में पायी जाती है, जहाँ यह मान्यता है कि किसी विशेष कार्य के लिए एक यौन के लोग दूसरे से श्रेष्ठ हैं।

sexual division of labour ('सेक्शुअल् डि'विज़न् ऑव् 'लेबर्) **लैंगिक श्रम-विभाजन** : प्रारम्भ से ही दुनिया के लगभग सभी समाजों में महिलाओं और पुरुषों के लिए अलग-अलग कार्यक्षेत्र रहे हैं। महिलाएँ घर के अन्दर आमतौर पर भोजन बनाने, बच्चों के लालन-पालन करने एवं सामान्य सफाई और देख-भाल की भूमिका निभाती हैं, तो पुरुष घर से बाहर कठिन एवं जोखिम भरे कार्यों का सम्पादन करते हैं। आधुनिकीकरण एवं नगरीकरण के परिणामस्वरूप महिलाओं और पुरुषों के बीच कार्यों के बँटवारे का परम्परागत नियम-कानून टूटता जा रहा है। अब नारी यह स्वीकार

करने को तैयार नहीं है कि उनकी भूमिका घरेलू काम-काज तक सीमित हो। महिला और पुरुष की घर और घर से बाहर समान रूप से काम करने की जिम्मेवारी बनती है।

shanty towns ('शैन्टि टाउनस्) **अस्थायी झोपड़ नगर, अनधिकृत बस्ती** : शहरों के अन्तर्गत बहुत से लोग रेलवे लाइन, नदी-नालों एवं सड़कों के किनारे कामचलाऊ घर बनाकर निवास करते हैं। इस प्रकार के निवास-स्थल तीसरी दुनिया के नगरों में व्याप्त ग़रीबी के सूचक हैं। अनौपचारिक क्षेत्रों में काम कर के जीवन बसर करनेवाले श्रमिकों की आमदनी इतनी कम होती है कि वे खाली पड़े ज़मीनों पर कामचलाऊ घर-बार या झोपड़ी बनाकर शहरों में किसी तरह अपना गुज़ारा करने की कोशिश करते हैं।

sib (सिब) **सगोत्र** : एकपक्षीय बन्धुत्व (बन्धु) समूह को सिब कहते हैं। यह मुख्य रूप से मानवशास्त्र से जुड़ी अवधारणा है।

sign (साइन्) **संकेत** : संकेत संस्कृति का एक प्रमुख तत्त्व है। हम विभिन्न प्रकार के संकेतों के सहारे अपने विचारों और भावों को दूसरे व्यक्ति तक पहुँचाते हैं। संकेतों के माध्यम से भावों और विचारों का मात्र मनुष्यों के बीच ही आदान-प्रदान नहीं होता, बल्कि इसके द्वारा कभी-कभी पालतू जानवरों तक भी विचारों का संचार होता है। धर्म एवं कला के क्षेत्र में तो संकेतों का बहुत ही प्रमुख स्थान है। नृत्य और गायन के क्षेत्र में भी संकेतों का प्रयोग काफी होता है। सामान्य तौर पर मनुष्य अपनी बातों को तीन तरह के संकेतों के माध्यम से प्रकट करता है– (1) मौखिक माध्यम (Oral medium), (2) लिखित माध्यम (Written medium) और (3) प्रतीक एवं चिह्न माध्यम (Symbols and signals)।

significant others (सिग्'निफ़िकन्ट् 'अदरस्) **महत्त्वपूर्ण अन्य** : जॉर्ज एच. मीड (George Herbert Mead, 1863–1931) ने उन व्यक्तियों को महत्त्वपूर्ण अन्य की संज्ञा दी है, जो किसी व्यक्ति के व्यवहार को पूरी तरह प्रभावित करने की क्षमता रखते हैं। लोग अपने व्यवहार का अच्छा या बुरा होने का निर्णय उन्हीं जैसे व्यक्तियों से प्राप्त करते हैं। बच्चों के लिए माता-पिता तथा शिक्षक महत्त्वपूर्ण अन्य की तरह हैं।

situs (सिटस) **लम्बवत विभाजन** : स्तरण के प्रतिरूप के विपरीत समाज में लम्बवत बँटवारा भी पाया जाता है। सामाजिक वर्गों के लम्बवत बँटवारे को सिटस कहा जाता है।

slave society (स्लेव् स'साइअटि) **दासमूलक समाज** : कार्ल मार्क्स (Karl Marx, 1818–1883) के अनुसार समाज के उद्विकास के प्रारम्भिक स्तर में दास और मालिक जैसे दो वर्गों का उदय हुआ। विकास के इसी स्तर में सामूहिक स्वामित्व (Collective ownership) की जगह व्यक्तिगत स्वामित्व (Private ownership) का विकास हुआ। इसी युग से आर्थिक विकास तीव्र हुआ। व्यापार, नगरों का निर्माण, धातुओं का प्रयोग आदि इस स्तर से ही संभव हुआ। कार्ल मार्क्स के अनुसार दासयुग के अन्तर्गत निम्न चीज़ें पायी जाती थीं– (1) इसमें राज्य नामक संस्था पायी जाती थी, (2) इस समाज में दो वर्ग पाये जाते थे– एक मालिक और दूसरा दास। मालिक को राज्य तथा उत्पादन के साधन पर निजी अधिकार था। समाज में जो भी विशेष अधिकार था, वह मालिक वर्ग के हाथ में था, (3) इस समाज में दास को निजी सम्पत्ति समझा जाता था और उसको बेचने तथा खरीदने का अधिकार मालिक को था, (4) मूलरूप से इस समाज में राजनीतिक तथा कानूनी असमानता पायी जाती थी और राज्य का रूप दमनकारी था और (5) जब दास में चेतना आयी, तो इस शोषित समाज के प्रति आवाज़ उठायी गयी, जिसके कारण सामाजिक परिवर्तन हुआ।

slum (स्लम्) **विकृत शहरी क्षेत्र** : बृहत् रूप से यह ऐसी बस्ती है, जो अपर्याप्त और दयनीय आवासों, दुर्लभ जन-सुविधाओं, अति भीड़-भाड़ युक्त व तंग इलाकों द्वारा परिलक्षित होती है। प्रायः बहुत ही ग़रीब तथा सामाजिक रूप से पंचरंगी (Heterogeneous) लोगों की निवास-स्थली।

social evolution ('सोश्ल् ईव्'लूशन्) **सामाजिक उद्विकास** : (उद्विकास अशुद्ध है, तो उद्विकास हिन्दी कोश में कोई शब्द ही नहीं है। मात्र 'उद्विकास' ही शुद्ध है।) सामाजिक विकास का वह सिद्धान्त, जिसके अनुसार मानव-समाज कालान्तर में क्रमबद्ध रूप में उच्चतर विकास की ओर अग्रसरित होता है। उद्विकास का अर्थ नयी दिशाओं को व्यक्त करना है। समाज निरन्तर परिवर्तनशील रहा है और उसमें नयी दिशाएँ प्रकट होती रही हैं। अत: यूनान के दार्शनिकों ने ब्रह्माण्ड के परिवर्तन के विचार को विकसित किया। उन्होंने निष्कर्ष निकाला कि समाज में परिवर्तन सुधार की ओर हो रहा है और समाज की उन्नति हो रही है। पर मध्य युग में विज्ञान के विकास के साथ उद्विकास में अन्धविश्वास का भी ह्रास हुआ और उसके स्थान पर नवीन वैज्ञानिक विचारधारा प्रचलित हुई। ऑगस्त कौंत (Auguste Comte, 1798–1857) का कहना था कि संसार के विभिन्न भाग परस्पर सम्बद्ध हैं। संस्कृति में परिवर्तन विश्वव्यापी और अवश्यम्भावी है तथा वह विभिन्न स्तरों पर होता है। लेमार्क (Jean B. Lamarck, 1744–1829) तथा माल्थस (Thomas Robert Malthus, 1766–1834) के सिद्धान्तों ने भी सामाजिक उद्विकास के सिद्धान्त पर प्रभाव डाला, लेकिन इस सम्बन्ध में चार्ल्स डार्विन (Charles Darwin, 1809–1882) और हर्बर्ट स्पेन्सर (Herbert Spencer, 1820–1903) के विचार अत्यन्त महत्त्वपूर्ण हैं। समाजविज्ञानों के क्षेत्र में इस अवधारणा के प्रथम प्रयोगकर्त्ता हर्बर्ट स्पेन्सर (Herbert Spencer, 1820–1903) रहे हैं, जिन्होंने उद्विकास की व्याख्या करते हुए लिखा है कि इस प्रक्रिया में पदार्थ एक अनिश्चित एवं असम्बद्ध समानता से निश्चित एवं सुसम्बद्ध विभिन्नता की ओर अग्रसर होता है। हर्बर्ट स्पेन्सर ने जैविक परिवर्तन (Biological changes) की भाँति ही सामाजिक परिवर्तन को भी कुछ आन्तरिक शक्तियों (Internal forces) के कारण संभव माना है और कहा है कि उद्विकास की प्रक्रिया धीरे-धीरे निश्चित स्तरों से गुज़रती हुई पूरी होती है। हर्बर्ट स्पेन्सर ने सारे ज्ञात ब्रह्माण्ड को उद्विकास की धारणा के अन्तर्गत माना था। पहले उन्होंने ब्रह्माण्ड की घटनाओं के परिवर्तन को लिया, फिर पृथ्वी के इतिहास पर प्रकाश डाला। इसके बाद उन्होंने जीवों की घटनाओं का अध्ययन किया, फिर मस्तिष्क का और अन्त में समाज और नैतिकता की घटनाओं को उद्विकास के अन्तर्गत माना। मार्गन, बैकोफन, हैडन और ऐंगल्ज आदि ने यह स्वीकार किया है कि प्रत्येक समाज का उद्विकास वन्यावस्था, बर्बरता और सभ्यता– इन तीन अवस्थाओं में होता है। ये लोग आर्थिक संगठन में विकास की चार अवस्थाएँ मानते हैं– आखेट, पशुपालन, कृषि तथा उद्योग की अवस्थाएँ। उन्होंने परिवार, धर्म, सम्पत्ति, राज्य आदि के विकास की भी इसी प्रकार की विभिन्न अवस्थाएँ निश्चित की हैं। आधुनिक युग में विकास की ये अवस्थाएँ ठीक प्रतीत नहीं हो रही हैं, इसलिए ये सिद्धान्त व्यर्थ प्रतीत होते हैं।

social pathology ('सोश्ल् प'थ़ॉलजि) **सामाजिक विकृति, सामाजिक व्याधिशास्त्र** : इस शब्द का प्रयोग मुख्यत: दो अर्थों में किया जाता है– (1) समाज की वह असन्तुलित अवस्था जिसके कारण सामाजिक विघटन उत्पन्न होता है और जो सामाजिक अपराधों की वृद्धि के लिए उत्तरदायी होती है। (2) समाजशास्त्र की वह शाखा जो समाज की व्याधिग्रस्त अवस्था, जैसे– अपराध, दुर्व्यसन, कुसमंजित व्यवहार तथा अन्य असन्तुलित अवस्थाओं का वैज्ञानिक विश्लेषण करती है।

social action ('सोश्ल् 'ऐक्शन्) **सामाजिक क्रिया** : किसी प्रेरणा से प्रेरित होकर अन्य व्यक्तियों से सम्बन्धित या उनसे प्रभावित होते हुए सामाजिक परिस्थितियों में एक व्यक्ति या अनेक व्यक्तियों द्वारा किये गये कार्य को ही सामाजिक क्रिया कहते हैं। जर्मन समाजशास्त्री मैक्स वेबर (Max Weber, 1864–1920) ने चार प्रकार की सामाजिक क्रियाएँ बतलायी थीं– तार्किक, मूल्यांकनात्मक, प्रभावात्मक और परम्परागत। अमरीकी समाजशास्त्री टैलकॉट पार्सन्स (Talcott Parsons, 1902–1979) ने पारेटो (Vilfredo F.D. Pareto, 1848–1923), मैक्स वेबर तथा एमिल डर्कहाइम (Émile Durkheim, 1858–1917) के विचारों को मिलाते हुए सामाजिक क्रिया का सिद्धान्त प्रस्तुत किया है। वे वंश परम्परा तथा पर्यावरण, साधन और उद्देश्य, शाश्वत मूल्य और उत्साह तथा प्रयास को सामाजिक कार्य के प्रमुख तत्त्व मानते हैं। किसी भी सामाजिक कार्य में कर्त्ता, स्थिति और प्रेरणा आवश्यक आधार होते हैं।

पार्सन्स का विचार है कि व्यक्तित्व, संस्कृति और सामाजिक व्यवस्था किसी भी सामाजिक कार्य के अनिवार्य पक्ष या आधार होते हैं।

social ascendancy ('सोश्ल् असे'न्डन्सि) **सामाजिक प्रभुता, सामाजिक उत्कर्ष** : इस शब्द का प्रयोग मुख्यत: दो अर्थों में किया जाता है– (1) व्यक्तियों, परिवारों तथा समूहों में सम्बन्धित समाज के मानदण्डों के अनुसार प्रतिष्ठा तथा सम्मान में उत्तरोत्तर वृद्धि होना। (2) सामाजिक पद, प्राधिकार, प्रतिष्ठा तथा सम्मान के क्षेत्र में व्यक्तियों अथवा सामाजिक समूहों का उत्तरोत्तर उन्नति करने का प्रयास। यह संकल्पना, प्रभुत्व की संकल्पना से नितान्त भिन्न है।

social capital ('सोश्ल् 'कैपिट्ल्) **सामाजिक पूँजी** : इस अवधारणा का सर्वप्रथम प्रयोग जेम्स कोलमैन (James Coleman, 1926–1995) ने व्यक्ति और परिवार एवं व्यक्ति और समुदाय के बीच के सम्बन्धों के स्वरूप एवं प्रकार को स्पष्ट करने के लिए किया था। व्यक्तित्व के विकास में सामाजिक पूँजी का बहुत ही महत्त्वपूर्ण योगदान होता है। सामाजिक पूँजी का निर्माण समाज में व्याप्त नियम-कानूनों तथा मूल्यों के अनुसार होता है। परिवार, नातेदारी, जाति, स्थानीय संस्कृति, सामुदायिक (ग्राम) भावना के द्वारा सामाजिक पूँजी की रचना होती है, जो लोगों के जीवन को संचालित करती है। संकट के समय नाते-रिश्तेदार, जाति-बन्धु, परिजन और गाँव वाले ही पीड़ितों को सहारा प्रदान करते हैं।

social category ('सोश्ल् 'कैटगरि) **सामाजिक श्रेणी** : जब व्यक्तियों के किसी समूह की समान विशेषताएँ हों, तो उसे सामाजिक वर्ग कहा जाता है, जैसे– जाति समूह। सामाजिक श्रेणी एक सांख्यिकीय समूह है। लोगों का वर्गीकरण कुछ विशिष्ट विशेषताओं के आधार पर होता है, जो समान रूप से सभी में पाया जाता है, जैसे– आमदनी के स्तर की समानता या फिर समान पेशे का होना। विश्लेषण के ऐसे तरीके, जिनके द्वारा एक जैसी विशेषताएँ रखने वाले लोगों को श्रेणियों में बाँटा जाता है, जैसे– नौकरी करने वाले लोगों का वर्ग, मध्यमवर्ग आदि। किसी समान शिक्षा या आय वाले व्यक्तियों के समूह को सामाजिक श्रेणी कहा जा सकता है, सामाजिक समूह नहीं। व्यक्तियों के किसी समूह को सही अर्थों में सामाजिक समूह कहने की कुछ और भी शर्तें हैं।

social causation ('सोश्ल् कॉ'जेश्न्) **सामाजिक कार्यकारण सम्बन्ध** : वह प्राक्कल्पना, जिसके अनुसार सामाजिक व्यवहार तथा सामाजिक प्रतिरूप कार्यकारण नियमों पर आधारित होते हैं और जिनकी व्याख्या कारण एवं परिणाम के रूप में की जा सकती है। समाजशास्त्र में इस विषय पर सर्वप्रथम रॉबर्ट एम. मकीवर (Robert M. MacIver, हिन्दी में इस व्यक्ति के नाम का अन्य सभी उच्चारण ग़लत हैं) ने चर्चा की थी।

social change ('सोश्ल् चेन्ज्) **सामाजिक परिवर्तन** : वे बदलाव जो सामाजिक संरचना, संस्थाओं, आदतों अथवा किसी भी समाज की रूपरेखा और सामाजिक पद्धति की कार्यप्रणाली में आते हैं। सामाजिक संरचना में निरन्तर परिवर्तन, विकास, अपकर्ष, नवीनीकरण की सम्भावना पायी जाती है तथा बिलकुल प्रतिकूल परिस्थिति में भी समायोजित होने की क्षमता पायी जाती है। इस प्रकार समय के साथ उसमें भारी परिवर्तन संभव होता है। सामाजिक परिवर्तन समाज के आन्तरिक तथा बाहरी या संरचनात्मक (Structural) दोनों पक्षों में हो सकता है। किसी युग के आदर्श एवं मूल्य में अगर पिछले युग के मुकाबले कुछ नयापन या परिवर्तन दिखाई पड़े, तो उसे आन्तरिक परिवर्तन कहेंगे और अगर किसी सामाजिक अंग, जैसे– परिवार, वर्ग, जातीय हैसियत, समूहों के स्वरूपों एवं आधारों में परिवर्तन परिलक्षित हो, तो उसे संरचनात्मक परिवर्तन कहेंगे। इस विषय पर समाजशास्त्र में अनगिनत सिद्धान्तों का प्रतिपादन हुआ है।

social class ('सोश्ल् क्लास्) **सामाजिक वर्ग** : वर्ग का सामान्य अर्थ है समान सामाजिक स्तर वाले व्यक्तियों का एक समूह। सामाजिक वर्ग समुदाय का ऐसा भाग होता है, जो अपने विशिष्ट सामाजिक स्तर के कारण दूसरों से भिन्न होता है। लापियर (Richard T. LaPiere,1899–1986) इस बात पर बल देते हैं कि अपनी विशिष्ट संस्कृति के कारण मनुष्य अन्य व्यक्ति-समूहों से भिन्न होता है तथा एक विशिष्ट सामाजिक वर्ग का निर्माण करता है। वर्ग-निर्माण के

दो आधार होते हैं– (क) **वस्तुनिष्ठ आधार** : समान आयु, शिक्षा, जाति, कुल, निवास-स्थान, उद्यम या व्यवसाय के आधार पर बने वर्ग वस्तुनिष्ठ आधार पर निर्मित होते हैं। कार्ल मार्क्स (Karl Marx, 1818–1883) ने उत्पादन के साधनों के आधार पर दो वर्ग बतलाये हैं– (1) पूँजीपति वर्ग और (2) श्रमिक वर्ग। (ख) **भावात्मक आधार** : विभिन्न आर्थिक, राजनीतिक एवं धार्मिक चेतना रखने वाले व्यक्ति, अपनी इन विभिन्नताओं के कारण जब अपने को दूसरे व्यक्तियों से पृथक् समझने लगते हैं अथवा उपयुक्त समानताओं के कारण जब वे अपने को दूसरों के समान समझने लगते हैं, तब सामाजिक वर्गों का निर्माण होता है। आर्थिक आधार पर एक और प्रकार का वर्गीकरण होता है– उच्चवर्ग, मध्यवर्ग और निम्नवर्ग। भावात्मक आधार का दूसरा वर्गीकरण है– कर्मठ वर्ग तथा विलासी वर्ग। कर्मठ वर्ग में वे व्यक्ति आते हैं, जो काम करके अपनी जीविका चलाते हैं, जैसे– कृषक, श्रमिक, व्यवसायी और कारीगर आदि। विलासी वर्ग वह है, जो अपनी पैतृक आय के बल पर दूसरों का शोषण करके विलासी जीवन व्यतीत करते हैं। इसकी चर्चा टी. वेबलन (Thorstein Veblen, 1857–1929) ने की है। सामाजिक वर्गों के प्रमुख लक्षण हैं– (1) श्रेणीबद्धता, (2) ऊँच-नीच की भावना, (3) वर्गचेतना, (4) व्यक्तियों के लिए वर्ग-परिवर्तन की सुविधा और (5) वर्ग-संघर्ष।

social closure ('सोश्ल् 'क्लोज़र्) **सामाजिक अवरोध** : इस अवधारणा के माध्यम से समाजशास्त्रियों ने सामाजिक असमानता की स्थिति का विश्लेषण करने का प्रयास किया है। जो व्यक्ति या व्यक्तियों का समूह समाज के ऊँचे स्तर पर बैठा हुआ है, उसकी यह भरसक कोशिश होती है कि कोई बाह्य व्यक्ति वहाँ तक नहीं पहुँचे। नृजाति, जाति, प्रजाति एवं धर्म कुछ ऐसी व्यवस्थाएँ हैं, जो सामाजिक अवरोध का काम करती हैं। उसमें दो प्रकार की प्रक्रियाएँ शामिल हैं– बहिष्करण और समावेशन (Exclusion and inclusion)। लगभग सभी समाजों में एक समूह दूसरे समूह को सकारात्मक जीवन के अवसरों से वंचित रखने का प्रयास करता है। समाज में प्रायः वही होता है, जो शक्तिशाली समूह उचित समझता है। प्रत्येक समाज में सामाजिक अवरोध की प्रक्रिया एक ओर हाशियाकरण के माध्यम से, तो दूसरी ओर समावेशन की प्रक्रिया से निरन्तर चलती रहती है। सामाजिक अवरोध के आधार भिन्न-भिन्न समाजों में भिन्न-भिन्न ढँग से कार्य करते हैं, जैसे– शैक्षणिक योग्यता, दल की सदस्यता, चमड़ी का रंग, धार्मिक पहचान, सम्पत्ति, सामाजिक मूल (उद्गम), चाल-चलन, जीवन-शैली और प्रदेश आदि के आधार पर किसी समूह में कुछ व्यक्तियों को शामिल किया जाता है, तो कुछ को बाहर रखा जाता है।

social conflict ('सोश्ल् 'कॉन्फ्लिक्ट्) **सामाजिक संघर्ष** : यह एक सामाजिक प्रक्रिया है, जिसके द्वारा दो या अधिक पक्षों के व्यक्ति एक-दूसरे का बलपूर्वक, धमकी या हिंसा द्वारा विरोध, प्रतिकार या दमन करने का प्रयास करते हैं। एक पक्ष अपने विरोधी पक्ष के मार्ग में बाधाएँ डालने का भरसक प्रयास करता है। इसमें धमकी से भरा हुआ प्रचार या प्रोपेगण्डा भी प्रयोग में लाया जा सकता है। कई बार अहिंसात्मक ढँग से भी संघर्ष किया जाता है। हिंसात्मक और धमकीपूर्ण संघर्ष प्रायः मिल-मालिकों व मज़दूरों के झगड़ों, कल-कारखानों की तालाबन्दी, राजनीतिक दलों की परस्पर विरोधी प्रक्रिया, विद्यार्थी-अनुशासनहीनता, पीढ़ियों के मतभेद, पूँजीवादी और साम्यवादी देशों के परस्पर विरोध, ईर्ष्या-द्वेष और धमकीपूर्ण व्यवहार, गोरे और काले लोगों के बीच संघर्ष, सवर्ण और दलितों के परस्पर विरोध तथा विभिन्न धर्मावलम्बियों में पारस्परिक विरोध व सन्देह की भावना के रूप में प्रकट होते हैं। महात्मा गाँधी द्वारा चलाया गया सत्याग्रह आन्दोलन अहिंसात्मक संघर्ष का एक उत्तम उदाहरण था।

social constructionism ('सोश्ल् कन्स्ट्रॅक्श 'निज़म्) **सामाजिक रचनात्मकतावाद** : एक सामान्य पद के रूप में सामाजिक रचनात्मकतावाद का प्रयोग कभी-कभी उन सिद्धान्तों के लिए किया जाता है, जो सामाजिक रूप में निर्मित सामाजिक जीवन की प्रकृति पर बल देते हैं। किन्तु, विशिष्ट रूप में, इस पद से सम्बन्धित विचार को डब्ल्यू. आई. थॉमस (W.I. Thomas, 1863–1947) तथा शिकागो सम्प्रदाय के साथ-साथ घटना-प्रधान (Phenomenological) समाजशास्त्रियों जैसे अल्फ्रेड सूज़ (Alfred Schutz, 1899–1959) आदि की कृतियों में देखा जा सकता है। इन लोगों

के दृष्टिकोण इस विचार पर आधारित हैं कि समाज का निर्माण सक्रिय और सृजनात्मक रूप में मानव-प्राणियों द्वारा किया जाता है। ये दृष्टिकोण विश्व को मात्र पूर्व-निर्मित या स्वीकृति की अपेक्षा इसे निर्मित किया हुआ या आविष्कृत रूप में चित्रित करते हैं। इनके अनुसार सामाजिक जगत् व्यक्तियों और समूहों द्वारा बुना हुआ एक व्याख्यात्मक तानाबाना है। समाजशास्त्रीय शब्दावली में इस अवधारणा के प्रवेश का श्रेय पीटर बर्गर् (Peter Berger, 1929–) और टॉमस लुकमान (Thomas Luckmann, b.1927–) को है, जिन्होंने इसे अपनी कृति **The Social Construction of Reality** (1966) में सामाजिक रचनात्मकतावाद का सर्वप्रथम प्रयोग किया। यह पुस्तक ज्ञान के समाजशास्त्र पर लिखी गयी एक प्रबुद्ध मीमांसा है।

social contract theory ('सोशल् 'कॉन्ट्रैक्ट 'थिअरि) **सामाजिक संविदा-सिद्धान्त :** वह सिद्धान्त, जिसके अनुसार सभी सामाजिक संस्थाएँ नैसर्गिक न होकर सामाजिक समझौते पर आश्रित होती हैं। इस विचारधारा के अनुसार व्यक्तियों के द्वारा समाज जैसे संगठन का निर्माण जान-बूझकर किया गया है। चूँकि इसका निर्माता स्वयं मनुष्य है, अत: समाज-निर्माण के पीछे मुख्य उद्देश्य मानव के हितों की रक्षा है। इस दृष्टिकोण के समर्थक समाज की तुलना में व्यक्ति को अधिक महत्त्व देते हैं। साथ ही इस दृष्टिकोण के समर्थक यह भी मानते हैं कि व्यक्ति, चूँकि समाज का निर्माता है, अत: सामाजिक निर्णय एवं व्यक्तिगत निर्णय के बीच भेद हो सकता है एवं सामाजिक निर्णय के विरुद्ध व्यक्ति को निर्णय लेने का अधिकार प्राप्त है। प्रमुख विचारक हॉब्स (Thomas Hobbes, 1588–1679), जॉन लॉक (J. Locke, 1632–1702) तथा रूसो (Jean-Jacques Rousseau, 1712–1778) आदि इस दृष्टिकोण के समर्थक थे।

social control ('सोशल् कन् 'ट्रोल्) **सामाजिक नियन्त्रण :** सामाजिक नियन्त्रण समाजशास्त्र की एक प्रमुख अवधारणा है। यह विषय इतना महत्त्वपूर्ण है कि समाजशास्त्र में जो कुछ भी लिखा जा रहा है, वह प्रत्यक्ष एवं अप्रत्यक्ष ढँग से सामान्यतया सामाजिक नियन्त्रण से जुड़ा रहता है। सामाजिक नियन्त्रण की प्रक्रिया का मुख्य उद्देश्य समाज को अव्यवस्था से बचाना एवं भविष्य में उसके अस्तित्व को कायम रखना है। जिस प्रकार राज्य अपने नियमों का उल्लंघन करने वालों को दण्ड देता है, समाज भी सामाजिक नियम-कानूनों को तोड़ने वालों को दण्ड देता है, जिसके कारण लोगों के व्यवहार में निश्चितता तथा एकरूपता आती है। नियन्त्रण के स्तर पर समाज और राज्य के बीच यही फर्क है कि राज्य लिखित नियमों से चलता है और समाज अलिखित नियमों से संचालित होता है। राज्य के नियम यदि योजनाबद्ध तरीके से निर्मित होते हैं, तो समाज के नियम एवं आदर्श समय के साथ स्वत: विकसित होते रहते हैं। समाजशास्त्री सामाजिक नियन्त्रण शब्द का प्रयोग उन सभी माध्यमों एवं प्रक्रियाओं को व्यक्त करने के लिए करते हैं, जिनके द्वारा एक समूह या एक समाज अपनी अपेक्षाओं के अनुरूप अपने सदस्यों के व्यवहार में अनुकूलन लाने में सफल होता है।

social Darwinism ('सोशल् 'डार्विनिज़म्) **सामाजिक डार्विनवाद :** सामाजिक घटनाओं की व्याख्या में डार्विनवाद का विस्तार ही सामाजिक डार्विनवाद के नाम से जाना जाता है। उन्नीसवीं शताब्दी में विकसित सामाजिक डार्विनवाद का प्रयोग, चार्ल्स डार्विन (Charles Darwin, 1809–1882) के उद्विकासीय सिद्धान्त की सामाजिक घटनाओं की व्याख्याओं में होता है। इस सिद्धान्त द्वारा यह प्रतिपादित किया गया है कि सामान्य रूप में सामाजिक जीवन और विशेष रूप से सामाजिक विषमता या असमानता उद्विकास का परिणाम है। सामाजिक जीवन की घटनाओं की व्याख्या में इस सिद्धान्त का सर्वप्रथम प्रयोग ब्रिटेन में हर्बर्ट स्पेन्सर (Herbert Spencer, 1820–1903) और बाद में अमरीका में बहुत हद तक विलियम ग्राहम समनर् (William G. Sumner, 1840–1910) ने किया। यह सिद्धान्त इस तथ्य पर बल देता है कि समाज प्राकृतिक संसार की भाँति है, जिसमें प्रतिस्पर्द्धा और 'योग्यतम (सर्वोत्तम) की उत्तरजीविता' आधिपत्य होती है।

social demography ('सोशल् डि'मॉग्रफ़ि) **सामाजिक जनांकिकी :** सामाजिक जनांकिकी के क्षेत्र में यह अध्ययन किया जाता है कि कैसे सामाजिक और सांस्कृतिक कारक जनसंख्या-सम्बन्धी विभिन्न पहलुओं एवं प्रक्रियाओं को

प्रभावित करते हैं। किसी जगह पर जनसंख्या के घटने-बढ़ने के विभिन्न कारक होते हैं। इनमें सामाजिक, सांस्कृतिक एवं आर्थिक कारकों की महत्त्वपूर्ण भूमिका होती है। सामाजिक जनांकिकी यह भी अध्ययन करता है कि कैसे किसी जनसंख्या के घटने-बढ़ने से विभिन्न प्रकार की सामाजिक व्यवस्थाएँ प्रभावित होती हैं। सामाजिक जनांकिकी का दूसरा नाम सारभूत जनांकिकी (**Substantive demography**) भी है।

social discontinuity ('सोश्ल्‌डिस् कान्‌टि'न्यूइटि) **सामाजिक अन्तराल :** इस शब्द का ईजाद रूथ बेनिडिक्ट (Ruth Benedict, 1887–1949) ने पहली बार किया था। उन्होंने बताया है कि अलग-अलग समाजों में सांस्कृतिक भूमिकाएँ लोगों को अलग-अलग ढँग से सिखायी जाती हैं। कहीं तो यह लगातार सिखायी जाती है, तो कहीं पर रुक-रुक कर बतायी जाती हैं। जैसे भारत में विभिन्न वर्ण आश्रमों के लिए विभिन्न प्रकार की भूमिकाओं की चर्चा की गयी है। एक आश्रम से दूसरे आश्रम में जाने पर एकाएक व्यक्ति की भूमिकाएँ बदल जाती थीं। आज भी बहुत सारी जनजातियों में भिन्न-भिन्न प्रकार के लोगों के लिए विभिन्न प्रकार की भूमिकाएँ सिखायी जाती हैं और दो भूमिकाओं के बीच एक अन्तराल हुआ करता है।

social disorganization ('सोश्ल् डिस्‌ऑगनाइ'ज़ेश्न्) **सामाजिक अव्यवस्था, सामाजिक विघटन :** समाज की वह अवस्था, जिसमें प्रभावी सामाजिक नियन्त्रण के भंग होने के परिणामस्वरूप समूहों के प्रकार्यात्मक एकीकरण का अभाव, सामाजिक अभिवृत्तियों में संघर्ष तथा व्यक्तिगत अपसमायोजन हो जाता है। सामाजिक विघटन की अवस्था समाज की असामान्य अवस्था होती है। प्रायः सामाजिक परिवर्तन सामाजिक विघटन का कारण बनता है। परन्तु सामाजिक विघटन भी पूर्ण नहीं होता। विषम परिस्थितियों में भी समाज का कुछ-न-कुछ संगठन अवश्य बना रहता है। जब समाज के विभिन्न सदस्य अपनी-अपनी डफली, अपना-अपना राग अलापने लगते हैं तथा सामाजिक लोकाचारों, आदर्शों, रीति-नीतियों और जीवन के सामान्य लक्ष्यों तथा समाज की प्रथाओं के प्रति लोगों की श्रद्धा कम होने लगती है, तब सामाजिक विघटन फैलने लगता है। सामाजिक विघटन कई कारणों से हो सकता है, यथा– (1) सामाजिक परिवर्तन, (2) सांस्कृतिक पिछड़ापन, (3) सामाजिक अभिवृत्तियाँ, (4) सामाजिक मूल्य, (5) सामाजिक संरचना, (6) सामाजिक संकट, (7) युद्ध, (8) बीमारी, (9) ग़रीबी, (10) बेकारी और (11) जनसंख्या-वृद्धि।

social eidos ('सोश्ल् आइडो'स) **सामाजिक प्रज्ञप्ति :** अल्फ्रेड एल. क्रोबर एवं बेट्सन (Alfred L. Kroeber and G. Bateson) ने आदिम समाजों के अपने अध्ययनों के दौरान संस्कृति के दो प्रमुख पक्षों, यथा– आइडोस (**Eidos**) तथा ईथॉज (**Ethos**) की ओर ध्यान आकर्षित किया है। संस्कृति के सुस्पष्ट मूल तत्त्व अथवा उसका बाह्य रूप जिन्हें संस्कृति-विशेष के ताने-बाने की संज्ञा दी जा सकती है। इन्हीं के समन्वित एवं सामंजस्यपूर्ण रूप को आइडोस कहते हैं। बेट्सन ने आदिम समाज सम्बन्धी पुस्तक नावेन (1936) में संस्कृति के क्रियाशील संज्ञानात्मक पक्ष को प्रज्ञप्ति की संज्ञा दी है।

social equilibrium ('सोश्ल् ईक्वि'लिब्रिअम्) **सामाजिक सन्तुलन :** यह शब्द ऐसी स्थिति का संकेत देता है, जिसमें परस्पर-विरोधी समूहों की खींचातानी लगभग नहीं रहती है और सामाजिक जीवन कुछ नियमों से बँधकर प्रायः स्थिर हो जाता है या उसमें केवल सीमित और व्यवस्थित परिवर्तन की गुंजाइश रह जाती है। टैलकॉट पार्सन्स (Talcott Parsons, 1902–1979) ने इसे सीमा अनुरक्षण पद्धति (Boundary maintaining system) कहा है। प्रत्येक समाज में हमेशा दो नियतांक (Constants) देखने को मिलते हैं– (1) स्थिरता (Static) एवं (2) चलायमान (Moving)। पार्सन्स ने दूसरे को सामाजिक परिवर्तन की व्यवस्थित प्रक्रिया का नाम दिया है। प्रत्येक सामाजिक व्यवस्था के अन्तर्गत सन्तुलन बनाये रखने की एक अन्तःनिर्मित व्यवस्था होती है, जो समाज में सन्तुलन की स्थिति कायम रखने में मदद करती है। इस संकल्पना का प्रयोग मुख्यतः रैडक्लिफ-ब्राउन ने सामाजिक संरचना के सैद्धान्तिक अध्ययन में किया है।

social exchange ('सोश्ल् इक्स्'चेन्ज्) **सामाजिक विनिमय :** एक व्यक्ति यह सोचकर दूसरे के लिए कुछ करता है कि बदले में वह भी उसके लिए कुछ करेगा।

social fact ('सोश्ल् फ़ैक्ट्) **सामाजिक तथ्य :** एमिल डर्कहाइम (Émile Durkheim, 1858–1917, हिन्दी में इस व्यक्ति के नाम का शुद्ध उच्चारण मात्र एमिल डर्कहाइम है) के शब्दों में, सामाजिक तथ्य व्यवहार (सोचने-समझने, अनुभव करने या क्रिया सम्पादित करने) का एक भाग है, जो प्रेक्षक की दृष्टि में वस्तुपरक है तथा जिसकी प्रकृति बाध्यतामूलक होती है। डर्कहाइम ने सामाजिक सम्बन्ध तथा इन्हें नियन्त्रित करने वाली प्रथाओं, परम्पराओं, कानून, धार्मिक विश्वास, व्यावसायिक मान्यताओं की व्याख्या सामाजिक तथ्य के रूप में की है। सामाजिक तथ्यों को वस्तुओं के समान समझना चाहिए, यद्यपि इस कथन का वास्तविक अर्थ उनकी रचनाओं से अधिक स्पष्ट नहीं होता है। इसका प्रमुख कारण यह है कि डर्कहाइम ने वस्तु शब्द का चार पृथक्-पृथक् अर्थों में प्रयोग किया है। ये चार अर्थ इस प्रकार हैं– (1) सामाजिक तथ्य एक ऐसी वस्तु है, जिसमें कुछ विशेष गुण होते हैं, जिन्हें बाहरी तौर पर देखा जा सकता है। (2) सामाजिक तथ्य एक ऐसी वस्तु है, जिसको केवल अनुभव के द्वारा ही जाना जा सकता है। (3) सामाजिक तथ्य एक ऐसी वस्तु है जिसका अस्तित्व मनुष्य पर बिलकुल भी निर्भर नहीं है। (4) सामाजिक तथ्य एक ऐसी वस्तु है, जिसको केवल बाहरी तौर पर देखकर ही जाना जा सकता है। चूँकि वस्तु शब्द का प्रयोग अलग-अलग अर्थ में हो सकता है तथा सामाजिक तथ्य वस्तु के समान है, इस कारण सामाजिक तथ्यों का अर्थ भी बदल सकता है। इस दृष्टि से सामाजिक तथ्य कोई स्थिर धारणा नहीं है, बल्कि गतिशील धारणा है। एमिल डर्कहाइम के अनुसार ये कार्य करने, सोचने या अनुभव करने के वे तरीके हैं, जिनमें व्यक्तिगत चेतना से बाहर भी अस्तित्व को बनाये रखने की उल्लेखनीय विशेषता होती है।

social institution ('सोश्ल् इन्स्टि'ट्यूश्न्) **सामाजिक संस्था :** आम बोलचाल की भाषा में अधिकांश लोग समिति को संस्था कहते हैं, जैसे– महाविद्यालय, विद्यालय, अस्पताल आदि। इस बात से कतई इन्कार नहीं है कि वे संस्था भी हैं, पर जिसे ग़ैर-समाजशास्त्री लोग संस्था समझते हैं, उसे सही मायने में संस्था नहीं कहा जाता है। संस्था का स्वरूप कभी भी मूर्त नहीं होता है। आम लोगों के बीच संस्था के अर्थ के सम्बन्ध में मतभेद तो हैं ही, समाजशास्त्र में भी थोड़ी परेशानी अवश्य है; क्योंकि विभिन्न समाजशास्त्रियों ने इस शब्द का प्रयोग हमेशा एक निश्चित अर्थ में नहीं किया है। संस्था को रॉबर्ट एम. मकीवर (हिन्दी में इस व्यक्ति के नाम का शुद्ध उच्चारण मात्र मकीवर है) एवं चार्ल्स एच. पेज (Robert M. MacIver and Charles H. Page– **Society**, 1985) ने इस प्रकार परिभाषित किया है– "सामाजिक समूह की कार्य-प्रणाली के स्थापित स्वरूप या व्यवस्था को हम संस्था कहते हैं।"

social mobility ('सोश्ल् मो'बिलटि) **सामाजिक गतिशीलता :** सामाजिक पदक्रम में व्यक्ति अथवा सामाजिक समूह द्वारा सामाजिक स्थिति बदलने की प्रक्रिया, सामाजिक गतिशीलता कहलाती है। इस दूरी को वस्तुपरक ढँग से (Objectively) भौगोलिक दूरी की तरह नहीं माप सकते हैं; क्योंकि सामाजिक धरातल एक अमूर्त अवधारणा है। सामाजिक गतिशीलता के अन्तर्गत यह आवश्यक नहीं है कि व्यक्ति की हैसियत में आमूल परिवर्तन हो। एक ही स्थिति में रहकर यदि पेशे या आमदनी में कोई परिवर्तन होता है, तो वह भी सामाजिक गतिशीलता मानी जायेगी, जैसे– यदि कोई व्यक्ति बोकारो स्टील कम्पनी में लेखापाल का पद छोड़कर टाटा स्टील कम्पनी में उसी पद पर जाता है, तो उसे भी गतिशीलता कहेंगे, यद्यपि यहाँ भी उसकी सामाजिक स्थिति में कोई परिवर्तन नहीं होता है। गतिशीलता सिर्फ व्यक्ति के जीवन में नहीं, बल्कि सम्पूर्ण समूह के जीवन में हो सकती है। यदि सामूहिक स्तर पर व्यक्तियों के जीवन में कोई परिवर्तन आता है, तो उस परिवर्तन को भी गतिशीलता कहा जायेगा, जैसे– आज़ादी के बाद भारत में पंजाब के सिक्खों के जीवन में बिहारियों की तुलना में ज़्यादा खुशहाली आयी है। प्रति व्यक्ति आय, शिक्षा के स्तर एवं रहन-सहन के स्तर में काफी वृद्धि हुई है। ऐसे परिवर्तन को भी गतिशीलता कहा जाता है। यह सामाजिक संरचना को लचीला अथवा गत्यात्मक बनाती है। यह दो प्रकार की हो सकती है– समस्तरीय एवं विषमस्तरीय।

social morphology ('सोश्ल् मॉर्'फा'लजि) **सामाजिक आकृति विज्ञान** : एमिल डर्कहाइम (Émile Durkheim, 1858–1917, हिन्दी में इस व्यक्ति के नाम का शुद्ध उच्चारण मात्र एमिल डर्कहाइम है) का मानना है कि भौगोलिक पर्यावरण या क्षेत्रीय परिस्थिति एवं मानवजीवन के बीच बहुत गहरा सम्बन्ध है। भौगोलिक परिस्थिति सिर्फ व्यक्तियों के जीवन को ही प्रभावित नहीं करती है, बल्कि समस्त सामाजिक जीवन को भी प्रभावित करती है। किसी क्षेत्र की जनसंख्या का आकार, घनत्व, संरचना आदि भी भौगोलिक पर्यावरण से प्रभावित होती है और पुन: सामाजिक व्यवस्था उनसे प्रभावित होती है। अत: समाजशास्त्र का प्रमुख उद्देश्य यह अध्ययन करना होता है कि भौगोलिक पर्यावरण और समाज के बीच किस प्रकार का सम्बन्ध है।

social movement ('सोश्ल् 'मूव्मन्ट्) **सामाजिक आन्दोलन** : समाज में परिवर्तन लाने या इसका प्रतिरोध करने का एक सामूहिक प्रयास। सामाजिक आन्दोलन व्यक्तियों का एक ऐसा प्रयास है जिसका एक सामान्य उद्देश्य होता है और उद्देश्य की पूर्ति के लिए संस्थागत सामाजिक नियमों का सहारा न लेकर, लोग अपने ढँग से व्यवस्थित होकर किसी परम्परागत व्यवस्था को बदलने का प्रयास करते हैं। इन प्रयत्नों का उद्देश्य विशेष रूप से प्राय: किन्हीं वर्तमान सामाजिक संस्थाओं में सुधार करना, उन्हें सुरक्षित रखना, उनके स्थान पर नयी संस्थाएँ स्थापित करना या उन्हें समाप्त करना होता है। सामाजिक आन्दोलन में राजनीतिक सुधार, औद्योगिक लोकतन्त्र, प्रजातीय एवं सामाजिक न्याय, धार्मिक तथा नागरिक स्वतन्त्रता सम्बन्धी आन्दोलन आदि आते हैं। वर्तमान सामाजिक तथा आर्थिक संस्थाओं में परिवर्तन अथवा सुधार करने के लिए सामाजिक आन्दोलन एक सामूहिक और शान्तिमय तरीका है, जिसकी आवश्यकता इस कारण होती है कि ये संस्थाएँ अपनी भूमिकाएँ पूरी नहीं कर पातीं और परिणामस्वरूप समाजकार्य के प्रभावी होने में बाधक होती हैं। सामाजिक आन्दोलन द्वारा अनेक समस्याओं को हल करने का प्रयत्न किया जाता है, जैसे– दहेज-प्रथा, निरक्षरता, धार्मिक कट्टरता, अन्धविश्वास, बाल-विवाह आदि का विरोध।

social order ('सोश्ल् 'ऑर्डर्) **सामाजिक व्यवस्था** : साधारणत: किसी समय अथवा किसी क्षेत्र-विशेष के मानव-व्यवहार के समग्र स्वरूप तथा संस्कृति को सामाजिक व्यवस्था कहते हैं, जैसे कि (क) समाज में संस्थाओं का विन्यास (ख) भूमिकाओं और स्थितियों का विन्यास। (ग) इस ढाँचे का सुचारु, आत्मनियन्त्रित, सन्तुलित और समन्वित ढँग से कार्य करना।

social organism ('सोश्ल् 'आर्ग्निज़म्) **सामाजिक जीव** : समाज अथवा सामाजिक संगठन, जिनका उद्‌भव और विकास अन्य जीवों के ही समान होता है। व्यक्ति या परिवार को सामाजिक जीव के रूप में देखा जाता है।

social organization ('सोश्ल् ऑगनाइ'ज़ेश्न्) **सामाजिक संगठन** : सामाजिक संगठन एक ऐसी दशा या स्थिति है, जिसमें किसी समाज के विभिन्न अंग, अर्थात् संस्थाएँ, समूह तथा समितियाँ आदि अपने स्वीकृत एवं निर्धारित उद्देश्यों के अनुसार कार्य करती है, अर्थात् समाज में सम्बन्धों के ताने-बाने, सामाजिक भूमिकाओं और भूमिका श्रृंखलाओं के अन्त:सम्बन्धों एवं ऐसे समूहों के संगठन को सामाजिक संगठन की संज्ञा दी जाती हैं, जिन्हें आयु, लिंग, बन्धुत्व, आवास, सम्पत्ति, अधिकार तथा स्थिति के आधार पर संगठित किया जाता है। विभिन्न समाजशास्त्रियों द्वारा समाज के अन्योन्याश्रित भागों को अलग-अलग रूप में देखा-समझा गया है, जैसे– मूल्य, नियमाचार, विश्वास, भूमिकाओं के आपसी सम्बन्ध, किसी बृहत् इकाई के उपसमूह, संस्थाएँ, आदि-आदि। हर्बर्ट स्पेन्सर (Herbert Spencer, 1820–1903) ने इसका प्रयोग समाज के आर्थिक, राजनीतिक तथा अन्य भागों के पारस्परिक सम्बन्धों के लिए किया है। एमिल डर्कहाइम ने इसे सामाजिक एकीकरण, नैतिकता एवं मूल्यों की मतैक्यता द्वारा व्यक्तिगत नियमाचारों के लिए प्रयुक्त किया है। चार्ल्स एच. कूली (Charles H. Cooley, 1864–1929, हिन्दी में इस व्यक्ति के नाम का शुद्ध उच्चारण मात्र कूली है) ने सामाजिक अन्तर्क्रिया के आवश्यक तत्त्वों के रूप में सहभागी क्रियाओं तथा उनके बोध को सामाजिक संगठन का नाम दिया है। मानवशास्त्री रेमण्ड फर्थ (Raymond Firth) ने सामाजिक संगठन और सामाजिक संरचना के बीच भेद स्थापित किया है, जो उनके पूर्व की नृवैज्ञानिक कृतियों में नहीं मिलता

है। फर्थ के अनुसार संस्थागत सम्बन्धों के ताने-बाने को सामाजिक संरचना कहा जाना चाहिए। लेकिन, सामाजिक संगठन से तात्पर्य गतिशील और वास्तविक सामाजिक सम्बन्धों से है। इस प्रकार स्पष्ट हो जाता है कि सामाजिक संगठन सामाजिक प्रक्रिया का द्योतक है।

social physics ('सोश्ल् 'फ़िजिक्स्) **सामाजिक भौतिकी** : समाजशास्त्र के जनक ऑगस्त कौंत (Auguste Isidore Marie François Xavier Comte,1798–1857, हिन्दी में इस फ्रांसीसी विद्वान के नाम का शुद्ध उच्चारण मात्र कौंत है) के अनुसार यूरोप में वैज्ञानिक क्रान्ति ने औद्योगिक क्रान्ति को जन्म दिया जिसके कारण नये समाज का निर्माण हुआ, जो निम्न सिद्धान्तों पर आधारित था– (1) समानता, (2) स्वतन्त्रता, (3) सह-अस्तित्व, (4) व्यक्तिवादिता, (5) लोकतान्त्रिक मूल्य, और (6) पूँजीवाद। इसी समस्या का अध्ययन करने के लिए कौंत ने एक नये विषय को ईजाद किया जिसका नाम सामाजिक भौतिकी रखा। उन्होंने इसी का दूसरा नाम समाजशास्त्र दिया।

social position ('सोश्ल् प'ज़िश्न्) **सामाजिक पद** : किसी सामाजिक तन्त्र अथवा सामाजिक सम्बन्धों की प्रणाली में व्यक्ति अथवा सामाजिक वर्ग का स्थान। प्रत्येक व्यक्ति का समाज में निश्चित रूप से एक अपना पद होता है। यह पद या स्थान किसी को विरासत में मिलता है, तो किसी को अपनी मेहनत या योग्यता की बदौलत प्राप्त होता है। जैसे– प्रत्येक प्राणी इस धरती पर अपने लिए कुछ स्थान बनाता है, ऐसा व्यक्ति भी सामाजिक धरातल पर स्वाभाविक रूप से कुछ-न-कुछ जगह घेरता है, उसे ही सामाजिक पद कहा जाता है। सामाजिक पद व्यक्तियों के अधिकारों एवं बाध्यताओं का एक जटिल समग्र है।

social process ('सोश्ल् 'प्रोसेस्) **सामाजिक प्रक्रिया** : जब कोई सामाजिक अन्त:क्रिया एक लम्बे काल तक निरन्तर चलती है तथा उसे देखा-परखा जा सकता है, तब वह सामाजिक प्रक्रिया का रूप धारण कर लेती है। सामाजिक प्रक्रिया सामाजिक परिवर्तन को परिलक्षित करती है, जिसमें कुछ स्थाई गुण एवं एक दिशा होती है। एक सामाजिक प्रक्रिया के अन्तर्गत बहुत-सी अन्त:क्रियाएँ होती हैं, जैसे– लड़के-लड़कियों का आपस में मिलना अन्त:क्रिया है, पर बार-बार मिलने से यदि दोनों के बीच प्रेम-विवाह हो जाता है, तो वह एक सामाजिक प्रक्रिया है। सामाजिक प्रक्रिया के सन्दर्भ में ध्यान देने की बात यह है कि इसके अन्तर्गत दो स्थितियों (**Statuses**) एवं भूमिकाओं (**Roles**) के बीच ऐसी अन्त:क्रिया है, जिसके अन्तर्गत दो या दो से अधिक व्यक्तियों का व्यवहार प्रभावित होता है। यह दो भूमिकाओं या दो स्थितियों के बीच अन्त:क्रिया मात्र नहीं है। अन्त:क्रिया तो सिर्फ एक प्रारम्भिक स्थिति है, जो बड़ी प्रक्रिया के लिए पृष्ठभूमि तैयार करती है। सामाजिक प्रक्रिया का अर्थ है निरन्तर परिवर्तन जो परिस्थिति की आन्तरिक शक्तियों के घात-प्रतिघात के फलस्वरूप निश्चित रूप से चलता रहता है। सामाजिक प्रक्रिया के रूपों की संख्या के विषय में समाजशास्त्रियों में मतभेद है। कुछ इनकी संख्या सैकड़ों में बताते हैं, कुछ अन्य केवल दो रूप मानते हैं, यथा– सहगामी और असहगामी, परन्तु आजकल ये दोनों ही मत अमान्य हैं। सामाजिक प्रक्रियाओं के विभिन्न प्रकारों या स्वरूपों को दो वर्गों में बाँटा जाता है– (1) सहयोगी सामाजिक प्रक्रिया (Associative social process) एवं (2) असहयोगी सामाजिक प्रक्रिया (Disassociative social process)। सहयोगी सामाजिक प्रक्रिया को चार भागों में विभक्त किया जा सकता है– (i) सहयोग (**Co-operation**), (ii) समायोजन (**Accommodation**), (iii) आत्मसात्करण (**Assimilation**) और (iv) एकीकरण (**Integration**)। असहयोगी सामाजिक प्रक्रिया को तीन भागों में विभक्त किया जा सकता है– (i) प्रतिस्पर्द्धा (**Competition**), (ii) प्रतिकूलन (**Contravention**) और (iii) संघर्ष (**Conflict**)।

social sanction ('सोश्ल् 'सैन्क्शन्) **सामाजिक अनुशास्ति** : सामान्यत: अनुशास्ति या मंजूरी का अर्थ अंकुश (Restraints), निषेध (Prohibition) तथा दण्ड (Penalty) है। प्रचलित अर्थ में अनुशास्ति शब्द का प्रयोग नकारात्मक एवं संगठित पक्ष में किया जाता है, अर्थात् जब कोई समाज या समूह अपने सदस्यों को किसी व्यवहार या आचरण को न करने का निर्देश देता है और यदि वह इसका उल्लंघन करता है, तो उसे दण्डित किया जाता है। अत: ऐसे निर्देश को सामाजिक अनुशास्ति कहा जाता है। अनुशास्ति में दण्ड और पुरस्कार दोनों ही निहित हैं।

social science ('सोश्ल् 'साइअन्स्) **समाजविज्ञान** : ज्ञान-विज्ञान की वह शाखा जो समाज, संस्कृति तथा व्यक्तित्व का समग्र अथवा आंशिक रूप में अध्ययन करती है। इसमें मुख्यत: समाजशास्त्र, मनोविज्ञान, सांस्कृतिक नृविज्ञान, राजनीतिक विज्ञान, अर्थशास्त्र, इतिहास और भूगोल के कुछ पक्ष सम्मिलित होते हैं।

social self ('सोश्ल् सेल्फ़्) **सामाजिक आत्मन्** : सामाजिक आत्मन् को समझने के लिए जैविक आत्मन् की अवधारणा को समझना ज़रूरी है। सामान्यतया आत्मन् को दो भागों में विभक्त किया जाता है– (1) जैविक आत्मन् (**Biological self**) एवं (2) सामाजिक आत्मन् (**Social self**)। जैविक आत्मन् से नारी या पुरुष, बालक या बूढ़ा, सुन्दर या कुरूप, मोटा या दुबला, तेज या भोंदू जैसी जैविक विशेषताओं का बोध होता है। लेकिन, सामाजिक आत्मन् कहने से यह बोध होता है कि कोई व्यक्ति कितना या किस स्तर का सामाजिक प्राणी है। इससे उसके समाजीकृत होने के स्तर का बोध होता है। सामाजिक आत्मन् का निर्माण ऐसी मनोवृत्तियों तथा विचारों के सम्पूर्ण प्रतिरूपों के मिलने से होता है, जिसे कोई व्यक्ति एक अवयव तथा सामाजिक प्राणी के रूप में अपने बारे में निर्मित करता है। जॉर्ज एच. मीड (George Herbert Mead, 1863–1931) का कहना है कि आत्मन् के विकास के माध्यम से ही कोई व्यक्ति अपने-आपको एक स्वतन्त्र व्यक्ति के रूप में देखने में सक्षम होता है। सिगमण्ड फ्रॉयड (Sigmund Freud, 1856–1939) के अनुसार सामाजिक आत्मन् के अन्तर्गत सुप्तवासना या इदम् (**Id**), अहम् (**Ego**) और पराहम् (**Super Ego**) पाया जाता है। सुप्तवासना एक अचेतन अवस्था है, जो व्यक्तियों की सहजात इच्छाओं (**Instinctive Desires**), विशेषकर वासना एवं आक्रमण का बोध कराता है। यह व्यक्तियों में एक प्रकार की भूख (Appetite) है, जो उसे विभिन्न कार्यों के लिए प्रेरित करती रहती है। अहम् की उत्पत्ति इसी इदम् पर नियन्त्रण रखने के लिए हुई है। पराहम् वह है, जो व्यक्तियों में सामाजिक मूल्यों और आदर्शों के रूप में व्यक्तित्व का अभिन्न अंग है और वह इसे समाज से सीखता है। फ्रॉयड के अनुसार सुप्तवासना और पराहम् के बीच हमेशा तनाव की स्थिति बनी रहती है। उस अवस्था में पराहम् व्यक्ति की ऊँची नैतिकता एवं सामाजिक मूल्यों की ओर ध्यान आकृष्ट कराता है। इस परिस्थिति में अहम् दोनों के बीच सन्तुलन बनाने का काम करता है। अहम् का कार्य एक बीच का रास्ता खोजकर इच्छा की पूर्ति करना है।

social solidarity ('सोश्ल् सॉलि'डैरिटि) **सामाजिक एकता** या **एकात्मता** : एमिल डर्कहाइम (Émile Durkheim, 1858–1917, हिन्दी में शुद्ध उच्चारण एमिल डर्कहाइम ही है) ने इस शब्द का उपयोग समाजशास्त्र में किया है जिसका अर्थ है, मूल्यों की सामूहिक एकता। किसी समूह की उस स्थिति को सामाजिक एकता कहते हैं, जिसमें सामाजिक उद्देश्यों की प्राप्ति के लिए सहयोग, सद्भाव एवं सामूहिकता होती हो तथा जो सामाजिक संगठन को उसके स्थायित्व के माध्यम से दर्शाता हो। समाज का उक्त स्वरूप सामाजिक परिस्थितियों के सन्दर्भ में बदलता रहता है। इसी कारण डर्कहाइम ने दो प्रकार के समाजों में दो प्रकार की एकता की स्थिति की चर्चा की है।

social statics and **social dynamics** ('सोश्ल् 'स्टैट्इक्स ऐन्ड् 'सोश्ल् डाइ'नैमिक्स्) **सामाजिक स्थैतिकी और सामाजिक गतिशीलता** : ऑगस्त कौंत (Auguste Comte, 1798–1857, विभिन्न हिन्दी की पुस्तकों में इस व्यक्ति के नाम का उच्चारण ग़लत है) ने समाजशास्त्र को दो भागों में बाँटा है– सामाजिक स्थैतिकी और सामाजिक गतिशीलता। इस अवधारणा का प्रयोग ऑगस्त कौंत ने समाज के स्थिर पक्ष, अर्थात् सामाजिक संरचना तथा उसके विभिन्न अन्त:सम्बन्धित भागों के पारस्परिक सम्बन्धों के अध्ययन हेतु किया। कौंत के अनुसार सामाजिक स्थैतिकी का अध्ययन सामाजिक गतिकी के अध्ययन का पूरक है। सामाजिक स्थैतिकी सह-अस्तित्व के नियमों की खोज का प्रयास करती है।

social stratification ('सोश्ल् स्ट्रैट्इफ़ि'केश्न्) **सामाजिक स्तरण** : सामाजिक स्तरण का अभिप्राय आर्थिक स्थिति, राजनीतिक शक्ति अथवा सामाजिक स्थिति के आधार पर समाज का असमान समूहों में विभाजन है। स्तरण को व्यक्तियों के विभिन्न समूहों के बीच संरचित असमानता के रूप में परिभाषित किया जा सकता है। एक विशेष

सामाजिक स्तर दूसरे सामाजिक स्तरों की तुलना में श्रेष्ठ या नीच, विशेष अधिकार प्राप्त या उनसे वंचित, प्रभुत्वशाली या प्रभुत्व के अधीन हो सकता है। इस तरह, सामाजिक स्तरीकरण में विभिन्न सामाजिक स्तरों के बीच संरचित असमानता का व्यवस्थित नियमन शामिल होता है। सामाजिक अध्ययन के अन्तर्गत किसी देश की आबादी को विभिन्न आर्थिक और जैविक वर्गों में बाँटकर दिखाने की प्रक्रिया। आमदनी, व्यवसाय या शिक्षा की दृष्टि से अथवा धर्म, जाति, नस्ल आदि की दृष्टि से वर्ग या समूह बनाकर जनसंख्या का सामाजिक, आर्थिक अध्ययन इसका उद्देश्य होता है। समाज को इस प्रकार के वर्गों, समूहों या स्तरों में बाँटकर इनके विशिष्ट गुणों और इनकी समस्याओं का अध्ययन भी इसके अन्तर्गत समाविष्ट होता है।

social stratum ('सोश्ल् स्ट्रे'टम) **सामाजिक स्तर** : ऐसे व्यक्ति तथा समूह जिनकी स्थिति, पद और अन्य विशेषताएँ लगभग एक जैसी होती है। इस शब्द का प्रयोग जनसंख्या के विभिन्न वर्गों, यथा– जाति, सामाजिक वर्ग आदि के अतिरिक्त सोपानिक आधार पर किये गये विभाजनों के लिए किया जाता है।

social structure ('सोश्ल् 'स्ट्रक्चर्) **सामाजिक संरचना** : किसी भी समाज की संरचना से तात्पर्य परस्पर सम्बन्धित संस्थाओं, सामाजिक प्रतिमानों, स्तरों, पदों और कार्यों की अमूर्त या भाववाचक व्यवस्था से होता है। इस प्रकार की व्यवस्था में निरन्तरता, पुनरावृत्ति, स्थायित्व, स्थानीयता व विशिष्टता आदि गुण अवश्य होते हैं। इस सामाजिक संरचना को वास्तविक यथार्थ के रूप में देखा जा सकता है। किन्तु कुछ समाजशास्त्री इस संकल्पना को वास्तविक यथार्थ न मानकर, वास्तविक यथार्थ पर निर्मित प्रतिरूप मानते हैं। कोई व्यक्ति जो समाज के मानदण्डों को ध्यान में रखकर भूमिका अदा करता है, वह सामाजिक संरचना का ही अंग है। हिन्दू समाज के अन्तर्गत जाति-व्यवस्था सामाजिक संरचना का उदाहरण है।

social system ('सोश्ल 'सिस्टम्) **सामाजिक व्यवस्था, सामाजिक पद्धति** : समाज की वह प्रणाली जो समाज की इकाइयों, स्थितियों, भूमिकाओं, मूल्यों तथा मान्यताओं के परस्पर सम्बन्धों, अन्त:निर्भरता और पूर्व-निर्धारित कार्यों का समन्वित स्वरूप होती है। इसमें सामाजिक सामूहिकता एवं गत्यात्मक सन्तुलन निहित होते हैं। टैलकॉट पार्सन्स (Talcott Parsons, 1902–1979), किंगज्ली डेविस (Kingsley Davis, 1908–1997), रॉबर्ट के. मर्टन (Robert K. Merton, 1910–2003), एन.जे. स्मेलसर (Neil J. Smelser) आदि प्रकार्यवादियों ने सामाजिक व्यवस्था को दो स्तरों पर देखने का प्रयास किया है– एक संरचना के स्तर पर और दूसरा प्रकार्य के स्तर पर। सामान्यत: सामाजिक व्यवस्था से तात्पर्य किसी बहुत बड़े सामाजिक समूह की व्यवस्था से है। उसी अर्थ में हम हिन्दू समाज, मुस्लिम समाज या सिक्ख समाज की बात करते हैं। कभी-कभी तो हम उससे भी बड़ी सामाजिक व्यवस्था को ध्यान में रखकर इस शब्द का प्रयोग करते हैं, जैसे– भारतीय समाज, चीनी समाज, अमरीकी समाज आदि। सामाजिक व्यवस्था का यह अर्थ ग़लत नहीं है, लेकिन मात्र यही अर्थ है, यह भी सही नहीं है। दो व्यक्ति भी सामाजिक समूह का निर्माण कर सकते हैं और उस समूह को भी सामाजिक व्यवस्था कहा जा सकता है, जैसे– मूल परिवार एक सामाजिक व्यवस्था है।

social telesis ('सोश्ल् टे'लिसिस) **सामाजिक कार्यविधि, सामाजिक लक्ष्यपूर्ति** : वह गतिविधि जिसमें सामाजिक लक्ष्यों की पूर्ति के उद्देश्य से सूझ-बूझ और सुलझे हुए तरीके से सामाजिक विकास की प्रक्रिया का सचेतन और तर्कसम्मत नियन्त्रण किया जाता है। अमरीकी समाजवैज्ञानिक लेस्टर एफ़. वार्ड (Lester F. Ward, 1841–1913) ने इसका विवेचन करते हुए लिखा है कि मनुष्य सामाजिक लक्ष्यों की पूर्ति के लिए न केवल भौतिक जगत् का, बल्कि सामाजिक जगत् का नियन्त्रण भी कर सकता है। यह सामाजिक नियोजन की अवधारणा से मिलती-जुलती एक धारणा है।

social theory of religion ('सोश्ल् 'थिअरि ऑव् रि'लिजन्) **धर्म का सामाजिक सिद्धान्त** : एमिल डर्कहाइम (Émile Durkheim, 1858–1917, हिन्दी में इस व्यक्ति के नाम का शुद्ध उच्चारण मात्र एमिल डर्कहाइम है) ने

धर्म की उत्पत्ति से सम्बन्धित विभिन्न सिद्धान्तों की आलोचना इस आधार पर की है कि धर्म एक सामाजिक तथ्य है और उसकी उत्पत्ति में सामाजिक कारकों का भी हाथ रहा है। अब तक के सभी सिद्धान्तों में सामाजिक कारकों की अवहेलना की गयी है। डर्कहाइम ने अपनी पुस्तक **Elementary Forms of Religious Life** में धर्म की प्रकृति, उत्पत्ति, प्रभाव आदि की विस्तृत विवेचना की है। उन्होंने समाज को ही देवता माना और कहा कि धर्म सामूहिक चेतना का प्रतीक है। धर्म का वास्तविक आधार तो स्वयं समाज है, इसलिए उन्होंने लिखा है कि स्वर्ग का साम्राज्य एक महिमान्वित समाज है। डर्कहाइम का मत है कि धर्म का सम्बन्ध पवित्र वस्तुओं, समाज तथा व्यक्तियों की सामूहिक चेतना से है। पवित्र को अपवित्र से दूर रखने के लिए विभिन्न संस्कारों, उत्सवों एवं आचरणों को जन्म दिया गया, जिनके पीछे सम्पूर्ण समूह या समाज की स्वीकृति एवं शक्ति है।

social types ('सोश्‌ल् टाइप्स) **सामाजिक प्ररूप :** सामाजिक जीवन अथवा उसके किसी एक भाग की विवेकपूर्ण अधिरचना जो समाजशास्त्रीय दृष्टि से विश्लेषित उद्देश्यों के आधार पर निर्धारित की जाती है। जॉर्ज जिमेल (Georg Simmel, 1858–1918– हिन्दी में इस जर्मन नाम का शुद्ध उच्चारण जॉर्ज जिमेल ही है) की यह अवधारणा सामाजिक स्वरूप से सम्बन्धित है। जिमेल ने 'अजनबी', 'साहसी', 'विश्वासघाती' आदि बहुत से प्रारूपों का वर्णन किया है। इस अवधारणा के अनुसार 'अजनबी' से अभिप्राय एक ऐसे व्यक्ति से नहीं है, जो एक जगह से दूसरी जगह पर घूमता-फिरता है, बल्कि ऐसे व्यक्ति से है जिसकी समाज में एक विशेष हैसियत है तथा वह व्यक्ति जिस समाज में शामिल हुआ हो उसका वह पहले कभी सदस्य नहीं था। 'अजनबी' की समाज में नियम-स्थिति है। इस स्थिति के कारण वह समाज में कुछ विशिष्ट भूमिकाएँ अदा कर सकता है, जैसे– वह 'मध्यस्थ' का काम कर सकता है।

socialism ('सोशलिज़म्) **समाजवाद :** यह राजनीतिक विचारों की एक धारा है, जो आधुनिक औद्योगिक उत्पादन की सहयोगी प्रकृति पर ज़ोर देते हुए समतावादी सामाजिक व्यवस्था बनाने की आवश्यकता पर बल देती है। ऐसी मान्यता है कि 'सोशलिस्ट' शब्द का प्रयोग सर्वप्रथम 1832 ई. में सैन सीमाँ (Saint-Simon, 1760–1825, हिन्दी में इस नाम का शुद्ध उच्चारण यही है) के अनुयायियों के लिए किया गया था। 1840 ई. तक यह शब्द लगभग सम्पूर्ण यूरोप में लोकप्रिय हो गया और साथ ही इस शब्द का प्रचलन भी प्रारम्भ हो गया। इसका अर्थ यह लगाया गया कि उत्पादन के साधनों– भूमि अथवा सम्पत्ति तथा पूँजी पर पूरे समाज का स्वामित्व या नियन्त्रण होना चाहिए और इनका प्रशासन सभी के हितों को ध्यान में रखकर किया जाना चाहिए। पिछले 150 वर्षों से समाजवादी विचारों का प्रसार लगभग सम्पूर्ण विश्व में हो चुका है। समाजवाद की विचारधारा आधुनिक युग की सबसे शक्तिशाली विचारधाराओं में से एक है, जिससे मानवजीवन के सामाजिक, राजनीतिक, आर्थिक जैसे मुख्य क्षेत्रों को ही नहीं, अपितु कलात्मक, साहित्यिक, दार्शनिक एवं सांस्कृतिक जैसे गौण क्षेत्र भी प्रभावित हुए हैं। समाजवाद का मूल उद्देश्य यह होता है कि समाज में एक समुदाय दूसरे समुदाय का, एक वर्ग दूसरे वर्ग का तथा एक व्यक्ति दूसरे व्यक्ति का शोषण न करे। इस विचारधारा के अनुसार प्रत्येक नागरिक को सर्वांगीण विकास की समान सुविधाओं तथा समान अवसर प्राप्त होने चाहिए। वस्तुतः अपने वर्तमान रूप में समाजवाद, आर्थिक, सामाजिक एवं राजनीतिक संगठन की एक आधुनिक विचारधारा है, जिसके प्रवर्तन का श्रेय कार्ल मार्क्स (Karl Marx, 1818–1883) तथा फ्रिडरिक ऐंगल्ज (Friedrich Engles, हिन्दी में इस नाम का शुद्ध उच्चारण यही है) को है। भारत में समाजवादी विचारधारा का प्रवेश राष्ट्रीय आन्दोलन के समय ही हो गया था, बाद में स्वतन्त्रता के पश्चात् उसे संविधान में स्थान दिया गया तथा आज भी सरकार समतामूलक समाज की स्थापना हेतु प्रयासरत है।

socialist society ('सोशलिस्ट् स'साइअटि) **समाजवादी समाज :** वह समाज जिसमें राज्य सम्पत्ति पर स्वामित्व रखता है, उदाहरणार्थ– चीन। आमतौर पर औद्योगिक समाज अथवा पूँजीवादी समाज के पश्चात् समाजवादी समाज की धारणा दी गयी है। समाजवाद की धारणा कार्ल मार्क्स से भी पुरानी है एवं इसका प्रयोग एक समुचित समाज के रूप में पहले भी विद्वानों ने किया था। इनमें राबर्ट ओवेन (Robert Owen), फारियर (Charles Fourier), पुरूदाँ

(Pierre-Joseph Proudhon), लुई ब्लांक (Louis Blanc) तथा हेनरी सैन सीमाँ (Henri de Saint-Simon) जैसे विद्वानों के नाम काफी प्रसिद्ध हैं। कार्ल मार्क्स की रचनाओं के प्रकाश में आने के बाद लगभग सभी विद्वानों ने यह स्वीकार कर लिया कि पूँजीवादी औद्योगिक समाज के बाद समाजवादी समाज का उदय होता है।

socialization (सोशॅलाइ'ज़ेश्‌न्) **समाजीकरण** : जन्म से ही प्रारम्भ होकर जीवनपर्यन्त चलने वाली एक सतत सामाजिक प्रक्रिया, जो व्यक्ति को समाज का सदस्य बनाती है। बाल्यकाल में इसका प्रभाव सबसे गहरा होता है। समाज-विशेष के विश्वासों, धारणाओं, प्रथाओं और मान्यताओं को व्यक्ति द्वारा ग्रहण करवाना इस प्रक्रिया का मुख्य उद्देश्य है। यह एक ऐसी प्रक्रिया है, जिसके द्वारा व्यक्ति सामाजिक और सांस्कृतिक क्षेत्र में प्रवेश करता है, समाज के विभिन्न समूहों का सदस्य बनता है और जिसके द्वारा उसे समाज के मूल्यों और मानकों (Standards) को स्वीकार करने की प्रेरणा मिलती है। सीखने की प्रक्रिया में तीन उप-प्रक्रियाएँ शामिल होती हैं, जो इस प्रकार हैं– नकल (**Imitation**), सुझाव (**Suggestion**) तथा प्रतियोगिता (**Competition**)।

sociation (सोसिए'श्‌न्) **समाजन** : ऐसे सभी अन्तर-मानवीय सम्बन्ध या सामाजिक अन्तःक्रियाएँ जो संगठन, विघटन अथवा दोनों की मिली-जुली विशेषताओं से मुक्त होती हैं। इस अवधारणा का प्रयोग जॉर्ज जिमेल (Georg Simmel, 1858–1918, हिन्दी में इस जर्मन नाम का शुद्ध उच्चारण जॉर्ज जिमेल ही है) ने समूह रचना तथा समाज की आधारभूत संरचना की प्रक्रियाओं के विश्लेषण में किया है। यह अवधारणा अधिकांशतः सामाजिक सम्बन्ध, सामाजिक व्यवहार, सामाजिक प्रक्रिया आदि अवधारणाओं से मिलती-जुलती है।

society (स'साइअटि) **समाज** : सामान्य तौर पर समाजशास्त्र को समाज का विज्ञान कहा जाता है, लेकिन खेद की बात यह है कि समाज जैसे महत्त्वपूर्ण शब्द के अर्थ के सम्बन्ध में समाजशास्त्रियों के बीच काफी मतभेद है। अभी तक समाजशास्त्र में समाज की कोई सर्वमान्य परिभाषा उपलब्ध नहीं है। किसी ने 'समाज' शब्द का प्रयोग व्यक्तियों के समूह के लिए किया है, तो किसी ने समुदाय के लिए, तो किसी ने समस्त राष्ट्र के लिए किया है और किसी ने तो समस्त मानव जाति के लिए भी किया है। कुछ लोगों ने समाज को एक अमूर्त व्यवस्था माना है, तो कुछ ने उसे मूर्त। कभी-कभी हमें समस्त मानव सभ्यता के लिए भी समाज शब्द का प्रयोग देखने को मिलता है। कभी तो यह शब्द बहुत ही विशिष्ट अर्थ में प्रयुक्त होता है, तो कभी बहुत ही सामान्य अर्थ में। रॉबर्ट एम. मकीवर (शुद्ध उच्चारण मात्र मकीवर है) एवं चार्ल्स एच. पेज (Robert M. MacIver and Charles H. Page) का कहना है कि समाज रीतियों एवं कार्य-प्रणालियों, अधिसत्ता एवं पारस्परिक सहयोग, अनेक समूहों एवं विभाजनों, मानव-व्यवहार के नियन्त्रणों एवं स्वतन्त्रताओं की व्यवस्था है। यह सतत परिवर्तनशील जटिल व्यवस्था है, जिसे हम समाज कहते हैं। यह सामाजिक सम्बन्धों का जाल है और यह निरन्तर परिवर्तनशील है। इसका तात्पर्य यह है कि समाज व्यक्तियों का समूह नहीं, बल्कि व्यक्तियों के बीच पाया जाने वाला पारस्परिक सम्बन्ध होता है। समाज कोई मूर्त संगठन नहीं है, अर्थात् इसको देखा या स्पर्श नहीं किया जा सकता है। यह केवल 'सामाजिक सम्बन्धों का एक जाल' है। एच.एम. जॉनसन (H. M. Johnson) ने समाज को मूर्त रूप में परिभाषित किया है। उन्होंने बताया है कि समाज एक ऐसा समूह है, जिसमें चार तत्त्व पाये जाते हैं– (1) निश्चित क्षेत्र (Definite territory), (2) प्रजनन (Sexual reproduction), (3) विस्तृत संस्कृति (Comprehensive culture) तथा (4) स्वतन्त्रता (Independence)।

sociobiology (सोसिओबाइ'ऑलजि) **सामाजिक जीवशास्त्र** : अभी हाल में विकसित एक नया शैक्षिक विज्ञान, जो विशेषतः अमरीका में काफी लोकप्रिय हो गया है। यह इस विचार पर आधारित है कि समस्त पशु और मानवीय व्यवहार और जीवन-संगठन की जड़ें अन्ततः आनुवंशिक विशेषताओं और जीवशास्त्र में गड़ी हैं। ये चयन की प्रक्रियाओं द्वारा उद्विकासीय इतिहास के माध्यम से निर्मित होती हैं। एडवर्ड ओ. विलसन (Edward O. Wilson) जिन्हें इस पद की रचना का श्रेय जाता है, उन्होंने इस नाम **Sociobiology: The New Synthesis** (1975) से पुस्तक लिखकर इस विषय को स्थापित करने का प्रयत्न किया। विल्सन ने इसे परिभाषित करते हुए लिखा है कि यह समस्त सामाजिक

व्यवहार के जैवकीय आधार का व्यवस्थित अध्ययन है। अनेक समाजशास्त्रियों और मानवशास्त्रियों ने इस नये विषय की अवधारणा के प्रति सन्देह प्रकट किया है और उन्होंने मानवीय समाजों की अत्यधिक सांस्कृतिक विविधताओं की ओर ध्यान आकर्षित कर सामाजिक जीवशास्त्र जैसे विषय को चुनौती दी है। मार्शल शालिन्स (Marshall Sahlins) ने तो इस विषय के सैद्धान्तिक आधार को ही स्वीकार नहीं किया है।

sociography (सोसिऑग्रफी) **समाजवृत्त** : किसी सीमित स्थानीय वातावरण में सामाजिक सम्बन्धों की विशिष्ट समस्याओं का मात्रात्मक रूप से विस्तृत विवरण। उदाहरण के लिए, किसी विशेष क्षेत्र में अपराधों अथवा उनकी दरों का विवरण और वितरण।

sociological imagination (सोसिअ'लॉजिकॅल इ मैजि'नेशन्) **समाजशास्त्रीय कल्पनाशक्ति** : इसकी चर्चा सर्वप्रथम सी. राइट मिल्स (C. Wright Mills, 1916–1962) ने अपनी पुस्तक **The Sociological Imagination** (1959) में की। उन्होंने बताया है कि समाजशास्त्रीय कल्पना एक ऐसी समाजशास्त्रीय दृष्टि है, जो व्यक्ति और समाज के सम्बन्धों का मानवीय स्तर पर विश्लेषण करने का प्रयास करती है। मानवीय समाजशास्त्र के अन्तर्गत टैलकॉट पार्सन्स (Talcott Parsons, 1902–1979) जैसे समाजशास्त्रियों द्वारा प्रतिपादित महासिद्धान्तों (**Grand theories**) के लिए जगह नहीं है। व्यक्ति का आचरण या उसकी समस्याओं को समाज, संस्कृति एवं इतिहास से जोड़कर समझने की आवश्यकता है।

sociological intervention (सोसिअ'लॉजिकॅल इन्टर्'वेन्शन्) **समाजशास्त्रीय हस्तक्षेप** : एक नवीन विचार या तकनीक जो इस बात पर बल देती है कि समाजशास्त्रियों को अपने वैज्ञानिक शोध-कार्य के साथ-साथ उन सामाजिक आन्दोलनों में भी भाग लेना चाहिए, जो प्रत्यक्ष-अप्रत्यक्ष रूप से उनसे सम्बन्धित हैं। ऐसे आन्दोलनों में भाग लेकर वे बिगड़ी हुई दशाओं, स्वीकृत एवं संगठित व्यवहार की गड़बड़ियों के पीछे छुपे हुए 'वास्तविक सामाजिक सम्बन्धों' को उजागर कर पायेंगे। इस विचार को प्रस्तुत करने तथा प्रयोग में लाने का श्रेय फ्रांसीसी समाजशास्त्री अलेन टूरें (Allain Touraine) को दिया जाता है, जिन्होंने अपने सहयोगी शोधकर्त्ताओं के साथ मिलकर सन् 1960 में 'समाजशास्त्रीय हस्तक्षेप' के अभियान की शुरुआत की। शोधकर्त्ताओं ने अपने मंतव्य के अनुसार फ्रांसीसी विद्यार्थी आन्दोलन, आणविक विरोधी आन्दोलन, और पोलैण्डवासी एकजुटता आन्दोलन में हिस्सा लिया। उन्होंने सहभागिक अवलोकन की विधि के परे जाकर इन समूहों के राजनीतिक विचारों और क्रियाओं में खुलकर भाग लिया ताकि वे अधिक अच्छी तरह से उन्हें समझ सकें। सैद्धान्तिक दृष्टि से, इस प्रकार के कदम को 'सक्रियतावाद' कहा गया है। समाजशास्त्रीय सिद्धान्तों के साथ घालमेल की तकनीक को अत्यन्त विवाद के घेरे में ला खड़ा किया गया। सम्भवतः सन् 1968 के फ्रांसीसी विद्यार्थी और श्रमिक आन्दोलन का अध्ययन इस तकनीक की एक सर्वाधिक सफल निष्पत्ति है।

sociological pluralism (सोसिअ'लॉजिकॅल'प्लुअर् लिज़म्) **समाजशास्त्रीय बाहुल्य, समाजविज्ञानीय बाहुल्यवाद** : समाज की वह अवस्था या दशा जिसमें विभिन्न नृजातीय, प्रजातीय, धार्मिक-सामाजिक समूह एक समान सभ्यता की सीमाओं में रहते हुए अपनी पारम्परिक संस्कृति और अभिरुचियों की विशिष्टता को बनाये रखती है तथा उन्हें विकसित भी करती है।

sociologism (सोसि'ऑलजिज़म्) **समाजशास्त्रवाद** : इस अवधारणा का सम्बन्ध प्रमुखतः एमिल डर्कहाइम (Émile Durkheim, 1858–1917, हिन्दी में इस व्यक्ति के नाम का शुद्ध उच्चारण मात्र एमिल डर्कहाइम है) के नाम से जुड़ा हुआ है, किन्तु डर्कहाइम ने इस पद की कहीं भी स्पष्ट व्याख्या नहीं की है। इस पद का प्रयोग उन समाजशास्त्रियों के विचारों को प्रकट करने के लिए किया जाता है, जो सामाजिक वास्तविकता की सम्पूर्णता में व्याख्या हेतु समाजशास्त्र को एक स्वतन्त्र विज्ञान के रूप में प्रतिष्ठित करना चाहते हैं। स्वयं डर्कहाइम ने इस सम्बन्ध में स्पष्ट कहा है कि सामाजिक तथ्यों की व्याख्या मनोविज्ञान, जीवविज्ञान या दर्शनशास्त्र के आधार पर नहीं की जा सकती है, अपितु सामाजिक तथ्यों की व्याख्या अन्य सामाजिक तथ्यों के सन्दर्भ में ही की जानी चाहिए। समाजशास्त्रवाद के समर्थक

व्यक्ति की अपेक्षा समाज को महत्त्व देते हैं। डर्कहाइम ने कहा है कि समाज ने ही हमें पशु प्रकृति की जंजीरों से मुक्त किया है, हमें एक व्यक्तित्व प्रदान किया है, जो हमें मानव बनाता है। अतः समाज एक जीवित वास्तविकता है। अस्तित्ववादियों के विपरीत समाजशास्त्रवादी मानव को एक व्यक्ति नहीं, वरन् एक समूहगत प्राणी मानते हैं।

sociology of knowledge (सोसि'ऑलजि ऑव् 'नॉलिज्) **ज्ञान का समाजशास्त्र** : ज्ञान के समाजशास्त्र का सम्बन्ध ज्ञान की उत्पत्ति और प्रसार के सामाजिक तथा सांस्कृतिक निर्धारकों के वैज्ञानिक अध्ययन से होता है। इसमें यह विवेचन भी किया जाता है कि विचार प्रणालियाँ अन्य सामाजिक तथ्यों से किस प्रकार प्रभावित होती हैं। मैक्स लर्नर (Max Lerner) के अनुसार बीसवीं शताब्दी में मानव के कार्यों की प्रेरणा के पीछे कई अतार्किक तथ्य होते हैं। प्रचार तथा अत्यधिक प्रचलित होने वाली धारणाओं और भावनाओं के फलस्वरूप व्यक्ति के स्वयं के कोई विचार नहीं रह जाते। कार्ल मार्क्स (Karl Marx, 1818–1883) की विचारधारा ने भी ज्ञान के समाजशास्त्र के क्षेत्र को समृद्ध किया। वर्नर स्टार्क (Werner Stark) ने इस विचारधारा के समर्थकों के कार्यों की एक उत्तम विवेचना की है। मोटे रूप में यह कहा जा सकता है कि मार्क्सवादी विचारक विभिन्न वर्गों के आधार पर ज्ञान के स्तरों और प्रकारों में भेद मानते हैं। ब्रिटिश समाजशास्त्री कार्ल मैनहाइम (Karl Mannheim) ने ज्ञान के समाजशास्त्र में महान् योगदान दिया। उन्होंने ज्ञान के समाजशास्त्र से सम्बद्ध विचारधाराओं का विशुद्ध विश्लेषण किया है। वे मूलतः मार्क्सवादी विचार को आदर्श मानते हैं। वे केवल उसी विचार को स्वीकार करते हैं, जो व्यक्ति को उसके वर्तमान के साथ सामंजस्य करने में योगदान देता है।

sociology of politics (सोसि 'ऑलजि ऑव् 'पालिटिक्स्) **राजनीति का समाजशास्त्र** : राजनीतिक समाजशास्त्र स्पष्ट रूप से समाजशास्त्र का एक उपक्षेत्र है। यह राजनीति का समाजशास्त्रीय मूल्यांकन है, अर्थात् यह राजनीतिक तथ्यों को आश्रित चर मानता है और उसके अन्तर्गत सामाजिक तथ्यों को व्याख्यात्मक चर मानता है। इसकी मूल मान्यता यह है कि मानव केवल एक राजनीतिक प्राणी ही नहीं है, बल्कि एक सामाजिक प्राणी भी है। इसकी राजनीतिक क्रियाओं के अतिरिक्त इसका एक अराजनीतिक क्रिया क्षेत्र भी है और पहला दूसरे से नितान्त असम्बद्ध नहीं है, बल्कि वास्तव में दूसरे के प्रभाव को पूरी तरह समझे बिना पहले को नहीं समझा जा सकता है। राजनीतिक समाजशास्त्र को राजनीतिक व्यवस्था को प्रभावित करने वाले सामाजिक कारकों का अध्ययन ही नहीं माना जाना चाहिए; क्योंकि राजनीतिक संस्थाएँ भी स्वतन्त्र सामाजिक संरचनाओं की भाँति कई बार कार्य करती हैं।

sociology of religion (सोसि'ऑलजि ऑव् रि'लिजन्) **धर्म का समाजशास्त्र** : समाजशास्त्र की वह शाखा जो धार्मिक संस्थाओं एवं धार्मिक घटनाओं का समाजशास्त्रीय विश्लेषण करती है। इसका सम्बन्ध उन अलौकिक विश्वासों की सार्थकता या सत्य से नहीं होता है, जिन पर धर्म आधारित होता है। प्रमुख सम्बन्ध ऐसे विश्वासों के प्रभाव से होता है, जो मनुष्यों के ऐतिहासिक अनुभव और समुदायों के विकास में समाविष्ट होता है। धर्म के समाजशास्त्र के प्रमुख विचारक फ्रांसीसी समाजशास्त्री एमिल डर्कहाइम (Émile Durkheim, 1858–1917, इस व्यक्ति के नाम का शुद्ध उच्चारण मात्र एमिल डर्कहाइम है) रहे हैं। **The Elementary Forms of the Religious Life** (1912) में उन्होंने बतलाया है कि किस प्रकार धर्म सामाजिक विश्वासों, रीति-रिवाज़ों तथा परम्पराओं का सामूहिक प्रतिनिधित्व करने वाला प्रतीक होता है। धार्मिक रीति-रिवाज़ समाज की महत्त्वपूर्ण स्थिति को प्रकट करते हैं। एमिल डर्कहाइम, मानवशास्त्री रैडक्लिफ़-ब्राउन (A.R. Radcliffe-Brown, 1881–1955) एवं बी. मैलनॉफस्की (Bronislaw K. Malinowski, 1884–1942) आदि ने प्रकार्यात्मक विचारधारा को जन्म दिया। यह विचारधारा इस बात पर ज़ोर देती है कि धर्म संस्कृति की व्यवस्था को क्या देता है। जर्मन समाजशास्त्री मैक्स वेबर (Max Weber, 1864–1920) ने **The Protestant Ethic and the Spirit of Capitalism** (1930) में बताया है कि धर्म का आर्थिक विकास से गहरा सम्बन्ध है। उनके अनुसार हिन्दू धर्म व्यक्तियों को अधिक आर्थिक उत्पादन करने से हतोत्साहित करता था, जबकि प्रोटेस्टैण्ट धर्म आर्थिक विकास को प्रोत्साहित करता है। एमिल डर्कहाइम (Émile Durkheim, 1858–1917), किंगज्ली डेविस (Kingsley Davis, 1908–1997, हिन्दी में शुद्ध उच्चारण मात्र किंगज्ली डेविस है) के धर्म के

सिद्धान्त को अस्वीकार करते हैं। उनके अनुसार पवित्र पदार्थ या वस्तुएँ समाज के प्रतीक होने के स्थान पर अदृश्य संसार के प्रतीक होते हैं। जे. मिल्टन (J. Milton) ने प्रकार्यात्मक सिद्धान्त की सीमाएँ बताते हुए कहा है कि धर्म गड़बड़ी और क्रान्ति उत्पन्न करने वाला कारक हो सकता है। इस्लाम इसका एक उदाहरण है। आधुनिक उथल-पुथल के युग में धर्म वह कार्य नहीं कर सकता, जो वह आदिम जातियों, पिछड़े समुदायों या परम्परागत समुदायों में करता रहा है। धार्मिक समाजविज्ञान में धर्म का सम्बन्ध विविध सामाजिक संस्थाओं से होता है तथा धर्म के प्रचारकों, पुरोहितों, धर्मावलम्बियों के कार्यों तथा स्थिति का अध्ययन होता है।

sociology of sociology (सोसि'ऑलजि ऑव् सोसि'ऑलजि) **समाजशास्त्र का समाजशास्त्र** : समाजशास्त्री समाजशास्त्र को एक सामाजिक घटना मानते हैं। एक घटना के रूप में समाजशास्त्र क्या है, इस प्रश्न का उत्तर ही समाजशास्त्र का समाजशास्त्र है। मूलतः समाजशास्त्र समाज के अस्तित्व का सम्पूर्ण सार है। एक घटना के रूप में समाजशास्त्र का जन्म भी अकारण नहीं हुआ, अपितु कुछ विशिष्ट परिस्थितियों ने समाजशास्त्र के उद्‌भव में महत्त्वपूर्ण भूमिका अदा की है। समाजशास्त्री सामाजिक समस्याओं को किस प्रकार देखते हैं या उनका विश्लेषण करते हैं, यह विषय-वस्तु समाजशास्त्र का समाजशास्त्र है।

squatter settlement ('स्क्वॉट्र 'सेटल्मन्ट) **अनधिकृत बस्ती, अस्थायी झोपड़ नगर** : सरकारी अथवा ग़ैर-सरकारी क्षेत्रों में व्यक्तियों अथवा समूहों द्वारा रहने के लिए बनाये गये अनधिकृत आवासीय क्षेत्र। ऐसे आवासीय क्षेत्र बहुधा शहरों में मिलते हैं। यहाँ निवास करने वाले लोगों को कोई वैधानिक अधिकार प्राप्त नहीं होता। बड़े शहरों में निर्माण में लगे या कारखानों में काम करने के इच्छुक मज़दूर व कारीगर अनधिकृत ढँग से झोपड़ी बनाकर ऐसी जगहों में निवास करते हैं। इस प्रकार के क्षेत्रों में जनजीवन का स्तर बहुत नीचा होता है और इनकी अनेक मानवीय समस्याएँ होती हैं। इनकी अपनी आर्थिक व सामाजिक समस्याएँ भी नगर के शेष विकसित इलाकों से भिन्न प्रकार की होती हैं। ये बस्तियाँ मूलरूप से तीन प्रकार की होती हैं– (1) शरणार्थियों का आश्रयस्थल (2) ऐसे लोगों का आवास, जिनकी सामाजिक और आर्थिक दिलचस्पी अन्यत्र होती है और (3) विकृत शहरी क्षेत्र।

stateless society ('स्टेट्लिस् स'साइअटि) **राज्यविहीन समाज** : ऐसा समाज जिसमें सरकार नाम की कोई संस्था नहीं रहती है। प्राचीनकाल में इस प्रकार के समाज पाये जाते थे; क्योंकि उस काल में राज्य का विकास नहीं हो पाया था। लेकिन, आज इस प्रकार के समाज की कल्पना शायद संभव नहीं है। यह साम्यवादियों की कोरी कल्पनामात्र ही हो सकती है।

station ('स्टेश्न्) **हैसियत, स्थिति-संकुल** : किंगज्ली डेविस (Kingsley Davis, 1908–1997, हिन्दी में शुद्ध उच्चारण मात्र किंगज्ली डेविस है) ने व्यक्ति की सामान स्थिति को इंगित करने के लिए 'स्टेशन' (Station) शब्द का प्रयोग किया है। स्टेशन अथवा हैसियत व्यक्ति की सामान सामाजिक स्थिति की द्योतक एक विशिष्ट अवधारणा है, जो समाज में व्यक्ति के स्तर अथवा स्थान को प्रकट करती है। इस सामान स्थिति के आधार पर ही समाज की स्तरण व्यवस्था में व्यक्ति के स्थान, अर्थात् हैसियत का पता चलता है। मार्शल ने व्यक्ति की सामान स्थिति को इंगित करने के लिए 'स्टेशन' के स्थान पर 'स्टैंडिंग' (Standing) शब्द के प्रयोग का सुझाव दिया है। किंगज्ली डेविस ने कहा है कि एक व्यक्ति समाज में केवल एक ही स्थिति या ऑफिस ग्रहण नहीं करता है वरन् अनेक स्थितियाँ एवं ऑफिस प्राप्त करता है। व्यक्ति द्वारा प्राप्त इन विभिन्न स्थितियों एवं ऑफिसों के योग को स्थिति-संकुल कहते हैं। अतः स्थिति-संकुल अनेक स्थितियों एवं ऑफिसों का एक गुच्छा है, जिस पर किसी व्यक्ति का अधिकार होता है और जिसे सार्वजनिक मान्यता प्राप्त होती है।

status attainment, status-attainment theory ('स्टेटस् अ'टेन्मन्ट्, 'स्टेटस् अ'टेन्मन्ट् 'थिअरि) **स्थिति प्राप्ति, स्थिति प्राप्ति सिद्धान्त** : स्थिति प्राप्ति सम्बन्धी विचार इस तर्क पर आधारित है कि सामाजिक विषमता, शिक्षा,

व्यवसाय और मानसिक क्षमता सम्बन्धी वैयक्तिक भिन्नताओं का परिणाम है। जो लोग इस विचारधारा को मानते हैं, वे यह भी कहते हैं कि प्रजाति, लिंग, नृजाति एवं वर्ग सम्बन्धी विषमता वैयक्तिक क्षमताओं में अन्तर का परिणाम है। शायद यही कारण है कि गोरे लोग काले लोगों से ज़्यादा योग्य, पुरुष नारी से ज़्यादा बेहतर और उच्चवर्ग के लोग निम्नवर्ग के लोगों से ज़्यादा सक्षम और कुशल माने जाते हैं।

status crystallization ('स्टेटस् क्रिस्टलाइज़ेशन्) **स्थिति क्रिस्टलीकरण :** अमरीकी समाजशास्त्री जी. लेनस्की (Gerhard Lenski) द्वारा प्रयोग की गयी एक अवधारणा, जिसके अनुसार यह माना जाता है कि विशेष स्थितियों में असंगति, स्थिति अस्पष्टता की ओर अग्रसर करती है और यह स्थिति बाद में सामाजिक तनाव उत्पन्न करती है। बाद में, जॉर्ज सी. होमैन्स (George C. Homans, 1910–1989) जैसे लेखकों ने इस अवधारणा और स्थिति, एकीकरण को 'सापेक्ष वंचन' (**Relative deprivation**) और 'सन्दर्भ-समूह' (**Reference group**) की अवधारणाओं के साथ जोड़कर सामाजिक न्याय सम्बन्धी चर्चा में बृहत् सार्थकता प्रकट की है।

status frustration ('स्टेटस् फ़्र'स्ट्रेशन्) **स्थिति कुण्ठा** या **हताशा :** एक अवधारणा जिसका प्रयोग अल्बर्ट कोइन (Albert Cohen) ने अपनी पुस्तक **Delinquent Boys** (1956) में किया। उन्होंने बताया कि श्रमिक वर्ग में पुरुष अपचारिता मध्यमवर्ग की सफलता के मूल्यों के प्रति प्रतिक्रिया के फलस्वरूप उत्पन्न होती है, जैसा कि हमें स्कूल के परिवेश में देखने को मिलता है। अपचारी बालकों को स्थिति सम्बन्धी कुण्ठा या हताशा अनुभव होती है, अतः वे अपचारी संस्कृति की रचना करने के लिए स्कूल के मध्यम वर्गीय मूल्यों को उल्टा कर देते हैं।

status group ('स्टेटस् ग्रूप्) **स्थिति समूह, हैसियत समूह :** मैक्स वेबर (Max Weber, 1864–1920) ने वर्ग से भिन्न स्थिति समूह की चर्चा की है। उनका कहना है कि समाज में स्तरीकरण सिर्फ वर्ग के आधार पर नहीं किया जा सकता है, बल्कि स्थिति समूह के आधार पर भी यह संभव है, जैसे– भारतीय समाज में जाति के आधार पर स्तरण किया जाता है, जो कोई वर्ग नहीं है। उन्होंने जाति को एक स्थिति समूह की संज्ञा दी है। आमतौर पर स्थिति समूह के सदस्यों की सामाजिक हैसियत तथा उनकी जीवन-शैली प्रायः एक-जैसी होती है।

status sequence ('स्टेटस् 'सीक्वन्स्) **स्थिति-क्रम :** एक व्यक्ति द्वारा उत्तरोत्तर क्रम में धारण की गयी स्थितियों की श्रृंखला को स्थिति-क्रम कहते हैं। एक व्यक्ति अपने जीवन-काल में एक के बाद एक अनेक स्थितियाँ धारण करता चला जाता है, यह प्रक्रिया ही स्थिति-क्रम की द्योतक है, जैसे– बालक, युवा, प्रौढ़ तथा वृद्ध की स्थितियाँ एक के बाद एक चलती रहती हैं। इसी प्रकार चिकित्साशास्त्र का कोई विद्यार्थी इन्टर्न, रेजीडेण्ट, रजिस्ट्रार तथा स्वतन्त्र चिकित्सक की स्थितियाँ उत्तरोत्तर ग्रहण करता चला जाता है। इस अवधारणा की रचना रॉबर्ट के. मर्टन (Robert K. Merton, 1910–2003) ने की है।

status set ('स्टेटस् सेट्) **स्थिति-समुच्चय :** एक व्यक्ति की एक से अधिक स्थितियाँ सम्भव है। कोई व्यक्ति एक स्थिति में किसी का पुत्र है, तो दूसरी स्थिति में वह किसी का पति भी। वही व्यक्ति कहीं शिक्षक है, तो कहीं पुजारी भी। जब एक व्यक्ति के साथ एक से अधिक स्थितियाँ जुड़ी होती हैं, तो उसे स्थिति सेट या समुच्चय कहते हैं।

status symbol ('स्टेटस् 'सिम्बल्) **प्रतिष्ठा-प्रतीक :** ऐसी वस्तुएँ और व्यवहार जो आज के उपभोक्तावादी समाज में ऊँची हैसियत और सम्पन्नता के प्रतीक समझे जाते हैं, जैसे कि बंगला, गाड़ी, फोन, मोबाइल, टेलीविजन, वीडियो रिकार्डर, कम्प्यूटर, नौकर-चाकर, बड़ी-बड़ी पार्टियों का आयोजन आदि। जो इन वस्तुओं का जितना अधिक प्रदर्शन करता है, लोगों की नज़रों में उसकी प्रतिष्ठा उतनी ही बढ़ जाती है।

stereotype ('स्टेरिअटाइप) **रूढ़िबद्ध धारणा, रूढ़धारणा :** ऐसा लोक-विश्वास, समूह स्वीकृत कोई अचल विचार या भावना जो सामान्यतः शाब्दिक तथा संवेगयुक्त होती है, रूढ़धारणा कहलाती है। इन विचारों, विश्वासों या भावनाओं का आधार तर्कपूर्ण चिन्तन नहीं होता। अतः इनकी वस्तुनिष्ठता के आधार पर जाँच करना कठिन होता है। साधारणतः

हम बनी-बनायी धारणाओं को तर्कहीन रीति से ग्रहण कर लेते हैं। बहुधा हम लोगों से यह कहते-सुनते हैं कि 'मारवाड़ी भारत के यहूदी हैं', 'यहूदी बड़े चालाक व चतुर होते हैं' या 'कायस्थ का बच्चा कभी न सच्चा' आदि-आदि। ये जुमले रूढ़धारणाओं के ही कुछ उदाहरण हैं। इन विचारों या विश्वासों का निर्माण सामाजिक सम्पर्क तथा संस्कृति के प्रभाव के फलस्वरूप होता है। रूढ़धारणाएँ एक व्यक्ति को किसी अन्य व्यक्ति अथवा समूह के प्रतिकूल दृष्टिकोण अपनाने के लिए बाध्य करती हैं।

structural aspect of social systems ('स्ट्रक्चर्‌ल 'ऐसपेक्ट् ऑव़् 'सोश्‌ल् सिस्'टम्स्) **सामाजिक व्यवस्था के संरचनात्मक पहलू :** टैलकॉट पार्सन्स (Talcott Parsons) एवं रॉबर्ट के. मर्टन (Robert K. Merton) के विचारों को ध्यान में रखकर एच.एम. जॉनसन (H. M. Johnson) ने बताया है कि जब कभी भी हम संरचना की बात करते हैं, तो इससे यही बोध होता है कि संरचना के अन्तर्गत विभिन्न तत्त्व होते हैं और उन तत्त्वों के बीच एक स्थायी सम्बन्ध होता है; क्योंकि स्थायित्व के अभाव में सामाजिक व्यवस्था की संरचना और उसके प्रकार्यों को खतरा है। समाज जिन तत्त्वों के मिलने से बना है, उन तत्त्वों के बीच सम्बन्ध स्थायी होते हैं। उन तत्त्वों का स्वरूप भी सापेक्ष रूप से काफी स्थायी होता है। सामाजिक व्यवस्था का निर्माण किन-किन चीज़ों से होता है, इसे जॉनसन ने टैलकॉट पार्सन्स एवं रॉबर्ट के. मर्टन के विचारों को ध्यान में रखकर निम्न ढँग से प्रस्तुत किया है, जिसे सामाजिक संरचना के तत्त्व (Elements or components of social structure) के नाम से जाना जाता है– (1) विभिन्न प्रकार के छोटे सामाजिक समूह (Sub-groups of various types), (2) भूमिका (Roles), (3) नियामक मानदण्ड (Regulative norms) एवं (4) सांस्कृतिक मूल्य (Cultural values)।

structural assimilation ('स्ट्रक्चर्‌ल असि'मिलेश्‌न्) **संरचनात्मक आत्मसात्करण :** ऐसी प्रक्रिया जिसके अन्तर्गत विभिन्न प्रजाति एवं नृजाति समूह के लोग विभिन्न सामाजिक एवं सांस्कृतिक कार्य-कलापों में स्पष्ट रूप से हिस्सा लेकर एक-दूसरे के साथ सहयोग करते हैं। इस प्रक्रिया को वैवाहिक सम्बन्धों के द्वारा अधिकतम बढ़ावा मिलता है। यह सामाजिक सौहार्द एवं राष्ट्रीय एकता के लिए आवश्यक है।

structural breakdown ('स्ट्रक्चर्‌ल ब्रे'कडाउन) **संरचनात्मक विगठन :** इस संकल्पना का प्रयोग टैलकॉट पार्सन्स (Talcott Parsons) ने किया है जिसका मतलब है– एक ऐसी कठोर प्रणाली, जिसके अन्तर्गत सामाजिक रूपान्तरण का प्रतिरोध करने या उसमें बाधा डालने के लिए प्रयास किया जाता है और जिसके फलस्वरूप सामाजिक ढाँचे में खराबी उत्पन्न होती है। प्रणालीजन्य कठोरता के विरुद्ध लोगों द्वारा सामूहिक प्रयास के रूप में उठाए गये कदमों को मार्क्सवादियों ने 'क्रान्ति' की संज्ञा दी है।

structural-functional method or **approach** ('स्ट्रक्चर्‌ल 'फ़ॅन्क्शन्‌ल मे'थॅड ऑर् अ'प्रोच) **संरचनात्मक प्रकार्यात्मक विधि** या **दृष्टिकोण :** प्रकार्यवादी पद्धति का विकास विकासवादी पद्धति के विरोध में हुआ है। यह विकासवादियों के इस दावे को मानने को तैयार नहीं है कि मानवजाति के पूरे सामाजिक इतिहास की एक साथ वैज्ञानिक व्याख्या की जा सकती है। सामाजिक प्रकार्य (Social function) की धारणा का प्रयोग 19वीं शताब्दी में होने लगा था। फ्रांसीसी समाजशास्त्री एमिल डर्कहाइम ने सबसे पहले प्रकार्य की सुनिश्चित परिभाषा दी। प्रकार्यात्मक दृष्टिकोण के अन्तर्गत हम वर्तमान का अध्ययन करते हैं; क्योंकि किसी भी घटना के प्रभावों का आनुभविक प्रमाण (Empirical evidence) तभी संभव है, जब घटना या वस्तु विद्यमान हो। इसी दृष्टिकोण से यह दृष्टिकोण अधिक वैज्ञानिक हो सकता है एवं विभिन्न पद्धतियों का उपयोग अधिक आसानी से कर सकता है। मानवशास्त्रियों में रेंडक्लिफ-ब्राउन (A.R. Radcliffe-Brown, 1881–1955) एवं बी. मैलनॉफस्की (Bronislaw K. Malinowski, 1884–1942) के नाम तथा समाजशास्त्रियों में मर्टन और पार्सन्स के नाम इस दृष्टिकोण के सम्बन्ध में उल्लेखनीय हैं। इस दृष्टिकोण को मानने वाले समाजशास्त्री यही विश्लेषण करने की कोशिश करते हैं कि किस प्रकार किसी सामाजिक संरचना की विभिन्न इकाई अपने प्रकार्यों के माध्यम से संरचना को बनाये रखने में मदद करती हैं।

structural functionalism ('स्ट्रक्चरल 'फ़ॅन्क्शन्लिज़म्) **संरचनात्मक प्रकार्यवाद** : अध्ययन का एक ऐसा प्रतिरूप जिसमें समाज का विश्लेषण परम्परागत परिपाटियों एवं सामाजिक संस्थाओं की संरचना एवं प्रकार्यों के आधार पर किया जाता है। मानवशास्त्र में रेडक्लिफ-ब्राउन (A.R. Radcliffe-Brown, 1881–1955), बी. मैलनॉफस्की (Bronislaw K. Malinowski, 1884–1942, हिन्दी में इस नाम का शुद्ध उच्चारण यही है), मैसूर नरसिम्हाचार श्रीनिवास (M.N. Srinivas, 1916–1999) आदि के द्वारा किया गया अध्ययन तथा समाजशास्त्र में एमिल डर्कहाइम (Émile Durkheim, 1858–1917), टैलकॉट पार्सन्स (Talcott Parsons, 1902–1979) एवं रॉबर्ट के. मर्टन (Robert K. Merton, 1910–2003) जैसे विद्वानों के द्वारा किये गये शोध का प्रमुख आधार संरचनात्मक प्रकार्यवाद रहा है।

structural groups ('स्ट्रक्चरल ग्रूप्स्) **संरचनात्मक समूह** : समाज में कुछ ऐसे भी समूह होते हैं, जो स्वतः धीरे-धीरे विकसित होते हैं। ऐसे समूह योजनाबद्ध तरीके से विकसित नहीं होते हैं। इसमें एक किस्म की ऐसी व्यवस्था पायी जाती है, जिसे समाजशास्त्रीय भाषा में संरचना कहा जा सकता है, जैसे– परिवार, जाति, जनजाति, गोत्र या वंश, राज्य आदि।

structural lag ('स्ट्रक्चरल लैग) **संरचनात्मक पश्चता** : संरचनात्मक पश्चता की स्थिति तब उत्पन्न होती है, जब समाज के विभिन्न संरचनात्मक तत्त्वों में समान गति से परिवर्तन नहीं होता है। समाज में ऐसा अक्सर देखने को मिलता है कि समाज में कुछ तत्त्व दूसरे तत्त्वों की तुलना में शीघ्र ही कुछ ज़्यादा बदल जाते हैं, उदाहरणस्वरूप– जनसंख्या में तेजी से वृद्धि होने के परिणामस्वरूप पढ़े-लिखे लोगों की, देश के अन्तर्गत मौजूद नियोजकों की ज़रूरत से कहीं ज़्यादा संख्या बढ़ जाती है। भारत में बेकारी की समस्या संरचनात्मक पश्चता का परिणाम है।

structural quasi-groups ('स्ट्रक्चरल 'क्वाज़ इ ग्रूप्स्) **संरचित अर्द्ध-समूह** : कुछ समूह ऐसे होते हैं, जिनमें स्पष्ट आन्तरिक व्यवस्था नहीं दिखाई पड़ती है। इसका स्वरूप अर्द्ध-समूह जैसा होता है। लेकिन, समूह के सदस्यों के बीच एक तरह की सम्बद्धता होती है। समुदाय, राष्ट्र, वर्ग ये सभी इसके उदाहरण हैं।

structural strain theory ('स्ट्रक्चरल स्ट्रेन् 'थिअरि) **संरचनात्मक तनाव-सिद्धान्त** : इसका सरल अर्थ है संरचनात्मक तनाव की व्याख्या सम्बन्धी सिद्धान्त। जब व्यक्ति को उसकी अपेक्षाओं के अनुरूप नहीं मिल पाता, तब वह अपने आस-पास की घटनाओं की व्याख्या के लिए अतार्किक विश्वासों का प्रयोग करता है। एन.जे. स्मेलसर (Neil J. Smelser) ने इसी तथ्य को आधार बनाते हुए लिखा है कि समाज में विरोधाभास, संघर्ष और तनावों से चिन्ताएँ और अनिश्चितता की स्थिति उत्पन्न होती है और व्यक्ति इस स्थिति से मुक्ति चाहता है। सामाजिक आन्दोलनों की व्याख्या के लिए कुछ-एक समाजशास्त्रियों ने इस सिद्धान्त का प्रयोग किया है।

structuralism ('स्ट्रक्चर्लिज़म्) **संरचनावाद** : संरचनावाद का उदय फ्रांस में हुआ। इस दृष्टिकोण के मुख्य प्रवर्तक मानवशास्त्री क्लॉड लिवी-स्ट्रॉस (Claude Lévi-Strauss, 1908–2009) हैं। लेकिन, सिद्धान्त की पृष्ठभूमि में सबसे प्रमुख योगदान स्वीटज़रलैण्ड के भाषाविद् फर्डिनंड सावस्योर (Ferdinand de Saussure, 1857–1913) का है। मानवशास्त्र के क्षेत्र में यह बहुत ही प्रमुख दृष्टिकोण है। चूँकि लिवी-स्ट्रॉस की कृतियों को समझना काफी कठिन है, इसलिए उनका यह दृष्टिकोण उतना प्रचलित नहीं हो सका। इसके अन्तर्गत मानवसमाज के सार्वभौमिक तत्त्वों की खोज की चेष्टा की जाती है। इस दृष्टिकोण की उत्पत्ति भाषा के अध्ययन से हुई है। यह संचार (**Communication**) एवं संस्कृति को बारीकी से समझने के लिए काफी उपयोगी है, पर व्यावहारिक सामाजिक समस्याओं के अध्ययन में इसकी उपयोगिता बहुत कम है। इस सम्प्रदाय का बौद्धिक विकास मार्क्सवाद, मनोविज्ञान, प्रकार्यवाद तथा भाषाविज्ञान के प्रभाव के अन्तर्गत हुआ। संरचनावाद में उपर्युक्त चारों सम्प्रदायों के बीच एक समन्वय खोजते हुए एक नयी विचारधारा का विकास किया गया, जिसको आगे चलकर मार्क्सवादी दार्शनिक लुइ अल्थ्युसर् (Louis Althusser, 1918–90, इस व्यक्ति के नाम का शुद्ध उच्चारण मात्र लुइ अल्थ्युसर् है) ने भी स्वीकार किया। संरचनावाद का

उद्देश्य समाज के सार्वभौमिक तत्त्व का पता लगाना है। टैलकॉट पार्सन्स (Talcott Parsons, 1902–1979) का मानना था कि समाज में स्थिरता तथा एकता सामाजिक मूल्यों और प्रतिमानों पर बना रहता है, लेकिन क्लॉड लिवी-स्ट्रॉस यह पता लगाना चाहते हैं कि वे कौन-से ऐसे तत्त्व हैं, जिनके कारण व्यक्ति की चेतना स्थिर रहती है। संरचनावाद की निम्न विशेषताएँ हैं– यह सामाजिक चेतना पर ध्यान केन्द्रित करता है तथा व्यक्तिगत चेतना की उपेक्षा करता है, यह संरचना के अन्तर्गत विरोधाभास का पता लगाना चाहता है, यह सामाजिक जटिलता को कुछ संरचनात्मक सिद्धान्त के रूप में प्रस्तुत करता है, यह अचेतन स्थिति का पता लगाकर उसके सिद्धान्तों को उजागर करता है, यह सामाजिक संरचना पर बल देता है तथा व्यक्ति के जीवन के इतिहास को नकारता है, यह सामाजिक संरचना पर ज़ोर देता है तथा सामाजिक प्रक्रिया की उपेक्षा करता है। लिवी-स्ट्रॉस यह विश्लेषण करना चाहते हैं कि उन सामाजिक सम्बन्धों के पीछे व्यक्ति द्वारा दिये गये अर्थ तथा विचारधारा क्या है। अत: लिवी-स्ट्रॉस के अनुसार दो तरह के सिद्धान्त पाये जाते हैं– ऊपरी सतह जिसका विकास अनुभववादी सिद्धान्तकारों ने किया है तथा छिपी हुई सतह जिसका विकास सिगमण्ड फ्रॉयड (Sigmund Freud, 1856–1939) ने किया। लिवी-स्ट्रॉस, फ्रॉयड के सिद्धान्त को मानते हुए विचारधारा को समझना चाहते हैं। संरचनावादी मनोविज्ञान का विचारबिन्दु मानसिक अवस्थाओं और विषय-वस्तुओं की व्यवस्था और मिश्रण है; इस सम्प्रदाय में विषय नहीं रहता है। संरचनावादी मनोविज्ञान (**Structural Psychology**) के अध्ययन की मुख्य योजना निम्न है– (1) चेतन प्रक्रियाओं का मूल तत्त्वों में विश्लेषण; (2) मूलतत्त्वों के निश्चयन की शैली; (3) मूलतत्त्वों के सम्बन्धों के नियमों का निश्चयन।

structuration (स्ट्रक्च'रेशन्) **संरचनाकरण :** इस अवधारणा का ईजाद ब्रिटिश समाजशास्त्री एन्थनी गिडेन्स (Anthony Giddens, b.1938–) ने किया है । संरचनाकरण सिद्धान्त वास्तव में एक सामाजिक सत्तामीमांसा **(Social ontology)** है। संरचनाकरण निर्माण की एक निरन्तर प्रक्रिया है। यह संरचना के बनाने की एक प्रक्रिया है और इस निर्माण की प्रक्रिया में व्यक्तिगत क्रिया की महत्त्वपूर्ण भूमिका होती है। गिडेन्स ने कहा है कि किसी संरचना का निर्माण मनुष्यों द्वारा होता है, किन्तु यही संरचना बाद में मनुष्य की क्रियाओं को निर्धारित करने के साथ-साथ उन क्रियाओं को संभव भी बनाती है। इस प्रकार एन्थनी गिडेन्स ने संरचनाकरण सिद्धान्त में संरचना की नियन्त्रणकारी शक्ति और कर्त्ता की क्रियाओं की स्वतन्त्रता की महत्ता को स्वीकारते हुए इनका समन्वय करने की कोशिश की है। उन्होंने कहा है कि सामाजिक संरचना भौतिक संरचना, जैसे किसी मकान की संरचना, के समान नहीं होती। इनका अस्तित्व मानवीय क्रियाओं से स्वतन्त्र नहीं होता है। सामाजिक संरचनाएँ प्रत्येक क्षण उन्हीं संघटक इकाइयों से बनती रहती हैं, जिनके द्वारा वे बनी हुई हैं, अर्थात् मेरे और आप जैसे मानवप्राणी जिनसे सामाजिक संरचनाएँ बनी हुई हैं, वे ही इसे निरन्तर बनाते रहते हैं। इसे नया रूपाकार देते हैं। भौतिक संरचना (भवन, सड़क आदि) के निर्माण के बाद जिस प्रकार निर्माण प्रक्रिया बन्द हो जाती है, उस प्रकार सामाजिक संरचना की निर्माण प्रक्रिया बन्द नहीं होती, अपितु वह सतत चलती रहती है। भौतिक संरचना के निर्माण की प्रक्रिया में संरचना को मानवीय क्रिया से अलग एक बाह्य वस्तु के रूप में देखा जाता है और उसे कर्त्ता की स्वतन्त्र पहल के बिना एक बाह्यता के रूप में माना जाता है। गिडेन्स ने कहा है कि सामाजिक संरचनाएँ सामाजिक कर्त्ताओं से बाहर की वस्तु नहीं होती, अपितु ये तो वे नियम एवं संसाधन हैं, जो स्वयं कर्त्ताओं द्वारा अपने व्यवहार के दौरान निर्मित एवं पुनर्निर्मित किये जाते हैं। स्वयं संरचनाओं का दोहरा चरित्र होता है, अर्थात् वे माध्य और व्यवहार दोनों के परिणाम होती हैं, जिसके द्वारा सामाजिक प्रणाली की रचना होती है। साधारण शब्दों में संरचना का अर्थ गिडेन्स के अनुसार उन नियमों और संसाधनों से है, जिन्हें कर्त्तागण अपनी क्रियाओं से संचालित करते हैं। किन्तु साथ ही इनका निर्माण (नियम तथा संसाधन) भी उनकी इन्हीं क्रियाओं से होता है और इस प्रकार समय और स्थान के परे सामाजिक प्रणाली की निरन्तरता बनी रहती है। गिडेन्स के संरचनाकरण सिद्धान्त के उपर्युक्त वर्णन को निम्न बिन्दुओं के आधार पर संक्षिप्त रूप में देखा जा सकता है– (1) सामाजिक संरचना भौतिक संरचना के समान नहीं होती है, जैसा कि संरचनावादियों एवं प्रकार्यवादियों ने इसे दृश्यगत प्रतिमा के रूप में माना है, (2) संरचना (सामाजिक संरचना) उन व्यक्तियों से बाहर की कोई वस्तु नहीं

होती, जिनके द्वारा इसकी रचना होती है, (3) संरचना को बाह्यता के रूप में नहीं माना जाता है, (4) संरचना की द्वयात्मकता इस सिद्धान्त की आत्मा है, जो इस तथ्य पर ज़ोर देती है कि कर्त्तागण और संरचनाएँ दो अलग-अलग स्वतन्त्र घटना समूह नहीं हैं। उनकी स्थिति द्वैतवाद की नहीं, अपितु द्वयात्मकता (परस्पर निर्भरता) को प्रकट करती है, (5) संरचनाएँ नियमों और संसाधनों के निरन्तर बनने वाले समूह हैं, जिनका निर्माण और पुनर्निर्माण स्थान और समय के परे सुविज्ञ कर्त्ताओं के सामाजिक जीवन के रोज़मर्रा के व्यवहारों द्वारा होता है, (6) संरचना का कर्त्तागणों के ज्ञान से स्वतन्त्र कोई अस्तित्व नहीं होता। कर्त्तागणों को यह ज्ञान रहता है कि वे क्या कर रहे हैं। इस अवधारणा के सन्दर्भ में एन्थनी गिडेन्स की कृतियाँ इस प्रकार हैं।

structure (ˈस्ट्रक्चर्) **संरचना :** संरचना विभिन्न भागों के जोड़ की व्यवस्था का नामकरण है। उन्नीसवीं शताब्दी में इस शब्द का यही प्रचलित अर्थ था, जबकि मनोविज्ञान में भौतिक विज्ञानों की तरह परमाणु या तत्त्ववादी स्वरूप का था। बीसवीं शताब्दी में गस्टाल्ट मनोवैज्ञानिकों (**Gestalt psychologists**) ने, जो तत्त्ववाद के विरोधी थे, मनोविज्ञान का जिस अर्थ में प्रयोग किया, वह उन संगठित इकाइयों का संकेत करता है, जो स्थिति एवं कार्य-विषयक अन्योन्याश्रितता के दृष्टिकोण से अनुभव की इकाइयों का निर्माण करते हैं। बीसवीं शताब्दी में संरचना शब्द सम्पूर्ण व्यक्तित्व की इकाई के लिए प्रयुक्त हुआ।

structure of social action (ˈस्ट्रक्चर् ऑव् ˈसोशल् ˈऐक्शन्) **सामाजिक क्रिया की संरचना :** इसके प्रमुख तत्त्व इस प्रकार हैं– (1) कर्त्ता या किरदार (**Actor**)– सामाजिक क्रिया के अन्तर्गत कम-से-कम दो व्यक्तियों का होना अनिवार्य है। कर्त्ता को **Ego** और जिसके सन्दर्भ में कर्त्ता किसी क्रिया में भाग लेता है, उसे टैलकॉट पार्सन्स (Talcott Parsons) ने **Alter** कहा है; (2) कर्त्ता किसी उद्देश्यवश कोई कार्य करता है। उसके सामने एक साथ एक से अधिक उद्देश्य हो सकते हैं; (3) कर्त्ता के सामने किसी उद्देश्य को प्राप्त करने के लिए एक से अधिक विकल्प हो सकते हैं; (4) कोई कर्त्ता किसी उद्देश्य की प्राप्ति के लिए किस प्रकार का व्यवहार करेगा, यह इस पर निर्भर करता है कि कर्त्ता के सामने कैसी परिस्थिति है।

sub-caste endogamy (ˈसब्कास्ट् एन् ˈडॉगमि) **उपजाति अन्तर्विवाह :** ब्राह्मणों में अनेक उपजातियाँ है, जैसे– सरयूपारीन, कान्यकुब्ज, गौड़ ब्राह्मण आदि। ये उपजातियाँ अपनी ही उपजाति के अन्तर्गत विवाह करना ठीक समझती हैं। इसे उपजातीय अन्तर्विवाह कहते हैं।

sub-culture (सब् ˈकल्चॅर्) **उपसंस्कृति :** प्रत्येक बृहत् संस्कृति के अन्तर्गत कुछ छोटी-छोटी उपसंस्कृतियाँ होती हैं, जैसे– भारत में बंगाली संस्कृति, तमिल संस्कृति, पंजाबी संस्कृति, गुजराती संस्कृति आदि कई उपसंस्कृतियाँ मौजूद हैं। ये सभी छोटी-छोटी संस्कृतियाँ बृहत् भारतीय संस्कृति की पूरक संस्कृतियाँ हैं। जब किसी समाज में बहुत सारी ऐसी उपसंस्कृतियाँ होती हैं, तो ऐसे समाज में राष्ट्रीय एकता में कमी आती है। अक्सर क्षेत्रीय भावना की स्थिति उत्पन्न होती रहती है। उपसंस्कृति एवं मुख्य संस्कृति के बीच जितनी अधिक दूरी होगी, राष्ट्रीयता की भावना में उतनी ही कमी होगी। क्षेत्रीयता की भावना को उतना ही अधिक बढ़ावा मिलेगा।

sub-family (सॅब् ˈफ़ैमलि) **उप-कुल :** एक परिवार में रहने वाला दूसरा विवाहित युग्म, जैसे– भाई, पुत्र या पुत्री का परिवार अथवा किसी परिवार में अपने विवाहित बच्चों के साथ रहने वाली माँ या पिता।

sub-group (सॅब् ˈग्रूप्) **उपसमूह :** किसी विशाल समूह के अन्तर्गत छोटे समूह। जैसे– किसी राजनीतिक दल के अन्तर्गत भाषा, जाति, धर्म एवं क्षेत्र के आधार पर नेताओं का छोटा-छोटा दबाव समूह (**Pressure group**)।

subjective experience of work (सॅब्जे ˈक्टिव इक् ˈस्पिअरिअन्स् ऑव् वॅक्) **आत्मपरक कार्यानुभव :** समाजशास्त्र का सम्बन्ध कार्यों की नैतिकता मात्र से ही नहीं है, बल्कि इसका सम्बन्ध इस बात से भी है कि किसी कार्य को कोई व्यक्ति या समाज किस रूप में देखता है। ऐसा इसलिए देखा जाता है कि किसी कार्य के प्रति व्यक्ति की

क्या मनोवृत्ति या झुकाव है। यदि किसी कार्य में व्यक्ति की बहुत अधिक रुचिं नहीं है, तो उस कार्य से सन्तुष्टि नहीं मिल पायेगी और फलस्वरूप दिये गये कार्य का ठीक से निष्पादन नहीं हो सकेगा। किसी कार्य से व्यक्ति को किस प्रकार का अनुभव होता है, इस विषय पर 1960 एवं 1970 के दशक में शोध-कार्य प्रारम्भ हुआ। गोल्डथॉर्प एवं लॉकउड (John H. Goldthorpe and David Lockwood) एवं अन्य लोगों के द्वारा किये गये अनुसन्धान कार्य विशेष रूप से उल्लेखनीय हैं (देखें– **The Affluent Worker**, 1968)। बाद में इस विषय पर Michael Burawoy (देखें– **Manufacturing Consent**, 1979) ने एक अच्छा काम किया है। किसी कार्य या सेवा-सम्बन्धी लोगों की मनोवृत्ति को समझना समाजशास्त्र और मानवशास्त्र की दृष्टि से काफी महत्त्वपूर्ण है; क्योंकि इसका सीधा सम्बन्ध कार्य-सन्तुष्टि से है और कार्य-सन्तुष्टि का सम्बन्ध सेवा या उत्पादन की गुणवत्ता एवं मात्रा से भी है।

subjectivity (सब्जेक्'टिव्इटि) **आत्मपरकता, व्यक्तिपरकता :** वह सिद्धान्त जिसमें ज्ञाता के संवेदनात्मक, भावात्मक और क्रियात्मक अवस्थाओं तक का ज्ञान सीमित है– बाह्य सत्य, मानसिक आन्तरिक अवस्थाओं से अनुमानित किया जाता है। इस अवधारणा की वस्तुपरकता के साथ अनिवार्यत: तुलना की जाती है और प्रत्यक्षवादी समाजविज्ञानियों द्वारा इस दृष्टिकोण की निन्दा की जाती है। इसके विपरीत, यह शास्त्रार्थ मीमांसा (**Hermeneutics**) के लिए महत्त्वपूर्ण है। यही नहीं, संरचनावादियों, मार्क्सवादियों और मनोविश्लेषण सिद्धान्तों में यह बताया गया है कि किस प्रकार व्यक्ति की रचना होती है और इस रचना में व्यक्तिपरक दृष्टिकोण का क्या महत्त्व है। मूल्यमीमांसा में, वह मत कि नैतिक तथा अन्य मूल्य व्यक्ति की अनुभूतियाँ और मानसिक प्रतिक्रियाएँ मात्र हैं और बाह्य जगत् में उनके अनुरूप किसी वस्तु का अस्तित्व नहीं है।

sub-social control (सॅब् 'सोश्ल् कन्'ट्रोल्) **असामाजिक नियन्त्रण :** ऐसा नियन्त्रण जिसमें व्यक्ति अथवा समूह पर बलपूर्वक दबाव डाला जाता है, परन्तु उसके फलस्वरूप दबाव डाले जाने वाले व्यक्ति में व्यवहार सम्बन्धी कोई अनुक्रिया नहीं हो पाती। शारीरिक अथवा मानसिक यातनाएँ इसी प्रकार के नियन्त्रण हैं।

sub-social state (सॅब् 'सोश्ल् स्टेट्) **असामाजिक अवस्था :** समाज के विकास की स्थिति जिसमें समूह का निर्माण पूर्णरूप से नहीं हो पाता, अर्थात् ऐसी सामूहिकता जिसमें कोई निश्चित या जटिल सामाजिक संगठन न होकर, केवल यूथ, अर्थात् झुण्ड में रहने की स्थिति होती है। प्राचीनकाल या कुछ आदिमजातियों के बीच असामाजिक अवस्था में लोग पाये जाते रहे हैं।

sub-structure (सॅब 'स्ट्रक्चर्) **अधोसंरचना :** कार्ल मार्क्स (Karl Marx, 1818–1883) ने सामाजिक संरचना को मोटे रूप में दो भागों में विभाजित किया है। समाज के सम्पूर्ण ढाँचे के ऊपरी भाग को उन्होंने अधिसंरचना (**Super-structure**) तथा निचले भाग अथवा बुनियादी भाग को अधोसंरचना (**Sub-structure**) की संज्ञा दी है। उत्पादक-शक्ति और उत्पादन सम्बन्धों के योग से निर्मित समाज की आर्थिक संरचना को ही कार्ल मार्क्स ने अधोसंरचना का नाम दिया है। कार्ल मार्क्स का कहना है कि व्यक्ति का धर्म, साहित्य, कला और संस्कृति जो समाज की अधिसंरचना का प्रतिनिधित्व करती हैं, सभी के निर्धारण का कारक बुनियादी रूप से आर्थिक व्यवस्था है। जैसी अर्थव्यवस्था होगी, उसी के अनुरूप धार्मिक, राजनीतिक और कलात्मक चिन्तन होगा।

substratum ('सॅब्स्ट्राटम) **अधिष्ठान, मौलिक तत्त्व, अन्तर्निहित तत्त्व :** वह गुण जो किसी वस्तु के सभी गुणों को निकाल देने के बाद शेष रहता हो, उदाहरणार्थ– यदि पुष्प में गंध, वर्ण, मृदुलता आदि सभी गुणों को निकाल दिया जाये तो जो तत्त्व बचा रहेगा, वह पुष्प के इन गुणों का मौलिक तत्त्व होगा। इस कल्पना को एक विशाल रूप देकर कुछ प्राचीन दार्शनिकों ने समस्त विश्व के मौलिक तत्त्व को ढूँढ़ने का यत्न किया। आधुनिक दर्शन में भाषा का तार्किक विश्लेषण करते हुए कुछ विचारकों ने यह दिखाना चाहा है कि इस प्रकार के मौलिक तत्त्व में विश्वास करने की न तो आवश्यकता है, न इसके लिए कोई आधार है। परम्परागत तर्कशास्त्र में उद्देश्य और विधेय एक-दूसरे

के लिए आवश्यक माने जाते हैं। इसी के प्रभाव से यह विचार भी सर्व-स्वीकृत हो गया है कि गुणों का भी कोई मौलिक आधार होना अनिवार्य है।

suburbanism (स'बर्ब निज़म्) **उपनगरवाद** : कुछ समाजशास्त्रियों का कहना है कि उपनगर के निवासी एक विशेष प्रकार की सामाजिक और सांस्कृतिक विशेषताएँ परिलक्षित करते हैं। ये विशेषताएँ ही उपनगरवाद को प्रकट करती हैं। जीवन-शैली के रूप में उपनगरवाद की विशेषताओं में काफी भिन्नता देखने को मिलती है, किन्तु सामान्यत: उपनगर की मुख्य विशेषताएँ– युवाओं और मध्यमवर्ग के आधिक्य और प्रभुत्व, परिवार अभिमुखी कार्य के स्वरूप तथा सामाजिक जीवन, नातेदारी के तानेबाने की अपेक्षा मित्रता पर आधारित सामाजिक कार्य-कलाप, काफी मात्रा में अनुरूपता के भाव तथा जीवन के तौर-तरीकों में भी अनुरूपता प्रचुर मात्रा में देखी जा सकती है।

suburbanization (सब अर्बनाइ'ज़ेश्न्) **उपनगरीकरण** : महानगरों के केन्द्र से जनसंख्या के उपनगरीय क्षेत्र में जाने की प्रक्रिया। उपनगर (**Suburb**) की उत्पत्ति लैटिन के Sub-urbe शब्द से हुई है जिसका अभिप्राय ऐसी जगह से है, जो किसी नगर के नियन्त्रण में है। एक लम्बे समय तक इस शब्द का प्रयोग लगभग इसी अर्थ में हुआ है। जो क्षेत्र किसी शहर के इर्द-गिर्द अव्यवस्थित था और जहाँ के लोग जीवनयापन के लिए पास के शहरों पर निर्भर रहते थे, उसे उपनगर कहा जाता रहा है। उपनगर ग्रामीण एवं शहरी जीवनपद्धति का सम्मिश्रण हुआ करता था। आज ऐसी जगहों को अर्द्ध-शहरी (**Semi-urban, Peri-urban or Rurban**) कहा जाता है। लेकिन वर्तमान समय में उपनगर उसे कहा जाता है, जो मुख्य शहर की सीमा के ठीक बाहर एक नये शहर के रूप में विकसित हुआ है। यहाँ की जीवनशैली पूरी तरह शहरी होती है और यह पूरी तरह शहर से जुड़ा हुआ होता है। धीरे-धीरे नगरों के विकास के साथ यह नगर की परिधि में चला आता है। मुम्बई में वासी एवं दिल्ली में मयूर विहार को उस शहर का उपनगर माना जाता है। इसे ही कुछ विशेषज्ञों ने शयनागार शहर (**Dormitory Town**) भी कहा है। उपनगरों के विकास से ही मुख्य शहर के सीमा-क्षेत्र का फैलाव होता है। शहर की केन्द्र-परिधि की ओर बढ़ने की प्रक्रिया का नाम उपनगरीकरण है। यह मुख्य रूप से भौगोलिक प्रक्रिया है।

success proposition (सक्'सेस प्रॉप'ज़िशन्) **सफलता प्रस्थापना** : व्यवहारवादी-विनिमय सिद्धान्त की रचना करते हुए जॉर्ज होमैन्स (George Homans, **Social Behaviour: Elementary Forms**, 1974) ने कहा है कि सामाजिक संरचना का विश्लेषण व्यक्तियों के बीच होने वाले सामाजिक विनियमों के श्रेणीबद्ध समग्र के रूप में किया जा सकता है। व्यक्ति निरन्तर दूसरों से भौतिक और अभौतिक वस्तुओं का विनिमय पाँच अन्त:सम्बन्धित सिद्धान्तों के आधार पर करते हैं। ये सिद्धान्त बहुत कुछ स्कीनरवादी (Skinnerist) मनोविज्ञान पर आधारित हैं। इन सिद्धान्तों में एक सफलता-प्रस्थापना भी है, जिसके अनुसार यह माना जाता है कि व्यक्तियों द्वारा सम्पादित समस्त क्रियाओं में से व्यक्ति द्वारा उस क्रिया के सम्पादन किये जाने की अधिक सम्भावना रहती है, जिसे बहुधा पुरस्कृत किया जाता है। इस प्रस्थापना के अतिरिक्त अन्य चार प्रस्थापनाएँ हैं, जैसे– उद्दीपक प्रस्थापना (Stimulus proposition), मूल्य प्रस्थापना (Value proposition), वंचन-परितृप्ति प्रस्थापना (Deprivation-satiation proposition) और आक्रामकता-स्वीकृति प्रस्थापना (Aggression-approval proposition)।

suicide ('सूइ साइड्) **आत्महत्या** : किसी व्यक्ति द्वारा अपने जीवन को स्वयं समाप्त कर देने का कार्य। यह कार्य कुछ स्थानों में विधिक अपराध माना जाता है, जबकि अन्य स्थानों में इसे कानूनी अपराध की सीमा से बाहर समझा जाता है। एमिल डर्कहाइम (Émile Durkheim, 1858–1917, हिन्दी में इस व्यक्ति के नाम का शुद्ध उच्चारण मात्र एमिल डर्कहाइम है) के मतानुसार, आत्महत्या का कारण केवल मनोवैज्ञानिक न होकर सामाजिक एवं सांस्कृतिक भी होता है। डर्कहाइम ने फ्रांस में होने वाली आत्महत्याओं का विशद् अध्ययन किया तथा **Suicide** नामक ग्रन्थ में अपने महत्त्वपूर्ण निष्कर्ष दिये। उन्होंने आत्महत्या से सम्बन्धित अनेकानेक प्रचलित धारणाओं व सिद्धान्तों का खण्डन किया और कहा कि मानसिक कारण, वंश-परम्परा, निर्धनता, निराशा, प्रेम में असफलता आदि के आधार पर आत्महत्या की

वास्तविक व्याख्या करना संभव नहीं है। उनके विचार से आत्महत्या व्यक्ति पर समाज या समूह के एक अस्वस्थ दबाव का ही परिणाम होती है। उन्होंने आत्महत्याओं के चार कारण बतलाये हैं– (1) स्वार्थवादी आत्महत्या (**Egoistic suicide**)– जब व्यक्ति संसार में अत्यन्त अकेलापन अनुभव करता है, (2) परमार्थवादी आत्महत्या (**Altruistic suicide**)– जब व्यक्ति और समाज का सम्बन्ध इतना अधिक घनिष्ठ हो जाता है कि समाज व्यक्ति के व्यक्तित्व को ही पूरा-का-पूरा निगल जाता है, अर्थात् वह किन्हीं नैतिक और मनोवैज्ञानिक कारणों से समाज के लिए आत्मबलि देने को तत्पर हो जाता है, (3) अस्वाभाविक आत्महत्या (**Anomic Suicide**)– सामाजिक जीवन में कोई आकस्मिक या अस्वाभाविक परिवर्तन से जब व्यक्ति के सम्मुख कुछ प्रत्याशित अथवा नयी परिस्थितियाँ उत्पन्न हो जाती हैं, जिनके साथ सामंजस्य न कर पाने से उसे जो तनाव अनुभव होता है, वही उसको आत्महत्या करने के लिए प्रेरित करता है तथा (4) देववादी आत्महत्या (**Fatalistic Suicide**)– जब कोई व्यक्ति अपने जीवन की विषम परिस्थितियों के सामने घुटने टेक देता है, तो वह कभी-कभी आत्महत्या करने के लिए विवश हो जाता है, जैसे– बंदीगृह का कैदी, अपाहिज व्यक्ति, अस्पताल में पड़ा कोई असाध्य रोगी आदि।

summation and differentiation of status (सॅ'मेशन् ऐन्ड् डिफ़रेन्शि'एशन् ऑव़् 'स्टेटस्) **स्थिति का संयुक्तीकरण और विभेदीकरण** : स्थिति का संयुक्तीकरण सामाजिक (जाति), आर्थिक और राजनीतिक स्थिति के संयुक्तीकरण का योग है। यहाँ प्रमुख मान्यता यह है कि जातिगत स्थिति किसी भी व्यक्ति की सामाजिक, आर्थिक और राजनीतिक स्थिति को निर्धारित करती है और ये सभी स्थितियाँ जातिगत स्थिति में निहित होती हैं, जबकि स्थिति के विभेदीकरण का तात्पर्य यहाँ पर सामाजिक (जाति), आर्थिक और राजनीतिक स्थिति में असाम्यता और विभेद है।

super natural (सूपर् 'नैच्रल्) **अलौकिक, अतिप्राकृतिक** : प्राकृतिक शक्तियों के परे कुछ अदृश्य शक्तियाँ, जिनका सम्भवत: मानव-जीवन पर प्रभाव पड़ता है। एक सिद्धान्त जिसके अनुसार अस्तित्व की वास्तविकता प्रकृति के परे है और एक अदृश्य शक्ति प्रकृति तथा मनुष्य का नियन्त्रण तथा मार्गदर्शन करती है। ई.बी. टॉइलर (Edward B. Tylor, 1832–1917) तथा अन्य कई नृवैज्ञानिकों ने इसे धर्म का मुख्य लक्षण माना है।

super organic ('सूपर् ऑ'गैनिक्) **अधिजैविक** : समाज का सामाजिक, सांस्कृतिक संगठन अथवा उससे सम्बन्धित रूप जिसमें भाषा, कला, शिल्प और धार्मिक व नैतिक मान्यताएँ शामिल रहती हैं और जो एक अलग वर्ग-स्तर या क्रम में निबद्ध होती हैं। नृविज्ञान की दृष्टि से पशु और मनुष्य में मुख्य अन्तर यह है कि वातावरण से अनुकूलन के लिए पशु के शरीर में वरण की प्रक्रिया द्वारा जैविक भेद उत्पन्न हो जाते हैं, जबकि मनुष्य उसी उद्देश्य की पूर्ति के लिए सांस्कृतिक तत्त्वों की रचना करता है, जो जैविक नहीं होते। इस अर्थ में क्रोबर (Alfred L. Kroeber,1876–1960) ने संस्कृति को अधिजैविक कहा है।

superego (सूपर्'ईगो) **सुप्राहम्, पराहम्** : वह है, जो व्यक्तियों में सामाजिक मूल्यों और आदर्शों के रूप में व्यक्तित्व का अभिन्न अंग है और वह इसे समाज से सीखता है। जिसे सिगमण्ड फ्रॉयड (Sigmund Freud, 1856–1939) ने पराहम् कहा है, उसी को जॉर्ज एच. मीड (George Herbert Mead, 1863–1931) ने **'मुझे' ('Me')** कहा है। व्यक्तित्व का वह भाग पराहम् कहलाता है, जो नैतिकता का प्रतिनिधित्व करता है। यह हमारे आदर्शों का प्रतिनिधि होता है, वास्तविकता का नहीं। नैतिक मन प्राय: बलवान शक्तियों और व्यक्तित्व का प्रमुख निर्धारक होता है। इसका प्रभुत्व व्यक्तित्व के अन्य भागों– इड तथा अहम् पर होता है। इसका विकास अहम् से होता है और यह अहम् की क्रियाओं का ही प्रतिफल है।

superstructure ('सूपर्स्ट्रक्चर्) **अधिसंरचना** : यह समाज की अधोसंरचना पर टिकी होती है इसके अन्तर्गत समाज की आर्थिक संस्थाओं पर आधारित सभी सामाजिक, राजनीतिक, धार्मिक एवं सांस्कृतिक संस्थाएँ आती हैं। ऐसा कार्ल मार्क्स का मानना था।

surplus value ('सर्प्लस् 'वैल्यू) **अतिरिक्त मूल्य** : जब श्रमिक अपनी श्रमशक्ति कच्चे माल पर खर्च करता है, तो वस्तुओं का निर्माण होता है। इस प्रकार, श्रमिक द्वारा माल के मूल्य में वृद्धि की जाती है। श्रमिक द्वारा पैदा किया गया यह मूल्य उसे दिये गये वेतन से कहीं अधिक होता है। पैदा किये गये मूल्य तथा प्राप्त वेतन के बीच यह अन्तर अतिरिक्त मूल्य कहलाता है। कार्ल मार्क्स (Karl Marx, 1818–1883) के इस सिद्धान्त के अनुसार पूँजीवाद के अन्तर्गत पूँजीपति मज़दूर से उसकी क्षमता के अनुसार काम कराता है और उसके तथा उसके परिवार के निर्वाहमात्र के लिए उसे न्यूनतम मज़दूरी देता है। इस तरह वह उसकी मज़दूरी के जिस हिस्से को स्वयं हड़प लेता है, उसे 'अतिरिक्त मूल्य' के रूप में व्यक्त कर सकते हैं। अतः अतिरिक्त मूल्य मज़दूर के शोषण का प्रतीक है।

sustainable development (स'स्टेनेबॅल् डि'वेलप्मन्ट्) **धारणीय विकास, अक्षय विकास, स्वावलम्बनमूलक विकास** : इसका विचार पर्यावरणवाद का मुख्य मुद्दा है। इसकी माँग यह है कि विकास-कार्यक्रमों के कारण पर्यावरण की ऐसी क्षति नहीं होने देनी चाहिए, जिसे पूरा न किया जा सके। इस दृष्टिकोण के अनुसार आधुनिक औद्योगिक समाज प्राकृतिक संसाधनों के लगातार दोहन पर आश्रित है। इस स्थिति ने भौतिक और आध्यात्मिक दृष्टि से मनुष्य को प्रकृति से बहुत दूर कर दिया है। मनुष्य और प्रकृति के इस टूटे हुए सम्बन्ध को फिर से जोड़ने के लिए मनुष्य को अपने पर्यावरण के प्रति शालीनता का रुख अपनाना होगा और धरती के अन्य जीव-जन्तुओं के जीवन के अधिकार को मान्यता देनी होगी, उदाहरणस्वरूप– मनुष्य अपने उपभोग को कम करके, नये पेड़-पौधे लगाकर और प्रदूषण के स्रोतों को बन्द करके पर्यावरण की रक्षा में योगदान दे सकता है। इस विषय पर विस्तृत चर्चा World Commission (1987) की एक रपट **Our Common Future** में देखने को मिलती है।

symbolic interactionism (सिम्'बॉलिक् इन्टर्'ऐक्श्निज़म्) **प्रतीकात्मक अन्तःक्रियावाद** : जॉर्ज एच. मीड (George Herbert Mead, 1863-1931), टॉमस (W. I. Thomas, 1863–1947), चार्ल्स एच. कूली (Charles H. Cooley, 1864-1929) एवं हर्बर्ट ब्लूमर (Herbert Blumer, 1900–1987) इस दृष्टिकोण के प्रमुख प्रवर्तक एवं समर्थक रहे हैं। समाजशास्त्र के क्षेत्र में तमाम दृष्टिकोणों के अन्तर्गत अध्ययन का केन्द्रबिन्दु बृहत् सामाजिक संरचना होती है, लेकिन प्रतीकात्मक अन्तःक्रियावाद एक ऐसा दृष्टिकोण है, जिसके अन्तर्गत समाजशास्त्रीय अध्ययन का केन्द्रबिन्दु सामाजिक संरचना या किसी समूह का एक छोटा-सा हिस्सा होता है। इसके अन्तर्गत यह विश्लेषण करने की कोशिश की जाती है कि किसी संरचना के अन्तर्गत कोई व्यक्ति किस प्रकार दैनिक जीवन में अन्तःक्रिया करता है। एक समाजशास्त्री का सम्बन्ध किसी समस्या की प्रक्रिया से होता है, न कि किसी समस्या की उत्पत्ति के कारणों या परिणामों से।

symbolism ('सिम्बलिज़म्) **प्रतीकवाद** : यह मुख्य रूप से दो अर्थों में प्रयुक्त होता है– (1) प्रतीकों का प्रयोग करने की कला या अभ्यास, विशेषतः दृश्य अथवा ऐन्द्रिय प्रदर्शनों द्वारा आध्यात्मिक या अदृश्य अथवा अमूर्त को अभिव्यक्त करना या सांकेतिक अर्थों द्वारा किसी बात को बताना। तार्किक प्रतीकीकरण के लिए तीन बातें आवश्यक मानी जाती हैं– संक्षिप्तता, स्पष्टता और व्यवस्थितता। सिगमण्ड फ्रॉयड (Sigmund Freud, 1856-1939) के अनुसार स्वप्नों में अचेतन मन पहले कुछ प्रतीकों का चुनाव करता है और फिर उन्हें संयुक्त करके दमन की गयी इच्छाओं को उनके द्वारा व्यक्त करता है और इस तरह अप्रत्यक्ष रूप से सन्तोष प्राप्त करता है। (2) यह कलादर्शन के एक सम्प्रदाय या आन्दोलन का नाम है, जो सौन्दर्यानुभूति के बाह्यीकरण में प्रतीकों को अत्यन्त महत्त्वपूर्ण समझता है और (अपने उत्कट रूप में) प्रतीकों को कलात्मक अभिव्यक्ति का एकमात्र माध्यम समझता है। इस आन्दोलन का चरम विकास 19वीं शताब्दी में फ्रांस में हुआ और इसने काव्य और चित्रकला की दार्शनिक व्याख्याओं को विशेष रूप से प्रभावित किया।

symmetrical family (सि'मेट्रिक्ल् 'फ़ैमलि) **सममितिक** या **प्रतिशय परिवार** : पति और पत्नी के युग्म से निर्मित एक ऐसा नाभिक परिवार, जो अपने सम्बन्धियों से किसी प्रकार की सहायता प्राप्त नहीं करता और न ही सहायता की

आशा करता है। यह पूर्णत: आत्मनिर्भर एक स्व-प्रशासित परिवार होता है। सन् 1973 में लगभग दो हजार परिवार के एक नमूने के आधार पर किये गये एक सर्वेक्षण द्वारा परिवार का जो रूप उभर कर आया, उसी के लिए यंग एवं विलमोट (Michael Young and P. Willmott) ने सममितिक परिवार की संकल्पना का प्रयोग किया। सममितिक का अर्थ एक ऐसी व्यवस्था से है, जिसके सभी अंग या भाग समान होते हैं।

syntagmatic and paradigmatic (सिन्टैग'मैटिक् ऐन्ड् पैरॅडिग्मैट्इक) **विन्यास क्रमात्मक तथा निर्देशनात्मक :** विन्यास क्रमात्मक का अर्थ यह होता है कि किसी भी तत्त्व का अर्थ दूसरे तत्त्व के अर्थ के सन्दर्भ में समझा जा सकता है, जैसे– Cat । यहाँ पर Cat में A का स्थान मध्य में है। यदि A को शब्द के शुरू में कर दे तो यह Act बन जायेगा। इससे स्पष्ट होता है कि किसी तत्त्व का अर्थ उसके परिप्रेक्ष्य में होता है। निर्देशनात्मक का अर्थ यह होता है कि प्रत्येक इकाई एक समय में एक ही सन्देश व्यक्त करती है, लेकिन एक ही सन्देश विभिन्न प्रकार से व्यक्त किया जा सकता है।

synthesis ('सिन्थ़िसिस्) **संश्लेषण, संवाद, पक्ष-विपक्ष समन्वय :** इस शब्द का प्रयोग दो अर्थों में किया जाता है– (1) संश्लेषण-विचार के अलग-अलग तत्त्वों को संयुक्त करके एक समन्वित रूप देने की क्रिया या उसका परिणाम। (2) समन्वय-हीगल (G.W.F. Hegel, 1770–1831) के दर्शन में, द्वन्द्वात्मक प्रक्रिया का तीसरा चरण, जिसमें 'पक्ष' और 'प्रतिपक्ष' का समाहार होता है।

synthetic school (सिन्'थ़ेटिक् स्कूल्) **सांश्लेषिक विचारधारा :** इस विचारधारा के प्रमुख समर्थकों में एमिल डर्कहाइम (Èmile Durkheim), हॉबहाउस (L.T. Hobhouse, 1864–1929), सोरोकिन (Pitirim A. Sorokin, 1889–1968) तथा एम. गिन्जबर्ग (Morris Ginsberg, 1889–1970) आदि के नाम विशेष रूप से उल्लेखनीय हैं, जो समाजशास्त्र को एक विशिष्ट विज्ञान बनाने की बजाय एक सामान्य विज्ञान बनाने के पक्ष में हैं। इन लोगों के अनुसार समाजशास्त्र का क्षेत्र सम्पूर्ण समाज है।

systematic sociology (सिस्टॅ'मैटिक् सोसि'ऑलजि) **प्रणालीबद्ध समाजशास्त्र :** समाजशास्त्र की एक शाखा, जिसमें समस्त सामाजिक घटनाओं और स्थितियों का लेखा-जोखा स्थिर तथा विस्तृत सिद्धान्तों के अनुसार किया जाता है।

taboo (ट'बू) **निषेध, वर्जना :** 'टैबू' पॉलिनीजियन (Polynesian) भाषा का शब्द है, जो 1777 ई. में सर्वप्रथम कैप्टन कूक को ज्ञात हुआ था। इसका अर्थ है समाज द्वारा आरोपित निषेध अथवा वर्जनाएँ। इन वर्जनाओं का वैधानिक आधार नहीं होता। ऐसा विश्वास किया जाता है कि इनका उल्लंघन करने से व्यक्ति को अपने-आप दण्ड मिलता है। प्रत्येक धर्म में कुछ-न-कुछ बातों का निषेध होता है, जिन्हें निषेधाज्ञाएँ कहते हैं। इसी प्रकार, जनजातियों के धर्म में भी कुछ बातों का निषेध होता है, जिन्हें निषेधाज्ञाएँ कहते हैं। टैबू अथवा निषेध मानवसमाज की सबसे प्राचीन अलिखित विधि है। टैबू का उद्देश्य साधारण तथा अलौकिक, पवित्र तथा अपवित्र दोनों का नकारात्मक अनुष्ठानों द्वारा अनुरक्षण करना है, इसीलिए टैबू को संस्कृति का नकारात्मक अनिवार्य तत्त्व कहा गया है।

technological society (टेक्नॅ'लॉजिकॅल स'साइअटि) **प्रौद्योगिकीय समाज :** कुछ लेखकों ने तर्क दिया है कि औद्योगीकरण की प्रक्रिया के परिणामस्वरूप नई किस्म की सामाजिक संस्थाओं को प्रोत्साहन मिला है। प्रौद्योगिकी सामाजिक संस्थाओं के साथ-साथ सामाजिक परिवर्तन का भी निर्धारण करता है। अब यह माना जा रहा है कि प्रौद्योगिकतन्त्र का आधुनिक समाज में कोई विकल्प नहीं है। यह नि:सन्देह सही है कि औद्योगिक समाज परम्परागत एवं कृषक समाज से काफी भिन्न है।

theory ('थ़िअरि) **सिद्धान्त :** सिद्धान्त शब्द का प्रयोग अत्यन्त सामान्य अर्थ में, व्यावहारिक के विपर्याय के अर्थ में भी कर लिया जाता है। इस दृष्टि में अव्यावहारिक कार्य और सैद्धान्तिक कार्य में भेद प्रदर्शित किया जाता है, किन्तु

इस प्रकार का प्रयोग भ्रमपूर्ण है। इसी प्रकार, जब इस शब्द का प्रयोग दार्शनिक अर्थों में किया जाता है जैसा कि प्रारम्भिक राजनीतिक अध्ययनों में राज्य के सिद्धान्त आदि के रूप में किया गया है, तब इसका अर्थ वैज्ञानिक सिद्धान्त से भिन्न होता है। एक वैज्ञानिक सिद्धान्त अनुभवजन्य परीक्षणीय प्रस्थापनाओं के तार्किक रूप में अन्तर्सम्बन्धित समूह को कहते हैं। सिद्धान्त और अनुस्थापन में अन्तर है। सिद्धान्त चरों के बीच सम्बन्धों से बनता है, जिसे सही अथवा ग़लत सिद्ध किया जा सकता है, किन्तु अनुस्थापन को तर्कपूर्ण तर्कहीन ही माना जा सकता है। यह अन्तर्सम्बन्धित कथनों का एक ढाँचा है, जिसके अन्तर्गत विभिन्न तथ्यों के बीच अवधारणाओं के माध्यम से सम्बन्ध स्थापित किये जाते हैं। यह एक ऐसा सामान्यीकरण है, जिसे तथ्यों के एक बृहत् समूह के प्रमाणीकरण के बाद प्राप्त किया जाता है। सिद्धान्त किसी घटना के सम्बन्ध को 'क्यों' और 'कैसे' सरीखे प्रश्नों के उत्तर देने का एक तरीका है। प्रतिरूप (Model) की तुलना में इसका स्वरूप थोड़ा अधिक सीमित होता है।

theory-laden ('थिअरि लैडॅन) **धारित सिद्धान्त :** यदि विश्व के बारे में कोई कथन किसी अवलोकन पर आधारित नहीं है, तो ऐसे विचार को सिद्धान्त धारित कहा जायेगा। टी.एस. कून (Thomas S. Kuhn, 1922–1996) ने अपनी पुस्तक **The Structure of Scientific Revolutions** (1970) में कहा है कि सभी अवलोकन कुछ अर्थों में सिद्धान्त धारित ही होते हैं।

theory of population growth ('थिअरि ऑव् पॉप्यु'लेशन् ग्रोथ्) **जनसंख्या वृद्धि का सिद्धान्त :** आबादी के सिद्धान्त का प्रतिपादन सर्वप्रथम माल्थस (Thomas Robert Malthus, 1766–1834) ने किया था और यह सिद्धान्त उन्हीं के नाम से जाना भी जाता है। इस सिद्धान्त के अनुसार जीवनयापन के साधनों (आहार) का उत्पादन गणितीय अनुपात (**Arithmetical progression**) में होता है, जबकि जनसंख्या की वृद्धि ज्यामितीय अनुपात (**Geometrical progression**) में होती है। माल्थस के अनुसार अलग-अलग विकास की दरों के कारण जनसंख्या और आहार के साधनों में जो असमानता उत्पन्न हो जाती है, वह युद्धों, महामारियों, ज्वालामुखी-विस्फोटों, भूकम्पों, बाढ़ों जैसे प्राकृतिक प्रकोपों से दूर हो जाती है और इस प्रकार जनसंख्या का आहार-उत्पादन के साथ सन्तुलन बना रहता है। जब भी सन्तुलन में गड़बड़ी हो जाती है, प्रकृति उसमें साम्य स्थापित कर देती है। इस सिद्धान्त के मूल में माल्थस का यह विश्वास निहित था कि भूमि से अनाज-उत्पादन करने की एक सीमा होती है और मानव स्वयं जनसंख्या-वृद्धि पर नियन्त्रण नहीं रख सकता तथा प्राकृतिक प्रकोपों पर विजय नहीं प्राप्त की जा सकती। लेकिन विज्ञान के बढ़ते हुए चरणों ने माल्थस के इन तीनों आधारों की अवैज्ञानिकता स्पष्ट कर दी है।

theory of division of labour ('थिअरि ऑव् डि'विज़न् ऑव् 'लेब्र) **श्रम-विभाजन सिद्धान्त :** एमिल डर्कहाइम (Émile Durkheim, 1858–1917, विभिन्न हिन्दी की पुस्तकों में इस व्यक्ति के नाम का उच्चारण ग़लत है) ने श्रम-विभाजन के सिद्धान्त को प्रतिपादित करते समय निम्न प्रश्नों के उत्तर देने की कोशिश की है– सामाजिक व्यवस्था कैसे बनायी रखी जाती है? व्यक्ति एवं समाज के बीच क्या सम्बन्ध है? समाज किस प्रकार एक स्तर से दूसरे स्तर में परिवर्तित होता है? इन प्रश्नों का निर्माण डर्कहाइम ने तब किया, जब उन्होंने महसूस किया कि फ्रांस की क्रान्ति के कारण सामाजिक व्यवस्था में बिखराव आया, व्यक्ति एवं समाज के बीच तनाव की स्थिति पैदा हो गयी तथा मानव-जीवन में तनाव एवं व्यक्तिवादी प्रवृत्ति का जन्म होने लगा। संक्षेप में, डर्कहाइम ने यह पता लगाने की कोशिश की कि वह कौन-सी शक्ति एवं प्रवृत्ति है, जिसके कारण व्यवस्था की समस्या का लक्षण दिखाई दे रहा है। रेमण्ड् अरों (Raymond Aron, 1905–1983, इस फ्रांसीसी नाम का शुद्ध उच्चारण यही है) के अनुसार डर्कहाइम ने श्रम-विभाजन के सिद्धान्त में दो बातों पर ज़ोर दिया है। पहला, समाज को समग्र रूप में मानना तथा दूसरा, जब भी व्यक्ति या समाज की इकाई की व्याख्या की जाती है, तो व्यक्ति की व्याख्या समाज के सन्दर्भ में होती है। श्रम-विभाजन का प्रकार्य समाज में सामाजिक एकता लाना है और समूह के बीच सद्भावना बढ़ाना है।

theory of natural selection ('थिअरि ऑव् नैच'रल स'लेक्शन्) **प्राकृतिक चयन का सिद्धान्त :** जीवविज्ञान का एक प्रसिद्ध सिद्धान्त, जिसके अनुसार वे ही प्राणी जीवन के अनवरत संघर्ष में विजयी होते हैं, जिनमें कोई एक विशेषता होती है, जो उन्हें उपस्थित परिस्थितियों से सामंजस्य स्थापित करने में अन्य प्राणियों से अधिक सुविधा प्रदान करती है। यह चार्ल्स डार्विन (Charles Darwin, 1809–1882) के जैवकीय उद्विकासीय सिद्धान्त का प्रमुख केन्द्रबिन्दु है। इस सन्दर्भ में उन्होंने तीन बातें कही हैं– (1) प्रत्येक प्राणी जितना बच सकता है, उससे अधिक प्रजनन करता है, (2) एक ही प्रजाति के प्राणियों के बीच कुछ एक-दूसरे से अधिक ताकतवर या क्षमता रखने वाले होते हैं तथा (3) उनमें सबसे अधिक क्षमता वाले प्राणी ही जीवित रह पाते हैं, जिसे उन्होंने योग्यतम की उत्तरजीविता कहा है। डार्विन के अनुसार जीवों को जीवित रहने के लिए प्राकृतिक पर्यावरण के साथ अनुकूलन स्थापित करना होता है। जो जीव कमजोर एवं अयोग्य होते हैं, वे वातावरण से अनुकूलन करने में अक्षम होते हैं और वे नष्ट हो जाते हैं। वातावरण से अनुकूलन करने के लिए जीवों को शरीर में नवीन लक्षण एवं भिन्नताएँ भी पैदा करनी होती हैं और इन शारीरिक भिन्नताओं के पीढ़ी-दर-पीढ़ी हस्तान्तरित होने पर जीवों की एक नयी प्रजाति पैदा हो जाती है प्रकृति भी उन्हीं जीवों को जीवित रहने में सहयोग देती है, जो पर्यावरण से सफल अनुकूलन कर लेते हैं। इसलिए इसे प्राकृतिक प्रवरण का सिद्धान्त कहते हैं। पृथ्वी पर भौगोलिक पर्यावरण की भिन्नता पायी जाती है। जब मनुष्य पृथ्वी के विभिन्न भागों में फैले, तो उन्हें पर्यावरण से अनुकूलन करने के लिए शरीर में नये लक्षण उत्पन्न करने पड़े, जो बाद की आने वाली पीढ़ियों में भी हस्तान्तरित होते रहे और जिससे नयी प्रजातियों का जन्म हुआ।

theory of sex communism ('थिअरि ऑव् सेक्स् 'कॉम्यु निज़म्) **यौन साम्यवाद का सिद्धान्त :** इस सिद्धान्त के प्रतिपादकों में एल.एच. मॉर्गन (Lewis Henry Morgan, 1818–1881), जेम्स फ्रेज़र (James G. Frazer, 1851–1941) आदि विद्वान प्रमुख हैं। इन लोगों की मान्यता है कि समाज में प्रारम्भिक स्तर में विवाह एवं परिवार जैसी संस्थाएँ नहीं थीं। यहाँ भी ऐसी ही स्थिति थी जैसी स्थिति हम पशुओं में देखते हैं। कोई भी पुरुष किसी भी स्त्री से यौनसम्बन्ध स्थापित कर सकता था। इस अवस्था को उन्होंने यौन साम्यवाद (**Sex communism**) या कामाचार (**Promiscuity**) की अवस्था कहा है। विवाह एवं परिवार जैसी संस्थाओं का विकास तो बाद के युगों में हुआ था। अपने मत की पुष्टि के लिए इन्होंने त्योहारों के अवसर पर स्वेच्छाचार, पत्नी-विनिमय (**Exchange of wife**), पत्नी उधारी, वर्गात्मक स्वजन शब्दावली (**Classificatory terminology**), अतिथि सत्कार के लिए पत्नियों को प्रस्तुत करना (**Wife hospitality**) आदि प्रमाणों का सहारा लिया है।

third estate (थर्ड इ'स्टेट्) **तृतीय इस्टेट :** तीसरी श्रेणी में समाज के साधारण लोग आते थे, जैसे– दास, मज़दूर किसान, व्यापारी, कारीगर आदि। यदि जाति-व्यवस्था की तुलना इस श्रेणी से की जाती है, तो इसमें वैश्यों और दलितों के अलावा ऐसे राजपूतों को भी रखा जा सकता है, जो शासन के उच्च पदों पर आसीन नहीं थे। इसे साधारण वर्ग भी कहा जाता है। इस्टेट व्यवस्था जाति-व्यवस्था से इस रूप में भिन्न थी कि वैयक्तिक योग्यता, गुण, उपलब्धि के आधार पर इस वर्ग के लोगों को राजा से कभी-कभी उच्च उपाधि भी प्राप्त होती थी और कभी-कभी इन तीन श्रेणी के लोगों के बीच शादियाँ भी हो जाया करती थीं। इस्टेट व्यवस्था का स्वरूप यूरोप के किसी भी देश में राष्ट्रीय या राजकीय पैमाने पर एक समान नहीं पाया जाता था, बल्कि इसका स्वरूप क्षेत्रीय था। फ्रांसीसी क्रान्ति से पूर्व फ्रांस में बूर्जुंआ वर्ग को तृतीय इस्टेट के नाम से पुकारा जाता था।

third world societies (थर्ड वर्ल्ड् स'साइअटिज) **तीसरी दुनिया का समाज :** इस प्रकार के समाज का काल 18वीं सदी से लेकर वर्तमान काल तक माना जाता है। इसके अन्तर्गत जीविकोपार्जन का मुख्य साधन कृषि होती है, लेकिन साथ ही यहाँ महानगर और बड़े-बड़े कल-कारखाने भी पाये जाते हैं। विकास का स्तर इतना निम्न होता है कि लोगों के रहन-सहन का स्तर भी निम्न होता है। समाज में काफी असमानताएँ पायी जाती हैं। इस श्रेणी में कुछ देश मिश्रित अर्थव्यवस्था, तो कुछ देश पूँजीवादी अर्थव्यवस्था का अनुसरण करते हैं। इस श्रेणी के प्रायः तमाम देश उपनिवेशवाद

के शोषण में रहे हैं। जापान को छोड़कर एशिया, अफ्रीका और लातिन अमरीका के तमाम देश इसी श्रेणी में आते हैं। चीन, भारत, पाकिस्तान, बांग्लादेश, बर्मा, कोरिया, नेपाल जैसे सैकड़ों देश इस प्रकार की समाज के उदाहरण हैं।

total institution ('टोट्ल् इन्स्टि'ट्यूशन्) **समग्र संस्था** : वे संस्थाएँ जिनमें एक निश्चित सीमा के अन्तर्गत कुछ वर्ग-विशेष के लोग शासकीय निर्देशन तथा नियन्त्रण में जीवनयापन करते हैं, जैसे– जेल, सेना, शिक्षण संस्था; जिसमें सभी लोग शारीरिक एवं सामाजिक रूप से इतने अलग रखे जाते हैं कि उनका बाहरी दुनिया से सम्बन्ध विच्छेद हो जाता है और वे अपना जीवन-निर्वाह इसी व्यवस्था में करते हैं। इस अर्थ में समग्र संस्था जैसी अवधारणा का सर्वप्रथम प्रयोग इरविंग गॉफ़मैन (Erving Goffman, 1922–1982) ने किया था।

totem ('टोट्म) **टोटेम** : उत्तरी अमरीका के पश्चिमी तटवासी कुछ आदिवासियों में 'ओडम' या 'डोडम' शब्द का प्रयोग प्रचलित है, जिससे टोटेम शब्द और उसकी अवधारणा का जन्म हुआ। टोटेम एक पदार्थ, प्राय: एक पशु अथवा एक पौधा है, जिसके प्रति किसी सामाजिक समूह के सदस्य विशेष श्रद्धा-भाव रखते हैं और जो यह अनुभव करते हैं कि उनके और टोटेम के बीच भावनाओं की एकता का विशेष सूत्र है। अनेक आदिवासियों का यह विश्वास है कि उनके पूर्वज कोई पशु अथवा वनस्पति थे अथवा किसी पूर्वकाल में उनका इन पशुओं अथवा वनस्पतियों के साथ घनिष्ठ सम्बन्ध रहा था। इस अलौकिक सम्बन्ध के अनेक प्रत्यक्ष रूप हैं, जैसे– टोटेम को खाया नहीं जाता, न ही उसे हानि पहुँचाई जाती है और न ही नष्ट किया जाता है, बल्कि हानि से उसकी रक्षा की जाती है, उसके चित्र शरीर पर, उपकरणों तथा घर की दीवारों पर बनाये जाते हैं। टोटेम और उसके अनुयायी समुदायों के बीच अन्योन्याश्रय सम्बन्ध भी माना जाता है, जिसके अनुसार मनुष्य अपने टोटेम की रक्षा करते हैं और टोटेम उनकी। टोटेम समूह और बहिर्विवाह में घनिष्ठ सम्बन्ध है। जेम्स फ्रेज़र (James Frazer, 1851–1941) के अनुसार बहिर्विवाह का उद्गम टोटेमवाद में निहित है।

totemism (टोट्'मिज़म्) **टोटेमवाद** : किसी वर्ग के लोगों और प्राकृतिक तथा अन्य वस्तुओं के बीच के सम्बन्ध को टोटेमवाद कहते हैं। एमिल डर्कहाइम (Èmile Durkheim, 1858–1917, इस नाम का शुद्ध उच्चारण यही है) के धर्म उत्पत्ति के सिद्धान्त को पूर्ण रूप से समझने के लिए टोटेमवाद को समझना अत्यन्त आवश्यक है। पवित्रता एवं अपवित्रता की धारणा का वास्तविक आधार टोटेमवाद ही है। इसके आधार पर ही पवित्रता और अपवित्रता में अन्तर किया जा सकता है। टोटेमवाद ही समस्त धर्मों का प्राथमिक स्तर या रूप है। उन लोगों का विश्वास है कि टोटेम में अलौकिक शक्तियाँ हैं, जिससे उन लोगों का सामाजिक जीवन नियन्त्रित होता है। आदिम समाजों में टोटेम से सम्बन्धित विभिन्न धारणाएँ, पद्धतियाँ आदि प्रचलित रहती हैं। इन टोटेम के प्रति अनेक प्रकार के विश्वास रहते हैं। डर्कहाइम के अनुसार आदिमकालीन धर्म की उत्पत्ति इसी टोटेमवाद से हुई।

traditional authority (ट्र'डिश्नल् ऑ'थॉरिटि) **परम्परागत सत्ता** : ऐसा प्राधिकार जिसका आधार परम्परागत विश्वास और दस्तूर होता है। इस सत्ता की वैधता के आधार प्राचीनकाल से चली आ रही व्यवस्था, परम्परा अथवा स्वीकृत प्रतिमान होते हैं। पारम्परिक सत्ता एक व्यक्ति को परम्परा द्वारा स्वीकृत पद पर आसीन होने के कारण प्राप्त होती है। मैक्स वेबर ने परम्परागत प्राधिकार, चमत्कारी तथा विधिक प्राधिकार में अन्तर बताया है।

traditional social action (ट्र'डिशनल् 'सोशल् 'ऐक्शन्) **परम्परागत सामाजिक क्रिया** : प्रथाओं, रूढ़ियों तथा विश्वासों द्वारा चालित क्रियाएँ परम्परागत सामाजिक क्रिया कहलाती हैं। इस प्रकार की क्रियाओं का सम्पादन साधारणत: इसलिए किया जाता है, क्योंकि ये क्रियाएँ एक लम्बे काल से सम्पादित की जाती रही हैं। हिन्दू विवाह में तोरण-प्रथा इसी क्रिया का एक उदाहरण है।

traditional society (ट्र'डिशनल् स'साइअटि) **परम्परागत समाज** : ऐसा समाज जिसके अन्तर्गत सामाजिक सम्बन्ध सापेक्ष रूप से सरल होते हैं एवं लोगों का जीवन सामान्य सामाजिक मूल्यों व मानदण्डों से निर्धारित होता है।

व्यक्तियों की सामाजिक स्थिति आमतौर पर प्रदत्त होती है तथा प्राथमिक समूहों की प्रधानता होती है। समाज अथवा सामाजिक विकास का वह चरण जो आदिम प्रौद्योगिकी एवं उत्पादन व्यवस्था पर आधारित है। उदाहरण– ब्रिटिश शासन से पूर्व का परम्परागत भारतीय समाज।

tribal society (ट्राइबल स'साइअटि) **जनजातीय समाज :** वन्यजाति या जनजाति को आदिम, आदिवासी, वनवासी, गिरिजन तथा अनुसूचित जनजाति आदि नामों से सम्बोधित किया जाता है। इन्हें आदिम या आदिवासी इसलिए कहा जाता है कि ये भारत के प्राचीनतम निवासी माने जाते हैं और सम्भवतः भारत में द्रविड़ों के आगमन से पूर्व यहाँ ये ही लोग निवास करते थे। आजकल इस शब्द का प्रयोग ऐसे क्षेत्रों या समुदायों के लिए भी किया जाता है, जहाँ जनजातीय लोगों की बहुलता होती है। गोविन्द सदाशिव घूरिये (G.S. Ghurye, 1893–1983) इन्हें भारत के आदिवासी नहीं मानते, वरन् वे इन्हें पिछड़े हिन्दू कहते हैं। उन्होंने ऐतिहासिक प्रमाण देकर यह स्पष्ट करने का प्रयत्न किया है कि अधिकांश जनजातियाँ हिन्दू धर्म को मानती हैं। अतः ये हिन्दू समाज के ही अंग हैं। कुछ विद्वान इन्हें भाषा के आधार पर जनजातियाँ कहते हैं; क्योंकि इनके द्वारा बोली जाने वाली भाषाएँ जनजातीय भाषा की श्रेणी में आती हैं। आमतौर पर जनजातीय समाज को आदिम समाज के बाद का समाज माना जाता है। सामाजिक दृष्टि से इनमें से अधिकांश लोग निश्चित स्थानों में बस चुके थे फिर भी अनेक जनजातियाँ घुमन्तु अवस्था में ही थीं।

underdeveloped area (ऑन्डर्‌डि'वेलप्ड 'एअरिआ) **अल्पविकसित-क्षेत्र :** वह क्षेत्र जहाँ औद्योगीकरण तथा तकनीक विकास की प्रक्रिया जनसंख्या के अनुपात में सीमित हो और जो औद्योगीकरण और यान्त्रिक कृषि की दृष्टि से पिछड़ा हुआ हो। ऐसे क्षेत्र में प्राकृतिक साधनों का समुचित प्रयोग नहीं किया जाता है। यहाँ साक्षरता, सम्पन्नता तथा आधुनिक चिकित्सा-सुविधाओं का अभाव होता है और मृत्युदर अधिक होती है।

untouchability (अन्'टचबिल्इटि) **अस्पृश्यता, छुआछूत :** अस्पृश्यता भारतीय, विशेषकर हिन्दू सामाजिक जीवन की एक भयंकर कुरीति रही है। इस घृणित प्रथा का मूल स्रोत वैदिक वर्ण-व्यवस्था में निहित है, जिसके अनुसार समाज में चार वर्ण– ब्राह्मण, क्षत्रिय, वैश्य और शूद्र की रचना की गयी थी जिसमें शूद्रों पर समाज के शेष वर्गों की सेवा का कार्य सौंपा गया था। तब के शूद्र ही आज के अस्पृश्य, अछूत अथवा दलित वर्गीय लोग हैं। यह एक ऐतिहासिक तथ्य है कि वर्ण-व्यवस्था के उदय के समय अछूतों को अस्पृश्य नहीं माना जाता था। उस समय तो जाति भी जन्म से नहीं, कर्म से होती थी। किन्तु कालान्तर में जाति जन्म से मानी जाने लगी और शूद्रों पर समाज के सारे घृणित, गन्दे और निन्दनीय काम करने का बोझ आ पड़ा और उनसे घृणा की जाने लगी। धीरे-धीरे इनका स्पर्श तक बुरा समझा जाने लगा। एक समय तो हिन्दू इनकी छाया तक से बचते थे। दलित जाति में जन्म लेना मनुष्य के लिए अभिशाप बन गया। सदियों के इस दृष्टिकोण के कारण अछूतों का जीवन-स्तर भी हरेक दृष्टि से नीचे गिर गया। ये समाज में सबसे ग़रीब, सबसे गन्दे और सबसे पिछड़े लोग बन गये। ये स्वयं भी अपने-आपको संसार में सबसे अधिक गिरा हुआ समझने लगे। इनके पास आत्म-सम्मान जैसी कोई वस्तु नहीं रह गयी। भारत में ब्रिटिश राज्य की स्थापना के बाद ब्रिटिश सरकार ने अस्पृश्य लोगों को 'अनुसूचित जाति' के अन्तर्गत रखा और इनकी स्थिति को ऊँचा उठाने की कोशिश की। इन लोगों के लिए शिक्षा की सुविधाएँ दी गयीं और इनकी नौकरियों के लिए भी विशेष रूप से व्यवस्था की गयी। भीमराव आम्बेडकर ने जो स्वयं अछूत थे, दलित जातियों की रक्षा के लिए दलित जाति संघ बनाया, किन्तु वर्तमान काल में अछूतोद्धार के कार्य का सबसे अधिक श्रेय महात्मा गाँधी को प्राप्त है। उन्होंने अछूतों को 'हरिजन' नाम दिया और अछूतोद्धार को अपने रचनात्मक कार्यक्रम का एक बुनियादी अंग मानकर उस पर आचरण किया। महात्मा गाँधी के सद्प्रयत्न से अछूतोद्धार कांग्रेस के कार्यक्रम का एक अभिन्न भाग बन गया। यह स्वाभाविक ही था कि स्वतन्त्रता की प्राप्ति के बाद देश के कर्णधारों का ध्यान इस कुरीति की ओर गया और उन्होंने संविधान में इसका अन्त करने के लिए समुचित व्यवस्था की। 'अस्पृश्यता' शब्द की परिभाषा संविधान में अथवा इसके उन्मूलन के लिए बनाये गये अस्पृश्यता अपराध अधिनियम, 1955 में कहीं नहीं दी गयी है। ऐसा मान लिया गया है कि इस शब्द को सभी समझते हैं।

upper class ('अपर क्लास्) **उच्चवर्ग :** विशिष्ट आर्थिक-राजनीतिक व्यवस्था वाले समाज का वह वर्ग जो शक्ति, प्राधिकार तथा धन और प्रतिष्ठा में बढ़ा-चढ़ा होने के कारण अपने से निम्नवर्ग के लोगों पर प्रभुत्व रखता है। इस अवधारणा को एक से अधिक ढँग से परिभाषित किया गया है। इस विषय पर बहुत ही विस्तारपूर्वक समाजशास्त्रीय परिप्रेक्ष्य में की गयी चर्चा John Scott की कृति **The Upper Class** (1988) में देखने को मिलती है।

urban ('अर्बन्) **नगर :** नगर किसे कहते हैं, यह समाजविज्ञानों में अभी भी एक विवाद का विषय बना हुआ है। नगर की परिभाषा सिर्फ समाजविज्ञानों के स्तर पर ही अलग-अलग नहीं है, बल्कि देश के स्तर पर भी अलग-अलग है। भारत में भी नगर की परिभाषा एक समस्या है। किसी जगह-विशेष को नगर कहे जाने के लिए बहुत किस्म की शर्तों का इस्तेमाल किया गया है। भारतीय जनगणना में जो नगर की परिभाषा दी गयी है, उसी के आधार पर समाजविज्ञानों में भी नगरीकरण की प्रक्रिया का अध्ययन किया जाता है। भारत की जनगणना में नगर को निम्न ढँग से परिभाषित किया गया है– (क) यदि किसी जगह की आबादी एक लाख और उससे अधिक हो तो उसे शहर माना जाता है। (ख) नगरपालिका, नगर निगम, छावनी बोर्ड (Cantonment) अधिसूचित कस्बा क्षेत्र समिति (Notified area town committee) आदि सभी स्थानों को शहर का स्थान प्राप्त है। (ग) निम्न कसौटियों को पूरा करने वाले सभी स्थान शहर माने जाते हैं– (i) जिसकी न्यूनतम जनसंख्या 5,000 हो, (ii) कम-से-कम 75 प्रतिशत पुरुष ग़ैर-कृषि कार्यों से जुड़े हों तथा (iii) जनसंख्या का घनत्व कम-से-कम 400 व्यक्ति प्रतिवर्ग किलोमीटर (1000 व्यक्ति प्रतिवर्ग मील) हो। यदि किसी जगह की आबादी 5000 से कम है और वह नगर के जैसा क्षेत्र दिखाई पड़ता है, तो जनगणना अधिकारी अपना विवेक इस्तेमाल कर उस स्थान-विशेष को नगर की श्रेणी में रख सकते हैं।

urban growth ('अर्बन् ग्रोथ्) **नगर संवृद्धि, नगरीय विकास :** सभी प्रकार की शहरी आबादी की वृद्धि को नगरीय विकास कहा जाता है। लेकिन जनसंख्याशास्त्र के अन्तर्गत यह विचार स्वीकार्य नहीं है। भूगोल एवं अर्थशास्त्र के अन्तर्गत नगर संवृद्धि मात्र नगरों की जनसंख्या में वृद्धि नहीं है, बल्कि ज़मीन पर शहरों के आकार की वृद्धि या फैलाव को भी उन विषयों में नगरीय विकास माना जाता है। नगरीकरण को नगरों की आबादी की समानुपातिक वृद्धि माना गया है। किसी नगर के सीमा-क्षेत्रों और जनसंख्या में वृद्धि होना नगरीय विकास है। कुछ समाजविज्ञानियों ने **नगरीय विकास (Urban growth)** और **नगरीकरण (Urbanization)** का एक ही अर्थ में प्रयोग किया है। ऐसा करने का मुख्य कारण यह रहा है कि उन लोगों ने प्रत्येक नगरीय विकास को नगरीकरण (Urbanization) का एक अंग माना है। यद्यपि यह संभव है कि नगरों के विकास से नगरीकरण की प्रक्रिया को बढ़ावा मिले, इसके बावजूद न सभी नगरीय विकास नगरीकरण हैं और न ही प्रत्येक नगरीकरण की प्रक्रिया में नगरीय विकास छिपा हुआ है। दोनों अवधारणाओं को अलग-अलग देखना ही एक वैज्ञानिक नज़रिया है।

urban society ('अर्बन् स'साइअटि) **नगरीय समाज :** नगरों में रहने वाले व्यक्तियों के समाज अथवा समुदाय को नगर समाज या नगरीय समुदाय कहा जाता है। इनमें से अधिकतर व्यक्ति व्यापार या नौकरी ही करते हैं। इनमें प्रायः विभिन्न धर्मों, जातियों, वर्गों व व्यवसायों के व्यक्ति सम्मिलित होते हैं। नगर समाज में बड़ी-बड़ी द्वितीयक समितियों (Secondary associations) का जन्म हो जाता है, जो बड़े-बड़े विभागों, कल-कारखानों, कार्यालयों, व्यावसायिक संस्थानों आदि का रूप धारण कर लेती हैं। इनके आगे प्राथमिक समाज बहुत सीमा तक अपना नियन्त्रण या महत्त्व खो देता है। नगर समाज के सदस्यों में परस्पर सहायता, घनिष्ठता, अनौपचारिकता, निःस्वार्थ, वास्तविकता आदि मूल्यों और गुणों की बहुत कमी होती है। नगर समाज के मूल्य और मानसिक झुकाव ग्रामीण समुदाय के व्यक्तियों से बहुत भिन्न होते हैं। उनमें शिक्षा, विज्ञान, प्रगति, पद-लोलुपता, धन-लोलुपता, नियमानुसार कार्य करने तथा जटिल व्यवहार करने के प्रति अधिक आकर्षण देखा जाता है। वे स्वतन्त्रता, स्वच्छन्दता, अकेलापन, परिवर्तन एवं फैशन आदि को बहुत अधिक पसन्द करते हैं। नगर समाज में क्षणिक, अस्थायी, परिवर्तनीय व औपचारिक मूल्यों को अधिक महत्त्व दिया जाता है। किसी भी आधुनिक देश की प्रगति उसके नगर समाजों के स्तर पर ही बहुत अधिक सीमा तक निर्भर होती है।

urban sociology ('अर्बन् सोसि'ऑलजि) **नगरीय समाजशास्त्र :** समाजशास्त्र की वह शाखा जिसमें नगरीय सामाजिक संरचना, संस्कृति तथा व्यक्तित्व का वैज्ञानिक पद्धतियों द्वारा अध्ययन किया जाता है। समाजशास्त्र की विभिन्न शाखाओं में नगरीय समाजशास्त्र अत्यन्त महत्त्वपूर्ण है; क्योंकि नगर पुरानी सभ्यताओं से लेकर आज तक अत्यन्त आवश्यक और महत्त्वपूर्ण सामाजिक, आर्थिक और राजनीतिक इकाइयों के रूप में बनते रहे हैं और आधुनिक युग में तो इनका विकास अत्यन्त तीव्रतापूर्वक हो रहा है। नगरों की जनसंख्या की सामाजिक तथा आर्थिक पृष्ठभूमियाँ, संरचनाएँ, शिक्षा, राजनीति, मूल्य, दृष्टिकोण, संस्कृति परिवर्तन के आयाम, रिक्त समय की क्रियाएँ, नागरिक संस्थाओं और संघों में व्यक्ति के व्यक्तित्व का विकास आदि– ये सभी पक्ष एक नागरिक समाजविज्ञानी के लिए अत्यन्त रोचक होते हैं।

urbanism (अर्बनिज़म्) **नगरवाद, नागररूप :** नगरवाद की अवधारणा को समाजशास्त्र में सबसे पहले जर्मन-अमरीकी समाजशास्त्री लूई वर्थ (Louis Wirth, 1897–1952) ने 1938 में प्रतिपादित किया था और तब से यह समाजशास्त्र में चर्चा का एक महत्त्वपूर्ण विषय रहा है। उन्होंने नगरवाद को परिभाषित करते हुए कहा कि नगरवाद जीवन की एक प्रणाली का नाम है। उनका मानना था कि नगरवाद या नागररूप नगरों की प्रमुख विशेषता है।

urbanization (अर्बनाइ'ज़ेशन्) **नगरीकरण :** नगरीकरण एक ऐसा विषय है, जिसने विभिन्न समाजविज्ञानियों का ध्यान विशेष रूप से आकृष्ट किया है। इस विषय पर समाजशास्त्र के अलावा भूगोल, इतिहास, अर्थशास्त्र, राजनीतिशास्त्र, सामाजिक मानवशास्त्र एवं जनसंख्याशास्त्र में इतने अधिक अनुसन्धान किये गये हैं कि विभिन्न विषयों का इस विषय पर अलग-अलग नज़रिया है और यही कारण है कि नगरीकरण की कोई सर्वमान्य परिभाषा नहीं है। नगरीकरण से अभिप्राय (i) देशान्तर के द्वारा शहरों की आबादी में वृद्धि, (ii) कृषि केन्द्रित पेशों से निकलकर औद्योगिक पेशों को अपनाना, (iii) कृषि-प्रधान या प्राकृतिक भू-दृश्य का नगरीय भू-दृश्य में परिवर्तित होना, (iv) ग्रामीण आबादी की तुलना में शहरी आबादी के अनुपात में तेजी से वृद्धि, (v) लोगों के द्वारा नगरीय जीवनशैली या नगरीयता (Urban way of life or urbanism) को अपने जीवन में आत्मसात् करना एवं (vi) पुराने शहरों की आबादी में वृद्धि तथा नये शहरों की उत्पत्ति है। ये सभी नगरीकरण की प्रक्रियाएँ हैं।

urban-rural classification ('अर्बन् रूअरल् क्लैसिफ़ि'केशन्) **नगर-ग्राम वर्गीकरण :** समस्त विश्व में भूमि-क्षेत्र को दो वर्गों में बाँटा गया है– (1) नगर क्षेत्र और (2) ग्राम क्षेत्र। इस वर्गीकरण का मूलाधार यह है कि किसी क्षेत्र की अधिकांश जनसंख्या खेती में लगी है या इससे बाहर अन्य धन्धों में। विश्व के अलग-अलग भागों में नगर-ग्राम वर्गीकरण के कुछ दूसरे मानदण्ड भी हैं। भारत में स्थानीय स्वायत्तशासी संस्थाओं के अन्तर्गत सम्मिलित क्षेत्र नगर-क्षेत्र कहलाते हैं। शेष क्षेत्रों का वर्गीकरण करते समय इन बातों का ध्यान रखा जाता है– (1) जनसंख्या-आकार, (2) जनसंख्या का घनत्व, (3) ग़ैर-कृषि के कामों में लगे व्यक्तियों का अनुपात। 1961 और बाद में 1971 की जनगणना के समय भारत में जिस वर्गीकरण को मान्यता दी गयी है, उसके अनुसार नगर-क्षेत्र के अन्तर्गत निम्न क्षेत्र आते हैं– (i) नगर निगमों, नगर पालिकाओं, छावनी बोर्डों, टाउन एरिया या इसी प्रकार की अन्य स्वायत्तशासी संस्थाओं के अधीन क्षेत्र, (ii) 1916 में जिनकी जनसंख्या 5,000 थी और जिनकी कम-से-कम 75 प्रतिशत जनसंख्या ग़ैर-कृषि धन्धों में लगी थी, (iii) कम-से-कम 400 व्यक्ति प्रति वर्ग किलोमीटर (1,000 व्यक्ति प्रति वर्गमील) के क्षेत्र एवं (iv) अन्य क्षेत्र जिनमें उक्त लक्षण न हों, किन्तु जो नगर-क्षेत्र घोषित कर दिये गये हों।

utopia (यू'टोपइअ) **कल्पनालोक, स्वप्नलोक:** वह कल्पित सामाजिक व्यवस्था जो भविष्य में स्थापित होगी, जिसमें वर्तमान समाज की त्रुटियाँ नहीं होंगी और मानव के सर्वोच्च आदर्श कार्यान्वित होंगे। इस प्रकार के समाज की सर्वप्रथम चर्चा प्लेटो (Plato, 429–347 BC) ने अपनी पुस्तक **The Republic** में की थी। ब्रिटिशराज-मर्मज्ञ सर टॉमस मोर (Thomas Moore) ने अपनी पुस्तक 'यूटोपिया' (Utopia, 1516) में एक आदर्श काल्पनिक राज्य का चित्र प्रस्तुत किया है। इस ग्रन्थ के प्रकाशन के बाद ऐसी सभी कल्पनाओं को 'यूटोपिया' कहा जाने लगा।

value ('वैल्यू) **मूल्य :** मूल्य के विषय में दो अलग-अलग दृष्टिकोण हैं– (1) मूल्य एक सामान्य और अमूर्त गुण है, जो वस्तुओं में निहित होता है। वस्तुएँ 'अपने-आप में' मूल्यवान् या मूल्यहीन होती हैं: मूल्य किसी विशिष्ट प्रकार का हो यह

आवश्यक नहीं है। केवल यह कहना कि 'वस्तु में मूल्य है' कोई अर्थ व्यक्त नहीं करता। (2) प्रत्येक मूल्य जीवन के किसी विशेष क्षेत्र या पहलू से सम्बन्धित है। किसी कार्य, तथ्य या सत्ता के विषय में हम यह कह सकते हैं कि उसका नैतिक मूल्य, कलात्मक मूल्य, आर्थिक मूल्य या सामाजिक मूल्य क्या है। समाजशास्त्रीय दृष्टि से मूल्य सामान्य आदर्श है और इसे उच्च स्तरीय मानदण्ड (Higher order norms) कहा जा सकता है। मूल्य सामान्य विचार है, जिसे लोग किसी चीज़ के अच्छा या खराब, सही या ग़लत, आवश्यक या अनावश्यक होने के रूप में देखते हैं। मूल्य 'जो होना चाहिए' से सम्बन्धित एक विचार का नाम है। यह हमारे विभिन्न प्रकार के व्यवहारों को प्रभावित करता है। मूल्य जीवन के उद्देश्यों और उन्हें प्राप्त करने के साधनों को स्पष्ट करता है। हमारी तमाम सामाजिक गतिविधियाँ मूल्यों से जुड़ी होती हैं। मूल्य एक प्रकार का मानदण्ड है, पर साधारण मानदण्ड को हम मूल्य नहीं कहते हैं। जो उच्च कोटि के मानदण्ड होते हैं, उसे ही एच.एम. जॉनसन (H.M. Johnson) ने मूल्य कहा है। मूल्यों का स्वरूप अमूर्त होता है। मूल्य समाज का आदर्श **(Ideals)** होता है। समाज के तमाम सदस्यों का अपने समाज के मूल्यों के प्रति एक संवेगात्मक सम्बन्ध होता है। मूल्य कभी भी स्थिर नहीं होता है। समय और परिस्थितियों में बदलाव के साथ उसमें परिवर्तन आता रहता है।

value-judgement ('वैल्यू 'जज्मन्ट्) **मूल्य-निर्णय** : क्या यह वांछनीय तथा मूल्यवान है, इस प्रकार का विचार ही मूल्य-निर्णय कहलाता है। हठधर्मिता और मतान्धता को छोड़कर सभी मानवीय क्रियाओं के लिए मूल्य-निर्णयों का होना आवश्यक है। विज्ञान में भी मूल्य-निर्णय शोध-समस्या के चुनाव तथा वैज्ञानिक उपलब्धियों के व्यावहारिक प्रयोग को निर्धारित करते हैं, किन्तु समाजविज्ञानों में मूल्य-निर्णयों को वस्तुपरक, निष्पक्ष तथा पूर्वाग्रह रहित शोध के लिए अवांछनीय माना जाता है, यदि वे उपलब्ध तथ्यों की प्राप्ति में अवरोध उत्पन्न करते हैं।

value-laden ('वैल्यू 'लेड्न्) **मूल्य-धारित** : किसी तथ्य के अच्छे-बुरे, उचित-अनुचित को नैतिक मूल्यों के आधार पर रखना।

vertical group ('वर्टिक्ल् ग्रूप्) **विषमस्तरीय समूह** : ऐसे समूह विषमस्तरीय समूह कहे जाते हैं, जिनके अन्तर्गत सभी सदस्य विभिन्न स्तरों में विभक्त रहते हैं। जाति-व्यवस्था इसका सबसे अच्छा उदाहरण है; क्योंकि इसके सदस्यों का पद, प्रतिष्ठा एवं भूमिका एक-दूसरे से भिन्न होती है। ऐसे समूहों में सदस्यगण स्वयं ही विभिन्न आधारों पर कई स्तरों में विभक्त रहते हैं।

vertical social mobility ('वर्टिक्ल् 'सोशल् मो'बिलटि) **विषमस्तरीय या लम्ब सामाजिक गतिशीलता** : जब किसी व्यक्ति या सामाजिक समूह के जीवन में दो भिन्न स्तरों के बीच गतिशीलता होती है, तो उसे विषमस्तरीय सामाजिक या लम्ब सामाजिक गतिशीलता कहते हैं। जैसे, यदि कोई व्यक्ति निम्नस्तर में जन्म लेकर अपनी योग्यता या गुणों के आधार पर समाज के उच्च स्तर में पहुँच जाता है या ठीक इसके विपरीत यदि कोई व्यक्ति उच्च कुल में पैदा होकर अपने दुष्कर्मों के चलते समाज के निम्नस्तर में पहुँच जाता है, तो उसे लम्ब सामाजिक गतिशीलता कहते हैं। जिस समाज में जितना अधिक खुलापन होगा, उस समाज में लम्ब गतिशीलता भी उतनी ही अधिक होगी। औद्योगिक रूप से विकसित पाश्चात्य देशों में अधिक खुलापन (Openness) होने के कारण वहाँ लम्ब गतिशीलता काफी पायी जाती है। चूँकि लम्ब सामाजिक गतिशीलता दो विपरीत दिशाओं में संभव है, इसीलिए इसे दो उपभागों में बाँटा जाता है– (1) आरोही सामाजिक गतिशीलता (**Ascending** or **upward social mobility**); (2) अवरोही सामाजिक गतिशीलता (**Descending** or **downward social mobility**)।

vital statistics ('वाइट्ल् स्ट'टिस्टिक्स्) **जीवनांक, जन्म-मरण के आँकड़े** : किसी जनसंख्या के सन्दर्भ में जन्म, मृत्यु और विवाहों के आँकड़े जिनसे समाज की प्रजनन शक्ति और मृत्युदर इत्यादि का अनुमान किया जा सकता है और प्रस्तुत सन्दर्भ में अन्य समाजों के साथ उसकी तुलना की जा सकती है।

voting behaviour ('वोटिङ् बि'हेव्यर्) **मतदान व्यवहार** : समाजशास्त्रीय दृष्टि से कौन व्यक्ति किसको क्यों वोट देता है, इसका अध्ययन ही मतदान व्यवहार कहलाता है। विभिन्न अध्ययनों से मालूम हुआ है कि मतदान व्यवहार

को प्रभावित करने वाले प्रमुख कारक, धर्म, जाति, वर्ग, प्रजाति, नस्ल, लिंग, पारिवारिक या दल-सम्बद्धता आदि हैं। इस विषय पर राजनीतिशास्त्र एवं समाजशास्त्र में अनगिनत अध्ययन हुए हैं।

we-feeling (वी'फ़ीलिङ्) **वयं भावना** : अपनी ही जाति, समूह अथवा कबीले के सभी लोगों के प्रति अपनेपन की भावना का होना। यह '**They feel**' या '**I feeling**' से विपरीत की स्थिति है।

we group (वी ग्रूप्) **वयं समूह** : अपने समूह अथवा समुदाय के लिए सामुदायिक रूप से प्रयुक्त शब्द। परिवार वयं समूह कहलाता है।

westernization (वेस्टॅर्नाइ 'ज़ेशन्) **पश्चिमीकरण** : वह प्रक्रिया, जिसमें कोई समुदाय यूरोपवासियों की, विशेषत: अँगरेज़ों की जीवनशैली अपनाता है। इस शब्द का प्रयोग मैसूर नरसिम्हाचार श्रीनिवास (M.N. Srinivas, 1916–1999) ने समाज व संस्कृति में 150 वर्ष से अधिक लम्बे अँगरेज़ी शासन के कारण तकनीकी संस्थाओं, विचारधारा व मूल्यों में आये परिवर्तन के लिए किया है। अँगरेज़ों ने अपने लम्बे शासनकाल में भारत का घनिष्ठ परिचय पश्चिमी संस्कृति से कराया, जिसके प्रभावस्वरूप भारतीय सामाजिक जीवन के सभी पक्षों में परिवर्तन होने लगे। एम.एन. श्रीनिवास ने पश्चिमीकरण की चर्चा करते हुए लिखा है, "150 वर्षों के अँगरेज़ी राज के फलस्वरूप भारतीय समाज एवं संस्कृति में होने वाले परिवर्तनों के लिए अन्यत्र मैंने 'पश्चिमीकरण' शब्द का प्रयोग किया है और यह शब्द औद्योगिक संस्थाएँ, विचारधारा और मूल्य आदि विभिन्न स्तरों पर होने वाले परिवर्तनों को आत्मसात् करता है।"

white-collar worker (वाइट् 'कॉलर् वॅकर्) **सफेदपोश बाबू** : जो लोग हाथ की मेहनत का काम नहीं करते। श्रम द्वारा आय अर्जन करने वाले श्रमिकों की अपेक्षा शारीरिक श्रमविहीन कार्यों में लगे कर्मचारियों को सफेदपोश बाबू कहते हैं, जैसे– किसी दफ्तर का किरानी या अन्य कर्मचारी। यह वर्ग आर्थिक दृष्टि से मध्यमवर्ग का होता है।

working class ('वॅकिङ् क्लास्) **श्रमिक वर्ग, मज़दूरवर्ग** : लोगों का एक ऐसा सामाजिक वर्ग जो मज़दूरी कर अपनी जीविका अर्जित करता है। कार्ल मार्क्स (Karl Marx, 1818–1883) ने इन्हें 'सर्वहारा' (**Proletariat**) की संज्ञा दी है।

world view (वर्ल्ड् व्यू) **विश्वदृष्टि** : किसी विचारक का विश्व के प्रति व्यापक दृष्टिकोण, जो उसके विशिष्ट सिद्धान्तों या विश्वासों को पार्श्वभूमि प्रदान करता है। जर्मन भाषा का *Weltanschauung* शब्द इसी अर्थ में प्रयुक्त होता है। सामान्यतया यह माना जाता है कि प्रत्येक सामाजिक समूह, चाहे वह किसी लिंग, जाति, वर्ग, नृजाति या राष्ट्रीयता का हो, विश्व को देखने व समझने का अपना एक अलग दृष्टिकोण रखता है। इसके फलस्वरूप, विश्व के प्रति दृष्टिकोण में समाज एवं विश्व से सम्बन्धित विचार, अर्थात् राजनीतिक अभिवृत्ति, धार्मिक विश्वास और सांस्कृतिक आदर्श शामिल हैं, जिससे एक से दूसरे समूह की भिन्नता झलकती है।

xenocentrism (जेनॉ'सेन्ट्रिज़म्) **ग़ैर-नृजातिकेन्द्रित भावना** : नृजातिकेन्द्रित भावना के विपरीत जो एक दूसरी भावना होती है, उसे ग़ैर-नृजातिकेन्द्रित भावना कहा जाता है। इसका सीधा तात्पर्य विदेशी विचारों, सामानों या लोगों के प्रति विशेष आसक्ति से है। हरेक समाज में कुछ लोग ऐसे होते हैं, जो अपने समाज और संस्कृति को घृणा की दृष्टि से देखते हैं और बाहरी समाज और संस्कृति को बेहतर मानते हैं। अपनी संस्कृति को हेय दृष्टि से देखने और दूसरी संस्कृति को उत्कृष्ट मानने को ग़ैर-नृजातिकेन्द्रित भावना कहा जाता है।

youth (यूथ्) **युवा** : निर्धारित जनसंख्या में 15–24 वर्ष की आयु वर्ग के व्यक्ति। यह सामाजिक-सांस्कृतिक अथवा सांख्यिकीय श्रेणी है।

youth culture (यूथ् 'कल्चॅर्) **युवा संस्कृति** : प्रत्येक समाज में नवयुवक अपने समाज की संस्कृति की मुख्यधारा से थोड़ा अलग हट कर जीवनयापन करने का प्रयास करते हैं। वे समाज के बुजुर्ग लोगों से भिन्न विचार रखते हैं। उनका आचरण अपने परिवार तथा पूरे समाज से भिन्न होता है।

परिशिष्ट
(Appendix)

लेखकों के नामों की सूची

हम लोग आदतन विदेशी नामों का भारतीय नामों की तरह ही उच्चारण करते हैं, जिसका नतीजा यह है कि हिन्दी पुस्तकों में विदेशी लेखकों के नामों के उच्चारण की बेशुमार अशुद्धियाँ हैं। हमें यह नहीं भूलना चाहिए कि प्रत्येक शब्द या नाम का एक मानक उच्चारण होता है। अत: यथासंभव विदेशी नामों का उच्चारण सही ढँग से ही किया जाना चाहिए। नामों के उच्चारण की गलती भी गलती ही मानी जाती है। सबसे बड़ी बात तो यह है कि किसी व्यक्ति का नाम हास्यास्पद ढँग से लेना उस व्यक्ति की तौहीन है। इस तथ्य को ध्यान में रखकर यहाँ जिन लेखकों का जिक्र इस पुस्तक में आया है उनके नामों का यथासंभव शुद्ध उच्चारण देने का प्रयास किया गया है, यथा–

Abercrombie, Nicholas	–	निकोलस एबरक्रॉमी
Aberle, David	–	डेविड आबर्ली
Abraham, M. Francis	–	एम. फ्रांसिस एब्रेहैम/अब्राहम
Abrams, Philip	–	फिलीप एब्रेम्स
Aldous Huxley	–	ऑलडस हक्सली
Almond, Gabriel	–	गैबरियल ऑमण्ड
Anderson, Nels	–	नेल्स एण्डरसन
Aquinas, St. Thomas	–	सेंट टॉमस अक्यूनॉस
Arendt, Hannah	–	हेना अरेंड
Aristotle	–	अरस्तू/एरिसटॉट्ल
Aron, Raymond	–	रेमण्ड अरों
Bagehot, Walter	–	वाल्टर बैजॉट
Banton, Michael	–	माइकल बैण्टन
Beals, Ralph L.	–	रैल्फ एल. बील्स
Becker, Howard S.	–	हॉवर्ड एस. बेकर
Bell, Daniel	–	डैनियल बेल
Bellas, Robert	–	रॉबर्ट बेलास
Belous, Richard S.	–	रीचर्ड बिलॉस

Bendix, R.	–	आर. बेनडिक्स
Benedict, Ruth	–	रूथ बेनीडिक्ट
Bernard, Jessie	–	जेसी बर्नार्ड
Berremen, G.D.	–	जी.डी. बेरमेन
Besant, Annie	–	ऐनी बेजण्ट
Beteille, Andre	–	आन्द्रे बेते
Bierstedt, Robert	–	रॉबर्ट बीयरस्टेट
Bigert, Joseph	–	जोजिफ बिगर्ट
Blau, Peter	–	पीटर ब्लॉउ
Blumer, Herbert	–	हर्बर्ट ब्लूमर
Bodin, Jean	–	जीं. बोदीं
Bogardus, E.S.	–	इ.एस. बोगाड्र्स
Bottomore, T.B.	–	टी.बी. बॉटमोर
Bougle, C.	–	सी. बूगल
Bourdieu, P.	–	पी. बोरड्यू
Broom, Bernard	–	बर्नाड ब्रूम
Burgess, E.W.	–	ई.डब्ल्यू. बर्ज़िस
Byrd, Max	–	मैक्स बर्ड
Chase, Stuart	–	स्टूअर्ट चेस
Childe, V. Gordon	–	वी. गॉर्डन चाइल्ड
Clayton, Richard R.	–	रीचर्ड आर. क्लेटन
Cohen, Percy S.	–	परसी एस. कोइन
Cohn, Bernard S.	–	बर्नाड एस. कॉन
Cole, Stephen	–	स्टीवन कोल
Comte, Auguste Marie Francois Xavier (Auguste Comte)	–	ऑगस्त कौंत
Conklin, John E.	–	जॉन इ. कॉंकलिन
Cooley, C.H.	–	सी.एच. कूली
Cornish, Derek B.	–	डेरिक बी. कार्नीश
Coser, Lewis A.	–	लुविस ए. कोसर
Coste, Adolphe	–	ए. कॉस्ट
Cuff, E.C.	–	इ.सी. कफ़
Dahl, Robert	–	रॉबर्ट डॉल
Dahrendorf, Ralf	–	रैल्फ डारेनडॉफ
Danilevsky, N.	–	एन. डैनीलिवस्की
Dante, Alighieri	–	दैंती/दांते अलिघिरि
Darwin, Charles	–	चार्ल्स डार्विन
Davis, Kingsley	–	किंगज़्ली डेविस

Deustch, Karl W.	—	कार्ल डब्ल्यू. डॉइच
Dinitz, Simon	—	सायमन डिनीत्स
Doby, John	—	जॉन डॉवी
Donaldson, Margaret	—	मार्गरेट डोनल्डसन
Dreitzel, Hans Peter	—	हैंस पीटर ड्रित्सेल
Dumont, Louis	—	लूई डूमां
Duncan, Otis Dudely	—	ओटीस डडली डंकन
Dunn, John	—	जॉन डन
Durkheim, Emile	—	एमिल डर्कहाइम
Eisenstadt, S.N.	—	एस.एन. आईजेनस्टॉट
Engles, F.	—	फ्रिडरीक ऐंगल्ज
Erikson, Erik H.	—	इरिक एच. इरिक्सन
Evans-Pritchard, E.E.	—	ई.ई. इवांज-प्रिचड
Faris, E.	—	ई. फैरिस
Feeney, F.	—	एफ. फीनी
Ferguson, Adam	—	ऐडम फर्गसन
Fichter, J.H.	—	जे.एच. फिक्टर
Fortes, Meyer	—	मेयर फोटीस
Freud, Sigmund	—	सिगमण्ड फ्रॉयड
Fukuyama, Francis	—	फ्रांसिस फुकुयामा
Galileo, Galilei	—	गैलिलीयो
Garfinkel, Harold	—	हैरल्ड गारफिंकल
Geddes, Patric	—	पैटरिक गेडिस
Ghurye, G.S.	—	जी.एस. घूर्ये
Giddens, Anthony	—	एन्थनी गिडेन्स
Giddings, F.H.	—	एफ.एच. गिडिंग्ज
Gillin, J.L. and Gillin, J.P.	—	जे.एल. जिलीन एवं जे.पी. जिलीन
Ginsberg, M.	—	एम. गिन्जबर्ग
Goffman, Erving	—	इरविंग गॉफमैन
Goldenweiser, A.A.	—	ए.ए. गोल्डनवाइजर
Goldthorpe, J.H.	—	जे.एच. गोल्डथॉर्प
Goode, William G.	—	विलियम गूड
Gough, Kathleen	—	कैथलीन गफ़
Gould, Harold A.	—	हैरल्ड ए. गूल्ड
Green, Arnold W.	—	आर्नल्ड डब्ल्यू. ग्रीन
Gumplowicz, Ludwig	—	लुडविग गम्पलोविक्च
Haralambos, M.	—	एम. हैरालम्बोस
Hauser, P.M.	—	पी.एम. हॉसर

Hegel, G.W.F.	–	जी.डब्ल्यू.एफ. हेगल
Herskovits, M.J.	–	एम.जे. हर्सकोविट्ज
Hiller, E.T.	–	ई.टी. हीलर
Hobbes, T.	–	टी. हॉब्ज/हॉब्स
Hobhouse, L.T.	–	एल.टी. हॉबहाउस
Hoebel, A.E.	–	ए.ई. हॉबेल
Hoffman, Alexander	–	एलिगजॉण्डर हॉफमैन
Hoijer, Harry	–	हैरी हेजर
Homans, G.C.	–	जी.सी. होमन्स
Horowitcz, Irving	–	इरविंग होरोविट्स
Horton. P.B.	–	पी.बी. हॉर्टन
Hoselitz, Bert F.	–	बर्ट एफ. हॉजलिट्स
Hume, David	–	डेविड ह्यूम
Hunt, C.L.	–	सी.एल. हण्ट
Hyman, Herbert	–	हर्बर्ट हाइमन
Inkeles, Alex	–	अलेक्स इंकल्स
Innis, Harold	–	हैरल्ड इनीस
James, William	–	विलियम जेम्स
Johnson, H.M.	–	एच.एम. जॉनसन
Kahl, Joseph A.	–	जोजिफ ए. कॉल
Kardiner, Abraham	–	एब्रेहैम/अब्राहम कार्डीनर
Keller, S.	–	एस. केलर
Keynes, John Maynard	–	जॉन मेनर्ड केंज
Khaldun, Ibn	–	इब्न खाल्डून
Kinloch, G.C.	–	जी.सी. किनलॉक
Kluckhohn, Clyde	–	क्लाइड क्लकहॉन
Kolars, J.F.	–	जे.एफ. कोलर्स
Kovalev, Alexander	–	ए. कॉवलेव
Kroeber, Alfred L.	–	एलफ्रिड एल. क्रोबर
Lamarck, Jean Baptiste de	–	लैमार्क
Landes, David S.	–	डेविड एस. लैण्डीस
Laslett, Peter	–	पीटर लासलेट
Lazarsfeld, Paul F.	–	पॉल एफ. लजार्सफेल्ड
Le Play, Frederic	–	फ्रिडरिक लीप्ले
Leach, E.R.	–	ई.आर. लीच
Lees, A.	–	ए. लीज़
Lemert, Edwin	–	एडवीन लीमर्ट
Lenski, G.	–	जी. लेन्सकी

Leslie, Gerald R.	–	जेराल्ड आर. लेस्ली
Levi-Strauss, Claude	–	क्लॉड लिवी-स्ट्रॉस
Levitan, Sar A.	–	सार ए. लिविटन
Levy, Marion J.	–	मारियन जे. लिवी
Lewis, Oscar	–	ऑस्कर लूइस
Linton, Ralph	–	रैल्फ लिण्टन
Lipset, S.M.	–	एस.एम. लिपसेट
Lundberg, George A.	–	जॉर्ज ए. लण्डबर्ग
Machiavelli, N.	–	एन. मैकियावेली
MacIver, R.M.	–	आर.एम. मकीवर
MacKenzie, R.D.	–	आर.डी. मकेंजी
Maine, Henry Sumner	–	हेनरी समनर मेन
Malinowski, Bronislaw	–	बी. मालिनॉफस्की
Malthus, T.R.	–	टी.आर. माल्थस
Mandelbaum, David	–	डेविड मण्डेलबॉम
Mannheim, Karl	–	कार्ल मैनहाइम
Marriott, McKim	–	मकिम मैरियट
Marshall, Gordon	–	गॉर्डन मार्शल
Martindale, Don	–	डॉन मार्टिनडेल
Marx, Karl	–	कार्ल मार्क्स
McGee, T.G.	–	टी.जी. मक्गी
McLuhan, Marshall	–	मार्शल मैक्लूहन
Mead, G.H.	–	जी.एच. मीड
Mead, Margaret	–	मार्गरेट मीड
Merton, R.K.	–	आर.के. मर्टन
Mitchell, G.D.	–	जी.डी. मिचेल
Mitchell, J. Clyde	–	जे. क्लाईड मीचेल
Molotch, Harway L.	–	हार्वे एल. मोलोच
Montesquieu, Charles L.	–	चार्ल्स एल. मॉन्टेसक्यू
Moore, Barrington	–	बैरिंगटन मोर
Moore, Wilbert E.	–	विलवर्ट ई. मोर
Morgan, L.H.	–	एल.एच. मॉर्गन
Mosca, G.	–	जी. मोस्का
Murdock, G.P.	–	जी.पी. मरडॉक
Myrdal, G.	–	जी. मिरडॅल
Nadel, S.F.	–	एस.एफ. नाडेल
Newcomb, T.M.	–	टी.एम. न्यूकॉम
Newton, Isaac	–	आईजक न्यूटन

Nietzsche, Friedrich W. — फ्रिडरीक निच या निची
Nimkoff, M.F. — एम.एफ. निमकॉफ
Nisbet, Robert A. — रॉबर्ट ए. निसबेट
Novicow, Jacques — जाक नोविकॉव
Nunez, L. Mendieta Y. — मेनडीटा नूनियज
Nystuen, D.J. — डी.जे. निस्टुएन
O'Connell, James — जेम्स ओकॉनेल
Ogburn, William F. — विलियम एफ. ऑगबर्न
O'Malley, L.S.S. — एल.एस.एस. ओमैली
Opler, Morris E. — मॉरिस ई. ऑपलर
Osipova, Elena — इलीना ओसीपोव
Page, Charles H. — चार्ल्स एच. पेज
Pareto, Vilfredo — विलफ्रेडो पारेटो
Parkin, Frank — फ्रैन्क पार्किन
Parsons, Talcott — टैलकॉट पार्सन्स
Payne, G.C.F. — जी.सी.एफ. पेनी
Pocock, D.F. — डी.एफ. पोकॉक
Radcliffe-Brown, A.R. — ए.आर. रैडक्लिफ-ब्राउन
Ratzenhofer, Gustav — गुस्ताव रात्सेनहॉफर
Redfield, Robert — रॉबर्ट रेडफील्ड
Risley, H.H. — एच.एच. रिजली
Rose, Jerry D. — जेरी डी. रोज
Ross, Aleen D. — अलीन डी. रॉस
Ross, E.A. — ई.ए. रॉस
Rousseau, Jean-Jacques — जे.-जे. रूसो
Rudolph, L.I. — एल.आई. रूडॉल्फ
Rustow, D.A. — डी.ए. रस्तो
Saussure, Ferdinand de — फर्डीनाण्ड डी. साउसोर
Schorske, Carl — कार्ल सॉरस्क
Scott, William P. — विलियम पी. स्कॉट
Selznick, P. — पी. सेल्सनिक
Shepard, Jon M. — जॉन एम. सेपर्ड
Sherif, M. — मुजफ्फर शेरिफ
Shils, Edward — एडवड शील्स
Silverberg, James — जेम्स सिल्वबर्ग
Simmel, Georg — जॉर्ज जिमेल
Simon, Saint — सैन सीमाँ
Sjoberg, G. — जी. सोबर्ग

Skocpol, T.	–	टी. स्कॉकपॉल
Small, Albion W.	–	ए.डब्ल्यू. स्मॉल
Smelser, N.J.	–	एन.जे. स्मेल्सर
Smith, Adam	–	ऐडम स्मिथ
Sorokin, P.A.	–	पी.ए. सोरोकिन
Southall, A.	–	ए. सौथाल
Spencer, Herbert	–	हर्बर्ट स्पेन्सर
Spencer, Metta	–	मेटा स्पेन्सर
Spengler, Oswald J.	–	ऑजवाल्ड जे. स्पेंग्लर
Spiro, Melford E.	–	मलफर्ड स्पिरो
Stein, Burton	–	बर्टन स्टीन
Steward, Julian H.	–	जुलियन एच. स्टूअर्ड
Stewart, Elbert	–	एलबर्ट स्टूवर्ट
Stinchcombe, Aurthur L.	–	अर्थर स्टींककाम
Stone, Lawrence	–	लॉरेन्स स्टोन
Stonequist, E.H.	–	इ.एच. स्टोनकिस्ट
Stouffer, A.J.	–	ए.जे. स्टूफर
Sumner, William Graham	–	विलियम ग्राअम समनर
Sutherland, Edwin H.	–	एडविन सदरलैंड
Tarde, G.	–	जी. टार्ड
Thomas, W.I.	–	डब्ल्यू.आई. टॉमस
Timasheff, N.S.	–	एन.एस. टिमासेफ
Tisdale, Hope	–	होप टिजडेल
Tocqueville, A.de	–	ए.डी. टॉकवील
Toennies, Ferdinand	–	फर्डिनंड टॅनीज
Touraine, Alain	–	एलेन टूरेन
Toynbee, Arnold J.	–	ऑर्नाल्ड टॉयनबी
Tumin, Melvil M.	–	मेलविल एम. टूमिन
Turner, Jonathan H.	–	जोनथन एच. टर्नर
Turner, R.	–	आर. टर्नर
Tylor, E.B.	–	इ.बी. टायलर
Veblen, T.	–	टी. वेबलन
Vico, Giovanni	–	जोवानी विको
Vierkandt, A.	–	ए. वीरकाण्ट
von Wiese, L.	–	एल. वॉन वीज
Ward, Lester F.	–	लेस्टर एफ. वार्ड
Warner, W.L.	–	डब्लू.एल. वार्नर
Watt, James	–	जेम्स वाट

Weber, Alfred	–	एलफ्रिड वेबर
Weber, Max	–	मैक्स वेबर
Weiner, Myron	–	मायरन विनर
Wheeler, Alfred	–	एलफ्रिड ह्वीलर
Wirth, Louis	–	लूई वर्द
Wright, Burton	–	बर्टन राईट
Wright, Eric Olin	–	इरिक ऑलिन रायट
Yinger, J. Milton	–	मिल्टन इंगर
Young, Kimball	–	किम्बॉल यंग
Zeitlin, Irving M.	–	इरविंग एम. जिटलिन
Zimmerman, Carle C.	–	कार्ल सी. जिमरमैन